PONS

Deutsch – Italienisch
Tedesco – Italiano

von

a cura di

Birgit Klausmann-Molter

Mitarbeite

Hanno collaborato

Carmelino Borelli

Marianne Koch

Globalwörterbuch

Klett

PONS-Globalwörterbuch Deutsch-Italienisch/Tedesco-Italiano

von/a cura di
Birgit Klausmann-Molter

unter Mitwirkung und Leitung der Verlagsredaktion Wörterbücher/
con la collaborazione e la direzione della redazione lessicografica
Leiter/direttore: Wolfgang H. Kaul

Phonetik/fonetica: Arthur Wagner
Grammatischer Anhang/appendice grammaticale: Wolfgang Rettig

Warenzeichen
Eingetragene Warenzeichen sind in der Regel als solche gekennzeichnet.
Allerdings berührt weder das Vorhandensein noch das Fehlen solcher Kennzeichnungen die Rechtslage hinsichtlich eingetragener Warenzeichen.

Marchi registrati
I marchi registrati vengono accolti nel dizionario come tali.
La loro presenza o omissione non incide comunque sulla situazione giuridica riguardante i marchi registrati.

CIP-Kurztitelaufnahme der Deutschen Bibliothek
Klausmann-Molter, Birgit:
Pons-Globalwörterbuch / von Birgit Klausmann-Molter. – Stuttgart: Klett
NE: HST
Deutsch-italienisch / Mitarb. Carmelino Borelli ; Marianne Koch. – 1. Aufl. – 1986.
ISBN 3-12-517320-5

ISBN 3-12-517320-5

1. Auflage 1986.

Typographische Konzeption: Erwin Poell, Heidelberg.
Fotosatz: Ernst Klett Druckerei.
Druck: C. H. Beck'sche Buchdruckerei, Nördlingen.
Printed in Germany.

INDICE

Appendice

INHALT

Anhang

Guida all'uso del dizionario

Hinweise zur Benutzung des Wörterbuchs

1. Caratteri usati

nero	per il lemma e per rimandi diretti ad un altro lemma
neretto	per esempi per l'uso in tedesco, per i modi di dire e per le cifre
tondo	per le traduzioni in italiano
corsivo	per indicazioni come categoria grammaticale, genere ecc. per spiegazioni e definizioni, marcature, sinonimi ed altre aggiunte alla fine della voce per rimandi indiretti

1. Schriftarten

Fettdruck	für Stichwörter und direkte Verweise auf ein anderes Stichwort
Halbfettdruck	für deutsche Anwendungsbeispiele und Redewendungen und für Ziffern
Grundschrift	für die italienischen Übersetzungen
Kursivschrift	für grammatische Angaben wie Wortart, Genus, etc. für Erklärungen und Definitionen, Markierungen, Synonyme und andere Zusätze für indirekte Verweise am Ende eines Eintrags

Esempi: *Beispiele:*

rot [ro:t] ⟨-er *o.* ¨-er, -este *o.* ¨-este⟩ *a* rosso; (*Haar a.*) rossiccio; (*Gesicht a.*) rubicondo; ~ **werden** arrossire; **bis über beide Ohren ~ werden** arrossire fino alla radice dei capelli; **der ~e Faden** *fig* il filo conduttore; **das R~e Kreuz** la Croce Rossa; **das R~e Meer** il Mar Rosso; **einen ~en Kopf kriegen** diventare rosso come un peperone *fam;* **auf jdn wie ein ~es Tuch wirken** far andare su tutte le furie qu; **in den ~en Zahlen stecken** essere in deficit; *s. a. blau.*

geschwollen [gəˈʃvɔlən] **I.** *pp von* **schwellen; II.** *a* **1.** *med* gonfio, gonfiato; **2.** (*Stil*) gonfio, ampolloso; ~ **reden** parlare ampollosamente.

2. Interpunzione e simboli

, divide diverse varianti di ugual valore, alfabeticamente ordinante
divide la forma maschile di una parola da quella femminile
divide diverse traduzioni di ugual valore

; tra diverse traduzioni, evidenzia una differenza di significato, che, di regola, viene ulteriormente commentata da un'aggiunta esplicativa

. sta alla fine di un articolo

: quando precede una locuzione, segnala che la voce, di regola, viene usata solo in quella locuzione

/ indica strutture analoghe

~ sostituisce, negli esempi per l'uso ed in espressioni idiomatiche, la voce che precede; nel caso di voci con desinenza in parentesi, tale tilde sostituisce la parola fino alla parentesi esclusa. Nel caso ci siano dei cambiamenti dalla grafia maiuscola a quella minuscola, la lettera iniziale viene ulteriormente ripetuta.

- sostituisce una parte del lemma; se si trova in parentesi uncinate, lo sostituisce completamente

– negli esempi per l'uso, distingue tra due parlanti

= viene usato per indicare la fusione di due parole

≃ segnala una traduzione approssimativa, nel caso di mancanza di una perfetta equivalenza culturale

¨ in parentesi uncinate, indica un raddolcimento della vocale radicale

ø indica un sostantivo tedesco senza plurale

· nei verbi tedeschi caratterizza un prefisso separabile

2. Satzzeichen und Symbole

, trennt gleichwertige, alphabetisch aufeinanderfolgende Stichwortvarianten
trennt maskuline und feminine Form eines Wortes
trennt gleichwertige Übersetzungen

; zwischen Übersetzungen zeigt einen Bedeutungsunterschied an, der in der Regel durch einen erklärenden Zusatz erläutert ist

. steht am Ende eines Artikels

: vor einer Wendung zeigt an, daß das Stichwort in der Regel nur in dieser Wendung gebraucht wird

/ zeigt analoge Strukturen an

~ ersetzt in Anwendungsbeispielen und Redewendungen das vorhergehende Stichwort, bei Stichwörtern mit geklammerter Endung das Wort bis zur Klammer. Bei Wechsel von Groß- und Kleinschreibung wird zusätzlich der Anfangsbuchstabe wiederholt.

- ersetzt einen Teil des Stichworts, in spitzen Klammern auch das vollständige Stichwort

– unterscheidet in Anwendungsbeispielen zwischen zwei Sprechern

= steht bei einer Zusammenziehung zweier Wörter

≃ steht bei einer ungefähren Entsprechung aufgrund kultureller Unterschiede

¨ zeigt in der spitzen Klammer einen Umlaut des Stammvokals an

ø steht, wenn ein deutsches Substantiv keinen Plural hat

· kennzeichnet bei deutschen Verben ein abtrennbares Präfix

( ) in parentesi tonde vengono posti
- elementi la cui omissione non cambia il significato. In concomitanza con *o.* indicano la sostituzione di uno o piu elementi mediante altri.
- aggiunte e chiarificazioni in corsivo
- derivazioni femminili in *-in* di sostantivi tedeschi

⟨ ⟩ le parentesi uncinate racchiudono indicazioni grammaticali e morfologiche

[ ] le parentesi quadre vengono usate per le indicazioni fonetiche

( ) in runden Klammern stehen
- Elemente, durch deren Weglassen sich die Bedeutung nicht ändert. In Verbindung mit *o.* zeigen sie den Ersatz eines oder mehrerer Elemente durch andere an.
- kursive Zusätze und Erklärungen
- feminine Ableitungen deutscher Substantive auf *-in*

⟨ ⟩ in spitzen Klammern stehen grammatische und morphologische Angaben

[ ] in eckigen Klammern stehen phonetische Angaben

3. Ordine dei lemmi – Macrostruttura

Tutti i lemmi sono **ordinati alfabeticamente.** Nell'ordine alfabetico, per i lemmi a più elementi, non si è tenuto conto degli spazi tra gli elementi stessi.

Le **vocali raddolcite** *ä, ö, ü* vengono considerate alla stessa stregua delle vocali semplici corrispondenti; così *ß* viene trattata come *ss.* Nelle coppie di lemmi che si distinguono fra loro solo per il raddolcimento della vocale, la parola con la vocale raddolcita segue quella con vocale semplice, la parola con *ß* quella con *ss.*
Nelle coppie di omofoni la lettera iniziale minuscola precede quella maiuscola.

Se due **varianti ortografiche** di una stessa parola non si susseguono in ordine alfabetico, ciascuna viene presentata come lemma a sé. Di regola segue un **rimando** alla variante trattata con maggiore ampiezza.

Anche le lettere in **parentesi** di un lemma sottostanno all'ordine alfabetico. Così, per esempio, *neb(e)lig* si trova sotto la voce *nebelig, blöd(e)* sotto *blöde,* e *erste(r,s)* sotto *...ers.*

Nell'ordine alfabetico non si tiene conto delle desinenze in parentesi di sostantivi femminili del tipo *Schüler(in).*

3. Stichwortanordnung – Makrostruktur

Alle Stichwörter sind **alphabetisch angeordnet.** Wortzwischenräume bei mehrgliedrigen Stichwörtern bleiben dabei unberücksichtigt.

Die **Umlaute** *ä, ö, ü* werden wie die entsprechenden nicht umgelauteten Vokale behandelt, *ß* wie *ss.* Bei Wörtern mit ansonsten gleicher Schreibung folgt das Wort mit Umlaut dem ohne Umlaut, das Wort mit *ß* dem mit *ss.*
Stichwörter mit großen Anfangsbuchstaben folgen bei gleicher Schreibung solchen mit kleinen Anfangsbuchstaben.

Wo zwei **orthographische Varianten** eines Wortes alphabetisch nicht unmittelbar aufeinanderfolgen, wird jede als eigenes Stichwort behandelt. Es erfolgt in der Regel ein **Verweis** zu der ausführlich dargestellten Variante.

In **Klammern** stehende Buchstaben in einem Stichwort unterliegen ebenfalls der Alphabetisierung. So findet man z. B. *neb(e)lig* bei *nebelig, blöd(e)* bei *blöde* und *erste(r,s)* bei *...ers.*

In Klammern stehende Endungen femininer Substantive vom Typ *Schüler(in)* werden bei der Alphabetisierung ignoriert.

Nelle determinazioni di persona **la forma femminile** viene trattata di regola sotto quella maschile e viene poi ripresa nuovamente, seguendo l'ordine alfabetico, come lemma a sé e con un **rimando,** nel caso in cui non si trovi in posizione immediatamente vicina alla forma maschile:

Bei Personenbezeichnungen ist die **feminine Form** in der Regel bei der maskulinen abgehandelt und an alphabetischer Stelle dann noch einmal als eigenes Stichwort mit **Verweis** aufgenommen, wenn sie alphabetisch nicht unmittelbar neben der maskulinen Form stehen würde:

Autor(in) *m(f)* ...
Autoradio *n* ...
Autoreifen *m* ...
Autoreisezug *m* ...
Autorennen *n* ...
Autoreparaturwerkstatt *f* ...
Autorin *f s.* **Autor.**

I **sostantivi composti** o i **lemmi a più elementi,** come *ad absurdum* ecc., mantengono la loro posizione in ordine alfabetico. **Sintagmi fissi** ed **espressioni a più elementi,** come *blinder Passagier* o *Kost und Logis* vengono in genere registrati alla voce del primo elemento fraseologico più significativo.

Komposita und **mehrgliedrige Stichwörter wie** *ad absurdum* etc. stehen an ihrer Stelle im Alphabet. **Feste Syntagmen** und **mehrgliedrige Ausdrücke** wie *blinder Passagier* oder *Kost und Logis* sind im allgemeinen unter dem ersten wichtigen bedeutungstragenden Element in der Phraseologie des entsprechenden Stichworts eingeordnet.

Forme abbreviate, abbreviazioni, nomi propri e **denominazioni geografiche** vengono riportati come lemmi nel corpus del dizionario in ordine alfabetico.
Nelle **denominazioni geografiche** non vengono esplicitamente riportate le indicazioni degli abitanti delle singole città, bensì come esempio solamente quelle per gli abitanti di **Roma** e di **Bonn.** Fanno eccezione certe particolarità, p.e. termini gastronomici derivati, come *Florentiner* o *Hamburger.*

Kurzwörter, Abkürzungen, Eigennamen und **geographische Bezeichnungen** sind an alphabetischer Stelle als Stichwörter im Wörterverzeichnis zu finden.
Bei den **geographischen Bezeichnungen** sind Städtebewohner nicht gesondert aufgeführt, sondern exemplarisch bei **Bonn** und **Rom** dargestellt. Ausnahmen sind bestimmte Besonderheiten, z. B. abgeleitete gastronomische Begriffe wie *Florentiner* oder *Hamburger.*

Le **lingue** di regola non vengono registrate separatamente, poiché esse sono derivabili dall'aggettivo corrispondente. Fanno eccezione certe particolarità, come p.e. *Chinesisch.* Alla voce **Deutsch** e **Italienisch** vengono esemplarmente riportati esempi per l'uso generale delle determinazioni di lingue.

Sprachen sind in der Regel nicht gesondert aufgeführt, da sie sich vom entsprechenden Adjektiv ableiten lassen. Ausnahmen sind bestimmte Besonderheiten, wie z. B. bei *Chinesisch.* Sprachen sind mit ausführlicheren Anwendungsbeispielen exemplarisch bei **Deutsch** und **Italienisch** dargestellt.

Alle voci **September, Freitag, blau** e **vier, vier-, vierte(r,s), vierzig** vengono riportati esempi per l'uso generale di determinazioni di **mesi, giorni della settimana, colori** e **numeri.** Nelle altre voci analoghe poi è introdotto un rinvio.

Ausführlichere Anwendungsbeispiele von **Monaten, Wochentagen, Farben** und **Zahlen** sind exemplarisch bei **September, Freitag, blau** und **vier, vier-, vierte(r,s), vierzig** dargestellt, worauf in den entsprechenden analogen Einträgen verwiesen wird.

Aggettivi e verbi sostantivati, avverbi tedeschi identici per forma all'aggettivo corrispondente ed aggettivi facilmente derivabili da una forma del participio del verbo spesso non vengono riportati come voci a sé stanti. In questi casi si dovrebbe risalire alla traduzione sotto la voce dell'aggettivo o verbo corrispondenti.

Substantivierte Adjektive und Verben, deutsche Adverbien, die formgleich mit dem entsprechenden Adjektiv sind, und Adjektive, die sich leicht aus einer Partizipform des Verbs ableiten lassen, sind oft nicht als eigenes Stichwort aufgeführt. Wo der Wörterbuchbenutzer ein solches Wort nicht als selbständigen Eintrag findet, sollte er auf die beim jeweiligen Adjektiv- oder Verbeintrag angegebene Übersetzung zurückgreifen.

Forme irregolari (forme irregolari del plurale del sostantivo, forme di comparazione dell'aggettivo e dell'avverbio, forme irregolari del verbo) che vengono riportate per esteso nelle parentesi uncinate, vengono riprese di regola ancora una volta, secondo l'ordine alfabetico, come lemma a sé, con un **rimando** alla forma di base, nel caso in cui non si trovino in posizione immediatamente vicina alla forma di base stessa:

Unregelmäßige Formen (unregelmäßige Plurale der Substantive, Steigerungsformen der Adjektive und Adverbien, unregelmäßige Verbformen), die in voller Form in der spitzen Klammer angegeben sind, werden in der Regel dann noch einmal an entsprechender Stelle als Stichwort mit einem **Verweis** auf ihre Grundform aufgenommen, wenn sie alphabetisch nicht unmittelbar neben dieser Form stehen würden:

Epen *pl von* **Epos.**
ging [gɪŋ] *1. u. 3. pers sing imp von* **gehen.**

Omografi (parole diverse con la stessa grafia) vengono contrassegnati da un esponente in cifre arabiche:

Homographen (verschiedene Wörter gleicher Schreibung) werden durch hochgestellte arabische Ziffern unterschieden:

Kiefer[1] ['ki:fɐ] ⟨-s, -⟩ *m anat* mascella *f.*
Kiefer[2] ['ki:fɐ] ⟨-, -n⟩ *f bot* pino *m.*

Schloß[1] [ʃlɔs] ⟨Schlosses, Schlösser⟩ *n* (*Gebäude*) castello *m.*
Schloß[2] [ʃlɔs] ⟨Schlosses, Schlösser⟩ *n* (*Verschluß*) serratura *f; ...*

um·fahren[1] ['ʊmfa:rən] ⟨*irr*⟩ *tr* (*niederfahren*) ...
umfahren[2] [ʊm'fa:rən] ⟨*irr, ohne ge-*⟩ *tr* (*herumfahren um*) ...

4. Sviluppo delle voci – Microstruttura

Le singole voci possono esser ulteriormente suddivise in capitoli, contrassegnati da numeri.
Le **cifre romane** contrassegnano diverse parti del discorso, diverse categorie grammaticali e diverse possibilità di costruzione di un verbo (*tr, itr, rfl*):

4. Aufbau der Wörterbuchartikel – Mikrostruktur

Die einzelnen Artikel können durch Zahlen weiter untergliedert sein.
Dabei kennzeichnen **römische Ziffern** verschiedene Wortarten, verschiedene grammatische Kategorien und verschiedene Konstruktionsmöglichkeiten eines Verbs (*tr, itr, rfl*):

südlich I. *a* meridionale, australe; **in ~er Richtung** verso sud; **II.** *prp gen* a sud (*gen* di); **III.** *adv:* ~ **von** a sud di.

boxen ['bɔksən] **I.** *itr* boxare, fare del pugilato; **II.** *tr* dare dei pugni a; **III.** *rfl:* **sich** ~ fare a pugni.

Le **cifre arabiche** contrassegnano significati diversi del lemma:

Arabische Ziffern kennzeichnen verschiedene Bedeutungen des Stichworts:

Lösung ⟨-, -en⟩ *f* **1.** (*Los~*) distacco *m;* **2.** *chem, mat, fig* soluzione *f;* **3.** (*von Beziehungen*) rottura *f,* scoglimento *m.*

Alla descrizione grammaticale e semantica di ogni categoria grammaticale, suddivisa in parti contrassegnate da cifre romane, segue la rispettiva descrizione fraseologica. Qui vengono riportati gli **esempi per l'uso,** i **modi di dire,** i **proverbi** e le **espressioni a più elementi** rilevanti per la categoria. Di regola vengono registrati alla voce del primo elemento fraseologico più significativo. In casi dubbi si dovrebbe comunque cercare sotto le altre voci in questione.

Der grammatischen und semantischen Beschreibung jeder durch römische Ziffern gegliederten grammatischen Kategorie folgt ihre phraseologische Beschreibung. Hier sind die für die Kategorie relevanten **Anwendungsbeispiele, Redewendungen, Sprichwörter** und **mehrgliedrigen Ausdrücke** aufgeführt. In der Regel sind sie unter dem als erstes wichtiges bedeutungstragendes Element fungierenden Stichwort eingeordnet, im Zweifelsfall sollte der Benutzer aber auch unter den anderen möglichen Suchwörtern nachschlagen.

5. Aggiunte esplicative – Commenti

Sia nella lingua di partenza che in quella d'arrivo, il significato e l'uso di una parola possono venir ulteriormente chiariti da aggiunte esplicative:

aggiunte in parentesi per sinonimi e definizioni, per soggetti ed oggetti tipici e per altre spiegazioni integrative

indicazioni sui linguaggi specifici quando si voglia distinguere tra diversi significati

5. Erklärende Zusätze – Kommentierungen

Sowohl in Ausgangs- als auch in Zielsprache können erklärende Zusätze Bedeutung und Anwendung eines Wortes näher bestimmen:

in Klammern stehende Zusätze für Synonyme und Definitionen, für typische Subjekte und Objekte und andere Erklärungen

Fachgebietsangaben, wenn verschiedene Bedeutungen unterschieden werden

indicazioni sulla diffusione regionale per evidenziare tutte le parole, significati e locuzioni caratterizzati da un uso regionale. Se tale uso non può essere esattamente circoscritto, (p.e. *A, CH, mer, tosc* ecc.) viene riportata l'indicazione più generale *dial.* Tali indicazioni sono presenti sia nella lingua di partenza che in quella d'arrivo.

indicazioni di stile per evidenziare tutte le parole, tutti i significati e le locuzioni che non appartengano ad un livello di stile neutrale: *fam, sl, vulg, geh, adm, poet, obs*. Le indicazioni sono presenti sia nella lingua di partenza che in quella d'arrivo. Le indicazioni di stile all'inizio di ogni registrazione o categoria si riferiscono a tutti i significati e locuzioni all'interno di esse.

indicazioni retoriche se viene marcato un particolare atteggiamento linguistico: *iron, pej, scherz*. Le indicazioni sono riportate solamente per la lingua di partenza, ma si riferiscono anche alla traduzione.

Nella lista delle abbreviazioni sono ampiamente riportate tutte le marcature.

Angaben zur regionalen Verbreitung zur Markierung aller Wörter, Bedeutungen und Wendungen, die einem regionalen Gebrauch unterliegen. Läßt sich dieser nicht genau abgrenzen (z. B. *A, CH, mer, tosc* etc.), steht die allgemeine Markierung *dial.* Die Angaben stehen in Ausgangs- und Zielsprache.

Stilangaben zur Markierung aller Wörter, Bedeutungen und Wendungen, die keiner neutralen Stilebene angehören: *fam, sl, vulg, geh, adm, poet, obs*. Die Angaben stehen in Ausgangs- und Zielsprache. Stilangaben zu Beginn eines Eintrags oder einer Kategorie beziehen sich auf alle Bedeutungen und Wendungen innerhalb dieses Eintrags oder dieser Kategorie.

rhetorische Angaben, wenn eine besondere Sprechhaltung markiert wird: *iron, pej, scherz*. Die Angaben stehen nur auf der Ausgangssprachenseite, beziehen sich aber auch auf die Übersetzung.

Die vollständige Liste der Markierungen ist dem Abkürzungsverzeichnis zu entnehmen.

6. Indicazioni morfologiche

Sostantivi

Per tutti i sostantivi viene fornita un'**indicazione di genere.** L'attribuzione del genere grammaticale con *m* (maschile), *f* (femminile) o *n* (neutro) e mediante la loro combinazione, è caratteristica per il sostantivo.

6. Morphologische Angaben

Substantive

Alle Substantive sind mit einer **Genusangabe** versehen. Die Bezeichnung des grammatischen Geschlechts als *m* (Maskulinum), *f* (Femininum) oder *n* (Neutrum) bzw. deren Kombination kennzeichnet ein Wort als Substantiv.

Subito dopo la voce del sostantivo tedesco, in parentesi uncinate vengono riportate le **desinenze della flessione** e cioè il genitivo singolare ed il nominativo plurale. Nel caso che per i sostantivi composti e per quelli con prefisso tali indicazioni manchino, valgono anche qui le indicazioni grammaticali della voce semplice:

Unmittelbar nach dem deutschen Substantivstichwort werden in spitzen Klammern die **Flexionsendungen** im Genitiv Singular und im Nominativ Plural angegeben. Fehlen bei zusammengesetzten und präfigierten Substantiven diese Angaben, so gelten auch hier die grammatischen Angaben des Grundworts:

Hase ⟨-n, -n⟩ *m*
Staat ⟨-(e)s, -en⟩ *m*
Kuß ⟨Kusses, Küsse⟩ *m*
Globus ⟨- *o.* -ses, Globen *o.* -busse⟩ *m*
Couch ⟨-, -es *o. fam* -en⟩ *f*
Zone ⟨-, -n⟩ *f*
Knautschzone *f*

Un - senza desinenza significa che la forma corrispondente è identica a quella del nominativo singolare:

Ein - ohne Endung bedeutet, daß die betreffende Form mit der im Nominativ gegebenen Grundform identisch ist:

Birne ⟨-, -n⟩ *f*
Kanzler ⟨-s, -⟩ *m*

Se la vocale radicale del nominativo singolare presenta un raddolcimento nella forma del plurale, viene riportato il segno ¨-:

Wird der Stammvokal der Grundform bei der Pluralbildung umgelautet, steht das Zeichen ¨-:

Vogel ⟨-s, ¨-⟩ *m*
Haus ⟨-es, ¨-er⟩ *n*

Per sostantivi che non formano il plurale, viene riportato il segno ø:

Bei Substantiven, die keinen Plural bilden, steht das Zeichen ø:

Glück ⟨-(e)s, ø⟩ *n*
Verschwiegenheit ⟨-, ø⟩ *f*

I singoli significati di un sostantivo con l'indicazione ⟨*sing*⟩ vengono usati solo al singolare:

Einzelne Bedeutungen eines Substantivs mit der Angabe ⟨*sing*⟩ werden nur im Singular gebraucht:

Mangel[1] ['maŋəl] ⟨-s, ¨-⟩ *m* **1.** ⟨*sing*⟩ (*Fehlen*) mancanza *f* (*an* di), insufficienza *f* (*an* di); **2.** ⟨*sing*⟩ (*Knappheit*) scarsità *f*, penuria *f;* (*a. med*) carenza *f;* **3.** (*Fehler*) difetto *m;* ...

Sostantivi o singoli significati di un sostantivo con l'indicazione ⟨*pl*⟩ vengono usati solo al plurale:

Substantive oder einzelne Bedeutungen eines Substantivs mit der Angabe ⟨*pl*⟩ werden nur im Plural gebraucht:

Kosten ⟨*pl*⟩
Leute ⟨*pl*⟩

I sostantivi tedeschi che vengono declinati come aggettivi, sono riportati nella loro forma determinata e così presentati:

Deutsche Substantive, die wie Adjektive dekliniert werden, werden in der bestimmten Form angegeben und so dargestellt:

Gute ⟨ein -s, -n, ø⟩ *n*
Beamte ⟨ein -r, -n, -n⟩ *m*

Angestellte ⟨ein -r, -n, -n⟩ *mf* per/für

der Angestellte, ein Angestellter (*nom sing*)
des/eines Angestellten (*gen sing*)
die Angestellten (*nom pl*)

La forma femminile è sempre:

Die feminine Form lautet dann immer:

die/eine Angestellte (*nom sing*)
der/einer Angestellten (*gen sing*)
die Angestellten (*nom pl*)

e non viene riportata in parentesi uncinate.

und wird in der spitzen Klammer nicht berücksichtigt.

Per tutti i sostantivi tedeschi che abbiano un genere naturale e che designino persone, la **forma femminile** viene registrata accanto a quella **maschile.**
Tutti i sostantivi femminili con la desinenza *-in* presentano la flessione regolare ⟨-, -nen⟩ e perciò non rientrano nelle parentesi uncinate. Sostantivi del tipo *Schüler(in)* formano la forma maschile *Schüler* e quella femminile *Schülerin:*

Für alle deutschen Substantive, die ein natürliches Geschlecht haben und Personen bezeichnen, wird die **feminine** neben der **maskulinen Form** angegeben.
Alle femininen Substantive mit der Endung *-in* haben die regelmäßige Flexion ⟨-, -nen⟩ und bleiben daher in der spitzen Klammer unberücksichtigt. Substantive vom Typ *Schüler(in)* lauten in der maskulinen Form *Schüler*, in der femininen *Schülerin:*

Friseur ⟨-s, -e⟩ *m*, **Friseuse** ⟨-, -n⟩ *f*
Arzt ⟨-es, ⸗e⟩ *m*, **Ärztin** *f*
Oberarzt *m*, **-ärztin** *f*
Schüler(in) ⟨-s, -⟩ *m(f)*

Di regola ambedue le forme vengono trattate sotto quella maschile. Nel caso in cui la forma femminile non si trovi immediatamente vicina a quella maschile nell'ordine alfabetico, essa viene registrata come lemma a sé con un rimando alla forma maschile.

In der Regel sind beide Formen unter der maskulinen Form abgehandelt. Wo die feminine Form in der alphabetischen Reihenfolge nicht unmittelbar neben der maskulinen stehen würde, wird sie zusätzlich als eigenes Stichwort mit einem Verweis auf die maskuline Form angegeben.

Per i sostantivi che reggono determinate **preposizioni,** la preposizione in questione ed il suo corrispondente vengono riportati dopo la traduzione italiana:

Bei Substantiven, die mit bestimmten **Präpositionen** verbunden werden, sind die zugehörige präpositionale Ergänzung und ihre Entsprechung nach der italienischen Übersetzung angegeben:

Freude ['frɔydə] ⟨-, -n⟩ *f* gioia *f* (*über* per); (*Vergnügen*) piacere *m* (*über* di); (*Fröhlichkeit*) letizia *f* (*über* per); . . .

Aggettivi ed avverbi

Adjektive und Adverbien

Gli aggettivi tedeschi vengono registrati nella forma indeclinata. Quelli che non presentano una forma indeclinata vengono registrati secondo il modello *erste(r,s)*.

Gli aggettivi invariati vengono registrati con ⟨*inv*⟩:

Deutsche Adjektive sind in ihrer unflektierten Form angegeben. Adjektive, die keine unflektierte Form haben, werden nach dem Muster *erste(r,s)* dargestellt.

Unveränderliche Adjektive werden mit ⟨*inv*⟩ gekennzeichnet:

rosa ⟨*inv*⟩

Le **forme irregolari del comparativo e del superlativo** e quelle che presentino particolarità morfologiche, come p.e. il raddolcimento della vocale radicale, vengono riportate in parentesi uncinate. La prima forma è quella del comparativo, la seconda quella del superlativo:

Unregelmäßige Steigerungsformen und solche mit morphologischen Besonderheiten wie z. B. Umlautung des Stammvokals werden in spitzen Klammern angegeben. Die erste der Formen bezeichnet dabei den Komparativ, die zweite den Superlativ:

gut ⟨besser, beste⟩
hoch ⟨höher, ⸚ste⟩
rot ⟨-er *o.* ⸚er, -este *o.* ⸚este⟩
gern ⟨lieber, am liebsten⟩

Per gli aggettivi che reggono determinate **preposizioni,** la preposizione in questione ed il suo corrispondente vengono riportati dopo la traduzione italiana:

Bei Adjektiven, die mit bestimmten **Präpositionen** verbunden werden, sind die zugehörige präpositionale Ergänzung und ihre Entsprechung nach der italienischen Übersetzung angegeben:

gierig *a* avido (*nach* di), bramoso (*nach* di), cupido (*nach* di); . . .

La definizione di aggettivo (*a*) in tedesco, implica che la parola in questione possa venir usata nella stessa forma anche come avverbio (*adv*). Per questa ragione, qui gli avverbi sono stati registrati come lemma a sé, solo nel caso in cui l'uso avverbiale sia più frequente, quando l'avverbio abbia un significato diverso da quello dell'aggettivo, o quando si tratti di un avverbio con forma autonoma come *gern, höchst, oft, sehr, wohl* ecc.

Die Bezeichnung eines deutschen Worts als Adjektiv (*a*) schließt ein, daß das Wort in gleicher Form auch als Adverb (*adv*) gebraucht werden kann. Deshalb sind Adverbien als eigene Einträge in der Regel nur da unterschieden worden, wo der adverbiale Gebrauch häufig ist, das Adverb vom Adjektiv abweichende Bedeutungen hat oder wo es sich um Adverbien mit autonomer Form wie *gern, höchst, oft, sehr, wohl,* etc. handelt.

Verbi

L'indicazione grammaticale *tr, itr* o *rfl* è caratteristica per il verbo. Se un verbo presenta diverse possibilità di costruzione, la voce risulta articolata in modo corrispondente:

Verben

Die grammatische Angabe *tr, itr* oder *rfl* kennzeichnet ein Stichwort als Verb. Wird ein Verb in mehreren dieser Konstruktionsmöglichkeiten gebraucht, ist der Eintrag entsprechend gegliedert:

boxen ['bɔksən] **I.** *itr* boxare, fare del pugilato; **II.** *tr* dare dei pugni a; **III.** *rfl:* **sich** ~ fare a pugni.

Nei verbi tedeschi un prefisso separabile viene caratterizzato da · :

Bei deutschen Verben wird ein abtrennbares Präfix durch · gekennzeichnet:

ab·schirmen *tr*
auseinander·setzen I. *rfl:* **sich** ~ ...; **II.** *tr* ...
wieder·auf·bauen *tr, itr*

Immediatamente dopo il lemma seguono in parentesi uncinate le indicazioni sulle **forme irregolari del verbo.** Vengono riportate la terza persona singolare del presente e dell'imperfetto ed il participio passato:

Unmittelbar auf das Stichwort folgen in spitzen Klammern die Angaben zu **unregelmäßigen Verbformen.** Es werden die 3. Person Singular Präsens und Imperfekt und das Partizip Perfekt angegeben:

lesen¹ ⟨liest, las, gelesen⟩
gehen ⟨geht, ging, gegangen⟩
melken ⟨melkt, melkte *o. rar* molk, gemolken *o. rar* gemelkt⟩

Mancano invece indicazioni sulle forme di cui sopra per verbi composti e per quelli con prefisso che già siano registrati come lemma a sé nella forma semplice. Essi vengono segnalati con ⟨*irr*⟩ e le loro forme irregolari vengono riportate sotto il corrispondente verbo semplice:

Die Angabe der Stammformen fehlt bei zusammengesetzten und präfigierten Verben, die in ihrer einfachen Form als selbständiger Eintrag erscheinen. Sie werden mit ⟨*irr*⟩ gekennzeichnet, ihre Stammformen sind beim Simplex angegeben:

vor·lesen ⟨*irr*⟩
weg·gehen ⟨*irr*⟩
entgehen ⟨*irr, ohne ge-*⟩

L'indicazione ⟨*reg*⟩ caratterizza, nei verbi con coniugazione regolare ed irregolare, le forme regolari:

Die Bezeichnung ⟨*reg*⟩ kennzeichnet bei einem Verb mit regelmäßiger und unregelmäßiger Konjugation regelmäßige Formen:

ab·hängen I. ⟨*reg*⟩ *tr* ...; **II.** ⟨*irr*⟩ *itr* ...
auf·wenden ⟨*irr o. reg*⟩ *tr* ...

In appendice al dizionario si trova una lista dei verbi irregolari tedeschi più frequenti. Le tabelle di coniugazione dei verbi possono esser consultate, sempre in appendice, nella parte dedicata alla morfologia tedesca.

Eine Liste der häufigsten unregelmäßigen deutschen Verben befindet sich im Anhang des Wörterbuchs, Konjugationstabellen zu Verben ebenfalls dort in der deutschen Formenlehre.

I verbi tedeschi che formano il **participio** senza *-ge* o *-ge-* vengono registrati come segue:

Deutsche Verben, die das **Partizip** ohne *-ge* bzw. *-ge-* bilden, sind so dargestellt:

studieren ⟨*ohne ge-*⟩
beweisen ⟨*irr, ohne ge-*⟩
ab·gewinnen ⟨*irr, ohne ge-*⟩

Tutti i verbi tedeschi che non formino tutti i **tempi composti** esclusivamente con *haben,* presentano, dopo l'indicazione della voce, l'aggiunta ⟨*sein*⟩, ⟨*haben o. sein*⟩ oppure ulteriori spiegazioni. Talvolta la scelta tra *haben* o *sein* è legata a una differenza nella costruzione o nel significato. In questo caso l'indicazione viene di volta in volta riportata nell'articolo, secondo la suddivisione corrispondente. Se tale indicazione manca, la formazione dei tempi composti avviene con *haben.* I verbi riflessivi formano di regola i tempi composti con *haben;* per questa ragione nel lemma tale informazione non compare:

Alle deutsche Verben, die die **zusammengesetzten Zeiten** nicht ausschließlich mit *haben* bilden, haben nach der Wortartangabe den Zusatz ⟨*sein*⟩, ⟨*haben o. sein*⟩ bzw. weitere Erklärungen. Gelegentlich ist die Bildung mit *haben* oder *sein* mit einem Unterschied in der Konstruktionsweise oder der Bedeutung verbunden. In diesem Fall steht die Angabe jeweils nach der entsprechenden Einteilung im Eintrag. Fehlt die Angabe, so erfolgt die Bildung mit *haben.* Reflexive Verben bilden die zusammengesetzten Zeiten regelmäßig mit *haben;* deshalb wird hier auf die Angabe verzichtet:

laufen ... **I.** *itr* ⟨*sein*⟩ ...; **II.** *tr* **1.** ⟨*sein*⟩ (*Strecke, etc.*) fare, percorrere; **2.** ⟨*haben*⟩*:* **sich** (*dat*) **etw.** ~ (*Blase, etc.*) farsi venire qc (dal gran camminare); ... **III.** *rfl:* **sich warm** ~ riscaldarsi.

über·hängen I. ⟨*irr*⟩ *itr* ⟨*haben o. sein*⟩ protendersi, sporgere; **II.** *tr* ⟨*haben*⟩ mettere sopra (*o.* addosso); **sich** (*dat*) **die Tasche** ~ mettersi la borsa in spalla.

Il **pronome riflessivo** «sich» si intende in accusativo quando non venga ulteriormente caratterizzato; nel dativo esso viene segnalato con (*dat*).

Das **Reflexivpronomen** «sich» steht ohne Bezeichnung im Akkusativ, im Dativ wird es als (*dat*) gekennzeichnet.

Le **preposizioni** rette da verbi e la loro **reggenza** vengono registrate con i corrispondenti italiani, dopo la traduzione, nel caso che l'uso nelle due lingue sia divergente:

Die **Präpositionen,** mit denen Verben verbunden sein können, und ihre **Rektion** sind mit ihrer italienischen Entsprechung nach der Übersetzung dann angegeben, wenn der Gebrauch beider Sprachen voneinander abweicht:

nach·denken ⟨*irr*⟩ *itr* riflettere (*über* su), meditare (*über* su).

applaudieren … *itr* applaudire (*jdm* qu).

Preposizioni

Se una preposizione viene trattata come lemma a sé, viene dato il caso che essa regge:

Präpositionen

Ist eine Präposition Stichwort, wird der von ihr regierte Kasus angegeben:

angesichts *prp gen*
wegen *prp gen o. dat*

Per le preposizioni *an, auf, hinter, in, neben, über, unter, vor* e *zwischen* che reggono il dativo o l'accusativo, i due casi vengono indicati come segue:

Bei den Präpositionen *an, auf, hinter, in, neben, über, unter, vor* und *zwischen,* die den Dativ oder den Akkusativ regieren, werden beide Kasus so angegeben:

unter *prp dat/acc*

Ortografia

Rechtschreibung

Per l'ortografia tedesca in questo dizionario si è seguito il *Duden;* per l'ortografia italiana ci si è attenuti ai principi seguiti dai dizionari più usati.

Grundlage für die deutsche Rechtschreibung in diesem Wörterbuch ist die Schreibweise des *Duden,* für die italienische Rechtschreibung die Schreibweise der gebräuchlichsten italienischen Wörterbücher.

Divisione in sillabe in tedesco

1. Una consonante semplice fa sillaba con la vocale che segue: *ge-ben, lie-ben, Ra-te*
   - Viene scritta con la vocale che segue anche *h,* indicatrice di lunghezza della vocale che precede: *nä-hen*
   - Hanno valore di consonante semplice i grafemi *ß, x, z: Grü-ße, bo-xen, rei-zen*
   - Seguono lo stesso modello anche le combinazioni di grafemi *ch, sch, st: Wa-che, Wä-sche, We-sten*
2. Nei gruppi di due o più consonanti (ad eccezione del gruppo *-st-* indivisibile) l'ultima va con la vocale che segue: *gel-ten, En-de, gest-rig; Fen-ster*
   - Ha valore di consonante unica *z: Kat-zen*
   - Seguono lo stesso modello anche le combinazioni di grafemi che rappresentano un solo suono (ad eccezione di *ch, sch* indivisibili): *Fin-ger, Was-ser, Städ-ter; man-cher, Wün-sche*
   - La combinazione *-ck-* diventa *-k-k-: Zucker* diventa *Zuk-ker*
3. I dittonghi non si dividono: *Mau-er*
4. Le parole derivate con prefisso o suffisso e le parole composte si dividono secondo il loro modello di derivazione e composizione: *be-streiten, ver-edeln, Häs-chen, liebes-toll, Lebens-art, Weihnachts-abend*
   - I suffissi che cominciano con vocale fanno eccezione a questo modello: *Freun-din* (suffisso *-in*), *Lüf-tung* (suffisso *-ung*)

Osservazioni sulla pronuncia tedesca

Si seguono in generale le norme ed il sistema di trascrizione fonetica del *DUDEN Aussprachewörterbuch, 2ª ed., Mannheim 1974.* I segni fonetici sono i simboli compresi nell'alfabeto dell'Associazione Fonetica Internazionale (si veda **Segni usati per la trascrizione fonetica**).

La trascrizione fonetica completa è indicata per tutte le parole semplici e le forme irregolari dei verbi. Per quanto riguarda determinate forme flessive, voci derivate e composte, è indicata la trascrizione parziale. Questa viene seguita o preceduta da un trattino quando un elemento è omesso per intero, p.e. **Blindschleiche** [-ʃlai̯çə], **Biophysik** [bio-], mentre nelle voci derivate di cui è omessa solo una parte della parola, sono usati tre punti, p.e. **Demonstrant** [demɔn'strant], **demonstrieren** [...'stri:rən].
La trascrizione fonetica è omessa nelle voci omofone della stessa famiglia di parole. Sono omesse anche le voci derivate con prefissi non accentuati (si veda la lista a pagine XIX), parole terminanti in determinati suffissi e desinenze (si veda la lista a pagine XIX) accentuate nella prima sillaba, e le parole composte di cui gli elementi sono registrati con trascrizione fonetica.

Nel caso delle **varianti di pronuncia** la seconda variante viene preceduta da *o.*, p.e. **Kuvert** [ku've:ɐ̯ *o.* ...'vɛrt].

La trascrizione delle **desinenze femminili** viene indicata accanto a quella delle forme maschili, segnalando anche le modificazioni delle consonanti finali e dell'acccento, p.e. **Artist(in)** [ar'tɪst(ɪn)], **König(in)** ['kø:nɪç (...gɪn)], **Professor(in)** [pro'fɛso:ɐ̯ (...'so:rɪn)].

Normalmente non è segnalata la trascrizione dei **plurali,** anche se comportano determinate modificazioni morfologiche o fonetiche: cambio della vocale *(„Umlaut“)*, cambio delle consonanti sonore che in posizione finale si realizzano come le sorde corrispondenti, cambio del suffisso *-ig* e cambio della *„r vocalizzata“* [ɐ̯] dopo vocale lunga o dittongo, p.e.:

Kalb [kalp]	**Kälber** ['kɛlbɐ]
Trog [tro:k]	**Tröge** ['trø:gə]
Mund [mʊnt]	**Münder** ['mʏndɐ]
Haus [hau̯s]	**Häuser** ['hɔy̯zɐ]
Archiv [ar'çi:f]	**Archive** [ar'çi:və]
König ['kø:nɪç]	**Könige** ['kø:nɪgə]
Meer [me:ɐ̯]	**Meere** ['me:rə].

Invece viene segnalata la trascrizione fonetica delle forme del plurale di quelle voci, in generale di origine straniera, per cui si possono avere incertezze, p.e.: **Adverb** [at'vɛrp, ...bi̯ən], **Agonie** [ago'ni:, ...i:ən], **Alligator** [ali'ga:to:ɐ̯, ...ga'to:rən].

Come s'è già notato, non viene indicata la trascrizione delle **voci composte** di cui gli elementi siano registrati con trascrizione fonetica. Come nei plurali, non si segnalono i cambi delle consonanti finali dei primi elementi e l'uso del „colpo di glottide“ [ʔ] che precede ogni vocale iniziale dei secondi elementi, p.e.:

Meer [me:ɐ̯], **Arm** [arm] – **Meeresarm** ['me:rəsʔarm]
Maus [mau̯s], **Falle** ['falə] – **Mausefalle** ['mau̯zəfalə].

Per quanto riguarda **l'accento** di parola, viene segnalato solo l'accento principale delle voci polisillabe. Il segno d'accento ['] precede la sillaba accentuata. Quando nella trascrizione parziale non è indicato l'accento tonico, questo cade sull'elemento omesso, p.e. **Karfreitag** [ka:ɐ̯-], **keilförmig** [-fœrmɪç].
Sono anche registrate le parole con due accenti tonici, ad eccezione di parole composte con *-falls, -maßen* e *-weise.*
Quando ci sono parole che si distinguono per mezzo di contrasti accentuali, è indicata per intera la trascrizione fonetica delle due parole, p.e.:

über·setzen[1] ['y:bɐzɛt͡sən]
übersetzen[2] [y:bɐ'zɛt͡sən]

Lista dei prefissi non accentuati

be-	[bə]	ge-	[gə]
ent-	[ɛnt]	ver-	[fɛɐ̯]
er-	[ɛɐ̯]	zer-	[t͡sɛɐ̯]

Lista dei suffissi e delle desinenze

-bar	[ba:ɐ̯]	-igte	[ɪçtə]
-e	[ə]	-in	[ɪn]
-el	[əl]	-isch	[ɪʃ]
-eln	[əln]	-keit	[ka͡it]
-elnd	[əlnt]	-ler(in)	[lɐ (lərɪn)]
-elt	[əlt]	-lich	[lɪç]
-en	[ən]	-los	[lo:s]
-end	[ənt]	-lung	[lʊŋ]
-ende	[əndə]	-n	[n]
-ens	[əns]	-nis	[nɪs]
-erer(in)	[ərɐ (ərərɪn)]	-s	[s]
-er(in)	[ɐ (ərɪn)]	-sam	[za:m]
-erisch	[ərɪʃ]	-schaft	[ʃaft]
-ern	[ɐn]	-st	[st]
-ernd	[ɐnt]	-ste	[stə]
-ert	[ɐt]	-stel	[stəl]
-erung	[ərʊŋ]	-stens	[stəns]
-es	[əs]	-t	[t]
-et	[ət]	-te	[tə]
-haft	[haft]	-tel	[təl]
-heit	[ha͡it]	-tens	[təns]
-ig	[ɪç]	-tum	[tu:m]
-ige	[ɪgə]	-tümer	[ty:mɐ]
-igen	[ɪgən]	-ung	[ʊŋ]
-igt	[ɪçt]		

Segni usati per la trascrizione fonetica

Liste der Lautschriftzeichen

Vocali/Vokale

[a]	Kamm
[a:]	**Tag**, **Saal**, **Bahn**
[ɐ]	Leb**er**
[ɐ̯]	meh**r**
[ã]	Ch**an**son
[ã:]	Ch**an**ce, Ens**em**ble
[ɑ:]	H**ar**dware
[æ]	G**a**ngway
[ʌ]	P**u**blic Relations
[e]	**e**gal
[e:]	W**e**g, B**ee**t, g**eh**en
[ɛ]	f**ä**llen, B**e**tt
[ɛ:]	B**ä**r, w**äh**ren
[ɛ̃:]	Refr**ain**, P**oin**te
[ə]	Katz**e**
[ə:]	Callg**ir**l
[i]	pr**i**vat, v**ie**lleicht
[i:]	B**i**bel, b**ie**ten, z**ieh**en, **ih**nen
[i̯]	Stud**i**e
[ɪ]	b**i**tten
[o]	M**o**ral
[o:]	**O**fen, B**oo**t, B**oh**ne
[o̯]	l**o**yal
[õ]	F**on**due
[õ:]	Bonb**on**
[ɔ]	**o**ffen
[ɔ:]	C**a**llgirl
[ø]	**Ö**kologie
[ø:]	**Ö**l, H**öh**le
[œ]	**ö**ffnen
[œ̃:]	Parf**um**
[u]	z**u**letzt
[u:]	P**u**te, K**uh**
[u̯]	akt**u**ell
[ʊ]	B**u**tter
[y]	B**ü**ro, Ph**y**sik
[y:]	T**ü**te, fr**üh**, Z**y**klus
[y̆]	Et**ui**
[ʏ]	H**ü**tte, H**y**mne

Dittonghi/Diphthonge

[ai̯]	H**ai**, m**ei**n, R**ei**he, B**ay**ern
[au̯]	M**au**s, r**au**h
[ɔy̯]	H**äu**ser, n**eu**, Konv**oi**, B**oy**kott

Consonanti/Konsonanten

[b]	**B**all, E**bb**e
[ç]	i**ch**, Köni**g**
[d]	**d**och, a**dd**ieren
[d͡ʒ]	**Dsch**ungel, **J**azz
[f]	au**f**, A**ff**e, **v**iel, **Ph**ilologe
[g]	**g**eben, Ro**gg**en
[h]	**h**aben
[j]	**j**agen
[k]	**k**alt, De**ck**e, We**g**, O**ch**se, **Q**ual, Stu**kk**ateur, **C**afé
[l]	**l**eben, a**ll**e
[m]	**m**ehr, Ka**mm**er
[n]	**n**e**nn**en
[ŋ]	fa**ng**en, A**n**ker
[p]	**P**a**pp**e, gel**b**
[p͡f]	**Pf**ahl
[r]	fah**r**en, Na**rr**
[s]	au**s**, la**ss**en, sto**ß**en
[ʃ]	**sch**auen, **S**tein
[t]	Hu**t**, Go**tt**, Ba**d**, Sta**dt**, **Th**ron
[t͡s]	**Z**oo, Lo**ts**e, Ka**tz**e, Ski**zz**e
[t͡ʃ]	Ma**tsch**
[θ]	**Th**riller
[v]	**W**ein, **V**okal, Q**u**al
[w]	Gang**w**ay
[x]	Na**ch**t
[z]	Ha**s**e
[ʒ]	**G**enie

Altri segni/Sonstige Zeichen

[:]	segno della lunghezza vocale/Längezeichen
[ʔ]	occlusivo laringale („colpo di glottide“)/Knacklaut (precede ogni vocale iniziale delle parole e, all'interno delle voci derivate o composte, le vocali iniziali dei morfemi lessicali, p.e. *überall* [ʔy:bɐˈʔal]. Nella trascrizione questo suono non è indicato all'inizio di parola.)
[ˈ]	accento tonico/Betonungszeichen

A

A, a [a:] ‹-, -(s)› *n* **1.** *(Buchstabe)* A, a *f;* **2.** *mus* la *m;* **das ~ und (das) O** l'alfa e l'omega; **von A bis Z** dall'a alla zeta; **von A bis Z erfunden** inventato di sana pianta; **wer A sagt, muß auch B sagen** *prov* quando si è in ballo, bisogna ballare *prov;* **A-Dur** la maggiore; **a-Moll** la minore; **A wie Anton** A come Ancona.

a *ab von* **Ar** a (*ab von* ara).

A 1. *ab von* **Ampere** A (*ab von* ampère); **2.** *ab von* **Autobahn** A (*ab von* autostrada); **3.** *ab von* **Austria** A.

Aa [a'ʔa] ‹-, ø› *n (Kindersprache)* cacca *f;* **~ machen** fare la cacca.

AA *ab von* **Auswärtiges Amt** ≃ Aff. Est. (*ab von* Ministero degli Affari Esteri).

Aachen ['a:xən] *n* Aquisgrana *f.*

Aal [a:l] ‹-(e)s, -e› *m* anguilla *f;* **sich wie ein ~ winden** cercare di trarsi d'impaccio.

aalen *rfl:* **sich in der Sonne ~** crogiolarsi al sole.

aalglatt *a* viscido, infido.

a. a. O. *ab von* **am angegebenen** (*o.* **angeführten) Ort** loc. cit. (*ab von* loco citato).

Aarau ['a:rau̯] *n* Aarau *f.*

Aargau ['a:ɐ̯gau̯] *m* Argovia *f.*

Aas [a:s] ‹-es, -e› *n* **1.** *(Tierleiche)* carogna *f;* **2.** *vulg* carogna *f vulg; fam (gerissene Person)* persona *f* scaltra; **kein ~** *vulg* non ... anima viva, nessuno; **du kleines/altes ~** *fam* tu, carognetta *vulg*/vecchia carogna *vulg.* **Aasfliege** *f* moscone *m.* **Aasgeier** *m* **1.** avvoltoio *m* perenottero; **2.** *fig (Gauner)* imbroglione *m.*

ab [ap] **I.** *adv* **1.** *(~getrennt)* staccato; **2.** *(herunter, hinunter)* giù, abbasso; **Hut ~!** giù il cappello!; **Köln ~ 7.15** partenza da Colonia alle 7.15; **Jugendliche ~ 16 (Jahren)** ragazzi dai 16 anni; **weit ~ von ...** assai lontano da ...; **~ durch die Mitte!** coraggio!, svelto!, avanti!; **~ ins Bett!** avanti, a letto; **von ... ~** *(zeitlich)* a partire da ...; **von jetzt ~** d'ora in poi; **~ und zu** (*o.* **an)** ogni tanto, di quando in quando; **II.** *prp dat (räumlich, zeitlich)* a partire da; *com* franco; **~ Lager** franco magazzino; **~ (dem) ersten April** dal primo aprile; **~ heute** da oggi.

ab·ändern *tr* **1.** modificare, mutare, cambiare; **2.** *(umarbeiten)* rimaneggiare; **3.** *(Urteil)* commutare; **4.** *(Gesetz)* emendare.

Abänderung *f* **1.** modifica *f;* modificazione *f,* cambiamento *m;* **2.** *(Umarbeitung)* rimaneggiamento *m;* **3.** *jur* commutazione *f;* **4.** *(von Gesetz)* emendamento *m.* **Abänderungsantrag** *m* proposta *f* di emendamento.

ab·arbeiten I. *tr (Schuld)* estinguere, ammortizzare lavorando; **II.** *rfl:* **sich ~** esaurirsi (*o.* logorarsi) lavorando.

Abart *f* varietà *f.* **abartig** *a* anormale, anomalo. **Abartigkeit** *f* anormalità *f,* anomalia *f.*

Abb. *ab von* **Abbildung** fig (*ab von* figura).

Abbau ‹-(e)s, ø› *m* **1.** *min* estrazione *f;* **2.** *(Auseinandernehmen)* smontaggio *m;* **3.** *(von Beständen, Preisen, Gehältern, Personal)* riduzione *f,* diminuzione *f;* **4.** *(von Maßnahme, Einrichtung, Dienststelle)* soppressione *f;* **5.** *(von Fabrikeinrichtung)* smantellamento *m;* **6.** *chem* decomposizione *f,* degradazione *f;* **~ der Zollschranken** soppressione delle barriere doganali.

ab·bauen I. *tr* **1.** *(Maschine, Zelt, etc.)* smontare; **2.** *(Fabrikeinrichtung)* smantellare; **3.** *min* estrarre; **4.** *(Bestände, Lohn)* ridurre, diminuire; **5.** *(Personal)* licenziare; **6.** *(Maßnahme, etc.)* sopprimere, abolire; **7.** *chem* decomporre, degradare; **II.** *itr (Kräfte einbüßen)* cedere, venir meno.

ab·beißen ‹*irr*› *tr* staccare con un morso; **sich** *(dat)* **lieber die Zunge ~ als ...** *fam* tagliarsi la lingua piuttosto che ... *fam.*

ab·beizen *tr* togliere con corrosivi.

ab·bekommen ‹*irr, ohne ge-*› *tr* **1.** *(erhalten)* ricevere; *(Schlag, etc.)* prendere; **2.** *(losbekommen)* riuscire a togliere; **etw. ~** *(erhalten)* ricevere una parte; *(verletzt, beschädigt werden)* subire un danno.

ab·berufen ‹*irr, ohne ge-*› *tr (von Posten)* richiamare; **aus diesem Leben** (*o.* **in die Ewigkeit) ~ werden** andare al Creatore.

Abberufung *f* richiamo *m.*

ab·bestellen ‹*ohne ge-*› *tr* **1.** *(Zimmer)*

disdire; *(Zeitung)* disdire l'abbonamento a; **2.** *com* annullare l'ordinazione di; **jdn ~** dire a qu di non venire.

ab·bezahlen ⟨*ohne ge-*⟩ *tr* **1.** *(gänzlich zurückzahlen)* finire di pagare, estinguere; **2.** *(in Raten)* pagare a rate.

ab·biegen ⟨*irr*⟩ **I.** *itr* ⟨*sein*⟩ **1.** svoltare, deviare; **2.** *(Straße)* diramarsi; **nach rechts/links ~** svoltare a destra/sinistra; **II.** *tr* ⟨*haben*⟩ **1.** piegare; **2.** *fig* sviare; **ein Gespräch ~** sviare un discorso.

Abbild *n* **1.** *(Nachbildung)* copia *f;* **2.** *(Ebenbild)* immagine *f.*

ab·bilden *tr (Personen)* ritrarre; *(Dinge)* rappresentare.

Abbildung *f* (*ab* **Abb.**) illustrazione *f* rappresentazione *f;* **mit ~en** illustrato.

ab·binden ⟨*irr*⟩ **I.** *tr* **1.** *(losbinden)* slegare; **2.** *med (Arm)* legare; *(Arterie)* comprimere; **II.** *itr (Beton, etc.)* far presa.

Abbitte *f* scusa *f; (öffentliche)* pubblica ammenda *f;* **~ leisten (***o.* **tun)** porgere le proprie scuse.

ab·bitten ⟨*irr*⟩ *tr:* **jdm etw. ~** chiedere scusa a qu per qc.

ab·blasen ⟨*irr*⟩ *tr* **1.** *(mil, von Jagd)* suonare la fine di; **2.** *fig fam (Veranstaltung, Streik)* sospendere, annullare, revocare; **3.** *(Staub)* soffiar via; **4.** *(Dampf, Gas)* scaricare.

ab·blättern *itr* ⟨*sein*⟩ *(Verputz, etc.)* sfaldarsi.

ab·blenden **I.** *tr* **1.** schermare, oscurare; **2.** *fot* diaframmare; **3.** *mot (Scheinwerfer)* abbassare; **II.** *itr* **1.** *mot* abbassare i fari abbaglianti; **2.** *film* chiudere in dissolvenza.

Abblendlicht *n* faro *m* anabbagliante.

ab·blitzen *itr* ⟨*sein*⟩ **: jdn ~ lassen** *fam* respingere qu.

ab·brausen **I.** *tr* ⟨*haben*⟩ fare la doccia a, lavare sotto la doccia; **II.** *itr* ⟨*sein*⟩ *fam (schnell abfahren)* filare via *fam,* andarsene in tutta fretta *fam;* **III.** *rfl:* **sich ~** fare una doccia.

ab·brechen ⟨*irr*⟩ **I.** *tr* ⟨*haben*⟩ **1.** rompere, spezzare, staccare; **2.** *(Mauer, Gebäude)* demolire; *(Zelt)* smontare; **3.** *fig (Verhandlungen, Beziehungen)* rompere; **4.** *(Tätigkeit)* interrompere; *(a. Streik)* sospendere; **die Beziehungen zu jdm ~** troncare i rapporti con qu; **das Lager ~** *mil,* **die Zelte ~** *fig* levare le tende; **II.** *itr* **1.** ⟨*sein*⟩ rompersi, spuntarsi; **2.** ⟨*haben*⟩ *fig (aufhören)* interrompersi; **mein Bleistift ist abgebrochen** la mia matita si è spuntata.

ab·brennen ⟨*irr*⟩ **I.** *tr* ⟨*haben*⟩ **1.** incendiare, bruciare; *(Haus)* dar fuoco a; **2.** *(absengen)* abbruciacchiare; **3.** *(Feuerwerk)* accendere; **II.** *itr* ⟨*sein*⟩ **1.** bruciare; *(Haus, etc.)* essere ridotto in cenere; **2.** *(Kerze)* consumarsi.

ab·bringen ⟨*irr*⟩ *tr:* **jdn von etw. ~** distogliere qu da qc; **jdn von seiner Meinung ~** far cambiare idea a qu; **jdn vom (rechten) Weg ~** sviare qu.

ab·bröckeln *itr* ⟨*sein*⟩ **1.** *(Verputz)* scrostarsi; **2.** *(Preise, Kurse)* essere in ribasso, cedere.

Abbruch *m* **1.** *(von Lager, Zelt)* smontaggio *m;* **2.** *(von Gebäude)* demolizione *f;* **3.** *fig (von Beziehungen, Verhandlungen)* rottura *f; (von Wettkampf)* sospensione *f;* **einer S. ~ tun** recar danno a qc, nuocere a qc; **auf ~ verkaufen** vendere a scopo di demolizione. **abbruchreif** *a* da demolire, da abbattere.

ab·buchen *tr* defalcare; **einen Betrag vom Konto ~** detrarre una somma dal conto.

Abbuchung *f* detrazione *f,* defalco *m.*

ab·bürsten *tr* spazzolare; **den Mantel ~** spazzolare il cappotto; **den Staub ~** togliere la polvere.

ab·büßen *tr* **1.** *(bes. jur)* scontare; **2.** *(bes. rel)* espiare.

Abc [a:be:ˈt̲se:] ⟨-, -⟩ *n* alfabeto *m,* abbiccì *m;* **nach dem ~ ordnen** mettere in ordine alfabetico.

ab·checken *tr* **1.** *(überprüfen)* verificare, controllare; **2.** *(abhaken)* spuntare.

Abc-Schütze *m* scolaretto *m* alle prime armi *fam.* **ABC-Staaten** *m pl:* **die ~** Argentina *f,* Brasile *m* e Cile *m.* **ABC-Waffen** *f pl* armi *f pl* atomiche, biologiche e chimiche.

ab·danken *itr (sein Amt niederlegen)* dimettersi; *(Herrscher, etc.)* abdicare.

Abdankung ⟨-, -en⟩ *f (Amtsniederlegung)* dimissioni *f pl; (von Herrscher, etc.)* abdicazione *f.*

ab·decken *tr* **1.** *(freilegen)* levare la coperta da, scoprire; **2.** *(Tisch)* sparecchiare; **3.** *(ab-, ver-, zudecken)* coprire; **4.** *(Haus)* scoperchiare; **5.** *com* estinguere.

ab·dichten *tr* applicare una guarnizione a, sigillare; turare; *(Tür, Fenster)* tappare; *(wasserdicht machen)* rendere stagno; *naut* calafatare.

Abdichtung *f* **1.** *(Vorgang)* render *m* stagno; **2.** *(Stelle)* chiusura *f* ermetica; **3.** *(~sstelle)* guarnizione *f;* **4.** *naut* calafataggio *m.*

ab·drängen *tr* spingere via (*jdn von etw.* qu da qc).

ab·drehen *tr* **I.** *tr* ⟨*haben*⟩ **1.** *(Wasser, Gas)* chiudere; *(Licht)* spegnere; **2.** *(entfernen)* staccare; **jdm den Hals ~** strozzare qu; **II.** *itr* ⟨*haben o. sein*⟩ *naut, aero* cambiare rotta, virare.

ab·drosseln *tr* **1.** *tec* strozzare; **2.** *mot* chiudere.

Abdruck[1] ⟨-(e)s, -drücke⟩ *m (Finger~, etc.)* impronta *f.*

Abdruck[2] ⟨-(e)s, -drucke⟩ *m typ* stampa *f,* pubblicazione *f; (das Abgedruckte)* copia *f.*

ab·drucken *tr* pubblicare, stampare.

ab·drücken **I.** *tr* **1.** *(Gewehr)* scaricare; **2.** *(nachbilden)* fare un calco di; **II.** *rfl:* **sich ~** *(in Weiches)* imprimersi.

ab·dunkeln *tr* oscurare.

ab·ebben *itr* ⟨*sein*⟩ **1.** *(Flut)* decrescere; **2.** *fig* diminuire.

abend *adv:* **heute/gestern/morgen/Freitag ~** questa/ieri/domani/venerdì sera; **bis heute ~!** a questa sera!

Abend ['a:bənt] ⟨-s, -e⟩ *m* sera *f; (a. Veranstaltung)* serata *f;* **am ~, des ~s** di (*o.* (al)la) sera; **am ~ vorher** la sera prima; **am folgenden ~** la sera dopo; **eines ~s** una sera; **zu ~ essen** cenare; **jdm einen guten ~ wünschen** augurare (*o.* dare) la buona sera a qu; **es wird ~** si fa sera; **guten ~!** buona sera!; **der Heilige ~** la vigilia di Natale; **jeden ~** ogni sera. **Abendanzug** *m* abito *m* da sera. **Abendblatt** *n* giornale *m* della sera. **Abendbrot** *n s.* **Abendessen. Abenddämmerung** *f* crepuscolo *m.* **Abendessen** *n* cena *f.* **abendfüllend** *a* che occupa l'intera serata. **Abendgesellschaft** *f* serata *f* (*mit Tanz* danzante). **Abendgottesdienst** *m* funzione *f* serale. **Abendgymnasium** *n* liceo *m* serale. **Abendkasse** *f theat* cassa *f,* botteghino *m.* **Abendkleid** *n* abito *m* da sera. **Abendkurs** *m* corso *m* serale. **Abendland** *n:* **das ~** l'Occidente *m.* **abendländisch** [-lɛndɪʃ] *a* occidentale. **Abendmahl** *n rel* comunione *f; (Kunst)* cenacolo *m.* **Abendrot** *n* rosso *m* di sera.

abends ['a:bənts] *adv* di (*o.* la) sera. **Abendschule** *f* scuola *f* serale. **Abendsonne** *f* sole *m* al tramonto. **Abendstern** *m* Venere *f.* **Abendstunden** *f pl* ore *f pl* serali.

Abenteuer ['a:bəntɔy̯ɐ] ⟨-s, -⟩ *n* avventura *f;* **auf ~ ausgehen** andare in cerca di avventure; **ein ~ mit jdm haben** avere un'avventura con qu. **abenteuerlich** *a* **1.** avventuroso; **2.** *(seltsam, bizarr)* strano, bizzarro. **Abenteuerlust** *f* gusto *m* dell'avventura. **Abenteuerroman** *m* romanzo *m* d'avventure. **Abenteuerspielplatz** *m* parco *m* Robinson. **Abenteurer(in)** ['a:bəntɔy̯rɐ (...ərɪn)] ⟨-s, -⟩ *m(f)* avventuriero, -a *m, f.*

aber ['a:bɐ] **I.** *con* **1.** *(Gegensatz)* ma, invece; ciò nonostante, nondimeno; **2.** *(Einschränkung)* però, tuttavia; **3.** *(Verstärkung)* ma; **die Sonne scheint, ~ es ist sehr kalt** c'è il sole, ma fa molto freddo; **klein, ~ fein** piccolo, ma grazioso; **er ist zu Hause, ~ er hat keine Zeit** è a casa, però non ha tempo; **~ ja/natürlich/nein/sicher!** ma sì/naturalmente/no/certo!; **das war ~ nicht nett (von dir)** ma non è stato gentile (da parte tua); **II.** *adv:* **~ und ~mals** ripetutamente; **tausend und ~ tausend, Tausende und ~ Tausende** migliaia e migliaia.

Aber ⟨-s, -⟩ *n* ma *m;* **nach vielen Wenn und ~** dopo molti se e ma.

Aberglaube *m* superstizione *f.*

abergläubisch [-glɔy̯bɪʃ] *a* superstizioso.

ab·erkennen ⟨*irr, ohne ge-*⟩ *tr* non riconoscere (*jdm etw.* qc a qu); *jur* privare (*jdm etw.* qu di qc).

Aberkennung ⟨-, -en⟩ *f* disconoscimento *m; jur* privazione *f;* **~ der bürgerlichen Ehrenrechte** privazione dei diritti civili.

abermals [-ma:ls] *adv* di nuovo, un'altra volta.

ab·ernten *tr* mietere.

Abessinien [abɛ'si:ni̯ən] *n* Abissinia *f.*

Abessinier(in) ⟨-s, -⟩ *m(f)* abissino, -a *m, f.*

abessinisch *a* abissino.

ab·fahren ⟨*irr*⟩ **I.** *itr* ⟨*sein*⟩ **1.** *allg.* partire (*nach* per); *(Schiff)* salpare; **2.** *(Ski)* scendere; **der Zug fährt um 7 Uhr 20 ab** il treno parte alle 7.20; **II.** *tr* ⟨*haben*⟩ **1.** *(Last)* portare via; **2.** *(abtrennen)* troncare; **3.** *(Strecke)* percorrere; **4.** *(Reifen)* consumare.

Abfahrt *f* **1.** *allg.* partenza *f;* **2.** *(Ski~)* discesa *f;* **3.** *(Autobahn~)* uscita *f.* **Abfahrtsstrecke** *f* pista *f* di discesa. **Abfahrt(s)zeit** *f* (orario *m* di) partenza *f.*

Abfall[1] ⟨-(e)s, -fälle⟩ *m* **1.** *(Reste)* residuo *m; (a. radioaktiver ~)* scoria *f; (Küchen~)* rifiuti *m pl* (domestici), immondizie *f pl;* **radioaktiver ~** rifiuto radioattivo, scoria radiottiva.

Abfall[2] ⟨-(e)s, ø⟩ *m* **1.** *allg.* rottura *f;* distacco *m;* **2.** *fig (Glaubens~)* apostasia *f,* rinnegamento *m; (Partei~)* defezione *f,* abbandono *m;* **3.** *(Abnahme)* calo *m,* diminuzione *f;* **4.** *(Neigung)* pendenza *f,* pendio *m.*

Abfalleimer *m* secchio *m* della spazzatura, pattumiera *f.*

ab·fallen ‹*irr*› *itr* ‹*sein*› **1.** *(herunterfallen)* cadere, staccarsi; **2.** *fig (abnehmen)* calare, diminuire; *(bes. sport)* crollare; **3.** *(Gelände)* digradare; *(Straße)* scendere; **4.** *fig (a. von Partei)* abbandonare (*von jdm/etw.* qu/qc); *(von Glauben)* rinnegare (*von etw.* qc), apostatare (*von* da); **5.** *(schlechter sein)* essere inferiore (*gegen* a); **6.** *(übrigbleiben)* rimanere, risultare. **abfallend** *a* in declivio, in pendenza.

abfällig *a (Urteil, Kritik)* sfavorevole; *(Bemerkung)* sprezzante. **Abfallprodukt** *n* prodotto *m* di scarto, sottoprodotto *m.* **Abfallverwertung** *f* riciclaggio *m.*

ab·fangen ‹*irr*› *tr* **1.** *(Brief, Agenten, Nachricht, etc.)* intercettare; *(Funkspruch, etc.)* captare; **2.** *(Stoß)* attutire; *(Schlag)* parare; **3.** *aero* richiamare; *mot* riprendere il controllo di.

ab·färben *itr* **1.** stingere, lasciare il colore (*auf* su); **2.** *fig (beeinflussen)* influenzare (*auf jdn* qu).

ab·fassen *tr* redigere, stendere.

ab·feilen *tr* asportare limando.

ab·fertigen *tr* **1.** *(absenden: Briefe, Pakete)* spedire; **2.** *(zollamtlich)* ispezionare; **3.** *(Kunden)* servire; **4.** *fam (unfreundlich behandeln)* liquidare (con poche parole) *fam.*

Abfertigung *f* **1.** *(Versand)* spedizione *f;* **2.** *(zollamtlich)* visita *f;* **3.** *fam* sbrigare *m,* liquidare *m.*

ab·feuern *tr (Waffe)* scaricare; *(Schuß)* sparare.

ab·finden ‹*irr*› **I.** *tr* compensare, indennizzare; **II.** *rfl:* **sich ~** rassegnarsi (*mit* a).

Abfindung ‹-, -en› *f* indennizzo *m,* liquidazione *f.* **Abfindungssumme** *f* somma *f* pagata a titolo di tacitazione.

ab·flachen I. *tr* ‹*haben*› spianare, appianare; **II.** *itr* ‹*sein*› **1.** digradare dolcemente; **2.** *fig* calare; **III.** *rfl:* **sich ~** digradare (dolcemente), spianarsi.

ab·flauen *itr* ‹*sein*› **1.** *(Wind)* calmarsi; **2.** *fig (Interesse, Begeisterung)* diminuire; *(Geschäfte)* ristagnare.

ab·fliegen ‹*irr*› **I.** *itr* ‹*sein*› *(Vögel)* volare via; *(Flugzeuge)* decollare; *(Personen)* partire con l'aereo (*nach* per); **II.** *tr* ‹*haben*› **1.** *(mit Flugzeug wegbringen)* sgomberare con l'aereo; **2.** *(einen Raum)* sorvolare.

ab·fließen ‹*irr*› *itr* ‹*sein*› scorrere fuori; *(a. Geld)* defluire.

Abflug *m* **1.** *(von Vögeln)* partenza *f;* **2.** *aero* decollo *m.*

Abfluß *m* deflusso *m; fin (von Kapital)* fuga *f.* **Abflußrinne** *f* canale *m* di scarico. **Abflußrohr** *n* tubo *m* di scarico.

ab·fragen *tr* interrogare (*jdn etw.* qu in *o.* su qc).

Abfuhr ['apfu:ɐ̯] ‹-, -en› *f* **1.** sgombero *m,* rimozione *f;* **2.** *fig* rimprovero *m,* rabbuffo *m;* **jdm eine ~ erteilen** opporre un rifiuto a qu.

ab·führen I. *tr* **1.** *(Gefangene)* condurre via; **2.** *(fig, a. Weg)* sviare (*von* da); *(vom Thema)* far deviare (*von* da); **II.** *itr med* purgare.

Abführmittel *n* purga *f,* purgante *m,* lassativo *m.*

ab·füllen *tr (Flüssigkeit)* travasare; *(in Flaschen)* imbottigliare.

Abfüllung *f (von Flüssigkeit)* travaso *m; (in Flaschen)* imbottigliamento *m.*

Abgabe *f* **1.** *(Ablieferung)* consegna *f;* **2.** *(Verkauf)* vendita *f;* **3.** ‹*meist pl*› *(Steuern)* tasse *f pl,* imposte *f pl,* contributi *m pl;* **4.** *sport* passaggio *m;* **5.** *(Ausströmen, Ausstrahlen)* emissione *f,* emanazione *f;* **~ einer Erklärung** rilascio *m* di una dichiarazione. **abgabenfrei** *a* esente da tasse (*o.* imposte). **abgabenpflichtig** *a* tassabile, imponibile.

Abgang *m* **1.** *(Abfahrt)* partenza *f;* **2.** *(Absendung)* invio *m;* **3.** *fig (von Stellung, Arbeit)* ritiro *m,* abbandono *m;* **4.** *theat* uscita *f;* **5.** *med* espulsione *f; (Fehlgeburt)* aborto *m;* **6.** *(Absatz)* smercio *m;* **7.** *com (Verlust)* calo *m.*

abgängig *a A (vermißt, verschollen)* scomparso, disperso.

Abgangszeugnis *n* certificato *m* finale.

Abgas *n* gas *m* di scarico.

abgearbeitet *a* spossato, esaurito.

ab·geben ‹*irr*› *tr* **1.** *(Brief, Schriftstück)* consegnare; **2.** *(Erklärung)* rilasciare; **3.** *(Amt)* dimettersi da; **4.** *(Gepäck, etc.)* depositare; **5.** *(darstellen)* rappresentare; **6.** *sport* passare; **7.** *phys (Wärme)* emanare; *(Strahlungsenergie)* dare; **sich mit etw./jdm ~** occuparsi di qc/qu; **einen Schuß ~** sparare un colpo; **seine Stimme für jdn ~** dare il proprio voto a qu; **sein Urteil über etw. ~** esprimere il proprio giudizio su qc; **abgegebene Stimmen** voti espressi (*o.* dati).

abgebrannt *a* **1.** bruciato; **2.** *fig fam* al verde *fam.*
abgebrüht *a* **1.** sbollentato; **2.** *fig fam* smaliziato.
abgedroschen *a* usato, logoro; *(phrasenhaft)* vuoto, banale; **~e Redensart** modo di dire trito, luogo comune.
abgefeimt ['apgəfaimt] *a* furbo, matricolato.
abgegriffen *a* logoro; *fig* trito e ritrito.
abgehackt *a* tronco; *(Sprechweise)* stentato.
abgehärtet *a* resistente (*gegen* a), temprato (*gegen* a).
ab·gehen ‹*irr*› *itr* ‹*sein*› **1.** *(abfahren, a. Post)* partire; *(Schiff)* salpare (*nach* per); **2.** *(aus Amt)* ritirarsi; *(frühzeitig von der Schule, abbrechen)* abbandonare (*von etw.* qc); **3.** *(Knopf, etc.)* staccarsi; **4.** *(Schauspieler)* uscire (di scena); **5.** *(Ware)* vendersi, smerciarsi; **6.** *(abzweigen)* diramarsi; **7.** *(von seiner Meinung)* cambiare (*von etw.* qc), mutare (*von etw.* qc); *(von einem Prinzip)* derogare (*von* a); **von seinen Forderungen ~** rinunciare alle proprie richieste; **reißend ~** *com* andar a ruba; **von der Wahrheit ~** scostarsi dalla verità; **es ging nicht ohne Streit ab** sorse una lite; **es gehen drei Mark ab** vanno dedotti tre marchi; **er geht mit sehr ab** mi manca molto.
abgekämpft *a* esausto, spossato, esaurito.
abgekartet ['apgəkartət] *a:* **ein ~es Spiel** una cosa concertata; **eine ~e Sache** una cosa combinata.
abgeklärt *a* posato; *(weise)* saggio.
abgelagert *a* *(Wein)* invecchiato; *(Holz, Käse)* stagionato.
abgelaufen *a* **1.** *(Schuhe)* consumato; **2.** *(Termin, Frist, Wechsel)* scaduto.
abgelegen *a* remoto, appartato, fuori mano.
abgemacht *a* concordato, convenuto, pattuito; **~!** d'accordo!, intesi!
abgeneigt *a* avverso, sfavorevole, contrario; **einer S. ~ sein** essere contrario a qc; **jdm ~ sein** avere in antipatia qu.
abgenutzt *a* logoro, consumato, consunto.
Abgeordnete ['apgəˀɔrdnətə] ‹ein -r, -n, -n› *mf* deputato, -a *m, f.* **Abgeordnetenhaus** *n* camera *f* dei deputati.
abgerissen *a* *(Kleidung)* stracciato; *fig (zusammenhanglos)* sconnesso.
abgerundet *a* **1.** arrotondato; **2.** *fig (Werk)* compiuto; *(Stil)* armonioso.
abgeschieden *a* *(entlegen)* appartato; solitario. **Abgeschiedenheit** ‹-, ø› *f* isolamento *m,* solitudine *f.*
abgeschlafft ['apgəʃlaft] *a sl* spompato *fam.*
abgeschlossen *a* **1.** chiuso a chiave; **2.** *(getrennt)* separato, indipendente; **3.** *fig (vollendet)* terminato, concluso, compiuto.
abgeschmackt ['apgəʃmakt] *a* *(fade)* insipido; *(geistlos)* insulso; *(albern)* sciocco.
abgesehen *adv:* **~ von** a prescindere da, eccetto; **davon ~** a parte questo; **von einigen Ausnahmen ~** tranne qualche eccezione; **es auf etw./jdn ~ haben** aver preso di mira qc/qu.
abgespannt *a* spossato, snervato, esaurito. **Abgespanntheit** *f* spossatezza *f.*
abgestanden *a* guasto; *(Luft)* viziato; *(Phrase)* stantio; *(Bier)* svanito.
abgestorben *a* **1.** *(Glieder)* intorpidito; **2.** *(Pflanze)* inaridito.
abgestumpft *a* ottuso (*gegen* a), insensibile (*gegen* a).
abgetragen *a* logoro, consunto.
ab·gewinnen ‹*irr, ohne ge-*› *tr* **1.** *(Geld)* vincere (*jdm etw.* qc a qu); **2.** *(abbringen)* strappare; **3.** *(Achtung, Vertrauen)* guadagnarsi; **einer S. Geschmack ~** provar gusto in qc; **jdm ein Lächeln ~** strappare un sorriso a qu.
ab·gewöhnen ‹*ohne ge-*› *tr:* **jdm etw. ~** disabituare qu da qc, far perdere a qu l'abitudine (*o.* il vizio) di qc; **sich** *(dat)* **das Rauchen ~** levarsi il vizio di fumare.
Abgott *m* idolo *m.*
ab·grasen *tr* **1.** brucare l'erba di, pascolare; **2.** *fig* sfruttare.
ab·grenzen *tr* **1.** delimitare; **2.** *fig* determinare, definire.
Abgrenzung ‹-, -en› *f* **1.** delimitazione *f;* **2.** *fig* determinazione *f,* definizione *f.*
Abgrund *m* abisso *m,* precipizio *m;* **am Rande des ~s stehen** essere sull'orlo del precipizio.
ab·gucken *tr* **1.** *(Trick)* apprendere (*jdm etw.* qc da qu); **2.** *(Schüler: abschreiben)* copiare (*von* da).
Abguß *m* **1.** *(Gießvorgang, -resultat)* getto *m;* **2.** *(Kunst)* calco *m.*
ab·hacken *tr* troncare, tagliare.
ab·halten ‹*irr*› *tr* **1.** *(fernhalten)* tenere lontano (*von* da); *(abwehren: Fliegen)* scacciare; **2.** *(hindern)* impedire; *(von Arbeit)* distogliere (*von* da); **3.** *(Sitzung)* tenere; *(Gottesdienst)* celebrare; **4.** *(Kind)* far fare i bisogni

(*ein Kind* ad un bambino); **Unterricht ~** fare lezione; **lassen Sie sich nicht ~!** non si lasci distrarre!

ab·handeln *tr* **1.** *(abkaufen)* ottenere trattando (*jdm etw.* qc da qu); **2.** *(vom Preis)* ottenere una riduzione di; **3.** *fig (schriftlich)* trattare.

abhanden [ap'handən] *adv:* **~ kommen** andare smarrito (*o.* perduto).

Abhandlung *f* trattato *m* (*über* su), dissertazione *f (über* su).

Abhang *m* pendio *m.*

ab·hängen I. ‹*reg*› *tr* **1.** *(herunternehmen)* staccare; **2.** *Eisenb., mot* sganciare; **3.** *fig, sport* distaccare; **II.** ‹*irr*› *itr* dipendere (*von* da); **es hängt nur von Ihnen ab** dipende solo da Lei.

abhängig *a* dipendente (*von* da); *(Vorschrift)* soggetto (*von* a); **etw. ~ machen von** subordinare qc a; **von jdm ~ sein** dipendere da qu. **Abhängigkeit** ‹-, ø› *f* dipendenza *f* (*von* da), subordinazione *f* (*von* a); **gegenseitige ~** interdipendenza *f.*

ab·härten *tr* temprare, rendere resistente (*gegen* a).

Abhärtung *f* irrobustimento *m.*

ab·hauen[1] ‹*irr*› *tr* tagliare, mozzare.

ab·hauen[2] ‹*irr*› *itr* ‹*sein*› *fam (weggehen)* andarsene, tagliare la corda *fam;* **hau ab!** vattene! *fam.*

ab·heben ‹*irr*› **I.** *tr* **1.** togliere; *(Hörer)* staccare; *(Spielkarten)* sollevare; **2.** *fin* prelevare; **II.** *itr aero* decollare; **III.** *rfl:* **sich ~** delinearsi (*von* su, contro); distinguersi (*von* da).

ab·heften *tr (in Ordner)* mettere in un classificatore.

ab·helfen ‹*irr*› *itr* rimediare (*einer S.* a qc); *(Schwierigkeit)* togliere di mezzo; **dem kann abgeholfen werden** per questo c'è rimedio.

ab·hetzen I. *tr* stancare, affaticare; **II.** *rfl:* **sich ~** affannarsi, affaticarsi.

Abhilfe *f* rimedio *m,* riparo *m;* **~ schaffen** trovar rimedio (*in etw.* a qc).

ab·hobeln *tr* **1.** *(glätten)* piallare; **2.** *(weghobeln)* asportare piallando.

ab·holen *tr (Person, Sache)* andare a prendere; *(Paket, Theaterkarten)* ritirare; **jdn vom Bahnhof ~** andare a prendere qu alla stazione; **~ lassen** mandare a prendere.

ab·holzen *tr* disboscare.

Abhöraffäre *f* scandalo *m* di spionaggio telefonico. **Abhöranlage** *f* dispositivo *m* di intercettazione telefonica.

ab·horchen *tr* **1.** *med* auscultare; **2.** *tel, radio* intercettare.

ab·hören *tr* **1.** *(aufsagen lassen)* far dire; **2.** *tel, radio* intercettare; **3.** *(Schallplatte, etc.)* ascoltare; **4.** *med* auscultare.

Abi ['abi] ‹-s, -s› *n fam ab von* **Abitur.**

Abitur [abi'tu:ɐ] ‹-s, -e› *n* maturità *f.*

Abiturient(in) [...tu'ri̯ɛnt(ɪn)] ‹-en, -en› *m(f)* **1.** *(vor, im Abitur)* maturando, -a *m, f;* **2.** *(nach Abitur)* maturato, -a *m, f.*

ab·jagen *tr* strappare.

ab·kapseln I. *tr* incapsulare; **II.** *rfl:* **sich ~** isolarsi (*von* da).

ab·kaufen *tr* **1.** acquistare (*jdm etw.* qc da qu); **2.** *fam (glauben)* credere (*jdm etw.* qc a qu); **diese Geschichte kaufe ich dir nicht ab!** non me la dai d'intendere! *fam.*

ab·kehren[1] *rfl:* **sich ~** scostarsi (*von* da); **sich von der Welt ~** isolarsi (*o.* distaccarsi) dal mondo.

ab·kehren[2] *tr* spazzolare (via).

ab·klappern *tr fam* percorrere (*etw. nach etw.* qc in cerca di qc), battere (*etw. nach etw.* qc in cerca di qc).

ab·klären I. *tr* **1.** schiarire; **2.** *fig* chiarire; **3.** *chem* decantare; **II.** *rfl:* **sich ~** *(Flüssigkeiten, a. fig)* chiarificarsi.

Abklärung *f* chiarimento *m.*

Abklatsch ‹-(e)s, -e› *m pej* imitazione *f.*

ab·klingen ‹*irr*› *itr* ‹*sein*› **1.** *(Ton)* spegnersi; **2.** *fig (Erregung)* diminuire; *(Schmerz)* calmarsi.

ab·klopfen *tr* **1.** battere (per togliere qc); **2.** *med* percuotere.

ab·knicken I. *tr* ‹*haben*› spezzare; **II.** *itr* ‹*sein*› curvare.

ab·knöpfen *tr* **1.** sbottonare; **2.** *fig fam* spillare (*jdm etw.* qc a qu) *fam.*

ab·knutschen *tr fam* sbaciucchiare *fam.*

ab·kochen *tr (Wasser)* far bollire; *(Fleisch, Kartoffeln)* lessare.

ab·kommandieren ‹*ohne ge-*› *tr* distaccare.

ab·kommen ‹*irr*› *itr* ‹*sein*› **1.** *(vom Weg)* deviare (*von* da); **2.** *(loskommen)* liberarsi (*von* da); **gut ~** *sport* fare una buona partenza; **vom Kurs ~** *naut, aero* uscire di rotta; **von seiner Rede ~** perdere il filo del discorso; **vom Thema ~** deviare dall'argomento; **vom Weg ~** allontanarsi dalla strada, smarrirsi; **vom rechten Weg ~** *fig* allontanarsi dalla retta via; **ich komme nicht davon ab** questo non mi esce di testa; **ich bin längst davon abgekommen** a questo ho rinunciato da molto tempo.

Abkommen ‹-s, -› *n* **1.** *(Übereinkunft)* accordo *m;* **2.** *pol* convenzione *f* (*über* su), patto *m* (*über* su); **ein ~**

treffen stiupulare un patto (*o.* una convenzione).

abkömmlich ['apkœmlıç] *a* disponibile, libero.

Abkömmling ['apkœmlıŋ] ⟨-s, -e⟩ **1.** *m (Nachkomme)* discendente *mf;* **2.** *chem* derivato *m.*

ab·koppeln *tr* staccare, sganciare.

ab·kratzen I. *tr* ⟨*haben*⟩ **1.** *(Schmutz, Farbe)* togliere grattando; **2.** *(Gegenstand)* raschiare; **II.** *itr* ⟨*sein*⟩ *vulg* tirare le cuoia *vulg.*

ab·kriegen *tr fam* **1.** *(sein Teil bekommen)* ricevere; **2.** *(erleiden)* riportare (*einen Schaden* un danno); **Schläge ~** buscarle *fam.*

ab·kühlen I. *tr* raffreddare; **II.** *rfl:* **sich ~** raffreddarsi; *(Wetter)* rinfrescare; *(Mensch: sich erfrischen)* rinfrescarsi.

Abkühlung *f* raffreddamento *m.*

ab·kürzen *tr* **1.** *(kürzer machen)* accorciare; **2.** *(Weg)* accorciare; **3.** *(Wort)* abbreviare.

Abkürzung *f* **1.** *allg.* accorciamento *m;* **2.** *(kürzerer Weg)* accorciatoia *f;* **3.** *(abgekürztes Wort)* abbreviazione *f.* **Abkürzungsverzeichnis** *n* elenco *m* delle abbreviazioni.

ab·laden ⟨*irr*⟩ *tr* scaricare.

Ablage *f* **1.** *(von Akten)* archiviazione *f;* **2.** *(Ort)* deposito *m,* magazzino *m;* *(Akten~)* archivio *m.*

ab·lagern I. *tr* ⟨*haben*⟩ depositare; **II.** *itr* ⟨*sein*⟩ *(Holz, Käse, Tabak)* stagionare; *(Wein)* invecchiare; **III.** *rfl:* **sich ~** depositarsi.

Ablagerung *f* **1.** *geol* sedimentazione *f;* **2.** *(Abgelagertes)* deposito *m;* **3.** *(Deponieren)* scarico *m;* **4.** *(Lagerung)* stagionatura *f,* invecchiamento *m.*

Ablaß ['aplas] ⟨-lasses, -lässe⟩ *m* indulgenza *f.*

ab·lassen ⟨*irr*⟩ **I.** *tr* **1.** *(Flüssigkeiten)* far defluire; *(Gas)* scaricare; **2.** *(Faß, Teich)* (s)vuotare; **3.** *(abgeben)* cedere; *(verkaufen)* vendere; **4.** *com* scontare; **II.** *itr:* **von etw. ~** desistere da qc; **von jdm ~** lasciare qu.

Ablauf *m* **1.** *(das Ablaufen)* deflusso *m;* *(Ausguß)* scarico *m;* **2.** *(von Vorgang)* (de)corso *m;* **3.** *(von Frist, Vertrag)* scadenza *f,* termine *m;* **nach ~ von ...** al termine (*o.* alla fine) di ...; **nach ~ der Frist** alla scadenza.

ab·laufen ⟨*irr*⟩ **I.** *itr* ⟨*sein*⟩ **1.** *(abfließen)* defluire, scorrere; **2.** *(sich entleeren)* svuotarsi; **3.** *(Vorgang, a. Tonband)* svolgersi; *(Film)* venir proiettato; **4.** *fig (zu Ende gehen)* andare a finire; *(Frist, Vertrag, Visum)* scadere, spirare; **II.** *tr* ⟨*haben*⟩ **1.** *(Schuhe, Sohlen)* consumare camminando; **2.** *(Strecke)* percorrere.

Ablaut *m* apofonia *f,* alternanza *f* vocalica.

ab·lecken *tr* leccare (via) (*von* da); **sich** *(dat)* **die Finger ~** leccarsi le dita.

ab·legen I. *tr* **1.** deporre; **2.** *(Kleider)* levarsi; *(nicht mehr tragen)* smettere; **3.** *(Gewohnheit, etc.)* togliersi; **4.** *(Brief, Akten)* classificare; **5.** *(Karten im Spiel)* scartare; **einen Eid ~** prestare giuramento; **einen Fehler ~** correggersi di un difetto; **ein Geständnis ~** fare una confessione; **eine Probe ~** sostenere una prova; **eine Prüfung ~** fare (*o.* sostenere) un esame; **Rechenschaft ~** rendere conto (*über* di); **die Trauer ~** smettere di portare il lutto; **ein Zeugnis ~** prestare testimonianza (*über* di); **abgelegte Kleider** vestiti smessi; **II.** *itr* levarsi, togliersi; **legen Sie ab!** si levi il cappotto!

Ableger ⟨-s, -⟩ *m bot* propaggine *f.*

ab·lehnen *tr* rifiutare; *(Einladung, Ehrung, Wahl, etc.)* declinare; *(Antrag, Gesuch)* respingere; **jdn ~** respingere qu; **ein Amt ~** rifiutare (*o.* declinare) un incarico. **ablehnend** *a* contrario, sfavorevole, negativo; **sich ~ verhalten** mostrarsi sfavorevole (*gegenüber* a); **~e Antwort** risposta negativa.

Ablehnung ⟨-, -en⟩ *f* rifiuto *m;* *(von Antrag)* rigetto *m;* *jur* ricusazione *f.*

ab·leiten *tr* **1.** *(Wasserlauf, Blitz)* deviare; **2.** *ling, mat, el, fig* derivare; **3.** *(folgern)* dedurre, trarre.

Ableitung *f* **1.** *(Vorgang)* deviazione *f;* **2.** *(Folgerung)* deduzione *f;* **3.** *ling, el, fig* derivazione *f;* *mat* derivata *f.*

ab·lenken *tr* **1.** *(zerstreuen)* distarre (*jdn von etw.* qu da qc); **2.** *(Gedanken, Aufmerksamkeit)* distogliere; *(Verdacht)* allontanare; **3.** *(Wasser, etc.)* deviare.

Ablenkung *f* **1.** deviazione *f;* **2.** *(Zerstreuung)* distrazione *f,* svago *m.* **Ablenkungsmanöver** *n* manovra *f* diversiva.

ab·lesen ⟨*irr*⟩ *tr* **1.** *(Rede)* leggere (*von* da); **2.** *(Zähler)* leggere, rilevare; **3.** *(erschließen)* dedurre; **jdm etw. an den Augen ~** leggere a qu qc negli occhi.

ab·leugnen *tr* **1.** *(Schuld)* negare; **2.** *(Glauben)* rinnegare.

ab·liefern *tr* consegnare.

Ablieferung *f* consegna *f.*

ablösbar *a* **1.** *(abtrennbar)* staccabile, separabile; **2.** *fin* ammortizzabile;

(Rente, Versicherung) riscattabile; *(Anleihe)* rimborsabile.

ab·löschen *tr gastr* spegnere.

ab·lösen I. *tr* **1.** *(entfernen)* staccare (*von* da); **2.** *(bei Arbeit)* dare il cambio (*mit* a), alternarsi (*mit* con); *mil* rilevare; *(im Amt)* sostituire; **3.** *fin* ammortizzare; *(Rente, Versicherung)* riscattare; **II.** *rfl:* **sich ~** *(Farbe)* staccarsi; *(Haut)* squamarsi.

Ablösesumme *f sport* riscatto *m.*

Ablösung *f* **1.** *(das Loslösen)* stacco *m;* **2.** *(bei Tätigkeit)* cambio *m; (a. mil)* rilevamento *m; (im Amt)* sostituzione *f;* **3.** *fin* riscatto *m.*

ab·machen[1] *tr (wegmachen)* togliere, staccare.

ab·machen[2] *tr* **1.** *(vereinbaren)* concordare; *jur* stipulare; **2.** *(abschließen)* concludere; **das war nicht abgemacht** questo non è stato convenuto; **das sollen sie unter sich ~!** si arrangino!; **abgemacht!** d'accordo!

Abmachung ‹-, -en› *f (Vereinbarung)* accordo *m; jur* stipulazione *f.*

ab·magern *itr* ‹*sein*› dimagrire.

Abmagerungskur *f* cura *f* dimagrante.

ab·malen *tr* dipingere; *(kopieren)* copiare.

ab·marschieren ‹*ohne ge-*› *itr* ‹*sein*› partire, mettersi in marcia.

ab·melden I. *tr* **1.** *(von der Schule)* ritirare; **2.** *(Besuch)* disdire; **das Telefon ~** disdire il telefono; **die Zeitung ~** disdire il giornale (*o.* l'abbonamento al giornale); **den Fernseher ~** disdire la televisione (*o.* l'abbonamento alla televisione); **II.** *rfl:* **sich ~ 1.** *(bes. mil)* congedarsi; **2.** *(polizeilich)* notificare il cambiamento di residenza (*bei* a, presso).

ab·messen ‹*irr*› *tr* misurare.

ab·montieren ‹*ohne ge-*› *tr* smontare; *(Anlagen)* smantellare.

ab·mühen *rfl:* **sich ~** darsi pena (*mit* con).

ab·nabeln I. *tr* tagliare il cordone ombelicale a; **II.** *rfl:* **sich ~** *fig* staccarsi.

ab·nagen *tr* rosicchiare.

Abnahme ['apna:mə] ‹-, -n› *f* **1.** *(Wegnahme)* asportazione *f,* rimozione *f; med* amputazione *f;* **2.** *(Verringerung)* diminuzione *f,* calo *m; (Schwächerwerden)* indebolimento *m;* 3. *com* acquisto *m;* **4.** *(Prüfung)* collaudo *m;* **bei ~ von ...** all'acquisto di ...; **~ finden** trovare smercio.

ab·nehmen ‹*irr*› **I.** *tr* **1.** *(Bild, tel)* staccare; *(Wäsche)* levare; *(Hut, Brille, Verband)* togliere; **2.** *med* amputare, asportare; **3.** *(rauben)* rubare; *(durch List)* sottrarre; **4.** *(prüfen)* controllare; *(Neubau, Maschine)* collaudare; **5.** *(abkaufen)* acquistare; **jdm eine Besorgung ~** sbrigare una commissione per qu; **den Hut vor jdm ~** togliersi il cappello davanti a qu; **jdm die Arbeit ~** sostituire qu nel lavoro; **jdm eine Sorge ~** togliere una preoccupazione a qu; **die Parade ~** passare in rivista le truppe; **jdm ein Versprechen ~** far promettere qc a qu; **er hat in einer Woche 4 Pfund abgenommen** in una settimana è dimagrito (di) 2 chili; **II.** *itr* **1.** *(kleiner werden)* diminuire; *(kürzer werden, a. Tage)* accorciarsi; *(schwächer werden)* indebolirsi; *(Mond)* decrescere; **2.** *(an Gewicht)* dimagrire.

Abnehmer ‹-s, -› *m* acquirente *m,* compratore *m.*

Abneigung *f* avversione *f* (*gegen* per), antipatia *f* (*gegen* per).

abnorm [ap'nɔrm] *a* anormale, abnorme.

Abnormität [...mi'tɛ:t] ‹-, -en› *f* anormalità *f; (a. med)* anomalia *f.*

ab·nutzen I. *tr* consumare, logorare; **II.** *rfl:* **sich ~** consumarsi, logorarsi.

Abnutzung *f* usura *f,* logorio *m,* consumo *m.*

Abonnement [abɔnə'mã:] ‹-s, -s› *n* abbonamento *m* (*auf* a); **das ~ kündigen** disdire l'abbonamento; **das ~ erneuern** riabbonarsi; **ein ~ haben** essere abbonato.

Abonnent(in) [...'nɛnt(ɪn)] ‹-en, -en› *m(f)* abbonato, -a *m, f.*

abonnieren [...'ni:rən] ‹*ohne ge-*› **I.** *tr* abbonare; **II.** *itr:* **auf etw. abonniert sein** essere abbonato a qc.

ab·ordnen *tr* delegare; *parl* deputare.

Abordnung *f* delegazione *f,* deputazione *f.*

Abort[1] [a'bɔrt] ‹-s, -e› *m (WC)* gabinetto *m,* ritirata *f.*

Abort[2] [a'bɔrt] ‹-s, -e› *m med* aborto *m.*

ab·passen *tr* **1.** *(jdm auflauern)* appostare; **2.** *(Gelegenheit, etc.)* attendere.

ab·perlen *itr* ‹*sein*› imperlarsi (*von* su).

ab·pfeifen ‹*irr*› *tr:* **das Spiel ~** fischiare la fine del gioco.

Abpfiff *m* fischio *m* finale.

ab·pflücken *tr* cogliere.

ab·prallen *itr* ‹*sein*› **1.** rimbalzare (*an, von* contro); **2.** *fig (Vorwürfe)* rimanere senza effetto.

ab·putzen *tr* **1.** *(Staub)* spolverare; *(Dreck)* pulire; **2.** *(Gegenstand)* pulire.

ab·quälen *rfl:* **sich ~** affaticarsi; *fig* tormentarsi.
ab·rackern *rfl:* **sich ~** *fam* sfacchinare *fam.*
Abraham ['a:braham] *(männlicher Vorname)* Abramo.
ab·rahmen *tr* scremare.
ab·raten ‹*irr*› *itr* sconsigliare (*jdm von etw.* qc a qu), dissuadere (*jdm von etw.* qu da qc).
Abraum *m* **1.** *min* strato *m* di copertura; **2.** *(Schutt)* detriti *m pl.*
ab·räumen *tr* **1.** *(Sachen)* sgombrare (*vom Tisch* dal tavolo); **2.** *(Tisch)* sparecchiare.
ab·reagieren ‹*ohne ge-*› **I.** *tr* sfogare (*an* su), scaricare (*an* su); **II.** *rfl:* **sich ~** scaricarsi (*an* su).
ab·rechnen I. *itr* chiudere il conto; **mit jdm ~** fare i conti con qu; **darf ich ~?** posso fare il conto?; **II.** *tr (abziehen)* detrarre, dedurre.
Abrechnung *f* **1.** *(Rechnungsabschluß)* liquidazione *f;* **2.** *fig* resa *f* dei conti; **3.** *(Abzug)* deduzione *f,* detrazione *f,* defalco *m;* **nach ~ von ...** dedotto ..., defalcato ...; **etw. in ~ stellen** mettere in conto qc.
ab·reiben ‹*irr*› *tr* **1.** *(beseitigen)* sfregare; **2.** *(säubern)* pulire strofinando; **3.** *(trocknen)* frizionare.
Abreibung *f* **1.** *med* frizione *f;* **2.** *fam (Prügel)* bastonate *f pl.*
Abreise *f* partenza *f* (*nach* per); **bei meiner ~** alla mia partenza.
ab·reisen *itr* ‹*sein*› partire (*nach* per).
ab·reißen ‹*irr*› **I.** *tr* ‹*haben*› **1.** *(Plakat, Blatt)* staccare, strappare; **2.** *(Gebäude)* abbattere; **II.** *itr* ‹*sein*› **1.** *(Knopf, Faden)* staccarsi, strapparsi; **2.** *(Verbindung, Kontakt)* interrompersi.
Abreißkalender *m* calendario *m* a fogli staccabili.
ab·richten *tr* addestrare.
ab·riegeln *tr (Tür)* chiudere con chiavistello; *(Straße, Viertel)* sbarrare.
Abriß *m* **1.** *(Abbruch)* demolizione *f;* **2.** *(Skizze)* schizzo *m,* abbozzo *m;* **3.** *(kurze Darstellung)* compendio *m.*
ab·rollen I. *tr* ‹*haben*› srotolare, svolgere; **II.** *itr* ‹*sein*› srotolarsi; *(Programm, Leben, etc.)* svolgersi.
ab·rücken I. *tr* ‹*haben*› scostare; **II.** *itr* ‹*sein*› **1.** scostarsi (*von* da); *(a. fig)* allontanarsi (*von* da); **2.** *mil* partire in ordine.
Abruf *m* **1.** *(Abberufung)* richiamo *m;* **2.** *com* ordine *m* di consegna; **etw. auf ~ kaufen** acquistare qc a consegna dilazionata; **auf ~ bereit sein** essere a disposizione per consegna dilazionata (su richiesta). **abrufbar** *a inform* disponibile in registro, registrato. **abrufbereit** *a* a disposizione.
ab·rufen ‹*irr*› *tr inform* richiamare; *(von Konto)* prelevare.
ab·runden *tr* **1.** *(a. Summen)* arrotondare; **2.** *(vervollkommnen)* completare; *(Stil)* perfezionare.
abrupt [ap'rupt] *a* improvviso, repentino.
ab·rüsten *tr, itr* disarmare.
Abrüstung *f* disarmo *m.* **Abrüstungsgespräche** *n pl* trattative *f pl* per il disarmo. **Abrüstungskonferenz** *f* conferenza *f* per il (*o.* sul) disarmo. **Abrüstungsverhandlungen** *f pl* negoziati *m pl* per il disarmo.
ab·rutschen *itr* ‹*sein*› **1.** *(hin~)* scivolare giù (*o.* via); **2.** *mot* slittare; **3.** *aero* derapare; **4.** *fam (Leistungen)* calare.
Abruzzen [a'brutsən] ‹*pl*› Abruzzo *m,* Abruzzi *m pl.*
Abs. *ab von* **Absender** mitt. (*ab von* mittente).
ab·sacken *itr* ‹*sein*› **1.** *(Boden, Fundament)* abbassarsi; **2.** *(Schiff)* affondare; **3.** *aero* perdere quota; **4.** *(Blutdruck, Schüler)* calare; **5.** *(moralisch)* decadere.
Absage *f* **1.** *(Antwort)* risposta *f* negativa; **2.** *(Zurücknahme)* revoca *f;* **3.** *(Ablehnung)* rifiuto *m;* **jdm eine ~ erteilen** opporre un rifiuto a qu.
ab·sagen I. *tr* disdire; **II.** *itr* scusarsi di non poter venire (*jdm* da *o.* presso qu).
ab·sägen *tr* **1.** *(Baum, Ast)* segare; **2.** *fig fam (Beamten, etc.)* liquidare, silurare.
ab·sahnen I. *tr* **1.** *(Milch)* scremare; **2.** *fam (Geld, etc.)* far man bassa di; **II.** *itr fam* far man bassa.
Absatz *m* **1.** *typ* capoverso *m,* paragrafo *m; jur* capoverso *m;* **2.** *(Treppen~)* pianerottolo *m;* **3.** *(Schuh~)* tacco *m;* **4.** *(Verkauf)* collocamento *m,* vendita *f;* **~ finden** *com* trovare collocamento, vendersi; **reißenden ~ finden** andare a ruba; **Schuhe mit hohen Absätzen** scarpe col tacco alto; **einen ~ machen** *(beim Schreiben)* andare a capo; **~!** *(bei Diktat)* a capo. **Absatzgebiet** *n* zona *f* di smercio, mercato *m.* **Absatzmarkt** *m* mercato *m,* sbocco *m.* **Absatzschwierigkeiten** *f pl* difficoltà *f pl* di smercio. **Absatzsteigerung** *f* incremento *m* delle vendite.
ab·saugen *tr* **1.** *(Flüssigkeit, Gas)* aspirare; **2.** *(säubern)* pulire con l'aspirapolvere.

ab·schaben *tr* raschiare.

ab·schaffen *tr (aufheben)* abolire, sopprimere; *(Gesetz)* abrogare, annullare; *(Dinge)* rinunciare a, eliminare.

Abschaffung *f allg.* abolizione *f,* soppressione *f; jur* abrogazione *f; (von Dingen)* eliminazione *f.*

ab·schälen I. *tr (Apfel)* sbucciare; *(Rinde)* scortecciare; II. *rfl:* **sich** ~ *(Haut)* squamarsi.

ab·schalten I. *tr* 1. *el* interrompere, disinserire, disinnestare; 2. *(Radio, Motor)* spegnere; II. *itr fam* non pensare più a nulla.

ab·schätzen *tr (mit Augen)* stimare; *(berechnend)* valutare.

abschätzig *adv:* **von jdm ~ sprechen** parlare con disprezzo di qu.

Abschaum *m pej:* **der ~ der Menschheit** la feccia dell'umanità.

Abscheu ‹-(e)s, ø› *m* orrore *m,* ribrezzo *m; (Abneigung)* avversione *f,* ripugnanza *f,* ripulsione *f;* **~ erregen** fare ribrezzo, destare orrore; **~ vor etw. haben** detestare (*o.* aborrire) qc.

ab·scheuern I. *tr* 1. *(Schmutz, etc.)* togliere sfregando; 2. *(Fußboden, etc.)* pulire strofinando; 3. *(Kleidung, etc.)* consumare, logorare; II. *rfl:* **sich** ~ consumarsi, logorarsi.

abscheulich [ap'ʃɔylɪç] *a* orribile, ripugnante; *(Verbrechen)* atroce; *(Mensch)* detestabile.

ab·schicken *tr* spedire, inviare, mandare.

ab·schieben ‹*irr*› *tr* 1. *(von der Wand, etc.)* scostare (*von* da); 2. *(Verantwortung)* allontanare; *(Schuld)* far ricadere (*auf* su); 3. *(Flüchtlinge, Ausländer, etc.)* espellere.

Abschied ['apʃi:t] ‹-(e)s, -e› *m* 1. *(Abreise)* partenza *f;* 2. *(Trennung)* distacco *m,* separazione *f;* 3. *mil* congedo *m;* 4. *(Ausscheiden aus dem Amt)* licenziamenzo *m; (freiwillig)* dimissioni *f pl;* **jdm den ~ geben** licenziare qu; **von jdm ~ nehmen** congedarsi da qu, accomiatarsi da qu; **seinen ~ nehmen** dare le dimissioni, andare in pensione. **Abschiedsfeier** *f* festa *f* d'addio. **Abschiedskuß** *m* bacio *m* d'addio. **Abschiedsszene** *f* scena *f* d'addio.

ab·schießen ‹*irr*› *tr* 1. *(Schuß)* sparare; 2. *(Pfeil)* scoccare; *(Geschoß)* tirare; *(Gewehr)* scaricare; 3. *(Rakete)* lanciare; 4. *(Flugzeug, Vogel)* abbattere; 5. *(Körperteil)* portar via, asportare con un colpo d'arma da fuoco; 6. *fig fam* silurare.

ab·schirmen *tr* schermare (*gegen* da).

ab·schlachten *tr (Tiere)* macellare; *fig* massacrare.

Abschlag *m* 1. *(Anzahlung)* acconto *m;* 2. *(Preisrückgang)* ribasso *m; (Preisnachlaß)* sconto *m;* 3. *(Rate)* rata *f;* **auf ~ zahlen** pagare a rate.

ab·schlagen ‹*irr*› *tr* 1. staccare; *(Gerüst)* smontare; 2. *(Angriff)* respingere; 3. *fig* rifiutare (*jdm etw.* qc a qu); **er kann niemandem etw. ~** non riesce a rifiutare niente a nessuno.

abschlägig ['apʃlɛ:gɪç] *a:* **~e Antwort** risposta negativa; **jdn ~ bescheiden** *geh* dare una risposta negativa a qu.

Abschlagszahlung *f* acconto *m; (Ratenzahlung)* pagamento *m* rateale.

ab·schleifen ‹*irr*› *tr* 1. *(entfernen)* togliere molando; 2. *(glätten)* molare, levigare; 3. *(abnutzen)* logorare, consumare; *fig* dirozzare, ingentilire.

Abschleppdienst *m* servizio *m* ricovero officina.

ab·schleppen *tr* 1. *mot, naut* rimorchiare; 2. *scherz sl (Gegenstand)* trascinare via; *(Menschen)* rimorchiare.

Abschleppseil *n* cavo *m* da rimorchio. **Abschleppwagen** *m* carro *m* attrezzi.

ab·schließen ‹*irr*› I. *tr* 1. *(zuschließen)* chiudere a chiave; 2. *fig (beenden)* terminare, finire; *(erledigen)* regolare; 3. *(Handel, Vertrag, Rede, Brief)* concludere; *(Versicherung)* stipulare; **ein Geschäft ~** concludere un affare; **luftdicht ~** chiudere ermeticamente; **sein Studium ~** concludere gli studi; **eine Wette ~** fare una scommessa; II. *itr* 1. *(enden)* chiudere, finire; 2. *(beenden)* finirla (*mit* con) *fam,* farla finita (*mit* con) *fam;* **mit einem Gewinn ~** chiudere in attivo. **abschließend** I. *a* conclusivo; II. *adv* per concludere, in conclusione.

Abschluß *m* 1. *(Verschluß)* chiusura *f;* 2. *(Ende)* fine *f,* termine *m,* conclusione *f;* 3. *(Geschäfts~, Vertrags~)* conclusione *f;* 4. *(Kauf~)* contratto *m* d'acquisto; **zum ~** a conclusione; **zum ~ bringen** portare a termine. **Abschlußprüfung** *f* 1. *(in Schule)* esame *m* finale (*o.* di licenza); 2. *com* revisione *f* del bilancio di chiusura. **Abschlußzeugnis** *n* diploma *m* (di licenza).

ab·schmecken *tr* 1. *(probieren)* assaggiare; 2. *(würzen)* condire *(ein Gericht mit etw.* un piatto con qc).

ab·schminken I. *tr* togliere il trucco a; II. *rfl:* **sich ~** togliersi il trucco;

sich *(dat)* **etw.** ~ *sl* togliersi qc di testa.
ab·schmirgeln *tr* smerigliare.
ab·schnallen **I.** *tr* *(Schlittschuhe)* slacciare; *(Skier)* togliere; **II.** *itr sl* restar di stucco *fam.*
ab·schneiden ‹*irr*› **I.** *tr* **1.** tagliare via, recidere; *(Haare)* tagliare; **2.** *fig* *(Wort)* troncare; **jdm den Weg** ~ sbarrare la strada a qu; **II.** *itr* **1.** *(abkürzen)* accorciare la strada; **2.** *fig* cavarsela *fam;* **schlecht/gut** ~ avere un cattivo/buon risultato.
Abschnitt *m* **1.** (ri)taglio *m;* **2.** *typ* passaggio *m,* capitolo *m;* **3.** *(Kontroll~)* tagliando *m* di controllo; *fin* cedola *f;* **4.** *(Zeit~)* epoca *f; (Lebens~)* periodo *m;* **5.** *mat* segmento *m;* **6.** *(Bau~)* tronco *m.*
ab·schöpfen *tr* togliere, levare; **den Schaum (von der Flüssigkeit)** ~ schiumare il liquido; **den Rahm (von der Milch)** ~ scremare il latte; **das Fett (von der Soße)** ~ sgrassare il sugo, togliere (*o.* levare) il grasso al sugo; **die überschüssige Kaufkraft** ~ assorbire l'eccessiva capacità d'acquisto.
ab·schrauben *tr* svitare.
ab·schrecken *tr* **1.** intimorire, intimidire; **2.** *(abbringen)* distogliere (*von* da); *(entmutigen)* scoraggiare; **3.** *gastr* raffreddare in acqua; **sich durch nichts** ~ **lassen** non lasciarsi scoraggiare da nulla. **abschreckend** *a* scoraggiante; repellente; **ein ~es Beispiel** un esempio intimidatorio.
Abschreckung ‹-, -en› *f* intimidazione *f;* **nukleare/atomare** ~ strategia *f* d'intimidazione nucleare/atomica.
ab·schreiben ‹*irr*› **I.** *tr* **1.** copiare (*vom Nachbarn* dal vicino); **2.** *(neu schreiben)* ricopiare; **3.** *fin (streichen)* dedurre, defalcare, detrarre; *(den Wert herabsetzen von)* deprezzare, ammortare; **4.** *fig (nicht mehr rechnen mit)* considerare perduto; **II.** *itr (schriftlich absagen)* disdire.
Abschreibung *f* **1.** *com, fin* deduzione *f;* **2.** *(Wertminderung)* deprezzamento *m,* ammortamento *m.*
Abschrift *f* copia *f;* **beglaubigte** ~ copia autenticata.
ab·schürfen *tr* escoriare.
Abschürfung *f* escoriazione *f.*
Abschuß *m* **1.** *(Abfeuern)* sparo *m;* **2.** *(von Rakete, Torpedo, etc.)* lancio *m;* **3.** *mil (von Flugzeug)* abbattimento *m;* **4.** *(von Wild)* selvaggina *f* abbattuta. **Abschußbasis** *f* base *f* di lancio.
abschüssig ['apʃʏsɪç] *a* erto, ripido.
Abschußrampe *f* rampa *f* di lancio.
ab·schütteln *tr* **1.** *(Obst)* far cadere scuotendo; **2.** *fig* sbarazzarsi (*etw.* di qc); scuotersi di dosso; *(Gedanken)* scacciare.
ab·schwächen *tr* **1.** indebolire; **2.** *fig* attenuare, mitigare; **3.** *(Stoß, Geräusch, Farbe)* smorzare.
ab·schweifen *itr* ‹*sein*› allontanarsi (*von* da); *(vom Thema)* divagare (*von* da).
absehbar *a* prevedibile; **in ~er Zeit** in un prossimo futuro; **nicht** ~ non prevedibile.
ab·sehen ‹*irr*› *tr, itr:* **es auf jdn/etw. abgesehen haben** prendere di mira qu/qc; **von etw.** ~ prescindere da qc; **jdm etw. an den Augen** ~ leggere qc negli occhi di qu; **es ist noch kein Ende abzusehen** non si vede ancora la fine.
abseits ['apzai̯ts] **I.** *prp gen* lontano da; **II.** *adv* in disparte; *(entfernt)* lontano (*von* da); *(Fußball)* in fuori gioco.
ab·senden ‹*irr*› *tr* inviare, spedire, mandare.
Absender *m* (*ab* **Abs.**) mittente *m; com* speditore *m;* **zurück an** ~ al mittente.
absetzbar *a* **1.** *fin* deducibile; **2.** *com* facilmente vendibile; **3.** *(Mensch)* amovibile.
ab·setzen **I.** *tr* **1.** deporre, posare; **2.** *(Hut, Brille)* togliersi; **3.** *(Beamte)* dimettere; *(Minister, Monarchen)* deporre; **4.** *(Passagiere)* far scendere; **5.** *fin* dedurre (*von* da), defalcare (*von* da); **6.** *com* smerciare, svendere; **7.** *(von Tagesordnung, Haushaltsplan)* eliminare; *(von Spielplan)* togliere dal programma; **ohne abzusetzen** senza posa, in continuazione; **II.** *rfl:* **sich** ~ **1.** depositarsi; *chem* precipitare; **2.** *mil* sganciarsi; **3.** *fig* contrastare.
Absetzung ‹-, -en› *f* destituzione *f.*
ab·sichern **I.** *tr* rendere sicuro (*gegen* contro); **II.** *rfl:* **sich** ~ assicurarsi (*gegen* da); *(vertraglich)* cautelarsi (*gegen* contro).
Absicht ‹-, -en› *f* **1.** intenzione *f;* **2.** *(Ziel)* scopo *m,* fine *m;* **in der** ~ **zu** ... con l'intenzione di ..., a fine di ...; **in der besten** ~ con le migliori intenzioni; **in böser** ~ malintenzionatamente; **in welcher** ~? con (*o.* a) che scopo?; **mit** ~ intenzionalmente, di proposito; **mit (voller)** ~ deliberatamente; **ohne** ~ senza intenzione, involontariamente; **das war nicht meine** ~ non l'ho fatto apposta. **absicht-**

lich *a* intenzionale; *(vorsätzlich)* premeditato.

ab·sitzen ⟨*irr*⟩ **I.** *tr* ⟨*haben*⟩ *fam (Strafe)* scontare; *(Stunden)* trascorrere; **II.** *itr* ⟨*sein*⟩ **1.** *(vom Pferd)* scendere (*o.* smontare) da cavallo; **2.** *CH* sedersi.

absolut [apzoˈluːt] **I.** *a* **1.** *allg., mat, philos* assoluto; **2.** *(völlig, total)* totale; **II.** *adv* assolutamente, affatto.

Absolution [abzoluˈt͡si̯oːn] ⟨-, -en⟩ *f* assoluzione *f;* **jdm die ~ erteilen** assolvere qu.

Absolutismus [...ˈtɪsmʊs] ⟨-, ø⟩ *m* assolutismo *m.*

absolutistisch [...ˈtɪstɪʃ] *a* assolutista.

absolvieren [apzɔlˈviːrən] ⟨*ohne ge-*⟩ *tr* **1.** *(Schule)* finire gli studi presso; *(Studien)* compiere; *(Pensum)* sbrigare; *(Examen)* superare; **2.** *rel* assolvere.

ab·sondern **I.** *tr* **1.** *allg.* isolare (*von* da), separare (*von* da); **2.** *biol, med* secernere; **II.** *rfl:* **sich ~** segregarsi (*von* da).

Absonderung ⟨-, -en⟩ *f* **1.** *allg.* isolamento *m,* segregazione *f;* **2.** *biol, med* secrezione *f.*

absorbieren [apzɔrˈbiːrən] ⟨*ohne ge-*⟩ *tr* assorbire.

Absorption [apzɔrpˈt͡si̯oːn] ⟨-, -en⟩ *f* assorbimento *m.*

ab·spalten **I.** *tr* **1.** *allg.* staccare; **2.** *fig* separare; **3.** *chem* dissociare, scindere; **II.** *rfl:* **sich ~** (di)staccarsi (*von* da).

abspenstig [ˈapʃpɛnstɪç] *a:* **~ machen** straniare, alienare, allontanare; **jdm seine Freunde ~ machen** allontanare gli amici da qu, portare via gli amici a qu.

ab·sperren *tr* **1.** *(Straße)* sbarrare; **2.** *(Tür, tec)* chiudere (a chiave).

Absperrhahn *m* rubinetto *m* di chiusura.

ab·spielen **I.** *tr* **1.** *(Schallplatte, Band)* (far) suonare; **2.** *(vom Blatt)* suonare a vista; **3.** *(abnutzen)* consumare a forza di suonare; **4.** *sport* passare; **II.** *rfl:* **sich ~** svolgersi.

Absprache *f* accordo *m,* intesa *f.*

ab·sprechen ⟨*irr*⟩ **I.** *tr* **1.** *(verabreden)* accordarsi (*etw. mit jdm* con qu su qc), concordare (*etw. mit jdm* qc con qu); **2.** *(aberkennen)* disconoscere (*jdm etw.* qc a qu), contestare (*jdm etw.* qc a qu); **II.** *rfl:* **sich ~** accordarsi (*mit jdm* con qu).

ab·springen ⟨*irr*⟩ *itr* ⟨*sein*⟩ **1.** *(von Pferd, Fahrzeug, etc.)* saltar giù (*von* da); **2.** *(mit Fallschirm)* paracadutarsi, lanciarsi con il paracadute; **3.** *(Lack, Knopf)* staccarsi; **4.** *(abprallen)* rimbalzare; **5.** *fig* allontanarsi (*von* da), staccarsi (*von* da).

Absprung *m* salto *m,* slancio *m; (mit Fallschirm)* lancio *m* con il paracadute.

ab·spülen *tr* sciacquare; *(Geschirr)* rigovernare, lavare.

ab·stammen *itr* ⟨*sein*⟩ discendere (*von* da).

Abstammung ⟨-, -en⟩ *f* discendenza *f,* origine *f.* **Abstammungslehre** *f* teoria *f* sull'origine della specie.

Abstand *m* **1.** *(räumlich, fig)* distanza *f; (zeitlich)* intervallo *m;* **2.** *fig (Unterschied)* differenza *f;* **3.** *fin* indennità *f* (di buona uscita); **4.** *fig (innerer ~)* distacco *m;* **in regelmäßigen Abständen** a intervalli regolari; **mit ~** di gran lunga; **von etw. ~ nehmen** *fig* desistere da qc; **~ halten** mantenere la distanza.

ab·statten [ˈapʃtatən] *tr geh:* **jdm einen Besuch ~** fare visita a qu; **jdm seinen Dank ~** render grazie a qu *geh, obs.*

ab·stauben *tr* **1.** spolverare; **2.** *fig fam* grattare *fam.*

ab·stechen ⟨*irr*⟩ **I.** *tr* **1.** *(Rasen)* tagliare (via); *(Torf)* scavare; **2.** *(Schlachttier)* scannare; **II.** *itr (sich abheben)* contrastare (*gegen, von* con); *(bes. Farben)* spiccare (*von* su).

Abstecher ⟨-s, -⟩ *m* scappata *f.*

ab·stecken *tr* **1.** *(abgrenzen)* delimitare; *(mit Pfählen, Pflöcken)* segnare (con pali, pioli); **2.** *(Kleid)* appuntare.

ab·stehen ⟨*irr*⟩ *itr* **1.** ⟨*haben*⟩ *(vorspringen)* sporgere, essere sporgente; **2.** ⟨*sein*⟩ *(schal werden)* diventare stantio; **~de Ohren** orecchie a sventola.

Absteige ⟨-, -n⟩ *f fam pej* **1.** *(Stundenhotel)* albergo *m* a ore; **2.** *(schlechtes Hotel)* stamberga *f.*

ab·steigen ⟨*irr*⟩ *itr* ⟨*sein*⟩ **1.** *allg.* scendere; **2.** *sport* retrocedere.

ab·stellen *tr* **1.** *(hinstellen)* deporre, posare; *(Fahrzeug)* parcheggiare; **2.** *(abschalten)* fermare, arrestare; *(Wasser, Gas)* chiudere; *(Radio, Motor)* spegnere; **3.** *fig (unterbinden)* eliminare, sopprimere; **4.** *(abrücken)* scostare; **5.** *(ausrichten)* impostare (*auf* su).

Abstellgleis *n* binario *m* morto. **Abstellraum** *m* ripostiglio *m.*

ab·stempeln *tr* **1.** timbrare; **2.** *fig (bezeichnen)* bollare (*als* come).

ab·sterben ⟨*irr*⟩ *itr* ⟨*sein*⟩ **1.** *(Pflanzen)* morire, deperire; **2.** *med (Glieder)* intorpidirsi.

Abstieg [ˈapʃtiːk] ⟨-(e)s, -e⟩ *m* **1.** disce-

sa *f;* **2.** *fig (Niedergang)* decadenza *f,* declino *m;* **3.** *sport* retrocessione *f.*
ab·stillen *tr (Säugling)* svezzare, divezzare.
ab·stimmen I. *itr* votare (*über etw.* qc); **über etw. ~ lassen** mettere qc ai voti; **II.** *tr* **1.** *(mus, fig, Farben)* accordare; *radio* sintonizzare; **2.** *(aufeinander ~)* armonizzare; *(anpassen)* adattare; **aufeinander abgestimmt sein** *fig* accordarsi, essere in accordo (*o.* armonia); **etw. mit jdm ~** concordare qc con qu.
Abstimmung *f* **1.** *(bei Wahl)* votazione *f; (geheime ~)* scrutinio *m; (Volks~)* plebescito *m,* referendum *m* popolare; **2.** *fig* adattamento *m,* armonizzazione *f; mus* accordatura *f; (von Farben, fig)* intonazione *f; radio* sintonizzazione *f;* **in öffentlicher/geheimer ~** a scrutinio pubblico/segreto; **~ durch Handaufheben** votazione per alzata di mano; **namentliche ~** votazione per appello nominale; **zur ~ schreiten** *geh* passare alla votazione. **Abstimmungsergebnis** *n* risultato *m* della votazione.
abstinent [apsti'nɛnt] *a* astinente; *(im Alkoholgenuß)* astemio.
Abstinenz [...'nɛnts] ‹-, ø› *f* astinenza *f.*
Abstinenzler(in) [...'nɛntslɐ (...ərɪn)] ‹-s, -› *m(f)* astemio, -a *m, f.*
ab·stoppen *tr, itr sport* cronometrare.
ab·stoßen ‹*irr*› **I.** *tr* **1.** *(wegstoßen)* scostare; **2.** *(Verputz)* staccare; **3.** *(Ecken)* smussare; *(beschädigen)* rompere, danneggiare; **4.** *(Fußball)* rinviare; **5.** *com* smerciare; **6.** *fig* ripugnare, disgustare; **II.** *itr naut* salpare, allontanarsi dalla riva; **III.** *rfl:* **sich ~** respingersi (*von* da). **abstoßend** *a* repellente, ripugnante.
ab·stottern *tr fam* **1.** *(Ware)* pagare a rate; **2.** *(Betrag)* pagare una rata di.
abstrahieren [apstra'hi:rən] ‹*ohne ge-*› *tr, itr* astrarre.
abstrakt [ap'strakt] *a* astratto; **~e Kunst** arte astratta.
ab·streifen *tr* **1.** *(Kleidung)* togliere, sfilare; **2.** *(Gelände)* perlustrare; **3.** *fig (Vorurteile)* abbandonare.
ab·streiten ‹*irr*› *tr* negare.
ab·stufen I. *tr* **1.** *(Gelände)* terrazzare; **2.** *(Farben)* sfumare; **3.** *fig (Gehälter)* classificare; **II.** *rfl:* **sich ~** digradare.
Abstufung ‹-, -en› *f* **1.** *(Hang)* terrazzamento *m;* **2.** *(von Farben)* sfumatura *f;* **3.** *fig (von Gehältern)* classificazione *f.*
ab·stumpfen I. *itr* ‹*sein*› *(Schneide)* perdere il filo; *(unempfindlich werden)* diventare insensibile; **II.** *tr* ‹*haben*› smussare; *fig (gefühllos machen)* rendere insensibile.
Absturz *m* caduta *f.*
ab·stürzen *itr* ‹*sein*› **1.** *(a. aero)* precipitare, cadere; **2.** *(steil abfallen)* scendere rapidamente.
ab·stützen *tr* puntellare.
ab·suchen *tr* cercare dappertutto (*nach* alla ricerca di); *(Menschen, Tier)* esaminare (*nach* alla ricerca di); *(Gelände, Fluß, etc., a. mit Scheinwerfer)* perlustrare; *(Stadt, Geschäft)* girare (*nach etw.* per trovare qc); **ich habe das ganze Haus abgesucht** ho cercato in tutta la casa; **er suchte seine Taschen nach etwas Kleingeld ab** cercava dappertutto nelle sue tasche alla ricerca di spiccioli.
absurd [ap'zʊrt] *a* assurdo.
Absurdität [...di'tɛ:t] ‹-, -en› *f* assurdità *f.*
Abszeß [aps'tsɛs] ‹-zesses, -zesse› *m* ascesso *m.*

Abt [apt] ‹-(e)s, ¨-e› *m,* **Äbtissin** [ɛp'tɪsɪn] *f* abate *m,* badessa *f.*
ab·tasten *tr* **1.** frugare; **2.** *fig* esaminare; **3.** *med* palpare.
ab·tauen I. *tr* ‹*haben*› **1.** *(Kühlschrank)* sbrinare; **2.** *(Eis)* far sciogliere; **II.** *itr* ‹*sein*› **1.** *(Kühlschrank)* sbrinarsi; *(See, etc.)* disgelare, disgelarsi; **2.** *(Eis)* sciogliersi.
Äbte *pl von* **Abt.**
Abtei [ap'tai] ‹-, -en› *f* abbazia *f.*
Abteil [ap'tail] *n* scompartimento *m.*
ab·teilen *tr* **1.** *(aufteilen)* (sud)dividere; **2.** *(durch Zwischenwände)* separare.
Abteilung [ap'tailʊŋ] *f* **1.** *adm* dipartimento *m,* divisione *f;* **2.** *(von Firma, Warenhaus, Krankenhaus, mil)* reparto *m.* **Abteilungsleiter(in)** *m(f)* **1.** *adm* caposezione *mf,* capodivisione *mf;* **2.** *com* caporeparto *mf.*
Äbtissin *f s.* **Abt.**
ab·töten *tr (Bakterien)* uccidere, annientare; *(Nerv)* devitalizzare; *(Gefühl)* reprimere, soffocare.
ab·tragen ‹*irr*› *tr* **1.** *(Speisen)* levare; **2.** *(Schutt)* spalare; *(Gelände)* spianare; **3.** *(Bauwerk)* demolire; **4.** *(Kleidung)* logorare; **5.** *(Schuld)* estinguere.
abträglich ['aptrɛ:klɪç] *a geh* **1.** *(nachteilig)* svantaggioso (*einer S.* per qc), pregiudizievole (*einer S.* per qc); **2.** *(schädlich)* nocivo (*einer S.* per qc).
Abtransport *m* **1.** *(von Material)*

sgombero *m*, rimozione *f*; **2.** *(von Gefangenen, Truppen, etc.)* trasporto *m*.
ab·transportieren ⟨*ohne ge-*⟩ *tr* **1.** *(Material)* sgomberare, rimuovere; **2.** *(Gefangene, Truppen)* trasportare.
ab·treiben ⟨*irr*⟩ **I.** *tr* ⟨*haben*⟩ **1.** *naut, aero* far deviare; **2.** *med* abortire; **II.** *itr* ⟨*sein*⟩ *naut, aero* andare alla deriva.
Abtreibung ⟨-, -en⟩ *f* (procurato) aborto *m*. **Abtreibungsparagraph** *m* articolo *m* di legge sull'aborto.
ab·trennen *tr* **1.** *(loslösen)* staccare; **2.** *(trennen)* separare; **3.** *(Angenähtes)* scucire.
ab·treten ⟨*irr*⟩ **I.** *tr* ⟨*haben*⟩ **1.** *(Schuhe)* togliere lo sporco da (battendo i piedi); **2.** *fig, pol* cedere (*jdm etw.* qc a qu); **3.** *(abnutzen)* consumare; **II.** *itr* ⟨*sein*⟩ **1.** *(von Amt)* dimettersi; **2.** *theat* uscire di scena.
Abtreter ⟨-s, -⟩ *m* puliscipiedi *m*, zerbino *m*, stoino *m*.
Abtretung ⟨-, -en⟩ *f* cessione *f*.
ab·trocknen *tr* asciugare.
ab·tropfen *itr* ⟨*sein*⟩ sgocciolare.
abtrünnig ['aptrʏnɪç] *a* **1.** infedele, ribelle; **2.** *rel, pol* rinnegato; *rel* apostata.
ab·tun ⟨*irr*⟩ *tr* **1.** *fam (ablegen)* togliersi, levarsi *fam*; **2.** *(beiseite schieben)* sbarazzarsi di, liquidare; **damit ist es nicht abgetan** non è detta l'ultima parola; **etw. mit einer Handbewegung/einem Achselzucken ~** non interessarsi di qc.
ab·tupfen *tr* detergere.

ab·wägen ['apvɛ:gən] ⟨*irr o. reg*⟩ *tr fig* **1.** *(überlegen)* ponderare, soppesare; **2.** *(vergleichen)* confrontare, contrapporre; **zwei Dinge gegeneinander ~** confrontare due cose fra loro.
ab·wälzen *tr* scaricare (*auf* su), addossare (*auf* su).
ab·wandeln *tr* variare.
ab·wandern *itr* ⟨*sein*⟩ **1.** *(auswandern)* emigrare; **2.** *(Arbeitskräfte)* passare.
Abwärme *f* calore *m* perduto.
Abwart ['apvart] ⟨-s, -e⟩ *m*, **Abwärtin** ['apvɛrtɪn] *f CH* portinaio, -a *m, f*.
ab·warten *tr, itr* attendere, aspettare; **das bleibt noch abzuwarten** questo resta ancora da vedere; **~ und Tee trinken** *fam* calma e sangue freddo! *fam*; **warte mal ab!** aspetta!
abwärts ['apvɛrts] *adv* giù, in giù, verso il basso; **~ fließen** scorrere in giù; **~ fahren/gehen** scendere; **mit ihm geht's ~** va di male in peggio. **Abwärtstrend** *m* trend *m* negativo.
Abwasch ['apvaʃ] ⟨-(e)s, ø⟩ *m* *(Geschirr)* stoviglie *f pl* sporche; *(Handlung)* rigovernatura *f*.
abwaschbar *a* lavabile.
ab·waschen ⟨*irr*⟩ **I.** *tr* **1.** *allg.* lavare; **2.** *(Geschirr)* rigovernare, lavare; **3.** *(Schmutz, etc.)* lavare via; **II.** *itr* *(Geschirr ~)* lavare i piatti.
Abwaschschüssel *f* catinella *f* per lavare le stoviglie. **Abwaschwasser** *n* (acqua *f* di) rigovernatura *f*.
Abwasser *n* acqua *f* di scarico (*o.* di scolo). **Abwasserentsorgung** *f* scarico *m* delle acque residue. **Abwasserreinigung** *f* depurazione *f* delle acque di scarico.
ab·wechseln **I.** *itr* alternare, variare; **II.** *rfl:* **sich ~** alternarsi; *(sich ablösen)* darsi il cambio (*bei* in, a). **abwechselnd** **I.** *a* alternativo, periodico; **II.** *adv* alternativamente, a turno; **~ reden** alternarsi nel discorso.
Abwechslung ['apvɛkslʊŋ] ⟨-, -en⟩ *f* **1.** cambiamento *m*; **2.** *(Mannigfaltigkeit)* varietà *f*; **zur ~** per cambiare un po'; **~ in etw. bringen** variare qc, rendere più variato qc; **in diesem Dorf gibt es wenig ~** in questo paese la vita è monotona. **abwechslungsreich** *a* (s)variato, vario.
Abwege *m pl:* **jdn auf ~ führen** fuorviare (*o.* traviare) qu; **auf ~ geraten** mettersi sulla cattiva strada, sviarsi.
abwegig *a* errato.
Abwehr ['apve:ɐ̯] ⟨-, ø⟩ *f* **1.** *allg., mil, sport* difesa *f*; **2.** *(Widerstand)* resistenza *f*; **3.** *(Ablehnung)* rifiuto *m*; **4.** *(Spionage~)* controspionaggio *m*.
ab·wehren *tr* **1.** *(Schlag, Stoß)* parare; **2.** *(Angriff)* respingere; **3.** *(Besucher)* allontanare; **4.** *(Fliegen)* scacciare; **5.** *(Gefahr)* stornare.
Abwehrmechanismus *m* meccanismo *m* di difesa. **Abwehrspieler(in)** *m(f)* difensore, -a *m, f*. **Abwehrstoff** *m* anticorpo *m*.
ab·weichen ⟨*irr*⟩ *itr* ⟨*sein*⟩ **1.** *allg., fig, naut, aero* deviare (*vom Kurs* dalla rotta); **2.** *(Magnetnadel)* declinare; **3.** *(vom Thema)* allontanarsi (*von* da); **4.** *(voneinander ~)* differire, essere differente (*von* da).
Abweichung ⟨-, -en⟩ *f* **1.** *allg., fig, naut, aero* deviazione *f*; **2.** *(von Magnetnadel)* declinazione *f*; **3.** *(vom Thema)* allontanamento *m*; **4.** *fig (Unregelmäßigkeit)* irregolarità *f*.
ab·weisen ⟨*irr*⟩ *tr* **1.** *allg.* rifiutare; *(a. jur)* respingere; **2.** *(Gesuch, Forderungen)* rigettare; **3.** *(Bewerber)* non ammettere; *(Besucher)* non ricevere; **er läßt sich nicht ~** insiste ostinatamente; **abgewiesen werden** ricevere

un rifiuto. **abweisend** *a (unhöflich)* brusco, poco affabile.

ab·wenden ‹*irr o. reg*› **I.** *tr* **1.** *(Gesicht)* volgere altrove; **2.** *(Blick, Gedanken)* distogliere (*von* da); **3.** *(Unheil)* evitare, impedire; **II.** *rfl:* **sich ~** allontanarsi (*von* da).

ab·werben ‹*irr*› *tr* sottrarre con allettamento.

ab·werfen ‹*irr*› *tr* **1.** *(Reiter)* disarcionare; **2.** *(Bomben, Flugblätter)* lanciare, gettare; **3.** *(Spielkarten)* scartare; **4.** *fig (Joch)* liberarsi da; **5.** *com* fruttare, rendere; **mit dem Fallschirm ~** paracadutare; **das Geweih ~** perdere (*o.* mutare) le corna; **Blätter/Nadeln ~** perdere le foglie/gli aghi.

ab·werten *tr* **1.** *fin* svalutare; **2.** *fig* deprezzare.

Abwertung *f* **1.** *fin* svalutazione *f;* **2.** *fig* deprezzamento *m.*

abwesend ['apve:zənt] *a* **1.** assente; **2.** *fig (geistes~)* distratto, assorto nei pensieri. **Abwesende** ‹ein -r, -n, -n› *mf* **1.** assente *mf;* **2.** *jur* contumace *mf.*

Abwesenheit ['apve:zənhait] ‹-, ø› *f* **1.** assenza *f;* **2.** *fig (Zerstreutheit)* distrazione *f;* **in ~ verurteilt werden** essere condannato in contumacia; **in jds ~** in assenza di qu.

ab·wickeln *tr* **1.** *(Wolle, Garn)* dipanare; *(Verband)* sfasciare; **2.** *fig (durchführen)* effettuare; *(Prozeß)* condurre; *(Geschäft)* sbrigare; **3.** *fig (abschließen)* concludere.

ab·wiegen ‹*irr*› *tr* pesare.

ab·wimmeln *tr fam:* **jdn ~** tenere alla larga qu *fam,* levarsi dai piedi qu *fam;* **etw. ~** liberarsi di qc, sbarazzarsi di qc *fam;* **sich ~ lassen** non insistere.

ab·winken *itr* fare cenno di no.

ab·wischen *tr* **1.** *(Mund)* pulire; **2.** *(Staub)* togliere (*von* a); **den Staub von etw. ~** spolverare qc; **sich** *(dat)* **die Stirn/die Tränen ~** asciugarsi la fronte/le lacrime.

Abwurf *m* **1.** *aero* lancio *m;* **2.** *sport* rinvio *m,* rimando *m.*

ab·würgen *tr:* **den Motor ~** bloccare il motore; **ein Gespräch ~** far morire una conversazione.

ab·zahlen *tr* pagare a rate.

ab·zählen *tr* **1.** contare (*an den Fingern* sulle dita); **2.** *(in Kinderspielen)* fare la conta; **das Geld abgezählt bereithalten** tenere pronto il denaro contato; **das läßt sich an den Fingern ~** *fam* la cosa è evidente.

Abzahlung *f* **1.** *(Tilgung)* saldo *m;* **2.** *(Ratenzahlung)* pagamento *m* rateale; **etw. auf ~ kaufen** comperare qc a rate.

Abzählvers *m* conta *f.*

Abzeichen *n* distintivo *m.*

ab·zeichnen I. *tr* **1.** ritrarre, disegnare; *(kopieren)* copiare (*von* da); **2.** *(signieren)* firmare; **II.** *rfl:* **sich ~ 1.** *(sich abheben)* spiccare; **2.** *(erkennbar werden)* delinearsi.

Abziehbild *n* decalcomania *f.*

ab·ziehen ‹*irr*› **I.** *tr* ‹*haben*› **1.** togliere, levare; *(Schlüssel)* togliere dalla serratura; **2.** *(Ring, Schuhe)* sfilarsi (*von* da); **3.** *(von der Schale befreien)* sbucciare; **4.** *mat* detrarre (*von* da), dedurre (*von* da); **5.** *(Truppen)* ritirare (*von* da); **6.** *fot, typ* tirare, stampare; **7.** *(Tier)* scuoiare; **8.** *(Wein)* imbottigliare; **9.** *(Messer)* affilare; **das Bett ~** cambiare la biancheria del letto; **vom Lohn ~** detrarre dalla paga; trattenere sulla paga; **II.** *itr* ‹*sein*› *(Rauch, etc.)* uscire, fuoriuscire; *(Truppen)* ripiegare; *(Gewitter)* allontanarsi; *fam (gehen)* andarsene; **zieh endlich ab!** *sl* vattene una buona volta! *fam.*

ab·zielen *itr:* **auf etw. ~** mirare a qc.

Abzug *m* **1.** *allg.* partenza *f,* ritiro *m;* **2.** *mil* ritiro *m;* **3.** *(von Rauch, etc.)* uscita *f;* **4.** *com* deduzione *f,* detrazione *f;* ‹*pl*› trattenute *f pl (vom Lohn* sullo stipendio); *(Rabatt)* ribasso *m;* **5.** *fot* copia *f; typ* bozza *f;* **6.** *(~svorrichtung)* sfiato *m,* sfiatatoio *m;* **7.** *(Gewehr~)* grilletto *m;* **nach ~ der Kosten** detratte le spese.

abzüglich ['aptsy:klıç] *prp gen* detratto; **~ der Kosten** detratte le spese.

abzugsfähig *a* deducibile, detraibile.

ab·zweigen I. *itr* ‹*sein*› **1.** *(Weg)* diramarsi, biforcarsi; **II.** *tr* ‹*haben*› *fig fam* mettere da parte (*o.* via) *fam.*

Abzweigung ‹-, -en› *f (Weg)* diramazione *f; (a. Eisenb.)* biforcazione *f.*

ach [ax] *interj* **1.** *(Klage)* ahimè; **2.** *(Erstaunen, Bedauern, Betroffenheit, etc.)* oh, ah; **~ ja!;** ah già!; **~ nein!** ma no!; **~ so!** ah ecco, (ora) capisco!; **~ was!, ~ wo!** ma no!, macché; **~ so!** ah sì, ora capisco; **~, Sie sind das!** ah, è Lei!; **~ nein!** *(Ablehnung)* ah no!; *(Erstaunen)* ma no!, veramente!; **~, was ich noch sagen wollte!** ah, ciò che volevo ancora dire!; **~ Gott!** oh Dio!

Achat [a'xa:t] ‹-(e)s, -e› *m* agata *f.*

Achim ['axım] *s.* **Joachim.**

Achsbruch *m s.* **Achsenbruch.**

Achse ['aksə] ‹-, -n› *f* asse *m;* **auf ~ sein** *fam* essere in giro *fam;* **sich um**

seine eigene ~ drehen fare un giro completo.

Achsel ['aksəl] ⟨-, -n⟩ *f* **1.** *(Schulter)* spalla *f;* **2.** *(~höhle)* ascella *f;* **die** (*o.* **mit den) ~n zucken** alzare le spalle *fam.* **Achselhöhle** *f* ascella *f.* **Achselzucken** ⟨-s, ø⟩ *n* alzata *f* di spalle.

Achs(en)bruch *m* rottura *f* dell'asse. **Achslager** *n* cuscinetto *m* portante.

acht [axt] *(Zahlwort)* otto; **alle ~ Tage** ogni settimana; **heute/Montag in ~ Tagen** oggi/lunedì a otto; **vor ~ Tagen** otto giorni (*o.* una settimana) fa; *s. a. vier.*

Acht[1] [axt] ⟨-, -en⟩ *f (Zahl)* otto *m.*

Acht[2] [axt] ⟨-, ø⟩ *f:* **außer a~ lassen** non prendere in considerazione; **sich in a~ nehmen** stare in guardia (*vor* da).

Acht[3] ⟨-, ø⟩ *f (Bann)* bando *m.*

Acht-, acht- *s. a. Vier-, vier-.*

achtbar *a* rispettabile, degno di rispetto. **Achtbarkeit** ⟨-, ø⟩ *f* rispettabilità *f.*

achte *s.* **achte(r, s).**

Achteck *n* ottagono *m.* **achteckig** *a* ottagonale.

Achtel ['axtəl] ⟨-s, -⟩ *n* ottavo *m.* **Achtelnote** *f* croma *f.*

achten ['axtən] **I.** *itr* badare (*auf* a); **darauf ~, daß ...** badare che ... *conj;* **II.** *tr* **1.** *(schätzen)* stimare; **2.** *(respektieren)* rispettare; **3.** *(be~)* tener conto di.

ächten ['ɛçtən] *tr* **1.** *hist* bandire, proscrivere; **2.** *fig* esiliare, mettere al bando.

achtens ['axtəns] *adv* (in) ottavo (luogo).

achter *s.* **achte(r, s).**

Achter ⟨-s, -⟩ *m sport* imbarcazione *f* da otto rematori. **Achterbahn** *f* montagne *f pl* russe, otto *m* volante.

achterlei ['axtelai] *a* di otto specie (*o.* qualità), otto.

achte(r, s) *a* ottavo, -a; *(bei Datumsangaben)* otto; *s. a. vierte(r, s).*

achtfach *a* ottuplo; *s. a. vierfach.*

acht·geben ⟨*irr*⟩ *itr* badare (*auf* a); **gib acht, daß du nicht fällst!** fa attenzione a non cadere!

achthundert ['axt'hundet] *(Zahlwort)* ottocento. **Achtkampf** *m* gara *f* a otto.

achtlos I. *a (unaufmerksam)* sbadato; *(gleichgültig)* indifferente; **II.** *adv* senza fare attenzione. **Achtlosigkeit** ⟨-, ø⟩ *f (Unaufmerksamkeit)* sbadataggine *f; (Gleichgültigkeit)* indifferenza *f.*

achtmalig *a* di otto volte. **Achtstundentag** [-'ʃtundən-] *m* giornata *f* (lavorativa) di otto ore. **achttägig** [-tɛ:gıç] *a* di otto giorni. **achttausend** ['axt'tauzənt] *(Zahlwort)* ottomila.

Achtung ⟨-, ø⟩ *f (Hochschätzung)* stima *f; (Respekt)* rispetto *m* (*vor* di); **aus ~ vor** per rispetto verso; **jdm seine ~ entgegenbringen** (*o.* **erweisen)** dimostrare la propria stima a qu; **jds ~ genießen** godere la stima di qu; **bei jdm hoch in ~ stehen** essere molto stimato da qu; **sich** *(dat)* **~ verschaffen** farsi rispettare; **~ Stufe!** attenzione al gradino!; **~!** pericolo!, attenzione!; *mil* attenti!; **alle ~!** bravo!, congratulazioni!; **~, fertig, los!** ai vostri posti, pronti, via!

Ächtung ⟨-, -en⟩ *f* bando *m,* proscrizione *f.*

achtzehn *(Zahlwort)* diciotto. **achtzehnte(r, s)** *a* diciottesimo, -a; *(bei Datumsangaben)* diciotto; *s. a. vierte(r, s).*

achtzig ['axtsıç] *(Zahlwort)* ottanta; *s. a. vierzig.* **achtzigjährig** *a* ottantenne, ottuagenario. **Achtzigjährige** ⟨ein -r, -n, -n⟩ *mf* ottantenne *mf.* **achtzigste** *s.* **achtzigste(r, s). Achtzigstel** ⟨-s, -⟩ *n* ottantesimo *m.* **achtzigste(r, s)** *a* ottantesimo, -a; *s. a. vierte(r, s).*

ächzen ['ɛçtsən] *itr* **1.** gemere (*vor* da); **2.** *fig* cigolare.

Acker ['ake] ⟨-s, ⸚⟩ *m* campo *m* (coltivato). **Ackerbau** ⟨-(e)s, ø⟩ *m* agricoltura *f;* **~ treiben** coltivare la terra. **Ackerland** *n* terreno *m* arabile.

ackern *itr fam* lavorare faticosamente.

a. D. [a:'de:] *ab von* **außer Dienst** a r. (*ab von* a riposo).

A. D. *ab von* **Anno Domini** A.D.

ad absurdum [at ap'zurdum] *adv:* **etw. ~ führen** dimonstrare l'assurdità di qc.

ADAC [a:de:ʔa:'tse:] ⟨-(s), ø⟩ *m ab von* **Allgemeiner Deutscher Automobil-Club** ≙ A.C.I. *m* (*ab von* Automobile Club d'Italia).

Adam ['a:dam] *(männlicher Vorname)* Adamo. **Adamsapfel** *m* pomo *m* d'Adamo. **Adamskostüm** *n fam scherz* constume *m* adamitico *fam.*

adäquat [adɛ'kva:t] *a* adeguato.

addieren [a'di:rən] ⟨*ohne ge-*⟩ *tr* addizionare, sommare.

Addition [adi'tsio:n] ⟨-, -en⟩ *f* somma *f.*

ade [a'de:] *interj* addio.

Adel ['a:dəl] ⟨-s, ø⟩ *m* nobilità *f,* aristocrazia *f; fig* nobilità *f;* **~ verpflichtet** noblesse oblige; **von ~ sein** essere di famiglia nobile.

Adele [a'de:lə] *(weiblicher Vorname)* Adele.
Adelheid ['a:dəlhai̯t] *(weiblicher Vorname)* Adelaide.
ad(e)lig *a* nobile, aristocratico; *fig* nobile. **Ad(e)lige** ⟨ein -r, -n, -n⟩ *mf* nobile *mf.*
adeln *tr* nobilitare, conferire un titolo nobiliare a; *fig* nobilitare.
Ader ['a:dɐ] ⟨-, -n⟩ *f* **1.** *anat, min, fig* vena *f;* **2.** *(in Holz, Gestein)* venatura *f;* **3.** *bot* nervatura *f;* **4.** *el* filo *m* conduttore; **eine poetische ~ haben** avere una vena poetica. **Aderlaß** [-las] ⟨-lasses, -lässe⟩ *m* salasso *m.*
Adhäsionsverschluß [athɛ'zi̯o:ns-] *m* chiusura *f* con sistema adesivo.
Adjektiv ['atjɛkti:f] ⟨-s, -e⟩ *n* aggettivo *m.*
adjektivisch ['atjɛkti:vɪʃ *o.* ...'ti:vɪʃ] *a* aggettivale.
Adler ['a:dlɐ] ⟨-s, -⟩ *m* aquila *f.* **Adlerauge** *n fig* occhio *m* di lince. **Adlerhorst** *m* nido *m* d'aquila. **Adlernase** *f* naso *m* aquilino.
adlig *etc. s.* **ad(e)lig.**
Admiral [atmi'ra:l] ⟨-s, -e *o.* ¨-e⟩ *m* ammiraglio *m.*
Admiralität [...rali'tɛ:t] ⟨-, -en⟩ *f* ammiragliato *m.*
ADN [a:de:'ʔɛn] *ab von* **Allgemeiner Deutscher Nachrichtendienst** *(DDR)* *agenzia di stampa della R.D.T.*
Adolf, Adolph ['a:dɔlf] *(männlicher Vorname)* Adolfo.
adoptieren [adɔp'ti:rən] ⟨*ohne ge-*⟩ *tr* adottare.
Adoption [...'tsi̯o:n] ⟨-, -en⟩ *f* adozione *f;* **ein Kind zur ~ freigeben** autorizzare l'adozione di un bambino.
Adoptiv- [...'ti:f] *(in Zusammensetzungen)* adottivo.
Adressat(in) [adrɛ'sa:t(ɪn)] ⟨-en, -en⟩ *m(f)* destinatario, -a *m, f.*
Adreßbuch *n* elenco *m* degli indirizzi; *(privat)* agenda *f.*
Adresse [a'drɛsə] ⟨-, -n⟩ *f* indirizzo *m;* **an die falsche ~ geraten** *fam* rivolgersi alla persona sbagliata.
adressieren [...'si:rən] ⟨*ohne ge-*⟩ *tr* indirizzare.
Adressiermaschine *f* macchina *f* stampaindirizzi.
Adria ['a:dri̯a] *f* Adria *f.*
adriatisch [adri'a:tɪʃ] *a* adriatico; **A~es Meer** (mare *m*) Adriatico *m.*
Advent [at'vɛnt] ⟨-(e)s, -e⟩ *m* Avvento *m.* **Adventskalender** *m* calendario *m* dell'Avvento. **Adventskranz** *m* corona *f* dell'Avvento. **Adventszeit** *f* tempo *m* d'Avvento.
Adverb [at'vɛrp, ...bi̯ən] ⟨-s, -ien⟩ *n* avverbio *m.*
adverbial [...'bi̯a:l] *a* avverbiale.
Advokat [atvo'ka:t] ⟨-en, -en⟩ *m* avvocato *m.*
Advokaturbureau [atvoka'tu:ɐ̯-] *n CH* studio *m* legale.
Aerobic [ɛ'ro:bɪk] ⟨-, ø⟩ *n* danza *f* aerobica.
Aerodynamik [aero-] *f* aerodinamica *f.*
Affäre [a'fɛ:rə] ⟨-, -n⟩ *f* **1.** *(Angelegenheit)* faccenda *f;* **2.** *(Liebschaft)* relazione *f* amorosa; **sich aus der ~ ziehen** tirarsi d'impiccio.
Affe ['afə] ⟨-n, -n⟩ *m,* **Äffin** ['ɛfɪn] *f* **1.** *zoo* scimmia *f;* **2.** *fig fam pej* damerino *m;* **du alter ~!** *fam pej* vecchia bertuccia! *fam;* **du eingebildeter ~!** *fam pej* pallone gonfiato! *fam.*
Affekt [a'fɛkt] ⟨-(e)s, -e⟩ *m* eccitazione *f;* **im ~ handeln** agire in stato di eccitazione; *jur* compiere un delitto passionale.
affektiert [...'ti:ɐ̯t] *a* affettato.
Affenbrotbaum *m* baobab *m.* **Affenliebe** *f* amore *m* esagerato. **Affenschande** *f:* **das ist eine ~** *fam* è una vergogna! *fam.* **Affentempo** *n fam:* **in (o. mit) einem ~** come un fulmine. **Affenzahn** *m sl s.* **Affentempo.**
affig *a fam (eitel)* vanitoso; *(affektiert)* affettato.
Äffin *f s.* **Affe.**
Afghane[1] [af'ga:nə] ⟨-n, -n⟩ *m (Hund)* levriere *m* afgano.
Afghane[2] [af'ga:nə] ⟨-n, -n⟩ *m,* **Afghanin** *f* [...nɪn] afgano, -a *m, f.*
afghanisch *a* afgano.
Afghanistan [...nɪsta:n] *n* Afganistan *m;* **in ~** nell'Afganistan.
Afrika ['a:frika] *n* Africa *f.*
Afrikaner(in) [afri'ka:nɐ (...ərɪn)] ⟨-s, -⟩ *m(f)* africano, -a *m, f.*
afrikanisch *a* africano.
Afro-Look ['afro-] *m* acconciatura *f* afro.
After ['aftɐ] ⟨-s, -⟩ *m* ano *m.*
AG [a:'ge:] ⟨-, ø⟩ *f* **1.** *ab von* **Aktiengesellschaft** S.p.A. (*ab von* Società per Azioni); **2.** *ab von* **Arbeitsgemeinschaft, Arbeitsgruppe** gruppo *m* di lavoro.
Ägäis [ɛ'gɛ:ɪs] *f* Egeo *m.*
Agathe [a'ga:tə] *(weiblicher Vorname)* Agata.
Agent(in) [a'gɛnt(ɪn)] ⟨-en, -en⟩ *m(f)* **1.** *pol* agente *mf* segreto, -a; **2.** *com* agente *mf,* rappresentante *mf.*
Agentur [...'tu:ɐ̯] ⟨-, -en⟩ *f* agenzia *f.* **Agenturbericht** *m* notizia *f* d'agenzia.

Aggregat [agre'ga:t] ‹-(e)s, -e› *n* aggregato *m.*
Aggression [agrɛ'si̯o:n] ‹-, -en› *f* aggressione *f* (*gegen* contro).
aggressiv [...'si:f] *a* aggressivo.
Aggressivität [...sivi'tɛ:t] ‹-, -en› *f* aggressività *f.*
agieren [a'gi:rən] ‹*ohne ge-*› *itr* **1.** *(handeln)* agire; **2.** *theat* sostenere la parte (*als* di).
Agitation [agita'tsi̯o:n] ‹-, -en› *f* agitazione *f.*
Agitator(in) [...'ta:to:ɐ̯ (...ta'to:rɪn), ...ta'to:rən] ‹-s, -en› *m(f)* agitatore, -trice *m, f.*
agitatorisch [...ta'to:rɪʃ] *a* sovversivo, sedizioso.
Agnes ['agnɛs] *(weiblicher Vorname)* Agnese.
Agonie [ago'ni:, ...i:ən] ‹-, -n› *f* agonia *f.*
Agrarmarkt [a'gra:ɐ̯-] *m* mercato *m* agricolo. **Agrarminister(in)** *m(f)* ministro *m* dell'agricoltura. **Agrarpolitik** *f* politica *f* agraria. **Agrarreform** *f* riforma *f* agraria. **Agrarstaat** *m* paese *m* agricolo.
Ägypten [ɛ'gʏptən] *n* Egitto *m;* **in ~** nell'Egitto.
Ägypter(in) ‹-s, -› *m(f)* egiziano, -a *m, f.*
ägyptisch *a* egiziano.
ah [a:] *interj* ah; **~ so!** ah, capisco!
äh [ɛ:] *interj* **1.** *(Ausruf des Ekels)* puà, puh; **2.** *(bei Sprechpausen)* ehm.
aha [a'ha: *o.* a'ha] *interj* ah, ecco! **Aha-Erlebnis** *n* illuminazione *f.*
ahd. *ab von* **althochdeutsch** antico alto tedesco.
Ahle ['a:lə] ‹-, -n› *f* lesina *f.*
Ahn [a:n] ‹-s *o.* -en, -en› *m,* **Ahne** ['a:nə] ‹-, -n› *f* antenato, -a *m, f,* avo, -a *m, f.*
ahnden ['a:ndən] *tr* **1.** *(bestrafen)* punire; **2.** *(rächen)* vendicare.
Ahne *f s.* **Ahn.**
ähneln ['ɛ:nəln] *itr* assomigliare *(dat* a).
ahnen ['a:nən] *tr* **1.** *(Vorgefühl haben)* presentire, avere il presentimento (*etw.* di qc); **2.** *(vermuten)* immaginare, sospettare; **das konnte ich nicht ~** non potevo prevederlo; **der Himbeergeschmack war nur zu ~** il sapore di lampone bisognava immaginarselo.
Ahnentafel *f* tavola *f* genealogica.
ähnlich ['ɛ:nlɪç] **I.** *a* **1.** *(teilweise übereinstimmend)* simile, analogo; **2.** *(gleichartig)* similare, affine; **3.** *(ähnelnd)* somigliante; **~ wie ...** simile a ...; **und ~e(s)** (*ab* **u. ä.**) e simile, -i; **II.** *adv* in modo simile (*o.* analogo); **jdm ~ sehen** assomigliare a qu; **das sieht dir ~** questa è una delle tue! *fam.* **Ähnlichkeit** ‹-, -en› *f* (ras)somiglianza *f; (Übereinstimmung)* similitudine *f,* analogia *f; (Gleichartigkeit)* affinità *f;* **~ mit jdm haben** somigliare a qu.
Ahnung ‹-, -en› *f* **1.** *(Vorgefühl)* presentimento *m;* **2.** *(Vorstellung)* idea *f;* **keine (blasse)** (*o.* **nicht die geringste) ~ haben** *fam* non avere la minima (*o.* più pallida) idea *fam;* **(ich habe) keine ~!** non ne ho idea!; **hast du (aber) eine ~!** *fam iron* se sapessi! *fam.* **ahnungslos I.** *a* ignaro; **II.** *adv* senza rendersene conto. **Ahnungslosigkeit** ‹-, -en› *f* essere *m* ignaro, inconsapevolezza *f.*
Ahorn ['a:hɔrn] ‹-s, -e› *m* acero *m.*
Ähre ['ɛ:rə] ‹-, -n› *f* spiga *f.*
Airbus ['ɛ:ɐ̯-] *m* airbus *m,* aerobus *m.*
Akademie [akade'mi:, ...i:ən] ‹-, -n› *f* accademia *f.*
Akademiker(in) [...'de:mikɐ (...ərɪn)] ‹-s, -› *m(f)* laureato, -a *m, f.*
akademisch *a* accademico; **die ~e Jugend** i giovani universitari; **~es Proletariat** proletariato intellettuale.
Akazie [a'ka:tsi̯ə] ‹-, -n› *f* acacia *f.*
akklimatisieren [aklimati'zi:rən] ‹*ohne ge-*› *rfl:* **sich ~** acclimatarsi.
Akkord [a'kɔrt] ‹-(e)s, -e› *m* **1.** *mus* accordo *m;* **2.** *(~arbeit)* cottimo *m;* **im ~ arbeiten** lavorare a cottimo. **Akkordarbeit** *f* lavoro *m* a cottimo. **Akkordarbeiter(in)** *m(f)* cottimista *mf.*
Akkordeon [a'kɔrdeɔn] ‹-s, -s› *n* fisarmonica *f.*
akkreditieren [akredi'ti:rən] ‹*ohne ge-*› *tr* accreditare.
Akku ['aku] ‹-s, -s› *m,* **Akkumulator** [akumu'la:to:ɐ̯, ...la'to:rən] ‹-s, -en› *m* accumulatore *m.*
akkurat [aku'ra:t] *a* accurato, preciso.
Akkusativ ['akuzati:f] ‹-s, -e› *m* accusativo *m.*
Akne ['aknə] ‹-, -n› *f* acne *f.*
Akribie [akri'bi:] ‹-, ø› *f* acribia *f;* **etw. mit ~ tun** fare qc con diligente precisione.
akribisch [a'kri:bɪʃ] *a* minuzioso.
Akrobat(in) [akro'ba:t(ɪn)] ‹-en, -en› *m(f)* acrobata *mf.*
Akrobatik [...'ba:tɪk] ‹-, ø› *f* acrobatica *f.*
Akrobatin *f s.* **Akrobat.**
akrobatisch *a* acrobatico.
Akt [akt] ‹-(e)s, -e› *m* **1.** *allg., theat, jur* atto *m;* azione *f;* **2.** *(Zirkus)* numero *m;* **3.** *(Geschlechts~)* coito *m;*

4. *(Kunst)* nudo *m;* **ein feierlicher ~** una cerimonia solenne.

Akte ['aktə] ‹-, -n› *f* atto *m,* documento *m;* **zu den ~n legen** mettere agli atti; *(a. fig)* archiviare. **aktenkundig** *a* evidente dagli atti. **Aktennotiz** *f* promemoria *m.* **Aktenordner** *m* classificatore *m.* **Aktentasche** *f* cartella *f.* **Aktenvermerk** *m* annotazione *f.* **Aktenzeichen** *n* (*ab* **AZ, Az.**) numero *m* di protocollo.

Aktie ['aktsi̯ə] ‹-, -n› *f* azione *f;* **seine ~n fallen** *fig* le sue azioni sono in ribasso; **seine ~n steigen** *fig* le sue azioni sono in rialzo; **wie stehen die ~?** *fig fam* come vanno le cose? *fam.* **Aktiengesellschaft** *f* (*ab* **AG**) società *f* per azioni (*o.* anonima). **Aktienkapital** *n* capitale *m* azionario. **Aktienkurs** *m* corso *m* delle azioni.

Aktion [ak'tsi̯o:n] ‹-, -en› *f* **1.** *allg., mil* azione *f;* **2.** *(Werbe~, etc.)* campagna *f;* **3.** *(bes. CH: Sonderungebot)* offerta *f* speciale; **in ~ treten** entrare in azione.

Aktionär(in) [aktsi̯o'nɛ:ɐ̯ (...rɪn)] ‹-s, -e› *m(f)* azionista *mf.*

Aktionsradius *m allg., mil, tec* raggio *m* d'azione.

aktiv [ak'ti:f *o.* 'akti:f] *a* **1.** *(tätig)* attivo; **2.** *(wirksam)* efficace.

Aktiv ['akti:f] ‹-s, -s *o.* -e› *n* attivo *m.*

Aktiva [ak'ti:va] ‹*pl*› attivo *m;* **~ und Passiva** attivo e passivo.

aktivieren [akti'vi:rən] ‹*ohne ge-*› *tr* **1.** *allg., a. chem* attivare; **2.** *pol* mobilitare; **3.** *com* portare in attivo.

Aktivierung ‹-, -en› *f* attivazione *f.*

Aktivität [...vi'tɛ:t] ‹-, -en› *f* attività *f.*

Aktualität [aktu̯ali'tɛ:t] ‹-, -en› *f* attualità *f.*

aktuell [ak'tu̯ɛl] *a* attuale; *(Buch)* d'attualità.

Akupunktur [akupʊŋk'tu:ɐ̯] ‹-, -en› *f* agopuntura *f.*

Akustik [a'kʊstɪk] ‹-, ø› *f* acustica *f.*

akustisch *a* acustico.

akut [a'ku:t] *a* **1.** *med* acuto; **2.** *fig (Problem, Frage)* scottante.

AKW [a:ka:'ve:] ‹-(s), -s› *n ab von* **Atomkraftwerk** centrale *f* atomica.

Akzent [ak'tsɛnt] ‹-(e)s, -e› *m* accento *m;* **den ~ auf etw. legen** mettere l'accento su qc; **er spricht mit einem starken ~** parla con un forte accento.

akzeptabel [aktsɛp'ta:bəl] *a* accettabile.

akzeptieren [...'ti:rən] ‹*ohne ge-*› *tr* accettare.

Alabaster [ala'bastɐ] ‹-s, -› *m* alabastro *m.*

Alarm [a'larm] ‹-(e)s, -e› *m* allarme *m;* **~ schlagen** dare l'allarme; **blinder** (*o.* **falscher**) **~** falso allarme. **Alarmanlage** *f* impianto *m* d'allarme. **Alarmbereitschaft** *f:* **in ~ sein** essere in stato d'allarme.

alarmieren [...'mi:rən] ‹*ohne ge-*› *tr (a. fig)* allarmare, dare l'allarme a. **alarmierend** *a* allarmante.

Alarmzustand *m* stato *m* d'allarme.

Alaska [a'laska] *n* Alasca *f.*

Alaun [a'lau̯n] ‹-(e)s, -e› *m* allume *m.*

Albaner(in) [al'ba:nɐ (...ərɪn)] ‹-s, -› *m(f)* albanese *mf.*

Albanien [...ni̯ən] *n* Albania *f.*

albanisch *a* albanese.

Albatros ['albatrɔs] ‹-, -se› *m* albatro *m.*

Alben *pl von* **Album.**

albern ['albɐn] **I.** *a* sciocco; **~es Zeug** sciocchezze *f pl fam;* **II.** *itr* fare sciocchezze *fam.* **Albernheit** ‹-, -en› *f* sciocchezza *f.*

Albert ['albɛrt] *(männlicher Vorname)* Alberto.

Albino [al'bi:no] ‹-s, -s› *m* albino *m.*

Album ['albʊm, ...bən] ‹-s, Alben› *n* album *m.*

Alchimie [alçi'mi:] ‹-, ø› *f* alchimia *f.*

Alchimist(in) [...'mɪst(ɪn)] ‹-en, -en› *m(f)* alchimista *mf.*

Alemanne [alə'manə] ‹-n, -n› *m,* **Alemannin** [...nɪn] *f* alemanno, -a *m, f.*

alemannisch *a* alemannico.

Alexander [alɛ'ksandɐ] *(männlicher Vorname)* Alessandro.

Alfons ['alfɔns] *(männlicher Vorname)* Alfonso.

Alfred ['alfre:t] *(männlicher Vorname)* Alfredo.

Alge ['algə] ‹-, -n› *f* alga *f.*

Algebra ['algebra] ‹-, ø› *f* algebra *f.*

algebraisch [...'bra:ɪʃ] *a* algebrico.

Algerien [al'ge:ri̯ən] *n* Algeria *f.*

Algerier(in) ‹-s, -› *m(f)* algerino, -a *m, f.*

algerisch *a* algerino.

Algier ['alʒi:ɐ̯] *n* Algeri *f.*

Alibi ['a:libi] ‹-s, -s› *n* alibi *m.*

Alice [a'li:sə] *(weiblicher Vorname)* Alice.

Alimente [ali'mɛntə] ‹*pl*› alimenti *m pl.*

Alkohol ['alkoho:l *o.* ...'ho:l] ‹-s, -e› *m* alcol *m;* **mit ~ am Steuer fahren** guidare in stato di ubriachezza. **Alkoholeinfluß** *m:* **unter ~ stehen** essere sotto l'effetto dell'alcol. **alkoholfrei** *a* analcolico; **~e Getränke** bevande analcoliche, analcolici *m pl.* **Alkoholgehalt** *m* alcolicità *f.*

Alkoholiker(in) [...'ho:likɐ (...ərɪn)] ‹-s, -› *m(f)* alcolizzato, -a *m, f.*

alkoholisch *a* alcolico; **~e Getränke** alcolici *m pl.*
Alkoholspiegel *m* tasso *m* alcolico (nel sangue). **Alkoholtest** *m* prova *f* dell'alcol. **Alkoholverbot** *n* proibizionismo *m.* **Alkoholvergiftung** *f* *(akute)* intossicazione *f* da alcol; *(chronische)* etilismo *m.*
All [al] ⟨-s, ø⟩ *n* universo *m,* cosmo *m.*
alle ['alə] **I.** *adv fam* finito; **die Milch ist ~** il latte è finito; **II.** *pron s.* **alle(r, s).**
Allee [a'le:, ...e:ən] ⟨-, -n⟩ *f* viale *m* (alberato).
allein [a'lai̯n] **I.** ⟨*inv*⟩ *a* solo; *(ohne Hilfe, selbst)* da solo; *(einsam)* solitario; **ganz ~** solo soletto *fam;* **mit jdm ~ sein** essere solo con qu; **von ~** da solo; **etw. ~ tun** fare qc da solo; **II.** *adv (nur)* solo, solamente, unicamente; **er ~ sprach** parlò solo lui; **nicht ~ . . ., sondern auch . . .** non solo . . ., ma anche . . .; **~ der Gedanke** il solo pensiero; **III.** *con poet (jedoch)* però, ma. **Alleinerbe** *m,* **-erbin** *f* erede *mf* universale. **Alleingang** *m:* **im ~** da solo, senza aiuto. **Alleinherrschaft** *f* potere *m* assoluto, assolutismo *m.*
alleinig *a* solo, unico.
Alleinsein *n* solitudine *f.* **alleinstehend** *a* **1.** *(Haus, etc.)* isolato; **2.** *(ohne Familie)* solo; *(unverheiratet) (Mann)* celibe; *(Frau)* nubile. **Alleinunterhalter(in)** *m(f)* showman *m,* showgirl *f; fig* istrione, -a *m, f.* **Alleinvertretung** *f* (rappresentanza *f*) esclusiva *f.*
allemal ['alə'ma:l] *adv* **1.** *(jedesmal)* tutte le volte; **2.** *(gewiß)* senz'altro, certo; **ein für ~** una volta per sempre.
allenfalls *adv* **1.** *(höchstens)* tutt'al più; **2.** *(gegebenenfalls)* semmai, eventualmente.
aller *s.* **alle(r, s).**
aller- *(in Zusammensetzungen mit Superlativ zur Verstärkung)* (il, la) più . . . **allerbeste(r, s)** ['alɐ'bɛstə] *a* (il/la) migliore di tutti/tutte; **es ist das ~ zu . . .** è meglio . . . *inf;* **am ~n** nel migliore dei modi. **allerdings** ['alɐ'dɪŋs] *adv* **1.** *(einschränkend)* ma, però, tuttavia; **2.** *(immerhin)* ad ogni modo; **3.** *(bekräftigend)* ma certo, certamente. **allererste(r, s)** ['alɐ'ʔɛrstə] **I.** *a* (il) primo/(la) prima di tutti/tutte, (il/la) primissimo, -a; **II.** *adv:* **zu allererst** per primo.
Allergie [alɛr'gi:, ...i:ən] ⟨-, -n⟩ *f med* allergia *f* (*gegen* a).
Allergiker(in) [a'lɛrgikɐ (...ərɪn)] ⟨-s, -⟩ *m(f)* allergico, -a *m, f.*
allergisch *a* allergico (*gegen* a).
allerhand ['alɐ'hant] ⟨*inv*⟩ *a* **1.** *fam (viel)* molto, tanto; **2.** *s.* **allerlei; ~ mitgemacht haben** averne passate tante *fam;* **das ist ja ~!** questo è un po' troppo! *fam.*
Allerheiligen ['alɐ'hai̯lɪgən] ⟨-, ø⟩ *n* Ognissanti *m.*
allerlei ['alɐ'lai̯] ⟨*inv*⟩ *a (attributiv)* di ogni genere (*o.* specie), diverso; *(substantivisch)* molte cose. **Allerlei** ⟨-s, -s⟩ *n* miscuglio *m;* **Leipziger ~** *gastr* verdura *f* mista.
allerletzte(r, s) ['alɐ'lɛt͡stə] *a* ultimo, -a di tutti, -e; ultimissimo, -a. **allerliebst** ['alɐ'li:pst] *a* **1.** *(liebst)* (il/la) più caro, -a, carissimo; **2.** *(reizend)* graziosissimo; **am ~en** più di ogni altra cosa. **allermeiste(r, s)** ['alɐ'mai̯stə] *a* (la) maggior parte di. **allerneueste(r, s)** ['alɐ'nɔy̯əstə] *a* ultimo, -a; (il/la) più recente; **die ~ Mode** l'ultima moda; **wissen Sie schon das A~?** sa l'ultima?
alle(r, s) ['alə] *pron* tutto, ogni; ⟨*pl*⟩ tutti, -e *m, f;* **~ zwei Wochen** ogni quindici giorni; **~ beide** entrambi, -e *m, f;* **~ fünf/zehn** tutti e cinque/dieci; **~s in ~m** tutto sommato; **in ~r Ruhe** con comodo; **mit ~r Deutlichkeit** con tutta chiarezza; **trotz ~m** malgrado tutto; **nicht um ~s in der Welt** per nulla al mondo; **vor ~m** soprattutto; **da hört doch ~s auf!** questo è troppo!, è il colmo!; **das ~s** tutto questo; **das ist (*o.* wäre) ~s** è tutto; **er ist Mädchen für ~** è un factotum; **er ist mein ein und ~s** è tutto per me *fam;* **~s Gute!** buona fortuna! *fam;* **wer war ~s da?** chi c'era? **Allerseelen** ['alɐ'ze:lən] ⟨-, ø⟩ *n* giorno *m* dei morti. **allerseits** ['alɐ'zai̯ts] *adv* **1.** *(an alle)* a tutti (quanti); **2.** *(von allen)* da ogni parte. **allerwenigste(r, s)** ['alɐ've:nɪçstə] *a* (il) meno di tutto; **das wissen die ~n** lo sanno i meno. **Allerwerteste** ['alɐ've:ɐ̯təstə] ⟨ein -r, -n, -n⟩ *m fam scherz (Gesäß)* sedere *m.*
alles *s.* **alle(r, s).**
allesamt ['alə'zamt] *pron* tutti quanti.
Alleskleber ⟨-s, -⟩ *m* adesivo *m* universale, attaccatutto *m.*
allfällig *a CH* eventuale.
allg. *ab von* **allgemein** generale, generalmente.
Allgäu ['algɔy̯] *n* Algovia *f.*
allgemein ['algə'mai̯n] (*ab* **allg.**) **I.** *a (alle betreffend)* generale, universale; *(allen gemeinsam)* comune; *(nicht speziell)* generale; **im ~en** generalmente, in generale; **II.** *adv* gene-

ralmente; comunemente; *(überall)* dappertutto; **(ganz) ~ gesprochen** generalmente parlando; **~ üblich/zugänglich/verbreitet** generalmente in uso/accessibile a tutti/comunemente diffuso. **Allgemeinbildung** *f* cultura *f* generale. **Allgemeinheit** ‹-, ø› *f* comunità *f;* **im Interesse der ~** nell'interesse della comunità; **der ~ zugänglich** accessibile al pubblico. **allgemeinverständlich** *a* comprensibile a tutti, alla portata di tutti, popolare. **Allgemeinzustand** *m* stato *m* generale.

Allheilmittel [-ˈhai̯l-] *n* toccasana *m,* panacea *f.*

Allianz [aˈli̯ants̮] ‹-, -en› *f* alleanza *f,* lega *f.*

Alligator [aliˈga:to:ɐ̯, ...gaˈto:rən] ‹-s, -en› *m* alligatore *m.*

Alliierte [aliˈi:ɐ̯tə] ‹ein -r, -n, -n› *mf* alleato, -a *m, f;* **die ~n** gli alleati.

alljährlich [ˈalˈjɛ:ɐ̯lıç] **I.** *a* annuale; **II.** *adv* tutti gli anni.

Allmacht *f* onnipotenza *f.*

allmächtig [-ˈmɛçtıç] *a* onnipotente; **~er Gott!** Dio onnipotente!

allmählich [-ˈmɛ:lıç] **I.** *a* graduale; **II.** *adv* a poco a poco.

Allroundkünstler(in) [ˈɔ:lˈraʊnd-] *m(f)* artista *mf* polivalente.

allseitig *a (allgemein)* generale, universale; *(von allen Seiten)* sotto tutti gli aspetti; *(von allen)* da tutti.

Alltag *m* **1.** *(Werktag)* giorno *m* di lavoro (*o.* feriale); **2.** *fig* vita *f* di tutti i giorni; **der graue ~** il tran tran della vita quotidiana *fam.*

alltäglich [-ˈtɛ:klıç] *a* **1.** di ogni giorno, quotidiano, giornaliero; **2.** *fig* comune, ordinario; **nicht ~** fuori dal comune.

alltags [ˈalta:ks] *adv* nei giorni di lavoro (*o.* feriali).

Alltags- *(in Zusammensetzungen)* d'ogni giorno.

allwissend [ˈalˈvısənt] *a* onnisciente.

allzu [ˈalts̮u] *adv* troppo, eccessivamente. **allzusehr** [ˈalts̮uˈze:ɐ̯] *adv* troppo, eccessivamente. **allzuviel** [ˈalts̮uˈfi:l] *a* troppo; **~ ist ungesund** *prov* il troppo stroppia *prov.*

Allzweck- *(in Zusammensetzungen)* per tutti gli usi, pluriuso.

Alm [alm] ‹-, -en› *f* pascolo *m* montano. **Alm(en)rausch** ‹-(e)s, ø› *m A, bayrisch (Alpenrose)* rododendro *m,* rosa *f* alpina.

Almosen [ˈalmo:zən] ‹-s, -› *n* elemosina *f;* **jdm ein ~ geben** fare l'elemosina a qu.

Alois, Aloys [ˈa:loıs *o* ...oi:s] *(männlicher Vorname)* Aloisio.

Alpaka [alˈpaka] ‹-s, -s› *n* alpaca *m.*

Alpdruck [ˈalp-] ‹-(e)s, -drücke› *m* incubo *m.*

Alpen [ˈalpən] ‹*pl*› Alpi *f pl.* **Alpenglühen** ‹-s, -› *m* rosseggiare *m* delle vette alpine. **Alpenpaß** *m* passo *m* alpino. **Alpenrose** *f* rododendro *m.* **Alpenstraße** *f* strada *f* alpina. **Alpenveilchen** *n* ciclamino *m.*

Alphabet [alfaˈbe:t] ‹-(e)s, -e› *n* alfabeto *m.*

alphabetisch **I.** *a* alfabetico; **II.** *adv:* **~ geordnet** in ordine alfabetico.

Alphons [ˈalfɔns] *s.* **Alfons.**

Alphorn [ˈalp-] *n* corno *m* alpino.

alpin [alˈpi:n] *a* alpino.

Alpinist(in) [alpiˈnıst(ın)] ‹-en, -en› *m(f)* alpinista *mf.*

Alptraum [ˈalp-] *m* incubo *m.*

Alraun [alˈrau̯n] ‹-(e)s, -e› *m,* **Alraune** [alˈrau̯nə] ‹-, -n› *f* mandragola *f.*

als [als] *con* **1.** *(Eigenschaft)* come, da, in qualità di; **2.** *(Vergleich)* di, che; **3.** *(temporal) (gleichzeitig)* quando, allorquando, allorché; *(vorzeitig)* dopo che, dopo *inf;* **4.** *(modal)* (**~** *ob)* come se *conj;* **100 DM ~ Belohnung erhalten** ricevere 100 marchi quale compenso; **~ Geschenk** in regalo; **~ Kind** da bambino; **eines Tages, ~ ...** un giorno che ...; **so tun, ~ ob man ...** fingere di ... *inf,* far finta di ... *inf;* **alles andere ~ hübsch** tutt'altro che carino; **mehr breit ~ lang** più largo che lungo; **niemand anders ~ du** nessun altro all'infuori di te; **zu stolz, ~ daß ...** troppo fiero per ... *inf (o.* perché ... *conj);* **damals, ~ ...** allora quando ...; **erst ~** non prima di *inf (o.* che *conj);* **um so mehr, ~ ...** tanto più che ...; **du hast nichts ~ Dummheiten im Kopf** in testa non hai che sciocchezze; **ich mag Kirschen lieber ~ Äpfel** preferisco le cilegie piuttosto che le mele; **mein Bruder ist größer ~ ich** mio fratello è più alto di me.

alsdann [-ˈdan] *adv* poi.

also [ˈalzo] *con* **1.** quindi, dunque, perciò; **2.** *(als Füllwort)* allora, dunque; **na ~!** vedi!

alt [alt] ‹¨er, ¨este› *a* **1.** vecchio; *(Personen)* anziano; **2.** *(schon lange bestehend)* di lunga data; **3.** *(nicht modern)* antico; **4.** *(vorherig)* di prima, precedente, ex; **5.** *(ehemalig)* di una volta; **mein älterer Bruder** il mio fratello maggiore; **ein älterer Herr** un signore anziano; **20 Jahre ~ werden/sein** compiere/avere vent'anni; **zwei**

Jahre älter sein als ... avere due anni più di ...; **~er Junge!** vecchio mio! *fam;* **die ~en Römer** gli antichi romani; **~ aussehen** sembrare vecchio; **alles beim ~en lassen** lasciare tutto immutato, non cambiare nulla; **~ machen** invecchiare; **gleich ~ sein** essere coetaneo; **zu ~ sein, um zu ...** non avere più l'età per ...; **~ werden** invecchiare, diventare vecchio; **er ist immer noch der ~e** non è cambiato, è sempre il solito *fam;* **er ist so ~ wie ich** ha la mia età; **für wie ~ halten Sie mich?** quanti anni mi dà?; **wie ~ sind Sie?** quanti anni ha?

Alt [alt] ‹-s, -e› *m mus* contralto *m.*

Altar [al'ta:ɐ̯] ‹-(e)s, ⸚e› *m* altare *m.*

altbacken *a* raffermo. **Altbau** ‹-(e)s, -ten› *m* vecchia costruzione *f.* **Altbausanierung** *f* restauro *m* delle vecchie costruzioni. **altbewährt** ['altbəvɛ:ɐ̯t] *a* provato (*o.* sperimentato) da tempo. **Altbier** *n* birra *f* scura.

Alte ‹ein -r, -n, -n› *mf* vecchio, -a *m, f;* **mein ~r** *fam (Vater)* il mio vecchio *fam.*

Alteisen *n* ferri *m pl* vecchi, rottami *m pl* di ferro.

Alten(pflege)heim *n* casa *f* per anziani, ospizio *m* per vecchi, ricovero *m.*

Alter ['altɐ] ‹-s, -› *n* **1.** *allg.* anni *m pl;* **2.** *(hohes ~)* vecchiaia *f;* **im ~ von ...** all'età di ...; **im besten ~** nel fiore degli anni; **er ist in meinem ~** è della mia età, ha la mia età; **mittleren ~s** di mezza età; **man sieht ihm sein ~ nicht an** porta bene i suoi anni *fam;* **ein vorgerücktes ~** un'età avanzata; **von a~s her** fin dai tempi antichi.

altern *itr* ‹*sein*› diventare vecchio, invecchiare.

alternativ [altɛrna'ti:f] *a* alternativo.

Alternativ- *(in Zusammensetzungen)* alternativo.

Alternative [...'ti:və] ‹-, -n› *f* alternativa *f.*

Alternative ‹ein -r, -n, -n› *mf* praticante *mf* di modelli di vita alternativi.

Altersgenosse *m,* **-genossin** *f* coetaneo, -a *m, f.* **Altersgrenze** *f* limite *m* d'età; **flexible ~** età *f* di pensionamento flessibile. **Altersrente** *f* pensione *f* (di) vecchiaia. **Altersschwäche** *f* decrepitezza *f;* **an ~ sterben** morire di vecchiaia. **Altersunterschied** *m* differenza *f* d'età (*o.* di anni). **Altersversicherung** *f* assicurazione *f* (per la) vecchiaia.

Altertum ['altɐtu:m] ‹-s, ø› *n* antichità *f,* mondo *m* antico.

Altertümer [...ty:mɐ] *n pl* oggetti *m pl* antichi, antichità *f pl.*

altertümlich ['altɐty:mlıç] *a* **1.** *(antik)* antico, vecchio; **2.** *(veraltet)* antiquato; **3.** *(Sprache, Stil)* arcaicizzante.

Altgriechisch *n* greco *m* antico; *s. a. Deutsch.* **Althochdeutsch** *n* (*ab* **ahd.**) antico alto tedesco *m; s. a. Deutsch.* **altklug** *a* saputello *fam,* saccente.

ältlich ['ɛltlıç] *a* vecchiotto *fam.*

Altmetall *n* metallo *m* vecchio. **altmodisch** *a* fuori moda; *(überholt)* sorpassato. **Altpapier** *n* carta *f* vecchia. **Altphilologe** *m,* **-philologin** *f* filologo, -a *m, f* di lingue classiche. **altsprachlich** *a* di (*o.* delle) lingue classiche. **Altstadt** *f* città *f* vecchia, centro *m* storico. **Altstadtsanierung** *f* risanamento *m* della città vecchia. **Altstimme** *f* (voce *f* di) contralto *m.* **Altwarenhändler(in)** *m(f)* rigattiere, -a *m,f.* **Altweiberfastnacht** [-'vaibɐ-] *f* giovedì *m* grasso. **Altweibersommer** [-'vaibɐ-] *m* estate *f* di San Martino.

Alufolie ['a:lu-] *f* foglio *m* d'alluminio.

Aluminium [alu'mi:nium] ‹-s, ø› *n* alluminio *m.*

am = an dem [am] *s.* **an; ~ Abend** di sera; **~ Himmel** in cielo; **~ Lager** in magazzino; **~ Leben** in vita; **~ 1. Januar** il primo gennaio; **~ 11. September 1956** l'undici settembre 1956; **das ist ~ besten** e la cosa migliore; **er hat ~ besten gesprochen** ha parlato meglio di tutti.

a. M. *ab von* **am Main** sul Meno.

Amalgam [amal'ga:m] ‹-s, -e› *n* amalgama *f.*

Amateur(in) [ama'tø:ɐ̯ (...rın)] ‹-s, -e› *m(f)* amatore, -trice *m, f;* dilettante *mf.* **Amateursport** *m* dilettantismo *m.*

Amazonas [ama'tso:nas] *m* rio *m* delle Amazzone.

Amboß ['ambɔs] ‹-bosses, -bosse› *m* incudine *f.*

ambulant [ambu'lant] *a* ambulante; **~ behandeln** curare in ambulatorio; **~es Gewerbe** commercio ambulante.

Ambulanz [...'lants] ‹-, -en› *f* **1.** *(Krankenwagen)* (auto)ambulanza *f;* **2.** *(Station)* ambulatorio *m.*

Ameise ['amaizə] ‹-, -n› *f* formica *f.* **Ameisenbär** *m* formichiere *m.* **Ameisenhaufen** *m* formicaio *m.* **Ameisensäure** *f* acido *m* formico. **Ameisenstaat** *m* società *f* delle formiche.

amen ['a:mɛn] *interj* amen, così sia; **zu**

allem ja und ~ sagen acconsentire a tutto.

Amerika [a'me:rika] *n* America *f;* **die Vereinigten Staaten von ~** gli Stati Uniti d'America.

Amerikaner(in) [ameri'ka:nɐ (...ərın)] ‹-s, -› *m(f)* americano, -a *m, f.*

amerikanisch **I.** *a* americano; *(in bezug auf USA)* statunitense; **II.** *adv* all'americana.

Amerikanismus [...ka'nısmʊs, ...mən] ‹-, -men› *m* americanismo *m.*

Amethyst [ame'tʏst] ‹-(e)s, -e› *m* ametista *f.*

Aminosäure [a'mi:no-] *f* amminoacido *m.*

Amme ['amə] ‹-, -n› *f* balia *f.* **Ammenmärchen** *n* fandonia *f.*

Ammoniak [amo'ni̯ak *o.* 'am...] ‹-s, ø› *n* ammoniaca *f.*

Amnestie [amnɛs'ti:, ...i:ən] ‹-, -n› *f* amnistia *f.*

amnestieren [...'ti:rən] ‹*ohne ge-*› *tr* amnistiare.

Amöbe [a'mø:bə] ‹-, -n› *f* ameba *f.*

Amok ['a:mɔk *o.* a'mɔk] ‹-s, ø› *m,* **Amoklaufen** ‹-s, ø› *m* furia *f* (*o.* ossessione *f*) omicida. **Amokläufer(in)** *m(f)* folle *mf* omicida.

Amortisation [amɔrtiza'tsi̯o:n] ‹-, -en› *f* ammortamento *m,* ammortizzamento *m.*

amortisieren [...'zi:rən] ‹*ohne ge-*› **I.** *tr* ammortare, ammortizzare; **II.** *rfl:* **sich ~** ammortizzarsi.

Ampel ['ampəl] ‹-, -n› *f* **1.** *(Verkehrs~)* semaforo *m;* **2.** *(Hängelampe)* lampada *f* sospesa; **3.** *(Blumen~)* vaso *m* da fiori sospeso.

Ampere [am'pɛ:ɐ̯] ‹-(s), -› *n* (*ab* **A**) ampère *m.* **Amperemeter** [-'me:tɐ] ‹-s, -› *n* amperometro *m.*

Amphibie [am'fi:bi̯ə] ‹-, -n› *f* anfibio *m.* **Amphibienfahrzeug** *n* (veicolo *m*) anfibio *m.*

amphibisch *a* anfibio.

Ampulle [am'pʊlə] ‹-, -n› *f* fiala *f.*

Amputation [amputa'tsi̯o:n] ‹-, -en› *f* amputazione *f.*

amputieren [...'ti:rən] ‹*ohne ge-*› *tr* amputare.

Amsel ['amzəl] ‹-, -n› *f* merlo *m.*

Amsterdam [amstɐ'dam] *n* Amsterdam *f.*

Amt [amt] ‹-(e)s, ¨-er› *n* **1.** *(Stellung)* carica *f;* *(a. ~spflicht)* ufficio *m;* **2.** *(Aufgabe)* funzione *f,* mansione *f,* compito *m;* **3.** *(Behörde)* ufficio *m,* ente *m;* **4.** *tel* centralino *m;* **ein ~ antreten/ausüben** assumere/ricoprire una carica; **jdn seines ~es entheben** destituire qu dalla sua carica; **zum zuständigen ~ gehen** rivolgersi all'ufficio competente; **sein ~ niederlegen** dare le dimissioni; **das Auswärtige ~** (*ab* **AA**) il ministero degli (affari) esteri; **im ~** in carica; **kraft seines ~es** in virtù del suo ufficio; **von ~s wegen** d'ufficio.

amtieren [am'ti:rən] ‹*ohne ge-*› *itr* adempiere la funzione (*als* di); *(vorübergehend)* fungere (*als* da). **amtierend** *a* in carica.

amtlich *a (behördlich, dienstlich)* ufficiale; *(Abschrift)* autentico; **das Fahrzeug mit dem ~en Kennzeichen S-EN 8066** la vettura con la targa S-EN 8066.

Amtsantritt *m* entrata *f* in carica. **Amtsarzt** *m,* **-ärztin** *f* ufficiale *mf* sanitario, -a. **Amtsenthebung** *f* destituzione *f;* *(vorläufig)* sospensione *f.* **Amtsführung** *f* amministrazione *f,* gestione *f.* **Amtsgericht** *n* tribunale *m* di prima istanza; *(a. Gebäude)* pretura *f.* **Amtsgeschäfte** *n pl* funzioni *f pl,* mansioni *f pl.* **Amtshandlung** *f* atto *m* ufficiale. **Amtsniederlegung** *f* dimissioni *f pl.* **Amtsrichter(in)** *m(f)* giudice *mf* di prima istanza, (donna *f*) pretore *m.* **Amtsschimmel** *m scherz* pignoleria *f* burocratica. **Amtsweg** *m:* **den ~ einhalten** seguire l'iter burocratico; **auf dem ~** per via burocratica.

Amulett [amu'lɛt] ‹-(e)s, -e› *n* amuleto *m,* talismano *m.*

amüsant [amy'zant] *a* divertente; *(Gesellschafter, Abend)* piacevole.

amüsieren [...'zi:rən] ‹*ohne ge-*› **I.** *tr* divertire; **II.** *rfl:* **sich ~** divertirsi; **sich über etw. ~** farsi beffe di qc *fam;* **sich köstlich ~** divertirsi un mondo *fam.*

an [an] **I.** *prp dat/acc* **1.** *(räumlich)* a, in, per, su; **2.** *(zeitlich)* a, di, in; **3.** *fig* con, da, di, a causa di, per, per mezzo di, su; **am Feuer** vicino al fuoco; **am Kopf** alla testa; **~ einer Stelle** in un punto; **~ der Straße** sul bordo della strada; **~ die See fahren** andare al mare; **am Tisch sitzen** sedere a tavola; **etw. ~ die Wand stellen/werfen** mettere/gettare qc contro la parete; **Frankfurt liegt am Main** Francoforte si trova sul Meno; **am 1. Oktober** il primo ottobre; **am Samstag** il sabato; **am Tag der Prüfung** il giorno dell'esame; **~ dem Tag, an dem ...** il giorno in cui ...; **~ einem bestimmten Tag** in un determinato giorno; **am gleichen Tag** lo stesso giorno; **es ist ~ der Zeit zu ...** è ora di ... *inf;* **ein Brief ~ jdn** una lettera per (*o.* indirizzata a) qu; **der Gedanke ~ die Kinder** il pensiero dei bambini; **das Schönste ~ der Sache ist ...** il più bello della cosa è ...; **~ den Fingern abzählen** contare sulle dita; **~s Fenster gehen** andare alla finestra; **~ Krücken gehen** camminare con le grucce; **~s Telefon gehen** rispondere al telefono; **~ etw. leiden/sterben** soffrire/morire di qc; **~ etw. liegen** *(herrühren)* derivare da qc, dipendere da qc; **jdn ~ die Hand nehmen** prendere qu per la mano; **sich ~ jdn wenden** rivolgersi a qu; **jetzt ist es ~ ihm zu handeln** ora tocca a lui agire; **viele Grüße ~ deine Frau** tanti saluti a tua moglie; **II.** *adv* **1.** *(ungefähr):* **~ die 100** circa cento; **2.** *(von ... ~):* **von jetzt ~** d'ora in poi; **von morgen ~** a partire da domani; **von Anfang ~** fin dall'inizio; **3.** *(Fahrplan):* **~ Stuttgart** arrivo a Stoccarda; **~ (und für) sich** in fondo; *s. a. anhaben, ansein.*

analog [ana'lo:k] *a* analogo (*zu* a).

Analogie [...lo'gi:, ...i:ən] ‹-, -n› *f* analogia *f;* **in ~ zu** in analogia a.

Analogrechner *m inform* calcolatore *m* analogico.

Analphabet(in) [an?alfa'be:t(ɪn) *o.* 'an...] ‹-en, -en› *m(f)* analfabeta *mf*

Analphabetentum ‹-s, ø› *n* analfabetismo *m.*

Analphabetin *f s.* **Analphabet.**

Analyse [ana'ly:zə] ‹-, -n› *f* analisi *f.*

analysieren [...ly'zi:rən] ‹*ohne ge-*› *tr* analizzare.

analytisch [...'ly:tɪʃ] *a* analitico.

Ananas ['ananas] ‹-, - *o.* -se› *f* ananas *m.*

Anarchie [anar'çi:, ...i:ən] ‹-, -n› *f* anarchia *f.*

Anarchist(in) [...'çɪst(ɪn)] ‹-en, -en› *m(f)* anarchico, -a *m, f.*

anarchistisch *a* anarchico.

Anatomie [anato'mi:, ...i:ən] ‹-, -n› *f* **1.** *(Wissenschaft, Körperbau)* anatomia *f;* **2.** *(Institut)* istituto *m* anatomico.

anatomisch [...'to:mɪʃ] *a* anatomico.

an·bahnen I. *tr* avviare; **II.** *rfl:* **sich ~** profilarsi.

an·bändeln ['anbɛndəln] *itr fam* **1.** *(kokettieren)* tentare degli approcci (*mit* con); **2.** *(Streit suchen)* attaccar briga (*mit* con).

Anbau[1] ‹-(e)s, -ten› *m (Gebäude)* fabbricato *m* aggiunto; *(Flügel)* ala *f.*

Anbau[2] ‹-(e)s, ø› *m agr* coltivazione *f.*

an·bauen[1] *tr arch* aggiungere.

an·bauen[2] *tr agr (Getreide)* coltivare; *(Pflanzen)* piantare.

Anbaumöbel *n pl* mobili *m pl* componibili.

anbei [an'bai̯] *adv (im Brief)* qui accluso, in allegato.

an·beißen ‹*irr*› **I.** *tr* dare un morso a; **II.** *itr* abboccare.

an·belangen ‹*ohne ge-*› *tr* concernere; **was mich anbelangt** per quanto mi concerne, quanto a me.

an·bellen *tr* abbaiare a.

an·beraumen ['anbəraumən] ‹*ohne ge-*› *tr jur* fissare, stabilire; *(Sitzung)* convocare; **einen Termin ~** fissare un termine.

an·beten *tr rel, fig* adorare; *(Götzen)* idolatrare.

Anbeter(in) ‹-s, -› *m(f)* **1.** *rel* adoratore, -trice *m, f;* **2.** *(Liebhaber)* adoratore, -trice *m, f,* ammiratore, -trice *m, f;* corteggiatore, -trice *m, f.*

Anbetracht *m:* **in ~** *gen* in considerazione di, tenuto conto di; **in ~ dessen, daß ...** visto che ...

Anbetung ‹-, ø› *f rel, fig* adorazione *f.*

anbiedern ['anbi:dern] *rfl:* **sich bei jdm ~** *pej* prendersi confidenza qu.

an·bieten ‹*irr*› **I.** *tr* **1.** *allg.* offrire; **2.** *(vorschlagen)* proporre; **Waren zum Kauf ~** mettere merci in vendita; **II.** *rfl:* **sich ~** *(Gelegenheit)* presentarsi; *(Person)* offrirsi.

an·binden ‹*irr*› *tr* legare, attaccare (*an* a); *(Boot)* ormeggiare; **kurz angebunden sein** *fig* essere brusco e laconico.

Anblick *m (Anblicken)* vista *f;* *(Bild)* spettacolo *m;* **beim ersten ~** a prima vista.

an·blicken *tr* guardare.

an·bohren *tr* forare, fare un buco (*etw.* in qc).

an·braten ‹*irr*› *tr* scottare, rosolare.

an·brechen ‹*irr*› **I.** *tr* ‹*haben*› *(Packung, etc.)* cominciare (ad usare); *(Vorräte)* intaccare; **II.** *itr* ‹*sein*› *(beginnen)* cominciare; *(Tag)* spuntare; *(a. Nacht)* farsi.

an·brennen ‹*irr*› *itr* ‹*sein*› *(Speisen)* attaccarsi; **angebrannt riechen/schmecken** sapere di bruciaticcio.

an·bringen ‹*irr*› *tr* **1.** *(befestigen)* fissare, attaccare; *tec* montare, installare; **2.** *(Unterschrift, Stempel, etc.)* apporre; **3.** *(Verbesserung)* apportare; *(Beschwerde)* presentare; *(Kenntnisse)* dare prova di; **4.** *fam (herbeibringen)* portare.

Anbruch *m* inizio *m,* principio *m;* **bei ~ des Tages** allo spuntar del giorno; **bei ~ der Nacht** sul fare della notte.

an·brüllen *tr* investire, vociare contro.

Andacht ['andaxt] ‹-, -en› *f* **1.** *(innere*

Haltung) raccoglimento *m;* devozione *f;* **2.** *(Gebet)* preghiera *f; (Gottesdienst)* funzione *f.*

andächtig ['andɛçtıç] *a* **1.** *rel* devoto, pio; **2.** *fig (ergriffen)* raccolto; *(feierlich)* solenne.

Andalusien [anda'lu:zi̯ən] *n* Andalusia *f.*

Andalusier(in) ‹-s, -› *m(f)* andaluso -a *m, f.*

andalusisch *a* andaluso.

an·dauern *itr* continuare, perdurare; *(Wetter)* mantenersi; *(hartnäckig)* persistere. **andauernd I.** *a* continuo, persistente; **II.** *adv* di continuo.

Anden ['andən] ‹*pl*› Ande *f pl.*

Andenken ‹-s, -› *n* **1.** *(Erinnerung)* ricordo *m,* memoria *f;* **2.** *(Souvenir)* ricordo *m,* ricordino *m,* souvenir *m;* **zum ~ an** in memoria di.

andere *a, pron s.* **andere(r, s).**

anderenfalls *adv* in caso contrario, altrimenti, se no.

andere(r, s) ['andərə] **I.** *a* **1.** *allg.* altro, -a; **2.** *(verschieden)* diverso, -a, differente; **3.** *(folgend)* seguente, dopo *(nachgestellt);* **ein ~s Hemd anziehen** cambiarsi la camicia, mettersi un'altra camicia; **~r Meinung sein** essere di un altro parere; **am ~n Tag** il giorno dopo; **auf der ~n Seite** dall'altra parte; **mit ~n Worten** con altre parole; **ein ums ~ Mal** un volta su due; **von ~r Seite** da altri; **II.** *pron* altro; **alles ~** tutto il resto; **alles ~ als . . .** tutt'altro che . . .; **der eine . . ., der ~ . . .** l'uno . . ., l'altro . . .; **jeder ~** qualsiasi altro; **kein ~r** nessun altro; **einer nach dem ~n** uno dopo l'altro; *(abwechselnd)* a vicenda; **unter ~m** (*ab* **u. a.**) tra l'altro; **zum ~n** d'altra parte; **und vieles ~ mehr** (*ab* **u. v. a. m.**) e molte altre cose; **und ~** (*ab* **u. a.**) ed altro, -i; **das ist etw. ganz ~s** è tutta un'altra cosa; **es verging ein Monat nach dem ~n** passavano mesi e mesi; **sie sind einer wie der ~** sono tutti uguali.

and(e)rerseits ['and(ə)rə'zai̯ts] *adv* d'altra parte, d'altronde; **einerseits . . ., ~ . . .** da una parte . . ., dall'altra . . .

anderes *a, pron s.* **andere(r, s).**

ändern ['ɛndɐn] **I.** *tr* **1.** *allg.* cambiare; **2.** *(wechseln)* mutare; **3.** *(ver~)* alterare; **4.** *(ab~)* modificare; *(Kleidung)* apportare modifiche a; **den Kurs ~** *naut, aero* cambiare rotta; **seine Meinung ~** cambiare idea (*o.* opinione); **das ändert nichts an der Tatsache, daß . . .** questo non cambia il fatto che . . .; **daran ist nichts zu ~** quel che è fatto è fatto, non c'è più nulla da fare *fam;* **II.** *rfl:* **sich ~** cambiare, mutare; **das Wetter ändert sich** il tempo cambia.

anders ['andɐs] *adv* **1.** in altro modo, altrimenti; *(unterschiedlich)* diversamente; **2.** *(sonst)* altro; **~ ausgedrückt** in altre parole; **es sich** *(dat)* **~ überlegen** cambiare idea, ricredersi; **irgendwo/nirgendwo ~** in qualche altro/in nessun altro posto; da qualche altra/in nessun'altra parte; **jemand ~** qualcun altro; **wer ~ (als er)?** chi altro (se non lui)?; **das klingt schon ~** fa già un altro effetto; **das muß ~ werden** bisogna cambiare; **ich kann nicht ~, ich muß lachen** non posso fare a meno di ridere; **mir geht es nicht ~** la stessa cosa capita a me, mi succede la stessa cosa. **andersartig** *a* diverso, differente. **Andersdenkende** ‹ein -r, -n, -n› *mf rel, pol* dissidente *mf.* **andersherum** *adv* dall'altra parte. **anderswie** ['andɐs'vi:] *adv* in qualche altro modo. **anderswo** ['andɐs'vo:] *adv* in altro luogo, altrove.

anderthalb ['andɐt'halp] *(Zahlwort)* uno e mezzo; **~ Jahre** un anno e mezzo.

Änderung ‹-, -en› *f* cambiamento *m,* mutamento *m; (Ab~)* modifica *f; parl* emendamento *m;* **eine ~ am Kleid vornehmen** fare una modifica al vestito; **~en vorbehalten** salvo cambiamenti.

anderweitig **I.** *a* altro, ulteriore; **II.** *adv* in altro modo, altrimenti; *(anderswo)* altrove; **das ist schon ~ vergeben** è già stato disposto altrimenti.

an·deuten *tr* accennare; *(zu verstehen geben)* lasciare intendere, far capire.

Andeutung *f* (ac)cenno *m* (*auf* a, *von* di); **auf eine (bloße) ~ von dir hin** a un tuo cenno; **eine ~ über etw. machen** fare cenno a qc; **~en machen** fare allusioni; **eine versteckte ~** un'allusione velata. **andeutungsweise** *adv* con qualche accenno, per accenni, per allusioni; *(indirekt)* indirettamente.

Andorra [an'dɔra] *n* Andorra *f.*

Andrang *m* **1.** *(Zustrom)* affluenza *f;* **2.** *(Gedränge)* ressa *f.*

Andrea [an'dre:a] *(weiblicher Vorname)* Andreina.

Andreas [an'dre:as] *(männlicher Vorname)* Andrea.

an·drehen *tr* **1.** *(Schraube)* stringere; **2.** *(Licht, Radio)* accendere; *(Gas)* aprire; **jdm etw. ~** *fam* rifilare qc a qu *fam.*

andrerseits ['andrɐ'zai̯ts] *adv s.* **andererseits.**
an·drohen *tr* minacciare (*jdm etw.* qu di qc).
an·eignen *rfl:* **sich** *(dat)* **etw. ~** appropriarsi di qc, impossessarsi di qc; *(widerrechtlich)* usurpare qc; *(Kenntnisse)* acquisire qc; *(Sprache)* impadronirsi di qc.
aneinander [anʔai̯'nandɐ] *adv* **1.** *(gegenseitig, an sich)* l'uno all'altro; **2.** *(einer am anderen)* l'uno accanto all'altro; **sich ~ gewöhnen** abituarsi l'uno all'altro. **aneinander·grenzen** *itr* essere contigui, confinare l'uno con l'altro. **aneinander·reihen I.** *tr* mettere in fila, allineare; **II.** *rfl:* **sich ~** allinearsi. **aneinander·stoßen** ‹*irr*› *itr* ‹*sein*› **1.** *(zusammenstoßen)* scontrarsi; **2.** *(aneinandergrenzen)* confinare.
Anekdote [anɛk'do:tə] ‹-, -n› *f* aneddoto *m.*
an·ekeln *tr* disgustare, nauseare; *fam* fare schifo a *fam.*
Anemone [ane'mo:nə] ‹-, -n› *f* anemone *m.*
anerkannt ['anʔɛɐ̯kant] *a* apprezzato, riconosciuto.
an·erkennen ‹*irr, ohne ge-*› *tr* **1.** *allg., jur, pol* riconoscere (*als* come, quale); *jur* legittimare; *fin* accettare; **2.** *(würdigen)* apprezzare. **anerkennend** *a* di lode, di approvazione. **anerkennenswert** *a* lodevole, apprezzabile.
Anerkennung ‹-, -en› *f* **1.** *allg., jur, pol* riconoscimento *m; jur* legittimazione *f; fin* accettazione *f;* **2.** *(Billigung, Zustimmung)* approvazione *f;* **~ finden** essere apprezzato.
Anette [a'nɛtə] *(weiblicher Vorname)* Annetta.
an·fachen ['anfaxən] *tr* attizzare.
an·fahren ‹*irr*› **I.** *tr* ‹*haben*› **1.** *(her~)* trasportare; **2.** *(anstoßen) (Fahrzeug)* urtare contro; *(Fußgänger)* investire; **3.** *(ansteuern)* viaggiare verso; **4.** *fig (zurechtweisen)* sgridare; **II.** *itr* ‹*sein*› *(losfahren)* partire, mettersi in moto.
Anfahrt *f* **1.** *(~szeit, ~sstrecke)* tragitto *m;* **2.** *(Zufahrt)* accesso *m.*
Anfall *m* **1.** *med* attacco *m; fig* accesso *m;* **2.** *fin* provento *m.*
an·fallen ‹*irr*› **I.** *tr* ‹*haben*› aggredire, attentare a; **II.** *itr* ‹*sein*› *(Produkt, Abfall)* derivare, risultare.
anfällig *a:* **für Erkältungen ~ sein** prendersi facilmente un raffreddore.
Anfang ['anfaŋ] ‹-(e)s, ¨-e› *m* **1.** principio *m,* inizio *m;* **2.** *(Ursprung)* origine *f;* **~ Mai** al principio di maggio; **den ~ machen mit** (in)cominciare con; **am** (*o.* **im** *o.* **zu**) **~** all'inizio, da principio; **von ~ an** fin del principio; **von ~ bis Ende** dal principio alla fine; **gleich zu ~** già dall'inizio; **aller ~ ist schwer** *prov* tutto sta nel cominciare.
an·fangen ‹*irr*› **I.** *tr* **1.** (in)cominciare, iniziare; **2.** *fam (tun)* fare; **ein Gespräch ~** iniziare una conversazione; **Streit mit jdm ~** attaccare briga con qu *fam;* **mit etw. nichts anzufangen wissen** non saper che fare di qc; **mit nichts angefangen haben** aver cominciato dal nulla; **II.** *itr* (in)cominciare (*zu* a); **mit etw. ~** cominciare con qc, mettersi a fare qc; **wieder von vorn ~** ricominciare da capo; **das fängt ja gut an!** cominciamo bene! *fam;* **fang nicht wieder davon an!** *fam* cambia disco! *fam;* **bei einer Firma ~** cominciare a lavorare in una ditta.
Anfänger(in) ['anfɛŋɐ (...ərɪn)] ‹-s, -› *m(f)* principiante *mf.*
anfänglich ['anfɛŋlɪç] **I.** *a.* iniziale; **II.** *adv* dapprima, da principio.
anfangs ['anfaŋs] *adv* dapprima, da principio. **Anfangsbuchstabe** *m* (lettera *f*) iniziale *f;* **großer/kleiner ~** maiuscola *f*/minuscola *f.* **Anfangsgeschwindigkeit** *f* velocità *f* iniziale. **Anfangsstadium** *n* fase *f* iniziale, primo stadio *m;* **im ~ sein** essere nella fase iniziale.
an·fassen *tr* **1.** *(berühren)* toccare; **2.** *(bei der Hand nehmen)* afferrare per le mani; **3.** *(in Angriff nehmen)* affrontare; **4.** *(behandeln)* trattare; **sich ~** prendersi per mano; **etw. falsch ~** fare qc alla rovescia *fam.*
anfechtbar *a* contestabile, impugnabile.
an·fechten ‹*irr*› *tr (Richtigkeit)* contestare; *(Meinung)* confutare; *jur* impugnare.
Anfechtung ‹-, -en› *f* **1.** *jur* contestazione *f,* impugnazione *f;* **2.** *poet* tentazione *f.*
an·fertigen *tr* fare, eseguire; *(Waren)* fabbricare; *(Anzug)* confezionare; *(Schriftstück)* stendere.
Anfertigung *f* esecuzione *f; (von Waren)* fabbricazione *f; (von Kleidung)* confezione *f; (von Schriftstück)* stesura *f.*
an·feuchten *tr* inumidire, umettare.
an·feuern *tr* **1.** *(Ofen)* accendere; **2.** *fig* incitare.
an·flehen *tr* implorare, supplicare.
an·fliegen ‹*irr*› **I.** *itr* ‹*sein*› avvicinarsi volando; **II.** *tr* ‹*haben*› **1.** *(Ort)* volare verso, puntare su; **2.** *(landen auf, in)* atterrare su; **Rom wird von der Luft-**

hansa angeflogen Roma è servita dalla Lufthansa.

Anflug *m* **1.** *aero* avvicinamento *m*, arrivo *m;* **2.** *fig (Hauch)* ombra *f* (*von* di), traccia *f* (*von* di). **Anflugschneise** *f* corridoio *m* di avvicinamento.

an·fordern *tr* richiedere, esigere, pretendere.

Anforderung *f* **1.** *(Erfordernis)* richiesta *f*, ordinazione *f;* **2.** *(Anspruch)* esigenza *f;* **hohe ~en an jdn stellen** pretendere molto da qu.

Anfrage *f* domanda *f*, richiesta *f; parl* interpellanza *f.*

an·fragen *itr:* **bei jdm nach etw. ~** informarsi presso qu di qc.

an·freunden *rfl:* **sich ~** diventare amico (*mit* di); **sich mit etw. ~** *fig* abituarsi a qc.

an·fühlen *rfl:* **sich hart/weich ~** essere duro/morbido al tatto.

Anfuhr ['anfu:ɐ̯] ‹-, -en› *f* trasporto *m.*

an·führen[1] *tr* **1.** *(führen)* guidare, condurre; *mil* comandare; **2.** *fig (zitieren)* citare; *(Grund)* addurre; *(Beispiel)* dare.

an·führen[2] *tr fam (täuschen)* burlare *fam*, beffare *fam;* **von jdm angeführt werden** essere imbrogliato da qu *fam.*

Anführer(in) *m(f) allg.* capo *m*, guida *f; pej (Rädelsführer)* caporione *m.*

Anführungszeichen *n pl* virgolette *f pl.*

an·füllen *tr* riempire (*mit* di).

Angabe[1] *f* **1.** *(Hinweis)* indicazione *f; (Auskunft)* informazione *f; (Behauptung)* affermazione *f;* **2.** *(Anweisung)* istruzione *f;* **3.** *sport* battuta *f;* **nach seinen ~n** a detta di lui; **nähere ~n zu ...** dettagli particolari su ...

Angabe[2] *f (Prahlerei)* vanteria *f fam.*

an·geben[1] ‹*irr*› *tr (Preis, etc.)* indicare; *(Namen)* dare; *(Wert, Einkommen)* dichiarare; *(Gründe)* addurre; *(Diebstahl, etc.)* denunciare; **als Entschuldigung ~** addurre come scusa; **den Ton ~** *fig, mus* dare il tono.

an·geben[2] ‹*irr*› *itr (prahlen)* vantarsi; darsi delle arie *fam.*

Angeber(in) *m(f) pej* spaccone, -a *m, f fam*, millantatore, -trice *m, f.*

Angeberei [ange:bəˈrai̯] ‹-, -en› *f* **1.** *(Worte)* vanteria *f*, millanteria *f;* **2.** *(Taten)* spacconata *f fam.*

Angeberin *f s.* **Angeber.**

angeblich ['ange:plɪç] **I.** *a* **1.** *(vorgeblich)* preteso; **2.** *(vermeintlich)* presunto; **II.** *adv* secondo quel che si dice.

angeboren *a* innato; *(Fehler, Krankheit)* congenito.

Angebot *n* offerta *f;* **~ und Nachfrage** la domanda e l'offerta.

angebracht *a* opportuno, conveniente; **nicht ~** inopportuno.

angegossen *a:* **wie ~ sitzen** *(Kleidungsstück)* stare a pennello *fam.*

angeheitert ['angəhai̯tɐt] *a* brillo *fam*, alticcio *fam.*

an·gehen ‹*irr*› **I.** *tr* ‹*haben*› **1.** *(betreffen)* riguardare, concernere; **2.** *(anpacken: Problem)* affrontare; **was mich angeht** quanto a me; **das geht mich nichts an** non è affar mio; **II.** *itr* ‹*sein*› **1.** *fam (beginnen)* (in)cominciare; *(Feuer, Licht)* accendersi; **2.** *(bekämpfen)* lottare (*gegen* contro); **3.** *(erträglich sein)* essere sopportabile; *(leidlich sein)* essere passabile. **angehend** *a* principiante, esordiente.

an·gehören ‹*ohne ge-*› *itr* appartenere (*dat* a), far parte (*dat* di); **einer Organisation/der Vergangenheit ~** appartenere a un'organizzazione/al passato.

Angehörige ‹ein -r, -n, -n› *mf* **1.** *(Verwandte)* parente *mf*, congiunto, -a *m, f;* **2.** *(Mitglied)* appartenente *mf*, membro *m;* **die ~n eines Betriebes** il personale di un'azienda; **meine ~n** la mia famiglia; **die nächsten ~n** i parenti prossimi.

Angeklagte ‹ein -r, -n, -n› *mf* accusato, -a *m, f*, imputato, -a *m, f.*

Angel[1] ['aŋəl] ‹-, -n› *f (~rute)* canna *f* da pesca.

Angel[2] ['aŋəl] ‹-, -n› *f (Tür~, etc.)* cardine *m;* **aus den ~n heben** scardinare.

Angelegenheit *f* affare *m*, faccenda *f;* **sich in fremde ~en mischen** immischiarsi negli affari altrui; **ich will mit d(ies)er ganzen ~ nichts zu tun haben** non voglio avere niente a che fare con questa faccenda.

angelernt *a:* **~er Arbeiter** operaio qualificato.

Angelhaken *m* amo *m.*

Angelika [aŋˈge:lika] *(weiblicher Vorname)* Angelica.

angeln ['aŋəln] *tr, itr* pescare con l'amo; **sich** *(dat)* **einen Mann ~** *fam* accalappiare un marito *fam;* **~ gehen** andare a pesca; **nach etw. ~** *fam* cercar di pigliare qc *fam.* **Angeln** ‹-, ø› *n* pesca *f* con l'amo.

Angelrute *f* canna *f* da pesca.

Angelsachse ['aŋəl-] *m*, **-sächsin** *f* anglosassone *mf.*

angelsächsisch *a* anglosassone.

Angelschein *m* licenza *f* di pesca. **Angelschnur** *f* lenza *f.*

angemessen *a* adeguato, conforme, conveniente.
angenehm *a* gradito, piacevole; *(Mensch)* simpatico; **sehr ~!** piacere!, molto lieto!; **~e Reise!** buon viaggio!
angenommen I. *a* **1.** *(hypothetisch)* supposto, ipotetico; **2.** *(Name)* falso; *(Kind)* adottato; **II.** *con:* **~, daß ...** supposto che ... *conj.*
angeregt *a* animato, vivace; **sich ~ unterhalten** conversare animatamente.
angesehen *a* stimato, rispettabile.
Angesicht *n geh, poet* volto *m;* **von ~ zu ~** faccia a faccia; **im Schweiße seines ~s** col sudore della propria fronte.
angesichts ['angəzıçts] *prp gen* considerato, in considerazione di, in vista di.
Angestellte ['angəʃtɛltə] ⟨ein -r, -n, -n⟩ *mf* impiegato, -a *m, f;* **die ~n** il personale; **kaufmännischer ~r** impiegato di commercio; **leitender ~r** dirigente *m.*
angestrengt *adv* intensamente, assiduamente.
angetrunken *a* brillo *fam,* alticcio *fam.*
angewandt *a* applicato; **~e Psychologie** psicologia applicata.
angewiesen *a:* **auf jdn ~ sein** dipendere da qu; **auf etw. ~ sein** dover ricorrere a qc.
an·gewöhnen ⟨*ohne ge-*⟩ *rfl:* **sich** *(dat)* **~ zu ...** abituarsi a ..., prendere l'abitudine di ...
Angewohnheit *f* abitudine *f;* **eine schlechte ~** una cattiva abitudine; **aus ~** per abitudine.
Angina [aŋ'gi:na, ...nən] ⟨-, Anginen⟩ *f* angina *f.*
an·gleichen ⟨*irr*⟩ **I.** *tr (anpassen)* adattare (*an* a), conformare (*an* a); *(a. fin)* adeguare (*an* a); **II.** *rfl:* **sich ~** adattarsi.
Angler(in) ['aŋlɐ (...ərın)] ⟨-s, -⟩ *m(f)* pescatore, -trice *m, f* (con la lenza).
an·gliedern *tr* annettere, aggregare.
anglikanisch [aŋgli'ka:nıʃ] *a* anglicano.
Anglist(in) [aŋ'glıst(ın)] ⟨-en, -en⟩ *m(f)* anglista *mf.*
Anglistik [aŋ'glıstık] ⟨-, ø⟩ *f* anglistica *f.*
Anglistin *f s.* **Anglist.**
Anglizismus [aŋgli'tsısmʊs, ...mən] ⟨-, -men⟩ *m* anglicismo *m.*
Angorawolle [aŋ'go:ra-] *f* lana *f* d'angora.
angreifbar *a* attaccabile.
an·greifen ⟨*irr*⟩ *tr* **1.** *allg., fig, sport* attaccare, assalire; **2.** *(schwächen)* indebolire; *(ermüden)* affaticare; **3.** *(Reserven, Vorrat)* intaccare; **4.** *(Problem)* affrontare; **5.** *chem* corrodere.
Angreifer(in) ⟨-s, -⟩ *m(f)* attaccante *mf,* assalitore, -trice *m, f;* aggressore *m,* aggreditrice *f.*
an·grenzen *itr* confinare (*an* con); *(Zimmer)* essere attiguo. **angrenzend** *a (bes. Grundstück)* contiguo (*an* a), adiacente (*an* a); *(Gebiet)* limotrofo.
Angriff *m* **1.** *allg., sport, fig* attacco *m; (a. pol)* aggressione *f;* **2.** *mil (Sturm~)* assalto *m,* carica *f; (Groß~)* offensiva *f; (Luft~)* raid *m,* incursione *f* aerea; **in ~ nehmen** *fig* porre mano a, (in)cominciare; **zum ~ übergehen** passare all'attacco. **Angriffskrieg** *m* guerra *f* d'aggressione. **angriffslustig** *a* aggressivo.
Angst [aŋst] ⟨-, ¨-e⟩ *f* **1.** paura *f* (*vor* di), timore *m* (*vor* di); **2.** *(Schrecken)* terrore *m;* **3.** *(Besorgnis)* angoscia *f;* **4.** *(innere Unruhe)* ansia *f,* inquietudine *f;* **5.** *(Todes~)* angoscia *f* mortale; **(es mit der) ~ bekommen** *fam* spaventarsi, impaurirsi; **~ haben vor/um** avere paura di/per; **jdm ~ machen** fare paura a qu. **Angsthase** *m fam scherz* fifone, -a *m, f fam.*
ängstigen ['ɛŋstıgən] **I.** *tr* spaventare; **II.** *rfl:* **sich ~ 1.** aver paura (*vor* di); **2.** *(sich sorgen)* stare in pensiero (*um* per); **sich zu Tode ~** morire di paura.
ängstlich ['ɛŋstlıç] *a* **1.** timoroso, pauroso; **2.** *(besorgt)* ansioso; **3.** *(schüchtern)* timido.
Angstschweiß *m* sudore *m* freddo. **angstvoll** *a* angoscioso, pauroso.
an·gucken *tr fam* guardare, osservare.
an·gurten *rfl:* **sich ~** mettersi la cintura di sicurezza.
an·haben¹ ⟨*irr*⟩ *tr (Kleidungsstück)* portare addosso.
anhaben² ⟨*irr*⟩ *tr:* **jdm etw./nichts ~ können** poter/non poter danneggiare qu; **jdm etw. ~ wollen** voler danneggiare qu; **man kann ihm nichts ~** non lo si può danneggiare.
an·haften *itr* **1.** *(kleben)* aderire (*an* a), essere attaccato (*an* a); **2.** *fig* essere inerente (*jdm/einer S.* a qu/qc).
an·halten ⟨*irr*⟩ **I.** *itr* **1.** *(stehenbleiben)* fermarsi, arrestarsi; **2.** *(andauern)* continuare, (per)durare; **um jdn ~** chiedere la mano di qu; **II.** *tr* **1.** *(stoppen)* fermare, arrestare; **2.** *(ermahnen)* esortare, sollecitare (*jdn zu etw.* qu a qc); **den Atem ~** trattenere il re-

spiro (*o.* fiato); **halt die Luft an!** *fam* stai zitto! *fam.* **anhaltend** *a* continuo, incessante, durevole; **~er Beifall** applauso incessante; **~e Nachfrage** domanda costante (*nach* di).

Anhalter(in) *m(f)* autostoppista *mf;* **per ~ fahren** fare l'autostop.

Anhaltspunkt ['anhalts̲-] *m* punto *m* di riferimento, indicazione *f.*

anhand [an'hant] *prp gen* in base a.

Anhang *m* **1.** *(zu Buch)* appendice *f; (zu Vertrag)* allegato *m;* **2.** *(Familie)* famiglia *f;* **ohne ~** senza congiunti.

an·hängen *tr* **1.** appendere (*an* a), attaccarre (*an* a); **2.** *mot* agganciare (*an* a); **3.** *(hinzufügen)* aggiungere (*an* a); **jdm was ~** *fam* diffamare qu, denigrare qu.

Anhänger ‹-s, -› *m* **1.** *(Schmuck)* pendente *m,* ciondolo *m,* medaglione *m;* **2.** *mot* rimorchio *m.*

Anhänger(in) ‹-s, -› *m(f) (Mensch)* aderente *mf,* sostenitore, -trice *m, f; (von Lehre)* discepolo, -a *m, f.*

Anhängerkupplung *f* gancio *m* di traino.

Anhängerschaft ‹-, -en› *f* aderenti *m pl,* seguaci *m pl,* sostenitori *m pl.*

anhänglich ['anhɛŋlɪç] *a* attaccato, affezionato, fedele. **Anhänglichkeit** ‹-, ø› *f* attaccamento *m,* affetto *m,* fedeltà *f.*

an·häufen I. *tr* ammucchiare, accumulare, ammassare; **II.** *rfl:* **sich ~** accumularsi.

Anhäufung *f* accumulo *m,* accumulamento *m,* ammassamento *m.*

an·heben ‹*irr*› *tr* sollevare; *(Preis)* rialzare.

an·heften *tr* **1.** *(befestigen)* attaccare (*an* a), fissare (*an* a); **2.** *(beim Nähen)* appuntare (*an* a).

anheim·fallen [an'ha̲im-] ‹*irr*› *itr* ‹*sein*› *geh:* **der Vergessenheit ~** cadere nell'oblio; **einem Verbrechen ~** esser vittima di un delitto. **anheim·stellen** *tr geh (überlassen)* rimettere (*jdm etw.* qc a qu); **das stelle ich Ihnen anheim** mi rimetto al Suo giudizio.

an·heizen *tr fam:* **die Stimmung ~** riscaldare l'atmosfera *fam.*

an·heuern ['anhɔ̲yən] *tr naut* ingaggiare.

Anhieb *m:* **auf ~** di primo acchito, subito.

an·himmeln *tr fam* ammirare perdutamente.

anhin *adv CH:* **am 1. Oktober ~** il prossimo 1. ottobre; **bis ~** finora.

Anhöhe *f* altura *f,* collina *f.*

an·hören I. *tr* **1.** *(zuhören)* ascoltare; **2.** *(anmerken)* riconoscere, sentire (dalla voce); **II.** *rfl:* **sich gut/schlecht ~** suonare bene/male; **das hört sich (so) an, als ob ...** si direbbe che ... *conj.*

Anhörung ‹-, -en› *f parl* hearing *m.*

Anilin [ani'li:n] ‹-s, ø› *n* anilina *f.*

Animateur(in) [anima'tø:ɐ̯ (...rɪn)] ‹-s, -e› *m(f)* animatore, -trice *m, f.*

Animierdame *f* entraineuse *f.*

animieren [ani'mi:rən] ‹*ohne ge-*› *tr* animare, incitare, stimolare.

Anis [a'ni:s] ‹-es, -e› *m* anice *m.* **Anislikör** *m* anisetta *f.*

Anita [a'ni:ta] *(weiblicher Vorname)* Anita.

Ankauf *m* acquisto *m,* compera *f.*

an·kaufen *tr* acquistare, comperare.

ankehrig ['anke:rɪç] *a CH* abile.

Anker ['aŋkɐ] ‹-s, -› *m* **1.** *naut, phys* ancora *f;* **2.** *el* indotto *m;* **vor ~ gehen** ancorarsi, gettare l'ancora; **den ~ lichten** levare l'ancora, salpare; **vor ~ liegen** essere ancorato.

ankern *itr* **1.** *(vor Anker gehen)* ancorarsi; **2.** *(vor Anker liegen)* essere ancorato.

an·ketten *tr* incatenare.

Anklage *f* accusa *f;* **~ gegen jdn erheben** muovere un'accusa contro qu; **jdn unter ~ stellen** mettere qu in stato d'accusa; **unter ~ stehen** essere in stato d'accusa (*wegen* per). **Anklagebank** ‹-, -bänke› *f* banco *m* degli accusati.

an·klagen *tr* accusare (*wegen* di).

Ankläger(in) *m(f)* accusatore, -trice *m, f;* **öffentlicher ~** Pubblico Ministero *m.*

Anklageschrift *f* atto *m* d'accusa. **Anklagevertreter(in)** *m(f)* rappresentante *mf* dell'accusa.

an·klammern *rfl:* **sich ~** aggrapparsi (*an* a).

Anklang *m* **1.** *fig (Erinnerung)* reminiscenza *f poet* (*an* di); **2.** *(Zustimmung, Beifall)* approvazione *f,* consenso *m;* **~ finden** incontrare il favore (*bei* di).

an·kleben I. *tr* ‹*haben*› attaccare, appiccicare; *(Plakat)* incollare; **A~ verboten!** vietata l'affissione!; **II.** *itr* ‹*sein*› incollarsi, attaccarsi, appiccicarsi (*an* a).

Ankleidekabine *f* spogliatoio *m.*

an·kleiden *geh* **I.** *tr* vestire; **II.** *rfl:* **sich ~** vestirsi.

an·klopfen *itr* bussare.

an·knüpfen I. *tr fig:* **Beziehungen ~** stringere rapporti (*zu jdm* con qu); **II.** *itr:* **an etw. ~** *fig* riallacciarsi a qc.

an·kommen¹ ‹*irr*› *itr* ‹*sein*› **1.** *(eintref-*

fen) giungere, arrivare; **2.** *fig (Anklang finden)* incontrare favore; *(Erfolg haben)* incontrare successo; **3.** *fig (sich durchsetzen)* tener testa (*gegen* a); **dieser Witz kam schlecht an** questa barzelletta non faceva ridere.

an·kommen² ‹*irr*› *itr* ‹*sein*› **1.** *(wichtig sein)* essere importante (*darauf, daß ... che ... conj*); **2.** *(abhängig sein)* dipendere (*auf* da); **es darauf ~ lassen** abbandonarsi al caso; affidarsi al caso; **darauf soll es nicht ~** non sarà questa la difficoltà; **es kommt darauf an** dipende; **worauf es ankommt, ist, daß ...** quello che importa è che ... *conj.*

Ankömmling ['ankœmlɪŋ] ‹-s, -e› *m* nuovo, -a arrivato, -a (*o.* venuto, -a) *m, f.*

an·kotzen *tr vulg* **1.** *(anspeien)* sputare (*o.* vomitare) addosso a; **2.** *fig (anwidern)* ripugnare a; **das kotzt mich an!** mi ripugna!

an·kreuzen *tr* segnare con una crocetta.

an·kündigen *tr* annunciare, render noto; *(amtlich)* notificare; **I.** *rfl:* **sich ~** annunciarsi, manifestarsi.

Ankündigung *f* annuncio *m,* avviso *m; adm* notifica *f.*

Ankunft ['ankʊnft] ‹-, ø› *f* arrivo *m,* venuta *f;* **bei der ~** all'arrivo.

an·kuppeln *tr* agganciare, attaccare.

an·kurbeln *tr* **1.** *(Motor)* avviare, mettere in moto; **2.** *fig* incrementare.

Ankurbelung ‹-, -en› *f fig* rilancio *m,* incremento *m;* **~ der Wirtschaft** rilancio *m* economico.

Anl. *ab von* **Anlage(n)** all. (*ab von* allegato, -i).

an·lächeln *tr* sorridere a.

an·lachen *tr* sorridere a; **sich** *(dat)* **jdn ~** *fam* abbordare qu *fam.*

Anlage *f* **1.** *(Anordnung)* disposizione *f,* impostazione *f,* piano *m;* **2.** *(Bau)* costruzione *f; (Einrichtung)* impianto *m,* installazione *f;* **3.** *(Grün~)* parco *m,* giardini *m pl;* **4.** *(Veranlagung)* disposizione *f; (Begabung)* attitudine *f* (*zu* a), talento *m* (*zu* per); *med* predisposizione *f* (*zu* a); **5.** *fin* investimento *m,* capitale *m* d'impiego; **6.** (*ab* **Anl.**) *(in Schreiben)* allegato *m;* **als ~** qui (*o.* in) accluso, in allegato.

Anlaß ['anlas] ‹-lasses, -lässe› *m* **1.** *(Ursache)* causa *f; (Grund)* ragione *f; (Beweggrund)* motivo *m;* **2.** *(Gelegenheit)* occasione *f;* **3.** *CH* manifestazione *f;* **aus ~** *gen s.* **anläßlich; aus diesem ~** ragion per cui; **ohne jeden ~** senza alcun motivo; **~ geben zu** dar luogo (*o.* origine) a; **~ haben zu** avere tutte le ragioni di (*o.* per) *inf.*

an·lassen ‹*irr*› *tr* **1.** *(Kleidung)* tener addosso; *(Licht, Radio)* lasciare acceso; **2.** *tec, mot* mettere in moto, avviare.

Anlasser ‹-s, -› *m* starter *m,* dispositivo *m* d'avviamento.

anläßlich ['anlɛslɪç] *prp gen* in occasione di.

Anlauf *m allg., sport* rincorsa *f,* slancio *m; fig (Versuch)* tentativo *m; (Ansatz)* inizio *m;* **im ersten ~** al primo tentativo; **einen ~ nehmen** prendere la rincorsa.

an·laufen ‹*irr*› **I.** *itr* ‹*sein*› **1.** *(herbeilaufen)* accorrere; **2.** *sport* prendere la rincorsa; **3.** *fig (beginnen)* incominciare, iniziare; **4.** *(beschlagen)* appannarsi; **blau/rot ~** diventare livido/rosso (*vor* di, per); **angelaufen kommen** venir di corsa; **II.** *tr* ‹*haben*› *naut* far scalo a; **einen Hafen ~** toccare un porto.

Anlaut *m* (suono *m*) iniziale *f.*

an·läuten *itr CH* telefonare (*jdm* a qu).

an·legen **I.** *tr* **1.** *(Schmuck)* mettere; *(Kleidung)* indossare; *(Verband)* applicare; **2.** *(Stadt)* fondare; *(Gebäude)* erigere; *(Garten, Fabrik)* impiantare; *(Leitung)* installare; *(Weg)* tracciare; *(Kanal)* scavare; *(Sammlung, Kartei)* costituire; **3.** *fin* investire, impiegare; **4.** *(Gewehr)* puntare; **es darauf ~ zu ...** aver di mira ...; **letzte Hand ~** *fig* dare l'ultima mano (*an* a); **einen Maßstab an etw. ~** applicare un metro a qc; **II.** *itr naut* approdare (*an* a); **in einem Hafen ~** far scalo in un porto.

Anlegeplatz *m,* **-stelle** *f* approdo *m.*

an·lehnen **I.** *tr* **1.** appoggiare (*an* a), addossare (*an* a); **2.** *(Tür, Fenster)* accostare, socchiudere; **II.** *rfl:* **sich ~** *(a. fig)* appoggiarsi, addossarsi.

Anlehnung ‹-, ø› *f:* **in ~ an etw./jdn** in base a qc/qu, in riferimento a qc/qu.

Anleihe ['anlai̯ə] ‹-, -n› *f* **1.** *fin* prestito *m; (gewährte)* credito *m;* **2.** *fig* plagio *m;* **eine ~ aufnehmen** contrarre (*o.* prendere) un prestito.

an·leimen *tr* incollare (*an* a).

an·leiten *tr* **1.** *(unterweisen)* istruire; **2.** *(anhalten)* educare (*zu* a).

Anleitung *f* **1.** *(Leitung)* guida *f;* **2.** *(Unterweisung)* istruzione *f;* **unter ~ von** sotto la guida di.

an·lernen *tr* istruire, addestrare.

an·liegen ‹*irr*› *itr (Kleidungsstück)* aderire (*an* a); **eng ~** essere attillato.

Anliegen ‹-s, -› *n* **1.** *(Wunsch)* desiderio *m;* **2.** *(Bitte)* preghiera *f,* richiesta *f;* **ein ~ vorbringen** manifestare un desiderio.

anliegend *a* **1.** *(angrenzend)* confinante, attiguo, vicino; **2.** *(Kleidungsstück)* aderente; *(eng~)* attillato.

Anlieger(in) ‹-s, -› *m(f)* vicino, -a *m, f,* confinante *mf.*

an·locken *tr* adescare; *(fig)* attrarre, allettare.

an·löten *tr* saldare (*an* a).

an·lügen ‹*irr*› *tr* mentire a.

an·machen *tr* **1.** *fam (einschalten: Licht, Radio)* accendere; **2.** *(zubereiten: Salat)* condire; *(Mörtel, etc.)* impastare; **3.** *fig sl (Kontakt aufnehmen mit)* abbordare; **4.** *fig sl (erregen)* invogliare.

an·malen *tr* dipingere.

an·maßen ['anma:sən] *rfl:* **sich** *(dat)* **etw. ~** permettersi qc; usurpare qc, arrogarsi qc; **ich maße mir nicht an, darüber zu urteilen** non pretendo di pronunciare un giudizio in merito. **anmaßend** *a* **1.** *(anspruchsvoll)* pretenzioso; **2.** *(hochmütig)* presuntuoso; *(unverschämt)* arrogante.

Anmaßung ‹-, -en› *f* **1.** *(widerrechtliche ~)* usurpazione *f;* **2.** *(Hochmut)* presunzione *f; (Unverschämtheit)* arroganza *f,* insolenza *f.*

Anmeldeformular *n* modulo *m* di notifica.

an·melden I. *tr* **1.** *(ankündigen)* annunciare; **2.** *(bei Schule, Kurs)* iscrivere; **3.** *(geltend machen)* far valere; **Konkurs ~** dichiarare fallimento; **ein Patent ~** far registrare un brevetto; **II.** *rfl:* **sich ~ 1.** *allg., fig* annunciarsi; **2.** *(bei Schule, Kurs)* iscriversi; **3.** *adm* notificare; **sich polizeilich ~** notificare la propria residenza.

Anmeldung *f* **1.** *(Ankündigung)* annuncio *m;* **2.** *adm* notifica *f;* **3.** *(~szimmer)* ufficio *m* di ricezione; **polizeiliche ~** notifica del cambio di residenza alla polizia.

an·merken *tr* **1.** *(schriftlich)* annotare; **2.** *(mündlich)* osservare; **jdm etw. ~** leggere qc in fronte a qu; **sich** *(dat)* **nichts ~ lassen** far finta di nulla; **man merkt ihm seine Verlegenheit an** il suo imbarazzo è visibile.

Anmerkung ‹-, -en› *f* **1.** *(schriftlich)* annotazione *f,* nota *f;* **2.** *(mündlich)* osservazione *f.*

Anmut ['anmu:t] ‹-, ø› *f geh* grazia *f geh,* leggiadria *f geh; (von Landschaft)* amenita *f geh.* **anmutig** *a* grazioso, leggiadro, avvenente; *(Landschaft)* ameno.

Anna, Anne ['ana, 'anə] *(weiblicher Vorname)* Anna.

an·nähen *tr* attaccare (cucendo).

an·nähern I. *tr* avvicinare; *(a. fig)* accostare; **II.** *rfl:* **sich ~** avvicinarsi; *(a. fig)* accostarsi. **annähernd I.** *a* approssimativo; **II.** *adv* approssimativamente, press'a poco.

Annäherung ‹-, -en› *f* avvicinarsi *m* (*an* a); *(a. fig)* avvicinamento *m* (*an* a). **Annäherungsversuch** *m* tentativo *m* di avvicinamento, approccio *m.*

Annahme ['anna:mə] ‹-, -n› *f* **1.** *(das Annehmen)* accettazione *f; (Gesetzes~)* approvazione *f; (von Kind, Namen, Lehre)* adozione *f;* **2.** *(Vermutung)* supposizione *f,* congettura *f,* ipotesi *f;* **in der ~, daß ...** supponendo che ... *conj;* **~ verweigert!** respinto!

Anne *s.* **Anna.**

annehmbar *a* **1.** accettabile; *(Preis, Bedingung)* conveniente; *(Erklärung)* plausibile; **2.** *(leidlich)* passabile.

an·nehmen ‹*irr*› **I.** *tr* **1.** *(Angebot, Einladung, Entschuldigung, Geschenk, Wechsel)* accettare; *(Gesetzentwurf)* approvare; *(Kind, Namen, Lehre)* adottare; *(Antrag)* accogliere; *(Rat)* seguire; *(Religion)* abbracciare; *(Farbe, Haltung)* prendere; *(Gewohnheit)* contrarre; **2.** *(vermuten)* supporre, presumere; **einen Auftrag ~** accettare un ordine; **es wird allgemein angenommen, daß ...** tutti suppongono che ... *conj;* **II.** *rfl:* **sich jds ~** prendersi cura di qu; **sich einer S. ~** interessarsi di una cosa.

Annehmlichkeit ‹-, -en› *f* agio *m,* comodità *f.*

annektieren [anɛk'ti:rən] ‹*ohne ge-*› *tr* annettere.

Annonce [a'nõ:sə] ‹-, -n› *f* annuncio *m,* inserzione *f.*

annoncieren [anõ'si:rən] ‹*ohne ge-*› **I.** *itr* mettere (*o.* fare) un annuncio (*o.* un'inserzione) (sul giornale); **II.** *tr* fare pubblicità (*o.* réclame) a; fare un inserzione per vendere; **wenn du eine Stelle annonciert siehst ...** quando vedi l'annuncio di un posto ...

annullieren [anʊ'li:rən] ‹*ohne ge-*› *tr* annullare.

Annullierung ‹-, -en› *f* annullamento *m.*

an·öden ['anʔø:dən] *tr* annoiare, stuccare.

anomal ['anoma:l *o.* ...'ma:l] *a* anomalo.

Anomalie [...ma'li:, ...i:ən] ‹-, -n› *f* anomalia *f.*
anonym [ano'ny:m] *a* anonimo.
Anonymität [...nymi'tɛ:t] ‹-, ø› *f* anonimato *m.*
Anorak ['anorak] ‹-s, -s› *m* giacca *f* a vento.
an·ordnen *tr* **1.** *(ordnen)* ordinare, disporre; **2.** *(befehlen)* ordinare, disporre; *med* prescrivere.
Anordnung *f* **1.** *(Ordnung)* ordine *m,* disposizione *f;* **2.** *(Befehl)* ordine *m,* disposizione *f; (Verordnung, bes. med)* prescrizione *f;* **auf ~ von ...** per ordine di ...
anorganisch *a* inorganico; **~e Chemie** chimica inorganica.
an·packen *tr* **1.** afferrare; **2.** *(Arbeit, Problem)* affrontare; **kannst du mal mit ~?** *fam* puoi dare una mano?; *fam.*
an·passen I. *tr* adattare (*an* a), adeguare (*an* a); **II.** *rfl:* **sich ~** adattarsi (*an* a), conformarsi (*an* a).
Anpassung ‹-, -en› *f* adattamento *m; (a. fig)* adeguamento *m.* **anpassungsfähig** *a* capace di adattarsi. **Anpassungsvermögen** *n* capacità *f* d'adattamento.
an·peilen *tr* **1.** *radio* reperire, rilevare; **2.** *naut* puntare verso; **3.** *fig* guardare.
an·pfeifen ‹*irr*› **I.** *tr* **1.** *sport* fischiare l'inizio di; **2.** *fig fam (zurechtweisen)* sgridare; **II.** *itr sport* fischiare l'inizio.
Anpfiff *m* **1.** *sport* fischio *m* d'inizio; **2.** *fig fam* rabbuffo *m,* sgrida *f.*
an·pflanzen *tr* piantare.
an·prangern ['anpraŋən] *tr* mettere alla gogna.
an·preisen ‹*irr*› *tr* lodare, vantare, decantare; **jdm etw. ~** vantare qc a qu, lodare qc con qu, decantare qc a qu.
Anprobe *f* prova *f.*
an·probieren ‹*ohne ge-*› *tr* provare.
an·pumpen *tr fig fam* spillare denaro a *fam.*
an·rechnen *tr* **1.** *(berechnen)* mettere in conto, conteggiare; **2.** *(gutschreiben)* accreditare (*auf* su); **3.** *(abziehen)* detrarre; **4.** *fig (werten)* ascrivere (*als* a); **jdm etw. hoch ~** dare un gran merito a qu di qc; **sich** *(dat)* **etw. als Verdienst ~** attribuire qc a proprio merito.
Anrecht *n* diritto *m* (*auf* su).
Anrede *f* **1.** *(das Anreden)* (modo *m* di) rivolgere *m* la parola; **2.** *(Titel)* titolo *m;* **„Signora" ist die italienische ~ für eine Frau** Signora è l'appellativo italiano per una donna.
an·reden *tr* rivolgere la parola a, rivolgersi a; **jdn mit „du/Sie" ~** dare del tu/Lei a qu.
an·regen *tr* **1.** *biol* stimolare; *(Phantasie)* eccitare; **2.** *(veranlassen)* indurre (*zu* a); **3.** *(vorschlagen)* proporre; **4.** *(hervorrufen)* suscitare, destare; **den Appetit ~** stimolare l'appetito; *s. a. angeregt.* **anregend** *a fig, med, biol* stimolante; *(Buch)* interessante.
Anregung *f* **1.** *biol* stimolazione *f;* **2.** *(Anstoß)* impulso *m,* stimolo *m;* **3.** *(Vorschlag)* proposta *f;* **auf ~ von** su iniziativa di.
an·reichern ['anraiçən] *tr* arricchire (*etw. mit einer S.* qc di qc).
Anreiz *m* impulso *m,* stimolo *m.*
an·reizen *tr* **1.** stimolare, eccitare; **2.** *(anspornen)* incitare (*zu* a).
an·rempeln ['anrɛmpəln] *tr fam* urtare.
an·rennen ‹*irr*› *itr* ‹*sein*› **1.** *(angerannt kommen)* arrivare di corsa; **2.** *fam (anstoßen)* urtare (*gegen, an* contro); *fig* lanciarsi (*gegen* contro).
Anrichte ['anrıçtə] ‹-, -n› *f* credenza *f.*
an·richten *tr* **1.** *(Speise)* preparare; *(Platte)* guarnire; *(Salat)* condire; **2.** *(auftragen)* servire; **3.** *fig (verursachen)* causare; **Schaden ~** causare danni; **da hast du aber etwas Schönes angerichtet!** l'hai combinata bella! *fam.*
anrüchig ['anrʏçıç] *a* equivoco.
Anruf *m* chiamata *f; (bes. tel)* telefonata *f.* **Anrufbeantworter** ‹-s, -› *m* segreteria *f* telefonica.
an·rufen ‹*irr*› *tr* **1.** *allg.* chiamare; **2.** *tel* telefonare a; **3.** *(Gott)* invocare; *(um Gnade, Hilfe)* implorare; **4.** *(Gericht)* appellarsi a.
an·rühren *tr* **1.** *(berühren, a. fig)* toccare; **2.** *(Farbe)* mescolare; *(Mörtel, Kalk, Beton)* impastare; *gastr* rimestare; **das Essen nicht ~** non toccar cibo.
Ansage *f* annuncio *m.*
an·sagen *tr* annunciare; **seinen Besuch** (*o.* **sich**) **~** annunciare la propria visita; **jdm den Kampf ~** dichiarare guerra a qu.
Ansager(in) ‹-s, -› *m(f) radio, TV* annunciatore, -trice *m, f.*
an·sammeln I. *tr* accumulare, ammassare; **II.** *rfl:* **sich ~ 1.** accumularsi; **2.** *(sich versammeln)* adunarsi, raccogliersi, assembrarsi.
Ansammlung *f* accumulo *m,* ammasso *m; (von Menschen)* assembramento *m,* folla *f.*
ansässig ['anzɛsıç] *a* stabilito, domiciliato, residente.
Ansatz *m* **1.** *tec (Verlängerungsstück)*

prolunga *f;* **2.** *(Schicht)* deposito *m;* **3.** *anat* attaccatura *f;* **4.** *(Beginn)* inizio *m.*

an·schaffen *tr* **1.** *(kaufen)* acquistare; **2.** *(besorgen)* procurare.

Anschaffung ‹-, -en› *f* acquisto *m.* **Anschaffungskosten** ‹*pl*› costi *m pl* d'acquisto.

an·schalten *tr (Licht, Radio)* accendere; *tec* inserire.

an·schauen *tr* guardare; *(lange)* contemplare.

an·schaulich *a* chiaro, evidente; *(lebendig)* vivo; ~ **machen** rendere evidente. **Anschaulichkeit** ‹-, ø› *f* chiarezza *f,* evidenza *f.*

Anschauung ‹-, -en› *f* **1.** *(Überzeugung)* idea *f; (Meinung)* opinione *f; (Auffassung)* concezione *f;* **2.** *(innere ~)* intuizione *f;* **etw. aus eigener ~ kennen** conoscere qc per propria esperienza. **Anschauungsmaterial** *n* materiale *m* illustrativo; *(Lehrmittel)* materiale *m* didattico.

Anschein *m* apparenza *f;* **dem ~ nach** a quanto pare; **sich** *(dat)* **den ~ geben, als ob man ...** darsi l'aria di ... *inf,* voler far credere di ... *inf;* **es hat den ~, als ob ...** sembra che ... *conj.* **anscheinend** *adv* evidentemente, a quanto pare.

an·schicken *rfl:* **sich ~** accingersi (*etw. zu tun* a fare qc).

an·schieben ‹*irr*› *tr* spingere.

an·schießen ‹*irr*› *tr* ferire (leggermente).

Anschlag *m* **1.** *(Plakat, Bekanntmachung)* affissione *f; (~zettel)* avviso *m,* manifesto *m,* affisso *m;* **2.** *(geheimer ~)* trama *f,* macchinazione *f; (Verschwörung)* complotto *m; (Mord~)* attentato *m;* **3.** *(bei Schreibmaschine)* battuta *f; (bei Klavier)* tocco *m;* **4.** *(von Gewehr)* posizione *f* di mira; **5.** *(beim Stricken)* maglie *f pl* iniziali; **250 Anschläge in der Minute** 250 battute al minuto.

an·schlagen ‹*irr*› **I.** *tr* **1.** *(Plakat, Bekanntmachung)* affiggere; **2.** *(Klavier, Saite)* toccare; *(Glocke)* suonare; *fig (Ton)* assumere; **3.** *(Faß)* spillare; **4.** *(beschädigen)* rompere; **40 Maschen ~** iniziare il primo ferro con 40 maglie; **II.** *itr* **1.** *(Hund)* abbaiare; **2.** *med (wirken)* fare effetto (*bei jdm* su qu).

an·schließen ‹*irr*› **I.** *tr* **1.** *el, tec* allacciare; collegare; **2.** *(anketten)* incatenare; **II.** *rfl:* **sich ~** associarsi; **sich einer Partei ~** aderire ad un partito; **III.** *itr (unmittelbar folgen)* far seguito *(an* a). **anschließend** *a* successivo; *(räumlich)* adiacente.

Anschluß *m* **1.** *(Wasser~, Gas~, Telefon~)* allacciamento *m; el* collegamento *m;* **2.** *tel (Verbindung)* collegamento *m;* **3.** *Eisenb.* coincidenza *f;* **4.** *fig, pol* annessione *f;* **im ~ an** in seguito a; **den ~ erreichen** *Eisenb.* prendere la coincidenza; **~ suchen** cercare di far conoscenza. **Anschlußzug** *m* (treno *m* di) coincidenza *f.*

an·schmiegen *rfl:* **sich ~** stringersi (*an* a); *(Kleid)* aderire (*an* a). **anschmiegsam** *a* affettuoso.

an·schnallen *tr* allacciare; **sich ~** *mot, aero* allacciare la cintura.

an·schnauzen *tr fam* fare un rimbrotto a *fam,* rimbrottare *fam.*

an·schneiden ‹*irr*› *tr* **1.** *(Brot, Braten)* incominciare a tagliare; **2.** *fig (Frage)* intavolare; *(Thema)* toccare.

Anschovis [an'ʃo:vɪs] ‹-, -› *f* acciuga *f.*

an·schrauben *tr* avvitare.

an·schreiben ‹*irr*› *tr* **1.** *(an die Tafel, etc.)* scrivere; **2.** *(auf Kredit)* mettere in conto; **3.** *(jdn ~)* scrivere a; **~ lassen** far mettere in conto.

an·schreien ‹*irr*› *tr* apostrofare, rimproverare gridando.

Anschrift *f* indirizzo *m.*

an·schuldigen ['anʃʊldɪgən] *tr* accusare (*wegen* di), incolpare (*wegen* di), imputare (*wegen* di).

Anschuldigung ‹-, -en› *f* accusa *f,* imputazione *f.*

an·schweißen *tr* saldare (*an* a).

an·schwellen ‹*irr*› *itr* ‹*sein*› **1.** *allg., med* gonfiarsi; **2.** *fig (Lärm, etc.)* crescere.

an·schwemmen *tr (Holz)* fluitare; *(Erdboden)* depositare.

an·sehen ‹*irr*› *tr* **1.** *(anblicken)* guardare; *(lange)* contemplare; **2.** *(halten für)* reputare (*als* come); *(beurteilen)* giudicare; **angesehen werden als** passare per; **jdn schief ~** guardare qu di traverso *fam;* **etw. mit ~** *(dabeisein)* assistere a qc; *(dulden)* tollerare qc; **etw. nicht mehr mit ~ können** non poter più tollerare qc; **man sieht es ihm an, daß ...** gli si legge in faccia che ...; **man sieht es ihm nicht an** a vederlo non si direbbe; **sieh mal (einer) an!** *fam* ma guarda un po! *fam;* **ich habe mir den Kölner Dom angesehen** ho visitato il duomo di Colonia.

Ansehen ‹-s, ø› *n (Achtung)* considerazione *f,* stima *f; (Ruf)* reputazione *f,* credito *m;* **dem ~ nach zu urteilen** a giudicare dalle apparenze; **hohes ~**

genießen godere grande stima; **jdn vom ~ her kennen** conoscere qu di vista.

ansehnlich *a* **1.** *(gutaussehend)* di bell'aspetto; *(stattlich)* prestante; **2.** *(bedeutend)* considerevole; **eine ~e Summe** una somma considerevole.

an·seilen *rfl:* **sich ~** legarsi in cordata.

an·sein ⟨*irr*⟩ *itr* ⟨*sein*⟩ *(Licht, Heizung)* essere accesso; *(Motor, Gerät)* essere accesso (*o.* in funzione).

Anselm ['anzɛlm] *(männlicher Vorname)* Anselmo.

an·setzen **I.** *tr* **1.** mettere (*an* a); *(Glas, etc.)* accostare (*an* a); *(Flöte)* imboccare; **2.** *(anfügen)* aggiungere; **3.** *(veranschlagen)* preventivare; *(vorausberechnen)* calcolare; *(bestimmen, festsetzen)* fissare, stabilire; **einen Bauch ~** metter su pancia *fam;* **eine Bowle ~** preparare una bowle; **Schimmel ~** ammuffire; **Fett ~** ingrassare; **jdn auf etw. ~** far intervenire qu per qc; **II.** *itr* **1.** *(beginnen)* apprestarsi (*zu* a), accingersi (*zu* a); **2.** *(anbrennen)* attaccarsi; **zur Landung ~** apprestarsi all'atterraggio; **III.** *rfl:* **sich ~ 1.** *(sich bilden)* formarsi, svilupparsi; **2.** *(sich festsetzen)* attaccarsi.

Ansicht ⟨-, -en⟩ *f* **1.** *(Meinung)* idea *f,* opinione *f,* parere *m;* **2.** *(Blick, Anblick)* veduta *f;* **3.** *(Betrachtung, Prüfung)* esame *m;* **seine ~ ändern/äußern** cambiare/esprimere la propria opinione; **der ~ sein, daß ...** essere dell'avviso che ... *conj;* **verschiedener/entgegengesetzter ~ sein** essere di parere diverso/contrario; **meiner ~ nach** a mio avviso, secondo me; **zur ~** *com* in visione *com.* **Ansichtskarte** *f* cartolina *f* postale. **Ansichtssache** *f:* **das ist ~** qui siamo nel campo dell'opinabile. **Ansichtssendung** *f* invio *m* per visione.

an·siedeln ['anzi:dəln] *rfl:* **sich ~** insediarsi; *(sich niederlassen)* stabilirsi, domiciliarsi.

Ansiedlung *f* **1.** *(Stelle)* colonia *f;* **2.** *(Vorgang)* insediamento *m.*

an·spannen *tr* **1.** *(a. fig)* tendere; **2.** *(Pferde)* attaccare.

Anspannung *f* *(Einsatz)* impiego *m;* *(Anstrengung)* sforzo *m.*

Anspiel *n* inizio *m* del gioco.

an·spielen **I.** *itr* **1.** *sport* iniziare il gioco; **2.** *(Kartenspiel)* giocare di prima mano; **3.** *fig* *(hinweisen)* alludere (*auf* a); **II.** *tr sport* passare la palla a.

Anspielung ⟨-, -en⟩ *f* allusione *f* (*auf* a).

an·spitzen *tr* **1.** *(Bleistift, etc.)* fare la punta a; **2.** *fig fam (antreiben)* incitare.

Ansporn *m* stimolo *m,* incitamento *m.*

an·spornen *tr* **1.** *fig* stimolare, incitare; **2.** *(Pferd)* spronare.

Ansprache *f* discorso *m,* allocuzione *f;* **eine ~ halten** tenere un discorso.

ansprechbar *a* abbordabile.

an·sprechen ⟨*irr*⟩ **I.** *tr* **1.** rivolgere la parola a; **2.** *(erwähnen)* trattare, affrontare; **3.** *(gefallen)* piacere a; **jdn auf etw. ~** interrogare qu su qc; **er fühlte sich nicht angesprochen** non si sentì toccato da vicino; **II.** *itr (reagieren)* reagire, rispondere (*auf* a); **der Apparat spricht darauf nicht an** l'apparecchio non reagisce. **ansprechend** *a* piacevole, gradevole; *(Äußeres)* attraente.

an·springen ⟨*irr*⟩ **I.** *itr* ⟨*sein*⟩ **1.** *(her~)* arrivare saltando; **2.** *mot* avviarsi; **II.** *tr* ⟨*haben*⟩ saltare addosso a.

Anspruch *m* **1.** *(Recht)* diritto *m* (*auf* a); **2.** *(Forderung)* pretesa *f;* esigenza *f; jur* rivendicazione *f;* **~ auf etw. erheben** rivendicare un diritto su qc; **auf etw. ~ haben** avere diritto a qc; **hohe Ansprüche stellen** avere grandi pretese; **jdn in ~ nehmen** ricorrere a qu; **etw. in ~ nehmen** servirsi di qc; *(Mittel)* assorbire qc; **sehr in ~ genommen sein** essere molto occupato. **anspruchslos** *a* senza pretese, modesto. **Anspruchslosigkeit** ⟨-, ø⟩ *f* modestia *f,* semplicità *f.* **anspruchsvoll** *a* esigente, pretenzioso.

an·spucken *tr* sputare addosso a.

an·stacheln *tr* spronare, stimolare.

Anstalt ['anʃtalt] ⟨-, -en⟩ *f* istituto *m;* *(Internat)* internato *m;* *(Heil~)* sanatorio *m;* *(Irren~)* manicomio *m.*

Anstalten *f pl (Vorbereitungen)* preparativi *m pl,* disposizioni *f pl;* **~ machen** (*o.* **treffen**) **zu ...** accingersi a ..., prepararsi a ...

Anstand[1] ['anʃtant] ⟨-(e)s, ø⟩ *m (gutes Benehmen)* educazione *f,* buona creanza *f;* *(Schicklichkeit)* decenza *f,* decoro *m;* **den ~ verletzen/wahren** offendere/salvare il decoro; **mit ~** decentemente.

Anstand[2] ['anʃtant] ⟨-(e)s, ¨e⟩ *m (Jagd~)* posta *f;* **auf den ~ gehen** mettersi alla posta.

anständig ['anʃtɛndɪç] **I.** *a* **1.** *(schicklich)* decente; **2.** *(ehrbar)* onesto; **3.** *fam (zufriedenstellend)* sufficiente, discreto; *(beträchtlich)* considerevole; **eine ~e Tracht Prügel** *fam* un bel fracco di legnate *fam;* **eine ~e Leistung** *fam* una prestazione considerevole; **habt Ihr kein ~es Glas?** *fam* non avete un bicchiere decente? *fam;* **II.** *adv* decentemente, come conviene. **Anständigkeit** ⟨-, ø⟩ *f* **1.** *(Schicklichkeit)* decenza *f,* decoro *m;* **2.** *(Ehrlichkeit)* onestà *f,* correttezza *f.*

Anstandsbesuch *m* visita *f* di cortesia. **anstandshalber** *adv* per la forma, per il decoro. **anstandslos** *adv* senza esitazione, senza far storie *fam.*

an·starren *tr* guardare fisso, fissare.

anstatt [an'ʃtat] **I.** *prp gen* invece di, al posto di; **II.** *con:* **~ zu ...** *inf,* **~ daß ...** invece di... *inf.*

an·stechen ⟨*irr*⟩ *tr* pungere; *(Faß)* spillare.

an·stecken **I.** *tr* **1.** *(feststecken)* fermare (con spilli); *(Brosche, Abzeichen)* appuntare; *(Ring)* infilare; **2.** *(anzünden)* accendere; *(in Brand stecken)* appiccare il fuoco a; **3.** *med, fig* contagiare; **II.** *rfl:* **sich ~** contagiarsi (*bei* da); **III.** *itr (a. fig)* essere contagioso. **ansteckend** *a* contagioso. **Anstecknadel** *f* spillo *m.*

Ansteckung ⟨-, -en⟩ *f* contagio *m,* infezione *f.*

an·stehen ⟨*irr*⟩ *itr* **1.** *(Schlange stehen)* fare la coda; **2.** *jur (festgesetzt sein)* essere stabilito.

an·steigen ⟨*irr*⟩ *itr* ⟨*sein*⟩ **1.** *(Straße, Wasser, Temperatur)* salire; **2.** *fig (zunehmen)* aumentare, crescere; **steil ~d** erto.

anstelle [an'ʃtɛlə] *prp gen s.* **Stelle.**

an·stellen **I.** *tr* **1.** *(einschalten: Maschine)* avviare, mettere in moto; *(Radio)* accendere; **2.** *(beschäftigen)* impiegare; **3.** *(anlehnen)* mettere (*an* contro), appoggiare (*an* a); **4.** *fig (zustande bringen)* fare; **etw. ~** *fam (Dummheiten machen)* commettere sciocchezze *fam;* **was hast du da wieder angestellt?** che hai combinato di nuovo?; **wie hast du das angestellt?** come hai fatto?; **Versuche ~** eseguire (*o.* fare) esperimenti; **II.** *rfl:* **sich ~ 1.** *(Schlange stehen)* fare la coda; **2.** *(sich verhalten)* comportarsi; **sich dumm ~** fare lo sciocco; **sich geschickt/ungeschickt ~** mostrarsi abile/inetto; **stell dich doch nicht so an!** *fam* non fare tante storie! *fam,* non fare tanto lo schizzinoso! *fam.*

Anstellung *f* impiego *m,* posto *m;* **feste ~** impiego fisso.

Anstich *m* **1.** *(von Faß)* spillatura *f;* **2.** *(Bier)* birra *f* fresca.

Anstieg ['anʃtiːk] ⟨-(e)s, -e⟩ *m* **1.** salita *f,* ascesa *f;* **2.** *fig* aumento *m.*

an·stiften *tr* **1.** *(anzetteln)* ordire, tramare, macchinare; **2.** *(verleiten)* spingere, istigare (*jdn zu etw.* qu a qc).

Anstifter(in) *m(f)* istigatore, -trice *m, f,* sobillatore, -trice *m, f.*

Anstiftung *f* istigazione *f,* sobillazione *f.*

an·stimmen *tr* intonare; **ein Geschrei ~** prorompere in grida; **ein Lied ~** intonare una canzone; **ein Gelächter ~** scoppiare a ridere.

Anstoß *m* **1.** *sport* calcio *m* d'inizio; **2.** *fig (Antrieb)* impulso *m,* spinta *f;* *(Ärgernis)* scandalo *m;* **bei jdm ~ erregen** scandalizzare qu, dare scandalo a qu; **zu etw. den ~ geben** dare l'avvio a qc; **an etw. ~ nehmen** scandalizzarsi di qc; **der Stein des ~es** la pietra dello scandalo.

an·stoßen ⟨*irr*⟩ **I.** *itr* **1.** ⟨*sein*⟩ urtare (*mit etw. an etw.* con qc contro qc); **2.** ⟨*haben*⟩ *(angrenzen)* confinare (*an* con); **3.** ⟨*haben*⟩ *sport* dare il calcio d'inizio; **4.** ⟨*haben*⟩ *(mit Gläsern)* brindare; **auf jds Gesundheit ~** brindare alla salute di qu; **II.** *tr* urtare; *(in Bewegung setzen)* mettere in movimento.

Anstösser ['anʃtøːsɐ] ⟨-s, -⟩ *m CH* confinante *m.*

anstößig ['anʃtøːsɪç] *a* indecente, scandaloso. **Anstößigkeit** ⟨-, -en⟩ *f* indecenza *f.*

an·strahlen *tr* **1.** *(beleuchten)* illuminare; **2.** *(strahlend anblicken)* guardare con occhi raggianti.

an·streichen ⟨*irr*⟩ *tr* **1.** *(mit Farbe)* pitturare, verniciare; **2.** *(kennzeichnen)* segnare.

Anstreicher(in) ⟨-s, -⟩ *m(f)* pittore, -trice *m, f,* imbianchino, -a *m, f.*

an·strengen **I.** *tr* **1.** *(ermüden)* affaticare; *(Augen)* stancare; **2.** *(Geist, Verstand)* sforzare; **einen Prozeß gegen jdn ~** intentare un processo contro qu; **II.** *rfl:* **sich ~** sforzarsi, applicarsi. **anstrengend** *a* faticoso.

Anstrengung ⟨-, -en⟩ *f* **1.** *(Bemühung)* sforzo *m,* fatica *f;* **2.** *(Strapaze)* strapazzo *m.*

Anstrich *m* **1.** *(Farbschicht)* tinta *f;* *(Überzug)* mano *m;* **2.** *(Anschein)* apparenza *f,* aria *f;* **sich** *(dat)* **einen ~ von etw. geben** darsi un'aria di qc.

Ansturm *m* **1.** *(Andrang)* ressa *f;* *(von Kunden)* affluenza *f;* **2.** *(Angriff)* assalto *m.*

an·stürmen *itr* ⟨*sein*⟩ assalire (*gegen etw.* qc), scagliarsi (*gegen* su, contro).

Antarktis [ant'ʔarktɪs] *f* Antartide *f.*

antarktisch *a* antartico.
an·tasten *tr* **1.** toccare; **2.** *(Vorräte, Ehre, Würde)* intaccare.
Anteil *m* **1.** *allg.* parte *f,* quota *f;* **2.** *com* partecipazione *f;* **3.** *(Interesse)* interesse *m;* **an etw. ~ haben** aver parte a qc, partecipare a qc; **an etw. ~ nehmen** prender parte a qc. **anteilig** *a* proporzionale. **anteilmäßig** *adv* proporzionalmente. **Anteilnahme** [-na:mə] ‹-, ø› *f* partecipazione (*an* a).
Antenne [an'tɛnə] ‹-, -n› *f* antenna *f.*
Anthologie [antolo'gi:, ...i:ən] ‹-, -n› *f* antologia *f.*
Anthropologie [antropolo'gi:] ‹-, ø› *f* antropologia *f.*
anthropologisch [...'lo:gɪʃ] *a* antropologico.
Antialkoholiker(in) [anti'ʔalko'ho:likɐ (...ərɪn) *o.* 'anti-] *m(f)* antialcolista *mf.*
antiautoritär [antiʔaụtori'tɛ:ɐ̯] *a* antiautoritario; **~e Erziehung** educazione antiautoritaria. **Antibabypille** [anti'be:bi-] *f* pillola *f* anticoncezionale. **Antibiotikum** [anti'bi̯o:tikʊm, ...ka] ‹-s, -tika› *n* antibiotico *m.* **Antifaschismus** [antifa'ʃɪsmʊs *o.* 'anti-] *m* antifascismo *m.*
antik [an'ti:k] *a* antico.
Antike ‹-, ø› *f* antichità *f.*
Antiklopfmittel [anti'klɔpf-] *n mot* antidetonante *m.* **Antikörper** ['anti-] *m* anticorpo *m.*
Antillen [an'tɪlən] ‹*pl*› Antille *f pl.*
Antilope [anti'lo:pə] ‹-, -n› *f* antilope *f.*
Antimon [anti'mo:n] ‹-s, ø› *n* antimonio *m.*
Antipathie [antipa'ti:, ...i:ən] ‹-, -n› *f* antipatia *f* (*gegen* per).
Antipode [anti'po:də] ‹-n, -n› *m* antipode *m.*
Antiqua [an'ti:kva] ‹-, ø› *f* caratteri *m pl* romani.
Antiquar(in) [...'kva:ɐ̯ (...rɪn)] ‹-s, -e› *m(f)* antiquario, -a *m, f.*
Antiquariat [antikva'ri̯a:t] ‹-s, -e› *n* **1.** *(Handel)* antiquariato *m;* **2.** *(Buchladen)* libreria *f* d'antiquariato.
Antiquarin *f s.* **Antiquar.**
antiquarisch [...'kva:rɪʃ] *a* d'occasione, di seconda mano.
Antiquität [...kvi'tɛ:t] ‹-, -en› *f* antichità *f,* oggetto *m* antico. **Antiquitätenhändler(in)** *m(f)* antiquario, -a *m, f.*
Antisemitismus [antizemi'tɪsmʊs] ‹-, ø› *m* antisemitismo *m.* **antiseptisch** [anti'zɛptɪʃ] *a* antisettico. **antistatisch** [anti'ʃta:tɪʃ] *a* antistatico. **Antitranspirant** [antitranspi'rant] ‹-s, -e *o.* -s› *n* antitraspirante *m.*
Antlitz ['antlɪts] ‹-es, -e› *n poet* volto *m.*
Anton ['anto:n] *(männlicher Vorname)* Antonio; *s. a. blau.*
Antrag ['antra:k] ‹-(e)s, ¨-e› *m (Gesuch)* petizione *f,* domanda *f,* istanza *f; (parlamentarisch)* mozione *f; (Gesetzes~)* proposta *f* di legge; *(Heirats~)* proposta *f* (di matrimonio); **auf ~** su proposta (*gen* di); **einen ~ einbringen** presentare una mozione; **einen ~ stellen** fare una proposta. **Antragsformular** *n* modulo *m* di domanda. **Antragsteller(in)** [-ʃtɛlɐ (...ərɪn)] ‹-s, -› *m(f)* richiedente *mf.*
an·treffen ‹*irr*› *tr* **1.** *(treffen)* incontrare; **2.** *(vorfinden)* trovare.
an·treiben ‹*irr*› **I.** *tr* ‹*haben*› **1.** *(vorwärtstreiben, a. fig)* incitare; **2.** *fig (veranlassen)* indurre (*zu* a); **3.** *(in Bewegung setzen)* mettere in moto, azionare; **4.** *(anschwemmen)* portare a riva; **jdn zur Eile ~** incitare qu a sbrigarsi, far fretta a qu; **II.** *itr* ‹*sein*› arrivare galleggiando.
an·treten ‹*irr*› **I.** *tr* ‹*haben*› **1.** *(Amt, Dienst)* entrare; *(Erbschaft)* adire; **2.** *(in Gang setzen)* mettere in moto; **den Rückzug ~** battere in ritirata, ritirarsi; **eine Reise ~** mettersi in viaggio; **II.** *itr* ‹*sein*› **1.** *mil* mettersi in fila; **2.** *(erscheinen)* presentarsi.
Antrieb *m* **1.** *tec* forza *f* motrice; *(bes. mot, naut, aero)* propulsione *f;* **2.** *fig (Impuls)* impulso *m; (Beweggrund)* movente *m;* **aus eigenem ~** di propria iniziativa (*o.* volontà). **Antriebswelle** *f* albero *m* di trasmissione.
Antritt *m* **1.** *(Beginn: Reise~, etc.)* inizio *m;* **2.** *(Amts~, Regierungs~)* assunzione *f.* **Antrittsbesuch** *m* visita *f* di presentazione. **Antrittsrede** *f* discorso *m* inaugurale.
an·tun ‹*irr*› *tr* **1.** fare; **2.** *(zufügen)* cagionare; **es jdm ~** affascinare qu; **sich** *(dat)* **etw. ~** suicidarsi, uccidersi.
Antwerpen [ant'vɛrpən] *n* Anversa *f.*
Antwort ['antvɔrt] ‹-, -en› *f allg., fig (a. ~schreiben)* risposta *f;* **jdm die ~ schuldig bleiben** dovere una risposta a qu; **keine ~ schuldig bleiben** rispondere per le rime *fam;* **um ~ wird gebeten** (*ab* **u. A. w. g.**) si prega di rispondere; **als ~ auf etw.** in risposta a qu.
antworten *itr* rispondere, dare una risposta (*auf etw.* a qc); *(erwidern)* replicare.
Antwortkarte *f* cartolina *f* con risposta pagata. **Antwortschein** *m:* **internationaler ~** ricevuta *f* di ritorno

internazionale. **Antwortschreiben** *n* lettera *f* di risposta (*o.* riscontro).

an·vertrauen ‹*ohne ge-*› **I.** *tr* **1.** *(übergeben)* affidare; **2.** *(im Vertrauen mitteilen)* confidare; **II.** *rfl:* **sich jdm ~** *(gesprächsweise)* confidarsi con qu.

an·wachsen ‹*irr*› *itr* ‹*sein*› **1.** *(Pflanze)* mettere radici, attecchire; **2.** *(festwachsen)* attaccarsi; **3.** *fig (zunehmen)* aumentare, crescere.

Anwalt ['anvalt] ‹-(e)s, ⸗e› *m,* **Anwältin** ['anvɛltɪn] *f* **1.** mandatario, -a *m, f; (Rechts~)* avvocato, -essa *m, f; (Staats~)* procuratore, -trice *m, f;* **2.** *fig (Fürsprecher)* difensore *m.* **Anwaltsbüro** *n* studio *m* legale. **Anwaltskosten** ‹*pl*› spese *f pl* legali.

Anwandlung *f* **1.** impulso *m; (a. med)* accesso *m;* **2.** *(Laune)* capriccio *m,* velleità *f;* **in einer ~ von Großzügigkeit** in un accesso di generosità.

Anwärter(in) *m(f)* candidato, -a *m, f* (*auf* a), aspirante *mf* (*auf* a).

Anwartschaft ['anvartʃaft] ‹-, -en› *f* candidatura *f* (*auf* a).

an·weisen ‹*irr*› *tr* **1.** *(zuweisen)* assegnare; **2.** *(anleiten)* avviare, dirigere; *(belehren)* istruire; **3.** *(befehlen)* ordinare, comandare; **4.** *fin* dare ordine di pagare (*jdm etw.* qc a qu).

Anweisung *f* **1.** *(Anordnung)* disposizione *f;* **2.** *(Bank~)* ordine *m* di pagamento, assegno *m* bancario; *(Post~)* vaglia *m;* **3.** *(Anleitung)* istruzione *f,* guida *f;* **4.** *(Zuweisung)* assegnazione *f;* **jds ~en beachten** seguire le istruzioni di qu; **auf ärztliche ~** su (*o.* dietro) prescrizione medica; **auf ~ von** su ordine di.

anwendbar *a* applicabile *(auf* a).

an·wenden ‹*irr o. reg*› *tr* **1.** *(verwenden)* utilizzare, adoperare, usare, impiegare; **2.** *(Gesetz, Prinzip)* applicare (*auf* a); **Gewalt ~** impiegare la forza.

Anwendung *f* **1.** utilizzazione *f,* uso *m,* impiego *m;* **2.** *(von Bestimmung, Gesetz)* applicazione; **~ finden, zur ~ kommen** essere utilizzato per, trovare applicazione in. **Anwendungsbereich** *m* campo *m* di applicazione.

an·werben ‹*irr*› *tr* **1.** *(Arbeiter)* ingaggiare; **2.** *(Mitglieder, a. mil)* reclutare; **3.** *mil* arruolare.

Anwerbung *f* **1.** assunzione *f,* ingaggio *m;* **2.** reclutamento *m;* **3.** *mil* arruolamento *m.*

Anwesen *n* fondo *m,* podere *m,* tenuta *f.*

anwesend ['anve:zənt] *a* presente; **~ sein bei** essere presente a. **Anwesende** ‹*pl*› presenti *m pl,* astanti *m pl;* **(sehr) verehrte ~!** signore e signori!

Anwesenheit ‹-, ø› *f* presenza *f;* **in ~ von** alla presenza di. **Anwesenheitsliste** *f* elenco *m* dei presenti.

an·widern ['anvi:dɐn] *tr* disgustare, ripugnare; **das widert mich an** questo mi fa nausea (*o.* mi ripugna) *fam.*

an·wurzeln *itr* ‹*sein*› mettere radici, attecchire; **wie angewurzelt dastehen** stare come inchiodato.

Anzahl *f* numero *m,* quantità *f;* **eine ganze ~ von ...** un gran numero di ...

an·zahlen *tr (Betrag)* dare un acconto di (*auf* per); *(Gegenstand)* dare un acconto per.

Anzahlung *f* **1.** *(Vorgang)* primo versamento *m;* **2.** *(Summe)* acconto *m.*

an·zapfen *tr* **1.** *(Faß)* spillare; **2.** *tel* inserirsi abusivamente su.

Anzeichen *n* segno *m,* indizio *m.*

Anzeige ['antsaigə] ‹-, -n› *f* **1.** indicazione *f;* **2.** *(bei Behörde)* dichiarazione *f,* notifica *f; jur* denuncia *f;* **3.** *(Ankündigung)* annuncio *m,* avviso *m;* **4.** *(Zeitungs~)* inserzione *f,* annuncio *m; (Familien~)* partecipazione *f;* **~ gegen jdn erstatten** denunciare qu.

an·zeigen *tr* **1.** *(bezeichnen)* indicare; **2.** *(mitteilen)* informare, comunicare; **3.** *(bei Behörde)* dichiarare, notificare; *jur* denunciare; **4.** *(ankündigen, a. in Zeitung)* annunciare; *(Familienereignis)* partecipare.

Anzeigenannahme *f* ufficio *m* annunci pubblicitari. **Anzeigenteil** *m* parte *f* pubblicitaria.

an·zetteln *tr (Verschwörung, etc.)* ordire.

an·ziehen ‹*irr*› **I.** *tr* **1.** *(Kleidung)* mettere; *(bekleiden)* vestire; **2.** *(spannen)* tirare; *(Seile)* tendere; *(Schraube, Bremse)* serrare; **3.** *fig, phys* attirare; **(die) Handschuhe ~** mettersi i guanti; **ein anderes Kleid/frische Wäsche ~** indossare un altro vestito/biancheria pulita; **II.** *rfl:* **sich ~** vestirsi; **III.** *itr com, fin* salire. **anziehend** *a* attraente, seducente, avvincente.

Anziehung *f* attrazione *f.* **Anziehungskraft** *f* **1.** *phys* forza *f* d'attrazione; **2.** *fig* attrazione *f,* attrattiva *f.*

Anzug *m* vestito *m,* abito *m,* completo *m;* **im ~ sein** avvicinarsi; **ein Gewitter ist im ~** si prepara un temporale.

anzüglich ['antsy:klɪç] *a* equivoco, indecente; **~ werden** diventare offensivo. **Anzüglichkeit** ‹-, -en› *f* allusione *f* equivoca (*o.* pungente), insinuazione *f.*

an·zünden *tr* **1.** accendere; **2.** *(in*

Brand stecken) dar fuoco a, incendiare.
an·zweifeln *tr* mettere in dubbio, dubitare di.
AOK [a:ʔo:'ka:] ‹-, -s› *f ab von* **Allgemeine Ortskrankenkasse** ≃ U.S.L. *f* (*ab von* Unità Sanitaria Locale).
Aostatal [a'ɔsta-] *n* Val *m* d'Aosta.
apart [a'part] *a* **1.** *(reizvoll)* attraente; **2.** *(ungewöhnlich)* insolito.
Apathie [apa'ti:, ...i:ən] ‹-, -n› *f* apatia *f.*
apathisch [a'pa:tɪʃ] *a* apatico.
Apennin [apɛ'ni:n] *m* Appennino *m;* **die ~en** gli Appennini.
aper ['a:pɐ] *a (süddeutsch, CH, A: schneefrei)* senza neve, libero dalla neve.
Aperitif [aperi'ti:f] ‹-s, -s *o.* -e› *m* aperitivo *m.*
Apfel ['apfəl] ‹-s, ¨-› *m* mela *f;* **in den sauren ~ beißen** inghiottire la pillola; **der ~ fällt nicht weit vom Stamm** *prov* quale il padre, tale il figlio *prov.* **Apfelbaum** *m* melo *m.* **Apfelkuchen** *m* torta *f* di mele. **Apfelmus** *n* purè *m* di mele. **Apfelsaft** *m* succo *m* di mele.
Apfelsine [apfəl'zi:nə] ‹-, -n› *f* arancia *f.*
Apfelstrudel *m* strudel *m* di mele.
APO, Apo ['a:po] ‹-, ø› *f ab von* **außerparlamentarische Opposition** opposizione *f* extraparlamentare.
Apostel [a'pɔstəl] ‹-s, -› *m* apostolo *m.* **Apostelgeschichte** *f* Atti *m pl* degli apostoli.
Apostroph [apo'stro:f] ‹-s, -e› *m* apostrofo *m.*
apostrophieren [...stro'fi:rən] ‹*ohne ge-*› *tr* **1.** *gram* apostrofare; **2.** *(bezeichnen)* qualificare *(als* come).
Apotheke [apo'te:kə] ‹-, -n› *f* farmacia *f.*
Apotheker(in) ‹-s, -› *m(f)* farmacista.
Apparat [apa'ra:t] ‹-(e)s, -e› *m* **1.** *allg., tel, fot* apparecchio *m,* macchina *f;* **2.** *(Ausrüstung, a. ling, anat)* apparato *m;* **am ~!** *tel* sono io!; **bleiben Sie am ~!** rimanga in linea!
Apparatur [...ra'tu:ɐ] ‹-, -en› *f* apparecchiatura *f.*
Appell [a'pɛl] ‹-s, -e› *m* appello *m* (*an* a); **einen ~ richten an** appellarsi a.
Appellationsgericht [apɛla'tsio:ns-] *n* corte *f* d'appello.
appellieren [apɛ'li:rən] ‹*ohne ge-*› *itr geh* appellarsi (*an* a).
Appenzell ['apəntsɛl *o.* ...'tsɛl] *n (Stadt)* Appenzell *f; (Kanton)* Appenzello *m.*
Appetit [ape'ti:t] ‹-(e)s, ø› *m* appetito *m* (*auf* di); **~ haben** avere appetito; **jdm den ~ verschlagen** far perdere l'appetito a qu; **der ~ kommt beim Essen** *prov* l'appetito vien mangiando *prov.* **appetitanregend** *a* che stuzzica l'appetito. **appetitlich** *a* appetitoso. **appetitlos** *a* senza appetito. **Appetitlosigkeit** ‹-, ø› *f* inappetenza *f.* **Appetitzügler** [-tsy:glɐ] ‹-s, -› *m* anoressizzante *m.*
applaudieren [aplau'di:rən] ‹*ohne ge-*› *itr* applaudire (*jdm* qu).
Applaus [a'plaus] ‹-es, ø› *m* applauso *m.*
Aprikose [apri'ko:zə] ‹-, -n› *f* albicocca *f.*
April [a'prɪl] ‹-(s), -e› *m* aprile *m;* **jdn in den ~ schicken** fare un pesce d'aprile a qu *fam; s. a. September.* **Aprilscherz** *m* pesce *m* d'aprile. **Aprilwetter** *n* tempo *m* di marzo.
apropos [apro'po:] *adv* parlando di ...
Apsis ['apsɪs, a'psi:dən] ‹-, Apsiden› *f* abside *f.*
Apulien [a'pu:liən] *n* Puglia *f.*
Aquädukt [akvɛ'dʊkt] ‹-(e)s, -e› *m o. n* acquedotto *m.*
Aquamarin [akvama'ri:n] ‹-s, -e› *m* acquamarina *f.*
Aquaplaning [akva'pla:nɪŋ] ‹-s, ø› *n* acquaplaning *m.*
Aquarell [akva'rɛl] ‹-s, -e› *n* acquerello *m.*
Aquarium [a'kva:riʊm, ...iən] ‹-s, -rien› *n* acquario *m.*
Äquator [ɛ'kva:to:ɐ] ‹-s, ø› *m* equatore *m.*
äquatorial [ɛkvato'ria:l] *a* equatoriale.
Äquatortaufe *f* battesimo *m* dell'equatore.
Ar [a:ɐ] ‹-s, -e *o. bei Maßangaben:* -› *m o. n* (*ab* **a**) ara *f.*
Ära ['ɛ:ra, 'ɛ:rən] ‹-, *rar* Ären› *f* era *f.*
Araber(in) ['a:rabɐ (...ərɪn) *o.* 'ar...] ‹-s, -› *m(f)* arabo, -a *m, f.*
Arabien [a'ra:biən] *n* Arabia *f.*
arabisch *a* arabo.
Arbeit ['arbait] ‹-, -en› *f* **1.** *(a. ~sstelle u. ~serzeugnis)* lavoro *m;* **2.** *(Beschäftigung)* impiego *m;* **3.** *(Mühe)* fatica *f; (Anstrengung)* sforzo *m;* **4.** *(Werk)* opera *f;* **5.** *(Ausführung, Gestaltung)* fattura *f;* **6.** *(Übungs~)* esercizio *m; (Prüfungs~)* prova *f* d'esame; **die ~ aufnehmen** iniziare il lavoro; **etw. in ~ geben/haben** dare/avere qc in lavorazione; **(die) ~en korrigieren** correggere i compiti; **jdm ~ machen** dar da fare a qu; **die ~ niederlegen** sospendere il lavoro; **keine ~ scheuen** non risparmiar fatica; **an die ~ gehen** mettersi al la-

voro; **an der ~ sein** essere al lavoro, star lavorando; **nach getaner ~** a lavoro compiuto.

arbeiten I. *itr* **1.** lavorare; **2.** *(beschäftigt sein)* essere occupato; **3.** *(Maschine)* essere in moto; funzionare; *(Organ)* funzionare; **4.** *(Holz)* incurvarsi, imbarcarsi; *(Kapital)* fruttare; **die ~de Bevölkerung** la popolazione attiva; **sich krank ~** lavorare tanto; **sich nach oben ~** farsi strada lavorando; **es arbeitet sich schlecht bei dieser Beleuchtung** si lavora male con questa illuminazione; **bei jdm ~** essere occupato (*o.* impiegato) da qu; **sie arbeitet als Ärztin** lavora come dottoressa; **sein Herz arbeitet schlecht** il suo cuore funziona male; **in seinem Kopf arbeitete es** lavorava nella sua mente; **der Motor arbeitet einwandfrei** il motore funziona perfettamente; **II.** *tr (herstellen)* fare.

Arbeiter(in) ‹-s, -› *m(f)* **1.** lavoratore, -trice *m, f;* **2.** *(Fabrik~, Standesangehöriger)* operaio, -a *m, f;* **gelernter/ ungelernter ~** operaio qualificato/ non qualificato. **Arbeiterbewegung** *f* movimento *m* operaio. **Arbeitergewerkschaft** *f* sindacato *m* operaio. **Arbeiterin** *f s.* **Arbeiter. Arbeiterpartei** *f* partito *m* operaio. **Arbeiterschaft** ‹-, -en› *f* lavoratori *m pl; (Belegschaft)* personale *m* dipendente; *(Arbeiterstand)* classe *f* operaia. **Arbeiterviertel** *n* quartiere *m* operaio. **Arbeitgeber** *m* datore *m* di lavoro. **Arbeitgeberanteil** *m* contributo *m* del datore di lavoro. **Arbeitgeberverband** *m* sindacato *m* padronale. **Arbeitnehmer(in)** ‹-s, -› *m(f)* prestatore, -trice *m, f* d'opera, salariato, -a *m, f.* **Arbeitnehmeranteil** *m* contributo *m* dei lavoratori.

Arbeitsamt *n* ufficio *m* del lavoro (*o.* di collocamento). **Arbeitsbedingungen** *f pl* condizioni *f pl* di lavoro. **Arbeitsbiene** *f* ape *f* operaia. **Arbeitseifer** *m* laboriosità *f,* assiduità *f.* **Arbeitseinteilung** *f* ripartizione *f* del lavoro. **Arbeitserlaubnis** *f* permesso *m* di lavoro. **arbeitsfähig** *a* atto (*o.* abile) al lavoro. **Arbeitsfähigkeit** *f* idoneità *f* (*o.* abilità *f*) al lavoro. **Arbeitsfriede(n)** *m* pace *f* sociale. **Arbeitsgang** *m* fase *f* di lavoro; **in einem einzigen ~** in un solo processo di lavoro. **Arbeitsgemeinschaft** *f* (*ab* AG) gruppo *m* di lavoro; *(an Schule, Universität)* gruppo *m* di studio. **Arbeitsgericht** *n* tribunale *m* del lavoro. **Arbeitskleidung** *f* vestito *m* (*o.* tuta *f*) da lavoro. **Arbeitsklima** *n* ambiente *m* di lavoro; **ein gutes/schlechtes ~** un buon/cattivo ambiente di lavoro. **Arbeitskraft** *f* **1.** *(von Mensch)* capacità *f* lavorativa; *(von Maschine)* potenza *f;* **2.** *(Arbeiter)* lavoratore, -trice *m, f;* ‹*pl*› manodopera *f.* **Arbeitskreis** *m s.* **Arbeitsgemeinschaft. Arbeitslager** *n* campo *m* di lavoro. **Arbeitsleistung** *f* capacità *f* di lavoro; *(a. geleistete Arbeit)* rendimento *m.* **arbeitslos** *a* senza lavoro, disoccupato. **Arbeitslose** ‹ein -r, -n, -n› *mf* disoccupato, -a *m, f.* **Arbeitslosengeld** *n* indennità *f* (*o.* sussidio *m*) di disoccupazione, disoccupazione *f.* **Arbeitslosenhilfe** *f* assistenza *f* ai disoccupati. **Arbeitslosenunterstützung** *f* indennità *f* (*o.* sussidio *m*) di disoccupazione. **Arbeitslosenversicherung** *f* assicurazione *f* contro la disoccupazione. **Arbeitslosigkeit** ‹-, ø› *f* disoccupazione *f.* **Arbeitsmarkt** *m* mercato *m* del lavoro. **Arbeitsniederlegung** *f* sospensione *f* del lavoro, sciopero *m.* **Arbeitsordnung** *f* regolamento *m* del lavoro. **Arbeitsplatz** *m* **1.** *(räumlich)* posto *m* di lavoro; **2.** *(Stelle)* posto *m,* impiego *m.* **Arbeitsrecht** *n* diritto *m* del lavoro. **arbeitsscheu** *a* restio a lavorare, infingardo. **Arbeitstag** *m* giornata *f* lavorativa. **Arbeitsteilung** *f* divisione *f* del lavoro. **arbeitsunfähig** *a* inabile al lavoro. **Arbeitsunfähigkeit** *f* inabilità *f* al lavoro. **Arbeitsverhältnis** *n jur* rapporto *m* di lavoro; **in einem festen ~ stehen** avere un impiego fisso. **Arbeitsweise** *f (von Person)* modo *m* di lavorare; *tec* funzionamento *m.* **Arbeitszeit** *f* **1.** orario *m* di lavoro; **2.** *(Arbeitsstunden)* ore *f pl* lavorative; **gleitende ~** orario flessibile. **Arbeitszeitverkürzung** *f* riduzione *f* dell'orario lavorativo. **Arbeitszimmer** *n* stanza *f* da lavoro, studio *m.*

archaisch [arˈçaːɪʃ] *a* arcaico.

Archaismus [arçaˈɪsmʊs, ...mən] ‹-, -men› *m* arcaismo *m.*

Archäologe [arçɛoˈloːgə] ‹-n, -n› *m,* **Archäologin** [...gɪn] *f* archeologo, -a *m, f.*

Archäologie [...loˈgiː] ‹-, ø› *f* archeologia *f.*

Archäologin *f s.* **Archäologe.**

archäologisch [...ˈloːgɪʃ] *a* archeologico.

Arche [ˈarçə] ‹-, -n› *f:* **~ (Noah)** arca *f* (di Noè).

Architekt(in) [arçi'tɛkt(ɪn)] ‹-en, -en› *m(f)* architetto, -a *m, f.* **architektonisch** [...'to:nɪʃ] *a* architettonico. **Architektur** [...'tu:ɐ̯] ‹-, -en› *f* architettura *f.* **Archiv** [ar'çi:f] ‹-s, -e› *n* archivio *m.* **Archivar(in)** [arçi'va:ɐ̯ (...rɪn)] ‹-s, -e› *m(f)* archivista *mf.*

ARD [a:ʔɛr'de:] ‹-, ø› *f ab von* **Arbeitsgemeinschaft der öffentlich-rechtlichen Rundfunkanstalten der Bundesrepublik Deutschland** *Organizzazione per la radiotelevisione nella R.F.T.*

Areal [are'a:l] ‹-s, -e› *n* area *f.*

Ären *pl von* **Ära.**

Arena [a're:na, ...nən] ‹-, Arenen› *f* arena *f.*

arg [ark] **I.** ‹⸚er, ⸚ste› *a* **1.** *(schlimm)* grave; *(böse)* cattivo; **2.** *(stark)* grande; **mein ärgster Feind** il mio peggior nemico; **das Ärgste verhüten** evitare il peggio; **im ~en liegen** trovarsi in cattive condizioni; **es ist ärger denn je** è peggio che mai *fam;* **II.** ‹⸚er, am ⸚sten› *adv* molto, gravemente; **es zu ~ treiben** esagerare.

Argentinien [argɛn'ti:ni̯ən] *n* Argentina *f.*

Argentinier(in) ‹-s, -› *m(f)* argentino, -a *m, f.*

argentinisch *a* argentino.

Ärger ['ɛrgɐ] ‹-s, ø› *m* **1.** *(Verdruß)* dispiacere *m; (Unwillen)* irritazione *f; (Zorn)* rabbia *f;* **2.** *(Unannehmlichkeiten)* noie *f pl,* contrarietà *f pl;* **vor ~** dalla rabbia; **seinen ~ an jdm auslassen** sfogare la propria rabbia su qu *fam;* **viel ~ haben** avere molti dispiaceri; **seinen ~ hinunterschlucken** mandare giù la propria rabbia.

ärgerlich *a* **1.** *(Mensch)* irritato, arrabbiato (*auf, über jdn/etw.* con qu/per qc); **2.** *(Sache)* spiacevole, increscioso; **wie ~!** che seccatura! *fam.*

ärgern **I.** *tr* irritare, far arrabbiare; **II.** *rfl:* **sich ~** irritarsi, arrabbiarsi (*über etw./jdn* per qc/con qu).

Ärgernis ‹-ses, -se› *n* **1.** *(Ärger)* dispiacere *m,* contrarietà *f;* **2.** *(Anstoß)* scandalo *m;* **~ erregen** dare scandalo; **Erregung öffentlichen ~ses** oltraggio *m* al pudore.

Arglist ['arklɪst] *f* malizia *f,* malignità *f,* perfidia *f.* **arglistig** *a* malizioso, maligno, perfido. **arglos** *a* **1.** *(harmlos)* privo di malizia; **2.** *(vertrauensselig)* ingenuo.

Argument [argu'mɛnt] ‹-(e)s, -e› *n* argomento *m.*

argumentieren [...'ti:rən] ‹*ohne ge-*› *itr* argomentare, ragionare.

Argwohn ['arkvo:n] ‹-(e)s, ø› *m* sospetto *m;* diffidenza *f;* **jds ~ erregen** destare il sospetto di qu; **gegen jdn ~ hegen** sospettare di qu; **jds ~ zerstreuen** dissipare i sospetti di qu. **argwöhnen** ['arkvø:nən] *tr* sospettare. **argwöhnisch** *a* sospettoso, diffidente.

a. Rh. *ab von* **am Rhein** sul Reno.

Arie ['a:ri̯ə] ‹-, -n› *f mus* aria *f.*

Aristokrat(in) [arɪsto'kra:t(ɪn)] ‹-en, -en› *m(f)* aristocratico, -a *m, f.*

Aristokratie [arɪstokra'ti:, ...i:ən] ‹-, -n› *f* aristocrazia *f.*

Aristokratin *f s.* **Aristokrat.**

aristokratisch *a* aristocratico.

Arithmetik [arɪt'me:tɪk] ‹-, ø› *f* aritmetica *f.*

arithmetisch *a* aritmetico.

Arkade [ar'ka:də] ‹-, -n› *f arch* **1.** arcata *f;* **2.** ‹*pl*› *(Bogengang)* portico *m.*

Arktis ['arktɪs] *f* Artide *f.*

arktisch *a* artico.

arm [arm] ‹⸚er, ⸚ste› *a* **1.** povero (*an* di); **2.** *(bedürftig)* indigente, bisognoso; **3.** *fig (bedauernswert)* misero; **~ machen** impoverire; **~ werden** impoverirsi; **ich war um zehn DM ärmer** avevo dieci DM in meno; **ich Ärmster!** povero me!; **~er Irrer!** *sl* povero scemo! *fam;* **~er Teufel!** povero diavolo!

Arm [arm] ‹-(e)s, -e› *m* braccio *m;* **~ in ~** a braccetto; **jdn mit offenen ~en aufnehmen** accogliere qu a braccia aperte; **jdm unter die ~e greifen** *fig* aiutare qu; **jdm in die ~e laufen** imbattersi in qu; **jdn auf den ~ nehmen** prendere in braccio qu; *fig* prendere in giro qu; **jdn in die ~e nehmen** abbracciare qu; **die Beine unter die ~e nehmen** *fig fam* darsela a gambe *fam;* **mit verschränkten ~en** a braccia conserte.

Armatur [arma'tu:ɐ̯] ‹-, -en› *f* **1.** armatura *f;* **2.** *(Hahn, Leitung, etc.)* rubinetteria *f.* **Armaturenbrett** *n* cruscotto *m.*

Armband ‹-(e)s, -bänder› *n* braccialetto *m.* **Armbanduhr** *f* orologio *m* da polso. **Armbinde** *f* **1.** *(Abzeichen)* bracciale *m;* **2.** *med* benda *f* (*o.* fascia *f*) al braccio.

Armee [ar'me:, ...e:ən] ‹-, -n› *f* esercito *m,* armata *f.*

Ärmel ['ɛrməl] ‹-s, -› *m* manica *f;* **etw. aus dem ~ schütteln** fare qc con la più grande facilità. **Ärmelaufschlag** *m* risvolto *m* della manica. **Ärmelkanal** *m* (canale *m* della) Manica *f.*

Armenien [ar'me:ni̯ən] *n* Armenia *f.*
Armenier(in) ‹-s, -› *m(f)* armeno, -a *m, f.*
armenisch *a* armeno.
Armenviertel *n* quartiere *m* dei poveri.
Armlehne *f* bracciuolo *m.* **Armleuchter** *m* **1.** candelabro *m;* **2.** *sl* cretino, -a *m, f fam.*
ärmlich ['ɛrmlɪç] *a* povero; *(schäbig)* misero; *(dürftig)* scadente. **Ärmlichkeit** ‹-, ø› *f* povertà *f,* miseria *f.*
Armreif *m* braccialetto *m.*
Armut ['armu:t] ‹-, ø› *f* **1.** povertà *f,* miseria *f;* **2.** *(Kargheit)* scarsità *f* (*an* di); **~ schändet nicht** *prov* povertà non è vizio né vergogna *prov.* **Armutszeugnis** *n:* **sich** *(dat)* **ein ~ ausstellen** dimostrare la propria incapacità.
Aroma [a'ro:ma, ...mən *o.* ...mas] ‹-s, -men *o.* -mas› *n* **1.** aroma *m,* profumo *m;* **2.** *gastr* spezie *f pl.*
aromatisch [aro'ma:tɪʃ] *a* aromatico.
Arrak ['arak] ‹-s, -e *o.* -s› *m* arak *m.*
Arrest [a'rɛst] ‹-(e)s, -e› *m* **1.** *jur* sequestro *m;* **2.** *mil* arresti *m pl.*
Arsch [arʃ] ‹-(e)s, ⸚e› *m vulg* culo *m;* **leck' mich am ~!** *vulg* va far in culo! *vulg.* **Arschkriecher(in)** *m(f) vulg* leccapiedi *mf.* **Arschloch** *n vulg* buco *m* del culo; **du ~!** *vulg* faccia da culo! *vulg.*
Arsen [ar'ze:n] ‹-s, ø› *n* arsenico *m.*
Arsenik [...nɪk] ‹-s, ø› *n* triossido *m* di arsenico.
Art [a:ɐ̯t] ‹-, -en› *f* **1.** *(Methode)* modo *m,* maniera *f;* **2.** *(Wesen)* natura *f,* carattere *m;* **3.** *(Sorte)* sorta *f; zoo, bot* specie *f;* **aller ~** di ogni genere; **aus der ~ schlagen** degenerare; **in dieser ~** in questa maniera, così; **einzig in seiner ~** unico nel suo genere; **das ist sonst nicht ihre ~** non è nel suo carattere; **Leute dieser ~ sollte man meiden** si dovrebbe evitare gente simile; **so eine ~ Kohl** un tipo così di cavolo; **Steak nach ~ des Hauses** bistecca — specialità della casa.
Arterie [ar'te:ri̯ə] ‹-, -n› *f* arteria *f.* **Arterienverkalkung** *f* arteriosclerosi *f.*
artfremd *a* estraneo alla specie.
Art(h)ur ['artʊr] *(männlicher Vorname)* Arturo.
artig *a* ubbidiente, buono; *(nett)* gentile, cortese; carino; **sei schön ~!** fa il bravo!
Artikel [ar'ti:kəl] ‹-s, -› *m* articolo *m;* **gängiger ~** *com* articolo richiesto; **bestimmter/unbestimmter ~** *gram* articolo definito/indefinito; **in der Zeitung steht ein interessanter ~** sul giornale c'è un articolo interessante; **nach ~ 13 des Strafgesetzbuchs** in base all'articolo 13 del codice penale.
artikulieren [artiku'li:rən] ‹*ohne ge-*› *tr* articolare.
Artillerie [artɪlə'ri:, ...i:ən] ‹-, -n› *f* artiglieria *f.*
Artillerist [...'rɪst] ‹-en, -en› *m* artigliere *m.*
Artischocke [arti'ʃɔkə] ‹-, -n› *f* carciofo *m.* **Artischockenböden** *m pl* fondi *m pl* di carciofi.
Artist(in) [ar'tɪst(ɪn)] ‹-en, -en› *m(f)* artista *mf* (di circo *o.* di varietà).
artistisch *a* artistico.
Artur *s.* **Arthur.**
Arznei [a:ɐ̯ts'nai̯] ‹-, -en› *f* farmaco *m,* medicina *f,* medicamento *m.* **Arzneimittel** *n s.* **Arznei. Arzneimittelmißbrauch** *m* abuso *m* di medicinali.
Arzt [a:ɐ̯tst] ‹-es, ⸚e› *m,* **Ärztin** ['ɛ:ɐ̯tstɪn] *f* medico *mf,* dottore, -essa *m, f;* **behandelnder ~** medico curante; **praktischer ~** medico generico.
Ärztegebühren ['ɛ:ɐ̯tstə-] *f pl* onorario *m* del medico. **Ärztekammer** *f* Ordine *m* dei medici. **Ärztemuster** *n* campione *m* medico. **Ärzteschaft** ‹-, ø› *f* corpo *m* dei medici.
Arzthelferin *f* aiuto *m* medico.
Ärztin *f s.* **Arzt.**
Arztkosten ‹*pl*› spese *f pl* mediche.
ärztlich ['ɛ:ɐ̯tstlɪç] *a* medico; **in ~er Behandlung sein** essere in cura da un medico; **~es Attest** certificato medico; **~e Verordnung** prescrizione medica.
Arztpraxis *f* studio *m* (*o.* gabinetto *m*) medico.
As [as] ‹-ses, -se› *n* asso *m.*
As, as [as] ‹-, -› *n mus* la *m* bemolle.
Asbest [as'bɛst] ‹-(e)s, -e› *m* amianto *m,* asbesto *m.*
Asche ['aʃə] ‹-, *rar* -n› *f* cenere *f; fig* ceneri *f pl.* **Aschenbahn** *f* pista *f* di carbonella. **Aschenbecher** *m* portacenere *m.* **Aschenbrödel** [-brø:dəl] ‹-s, -› *n,* **Aschenputtel** [-pʊtl] ‹-s, -› *n* Cenerentola *f.* **Aschermittwoch** [aʃɐ'mɪtvɔx] *m* (mercoledì *m* delle) Ceneri *f pl.*
aschfahl, aschgrau ['aʃ'fa:l] *a* grigio cenere.
äsen ['ɛ:zən] *itr* mangiare.
Asiate [a'zi̯a:tə] ‹-n, -n› *m,* **Asiatin** [...tɪn] *f* asiatico, -a *m, f.*
asiatisch *a* asiatico.
Asien ['a:zi̯ən] *n* Asia *f.*
asozial ['azotsi̯a:l] *a* asociale.
Asphalt [as'falt] ‹-(e)s, -e› *m* asfalto

m, bitume *m*. **Asphaltdecke** *f* manto *m* di asfalto.
asphaltieren [...'ti:rən] ⟨*ohne ge-*⟩ *tr* asfaltare.
Aspirin® [aspi'ri:n] ⟨-s, ø⟩ *n* aspirina® *f*.
aß [a:s] *1. u. 3. pers sing imp von* **essen.**
Assel ['asəl] ⟨-, -n⟩ *f* onisco *m*.
Assimilation [asimila'tsio:n] ⟨-, -en⟩ *f* assimilazione *f*.
assimilieren [...'li:rən] ⟨*ohne ge-*⟩ **I.** *itr* assimilare; **II.** *rfl:* **sich ~** assimilarsi (*an* a).
Assistent(in) [asɪs'tɛnt(ɪn)] ⟨-en, -en⟩ *m(f)* assistente *mf*.
Assistenzarzt [...'tɛnts-] *m*, **-ärztin** *f* assistente *mf* medico.
assistieren [...'ti:rən] ⟨*ohne ge-*⟩ *itr* assistere (*jdm bei etw.* qu in qc).
Ast [ast] ⟨-(e)s, ¨-e⟩ *m* **1.** ramo *m;* **2.** *(im Holz)* nodo *m;* **sich** *(dat)* **einen ~ lachen** *fam* ridere a crepapelle *fam*.
AStA ['asta, ...tən] ⟨-(s), Asten⟩ *ab von* **Allgemeiner Studentenausschuß** *comitato generale studentesco.*
Aster ['astɐ] ⟨-, -n⟩ *f* astro *m*.
Ästhet(in) [ɛs'te:t(ɪn)] ⟨-en, -en⟩ *m(f)* esteta *mf*.
Ästhetik [ɛs'te:tɪk] ⟨-, -en⟩ *f* estetica *f*.
Ästhetin *f s.* **Ästhet.**
ästhetisch *a* estetico.
Asthma ['astma] ⟨-s, ø⟩ *n* asma *f*.
Asthmatiker(in) [...'ma:tikɐ (...ərɪn)] ⟨-s, -⟩ *m(f)* asmatico, -a *m, f*.
asthmatisch *a* asmatico.
Astloch *n* buco *m* di un nocchio (*o.* nodo). **astrein** *a* **1.** senza nodi; **2.** *fig fam (prima)* perfetto.
Astrid ['astri:t] *weiblicher Vorname.*
Astrologe [astro'lo:gə] ⟨-n, -n⟩ *m*, **Astrologin** [...gɪn] *f* astrologo, -a *m, f*.
Astrologie [...lo'gi:] ⟨-, ø⟩ *f* astrologia *f*.
Astrologin *f s.* **Astrologe.**
astrologisch [...'lo:gɪʃ] *a* astrologico.
Astronaut(in) [astro'naut(ɪn)] ⟨-en, -en⟩ *m(f)* astronauta *mf*.
Astronom(in) [...'no:m(ɪn)] ⟨-en, -en⟩ *m(f)* astronomo, -a *m, f*.
Astronomie [astrono'mi] ⟨-, ø⟩ *f* astronomia *f*.
Astronomin *f s.* **Astronom.**
astronomisch *a* astronomico.
Asyl [a'zy:l] ⟨-s, -e⟩ *n* asilo *m;* **jdm ~ gewähren** offrire asilo a qu; **um ~ bitten** chiedere asilo; **politisches ~** asilo politico.
Asylant(in) [azy'lant(ɪn)] ⟨-en, -en⟩ *m(f)* persona *f* che richiede l'asilo (politico).
Asylrecht *n* diritto *m* d'asilo.
Asymmetrie [azʏme'tri:] *f* asimmetria *f*.
asymmetrisch ['azʏme:trɪʃ] *a* asimmetrico.
A. T. *ab von* **Altes Testament** A.T. *(ab di* Antico Testamento).
Atelier [ate'lie:] ⟨-s, -s⟩ *n* studio *m*, atelier *m*.
Atem ['a:təm] ⟨-s, ø⟩ *m* **1.** *(Atmung)* respirazione; **2.** *(Atemzug)* respiro *m;* **außer ~** senza fiato; **den ~ anhalten** trattenere il respiro; **jdn in ~ halten** tenere (in) sospeso qu; **(tief) ~ holen** prendere fiato; **nach ~ ringen** ansimare; **jdm den ~ verschlagen** mozzare il fiato a qu. **atemberaubend** *a* che mozza il respiro. **Atembeschwerden** *f pl* difficoltà *f pl* di respiro. **Atemgeräusch** *n* mormorio *m* vescicolare. **atemlos** *a* **1.** *(keuchend)* ansante, trafelato; **2.** *(schnell)* vertiginoso; **~e Stille** silenzio di morte. **Atemnot** *f* difficoltà *f* di respiro, affanno *m*. **Atempause** *f* **1.** intervallo *m* nella respirazione; **2.** *fig* pausa *f;* **eine ~ einlegen** fare una pausa. **Atemwege** *m pl* vie *f pl* respiratorie. **Atemzug** *m* **1.** respiro *m;* **2.** *fig* attimo *m;* **in einem ~** tutto d'un fiato; **bis zum letzten ~** fino all'ultimo respiro.
Atheismus [ate'ɪsmʊs] ⟨-, ø⟩ *m* ateismo *m*.
Atheist(in) [...'ɪst(ɪn)] ⟨-en, -en⟩ *m(f)* ateo, -a *m, f*.
atheistisch *a* ateo.
Athen [a'te:n] *n* Atene *f*.
Äther ['ɛ:tɐ] ⟨-s, -⟩ *m* etere *m*.
ätherisch [ɛ'te:rɪʃ] *a* etereo; **~e Öle** oli essenziali.
Athlet(in) [at'le:t(ɪn)] ⟨-en, -en⟩ *m(f)* atleta *mf*.
athletisch *a* atletico.
Atlantik [at'lantɪk] *m* oceano *m* Atlantico.
atlantisch *a* atlantico; **der A~e Ozean** l'oceano Atlantico.
Atlas¹ ['atlas, ...sə *o.* at'lantən] ⟨- *o.* -ses, -se *o.* Atlanten⟩ *m (Kartenwerk)* atlante *m*.
Atlas² ['atlas] ⟨- *o.* -ses, -se⟩ *m (Textil)* raso *m*.
atmen ['a:tmən] *itr* respirare; **wieder ~ (können)** riprendere fiato.
Atmosphäre [atmo'sfɛ:rə] ⟨-, -n⟩ *f* **1.** *astr, phys, fig* atmosfera *f;* **2.** *fig (Umwelt)* ambiente *m*.
atmosphärisch *a* atmosferico.
Atmung ⟨-, ø⟩ *f* respirazione *f*.

Ätna ['ɛ:tna] *m* Etna *m.*
Atoll [a'tɔl] ‹-s, -e› *n* atollo *m.*
Atom [a'to:m] ‹-s, -e› *n* **1.** atomo *m;* **2.** *fig* briciolo *m.*
Atom- *(in Zusammensetzungen)* atomico, nucleare; *s. a. Kern-.*
atomar [ato'ma:ɐ̯] *a* atomico, nucleare; **~es Wettrüsten** corsa agli armamenti nucleari.
Atombombe *f* bomba *f* atomica, bomba *f* A. **Atombunker** *m* rifugio *m* antiatomico. **Atomenergie** *f* energia *f* atomica (*o.* nucleare); **friedliche Nutzung der ~** utilizzazione pacifica dell'energia atomica. **Atomexplosion** *f* esplosione *f* atomica. **Atomforschung** *f* ricerca *f* nucleare. **Atomforschungszentrum** *n* centro *m* (di) studi nucleari. **Atomgewicht** *n* peso *m* atomico.
atomisieren [atomi'zi:rən] ‹*ohne ge-*› *tr* atomizzare.
Atomkern *m* nucleo *m* atomico. **Atomkraftwerk** *n* (*ab* **AKW**) centrale *f* atomica (*o.* nucleare). **Atomkrieg** *m* guerra *f* atomica. **Atommacht** *f* potenza *f* atomica. **Atommeiler** *m* pila *f* atomica. **Atommüll** *m* scorie *f pl* radioattive, rifiuti *m pl* nucleari. **Atompilz** *m* fungo *m* atomico. **Atomreaktor** *m* reattore *m* nucleare. **Atomsprengkopf** *m* testata *f* nucleare. **Atomwaffen** *f pl* armi *f pl* atomiche. **atomwaffenfrei** *a:* **~e Zone** zona denuclearizzata; **Schaffung einer ~en Zone** denuclearizzazione *f* (*in* di). **Atomzahl** *f* numero *m* atomico. **Atomzeitalter** *n* era *f* atomica.
ätsch [ɛ:tʃ] *interj fam* ben ti sta *fam.*
Attentat ['atənta:t] ‹-(e)s, -e› *n* attentato *m* (*auf* contro); **ein ~ verüben** fare (*o.* compiere) un attentato.
Attentäter(in) [...tɛ:tɐ (...ərın)] *m(f)* attentatore, -trice *m, f.*
Attest [a'tɛst] ‹-(e)s, -e› *n* certificato *m,* attestato *m.*
Attraktion [atrak'tsi̯o:n] ‹-, -en› *f* attrazione *f.*
attraktiv [...'ti:f] *a* attraente, seducente.
Attrappe [a'trapə] ‹-, -n› *f* imitazione *f.*
Attribut [atri'bu:t] ‹-(e)s, -e› *n* attributo *m.*
attributiv [...bu'ti:f] *a* attributivo.
atü [a'ty:] *ab von* **Atmosphärenüberdruck** superpressione *f* atmosferica.
ätzen ['ɛtsən] *tr* **1.** *chem* corrodere; **2.** *med* cauterizzare; **3.** *(Kunst: Radierung)* incidere con acqua forte.
ätzend *a* **1.** *chem* corrosivo; **2.** *fig* caustico.
au [au̯] *interj* ahi.
Au *f poet s.* **Aue.**
Aubergine [obɛr'ʒi:nə] ‹-, -n› *f* melanzana *f.*
auch [au̯x] **I.** *con (unbetont)* anche, pure; **heute oder ~ morgen** oggi oppure domani; **ohne ~ nur zu fragen** senza neppur domandare; **so reich du ~ sein magst** per quanto tu sia ricco; **stimmt das ~ wirklich?** è proprio vero?; **was es ~ sei** comunque sia; **wenn er ~ reich ist** sebbene sia ricco; **wie dem ~ sei** comunque sia; **wo er ~ sein mag** dovunque sia; **wozu ~?** a che scopo?; **und wenn ~!** che importa!; *fam;* **II.** *adv (betont)* persino; **ich ~** anch'io; **ich ~ nicht** neanch'io; **ich kenne ihn ~ nicht** non lo conosco nemmeno io; **er tut es ja ~** lo fa anche lui; **nicht nur . . ., sondern ~ . . .** non solo . . . , ma anche . . .; **sowohl . . . als ~ . . .** non solo . . . ma anche . . .; **~ das noch!** ci mancava anche questa! *fam;* **~ gut!** e va bene!; *fam;* **~ nicht schlecht!** non male!
Audienz [au̯'di̯ɛnts] ‹-, -en› *f* udienza *f;* **eine ~ geben** accordare un'udienza.
audiovisuell [au̯di̯ovi'zu̯ɛl] *a* audiovisivo.
Auditorium [au̯di'to:ri̯ʊm, ...i̯ən] ‹-s, -rien› *n* **1.** *(Hörsaal)* auditorio *m;* **2.** *(Zubehörschaft)* uditorio *m.*
Au(e) ['au̯(ə)] ‹-, -en› *f poet* prato *m* lungo un fiume.
Auerhahn ['au̯ɐ-] *m* gallo *m* cedrone. **Auerochse** *m* uro *m.*
auf [au̯f] **I.** *prp dat/acc* **1.** *(örtlich)* a, in, per, sopra, su; **2.** *(zeitlich)* a, di, per; **3.** *(Art und Weise)* in, di, per; **4.** *(sonstiges)* a, di, in, su; **~ dem Bahnhof/der Post** alla stazione/posta; **~ dem Boden** in (*o.* per) terra; **~ den Boden** a terra; **~ dem Fest** alla festa; **~ dem Hof/der Wiese** nel cortile/prato; **~ dem Land** in campagna; **~ der Landkarte** sulla carta geografica; **~ dem Meer** sul mare; **~ der Straße** in strada; **~ Sylt** a Sylt; **~ dem/den Tisch** sulla tavola; **~ der Treppe** sulla scala; **~ der Welt** *(am Leben)* al mondo; **~ der ganzen Welt** in tutto il mondo; **~ dem Zimmer** in camera; **~ einen Augenblick/acht Tage/immer** per un momente/otto giorni/sempre; **~ einmal** *(plötzlich)* improvvisamente; **~ die Minute (genau)** puntuale al minuto; **~ einen Sonntag fallen** cadere di domenica; **~ eine Tasse Kaffee bleiben/herein-**

kommen rimanere/venire a prendere una tazza di caffè; ~ **Wiedersehen!** arrivederci!; **es geht ~ vier Uhr (zu)** sono quasi le quattro; ~ **diese Art** in questo modo; ~ **deutsch** in tedesco; ~ **einmal** *(alles)* d'un tratto; ~ **diesem Wege** per questa strada; ~ **Anfrage/Befehl** su domanda/per ordine; ~ **Besuch/der Flucht/der Reise/dem Weg** in visita/fuga/viaggio/cammino; ~ **jds Bitte (hin)** su preghiera di qu; ~ **jeden Fall** in ogni caso; ~ **keinen Fall** in nessun caso; ~ **der Jagd** a caccia; ~ **dem Klavier spielen** suonare al pianoforte; ~ **meine Kosten** a mie spese; ~ **zehn Kilometer im Umkreis** per dieci chilometri all'intorno; ~ **sechs Jungen kommt ein Mädchen** c'è una ragazza ogni sei ragazzi; **II.** *adv* **1.** *(offen)* aperto; **2.** *(nicht liegend)* alzato; ~**!** *(los!)* avanti!, in viaggio!; ~ **nach Rom!** avanti, a Roma!; ~ **und ab** su e giù; **sich ~ und davon machen** *fam* tagliare la corda *fam;* **III.** *con:* ~ **daß ...** affinché ... *conj,* perché ... *conj.*

auf·arbeiten *tr* **1.** *(alten Gegenstand)* rinnovare; **2.** *(auffrischen)* portare a termine, sbrigare.

auf·atmen *itr fig* mandare un sospiro di sollievo, sentirsi sollevato.

auf·bahren *tr* comporre nella bara.

Aufbau ‹-(e)s, -ten› *m* **1.** *(Tätigkeit)* costruzione *f; (Errichtung)* erezione *f; (Wieder~)* ricostruzione *f; tech* montaggio *m; fig (Schaffung)* organizzazione *f;* **2.** *(Gefüge, Struktur)* struttura *f; chem, biol* composizione *f.*

auf·bauen I. *tr* **1.** costruire; erigere; *(wieder~)* ricostruire; *(ein Stockwerk)* rialzare; *tec* montare; *fig* creare, organizzare; *(aufstellen)* disporre; **2.** *(strukturieren, gliedern)* strutturare; **3.** *fig (stützen)* fondare, basare; **II.** *itr* fondarsi, basarsi (*auf* su); **III.** *rfl:* **sich ~ 1.** *chem* comporsi; **2.** *(sich auftürmen)* accavallarsi; **3.** *fam (sich aufstellen)* piantarsi (*vor* davanti a), mettersi (*vor jdm* davanti a qu).

auf·bäumen *rfl:* **sich ~ 1.** *(Pferd)* impennarsi; **2.** *fig* ribellarsi (*gegen* a).

auf·bauschen *tr* gonfiare.

auf·begehren ‹*ohne ge-*› *itr* insorgere (*gegen* contro).

auf·behalten ‹*irr, ohne ge-*› *tr:* **den Hut ~** tenere il cappello in capo.

auf·bereiten ‹*ohne ge-*› *tr (Erze, Kohle)* preparare, trattare; *(a. Trinkwasser)* depurare; *(Statistiken)* elaborare.

Aufbereitung ‹-, ø› *f (von Erzen, Kohle)* preparazione *f,* trattamento *m; (a. von Trinkwasser)* depurazione *f; (von Statistiken)* elaborazione *f.*

auf·bessern *tr (Gehalt, Rente)* aumentare.

auf·bewahren ‹*ohne ge-*› *tr* **1.** *(verwahren)* conservare; custodire; **2.** *(lagern)* immagazzinare; **bitte kühl ~!** tenere in luogo fresco!

Aufbewahrung *f* **1.** conservazione *f; (Verwahrung)* custodia *f;* **2.** *(~sort)* deposito *m.*

auf·bieten ‹*irr*› *tr (einsetzen)* mobilitare; *(Kraft, Eifer, Einfluß)* impiegare; **alle Kräfte ~** fare il massimo sforzo; **seine ganze Beredsamkeit ~** adoperare tutta la propria eloquenza.

auf·binden ‹*irr*› *tr* **1.** *(losmachen)* slegare; *(Schleife)* sciogliere; **2.** *(hochbinden)* annodare; **jdm etw. (***o.* **einen Bären) ~** *fam* dare ad intendere a qu lucciole per lanterne.

auf·blähen I. *tr* gonfiare; **II.** *rfl:* **sich ~ 1.** gonfiarsi; **2.** *fig pej* menar vanto, insuperbirsi, inorgoglirsi.

aufblasbar *a* gonfiabile.

auf·blasen ‹*irr*› *tr* gonfiare.

auf·bleiben ‹*irr*› *itr* ‹*sein*› *fam* **1.** *(nicht zu Bett gehen)* rimanere alzato; **2.** *(offenbleiben)* rimanere aperto.

auf·blenden *itr* **1.** *mot* accendere gli abbaglianti; **2.** *film* aprire in dissolvenza.

auf·blicken *itr* levare gli occhi, sollevare lo sguardo; *fig* guardare (*zu jdm* qu).

auf·blitzen *itr* **1.** ‹*haben*› *(Licht, etc.)* balenare; **2.** ‹*sein*› *fig (Gedanke, Haß, etc.)* balenare.

auf·blühen *itr* ‹*sein*› **1.** sbocciare; **2.** *fig (Handel)* fiorire; *(Mensch)* diventar bello.

auf·bocken *tr* sollevare con il cric.

auf·brausen *itr* ‹*sein*› **1.** *(Wasser, etc.)* ribollire; *(Beifall)* scrosciare; **2.** *fig (Mensch)* andare in bestia (*o.* in collera) *fam;* **leicht ~** andare facilmente in collera *fam.*

auf·brechen ‹*irr*› **I.** *tr* ‹*haben*› forzare, scassinare; **II.** *itr* ‹*sein*› **1.** *(aufreißen)* screpolarsi; *(Wunde)* aprirsi; *(Geschwür)* suppurare; *(Knospe)* sbocciare; **2.** *(weggehen)* mettersi in cammino (*nach* verso), avviarsi (*nach* a, verso).

auf·bringen ‹*irr*› *tr* **1.** *(beschaffen: Geld)* procurare; **2.** *(Gerüchte)* mettere in giro, diffondere; *(Mode)* introdurre, lanciare; **3.** *(in Wut bringen)* irritare; **4.** *(mit Mühe öffnen)* riuscire ad aprire; **jdn gegen einen anderen ~** mettere su qu contro uno *fam;* **den Mut zu etw. ~** trovare il coraggio di fare qc; **Verständnis ~** mostrare comprensione.

Aufbruch *m* **1.** partenza *f;* **2.** *(aufgebrochene Stelle)* crepa *f.*

auf·brühen *tr* versare acqua bollente su; *(Tee)* fare un infuso di.

auf·brummen *tr:* **jdm etw. ~** *fam* appioppare qc a qu *fam.*

auf·bürden *tr:* **jdm etw. ~** caricare (*o.* addossare) qc a qu.

auf·decken *tr allg., fig* scoprire; **seine Karten ~** scoprire le proprie carte.

auf·donnern *rfl:* **sich ~** *fam* mettersi in ghingheri *fam.*

auf·drängen I. *tr* imporre; **II.** *rfl:* **sich ~** essere invadente (*jdm* presso *o.* con qu); *(a. fig: Gedanke, Erinnerung, etc.)* imporsi (*jdm* a qu).

auf·drehen I. *tr* **1.** *(Wasserhahn, etc.)* aprire; *(Schraube)* allentare; **2.** *(Haar)* mettere in piega; **3.** *(Uhr: aufziehen)* caricare; **II.** *itr* **1.** *fam* accelerare, aumentare la velocità; **2.** *fam (in Stimmung kommen)* andare su di giri *fam;* **du bist heute ja richtig aufgedreht** *fam* oggi sei proprio su di giri *fam.*

aufdringlich *a* importuno, invadente. **Aufdringlichkeit** *f* importunità *f,* invadenza *f.*

Aufdruck ‹-(e)s, -e› *m* dicitura *f;* *(Firmen~)* intestazione *f;* *(auf Briefmarken)* sovrastampa *f.*

auf·drücken I. *tr* **1.** *(Stempel, Siegel)* imprimere, apporre; **2.** *(öffnen)* aprire premendo; **II.** *itr (beim Schreiben)* calcare, premere.

aufeinander [au̯fʔai̯ˈnandɐ] *adv* **1.** *(räumlich)* l'uno sopra l'altro; **2.** *(zeitlich)* l'uno dopo l'altro. **aufeinander·legen** *tr* sovrapporre. **aufeinander·prallen** *itr* ‹*sein*› *(a. fig)* scontrarsi (l'uno contro l'altro).

Aufenthalt [ˈau̯fʔɛnthalt] ‹-(e)s, -e› *m* **1.** *(Zeit)* soggiorno *m,* permanenza *f;* **2.** *Eisenb.* fermata *f;* **~ unbekannt** recapito sconosciuto; **wir haben 5 Minuten ~** ci fermiamo 5 minuti; facciamo una sosta di 5 minuti. **Aufenthaltsgenehmigung** *f* permesso *m* di soggiorno. **Aufenthaltsort** *m* luogo *m* di soggiorno. **Aufenthaltsraum** *m* soggiorno *m.*

auf·erlegen ‹*ohne ge-*› *tr* **1.** *(Verpflichtung)* imporre; **2.** *(Strafe)* infliggere.

auf·erstehen ‹*irr, ohne ge-*› *itr* ‹*sein*› risorgere, risuscitare.

Auferstehung ‹-, ø› *f* resurrezione *f.*

auf·essen ‹*irr*› *tr:* **alles ~** mangiare tutto; **die Suppe ~** mangiare tutta la minestra; **ich kann das nicht ~** non posso manigare tutto (questo).

auf·fahren ‹*irr*› **I.** *tr* ‹*haben*› **1.** *mil (Geschütze)* mettere in postazione; **2.** *fam (Getränke, Speisen)* portare in tavola; **II.** *itr* ‹*sein*› **1.** *mot* urtare (*auf* contro), tamponare (*auf etw.* qc); **2.** *(hochschrecken)* sobbalzare; *(aus dem Schlaf)* svegliarsi di soprassalto; **3.** *rel* ascendere.

Auffahrt *f* **1.** *(Aufstieg)* ascesa *f,* salita *f;* **2.** *(~sstraße)* rampa *f* d'accesso; *(Autobahn~)* raccordo *m* (autostradale); **3.** *CH (Himmelfahrt)* Ascensione *f.*

Auffahrunfall *m* tamponamento *m.*

auf·fallen ‹*irr*› *itr* ‹*sein*› **1.** *(ins Auge fallen)* dare nell'occhio *fam;* **2.** *(hervorstechen)* farsi notare, essere vistoso; **jdm unangenehm ~** colpire qu in maniera spiacevole; **das ist mir noch nicht aufgefallen** non me ne sono ancora accorto; **fällt dir heute etw. an mir auf?** noti qualcosa di diverso in me oggi?

auffällig *a* **1.** *(Farbe, Kleidung, etc.)* vistoso; **2.** *(Benehmen)* sorprendente.

auf·fangen ‹*irr*› *tr* **1.** *(Ball, etc.)* prendere al volo, afferrare; **2.** *(Flüssigkeit)* raccogliere; **3.** *(Schlag)* parare; *(Erschütterung)* smorzare, attutire; **4.** *(aufschnappen, hören)* percepire.

auf·fassen *tr (begreifen)* comprendere, afferrare; *(deuten)* interpretare; **wörtlich ~** prendere alla lettera.

Auffassung *f* opinione *f,* parere *m;* **meiner ~ nach** a mio giudizio; **seine ~ ändern** cambiar parere. **Auffassungsgabe** *f* (facoltà *f* di) comprensione *f,* intelligenza *f.*

auf·finden ‹*irr*› *tr* (riuscire a) trovare.

auf·fliegen ‹*irr*› *itr* ‹*sein*› **1.** *(Vogel)* levarsi in volo; *(Staub)* sollevarsi; **2.** *(Tür)* spalancarsi all'improvviso; **3.** *fig fam (scheitern)* sciogliersi, fallire; *(entdeckt werden)* essere scoperto.

auf·fordern *tr* **1.** *(bitten)* pregare (*zu* di), invitare (*zu* a); **2.** *(ermahnen)* esortare (*zu* a); **3.** *(anhalten)* sollecitare (*zu* a); **4.** *(befehlen)* intimare, ingiungere.

Aufforderung *f* preghiera *f,* invito *m;* *(Ermahnung)* esortazione *f;* intimazione *f;* ingiunzione *f.*

auf·forsten *tr* rimboscare.

Aufforstung ‹-, -en› *f* rimboschimento *m.*

auf·fressen ‹*irr*› *tr:* **alles ~** mangiare (*o.* divorare) tutto; **die Katze hat das Fressen nicht aufgefressen** il gatto non ha mangiato (*o.* divorato) la sua pappa.

auf·frischen I. *tr* ⟨*haben*⟩ **1.** rinnovare; **2.** *(Farben, Erinnerungen)* ravvivare; **3.** *(Kenntnisse)* rinfrescare; *(Vorräte)* completare; **4.** *el (Batterie)* rigenerare; **II.** *itr* ⟨*sein o. haben*⟩ *(Wind)* rinfrescare.

auf·führen I. *tr* **1.** *theat* rappresentare, mettere in scena; *mus* eseguire; **2.** *(anführen)* portare; addurre; *(nennen)* produrre; *(aufzählen)* enumerare; **einzeln ~** specificare; **II.** *rfl:* **sich ~** comportarsi; **sich gut/schlecht ~** comportarsi bene/male.

Aufführung *f* **1.** *theat* rappresentazione *f; mus* esecuzione *f;* **2.** *(Betragen)* comportamento *m,* condotta *f;* **zur ~ bringen** *theat* mettere in scena; *mus* eseguire.

auf·füllen *tr* **1.** *(Gefäß)* riempire; **2.** *(Loch, Lücke)* colmare; *(Gelände)* rinterrare.

Aufgabe *f* **1.** *(Pflicht)* dovere *m; (Auftrag)* incarico *m,* incombenza *f; (Tätigkeit)* funzione *f;* **2.** *(Schul~) (schrifltich)* compito *m; (mündlich)* lezione *f; mat* problema *m;* **3.** *(Verzicht, Beendigung, a. sport)* abbandono *m; (Amts~, Besitz~)* rinuncia *f; (Geschäfts~)* cessazione *f;* liquidazione *f;* **4.** *(Gepäck~, Post~)* consegna *f;* **eine ~ lösen** risolvere un problema; **es sich** *(dat)* **zur ~ machen zu ...** farsi un dovere di ...; **einer ~ gewachsen sein** essere all'altezza di un compito; **jdm eine ~ stellen** assegnare un compito a qu; **jdn zur ~ zwingen** obbligare qu a cedere.

auf·gabeln *tr fam* scovare *fam,* pescare *fam;* **wo hast du denn das Radio aufgegabelt?** dove hai scovato la radio? *fam.*

Aufgabenbereich *m* sfera *f* di competenza.

Aufgang *m* **1.** *astr* sorgere *m,* levata *f;* **2.** *(Treppen~)* scala *f;* **3.** *(Aufstieg)* salita *f.*

auf·geben ⟨*irr*⟩ **I.** *tr* **1.** *(Postsendung, Telegramm)* spedire; *(Brief)* impostare; *(Inserat)* pubblicare; *(a. Bestellung)* fare; *(Gepäck)* consegnare; **2.** *(Schulaufgabe)* assegnare; *(Rätsel)* proporre; **3.** *(verzichten auf)* rinunciare a; *(a. Hoffnung)* abbandonare; *(Amt, Stelle)* dimettersi da; *(Geschäft)* chiudere; **den Geist ~** rendere l'anima (*o.* lo spirito); **das Spiel ~** abbandonare (*o.* dare per persa) la partita; **II.** *itr (a. sport)* abbandonare, rinunciare.

Aufgebot *n* **1.** *(Aufbietung)* impiego *m* (*an* di); **2.** *(zur Eheschließung)* pubblicazioni *f pl* di matrimonio; **unter ~ aller Kräfte** con il massimo sforzo; **ein großes ~ an** un grande spiegamento di.

aufgebracht *a* adirato (*über* per, *gegen* contro), irritato (*über* per, *gegen* contro), indignato (*über* per, *gegen* contro).

aufgedonnert *a pej* agghindato, acconciato con sfarzo e senza gusto.

aufgedreht *a fam:* **er ist heute ja richtig ~** oggi è su di giri.

aufgedunsen ['au̯fgədʊnzən] *a* gonfio, congestionato.

auf·gehen ⟨*irr*⟩ *itr* ⟨*sein*⟩ **1.** *astr* sorgere, levarsi; **2.** *(Vorhang)* alzarsi; **3.** *(Teig)* lievitare; **4.** *(Samen)* germinare; *(Knospe)* germogliare; *(Blume)* sbocciare; **5.** *(Geschwür)* aprirsi; **6.** *(Haar, Knoten)* sciogliersi; **7.** *(Naht)* sdrucirsi, scucirsi; **8.** *mat* essere divisibile (senza resto); **9.** *(Knopf)* sbottonarsi; **jetzt geht es mir auf!** adesso capisco!; **in der Arbeit ~** essere assorbito dal lavoro; **mir gingen die Augen auf** mi si aprirono gli occhi; **in Flammen ~** andare in fiamme.

aufgeklärt *a* **1.** *hist, philos* spregiudicato; **2.** *(sexualkundlich)* emancipato, che ha avuto un'educazione sessuale.

aufgekratzt *a fam* euforico.

Aufgeld *n:* **gegen (geringes) ~ von ...** dietro un (modico) supplemento di ...

aufgelegt *a* disposto, inclinato (*zu* a); **~ sein, etw. zu tun** essere in vena di fare qc *fam;* **gut/schlecht ~ sein** essere di buon/cattivo umore.

aufgeregt *a* eccitato, agitato. **Aufgeregtheit** ⟨-, ø⟩ *f* eccitazione *f,* agitazione *f.*

aufgeschlossen *a (empfänglich)* ricettivo (*für* a); *(zugänglich)* accessibile; **~ für** sensibile a.

aufgeschmissen *a fam* spacciato *fam.*

aufgesprungen *a (Hände, Lippen)* screpolato.

aufgeweckt *a* sveglio (di mente), pronto, vivace.

auf·gießen ⟨*irr*⟩ *tr* versare (acqua) sopra; **den Kaffee/Tee ~** versare acqua bollente sul caffè/tè, fare il caffè/tè.

auf·gliedern *tr* (sud)dividere (*in* in); *(in Klassen)* classificare.

Aufgliederung *f* (sud)divisione *f; (Klassifizierung)* classificazione *f.*

auf·greifen ⟨*irr*⟩ *tr* **1.** *(festnehmen)* acciuffare, catturare; **2.** *fig (Thema, Ge-*

danken) cogliere; *(wiederaufnehmen)* riprendere.

aufgrund [aufˈgrʊnt] *prp gen s.* **Grund.**

Aufguß *m* infusione *f,* infuso *m.*

auf·haben ‹*irr*› **I.** *tr* **1.** *(Kopfbedekkung)* avere sul capo (*o.* in testa); **2.** *(offen haben)* avere aperto; **3.** *(Schularbeiten)* dover fare; **II.** *itr (Geschäft)* essere aperto.

auf·halten ‹*irr*› **I.** *tr* **1.** *(offenhalten)* tenere aperto; **2.** *(anhalten)* fermare, arrestare; **3.** *fig (hemmen)* frenare, impedire; **4.** *(Hieb, Schlag)* parare; **II.** *rfl:* **sich ~ 1.** *(sich befinden)* trovarsi, soggiornare; **2.** *fig (verweilen)* soffermarsi (*bei* su).

auf·hängen *tr* **1.** *(an Haken)* appendere, attaccare; *(an Decke)* sospendere; *(Wäsche)* stendere; **2.** *fam (erhängen)* impiccare.

Aufhänger ‹-s, -› *m* **1.** *(an Kleidung)* laccetto *m;* **2.** *fig* appiglio *m.*

auf·heben ‹*irr*› **I.** *tr* **1.** *(vom Boden)* raccogliere, raccattare; *(hochheben)* alzare; **2.** *(aufbewahren)* conservare, serbare; **3.** *(abbrechen, beenden)* porre fine a; *(Sitzung, etc.)* levare, togliere; **4.** *(abschaffen)* abolire, sopprimere; *(ungültig machen)* revocare; *(Urteil)* annullare; *(Gesetz)* abrogare; *(Vertrag)* rescindere; **II.** *rfl:* **sich ~ 1.** *(sich ausgleichen)* compensarsi; **2.** *(a. chem.)* neutralizzarsi.

Aufheben ‹-s, ø› *n:* **viel ~(s) um** (*o.* **von) etw. machen** dare grande importanza a qc.

Aufhebung *f* **1.** *(Beendigung)* porre *m* termine; **2.** *(Abschaffung)* abolizione *f,* soppressione *f;* **3.** *(Außerkraftsetzen)* revoca *f; (von Urteil)* annullamento *m; (von Gesetz)* abrogazione *f; (von Vertrag)* rescissione *f.*

auf·heitern I. *tr* allietare, rasserenare; **II.** *rfl:* **sich ~** rasserenarsi.

Aufheiterung ‹-, -en› *f* **1.** *(a. meteo)* rasserenamento *m;* **2.** *meteo* schiarita *f.*

auf·hellen I. *tr* **1.** *(heller machen)* schiarire; **2.** *(klären)* chiarire; **II.** *rfl:* **sich ~ 1.** *(Himmel)* schiarirsi; **2.** *(Gesicht)* illuminarsi.

auf·hetzen *tr* istigare (*gegen* contro), aizzare (*gegen* contro), sobillare (*gegen* contro).

auf·holen I. *tr (Vorsprung, Zeitverlust)* ricuperare; **II.** *itr sport* riguadagnare terreno.

auf·horchen *itr* tendere l'orecchio; **jdn ~ lassen** attirare l'attenzione di qu.

auf·hören *itr* cessare, smettere, finire (*etw. zu tun* di fare qc); **mit etw. ~** finire qc; **hör auf damit!** smettila! *fam;* **da hört doch alles auf!** questo è troppo!, è il colmo! *fam;* **hör auf zu weinen!** smettila di piangere! *fam;* **es hat aufgehört zu regnen** ha smesso di piovere.

auf·kaufen *tr* acquistare in blocco; *com* incettare, accaparrare.

auf·keimen *itr* ‹*sein*› **1.** germogliare; **2.** *fig* nascere, sorgere.

aufklappbar *a* **1.** apribile; *(nach oben)* alzabile; **2.** *(Verdeck)* decappottabile.

auf·klappen *tr* **1.** *(Messer, Buch)* aprire; **2.** *(Verdeck)* decappottare.

auf·klaren *itr* schiarirsi.

auf·klären I. *tr* **1.** *(erhellen)* chiarire; *(Geheimnis, Verbrechen)* fare luce su; **2.** *(erklären)* informare (*jdn über etw.* qu su qc); *(sexuell)* dare un'educazione sessuale a; **3.** *mil* esplorare; *mil aero* passare in ricognizione; **jdn über einen Irrtum ~** trarre qu di inganno; **ist euer Sohn schon aufgeklärt?** vostro figlio è già stato informato in materia di sesso?; **II.** *rfl:* **sich ~ 1.** *(Irrtum, Geheimnis)* chiarirsi; *(Himmel, Gesicht)* schiarirsi; **2.** *meteo* tornare sereno; **es hat sich alles aufgeklärt** si è tutto chiarito.

Aufklärer ‹-s, -› *m* **1.** *hist* illuminista *m;* **2.** *mil aero* ricognitore *m.*

Aufklärung *f* **1.** *(Klärung)* schiarimento *m,* delucidazione *f,* spiegazione *f;* **2.** *(Unterrichtung)* informazione *f; (Belehrung)* istruzione *f;* **3.** *(sexuelle ~)* educazione *f* sessuale; **4.** *hist* illuminismo *m;* **5.** *mil* esplorazione *f,* ricognizione *f.* **Aufklärungsflugzeug** *n* aereo *m* da ricognizione.

auf·kleben *tr* incollare (*auf* su), attaccare (*auf* su); **eine Briefmarke auf den Brief ~** mettere un francobollo sulla lettera.

Aufkleber ‹-s, -› *m* etichetta *f* autoadesiva.

auf·knacken *tr (Nüsse)* schiacciare; *(Auto, Tresor)* scassinare.

auf·knöpfen *tr* sbottonare.

auf·knoten *tr* snodare, sciogliere il nodo di.

auf·kochen I. *tr* ‹*haben*› **1.** *(kurz kochen lassen)* far bollire, portare all'ebollizione; **2.** *(nochmals kochen)* ricuocere; **II.** *itr* ‹*sein*› cominciare a bollire.

auf·kommen ‹*irr*› *itr* ‹*sein*› **1.** *(Gewitter, Wind)* levarsi; **2.** *(Zweifel)* sorgere; **3.** *(Mode werden)* diventar di moda; *(Brauch)* diffondersi; **für etw. ~** rispondere di qc; **keinen Zweifel ~**

lassen dileguare ogni dubbio; **das Gerücht ist aufgekommen, daß ...** si è sparsa la voce che ...; **wann ist diese Mode aufgekommen?** quando è entrata in voga questa moda?; **für jdn ~ müssen** avere qu a carico; **für den Schaden ~** pagare il danno.

auf·krempeln *tr* rimboccare.

auf·kreuzen *itr* ‹*sein*› *fam* comparire (all'improvviso), spuntare.

auf·lachen *itr:* **laut ~** scoppiare in una risata *fam.*

auf·laden ‹*irr*› *tr* **1.** *allg., el* caricare; **2.** *fig (aufbürden)* addossare.

Auflage *f* **1.** *(Buch~)* edizione *f; (~nhöhe)* tiratura *f;* **2.** *(Bedingung)* condizione *f; (amtlich)* ordine *m;* **3.** *(Überzug)* rivestimento *m; (Schicht)* strato *m;* **4.** *(Stütze)* supporto *m,* sostegno *m;* **durchgesehene und verbesserte ~** edizione riveduta e corretta; **jdm etw. zur ~ machen** obbligare qu a far qc. **Auflagenhöhe** *f* tiratura *f.*

auf·lassen ‹*irr*› *tr* **1.** *(offenlassen)* lasciar aperto; **2.** *fam (aufbehalten)* tenere in testa *fam;* **3.** *jur* cedere.

auf·lauern *itr:* **jdm ~** appostare qu.

Auflauf *m* **1.** *(Menschen~)* affollamento *m;* **2.** *gastr* sformato *m,* soufflé *m.*

auf·laufen ‹*irr*› *itr* ‹*sein*› **1.** *naut* incagliarsi (*auf* in); **2.** *(Wasser)* salire; **3.** *com* accumularsi.

Auflaufform *f* pirofila *f* (*o.* stampo *m*) per sformati.

auf·leben *itr* ‹*sein*› rivivere; **wieder ~** *fig* rinascere, risorgere a nuova vita; *(Gespräch)* rianimarsi; **Erinnerungen wieder ~ lassen** far rivivere i ricordi; **in letzter Zeit ist er richtig aufgelebt** negli ultimi tempi si è proprio ripreso.

auf·legen *tr* **1.** *(Gedeck, Schminke, Schallplatte, etc.)* mettere; *(Telefonhörer)* riattaccare; *(Pflaster)* applicare; **2.** *(Buch)* stampare; **3.** *(Wertpapiere)* emettere.

auf·lehnen *rfl:* **sich ~** rivoltarsi (*gegen* contro), ribellarsi (*gegen* a).

auf·lesen ‹*irr*› *tr* **1.** raccogliere; **2.** *fam (aufgabeln)* scovare.

auf·leuchten *itr* ‹*haben o. sein*› accendersi; *(a. fig)* risplendere.

auf·lockern *tr* **1.** sciogliere; **2.** *(Boden)* smuovere; **3.** *fig (Programm)* alleggerire; **4.** *fig (entspannen)* rilassare; **die Muskeln ~** sciogliere i muscoli; **in aufgelockerter Atmosphäre** in un'atmosfera rilassata (*o.* tranquilla).

auf·lösen **I.** *tr* **1.** sciogliere; **2.** *(Versammlung, Ehe, Parlament, Rätsel)* sciogliere; *(Beziehungen)* troncare; *(Geschäft)* liquidare; *(Vertrag)* annullare, rescindere; **3.** *(flüssig machen)* liquefare; **4.** *(zerlegen)* scomporre; *phys* disintegrare; **in Tränen aufgelöst** sciolto in lacrime; **II.** *rfl:* **sich ~** **1.** *allg., fig* sciogliersi; **2.** *(chem, a. Nebel)* dissolversi; **sich in Wohlgefallen ~** finire da sé, svanire.

Auflösung *f* **1.** *(von Ehe, Parlament, etc.)* scioglimento *m; (von Beziehungen)* rottura *f; (von Geschäft)* liquidazione *f; (von Vertrag)* rescissione *f; (von Konto)* chiusura *f;* **2.** *mat, chem* soluzione *f; mus* risoluzione *f; TV (Bild~)* definizione *f;* **3.** *(von Rätsel)* soluzione *f.* **Auflösungszeichen** *n mus* bequadro *m.*

auf·machen **I.** *tr* **1.** *(öffnen, eröffnen)* aprire; **2.** *(Knoten, Haar)* sciogliere; *(Flasche)* stappare; *(Verschnürtes)* slacciare; **II.** *rfl:* **sich ~** **1.** *(aufbrechen)* avviarsi; mettersi in cammino; **2.** *(sich anschicken)* accingersi (*zu* a).

Aufmachung ‹-, -en› *f* **1.** *(von Person)* modo *m* di presentarsi; **2.** *(von Ware)* presentazione *f;* **in großer ~** con gran pompa *fam;* **die Zeitungen berichten in großer ~ darüber** i giornali ne parlano a grandi titoli.

Aufmarsch *m mil* schieramento *m; (Parade)* sfilata *f,* parata *f.*

auf·marschieren ‹*ohne ge-*› *itr* ‹*sein*› *mil* schierarsi; *(zum Gefecht)* spiegarsi; *(bei Parade)* sfilare; **~ lassen** far comparire.

auf·merken *itr (aufhorchen)* tendere l'orecchio.

aufmerksam *a* **1.** attento (*auf* a); **2.** *(zuvorkommend)* premuroso, gentile; **jdn auf etw. ~ machen** richiamare l'attenzione di qu su qc, far notare qc a qu; **das ist sehr ~ von Ihnen** è molto gentile da parte Sua. **Aufmerksamkeit** ‹-, -en› *f* **1.** ‹*sing*› attenzione *f;* **2.** ‹*sing*› *(Höflichkeit)* cortesia *f,* premura *f;* **3.** *(kleines Geschenk)* regalino *m;* **seine ~ auf etw. richten** rivolgere la propria attenzione su qc; **die ~ auf sich ziehen** attirare l'attenzione su di sé; **eine ~ des Hauses** un omaggio della casa; **die Pralinen sind eine kleine ~ von mir** i cioccolatini sono un pensierino da parte mia.

auf·muntern *tr* **1.** *(aufheitern)* rallegrare, sollevare; **2.** *(ermutigen)* incoraggiare, esortare.

Aufmunterung ‹-, -en› *f* incoraggiamento *m,* esortazione *f.*

aufmüpfig ['aufmʏpfɪç] *a fam* disubbidiente, indocile.

Aufnahme ['aufna:mə] ‹-, -n› *f* 1. *(Empfang)* accoglienza *f; (in Krankenhaus)* ricovero *m;* 2. *(Zulassung)* ammissione *f; (Eingliederung)* inserimento *m;* integrazione *f; (Einbeziehung)* inclusione *f;* 3. *(Beginn)* inizio *m; (von Verhandlungen)* apertura *f; (von Beziehungen)* allacciamento *m;* 4. *(~zimmer)* sala *f* d'accettazione; 5. *fin (von Hypothek)* accensione *f; (von Schulden, Darlehen)* contrazione *f;* 6. *(von Protokoll)* stesura *f,* redazione *f;* 7. *film, fot (Vorgang)* ripresa *f; (Foto)* fotografia *f;* 8. *radio* incisione *f;* **die ~ diplomatischer Beziehungen** l'inizio *m* (*o.* l'apertura *f*) delle relazioni diplomatiche; **eine ~ machen** fare (*o.* scattare) una fotografia; **Achtung, ~!** ciac, si gira! **aufnahmefähig** *a* ricettivo. **Aufnahmegebühr** *f* tassa *f* d'ammissione. **Aufnahmeprüfung** *f* esame *m* d'ammissione. **Aufnahmestudio** *n* studio *m* di registrazione.

auf·nehmen ‹*irr*› *tr* 1. *(hochnehmen)* alzare, sollevare; 2. *(empfangen)* accogliere; *(unterbringen)* ospitare; *(einreihen)* includere; *(in Schule, Verein)* ammettere; *(Klausel)* inserire; 3. *(aufsaugen)* assorbire; *(Eindrücke)* ricevere; 4. *(beginnen)* iniziare; *(wieder~)* riprendere; *(Verhandlungen)* avviare; *(Beziehungen)* stabilire, allacciare; 5. *fin (Geld)* prendere in prestito; *(Anleihe)* contrarre; *(Hypothek, Schulden)* accendere; 6. *(Protokoll)* stendere, redigere; 7. *film* riprendere, girare; *fot* fotografare; 8. *radio* incidere; **jdn freundlich ~** fare buona accoglienza a qu; **etw. gut/schlecht ~** accogliere bene/male qc; **es mit jdm ~** tener testa a qu; **mit jdm Verbindung ~** entrare in relazione con qu; **an Mut kann es keiner mit ihm ~** in quanto a coraggio nessuno può tenergli testa (*o.* può competere con lui).

auf·nötigen *tr:* **jdm etw. ~** imporre qc a qu.

auf·opfern *rfl:* **sich ~** sacrificarsi (*für jdn* per qu).

auf·passen *itr* 1. *(aufmerksam, vorsichtig sein)* stare attento; *(achtgeben)* far attenzione (*auf etw.* a qc); 2. *(beaufsichtigen)* badare (*auf* a); **aufgepaßt!** attenzione!

Aufpasser(in) ‹-s, -› *m(f)* sorvegliante *mf.*

auf·peitschen *tr* 1. *(Meer)* sollevare, agitare; 2. *(erregen)* eccitare; *(Kaffee)* stimolare.

auf·pflanzen *tr* 1. *(Fahne)* piantare, 2. *(Gewehr)* inastare; **sich vor jdm ~** *fam* piantarsi davanti a qu *fam.*

auf·platzen *itr* ‹*sein*› scoppiare; *(Naht)* scucirsi; *(Wunde)* aprirsi.

Aufprall ['aufpral] ‹-(e)s, -e› *m* 1. *(von Ball)* rimbalzo *m;* 2. *(Stoß)* urto *m.*

auf·prallen *itr* ‹*sein*› 1. *(aufschlagen)* rimbalzare; 2. *(dagegenprallen)* urtare (*auf* contro).

Aufpreis *m* soprapprezzo *m;* **gegen ~ von** con un supplemento di.

auf·pumpen *tr* gonfiare.

auf·putschen *tr* eccitare. **Aufputschmittel** *n* eccitante *m,* stimolante *m.*

auf·raffen *rfl:* **sich ~** decidersi (*zu* a).

auf·räumen I. *tr* (ri)mettere in ordine; *(Zimmer a.)* fare *fam; (wegräumen)* mettere via; **II.** *itr* fare ordine; **mit etw. ~** far piazza pulita di qc, farla finita con qc *fam.*

Aufräumungsarbeiten *f pl* lavori *m pl* di sgombero.

aufrecht I. *a* 1. d(i)ritto, eretto; 2. *fig (rechtschaffen)* retto, probo; **II.** *adv* d(i)ritto; **~ sitzen/stehen** sedere/stare dritto. **aufrecht·erhalten** ‹*irr, ohne ge-*› *tr (Kontakt)* mantenere; *(Behauptung)* sostenere.

auf·regen I. *tr* eccitare, agitare; *(beunruhigen)* turbare, allarmare; *(ärgern)* irritare; **II.** *rfl:* **sich ~** agitarsi, allarmarsi (*wegen* per); **regen Sie sich nicht auf!** non si agiti!, stia calmo!; **reg mich nicht auf!** non irritarmi! *fam.* **aufregend** *a* avvincente.

Aufregung *f* 1. *(Erregung)* eccitazione *f,* emozione *f;* 2. *(Unruhe)* turbamento *m;* 3. *(Verwirrung)* confusione *f;* **in ~ versetzen** mettere in agitazione.

aufreibend *a* snervante, estenuante.

auf·reißen ‹*irr*› **I.** *tr* ‹*haben*› 1. *(zerreißen)* lacerare, strappare; 2. *(Fenster, Türen, Augen)* spalancare; *(Straßenpflaster)* disfare; **jdn ~** *sl* mandar giù qu in un boccone *sl,* conquistare qu; **II.** *itr* ‹*sein*› *(Naht)* scucirsi; *(Wunde)* aprirsi.

auf·reizen *tr* 1. *(aufhetzen)* aizzare (*zu etw.* a qc), istigare (*zu etw.* a qc); 2. *(erregen)* eccitare. **aufreizend** *a* eccitante, provocante.

auf·richten I. *tr* 1. *(in die Höhe richten)* sollevare, (ri)alzare; 2. *(errichten)* erigere; 3. *(moralisch)* confortare, rinfrancare; **II.** *rfl:* **sich ~** alzarsi.

aufrichtig *a* sincero; *(offen)* franco; *(ehrlich)* onesto; **mein ~es Beileid** le mie sincere condoglianze. **Aufrichtigkeit** *f* sincerità *f; (Offenheit)* franchezza *f; (Ehrlichkeit)* onestà *f.*

Aufriß *m tec, arch* prospetto *m.*

auf·rollen *tr* **1.** *(zusammenrollen)* arrotolare; **2.** *(auseinanderrollen)* spiegare, srotolare; **3.** *fig (Frage)* intavolare; *(Prozeß)* rifare.

auf·rücken *itr* ⟨*sein*⟩ **1.** *(Platz machen)* serrare le file; **2.** *(befördert werden)* avanzare (di grado); **rück mal auf!** serra la fila!

Aufruf *m* **1.** *(das Aufgerufenwerden)* chiamata *f;* **2.** *(Appell)* appello *m* (*an* a), invito *m* (*an* a); **3.** *fin (von Banknoten)* ritiro *m* (dalla circolazione); **4.** *jur (von Zeugen)* intimazione *f* di comparire in giudizio.

auf·rufen ⟨*irr*⟩ *tr* **1.** *(durch Namensrufung)* chiamare; **2.** *(öffentlich auffordern)* invitare (*zu* a), esortare (*zu* a); **3.** *fin (Banknoten)* ritirare (dalla circolazione); **4.** *jur (Zeugen)* citare a deporre.

Aufruhr ['a͜ufru:ɐ̯] ⟨-(e)s, -e⟩ *m* **1.** *(Auflehnung)* rivolta *f* (*gegen* contro); **2.** *(Erregung)* tumulto *m,* agitazione *f;* **in ~** in agitazione.

auf·rühren *tr* **1.** rimestare, rimescolare; *(aufwühlen, -wiegeln)* sollevare; **2.** *(alte Geschichten)* rivangare, rimestare; **3.** *(Erinnerungen)* risuscitare, ridestare.

Aufrührer(in) ⟨-s, -⟩ *m(f)* rivoltoso, -a *m, f,* ribelle *mf.* **aufrührerisch** *a* **1.** *(Ideen)* sovversivo; **2.** *(Volksmenge)* ribelle.

auf·runden *tr (Zahl)* arrotondare (*auf* a).

auf·rüsten *tr, itr* riarmare.

Aufrüstung *f* riarmo *m;* **atomare ~** riarmo (*o.* riarmamento) atomico.

auf·rütteln *tr* scuotere *(aus* da).

auf·sagen *tr* recitare.

auf·sammeln *tr* raccogliere.

aufsässig ['a͜ufzɛsɪç] *a* rivoltoso, sedizioso; *(bes. Kind)* ostinato, caparbio.

Aufsatz *m* **1.** *(Schul~)* componimento *m* (*über* su), tema *m* (*über* su); *(Abhandlung)* saggio *m* (*über* su), studio *m* (*über* su); **2.** *(an Möbeln)* alzata *f.*

auf·saugen ⟨*irr o. reg*⟩ *tr* assorbire.

auf·schauen *itr* **1.** *(aufblicken)* alzare gli occhi (*zu* a, verso); **2.** *(verehren)* ammirare (*zu jdm* qu).

auf·scheuchen *tr* spaventare.

auf·schichten *tr* accatastare.

auf·schieben ⟨*irr*⟩ *tr* **1.** *fig* rimandare, aggiornare; *(bes. jur)* rinviare; **2.** *(öffnen)* aprire (spingendo); **aufgeschoben ist nicht aufgehoben** *prov* differire non vuol dire rinunciare.

Aufschlag *m* **1.** *(Hosen~, Mantel~, etc.)* risvolto *m;* **2.** *(Aufprall)* urto *m,* colpo *m,* percussione *f;* **3.** *(Preis~)* aumento *m;* **4.** *sport* battuta *f;* servizio *m.*

auf·schlagen ⟨*irr*⟩ **I.** *itr* **1.** ⟨*sein*⟩ *(beim Fall)* battere (cadendo) (*auf* su), picchiare (*auf* contro), urtare (*auf* contro), cozzare (*auf* contro); **2.** ⟨*haben*⟩ *(Preise)* aumentare; **3.** ⟨*haben*⟩ *sport* battere; servire; **die Preise/Mieten haben kräftig aufgeschlagen** i prezzi/gli affitti sono notevolmente rincarati; **er schlug mit dem Kopf auf den Boden auf** battè la testa sul pavimento; **II.** *tr* ⟨*haben*⟩ **1.** *(Nuß, Ei)* spaccare; *(a. Eis)* rompere; **2.** *(Buch)* aprire; *(Zitat, etc.)* cercare; **3.** *(Zelt)* montare; *(Lager)* impiantare; **4.** *(Ärmel)* rimboccare; *(Kragen)* alzare; **die Augen ~** aprire gli occhi; **sich** *(dat)* **den Kopf ~** rompersi la testa (cadendo); **sich** *(dat)* **das Knie ~** scorticarsi il ginocchio; **schlag Seite 13 auf** apri a pagina 13.

auf·schließen ⟨*irr*⟩ *tr* aprire (con la chiave); **jdm sein Herz ~** aprire il cuore a qu.

auf·schlitzen *tr* squarciare, tagliare; **jdm den Bauch ~** sbudellare qu.

Aufschluß *m:* **jdm über etw. ~ geben** spiegare qc a qu, fornire schiarimenti a qu su qc.

auf·schlüsseln *tr* suddividere; *(Kosten)* spartire.

aufschlußreich *a* istruttivo, informativo.

auf·schnappen *tr fig fam (zufällig hören)* cogliere.

auf·schneiden[1] ⟨*irr*⟩ *tr* **1.** *(öffnen)* tagliare; *med* incidere; **2.** *(in Scheiben)* affettare.

auf·schneiden[2] ⟨*irr*⟩ *itr fam pej (prahlen)* fare lo spaccone *fam.*

Aufschneider(in) *m(f) fam pej* spaccone, -a *m, f fam,* gradasso, -a *m, f fam.*

Aufschnitt *m* affettato *m.*

auf·schnüren *tr (Schuhe, Korsett)* slacciare; *(Paket)* slegare.

auf·schrauben *tr* **1.** *(lösen)* svitare; **2.** *(befestigen)* fissare con viti (*auf* sopra), avvitare.

auf·schrecken **I.** *tr* ⟨*haben*⟩ far sobbalzare; *(Tiere)* spaventare; **II.** *itr* ⟨*sein*⟩ sobbalzare; **aus dem Schlaf ~** svegliarsi di soprassalto.

Aufschrei *m* grido *m* (improvviso).

auf·schreiben ⟨*irr*⟩ *tr (niederschreiben)* scrivere, mettere per iscritto; *(notieren)* prendere nota di; **jdn ~** *mot* prendere le generalità di qu.

auf·schreien ⟨*irr*⟩ *itr* gridare, mandare un urlo *fam.*

Aufschrift *f* scritta *f*, iscrizione *f*; *(auf Medaille)* leggenda *f*.

Aufschub *m* **1.** *(Verschieben)* rinvio *m*; *(Fristverlängerung)* proroga *f*, dilazione *f*; **2.** *(Verzögerung)* ritardo *m*, indugio *m*; **jdm ~ gewähren** accordare una proroga a qu; **ohne ~** senza indugio; **diese Angelegenheit duldet keinen ~** questa questione non consente rinvii.

auf·schütteln *tr (Kissen, etc.)* sprimacciare.

auf·schütten *tr* **1.** gettare; *(Flüssigkeit)* versare; **2.** *(anhäufen)* ammassare, ammonticchiare; *(Damm)* rialzare; *(Straße)* ammassicciare.

auf·schwatzen *tr:* **jdm etw. ~** indurre qu a accettare qc; *(verkaufen)* indurre qc a comprare qc.

auf·schwingen ⟨*irr*⟩ *rfl:* **sich ~ 1.** *(Vogel)* alzarsi (*o.* levarsi) in volo; **2.** *sport* slanciarsi in alto; **3.** *fig (Phantasie)* prendere il volo; **sich zu etw. ~** *fig (sich entschließen)* decidersi a fare qc.

Aufschwung *m* **1.** *fig* miglioramento *m*; *(Fortschritt)* progresso *m*; *com* incremento *m*, boom *m*; **2.** *sport* volata *f*; **neuen ~ nehmen** ricominciare a fiorire, ricevere un nuovo impulso; **das gibt mir wieder neuen ~** ciò mi dà nuovo vigore.

auf·sehen ⟨*irr*⟩ *itr s.* **aufblicken.**

Aufsehen ⟨-s, ø⟩ *n* sensazione *f*; **~ erregen** suscitare la curiosità e l'interesse; *(bes. Lärm, Entrüstung)* far scalpore *fam*; **um (jedes) ~ zu vermeiden** per evitare uno scandalo. **aufsehenerregend** *a* sensazionale.

Aufseher(in) ⟨-s, -⟩ *m(f)* sorvegliante *mf*; *(Gefängnis~)* guardiano, -a *m, f*; *(Museums~)* custode *mf*.

auf·sein ⟨*irr*⟩ *itr* ⟨*sein*⟩ **1.** *(geöffnet sein)* essere aperto; **2.** *(aufgestanden sein)* essere alzato.

auf·setzen **I.** *tr* **1.** *(Brille, Hut, Topf, etc.)* mettere; *(Flicken)* applicare; **2.** *(Miene)* assumere; **3.** *(abfassen)* scrivere; *(a. jur)* redigere, stendere; **ein Stockwerk auf ein Haus ~** rialzare una casa di un piano; **II.** *itr aero* atterrare.

Aufsicht *f* controllo *m*, sorveglianza *f* (*über* su); *(polizeiliche ~)* vigilanza *f*; **über etw. ~ führen** soprintendere a qc, sorvegliare qc; **unter ~ stehen** essere posto sotto controllo; *(polizeilich)* essere posto sotto sorveglianza (*o.* vigilanza); **unter ärztlicher ~** sotto controllo medico. **Aufsichtsrat** *m* consiglio *m* d'amministrazione. **Aufsichtsratsvorsitzende** *mf* presidente *mf* del consiglio d'amministrazione.

auf·sitzen ⟨*irr*⟩ *itr* ⟨*sein*⟩ **1.** *(auf Pferd)* montare a cavallo; *(auf Fahrzeug)* montare; **2.** *fig fam* lasciarsi abbindolare *fam* (*jdm* da qu); **da/dem bin ich ganz schön aufgesessen!** *fam* ci sono proprio cascato! *fam*.

auf·spannen *tr* **1.** tendere (*auf* su); **2.** *(Schirm)* aprire; *(Segel)* spiegare.

auf·sparen *tr* serbare, riservare; **das Beste bis zuletzt ~** serbare la parte migliore per la fine.

auf·speichern *tr* **1.** ammucchiare, ammassare; *fig (Energie)* accumulare; **2.** *(Waren)* immagazzinare.

auf·sperren *tr* **1.** *(aufreißen)* spalancare; **2.** *fam (öffnen)* aprire; **Mund und Nase ~** *fam* rimanere a bocca aperta *fam*; **sperr mal deine Ohren auf!** *fam* apri bene le orecchie! *fam*, sta' bene a sentire! *fam*.

auf·spielen *rfl:* **sich ~** *fam* darsi delle arie *fam*; *(sich ausgeben)* atteggiarsi (*als* a).

auf·spießen *tr* infilzare; *(durchbohren)* trafiggere; *(mit der Gabel)* inforcare; *(auf Hörner)* incornare.

auf·springen ⟨*irr*⟩ *itr* ⟨*sein*⟩ **1.** *(hochspringen)* balzare (*o.* scattare) in piedi, alzarsi di scatto, saltare su *fam*; *(Ball)* rimbalzare; **2.** *(auf etw. ~)* saltare (*auf* su); **3.** *(sich öffnen: Tür)* aprirsi di scatto; *(Knospen)* sbocciare; *(Haut)* screpolarsi.

auf·spüren *tr* rintracciare; *(Wild)* braccare.

auf·stacheln *tr (aufwiegeln)* aizzare; *(a. anspornen)* incitare (*zu* a).

Aufstand *m* sollevazione *f*, insurrezione *f*, rivolta *f*.

Aufständische ['aufʃtɛndɪʃə] ⟨ein -r, -n, -n⟩ *mf* ribelle *mf*, insorto, -a *m, f*, rivoltoso, -a *m, f*.

auf·stapeln *tr* accatastare, ammucchiare.

auf·stauen **I.** *tr (Wasser)* accumulare; **II.** *rfl:* **sich ~** ammassarsi; *(Blut)* ristagnare; *fig* accumularsi.

auf·stechen ⟨*irr*⟩ *tr* aprire pungendo; *med* incidere.

auf·stecken *tr* **1.** *(mit Stecknadeln befestigen)* appuntare; *(Gardinen)* mettere; *(Haar)* fermare; **2.** *fig fam (aufgeben)* rinunciare a.

auf·stehen ⟨*irr*⟩ *itr* **1.** ⟨*sein*⟩ alzarsi; **2.** ⟨*haben*⟩ *(offen sein)* essere aperto; **vom Tisch ~** alzarsi da tavola; **da hättest du aber früher aufstehen müssen, wenn ...** ti saresti dovuto svegliare prima, se ...; **da mußt du (aber) früher ~!** cerca di svegliarti!

auf·steigen ⟨*irr*⟩ *itr* ⟨*sein*⟩ **1.** *(auf Pferd)* montare in sella; *(auf Fahrzeug)* salire; **2.** *(Ballon)* alzarsi; *(Flugzeug)* alzarsi in volo, prendere quota; *(Nebel, etc.)* levarsi; *(Sonne)* sorgere; **3.** *(Gefühl)* nascere; *(Erinnerungen)* affiorare; **4.** *(beruflich)* avanzare (*zu* a); far carriera; *sport* passare di categoria; avanzare; **einen Ballon ~ lassen** innalzare un pallone; **in einem Ballon ~** fare un'ascensione in un pallone; **in mir stieg der Verdacht auf, daß ...** mi venne il sospetto che ...

auf·stellen I. *tr* **1.** *(anordnen, zusammenstellen)* disporre, collocare, mettere; *(Posten)* appostare; *(Mannschaft)* formare; *(Liste, Rechnung)* compilare; *(Programm)* formulare; **2.** *(aufbauen, errichten)* erigere, costruire; *(Bett)* montare; *(Maschine)* installare; *(Leiter)* alzare; *(Falle)* tendere; **3.** *fig (Rekord)* stabilire; *(Lehrsatz)* enunciare; **4.** *(wieder ~)* rialzare; *(Kegel)* rizzare; **jdn als Kandidaten ~** presentare qu come candidato; **sich als Kandidat ~ lassen** porre la propria candidatura; **II.** *rfl:* **sich ~** mettersi; *mil* schierarsi; **sich im Halbkreis/hintereinander ~** disporsi a mezzo cerchio/mettersi uno dietro l'altro.

Aufstellung *f* **1.** *(von Denkmal, etc.)* erezione *f,* innalzamento *m; fig (von Kandidaten)* presentazione *f;* **2.** *(Anordnung)* disposizione *f,* collocazione *f; (Posten)* appostamento *m; (in Reihen)* schieramento *m; sport* formazione *f;* **3.** *(von Liste, etc.)* compilazione *f; (von Programm)* formulazione *f; (Liste)* lista *f;* **eine ~ machen** preparare una distinta.

Aufstieg ['auf∫ti:k] ⟨-(e)s, -e⟩ *m* **1.** salita *f; (auf Berg)* ascensione *f;* **2.** *(von Flugzeug)* decollo *m;* **3.** *fig* ascesa *f; (beruflich, sport)* promozione *f* (*zu* a, *in* in). **Aufstiegsmöglichkeit** *f* possibilità *f* di avanzamento (*o.* di far carriera). **Aufstiegsspiel** *n* incontro *m* per la promozione.

auf·stöbern *tr* scovare.

auf·stocken *tr* **1.** *arch* rialzare (*um* di); **2.** *fin* aumentare.

auf·stoßen ⟨*irr*⟩ **I.** *tr* ⟨*haben*⟩ **1.** *(öffnen)* aprire con una spinta; **2.** *(verletzen)* escoriare; **sich** *(dat)* **das Knie ~** escoriarsi il ginocchio; **II.** *itr* **1.** ⟨*sein*⟩ battere (*auf* contro); **2.** ⟨*haben*⟩ *(rülpsen)* ruttare.

auf·streichen ⟨*irr*⟩ *tr (Butter, Creme)* spalmare (*auf* su); *(Farbe)* stendere (*auf* su).

auf·stützen I. *tr (Ellenbogen, etc.)* appoggiare (*auf* su); **II.** *rfl:* **sich ~** appoggiarsi (*auf* su).

auf·suchen *tr:* **jdn ~** andare a trovare qu; *(Arzt)* consultare qu.

Auftakt *m* **1.** *fig* inizio *m* (*zu* di), preludio *m* (*zu* a); **2.** *mus* arsi *f;* **den ~ zu etw. bilden** costituire l'inizio di qc.

auf·tanken I. *itr mot, aero* fare il pieno; **II.** *tr mot, aero* rifornire di carburante.

auf·tauchen *itr* ⟨*sein*⟩ **1.** *(emportauchen)* emergere, venir a galla; *(U-Boot)* riemergere; **2.** *fig (sichtbar werden)* apparire; **3.** *fig (unerwartet ~)* saltare fuori; **wieder ~** ricomparire.

auf·tauen I. *tr* ⟨*haben*⟩ disgelare; *(Tiefkühlkost)* scongelare; **II.** *itr* ⟨*sein*⟩ sciogliersi.

auf·teilen *tr* **1.** *(einteilen)* (sud)dividere, spartire, ripartire; **2.** *(verteilen)* distribuire; *(Baugelände)* lottizzare.

Aufteilung *f* **1.** *(Verteilung)* spartizione *f,* divisione *f,* ripartizione *f;* **2.** *(Einteilung)* distribuzione *f,* suddivisione *f.*

auf·tischen *tr* **1.** mettere in tavola; **2.** *fig (Lügen, etc.)* scodellare.

Auftrag ['auftra:k] ⟨-(e)s, ⸚e⟩ *m* **1.** *(zugewiesene Aufgabe)* incarico *m; (a. Verpflichtung)* compito *m;* **2.** *(Anweisung)* ordine *m;* **3.** *com (Bestellung)* ordinazione *f,* commissione *f,* ordine *m;* **4.** *jur* mandato *m,* procura *f;* **5.** *(das Auftragen)* applicazione *f;* **einen ~ ausführen** eseguire un ordine; **jdm einen ~ erteilen** affidare un incarico a qu; **bei jdm etw. in ~ geben** ordinare (*o.* commissionare) qc presso qu; **den ~ haben zu ...** aver l'incarico di ...; **im ~ von ...** (*ab* **i. A.**) per incarico di ..., incaricato da ...

auf·tragen ⟨*irr*⟩ *tr* **1.** *(Speisen)* portare in tavola, servire; **2.** *(Farbe)* applicare; **jdm etw. ~** incaricare qu di qc; **dick ~** *fam* caricare le tinte *fam.*

Auftraggeber(in) *m(f) com* committente *mf; jur* mandante *mf.* **Auftragnehmer(in)** ⟨-s, -⟩ *m(f) jur* mandatario, -a *m, f.* **Auftragsbestätigung** *f* conferma *f* d'ordine.

auf·treiben ⟨*irr*⟩ *tr* **1.** *fam (finden)* pescare *fam; (beschaffen)* procacciarsi; *(Geld)* procurarsi; **2.** *(aufblähen)* gonfiare; *(Hefe)* far levare.

auf·trennen *tr* disfare, scucire.

auf·treten ⟨*irr*⟩ **I.** *itr* ⟨*sein*⟩ **1.** *(erscheinen)* presentarsi *(als* come); *theat (Bühne betreten)* entrare in scena; *(in einer Rolle)* prodursi *(als* nella parte di); **2.** *(sich benehmen)* comportarsi (*wie* da); *(handeln)* agire (*als* come); *(sich ausgeben)* farsi passare (*als* per); **3.** *fig (eintreten, vorkommen) (Krankheit)* comparire; *(Schwierigkeit, Zweifel)* sorgere; **4.** *(den Fuß aufsetzen)* poggiare (il piede) a terra, camminare; **als Kläger ~** costituirsi parte civile; **als Zeuge ~** comparire come testimone; **sicher ~** avere un atteggiamento sicuro; **II.** *tr* ⟨*haben*⟩ *(Tür, etc.)* aprire con una pedata. **Auftreten** ⟨-s, ø⟩ *n* **1.** *(Benehmen)* condotta *f,* contegno *m;* **2.** *(Vorkommen)* presenza *f; (von Krankheit)* manifestarsi *m.*

Auftrieb *m* **1.** *phys* spinta *f* aereostatica; *aero* forza *f* ascensionale, portanza *f;* **2.** *fig (Schwung)* impulso *m,* slancio *m;* **einer S. neuen ~ geben** dare un nuovo impulso a qc.

Auftritt *m theat (Erscheinen)* entrata *f* in scena; *(Szene)* scena *f.*

auf·trumpfen *itr* imporsi.

auf·tun ⟨*irr*⟩ **I.** *tr* **1.** *(öffnen)* aprire; **2.** *fam (ausfindig machen)* trovare, pescare *fam;* **II.** *rfl:* **sich ~** *(sich öffnen)* aprirsi; **ein Abgrund tat sich auf** si aprì una voragine.

auf·türmen **I.** *tr* accatastare; **II.** *rfl:* **sich ~** accumularsi, accavallarsi.

auf·wachen *itr* ⟨*sein*⟩ svegliarsi, destarsi (*aus dem Schlaf* dal sonno).

auf·wachsen ⟨*irr*⟩ *itr* ⟨*sein*⟩ crescere.

auf·wallen *itr* ⟨*sein*⟩ ribollire.

Aufwand ['au̯fvant] ⟨-(e)s, ø⟩ *m* **1.** *(Kosten)* spesa *f;* **2.** *(Einsatz)* dispendio *m* (*an* di); **3.** *(Luxus, Pomp)* lusso *m,* pompa *f;* **was da für ein ~ getrieben wird!** che spreco! *fam,* che sperpero! *fam;* **das war ein unnützer ~** è stato uno spreco inutile. **Aufwandsentschädigung** *f* indennità *f* (per spese).

auf·wärmen **I.** *tr* **1.** riscaldare; **2.** *fig fam pej (alte Geschichten)* rivangare *fam;* **II.** *rfl:* **sich ~** riscaldarsi.

aufwärts ['au̯fvɛrts] **I.** *adv* verso l'alto, in alto; *(a. fig)* in su; **von fünf Personen ~** dalle 5 persone in su; **II.** *prp acc:* **den Fluß ~** contro corrente.

Aufwärtsentwicklung *f* sviluppo *m* ascensionale. **Aufwärtstrend** *m* trend *m* positivo.

Aufwasch ['au̯fvaʃ] ⟨-(e)s, ø⟩ *m* stoviglie *f pl* (*o.* piatti *m pl*) da lavare; **in einem ~** *fig* in una volta.

auf·wecken *tr* svegliare.

auf·weichen *tr* ammollare.

auf·weisen ⟨*irr*⟩ *tr* presentare.

auf·wenden ⟨*irr o. reg*⟩ *tr* impiegare; *(Geld)* spendere; *(Sorgfalt)* usare.

aufwendig *a (kostspielig)* dispendioso; *(üppig)* rigoglioso; **sehr ~ leben** avere un alto tenore di vita.

Aufwendung *f* **1.** *(Aufbietung)* impiego *m;* **2.** ⟨*pl*⟩ *(Ausgaben)* spese *f pl.*

auf·werfen ⟨*irr*⟩ *tr* **1.** *(Damm, etc.)* rialzare, costruire; **2.** *(Tür, etc.)* spalancare; **3.** *fig (Frage)* sollevare, avanzare.

auf·werten *tr fin* rivalutare.

Aufwertung *f* rivalutazione *f.*

auf·wickeln *tr* **1.** *(aufrollen)* avvolgere, arrotolare (*auf* su); *(Haar)* mettere in piega; **2.** *(lösen)* sfasciare; *(auspacken)* scartare.

auf·wiegeln ['au̯fvi:gəln] *tr* sobillare (*gegen* contro), istigare (*zu* a).

auf·wiegen ⟨*irr*⟩ *tr* compensare, pareggiare, controbilanciare.

Aufwind *m* corrente *f* ascendente.

auf·wirbeln **I.** *tr* ⟨*haben*⟩ *(Staub, Sand, Blätter)* sollevare in vortice; **(viel) Staub ~** *fig* suscitare scalpore; **II.** *itr* ⟨*sein*⟩ alzarsi.

auf·wischen *tr* **1.** *(feucht)* pulire (con lo strofinaccio); **2.** *(trockenwischen)* asciugare.

auf·wühlen *tr* **1.** *(Erde)* scavare; *(See)* agitare; **2.** *fig* scuotere.

auf·zählen *tr* enumerare.

Aufzählung *f* enumerazione *f.*

auf·zäumen *tr* mettere la briglia a.

auf·zehren *tr* consumare, esaurire.

auf·zeichnen *tr* **1.** *(aufschreiben)* annotare, segnare; *(Plan, Weg)* disegnare; **2.** *radio, TV* registrare.

Aufzeichnung *f* **1.** *(Notiz)* annotazione *f;* **2.** *(Zeichnung)* disegno *m;* **3.** *radio, TV* registrazione *f; TV* trasmissione *f* differita.

auf·ziehen ⟨*irr*⟩ **I.** *tr* ⟨*haben*⟩ **1.** *(nach oben ziehen)* tirare su, alzare, sollevare; **2.** *(öffnen)* aprire; **3.** *(großziehen)* allevare; **4.** *(Uhr)* caricare; *(Perlen)* infilare; *(Foto)* montare, incollare; **5.** *fam (veranstalten)* organizzare, allestire; **6.** *fam (hänseln)* prendere in giro *fam;* **Saiten auf ein Instrument ~** incordare uno strumento; **II.** *itr* ⟨*sein*⟩ **1.** *(Wolken)* alzarsi; *(Gewitter)* avvicinarsi; **2.** *mil* montare.

Aufzug *m* **1.** ascensore *m; (Lasten~)* montacarichi *m;* **2.** *(Aufmarsch)* corteo *m; (Parade)* sfilata *f;* **3.** *theat* atto *m;* **4.** *pej (Kleidung)* abito *m,* modo *m* di vestire.

auf·zwingen ⟨*irr*⟩ *tr:* **jdm etw. ~** imporre qc a qu.

Augapfel *m* globo *m* oculare; **etw. wie seinen ~ hüten** custodire qc come la pupilla dei propri occhi.

Auge ['au̯gə] ⟨-s, -n⟩ *n* **1.** *anat* occhio

m; **2.** *(Punkt bei Spielen)* punto *m;* **3.** *bot* gemma *f;* **meine ~n brennen/tränen** mi bruciano/lacrimano gli occhi; **blaue/graue ~n haben** avere gli occhi azzurri/grigi; **gute/schlechte ~n haben** avere occhi buoni/deboli; **große ~n machen** fare tanto d'occhi *fam,* sgranare gli occhi *fam;* **jdm schöne ~n machen** fare l'occhio languido a qu *fam;* **jdm die ~n öffnen** aprire gli occhi a qu (*über* su); **ein ~ zudrücken** chiudere un occhio; **ein blaues ~** *(durch Schlag)* un occhio blu (*o.* pesto); **mit einem blauen ~ davonkommen** *fam* cavarsela a buon mercato *fam;* **so weit das ~ reicht** a perdita d'occhio; **jdn aus den ~n verlieren** perdere di vista qu; **jdn nicht aus den ~n lassen** non perdere qu di vista; **etw. im ~ haben** *(Staubkorn, etc.)* avere qc nell'occhio; *fig* mirare a qc; **jdn/etw. im ~ behalten** tener d'occhio qu/qc, non perdere di vista qu/qc; **in die ~n springen** dare nell'occhio, saltare all'occhio; **einer Gefahr ins ~ sehen** affrontare un pericolo; **mit bloßem ~** a occhio nudo; **etw. mit anderen ~n sehen** vedere qc con tutt'altri occhi; **unter vier ~n** a quattr'occhi; **jdm etw. vor ~n führen** far vedere qc a qu, dimostrare qc a qu; **das kann (leicht) ins ~ gehen** *fam* può andare a finir male; **deine ~n waren wieder größer als der Bauch** *fam* ti sei servito troppo abbondantemente; **er hatte nur ~n für sie** non aveva occhi che per lei; **hast du keine ~n im Kopf?** come non l'hai visto?; **ich habe die ganze Nacht kein ~ zugetan** non ho chiuso occhio tutta la notte; **ihm fielen fast die ~n aus dem Kopf** *fam* gli occhi gli uscirono quasi dalle orbite; **mir wurde schwarz vor ~n** stavo per svenire. **Augenarzt** *m,* **-ärztin** *f* oculista *mf.* **Augenaufschlag** *m* battito *m* di ciglia. **Augen(aus)wischerei** [-(ʔau̯s)vɪʃəraɪ̯] ‹-, -en› *f fam* bidonata *f fam.* **Augenbank** ‹-, -en› *f* banca *f* degli occhi.

Augenblick *m* momento *m,* istante *m,* attimo *m;* **im ersten ~** al primo istante, lì per lì; **im letzten ~** all'ultimo momento; **im nächsten ~** un istante dopo; **in diesem ~** in questo istante; **vom ersten ~ an** dal primo istante; **einen ~, bitte!** un momento, per favore!; **jeden ~** ad ogni istante, da un momento all'altro; **~ mal!** *fam* un momento!; **er kam im ungeeignetsten ~** arrivò nel momento meno adatto; **er muß jeden ~ kommen** deve venire da un momento all'altro. **augenblicklich I.** *a* **1.** *(derzeitig)* attuale; **2.** *(sofortig)* istantaneo, immediato; **3.** *(plötzlich)* improvviso; **4.** *(vorübergehend)* momentaneo; **II.** *adv* **1.** *(gegenwärtig)* al (*o.* per il) momento; **2.** *(sofort)* subito.

Augenbraue *f* sopracciglio *m.* **Augenbrauenstift** *m* matita *f* per sopracciglia. **augenfällig** *a* evidente, palese; *(auffällig)* vistoso. **Augenfarbe** *f* colore *m* degli occhi. **Augenflimmern** ‹-s, ø› *n* fibrillazione *f* oculare. **Augenhöhe** *f:* **in ~** all'altezza degli occhi. **Augenhöhle** *f* orbita *f,* cavità *f* oculare. **Augenklappe** *f* benda *f* di protezione per gli occhi. **Augenklinik** *f* clinica *f* oftalmica. **Augenlicht** *n* vista *f.* **Augenlid** *n* palpebra *f.* **Augenmaß** *n* misura *f* ad occhio; *fig* senso *m* delle proporzioni; **nach ~** ad occhio; **ein gutes ~ haben** avere buon occhio. **Augenmerk** [-mɛrk] ‹-(e)s, ø› *n:* **sein ~ auf etw. richten** rivolgere l'attenzione a (*o.* su) qc. **Augenschein** *m* apparenza *f; jur* sopralluogo *m,* ispezione *f;* **etw. in ~ nehmen** esaminare qc attentamente; *jur* fare il sopralluogo di qc. **augenscheinlich I.** *a* manifesto, ovvio, evidente; **II.** *adv* ovviamente. **Augentropfen** *m pl* collirio *m,* gocce *f pl* per gli occhi. **Augenweide** *f* delizia *f* degli occhi *geh, poet.* **Augenwinkel** *m* coda *f* dell'occhio. **Augenwischerei** *f s.* **Augenauswischerei. Augenzeuge** *m,* **-zeugin** *f* testimone *mf* oculare. **Augenzeugenbericht** *m* testimonianza *f* oculare. **Augenzwinkern** ‹-s, ø› *n* strizzata *f* d'occhi.

Augsburg ['au̯ksbʊrk] *n* Augusta *f.*

August[1] ['au̯gʊst] *(männlicher Vorname)* Augusto; **dummer ~** pagliaccio *m.*

August[2] [au̯'gʊst] ‹-(e)s *o.* -, -e› *m* *(Monat)* agosto *m; s. a. September.*

Auktion [au̯k'tsi̯o:n] ‹-, -en› *f* asta *f* pubblica, incanto *m.*

Auktionator [...tsi̯o'na:to:ɐ̯, ...na'to:rən] ‹-s, -en› *m* ufficiale *m* (*o.* commissario *m*) delle aste pubbliche.

Aula ['au̯la, ...lən *o.* ...las] ‹-, Aulen *o.* -s› *f* aula *f* magna.

aus [au̯s] **I.** *prp dat* **1.** *(räumlich)* da; **2.** *(zeitlich)* di; **3.** *(Beschaffenheit)* di; **4.** *(Abstammung)* da, di; **5.** *(Ursache)* per; **~ einem Glas/einer Tasse trinken** bere da un bicchiere/una tazza; **~ der Hand fressen** mangiare dalla mano; **ich komme ~ Deutschland/Rom** vengo dalla Germania/da Roma; ~ **dem 18. Jahrhundert** del settecento; ~ **dem Jahre 1843** del(l'anno) 1843; ~ **Eisen/Holz/Kunststoff** di ferro/legno/materia sintetica; ~ **dem Italienischen** dall'italiano; ~ **gutem Hause** di buona famiglia; **ich bin** ~ **Krefeld** sono di Krefeld; ~ **Angst vor** per paura di; ~ **Erfahrung/Gefälligkeit / Mitleid / Spaß/Überzeugung / Versehen** per esperienza/gentilezza/ compassione / divertimento / convinzione/sbaglio; ~ **diesem Grunde** per questo motivo; ~ **Mangel an Geld** per mancanza di denaro; ~ **dem Gebrauch** fuori uso; ~ **Leibeskräften** a più non posso; ~ **der Mode** fuori moda; **was ist** ~ **ihm geworden?** che ne è stato di lui? *fam;* **II.** *adv* **1.** *(zu Ende)* finito; **2.** *(gelöscht: Feuer, Licht)* spento; **3.** *fam (~gegangen)* uscito; **4.** *sport* fuori (campo); **von Haus** ~ originalmente; **von hier** ~ da qui; **von mir** ~ per conto mio, per me; *s. a. aushaben, aussein.*

Aus [aus] ‹-, ø› *n sport* fuori campo *m.*

aus·arbeiten *tr* elaborare; *(Vertrag)* redigere.

Ausarbeitung ‹-, -en› *f* elaborazione *f; (von Vertrag)* redazione *f.*

aus·arten *itr ‹sein›* degenerare (*in* in).

aus·atmen I. *tr* espirare; **II.** *itr* spirare.

aus·baggern *tr* dragare, scavare con la draga.

Ausbau ‹-(e)s, -ten› *m* **1.** *arch (Erweiterung)* ampliamento *m; (Umbau)* trasformazione *f;* **2.** *tec* smontaggio *m;* **3.** *‹sing› fig (Erweiterung)* potenziamento *m; (Entwicklung)* sviluppo *m.*

aus·bauen *tr* **1.** *arch (erweitern)* ampliare; *(umbauen)* trasformare (*zu* in); **2.** *tec* smontare; **3.** *fig (erweitern)* potenziare, estendere; *(entwickeln)* sviluppare.

ausbaufähig *a* ampliabile.

aus·bedingen ‹bedingt aus, bedingte aus, ausbedungen› *tr:* **sich** *(dat)* **etw.** ~ porre qc come condizione; **sich** *(dat)* **das Recht** ~ **zu ...** riservarsi il diritto di ...

aus·beißen *‹irr› tr:* **sich** *(dat)* **einen Zahn** ~ rompersi un dente mordendo; **daran kannst du dir die Zähne** ~ *fam* è un vero rompicapo *fam.*

aus·bessern *tr* riparare, accomodare, aggiustare; *(flicken)* rattoppare; *(stopfen)* rammendare.

aus·beulen I. *tr* **1.** *allg.* gonfiare; **2.** *tec (Beulen beseitigen aus)* spianare; **II.** *rfl:* **sich** ~ gonfiarsi.

Ausbeute *f* rendimento *m* (*an* in); *min* estrazione *f.*

aus·beuten *tr* sfruttare.

Ausbeuter(in) ‹-s, -› *m(f)* sfruttatore, -trice *m, f.*

Ausbeutung ‹-, ø› *f* sfruttamento *m.*

aus·bezahlen ‹*ohne ge-*› *tr* **1.** *(Geld)* pagare; **2.** *(Menschen)* tacitare.

aus·bilden I. *tr (Lehrling, mil)* addestrare; *(beruflich)* formare, istruire (*in etw.* in qc); **II.** *rfl:* **sich** ~ **1.** istruirsi, formarsi; **2.** *(sich bilden)* formarsi; *(sich entwickeln)* svilupparsi; **er läßt sich in Gesang** ~ studia canto.

Ausbilder(in) ‹-s, -› *m(f)* istruttore, -trice *m, f.*

Ausbildung *f* **1.** addestramento *m; (beruflich)* formazione *f* professionale; *(Schul~)* istruzione *f;* **2.** *(Lehrzeit)* tirocinio *m;* **3.** *(Herausbildung)* formazione *f.* **Ausbildungsbeihilfe** *f* sussidio *m* per la formazione professionale.

aus·bitten *‹irr› tr:* **sich** *(dat)* **etw.** ~ esigere qc; **das bitte ich mir aus** questo lo esigo.

aus·blasen *‹irr› tr* **1.** *(Streichholz, Kerze)* spegnere (soffiando); **2.** *(Ei)* vuotare (soffiando).

aus·bleiben *‹irr› itr ‹sein›* **1.** *(nicht eintreten)* non verificarsi, mancare; **2.** *(fernbleiben)* non venire; **lange** ~ rimanere fuori a lungo; *(überfällig sein)* ritardare; **es konnte nicht** ~**, daß ...** era inevitabile che ... *conj.*

Ausblick *m* **1.** *(Aussicht)* panorama *m* (*auf* di), vista *f* (*auf* su); **2.** *fig (Vorausschau)* previsione *f* (*auf* per); *(Zukunftsperspektive)* prospettiva *f* (*auf* per).

aus·bohren *tr* **1.** trivellare, trapanare; **2.** *(herausbohren)* levare con la trivella (*o.* il trapano).

aus·borgen *tr:* **sich** *(dat)* **von jdm etw.** ~ farsi prestare qc da qu, prendere in prestito qc da qu; **jdm etw.** ~ prestare qc a qu.

aus·brechen *‹irr›* **I.** *itr ‹sein›* **1.** *(aus Gefängnis, Käfig)* evadere (*aus* da), scappare (*aus* da); **2.** *(Feuer, Krieg, Krankheit)* scoppiare; *(Vulkan)* erompere, entrare in eruzione; **in Gelächter** ~ scoppiare a ridere; **in Tränen** ~ scoppiare in lacrime; **II.** *tr ‹haben›* **1.** *(Steine, etc.)* cavare; **2.** *(Nahrung)* vomitare; **sich** *(dat)* **einen Zahn** ~ rompersi un dente.

Ausbrecher(in) *m(f)* evaso, -a *m, f.*

aus·breiten I. *tr* **1.** *(Decke, etc.)* stendere; *(Flügel, Waren)* spiegare; *(Arme)* allargare; **2.** *fig (vergrößern)* estendere, espandere; **II.** *rfl:* **sich** ~

allargarsi; *(sich erstrecken)* estendersi; *(Geruch, Rauch)* espandersi; *(Feuer)* propagarsi; *(Krankheit, Unsitte, Nachricht)* diffondersi.

Ausbreitung ‹-, ø› *f* allargamento *m; fig, phys* propagazione *f; (von Licht)* diffusione *f.*

aus·brennen ‹*irr*› **I.** *itr* ‹*sein*› **1.** *(zu Ende brennen)* finire di bruciare; *(a. Vulkan)* spegnersi; **2.** *(ganz verbrennen)* bruciare completamente, essere distrutto dal fuoco; **das Feuer ~ lassen** lasciare che il fuoco si spenga da sé; **II.** *tr* ‹*haben*› **1.** *med* cauterizzare; **2.** *(Sonne)* bruciare.

Ausbruch *m* **1.** *(Flucht)* evasione *f;* **2.** *fig (Krankheits~)* insorgenza *f,* comparsa *f; (Kriegs~)* scoppio *m; (Gefühls~)* sfogo *m,* impeto *m; (Fieber~, Zornes~)* accesso *m; (Freuden~)* trasporto *m; (Vulkan~)* eruzione *f;* **zum ~ kommen** *(Krankheit)* manifestarsi, insorgere.

aus·brüten *tr* **1.** *(Eier)* covare; **2.** *fig fam* macchinare, tramare.

aus·buddeln *tr fam* scavare, dissotterrare.

Ausbund *m:* **ein ~ an** (*o.* **von) Bosheit** un abisso di malvagità; **ein ~ an** (*o.* **von) Tugend** un modello di virtù.

aus·bürgern *tr* privare della cittadinanza; *(ausweisen)* espellere.

Ausbürgerung ‹-, -en› *f* privazione *f* della cittadinanza; *(Ausweisung)* espulsione *f.*

aus·bürsten *tr* **1.** *(Anzug, etc.)* spazzolare; **2.** *(Staub, etc.)* togliere con la spazzola.

Ausdauer *f* costanza *f,* perseveranza *f.* **ausdauernd** *a* **1.** perseverante, costante; *(zäh)* tenace; **2.** *bot* perenne, sempreverde.

aus·dehnen I. *tr* **1.** *(vergrößern)* allargare, ampliare; *phys* dilatare; *(verlängern)* allungare; *(zeitlich)* prolungare; **2.** *fig (einbeziehen)* estendere (*auf* su); **II.** *rfl:* **sich ~ 1.** *(sich vergrößern)* allargarsi, ingrandirsi; *phys* dilatarsi; *(sich verlängern)* allungarsi; **2.** *(sich erstrecken)* distendersi (*bis* fino a), estendersi (*bis* fino a); **3.** *(sich verbreiten)* estendersi (*über* su).

Ausdehnung *f* **1.** *(Vorgang)* distensione *f;* **2.** *(Vergrößerung)* allargamento *m,* ampliamento *m,* ingrandimento *m,* espansione *f;* **3.** *(räumliche Erstrekkung)* estensione *f; phys* dilatazione *f;* **4.** *(zeitliche Verlängerung)* prolungamento *m.*

aus·denken ‹*irr*› *tr:* **sich** *(dat)* **etw. ~** *(sich vorstellen)* immaginarsi qc, figurarsi qc; *(erfinden)* escogitare qc, inventare qc; **es ist nicht auszudenken, was passiert wäre, wenn ...** è inimmaginabile ciò che sarebbe successo se ...

aus·drehen *tr (Licht)* spegnere; *(Gas)* chiudere.

Ausdruck[1] ‹-(e)s, ⸚e› *m* **1.** *(allg., fig, Gesichts~)* espressione *f;* **2.** *(Wort)* parola *f,* termine *m,* voce *f;* **zum ~ bringen** esprimere, manifestare; **einer S. ~ geben** esprimere qc; **zum ~ kommen** manifestarsi, esprimersi *(durch* attraverso); **sich im ~ vergreifen** esprimersi in modo inadeguato *(o.* sconveniente); **das ist gar kein ~!** *fam* non ci sono parole per esprimere questo!; **mit dem ~ meiner Hochachtung ...** con l'espressione della mia stima ...

Ausdruck[2] ‹-(e)s, -e› *m inform (Computer~)* termine *m.*

aus·drücken I. *tr* **1.** *(Zitrone, Schwamm, Saft)* spremere; *(Zigarette)* spegnere (premendo); **2.** *(zum Ausdruck bringen)* esprimere, manifestare; **einfach ausgedrückt** in parole povere; **anders ausgedrückt** in altre parole; **II.** *rfl:* **sich ~ 1.** *(verbal)* esprimersi; **2.** *(Gefühl)* manifestarsi; **sich klar und deutlich ~** esprimersi chiaramente.

ausdrücklich I. *a* espresso, esplicito, preciso; **er hat meine ~e Genehmigung** ha il mio permesso ufficiale; **II.** *adv* espressamente; **etw. ~ betonen** sottolineare espressamente qc.

ausdruckslos I. *a* inespressivo; **II.** *adv* senza espressione. **ausdrucksvoll I.** *a* espressivo; **II.** *adv* con espressione. **Ausdrucksweise** *f* modo *m* di esprimersi (*o.* di parlare); *(Sprechweise)* parlata *f; (Stil)* stile *m,* linguaggio *m.*

auseinander [aus'ʔai'nandɐ] *adv (entfernt)* lontani (*o.* discosti) l'uno dall'altro; *(getrennt)* separatamente, a parte; **etw. ~ schreiben** scrivere staccato qc; **wir sind 10 Jahre ~** tra di noi c'è una differenza d'età di dieci anni; **zwei Kinder ~ setzen** separare (*o.* far sedere distanti) l'uno dall'altro due bambini. **auseinander·brechen** ‹*irr*› **I.** *itr* ‹*sein*› rompersi, spezzarsi, disfarsi; **II.** *tr* ‹*haben*› rompere, spezzare. **auseinander·bringen** ‹*irr*› *tr* riuscire a separare (*o.* staccare) l'uno dall'altro; *(Freundschaft)* separare. **auseinander·fallen** ‹*irr*› *tr* ‹*sein*› *(zerfallen)* rompersi; cadere in pezzi. **auseinander·falten** *tr* spiegare. **auseinander·gehen** ‹*irr*› *itr* ‹*sein*› **1.** *(sich trennen)* separarsi, lasciarsi; *(Menge)* disperdersi; *(Bindungen)* rompersi, sciogliersi; **2.** *(sich verzweigen: Weg)* dividersi, biforcarsi; *(Meinungen)* divergere, differire; **3.** *(aus den Fugen gehen)* rompersi; **4.** *fam (dick werden)* ingrassare; **in gutem Einvernehmen ~** lasciarsi in termini amichevoli. **auseinander·halten** ‹*irr*› *tr* distinguere. **auseinander·nehmen** ‹*irr*› *tr* disfare, scomporre; *tec* smontare.

auseinander·setzen I. *rfl:* **sich ~ 1.** *(sich befassen)* occuparsi (*mit* di); **2.** *(sich streiten)* litigarsi; **sich mit einem Problem ~** occuparsi di un problema; **sich mit jdm ~** avere una discussione con qu; **II.** *tr* spiegare, esporre; **jdm etw. ~** spiegare qc a qu.

Auseinandersetzung ‹-, -en› *f* **1.** *(Beschäftigung)* analisi *f;* **2.** *(Diskussion)* discussione *f; (Streit)* contrasto *m,* diverbio *m; (Kampfhandlung)* conflitto *m;* **mit jdm eine ~ haben** avere un contrasto con qu.

auserlesen *a* scelto, eletto; *(Speise)* squisito, prelibato, eccellente.

auserwählt ['au̯sʔɛɐ̯vɛːlt] *a* (pre)scelto; *(bes. rel)* eletto.

ausfahrbar *a tec* estraibile.

aus·fahren ‹*irr*› **I.** *itr* ‹*sein*› **1.** uscire (in macchina); *(spazierenfahren)* uscire a passeggio; **2.** *naut* uscire dal porto, prendere il mare; **3.** *min* uscire dal pozzo; **II.** *tr* ‹*haben*› **1.** *(spazierenfahren)* condurre (*o.* portare) a passeggio, portare fuori; **2.** *(Waren)* distribuire; **3.** *aero (Fahrgestell)* far uscire; **ein Auto (voll) ~** sfruttare una macchina *fam.*

Ausfahrt *f* **1.** *(Hinausfahren)* uscita *f; min* uscita *f* dal pozzo; *(Abfahrt)* partenza *f;* **2.** *(Spazierfahrt)* gita *f* (in macchina), passeggiata *f* (in macchina); **3.** *(für Fahrzeuge)* portone *m; (a. Autobahn~)* uscita *f;* **~ freihalten!** lasciare libera l'uscita!

Ausfall *m* **1.** *(Verlust)* perdita *f; (Einbuße)* mancanza *f; (Haar~)* caduta *f; tec, mot* guasto *m;* **2.** *(Nichtstattfinden)* soppressione *f;* **3.** *mil* sortita *f; (Fechten)* assalto *m,* passata *f;* **4.** *(Beleidigung)* affronto *m,* insulto *m;* **5.** *(Ergebnis)* esito *m,* risultato *m.*

aus·fallen ‹*irr*› *itr* ‹*sein*› **1.** *(Haare, Zähne)* cadere; **2.** *tec, mot* arrestarsi, fermarsi; **3.** *(Veranstaltung)* non aver luogo, cadere; *(a. Zug)* essere soppresso; **4.** *(fehlen)* mancare, essere assente; **5.** *(ein Ergebnis zeigen)* andare, riuscire; **gut/schlecht ~** andare (*o.* riuscire) bene/male; **heute fällt die Schule aus** oggi non c'è scuola; **wie ist die Prüfung ausgefallen?** com'è andato l'esame? *fam.*

ausfallend, ausfällig *a* offensivo, ingiurioso.

Ausfallstraße *f* strada *f* d'uscita.

aus·feilen *tr* **1.** limare, dare l'ultima mano a; **2.** *fig* perfezionare.

aus·fertigen *tr* **1.** *(Paß, Quittung)* rilasciare; **2.** *(Vertrag)* redigere, stendere.

Ausfertigung *f* **1.** *(von Vertrag)* redazione *f,* stesura *f; (von Paß)* rilascio *m;* **2.** *(Exemplar)* esemplare *m; (Abschrift)* copia *f;* **in doppelter/dreifacher ~** in due/tre copie, in duplice/triplice copia.

ausfindig *a:* **~ machen** trovare, scoprire.

aus·fließen ‹*irr*› *itr* ‹*sein*› **1.** scorrere fuori, fuoriuscire; **2.** *(leerlaufen)* svuotarsi.

aus·flippen ['au̯sflɪpən] *itr* ‹*sein*› *sl* **1.** *(durch Drogen)* partire, fare un viaggio; **2.** *(aus Gesellschaft)* emarginarsi (dalla società); **3.** *(die Nerven verlieren)* perdere nervi; *(vor Freude)* toccare il cielo con un dito.

Ausflucht ‹-, ⸚e› *f (Vorwand, Ausrede)* sotterfugio *m,* scappatoia *f,* scusa *f,* pretesto *m;* **Ausflüchte machen** tergiversare.

Ausflug *m* gita *f,* escursione *f.*

Ausflügler(in) ['au̯sflyːglɐ (...ərɪn] ‹-s, -› *m(f)* escursionista *mf,* gitante *mf.*

Ausfluß *m* **1.** *(das Ausfließen)* efflusso *m,* scolo *m;* **2.** *(~stelle, Abfluß)* scarico *m;* **3.** *med* perdita *f.*

aus·fragen *tr:* **jdn über etw. ~** cercare di sapere qc da qu.

aus·fransen *itr* ‹*sein*› sfilacciare, sfilacciarsi.

aus·fressen ‹*irr*› *tr* **1.** *(Trog, Napf)* vuotare (mangiando), ripulire; **2.** *fig fam:* **etw. ~** combinare qc *fam.*

Ausfuhr ['au̯sfuːɐ̯] ‹-, -en› *f* esportazione *f.* **Ausfuhrartikel** *m* articolo *m* di esportazione. **ausführbar** *a* **1.** fattibile, attuabile, realizzabile; **2.** *com* esportabile. **Ausfuhrbeschränkung** *f* limitazione *f* (*o.* restrizione *f*) all'esportazione. **Ausfuhrbestimmungen** *f pl* disposizioni *f pl* per l'esportazione.

aus·führen *tr* **1.** *(spazierenführen)* portare fuori; **2.** *com* esportare (*nach* in); **3.** *(durchführen)* effettuare, attuare; *(Auftrag, Bestellung, etc.)* eseguire; *(Plan)* realizzare; **4.** *(darlegen)* esporre, svolgere; *(erläutern)* spiegare.

Ausfuhrerklärung *f* dichiarazione *f* doganale per l'esportazione *f.* **Aus-**

fuhrgenehmigung *f* permesso *m* (*o.* licenza *f*) di esportazione. **Ausfuhrhafen** *m* porto *m* d'esportazione. **Ausfuhrhandel** *m* commercio *m* d'esportazione. **Ausfuhrland** *n* paese *m* esportatore.

ausführlich ['ausfy:ɐlɪç *o.* ...'fy:ɐlɪç] **I.** *a* dettagliato, prolisso; **II.** *adv* dettagliatamente; **über etw. ~ sprechen** parlare per esteso di qc. **Ausführlichkeit** ‹-, ø› *f* completezza *f*, ampiezza *f*; **in aller ~** particolareggiatamente, dettagliatamente.

Ausführung *f* **1.** effettuazione *f*; *(von Aufträgen, etc.)* esecuzione *f*; *(von Plänen)* realizzazione *f*; *(von Reform)* attuazione *f*; **2.** *(Fertigstellung)* compimento *m*; *tec* finitura *f*; *(Ausarbeitung)* elaborazione *f*; **3.** *(Anfertigung)* confezione *f*; **4.** *(Typ)* modello *m*, tipo *m*; **5.** *(Darlegung)* esposizione *f*; ‹*pl*› argomentazioni *f pl*. **Ausführungsbestimmungen** *f pl* norme *f pl* (*o.* disposizioni *f pl*) esecutive.

Ausfuhrverbot *n* divieto *m* d'esportazione. **Ausfuhrzoll** *m* dazio *m* d'esportazione.

aus·füllen *tr* **1.** *(Loch, Graben, fig: Lücke)* riempire, colmare (*mit* di); **2.** *(Posten, Stellung)* occupare, ricoprire; **3.** *(Formular)* compilare, riempire; **4.** *(befriedigen)* soddisfare; **sein Beruf füllt ihn aus** la sua professione gli dà soddisfazione, la sua professione lo soddisfa.

Ausgabe *f* **1.** *(Verteilung)* distribuzione *f*; *(Aushändigung)* consegna *f*; *(von Banknoten, Briefmarken)* emissione *f*; *(Fahrkarten~)* vendita *f*; **2.** *(Geld~)* spesa *f*; **3.** *(von Zeitschrift, Buch, Fernsehsendung)* edizione *f*; **4.** *inform* uscita *f*.

Ausgang *m* **1.** uscita *f*; **2.** *(Ende)* fine *f*, termine *m*; **3.** *(Ergebnis)* esito *m*, risultato *m*; **4.** ‹*pl*› *(ausgehende Post)* posta *f* (*o.* lettere *f pl*) in partenza; **~ haben** *(Hausangestellte, Soldaten)* avere libera uscita; **kein ~!** vietata l'uscita! **Ausgangsbasis** *f* base *f* di partenza; **eine gemeinsame ~ haben** avere una base di partenza comune. **Ausgangspunkt** *m* punto *m* di partenza. **Ausgangssprache** *f* lingua *f* di partenza. **Ausgangsstellung** *f* posizione *f* iniziale.

aus·geben ‹*irr*› **I.** *tr* **1.** *(verteilen)* distribuire; *(aushändigen)* consegnare; **2.** *(Wertpapiere)* emettere; *(Banknoten)* mettere in circolazione; *(Fahrkarten)* vendere; **3.** *(Geld)* spendere; **einen ~** *fam* pagare da bere, offrire un bicchiere; **II.** *rfl:* **sich ~** spacciarsi (*für, als* per), farsi passare (*für, als* per).

ausgedehnt *a* esteso, vasto, ampio; **ein ~er Spaziergang** una lunga passeggiata.

ausgedient *a* **1.** *(Gegenstand)* fuori uso; *(Kleidungsstück)* smesso; **2.** *mil (entlassen)* congedato.

ausgefallen *a* stravagante, strano.

ausgefranst *a* sfilacciato.

ausgeglichen *a* **1.** equilibrato; *(seelisch)* posato; **2.** *(Bilanz)* pareggiato; **3.** *(Form)* armonioso. **Ausgeglichenheit** ‹-, ø› *f* equilibrio *m*; *(seelisch)* posatezza *f*.

aus·gehen ‹*irr*› *itr* ‹*sein*› **1.** *(weggehen)* uscire, andare fuori; *(spazierengehen)* andare a passeggio; **2.** *(Haare)* cadere; **3.** *(Feuer, Zigarre)* spegnersi; **4.** *(Vorrat)* esaurirsi; *(Geld)* venire a mancare; *(Kräfte)* venir meno; **5.** *(enden)* finire, concludersi; **6.** *(herrühren)* cominciare (*von* da), iniziare (*von* da); **leer ~** rimanere a mani vuote *fam* (*o.* a bocca asciutta *fam*); **straffrei ~** rimanere (*o.* uscirne) impunito; **von falschen Voraussetzungen ~** partire da presupposti sbagliati; **mir geht die Geduld aus** perdo la pazienza; **mir geht die Puste aus** rimango senza fiato; **wir gehen abends nie aus** non usciamo mai la sera.

ausgehungert *a* affamato; **ich bin total ~** ho una fame da lupi.

ausgeklügelt ['ausgəkly:gəlt] *a* ingegnoso, ben congegnato.

ausgekocht *a fig fam pej* scaltro, furbo.

ausgelassen *a* allegro; *(wild)* scatenato. **Ausgelassenheit** *f* allegria *f*, sfrenatezza *f*.

ausgemacht *a* **1.** *(abgemacht)* convenuto, pattuito; *(sicher)* certo; **2.** *fam (vollkommen)* perfetto; **ein ~er Schurke** *fam* una perfetta canaglia *fam*; **das ist ~er Blödsinn** *fam* è una scemenza bella e buona *fam*.

ausgenommen **I.** *prp acc* eccetto, tranne, ad eccezione di; **Anwesende ~** presenti esclusi; **II.** *con:* **~, daß ...** a meno che ... *conj*, sempre che ... *conj*.

ausgeprägt *a* spiccato, marcato.

ausgerechnet *adv* proprio; **~ mir muß so etwas passieren!** doveva succedere proprio a me!

ausgeruht *a* (ben) riposato.

ausgerüstet *a* attrezzato (*mit* di), equipaggiato (*mit* di).

ausgeschlossen *a* escluso, impossibile; **~!** nemmeno per sogno! *fam*.

ausgeschnitten *a* *(Kleid)* scollato.

ausgesprochen **I.** *a* spiccato, particolare; **II.** *adv* particolarmente.

ausgestorben *a* **1.** *(Tierart)* estinto; **2.** *fig:* wie ~ deserto.

ausgesucht *a (Ware, Gesellschaft)* scelto; *(Worte)* ricercato.

ausgetreten *a (Weg)* battuto; *(Stufe)* consumato; *(Schuhe)* scalcagnato.

ausgewachsen *a* **1.** adulto, sviluppato; **2.** *(bucklig gewachsen)* deforme; **3.** *fam (sehr groß)* immane; **ein ~er Blödsinn** *fam* una stupidaggine bell' e buona *fam.*

ausgewogen *a* equilibrato, armonioso.

ausgezeichnet *a* eccellente, ottimo; *(köstlich)* squisito; **~!** perfetto!, ottimo!; **mir geht es ~** sto benissimo *fam.*

ausgiebig ['a̲usgi:bıç] *a* **1.** *(reichlich)* abbondante, copioso; **2.** *(ausgedehnt)* lungo; **~en Gebrauch von etw. machen** far largo uso di qc; **eine ~e Mahlzeit** un pasto abbondante.

aus·gießen ‹*irr*› *tr* **1.** *(Flüssigkeit)* versare; **2.** *(leeren)* vuotare.

Ausgleich ['a̲usgla̲iç] ‹-(e)s, -e› *m* **1.** *(von Gegensätzlichkeiten)* appianamento *m,* accomodamento *m;* **2.** *jur* aggiustamento *m;* **3.** *(Steuer~, Lohn~)* conguaglio *m;* **4.** *(Entschädigung)* risarcimento *m,* indennizzo *m;* **5.** *sport* pareggio *m;* **zum ~ für** in compenso di; **zum ~ Ihrer Rechnung** a saldo della vostra fattura.

aus·gleichen ‹*irr*› **I.** *tr* **1.** *(Unterschiede)* livellare; *(sozial ~)* appianare; *(Gehälter)* equiparare; *(Konto)* pareggiare, bilanciare; **2.** *(ins Gleichgewicht bringen, im Gleichgewicht halten)* equilibrare, bilanciare; **3.** *(wettmachen)* compensare; **4.** *com* saldare; **II.** *itr* **1.** *sport* pareggiare; **2.** *(vermitteln)* accomodare (*zwischen* fra), comporre (*zwischen* fra); **III.** *rfl:* **sich ~ 1.** *(sich aufheben)* equilibrarsi, bilanciarsi; **2.** *(sich mildern)* attenuarsi; **3.** *fin (Konto)* pareggiarsi, tornare in pareggio. **ausgleichend** *a* accomodante.

Ausgleichssport *m* sport *m* per tenersi in esercizio. **Ausgleichstor** *n,* **-treffer** *m* rete *f* del pareggio.

aus·gleiten ‹*irr*› *itr* ‹*sein*› scivolare.

aus·graben ‹*irr*› *tr* dissotterrare; *(a. archäologisch)* disseppelire; *(Loch a.)* scavare; *(Tote, fig)* esumare.

Ausgrabungen *f pl* scavi *m pl.*

Ausguck ['a̲usgʊk] ‹-(e)s, -e› *m* **1.** *(Stelle)* posto *m* di osservazione; **2.** *naut* coffa *f.*

Ausguß *m* **1.** *(Becken)* acquaio *m;* **2.** *(Abfluß)* scarico *m.*

aus·haben ‹*irr*› *tr fam* **1.** *(Kleidung, Schuhe)* essersi tolto (*o.* levato); **2.** *(Buch, etc.)* aver finito di leggere; **3.** *dial (ausgegessen haben)* aver finito di mangiare; *(ausgetrunken haben)* aver finito di bere; **4.** *a. itr (freihaben, bes. Schule, Unterricht)* aver finito.

aus·halten ‹*irr*› **I.** *tr* **1.** *(ertragen)* sopportare; **2.** *(standhalten)* reggere a; **3.** *(unterhalten)* mantenere; **ich halte es nicht mehr aus** non ne posso più; **es ist nicht zum Aushalten** è insopportabile; **sich von jdm ~ lassen** farsi mantenere da qu; **II.** *itr (durchhalten)* resistere.

aus·handeln *tr* negoziare.

aus·händigen ['a̲ushɛndıgən] *tr* consegnare.

Aushändigung ‹-, ø› *f* consegna *f.*

Aushang *m* avviso *m,* comunicato *m.*

aus·hängen **I.** *tr* ‹*reg*› **1.** *(Bekanntmachung)* esporre; **2.** *(Tür, Fenster)* scardinare; **II.** ‹*reg*› *rfl:* **sich ~** *(Kleidung)* stirarsi da sé; **III.** ‹*irr*› *itr* essere affisso. **Aushängeschild** *n* insegna *f;* **als ~ dienen** *fig* servire da richiamo.

aus·harren *itr* perseverare (*in* in); *(an einem Ort)* resistere.

aus·hauchen *tr* **1.** *(ausatmen)* espirare; **2.** *(Duft)* esalare; **sein Leben ~** *poet* spirare *poet.*

aus·heben ‹*irr*› *tr* **1.** *(Graben)* scavare; **2.** *(Tür)* scardinare; **3.** *(Vögel aus Nest, Verbrecher)* snidare; **4.** *(Truppen)* arruolare, reclutare.

aus·hecken ['a̲ushɛkən] *tr fam* escogitare, ideare, inventare.

aus·heilen *itr* ‹*sein*› guarire (completamente).

aus·helfen ‹*irr*› *itr* **1.** aiutare (*jdm* qu); **2.** *(einspringen)* supplire, sostituire (*jdm* qu); **jdm ~** venire in aiuto a qu; **er hat mir mit zehn DM ausgeholfen** mi ha prestato dieci marchi.

Aushilfe *f* aiuto *m;* **eine Stenotypistin zur ~** una dattilografa ausiliaria. **Aushilfskellner** *m* aiuto cameriere *m.* **Aushilfskraft** *f* supplente *mf.* **aushilfsweise** *adv* **1.** *(als Aushilfe)* per supplire; **2.** *(vorläufig)* per il momento, provvisoriamente.

aus·höhlen *tr* **1.** scavare, incavare; **2.** *fig* minare.

aus·holen *itr* **1.** *(mit dem Arm)* sollevare (*o.* alzare) il braccio (per colpire); **2.** *fig:* **weit ~** cominciare da lontano, pigliarla larga.

aus·horchen *tr:* **jdn (über etw.) ~** cercare di sapere qc da qu.

aus·kennen ‹*irr*› *rfl:* **sich ~ 1.** *(an einem Ort)* conoscere bene un posto, essere pratico di un luogo; **2.** *fig (auf einem Gebiet)* intendersi (*in, mit* di), essere esperto (*in, mit* in); **sich nicht mehr ~** non saper più dove andare; *fig* non saper più che partito prendere.

aus·klammern *tr* **1.** *mat* mettere fuori parentesi; **2.** *fig* escludere, non prendere in considerazione.

Ausklang *m* fine *f*, conclusione *f;* **zum ~ des Abends** a conclusione della serata.

ausklappbar *a* pieghevole, ribaltabile.

aus·kleiden *geh* **I.** *tr* **1.** *(entkleiden)* svestire, spogliare; **2.** *(Fläche, Raum)* ricoprire (*mit* di), rivestire (*mit* di); **II.** *rfl:* **sich ~** svestirsi, spogliarsi.

aus·klingen ‹*irr*› *itr* ‹*sein*› **1.** *(Ton)* smorzarsi, svanire, spegnersi, perdersi in lontananza; **2.** *fig* concludersi (*mit* con), finire (*mit* con); **harmonisch ~** concludersi in armonia.

aus·klopfen *tr* **1.** *(Kleider, Teppiche)* battere, spolverare; **2.** *(Pfeife)* pulire, svuotare.

aus·kneifen ‹*irr*› *itr* ‹*sein*› *fam* tagliare la coda *fam*, svignarsela *fam.*

aus·knipsen *tr fam (Licht)* spegnere.

ausknöpfbar *a* staccabile.

aus·kochen *tr* **1.** *(Fleisch, Wäsche, etc.)* far bollire; *(Saft)* estrarre bollendo; **2.** *(steril machen)* sterilizzare.

aus·kommen ‹*irr*› *itr* ‹*sein*›*:* **mit jdm ~** andare d'accordo con qu; **mit etw. ~** arrivare (*o.* campare) con qc, bastare; **mit seinem Geld ~** avere abbastanza soldi, farcela *fam;* **ohne etw. nicht ~ können** non fare a meno di qc; **wir kommen mit den Vorräten nicht aus** le provviste non ci bastano. **Auskommen** *n:* **sein ~ haben** aver di che vivere; **sein gutes ~ haben** essere in condizioni agiate; **es ist kein ~ mit ihm** con lui non si può andare d'accordo.

aus·kosten *tr* godere, gustare, assaporare.

aus·kramen *tr fam* tirar fuori.

aus·kratzen *tr* **1.** grattare via; **2.** *med (Gebärmutter)* raschiare; **jdm die Augen ~** cavare gli occhi a qu.

aus·kundschaften *tr* **1.** *(Gebiet, a. mil)* esplorare; **2.** *(Geheimnis)* indagare su.

Auskunft ['au̯skʊnft] ‹-, ⸚e› *f* **1.** informazione *f* (*über* su), ragguaglio *m* (*über* su), schiarimento *m* (*über* su); **2.** *(~sstelle)* ufficio *m* informazioni; *tel* servizio *m* informazioni; **jdn um ~ bitten** domandare informazioni a qu; **über jdn/etw. ~ einholen** assumere (*o.* prendere) informazioni su qu/qc; **nähere ~ erteilt/erteilen ...** per maggiori ragguagli rivolgersi a ...

aus·kuppeln *itr mot* disinnestare la frizione.

aus·lachen *tr* deridere, beffarsi di, burlarsi di.

aus·laden[1] ‹*irr*› *tr (Ladung, Fracht)* scaricare; *(Truppen, Passagiere)* sbarcare.

aus·laden[2] ‹*irr*› *tr (Gast)* ritirare (*o.* disdire) l'invito a.

ausladend *a* **1.** *arch* aggettante; *(a. Kinn)* sporgente; **2.** *(Handbewegung)* ampio.

Auslage *f* **1.** *(Waren)* merce *f* esposta; **2.** *(Schaufenster)* vetrina *f.*

Auslagen *f pl (Unkosten)* spese *f pl; (ausgelegtes Geld)* denaro *m* sborsato, sborso *m;* **jdm die ~ erstatten** rimborsare le spese a qu.

Ausland *n* estero *m;* **ins/im ~** all'estero; **aus dem ~** dall'estero.

Ausländer(in) ['au̯slɛndɐ (...ərɪn)] ‹-s, -› *m(f)* straniero, -a *m, f.* **ausländerfeindlich** *a* xenofobo.

Ausländerin *f s.* **Ausländer.**

ausländisch *a* straniero; *(bes. Waren, Zeitungen)* estero, proveniente dall'estero; **~e Zahlungsmittel** valuta estera.

Auslandsaufenthalt *m* soggiorno *m* all'estero. **Auslandsbeziehungen** *f pl* relazioni *f pl* (*o.* rapporti *m pl*) con l'estero. **Auslandserzeugnis** *n* prodotto *m* estero. **Auslandskorrespondent(in)** *m(f)* **1.** *(einer Zeitung)* corrispondente *mf* dall'estero; *(einer Firma)* corrispondente *mf* in lingue estere. **Auslandskrankenschein** *m* modulo *m* di cassa malattia per l'estero. **Auslandsvertretung** *f* rappresentanza *f* all'estero.

aus·lassen ‹*irr*› **I.** *tr* **1.** *(weglassen)* omettere, tralasciare; **2.** *(Fett)* struggere, sciogliere; **3.** *(Kleidung)* allargare, allungare; **seine Wut an jdm ~** sfogare la propria ira su qu; **II.** *rfl:* **sich über etw. ~** *fam* pronunciarsi su qc, esprimersi su qc.

Auslassungspunkte *m pl* puntini *m pl* di sospensione. **Auslassungszeichen** *n* apostrofo *m.*

Auslauf *m* **1.** *(Ausfließen)* efflusso *m,* scolo *m,* sfogo *m;* **2.** *(~stelle)* scarico *m,* sfogo *m;* **3.** *(von Schiff)* uscita *f,* partenza *f;* **4.** *sport (Skispringen)* pista *f* d'arrivo; **5.** *(Bewegungsfreiheit)* movimento *m.*

aus·laufen ⟨*irr*⟩ *itr* ⟨*sein*⟩ **1.** *(Flüssigkeit)* scolare, fuoriuscire; *(Farben)* spargersi, dilatarsi; **2.** *(Behälter)* svuotarsi; **3.** *naut* uscire dal porto; **4.** *(zum Stillstand kommen)* fermarsi, arrestarsi; *sport* smorzare lentamente la velocità; **5.** *(enden)* fermare, finire; *(Vertrag)* scadere; *(Produktion)* esaurirsi; **in eine Spitze ~** finire a punta.

Ausläufer *m bot* stolone *m; (von Gebirge)* contrafforte *m; meteo* diramazione *f.*

Auslaut *m* finale *f.*

aus·leben I. *tr* **1.** *(das Leben auskosten)* godere a fondo; **2.** *(entfalten)* sviluppare, estrinsecare; **II.** *rfl:* **sich ~** *(bes. sinnlich)* sfogarsi.

aus·lecken *tr* vuotare leccando.

aus·leeren *tr* vuotare.

aus·legen *tr* **1.** *(Waren)* esporre; *(Köder)* collocare; **2.** *(auskleiden)* rivestire (*mit* di); *(mit Fliesen)* piastrellare; *(mit Holz)* intarsiare; **3.** *(Geld)* sborsare; anticipare; **4.** *(deuten)* interpretare; *(erklären)* spiegare; **falsch ~** mal interpretare.

Ausleger ⟨-s, -⟩ *m* **1.** *(von Kran)* braccio *m;* **2.** *(von Boot)* fuoriscalmo *m.*

Auslegung ⟨-, -en⟩ *f (Deutung)* interpretazione *f,* commento *m; (Erklärung)* spiegazione *f; (Bibel~)* esegesi *f.*

Ausleihe ⟨-, -n⟩ *f* **1.** *(Tätigkeit)* prestito *m;* **2.** *(Raum)* servizio *m* prestito.

aus·leihen ⟨*irr*⟩ *tr* **1.** *(verleihen)* (im)prestare, dare in prestito (*jdm etw.* qc a qu); **2.** *(entleihen)* farsi prestare; **sich** *(dat)* **etw. bei (***o.* **von) jdm ~** farsi prestare qc da qu.

aus·lernen *itr (Lehrling)* finire il tirocinio; **man lernt nie aus** *prov* nella vita c'è sempre da imparare.

Auslese *f* **1.** *(Auswahl)* scelta *f; (a. biol)* selezione *f;* **2.** *(Elite)* fiore *m,* crema *f,* élite *f;* **3.** *(Wein)* vino *m* scelto.

aus·lesen ⟨*irr*⟩ *tr* **1.** *(aussondern)* selezionare, assortire; *(auswählen)* scegliere; **2.** *(zu Ende lesen)* finire (di leggere).

aus·liefern *tr* **1.** *(Ware)* consegnare; *(verteilen)* distribuire; **2.** *(Verbrecher)* consegnare nelle mani della giustizia; **3.** *(Asylanten)* estradare; **jdm/einer S. ausgeliefert sein** essere in balia di qu/qc.

Auslieferung *f* **1.** *(von Waren)* consegna *f,* distribuzione *f;* **2.** *jur* estradizione *f.*

aus·liegen ⟨*irr*⟩ *itr* **1.** *(Waren)* essere esposto; **2.** *(zur Einsichtnahme)* essere per visione; **3.** *(zur Verfügung)* essere a disposizione.

aus·löschen *tr* **1.** *(Feuer, Kerze, Licht)* spegnere; *(Feuer, Leben, Schulden)* estinguere; **2.** *(Schrift, fig)* cancellare.

aus·losen *tr* estrarre (*o.* tirare) a sorte, sorteggiare.

aus·lösen *tr* **1.** *(hervorrufen)* suscitare, destare; *(entfesseln)* scatenare; **2.** *(verursachen)* causare, provocare; **3.** *tec* azionare, far scattare, mettere in azione; **4.** *(Knochen)* togliere.

Auslöser ⟨-s, -⟩ *m* **1.** *fot* (dispositivo *m* di) scatto *m;* **2.** *fig* molla *f.*

Auslosung *f* sorteggio *m,* estrazione *f.*

aus·machen *tr* **1.** *(Feuer, Licht, Radio)* spegnere; **2.** *(verabreden)* convenire, pattuire; *(vereinbaren)* stabilire, fissare; **3.** *(sichten)* avvistare, scorgere; **4.** *(betragen)* ammontare a; *(einen Teil bilden)* formare, costituire; *(a. zum Inhalt haben)* rappresentare; **5.** *(stören)* spiacere; **das war nicht ausgemacht** non è stato convenuto; **würde es Ihnen etw. ~, wenn . . ?** Le spiacerebbe, se . . ?; **das müssen Sie mit Ihrem Gewissen ~** deve vedersela con la sua coscienza; **einen Termin ~** fissare (*o.* stabilire) un termine; **es macht (gar) nichts aus, wenn . . .** non fa niente se . . .

aus·malen I. *tr* **1.** *(Raum)* pitturare, dipingere, colorare; **2.** *fig (schildern)* dipingere, descrivere; **II.** *rfl:* **sich** *(dat)* **etw. ~** immaginarsi qc, raffigurarsi qc.

Ausmaß *n* **1.** misura *f; (a. fig)* dimensione *f;* **2.** *fig* proporzione *f,* entità *f;* **in geringem ~** in misura minima; **in großem ~** in grande misura (*o.* stile); **erschreckende ~e annehmen** assumere proporzioni allarmanti.

aus·merzen ['ausmɛrtsən] *tr* **1.** *(Unkraut, etc.)* estirpare, sdradicare; **2.** *(Fehler, etc.)* eliminare, estirpare.

aus·messen ⟨*irr*⟩ *tr* misurare, prendere le misure di.

aus·misten *tr* **1.** *(Stall)* rimuovere il letame da; **2.** *fam (Schrank, Zimmer, etc.)* mettere ordine in.

Ausnahme ['ausna:mə] ⟨-, -n⟩ *f* eccezione *f;* **mit ~ von** ad eccezione di, eccetto; **ohne ~** senza eccezione; **eine ~ bilden** costituire un'eccezione; **bei jdm eine ~ machen** fare un'eccezione per qu; **~n bestätigen die Regel** l'eccezione conferma la regola. **Ausnahmefall** *m* caso *m* eccezionale. **Ausnahmezustand** *m* **1.** *(Notzustand)* stato *m* d'emergenza; **2.** *pol (Belagerungszustand)* stato *m* d'assedio; **den ~ verhängen** proclamare lo stato d'emergenza (*über* a). **ausnahmslos** *a, adv* senza eccezione. **ausnahmsweise** *adv* in via eccezionale, eccezionalmente.

aus·nehmen ‹*irr*› **I.** *tr* **1.** *(Eier, junge Vögel, a. mil)* snidare; **2.** *(Wild, Fisch)* sventrare; *(Geflügel)* svuotare; **3.** *fam (schröpfen)* pelare; **4.** *(ausschließen)* escludere; **II.** *rfl:* **sich ~ wie** sembrare; **sich gut/schlecht ~** presentarsi bene/sfigurare.

aus·nutzen *tr (Gelegenheit)* approfittare di; *(Sache)* trarre vantaggio da; *(Mittel, Zeit)* utilizzare; *(Person)* sfruttare.

aus·packen I. *tr (Eingepacktes)* levare (*aus* da); *(Koffer)* disfare; **II.** *itr fig fam (alles sagen)* spifferare *fam,* spiattellare *fam.*

aus·pfeifen ‹*irr*› *tr* fischiare.

aus·plaudern *tr* propalare.

aus·plündern *tr (Person)* depredare, derubare; *(Land, Häuser)* saccheggiare; *(Bank, Geschäft)* svaligiare.

aus·posaunen ‹*ohne ge-*› *tr fig fam* strombezzare *fam,* gridare ai quattro venti *fam.*

aus·pressen *tr* **1.** *(Früchte, etc.)* spremere; **2.** *fig (durch Fragen)* torchiare.

aus·probieren ‹*ohne ge-*› *tr (erproben)* sperimentare; *(a. versuchen)* provare, tentare.

Auspuff ['auspʊf] ‹-(e)s, -e› *m* scappamento *m.* **Auspuffgase** *n pl* gas *m* di scappamento. **Auspuffrohr** *n* tubo *m* di scappamento.

aus·pumpen *tr (Wasser)* pompare; *(entleeren)* vuotare con la pompa; **den Magen ~** fare la lavanda gastrica.

aus·putzen *tr* ripulire.

aus·quartieren ‹*ohne ge-*› *tr* sloggiare.

aus·quetschen *tr* **1.** *(Frucht)* spremere; **2.** *fig fam (ausfragen)* torchiare.

aus·radieren ‹*ohne ge-*› *tr* **1.** *allg., fig* cancellare; **2.** *fig (völlig zerstören)* radere al suolo.

aus·rangieren ‹*ohne ge-*› *tr* eliminare, scartare.

aus·rauben *tr s.* **ausplündern.**

aus·räuchern *tr* **1.** *(Raum)* disinfestare col fumo; **2.** *(Menschen, Tiere, etc.)* cacciare col fumo.

aus·raufen *tr:* **sich** *(dat)* **die Haare ~** strapparsi i capelli.

aus·räumen *tr* **1.** *(Möbel, etc.)* rimuovere (*aus* da), sgomberare (*aus* da); **2.** *(Schrank, etc.)* vuotare; **3.** *fig (Bedenken, etc.)* eliminare; **4.** *med* fare un raschiamento di.

aus·rechnen *tr* calcolare; **das kannst du dir leicht ~** te lo puoi ben (*o.* facilmente) immaginare.

Ausrede *f* **1.** *(Entschuldigung)* scusa *f;* **2.** *(Vorwand)* pretesto *m;* **nur keine ~n!** niente scuse!; **faule ~** *fam* misera scusa *fam;* **nie um eine ~ verlegen sein** avere sempre una scusa pronta *fam.*

aus·reden I. *tr:* **jdm etw. ~** sconsigliare qc a qu, dissuadere qu dal fare qc, smuovere qu da qc; **II.** *itr* finire di parlare; **jdn nicht ~ lassen** non lasciar finire il discorso a qu.

aus·reichen *itr* bastare, essere sufficiente. **ausreichend** *a* sufficiente; *(Schulnote)* ≃ sei.

aus·reifen *itr* ‹*sein*› maturare (completamente).

Ausreise *f* **1.** *(Grenzübertritt)* passaggio *m* di confine; **2.** *(Verlassen des Landes)* espatrio *m;* **jdm die ~ verweigern** negare l'espatrio a qu. **Ausreiseerlaubnis** *f,* **-genehmigung** *f* permesso *m* d'espatrio.

aus·reißen ‹*irr*› **I.** *tr* ‹*haben*› *(Haare, Unkraut)* strappare; *(mit Wurzeln)* sdradicare; *(Zähne)* cavare, estrarre; **er reißt sich** *(dat)* **kein Bein aus** *fam* non c'è pericolo che si ammazzi; **ich könnte Bäume ~** *fam* ho una forza da leone; **II.** *itr* ‹*sein*› **1.** *(sich abtrennen)* staccarsi; *(einreißen)* strapparsi; **2.** *fam (weglaufen)* scappare, darsela a gambe *fam.*

Ausreißer(in) ‹-s, -› *m(f)* scappato, -a *m, f* di casa.

aus·reiten ‹*irr*› *itr* ‹*sein*› uscire a cavallo.

aus·renken ['ausrɛŋkən] *tr* slogare, lussare; **sich** *(dat)* **den Arm/Hals ~** slogarsi il braccio/torcersi il collo.

aus·richten I. *tr* **1.** *(in eine Reihe stellen)* allineare; **2.** *(übermitteln)* portare; **3.** *(veranstalten)* allestire; **4.** *(erreichen)* ottenere (*bei jdm* da (*o.* presso) qu); **etw. ~** *(zuwege bringen)* concludere qc, riuscire a fare qc; **kann ich etw. ~?** posso fare un'ambasciata?; **richte ihm aus, daß ...** digli da parte mia che ...; **richten Sie ihm einen Gruß von mir aus** lo saluti da parte mia; **II.** *rfl:* **sich ~** *mil, fig* allinearsi, schierarsi.

Ausrichtung *f* orientamento *m.*

Ausritt *m* cavalcata *f;* *(Spazierritt)* passeggiata *f* a cavallo.

aus·rollen I. *tr* ‹*haben*› srotolare; *(Kabel)* svolgere; *(Teig)* spianare; **II.** *itr* ‹*sein*› *(Flugzeug)* rullare fino ad arrestarsi; *(Fahrzeug)* fermarsi.

aus·rotten ['ausrɔtən] *tr* **1.** *(Pflanze,*

etc.) estirpare, sradicare; **2.** *fig (vernichten)* sterminare, distruggere.
Ausrottung ‹-, ø› *f* **1.** *(von Pflanze, etc.)* estirpazione *f;* **2.** *fig (Vernichtung)* sterminio *m,* eliminazione *f.*
aus·rücken I. *tr* ‹*haben*› *tec* disinserire, disinnestare; **II.** *itr* ‹*sein*› **1.** *mil* mettersi in marcia, partire; **2.** *fam (weglaufen)* scappare.
Ausruf *m* grido *m; (mit Worten)* esclamazione *f.*
aus·rufen ‹*irr*› **I.** *itr* esclamare; **II.** *tr* **1.** *(bekanntgeben)* annunciare; **2.** *(Waren, Zeitungen)* offrire ad alta voce; **3.** *(proklamieren)* proclamare; **jdn zum König ~** proclamare qu re.
Ausrufer ‹-s, -› *m (amtlich)* banditore *m; (Verkäufer)* strillone *m.*
Ausrufezeichen *n gram* punto *m* esclamativo.
Ausrufung ‹-, -en› *f* proclamazione *f.*
Ausrufungszeichen *n s.* **Ausrufezeichen.**
aus·ruhen I. *tr (Beine, Arme)* riposare; **II.** *rfl:* **sich ~ 1.** riposarsi (*von* da); **2.** *(ausspannen)* rilassarsi.
aus·rüsten *tr* equipaggiare (*mit* di); *fig* munire (*mit* di).
Ausrüstung *f* **1.** *(Vorgang)* equipaggiamento *m;* **2.** *naut, mil* armamento *m.*
aus·rutschen *itr* ‹*sein*› sdrucciolare, scivolare; **ich bin ausgerutscht** ho fatto uno sdrucciolone, sono scivolato.
Ausrutscher ‹-s, -› *m fam* scivolone *m fam.*
Aussaat *f* semina *f.*
aus·säen *tr* seminare.
Aussage *f* **1.** *(Behauptung)* dichiarazione *f,* affermazione *f;* **2.** *jur* deposizione *f,* testimonianza *f;* **3.** *fig (von Kunstwerk, etc.)* messaggio *m;* **bei seiner ~ bleiben** mantenere la propria deposizione; **eine falsche ~ machen** deporre il falso; **die ~ verweigern** rifiutare la deposizione; **seine ~ widerrufen** ritrattare la propria deposizione; **~ gegen ~** la parola di uno contro quella di un altro; **nach jds ~** a detta di qu. **Aussagekraft** *f* forza *f* espressiva.
aus·sagen *tr* **1.** *(ausdrücken)* esprimere; *(a. Kunstwerk)* dire; **2.** *jur* deporre (*über* su), testimoniare (*über* su); **3.** *(Meinung)* dichiarare, affermare; **für/gegen jdn ~** deporre per/contro qu; **unter Eid ~** deporre sotto giuramento.
Aussagesatz *m* proposizione *f* enunciativa.
Aussatz ['auszats] ‹-es, ø› *m* lebbra *f.*
aussätzig ['auszɛtsɪç] *a* lebbroso. **Aussätzige** ‹ein -r, -n, -n› *mf* lebbroso, -a *m, f.*
aus·saugen ‹*irr o. reg*› *tr* **1.** *(Saft, Wunde)* succhiare; **2.** *fig (ausbeuten)* dissanguare.
aus·schachten *tr (Erde, Grube)* scavare.
aus·schalten *tr* **1.** *(Licht, Radio)* spegnere; *(Strom)* interrompere; *mot* disinserire; **2.** *fig* escludere; *(Gegner, Fehlerquelle)* eliminare.
Ausschank ['ausʃaŋk] ‹-(e)s, ⸚e› *m* **1.** *(Ausschenken)* mescita *f;* **2.** *(Gastwirtschaft)* osteria *f,* bar *m fam; (Bier~)* birreria *f;* **3.** *(Schanktisch)* banco *m* di mescita.
Ausschau *f:* **nach jdm/etw. ~ halten** cercare qu/qc con gli occhi.
aus·schauen *itr* **1. : nach jdm ~** cercare qu con gli occhi; **2.** *dial s.* **aussehen.**
aus·scheiden ‹*irr*› **I.** *tr* ‹*haben*› **1.** *(Körper)* espellere; *(Drüsen)* secernere; **2.** *(aussondern)* eliminare; *(a. chem)* separare; **II.** *itr* ‹*sein*› **1.** *(aus Verein)* uscire (*aus* da), ritirarsi (*aus* da); *(aus Firma)* lasciare; **2.** *sport* essere eliminato; **aus einem Amt ~** ritirarsi (*o.* dimettersi) da un ufficio; **das scheidet aus** *(kommt nicht in Betracht)* questo è fuori discussione.
Ausscheidung *f* **1.** escrezione *f; (Aussondern)* eliminazione *f;* **2.** *sport (~skampf)* gara *f* elimintoria *f;* **3.** ‹*pl*› escrementi *m pl.* **Ausscheidungskampf** *m* gara *f* eliminatoria. **Ausscheidungsspiel** *n* partita *f* eliminatoria.
aus·schenken *tr* **1.** *(im Lokal)* vendere; **2.** *(ausgießen)* versare.
aus·scheren *itr* ‹*sein*› **1.** *mot* uscire dalla colonna; **2.** *fig* deviare.
aus·schicken *tr* **1.** mandare (*nach etw./jdm* in cerca di qc/qu); **2.** *(Truppen)* spedire.
aus·schiffen I. *rfl:* **sich ~** sbarcare; **II.** *tr (Waren)* scaricare.
aus·schimpfen *tr* sgridare.
aus·schlachten *tr* **1.** *(Tier)* sventrare; **2.** *(Auto, Maschine)* rottamare; **3.** *fig fam (ausnutzen)* sfruttare.
aus·schlafen ‹*irr*› **I.** *itr, rfl:* **sich ~** dormire abbastanza, fare una bella dormita; **II.** *tr:* **seinen Rausch ~** smaltire la sbornia.
Ausschlag *m* **1.** *med (Haut~)* eruzione *f* (cutanea); **2.** *(von Waage)* tracollo *m; (von Pendel)* oscillazione *f; (von Kompaß)* deviazione *f;* **einer S. den ~ geben** essere decisivo per qc.
aus·schlagen ‹*irr*› **I.** *tr* ‹*haben*›

1. *(Zahn, Auge)* cavare; 2. *(mit Stoff, etc.)* rivestire (*mit* di), foderare (*mit* di); 3. *fig (ablehnen)* respingere, rifiutare; **II.** *itr* 1. ⟨*haben*⟩ *(Pferd)* tirare calci; 2. ⟨*haben o. sein*⟩ *(Waage)* tracollare; *(Zeiger)* deviare; *(Pendel)* oscillare; 3. ⟨*haben o. sein*⟩ *bot (keimen)* germogliare, spuntare.

ausschlaggebend *a* decisivo, determinante.

aus·schließen ⟨*irr*⟩ *tr* 1. chiudere (*o.* lasciar) fuori; 2. *(nicht teilhaben lassen)* escludere (*von* da); *(ausstoßen)* espellere (*aus* da), scacciare (*aus* da); 3. *(Zweifel, etc.)* eccettuare; **um Mißverständnisse auszuschließen, ...** per evitare malintesi ...

ausschließlich **I.** *a* esclusivo; **II.** *adv (nur)* esclusivamente, soltanto, solamente; **~ der Kosten** escluse le spese.

aus·schlüpfen *itr* ⟨*sein*⟩ *(aus Ei)* sgusciare, uscire dall'uovo.

Ausschluß *m* esclusione *f; (Partei~)* espulsione *f;* **unter ~ der Öffentlichkeit** a porte chiuse.

aus·schmücken *tr* ornare (*mit* di), adornare (*mit* di); *fig (Erzählung)* infiorare, abbellire.

Ausschmückung ⟨-, -en⟩ *f* decorazione *f,* addobbo *m,* ornamento *m; fig (von Erzählung)* amplificazione *f.*

aus·schneiden ⟨*irr*⟩ *tr* 1. *(her~)* tagliare fuori; *(a. durch Her~ herstellen)* ritagliare; 2. *(Bäume)* portare; 3. *(dekolletieren)* scollare.

Ausschnitt *m* 1. *(Teil)* frammento *m,* squarcio *m; (Film~)* sequenza *f; (Gemälde~)* dettaglio *m; (Zeitungs~)* ritaglio *m;* 2. *(Kleider~)* scollatura *f;* **ein Kleid mit tiefem ~** un abito con una profonda scollatura.

aus·schöpfen *tr* 1. *(Wasser)* cavar fuori, attingere; 2. *(leeren)* vuotare; *(Boot)* aggottare; 3. *fig (Thema)* esaurire; **alle Möglichkeiten ~** sfruttare tutte le possibilità.

aus·schreiben ⟨*irr*⟩ *tr* 1. *(Wort, Zahl)* scrivere in (tutte) lettere; *(Namen)* scrivere per intero; 2. *(Rechnung, Wechsel)* emettere; 3. *(Stelle, Amt)* mettere a concorso; *(Wahlen)* indire; **einen Wettbewerb ~** bandire un concorso.

Ausschreibung *f (von Wettbewerb)* bando *m; (von Stelle)* concorso *m; (von Bauvorhaben)* appalto *m.*

Ausschreitung ⟨-, -en⟩ *f* atto *m* di violenza; **es kam zu ~en** si giunse a eccessi di violenza.

Ausschuß *m* 1. *(Kommission)* commissione *f; (Komitee)* comitato *m;* 2. *(minderwertige Ware)* merce *f* (*o.* roba *f*) di scarto; **einen ~ einsetzen** nominare una commissione. **Ausschußmitglied** *n* membro *m* di una commissione. **Ausschußware** *f* merce *f* di scarto.

aus·schütteln *tr* scuotere, sbattere.

aus·schütten *tr* 1. *(Flüssigkeit)* versare; *(verschütten)* rovesciare; 2. *(Gefäß)* vuotare; 3. *(Dividende)* distribuire, pagare; **jdm sein Herz ~** aprire il cuore a qu, sfogarsi con qu; **sich vor Lachen ~** sganasciarsi dalle risa *fam.*

Ausschüttung ⟨-, -en⟩ *f fin* distribuzione *f.*

ausschweifend *a* 1. *(Phantasie)* sfrenato; 2. *(sittenlos)* licenzioso, dissoluto; **ein ~es Leben führen** fare una vita sregolata.

Ausschweifung ⟨-, -en⟩ *f* 1. *(Maßlosigkeit)* sfrenatezza *f;* 2. *(Sittenlosigkeit)* dissolutezza *f,* sregolatezza *f.*

ausschwenkbar *a* girevole.

aus·sehen ⟨*irr*⟩ *itr* 1. apparire; 2. *(scheinen)* avere l'aspetto (*wie/als ob* di/di *inf*), aver l'aria (*wie/als ob* di/di *inf*); sembrare (*wie jd/etw.* qu/qc), parere (*wie/als ob* qualche *conj*); *(ähnlich sein)* (ras)somigliare (*wie jd* a qu); **gesund ~** aver l'aspetto sano; **schlecht ~** aver un brutto aspetto; *fig* andar male; **er/sie sieht gut aus** è un bell'uomo/è una bella donna; **vergnügt ~** aver l'aria allegra; **er sieht jünger/älter aus, als er ist** pare più giovane/vecchio di quello che è; **es sieht ganz danach aus, als ob ...** pare proprio che ... *conj;* **es sieht nach Regen aus** pare che voglia piovere; **es sieht nicht gut für ihn aus** le cose non gli vanno bene *fam;* **so siehst du aus!** *fam iron* ti piacerebbe! *fam;* **wie siehst du denn aus?** come ti sei conciato? *fam.*

Aussehen ⟨-s, ø⟩ *n* 1. *(äußere Erscheinung)* aspetto *m;* 2. *(Anschein)* apparenza *f;* **nach dem ~ zu urteilen** a giudicare dall'apparenza.

aus·sein ⟨*irr*⟩ *itr* ⟨*sein*⟩ *fam* 1. *(zu Ende sein)* essere finito; 2. *(Licht, Ofen, Radio, etc.)* essere spento; 3. *(ausgegangen sein)* essere uscito; 4. *sport* essere fuori (campo); **mit dem schönen Leben ist es aus** la bella vita è finita; **zwischen uns ist es aus** fra noi è finita; **auf etw. ~** mirare a qc.

außen ['au̯sən] *adv* fuori, di fuori, all'esterno; **nach ~ (hin)** all'infuori, all'esterno, verso l'esterno; **von ~** dal di fuori, dall'esterno; **von innen nach ~** dall'interno all'esterno. **Außenaufnahmen** *f pl* esterni *m pl;* **~ machen** girare gli esterni. **Außenbe-**

zirk *m* quartiere *m* di periferia, sobborgo *m*. **Außenbordmotor** *m* (motore *m*) fuoribordo *m*.

aus·senden ‹*irr o. reg*› *tr* **1.** *(Boten, Kundschafter)* inviare; **2.** *radio* trasmettere.

Außendienst *m* servizio *m* esterno. **Außendienstmitarbeiter(in)** *m(f)* collaboratore, -trice *m, f* esterno, -a. **Außenhafen** *m* avamporto *m*. **Außenhandel** *m* commercio *m* estero. **Außenminister(in)** *m(f)* ministro *m* degli esteri; *(der USA)* segretario *m* di stato; *(von Großbritannien)* segretario *m* degli esteri. **Außenministerium** *n* ministero *m* degli esteri. **Außenpolitik** *f* politica *f* estera. **außenpolitisch** *a* di politica estera; **~e Lage** situazione internazionale. **Außenseite** *f* lato *m* esterno; *(von Haus, fig)* facciata *f*. **Außenseiter(in)** ‹-s, -› *m(f) allg., sport* outsider *m; (gesellschaftlich)* uomo *m* appartato, donna *f* appartata. **Außenspiegel** *m* specchietto *m* (*o.* retrovisore *m*) esterno. **Außenstände** [-ʃtɛndə] ‹*pl*› crediti *m pl;* **~ einziehen** riscuotere dei crediti. **Außenstehende** ‹ein -r, -n, -n› *mf* estraneo, -a *m, f*. **Außenstürmer(in)** *m(f)* ala *f*. **Außentemperatur** *f* temperatura *f* esterna. **Außenwelt** *f* mondo *m* esterno. **Außenwinkel** *m* angolo *m* esterno.

außer ['au̯sɐ] **I.** *prp dat, rar gen* **1.** *(ausgenommen)* all'infuori di, eccetto, tranne; **2.** *(neben)* oltre; *(zusätzlich zu)* in aggiunta a; **3.** *(örtlich)* fuori; **~ Betrieb, ~ Dienst** fuori servizio; **~ Haus** fuori casa; **~ sich** *(dat)* **sein** essere fuori di sé (*vor Freude* dalla gioia) *fam; (vor Zorn)* essere fuori dai gangheri *fam;* **II.** *con:* **~ wenn ...** a meno che (non) ... *conj;* **~ daß ...** salvo (*o.* tranne) che ... *conj.* **außerberuflich** *a* al di fuori della professione. **außerdem** ['au̯sɐde:m *o.* ...'de:m] *adv* oltre a ciò, inoltre, in più. **außerdienstlich** *a, adv* fuori servizio.

äußere *s.* **äußere(r, s)**.

Äußere ['ɔy̆sərə] ‹ein -s, -n, ø› *n* aspetto *m* esteriore, apparenza *f;* **ein angenehmes ~s haben** avere un aspetto piacevole.

äußerer *s.* **äußere(r, s)**.

außerehelich *a (Geschlechtsverkehr, etc.)* extraconiugale; *(Kind)* illegittimo, naturale.

äußere(r, s) ['ɔy̆sərə] *a* **1.** *(von, nach draußen)* esteriore; **2.** *(außen befindlich, von außen kommend)* esterno, -a; **3.** *(auswärtig)* estero, -a.

außergewöhnlich ['au̯sɐgə'vø:nlɪç] *a* insolito, eccezionale, straordinario.

außerhalb **I.** *adv (draußen)* fuori; **~ wohnen** abitare fuori città; **II.** *prp gen* (al di) fuori di; **~ der Arbeitszeit** al di fuori dell'orario di lavoro.

äußerlich *a* **1.** esteriore; **2.** *(scheinbar)* apparente; **3.** *fig, med* superficiale; **zum ~en Gebrauch!** per uso esterno!; **rein ~ betrachtet** considerato solo esteriormente. **Äußerlichkeit** ‹-, -en› *f* esteriorità *f;* **das sind doch nur ~en!** sono solo formalità!

äußern ['ɔy̆sɐn] **I.** *tr (aussprechen)* esprimere, esternare; **II.** *rfl:* **sich ~ 1.** *(sich zeigen)* manifestarsi; **2.** *(seine Meinung sagen)* esprimersi (*über* su), pronunciarsi (*über* su).

außerordentlich ['au̯sɐ'ʔɔrdəntlɪç] **I.** *a* **1.** *(ungewöhnlich)* straordinario, insolito; **2.** *(herausragend)* eccezionale, fuori del comune; **~er Professor** professore straordinario; **~e Sitzung** seduta straordinaria; **II.** *adv* **1.** *(besonders)* particolarmente; *(sehr)* molto, oltremodo; **2.** *(hervorragend)* eccezionalmente.

außerparlamentarisch *a* extraparlamentare; **die ~e Opposition** (*ab* **APO, Apo**) l'opposizione extraparlamentare. **außerplanmäßig** *a* fuori programma; *(Professor)* fuori organico.

äußerst ['ɔy̆sɐst] *adv* estremamente, quanto mai; *(sehr)* molto, oltremodo.

außerstande [-'ʃtandə] *adv:* **~ sein, etw. zu tun** non essere in grado (*o.* essere incapace) di fare qc.

äußerste *s.* **äußerste(r, s)**.

Äußerste ‹ein -s, -n, ø› *n* estremo *m;* **aufs ~ gefaßt sein** aspettarsi il peggio; **bis zum ~n gehen** andare fino all'estremo; **etw. aufs ~ treiben** spingere qc fino all'estremo; **jdn zum ~n treiben** fare perdere la pazienza a qu.

äußerste(r, s) ‹*Superlativ von* äußere› *a* estremo, -a; **am ~n Ende** all'estremità; **mit ~r Anstrengung** con il massimo sforzo; **von ~r Wichtigkeit** di estrema importanza.

Äußerung ‹-, -en› *f* **1.** *(Ausspruch)* dichiarazione *f*, asserzione *f; (Bemerkung)* osservazione *f*, commento *m;* **2.** *(Zeichen)* espressione *f*, manifestazione *f*.

aus·setzen **I.** *tr* **1.** *(Kind)* esporre, abbandonare; *(Boot)* calare; **2.** *(preisgeben)* esporre, abbandonare; **3.** *(Belohnung)* istituire; *(Erbe)* destinare; **4.** *jur (Strafe)* sospendere; **5.** *(be-*

mängeln) criticare (*etw. an jdm* qu per qc); avere da ridire su (*etw. an jdm* qc di qu); **an allem etw. auszusetzen haben** trovare da ridire su tutto; **jdn der Gefahr/dem Gelächter ~** esporre qu al pericolo/alle risa; **eine Strafe zur Bewährung ~** sospendere condizionalmente la pena; **auf seinen Kopf sind 10.000 DM ausgesetzt** sulla sua testa pende una taglia di 10.000 DM; **II.** *itr* **1.** *(stocken)* arrestarsi, fermarsi; *mot* perdere colpi; **2.** *(unterbrechen)* cessare (*mit etw.* qc), smettere (*mit etw.* qc); *(zeitweise)* sospendere (*mit etw.* qc); **einen Tag mit der Arbeit ~** sospendere il lavoro per un giorno. **Aussetzen** ‹-s, ø› *n* interruzione *f*, cessazione *f; (a. jur)* sospensione *f.*

Aussetzung ‹-, -en› *f* **1.** *(von Kind)* esposizione *f*, abbandono *m; (von Boot)* calare *m* in mare; **2.** *(von Preis)* istituzione *f; (von Summe, Erbe)* assegnazione *f;* **3.** *jur (von Urteil)* differimento *m.*

Aussicht *f* **1.** *(Blick)* vista *f* (*auf* su), veduta *f* (*auf* su); **2.** *(Fernsicht)* panorama *m;* **3.** *fig (Zukunftsmöglichkeit)* prospettiva *f; (Chance)* probabilità *f; (Hoffnung)* speranza *f;* **mit schöner ~** con bella vista; **etw. in ~ haben** avere in vista qc, aspettarsi qc; **gute/wenig ~en haben** *fig* avere buone/poche probabilità; **jdm etw. in ~ stellen** fare sperare qc a qu; **~ auf Erfolg haben** avere probabilità di successo. **aussichtslos** *a* **1.** senza speranza; *(Lage)* disperato; **2.** *(ohne Zukunftsmöglichkeit)* senza prospettive per l'avvenire. **Aussichtslosigkeit** ‹-, ø› *f* **1.** *(von Lage)* condizione *f* disperata; **2.** *(ohne Möglichkeiten)* mancanza *f* di prospettive; **3.** *(Vergeblichkeit)* inutilità *f.* **aussichtsreich** *a* ricco di prospettive (*o.* di belle speranze), promettente, che promette bene. **Aussichtsturm** *m* torre *f* panoramica, belvedere *m.*

Aussiedler(in) *m(f)* evacuato, -a *m, f.*

Aussiedlung *f* evacuazione *f.*

aus·söhnen ['a̲uszø:nən] **I.** *rfl:* **sich mit jdm ~** riconciliarsi con qu, fare la pace con qu; **II.** *tr:* **jdn mit jdm ~** conciliare (*o.* pacificare) qu con qu.

Aussöhnung ‹-, -en› *f* riconciliazione *f.*

aus·sortieren ‹*ohne ge-*› *tr* **1.** *(ausscheiden)* scartare; **2.** *(auswählen)* selezionare, scegliere.

aus·spannen **I.** *tr* **1.** (di)stendere; *(a. Flügel, Segel)* spiegare; *(Seil)* tendere; **2.** *(Pferd)* staccare; **3.** *fig fam:* **jdm etw. ~** soffiare qc a qu *fam;* **einen Bogen aus der Schreibmaschine ~** levare un foglio dalla macchina da scrivere; **II.** *itr (ausruhen)* concedersi un po' di riposo; *(sich entspannen)* rilassarsi.

aus·sperren *tr* **1.** chiudere fuori; **2.** *(Arbeiter)* effettuare la serrata di.

Aussperrung *f* serrata *f.*

aus·spielen **I.** *tr* **1.** *(Karte)* buttare in tavola, gettare, giocare; **2.** *(Pokal)* mettere in palio; **3.** *(zu Ende spielen)* finire di giocare; *mus* finire di suonare; **4.** *sport (besiegen)* superare; **jdn gegen jdn ~** servirsi di qu contro qu; **II.** *itr (im Kartenspiel)* avere la mano; **wer spielt aus?** a chi tocca la mano?

aus·spionieren ‹*ohne ge-*› *tr* **1.** *(Pläne, etc.)* venir a sapere (a forza di spiare); **2.** *(Person)* spiare.

Aussprache *f* **1.** *ling* pronuncia *f; (Tonfall)* accento *m;* **2.** *(klärendes Gespräch)* spiegazione *f*, discussione *f.*

aus·sprechen ‹*irr*› **I.** *tr* **1.** *(zum Ausdruck bringen)* esprimere; *(äußern)* manifestare; **2.** *(lautlich wiedergeben, a. Urteil)* pronunciare; *(artikulieren)* articolare; **sprich dieses Wort bitte deutlicher aus!** pronuncia questa parola più chiaramente, per favore!; **II.** *itr (zu Ende sprechen)* finire di parlare; **III.** *rfl:* **sich ~ 1.** *(seine Meinung sagen)* esprimersi, esprimere un giudizio (*über* su, intorno a); **2.** *(sein Herz ausschütten)* aprire il cuore, sfogarsi; **sich für/gegen jdn/etw. ~** dichiararsi a favore di/contro qu/qc; **sich mit jdm ~** discutere con qu su qc; *(zur Klärung von Meinungsverschiedenheiten)* avere una spiegazione con qu.

Ausspruch *m* **1.** *(Sinnspruch)* detto *m*, massima *f;* **2.** *(Bemerkung)* osservazione *f.*

aus·spucken *tr* **1.** sputare; **2.** *fig fam (Produkte, Geld, etc.)* sfornare *fam*, buttare fuori *fam.*

aus·spülen *tr* **1.** sciacquare, risciacquare; **2.** *geol* dilavare.

aus·staffieren ['a̲usʃtafi:rən] ‹*ohne ge-*› *tr* **1.** *(ausstatten)* fornire (*mit* di), munire (*mit* di); **2.** *(einrichten)* arredare; *(ausschmücken)* addobbare; **3.** *(herausputzen)* azzimare.

Ausstand *m (Streik)* sciopero *m;* **in den ~ treten** scendere in sciopero; **im ~ sein** essere in sciopero.

aus·stanzen *tr tec* punzonare.

aus·statten ['a̲usʃtatən] *tr* **1.** *(ausrüsten)* dotare (*mit* di), attrezzare (*mit*

di), equipaggiare (*mit* con); **2.** *(versehen)* fornire (*mit* di), provvedere (*mit* di); **3.** *(einrichten)* arredare; *(Buch)* corredare; **mit einem Recht ~** investire di un diritto.
Ausstattung ‹-, -en› *f* **1.** *(Ausrüstung)* equipaggiamento *m; (mit Geräten, Werkzeugen)* dotazione *f; (des Labors)* corredo *m;* **2.** *(Einrichtung)* arredamento *m;* **3.** *(von Buch)* veste *f* tipografica.
aus·stechen ‹*irr*› *tr* **1.** *(Graben)* scavare; *(Rasen, Torf, Teig)* tagliare; **2.** *fig (übertreffen)* superare; *(verdrängen)* soppiantare. **Ausstechform** *f gastr* stampo *m* per la pasta.
aus·stehen ‹*irr*› **I.** *tr (ertragen)* sopportare, soffrire; **große Angst ~** provare grande paura; **jdn nicht ~ können** non poter sopportare (*o.* soffrire) qu; **II.** *itr (fehlen)* mancare; **die Antwort steht noch aus** manca ancora la risposta; **diese Rechnung steht noch aus** questa fattura non è ancora pagata.
aus·steigen ‹*irr*› *itr* ‹*sein*› **1.** scendere (*aus* da), smontare (*aus* da); **2.** *fam (aus Geschäft, Gesellschaft)* uscire (*aus* da); **alles ~!** tutti devono scendere!
Aussteiger(in) ‹-s, -› *m(f)* drop-out *mf.*
aus·stellen *tr* **1.** *(Waren, Kunstwerke)* esporre; **2.** *(ausschalten)* disinnestare, fermare; **3.** *(Paß, Zeugnis, Quittung)* rilasciare; *(Rechnung, Scheck)* emettere; *(Rezept)* fare; *(Urkunde)* stendere, redigere; *(Wechsel)* trarre, emettere (*auf jdn* sopra qu).
Aussteller(in) ‹-s, -› *m(f)* **1.** *(auf Messe, Ausstellung)* espositore, -trice *m, f;* **2.** *(von Scheck, Wechsel)* emittente *mf,* traente *mf; (von Urkunde)* estensore *m.*
Ausstellung *f* **1.** esposizione *f,* mostra *f;* **2.** *(von Schriftstück)* stesura *f; (von Paß)* rilascio *m, (von Scheck, Wechsel)* emissione *f.* **Ausstellungshalle** *f* sala *f* d'esposizione. **Ausstellungsstand** *m* stand *m.* **Ausstellungsstück** *n* oggetto *m* di esposizione.
aus·sterben ‹*irr*› *itr* ‹*sein*› *(Art, Familie)* estinguersi; *(Beruf)* scomparire.

Aussteuer ‹-, -n› *f* corredo *m.*
Ausstieg ['ausʃti:k] ‹-(e)s, -e› *m* lato *m* da cui si scende, uscita *f; (aus Gesellschaft, etc.)* uscita *f.*
aus·stopfen *tr (Tiere)* impagliare, imbalsamare; *(Kissen)* imbottire, riempire.
Ausstoß *m* **1.** *(in der Wirtschaft)* produzione *f* (*an* di); **2.** *tec* getto *m.*
aus·stoßen ‹*irr*› *tr* **1.** gettare fuori; *(Vulkan)* eruttare; *anat* espellere; **2.** *(Seufzer)* mandare; *(Fluch)* prorompere in; *(Drohung)* proferire; *(Schrei)* emettere; **3.** *(Auge, etc.)* cavare (con un pugno); **4.** *(herstellen)* produrre, mandar fuori; *(auf den Markt bringen)* immettere sul mercato; **5.** *(ausschließen, verbannen)* bandire, cacciar via, espellere; **jdn aus einer Gemeinschaft ~** espellere qu da una comunità.
aus·strahlen *tr* **1.** *(Wärme, Licht, a. fig)* irradiare; **2.** *radio, TV* trasmettere, mettere in onda; **3.** *fig* emanare, diffondere.
Ausstrahlung *f* **1.** *allg.* emanazione *f; (von Licht, Wärme)* diffusione *f; phys* (ir)radiazione *f;* **2.** *radio, TV* trasmissione *f,* messa *f* in onda, diffusione *f;* **3.** *fig (Wirkung)* influsso *m,* influenza *f.*
aus·strecken **I.** *tr (Arm, Bein)* (di)stendere, allungare; *(Hand)* stendere (*nach* verso); *(Fühler)* tendere, allungare; *(Zunge)* mostrare; **II.** *rfl:* **sich ~** sdraiarsi, (di)stendersi.
aus·streichen ‹*irr*› *tr* **1.** *(Geschriebenes)* cancellare; **2.** *(mit Fett)* ungere; *(mit Butter)* imburrare.
aus·streuen *tr* **1.** spargere; **2.** *(bestreuen)* cospargere (*mit* di); **3.** *(Gerüchte)* diffondere.
aus·strömen **I.** *itr* ‹*sein*› **1.** *(Wasser)* sgorgare; *(Gas)* fuoriuscire; *(Duft, Dampf)* esalare; **2.** *fig* emanare; **II.** *tr* ‹*haben*› **1.** *(Wärme)* emettere, emanare; *(Licht)* diffondere; **2.** *fig* emanare.
aus·suchen *tr* scegliere.
Austausch *m* **1.** *allg., fig* scambio *m* (*von* di); **2.** *tec* sostituzione *f.* **austauschbar** *a* intercambiabile.
aus·tauschen *tr* **1.** *(ersetzen)* sostituire (*durch* con); **2.** *(tauschen)* scambiare (*gegen* contro, per).
Austauschmotor *m* motore *m* di ricambio. **Austauschschüler(in)** *m(f)* allievo, -a *m, f* di uno scambio.
aus·teilen *tr* **1.** *(verteilen)* distribuire; **2.** *(zuteilen)* assegnare; *(Befehle, Segen)* impartire; *(Ohrfeigen)* somministrare.
Auster ['auste] ‹-, -n› *f* ostrica *f.* **Austernbank** ‹-, -bänke› *f* banco *m* d'ostriche. **Austernzucht** *f* ostricoltura *f.*
aus·toben *rfl:* **sich ~** sfogarsi.
aus·tragen ‹*irr*› *tr* **1.** *(Brot, Milch)* portare nelle case; *(Briefe)* recapitare;

(Zeitungen) distribuire; **2.** *sport* disputare; *(Streit)* decidere; **ein Kind ~** portare a compimento una gravidanza.

Austragungsort *m* luogo *m* di disputa.

Australien [aus'tra:liən] *n* Australia *f.*

Australier(in) ‹-s, -› *m(f)* australiano, -a *m, f.*

australisch *a* australiano.

aus·treiben ‹*irr*› **I.** *tr* **1.** *(Kühe)* condurre al pascolo; **2.** *(vertreiben)* scacciare (*aus* da), espellere (*aus* da); **3.** *(exorzieren)* esorcizzare, scacciare; **4.** *fig (abgewöhnen)* far perdere l'abitudine di, togliere il vizio di; **ich werde dir deine Frechheit schon ~!** ti farò passare la tua insolenza!; **II.** *itr (Pflanzen)* germogliare.

aus·treten ‹*irr*› **I.** *itr* ‹*sein*› **1.** *(aus Gemeinschaft)* uscire (*aus* da), ritirarsi (*aus* da), lasciare (*aus etw.* qc); **2.** *fam (zur Toilette gehen)* andare in bagno (*o.* al gabinetto); **3.** *(Blut)* sgorgare (*aus* da), travasarsi (*aus* da); *(Gas)* fuoriuscire (*aus* da); **aus der Kirche ~** uscire dalla chiesa; **aus der Partei ~** lasciare il partito; **ich muß mal ~** *fam* devo andare al gabinetto; **II.** *tr* ‹*haben*› **1.** *(Feuer, etc.)* spegnere con i piedi; **2.** *(Schuhe)* allargare (camminando); *(Treppe)* consumare (a furia di camminarvi sopra); *(Pfad)* battere.

Austritt *m* **1.** ritiro *m* (*aus* da); *(aus Amt)* dimissioni *f pl* (*aus* da); **2.** *(von Gas)* fuoruscita *f,* fuga *f; med* uscita *f; (von Blut)* travaso *m.* **Austrittserklärung** *f* dimissioni *f pl.*

aus·trocknen I. *tr* ‹*haben*› (dis)seccare, asciugare; **II.** *itr* ‹*sein*› asciugarsi, (dis)seccarsi.

aus·tüfteln *tr fam* escogitare.

aus·üben *tr allg., fig* esercitare; **eine heilsame Wirkung auf jdn ~** avere un effetto salutare su qu; **einen Zwang auf jdn ~** costringere qu.

Ausübung *f* esercizio *m,* pratica *f;* **in ~ seines Dienstes** nell'adempimento del proprio ufficio; **in ~ seines Berufes** nell'esercizio della sua professione.

Ausverkauf *m com* liquidazione *f,* svendita *f;* **etw. im ~ kaufen** comperare qc ad una liquidazione.

aus·verkaufen ‹*ohne ge-*› *tr* liquidare. **ausverkauft** *a* esaurito; **vor ~em Hause spielen** *theat* fare il pienone *fam;* **~!** tutto esaurito!

Auswahl *f* **1.** *(Wahl)* scelta *f; (a. sport)* selezione *f;* **2.** *(~möglichkeit)* scelta *f;* **3.** *com (Warenangebot)* assortimento *m* (*an* di); **zur ~ stehen** essere a scelta; **eine ~ treffen** fare una scelta; **eine reiche ~ an** una ricca scelta di; **dieses Geschäft hat eine große ~** c'è un vasto assortimento in questo negozio.

aus·wählen *tr* scegliere (*unter* fra); **ausgewählte Gedichte** antologia *f;* **ausgewählte Werke** raccolta *f.*

aus·walzen *tr* **1.** laminare; **2.** *fig* dilungare.

Auswanderer *m* , **Auswanderin** *f* emigrante *mf.* **aus·wandern** *itr* ‹*sein*› emigrare (*nach* in). **Auswanderung** *f* emigrazione *f.*

auswärtig ['ausvɛrtɪç] *a* **1.** esterno; **2.** *(an, vom Ausland)* estero; **3.** *(von auswärts)* da fuori; **das A~e Amt** (*ab* **AA**) il ministero degli (affari) esteri.

auswärts ['ausvɛrts] *adv* **1.** *(nicht zu Hause)* fuori (casa); **2.** *(nicht am Ort)* in (un) altro luogo; **3.** *(nach außen)* in fuori, verso l'esterno; **von ~** da fuori; **~ essen** mangiare fuori. **Auswärtsspiel** *n* partita *f* (*o.* incontro *m*) in trasferta.

aus·waschen ‹*irr*› *tr* **1.** *(Kleidung, Wunde)* lavare; **2.** *(ausspülen)* sciacquare; **3.** *geol* dilavare; *(Gestein)* erodere; **4.** *(Farben)* schiarire; scolorire.

auswechselbar *a* **1.** intercambiabile; **2.** *(ersetzbar)* sostituibile.

aus·wechseln *tr* cambiare (*gegen etw.* con qc); *(a. ersetzen)* sostituire (*gegen* contro).

Auswechselspieler(in) *m(f)* riserva *f.*

Auswechs(e)lung ‹-, -en› *f* (ri)cambio *m; (Ersatz)* sostituzione *f.*

Ausweg *m* via *f* d'uscita (*o.* di scampo), espediente *m;* **immer einen ~ wissen** avere sempre pronta una via d'uscita; **ich weiß keinen ~ mehr (als ...)** non conosco più altra via d'uscita (che ...). **ausweglos** *a* senza via d'uscita; **eine ~e Lage** una situazione disperata.

aus·weichen ‹*irr*› *itr* ‹*sein*› **1.** schivare (*einer S./jdm* qc/qu), scansare (*einer S./jdm* qc/qu); *(meiden)* evitare (*einer S./jdm* qc/qu); **2.** *(einer Frage)* eludere (*einer S.* qc); **eine ~de Antwort** una risposta evasiva; **auf etw. anderes ~** ripiegare su un'altra cosa; **nach rechts ~** piegare a destra. **Ausweichmanöver** *n* **1.** *mot* manovra *f* di scansamento; **2.** *fig* manovra *f* diversiva. **Ausweichmöglichkeit** *f* **1.** *mot* possibilità *f* di scansamento; **2.** *(Alternative)* alternativa *f.*

aus·weinen I. *rfl:* **sich ~** sfogarsi nel piangere; **sich** *(dat)* **die Augen ~** piangere a calde lacrime *fam;* **sich**

bei jdm ~ sfogarsi piangendo con qu; **II.** *itr* cessare di piangere; **III.** *tr (Kummer, etc.)* sfogare piangendo.

Ausweis ['ausvais] ⟨-es, -e⟩ *m allg.* documento *m; (Personal~)* carta *f* (*o.* documento *m*) d'identità; **Ihren ~, bitte!** il suo documento d'identità, per favore!

aus·weisen ⟨*irr*⟩ **I.** *tr* **1.** cacciare; *(aus Land)* espellere (*aus* da), esiliare (*aus* da); **2.** *(identifizieren)* identificare; **II.** *rfl:* **sich ~** legittimarsi (*als* come).

Ausweiskontrolle *f* controllo *m* passaporti (*o.* documenti). **Ausweispapiere** *n pl* documenti *m pl* di legittimazione.

Ausweisung *f* espulsione *f.*

aus·weiten **I.** *tr* **1.** allargare; **2.** *fig* estendere; *(Produktion)* aumentare; **II.** *rfl:* **sich ~ 1.** allargarsi; **2.** *fig* svilupparsi (*auf* su), trasformarsi (*zu* in).

Ausweitung ⟨-, -en⟩ *f* espansione *f* (*auf* su).

auswendig *a:* **~ können/lernen** sapere/imparare a memoria; **das kenne ich (schon) in- und ~** *fam* conosco ciò a fondo.

aus·werfen ⟨*irr*⟩ *tr* **1.** gettar fuori; **2.** *(Angel, Netz)* gettare; *(Anker)* calare; **3.** *(ausschaufeln: Graben)* scavare; **4.** *(Schleim)* espettorare, sputare; *(Lava)* eruttare; **5.** *(Prämien)* assegnare; *(Beträge)* stanziare; **6.** *(produzieren)* sfornare, buttare fuori.

aus·werten *tr* **1.** *(Angaben)* analizzare, interpretare; **2.** *(verwerten)* utilizzare; *com* sfruttare.

Auswertung *f* **1.** *(Bestimmung, Bewertung)* analisi *f,* interpretazione *f;* **2.** *(Verwertung)* utilizzazione *f; com* sfruttamento *m.*

aus·wickeln *tr* svolgere.

aus·wirken *rfl:* **sich ~** ripercuotersi (*auf* su); influire *(auf* su); **sich günstig/ungünstig auf etw./jdn ~** influire positivamente/negativamente su qc/qu.

Auswirkung *f* conseguenza *f,* effetto *m,* ripercussione *f.*

aus·wischen *tr* **1.** *(säubern)* pulire; **2.** *(Schrift, Zeichnung)* cancellare; **jdm eins ~** *fam* giocare un brutto tiro a qu *fam.*

aus·wringen ⟨*irr*⟩ *tr* strizzare, torcere.

Auswuchs *m* **1.** *(Wucherung)* escrescenza *f;* **2.** ⟨*pl*⟩ *fig* aberrazioni *m pl,* eccessi *m pl;* **Auswüchse der Phantasie** aberrazioni della fantasia.

Auswurf *m* **1.** sputo *m; med* espettorazione *f;* **2.** *fig (Abschaum)* feccia *f,* rifiuto *m.*

aus·zahlen **I.** *tr* **1.** pagare; **2.** *(Gläubiger)* soddisfare, tacitare; *(Arbeiter)* liquidare; **er bekommt 2000 DM ausgezahlt** gli pagano 2000 marchi; **II.** *rfl:* **sich ~** valere la pena.

aus·zählen *tr* **1.** contare; *(Stimmen)* fare lo spoglio di; **2.** *(Boxer)* dichiarare fuori combattimento.

aus·zeichnen **I.** *tr* **1.** *(Waren)* contrassegnare, marcare; **2.** *(ehren)* onorare; **3.** *typ* porre in evidenza; **jdn mit einem Preis ~** conferire un premio a qu; **II.** *rfl:* **sich ~** eccellere (*durch* in), distinguersi (*durch* per).

Auszeichnung *f* **1.** *(von Waren)* contrassegno *m;* **2.** *(Ehrung)* distinzione *f;* onorificenza *f; mil* decorazione *f;* **die Prüfung mit ~ bestehen** passare gli esami con lode.

ausziehbar *a* allungabile.

aus·ziehen ⟨*irr*⟩ **I.** *tr* ⟨*haben*⟩ **1.** *(her~)* tirar fuori (*aus* di), cavare *(aus* da, di); *(chem, Zähne, etc.)* estrarre *(aus* da); *(Haar)* strappare; **2.** *(Tisch, etc.)* allungare; **3.** *(Kleider)* togliersi, levarsi; **II.** *itr* ⟨*sein*⟩ partire; *(aus Wohnung)* sloggiare *(aus* da); **III.** *rfl:* **sich ~** spogliarsi, svestirsi.

Ausziehtisch *m* tavola *f* allungabile.

Auszubildende ['austsubıldəndə] ⟨ein -r, -n, -n⟩ *mf* (*ab* **Azubi**) tirocinante *mf,* apprendista *mf.*

Auszug *m* **1.** *(chem, Konto~, etc.)* estratto *m; (Buch~)* passo *m,* brano *m;* **2.** *(Abriß)* sommario *m; (Zusammenfassung)* riassunto *m;* **3.** *(aus Wohnung)* sgombero *m,* trasloco *m;* **4.** *(Ausmarsch)* partenza *f; (biblisch, fig)* esodo *m.* **auszugsweise** *a* sommario, in forma riassuntiva.

aus·zupfen *tr* strappare.

autark [au'tark] *a* autarchico.

Autarkie [...'ki:, ...i:ən] ⟨-, -n⟩ *f* autarchia *f.*

authentisch [au'tɛntıʃ] *a* autentico.

Authentizität [...titsi'tɛ:t] ⟨-, ø⟩ *f* autenticità *f.*

Auto ['auto] ⟨-s, -s⟩ *n* auto *f,* macchina *f;* **mit dem ~ fahren** andare in macchina; **ein ~ fahren** guidare una macchina. **Autoantenne** *f* antenna *f* per auto. **Autoatlas** *m* atlante *m* stradale (per automobilisti). **Autobahn** *f* (*ab* **A**) autostrada *f.* **Autobahnauffahrt** *f* raccordo *m* di entrata. **Autobahnausfahrt** *f* uscita *f* autostradale. **Autobahnbrücke** *f* ponte *m* sull'autostrada. **Autobahndreieck** *n* svincolo *m* autostradale. **Autobahnkreuz** *n* crocevia *m* autostradale. **Autobahnraststätte** *f* posto *m* di ristoro sull'autostrada, autogrill *m.*

Autobahnzubringer *m* raccordo *m* autostradale.
Autobiographie [autobiogra'fi:] *f* autobiografia *f.*
Autobus *m (in der Stadt)* autobus *m; (zwischen Städten)* corriera *f,* pullman *m.* **Autobusbahnhof** *m* stazione *f* terminale per autobus.
Autodidakt(in) [autodi'dakt(ın)] ‹-en, -en› *m(f)* autodidatta *mf.*
autodidaktisch *a* autodidattico.
Autofähre *f* nave *f* traghetto, ferry-boat *m.* **Autofahrer(in)** *m(f)* automobilista *mf.* **Autofahrt** *f* viaggio *m* in automobile. **Autofriedhof** *m* cimitero *m* delle automobili.
autogen [auto'ge:n] *a:* **~e Schweißung** saldatura autogena; **~es Training** training autogeno.
Autogramm [auto'gram] ‹-s, -e› *n* autografo *m.* **Autogrammjäger(in)** *m(f) fam* cacciatore, -trice *m, f* d'autografi.
Autohändler *m* concessionario *m* di automobili. **Autokarte** *f* carta *f* automobilistica. **Autokino** *n* cineparco *m,* autocinema *m,* drive-in *m.*
Autokratie [autokra'ti:, ...i:ən] ‹-, -n› *f* autocrazia *f.*
autokratisch [...'kra:tıʃ] *a* autocratico.
Automarder *m fam* ladro *m* d'automobili.
Automat [auto'ma:t] ‹-en, -en› *m* **1.** apparecchio *m* automatico; **2.** *(Waren~)* distributore *m* a gettone; **3.** *(Spiel~)* slotmachine *f; (Musik~)* juke-box *m.*
Automatik [...'ma:tık] ‹-, -en› *f* automatismo *m; mot* cambio *m* automatico. **Automatikgurt** *m mot* cintura *f* di sicurezza automatica.
Automation [automa'tsio:n] ‹-, ø› *f* automazione *f.*
automatisch [...'ma:tıʃ] *a* automatico.
automatisieren [...mati'zi:rən] ‹*ohne ge-*› *tr* automatizzare.
Automatisierung ‹-, -en› *f* automazione *f.*
Automechaniker(in) *m(f) s.* **Autoschlosser(in).**
Automobil [automo'bi:l] ‹-s, -e› *n* automobile *m.* **Automobilausstellung** *f* salone *m* dell'automobile. **Automobilbau** ‹-(e)s, ø› *m* costruzione *f* di automobili. **Automobilindustrie** *f* industria *f* automobilistica.
autonom [auto'no:m] *a* autonomo.
Autonomie [...no'mi:] ‹-, ø› *f* autonomia *f.*
Autonummer *f* numero *m* di targa.
Autor(in) ['auto:ɐ (au'to:rın), au'to:rən] ‹-s, -en› *m(f)* autore *m,* autrice *f.*
Autoradio *n* autoradio *f.* **Autoreifen** *m* pneumatico *m.* **Autoreisezug** *m* treno-auto-passeggeri *m.* **Autorennen** *n* corsa *f* (*o.* gara *f*) automobilistica. **Autoreparaturwerkstatt** *f* officina *f* per riparazioni di automobili.
Autorin *f s.* **Autor.**
autorisieren [autori'zi:rən] ‹*ohne ge-*› *tr* autorizzare (*zu* a).
autoritär [autori'tɛ:ɐ] *a* autoritario.
Autorität [autori'tɛ:t] ‹-, -en› *f* autorità *f* (*über* su); **seine ~ festigen** consolidare la propria autorità; **als ~ gelten** passare per un'autorità.
Autoschalter *m* sportello *m* (di una banca) a cui il cliente accede in automobile. **Autoschlange** *f* coda *f* di automobili. **Autoschlosser(in)** *m* meccanico, -a *m, f* d'automobili. **Autoschlüssel** *m* chiave *f* della macchina. **Autoskooter** ['autosku:tɐ] ‹-s, -› *m* autoscontro *m.* **Autostop(p)** *m* autostop *m.* **Autostrich** *m sl* viale *m* delle puttane.
Autosuggestion [autozʊgɛs'tio:n] *f* autosuggestione *f.*
Autovermietung *f* noleggio *m* di automobili.
avancieren [avã'si:rən] ‹*ohne ge-*› *itr* ‹*sein*› avanzare (*zu* a).
Avantgarde [avã'gardə] ‹-, -n› *f* avanguardia *f.*
Avantgardist(in) [...'dıst(ın)] ‹-en, -en› *m(f)* avanguardista *mf.*
avantgardistisch *a* avanguardista, d'avanguardia.
Avocado [avo'ka:do] ‹-, -s› *f* avocado *m.*
Axel ['aksəl] *männlicher Vorname.*
Axiom [a'ksio:m] ‹-s, -e› *n* assioma *m.*
Axt [akst] ‹-, ⸚e› *f* ascia *f,* scure *f.*
AZ, Az. *ab von* **Aktzenzeichen** pr. n. (*ab von* numero di protocollo).
Azalee [atsa'le:ə] ‹-, -n› *f,* **Azalie** [a'tsa.liə] ‹-, -n› *f* azalea *f.*
Azoren [a'tso:rən] ‹*pl*› Azzorre *f pl.*
Azubi [a'tsu:bi] ‹-s, -s› *m u.* ‹-, -s› *f fam ab von* **Auszubildende(r)** apprendista *mf,* tirocinante *mf.*

B

B, b [be:] ‹-, -(s)› *n* **1.** *(Buchstabe)* B, b *f;* **2.** *mus* si *m* bemolle; **B-Dur** si bemolle maggiore; **b-Moll** si bemolle minore; **B wie Berta** B come Bologna.

B *ab von* **Bundesstraße** ≃ S. S. (*ab von* Strada Statale).

Babel ['ba:bəl] *n* Babele *f.*

Baby ['be:bi] ‹-s, -s› *n* bebè *m,* neonato, -a *m, f.* **Babyausstattung** *f,* **Babywäsche** *f* corredino *m,* biancheria *f* per neonato.

Babylon ['ba:bylɔn] *n* Babilonia *f.*

babylonisch [...'lo:nɪʃ] *a* babilonese; **der B~e Turm** la torre di Babele; **die B~e Gefangenschaft** la cattività babilonese; **eine ~e Sprachverwirrung** una babele di lingue.

Babynahrung *f* alimenti *m pl* per lattanti. **babysitten** [-sɪtən *o.* -zɪtən] *itr* custodire i bambini, fare da baby-sitter (*bei* a). **Babysitter(in)** ‹-s, -› *m(f)* baby-sitter *mf.* **Babyspeck** *m fam* ciccia *f fam.* **Babywäsche** *f s.* **Babyausstattung.**

Bach [bax] ‹-(e)s, ⸚e› *m* ruscello *m.* **Bachforelle** *f* trota *f* di ruscello.

Bächlein ['bɛçla̯in] ‹-s, -› *n* ruscelletto *m;* **ein ~ machen** *(Kindersprache)* far la pipì.

Bachstelze *f* ballerina *f; (weiße ~)* cutrettola *f.*

Backblech *n* piastra *f* del fano.

Backbord ['bak-] *n* babordo *m.*

Backe ['bakə] ‹-, -n› *f* **1.** *(Wange)* guancia *f; (Gesäß~)* natica *f;* **2.** *tec (Brems~)* ganascia *f,* ceppo *m; (von Schraubstock)* ganascia *f.*

backen ['bakən] ‹**bäckt** *o.* **backt, backte** *o. obs* **buk, gebacken**› *tr (im Ofen)* cuocere (in forno); *(in der Pfanne)* friggere.

Backenbart *m* favoriti *m pl,* fedine *f pl.* **Backenhörnchen** *n* tamia *m* striato. **Backenknochen** *m* zigomo *m.* **Backentasche** *f* borsa *f* mascellare. **Backenzahn** *m* molare *m.*

Bäcker ['bɛkɐ] ‹-s, -› *m* fornaio *m,* panettiere *m.*

Bäckerei [bɛkə'ra̯i] ‹-, -en› *f* panetteria *f.*

Bäckermeister(in) *m(f)* maestro fornaio *m;* fornaia capo *f.* **Bäkker(s)frau** *f* fornaia *f,* panettiera *f.*

Backfisch *m* **1.** *gastr* pesce *m* fritto; **2.** *fig fam* ragazza *f,* adolescente *f.* **Backform** *f* stampo *m* per dolci. **Backobst** *n* frutta *f* secca (*o.* essiccata). **Backofen** *m* forno *m.* **Backpfeife** *f dial* schiaffo *m,* ceffone *m,* scapaccione *m fam.* **Backpflaume** *f* prugna *f* secca. **Backpulver** *n* lievito *m* (in polvere). **Backröhre** *f* forno *m.* **Backstein** *m* mattone *m,* laterizio *m.* **Backstube** *f* forno *m.*

backt, bäckt [bakt, bɛkt] *3. pers sing pr von* **backen.**

backte ['baktə] *1. u. 3. pers sing imp von* **backen.**

Backwaren *f pl* pane *m* e pasticceria *f;* dolci *m pl.* **Backwerk** *n* pasticceria *f.*

Bad [ba:t] ‹-(e)s, ⸚er› *n* **1.** *(das Baden, fot: Entwicklungs~)* bagno *m;* **2.** *(~ewanne)* vasca *f; (~ezimmer)* bagno *m;* **3.** *(Schwimm~)* piscina *f;* **4.** *(~eort)* stazione *f* termale; *(See~)* stazione *f* balneare; **ein ~ nehmen** fare il bagno; **jdm Bäder verschreiben** prescrivere i bagni a qu. **Badeanstalt** *f* stabilimento *m* balneare, piscina *f.* **Badeanzug** *m* costume *m* da bagno. **Badegast** *m* **1.** *(im Kurort)* ospite *m* di una stazione termale; **2.** *(im Schwimmbad)* bagnante *m.* **Badehose** *f* calzoncini *m pl* da bagno. **Badekappe** *f* cuffia *f* da bagno. **Bademantel** *m* accappatoio *m.* **Bademeister(in)** *m(f)* bagnino, -a *mf.* **Bademütze** *f s.* **Badekappe.**

baden ['ba:dən] **I.** *tr* fare il bagno a; **II.** *itr, rfl:* **sich ~** fare il bagno; *(im Freien)* bagnarsi; **~ gehen** *fig fam* andare a monte *fam,* naufragare. **Baden** ['ba:dən] ‹-s, ø› *n* bagnarsi *m,* bagno *m.*

Baden-Württemberg *n* Baden-Württemberg *m.*

Badeofen *m* scaldabagno *m.* **Badeort** *m* località *f* balneare. **Badeschuhe** *m pl* scarpe *f pl* da bagno. **Badestrand** *m* spiaggia *f.* **Badetuch** *n* asciugamano *m* da bagno. **Badewanne** *f* vasca *f* da bagno. **Badewasser** *n* acqua *f* del bagno. **Badezeug** *n* equipaggiamento *m* da bagno. **Badezimmer** *n* bagno *m,* stanza *f* da ba-

gno. **Badezusatz** *m* prodotto *m* per il bagno.
baff [baf] *a fam:* ~ **sein** rimanere di stucco *fam.*
Bafög, BAFÖG ['ba:fœk] ‹-(s), ø› *n ab von* **Bundesausbildungsförderungsgesetz** *legge per il sostegno dell'istruzione scolastica ed universitaria nella R.F.T.;* ~ **bekommen** *fam* ≃ ricevere il presalario.
Bagatelle [baga'tɛlə] ‹-, -n› *f* bagatella *f,* inezia *f.*
bagatellisieren [...li'zi:rən] ‹*ohne ge-*› *tr* minimizzare.
Bagatellschaden *m* danno *m* lieve.
Bagger ['bage] ‹-s, -› *m* escavatore *m,* escavatrice *f; (Schwimm~)* draga *f.*
baggern *itr* scavare; dragare.
Baggersee *m* laghetto *m* di cava.
Bahn [ba:n] ‹-, -en› *f* **1.** *(Weg, a. fig)* via *f,* strada *f; (Fahr~)* carreggiata *f; sport* pista *f; (eines einzelnen Wettkämpfers)* corsia *f;* **2.** *(Eisen~)* treno *m,* ferrovia *f; (Straßen~)* tram *m; (~hof)* stazione *f; (Verkehrsnetz, Strecke)* linea *f;* **3.** *astr* orbita *f; phys* percorso *m; (Elektronen~)* orbita *f; (Flug~)* traiettoria *f;* **4.** *(Stoff~)* telo *m; (Tapeten~)* lista *f;* **mit der ~, per ~** con il treno, per ferrovia; **jdn zur ~ bringen** accompagnare qu alla stazione; **mit der ~ fahren** viaggiare in treno; andare in tram; **freie ~ haben** avere via libera; ~ **frei!** via libera! **Bahnanlagen** *f pl* impianti *m pl* ferroviari. **Bahnarbeiter(in)** *m(f)* operaio, -a *m, f* delle ferrovie. **Bahnbeamte** *m,* **-beamtin** *f* impiegato, -a *m, f* delle ferrovie, ferroviere *m.* **bahnbrechend** *a* che apre una nuova strada, che spiana la via. **Bahnbrecher(in)** *m(f)* pioniere, -a *m, f,* precursore *m,* precorritrice *f,* iniziatore, -trice *m, f.* **Bahnbus** *m* autobus *m* della ferrovie. **Bahndamm** *m* argine *m* (*o.* terrapieno *m*) della ferrovia.
bahnen ['ba:nən] *tr (Weg, a. fig)* aprire, spianare; **sich** *(dat)* **einen Weg ~** farsi strada, aprirsi un varco (*durch die Menge* (at)tra(verso) la folla).
Bahnfahrt *f* viaggio *m* in treno. **Bahnhof** *m* (*ab* **Bhf.**) stazione *f;* **jdn vom ~ abholen** andare a prendere qu alla stazione. **Bahnhofsbuchhandlung** *f* libreria *f* della stazione. **Bahnhofshalle** *f* atrio *m* (*o.* hall *f*) della stazione. **Bahnhofsmission** *f* organizzazione *f* (*o.* centro *m*) assistenziale operante nelle stazioni. **Bahnhofsvorsteher(in)** *m(f)* capostazione *mf.* **Bahnhofswirtschaft** *f* ristorante *m* della stazione; *(einfache)* buvette *f.*
bahnlagernd *adv* fermo (*o.* giacente) in stazione. **Bahnpolizei** *f* polizia *f* ferroviaria. **Bahnschranke** *f* barriera *f* (di passaggio a livello). **Bahnsteig** [-ʃtai̯k] ‹-(e)s, -e› *m* marciapiede *m.* **Bahnsteigkarte** *f* biglietto *m* di ingresso ai binari. **Bahnstrecke** *f* percorso *m* (*o.* tronco *m*) ferroviario. **Bahntransport** *m* trasporto *m* per ferrovia. **Bahnübergang** *m:* **schienengleicher ~** passaggio *m* a livello; **beschrankter/unbeschrankter ~** passaggio *m* a livello custodito/incustodito. **Bahnverbindung** *f* collegamento *m* ferroviario. **Bahnwärter(in)** *m(f)* cantoniere, -a *m, f,* casellante *mf.*
Bahre ['ba:rə] ‹-, -n› *f* barella *f,* lettiga *f; (Toten~)* bara *f.*
Bai [bai̯] ‹-, -en› *f (Bucht)* baia *f,* golfo *m; (kleine)* insenatura *f.*
Baiser [bɛ:'ze:] ‹-s, -s› *n* meringa *f.*
Baisse ['bɛsə] ‹-, -n› *f fin* ribasso *m;* **auf ~ spekulieren** speculare al ribasso. **Baissespekulant(in)** *m(f)* ribassista *mf.*
Bajonett [bajo'nɛt] ‹-(e)s, -e› *n* baionetta *f.*
Bake ['ba:kə] ‹-, -n› *f naut* meda *f,* boia *f* di segnalazione; *aero* aerofaro *m; (Verkehrs~)* pannello *m* distanziometrico.
Bakelit® [bakə'li:t *o.* ...'lɪt] ‹-s, ø› *n* bachelite *f.*
Bakkarat ['bakara *o.* ...'ra] ‹-s, ø› *n* baccarà *m.*
Bakterie [bak'te:ri̯ə] ‹-, -n› *f* batterio *m,* microbo *m.*
bakteriell [...te'ri̯ɛl] *a* batterico.
Bakterienkultur *f* coltura *f* batterica.
Bakteriologe [bakteri̯o'lo:gə] ‹-n, -n› *m,* **Bakteriologin** [...gɪn] *f* batteriologo, -a *m, f.*
Bakteriologie [...lo'gi:] ‹-, ø› *f* batteriologia *f.*
Bakteriologin *f s.* **Bakteriologe.**
bakteriologisch [...'lo:gɪʃ] *a* batteriologico.
Balalaika [bala'lai̯ka, ...kas *o.* ...kən] ‹-, -s *o.* -laiken› *f* balalaica *f.*
Balance [ba'lã:sə] ‹-, -n› *f* equilibrio *m;* **die ~ halten/verlieren** mantenere/perdere l'equilibrio. **Balanceakt** *m fig* gioco *m* di equilibrio.
balancieren [balã'si:rən] ‹*ohne ge-*› **I.** *tr* ‹*haben*› bilanciare, equilibrare; *(Ball)* far stare in equilibrio; **II.** *itr* ‹*sein*› stare in equilibrio; **über etw. ~** stare in equilibrio su qc.

bald [balt] *adv* **1.** *(in naher Zukunft, früh, schnell)* presto; **2.** *(beinahe)* quasi; **möglichst ~, so ~ als** (*o.* **wie**) **möglich** il più presto possibile; **nicht so ~** non così presto; **~ . . ., ~ . . .** ora . . ., ora . . .; **~ da, ~ dort** talvolta qui, talvolta là, un po' dovunque; **~ darauf** poco dopo; **~ hierhin, ~ dorthin** ora di qua, ora di là; **ich hätte ~ gesagt** . . . stavo per dire . . .; **ich wäre ~ hingefallen** ci è mancato poco che cadessi.

Baldachin ['baldaxi:n] ‹-s, -e› *m* baldacchino *m.*

Bälde ['bɛldə] *f:* **in ~** fra poco.

baldig ['baldıç] *a* prossimo; **auf ~es Wiedersehen!** (arrivederci) a presto!

baldigst, baldmöglichst ['balt'mø:klıçst] *adv* il più presto possibile.

Baldrian ['baldria:n] ‹-s, -e› *m* valeriana *f.* **Baldriantropfen** *m pl* gocce *f pl* di valeriana.

Balearen [bale'a:rən] ‹*pl*› Baleari *f pl.*

Balg[1] [balk] ‹-(e)s, ⸚e› *m* **1.** *(Tierhaut)* pelle *f;* **2.** *(Blase~, Orgel~)* mantice *m.*

Balg[2] [balk] ‹-(e)s, ⸚er› *m o. n pej fam (Kind)* marmocchio *m fam,* monello *m fam.*

balgen ['balgən] *rfl:* **sich ~** accapigliarsi, azzuffarsi.

Balgerei [balgə'rai̯] ‹-, -en› *f* zuffa *f,* rissa *f.*

Balkan ['balka:n] *m* Balcani *m pl;* **auf dem ~** nei Balcani. **Balkanhalbinsel** *f* penisola *f* balcanica. **Balkanländer** *n pl,* **-staaten** *m pl* stati *m pl* balcanici.

Balken ['balkən] ‹-s, -› *m* trave *f,* traversa *f; (kleiner)* travicello *m; (von Waage)* giogo *m* (della bilancia).

Balkon [bal'kɔŋ, ...'kɔŋs *o.* ...'ko:nə] ‹-s, -s *o.* -e› *m* balcone *m,* terrazzo *m; theat, film* balconata *f,* galleria *f.* **Balkontür** *f* porta *f* finestra.

Ball[1] [bal] ‹-(e)s, ⸚e› *m (zum Spielen)* palla *f; (großer, Fuß~)* pallone *m;* **~ spielen** giocare a palla; **am ~ bleiben** *fig* continuare a far qc con zelo.

Ball[2] [bal] ‹-(e)s, ⸚e› *m (Tanz)* ballo *m;* **auf dem ~** al ballo; **auf den ~ gehen** andare al ballo.

Ballade [ba'la:də] ‹-, -n› *f* ballata *f.*

Ballast [ba'last *o.* 'ba...] ‹-(e)s, ø *o. rar* -e› *m* zavorra *f; fig* riempitivo *m;* **~ abwerfen** *(a. fig)* gettare la zavorra. **Ballaststoffe** *m pl* sostanze *f pl* non assimilabili.

ballen ['balən] **I.** *tr (Faust)* serrare; **II.** *rfl:* **sich ~** ammassarsi, accumularsi; *(Wolken)* addensarsi.

Ballen ‹-s, -› *m* **1.** *com* balla *f;* **2.** *anat* eminenza *f,* sporgenza *f;* **in ~ (ver)packen** imballare.

Ballerina [balə'ri:na, ...nən] ‹-, -rinen› *f* ballerina *f,* danzatrice *f.*

ballern ['balən] *itr fam (schießen)* sparare, tirare.

Ballett [ba'lɛt] ‹-(e)s, -e› *n* balletto *m.* **Ballettänzer(in)** *m(f)* ballerino, -a *m, f.* **Ballettkorps** *n* corpo *m* di ballo. **Ballettmeister(in)** *m(f)* direttore, -trice *m, f* del corpo di ballo. **Ballettmusik** *f* musica *f* da balletto. **Ballettröckchen** [-rœkçən] ‹-s, -› *n* tutù *m.* **Ballettschuhe** *m pl* scarpette *f pl* da ballo. **Balletttruppe** *f s.* **Ballettkorps.**

Ballistik [ba'lıstık] ‹-, ø› *f* balistica *f.*

Balljunge *m* raccattapalle *m.*

Ballkleid *n* abito *m* (*o.* costume *m*) da ballo.

Ballon [ba'lɔŋ, ...'lɔŋs *o.* ...'lo:nə] ‹-s, -s *o.* -e› *m* **1.** *(Luftfahrzeug)* pallone *m* aerostatico, aerostato *m;* **2.** *(Luft~)* pallone *m;* **3.** *(~flasche)* damigiana *f.*

Ballsaal *m* sala *f* da ballo.

Ballspiel *n* gioco *m* della (*o.* con la) palla.

Ballung ‹-, -en› *f* addensamento *m,* agglomerato *m.* **Ballungsgebiet** *n* regione *f* ad alta concentrazione urbana ed industriale, agglomerato *m* urbano. **Ballungszentrum** *n* città *f* ad alta concentrazione urbana ed industriale.

Ballwechsel *m* cambio *m* delle palle.

Balsaholz ['balza-] *n* balsa *f.*

Balsam ['balza:m] ‹-s, -e› *m (a. fig)* balsamo *m.*

Balustrade [balʊs'tra:də] ‹-, -n› *f* balaustra *f.*

Balz [balt͡s] ‹-, -en› *f,* **Balzzeit** *f* stagione *f* degli accoppiamenti.

balzen *itr* essere in amore.

Bambus ['bambʊs] ‹- *o.* -ses, -se› *m* bambù *m.* **Bambusrohr** *n* canna *f* di bambù. **Bambussprossen** *f pl* germogli *m pl* di bambù.

Bammel ['baməl] ‹-s, ø› *m fam* paura *f,* fifa *f fam.*

banal [ba'na:l] *a* banale.

Banalität [banali'tɛ:t] ‹-, -en› *f* banalità *f.*

Banane [ba'na:nə] ‹-, -n› *f* banana *f.* **Bananenpflanzung** *f* piantagione *f* di banane. **Bananenrepublik** *f pej* repubblica *f* delle banane. **Bananenschale** *f* buccia *f* di banana. **Bananenstaude** *f* banano *m.* **Bananenstecker** *m el* spina *f* a banana.

Banause [ba'nau̯zə] ‹-n, -n› *m* uomo *m* gretto e limitato, borghesuccio *m.*

band [bant] *1. u. 3. pers sing imp von* **binden.**

Band[1] [bant] ‹-(e)s, ¨-er› *n* **1.** *(aus Stoff, etc.)* nastro *m; (Eisen~)* cerchio *m;* **2.** *(Förder~)* nastro *m* (trasportatore); **3.** *(Ton~)* nastro *m* (magnetico); **4.** *radio (Bereich)* banda *f;* **5.** *anat (Gelenk~)* legamento *m* articolare, tendine *m;* **am laufenden ~** a catena; *fig fam* ininterrottamente; **auf ~ aufnehmen** incidere su nastro (magnetico).

Band[2] [bant] ‹-(e)s, -e› *n fig (innere Bindung)* legame *m,* vincolo *m;* **~e der Freundschaft** vincoli *m pl* d'amicizia; **~e** *(Fesseln)* catene *f pl.*

Band[3] [bant] ‹-(e)s, ¨-e› *m* (*ab* **Bd.**) *(Buch~)* volume *m,* tomo *m;* **das spricht Bände** *fig* questo dice tutto.

Band[4] [bɛnt] ‹-, -s› *f (Kapelle)* orchestra *f,* band *f.*

Bandage [ban'da:ʒə] ‹-, -n› *f* bendaggio *m,* fasciatura *f,* benda *f.*

bandagieren [...da'ʒi:rən] ‹*ohne ge-*› *tr* bendare, fasciare.

Bandaufnahme *f* registrazione *f* su nastro. **Bandbreite** *f radio* larghezza *f* di banda; *fig (von Gehältern)* margine *m* di fluttuazione (*o.* variazione); *(von Meinungen)* gamma *f.*

Bande[1] ['bandə] ‹-, -n› *f fam (Gruppe, Schar)* banda *f fam,* compagnia *f; (Verbrecher~)* banda *f,* gang *f,* masnada *f fam;* **feige ~** *fam* banda di vigliacchi *fam.*

Bande[2] ['bandə] ‹-, -n› *f sport (von Stadion)* margine *m; (von Eisbahn)* barriera *f; (von Reitbahn)* sponda *f,* parete *f; (beim Billard)* sponda *f,* mattonella *f; (von Kegelbahn)* margine *m,* orlo *m.*

Bandenführer(in) *m(f)* capobanda *mf.*

Banderole [bandə'ro:lə] ‹-, -n› *f* banderuola *f,* bandierina *f; (Zigarren~)* fascetta *f* fiscale.

Bänderriß ['bɛndɐ-] *m med* strappo *m* ai legamenti. **Bänderzerrung** *f med* distorsione *f* ai legamenti.

bändigen ['bɛndɪgən] *tr (zähmen)* domare, addomesticare; *fig (Menschen)* frenare; *(Leidenschaft)* contenere, dominare.

Bandit [ban'di:t] ‹-en, -en› *m* bandito *m,* brigante *m; (Räuber)* rapinatore *m;* **einarmiger ~** *(Spielautomat)* one-armed bandit *m* (flipper).

Bandmaß *n* metro *m* a nastro. **Bandnudeln** *f pl* tagliatelle *f pl.* **Bandsäge** *f* sega *f* a nastro. **Bandscheibe** *f anat* disco *m* intervertebrale. **Bandscheibenschaden** *n* danno *m* al disco intervertebrale. **Bandscheibenvorfall** *m* ernia *f* del disco (intervertebrale). **Bandwurm** *m* verme *m* solitario, tenia *f.*

bang(e) ['baŋ(ə)] ‹banger *o.* **bänger, bangste** *o.* **bängste**› *a* pauroso, timoroso; *(besorgt)* preoccupato, inquieto, ansioso; **in ~er Erwartung** in ansiosa attesa; **jdm ~e machen** far paura a qu; **nicht ~e sein zu ...** *fam (dreist sein)* aver la faccia tosta di ... *inf fam;* **mir ist (angst und) ~(e)** ho gran paura (*vor* di); **davor ist mir nicht ~e** di ciò non ho paura.

Bange *f:* **(haben Sie) keine ~!** non abbia paura!, non si preoccupi!

bangen ['baŋən] *itr* aver paura (*vor* di), temere (*vor etw.* qc); *(sich sorgen)* trepidare, temere (*um* per); **um sein Leben ~** temere per la propria vita; **mir bangt davor** tremo al solo pensiero.

Bangigkeit ‹-, ø› *f* angoscia *f,* paura *f;* apprensione *f.*

Banjo ['banjo *o.* 'bɛndʒo] ‹-s, -s› *n* banjo *m.*

Bank[1] [baŋk] ‹-, ¨-e› *f* **1.** *(Sitz~)* panchina *f; (Schul~, Kirchen~, im Parlament, Anklage~)* banco *m;* **2.** *(Werk~)* banco *m* di lavoro; *(Dreh~)* tornio *m;* **3.** *(Wolken~, Sand~, Austern~, etc.)* banco *m;* **durch die ~** tutti, nessuno eccettuato; **auf die lange ~ schieben** andare per le lunghe, rimandare alle calende greche; **vor leeren Bänken spielen** *theat* recitare a sala vuota.

Bank[2] [baŋk] ‹-, -en› *f fin* banca *f; (Spiel~)* casinò *m,* casa *f* da gioco; **Geld auf der ~ haben** avere soldi in banca.

-bank *f (in Zusammensetzungen) med* banca *f.*

Bankangestellte *mf* impiegato, -a *m, f* di banca. **Bankanweisung** *f* assegno *m* bancario. **Bankbeamte** *m,* **-beamtin** *f* impiegato, -a *m, f* di banca. **Bankdirektor(in)** *m(f)* direttore, -trice *m, f* di banca. **Bankeinlage** *f* deposito *m* in banca.

Bankett[1] [baŋ'kɛt] ‹-(e)s, -e› *n* banchetto *m.*

Bankett[2] [baŋ'kɛt] ‹-(e)s, -e› *n,* **Bankette** [...'kɛtə] ‹-, -n› *f (an der Autobahn)* banchina *f.*

Bankfach *n* **1.** *(Beruf)* ramo *m* bancario; **2.** *(Schließfach)* cassetta *f* di sicurezza. **Bankgeheimnis** *n* segreto *m* bancario. **Bankgeschäft** *n* **1.** *(Bankwesen)* sistema *m* bancario; **2.** *(Vorgang)* operazione *f* bancaria. **Bankguthaben** *n* credito *m* bancario. **Bankhalter(in)** *m(f) (Spiel~)* banchiere, -a *m, f,* chi tiene il banco.

Bankier [baŋ'ki̯e:] ‹-s, -s› *m* banchiere *m,* finanziere *m.*

Bankkaufmann *m,* **-kauffrau** *f* impiegato, -a *m, f* di banca, bancario, -a *m, f.* **Bankkonto** *n* conto *m* bancario. **Bankleitzahl** *f* (*ab* **BLZ**) codice *m* di istituto di credito. **Banknote** *f* banconota *f,* biglietto *m* di banco.

Bankomat [baŋko'ma:t] ‹-s, -en› *m* bancomat *m,* sportello *m* automatico.

Bankraub *m* rapina *f* a una banca. **Bankräuber(in)** *m(f)* rapinatore, -trice *m, f* di (una) banca.

bankrott [baŋ'krɔt] *a* fallito; **für ~ erklären** dichiarare fallito. **Bankrott** ‹-(e)s, -e› *m* bancarotta *f,* fallimento *m; fig* fallimento *m;* **~ machen** *(a. fig)* fare fallimento; **betrügerischer ~** bancarotta fraudolenta. **Bankrotterklärung** *f com* dichiarazione *f* di fallimento; *fig* fallimento *m.*

Bankrotteur(in) [...'tø:ɐ̯ (...rɪn)] ‹-s, -e› *m(f)* bancarottiere, -a *m, f.*

Bankschalter *m* sportello *m* di banca. **Bankschließfach** *n* cassetta *f* di sicurezza. **Banküberfall** *m* rapina *f* a una banca. **Bankverbindung** *f* relazione *f* bancaria. **Bankverkehr** *m* operazioni *f pl* bancarie.

Bann [ban] ‹-(e)s, -e› *m* **1.** *hist* bando *m,* esilio *m; rel* scomunica *f;* **2.** *fig (Zauber)* incantesimo *m,* fascino *m;* **den ~ brechen** *fig* rompere l'incantesimo.

bannen ['banən] *tr* **1.** *(Geister, Teufel)* scacciare, esorcizzare; *(Gefahr)* allontanare; **2.** *(fesseln)* immobilizzare, inchiodare; **jdn/etw. auf die Platte ~** fotografare qu/qc; **(wie) gebannt auf etw. starren** guardare fisso qc.

Banner ['banɐ] ‹-s, -› *n* stendardo *m,* vessillo *m; (a. fig)* bandiera *f.*

Bannkreis *m* sfera *f* di influenza.

Bantamgewicht ['bantam-] *n* peso *m* gallo.

bar [ba:ɐ̯] **I.** *a* **1.** *poet (unbedeckt)* nudo; **2.** *poet (mit gen)* privo di, senza; 3. *fin* contante, in contanti; **mit ~em Haupte** a testa scoperta; **etw. für ~e Münze nehmen** prendere qc per oro colato; **~es Geld** (denaro *m*) contante *m (o.* liquido); **~er Unsinn** pure sciocchezze *f pl;* **II.** *adv fin* in contanti; **gegen ~, in ~** in contanti, in natura.

Bar [ba:ɐ̯] ‹-, -s› *f (Theke)* bar *m,* banco *m; (Nachtlokal)* night(-club) *m.*

Bär(in) [bɛ:ɐ̯ ('bɛ:rɪn)] ‹-en, -en› *m(f)* orso, -a *m, f;* **jdm einen ~en aufbinden** darla ad intendere a qu *fam;* **der Große/Kleine ~** *astr* l'Orsa maggiore/minore.

Baracke [ba'rakə] ‹-, -n› *f* baracca *f.*

Barbar(in) [bar'ba:ɐ̯ (...rɪn)] ‹-en, -en› *m(f)* barbaro, -a.

Barbara ['barbara] *(weiblicher Vorname)* Barbara.

Barbarei [barba'rai̯] ‹-, -en› *f* barbarie *f.*

Barbarin *f s.* **Barbar.**

barbarisch *a* barbaro.

bärbeißig ['bɛ:ɐ̯bai̯sɪç] *a* burbero, scontroso, brontolone; **~er Mensch** orso *m fam.*

Barbestand *m* fondo *m* cassa.

Barbiturat [barbitu'ra:t] ‹-s, -e› *n* barbiturato *m.*

Bardame *f* barmaid *f.*

Bärendienst *m:* **jdm/einer S. einen ~ erweisen** rendere un cattivo servizio a qu. **Bärenhaut** *f:* **auf der ~ liegen** *fam* fare una vita da poltrone *fam.* **Bärenhunger** *m fam* fame *f* da lupo *fam;* **einen ~ haben** avere una fame da lupo *fam.* **Bärenkräfte** *f pl* forza *f* da leone. **Bärennatur** *f:* **eine ~ haben** avere un fisico di ferro.

Barett [ba'rɛt] ‹-(e)s, -e *o. rar* -s› *n* berretta *f,* tocco *m.*

barfuß, barfüßig ['ba:ɐ̯fu:s, ...fy:sɪç] *a* a piedi nudi.

barg [bark] *1. u. 3. pers sing imp von* **bergen.**

Bargeld *n* denaro *m* contante (*o.* in contanti). **bargeldlos** *a* con assegno; **~er Zahlungsverkehr** pagamenti *m pl* a mezzo assegno (*o.* accreditamento). **Bargeschäft** *n* operazione *f* in contanti.

Barhocker *m* sgabello *m* di bar.

Bärin *f s.* **Bär.**

Bariton ['ba:ritɔn, ...to:nə] ‹-s, -e› *m* baritono *m.*

Barium ['ba:ri̯ʊm] ‹-s, ø› *n* bario *m.*

Barkasse [bar'kasə] ‹-, -n› *f* barcaccia *f.*

Barkauf *m* acquisto *m* in contanti.

Barke ['barkə] ‹-, -n› *f* barca *f.*

Barkeeper [-ki:pɐ] ‹-s, -› *m,* **Barmann** *m* barman *m,* barista *m.*

barmherzig [barm'hɛrt͜sɪç] *a* misericordioso, caritatevole; **~er Gott!** misericordia!, santo Iddio! **Barmherzigkeit** ‹-, ø› *f* misericordia *f,* pietà *f,* carità *f;* **~ üben** avere misericordia.

barock [ba'rɔk] *a (Kunst)* barocco; *fig (überladen)* barocco; *fig (bizarr: Ideen)* bizzarro, stravagante; **eine ~e Figur** *scherz* una figura abbondante. **Barock** ‹-s, ø *o.* -› *n o. m* barocco *m.*

Barometer [baro'me:tɐ] ‹-s, -› *n* barometro *m;* **das ~ steht auf veränder-**

lich il barometro segna (tempo) variabile. **Barometerstand** *m* livello *m* (*o.* stato *m*) barometrico.
Baron(in) [ba'ro:n(ɪn)] ‹-s, -e› *m(f)* barone *m,* baronessa *f.*
Baronesse [baro'nɛsə] ‹-, -n› *f,* **Baronin** *f s.* **Baron.**
Barren ['barən] ‹-s, -› *m* **1.** *(Metall~)* lingotto *m,* barra *f;* **2.** *sport* parallele *f pl.*
Barrengold *n* oro *m* in lingotti.
Barriere [ba'ri̯ɛ:rə] ‹-, -n› *f* barriera *f.*
Barrikade [bari'ka:də] ‹-, -n› *f* barricata *f;* **auf die ~n gehen** *fig* ribellarsi, arrabbiarsi.
barsch [barʃ] *a (Mensch, Antwort, Umgangston)* sgarbato; *(Ablehnung, Befehl)* brusco.
Barsch [ba:ɐ̯ʃ] ‹-(e)s, -e› *m* pesce *m* persico.
Barschaft ‹-, -en› *f* denaro *m* contante (*o.* in contanti *o.* liquido).
Barscheck *m* assegno *m* ordinario (*o.* pagabile in contanti).
barst [barst] *1. u. 3. pers sing imp von* **bersten.**
Bart [ba:ɐ̯t] ‹-(e)s, ¨-e› *m* **1.** *(von Mensch, Tier)* barba *f;* **2.** *bot* filamento *m* di radice; **3.** *(Schlüssel~)* ingegno *m;* **in den ~ brummen** borbottare fra i denti *fam;* **jdm um den ~ gehen** adulare qu, lisciare qu; **sich** *(dat)* **einen ~ wachsen lassen** farsi crescere la barba; **der ~ ist ab** *fig fam* non c'è più niente da fare; **das hat so einen ~** *fam* è una cosa di vecchia data. **Bartflechte** *f* **1.** *bot* barba *f* di bosco; **2.** *med* erpete *m* tonsurante. **Barthaar** *n* pelo *m* della barba.
bärtig ['bɛ:ɐ̯tɪç] *a* barbuto.
Bartwuchs *m* crescita *f* della barba.
Barzahlung *f* pagamento *m* in contanti; **nur gegen ~** solo dietro pagamento in contanti.

Basalt [ba'zalt] ‹-(e)s, -e› *m* basalto *m.*
Basar [ba'za:ɐ̯] ‹-s, -e› *m* bazar *m.*
Base¹ ['ba:zə] ‹-, -n› *f dial (Kusine)* cugina *f.*
Base² ['ba:zə] ‹-, -n› *f chem* base *f.*
Baseball ['beɪsbɔ:l] ‹-s, ø› *m* baseball *m.*
Basel ['ba:zəl] *n* Basilea *f.*
Basen *pl von* **Base** *u.* **Basis.**
basieren [ba'zi:rən] ‹*ohne ge-*› **I.** *tr* basare (*auf* su), fondare (*auf* su); **II.** *itr* basarsi (*auf* su), fondarsi (*auf* su).
Basilika [ba'zi:lika, ...kən] ‹-, -liken› *f* basilica *f.*
Basilikum [ba'zi:likʊm] ‹-s, ø› *n* basilico *m.*
Basis ['ba:zɪs, ...zən] ‹-, Basen› *f* **1.** *arch* base *f,* zoccolo *m;* **2.** *mat, fig (Grundlage)* base *f;* **3.** *pol* base *f.*
basisch ['ba:zɪʃ] *a chem* basico.
Basisgruppe *f pol* gruppo *m* di base. **Basiswissen** *n* cognizioni *f pl* di base.
Baske ['baskə] ‹-n, -n› *m,* **Baskin** [...kɪn] ‹-, -nen› *f* basco, -a *m, f.* **Baskenland** *n* Paesi *m pl* baschi. **Baskenmütze** *f* basco *m,* berretto *m* basco.
Basketball ['ba:skət-] *m* basket *m,* pallacanestro *f.*
Baskin *f s.* **Baske.**
baskisch ['baskɪʃ] *a* basco.
Basrelief ['barelɪ̯ɛf] *n* bassorilievo *m.*
baß [bas] *adv obs, scherz:* **~ erstaunt sein** essere sbalordito.
Baß [bas] ‹Basses, Bässe› *m* **1.** *(Stimme, Sänger)* basso *m;* **2.** *(Instrument)* contrabbasso *m.*
Bassin [ba'sɛ̃:] ‹-s, -s› *n* **1.** *geol, geog* bacino *m;* **2.** *(Schwimmbecken)* piscina *f.*
Bassist(in) [ba'sɪst(ɪn)] ‹-en, -en› *m(f)* **1.** *(Spieler)* contrabbassista *mf;* **2.** *(Sänger)* basso *m.*
Baßschlüssel *m* chiave *f* di basso.
Bast [bast] ‹-(e)s, -e› *m* rafia *f.*
basta ['basta] *interj* basta; **und damit ~!** e non una parola di più!
Bastard ['bastart] ‹-(e)s, -e› *m* **1.** *(uneheliches Kind)* bastardo *m,* figlio *m* illegittimo; **2.** *(Mischling)* meticcio *m,* ibrido *m.*
Bastei [bas'tai̯] ‹-, -en› *f* bastione *m.*
Bastelei [bastə'lai̯] ‹-, -en› *f,* **Basteln** ‹-s, ø› *n* fare *m* piccoli lavori manuali per passatempo.
basteln ['bastəln] **I.** *itr* fare lavori manuali per passatempo; **II.** *tr* fare.
Bastion [bas'ti̯o:n] ‹-, -en› *f mil, fig* bastione *m.*
Bastler(in) ['bastlɐ (...ərɪn)] ‹-s, -› *m(f)* chi fa piccoli lavori manuali per passatempo.
bat [ba:t] *1. u. 3. pers sing imp von* **bitten.**
BAT [be:ʔa:'te:] *ab von* **Bundesangestelltentarif** *retribuzione del pubblico impiego nella R.F.T.*
Bataillon [batal'jo:n] ‹-s, -e› *n* battaglione *m.*
Batik ['ba:tɪk] ‹-, -en› *f* batik *m.*
batiken I. *itr* fare batik; **II.** *tr* fare batik su.
Batist [ba'tɪst] ‹-(e)s, -e› *m* tela *f* batista.
Batterie [batə'ri:, ...i:ən] ‹-, -n› *f el* batteria *f,* pila *f; mot* batteria *f* (per accensione). **batteriebetrieben** *a* alimentato a batteria. **Batterieemp-**

fänger *m*, **-gerät** *n* ricevitore *m* a pila (*o.* batteria).

Bau [bau̯, 'bau̯tən] *m* **1.** ‹-(e)s, ø› *(Tätigkeit)* costruzione *f*, edificazione *f*; **2.** ‹-(e)s, -ten› *(Gebäude)* edificio *m*, fabbricato *m*, costruzione *f*; **3.** ‹-(e)s, -e› *zoo* tana *f*; **4.** ‹-(e)s, ø› *allg. (Gefüge, Gliederung)* architettura *f*, struttura *f*, organizzazione *f*; **5.** ‹-(e)s, ø› *(Körper~)* corporatura *f*; **6.** ‹*pl*› **~ten** *film* scenografia *f*, scenari *m pl*; **im ~ (befindlich)** in corso (*o.* via) di costruzione (*o.* edificazione), in cantiere; **vom ~ sein** essere nell'edilizia, lavorare nell'industria edile; **auf dem ~ arbeiten** lavorare in cantiere. **Bauabschnitt** *m* lotto *m* dei lavori. **Bauamt** *n* genio civile. **Bauarbeiten** *f pl* lavori *m pl* edili; **(Achtung) ~!** attenzione, lavori in corso! **Bauarbeiter(in)** *m(f)* lavoratore, -trice *m*, *f* edile, muratore *m*. **Bauart** *f* **1.** sistema *m* (*o.* tipo *m*) di costruzione; **2.** *tec* costruzione *f*. **Baubaracke** *f* baracca *f* di cantiere.

Bauch [bau̯x] ‹-(e)s, ¨-e› *m* ventre *m*, pancia *f*; *(Unterleib)* addome *m*; *(dikker ~)* pancione *m fam*; *(von Gefäß, Instrument)* pancia *f*; *(Schiffs~)* scafo *m*, corpo *m* della nave; **einen ~ bekommen** metter su pancia *fam*; **den ~ einziehen** tirar dentro la pancia; **einen ~ haben** avere la pancia; **sich** *(dat)* **den ~ vor Lachen halten** sbellicarsi dalle risa *fam*, tenersi la pancia dalle risate *fam*, ridere a crepapelle *fam*; **sich auf den ~ legen/ auf dem ~ liegen** mettersi/giacere sul ventre; **sich** *(dat)* **den ~ vollschlagen** *fam* mangiare a quattro palmenti *fam*; **voller ~** *fam* scorpacciata *f fam*. **Bauchbinde** *f* **1.** *med* panciera *f*, ventriera *f*; **2.** *(für Frack)* fascia *f* di seta; **3.** *fam (von Zigarre)* fascetta *f*. **Bauchfell** *n anat* peritoneo *m*. **Bauchfellentzündung** *f* peritonite *f*. **Bauchhöhle** *f* cavità *f* addominale. **bauchig** *a* panciuto, convesso. **Bauchladen** *m* cassetta *f* da venditore ambulante. **Bauchlandung** *f aero* atterraggio *m* senza carrello; *(im Schwimmbad, etc.)* panciata *f fam*. **Bauchnabel** *m* ombelico *m*. **Bauchredner(in)** *m(f)* ventriloquo, -a *m*, *f*. **Bauchspeck** *m gastr* pancetta *f* magra. **Bauchspeicheldrüse** *f anat* pancreas *m*. **Bauchtanz** *m* danza *f* del ventre. **Bauchtänzerin** *f* danzatrice *f* del ventre. **Bauchweh** *n* mal *m* di pancia, colica *f*.

Baudenkmal *n*: **geschütztes ~** monumento *m* protetto.

bauen ['bau̯ən] **I.** *tr* **1.** costruire, fabbricare; *(errichten)* erigere; *(Tunnel)* scavare; *(Nest)* fare; **2.** *fam (Unfall)* avere; **II.** *itr (ein Haus ~)* fare (*o.* costruire) una casa; **an etw. ~** lavorare a qc; **auf jdn ~** *fig (vertrauen)* contare su qu, fare affidamento su qu.

Bauer[1] ['bau̯ɐ] ‹-n *o. rar* -s, -n› *m*, **Bäuerin** ['bɔy̯ərɪn] *f*, **1.** *(Landmann)* contadino, -a *m*, *f*; *(Landwirt)* agricoltore *m*, coltivatore *m* diretto; **2.** *fig pej* villano *m*; **3.** *(Schach)* pedone *m*; **4.** *(Spielkarte)* fante *m*.

Bauer[2] ['bau̯ɐ] ‹-s, -› *n o. m (Käfig)* gabbia *f* (per uccelli).

Bäuerin *f s.* **Bauer.**

bäuerlich ['bɔy̯ɐlɪç] *a* contadinesco, campagnolo; *(ländlich)* rurale.

Bauernbrot *n* pane *m* casereccio. **Bauernfängerei** [-fɛŋə'rai̯] ‹-, ø› *f fam* gabbamento *m*. **Bauernfrühstück** *n colazione a base di patate arrostite, uova strapazzate e pancetta.* **Bauernhaus** *n*, **-hof** *m* podere *m*, fattoria *f*. **Bauernkriege** *m pl hist* guerre *f pl* dei contadini. **Bauernmöbel** *n pl* mobili *m pl* rustici. **Bauernregel** *f* detto *m* (sul tempo). **Bauernschaft** ‹-, *rar* -en› *f* popolazione *f* rurale. **bauernschlau** *a* scaltro, furbo, malizioso. **Bauernverband** *m* associazione *f* degli agricoltori. **Bauersfrau** *f* contadina *f*. **Bauersleute** ‹*pl*› contadini *m pl*.

baufällig *a* cadente, pericolante. **Baufälligkeit** *f* essere *m* pericolante. **Baufirma** *f* ditta *f* costruttrice. **Bauführer(in)** *m(f)* assistente *mf* edile, capocantiere *m*. **Baugelände** *n* terreno *m* fabbricabile. **Baugenehmigung** *f* permesso *m* di costruzione. **Baugerüst** *n* impalcatura *f*, armatura *f*, ponte(ggio) *m*. **Baugesellschaft** *f* società *f* immobiliare. **Baugewerbe** *n* edilizia *f*. **Baugrube** *f* scavo *m* (di fondazione). **Bauhandwerker(in)** *m(f)* operaio, -a *m*, *f* edile. **Bauherr** *m* committente *m* (*o.* proprietario *m*) della costruzione. **Bauholz** *n* legname *m* da costruzione. **Bauingenieur(in)** *m(f)* (donna *f*) ingegnere *m* civile. **Baujahr** *n* anno *m* di costruzione; *(von Auto)* anno *m* di fabbricazione. **Baukasten** *m* scatola *f* (*o.* gioco *m*) delle costruzioni. **Baukastensystem** *n* sistema *m* modulare; **nach dem ~** secondo il sistema modulare. **Bauklotz** *m* cubetto *m* del gioco delle costruzioni; **Bauklötze staunen** *fam* rimanere di stucco *fam.* **Baukosten** ‹*pl*› spese *f pl* di (*o.* costo *m* della) costruzione. **Baukostenzuschuß** *m* sussidio *m* di costruzione, contributo *m* per le spese di costruzione. **Baukunst** *f* architettura *f.* **Bauland** *n* terreno *m* fabbricabile. **Bauleiter(in)** *m(f)* direttore, -trice *m, f* dei lavori (di costruzione). **Bauleitung** *f* direzione *f* dei lavori. **baulich** *a* architettonico, costruttivo. **Baulöwe** *m fam* speculatore *m* edilizio. **Baulücke** *f* area *f* di ricostruzione.

Baum [baum] ‹-(e)s, ¨-e› *m* albero *m;* **ich könnte Bäume ausreißen** mi sento un leone (*o.* ercole).

Baumaterial *n* materiale *m* da costruzione.

Baumbestand *m* patrimonio *m* forestale. **baumbestanden** *a* piantato ad alberi, alberato.

Baumeister(in) *m(f)* architetto, -a *m, f;* costruttore *m* edile.

baumeln ['bauməln] *itr* penzolare, ciondolare *fam;* **die Beine ~ lassen** dondolare le gambe.

bäumen [bɔymən] *rfl:* **sich ~** inalberarsi, impennarsi.

Baumgrenze *f* limite *m* della vegetazione arborea. **Baumgruppe** *f* boschetto *m.* **Baumkrone** *f* chioma *f* (*o.* corona *f*) dell'albero. **baumlang** *a:* **ein ~er Kerl** un tipo molto alto *fam,* un giovanotto lungo come una pertica *fam.* **baumlos** *a* senza alberi. **Baumrinde** *f* corteccia *f* d'albero. **Baumschule** *f* vivaio *m* di piante arboree. **Baumstamm** *m* tronco *m* (d'albero), fusto *m.* **Baumstumpf** *m* ceppo *m.* **Baumwolle** *f* cotone *m.* **baumwollen** *a* di cotone. **Baumwollernte** *f* raccolta *f* del cotone. **Baumwollpflanzung** *f* piantagione *f* di cotone. **Baumwollspinnerei** *f* **1.** *(Vorgang)* filatura *f* del cotone; **2.** *(Fabrik)* cotonificio *m.* **Baumwollstaude** *f* pianta *f* del cotone. **Baumwollstoff** *m* tessuto *m* di cotone.

Bauplan *m* progetto *m* (*o.* disegno *m*) di costruzione. **Bauplatz** *m* terreno *m* (*o.* area *f*) fabbricabile; *(nach Beginn der Arbeiten)* cantiere *m* edile. **Baupolizei** *f* genio *m* civile.

bäurisch ['bɔyrɪʃ] *a pej* rozzo, zotico, villano.

Bauruine *f fam* costruzione *f* abbandonata.

Bausch [bauʃ] ‹-(e)s, -e *o.* ¨-e› *m* **1.** *(Watte~)* batuffolo *m;* **2.** *(an Kleidern)* sbuffo *m;* **in ~ und Bogen** in blocco.

Bauschäden *m pl* difetti *m pl* (*o.* vizi *m pl*) di costruzione.

bauschen ['bauʃən] **I.** *tr* gonfiare; **II.** *rfl:* **sich ~** gonfiarsi.

bauschig *a* gonfio, a sbuffo.

Bauschutt *m* calcinacci *m pl.*

bau·sparen *itr* risparmiare sulla base di un contratto di risparmio immobiliare. **Bausparer(in)** *m(f)* persona *f* che ha stipulato un contratto di risparmio immobiliare. **Bausparkasse** *f* cassa *f* di risparmio per la costruzione edilizia. **Bausparvertrag** *m* contratto *m* di risparmio immobiliare.

Baustein *m* pietra *f* da costruzione; *fig* elemento *m* costitutivo; **elektronischer ~** pietra da costruzione elettronica. **Baustelle** *f* cantiere *m;* **~!** lavori in corso!; **Betreten der ~ verboten!** vietato l'ingresso ai non addetti ai lavori. **Baustil** *m* stile *m* architettonico. **Baustoff** *m* materiale *m* da costruzione. **Baustopp** *m* blocco *m* dell'edilizia. **Bausubstanz** *f* struttura *f* muraria.

Bauten *pl von* **Bau.**

Bautrupp *m* squadra *f* di operai edili. **Bauunternehmer(in)** *m(f)* imprenditore, -trice *m, f* edile. **Bauverbot** *n* divieto *m* di costruzione. **Bauvorhaben** *n* progetto *m* di costruzione. **Bauweise** *f* sistema *m* costruttivo. **Bauwerk** *n* edificio *m,* fabbricato *m,* costruzione *f.*

Bauxit [bau'ksi:t *o.* ...'ksɪt] ‹-s, -e› *m* bauxite *f.*

Bauzaun *m* palizzata *f.*

Bayer(in) ['baiɐ (...ərɪn)] ‹-n, -n› *m(f)* bavarese *mf.*

bay(e)risch ['bai(ə)rɪʃ] *a* bavarese; **der B~e Wald** la Selva Bavarese.

Bayern ['baiən] *n* Baviera *f.*

Bayreuth [bai'rɔyt] *n* Baireut *f,* Bayreuth *f.*

bayrisch *a s.* **bayerisch.**

Bazillus [ba'tsɪlʊs, ...lən] ‹-, -zillen› *m* bacillo *m.*

Bd. *ab von* **Band** vol. (*ab von* volume).

BDA [be:de'ʔa:] *ab von* **Bund Deutscher Architekten** *associazione degli architetti tedeschi.*

Bde. *ab von* **Bände** voll. (*ab von* volumi).

BDÜ [be:de'ʔy:] *ab von* **Bundesverband der Dolmetscher und Übersetzer** *associazione degli interpreti e traduttori tedeschi.*

BE *ab von* **Brotheinheit** *unità di misura idrati di carbonio (nelle diete).*

beabsichtigen [bə'ʔapzɪçtɪgən] ‹*ohne ge-*› *tr* avere l'intenzione (*etw.* *zu tun* di fare qc); proporsi (*etw. zu tun* di fare qc), pensare (*etw. zu tun* di fare qc); **das hatte ich nicht beabsichtigt** non l'ho fatto apposta. **beabsichtigt** *a* intenzionale; **die ~e Wirkung** l'effetto voluto.

beachten ⟨*ohne ge-*⟩ *tr* **1.** *(bemerken)* fare attenzione a, badare a; **2.** *(berücksichtigen)* tener conto di, considerare; **3.** *(befolgen) (Rat)* seguire, ascoltare; *(Regel, Vorschrift)* osservare, rispettare; **etw. nicht ~** ignorare qc, non osservare qc. **beachtenswert** *a* notevole, degno di nota. **beachtlich** *a* apprezzabile, considerevole.

Beachtung *f* **1.** *(Aufmerksamkeit)* attenzione *f;* **2.** *(Berücksichtigung)* considerazione *f;* **3.** *(Befolgung von Rat)* seguire *m,* ascoltare *m; (von Regel, Vorschrift)* osservanza *f,* rispetto *m;* **~ finden** essere considerato; **jdm/einer S. ~ schenken** prestare attenzione a qu/qc.

Beamte [bə'ʔamtə] ⟨ein -r, -n, -n⟩ *m,* **Beamtin** [...tɪn] *f allg.* agente *mf; (Staats~)* funzionario, -a *m, f,* impiegato, -a *m, f* statale, pubblico ufficiale *m; (Justiz-, Verwaltungs~)* (donna *f*) magistrato *m; (sonstiger)* impiegato, -a *m, f.* **Beamtenapparat** *m* apparato *m* amministrativo. **Beamtenbestechung** *f* corruzione *f* di pubblico ufficiale. **Beamtenlaufbahn** *f* carriera *f* del pubblico impiego. **Beamtentum** ⟨-s, ø⟩ *n* **1.** *(Vertreter, Stand)* funzionari *m pl;* **2.** *(Eigenschaft)* mentalità *f* dei funzionari; *(Beamtetsein)* carica *f* di funzionario. **Beamtenverhältnis** *n:* **im ~ sein** essere di ruolo; **ins ~ übernommen werden** diventare di ruolo. **beamtet** *a* impiegato.

Beamtin *f s.* **Beamte.**

beängstigen ⟨*ohne ge-*⟩ *tr geh* impaurire, mettere paura a, inquietare. **beängstigend** *a* inquietante, allarmante.

beanspruchen ⟨*ohne ge-*⟩ *tr* **1.** *(fordern: Recht)* rivendicare, reclamare; *(Unterstützung)* pretendere; *(Gebiet)* rivendicare; **2.** *(erfordern: Zeit, Geld)* richiedere; *(Geduld)* richiedere, esigere; *(Platz)* occupare; *(Kraft, Aufmerksamkeit)* esigere; **3.** *(ausnutzen: Einrichtungen)* sfruttare; *(Gastfreundschaft, Geduld, Hilfe)* approfittare di; **4.** *(strapazieren: Material, Stoff, Maschine)* usare; *(Menschen)* strapazzare; *(Nerven)* logorare; **etw. ~ können** *(berechtigt sein)* poter pretendere qc; **jdn stark ~** tenere qu molto occupato, pretendere molto da qu; **sein Beruf beansprucht ihn ganz** la sua professione lo assorbe completamente.

Beanspruchung ⟨-, *rar* -en⟩ *f* **1.** *(Forderung)* rivendicazione *f;* **2.** *(Ausnutzung)* sfruttamento *m;* **3.** *(Belastung, Abnutzung)* uso *m; (von Menschen)* sfruttamento *m; (beruflich)* strapazzo *m; (nervlich)* logoramento *m.*

beanstanden ⟨*ohne ge-*⟩ *tr* criticare, biasimare.

Beanstandung ⟨-, -en⟩ *f* reclamo *m,* critica *f;* **ohne ~** senza obiezioni.

beantragen ⟨*ohne ge-*⟩ *tr* chiedere, far domanda di (*o.* per); *jur* proporre; **ein Stipendium ~** chiedere una borsa di studio.

beantworten ⟨*ohne ge-*⟩ *tr* rispondere a.

Beantwortung ⟨-, -en⟩ *f* risposta *f* (*einer S.* a qc); **in ~ Ihres Schreibens vom ...** in risposta alla Sua lettera del ...

bearbeiten ⟨*ohne ge-*⟩ *tr* **1.** *(arbeiten an)* lavorare a, trattare; *(ausarbeiten)* elaborare; *(gestalten)* formare; *(redigieren)* redigere; *(überarbeiten)* rielaborare, rimaneggiare, rifare; *mus* arrangiare; *theat, film, radio, TV* adattare *(für* per); **2.** *tec* lavorare, foggiare; *agr* coltivare; **3.** *(sich befassen mit)* occuparsi di; *(Fall)* trattare; *(Akte, Antrag)* evadere, (di)sbrigare; *(Bestellung)* sbrigare; **4.** *fig fam (zu überreden suchen)* cercare di convincere, lavorare *fam.*

Bearbeiter(in) *m(f)* rielaboratore, -trice *m, f.*

Bearbeitung ⟨-, -en⟩ *f* **1.** *(Arbeit an)* lavorazione *f; (Redigieren)* redazione *f; (Überarbeiten)* revisione *f; theat, film, radio, TV (Vorgang)* adattamento *m; (bearbeitete Fassung)* nuova versione *f; mus* adattamento *m;* **2.** *tec* lavorazione *f; agr* coltivazione *f;* **3.** *(von Fall, Akte, Antrag, Bestellung)* disbrigo *m,* evasione *f;* **in ~** in preparazione. **Bearbeitungsgebühr** *f* tassa *f* di cancelleria.

Beat [bi:t] ⟨-(s), ø⟩ *m* musica *f* beat. **Beatband** ⟨-, -s⟩ *f* complesso *m* beat.

Beate [be'a:tə] *(weiblicher Vorname)* Beata.

beatmen ⟨*ohne ge-*⟩ *tr (künstlich)* praticare la respirazione artificiale su.

Beatmung *f:* **künstliche ~** respirazione *f* artificiale.

beaufsichtigen [bə'ʔaufzɪçtɪgən] ⟨*ohne ge-*⟩ *tr* sorvegliare, controllare, ispezionare.

Beaufsichtigung ‹-, -en› *f* sorveglianza *f*, ispezione *f*, controllo *m*.
beauftragen ‹*ohne ge-*› *tr* **1.** *(Auftrag erteilen)* incaricare (*jdn mit etw.* qu di qc); **2.** *(anweisen)* delegare (*jdn mit etw.* qu a qc); **mit etw. beauftragt sein** essere incaricato di qc. **Beauftragte** ‹ein -r, -n, -n› *mf* incaricato, -a *m, f* (d'affari), mandatario, -a *m, f*, delegato, -a *m, f*.
bebauen ‹*ohne ge-*› *tr* **1.** costruire su; **2.** *(Acker)* coltivare; **ein Grundstück ~** costruire case/una casa su un terreno. **bebaut** *a* edificato.
Bebauungsplan *m* piano *m* regolatore.
beben ['be:bən] *itr* tremare, fremere. **Beben** ‹-s, -› *n* terremoto *m*. **bebend** *a* tremante, fremente.
bebildern ‹*ohne ge-*› *tr* illustrare.
Becher ['bɛçɐ] ‹-s, -› *m (ohne Henkel)* calice *m*, coppa *f*; *(mit Henkel)* tazza *f*, ciotola *f*; *(Glas~, Plastik~)* bicchiere *m*; *(Joghurt~)* vasetto *m*; *(Würfel~)* bossolo *m*.
bechern *itr scherz fam* trincare *fam*.
becircen [bə'tsɪrtsən] ‹*ohne ge-*› *tr fam* ammaliare; *(umgarnen)* irretire.
Becken ['bɛkən] ‹-s, -› *n* **1.** *(flaches Gefäß)* catino *m*; **2.** *(Bassin, a. Hafen~, geog)* bacino *m*; **3.** *(Schwimm~)* piscina *f*; **4.** *(Wasch~)* lavandino *m*; **5.** *(Brunnen~)* vasca *f*; **6.** *anat* bacino *m*; **7.** *mus* piatti *m pl*. **Beckenknochen** *m* osso *m* pelvico.
bedacht [bə'daxt] *a*: **auf etw. ~ sein** mirare (*o.* badare) a qc.
Bedacht ‹-(e)s, ø› *m*: **mit ~** con circospezione, a ragion veduta; *(mit Absicht)* deliberatamente, di proposito.
bedächtig [bə'dɛçtɪç] **I.** *a (besonnen)* riflessivo; *(gesetzt)* posato; *(vorsichtig)* prudente; **II.** *adv* con cautela. **Bedächtigkeit** ‹-, ø› *f* avvedutezza *f*, circospezione *f*, prudenza *f*.
bedanken ‹*ohne ge-*› *rfl*: **sich ~ 1.** ringraziare (*bei jdm für etw.* qu di (*o.* per) qc); **2.** *(ablehnen)* rifiutare (gentilmente); **dafür bedanke ich mich bestens!** *(a. iron)* grazie tante!
Bedarf [bə'darf] ‹-(e)s, ø› *m* **1.** *(Bedürfnis)* fabbisogno *m*; *(~smenge)* quantità *f* necessaria; **2.** *(Nachfrage)* domanda *f* (*an* di); **bei ~** in caso di bisogno, se occorre; **nach ~** a seconda del fabbisogno; **den ~ decken** coprire il fabbisogno; **~ haben an** avere bisogno di; **Gegenstände des täglichen/gehobenen ~s** articoli d'uso corrente/di lusso. **Bedarfsartikel** *m* articolo *m* di prima necessità. **Bedarfsfall** *m*: **im ~** in caso di bisogno. **Bedarfsgüter** *n pl* beni *m pl* di consumo. **Bedarfshaltestelle** *f* fermata *f* facoltativa.
bedauerlich [bə'dauelɪç] *a (Sache)* deplorevole; *(beklagenswert)* pietoso; **es ist ~, daß ...** è spiacevole che ... **bedauerlicherweise** *adv* purtroppo.
bedauern [bə'dauen] ‹*ohne ge-*› *tr* **1.** *(Sache)* dispiacersi per; *(beklagen)* deplorare; **2.** *(Menschen)* compiangere, compatire; **(ich) bedauere** spiacente!; **ich bedau(e)re (es), daß sie nicht gekommen ist** mi rincresce che non sia venuta. **Bedauern** ‹-s, ø› *n* dispiacere *m*; **mit ~** a malincuore; **zu meinem (großen) ~** con mio (grande) rincrescimento. **bedauernswert** *a (Mensch)* che desta compassione; *(Lage)* spiacevole, pietoso; *(Zustand)* deplorevole, pietoso.
bedecken ‹*ohne ge-*› **I.** *tr* **1.** coprire (*mit* di), ricoprire (*mit* di); **2.** *(verbergen)* nascondere; **3.** *(schützen)* proteggere; **II.** *rfl*: **sich ~** coprirsi. **bedeckt** *a (Himmel)* coperto.
bedenken ‹*irr, ohne ge-*› **I.** *tr* **1.** *(erwägen)* considerare, pensare a, riflettere su; **2.** *(beachten)* tener conto di; **wenn man bedenkt, daß ...** e dire che ...; **zu ~ geben** far considerare; **die Folgen ~** considerare le conseguenze; **er hat mich mit ... bedacht** *(Geschenk)* si è ricordato di me con ... (nel testamento); **II.** *rfl*: **sich ~** riflettere, pensarci su *fam*.
Bedenken ‹-s, -› *n* **1.** ‹*sing*› *(Erwägung)* riflessione *f*, considerazione *f*; **2.** *(Zweifel, Befürchtung)* dubbi *m pl*, scrupoli *m pl*; **ohne ~** senza esitazione; **gegen etw. ~ äußern** avanzare delle riserve su qc; **~ haben** esitare (*etw. zu tun* a fare qc). **bedenkenlos** *adv (ohne weiteres)* senza esitazione; *(skurpellos)* senza scrupoli. **bedenkenswert** *a* da riconsiderare. **bedenklich** *a (besorgniserregend)* inquietante; *(ernst)* serio, grave; *(gefährlich)* pericoloso, scabroso; **das macht (*o.* stimmt) ~** ciò fa riflettere. **Bedenkzeit** *f* tempo *m* per riflettere; **jdm drei Tage ~ geben** dare a qu tre giorni per riflettere.
bedeuten ‹*ohne ge-*› *tr* **1.** *(besagen)* significare, voler dire; **2.** *(ankündigen)* preannunciare; *(mit sich bringen)* comportare; **3.** *(zu verstehen geben)* far capire (*jdm etw.* qc a qu); **etwas ~** *(wichtig sein)* essere importante; **jdm etwas ~** *(wert sein)* significare qc per qu; **er/das bedeutet mir**

nichts egli/ciò non mi importa niente; **das bedeutet, daß ...** ciò vuol dire che ...; **das hat etwas zu ~** gatta ci cova; **das hat nichts zu ~** questo non ha alcuna importanza, questo non significa niente; **das bedeutet nichts Gutes** questo non fa prevedere nulla di buono; **was soll das ~?** che vuol dire questo?, che senso ha ciò? **bedeutend I.** *a* **1.** *(wichtig)* importante; *(hervorragend)* eminente, illustre; **2.** *(beachtlich, beträchtlich)* notevole, ragguardevole; **II.** *adv* considerevolmente, sensibilmente. **bedeutsam** *a* significativo, rivelatore.

Bedeutung *f* **1.** *(Sinn)* significato *m*, senso *m; (von Wort)* accezione *f;* **2.** *(Vorbedeutung)* auspicio *m;* **3.** *(Wichtigkeit)* importanza *f; (Tragweite)* portata *f;* **ohne (jede) ~** senza alcuna importanza; **von (ausschlaggebender) ~** d'importanza (decisiva); **einer S. ~ beimessen** attribuire importanza a qc; **~ gewinnen** acquistare importanza; **~ haben** importare (*für etw.* per qc); **von ~ sein** avere importanza. **bedeutungslos** *a* insignificante, trascurabile. **Bedeutungslosigkeit** ⟨-, ø⟩ *f* irrilevanza *f.* **Bedeutungsumfang** *m* estensione *f* del significato, area *f* semantica. **bedeutungsvoll** *a* significativo. **Bedeutungswandel** *m* mutamento *m* semantico.

bedienen ⟨*ohne ge-*⟩ **I.** *tr* **1.** *(Menschen, a. bei Tisch)* servire; *tec (Apparat, Maschine)* manovrare; **2.** *(Kartenspiel)* rispondere a; **ich bin bedient** *iron* sono servito!; **II.** *rfl:* **sich ~** servirsi (*einer S.* di qc); **~ Sie sich!** si serva!

Bedienstete [bəˈdiːnstətə] ⟨ein -r, -n, -n⟩ *mf* impiegato, -a *m, f.*

Bedienung ⟨-, -en⟩ *f* **1.** ⟨*sing*⟩ *(Tätigkeit)* servizio *m;* **2.** *tec* manovra *f,* maneggio *m;* **3.** *(Personal)* servitù *f,* personale *m* di servizio; *(Kellnerin)* cameriera *f;* **~ inbegriffen** servizio compreso. **Bedienungsanleitung** *f* istruzioni *f pl* per l'uso. **Bedienungshebel** *m* leva *f* di comando. **Bedienungsvorschrift** *f* istruzioni *f pl* per l'uso.

bedingen [bəˈdɪŋən] ⟨*ohne ge-*⟩ *tr* **1.** *(voraussetzen)* presupporre; **2.** *(verursachen)* causare, determinare, avere come conseguenza. **bedingt I.** *a* condizionato; *(jur)* condizionale; *(beschränkt)* limitato; **~ durch** dovuto a; **II.** *adv* con riserva; in parte; **~ gültig** valido (solo) in parte.

Bedingung ⟨-, -en⟩ *f* **1.** *(Voraussetzung)* condizione *f;* **2.** *(Erfordernis)* esigenza *f;* **3.** *(Vertragsbestimmung)* clausola *f; pol* preliminare *m;* **4.** ⟨*pl*⟩ *(Verhältnisse)* condizioni *f pl,* circostanze *f pl,* modalità *f pl;* **unter der ~, daß ...** a condizione di ... *inf* (*o.* che ... *conj*); **unter diesen ~en** a queste condizioni; **eine ~ erfüllen** soddisfare una condizione; **etw. zur ~ machen** porre qc come condizione. **bedingungslos I.** *a (Kapitulation, Liebe)* incondizionato; *(Gehorsam)* assoluto; **II.** *adv* incondizionatamente, senza (alcuna) riserva.

bedrängen ⟨*ohne ge-*⟩ *tr (Gegner)* incalzare; *(belästigen)* assillare; **hart ~** incalzare da vicino; **in bedrängter Lage** in una situazione difficile; *(finanziell)* in difficoltà finanziarie.

Bedrängnis ⟨-, -se⟩ *f* situazione *f* penosa; *(Notlage)* difficoltà *f pl;* **in äußerster ~ sein** non avere via di scampo.

bedrohen ⟨*ohne ge-*⟩ *tr* minacciare.

bedrohlich *a* minaccioso.

Bedrohung *f* minaccia *f;* **~ des Friedens** minaccia per la pace.

bedrucken ⟨*ohne ge-*⟩ *tr* stampare.

bedrücken ⟨*ohne ge-*⟩ *tr* opprimere. **bedrückend** *a* opprimente, soffocante. **bedrückt** *a* oppresso, abbattutto. **Bedrücktheit** ⟨-, ø⟩ *f* oppressione *f,* abbattimento *m.*

Beduine [beduˈiːnə] ⟨-n, -n⟩ *m,* **Beduinin** [...nɪn] *f* beduino, -a *m, f.*

bedürfen ⟨*irr, ohne ge-*⟩ *itr* aver bisogno (*einer S.* di qc); *(erfordern)* occorrere (*einer S.* qc), richiedere (*einer S.* qc), esigere (*einer S.* qc); **es bedarf großer Anstrengungen** occorrono molti sforzi; **das bedarf einer Erklärung** questo esige una spiegazione; **es bedarf nur eines Wortes** basta una parola.

Bedürfnis ⟨-ses, -se⟩ *n* bisogno *m;* **ein ~ verspüren** provare (*o.* sentire) un bisogno; **es ist mir ein ~ zu ...** sento il bisogno di ... *inf.* **Bedürfnisanstalt** *f* gabinetto *m* pubblico. **bedürfnislos** *a* senza bisogni, sobrio, frugale; *(bescheiden)* modesto. **Bedürfnislosigkeit** ⟨-, ø⟩ *f* sobrietà *f.*

bedürftig *a (Mensch)* indigente, bisognoso. **Bedürftigkeit** ⟨-, ø⟩ *f* indigenza *f.*

Beefsteak [ˈbiːf-] *n* bistecca *f;* **deutsches ~** hamburger *m.*

beehren ⟨*ohne ge-*⟩ **I.** *tr* onorare; **II.** *rfl:* **sich ~** avere l'onore (*etw. zu tun* di fare qc), pregiarsi (*etw. zu tun* di fare qc).

beeilen ‹*ohne ge-*› *rfl:* **sich ~** affrettarsi, spicciarsi (*etw. zu tun* a fare qc); **beeil dich ein bißchen!** affrettati un po'!
beeindrucken ‹*ohne ge-*› *tr* impressionare. **beeindruckend** *a* impressionante.
beeinflußbar *a* influenzabile.
beeinflussen ‹*ohne ge-*› *tr* influenzare, influire su.
Beeinflussung ‹-, -en› *f* influenza *f* (*gen* su).
beeinträchtigen [bəˈʔa͜intrɛçtɪgən] ‹*ohne ge-*› *tr* pregiudicare, nuocere a.
Beeinträchtigung ‹-, -en› *f* pregiudizio *m*, danno *m*.
beenden ‹*ohne ge-*› *tr* **1.** terminare, finire; **2.** *(vollenden)* compiere, completare, ultimare; **die Sitzung ~** chiudere la seduta.
Beendigung ‹-, ø› *f (das Beenden)* finire *m; (Fertigstellung)* ultimazione *f*, completamento; *(Ende)* fine *f*.
beengen ‹*ohne ge-*› *tr (Kleidung)* stringere; *(Raum)* limitare; *fig (Menschen)* opprimere; **~de Kleidung** vestiti *m pl* stretti; **beengt leben** vivere ristretto.
Beengtheit ‹-, ø› *f (räumlich)* ristrettezza *f*; *fig* oppressione *f*.
beerben ‹*ohne ge-*› *tr* ereditare (*jdn* da qu), essere l'erede di.
beerdigen [bəˈʔeːɐ̯dɪgən] ‹*ohne ge-*› *tr* seppellire, sotterrare, inumare.
Beerdigung ‹-, -en› *f* seppellimento *m*, sepoltura *f; (feierliche Handlung)* funerali *m pl*. **Beerdigungsinstitut** *n* (impresa *f* di) pompe *f pl* funebri.
Beere [ˈbeːrə] ‹-, -n› *f* bacca *f; (Wein~)* acino *m* (dell'uva). **Beerenauslese** *f (Wein)* vino *m* pregiato. **Beerenfrüchte** *f pl*, **-obst** *n* bacche *f pl*.
Beet [beːt] ‹-(e)s, -e› *n* aiola *f; (Rabatte)* bordura *f* (di aiola).
befähigen [bəˈfɛːɪgən] ‹*ohne ge-*› *tr* rendere atto (*zu* a *inf*), abilitare (*zu* a). **befähigt** *a* atto (*zu* a), capace (*zu* di), qualificato (*zu* per).
Befähigung ‹-, -en› *f (Eignung, Begabung)* attitudine *f*, capacità *f; (Qualifikation)* qualifica *f*, idoneità *f*.
befahl [bəˈfaːl] *1. u. 3. pers sing imp von* **befehlen.**
befahrbar *a (Straße)* praticabile, carrozzabile; *naut* navigabile.
befahren ‹*irr, ohne ge-*› **I.** *tr* percorrere; *naut* navigare in; **II.** *a (Straße)* battuto, percorso; **eine stark ~e Straße** una strada molto battuta.
Befall *m (durch Parasiten)* infestazione *f*.
befallen ‹*irr, ohne ge-*› *tr* **1.** *(Ungeziefer)* infestare; **2.** *(Krankheit)* colpire; **3.** *(Furcht)* cogliere.
befangen *a* **1.** *(schüchtern, verlegen)* imbarazzato, intimidito, confuso; **2.** *(voreingenommen)* prevenuto; **in einem Irrtum ~ sein** essere prigioniero di un errore. **Befangenheit** ‹-, ø› *f* **1.** *(Verlegenheit)* imbarazzo *m*, timidezza *f*, confusione *f*; **2.** *(Voreingenommenheit)* prevenzione *f*.
befassen ‹*ohne ge-*› *rfl:* **sich ~ 1.** *(sich beschäftigen)* occuparsi (*mit* di), dedicarsi (*mit* a); **2.** *(handeln von)* trattare (*mit* di).
befehden ‹*ohne ge-*› *rfl:* **sich** (*o.* **einander**) **~** combattersi.
Befehl [bəˈfeːl] ‹-(e)s, -e› *m* ordine *m*, comando *m;* **auf ~** per ordine; **einen ~ ausführen** eseguire un ordine; **einen ~ erteilen** impartire un ordine; **~ ist ~** un ordine è un ordine; **ausdrücklicher** (*o.* **strikter**) **~** ordine formale, ingiunzione *f*.
befehlen ‹befiehlt, befahl, befohlen› **I.** *tr* ordinare (*jdm etw.* qc a qu), comandare (*jdm etw.* qc a qu), dare (l')ordine (*etw. zu tun* di fare qc); **II.** *itr (den Befehl haben)* avere il comando (*über* di), essere (il) padrone (*über* di); **wie Sie ~!** come vuole! **befehlend, befehlerisch** *a* imperioso; dispotico.
befehligen ‹*ohne ge-*› *tr* comandare.
Befehlsform *f* imperativo *m*. **befehlsgemäß** *adv* conforme agli ordini. **Befehlsgewalt** *f* comando *m*, autorità *f* di comando, potere *m* di comandare. **Befehlshaber** [-haːbɐ] ‹-s, -› *m* comandante *m;* **oberster ~** comandante supremo (*o.* in capo). **Befehlston** *m* tono *m* di comando. **Befehlsverweigerung** *f* rifiuto *m* di obbedienza.
befestigen [bəˈfɛstɪgən] ‹*ohne ge-*› *tr* **1.** *(festmachen)* fissare (*an* a), attaccare (*an* a); **2.** *mil* fortificare; **3.** *fig* rafforzare, consolidare, rinvigorire.
Befestigung ‹-, -en› *f* **1.** *(Festmachen)* fissaggio *m; tec* serraggio *m;* **2.** *mil* fortificazione *f*; **3.** *fig* rafforzamento *m*, consolidamento *m*. **Befestigungsanlage** *f* fortificazione *f*.
befeuchten ‹*ohne ge-*› *tr* inumidire, umettare.
befeuern ‹*ohne ge-*› *tr* **1.** *aero, naut* munire di segnali luminosi; **2.** *fig* stimolare, incitare.
Befeuerung *f (Flugplatz~)* luci *f pl* di pista.
befiehlt [bəˈfiːlt] *3. pers pr sing von* **befehlen.**
befinden ‹*irr, ohne ge-*› **I.** *tr* **1.** *(erach-*

ten) stimare, giudicare; **II.** *itr jur (entscheiden)* giudicare (*über jdn/etw.* qu/qc), decidere (*über etw.* qc); **III.** *rfl:* **sich ~ 1.** *(örtlich)* trovarsi, essere; *geog* essere situato; **2.** *(gesundheitlich)* stare, sentirsi.

Befinden ‹-s, ø› *n* **1.** *(Meinung)* parere *m*, stima *f*, opinione *f;* **2.** *(gesundheitlich)* (stato *m* di) salute *f;* **sich nach jds ~ erkundigen** chiedere come sta qu.

befindlich *a:* **im Bau ~** in costruzione.

beflaggen ‹*ohne ge-*› *tr* pavesare.

Beflaggung ‹-, ø› *f* imbandieramento *m*.

beflecken ‹*ohne ge-*› *tr* macchiare (*mit* di); *(beschmutzen)* sporcare; *fig* contaminare, insudiciare.

befleißigen [bə'flaisɪgən] ‹*ohne ge-*› *rfl:* **sich ~** applicarsi (*einer S.* a qc), prendersi l'impegno (*einer S.* di qc).

befliegen ‹*irr, ohne ge-*› *tr:* **eine Flugstrecke ~** servire una linea aerea.

beflissen [bə'flɪsən] *a* zelante, diligente, solerte. **Beflissenheit** ‹-, ø› *f* zelo *m*, solerzia *f*, assiduità *f*.

beflügeln ‹*ohne ge-*› *tr fig* mettere le ali a; *(Schritte)* accelerare.

befohlen [bə'fo:lən] *pp von* **befehlen.**

befolgen ‹*ohne ge-*› *tr (Rat)* seguire; *(Anweisung)* osservare, eseguire.

Befolgung ‹-, ø› *f* osservanza *f* (*einer S.* di qc).

befördern ‹*ohne ge-*› *tr* **1.** *(transportieren)* trasportare; *(Post, Waren, Gepäck)* spedire; **2.** *(im Rang, beruflich)* promuovere (*zu(m)* a); **befördert werden** essere promosso, avanzare; **jdn an die (frische) Luft ~** *(hinauswerfen)* mettere qu alla porta.

Beförderung ‹-, -en› *f* **1.** *(Transport)* trasporto *m; (von Post, Waren, Gepäck)* spedizione *f;* **2.** *(in Rang, beruflich)* promozione *f* (*zu* a), avanzamento *m*. **Beförderungsart** *f* modo *m (o.* tipo *m)* di trasporto (*o.* di spedizione). **Beförderungsbedingungen** *f pl* condizioni *f pl* di trasporto. **Beförderungsmittel** *n* mezzo *m* di trasporto.

befrachten ‹*ohne ge-*› *tr (Wagen)* caricare; *naut, aero* noleggiare.

befragen ‹*ohne ge-*› *tr* **1.** *(Menschen)* interrogare; *(Zeugen a.)* sentire; *(Wörterbuch)* consultare; **2.** *(um Rat fragen)* consultare; **jdn nach seiner Meinung ~** sentire il parere di qu.

Befragung ‹-, -en› *f* **1.** *(von Menschen)* interrogazione *f; (von Zeugen a.)* interrogatorio *m;* **2.** *(um Rat)* consultazione *f* (*gen* di); **3.** *(Umfrage)* sondaggio *m*, inchiesta *f*.

befreien ‹*ohne ge-*› **I.** *tr* **1.** *(frei machen)* liberare; *(Sklaven)* affrancare; *(Gefangenen)* scarcerare, rilasciare; *(aus der Abhängigkeit)* emancipare; *(aus der Gefahr, einer Zwangslage)* salvare (*aus* da); **2.** *(erlassen)* dispensare (*jdn von etw.* qu da qc); *(freistellen)* esentare (*von* da); **3.** *(von Schmerzen, Sorgen)* liberare, sollevare; *(von einer Last)* liberare, sgravare; **etw. von etw. ~** liberare qc da qc; *(von Ungeziefer)* disinfestare qc da qc; **vom Wehrdienst befreit** esentato dagli obblighi militari; **ein ~des Lachen** una risata liberatrice; **II.** *rfl:* **sich ~** liberarsi (*aus, von* di), sbarazzarsi (*von, aus* di); **sich aus einer schwierigen Lage ~** uscire da una situazione difficile.

Befreiung ‹-, -en› *f* **1.** *(von Menschen)* liberazione *f; (von Sklaven)* affrancamento *m; (von Gefangenen)* scarcerazione *m*, rilascio *m; (aus der Abhängigkeit)* emancipazione *f;* **2.** *(Erlassen)* dispensa *f* (*von* da); *(Freistellung)* esenzione *f* (*von* da); *mil* esonero *m* (*von* da); **3.** *(von Schmerzen, Sorgen)* sollievo *m; (von einer Last)* sgravio *m; (Erleichterung)* sollievo *m;* **4.** *(Entfernung)* allontanamento (*von* da); **ein Gefühl der ~ empfinden** provare un senso di liberazione.

befremden ‹*ohne ge-*› *tr* sorprendere, stupire, sconcertare; *(abstoßen)* ripugnare. **Befremden** ‹-s, ø› *n*, **Befremdung** ‹-, ø› *f* stupore *m*, sorpresa *f*. **befremdend, befremdlich** *a* sorprendente, strano.

befreunden ‹*ohne ge-*› *rfl:* **sich ~** fare amicizia (*mit jdm* con qu). **befreundet** *a (Familien, Länder)* amico; **ich bin mit ihm ~** sono suo amico; **ein ~es Land** un paese amico.

befriedigen [bə'fri:dɪgən] ‹*ohne ge-*› **I.** *tr (Menschen)* soddisfare, accontentare; *(sexuell)* soddisfare; *(Gläubiger)* soddisfare, tacitare; *(Begierde, Neugier, Bedürfnis, Wunsch)* soddisfare, appagare; *(Forderung, Verlangen, Ansprüche)* soddisfare; **er ist schwer/leicht zu ~** è difficile/facile da soddisfare; **diese Lösung befriedigt mich noch nicht** questa soluzione non mi soddisfa ancora; **II.** *rfl:* **sich (selbst) ~** masturbarsi. **befriedigend** *a* **1.** *allg.* soddisfacente; **2.** *(Schulnote)* ≃ sette. **befriedigt** *a* soddisfatto; **~ lächeln** sorridere soddisfatto.

Befriedigung ‹-, ø› *f* soddisfazione *f;*

(von Begierde, Neugier, etc.) soddisfazione *f*, appagamento *m; (von Gläubiger)* soddisfare *m;* **etw. mit ~ feststellen** rilevare qc con soddisfazione; **jdm ~ verschaffen** *(Genugtuung)* procurare soddisfazione a qu.

befristen ⟨*ohne ge-*⟩ *tr* fissare un termine per. **befristet** *a* a scadenza fissa, a termine; **kurz ~** a breve termine.

befruchten ⟨*ohne ge-*⟩ *tr* fecondare; **künstlich ~** fecondare artificialmente.

Befruchtung ⟨-, -en⟩ *f* fecondazione *f;* **künstliche ~** fecondazione artificiale, inseminazione *f.*

Befugnis [bəˈfu:knɪs] ⟨-, -se⟩ *f (Recht)* diritto *m*, facoltà *f; (Zuständigkeit)* competenza *f;* **seine ~se überschreiten** abusare dei propri poteri.

befugt [bəˈfu:kt] *a* autorizzato (*zu* a).

befühlen ⟨*ohne ge-*⟩ *tr* palpare, tastare.

befummeln ⟨*ohne ge-*⟩ *tr fam* toccare (con le mani).

Befund *m* risultato *m; med* diagnosi *f*, referto *m;* **ohne ~** (*ab* **o.B.**) risultato negativo.

befürchten ⟨*ohne ge-*⟩ *tr* temere, aver paura di; **es ist** (*o.* **steht) zu ~, daß ...** c'è da temere che ... *conj.*

Befürchtung ⟨-, -en⟩ *f* timore *m*, paura *f*, apprensione *f.*

befürworten ⟨*ohne ge-*⟩ *tr (empfehlen)* consigliare, raccomandare; *(gut finden)* approvare, sostenere, propugnare.

Befürworter(in) ⟨-s, -⟩ *m(f)* sostenitore, -trice *m, f*, fautore, -trice *m, f.*

Befürwortung ⟨-, -en⟩ *f* appoggio *m; (Empfehlung)* raccomandazione *f.*

begabt [bəˈga:pt] *a* dotato (*für* per), che ha talento *fam.* **Begabtenförderung** *f* promovimento *m* (*o.* sostegno *m*) degli allievi dotati.

Begabung [bəˈga:bʊŋ] ⟨-, -en⟩ *f* talento *m.*

begaffen ⟨*ohne ge-*⟩ *tr pej fam* fissare insistentemente.

begann [bəˈgan] *1. u. 3. pers sing imp von* **beginnen.**

begatten ⟨*ohne ge-*⟩ *rfl:* **sich ~** accoppiarsi.

Begattung ⟨-, -en⟩ *f* accoppiamento *m.*

begeben ⟨*irr, ohne ge-*⟩ *rfl geh:* **sich ~** **1.** *(gehen, fahren)* recarsi (*nach* a, in), andare (*nach* a, in); **2.** *(sich ereignen)* accadere; **sich in Gefahr ~** incorrere in un pericolo; **sich zur Ruhe ~** andare a letto; **sich in ärztliche Behandlung ~** mettersi in trattamento medico.

Begebenheit ⟨-, -en⟩ *f* avvenimento *m*, evento *m.*

begegnen [bəˈge:gnən] ⟨*ohne ge-*⟩ **I.** *itr* ⟨*sein*⟩ **1.** *(treffen)* incontrare (*jdm* qu); *(Schwierigkeiten)* urtare (*einer S.* contro qu); **2.** *fig (entgegentreten)* prevenire (*einer S.* qc), ovviare (*einer S.* a qc); **3.** *(widerfahren)* capitare (*jdm* a qu); **II.** *rfl* ⟨*sein*⟩*:* **sich** (*o.* **einander) ~** incontrarsi.

Begegnung ⟨-, -en⟩ *f (a. sport)* incontro *m.*

begehen ⟨*irr, ohne ge-*⟩ *tr* **1.** *(Weg)* percorrere; *(prüfen)* ispezionare; **2.** *(Tat, Verbrechen)* compiere, commettere; *(Sünde)* commettere; **3.** *(Fest)* celebrare, festeggiare; **eine Dummheit/einen Fehler ~** fare una sciocchezza/commettere un errore; **feierlich ~** *(Tag)* commemorare; **Selbstmord ~** suicidarsi.

begehren [bəˈge:rən] ⟨*ohne ge-*⟩ *tr* desiderare, bramare. **Begehren** ⟨-s, *rar* -⟩ *n* desiderio *m.* **begehrenswert** *a* desiderabile. **begehrt** *a* richiesto.

begeistern ⟨*ohne ge-*⟩ **I.** *tr* entusiasmare, appassionare; **jdn für etw. ~** entusiasmare qu per qc; **II.** *rfl:* **sich ~** entusiasmarsi (*für etw.* per qc), appassionarsi (*für etw.* per qc). **begeisternd** *a* entusiasmante. **begeistert** *a (Mensch)* entusiasta, appassionato; *(Brief, Bericht)* entusiasta; **~er Anhänger** sostenitore entusiasta, fan *m.*

Begeisterung ⟨-, ø⟩ *f* entusiasmo *m* (*über, für* per); **ein Sturm der ~** un entusiasmo frenetico; **etw. mit ~ tun** fare qc con entusiasmo. **begeisterungsfähig** *a* capace di entusiasmarsi.

Begierde [bəˈgi:ɐ̯də] ⟨-, -n⟩ *f (Wunsch, sexuell)* desiderio *m*, voglia *f; (Verlangen: nach Macht, Einfluß, etc.)* brama *f* (*nach* di), sete *f* (*nach* di); **vor ~ brennen, etw. zu tun** morire dalla voglia di fare qc.

begierig **I.** *a (Blicke, Mensch)* voglioso, desideroso; *(lüstern)* concupiscente; *(Leser, Zuhörer)* avido, zelante; *(gespannt)* curioso; **~ nach Wissen/Macht** avido di sapere/potere; **II.** *adv (ansehen, lesen, zuhören)* avidamente; *(erwarten, entgegensehen)* con desiderio.

begießen ⟨*irr, ohne ge-*⟩ *tr* **1.** *(mit Flüssigkeit)* annaffiare; *(Braten)* pillottare; **2.** *fam (feiern)* festeggiare con una bevuta.

Beginn [bəˈgɪn] ⟨-(e)s, ø⟩ *m (Anfang)* inizio *m*, principio *m; (Ursprung)* origine *f; (Ausgangspunkt)* (punto *m* di) partenza *f;* **bei ~** all'inizio (*gen* di); **gleich zu ~** fin dall'inizio.

beginnen ‹beginnt, begann, begonnen› *tr, itr* **1.** *(anfangen)* cominciare, iniziare; *(Gespräch)* intavolare; **2.** *(unternehmen)* intraprendere, fare; **mit der Arbeit ~** cominciare il lavoro; **es beginnt zu regnen** comincia a piovere.

beglaubigen [bəˈglaubɪgən] ‹*ohne ge-*› *tr* attestare, autenti(fi)care, certificare; *(Unterschrift)* vidimare, legalizzare; *(Diplomaten)* accreditare (*bei jdm* presso qu); **etw. ~ lassen** fare autenticare qc; **beglaubigte Abschrift** copia autenticata.

Beglaubigung ‹-, -en› *f* attestazione *f; (von Unterschrift)* vidimazione *f,* autenticazione *f; (von Diplomaten)* accreditamento *m;* **zur ~** *adm* in fede. **Beglaubigungsschreiben** *n (von Diplomaten)* credenziali *f pl.*

begleichen ‹*irr, ohne ge-*› *tr* pagare, regolare, saldare.

Begleichung *f* pagamento *m,* saldo *m.*

Begleitbrief *m* lettera *f* d'accompagnamento.

begleiten ‹*ohne ge-*› *tr (a. mus)* accompagnare *(auf dem Klavier* al piano); *(zum Schutz)* scortare; **nach Hause ~** accompagnare a casa.

Begleiter(in) ‹-s, -› *m(f) (a. mus)* accompagnatore, -trice *m, f;* **ständiger ~** *(Freund)* l'accompagnatore fisso.

Begleiterscheinung *f* fenomeno *m* concomitante. **Begleitflugzeug** *n* velivolo *m* di scorta. **Begleitmusik** *f* musica *f* d'accompagnamento. **Begleitschein** *m* bolletta *f* di transito (*o.* cauzione *f* doganale). **Begleitschreiben** *n s.* **Begleitbrief.**

Begleitung ‹-, -en› *f* **1.** *(a. mus)* accompagnamento *m;* **2.** *(Gefolge)* compagnia *f,* scorta *f,* seguito *m;* **in ~** *gen* in compagnia di, accompagnato da.

beglücken ‹*ohne ge-*› *tr* rendere felice. **beglückend** *a* che rende felice. **beglückt** *a* felice.

beglückwünschen ‹*ohne ge-*› *tr:* **jdn ~** felicitarsi con qu (*zu* per).

begnadet *a* dotato (*mit* di).

begnadigen [bəˈgna:dɪgən] ‹*ohne ge-*› *tr* graziare, amnistiare.

Begnadigung ‹-, -en› *f* grazia *f; (Straferlaß)* condono *m.* **Begnadigungsgesuch** *n* domanda *f* di grazia.

begnügen [bəˈgny:gən] ‹*ohne ge-*› *rfl:* **sich ~** (ac)contentarsi (*mit* di).

Begonie [beˈgo:ni̯ə] ‹-, -n› *f* begonia *f.*

begonnen [bəˈgɔnən] *pp von* **beginnen.**

begraben ‹*irr, ohne ge-*› *tr* **1.** *(beerdigen)* seppellire, sotterrare; **2.** *fig (bes. Hoffnungen)* abbandonare, perdere; *(Streit)* dimenticare; **etw. endgültig ~** *fig* fare una croce su qc; **dort möchte ich nicht ~ sein** non ci starei neanche dopo morto *fam;* **damit kannst du dich ~ lassen** *fam* con questo puoi andare a nasconderti *fam.*

Begräbnis [bəˈgrɛ:pnɪs] ‹-ses, -se› *n* sepoltura *f; (~feier)* funerale *m.*

begradigen [bəˈgra:dɪgən] ‹*ohne ge-*› *tr* rettificare.

begreifen ‹*irr, ohne ge-*› *tr, itr* comprendere, capire, afferrare; **schwer ~** avere la testa dura *fam;* **~, daß ...** *(einsehen)* realizzare (*o.* capire) che ...; **das ist nicht/kaum zu ~** non è/è appena comprensibile; **das begreife ich nicht** questo supera la mia comprensione. **begreiflich** *a* comprensibile, intelligibile; **jdm etw. ~ machen** far capire qc a qu; **das ist ~** questo si capisce. **begreiflicherweise** *adv* naturalmente, ovviamente.

begrenzen ‹*ohne ge-*› *tr* **1.** *(räumlich: Gebiet)* limitare, tracciare i confini di; *(Horizont)* limitare; *(Straße)* tracciare; **2.** *(einschränken)* limitare. **begrenzt** *a* limitato.

Begrenzung ‹-, -en› *f* **1.** *(Grenzziehung)* demarcazione *f,* tracciare *m* i confini; **2.** *(Einschränkung)* limitazione *f; (von Rechten)* restrizione *f; (Geschwindigkeits~)* limite *m;* **3.** *(Grenze)* confine *m,* delimitazione *f.*

Begriff ‹-(e)s, -e› *m* **1.** *(Ausdruck)* concetto *m;* **2.** *(Vorstellung)* idea *f,* immagine *f;* **im ~ zu ...** in procinto di ... *inf,* sul punto di ... *inf;* **einen ~ von etw. haben** avere un'idea di qc; **sich** *(dat)* **einen ~ von etw. machen** farsi un'idea di qc; **sich** *(dat)* **einen falschen ~ von etw. machen** farsi un'idea sbagliata di qc; **sich** *(dat)* **keinen ~ von etw. machen** non avere la minima idea di qc; **schwer von ~ sein** *fam* essere duro di comprendonio *fam;* **ist dir das ein ~?** questo ti dice qc?

begriffen *a:* **im Entstehen ~** in fase di sviluppo; **mitten in den Vorbereitungen ~** nel bel mezzo dei preparativi; **in einem Irrtum ~ sein** stare sbagliando.

begriffsstutzig *a fam* duro di comprendonio *fam.*

begründen ‹*ohne ge-*› *tr* **1.** *(gründen)* fondare, costituire, creare; **2.** *(den Grund angeben für)* motivare; *(bes. Anspruch)* giustificare (*damit, daß* ...

dicendo che ...). **begründet** *a* motivato; *(bewiesen)* fondato; *(berechtigt)* giustificato.

Begründung *f* **1.** *(Gründung)* fondazione *f;* **2.** *(Erklärung)* spiegazione *f,* giustificazione *f;* **mit der ~, daß ...** adducendo come motivo che ...

begrünen ‹*ohne ge-*› *tr (Stadtteil, etc.)* creare spazi verdi in.

begrüßen ‹*ohne ge-*› *tr* **1.** *(Gast, etc.)* salutare; *(feierlich)* dare il benvenuto a; **2.** *(gutheißen)* accogliere (*o.* vedere) con (molto) favore, rallegrarsi di. **begrüßenswert** *a* auspicato.

Begrüßung ‹-, -en› *f* saluto *m,* salutare *m.*

begünstigen [bəˈgʏnstɪgən] ‹*ohne ge-*› *tr* **1.** *(gut sein für)* favorire, avvantaggiare, privilegiare; **2.** *(fördern)* promuovere; *(unterstützen)* appoggiare; **3.** *jur (Verbrechen)* favoreggiare.

Begünstigung ‹-, -en› *f* **1.** *(Bevorteilung)* favorire *m,* avvantaggiare *m,* privilegiare *m;* **2.** *(Förderung)* incremento *m,* appoggio *m;* **3.** *jur* favoreggiamento *m.*

begutachten ‹*ohne ge-*› *tr* dare un parere (*o.* giudizio) su); *(fachmännisch)* fare una perizia di (*o.* su).

Begutachtung ‹-, -en› *f* parere *m,* giudizio *m; (fachmännisch)* perizia *f.*

begütert [bəˈgy:tɐt] *a (Person)* benestante, facoltoso, abbiente.

behaart *a (a. bot)* peloso; **dicht** (*o.* **stark**) ~ villoso.

behäbig [bəˈhɛ:bɪç] *a (Mensch: dick)* grasso, corpulento; *(langsam)* lento, flemmatico; *(Leben)* comodo, pacifico; *(Ton, Redeweise)* flemmatico; *(bequem: Auto, Möbel)* comodo.

behaftet *a* affetto (*mit* da).

behagen [bəˈha:gən] ‹*ohne ge-*› *itr:* **das behagt mir nicht** ciò non mi piace. **Behagen** ‹-s, ø› *n:* **mit ~** con piacere.

behaglich *a (Zuhause)* confortevole, accogliente; *(Wärme)* piacevole, gradito; *(Leben, Möbel)* comodo; **sich ~ fühlen** sentirsi a proprio agio. **Behaglichkeit** ‹-, ø› *f* comodità *f; (Gemütlichkeit)* atmosfera *f (o.* ambiente *m)* accogliente (*o.* confortevole); *(Wohlbefinden)* agio *m.*

behalten ‹*irr, ohne ge-*› *tr (nicht weggeben)* tenere; *(Mehrheit)* mantenere; *(Wert, Farbe)* conservare; *(im Gedächtnis)* tenere a mente; *(Stellung, Namen, Nationalität)* mantenere; *(nicht wegwerfen)* serbare; *(Schaden, Schock, Fleck)* riportare; **die Nerven/die Ruhe ~** tenere a freno i nervi/mantenere la calma; **recht ~** avere ragione; **der Patient kann nichts bei sich** *(dat)* **~** il paziente non riesce a tener niente nello stomaco; **etw. im Kopf** (*o.* **im Gedächtnis**) **~** tenere a mente qc; **etw. für sich ~** *(nicht weitersagen)* tenere qc per sé; **jdn bei sich** *(dat)* **~** trattenere qu presso di sé.

Behälter [bəˈhɛltɐ] ‹-s, -› *m* contenitore *m; (für Flüssigkeiten)* recipiente *m,* serbatoio *m,* cisterna *f; (Container)* container *m.*

behandeln ‹*ohne ge-*› *tr* **1.** *(Menschen, Sache, Thema)* trattare (*jdn als* qu come, qu da); **2.** *(Kranken, Wunde)* curare; **3.** *(handhaben)* maneggiare; **jdn von oben herab ~** trattare qu dall'alto in basso; **schlecht ~** maltrattare; **~der Arzt** medico curante.

Behandlung *f* **1.** trattamento *m;* **2.** *med* cura *f* (*o.* assistenza *f*) medica, terapia *f;* **3.** *(Handhabung)* maneggio *m,* uso *m,* manipolazione *f;* **in ~** in cura; **ärztliche ~** trattamento medico.

behängen ‹*ohne ge-*› *tr (Wand)* tappezzare; *(drapieren)* addobbare con drappi.

beharren ‹*ohne ge-*› *itr* persistere (*auf, in* in), perseverare (*auf, in* in); *(auf einer Meinung)* insistere (*auf* in), ostinarsi (*auf* a). **beharrlich** *a (Mensch)* perseverante, costante; *(Fragen, Arbeiten)* insistente, tenace; *(Liebe, Glauben)* tenace, ostinato. **Beharrlichkeit** ‹-, ø› *f* perseveranza *f,* costanza *f,* continuità *f.*

behauen ‹*irr, ohne ge-*› *tr (Steine)* sgrossare; *(Holz a.)* digrossare.

behaupten [bəˈhaʊptən] ‹*ohne ge-*› **I.** *tr* **1.** *(die Behauptung aufstellen)* pretendere, asserire; **2.** *(beteuern)* affermare, assicurare; **3.** *(erfolgreich verteidigen)* mantenere, conservare; *(Markt)* sostenere; *(Recht)* difendere; *(Ansichten)* sostenere; **etw. steif und fest ~** affermare ostinatamente qc; **das habe ich nicht behauptet** questo non l'ho detto; **II.** *rfl:* **sich ~** sostenersi; affermarsi; *(Preis, Kurs)* rimanere stabile.

Behauptung ‹-, -en› *f* **1.** *(Aussage)* affermazione *f,* asserzione *f;* **2.** ‹*sing*› *(Haltung, Wahrung)* mantenimento *m,* ordine *m;* **die ~ aufstellen, daß ...** affermare (*o.* pretendere) che ... *conj.*

Behausung ‹-, -en› *f* abitazione *f,* dimora *f;* **ärmliche ~** tugurio *m.*

beheben ‹*irr, ohne ge-*› *tr* eliminare; *(Mißstand a.)* togliere; *(Schaden)* riparare.

beheimatet *a* originario (*in* di), domiciliato (*in* a).
beheizen ‹*ohne ge-*› *tr* riscaldare.
Behelf [bə'hɛlf] ‹-(e)s, -e› *m* espediente *m,* ripiego *m.*
behelfen ‹*irr, ohne ge-*› *rfl:* **sich ~** arrangiarsi, trarsi d'impaccio; **sich mit etw. ~** accontentarsi di qc; **sich ohne etw. ~** fare a meno di qc.
Behelfs- *(in Zusammensetzungen)* provvisorio, di fortuna. **behelfsmäßig I.** *a* provvisorio, improvvisato, di ripiego; **II.** *adv* provvisoriamente.
behelligen [bə'hɛlɪgən] ‹*ohne ge-*› *tr* disturbare, molestare.
beherbergen ‹*ohne ge-*› *tr* alloggiare, ospitare.
beherrschen ‹*ohne ge-*› **I.** *tr* **1.** *pol* dominare, regnare su; **2.** *fig (großen Einfluß haben)* esercitare un forte ascendente su; **3.** *(in der Gewalt haben)* dominare, vincere, controllare; **4.** *(Kunst, Sprache)* padroneggiare, possedere; **5.** *(überragen)* dominare, sovrastare; **II.** *rfl:* **sich ~** dominarsi, controllarsi. **beherrschend** *a* dominante. **beherrscht** *a* controllato. **Beherrschtheit** ‹-, ø› *f* dominio *m* di se stesso, autocontrollo *m.*
Beherrschung ‹-, ø› *f (Macht über)* dominio *m* (*gen* su); *(Selbst~)* autocontrollo *m; (von Gefühlen, etc.)* controllo *m* (*gen* di), dominio *m* (*gen* su); *(von Markt)* controllo *m* (*gen* di); *(Können)* padronanza *f* (*gen* di), conoscenza *f* perfetta (*gen* di).
beherzigen [bə'hɛrtsɪgən] ‹*ohne ge-*› *tr* prendere a cuore; *(Rat)* seguire.
beherzt *a* coraggioso, ardito, intrepido. **Beherztheit** ‹-, ø› *f* coraggio *m,* audacia *f.*
behilflich [bə'hɪlflɪç] *a* di aiuto, utile; **jdm ~ sein** aiutare qu (*bei etw.* in qc).
behindern ‹*ohne ge-*› *tr (Menschen)* ostacolare, essere d'impaccio a; *(Sportler)* trattenere; *(Bewegung)* impedire, ostacolare; *(Produktion)* ostacolare, bloccare; *(Verkehr)* intralciare, congestionare, bloccare; *(Sicht)* impedire, ostacolare. **behindert** *a:* **geistig/körperlich ~ sein** essere minorato mentalmente/fisicamente. **Behinderte** ‹ein -r, -n, -n› *mf* handicappato, -a *m, f,* minorato, -a *m, f,* invalido, -a *m, f.* **Behindertenausweis** *m* tessera *f* di invalidità.
Behinderung ‹-, -en› *f* **1.** *(Erschwerung)* impedimento *m; (von Sportler)* trattenimento *m; (von Produktion)* ostacolo *m,* blocco *m; (von Verkehr)* intralcio *m,* congestionamento *m;* **2.** *(körperliche ~, geistige ~)* handicap *m;* **3.** *(Hindernis)* impedimento *m,* ostacolo *m.*
Behörde [bə'hø:ɐ̯də] ‹-, -n› *f* **1.** autorità *f,* amministrazione *f;* **2.** ‹*pl*› i pubblici poteri *m pl.*
behördlich *a* ufficiale, amministrativo; **mit ~er Genehmigung, ~ genehmigt** con il consenso ufficiale.
behüten ‹*ohne ge-*› *tr* **1.** *(bewachen)* custodire, sorvegliare, badare a; **2.** *(beschützen)* proteggere (*vor* da); **Gott behüte!** Dio ci guardi! **behütet** *a:* **~ aufwachsen** crescere nella bambagia.
behutsam [bə'hu:tza:m] **I.** *a* cauto, circospetto, prudente; **II.** *adv* con cautela (*o.* precauzione); **~ vorgehen** agire con cautela. **Behutsamkeit** ‹-, ø› *f* precauzione *f,* circospezione *f,* prudenza *f.*
bei [bai̯] *prp dat* **1.** *(örtlich)* presso, vicino a, nei pressi di; **2.** *(zeitlich)* a, durante, al momento di; **3.** *(in Hinblick, mit Rücksicht auf)* in considerazione di, tenendo conto di, dato; **4.** *(trotz)* malgrado, nonostante, a dispetto di, con; **~ Paris** nei pressi di Parigi; **~m Ofen** vicino alla stufa; **nahe/dicht ~** vicinissimo a; **die Schlacht ~ Marathon** la battaglia di Maratona; **~ jdm (in der Wohnung)** presso qu; **etw. ~ sich** *(dat)* **haben** avere qc con sé; **~ meiner Ankunft** al mio arrivo; **~ meinem Besuch** durante la mia visita; **~m Eintritt in ...** entrando (*o.* al momento di entrare) in ...; **~m Lesen** leggendo; **~m Mittagessen** a (*o.* durante il) pranzo; **~ Tag/Nacht** di giorno/notte; **er ist ~ einem Unfall ums Leben gekommen** è morto in un incidente; **~ deiner Erkältung** raffreddato come sei; **~ so vielen Schwierigkeiten** con tante difficoltà; **~ alledem** malgrado tutto; **~ aller Vorsicht** malgrado tutte le precauzioni; **~m besten Willen** con tutta la buona volontà; **~m Bäcker** dal panettiere; **~ den Chinesen** presso i cinesi; **jdn ~ der Hand nehmen** prendere qu per (la) mano; **~m Kragen** *(packen)* per il collo; **~ guter/schlechter Laune** di buon/cattivo umore; **~ der Luftwaffe** nell'aviazione; **~ Dante** in Dante; **~ einem Unfall sollte man ...** in caso d'incidente si dovrebbe ...; **~ gutem/schlechtem Wetter** col (*o.* in caso di) bel/brutto tempo; **~ sich anfangen** cominciare da se stesso; **ich dachte ~ mir** pensavo fra me e me; **~ Gott!** per Dio!
bei·behalten ‹*irr, ohne ge-*› *tr* mantenere, conservare.

bei·bringen ‹*irr*› *tr* **1.** *(Unterlagen)* fornire, presentare; *(Zeugen)* produrre; **2.** *(zufügen)* cagionare (*jdm etw.* qc a qu), procurare (*jdm etw.* qc a qu), infliggere (*jdm etw.* qc a qu); **3.** *(lehren)* insegnare (*jdm etw.* qc a qu), far apprendere (*o.* capire) (*jdm etw.* qc a qu).

Beichte ['ba̯içtə] ‹-, -n› *f* confessione *f.*

beichten I. *tr* confessare; **jdm etw.** ~ *(gestehen)* confessare qc a qu; **II.** *itr* confessarsi.

Beichtgeheimnis *n* segreto *m* confessionale. **Beichtstuhl** *m* confessionale *m.* **Beichtvater** *m* confessore *m.*

beide ['ba̯idə] *a, pron* tutti e due, entrambi; **die ~n** i due; **alle ~** tutt'e due; **einer/eins von ~n** o l'uno o l'altro, uno dei due; **keiner von ~n** nessuno dei due, né l'uno né l'altro; **wir ~** noi due; **meine ~n Brüder** i miei due fratelli; **es gibt nur eins von ~n** o l'uno o l'altro. **beidemal** *adv* tutt'e due le volte. **beiderlei** ['ba̯idɐ'la̯i] ‹*inv*› *a* di entrambe le specie; **~ Geschlechts** di ambo i sessi, dell'uno e dell'altro sesso. **beiderseitig** [-za̯itıç] *a (von beiden Seiten)* entrambe le parti; *(bes. Vertrag)* bilaterale; *(gegenseitig)* reciproco, vicendevole. **beiderseits** ['ba̯idɐ'za̯its] *adv* da ambedue le parti; *(gegenseitig)* reciprocamente.

bei·drehen *itr naut* virare.

beieinander [ba̯iʔa̯i'nandɐ] *adv (zusammen)* insieme; *(nebeneinander)* l'uno vicino all'altro.

Beifahrer(in) *m(f) (im Auto)* passeggero, -a *m, f* (accanto al conducente); *(in LKW, bei Autorennen, Rallye)* secondo, -a autista *mf; (auf Motorrad)* compagno, -a *m, f* di motocicletta; *(im Beiwagen)* compagno, -a *m, f* di side-car. **Beifahrersitz** *m (in Auto)* sedile *m* del compagno di guida; *(auf Motorrad)* motocarrozzetta *f,* sidecar *m.*

Beifall *m (durch Klatschen)* applauso *m,* applausi *m pl; (durch Zurufe)* acclamazione *f; (Zustimmung)* approvazione *f,* consenso *m;* **jds ~ ernten** essere applaudito da qu; *(Zustimmung)* essere approvato da qu; **~ klatschen** (*o.* **spenden**) applaudire.

beifällig *a* favorevole, di approvazione; **~ nicken** fare un cenno d'approvazione col capo.

bei·fügen *tr* aggiungere; *(bes. im Brief)* allegare, annettere.

Beigabe *f* **1.** *(zum Hauptgericht)* contorno *m;* **2.** *com* premio *m.*

beige [be:ʃ *o.* 'bɛ:ʒə] ‹*inv*› *a* beige.

bei·geben ‹*irr*› **I.** *tr* aggiungere, allegare; **II.** *itr:* **klein ~** cedere, darsi per vinto.

Beigeschmack *m* retrogusto *m,* sapore *m* strano e poco convincente.

Beiheft *n* supplemento *m.*

Beihilfe *f* **1.** *(finanzielle Unterstützung)* sussidio *m;* **2.** *jur* concorso *m,* complicità *f;* **~ zum Mord** concorso in omicidio.

bei·kommen ‹*irr*› *itr* ‹*sein*› *(Schwierigkeiten)* vincere (*einer S.* qc), venire a capo (*einer S.* di qc); **ihm ist nicht beizukommen** non si riesce a convincerlo; **wie wäre ihm beizukommen?** per che verso prenderlo?

Beil [ba̯il] ‹-(e)s, -e› *n* scure *f.*

Beilage *f allg.* allegato *m; (zur Zeitung)* supplemento *m; gastr* contorno *m.*

beiläufig ['ba̯ilɔ̯yfıç] **I.** *a (Bemerkung)* detto per inciso (*o.* fra parentesi), casuale; **II.** *adv* incidentalmente, per inciso.

bei·legen *tr* **1.** accludere, allegare; **2.** *(zuschreiben, beimessen)* attribuire; **3.** *(Titel)* conferire; **4.** *(Streit)* comporre; **einer S. große Bedeutung ~** attribuire grande importanza a qc; **gütlich** (*o.* **friedlich**) **~** risolvere (*o.* comporre) amichevolmente.

beileibe [ba̯i'la̯ibə] *adv:* **~ nicht!** niente affatto! *fam.*

Beileid *n* condoglianze *f pl;* **jdm sein ~ aussprechen/bezeigen** fare le proprie condoglianze a qu; **(mein) herzliches ~!** *(a. iron)* le (mie) più sincere condoglianze! **Beileidsbesuch** *m* visita *f* di condoglianze; **von ~en bitten wir abzusehen** si prega di astenersi dalle visite di condoglianze. **Beileidsbrief** *m,* **-schreiben** *n* lettera *f* di condoglianze.

bei·liegen ‹*irr*› *itr* essere accluso (*einer S.* a qc). **beiliegend I.** *a* allegato; **II.** *adv* in allegato, qui unito.

beim [ba̯im] = **bei dem.**

bei·mengen *tr s.* **beimischen.**

bei·messen ‹*irr*› *tr (Bedeutung, Wert)* attribuire, ascrivere.

bei·mischen *tr* mescolare *(etw. einer S.* qc a qc).

Beimischung *f* aggiunta *f,* mescolanza *f.*

Bein [ba̯in] ‹-(e)s, -e› *n* **1.** *(von Mensch, Tisch, Stuhl)* gamba *f; (von Tier)* zampa *f;* **2.** ‹*sing*› *(Knochensubstanz)* osso *m;* **wieder auf den ~en sein** essere ristabilito; **auf die ~e bringen** *fam* mettere in piedi *fam,* imbastire; **wieder auf die ~e bringen** *(Kranken)* far guarire; **jdm wieder auf die ~e helfen** aiutare qu a ristabilirsi; **wieder auf die ~e kommen** *fam* rimettersi in salute; **jdm ~e machen** *fam* far correre (*o.* filare *fam*) qu; **immer auf den ~en sein** essere sempre in piedi; **mit einem ~ im Grabe stehen** avere (*o.* stare con) un piede nella fossa; **sich** *(dat)* **die ~e in den Leib stehen** aspettare a lungo in piedi; **jdm ein ~ stellen** *(a. fig)* fare lo sgambetto a qu; **sich** *(dat)* **die ~e vertreten** sgranchirsi le gambe *fam;* **auf einem ~ ist nicht gut stehen** *fig* non si cammina con una gamba sola; **etw. auf die ~e stellen** mettere in piedi qc *fam,* costituire qc; **mit beiden ~en auf der Erde stehen** *fig* stare coi piedi sulla (*o.* per) terra; **auf eigenen ~en stehen** essere indipendente.

beinahe ['ba̯ina:ə *o.* ...'na:ə] *adv* quasi; **~ eine Million** quasi un milione; **ich wäre ~ gefallen** è mancato poco che cadessi.

Beiname *m* soprannome *m.*

Beinbruch *m* frattura *f* della gamba; **das ist kein ~** *fig fam* non è così terribile, non è poi la morte.

beinern *a* osseo.

beinhalten [bə'ʔɪnhaltən] ‹*ohne ge-*› *tr* contenere, comprendere.

Beinhaus *n* ossario *m.* **Beinprothese** *f* protesi *f* della gamba.

bei·pflichten *itr:* **einer Meinung ~** condividere un parere; **jdm ~** essere d'accordo con qu, concordare con qu.

Beirat *m (Person)* consigliere *m* aggiunto; *(Gremium)* comitato *m* consultivo.

beirren [bə'ʔɪrən] ‹*ohne ge-*› *tr* fuorviare, mettere in imbarazzo; **sich nicht ~ lassen** non lasciarsi imbarazzare.

beisammen [ba̯i'zamən] *adv* insieme; **wieder ~ sein** essere uniti. **beisammen·haben** ‹*irr*› *tr* aver raccolto; **seine Gedanken nicht ~** essere distratto; **seinen Verstand** (*o.* **seine Sinne) ~** essere perfettamente in sé; **(sie) nicht alle ~** *fam (verrückt sein)* non avere tutte le rotelle *fam* (*o.* tutti i venerdì *fam*) *fam.* **beisammen·sein** ‹*irr*› *itr* ‹*sein*› *(körperlich)* star bene fisicamente; *(geistig)* star bene spiritualmente. **Beisammensein** *n* riunione *f;* **ein gemütliches ~** una piacevole riunione.

Beischlaf *m* coito *m.*

Beisein *n:* **im ~ von** alla presenza di.

beiseite [ba̯i'za̯itə] *adv* da parte, in disparte; **~ lassen** lasciare da parte; **~ legen** *(a. sparen)* mettere da parte; **~ schaffen** mettere in disparte, far sparire; *(ermorden)* sopprimere; **~ schieben** mettere in disparte; *(a. fig)* scartare; **~ treten** mettersi in disparte; **Scherz** (*o.* **Spaß) ~!** bando agli scherzi! *fam.*

bei·setzen *tr (beerdigen)* seppellire.

Beisetzung ‹-, -en› *f* seppellimento; **die ~ fand in aller Stille statt** i funerali si sono svolti in forma strettamente privata.

Beisitzer(in) ‹-s, -› *m(f) jur* (donna *f*) assessore *m; (in Ausschuß)* (donna *f*) membro *m* di commissione; *(bei Prüfung)* assistente *mf.*

Beispiel *n* esempio *m;* **als ~** come esempio; **nach dem ~** *gen* seguendo l'esempio di; **zum ~** (*ab* **z. B.**) per esempio; **als ~ dienen** servire da esempio *(für* a); **sich** *(dat)* **an jdm ein ~ nehmen** prendere esempio da qu; **mit gutem ~ vorangehen** dare il buon esempio. **beispielhaft** *a* esemplare. **beispiellos** *a* **1.** senza pari, senza precendenti; **2.** *(unvergleichlich)* incomparabile, inaudito. **beispielsweise** *adv* a mo' d'esempio, per esempio.

bei·springen ‹*irr*› *itr* ‹*sein*›: **jdm ~** venire in aiuto di qu, soccorrere qu.

beißen ['ba̯isən] ‹beißt, biß, gebissen› **I.** *tr* **1.** *(mit Zähnen)* mordere, morsicare; *(kauen)* masticare; **2.** *(brennen)* bruciare; **der Hund hat ihn** (*o.* **ihm) ins Bein gebissen** il cane gli ha morso una gamba; **der Geruch beißt mich** (*o.* **mir) in der Nase** l'odore mi brucia nel naso; **er wird dich schon nicht ~** *fig fam* non ti mangerà mica *fam;* **nichts/etw. zu ~ haben** *fig fam* non avere niente/avere qc da mettere sotto i denti *fam;* **II.** *itr* **1.** *(mit Zähnen)* mordere; **2.** *(brennen)* bruciare; **auf der Haut/Zunge ~** bruciare sulla pelle/lingua; **in etw. ~** addentare qc, dare un morso a qc; **in den Augen ~** bruciare gli occhi; **sich** *(dat)* **auf die Zunge/Lippen ~** mordersi la lingua/le labbra; **III.** *rfl:* **sich ~** *(Farben)* stonare, stridere. **beißend** *a* **1.** *(Geruch, etc.)* mordente, pungente; **2.** *fig* mordace, pungente, caustico.

Beißzange *f* tenaglie *f pl* (da taglio).

Beistand *m* **1.** *(Hilfe)* aiuto *m,* assistenza *f;* **2.** *jur* patrocinatore *m,* difensore *m; (Rechts~)* consulente *m* legale; **jdm ~ leisten** soccorrere qu. **Beistandspakt** *m* patto *m* di mutua assistenza.

bei·stehen ‹*irr*› *itr* assistere (*jdm* qu), aiutare (*jdm* qu), soccorrere (*jdm* qu).

bei·steuern **I.** *tr (Summe)* contribuire

con; **II.** *itr* contribuire (*zu* a); **dazu ~** dare la propria quota (*o.* parte).

bei·stimmen *itr* acconsentire (*jdm* a qu), aderire (*jdm* a qu), essere del parere (*jdm* di qu), essere d'accordo (*jdm* con qu).

Beistrich *m (Komma)* virgola *f.*

Beitrag ['ba̲itra:k] ‹-(e)s, ¨-e› *m* **1.** *(Anteil)* contributo *m; (Aufsatz, bes. in Zeitung)* articolo *m;* **2.** *(Mitglieds~)* quota *f,* contributo *m; (Versicherungs~)* premio *m;* **einen ~ zu etw. leisten** contribuire a qc; **seinen ~ leisten** dare il proprio contributo (*zu* a).

bei·tragen ‹*irr*› **I.** *tr* contribuire (*zu* a); **wenig/nichts ~** contribuire poco/per nulla; **II.** *itr* concorrere (*zu* a), dare il proprio contributo (*zu* a); **wesentlich zu etw. ~** contribuire molto a qc.

beitragspflichtig *a* contribuente.

bei·treten ‹*irr*› *itr* ‹*sein*› aderire (*dat* a), entrare (*dat* in).

Beitritt *m* adesione *f* (*zu* a), entrata *f* (*zu* in); **seinen ~ erklären** comunicare la propria adesione.

Beiwagen *m (am Motorrad)* carrozzino *m,* side-car *m.*

bei·wohnen *itr* assistere (*einer S.* a qc), essere presente (*einer S.* a qc), partecipare (*einer S.* a qc).

Beiz [ba̲its̲] ‹-, -en› *f (A, CH, süddeutsch)* osteria *f.*

Beize ['ba̲its̲ə] ‹-, -n› *f* **1.** *chem* mordente *m; (für Metall)* decapaggio *m; (Holz~)* verniciatura *f; (Gerberei, Tabak~)* concia *f;* **2.** *gastr* marinata *f.*

beizeiten [ba̲i'ts̲a̲itən] *adv* **1.** *(früh)* presto, di buon'ora; **2.** *(rechtzeitig)* a tempo (debito), tempestivamente.

beizen ['ba̲its̲ən] *tr* **1.** *chem* corrodere; *(Metall)* decapare; *(Gerberei, Tabak)* conciare; *(Holz)* verniciare; **2.** *gastr* marinare.

bejahen [bə'ja:ən] ‹*ohne ge-*› *tr* rispondere affermativamente a. **bejahend** *a* affermativo.

bejahrt [bə'ja:ɐ̯t] *a geh* avanzato negli anni, attempato.

Bejahung ‹-, -en› *f* affermazione *f; (Antwort)* risposta *f* affermativa.

bejammern ‹*ohne ge-*› *tr* deplorare, compiangere.

bekämpfen ‹*ohne ge-*› **I.** *tr* combattere, lottare contro; *(Verbrechen)* lottare contro; *(Meinung)* combattere; **II.** *rfl:* **sich ~** combattersi, lottare l'uno contro l'altro.

Bekämpfung ‹-, ø› *f* lotta *f* (*gen* contro).

bekannt [bə'kant] *a* **1.** noto, conosciuto (*als* come, *für* per, *bei* da); *(Sache)* notorio, pubblicamente noto; **2.** *(berühmt)* celebre, famoso, rinomato; **jdn mit jdm ~ machen** presentare qu a qu; **jdn mit etw. ~ machen** *(mit Aufgabe, Problem, Gebiet)* mettere al corrente qu di qc; **allgemein ~ sein** *(Sache)* essere risaputo; **dafür ~ sein, daß ...** essere conosciuto per ... *inf;* **mit jdm ~ sein/werden** conoscere qu/fare la conoscenza di qu; **etw. als ~ voraussetzen** dare qc per scontato; **~ werden** *(Mensch)* farsi un nome, diventare celebre; **das ist mir nicht ~** non lo so, non mi risulta. **Bekannte** ‹ein -r, -n, -n› *mf* conoscente *mf;* **ein ~r/eine ~ von mir** un mio/una mia conoscente, una mia conoscenza. **Bekanntenkreis** *m* cerchia *f* di conoscenze, conoscenti *m pl.* **bekanntermaßen** *adv* notoriamente. **Bekanntgabe** *f* comunicazione *f,* notificazione *f.* **bekannt·geben** ‹*irr*› *tr* comunicare, notificare, annunciare. **Bekanntheit** ‹-, ø› *f* conoscenza *f; (Berühmtheit)* notorietà *f,* fama *f.* **bekanntlich** *adv* com'è noto. **bekannt·machen** *tr* comunicare, pubblicare, rendere noto. **Bekanntmachung** ‹-, -en› *f* comunicato *m,* avviso *m,* pubblicazione *f.* **Bekanntschaft** ‹-, -en› *f* **1.** *(Kennen)* conoscenza *f;* **2.** *(Personenkreis)* conoscenti *m pl,* conoscenze *f pl;* **jds** (*o.* **mit jdm**) **~ machen** fare la conoscenza di qu, fare conoscenza con qu. **bekannt·werden** ‹*irr*› *itr* ‹*sein*› *(Neuigkeit)* essere reso noto; *(Geheimnis)* trapelare.

bekehren ‹*ohne ge-*› *tr rel* convertire (*zu* a); *fig* convincere (*zu* a).

Bekehrung ‹-, -en› *f rel, fig* conversione *f* (*zu* a).

bekennen ‹*irr, ohne ge-*› **I.** *tr (gestehen)* confessare; ammettere; **II.** *rfl:* **sich ~** professare (*zu etw.* qc); **sich schuldig ~** riconoscersi colpevole.

Bekenntnis [bə'kɛntnɪs] ‹-ses, -se› *n* **1.** *(a. rel)* confessione *f;* **2.** *(Schuld~)* ammissione *f* (di una colpa).

beklagen ‹*ohne ge-*› **I.** *tr* rammaricarsi di, deplorare; **II.** *rfl:* **sich ~** lamentarsi (*bei jdm über etw.* con qu di qc).

beklagenswert *a (Mensch)* commiserevole; *(Los, Zustand)* deplorevole.

Beklagte ‹ein -r, -n, -n› *mf jur* imputato, -a *m, f.*

bekleben ‹*ohne ge-*› *tr:* **etw. mit Papier ~** incollare della carta su qc.

bekleckern ‹*ohne ge-*› *tr fam* macchiare, sporcare.

bekleiden ‹*ohne ge-*› *tr* **1.** vestire; **2.** *(ein Amt)* ricoprire, occupare, detenere.

Bekleidung *f* abbigliamento *m.* **Bekleidungsindustrie** *f* industria *f* dell'abbigliamento. **Bekleidungsstück** *n* capo *m* di vestiario, indumento *m.*

beklemmen ‹*ohne ge-*› *tr* opprimere, angosciare. **beklemmend** *a* opprimente, angosciante.

Beklemmung ‹-, -en› *f* oppressione *f,* angoscia *f.*

beklommen [bə'klɔmən] *a* oppresso, angosciato. **Beklommenheit** ‹-, ø› *f s.* **Beklemmung.**

bekloppt [bə'klɔpt] *a sl* picchiato *sl,* picchiatello *sl.*

beknien ‹*ohne ge-*› *tr fam* supplicare in ginocchio.

bekochen ‹*ohne ge-*› *tr fam* far da mangiare a.

bekommen ‹*irr, ohne ge-*› **I.** *tr* ‹*haben*› **1.** *(erhalten)* ricevere; *(durch Bemühung)* ottenere; **2.** *(finden: Mann, Stellung)* trovare; **3.** *(eine Krankheit)* prendere, prendersi, contrarre; **4.** *(erreichen: Zug, etc.)* riuscire a prendere; **einen Bauch ~** metter su pancia *fam;* **graue Haare ~** diventar grigio di capelli; **Schläge ~** essere picchiato; **einen Schnupfen ~** prender(si) un raffreddore; **Zähne ~** mettere i denti; **er bekommt Fieber/Hunger** gli viene la febbre/fame; **er bekommt Schmerzen/Falten** gli vengono i dolori/le rughe; **etw. zu essen/sehen ~** ricevere qc da mangiare/vedere qc; **ein Kind ~** *(schwanger sein)* aspettare un bambino; **Besuch ~** ricevere visite; **ich habe es geschenkt ~** l'ho avuto in regalo; **es ist nirgends zu ~** non lo si trova in nessun posto; **wir werden Regen ~** verrà la pioggia; **was ~ Sie?** *(wünschen)* che cosa desidera?; **was** (*o.* **wieviel) ~ Sie?** quanto le devo?; **wo bekommt man ...?** dove si trova ...?; **II.** *itr* **1.** ‹*sein*›: **jdm ~** far bene a qu; **das bekommt mir gut** questo mi fa bene; **das bekommt mir nicht** questo non mi giova; **2.** ‹*haben*›: **~ Sie schon?** è già servito?; **wohl bekomm's!** salute!, buon pro'!

bekömmlich [bə'kœmlɪç] *a (Speise)* sano, digeribile; *(Klima)* sano. **Bekömmlichkeit** ‹-, ø› *f* digeribilità *f.*

beköstigen [bə'kœstɪgən] ‹*ohne ge-*› *tr* dare il vitto a.

Beköstigung ‹-, ø› *f* vitto *m,* mantenimento *m.*

bekräftigen ‹*ohne ge-*› *tr* confermare, convalidare.

Bekräftigung ‹-, ø› *f* conferma *f,* convalida *f.*

bekreuzigen ‹*ohne ge-*› *rfl:* **sich ~** farsi il segno della croce.

bekriegen ‹*ohne ge-*› *tr* fare la guerra a.

bekritteln ‹*ohne ge-*› *tr pej* criticare, trovare da ridire su.

bekritzeln ‹*ohne ge-*› *tr* scarabocchiare.

bekümmern ‹*ohne ge-*› **I.** *tr (besorgt machen)* preoccupare, inquietare; *(traurig machen)* affliggere, rattristare; **II.** *rfl:* **sich ~** preoccuparsi (*um* di), aver cura (*um* di); affligersi (*über, wegen* per). **bekümmert** *a (besorgt)* preoccupato; *(traurig)* triste, afflitto.

bekunden [bə'kʊndən] ‹*ohne ge-*› *tr* **1.** *(zeigen)* manifestare, dimostrare; **2.** *(bezeugen)* dichiarare, deporre.

belächeln ‹*ohne ge-*› *tr* deridere, ridere di.

beladen ‹*irr, ohne ge-*› *tr* caricare (*mit* di).

Belag [bə'la:k] ‹-(e)s, ⸚e› *m (Schicht)* strato *m; (Straßen~)* rivestimento *m; (auf Spiegel, Zahn~, Zungen~)* patina *f; (auf Pizza, Brot)* ripieno *m; (auf Torte)* farcia *f,* guarnizione *f; (Brems~)* guarnizione *f;* **einen ~ auf der Zunge haben** avere la lingua patinosa.

Belagerer ‹-s, -› *m* assediante *m.*

belagern ‹*ohne ge-*› *tr* assediare.

Belagerung *f* assedio *m.* **Belagerungszustand** *m* stato *m* d'assedio.

Belang [bə'laŋ] ‹-(e)s, -e› *m pl* interessi *m pl;* **von ~** importante; **nicht von ~, ohne ~** senza importanza.

belangen ‹*ohne ge-*› *tr:* **gerichtlich ~** citare in giudizio.

belanglos *a* senza importanza, insignificante, irrilevante. **Belanglosigkeit** ‹-, -en› *f* banalità *f; (belanglose Sache)* cosa *f* di poca importanza.

belassen ‹*irr, ohne ge-*› *tr* lasciare; **es dabei ~** lasciar perdere (*o.* stare).

belastbar *a* **1.** *(Brücke, Fahrzeug)* che ha una portata (*mit* di); **2.** *(Mensch)* resistente; *(mit Arbeit)* che ha (una) capacità lavorativa; **3.** *(Körper, Organismus)* resistente; *(Leitungsnetz)* caricabile; *(Umwelt)* che ha un limite d'inquinamento; *(Steuerzahler)* che ha un livello massimo di tassazione. **Belastbarkeit** ‹-, ø› *f* **1.** *(von Brükke, Fahrzeug)* portata *f;* **2.** *(von Mensch)* capacità *f* lavorativa; *(nervlich)* resistenza *f* nervosa; *(körperlich)* resistenza *f* fisica; **3.** *(von Körper, Organismus)* resistenza *f; (von Leitungsnetz)* caricabilità *f; (von Umwelt)* limite *m* d'inquinamento;

(von Steuerzahler) livello *m* massimo di tassazione.

belasten ‹*ohne ge-*› **I.** *tr* **1.** *(mit Gewicht)* caricare (*mit* di); **2.** *(Menschen)* caricare; *(nervlich)* stressare, logorare; *(körperlich)* logorare, sforzare; *(Gedächtnis)* gravare; **3.** *(bedrücken)* opprimere; *(Gewissen)* opprimere, pesare su; **4.** *(Leitungsnetz)* caricare; *(Wasserhaushalt)* (sovrac)caricare; *(Umwelt)* inquinare; *(mit radioaktiver Strahlung)* caricare; *(Kreislauf, Leber, etc.)* sforzare, (sovrac)caricare; *(Nerven)* logorare; *(Steuerzahler, Haushalt, Budget)* gravare; **5.** *jur (Angeklagten)* accusare, incriminare; **6.** *fin (Konto, Kontoinhaber)* gravare, addebitare; *(mit Hypothek)* ipotecare; **II.** *rfl:* **sich ~** **1.** *(Mensch)* caricarsi; *(nervlich)* logorarsi; *(körperlich)* logorarsi, sforzarsi; **2.** *jur* accusarsi, incriminarsi; **sich mit Schuld ~** caricarsi di colpa; **damit will ich micht nicht ~** *(nichts zu tun haben)* non voglio averci a che fare; *(nichts wissen)* non ne voglio sapere. **belastend** *a:* **~es Material** *jur* prove *f pl* a carico. **belastet** *a:* **er ist erblich ~** ha una tara ereditaria; **mit einer Hypothek ~** gravato di un'ipoteca, ipotecato.

belästigen [bəˈlɛstɪgən] ‹*ohne ge-*› *tr* **1.** importunare, incomodare, molestare; **2.** *(stören)* disturbare; **jdn mit Fragen ~** importunare qu con domande.

Belästigung ‹-, -en› *f* molestare *m,* disturbare *m.*

Belastung ‹-, -en› *f* **1.** *(mit Gewicht)* carico *m;* **2.** *(von Menschen)* carico *m; (nervlich)* logorio *m,* stress *m; (körperlich)* logorio *m,* peso *m; (durch Verantwortung)* peso *m; (von Gedächtnis)* gravare *m;* **3.** *(Gewissen, Sorge)* peso *m,* oppressione *f;* **4.** *(von Leitungsnetz)* carico *m; (von Wasserhaushalt)* (sovrac)carico *m; (von Umwelt)* inquinamento *m; (durch Radioaktivität)* carico *m; (von Kreislauf, etc.)* carico *m; (von Nerven)* logorio *m; (von Steuerzahler, Budget, etc.)* onere *m;* **5.** *jur* incriminazione *f;* **6.** *fin (von Konto)* addebito *m; (mit Hypothek)* onere *m;* **zu einer ~ werden** diventare un peso; **erbliche ~** tara *f* ereditaria. **Belastungsgrenze** *f* limite *m* di carico. **Belastungsmaterial** *n* prove *f pl* a carico. **Belastungsprobe** *f* prova *f* di carico. **Belastungszeuge** *m,* **-zeugin** *f* testimone *mf* a carico.

belaubt *a* frondoso; **dicht ~** folto.

belauern ‹*ohne ge-*› *tr* spiare.

belaufen ‹*irr, ohne ge-*› *rfl:* **sich ~ auf** ammontare a.

belauschen ‹*ohne ge-*› *tr* origliare, ascoltare di nascosto.

beleben ‹*ohne ge-*› **I.** *tr* animare, ravvivare *(a. fig),* stimolare; **II.** *rfl:* **sich ~** *(a. fig)* (ri)animarsi. **belebend** *a* vivificante, stimolante.

belebt *a (verkehrsreich)* animato, movimentato. **Belebtheit** ‹-, ø› *f (von Straße, Platz)* animazione *f,* movimento *m.*

Belebung ‹-, ø› *f* animazione *f; com* ripresa *f;* **~ der Wirtschaft** ripresa economica.

Beleg [bəˈleːk] ‹-(e)s, -e› *m* **1.** *(Nachweis für Zahlung)* ricevuta *f,* quietanza *f;* **2.** *(Beweis)* prova *f; (Beweisstück)* pezza *f* d'appoggio (*o. bes. com* giustificativa), documento *m;* **3.** *(Beispiel)* esempio *m;* **als ~** a dimostrazione; **als ~ für** a sostegno di.

belegen ‹*ohne ge-*› *tr* **1.** *(bedecken)* coprire (*mit* di); *(verkleiden, überziehen)* rivestire (*mit* di); *(Brötchen)* imbottire (*mit* di); **2.** *(einen Platz)* riservare, occupare; *(Vorlesung)* iscriversi a; **3.** *fig (durch ein Schriftstück beweisen)* dimostrare, documentare; **den zweiten** *etc.* **Platz ~** *sport* piazzarsi secondo *etc.*

Belegexemplar *n* copia *f* dell'autore.

Belegschaft ‹-, -en› *f* personale *m* (dipendente), maestranze *f pl.*

belegt *a (Platz)* riservato, occupato; *tel* occupato; *(Stimme)* velato; *(Zunge)* patinoso, sporco; **~es Brot** panino imbottito.

belehren ‹*ohne ge-*› *tr* **1.** *(unterweisen)* istruire; **2.** *(aufklären)* informare (*jdn über etw.* qu di qc).

Belehrung ‹-, -en› *f* **1.** *(Instruktion)* insegnamento *m,* istruzione *f;* **2.** *jur (von Zeugen, Angeklagten)* ammonimento *m,* avvertimento *m;* **3.** *pej (Zurechtweisung)* lezione *f,* rimprovero *m.*

beleibt *a* corpulento, pingue. **Beleibtheit** ‹-, ø› *f* corpulenza *f,* pinguedine *f.*

beleidigen [bəˈlaidɪgən] ‹*ohne ge-*› *tr* offendere, insultare, oltraggiare. **beleidigend** *a (Worte, Verhalten)* offensivo, ingiurioso. **beleidigt** *a (Mensch, Gesicht, Ton)* offeso; **~ reagieren** reagire in modo offeso; **sich ~ fühlen** sentirsi offeso; **gleich** (*o.* **leicht**) **~ sein** offendersi per niente.

Beleidigung ‹-, -en› *f* offesa *f,* insulto *m,* oltraggio *m.*

beleihen ‹*irr, ohne ge-*› *tr (Geldgeber)*

prestare (*o.* anticipare) su; *(Geldnehmer)* fare un prestito su, dare in pegno.
belesen *a* erudito, colto. **Belesenheit** ⟨-, ø⟩ *f* erudizione *f*, cultura *f*.
beleuchten ⟨*ohne ge-*⟩ *tr* **1.** *(mit Licht)* illuminare; **2.** *fig (Thema, Problem)* illustrare.
Beleuchtung ⟨-, -en⟩ *f* **1.** *(Beleuchten)* illuminazione *f;* **2.** *fig* illustrazione *f;* **3.** *(Licht)* luce *f;* *(~sanlage, Lampen)* (impianto *m* d')illuminazone *f;* **künstliche ~** illuminazione artificiale. **Beleuchtungskörper** *m* lampada *f*.
Belgien ['bəlgi̯ən] *n* Belgio *m;* **in ~** nel Belgio.
Belgier(in) ⟨-s, -⟩ *m(f)* belga *mf*.
belgisch *a* belga.
Belgrad ['bɛlgra:t] *n* Belgrado *f*.
belichten ⟨*ohne ge-*⟩ *tr* impressionare, esporre (alla luce).
Belichtung ⟨-, -en⟩ *f* esposizione *f*, posa *f*. **Belichtungsmesser** ⟨-s, -⟩ *m* esposimetro *m*. **Belichtungszeit** *f* tempo *m* di posa.
belieben ⟨*ohne ge-*⟩ *itr (geruhen)* degnarsi (*zu tun* di fare), accondiscendere (*zu tun* a fare); **wie es Ihnen beliebt** come Lei vuole, con Suo comodo. **Belieben** ⟨-s, ø⟩ *n* piacimento *m*, gradimento *m;* **nach ~** a piacere, a volontà.
beliebig I. *a* qualsiasi; *(wahlfrei)* facoltativo; **jeder ~e** chiunque sia; **zu jeder ~en Zeit** a qualsiasi ora; **II.** *adv (nach Belieben)* a piacere, a volontà; **~ viel(e)** quanti uno vuole; **~ oft** tanto si vuole.
beliebt *a (Mensch)* benvoluto, amato, popolare; *(Sache)* richiesto, preferito, in voga; **sich ~ machen** farsi benvolere (*bei jdm* da qu). **Beliebtheit** ⟨-, ø⟩ *f* popolarità *f;* **sich großer ~ erfreuen** godere di una grande popolarità.
beliefern ⟨*ohne ge-*⟩ *tr* fornire (*jdn mit etw.* qc a qu).
bellen ['bɛlən] *itr* abbaiare.
Belletristik [bɛle'trɪstɪk] ⟨-, ø⟩ *f* belletristica *f*.
belletristisch *a* di genere narrativo.
belohnen ⟨*ohne ge-*⟩ *tr* ricompensare (*für* per), retribuire (*für* per).
Belohnung ⟨-, -en⟩ *f* ricompensa *f;* **zur ~** come ricompensa; **zur ~ für** in ricompensa per; **eine ~ aussetzen** offrire una ricompensa.
Belüftung *f* aerazione *f*, ventilazione *f*. **Belüftungsanlage** *f* impianto *m* di aerazione (*o.* ventilazione).
belügen ⟨*irr, ohne ge-*⟩ *tr* mentire a, dire bugie a; **sich selbst ~** ingannare se stesso.
belustigen [bə'lʊstɪgən] ⟨*ohne ge-*⟩ *tr* divertire, rallegrare, allietare.
belustigt *a* divertito (*über* di).
Belustigung ⟨-, -en⟩ divertimento *m*.
bemächtigen [bə'mɛçtɪgən] ⟨*ohne ge-*⟩ *rfl:* **sich einer S. ~** impossessarsi di qc; **sich jds ~** *(fangen)* catturare qu; *fig (Schlaf, Gedanke)* impadronirsi di qu.
bemalen ⟨*ohne ge-*⟩ *tr* dipingere.
bemängeln [bə'mɛŋəln] ⟨*ohne ge-*⟩ *tr* criticare (*etw. an (o. bei) jdm* qc in qu), trovare da ridire (*etw. an (o. bei) jdm* qc in qu).
bemannt *a (Rakete, Raumfahrzeug)* con uomini a bordo, dotato di equipaggio.
bemänteln [bə'mɛntəln] ⟨*ohne ge-*⟩ *tr* ammantare, mascherare, nascondere.
bemerkbar *a* sensibile, percettibile; **sich ~ machen** farsi notare.
bemerken ⟨*ohne ge-*⟩ *tr* **1.** *(wahrnehmen)* notare, osservare; accorgersi di; **2.** *(äußern)* dire; *(erwähnen)* menzionare, segnalare. **bemerkenswert** *a* notevole, degno di nota.
Bemerkung ⟨-, -en⟩ *f* osservazione *f;* *(Anmerkung)* nota *f*, appunto *m*.
bemessen ⟨*irr, ohne ge-*⟩ *tr (Zeit)* limitare; *(Material)* stimare, valutare; *(Stoff)* misurare; **meine Zeit ist knapp ~** ho i minuti contati.
bemitleiden ⟨*ohne ge-*⟩ *tr* avere (*o.* provare) compassione (*o.* pietà) per, compiangere; **du bist zu ~** sei da compiangere. **bemitleidenswert** *a* compassionevole.
bemoost *a* coperto di muschio.
bemühen ⟨*ohne ge-*⟩ **I.** *tr* incomodare, disturbare; **II.** *rfl:* **sich ~** sforzarsi (*um* di), impegnarsi (*um* per); **sich ~, etw. zu tun** sforzarsi di fare qc; **sich für jdn ~** adoperarsi per qu; **sich umsonst** (*o.* **vergeblich**) **~** perdere il proprio tempo; **~ Sie sich nicht!** non s'incomodi! **bemüht** *a:* **(darum) ~ sein, etw. zu tun** cercare di fare qc, adoperarsi per qc.
Bemühung ⟨-, -en⟩ *f* sforzo *m*, premura *f;* **ärztliche ~en** assistenza *f* medica.
bemüßigt [bə'my:sɪçt] *a:* **sich ~ fühlen, etw. zu tun** *geh* sentirsi costretto (*o.* obbligato) a fare qc.
bemuttern ⟨*ohne ge-*⟩ *tr* coccolare *fam*.
benachbart *a* vicino (di casa); *(Land)* confinante; *(Gebiet)* limitrofo.
benachrichtigen [bə'na:xrɪçtɪgən] ⟨*ohne ge-*⟩ *tr* informare (*von etw.* di

qc), avvertire (*von etw.* di qc), avvisare (*von etw.* di qc).
Benachrichtigung ‹-, -en› *f* informazione *f,* avviso *m;* **ohne vorherige ~** senza preavviso.
benachteiligen [bəˈna:xtailɪgən] ‹*ohne ge-*› *tr* svantaggiare, danneggiare. **benachteiligt** *a* svantaggiato, danneggiato.
Benachteiligung ‹-, -en› *f* svantaggio *m,* pregiudizio *m.*
benebeln ‹*ohne ge-*› *tr (Menschen, Sinne)* annebbiare; **benebelt sein** essere annebbiato.
Benedikt [ˈbe:nedɪkt] *(männlicher Vorname)* Benedetto.
Benediktiner(in) [benedɪkˈti:ne (...ərɪn)] ‹-s, -› *m(f)* benedettino, -a *m, f.*
Benefizspiel [beneˈfi:ts-] *n sport* partita *f* amichevole di beneficenza. **Benefizvorstellung** *f* spettacolo *m* di beneficenza.
benehmen ‹*irr, ohne ge-*› *rfl:* **sich ~** comportarsi (*wie, als* come, da); **sich (gut) ~** comportarsi bene; **sich ~ können** sapersi comportare, conoscere le buone maniere. **Benehmen** ‹-s, ø› *n* comportamento *m,* condotta *f; (Manieren)* buone maniere *f pl;* **er hat kein ~** è maleducato; **sich mit jdm ins ~ setzen** entrare in contatto con qu, contattare qu.
beneiden ‹*ohne ge-*› *tr* invidiare (*jdn um etw.* qu per qc); **er beneidet dich um dein Glück** invidia la tua felicità. **beneidenswert** *a* invidiabile.
Beneluxländer [ˈbe:nelʊks-] *n pl,* **-staaten** *m pl* paesi *m pl* del Benelux, (stati *m pl*) Benelux *m.*
benennen ‹*irr, ohne ge-*› *tr* **1.** *(Menschen, Dinge)* denominare, dare un nome a; *(Straße, Platz)* intitolare; **2.** *(vorschlagen)* proporre (*als* come).
Benennung ‹-, -en› *f* denominazione *f.*
Bengel [ˈbɛŋəl] ‹-s, - *o.* -s› *m fam* monello *m fam,* birba *f fam,* birichino *m fam.*
Benjamin [ˈbɛnjami:n] *(männlicher Vorname)* Beniamino.
Benno [ˈbɛno] *männlicher Vorname.*
benommen [bəˈnɔmən] *a* stordito, intontito, intorpidito. **Benommenheit** ‹-, ø› *f* stordimento *m,* intontimento *m.*
benoten ‹*ohne ge-*› *tr* giudicare con un voto.
benötigen ‹*ohne ge-*› *tr* aver bisogno di, necessitare di; **etw. dringend ~** aver bisogno urgente di qc. **benötigt** *a* necessario, occorrente.
Benotung ‹-, -en› *f (Benoten)* valutazione *f; (Noten)* voto *m.*
benutzen, benützen ‹*ohne ge-*› *tr* **1.** utilizzare, usare; **2.** *(Gebrauch machen von)* servirsi di; **3.** *(Weg, Fahrzeug)* prendere; **4.** *(ausnutzen)* approfittare di; **die Gelegenheit ~** approfittare dell'occasione.
Benutzer(in) ‹-s, -› *m(f)* utente *mf.*
Benutzung *f* utilizzazione *f,* uso *m,* impiego *m.* **Benutzungsgebühr** *f* tassa *f* per l'uso; *(Straßen~)* pedaggio *m.*
Benzin [bɛnˈtsi:n] ‹-s, -e› *n mot, chem* benzina *f.* **Benzinfeuerzeug** *n* accendino *m* a benzina. **Benzingutschein** *m* buono *m* per la benzina. **Benzinkanister** *m* tanica *f* di riserva. **Benzinpumpe** *f* pompa *f* della benzina. **Benzinstand** *m* livello *m* della benzina. **Benzintank** *m* serbatoio *m* della benzina. **Benzinuhr** *f* indicatore *m* di livello (del carburante). **Benzinverbrauch** *m* consumo *m* di benzina.
Benzol [bɛnˈtso:l] ‹-s, -e› *n* benzolo *m,* benzene *m.*
beobachten [bəˈʔo:baxtən] ‹*ohne ge-*› *tr* **1.** *(a. Patienten)* osservare; *(genau)* esaminare, scrutare; *(heimlich)* spiare; *(polizeilich)* sorvegliare; **2.** *(bemerken)* notare; *(feststellen)* constatare; **sich beobachtet fühlen** sentirsi osservato.
Beobachter(in) ‹-s, -› *m(f)* osservatore, -trice *m, f.*
Beobachtung ‹-, -en› *f* osservazione *f; (polizeilich)* sorveglianza *f; (Feststellung)* constatazione *f;* **eine** (*o.* **die**) **~ machen** osservare; **unter ~** *med* in osservazione; **unter ~ stehen** essere sorvegliato. **Beobachtungsgabe** *f* spirito *m* d'osservazione. **Beobachtungsstation** *f* **1.** *meteo* osservatorio *m* meteorologico; **2.** *med* reparto *m* d'osservazione.
beordern ‹*ohne ge-*› *tr* comandare di recarsi (*zu* da, *nach* a); **jdn zu sich** *(dat)* **~** mandare a chiamare qu.
bepacken ‹*ohne ge-*› *tr* caricare (*mit* di); **schwer bepackt** carico di pacchi.
bepflanzen ‹*ohne ge-*› *tr* piantare (*mit* a).
Bepflanzung *f* piantagione *f.*
bepinseln ‹*ohne ge-*› *tr allg., gastr, med* spennellare; *fam (vollschreiben)* imbrattare.
bequem [bəˈkve:m] *a (Sache)* comodo; *(behaglich)* confortevole; *(Weg)* agevole; *(Ausrede)* (troppo) facile, comodo; *(Mensch: umgänglich)* affabile; *fam (träge)* pigro; **ein ~es Le-**

ben führen fare una vita comoda; **es sich** *(dat)* ~ **machen** mettersi comodo; **machen Sie es sich** ~! si accomodi.

bequemen ‹*ohne ge-*› *rfl:* **sich** ~ acconsentire (*zu etw.* a qc).

Bequemlichkeit ‹-, -en› *f* **1.** *(Angenehmheit)* comodità *f,* agio *m; (Behaglichkeit)* comfort *m;* **2.** ‹*sing*› *(Trägheit)* pigrizia *f,* indolenza *f.*

beraten ‹*irr, ohne ge-*› **I.** *tr* **1.** *(Rat geben)* consigliare; **2.** *(besprechen)* discutere, consigliarsi su; **jdn gut/schlecht** ~ dare buoni/cattivi consigli a qu; **gut/schlecht** ~ **sein** essere bene/male consigliato; **II.** *itr, rfl:* **sich** ~ *(beratschlagen)* discutere (*über* di) deliberare (*über* su). **beratend** *a (Stimme, Funktion, Ausschuß)* consultivo; *(Arzt)* consulente.

Berater(in) ‹-s, -› *m(f)* consigliere, -a *m, f.*

beratschlagen ‹*ohne ge-*› *itr, tr, rfl s* **beraten.**

Beratung ‹-, -en› *f* discussione *f,* deliberazione *f,* dibattito *m; (bes. jur, med)* consultazione *f;* **ärztliche** ~ consulto *m* medico. **Beratungsstelle** *f* ufficio *m* di consulenza; *med* consultorio *m.*

berauben ‹*ohne ge-*› *tr* derubare, spogliare, svaligiare; *fig (eines Rechts, eines Vorteils)* privare (*gen* di).

berauschen ‹*ohne ge-*› **I.** *tr* ubriacare, inebriare; *fig* entusiasmare, appassionare; **II.** *rfl:* **sich** ~ *(a. fig)* ubriacarsi (*an* di), inebriarsi (*an* di). **berauschend** *a (a. fig)* inebriante; **nicht (gerade)** ~ *iron* non proprio sconvolgente. **berauscht** *a* ubriaco, ebbro.

Berber [ˈbɛrbɐ] ‹-s, -› *m* berbero *m.*

berechenbar [bəˈrɛçənbaːɐ̯] *a (Kosten, etc.)* calcolabile; *(Mensch, Verhalten, Reaktion)* prevedibile.

berechnen ‹*ohne ge-*› *tr* **1.** *(Wert, Kosten, Größe, Umfang)* calcolare; **2.** *fig (Gesten, Worte)* misurare; **3.** *(anrechnen)* mettere in conto (*jdm* a qu); **4.** *(vorsehen, kalkulieren)* calcolare (*für* per). **berechnend** *a* calcolatore, interessato, egoista.

Berechnung *f* **1.** *(von Wert, Kosten, Umfang)* calcolo *m;* **2.** *(Anrechnung)* conteggio *m;* **3.** *(Absicht, Eigeninteresse)* calcolo *m;* **aus** ~ **handeln** agire per calcolo; **ohne** ~ senza spesa; **gegen** ~ a pagamento.

berechtigen [bəˈrɛçtɪgən] ‹*ohne ge-*› **I.** *tr* autorizzare, dare il diritto a; **II.** *itr* dare diritto (*zu* a). **berechtigt** *a* giusto, legittimo, fondato, giustificato; ~ **sein zu** essere autorizzato a.

berechtigterweise *adv* legittimamente.

Berechtigung ‹-, -en› *f* **1.** *(Befugnis)* autorizzazione *f (zu* a), diritto *m* (*zu* di); **2.** *(Rechtmäßigkeit)* fondatezza *f.*

bereden ‹*ohne ge-*› **I.** *tr* **1.** *(besprechen)* parlare, discutere di (*o.* su); **2.** *(überreden)* persuadere, convincere, indurre; **II.** *rfl:* **sich** ~ conferire (*mit jdm über etw.* con qu su qc).

Beredsamkeit ‹-, ø› *f* eloquenza *f.*

beredt [bəˈreːt] *a (Mensch)* eloquente; *(vielsagend)* significativo, espressivo.

Bereich [bəˈrai̯ç] ‹-(e)s, -e› *m o. rar n* **1.** *(Gebiet)* regione *f,* zona *f,* territorio *m;* **2.** *(Sachgebiet)* campo *m,* ramo *m,* materia *f;* **3.** *(Aufgaben~)* ambito *m,* sfera *f;* **im** ~ **des Möglichen liegen** rientrare nell'ambito delle possibilità.

bereichern [bəˈrai̯çɐn] ‹*ohne ge-*› **I.** *tr* **1.** *(reicher machen, a. fig)* arricchire; **2.** *(vergrößern)* aumentare, accrescere; **II.** *rfl:* **sich** ~ arricchirsi (*um etw.* di qc, *an jdm* a spese di qu).

Bereicherung ‹-, -en› *f (a. fig)* arricchimento *m.*

bereifen ‹*ohne ge-*› *tr mot* munire di pneumatici; *(Fässer)* cerchiare.

Bereifung ‹-, -en› *f mot* pneumatici *m pl.*

bereinigen ‹*ohne ge-*› *tr (Angelegenheit)* sistemare; *(Mißverständnisse)* chiarire.

bereisen ‹*ohne ge-*› *tr:* **ein Land** ~ viaggiare in un paese.

bereit [bəˈrai̯t] *a (Mensch)* pronto (*zu* a), disposto (*zu* a); *(Sache: verfügbar)* disponibile; **sich zu etw.** ~ **erklären** dichiararsi pronto (*o.* disposto) a qc; **sich zu etw.** ~ **finden** essere pronto (*o.* disposto) a qc.

bereiten ‹*ohne ge-*› *tr* **1.** *(vorbereiten, zubereiten)* preparare; *(herstellen)* fare, fabbricare; **2.** *(verursachen)* causare, recare, procurare; **jdm Kummer** ~ affliggere qu.

bereit·halten ‹*irr*› *tr* tener pronto. **bereit·legen** *tr* preparare. **bereit·liegen** ‹*irr*› *itr* essere a disposizione. **bereit·machen** *tr s.* **bereithalten.**

bereits [bəˈrai̯ts] *adv* già.

Bereitschaft ‹-, ø› *f* disposizione *f,* disponibilità *f;* **in** ~ in allarme; ~ **haben** essere di picchetto. **Bereitschaftsarzt** *m* medico *m* di turno (*o.* di servizio). **Bereitschaftsdienst** *m mil* servizio *m* di picchetto (*o.* di riserva); **ärztlicher** ~ turno *m* medico. **Bereitschaftspolizei** *f* polizia *f* di pronto intervento.

bereit·stehen ‹*irr*› *itr* essere pronto

(*zu* a); *(verfügbar sein)* essere disponibile (*für jdn* per qu). **bereit·stellen** *tr* mettere a disposizione (*jdm* di qu). **bereitwillig I.** *a* pronto, premuroso; **II.** *adv* premurosamente. **Bereitwilligkeit** ‹-, ø› *f* premura *f*, prontezza *f*.

bereuen ‹*ohne ge-*› *tr* pentirsi di.

Berg [bɛrk] ‹-(e)s, -e› *m* **1.** *allg.* monte *m; (kleiner)* collina *f; (Steigung)* salita *f;* **2.** *(Menge)* montagna *f*, massa *f;* **die ~e** *(Gebirge)* la montagna; **im ~ arbeiten** lavorare in miniera; **über ~ und Tal** per monti e per valli; **mit etw. nicht hinter dem ~e halten** non far mistero di qc; **über dem ~ sein** *fig* aver superato il peggio, essere a cavallo *fam;* **~e versetzen** (s)muovere le montagne; **goldene ~e versprechen** promettere mari e monti *fam;* **er ist über alle ~e** è già lontano un miglio *fam.* **bergab** [-'ʔap] *adv* all'ingiù, in discesa; *(beim Abstieg)* durante la discesa; **~ gehen** *(Geschäft)* essere (*o.* andare) alla deriva; **es geht mit ihm ~** *(geschäftlich)* i suoi affari vanno male; *(gesundheitlich)* la sua salute peggiora. **Bergamt** *n* ufficio *m* minerario, amministrazione *f* delle miniere. **Bergarbeiter** *m* minatore *m.* **bergauf** [-'ʔau̯f] *adv* in salita, in su; *(beim Aufstieg)* durante la salita; **es geht mit ihm ~** *(geschäftlich)* i suoi affari vanno bene; *(gesundheitlich)* è in via di guarigione. **Bergbau** ‹-(e)s, ø› *m* industria *f* mineraria. **Bergbesteigung** *f* ascensione *f*. **Bergdorf** *n* villaggio *m* di montagna.

bergen ['bɛrgən] ‹birgt, barg, geborgen› *tr* **1.** *(retten)* salvare; *(in Sicherheit bringen)* mettere al sicuro (*o.* al riparo); *(Tote, Verschüttete)* ricuperare, estrarre; **2.** *fig (enthalten)* contenere, racchiudere, comportare.

Bergfried [-fri:t] ‹-(e)s, -e› *m arch, hist* battifredo *m*, torre *f* (della rocca), torrione *m.* **Bergführer(in)** *m(f)* guida *f* alpina. **Berggeist** *m* spirito *m* (*o.* genio *m*) della montagna. **bergig** *a* montagnoso, montuoso. **Bergkamm** *m* cresta *f* di una montagna. **Bergkette** *f* catena *f* di montagne. **Bergkristall** *m* cristallo *m* di rocca. **Bergkuppe** *f* cima *f* arrotendata. **Bergland** *n* paese *m* montagnoso. **Bergmann** ‹-(e)s, -leute *o. rar* -männer› *m s.* **Bergarbeiter. Bergmassiv** ‹-s, -e› *n* massiccio *m* montuoso. **Bergpredigt** *f* sermone *m* (*o.* discorso *m*) della montagna. **Bergrecht** *n* codice *m* minerario. **Bergrücken** *m* dorso *m* (di montagna). **Bergrutsch** *m* frana *f*. **Bergschuhe** *m pl* scarpe *f pl* da montagna. **Bergstation** *f* stazione *f* a monte. **Bergsteigen** ‹-s, ø› *n* alpinismo *m.* **Bergsteiger(in)** *m(f)* alpinista *mf.* **Bergtour** *f* escursione *f* in montagna. **Berg-und-Tal-Bahn** *f* montagne *f pl* russe, ottovolante *m.*

Bergung ‹-, -en› *f* salvataggio *m; (von Toten, Verschütteten)* ricupero *m.* **Bergungsarbeiten** *f pl* opera *f* di ricupero, operazioni *f pl* di salvataggio. **Bergungsmannschaft** *f* squadra *f* di soccorso.

Bergwacht [-vaxt] ‹-, -en› *f* servizio *m* di soccorso alpino. **Bergwand** *f* parete *f* (di montagna). **Bergwerk** *n* miniera *f*.

Bericht [bə'rɪçt] ‹-(e)s, -e› *m* rapporto *m; (längerer)* relazione *f; (Zeitungs~)* corrispondenza *f;* cronaca *f; radio* (radio)cronaca *f;* **~ erstatten** stendere un rapporto, fare una relazione (*über* su).

berichten ‹*ohne ge-*› **I.** *tr* riferire; *(erzählen)* raccontare, narrare; *(amtlich)* comunicare; **II.** *itr* raccontare (*von, über* di), fare il resoconto (*von, über* di), fare un rapporto (*von, über* di).

Berichterstatter(in) [-ʔɛɐ̯ʃtate (...ərɪn)] ‹-s, -› *m(f) allg.* corrispondente *mf; (von Zeitung)* inviato, -a *m, f*, reporter *mf*, cronista *mf; (im Ausland)* corrispondente *mf; radio* radiocronista *mf; pol (Referent)* relatore, -trice *m, f*. **Berichterstattung** *f allg.* rapporto *m*, relazione *f; (in Zeitung)* corrispondenza *f; radio* radiocronaca *f*.

berichtigen [bə'rɪçtɪgən] ‹*ohne ge-*› *tr* correggere, rettificare; *tec* mettere a punto (*o.* in ordine), regolare.

Berichtigung ‹-, -en› *f* correzione *f*, rettifica *f; tec* messa *f* a punto, regolazione *f*.

beriechen ‹*irr, ohne ge-*› *tr* annusare.

berieseln ‹*ohne ge-*› *tr* irrigare; *fig (mit Musik, Reklame)* inondare (*mit* di).

Berieselung ‹-, ø› *f* irrigazione *f*. **Berieselungsanlage** *f* impianto *m* d'irrigazione.

beringen ‹*ohne ge-*› *tr* marcare con un anellino.

beritten *a* a cavallo.

Berlin [bɛr'li:n] *n* Berlino *f*.

Berliner ‹*inv*› *a attr* berlinese.

berlinern ‹*ohne ge-*› *itr fam* parlare in dialetto berlinese.

Bermudainseln [bɛr'mu:da-] *f pl,*

Bermudas [...das] *pl* Bermuda *f pl;* **auf den ~** alle Bermuda.

Bermudas [bɛr'mu:das] ‹*pl*›, **Bermudashorts** ‹*pl*› bermuda *m pl.*

Bern [bɛrn] *n (Stadt)* Berna *f; (Kanton)* Berna *m.*

Bernd [bɛrnt] *s.* **Bernhard.**

Bernhard ['bɛrnhart] *(männlicher Vorname)* Bernardo.

Bernhardiner(hund *m*) [bɛrnhar'di:nɐ] ‹-s, -› *m* cane *m* (di) san Bernardo.

Bernstein ['bɛrn-] *m* ambra *f* (gialla).

Berserker [bɛr'zɛrkɐ *o.* 'bɛr...] ‹-s, -› *m:* **wie ein ~ arbeiten/zuschlagen/toben** lavorare/picchiare/sfuriare come un ossesso.

bersten ['bɛrstən] ‹birst *o. obs* berstet, barst, geborsten› *itr* ‹*sein*› *(brechen)* spaccarsi; *(auf-, zerbrechen)* rompere, spezzare; *(zerplatzen)* scoppiare, esplodere; **vor Ungeduld/Neugier/Zorn ~** non stare più in sé dall'impazienza/dalla curiosità/scoppiare dalla rabbia *fam;* **zum B~ voll** strapieno, pieno come un uovo *fam.*

Bert(h)a ['bɛrta] *(weiblicher Vorname)* Berta.

berüchtigt [bə'rʏçtɪçt] *a* famigerato.

berückend *a* affascinante; **nicht gerade ~** non proprio entusiasmante.

berücksichtigen [bə'rʏkzɪçtɪgən] ‹*ohne ge-*› *tr* considerare; *(Alter, Krankheit)* considerare, tener presente; *(Bewerber, Antrag)* considerare, prendere in considerazione; **berücksichtigt werden** *(bedacht)* entrare in considerazione.

Berücksichtigung ‹-, ø› *f* considerazione *f;* **ohne ~ von** senza riguardo per; **unter ~ von** in considerazione di, tenendo conto di, con riguardo a.

Beruf [bə'ru:f] ‹-(e)s, -e› *m* professione *f,* mestiere *m;* **freier ~** professione libera; **ohne ~** senza professione; **von ~** di professione; **einen ~ ausüben, einem ~ nachgehen** esercitare una professione; **seinen** (*o.* **den**) **~ wechseln** cambiar(e) mestiere.

berufen[1] ‹*irr, ohne ge-*› **I.** *tr (ernennen)* nominare (*zu* qu), designare (*zu* qu); **II.** *rfl:* **sich ~ auf** richiamarsi a, appellarsi a.

berufen[2] *a* **1.** *(befähigt)* qualificato; **2.** *(zuständig)* competente; *(befugt)* autorizzato; **zu etw. ~ sein** essere chiamato a qc, aver la vocazione per qc.

beruflich *a* professionale; **~ tätig sein** esercitare una professione; **er ist ~ viel unterwegs** è molto in giro per lavoro.

Berufsausbildung *f* formazione *f* professionale. **Berufsaussichten** *f pl* prospettive *f pl* (*o.* sbocchi *m pl*) professionali. **Berufsberater(in)** *m(f)* orientatore, -trice *m, f* professionale. **Berufsberatung** *f* orientamento *m* professionale. **Berufsbezeichnung** *f* denominazione *f* della professione. **Berufsboxer** *m* pugile *m* professionista. **Berufserfahrung** *f* esperienza *f* professionale. **Berufsfeuerwehr** *f* vigili *m pl* del fuoco (professionisti). **Berufsgeheimnis** *n* segreto *m* professionale. **Berufsgruppe** *f* categoria *f* professionale. **Berufsheer** *n* esercito *m* professionale. **Berufskleidung** *f* tenuta *f* da lavoro. **Berufskrankheit** *f* malattia *f* professionale. **Berufsleben** *n* vita *f* professionale. **Berufsoffizier** *m* ufficiale *m* di carriera. **Berufsrisiko** *n* rischio *m* professionale. **Berufsschule** *f* scuola *f* d'avviamento professionale. **Berufssoldat** *m* soldato *m* di carriera. **Berufssportler(in)** *m(f)* professionista *mf.* **berufstätig** *a* che esercita una professione (*o.* un mestiere); **~ sein** esercitare una professione; **~e Bevölkerung** popolazione attiva. **berufsunfähig** *a* inabile al lavoro. **Berufsverbot** *n* divieto *m* di esercitare una professione. **Berufsverkehr** *m* traffico *m* (delle ore) di punta. **Berufswahl** *f* scelta *f* della professione. **Berufszweig** *m* ramo *m* professionale.

Berufung ‹-, -en› *f* **1.** *(innere)* vocazione *f;* **2.** *(Ernennung)* nomina *f,* designazione *f;* **3.** *jur* appello *m;* ricorso *m;* **unter** (*o.* **mit**) **~ auf** in riferimento a; **eine ~ als Professor annehmen** accettare una cattedra; **~ einlegen, in die ~ gehen** *jur* interporre ricorso, ricorrere in appello; **einer ~ stattgeben** accogliere un ricorso.

Berufungsgericht *n* corte *f* d'appello.

Berufungsweg *m:* **auf dem ~** *jur* in appello.

beruhen ‹*ohne ge-*› *itr:* **~ auf** fondarsi su, basarsi su, essere fondato su; *(seine Ursache haben in)* dipendere da; **auf einem Irrtum ~** nascere da un errore; **auf Wahrheit ~** avere fondamento di verità; **die Sache auf sich ~ lassen** lasciare la cosa com'è; **das beruht auf Gegenseitigkeit** è reciproco.

beruhigen [bə'ru:ɪgən] ‹*ohne ge-*› **I.** *tr* calmare; *(Gemüter, Zorn, Naturgewalten)* placare; *(weinendes Kind, besorgten Menschen)* tranquillizzare, rassicurare; *(Schmerzen)* sedare, placare, alleviare; *(trösten)* consolare;

(entspannen) distendere, rilassare; **dann bin ich ja beruhigt!** allora sono tranquillo!; **beruhigt schlafen/nach Hause gehen** dormire/andare a casa tranquillo; **II.** *rfl:* **sich ~** calmarsi, tranquillizzarsi; *(Wind)* cadere; **nun beruhige dich doch!** calmati una buona volta! *fam.* **beruhigend** *a (Wissen)* rassicurante; *(Mittel, Wirkung)* calmante, sedativo; *(Worte)* rassicurante.

Beruhigung ‹-, ø› *f (von Gemütern, Zorn, Sturm, etc.)* placamento *m; (von Baby, besorgtem Menschen)* consolazione *f,* conforto *m; (von Nerven)* rilassamento *m,* distensione *f; (von Schmerzen)* alleviamento *m,* lenimento *m; (Entspannung)* rilassamento *m,* distensione *f; (von Gewissen)* tranquillizzare *m; (von Lärm, Verkehr)* acquietamento *m;* **zu Ihrer ~ kann ich Ihnen sagen ...** per tranquillizzarLa passo dirLe ... **Beruhigungsmittel** *n* tranquillante *m,* sedativo *m.*

Berühmt [bəˈryːmt] *a* celebre, famoso, noto; **das ist nicht ~** *iron* non è un gran che. **berühmt-berüchtigt** *a* malfamato. **Berühmtheit** ‹-, -en› *f* celebrità *f;* **~ erlangen** diventar celebre.

berühren ‹*ohne ge-*› **I.** *tr* **1.** *(anfassen)* toccare; *mat* essere tangente a; *(streifen)* sfiorare; *fig (Ort auf der Reise)* toccare, passare per; *(grenzen an)* confinare con; **2.** *(kurz erwähnen)* accennare a, menzionare; **3.** *(angehen, bewegen)* riguardare, commuovere; *(betreffen)* toccare, riguardare, concernere; **jdn angenehm/unangenehm ~** fare un'impressione piacevole/spiacevole a qu; **das berührt mich nicht!** ciò non mi riguarda; **II.** *rfl:* **sich ~** toccarsi; *fig* incontrarsi.

Berührung ‹-, -en› *f* toccare *m,* contatto *m;* **mit etw. in ~ kommen** entrare in relazione (*o.* venire a contatto) con qc.

bes. *ab von* **besonders** spec. (*ab von* specialmente).

besagen ‹*ohne ge-*› *tr (bedeuten)* voler dire, significare; **das hat nichts zu ~** non vuol dire nulla. **besagt** *a* summenzionato, suddetto.

besammeln ‹*ohne ge-*› *rfl CH:* **sich ~** riunirsi.

besänftigen [bəˈzɛnftɪgən] ‹*ohne ge-*› *tr* calmare, placare.

Besänftigung ‹-, ø› *f* calmare *m.*

Besatz *m* guarnizione *f.*

Besatzung *f* **1.** *(Garnison)* guarnigione *f; (Truppen)* truppe *f pl* d'occupazione; **2.** *naut, aero* equipaggio *m.* **Besatzungsarmee** *f,* **Besatzungsheer** *n* esercito *m* d'occupazione. **Besatzungsmacht** *f* potenza *f* occupante. **Besatzungszone** *f* zona *f* d'occupazione.

besaufen ‹*irr, ohne ge-*› *rfl fam:* **sich ~** ubriacarsi, prendersi una sbornia (*o.* sbronza *fam).*

beschädigen ‹*ohne ge-*› *tr* danneggiare, deteriorare, avariare.

Beschädigung ‹-, -en› *f* **1.** *(Vorgang)* danneggiamento *m,* deterioramento *m;* **2.** *(Zustand)* danno *m,* avaria *f.*

beschaffen[1] ‹*ohne ge-*› *tr* procurare, fornire; **sich** *(dat)* **etw. ~** procurarsi qc.

beschaffen[2] *a:* **gut/schlecht ~** in buone/cattive condizioni; **so ~, daß ...** tale da ... *inf* (*o.* che ... *conj*). **Beschaffenheit** ‹-, ø› *f (von Material)* composizione *f; (von Mensch)* costituzione *f,* fisico *m; (seelisch)* natura *f,* carattere *m,* qualità *f; (von Lage)* tipo *m.*

Beschaffung ‹-, ø› *f* acquisto *m,* fornitura *f,* procurare *m.*

beschäftigen [bəˈʃɛftɪgən] ‹*ohne ge-*› **I.** *tr* occupare (*mit* in, con); *(als Arbeitskraft)* impiegare; *fig (geistig)* impegnare; **II.** *rfl:* **sich ~** occuparsi (*mit* di); **sich intensiv mit etw. ~** dedicarsi a qc. **beschäftigt** *a* occupato (*mit* con), impegnato (*mit* in); *(angestellt)* impiegato; **sehr ~** assorbito (*mit* da).

Beschäftigung ‹-, -en› *f* **1.** *allg.* occupazione *f;* **2.** *(durch Arbeitgeber)* impiego *m;* **3.** *(Arbeit)* lavoro *m,* attività *f; (Zeitvertreib)* passatempo *m.* **Beschäftigungsprogramm** *n* programma *m* occupazionale. **Beschäftigungstherapie** *f med* ergoterapia *f; fig* terapia *f* occupazionale.

beschämen ‹*ohne ge-*› *tr* svergognare, umiliare, confondere. **beschämend** *a* umiliante. **beschämt** *a* vergognoso, umiliato, confuso.

beschatten ‹*ohne ge-*› *tr* **1.** *geh (Schatten werfen auf)* ombreggiare, fare ombra a; *fig (trüben)* gettare un'ombra su; **2.** *(überwachen)* pedinare, tallonare.

beschauen ‹*ohne ge-*› *tr* **1.** *(ansehen)* guardare, contemplare; **2.** *(prüfen)* ispezionare, esaminare, controllare.

Beschauer(in) ‹-s, -› *m(f)* **1.** spettatore, -trice *m, f;* **2.** *(Prüfer)* ispettore, -trice *m, f.*

beschaulich *a* contemplativo; *(ruhig)* pacifico. **Beschaulichkeit** ‹-, ø› *f* contemplazione *f; (Ruhe)* tranquillità *f.*

Bescheid [bəˈʃait] ‹-(e)s, -e› *m* **1.** *(Mitteilung)* avviso *m,* comunicazione *f; (Antwort)* risposta *f; (Auskunft)* informazione *f;* **2.** *(Entscheidung)* decisione *f;* **~ bekommen** avere una risposta; **jdm ~ geben** avvisare qu, informare qu, dare una risposta a qu; **jdm gehörig** (*o.* **tüchtig**) **~ sagen** *fam* dire il fatto suo a qu *fam,* dirne quattro a qu *fam;* **~ wissen** essere informato (*über* di); **nun wissen Sie ~!** ora lo sa!; **abschlägiger ~** risposta negativa.

bescheiden¹ [bəˈʃaidən] *a* modesto, umile, discreto; *(anspruchslos)* semplice; *(gering)* piccolo; *(mäßig)* moderato.

bescheiden² [bəˈʃaidən] ‹*irr, ohne ge-*› **I.** *tr* **1.** *geh (benachrichtigen)* informare; **2.** *(beordern)* convocare, citare; **abschlägig beschieden werden** ricevere un rifiuto (*o.* una risposta negativa); **es war ihm nicht beschieden, sie wiederzusehen** *geh* non gli fu concesso di rivederla; **II.** *rfl:* **sich ~** *geh (sich begnügen)* accontentarsi (*mit* di), limitarsi (*mit* a).

Bescheidenheit ‹-, ø› *f* modestia *f,* umiltà *f,* discrezione *f; (Mäßigung)* moderazione *f;* **in aller ~** in tutta umiltà.

bescheinen ‹*irr, ohne ge-*› *tr:* **von der Sonne beschienen** soleggiato.

bescheinigen [bəˈʃainɪgən] ‹*ohne ge-*› *tr* attestare, certificare; **den Empfang eines Briefes ~** accusare ricevuta di una lettera.

Bescheinigung ‹-, -en› *f* **1.** *(Vorgang)* attestazione *f;* **2.** *(Schriftstück)* attestato *m,* certificato *m;* **eine ~ ausstellen** rilasciare un certificato.

bescheißen ‹*irr, ohne ge-*› *vulg* **I.** *tr (betrügen)* fregare *fam;* **II.** *itr (mogeln)* barare.

beschenken ‹*ohne ge-*› *tr* fare un regalo a.

bescheren ‹*ohne ge-*› *tr* **1.** *(beschenken):* **jdn ~** fare il regalo di Natale a qu; **jdn mit etw. ~** regalare qc a qu (per Natale); **jdm eine Überraschung ~** fare una (bella) sorpresa a qu; **2.** *(zuteil werden lassen):* **jdm etw. ~** concedere (*o.* accordare) qc a qu.

Bescherung ‹-, -en› *f* distribuzione *f* dei regali di Natale; **das ist ja eine schöne ~!, da haben wir die ~!** *iron fam* è un bel regalo!, che guaio! *fam.*

bescheuert [bəˈʃɔyɐt] *a sl* tonto *fam,* sciocco *fam.*

beschichten ‹*ohne ge-*› *tr (mit Kunststoff, PVC, etc.)* plastificare.

beschießen ‹*irr, ohne ge-*› *tr* far fuoco contro, tirare su; *(mit MG)* mitragliare; *(mit schweren Waffen)* cannoneggiare; *phys (mit Neutronen)* bombardare.

beschildern ‹*ohne ge-*› *tr* dotare di segnaletica.

beschimpfen ‹*ohne ge-*› *tr* insultare, ingiuriare, oltraggiare.

Beschimpfung ‹-, -en› *f* insulto *m,* oltraggio *m,* ingiuria *f.*

Beschiß [bəˈʃɪs] ‹-schisses, ø› *m vulg:* **das ist alles ~** questa è una solenne fregatura.

beschissen *a vulg* misero, spiacevole.

Beschlag *m* **1.** *(Metallteile auf Holz)* borchia *f,* guarnizione *f;* **2.** *(Hufeisen)* ferratura *f;* **3.** *(Feuchtigkeit auf Glas, etc.)* appannamento *m; (Schimmel)* muffa *f;* **mit ~ belegen** *jur, naut, mil* confiscare, sequestrare; *fig (bes. Menschen)* requisire.

beschlagen¹ ‹*irr, ohne ge-*› **I.** *tr* ‹*haben*› **1.** *(Möbel, Tür, etc.)* guarnire; *(mit Nägeln)* chiodare; **2.** *(Pferd)* ferrare; **II.** *itr* ‹*sein*› *(Glas)* appannarsi; *(schimmeln)* ammuffire.

beschlagen² *a fig (Mensch)* versato (*in* in), ferrato (*in* in) *fam;* **in seinem Fach/auf seinem Gebiet sehr ~ sein** essere molto in gamba nel proprio mestiere/essere esperto in materia. **Beschlagenheit** ‹-, ø› *f* essere *m* versato (*o.* esperto) (*in* in).

Beschlagnahme [-na:mə] ‹-, -n› *f jur* confisca *f,* sequestro *m.*

beschlagnahmen ‹*ohne ge-*› *tr jur* confiscare, sequestrare; *fig fam* tenere occupato.

beschleunigen [bəˈʃlɔynɪgən] ‹*ohne ge-*› *tr, itr* accelerare; **seine Schritte ~** accelerare il passo. **beschleunigt** *a* accelerato; *(Puls a.)* rapido.

Beschleunigung ‹-, -en› *f* accelerazione *f.*

beschließen ‹*irr, ohne ge-*› **I.** *tr* **1.** *(beenden)* terminare, concludere, finire, porre fine a; *(Reihe)* chiudere; **2.** *(entscheiden)* decidere, deliberare; **sein Leben ~** finire i propri giorni; **es ist eine beschlossene Sache** è una cosa decisa; **II.** *itr* decidere (*über* qc), deliberare (*über* su); *(übereinstimmen)* convenire (*zu* di); *jur* decretare.

Beschluß *m (Entscheid)* decisione *f,* conclusione *f,* risoluzione *f; jur* decisione *f,* decreto *m,* sentenza *f;* **einen ~ fassen** prendere una decisione. **beschlußfähig** *a* atto a deliberare, in numero legale. **beschlußunfähig** *a* non atto a deliberare.

beschmieren ‹*ohne ge-*› *tr* imbrattare *fam.*

beschmutzen ‹*ohne ge-*› *tr* insudiciare, sporcare, macchiare.

beschneiden ‹*irr, ohne ge-*› *tr* **1.** *(zurechtschneiden)* tagliare; *(Baum)* potare, diramare; *(Hecken)* tosare; **2.** *rel* circoncidere; **3.** *fig* limitare, restringere, ridurre.

Beschneidung ‹-, -en› *f* **1.** *rel* circoncisione *f;* **2.** *fig* restrizione *f,* riduzione *f.*

beschnüffeln ‹*ohne ge-*› **I.** *tr (beriechen)* annusare, fiutare; *fig fam (untersuchen)* ficcare il naso in *fam; (kennenlernen)* imparare a conoscere; *(bespitzeln)* spiare; **II.** *rfl:* **sich ~** *(Hunde)* annusarsi; *fig fam (Menschen)* imparare a conoscersi.

beschnuppern ‹*ohne ge-*› *tr, rfl s.* **beschnüffeln.**

beschönigen [bə'ʃø:nɪgən] ‹*ohne ge-*› *tr* mascherare, far apparire migliore.

Beschönigung ‹-, -en› *f* mascheramento *m,* scusa *f.*

beschränken [bə'ʃrɛŋkən] ‹*ohne ge-*› **I.** *tr* limitare (*auf* a), restringere (*auf* a), ridurre (*auf* a); **II.** *rfl:* **sich ~** limitarsi; **sich auf das Notwendigste ~** limitarsi allo stretto necessario.

beschrankt [bə'ʃraŋkt] *a* con sbarre.

beschränkt I. *a fig* limitato, ristretto; *(Geist)* ottuso; **in ~en Verhältnissen leben** vivere in ristrettezze; **~e Haftung** responsabilità limitata; **II.** *adv* limitatamente. **Beschränktheit** ‹-, ø› *f (geringer Umfang)* (ri)strettezza *f,* limitatezza *f; (Knappheit)* scarsità *f,* insufficienza *f; (geistig)* ristrettezza *f* di vedute, mediocrità *f* di spirito.

Beschränkung ‹-, -en› *f* limitazione *f,* restrizione *f.*

beschreiben ‹*irr, ohne ge-*› *tr* **1.** *(Papier)* scrivere su; **2.** *(schildern)* descrivere, dipingere; *(genau)* esporre minutamente; *(Person)* dare i connotati di.

Beschreibung *f* descrizione *f,* illustrazione *f.*

beschreiten ‹*irr, ohne ge-*› *tr:* **den Rechtsweg ~** adire le vie legali; **neue Wege ~** battere nuove strade.

Beschrieb [bə'ʃri:p] ‹-s, -e› *m CH* descrizione *f.*

beschriften ‹*ohne ge-*› *tr* mettere una scritta (*o.* iscrizione) su; *(etikettieren)* etichettare.

Beschriftung ‹-, -en› *f* **1.** *(Tätigkeit)* mettere *m* una scritta (*gen* su); **2.** *(Aufschrift)* scritta *f,* iscrizione *f,* etichetta *f.*

beschuldigen [bə'ʃʊldɪgən] ‹*ohne ge-*› *tr* incolpare (*einer S.* di qc), incriminare (*einer S.* per qc), accusare (*einer S.* di qc).

Beschuldigung ‹-, -en› *f* imputazione *f,* incriminazione *f,* accusa *f.*

beschummeln ‹*ohne ge-*› *fam* **I.** *tr* infinocchiare *fam;* **II.** *itr* barare.

Beschuß *m* **1.** *mil* fuoco *m,* tiro *m; (mit MG)* mitragliare *m; (mit Granaten)* tiro *m; (mit schweren Waffen)* cannoneggiamento *m;* **2.** *phys* bombardamento *m;* **unter ~ geraten** *fig* capitare sotto tiro; **jdn unter ~ nehmen** *fig* prendere di mira qu, attaccare qu.

beschützen ‹*ohne ge-*› *tr* proteggere, riparare, coprire; *(protegieren)* patrocinare; **Gott beschütze dich!** che Dio ti protegga!

Beschützer(in) ‹-s, -› *m(f)* protettore, -trice *m, f.*

beschwatzen ‹*ohne ge-*› *tr* **1.** *(einreden auf)* cercare di convincere; *(überreden)* indurre (*zu* a); **2.** *(bereden)* chiacchierare di, fare pettegolezzi su.

Beschwerde [bə'ʃve:ɐ̯də] ‹-, -n› *f* **1.** *obs, geh (Mühe)* fatica *f; (Bürde)* peso *m;* **2.** *(Klage)* lagnanza *f,* lamentela *f,* reclamo *m; com* reclamo *m; jur* ricorso *m;* **3.** ‹*pl*› *(körperliche)* disturbi *m pl,* acciacchi *m pl fam,* malanni *m pl,* dolori *m pl;* **über etw. ~ führen** reclamare contro qc (*bei jdm* presso qu); **~ einlegen** inoltrare reclamo; **zu ~n Anlaß geben** essere motivo di lagnanze (*o.* reclamo).

beschweren ‹*ohne ge-*› **I.** *tr* mettere un peso su; *fig* (ag)gravare, appesantire; **II.** *rfl:* **sich ~** lamentarsi (*bei* presso, con, *über* di), lagnarsi (*bei* presso, *über* di), reclamare (*bei* presso, *über* contro).

beschwerlich *a (lästig, mühsam)* noioso, seccante, penoso; *(ermüdend)* faticoso, gravoso.

beschwichtigen [bə'ʃvɪçtɪgən] ‹*ohne ge-*› *tr* calmare, placare.

beschwindeln ‹*ohne ge-*› *tr* **1.** *(belügen)* ingannare, dire bugie a; **2.** *(betrügen)* truffare.

beschwingt *a* allegro, gaio; *(Gang)* leggero.

beschwipst [bə'ʃvɪpst] *a fam* brillo *fam,* alticcio *fam.*

beschwören ‹*irr, ohne ge-*› *tr* **1.** *jur* giurare; **2.** *(Geister)* esorcizzare; *(Schlangen)* incantare; **3.** *(anflehen)* supplicare, implorare.

besehen ‹*irr, ohne ge-*› *tr* guardare, esaminare.

beseitigen [bəˈzaitɪgən] ‹*ohne ge-*› *tr* **1.** *(wegschaffen)* rimuovere; *(Schnee)* spalare; **2.** *(entfernen)* allontanare; *(Flecken)* togliere; *(Fehler)* eliminare; *(Hindernis)* rimuovere; **3.** *(beheben)* eliminare; *(Streitigkeiten)* comporre, risolvere; *(Zweifel)* dissipare; *(Schwierigkeiten)* appianare; **4.** *(töten)* uccidere, far fuori *fam;* **das beseitigt unreine Haut** risolve il problema dell'impurità della pelle.

Beseitigung ‹-, ø› *f* **1.** *(Wegschaffen, Entfernen)* rimozione *f;* **2.** *(Behebung)* eliminazione *f; (von Schwierigkeiten)* appianamento *m;* **3.** *(Tötung)* uccisione *f.*

Besen [ˈbeːzən] ‹-s, -› *m* scopa *f;* **ich fresse einen ~, wenn ...** *fam* che mi venga un accidente se ... *fam;* **neue ~ kehren gut** *prov* granata nuova spazza bene tre giorni, ciò che è nuovo è sempre bello. **Besenschrank** *m* portascope *m.* **Besenstiel** *m* manico *m* di scopa.

besessen [bəˈzɛsən] *a* **1.** *(innerlich erfüllt)* ossessionato (*von* da), fanatico; *pej* maniaco; **2.** *(vom bösen Geist)* posseduto, indemoniato (dal demonio), invasato; **wie ~** come indemoniato, come un forsennato. **Besessene** ‹ein -r, -n, -n› *mf* ossesso, -a *m, f;* **wie ein ~r arbeiten** lavorare come un dannato. **Besessenheit** ‹-, ø› *f* ossessione *f.*

besetzen ‹*ohne ge-*› *tr* **1.** *(mit Besatz)* guarnire (*mit* di); *(besäen)* trapungere (*mit* di); **2.** *(Platz)* occupare; *mil (Land, Stadt)* occupare (militarmente); **3.** *(Stelle, Amt, Posten)* affidare (*mit* a), assegnare (*mit* a); *naut (bemannen)* equipaggiare; *theat, film (Rollen)* distribuire (*o.* assegnare) le parti di (*mit* a); **4.** *(Gewässer mit Fischen)* popolare. **besetzt** *a tel, mil, (WC)* occupato; *(Platz, Tisch)* occupato, preso; *(vorgebucht)* riservato; *(Fahrzeug)* completo. **Besetztzeichen** *n tel* segnale *m* di occupato.

Besetzung ‹-, -en› *f* **1.** ‹*sing*› *(von Stelle)* affidare *m; (von Rolle)* distribuzione *f* (*o.* assegnazione *f)* delle parti; *(mit Tieren)* popolamento *m;* **2.** *theat (Schauspieler)* interpreti *m pl; sport (Mannschaft)* formazione *f,* schieramento *m;* **3.** *mil* occupazione *f;* **sie spielen das Stück in einer neuen ~** rappresentano il pezzo con nuovi interpreti.

besichtigen [bəˈzɪçtɪgən] ‹*ohne ge-*› *tr* **1.** *(Sehenswürdigkeit)* visitare; **2.** *(prüfend)* esaminare, controllare; *mil (inspizieren)* ispezionare, passare in rivista; *scherz (ansehen)* vedere, ammirare.

Besichtigung ‹-, -en› *f* **1.** *(von Sehenswürdigkeit)* visita *f;* **2.** *(Prüfung)* verifica *f,* esame *m,* controllo *m; mil* ispezione *f.* **Besichtigungszeiten** *f pl* orario *m* di visita.

besiedeln [bəˈziːdəln] ‹*ohne ge-*› *tr* colonizzare; *(bevölkern)* popolare. **besiedelt** *a:* **dicht/dünn ~ sein** essere densamente/scarsamente popolato.

Besied(e)lung *f* colonizzazione *f,* popolamento *m.*

besiegeln ‹*ohne ge-*› *tr* suggellare; *(entscheiden)* decidere; **sein Schicksal ist besiegelt** il suo destino è segnato.

besiegen ‹*ohne ge-*› *tr* vincere, sconfiggere; *fig* superare, dominare.

besingen ‹*irr, ohne ge-*› *tr* **1.** *fig (rühmen)* (de)cantare, celebrare; **2.** *(Schallplatte)* incidere una canzone su; *(Band)* registrare una canzone su.

besinnen ‹*irr, ohne ge-*› *rfl:* **sich ~ 1.** *(überlegen)* riflettere; **2.** *(sich erinnern)* ricordarsi (*auf* di); **ohne sich (lange) zu ~** senza pensarci tanto, senza esitare; **sich anders (*o.* eines anderen) ~** cambiare idea, ricredersi.

besinnlich *a (Mensch)* pensoso, riflessivo, meditativo; *(Abend)* intimo, raccolto; **eine ~e Zeit** un tempo di meditazione.

Besinnung ‹-, ø› *f:* **jdn zur ~ bringen** ricondurre qu alla ragione; **(wieder) zur ~ kommen** riprendere conoscenza; *(a. fig)* tornare in sé; **die ~ verlieren** perdere i sensi (*o.* la conoscenza); **die ~ auf alte Werte** il riflettere su vecchi valori. **besinnungslos** *a* privo di sensi, svenuto.

Besitz ‹-es, ø› *m* possesso *m,* proprietà *f; (Vermögen)* patrimonio *m,* averi *m pl,* beni *m pl,* fortuna *f; jur (Waffen~)* detenzione *f;* **von etw. ~ ergreifen, etw. in ~ nehmen** prendere possesso di qc; **im ~ einer S. sein** essere in possesso di qc; **gemeinsamer ~** comproprietà *f,* condominio *m.* **besitzanzeigend** *a:* **~es Fürwort** pronome possessivo.

besitzen ‹*irr, ohne ge-*› *tr* possedere, essere in possesso di; *(innehaben)* avere, essere provvisto (*o.* in possesso) di; *(Eigentum, blaue Augen, Fähigkeiten, jds Liebe)* avere.

Besitzer(in) ‹-s, -› *m(f)* possessore *m,* posseditrice *f; (Eigentümer)* proprie-

tario, -a *m, f; jur* detentore, -trice *m, f; (Inhaber)* portatore, -trice *m, f;* **den ~ wechseln** cambiare proprietario, passare in altre mani.
Besitzergreifung *f* presa *f* di possesso.
Besitzerin *f s.* **Besitzer.**
besitzlos *a* povero, nullatenente.
Besitztum ‹-s, ⸚er› *n (Grundbesitz)* possedimento *m,* proprietà *f* terriera, fondo *m; (Eigentum)* possesso *m,* proprietà *f.*
Besitzung *f (Landgut)* proprietà *f* terriera, fondo *m; (Kolonie)* colonia *f,* possedimenti *m pl* coloniali; **überseeische ~en** territori *m pl* d'oltremare.
besoffen [bə'zɔfən] *a fam* sbronzo *fam;* **total ~** ubriaco fradicio *fam.*
besohlen ‹*ohne ge-*› *tr* ris(u)olare.
besolden [bə'zɔldən] ‹*ohne ge-*› *tr* stipendiare, retribuire; *mil* pagare il soldo a.
Besoldung ‹-, -en› *f* retribuzione *f; mil* soldo *m.*
besondere(r, s) [bə'zɔndərə] *a* **1.** *(speziell)* speciale, particolare; **2.** *(gesondert)* separato, -a, individuale; **3.** *(unterschiedlich)* distinto, -a, differente; **4.** *(eigentümlich)* singolare; **5.** *(ungewöhnlich)* eccezionale; **etwas B~s** qualcosa di speciale; **das ist nichts B~s** non è un gran che *fam;* **im ~n** in particolare.
Besonderheit ‹-, -en› *f* specialità *f,* particolarità *f; (einzelne)* caratteristica *f,* singolarità *f; (Ungewöhnlichkeit)* eccezionalità *f.*
besonders [bə'zɔndes] *adv* (*ab* **bes.**) *(insbesondere)* specialmente, particolarmente; *(für sich allein)* a parte; *(hauptsächlich)* soprattutto, principalmente; *(außerordentlich)* eccezionalmente, straordinariamente; *(ausdrücklich)* espressamente; **nicht ~ (gut)** non tanto (buono *o.* bene).
besonnen [bə'zɔnən] *a* riflessivo; *(vernünftig)* ragionevole; *(ausgeglichen)* ponderato; *(gesetzt)* posato, equilibrato; *(vorsichtlich)* prudente, circospetto; *(umsichtig)* avveduto, accorto. **Besonnenheit** ‹-, ø› *f* posatezza *f; (Umsichtigkeit)* avvedutezza *f,* accortezza *f.*
besorgen ‹*ohne ge-*› *tr* **1.** *(beschaffen)* procurare, procacciare; *(einkaufen)* comprare; **2.** *(erledigen)* sbrigare, eseguire, fare; **3.** *(betreuen)* aver cura di, attendere a, occuparsi di; **sich** *(dat)* **etw. ~** procurarsi qc, acquistare qc; **den Haushalt ~** occuparsi della casa; **es jdm ~** *fam (die Meinung sagen)* dirne quattro a qu *fam.*
Besorgnis ‹-, -se› *f* apprensione *f,* inquietudine *f,* preoccupazione *f;* **~ erregen, zu ~ Anlaß geben** dar motivo di preoccupazione. **besorgniserregend** *a* inquietante, preoccupante.
besorgt *a* **1.** *(voller Sorge)* inquieto, preoccupato; **2.** *(fürsorglich)* premuroso, previdente, sollecito; **(sehr) ~ sein um** essere (molto) preoccupato (*o.* in ansia) per. **Besorgtheit** ‹-, ø› *f* inquietudine *f,* apprensione *f,* preoccupazione *f.*
Besorgung ‹-, -en› *f* **1.** ‹*sing*› *(Wartung)* manutenzione *f,* cura *f;* **2.** *(Erledigung)* disbrigo *m;* **3.** *(Beschaffung)* produrre *m,* fornitura *f; (Einkauf)* acquisto *m,* spesa *f;* **~en machen** fare la spesa.
bespannen ‹*ohne ge-*› *tr* **1.** *(Fläche, Wand, Rahmen)* rivestire (*mit* di); *(Tennisschläger, Geige)* incordare; **2.** attaccare (*einen Wagen mit Pferden* i cavalli a una carrozza); **mit Stoff ~** intelare.
Bespannung *f* **1.** ‹*sing*› *(mit Stoff)* rivestire *m; (mit Saiten)* incordatura *f; (mit Pferden)* attaccare *m* (i cavalli); **2.** *(Material)* rivestimento *m,* copertura *f; (Saiten)* corde *f pl; (Fäden)* fili *m pl.*
bespielen ‹*ohne ge-*› *tr* **1.** *(Schallplatte)* incidere su (*mit etw.* qc); *(Tonband)* registrare su (*mit etw.* qc); **2.** *theat (Ort)* dare delle recite in; **3.** *sport (Platz)* giocare in.
bespitzeln ‹*ohne ge-*› *tr* spiare, far pedinare.
besprechen ‹*irr, ohne ge-*› **I.** *tr* **1.** *(sprechen über)* parlare, discutere di, commentare; *(rezensieren)* recensire, fare la critica di; **2.** *(beraten)* consigliarsi su, deliberare su; **3.** *(magisch beschwören)* scongiurare; **4.** *(Schallplatte)* incidere su (*mit etw.* qc); *(Tonband)* registrare (*mit etw.* qc); **wie besprochen** come d'accordo; **II.** *rfl:* **sich ~** consultarsi (*mit jdm* con qu).
Besprechung ‹-, -en› *f* **1.** *(Unterredung)* conversazione *f,* colloquio *m,* discussione *f; (Konferenz)* colloquio *m,* conferenza *f;* **2.** *(Rezension)* critica *f,* recensione *f;* **3.** *(Beschwörung)* scongiuro *m.* **Besprechungsexemplar** *n* copia *f* per recensione. **Besprechungszimmer** *n* sala *f* conferenze, sala *f* di riunione.
bespritzen ‹*ohne ge-*› *tr* bagnare (*mit* di); *(mit Schmutz)* imbrattare (*mit* di); *(mit Farbe, Blut)* macchiare (*mit* di).
besprühen ‹*ohne ge-*› *tr (mit Insekten-*

mittel) irrorare; *(mit Farbe, Wasser, etc.)* spruzzare.

besser ['bɛsɐ] ‹*Komparativ von* gut› **I.** *a* migliore; **~ ist ~** non si sa mai, lasciamo stare così; **~ werden** migliorare, migliorarsi; **es ist ~, du kommst sofort** è meglio che tu venga subito; **es wäre ~** sarebbe meglio (*zu gehen* andare); **zum B~en** in meglio; **jdn eines B~en belehren** far ricredere qu; **sich eines B~en besinnen** cambiare idea, ricredersi; **B~es zu tun haben** aver da fare qc di meglio; **II.** *adv* meglio; **immer ~** sempre meglio, di bene in meglio; **um so ~** tanto meglio; **~ gesagt** per meglio dire; **es ~ haben** star(e) meglio; **etw. ~ können** saper fare meglio qc; **es ~ machen** far meglio (*als irgend jemand sonst* di chiunque); **~ (daran) tun** far meglio; **alles ~ wissen** sapere sempre tutto, saperla lunga; **mir ist ~** sto meglio; **tu das ~ nicht!** è meglio che tu non lo faccia. **besser·gehen** ‹*irr*› *itr* ‹*sein*›: **es geht ihm/der Firma besser** lui sta meglio/la ditta va meglio. **bessergestellt** *a* agiato, benestante.

bessern **I.** *tr* *(sittlich)* emendare; **II.** *rfl:* **sich ~** migliorarsi; *(bes. sittlich)* emendarsi, correggersi; *(Gesundheit)* ristabilirsi; *(Wetter)* rimettersi al bello.

besser·stellen **I.** *tr:* **jdn ~** aumentare il salario di qu; **II.** *rfl:* **sich ~** migliorarsi (nel lavoro).

Besserung ‹-, -en› *f* miglioramento *m; (gesundheitlich)* guarigione *f*, ristabilimento *m;* **auf dem Wege der ~ sein** essere in via di guarigione, stare meglio; **gute ~!** pronta guarigione!

Besserwisser ‹-s, -› *m* saccente *m*.

Bestand *m* **1.** *(Bestehen)* esistenza *f; (Fortdauer)* continuità *f*, durata *f;* **2.** *(Tier~, Forst~)* patrimonio *m; (Lager~)* giacenza *f*, riserva *f; (Kassen~)* fondo *m* cassa; **(den) ~ aufnehmen** fare l'inventario, inventariare; **~ haben, von ~ sein** aver durata.

bestanden [bə'ʃtandən] *a* **1.** *(mit Planzen)* (ri)coperto (*mit* di); *(mit Bäumen)* alberato; **2.** *fig (Prüfung)* superato.

beständig **I.** *a* **1.** *(dauerhaft)* durevole; *tec* resistente, inattaccabile; *(Farbe)* indelebile, inalterabile; **2.** *(andauernd)* continuo, persistente; **3.** *(gleichbleibend)* costante; *chem, meteo, fin* stabile; **II.** *adv (immer)* costantemente, continuamente. **Beständigkeit** ‹-, ø› *f* **1.** *(Dauerhaftigkeit)* durevolezza *f; tec* resistenza *f;* **2.** *(Dauer)* continuità *f*, persistenza *f;* **3.** *(Gleichheit)* costanza *f; chem, meteo, fin* stabilità *f*.

Bestandsaufnahme *f* inventario *m;* **~ machen** fare l'inventario, inventariare.

Bestandteil *m (Element)* elemento *m; (Bauteil, Einzelteil)* parte *f; chem* componente *m o. f; fig (wichtiger Teil)* parte *f* (*o.* elemento *m*) importante; **sich in seine ~e auflösen** cadere in pezzi; **etw. in seine ~e zerlegen** smontare qc, scomporre qc; **einen ~ bilden** entrare nella composizione (*gen* di); **wesentlicher ~** elemento essenziale.

bestärken ‹*ohne ge-*› *tr:* **jdn in etw. ~** rafforzare (*o.* confermare) qu in qc.

bestätigen [bə'ʃtɛ:tɪgən] ‹*ohne ge-*› **I.** *tr* **1.** *(Worte, Verdacht, Urteil)* confermare; **2.** *(bescheinigen)* attestare, certificare; **3.** *(anerkennen)* riconoscere; **4.** *com (Brief)* accusare ricevuta di; *(Auftrag)* confermare; **den Empfang ~** accusare ricevuta; **amtlich** (*o.* **gerichtlich) ~** convalidare, ratificare; **sich in seiner Meinung bestätigt fühlen** sentirsi riconosciuto; **II.** *rfl:* **sich ~** risultare vero; **sich selbst ~** confermarsi.

Bestätigung ‹-, -en› *f* **1.** *(von Verdacht, etc.)* conferma *f*, convalida *f;* **2.** *(Bescheinigung)* attestazione *f; (Dokument)* certificato *m;* **3.** *(Anerkennung)* riconoscimento *m;* **4.** *com* accusare *m* ricevuta; *(von Auftrag)* conferma *f*.

bestatten [bə'ʃtatən] ‹*ohne ge-*› *tr* inumare, seppellire.

Bestattung ‹-, -en› *f* inumazione *f*, sepoltura *f; (Feier)* funerale *m*, esequie *f pl*.

bestäuben [bə'ʃtɔybən] ‹*ohne ge-*› *tr* impolverare (*mit* di), cospargere (*mit* di); *bot* impollinare.

Bestäubung ‹-, *rar* -en› *f bot* impollinazione *f*.

bestaunen ‹*ohne ge-*› *tr* guardare con stupore.

beste *s.* **beste(r, s)**.

bestechen ‹*irr, ohne ge-*› *tr* **1.** *(mit Geld, etc.)* corrompere; *(Zeugen)* comprare; **2.** *fig (beeindrucken)* sedurre, affascinare; **sich ~ lassen** lasciarsi corrompere (*o.* sedurre). **bestechend** *a fig* seducente, affascinante.

bestechlich *a* corruttibile, venale. **Bestechlichkeit** ‹-, ø› *f* corruttibilità *f*, venalità *f*.

Bestechung ‹-, -en› *f* corruzione *f; (von Zeugen)* subornazione *f*. **Beste-**

chungsgelder *n pl* bustarelle *f pl*, tangenti *f pl*.

Besteck [bə'ʃtɛk] ‹-(e)s, -e *o. fam* -s› *n* **1.** *(Eß~)* posate *f pl;* **2.** *med* ferri *m pl* chirurgici. **Besteckkasten** *m* portaposate *m*.

bestehen ‹*irr, ohne ge-*› **I.** *tr (Kampf, Probe)* sostenere; *(Prüfung)* passare, superare; **II.** *itr (existieren)* esistere, essere, esserci; **auf etw. ~** insistere su qc, ostinarsi in qc; **auf seinem Recht ~** fare valere i propri diritti; **darauf ~, daß ...** insistere (di nuovo) affinché ...; **~ aus** constare di, essere costituito da; **darin ~, daß ...** consistere in ... *inf*. **Bestehen** ‹-s, ø› *n* **1.** *(Fort~)* esistenza *f*, persistenza *f;* **2.** *(Beharren)* insistenza *f* (*auf* su); **seit ~ der Welt** dalla creazione del mondo.

bestehen·bleiben ‹*irr*› *itr* ‹*sein*› continuare a esistere, perdurare. **bestehend** *a* esistente; *(gegenwärtig)* attuale; *(Gesetz)* vigente, in vigore.

bestehlen ‹*irr, ohne ge-*› *tr* derubare (*um* di).

besteigen ‹*irr, ohne ge-*› *tr* **1.** salire su; *(Berg)* scalare, ascendere; *(Fahrrad)* inforcare; **2.** *(einsteigen in)* salire in (*o.* su); **das** (*o.* **ein) Pferd ~** montare a cavallo; **den Thron ~** salire sul trono.

Besteigung *f (Berg~)* ascensione *f*.

bestellen ‹*ohne ge-*› **I.** *tr* **1.** *com (Ware, in Restaurant)* ordinare, commissionare; *(reservieren lassen)* (far) riservare, prenotare; *(kommen lassen: Ware, Menschen)* far venire; *(abonnieren)* abbonare; **2.** *(Grüße)* portare, trasmettere; *(Nachricht)* comunicare; **3.** *(ernennen)* nominare; **4.** *agr (Land)* coltivare, lavorare; **sich** *(dat)* **etw. ~** ordinare qc; **ich stand da wie bestellt und nicht abgeholt** *fam* me ne stavo là imbambolato *fam;* **bestell ihm (von mir), daß ...** riferiscigli che ...; **soll ich etw. ~?** *(ausrichten)* devo riferire qc?; **er hat nichts zu ~** *(zu sagen)* non ha voce in capitolo; **es ist schlecht um sie bestellt** le cose vanno male per lei; **auf 2 Uhr bestellt sein** avere un appuntamento alle 2; **ich soll Ihnen ~, daß ...** mi hanno pregato di dirLe che ...; **II.** *itr (in Restaurant)* ordinare.

Besteller(in) ‹-s, -› *m(f)* committente *mf*.

Bestellkarte *f* modulo *m* di ordinazione. **Bestellnummer** *f* (*ab* **Best.-Nr.**) numero *m* di ordinazione. **Bestellschein** *m* bolletta *f* d'ordinazione.

Bestellung *f* **1.** *(Bestellen)* ordine *m*, ordinazione *f*, commissione *f; (Sendung)* consegna *f*, distribuzione *f*, recapito *m;* **2.** *(Nachricht)* ambasciata *f;* **3.** *(Ernennung)* nomina *f;* **4.** *agr* coltivazione *f;* **auf ~** su ordinazione; **bei ~** ordinando; **eine ~ aufgeben** fare un'ordinazione (*bei* presso).

bestenfalls *adv* nel migliore dei casi; *(höchstens)* tutt'al più, al massimo.

bestens ['bɛstəns] *adv* **1.** nel modo migliore; **2.** *(sehr gut)* benissimo; **wir danken Ihnen ~** La ringraziamo tanto (*o.* infinitamente); **er läßt ~ grüßen** invia i più cordiali saluti; **wie fühlst du dich? – ~!** come ti senti? – benissimo!

beste(r, s) ['bɛstə] ‹*Superlativ von* gut› **I.** *a* migliore, ottimo, -a; **der/die/das erste** (*o.* **nächste) ~** il/la primo/-a venuto/-a, il/la primo/-a che capita; **es wäre das ~, jetzt zu gehen** la cosa migliore sarebbe andarsene adesso; **aufs** (*o.* **auf das) ~** nel miglior modo possibile; **es steht nicht zum ~n** non sta troppo (*o.* molto) bene; **jdn zum ~n halten** (*o.* **haben)** canzonare qu; **etw. zum ~n geben** *(erzählen)* raccontare qc; **der/die B~** il/la migliore; **das B~** il meglio; **ich will nur dein B~s** voglio solo il tuo bene; **es ist zu deinem B~n** è per il tuo bene; **sein B~s tun** (*o.* **geben)** fare del proprio meglio; **wollen wir das B~ hoffen!** speriamo bene!; **~n Dank!** *(a. iron)* tante grazie!; **meine ~ Freundin** la mia miglior amica; **II.** *adv:* **am ~n** meglio, la cosa migliore; **aufhören, wenn es am ~n schmeckt** smettere nel momento in cui piace di più; **es ist am ~n, wenn ich gehe, am ~n gehe ich** è meglio che me ne vada; **so ist es am ~n** è la cosa migliore; **am ~n gefällt mir ...** la cosa che più mi piace è ...

besteuern ‹*ohne ge-*› *tr* tassare, mettere un'imposta su.

Bestform *f (bes. sport)* ottima forma *f*.

bestialisch [bɛs'ti̯a:lɪʃ] *a* bestiale.

besticken ‹*ohne ge-*› *tr* guarnire di ricami.

Bestie ['bɛsti̯ə] ‹-, -n› *f (Tier)* bestia *f* feroce; *fig (Mensch)* bruto *m*.

bestimmen ‹*ohne ge-*› **I.** *tr* **1.** *(festsetzen)* decidere, fissare; **2.** *(anordnen)* stabilire, ordinare, decretare; **3.** *(genau festlegen)* precisare; *(Begriff)* definire; *(Pflanze)* classificare; **4.** *(prägen: Landschaft)* caratterizzare; *(beeinflussen: Preis, Zahl)* determinare, stabilire; *(Entwicklung, Stil)* influenzare, caratterizzare; **5.** *(ernennen)* nominare, designare; **6.** *(zudenken)* destinare (*für* a); *(zuweisen)* assegnare; **II.** *itr* **1.** *(verfügen)* disporre (*über* di); **2.** *(entscheiden)* decidere (*über* di, su). **bestimmend** *a* determinante, decisivo.

bestimmt I. *a* **1.** *(festgelegt)* stabilito; *(a. Zeitpunkt, Preis)* fissato; **2.** *(Artikel)* determinato; **3.** *(entschieden)* deciso, risoluto, fermo; *(a. Ton)* categorico; **4.** *(gewiß)* certo; *(genau)* preciso, specifico; *(deutlich)* chiaro; *(endgültig)* definitivo; **5.** *(zugedacht)* destinato (*für* a), previsto (*für* per); **II.** *adv (sicherlich)* certamente, di certo, senz'altro; *(wahrscheinlich)* probabilmente; **ganz ~** non c'è dubbio; **ich werde es ganz ~ tun** lo farò di sicuro. **Bestimmtheit** ‹-, ø› *f* **1.** *(Sicherheit)* certezza *f;* **2.** *(Entschiedenheit)* fermezza *f.*

Bestimmung ‹-, -en› *f* **1.** *(Vorschrift, Anordnung, Gesetz)* disposizione *f,* norma *f; (Vertrags~)* convenzione *f;* **2.** *(Verwendungszweck)* scopo *m,* fine *m;* **3.** *(Schicksal)* destino *m,* sorte *f;* **4.** *gram* complemento *m;* **5.** ‹*sing*› *(Bestimmen)* stabilire *m; (Festlegen)* fissare *m; (Begriffs~)* definizione *f; (von Pflanzen)* classificazione *f; (Ernennung)* designazione *f; (Beeinflussung)* influsso *m,* influenza *f.* **Bestimmungsbahnhof** *m* stazione *f* di destinazione. **Bestimmungsort** *m* (luogo *m* di) destinazione *f.*

Bestleistung *f* prestazione *f* migliore, primato *m,* record *m.* **bestmöglich** ['bɛst'mø:klɪç] **I.** *a* il (la) miglior possibile; **II.** *adv* nel migliore dei modi.

Best.-Nr. *ab von* **Bestellnummer** numero *m* di ordinazione.

bestrafen ‹*ohne ge-*› *tr* punire; **mit dem Tode ~** punire con la morte.

Bestrafung ‹-, -en› *f* punizione *f.*

bestrahlen ‹*ohne ge-*› *tr* illuminare; *phys* irradiare; *med* curare con i raggi, irradiare.

Bestrahlung *f phys* irradiazione *f; med* cura *f* dei raggi, raggi *m pl,* irradiazione *f.*

Bestreben *n* sforzo *m,* premura *f,* aspirazione *f.*

bestrebt *a:* **~ sein, etw. zu tun** cercare (*o.* sforzarsi) di fare qc.

Bestrebung ‹-, -en› *f* ‹*meist pl*› tentativo *m;* sforzo *m.*

bestreichen ‹*irr, ohne ge-*› *tr* spalmare (*mit* di); **mit Butter ~** imburrare.

bestreiken ‹*ohne ge-*› *tr (Betrieb)* scioperare in.

bestreiten ‹*irr, ohne ge-*› *tr* **1.** *(streitig machen)* contestare (*jdm etw.* qc a qu), confutare (*jdm etw.* qc a qu); **2.** *(abstreiten)* negare, smentire; **3.** *(Kosten)* sostenere, finanziare, provvedere a; *(Unterhalt)* far fronte (*etw.* a qc); **die Unterhaltung ~** sostenere la conversazione; **das bestreite ich nicht** non dico il contrario.

bestreuen ‹*ohne ge-*› *tr:* **etw. mit Sand** *etc.* **~** spargere sabbia *etc.* su qc; **etw. mit Salz/Zucker/Mehl ~** cospargere qc di sale/zucchero/farina.

Bestseller ['bɛstzɛlɐ] ‹-s, -› *m* best seller *m.*

bestürmen ‹*ohne ge-*› *tr* assalire, dare l'assalto a; *fig* assediare, tempestare; **mit Fragen ~** tempestare di domande.

bestürzen ‹*ohne ge-*› *tr* costernare, sgomentare, sbigottire. **bestürzend** *a* sconcertante, stupefacente. **bestürzt** *a* costernato, sgomento, sbigottito.

Bestürzung ‹-, ø› *f* costernazione *f,* sgomento *m,* sbigottimento *m.*

Bestzeit *f* tempo *m* migliore (*o.* di record).

Besuch [bə'zu:x] ‹-(e)s, -e› *m (a. Besichtigung)* visita *f; (regelmäßiger)* frequenza *f; (Gast)* ospite *mf;* **auf** (*o.* **zu**) **~** in visita; **jdm einen ~ abstatten** fare una visita a qu; **zu jdm auf ~ kommen** venire a trovare qu; **es ist ~ da** ci sono visite.

besuchen ‹*ohne ge-*› *tr* fare visita a, andare a trovare; *(a. med, com)* visitare; *(häufig, eifrig)* frequentare; **die Schule ~** frequentare la scuola; **eine Versammlung ~** assistere a una riunione; **eine Vorlesung ~** seguire una lezione (universitaria).

Besucher(in) *m(f)* visitatore, -trice *m, f; (Gast)* ospite *mf; theat, film, etc.* spettatore, -trice *m, f.*

Besuchszeit *f* orario *m* delle visite.

besucht *a:* **gut ~ sein** essere molto frequentato.

besudeln ‹*ohne ge-*› *tr* imbrattare, insudiciare.

betagt [bə'ta:kt] *a* attempato, anziano.

betasten ‹*ohne ge-*› *tr* tastare; *(a. med)* palpare.

betätigen ‹*ohne ge-*› **I.** *tr* mettere in funzione (*o.* in moto); *(a. Waffe)* azionare; **II.** *rfl:* **sich ~** *(sich beschäftigen)* svolgere un'attività, occuparsi; **sich politisch ~** essere attivo in politica.

Betätigung ‹-, -en› *f* **1.** ‹*sing*› *tec* comando *m,* azionamento *m;* **2.** *(Beschäftigung)* attività *f,* occupazione *f.* **Betätigungsfeld** *n* campo *m* d'attività.

betäuben [bə'tɔybən] ‹*ohne ge-*› *tr (durch Lärm)* assordare, stordire;

(Schmerz, Gefühl) attenuare, attutire; *(Gewissen)* far tacere; *med* anestetizzare, narcotizzare; **örtlich ~** anestetizzare localmente. **betäubend** *a (Lärm)* assordante; *fig (Duft)* inebriante.

Betäubung ‹-, -en› *f (a. fig)* stordimento *m; med* anestesia *f,* narcosi *f;* **örtliche ~** anestesia locale. **Betäubungsmittel** *n* narcotico *m,* anestetico *m,* stupefacente *m.*

Bete ['be:tə] ‹-, -n› *f:* **rote ~** rapa *f* rossa, barbabietola *f.*

beteiligen [bə'taılıgən] ‹*ohne ge-*› **I.** *tr* far partecipare (*jdn an etw.* qu a qc), (co)interessare (*jdn an etw.* qu a qc); *(finanziell)* interessare, associare; **jdn am Gewinn ~** far compartecipare qu agli utili; **II.** *rfl:* **sich ~** partecipare (*an etw.* a qc), prender parte (*an etw.* a qc); *(mitarbeiten)* collaborare (*an* a), cooperare (*an* a). **beteiligt** *a com* interessato (*an* a, in); **~ sein** *s.* **sich beteiligen; daran ~ sein** farne parte; **an einem Unfall ~ sein** essere implicato (*o.* coinvolto) in un incidente. **Beteiligte** ‹ein -r, -n, -n› *mf* partecipante *mf; (Teilhaber)* interessato, -a *m, f; (Vertragspartei)* parte *f* contraente; *(an Verbrechen)* complice *mf.*

Beteiligung ‹-, -en› *f* partecipazione *f* (*an* a); *com* interessenza *f* (*an etw.* a qc); *(Mitwirkung)* collaborazione *f,* cooperazione *f; (an Verbrechen)* complicità *f.*

beten ['be:tən] **I.** *tr, itr* pregare (*zu Gott* Dio); **II.** *itr* dire le preghiere.

beteuern [bə'tɔyərn] ‹*ohne ge-*› *tr (Unschuld)* affermare; *(Liebe)* dichiarare; *(Aussage)* confermare; **hoch und heilig ~** affermare solennemente.

Beteuerung ‹-, -en› *f (von Unschuld)* affermazione *f; (von Liebe)* dichiarazione *f; (von Aussage)* conferma *f.*

Bethlehem ['be:tlehɛm] *n* Betlemme *f.*

betiteln ‹*ohne ge-*› *tr (Werk)* intitolare, dare un titolo a; *(Menschen)* chiamare, dare del ... a *fam;* **jdn mit Herr Doktor ~** chiamare qu dottore; **wie muß man sie ~?** come si deve chiamarla?

Beton [be'tɔŋ *o.* bə'tõ: *o.* be'to:n] ‹-s, -s› *m* calcestruzzo *m.*

betonen [bə'to:nən] ‹*ohne ge-*› *tr* accentare, porre l'accento su; *(hervorheben)* accentuare, sottolineare, mettere in rilievo; *(sagen)* insistere su.

betonieren [beto'ni:rən] ‹*ohne ge-*› *tr* betonare. **Betonieren** ‹-s, ø› *n* betonaggio *m.*

Betonklotz *m pej (Gebäude)* blocco *m* di cemento. **Betonmischmaschine** *f* betoniera *f,* impastatrice *f* per calcestruzzo.

betont **I.** *a* marcato, accentuato; **II.** *adv* marcatamente.

Betonung ‹-, -en› *f (von Wort)* accentazione *f; (Akzent)* accento *m; (Hervorhebung, Gewicht)* rilievo *m,* risalto *m; (Beteuerung)* enfasi *f;* **wir legen die ~ auf Qualität** diamo particolare importanza alla qualità.

betören [bə'tø:rən] ‹*ohne ge-*› *tr fig (bezaubern)* incantare, affascinare; *(verführen)* sedurre. **betörend** *a* incantevole, seducente.

betr., Betr. *ab von* **betreffend, betreffs, Betreff** ogg. (*ab von* oggetto).

Betracht [bə'traxt] ‹-(e)s, ø› *m:* **außer ~ bleiben** non essere preso in considerazione; **in ~ kommen** essere in questione, interessare; **etw. in ~ ziehen** prendere in considerazione qc, tener conto di qc; **etw. außer ~ lassen** non tener conto di qc.

betrachten ‹*ohne ge-*› *tr* **1.** *(ansehen)* guardare, osservare, contemplare; *(genau)* studiare; *(prüfen)* esaminare; **2.** *(halten für)* ritenere, considerare (*als* come); **genau betrachtet** tutto sommato (*o.* considerato).

Betrachter(in) ‹-s, -› *m(f)* osservatore, -trice *m, f;* spettatore, -trice *m, f.*

beträchtlich [bə'trɛçtlıç] **I.** *a* considerevole, rilevante, notevole; **II.** *adv* considerevolmente, notevolmente.

Betrachtung ‹-, -en› *f* **1.** *(Ansehen)* contemplazione *f,* osservazione *f; (Prüfen)* esame *m;* **2.** *(Überlegung)* considerazione *f,* riflessione *f;* **~en anstellen** riflettere; **bei näherer ~** a un esame più attento. **Betrachtungsweise** *f* modo *m* di guardare (*o. fig* di considerare).

Betrag [bə'tra:k] ‹-(e)s, ⸚e› *m* importo *m,* ammontare *m,* somma *f;* **im ~ von** dell'importo di; **~ erhalten** *(Quittungsformel)* per quietanza.

betragen ‹*irr, ohne ge-*› **I.** *itr (sich belaufen auf)* essere di, ammontare a; **II.** *rfl:* **sich ~** *(sich benehmen)* comportarsi. **Betragen** ‹-s, ø› *n* comportamento *m; (a. im Schulzeugnis)* condotta *f;* **schlechtes ~** cattiva condotta.

betrauen ‹*ohne ge-*› *tr* affidare (*jdn mit etw.* qc a qu), incaricare (*mit etw.* di qc).

betrauern ‹*ohne ge-*› *tr* piangere.

Betreff [bə'trɛf] ‹-(e)s, -e› *m* (*ab* **Betr.**) oggetto *m;* **in b~** *gen* per quanto concerne (*o.* riguarda), riguardo a, quanto a.

betreffen ‹*irr, ohne ge-*› *tr (angehen)* concernere, riguardare; **betrifft** *(im Brief)* oggetto; **was das betrifft** in quanto a ciò; **was mich betrifft** per quanto mi concerne; **das betrifft mich nicht** ciò non mi riguarda. **betreffend** *a* (*ab* **betr.**) *(erwähnt)* suddetto, in questione; *(zuständig)* competente, in questione; **~ Ihren Brief vom .../Ihre Anfrage ...** in riferimento alla Sua lettera del .../alla Sua richiesta ...

betreiben ‹*irr, ohne ge-*› *tr* **1.** *(durchführen)* condurre, eseguire; *(eifrig)* darsi a, dedicarsi a; **2.** *(dringen auf)* sollecitare; **3.** *(Beruf, Gewerbe, Handwerk)* esercitare; *(Geschäft)* condurre; *(Politik)* fare; *(Studien)* proseguire. **Betreiben** *n:* **auf jds ~** per iniziativa di qu.

betreten¹ ‹*irr, ohne ge-*› *tr (Haus, Raum)* entrare, mettere piede in; *(Rasen)* calpestare; **B~ verboten!** vietata l'entrata; **B~ des Rasens verboten** è proibito calpestare il prato.

betreten² *a fig (verlegen)* imbarazzato, confuso.

betreuen ‹*ohne ge-*› *tr* curare, aver cura di; *(beaufsichtigen)* sorvegliare, controllare; *(leiten)* occuparsi di.

Betreuer(in) ‹-s, -› *m(f) (von Kindern, Gruppen)* accompagnatore, -trice *m, f; (von Alten, Kranken)* assistente *mf; (von Sportlern)* allenatore, -trice *m, f.*

Betreuung ‹-, ø› *f* assistenza *f.*

Betrieb [bəˈtri:p] *m* **1.** *(Firma)* azienda *f,* impresa *f; (Fabrik)* fabbrica *f,* stabilimento *m; (Handwerks~)* impresa *f; (Arbeitsstelle)* posto *m* di lavoro; **2.** *(Tätigkeit)* attività *f; (von Maschine)* funzionamento *m,* esercizio *m; (von Eisenbahn)* trazione *f;* **3.** *(Betriebsamkeit)* movimento *m; (Verkehr)* traffico *m,* movimento *m;* **den ~ stören** disturbare l'esercizio; **es herrscht großer ~ in den Geschäften/auf den Straßen** nei negozi/per le strade c'è un gran movimento; **außer ~** fuori esercizio (*o.* servizio); *(nicht betriebsfähig)* in panna; **in ~** in funzione (*o.* esercizio); **den ~ wiederaufnehmen** riprendere l'attività; **den ~ einstellen** sospendere l'attività; **etw. in ~ nehmen** assumere l'esercizio di qc; **außer ~ setzen** mettere fuori esercizio, arrestare; **vorübergehend außer ~!** temporaneamente fuori uso; **handwerklicher ~** impresa artigianale; **landwirtschaftlicher ~** azienda agricola.

betrieblich *a* aziendale.

betriebsam *a* attivo, indaffarato, affaccendato. **Betriebsamkeit** ‹-, ø› *f* attività *f,* operosità *f.*

Betriebsangehörige *mf* dipendente *mf* d'azienda. **Betriebsarzt** *m,* **-ärztin** *f* medico *m* aziendale. **Betriebsausflug** *m* gita *f* aziendale. **betriebsbereit** *a* pronto ad entrare in funzione (*o.* esercizio). **betriebsblind** *a pej* che non vede i defetti nel proprio ambito professionale. **betriebseigen** *a* (di proprietà) dell'azienda. **Betriebsferien** ‹*pl*› ferie *f pl* annuali, chiusura *f* annuale. **Betriebsführung** *f* gestione *f* aziendale. **betriebsintern** *a, adv* all'interno dell'azienda. **Betriebskapital** *n* capitale *m* d'esercizio, patrimonio *m* dell'azienda. **Betriebskosten** ‹*pl*› spese *f pl* d'esercizio. **Betriebsklima** *n* ambiente *m* di lavoro. **Betriebsleiter(in)** *m(f)* direttore, -trice *m, f* dell'azienda. **Betriebsleitung** *f s.* **Betriebsführung. Betriebsnudel** *f scherz fam* anima *f* della compagnia. **Betriebsprüfung** *f* revisione *f* della contabilità aziendale, verifica *f* dei conti. **Betriebsrat** *m (Gremium)* consiglio *m* di fabbrica, commissione *f* interna. **Betriebsrat** *m,* **-rätin** *f,* **Betriebsratsmitglied** *n* consigliere, -a *m, f* di fabbrica, (donna *f*) membro *m* della commissione interna. **Betriebsratsvorsitzende** *mf* presidente *m* del consiglio di fabbrica. **Betriebsunfall** *m* infortunio *m* sul lavoro. **Betriebsverfassungsgesetz** *n* legge *f* sull'ordinamento aziendale. **Betriebsversammlung** *f* riunione *f* aziendale. **Betriebswirt(in)** *m(f)* specialista *mf* di economia aziendale. **Betriebswirtschaft** *f* economia *f* aziendale. **betriebswirtschaftlich** *a* di economia aziendale. **Betriebswirtschaftslehre** *f* economia *f* aziendale.

betrinken ‹*irr, ohne ge-*› *rfl:* **sich ~** ubriacarsi.

betroffen [bəˈtrɔfən] *a* **1.** *(in Frage kommend)* interessato, in questione; **2.** *(Reaktion)* confuso; *(Schweigen)* confuso, sbigottito; *(Blick)* turbato. **Betroffene** ‹ein -r, -n, -n› *mf* vittima *f.* **Betroffenheit** ‹-, ø› *f* sbigottimento *m,* turbamento *m.*

betrüben ‹*ohne ge-*› *tr* rattristare, affliggere. **betrüblich** *a* triste, doloroso; *(bedauerlich)* spiacevole. **be-**

trübt *a* triste, afflitto; *(tief ~)* affranto.

Betrug *m* inganno *m*, imbroglio *m; (Täuschung)* frode *f*, truffa *f; (im Spiel)* barare *m; jur* dolo *m*.

betrügen ⟨*irr, ohne ge-*⟩ *tr (a. in der Liebe)* ingannare; *(geschäftlich)* truffare, frodare (*jdn um etw.* qc a qu); *(im Spiel)* barare; **sich betrogen fühlen** sentirsi ingannato; **sich selbst ~** ingannare se stesso, farsi delle illusioni; **von jdm betrogen werden** *(beschwindelt)* lasciarsi abbindolare da qu.

Betrüger(in) ⟨-s, -⟩ *m(f) (geschäftlich)* imbroglione, -a *m, f*, impostore, -a *m, f; (im Spiel)* baro, -a *m, f; jur* truffatore, -trice *m, f*, frodatore, -trice *m, f; (Hochstapler)* truffatore, -trice *m, f; fig (Lügner)* bugiardo, -a *m, f*.

betrügerisch *a (Mensch)* ingannatore, imbroglione, disonesto; *(Praktiken)* doloso, fraudolento, disonesto; *jur (Handlung, Bankrott)* doloso, fraudolento; **in ~er Absicht** con intenzioni fraudolente.

betrunken *a* ubriaco; **in ~em Zustand** in stato di ubriachezza (*o.* di ebbrezza); **völlig ~** ubriaco fradicio *fam*. **Betrunkene** ⟨ein -r, -n, -n⟩ *mf* ubriaco, -a *m, f*.

Bett [bɛt] ⟨-(e)s, -en⟩ *n* **1.** *(zum Schlafen)* letto *m; (~decke)* coperta *f;* **2.** *(Fluß~)* letto *m*, alveo *m;* **3.** *tec (Unterbau von Maschine)* basamento *m*, banco *m;* **mit jdm ins ~ gehen** *fig* andare a letto con qu; **im ~** a letto; **zu ~ bringen** mettere a letto; **zu** (*o.* **ins) ~ gehen, sich zu ~ legen** andare a letto, coricarsi; **das ~ hüten, ans ~ gefesselt sein** stare a letto (per malattia), essere costretto a letto; **im ~ liegen** essere a letto; **das ~ machen** fare il letto; **das ~ überziehen** cambiare le lenzuola. **Bettbezug** *m* biancheria *f* da letto. **Bettcouch** *f* divano-letto *m*. **Bettdecke** *f* coperta *f* da letto.

Bettel ['bɛtəl] ⟨-s, ø⟩ *m (Plunder)* cianfrusaglie *f pl fam*, ciarpame *m fam*, robaccia *f fam;* **den ganzen ~ hinwerfen** *fam* piantare baracca e burattini *fam*, mandare tutto a quel paese *fam*.

bettelarm ['bɛtəlˀarm] *a* poverissimo, povero in canna *fam*.

Bettelei [bɛtə'lai̯] ⟨-, *rar* -en⟩ *f* mendicità *f*, accattonaggio *m*.

Bettelmönch *m* frate *m* mendicante (*o.* questuante).

betteln *itr* **1.** *(um Geld)* mendicare (*um etw.* qc), chiedere l'elemosina; **2.** *(bitten)* chiedere insistentemente.

Bettelorden *m* ordine *m* dei frati questuanti. **Bettelstab** *m:* **jdn an den ~ bringen** gettare (*o.* ridurre) qu sul lastrico.

betten I. *tr (legen)* mettere (a letto); *(Verletzten)* adagiare; *(Kopf)* appoggiare; **II.** *rfl:* **sich ~** stendersi, coricarsi; **wie man sich bettet, so liegt man** *prov* ciascuno è artifice della propria fortuna *prov*.

Bettfedern *f pl* piume *f pl* da piumino/cuscino, *etc.* **Bettflasche** *f* borsa *f* dell'acqua calda. **Bettgestell** *n* lettiera *f*. **Betthimmel** *m* baldacchino *m*. **Betthupferl** [-hupf̮ɐl] ⟨-s, -⟩ *n dial* dolcetto *m* della buona notte.

Bettina [bɛ'ti:na] *(weiblicher Vorname)* Bettina.

bettlägerig [-lɛ:gərıç] *a* allettato, degente. **Bettlägerigkeit** ⟨-, ø⟩ *f* stare *m* a letto per malattia. **Bettlaken** *n* lenzuolo *m*. **Bettlektüre** *f* lettura *f* prima di addormentarsi.

Bettler(in) ['bɛtlɐ (...ərın)] ⟨-s, -⟩ *m(f)* mendicante *mf*, accattone, -a *m, f;* pezzente *mf*.

Bettnässen ⟨-s, ø⟩ *n* enuresi *f* notturna. **Bettnässer(in)** ⟨-s, -⟩ *m(f)* affetto, -a *m, f* da enuresi. **bettreif** *a* stanco morto *fam*. **Bettruhe** *f* riposo *m* a letto. **Bettschüssel** *f* padella *f*. **Bettschwere** ⟨-, ø⟩ *f fam:* **die nötige ~ haben/bekommen** essersi conciliato/conciliarsi lo stato di sonnolenza.

Bettuch *n s.* **Bettlaken.**

Bettvorlage *f*, **-vorleger** ⟨-s, -⟩ *m* scendiletto *m*. **Bettwanze** *f* cimice *f* dei letti. **Bettwäsche** *f* biancheria *f* da letto. **Bettzeug** *n* lenzuola *f pl* e coperte *f pl*.

betucht [bə'tu:xt] *a fam* agiato, abbiente.

betulich [bə'tu:lıç] *a (umständlich)* premuroso.

betupfen ⟨*ohne ge-*⟩ *tr* tamponare leggermente.

beugen ['bɔy̆gən] **I.** *tr* **1.** *(Körper, etc.)* piegare, flettere; *(krümmen)* curvare; **2.** *(Stolz, Recht)* piegare; **3.** *gram (Hauptwort)* declinare; *(Zeitwort)* coniugare; **vom Alter gebeugt** piegato (*o.* incurvato) dagli anni; **von Kummer gebeugt** piegato dal dolore; **II.** *rfl:* **sich ~** piegarsi, curvarsi; *(sich ver~)* chinarsi (*vor* davanti a, di fronte a); *(sich unterwerfen)* sottomettersi; **sich zu jdm ~** chinarsi su (*o.* verso) qu.

Beugung ⟨-, -en⟩ **1.** *(von Körper, etc.)*

piegamento *m*, flessione *f; (Krümmung)* incurvamento *m;* **2.** *gram* flessione *f;* declinazione *f;* coniugazione *f;* **die ~ des Rechts** il piegare la legge.

Beule ['bɔylə] ‹-, -n› *f (Schwellung)* gonfiore *m*, rigonfiamento *m; (Eiter~)* ascesso *m; (Delle)* ammaccatura *f.*

beunruhigen [bəˈʔʊnruːɪgən] ‹*ohne ge-*› **I.** *tr* inquietare; **II.** *rfl:* **sich ~** inquietarsi (*über* per), preoccuparsi (*über* di per). **beunruhigend** *a* inquietante, preoccupante, allarmante.

Beunruhigung ‹-, -en› *f* inquietudine *f.*

beurkunden ‹*ohne ge-*› *tr (schriftlich)* certificare, attestare; *(urkundlich belegen)* comprovare, certificare con documento; **~ lassen** far autenticare.

beurlauben ‹*ohne ge-*› *tr* **1.** *(Urlaub geben)* mandare in congedo (*o.* licenza); **2.** *(suspendieren: Beamten)* sospendere (temporaneamente).

beurteilen ‹*ohne ge-*› *tr* giudicare; *(abschätzen)* stimare, valutare; **soweit sich das ~ läßt** per quanto si possa giudicare.

Beurteilung ‹-, -en› *f (Beurteilen)* giudizio *m*, valutazione *f*, giudicare *m; (Urteil, Meinung)* giudizio *m; (Kritik)* critica *f.*

Beute ['bɔytə] ‹-, ø› *f allg., mil* bottino *m; (Raub)* rapina *f; (von Raubtieren)* preda *f; (Fang)* cattura *f; naut* preda *f*, cattura *f; fig (Opfer)* vittima *f;* **auf ~ ausgehen** andare in cerca di bottino; **~ machen** far bottino; **reiche ~** ricca preda. **beutegierig** *a* avido di preda.

Beutel ['bɔytəl] ‹-s, -› *m* **1.** *(Tasche)* borsa *f*, sacchetto *m; (Geld~)* borsellino *m; (zur Verpackung)* sacchetto *m; (Tragetasche)* sacchetto *m*, borsa *f; (Tabaks~)* borsa *f; (Tee~)* bustina *f;* **2.** *zoo* marsupio *m;* **einen leeren ~ haben** *fig* essere al verde *fam.* **Beutelratte** *f* opossum *m* virginiano. **Beuteltiere** *n pl* marsupiali *m pl.*

bevölkern [bəˈfœlkɐn] ‹*ohne ge-*› *tr* **1.** *(bewohnen)* popolare, abitare; *(beleben)* popolare, animare; **2.** *(besiedeln)* colonizzare. **bevölkert** *a* popolato; **dicht** (*o.* **stark**) **~ sein** essere densamente popolato; **dünn** (*o.* **schwach**) **~ sein** essere scarsamente popolato.

Bevölkerung ‹-, *rar* -en› *f* **1.** ‹*sing*› *(Besiedlung)* popolamento *m;* **2.** *(Einwohner)* popolazione *f*, abitanti *m pl;* **eingesessene ~** indigeni *m pl.* **Bevölkerungsdichte** *f* densità *f* di popolazione. **Bevölkerungsexplosion** *f* esplosione *f* demografica. **Bevölkerungszahl** *f* numero *m* degli abitanti. **Bevölkerungszunahme** *f* incremento *m* demografico.

bevollmächtigen [bəˈfɔlmɛçtɪgən] ‹*ohne ge-*› *tr* dare la procura (*o.* il mandato) a; *com* conferire una procura a; *(ermächtigen)* autorizzare. **bevollmächtigt** *a* autorizzato (*zu* a). **Bevollmächtigte** ‹ein -r, -n, -n› *mf* mandatario, -a *m, f; com* procuratore, -trice *m, f; pol* plenipotenziario, -a *m, f.*

bevor [bəˈfoːɐ̯] *con* prima che *conj*, prima di *inf;* **~ ich nicht weiß, warum ...** finché non so perché ... **bevormunden** ‹*ohne ge-*› *tr* mettere sotto tutela, esercitare la tutela su. **Bevormundung** ‹-, -en› *f* tutela *f.* **bevorrechtigt** [-rɛçtɪçt] *a* privilegiato. **bevor·stehen** ‹*irr*› *itr (Ereignis)* essere imminente; **jdm ~** aspettare (*o.* attendere) qu; **ihm steht eine Überraschung bevor** lo attende (*o.* aspetta) una sorpresa. **bevorstehend** *a* imminente, prossimo. **bevorzugen** [-t͡suːgən] ‹*ohne ge-*› *tr* preferire, prediligere; *(begünstigen)* favorire; **bevorzugt behandelt werden** godere di un trattamento di favore. **Bevorzugung** ‹-, -en› *f* preferenza *f; (Begünstigung)* favoritismo *m.*

bewachen ‹*ohne ge-*› *tr* sorvegliare, custodire; **bewachter Parkplatz** posteggio custodito (*o.* a pagamento).

bewachsen *a* ricoperto (*mit* di).

Bewachung ‹-, -en› *f* custodia *f*, sorveglianza *f;* **unter ~** guardato a vista.

bewaffnen [bəˈvafnən] ‹*ohne ge-*› *tr* armare (*mit* di), equipaggiare (*mit* di). **bewaffnet** *a* armato; *(Überfall)* a mano armata.

Bewaffnung ‹-, -en› *f* **1.** ‹*sing*› *(Vorgang)* armamento *m;* **2.** *(Waffen)* armi *f pl.*

bewahren ‹*ohne ge-*› *tr* **1.** *(schützen)* proteggere (*vor* da), preservare (*vor* da); **2.** *(erhalten, nicht verlieren)* conservare, mantenere; **etw. in guter Erinnerung ~** avere un buon ricordo di qc; **sich** *(dat)* **seine Frische/Unschuld/Fröhlichkeit ~** mantenere la propria freschezza/innocenza/allegria, mantenersi fresco/innocente/allegro; **(Gott) bewahre!** Dio ce ne guardi! *fam*, Dio ci scampi e liberi! *fam.*

bewähren ‹*ohne ge-*› *rfl:* **sich ~** dare buona prova (*o.* buoni risultati); **sich nicht ~** non resistere alla prova.

bewahrheiten ‹*ohne ge-*› *rfl:* **sich ~** risultare vero, avverarsi, verificarsi.

bewährt *a* **1.** *(Mittel, Lösung, Methode, Produkt)* sperimentato, provato; **2.** *(Mitarbeiter)* esperto.

Bewährung ‹-, -en› *f* prova *f; jur* (sospensione *f*) condizionale *f.* **Bewährungsfrist** *f jur* periodo *m* di prova (*o.* di sospenisone) condizionale della pena. **Bewährungshelfer(in)** *m(f)* persona *f* che assume la tutela di un condannato durante la sospensione della pena.

bewaldet *a* boscoso, coperto di boschi.

bewältigen [bəˈvɛltɪgən] ‹*ohne ge-*› *tr* **1.** *(Arbeit)* venire a capo di, portare a compimento; **2.** *(Schwierigkeit)* superare; **3.** *(Strecke)* compiere.

bewandert [bəˈvandɐt] *a (Mensch)* versato (*in* in), esperto (*in* di), ferrato (*in* in) *fam,* forte (*in* in) *fam.*

Bewandtnis [bəˈvantnɪs] ‹-, -se› *f:* **damit hat es folgende ~** la cosa sta così; **welche ~ hat es damit?** come stanno le cose?

bewässern ‹*ohne ge-*› *tr* irrigare.

Bewässerung ‹-, -en› *f* irrigazione *f.* **Bewässerungsanlage** *f* impianto *m* d'irrigazione.

bewegen¹ [bəˈveːgən] ‹*ohne ge-*› **I.** *tr* **1.** *(regen, fort~)* muovere, smuovere; *(a. fig)* agitare; **2.** *(in Gang bringen, bes. tec)* azionare, mettere in moto (*o.* in movimento *o.* in azione); **3.** *fig* commuovere, toccare; *(erregen)* agitare, eccitare, irritare; **II.** *rfl:* **sich ~** muoversi; *(sich fort~)* far moto, camminare, spostarsi; *(Preise)* aggirarsi; **sich frei ~ können** avere libertà di movimento; **sich nicht von der Stelle ~** non muoversi, restare sul posto; **in den Verhandlungen bewegt sich nichts** le trattative stagnano (*o.* sono in fase di stasi).

bewegen² [bəˈveːgən] ‹bewegt, bewog, bewogen› *tr (zu einem Entschluß bringen)* indurre (*zu* a), persuadere (*zu* a), spingere (*zu* a).

Beweggrund *m* motivo *m,* movente *m,* causa *f,* ragione *f.*

beweglich *a* **1.** *(Sache)* mobile, movibile; *(transportierbar)* trasportabile, ambulante; *jur* mobile; **2.** *(Mensch: gelenkig)* flessibile, agile; *(geistig)* vivo, vivace, versatile; *(Geist)* vivo, vivace, attivo; *(flexibel)* flessibile, agile; *(wendig: Fahrzeug)* manovrabile; **3.** *tec* articolato; **~e Habe** *jur* beni *m pl* mobili. **Beweglichkeit** ‹-, ø› *f* **1.** *(von Gegenstand)* mobilità *f;* **2.** *(Gelenkigkeit)* agilità *f,* flessibilità *f; (geistig)* vivacità *f,* versatilità *f; (Flexibilität)* flessibilità *f; (Wendigkeit)* manovrabilità *f.*

bewegt *a* **1.** *(unruhig: Wasser, See)* mosso, agitato; *(Zeit, Vergangenheit, Leben, Jugend)* movimentato, agitato; **2.** *(gerührt)* commosso; **(innerlich) ~ sein** essere (intimamente) commosso.

Bewegung ‹-, -en› *f* **1.** *(Regung, Fort~)* movimento *m; (Hand~)* gesto *m; phys, tec* moto *m;* **2.** *(körperliche ~)* moto *m,* movimento *m;* **3.** *(Unruhe)* agitazione *f;* **4.** *(Ergriffenheit)* emozione *f,* commozione *f;* **5.** *(bes. pol)* movimento *m;* **keine ~!** fermo! nessun movimento!; **sich** *(dat)* **~ machen** fare del moto, muoversi; **etw. in ~ setzen** mettere in moto (*o.* in azione) qc, far funzionare qc; **bei der geringsten ~** al minimo gesto; **in ~** in movimento (*o.* in moto); **sich in ~ setzen** mettersi in movimento (*o.* in moto). **Bewegungsfreiheit** *f* libertà *f* di movimento; *fig* libertà *f* di azione (*o.* di manovra); **~ haben** avere libertà d'azione. **bewegungslos** *a* immobile, immoto.

beweihräuchern [bəˈva̯irɔ̯yçɐn] ‹*ohne ge-*› *tr* incensare; **sich selbst ~** autoincensarsi.

beweinen ‹*ohne ge-*› *tr* piangere, lamentare.

Beweis [bəˈva̯is] ‹-es, -e› *m* prova *f; mat, philos* dimostrazione *f; (~grund)* argomento *m; (~stück)* documento *m* probatorio; *(Zeichen)* testimonianza *f,* segno *m;* **als** (*o.* **zum**) **~ für** a prova di; **den ~ erbringen** (*o.* **führen** *o.* **liefern**) addurre (*o.* fornire) la prova; **etw. unter ~ stellen** dare (*o.* fare) prova di qc; **schlagender** (*o.* **schlüssiger** *o.* **zwingender**) **~** prova schiacciante (*o.* evidente *o.* conclusiva *o.* irrefutabile). **Beweisaufnahme** *f* assunzione *f* delle prove, istruzione *f* probatoria. **beweisbar** *a* provabile, dimostrabile.

beweisen ‹*irr, ohne ge-*› *tr* provare; *(a. mat)* dimostrare; *(zeigen)* dare prova di, mostrare, manifestare.

beweiskräftig *a* probativo, probante, convincente.

bewenden ‹*ohne ge-*› *tr:* **es bei etw. ~ lassen** (ac)contentarsi di qc, lasciare stare qc così.

bewerben ‹*irr, ohne ge-*› *rfl:* **sich ~** aspirare (*um* a); *(um Amt, Stelle)* far domanda (*um* per), concorrere (*um* a); *(kandidieren)* presentare la propria candidatura (*als* per il posto di).

Bewerber(in) *m(f)* aspirante *mf; (um Stelle)* concorrente *mf; (Kandidat)*

candidato, -a *m, f; (Freier)* pretendente *m.*
Bewerbung *f* aspirazione *f; (um Stelle)* concorso *m; (Kandidatur)* candidatura *f; (~sschreiben)* domanda *f* d'impiego. **Bewerbungsunterlagen** *f pl* documenti *m pl* allegati alla domanda di concorso.
bewerfen ⟨*irr, ohne ge-*⟩ *tr arch (Fassade)* coprire (*mit* di); **jdn/etw. mit Steinen/Schmutz ~** gettare sassi/sporcizia contro qu/qc.
bewerkstelligen [bəˈvɛrkʃtɛlɪgən] ⟨*ohne ge-*⟩ *tr* effettuare, realizzare, attuare.
bewerten ⟨*ohne ge-*⟩ *tr* valutare, stimare; *(Schule)* dare un voto a; *(a. sport)* classificare; **zu hoch ~** sopravvalutare; **zu niedrig ~** sottovalutare.
Bewertung *f* stima *f,* valutazione *f; (Schule)* voto *m; sport* graduatoria *f.*
bewilligen [bəˈvɪlɪgən] ⟨*ohne ge-*⟩ *tr (Urlaub)* accordare, concedere; *(Kredit, Rabatt)* fare, accordare, concedere; *(Gesuch, Antrag)* accogliere, accettare; *adm, parl* approvare; *(Stipendium)* concedere, accordare.
Bewilligung ⟨-, -en⟩ *f* concessione *f; (von Antrag)* accettazione *f; adm, parl* approvazione *f.*
bewirken ⟨*ohne ge-*⟩ *tr* **1.** *(verursachen)* causare, provocare; **2.** *(erreichen)* raggiungere, ottenere; **damit bewirkst du nur das Gegenteil** in tal modo ottieni solo il contrario (*o.* l'effetto contrario); **~, daß ...** ottenere che ... *conj.*
bewirten ⟨*ohne ge-*⟩ *tr* offrire a (*mit etw.* qc); **jdn fürstlich ~** trattare qu come un principe.
bewirtschaften ⟨*ohne ge-*⟩ *tr* **1.** *agr* coltivare, lavorare; **2.** *(Betrieb)* amministrare, dirigere; *(Gaststätte)* gestire; **3.** *adm (staatlich kontrollieren)* disciplinare, regolamentare; *(rationieren)* contingentare, razionare. **Bewirtung** ⟨-, ø⟩ *f (das Bewirten)* servizio *m,* servire *m; (in Hotel, Gaststätte)* consumazione *f; (Essen und Getränke)* mangiare *m* e bere *m.*
bewog [bəˈvoːk] *1. u. 3. pers sing imp von* **bewegen²**.
bewogen [bəˈvoːgən] *pp von* **bewegen²**.
bewohnbar *a* abitabile.
bewohnen ⟨*ohne ge-*⟩ *tr* abitare in; *(Haus)* occupare; *(bevölkern)* abitare, popolare.
Bewohner(in) ⟨-s, -⟩ *m(f)* abitante *mf; (von Haus)* inquilino, -a *m, f.*
bewölken [bəˈvœlkən] ⟨*ohne ge-*⟩ *rfl:* **sich ~** *(a. fig)* (r)annuvolarsi. **bewölkt** *a* nuvoloso, rannuvolato.
Bewölkung ⟨-, ø⟩ *f* nuvolosità *f.*
Bewunderer(in) ⟨-s, -⟩ *m(f)* ammiratore, -trice *m, f.*
bewundern ⟨*ohne ge-*⟩ *tr* ammirare. **bewundernswert** *a* ammirevole.
Bewunderung ⟨-, ø⟩ *f* ammirazione *f.*
bewußt [bəˈvʊst] **I.** *a* **1.** *philos, psych* cosciente; **2.** *(Leben)* consapevole, cosciente; *(Mensch)* conscio, consapevole; **3.** *(bekannt, besagt)* in questione, di cui si è detto; **4.** *(absichtlich)* intenzionale, voluto; **am ~en Tag** quel certo giorno; **es wurde mir plötzlich ~, daß ...** improvvisamente mi resi conto che ...; **sich** *(dat)* **einer S. ~ sein** aver coscienza di qc; **sich** *(dat)* **keiner Schuld ~ sein** non sentirsi colpevole; **II.** *adv* **1.** *(wissend, überlegt)* consapevolmente, coscientemente; **2.** *(absichtlich)* di proposito, apposta, con intenzione. **bewußtlos** *a* privo di sensi, svenuto; **~ werden** perdere la conoscenza (*o.* i sensi), svenire. **Bewußtlose** ⟨ein -r, -n, -n⟩ *mf* persona *f* svenuta (*o.* che ha perso i sensi). **Bewußtlosigkeit** ⟨-, ø⟩ *f* svenimento *m,* perdita *f* dei sensi (*o.* della conoscenza). **bewußt·machen** *tr:* **jdm etw. ~** rendere cosciente qu di qc; **sich** *(dat)* **etw. ~** rendersi consapevole di qc. **Bewußtsein** *n* coscienza *f; (Wissen a.)* consapevolezza *f;* **bei vollem ~** in piena coscienza; **ohne ~** senza conoscenza; **jdm etw. zum ~ bringen** rendere qu cosciente di qc; **wieder zu(m) ~ kommen, das ~ wiedererlangen** riprendere i sensi, tornare in sé; **das ~ verlieren** perdere la conoscenza, svenire; **es kam mir zum ~** me ne resi conto. **bewußtseinserweiternd** *a* che estende (*o.* amplia) i confini della coscienza. **Bewußtseinsspaltung** *f* sdoppiamento *m* della personalità; *med* schizofrenia *f.*
bezahlen ⟨*ohne ge-*⟩ *tr* **1.** *(a. fig)* pagare; *(Rechnung, Schuld)* regolare, saldare, liquidare; *(Auslagen)* rimborsare; **2.** *(entlohnen)* rimunerare, retribuire, compensare; **bar ~** pagare in contanti; **teuer ~** *(a. fig)* pagare caro (*o.* a caro prezzo); **jdm etw. ~** pagare qc a qu; **sich bezahlt machen** valere la pena, convenire; **bitte ~!** il conto, per favore!
Bezahlung *f* **1.** *(Bezahlen)* pagamento *m; (von Rechnung)* saldo *m,* liquidazione *f* rimborso *m;* **2.** *(Lohn)* rimunerazione *f,* retribuzione *f,* compenso *m;* **gegen ~** dietro pagamento.

bezaubern ‹*ohne ge-*› *tr* incantare, affascinare. **bezaubernd** *a* affascinante, incantevole.

bezeichnen ‹*ohne ge-*› *tr* **1.** *(kennzeichnen)* (contras)segnare; *(mit Zeichen a.)* marcare; **2.** *(benennen, bedeuten)* denominare, designare; **3.** *(heißen, nennen)* qualificare, caratterizzare, definire (*als* come), trattare (*als* da); **4.** *(angeben)* indicare, designare, descrivere. **bezeichnend** *a* significativo, caratteristico, tipico. **bezeichnenderweise** *adv* significativamente.

Bezeichnung *f* **1.** *(Zeichen)* contrassegno *m*, marcatura *f; (a. mat, mus)* segno *m;* **2.** *(Ausdruck)* denominazione *f,* designazione *f,* nome *m;* **3.** *(Benennung)* qualifica *f* (*als* di); **4.** *(Angabe)* indicazione *f.*

bezeugen ‹*ohne ge-*› *tr* testimoniare di (*o.* su), attestare.

bezichtigen [bəˈt͜sɪçtɪgən] ‹*ohne ge-*› *tr* accusare (*jdn einer S.* qu di qc), incolpare (*jdn einer S.* qu di qc), incriminare (*jdn einer S.* qu per qc).

beziehbar *a (Wohnung)* abitabile.

beziehen ‹*irr, ohne ge-*› **I.** *tr* **1.** *(überziehen, bedecken)* ricoprire (*mit* di), rivestire (*mit* di); *(Bett)* cambiare la biancheria di; *(Kopfkissen)* mettere una federa a; **2.** *(Wohnung, Haus)* andare ad abitare in, entrare in; **3.** *(bekommen)* percepire, riscuotere; *(Ware)* acquistare; *(Zeitung)* essere abbonato a; **etw. auf etw. ~** riferire qc a qc; **II.** *rfl:* **sich ~** *(Himmel)* coprirsi, rannuvolarsi; **sich auf etw. ~** *(a. gram)* riferirsi a qc; *(Sache)* concernere qc, riguardare qc.

Bezieher(in) ‹-s, -› *m(f) (von Ware)* acquirente *mf; (von Zeitung)* abbonato, -a *m, f.*

Beziehung *f* **1.** *(Zusammenhang)* rapporto *m* (*zwischen* fra), relazione *f* (*zwischen* fra); **2.** *(Verhältnis)* rapporto *m* (*zu* con), relazione *f* (*zu* con); *(math, philos, zwischenmenschlich)* relazione *f,* rapporto *m; (Liebes~)* relazione *f* (amorosa); **3.** *(Kontakt)* relazione *f,* contatto *m; (diplomatische ~)* relazione *f;* **4.** ‹*pl*› *(Verbindungen)* relazioni *f pl,* appoggi *m pl,* aderenze *f pl;* **5.** *(Hinsicht)* riguardo *m,* aspetto *m;* **ich habe keine ~ zur modernen Kunst/Musik** l'arte/la musica moderna non mi dice niente; **in dieser ~** a questo proposito (*o.* riguardo); **in gewisser/mancher ~** sotto un certo aspetto/sotto diversi aspetti; **in jeder ~** sotto ogni aspetto; **alle ~en zu jdm abbrechen** troncare tutti i rapporti con qu; **~ zu jdm aufnehmen, mit jdm in ~en treten** entrare in rapporti (*o.* in contatto) con qu; **geschlechtliche ~en haben** avere rapporti sessuali (*o.* intimi); **(gute) ~en haben** avere appoggi influenti; **seine ~en spielen lassen** servirsi delle proprie conoscenze; **in ~ setzen zu** mettere in relazione con; **(diplomatische) ~en unterhalten mit** intrattenere relazioni (diplomatiche) con; **enge/freundschaftliche/geschäftliche/nachbarliche ~en** rapporti stretti/di amicizia/d'affari (*o.* commerciali)/di vicinato. **beziehungslos** *a* incoerente, senza connessione (*o.* legame). **beziehungsweise** *con* (*ab* **bzw.**) **1.** *(im anderen Fall)* rispettivamente; **2.** *(oder aber)* o, oppure; **3.** *(besser gesagt)* o meglio.

beziffern ‹*ohne ge-*› **I.** *tr* numerare; *(schätzen)* valutare, stimare; **II.** *rfl:* **sich ~** ammontare (*auf* a), ascendere (*auf* a).

Bezirk [bəˈt͜sɪrk] ‹-(e)s, -e› *m (Verwaltungs~)* distretto *m,* circoscrizione *f; (Gebiet)* zona *f,* regione *f,* territorio *m; (Stadt~)* quartiere *m,* rione *m; fig (Bereich)* settore *m,* campo *m,* ambito *m.*

Bezug *m* **1.** *(Überzug)* rivestimento *m,* guarnizione *f; (Hülle)* fodera *f; (Kissen~)* federa *f; (Bett~)* coperta *f;* **2.** *(Erhalt)* percezione *f,* esazione *f,* riscossione *f; (von Waren)* acquisto *m; (von Zeitung)* abbonamento *m;* **3.** ‹*pl*› *(Einkommen)* entrate *f pl,* reddito *m; (Gehalt)* stipendio *m; (Lohn)* salario *m,* paga *f;* **4.** *(Zusammenhang) s.* **Beziehung 1.; den ~ zur Wirklichkeit verlieren** perdere il contatto con la realtà; **bei ~ von** *com* acquistando; **in b~ auf** riguardo a, quanto a, in riferimento a, in relazione a; **auf etw. ~ nehmen** riferirsi a qc.

bezüglich [bəˈt͜syːklɪç] **I.** *a* concernente (*auf etw.* qc); *gram* relativo; **II.** *prp gen* (*ab* **bzgl.**) per quanto riguarda, per quanto a.

Bezugnahme [-naːmə] ‹-, -n› *f* riferimento *m,* relazione *f;* **unter ~ auf** in riferimento a, in relazione a.

Bezugsbedingungen *f pl (von Zeitung)* condizioni *f pl* di abbonamento; *(von Waren)* condizioni *f pl* d'acquisto. **Bezugsperson** *f* persona *f* di riferimento. **Bezugspreis** *m* prezzo *m* d'acquisto.

bezwecken ‹*ohne ge-*› *tr* avere per scopo (*o.* meta), mirare a, tendere a.

bezweifeln ‹*ohne ge-*› *tr* dubitare di, mettere in dubbio.

bezwingen ‹*irr, ohne ge-*› **I.** *tr (besiegen)* vincere; *(unterwerfen)* sottomettere, assoggettare; *(Herr werden über)* trionfare su; *fig (bewältigen)* venire a capo di; *(Schwierigkeit)* sormontare, superare; *(Gefühl, Leidenschaft)* dominare, domare; **II.** *rfl:* **sich ~** dominarsi.

BGB [be:ge:'be:] ‹-(s), ø› *n ab von* **Bürgerliches Gesetzbuch** ≃ C.C. (*ab von* Codice Civile).

BGH [be:ge:'ha:] ‹-(s), ø› *m ab von* **Bundesgerichtshof** ≃ C.C. (*ab von* Corte di Cassazione).

BH [be'ha:] ‹-(s), -(s)› *m fam ab von* **Büstenhalter** reggiseno *m.*

Bhf. *ab von* **Bahnhof** staz. (*ab von* stazione).

Bibel ['bi:bəl] ‹-, -n› *f:* **die ~** la Bibbia, la Sacra scrittura; *fig* la bibbia, il Vangelo. **bibelfest** *a* ferrato in materia di Bibbia. **Bibelspruch** *m* detto *m* biblico.

Biber ['bi:bɐ] ‹-s, -› *m (a. Pelz)* castoro *m.*

Bibliographie [bibliogra'fi:, ...i:ən] ‹-, -n› *f* bibliografia *f.*

bibliographisch [...'gra:fɪʃ] *a* bibliografico.

Bibliothek [biblio'te:k] ‹-, -en› *f* biblioteca *f.*

Bibliothekar(in) [...te'ka:ɐ̯ (...rɪn)] ‹-s, -e› *m(f)* bibliotecario, -a *m, f.*

biblisch ['bi:blɪʃ] *a* biblico; **die B~e Geschichte** la storia sacra.

Bidet [bi'de:] ‹-s, -s› *n* bidè *m.*

bieder ['bi:dɐ] *a (Mensch, Gesinnung, Handeln)* bravo, onesto, probo; *pej* convenzionale, conservativo. **Biederkeit** ‹-, ø› *f (Rechtschaffenheit)* onestà *f,* probità *f,* bravura *f; pej* convenzionalità *f,* conservatorismo *m.*

biegen ['bi:gən] ‹biegt, bog, gebogen› **I.** *tr* ‹*haben*› piegare; *(krümmen)* (in)curvare; *tec* centinare; **II.** *itr* ‹*sein*› (s)voltare (*um etw.* qc), girare (*um etw.* qc) **in eine Seitenstraße ~** girare (*o.* voltare) in una strada laterale; **um die Ecke ~** girare l'angolo; **auf B~ oder Brechen** ad ogni costo; **III.** *rfl:* **sich ~** piegarsi, curvarsi; **sich ~ vor Lachen** sbellicarsi dalle risate *fam.*

biegsam *a (Material, Stock)* flessibile, pieghevole; *(Bucheinband, Holz)* pieghevole; *(Körper, Gelenke)* flessuoso; *fig (Mensch, Charakter)* flessibile, malleabile.

Biegung ‹-, -en› *f (Krümmung)* piegamento *m; (Kurve)* curva *f,* svolta *f; (von Wirbelsäule)* incurvamento *m.*

Biel [bi:l] *n* Bienne *f.*

Biene ['bi:nə] ‹-, -n› *f* ape *f.* **Bienenhaus** *n* alveare *m.* **Bienenhonig** *m* miele *m* d'api. **Bienenkönigin** *f* ape *f* regina. **Bienenkorb** *m* arnia *f;* **hier geht es zu wie in einem ~** qui è come essere in un vespaio. **Bienenstich** *m* **1.** *(von Biene)* puntura *f* d'ape; **2.** *(Gebäck) pasta lievitata con ripieno di crema e ricoperta da uno strato di mandorle finemente trittate.* **Bienenwachs** *n* cera *f* d'api.

Bier [bi:ɐ̯] ‹-(e)s, -e *o. bei Mengenangabe* -› *n* birra *f;* **helles/dunkles ~** birra chiara/scura. **Bierbrauer(in)** *m(f)* birraio, -a *m, f.* **Bierbrauerei** *f* birrificio *m.* **Bierdeckel** *m,* **Bierfilz** *m* sottobicchiere *m.* **Bierflasche** *f* bottiglia *f* di birra. **Biergarten** *m* birreria *f* all'aperto. **Bierglas** *n* bicchiere *m* da birra. **Bierhefe** *f* lievito *m* di birra. **Bierkasten** *m* cassa *f* di birra. **Bierkeller** *m (Lager)* cantina *f* per la birra; *(Lokal)* birreria *f.* **Bierkrug** *m* brocca *f* per la birra. **Bierzelt** *n* capannone *m* per la mescita di birra.

Biest [bi:st] ‹-(e)s, -er› *n fam pej* **1.** *(Tier)* bestia(ccia *f*) *f fam;* **2.** *(Mensch)* carogna *f fam.*

bieten ['bi:tən] ‹bietet, bot, geboten› **I.** *tr* **1.** *(an~)* offrire (*jdm etw.* qc a qu); *(Gelegenheit)* presentare (*jdm* a qu), offrire (*jdm* a qu); **2.** *(geben)* dare (*jdm etw.* qc a qu), offrire (*jdm etw.* qc a qu); *(Grund, Gewähr, Sicherheit)* dare, offrire; *(Unterkunft, Asyl)* offrire; **3.** *(zeigen: Anblick)* presentare, offrire; *(Film)* presentare, dare; *(Leistung)* dare; **wer bietet mehr?** chi offre di più?; **er hat 50 Mark für das Bild geboten** ha offerto 50 marchi per il quadro; **er/diese Stelle hat nichts zu ~** egli/questo posto non ha niente da offrire; **II.** *itr (bei Versteigerung)* fare un'offerta (*auf* per); **höher ~ als jd** fare un'offerta maggiore di qu; **III.** *rfl:* **sich ~** *(bes. Gelegenheit)* offrirsi, presentarsi; **sich** *(dat)* **etw. ~ lassen** tollerare qc, sopportare qc; **sich** *(dat)* **alles ~ lassen** incassare tutto; **das lasse ich mir nicht ~** questo non lo accetto.

Bigamie [biga'mi:, ...i:ən] ‹-, -n› *f* bigamia *f.*

Bigamist(in) [...'mɪst(ɪn)] ‹-en, -en› *m(f)* bigamo, -a *m, f.*

bigott [bi'gɔt] *a* bigotto.

Bikini [bi'ki:ni] ‹-s, -s› *m* bikini *m,* due pezzi *m.*

Bilanz [bi'lants̲] ‹-, -en› *f (a. fig)* bilancio *m;* **die ~ aufstellen** fare (*o.* compilare) il bilancio; **die ~ ziehen** *(a.*

fig) fare il bilancio; **aktive/passive ~** bilancio attivo/passivo.

bilateral [bilateˈraːl *o.* ˈbiː...] *a (bes. pol)* bilaterale.

Bild [bɪlt] ‹-(e)s, -er› *n* **1.** *(a. fot, film, TV)* immagine *f; (Öl~)* dipinto *m; (Bildnis)* ritratto *m; (Abbildung)* illustrazione *f; (a. auf Spielkarten)* figura *f; (auf Münzen)* effigie *f; (Licht~)* fotografia *f; (Abzug)* copia *f;* **2.** *theat* quadro *m;* **3.** *(Götzen~)* idolo *m;* **4.** *(Sinn~)* simbolo *m; (Gleichnis)* parabola *f; (Redefigur)* metafora *f;* **5.** *(Vorstellung)* idea *f;* **sich** *(dat)* **ein ~ von etw. machen** farsi un'idea di qc; **im ~e sein** essere informato *(über* su, di), vederci chiaro; **du machst dir kein ~ davon** non puoi immaginartelo; **ein ~ des Jammers bieten** offrire (*o.* presentare) una scena desolante. **Bildband** ‹-(e)s, ¨-e› *m* volume *m* illustrato. **Bildbeilage** *f* supplemento *m* illustrato. **Bildbericht** *m* servizio *m* fotografico, fotocronaca *f.*

bilden [ˈbɪldən] **I.** *tr* **1.** *(gestalten)* formare, plasmare, modellare; **2.** *(schaffen)* creare; **3.** *gram (Wort, Satz)* formare, fare; **4.** *(zusammenstellen, organisieren)* costituire, comporre, combinare; **5.** *(Menschen)* educare, istruire; *(Geist, Verstand)* formare; **6.** *(darstellen, sein)* costituire, essere; **eine Regierung ~** costituire (*o.* formare) un governo; **II.** *rfl:* **sich ~** **1.** *(entstehen)* formarsi, svilupparsi; **2.** *(Mensch)* farsi una cultura; *(lernen)* istruirsi. **bildend** *a* **1.** *(gestaltend)* formativo; **2.** *(belehrend, erzieherisch)* istruttivo, educativo; **die ~en Künste** le arti figurative.

Bilderbogen *m* foglio *m* illustrato. **Bilderbuch** *n* libro *m* illustrato. **Bilderbuchkarriere** *f* carriera *f* esemplare. **Bilderrahmen** *m* cornice *m.* **Bilderrätsel** *n* rebus *m.* **Bilderschrift** *f* scrittura *f* pittografica, pittografia *f.* **Bildersturm** *m hist* iconoclastia *f.* **Bildfläche** *f* **1.** piano *m* (dell'immagine); **2.** *film* schermo *m;* **auf der ~ erscheinen** *fig* apparire in scena; **von der ~ verschwinden** *fig* scomparire dalla scena, eclissarsi. **bildhaft** *a* metaforico. **Bildhauer(in)** *m(f)* scultore, -trice *m, f.* **Bildhauerei** [-hau̯əraɪ̯] ‹-, ø› *f* scultura *f.* **Bildhauerin** *f s.* **Bildhauer. bildhübsch** [ˈbɪltˈhʏpʃ] *a* bellissimo.

bildlich **I.** *a* figurato, simbolico, metaforico; **~er Ausdruck** espressione metaforica, metafora *f;* **~e Darstellung** figurazione *f;* **II.** *adv* in senso figurato (*o.* metaforico), metaforicamente.

Bildmischer(in) ‹-s, -› *m(f)* tecnico, -a *m, f* del missaggio. **Bildplatte** *f* videodisco *m.* **Bildplattenspieler** *m* riproduttore *m* di videodischi. **Bildreportage** *f* documentario *m* (*o.* servizio *m*) fotografico, fotocronaca *f.* **Bildröhre** *f TV* tubo *m* catodico. **Bildschirm** *m* schermo *m; TV* teleschermo *m.* **Bildschirmtext** *m* (*ab* Btx) Videotex® *m,* Videotel® *m.* **bildschön** [ˈbɪltˈʃøːn] *a* bellissimo. **Bildstörung** *f TV* interferenza *f.*

Bildung ‹-, -en› *f* **1.** *(Vorgang, Zustand)* formazione *f; (Entwicklung)* sviluppo *m,* evoluzione *f; (Schaffung)* creazione *f,* organizzazione *f,* costituzione *f; (Gründung)* fondazione *f;* **2.** *(Erziehung)* educazione *f,* cultura *f; (allgemeine ~)* cultura *f* generale; *(Wissen)* istruzione *f,* conoscenze *f pl; (Gelehrsamkeit)* erudizione *f;* **ohne ~** incolto; **politische ~** educazione politica. **Bildungsgut** *n* bagaglio *m* culturale. **Bildungshunger** *m* sete *f* di cultura. **Bildungslücke** *f* lacuna *f* culturale. **Bildungsurlaub** *m* vacanze *f pl* culturali. **Bildungsweg** *m* corso *m* di studi; **der zweite ~** la via di formazione per adulti, le scuole superiori serali; **er hat sein Abitur auf dem zweiten ~ gemacht** ha conseguito la maturità frequentando le scuole superiori serali. **Bildungswesen** *n* istruzione *f.*

Bildunterschrift *f* didascalia *f.* **Bildwörterbuch** *n* dizionario *m* illustrato. **Bildzuschrift** *f* lettera *f* con foto.

Billard [ˈbɪljart] ‹-s, -e› *n* biliardo *m;* **~ spielen** giocare a biliardo. **Billardkugel** *f* bilia *f.* **Billardtisch** *m* biliardo *m.*

Billet [bɪlˈjɛt] ‹-(e)s, -s *o.* -e› *n CH* biglietto *m.*

Billeteur [bɪljɛˈtøːɐ̯] ‹-s, -e› *m CH* controllore *m.*

Billiarde [bɪˈli̯ardə] ‹-, -n› *f* quadrilione *m.*

billig [ˈbɪlɪç] *a* **1.** *(nicht teuer)* conveniente, a buon mercato, modico; **2.** *fig pej* meschino, scadente; **3.** *(gerecht)* ragionevole, equo, giusto; **~e Ausrede** scusa meschina; **~ kaufen** acquistare a buon mercato; **~er werden** diminuire di prezzo.

billigen [ˈbɪlɪgən] *tr* approvare.

Billigung ‹-, ø› *f* approvazione *f,* accettazione *f.*

Billion [bɪˈli̯oːn] ‹-, -en› *f* bilione *m.*

Bimetall [ˈbiː-] *n* bimetallo *m.*

bimmeln *itr* suonare, squillare.

Bimsstein ['bɪms-] *m* pietra *f* pomice.
bin [bɪn] *1. pers sing pr von* **sein**[1].
binär [bi'nɛ:ɐ̯] *a* binario.
Binde ['bɪndə] ‹-, -n› *f* **1.** *med* benda *f,* fasciatura *f; (Schlinge)* cappio *m; (Monats~)* assorbente *m* (igienico); **2.** *(Band)* nastro *m,* fascia *f; (Arm~)* fascia *f,* bracciale *m; (Augen~)* benda *f;* **sich** *(dat)* **einen hinter die ~ gießen** *fam* bere un bicchierino. **Bindegewebe** *n* tessuto *m* connettivo. **Bindegewebsmassage** *f* massaggio *m* del tessuto connettivo. **Bindeglied** *n fig* anello *m* (*o.* elemento *m*) di collegamento. **Bindehaut** *f* congiuntiva *f.* **Bindehautentzündung** *f* congiuntivite *f.* **Bindemittel** *n tec* agglutinante *m.*
binden ‹bindet, band, gebunden› **I.** *tr* **1.** *(zusammen~, a. chem, mus, Phonetik)* legare; *(befestigen)* attaccare (*etw. an etw.* qc a qc); *(fesseln)* legare, incatenare; *(Garbe, Bürste, Besen, Schleife)* fare; *(Krawatte)* fare il nodo a, annodare; *(Blumen)* fare un mazzo di; *(Buch)* rilegare; **2.** *gastr* far legare (*o.* ispessire); **3.** *(absorbieren)* assorbire; *(Wärme)* conservare, immagazzinare; **4.** *(Kräfte, Geldmittel)* impegnare; **5.** *fig* vincolare (*an* a); **II.** *rfl:* **sich ~** *fig* impegnarsi (*jdm gegenüber* con qu), vincolarsi (*jdm gegenüber* con qu). **bindend** *a fig* impegnativo, vincolante; **~ sein** far legge (*o.* testo).
Bindestrich *m* lineetta *f.* **Bindewort** ‹-(e)s, ¨-er› *n* congiunzione *f.*

Bindfaden *m* spago *m;* **es regnet Bindfäden** piove a dirotto *fam* (*o.* catinelle *fam*).
Bindung ‹-, -en› *f* **1.** *(Beziehung)* legame *m* (*an* con); **2.** *(Verpflichtung)* obbligo *m* (*an* di), impegno *m* (*an* di); **3.** *(Ski~)* attacchi *m pl;* **4.** *chem* legame *m.*
binnen ['bɪnən] *prp dat o. geh gen* entro, fra, nello spazio di; **~ kurzem** fra poco (*o.* breve); **~ 48 Stunden** entro 48 ore. **Binnenfischerei** *f* pesca *f* d'acqua dolce. **Binnengewässer** *n* acque *f pl* continentali. **Binnenhafen** *m* porto *m* interno (*o.* fluviale). **Binnenhandel** *m* commercio *m* interno. **Binnenmarkt** *m* mercato *m* nazionale. **Binnenmeer** *n* mare *m* interno. **Binnenschiffahrt** *f* navigazione *f* interna (*o.* fluviale). **Binnensee** *m* lago *m* interno.
Binse ['bɪnzə] ‹-, -n› *f* giunco *m;* **in die ~n gehen** *fig fam* andare a monte *fam* (*o.* rotoli *fam*). **Binsenwahrheit** *f* verità *f* ovvia (*o.* evidente *o.* lapalissiana).
Bio- [bio-] *(in Zusammensetzungen)* bio-; *(biologisch gedüngt)* biologico. **Biochemie** [-çe'mi:] *f* biochimica *f.* **biodynamisch** [-dy'na:mɪʃ] *a* biodinamico. **biogenetisch** [-ge'ne:tɪʃ] *a* biogenetico.
Biographie [-grafi:, ...i:ən] ‹-, -n› *f* biografia *f.*
biographisch [-'gra:fɪʃ] *a* biografico.
Biologe [-'lo:gə] ‹-n, -n› *m,* **Biologin** [...gɪn] *f* biologo, -a *m, f.*
Biologie [-lo'gi:] ‹-, ø› *f* biologia *f.*
Biologin [...gɪn] *f s.* **Biologe.**
biologisch [-'lo:gɪʃ] *a* biologico.
Biomasse ['bi:o-] *f* biomassa *f.* **Biophysik** [-fy'zi:k] *f* biofisica *f.* **Biopsie** [biɔ'psi:, ...i:ən] ‹-, -n› *f* biopsia *f.* **Biorhythmus** ['bi:o-] *m* bioritmo *m.* **Biosphäre** [-'sfɛ:rə] *f* biosfera *f.* **Biotechnik** [-'tɛçnɪk] *f* biotecnica *f.* **Biotop** [-'to:p] ‹-s, -e› *n* biotopo *m.*
Birgit, Birgitta ['bɪrgɪt, bɪr'gɪta] *weiblicher Vorname.*
birgt [bɪrkt] *3. pers pr sing von* **bergen.**
Birke ['bɪrkə] ‹-, -n› *f* betulla *f.* **Birkenwald** *m* bosco *m* di betulle. **Birkhahn** *m* fagiano *m* di montagna. **Birkhuhn** *n* fagiano *m* di monte.
Birnbaum *m (a. Holz)* pero *m.*
Birne ['bɪrnə] ‹-, -n› *f* **1.** *(Frucht)* pera *f;* **2.** *el* lampadina *f;* **3.** *fam (Kopf)* zucca *f fam;* **eine weiche ~ haben** *fam* essere uno zuccone *fam.* **birnenförmig** [-fœrmɪç] *a* a forma di pera.
birst [bɪrst] *2. u. 3. pers pr sing von* **bersten.**
bis [bɪs] **I.** *prp, adv (zeitlich, räumlich)* fino, sino a; *(zwischen zwei aufeinanderfolgenden Zahlen das Ungefähre ausdrückend)* da … a …, … o …; **~ auf** *(außer)* tranne, eccetto, salvo; **~ zu** *(Reihenfolge)* fino a; **von Anfang ~ Ende** dal principio alla fine; **von 5 ~ 6** dalle 5 alle 6; **14 ~ 16 Jahre** dai 14 ai 16 anni; **von früh ~ spät** dalla mattina alla sera; **von Kopf ~ Fuß, vom Scheitel ~ zur Sohle** dalla testa ai piedi, da capo a piedi; **~ dahin** (*o.* **dorthin**) fin qui, fin là; **~ einschließlich …** fino a(l) … compreso; **~ zu Ende** fino in fondo (*o.* alla fine); **~ bald!** a presto!; **~ gleich!** a dopo!; **~ heute** fino a oggi; **~ hier(her)** *(a. fig)* fin qui; **~ jetzt** finora; **~ jetzt noch nicht** non ancora; **~ ins kleinste** fin nei minimi particolari; **~ (spät) in die Nacht (hinein)** fino a notte inoltrata; **~ wann?** fino a

quando?; ~ **auf weiteres** fino a nuovo ordine; **II.** *con (a.: ~* **daß)** finché fino al momento in cui, fino a che.

Bisam [ˈbi:zam] ‹-s, -e *o.* -s› *m* **1.** *(Riechstoff)* muschio *m;* **2.** *(Fell)* topo *m* muschiato. **Bisamratte** *f* topo *m* muschiato.

Bischof [ˈbɪʃɔf *o.* ˈbɪʃo:f] ‹-s, ⸚e› *m* vescovo *m.*

bischöflich [ˈbɪʃœflɪç *o.* ˈbɪʃø:f...] *a* vescovile.

Bischofsamt *n* episcopato *m,* vescovado *m.* **Bischofsmütze** *f* mitra *f.* **Bischofssitz** *m* sede *f* vescovile, vescovado *m.* **Bischofsstab** *m* pastorale *m.*

bisexuell [bizɛˈksu̯ɛl *o.* ˈbi:...] *a* bisessuale.

bisher [bɪsˈhe:ɐ̯] *adv* finora, fino adesso; ~ **noch nicht** non ancora. **bisherig** *a attr* finora; **der ~e Minister** il ministro in carica finora.

Biskaya [bɪsˈka:ja] *f:* **die ~** la Biscaglia; **der Golf von ~** il golfo di Biscaglia.

Biskuit [bɪsˈkvi:t] ‹-(e)s, -s *o.* -e› *n o. m* biscotto *m.*

bislang [bɪsˈlaŋ] *adv s.* **bisher.**

Bismarckhering [ˈbɪsmark-] *m* aringa *f* alla Bismarck.

Bison [ˈbi:zɔn] ‹-s, -s› *m* bisonte *m.*

biß [bɪs] *1. u. 3. pers sing imp von* **beißen.**

Biß [bɪs] ‹Bisses, Bisse› *m* **1.** *(Tätigkeit)* morso *m;* **2.** *(Ergebnis)* morsicatura *f,* morso *m.*

bißchen [ˈbɪsçən] **I.** ‹*inv*› *a:* **ein ~ ...** un poco di ..., un po' di ..., un dito di ... *fam,* un pizzico ... *fam;* **das ~ ...** quel po' di ...; **ein klein(es) ~ ...** un pochettino di ... *fam;* **ein ganz kleines ~ ...** un pochino di ...; **kein ~ ..., nicht ein ~ ...** nemmeno un po' di ...; **II.** *adv:* **ein ~** un po'; **III.** *n:* **ein ~** un po'; **kein ~** nemmeno un po'.

Bissen [ˈbɪsən] ‹-s, -› *m (a. fig)* boccone *m;* **keinen ~ hinunterbringen (können)** non (riuscire a) mandar giù un boccone; **ihm blieb der ~ im Halse stecken** rimase di stucco *fam.*

bissig *a* **1.** *(Hund)* mordace; **2.** *(Bemerkung)* pungente, caustico. **Bissigkeit** ‹-, -en› *f* **1.** ‹*sing*› *(von Hund)* mordacità *f;* **2.** *fig* causticità *f; (Bemerkung)* causticità *f,* mordacità *f.*

Bißwunde *f* morsicatura *f,* morso *m.*

bist [bɪst] *2. pers sing pr von* **sein¹.**

Bistum [ˈbɪstu:m] ‹-s, ⸚er› *n* episcopato *m; (Diözese)* diocesi *f.*

bisweilen [bɪsˈvai̯lən] *adv* talvolta, a volte, di tanto in tanto.

Bit [bɪt] ‹-(s), -(s)› *n inform* bit *m.*

bitte [ˈbɪtə] *interj* **1.** *(bittend, auffordernd)* per favore, per piacere, prego; **2.** *(als Antwort auf danke)* prego; **3.** *(fragend)* per favore, per piacere; **4.** *(sarkastisch, wütend: na gut)* ecco, visto; **~ kommen Sie herein/nehmen Sie Platz** prego, si accomodi; **wo ist ~ die Toilette?, können Sie mir ~ sagen, wo die Toilette ist** dov'è il gabinetto, per favore?, può dirmi per favore dov'è il gabinetto?; **ja ~!** si, prego; *(auf Frage, Verlangen)* dica, prego; **~ ~ machen** *fam (Kind)* giungere le mani in segno di preghiera per chiedere qc; **~ (, Sie wünschen)?** prego (, desidera)?; **hier ~!** (di) qui (*o.* qua) prego!; **~ (, bedienen Sie sich)** prego (, si serva)!; **~ schön!** prego!; **wie ~?** come (ha detto)?

Bitte ‹-, -n› *f (Wunsch)* preghiera *f; (Aufforderung, Anliegen)* domanda *f,* richiesta *f;* **dringende (***o.* **inständige** *o.* **flehentliche) ~** supplica *f;* **auf jds ~ (hin)** dietro preghiera (*o.* su richiesta *o.* su domanda) di qu; **jdm eine ~ abschlagen** respingere (*o.* rifiutare) una domanda a qu; **eine ~ äußern** fare (*o.* formulare *o.* presentare) una domanda; **jdm eine ~ gewähren** esaudire (*o.* accogliere) la preghiera di qu; **ich habe eine ~ an Sie** vorrei chiedereLe un favore; **~ um Auskunft** richiesta d'informazione.

bitten ‹bittet, bat, gebeten› *tr, itr* **1.** *(Wunsch äußern)* pregare (*jdn, etw. zu tun* qu di fare qc); **2.** *(fragen)* domandare (*jdn um etw.* qc a qu), chiedere (*jdn um etw.* qc a qu); **jdn dringend (***o.* **inständig** *o.* **flehentlich) ~** implorare qu, supplicare qu, scongiurare qu; sollecitare da qu *(um etw.* qc); **jdn um einen Gefallen ~** chiedere un favore a qu; **ums Wort ~** chiedere la parola; **sich lange ~ lassen** farsi pregare a lungo; **ich lasse ~** fate passare; **ich bitte (Sie) darum** La prego; **ich bitte um Verzeihung** La prego di scusarmi, scusi; **darf ich ~?** *(zum Tanz)* posso invitarLa a questo ballo?; **darf ich (Sie) um das Salz ~?** per favore, mi passa il sale?; **wenn ich ~ darf** per favore.

bitter *a* **1.** *(Geschmack, a. fig, Mandeln, Schokolade)* amaro; **2.** *fig* amaro; *(Ernst)* grande; *(Feind)* mortale; *(Hohn, Spott)* crudele; **3.** *(verbittert)* amaro, amareggiato; **4.** *(Kälte, Frost)* pungente; *(Tränen, Reue)* amaro; *(Not)* duro; *(Leid, Unrecht)* amaro; **etw. ~ nötig haben** avere assolutamente (*o.* estremo) bisogno di qc; **bis**

zum ~en Ende fino alla fine; **das ist ~** è difficile; **~ schmecken** avere un sapore amaro; **es ist ~ kalt** fa un freddo terribile. **bitterböse** ['bɪtɐ'bø:zə] *a* molto adirato. **Bittere** ⟨ein -r, -n, -n⟩ *m (Likör)* amaro *m.* **bitterernst** ['bɪtɐ'ʔɛrnst] *a* molto serio. **Bitterkeit** ⟨-, ø⟩ *f* **1.** *(Geschmack)* sapore *m* amaro; **2.** *(von Mensch, Worten)* amarezza *f;* **ein Gefühl der ~ haben** provare amarezza. **bitterlich** *adv* amaramente; **~ weinen** piangere amaramente.

Bittschrift *f* petizione *f,* istanza *f,* supplica *f.*

Bitumen [bi'tu:mən, ...mən *o.* ...mina] ⟨-s, - *o.* -tumina⟩ *n* bitume *m.*

Biwak ['bi:vak] ⟨-s, -s *o.* -e⟩ *n* bivacco *m.*

biwakieren [biva'ki:rən] ⟨*ohne ge-*⟩ *itr* bivaccare.

bizarr [bi'tsar] *a* bizzarro, stravagante.

Bizeps ['bi:tsɛps] ⟨-es, -e⟩ *m* bicipite *m.*

Blabla [bla'bla:] ⟨-s, ø⟩ *n fam* blablà *m fam.*

blähen ['blɛ:ən] **I.** *tr* gonfiare; **II.** *itr* provocare meteorismo (*o.* flatulenza); **III.** *rfl:* **sich ~** *(a. fig)* gonfiarsi.

Blähungen *f pl* flatulenze *f pl;* **~ haben** avere delle flatulenze.

blamabel [bla'ma:bəl] *a* umiliante, vergognoso.

Blamage [...'ma:ʒə] ⟨-, -n⟩ *f* mortificazione *f,* vergogna *f.*

blamieren [...'mi:rən] ⟨*ohne ge-*⟩ **I.** *tr* far fare una brutta figura a, rendere ridicolo; **II.** *rfl:* **sich ~** rendersi (*o.* coprirsi di) ridicolo, fare una figura ridicola.

blanchieren [blã'ʃi:rən] ⟨*ohne ge-*⟩ *tr gastr* sbollentare.

blank [blaŋk] *a* **1.** *(glänzend)* lucido, lustro, luccicante; **2.** *(glatt)* liscio; **3.** *poet (hell)* chiaro; **4.** *(sauber)* pulito; **5.** *(bloß, nackt)* nudo; **6.** *(rein: Hohn, Neid)* puro; **~ putzen** lucidare, lustrare; *(Metall)* forbire; *(Leder, Schuhe)* lustrare; **~ sein** *fig fam* essere al verde *fam* (*o.* in bolletta *fam*).

blanko ['blaŋko] ⟨*inv*⟩ *a* in bianco, allo scoperto. **Blankoscheck** *m* assegno *m* in bianco. **Blankovollmacht** *f* procura *f* in bianco.

Blase ['bla:zə] ⟨-, -n⟩ *f* **1.** *(Luft~)* bolla *f; (in zähflüssiger Masse)* pulica *f; (Sprech~)* fumetto *m;* **2.** *med (vom Gehen, Arbeiten)* vescica *f,* bolla *f fam; (von Verbrennung)* vescica *f; (Fieber~)* erpete *m;* **3.** *anat (Harn~)* vescica *f;* **sich** *(dat)* **~n laufen** camminare fino a farsi venire le vesciche ai piedi; **sich** *(dat)* **die ~ erkälten** prendersi (*o.* beccarsi *fam*) la cistite.

Blasebalg ⟨-(e)s, ⸚e⟩ *m* soffietto *m,* mantice *m.*

blasen ['bla:zən] ⟨bläst, blies, geblasen⟩ **I.** *tr* **1.** *allg.* *(a. Glas)* soffiare; **2.** *mus (Blasinstrument)* suonare; **II.** *itr (Mensch)* soffiare (*auf in* su); *(Musiker)* suonare (*in etw.* qc); **es bläst** *(windet)* tira vento; **zum Rückzug ~** sonare la ritirata.

Blasenentzündung *f* cistite *f.* **Blasenstein** *m* calcolo *m* vescicale.

Bläser(in) ['blɛ:zɐ (...ərɪn)] ⟨-s, -⟩ *m(f)* **1.** *mus* sonatore, -trice *m, f* (di strumento a fiato); **2.** *tec* soffiatore, -trice *m, f.*

blasiert [bla'zi:ɐt] *a* blasé, indifferente, altezzoso.

Blasinstrument *n* strumento *m* a fiato. **Blaskapelle** *f,* **-orchester** *n* orchestra *f* di strumenti a fiato.

Blasphemie [blasfe'mi:, ...i:ən] ⟨-, -n⟩ *f* bestemmia *f.*

blasphemisch [...'fe:mɪʃ] *a* blasfemo.

Blasrohr *n* cerbottana *f.*

blaß [blas] ⟨blasser *o. rar* blässer, blasseste *o. rar* blässeste⟩ *a* **1.** *(Haut, Gesichtsfarbe)* pallido; **2.** *(Farbe, Inschrift, etc.)* smorto, sbiadito; **3.** *geh (Licht, Mond)* pallido; **4.** *fig (schwach)* pallido; *(farblos: Sprache, Schilderung)* incolore, scialbo; **~ werden** impallidire; **keine blasse Ahnung** (*o.* **keinen blassen Schimmer) von etw. haben** non avere la più pallida idea di qc *fam;* **vor Neid ~ werden** essere verde (*o.* livido) d'invidia.

Blässe ['blɛsə] ⟨-, ø⟩ *f (von Haut, Gesicht)* pallore *m; (von Farbe)* essere *m* smorto (*o.* sbiadito); *(von Ausdruck, etc.)* essere *m* incolore (*o.* scialbo).

Bläßhuhn ['blɛs-] *n* folaga *f.*

bläst [blɛ:st] *2. u. 3. pers pr sing von* **blasen.**

Blatt [blat] ⟨-(e)s, ⸚er⟩ *n* **1.** *bot* foglia *f;* **2.** *(Papier)* foglio *m; (Seite)* pagina *f,* **3.** *(Zeitung)* giornale *m;* **4.** *tec (Metallscheibe)* lamina *f; (Säge~)* lama *f;* **5.** *(Ruder~, Propeller~)* pala *f;* **6.** *(Kartenspiel)* carta *f;* **ein gutes ~ haben** avere una buona combinazione di carte; **kein ~ vor den Mund nehmen** non avere peli sulla lingua *fam;* **ein unbeschriebenes ~ sein** *fig* essere un'incognita; **vom ~ singen/spielen** cantare/sonare a prima vista; **das steht auf einem anderen ~** è un'altra faccenda, è un altro paio di maniche *fam;* **das ~ hat sich gewen-**

det la situazione è cambiata; **loses ~** foglio staccato (*o.* sciolto), pagina volante.

blättern ['blɛtәn] **I.** *itr* **1.** ‹*haben*› sfogliare (*in einem Buch* un libro); **2.** ‹*sein*› *(ab~)* sfaldarsi, sbriciolarsi; **II.** *tr (Karten, Scheine)* mettere in fogli sciolti.

Blätterteig *m* pasta *f* sfoglia.

Blattgold *n* oro *m* in foglie. **Blattgrün** *n* clorofilla *f.* **Blattlaus** *f* pidocchio *m* delle piante *m.* **Blattpflanze** *f* pianta *f* da fogliame (*o.* ornamentale). **Blattwerk** *n* ornamenti *m pl* in forma di foglie.

blau [blau̯] *a* **1.** blu, azzurro; *(himmelblau)* celeste; **2.** *fig fam (betrunken)* ubriaco; **~ werden** diventare blu; *(Lippen, Hände, etc.)* illividire; *fam (betrunken werden)* ubriacarsi; **~ anlaufen** illividire, diventare livido; **~ färben** tingere di blu; **Forelle ~** *gastr* trota al blu; **~er Anton** *fam* tuta *f* blu (da meccanico); **~es Auge** occhio livido (*o.* pesto); **~es Blut** sangue blu; **~er Brief** *fam (von Schule) lettera che informa i genitori che il loro figlio (o. la loro figlia) deve ripetere un anno; (von Vermieter)* lettera *f* di disdetta; *(von Arbeitgeber)* lettera *f* di licenziamento; **~er Fleck** *med* livido *m;* **sein ~es Wunder erleben** avere una brutta sorpresa.

Blau ‹-(s), - *o. fam* -s› *n* blu *m;* **die Farbe ~** il colore blu (*o.* azzurro); **in ~ gekleidet** vestito di blu (*o.* di azzurro); *s. a. Blaue.*

blauäugig [-ˀɔy̯gɪç] *a* dagli occhi azzurri (*o.* blu); *fig (naiv)* ingenuo, credulone. **Blaubeere** *f* mirtillo *m.* **blaublütig** [-bly:tɪç] *a (adlig)* di sangue blu.

Blaue ‹-n, ø› *n:* **ins ~ hinein reden** parlare a vanvera; **das ~ vom Himmel versprechen** promettere mari e monti; **Fahrt ins ~** gita senza meta.

Bläue ['blɔy̯ә] ‹-, ø› *f geh* azzurro *m,* (colore *m*) blu *m.*

Blaufelchen [-fɛlçәn] ‹-s, -› *m* coregone *m.* **Blaufuchs** *m* volpe *f* azzurra. **blaugrau** *a* grigio-azzurro. **blaugrün** *a* verd(e)azzurro. **blaukariert** *a* a quadretti blu (*o.* azzurri).

bläulich ['blɔy̯lɪç] *a* bluastro, azzurrognolo.

Blaulicht *n (von Polizei, Feuerwehr, etc.)* luce *f* lampeggiante. **blau|machen** *fam* **I.** *itr* stare a casa, non andare a lavorare; **II.** *tr:* **den Montag ~** non andare a lavorare il lunedì. **Blaumeise** *f* cinciarella *f.* **Blausäure** *f* acido *m* cianidrico (*o.* prussico). **Blaustift** *m* matita *f* blu (*o.* copiativa). **Blaustrumpf** *m fig* bas bleu *f.*

Blazer ['ble:zɐ] ‹-s, -› *m* blazer *m.*

Blech [blɛç] ‹-(e)s, -e› *n* **1.** *(Material)* latta *f; (Weiß~)* lamiera *f* stagnata, latta *f* bianca; *(von Auto)* lamiera *f;* **2.** *(Kuchen~)* piastra *f;* **3.** *fig fam (Quatsch)* sciocchezze *f pl fam,* stupidaggini *f pl fam,* nonsenso *m;* **~ reden** dire sciocchezze *fam,* fare discorsi insulsi.

Blechbüchse *f,* **-dose** *f* barattolo *m* di latta.

blechen *tr fam (bezahlen)* sborsare, pagare.

blechern *a* **1.** *(aus Blech)* di latta, di lamiera; **2.** *(Klang, Stimme)* stridulo; *(hohl)* opaco.

Blechinstrument *n* strumento *m* a fiato d'ottone. **Blechkanister** *m* bidone *m,* tanica *f.* **Blechlawine** *f pej fam* fila *f* interminabile (di automezzi). **Blechmusik** *f* musica *f* per ottoni; *pej* musica *f* stonata. **Blechnapf** *m* gamella *f.* **Blechschaden** *m* danni *m pl* alla carrozzeria. **Blechschere** *f* cesoia *f* per lamiera, forbici *f pl* da lattoniere. **Blechtrommel** *f* tamburo *m* di latta.

blecken ['blɛkәn] *tr:* **die Zähne ~** digrignare i denti.

Blei [blai̯] ‹-(e)s, -e› *n* **1.** *(Metall)* piombo *m;* **2.** *(Lot)* filo *m* a piombo, piombino *m; naut* sonda *f;* **es liegt mir wie ~ in den Gliedern** mi sento le membra pesanti come il piombo; **das liegt wie ~ im Magen** è un mattone sullo stomaco.

Bleibe ['blai̯bә] ‹-, ø *o. rar* -n› *f* **1.** *(Zuflucht)* rifugio *m;* **2.** *(Unterkunft)* alloggio *m,* dimora *f;* **keine ~ haben** essere senza dimora.

bleiben ['blai̯bәn] ‹bleibt, blieb, geblieben› *itr* ‹*sein*› **1.** *(nicht gehen)* restare, rimanere; **2.** *(andauern)* permanere; *(sich nicht ändern)* restare, rimanere; **3.** *(beharren)* persistere (*bei* in); **4.** *(übrig~)* avanzare; **dabei ~, daß ...** rimanere intesi che ...; **draußen ~** restare fuori; **gesund ~** stare bene, mantenersi sano; **zu Hause ~** restare a casa; **in Verbindung ~** restare in contatto; **in Übung ~** restare (*o.* rimanere) in esercizio; **Freunde ~** restare (*o.* rimanere) amici; **wenn das Wetter so bleibt** se il tempo si mantiene (*o.* resta) così; **bei der Wahrheit ~** attenersi al vero; **stehen/sitzen ~** rimanere in piedi/seduto; **hier bleibe ich nicht lange** non voglio ammuffire qui *fam;* **das bleibt abzuwarten** stiamo a vedere; **es**

bleibt alles beim alten tutto resta come prima; **wo bleibt er nur?** dove sarà?; **wo ist mein Hut geblieben?** dov'è andato a finire il mio cappello?; **wo bleibt mein Kaffee?** e il mio caffè?; **~ wir dabei!** restiamo così!; **~ Sie am Apparat!** *tel* resti in linea!; **dabei bleibt's!, es bleibt dabei!** siamo intesi!; **das muß dahingestellt ~** rimane in sospeso (*o.* aperto); **das bleibt unter uns!** rimane tra di noi!; **hier ist meines B~s nicht länger** *geh* non posso rimanere qui. **bleibend** *a* durevole, duraturo, permanente; **~er Wert** valore durevole! **bleiben·lassen** ‹*irr*› *tr* lasciare stare; **laß das bleiben!** smettila!

bleich [blai̯ç] *a* smorto, smunto; *(blaß)* pallido; **~ werden** impallidire.

bleichen *tr* imbiancare; *(Haare)* ossigenare.

Bleichgesicht *n scherz* viso *m* pallido. **Bleichmittel** *n* candeggiante *m.* **Bleichsucht** *f* clorosi *f,* anemia *f.*

bleiern *a (a. fig)* di piombo.

bleifrei *a (Benzin)* senza piombo. **bleihaltig** [-haltıç] *a* piombifero. **Bleikristall** *n* cristallo *m* al piombo (*o.* piombico). **Bleimantel** *m tec* involucro *m* di piombo. **bleischwer** ['blai̯'ʃve:ɐ̯] *a fig* pesante come il piombo. **Bleistift** *m* matita *f,* lapis *m.* **Bleistiftspitzer** *m* appuntalapis *m,* temperalapis *m.* **Bleivergiftung** *f* saturnismo *m.* **Bleiweiß** *n* biacca *f* (di piombo), cerussa *f.*

Blende ['blɛndə] ‹-, -n› *f* **1.** *(Scheuklappe)* paraocchi *m;* **2.** *(Lichtschirm)* schermo *m,* paralume *m;* **3.** *fot* diaframma *m;* **4.** *(Mineral)* blenda *f.*

blenden ['blɛndən] *tr* **1.** *(blind machen, a. fig)* accecare; *(vorübergehend durch Licht, fig)* abbagliare; **2.** *fig (betören)* affascinare, sedurre; *(täuschen)* ingannare; **sich ~ lassen** *(täuschen)* lasciarsi abbagliare. **blendend** *a* **1.** *(Licht, etc.)* accecante, abbagliante; **2.** *fig* brillante; *fam (ausgezeichnet)* formidabile, eccezionale; **du siehst ~ aus** stai magnificamente bene.

Blendwerk *n* apparenza *f* vana, illusione *f,* miraggio *m.*

Blesse ['blɛsə] ‹-, -n› *f* macchia *f* bianca.

Blick [blık] ‹-(e)s, -e› *m* **1.** *(Blicken)* sguardo *m; (kurzer, rascher)* colpo *m* d'occhio; *(verstohlener, liebevoller)* occhiata *f;* **2.** *(An~, Aus~)* vista *f,* veduta *f;* **auf den ersten ~** a prima vista, alla prima occhiata; **mit ~ auf** con vista su; **mit einem** (*o.* **auf einen) ~** con un solo sguardo; **die ~e auf sich lenken** (*o.* **ziehen)** attirare gli sguardi su di sé; **seinen ~ richten auf** volgere lo sguardo a; **seine ~e schweifen lassen** lasciare scorrere l'occhio; **einen ~ werfen auf** dare un'occhiata a; **jdn keines ~es würdigen** non degnare qu nemmeno di uno sguardo; **jdm einen vernichtenden ~ zuwerfen** fulminare qu con lo sguardo; **böser ~** malocchio *m.*

blicken *itr* guardare (*auf jdn, nach jdm* qu); **sich ~ lassen** farsi vedere; **tief ~ lassen** far capire tante cose.

Blickfang *m* attrazione *f,* richiamo *m.* **Blickkontakt** *m* contatto *m* visivo. **Blickpunkt** *m (Gesichtspunkt)* punto *m* di vista; **im ~ stehen** *fig* essere al centro dell'attenzione. **Blickwinkel** *m fig* angolatura *f.*

blieb [bli:p] *1. u. 3. pers sing imp von* **bleiben.**

blies [bli:s] *1. u. 3. pers sing imp von* **blasen.**

blind [blınt] **I.** *a* **1.** *(nicht sehend, a. fig)* cieco (*gegen, für* per); **2.** *(glanzlos)* opaco, appannato; **3.** *(vorgetäuscht, falsch)* simulato, finto, falso; **nicht ~ sein** *fig* non essere cieco; **~ werden** perdere la vista; *(Spiegel)* appannarsi; **~er Alarm** falso allarme; **~er Gehorsam** ubbidienza cieca; **~er Passagier** passeggero clandestino; **II.** *adv s.* **blindlings.**

Blinddarm *m* intestino *m* cieco; *fam (Wurmfortsatz)* appendice *f.* **Blinddarmentzündung** *f* appendicite *f.*

Blinde ‹ein -r, -n, -n› *mf* cieco, -a *m, f;* **das sieht ja ein ~r!** lo vede anche un cieco!

Blindekuh(spiel *n) f* mosca *f* cieca.

Blindenhund *m* cane *m* (guida) per ciechi. **Blindenschrift** *f* scrittura *f* Braille.

Blindflug *m aero* volo *m* cieco (*o.* strumentale). **Blindgänger** ‹-s, -› *m mil* proiettile *m* inesploso. **blindgeboren** *a attr* cieco dalla nascita, nato cieco. **Blindheit** ‹-, ø› *f (a. fig)* cecità; **mit ~ geschlagen** *fig* accecato. **blindlings** ['blıntlıŋs] *adv* alla cieca, ciecamente, a occhi chiusi; *(aufs Geratewohl)* a caso. **Blindschleiche** [-ʃlai̯çə] ‹-, -n› *f* orbettino *m.*

blinken ['blıŋkən] **I.** *itr* **1.** *(Stein, Metall)* luccicare, scintillare; **2.** *(Blinkzeichen geben)* fare segnali ottici; *(Auto)* mettere la freccia, lampeggiare; **II.** *tr (bes. SOS)* trasmettere mediante segnali luminosi.

Blinker ‹-s, -› *m (Gerät)* segnalatore *m* luminoso; *mot* lampeggiatore *m.*

Blinklicht *n* **1.** *(Blinkfeuer)* segnale *m* luminoso, luce *f* intermittente; **2.** *mot* freccia *f* (direzionale), indicatore *m* di direzione. **Blinkzeichen** *n* segnale *m* ottico ad intermittenza.

blinzeln ['blɪntsəln] *itr (mit den Augen ~)* socchiudere gli occhi; *(schelmisch, verliebt)* ammiccare.

Blitz [blɪts] ‹-es, -e› *m* **1.** *(Blitzen)* lampeggiare *m; (~strahl)* lampo *m; (Lichtstrahl)* fascio *m* di luce; **2.** *fot* flash *m;* **wie der ~** *fam* come un fulmine *fam;* **ein ~ aus heiterem Himmel** un fulmine a ciel sereno; **wie vom ~ getroffen** folgorato, fulminato. **Blitzableiter** *m (a. fig)* parafulmine *m.* **blitzartig I.** *a* fulmineo; **II.** *adv* con velocità fulminea.

blitzblank ['blɪts'blaŋk] *a* pulito, lustro (come uno specchio), scintillante.

blitzen *itr (funkeln)* scintillare, luccicare; *(Augen)* brillare; **vor Zorn ~** *(Augen)* sfavillare di collera; **es blitzt** lampeggia.

Blitzgerät *n fot* flash *m.* **Blitzkrieg** *m* guerra *f* lampo. **Blitzlicht** *n fot* flash *m,* lampo *m* al magnesio. **Blitzlichtgerät** *n* (lampada *f* al) flash *m.* **blitzsauber** ['blɪts'zaubɐ] *a fam* pulitissimo; *fig (bes. Mädchen)* splendido. **Blitzschlag** *m* colpo *m* di fulmine. **blitzschnell** ['blɪts'ʃnɛl] **I.** *a* fulmineo; **II.** *adv* fulmineamente, in un lampo. **Blitzwürfel** *m fot* cuboflash *m.*

Block[1] [blɔk] ‹-(e)s, ⸚e› *m (Stein~, etc.)* blocco *m,* masso *m,* macigno *m; (Holz~)* blocco *m,* ceppo *m.*

Block[2] [blɔk] ‹-(e)s, ⸚e *o.* -s› *m* **1.** *(Notiz-, Brief-, Zeichen~)* blocco *m* taccuino; *(Briefmarken~)* foglio *m; (Fahrkarten~)* blocchetto *m;* **2.** *(Häuser~)* isolato *m;* **3.** *pol* blocco *m;* **4.** *(Denkhemmung)* blocco *m.*

Blockade [blɔ'ka:də] ‹-, -n› *f* blocco *m;* **die ~ aufheben** togliere il blocco; **die ~ brechen** forzare il blocco; **die ~ verhängen** imporre il blocco.

Blockbildung *f pol* formazione *f* di blocchi. **Blockflöte** *f* flauto *m* a becco, flauto *m* dolce. **blockfrei** *a pol* non allineato; **die B~en** i non allineati. **Blockfreiheit** *f pol* non allineamento *m.* **Blockhaus** *n* casa *f* in legno.

blockieren [blɔ'ki:rən] ‹*ohne ge-*› **I.** *tr* bloccare; *(sperren, a. fin)* sbarrare; **II.** *itr (Bremsen, Rad)* bloccare.

Blockschrift *f* (scrittura *f* in) stampatello *m.*

blöd(e) ['blø:t (...də)] *a* **1.** *(dumm)* imbecille, scemo; *(albern)* sciocco; **2.** *(schwachsinnig)* deficiente, debole di mente; **3.** *CH (schüchtern)* timido, goffo, pauroso; **4.** *fam (dumm, ärgerlich)* spiacevole, fastidioso; **~er Kerl** stupido *m,* scemo *m;* **sich ~ anstellen** comportarsi scioccamente.

blödeln *itr* dire sciocchezze.

Blödheit ‹-, -en› *f* **1.** *(Dummheit)* sciocchezza *f,* scemenza *f;* **2.** *(Schwachsinn)* deficienza *f,* imbecillità *f.* **Blödsinn** *m* **1.** *(Schwachsinn)* imbecillità *f,* deficienza *f;* **2.** *(Unsinn)* sciocchezza *f,* idiozia *f,* scemenza *f,* nonsenso *m;* **so ein ~!** che idiozia! **blödsinnig** *a* **1.** *(schwachsinnig)* imbecille, idiota; **2.** *(dumm)* stupido, sciocco.

blöken ['blø:kən] *itr (Schaf)* belare; *(Rind)* muggire.

blond [blɔnt] *a* biondo; **~ werden** imbiondire.

blondieren [blɔn'di:rən] ‹*ohne ge-*› *tr* ossigenare.

Blondine [blɔn'di:nə] ‹-, -n› *f* bionda *f,* biondina *f.*

bloß [blo:s] **I.** *a* **1.** *(nackt, unbedeckt)* nudo; **2.** *(rein, nichts als)* puro, solo, semplice; **der ~e Anblick** la semplice vista; **auf ~en Verdacht** su semplice sospetto; **mit ~em Auge** ad occhio nudo; **mit ~en Füßen** a piedi nudi (*o.* scalzi), scalzo; **der ~e Gedanke** già solo il pensiero; **II.** *adv* **1.** *(nur)* solamente, semplicemente, puramente; **2.** *(in abgeschwächter Bedeutung)* proprio, mai; *(o. unübersetzt)* **wo bleibst du ~?** ma dove sei?; **wie machst du das ~?** ma come riesci a fare ciò?; **~ jetzt nicht!** proprio adesso no!

Blöße ['blø:sə] ‹-, -n› *f* nudità *f; fig (Schwäche, Fehler)* punto *m* debole; **sich** *(dat)* **eine ~ geben** *fig* mostrare il proprio lato debole.

bloß·legen *tr* mettere a nudo, scoprire; *fig* rendere palese, rivelare. **bloß·stellen** *tr* far fare una brutta figura a, compromettere.

Bluejeans ['blu:dʒi:ns] ‹*pl*› blue-jeans *m pl.*

Bluff [blʊf] ‹-s, -s› *m* bluff *m.*

bluffen *itr* bluffare.

blühen ['bly:ən] *itr (a. fig)* fiorire; **wer weiß, was uns noch blüht!** chissà che cosa ci aspetta. **blühend** *a* fiorito, in fiore, fiorente; *fig* florido, prospero-so; *(Schönheit)* splendente; *(Phantasie)* fervido; **im ~en Alter** nel fiore degli anni; **wie das ~e Leben aussehen** avere un aspetto florido.

Blühet ['bly:ət] ‹-, -› *f CH* fioritura *f.*
Blume ['blu:mə] ‹-, -n› *f* **1.** fiore *m;* **2.** *(Bierschaum)* schiuma *f; (des Weines)* bouquet *m;* **durch die ~** metaforicamente, velatamente; **durch die ~ sprechen** parlare per sottintesi; **danke für die ~n!** *fig iron* grazie per la critica. **Blumenbeet** *n* aiola *f* di fiori. **Blumengeschäft** *n* negozio *m* di fiori, fioraio, -a *m, f.* **Blumenkasten** *m* fioriera *f.* **Blumenkohl** *m* cavolfiore *m.* **Blumenkorso** [-kɔrzo] ‹-s, -s› *m* sfilata *f* di carri fioriti, festa *f* dei fiori. **Blumenladen** *m s.* **Blumengeschäft. Blumenmädchen** *n* fioraia *f.* **Blumenständer** *m* portafiori *m,* giardiniera *f.* **Blumenstock** *m* pianta *f* in vaso. **Blumenstrauß** *m* mazzo *m* di fiori; *(großer)* fascio *m* di fiori. **Blumentopf** *m* vaso *m* da fiori. **Blumenvase** *f* vaso *m* da fiori; *(kleine)* portafiori *m.* **Blumenzwiebel** *f* bulbo *m.*
blumig *a (Parfüm)* di fiori; *(Wein)* profumato; *(Stil)* fiorito, ornato.
Bluse ['blu:zə] ‹-, -n› *f* camicetta *f,* blusa *f.*
Blut [blu:t] ‹-(e)s, ø› *n* sangue *m;* **bis aufs ~** a sangue, a morte; **jdn bis aufs ~ aussaugen** spogliare qu d'ogni avere; **~ geleckt haben** *fig fam* provarci gusto; **böses ~ machen** suscitare malcontento; **~ und Wasser schwitzen** *fig* sudare sangue, avere una paura matta; **~ spenden** donare il sangue; **~ vergießen** spargere sangue; **das liegt mir im ~** ce l'ho nel sangue; **ruhig ~ bewahren** conservare la calma; **(immer) ruhig ~!** calma! **Blutalkohol** *m* tasso *m* alcolico. **Blutandrang** *m* congestione *f.* **blutarm** *a* anemico. **Blutarmut** *f* anemia *f.* **Blutbank** ‹-, -en› *f* banca *f* del sangue. **blutbildend** *a* emopoietico. **Blutbuche** *f* faggio *m* rosso (*o.* sanguigno). **Blutdruck** ‹-(e)s, ø› *m* pressione *f* sanguigna, tensione *f* arteriosa; **hoher ~** ipertensione *f;* **niedriger ~** ipotensione *f.*
Blüte ['bly:tə] ‹-, -n› *f* **1.** *bot* fiore *m;* **2.** *(Zeit)* fioritura *f;* **3.** *fig (Höhepunkt)* periodo *m* aureo (*o.* di maggior splendore); **4.** *(Stil~)* perla *f* (stilistica); **5.** *fam (falscher Geldschein)* banconota *f* falsa; **in (voller) ~** in fiore, in piena fioritura.
Blutegel [-ˀe:gəl] ‹-s, -› *m* sanguisuga *f.*
bluten *itr* sanguinare (*aus* da), perdere sangue (*aus* da); *(Bäume)* colare, lacrimare; **~ müssen** *fig* pagarla cara; **mir blutet das Herz** mi sanguina il cuore; **meine Nase blutet** mi esce sangue dal naso.
Blütenblatt *n* petalo *m.* **Blütenstaub** *m* polline *m.*
Blutentnahme *f* prelievo *m* di sangue.
Bluter ‹-s, -› *m* emofiliaco *m.*
Bluterguß [-ˀɛɡ̊us] *m* travaso *m* di sangue, ematoma *m.*
Bluterkrankheit *f* emofilia *f.*
Blütezeit *f* (periodo *m* di) fioritura *f; fig* periodo *m* aureo (*o.* di massimo splendore), apogeo *m.*

Blutfleck *m* macchia *f* di sangue. **Blutgefäß** *n* vaso *m* sanguigno. **Blutgerinnsel** *n* coagulo *m,* trombo *m.* **Blutgruppe** *f* gruppo *m* sanguigno. **Bluthund** *m* bracco *m; fig (Mensch)* uomo *m* sanguinario.
blutig *a* **1.** *(blutbefleckt)* insanguinato, macchiato di sangue; **2.** *(Kampf)* sanguinoso; **~er Anfänger** *fam* semplice principiante.
blutjung ['blu:t'juŋ] *a* giovanissimo. **Blutkonserve** *f* **1.** *(Blut)* sangue *m* conservato (per trasfusioni); **2.** *(~nflasche)* flacone *m* della banca del sangue. **Blutkörperchen** [-kœrpeçən] ‹-s, -› *n* globulo *m* (del sangue); **rotes ~** globulo rosso, emazia *f,* eritrocito *m;* **weißes ~** globulo bianco, leucocita *m.* **Blutlache** *f* pozza *f* di sangue. **blutleer** *a* esangue, dissanguato. **Blutorange** *f* arancia *f* sanguigna. **Blutprobe** *f* prelievo *m* (*o.* esame *m*) del sangue. **Blutrache** *f* vendetta *f* di sangue. **blutreinigend** *a* depurativo del sangue. **blutrot** ['blu:t'ro:t] *a* rosso sanguigno. **blutrünstig** [-rʏnstɪç] *a* sanguinario. **Blutsauger** ‹-s, -› *m fig* sfruttatore *m.* **Blutschande** *f* incesto *m.* **Blutsenkung** *f* sedimentazione *f* sanguigna. **Blutserum** *n* siero *m* sanguigno. **Blutspender(in)** *m(f)* donatore, -trice *m, f* di sangue. **Blutspur** *f* traccia *f* di sangue. **blutstillend** *a* emostatico. **blutsverwandt** *a* consanguineo. **Blutsverwandte** *mf* consanguineo, -a *m, f.* **blutüberströmt** [-ˀy:bɐʃtrø:mt] *a* intriso di sangue. **Blutübertragung** *f* trasfusione *f* di sangue.
Blutung ‹-, -en› *f* emorragia *f;* **monatliche ~** mestruazione *f.*
blutunterlaufen *a* ecchimotico. **Blutuntersuchung** *f* analisi *f* (*o.* esame *m*) del sangue. **Blutvergießen** ‹-s, ø› *n* spargimento *m* di sangue. **Blutvergiftung** *f* avvelenamento *m* del sangue; *scient* setticemia *f.* **Blutverlust** *m* perdita *f* di sangue. **Blutwurst** *f*

sanguinaccio *m.* **Blutzuckerspiegel** *m* glicemia *f.*

BLZ *ab von* **Bankleitzahl** numero chiave per il riconoscimento di banche.

BND [be:ˀɛnˈde:] ‹-(s), ø› *m ab von* **Bundesnachrichtendienst** *organo della R.F.T. competente per i servizi segreti.*

Bö [bø:] ‹-, -en› *f* raffica *f* di vento, folata *f.*

Boa [ˈbo:a] ‹-, -s› *f* boa *m.*

Bob [bɔp] ‹-s, -s› *m sport* bob *m.*

Bock [bɔk] ‹-(e)s, ¨-e› *m* **1.** *(Ziegen~)* caprone *m,* becco *m; (Schafs~)* montone *m; (Reh~)* capriolo *m* (maschio); **2.** *tec (Gestell)* cavalletto *m; (a. Säge~)* supporto *m;* **3.** *(Turngerät)* cavallina *f;* **4.** *(Kutsch~)* cassetta *f;* **5.** *fam (Fehler)* granchio *m fam,* cantonata *f fam;* **den ~ zum Gärtner machen** fare il lupo pecoraio; **einen ~ schießen** *fig fam* pigliare un granchio *fam* (*o.* una cantonata *fam).* **Bockbier** *n* birra *f* forte (*o.* di marzo).

bocken *itr (Pferd)* impennarsi; *fig* impuntarsi.

bockig *a fam* cocciuto *fam.*

Bockleiter *f* scala *f* doppia (*o.* a libro). **Bockshorn** *n:* **jdn ins ~ jagen** intimidire qu; **sich nicht ins ~ jagen lassen** non lasciarsi intimidire. **Bockspringen** ‹-s, ø› *n* salto *m* della cavallina. **Bocksprung** *m* salto *m* della cavallina; *fig* capriola *f.* **Bockwurst** *f* würstel *m* gigante.

Boden [ˈbo:dən] ‹-s, ¨-› *m* **1.** *(Erd~)* suolo *m; (a. Fläche)* terreno *m;* **2.** *(Acker~)* terreno *m* coltivabile; **3.** *(Grund und ~)* possesso *m* terriero, terreni *m pl;* **4.** *(Meeres~, von Gefäß)* fondo *m;* **5.** *(Fuß~)* pavimento *m;* **6.** *(Dach~)* soffitta *f,* granaio *m; (Heu~)* fienile *m;* **7.** *fig (Grundlage)* base *f;* **auf festem ~** sulla terra ferma; **auf französischem ~** sul territorio francese; **auf dem ~ der Verfassung** sul piano costituzionale; **mit doppeltem ~** a doppio fondo; **zu ~ fallen** cadere a terra; **zu ~ gehen** *sport* andare al tappeto; **(an) ~ gewinnen** guadagnare terreno; **festen ~ unter den Füßen haben** *fig* avere una posizione solida; **auf den ~ legen** (*o.* **stellen)** mettere a terra; **sich auf den ~ der Tatsachen stellen** attenersi ai fatti; **zu ~ strecken** stendere a terra, atterrare; **an ~ verlieren** *fig* perdere terreno; **den ~ unter den Füßen verlieren** sentirsi mancare il terreno sotto i piedi. **Bodenbelag** *m* (copertura *f* del) pavimento *m.* **Bodenerhebung** *f* elevazione *f* del terreno. **Bodenertrag** *m* reddito *m* fondiario (*o.* del suolo). **Bodenfeuchtigkeit** *f* umidità *f* del terreno. **Bodenfrost** *m* gelo *m.* **Bodenkammer** *f* mansarda *f.* **bodenlos** *a* **1.** senza fondo; **2.** *fig (unerhört)* inaudito; **~e Frechheit** grande insolenza. **Bodennebel** *m* nebbia *f* bassa. **Bodenpersonal** *n* personale *m* a terra (*o.* non navigante). **Bodenreform** *f* riforma *f* agraria. **Bodensatz** *m* **1.** *chem* residuo *m,* sedimento *m;* **2.** *(in Faß)* fondiglio *m; (von Wein, Bier)* deposito *m,* feccia *f.* **Bodenschätze** *m pl* ricchezze *f pl* del sottosuolo, risorse *f pl* minerarie. **Bodensee** *m* lago *m* di Costanza. **Bodenstation** *f (radio, Raumfahrt)* stazione *f* di terra. **Bodenturnen** *n* ginnastica *f* a terra.

Bodo [ˈbo:do] *männlicher Vorname.*

Bodybuilding [ˈbɔdibɪldɪŋ] ‹-s, ø› *n* culturismo *m.*

bog [bo:k] *1. u. 3. pers sing imp von* **biegen.**

Bogen [ˈbo:gən] ‹-s, - *o.* ¨-› *m* **1.** *mat, arch, sport* arco *m; arch (Gewölbe~)* arcata *f; (Kurve)* curva *f; (Biegung)* curvatura *f,* gomito *m; (beim Skilaufen)* voltata *f;* **2.** *(Geigen~)* archetto *m;* **3.** *(Papier)* foglio *m;* **einen (großen) ~ um jdn machen** girare al largo da qu, evitare qu; **den ~ raushaben/rauskriegen** *fam* saperci fare *fam;* **den ~ überspannen** *fig* tirare troppo la corda, esagerare; **jdn in hohem ~ hinauswerfen** *fam* licenziare qu, buttar fuori qu *fam.* **bogenförmig** [-fœrmɪç] *a* ad arco, a volta. **Bogengang** *m* arcata *f,* portico *m.* **Bogenlampe** *f* lampada *f* ad arco. **Bogenschießen** ‹-s, ø› *n* tiro *m* con l'arco. **Bogenschütze** *m,* **-schützin** *f* arciere, -a *m, f; sport* tiratore, -trice *m, f* d'arco.

Bohle [ˈbo:lə] ‹-, -n› *f* pancone *m,* tavolone *m.*

Böhmen [ˈbø:mən] *n* Boemia *f.*

böhmisch *a* boemo; **das sind ~e Dörfer für mich** *fam* questo per me è turco *fam* (*o.* arabo *fam*).

Bohne [ˈbo:nə] ‹-, -n› *f* **1.** *bot* fagiolo *m;* **2.** *(Kaffe~)* chicco *m;* **nicht die ~!** *fig fam* niente affatto!; **grüne ~n** fagiolini *m pl;* **weiße ~n** fagioli bianchi. **Bohnenkaffee** *m* caffè *m* in chicchi. **Bohnenkraut** *n* santoreggia *f.* **Bohnensalat** *m* insalata *f* di fagiolini. **Bohnenstange** *f* bastoncino *m* di sostegno per piante di fagioli; *fig fam* spilungone *m fam.* **Bohnen-**

stroh *n:* **dumm wie ~** *fam* senza sale in zucca *fam.* **Bohnensuppe** *f* minestra *f* di fagioli.

Bohner ['bo:nɐ] ‹-s, -› *m,* **Bohnerbesen** *m* spazzolone *m* per lucidare i pavimenti. **Bohnermaschine** *f* lucidatrice *f.* **bohnern** *tr* lustrare con la cera. **Bohnerwachs** *n* cera *f* per pavimenti.

bohren ['bo:rən] **I.** *tr* **1.** *(Material)* perforare, trapanare; **2.** *(Brunnen, Tunnel)* scavare; **3.** *(hinein~)* far penetrare; **II.** *itr* **1.** trapanare (*an (o. in) etw.* qc); *(nach Erdöl)* trivellare; **2.** *fig (drängen)* insistere; *(quälen)* tormentare (*in jdm* qu); **mit dem Finger in der Nase ~** mettersi le dita nel naso; **in den Grund ~** *naut* mandare a fondo, affondare; **ein Loch ~** fare un foro (*in* in), forare. **bohrend** *a (Schmerz)* acuto, pungente, penetrante; *(Fragen)* indagatore; *(Blick)* penetrante, indagatore; *(Reue, Zweifel)* tormentoso, che rode; **~en Hunger haben** avere i morsi della fame.

Bohrer ‹-s, -› *m* **1.** *(Gerät)* trapano *m; (für Ölbohrung)* trivella *f;* **2.** *(Arbeiter)* perforatore *m,* trapanatore *m.*

Bohrinsel *f* piattaforma *f* per trivellazioni. **Bohrloch** *n* foro *m* (di trivellazione). **Bohrmaschine** *f* trapano *m* meccanico, perforatrice *f,* trivella *f.* **Bohrprobe** *f* carota *f,* carotaggio *m.* **Bohrturm** *m* torre *f* di trivellazione.

Bohrung ‹-, -en› *f* trapanazione *f,* perforazione *f; (Erdöl~)* trivellazione *f; (Probe~)* prospezione *f.*

böig ['bø:ɪç] *a* a raffiche.

Boiler ['bɔy̯lɐ] ‹-s, -› *m* scaldaacqua *m,* scaldabagno *m,* boiler *m.*

Boje ['bo:jə] ‹-, -n› *f* boa *f,* gavitello *m.*

Bolivianer(in) [boli'vi̯a:nɐ (...ərɪn)] ‹-s, -› *m(f)* boliviano, -a *m, f.*

bolivianisch *a* boliviano.

Bolivien [bo'li:vi̯ən] *n* Bolivia *f.*

Bollwerk ['bɔl-] *n (a. fig)* baluardo *m.*

Bolschewismus [bɔlʃe'vɪsmʊs] ‹-, ø› *m* bolscevismo *m*

Bolschewist(in) [...'vɪst(ɪn)] ‹-en, -en› *m(f)* bolscevico, -a *m, f.*

bolschewistisch *a* bolscevico.

Bolzen ['bɔlt͜sən] ‹-s, -› *m tec* bullone *m; (mit Gewinde)* vite *f.*

Bombardement [bɔmbardə'mã:] ‹-s, -s› *n* bombardamento *m.*

bombardieren [...'di:rən] ‹*ohne ge-*› *tr mil, phys, fig* bombardare.

Bombardierung ‹-, -en› *f* bombardamento *m.*

bombastisch [bɔm'bastɪʃ] *a (Stil)* ampolloso; *(überladen)* sovraccarico.

Bombe ['bɔmbə] ‹-, -n› *f* bomba *f;* **~n abwerfen** sganciare bombe (*über* su); **die ~ zum Platzen bringen** *fig* dar fuoco alle polveri; **die ~ ist geplatzt** *fig* è scoppiata la bomba. **Bombenangriff** *m* bombardamento *m,* incursione *f* aerea. **Bombenanschlag** *m,* **-attentat** *n* attentato *m* dinamitardo. **Bombenerfolg** *m fam* successone *m fam,* successo *m* clamoroso. **Bombengeschäft** *n fam:* **~e machen** fare affari d'oro *fam.* **bombensicher** ['bɔmbən'zɪçɐ] *a* **1.** a prova di bomba; **2.** *fig fam* certissimo, fuor d'ogni dubbio. **Bombenteppich** *m* bombardamento *m* a tappeto. **Bombentrichter** *m* cratere *m* scavato da una bomba.

Bomber ‹-s, -› *m* aereo *m* da bombardamento, bombardiere *m.*

Bon [bɔŋ *o.* bõ:] ‹-s, -s› *m* **1.** *(Gutschein)* buono *m;* **2.** *(Kassenzettel)* scontrino *m.*

Bonbon [bɔŋ'bɔŋ *o.* bõ'bõ:] ‹-s, -s› *m o. n* caramella *f.*

Bonbonniere [bɔŋbɔ'ni̯e:rə *o.* bõb...] ‹-, -n› *f* bomboniera *f.*

Bonn [bɔn] *n* Bonn *f.*

Bonner ‹*inv*› *a* di Bonn.

Bonner(in) ‹-s, -› *m(f)* abitante *mf* di Bonn.

Bonus ['bo:nʊs] ‹- *o.* -ses, - *o.* -se› *m* **1.** *com* premio *m;* **2.** *(Versicherungs~)* bonus *m* assicurativo; **3.** *(für Studienplatz)* condizioni *f pl* preferenziali di accesso al posto di studio.

Bonze ['bɔnt͜sə] ‹-n, -n› *m* **1.** *rel* bonzo *m;* **2.** *pol pej* bonzo *m,* pezzo *m* grosso, alto papavero *m.*

Boot [bo:t] ‹-(e)s, -e› *n* barca *f,* imbarcazione *f,* canotto *m;* **~ fahren** andare in barca; **wir sitzen alle in einem ~** *fig* siamo tutti nella stessa barca. **Bootsfahrt** *f* gita *f* in barca. **Bootsmann** ‹-(e)s, -leute› *m* battelliere *m; (Deckoffizier)* ufficiale *m* di coperta.

Bor [bo:ɐ̯] ‹-s, ø› *n* boro *m.*

Bord[1] [bɔrt] ‹-(e)s, -e› *n dial (Bücherbrett)* mensola *f.*

Bord[2] [bɔrt] ‹-(e)s, -e› *m (Schiffsrand)* bordo *m;* **an ~** a bordo; **an ~ bringen** imbarcare; **über ~ gehen** (*o.* **fallen**) cadere in mare; **an ~ gehen** salire a bordo; **über ~ gespült werden** essere inghiottito da un'onda; **über ~ werfen** gettare in mare; *fig* rinunciare (*etw.* a qc).

Bordell [bɔr'dɛl] ‹-s, -e› *n* bordello *m,* casa *f* chiusa.

Bordfunker(in) *m(f)* radiotelegrafista *mf* di bordo. **Bordinstrumente** *n pl* strumenti *m pl* di bordo. **Bordkarte** *f aero* carta *f* d'imbarco. **Bordme-**

chaniker(in) *m(f)* motorista *mf* di bordo. **Bordpersonal** *n naut, aero* equipaggio *m.* **Bordstein** *m* (pietra *f* del) cordone *m.* **Bordwaffen** *f pl* armi *f pl* di bordo.

Borg [bɔrk] ‹-(e)s, ø› *m:* **auf ~** a credito.

borgen [ˈbɔrgən] *tr* **1.** *(leihen)* prestare (*jdm etw.* qc a qu), dare in prestito (*jdm etw.* qc a qu); **2.** *(entleihen)* farsi prestare (*etw. von jdm* qc da qu).

Borke [ˈbɔrkə] ‹-, -n› *f* corteccia *f,* scorza *f.* **Borkenkäfer** *m* bostrico *m.*

borniert [bɔrˈni:ɐ̯t] *a* limitato, ottuso, stupido.

Borsalbe *f* unguento *m* all'acido borico.

Börse [ˈbœrzə] ‹-, -n› *f* **1.** *fin (a. Gebäude)* borsa *f;* **2.** *(Geldbeutel)* borsellino *m,* portamonete *m;* **an der ~ notiert werden** essere quotato in borsa. **Börsenbericht** *m* bollettino *m (o.* listino *m)* di borsa. **Börsenmakler(in)** *m(f)* agente *mf* di borsa.

Borste [ˈbɔrstə] ‹-, -n› *f* setola *f.* **Borstentier** *n* maiale *m.* **borstig** *a* **1.** *(Tier, Haut)* setoloso, irsuto; **2.** *fig (Person)* ispido, scontroso.

Borte [ˈbɔrtə] ‹-, -n› *f* passamano *m,* gallone *m.*

Borwasser *n* acqua *f* borica.

bösartig *a* **1.** *(Mensch, Bemerkung)* cattivo, malvagio, malizioso; **2.** *med* maligno. **Bösartigkeit** ‹-, -en› *f* **1.** *(von Mensch, Bemerkung)* cattiveria *f,* malvagità *f,* malignità *f;* **2.** *med* carattere *m* maligno.

Böschung [ˈbœʃʊŋ] ‹-, -en› *f (Straßen~)* scarpata *f; (Fluß~)* argine *m.*

böse [ˈbø:zə] *a* **1.** *(Mensch, Bemerkung, Tat)* cattivo, maligno, malvagio; *(unartig)* maleducato; **2.** *(ärgerlich)* arrabbiato, irritato; **3.** *(schlimm)* grave, serio, brutto; *(Krankheit)* pericoloso; *(entzündet)* infiammato; **ohne ~ Absicht** senza cattive intenzioni; **jdn ~ ansehen** guardare qu di traverso; **auf jdn** (*o.* **mit jdm) ~ sein** essere arrabbiato con qu, avercela con qu *fam;* **sich** *(dat)* (*o.* **aufeinander) ~ sein** essere arrabbiato (*o.* in disaccordo); **~ werden** arrabbiarsi, montare in collera; **es sieht ~ aus** *fig* va male; **ich hab' es nicht ~ gemeint, es war nicht ~ gemeint** non avevo (*o.* non c'era) alcuna cattiva intenzione; **~ Angelegenheit** brutta faccenda; **~ Folgen** conseguenze spiacevoli; **~r Geist** *rel* spirito maligno, demone *m;* **~ Zunge** malalingua *f,* linguaccia *f.*

Böse[1] ‹ein -r, -n, -n› *mf* cattivo, -a *m, f,* malvagio, -a *m, f.*

Böse[2] ‹ein -s, -n, ø› *n* male *m;* **~s ahnen** avere brutti presentimenti; **jdm etw. ~s antun** far del male a qu; **sich** *(dat)* **bei etw. nichts ~s denken** non pensar male di qc; **~s im Sinn haben** (*o.* **im Schilde führen)** tramare del male.

Bösewicht ‹-(e)s, -er *o.* -e› *m* **1.** malvagio *m,* scellerato *m;* **2.** *fam scherz (Schlingel)* briccone *m fam,* furfante *m.*

boshaft [ˈbo:shaft] *a* cattivo, maligno, malvagio.

Bosheit [ˈbo:shai̯t] ‹-, -en› *f* malignità *f; (a. Handlung)* malvagità *f,* cattiveria *f;* **aus reiner ~** per pura malvagità.

Bosporus [ˈbɔsporʊs] *m* Bosforo *m.*

Boß [bɔs] ‹Bosses, Bosse› *m fam* capo *m.*

böswillig I. *a* malevolo, malintenzionato; *jur* intenzionale; **in ~er Absicht** *jur* con intenzioni delittuose; **II.** *adv* con malevolenza, in malafede; *jur* intenzionalmente; **~ verlassen** *jur* abbandonare intenzionalmente. **Böswilligkeit** ‹-, -en› *f* malevolenza *f,* malizia *f,* malvagia intenzione *f.*

bot [bo:t] *1. u. 3. pers sing imp von* **bieten.**

Botanik [boˈta:nɪk] ‹-, ø› *f* botanica *f.*

Botaniker(in) ‹-s, -› *m(f)* bontanico, -a *m, f.*

botanisch *a* botanico.

botanisieren [botaniˈzi:rən] ‹*ohne ge-*› *itr* erborizzare, botanizzare.

Bote [ˈbo:tə] ‹-n, -n› *m,* **Botin** [ˈbo:tɪn] *f* messaggero, -a *m, f; (~njunge)* fattorino, -a *m, f; (Dienstmann)* facchino, -a *m, f;* **durch ~n** per corriere. **Botengang** *m* commissione *f.*

Botin *f s.* **Bote.**

Botschaft ‹-, -en› *f* **1.** *(Nachricht)* messaggio *m,* notizia *f,* comunicazione *f;* **2.** *pol (a. Gebäude)* ambasciata *f.*

Botschafter(in) ‹-s, -› *m(f)* ambasciatore, -trice *m, f.*

Böttcher [ˈbœtçɐ] ‹-s, -› *m* bottaio *m.*

Bottich [ˈbɔtɪç] ‹-(e)s, -e› *m* tino *m,* tinozza *f,* mastello *m.*

Bouillon [bʊlˈjɔŋ *o.* ...ˈjõ:] ‹-, -s› *f* brodo *m,* consommé *m.* **Bouillonwürfel** *m* dado *m* (di estratto) di carne.

Boulevardpresse [buləˈva:ɐ̯-] *f* stampa *f* scandalistica.

Bovist [ˈbo:vɪst *o.* boˈvɪst] ‹-s, -e› *m* vescica *f.*

Bowle [ˈbo:lə] ‹-, -n› *f* **1.** *(Getränk)* bowle *f,* vino *m* aromatizzato; **2.** *(Gefäß)* recipiente *m* da bowle.

Box [bɔks] ‹-, -en› **1.** *(Pferde~, Wa-*

gen~, etc.) box *m;* **2.** *(Lautsprecher~)* cassa *f* acustica, box *m.*
boxen ['bɔksən] **I.** *itr* boxare, fare del pugilato; **II.** *tr* dare dei pugni a; **III.** *rfl:* **sich ~** fare a pugni. **Boxen** ⟨-s, ø⟩ *n* boxe *f.*
Boxer ⟨-s, -⟩ *m* **1.** *(Faustschlag)* pugno *m;* **2.** *(Hund)* boxer *m.*
Boxer(in) ⟨-s, -⟩ *m(f) (Sportler)* (donna *f*) boxeur *m,* pugile *mf.*
Boxhandschuh *m* guanto *m* da pugilato, guantone *m.* **Boxkampf** *m* incontro *m* di pugilato (*o.* boxe). **Boxsport** *m* pugilato *m,* boxe *f.*
Boykott [bɔy̯'kɔt] ⟨-(e)s, -s *o.* -e⟩ *m* boicottaggio *m.*
boykottieren [...'ti:rən] ⟨*ohne ge-*⟩ *tr* boicottare.
Bozen ['bo:t̮sən] *n* Bolzano *f.*
BR [be:'ʔɛr] ⟨-(s), ø⟩ *m ab von* **Bayerischer Rundfunk** *rete radiotelevisiva regionale della R.F.T con sede a Monaco.*
brach [bra:x] *1. u. 3. pers sing imp von* **brechen.**
Brachialgewalt [bra'xi̯a:l-] *f* forza *f* bruta.
Brachland *n* maggese *m.* **brach·liegen** ⟨*irr*⟩ *itr* **1.** *(Feld)* stare a maggese; **2.** *fig* rimanere improduttivo (*o.* inattivo *o.* inadoperato).
brachte ['braxtə] *1. u. 3. pers sing imp von* **bringen.**
brackig ['brakıç] *a* salmastro.
Brackwasser ['brak-] *n* acqua *f* salmastra.
Branche ['brã:ʃə] ⟨-, -n⟩ *f* **1.** *com* ramo *m,* branca *f;* **2.** *(Fach)* campo *m.* **Branchenkenntnis** *f* cognizioni *f pl* del ramo. **Branchenverzeichnis** *n* elenco *m* (telefonico) per categorie.
Brand [brant] ⟨-(e)s, ¨-e⟩ *m* **1.** *(Feuer)* fuoco *m; (Feuersbrunst)* incendio *m;* **2.** *bot* carboni *m pl; (Getreide~)* carbonchio *m;* **3.** *med* cancrena *f;* **4.** *fam* gran sete *fam,* arsura *f;* **in ~ geraten** prendere fuoco, infiammarsi; **etw. in ~ setzen** (*o.* **stecken**) incendiare qc. **Brandblase** *f* vescica *f* ustoria. **Brandbombe** *f* bomba *f* incendiaria. **brandeilig** ['brant'ʔai̯lıç] *a fam* bruciante *fam;* **es ~ haben** avere una gran fretta.
branden ['brandən] *itr (Wellen)* infrangersi (*gegen* contro); *(tosen)* scrosciare.
Brandherd *m* focolaio *m* (d'incendio).
brandig *a* **1.** *bot* ingolpato; **2.** *med* cancrenoso; **~ werden** *bot* ingolparsi; *med* andare in cancrena.
Brandmal ⟨-(e)s, -e *o. rar* ¨-er⟩ *n* segno *m* di bruciatura; *(auf Tier)* marchio *m* a fuoco; *fig* marchio *m* d'infamia. **brandmarken** *tr (Tier)* bollare (a fuoco); *fig* contrassegnare con marchio d'infamia. **Brandmauer** *f* **1.** *(zwischen zwei Häusern)* muro *m* spartifuoco; **2.** *(Rückwand eines Kamins)* frontone *m.* **Brandschaden** *m* danno *m* provocato da incendio. **Brandsohle** *f (von Schuh)* tramezza *f.* **Brandstelle** *f* luogo *m* dell'incendio. **Brandstifter(in)** *m(f)* incendiario, -a *m, f.* **Brandstiftung** *f* incendio *m* colposo (*o.* doloso).
Brandung ⟨-, -en⟩ *f* frangente *m,* risacca *f.*
Brandwache *f* pompieri *m pl* di servizio. **Brandwunde** *f* ustione *f* da scottatura. **Brandzeichen** *n* marchio *m* a fuoco.
brannte ['brantə] *1. u. 3. pers sing imp von* **brennen.**
Branntwein ['brant-] *m* acquavite *f.*
Brasilianer(in) [brazi'li̯a:nɐ (...ərın)] ⟨-s, -⟩ *m(f)* brasiliano, -a *m, f.*
brasilianisch *a* brasiliano.
Brasilien [bra'zi:li̯ən] *n* Brasile *m;* **in ~** nel Brasile.
Brasse ['brasə] ⟨-, -n⟩ *f* scardola *f.*
brät [brɛ:t] *3. pers sing pr von* **braten.**
Bratapfel *m* mela *f* al forno.
braten ['bra:tən] ⟨brät, briet, gebraten⟩ **I.** *tr (Fleisch)* arrostire; *(in der Pfanne)* friggere; *(im Ofen)* far cuocere; *(auf dem Rost)* fare ai ferri; **braun ~** arrostire bene; **II.** *itr* arrostire; cuocere; friggere; **(in der Sonne) ~** arrostirsi.
Braten ⟨-s, -⟩ *m (Fleisch)* arrosto *m.* **Bratensaft** *m* sugo *m* dell'arrosto. **Bratenwender** ⟨-s, -⟩ *m* girarrosto *m.* **Brathähnchen** *n* pollo *m* arrosto. **Brathering** *m* aringa *f* fritta. **Brathuhn** *n* pollo *m* arrosto. **Bratkartoffeln** *f pl* patate *f pl* arrosto (*o.* al forno). **Bratpfanne** *f* padella *f.* **Bratrost** *m* griglia *f,* gratella *f.*
Bratsche ['bra:t̮ʃə] ⟨-, -n⟩ *f* viola *f.*
Bratspieß *m* spiedo *m.* **Bratwurst** *f* salsiccia *f* arrostita (*o.* da arrostire).
Brauch [brau̯x] ⟨-(e)s, ¨-e⟩ *m* uso *m,* usanza *f;* **das ist so ~** questo è l'uso.
brauchbar *a* **1.** *(benutzbar: Gerät, Material)* utilizzabile, usabile; *(Plan)* utilizzabile; *(nützlich: Material, Gegenstand)* utile; **2.** *(tauglich: Schüler, Mitarbeiter)* bravo, abile, capace; *(Idee)* ragionevole.
brauchen ['brau̯xən] *tr* **1.** *(benutzen)* impiegare, servirsi di, usare, adoperare; **2.** *(nötig haben)* aver bisogno di, occorrere; *(benötigen: Zeit, Platz, etc.)* aver bisogno di; **ich brauche**

Geld mi occorrono soldi; **lange ~, um zu ...** metterci molto per ... *inf;* **zwei Stunden ~, um zu ...** impiegare due ore per ... *inf;* **ich brauche Ihnen nicht zu sagen, daß ...** non devo dirLe che ..., è inutile che Le dica che ...; **das ist genau, was ich brauche** è proprio quello che mi occorre, ciò fa proprio al caso mio; **man braucht nur (zu) läuten** basta suonare; **Sie ~ es nur zu sagen** deve solo dirlo.

Brauchtum ‹-s, *rar* ¨-er› *n* usanze *f pl,* usi *m pl* e costumi *m pl.*

Braue ['braṷə] ‹-, -n› *f* sopracciglio *m.*

brauen ['braṷən] *tr (Bier)* fabbricare; *fam (Getränk)* preparare.

Brauer(in) ‹-s, -› *m(f)* birraio, -a *m, f.*

Brauerei [braṷə'ra̯i] ‹-, -en› *f,* **Brauhaus** *n* fabbrica *f* di birra, birrificio *m.*

Brauerin *f s.* **Brauer.**

braun [braṷn] *a* bruno, marrone; *(Haar)* scuro; *(Augen)* marrone, scuro; *(kastanien~)* castano; *(Pferd)* baio; *(~gebrannt)* abbronzato; **~ färben** (*o.* **machen)** colorare di bruno; **~ werden** abbronzare, abbronzarsi; *s. a. blau.*

Bräune ['brɔ̯ynə] ‹-, ø› *f* tinta *f* bruna; *(Sonnen~)* abbronzatura *f.*

bräunen I. *tr* **1.** *(braun färben)* tingere di marrone; **2.** *(Haut)* abbronzare; **3.** *gastr* rosolare; **II.** *itr (in der Sonne)* abbronzarsi.

braungebrannt *a* abbronzato.

bräunlich *a* brunastro.

Brause ['braṷzə] ‹-, -n› *f* **1.** *(Dusche)* doccia *f;* **2.** *(~kopf)* fungo *m;* **3.** *(Getränk)* gassosa *f.* **Brausekopf** *m* **1.** fungo *m;* **2.** *fig (Hitzkopf)* testa *f* calda.

brausen ['braṷzən] **I.** *itr* **1.** ‹*haben*› *(lärmen)* rumoreggiare; *(Wasser, Beifall)* scrosciare; *(Wind)* muggire; *(Meer)* mugghiare; **2.** ‹*sein*› *(Fahrzeug)* sfrecciare, correre; **II.** *rfl:* **sich ~** fare la doccia. **brausend** *a* fragoroso, scrosciante, rimbombante. **Brausepulver** *n* polverina *f* effervescente.

Braut [braṷt] ‹-, ¨-e› *f* fidanzata *f; (am Hochzeitstag)* sposa *f.*

Bräutigam ['brɔ̯ytıgam] ‹-s, -e› *m* fidanzato *m; (am Hochzeitstag)* sposo *m.*

Brautjungfer *f* damigella *f* d'onore della sposa. **Brautkleid** *n* abito *m* da sposa (*o.* nuziale). **Brautpaar** *n* (coppia *f* di) sposi *m pl.* **Brautschleier** *m* velo *m* da sposa (*o.* nuziale).

brav [bra:f] *a* **1.** *(lieb)* bravo, buono; **2.** *(rechtschaffen)* onesto, retto; **3.** *(tüchtig)* capace, valente; **4.** *obs* coraggioso, valoroso.

bravo ['bra:vo] *interj* bravo. **Bravoruf** *m* bravo *m.*

BRD [be:ˀɛr'de:] ‹-, ø› *f ab von* **Bundesrepublik Deutschland** R.F.T. *f* (*ab von* Repubblica Federale Tedesca).

Brechbohnen *f pl* fagiolini *m pl.* **Brechdurchfall** *m* colerina *f.* **Brecheisen** *n* piede *m* di porco.

brechen ['brɛçən] ‹bricht, brach, gebrochen› **I.** *tr* ‹*haben*› **1.** *(entzwei~)* spezzare, rompere; *(in Stücke ~)* frantumare; **2.** *(Steine)* cavare; **3.** *(Blumen, Obst)* cogliere; **4.** *med (Knochen)* fratturare; **5.** *(von sich geben)* vomitare; **6.** *opt* rifrangere; **7.** *fig (Frieden, Eid, Gesetz)* violare; *(Vertrag)* rompere; *(Gelübde)* infrangere; *(Versprechen, sein Wort)* non mantenere; *(Widerstand)* vincere; **jdm das Genick ~** *fig* mandare in rovina qu; **den Rekord ~** battere il record; **den Streik ~** non prendere parte allo sciopero, fare il crumiro; **jdm das Herz ~** spezzare il cuore a qu; **sich** *(dat)* **den Arm/das Bein ~** rompersi (*o.* fratturarsi) il braccio/la gamba; **II.** *itr* **1.** ‹*sein*› *(zer~)* rompersi, spezzarsi; *(Stoff)* trinciarsi, lacerarsi; **2.** ‹*haben*› *(sich erbrechen)* vomitare, rigettare; **3.** ‹*haben*› *fig (sich entzweien)* rompere (*mit jdm* con qu); **mir bricht das Herz** mi si spezza il cuore; **zum B~** (*o.* **~d) voll sein** essere pieno come un uovo; **III.** *rfl:* **sich ~** *(Wellen)* infrangersi (*an* contro); *(Licht)* rifrangersi.

Brecher ‹-s, -› *m* **1.** *(Sturzwelle)* frangente *m,* ondata *f;* **2.** *tec* frantoio *m.*

Brechmittel *n med* emetico *m;* **er/das ist ein ~ für mich** lui/questo mi fa schifo (*o.* senso). **Brechreiz** *m* conato *m* di vomito, nausea *f.* **Brechstange** *f* piede *m* di porco.

Bregenz ['bre:gɛnts] *n* Bregenza *f.*

Brei [bra̯i] ‹-(e)s, -e› *m* **1.** *(Speise)* pappa *f; (fester ~)* pastone *m; (Kartoffel-, Erbs~)* purè *m,* purea *f; (bes. von Obst)* passato *m;* **2.** *tec (Masse)* pasta *f;* **zu ~ schlagen** *fig fam* fare polpette di *fam,* ridurre in poltiglia; **um den heißen ~ herumreden** non venire al dunque; **jdm ~ ums Maul schmieren** adulare qu, arruffianarsi qu *vulg.* **breiig** *a* denso, pastoso.

Breisgau ['bra̯isgaṷ] *m* Brisgovia *f.*

breit [bra̯it] *a* largo; *(weit, ausgedehnt)* ampio, vasto; *(Becken)* ampio, vasto, largo; *(Publikum)* vasto, grande; *(Angebot, Interessen)* grande; *(Lachen)* sguaiato; **die ~e Masse** la gran(de) massa; **einen ~en Rücken** (*o.* **Buckel) haben** *fig fam* sopportare parecchio; **1 m ~ liegen** *(Stoff)* essere largo 1 m; **~er machen** allargare; **~er werden** allargarsi. **breitbeinig** *adv* a gambe large.

Breite ‹-, -n› *f* **1.** larghezza *f; (Weite, Ausdehnung)* ampiezza *f,* vastezza *f,* estensione *f; (Breitseite)* fianco *m; (Stoff~)* altezza *f;* **2.** *geog, astr* latitudine *f;* **in die ~ gehen** *fam (dick werden)* ingrassare; **nördliche ~** (*ab* **n. Br.**) latitudine nord; **der ~ nach** secondo la larghezza; **etw. in aller ~ erklären** spiegare qc dettagliatamente.

breiten *tr (aus~)* (di)stendere (*über* su).

Breitengrad *m* grado *m* di latitudine.

breit·machen *rfl:* **sich ~** *fam (viel Platz beanspruchen)* occupare molto posto; *(sich häuslich niederlassen)* installarsi. **breit·schlagen** ‹*irr*› *tr fam:* **sich ~ lassen** lasciarsi convincere (*o.* persuadere). **breitschult(e)rig** *a* dalle spalle larghe. **Breitseite** *f* **1.** *naut* fianco *m* di nave; *(Schuß)* bordata *f;* **2.** *(von Tisch, Haus, etc.)* fianco *m.* **breit·treten** ‹*irr*› *tr fig* trattare diffusamente. **Breitwand** *f* schermo *m* panoramico (*o.* gigante). **Breitwandfilm** *m* film *m* in cinemascope (*o.* su schermo panoramico).

Bremen ['bre:mən] *n* Brema *f.*

Bremsbelag *m* pastiglie *f pl* dei freni.

Bremse[1] ['brɛmzə] ‹-, -n› *f tec, fig* freno *m;* **auf die ~ treten** premere (*o.* pigiare) il freno.

Bremse[2] ['brɛmzə] ‹-, -n› *f (Insekt)* tafano *m.*

bremsen ['brɛmzən] *tr, itr (a. fig)* frenare; **er ist nicht zu ~** *fam* non si riesce a fermarlo; **ich kann mich ~!** *fam* posso (*o.* so) frenarmi.

Bremsflüssigkeit *f* fluido *m* per freni. **Bremshebel** *m* leva *f* del freno. **Bremsklotz** *m* ceppo *m* del freno. **Bremslicht** *n* luce *f* di arresto, stop *m fam.* **Bremspedal** *n* pedale *m* del freno. **Bremsspur** *f* traccia *f* della frenata. **Bremsvorrichtung** *f* dispositivo *m* di frenaggio. **Bremsweg** *m* spazio *m* di frenata.

brennbar *a* combustibile; *(entzündlich)* infiammabile.

brennen ['brɛnən] ‹brennt, brannte, gebrannt› **I.** *itr* **1.** *(Feuer, Material, Haus)* bruciare, ardere; *(Licht, Ofen)* essere acceso; **2.** *(auf der Haut, in den Augen, Wunde, Augen, Kehle, Füße)* bruciare; **3.** *(heiß sein)* scottare; **darauf ~, etw. zu tun** ardere dal desiderio di fare qc; **vor Ungeduld ~** fremere d'impazienza; **das Streichholz brennt nicht** (*o.* **will nicht ~**) il fiammifero non si accende; **es brennt!** al fuoco!; **wo brennt's?** *fig fam* cos'è successo?; **II.** *tr* bruciare; *(Porzellan, Kalk, Ziegel, Ton)* cuocere; *(Kaffee)* torrefare, tostare; *(Branntwein)* distillare. **brennend** *a* **1.** *(Haus)* in fiamme; *(Feuer, Holz)* ardente, che brucia; *(Zigarette, Licht)* acceso; **2.** *(Wunde, Auge, Fuß, etc.)* che brucia; *(Schmerz)* cocente; **3.** *fig (Durst)* terribile; *(Haß)* che consuma (*o.* rode); *(Interesse)* vivo; **jdn ~ interessieren** interessare qu terribilmente.

Brenner[1] ['brɛnɐ] *m geog* Brennero *m.*

Brenner[2] ['brɛnɐ] ‹-s, -› *m* **1.** *(Gerät)* bruciatore *m; (Gas~)* becco *m* a gas; **2.** *(Kaffee~)* tostacaffè *m; (Ziegel~)* mattonaio *m,* fornaciaio *m; (Schnaps~)* distillatore *m.*

Brennerei [brɛnə'ra͡i] ‹-, -en› *f (Schnaps~)* distilleria *f.*

Brennessel *f* ortica *f.*

Brennglas *n* lente *f* convergente. **Brennholz** *n* legna *f* da ardere. **Brennmaterial** *n* combustibile *m.* **Brennpunkt** *m phys, fig* fuoco *m; fig* centro *m;* **im ~ stehend** *fig* centrale. **Brennspiritus** *m* spirito *m* da ardere. **Brennstoff** *m* combustibile *m; mot, aero* carburante *m.*

brenzlig ['brɛnt͡slɪç] *a* **1.** *(Geruch, Geschmack)* che sa di bruciaticcio; **2.** *fig fam (bedenklich)* sospetto, preoccupante; **~ riechen** puzzare di bruciato; **es wird ~** *fig fam* tira una brutta aria.

Bresche ['brɛʃə] ‹-, -n› *f* breccia *f;* **eine ~ schlagen** aprire una breccia; **in die ~ springen** *fig* intervenire.

Breslau ['brɛsla͡u] *n* Breslavia *f.*

Brett [brɛt] ‹-(e)s, -er› *n* **1.** *(Holz~)* asse *m,* tavola *f; (Regal~)* mensola *f; (Bücher~)* (ri)piano *m;* **2.** ‹*pl*› *(Skier)* sci *m pl; (Boxring)* ring *m; theat (Bühne)* palcoscenico *m,* scena *f;* **3.** *(Schach~)* scacchiera *f; (Dame~)* damiera *f;* **4.** *(Servier~)* vassoio *m;* **ein ~ vor dem Kopf haben** *fig* non veder più in là del proprio naso; **Schwarzes ~** albo *m,* quadro *m.* **Bretterzaun** *m* steccato *m,* staccionata *f.* **Brettspiel** *n* gioco *m* da tavola.

Brevier [bre'vi:ɐ̯] ‹-s, -e› *n* breviario *m.*

Brezel ['bre:t͡səl] ‹-, -n› *f* brezel *m.*

bricht [brɪçt] *3. pers pr sing von* **brechen.**

Brief [bri:f] ‹-(e)s, -e› *m* lettera *f*, missiva *f*; *rel, geh, iron* epistola *f*; **ein ~ Nadeln** una cartina di spilli; **jdm ~ und Siegel auf etw. geben** dare tutte le assicurazioni a qu su qc. **Briefbeschwerer** ‹-s, -› *m* fermacarte *m*. **Briefblock** ‹-(e)s, -s› *m* blocco *m* di carta da lettere. **Briefbogen** *m* foglio *m* di carta da lettere. **Briefbombe** *f* pacco *m* esplosivo. **Briefdrucksache** *f* lettera *f* inviata come stampe. **Brieffreund(in)** *m(f)* amico, -a *m, f* di penna. **Brieffreundschaft** *f* amicizia *f* epistolare. **Briefgeheimnis** *n* segreto *m* epistolare. **Briefkarte** *f* cartoncino *m* (con busta). **Briefkasten** *m (der Post)* cassetta *f* postale, buca *f* delle lettere *fam; (Haus~)* cassetta *f* della posta; *(Zeitungsrubrik)* posta *f* dei lettori; **den ~ leeren** levare la posta; **in den ~ stecken** (*o.* **werfen)** imbucare; **der ~ wird dreimal täglich geleert** la posta vien levata tre volte al giorno. **Briefkopf** *m* intestazione *f* della lettera. **brieflich** *a, adv* per lettera (*o.* corrispondenza); **~ mit jdm verkehren** essere in corrispondenza epistolare con qu. **Briefmarke** *f* francobollo *m*. **Briefmarkenalbum** *n* album *m* filatelico. **Briefmarkenautomat** *m* distributore *m* automatico di francobolli. **Briefmarkensammler(in)** *m(f)* filatelista *mf*. **Briefmarkensammlung** *f* collezione *f* di francobolli. **Brieföffner** *m* tagliacarte *m*, aprilettere *m*. **Briefpapier** *n* carta *f* da lettere. **Briefporto** *n* affrancatura *f*. **Briefschreiber(in)** *m(f)* persona *f* che scrive lettere; **ein eifriger ~** un fervido corrispondente; **ich bin kein großer ~** di solito non scrivo molte lettere. **Brieftasche** *f* portafoglio *m*. **Brieftaube** *f* piccione *m* viaggiatore. **Briefträger(in)** *m(f)* portalettere *mf*. **Briefumschlag** *m* busta *f* (da lettera). **Briefwaage** *f* bilancia *f* per corrispondenza. **Briefwahl** *f* votazione *f* per corrispondenza. **Briefwechsel** *m* corrispondenza *f* epistolare, carteggio *m*; **mit jdm in ~ stehen** essere in corrispondenza con qu.

briet [bri:t] *1. u. 3. pers sing imp von* **braten.**

Brigade [bri'ga:də] ‹-, -n› *f* **1.** *mil* brigata *f*; **2.** *(DDR: Arbeitsgruppe)* gruppo *m* di operai. **Brigadegeneral** *m* generale *m* di brigata.

Brigitte [bri'gɪtə] *(weiblicher Vorname)* Brigida, Brigitta.

Brikett [bri'kɛt] ‹-s, -s *o. rar* -e› *n* bricchetta *f*, mattonella *f* di carbone.

brillant [brɪl'jant] *a* brillante, splendido, eccellente.

Brillant ‹-en, -en› *m* brillante *m*. **Brillantring** *m* anello *m* con brillante.

Brille ['brɪlə] ‹-, -n› *f* (paio *m* di) occhiali *m pl*; *(Schutz~)* occhiali *m pl* (di protezione); *(Klosett~)* sedile *m*; **eine ~ aufsetzen/tragen** mettere/portare gli occhiali; **alles durch eine rosige** (*o.* **rosarote) ~ sehen** *fig* vedere tutto roseo. **Brillenetui** *n* astuccio *m* per occhiali. **Brillenglas** *n* lente *f* da occhiali. **Brillenschlange** *f zoo* serpente *m* dagli occhiali, naia *f*; *fig fam* donna *f* occhialuta. **Brillenträger(in)** *m(f)* persona *f* con gli occhiali, chi porta gli occhiali; **~ sein** portare gli occhiali.

bringen ['brɪŋən] ‹bringt, brachte, gebracht› *tr* **1.** *(transportieren, befördern)* (tras)portare; *(herbei~, mit~)* portare (*jdm* a qu); *(holen)* andare a prendere; *(begleiten)* accompagnare; *(im Auto fahren)* portare; **2.** *(ein~: Geld, Gewinn)* rendere, fruttare; *(Ärger, Sorgen, Freude, Vorteile)* causare, portare; **3.** *(Opfer)* portare, fare; **4.** *(veröffentlichen)* pubblicare; *(senden)* trasmettere; **etw. an sich ~** impadronirsi di qc; **etw. wieder an sich ~** ricuperare qc; **jdn auf etw. ~** dare un'idea di qc a qu; **es dahin** (*o.* **so weit) ~, daß ...** arrivare a ..., far si che ...; **etw. hinter sich ~** portare a termine qc; **mit sich** *(dat)* **~** *(zur Folge haben)* avere come conseguenza, comportare; **es über sich ~, etw. zu tun** decidersi a fare qc; **jdn um etw. ~** far perdere qc a qu; *(berauben)* derubare (*o.* frodare) qu di qc; **es weit ~, es (noch) zu etwas ~** far molta strada; **etw. zustande** (*o.* **zuwege) ~** venire a capo di qc; **in Gang ~** mettere in moto, avviare; **Glück ~** portare fortuna; **in Sicherheit ~** mettere al sicuro; **jdn um den Verstand ~** far perdere il senno a qu; **Zinsen ~** fruttare (*o.* dare) interessi; **was ~ die Zeitungen darüber?** cosa ne dicono i giornali?; **jdm Blumen ~** portare i fiori a qu; **das bringt nichts** *fam (ist nutzlos)* non serve niente; **er bringt es nicht** *fam (taugt nichts)* è un buono a nulla *fam*; **etw. zum Stehen ~** fermare qc; **jdn zum Lachen/Weinen ~** far ridere/piangere qu; **wir ~ Nachrichten** abbiamo notizie.

Bringschuld *f* debito *m* portabile.

brisant [bri'zant] *a* di scottante attualità, esplosivo.

Brisanz [...'zants] ‹-, ø› *f* esplosività *f*.

Brise ['bri:zə] ‹-, -n› *f* brezza *f*.

Britannien [bri'tanjən] *n hist* Britannia *f.*
Brite ['brɪtə *o.* 'bri:tə] ‹-n, -n› *m,* **Britin** [...tɪn] *f* britanno, -a *m, f.*
britisch *a* britannico; **die B~en Inseln** le isole Britanniche.
Brixen ['brɪksən] *n* Bressanone *f.*
bröckeln ['brœkəln] *itr ‹sein›* sbriciolarsi, sgretolarsi.
Brocken ['brɔkən] ‹-s, -› *m (a. fig)* briciolo *m; (Stückchen)* pezzo *m,* frammento *m;* **harter ~** *fig* osso *m* duro *fam;* **ein paar ~ Latein** qualche parola di latino. **brockenweise** *adv* a pezzettini, a bocconi; *fig* frammentariamente.
brodeln ['bro:dəln] *itr (a. fig)* ribollire.
Brokat [bro'ka:t] ‹-(e)s, -e› *m* broccato *m.*
Brom [bro:m] ‹-s, ø› *n* bromo *m.*
Brombeere ['brɔm-] *f* mora *f.* **Brombeerstrauch** *m* rovo *m.*
bronchial [brɔn'çia:l] *a* bronchiale. **Bronchialkatarrh** [-katar] *m,* **Bronchitis** [brɔn'çi:tɪs, ...çi'ti:dən] ‹-, -tiden› *f* bronchite *f.*
Bronchien ['brɔnçiən] *f pl* bronchi *m pl.*
Bronze ['brõ:sə] ‹-, -n› *f* bronzo *m.* **Bronzemedaille** *f* medaglia *f* di bronzo. **bronzen** *a* di bronzo, bronzeo. **Bronzezeit** *f* età *f* del bronzo.
Brosche ['brɔʃə] ‹-, -n› *f* fermaglio *m,* spilla *f.*
broschiert [brɔ'ʃi:ɐt] *a* in brossura.
Broschüre [brɔ'ʃy:rə] ‹-, -n› *f* brossura *f,* opuscolo *m.*
Brot [bro:t] ‹-(e)s, -e› *n* pane *m; (~laib)* pane *m,* pagnotta *f; (~scheibe)* fetta *f* di pane; *(belegtes ~)* panino *m* imbottito; **sein ~ verdienen** guadagnarsi il pane; **belegtes ~** panino imbottito; **das ist ein hartes** (*o.* **schweres) ~** questo è un pane guadagnato col sudore della fronte, sono soldi sudati; **Schnitte ~** fetta di pane; **schwarzes ~** pane nero; **Stück ~** pezzo di pane; **das tägliche ~** il pane quotidiano. **Brotbeutel** *m* tascapane *m.*
Brötchen ['brø:tçən] ‹-s, -› *n* panino *m;* **belegtes ~** panino imbottito, sandwich *m.*
Broteinheit *f* (*ab* BE) *unità di misura idrati di carbonio (nelle diete).* **Brotkorb** *m* cestino *m* del pane; **jdm den ~ höher hängen** *fig* lesinare il pane a qu. **Brotkrume** *f* briciola *f (o.* mollica *f)* (di pane). **Brotkruste** *f* crosta *f* del pane. **brotlos** *a:* **jdn ~ machen** gettare qu sul lastrico; **~e Kunst** arte che non dà da vivere.
Brotmesser *n* coltello *m* per il pane. **Brotrinde** *f s.* **Brotkruste. Brotröster** ‹-s, -› *m (Gerät)* tostapane *m.* **Brotschneidemaschine** *f* affettatrice *f* per pane. **Brotsuppe** *f* pancotto *m.*
BRT *ab von* **Bruttoregistertonne** T.S.L. (*ab von* tonnellata di stazza lorda).
Bruch [brʊx] ‹-(e)s, ⸚e› *m* **1.** *(Brechen, a. fig)* rottura *f;* **2.** *(Zerbrochenes)* residui *m pl,* frammenti *m pl,* frantumi *m pl;* **3.** *(Bruchstelle)* frattura *f;* **4.** *(Falte)* piega *f;* **5.** *med (Knochen~)* frattura *f; (Eingeweide~)* ernia *f;* **6.** *mat* frazione *f;* **7.** *(Spaltung, Zerwürfnis)* scissione *f;* **zu ~ gehen** rompersi, andare in pezzi; **in die Brüche gehen** *fig* fallire, andare in fumo; **sich** *(dat)* **einen ~ heben** farsi venire un'ernia alzando un peso. **Bruchbude** *f fam* catapecchia *f.*
brüchig ['brʏçɪç] *a* **1.** *(zerbrechlich)* fragile; *(bröckelig)* friabile, sfaldabile; **2.** *(Stimme)* stridulo; **3.** *fig* fatiscente.
Bruchlandung *f* atterraggio *m* di fortuna. **Bruchrechnen** *n* calcolo *m* con numeri frazionari. **Bruchstrich** *m mat* segno *m* di frazione. **Bruchstück** *n* frammento *m.* **bruchstückhaft** *adv* a frammenti, frammentariamente. **Bruchteil** *m* frazione *f.* **Bruchzahl** *f* frazione *f.*
Brücke ['brʏkə] ‹-, -n› *f* **1.** *(a. Zahnmedizin, sport, tec, el)* ponte *m; (Fußgänger~, naut)* passerella *f;* **2.** *(kleiner Teppich)* passatoia *f;* **alle ~n hinter sich** *(dat)* **abbrechen** *fig* tagliare i ponti; **eine ~ schlagen** *(a. fig)* gettare un ponte. **Brückenbau** ‹-(e)s, -ten› *m* costruzione *f* di ponti. **Brükkengeländer** *n* parapetto *m* del ponte. **Brückenkopf** *m mil* testa *f* di ponte.
Bruder ['bru:dɐ] ‹-s, ⸚› *m* **1.** *(a. allg.: Mitmensch, Freund)* fratello *m; rel (Ordensbruder)* frate(llo) *m;* **2.** *fam pej* soggetto *m,* tipo *m;* **unter Brüdern** tra amici; **lustiger ~, ~ Lustig** compagnone *m,* mattacchione *fam.*
Brüderchen ['bry:dɐçən] ‹-s, -› *n,* **Brüderlein** [...lain] ‹-s, -› *n* fratellino *m.*
brüderlich I. *a* fraterno; **II.** *adv* da buoni fratelli, fraternamente.
Brudermord *m* fratricidio *m.* **Brudermörder(in)** *m(f)* fratricida *mf.* **Bruderschaft** ‹-, -en› *f* confraternita *f,* congregazione *f.* **Brüderschaft** ‹-, ø› *f* fraternità *f,* fratellanza *f;* **mit jdm ~ trinken** bere insieme per darsi del "tu" con qu.

Brühe ['bry:ə] ‹-, -n› *f* **1.** *(Fleisch~)* brodo *m* (ristretto di carne), consommé *m;* **2.** *(Soße)* sugo *m,* intingolo *m;* **3.** *pej (Schmutzwasser)* acque *f pl* luride; *(Getränk)* brodaglia *f.*
brühen *tr (ab~)* sbollentare, immergere nell'acqua bollente; *(Tee, Kaffee)* versare acqua bollente su.
brühwarm ['bry:'varm] *a:* **etw. ~ erzählen** scodellare una notizia calda calda *fam.* **Brühwürfel** *m* dado *m* per (*o.* da) brodo.
brüllen ['brʏlən] *itr (Rind)* muggire; *(Löwe)* ruggire; *(Mensch)* urlare; *(weinen)* piangere forte.
Brummbär *m fam* brontolone *m fam,* orso *m fam.*
brummeln *itr* mormorare, borbottare.
brummen ['brʊmən] **I.** *itr* **1.** *(Bär, Mensch)* brontolare; *(Insekt, Kreisel, Flugzeug)* ronzare; *mot* rombare; **2.** *fam (in Gefängnis)* stare al fresco *fam;* **in den Bart ~** borbottare fra i denti; **mir brummt der Schädel** (*o.* **Kopf**) la testa mi ronza; **II.** *tr (Mensch)* borbottare, mormorare.
brummig *a* brontolone, borbottone.
Brummschädel *m fam:* **einen ~ haben** avere la testa stordita.
Brunch ['bran(t)ʃ] ‹-(e)s, -(e)s *o.* -(e)› *m* pasto *m* unico che fa da prima e seconda colazione, colazione *f* all'americana.
brunchen *itr* fare colazione all'americana.
Bruneck [bru'nɛk] *n* Brunico *f.*
brünett [bry'nɛt] *a* bruno, moro.
Brunft [brʊnft] ‹-, ⸚e› *f s.* **Brunst.**
Brunnen ['brʊnən] ‹-s, -› *m (Spring~)* fontana *f; (Zieh~)* pozzo *m; (Heilquelle)* (sorgente *f* di) acque *f pl* minerali.
Bruno ['bru:no] *(männlicher Vorname)* Bruno.
Brunst [brʊnst] ‹-, ⸚e› *f* calore *m,* fregola *f.*
brünstig ['brʏnstɪç] *a zoo* in calore, in fregola.
brüsk [brʏsk] *a* brusco, sgarbato.
brüskieren [...'ki:rən] ‹*ohne ge-*› *tr* trattare male, bistrattare, offendere.
Brüssel ['brʏsəl] *n* Bruxelles *f.*
Brüsseler, Brüßler ['brʏsəlɐ, 'brʏslɐ] ‹*inv*› *a attr* di Bruxelles; **~ Spitzen** pizzi di Bruxelles.
Brust [brʊst] ‹-, ⸚e› *f* petto *m; (Busen)* seno *m; (Mutter~)* mammella *f; (~korb, ~kasten, von Insekt)* torace *m; fig (Herz, Seele)* cuore *m,* petto *m,* seno *m;* **aus voller ~** a squarciagola; **jdn an die ~ drücken** stringere qu al petto; **einem Kind die ~ geben** dare il seno a un bambino; **sich in die ~ werfen** *fig* andare pettoruto, darsi delle arie. **Brustbein** *n* sterno *m.* **Brustbeutel** *m* borsellino *m* appeso al collo.
brüsten ['brʏstən] *rfl:* **sich ~** darsi delle arie; **sich mit etw. ~** vantarsi di qc.
Brustfell *n* pleura *f.* **Brustfellentzündung** *f* pleurite *f.* **Brustkasten** *m fam,* **-korb** *m* gabbia *f* toracica, torace *m.* **Brustkrebs** *m* carcinoma *m* mammario, cancro *m* al seno *fam.* **Brustschwimmen** *n* nuoto *m* a rana. **Brusttasche** *f (äußere)* taschino *m* (sul petto); *(innere)* taschino *m* interno. **Brustton** *m mus* nota *f* di petto; **im ~ der Überzeugung** con la massima convinzione. **Brustumfang** *m,* **-weite** *f* (circonferenza *f* di) petto *m.*
Brüstung ‹-, -en› *f* parapetto *m,* balaustrata *f.*
Brustwarze *f* capezzolo *m.*
Brustweite *f s.* **Brustumfang.**
Brut [bru:t] ‹-, -en› *f* **1.** *(das Brüten)* cova(tura) *f;* incubazione *f;* **2.** *(Eier, Vogeljunge)* covata *f,* nidiata *f; (Fisch~)* avannotti *m pl; (Insekten~)* cacchioni *m pl;* **3.** *fig pej (von Menschen)* razza *f,* genia *f.*
brutal [bru'ta:l] *a* brutale.
Brutalität [...tali'tɛ:t] ‹-, -en› *f* brutalità *f.*
Brutapparat *m* incubatrice *f.*
brüten ['bry:tən] **I.** *itr* covare; **über etw. ~** meditare su qc; **II.** *tr (Rache, Verrat)* covare, meditare.
Brüter ‹-s, -› *m:* **schneller ~** reattore *m* autofertilizzante.
Bruthitze *f fam* calore *m* soffocante. **Brutkasten** *m* incubatrice *f.* **Brutstätte** *f* luogo *m* di cova; *fig* covo *m,* nido *m.*
brutto ['brʊto] *adv* lordo. **Bruttoeinkommen** *n* reddito *m* lordo. **Bruttogewicht** *n* peso *m* lordo. **Bruttopreis** *m* prezzo *m* lordo. **Bruttoregistertonne** *f* (*ab* **BRT**) tonnellata *f* di stazza lorda. **Bruttosozialprodukt** *n* reddito *m* nazionale lordo, prodotto *m* sociale.
Brutzeit *f* (periodo *m* di) incubazione *f.*
brutzeln ['brʊt̮səln] *tr, itr* sfrigolare.
Btx [be:te:'ʔɪks] *ab von* **Bildschirmtext** Videotel® *m,* Videotex® *m.*
Bub [bu:p] ‹-en, -en› *m dial* ragazzo *m,* ragazzetto *m.*
Bubikopf ['bu:bi-] *m (Frisur)* caschetto *m.*
Buch [bu:x] ‹-(e)s, ⸚er› *n* **1.** libro *m;* **2.** ‹*meist pl*› *com* registro *m,* libro *m;*

3. *(zu einer Oper)* libretto *m; (Dreh~)* copione *m;* **wie es/er/sie im ~ steht** come si deve, coi fiocchi *fam;* **über etw. ~ führen** registrare qc; **die Bücher führen** *com* tenere la contabilità; **reden wie ein ~** parlare come un libro stampato; **zu ~e schlagen** avere il proprio peso; **das ist mir ein ~ mit sieben Siegeln** questo per me è arabo; **das ~ der Bücher** *(Bibel)* la Bibbia, la Sacra scrittura. **Buchbesprechung** *f* recensione *f* (di un libro). **Buchbinder(in)** ‹-s, -› *m(f)* (ri)legatore, -trice *m, f* di libri. **Buchbinderei** [-bındəˈrai̯] ‹-, -en› *f* 1. *(Werkstatt)* legatoria *f;* 2. *(Gewerbe)* rilegatura *f.* **Buchbinderin** *f s.* **Buchbinder. Buchdruck** ‹-(e)s, ø› *m* stampa *f* di libri. **Buchdrukker(in)** *m(f)* stampatore, -trice *m, f,* tipografo, -a *m, f.* **Buchdruckerei** [-drʊkəˈrai̯] *f* tipografia *f,* stamperia *f.* **Buchdruckerin** *f s.* **Buchdrucker.**

Buche [ˈbu:xə] ‹-, -n› *f* faggio *m.*

Buchecker [ˈbu:xˀɛkɐ] ‹-, -n› *f* faggiola *f.*

buchen [ˈbu:xən] *tr* registrare, contabilizzare; *(Platz, Zimmer)* prenotare, riservare; **einen Erfolg für sich ~ (können)** registrare un successo personale.

Buchenholz *n* (legno *m* di) faggio *m.*

Bücherbrett *n* mensola *f* per libri. **Bücherbus** *m* bibliobus *m.*

Bücherei [by:çəˈrai̯] ‹-, -en› *f* biblioteca *f.*

Bücherfreund *m* bibliofilo *m.* **Bücherregal** *n* scaffale *m.* **Bücherschrank** *m* libreria *f.* **Bücherstütze** *f* reggilibri *m.* **Bücherwand** *f* biblioteca *f* murale. **Bücherweisheit** *f* cultura *f* libresca. **Bücherwurm** *m* 1. *zoo* tarlo *m* dei libri; 2. *scherz* topo *m* di biblioteca *fam.*

Buchfink *m* fringuello *m.*

Buchführung *f* contabilità *f;* **einfache/doppelte ~** contabilità a partita semplice/doppia. **Buchhalter(in)** *m(f)* contabile *mf,* ragioniere, -a *m, f.* **Buchhaltung** *f s.* **Buchführung. Buchhandel** *m* commercio *m* librario. **Buchhändler(in)** *m(f)* libraio, -a *m, f.* **Buchhandlung** *f* libreria *f;* **~ und Antiquariat** libreria moderna e d'antiquariato. **Buchhülle** *f* coprilibro *m.* **Buchmacher** *m sport* allibratore *m.* **Buchmalerei** *f* miniatura *f* (di codici). **Buchmesse** *f* fiera *f* del libro. **Buchprüfer(in)** *m(f) com* revisore, -a *m, f* contabile. **Buchprüfung** *f* revisione *f* contabile, verifica *f* dei conti. **Buchrücken** *m* costola *f.*

Buchs(baum *m*) [ˈbʊks(bau̯m)] ‹-es, -e› *m* bosso *m.*

Buchse [ˈbʊksə] ‹-, -n› *f tec* manicotto *m.*

Büchse [ˈbʏksə] ‹-, -n› *f* 1. *(Behälter)* barattolo *m,* vasetto *m; (Dose)* lattina *f; (Sammel~)* bossolo *m;* 2. *(Jagdgewehr)* fucile *m,* schioppo *m.* **Büchsenfleisch** *n* carne *f* in scatola. **Büchsenmilch** *f* latte *m* condensato. **Büchsenöffner** *m* apriscatole *m.*

Buchstabe [ˈbu:xʃta:bə] ‹-ns *o. rar* -n, -n› *m* lettera *f,* carattere *m;* **in ~n** *(Zahl)* in lettere; **nach dem ~n des Gesetzes** secondo la lettera della legge; **großer ~** lettera maiuscola; **kleiner ~** lettera minuscola.

buchstabieren [...ʃtaˈbi:rən] ‹*ohne ge-*› *tr* compitare, sillabare.

buchstäblich [ˈbu:xʃtɛ:plıç] **I.** *a* letterale; **II.** *adv fig (geradezu)* letteralmente, alla lettera.

Buchstütze *f* reggilibri *m.*

Bucht [bʊxt] ‹-, -en› *f* baia *f; (kleine)* insenatura *f.*

Buchung ‹-, -en› *f* 1. *com (Eintrag)* registrazione *f;* 2. *(Vorbestellung)* prenotazione *f.*

Buchweizen *m* grano *m* saraceno.

Buckel [ˈbʊkəl] ‹-s, -› *m* 1. *fam (Rükken)* dorso *m,* schiena *f;* 2. *(Höcker, a. med)* gobba *f,* gibbosità *f;* 3. *(Metallverzierung)* sbalzo *m;* **einen ~ haben** essere gobbo; **einen ~ machen** *(Katze)* inarcare il dorso; **du kannst mir den ~ runterrutschen!** *fam* me ne infischio *fam.* **buck(e)lig** *a (Fläche, etc.)* gibboso; *(Mensch)* gobbo. **Buck(e)lige** ‹ein -r, -n, -n› *mf* gobbo, -a *m, f.*

bücken [ˈbʏkən] *rfl:* **sich ~** piegarsi (*nach etw.* per raccogliere qc), chinarsi (*nach etw.* per raccogliere qc); **gebückt gehen** camminare curvo.

bucklig *s.* **buckelig.**

Bückling [ˈbʏklıŋ] ‹-s, -e› *m* 1. *(geräucherter Hering)* aringa *f* affumicata; 2. *scherz (Verbeugung)* inchino *m.*

buddeln [ˈbʊdəln] *itr fam (wühlen)* scavare, frugare.

Buddha [ˈbʊda] ‹-s, -s› *m* Budda *m.*

Buddhismus [bʊˈdısmʊs] ‹-, ø› *m* buddismo *m.*

Buddhist(in) [bʊˈdıst(ın)] ‹-en, -en› *m(f)* buddista *mf.*

buddhistisch *a* buddista.

Bude [ˈbu:də] ‹-, -n› *f* 1. *allg.* baracca *f;* 2. *(Verkaufsstand)* bancarella *f;* 3. *fam (Zimmer)* stanza *f,* camera *f;* **jdm auf die ~ rücken** *fam* piombare in casa a qu *fam.*

Budget [by'dʒe:] ‹-s, -s› *n* bilancio *m*, budget *m*.
Büfett [by'fɛt] ‹-(e)s, -s *o.* -e› *n* **1.** *(Anrichte)* credenza *f*, buffet *m*; **2.** *(Schanktisch)* banco *m*; **kaltes ~** buffet freddo.
Büffel ['bʏfəl] ‹-s, -› *m* bufalo *m*.
büffeln *fam* **I.** *itr* sgobbare; **II.** *tr* sgobbare su, studiare.
Buffet [bʏ'fe:] ‹-s, -s› *n* **1.** *s.* **Büfett; 2.** *CH* buffet *m* della stazione.
Bug¹ [bu:k] ‹-(e)s, ⸚e *o. rar* -e› *m* *(Schulterteil)* spalla *f*.
Bug² [bu:k] ‹-(e)s, -e› *m naut* prua *f*.
Bügel ['by:gəl] ‹-s, -› *m* **1.** *(Kleider~)* gruccia *f*, ometto *m*; **2.** *(von Handtasche)* cerniera *f*; *(Brillen~)* stanghetta *f*; *(von Gewehr)* ponticello *m*; *(am Skilift)* staffa *f*; **3.** *(Steig~)* staffa *f*; **4.** *(Stromabnehmer)* presa *f* ad archetto. **Bügelbrett** *n* asse *m* da stiro. **Bügeleisen** *n* ferro *m* da stiro. **Bügelfalte** *f* piega *f* dei calzoni. **bügelfrei** *a* che non si stira. **Bügelmaschine** *f* stiratrice *f*.
bügeln ['by:gəln] *tr* stirare.
bugsieren [bʊ'ksi:rən] ‹*ohne ge-*› *tr fam (umständlich befördern)* **jdn aus dem Zimmer ~** congedare qu; **jdn in einen Posten ~** sistemare qu in un posto.
buhen ['bu:ən] *itr fam* rumoreggiare in segno di disapprovazione.
buhlen ['bu:lən] *itr obs:* **um jds Gunst ~** cattivarsi il favore di qu; **um die Gunst der Masse ~** cercare di ottenere il favore delle masse.
Buhmann *m fam* babau *m fam*.
Bühne ['by:nə] ‹-, -n› *f* **1.** *theat, fig* scena *f*; **2.** *(Theater)* teatro *m*; **3.** *(Gerüst)* palco *m*, tribuna *f*; **4.** *(Hebe~)* ponte *m* sollevatore; **für die ~ bearbeiten** adattare per le scene; **zur ~ gehen** calcare le scene; **über die ~ gehen** *fig fam* svolgersi, aver luogo. **Bühnenbearbeitung** *f* adattamento *m* teatrale, riduzione *f* scenica. **Bühnenbild** *n* scenografia *f*, scena *f*, scenario *m*. **Bühnenbildner(in)** [-bɪldnɐ (...ərɪn)] ‹-s, -› *m(f)* scenografo, -a *m, f*.
Buhruf *m* borbottio *m* (*o.* rumorio *m*) di disapprovazione.
buk [bu:k] *obs 1. u. 3. pers sing imp von* **backen.**
Bukarest ['bu:karɛst] *n* Bucarest *f*.
Bulette [bu'lɛtə] ‹-, -n› *f dial* polpetta *f* di carne; **ran an die ~n!** *fig fam* forza!
Bulgare [bʊl'ga:rə] ‹-n, -n› *m*, **Bulgarin** [...rɪn] *f* bulgaro, -a *m, f*.
Bulgarien [...ri̯ən] *n* Bulgaria *f*.
Bulgarin *f s.* **Bulgare.**
bulgarisch *a* bulgaro.
Bullauge ['bʊl-] *n* **1.** *arch* occhio *m* di bue; **2.** *naut, aero* oblò *m*.
Bulldogge ['bʊl-] *f* bulldog *m*.
Bulldozer ['bʊldo:zɐ] ‹-s, -› *m tec* bulldozer *m*.
Bulle ['bʊlə] ‹-n, -n› *m* **1.** *(Stier)* toro *m*; *(männliches Tier)* maschio *m*; **2.** *fig fam (starker Mann)* toro *m fam*, omaccione *m*; **3.** *fam pej (Polizist)* poliziotto *m*, piedipiatti *m sl*. **Bullenhitze** ['bʊlən'hɪtsə] *f fam* caldo *m* infernale.
Bulletin [bʏl'tɛ̃:] ‹-s, -s› *n* bollettino *m*.
Bumerang ['bu:məraŋ *o.* 'bʊm...] ‹-s, -e *o.* -s› *m (a. fig)* bumerang *m*.
Bummel ['bʊməl] ‹-s, -› *m fam* passeggiata *f*, giro *m*; **einen ~ machen** fare un giretto.
Bummelant(in) [...'lant(ɪn)] ‹-en, -en› *m(f)* *(Trödler)* gingillone, -a *m, f*; *(Faulenzer)* fannullone, -a *m, f*, scioperato, -a *m, f*.
Bummelei [...'lai̯] ‹-, ø› *f* *(Getrödel)* gingillarsi *m*; *(Langsamkeit)* lentezza *f*, flemma *f*; *(Nachlässigkeit)* trascuratezza *f*.
bummelig *a (langsam)* lento; *(nachlässig)* trascurato.
bummeln *itr* **1.** ‹*sein*› *(umherschlendern)* bighellonare, gironzolare; **2.** ‹*haben*› *(trödeln)* gingillarsi; *(faulenzen)* oziare.
Bummelstreik *m* sciopero *m* a singhiozzo. **Bummelzug** *m fam* treno *m* accelerato.
bums [bʊms] *interj* patatrac.
bumsen ['bʊmzən] **I.** *itr* **1.** ‹*sein*› *fam (prallen)* cozzare; **2.** ‹*haben*› *fam:* **als er fiel, bumste es fürchterlich** quando cadde si udì un tonfo terribile; **es hat gebumst** *(Autounfall)* c'è stato un tamponamento; **3.** ‹*haben*› *sl (Verkehr haben)* chiavare *vulg*; **II.** *tr sl:* **jdn ~** chiavare qu *vulg*; **gebumst werden** *sl* venir chiavato *vulg*.
Bund¹ [bʊnt] ‹-(e)s, ⸚e› *m* **1.** *(Freundschafts~)* legame *m*, vincolo *m*; *(Vereinigung, Bündnis)* unione *f*, alleanza *f*; *(Schutzbündnis)* lega *f*; *(Staaten~)* confederazione *f*; *(zu einem bestimmten Zweck)* coalizione *f*; **2.** *pol (Bundesstaat)* governo *m* federale; **3.** *fam (~eswehr)* esercito *m*; **4.** *(an Kleid, Hose)* cintura *f*; **im ~e mit** unito a, alleato con; **einen ~ schließen** stringere un'alleanza (*mit jdm* con qu); **mit jdm im ~ sein** essere alleato con qu.
Bund² [bʊnt] ‹-(e)s, -e› *n* **1.** *(Stroh~, Heu~, Gemüse~)* fascio *m*;

2. *(Garn~)* matassa *f;* 3. *(Holz~)* fastello *m.*

Bündchen ['bʏntçən] ‹-s, -› *n (Arm~)* polsino *m; (Hals~)* collo *m; (unterer Pulloverrand)* bordo *m.*

Bündel ['bʏndəl] ‹-s, -› *n* **1.** *(Heu~, Stroh~)* fardello *m; (Reisig~)* fascina *f;* **2.** *(Packen)* fagotto *m; (von Banknoten)* rotolo *m; (Akten~)* incartamento *m,* dossier *m; (Strahlen~)* fascio *m;* **sein ~ schnüren** *fam* far fagotto *fam,* andarsene.

bündeln *tr (Zeitungen)* legare; *(Garben, Stroh, etc.)* affastellare; *(Karotten, Radieschen)* fare mazzetti di; *(Strahlen)* proiettare.

Bundes- ['bʊndəs-] *(in Zusammensetzungen)* federale. **Bundesangestelltentarif** *m* (*ab* **BAT**) *retribuzione del pubblico impiego nella R.F.T.* **Bundesanleihe** *f* prestito *m* obbligazionario della R.F.T. **Bundesausbildungsförderungsgesetz** *n* (*ab* **BAFÖG, Bafög**) *legge per il sostegno dell'istruzione scolastica ed universitaria nella R.F.T.* **Bundesbahn** *f* ferrovie *f pl* dello Stato. **Bundesbank** ‹-, -en› *f* banca *f* centrale della R.F.T. **Bundesbürger(in)** *m(f)* cittadino, -a *m, f* della R.F.T. **Bundesebene** *f:* **auf ~** a livello nazionale (della R.F.T.). **Bundesgerichtshof** *m* (*ab* **BGH**) corte *m* di cassazione. **Bundesgrenzschutz** *m* guardia *f* statale di confine. **Bundeshaus** *n (BRD)* sede *f* del governo centrale; *(Schweiz)* Palazzo *m* federale. **Bundesheer** *n (Österreich)* forze *f pl* armate. **Bundeskanzler** *m (BRD, Österreich)* cancelliere *m* federale; *(Schweiz)* cancelliere *m* della Confederazione elvetica. **Bundeskanzleramt** *n* cancelleria *f* federale. **Bundesland** *n (BRD)* Land *m; (Österreich)* provincia *f.* **Bundesliga** *f (BRD)* massima divisione *f* della R.F.T. **Bundesminister(in)** *m(f) (BRD, Österreich)* ministro *m.* **Bundesnachrichtendienst** *m* (*ab* **BND**) *organo della R.F.T. competente per i servizi segreti.* **Bundespost** *f:* **die (Deutsche) ~** (*ab* **DBP**) *le poste statali della R.F.T.* **Bundespräsident(in)** *m(f) (BRD, Österreich)* presidente, -essa *m, f* della Repubblica federale; *(Schweiz)* presidente, -essa *m, f* della Confederazione. **Bundesrat** *m (BRD, Österreich)* camera *f* alta; *(Schweiz)* consiglio *m* federale. **Bundesregierung** *f* governo *m* federale. **Bundesrepublik** *f* repubblica *f* federale; **die ~ Deutschland** (*ab* **BRD**) la Repubblica federale tedesca. **Bundesschatzbrief** *m* buono *m* del tesoro. **Bundesstaat** *m (Gesamtheit)* confederazione *f* (di stati); *(einzelner)* Stato *m* federale. **Bundesstraße** *f* strada *f* federale. **Bundestag** *m (BRD)* camera *f* bassa (*o.* dei deputati); Bundestag *m,* parlamento *m.* **Bundestrainer** *m (BRD)* commissario *m* (*o.* tecnico *m*) della nazionale della R.F.T. **Bundesverfassungsgericht** *n (BRD)* corte *f* costituzionale federale. **Bundeswehr** [-veːɐ̯] ‹-, ø› *f (BRD)* forze *f pl* armate della R.F.T.

Bundhose *f* pantaloni *m pl* alla zuava.

bündig ['bʏndɪç] **I.** *a* **1.** *(kurz u. ~)* conciso, stringato; **2.** *(überzeugend)* convincente, concludente; **II.** *adv* concisamente, in poche parole.

Bündnis ['bʏntnɪs] ‹-ses, -se› *n* alleanza *f,* patto *m,* coalizione *f.*

Bundweite *f (von Hose)* vita *f.*

Bungalow ['bʊŋgalo] ‹-s, -s› *m* bungalow *m.*

Bunker ['bʊŋkɐ] ‹-s, -› *m* **1.** *naut (Kohlen~)* carbonaia *f;* **2.** *mil* bunker *m,* casamatta *f; (Luftschutz~)* rifugio *m;* **3.** *(beim Golf)* buca *f.*

Bunsenbrenner ['bʊnzən-] *m* becco *m* Bunsen.

bunt [bʊnt] **I.** *a (mehrfarbig)* variopinto, multicolore; *scient* policromo; *(farbig)* colorato, a colori; *(~scheckig)* macchiato, screziato, chiazzato, pezzato; *fig (verschiedenartig, gemischt)* (s)variato, mischiato; *(verworren)* confuso; **das wird mir zu ~!** questo è troppo!; **es wird immer ~er** la faccenda si complica sempre più; **~er Abend** serata di varietà (*o.* con passatempi vari); **~es Programm** programma vario; **in ~er Reihenfolge** in successione disordinata, in disordine; **~er Teller** piatto guarnito; **II.** *adv (~ durcheinander)* alla rinfusa; **es zu ~ treiben** eccedere (*o.* passare) la misura, trascendere. **Buntheit** ‹-, ø› *f* varietà *f* di colori, policromia *f; (Buntscheckigkeit)* screziatura *f,* pezzatura *f.* **Buntsandstein** *m* arenaria *f* variegata. **Buntspecht** *m* picchio *m* rosso. **Buntstift** *m* matita *f* colorata. **Buntwäsche** *f* biancheria *f* colorata.

Bürde ['bʏrdə] ‹-, -n› *f* carico *m; (a. fig)* peso *m.*

Bureau [by'roː] ‹-s, -s› *n CH* studio *m.*

Burg [bʊrk] ‹-, -en› *f* rocca(forte) *f,* castello *m; (Sand~)* castello *m* di sabbia; *fig (Zuflucht)* rifugio *m,* asilo *m.*

Bürge ['bʏrgə] ‹-n, -n› *m allg.* garante *m,* mallevadore *m; fin* fideiussore *m;*

einen ~n stellen procurare un fideiussore.

bürgen *itr* garantire (*für* per), rispondere (*für* di), farsi garante (*für* di); **für einen Wechsel ~** avallare una cambiale.

Burgenland ['bʊrgənlant] *n* Burgenland *m*.

Bürger(in) ['bʏrgɐ (...ərɪn)] ‹-s, -› *m(f)* *(Staats~, Städter)* cittadino, -a *m, f; hist, pol (einer Stadt)* borghese *mf*. **Bürgerinitiative** *f pol* iniziativa *f* popolare. **Bürgerkrieg** *m* guerra *f* civile. **bürgerlich** *a allg., jur* civile; *(hist, soziologisch)* borghese; *pej* da piccolo borghese; **im ~en Leben** da borghese; **B~es Gesetzbuch** (*ab* **BGB**) codice civile; **Aberkennung** (*o.* **Verlust) der ~en Rechte** privazione dei diritti civili. **Bürgermeister(in)** *m(f)* sindaco *m; (BRD)* borgomastro *m;* **Regierender ~** *(von Berlin)* borgomastro in carica. **Bürgerrecht** *n* diritto *m* di cittadinanza. **Bürgerrechtler(in)** [-rɛçtlɐ (...ərɪn)] ‹-s, -› *m(f)* militante *mf* nel movimento dei diritti dell'uomo. **Bürgerrechtsbewegung** *f* movimento *m* per la difesa dei diritti civili. **Bürgerschaft** ‹-, *rar* -en› *f* cittadinanza *f*, cittadini *m pl*. **Bürgersteig** [-ʃta͡ik] ‹-(e)s, -e› *m* marciapiede *m*. **Bürgertum** ‹-s, ø› *n* borghesia *f*.

Bürgschaft ‹-, -en› *f* garanzia *f; fin* fideiussione *f;* **gegen ~** dietro cauzione; **~ leisten für** prestare garanzia per.

burgundisch [bʊr'gʊndɪʃ] *a* borgognone; *hist* burgundo; **die B~e Pforte** la Porta di Borgogna.

Büro [by'ro:] ‹-s, -s› *n* ufficio *m; (Geschäftsstelle)* agenzia *f*. **Büroangestellte** *mf* impiegato, -a *m, f* d'ufficio. **Büroarbeit** *f* lavoro *m* d'ufficio. **Bürobedarf** *m* materiale *m* per ufficio. **Bürohaus** *n* palazzo *m* per uffici. **Büroklammer** *f* grappetta *f*.

Bürokratie [byrokra'ti:, ...i:ən] ‹-, -n› *f* burocrazia *f*.

bürokratisch [...'kra:tɪʃ] *a* burocratico.

Büromaschine *f* macchina *f* per ufficio. **Bürostunden** *f pl* orario *m* d'ufficio.

Bürschchen ['bʏrʃçən] ‹-s, -› *n* ragazzino *m; (kleiner Schelm)* monello *m;* **freches ~** bricconcello *m* impertinente *fam*.

Bursche ['bʊrʃə] ‹-n, -n› *m* **1.** *(Knabe, Junge)* ragazzo *m; (junger Mann)* giovane *m;* **2.** *(Lauf~)* fattorino *m*, galoppino *m;* **3.** *fam pej (Kerl)* tipo *m fam;* **4.** *mil obs* attendente *m;* **die jungen ~n** i giovani; **ein übler ~** un cattivo soggetto.

burschikos [bʊrʃi'ko:s] *a* **1.** *(jungenhaft: Benehmen)* da maschiaccio; **2.** *(unbekümmert, lässig)* trascurato, noncurante; **~e Mädchen** bambine che si comportano come un maschiaccio; **sei nicht so ~** non comportati come un maschiaccio.

Bürste ['bʏrstə] ‹-, -n› *f* spazzola *f*.

bürsten *tr* spazzolare.

Bürzel ['bʏrt͡səl] ‹-s, -› *m* codrione *m; (gastr a.)* bocconcino *m* prelibato.

Bus [bʊs] ‹-ses, -se› *m* (auto)bus *m*. **Busbahnhof** *m* stazione *f* autolinee.

Busch [bʊʃ] ‹-es, ¨-e› *m* **1.** *(Strauch)* arbusto *m; (Gebüsch)* cespuglio *m;* **2.** *(in den Tropen)* savana *f;* **3.** *(Feder~)* ciuffo *m; (Haar~)* ciocca *f*, ciuffo *m;* **mit etw. hinter dem ~ halten** *fam* tenere nascosto qc; **sich in die Büsche schlagen** *fam* sparire dalla circolazione *fam;* **auf den ~ klopfen** *fig fam* tastare (*o.* sondare) il terreno. **Buschbohne** *f* fagiolo *m* nano.

Büschel ['bʏʃəl] ‹-s, -› *n (Gras~)* ciuffo *m; (Haar~)* ciuffo *m*, ciocca *f; (Heu~)* fascio *m; (von Blumen, Gemüse)* mazzo *m*. **büschelweise** *adv* a ciuffi; in fascio.

buschig *a (Gegend, Augenbrauen)* cespuglioso; *(dicht gewachsen: Haare, Schwanz)* folto.

Buschmann ‹-(e)s, -männer *o.* -leute› *m* boscimano *m*. **Buschmesser** *n* coltello *m* da boscaglia, machete *m*. **Buschwindröschen** [-vɪntrø:sçən] ‹-s, -› *n* anemone *m*.

Busen ['bu:zən] ‹-s, -› *m* **1.** *(weiblicher)* seno *m*, petto *m;* **2.** *(Meer~)* insenatura *f*, golfo *m;* **3.** *fig (Inneres, Herz)* cuore *m*, animo *m*. **Busenfreund(in)** *m(f)* amico, -a *m, f* intimo, -a (*o.* del cuore).

Bussard ['bʊsart] ‹-s, -e› *m* poiana *f*.

Buße ['bu:sə] ‹-, -n› *f (bes. rel)* penitenza *f; (Sühne)* espiazione *f; jur (Geld~)* ammenda *f*, multa *f;* **~ tun** far penitenza.

büßen ['by:sən] **I.** *tr (sühnen)* espiare; **etw. mit seinem Leben ~ müssen** pagare qc con la propria vita; **das sollst du mir ~!** me la pagherai!; **II.** *itr* fare penitenza (*für* per), portare la pena (*für* per); **für etw. ~ müssen** dover espiare per qc.

Büßer(in) ‹-s, -› *m(f)* penitente *mf*.

Bußgeld *n* multa *f*, contravvenzione *f*. **Bußgeldbescheid** *m* notifica *f* di contravvenzione. **Buß- und Bettag**

m giorno *m* di penitenza e di preghiera.

Büste ['bʏstə] ‹-, -n› *f (Brust)* petto *m,* seno *m; (Kunst)* busto *m.* **Büstenhalter** *m* (*ab* **BH**) reggiseno *m,* reggipetto *m.*

Butangas [bu'ta:n-] *n* butano *m.*

Butt [bʊt] ‹-(e)s, -e› *m* rombo *m.*

Bütte ['bʏtə] ‹-, -n› *f* mastello *m,* tinozza *f.* **Büttenpapier** *n* carta *f* a mano.

Butter ['bʊtɐ] ‹-, ø› *f* burro *m;* **mit ~ bestreichen** imburrare; **es ist alles in ~** *fig fam* tutto è a posto; **braune/zerlassene ~** burro dorato/fuso. **Butterberg** *m scherz* montagna *f* di burro. **Butterblume** *f* ranuncolo *m.* **Butterbrot** *n* pane *m* imburrato; **für ein ~** *fig fam* per un tozzo di pane *fam.* **Butterbrotpapier** *n* carta *f* oleata. **Butterdose** *f* burriera *f.* **Butterfaß** *n* zangola *f.* **Butterkeks** *m* petit beurre *m (biscotto a base di burro).* **Butterkrem** [-kre:m] ‹-, -s› *f* crema *f* al burro. **Buttermilch** *f* latticello *m.*

buttern I. *tr (Brot, Gericht)* imburrare; **Geld in etw. ~** *fam* investire soldi in qc; **II.** *itr* fare il burro.

Butterschmalz *n* burro *m* fuso (e raffreddato). **butterweich** ['bʊtɐ'vai̯ç] *a* molle come il burro.

Button [bʌtn] ‹-s, -s› *m* distintivo *m.*

Butzenscheibe ['bʊt͜sən-] *f* vetro *m* a tondi (*o.* a occhi).

b. w. *ab von* **bitte wenden** v. r. (*ab von* vedi retro).

Byte [bai̯t] ‹-s, -s› *n inform* byte *m.*

byzantinisch [byt͜san'ti:nɪʃ] *a* bizantino.

Byzanz [by't͜sant͜s] *n* Bisanzio *f.*

bzgl. *ab von* **bezüglich** per quanto riguarda, per quanto a.

bzw. *ab von* **beziehungsweise** risp. (*ab von* rispettivamente).

C

C, c [tse:] ‹-, -(s)› *n* **1.** *(Buchstabe)* C, c *f;* **2.** *mus* do *m;* **C-Dur** do maggiore; **c-Moll** do minore; **C wie Cäsar** C come Catania.

C *ab von* **Celsius** C.

ca. *ab von* **circa** ungefähr c (*ab von* circa).

Café [ka'fe:] ‹-s, -s› *n* caffè *m,* bar *m.*

Café complet [kafekõ'plɛ] ‹-s, -s› *n CH caffè con latte, panini, burro e marmellata.*

Cafeteria [kafetə'ri:a] ‹-, -s› *f* self-service *m,* tavola *f* calda.

cal *ab von* **Kalorie** cal (*ab von* piccola caloria).

Callgirl ['kɔ:lgə:l] ‹-s, -s› *n* ragazza *f* squillo, callgirl *f.* **Callgirlring** *m* giro *m* di ragazze squillo.

Camion ['kami̯õ:] ‹-s, -s› *m CH* camion *m.*

Camionneur ['kami̯ɔnø:ɐ̯] ‹-s, -e› *m Ch* spedizioniere *m.*

campen ['kɛmpən] *itr* campeggiare.

Camper(in) ‹-s, -› *m(f)* campeggiatore, -trice *m, f.*

Camping ['kɛmpɪŋ] ‹-s, ø› *n* camping *m,* campeggio *m.* **Campingausrüstung** *f* equipaggiamento *m* da camping. **Campingplatz** *m* campeggio *m,* camping *m.*

cand *ab von* **candidatus** *(Kandidat) studente che sostiene gli esami universitari;* ~ **med./phil.** studente che sostiene gli esami in medicina/filosofia.

Cape [ke:p] ‹-s, -s› *n* mantella *f.*

Caravan ['karavan *o.* ...'va:n] ‹-s, -s› *m* roulotte *f.*

Carola [ka'ro:la] *(weiblicher Vorname)* Carola.

Caroline [karo'li:nə] *(weiblicher Vorname)* Carolina.

CB-Funker(in) [t̯se'be:-] *m(f)* radioamatore, -trice *m, f.*

cbm *ab von* **Kubikmeter** mc (*ab von* metro cubo).

ccm *ab von* **Kubikzentimeter** cc (*ab von* centimetro cubo).

CDU [tse:de:'ʔu:] ‹-, ø› *f ab von* **Christlich-Demokratische Union** *partito demo-cristiano nella R.F.T.*

Celli *pl von* **Cello.**

Cellist(in) [tʃɛ'lɪst(ɪn) *o.* ʃɛ...] ‹-en, -en› *m(f)* violoncellista *mf.*

Cello ['tʃɛlo *o.* 'ʃɛlo, ...los *o.* ...li] ‹-s, -s *o.* Celli› *n* violoncello *m.*

Cellophan® [t̯sɛlo'fa:n] ‹-s, ø› *n* cellofan *m;* **in ~ verpackt** avvolto in cellofan.

Celsius ['t̯sɛlzi̯ʊs] *n* (*ab* **C**) Celsius, grado *m* centigrado; **die Temperatur beträgt 20 Grad ~** la temperatura è di 20 gradi centigradi.

Cembalo ['tʃɛmbalo] ‹-s, -s *o.* Cembali› *n* (clavi)cembalo *m.*

Ces, ces [t̯sɛs] ‹-, -› *n mus* do *m* bemolle.

Ceylon ['t̯sai̯lɔn] *n* Ceylon *f,* Ceilano *m;* **in ~** nel Ceilano, in Ceylon.

cf. *ab von* **confer** *(vergleiche)* cf., cfr. (*ab von* confronta).

CH *ab von* **Confoederatio Helvetica** CH.

Chalet [ʃa'le: *o.* ʃa'lɛ] ‹-s, -s› *n CH* chalet *m.*

Chamäleon [ka'mɛ:leɔn] ‹-s, -s› *n* camaleonte *m.*

Champagner [ʃam'panjɐ] ‹-s, -› *m* (vino *m*) champagne *m;* **trockener ~** champagne secco.

Champignon ['ʃampɪnjɔŋ] ‹-s, -s› *m* champignon *m; (Wiesen~)* prataiolo *m.*

Chance ['ʃã:sə *o.* ʃã:s] ‹-, -n› *f (Gelegenheit)* occasione *f* (favorevole), chance *f; (Aussicht)* prospettiva *f,* possibilità *f;* **jdm eine ~ geben** dare una possibilità a qu; **gute ~n haben** avere buone probabilità (di riuscita), avere delle chance. **Chancengleichheit** *f* uguaglianza *f* di prospettive, parità *f* di condizioni.

Chanson [ʃã'sõ:] ‹-s, -s› *n* canzone *f.*

Chaos ['ka:ɔs] ‹-, ø› *n* caos *m.*

Chaot(in) [ka'o:t(ɪn)] ‹-en, -en› *m(f)* **1.** *fam* confusionario, -a *m, f,* persona *f* caotica; **2.** *pol sl* anarchico, -a *m, f* radicale.

chaotisch *a* caotico.

Charakter [ka'raktɐ, ...'te:rə] ‹-s, -e› *m* carattere *m;* natura *f;* **einen guten ~ haben** avere un buon carattere; **einen schwierigen ~ haben** essere di carattere difficile; **die Unterredung hatte vertraulichen ~** fu un colloquio a carattere riservato. **Charaktereigenschaft** *f* qualità *f* morale. **charakterfest** *a* di carattere fermo.

charakterisieren [...teriˈzi:rən] ⟨*ohne ge-*⟩ *tr* caratterizzare.
Charakterisierung ⟨-, -en⟩ *f* caratterizzazione *f*.
Charakteristik [...teˈrɪstɪk] ⟨-, -en⟩ *f* descrizione *f* (degli aspetti caratteristici); *(von Person)* profilo *m*, ritratto *m*.
Charakteristikum [...teˈrɪstɪkʊm, ...ka] ⟨-s, -ka⟩ *n* caratteristica *f*, tratto *m* caratteristico.
charakteristisch [...teˈrɪstɪʃ] *a* caratteristico (*für* di).
charakterlos *a* senza carattere. **Charakterlosigkeit** ⟨-, -en⟩ *f* mancanza *f* di carattere. **Charakterschauspieler(in)** *m(f)* caratterista *mf*. **Charakterstudie** *f* studio *m* di carattere. **Charakterzug** *m* tratto *m* di carattere.
Chargébrief [ˈʃarʒə-] *m CH* lettera *f* raccomandata.
Charlotte [ʃarˈlɔtə] *(weiblicher Vorname)* Carlotta.
charmant [ʃarˈmant] *a* affascinante.
Charme [ʃarm] ⟨-s, ø⟩ *m* fascino *m*, charme *m*; **seinen ganzen ~ spielen lassen** adoperare tutto il proprio fascino.
Charta [ˈkarta] ⟨-, -s⟩ *f (Verfassungsurkunde)* carta *f* costituzionale, statuto *m*; **die ~ der Vereinten Nationen** la Carta delle Nazioni Unite.
Charterflug [ˈtʃarte- *o.* ˈʃa...] *m* volo *m* charter. **Charterflugzeug** *n*, **-maschine** *f* charter *m*.
chartern [ˈtʃarten *o.* ˈʃa...] *tr* noleggiare, prendere a noleggio.
Chassis [ʃaˈsi:, ...i:s] ⟨-, -⟩ *n* telaio *m*, chassis *m*.
Chauffeur [ʃɔˈfø:ɐ] ⟨-s, -e⟩ *m* autista *m* (personale).
Chauvinismus [ʃoviˈnɪsmʊs] ⟨-, ø⟩ *m* sciovinismo *m*; *pej (männlicher ~)* fallocrazia *f*.
Chauvinist(in) [...ˈnɪst(ɪn)] ⟨-en, -en⟩ *m(f)* sciovinista *mf*; *pej (männlicher ~)* fallocrate *m*.
chauvinistisch *a* sciovinistico; *pej* fallocratico.
checken [ˈtʃɛkən] *tr* **1.** *tec* controllare (sistematicamente); **2.** *sl (verstehen)* capire.
Checkliste *f* lista *f* di controllo.
Chef(in) [ˈʃɛf(ɪn)] ⟨-s, -s⟩ *m(f)* padrone, -a *m, f*, principale *mf*; *(Vorgesezte)* capo *mf*. **Chefarzt** *m*, **-ärztin** *f* (medico) primario, -a *m, f*. **Chefin** *f s.* **Chef;** *fam (Frau des Chefs)* moglie *f* del principale. **Chefkoch** *m*, **-köchin** *f* capocuoco, -a *m, f*; chef *m*. **Chefredakteur(in)** *m(f)* redattore, -trice *m, f* capo. **Chefsekretär(in)** *m(f)* segretario, -a *m, f* del principale (*o.* del direttore), primo, -a segretario, -a *m, f*.
Chemie [çeˈmi:] ⟨-, ø⟩ *f* chimica *f*; **angewandte / anorganische / organische/physikalische ~** chimica applicata/inorganica/organica/fisica. **Chemiefaser** *f* fibra *f* sintetica.
Chemikalien [çemiˈka:li̯ən] *f pl* prodotti *m pl* chimici.
Chemiker(in) [ˈçe:mikɐ (...ərɪn)] ⟨-s, -⟩ *m(f)* chimico, -a *m, f*.
Cheminée [ˈʃmɪne] ⟨-s, -s⟩ *n CH* camino *m*.
chemisch [ˈçe:mɪʃ] *a* chimico; **~e Formel** formula chimica; **~ reinigen** lavare (*o.* pulire) a secco; **~e Reinigung** pulitura *f* (*o.* lavaggio *m*) a secco; *(Geschäft)* lavanderia *f* a secco, lavasecco *f*.
chemotherapeutisch [çemo-] *a* chemioterapico. **Chemotherapie** *f* chemioterapia *f*.
chic [ʃɪk] *a s.* **schick.**
Chicorée [ʃikoˈre: *o.* ˈʃɪk...] ⟨-, ø⟩ *f o.* ⟨-s, ø⟩ *m* cicoria *f*.
Chiffon [ˈʃɪfõ *o.* ʃɪˈfõ:] ⟨-s, -s *o. A* -e⟩ *m* chiffon *m*.
Chiffre [ˈʃɪfrə *o.* ˈʃɪfɐ] ⟨-, -n⟩ *f* cifra *f*; *(Anzeige~)* numero *m*; **unter der ~ ...** (scrivere al) numero ...
chiffrieren [ʃɪˈfri:rən] ⟨*ohne ge-*⟩ *tr* cifrare, tradurre in cifra. **Chiffriermaschine** *f* crittografo *m*. **Chiffrierschlüssel** *m* cifrario *m*, chiave *f*. **Chiffrierverfahren** *n* metodo *m* di cifratura.
Chile [ˈtʃi:le *o.* ˈçi:le] *n* Cile *m*; **in ~** nel Cile.
Chilene [tʃiˈle:nə *o.* çi...] ⟨-n, -n⟩ *m*, **Chilenin** [...nɪn] *f* cileno, -a *m, f*.
chilenisch *a* cileno.
China [ˈçi:na] *n* Cina *f*.
Chinese [çiˈne:zə] ⟨-n, -n⟩ *m*, **Chinesin** [...zɪn] *f* cinese *mf*.
chinesisch *a* cinese; **die C~e Mauer** la muraglia cinese.
Chinesisch *n* cinese *m*; **das ist für mich ~** per me è arabo; *s. a. Deutsch.*
Chinin [çiˈni:n] ⟨-s, ø⟩ *n* chinino *m*.
Chip [tʃɪp] ⟨-s, -s⟩ *m* **1.** *(Spielmarke)* gettone *m*; **2.** ⟨*meist pl*⟩ *(Kartoffel~)* patatine *f pl* fritte; **3.** *el, inform* chip *m*.
Chirurg(in) [çiˈrʊrk (...gɪn)] ⟨-en, -en⟩ *m(f)* chirurgo, -a *m, f*.
Chirurgie [çirʊrˈgi:, ...i:ən] ⟨-, -n⟩ *f* chirurgia *f*.
Chirurgin *f s.* **Chirurg.**
chirurgisch *a* chirurgico; **~er Eingriff** intervento chirurgico.

Chlor [klo:ɐ̯] ‹-s, ø› *n* cloro *m*.
chloren ['klo:rən] *tr* clorare.
chlorhaltig [-haltɪç] *a* contenente cloro.
Chlorid [klo'ri:t] ‹-(e)s, -e› *n* cloruro *m*.
Chloroform [kloro'fɔrm] ‹-s, ø› *n* cloroformio *m*.
chloroformieren [...'mi:rən] ‹*ohne ge-*› *tr* cloroformizzare.
Chlorophyll [kloro'fʏl] ‹-s, ø› *n* clorofilla *f*.
Chlorwasserstoff *m* acido *m* cloridrico.
Choke [tʃoʊk] ‹-s, -s› *m* valvola *f* dell'aria, starter *m*.
Cholera ['ko:lera] ‹-, ø› *f* colera *m*. **Choleraepidemie** *f* epidemia *f* di colera.
Choleriker(in) [ko'le:rikɐ (...ərɪn)] ‹-s, -› *m(f)* collerico, -a *m, f*.
cholerisch *a med* collerico; *fig* irascibile.
Cholesterin [çoleste'ri:n *o.* ko...] ‹-s, ø› *n* colesterina *f*, colesterolo *m*.
Chor [ko:ɐ̯] ‹-(e)s, ¨-e› *m* coro *m*; **im ~** in coro; **im ~ sprechen** far coro.
Choral [ko'ra:l] ‹-s, ¨-e› *m* corale *m*.
Choreograph(in) [...'gra:f(ɪn)] ‹-en, -en› *m(f)* coreografo, -a *m, f*.
Choreographie [koreogra'fi:, ...i:ən] ‹-, -n› *f* coreografia *f*.
Choreographin *f s.* **Choreograph.**
Chorsänger(in) *m(f)* corista *mf*.
Chr. *ab von* **Christus** C (*ab von* Cristo); **600 v. ~** 600 a.C. (avanti Cristo).
Christ(in) ['krɪst(ɪn)] ‹-en, -en› *m(f)* cristiano, -a *m, f*.
Christa ['krɪsta] *weiblicher Vorname.*
Christbaum *m* albero *m* di Natale. **Christdemokrat(in)** *m(f)* democratico-cristiano *m*, democratico-cristiana *f*. **christdemokratisch** *a* democratico cristiano.
Christenheit ‹-, ø› *f* cristianità *f*, cristiani *m pl*. **Christentum** ‹-s, ø› *n* cristianesimo *m*; **zum ~ bekehren** convertire al cristianesimo.
Christian ['krɪsti̯a:n] *(männlicher Vorname)* Cristiano.
Christiane [krɪs'ti̯a:nə] *(weiblicher Vorname)* Cristiana.
Christin *f s.* **Christ.**
Christine [krɪs'ti:nə] *(weiblicher Vorname)* Cristina.
Christkind *n* Gesù Bambino *m*; **das ~ kommt** viene Gesù Bambino. **christlich** *a* cristiano; religioso. **Christmesse** *f*, **Christmette** *f* messa *f* di mezzanotte. **Christnacht** *f* notte *f* santa (*o.* di Natale).
Christoph ['krɪstɔf] *(männlicher Vorname)* Cristoforo.
Christrose *f* rosa *f* di Natale. **Christstollen** *m* dolce *m* di Natale.
Christus ['krɪstʊs, ...ti, ...to, ...tʊm] ‹*gen* Christi, *dat* - *o. geh* Christo, *acc* - *o. geh* Christum, ø› *m* Cristo *m*; **vor/nach Christi Geburt** (*ab* **v./n. Chr.**) avanti/dopo Cristo.
Chrom [kro:m] ‹-s, ø› *n* cromo *m*.
Chromosom [kromo'zo:m] ‹-s, -en› *n* cromosoma *m*.
Chromstahl *m* acciaio *m* cromato.
Chronik ['kro:nɪk] ‹-, -en› *f* cronaca *f*.
chronisch *a* cronico.
Chronist(in) [kro'nɪst(ɪn)] ‹-en, -en› *m(f)* cronista *mf*.
Chronologie [kronolo'gi:, ...i:ən] ‹-, -n› *f* cronologia *f*.
chronologisch [...'lo:gɪʃ] *a* cronologico.
Chrysantheme [kryzan'te:mə] ‹-, -n› *f* crisantemo *m*.
Chur [ku:ɐ̯] *n* Coira *f*.
circa ['t̲sɪrka] *adv* (*ab* **ca.**) circa, press'a poco.
Cis, cis [t̲sɪs] ‹-, -› *n mus* do *m* diesis.
cl *ab von* **Zentiliter** cl (*ab von* centilitro).
Claudia ['klau̯di̯a] *(weiblicher Vorname)* Claudia.
Clemens ['kle:məns] *(männlicher Vorname)* Clemente.
Clique ['klɪkə *o.* 'kli:kə] ‹-, -n› *f* cricca *f*, combriccola *f*.
Clou [klu:] ‹-s, -s› *m fam* punto *m* culminante, clou *m*.
Clown [klau̯n] ‹-s, -s› *m* clown *m*, pagliaccio *m*.
cm *ab von* **Zentimeter** cm (*ab von* centimetro).
Co. *ab von* **Kompanie** *(Gesellschaft)* C.ia (*ab von* compagnia).
Cockerspaniel ['kɔkɐʃpa:ni̯əl] ‹-s, -s› *m* cocker *m*.
Cockpit ['kɔkpɪt] ‹-s, -s› *n allg., aero* cabina *f* di pilotaggio; *mot* abitacolo *m*; *aero* posto *m* di pilotaggio; *naut* pozzetto *m* di comando.
Cocktail ['kɔkteɪl] ‹-s, -s› *m* cocktail *m*. **Cocktailkleid** *n* abito *m* da cocktail. **Cocktailparty** *f* cocktail(-party) *m*.
Coiffeur [ko̯a'fø:ɐ̯] ‹-s, -e› *m*, **Coiffeuse** [...ø:zə] ‹-, -en› *f CH* parucchiere, -a *m, f*.
Collagen [kɔla'ge:n] ‹-s, -e› *n* collageno *m*.
Colorfilm [ko'lo:ɐ̯- *o.* 'ko:l...] *m s.* **Farbfilm.**
Colt® [kɔlt] ‹-s, -s› *m* revolver *m*.
Comeback [kam'bɛk] ‹-(s), -s› *n* rentrée *f*; **ein ~ erleben** ritornare alla ribalta.

COMECON, Comecon ['kɔmekɔn] ⟨-, ø⟩ *m o. n* COMECON *m*.
Comics ['kɔmɪks] *m pl* fumetti *m pl*.
Computer [kɔm'pju:tɐ] ⟨-s, -⟩ *m* computer *m*, calcolatore *m* elettronico. **Computeranalyse** *f* analisi *f* di computer. **computergesteuert** *a* computerizzato. **Computertomographie** *f (ab* CTG) tomografia *f* assiale computerizzata.
Conférencier [kõferã'sie:] ⟨-s, -s⟩ *m* presentatore *m*, annunciatore *m*.
Container [kɔn'te:nɐ] ⟨-s, -⟩ *m* container *m*, contenitore *m*. **Containerbahnhof** *m* stazione *f* smistamento container. **Containerschiff** *n* nave *f* porta-container.
Contergan® [kɔntɛr'ga:n] ⟨-s, ø⟩ *n* Contergan® *m*. **Conterganknid** *n fam* bambino *m* focomelico.
Copyright ['kɔpirait] ⟨-s, -s⟩ *n* copyright *m*.
Corner ['kɔ:nɐ] ⟨-s, -⟩ *m A sport (Eckball)* calcio *m* d'angolo.
Cornflakes ['kɔ:nfleɪks] ⟨*pl*⟩ fiocchi *m pl* di granturco.
Cornichon [kɔrni'ʃõ:] ⟨-s, -s⟩ *n* ⟨*meist pl*⟩ cetriolino *m*.
Corpus delicti ['kɔrpʊs de'lɪkti] ⟨-, Corpora delicti⟩ *n* corpo *m* del delitto.
Couch [kautʃ, ...tʃɪs *o.* ...tʃən] ⟨-, -es *o. fam* -en⟩ *f* divano *m*.
Countdown ['kaunt'daun] ⟨-(s), -s⟩ *m* conto *m* alla rovescia, count down *m*.
Coupon [ku'põ:] ⟨-s, -s⟩ *m* cedola *f*, tagliando *m*, coupon *m*; buono *m*; *fin* cedola *f*.
Cousin [ku'zɛ̃:] ⟨-s, -s⟩ *m* cugino *m*.
Cousine [ku'zi:nə] ⟨-, -n⟩ *f* cugina *f*.
Covergirl ['kavegø:gl] ⟨-s, -s⟩ *n* ragazza-copertina *f*.
Cracker ['krɛkɐ] ⟨-s, -(s)⟩ *m* ⟨*meist pl*⟩ cracker *m*.
Creme [kre:m *o.* krɛ:m] ⟨-, -s⟩ *f (a. fig)* crema *f*; **die ~** *fig (das Beste)* il fior fiore. **cremefarben** *a* color crema. **Cremetorte** *f* torta *f* alla crema.
Crew [kru:] ⟨-, -s⟩ *f naut, aero* equipaggio *m*; *fig* équipe *f*.
Cromargan® [kromar'ga:n] ⟨-s, ø⟩ *n* acciaio *m* inossidabile.
Croupier [kru'pie:] ⟨-s, -s⟩ *m* croupier *m*.
Crux [krʊks] ⟨-, ø⟩ *f*: **das ist die ~ an der Sache** questo è il punto dolente; **es ist eine ~ mit ihm** è una vera croce.
CSU [tse:ʔɛs'ʔu:] ⟨-, ø⟩ *f ab von* **Christlich-Soziale Union** *partito Cristiano-Sociale nella R.F.T.*
c. t. [tse:'te:] *ab von* **cum tempore** *(mit akademischem Viertel)* col quarto d'ora accademico.
CTG *ab von* **Computertomographie** TAC (*ab von* Tomografia Assiale Computerizzata).
Cup [kap] ⟨-s, -s⟩ *m sport (Pokal)* coppa *f*.
Currywurst ['kœri-] *f* salsiccia *f* con salsa al curry.
Cut(away) ['kœt(əve) *o.* 'kat...] ⟨-s, -s⟩ *m* tight *m*.
cutten ['katən] *tr film, radio, TV* tagliare.
Cutter(in) ⟨-s, -⟩ *m(f) film, radio, TV* montatore, -trice *m, f*.
CVJM [tse:faujɔt'ʔɛm] ⟨-(s), ø⟩ *ab von* **Christlicher Verein Junger Männer** (*o.* **Menschen**) *Associazione cristiana dei giovani.*

D

D, d [de:] ⟨-, -(s)⟩ *n* **1.** *(Buchstabe)* D, d *f;* **2.** *mus* re *m;* **D-Dur** re maggiore; **d-Moll** re minore; **D wie Dora** D come Domodossola.

D *ab von* **Deutschland** D.

da [da:] **I.** *adv* **1.** *(örtlich) (dort)* lì, là; *(hier)* qui, qua; **2.** *(zeitlich) (damals)* allora, in quel tempo; *(dann)* allora; **3.** *fam (in diesem Fall, dieser Lage)* allora, in quel (questo) caso; **4.** *(also)* allora, dunque; **5.** *(vorhanden)* presente; ~ **draußen** là fuori; ~ **hinaus** fuori di lì; ~ **drüben** di là, da quella parte; ~ **hinein,** ~ **drinnen** là dentro; ~ **hinüber** di là, per di lì; ~ **oben** lassù; ~ **unten** laggiù; **von** ~ da lì, da là; ~**, wo** laddove; **hier und** ~**,** ~ **und dort** qua e là; ~ **bin ich!** eccomi qua!; **ich bin gleich wieder** ~ torno subito; ~ **ist/sind** c'è/ci sono; ~ **(hast du)** qua (prendi) *fam;* ~ **haben wir's!** ecco qua!, ci siamo! *fam;* **das Buch** ~ questo libro qui (*o.* qua); ~ **ist er** eccolo; **es ist niemand** ~ non c'è nessuno; **weg** ~**!** via di qua!; **sieh** ~**!** toh, guarda!; **wer ist** ~**?** chi c'è?; **hallo, du** ~**!** ehi, tu, ciao! *fam;* **von** ~ **an** fin da allora, da allora in poi; ~ **sagte er plötzlich, daß ...** allora improvvisamente disse che ...; **was gibt's denn** ~ **zu lachen?** cosa c'è da ridere in questo caso?; ~ **kann man nichts machen** in questo caso non c'è niente da fare; ~ **fragst du noch?** e domandi ancora?; ~ **fing sie doch tatsächlich an zu weinen!** in quel momento cominiciò davvero a piangere!; **II.** *con* **1.** *(weil)* poiché, perché, giacché, siccome; **2.** *poet (als)* quando, allorché *poet;* ~ **dem so ist ...** stando così le cose ...

d. Ä. *ab von* **der Ältere** il vecchio.

DAAD [de:ʔa:ʔa:ˈde:] ⟨-(s), ø⟩ *m ab von* **Deutscher Akademischer Austauschdienst** *organismo delle università della R.F.T. per lo scambio internazionale di ricercatori e studenti.*

dabei [daˈbai̯, *hinweisend:* ˈda:bai̯] *adv* **1.** *(örtlich)* accanto, vicino, appresso; **2.** *(gleichzeitig)* nello stesso tempo; **3.** *(damit, daran, darin, etc.)* con (*o.* in) questo, ci, vi; **4.** *fam (außerdem)* oltre a ciò, per di più; **5.** *fam (jedoch)* malgrado ciò, dopo tutto; **ist die Gebrauchsanweisung** ~**?** ci sono anche le istruzioni per l'uso?; **er aß und arbeitete** ~ mangiava e lavorava contemporaneamente; **es ist zu laut,** ~ **kann ich nicht arbeiten** è troppo rumoroso, così non posso lavorare; **wir haben ihn** ~ **gesehen, wie ...** l'abbiamo visto come ...; **das Schöne** ~ **ist, daß ...** il bello è che ...; **ich verliere nichts** ~ non ci perdo nulla; **mir ist nicht wohl** ~ non mi sento a mio agio (in questa situazione); **was hast du dir** ~ **gedacht?** ma cosa ti è venuto in mente? *fam* (*o.* saltato in testa? *fam);* **er ist schön und** ~ **noch reich** è bello e per di più (*o.* per giunta) ricco; **ich bin zu spät gekommen,** ~ **habe ich mich so beeilt!** sono arrivato troppo tardi malgrado mi fossi affrettato; **es bleibt** ~**!** restiamo così!; **es bleibt** ~**, daß ...** resta inteso (*o.* stabilito) che ...; **ich bleibe** ~**, daß ...** insisto nel dire che ...; **es ist nichts** ~ *(es ist nicht schwer)* non è difficile, non ci vuole nulla; **was ist (denn) schon** ~**!** *fam* che male c'è! *fam;* **es** ~ **bewenden lassen** lasciare stare così.

dabei·sein ⟨*irr*⟩ *itr* ⟨*sein*⟩ **1.** esserci; *(anwesend)* essere presente; *(teilnehmen)* partecipare; *(beiwohnen)* assistere (*bei* a); **2.** *(im Begriff sein):* ~ **zu ...** stare per ...; **ich bin schon dabei, zu ...** ho già cominciato a ...; **ich bin dabei!** ci sto! *fam.*

da·bleiben ⟨*irr*⟩ *itr* ⟨*sein*⟩ rimanervi, restarvi.

Dach [dax] ⟨-(e)s, ¨-er⟩ *n* tetto *m;* **das** ~ **eines Hauses abdecken** scoperchiare una casa; **ein** ~ **decken** coprire un tetto; **eins aufs** ~ **kriegen** *fig fam* prendersi una lavata di capo *fam;* **jdm aufs** ~ **steigen** *fig fam* fare una lavata di capo a qu *fam;* **kein** ~ **über dem Kopf haben** essere senza tetto; **unter** ~ **und Fach bringen** mandare in porto; **mit jdm unter einem** ~ **wohnen** vivere sotto lo stesso tetto con qu. **Dachbalken** *m* trave *f* maestra; puntone *m.* **Dachboden** *m* soffitta *f,* solaio *m.* **Dachdecker(in)** ⟨-s, -⟩ *m(f)* copritetto *mf.* **Dachfenster** *n* abbaino *m;* lucernario *m.* **Dachfirst** *m* comignolo *m.* **Dachgarten** *m* giardino *m* pensile. **Dach-**

gepäckträger *m* portabagagli *m.* **Dachgeschoß** *n* soffitta *f.* **Dachkammer** *f* soffitta *f,* mansarda *f.* **Dachluke** *f* abbaino *m.* **Dachorganisation** *f* organizzazione *f* suprema. **Dachpappe** *f* cartone *m* catramato (per tetti). **Dachrinne** *f* grondaia *f.*

Dachs [daks] ‹-es, -e› *m* tasso *m.*

Dachschaden *m fam:* **du hast wohl einen ~!** ma sei matto! *fam.* **Dachstuhl** *m* cavalletto *m* del tetto.

dachte ['daxtə] *1. u. 3. pers sing imp von* **denken.**

Dachwohnung *f* mansarda *f.* **Dachziegel** *m* tegola *f.*

Dackel ‹-s, -› *m* bassotto *m.*

dadurch [da'dʊrç, *hinweisend:* 'da:dʊrç] *adv* **1.** *(örtlich)* per di là, per (*o.* attraverso) quel luogo; **2.** *(kausal)* per questa ragione, per questo; *(durch diese Art und Weise)* in tal modo, così, con ciò; **~, daß ...** per il fatto che ...; **er rettete sich ~, daß er aus dem Fenster sprang** si salvò saltando dalla finestra.

dafür [da'fy:ɐ̯, *hinweisend:* 'da:fy:ɐ̯] *adv* **1.** *(für das)* per questo; **2.** *(zum Ersatz)* in cambio; *(als Gegenleistung)* in compenso; **3.** *(Zustimmung)* pro; **4.** *(statt dessen)* ma invece; **~ sorgen, daß ...** far sì che ... *conj;* **~ sein** essere favorevole (a qc); *(bei Abstimmungen)* votare in favore (di qc); **~ oder dagegen sein** essere pro o contro; **ich bin ~, daß ...** credo (*o.* sono dell'avviso) che ... *conj;* **alles spricht ~, daß ...** tutto sembra indicare che ...; **~, daß ...** *(wenn man bedenkt, daß ...)* se si tien conto che ...; **er kann nichts ~** non ne ha colpa. **Dafürhalten** ‹-s, ø› *n:* **nach meinem ~** secondo il mio parere. **dafür·können** ‹*irr*› *tr:* **ich kann nichts dafür** non ne ho colpa.

DAG [de:ʔa:'ge:] ‹-, ø› *f ab von* **Deutsche Angestellten-Gewerkschaft** *sindacato tedesco degli impiegati.*

dagegen [da'ge:gən, *hinweisend:* 'da:ge:gən] **I.** *adv* **1.** *(örtlich, fig)* contro; **2.** *(Ablehnung)* (in) contrario; **3.** *(verglichen damit)* in confronto; **4.** *(als Gegenwert)* in cambio, in compenso; **nichts ~ tun können** non poter farci niente; **etw. ~ haben** avere qc in contrario; **nichts ~ haben** non avere nulla in contrario; **~ sein** essere contrario, opporsi; **~ stimmen** votare contro; **wenn Sie nichts ~ haben** se non le dispiace, se permette; **II.** *con (im Gegensatz dazu)* al contrario, invece. **dagegen·halten** ‹*irr*› *tr* **1.** *(vergleichen)* mettere a confronto con ..., contrapporre a ...; **2.** *(einwenden)* replicare.

Dagmar ['dagmar] *weiblicher Vorname.*

daheim [da'haɪ̯m] *adv* a casa. **Daheim** ‹-s, ø› *n* casa *f,* focolare *m* domestico.

daher [da'he:ɐ̯, *hinweisend:* 'da:he:ɐ̯] **I.** *adv* **1.** *(örtlich)* di lì, da quella parte; **2.** *fig (Ursache)* da ciò; **~ kommt es, daß ...** è questo il motivo per cui ...; **II.** *con (deshalb)* perciò, per questo motivo. **daher·reden I.** *tr* dire, sparare *pej;* **das war nur so dahergeredet** è stato solo un parlare a vanvera; **II.** *itr:* **dumm ~** dire una sciocchezza dopo l'altra.

dahin [da'hɪn, *hinweisend:* 'da:hɪn] *adv* **1.** *(örtlich)* lì, là; **2.** *(zeitlich: bis ~) (Vergangenheit)* fino a quel tempo; *(a. Futur)* fino allora; **3.** *(vorbei)* passato, finito; *poet (tot)* morto; *fam (kaputt)* rotto; *fam (verdorben)* guasto, rovinato; **es ~ bringen, daß ...** arrivare al punto che ...; **jdn ~ bringen, daß ...** indurre qu a ... *inf;* **~ ist es (also schon) gekommen** si è dunque giunti a questo punto. **dahingehend** ['da:hɪn-] *adv:* **sich ~ äußern, daß ...** esprimersi in tal senso che ... **dahin·siechen** *itr ‹sein› geh* andare deperendo. **dahin·stellen** *tr:* **etw. dahingestellt sein lassen** non entrare nel merito di qc; **das mag dahingestellt bleiben** questo è ancora da vedere.

dahinten [da'hɪntən, *hinweisend:* 'da:hɪntən] *adv* là dietro.

dahinter [da'hɪntɐ, *hinweisend:* 'da:hɪntɐ] *adv* **1.** (lì *o.* là) dietro; **2.** *fig* sotto. **dahinter·kommen** ‹*irr*› *itr ‹sein› fam (in Erfahrung bringen)* scoprire (qc); **er ist schnell dahintergekommen** l'ha scoperto facilmente. **dahinter·stecken** *itr fam:* **da (***o.* **es) steckt etw. dahinter** qui gatta ci cova *fam;* **es steckt nichts dahinter** non c'è sotto nulla, la cosa è chiara.

Dahlie ['da:li̯ə] ‹-, -n› *f* dalia *f.*

Daktylo ['daktylo] ‹-s, -s› *f CH* dattilografa *f.*

Dalmatien [dal'ma:tsi̯ən] *n* Dalmazia *f.*

damalig ['da:ma:lɪç] *a* di allora, di quel tempo.

damals ['da:ma:ls] *adv* allora.

Damast [da'mast] ‹-(e)s, -e› *m* damasco *m.*

Dame ['da:mə] ‹-, -n› *f* **1.** signora *f;* **2.** *(beim Sport)* donna *f;* **3.** *(Spielkarte, Schachspiel)* regina *f;* **4.** *(im*

~spiel) dama *f;* **die ~ des Hauses** la padrona di casa; **meine ~n und Herren!** signore e signori!; **junge ~** signorina. **Damebrett** *n* damiere *m.* **Damenbegleitung** *f:* **in ~** in compagnia di una signora. **Damenbesuch** *m* visita *f* femminile. **Damenbinde** *f* assorbente *m* igienico. **Damendoppel** *n* doppio *m* femminile. **Dameneinzel** *n* singolo *m* femminile. **Damen(fahr)rad** *n* bicicletta *f* da donna. **Damenfriseur** *m* parrucchiere *m* per signora. **Damenmannschaft** *f* squadra *f* femminile. **Damenmode** *f* moda *f* femminile. **Damenoberbekleidung** *f* abbigliamento *m* per signora. **Damenrad** *n* *s.* **Damenfahrrad. Damensitz** *m:* **im ~ reiten** cavalcare all'amazzone. **Damentoilette** *f* toilette *f* per signora. **Damenwahl** *f:* **~!** ora scelgono le dame! **Damespiel** *n* gioco *m* della dama, dama *f.* **Damestein** *m* pedina *f.*

Damhirsch ['dam-] *m zoo* daino *m.*

damit [da'mɪt, *hinweisend:* 'da:mɪt] **I.** *adv* con ciò, con questo; **das hat nichts ~ zu tun** questo non c'entra; **hör auf ~!** piantala!, finiscila!; **ich bin ~ einverstanden** sono d'accordo con questo; **ich bin ~ zufrieden** ne sono contento; **~ ist alles gesagt** con questo si è detto tutto; **~ ist mir nicht gedient** ciò non mi giova a nulla, non so cosa farmene; **was ist ~?** cosa devo farne?; **was soll ich ~?** che cosa me ne faccio?; **was wollen Sie ~ sagen?** come sarebbe a dire?; cosa vuole dire con questo?; **wie wäre es ~, wenn ...?** come sarebbe se ...?; **II.** *con* affinché *conj,* perché *conj,* per *inf.*

dämlich ['dɛ:mlɪç] *a fam* sciocco, imbecille.

Damm [dam] ‹-(e)s, ⸚e› *m* **1.** *(Deich)* argine *m;* diga *f;* **2.** *(Aufschüttung, a. Eisenb.)* terrapieno *m;* **3.** *anat* perineo *m;* **nicht auf dem ~ sein** *fig fam* non essere in buona salute. **Dammbruch** *m* rottura *f* dell'argine.

dämmerig ['dɛmərɪç] *a* crepuscolare; *(halbdunkel)* semibuio, in penombra.

Dämmerlicht *n* luce *f* crepuscolare.

dämmern ['dɛmɐn] *itr* **1.** *(abends)* imbrunire; **2.** *(morgens)* albeggiare; **jetzt dämmert es (bei) mir** *fig fam* ora incomincio a capire *(o.* a ricordarmi).

Dämmerung ‹-, -en› *f* **1.** *(Abend~)* crepuscolo *m,* imbrunire *m;* **2.** *(Morgen~)* crepuscolo *m,* alba *f;* **in der ~** *(abends)* sull'imbrunire; *(morgens)* all'alba.

Dämon ['dɛ:mɔn, dɛ'mo:nən] ‹-s, -en› *m* demone *m.*

dämonisch [dɛ'mo:nɪʃ] *a* demoniaco.

Dampf [dampf] ‹-(e)s, ⸚e› *m* **1.** *(Wasser~)* vapore *m;* **2.** *(Ausdünstung)* esalazione *f;* **unter ~** *tec* sotto pressione; **~ ablassen** emettere vapore; **~ hinter etw. machen** *fig fam* sollecitare qc. **Dampfbad** *n* bagno *m* a vapore. **Dampfdruck** ‹-(e)s, -drücke› *m* pressione *f* del vapore.

dampfen *itr* esalare vapori, fumare.

dämpfen ['dɛmpfən] *tr* **1.** *gastr* stufare; **2.** *(bügeln)* stirare con panno umido; **3.** *fig (abschwächen: bes. Ton, Licht)* smorzare; mitigare; **4.** *(Stoß)* attutire; **die Stimme ~** abbassare la voce; **die Konjunktur ~** mettere un freno all'economia; **mit gedämpfter Stimme** sottovoce.

Dampfer ‹-s, -› *m* piroscafo *m,* vapore *m.*

Dämpfer ‹-s, -› *m mus* sordina *f;* **jdm einen ~ aufsetzen** *fam* smorzare qu; **sein Optimismus bekam einen ~** il suo ottimismo fu smorzato.

Dampferlinie *f* linea *f* di navigazione a vapore.

Dampfkessel *m* caldaia *f* a vapore. **Dampfkochtopf** *m* pentola *f* a pressione. **Dampflokomotive** *f* locomotiva *f* a vapore. **Dampfmaschine** *f* macchina *f* a vapore. **Dampfschiff** *n s.* **Dampfer. Dampfschiffahrt** *f* navigazione *f* a vapore. **Dampfturbine** *f* turbina *f* a vapore.

Dämpfung ‹-, -en› *f* smorzamento *m;* *(a. fig)* attenuazione *f.*

Dampfventil *n* valvola *f* a vapore. **Dampfwalze** *f* rullo *m* a vapore. **Dampfwolke** *f* nuvola *f* di vapore *(o.* di fumo).

danach [da'na:x, *hinweisend:* 'da:na:x] *adv* **1.** *(zeitlich: dann)* poi, quindi; *(später)* dopo; **2.** *(dementsprechend)* in conformità a ciò, in modo corrispondente a ciò; **3.** *(Reihenfolge)* dopo; **bald/gleich/lange ~** poco (tempo)/subito/molto tempo dopo; **~ aussehen** averne l'aria *(o.* l'aspetto); **sich ~ richten** prenderlo per norma; **~ habe ich nicht gefragt** questo non l'ho chiesto.

Däne ['dɛ:nə] ‹-n, -n› *m,* **Dänin** [...nɪn] *f* danese *mf.*

daneben [da'ne:bən, *hinweisend:* 'da:ne:bən] *adv* **1.** *(örtlich)* accanto, lì vicino; **2.** *(zusätzlich)* inoltre, oltre a ciò; **3.** *(gleichzeitig)* allo stesso tempo; **dicht** ~ subito accanto.

daneben·benehmen ‹*irr, ohne ge-*› *rfl:* **sich** ~ *fam* comportarsi male.

daneben·gehen ‹*irr*› *itr* ‹*sein*› **1.** *(Schuß)* non cogliere il bersaglio; **2.** *fig fam (fehlschlagen)* fallire, andare a vuoto *fam.*

Dänemark *n* Danimarca *f.*

Daniel ['da:nie:l *o.* ...iɛl] *(männlicher Vorname)* Daniele.

Daniela, Daniele [da'nie:la, ...lə] *(weiblicher Vorname)* Daniela.

Dänin *f s.* **Däne.**

dänisch *a* danese.

dank [daŋk] *prp gen o. dat* grazie a.

Dank ‹-(e)s, ø› *m* **1.** ringraziamento *m;* **2.** *(~barkeit)* gratitudine *f;* **3.** *(Erkenntlichkeit)* riconoscenza *f;* **mit herzlichem ~** con i più sinceri ringraziamenti; **zum ~ für** in ricompensa per; **jdm zu ~ verpflichtet sein** essere grato (*o.* riconoscente) a qu; **Gott sei ~!** grazie a Dio!; **besten** (*o.* **vielen** *o.* **herzlichen) ~!** mille grazie, grazie infinite *fam;* **mit herzlichem ~ zurück** di ritorno con i più sinceri ringraziamenti.

dankbar I. *a* **1.** grato (*jdm für etw.* a qu per qc), riconoscente (*jdm für etw.* a qu per qc); **2.** *(lohnend)* gratificante, che dà soddisfazione; *(Publikum)* eccellente; *(Rolle)* di molto effetto; **II.** *adv* con gratitudine, con riconoscenza. **Dankbarkeit** ‹-, ø› *f* gratitudine *f,* riconoscenza *f;* **aus ~ für** in riconoscenza per.

danke *interj* grazie; **~ schön** (*o.* **sehr** *o.* **vielmals)!** grazie!, grazie tanto!; **~ (, ja)!** sì, grazie!; **danke (, nein)!** no, grazie!; **~, gleichfalls!** grazie, altrettanto!

danken I. *itr* **1.** ringraziare (*jdm für etw.* qu di (*o.* per) qc); **2.** *(ablehnen)* rifiutare ringraziando (*für etw.* qc); **Betrag ~d erhalten** *com* somma ricevuta per quietanza; **nichts zu ~!** non c'è di che; **na, ich danke!** *fam* ci mancherebbe altro! *fam;* **II.** *tr* **1.** *(verdanken)* dovere (*jdm etw.* qc a qu); **2.** *(lohnen)* ricompensare per; **jdm etw. schlecht ~** ripagare male qu per qc. **dankenswert** *a* degno di riconoscenza; *(nützlich)* che vale la pena.

Dankeschön ‹-s, ø› *n* grazie *m.*

Danksagung ‹-, -en› *f* **1.** *(Schreiben)* biglietto *m* di ringraziamento; **2.** *rel* preghiera *f* di ringraziamento.

dann [dan] *adv* **1.** *(später, danach)* dopo, poi, quindi; **2.** *(außerdem)* poi, inoltre; **3.** *(in diesem Fall)* allora, in questo (*o.* quel) caso; **~ und wann** di quando in quando; **selbst ~ (nicht), wenn ...** (ne) anche nel caso in cui; **also, ~ bis gleich!** a presto, dunque!; **~ (eben) nicht!** allora no!; **und** (*o.* **was) ~?** e poi?; **wenn nicht er, wer ~?** se non lui, chi allora?

Danzig ['dantsıç] *n* Danzica *f.*

daran [da'ran, *hinweisend:* 'da:ran], *fam* **dran** *adv* **1.** *(örtlich)* ci, vi, ne; **2.** *fig* in questo; **3.** *(zeitlich):* **im Anschluß ~** in seguito a ciò; **~ denken/glauben** pensarci/crederci; **gut ~ tun zu ...** fare bene a ...; **nahe ~ sein zu ...** essere sul punto di ..., stare per ...; **das Beste ~ ist, daß ...** la cosa migliore di ciò è che ...; **~ erkenne ich ihn** lo riconosco da ciò; **es ist etw. Wahres ~** c'è qc di vero in questo; **es liegt mir viel/wenig ~** ci tengo molto/poco a questo; **ich bin ~ zu ...** tocca a me (di) ...; **ich bin nicht ~ schuld** non ne ho colpa; **ich denke nicht ~ zu ...** non ci penso a ...; **ich war nahe ~ zu fallen** ci mancava poco che io cadessi; **~ soll es nicht liegen** questo non importerà; **wenn du ~ vorbeikommst, ...** se ci passi, ...

daran·gehen ‹*irr*› *itr* ‹*sein*› mettersi (*etw. zu tun* a fare qc), cominciare (*etw. zu tun* a fare qc). **daran·machen** *rfl:* **sich ~** *s.* **darangehen.**

daran·setzen I. *tr (einsetzen)* metterci, mettere in gioco; **alles ~ zu ...** fare ogni sforzo possibile per ...; **II.** *rfl:* **sich ~** *s.* **darangehen.**

darauf [da'rauf, *hinweisend:* 'da:rauf], *fam* **drauf** *adv* **1.** *(örtlich)* su questo, sopra questo, (qua) sopra; **2.** *(zeitlich)* dopo, poi, quindi; **3.** *(infolgedessen)* perciò, quindi, così; **4.** *(als Reaktion auf)* come reazione a; **am Tag ~** il giorno dopo (*o.* seguente); **zwei Jahre ~** due anni dopo; **~ achten** badarci; **es ~ ankommen lassen** rimettersi alla fortuna; **nur ~ aussein zu ...** *fam* mirare solo a ...; **sich ~ verlassen** contarci; **gleich ~** subito dopo; **kurz ~** poco (tempo) dopo; **stolz ~ sein** esserne fiero; **das kommt ~ an** dipende; **~ gebe ich nichts** non ci faccio caso; **ich freue mich schon ~!** me ne rallegro già!; **~ kommt es nicht an** questo non importa; **~ steht die Todesstrafe** è soggetto a pena di morte; **wie kommst du ~?** come mai ti viene quest'idea? **daraufhin** [-'hın, *hinweisend:* 'da:r...] *adv* **1.** *(infolgedessen)* in conseguenza di ciò, in seguito a ciò; **2.** *(danach)* dopo, poi, quindi; **3.** *(unter diesem Gesichtspunkt)* sotto questo aspetto.

daraus [da'raus, *hinweisend:* 'da:raus], *fam* **draus** *adv* **1.** *(räumlich)* da ciò, di qui; **2.** *(aus Material)* da questo; **3.** *fig* ne; **~ folgt, daß ...** ne (con)segue che ...; **ich mache mir nichts ~** non me ne importa nulla; me ne infischio *fam;* **kann man ~ trinken?** si può bere da qui?; **~ werde ich nicht klug** *fam* non mi ci raccapezzo *fam;* **~ wird nichts** non se ne farà nulla.

darben ['darbən] *itr poet* penare; *(hungern)* stentare la vita.

dar·bieten ['da:ɐ̯-] ‹*irr*› **I.** *tr theat* (rap)presentare; *(Musikstücke)* eseguire; *(Gedichte, Lieder)* recitare; **II.** *rfl:* **sich ~** *(sichtbar werden)* offrirsi; *(sich anbieten)* presentarsi.

Darbietung ‹-, -en› *f* **1.** offerta *f;* **2.** *(Veranstaltung)* spettacolo *m; theat* rappresentazione *f,* recita *f; (von Musikstücken)* esecuzione *f.*

darein [da'rain, *hinweisend:* 'da:rain], *fam* **drein** *adv* là (*o.* qua) dentro, dentro, ci, vi.

darf [darf] *1. und 3. pers sing pr von* **dürfen.**

darin [da'rɪn, *hinweisend:* 'da:rɪn], *fam* **drin** *adv* **1.** *(örtlich)* qua (*o.* là) dentro, dentro, vi, ci; **2.** *fig* in questo, in ciò; *(in dieser Hinsicht)* in questo senso; **~ inbegriffen** ivi compreso; **~ haben Sie recht/irren Sie sich** in quanto a ciò ha ragione/si sbaglia; **der Unterschied liegt ~, daß ...** la differenza consiste nel ... *inf;* **ich stimme mit Ihnen ~ überein, daß ...** sono d'accordo con lei che ...

dar·legen ['da:ɐ̯-] *tr* **1.** esporre; **2.** *(erklären)* spiegare.

Darlehen ['da:ɐ̯-] ‹-s, -› *n* prestito *m,* mutuo *m;* **ein ~ aufnehmen** contrarre un prestito (*o.* mutuo); **jdm ein ~ geben** concedere un prestito (*o.* mutuo) a qu. **Darlehensgeber** *m* mutuante *m.* **Darlehensnehmer** ‹-s, -› *m* mutuatario *m.* **Darlehensvertrag** *m* contratto *m* di prestito.

Darm [darm] ‹-(e)s, ⸚e› *m* **1.** *anat* intestino *m;* **2.** *(Wursthaut)* budello *m.* **Darmflora** *f* flora *f* intestinale. **Darmgrippe** *f* influenza *f* intestinale. **Darminfektion** *f* infezione *f* intestinale. **Darmkrebs** *m* cancro *m* intestinale. **Darmverschluß** *m med* ileo *m.*

dar·reichen ['da:ɐ̯-] *tr poet* offrire, presentare. **dar·stellen** ['da:ɐ̯-] *tr* **1.** rappresentare; **2.** *(wiedergeben)* raffigurare, rappresentare; *theat* interpretare (la parte di); **3.** *(beschreiben)* descrivere; *(veranschaulichen)* illustrare, dimostrare; **4.** *fam (bedeuten)* rappresentare, costituire, essere; **etw. objektiv ~** rappresentare qc obiettivamente; **dieses Bild stellt ihn als König dar** questo quadro lo ritrae nelle vesti di re; **was soll das (denn) ~?** *fam* cosa dovrebbe rappresentare? *fam.* **Darsteller(in)** ‹-s, -› *m(f)* interprete *mf,* attore, -trice *m, f.* **darstellerisch** *a* scenico; **eine glänzende ~e Leistung** una splendida interpretazione.

Darstellung *f* **1.** *(Schilderung)* descrizione *f; (von Sachverhalt)* esposizione *f; (Erzählung)* narrazione *f;* **2.** *(Wiedergabe)* raffigurazione *f,* rappresentazione *f; theat* raffigurazione *f,* rappresentazione *f,* recita *f;* **3.** *chem* preparazione *f;* **graphische ~** diagramma *m,* grafico *m.* **Darstellungsweise** *f* modo *m* di rappresentare.

darüber [da'ry:bɐ, *hinweisend:* 'da:ry:bɐ], *fam* **drüber** *adv* **1.** *(räumlich)* al di sopra, qua (*o.* là) sopra, (di) sopra; **2.** *(in dieser Hinsicht, über diese Angelegenheit)* in quanto a ciò, su ciò, ne; **3.** *(über ein Maß hinaus)* (di) più, oltre; **sich ~ freuen** rallegrarsene; **es geht nichts ~** non c'è niente di meglio; **~ hinaus** oltre a ciò, inoltre, in più; **ich bin ~ hinweg** non ci penso più, acqua passata.

darum [da'rʊm, *hinweisend:* 'da:rʊm], *fam* **drum** *adv* **1.** *(räumlich)* intorno (a ciò), attorno (a ciò); **2.** *(deshalb)* perciò, per questo; **3.** *fig* di questo, ne; **~ herumkommen** *fam* poter fare altrimenti; **es geht ~, daß ...** si tratta di ... *inf,* il problema è che ...; **es handelt sich nicht ~** non si tratta di questo; **ich bitte dich ~** te ne prego; **warum hast du das getan? – ~!** *fam* perché hai fatto questo? – perché sì! *fam.*

darunter [da'rʊntɐ, *hinweisend:* 'da:rʊntɐ], *fam* **drunter** *adv* **1.** (di) sotto, qua (*o.* lì) sotto, sotto questo; **2.** *(weniger)* meno; **3.** *(unter einer Anzahl)* fra cui; **~ leiden** soffrirne; **was verstehen Sie ~?** cosa intende con ciò?; **~ kann ich mir nichts vorstellen** da ciò non riesco ad immaginarmi niente. **darunter·liegen** ‹*irr*› *itr* ‹*sein o. haben*› stare (*o.* essere) sotto.

das [das] **I.** *(nom u. acc von bestimmtem Artikel n) s.* **der; II.** *(Relativpronomen n) s.* **der; III.** *pron* ciò, questo, quello; *(Demonstrativpronomen)* questo, quello; **auch ~ noch!** ci mancava solo questo!; **~ bin ich** questo sono io; **~ ist mein Haus** ecco la mia casa; **~ war eine Freude!** che gioia!; **~, was ...** quel(lo) che ...; **was ist ~?** cos'è questo?

da·sein ‹*irr*› *itr* ‹*sein*› **1.** *(anwesend sein)* essere presente, esserci; **2.** *(vorhanden sein)* essere disponibile, esserci; **für jdn ~** *(vorhanden sein)* essere a disposizione di qu; *(sorgen)* badare a qu; **da bin ich!** eccomi qua! *fam;* **das ist noch nicht dagewesen!** non si è mai vista una cosa simile! *fam;* **es ist alles schon (einmal) dagewesen** sono cose già capitate; **ich bin gleich wieder da** torno subito; **ist jemand dagewesen?** è venuto qualcuno?; **ist noch Kaffee da?** c'è ancora caffè? **Dasein** *n* **1.** *(Anwesenheit)* presenza *f;* **2.** *(Leben)* vita *f,* esistenza *f.* **Daseinsberechtigung** *f* **1.** *(von Dingen)* ragione *f* d'essere; **2.** *(von Personen)* diritto *m* all'esistenza. **Daseinskampf** *m* lotta *f* per l'esistenza.

da·sitzen ‹*irr*› *itr* star(sene) lì seduto; **ohne einen Pfennig ~** starsene lì senza un centesimo in tasca *fam.*

dasjenige *pron s.* **derjenige.**

daß [das] *con* **1.** che; *(bei Subjektgleichheit)* di *inf;* **2.** *fam (damit)* affinché *conj,* perché *conj,* per *inf;* **bis ~** finché *conj;* **so ~** cosicché, in modo che, in modo da *inf;* **als ~** perché *conj,* per *inf;* **es sei denn, ~** a meno che *conj;* **entschuldigen Sie, ~ ich Sie störe** mi scusi se La disturbo; **nicht ~ ich wüßte!** non che io sappia!; **er glaubt, ~ er dumm ist** crede di essere stupido; **~ du mir ja nicht drangehst!** guai (a te) se lo tocchi! *fam.*

dasselbe *pron s.* **derselbe; immer ~** sempre la stessa solfa *fam;* **das ist (genau) ~** è esattamente lo stesso.

da·stehen ‹*irr*› *itr* ‹*haben o. sein*› starsene lì; **wie angewachsen** (*o.* **angewurzelt**) **~** restare di sasso.

Datei [da'taj] ‹-, -en› *f* file *m,* archivio *m.*

Daten *pl von* **Datum. Datenbank** ‹-, -en› *f* banca *f* dei dati. **Datenerfassung** *f* raccolta *f* dei dati. **Datenschutz** *m* protezione *f* dati, segretezza *f* dei dati. **Datenschutzbeauftragte** *mf* responsabile *mf* della protezione dati. **Datenschutzgesetz** *n* legge *f* sulla protezione dei dati. **Datenträger** *m inform* supporto *m* dati, volume *m.* **Datentypist(in)** [-typɪst(ɪn)] ‹-en, -en› *m(f)* persona *f* addetta all'emissione dei dati. **Datenverarbeitung** *f* (*ab* **DV**) elaborazione *f* (dei) dati; **elektronische ~** (*ab* **EDV**) elaborazione dati elettronica.

datieren [da'ti:rən] ‹*ohne ge-*› **I.** *tr* datare; mettere (*o.* apporre) la data su; **II.** *itr* **1.** *(Datum tragen)* portare la data *(von* di); **2.** *(bestehen)* datare *(von* da).

Dativ ['da:ti:f] ‹-s, -e› *m* (caso *m*) dativo *m.*

Dattel ['datəl] ‹-, -n› *f* dattero *m.* **Dattelpalme** *f* palma *f* da datteri.

Datum ['da:tʊm, ...tən] ‹-s, Daten› *n* data *f;* **unter dem heutigen ~** in data odierna; **jüngeren** (*o.* **neueren**) **~s** di data recente; **welches ~ haben wir heute?** quanti ne abbiamo oggi?; **technische Daten** dati tecnici; **~ des Poststempels** data del timbro postale. **Datum(s)stempel** *m* datario *m.*

Daube ['daubə] ‹-, -n› *f* doga *f.*

Dauer ['dauɐ] ‹-, ø› *f* **1.** durata *f;* **2.** *(Zeitspanne)* periodo *m,* tempo *m;* **3.** *(~haftigkeit)* durata *f,* durevolezza *f;* **auf die ~** a lungo andare; **für die ~** von della (*o.* per la) durata di; **von kurzer/langer ~ sein** essere di breve/lunga durata; **von ~ sein** essere duraturo. **Dauerauftrag** *m fin* ordine *m* (*o.* incarico *m*) permanente. **Dauerbrenner** *m* **1.** *(Ofen)* stufa *f* a fuoco continuo; **2.** *fig fam (Hit, Erfolg)* successo *m* (del momento). **dauerhaft** *a* **1.** duraturo, durevole; *(Farbe)* inalterabile; **2.** *(beständig)* costante, stabile. **Dauerhaftigkeit** ‹-, ø› *f* **1.** durevolezza *f,* durata *f;* **2.** *(Beständigkeit)* stabilità *f.* **Dauerlauf** *m* corsa *f* di resistenza (*o.* di fondo). **Dauerlutscher** *m* caramella *f* da succhiare.

dauern *itr* durare; **das wird nicht lange ~** non ci vorrà molto; **es dauerte lange, bis er kam** ci voleva molto prima che venisse; **es dauert mir zu lange** l'attesa per me è troppo lunga; **wie lange dauert es, bis Sie ...?** quanto Le manca (ci vuole) ancora per ...? *inf;* **wie lange dauert es noch?** quanto ci vuole ancora? **dauernd I.** *a* **1.** permanente, stabile, fisso; **2.** *(ständig)* continuo, costante; **II.** *adv* in continuazione; **~ redet er dazwischen** interrompe continuamente.

Dauerobst *n* frutta *f* d'inverno (*o.* che si conserva). **Dauerwelle(n** *pl*) *f* permanente *f;* **sich** *(dat)* **~n machen lassen** farsi fare la permanente. **Dauerwirkung** *f* effetto *m* duraturo. **Dauerzustand** *m* stato *m* (*o.* condizione *f*) permanente.

Daumen ['daumən] ‹-s, -› *m* pollice *m;* **jdm die ~ drücken** incrociare le dita per qu *fam;* **ich drücke dir die ~!** in bocca al lupo! *fam;* **am ~ lutschen** succhiarsi il pollice.

Daunen ['daunən] *f pl* piume *f pl.* **Daunendecke** *f* piumino *m.*

davon [da'fɔn, *hinweisend:* 'da:fɔn] *adv* **1.** di questo, di ciò, ne; **2.** *(räumlich)* di là, di lì; **3.** *(dadurch)* da questo, da ciò, ne; **~ wissen** saperne; **das kommt ~!** te lo dicevo io! *fam;* **das kommt ~, wenn ...** ecco quel che succede, se ...; **~ ist er wach geworden** questo l'ha svegliato; **was habe ich ~?** che vantaggio ne ho io?; **genug ~!** basta così!; **~ bitte das Doppelte!** per favore, il doppio di ciò! **davon·fliegen** ⟨*irr*⟩ *itr* ⟨*sein*⟩ volare via. **davon·gehen** ⟨*irr*⟩ *itr* ⟨*sein*⟩ andarsene, andare via. **davon·kommen** ⟨*irr*⟩ *itr* ⟨*sein*⟩ scamparla, cavarsela; *(sich retten)* salvarsi; **mit heiler Haut/dem Leben ~** salvare la pelle *fam*/la vita; **noch einmal ~** cavarsela ancora. **davon·laufen** ⟨*irr*⟩ *itr* ⟨*sein*⟩ scappare (via), fuggire; **es ist zum D~!** *fam* è una disperazione!, è insopportabile! **davon·machen** *rfl:* **sich ~** svignarsela *fam,* scappare. **davon·tragen** ⟨*irr*⟩ *tr* **1.** portare via; **2.** *fig (Verletzungen)* riportare; *(Krankheit)* contrarre; **den Sieg ~** riportare (*o.* ottenere) la vittoria (*über* su).

davor [da'fo:ɐ̯, *hinweisend:* 'da:fo:ɐ̯] *adv* **1.** *(örtlich)* davanti (a questo), dinanzi (a questo); **2.** *(zeitlich)* prima (di ciò); **3.** *(vor dieser Sache)* di ciò, ne; **mir graut ~** ne ho paura; **ich habe Angst ~** ne ho paura. **davor·stehen** ⟨*irr*⟩ *itr* ⟨*haben o. sein*⟩ stare lì davanti.

dazu [da'tsu:, *hinweisend:* 'da:tsu:] *adv* **1.** *(zu diesem Zweck)* per questo, a questo scopo; *(dafür)* per questo; **2.** *(darüber, zu diesem Thema)* su ciò, su questo; **3.** *(dabei, damit)* con ciò, con questo; **4.** *(außerdem)* oltre a ciò; **5.** *(räumlich)* a questo, vi; **sich ~ äußern** esprimersi al riguardo; **~ gehört ...** ci vuole ..., è necessario ... *inf;* **~ kommt, daß ...** a ciò si aggiunge che ...; **im Gegensatz ~** invece, al contrario; **noch ~** per giunta, per di più; **am besten trinkt man Bier ~** la cosa migliore è berci insieme birra; **endlich komme ich ~ zu ...** finalmente arrivo a ...; **ich habe keine Lust/Zeit ~** non ne ho voglia/il tempo; **was sagen Sie ~?** cosa ne dice?; **wie kommen Sie ~?** *(wieso haben Sie das?)* come l'ha avuto?; *(was erlauben Sie sich?)* come si permette?

dazugehörig *a* rispettivo, relativo, che vi appartiene.

dazumal ['da:tsuma:l] *adv:* **anno ~** *scherz* a quei tempi.

dazu·tun ⟨*irr*⟩ *tr* aggiungere. **Dazutun** *n:* **ohne mein ~** senza il mio intervento.

dazwischen [da'tsvɪʃən, *hinweisend:* 'da:tsvɪʃən] *adv* **1.** in mezzo; *(a. darunter)* tra questi; **2.** *(zeitlich)* nel frattempo; **3.** *(Beziehung)* fra loro. **dazwischen·fahren** ⟨*irr*⟩ *itr* ⟨*sein*⟩ **1.** *(eingreifen)* intervenire; **2.** *(unterbrechen)* interrompere. **dazwischen·kommen** ⟨*irr*⟩ *itr* ⟨*sein*⟩ sopraggiungere, accadere, capitare; **wenn nichts dazwischenkommt** se tutto va bene, salvo imprevisti; **mir ist etw. dazwischengekommen** c'è stato un imprevisto per me. **dazwischen·treten** ⟨*irr*⟩ *itr* ⟨*sein*⟩ *(eingreifen)* intervenire.

DB [de:'be:] ⟨-, ø⟩ *f ab von* **Deutsche Bundesbahn** ≃ FF. SS. (*ab von* Ferrovie dello Stato).

DBB [de:be:'be:] ⟨-(s), ø⟩ *m ab von* **Deutscher Beamtenbund** *unione dei funzionari (statali) nella R.F.T.*

DBP **1.** *ab von* **Deutsches Bundespatent** *brevetto della R.F.T.;* **2.** *ab von* **Deutsche Bundespost** ≃ P.T. (*ab von* Poste e Telegrafi).

DDR [de:de:'ʔɛr] ⟨-, ø⟩ *f ab von* **Deutsche Demokratische Republik** R.D.T. *f* (*ab von* Repubblica Democratica Tedesca).

dealen ['di:lən] *tr sl* spacciare.

Dealer(in) ⟨-s, -⟩ *m(f)* spacciatore, -trice *m, f.*

Debatte [de'batə] ⟨-, -n⟩ *f* discussione *f; (bes. pol)* dibattito *m;* **etw. steht zur ~** qc è in discussione; **etw. zur ~ stellen** mettere qc in discussione; **das steht überhaupt nicht zur ~** è ovvio, non se ne discute proprio.

debattieren [...'ti:rən] ⟨*ohne ge-*⟩ *tr, itr* discutere, dibattere (*über* su).

Debet ['de:bɛt] ⟨-s, -s⟩ *n fin* dare *m,* debito *m.*

Debüt ⟨-s, -s⟩ *n theat* debutto *m; (a. fig)* esordio *m;* **sein ~ geben als** debuttare come.

debütieren [deby'ti:rən] ⟨*ohne ge-*⟩ *itr theat* debuttare; *(a. fig)* esordire.

dechiffrieren [deʃɪ'fri:rən] ⟨*ohne ge-*⟩ *tr* decifrare.

Deck [dɛk] ⟨-(e)s, -s *o. rar* -e⟩ *n naut* ponte *m,* coperta *f;* **alle Mann an ~!** tutti in coperta!

Deckblatt *n* **1.** *bot* brattea *f;* **2.** *(von Zigarre)* foglia *f* esterna; **3.** *(von Büchern)* foglio *m* di rettifica.

Decke ['dɛkə] ‹-, -n› *f* **1.** *(Bett~)* coperta *f; (Tisch~)* tovaglia *f;* **2.** *(Zimmer~)* soffitto *m;* **3.** *(Überzug)* rivestimento *m; (Straßen~)* pavimentazione *f* stradale; *(Schicht)* strato *m; (Reifen~)* copertone *m;* **4.** *fig (Hülle)* manto *m,* involucro *m; (Bucheinband)* copertina *f;* **5.** *min* cielo *m;* **an die ~ gehen** *fig fam* andare (*o.* montare) su tutte le furie *fam;* **mit jdm unter einer ~ stecken** *fig* essere in combutta con qu; **sich nach der ~ strecken** *fig* fare il passo secondo la gamba; **mir fällt die ~ auf den Kopf** *fam* mi sento in gabbia *fam.*

Deckel ['dɛkəl] ‹-s, -› *m* **1.** coperchio *m; (zum Aufschrauben)* chiusino *m;* **2.** *(Buch~)* copertina *f;* **3.** *(Uhr~)* calotta *f;* **4.** *tec* calotta *f,* coperchio *m;* **5.** *fam (Hut)* cappello *m;* **einen auf den ~ kriegen** *fig fam* ricevere una lavata di capo *fam,* prendersi un cicchetto *fam.*

decken I. *tr* **1.** coprire; *(überziehen)* ricoprire (*mit* con), rivestire (*mit* di); **2.** *(Bedarf, Kosten, etc.)* coprire; **3.** *mil, sport* coprire, marcare; **einen Schaden/Verlust/Bedarf ~** riparare ad un danno/compensare una perdita/coprire un fabbisogno; **den Tisch ~** apparecchiare la tavola; **II.** *rfl:* **sich ~** coincidere.

Deckenbeleuchtung *f* illuminazione *f* dal soffitto. **Deckengemälde** *n* pittura *f* sul soffitto.

Deckmantel *m fig:* **unter dem ~ von** sotto il manto di. **Deckname** *m* pseudonimo *m.*

Deckoffizier *m* ufficiale *m* di coperta.

Deckung ‹-, -en› *f* **1.** *allg., fig, fin* copertura *f;* **2.** *(Schutz) mil* riparo *m,* protezione *f; sport (von Spieler)* difesa *f; (von Raum)* marcatura *f; (Boxen, Fechten)* guardia *f;* **3.** *fin* garanzia *f;* **~ der Nachfrage** copertura della domanda; **etw. zur ~ bringen** far concordare (*o.* coincidere) qc; **jdm ~ geben** coprire qu; **in ~ gehen** *mil* mettersi al coperto (*o.* al riparo); *sport* mettersi in guardia; **zur ~ der Kosten** a copertura delle spese. **dekkungsgleich** *a* congruente.

defekt [de'fɛkt] *a* difettoso, guasto. **Defekt** ‹-(e)s, -e› *m* **1.** *(Schaden)* danno *m; mot* guasto *m;* **2.** *(Mangel)* difetto *m.*

defensiv [defɛn'zi:f] *a* difensivo.

Defensive [...'zi:və] ‹-, -n› *f* difensiva *f;* **in der ~** sulla difensiva.

definieren [defi'ni:rən] ‹*ohne ge-*› *tr* definire.

Definition [...ni'tsio:n] ‹-, -en› *f* definizione *f.*

definitiv [...ni'ti:f] *a* definitivo.

Defizit ['de:fitsɪt] ‹-s, -e› *n* deficit *m* (*an* su), disavanzo *m* (*an* su); **ein ~ aufweisen** registrare un deficit.

Deflation [defla'tsio:n] ‹-, -en› *f fin* deflazione *f.*

Defloration [deflora'tsio:n] ‹-, -en› *f* deflorazione *f.*

deflorieren [...'ri:rən] ‹*ohne ge-*› *tr* deflorare.

deformieren [defɔr'mi:rən] ‹*ohne ge-*› *tr* deformare.

Degen ['de:gən] ‹-s, -› *n* spada *f;* **den ~ ziehen** sguainare la spada.

degenerieren [degene'ri:rən] ‹*ohne ge-*› *itr* ‹*sein*› degenerare.

degradieren [degra'di:rən] ‹*ohne ge-*› *tr* degradare.

Degradierung ‹-, -en› *f* degradazione *f.*

dehnbar *a* estendibile, estensibile; *(elastisch, a. fig)* elastico; *phys* dilatabile; *(Metall)* duttile; **ein ~er Begriff** un concetto elastico. **Dehnbarkeit** ‹-, ø› *f* estensibilità *f; phys* dilatabilità *f; (von Metall)* duttilità *f; fig* elasticità *f.*

dehnen I. *tr (Material)* tendere; *(Glieder)* stirare; *ling (Laut)* allungare; **II.** *rfl:* **sich ~** *(Material, etc.)* dilatarsi; *(Mensch)* distendersi; *(Strecke, Zeit)* prolungarsi.

Deich [daiç] ‹-(e)s, -e› *m* diga *f,* argine *m.*

Deichsel ['daiksəl] ‹-, -n› *f* timone *m.*

deichseln *tr fam* venire a capo di.

dein [dain] *(adjektivisches Possessivpronomen von* du*)* tuo, -a *m, f,* tuoi *m pl,* tue *f pl;* **herzliche Grüße, D~ Otto** cari saluti dal tuo Otto; **Herr, D~ Wille geschehe** Signore, sia fatta la tua volontà.

deine *s.* **deine(r, s).**

deiner *pers pron (gen von* du*)* di te; *s. a.* **deine(r, s).**

deine(r, s) *(substantivisches Possessivpronomen von* du*)* il tuo, la tua, i tuoi *pl,* le tue *pl.*

deinerseits ['dainɐ'zaits] *adv* da parte tua.

deines *s.* **deine(r, s).**

deinesgleichen ['dainəs'glaiçən] ‹*inv*› *pron* tuo pari, uno *m* (*o.* gente *f, etc.*) come te.

deinetwegen ['dainət've:gən] *adv* per causa tua, per te; *(negativ)* per colpa tua.

deinetwillen ['dainət'vɪlən] *adv:* **um ~** per te, per amor tuo.

deinige(r, s) *pron obs, geh s.* **deine(r, s).**
deins *s.* **deine(r, s).**
Dekade [de'ka:də] ‹-, -n› *f* decade *f.*
dekadent [deka'dɛnt] *a* decadente.
Dekadenz [...'dɛnts] ‹-, ø› *f* decadenza *f.*
Dekan [de'ka:n] ‹-s, -e› *m* **1.** *rel* decano *m;* **2.** *(Universität)* preside *m* di facoltà.
Dekanat [deka'na:t] ‹-(e)s, -e› *n* decanato *m.*
Deklamation [deklama'tsio:n] ‹-, -en› *f* declamazione *f.*
deklamieren [...'mi:rən] ‹*ohne ge-*› *tr* declamare.
Deklaration [deklara'tsio:n] ‹-, -en› *f* dichiarazione *f.*
deklarieren [...'ri:rən] ‹*ohne ge-*› *tr* dichiarare.
Deklination [deklina'tsio:n] ‹-, -en› *f* declinazione *f.*
deklinieren [...'ni:rən] ‹*ohne ge-*› *tr* declinare.
Dekolleté [dekɔl'te:] ‹-s, -s› *n* scollatura *f,* décolleté *m.*
Dekorateur(in) [dekora'tø:ɐ (...rɪn)] ‹-s, -e› *m(f)* **1.** decoratore, -trice *m, f;* **2.** *(Schaufenster~)* vetrinista *mf;* **3.** *theat* scenografo, -a *m, f.*
Dekoration [...'tsio:n] ‹-, -en› *f* **1.** decorazione *f;* **2.** *(Schaufenster~)* decorazione *f* di vetrina; **3.** *theat* scenario *m.*
dekorativ [...'ti:f] *a* decorativo, esornativo.
dekorieren [...'ri:rən] ‹*ohne ge-*› *tr* decorare.
Dekret [de'kre:t] ‹-(e)s, -e› *n* decreto *m;* **ein ~ erlassen** emanare un decreto.
dekretieren [dekre'ti:rən] ‹*ohne ge-*› *tr* decretare.

Delegation [delega'tsio:n] ‹-, -en› *f* delegazione *f.*
delegieren [...'gi:rən] ‹*ohne ge-*› *tr* delegare. **Delegierte** ‹ein -r, -n, -n› *mf* delegato, -a *m, f.*
delikat [deli'ka:t] *a* **1.** *(lecker)* delizioso; **2.** *(auserlesen, fein)* squisito, prelibato; **3.** *(heikel)* delicato, scabroso.
Delikatesse [...ka'tɛsə] ‹-, -n› *f* **1.** *(Leckerbissen)* leccornia *f;* **2.** *fig (Zartgefühl)* delicatezza *f,* discrezione *f,* tatto *m.* **Delikatessengeschäft** *n* negozio *m* di specialità gastronomiche.
Delikt [de'lɪkt] ‹-(e)s, -e› *n* delitto *m; (Straftat)* reato *m.*
Delinquent(in) [delɪŋ'kvɛnt(ɪn)] ‹-en, -en› *m(f)* delinquente *mf.*
Delirium [de'li:rium, ...iən] ‹-s, -rien› *n* delirio *m.*
Delphin [dɛl'fi:n] ‹-s, -e› *m* delfino *m.*
Delta[1] ['dɛlta] ‹-(s), -s› *n (griechischer Buchstabe)* delta *m.*
Delta[2] ['dɛlta, ...tas *o.* ...tən] ‹-s, -s *o.* Delten› *n geog* delta *m.*

dem [de:m] *(dat von bestimmtem Artikel* der, das*)* **wenn ~ so ist** se è così; **wie ~ auch sei** comunque sia.
Demagoge [dema'go:gə] ‹-n, -n› *m,* **Demagogin** [...gɪn] demagogo, -a *m, f.*
Demagogie [...go'gi:, ...i:ən] ‹-, -n› *f* demagogia *f.*
Demagogin *f s.* **Demagoge.**
demagogisch [...'go:gɪʃ] *a* demagogico.
demaskieren [demas'ki:rən] ‹*ohne ge-*› *tr* smascherare.
Dementi [de'mɛnti] ‹-s, -s› *n* smentita *f.*
dementieren [...'ti:rən] ‹*ohne ge-*› *tr* smentire.
dementsprechend ['de:mˀɛnt'ʃprɛçənt] **I.** *a* corrispondente, conforme; **II.** *adv* in corrispondenza, come tale.
demgegenüber ['de:mge:gən'ˀy:bɐ] *adv* **1.** di fronte a questo, rispetto a ciò; **2.** *(andererseits)* d'altra parte.
Demission [demɪ'sio:n] ‹-, -en› *f* dimissioni *f pl.*
demnächst ['de:m'nɛ:çst] *adv* prossimamente, fra poco.
Demo ['dɛmo *o.* 'de:mo] ‹-, -s› *f fam* (*ab von* **Demonstration**) manifestazione *f,* dimostrazione *f.*
Demokrat(in) [...'kra:t(ɪn)] ‹-en, -en› *m(f)* democratico, -a *m, f.*
Demokratie [demokra'ti:, ...i:ən] ‹-, -n› *f* democrazia *f.*
Demokratin *f s.* **Demokrat.**
demokratisch *a* democratico.
Demokratisierung [...krati'zi:rʊŋ] ‹-, -en› *f* democratizzazione *f.*
demolieren [demo'li:rən] ‹*ohne ge-*› *tr* demolire; *(zerstören)* distruggere.
Demonstrant(in) [demɔn'strant(ɪn)] ‹-en, -en› *m(f)* dimostrante *mf,* manifestante *mf.*
Demonstration [...stra'tsio:n] ‹-, -en› *f* **1.** *(Kundgebung)* dimostrazione *f,* manifestazione *f;* **2.** *(Bekundung)* prova *f; (Darstellung)* dimostrazione *f.* **Demonstrationsmaterial** *n* materiale *m* illustrativo. **Demonstrationszug** *m* corteo *m* di manifestanti (*o.* dimostranti).
demonstrativ [...stra'ti:f] *a* **1.** *(anschaulich)* dimostrativo; **2.** *(auffal-*

lend) ostentato. **Demonstrativpronomen** *n* pronome *m* dimostrativo.

demonstrieren [...'stri:rən] ‹*ohne ge-*› **I.** *tr* **1.** *(vorführen)* dimostrare; **2.** *(bekunden)* dare prova di, dimostrare; **II.** *itr* dimostrare, manifestare.

Demontage [demɔn'ta:ʒə] *f* smontaggio *m;* smantellamento *m.*

demontieren [...'ti:rən] ‹*ohne ge-*› *tr* smontare; *(Industrieanlagen)* smantellare.

Demoralisation [demoraliza'tsio:n] ‹-, ø› *f* corruzione *f,* decadenza *f* morale.

demoralisieren [...'zi:rən] ‹*ohne ge-*› *tr* **1.** *(korrumpieren)* corrompere, depravare; **2.** *(entmutigen)* demoralizzare, scoraggiare.

Demoskopie [demosko'pi:, ...i:ən] ‹-, -n› *f* demoscopia *f.*

demoskopisch [...'sko:pɪʃ] *a* demoscopico.

demselben *pron* (*dat von* derselbe, dasselbe).

Demut ['de:mu:t] ‹-, ø› *f* umiltà *f.*

demütig ['de:my:tiç] *a* umile.

demütigen I. *tr* umiliare, mortificare; **II.** *rfl:* **sich ~** umiliarsi, abbassarsi. **demütigend** *a* umiliante.

Demütigung ‹-, -en› *f* umiliazione *f,* mortificazione *f.*

den [de:n] (*acc von bestimmtem Artikel* der *u. dat von* die *pl*).

denen [de:nən] **I.** *(Demonstrativpronomen) (dat von* die *pl);* **II.** *(Relativpronomen) (dat von* die *pl).*

Den Haag [de:n 'ha:k] *n* L'Aia *f.*

denkbar I. *a* **1.** *(möglich)* possibile; **2.** pensabile, immaginabile; **II.** *adv (sehr)* oltremodo; **auf die ~ einfachste Art** nel modo più semplice possibile.

denken ['dɛnkən] ‹denkt, dachte, gedacht› **I.** *itr* **1.** pensare (*an* a, *über/von* di); *(logisch ~)* ragionare; **2.** *(meinen)* pensare (*über/von* di), credere (*über/von* a), ritenere (*über/von* di); *(vermuten)* supporre, presumere; **3.** *(sich erinnern)* pensare (*an* a); **4.** *(nicht vergessen)* tenere in (*o.* a) mente (*, daß* ... che ...), ricordare (*an etw.* qc); **zu ~ geben** dare da (*o.* a) pensare; **gut/schlecht von jdm ~** pensare bene/male di qu; **bei sich** *(dat)* **~** pensare fra sé e sé; **gar nicht daran ~ zu ...** non pensare minimamente di ...; **denkste!** *fam* stai fresco! *fam;* **der Mensch denkt, (und) Gott lenkt** *prov* l'uomo propone e Dio dispone *prov;* **es ist nicht daran zu ~** neanche a pensarci; **ich darf gar nicht daran ~!** è meglio che non ci pensi!; **wenn ich bloß daran denke zu ...!** al solo pensiero di ...!; **wo ~ Sie hin!** ma no!, ma che dice; **ich denke schon** penso di sì; **II.** *tr* pensare; **das hast du dir so gedacht!** *fam* ti sarebbe piaciuto! *fam;* **wer hätte das gedacht?** chi l'avrebbe immaginato?; **III.** *rfl:* **sich** *(dat)* **~** *(sich vorstellen)* immaginarsi, credere; **das habe ich mir gedacht!** me l'aspettavo, c'era da immaginarselo *fam;* **das kann ich mir ~** me lo immagino; **das kann ich mir nicht ~** mi sembra impossibile; **ich denke mir mein(en) Teil (dabei)** so a che cosa pensare; **ich habe mir nichts Böses dabei gedacht** l'ho fatto in buona fede. **Denken** ‹-s, ø› *n* pensiero *m; (Nach~)* riflessione *f; (logisches ~)* ragionamento *m; (Denkart)* modo *m* di pensare, mentalità *f.*

Denker(in) ‹-s, -› *m(f)* pensatore, -trice *m, f,* uomo *m (*donna *f)* di pensiero.

Denkmal ‹-s, ¨-er *o. rar* -e› *n* monumento *m;* **jdm ein ~ setzen** innalzare un monumento a qu. **Denkmal(s)schutz** *m* tutela *f* dei monumenti; **unter ~ stehen** essere monumento nazionale.

Denkschrift *f* memoriale *m.* **Denksport(aufgabe** *f) m* rompicapo *m.* **Denkzettel** *m* lezione *f;* **jdm einen ~ geben (***o.* **verpassen)** dare una bella lezione a qu.

denn [dɛn] **I.** *con (kausal)* perché, poiché; **es sei ~, daß ...** tranne che ... *conj,* a meno che ... *conj;* **mehr ~ je** più che mai; **II.** *adv (in Fragesätzen verstärkend)* mai, poi, ma, allora, *manchmal unübersetzt;* **warum ~ nicht?** e perché no?; **was soll ~ das?** che significa?, che vuol dire?; **wieso ~?** e come mai?; **wo bist du ~?** ma dove sei?

dennoch ['dɛnɔx] *adv* tuttavia, ciò nondimeno, però; *(am Satzende)* lo stesso.

denselben *pron (acc von* derselbe, *dat von* dieselben).

Denunziant(in) [denʊntsiant(ɪn)] ‹-en, -en *m(f)*› delatore, -trice *m, f.*

Denunziation [...tsia'tsio:n] ‹-, -en› *f* delazione *f.*

denunzieren [...'tsi:rən] ‹*ohne ge-*› *tr* denunciare.

Deo ['de:o] ‹-s, -s› *n,* **Deodorant** [de³odo'rant] ‹-s, -e *o.* -s› *n* deodorante *m.* **Deospray** *n* deodorante *m* spray. **Deostift** *m* stick *m* deodorante.

Departement [departə'mã:] ‹-s, -s› *n CH* dipartimento *m.*
deponieren [depo'ni:rən] ‹*ohne ge-*› *tr* depositare.
Depositen [...'zi:tən] ‹*pl*› depositi *m pl.*
Depot [de'po:] ‹-s, -s› *n* deposito *m.*
Depression [deprɛ'si̯o:n] ‹-, -en› *f* depressione *f.*
deprimieren [depri'mi:rən] ‹*ohne ge-*› *tr* deprimere, abbattere.
Deputation [deputa'ts̮i̯o:n] ‹-, -en› *f* deputazione *f*, delegazione *f.*
deputieren [...'ti:rən] ‹*ohne ge-*› *tr* deputare, delegare. **Deputierte** ‹ein -r, -n, -n› *mf* deputato, -a *m, f*, delegato, -a *m, f.*

der [de:ɐ̯] *(gen von bestimmtem Artikel* die *sing u. pl, dat von* die *sing).*
der, die, das, *pl* **die** [de:ɐ̯, di:, das] **I.** *(bestimmter Artikel)* il *m*, lo *m;* la *f;* l' *m, f; pl* i, gli, le; **II.** *(Demonstrativpronomen) s.* **diese(r, s); jene(r, s); derjenige; III.** *(Relativpronomen) s.* **welche(r, s).**
derart ['de:ɐ̯'ʔa:ɐ̯t] *adv* tanto, così, talmente; **~, daß . . .** di modo che . . .
derartig *a* siffatto, tale, simile, del genere.
derb [dɛrp] *a* **1.** *(fest)* solido, sodo; *(hart)* duro, resistente; *(kräftig)* robusto, vigoroso; **2.** *fig (grob)* rozzo, grossolano; *(unfreundlich)* crudo, aspro; **~e Späße** scherzi grossolani. **Derbheit** ‹-, -en› *f* **1.** *(Grobheit)* grossolanità *f*, rozzezza *f;* **2.** *fig (Rücksichtslosigkeit)* asprezza *f*, rudezza *f*, crudezza *f;* **3.** ‹*pl*› *(grobe Äußerungen)* parole *f pl* aspre, modi *m pl* rozzi.
deren ['de:rən] **I.** *(Demonstrativpronomen) (gen von* die *pl);* **II.** *(Relativpronomen) (gen von* die *sing u. pl).*
derentwegen ['de:rənt've:gən] *adv* per cui, a causa di cui.
derentwillen ['de:rənt'vɪlən] *adv:* **um ~** *(sing)* per cui (*o.* il/la quale); *(pl)* per i (*o.* le quali).
derer ['de:rɐ] *pron (gen von* die *pl).*
dergestalt ['de:ɐ̯gə'ʃtalt] *adv:* **~, daß** in tal modo che.
dergleichen ['de:ɐ̯'gla̯içən] ‹*inv*› (*ab* **dgl.**) **I.** *a* tale, simile, siffatto, del genere; **II.** *pron (derartiges)* qualcosa di simile (*o.* del genere); **nichts ~** nulla di tutto questo; **nichts ~ tun** fare finta di niente; **und ~ (mehr)** e simili.
derjenige, diejenige, dasjenige, *pl* **diejenigen** ['de:ɐ̯je:nɪgə, 'di:..., 'das...] *pron* colui, colei, quello, quella; *pl* coloro, quelli, quelle; **~, welcher . . .** quello che . . .
dermaßen *adv* tanto; **~, daß** talmente che.
derselbe, dieselbe, dasselbe, *pl* **dieselben** [de:ɐ̯'zɛlbə, di:..., das...] *pron* il medesimo, la medesima, lo stesso, la stessa; *pl* i medesimi, le medesime, gli stessi, le stesse; **noch mal dasselbe, bitte!** un'altra volta la stessa cosa, per favore!; **das ist ein und dasselbe** è lo stesso.
Derwisch ['dɛrvɪʃ] ‹-(e)s, -e› *m* derviscio *m.*
derzeit *adv* **1.** *(jetzt)* al (*o.* in questo) momento, attualmente, (per) ora; **2.** *rar (damals)* allora, a quel tempo. **derzeitig** *a* **1.** *(gegenwärtig)* attuale, del momento; **2.** *rar (damalig)* di allora, di quel tempo.
des¹ [dɛs] *(gen von bestimmtem Artikel* der, das*).*
Des, des² [dɛs] ‹-, -› *n mus* re *m* bemolle.
Deserteur(in) [dezɛr'tø:ɐ̯ (...rɪn)] ‹-s, -e› *m(f)* disertore, -trice *m, f.*
desertieren [...'ti:rən] ‹*ohne ge-*› *itr* ‹*haben o. sein*› disertare.
desgleichen ['dɛs'gla̯içən] *adv* (*ab* **dgl.**) parimenti, e così pure, allo stesso modo.
deshalb ['dɛs'halp] *adv* perciò, per questo; **eben ~** proprio per questo; **~, weil** perché; per *inf.*
Desinfektion [dɛsʔɪnfɛk'ts̮i̯o:n *o.* dezɪ...] *f* disinfezione *f.* **Desinfektionsmittel** *n* disinfettante *m.*
desinfizieren [...fi'ts̮i:rən] ‹*ohne ge-*› *tr* disinfettare.
Desinteresse ['dɛsʔɪntərɛsə] *n* disinteresse *m;* **(ein völliges) ~ an . . .** (un totale) disinteresse per . . .
desodorieren [dɛsʔodo'ri:rən *o.* dezo...] ‹*ohne ge-*› *tr* deodorare.
Desoxyribonukleinsäure [dɛsʔɔksyribonukle'i:n-] *f* (*ab* **DNS**) acido *m* deossiribonucleico.
Despot(in) [dɛs'po:t(ɪn)] ‹-en, -en› *m(f)* despota *mf*, tiranno *m;* tiranna *f fig fam.*
despotisch *a* dispotico, tirannico.
desselben *pron (gen von* der, das*).*
dessen ['dɛsən] **I.** *(Demonstrativpronomen) (gen von* der, das*);* **II.** *(Relativpronomen) (gen von* der, das*)* **ich bin mir ~ bewußt** ne sono consapevole, me ne rendo conto.
dessenungeachtet ['dɛsənʔʊngə'ʔaxtət] *adv* malgrado ciò, ciò nonostante, nondimeno.
Dessert [dɛ'sɛ:ɐ̯ *o.* dɛ'sɛrt] ‹-s, -s› *n* dolce *m*, dessert *m.* **Dessertteller** *m* piatto *m* da frutta (*o.* da dolce).
Dessin [dɛ'sɛ̃:] ‹-s, -s› *n* motivo *m.*

Dessous [dɛ'su:, ...u:s] ⟨-, -⟩ *n* ⟨*meist pl*⟩ dessous *m pl.*
Destillat [dɛstɪ'la:t] ⟨-(e)s, -e⟩ *n* distillato *m.*
Destillation [...la'tsi̯o:n] ⟨-, -en⟩ *f* distillazione *f.*
destillieren [...'li:rən] ⟨*ohne ge-*⟩ *tr* distillare.
Destillierkolben *m* alambicco *m*, storta *f.*
desto ['dɛsto] *con* tanto; **je ..., ~** (quanto) più ..., (tanto) più; **~ mehr** tanto più; **je schneller, ~ besser** quanto più veloce, tanto meglio.
destruktiv [destrʊk'ti:f] *a* distruttivo.
deswegen ['dɛs've:gən] *adv s.* **deshalb.**
Detail [de'tai̯ *o.* de'ta:j] ⟨-s, -s⟩ *n* dettaglio *m*, particolare *m;* **ins ~ gehen** entrare nei dettagli.
Detektiv(in) [detɛk'ti:f (...vɪn)] ⟨-s, -e⟩ *m(f)* detective *mf*, investigatore, -trice *m, f* (privato, -a). **Detektivfilm** *m* (film *m*) giallo *m.* **Detektivin** *f s.* **Detektiv. Detektivroman** *m* (romanzo *m*) giallo *m.*
Detektor [de'tɛkto:ɐ̯, ...'to:rən] ⟨-s, -en⟩ *m* detector *m*, rivelatore *m.*
Detlef ['de:tlɛf *o.* 'dɛt...] *männlicher Vorname.*
Detonation [detona'tsi̯o:n] ⟨-, -en⟩ *f* detonazione *f.*
detonieren [...'ni:rən] ⟨*ohne ge-*⟩ *itr* ⟨*sein*⟩ detonare.
deuteln ['dɔytəln] *itr* sottilizzare (*an* su), cavillare (*an* su).
deuten ['dɔytən] **I.** *tr (auslegen)* interpretare; *(erklären)* spiegare; **II.** *itr* **1.** *(mit Finger, Hand)* indicare (*auf etw.* qc); **2.** *fig (hinweisen)* far presagire; **alles deutet darauf (hin), daß ...** tutto fa supporre che ...
deutlich *a* **1.** *allg.* chiaro; **2.** *(gut unterscheidbar)* distinto; **3.** *(verständlich)* intelligibile; **4.** *(spürbar)* sensibile; **5.** *(ausgeprägt)* marcato; **sich ~ ausdrücken** parlare chiaramente; **jdm etw. ~ machen** far capire qc a qu; **das war ~!** *(taktlos)* che mancanza di tatto!; **muß ich (noch) ~er werden?** devo esprimermi più chiaramente? **Deutlichkeit** ⟨-, -en⟩ *f* **1.** *allg.* chiarezza *f;* **2.** *(Verständlichkeit)* intelligibilità *f;* **3.** *(Offenheit)* franchezza *f.*
deutsch [dɔytʃ] *a* tedesco; *(bes. hist)* germanico; *(a. pej)* teutonico; **D~e Mark** (*ab* **DM**) marco tedesco; **die ~e Schweiz** la Svizzera tedesca; **~-italienisch** tedesco-italiano; *(in bezug auf Tirol)* italo-tedesco; **auf ~** in tedesco.
Deutsch ⟨ø, ø⟩ *n*, **Deutsche** ⟨-n, ø⟩ *n* tedesco *m;* **das ~e ist schwer** il tedesco è (una lingua) difficile; **(kein) ~ sprechen/verstehen** (non) parlare/capire il tedesco; **er hat in ~ eine Zwei** ha un otto in tedesco; **die Schwierigkeiten des ~en** le difficoltà del tedesco.
Deutsche ⟨ein -r, -n, -n⟩ *mf* tedesco, -a *m, f.*
Deutschland *n* (*ab* **D**) Germania *f.*
deutschsprachig *a (Mensch, Land)* di lingua tedesca; *(Literatur)* in lingua tedesca.
Deutung ⟨-, -en⟩ *f* interpretazione *f*, spiegazione *f.*
Devise [de'vi:zə] ⟨-, -n⟩ *f* massima *f*, motto *m.*
Devisen [de'vi:zən] ⟨*pl*⟩ valuta *f* estera. **Devisenbestimmungen** *f pl* disposizioni *f pl* valutarie. **Devisenhandel** *m* commercio *m* delle divise. **Devisenmarkt** *m* mercato *m* delle divise. **Devisenschmuggel** *m* contrabbando *m* di valuta.
devot [de'vo:t] *a* devoto; sommesso.
Dezember [de'tsɛmbɐ] ⟨-(s), -⟩ *m* dicembre *m; s. a. September.*
dezent [de'tsɛnt] **I.** *a (Farbe, etc.)* discreto; *(Musik)* smorzato; **II.** *adv (leicht)* leggermente, appena.
dezentralisieren [detsɛntrali'zi:rən] ⟨*ohne ge-*⟩ *tr* decentralizzare.
Dezernat [detsɛr'na:t] ⟨-(e)s, -e⟩ *n* settore *m* (di competenza).
Dezernent(in) [...'nɛnt(ɪn)] ⟨-en, -en⟩ *m(f)* caposervizio *mf.*
Deziliter [detsi'li:tɐ *o.* 'de:tsi...] *m* (*ab* **dl**) decilitro *m.*
dezimal [detsi'ma:l] *a* decimale. **Dezimalbruch** *m* frazione *f* decimale. **Dezimalstelle** *f* (posto *m*) decimale *m;* **auf zwei ~n genau** esatto al centesimo. **Dezimalsystem** *n* sistema *m* decimale.
Dezimeter [detsi'me:tɐ *o.* 'de:tsi...] *m* (*ab* **dm**) decimetro *m.*
dezimieren [detsi'mi:rən] ⟨*ohne ge-*⟩ *tr* decimare.

DFB [de:ʔɛf'be:] ⟨-(s), ø⟩ *m ab von* **Deutscher Fußball-Bund** ≃ FEDERCALCIO *f* (*ab von* Federazione Italiana Gioco Calcio).
DGB [de:ge:'be:] ⟨-(s), ø⟩ *m ab von* **Deutscher Gewerkschaftsbund** *federazione dei sindacati della R.F.T.*
dgl. *ab von* **der-, desgleichen** e sim. (*ab von* e simili).
d. Gr. *ab von* **der Große** il Grande.
d. h. *ab von* **das heißt** cioè.
d. i. *ab von* **das ist** cioè.
Dia ['di:a] ⟨-s, -s⟩ *n* diapositiva *f.*

Diabetes [dia'be:tɛs] ‹-, ø› *m* diabete *m.*

Diabetiker(in) [...'be:tɪkɐ (...ərɪn)] ‹-s, -› *m(f)* diabetico, -a *m, f.*

diabolisch [dia'bo:lɪʃ] *a* diabolico.

Diadem [dia'de:m] ‹-s, -e› *n* diadema *m.*

Diagnose [dia'gno:zə] ‹-, -n› *f* diagnosi *f.*

Diagnostik [dia'gnɔstɪk] ‹-, ø› *f* diagnostica *f.*

diagnostizieren [...ti'tsi:rən] ‹*ohne ge-*› *tr* diagnosticare.

diagonal [diago'na:l] *a* diagonale; **ein Buch ~ lesen** dare una scorsa ad un libro. **Diagonale** ‹-, -n› *f* diagonale *f.*

Diagramm [dia'gram] ‹-s, -e› *n* diagramma *m.*

Diakon [dia'ko:n] ‹-s *o.* -en, -e(n)› *m* diacono.

Diakonisse [diako'nɪsə] ‹-, -n› *f* diaconessa *f.*

Dialekt [dia'lɛkt] ‹-(e)s, -e› *m* dialetto *m.*

Dialektik [dia'lɛktɪk] ‹-, ø› *f* dialettica *f.*

Dialog [dia'lo:k] ‹-(e)s, -e› *m* dialogo *m.* **Dialogrechner** *m inform* calcolatore *m* conversazionale.

Diamant [dia'mant] ‹-en, -en› *m* diamante *m.* **diamanten** *a* **1.** *(aus Diamanten)* di diamante; **2.** *(wie Diamant)* adamantino; **~e Hochzeit** nozze *f pl* di diamante. **Diamantring** *m* anello *m* di diamanti. **Diamantschliff** *m* molatura *f* del diamante.

Diät [di'ɛ:t] ‹-, -en› *f* dieta *f,* regime *m;* **nach (einer) ~ leben** stare a dieta; **jdn auf ~ setzen** mettere a dieta qu; **strenge ~ halten** stare a stretta dieta. **Diätassistent(in)** *m(f)* dietista *mf.*

Diäten ‹*pl*› *parl* indennità *f* parlamentare giornaliera.

Diätkost *f* alimentazione *f* dietetica. **Diätkur** *f* cura *f* dietetica. **Diätmargarine** *f* margarina *f* dietetica.

Diavortrag *m* conferenza *f* con diapositive.

dich [dɪç] **I.** *pers pron (acc von* du*)* *(betont)* te; *(unbetont)* ti; **II.** *rfl pron* ti.

dicht [dɪçt] **I.** *a* **1.** *(gedrängt)* fitto, folto, serrato; **2.** *(Nebel, Wald, Stoff)* fitto; *(Haar, Laub)* folto; *(Bevölkerung, Verkehr)* denso; **3.** *(undurchlässig)* ermetico, a tenuta stagna; *(wasser~)* impermeabile; *(luft~)* a tenuta d'aria; **du bist wohl nicht ganz ~!** *fam* non hai tutti i venerdì *fam;* **II.** *adv* **1.** *(nahe)* vicinissimo; **2.** *(stark)* molto; **~ auffahren** avvicinarsi troppo alla macchina che precede; **~ behaart** villoso, dal pelo folto, capelluto; **~ gefolgt von** seguito a ruota da; **~ an** (*o.* **bei**) vicinissimo a; **~ dabei** molto vicino; **~ hinter** proprio dietro.

Dichte *f* **1.** ‹-, ø› fittezza *f,* foltezza *f;* *(Undurchlässigkeit)* tenuta *f* stagna; *(Wasserundurchlässigkeit)* impermeabilità *f;* **2.** ‹-, -n› *phys* densità *f.*

dichten¹ ['dɪçtən] **I.** *tr (Gedichte)* comporre, scrivere; **II.** *itr* comporre (*o.* scrivere) versi.

dichten² ['dɪçtən] *tr* **1.** *(ab~)* stagnare, chiudere (a tenuta); **2.** *(wasserdicht machen)* impermeabilizzare; **3.** *mar* calafatare.

Dichter(in) ‹-s, -› *m(f)* poeta, -essa *m, f.*

dichterisch *a* poetico.

Dichterlesung *f* lettura *f* poetica.

dicht·halten ‹*irr*› *itr fam* tenere il becco chiuso *fam.*

Dichtkunst *f* poesia *f.*

dicht·machen *tr, itr fam* chiudere.

Dichtung¹ ‹-, -en› *f* poesia *f.*

Dichtung² ‹-, -en› *f tec* guarnizione *f.*

dick [dɪk] *a* **1.** *allg.* grasso, grosso; *(dem Durchmesser nach)* spesso; *(dem Umfang nach)* voluminoso; **2.** *(korpulent)* corpulento; **3.** *(geschwollen)* gonfio; **4.** *(~flüssig)* denso; **~e Freunde** *fam* amici per la pelle *fam;* **ein ~es Lob** *fam* una gran lode; **~ machen** ingrassare; **~ werden** *(Mensch)* ingrassare, metter su pancia *fam;* **25 cm ~ sein** avere uno spessore di 25 centimetri; **mit jdm durch ~ und dünn gehen** seguire qu dappertutto, dividere con qu gioie e dolori; **ach, du ~es Ei!** *fam* accidenti! *fam;* **er fährt einen ~en BMW** *fam* guida una grossa BMW *fam.* **dickbauchig** *a (Flasche)* panciuto. **dickbäuchig** [-bɔyçɪç] *a (Kind)* panciuto. **Dickdarm** *m* intestino *m* crasso.

Dicke ‹-, -n› *f* **1.** *allg.* grassezza *f,* grossezza *f;* **2.** *(Stärke, Durchmesser)* spessore *m (a. bei Maßangaben);* **3.** *(Beleibtheit)* corpulenza *f;* **4.** *(Geschwollenheit)* gonfiore *m.*

Dickerchen ['dɪkɐçən] ‹-s, -› *n fam* cicciottino *m fam.*

dickflüssig *a* denso, viscoso. **Dickhäuter** [-hɔytɐ] ‹-s, -› *m zoo, fig* pachiderma *m.*

Dickicht ['dɪkɪçt] ‹-s, -e› *n* bosco *m* folto, boscaglia *f.*

Dickkopf *m (Mensch)* testone *m,* testardo *m;* **einen ~ haben** avere la testa dura. **dickköpfig** [-kœpfɪç] *a* testardo, cocciuto. **Dickschädel** *m fam s.* **Dickkopf. Dickwanst** *m pej* ciccione, -a *m, f.*

Didaktik [di'daktɪk] ‹-, ø› *f* didattica *f.* **didaktisch** *a* didattico; *(belehrend, bes. Theater)* didascalico.

die [di:] **I.** *(nom u. acc von bestimmtem Artikel f sing u. pl) s.* **der; II.** *(Relativpronomen) s.* **der; III.** *(Demonstrativpronomen) s.* **diese(r, s), jene(r, s).**

Dieb [di:p] ‹-(e)s, -e› *m,* **Diebin** ['di:bɪn] *f* ladro, -a *m, f; (Einbrecher)* scassinatore, -trice *m, f;* **haltet den ~!** al ladro! **diebisch I.** *a* **1.** ladresco; **2.** *fig (verschmitzt)* maligno; **II.** *adv fig:* **sich ~ freuen** rallegrarsi sommamente. **Diebstahl** ‹-(e)s, ⸚e› *m* furto *m;* **einen ~ begehen** commettere un furto; **bewaffneter ~** rapina *f* a mano armata; **geistiger ~** plagio *m;* **schwerer ~** furto aggravato. **Diebstahlversicherung** *f* assicurazione *f* contro il furto.

diejenige(n) *pron s.* **derjenige.**

Diele ['di:lə] ‹-, -n› *f* **1.** *(Brett)* asse *f;* **2.** *(Hausflur)* ingresso *m.*

dienen ['di:nən] *itr* **1.** *allg.* servire (*jdm* qu, *zu* a); **2.** *(in Stellung sein)* essere in servizio (*bei* presso); **3.** *mil* fare il servizio militare; **als etw. ~** servire da qc; **damit ist mir nicht gedient** ciò non mi giova a nulla *fam;* **womit kann ich (Ihnen) ~?** in che cosa posso servirla?

Diener ‹-s, -› *m (Verbeugung)* inchino *m,* reverenza *f.*

Diener(in) ‹-s, -› *m(f)* domestico, -a *m, f; fig* servo, -a *m, f.*

Dienerschaft ‹-, -en› *f* servitù *f.*

dienlich *a* **1.** *(brauchbar)* utile *(zu* a); **2.** *(nützlich)* conveniente.

Dienst [di:nst] ‹-(e)s, -e› *m* **1.** *allg.* servizio *m;* **2.** *(Amt)* ufficio *m,* carica *f; (Stelle)* posto *m,* impiego *m;* **3.** *mil* servizio *m* (militare); **4.** *(Funktion)* funzione *f;* **den ~ antreten** entrare in servizio; **jdm einen ~ erweisen** rendere un servizio a qu; **~ haben** essere di servizio; *(Apotheke, Arzt)* essere di servizio (*o.* di turno); **öffentlicher ~** servizio pubblico; **außer ~** fuori servizio; *(im Ruhestand, ab* **a. D.**.*)* a riposo, in pensione; **im ~ (befindlich)** in servizio; **Chef/Offizier vom ~** segretario di redazione/ufficiale di servizio (*o.* di picchetto); **seine Beine versagten ihm den ~** le gambe non gli reggevano; **was steht zu ~en?** in che cosa posso servirla?

Dienstag ['di:nsta:k] *m* martedì *m; s. a. Freitag.*

Dienstälteste [-ˀɛltəstə] ‹ein -r, -n, -n› *mf* anziano, -a *m, f* di servizio. **Dienstanweisung** *f* istruzione *f* di servizio. **Dienstbote** *m,* **-botin** *f* domestico, -a *m, f.* **Diensteifer** *m* zelo *m,* premura *f.* **diensteifrig** *a* zelante, premuroso. **dienstfrei** *a* libero (*o.* esente) dal servizio; **~ haben** non essere in servizio. **Dienstgeheimnis** *n* segreto *m* d'ufficio. **Dienstgrad** *m* grado *m* (di servizio). **diensthabend** *a* **1.** *(Arzt)* di turno; **2.** *mil* di picchetto. **Dienstjahre** *n pl* anni *m pl* di servizio. **Dienstleistung** *f* **1.** *(Tätigkeit)* (prestazione *f* di) servizio *m;* **2.** *(~sgewerbe)* servizi *m pl.* **Dienstleistungsgewerbe** *n* industria *f* dei servizi, attività *f pl* terziarie. **dienstlich I.** *a* di servizio, di ufficio, ufficiale; **II.** *adv* per ragioni di servizio (*o.* di ufficio); **~ verhindert** impedito per ragioni di servizio (*o.* di ufficio). **Dienstmädchen** *n* domestica *f,* collaboratrice *f* domestica. **Dienstreise** *f* viaggio *m* (per ragioni) di servizio. **Dienststunden** *f pl* ore *f pl* d'ufficio. **diensttuend** *a* di servizio, di turno. **Dienstvorschrift** *f* regolamento *m* (*o.* ordine *m*) di servizio. **Dienstwagen** *m* vettura *f* di servizio. **Dienstweg** *m* via *f* gerarchica; **den ~ einhalten** seguire la via gerarchica; **auf dem ~** per via gerarchica. **Dienstwohnung** *f* abitazione *f* di servizio.

Dienstzeit *f* **1.** *(Amtsdauer)* durata *f* di servizio; *mil* ferma *f;* **2.** *(Arbeitszeit)* orario *m* di servizio.

dies [di:s] *(Demonstrativpronomen)* questo; **~ ist/sind ...** ecco ...; **~ und das** questo e quello.

diesbezüglich I. *a* relativo (a ciò); **II.** *adv* al riguardo.

diese *pron s.* **diese(r, s).**

Diesel ['di:zəl] ‹-s, -› *m* **1.** *(~motor)* (motore *m*) diesel *m;* **2.** *(Fahrzeug)* diesel *m;* **3.** *(~kraftstoff)* diesel *m.*

dieselbe(n) *pron s.* **derselbe.**

Dieselkraftstoff ‹-, ø› *m* carburante *m* per (motore) diesel. **Diesellok(omotive** *f*) *f* locomotiva *f* (a trazione) diesel. **Dieselmotor** *m* motore *m* diesel.

diese(r, s) ['di:zə] *(Demonstrativpronomen)* questo, -a; **dieses Jahr/diesen Monat/diese Woche** quest'anno/questo mese/questa settimana; **von diesem und jenem sprechen** parlare del più e del meno; **am 21. dieses Monats** il 21 del corrente mese; **(immer) dieser Michael!** *fam* sempre questo Michele! *fam.*

diesig ['di:zɪç] *a* nebbioso, fosco, caliginoso.

diesjährig *a* di quest'anno. **diesmal**

adv questa volta. **diesseitig** *a* di (*o.* da) questa parte, di qua. **diesseits** [-zaits] **I.** *adv* da questa parte; **II.** *prp gen* al di qua di.

Dieter, Dietrich ['di:tɐ, 'di:trɪç] *(männlicher Vorname)* Teodorico.

Dietrich ['di:trɪç] ‹-s, -e› *m (Nachschlüssel)* grimaldello *m.*

diffamieren [dɪfa'mi:rən] ‹*ohne ge-*› *tr* calunniare.

Differential [dɪfərɛn'tsia:l] ‹-s, -e› *n mat, mot* differenziale *m.* **Differentialrechnung** *f* calcolo *m* differenziale.

Differenz [dɪfə'rɛnts] ‹-, -en› *f* **1.** *allg.* differenza *f;* **2.** *com* ammanco *m;* **3.** *fig (Meinungsverschiedenheit)* contrasto *m,* divergenza *f.*

differenzieren [...'tsi:rən] ‹*ohne ge-*› *tr* **1.** *allg.* differenziare; **2.** *(unterscheiden)* distinguere.

Differenzierung ‹-, -en› *f* differenziazione *f.*

differieren [difə'ri:rən] ‹*ohne ge-*› *itr* differire (*von* da), divergere (*von* da).

Digitalrechner [digi'ta:l-] *m* calcolatore *m* digitale. **Digitaluhr** *f* orologio *m* digitale.

Diktat [dɪk'ta:t] ‹-(e)s, -e› *n* **1.** *(Nachschrift)* dettato *m;* **2.** *fig (Befehl)* imposizione *f; pol* diktat *m;* **ein ~ aufnehmen** scrivere sotto dettatura; **ein ~ schreiben** fare un dettato.

Diktator(in) [dɪk'ta:to:ɐ (...ta'to:rɪn), ...ta'to:rən] ‹-s, -en› *m(f)* dittatore *m, rar* dittatrice *f.*

diktatorisch [...ta'to:rɪʃ] *a* dittatoriale.

Diktatur [...ta'tu:ɐ] ‹-, -en› *f* dittatura *f.*

diktieren [dɪk'ti:rən] ‹*ohne ge-*› *tr* dettare. **Diktiergerät** *n* dittafono *m.*

Dilemma [di'lɛma, -s *o.* -ta] ‹-s, -s *o.* -ta› *n* dilemma *m.*

Dilettant(in) [dilɛ'tant(ɪn)] ‹-en, -en› *m(f)* dilettante *mf.*

Dill [dɪl] ‹-s, -e› *m* aneto *m.*

Dimension [dimɛn'zio:n] ‹-, -en› *f* dimensione *f.*

DIN® [di:n] *ab von* **Deutsche Industrie-Norm(en)** *norma industriale tedesca;* **ein ~-A4-Blatt** un foglio di protocollo.

Ding [dɪŋ] *n* **1.** ‹-(e)s, -e› cosa *f; (Gegenstand)* oggetto *m;* **2.** ‹-(e)s, -e› *(Angelegenheit)* faccenda *f;* **3.** ‹-s, -er› *fam (unbestimmtes Etwas)* coso *m;* **4.** ‹-s, -er› *fam (Person)* essere *m,* creatura *f;* **5.** ‹-s, -er› *sl (Verbrechen)* colpo *m* grosso; **ein ~ drehen** *sl* farne una grossa *fam; (Verbrechen)* fare un bel colpo *fam;* **dummes/junges ~** *fam* sciocchina *f fam*/ragazzetta *f fam;* **guter ~e sein** essere di buon umore; **vor allen ~en** innanzitutto; **das geht nicht mit rechten ~en zu** qui c'è sotto qualcosa *fam;* **das ist ein ~ der Unmöglichkeit** è una cosa impossibile; **was ist (denn) das für ein ~?** *fam* di che ... si tratta?, che cos'è ...? *fam;* **wie die ~e nun einmal liegen, ...** stando così le cose ...

dingfest *a:* **jdn ~ machen** arrestare qu.

Dings [dɪŋs] ‹-, ø› *n,* **Dingsbums** [-bums] ‹-, ø› *n,* **Dingsda** ‹-, ø› *n fam* tizio *m.*

dinieren [di'ni:rən] ‹*ohne ge-*› *itr geh* desinare.

Diphtherie [dɪfte'ri:, ...i:ən] ‹-, -n› *f* difterite *f.*

Diphthong [dɪf'tɔŋ] ‹-s, -e› *m* dittongo *m.*

Dipl.-Bibl. *ab von* **Diplombibliothekar(in)** bibliotecario, -a *m, f* (diplomato, -a).

Dipl.-Ing. *ab von* **Diplomingenieur** ingegnere (diplomato).

Diplom [di'plo:m] ‹-(e)s, -e› *n* diploma *m.*

Diplom- *(in Zusammensetzungen)* diplomato.

Diplomarbeit *f* tesi *f* di diploma.

Diplomat(in) [...'ma:t(ɪn)] ‹-en, -en› *m(f)* diplomatico *m, rar* diplomatica *f.* **Diplomatenkoffer** *m* valigetta *f* diplomatica (*o.* executive). **Diplomatenlaufbahn** *f* carriera *f* diplomatica.

Diplomatie [diploma'ti:] ‹-, ø› *f* diplomazia *f.*

Diplomatin *f s.* **Diplomat.**

diplomatisch *a* diplomatico; **die ~en Beziehungen abbrechen/(wieder)aufnehmen** rompere/ristabilire le relazioni diplomatiche; **das ~e Korps** il corpo diplomatico.

Diplombibliothekar(in) *m(f)* (*ab* **Dipl.-Bibl.**) bibliotecario, -a *m, f* (diplomato, -a). **Diplomingenieur** *m* (*ab* **Dipl.-Ing.**) ingegnere *m* (diplomato).

dir [di:ɐ] *pers pron (dat von* du*) (betont)* (a) te; *(unbetont)* ti.

direkt [di'rɛkt] **I.** *a* **1.** diretto; **2.** *(unmittelbar)* immediato; **3.** *(unverblümt)* nudo e crudo, vero e proprio; **~e Rede** *gram* discorso diretto; **eine ~e Verbindung** *aero, Eisenb.* un collegamento diretto; **es war kein ~er Streit, aber ...** *fam* non è stata proprio una lite, ma ...; **II.** *adv* **1.** direttamente; **2.** *(sofort)* immediatamente; **3.** *(unmittelbar)* direttamente; **4.** *(geradezu)* veramente, proprio; **jdm**

etw. ~ **ins Gesicht sagen** dire qc a qu direttamente in faccia; ~ **nach Hause kommen** venire direttamente a casa; ~ **gegenüber** proprio di fronte, proprio dirimpetto; **wenden Sie sich ~ an den Chef!** si rivolga direttamente al capo! **Direktflug** *m* volo *m* diretto.

Direktion [dirɛk'ts̮io:n] ‹-, -en› *f* direzione *f*.

Direktive [...'ti:və] ‹-, -n› *f (Weisung)* direttiva *f*.

Direktor(in) [di'rɛkto:ɐ̯ (...'to:rɪn), ...'to:rən] ‹-s, -en› *m(f)* **1.** *allg., adm, com* direttore, -trice *m, f;* **2.** *(Geschäftsführer)* gerente *mf;* **3.** *(von staatlicher höherer Schule)* preside *mf;* **stellvertretender ~** vicedirettore *m*.

Direktorium [...'to:ri̯ʊm, ...i̯ən] ‹-s, -rien› *n* comitato *m* direttivo.

Direktübertragung *f radio* trasmissione *f* diretta; *TV* ripresa *f* diretta.

Dirigent(in) [diri'gɛnt(ɪn)] ‹-en, -en› *m(f)* direttore, -trice *m, f* (d'orchestra).

dirigieren [...'gi:rən] ‹*ohne ge-*› *tr* dirigere.

Dirndl(kleid *n*) ['dɪrndəl(kla̯it)] ‹-s, -› *n* costume (*o.* vestito *m*) tirolese.

Dirne ['dɪrnə] ‹-, -n› *f* **1.** *(Prostituierte)* prostituta *f;* **2.** *obs (junges Mädchen)* ragazza *f*.

Dis, dis [dɪs] ‹-, -› *n mus* re *m* diesis.

disharmonisch [dɪshar'mo:nɪʃ] *a mus* disarmonico, dissonante; *(Farben)* discordante.

Disken *pl von* **Diskus.**

Diskjockey ['dɪsk-] *m* disc-jockey *m*.

Diskont [dɪs'kɔnt] ‹-s, -e› *m* sconto *m*. **Diskontsatz** *m* tasso *m* di sconto.

Diskothek [dɪsko'te:k] ‹-, -en› *f* discoteca *f*.

diskreditieren [dɪskredi'ti:rən] ‹*ohne ge-*› *tr* screditare.

Diskrepanz [dɪskre'pants̮] ‹-, -en› *f* discrepanza *f*.

diskret [dɪs'kre:t] *a* discreto.

Diskretion [...kre'ts̮io:n] ‹-, -en› *f* discrezione *f;* **(strenge) ~ wird zugesichert** si assicura la massima discrezione.

diskriminieren [dɪskrimi'ni:rən] ‹*ohne ge-*› *tr (benachteiligen)* discriminare. **diskriminierend** *a* discriminante, discriminatorio.

Diskriminierung ‹-, -en› *f* discriminazione *f*.

Diskus ['dɪskʊs, ...kən *o.* ...kʊsə] ‹- *o.* -ses, Disken *o.* -se› *m sport* disco *m*.

Diskussion [dɪskʊ'si̯o:n] ‹-, -en› *f* discussione *f*, dibattito *m;* **sich mit jdm auf eine ~ einlassen** intavolare una discussione con qu; **etw. zur ~ stellen** mettere qc in discussione.

Diskuswerfen ‹-s, ø› *n* (lancio *m* del) disco *m*.

diskutieren [dɪsku'ti:rən] ‹*ohne ge-*› *tr, itr* discutere (*über* su, di).

Dispens [dɪs'pɛns] ‹-es, -e› *m o. rel, A* ‹-, -en› *f* dispensa *f*.

disponieren [dɪspo'ni:rən] ‹*ohne ge-*› *itr* disporre (*über* di).

Disposition [...pozi'ts̮io:n] ‹-, -en› *f* **1.** *(Verfügung, Maßnahme)* disposizione *f;* **2.** *(Gliederung, Plan)* suddivisione *f;* **3.** *med (Anlage)* predisposizione *f*.

Disput [dɪs'pu:t] ‹-(e)s, -e› *m* disputa *f*.

Disqualifikation [dɪskvalifika'ts̮io:n] ‹-, -en› *f* squalifica *f*.

disqualifizieren [...'ts̮i:rən] ‹*ohne ge-*› *tr* squalificare.

Dissertation [dɪsɛrta'ts̮io:n] ‹-, -en› *f* tesi *f* (di laurea).

Dissident(in) [dɪsi'dɛnt(ɪn)] ‹-en, -en› *m(f)* dissidente *m, f*.

Dissonanz [dɪso'nants̮] ‹-, -en› *f* dissonanza *f*.

Distanz [dɪs'tants̮] ‹-, -en› *f* distanza *f*.

distanzieren [...'ts̮i:rən] ‹*ohne ge-*› **I.** *tr sport* distanziare; **II.** *rfl:* **sich von jdm/etw. ~** *fig* prendere le distanze da qu/qc.

Distel ['dɪstəl] ‹-, -n› *f* cardo *m*. **Distelfink** *m zoo* cardellino *m*.

Distrikt [dɪs'trɪkt] ‹-(e)s, -e› *m* distretto *m*.

Disziplin [dɪsts̮i'pli:n] ‹-, -en› *f* disciplina *f;* ~ **halten** mantenere la disciplina.

disziplinarisch [...pli'na:rɪʃ] *a* disciplinare.

Disziplinarstrafe [...pli'na:ɐ̯-] *f* sanzione *f* (*o.* pena *f*) disciplinare. **Disziplinarverfahren** *n jur* procedimento *m* disciplinare.

diszipliniert [...pli'ni:ɐ̯t] *a* disciplinato. **Diszipliniertheit** ‹-, ø› *f* disciplinatezza *f*.

disziplinlos *a* indisciplinato. **Disziplinlosigkeit** ‹-, -en› *f* indisciplinatezza *f*.

dito ['di:to] *adv* (*ab* **do., dto.**) *com* come (*o.* vedi) sopra, idem; *scherz* anche; **im Sommer fahre ich am liebsten ans Meer – ~!** d'estate vado di preferenza al mare – anch'io!

Diva ['di:va, ...vas *o.* ...vən] ‹-, -s *o.* -ven› *f* diva *f*.

divers [di'vɛrs] *a* diverso, differente; **es gibt noch D~es zu erledigen** ci sono ancora diverse cose da sbrigare.

Dividend [divi'dɛnt] ‹-en, -en› *m mat* dividendo *m.*
Dividende [...'dɛndə] ‹-, -n› *f fin* dividendo *m.*
dividieren [...'di:rən] ‹*ohne ge-*› *tr* dividere (*durch* per).
Division [...'zi̯o:n] ‹-, -en› *f* divisione *f.*
Diwan ['di:va:n] ‹-s, -e› *m* divano *m.*
d. J. 1. *ab von* **dieses Jahres** c.a. (*ab von* corrente anno); **2.** *ab von* **der Jüngere** il giovane.
DJH [de:jɔt'ha:] ‹-(s), ø› *n ab von* **Deutsches Jugendherbergswerk** ≃ AIG *f* (*ab von* Associazione Italiana Alberghi per la Gioventù).
DKP [de:ka:'pe:] ‹-, ø› *f ab von* **Deutsche Kommunistische Partei** *partito comunista della R.F.T.*
dl *ab von* **Deziliter** dl (*ab von* decilitro).
DLRG [de:ˀɛlˀɛr'ge:] ‹-, ø› *f ab von* **Deutsche Lebens-Rettungs-Gesellschaft** *società tedesca per il salvataggio a nuoto.*
dm *ab von* **Dezimeter** dm (*ab von* decimetro).
DM *ab von* **Deutsche Mark** DM.
d. M. *ab von* **dieses Monats** c.m. (*ab von* corrente mese).
DNS [de:ˀɛn'ˀɛs] ‹-, ø› *f ab von* **Desoxyribonukleinsäure** D.N.A. *m* (*ab von* acido deossiribonucleico).
do. *ab von* **dito** c.s. (*ab von* come sopra).
doch [dɔx] *adv, con* **1.** *(dennoch, jedoch)* però, ciò nonostante, tuttavia, nondimeno; **2.** *(aber)* ma, pure, eppure; **3.** *(verstärkt, bejahend)* sì, certo; **also ~!** certo, certo; **das ist ~ die Höhe!** *fam* questo è il colmo! *fam;* **du weißt ~, daß . . .** ma tu lo sai che . . .; **hast du das nicht gewußt? – ~!** non lo sapevi? – certo!; **ja ~!** ma sì!; **komm ~ bitte!** su, vieni, per favore!; **kommen Sie ~ herein!** entri pure!; **nicht ~!** ma no!; **tu's ~!** fallo dunque!; **wenn er ~ käme!** almeno venisse!
Docht [dɔxt] ‹-(e)s, -e› *m* stoppino *m,* lucignolo *m.*
Dock [dɔk] ‹-s, -s *o. rar* -e› *n* dock *m,* cantiere *m* navale; *(Trocken~)* bacino *m* di carenaggio. **Dockarbeiter** *m* operaio *m* di un cantiere navale.
Dogge ['dɔgə] ‹-, -n› *f* alano *m;* **deutsche ~** alano tedesco.
Dogma ['dɔgma, ...mən] ‹-s, -men› *n* dogma *m.*
dogmatisch [...'ma:tɪʃ] *a* dogmatico.
Dohle ['do:lə] ‹-, -n› *f* taccola *f.*
Doktorand(in) [dɔkto'rant (...dɪn)] ‹-en, -en› *m(f)* laureando, -a *m, f.*
Doktor(in) ['dɔkto:ɐ̯ (...'to:rɪn), ...'to:rən] ‹-s, -en› *m(f)* (*ab* **Dr.**) dottore, -essa *m, f;* **den (*o.* seinen) ~ machen** laurearsi; **Frau ~!** dottoressa!; **Herr ~!** dottore!; **~ der Medizin** (*ab* **Dr. med.**)**/der Philosophie** (*ab* **Dr. phil.**) dottore *m* in medicina/in filosofia. **Doktorarbeit** *f* tesi *f* di laurea. **Doktorgrad** *m,* **~titel** *m* titolo *m* di dottore, dottorato *m,* laurea *f.*
Doktorin *f s.* **Doktor.**
Doktorvater *m professore rilasciante la tesi.*
Doktrin [dɔk'tri:n] ‹-, -en› *f* dottrina *f.*
Dokument [doku'mɛnt] ‹-(e)s, -e› *n* documento *m.*
Dokumentarfilm [...'ta:ɐ̯-] *m* documentario *m* (cinematografico).
dokumentarisch [...'ta:rɪʃ] *a* documentario.
Dokumentation [...ta'tsi̯o:n] ‹-, -en› *f* **1.** documentazione *f;* **2.** *(Beweis)* dimostrazione *f.*
dokumentenecht *a (Papier)* uso protocollo; *(Tinte)* indelebile.
dokumentieren [...'ti:rən] ‹*ohne ge-*› *tr* documentare, dimostrare, (com)provare.
Dolch [dɔlç] ‹-(e)s, -e› *m* pugnale *m; (kleiner)* stiletto *m; (großer)* daga *f.*
Dolde ['dɔldə] ‹-, -n› *f* ombrella *f.*
Dollar ['dɔla:ɐ̯] ‹-(s), -s› *m* dollaro *m.*
dolmetschen ['dɔlmɛtʃən] **I.** *tr* interpretare, tradurre (a voce); **II.** *itr* fare da interprete.
Dolmetscher(in) ‹-s, -› *m(f)* interprete *mf.*
Dolomiten [dolo'mi:tən] ‹*pl*› Dolomiti *f pl.*
Dom [do:m] ‹-(e)s, -e› *m* duomo *m,* cattedrale *f.*
Domäne [do'mɛ:nə] ‹-, -n› *f* **1.** *hist* demanio *m* pubblico; **2.** *fig* campo *m* di competenza.
Domherr *m* canonico *m.*
dominant [domi'nant] *a* dominante.
Dominante ‹-, -n› *f (Merkmal)* caratteristica *f; (a. mus)* nota *f* dominante.
Domino ['do:mino] ‹-s, -s› *n (Spiel)* domino *m.* **Dominostein** *m* tessera *f* del domino.
Dompfaff ['do:mpfaf] ‹-en *o.* -s, -en› *m zoo* ciuffolotto *m.*
Dompteur [dɔmp'tø:ɐ̯] ‹-s, -e› *m,* **Dompteuse** [...'tø:zə] ‹-, -n› *f* domatore, -trice *m, f.*
Donau ['do:nau̯] *f* Danubio *m.*
Donner ['dɔnɐ] ‹-s, -› *m* tuono *m;* **wie vom ~ gerührt** come fulminato.
donnern *itr* **1.** tuonare; **2.** *fig (schimpfen)* imprecare; **es donnert** tuona.
Donnerschlag *m* (colpo *m* di) tuono *m.*

Donnerstag *m* giovedì *m; s. a. Freitag.* **Donnerwetter** *n:* **(zum) ~!** *fam* accipicchia!, corpo di Bacco! *fam.*

doof [do:f] *a fam* stupido, scemo, ottuso *fam.* **Doofmann** *m fam* scemo *m.*

dopen ['dɔpən *o.* 'do:pən] *tr sport* drogare.

Doping ['dɔpɪŋ *o.* 'do:pɪŋ] ‹-s, -s› *n* doping *m,* drogaggio *m.*

Doppel ['dɔpəl] ‹-s, -› *n* **1.** *(Duplikat)* duplicato *m,* copia *f;* **2.** *sport (Tennis)* doppio *m;* **gemischtes ~** doppio misto. **Doppelagent(in)** *m(f)* doppiogiochista *mf.* **Doppelbelastung** *f* doppio peso *m;* **die ~ von Beruf und Familie ist sehr anstrengend** il doppio peso del lavoro e della famiglia è molto duro. **Doppelbeschluß** *m* doppia risoluzione *f.* **Doppelbett** *n* letto *m* a due piazze; *(Ehebett)* (letto *m*) matrimoniale *m.* **Doppeldecker** ‹-s, -› **1.** *aero* biplano *m;* **2.** *(Bus)* autobus *m* a due piani. **Doppelfehler** *m* doppio fallo *m.* **Doppelfenster** *n* doppia finestra *f,* controfinestra *f.* **Doppelgänger(in)** [-gɛŋɐ (...ərɪn)] ‹-s, -› *m(f)* sosia *mf.* **Doppelhaus** *n* doppia casa *f.* **Doppelkinn** *n* doppio mento *m.* **Doppelmord** *m* duplice omicidio *m.* **Doppelname** *m* binomio *m.* **Doppelpunkt** *m* due punti *m pl.* **Doppelrolle** *f* doppione *m,* doppia parte *f.* **Doppelsinn** *m* doppio senso *m* (*o.* significato *m*); *(Zweideutigkeit)* ambiguità *f.* **Doppelstecker** *m* spina *f* doppia.

doppelt I. *a (a. fig)* doppio, duplice; **~e Buchführung** *com* contabilità *f* a partita doppia; **~e Moral** doppia morale; **ein ~es Spiel treiben** fare il doppio gioco; **mit ~em Boden** *fig* con due facce (*o.* aspetti); **II.** *adv* il doppio, doppiamente; **~ genäht** (*o. fam* **gemoppelt) hält besser** *prov* la prudenza non è mai troppa *prov;* **~ und dreifach** due e tre volte; **sie ist ~ so groß wie ihr Bruder** è due volte suo fratello (in altezza); **der Betrag ist ~ so groß wie wir ihn erwartet hatten** l'importo è doppio rispetto a quello che ci aspettavamo; **~ soviel** due volte tanto; **~ soviel bezahlen** pagare il doppio.

Doppeltür *f* controporta *f.* **Doppelverdiener** *m pl (Ehepaar)* coppia *f* con doppio reddito. **Doppelzentner** *m* quintale *m.* **Doppelzimmer** *n (Zweibettzimmer)* camera *f* doppia (*o.* a due letti); *(mit Doppelbett)* (camera *f*) matrimoniale *f.*

Dorf [dɔrf] ‹-(e)s, ⸚er› *n* **1.** villaggio *m;* **2.** *(Ortschaft)* paese *m.* **Dorfbewohner(in)** *m(f)* paesano, -a *m, f.* **Dorfschaft** ‹-, -en› *f CH* villaggio *m.* **Dorfschule** *f* scuola *f* di paese. **Dorftrottel** *m fam* scemo *m* del villaggio.

Doris ['do:rɪs] *weiblicher Vorname.*

Dorn [dɔrn] *m* **1.** ‹-(e)s, -en *o. fam* ⸚er› *bot, fig* spina *f;* **2.** ‹-(e)s, -e› *(an Schnalle)* puntale *m;* **jdm ein ~ im Auge sein** essere una spina nell'occhio per qu. **Dornenkrone** *f* corona *f* di spine.

dornig *a* spinoso.

Dornröschen [-'rø:sçən] ‹-s, ø› *n* bella *f* addormentata nel bosco.

Dorothea, Dorothee [doro'te:a, 'do:rote *o.* doro'te:] *(weiblicher Vorname)* Dorotea.

dörren ['dœrən] **I.** *tr* ‹*haben*› (dis)seccare; *(rösten)* essiccare; **II.** *itr* ‹*sein*› (dis)seccarsi. **Dörrobst** *n* frutta *f* secca (*o.* essiccata).

Dorsch [dɔrʃ] ‹-(e)s, -e› *m* merluzzo *m.*

dort [dɔrt] *adv* là, lì; ci, vi; **da und ~** qua e là; **von ~** di là, di lì; **~ drüben/hinten** là dietro/là in fondo. **dorther** ['dɔrt'he:ɐ̯, *hinweisend:* 'dɔrthe:ɐ̯] *adv* di là, di lì; **von ~** da quella parte. **dorthin** ['dɔrt'hɪn, *hinweisend:* 'dɔrthɪn] *adv* lì, là. **dorthinaus** ['dɔrthɪ'naus, *hinweisend:* 'dɔrthɪnaus] *adv* là fuori; **er ist unverschämt bis ~** *fam* è smisuratamente sfacciato. **dorthinein** ['dɔrthɪ'nain, *hinweisend:* 'dɔrthɪnain] *adv* là dentro. **dortig** *a* di là, del luogo.

Dose ['do:zə] ‹-, -n› *f* **1.** scatola *f,* barattolo *m; (Blech~)* latta *f;* **2.** *el (Steck~)* presa *f* (di corrente).

dösen ['dø:zən] *itr fam* **1.** sonnecchiare; **2.** *(träumen)* fantasticare.

Dosen *pl von* **Dose** *und* **Dosis.**

Dosenmilch *f* latte *m* (condensato) in scatola. **Dosenöffner** *m* apriscatole *m.* **Dosensuppe** *f* minestra *f* in scatola.

dosieren [do'zi:rən] ‹*ohne ge-*› *tr* dosare.

Dosierung ‹-, -en› *f* dosaggio *m.*

Dosis ['do:zɪs, ...zən] ‹-, Dosen› *f* dose *f.*

dotieren [do'ti:rən] ‹*ohne ge-*› *tr* dotare (*mit* di).

Dotter ['dɔtɐ] ‹-s, -› *m o. n* tuorlo *m* (d'uovo). **Dotterblume** *f* calta *f* palustre.

Double ['du:bəl] ‹-s, -s› *n film* controfigura *f.*

Dozent(in) [do'tsɛnt(ɪn)] ‹-en, -en› *m(f)* docente *mf.*

dozieren [do'tsi:rən] ⟨*ohne ge-*⟩ *tr, itr (lehren)* insegnare (*über etw.* qc).

dpa [de:pe:'ʔa:] *ab von* **Deutsche Presse-Agentur** *agenzia di stampa della R.F.T.*

Dr. *ab von* **Doktor** Dr. (*ab von* Dottore, Dottoressa); **~ jur./med./phil./rer. pol.** dottore in giurisprudenza/medicina/filosofia/scienze politiche.

Drache ['draxə] ⟨-n, -n⟩ *m (Fabeltier)* drago *m.*

Drachen ['draxən] ⟨-s, -⟩ *m* **1.** *(Papier~)* aquilone *m,* cervo *m* volante; *sport* deltaplano *m;* **2.** *fam pej (zänkische Frau)* megera *f fam;* **den ~ steigen lassen** far volare l'aquilone; **das ist vielleicht ein ~!** *fam* che megera! *fam.* **Drachenfliegen** ⟨-s, ø⟩ *n* volo *m* a delta.

Dragée, Dragee [dra'ʒe:] ⟨-s, -s⟩ *n* confetto *m.*

Draht [dra:t] ⟨-(e)s, ⸚e⟩ *m* **1.** filo *m* metallico; *(Eisen~)* filo *m* di ferro; **2.** *fig (Telefon)* telefono *m;* **per ~** per telegrafo, telegraficamente; **auf ~ sein** *fam* essere all'erta. **Drahtbürste** *f* spazzola *f* metallica. **Drahtesel** *m fam scherz* bici *f fam.* **Drahtgitter** *n* graticola *f.* **drahtlos I.** *a* radiotelegrafico, radiotelefonico; senza fili; **II.** *adv* via (*o.* per) radio. **Drahtseil** *n* fune *f* metallica; *s. a. Nerv.* **Drahtseilakt** *m* **1.** *(im Zirkus, etc.)* esercizio *m* acrobatico; **2.** *fig* impresa *f* azzardata. **Drahtseilbahn** *f* funivia *f.* **Drahtzaun** *m* rete *f* metallica (*o.* di recinzione). **Drahtzieher(in)** ⟨-s, -⟩ *m(f) (Hintermann)* mandante *m;* **der ~ sein** tirare i fili.

drall [dral] *a (Mädchen, etc.)* robusto, rotondetto; *(Busen, Hinterteil)* sodo.

Drall ⟨-(e)s, -e⟩ *m* **1.** *phys* movimento *m* cinetico; **2.** *(von Feuerwaffen)* rigatura *f;* **3.** *fig (Hang)* inclinazione *f* (*zu* per).

Drama ['dra:ma, ...mən] ⟨-s, -men⟩ *n* dramma *m.*

Dramatiker(in) [dra'ma:tɪkɐ (...ərɪn)] ⟨-s, -⟩ *m(f)* scrittore, -trice *m, f* drammatico, -a, drammaturgo, -a.

dramatisch *a* drammatico.

dramatisieren [dramati'zi:rən] ⟨*ohne ge-*⟩ *tr* drammatizzare.

dran [dran] *adv fam s. a. daran;* **gut ~ sein** essere in buone condizioni; **schlecht ~ sein** essere a mal partito; **da ist was (Wahres) ~!** c'è qualcosa di vero!; **jetzt bis du (aber) ~!** *sl* adesso tocca a te (morire), è la tua ora!; **man weiß nicht, wie man mit ihm ~ ist** non si sa cosa attendersi da lui; **wer ist ~?** a chi tocca?

drang [draŋ] *1. u. 3. pers sing imp von* **dringen.**

Drang [draŋ] ⟨-(e)s, ⸚e⟩ *m* **1.** *(Trieb, Streben)* impulso *m* (*nach* a, di); istinto *m* (*nach* di); stimolo *m* (*nach* a); **2.** *(Druck, Bedrängnis)* pressione *f,* spinta *f.*

Drängelei [drɛŋə'lai̯] ⟨-, -en⟩ *f fam* **1.** pigia pigia *m fam;* **2.** *(Bettelei)* insistenze *f pl.*

drängeln ['drɛŋəln] *tr, itr fam* **1.** *(vor~)* spingere; **2.** *(betteln)* insistere (con); **er hat so lange gedrängelt, bis ich nachgegeben habe** insistette tanto che dovetti cedere; **nun drängle doch nicht so!** non spingere così!

drängen ['drɛŋən] **I.** *itr* **1.** insistere (*auf* per); **2.** *(schieben, drücken)* spingere; **die Sache drängt** la cosa urge; **die Zeit drängt** il tempo stringe; **II.** *tr* **1.** *(schieben, drücken)* spingere; **2.** *(antreiben)* incitare (*zu* a), sollecitare (*zu* a); **III.** *rfl:* **sich ~** spingersi, far ressa (*um* attorno a, *an* su). **Drängen** ⟨-s, ø⟩ *n (Bitten)* insistenza *f,* sollecitazione *f,* pressione *f;* **auf jds ~ (hin)** su sollecitazione di qu.

Drangsal ['draŋza:l] ⟨-, -e⟩ *f poet (Bedrängnis)* tormento *m,* tribolazione *f.*

drangsalieren [...za'li:rən] ⟨*ohne ge-*⟩ *tr* tormentare, vessare.

dränieren [drɛ'ni:rən] ⟨*ohne ge-*⟩ *tr* drenare.

dran·kommen ⟨*irr*⟩ *itr* ⟨*sein*⟩ *fam (an die Reihe kommen: beim Arzt)* venir trattato; *(im Unterricht)* venir interrogato; **ich komme dran** tocca a me. **dran·nehmen** ⟨*irr*⟩ *tr fam (Schüler)* interrogare; *(Patienten)* prendere.

drastisch ['drastɪʃ] *a* **1.** *(wirksam)* drastico; **2.** *(derb anschaulich)* crudo.

drauf [drau̯f] *adv fam s. a. darauf;* **~ und dran sein zu ...** essere sul punto di ... **Draufgänger** [-gɛŋɐ] ⟨-s, -⟩ *m* uomo *m* spavaldo (*o.* impetuoso). **Draufgängerin** [-gɛŋərɪn] *f* donna *f* impetuosa (*o.* irruente). **drauf·gehen** ⟨*irr*⟩ *itr* ⟨*sein*⟩ **1.** *fam (Sache)* esaurirsi, consumarsi; *(Geld)* spendersi; **2.** *sl (sterben)* crepare *vulg;* **dabei geht viel Zeit drauf** con questo si perde molto tempo; **mein ganzes Geld ist draufgegangen** ho speso tutti i miei soldi.

drauflos·reden *itr* parlare a vanvera. **drauflos·schlagen** ⟨*irr*⟩ *itr:* **blind ~** picchiare alla cieca *fam.*

drauf·machen *tr:* **einen ~** *fam* fare baldoria. **drauf·zahlen** *itr fam* pagare in più.

draus [draus] *adv fam s.* **daraus.**
draußen ['drausən] *adv* fuori; **da ~** là (*o.* lì) fuori; **von ~** da fuori; **weit ~** molto fuori.
drechseln ['drɛksəln] *tr* tornire.
Drechsler(in) ['drɛkslɐ (...ərɪn)] ‹-s, -› *m(f)* tornitore, -trice *m, f.*
Drechslerei [drɛkslə'rai] ‹-, -en› *f (Werkstatt)* officina *f* del tornitore.
Dreck [drɛk] ‹-(e)s, ø› *m* **1.** *(Schmutz)* sudiciume *m,* sporcizia *f; (Straßenschmutz)* fango *m,* melma *f;* **2.** *fam (Schund)* cianfrusaglie *f pl fam,* ciarpame *m fam;* **3.** *fam (Kleinigkeit)* bazzecola *f fam;* **~ am Stecken haben** *fig* averne fatte di cotte e di crude *fam;* **jdn durch den ~ ziehen** *fig* trascinare qu nel fango; **jdn wie den letzten ~ behandeln** *fam* trattare qu come una pezza da piedi *fam;* **das geht dich einen ~ an!** *vulg* che te ne frega!, questo non ti riguarda!; **davon verstehst du einen ~!** *vulg* non ci capisci un'acca! *fam;* **mach doch deinen ~ allein!** *vulg* sbrigatela da solo!, arrangiati! *fam.*
dreckig *a* **1.** sporco, sudicio; *(Straße, etc.)* melmoso, fangoso; **2.** *(unanständig)* volgare, triviale; *(gemein)* perfido, maligno; **es geht mir ~** *fam* sto male; **lach nicht so ~!** *fam* non ridere in modo così perfido!
Dreck(s)kerl *m vulg* porco *m vulg.*
Dreckspatz *m fam* sudicione *m fam.*
d. Red. *ab von* **die Redaktion** N.D.R. (*ab von* nota della redazione).

Dreh [dre:] ‹-(e)s, -s *o.* -e› *m (Kunstgriff)* astuzia *f,* accorgimento *m; (Trick)* trucco *m;* **den (richtigen) ~ heraushaben** *fam* aver trovato il verso giusto. **Dreharbeiten** *f pl film* riprese *f pl.* **Drehbank** ‹-, ⸚e› *f* tornio *m.* **drehbar** *a* girevole. **Drehbleistift** *m* matita *f* automatica. **Drehbuch** *n* sceneggiatura *f.* **Drehbuchautor(in)** *m(f)* sceneggiatore, -trice *m, f.*
drehen ['dre:ən] **I.** *tr* **1.** (far) girare; **2.** *(Kopf, etc.)* volgere; **3.** *(Zigarette)* farsi; *(Film)* girare; **jdm den Rücken ~** voltare le spalle a qu; **II.** *itr* girare, girarsi; *(Schiff)* virare di bordo; **III.** *rfl:* **sich ~** girare, girarsi (*um* attorno a); **sich um etw. ~** *(Gespräch, etc.)* trattarsi di qc; **sich auf den Bauch ~** girarsi sulla pancia; **sich im Kreis ~** girare in tondo; *fig* girare a vuoto; **alles drehte sich (nur) um sie** *fig* era il perno di tutto, tutto ruotava intorno a lei; **mir dreht sich alles (im Kopf)** mi gira la testa, ho il capogiro
Dreher(in) ‹-s, -› *m(f)* tornitore, -trice *m, f.*
Drehkreuz *n (Wegsperre)* tornella *f.* **Drehorgel** *f mus* organino *m.* **Drehscheibe** *f* **1.** *Eisenb.* piattaforma *f* girante; **2.** *s.* **Töpferscheibe. Drehstrom** *m el* corrente *f* trifase. **Drehstuhl** *m* sedia *f* girevole. **Drehtür** *f* porta *f* girevole.
Drehung ‹-, -en› *f (im Kreis)* movimento *m* rotatorio; *(um Achse)* giro *m,* rotazione *f; (um anderen Körper)* rivoluzione *f;* **eine halbe ~ rechts** un mezzo giro a destra.
Drehwurm *m fam:* **einen** (*o.* **den**) **~ haben** avere le vertigini; **ich kriege einen** (*o.* **den**) **~** mi vengono le vertigini. **Drehzahlmesser** ‹-s, -› *m* contagiri *m.*
drei [drai] *(Zahlwort)* tre; **für ~ essen** mangiare per tre; **nicht bis ~ zählen können** *fig* non saper contare fino a dieci (*o.* sulle dita della mano); *s. a. vier.*
Drei ‹-, -en› *f* tre *m; (Schulnote: befriedigend)* ≃ sette *m; (Buslinie, etc.)* tre *m.*
Drei-, drei- *s. a. Vier-, vier-.* **Dreibettzimmer** *n* camera *f* a tre letti. **dreidimensional** [-dimɛnzio̯na:l] *a* a tre dimensioni; **~er Film** film tridimensionale. **Dreieck** *n* **1.** triangolo *m;* **2.** *(Zeichen~)* squadra *f.* **dreieckig** *a* triangolare. **Dreiecksverhältnis** *n:* **ein ~** il classico triangolo. **Dreieinigkeit** [-'ʔainɪçkait] *f* Trinità *f.* **dreifach** *a* triplo; *s. a. vierfach.* **Dreifachstecker** *m* spina *f* tripolare. **Dreifaltigkeit** [-'faltɪçkait] *f s.* **Dreieinigkeit. Dreiganggetriebe** *n* cambio *m* a tre marce. **dreihundert** ['drai'hʊndɐt] *(Zahlwort)* trecento. **dreijährig** *a* **1.** *(drei Jahre alt)* di tre anni; **2.** *(alle drei Jahre stattfindend, drei Jahre lang)* triennale. **Dreikampf** *m* triatlon *m.* **Dreikäsehoch** [-'kɛ:zəho:x] ‹-s, -(s)› *m fam scherz* omino *m fam,* ragazzino *m.* **Dreikönigsfest** [-'kø:nɪçs-] *n* epifania *f.* **Dreimeilenzone** [-'mailən-] *f* zona *f* di limite territoriale delle acque.
drein [drain] *adv fam s.* **darein.**
drein·reden *itr* intromettersi, metter bocca *fam;* **jdm ~** intromettersi (*o.* metter bocca *fam*) nella faccende di qu.
Dreirad *n* **1.** *(Kinderfahrrad)* triciclo *m;* **2.** *(Lieferwagen)* furgoncino *m.*
Dreisatz *m* regola *f* del tre semplice.
Dreispitz ‹-es, -e› *m* tricorno *m.*
dreißig ['draisɪç] *(Zahlwort)* trenta; *s.*

a. vierzig. **dreißigjährig** *a* **1.** *(dreißig Jahre alt)* di trent'anni, trentenne; **2.** *(alle dreißig Jahre stattfindend, dreißig Jahre lang)* trentennale; **der D~e Krieg** la guerra dei trent'anni. **Dreißigjährige** ‹ein -r, -n, -n› *mf* uomo *m* (donna *f*) sulla trentina, trentenne *mf.*

dreißigste *s.* **dreißigste(r, s).**

Dreißigstel ‹-s, -› *n* trentesimo *m.*

dreißigste(r, s) *a* trentesimo, -a; *(bei Datumsangaben)* trenta; *s. a. vierte(r, s).*

dreist [draist] *a* **1.** *(kühn)* ardito, audace; **2.** *(frech)* sfacciato, impertinente, impudente.

dreistellig *a* di tre cifre.

Dreistigkeit ‹-, -en› *f* **1.** arditezza *f,* audacia *f;* **2.** *(Frechheit)* sfacciataggine *f,* sfrontatezza *f,* impudenza *f.*

dreistöckig [-ʃtœkıç] *a* a (*o.* di) tre piani. **dreitägig** [-tɛ:gıç] *a* di tre giorni. **dreitausend** ['drai'tauzənt] *(Zahlwort)* tremila. **dreiteilig** *a (Kleid, Set)* in tre pezzi; *(Roman)* in tre parti.

dreiviertellang [-'fırtəl-] *a (Kleidungsstück)* a tre quarti. **Dreivierteltakt** *m* misura *f* di tre quarti.

Dreizack [-tsak] ‹-(e)s, -e› *m* tridente *m.*

dreizehn *(Zahlwort)* tredici; **jetzt schlägt's aber ~!** *fam* questo è il colmo! *fam.* **dreizehnte** *s.* **dreizehnte(r, s). Dreizehntel** *n* trediscesimo *m.* **dreizehnte(r, s)** *a* tredicesimo, -a; *(bei Datumsangaben)* tredici; *s. a. vierte(r, s).*

Dreizimmerwohnung [-'tsımɐ-] *f* appartamento *m* di tre camere.

Dresche ['drɛʃə] ‹-, ø› *f fam* botte *f pl fam.*

dreschen ['drɛʃən] ‹drischt, drosch, gedroschen› *tr* **1.** *agr* trebbiare; **2.** *fam (prügeln)* bastonare, menare *fam.*

Drescher ‹-s, -› *m* trebbiatore *m.*

Dreschflegel *m* cor(r)eggiato *m.* **Dreschmaschine** *f* trebbiatrice *f.*

Dresden ['dre:sdən] *n* Dresda *f.*

dressieren [drɛ'si:rən] ‹*ohne ge-*› *tr* ammaestrare, addestrare; *(Pferde)* scozzonare.

Dressman ['drɛsmən, ...mən] ‹-s, Dressmen› *m* indossatore *m.*

Dressur [drɛ'su:ɐ] ‹-, -en› *f* dressaggio *m,* ammaestramento *m,* addestramento *m.*

dribbeln ['drıbəln] *itr sport* dribblare.

Drift [drıft] ‹-, -en› *f* **1.** *naut* corrente *f* di deriva; **2.** *(Treiben)* deriva *f.*

Drill [drıl] ‹-(e)s, ø› *m* addestramento *m.* **Drillbohrer** *m* trapano *m* a spirale.

drillen *tr* **1.** *mil, fig* addestrare; **2.** *tec (bohren)* trapanare.

Drillich ['drılıç] ‹-s, -e› *m* traliccio *m,* fustagno *m.*

Drilling ['drılıŋ] ‹-s, -e› *m* **1.** *(Kind)* trigemino *m;* **2.** *(Jagdgewehr)* fucile *m* a tre canne; **~e** gemelli trigemini.

drin [drın] *adv fam s. a. darin, drinnen;* **bis jetzt ist noch alles ~** *fam* finora tutto è ancora possibile; **das ist nicht ~** *fam* non è possibile; **in der Flasche ist noch was ~** c'è ancora qualcosa nella bottiglia.

dringen ['drıŋən] ‹dringt, drang, gedrungen› *itr* **1.** ‹*sein*›: **in etw. ~** penetrare in qc; **durch etw. ~** penetrare qc, passare attraverso qc; **an die Öffentlichkeit ~** diventare di pubblico dominio; **in jdn ~** *fig* far pressione su qu, sollecitare qu; **2.** ‹*haben*›: **auf etw. ~** insistere su qc (*o.* per avere qc); **darauf ~, daß ...** insistere affinché ... *conj;* **auf Bezahlung ~** sollecitare il pagamento. **dringend** *a* urgente, stringente, impellente; *(Bitte)* pressante; **in ~en Fällen** in casi d'urgenza; **etw. ~ benötigen** avere urgente bisogno di qc; **es** (*o.* **die Sache**) **ist (sehr) ~** la cosa urge; **~e Bitte** istanza *f.*

dringlich *a* urgente. **Dringlichkeit** ‹-, -en› *f* urgenza *f.*

Drink [drıŋk] ‹-s, -s› *m* drink *m.*

drinnen ['drınən] *adv* dentro; **~ und draußen** dentro e fuori; **ich gehe nach ~** vado dentro.

drischt [drıʃt] *3. pers sing pr von* **dreschen.**

dritte ['drıtə] *s.* **dritte(r, s).**

Dritte ‹ein -r, -n, -n› *mf* terzo, -a *m, f;* **der ~ im Bunde sein** essere il terzo; **der lachende ~** il terzo che gode; **in Gegenwart ~r** in presenza di terzi; **wenn zwei sich streiten, freut sich der ~** *prov* fra due litiganti il terzo gode *prov; s. a. Vierte.*

Drittel ‹-s, -› *n* terzo *m.*

drittens *adv* (in) terzo (luogo).

dritte(r, s) *a* terzo, -a; *(bei Datumsangaben)* tre; **aus ~r Hand** da terzi; *s. a. vierte(r, s).* **Dritte-Welt-Laden** [-'vɛlt-] *m* negozio *m* di articoli del terzo mondo.

DRK [de:ʔɛr'ka:] ‹-(s), ø› *n ab von* **Deutsches Rotes Kreuz** ≃ C.R.I. *f* (*ab von* Croce Rossa Italiana).

droben ['dro:bən] *adv obs, poet* lassù, in alto.

Droge ['dro:gə] ‹-, -n› *f* droga *f.* **drogenabhängig** *a* tossicodipendente.

Drogenabhängige ‹ein -r, -n, -n› *mf* tossicodipendente *mf.* **Drogenabhängigkeit** *f* tossicomania *f.* **Drogenhandel** *m* traffico *m* della droga. **Drogenmißbrauch** *m* abuso *m* di droga. **Drogenszene** *f* mondo *m* della droga.

Drogerie [drogə'ri:, ...i:ən] ‹-, -n› *f* drogheria *f.*

Drogist(in) [dro'gɪst(ɪn)] ‹-en, -en› *m(f)* droghiere, -a *m, f.*

Drohbrief *m* lettera *f* minatoria.

drohen ['dro:ən] *itr* minacciare (*mit* di); **einzustürzen** ~ minacciare di crollare; **ihm droht Gefängnis** lo minaccia la prigione. **drohend** *a* minaccioso; ~**e Gefahr** pericolo incombente.

Drohne ['dro:nə] ‹-, -n› *f* **1.** *zoo* fuco *m;* **2.** *fig pej* fannullone *m,* scroccone *m.*

dröhnen ['drø:nən] *itr* rimbombare; *(a. fig)* rintronare; **mir dröhnt der Kopf** mi rintrona la testa.

Drohung ‹-, -en› *f* minaccia *f;* ~**en ausstoßen** proferire minacce; **leere** ~**en** vuote minacce.

drollig ['drɔlɪç] *a* buffo, divertente, faceto.

Dromedar [drome'da:ɐ̯] ‹-s, -e› *n* dromedario *m.*

Drops [drɔps] ‹-, -› *m o. n:* **saure** ~ caramelle *f pl* alla frutta.

drosch [drɔʃ] *1. u. 3. pers sing imp von* **dreschen.**

Droschke ['drɔʃkə] ‹-, -n› *f* **1.** *(Pferde~)* vettura *f* di piazza, fiacchere *m;* **2.** *obs (Taxi)* tassì *m.*

Drossel[1] ['drɔsəl] ‹-, -n› *f zoo* tordo *m.*

Drossel[2] ['drɔsəl] ‹-, -n› *f tec s.* **Drosselventil.**

drosseln *tr* **1.** *(tec, a. obs: würgen)* strozzare; **2.** *(Tempo)* diminuire; *(Einfuhr)* limitare.

Drosselung ‹-, -en› *f* **1.** *tec* strozzamento *m;* **2.** *fig* diminuzione *f,* riduzione *f.*

Drosselventil *n tec* valvola *f* di strozzamento; *mot* valvola *f* a farfalla.

drüben ['dry:bən] *adv (auf der anderen Seite)* dall'altra parte, (al) di là; **hier/da** ~ di qua, da questa parte/di là, da quella parte.

drüber ['dry:bɐ] *adv fam s.* **darüber.**

Druck[1] [drʊk] ‹-(e)s, ⸚e› *m* **1.** *phys, tec, fig* pressione; **2.** *tec* spinta *f;* **3.** *fig (Bedrückung)* oppressione *f;* **einen** ~ **ausüben** esercitare una pressione (*auf* su); **jdn unter** ~ **setzen** mettere qu sotto pressione; **ich bin unheimlich in** ~ *fam* sono molto sotto pressione *fam.*

Druck[2] [drʊk] ‹-(e)s, -e› *m* **1.** *typ* impressione *f; (Vorgang)* stampa *f;* **2.** *(Auflage)* edizione *f;* **3.** *(Kunst~)* stampa *f;* **etw. in** ~ **geben** dare qc alle stampe.

Druckausgleich *m* compensazione *f* della pressione.

Druckbogen *m* foglio *m* di stampa. **Druckbuchstabe** *m* carattere *m* tipografico.

Drückeberger ['drʏkəbɛrgɐ] ‹-s, -› *m fam* scansafatiche *m,* vigliacco *m; mil* imboscato *m.*

drucken ['drʊkən] *tr* stampare, riprodurre; **neu** ~ ristampare; ~ **lassen** dare alle stampe.

drücken ['drʏkən] **I.** *tr* **1.** premere (*auf* su); *(zusammen~)* spremere; *(Knopf, etc.)* schiacciare; *(Hände)* stringere; *fam (umarmen)* stringere, abbracciare; **2.** *(Kleidung, Schuh)* stringere; **3.** *fig (Preise)* ribassare; *(Rekord)* abbassare; **4.** *fig (bedrücken)* opprimere, angustiare; **jdm die Hand** ~ stringere la mano a qu; **ich weiß, wo dich der Schuh drückt** *fam* so che cosa ti angustia; **II.** *itr* **1.** *(lasten)* pesare (*auf* su); **2.** *(Kleidung, Schuh)* stringere; **3.** *(Knopf, etc.)* schiacciare (*auf etw.* qc); **aufs Gemüt** ~ rendere malinconico, intristire; **III.** *rfl:* **sich** ~ *fam* svignarsela *fam,* squagliarsela *fam; (bes. mil)* imboscarsi; **sich vor etw.** ~ scansare qc, sottrarsi a qc. **drückend** *a* opprimente; *(Hitze)* soffocante.

Drucker(in) ‹-s, -› *m(f)* stampatore, -trice *m, f,* tipografo, -a *m, f.*

Drücker ‹-s, -› *m (Türklinke)* maniglia *f,* saliscendi *m;* **am** ~ **sitzen** *fig fam* stare nella stanza dei bottoni *fam;* **auf den letzten** ~ *fig fam* all'ultimo momento.

Druckerei [drʊkə'rai̯] ‹-, -en› *f* stamperia *f,* tipografia *f.*

Druckerin *f s.* **Drucker.**

Druckerlaubnis *f* imprimatur *m.*

Druckerschwärze *f* inchiostro *m* da stampa.

Druckfehler *m* errore *m* di stampa. **druckfertig** *a* pronto per la stampa.

Druckkabine *f aero* cabina *f* pressurizzata. **Druckknopf** *m* **1.** *(an Kleidung)* (bottone *m*) automatico *m;* **2.** *tec* pulsante *m.*

Drucklegung ‹-, -en› *f* messa *f* in macchina.

Druckluft *f* aria *f* compressa. **Druckluftbohrer** *m* perforatrice *f* pneumatica.

Druckmaschine *f* macchina *f* tipografica (*o.* da stampa).

Druckmesser ‹-s, -› *m* misuratore *m* di pressione, manometro *m.* **Druck-**

mittel *n* mezzo *m* di pressione (*o.* coercitivo). **Druckpumpe** *f* pompa *f* premente (*o.* a pressione). **Druckregler** *m* regolatore *m* di pressione.
druckreif *a s.* **druckfertig. Drucksache** *f* stampa *f;* „~" "stampe". **Druckschrift** *f* **1.** *typ (Schriftart)* carattere *m* tipografico (*o.* di stampa); **2.** *(gedrucktes Werk)* stampato *m;* **in ~** in stampatello.
drucksen ['drʊksən] *itr fam* tentennare; stentare a parlare.
drum [drʊm] *adv fam s. a. darum;* **sei's ~!** e sia; **das D~ und Dran** *fam* gli annessi e connessi *m pl;* **mit allem D~ und Dran** *fam* con tutti gli annessi e connessi; **um etw. ~ herumkommen** *fam* poter evitare qc.
drunten ['drʊntən] *adv obs, poet* laggiù.
drunter ['drʊntɐ] *adv fam s. a. darunter;* **es geht alles ~ und drüber** tutto va a catafascio *fam.*
Drüse ['dry:zə] ‹-, -n› *f* ghiandola *f.*
Dschungel ['dʒʊŋəl] ‹-s, -› *m* giungla *f.*
Dschunke ['dʒʊŋkə] ‹-, -n› *f* giunca *f.*
DSG [de:ʔɛs'ge:] ‹-, ø› *f ab von* **Deutsche Schlafwagen- und Speisewagen-Gesellschaft** *compagnia tedesca dei vagoni letto e ristorante.*
dt. *ab von* **deutsch** tedesco.
dto. *ab von* **dito** c.s. (*ab von* come sopra).
Dtzd. *ab von* **Dutzend** dozz. (*ab von* dozzina).
du [du:] *pers pron 2. pers sing* tu; **~ Ärmste/Ekel!** o che poveretta/essere odioso!; **jdn mit ~ anreden** dare del tu a qu; **mit jdm per ~ sein** darsi del tu con qu; **~, ich muß dich was fragen** (tu) senti, devo chiederti qc; **wenn ich ~ wäre, ...** se fossi in te, ...
d. U. *ab von* **der Unterzeichnete** il sottoscritto.
Dualsystem [du'a:l-] *n mat* sistema *m* di numerazione binaria.
Dübel ['dy:bəl] ‹-s, -› *m* cavicchio *m,* caviglia *f,* tassello *m.*
Dublette [du'blɛtə] ‹-, -n› *f* doppione *m.*
Dublin ['dablɪn] *n* Dublino *f.*
ducken ['dʊkən] **I.** *rfl:* **sich ~** *allg., fig* piegarsi; *(niederkauern)* accovacciarsi, rannicchiarsi; **II.** *tr* **1.** *(senken)* abbassare, piegare; **2.** *fig pej (demütigen)* umiliare.
Duckmäuser ['dʊkmɔyzɐ] ‹-s, -› *m fam (Feigling)* vigliacco *m.*
Dudelsack ['du:dəl-] *m* cornamusa *f,* zampogna *f.*
Duell [du'ɛl] ‹-s, -e› *n* duello *m.*
duellieren [...'li:rən] ‹*ohne ge-*› *rfl:* **sich ~** battersi a duello.
Duett [du'ɛt] ‹-(e)s, -e› *n* duetto *m.*
Duft [dʊft] ‹-(e)s, ⸚e› *m* profumo *m,* fragranza *f.*
duften *itr* **1.** *(Duft verbreiten)* odorare; **2.** *(nach etw. riechen)* avere un profumo (*nach* di). **duftend** *a* profumato, odoroso, aromatico. **duftig** *a* leggero, vaporoso; **ein ~es Sommerkleid** un vestito estivo arioso.
dulden ['dʊldən] *tr* **1.** *(zulassen)* ammettere; *(bes. rel, pol)* tollerare; **2.** *(ertragen)* sopportare; *(über sich ergehen lassen)* subire; **keinen Aufschub ~** non ammettere nessun rinvio.
duldsam *a* paziente; *(nachsichtig)* indulgente; *(bes. rel, pol)* tollerante. **Duldsamkeit** ‹-, ø› *f* pazienza *f;* *(Nachsicht)* indulgenza *f,* tolleranza *f.*
dumm [dʊm] ‹⸚er, ⸚ste› *a* **1.** stupido; *(unwissend)* ignorante; *(beschränkt)* limitato; *(einfältig)* semplice, sciocco; *(albern)* sciocco; **2.** *(unangenehm)* spiacevole, seccante; **eine ~e Geschichte** una brutta faccenda; **ein ~es Gesicht machen** fare una faccia da stupido *fam;* **~es Zeug reden** dire sciocchezze; **der D~e sein** essere lo stupido di turno *fam;* **jdn für ~ verkaufen** prendere (*o.* far passare) qu per sciocco *fam;* **das ist (aber) ~!** peccato!; **das wird mir zu ~!** ne ho abbastanza!; **frag nicht so ~!** non far domande così stupide! **Dummheit** ‹-, -en› *f* **1.** *(Mangel an Intelligenz)* stupidità *f,* imbecillità *f,* ignoranza *f;* **2.** *(Handlung)* stupidaggine *f,* sciocchezza *f;* **~en machen** fare sciocchezze. **Dummkopf** *m fam* stupido *m,* sciocco *m,* minchione *m.*
dumpf [dʊmpf] *a* **1.** *(Ton, etc.)* cupo, sordo; *(Geruch)* ammuffito; *(Ahnung)* vago; **2.** *(stumpfsinnig)* ottuso, apatico. **Dumpfheit** ‹-, ø› *f* **1.** *(von Schall)* cupezza *f;* *(von Geruch)* tanfo *m;* **2.** *fig (von Mensch)* ottusità *f,* apatia *f,* torpore *m.*
Düne ['dy:nə] ‹-, -n› *f* duna *f.*
Dung [dʊŋ] ‹-(e)s, ø› *m* letame *m,* concime *m* (animale).
Düngemittel *n s.* **Dünger.**
düngen ['dʏŋən] **I.** *tr* concimare; **II.** *itr (als Dünger wirken)* dare concime.
Dünger ‹-s, -› *m* concime *m.*
dunkel ['dʊŋkəl] *a* **1.** *(a. fig)* oscuro, buio; *(Farbe)* scuro; *(Vokal)* sordo; **2.** *fig (unverständlich)* confuso; *(unbestimmt)* vago, indistinto; **3.** *fig (verdächtig)* losco; **dunkles Bier** birra

scura; **dunkles Haar** capelli scuri; **dunkle Nacht** notte fonda; **sich ~ erinnern** ricordarsi vagamente; **jdn im ~n lassen** lasciare qu all'oscuro; **bei etw. im ~n tappen** *fig* essere all'oscuro di qc; **es wird ~** si fa buio.
dunkel- *(in Zusammensetzungen)* scuro; **dunkelblau/-grün/-rot** blu/verde/rosso scuro.
Dunkel ‹-s, ø› *n* oscurità *f; (a. fig)* tenebre *f pl.*
Dünkel ['dʏŋkəl] ‹-s, ø› *m* presunzione *f*, boria *f.*
dunkelblond *a* castano. **dunkelhäutig** [-hɔ͜ytɪç] *a* moro, di carnagione scura. **Dunkelheit** ‹-, -en› *f* oscurità *f*, buio *m.* **Dunkelkammer** *f* camera *f* oscura. **Dunkelmann** *m fig pej* uomo *m* subdolo.
dunkeln *itr:* **es dunkelt** *poet* si fa buio (*o.* notte).
Dunkelziffer *f* dati *m pl* non rilevati dalle statistiche.
dünken ['dʏŋkən] *tr, itr:* **mich** (*o.* **mir**) **dünkt** *obs, poet* mi sembra, mi pare.
dünn [dʏn] *a* **1.** sottile, fine; *(Stoff, Luft)* leggero; **2.** *(schlank)* snello; *(mager)* magro, scarno; **3.** *(fein)* fino; *(schwach, brüchig)* tenue; *(spärlich)* rado; **4.** *(Getränk)* lungo; **~es Haar** capelli sottili; **~ werden** assottigliarsi; *(abmagern)* dimagrire; *(seltener werden)* diradarsi, rarefarsi. **dünnbevölkert** *a attr* scarsamente popolato. **Dünndarm** *m* intestino *m* tenue. **dünnflüssig** *a* fluido. **dünngesät** *a attr* rado. **dünn·machen** *rfl:* **sich ~** *fig fam* svignarsela *fam.*
Dunst [dʊnst] ‹-(e)s, ⸚e› *m* **1.** *(Nebel)* foschia *f*, nebbia *f*, caligine *f;* **2.** *(Dampf)* vapore *m;* **3.** *(Rauch)* fumo *m;* **4.** *(Ausdünstung)* esalazione *f*, emanazione *f;* **sich in ~ auflösen** dileguarsi nel nulla, andare in fumo. **Dunstabzugshaube** *f* cappa *f* di estrazione.
dünsten ['dʏnstən] *tr* stufare.
Dunstglocke *f* cappa *f* di smog.
dunstig *a (neblig)* nebbioso, caliginoso; *(verräuchert)* fumoso, pieno di fumo.
Duplikat [dupli'ka:t] ‹-(e)s, -e› *n* duplicato *m.*
Dur [du:ɐ̯] ‹-, ø› *n* modo *m* maggiore.
durch [dʊrç] **I.** *prp acc* **1.** *(örtlich)* attraverso, per; **2.** *(zeitlich)* durante; **3.** *(vermittels)* per mezzo di; *(dank)* grazie a; **4.** *(infolge)* in seguito a; **~ Zufall** per caso; **~ den Fluß schwimmen** attraversare il fiume a nuoto; **~ die Luft fliegen** fendere l'aria; **~ die Nase sprechen** parlare col naso; **16 (geteilt) ~ 4** 16 diviso (per) 4; **II.** *adv:* **~ und ~** da parte a parte, completamente; **~ sein** *(fertig)* aver finito (*mit etw.* qc); *(Hose, etc.)* essere logorato; *(Fleisch)* essere cotto; **es ist zwei Uhr ~** sono già le due passate; **Sie dürfen hier nicht ~** non può passare per di qua.
durch·arbeiten I. *tr* **1.** *(Buch)* studiare a fondo; **2.** *(ausarbeiten)* elaborare; **3.** *(durchkneten)* lavorare ben bene; **II.** *itr (ohne Unterbrechung)* lavorare senza interruzione; **die (ganze) Nacht ~** lavorare tutta la notte.
durch·atmen *itr* respirare profondamente.
durchaus [dʊrç'ʔa͜us *o.* 'dʊrç'ʔa͜us] *adv* **1.** *(vollständig)* completamente, interamente, del tutto; **2.** *(unbedingt)* assolutamente; **~ nicht** non ... affatto, per niente; **ich bin ~ Ihrer Meinung** sono perfettamente d'accordo con Lei.
durch·blättern ['dʊrçblɛtərn] *tr,* **durchblättern** [dʊrç'blɛtərn] ‹*ohne ge-*› *tr* sfogliare, scorrere (leggendo).
Durchblick *m* **1.** veduta *f*, sguardo *m*, colpo *m* d'occhio; **2.** *fig fam (Überblick)* visione *f.*
durch·blicken *itr* **1.** guardare attraverso; **2.** *fam (etw. verstehen)* capire; **~ lassen** lasciare intravedere, far capire.
durch·bluten¹ ['dʊrçblu:tən] **I.** *itr* sanguinare; **II.** *tr* impregnare di sangue; **der Verband ist völlig durchgeblutet** la fasciatura è completamente intrisa di sangue.
durchbluten² [dʊrç'blu:tən] ‹*ohne ge-*› *tr* irrorare.
Durchblutung [dʊrç'blu:tʊŋ] *f* irrorazione *f* sanguigna. **Durchblutungsstörungen** *f pl* disturbi *m pl* d'irrorazione sanguigna.
durch·bohren¹ ['dʊrçbo:rən] **I.** *tr* forare da parte a parte, perforare; **II.** *rfl:* **sich ~** penetrare forando.
durchbohren² [dʊrç'bo:rən] ‹*ohne ge-*› *tr* **1.** trafiggere; **2.** *(Kugel)* traforare. **durchbohrend** *a (Blick)* penetrante.
durch·braten ‹*irr*› *tr* arrostire (*o.* cuocere) bene; **durchgebraten** ben cotto; **nicht durchgebraten** al sangue.
durch·brechen¹ ['dʊrçbrɛçən] ‹*irr*› **I.** *tr* ‹*haben*› rompere (in due parti), spezzare in due; **II.** *itr* ‹*sein*› **1.** rompersi, spezzarsi; **2.** *(Sonne, Zahn, Keim)* spuntare, apparire; **3.** *fig* svelarsi, mostrarsi.
durchbrechen² [dʊrç'brɛçən] ‹*irr, ohne ge-*› *tr* **1.** *(durchstoßen)* forzare, sfondare; **2.** *(Wand, etc.)* aprire un

passaggio in; **3.** *fig (Prinzip, Konvention, etc.)* trasgredire, violare.

durch·brennen ⟨*irr*⟩ *itr* **1.** ⟨*sein*⟩ *el (Sicherung, etc.)* fulminarsi; **2.** ⟨*haben*⟩ *(glühen)* essere incandescente (*o.* rovente); **3.** ⟨*sein*⟩ *fig fam (ausreißen)* tagliare la corda *fam,* darsela a gambe *fam.*

durch·bringen ⟨*irr*⟩ *tr* **1.** *(durchsetzen)* far passare; **2.** *(Kranke)* salvare; **3.** *(ernähren)* sostentare, mantenere; **4.** *(Geld)* sperperare, scialacquare.

durchbrochen [dʊrçˈbrɔxən] *a* traforato, a giorno.

Durchbruch *m* **1.** apertura *f,* breccia *f;* **2.** *mil* sfondamento *m;* **3.** *(von Zahn)* spuntare *m;* **zum ~ kommen** *fig* farsi strada, affermarsi.

durch·denken [ˈdʊrçdɛŋkən] ⟨*irr*⟩ *tr,* **durchdenken** [dʊrçˈdɛŋkən ⟨*irr, ohne ge-*⟩ *tr* ponderare bene, approfondire.

durch·drängen *rfl:* **sich ~** farsi largo (*o.* strada).

durch·drehen **I.** *tr (Fleisch)* tritare; **II.** *itr* **1.** *fam (kopflos werden)* impazzire; **2.** *(Räder)* slittare.

durchdringen¹ [dʊrçˈdrɪŋən] ⟨*irr, ohne ge-*⟩ *tr* **1.** penetrare, trapassare; **2.** *(ganz eindringen in)* infiltrasi in, impregnare; **von etw. durchdrungen** *fig* pervaso da qc.

durch·dringen² [ˈdʊrçdrɪŋən] ⟨*irr*⟩ *itr* ⟨*sein*⟩ **1.** *allg.* penetrare, spingersi; **2.** *fig (Gerücht)* trapelare; **3.** *fig (sich durchsetzen)* farsi strada, affermarsi, imporsi.

Durchdringung [dʊrçˈdrɪŋʊŋ] ⟨-, -en⟩ *f* compenetrazione *f.*

durch·drücken *tr* **1.** *allg.* far passare spremendo; **2.** *fig fam (durchsetzen)* far accettare; *(Plan)* far valere; *(Willen)* imporre; **die Knie ~** stendere le gambe.

durcheinander [dʊrçˀa̯iˈnandɐ] *adv* **1.** sottosopra, disordinato; **2.** *fam (verwirrt)* confuso. **Durcheinander** ⟨-s, ø⟩ *n* confusione *f,* disordine *m.* **durcheinander·bringen** ⟨*irr*⟩ *tr* **1.** *(in Unordnung bringen)* mettere in disordine, scompigliare; **2.** *(verwirren)* confondere; **3.** *(verwechseln)* scambiare, confondere. **durcheinander·werfen** ⟨*irr*⟩ *tr* **1.** *(umherwerfen)* mettere sottosopra, buttare all'aria; **2.** *fig (verwechseln)* confondere.

durchfahren¹ [dʊrçˈfa:rən] ⟨*irr, ohne ge-*⟩ *tr* **1.** *(fahrend durchqueren)* attraversare; **2.** *fig (Schreck)* assalire, cogliere; *(Gedanke)* passare per la mente di.

durch·fahren² [ˈdʊrçfa:rən] ⟨*irr*⟩ *itr* ⟨*sein*⟩ **1.** passare attraverso; **2.** *(nicht anhalten)* passare senza fermarsi; *(nicht umsteigen)* passare senza scendere; **3.** *(ohne Unterbrechung fahren)* viaggiare senza interruzione; **bei Rot ~** passare col rosso.

Durchfahrt *f* **1.** *(das Durchfahren)* passaggio *m;* **2.** *(Durchreise)* transito *m;* **3.** *(Torweg)* portone *m;* **~ verboten!** transito vietato!; **auf der ~ sein** essere di passaggio.

Durchfall *m* **1.** *med* diarrea *f;* **2.** *fig (Mißerfolg)* insuccesso *m; theat* fiasco *m.*

durch·fallen ⟨*irr*⟩ *itr* ⟨*sein*⟩ **1.** cadere; **2.** *fig (versagen)* non avere successo; *(bei Prüfung)* essere bocciato; *(bei Wahlen)* essere sconfitto; *theat* fare fiasco.

durch·feilen *tr* **1.** segare con la lima; **2.** *fig (Test, etc.)* limare, perfezionare.

durch·finden ⟨*irr*⟩ *itr, rfl:* **sich ~** orientarsi, raccapezzarsi.

durch·fließen¹ [ˈdʊrçfli:sən] ⟨*irr*⟩ *itr* ⟨*sein*⟩ scorrere (*durch* attraverso).

durchfließen² [dʊrçˈfli:sən] ⟨*irr, ohne ge-*⟩ *tr* **1.** *(Fluß)* attraversare scorrendo; **2.** *phys* percorrere.

durchforschen [dʊrçˈfɔrʃən] ⟨*ohne ge-*⟩ *tr (untersuchen)* studiare, esaminare; *(Land)* esplorare.

durch·fragen *rfl:* **sich ~** trovare la strada chiedendo.

Durchfuhr [ˈdʊrçfu:ɐ̯] ⟨-, -en⟩ *f (Transit)* transito *m.*

durchführbar *a* eseguibile, attuabile, realizzabile.

durch·führen **I.** *tr* **1.** *(durchleiten)* guidare, condurre; **2.** *(ausführen)* eseguire, effettuare; **3.** *(verwirklichen)* realizzare; *(veranstalten)* organizzare; **4.** *(vollenden)* compiere, portare a termine; **II.** *itr (Straße, etc.)* passare attraverso.

Durchführung *f* **1.** esecuzione *f;* **2.** *(Verwirklichung)* attuazione *f,* realizzazione *f;* **3.** *(Vollendung)* compimento *m;* **4.** *(Organisation)* organizzazione *f.*

Durchgang *m* **1.** passaggio *m;* **2.** *arch* corridoio *m;* **3.** *com* transito *m;* **~ verboten!, kein ~!** passaggio proibito!

durchgängig *a* generale, corrente; *(konstant)* senza eccezioni.

Durchgangslager *n* campo *m* di transito. **Durchgangsstraße** *f* strada *f* di transito. **Durchgangsverkehr** *m* (traffico *m* di) transito *m.*

durch·geben ⟨*irr*⟩ *tr (Meldung, Telegramm)* trasmettere.

durch·gehen ⟨*irr*⟩ **I.** *itr* ⟨*sein*⟩ **1.** *allg.* passare (*durch* per); **2.** *Eisenb., aero* andare senza fermarsi (*bis* fino a); **3.** *(Pferd)* sfuggir di mano; *fam (weglaufen)* tagliare la corda *fam;* **4.** *(Antrag)* essere approvato; **jdm etw. ~ lassen** lasciar passare qc a qu; **der Schrank geht nicht durch die Tür durch** l'armadio non passa dalla porta; **seine Frau ist mit seinem Freund durchgegangen** sua moglie è scappata col suo amico; **sein Temperament ging mit ihm durch** perse il controllo, non riuscì a dominarsi; **II.** *tr* ⟨*haben o. sein*⟩ *(Buch, etc.)* percorrere; *(prüfend ~)* esaminare, controllare.

durchgehend **I.** *a* **1.** continuato, ininterrotto; **2.** *(Zug)* diretto; **II.** *adv* ininterrottamente, continuamente; **~ geöffnet** ad orario continuato.

durch·greifen ⟨*irr*⟩ *itr* intervenire (energicamente); **hart ~** intervenire duramente. **durchgreifend** *a* energico, drastico, radicale.

durch·halten ⟨*irr*⟩ **I.** *itr* tener duro, resistere; **II.** *tr* resistere a.

durch·hauen¹ ['dʊrçhaʊən] ⟨*irr o. reg*⟩ **I.** *tr* **1.** spaccare, tagliare (in due); **2.** *fam (verprügeln)* picchiare, bastonare; **II.** *rfl:* **sich ~** *fig fam* aprirsi un varco.

durchhauen² [dʊrç'haʊən] ⟨*irr, ohne ge-*⟩ *tr* spaccare, tagliare (in due).

durch·helfen ⟨*irr*⟩ **I.** *itr:* **jdm ~** aiutare qu a superare una difficoltà; **II.** *rfl:* **sich ~** tirarsi fuori da un impiccio.

durch·kämmen¹ ['dʊrçkɛmən] *tr (Haar)* pettinare bene.

durchkämmen² [dʊrç'kɛmən] ⟨*ohne ge-*⟩ *tr* rastrellare.

durch·kommen ⟨*irr*⟩ *itr* ⟨*sein*⟩ **1.** (riuscire a) passare; *(Zahn, Sonne)* spuntare; **2.** *(hin~)* passare attraverso; **3.** *(erfolgreich sein)* spuntarla; **4.** *(genesen)* scamparla; **5.** *(bei Prüfung)* essere promosso; *(a. Gesetzentwurf)* passare.

durch·kreuzen¹ ['dʊrçkrɔʏtsən] *tr* cancellare con una croce.

durchkreuzen² [dʊrç'krɔʏtsən] ⟨*ohne ge-*⟩ *tr (Plan, etc.)* intralciare, contrastare.

durch·lassen ⟨*irr*⟩ *tr* **1.** lasciar passare; *(a. bei Prüfung)* far passare; **2.** *fig fam (nicht rügen)* lasciar correre *fam.*

durchlässig *a* **1.** *(wasser~)* che lascia passare l'acqua; *(Gefäß)* non stagno; *(a. fig)* permeabile, poroso; **2.** *(licht~)* trasparente, diafano.

durch·laufen¹ ['dʊrçlaʊfən] ⟨*irr*⟩ **I.** *itr* ⟨*sein*⟩ **1.** passare correndo (*durch* attraverso); **2.** *(Flüssigkeit)* passare, colare; **II.** *tr* ⟨*haben*⟩ *(Schuhe, etc.)* consumare (a furia di camminare).

durchlaufen² [dʊrç'laʊfən] ⟨*irr, ohne ge-*⟩ *tr* **1.** *(Strecke)* (per)correre; *(Gebiet)* attraversare; **2.** *fig (Schauder)* pervadere, assalire; **3.** *fig (absolvieren)* compiere.

Durchlauferhitzer ⟨-s, -⟩ *m* scaldaacqua *m* istantaneo.

durch·lesen ⟨*irr*⟩ *tr* leggere.

durch·leuchten¹ ['dʊrçlɔʏçtən] *itr* tralucere.

durchleuchten² [dʊrç'lɔʏçtən] ⟨*ohne ge-*⟩ *tr* **1.** *allg.* illuminare; **2.** *med* fare una radiografia di; fare i raggi a *fam;* **3.** *fig (analysieren)* esaminare.

Durchleuchtung [dʊrç'lɔʏçtʊŋ] ⟨-, -en⟩ *f* **1.** illuminazione *f;* **2.** *med* radioscopia *f,* radiografia *f;* **3.** *fig* esame *m.*

durchlöchern [dʊrç'lœçɐn] ⟨*ohne ge-*⟩ *tr* **1.** (per)forare, sforacchiare; *(mit Kugeln)* crivellare.

durch·machen **I.** *tr* **1.** *(durchlaufen)* fare, compiere; **2.** *(erdulden)* soffrire, patire; **viel ~** *fam* passarne tante; **II.** *itr* **1.** *(durcharbeiten)* lavorare ininterrottamente; **2.** *fam (durchfeiern)* festeggiare.

Durchmarsch *m* **1.** *mil* marcia *f;* **2.** *fam (Durchfall)* mossa *f* di corpo *fam.*

durch·marschieren ⟨*ohne ge-*⟩ *itr* ⟨*sein*⟩ passare (*durch* per).

Durchmesser ⟨-s, -⟩ *m* **1.** *mat* diametro *m;* **2.** *tec, mil* calibro *m.*

durchnäßt [dʊrç'nɛst] *a* bagnato fradicio.

durch·nehmen ⟨*irr*⟩ *tr (im Unterricht)* trattare.

durch·pausen *tr* ricalcare.

durch·probieren ⟨*ohne ge-*⟩ *tr* tentare uno per uno; *(Speisen)* assaggiare uno per uno.

durch·prügeln *tr fam* dare un carico di legnate a *fam.*

durchqueren [dʊrç'kve:rən] ⟨*ohne ge-*⟩ *tr* attraversare.

durch·rechnen *tr* calcolare (da capo in fondo).

Durchreise *f* passaggio *m;* **auf der ~** di passaggio.

durch·reisen¹ ['dʊrçraɪzən] *itr* ⟨*sein*⟩ passare, essere di passaggio.

durchreisen² [dʊrç'raɪzən] ⟨*ohne ge-*⟩ *tr* percorrere, attraversare.

Durchreisende *mf* passeggero, -a *m, f* in transito.

durch·reißen ⟨*irr*⟩ **I.** *tr* ⟨*haben*⟩ strappare, stracciare; **II.** *itr* ⟨*sein*⟩ spezzarsi.

durch·ringen ⟨*irr*⟩ *rfl:* **sich ~** imporsi; **sich zu einer Überzeugung ~** arrivare con sforzo a una convinzione; **sich zu einem Entschluß ~** arrivare con sforzo ad una decisione.

durch·rosten *itr* ⟨*sein*⟩ arrugginirsi completamente, corrodere.

durch·rühren *tr* rimestare.

Durchsage *f radio* comunicato *m.*

durch·sagen *tr radio* trasmettere, comunicare.

durch·sägen *tr* segare in due.

durchschauen [dʊrçˈʃa͜uən] ⟨*ohne ge-*⟩ *tr (Absichten, Motive)* capire; *(Personen)* capire (*o.* indovinare) le intenzioni di.

durch·scheinen¹ [ˈdʊrçʃa͜inən] ⟨*irr*⟩ *itr* trasparire.

durchscheinen² [dʊrçˈʃa͜inən] ⟨*irr, ohne ge-*⟩ *tr (Sonne)* illuminare.

durchscheinend *a* **1.** traslucido; **2.** *(transparent)* trasparente; **3.** *fig* diafano.

durch·scheuern *tr (Kleider, etc.)* logorare.

durch·schlafen ⟨*irr*⟩ *itr* dormire senza interruzione.

Durchschlag *m* **1.** *(Kopie)* copia *f;* **2.** *(Locher)* punzone *m;* **3.** *(Sieb)* setaccio *m.*

durch·schlagen¹ [ˈdʊrçʃla:gən] ⟨*irr*⟩ **I.** *tr* ⟨*haben*⟩ **1.** *(in zwei Teile)* spaccare in due; **2.** *(Nagel, etc.)* conficcare (*durch* in); **3.** *(durch Sieb)* passare; **II.** *itr* **1.** ⟨*sein*⟩ *(Geschoß)* passare (*durch* attraverso), sfondare (*durch etw.* qc); **2.** ⟨*sein*⟩ *(Nässe, Farbe)* penetrare (*durch etw.* in qc), passare (*durch etw.* qc); *fig (Temperament, Charakter, Untugend)* mostrarsi (*bei jdm* in qu); **3.** ⟨*sein*⟩ *el (Sicherung)* bruciarsi, fondersi; **4.** ⟨*haben*⟩ *(abführen)* provocare la diarrea; **auf etw. ~** *(sich auswirken)* influire su qc; **bei ihm schlägt der Vater durch** in lui si può vedere suo padre; **III.** *rfl:* **sich ~** **1.** *(ein Ziel erreichen)* aprirsi un varco; **2.** *(sich durchbringen)* tirar avanti *fam,* cavarsela *fam,* trarsi d'impaccio.

durchschlagen² [dʊrçˈʃla:gən] ⟨*irr, ohne ge-*⟩ *tr (Geschoß)* perforare, sfondare.

durchschlagend *a* **1.** *(wirksam)* efficace; **2.** *(entscheidend)* decisivo, determinante; **3.** *(überzeugend)* convincente.

Durchschlagskraft *f* **1.** *(von Geschoß)* forza *f* di penetrazione; **2.** *(Wirksamkeit)* efficacia *f.*

durch·schlängeln *rfl:* **sich ~** **1.** passare serpeggiando; **2.** *fig* destreggiarsi.

durch·schleusen *tr* **1.** *(Schiff)* guidare attraverso la chiusa; **2.** *fig* far passare.

durch·schlüpfen *itr* ⟨*sein*⟩ **1.** sgattaiolare; **2.** *fig (entkommen)* svignarsela *fam.*

durch·schmuggeln *tr* far passare di contrabbando.

durch·schneiden¹ [ˈdʊrçʃna͜idən] ⟨*irr*⟩ *tr* tagliare (in due).

durchschneiden² [dʊrçˈʃna͜idən] ⟨*irr, ohne ge-*⟩ *tr* **1.** attraversare; **2.** *(Luft)* fendere; *(Wasser)* solcare; **3.** *fig, mat* intersecare.

Durchschnitt *m* media *f;* **im ~** in media; **über/unter dem ~** sopra/sotto la media. **durchschnittlich** **I.** *a* **1.** medio; **2.** *(gewöhnlich)* ordinario; **3.** *(mittelmäßig)* mediocre; **II.** *adv* in media. **Durchschnittsalter** *n* età *f* media. **Durchschnittseinkommen** *n* reddito *m* medio. **Durchschnittsgeschwindigkeit** *f* velocità *f* media. **Durchschnittswert** *m* valore *m* medio.

Durchschrift *f* duplicato *m,* copia *f* (carbone).

Durchschuß *m* **1.** *(von Waffe)* colpo *m* perforante; **2.** *typ (Zeilenabstand)* interlinea *f.*

durch·schwimmen¹ [ˈdʊrçʃvɪmən] ⟨*irr*⟩ *itr* ⟨*sein*⟩ passare a nuoto (*durch etw.* qc).

durchschwimmen² [dʊrçˈʃvɪmən] ⟨*irr, ohne ge-*⟩ *tr* attraversare a nuoto.

durch·schwitzen *tr* bagnare di sudore.

durch·sehen ⟨*irr*⟩ **I.** *itr* **1.** guardare attraverso; **2.** *fig* vederci chiaro; **II.** *tr* **1.** *(flüchtig ~)* scorrere, dare un'occhiata a; **2.** *(prüfen)* verificare, controllare.

durch·setzen¹ [ˈdʊrçzɛt͜sən] **I.** *tr (Willen)* imporre; *(Gesetz)* far approvare (*o.* passare); **es ~, daß ...** ottenere che ... *conj;* **II.** *rfl:* **sich ~** **1.** *(Mensch)* imporsi, affermarsi; **2.** *fig* farsi strada.

durchsetzen² [dʊrçˈzɛt͜sən] ⟨*ohne ge-*⟩ *tr:* **etw. mit etw. ~** mescolare qc con qc.

Durchsicht *f (Prüfung)* esame *m,* verifica *f,* revisione *f; typ* correzione *f;* **bei ~ der Bücher** da un esame della contabilità; **zur ~** in esame.

durchsichtig *a* **1.** trasparente; *(Flüssigkeit)* limpido; **2.** *fig (klar)* chiaro; *(offensichtlich)* evidente, manifesto. **Durchsichtigkeit** ⟨-, ø⟩ *f* **1.** trasparenza *f;* limpidezza *f;* **2.** *fig (Klarheit)* chiarezza *f; (Offensichtlichkeit)* evidenza *f.*

durch·sickern *itr* ⟨*sein*⟩ **1.** filtrare, stillare, trasudare; **2.** *fig (Nachricht, Geheimnis)* trapelare.

durch·sprechen ⟨*irr*⟩ *tr (Plan, Problem)* discutere, trattare.

durch·stehen ⟨*irr*⟩ *tr* resistere a.

durchstöbern [dʊrçˈʃtø:bɐn] ⟨*ohne ge-*⟩ *tr,* **durch·stöbern** [ˈdʊrçʃtø:bɐn *tr* rovistare, frugare (dappertutto) *fam.*

Durchstoß *m mil* avanzata *f.*

durch·stoßen[1] [ˈdʊrçʃto:sən] ⟨*irr*⟩ **I.** *itr* ⟨*sein*⟩ *(zu einem Ziel gelangen)* penetrare, avanzare; **II.** ⟨*haben*⟩ *(abnutzen)* consumare, logorare; **etw. durch etw. ~** far passare con forza qc attraverso qc; **III.** *rfl:* **sich ~** *(Mantel, Kragen, Schuhe, etc.)* consumarsi, logorarsi.

durchstoßen[2] [dʊrçˈʃto:sən] ⟨*irr, ohne ge-*⟩ *tr* sfondare, rompere.

durch·streichen ⟨*irr*⟩ *tr* **1.** *(Geschriebenes)* cancellare; **2.** *(durch Sieb)* passare.

durchstreifen [dʊrçˈʃtraifən] ⟨*ohne ge-*⟩ *tr poet* percorrere (in tutti i sensi).

durchsuchen[1] [dʊrçˈzu:xən] ⟨*ohne ge-*⟩ *tr* frugare; *(bes. amtlich)* perquisire (*nach* in cerca di); *mil* perlustrare.

durch·suchen[2] [ˈdʊrçzu:xən] *tr* perquisire.

Durchsuchung [dʊrçˈzu:xʊŋ] ⟨-, -en⟩ *f* perquisizione *f.*

durch·treten ⟨*irr*⟩ **I.** *tr* ⟨*haben*⟩ *(Schuhsohlen, Fußboden)* consumare; **das Gaspedal ~** premere a fondo; **II.** *itr* ⟨*sein*⟩ *(Blut, etc.)* fuoriuscire.

durchtrieben [dʊrçˈtri:bən] *a* scaltro, astuto. **Durchtriebenheit** ⟨-, ø⟩ *f* scaltrezza *f,* astuzia *f.*

durchwachen[1] [dʊrçˈvaxən] ⟨*ohne ge-*⟩ *tr* vegliare; **die Nacht ~** passare la notte vegliando; **durchwachte Nacht** notte bianca.

durch·wachen[2] [ˈdʊrçvaxən] *itr* vegliare.

durchwachsen [dʊrçˈvaksən] *a* **1.** *(Fleisch)* misto di grasso e di magro; **2.** *fam scherz (mittelmäßig)* così così *fam.*

Durchwahlnummer *f* numero *m* diretto.

durch·waten[1] [ˈdʊrçva:tən] *itr* ⟨*sein*⟩ passare a guado.

durchwaten[2] [dʊrçˈva:tən] ⟨*ohne ge-*⟩ *tr* guadare.

durchweg(s) [ˈdʊrçvɛk (...ve:ks) *o.* ...ˈvɛk (...ˈve:ks)] *adv* **1.** sempre e dappertutto; **2.** *(gänzlich)* del tutto, completamente; **3.** *(ausnahmslos)* senza eccezione.

durchwühlen [dʊrçˈvy:lən] ⟨*ohne ge-*⟩ *tr,* **durch·wühlen** [ˈdʊrçvy:lən] *tr* frugare, rovistare.

durch·zählen *tr* contare (pezzo per pezzo).

durch·zechen[1] [ˈdʊrçtsɛçən] *itr* gozzovigliare.

durchzechen[2] [dʊrçˈtsɛçən] ⟨*ohne ge-*⟩ *tr* passare gozzovigliando.

durch·ziehen[1] [ˈdʊrçtsi:ən] ⟨*irr*⟩ **I.** *tr* ⟨*haben*⟩ **1.** infilare, (far) passare; **2.** *fam (beenden, erledigen)* terminare, fare; **II.** *rfl:* **sich ~** pervadere (*durch etw.* qc); **III.** *itr* ⟨*sein*⟩ passare (*durch* per).

durchziehen[2] [dʊrçˈtsi:ən] ⟨*irr, ohne ge-*⟩ *tr (Land)* percorrere; *(linienförmig)* solcare.

Durchzug *m* **1.** passaggio *m; (von Vögeln)* migrazione *f;* **2.** *(Zugluft)* corrente *f* d'aria.

dürfen [ˈdʏrfən] ⟨**darf, durfte, gedurft** *o. modales Hilfsverb* **dürfen**⟩ *itr* **1.** potere; *(in verneinten Sätzen)* dovere; **2.** *(Erlaubnis haben)* essere permesso; **3.** *(berechtigt sein)* essere autorizzato; **4.** *(Veranlassung haben)* avere motivo; **darf ich?** posso?, permette?; **darf ich fragen, ...?** posso domandare ...?; **darüber darf man sich nicht wundern** non c'è da meravigliarsi; **das darf doch (wohl) nicht wahr sein!** non è possibile!; **das dürfte stimmen** dovrebbe essere giusto; **das hättest du nicht tun ~!** non avresti dovuto farlo!; **was darf es sein?** (cosa) desidera?; **wenn ich bitten darf** per favore.

dürftig [ˈdʏrftɪç] *a* **1.** *(armselig)* misero, povero; **2.** *(ungenügend)* scarso, insufficiente.

dürr [dʏr] *a* **1.** *(vertrocknet)* secco; **2.** *pej (mager)* magro, scarno; **3.** *fig (unergiebig)* improduttivo.

Dürre ⟨-, -n⟩ *f* **1.** secchezza *f;* **2.** *(Trokkenperiode)* siccità *f;* **3.** *(Magerkeit)* magrezza *f;* **4.** *fig (Unfruchtbarkeit)* aridità *f.*

Durst [dʊrst] ⟨-(e)s, ø⟩ *m* sete *f* (*nach* di); **ich bekomme ~** mi viene sete; **~ haben** aver sete; **seinen ~ löschen** (*o.* **stillen**) togliere (*o.* spegnere) la sete; **einen über den ~ trinken** *fam* alzare un po'il gomito *fam.*

dursten *geh* **I.** *itr* avere (*o.* soffrire la) sete; **~ müssen** dover patire la sete; **II.** *tr s.* **dürsten.**

dürsten [ˈdʏrstən] *tr, itr (a. fig)* avere sete (*nach* di); **nach Rache ~** avere sete di vendetta; **mich dürstet** ho sete.

durstig *a* assetato (*nach* di); **~ machen** metter sete a; **~ sein** aver sete.

durstlöschend, durststillend *a* dissetante. **Durststrecke** *f fig* tempi *m pl* di magra.

Dusche ['dʊʃə *o.* 'du:ʃə] ‹-, -n› *f* doccia *f;* **kalte ~** *fig* doccia fredda; **eine ~ nehmen** fare (*o.* farsi) una doccia; **unter der ~ stehen** essere sotto la doccia.

duschen I. *itr, rfl:* **sich ~** fare (*o.* farsi) la doccia; **II.** *tr* fare la doccia a.

Duschhaube *f* cuffia *f* (per fare la doccia). **Duschkabine** *f* cabina *f* della doccia.

Düse ['dy:zə] ‹-, -n› *f* **1.** *(von Rohrleitung)* ugello *m;* **2.** *mot* iniettore *m;* **3.** *(Zerstäubungs~)* spruzzatore *m.*

Dusel ['du:zəl] ‹-s, ø› *m fam (Glück)* fortuna *f;* **~ haben** essere fortunato, avere tutte le fortune.

Düsenantrieb *m aero* propulsione *f* a reazione; **mit ~** a reazione; **mit doppeltem ~** bireattore. **Düsenflugzeug** *n* aereo *m* a reazione.

Düsseldorf ['dʏsəldɔrf] *n* Düsseldorf *f.*

düster ['dy:stɐ] *a* **1.** (o)scuro; *(Farben, fig)* cupo; **2.** *fig* fosco; *(a. schwermütig)* tetro.

Dutzend ['dʊt͜sənt] ‹-s, -e› *n* (*ab* **Dtzd.**) dozzina *f;* **zu ~en** a dozzine; **im ~ billiger** con sconto sulla dozzina; **halbes ~** mezza dozzina; **~e** *(viele)* molti. **dutzendemal** ['dʊt͜səndə'ma:l] *adv* decine di volte. **dutzendweise** *adv* a dozzine.

duzen ['du:t͜sən] *tr* dare del tu a; **sich ~** darsi del tu.

DV [de:'fau̯] ‹-, ø› *f ab von* **Datenverarbeitung** ED (*ab von* elaborazione dati).

Dynamik [dy'na:mɪk] ‹-, ø› *f* dinamica *f.*

dynamisch *a* dinamico.

Dynamit [dyna'mi:t *o.* ...'mɪt] ‹-s, ø› *n* dinamite *f.*

Dynamo(maschine *f*) [dy'na:mo- *o.* 'dy:namo-] ‹-s, -s› *m* dinamo *m.*

dz *ab von* **Doppelzentner** q (*ab von* quintale).

D-Zug ['de:-] *m* ≃ Espr. (*ab von* espresso).

E

E, e [eː] ‹-, -(s)› *n* **1.** *(Buchstabe)* E, e *f;* **2.** *mus* mi *m;* **E-Dur** mi maggiore; **e-Moll** mi minore; **E wie Emil** E come Empoli.

E 1. *ab von* **Eilzug** ≃ D, Dir. *(ab von* diretto); **2.** *ab von* **Europastraße** E (*ab von* itinerario europeo).

Ebbe ['ɛbə] ‹-, -n› *f* bassa marea *f,* riflusso *m;* **bei ~** con la bassa marea; **es ist ~** la marea è bassa; **~ und Flut** alta e bassa marea.

ebd. *ab von* **ebenda** ib., ibid. (*ab von* ibidem).

eben ['eːbən] **I.** *a.* **1.** *allg., mat* piano; **2.** *(flach)* piatto; **3.** *(glatt)* piatto, liscio; **auf ~er Strecke** su un tratto piano (*o.* liscio); **zu ~er Erde** a pianterreno; **II.** *adv* **1.** *(zeitlich: so~)* appena, proprio ora; *(schnell)* un momento; **2.** *(genau)* proprio; **3.** *(gerade noch)* appunto, proprio, infatti; **4.** *(nun einmal, einfach)* proprio; **~ erst** proprio in questo momento; **ich konnte den Bus ~ noch erreichen** presi l'autobus proprio per un pelo *fam;* **ich will ~ nicht** non voglio proprio; **ich wollte ~ sagen . . .** stavo per dire . . .; **komm mal ~** vieni appunto; **(na) ~!** appunto!; **sie ist nicht ~ schüchtern** non è proprio timida.

Ebenbild *n* immagine *f,* ritratto *m;* **er ist das ~ seines Vaters** è il ritratto vivente di suo padre, è tutto suo padre. **ebenbürtig** [-bʏrtɪç] *a* **1.** *hist (von gleicher Geburt)* eguale per nascita; *(von gleichem Rang)* della stessa condizione sociale; **2.** *(gleichwertig)* eguale, pari; **sie ist ihm ~** vale quanto lui. **ebenda** ['eːbən'daː, *hinweisend:* eːbən'daː] *adv* (*ab* **ebd.**) ibidem.

Ebene ['eːbənə] ‹-, n› *f* **1.** pianura *f;* **2.** *fig* livello *m;* **3.** *mat* piano *m;* **auf gleicher ~** allo stesso livello (*mit* di); **auf höherer ~** ad alto livello.

ebenerdig *a* **1.** *(im Erdgeschoß)* a pianterreno; **2.** *(in Höhe des Erdbodens)* a livello del suolo. **ebenfalls** *adv* **1.** *(gleichfalls)* altrettanto; **2.** *(auch)* anche; *(bei Verneinungen)* neanche, nemmeno. **Ebenholz** *n* (legno *m* di) ebano *m.* **Ebenmaß** *n* armonia *f;* giuste proporzioni *f pl.*

ebenso *adv* **1.** *(genauso)* allo stesso modo, ugualmente; **2.** *(ebenfalls)* altrettanto; **~ wie** così come; **~ . . . wie . . .** tanto . . . quanto . . .; **es ~ machen** farlo allo stesso modo; **es geht mir ~** mi trovo nella stessa situazione. **ebensogut** *adv* altrettanto bene (*wie* come); **~ könnte man sagen, daß** tanto varrebbe dire che. **ebensolange** *adv* altrettanto a lungo (*wie* quanto). **ebensooft** *adv* così spesso (*wie* come). **ebensosehr, ebensoviel** *adv* altrettanto (*wie* che). **ebensowenig** *adv* tanto poco (*wie* quanto).

Eber ['eːbɐ] ‹-s, -› *m* cinghiale *m.* **Eberesche** *f* sorbo *m.*

Eberhard ['eːbɐhart] *(männlicher Vorname)* Everardo.

ebnen ['eːbnən] *tr* **1.** appianare, livellare; **2.** *fig* spianare; **jdm den Weg ~** spianare la strada a qu.

Echo ['ɛço] ‹-s, -s› *n* eco *f o. m;* **ein lebhaftes ~ finden bei** suscitare (*o.* avere) un eco entusiastico presso.

Echse ['ɛksə] ‹-, -n› *f* sauro *m.*

echt [ɛçt] **I.** *a* **1.** vero, naturale, genuino, reale; *(Haar)* naturale, vero; *(Schmuck)* vero; *(Urkunde)* autentico; *(Farbe)* indelebile; **2.** *fig* sincero, schietto; **3.** *(typisch)* tipico, vero, autentico; **ein ~er Edelstein** una pietra preziosa vera; **er ist ein ~er Schwabe** è un vero svevo; **II.** *adv fam* veramente, realmente; **das ist ~ Spitze!** è proprio magnifico!; **(meinst du das) ~?** lo dici sul serio?, lo credi proprio? **Echtheit** ‹-, ø› *f* **1.** genuinità *f; (von Urkunde)* autenticità *f; (von Farbe)* resistenza *f;* **2.** *fig* sincerità *f,* schiettezza *f.*

Eck [ɛk] ‹-(e)s, -e *o. süddeutsch, A* -en› *n s.* **Ecke; über ~** in senso diagonale. **Eckball** *m* calcio *m* d'angolo.

Ecke ‹-, -n› *f* **1.** *allg., arch* angolo *m; sport (Fußball)* calcio *m* d'angolo; *(Straßen~)* cantonata *f;* **2.** *(Spitze)* spigolo *m;* **3.** *(Käse~, Kuchen~, etc.)* pezzo *m;* **4.** *fam (Strecke)* tratto *m;* **an allen ~n und Enden** dappertutto, ovunque; **gleich um die ~** proprio qui all'angolo; **um die ~ biegen** voltare l'angolo; **jdn um die ~ bringen** *fig fam* far fuori qu *fam;* **Bismarckstraße ~ Kaiserstraße** angolo Bismarckstraße – Kaiserstraße.

eckig *a* **1.** angolare; *(bes. Körper)* angoloso; **2.** *fig (Bewegung, etc.)* goffo; **~e Klammern** *typ* parentesi quadra. **Ecklohn** *m* paga *f* oraria sindacale. **Eckstein** *m* **1.** *arch* pietra *f* angolare; **2.** *(Kartenfarbe)* quadri *m pl.* **Eckzahn** *m* (dente *m*) canino *m.*

Economyklasse [ɪ'kɔnəmɪ-] *f aero* classe *f* turistica.

ed. *ab von* **edidit** *(herausgegeben von)* Ed. (*ab von* editore).

Ed. *ab von* **Edition** ed. (*ab von* edizione).

edel ['e:dəl] *a* **1.** nobile; **2.** *(kostbar)* pregiato; **3.** *fig (~mütig)* generoso, magnanimo; **4.** *min* prezioso. **Edelgas** *n* gas *m* nobile. **Edelkastanie** *f* castagno *m.* **Edelmann** ‹-es, -leute› *m* nobile *m,* gentiluomo *m.* **Edelmetall** *n* metallo *m* prezioso. **Edelmut** *m* generosità *f;* nobilità *f* (di animo *o.* di cuore). **edelmütig** [-my:tɪç] *a* generoso, magnanimo. **Edelstahl** *m* acciaio *m* temperato. **Edelstein** *m* pietra *f* preziosa; *(geschliffener ~)* gemma *f.* **Edeltanne** *f* abete *m* bianco. **Edelweiß** ‹-(es), -(e)› *n* stella *f* alpina.

Edgar ['ɛtgar] *(männlicher Vorname)* Edgardo.

Edikt [e'dɪkt] ‹-(e)s -e› *n* editto *m.*

Edith ['e:dɪt] *weiblicher Vorname.*

Edition [edi'tsi̯o:n] ‹-, -en› *f* (*ab* **Ed**) edizione *f.*

Eduard ['e:du̯art] *(männlicher Vorname)* Edoardo.

EDV [e:de:'fau̯] ‹-, ø› *f ab von* **Elektronische Datenverarbeitung** E.E.D. (*ab von* elaborazione elettronica dati), C.E.D. (*ab von* centro elaborazione dati). **EDV-Anlage** *f* impianto *m* elettronico per l'elaborazione dei dati, C.E.D. (*ab von* centro *m* elaborazione dati).

Efeu ['e:fɔy̯] ‹-s, ø› *m* edera *f.*

Effeff [ɛf'ˀɛf] ‹-, ø› *n fam:* **etw. aus dem ~ beherrschen** (*o.* **können**) conoscere qc a menadito.

Effekt [ɛ'fɛkt] ‹-(e)s, -e› *m* effetto *m.*

Effekten ‹*pl*› titoli *m pl.* **Effektenbörse** *f* mercato *m* (*o.* borsa *f*) dei titoli.

Effekthascherei [-haʃə'rai̯] ‹-, -en› *f pej* pura ricerca *f* dell'effetto.

effektiv [ɛfɛk'ti:f] **I.** *a* **1.** *(wirksam)* efficace; **2.** *(wirklich, tatsächlich)* effettivo, reale; **II.** *adv* veramente.

Effektivität [...tivi'tɛ:t] ‹-, ø› *f* effettività *f.*

EG [e:'ge:] ‹-, ø› *f ab von* **Europäische Gemeinschaft** C.E. *f* (*ab von* Comunità Europea).

egal [e'ga:l] *a* **1.** *(gleichartig)* uguale, identico; **2.** *fam (gleichgültig)* non importante, lo stesso *fam;* **das ist ~** *fam* è lo stesso *fam;* **das ist mir ganz ~** *fam* non me ne importa nulla.

Egge ['ɛgə] ‹-, -n› *f* erpice *m.*

eggen *tr* erpicare.

Egoismus [ego'ɪsmʊs] ‹-, ø› *m* egoismo *m.*

Egoist(in) [...'ɪst(ɪn)] ‹-en, -en› *m(f)* egoista *mf.*

egoistisch *a* egoistico, egoista.

Egon ['e:gɔn] *männlicher Vorname.*

ehe ['e:ə] *con* prima che *conj,* prima di *inf;* **~ ich es vergesse ...** prima che dimentichi ...

Ehe ['e:ə] ‹-, -n› *f* matrimonio *m;* **die ~ brechen** commettere adulterio; **ein Kind aus erster/zweiter ~** un figlio di primo/secondo letto; **eine ~ eingehen** (*o.* **schließen**) **mit** contrarre matrimonio con; **eine glückliche ~ führen** avere un matrimonio felice; **wilde ~** concubinato *m.* **Eheberater(in)** *m(f)* consulente *mf* matrimoniale. **Eheberatung** *f* **1.** *(das Beraten)* consulenza *f* (pre)matrimoniale; **2.** *(~sstelle)* consultorio *m* matrimoniale. **Ehebett** *n* letto *m* matrimoniale. **Ehebrecher(in)** *m(f)* adultero, -a *m, f.* **Ehebruch** *m* adulterio *m;* **~ begehen** commettere adulterio. **Ehefrau** *f* moglie *f.* **Ehegatte** *m,* **-gattin** *f geh* consorte *mf adm.* **Ehekrise** *f* crisi *f* matrimoniale. **Eheleute** ‹*pl*› coniugi *m pl;* coppia *f.* **ehelich** *a* **1.** coniugale; *(bes. jur, in bezug auf den Ehemann)* maritale; **2.** *(Kind)* legittimo. **ehelos** *a (Mann)* celibe; *(Frau)* nubile. **Ehelosigkeit** ‹-, ø› *f (von Mann, a. rel)* celibato *m; (von Frau)* stato *m* di nubile.

ehemalig *a* ex; di una volta; **mein E~er** *scherz* il mio ex.

Ehemann *m* marito *m.* **Ehepaar** *n* (coppia *f* di) coniugi *m pl;* sposi *m pl;* **das ~ Müller** i coniugi Müller; **ein frischgebackenes ~** una coppia di sposini novelli. **Ehepartner** *m* consorte *mf,* sposo, -a *m, f.*

eher ['e:ɐ] *adv* **1.** *(früher)* prima, più presto; **2.** *(lieber)* meglio, piuttosto; **3.** *(leichter)* più (facilmente); **4.** *(vielmehr)* piuttosto; **er ist ~ klein als groß** è piuttosto basso che alto; **ich würde ~ ein Eis nehmen** prenderei piuttosto un gelato; **ich würde ~ sterben als ...** preferirei morire piuttosto che ...; **je ~, desto besser** quanto prima, tanto meglio; **nicht ~ als** (*o.* **bis**) non prima che *conj.*

Ehering *m* fede *f.*

ehern ['e:ɐn] *a obs* ferreo.
Ehescheidung *f* divorzio *m.* **Eheschließung** *f geh* (celebrazione *f* del) matrimonio *m.* **Ehevermittlungsinstitut** *n* agenzia *f* matrimoniale.
Ehrabschneider(in) *m(f) obs* diffamatore, -trice *m, f* , denigratore, -trice *m, f.*
ehrbar *a* **1.** *(Mensch)* onorato, stimato, rispettato; *(ehrenwert)* rispettabile; **2.** *(Benehmen)* onesto, decente, dignitoso.
Ehre ['e:rə] ‹-, -n› *f* onore *m; (Ruhm)* onori *m pl;* **auf ~ und Gewissen** sull'onore ed in piena coscienza; **der Wahrheit die ~ geben** rendere omaggio alla verità; **es ist mir eine ~** è un onore per me; **jdm zu ~n** in onore di qu; **jdn in ~n halten** tenere qu in grande considerazione; **mit wem habe ich die ~?** con chi ho l'onore di parlare?; **seine Meinung in allen ~n, aber ...** sarà come dice lui, ma ...; **sich** *(dat)* **die ~ geben** avere l'onore, pregiàrsi; **keine ~ im Leib haben** non avere il senso dell'onore; **was verschafft mir die ~?** a che debbo l'onore?; **~, wem ~ gebührt** onore a chi lo merita; **wieder zu ~n kommen** ritornare in grazia (*o.* agli onori); **zu ~n von ...** in onore di ...
ehren *tr* **1.** *(ver~)* onorare, rendere onore a; **2.** *(achten)* onorare, rispettare; *(hochachten)* stimare; **sehr geehrter Herr Schmidt** *(Briefanrede)* egregio signor Schmidt; **sehr geehrte Frau/geehrtes Fräulein Müller** *(Briefanrede)* gentile signora/signorina Müller; **sich geehrt fühlen** sentirsi onorato; **Ihr Vertrauen ehrt mich** *geh* la Sua fiducia mi onora *geh.*
Ehrenamt *n* carica *f* onorifica. **ehrenamtlich** *a* **I.** onorario; **II.** *adv* a titolo onorario. **Ehrenbürger(in)** *m(f)* cittadino, -a *m, f* onorario, -a. **Ehrendoktor** *m* dottore *m* honoris causa. **ehrenhaft I.** *a* onesto; **II.** *adv* con onore. **ehrenhalber** *adv* honoris causa. **Ehrenmal** ‹-(e)s, ⸚er *o.* -e› *n* monumento *m.* **Ehrenmann** *m* uomo *m* d'onore, galantuomo *m.* **Ehrenmitglied** *n* socio *m* (*o.* membro *m*) onorario. **Ehrenplatz** *m* posto *m* d'onore. **Ehrenrechte** *n pl:* **die bürgerlichen ~** i diritti civili. **Ehrenrettung** *f* riabilitazione *f.* **Ehrenrunde** *f:* **eine ~ drehen** compiere un giro d'onore. **Ehrensache** *f* questione *f* d'onore; **~!** *fam* parola d'onore! **Ehrentag** *m* **1.** *(Gedenktag)* giornata *f* commemorativa; **2.** *(besonderer Tag)* gran giorno *m.* **Ehrenurkunde** *f* attestato *m* di benemerenza. **ehrenvoll** *a* onorato, onorevole. **ehrenwert** *a* onorato, rispettabile, stimato. **Ehrenwort** ‹-(e)s, -e› *n* parola *f* (d'onore); **~!** *fam* parola (d'onore)!; **jdm sein ~ geben** dare a qu la parola (d'onore); **sein ~ brechen/halten** rompere/mantenere la parola.
ehrerbietig ['e:ɐ̯ʔɛɐ̯bi:tɪç] *a geh* rispettoso. **Ehrerbietung** ‹-, -en› *f geh* rispetto *m.* **Ehrfurcht** *f* **1.** *(Verehrung)* venerazione *f* (*vor* per); **2.** *(Achtung)* profondo rispetto *m* (*vor* di, per); **aus ~ vor** per rispetto di; **~ gebieten** imporre rispetto. **ehrfürchtig, ehrfurchtsvoll** ['e:ɐ̯fʏrçtɪç] *a* rispettoso, riverente. **Ehrgefühl** *n* (senso *m* dell')onore *m; (Stolz)* amor *m* proprio. **Ehrgeiz** *m* ambizione *f.* **ehrgeizig** *a* ambizioso.
ehrlich I. *a* onesto; *(rechtschaffen)* retto, probo; *(aufrichtig)* sincero, leale, schietto, franco; **der ~e Finder** il ritrovatore onesto; **~ währt am längsten** *prov* chi va diritto non fallisce strada; **II.** *adv* onestamente, francamente, sinceramente; *fam* sinceramente, veramente; **~ gesagt (***o.* **gestanden)** per essere sincero, a dire il vero; **es ~ meinen** essere in buona fede; **das ist ~ wahr** *fam* è proprio vero; **ich bin ~ enttäuscht** sono sinceramente deluso. **Ehrlichkeit** ‹-, ø› *f* onestà *f,* probità *f; (Aufrichtigkeit)* sincerità *f,* schiettezza *f,* franchezza *f.*
ehrlos *a* senza onore; *(unehrenhaft)* disonesto; *(gemein)* vile. **Ehrlosigkeit** ‹-, ø› *f* mancanza *f* del senso dell'onore; *(Unehrenhaftigkeit)* disonestà *f; (Gemeinheit)* viltà *f.*
Ehrung ‹-, -en› *f* onore *m,* omaggio *m.*
Ehrwürden: Euer ~! reverendo *m.*
ehrwürdig *a* **1.** venerabile, rispettabile; *(Alter)* venerando; **2.** *(Geistlicher)* reverendo.
Ei [a̲i] ‹-(e)s, -er› *n* **1.** uovo *m;* **2.** *biol* ovulo *m;* **3.** ‹*pl*› *sl (Mark)* marchi *m pl;* **4.** ‹*pl*› *sl (Hoden)* palle *f pl sl;* **ach, du dickes ~!** *fam* accidenti! *fam;* **aus dem ~ schlüpfen** uscire dall'uovo; **das ~ des Kolumbus** l'uovo di Colombo; **das sind doch alles ungelegte ~er!** *fam* fasciarsi la testa prima di rompersela *fam;* chi vivrà, vedrà; **jdn wie ein rohes ~ behandeln** trattare qu coi guanti; **sich gleichen wie ein ~ dem anderen** assomigliarsi come due gocce d'acqua; **verlorene ~er** *gastr* uova *f pl* affogate (*o.* in camicia); **weiches/hartes/rohes ~** *gastr*

uovo *m* à la coque/sodo/crudo; **wie aus dem ~ gepellt sein** *fam* essere tutto agghindato, parere un figurino.
Eibe ['ai̯bə] ‹-, -n› *f* tasso *m*.
Eichamt *n* ufficio *m* di (verifica di) pesi e misure.
Eiche ['ai̯çə] ‹-, -n› *f* quercia *f*.
Eichel ['ai̯çəl] ‹-, -n› *f* **1.** *bot* ghianda *f;* **2.** *anat* glande *m*. **Eichelhäher** *m* ghiandaia *f*.
eichen[1] ['ai̯çən] *tr (Meßgeräte)* tarare; *(Röhren)* calibrare; *(Gefäße)* stazzare.
eichen[2] ['ai̯çən] *a (aus Eichenholz)* in legno *m* di quercia.
Eichhörnchen *n* scoiattolo *m*.
Eid [ai̯t] ‹-(e)s, -e› *m* giuramento *m;* **an ~es Statt** in vece (*o.* in luogo) del giuramento; **einen ~ ablegen** (*o.* **leisten)** prestare giuramento; **darauf würde ich einen ~ ablegen** (*o.* **schwören)** lo (*o.* ci) giurerei; **etw. unter ~ aussagen** dichiarare qc sotto giuramento. **eidbrüchig** *a* spergiuro; **~ werden** diventare spergiuro.
Eidechse ['ai̯dɛksə] *f* lucertola *f*.
Eidesformel *f* formula *f* del giuramento. **Eidesleistung** *f* prestazione *f* di giuramento. **eidesstattlich** *a:* **~e Erklärung** dichiarazione sostitutiva del giuramento; **eine ~e Erklärung abgeben** fare una dichiarazione in luogo del giuramento.
Eidgenossenschaft *f:* **Schweizerische ~** Confederazione *f* elvetica.
eidlich I. *a* giurato, affermato sotto giuramento; **II.** *adv* sotto giuramento.
Eierbecher *m* portauovo *m*. **Eierbrikett** *n* mattonella *f* di carbone ovale. **Eierkocher** *m* apparecchio *m* per far bollire le uova. **Eierkohle** *f* carbone *m* a forma ovale. **Eierkopf** *m* *fam pej* **1.** *(Intellektueller)* testa *f* d'uovo; **2.** *(eiförmiger Kopf)* pera *f*. **Eierkuchen** *m* omelette *f*. **Eierlikör** *m* liquore *m* all'uovo, vov *m*. **Eierlöffel** *m* cucchiaino *m* per uova.
eiern *itr fam* **1.** ‹*haben*› *(Rad, Schallplatte)* girare oscillando; **2.** ‹*sein*› *(wackelnd gehen)* barcollare; **er ist nach Hause geeiert** è andato a casa barcollando.
Eierschale *f* guscio *m* d'uovo. **Eierstock** *m* ovaia *f*. **Eieruhr** *f* clessidra *f* per uova.

Eifel ['ai̯fəl] *f* Eifel *f*.
Eifer ['ai̯fɐ] ‹-s, ø› *m* zelo *m; (Inbrunst)* fervore *m; (Fleiß)* assiduità *f*, diligenza *f; (Begeisterung)* entusiasmo *m;* **blinder ~ schadet nur** *prov* il troppo zelo nuoce; **im ~ des Gefechts** nel calore della mischia; **mit großem ~ bei der Sache sein** fare qc con zelo.
Eiferer ‹-s, -› *m* fanatico *m*.
Eifersucht *f* gelosia *f*. **eifersüchtig** *a* geloso (*auf* di); **jdn ~ machen** far ingelosire qu. **Eifersuchtsszene** *f* scenata *f* di gelosia.
eiförmig ['ai̯fœrmɪç] *a* ovale, ovoidale.
eifrig ['ai̯frɪç] **I.** *a* zelante, diligente; *(inbrünstig)* fervido; *(leidenschaftlich)* appassionato; *(unermüdlich)* assiduo, instancabile; **II.** *adv* con zelo, fervidamente, appassionatamente.
Eigelb *n* tuorlo *m* (*o.* rosso *m*) d'uovo.
eigen ['ai̯gən] *a* **1.** *(zu etw., jdm gehörig)* proprio; **2.** *(gesondert)* a parte, separato; *(selbständig)* indipendente; **3.** *(typisch)* proprio (*jdm/einer S.* di qu/qc), particolare (*jdm/einer S.* di qu/qc); **4.** *(~artig)* singolare, strano; **5.** *(sorgfältig)* preciso, esatto, accurato; **auf ~e Rechnung** per conto proprio; **das sind seine ~en Worte** queste sono le sue proprie parole; **er ist in solchen Dingen sehr ~** in tali cose è molto particolare; **etw. mit ~en Augen sehen** vedere qc con i propri occhi; **etw. sein ~ nennen** *geh* possedere qc; **in ~er Sache** in causa propria; **mit der ihr ~en Disziplin ...** con la sua tipica disciplina ...; **sich** *(dat)* **etw. zu ~ machen** appropriarsi di qc; **Wohnung mit ~em Eingang** appartamento con entrata separata.
Eigenart *f* **1.** *(Besonderheit)* particolarità *f*, peculiarità *f;* tratto *m* caratteristico; **2.** *(Sonderbarkeit)* stranezza *f*. **eigenartig** *a* **1.** *(Eigenarten zeigend)* particolare, tipico, caratteristico; **2.** *(sonderbar)* strano, singolare. **Eigenbedarf** *m* fabbisogno *m*. **Eigenbrötler(in)** [-brø:tlɐ (...ərɪn)] ‹-s, -› *m (f)* *pej* misantropo *m*, outsider *m;* persona *f* asociale. **Eigengewicht** *n* **1.** *(eigenes Gewicht)* peso *m* proprio; **2.** *com (Nettogewicht)* peso *m* netto; *(Leergewicht)* peso a vuoto; **3.** *(von Wagen, etc.)* tara *f*. **eigenhändig** [-hɛndɪç] *a, adv* di proprio pugno, di propria mano; *(Schriftstück)* autografo; *(Testament)* olografo. **Eigenheim** *n* villino *m* in proprio; casetta *f*. **Eigenkapital** *n* capitale *m* proprio. **Eigenliebe** *f* amor *m* proprio. **eigenmächtig I.** *a* **1.** *(unberechtigt)* arbitrario; **2.** *(eigenverantwortlich)* responsabile; **II.** *adv* **1.** di propria iniziativa, arbitrariamente; **2.** responsabilmente. **Eigenname** *m* nome *m* proprio. **Eigennutz** [-nʊts] ‹-es, ø› *m* interesse *m* (personale); egoismo *m*. **eigennützig** [-nʏtsɪç] **I.** *a* interes-

sato; egoistico; **II.** *adv* per interesse; egoisticamente.
eigens *adv* appositamente, espressamente.
Eigenschaft ‹-, -en› *f allg.* qualità *f; (Merkmal)* caratteristica *f; scient* proprietà *f; biol* carattere *m;* **in seiner ~ als** in qualità di. **Eigenschaftswort** ‹-(e)s, ¨-er› *n* aggettivo *m.*
Eigensinn *m* caparbietà *f,* ostinazione *f,* testardaggine *f.* **eigensinnig** *a* caparbio, ostinato, testardo; **~ auf etw. bestehen** ostinarsi su qc.
eigentlich ['a̲igəntlıç] **I.** *a* **1.** *(wirklich, wahr)* vero, reale, proprio; **2.** *(ursprünglich)* originale; **im ~en Sinne** in senso proprio; **II.** *adv* **1.** propriamente, veramente; **2.** *(in Wirklichkeit)* in realtà, veramente, per la verità; *(tatsächlich)* effettivamente; **3.** *(im Grunde)* in fondo, veramente, in fin dei conti; **4.** *(überhaupt)* insomma; **was willst du ~?** insomma, cosa vuoi?; **~ wollte ich schon früher kommen, aber ...** veramente volevo venire già prima, ma ...; **~ bin ich froh, daß ...** in fondo (*o.* in fin dei conti) sono felice che ...
Eigentor *n sport* autorete *f,* autogol *m;* **ein ~ schießen** *fig* darsi la zappa sui piedi.
Eigentum ‹-s, ø› *n* proprietà *f;* **geistiges ~** proprietà intellettuale. **Eigentümer(in)** ['a̲igənty:mɐ (...ərın)] ‹-s, -› *m(f)* proprietario, -a *m, f.* **eigentümlich** ['a̲igənty:mlıç] *a* **1.** *(seltsam)* strano; **2.** *(eigen, typisch)* proprio (*jdm/einer S.* di qu/qc), tipico (*jdm/einer S.* di qu/qc) caratteristico (*jdm/einer S.* di qu/qc). **Eigentümlichkeit** ‹-, -en› *f* **1.** *(Charakterzug)* particolarità *f,* caratteristica *f;* **2.** *(Merkwürdigkeit)* stranezza *f.* **Eigentumswohnung** *f* appartamento *m* in condominio.
eigenwillig *a* **1.** *(eigensinnig)* ostinato, caparbio; **2.** *(unkonventionell)* eccentrico.
eignen ['a̲ignən] *rfl:* **sich ~** essere adatto (*o.* idoneo) (*für, zu* a, *als* come).
Eignung ‹-, -en› *f* attitudine *f,* idoneità *f,* capacità *f; (beruflich)* qualifica *f.* **Eignungsprüfung** *f* esame *m* di idoneità.
Eilbote *m* fattorino *m* degli espressi; **per ~n!** per espresso. **Eilbrief** *m* (lettera *f*) espresso *m.*
Eile ['a̲ilə] ‹-, ø› *f* **1.** *(Hast)* fretta *f; (Überstürzung)* furia *f;* **2.** *(Schnelligkeit)* velocità *f;* **3.** *(Dringlichkeit)* urgenza *f;* **etw. in der ~ vergessen** dimenticare qc nella fretta; **~ haben** *(Personen)* avere fretta; *(Sachen)* essere urgente; **nur keine ~!** calma!, non c'è fretta!
Eileiter *m* ovidotto *m,* tuba *f.*
eilen ['a̲ilən] **I.** *itr* **1.** ‹*sein*› *(Mensch)* andare in fretta, andare di corsa *fam; poet (Zeit)* passare in fretta; **2.** ‹*haben*› *(eilig, dringlich sein) (Sache)* premere, essere urgente; **jdm zu Hilfe ~** accorrere in aiuto di qu; **die Sache eilt** la casa urge; **damit eilt es nicht** non c'è fretta (per questo); **eilt!** *(auf Postsendungen)* urgente; **II.** *rfl:* **sich ~** affrettarsi, far presto.
Eilgut *n* merce *f* a grande velocità; **etw. als ~ senden** spedire qc a grande velocità.
eilig *a* **1.** *(schnell, rasch)* frettoloso, affrettato; **2.** *(dringend)* urgente; **es ~ haben** avere fretta (*mit* di); **die Sache ist ~** la cosa urge; **wohin so ~?** dove va(i) tanto in fretta?
Eilmarsch *m* marcia *f* forzata; **im ~** a velocità sostenuta. **Eilsendung** *f* spedizione *f* per espresso. **Eilzug** *m* treno *m* diretto.
Eimer ['a̲imɐ] ‹-s, -› *m* secchio *m;* **im ~ sein** *fam* andare a monte *fam.*
ein[1], eine, ein [a̲in, 'a̲inə] **I.** *(Zahlwort)* uno, -a *m, f; s. a. eins;* **~en Kaffee, bitte!** un caffè, per favore!; **~ für allemal** una volta per sempre; **~ und derselbe/dieselbe/dasselbe** lo stesso/la stessa/lo stesso, la stessa cosa; **es ist ~ Uhr** è l'una; **in ~ em fort** continuamente; **jds ~ und alles sein** essere tutto per qu; **II.** *pron:* **~e(r), ~(e)s** uno, -a *m, f;* **darauf soll ~er kommen!** *fam* ci si deve proprio arrivare!; **das ist auch so ~er!** è un tipaccio *fam;* **der ~e oder andere ...** l'uno o l'altro ...; **der ~e und der andere** l'uno e l'altro; **du bist (mir) ~er!** *fam iron* sei un bel tipo! *fam;* **~en trinken** *fam* bersi un bicchierino *fam;* **~er, der dabei war** uno che era presente; **~er nach dem anderen** uno dopo l'altro; **~s sag' ich dir!** *fam* ti dico una cosa; **jdm ~e kleben** *fam* dare uno schiaffo a qu; **noch ~s, bevor ich's vergesse!** ancora una cosa, prima che me ne dimentichi!; **sieh mal ~er an!** *fam* guarda qua! *fam;* **was für ~er/~e/~(e)s?** *fam* quale?; **III.** *(unbestimmter Artikel)* un(o) *m;* una *f,* un' *f;* **das ist ~ Freund von mir** questo è un mio amico; **das ist (vielleicht) ~ Wetter!** che tempaccio! *fam;* **~es Tages** un giorno; **so ~e Überraschung!** che sorpresa!

ein² [ain] *adv* 1. *(auf Geräten)* acceso; 2. *(hin~, etc.)* avanti; **~/aus** acceso/spento; **bei jdm ~ und aus gehen** essere di casa da qu; **nicht mehr ~ noch aus wissen** non saper che pesci pigliare *fam.*

Ein-, ein- *s. a. Vier-, vier-.* **Einakter** ‹-s, -› *m* atto *m* unico.

einander [ai'nandɐ] *pron* l'uno l'altro, l'uno all'altro, si, reciprocamente, a vicenda; **~ helfen/lieben/schaden** aiutarsi a vicenda/amarsi (l'un l'altro)/nuocersi a vicenda; **zwei ~ widersprechende Tatsachen** due realtà contrastanti.

ein·arbeiten I. *tr* 1. *(Lehrlinge, etc.)* iniziare (*in* in), introdurre (*in* in); 2. *(einfügen)* inserire, introdurre; II. *refl:* **sich ~** far pratica (*in* in); impratichirsi (*in* di).

Einarbeitungszeit *f* periodo *m* di rodaggio.

einarmig *a* 1. *allg.* a un (solo) braccio; 2. *(Mensch)* monco di un braccio.

ein·äschern ['ain?ɛʃɐn] *tr* 1. *(Gebäude, etc.)* ridurre in cenere; 2. *(Leichnam)* cremare.

Einäscherung ‹-, -en› *f* 1. *(Niederbrennen)* incenerimento *m;* 2. *(Bestattung)* cremazione *f.*

ein·atmen *tr* inspirare; aspirare; respirare.

einäugig ['ain?ɔygɪç] *a* monocolo, con un occhio solo.

Einbahnstraße *f* strada *f (o.* via *f)* a senso unico.

ein·balsamieren ['ainbalzami:rən] ‹*ohne ge-*› *tr* imbalsamare.

Einband ‹-(e)s, ⸚e› *m (Buch~)* copertina *f.*

einbändig ['ainbɛndɪç] *a* in un solo volume.

Einbau ‹-(e)s, -ten› *m (a. Montage)* montaggio *m,* installazione *f,* incorporamento *m; (a. fig)* inserimento *m.*

ein·bauen *tr* 1. *(hin~)* installare, incorporare; *(a. fig)* inserire; 2. *(montieren)* installare, montare.

Einbauküche *f* cucina *f* americana.

Einbaum *m* piroga *f.*

Einbaumöbel *n pl* mobilia *f* a muro. **Einbaumotor** *m* motore *m* incorporato. **Einbauschrank** *m* armadio *m* a muro.

ein·behalten ‹*irr, ohne ge-*› *tr* trattenere (*vom Lohn* sul salario).

ein·berufen ‹*irr, ohne ge-*› *tr (Versammlung, etc.)* convocare; *mil* chiamare alle armi.

Einberufung *f (von Versammlung, etc.)* convocazione *f; mil* chiamata *f* alle armi.

ein·betonieren ‹*ohne ge-*› *tr* incassare.

ein·betten *tr* 1. *(in Kissen, etc.)* adagiare (su cuscini); 2. *tec* collocare.

Einbettzimmer *n* camera *f* ad un letto, singola *f.*

ein·beulen *tr* ammaccare, acciaccare.

ein·biegen ‹*irr*› I. *itr* ‹*sein*› svoltare (*nach* a, *in* in); II. *tr* ‹*haben*› *(verbiegen)* piegare in dentro.

ein·bilden *rfl:* **sich** *(dat)* **~** 1. *(sich vorstellen)* immaginarsi, figurarsi; 2. *(glauben)* credere, pensare; **sich** *(dat)* **viel/etw./nichts auf etw. ~** darsi/non darsi delle arie per qc *fam;* **bilde dir nicht ein, daß ...** non illuderti che ... *conj;* **das bildest du dir sicher nur ein!** è sicuramente solo frutto della tua immaginazione!; **ein eingebildeter Kranker** un malato immaginario; **er bildet sich** *(dat)* **ein, ein Huhn zu sein** crede di essere un pollo; **ich bilde mir nicht ein, die beste Ehefrau zu sein** non pretendo di essere la moglie migliore; **was bildest du dir eigentlich ein?** *fam* ma cosa credi? *fam.*

Einbildung *f* 1. *(Vorstellung)* immaginazione *f; (falsche Vorstellung)* idea *f,* fissazione *f; (Trugbild)* illusione *f;* 2. *(Überheblichkeit)* presunzione *f,* boria *f,* pretesa *f.* **Einbildungskraft** *f* immaginazione *f,* fantasia *f.*

ein·blenden *tr film, radio, TV* aprire in dissolvenza.

Einblick *m:* **sich** *(dat)* **~ in etw. verschaffen** dare un'occhiata a qc; prendere visione di qc; **einen ~ in etw. gewinnen** farsi un'idea di qc; **~ in etw. haben** avere conoscenza di qc.

ein·brechen ‹*irr*› I. *itr* 1. ‹*sein*› *(einstürzen)* crollare; *(durchbrechen)* sprofondare; 2. ‹*a. haben*› *(Einbruch verüben)* fare un furto, rubare; 3. ‹*sein*› *(einfallen)* irrompere, far irruzione; 4. ‹*sein*› *(anbrechen, beginnen)* calare; **bei uns ist eingebrochen worden** hanno rubato da noi; **er ist auf dem Eis eingebrochen** è sprofondato nel ghiaccio; II. *tr* ‹*haben*› sfondare, bucare.

Einbrecher(in) *m(f)* scassinatore, -trice *m, f.*

ein·brennen ‹*irr*› I. *tr (Zeichen)* imprimere (a fuoco); II. *rfl:* **sich ~** imprimersi.

ein·bringen ‹*irr*› *tr* 1. *(Ernte)* mettere al riparo; 2. *(Gewinn)* fruttare, rendere; 3. *parl (Antrag)* presentare; *(Gesetzentwurf)* presentare; **etw. in die Ehe ~** portare in dote qc; **das bringt nichts ein** non rende niente.

ein·brocken *tr (Brot)* spezzettare;

sich *(dat)* **eine schöne Suppe ~** *fam* mettersi in un bell'impiccio *fam;* **was man sich** *(dat)* **eingebrockt hat, muß man auch wieder auslöffeln** *prov* chi rompe paga e i cocci sono suoi *prov.*

Einbruch *m* **1.** *(in Haus)* scasso *m; (in ein Land)* invasione *f;* **2.** *(Einsturz)* crollo *m;* **3.** *fig (von Nacht)* calare *m;* **bei ~ der Dunkelheit** al calar della notte. **Einbruch(s)diebstahl** *m jur* furto *m* con scasso.

ein·bürgern I. *tr* naturalizzare; **II.** *rfl:* **sich ~ 1.** naturalizzarsi; **2.** *fig* divenire corrente (*o.* di uso comune).

Einbuße *f* perdita *f* (*an* di); scapito *m.*

ein·büßen *tr, itr* perdere, rimetterci.

ein·cremen *tr* spalmare la crema su; **sich** *(dat)* **die Hände ~** spalmarsi le mani di crema.

ein·dämmen ['aindɛmən] *tr* arginare.

ein·decken I. *tr fam (überhäufen)* caricare (*mit* di); **II.** *rfl:* **sich ~** rifornirsi (*mit* di), approvvigionarsi (*mit* di).

Eindecker ‹-s, -› *m* **1.** *aero* monoplano *m;* **2.** *naut* nave *f* a un solo ponte.

eindeutig ['aindɔʏtɪç] *a* **1.** *(klar)* chiaro; *(offensichtlich)* evidente; **2.** *(nicht mehrdeutig)* univoco. **Eindeutigkeit** ‹-, ø› *f* chiarezza *f;* evidenza *f.*

ein·dicken *tr gastr* ispessire; *chem* concentrare; condensare.

ein·dringen ‹*irr*› *itr* ‹*sein*› **1.** penetrare, entrare, infiltrarsi; **2.** *(Diebe)* penetrare, irrompere; *mil* invadere; **auf jdn ~** *fig* far pressione su qu.

eindringlich *a* **1.** *(nachdrücklich)* insistente; *(überzeugend)* convincente; *(dringend)* urgente; **2.** *(auffällig: Geruch)* penetrante.

Eindringling ‹-s, -e› *m* intruso, -a *m, f.*

Eindruck ‹-(e)s, ⸗e› *m* impressione *f;* **auf jdn ~ machen** impressionare qu; **einen guten/schlechten ~ auf jdn machen** fare una buona/brutta impressione su qu; fare bella/brutta figura con qu; **ich habe den ~, daß ...** ho l'impressione che ... *conj.*

ein·drücken *tr* **1.** imprimere; *(drükken)* premere su; *(einbeulen)* ammaccare; *(durchbrechen)* sfondare; **2.** *(Abdrücke hinterlassen)* imprimere; **3.** *tec* improntare.

eindrucksvoll *a* impressionante, imponente; *(überzeugend)* convincente.

eine *s.* **ein¹.**

ein·ebnen *tr* spianare; *(a. fig)* livellare.

eineiig *a* uniovulare; **~e Zwillinge** gemelli monocoriali.

ein·engen *tr* **1.** stringere; **2.** *fig (begrenzen)* limitare.

einer *s.* **ein¹.**

Einer ‹-s, -› *m* **1.** *mat* unità *f;* **2.** *sport* singolo *m; (Boot)* monoposto *m.*

einerlei ['ainɐ'lai] ‹*inv*› *a* **1.** *(gleichgültig)* indifferente, uguale; **2.** *(dasselbe)* lo stesso, la stessa cosa; **~, was/wann/wo/wie** non importa cosa/quando/dove/come; **das ist mir ~** per me è lo stesso *fam.* **Einerlei** ‹-s, ø› *n* monotonia *f;* uniformità *f;* tran tran *m fam.*

einerseits ['ainɐ'zaits] *adv* da un lato, da una parte.

ein(e)s *s.* **ein¹, eins.**

einfach ['ainfax] **I.** *a* **1.** *allg.* semplice; *(schlicht a.)* modesto; *(Essen a.)* frugale; *(Stil a.)* neutrale; **2.** *(nicht doppelt)* semplice; **3.** *(leicht)* facile; **das ist nicht so ~, wie es aussieht** non è così facile come sembra; **~e Fahrkarte** biglietto di sola andata; **II.** *adv* **1.** *(verstärkend)* davvero; **2.** *(nicht doppelt)* semplicemente; **das darf doch ~ nicht wahr sein!** *fam* non può essere vero!; **das ist ~ toll!** *fam* è davvero magnifico; **~ gefaltet** piegato singolarmente (*o.* una volta sola); *s. a. vierfach.* **Einfachheit** ‹-, ø› *f* semplicità *f;* facilità *f;* **der ~ halber** per semplificare.

ein·fädeln ['ainfɛ:dəln] **I.** *tr* **1.** *(Nadel, Faden)* infilare; **2.** *fig fam* avviare; **II.** *rfl:* **sich ~** *mot* infilarsi.

ein·fahren ‹*irr*› **I.** *tr* ‹*haben*› **1.** *(Ernte)* mettere al coperto; **2.** *aero (Fahrgestell)* retrarre; **3.** *mot* rodare; **II.** *itr* ‹*sein*› **1.** *min* scendere (nel pozzo); **2.** *Eisenb.* entrare (in stazione).

Einfahrt *f* **1.** entrata *f; (Tor)* ingresso *m; (Torweg)* portone *m;* **2.** *(Autobahn~)* entrata *f;* **3.** *(das Einfahren)* entrata *f;* **~ verboten!, keine ~!** vietato l'ingresso; **~ freihalten!** passo carrabile, lasciar libero il passo.

Einfall *m* **1.** *(Gedanke)* idea *f; (launiger ~)* capriccio *m; (witziger ~)* arguzia *f;* **2.** *(Licht~)* incidenza *f;* **3.** *mil* invasione *f* (*In* in), calata *f* (*in* in); **das ist ein glänzender ~!** è una splendida idea!; **er kommt auf den ~, etw. zu tun** gli viene l'idea di fare qc.

ein·fallen ‹*irr*› *itr* ‹*sein*› **1.** *(in den Sinn kommen)* venire in mente; **2.** *(einstürzen)* crollare, rovinare; **3.** *(Licht)* cadere; **4.** *mil* invadere (*in etw.* qc); **5.** *(Wangen, Augen, etc.)* infossarsi; **6.** *(mitsingen)* entrare (*in* in), attaccare; **mir ist etw. eingefallen** mi è venuto in mente qc; **das fällt mir im Traum nicht ein** *fam* neanche per sogno *fam;* **was fällt dir (überhaupt) ein?** cosa ti salta in mente? *fam;* **mir**

fällt gerade ein, daß ... mi viene in mente che ...; **sein Name fällt mir nicht mehr ein** non mi ricordo più il suo nome; **mir fällt zu dem Thema überhaupt nichts ein** non mi viene nessuna idea sull'argomento; **sich** *(dat)* **etw. ~ lassen** farsi venire una buona idea.

Einfallslosigkeit ‹-, ø› *f* povertà *f* di idee. **Einfallswinkel** *m* angolo *m* d'incidenza.

Einfalt ['ainfalt] ‹-, ø› *f* **1.** *(Naivität)* ingenuità *f;* **2.** *(Dummheit)* dabbenaggine *f.*

einfältig [...fɛltɪç] *a* **1.** *(naiv)* ingenuo; **2.** *(dumm)* sempliciotto.

Einfaltspinsel *m pej* minchione, -a *m, f;* babbeo, -a *m, f.*

Einfamilienhaus *n* casetta *f* unifamiliare.

ein·fangen ‹*irr*› *tr* **1.** catturare, prendere; **2.** *fig (festhalten)* fissare.

einfarbig *a* in tinta unita, monocolore.

ein·fassen *tr (umgeben)* circondare (*mit* di), cingere (*mit* di); *(Naht, Knopfloch, etc.)* bordare, orlare; *(Schmuck)* incastonare.

Einfassung *f* **1.** *allg.* recinto *m;* **2.** *(Saum)* bordo *m,* orlo *m,* guarnizione *f;* **3.** *(von Edelstein)* montatura *f.*

ein·fetten *tr* ungere; *tec* lubrificare.

ein·finden ‹*irr*› *rfl:* **sich ~** trovarsi; *jur* presentarsi, comparire.

ein·flößen *tr* **1.** *(Flüssigkeit)* somministrare a gocce (*jdm etw.* qc a qu); **2.** *fig (Angst)* incutere; *(Vertrauen)* ispirare; *(Bewunderung)* suscitare.

Einflugschneise *f* corridoio *m* aereo.

Einfluß *m* influsso *m,* influenza *f,* ascendente *m; (Wirkung)* azione *f,* effetto *m;* **auf jdn ~ ausüben** (*o.* **haben)** esercitare un influsso su qu; **unter dem ~ von jdm stehen** subire l'influsso di qu; **darauf habe ich keinen ~** non ho nessun influsso (*o.* ascendente) su questo. **Einflußbereich** *m* zona *f* (*o.* sfera *f*) d'influenza. **einflußreich** *a* influente, potente.

einförmig ['ainfœrmɪç] *a* uniforme; *fig* monotono. **Einförmigkeit** ‹-, ø› *f* uniformità *f; fig* monotonia *f.*

ein·frieden ['ainfri:dən] *tr geh* (re)cintare.

ein·frieren ‹*irr*› **I.** *itr* ‹*sein*› gelare; *(zufrieren)* essere circondato dal ghiaccio; **II.** *tr* ‹*haben*› *(fin, Lebensmittel)* congelare; **das E~ der Preise/Löhne** il blocco dei prezzi/dei salari.

ein·fügen **I.** *tr* inserire; **II.** *rfl:* **sich ~** **1.** inserirsi; **2.** *(sich anpassen)* adattarsi.

ein·fühlen *rfl:* **sich ~** **1.** *(in Dinge)* immedesimarsi; **2.** *(in Personen)* mettersi nei panni (*in* di), mettersi al posto (*in* di). **Einfühlungsvermögen** *n* capacità *f* di immedesimazione; *(Verständnis)* comprensione *f.*

Einfuhr ['ainfu:ɐ] ‹-, -en› *f* importazione *f.* **Einfuhrbestimmungen** *f pl* norme *f pl* per l'importazione.

ein·führen *tr* **1.** *(Waren)* importare; **2.** *(vorstellen: Menschen)* presentare (*bei* a), introdurre (*bei* in); *com* lanciare; **3.** *(anleiten)* avviare, iniziare, introdurre; **4.** *(hineinstecken)* introdurre, infilare; **ein paar ~de Worte** due parole d'introduzione; **jdn in ein Amt ~** insediare qu in una carica.

Einfuhrgenehmigung *f* licenza *f* (*o.* permesso *m*) d'importazione. **Einfuhrsperre** *f* blocco *m* (*o.* sospensione *f*) delle importazioni.

Einführung *f* **1.** *(Einleitung)* introduzione *f,* presentazione *f;* **2.** *(Anleitung)* avviamento *m;* **3.** *(Amts~)* insediamento *m;* **4.** *(Vorstellung)* introduzione *f,* presentazione *f;* **5.** *(Hineinstecken)* introduzione *f* (*in* in). **Einführungspreis** *m* prezzo *m* di lancio.

Einfuhrzoll *m* dazio *m* d'importazione.

ein·füllen *tr* versare; **etw. in Flaschen/Fässer ~** imbottigliare/imbarilare qc.

Eingabe *f* **1.** *(von Antrag)* petizione *f,* domanda *f,* richiesta *f;* **2.** *inform (Daten~)* entrata *f,* immissione *f; (durch Tasten)* digitazione *f.*

Eingang *m* **1.** *(von Gebäude, etc.)* ingresso *m,* entrata *f;* **2.** *(Eintreffen von Waren, Post, Geld)* arrivo *m,* ricevimento *m;* **die Eingänge sortieren** smistare gli arrivi; **wir bestätigen den ~ Ihres Schreibens vom ...** accusiamo ricevuta della Sua/Vostra lettera del ... **Eingangsbestätigung** *f* conferma *f* di ricevuta.

ein·geben ‹*irr*› *tr* **1.** *(Arznei)* somministrarc; **2.** *inform (Daten)* immettere, introdurre; **3.** *(Gesuch)* presentare; **4.** *fig (Gedanken)* ispirare, suggerire, dettare.

eingebildet *a* **1.** *(unwirklich)* immaginario, irreale; **2.** *(hochmütig)* presuntuoso; *(eitel)* vanitoso; **auf etw. ~ sein** vantarsi di qc; **ein ~er Kranker** un malato immaginario.

eingeboren *a* indigeno, originario. **Eingeborene** ‹ein -r, -n, -n› *mf* indigeno, -a *m, f,* aborigeno, -a *m, f,* nativo, -a.

Eingebung ‹-, -en› *f* ispirazione *f;* suggerimento *m;* **einer plötzlichen ~**

folgend ... ubbidendo ad un'ispirazione improvvisa ...

eingefallen *a (Augen)* infossato; *(Gesicht)* smunto.

eingefleischt ['aingəflaiʃt] *a* **1.** *(in Fleisch u. Blut übergegangen)* inveterato, incallito, indurito; **2.** *(durch u. durch)* dalla testa ai piedi; per la pelle; **~er Junggeselle** scapolo impenitente.

ein·gehen ‹*irr*› **I.** *itr* ‹*sein*› **1.** *(ankommen, bes. Briefe, etc.)* arrivare, giungere; **2.** *(einlaufen, schrumpfen)* restringersi, ritirarsi; **3.** *(sterben: Tier)* morire (*an* per), crepare (*an* per); *(Pflanze)* morire; *fam (Geschäft)* cessare di esistere, sciogliersi; **4.** *(sich auseinandersetzen mit)* entrare (*auf* in); *(Verständnis zeigen für)* dare ascolto (*auf* a); **5.** *(zustimmen)* accettare (*auf etw.* qc); **6.** *fig (einfließen)* penetrare (*in* in); **es will mir einfach nicht ~, daß ...** *fam* non mi mi vuole entrare in testa che ...; **auf (die) Einzelheiten ~** entrare in particolari; **auf jds Bitten ~** ascoltare le preghiere di qu; **bei dieser Hitze geht man ja ein!** *fam* con questo caldo si muore! *fam;* **dieser Wahlkampf wird in die Geschichte ~** questa campagna elettorale entrerà nella storia; **ohne näher darauf einzugehen ...** tralasciando i particolari ...; **II.** *tr* ‹*sein*› concludere; *(a. Verpflichtung)* contrarre; *(Wette)* fare; *(Risiko)* correre; *(Ehe)* contrarre.

eingehend **I.** *a* **1.** *(eintreffend)* in arrivo; **2.** *(gründlich)* approfondito, minuzioso; **3.** *(sorgfältig)* accurato, attento; **die ~e Post** la posta in arrivo; **II.** *adv* **1.** *(gründlich)* a fondo; **2.** *(sorgfältig)* accuratamente, attentamente.

Eingemachte ['aingəmaxtə] ‹ein -s, -n, ø› *n* conserva *f; (Obst)* conserva *f* di frutta; *(in Essig)* sottaceti *m pl.*

ein·gemeinden ‹*ohne ge-*› *tr* incorporare in un comune.

Eingemeindung ‹-, -en› *f* incorporazione *f* in un comune.

eingenommen *a:* **für/gegen etw. ~ sein** essere favorevole a qc/essere prevenuto contro qc; **von sich** *(dat)* **~ sein** essere presuntuoso.

eingerostet *a* arrugginito.

eingeschnappt *a:* **immer gleich ~ sein** *fam* prendersela per un nonnulla *fam.*

eingeschneit *a* sepolto (*o.* bloccato) dalla neve.

eingeschrieben *a* **1.** *(Brief)* raccomandato; **2.** *(Mitglied)* iscritto.

eingesessen *a (einheimisch)* nostrano, del luogo.

eingestandenermaßen *adv* per propria ammissione.

Eingeständnis *n* ammissione *f,* confessione *f.*

ein·gestehen ‹*irr, ohne ge-*› *tr* ammettere, confessare, riconoscere.

eingetragen *a adm* registrato, depositato; **~e Schutzmarke** marca depositata; **~ Verein** (*ab* **e. V.**) associazione registrata.

Eingeweide ['aingəvaidə] ‹-s, -, *meist pl*› *n* viscere *f pl; (Gedärme)* intestino *m; zoo* interiora *f pl;* visceri *m pl.*

eingeweiht *a* iniziato (*in* in), addentro (*in* a). **Eingeweihte** ‹ein -r, -n, -n› *mf* iniziato, -a *m, f.*

ein·gewöhnen ‹*ohne ge-*› *rfl:* **sich ~** abituarsi (*in* a), assuefarsi (*in* a).

eingleisig *a* ad un binario.

ein·gliedern **I.** *tr* includere, incorporare; *(einordnen)* inserire, integrare, inquadrare; **II.** *rfl:* **sich ~** inserirsi, inquadrarsi.

ein·graben ‹*irr*› **I.** *tr* **1.** *(vergraben)* sotterrare; **2.** *(hin~)* interrare; **II.** *rfl:* **sich ~** **1.** interrarsi, nascondersi sotto terra; **2.** *mil* trincerarsi; **3.** *fig* incidersi, scolpirsi.

ein·gravieren ‹*ohne ge-*› *tr* incidere.

eingreifen ‹*irr*› *itr* **1.** *fig (einschreiten)* intervenire (*in* in); **2.** *mil* entrare in azione; **3.** *tec* ingranare, innestarsi; **in jds Rechte ~** usurpare i diritti di qu.

Eingriff *m* **1.** *med* operazione *f; (a. mil)* intervento *m;* **2.** *fig (Einmischung)* intromissione *f; (in ein Recht)* violazione *f* (*in* di).

ein·gruppieren ‹*ohne ge-*› *tr* classificare.

Eingruppierung *f* classificazione *f.*

ein·haken **I.** *tr* agganciare; **II.** *itr fig fam (in Rede, etc.)* intervenire; **III.** *rfl:* **sich bei jdm ~** prendere a braccetto qu.

Einhalt *m:* **einer S. ~ gebieten** *geh* contenere qc, arrestare qc.

ein·halten ‹*irr*› **I.** *tr (allg., a. Versprechen)* mantenere; *(Bedingung, Vertrag, etc.)* adempi(e)re; *(Frist)* osservare; *(Datum)* rispettare; **II.** *itr (innehalten)* interrompere qc; *geh (aufhören)* fermarsi.

Einhaltung *f* **1.** *allg.* mantenimento *m;* **2.** *(von Frist)* osservanza *f;* **3.** *(von Bedingung, Vertrag)* adempimento *m.*

ein·hämmern *tr fig:* **jdm etw. ~** ficcare in testa qc a qu.

ein·handeln *tr* barattare (*gegen, für* con), scambiare (*gegen, für* con); **sich**

(dat) **etw. ~** *fig fam* fare un bell'acquisto (*o.* affare) *fam;* **da hast du dir ja was Schönes eingehandelt!** *fam iron* bell'affare hai fatto! *fam.*

ein·hängen I. *tr (Hörer)* appendere; *(Tür, etc.)* incardinare; **II.** *itr* riappendere (*o.* riattaccare) (il ricevitore); **III.** *rfl:* **sich bei jdm ~** prendere a braccetto qu.

einheimisch *a* indigeno, nativo; *(von hier)* nostrano. **Einheimische** ‹ein -r, -n, -n› *mf* nativo, -a *m, f.*

ein·heimsen ['a͜inha͜imzən] *tr fam* raccogliere, mietere.

ein·heiraten *itr:* **in eine Firma ~** divenire col matrimonio proprietario di un'azienda.

Einheit ‹-, -en› *f* unità *f; (Gesamtheit)* totalità *f.*

einheitlich *a* **1.** *(eine Einheit bildend, zusammenhängend)* unito, unitario; omogeneo; **2.** *(unterschiedslos)* uniforme; **3.** *(genormt)* unificato. **Einheitlichkeit** ‹-, ø› *f* **1.** unità *f,* unitarietà *f;* omogeneità *f;* **2.** uniformità *f;* **3.** unificazione *f.*

Einheits- *(in Zusammensetzungen)* unitario, unico; *(a. pol)* unificato; standardizzato. **Einheitspreis** *m* prezzo *m* unico. **Einheitsschule** *f* scuola *f* unica.

ein·heizen *itr* accendere la stufa; riscaldare la/una camera; **jdm (tüchtig) ~** *fig fam* svegliare qu.

einhellig ['a͜inhɛlɪç] **I.** *a* unanime; concorde; **II.** *adv* all'unanimità, di comune accordo.

ein·holen *tr* **1.** *(erreichen)* raggiungere; *(aufholen, ausgleichen)* ricuperare; **2.** *(her~, einziehen)* raccogliere; *(Fahne, Segel)* ammainare; *(Netze)* tirare; **3.** *(sich geben lassen: Genehmigung)* (ri)chiedere; *(Auskünfte)* raccogliere; **4.** *dial s.* **einkaufen; ärztlichen Rat ~** consultare un medico; **die verlorene Zeit ~** riguadagnare il tempo perduto.

Einhorn *n* liocorno *m.*

ein·hüllen *tr* avvolgere.

einhundert ['a͜in'hʊndɐt] *(Zahlwort)* cento.

einig *a* **1.** *(einer Meinung)* unanime (*mit jdm über etw.* con qu su qc); **2.** *(geeint)* unito; **sich ~ sein** essere d'accordo (*über* su, in); **sich ~ werden** accordarsi; **wir sind uns alle darüber ~, daß ...** siamo tutti d'accordo che ...

einige *s.* **einige(r, s).**

einigen I. *tr* **1.** unire; *pol* unificare; **2.** *(versöhnen)* conciliare; **II.** *rfl:* **sich ~** accordarsi (*auf* su); **sich dahin (gehend) ~, daß ...** accordarsi sul fatto che ... *conj.*

einiger *pron s.* **einige(r, s).**

einigermaßen *adv* **1.** *(ziemlich)* piuttosto, alquanto; **2.** *(ungefähr)* in certo qualmodo, circa; **wie geht es dir? – so ~!** come stai? – mica male; **kannst du ~ singen?** sai cantare un po'?

einige(r, s) ['a͜inɪgə] *pron* **1.** ‹*sing*› *(etwas)* qualche ‹*inv, sing*›; **2.** : **~s** qualcosa, qualche cosa; **3.** ‹*pl*› qualche ‹*inv, sing*›; alcuni, -e *m, f pl;* **dazu gehört (schon) ~ Energie/~r Mut** ci vuole una certa energia/un certo coraggio; **~ andere** alcuni altri; **~ Male** alcune volte; **~ Seiten** qualche pagina, alcune pagine; **er hat ~ hundert Bücher** ha un centinaio di libri; **es fehlt uns noch ~s** ci manca ancora qualcosa; **seit ~r Zeit** da qualche tempo.

Einigkeit ‹-, ø› *f* unità *f,* unanimità *f,* concordia *f;* **~ macht stark** *prov* l'unione fa la forza *prov.*

Einigung ‹-, -en› *f* unificazione *f; (Versöhnung)* conciliazione *f; (Einmütigkeit)* unanimità *f.*

ein·impfen *tr* inculcare (*jdm etw.* qc a qu).

ein·jagen *tr:* **jdm einen Schrecken ~** incutere timore a qu.

einjährig *a* **1.** *(ein Jahr alt)* di un anno; **2.** *(ein Jahr dauernd, a. bot)* annuale, annuo.

ein·kalkulieren ‹*ohne ge-*› *tr* mettere in conto; *(a. fig)* tener conto di.

ein·kassieren ‹*ohne ge-*› *tr* **1.** incassare, riscuotere; **2.** *fam (wegnehmen)* rubare.

Einkauf *m* **1.** *(Einkaufen)* compera *f,* acquisto *m;* **2.** *(Gekauftes)* acquisto *m;* **3.** ‹*sing*› *com (~sabteilung)* servizio *m* (*o.* reparto *m*) acquisti; **Einkäufe machen** fare la spesa.

ein·kaufen I. *tr* comprare, acquistare; **II.** *itr* fare la spesa; *com* fare acquisti; **~ gehen** andare a far la spesa; **III.** *rfl:* **sich in eine Firma ~** diventare socio di una ditta.

Einkäufer(in) *m(f)* agente *mf* compratore, -trice.

Einkaufsbummel *m:* **einen ~ machen** fare il giro dei negozi. **Einkaufspreis** *m* prezzo *m* di costo (*o.* d'acquisto); **zum ~** al prezzo di costo. **Einkaufswagen** *m* carrello *m* da supermercato. **Einkaufszentrum** *n* shopping center *m.*

Einkehr ['a͜inke:ɐ̯] ‹-, ø› *f* **1.** *(in Gasthaus)* sosta *f;* **2.** *fig* raccoglimento *m;*

meditazione *f;* ~ **halten** raccogliersi in se stesso.
ein·kehren *itr* ⟨*sein*⟩ **1.** *(in Gasthaus)* fermarsi *(in un locale pubblico per consumarvi qc);* **2.** *geh (Ruhe, Frieden, etc.)* venire (*bei* da).
ein·kellern *tr* mettere in cantina.
ein·klammern *tr* mettere fra parentesi.
Einklang *m* armonia *f,* accordo *m;* **sich in ~ befinden, in ~ stehen mit** essere in armonia (*o.* accordo) con; **in ~ bringen** mettere d'accordo, armonizzare.
ein·kleben *tr* incollare.
ein·kleiden *tr* vestire; **sich neu ~** rivestirsi.
ein·klemmen *tr* incastrare, rinserrare.
ein·kochen I. *tr* ⟨*haben*⟩ cuocere; **II.** *itr* ⟨*sein*⟩ *(Soße, etc.)* ispessirsi cuocendo.
Einkommen ⟨-s, -⟩ *n* reddito *m,* entrata *f;* **festes ~** reddito fisso; **steuerpflichtiges ~** (reddito) imponibile *m.* **Einkommensgruppe** *f* categoria *f* di reddito. **einkommensschwach** *a* di basso reddito. **einkommensstark** *a* di alto reddito. **Einkommen(s)steuer** *f* imposta *f* sul reddito. **Einkommenssteuererklärung** *f* denuncia *f* dei redditi.
ein·kreisen *tr* **1.** accerchiare; **2.** *fig (Problem, etc.)* isolare.
Einkünfte ['ainkʏnftə] ⟨*pl*⟩ entrate *f pl,* redditi *m pl,* introiti *m pl.*
ein·laden¹ ⟨*irr*⟩ *tr (Gäste)* invitare (*zu* a); **jdn auf ein Glas (Wein) ~** invitare qu a bere un bicchere (di vino); **wir sind morgen eingeladen** domani siamo invitati.
ein·laden² ⟨*irr*⟩ *tr (Ladung)* caricare (*in* su).
einladend *a* invitante; *(verführerisch)* seducente.
Einladung *f* invito *m* (*zu* a); **auf ~ von ...** su invito di ...
Einlage *f* **1.** *allg.* inserimento *m; (Zahn~)* otturazione *f; (Schuh~)* supporto *m,* rinforzo *m;* **2.** *theat* intermezzo *m;* **3.** *fin (Spar~)* deposito *m; (Kapital~)* quota *f* di investimento; **Suppe mit ~** pastina in brodo.
ein·lagern I. *tr* immagazzinare, mettere in deposito; **II.** *rfl:* **sich ~** depositarsi.
Einlaß ['ainlas] ⟨-sses, ⸚sse⟩ *m* **1.** ⟨*sing*⟩ *(Zutritt)* accesso *m;* **2.** *obs (Eingang)* ingresso *m,* entrata *f.*
ein·lassen ⟨*irr*⟩ **I.** *tr* **1.** *(her~)* lasciar entrare (*o.* passare), ammettere; *(Wasser)* far scorrere; **2.** *(einfügen)* incastrare, inserire, incassare; **sich** *(dat)* **ein Bad ~** prepararsi un bagno; **II.** *rfl:* **sich ~ 1.** *pej (verkehren)* entrare in relazione; **2.** *(eingehen auf)* aderire (*auf* a), assentire (*auf* a); **sich auf etw. ~** mettersi in qc; **sich mit jdm in ein Gespräch ~** impegolarsi in una discussione con qu *fam;* **ich lasse mich auf keine Diskussion mehr ein!** di discussioni non voglio saperne più (niente)!
ein·laufen ⟨*irr*⟩ **I.** *itr* ⟨*sein*⟩ **1.** *(Zug)* essere in arrivo; *naut* entrare in porto; *sport* entrare in campo; **2.** *(Wasser)* scorrere; **3.** *(Stoff)* restringersi; **II.** *tr* ⟨*haben*⟩ *(Schuhe)* abituarsi a portare; **III.** *rfl:* **sich ~ 1.** *sport* scaldarsi correndo; **2.** *(Motor, Maschine, etc.)* essere rodato.
ein·leben *rfl:* **sich ~ in** ambientarsi in, abituarsi a.
ein·legen *tr* **1.** *(hin~)* mettere (*in* dentro); **2.** *(Obst)* mettere in conserva; *(Gurken)* mettere sotto aceto; *(Heringe a.)* marinare; **3.** *(Holz)* intarsiare; **4.** *(Haare)* mettere in piega; **5.** *fin (Geld)* depositare, versare; **Berufung ~** presentare ricorso, interporre appello; **den Rückwärtsgang ~** *mot* inserire la retromarcia; **einen Film ~** introdurre una pellicola; **eine Pause ~** fare una pausa; **ein gutes Wort für jdn ~** dire una buona parola in favore di qu.
Einlegesohle *f* soletta *f.*
ein·leiten *tr* **1.** *(einführen)* introdurre; **2.** *(Verhandlungen, etc.)* avviare; *jur (Verfahren)* intentare; *med (Geburt)* iniziare; **3.** *(beginnen)* cominciare, iniziare; **ein Verfahren gegen jdn ~** istruire un procedimento contro qu. **einleitend I.** *a* introduttivo, preliminare; **II.** *adv:* **~ möchte ich sagen ...** per cominciare vorrei dire ...
Einleitung *f* **1.** *allg.* introduzione *f;* **2.** *(von Buch)* prefazione *f;* **3.** *jur (von Verfahren)* istruzione *f;* **4.** *(Vorrede)* preambolo *m;* **5.** *mus, fig* preludio *m;* **6.** *(von Verhandlungen)* avvio *m.*
ein·lenken *itr* **1.** (s)voltare; **2.** *fig* cedere, far marcia indietro *fam.*
ein·leuchten *itr* essere (*o.* apparire) chiaro (*o.* evidente); **das will mir nicht ~** non riesco a capacitarmene; **das leuchtet mir ein** mi convince. **einleuchtend** *a* comprensibile, evidente, plausibile.
ein·liefern *tr* consegnare; *(ins Krankenhaus)* ricoverare; *(ins Gefängnis)* tradurre.
Einlieferung *f* consegna *f,* *(ins Kran*

kenhaus) ricovero *m; (ins Gefängnis)* traduzione *f.*

ein·lösen *tr* **1.** liberare, svincolare; *(bes. Pfand)* disimpegnare; *(Scheck)* riscuotere; *(Wechsel)* onorare, pagare; *(Zinsschein)* incassare; **2.** *fig (Wort, Versprechen)* mantenere.

Einlösung *f* **1.** *allg.* riscatto *m,* svincolo *m; (von Banknote)* rimborso *m; (von Scheck, Wechsel, Zinsschein)* incasso *m;* **2.** *(von Versprechen)* adempimento *m.*

ein·machen *tr* mettere in conserva; *(in Essig)* mettere sotto aceto. **Einmachglas** *n* vaso *m* per conserve.

einmal *adv* una volta; **auf ~** *(zugleich)* in una volta, insieme; *(plötzlich)* improvvisamente; **nicht ~** nemmeno; **noch ~** ancora una volta; **wenn ~** una volta che; **das ist nun ~ so** non ci si può fare nulla; **es war ~ ...** c'era una volta ...; **~ ist keinmal** *prov* uno non può fare numero; **du wirst noch ~ an mich denken!** un giorno mi penserai!; **~ drei ist drei** tre per uno tre; **~ sagt er dies, ~ das** una volta dice questo, una volta quell'altro; **warst du schon ~ in Florenz?** sei già stato a Firenze?

Einmaleins ['ai̯nma:l'ʔai̯ns] ⟨-, ø⟩ *n* tavola *f* pitagorica.

einmalig *a* **1.** *(nur einmal vorkommend)* unico; *(nur einmal nötig)* solo; **2.** *(einzigartig)* unico; eccezionale; **~e Gelegenheit** occasione unica; **nach ~er Überprüfung** dopo una sola verifica. **Einmaligkeit** ⟨-, ø⟩ *f* unicità *f,* eccezionalità *f.*

Einmarsch *m* entrata *f.*

ein·marschieren ⟨*ohne ge-*⟩ *itr* ⟨*sein*⟩ entrare (marciando) (*in* in).

ein·mischen *rfl:* **sich ~** immischiarsi.

Einmischung *f* intromissione *f,* ingerenza *f.*

einmotorig *a* monomotore.

ein·motten *tr (Kleider)* mettere sotto naftalina (*o.* canfora); *fig fam* mettere in soffitta.

ein·mumme(l)n ['ai̯nmʊmə(l)n] *tr fam* imbacuccare *fam.*

ein·münden *itr* ⟨*sein*⟩ sboccare.

einmütig ['ai̯nmy:tɪç] **I.** *a* unanime, comune; **II.** *adv* all'unanimità; di comune accordo. **Einmütigkeit** ⟨-, ø⟩ *f* **1.** *(Einstimmigkeit)* unanimità *f;* **2.** *(Eintracht)* concordia *f,* armonia *f.*

Einnahme ['ai̯nna:mə] ⟨-, -n⟩ *f* **1.** ⟨*meist pl*⟩ *com, fin* entrata *f,* incasso *m; (Steuer~)* riscossione *f;* **2.** ⟨*sing*⟩ *med* prendere *m;* **3.** ⟨*sing*⟩ *mil (von Stadt)* conquista *f,* presa *f.* **Einnahmequelle** *f* fonte *f* di guadagno.

ein·nehmen ⟨*irr*⟩ *tr* **1.** *(Mahlzeit, Arznei, a. mil)* prendere; **2.** *(Geld)* incassare; *(Steuern)* riscuotere; **3.** *(Raum, Platz)* occupare; **4.** *(Stellung)* occupare; *(Haltung)* assumere; **jdn für sich ~** accattivarsi le simpatie di qu *fam,* conquistare qu; **jdn für etw. ~** accattivare le simpatie di qu per qc; **jds Stelle ~** rimpiazzare qu *fam;* **von sich** *(dat)* **eingenommen sein** *pej* essere presuntuoso. **einnehmend** *a fig* piacevole; attraente; affascinante; **~es Wesen** modi *m pl* piacevoli.

ein·nicken *itr* ⟨*sein*⟩ *fam* appisolarsi *fam.*

ein·nisten *rfl:* **sich ~** annidarsi.

Einöde *f* luogo *m* deserto.

ein·ölen *tr* oliare, ungere; *tec* lubrificare.

ein·ordnen I. *tr* ordinare, classificare; **II.** *rfl:* **sich ~ 1.** *(sich anpassen)* inserirsi, integrarsi; **2.** *mot* mettersi in corsia (*o.* in fila); **sich rechts/links/in der Mitte ~** mettersi nella corsia di destra/di sinistra/di centro.

ein·packen I. *tr* impacchettare; *(bes. zum Versand)* imballare; *fam (in warme Kleidung)* avvolgere; **jdn warm ~** *fam* coprire ben bene qu *fam;* **II.** *itr fam* far fagotto *fam;* **sie kennt sich in der Stadt so gut aus, da können wir alle ~** è talmente pratica della città, che noi possiamo andare a nasconderci *fam.*

ein·passen *tr* incastrare (*in* in), adattare (*in* a).

ein·pferchen *tr* **1.** *(Tiere)* stabbiare; **2.** *(Menschen, Dinge)* stipare.

Einphasenstrom [ai̯n'fa:zən-] *m* corrente *f* monofase.

einphasig ['ai̯nfa:zɪç] *a* monofase.

ein·prägen I. *tr* **1.** imprimere; **2.** *fig* inculcare; **sich** *(dat)* **etw. ~** imprimersi qc nella mente; **II.** *rfl:* **sich ~** imprimersi.

einprägsam *a* facilmente ricordabile, impressionante.

ein·quartieren ⟨*ohne ge-*⟩ **I.** *tr* alloggiare (*bei* presso); *mil* acquartierare (*bei* presso); **II.** *rfl:* **sich ~** prendere alloggio (*bei* presso).

ein·rahmen *tr* incorniciare.

ein·rasten *itr* ⟨*sein*⟩ scattare.

ein·räumen *tr* **1.** *(Bücher, Wäsche, etc.)* disporre; *(a. Schrank)* mettere in ordine; *(Wohnung)* arredare; **2.** *fig (Recht, Kredit)* concedere; *(Frist)* accordare; **3.** *(zugeben)* ammettere.

ein·rechnen *tr* includere; **nicht eingerechnet ...** non compreso ...

ein·reden I. *tr:* **jdm etw. ~** far credere (*o.* dare ad intendere) qc a qu; **sich**

(dat) ~, **daß** ... mettersi in testa che ... *fam;* **das redest du dir nur ein!** questo te lo sei messo in testa tu! *fam;* **II.** *itr:* **auf jdn** ~ parlare ininterrottamente a qu.

ein·reiben ‹*irr*› *tr* sfregare; *med* frizionare.

Einreibung *f* sfregamento *m; med* frizione *f.*

ein·reichen *tr* **1.** *(Antrag, Gesuch)* presentare; **2.** *(Unterlagen, etc.)* inoltrare, presentare; **3.** *(Pensionierung, Abschied, etc.)* dare, rassegnare; **Klage gegen jdn** ~ sporgere querela contro qu.

ein·reihen I. *tr* **1.** *(in eine Reihe stellen)* inserire, mettere in fila; **2.** *(zuordnen)* annoverare (*unter* fra); **II.** *rfl:* **sich** ~ disporsi in fila.

Einreise *f* entrata *f* (*in ein Land* in un paese). **Einreiseerlaubnis** *f,* **-genehmigung** *f* permesso *m* d'entrata.

ein·reisen *itr* ‹*sein*› entrare (*in* in).

Einreiseverbot *n* divieto *m* d'entrata. **Einreisevisum** *n* visto *m* d'entrata.

ein·reißen ‹*irr*› **I.** *tr* ‹*haben*› **1.** *(Häuser, etc.)* demolire; **2.** *(Stoff)* lacerare, fare uno strappo a; *(Papier)* strappare; *(Fingernagel)* rompere; **II.** *itr* ‹*sein*› **1.** *(Stoff, Papier)* strapparsi; *(Fingernagel)* rompersi; **2.** *fig fam (Unsitte)* propagarsi, diffondersi; **das wollen wir gar nicht erst** ~ **lassen** *fam* non vogliamo che diventi un'abitudine.

ein·renken ['ainrɛŋkən] **I.** *tr* **1.** *(Glied)* ridurre, rimettere a posto; **2.** *fig fam* accomodare, aggiustare; **II.** *rfl:* **sich** ~ *fam* accomodarsi, aggiustarsi; **das renkt sich schon wieder ein** si rimette a posto.

ein·rennen ‹*irr*› *tr (Hindernisse, etc.)* sfondare; **jdm das Haus** ~ *fam* assediare qu (con troppe visite); **sich** *(dat)* **den Kopf an der Tür** ~ *fam* battere la testa contro la porta.

ein·richten I. *tr* **1.** *(Wohnung)* arredare; *(Geschäft)* mettere su; *(Werkstatt)* impiantare, installare; **2.** *(gründen)* fondare, istituire; *(eröffnen)* aprire; *(Konto)* aprire; **3.** *tec (justieren)* aggiustare; *(einstellen, vorbereiten)* preparare, allestire; **4.** *(bearbeiten, mus)* arrangiare, ridurre; *theat* adattare; **5.** *med* mettere a posto, ridurre; **6.** *fig (möglich machen, arrangieren)* fare in modo che *conj* (*o.* di *inf*); **II.** *rfl:* **sich** ~ **1.** *(sich möblieren)* arredare la casa (*o.* l'appartamento), mettere su casa *fam;* **2.** *(sich vorbereiten)* prepararsi (*auf* a); **darauf bin ich nicht eingerichtet** non sono preparato a ciò; **sich auf eine lange Wartezeit** ~ prepararsi ad una lunga attesa; **sich bei jdm häuslich** ~ *scherz* mettere le radici in casa di qu *fam;* **sie ist sehr modern eingerichtet** ha arredato la casa con mobili moderni.

Einrichtung *f* **1.** *(Wohnungs~)* arredamento *m;* **2.** *(das Einrichten)* allestimento *m; (Geschäfts~)* metter su *m;* **3.** *(Anlage)* impianto *m;* **4.** *(Institution)* istituzione *f,* ente *m,* istituto *m;* **5.** *(Gründung)* istituzione *f,* fondazione *f; (Eröffnung)* apertura *f; (von Konto)* apertura *f;* **6.** *tec (Justierung)* aggiustamento *m; (Einstellung)* messa *f* a punto; **7.** *med* riduzione *f;* **8.** *(Bearbeitung, mus)* riduzione *f,* arrangiamento *m; theat* adattamento *m.*

ein·ritzen *tr* scalfire (*in* su); *(einschneiden)* incidere (*in* su).

ein·rollen I. *tr* ‹*haben*› arrotolare, avvolgere; *(Haar)* piegare in dentro; **II.** *itr* ‹*sein*› *(her~)* entrare; **III.** *rfl:* **sich** ~ arrotolarsi.

ein·rosten *itr* ‹*sein*› arrugginire; *(a. fig)* arrugginirsi.

ein·rücken I. *itr* ‹*sein*› **1.** *mil (einmarschieren)* entrare, far ingresso; **2.** *mil (eingezogen werden)* essere chiamato alle armi; **II.** *tr* ‹*haben*› **1.** *(Anzeige)* mettere, inserire; **2.** *(Zeile)* arretrare, far rientrare.

eins [ains] *(Zahlwort)* uno; ~ **a** (*geschrieben* **Ia**) di prima qualità; **um** ~ all'una; **das läuft auf** ~ **hinaus** in fondo è lo stesso; **die beiden Begriffe sind** ~ i due concetti sono identici; *s. a. ein*[1], *vier.* **Eins** ‹-, -en› *f* (numero *m*) uno *m; (Schulnote: sehr gut)* ≃ nove *m; (Buslinie, etc.)* uno *m.*

ein·sacken[1] *tr* **1.** *(in Säcke füllen)* insaccare; **2.** *fam (an sich bringen)* intascare *fam.*

ein·sacken[2] *itr* ‹*sein*› *(einsinken)* sprofondare.

ein·salzen *tr* salare.

einsam *a* **1.** *(Mensch)* solo, solitario; *(verlassen)* abbandonato; **2.** *(Ort)* disabitato, isolato, deserto; **~e Spitze!** *fam* che cima! *fam.* **Einsamkeit** ‹-, ø› *f* solitudine *f.*

ein·sammeln *tr* raccogliere.

Einsatz *m* **1.** *(eingesetztes Teil)* aggiunta *f,* inserto *m; (Topf~, Koffer~)* parte *f* intercambiabile (*o.* scomponibile); **2.** *(Spiel~)* puntata *f,* posta *f; com, fin (Kapital~)* impiego *m;* **3.** *(Anwendung, Aufwendung)* impiego *m,* impegno *m;* **4.** *(Engagement, Hingabe)* dedizione *f,* **5.** *mil* azione *f,* operazione *f; aero* missione *f;* **6.** *mus* attacco *m; (theat a.)* entrata *f;* **der Dirigent gab den Bläsern den ~** il direttore d'orchestra dette l'attacco agli strumenti a fiato; **einen ~ fliegen** volare in missione; **im ~ sein** essere in azione; **seinen ~ verpassen** *mus* sbagliare l'attacco; **unter ~ aller Kräfte** con l'impiego di tutte le forze; **unter ~ des (eigenen) Lebens** a rischio della vita; **zum ~ kommen** (*o.* **gelangen**) *geh* entrare in azione *geh.* **einsatzbereit** *a* pronto; *(verfügbar)* disponibile; *mil* pronto (al combattimento *o.* ad entrare in linea). **Einsatzbereitschaft** *f* prontezza *f* all'azione; *mil* approntamento *m.*

ein·saugen ⟨*irr o. reg*⟩ *tr* **1.** succhiare; **2.** *(einatmen)* aspirare, inspirare; **3.** *(aufsaugen, a. phys)* assorbire.

ein·schalten I. *tr* **1.** *(dazwischenschieben)* inserire, intercalare; **2.** *(Licht, Radio)* accendere; *(Motor)* avviare; *(Strom)* inserire, mettere in circuito; *(Gang, Maschine)* innestare, ingranare; **jdn ~** far intervenire qu (*bei etw.* per qc); **den ersten Gang ~** innestare la prima (marcia); **II.** *rfl:* **sich ~** intervenire.

Einschaltquote *f* indice *m* di ascolto.

Einschaltung *f* **1.** *(Einschub)* inserimento *m;* **2.** *(von Licht, Radio)* accensione *f; (von Motor)* avviamento *m; (von Strom)* inserzione *f; (von Maschine)* innesto *m;* **3.** *fig (Hinzuziehung)* interessamento *m.*

ein·schärfen *tr* inculcare.

ein·schätzen *tr* **1.** stimare; *(a. bewerten)* valutare; **2.** *fin (zur Steuer)* tassare.

ein·schenken I. *tr (Wein)* versare; *(Kaffee)* servire; **die Gläser/Tassen ~** riempire i bicchieri/le tazze; **II.** *itr* versare da bere.

ein·schicken *tr* inviare, spedire; *(an Behörde)* inoltrare, presentare.

ein·schieben ⟨*irr*⟩ *tr* **1.** *(hin~)* infilare (*in* in), spingere dentro (*in* dentro), introdurre (*in* in); **2.** *(einfügen)* inserire, intercalare, frapporre.

ein·schiffen I. *tr* imbarcare; **II.** *rfl:* **sich ~** imbarcarsi (*nach* per).

Einschiffung ⟨-, -en⟩ *f* imbarco *m.*

ein·schlafen ⟨*irr*⟩ *itr* ⟨*sein*⟩ **1.** addormentarsi, prender sonno; *(Arm, Bein)* intorpidirsi, addormentarsi *fam;* **2.** *(sterben)* morire, spirare *geh;* spegnersi; **3.** *fig (allmählich aufhören)* raffreddarsi, spegnersi; *(nachlassen)* scemare, diminuire.

ein·schläfern ['a̲inʃlɛ:fɐn] *tr* **1.** *(zum Schlafen bringen, a. fig)* (far) addormentare; **2.** *med* anestetizzare, narcotizzare; **3.** *(Tiere)* uccidere (con un iniezione mortale). **einschläfernd** *a* **1.** che fa venir sonno; **2.** *med* narcotico; *(a. fig)* soporifero.

Einschlag *m* **1.** *(von Blitz)* caduta *f; (von Geschoß)* impatto *m,* scoppio *m;* **2.** *(bei Kleidung)* orlo *m;* **3.** *fig (Anteil, Zusatz)* impronta *f,* vena *f; ling* inflessione *f;* **4.** *mot* sterzata *f;* **diese Landschaft hat schon einen sehr südländischen ~** questo paesaggio ha già un carattere molto meridionale.

ein·schlagen ⟨*irr*⟩ **I.** *tr* **1.** *(Nagel, Pfahl)* (con)ficcare, piantare; **2.** *(Tür)* sfondare; *(Scheibe)* frantumare; *(a. Zähne, Schädel, etc.)* rompere; **3.** *(Stoff, etc.)* ripiegare; **4.** *(einwikkeln)* avvolgere, imballare; **5.** *fig (Weg, Richtung)* prendere, imboccare; *(Laufbahn)* intraprendere; **die juristische Laufbahn ~** intraprendere la carriera giuridica; **II.** *itr (Blitz, Geschoß)* colpire (*in etw.* qc); *fig (Erfolg haben)* avere (*o.* incontrare) successo; **auf jdn ~** bastonare qu; **in jds Hand ~** stringere la mano di qu (in segno d'intesa); **die Nachricht schlug wie eine Bombe ein** la notizia arrivò come un fulmine a ciel sereno; **schlag ein!** qua la mano! *fam.*

einschlägig ['a̲inʃlɛgɪç] *a* relativo, sull'argomento, in materia; *(Geschäft)* del ramo; **die ~e Literatur** la letteratura relativa all'argomento; **die ~en Paragraphen** i paragrafi relativi; **er ist ~ vorbestraft** ha già precedenti penali in materia, è recidivo.

ein·schleichen ⟨*irr*⟩ *rfl:* **sich ~ 1.** introdursi, penetrare; **2.** *fig* insinuarsi; *(Fehler)* sfuggire.

ein·schleppen *tr (Krankheiten)* importare.

ein·schließen ⟨*irr*⟩ *tr* **1.** *(in Zimmer, etc.)* chiudere (a chiave); **2.** *(umgeben)* circondare; *(umzäunen)* recingere; *mil (Feind)* accerchiare; *(Festung)* assediare; **3.** *fig (enthalten)* includere, comprendere; **sie hat sich in ihrem Zimmer eingeschlossen** si è chiusa (a chiave) in camera sua.

einschließlich I. *adv* compreso; **bis Sonntag ~** fino a domenica compresa; **II.** *prp gen* compreso; **~ Mehrwertsteuer** I.V.A. compresa.

ein·schmeicheln *rfl:* **sich bei jdm ~** cattivarsi le simpatie di qu. **einschmeichelnd** *a* insinuante; *(angenehm)* carezzevole.

ein·schmieren *tr* **1.** *(mit Fett)* ungere (*mit* di); *tec, mot* lubrificare; *(mit Öl)* oliare; *(mit Salbe)* impomatare; **2.** *fig fam (schmutzig machen)* imbrattare *fam.*

ein·schmuggeln *tr* introdurre clandestinamente (*o.* di contrabbando), contrabbandare; **sich ~** introdursi furtivamente.

ein·schnappen *itr* ⟨*sein*⟩ **1.** *tec* scattare, chiudersi a scatto; **2.** *fig fam (beleidigt sein)* offendersi.

ein·schneiden ⟨*irr*⟩ **I.** *tr (a. fig)* incidere (*in* su), intagliare (*in* in); **II.** *itr* entrare (*in* in), penetrare (*in* in). **einschneidend** *a* incisivo, decisivo; *(Maßnahme)* radicale, energico.

Einschnitt *m* **1.** *(a. med)* incisione *f,* intaglio *m;* **2.** *(in Landschaft)* incavo *m;* **3.** *fig (Wendepunkt)* svolta *f.*

ein·schnüren *tr* **1.** *(zusammenbinden)* allacciare; **2.** *(einengen)* stringere.

ein·schränken [ˈaınʃrɛŋkən] **I.** *tr* limitare, ridurre, diminuire; **~d muß ich allerdings sagen ...** restrittivamente devo comunque dire ...; **das Essen/Rauchen ~** limitare il mangiare/il fumo; **II.** *rfl:* **sich ~** limitarsi.

Einschränkung ⟨-, -en⟩ *f* **1.** *(Beschränkung)* limitazione *f,* riduzione *f,* diminuzione *f;* **2.** *(Vorbehalt)* riserva *f;* **mit/ohne ~** con/senza riserve; **mit der ~, daß ...** con la riserva che ...

Einschreib(e)brief *m* (lettera *f*) raccomandata *f;* **als ~** per raccomandata.

ein·schreiben ⟨*irr*⟩ **I.** *tr* **1.** *(hin~)* scrivere (*in* in); **2.** *(in Liste, etc.)* iscrivere; **3.** *(Post)* fare una raccomandata; **II.** *rfl:* **sich ~** iscriversi; **sich an einer Universität ~** iscriversi (*o.* immatricolarsi) a un'università.

Einschreiben *n s.* **Einschreib(e)brief.**

Einschreibung *f* iscrizione *f.*

ein·schreiten ⟨*irr*⟩ *itr* ⟨*sein*⟩ intervenire, prendere delle misure; **gegen jdn gerichtlich ~** procedere per via legale contro qu.

ein·schrumpfen *itr* ⟨*sein*⟩ **1.** raggrinzirsi; **2.** *fig (weniger werden)* assottigliarsi.

ein·schüchtern *tr* intimidire.

Einschüchterung ⟨-, -en⟩ *f* intimidazione *f.* **Einschüchterungsversuch** *m* tentativo *m* di intimidazione.

ein·schulen *tr* mandare a scuola; **eingeschult werden** venir ammaestrato (*o.* istruito).

Einschulung ⟨-, -en⟩ *f* assegnazione *f* a una scuola.

Einschuß *m* **1.** *(~stelle)* foro *m* d'entrata; *(~wunde)* ferita *f* d'arma da fuoco; **2.** *(beim Weben)* trama *f.*

ein·schütten *tr* versare.

ein·segnen *tr* **1.** *(segnen)* benedire, consacrare; **2.** *(konfirmieren)* cresimare, confermare.

ein·sehen ⟨*irr*⟩ *tr* **1.** *(hin~)* guardar dentro a, dare un'occhiata a; *(Akten)* prendere visione di; **2.** *fig (begreifen)* comprendere, capire; *(Fehler)* riconoscere. **Einsehen** ⟨-s, ø⟩ *n:* **ein ~ haben mit** avere comprensione per.

ein·seifen *tr* **1.** insaponare; **2.** *fig fam* abbindolare *fam.*

einseitig *a* **1.** *allg., jur, med* unilaterale; **2.** *(beschränkt)* unilaterale; semplicista; *(parteiisch)* parziale. **Einseitigkeit** ⟨-, ø⟩ *f* unilateralità *f;* parzialità *f,* ristrettezza *f* di vedute.

ein·senden ⟨*irr*⟩ *tr* inviare, spedire. **Einsender** *m* mittente *m.* **Einsendeschluß** *m* ultimo termine *m* di consegna.

ein·setzen **I.** *tr* **1.** *(hin~)* mettere dentro (*in* a); *(Pflanze)* piantare; *(Flikken, Zahn)* applicare; *(Fensterscheibe, etc.)* montare; **2.** *(Person in Amt)* insediare; *(Erben)* istituire; **3.** *(verwenden)* impiegare; *(Pfand)* impegnare; **II.** *itr* iniziare; aprirsi; *mus* attaccare; **III.** *rfl:* **sich für etw./jdn ~** adoperarsi per qc/qu.

Einsetzung ⟨-, -en⟩ *f* **1.** inserimento *m;* applicazione *f;* montaggio *m;* **2.** *(in Amt)* insediamento *m; (von Erben)* istituzione *f;* **3.** *(Verwendung)* impiego *m,* uso *m.*

Einsicht *f* **1.** *(Sicht)* vista *f;* **2.** *(Verständnis)* comprensione *f,* discernimento *m; (Vernunft)* giudizio *m; (Erkenntnis)* convinzione *f;* **3.** *(~nahme)* visione *f* (*in* di), esame *m* (*in* di); **~ haben/nehmen in** avere cognizione/prendere visione di; **jdm ~ in etw. gewähren** permettere a qu di prendere visione di qc; **zur ~** *(Bürosprache)* in visione; **zur ~ kommen, daß ...** convincersi del fatto che ... **einsichtig** *a* **1.** *(vernünftig)* ragionevole; *(verständnisvoll)* comprensivo; **2.** *(verständlich)* ragionevole, comprensibile. **Einsichtnahme** [-na:mə] ⟨-, -n⟩ *f s.* **Einsicht.**

ein·sickern *itr* ⟨*sein*⟩ infiltrarsi (*in in*).

Einsiedler(in) *m(f)* eremita *mf.*

einsilbig *a* **1.** *gram* monosillabico, monosillabo; **2.** *fig (wortkarg)* di poche parole.

ein·sinken ⟨*irr*⟩ *itr* ⟨*sein*⟩ **1.** *(hin~)* affondare (*in* in), sprofondare (*in* in); **2.** *(zusammensinken)* sprofondare.

ein·spannen *tr* **1.** *(in Rahmen)* mettere (*in* in); *(in Schraubstock)* fissare (*in* in); *(in Schreibmaschine)* mettere (*in* in), inserire (*in* in); **2.** *(Pferd)* attaccare; **3.** *fig fam (Menschen)* mettere sotto *fam;* **jdn für etw. ~** incaricare qu di collaborare a qc.

ein·sparen *tr* risparmiare; *(Arbeitsplätze)* abolire.

Einsparung ⟨-, -en⟩ *f* economia *f* (*bei* in), risparmio *m* (*bei* in).

ein·speisen *tr* **1.** *tec* alimentare; **2.** *inform* immagazzinare.

ein·sperren *tr* **1.** (rin)chiudere (*in* in); **2.** *fam (ins Gefängnis)* imprigionare.

ein·spielen I. *tr* **1.** *film, theat (Geld einbringen)* rendere; **2.** *(Tennisschläger, etc.)* provare; *(Musikinstrument)* provare, accordare; **3.** *mus (auf Band, Schallplatte aufnehmen)* incidere (*auf* su); **der Film hat die Produktionskosten schon eingespielt** il film ha già reso il costo di produzione; **II.** *rfl:* **sich ~ 1.** *(sich warm spielen) sport* allenarsi; *mus, theat* esercitarsi, provare; **2.** *tec (Waage)* equilibrarsi; *(Kompaß, Wasserwaage)* stabilizzarsi; **3.** *(sich aufeinander einstellen)* affiatarsi; **4.** *(reibungslos funktionieren)* funzionare; **das spielt sich alles noch ein** la situazione si stabilizzerà, le cose si metteranno a posto; **gut aufeinander eingespielt sein** essere ben affiatati.

ein·springen ⟨*irr*⟩ *itr* ⟨*sein*⟩: **für jdn ~** rimpiazzare (*o.* sostituire) qu.

ein·spritzen *tr* iniettare. **Einspritzmotor** *m* motore *m* a iniezione.

Einspruch *m* **1.** *allg.* obiezione *f,* opposizione *f,* protesta *f;* **2.** *jur* ricorso *m,* reclamo *m;* **3.** *parl* veto *m;* **~ erheben** (*o.* **einlegen**) *jur* fare (un) ricorso (*gegen* contro); **(ich erhebe) ~! – (~) abgelehnt!/(dem ~ wird) stattgegeben!** *jur* protesto! – obiezione respinta!/obiezione accolta!

einspurig *a* a una corsia.

einst [ai̯nst] *adv* **1.** *(früher)* in passato, una volta; **2.** *geh (später einmal)* un giorno, in avvenire.

ein·stampfen *tr (Bücher)* macerare.

Einstand *m* **1.** *(Feier zum Arbeitsbeginn)* festeggiamento per l'entrata in servizio; **2.** *(beim Tennis)* punteggio *m* pari; **seinen ~ geben** festeggiare l'entrata in servizio.

ein·stecken *tr* **1.** *(hin~)* mettere dentro (*in* a), introdurre (*in* in); *el (Stekker)* innestare; **2.** *(in Tasche, etc.)* intascare; **3.** *(Brief)* imbucare, impostare; **4.** *fig fam (hinnehmen müssen)* subire; *(Schläge)* incassare *fam; (Beleidigung, Kritik)* mandar giù *fam,* sopportare.

ein·stehen ⟨*irr*⟩ *itr* ⟨*sein o. haben*⟩ **1.** rispondere (*für* di); **2.** *(garantieren)* garantire (*für* per).

ein·steigen ⟨*irr*⟩ *itr* ⟨*sein*⟩ **1.** *(in Fahrzeug)* salire; **2.** *(in Schiff, Flugzeug)* salire a bordo (*in* di), imbarcarsi (*in* su); **3.** *fam (in Geschäft, Unternehmen)* partecipare (*in* a), imbarcarsi *fam* (*in* su, in); **4.** *fam (eindringen, um zu stehlen)* entrare furtivamente.

einstellbar *a* regolabile, registrabile.

ein·stellen I. *tr* **1.** *(hin~)* mettere dentro (*in* a); **2.** *tec (regulieren)* sintonizzare (*auf* su), mettere a punto; *(bes. radio, TV)* regolare; *(Zündung)* mettere in fase; *fot* mettere a fuoco; *(Fernglas)* puntare; **3.** *(Arbeiter)* assumere; *(Angestellte)* impiegare; **4.** *(beenden)* terminare, sopprimere, cessare; *jur (Verfahren)* archiviare; *sport (Rekord)* battere; **auf Null ~** azzerare; **das Feuer ~** cessare il fuoco; **II.** *rfl:* **sich ~** *(kommen)* comparire, presentarsi, apparire; *(Schmerz)* farsi sentire; **sich auf etw. ~** prepararsi a qc, aspettare qc.

einstellig *a* di una (sola) cifra.

Einstellung *f* **1.** *tec* registrazione *f,* regolazione *f;* **2.** *(Anstellung)* impiego *m,* assunzione *f;* **3.** *(Beendigung)* cessazione *f; (von Zahlung, Verfahren)* sospensione *f; (von Feuer)* cessazione *f;* **4.** *(Haltung, Ansicht)* atteggiamento *m* (*zu* verso), attitudine *f* (*zu* verso), spirito *m* (*zu* di fronte a); *(Denkweise)* mentalità *f,* modo *m* di vedere.

Einstieg ['ai̯nʃti:k] ⟨-(e)s, -e⟩ *m* **1.** *(das Einsteigen)* entrata *f; (beim Bergsteigen)* salita *f* (*in* in); **2.** *(~sstelle)* accesso *m;* **3.** *fig (geistiger Zugang)* approccio *m* (*in* in).

ein·stimmen I. *tr (Instrument)* accordare; **II.** *itr* **1.** *(in Lied)* intonare (*in etw.* qc); **2.** *(beistimmen)* unirsi (*in* a).

einstimmig *a* **1.** *mus* per una sola voce, monodico; **2.** *(ohne Gegenstimme)* all'unisono; *(einmütig)* concorde, unanime; **der Beschluß wurde ~ angenommen** la decisione fu approvata all'unanimità. **Einstimmigkeit** ⟨-, ø⟩ *f* unanimità *f;* comune accordo *m.*

einstöckig ['ai̯nʃtœkıç] *a* di (*o.* a) un (solo) piano.

Einstrahlung *f (Sonnen~)* irradiazione *f.*

ein·streichen ⟨*irr*⟩ *tr* **1.** *allg.* spalmare; *(Salbe)* ungere; *(Farbe)* verniciare; **2.** *fam (Geld)* intascare *fam.*

ein·streuen *tr* **1.** (cos)pargere; **2.** *(Bemerkungen, Zitate)* inserire.

ein·strömen *itr* ‹*sein*› affluire; *(eindringen)* penetrare; **die Eindrücke strömten auf ihn ein** le impressioni affluivano su di lui.

ein·studieren ‹*ohne ge-*› *tr theat* provare, far le prove di.

ein·stufen *tr* **1.** graduare; *(einordnen, a. fig)* classificare; **2.** *(bewerten)* valutare; **jdn in eine Steuerklasse ~** inquadrare qu in una categoria fiscale.

Einstufung ‹-, -en› *f* **1.** graduazione *f; (Einordnung)* classificazione *f;* **2.** *(Bewertung)* valutazione *f;* **die ~ in eine neue Gehaltsklasse vornehmen** effettuare il passaggio in (*o.* ad) una nuova categoria retributiva.

einstündig ['a̲inʃtʏndɪç] *a* di (*o.* della durata di) un'ora.

ein·stürmen *itr* ‹*sein*› **1.** lanciarsi (*auf jdn* contro qu), gettarsi (*auf* su), precipitarsi (*auf* su); **2.** *(feindlich, a. fig)* assalire (*auf jdn* qu).

Einsturz *m* crollo *m,* cedimento *m,* caduta *f.*

ein·stürzen *itr* ‹*sein*› *(a. fig)* crollare, cedere, abbattersi; **auf jdn ~** *fig (über jdn hereinbrechen)* assalire qu, gettarsi addosso (*o.* contro *o.* su) qu.

Einsturzgefahr *f* pericolo *m* di crollo (*o.* di cedimento); **~!** attenzione, edificio pericolante!

einstweilen ['a̲instˈva̲ilən] *adv* **1.** *(vorläufig)* per ora, per il momento; **2.** *(unterdessen)* intanto.

einstweilig ['a̲instˈva̲ilɪç] *a* **1.** *(vorläufig)* temporaneo; **2.** *(provisorisch)* provvisorio; **~e Verfügung** *jur* provvedimento temporaneo.

eintägig ['a̲intɛ:gɪç] *a* di un giorno, di una giornata.

Eintagsfliege *f* **1.** *zoo* mosca *f* effimera; **2.** *fig* cosa *f* effimera.

ein·tauchen I. *tr* ‹*haben*› **1.** *(untertauchen)* immergere, tuffare; **2.** *(eintunken)* intingere; **II.** *itr* ‹*sein*› immergersi.

ein·tauschen *tr* cambiare (*gegen* con), dare in cambio (*gegen* di); barattare (*gegen* con); scambiare.

eintausend ['a̲inˈta̲uzənt] *(Zahlwort)* mille.

ein·teilen *tr* **1.** *(unterteilen)* (sud)dividere; *(in Klassen)* classificare; *(in Grade)* graduare; **2.** *(disponieren, haushalten mit)* disporre; **3.** *(für bestimmte Aufgabe, etc., a. mil)* assegnare.

Einteilung *f* **1.** *(Unterteilung)* (sud)divisione *f; (in Klassen)* classificazione *f; (in Grade)* graduazione *f;* **2.** *(Organisation)* uso *m* parsimonioso, economia *f; (Zeit~)* orario *m;* **3.** *(Zuweisung, a. mil)* assegnazione *f.*

eintönig ['a̲intø:nɪç] *a* monotono, uniforme. **Eintönigkeit** ‹-, ø› *f* monotonia *f,* uniformità *f.*

Eintopf(gericht *n)* *m* piatto *m* unico.

Eintracht ['a̲intraxt] ‹-, ø› *f* concordia *f; (Harmonie)* armonia *f,* accordo *m;* **~ (Frankfurt, Braunschweig,** *etc.***)** *sport* unione *f* (Frankfurt, Braunschweig, *etc.*).

einträchtig [...trɛçtɪç] **I.** *a* concorde; in armonia; **II.** *adv* in concordia, in buon'armonia.

Eintrag ['a̲intra:k] ‹-(e)s, ¨-e› *m* **1.** *(in Liste, etc.)* registrazione *f,* iscrizione *f; (in Wörterbuch)* entrata *f;* **2.** *adm (Vermerk, Notiz)* nota *f.*

ein·tragen ‹*irr*› **I.** *tr* **1.** *(in Buch, Liste)* registrare, iscrivere; **2.** *(einbringen)* rendere, portare, fruttare; *(Gewinn)* fruttare, rendere; **etw. auf jds Namen ~** intestare qc a qu; **II.** *rfl:* **sich ~** iscriversi.

einträglich ['a̲intrɛ:klɪç] *a* fruttuoso, redditizio.

Eintragung ‹-, -en› *f s.* **Eintrag.**

ein·träufeln *tr* instillare.

ein·treffen ‹*irr*› *itr* ‹*sein*› **1.** *(ankommen)* arrivare; **2.** *(geschehen: Prophezeiung, etc.)* avverarsi; *(Katastrophe, etc.)* accadere.

ein·treiben ‹*irr*› *tr* **1.** *(Geld)* riscuotere; **2.** *(Vieh, etc.)* ricondurre alla stalla; *(Schafe)* ricondurre all'ovile; **3.** *(Pfahl, etc.)* piantare.

ein·treten ‹*irr*› **I.** *itr* ‹*sein*› **1.** *(hineingehen)* entrare (*in* in); **2.** *(beitreten)* aderire (*in* a); **3.** *(geschehen)* sopraggiungere, verificarsi; *(einsetzen, beginnen)* iniziare, cominciare; **für jdn/etw. ~** *(sich einsetzen)* prendere le parti di qu/sostenere qc; *(verteidigen)* difendere (la causa di) qu/difendere qc, parteggiare per qc; **auf jdn ~** calpestare qu; **das Raumschiff ist in seine Umlaufbahn eingetreten** la navicella spaziale è entrata nella sua orbita; **es ist das eingetreten, was wir vorausgesehen haben** si è verificato quello che avevamo previsto; **in Verhandlungen ~** entrare in trattative, iniziare (*o.* aprire) trattative; **plötzlich trat Stille ein** improvvisamente si fece silenzio; **treten Sie (bitte) ein!** si accomodi (*o.* entri), prego!; **II.** *tr* ‹*haben*› *(zertrümmern)* sfondare (con un calcio).

ein·trichtern *tr:* **jdm etw. ~** *fam (Flüssigkeit)* propinare qc a qu *fam; fig* inculcare qc a qu.

Eintritt *m* **1.** *(das Eintreten)* entrata *f; (in Partei a.)* ingresso *m;* **2.** *(Beginn)* inizio *m;* **3.** *(~sgeld)* ingresso *m;* **~ frei** ingresso libero; **~ verboten** vietato l'ingresso. **Eintrittskarte** *f* biglietto *m* d'ingresso.
ein·trocknen *itr* ‹*sein*› asciugarsi, prosciugarsi.
ein·tunken *tr* inzuppare.
ein·üben *tr* studiare; *theat* provare.
ein·verleiben ['a͜infɛɐ̯la͜ibən] ‹*ohne ge-*› *tr* incorporare (*dat* in), inglobare (*dat* in); **sich** *(dat)* **etw. ~** *scherz (Nahrung)* mangiarsi qc; *fig* imparare qc.
Einvernehmen *n* concordia *f,* armonia *f;* accordo *m;* **im ~ mit** d'accordo con; **in gutem ~** in buoni rapporti; **in beiderseitigem ~** di comune accordo.
einverstanden *a:* **mit etw./jdm ~ sein** essere d'accordo su qc/con qu, approvare qc/qu; **~!** d'accordo!, intesi!
Einverständnis *n* **1.** *(Billigung)* approvazione *f,* assenso *m;* **2.** *(Übereinstimmung)* consenso *m,* accordo *m;* **ohne mein ~** senza il mio consenso; **zwischen ihnen herrscht stillschweigendes ~** fra loro esiste un tacito accordo.
Einwand ['a͜invant] ‹-(e)s, ⸚e› *m* obiezione *m;* **einen ~ erheben** sollevare un'obiezione.
Einwanderer *m,* **Einwandrerin** *f* immigrante *mf; (Eingewanderter)* immigrato, -a *m, f.*
ein·wandern *itr* ‹*sein*› immigrare.
einwandfrei *a* irreprensibile, impeccabile.
Einwandrerin *f s.* **Einwanderer.**
einwärts ['a͜invɛrt͜s] *adv* in dentro.
Einwegflasche *f* vuoto *m* a perdere.
ein·weichen *tr* mettere a bagno; *(Wäsche)* mettere a mollo; *(Brot)* inzuppare.
ein·weihen *tr* **1.** *(Gebäude, Gegenstand)* inaugurare; **2.** *rel* consacrare; **jdn in etw. ~** *(einführen)* iniziare qu a qc; *(in Geheimnis)* mettere a parte qu di qc.
Einweihung ‹-, -en› *f* **1.** *(Eröffnung)* inaugurazione *f;* **2.** *(in Geheimnis)* iniziazione *f* (*in* a).
ein·weisen ‹*irr*› *tr* **1.** *(in Krankenhaus)* ricoverare; *(in Gefängnis)* tradurre; *(in Anstalt)* internare; *(in Wohnung)* assegnare; **2.** *(in Amt)* insediare; **3.** *(in Tätigkeit)* addestrare; **4.** *mot (in Parklücke, etc.)* dirigere (nella manovra).
Einweisung *f* **1.** *(in Krankenhaus)* ricovero *m; (in Gefängnis)* traduzione *f* (in carcere); *(in Anstalt)* internamento *m; (in Wohnung)* assegnazione *f;* **2.** *(in Amt)* insediamento *m;* **3.** *(in Tätigkeit)* addestramento *m;* **4.** *mot* dirigere *m.*
ein·wenden ‹*irr*› *tr* obiettare (*gegen* su), ridire (*gegen* su); **dagegen ist nichts einzuwenden** non c'è nulla da ridire.
Einwendung *f* obiezione *f; jur* eccezione *f.*
ein·werfen ‹*irr*› **I.** *tr* **1.** *(Brief)* imbucare; **2.** *(Fenster, etc.)* frantumare; **3.** *fig (Bemerkung)* uscirsene con *fam,* buttar lì *fam;* **II.** *itr (sport)* rimettere in gioco la palla.
ein·wickeln *tr* **1.** avvolgere, incartare; **2.** *fig fam (betrügen)* abbindolare *fam.*
ein·willigen *itr* (ac)consentire (*in* a); accettare (*in etw.* qc).
Einwilligung ‹-, -en› *f* consenso *m,* approvazione *f,* benestare *m.*
ein·wirken *itr* **1.** *allg., med, phys* agire (*auf* su); **2.** *(beeinflussen)* influire (*auf* su), influenzare (*auf etw.* qc).
Einwirkung *f* **1.** *allg.* azione *f* (*auf* su), effetto (*auf* su); **2.** *(Beeinflussung)* influsso *m,* influenza *f;* **unter (der) ~ von Drogen** sotto l'effetto di droghe.
Einwohner(in) ‹-s, -› *m(f)* abitante *mf.* **Einwohnermeldeamt** *n* anagrafe *m.* **Einwohnerschaft** ‹-, ø› *f* cittadinanza *f,* popolazione *f.*
Einwurf *m* **1.** *(für Briefe)* buca *f; (Münz~)* fessura *f;* **2.** *(das Einwerfen)* impostazione *f;* **3.** *fig (Bemerkung)* osservazione *f;* **4.** *sport (Ball~)* rimessa *f* in gioco.
Einzahl *f* singolare *m.*
ein·zahlen *tr* pagare, versare. **Einzahlungsbeleg** *m* ricevuta *f* di versamento. **Einzahlungsformular** *n* modulo *m* di versamento.
ein·zäunen ['a͜int͜sɔ͜ynən] *tr* recintare.
Einzel ['a͜int͜səl] ‹-s, -› *n* singolare *m;* (gioco *m*) singolo *m.* **Einzelfall** *m* caso *m* singolo (*o.* particolare). **Einzelgänger(in)** [-gɛŋɐ (...ərın)] ‹-s, -› *m(f)* **1.** *fig* solitario, -a *m, f,* outsider *mf;* **2.** *zoo* animale *m* solitario. **Einzelhaft** *f* cella *f* d'isolamento. **Einzelhandel** *m* commercio *m* al minuto (*o.* dettaglio). **Einzelhändler(in)** *m(f)* commerciante *mf* (*o.* venditore, -trice *m, f*) al minuto. **Einzelheit** ‹-, -en› *f* particolare *m,* dettaglio *m;* **in allen ~en** in tutti i particolari; **(nicht) auf ~en eingehen** (non) entrare nei particolari; **bis in alle ~en** nei minimi particolari. **Einzelkind** *n* figlio, -a *m, f* unico, -a.

einzellig *a biol* unicellulare, monocellulare.

einzeln I. *a* 1. *(alleinig)* solo, unico; 2. *(Sonder-)* particolare, speciale; 3. *(getrennt)* separato, distinto; 4. *(allein(stehend))* singolo, isolato; 5. *(ohne Gegenstück)* spaiato; **der ~e** l'individuo; **ein ~er Strumpf** una calza sola; **~e** *(einige, wenige)* alcuni, qualche *(mit sing)*; **im ~en** in particolare; **jeder ~e** ognuno, ciascuno; II. *adv* 1. *(für sich betrachtet)* singolarmente, ad uno ad uno; 2. *(getrennt)* separatamente; 3. *(stückweise)* uno per uno; **bitte ~ eintreten** per favore, entrare uno alla (*o.* per) volta.

Einzelperson *f* individuo *m*, singolo *m*. **Einzelstück** *n* pezzo *m* unico. **Einzelteil** *n* pezzo *m* staccato. **Einzelzimmer** *n* camera *f* singola.

einziehbar *a* 1. *(Fahrgestell)* retrattabile; 2. *(Geld)* riscuotibile.

ein·ziehen ‹*irr*› I. *tr* ‹*haben*› 1. *(Faden, Band)* infilare; 2. *(Krallen)* ritirare; *(Kopf, Bauch, Antenne, Fahrgestell)* far rientrare; *(Fahne, Segel)* ammainare; 3. *(Gelder)* riscuotere, incassare; *(Außenstände)* ricuperare; 4. *(beschlagnahmen)* confiscare, sequestrare; 5. *mil (Rekruten)* arruolare; 6. *(einsaugen)* aspirare; **den Schwanz ~** *fig sl* andarsene con la coda tra le gambe *fam*; **Erkundigungen über jdn ~** prendere informazioni su qu; II. *itr* ‹*sein*› 1. *(Einzug halten)* fare il proprio ingresso *(a. mil)*, entrare; *fig (einkehren)* entrare, penetrare; 2. *(in Wohnung, Haus)* andare ad abitare (*in* in, *bei* da, presso); 3. *(Flüssigkeit, Creme, etc.)* penetrare (*in* in), essere assorbito (*in* da).

Einziehung *f* 1. *mil* coscrizione *f*, richiamo *m* alle armi; 2. *(von Außenständen)* riscossione *f*, ricupero *m*; *(von Steuern)* esazione *f*; 3. *(Beschlagnahmung)* confisca *f*, sequestro *m*.

einzig I. *a* unico, solo; *(~artig)* eccezionale; **das ~e, was wir tun können** la sola cosa che possiamo fare; **es war eine ~e Katastrophe** *fam* è stata una vera e propria catastrofe; II. *adv*: **~ und allein** unicamente; **das ~ Wahre** *fam* la sola cosa vera. **einzigartig** *a* unico (nel suo genere), straordinario.

Einzug *m* ingresso *m*.

Eis [ais] ‹-es, ø› *n* 1. *(gefrorenes Wasser)* ghiaccio *m*; 2. *(Speise~)* gelato *m*; **das ~ brechen** *(a. fig)* rompere il ghiaccio; **etw. auf ~ legen** mettere qc in ghiaccio; *fig (zurückstellen)* accantonare qc; **eine Portion ~** un gelato; **~ am Stiel** gelato da passeggio. **Eisbahn** *f* pista *f* di pattinaggio. **Eisbär** *m* orso *m* bianco. **Eisbecher** *m* coppa *f* di gelato. **Eisbein** *n* zampetto *m* di porco. **Eisberg** *m* iceberg *m*. **Eisbeutel** *m* borsa *f* del ghiaccio. **Eisblumen** *f pl* fiori *m pl* di ghiaccio (sui vetri delle finestre). **Eisbombe** *f gastr* bomba *f* di gelato. **Eisbrecher** *m* (nave *f*) rompighiaccio *m*. **Eisdiele** *f* gelateria *f*.

Eisen ['aizən] ‹-s, -› *n* ferro *m*; **man muß das ~ schmieden, solange es heiß ist** *prov* bisogna battere il ferro finché è caldo *prov*; **zwei ~ im Feuer haben** *fig* mettere molta carne al fuoco *fam*; **zum alten ~ gehören** *fig* essere un rottame *fam*; **ein heißes ~ anfassen** *fig* toccare una questione scottante.

Eisenbahn *f* ferrovia *f*; *(Zug)* treno *m*; **mit der ~ fahren** andare in treno; **es ist (aller)höchste ~** *fig fam* il tempo stringe *fam*. **Eisenbahnbrücke** *f* ponte *m* ferroviario. **Eisenbahndirektion** *f* direzione *f* delle ferrovie. **Eisenbahner** ‹-s, -› *m* ferroviere *m*. **Eisenbahnergewerkschaft** *f* sindacato *m* dei ferrovieri. **Eisenbahnfähre** *f* (nave *f*) traghetto *m* ferroviario. **Eisenbahngesellschaft** *f* compagnia *f* ferroviaria. **Eisenbahnknotenpunkt** *m* nodo *m* ferroviario. **Eisenbahnnetz** *n* rete *f* ferroviaria. **Eisenbahntunnel** *m* galleria *f* ferroviaria. **Eisenbahnüberführung** *f* sovrapassaggio *m* (*o.* viadotto *m*) ferroviario. **Eisenbahnunglück** *n* sciagura *f* ferroviaria. **Eisenbahnunterführung** *f* sottopassaggio *m* ferroviario. **Eisenbahnwagen** *m* carrozza *f* ferroviaria.

Eisenbeschlag *m* rivestimento *m* di ferro. **Eisendraht** *m* filo *m* di ferro. **Eisenerz** *n* minerale *m* di ferro. **Eisengitter** *n* inferriata *f*. **eisenhaltig** *a* ferruginoso. **Eisenhüttenwerk** *n* ferriera *f*, stabilimento *m* siderurgico. **Eisenmangel** *m* carenza *f* di ferro. **Eisenoxyd** *n* ossido *m* ferrico. **Eisenstadt** ['aizənʃtat] *n* Eisenstadt *f*. **Eisenstange** *f* barra *f* di ferro. **Eisenwaren** *f pl* ferramenta *f*. **Eisenwarenhändler** *m* negoziante *m* di ferramenta. **Eisenwarenhandlung** *f* negozio *m* di ferramenta.

eisern *a* di ferro; *(a. fig: Wille, etc.)* ferreo; **~e Lunge** polmone d'acciaio; **~e Ration** razione *f* d'emergenza; *mil* razione *f* di riserva; **~er Vorhang**

theat sipario di ferro; **E~er Vorhang** *pol* cortina di ferro; **~e Disziplin** disciplina ferrea (*o.* di ferro); **~ bleiben** essere inflessibile (*o.* irremovibile).

eisfrei *a* libero dal ghiaccio. **Eisgang** *m* ghiacci *m pl* alla deriva. **eisgekühlt** *a* ghiacciato. **Eisheilige** *m pl* gelo *m* di maggio. **Eishockey** *n* hockey *m* sul ghiaccio. **eisig** [ˈa̯izɪç] *a* gelido. **Eiskaffee** *m* caffè *m* freddo con gelato e panna. **eiskalt** *a* gelido, freddissimo. **Eiskübel** *m* secchiello *m* del ghiaccio. **Eiskunstlauf** *m* pattinaggio *m* artistico. **eis·laufen** ‹*irr*› *itr* ‹*sein*› pattinare. **Eisläufer(in)** *m(f)* pattinatore, -trice *m, f.* **Eismeer** *n* mare *m* di ghiaccio; **das Nördliche/Südliche ~** il Mare glaciale artico/antartico. **Eispickel** *m* piccozza *f* alpina.

Eisprung *m* ovulazione *f.*

Eisschnellauf *m* pattinaggio *m* di velocità. **Eisscholle** *f* lastrone *m* di ghiaccio. **Eisschrank** *m* frigorifero *m.* **Eisstadion** *n* stadio *m* del ghiaccio. **Eisverkäufer(in)** *m(f)* gelataio, -a *m, f.* **Eisvogel** *m* martin *m* pescatore. **Eiswaffel** *f* wafer *m* (*o.* biscotto *m*) da gelato. **Eiswürfel** *m* cubetto *m* di ghiaccio. **Eiszapfen** *m* ghiacciolo *m.* **Eiszeit** *f* epoca *f* glaciale.

eitel [ˈa̯itəl] *a* **1.** vanitoso; *(eingebildet)* presuntuoso, borioso; **2.** *geh (nichtig)* futile *geh;* **3.** *poet (rein)* puro. **Eitelkeit** ‹-, -en› *f* vanità *f;* presunzione *f,* boria *f.*

Eiter [ˈa̯itɐ] ‹-s, ø› *m* pus *m.* **eit(e)rig** *a* purulento. **eitern** *itr* suppurare.

Eiweiß ‹-es, -e› *n* **1.** bianco *m* dell'uovo; *scient* albume *m;* **2.** *chem* albumina *f;* **3.** *biol* proteina *f.* **eiweißarm** *a* povero di albumine. **eiweißhaltig** *a* albuminoso.

Eizelle *f* ovulo *m.*

ejakulieren [ejakuˈliːrən] ‹*ohne ge-*› *itr* eiaculare.

EKD [eːkaːˈdeː] ‹-, ø› *f ab von* **Evangelische Kirche in Deutschland** *chiesa protestante in Germania.*

Ekel[1] [ˈeːkəl] ‹-s, ø› *m* nausea *f* (*vor* di); *(Widerwille)* disgusto *m,* schifo *m* (*vor* di), avversione *f* (*vor* per), ripugnanza *f* (*vor* di); **~ erregen** nauseare; **sich vor ~ übergeben** vomitare dallo schifo; **~ stieg in ihm hoch** gli venne la nausea.

Ekel[2] ‹-s, -› *n fam pej* persona *f* schifosa; **du ~!** oh che essere odioso! **ekelerregend, ekelhaft, ek(e)lig** *a* schifoso; nauseante, ributtante. **ekeln** **I.** *tr, itr:* **mich** (*o.* **mir**) **ekelt (es) vor etw.** ho nausea (*o.* ripugnanza) di qc, qc mi disgusta; **II.** *rfl:* **sich ~** sentirsi disgustato (*vor* di).

EKG, Ekg [eːkaːˈgeː] ‹-(s), -s› *n ab von* **Elektrokardiogramm** E.C.G. (*ab von* elettrocardiogramma).

eklatant [eklaˈtant] *a* eclatante.

Ekstase [ɛkˈstaːzə] ‹-, -n› *f* estasi *f;* **in ~ geraten** andare in estasi; **jdn in ~ versetzen** mandare qu in estasi.

ekstatisch [ɛkˈstaːtɪʃ] *a* estatico.

Ekzem [ɛkˈtseːm] ‹-s, -e› *n* eczema *m.*

elastisch [eˈlastɪʃ] *a* elastico.

Elastizität [...tit̮siˈtɛːt] ‹-, ø› *f* elasticità *f.*

Elba [ˈɛlba] *n* Elba *f,* l'Isola *f* d'Elba.

Elbe [ˈɛlbə] *f* Elba *f.*

Elch [ɛlç] ‹-(e)s, -e› *m* alce *m.*

Elefant [eleˈfant] ‹-en, -en› *m* elefante *m;* **sich wie ein ~ im Porzellanladen benehmen** avere la delicatezza di un pachiderma.

elegant [eleˈgant] *a* elegante.

Eleganz [...ˈgant̮s] ‹-, ø› *f* eleganza *f.*

elektrifizieren [elɛktrifiˈt̮siːrən] ‹*ohne ge-*› *tr* elettrificare.

Elektrifizierung ‹-, ø› *f* elettrificazione *f.*

Elektriker(in) [eˈlɛktrikɐ (...ərɪn)] ‹-s, -› *m(f)* elettricista *mf,* elettrotecnico, -a *m, f.*

elektrisch [eˈlɛktrɪʃ] *a* elettrico; **~er Schlag** scossa (elettrica); **der ~e Stuhl** la sedia elettrica.

elektrisieren [...triˈsiːrən] ‹*ohne ge-*› *tr* elettrizzare.

Elektrizität ‹-, ø› *f* elettricità *f.* **Elektrizitätsgesellschaft** *f* società *f* di elettricità. **Elektrizitätswerk** *n* centrale *f* elettrica.

Elektroauto [eˈlɛktro-] *n* veicolo *m* elettrico. **Elektrochemie** [-çeˈmiː] *f* elettrochimica *f.*

Elektrode [elɛkˈtroːdə] ‹-, -n› *f* elettrodo *m.*

Elektrogerät *n* apparecchio *m* elettrico, elettrodomestico *m.* **Elektrogeschäft** *n* negozio *m* di elettrodomestici. **Elektrogroßhandel** *m* commercio *m* all'ingrosso di elettrodomestici. **Elektroherd** *m* cucina *f* elettrica. **Elektroindustrie** *f* industria *f* elettrotecnica. **Elektroingenieur(in)** *m(f)* (donna *f*) ingegnere *m* elettrotecnico. **Elektroinstallateur** *m* elettricista *m.* **Elektrokardiogramm** [-kardi̯oˈgram] *n* (*ab* **EKG**) elettrocardiogramma *m.*

Elektrolyse [-ˈlyːzə] ‹-, -n› *f* elettrolisi *f.*

Elektromagnet [-maˈgneːt] *m* elettromagnete *m.* **elektromagnetisch** *a* elettromagnetico. **Elektrometer**

[-'me:tɐ] ⟨-s, -⟩ *n* elettrometro *m*. **Elektromotor** *m* motore *m* elettrico, elettromotore *m*.

Elektron ['e:lɛktrɔn *o.* elɛk'tro:n, ...'tro:nən] ⟨-s, -en⟩ *n* elettrone *m*.

Elektronen- *(in Zusammensetzungen)* elettronico. **Elektronenblitz** *m* lampo *m* elettronico, flash *m*. **Elektronenmikroskop** *n* microscopio *m* elettronico. **Elektronenrechner** *m* calcolatore *m* elettronico. **Elektronenröhre** *f* tubo *m* elettronico.

Elektronik [elɛk'tro:nɪk] ⟨-, ø⟩ *f* elettronica *f*.

elektronisch *a* elettronico; **~e Datenverarbeitung** (*ab* **EDV**) elaborazione *f* elettronica (dei) dati, centro *m* elaborazione (dei) dati.

Elektrorasierer ⟨-s, -⟩ *m* rasoio *m* elettrico. **Elektroschock** *m* elettroshock *m*, elettrochoc *m*. **Elektrotechnik** *f* elettrotecnica *f*. **Elektrotechniker(in)** *m(f)* elettrotecnico, -a *m, f; (Ingenieur)* (donna *f*) ingegnere *m* elettrotecnico. **Elektrotherapie** [-tera'pi:] *f* elettroterapia *f*.

Element [ele'mɛnt] ⟨-(e)s, -e⟩ *n* elemento *m*; **in seinem ~ sein** essere nel proprio elemento; **kriminelle/subversive/unerwünschte ~e** *pej* elementi criminali/sovversivi/indesiderati.

elementar [...'ta:ɐ̯] *a* elementare; *(grundlegend a.)* fondamentale.

elend ['e:lɛnt] *a* **1.** *(armselig)* misero, povero; **2.** *(kümmerlich)* miserabile, infelice; **3.** *fam (kränklich)* malaticcio *fam;* **4.** *pej (gemein)* infame; **5.** *fam (übermäßig)* enorme, terribile; **sich ~ fühlen** sentirsi male; **du ~er Betrüger!** *fam* misero imbroglione! *fam.* **Elend** ⟨-(e)s, ø⟩ *n* **1.** *(Not, Armut)* miseria *f*, indigenza *f;* **2.** *(Leid)* dolore *m;* **jdn ins ~ stürzen** portare qu alla rovina, mandare qu in rovina; **es ist ein ~ mit ihm** *fam* è la disperazione di tutti; **da kann man das heulende ~ kriegen** *fam* c'è da piangere; **langes ~** *fam* spilungone *m fam;* **wie das leibhaftige ~ aussehen** *fam* sembrare la morte in vacanza *fam;* **wie ein Häufchen ~** *fam* come uno straccio *fam.* **Elendsviertel** *n* quartiere *m* povero.

elf [ɛlf] *(Zahlwort)* undici; *s. a. vier.*

Elf[1] ⟨-, -en⟩ *f (Zahl)* undici *m; (Buslinie, etc.)* undici *m; sport* undici *m*, squadra *f* di calcio.

Elf[2] [ɛlf] ⟨-en, -en⟩ *m (Märchengestalt)* elfo *m*, silfo *m*.

Elf-, elf- *s. a. Vier-, vier-.*

Elfe ['ɛlfə] ⟨-, -n⟩ *f* silfide *f*.

Elfenbein ['ɛlfənbai̯n] *n* avorio *m*. **elfenbeinfarben** *a* color avorio, eburneo *geh.* **Elfenbeinküste** *f* Costa *f* d'Avorio.

Elfmeter [-'me:tɐ] ⟨-s, -⟩ *m* tiro *m* (*o.* calcio *m*) di rigore; **einen ~ schießen** tirare un calcio di rigore. **Elfmeterschießen** ⟨-, ø⟩ *n* calci *m pl* di rigore.

elfte *s.* **elfte(r, s).**

Elfte ⟨ein -r, -n, -n⟩ *mf* undicesimo, -a *m, f; s. a. Vierte.*

Elftel ⟨-s, -⟩ *n* undicesimo *m*.

elftens *adv* (in) undicesimo (luogo).

elfte(r, s) *a* undicesimo, -a; *(bei Datumsangaben)* undici; *s. a. vierte(r, s).*

eliminieren [elimi'ni:rən] ⟨*ohne ge-*⟩ *tr* eliminare.

Elisabeth [e'li:zabɛt] *(weiblicher Vorname)* Elisabetta.

Elite [e'li:tə] ⟨-, -n⟩ *f* élite *f*, fior fiore *m*.

Elixier [elɪ'ksi:ɐ̯] ⟨-s, -e⟩ *n* elisir *m*.

Elke ['ɛlkə] *weiblicher Vorname.*

Ellbogen *m s.* **Ellenbogen.**

Elle ['ɛlə] ⟨-, -n⟩ *f anat* ulna *f; (a. Maß)* cubito *m*.

Ellen ['ɛlən] *weiblicher Vorname.*

Ell(en)bogen ⟨-s, -⟩ *m* gomito *m;* **seine ~ gebrauchen** *fig* farsi avanti coi gomiti *fam* (*o.* a forza di gomitate *fam*); **keine ~ haben** *fig* non sapersi imporre *fam*, non aver grinta *fam;* **jdn mit dem ~ stoßen** dare una gomitata a qu. **Ell(en)bogenfreiheit** *f fig* libertà *f* di movimento.

ellenlang *a fam* lunghissimo.

Ellipse [ɛ'lɪpsə] ⟨-, -n⟩ *f* **1.** *mat* ellisse *f;* **2.** *ling* ellissi *f*.

elliptisch [ɛ'lɪptɪʃ] *a* ellittico.

Elsa, Else ['ɛlza, 'ɛlzə] *(weiblicher Vorname)* Elsa.

Elsaß ['ɛlzas] *n* Alsazia *f;* **~-Lothringen** Alsazia-Lorena *f*.

Elster ['ɛlstɐ] ⟨-, -n⟩ *f* gazza *f;* **diebische ~** gazza ladra.

elterlich *a* **1.** *(von den Eltern kommend)* dei genitori, parentale; **2.** *(den Eltern gehörend)* paterno; **~e Gewalt** patria potestà, potestà paterna; **das ~e Haus** la casa paterna.

Eltern ['ɛltɐn] ⟨*pl*⟩ genitori *m pl.* **Elternabend** *m* riunione *f* dei genitori. **Elternhaus** *n* **1.** *(Vaterhaus)* casa *f* paterna; **2.** *fig* famiglia *f*. **Elternliebe** *f* amore *m* dei genitori. **elternlos I.** *a* orfano (di padre e di madre); **II.** *adv* senza genitori. **Elternsprechtag** *m* giorno *m* per il colloquio con i genitori.

Email [e'mai̯ *o.* e'ma:j] ⟨-s, -s⟩ *n*, **Emaille** [e'maljə *o.* e'mai̯] ⟨-, -n⟩ *f* smalto *m*.

emaillieren [ema'ji:rən *o.* emal'ji:rən] ⟨*ohne ge-*⟩ *tr* smaltare.

Emanze [e'mantsə] ⟨-, -n⟩ *f fam pej* femminista *f*, suffragetta *f scherz.*

Emanzipation [emantsipa'tsio:n] ⟨-, -en⟩ *f* emancipazione *f.* **Emanzipationsbewegung** *f* movimento *m* d'emancipazione.

emanzipatorisch [...'to:rɪʃ] *a* emancipatore.

emanzipieren [...'pi:rən] ⟨*ohne ge-*⟩ **I.** *tr* emancipare; **II.** *rfl:* **sich ~** emanciparsi. **emanzipiert** *a* emancipato.

Embargo [ɛm'bargo] ⟨-s, -s⟩ *n* embargo *m;* **ein Land mit einem ~ belegen** mettere l'embargo a un paese.

Embolie [ɛmbo'li:, ...i:ən] ⟨-, -n⟩ *f* embolia *f.*

Embryo ['ɛmbryo, ...y'o:nən] ⟨-s, -nen⟩ *m* embrione *m.*

embryonal [...o'na:l] *a* embrionale.

Emigrant(in) [emi'grant(ɪn)] ⟨-en, -en⟩ *m(f)* **1.** *(Auswanderer)* emigrante *mf;* **2.** *pol* emigrato, -a *m, f.*

Emigration [...gra'tsio:n] ⟨-, -en⟩ *f* emigrazione *f.*

emigrieren [...'gri:rən] ⟨*ohne ge-*⟩ *itr* ⟨*sein*⟩ emigrare.

Emil ['e:mi:l] *(männlicher Vorname)* Emilio.

Emission [emɪ'sio:n] ⟨-, -en⟩ *f* **1.** *phys, fin* emissione *f;* **2.** *CH (Rundfunksendung)* trasmissione *f.*

emittieren [...'ti:rən] ⟨*ohne ge-*⟩ *tr phys, fin* emettere.

Emma ['ɛma] *(weiblicher Vorname)* Emma.

Emotion [emo'tsio:n] ⟨-, -en⟩ *f* emozione *f.*

emotional, emotionell [emotsio'na:l, ...'nɛl] **I.** *a* emozionale, emotivo; **II.** *adv* in modo emozionale.

empfahl [ɛm'pfa:l] *1. u. 3. pers sing imp von* **empfehlen.**

empfand [ɛm'pfant] *1. u. 3. pers sing imp von* **empfinden.**

Empfang [ɛm'pfaŋ] ⟨-(e)s, ⸚e⟩ *m* **1.** *allg., radio, TV* ricezione *f; (a. festliche Veranstaltung)* ricevimento *m;* **2.** *(Aufnahme)* accoglienza *f; (von Briefen, etc.)* ricevimento *m,* ricevere *m;* **3.** *(im Hotel)* reception *f;* **bei ~ von ...** ricevendo ...; **nach ~** a ricevimento; **den ~ bestätigen** accusare ricevuta (*einer S.* di qu); **etw. in ~ nehmen** prendere in consegna qc, ricevere qc; **jdn in ~ nehmen** accogliere qu; **einen ~ geben** dare un ricevimento.

empfangen ⟨empfängt, empfing, empfangen⟩ *tr* **1.** *allg., fig, radio, TV* ricevere; *(Person)* accogliere; *(Geld, bes. Lohn)* percepire; **2.** *geh (schwanger werden)* concepire *geh;* **jdn freundlich ~** accogliere qu calorosamente.

Empfänger [ɛm'pfɛŋɐ] ⟨-s, -⟩ *m radio (Gerät)* apparecchio *m* ricevente, ricevitore *m.*

Empfänger(in) ⟨-s, -⟩ *m(f) (von Postsendung)* destinatario, -a *m, f; (von Ware)* consegnatario, -a *m, f; (von Summe)* ricevitore, -trice *m, f; (von Spende)* beneficiario, -a *m, f;* **~ unbekannt** *(auf Briefen)* sconosciuto all'indirizzo; **~ verzogen** destinatario trasferito.

empfänglich [ɛm'pfɛŋlɪç] *a (zugänglich)* sensibile (*für* a); *(aufgeschlossen)* aperto (*für* a); *med (anfällig)* sensibile (*für* a), predisposto (*für* a).

Empfängnis [ɛm'pfɛŋnɪs] ⟨-, -se⟩ *f* concepimento *m,* concezione *f.* **empfängnisverhütend** *a:* **~es Mittel** anticoncezionale *m.* **Empfängnisverhütung** *f* prevenzione *f* del concepimento.

Empfangsbescheinigung *f,* **-bestätigung** *f com* ricevuta *f,* quietanza *f.* **Empfangschef(in)** *m(f)* direttore, -trice *m, f,* maître, -tresse *m, f.* **Empfangsstation** *f* stazione *f* ricevente. **Empfangszimmer** *n* salotto *m* da ricevimento.

empfängt [ɛm'pfɛŋt] *3. pers sing pr von* **empfangen.**

empfehlen [ɛm'pfe:lən] ⟨empfiehlt, empfahl, empfohlen⟩ **I.** *tr* raccomandare, consigliare; **II.** *rfl:* **sich ~ 1.** *(sich verabschieden)* prendere congedo, accomiatarsi; **2.** *(sich vorschlagen)* proporsi; **es empfiehlt sich zu ...** conviene ... *inf.* **empfehlenswert** *a* raccomandabile, consigliabile.

Empfehlung ⟨-, -en⟩ *f* **1.** *(a. Fürsprache)* raccomandazione *f; (Rat)* consiglio *m;* **2.** *(Referenz)* referenze *f pl;* **3.** *geh (Gruß)* ossequi *m pl,* rispetti *m pl,* saluti *m pl;* **mit den besten ~en** *geh* con i migliori saluti; **meine ~ an Ihre Frau Mutter!** *geh* i miei saluti (*o.* rispetti *geh*) a Sua madre!; **auf ~ von** dietro raccomandazione di; **eine ~ haben** essere raccomandato. **Empfehlungsschreiben** *n* lettera *f* di raccomandazione.

empfiehlt [ɛm'pfi:lt] *3. pers sing pr von* **empfehlen.**

empfinden [ɛm'pfɪndən] ⟨empfindet, empfand, empfunden⟩ *tr* sentire, provare; **nichts/viel für jdn ~** non provare niente/provare molto per qu; **ich empfinde es als eine Wohltat,**

daß ... mi dà un senso di benessere il fatto che ...

empfindlich *a* **1.** *allg., fot, tec* sensibile (*für, gegen* a); **2.** *(zart)* delicato; **3.** *(leicht verletzbar)* suscettibile; *(übelnehmend)* permaloso; *(reizbar)* irritabile; **4.** *(spürbar, schmerzlich)* pungente, doloroso; **jdn an seiner ~sten Stelle treffen** pungere qu sul vivo *fam;* **~er Verlust** perdita dolorosa. **Empfindlichkeit** ‹-, ø› *f* **1.** *allg., med, tec, fot* sensibilità *f;* **2.** *fig* suscettibilità *f,* irritabilità *f.*

empfindsam *a* sensibile, delicato d'animo; *(gefühlvoll)* emotivo, sentimentale. **Empfindsamkeit** ‹-, ø› *f* sensibilità *f;* emotività *f;* sentimentalià *f.*

Empfindung ‹-, -en› *f* **1.** *(Sinnes~)* sensazione *f;* **2.** *fig* sentimento *m.*

empfing [ɛm'pfɪŋ] *1. u. 3. pers sing imp von* **empfangen.**

empfohlen [ɛm'pfo:lən] *pp von* **empfehlen.**

empfunden [ɛm'pfʊndən] *pp von* **empfinden.**

empor [ɛm'po:ɐ̯] *adv poet* verso l'alto, all'insù. **empor·arbeiten** *rfl:* **sich ~** *fig* farsi una posizione, far carriera; **sich wieder ~** *fig* tornare a galla *fam.*

Empore [ɛm'po:rə] ‹-, -n› *f (in Kirche)* cantoria *f,* matroneo *m; (in Theater)* galleria *f.*

empören [ɛm'pø:rən] ‹*ohne ge-*› **I.** *tr* indignare; **II.** *rfl:* **sich ~ 1.** *(sich entrüsten)* indignarsi, arrabbiarsi; **2.** *(sich auflehnen)* ribellarsi (*gegen* a), sollevarsi (*gegen* contro), rivoltarsi (*gegen* contro). **empörend** *a* vergognoso.

Emporkömmling [-kœmlɪŋ] ‹-s, -e› *m* arrivista *mf,* parvenu *m.* **empor·schwingen** ‹*irr*› *rfl:* **sich ~** lanciarsi in alto; **sich zu etw. ~** *fig* raggiungere qc.

empört *a* indignato (*über* di).

Empörung ‹-, -en› *f* indignazione *f* (*über* per).

emsig ['ɛmzɪç] *a* **1.** *(fleißig)* diligente; **2.** *(unermüdlich)* assiduo. **Emsigkeit** ‹-, ø› *f* **1.** *(Fleiß)* diligenza *f;* **2.** *(Unermüdlichkeit)* assiduità *f.*

Emu ['e:mu] ‹-s, -s› *m* emù *m.*

End- ['ɛnt-] *(in Zusammensetzungen)* terminale, finale, definitivo. **Endausscheidung** *f* finalissima *f.* **Endbahnhof** *m* stazione *f* terminale.

Ende ['ɛndə] ‹-s, -n› *n* **1.** *allg.* fine *f;* **2.** *tec (Endpunkt)* estremità *f;* **3.** *(Ausgang)* esito *m; (Tod)* morte *f; fig* termine *m;* **4.** *(Ergebnis)* risultato *m;* **am ~** alla fine; *(schließlich, im Grunde)* in fondo, in fin dei conti, finalmente, dopo tutto; *(vielleicht, etwa)* magari; **am anderen ~ der Stadt** all'altro capo della città; **am äußersten ~** all'estremo; **am ~ der Welt** *fam* in capo al mondo *fam;* **bis zum bitteren ~** fino alla fine; **letzten ~s** alla fin fine; **~ Mai** alla fine di maggio; **einer S. ein ~ bereiten** (*o.* **machen)** porre fine a qc; **etw. zu ~ bringen** portare qc a compimento (*o.* termine), terminare qc; **zu ~ gehen** stare per finire; *(Frist)* scadere; **ein böses/gutes ~ nehmen** finir male/bene; **zu ~ sein** essere finito, finire; **am ~ (seiner Kräfte) sein** essere sfinito; **das will kein ~ nehmen** non finisce più; **das dicke ~ kommt noch** *fam* il peggio deve ancora venire; **~ gut, alles gut** *prov* tutto è bene quel che finisce bene *prov;* **~ der Durchsage/Vorstellung** fine della trasmissione/rappresentazione; **sie kann (wieder einmal) kein ~ finden** non la smette più; **er ist ~ dreißig** è alla fine dei trenta; **von einem ~ zum anderen** da un'estremità all'altra.

Endeffekt *m:* **im ~** *fam* alla fin fine.

enden *itr allg.* finire; *(a. ausgehen)* terminare; *(Frist)* scadere; *gram* terminare (*auf* in); **nicht ~ wollender Beifall** un applauso a non finire; **das wird böse ~!** finirà (*o.* andrà a finir) male.

Endergebnis *n* risultato *m* finale. **Endgeschwindigkeit** *f* velocità *f* finale. **endgültig** *a* definitivo.

Endivie [ɛn'di:vi̯ə] ‹-, -n› *f* indivia *f,* cicoria *f.*

Endkampf *m sport* finale *f.*

endlich I. *a* finito; **II.** *adv* in fine, alla fine; **na, ~!** *fam* finalmente!

endlos *a* **1.** *(räumlich)* infinito; **2.** *(zeitlich)* interminabile; **das dauert ja ~ lange** non finisce più. **Endlosigkeit** ‹-, -en› *f* durata *f* interminabile, infinità *f; (Grenzenlosigkeit)* immensità *f.*

Endphase *f* fase *f* finale. **Endprodukt** *n* prodotto *m* finito. **Endpunkt** *m* punto *m* estremo (*o.* d'arrivo). **Endrunde** *f sport* girone *f* finale, ultima ripresa *f.* **Endspiel** *n sport* finale *f.* **Endspurt** *m* sprint *m; (Radsport)* volata *f.* **Endstadium** *n* fase *f* finale. **Endstation** *f* stazione *f* terminale, capolinea *m.* **Endsumme** *f* totale *m.*

Endung ‹-, -en› *f gram* desinenza *f.*

Endverbraucher *m* consumatore, -trice *m, f* (finale). **Endziel** *n* meta *f* finale.

Energie [enɛr'gi:, ...i:ən] ‹-, -n› *f*

1. *phys, fig* energia *f;* 2. *(Tatkraft)* vigore *m,* forza *f.* **Energiebedarf** *m* fabbisogno *m* energetico. **Energieerzeugung** *f* produzione *f* energetica. **Energiequelle** *f* fonte *f* (*o.* sorgente *f*) energetica. **Energieträger** *m* fonte *f* energetica. **Energieumwandlung** *f* trasformazione *f* energetica. **Energieverbrauch** *m* consumo *m* energetico. **Energieverschwendung** *f* spreco *m* di energie. **Energieversorgung** *f* distribuzione *f* energetica, rifornimento *m* energetico. **Energiezufuhr** *f* immissione *f* di energia.

energisch [e'nɛrgɪʃ] *a* **1.** *(tatkräftig, nachdrücklich)* energico; **2.** *(entschlossen)* fermo, risoluto, deciso; **ein ~er Mensch** un uomo di polso *fam.*

eng [ɛŋ] *a* **1.** *allg.* stretto, angusto *geh;* **2.** *(~anliegend)* attillato, aderente; **3.** *fig (eingeschränkt)* limitato, ristretto; **4.** *(Beziehungen)* intimo, stretto; **im ~sten Familienkreis** nell'intimità della famiglia; **im ~eren Sinne** in senso ristretto; **~er machen** restringere; **in die ~ere Wahl kommen** entrare in ballottaggio; **der Rock ist mir zu ~** la gonna mi è troppo stretta (*o.* attillata); **das darf man nicht so ~ sehen** *fam* non si devono prendere le cose troppo alla lettera.

Engadin ['ɛŋgadi:n] *n* Engadina *f.*

Engagement [ãgaʒə'mã:] ‹-s, -s› *n* **1.** *(Einsatz, Bindung)* impegno *m;* **2.** *theat (Anstellung)* scrittura *f,* ingaggio *m;* **3.** *com (Verpflichtung)* impegno *m,* obbligazione *f;* **er ist ohne festes ~** *theat* non ha un contratto fisso (*o.* una scrittura fissa); **politisches ~** impegno politico.

engagieren [...'ʒi:rən] ‹*ohne ge-*› **I.** *tr theat* scritturare, ingaggiare; *(anstellen)* assumere; **II.** *rfl:* **sich ~** *(sich einsetzen)* impegnarsi, adoperarsi. **engagiert** *a* impegnato; **~e Literatur** letteratura impegnata.

Enge ['ɛŋə] ‹-, -n› *f* **1.** strettezza *f,* angustia *f geh;* **2.** *(verengte Stelle)* strettoia *f; (Meeres~)* stretto *m;* **3.** *fig (Beschränktheit)* limitatezza *f,* ristrettezza *f;* **jdn in die ~ treiben** mettere qu alle strette (*o.* con le spalle al muro).

Engel ['ɛŋəl] ‹-s, -› *m* angelo *m;* **rettender ~** angelo salvatore. **Engelsgeduld** *f* pazienza *f* di un santo (*o.* di Giobbe).

Engerling ['ɛŋəlɪŋ] ‹-s, -e› *m* larva *f* di maggiolino.

engherzig *a* gretto, meschino; *(geizig)* avaro. **Engherzigkeit** ‹-, -en› *f* grettezza *f,* meschinità *f;* avarizia *f.*

England ['ɛŋlant] *n* Inghilterra *f.*

Engländer ['ɛŋlɛndɐ] ‹-s, -› *m tec* chiave *f* inglese.

Engländer(in) ‹-s, -› *m(f)* inglese *mf.*

englisch ['ɛŋlɪʃ] **I.** *a* inglese; **II.** *adv* **1.** *allg.* inglese, all'inglese; **2.** *gastr* al sangue; **III.** *(in Zusammensetzungen)* anglo-.

englischsprechend *a* anglofono.

engmaschig *a* fitto, a maglie fitte.

Engpaß *m* **1.** *geog* passo *m* (*o.* valico *m*) stretto; *(verengte Stelle)* strettoia *f;* **2.** *fig* difficoltà *f,* impasse *f.*

en gros [ã'gro] *adv com* all'ingrosso.

engstirnig **I.** *a* **1.** *(einseitig)* di vedute limitate; **2.** *(kleinlich)* gretto, meschino; **II.** *adv* in modo limitato; *(kleinlich)* in modo meschino. **Engstirnigkeit** ‹-, ø› *f* **1.** *(Einseitigkeit)* limitatezza *f* di vedute; **2.** *(Kleinlichkeit)* meschinità *f.*

Enjambement [ãʒãbə'mã:] ‹-s, -s› *n lit* enjambement *m.*

Enkel(in) ['ɛŋkəl(ɪn)] ‹-s, -› *m(f)* nipote *mf* (di nonno, -a). **Enkelkind** *n* nipote *mf* (di nonno, -a).

Enklave [ɛn'kla:və] ‹-, -n› *f* enclave *f.*

enorm [e'nɔrm] *a* enorme.

Ensemble [ã'sã:bəl] ‹-s, -s› *n* **1.** *theat* ensemble *m,* complesso *m;* **2.** *(Kleidung)* completo *m.*

entarten ‹*ohne ge-*› *itr* ‹*sein*› degenerare (*in, zu* in). **entartet** *a* degenerato, depravato. **Entartung** ‹-, -en› *f* degenerazione *f,* depravazione *f.*

entbehren [ɛnt'be:rən] ‹*ohne ge-*› *tr* **1.** *(vermissen)* sentire la mancanza di; essere sprovvisto (*o.* privo) di; mancare di; **2.** *(verzichten)* fare a meno di.

entbehrlich *a* superfluo, non necessario.

Entbehrung ‹-, -en› *f* **1.** *(Verzicht)* privazione *f;* **2.** *(Not)* bisogno *m.*

entbinden ‹*irr, ohne ge-*› *tr* **1.** *(von Pflicht, etc.)* liberare (*von* da), sciogliere (*von* da); **2.** *med* far partorire; **entbunden werden von** partorire.

Entbindung *f* **1.** *fig* dispensa *f* (*von* da), esenzione *f* (*von* da); **2.** *med* parto *m.* **Entbindungsklinik** *f* clinica *f* ostetrica. **Entbindungsstation** *f* (reparto *m*) maternità *f.*

entblößen [ɛnt'blø:sən] ‹*ohne ge-*› *tr* scoprire, mettere a nudo. **entblößt** *a* **1.** nudo, scoperto; **2.** *fig* privo, spogliato.

entbrennen ‹*irr, ohne ge-*› *itr* ‹*sein*› *fig geh* accendersi; **er entbrannte in Liebe zu ihr** *poet, geh* si accese d'amore per lei *poet, geh.*

entdecken ⟨*ohne ge-*⟩ *tr* **1.** scoprire; **2.** *obs (offenbaren)* svelare.
Entdecker(in) ⟨-s, -⟩ *m(f)* scopritore, -trice *m, f.*
Entdeckung *f* scoperta *f.* **Entdekkungsreise** *f* viaggio *m* di esplorazione.
Ente ['ɛntə] ⟨-, -n⟩ *f* **1.** *zoo* anatra *f;* **2.** *fig (Zeitungs~)* canard *m,* frottola *f;* **3.** *fig fam (Citroën 2 CV)* due cavalli *f;* **kalte ~** *bevanda con vino, spumante e limone;* **wie eine lahme ~** *fam pej* come un polentone *fam.*
entehren ⟨*ohne ge-*⟩ *tr* **1.** disonorare; *(entwürdigen)* degradare; **2.** *(entjungfern)* violare, sedurre.
Entehrung *f* disonore *m,* diffamazione *f.*
enteignen ⟨*ohne ge-*⟩ *tr* espropriare.
Enteignung *f* espropriazione *f,* esproprio *m.*
enteilen ⟨*ohne ge-*⟩ *itr* ⟨*sein*⟩ *obs* (s)fuggire.
enteisen ⟨*ohne ge-*⟩ *tr allg.* disgelare; *(Kühlschrank)* sbrinare; *(Straße)* sgomberare dal ghiaccio.
Entenbraten *m* anatra *f* arrosto. **Entenei** *n* uovo *m* d'anatra.
enterben ⟨*ohne ge-*⟩ *tr* diseredare.
Enterich ['ɛntərıç] ⟨-s, -e⟩ *m* maschio *m* dell'anatra.
entern ['ɛntɐn] **I.** *tr* ⟨*haben*⟩ arrembare; **II.** *itr* ⟨*sein*⟩ arrampicarsi (all'arrembaggio).
entfachen [ɛnt'faxən] ⟨*ohne ge-*⟩ *tr* accendere, attizzare.
entfahren ⟨*irr, ohne ge-*⟩ *itr* ⟨*sein*⟩ sfuggire.
entfallen ⟨*irr, ohne ge-*⟩ *itr* ⟨*sein*⟩ **1.** *geh* sfuggire (*den Händen* di mano); *(aus Gedächtnis a.)* uscire di mente (*jdm* a qu); **2.** *(Anteil, etc.)* spettare (*auf* a), toccare (*auf* a); **3.** *(wegfallen)* venir meno, venire a mancare; **entfällt** *(auf Formularen)* non interessa, tralasciare; **auf jeden von uns ~ 20 Mark** ad agnuno di noi spettano 20 marchi; **mir ist sein Name ~** mi è sfuggito il suo nome.
entfalten ⟨*ohne ge-*⟩ **I.** *tr* (di)spiegare; *(fig a.)* sviluppare, svolgere, spiegare; **II.** *rfl:* **sich ~ 1.** *(Blume)* schiudersi, sbocciare; **2.** *fig* svilupparsi.
Entfaltung ⟨-, ø⟩ *f* **1.** *allg.* spiegamento *m;* **2.** *fig* sviluppo *m,* svolgimento *m;* **3.** *(von Blume)* sbocciare *m;* **zur ~ kommen** svilupparsi.
entfärben ⟨*ohne ge-*⟩ **I.** *tr* decolorare, scolorire; **II.** *rfl:* **sich ~** scolorirsi.
entfernen ⟨*ohne ge-*⟩ *tr (wegnehmen, -tun)* togliere; *(wegräumen)* rimuovere; *(streichen)* cancellare, eliminare; *med* asportare; *(Mandeln)* togliere; **I.** *rfl:* **sich ~ 1.** allontanarsi (*von* da); *(weggehen)* andarsene, partire; **2.** *fig (abweichen)* (di)scostarsi (*von* da). **entfernt** *a* **1.** lontano, distante; **2.** *(abgelegen)* appartato, discosto; **ich denke nicht im ~esten daran!** non ci penso neanche lontanamente! *fam;* **~e Ähnlichkeit** vaga somiglianza; **~e Verwandte** parenti lontani.
Entfernung ⟨-, -en⟩ *f* **1.** *(Abstand)* distanza *f;* **2.** *(das Entfernen)* allontamento *m;* eliminazione *f;* *(aus Amt)* licenziamento *m;* **auf eine ~ von** a una distanza di; **aus der ~** da lontano; **in einiger ~ von** a una certa distanza da. **Entfernungsmesser** ⟨-s, -⟩ *m* telemetro *m.*
entfesseln ⟨*ohne ge-*⟩ *tr fig* scatenare, suscitare.
entflammen ⟨*ohne ge-*⟩ *poet* **I.** *tr* ⟨*haben*⟩ *fig* infiammare, accendere; *(begeistern)* entusiasmare; **II.** *itr* ⟨*sein*⟩ accendersi; *(Streit)* scoppiare.
entflechten ⟨*irr, ohne ge-*⟩ *tr* **1.** *allg.* districare, disfare; **2.** *(Kartelle)* decartellizzare.
entfliegen ⟨*irr, ohne ge-*⟩ *itr* ⟨*sein*⟩ volar via, involarsi; **„Wellensittich entflogen"** "pappagallino volato via".
entfliehen ⟨*irr, ohne ge-*⟩ *itr* ⟨*sein*⟩ (s)fuggire; *poet (Zeit)* volare.
entfremden ⟨*ohne ge-*⟩ **I.** *tr* straniare, alienare; **II.** *rfl:* **sich ~** allontanarsi.
Entfremdung ⟨-, ø⟩ *f* estraniamemto *m,* alienazione *f.*
entführen ⟨*ohne ge-*⟩ *tr* rapire, sequestrare.
Entführer(in) *m(f)* rapitore, -trice *m, f.*
Entführung *f* rapimento *m.*
entgegen [ɛnt'ge:gən] **I.** *adv* (in)contro, verso; **er ging ihr ~** le andò incontro; **II.** *prp dat* contrariamente a, in contrasto con, in opposizione a; **~ der Ankündigung** contrariamente a quanto annunciato; **~ unserer Abmachung** contrariamente ai nostri patti. **entgegen·bringen** ⟨*irr*⟩ *tr* **1.** portare (incontro) (*jdm etw.* qc a qu), presentare (*jdm etw.* qc a qu); **2.** *fig* (di)mostrare (*jdm etw.* qc a qu); *(Gefühle)* nutrire (*jdm etw.* qc per qu). **entgegen·fiebern** *itr* aspettare con ansia (*einer S.* qc); **sie fiebert seiner Ankunft entgegen** non vede l'ora che arrivi. **entgegen·gehen** ⟨*irr*⟩ *itr* ⟨*sein*⟩ *(a. fig)* andare incontro (*jdm* a qu); *(einem Feind)* affrontare (*jdm* qu); **seinem Ende ~** avvicinarsi alla fine. **entgegengesetzt** *a* contrario, opposto, **in ~er Richtung** in direzio-

ne opposta; **~er Meinung sein** essere di parere contrario. **entgegen·halten** ‹*irr*› *tr* **1.** (s)tendere (*jdm* a qu); **2.** *(einwenden)* obiettare. **entgegen·kommen** ‹*irr*› *itr* ‹*sein*› venire incontro (*jdm* a qu); *(fig a.)* mostrarsi premuroso (*o.* compiacente) (*jdm* con, verso qu); **jdm auf halbem Weg ~** venire incontro a qu; **das kommt mir sehr entgegen** ciò mi conviene. **Entgegenkommen** *n* compiacenza *f,* accondiscendenza *f;* cortesia *f.* **entgegenkommend** *a* cortese, amabile. **entgegen·nehmen** ‹*irr*› *tr* ricevere, accettare, accogliere. **entgegen·sehen** ‹*irr*› *itr:* **einer S. ~** guardare in faccia (*o.* verso) qc; *fig (erwarten)* attendere qc. **entgegen·setzen** *tr* opporre. **entgegen·stehen** ‹*irr*› *itr:* **dem steht nichts entgegen** non c'è nulla in contrario. **entgegen·treten** ‹*irr*› *itr* ‹*sein*› farsi incontro, opporsi.

entgegnen [ɛnt'ge:gnən] ‹*ohne ge-*› *tr* rispondere, replicare.

Entgegnung ‹-, -en› *f* risposta *f,* replica *f.*

entgehen ‹*irr, ohne ge-*› *itr* ‹*sein*› **1.** *(entkommen)* sfuggire; *fig (nicht bemerkt werden)* sfuggire; **sich** *(dat)* **etw. ~/nicht ~ lassen** lasciarsi/non lasciarsi sfuggire qc; **es ist mir nicht entgangen, daß ...** non mi è sfuggito che ...; **er ist dem Tod nur knapp entgangen** è scampato alla morte per un pelo *fam.*

entgeistert *a* allibito, sbigottito; costernato.

Entgelt [ɛnt'gɛlt] ‹-(e)s, -e› *n o. obs m* **1.** *(Lohn)* paga *f; (Entlohnung)* retribuzione *f;* **2.** *(Entschädigung)* indennità *f,* indennizzo *m;* **3.** *(Gebühr)* contributo *m;* **gegen ein (geringes) ~ von** dietro un (modico *o.* modesto) compenso di.

entgleisen ‹*ohne ge-*› *itr* ‹*sein*› **1.** *Eisenb.* deragliare; **2.** *fig (aus der Bahn geworfen werden)* sviarsi, traviarsi; *(taktlos sein)* fare un passo falso.

Entgleisung ‹-, -en› *f* **1.** *Eisenb.* deragliamento *m;* **2.** *fig* sbandamento *m,* traviamento *m;* passo *m* falso.

entgleiten ‹*irr, ohne ge-*› *itr* ‹*sein*› *geh* **1.** scivolare, sfuggire (di mano); **2.** *fig* sottrarsi.

entgräten ‹*ohne ge-*› *tr* spinare, togliere le spine a.

enthaaren ‹*ohne ge-*› *tr* depilare.

Enthaarungsmittel *n* depilatorio *m.*

enthalten ‹*irr, ohne ge-*› **I.** *tr* contenere; **II.** *rfl:* **sich ~** astenersi; **sich der Stimme ~** astenersi dal voto; **sich des Lachens/einer Bemerkung nicht ~ können** non potersi trattenere dal ridere/dal fare un'osservazione.

enthaltsam *a* morigerato, astinente; *(im Essen)* sobrio; *(im Alkoholgenuß)* astemio; *(geschlechtlich)* continente, casto. **Enthaltsamkeit** ‹-, ø› *f* morigeratezza *f,* astinenza *f; (im Essen)* sobrietà *f; (im Alkoholgenuß)* essere *m* astemio; *(geschlechtlich)* continenza *f.*

enthärten ‹*ohne ge-*› *tr* addolcire.

enthaupten ‹*ohne ge-*› *tr* decapitare.

Enthauptung ‹-, -en› *f* decapitazione *f.*

entheben ‹*irr, ohne ge-*› *tr:* **jdn seines Amtes ~** destituire qu dalla sua carica; **jdn einer Verpflichtung ~** esentare qu da un obbligo.

enthemmen ‹*ohne ge-*› *tr* **1.** *(von Hemmungen)* disinibire; **2.** *tec (Maschine)* sbloccare. **enthemmend** *a* disinibitorio. **enthemmt** *a* disinibito.

enthüllen ‹*ohne ge-*› *tr* **1.** *(Denkmal, etc.)* scoprire; **2.** *fig (Geheimnis, etc.)* svelare, rivelare.

Enthüllung ‹-, -en› *f* **1.** *(von Denkmal)* scoprimento *m,* inaugurazione *f;* **2.** *fig* rivelazione *f.*

Enthusiasmus [ɛntu'zi̯asmʊs] ‹-, ø› *m* entusiasmo *m.*

enthusiastisch [...'zi̯astɪʃ] *a* entusiasta (*über* di, per).

entjungfern ‹*ohne ge-*› *tr* deflorare, sverginare.

Entjungferung ‹-, -en› *f* deflorazione *f.*

entkalken ‹*ohne ge-*› *tr* decalcificare.

entkernen ‹*ohne ge-*› *tr* togliere i semi a.

entkleiden ‹*ohne ge-*› *geh* **I.** *tr* **1.** spogliare, svestire; **2.** *fig (entheben)* destituire; **II.** *rfl:* **sich ~** spogliarsi, svestirsi.

entkommen ‹*irr, ohne ge-*› *itr* ‹*sein*› (s)fuggire, scappare; **mit knapper Not ~** scamparla bella *fam.*

entkorken ‹*ohne ge-*› *tr* stappare, sturare.

entkräften [ɛnt'krɛftən] ‹*ohne ge-*› *tr* **1.** indebolire, infiacchire, estenuare; **2.** *fig (Argument)* confutare; *jur* infirmare.

Entkräftung ‹-, -en› *f* **1.** indebolimento *m,* spossamento *m,* estenuazione *f;* **2.** *fig* confutazione *f; jur* invalidamento *m.*

entladen ‹*irr, ohne ge-*› **I.** *tr allg.* scaricare; *naut* sbarcare; **II.** *rfl:* **sich ~** scaricarsi; *(Zorn)* esplodere. **Entladung** *f* scarica *f.*

entlang [ɛnt'laŋ] *adv, prp (nachge-*

stellt acc, rar dat; vorgestellt dat, rar gen) lungo; **am Meer ~** lungo il mare; **hier ~** per di qua. **entlang·fahren** ‹*irr*› *itr* ‹*sein*›, **entlang·gehen** ‹*irr*› *itr* ‹*sein*› percorrere (*an etw.* qc), costeggiare (*an etw.* qc).
entlarven [ɛnt'larfən] ‹*ohne ge-*› *tr* smascherare.
entlassen ‹*irr, ohne ge-*› *tr (Schüler, Arbeitnehmer)* licenziare; *(Beamte)* destituire, sollevare dalle (sue) funzioni; *(aus Krankenhaus)* dimettere; *(aus Haft)* rilasciare, liberare; *mil* congedare; **ich bin soeben ~ worden** sono stato appena licenziato.
Entlassung ‹-, -en› *f allg.* dimissioni *f pl; (a. mil)* congedo *m; (von Arbeitnehmer, Schüler)* licenziamento *m; (von Gefangenen)* rilascio *m,* scarcerazione *f; (von Beamten)* distituzione *f;* **seine ~ einreichen** rassegnare (*o.* presentare) le proprie dimissioni. **Entlassungsgesuch** *n* dimissioni *f pl.* **Entlassungszeugnis** *n* licenza *f.*
entlasten ‹*ohne ge-*› *tr* **1.** *(von Last befreien)* alleviare (*von* da), alleggerire (*von* da); **2.** *fig, tec, arch* scaricare; **3.** *(von Verpflichtung, etc.)* liberare (*von* da), esonerare (*von* da); **4.** *(Straße vom Verkehr)* decongestionare, alleggerire; **5.** *(Angeklagte)* deporre a discarico (*o.* a favore) di.
Entlastung ‹-, -en› *f* **1.** *allg.* alleggerimento *m; (a. fig)* sgravio *m;* **2.** *jur* discarico *m,* discolpa *f;* **3.** *fin* saldo *m,* accredimento *m;* **4.** *(von Verkehr)* decongestionamento *m.* **Entlastungszeuge** *m,* **-zeugin** *f* testimone *mf* a discarico.
entlaufen ‹*irr, ohne ge-*› *itr* ‹*sein*› fuggire; **„Katze ~"** "è stato smarrito un gatto".
entlausen ‹*ohne ge-*› *tr* disinfestare, spidocchiare *fam.*
entledigen [ɛnt'le:dɪgən] ‹*ohne ge-*› *rfl:* **sich einer Aufgabe ~** *geh* assolvere un compito; **sich seiner Kleider ~** *geh* togliere i vestiti.
entleeren ‹*ohne ge-*› *tr* (s)vuotare.

entlegen *a* distante, fuor di mano, isolato.
entleihen ‹*irr, ohne ge-*› *tr* prendere a prestito (*etw. von jdm* qc da qu), farsi prestare (*etw. von jdm* qc da qu).
Entleihung ‹-, -en› *f* prestito *m.*
entlocken ‹*ohne ge-*› **1.** *(Töne einem Instrument)* trarre (*dat* da); **2.** *(Geheimnis, etc.)* strappare (*dat* a).
entlohnen ‹*ohne ge-*› *tr, CH* **entlöhnen** ‹*ohne ge-*› *tr* pagare, rimunerare.
Entlohnung ‹-, -en› *f, CH* **Entlöhnung** ‹-, -en› *f* pagamento *m,* rimunerazione *f.*
entlüften ‹*ohne ge-*› *tr* **1.** *allg.* aerare, arieggiare; **2.** *phys, chem* disaerare; **die Bremsen ~** spurgare l'aria dai freni.
Entlüftung *f* **1.** *allg.* aerazione *f,* ventilazione *f;* **2.** *phys, chem* disaerazione *f.*
entmachten ‹*ohne ge-*› *tr* esautorare.
entmannen ‹*ohne ge-*› *tr* evirare, castrare.
entmilitarisieren [ɛntmilitari'zi:rən] ‹*ohne ge-*› *tr* smilitarizzare.
entmündigen [ɛnt'mʏndɪgən] ‹*ohne ge-*› *tr* interdire, mettere sotto curatela.
Entmündigung ‹-, -en› *f* interdizione *f,* messa *f* sotto curatela.
entmutigen [ɛnt'mu:tɪgən] ‹*ohne ge-*› *tr* scoraggiare, demoralizzare.
Entmutigung ‹-, -en› *f* scoraggiamento *m,* abbattimento *m,* demoralizzazione *f.*
Entnahme [ɛnt'na:mə] ‹-, -n› *f* prelevamento *m; (a. Blut~)* prelievo *m; (a. fin)* ritiro *m;* **bei/nach ~ von ...** prelevando/dopo aver prelevato ...
entnehmen ‹*irr, ohne ge-*› *tr* **1.** *(wegnehmen)* prendere (*dat* da); **2.** *(Probe)* prelevare (*dat* da); **3.** *(ersehen)* apprendere (*aus* da), desumere (*aus* da); **4.** *(folgern)* dedurre (*aus* da).
entpuppen ‹*ohne ge-*› *rfl:* **er/sie/es entpuppte sich als ...** si rivelò un/una ...
entrahmen ‹*ohne ge-*› *tr* scremare.
enträtseln ‹*ohne ge-*› *tr (Rätsel, etc.)* risolvere, spiegare; *(Schrift)* decifrare.
entrechten ‹*ohne ge-*› *tr* privare dei diritti.
entreißen ‹*irr, ohne ge-*› *tr* **1.** strappare (di mano); **2.** *fig (Geständnis, Geheimnis)* estorcere.
entrichten ‹*ohne ge-*› *tr* **1.** *(Betrag)* pagare, versare; **2.** *(Dank, Gruß)* porgere.
entrinnen ‹*irr, ohne ge-*› *itr* ‹*sein*› sfuggire (*einer S.* a qc).
entrollen ‹*ohne ge-*› *tr* svolgere; *(a. fig)* spiegare.
entrosten ‹*ohne ge-*› *tr* togliere la ruggine a.
entrümpeln [ɛnt'rʏmpəln] ‹*ohne ge-*› *tr* sgomberare (da robe vecchie).
entrüsten ‹*ohne ge-*› **I.** *tr* indignare; **II.** *rfl:* **sich ~** indignarsi (*über* per). **entrüstet** *a* indignato, sdegnato.
Entrüstung *f* indignazione *f,* sdegno *m.*
Entsafter ‹-s, -› *m* centrifuga *f.*

entsagen ⟨*ohne ge-*⟩ *itr geh* **1.** *allg.* rinunciare (*einer S.* a qc); **2.** *rel* abiurare; **3.** *pol* abdicare; **der Welt ~** rinunciare al mondo, abbandonare il mondo.

entschädigen ⟨*ohne ge-*⟩ *tr* **1.** *allg., fin* risarcire (*jdn für etw.* qu di qc); *(gesetzlich)* indennizzare (*jdn für etw.* qu di qc); **2.** *fig* ripagare (*jdn für etw.* qu di qc), ricompensare (*jdn für etw.* qu di qc); **die Arbeit entschädigte sie für alle Entbehrungen** il lavoro la ripagava di tutte le rinunce.

Entschädigung ⟨-, -en⟩ *f* **1.** *(Vorgang)* risarcimento *m,* indennizzo *m;* **2.** *(Schadenersatz)* risarcimento *m,* danni *m pl;* **3.** *(Summe)* indennità *f;* **als ~ für** a titolo d'indennizzo per.

entschärfen ⟨*ohne ge-*⟩ *tr* **1.** *(Mine, Bombe)* disinnescare; **2.** *fig* appianare.

Entscheid [ɛnt'ʃa͜it] ⟨-(e)s, -e⟩ *m* sentenza *f.* **entscheiden** ⟨*irr, ohne ge-*⟩ **I.** *tr* decidere; *jur* giudicare; **eine Partie/ein Spiel für sich ~** decidere (*o.* risolvere) una partita/un gioco a proprio favore; **es ist noch nichts entschieden** non è ancora deciso nulla di definitivo; **II.** *itr* decidere (*über* di), deliberare (*über etw.* qc); *jur* arbitrare; **darüber habe ich nicht zu ~** non spetta a me decidere; **III.** *rfl:* **sich ~** decidersi, risolversi; **ich kann mich nicht ~** non riesco a decidermi; **morgen wird es sich ~, ob ...** domani si deciderà, se ... **entscheidend** *a* decisivo, determinante; **das E~e dabei ist ...** l'essenziale è che ...; **der ~e Augenblick** il momento cruciale.

Entscheidung *f* **1.** *allg.* decisione *f; (Entschluß)* deliberazione *f,* risoluzione *f;* **2.** *jur (der Geschworenen)* verdetto *m; (des Gerichts)* sentenza *f; (der letzten Instanz)* decreto *m; (des Schiedsgerichts)* arbitrato *m;* **eine ~ treffen** prendere una decisione. **entscheidungsfreudig** *a* facile alle decisioni. **Entscheidungsspiel** *n* partita *f* decisiva, bella *f.*

entschieden [ɛnt'ʃi:dən] *a* **1.** *(Sache)* deciso; **2.** *(Person: energisch)* energico, fermo; *(entschlossen)* risoluto, determinato; **3.** *(Ton)* perentorio; **4.** *(eindeutig)* netto, evidente; **das geht ~ zu weit** le cose stanno andando decisamente troppo in là. **Entschiedenheit** ⟨-, ø⟩ *f* carattere *m* deciso, risolutezza *f;* fermezza *f.*

entschlafen ⟨*irr, ohne ge-*⟩ *itr* ⟨*sein*⟩ *geh (sterben)* spirare *geh.*

entschließen ⟨*irr, ohne ge-*⟩ *rfl:* **sich ~** decidersi (*etw. zu tun* a fare qc), risolversi (*etw. zu tun* a fare qc), determinarsi (*etw. zu tun* a fare qc); **sich anders ~** cambiare idea.

Entschließung *f* risoluzione *f.*

entschlossen [ɛnt'ʃlɔsən] *a* deciso, risoluto, determinato; fermo, energico; **kurz ~** senza esitare; **zu allem ~ sein** essere pronto a tutto. **Entschlossenheit** ⟨-, ø⟩ *f* risolutezza *f,* decisione *f; (Festigkeit)* energia *f,* fermezza *f.*

entschlüpfen ⟨*ohne ge-*⟩ *itr* ⟨*sein*⟩ **1.** scivolar via (*dat* da), svignarsela *fam* (*dat* da); **2.** *fig* sfuggire (*dat* a).

Entschluß *m* decisione *f,* risoluzione *f;* **einen ~ fassen** prendere una decisione.

entschlüsseln ⟨*ohne ge-*⟩ *tr* decifrare.

Entschlüsselung ⟨-, -en⟩ *f* deciframento *m,* decifrazione *f.*

entschuldbar *a* scusabile, perdonabile.

entschuldigen [ɛnt'ʃʊldɪgən] ⟨*ohne ge-*⟩ **I.** *tr* **1.** scusare, perdonare; **2.** *(rechtfertigen)* giustificare (*durch, mit* mediante), discolpare (*durch, mit* tramite, con); **bitte ~ Sie die Störung, aber ...** scusi il disturbo, ma ...; **ich bitte mich zu ~** chiedo scusa; **sein Verhalten ist durch nichts zu ~** il suo comportamento non è affatto giustificabile (*o.* scusabile); **II.** *itr* scusare; **~ Sie (bitte)!** (mi) scusi!; **III.** *rfl:* **sich ~ 1.** scusarsi (*bei jdm wegen etw.* di qc presso qu); **2.** *(sich rechtfertigen)* giustificarsi.

Entschuldigung ⟨-, -en⟩ *f* **1.** scusa *f,* perdono *m;* **2.** *(Rechtfertigung)* giustificazione *f; (Vorwand)* pretesto *m;* **3.** *(~sschreiben)* lettera *f* di scuse; **als ~ für** a giustificazione di; **jdm um ~ bitten** chiedere scusa a qu; **ich bitte vielmals um ~** scusi tanto; **zu seiner ~ kann man sagen ...** a suo discarico si può dire ...; **dafür gibt es keine ~** non ci sono scuse.

entschwinden ⟨*irr, ohne ge-*⟩ *itr* ⟨*sein*⟩ *geh* **1.** *(verschwinden)* scomparire, dileguarsi; **2.** *fig (vergehen)* sfuggire.

entseelt [ɛnt'ze:lt] *a poet* esanime.

entsenden ⟨*irr o. reg, ohne ge-*⟩ *tr geh* inviare; *(Vertreter, etc.)* delegare.

entsetzen ⟨*ohne ge-*⟩ **I.** *tr (erschrekken)* far inorridire, spaventare; *(schockieren)* indignare; **II.** *rfl:* **sich ~** inorridire (*über* per), spaventarsi (*über* per); indignarsi (*über* per). **Entsetzen** ⟨-s, ø⟩ *n* spavento *m,* orrore *m;* **zu meinem größten ~ ...** con mio grande spavento ... **entsetzlich I.** *a* **1.** spaventoso, orrendo; orribile;

2. *fam (unangenehm stark)* terribile; **II.** *adv fam (sehr)* terribilmente.

entsichern ‹*ohne ge-*› *tr (Schußwaffe)* togliere la sicura a; *(Bombe, etc.)* disinnescare.

entsinnen ‹*irr, ohne ge-*› *rfl:* **sich ~** ricordarsi, rammentarsi; **wenn ich mich recht entsinne** se ben mi ricordo.

Entsorgung ‹-, ø› *f* eliminazione *f,* smaltimento *m.*

entspannen ‹*ohne ge-*› **I.** *tr* **1.** *(Bogen, Seil, etc.)* allentare; **2.** *fig (Lage, Atmosphäre, etc.)* distendere, appianare; 3. *(Körper, Muskeln)* rilasciare; **II.** *rfl:* **sich ~ 1.** *fig, med* rilasciarsi; **2.** *(sich ausruhen)* riposarsi. **entspannt** *a* **1.** *allg.* allentato; *(a. pol)* disteso; **2.** *med* rilassato.

Entspannung *f (a. pol)* distensione *f;* rilassamento *m; fig* riposo *m,* relax *m.* **Entspannungspolitik** *f* politica *f* di distensione.

entspinnen ‹*irr, ohne ge-*› *rfl:* **sich ~** *(beginnen)* svilupparsi; *(bes. Freundschaft)* nascere.

entsprechen ‹*irr, ohne ge-*› *itr* **1.** *(übereinstimmen)* corrispondere (*dat* a), essere conforme (*dat* a); *(zueinander passen)* accordarsi (*dat* con); **2.** *(einem Wunsch)* (ac)condiscendere (*dat* a), soddisfare (*einer S.* qc); *(einer Bitte, einem Antrag)* accogliere (*einer S.* qc); 3. *(genügen)* soddisfare (*einer S.* qc); **das entspricht nicht den Anforderungen** non corrisponde alle richieste, non soddisfa le richieste; **das entspricht nicht den Tatsachen** non corrisponde ai fatti; **jds Erwartungen ~** corrispondere all'aspettativa di qu. **entsprechend** **I.** *a (übereinstimmend)* corrispondente; *(angemessen)* adeguato, adatto, conforme; *(zuständig)* competente; *(gleichwertig)* equivalente; **II.** *adv* conformemente; adeguatamente; **III.** *prp dat (in Übereinstimmung mit)* conformemente a; *(in bezug auf)* in relazione *a.*

Entsprechung ‹-, -en› *f (Übereinstimmung)* corrispondenza *f,* conformità *f; (Analogie)* analogia *f; (Äquivalent)* equivalente *m.*

entspringen ‹*irr, ohne ge-*› *itr* ‹*sein*› **1.** *(Fluß)* nascere (*aus, in* da, in), scaturire (*in, aus* da); **2.** *fig (herrühren)* provenire (*dat* da), derivare (*dat* da).

entstehen ‹*irr, ohne ge-*› *itr* ‹*sein*› **1.** nascere (*aus* da), aver origine (*aus* da), iniziare (*aus* da); **2.** *(sich bilden)* formarsi; **3.** *(sich ergeben)* risultare (*aus* da), derivare (*aus* da); **4.** *(verursacht werden: Feuer)* svilupparsi (*durch* per); *(Schaden, Krieg)* essere causato (*durch* da); *(Kosten)* derivare, occasionare (*durch* da), provocare (*durch* da); **im E~ begriffen** in via di formazione (*o.* di sviluppo).

Entstehung ‹-, -en› *f* **1.** *allg.* nascita *f,* inizio *m;* **2.** *(Ursprung)* origine *f;* **3.** *(Bildung)* formazione *f;* **4.** *med* insorgere *m.*

entsteigen ‹*irr, ohne ge-*› *itr* ‹*sein*› *geh* uscire (*dat* da).

entsteinen ‹*ohne ge-*› *tr* togliere il nocciolo a, snocciolare.

entstellen ‹*ohne ge-*› *tr* **1.** *(verunstalten)* sfigurare, deformare; **2.** *fig (Tatsachen)* snaturare, alterare; *(Sinn)* travisare, svisare. **entstellend** *a* deturpante.

Entstellung *f* **1.** *(von Menschen, etc.)* deformazione *f,* deturpazione *f;* **2.** *fig (von Sachverhalten)* travisamento *m,* alterazione *f.*

entstören ‹*ohne ge-*› *tr mot, el* schermare; **das Radio ~** eliminare radiodisturbi; **das Telefon/die Leitung ~** sopprimere l'eco.

Entstörung *f radio* eliminazione *f* di radiodisturbi; *tel* soppressione *f* d'eco; *mot, el* schermatura *f; mot* schermaggio *m.*

entströmen ‹*ohne ge-*› *itr* ‹*sein*› **1.** *(Flüssigkeit)* sgorgare (*dat* da); **2.** *(Gas)* fuoriuscire (*dat* da).

enttäuschen ‹*ohne ge-*› *tr* **1.** deludere, disingannare, disilludere; **2.** *(ernüchtern)* disincantare; **angenehm enttäuscht sein** essere piacevolmente sorpreso; **von jdm enttäuscht sein** essere deluso di qu.

Enttäuschung *f* delusione *f,* disillusione *f,* disinganno *m;* **eine ~ erleben** provare una delusione; **jdm eine ~ bereiten** deludere qu; **so eine ~!** una tale delusione!, che delusione!

entthronen ‹*ohne ge-*› *tr* detronizzare.

entwaffnen [ɛnt'vafnən] ‹*ohne ge-*› *tr* disarmare; **ein ~des Lächeln** un sorriso disarmante.

Entwaffnung ‹-, ø› *f* disarmo *m.*

entwarnen ‹*ohne ge-*› *itr* dare il segnale di cessato allarme.

Entwarnung *f* segnale *m* di cessato allarme.

entwässern ‹*ohne ge-*› *tr* **1.** *(Boden, Sumpf, etc.)* prosciugare, bonificare; *(a. med)* drenare; **2.** *chem* disidratare.

Entwässerung ‹-, -en› *f* **1.** prosciugamento *m,* bonifica *f; (a. med)* drenaggio *m;* **2.** *chem* disidratazione *f.*

entweder ['ɛntve:dɐ *o.* ɛnt've:dɐ] *con:*

~ ... **oder** ... o ... o (*o.* oppure); ~ **oder!** *fam* o l'uno o l'altro!, aut aut!

entweichen ‹*irr, ohne ge-*› *itr* ‹*sein*› **1.** *geh (fliehen)* sfuggire (*aus* da), scappare (*aus* da); *(aus Gefängnis)* evadere; **2.** *(ausströmen)* fuoriuscire.

entweihen ‹*ohne ge-*› *tr* profanare.

Entweihung ‹-, -en› *f* profanazione *f.*

entwenden ‹*ohne ge-*› *tr geh* sottrarre, trafugare, rubare.

entwerfen ‹*irr, ohne ge-*› *tr* **1.** *(gedanklich)* ideare, concepire, progettare; **2.** *(schriftlich: Vertrag)* abbozzare; *(Gesetz)* progettare; **3.** *(zeichnerisch)* progettare, disegnare; *(Statue a.)* sbozzare.

entwerten ‹*ohne ge-*› *tr* **1.** *(ungültig, wertlos machen)* annullare; *(Briefmarke)* obliterare; **2.** *(im Wert mindern)* svalorizzare, deprezzare; *fin* svalutare.

Entwertung *f* **1.** annullamento *m;* obliterazione *f;* **2.** svalorizzazione *f; (a. fig)* deprezzamento *m; fin* svalutazione *f.*

entwickeln ‹*ohne ge-*› **I.** *tr* **1.** *allg., fig, fot, mat, chem* sviluppare; **2.** *(erfinden, erarbeiten)* realizzare; *(Plan)* concepire, elaborare, esporre; **3.** *fig (entfalten)* svolgere; **das Feuer entwickelte große Hitze** il fuoco sviluppò un gran calore; **eine große Geschwindigkeit** ~ raggiungere una grande velocità; **sie entwickelt bei der Arbeit viel Phantasie** nel lavoro mostra molta fantasia; **II.** *rfl:* **sich** ~ **1.** *allg., chem, fig* svilupparsi (*aus* da); **2.** *biol* evolversi (*aus* da); diventare (*zu etw.* qc); **3.** *(sich bilden)* diventare (*aus* da); **sich zu etw.** ~ farsi qc.

Entwickler ‹-s, -› *m fot* rivelatore *m,* sviluppatore *m.*

Entwicklung ‹-, -en› *f* **1.** *allg., fig, fot, mat, chem* sviluppo *m;* **2.** *(Verwirklichung)* realizzazione *f;* **3.** *(von Plan, etc.)* concezione *f,* elaborazione *f;* **4.** *biol* evoluzione *f;* **5.** *(Bildung)* formazione *f;* **noch in der** ~ in via di sviluppo (*o.* formazione). **entwicklungsfähig** *a* sviluppabile. **Entwicklungsgeschichte** *f* (onto)genesi *f.* **Entwicklungshelfer(in)** *m(f)* cooperatore, -trice *m, f* tecnico, -a per i paesi in via disviluppo. **Entwicklungshilfe** *f* aiuto *m* ai paesi in via di sviluppo. **Entwicklungsland** *n* paese *m* in via di sviluppo. **Entwicklungsstadium** *n* stadio *m* di sviluppo. **Entwicklungsstufe** *f* stadio *m* di sviluppo.

entwirren ‹*ohne ge-*› *tr* districare, sbrogliare.

entwischen ‹*ohne ge-*› *itr* ‹*sein*› *fam* scappare (*aus* da) *fam,* sfuggire (*aus* da).

entwöhnen [ɛntˈvøːnən] ‹*ohne ge-*› *tr* **1.** *(Säugling)* svezzare, slattare; **2.** *allg.* disabituare (*jdn einer S.* qu a qc), togliere un'abitudine (*jdn einer S.* a qu di qc).

Entwurf *m* **1.** *(das Entwerfen)* progettazione *f,* ideazione *f;* **2.** *allg.* progetto *m;* **3.** *(Plan)* piano *m,* progetto *m; (Zeichnung)* disegno *m; (Skizze)* schizzo *m.*

entwurzeln ‹*ohne ge-*› *tr* sradicare, estirpare.

entzerren ‹*ohne ge-*› *tr* **1.** *fot* raddrizzare le linee convergenti di, restituire; **2.** *radio, tel* correggere la distorsione di; **3.** *fig (Verkehr)* regolare; *(Bild, Vorstellung)* correggere, rettificare.

entziehen ‹*irr, ohne ge-*› **I.** *tr* **1.** *(wegnehmen)* sottrarre, togliere, levare; *(Führerschein)* ritirare, revocare; *(Alkohol, etc.)* privare (*jdm etw.* qu di qc); *(Freundschaft, Hilfe)* rifiutare, negare; **2.** *chem* estrarre; **II.** *rfl:* **sich** ~ sottrarsi; *(einer Verpflichtung a.)* schivare (*einer S.* qc); **das entzieht sich meiner Kenntnis** *geh* ciò sfugge alla mia conoscenza; **sich der Strafverfolgung/Verantwortung** ~ sottrarsi alla giustizia/responsabilità.

Entziehung *f* **1.** *(das Entziehen)* sottrazione *f; (bes. von Alkohol)* divieto *m* di bere alcolici; *(von Medikamenten, Rauschgift)* disassuefazione *f;* **2.** *(Wegnahme)* privazione *f; (bes. von Führerschein)* ritiro *m;* **3.** *s.* **~skur. Entziehungskur** *f* cura *f* di disassuefazione.

entziffern ‹*ohne ge-*› *tr* decifrare; **nicht zu** ~ indecifrabile.

entzücken ‹*ohne ge-*› *tr* **1.** incantare, affascinare, estasiare; **2.** *(begeistern)* entusiasmare; **entzückt sein über** (*o.* **von) etw.** essere rapito (*o.* estasiato) da qc. **Entzücken** ‹-s, ø› *n* rapimento *m,* estasi *f;* entusiasmo *m;* **in** ~ **geraten** andare in visibilio *fam;* **jdn in (helles)** ~ **versetzen** mandare qu in visibilio *fam.* **entzückend** *a* incantevole, affascinante; delizioso.

Entzug *m* **1.** *(Führerschein~)* ritiro *m;* **2.** *(Alkohol~)* divieto *m; (Medikamenten~, Rauschgift~)* disassuefazione *f.* **Entzugserscheinung** *f* sintomo *m* di disassuefazione.

entzündbar *a* infiammabile; infiammatorio.

entzünden ‹*ohne ge-*› **I.** *tr* **1.** *(a. fig)* accendere, dar fuoco a; **2.** *med* infiammare; **II.** *rfl:* **sich ~ 1.** incendiarsi, prender fuoco; *(a. fig)* accendersi; **2.** *med* infiammarsi. **entzündet** *a* infiammato.

entzündlich *a* **1.** *(a. fig)* infiammabile; **2.** *med* infiammatorio.

Entzündung *f* **1.** *allg.* accensione *f;* **2.** *med* infiammazione *f.*

entzwei [ɛntˈt͡svai̯] *adv* **1.** *(in Stücke)* a (*o.* in) pezzi; **2.** *(zerbrochen)* rotto; **3.** *(zerrissen)* strappato, lacerato. **entzwei·brechen** ⟨*irr*⟩ **I.** *itr* ⟨*sein*⟩ spezzarsi, rompersi; **II.** *tr* ⟨*haben*⟩ spezzare, rompere. **entzweien** ⟨*ohne ge-*⟩ **I.** *tr* separare, dividere; **II.** *rfl:* **sich ~** separarsi, dividersi; guastarsi. **entzwei·gehen** ⟨*irr*⟩ *itr* ⟨*sein*⟩ andare in pezzi, rompersi.

Enzian [ˈɛnt͡si̯a:n] ⟨-s, -e⟩ *m* **1.** *bot* genziana *f;* **2.** *(Branntwein)* acquavite *f* di genziana.

Enzyklopädie [ɛnt͡syklopɛˈdi:, ...i:ən] ⟨-, -n⟩ *f* enciclopedia *f.*

enzyklopädisch [...ˈpɛ:dɪʃ] *a* enciclopedico.

Epen *pl von* **Epos.**

Epidemie [epideˈmi:, ...i:ən] ⟨-, -n⟩ *f* epidemia *f.*

epidemisch [...ˈde:mɪʃ] *a* epidemico.

Epilepsie [epilɛˈpsi:, ...i:ən] ⟨-, -n⟩ *f* epilessia *f.*

Epileptiker(in) [...ˈlɛptikɐ (...ərɪn)] ⟨-s, -⟩ *m(f)* epilettico, -a *m, f.*

epileptisch *a* epilettico.

Epilog [epiˈlo:k] ⟨-s, -e⟩ *m* epilogo *m.*

episch [ˈe:pɪʃ] *a* epico.

Episode [epiˈzo:də] ⟨-, -n⟩ *f* episodio *m.*

Epoche [eˈpɔxə] ⟨-, -n⟩ *f* epoca *f;* **~ machen** fare epoca. **epochemachend** *a* che fa epoca, d'importanza storica.

Epos [ˈe:pɔs, ˈe:pən] ⟨-, Epen⟩ *n* poema *m* epico.

er [e:ɐ̯] *pers pron (3. pers sing)* **1.** *(in bezug auf Menschen) (unbetont) meist nicht übersetzt;* egli; *(betont)* lui; **2.** *(in bezug auf Dinge) (unbetont) meist nicht übersetzt;* esso; *(betont)* lui; **~ selbst** egli (*o.* lui) stesso; **~ ist es** è lui; **da ist ~** eccolo.

erachten ⟨*ohne ge-*⟩ *tr:* **etw. für gut ~** giudicare conveniente qc. **Erachten** ⟨-s, ø⟩ *n:* **meines ~s** (*ab* **m. E.**), **nach meinem ~** a mio avviso (*o.* giudizio), secondo me.

erarbeiten ⟨*ohne ge-*⟩ *rfl:* **sich** *(dat)* **etw. ~** guadagnarsi (*o.* farsi) qc col proprio lavoro.

Erbanlage [ˈɛrp-] *f* carattere *m* (*o.* fattore *m*) ereditario.

erbarmen [ɛɐ̯ˈbarmən] ⟨*ohne ge-*⟩ *rfl:* **sich jds ~** avere pietà di (*o.* compassione per) qu; **Herr, erbarme dich unser!** Signore, abbi pietà di noi! **Erbarmen** ⟨-s, ø⟩ *n* pietà *f,* compassione *f;* misericordia *f;* **zum ~** da far pietà; **aus ~** per misericordia (*o.* pietà); **mit jdm ~ haben** aver pietà di qu. **erbarmenswert** *a* miserevole, compassionevole, pietoso.

erbärmlich [ɛɐ̯ˈbɛrmlɪç] **I.** *a* **1.** *(erbarmenswert)* miserevole, misero; *(Zustand)* pietoso; **2.** *pej (unzulänglich, schlecht)* scarso, cattivo, pessimo; **3.** *pej (gemein)* meschino, riprovevole; **II.** *adv fam (sehr)* terribile, enorme; **wir haben ~ gefroren** *fam* abbiamo avuto un gran freddo. **Erbärmlichkeit** ⟨-, ø⟩ *f* **1.** stato *m* pietoso (*o.* miserando); **2.** *(Ärmlichkeit)* miseria *f;* **3.** *(Gemeinheit)* meschinità *f,* bassezza *f,* viltà *f.*

erbarmungslos *a* spietato, crudele.

erbauen ⟨*ohne ge-*⟩ **I.** *tr (errichten)* costruire, edificare, erigere; **von etw. nicht/wenig erbaut sein** non essere/ non essere troppo entusiasta di qc; **II.** *rfl:* **sich ~** edificarsi, elevarsi.

Erbauer ⟨-s, -⟩ *m* **1.** costruttore *m,* architetto *m;* **2.** *(Gründer)* fondatore *m.*

erbaulich *a* edificante.

Erbauung ⟨-, -en⟩ *f* **1.** costruzione *f,* fabbricazione *f; (Gründung)* fondazione *f;* **2.** *fig* elevazione *f.*

Erbe[1] [ˈɛrbə] ⟨-s, ø⟩ *n* eredità *f; (elterliches ~)* patrimonio *m;* **ein ~ antreten** adire un'eredità.

Erbe[2] [ˈɛrbə] ⟨-n, -n⟩ *m,* **Erbin** [ˈɛrbɪn] *f* erede *mf; (von Vermächtnis)* legatario, -a *m, f,* beneficiario, -a *m, f;* **jdn zum ~n machen** (*o.* **als ~n einsetzen**) istituire (*o.* nominare) qu proprio erede.

erbeben ⟨*ohne ge-*⟩ *itr* ⟨*sein*⟩ **1.** tremare; **2.** *fig* fremere (*vor* di).

erben *tr* ereditare.

erbetteln ⟨*ohne ge-*⟩ *tr* ottenere (*o.* ricevere) mendicando; accattare.

erbeuten ⟨*ohne ge-*⟩ *tr* far bottino di, predare.

Erbfaktor [ˈɛrp-] *m* fattore *m* ereditario. **Erbfolge** *f* (ordine *m* di) successione *f;* **gesetzliche ~** successione legittima. **Erbgut** *n biol* patrimonio *m* ereditario.

erbieten ⟨*irr, ohne ge-*⟩ *rfl:* **sich ~, etw. zu tun** *geh* offrirsi di fare qc.

Erbin *s.* **Erbe;** *(reiche ~)* ereditiera *f.*

erbitten ⟨*irr, ohne ge-*⟩ *tr:* **etw. von jdm ~** chiedere qc a qu, sollecitare qc da qu.

erbittert *a* esasperato; *(Kampf, etc.)* accanito.

Erbitterung ‹-, ø› *f* rancore *m;* esasperazione *f;* accanimento *m.*
Erbkrankheit ['ɛrp-] *f* malattia *f* ereditaria.
erblassen [ɛɐ̯'blasən] ‹*ohne ge-*› *itr* ‹*sein*› impallidire (*vor* per).
Erblasser(in) ['ɛrplasɐ (...ərın)] ‹-s, -› *m(f)* testatore, -trice *m, f.*
erblich ['ɛrplıç] *a* ereditario, genetico; *biol* trasmissibile; **nicht ~** *biol* che non è trasmissibile; **~ belastet** affetto da una tara ereditaria; **~e Belastung** tara ereditaria.
erblicken ‹*ohne ge-*› *tr* scorgere, vedere; *(entdecken)* scoprire.
erblinden ‹*ohne ge-*› *itr* ‹*sein*› diventare cieco, perdere la vista.
Erblindung ‹-, -en› *f* perdita *f* della vista; *(Blindheit)* cecità *f;* **das kann zur ~ führen** può portare alla cecità.
erblühen ‹*ohne ge-*› *itr* ‹*sein*› fiorire, schiudersi; *(a. fig)* sbocciare.
Erbmasse ['ɛrp-] *f* **1.** *jur* asse *m* ereditario; **2.** *biol* genotipo *m.*
erbrechen ‹*irr, ohne ge-*› **I.** *tr* **1.** *(Tür, etc.)* aprire a forza, forzare; *(Brief)* aprire; *(Schloß)* scassinare; **2.** *(Mageninhalt)* vomitare; **etw. bis zum E~ tun** *fam pej* fare qc fino alla nausea *fam;* **II.** *rfl:* **sich ~** vomitare.
Erbrecht ['ɛrp-] *n* diritto *m* di successione (*o.* all'eredità *o.* ereditario).
erbringen [ɛɐ̯'brıŋən] ‹*irr, ohne ge-*› *tr:* **den Beweis ~** fornire la prova (*für* per, di).
Erbschaft ['ɛrp-] ‹-, -en› *f* eredità *f,* successione *f;* **eine ~ antreten/machen** adire/avere un'eredità. **Erbschaft(s)steuer** *f* imposta *f* di successione. **Erbschleicher(in)** ‹-s, -› *m(f)* (pro)cacciatore, -trice *m, f* di eredità. **Erbschleicherei** [-ʃlai̯çə'rai̯] ‹-, -en› *f* caccia *f* alle eredità. **Erbschleicherin** *f s.* **Erbschleicher.**
Erbse ['ɛrpsə] ‹-, -n› *f* pisello *m;* **junge ~n** piselli primaticci (*o.* novelli). **Erbsensuppe** *f* minestra *f* di piselli.
Erbstück ['ɛrp-] *n* oggetto *m* ereditato. **Erbsünde** *f* peccato *m* originale. **Erbteil** *n o. m* **1.** *jur* parte *f* d'eredità; **2.** *fig* eredità *f.*
Erdachse *f* asse *m* della terra. **Erdanziehung** *f* gravitazione *f* (*o.* attrazione *f*) terrestre. **Erdarbeiten** *f pl* lavori *m pl* di scavo (*o.* di sterro). **Erdatmosphäre** *f* atmosfera *f* terrestre.
erdauern ‹*ohne ge-*› *tr CH* esaminare a fondo.
Erdbahn *f* orbita *f* terrestre. **Erdball** *m* globo *m* terrestre. **Erdbeben** *n* terremoto *m,* sisma *m,* sismo *m.* **Erdbeere** *f* fragola *f.* **Erdbeschleunigung** *f* accelerazione *f* terrestre. **Erdboden** *m* suolo *m,* terra *f,* terreno *m;* **dem ~ gleichmachen** radere al suolo; **wie vom ~ verschluckt** come inghiottito dalla terra.
Erde ['e:ɐ̯də] ‹-, -n› *f* **1.** *(Welt)* terra *f,* mondo *m;* **2.** *(Erdboden)* terra *f,* terreno *m,* suolo *m;* **3.** *el, radio* presa *f* di terra, collegamento *m* a terra; **unter der ~** sottoterra; **auf die ~ fallen** cadere per (*o.* a) terra; **seltene ~n** *chem* terre rare; **jdn unter die ~ bringen** seppellire qu, portare alla tomba qu.
erden *tr el* mettere (*o.* collegare) a terra (*o.* massa).
Erdenbürger(in) *m(f)* abitante *mf* della terra; *poet* mortale *mf.*
erdenken ‹*irr, ohne ge-*› *tr* immaginare, escogitare, inventare.
erdenklich *a:* **alles E~e tun** fare tutto il possibile; **alles ~ Gute** tutto il bene possibile.
erdfarben *a* color terra, terroso. **Erdgas** *n* gas *m* naturale. **Erdgeschoß** *n* pianterreno *m.*
erdichten ‹*ohne ge-*› *tr* inventare, escogitare.
erdig *a* terroso.
Erdinnere *n* interno *m* della terra. **Erdkarte** *f* carta *f* (geografica) della terra, planisfero *m* terrestre. **Erdkugel** *f* sfera *f* (*o.* globo *m*) terrestre. **Erdkunde** *f* geografia *f.* **Erdmagnetismus** *m* magnetismo *m* terrestre. **Erdmittelpunkt** *m* centro *m* della terra. **Erdnuß** *f* arachide *f,* nocciolina *f* americana. **Erdnußbutter** *f* burro *m* di arachidi. **Erdoberfläche** *f* superficie *f* terrestre. **Erdöl** *n* petrolio *m* (greggio), nafta *f.* **Erdölembargo** *n* embargo *m* sul petrolio. **Erdölindustrie** *f* industria *f* petrolifera. **Erdölraffinerie** *f* raffineria *f* di petrolio. **Erdölvorkommen** *n* giacimento *m* petrolifero. **Erdreich** *n* terra *f,* terreno *m.*
erdreisten [ɛɐ̯'drai̯stən] ‹*ohne ge-*› *rfl:* **sich ~, etw. zu tun** avere l'ardire (*o.* l'impudenza) di fare qc.
Erdrinde *f* crosta *f* terrestre, litosfera *f.*
erdrosseln ‹*ohne ge-*› *tr* strangolare, strozzare.
erdrücken ‹*ohne ge-*› *tr* schiacciare; **~de Beweise** prove schiaccianti.
Erdrutsch *m* frana *f,* smottamento *m.* **Erdscholle** *f* zolla *f* (di terra). **Erdstoß** *m* scossa *f* tellurica (*o.* sismica). **Erdteil** *m* continente *m.*

erdulden ⟨*ohne ge-*⟩ *tr* subire, patire; *(aushalten)* sopportare.
Erdumdrehung *f* rotazione *f* della terra. **Erdumkreisung** ⟨-, -en⟩ *f* volo *m* orbitale. **Erdumlaufbahn** *f* orbita *f* terrestre. **Erdumseg(e)lung** ⟨-, -en⟩ *f* circumnavigazione *f* della terra.
Erdung ⟨-, -en⟩ *f el* messa *f* a terra (*o.* massa); *radio* presa *f* di terra.
ereifern ⟨*ohne ge-*⟩ *rfl:* **sich ~** agitarsi, accalorarsi.
ereignen [ɛg̱ˈʔa̱ignən] ⟨*ohne ge-*⟩ *rfl:* **sich ~** avvenire, accadere, succedere, verificarsi.
Ereignis ⟨-ses, -se⟩ *n* avvenimento *m,* evento *m,* fatto *m; (Zwischenfall)* caso *m;* **ein freudiges ~** un lieto evento. **ereignisreich** *a* ricco di avvenimenti (*o.* eventi); movimentato.
Eremit [ereˈmiːt] ⟨-en, -en⟩ *m* eremita *m.*
erfahren[1] ⟨*irr, ohne ge-*⟩ *tr* **1.** *(hören)* venire a sapere (*von* di), apprendere (*von* di); **2.** *(erleben)* provare, fare l'esperienza di; *(erleiden)* subire, patire.
erfahren[2] *a* **1.** *(bewandert)* esperto, versato; **2.** *(geschickt)* abile, capace; **3.** *(geübt)* pratico.
Erfahrung ⟨-, -en⟩ *f* esperienza *f; (praktische ~)* pratica *f;* **aus (eigener) ~** per esperienza; **etw. in ~ bringen** venire a sapere qc; **~ haben** essere pratico. **erfahrungsgemäß** *adv* per esperienza.
erfassen ⟨*ohne ge-*⟩ *tr* **1.** *(mit Händen)* prendere, afferrare; **2.** *(Angst, etc.)* cogliere, prendere; **3.** *(verstehen)* capire, comprendere, afferrare; **4.** *(registrieren)* registrare, rilevare; **5.** *inform* rilevare; **6.** *(berücksichtigen)* considerare; *(einbeziehen)* includere, comprendere; **von einem Lastwagen erfaßt werden** essere investito (*o.* travolto) da un camion.
Erfassung *f* registrazione *f; (a. Daten~)* rilevamento *m.*
erfinden ⟨*irr, ohne ge-*⟩ *tr* inventare; **frei ~** inventare di sana pianta.
Erfinder(in) *m(f)* inventore, -trice *m, f.*
erfinderisch *a* inventivo; *(findig)* ingegnoso.
Erfindung *f* invenzione *f;* **eine ~ machen** inventare qc.
Erfolg [ɛg̱ˈfɔlk] ⟨-(e)s, -e⟩ *m* **1.** *(Gelingen)* successo *m;* **2.** *(Ergebnis)* esito *m,* riuscita *f,* risultato *m;* **3.** *(Folge, Wirkung)* conseguenza *f,* effetto *m;* **mit/ohne ~** con/senza successo; **zum ~ führen** portare a buon fine; **~ haben** avere successo, riuscire; **jdm/einer S. zum ~ verhelfen** contribuire al successo di qu/qc; **ein voller** (*o.* **durchschlagender) ~** un successo pieno; **mit dem ~, daß ...** con il risultato che ...; **sie hat ~ bei Männern** ha successo con gli uomini; **viel ~!** buona fortuna!; **von ~ begleitet/gekrönt sein** essere coronato dal successo.
erfolgen ⟨*ohne ge-*⟩ *itr* ⟨*sein*⟩ **1.** *(geschehen)* avvenire, succedere; *(stattfinden)* aver luogo; *(Zahlung)* essere effettuato, effettuarsi; **2.** *(als Folge eintreten)* seguire, risultare.
erfolglos **I.** *a* infruttuoso; inutile; **II.** *adv* senza successo. **Erfolglosigkeit** ⟨-, ø⟩ *f* insuccesso *m;* inutilità *f,* vanità *f.* **erfolgreich** **I.** *a* coronato da successo; **eine ~e Laufbahn** una brillante carriera; **II.** *adv* con successo. **Erfolgsaussichten** *f pl* possibilità *f pl* di successo. **Erfolgsautor(in)** *m(f)* autore, -trice *m, f* di successo. **Erfolgsdenken** *n* logica *f* del successo. **Erfolgserlebnis** *n* esperienza *f* gratificante. **Erfolgskontrolle** *f* verifica *f.* **Erfolgsmeldung** *f* annuncio *m* di un successo. **erfolgversprechend** *a* promettente, che promette bene.
erforderlich *a* occorrente, necessario, richiesto; **soweit ~** in caso di bisogno, se necessario.
erfordern ⟨*ohne ge-*⟩ *tr* esigere, richiedere, rendere necessario.
Erfordernis ⟨-ses, -se⟩ *n* esigenza *f,* necessità *f; (Voraussetzung)* requisito *m,* condizione *f.*
erforschen ⟨*ohne ge-*⟩ *tr* **1.** *allg.* ricercare, studiare; analizzare; *(Land)* esplorare; **2.** *(Meinung, Geheimnis)* sondare; **sein Gewissen ~** interrogare la propria coscienza.
Erforschung *f* **1.** *allg.* indagine *f,* ricerca *f,* studio *m; (von Land)* esplorazione *f;* **2.** *(von Meinung, etc.)* sondaggio *m.*
erfragen ⟨*ohne ge-*⟩ *tr* informarsi di (*o.* su); **zu ~ bei** per informazioni rivolgersi a.
erfreuen ⟨*ohne ge-*⟩ **I.** *tr* rallegrare, far piacere a; **ich bin darüber sehr erfreut** me ne rallegro molto; **sehr erfreut!** piacere!; **II.** *rfl:* **sich an etw. ~** rallegrarsi di qc; **sich guter Gesundheit ~** godere di buona salute.
erfreulich *a* lieto; *(angenehm)* gradito, piacevole; **es ist ~ zu ...** fa piacere ... *inf.* **erfreulicherweise** *adv* **1.** *(zum Glück)* fortunatamente; **2.** *(mit Freude)* con soddisfazione.
erfrieren ⟨*irr, ohne ge-*⟩ *itr* ⟨*sein*⟩

1. *(Mensch, Tier)* morire assiderato (*o.* di freddo); **2.** *(Körperteil)* congelarsi; **3.** *(Pflanze)* gelare.

erfrischen ⟨*ohne ge-*⟩ **I.** *tr* rinfrescare; *(beleben)* ristorare, ricreare; **II.** *rfl:* **sich ~** rinfrescarsi; *(sich erholen)* ristorarsi. **erfrischend** *a* rinfrescante; *fig* vivificante.

Erfrischung ⟨-, -en⟩ *f* **1.** *(das Erfrischen)* rinfrescata *f;* **2.** *(Speise, Getränk)* rinfesco *m;* **3.** *(Erholung)* ristoro *m.* **Erfrischungsraum** *m* buvette *f,* bar *m.*

erfüllen ⟨*ohne ge-*⟩ **I.** *tr* **1.** *(aus-, anfüllen)* riempire, colmare; **2.** *(Pflicht, Aufgabe)* adempiere; *(Versprechen)* mantenere; *(Wunsch, Bitte)* esaudire; *(Zweck)* raggiungere; *(Bedingung, Voraussetzung)* soddisfare; **schon der Gedanke daran erfüllt mich mit Schaudern** al solo pensiero rabbrividisco; **Michael erfüllt mir jeden Wunsch** Michele esaudisce ogni mio desiderio; **II.** *rfl:* **sich ~** *(Wunsch, Hoffnung)* adempiersi, avverarsi.

Erfüllung *f* **1.** *(von Aufgabe, Pflicht)* adempimento *m; (von Wunsch, Hoffnung)* appagamento *m,* realizzazione *f; (von Versprechen)* mantenimento *m;* **2.** *(Vollendung)* compimento *m;* **in ~ gehen** avverarsi, realizzarsi.

ergänzen [ɛɐ̯ˈgɛntsən] ⟨*ohne ge-*⟩ **I.** *tr* completare, integrare; **~d muß hinzugefügt** (*o.* **bemerkt) werden, daß ...** per completare si deve aggiungere (*o.* notare) che ...; **II.** *rfl:* **sich** (*o.* **einander) ~** completarsi.

Ergänzung ⟨-, -en⟩ *f* **1.** *(Vervollständigung)* completamento *m;* **2.** *gram* complemento *m;* **3.** *(Buch)* supplemento *m.*

Ergänzungs- *(in Zusammensetzungen)* complementare, supplementare, integrativo, aggiuntivo.

ergattern [ɛɐ̯ˈgatɐn] ⟨*ohne ge-*⟩ *tr fam* pescare *fam.*

ergeben[1] ⟨*irr, ohne ge-*⟩ **I.** *tr* **1.** produrre, generare; *(einbringen)* rendere, fruttare; **2.** *mat* dare come risultato; **II.** *rfl:* **sich ~ 1.** *mil (kapitulieren)* arrendersi; *(a. fig)* capitolare; *(in Schicksal)* rassegnarsi (*in* a); **2.** *(dem Laster, etc.)* abbandonarsi (*dat* a), cedere (*dat* a); **3.** *(folgen)* risultare (*aus* da), derivare (*aus* da); **daraus ergibt sich, daß ...** ne (con)segue che ...; **die Umfrage hat ~, daß ...** il sondaggio ha rivelato che ...

ergeben[2] *a* **1.** *(demütig)* devoto; fedele; **2.** *(gehorsam)* ubbidiente; *(unterwürfig)* sottomesso, umile; **3.** *(gefaßt)* rassegnato (*dat* a); **einem Laster ~ sein** essere incline ad un vizio *geh;* **Ihr (sehr) ~er Diener** *obs, geh, scherz* Suo devotissimo servitore *geh, scherz;* **jdm treu ~ sein** essere fedelmente devoto a qu *geh.* **Ergebenheit** ⟨-, ø⟩ *f* **1.** *(Hingabe)* devozione *f,* attaccamento *m;* **2.** *(Gefaßtheit)* rassegnazione *f.*

Ergebnis ⟨-ses, -se⟩ *n* **1.** *allg., mat* risultato *m;* **2.** *(Ausgang)* esito *m;* **3.** *sport* punteggio *m;* **4.** *(Folge)* conseguenza *f;* **gute ~se erzielen** ottenere buoni risultati; **zu keinem ~ führen** non portare ad alcun risultato. **ergebnislos** *a* senza risultato, infruttuoso.

ergehen ⟨*irr, ohne ge-*⟩ **I.** *itr* ⟨*sein*⟩ **1.** *(geschickt werden)* essere inviato; *(erlassen werden)* essere diramato; *(bekanntgegeben werden)* essere pubblicato; **2.** *(widerfahren)* passarsela *fam;* **an sie erging ein Ruf an die Universität Tübingen** le fu offerta una cattedra all'università di Tubinga; **etw. über sich ~ lassen** sopportare (*o.* subire) qc; **mir ist es genauso ergangen** mi è successa la stessa cosa; **wie ist es dir ergangen?** come ti è andata? *fam;* **II.** *rfl:* **sich ~** diffondersi (*in* in), abbandonarsi (*in* a); **sich in Vermutungen ~** abbandonarsi a congetture.

ergiebig [ɛɐ̯ˈgiːbɪç] *a* fertile, produttivo; *(Thema)* vasto; *(ertragreich)* abbondante, copioso; *(a. fig)* ricco; *(einträglich)* redditizio; *(bes. Geschäft)* lucroso.

ergießen ⟨*irr, ohne ge-*⟩ *rfl:* **sich ~ 1.** *(Fluß)* sfociare (*in* in); **2.** *(a. fig)* (ri)versarsi (*über* su).

erglühen ⟨*ohne ge-*⟩ *itr* ⟨*sein*⟩ *fig* ardere (*vor* di), accendersi (*vor* di), infiammarsi (*vor* di); **vor Zorn ~** accendersi d'ira.

ergrauen ⟨*ohne ge-*⟩ *itr* ⟨*sein*⟩ incanutire; *fig* invecchiare.

ergreifen ⟨*irr, ohne ge-*⟩ *tr* **1.** *(fassen, a. fig)* prendere; afferrare (*beim Arm* per il braccio); *(packen)* impugnare; **2.** *(festnehmen)* arrestare, catturare; **3.** *fig (rühren)* toccare, commuovere; *(erschüttern)* scuotere; **das Wort/die Initiative/die Flucht ~** prendere la parola/l'iniziativa/la fuga; **die Gelegenheit ~** cogliere l'occasione; **einen Beruf ~** abbracciare una professione; **von Reue ergriffen werden** essere preso dal rimorso. **ergreifend** *a* commovente, toccante.

Ergreifung ⟨-, ø⟩ *f* **1.** *allg.* presa *f;* **2.** *(Festnahme)* cattura *f,* arresto *m.*

ergriffen [ɛɐ̯ˈgrɪfən] *a (gerührt)* commosso; *(erschüttert)* sconvolto. **Ergriffenheit** ⟨-, ø⟩ *f* commozione *f*, emozione *f*.

ergründen ⟨*ohne ge-*⟩ *tr* sondare; cercare di penetrare (*o.* conoscere).

Erguß ⟨-gusses, -güsse⟩ *m* **1.** *med* versamento *m; (Blut~)* travaso *m;* **2.** *(Samen~)* eiaculazione *f;* **3.** *fig pej (Gefühls~)* effusione *f*, sfogo *m; (Wortschwall)* fiume *m* di parole.

erhaben *a* **1.** *(erhöht)* rialzato, saliente; *(a. fig)* elevato; **2.** *fig* eminente, sublime; **3.** *fig pej (überlegen)* superiore (*über* a); **über etw. ~ sein** essere (*o.* sentirsi) superiore a qc; **über jeden Verdacht ~ sein** essere al di sopra di ogni sospetto. **Erhabenheit** ⟨-, ø⟩ *f* **1.** *fig* sublimità *f*, imponenza *f*, eminenza *f;* **2.** *(Überlegenheit)* superiorità *f*.

erhalten ⟨*irr, ohne ge-*⟩ *tr* **1.** *(bekommen)* ricevere; *(durch Bemühungen)* ottenere; **2.** *(bewahren)* conservare; *(a. unterhalten)* mantenere; **Betrag (dankend) ~** ricevuto, per quietanza; **gut/schlecht ~** in buono/cattivo stato (di conservazione).

erhältlich [ɛɐ̯ˈhɛltlɪç] *a* in vendita (*bei* presso); **überall ~** in vendita ovunque.

Erhaltung *f* **1.** *(Bewahrung)* conservazione *f; (a. Versorgung)* mantenimento *m;* **2.** *(Unterhaltung)* manutenzione *f*.

erhängen ⟨*ohne ge-*⟩ **I.** *tr* impiccare; **Tod durch E~** morte per impiccagione; **II.** *rfl:* **sich ~** impiccarsi.

erhärten ⟨*ohne ge-*⟩ **I.** *tr* **1.** indurire, solidificare; **2.** *fig* convalidare, rafforzare; **II.** *rfl:* **sich ~** indurirsi; *fig* convalidare, rafforzare.

erheben ⟨*irr, ohne ge-*⟩ **I.** *tr* **1.** *(hochheben)* alzare, levare; **2.** *fin (Gebühr, Steuern)* riscuotere; *(Betrag)* esigere; **die Stimme ~** alzare la voce; **ein Geschrei ~** levare grida; **gegen jdn Anklage ~** accusare qu; **II.** *rfl:* **sich ~** **1.** *(aufstehen)* alzarsi; *(a. emporragen)* levarsi; **2.** *(aufkommen)* nascere, sorgere; *(Wind)* alzarsi; **3.** *(sich empören)* insorgere, sollevarsi. **erhebend** *a* commovente, edificante.

erheblich *a* rilevante, considerevole, notevole; *(bedeutend)* importante.

Erhebung *f* **1.** *(Boden~)* elevazione *f;* **2.** *(Umfrage)* rilevamento *m*, indagine *f*, inchiesta *f;* **3.** *(von Abgaben, Steuern)* riscossione *f*, esazione *f;* **4.** *(Aufstand)* insurrezione *f*, sommossa *f*.

erheitern ⟨*ohne ge-*⟩ **I.** *tr* rallegrare, rasserenare; *(unterhalten)* divertire; **II.** *rfl:* **sich ~** rasserenarsi (*über* per). **erheiternd** *a* divertente.

erhellen ⟨*ohne ge-*⟩ **I.** *tr* **1.** *(durch Licht)* illuminare; **2.** *fig (erläutern)* chiarire; **II.** *rfl:* **sich ~** **1.** *(Himmel)* rischiararsi; **2.** *(Gesicht)* illuminarsi.

erhitzen ⟨*ohne ge-*⟩ **I.** *tr* riscaldare; **II.** *rfl:* **sich ~** riscaldarsi.

erhoffen ⟨*ohne ge-*⟩ *tr* sperare in, aspettarsi.

erhöhen ⟨*ohne ge-*⟩ **I.** *tr* **1.** *(höher machen)* (ri)alzare; *mus* aumentare; **2.** *(steigern, vermehren)* aumentare (*um* di); **erhöhte Temperatur** temperatura aumentata; **II.** *rfl:* **sich ~** aumentare (*um* di); **die Zahl der Arbeitslosen hat sich auf 4 Millionen erhöht** il numero dei disoccupati è salito a 4 milioni.

Erhöhung ⟨-, -en⟩ *f* **1.** *(a. fig)* elevazione *f; (a. arch)* rialzamento *m;* **2.** *(Anhöhe)* altura *f;* **3.** *fig (Vermehrung)* rialzo *m*, aumento *m*, accrescimento *m*. **Erhöhungszeichen** *n* diesis *m*.

erholen ⟨*ohne ge-*⟩ *rfl:* **sich ~** **1.** *(von Krankheit)* ristabilirsi (*von* da), rimettersi (*von* da); *(von Schreck, Überraschung)* riaversi (*von* da); **2.** *(sich ausruhen)* riposarsi; *(sich entspannen)* distendersi, rilassarsi; **3.** *fig (Preise, Markt)* riprendersi; *(Kurse)* ricuperare, migliorare; *(Börse)* essere in ripresa.

erholsam *a* riposante; ricreativo.

Erholung ⟨-, ø⟩ *f* **1.** *(von Krankheit, etc.)* ristabilimento *m;* **2.** *(Ruhe)* riposo *m; (Entspannung)* distensione *f*, rilassamento *m;* **3.** *fig fin* ricupero *m;* **gute ~!** buon riposo! **Erholungsaufenthalt** *m* soggiorno *m* di riposo. **erholungsbedürftig** *a* bisognoso di riposo. **Erholungsgebiet** *n* luogo *m* di villeggiatura. **Erholungsheim** *n* casa *f* di riposo.

erhören ⟨*ohne ge-*⟩ *tr* esaudire.

Erich [ˈeːrɪç] *(männlicher Vorname)* Erico.

Erika [ˈeːrika] *(weiblicher Vorname)* Erica.

erinnern [ɛɐ̯ˈʔɪnɐn] ⟨*ohne ge-*⟩ **I.** *tr:* **jdn an etw. ~** (far) ricordare qc a qu, rammentare qc a qu; **jdn daran ~, etw. zu tun** ricordare a qu di fare qc; **II.** *rfl:* **sich an etw. ~** ricordarsi (di) qc; **wenn ich mich recht erinnere** se ho buona memoria; **ich kann mich nicht (mehr daran) ~** non riesco (più) a ricordarmene; **sich nur noch dunkel ~** ricordarsi ancora vagamente; **III.** *itr:* **an etw. ~** ricordare qc.

Erinnerung ⟨-, -en⟩ *f* **1.** *(Gedächtnis)* memoria *f* (*an* di); **2.** *(Andenken)* ricordo *m* (*an* di); **in ~ an etw.** a ricordo di qc; **zur ~ an** in memoria di *geh;* **alte ~en auffrischen** far rivivere vecchi ricordi; **etw. in guter/schlechter ~ haben** avere un buon/cattivo ricordo di qc.

erkalten ⟨*ohne ge-*⟩ *itr* ⟨*sein*⟩ raffreddarsi.

erkälten ⟨*ohne ge-*⟩ *rfl:* **sich ~** raffreddarsi, prendere un raffreddore; *(bes. Blase)* prendere freddo; **erkältet sein** essere raffreddato.

Erkältung ⟨-, -en⟩ *f* raffreddore *m,* infreddatura *f.*

erkämpfen ⟨*ohne ge-*⟩ *tr* ottenere combattendo; *(a. fig)* conquistare; *(Sieg)* riportare.

erkennbar *a* riconoscibile; *(wahrnehmbar)* percettibile; *(mit bloßem Auge)* discernibile, distinguibile; **ohne ~en Grund** senza ragione apparente.

erkennen ⟨*irr, ohne ge-*⟩ **I.** *tr* **1.** riconoscere (*an* da); **2.** *(wahrnehmen)* distinguere; **3.** *(erfassen)* comprendere; **4.** *(einsehen)* ammettere (*als, für* per); **sich zu ~ geben** farsi (ri)conoscere; **jdm zu ~ geben, daß ...** fare capire a qu che ...; **II.** *itr:* **~ auf** *jur* emettere la sentenza di.

erkenntlich *a (dankbar)* riconoscente, grato; **sich ~ zeigen** mostrarsi riconoscente.

Erkenntnis ⟨-, -se⟩ *f* **1.** *(Erkennen)* conoscenza *f;* **2.** *(Einsicht)* riconoscimento *m;* **3.** *(Kenntnis)* cognizione *f,* nozione *f.*

Erkennungsdienst *m* (polizia *f*) scientifica *f.* **Erkennungsmarke** *f* distintivo *m,* contrassegno *m,* marchio *m* di riconoscimento. **Erkennungszeichen** *n* (contras)segno *m* di riconoscimento.

Erker [ˈɛrkɐ] ⟨-s, -⟩ *m* balcone *m* sporgente.

erklärbar *a* spiegabile.

erklären ⟨*ohne ge-*⟩ **I.** *tr* **1.** *(erläutern)* spiegare; *(ausführlich)* illustrare; *(auslegen, deuten)* interpretare; **2.** *(begründen)* provare, motivare; **3.** *(aussagen)* dichiarare; *(verkünden a.)* proclamare; **das erklärt, warum ...** ciò spiega perché ...; **ich kann mir das einfach nicht ~** non riesco semplicemente a spiegarmelo; **jdm den Krieg ~** dichiarare guerra a qu; **etw. für ungültig ~** dichiarare nullo qc, annullare qc; *jur* invalidare qc; **II.** *rfl:* **sich ~ 1.** *(begründen)* spiegarsi; **2.** *(sich aussprechen)* dichiararsi, pronunciarsi (*für* a favore di, *gegen* contro); **sich bereit ~ zu ....** dichiararsi pronto (*o.* disposto) a ... **erklärlich** *a* **1.** *(erklärbar)* spiegabile; **2.** *(verständlich)* comprensibile. **erklärt** *a* dichiarato, esplicito; **ein ~er Gegner** un nemico dichiarato.

Erklärung *f* **1.** *(das Erklären)* spiegazione *f;* **2.** *(Erläuterung)* commento *m,* illustrazione *f;* **3.** *(Bekanntgabe)* dichiarazione *f; (Verkündung a.)* proclamazione *f;* **eine ~ abgeben** fare una dichiarazione; **von jdm eine ~ fordern** esigere da qu una spiegazione.

erklingen ⟨*irr, ohne ge-*⟩ *itr* ⟨*sein*⟩ (ri)sonare, echeggiare.

erkranken ⟨*ohne ge-*⟩ *itr* ⟨*sein*⟩ ammalarsi (*an* di), contrarre una malattia.

Erkrankung ⟨-, -en⟩ *f* malattia *f,* morbo *m;* **wegen ~** causa malattia.

erkunden ⟨*ohne ge-*⟩ *tr* **1.** esplorare; **2.** *mil* riconoscere; **das Gelände ~** *mil, fig* sondare il terreno.

erkundigen ⟨*ohne ge-*⟩ *rfl:* **sich bei jdm nach etw. ~** informarsi di qc presso qu, chiedere a qu informazioni su qc.

Erkundigung ⟨-, -en⟩ *f* informazione *f* (*über* su); **~en einziehen** prendere (*o.* assumere) informazioni (*über jdn* su (o. sul conto di) qu).

Erkundung ⟨-, -en⟩ *f* esplorazione *f.*

erlahmen ⟨*ohne ge-*⟩ *itr* ⟨*sein*⟩ **1.** *(Person)* stancarsi; **2.** *fig (Eifer, Interesse, etc.)* venir meno, cessare, raffreddarsi.

erlangen ⟨*ohne ge-*⟩ *tr (erreichen)* raggiungere; *(durch Bemühungen)* ottenere; *(Ruhm, Bedeutung, etc.)* acquisire.

Erlaß [ɛɐ̯ˈlas] ⟨-lasses, -lasse⟩ *m* **1.** *(Verfügung)* emanazione *f; (Regierungs~, ministerieller ~)* decreto *m,* ordinanza *f;* **2.** *(Straf~, Schulden~)* condono *m,* remissione *f.*

erlassen ⟨*irr, ohne ge-*⟩ *tr* **1.** *(verordnen)* emanare; **2.** *(Gebühren, Steuer, Zoll)* esonerare (*jdm etw.* qu da qc); *(Strafe, Schuld)* condonare (*jdm etw.* qc qu), rimettere (*jdm etw.* qc a qu).

erlauben [ɛɐ̯ˈla͜ubən] ⟨*ohne ge-*⟩ **I.** *tr* **1.** *(gestatten)* permettere (*jdm etw.* qc a qu; *jdm etw. zu tun* a qu di fare qc); autorizzare (*jdm etw. zu tun* qu a fare qc); **2.** *(ermöglichen, erlauben)* permettere, rendere possibile; **~ Sie (bitte)!** scusi!; **~ Sie, daß ich rauche/mich vorstelle?** posso fumare/presentarmi?, permette che fumi/mi presenti?; **wenn es das Wetter erlaubt** se il tempo lo permette; **wenn Sie ~** se (Lei) permette; **II.** *rfl:* **sich** *(dat)* **~ 1.** *(sich gönnen, leisten)* permettersi, concedersi; **2.** *(sich herausnehmen)* permettersi; **sich** *(dat)* **~, etw. zu tun**

permettersi (*o.* prendersi la libertà) di fare qc; **was erlaubst du dir (eigentlich)?** come ti permetti?; **wir ~ uns, Ihnen mitzuteilen ...** *geh* ci permettiamo di comunicarLe ... *geh.*

Erlaubnis ‹-, ø› *f* permesso *m,* autorizzazione *f;* **(jdn) um ~ bitten, etw. zu tun** chiedere il permesso (a qu) di fare qc; **jdm die ~ geben, etw. zu tun** dare a qu il permesso di fare qc, permettere a qu di fare qc.

erläutern ‹*ohne ge-*› *tr* spiegare, chiarire; *(Text)* interpretare, commentare.

Erläuterung *f* spiegazione *f; (Kommentar)* commento *m,* illustrazione *f,* interpretazione *f.*

Erle ['ɛrlə] ‹-, -n› *f* ontano *m.*

erleben ‹*ohne ge-*› *tr* **1.** *(durchmachen)* vivere, vedere, sentire; *(erfahren)* fare l'esperienza di, provare; **2.** *(kennenlernen, dabeisein)* vedere, conoscere; **3.** *(noch lebend erreichen)* vivere fino a; **das möchte ich noch ~** non voglio morire senza averlo visto; **der kann was ~!** *fam* la vedrà brutta *fam;* **er hat schon viel erlebt** ne ha già viste di tutti i colori *fam;* **erlebte Rede** *lit* monologo interiore; **hat man so was schon erlebt?** *fam* si è mai visto una cosa simile?; **ich möchte (endlich) auch mal was ~!** una volta tanto desidero anch'io vedere qc di diverso!; **so (zärtlich) habe ich dich noch nie erlebt** così (tenero) non sei mai stato.

Erlebnis ‹-ses, -se› *n* avvenimento *m,* evento *m; (aufregendes ~)* avventura *f.*

erledigen [ɛɐ̯'le:dɪgən] ‹*ohne ge-*› **I.** *tr* **1.** *(Arbeit)* compiere, terminare, sbrigare; *(Auftrag)* eseguire; *(Angelegenheit)* regolare, risolvere; **2.** *fam (ermüden)* sfinire, spossare *fam;* **3.** *sl (ruinieren)* rovinare; **4.** *sl (umbringen)* togliere di mezzo *sl;* **du bist für mich erledigt!** *fam* per me sei finito *fam* (*o.* spacciato *fam*); **ich muß noch etw. in der Stadt ~** devo ancora sbrigare qc in città; **II.** *rfl:* **sich (von selbst) ~** sbrigarsela *fam.*

Erledigung ‹-, -en› **1.** *(Durchführung)* compimento *m,* esecuzione *f;* **2.** *(Besorgung)* disbrigo *m.*

erlegen ‹*ohne ge-*› *tr (Wild)* abbattere.

erleichtern ‹*ohne ge-*› *tr* **1.** *(a. fig)* alleggerire; **2.** *fig* facilitare, agevolare; **sein Gewissen ~** sgravare la propria coscienza; **jdn um etw. ~** *scherz* alleggerire qu di qc; **„Gott sei Dank", sagte er erleichtert** "Grazie a Dio", disse sollevato; **erleichtert sein** essere sollevato.

Erleichterung ‹-, -en› *f* **1.** *(das Erleichtern)* alleggerimento *m; fig* facilitazione *f,* agevolazione *f;* **2.** *(Gefühl der ~)* sollievo *m;* **jdm ~ verschaffen** sollevare qu, dare sollievo a qu.

erleiden ‹*irr, ohne ge-*› *tr* **1.** *(Schmerzen)* patire, sopportare; **2.** *fig (Niederlage, Verlust, etc.)* subire.

erlernen ‹*ohne ge-*› *tr* imparare, apprendere.

erlesen *a* squisito.

erleuchten ‹*ohne ge-*› *tr* illuminare.

Erleuchtung ‹-, -en› *f* illuminazione *f;* **eine plötzliche ~ haben** avere un lampo di genio *fam.*

erliegen ‹*irr, ohne ge-*› *itr* ‹*sein*› **1.** *(einer Krankheit, etc.)* soccombere (*dat* a); **2.** *(einer Versuchung)* cedere (*dat* a); *(einem Irrtum)* cadere (*dat* in).

erlischt [ɛɐ̯'lɪʃt] *3. pers sing pr von* **erlöschen.**

Erlös [ɛɐ̯'lø:s] ‹-es, -e› *m* ricavato *m.*

erlöschen ‹**erlischt, erlosch, erloschen**› *itr* ‹*sein*› **1.** *(Feuer, Gefühle)* spegnersi; **2.** *(Mandat, Visum, Paß)* scadere; **3.** *(Firma)* cessare di esistere.

erlösen ‹*ohne ge-*› *tr* **1.** *(retten)* liberare (*aus, von* da); **2.** *rel* redimere (*aus, von* da); **erlöse uns von dem Bösen** *rel* liberaci dal male.

Erlösung *f* **1.** liberazione *f;* **2.** *rel* redenzione *f.*

ermächtigen [ɛɐ̯'mɛçtɪgən] ‹*ohne ge-*› *tr* **1.** autorizzare (*zu* a); **2.** *jur* delegare (*zu* a).

Ermächtigung ‹-, -en› *f* **1.** autorizzazione *f;* **2.** *jur* delega *f.*

ermahnen ‹*ohne ge-*› **1.** *(anhalten)* esortare, incitare (*zu* a); **2.** *(zurechtweisen)* ammonire (*wegen* per).

Ermahnung *f* **1.** esortazione *f;* **2.** ammonimento *m.*

Ermangelung ‹-, ø› *f:* **in ~** in mancanza (*gen* di).

ermäßigen ‹*ohne ge-*› *tr* ribassare, diminuire, ridurre; **zu ermäßigten Preisen** a prezzi ridotti.

Ermäßigung ‹-, -en› *f* diminuzione *f,* riduzione; *(Preisnachlaß)* sconto *m.*

ermatten ‹*ohne ge-*› *geh* **I.** *tr* ‹*haben*› stancare, affaticare; *(erschöpfen)* spossare; **II.** *itr* ‹*sein*› stancarsi, affaticarsi.

ermessen ‹*irr, ohne ge-*› *tr* **1.** *(abschätzen, überschauen)* misurare, giudicare, valutare; **2.** *(begreifen, erfassen)* comprendere. **Ermessen** ‹-s, ø› *n:* **nach jds ~** a giudizio di qu; **das liegt in Ihrem ~** ciò è a Sua discrezione *geh;* **nach meinem/menschlichen ~** secondo me/a giudizio d'uomo. **Ermessensfrage** *f* questione *f* giudicabile a discrezione.

ermitteln [ɛɐ̯ˈmɪtəln] ‹*ohne ge-*› **I.** *tr* **1.** *(erforschen)* ricercare, indagare; **2.** *(herausfinden)* rintracciare, scoprire; **3.** *(feststellen)* determinare, rilevare; **II.** *itr:* **gegen jdn ~** indagare su qu.

Ermittlung ‹-, -en› *f* **1.** *(Nachforschung)* ricerca *f*, indagine *f*; **2.** *(polizeiliche ~)* rilevamento *m*; **~en anstellen** fare indagini. **Ermittlungsverfahren** *n* istruttoria *f*.

ermöglichen ‹*ohne ge-*› *tr* rendere possibile; **jdm ~, etw. zu tun** permettere a qu di fare qc.

ermorden ‹*ohne ge-*› *tr* assassinare, uccidere.

Ermordung ‹-, -en› *f* assassinio *m*, uccisione *f*.

ermüden ‹*ohne ge-*› **I.** *tr* ‹*haben*› stancare, affaticare; **II.** *itr* ‹*sein*› stancarsi, affaticarsi. **ermüdend** *a* faticoso, *(a. fig)* stancante.

Ermüdung ‹-, ø› *f* fatica *f*; *(a. fig)* affaticamento *m*. **Ermüdungserscheinung** *f* sintomo *m* di stanchezza.

ermuntern ‹*ohne ge-*› *tr* **1.** *(aufmuntern)* rallegrare; **2.** *(auffordern)* esortare; *(ermutigen)* incoraggiare (*zu* a); **3.** *(beleben, erfrischen)* rianimare, rinfrescare.

ermutigen [ɛɐ̯ˈmuːtɪgən] ‹*ohne ge-*› *tr* incoraggiare (*zu* a).

Ermutigung ‹-, -en› *f* incoraggiamento *m*.

Erna [ˈɛrna] *weiblicher Vorname.*

ernähren ‹*ohne ge-*› **I.** *tr* **1.** nutrire; *(verpflegen)* alimentare; **2.** *fig (versorgen)* mantenere, sostentare; **II.** *rfl:* **sich ~ 1.** nutrirsi (*von* di); **2.** *fig* mantenersi (*von* con, a), vivere (*von* di).

Ernährer(in) ‹-s, -› *m(f)* sostegno *m* (della famiglia).

Ernährung ‹-, ø› *f* **1.** *(das Ernähren)* nutrizione *f*; **2.** *(Nahrung)* alimentazione *f*; **3.** *fig (Versorgung)* mentenimento *m*, sostentamento *m*; **falsche ~** malnutrizione *f*; **vitaminreiche/abwechslungsreiche ~** alimentazione ricca di vitamine/molto varia **Ernährungswissenschaft** *f* scienza *f* dell'alimentazione. **Ernährungswissenschaftler(in)** *m(f)* alimentarista *mf*.

ernennen ‹*irr, ohne ge-*› *tr* nominare; *(bes. Beamte)* designare; *(Erben)* istituire; *(wählen)* eleggere; **jdn zu etw. ~** eleggere (*o.* nominare *o.* designare *o.* istituire) qu qc.

Ernennung ‹-, -en› *f* nomina *f*, designazione *f*, istituzione *f*; *(Wahl)* elezione *f*.

erneuern [ɛɐ̯ˈnɔyɐn] ‹*ohne ge-*› *tr* **1.** rinnovare; **2.** *(ersetzen, auswechseln)* cambiare, sostituire; **3.** *(wiederherstellen, auffrischen)* riparare, riaggiustare, rimettere a nuovo; *(Farbe)* rinfrescare.

Erneuerung *f* rinnovo *m*, rinnovamento *m*.

erneut [ɛɐ̯ˈnɔyt] **I.** *a (von neuem)* rinnovato, nuovo; *(wiederholt)* ripetuto; **II.** *adv* di nuovo.

erniedrigen [ɛɐ̯ˈniːdrɪgən] ‹*ohne ge-*› **I.** *tr (demütigen)* umiliare; *(a. mus)* abbassare; **II.** *rfl:* **sich ~** umiliarsi, abbassarsi.

Erniedrigung ‹-, -en› *f* umiliazione *f*, avvilimento *m*. **Erniedrigungszeichen** *n* bemolle *m*.

ernst *a* serio; **~e Absichten** *fam* intenzioni serie *fam*; **es ~ meinen** fare sul serio; **es ist nichts E~es** non è niente di serio; **etw./jdn ~/nicht ~ nehmen** prendere/non prendere qc/qu sul serio.

Ernst[1] [ɛrnst] ‹-es, ø› *m* **1.** serietà *f*; **2.** *(Würde, Gefährlichkeit)* gravità *f*; **3.** *(Aufrichtigkeit)* sincerità *f*; **allen ~es** in tutta serietà; **das ist mein (voller** *o.* **völliger) ~** dico proprio sul serio, non scherzo affatto; **der ~ des Lebens** il lato serio della vita; **im ~?** sul serio?, davvero?; **ist das Ihr ~?, das ist (doch) nicht Ihr ~?** non dirà (*o.* farà) mica sul serio?; **mit etw. ~ machen** fare qc sul serio; **mit tierischem ~** *fam pej* veramente sul serio.

Ernst[2] [ɛrnst] *(männlicher Vorname)* Ernesto.

Ernstfall *m* caso *m* di emergenza; **im ~** in caso di emergenza.

ernsthaft *a* serio; *(bedrohlich, bedenklich a.)* grave. **Ernsthaftigkeit** ‹-, ø› *f* serietà *f*.

ernstlich *adv* seriamente, sul serio; **~ böse werden** arrabbiarsi sul serio; **~ krank sein** essere gravemente ammalato; **jdn ~ ermahnen** ammonire seriamente qu.

Ernte [ˈɛrntə] ‹-, -n› *f* **1.** *(das Ernten)* raccolta *f*; **2.** *(~ertrag)* raccolto *m*; *(von Getreide)* mietitura *f*, messe *f*; *(Heu~)* fienagione *f*; *(Wein~)* vendemmia *f*; **3.** *fig (Ertrag)* frutto *m*, raccolto *m*; **die ~ einbringen** mettere al riparo il raccolto. **Erntedankfest** *n*, **Erntedanktag** *m* festa *f* di ringraziamento per il raccolto.

ernten **I.** *tr (a. fig)* raccogliere; *(Getreide)* mietere; **II.** *itr* fare la raccolta.

Ernteschäden *m pl* danni *m pl* al raccolto.
ernüchtern ⟨*ohne ge-*⟩ *tr* **1.** far passare (*o.* smaltire *fam*) la sbornia a *fam;* **2.** *fig* disincantare, disilludere.
Ernüchterung ⟨-, -en⟩ *f* **1.** uscire *m* dallo stato d'urbriachezza; **2.** *fig* disincantamento *m,* disinganno *m.*
Eroberer ⟨-s, -⟩ *m,* **Eroberin** *f* conquistatore, -trice *m, f.*
erobern [ɛrˈʔoːbən] ⟨*ohne ge-*⟩ *tr* conquistare; *(Festung)* espugnare.
Eroberung ⟨-, -en⟩ *f* conquista *f; (von Festung)* espugnazione *f.*
eröffnen ⟨*ohne ge-*⟩ *tr* **1.** aprire; *(feierlich)* inaugurare; **2.** *(mitteilen)* far sapere, comunicare, rivelare.
Eröffnung *f* **1.** apertura *f,* inizio *m; (feierliche ~)* inaugurazione *f;* **2.** *(Mitteilung)* comunicazione *f,* rivelazione *f.*
erörtern [ɛɐ̯ˈʔœrtɐn] ⟨*ohne ge-*⟩ *tr* discutere, dibattere.
Erörterung ⟨-, -en⟩ *f* discussione *f,* dibattito *m.*
Eros-Center [ˈeːrɔssɛntɐ] ⟨-s, -⟩ *n* eros center *m.*
Erosion [eroˈzi̯oːn] ⟨-, -en⟩ *f* erosione *f.*
Erotik [eˈroːtɪk] ⟨-, ø⟩ *f* erotismo *m.*
erotisch *a* erotico.
Erpel [ˈɛrpəl] ⟨-s, -⟩ *m* maschio *m* dell'anatra.
erpicht [ɛɐ̯ˈpɪçt] *a:* **auf etw.** *(acc)* **~ sein** essere avido di qc.
erpressen ⟨*ohne ge-*⟩ *tr* **1.** *(Personen)* ricattare; **2.** *(Geld, etc.)* estorcere (*von* a); **ein Geständnis von jdm ~** strappare una confessione a qu.
Erpresser(in) ⟨-s, -⟩ *m(f)* ricattatore, -trice *m, f.*
erpresserisch *a* ricattatore, ricattatorio.
Erpressung ⟨-, -en⟩ *f* **1.** *(von Personen)* ricatto *m;* **2.** *(von Sachen)* estorsione *f,* concussione *f.*
erproben ⟨*ohne ge-*⟩ *tr* provare; *tec* collaudare; **jdn auf seine Zuverlässigkeit hin ~** mettere alla prova la fidatezza di qu.
Erprobung ⟨-, -en⟩ *f* prova *f; tec* collaudo *m.*
erquicken [ɛɐ̯ˈkvɪkən] ⟨*ohne ge-*⟩ *tr* ristorare. **erquickend** *a* ristoratore.
erraten ⟨*irr, ohne ge-*⟩ *tr* indovinare.
errechnen ⟨*ohne ge-*⟩ *tr* calcolare.
erregbar *a* eccitabile, irritabile. **Erregbarkeit** ⟨-, ø⟩ *f* eccitabilità *f,* irritabilità *f.*
erregen ⟨*ohne ge-*⟩ **I.** *tr* **1.** *(in Erregung bringen)* eccitare, agitare, mettere in agitazione; *(sexuell)* eccitare, stimolare; **2.** *(hervorrufen)* suscitare, provocare, causare; *(Begierde, Neid)* destare; **Aufsehen ~** far scalpore, suscitare uno scandalo; **Mitleid ~** fare compassione (*o.* pietà); **II.** *rfl:* **sich ~** eccitarsi (*über* per), irritarsi (*über* per).
Erreger ⟨-s, -⟩ *m* agente *m* patogeno.
erregt *a* eccitato, agitato; irritato; *(sexuell)* eccitato, stimolato; *(Diskussion)* vivace, infocato.
Erregung *f* eccitazione *f,* agitazione *f;* irritazione *f; (sexuelle ~)* eccitazione *f,* stimolazione *f;* **in ~ geraten** agitarsi, eccitarsi.
erreichbar *a (zugänglich)* accessibile; *fig (Ziel, etc.)* raggiungibile; **~ sein** essere reperibile; **telefonisch ~ (sein)** (essere) raggiungibile per telefono.
erreichen ⟨*ohne ge-*⟩ *tr* **1.** *(heranreichen, hinkommen)* arrivare a; *(a. einholen)* raggiungere; *(Ziel, etc.)* ottenere, conseguire; **2.** *(durchsetzen)* far valere, imporre; **3.** *(gleichkommen)* eguagliare; **den Zug ~** riuscire a prendere il treno; **du wirst bei ihr nichts ~** non otterrai niente da lei; **ein hohes Alter ~** arrivare ad un'età avanzata; **Sie können mich tagsüber unter der Nummer 432 ~** durante il giorno mi può raggiungere al numero 432.
erretten ⟨*ohne ge-*⟩ *tr geh* salvare, trarre in salvo.
errichten ⟨*ohne ge-*⟩ *tr* **1.** *(Gebäude)* costruire, edificare; *(Denkmal)* erigere; **2.** *fig* fondare, creare, istituire.
Errichtung *f* **1.** *(von Gebäude)* costruzione *f,* edificazione *f; (von Denkmal)* erezione *f;* **2.** *fig* fondazione *f,* creazione *f,* istituzione *f.*
erringen ⟨*irr, ohne ge-*⟩ *tr* conseguire, riportare; **den Sieg ~** riportare la vittoria.
erröten ⟨*ohne ge-*⟩ *itr* ⟨*sein*⟩ arrossire (*über, vor* per, di).
Errungenschaft [ɛɐ̯ˈrʊŋənʃaft] ⟨-, -en⟩ *f* conquista *f.*
Ersatz [ɛɐ̯ˈzat͜s] ⟨-es, ø⟩ *m* **1.** *(Auswechslung)* sostituzione *f;* **2.** *(Erstattung)* restituzione *f; (Schaden~)* risarcimento *m,* indennizzo *m;* **3.** *(~stoff)* surrogato *m,* succedaneo *m;* **4.** *(~mann)* sostituto *m,* supplente *m;* **als (*o.* zum) ~ für** in sostituzione di. **Ersatzdienst** *m* servizio *m* ausiliario. **Ersatzkasse** *f* cassa *f* malattia ausiliaria. **Ersatzmann** ⟨-s, -leute *o.* -männer⟩ **1.** *allg.* sostituto *m,* supplente *m;* **2.** *sport* riserva *m.* **Ersatzreifen** *m* pneumatico *m* di ricambio (*o.* riserva *o.* scorta). **Ersatzteillager** *n* magazzino *m* ricambi. **ersatzwei-**

se *adv* in cambio (*für* di).
ersaufen ‹*irr, ohne ge-*› *itr* ‹*sein*› *sl, vulg (ertrinken)* annegare.
ersäufen [ɛɐ̯'zɔyfən] ‹*ohne ge-*› *tr (ertränken)* annegare; *(a. fig)* affogare.
erschaffen ‹*irr, ohne ge-*› *tr geh* creare.
Erschaffung ‹-, -en› *f* creazione *f*.
erschallen ‹*reg, ohne ge- o.* erschallt, erscholl, erschollen› *itr* ‹*sein*› *geh* risonare.
erschau(d)ern ‹*ohne ge-*› *itr* ‹*sein*› rabbrividire (*vor* da, per).
erscheinen ‹*irr, ohne ge-*› *itr* ‹*sein*› **1.** apparire; *(vor Gericht)* comparire; **2.** *(Buch)* essere pubblicato, uscire; **nicht ~** *(vor Gericht)* non presentarsi; **~ als** dare l'impressione di; **es erscheint mir merkwürdig, daß ...** mi sembra strano che ...; **soeben erschienen** *(Buch)* ultima novità. **Erscheinen** ‹-s, ø› *n* **1.** apparizione *f; (a. jur)* comparsa *f;* **2.** *(von Buch)* pubblicazione *f,* uscita *f;* **sein/ihr ~ einstellen** *(Zeitung, Zeitschrift)* sospendere le pubblicazioni.
Erscheinung ‹-, -en› *f* **1.** *(Geister~)* apparizione *f; (Vision)* visione *f;* **2.** *(Tatsache)* fatto *m,* fenomeno *m;* **3.** *(Symptom)* sintomo *m;* **4.** *(Gestalt, Persönlichkeit)* personalità *f;* **in ~ treten** mostrarsi, presentarsi, manifestarsi; **äußere ~** aspetto *m* esteriore; **sie ist eine imponierende ~** è una figura imponente.
erschießen ‹*irr, ohne ge-*› **I.** *tr* uccidere (con un colpo di arma da fuoco); *(hinrichten)* fucilare; **erschossen sein** *fam* essere stanco morto *fam;* **II.** *rfl:* **sich ~** uccidersi (con un colpo di arma da fuoco), spararsi.
Erschießung ‹-, -en› *f* fucilazione *f;* **standrechtliche ~** esecuzione militare.
erschlaffen ‹*ohne ge-*› *itr* ‹*sein*› **1.** *(schlaff werden)* divenire floscio, afflosciarsi; **2.** *(locker werden)* rilasciarsi, rilassarsi; **3.** *fig* diminuire, infiacchire, illanguidire.
Erschlaffung ‹-, ø› *f* **1.** *(Schlaffwerden)* afflosciamento *m;* **2.** *(Lockerwerden)* rilassamento *m;* **3.** *fig* diminuzione *f,* indebolimento *m*.
erschlagen ‹*irr, ohne ge-*› *tr* ammazzare, abbattere; **vom Blitz ~ werden** essere colpito dal fulmine; **~ sein** *fam* essere sfinito.
erschleichen ‹*irr, ohne ge-*› *tr pej* ottenere con l'inganno (*o.* l'astuzia *o.* la frode); *(Erbschaft)* carpire.
erschließen ‹*irr, ohne ge-*› *tr* **1.** *(zugänglich machen, öffnen: Herz, Markt)* aprire; *(Land)* esplorare; *(Reisegebiet)* rendere accessibile; *(Baugelände)* sfruttare; *(Einnahmequelle)* scoprire; **2.** *(folgern)* dedurre, desumere, concludere; **die Bedeutung eines Worts ~** trovare il significato di una parola.
Erschließung *f* **1.** *allg.* apertura *f;* **2.** *(von Land, etc.)* esplorazione *f;* sfruttamento *m*.
erscholl, erschollen [ɛɐ̯'ʃɔl, -ən] *1. u. 3. pers sing imp, pp von* **erschallen.**
erschöpfen ‹*ohne ge-*› **I.** *tr* esaurire; **II.** *rfl:* **sich ~ 1.** esaurirsi; **2.** *fig* limitarsi (*in* a). **erschöpfend** *a* esauriente, completo; **etw. ~ behandeln** trattare qc a fondo. **erschöpft** *a* **1.** sfinito, esausto, stremato; **2.** *fig (Geduld)* finito; *(Kräfte, Mittel, etc.)* esaurito.
Erschöpfung ‹-, ø› *f* **1.** *(Müdigkeit)* esaurimento *m,* sfinimento *m,* spossatezza *f;* **2.** *fig* impoverimento *m*.
erschrecken¹ ‹*ohne ge-*› **I.** *tr* spaventare, impaurire; **ich wollte dich nicht ~** non volevo spaventarti; **II.** *rfl:* **sich ~** spaventarsi (*über, vor* per, di).
erschrecken² ‹erschrickt, erschrak, erschrocken› *itr* ‹*sein*› spaventarsi (*über, vor* per, (alla vista) di); **erschrick nicht, wenn ...** non spaventarti se ...; **er erschrak bei dem Gedanken, daß ...** si spaventò al pensiero che ... *conj;* **zu Tode ~** spaventarsi a morte.
erschreckend *a* spaventoso, spaventevole, terribile.
erschrickt, erschrocken [ɛɐ̯'ʃrɪkt, ɛɐ̯ʃrɔkən] *3. pers sing pr, pp von* **erschrecken².**
erschüttern [ɛɐ̯'ʃʏtɐn] ‹*ohne ge-*› *tr* **1.** *(erzittern lassen)* scuotere, far tremare; **2.** *fig (ergreifen)* sconvolgere, scuotere; **ich bin erschüttert** sono sgomento. **erschütternd** *a* sconvolgente, impressionante.
Erschütterung ‹-, -en› *f* **1.** scossa *f; (a. phys)* vibrazione *f;* **2.** *fig (Ergriffenheit)* choc *m,* sconvolgimento *m,* emozione *f*.
erschweren ‹*ohne ge-*› *tr* aggravare, rendere più difficile (*o.* gravoso); **~de Umstände** circostanze aggravanti.
erschwinglich [ɛɐ̯'ʃvɪŋlɪç] *a* accessibile.
ersehen ‹*irr, ohne ge-*› *tr:* **wie daraus zu ~, ...** come da ciò desumibile, ...
ersehnen ‹*ohne ge-*› *tr geh* desiderare ardentemente, attendere con ansia.
ersetzen ‹*ohne ge-*› *tr* **1.** *(auswechseln)* sostituire, cambiare; **2.** *(als Ersatz dienen)* sostituire; **3.** *(erstatten: Geld)* rimborsare; *(Verlust, Schaden)*

risarcire, riparare; **jdm etw. ~** risarcire qu (di) qc.
ersichtlich *a* chiaro, evidente; **aus dem Brief ist ~, daß ...** dalla lettera risulta (*o.* è evidente) che ...
ersinnen ⟨*irr, ohne ge-*⟩ *tr geh (Plan)* ideare; *(Ausrede)* inventare.
erspähen ⟨*ohne ge-*⟩ *tr* spiare, scorgere.
ersparen ⟨*ohne ge-*⟩ *tr* **1.** *(Geld)* mettere da parte, economizzare, risparmiare; **2.** *fig (Arbeit, Mühe)* (far) risparmiare; **jdm etw. ~** risparmiare (*o.* evitare) qc a qu; **mir bleibt auch nichts erspart!** *fam* non mi si risparmia niente! *fam.*
Ersparnis ⟨-, -se⟩ *f* risparmio *m,* economia *f.*
ersprießlich [ɛɐ̯'ʃpriːslɪç] *a* utile, profittevole.
erst [eːɐ̯st] *adv* **1.** *(zuerst)* prima; *(als erstes)* in primo luogo; **2.** *(anfangs)* all'inizio; **3.** *(nicht früher/mehr als)* non prima di, solo, appena, soltanto; **das fange ich gar nicht ~ an** *fam* non lo comincio nemmeno; **jetzt ~ recht!** ora più che mai! *fam;* **jetzt ~ recht nicht** ora meno che mai! *fam;* **wenn ich ~ mal weg bin** quando sarò partito; **eben** (*o.* **gerade**) **~** appena, or ora, proprio in questo momento; **~ als ...** non prima che ..., solo quando ...; **~ gestern** non più tardi di ieri; **~ heute morgen** soltanto questa mattina; **~ wenn ...** solo se ...; **es ist ~ 2 Uhr** sono solo le due; **ich bin eben ~ angekommen** sono appena arrivato, sono arrivato in questo momento; **ich kann ~ morgen kommen** posso venire solo domani, non posso venire prima di domani; **sie war ~ 17 Jahre alt** aveva solo 17 anni; *s. a. erste(r, s).*
erstarren ⟨*ohne ge-*⟩ *itr* ⟨*sein*⟩ **1.** *allg., fig* irrigidirsi (*vor* da, per); *(vor Kälte)* intirizzire (*vor* per); **2.** *(Flüssiges, Weiches)* solidificarsi, rapprendersi; *(bes. Blut, Milch)* coagularsi; **3.** *fig (Blut)* gelare; *(Mensch)* agghiacciare (*vor Schreck* per lo spavento); *(Lächeln)* gelarsi.
Erstarrung ⟨-, ø⟩ *f* **1.** *(das Erstarren)* irrigidimento *m; (vor Kälte)* intirizzimento *m;* **2.** *fig (Reglosigkeit)* torpore *m.*
erstatten [ɛɐ̯'ʃtatən] ⟨*ohne ge-*⟩ *tr* rimborsare, rifondere; **jdm seine Auslagen ~** rimborsare a qu le sue spese; **Bericht ~ über** fare rapporto su; **Meldung ~** fare una denuncia.
Erstattung ⟨-, -en⟩ *f (von Unkosten)* rimborso *m;* risarcimento *m.*
Erstaufführung *f theat* prima *f* (rappresentazione *f*); *film* prima *f* (visione *f*); *mus* prima *f* (esecuzione *f*).
erstaunen ⟨*ohne ge-*⟩ **I.** *tr* ⟨*haben*⟩ stupire, meravigliare, sorprendere; **II.** *itr* ⟨*sein*⟩ stupirsi (*über* di). **Erstaunen** ⟨-s, ø⟩ *n* stupore *m,* meraviglia *f,* sorpresa *f;* **zu meinem größten ~** con mia somma sorpresa; **jdn in ~ (ver)setzen** stupire (*o.* meravigliare *o.* sorprendere) qu. **erstaunlich** *a* **1.** *(Staunen erregend)* sorprendente; **2.** *(Bewunderung erregend)* stupendo.
Erstausgabe *f (von Buch)* prima edizione *f.* **erstbeste(r, s)** ['eːɐ̯st'bɛstə] *a s.* **erste(r, s).**
erste *a s.* **erste(r, s).**
Erste ⟨ein -r, -n, -n⟩ *mf* primo, -a *m, f; s. a. Vierte.*
erstechen ⟨*irr, ohne ge-*⟩ *tr* trafiggere, pugnalare.
erstehen ⟨*irr, ohne ge-*⟩ **I.** *tr* ⟨*haben*⟩ comperare, acquistare; **II.** *itr* ⟨*sein*⟩ *geh* **1.** *(entstehen)* sorgere; **2.** *(auf~)* risorgere.
ersteigen ⟨*irr, ohne ge-*⟩ *tr* scalare.
ersteigern ⟨*ohne ge-*⟩ *tr* acquistare all'asta.
Ersteigung *f* scalata *f,* ascensione *f.*
erstellen ⟨*ohne ge-*⟩ *tr* **1.** *(anfertigen)* fare, eseguire; *(Gutachten, etc.)* compilare; **2.** *(bauen)* costruire.
erstens *adv* (in) primo (luogo), per prima cosa, anzitutto.
erste(r, s) ['eːɐ̯stə] *a* primo, -a; *(fig a.)* eccellente; **als ~r** per primo; **als ~s** per prima cosa, in primo luogo; **an ~r Stelle** in primo luogo; anzitutto; **das ~, was ...** la prima cosa che ...; **der ~ beste** il primo venuto; **E~ Hilfe** pronto soccorso; **~r Klasse fahren** viaggiare in prima classe; **fürs ~** per ora; **im ~n Stock** al primo (piano); **in ~r Linie** in primo luogo; **wer ist der ~?** chi è il primo?; **zum ~n, zum zweiten, zum dritten!** *(bei Auktion)* per la prima, per la seconda, per la terza volta; *s. a. vierte(r, s).*
ersticken ⟨*ohne ge-*⟩ **I.** *tr* ⟨*haben*⟩ *(a. fig)* soffocare, asfissiare; **II.** *itr* ⟨*sein*⟩ asfissiare; *(a. fig)* essere soffocato (*an* per). **Ersticken** ⟨-s, ø⟩ *n,* **Erstickung** ⟨-, ø⟩ *f* soffocamento *m,* asfissia *f.*
erstklassig *a* di prima classe (*o.* categoria). **erstmalig I.** *a* che ha luogo la prima volta; **II.** *adv* per la prima volta. **erstmals** *adv* per la prima volta.
erstreben ⟨*ohne ge-*⟩ *tr* aspirare a, ambire a, cercare di ottenere. **erstrebenswert** *a* desiderabile, auspicabile.

erstrecken ‹*ohne ge-*› *rfl:* **sich ~** estendersi (*bis (an)* fino a; *über* su (un arco di)); **sich auf etw. ~** *fig* riguardare qc, concernere qc.
erstürmen ‹*ohne ge-*› *tr* prendere d'assalto, espugnare.
ersuchen ‹*ohne ge-*› *tr geh* **1.** *(bitten)* chiedere (*jdn um etw.* qc a qu; *jdn etw. zu tun* a qu di fare qc), pregare (*jdn etw. zu tun* qu di fare qc); **2.** *(auffordern)* invitare (*jdn etw. zu tun* qu a fare qc). **Ersuchen** ‹-s, ø› *n* domanda *f*, preghiera *f;* richiesta *f;* **auf ~ von** su domanda (*o.* richiesta) di.
ertappen ‹*ohne ge-*› *tr* sorprendere, cogliere; **jdn auf frischer Tat ~** cogliere qu in flagrante; **jdn dabei ~, wie ...** sorprendere qu mentre ...
erteilen ‹*ohne ge-*› *tr (Auskunft, Wort, etc.)* dare; *(Befehl, Unterricht)* impartire; *(Erlaubnis)* dare, concedere, accordare; *(Auftrag)* trasmettere; *(Vollmacht)* conferire.
ertönen ‹*ohne ge-*› *itr* ‹*sein*› risonare (*von* di).
Ertrag [ɛɐ̯ˈtra:k] ‹-(e)s, ⸚e› *m* **1.** rendita *f*, prodotto *m;* **2.** *(Gewinn)* rendimento *m*, produttività *f; (Einnahme)* provento *m*, utile *m*.
ertragen ‹*irr, ohne ge-*› *tr* **1.** *(aushalten)* sopportare; **2.** *(dulden)* tollerare; **nicht zu ~** insopportabile, intollerabile.
ertragfähig *a* produttivo. **Ertragfähigkeit** *f* produttività *f*.
erträglich [ɛɐ̯ˈtrɛ:klɪç] *a* sopportabile.
ertragreich *a* produttivo, fruttifero.
ertränken ‹*ohne ge-*› **I.** *tr* annegare; *(a. fig)* affogare; **seinen Kummer ~** affogare i propri dispiaceri; **II.** *rfl:* **sich ~** annegarsi.
ertrinken ‹*irr, ohne ge-*› *itr* ‹*sein*› annegare, affogare, morire annegato. **Ertrinken** ‹-s, ø› *n* annegamento *m*.
ertüchtigen [ɛɐ̯ˈtʏçtɪgən] ‹*ohne ge-*› *geh* **I.** *tr* irrobustire, invigorire; *sport* allenare; **II.** *rfl:* **sich ~** irrobustirsi; allenarsi.
Ertüchtigung ‹-, -en› *f* **1.** irrobustimento *m*, invigorimento *m;* **2.** allenamento *m*.

erübrigen [ɛɐ̯ˈʔy:brɪgən] ‹*ohne ge-*› **I.** *tr (Geld)* risparmiare, economizzare; *(Zeit)* tenere libero (*o.* riservare); **II.** *rfl:* **sich ~** essere superfluo (*o.* inutile); **es erübrigt sich, näher darauf einzugehen** è superfluo (*o.* non c'è bisogno di) entrare in particolari.
erwachen ‹*ohne ge-*› *itr* ‹*sein*› svegliarsi (*aus dem Schlaf* dal sonno). **Erwachen** *n (a. fig)* risveglio *m;* **beim ~** al risveglio.
erwachsen¹ ‹*irr, ohne ge-*› *itr* ‹*sein*› *geh (hervorgehen)* derivare (*aus* da), risultare (*aus* da).
erwachsen² *a* cresciuto, adulto. **Erwachsene** ‹ein -r, -n, -n› *mf* adulto, -a *m, f*. **Erwachsenenbildung** *f* istruzione *f* per adulti, insegnamento *m* postscolastico, formazione *f* permanente.
erwägen [ɛɐ̯ˈvɛ:gən] ‹erwägt, erwog, erwogen› *tr* **1.** *(überlegen)* ponderare, pensare a; riflettere su; **2.** *(bedenken)* considerare; **3.** *(prüfen)* esaminare (attentamente).
Erwägung ‹-, -en› *f* riflessione *f*, considerazione *f;* **etw. in ~ ziehen** prendere in considerazione qc.
erwähnen ‹*ohne ge-*› *tr* menzionare, accennare a.
erwärmen ‹*ohne ge-*› **I.** *tr* riscaldare; **II.** *rfl:* **sich ~** riscaldarsi (*für* per), entusiasmarsi (*für* per).
Erwärmung ‹-, -en› *f* riscaldamento *m*.
erwarten ‹*ohne ge-*› *tr* **1.** *(warten auf)* aspettare, attendere; **2.** *(rechnen mit)* contare su; **ich kann es kaum ~, daß ich ...** non vedo l'ora di ... *inf;* **es ist zu ~, daß ...** è probabile che ...; **das war zu ~** c'era da aspettarselo; **wider E~** contro ogni aspettativa.
Erwartung ‹-, -en› *f* **1.** attesa *f;* **2.** *(Hoffnung)* speranza *f*, aspettativa *f;* **in ~** in attesa (*gen* di). **Erwartungshaltung** *f* attesa *f*. **Erwartungshorizont** *m* aspettative *f pl*. **erwartungsvoll** *a* impaziente per l'attesa.
erwecken ‹*ohne ge-*› *tr* **1.** svegliare; **2.** *fig (erregen)* risvegliare, destare, suscitare, provocare; **vom Tode ~** risuscitare; **Vertrauen/Mitleid ~** ispirare fiducia/far compassione; **den Eindruck ~, daß ...** dare l'impressione di ... *inf* (*o.* che ...).
erwehren ‹*ohne ge-*› *rfl:* **sich ~ 1.** difendersi (*gen* da); **2.** *fig* trattenere (*einer S.* qc); **sich der Tränen nicht ~ können** non poter trattenere le lacrime; **sich des Eindrucks nicht ~ können, daß ...** non riuscire a reprimere l'impressione che ... *conj*.
erweichen ‹*ohne ge-*› *tr* **1.** ammollire, ammorbidire; **2.** *fig* intenerire, commuovere; **sich nicht ~ lassen** non lasciarsi intenerire, rimanere duro.
erweisen ‹*irr, ohne ge-*› **I.** *tr* **1.** *(beweisen)* dimostrare, provare; **2.** *(zuteil werden lassen: Dankbarkeit)* mostrare, manifestare; *(Dienst, Ehre)*

rendere; *(Gefallen)* fare; **II.** *rfl:* **sich ~** mostrarsi (*als etw.* qc, come qc); risultare (*als etw.* qc, come qc); **sich als wahr ~** risultare vero; **es hat sich erwiesen, daß ...** è risultato che ...

erweitern ⟨*ohne ge-*⟩ **I.** *tr* **1.** allargare, slargare, ampliare; **2.** *fig (ausdehnen)* estendere, ampliare; *(vermehren)* aumentare, accrescere; *(Kenntnisse, etc.)* allargare; *(Geschäft)* ingrandire; *(Sammlung)* arricchire; **einen Bruch ~** *mat* moltiplicare il numeratore ed il denominatore di una frazione per uno stesso numero; **II.** *rfl:* **sich ~ 1.** allargarsi; **2.** *fig* estendersi, ampliarsi, ingrandirsi.

Erweiterung ⟨-, -en⟩ *f* allargamento *m*, slargamento *m;* ampliamento *m.*

Erwerb [ɛɐ̯'vɛrp] ⟨-(e)s, -e⟩ *m* **1.** *(Anschaffung, Kauf)* acquisto *m;* **2.** *(Lohn, Verdienst)* guadagno *m*, profitto *m;* **3.** *(Beruf)* lavoro *m*, mestiere *m*, professione *f.*

erwerben ⟨*irr, ohne ge-*⟩ *tr* **1.** *(kaufen)* acquistare; **2.** *(Recht, Kenntnisse)* acquisire; **3.** *(verdienen)* guadagnare.

erwerbslos *a* disoccupato. **erwerbstätig** *a* che esercita una professione. **erwerbsunfähig** *a* inabile al lavoro. **Erwerbszweig** *m* ramo *m* professionale.

Erwerbung *f* **1.** *(das Erwerben)* acquisizione *f;* **2.** *(Kauf)* acquisto *m.*

erwidern [ɛɐ̯'vɪ:dɐn] ⟨*ohne ge-*⟩ **I.** *tr* **1.** *(antworten)* rispondere, replicare; **2.** *(Besuch)* ricambiare; *(Liebe)* corrispondere a; *(Beleidigung)* ritorcere; **II.** *itr (antworten)* rispondere (*auf* a), replicare (*auf* a).

Erwiderung ⟨-, -en⟩ *f* **1.** *(Antwort)* risposta *f;* **2.** *fig* ricambio *m;* *(a. von Gruß)* restituzione *f.*

erwiesenermaßen [ɛɐ̯'vi:zənɐ'ma:sən] *adv* come (è stato) dimostrato.

Erwin ['ɛrvi:n] *(männlicher Vorname)* Ervino.

erwirken ⟨*ohne ge-*⟩ *tr* ottenere.

erwischen ⟨*ohne ge-*⟩ *tr fam* **1.** *(fassen, ergreifen)* acciuffare *fam;* **2.** *(ertappen)* sorprendere (*bei* mentre), cogliere (*bei* mentre, in); **3.** *(gerade noch erreichen)* (riuscire a) prendere; **jdn in flagranti ~** cogliere qu in flagrante; **laß dich (dabei) nicht ~!** non farti prendere!; **ihn hat's erwischt** *(er ist verliebt)* s'è preso una cotta *fam;* *(er ist krank)* se l'è presa *fam;* *(er ist gestorben)* c'è rimasto *fam.*

erwog, erwogen [ɛɐ̯'vo:k, ɛɐ̯'vo:gən] *1. u. 3. pers sing imp, pp von* **erwägen.**

erwünscht *a* desiderato, auspicato; gradito.

erwürgen ⟨*ohne ge-*⟩ *tr* strozzare, strangolare.

Erz [e:ɐ̯ts] ⟨-es, -e⟩ *n* minerale *m* metallico; **abbauwürdiges ~** minerale di cui conviene l'estrazione.

Erz- ['ɛrts-] *(in Zusammensetzungen) rel, hist* arci-.

Erzader ['e:ɐ̯ts-] *f* filone *m* metallifero.

erzählen ⟨*ohne ge-*⟩ *tr* raccontare, narrare; parlare di; **das kannst du jd anderem** (*o.* **deiner Großmutter**) **~** *fam* và a raccontarlo a qualcun altro *fam* (*o.* a tua nonna *fam*); **dem werd' ich was ~!** *fam* ma neanche per sogno! *fam,* sta fresco! *fam,* per chi mi ha preso? *fam;* **erzähl mir nichts** (*o.* **keine Märchen**)! *fam* non raccontarmi frottole! *fam,* ma a chi vuoi darla d'intendere? *fam;* **erzähl mir, was geschehen ist** raccontami cos'è successo; **jdm etw. ~** raccontare qc a qu; **man erzählt sich, daß ...** si dice che ... **erzählend** *a* narrativo; *(Dichtung)* epico.

Erzähler(in) *m(f)* narratore, -trice *m, f.*

Erzählung *f* **1.** *(das Erzählen)* narrazione *f,* racconto *m;* **2.** *(Geschichte)* storia *f,* racconto *m;* *(Novelle)* novella *f.*

Erzbischof *m* arcivescovo *m.* **erzbischöflich** *a* arcivescovile. **Erzbistum** *n* arcivescovado *m.* **Erzengel** *m* arcangelo *m.*

erzeugen ⟨*ohne ge-*⟩ *tr* **1.** *(herstellen)* produrre; **2.** *fig (hervorrufen)* creare, far nascere; provocare; *(verursachen)* causare; **3.** *phys, chem* sviluppare.

Erzeuger ⟨-s, -⟩ *m* **1.** *biol* procreatore *m,* genitore *m;* **2.** *agr, com* produttore *m.*

Erzeugnis ⟨-ses, -se⟩ *n* **1.** prodotto *m;* **2.** *fig* creazione *f.*

Erzeugung *f* produzione *f,* fabbricazione *f.*

Erzfeind(in) *m(f)* nemico, -a *m, f* giurato, -a (*o.* mortale). **Erzherzog(in)** *m(f)* arciduca, -duchessa *m, f.*

erziehbar *a:* **schwer ~** difficile da educare.

erziehen ⟨*irr, ohne ge-*⟩ *tr* **1.** *(aufziehen)* allevare; *(a. geistig)* educare; **2.** *(ausbilden)* istruire; **gut/schlecht erzogen** educato bene/male; **jdn frei/streng ~** educare qu liberamente/rigidamente; **jdn zu etw. ~** educare qu a qc.

Erzieher(in) ⟨-s, -⟩ *m(f)* **1.** *allg.* educatore, -trice *m, f,* **2.** *(Lehrer)* maestro,

-a *m, f; (Hauslehrer)* precettore, -trice *m, f;* istitutore, -trice *m, f.* **erzieherisch** *a* educativo; pedagogico.

Erziehung *f* **1.** *allg.* educazione *f;* **2.** *(Ausbildung)* istruzione *f;* **autoritäre/antiautoritäre ~** educazione autoritaria/antiautoritaria; **eine gute ~ genossen haben** aver ricevuto una buona educazione. **Erziehungsberechtigte** ⟨ein -r, -n, -n⟩ *mf adm* genitore *m.* **Erziehungsmethode** *f* metodo *m* educativo. **Erziehungswesen** *n* istruzione *f* pubblica. **Erziehungswissenschaft** *f* pedagogia *f.* **Erziehungswissenschaftler(in)** *m(f)* pedagogista *mf.*

erzielen ⟨*ohne ge-*⟩ *tr* raggiungere, ottenere, conseguire; *(Gewinn)* realizzare; *(Erfolg)* ottenere; *(Ergebnis)* raggiungere; *(Tor)* segnare, fare.

erzkonservativ ['ɛrtskɔnzɛrva'ti:f] *a* arciconservatore.

erzürnen ⟨*ohne ge-*⟩ **I.** *tr* fare andare (*o.* mandare) in collera, (far) adirare; **II.** *rfl:* **sich ~** adirarsi (*über jdn* con qu, *über etw.* per qc), andare in collera (*über jdn* con qu, *über etw.* per qc).

erzwingen ⟨*irr, ohne ge-*⟩ *tr* ottenere con la forza; estorcere (*etw. von jdm* qc a qu).

es[1] [ɛs] *pers pron* **1.** *nom 3. pers sing (in bezug auf Menschen) (unbetont) meist nicht übersetzt;* egli *m,* ella *f; (betont)* lui *m,* lei *f; (in bezug auf Dinge) (unbetont) meist nicht übersetzt;* esso, -a *m, f; (betont)* lui *m,* lei *f;* **2.** *acc von* es *(unbetont)* lo *m,* la *f,* l' *m, f; (betont)* lui *m,* lei *f;* **3.** *(in unpersönlichen Ausdrücken) meist nicht übersetzt;* **du sagst ~!** *fam* tu lo dici!; **~ darf gelacht werden** si può ridere; **~ freut mich, daß ...** mi fa piacere che ... *conj;* **~ gefällt mir** mi piace; **~ gibt ...** *(sing)* c'è ...; *(pl)* ci sono ...; **~ gut haben** stare bene; **~ ist nicht wahr, daß ...** non è vero che ...; **~ ist zwei Uhr** sono le due; **~ klopft** bussano; **~ lebe die Gerechtigkeit!** evviva la giustizia!; **~ regnet** piove; **~ sei denn, daß ...** a meno che ... *conj,* tranne che ... *conj;* **~ war einmal** c'era una volta; **~ wurde viel geredet** si fece un gran parlare; **ich bereue ~** me ne pento; **ich bin ~ gewöhnt** ci sono abituato; **ich hab's!** *fam* eureka!; **sind Sie der Vater/die Mutter? – ja, ich bin ~** Lei è il padre/la madre? – sì, lo sono; **wer ist da? – ich bin ~** chi è? – sono io.

Es, es[2] [ɛs] ⟨-, -⟩ *n mus* mi *m* bemolle.

Esche ['ɛʃə] ⟨-, -n⟩ *f* frassino *m.*

Esel(in) ['ezəl(ɪn)] ⟨-s, -⟩ *m(f)* asino, -a *m, f;* **ich ~!** *fam pej* asino che non son altro! *fam;* **(du/Sie) ~!** *fam pej* pezzo *m* d'asino! *fam.* **Eselsbrücke** *f fam* ponte *m* dell'asino. **Eselsohr** *n (im Buch)* orecchia *f.*

Eskalation [ɛskala'tsio:n] ⟨-, -en⟩ *f* escalation *f.*

eskalieren [...'li:ran] ⟨*ohne ge-*⟩ *itr* ⟨*sein o. haben*⟩ sfociare (*zu* in).

Eskimo ['ɛskimo] ⟨-s, -s⟩ *m* eschimese *m.*

Eskorte [ɛs'kɔrtə] ⟨-, -n⟩ *f* scorta *f.*

eskortieren [...'ti:rən] ⟨*ohne ge-*⟩ *tr* scortare.

Espe ['ɛspə] ⟨-, -n⟩ *f* (pioppo *m*) tremulo *m.* **Espenlaub** *n:* **zittern wie ~** tremare come una foglia.

Essay ['ɛse *o.* ɛ'se:] ⟨-s, -s⟩ *m o. n* saggio *m.*

eßbar *a* mangiabile; *(genießbar, bes. Pilz)* mangereccio, commestibile.

Esse ['ɛsə] ⟨-, -n⟩ *f dial (Schornstein)* ciminiera *f.*

essen ['ɛsən] ⟨ißt, aß, gegessen⟩ *tr, itr* mangiare; **den Teller leer ~** vuotare il piatto; **~ gehen** andare a mangiare; **in diesem Restaurant kann man sehr gut ~** in questo ristorante si mangia benissimo; **jdm zu ~ geben** dare da mangiare a qu; **mit Messer und Gabel ~** mangiare con coltello e forchetta; **sie ißt kein Schweinefleisch** non mangia carne di maiale; **sich satt ~** fare una scorpacciata *fam;* **vom Teller ~** mangiare dal piatto; **was gibt es heute zu ~?** cosa c'è oggi da mangiare?; **zu Abend/Mittag ~** cenare/desinare (*o.* pranzare).

Essen ⟨-s, -⟩ *n* **1.** *allg.* mangiare *m;* **2.** *(Nahrung)* cibo *m,* vitto *m,* vivanda *f;* **3.** *(Mahlzeit)* pasto *m; (Mittag~)* pranzo *m; (Abend~)* cena *f; (Fest~)* banchetto *m; (Imbiß)* spuntino *m,* merenda *f;* **4.** *(Gericht)* piatto *m,* pietanza *f;* **beim ~** mangiando; **das ~ ist hier sehr gut** qui si mangia molto bene. **Essen(s)marke** *f* buono *m* pranzo. **Essenszeit** *f* ora *f* di mangiare (*o.* del pasto).

Essenz [ɛ'sɛnts] ⟨-, -en⟩ *f* essenza *f.*

Esser(in) ⟨-s, -⟩ *m(f)* mangiatore, -trice *m, f;* **ein starker ~ sein** essere una buona forchetta.

Eßgeschirr *n* servizio *m* da tavola; *mil* gavetta *f.* **Eßgewohnheiten** *f pl* abitudini *f pl* alimentari.

Essig ['ɛsɪç] ⟨-s, -e⟩ *m* aceto *m.* **Essiggurke** *f* cetriolino *m* sott'aceto. **Essigsäure** *f* acido *m* acetico.

Eßkastanie *f* castagna *f,* marrone *m.*

Eßlöffel *m* cucchiaio *m* da tavola;

ein ~ (voll von) ... una cucchiaiata di ... **Eßtisch** *m* tavola *f*, tavolo *m* da pranzo. **Eßwaren** *f pl* commestibili *m pl*, derrate *f pl* (alimentari). **Eßzimmer** *n* sala *f* da pranzo.

Este ['e:stə] ‹-n, -n› *m*, **Estin** [...tın] *f* estone *mf*.

Ester ['ɛstɐ] ‹-s, -› *m* estere *m*.

Estin *f s.* **Este.**

Estland ['e:stlant] *n* Estonia *f*.

Estragon ['ɛstragɔn] ‹-s, ø› *m* dragoncello *m*.

etablieren [eta'bli:rən] ‹*ohne ge-*› **I.** *tr* stabilire; **II.** *rfl:* **sich ~** stabilirsi. **etabliert** *a* solido, stabile; *(gesellschaftlich)* arrivato.

Etage [e'ta:ʒə] ‹-, -n› *f* piano *m*. **Etagenbett** *n* letto *m* a castello. **Etagenheizung** *f* riscaldamento *m* autonomo (per un piano). **Etagenwohnung** *f* appartamento *m* che occupa un intero piano.

et al. *ab von* **et alii** *(und andere)* ed altri.

Etappe [e'tapə] ‹-, -n› *f* **1.** *(Teilstrekke)* tappa *f*; **2.** *mil (rückwärtiges Gebiet)* retrovie *f pl*.

Etat [e'ta:] ‹-s, -s› *m* bilancio *m*, budget *m*.

etc. *ab von* **et cetera** *(und so weiter)* ecc., etc. (*ab von* eccetera, et cetera).

etepetete [e:tɔpe'te:tə] ‹*inv*› *a fam* lezioso, affettato.

Eternit® [etɛr'ni:t *o.* ...'nıt] ‹-s, ø› *n o. m* eternit® *m*.

Ethik ‹-, ø *o. rar* -en› *f* etica *f*, morale *f*.

ethisch *a* etico, morale.

Ethnographie [ɛtnogra'fi:, ...i:ən] ‹-, -n› *f* etnografia *f*.

Ethnologie [ɛtnolo'gi:, ...i:ən] ‹-, -n› *f* etnologia *f*.

Etikett [eti'kɛt] ‹-(e)s, -e(n) *o.* -s› *n* *(Schildchen)* etichetta *f*, cartellino *m*; *com* marchio *m*.

Etikette [eti'kɛtə] ‹-, -n› *f* etichetta *f*, cerimoniale *f*; **gegen die ~ verstoßen** venir meno all'etichetta.

etikettieren [...'ti:rən] ‹*ohne ge-*› *tr* etichettare; *(a. fig)* mettere un'etichetta su.

etliche(r, s) ['ɛtlıçə] *pron (sing)* parecchio, -a; *(pl)* alcuni, parecchi.

Etsch [ɛtʃ] *f* Adige *m*.

Etui [ɛt'vi:] ‹-s, -s› *n* fodero *m*, guaina *f*.

etwa ['ɛtva] *adv* **1.** *(ungefähr)* circa, all'incirca; **2.** *(vielleicht)* forse; *(womöglich)* per caso; **3.** *(zum Beispiel)* per esempio, diciamo, **~ hundert** un centinaio; **~ seit** da circa; **vor ~ einer Stunde** un'ora fa circa; **denken Sie ~** poniamo il caso; **(denken Sie) nicht ~, daß ...** non stia a credere che ... *conj;* **ist das ~ nicht wahr?** non è forse vero?

etwaig ['ɛtvaıç *o.* ɛt'va:ıç] *a* eventuale.

etwas ['ɛtvas] **I.** *pron* **1.** *(substantivisch)* qualcosa; **2.** *(adjektivisch)* un po' di; **ausgerechnet so ~ muß heute passieren** proprio una cosa del genere deve succedere oggi; **das gewisse E~** quel certo non so che; **das ist ~ anderes** è un'altra cosa; **das ist immerhin ~** è gia qualcosa; **~ gegen jdn haben** avercela con qu *fam;* **~ Schönes** qualcosa di bello; **ich hätte gern noch ~ Brot** gradirei ancora un po' di pane; **nein, so ~!** *fam* no, una cosa simile!, una cosa del genere!; **ohne ~ zu sagen** senza dir niente; **sie haben ~ miteinander** *fam (Verhältnis)* c'è qualcosa fra loro *fam;* **so ~ wie ...** qualcosa come ..., una specie di ...; **II.** *adv* alquanto, un po'.

Etymologie [etymolo'gi:, ...i:ən] ‹-, -n› *f* etimologia *f*.

etymologisch [...'lo:gıʃ] *a* etimologico.

euch [ɔy̯ç] **I.** *pers pron* **1.** *(acc von* ihr *2. pers pl) (betont)* voi; *(unbetont)* vi; **2.** *(dat von* ihr *2. pers pl) (betont)* a voi; *(unbetont)* vi; **II.** *rfl pron* vi; **freut ihr ~?** siete contenti?

euer ['ɔy̯ɐ] **1.** *pers pron (gen von* ihr *2. pers pl)* di voi; **2.** *(adjektivisches Possessivpronomen von* ihr *2. pers pl)* vostro, - a *m, f,* vostri, -e *m pl, f pl*.

eu(e)re(r, s) ['ɔy̯(ə)rə] *(substantivisches Possessivpronomen von* ihr *2. pers pl)* il vostro, la vostra, i vostri *m pl*, le vostre *f pl*.

Eugen ['ɔy̯ge:n *o.* ɔy̯'ge:n] *(männlicher Vorname)* Eugenio.

Eugenik [ɔy̯'ge:nık] ‹-, ø› *f* eugenetica *f*, eugenica *f*.

Eule ['ɔy̯lə] ‹-, -n› *f* civetta *f*, gufo *m;* **~n nach Athen tragen** *prov* portare nottole ad Atene *prov* (*o.* acqua al mare *prov*). **Eulenspiegel** *m fig* burlone *m*. **Eulenspiegelei** [-ʃpi:gə'lai̯] ‹-, -en› *f* tiro *m* burlone, beffa *f*.

Eunuch [ɔy̯'nu:x] ‹-en, -en› *m* eunuco *m*.

Euphemismus [ɔy̯fe'mısmʊs, ...mən] ‹-, -men› *m* eufemismo *m*.

euphemistisch [...'mıstıʃ] *a* eufemistico.

Euratom [ɔy̯ra'to:m] *ab von* **Europäische Gemeinschaft für Atomenergie** EURATOM.

eure(r, s) *s.* **eu(e)re(r, s).**

eurerseits ['ɔy̯rɐ'zai̯ts] *adv* da parte vostra.

eures *s* **eu(e)re(r, s).**

euresgleichen ['ɔy̯rəs'glai̯çən] ‹*inv*›

pron vostro pari, gente *f*, *etc.* come voi.

euretwegen ['ɔy̯rət'veːgən] *adv* per causa vostra, per voi; *(negativ)* per colpa vostra.

euretwillen ['ɔy̯rət'vɪlən] *adv:* **um ~** per voi, per amor vostro.

eurige(r, s) *obs, geh s.* **eu(e)re(r, s).**

Europa [ɔy̯'roːpa] *n* Europa *f.*

Europäer(in) [ɔy̯ro'pɛːɐ̯ (...ərɪn)] ‹-s, -› *m(f)* europeo, -a *m, f.*

europäisch *a* europeo; **E~e Wirtschaftsgemeinschaft** (*ab* **EWG**) Comunità Economica Europea; **E~e Gemeinschaft** (*ab* **EG**) Comunità Europea.

europäisieren [...pɛi'ziːrən] ‹*ohne ge-*› *tr* europeizzare.

Europameister(in) *m(f)* campione, -essa *m, f* d'Europa. **Europameisterschaft** *f* campionati *m pl* europei. **Europapokal** *m* coppa *f* europea; **~ der Pokalsieger** coppa *f* dei campioni. **Europarat** *m* Consiglio *m* d'Europa. **Europastraße** *f* (*ab* **E**) itinerario *m* europeo.

Euroscheck ['ɔy̯ro-] *m* eurocheque *m.*

Eurovision [ɔy̯rovi'zi̯oːn] *f* eurovisione *f.*

Euter ['ɔy̯tɐ] ‹-s, -› *n* mammella *f.*

e. V. [eː'fau̯] *ab von* **eingetragener Verein** associazione registrata.

Eva ['eːfa *o.* 'eːva] *(weiblicher Vorname)* Eva.

evakuieren [evaku'iːrən] ‹*ohne ge-*› *tr* **1.** *(Gebiet)* evacuare; **2.** *(Menschen)* sfollare.

Evakuierung ‹-, -en› *f* **1.** *(von Gebiet)* evacuazione *f;* **2.** *(von Menschen)* sfollamento *m.*

evangelisch [evaŋ'geːlɪʃ] *a* **1.** evangelico; **2.** *(protestantisch)* protestante.

Evangelist [...ge'lɪst] ‹-en, -en› *m* evangelista *m.*

Evangelium [...'geːli̯ʊm, ...i̯ən] ‹-s, -lien› *n* Vangelo *m.*

Eventualität [evɛntu̯ali'tɛːt] ‹-, -en› *f* eventualità *f.*

eventuell [...'tu̯ɛl] *a* (*ab* **evtl.**) eventuale.

evtl. *ab von* **eventuell** eventualmente.

EWG [eːveː'geː] ‹-, ø› *f ab von* **Europäische Wirtschaftsgemeinschaft** C.E.E. *f* (*ab von* Comunità Economica Europea).

ewig ['eːvɪç] *a* **1.** *rel, philos* eterno; **2.** *fam (dauernd)* continuo, incessante; **auf ~** in eterno, per sempre; **das dauert ja ~!** *fam* dura un'eternità! *fam;* **ich werde mir ~ Vorwürfe machen!** *fam* mi rimprovererò in eterno, mi farò eterni rimproveri *fam;* **diese ~en Streitereien gehen mir auf die Nerven** *fam* questi continui litigi mi urtano i nervi *fam;* **wir haben uns ja ~ nicht mehr gesehen!** *fam* è un'eternità (*o.* un pezzo) che non ci vediamo! *fam.*

Ewigkeit ‹-, *rar* -en› *f* eternità *f;* **in (alle) ~** in eterno; **das dauert ja eine ~!** *fam* dura un'eternità! *fam.*

exakt [ɛ'ksakt] *a* esatto, preciso. **Exaktheit** ‹-, ø› *f* esattezza *f,* precisione *f.*

Examen [ɛ'ksaːmən, ...mina] ‹-s, - *o. rar* -mina› *n* esame *m;* **das ~ bestehen** superare l'esame; **(ein) ~ machen** fare un esame. **Examensangst** *f* paura *f* degli esami. **Examenskandidat(in)** *m(f)* esaminando, -a *m, f.*

examinieren [ɛksami'niːrən] ‹*ohne ge-*› *tr* esaminare.

Exekution [ɛkseku'tsi̯oːn] ‹-, -en› *f* esecuzione *f.* **Exekutionskommando** *n* plotone *m* d'esecuzione.

Exekutive [ɛkseku'tiːvə] ‹-, -n› *f* (potere *m*) esecutivo *m.*

Exempel [ɛ'ksɛmpəl] ‹-s, -› *n geh* esempio *m;* **die Probe aufs ~ machen** fare una prova a campione; **ein ~ statuieren** statuire un esempio.

Exemplar [ɛksɛm'plaːɐ̯] ‹-s, -e› *n* **1.** *(Einzelstück)* esemplare *m,* copia *f;* **2.** *(Muster)* campione *m,* modello *m.*

exemplarisch **I.** *a* esemplare; **II.** *adv* in modo esemplare.

exerzieren [ɛksɛr'tsiːrən] ‹*ohne ge-*› **I.** *tr* esercitare; **II.** *itr* esercitarsi, fare le esercitazioni.

Exerzierplatz *m* piazza *f* d'armi.

Exhibitionismus [ɛkshibitsi̯o'nɪsmʊs] ‹-, ø› *m* esibizionismo *m.*

Exhibitionist(in) [...'nɪst(ɪn)] ‹-en, -en› *m(f)* esibizionista *mf.*

exhumieren [ɛkshu'miːrən] ‹*ohne ge-*› *tr* riesumare.

Exil [ɛ'ksiːl] ‹-s, -e› *n* esilio *m;* **ins ~ gehen** andare in esilio.

Existentialismus [ɛksɪstɛntsi̯a'lɪsmʊs] ‹-, ø› *m* esistenzialismo *m.*

Existenz [ɛksɪs'tɛnts] ‹-, -en› *f* **1.** *(Dasein, Leben)* esistenza *f;* **2.** *(Lebensunterhalt)* sostentamento *m;* **3.** *(Mensch)* figura *f;* **eine verkrachte ~** un fallito; **sich** *(dat)* **eine ~ aufbauen** farsi un'esistenza. **Existenzangst** *f* angoscia *f* esistenziale. **Existenzberechtigung** *f* ragione *f* d'essere, diritto *m* all'esistenza. **Existenzgrundlage** *f* base *f* di sostentamento. **Existenzminimum** *n* minimo *m* (di mezzi) di esistenza, minimo *m* di vita.

existieren [...'ti:rən] ‹*ohne ge-*› *itr* esistere, esserci.
exklusiv [ɛksklu'zi:f] *a* esclusivo.
exkommunizieren [ɛkskɔmuni't͡si:rən] ‹*ohne ge-*› *tr* scomunicare.
Exkremente [ɛkskre'mɛntə] *n pl geh* escrementi *m pl.*
Exkurs [ɛks'kʊrs] ‹-es, -e› *m* excursus *m*, digressione *f*, divagazione *f.*
Exlibris [ɛks'li:bri:s] ‹-, -› *n* ex libris *m.*
Exmatrikulation [ɛksmatrikula't͡si̯o:n] ‹-, -en› *f* cancellazione *f* dal registro dell'università.
exmatrikulieren [...'li:rən] ‹*ohne ge-*› **I.** *tr* cancellare dalla matricola (universitaria); **II.** *rfl:* **sich ~** farsi cancellare dalla matricola (universitaria).
exotisch [ɛ'kso:tɪʃ] *a* esotico.
Expander [ɛks'pandɐ] ‹-s, -› *m* estensore *m* (a molla).
Expansion [ɛkspan'zi̯o:n] ‹-, -en› *f* espansione *f.*
Expedition [ɛkspedi't͡si̯o:n] ‹-, -en› *f* **1.** *(Erkundung)* spedizione *f;* **2.** *com* ufficio *m* spedizioni.
Experiment [ɛksperi'mɛnt] ‹-(e)s, -e› *n* esperimento *m*, esperienza *f;* **ein ~ machen** fare un esperimento.
experimentell [...'tɛl] *a* sperimentale.
experimentieren [...'ti:rən] ‹*ohne ge-*› *itr* sperimentare (*mit etw.* qc, *an etw.* su qc).
Experte [ɛks'pɛrtə] ‹-n, -n› *m*, **Expertin** [...tɪn] *f* esperto, -a *m, f*, perito, -a *m, f.*
Expertise [...'ti:zə] ‹-, -n› *f* perizia *f.*
explodieren [ɛksplo'di:rən] ‹*ohne ge-*› *itr* ‹*sein*› esplodere; *(a. fig)* scoppiare.
Explosion [...'zi̯o:n] ‹-, -en› *f* esplosione *f; (a. fig)* scoppio *m.* **Explosionsgefahr** *f* pericolo *m* d'esplosione.
explosiv [...'zi:f] *a* esplosivo.
Exponent [ɛkspo'nɛnt] ‹-en, -en› *m* esponente *m.*
exponieren [...'ni:rən] ‹*ohne ge-*› **I.** *tr* esporre; **II.** *rfl:* **sich ~** esporsi.
Export [ɛks'pɔrt] ‹-(e)s, -e› *m* esportazione *f.* **Exportartikel** *m* articolo *m* d'esportazione.
Exporteur [...'tø:ɐ̯] ‹-s, -e› *m* esportatore *m.*
Exportfirma *f* ditta *f* esportatrice. **Exporthandel** *m* commercio *m* delle esportazioni.
exportieren [...'ti:rən] ‹*ohne ge-*› *tr* esportare.
Exportüberschuß *m* eccedenza *f* d'esportazione.
Expreß [ɛks'prɛs] ‹Expresses, Expreßzüge› *m* rapido *m;* **per ~** per espresso.
Expressionismus [ɛksprɛsi̯o'nɪsmʊs] ‹-, ø› *m* espressionismo *m.*
expressionistisch [...'nɪstɪʃ] *a* espressionista.
exquisit [ɛkskvi'zi:t] *a* squisito, eccellente.
extra ['ɛkstra] ‹*inv*› **I.** *a fam (gesondert, separat)* separato, a parte; **II.** *adv* **1.** *(eigens)* proprio; **2.** *(gesondert)* speciale, extra; **3.** *(zusätzlich)* in più, in aggiunta; **4.** *fam (absichtlich)* appositamente. **Extraausstattung** *f* optional *m pl.* **Extrablatt** *n (Zeitung)* edizione *f* straordinaria. **extrafein** *a* extrafino, sopraffino.
Extrakt [ɛks'trakt] ‹-(e)s, -e› *m o. n* estratto *m.*
extravagant [-va'gant *o.* 'ɛkstra-] *a* stravagante.
Extravaganz [-va'gant͡s *o.* 'ɛkstra-] ‹-, -en› *f* stravaganza *f.*
extravertiert [-vɛr'ti:ɐ̯t] *a* estroverso.
Extrawurst *f fam:* **jdm eine ~ braten** fare un trattamento speciale a qu; **sie will immer eine ~ (gebraten haben)** vuole sempre un trattamento speciale.
extrem [ɛks'tre:m] *a* estremo; *(radikal)* radicale. **Extrem** ‹-s, -e› *n* estremo *m;* **von einem ~ ins andere fallen** passare da un estremo all'altro.
Extremist(in) [ɛkstre'mɪst(ɪn)] ‹-en, -en› *m(f)* estremista *mf.*
Extremitäten [ɛkstremi'tɛ:tən] *f pl* estremità *f pl.*
extrovertiert [ɛkstrovɛr'ti:ɐ̯t] *a s.* **extravertiert.**
Exzellenz [ɛkst͡sɛ'lɛnt͡s] ‹-, -en› *f* eccellenza *f.*
exzentrisch [ɛks't͡sɛntrɪʃ] *a* eccentrico.
Exzeß [ɛks't͡sɛs] ‹-zesses, -zesse› *m* eccesso *m;* **etw. bis zum ~ treiben** spingere (*o.* portare) qc all'eccesso.
exzessiv [...'si:f] *a* eccessivo.

F

F, f [ɛf] ‹-, -(s)› *n* **1.** *(Buchstabe)* F, f *f;* **2.** *mus* fa *m;* **F-Dur** fa maggiore; **f-Moll** fa minore; **F wie Friedrich** F come Firenze.

f. *ab von* **folgende Seite** seg. (*ab von* seguente).

F *ab von* **Fahrenheit** F.

Fa. *ab von* **Firma** ditta.

Fabel [ˈfa:bəl] ‹-, -n› *f* **1.** *allg.* favola *f;* **2.** *lit (Handlung)* trama *f,* storia *f.* **fabelhaft** *a* fantastico, incredibile; *(wunderbar)* magnifico, stupendo, formidabile.

fabeln I. *itr* raccontare frottole; **II.** *tr (Unsinn)* fantasticare.

Fabeltier *n,* **-wesen** *n* animale *m* favoloso; *(Ungeheuer)* mostro *m* immaginario.

Fabian [ˈfa:bi̯a:n] *(männlicher Vorname)* Fabiano.

Fabrik [faˈbri:k] ‹-, -en› *f* **1.** *(allg., a. Belegschaft)* fabbrica *f;* **2.** *(~gebäude)* stabilimento *m;* **ab** (*o.* **frei) ~** franco fabbrica.

Fabrikant(in) [fabriˈkant(ɪn)] ‹-en, -en› *m(f)* fabbricante *mf,* produttore, -trice *m, f,* industriale *mf.*

Fabrikarbeiter(in) *m(f)* operaio, -a *m, f* di fabbrica.

Fabrikat [fabriˈka:t] ‹-(e)s, -e› *n* prodotto *m,* manufatto *m.*

Fabrikation [...kaˈtsi̯o:n] ‹-, -en› *f* fabbricazione *f,* manifattura *f.* **Fabrikationsfehler** *m* difetto *m* di fabbricazione (*o.* di fabbrica).

Fabrikbesitzer(in) *m(f)* proprietario, -a *m, f* di una fabbrica, industriale *mf.*

fabrikneu *a* nuovo di fabbrica.

fabrizieren [fabriˈtsi:rən] ‹*ohne ge-*› *tr (a. fam)* fabbricare.

Fach [fax] ‹-(e)s, ¨-er› *n* **1.** *(in einem Behälter, bes. einer Tasche, einem Koffer)* (s)compartimento *m,* scomparto *m; (in Büchergestell)* scaffale *m,* ripiano *m; (Schub~)* cassetto *m; (Post~)* casella *f;* **2.** *(Berufszweig)* mestiere *m; (Zweig)* ramo *m; (Gebiet)* campo *m,* settore *m; (Lehr-, Unterrichts~)* materia *f;* **vom ~ sein** essere del mestiere. **Facharbeiter(in)** *m(f)* operaio, -a *m, f* specializzato, -a; *(~schaft)* mano *f* d'opera specializzata. **Facharzt** *m,* **-ärztin** *f* medico *m* specialista, specialista *mf,* dottoressa *f* specializzata. **Fachausdruck** *m* termine *m* tecnico. **Fachbuch** *n* trattato *m* (*o.* testo *m*) tecnico, libro *m* specializzato.

fächeln [ˈfɛçəln] *tr* sventolare (*mit etw.* qc).

Fächer [ˈfɛçɐ] ‹-s, -› *m* ventaglio *m.*

Fachgebiet *n* campo *m,* ramo *m,* settore *m; (Wissens-, Sachgebiet)* materia *f.* **Fachgeschäft** *n* negozio *m* specializzato. **Fachkenntnisse** *f pl* cognizioni *f pl* (*o.* nozioni *f pl*) tecniche. **fachkundig I.** *a* esperto, competente; **II.** *adv* da esperto, in modo competente. **fachlich** *a* professionale, tecnico; **die ~en Voraussetzungen erfüllen** essere qualificato. **Fachliteratur** *f* letteratura *f* specializzata. **Fachmann** ‹-s, -leute *o. rar* -männer› *m* esperto *m,* specialista *m.* **fachmännisch** [-mɛnɪʃ] **I.** *a* specialistico; *(fachgerecht)* a regola d'arte; **II.** *adv* da specialista; *(fachgerecht)* a regola d'arte. **Fachschaft** ‹-, -en› *f* **1.** *(Berufsgruppe)* categoria *f* professionale; **2.** *(an Universität)* studenti *m pl* d'una disciplina. **Fachschule** *f* istituto *m* tecnico (*o.* professionale), scuola *f* tecnica (*o.* professionale). **fachsimpeln** [-zɪmpəln] *itr fam* parlare di questioni tecniche (*o.* professionali) (annoiando i presenti). **Fachsprache** *f* linguaggio *m* tecnico; gergo *m pej.*

Fachwerk *n* traliccio *m.* **Fachwerkhaus** *n* casa *f* con travature a traliccio.

Fachzeitschrift *f* rivista *f* specializzata, periodico *m* specializzato.

Fackel [ˈfakəl] ‹-, -n› *f (a. fig)* fiaccola *f;* torcia *f.*

fackeln *itr fam:* **nicht lange ~** non perdere tempo, non aver scrupoli; **los, nicht lange gefackelt!** forza!, coraggio!

Fackelzug *m* fiaccolata *f.*

fad(e) [fa:t (ˈfa:də)] *a* **1.** *(Speise)* insipido; **2.** *fig (langweilig, geistlos)* noioso, scialbo, insulso.

Faden [ˈfa:dən] ‹-s, ¨-› *m* **1.** *allg., bot, fig* filo *m;* **2.** *(Faser)* filo *m; (a. el)* filamento; **3.** *med:* **Fäden** punti *m pl;* **4.** ‹-s, -› *naut (Längenmaß)* braccio *m;* **keinen trockenen ~ am Leibe**

haben *fam* essere bagnato fradicio; **die Fäden in der Hand haben** (*o.* **halten**) *fig* manovrare i fili, tenere in mano le fila; **an einem (seidenen) ~ hängen** *fig* essere sospeso a un filo; **den ~ verlieren** *fig* perdere il filo; **der rote ~** *fig* il filo conduttore. **Fadennudeln** *f pl* capellini *m pl*, capelli *m pl* d'angelo. **fadenscheinig** *a* **1.** *(Kleidung)* logoro; **2.** *(Vorwand)* magro, scarso.

Fadheit ‹-, ø› *f* **1.** *(von Essen)* insipidezza *f*; **2.** *(Geistlosigkeit)* insulsaggine *f*; **3.** *(Langweiligkeit)* noiosità *f*.

Fagott [fa'gɔt] ‹-(e)s, -e› *n* fagotto *m*.

fähig ['fɛːɪç] *a* **1.** *(tüchtig, tauglich)* capace (*zu* di), bravo; *(imstande)* capace (*zu* di); **2.** *(begabt)* dotato (*zu* di); **3.** *(geschickt)* abile; **4.** *(befähigt)* qualificato (*zu* a); **5.** *(geeignet)* atto, adatto, idoneo (*zu* a); **er ist zu allem ~!** è capace di tutto! **Fähigkeit** ‹-, -en› *f* **1.** *(das Imstandesein)* capacità *f*, abilità *f*; **2.** *(Begabung)* dote *f*, talento *m*; *(geistig)* facoltà *f*; *(körperlich)* forza *f*, capacità *f*.

fahl [faːl] *a (fast farblos)* sbiadito, smorto; *(Licht)* fioco; *(bleich)* pallido.

fahnden ['faːndən] *itr:* **nach jdm ~** ricercare qu.

Fahndung ‹-, -en› *f* ricerca *f* (*nach* di), indagini *f pl* (*nach* su).

Fahne ['faːnə] ‹-, -n› *f* **1.** *(Flagge, etc.)* bandiera *f*; **2.** *typ* bozza *f* (in colonna); **mit fliegenden ~n** a bandiere spiegate; **eine ~ haben** *fam* puzzare di alcool. **Fahnenabzug** *m* bozza *f* (in colonna). **Fahneneid** *m* giuramento *m* di fedeltà (alla bandiera). **Fahnenflucht** *f* diserzione *f*. **fahnenflüchtig** *a* disertore. **Fahnenstange** *f* asta *f* della bandiera. **Fahnenträger** *m* portabandiera *m*.

Fähnrich ['fɛːnrɪç] ‹-s, -e› *m* **1.** *hist* alfiere *m*; **2.** *mil (Offiziersanwärter)* allievo *m* ufficiale.

Fahrbahn *f* carreggiata *f*. **Fahrdamm** *m dial s.* **Fahrbahn. Fahrdienstleiter** *m Eisenb.* capomovimento *m*.

Fähre ['fɛːrə] ‹-, -n› *f* traghetto *m*.

fahren ['faːrən] ‹fährt, fuhr, gefahren› **I.** *itr* ‹*sein*› **1.** *allg.* andare; **2.** *(ab~)* partire; **3.** *(reisen)* viaggiare; **mit dem Auto/der Bahn/dem Schiff ~** andare in macchina/in treno/in (*o.* con la) nave; **erster Klasse ~** viaggiare in prima classe; **durch eine Stadt fahren** attraversare una città; **über Mailand ~** passare per Milano; **sich** *(dat)* **mit der Hand über die Stirn ~** passarsi la mano sulla fronte; **aus der Haut ~** *fam* uscire dai gangheri *fam*, andare in bestia *fam;* **in die Höhe ~** sobbalzare; **rückwärts ~** fare marcia indietro; **zur See fahren** navigare; *(Seemann sein)* fare il marinaio; **ein Gedanke fuhr mir durch den Kopf** un pensiero mi passò per la testa; **der Schreck fuhr ihm in die** (*o.* **durch alle) Glieder** lo spavento gli entrò nelle ossa; **Sie ~ billiger dabei** *fam* in questo modo spende (di) meno; **was ist bloß in dich gefahren?** ma che ti piglia? *fam;* **rechts ~** tenere la destra; **II.** *tr* **1.** ‹*haben*› *(lenken)* guidare; **2.** ‹*haben*› *(befördern)* trasportare; **3.** ‹*haben o. sein*› *(zurücklegen)* percorrere; **jdn über den Haufen ~** *fam* investire qu, stendere a terra qu; **jdn nach Hause ~** portare qu a casa (in macchina); **Ski ~** sciare.

Fahrer(in) ‹-s, -› *m(f)* **1.** *(als Beruf)* autista *mf;* **2.** *(Auto~)* conducente *mf*, automobilista *mf; (Motorrad~)* motociclista *mf; (Rad~)* ciclista *mf*. **Fahrerflucht** *f* fuga *f* del conducente (dopo l'incidente). **Fahrerin** *f s.* **Fahrer. Fahrersitz** *m* posto *m* del guidatore.

Fahrgast *m* passeggero *m*. **Fahrgeld** *n* prezzo *m* del biglietto. **Fahrgelegenheit** *f* possibilità *f* (*o.* mezzo *m*) di trasporto. **Fahrgeschwindigkeit** *f* velocità *f* (di marcia). **Fahrgestell** *n* **1.** *mot* telaio *m;* **2.** *aero* carrello *m*.

fahrig *a* **1.** *(unruhig)* inquieto, agitato; **2.** *(zerstreut)* distratto.

Fahrkarte *f* biglietto *m*. **Fahrkartenautomat** *m* distributore *m* automatico di biglietti. **Fahrkartenschalter** *m* biglietteria *f*.

fahrlässig *a* trascurato, negligente; **~e Körperverletzung** lesione colposa; **~e Tötung** omicidio colposo. **Fahrlässigkeit** ‹-, -en› *f* **1.** *allg.* negligenza *f*, trascuratezza *f;* **2.** *jur* colpa *f*.

Fahrlehrer(in) *m(f)* istruttore, -trice *m, f* (*o.* maestro, -a *m, f*) di g.

Fährmann ‹-s, -männer *o.* -leute› *m* barcaiolo *m*, battelliere *m*.

Fahrplan *m* orario *m*. **fahrplanmäßig** *a* in orario, puntuale. **Fahrpreis** *m* prezzo *m* del biglietto (*o.* della corsa). **Fahrpreisermäßigung** *f* riduzione *f* sul prezzo del biglietto. **Fahrprüfung** *f* esame *m* di guida. **Fahrrad** *n* bicicletta *f*, bici *f fam*. **Fahrradständer** *m* posteggio *m* per biciclette. **Fahrrinne** *f* canale *m* navigabile. **Fahrschein** *m s.* **Fahrkarte.**

Fährschiff *n* (nave *f*) traghetto *m*.

Fahrschule *f* autoscuola *f*, scuolaguida *f*. **Fahrschüler(in)** *m(f)* allievo,

-a *m, f* di una scuolaguida (*o.* di un'autoscuola). **Fahrstuhl** *m* ascensore *m.* **Fahrstuhlführer(in)** *m(f)* ascensorista *mf,* lift *m.*

fährt [fɛ:ɐ̯t] *3. pers sing pr von* **fahren.**

Fahrt [fa:ɐ̯t] ‹-, -en› *f* **1.** *(Fahren)* marcia *f;* **2.** *(Ortsveränderung)* corsa *f,* tragitto *m;* **3.** *(Ausflug)* gita *f,* escursione *f; (Reise)* viaggio *m;* **4.** *(Fahrstrecke)* percorso *m;* **auf der ~** in viaggio (*nach* per); **in voller ~** in piena corsa; **in ~** *fam (in guter Stimmung)* in vena *fam; (in Wut)* in collera; **gute ~!** buon viaggio!

Fährte ['fɛ:ɐ̯tə] ‹-, -n› *f* traccia *f,* pista *f;* **jdn auf die richtige/falsche ~ bringen** mettere qu sulla pista giusta/sbagliata.

Fahrtenbuch *n* **1.** *(für Kraftfahrer)* libretto *m* di controllo; **2.** *(für Wanderungen)* libretto *m* di marcia. **Fahrtenmesser** *n* coltello *m* da esploratore.

Fahrtrichtungsanzeiger *m* indicatore *m* di direzione.

Fahrwasser *n* **1.** *naut* canale *m;* **2.** *fig* terreno *m,* direzione *f,* campo *m;* **in jds ~ schwimmen** (*o.* **segeln**) *fam* farsi influenzare completamente da qu; **in seinem ~ sein** *fam* essere nel proprio elemento. **Fahrzeit** *f* durata *f* del viaggio (*o.* del percorso).

Fahrzeug ‹-(e)s, -e› *n* veicolo *m,* vettura *f.* **Fahrzeugbrief** *m* carta *f* di circolazione. **Fahrzeugnummer** *f* numero *m* di immatricolazione. **Fahrzeugpapiere** *n pl* documenti *m pl* di circolazione.

fair [fɛ:ɐ̯] *a* leale.

Faksimile [fak'zi:mile] ‹-s, -s› *n* facsimile *m.*

Fakten *pl von* **Faktum.**

faktisch ['faktɪʃ] *a* effettivo, reale.

Faktor ['fakto:ɐ, ...'to:rən] ‹-s, -en› *m* fattore *m.*

Faktum ['faktʊm, ...tən] ‹-s, Fakten› *n* fatto *m.*

Fakultät [fakʊl'tɛ:t] ‹-, -en› *f* facoltà *f.*

fakultativ [...ta'ti:f] *a* facoltativo.

Falke ['falkə] ‹-n, -n› *m* falco *m.*

Fall [fal] ‹-(e)s, ⸚e› *m* **1.** *(das Fallen, a. phys, fig)* caduta *f;* **2.** *(Angelegenheit, a. gram, jur)* caso *m;* **auf alle Fälle, auf jeden ~** in ogni caso, in tutti i casi; *(unbedingt)* assolutamente; **auf keinen ~** in nessun caso; **für alle Fälle** per ogni eventualità; **für den ~** (*o.* **im Falle), daß ...** nel caso in cui ... *conj* (*o.* che ... *conj*); **in diesem** (*o.* **dem) ~** in questo caso; **von ~ zu ~** caso per caso, secondo le circostanze; **jdn zu ~ bringen** far cadere qu; **klarer ~!** *fam* chiaro! *fam;* **das ist nicht mein ~** *fam* questo non fa al caso mio *fam;* **gesetzt den ~, daß ...** poniamo il caso che ... *conj;* **das ist nicht/ist der Fall** non è/è così, le cose non stanno/stanno così. **Fallbeil** *n* ghigliottina *f.*

Falle ['falə] ‹-, -n› *f* trappola *f;* **sich in die ~ hauen** *fam* mettersi a letto; **jdn in eine ~e locken** attirare qu in una trappola; **jdm eine ~ stellen** tendere una trappola a qu; **jdm in die ~ gehen** cadere nella trappola tesa da qu.

fallen ['falən] ‹fällt, fiel, gefallen› *itr* ‹*sein*› **1.** *(allg., fig, mil, Blick, Verdacht, Wahl, Regen, Schnee, etc.)* cadere; **2.** *(Hochwasser, Temperatur, Barometer, Preise, etc.)* diminuire; **3.** *(Licht)* penetrare (*in* in); **4.** *(unter Gesetz)* essere contemplato (*unter* da); *(unter Begriff)* rientrare (*unter* in); **5.** *(Entscheidung)* essere preso; **6.** *(Schuß)* partire; **zu Boden** (*o.* **auf die Erde) ~** cadere a terra; **immer auf den gleichen Tag ~** cadere sempre nello stesso giorno; **das fällt mir schwer** mi riesce difficile; **einen Teller/eine Masche ~ lassen** lasciare cadere un piatto/perdere una maglia; **auf einen Sonntag ~** cadere di domenica; **sein Blick fiel auf ...** il suo sguardo si posò (*o.* cadde) su ...; **der Verdacht fiel sofort auf den Gärtner** il sospetto cadde subito sul giardiniere; **über etw. ~** cadere su qc, inciampare in qc; **ins Gewicht ~** avere peso, essere importante; **jdm um den Hals ~** gettarsi al collo di qu; **jdm in den Rücken ~** piombare alle spalle di qu; **jdm ins Wort ~** interrompere qu; **sie ist nicht auf den Kopf/Mund gefallen** *fam* non è una stupida/ha sempre la risposta pronta; **es fielen während des ganzen Spiels nur zwei Tore** durante l'intera partita furono segnati solo due go(a)l; *s. a. fallenlassen.* **Fallen** ‹-s, ø› *n* **1.** caduta *f;* **2.** *(Abnahme)* diminuzione *f; fin* ribasso *m.*

fällen ['fɛlən] *tr* **1.** *(Baum)* abbattere; **2.** *chem* precipitare; **3.** *mat (Lot)* tracciare; **4.** *(Urteil)* pronunciare.

fallen·lassen ‹*irr, mit o. ohne ge-*› *tr* **1.** *(verlassen)* lasciare, abbandonare; **2.** *(Sache, Wort)* lasciar cadere; **er ließ kein Wort darüber fallen** non aprì bocca.

Fallensteller ‹-s, -› *m* tenditore *m* di trappole.

Fallgeschwindigkeit *f* velocità *f* di caduta. **Fallgesetz** *n* legge *f* sulla caduta libera. **Fallgrube** *f* trappola *f.*

fällig [ˈfɛlɪç] *a* **1.** *fin* che scade, scaduto; *(zahlbar)* pagabile; *(Schuld, Steuern, Kredite)* esigibile; **2.** *(notwendig, erforderlich)* necessario; **~ werden** scadere; **das war schon lange ~!** *fam* era necessario da tempo! **Fälligkeit** ⟨-, ø⟩ *f fin* scadenza *f; (von Zinsen)* maturazione *f.*
Fallobst *n* frutti *m pl* cascaticci.
falls [fals] *con* nel caso che (*o.* in cui) *conj,* qualora *conj.*
Fallschirm *m* paracadute *m;* **mit dem ~ abspringen** lanciarsi col paracadute; **etw. mit dem ~ abwerfen** paracadutare qc, lanciare qc col paracadute. **Fallschirmabsprung** *m* lancio *m* col paracadute. **Fallschirmjäger** *m* paracadutista *m.* **Fallschirmspringen** ⟨-s, ø⟩ *n* paracadutismo *m.* **Fallschirmspringer(in)** *m(f)* paracadutista *mf.*
Fallstrick *m* insidia *f,* trappola *f.* **Fallstudie** *f* studio *m* di un caso.
fällt [fɛlt] *3. pers sing pr von* **fallen.**
Fällung ⟨-, -en⟩ *f* **1.** *(das Fällen)* abbattimento *m;* **2.** *jur (von Urteil)* emissione *f;* **3.** *chem* precipitazione *f.*
falsch [falʃ] *a* **1.** *allg.* falso; **2.** *(verkehrt)* sbagliato; *(irrtümlich)* erroneo; *(unkorrekt u. unvorschriftsmäßig)* scorretto; *(unzutreffend)* improprio; **3.** *(nachgemacht, unecht: Haare, Bart, etc.)* posticcio; *(Zähne)* finto; *(künstlich)* artificiale; *(gefälscht)* falsificato, contraffatto; *(Würfel, Karten)* truccato; *(gezinkt)* segnato; **4.** *(unaufrichtig)* bugiardo, insincero; *(doppelzüngig)* doppio, ambiguo; *(heuchlerisch)* ipocrita; *(hinterhältig)* subdolo; *(heimtückisch)* perfido; **etw. ~ anfangen** cominiciare male qc; **jdn ~ anfassen (*o.* behandeln)** prendere qu per il verso sbagliato, prendere qu contropelo *fam;* **etw. ~ machen** sbagliare qc; **~ schreiben** sbagliare nello scrivere; **~ spielen** *mus* stonare; *(beim Kartenspiel)* barare; **meine Uhr geht ~** il mio orologio non va bene (*o.* non è esatto); **etw. ~ aussprechen/verstehen** pronunciare/capire male qc; **an den F~en geraten** rivolgersi alla persona sbagliata; **~e Bescheidenheit** falsa modestia.
fälschen [ˈfɛlʃən] *tr* falsificare; *(bes. Banknoten, Unterschrift)* falsificare, contraffare.
Fälscher(in) ⟨-s, -⟩ *m(f)* falsario, -a *m, f,* falsificatore, -trice *m, f.*
Falschgeld *n* moneta *f* falsa.
Falschheit ⟨-, ø⟩ *f* **1.** *(das Falschsein)* falsità *f;* **2.** *(Unaufrichtigkeit, Unwahrheit)* falsità *f; (Heuchelei)* ipocrisia *f; (Hinterhältigkeit)* perfidia *f.*
fälschlich *a* falso, erroneo.
Falschmünzer(in) ⟨-s, -⟩ *m(f)* falsificatore, -trice *m, f* di monete. **Falschspieler(in)** *m(f)* baro, -a *m, f.*
Fälschung ⟨-, -en⟩ *f* **1.** *(Tätigkeit)* falsificazione *f,* contraffazione *f;* **2.** *(Ergebnis)* falso *m.*
Faltblatt *n* dépliant *m.* **Faltboot** *n* canotto *m* smontabile.
Falte [ˈfaltə] ⟨-, -n⟩ *f* **1.** *allg.* piega *f;* **2.** *(Haut~)* ruga *f;* **eine ~ bekommen** *(Stoff, Papier)* prendere una piega; **~n bekommen** fare (brutte) pieghe; *(vom Alter)* divenire rugoso; **in ~n legen** pieghettare; **die Stirn in ~ legen (*o.* ziehen)** corrugare la fronte; **~n werfen** fare delle pieghe.
falten *tr* (ri)piegare; **die Hände ~** congiungere le mani.
faltenlos *a* **1.** *allg.* senza pieghe; **2.** *(Gesicht)* senza rughe. **faltenreich** *a* **1.** *(Gesicht)* rugoso; **2.** *(Stoff, etc.)* a pieghe. **Faltenrock** *m* gonna *f* a pieghe. **Faltenwurf** *m* drappeggio *m.*
Falter [ˈfaltɐ] ⟨-s, -⟩ *m* farfalla *f.*
faltig *a* **1.** *(Stoff, etc.)* a pieghe; **2.** *(Gesicht, etc.)* rugoso.
Faltprospekt *m* dépliant *m.*
Falz [falts] ⟨-es, -e⟩ *m* **1.** *(Nut)* scanalatura *f;* **2.** *(Gleitrille)* guida *f* di scorrimento; **3.** *tec* aggraffatura *f;* **4.** *(Buchbinderei)* piega *f.*
falzen *tr* **1.** *(nuten)* scanalare; **2.** *tec* aggraffare; **3.** *(Papier)* piegare.

familiär [famiˈli̯ɛːɐ̯] *a* familiare.
Familie [faˈmiːli̯ə] ⟨-, -n⟩ *f* famiglia *f; (Verwandtschaft, bes. scherz)* parentado *m fam;* **zur ~ gehören** far parte della famiglia, essere di casa *fam;* **~ Schmitz** la famiglia Schmitz; **das liegt in der ~** è di famiglia. **Familienanschluß** *m:* **mit ~** possibilità di convivere con la famiglia. **Familienanzeige** *f* annuncio *m* (di nascita/matrimonio/morte). **Familienfeier** *f* festa *f* in (*o.* di) famiglia. **Familienkreis** *m:* **im ~** in seno alla famiglia; **im engsten ~** nell'intimità. **Familienleben** *n* vita *f* di famiglia. **Familienmitglied** *n* membro *m* della famiglia. **Familienname** *m* cognome *m.* **Familienoberhaupt** *n* capofamiglia *mf.* **Familienstand** *m* stato *m* civile. **Familientragödie** *f* tragedia *f* familiare. **Familienvater** *m* padre *m* di famiglia.
famos [faˈmoːs] *a fam* formidabile; *geh iron* famigerato.

Fan [fɛn] ⟨-s, -s⟩ *m film, mus* fan *mf; (Fußball~)* tifoso, -a *m, f.*
Fanatiker(in) [fa'naːtɪkɐ (...ərɪn)] ⟨-s, -⟩ *m(f)* fanatico, -a *m, f.*
fanatisch *a* fanatico.
Fanatismus [fana'tɪsmʊs] ⟨-, ø⟩ *m* fanatismo *m.*
fand [fant] *1. u. 3. pers sing imp von* **finden.**
Fanfare [fan'faːrə] ⟨-, -n⟩ *f* fanfara *f.*
Fang¹ [faŋ] ⟨-(e)s, ø⟩ *m* **1.** *(Tätigkeit)* cattura *f,* presa *f;* **2.** *(Beute)* preda *f; (beim Fischen)* pesca *f;* **einen guten ~ machen** fare buona preda; *fig* fare un buon acquisto.
Fang² [faŋ] ⟨-(e)s, ⸚e⟩ *m zoo (Zahn)* zanna *f; (Kralle)* artiglio *m.*
Fangarm *m zoo* tentacolo *m.*
fangen [faŋən] ⟨fängt, fing, gefangen⟩ **I.** *tr* **1.** prendere, pigliare; **2.** *(festnehmen)* catturare, acchiappare; **II.** *rfl:* **sich ~ 1.** *(das Gleichgewicht wiederfinden)* riprendere l'equilibrio; *(seelisch)* riprendersi, riaversi; **2.** *(sich ver~)* impigliarsi, imbrogliarsi; **er hat sich wieder gefangen** si è ripreso.
Fangfrage *f* domanda *f* a tranello (*o.* trappola). **Fangleine** *f* gomena *f,* cavo *m* d'ormeggio.
fängt [fɛŋt] *3. pers sing pr von* **fangen.**
Fanklub *m* club *m* dei fan. **Fanpost** *f* lettere *f pl* dei fan.
Farbaufnahme *f* fotografia *f* a colori. **Farbband** ⟨-(e)s, -bänder⟩ *n (von Schreibmaschine)* nastro *m.* **Farbdruck** *m s.* **Farbendruck.**
Farbe ['farbə] ⟨-, -n⟩ *f* **1.** *allg.* colore *m; (Gesichts~)* colorito *m;* **2.** *(Färbemittel)* tinta *f;* **3.** *(Mal~, Anstreich~)* pittura *f;* vernice *f;* **4.** *(Farbstoff)* colorante *m;* **5.** *typ* inchiostro *m;* **6.** *(Spielkarten~)* seme *m;* **auf etw. eine ~ auftragen** colorare qc; **~ bekennen** *fam* mettere le carte in tavola *fam;* **die ~ verlieren** impallidire, perdere il colore; **die ~ wechseln** cambiare colore; *fig pol* cambiare partito.
farbecht *a* indelebile. **Farbechtheit** *f* indelebilità *f,* solidità *f* del colore.
färben ['fɛrbən] **I.** *tr* tingere; **II.** *itr (ab~)* stingere; **III.** *rfl:* **sich ~** tingersi, colorarsi; **sich blau/rot ~** tingersi di blu/di rosso; **sich gelb ~** ingiallire.

farbenblind *a* daltonico. **Farbenblindheit** *f* daltonismo *m.* **Farb(en)druck** ⟨-(e)s, -e⟩ *m* stampa *f* a colori. **farbenfreudig, farbenfroh** *a* dai colori vivaci. **Farb(en)kasten** *m* scatola *f* dei colori. **Farbenpracht** *f* sfarzo *m* dei colori. **farbenprächtig** *a* dai colori vistosi.
Färber(in) ⟨-s, -⟩ *m(f)* tintore, -tora *m, f.*
Färberei [fɛrbə'rai̯] ⟨-, -en⟩ *f* tintoria *f.*
Färberin *f s.* **Färber.**
Farbfernsehen *n* televisione *f* a colori. **Farbfernseher** *m* televisore *m* a colori. **Farbfilm** *m* pellicola *f* a colori. **Farbfoto** *n* foto *f* a colori. **Farbfotografie** *f* fotografia *f* a colori.
farbig *a* **1.** *(bunt)* colorato; **2.** *(Hautfarbe)* di colore; **3.** *fig (anschaulich)* colorito. **Farbige** ⟨ein -r, -n, -n⟩ *mf* uomo *m* (donna *f*) di colore.
Farbkasten *m s.* **Farbenkasten. Farbkissen** *n* cuscinetto *m* inchiostrato (per timbri). **farblos** *a* incolore. **Farbstift** *m* matita *f* colorata, pastello *m.* **Farbstoff** *m* (sostanza *f*) colorante *m.* **Farbton** *m* tonalità *f* cromatica, tinta *f.*
Färbung ⟨-, -en⟩ *f* **1.** *(das Färben)* colorazione *f;* **2.** *(Tönung)* tonalità *f,* tono *m.*
Farm [farm] ⟨-, -en⟩ *f* fattoria *f.*
Farmer ⟨-s, -⟩ *m* proprietario *m* di fattoria; fattore *m.*
Farn [farn] ⟨-s, -e⟩ *m* felce *f.*
Färse ['fɛrzə] ⟨-, -n⟩ *f* giovenca *f.*
Fasan [fa'zaːn] ⟨-(e)s, -e(n)⟩ *m* fagiano *m.*
Fasanerie [fazanə'riː, ...iːən] ⟨-, -n⟩ *f* fagianaia *f.*
Fasching ['faʃɪŋ] ⟨-s, -e *o.* -s⟩ *m* carnevale *m.*
Faschismus [fa'ʃɪsmʊs] ⟨-, ø⟩ *m* fascismo *m.*
Faschist(in) [fa'ʃɪst(ɪn)] ⟨-en, -en⟩ *m(f)* fascista *mf.*
faschistisch *a* fascista.
Faselei [faːzə'lai̯] ⟨-, -en⟩ *f fam pej* vaniloquio *m.*
faseln ['faːzəln] *fam pej* **I.** *itr* vaneggiare, sragionare; **II.** *tr* fantasticare.
Faser ['faːzɐ] ⟨-, -n⟩ *f* fibra *f.*
fas(e)rig *a* fibroso, filamentoso.
fasern *itr* sfilacciarsi.
Faß [fas] ⟨Fasses, Fässer⟩ *n* **1.** *(großes)* botte *f;* **2.** *(kleines)* barile *m;* **3.** *(für Industrie, aus Stahlblech)* fusto *m;* **4.** *(Butter~)* zangola *f;* **Bier vom ~** birra alla spina; **Wein vom ~** vino sciolto; **ein ~ ohne Boden** *fig* una botte senza fondo; **das schlägt dem ~ den Boden aus!** *fam* questo è il colmo! *fam.*
Fassade [fa'saːdə] ⟨-, -n⟩ *f* facciata *f.*
faßbar *a* comprensibile.
fassen ['fasən] **I.** *tr* **1.** *(ergreifen)* afferrare, prendere; **2.** *(festnehmen)* arrestare; **3.** *(aufnehmen)* contenere;

4. *(ein~)* incastonare; *(einrahmen)* incorniciare; 5. *(verstehen)* capire, comprendere; **jdn bei der Hand ~** prendere qu per la mano; **ich kann es nicht ~** non riesco a capacitarmene; **das ist nicht zu ~!** è incredibile!; **II.** *rfl:* **sich ~** *(sich wieder beruhigen)* calmarsi; *(sich beherrschen)* dominarsi, autocontrollarsi; **sich kurz ~** essere breve.

Fässer *pl von* **Faß.**

faßlich *a* comprensibile, intelligibile.

Fassung ‹-, -en› *f* **1.** *(Ein~)* montatura *f; (von Edelsteinen)* incastonatura *f;* **2.** *(Gestaltung, Bearbeitung)* stesura *f; (Übersetzung, a. film)* versione *f;* **3.** *(Ruhe, Beherrschung)* calma *f,* controllo *m;* **in dieser ~** sotto questa forma; **die ~ bewahren** conservare la padronanza di sé; **jdn aus der ~ bringen** far perdere la calma a qu; **die ~ verlieren** perdere la pazienza (*o.* la calma). **Fassungskraft** *f* capacità *f* di comprendere, intelligenza *f.* **fassungslos** *a* sconcertato, esterrefatto. **Fassungsvermögen** *n* **1.** *(räumlich)* volume *m,* capacità *f;* **2.** *(intellektuell)* capacità *f* intellettiva.

fast [fast] *adv* quasi, pressoché; **ich wäre ~ gefallen** a momenti cadevo *fam.*

fasten ['fastən] *itr* digiunare. **Fastenkur** *f* cura *f* del digiuno. **Fastenzeit** *f* quaresima *f.*

Fastnacht ‹-, ø› *f* **1.** *(Fasching)* carnevale *m;* **2.** *(~sdienstag)* martedì *m* grasso.

Faszination [fastsina'tsio:n] ‹-, -en› *f* fascino *m.*

faszinieren [...'ni:rən] ‹*ohne ge-*› *tr* affascinare. **faszinierend** *a* affascinante.

fatal [fa'ta:l] *a* fatale.

Fatalismus [fata'lısmus] ‹-, ø› *m* fatalismo *m.*

fatalistisch [...'lıstıʃ] *a* fatalistico.

Fatzke ['fatskə] ‹-n *o.* -s, -n *o.* -s› *m fam pej* bellimbusto *m fam,* vanitoso *m.*

fauchen ['fauxən] *itr (Katze)* soffiare; *fig fam* sbuffare *fam.*

faul [faul] *a* **1.** *(träge)* pigro, poltrone; **2.** *(verdorben)* guasto, marcio, putrido; **3.** *fig fam (verdächtig)* sospetto, dubbioso; *(fragwürdig)* dubbio, incerto; **an der Sache ist was ~** *fig fam* c'è qc di sospetto nella faccenda; **eine ~e Ausrede** *fam* una magra scusa; **auf der ~en Haut liegen** *fam* poltrire nell'ozio *fam;* **~er Witz** *fam* spirito di patate *fam.*

Fäule ['fɔylə] ‹-, ø› *f* putredine *f,* marciume *m.*

faulen *itr* ‹*sein o. haben*› marcire, imputridire.

faulenzen ['faulɛntsən] *itr* poltrire *fam,* oziare.

Faulenzer(in) ‹-s, -› *m(f)* poltrone, -a *m, f fam,* fannullone, -a *m, f fam.*

Faulenzerei [...ə'rai] ‹-, -en› *f,* **Faulheit** ‹-, ø› *f* pigrizia *f,* poltroneria *f fam.*

faulig *a* putrido, marcio.

Fäulnis ‹-, ø› *f* putrefazione *f,* marciume *m.*

Faulpelz *m fam s.* **Faulenzer. Faultier** *n* **1.** *zoo* bradipo *m;* **2.** *fig fam s.* **Faulenzer.**

Fauna ['fauna, ...nən] ‹-, Faunen› *f* fauna *f.*

Faust [faust] ‹-, ¨e› *f* pugno *m;* **auf eigene ~** di propria iniziativa; **die Fäuste ballen** stringere i pugni; **das paßt wie die ~ aufs Auge** *fam (paßt nicht)* è un pugno in un occhio *fam.*

Fäustchen ['fɔystçən] ‹-s, -› *n:* **sich** *(dat)* **ins ~ lachen** *fam* ridersela sotto i baffi *fam.*

faustdick ['faust'dık] *a:* **es ~ hinter den Ohren haben** *fam* essere un furbo matricolato (*o.* di quattro cotte) *fam.* **Fausthandschuh** *m* (guanto *m* a) manopola *f.* **Faustpfand** *n* pegno *m* mobile. **Faustregel** *f* regola *f* generale (*o.* approssimativa). **Faustschlag** *m* pugno *m.*

Favorit(in) [favo'ri:t(ın)] ‹-en, -en› *m(f)* favorito, -a *m, f.*

Fazit ['fa:tsıt] ‹-s, -e *o.* -s› *n* **1.** *(Ergebnis)* risultato *m* (finale); **2.** *(Schlußfolgerung)* conclusione *f;* **aus etw. das ~ ziehen** tirare le somme di qc.

FDGB [ɛfde:ge:'be:] ‹-(s), ø› *m ab von* **Freier Deutscher Gewerkschaftsbund** *(DDR) associazione dei sindacati della R.D.T.*

FDJ [ɛfde:'jɔt] ‹-, ø› *f ab von* **Freie Deutsche Jugend** *(DDR) associazione della gioventù nella R.D.T.*

FDP, F. D. P. [ɛfde:'pe:] ‹-, ø› *f ab von* **Freie Demokratische Partei** *partito liberal-democratico nella R.F.T.*

Februar ['fe:brua:ɐ] ‹-(s), -e› *m* febbraio *m; s. a. September.*

fechten ['fɛçtən] ‹ficht, focht, gefochten› *itr* tirare di scherma; **einen Gang ~** fare un assalto; **mit dem Säbel ~** tirare di sciabola. **Fechten** ‹-s, ø› *n s.* **Fechtsport. Fechter(in)** ‹-s, -› *m(f)* schermitore, -trice *m, f.* **Fechtlehrer(in)** *m(f)* insegnante *mf* di scherma. **Fechtmeister(in)** *m(f)* maestro, -a *m, f* di scherma. **Fechtsaal** *m* sala *f* di scherma. **Fechtsport** *m* scherma *f.*

Feder ['fe:dɐ] ‹-, -n› *f* **1.** *(Vogel~, Stahl~, Schreib~)* penna *f; (Flaum~)* piuma *f;* **2.** *tec* molla *f;* **~n lassen** *fam* lasciarci le penne *fam;* **noch in den ~n liegen** *fam* stare ancora a letto; **sich mit fremden ~n schmücken** coprirsi con le penne del pavone. **Federball** *m* **1.** *(Ball)* palla *m* del volano; **2.** *(Spiel)* (gioco *m* del) volano *m.* **Federbett** *n* piumino *m.* **Federboa** *f* boa *f* di piume. **Federbusch** *m* **1.** *allg.* pennacchio *m;* **2.** *zoo* pennacchietto *m,* ciuffetto *m.* **Federfuchser** [-fʊksɐ] ‹-s, -› *m fam pej* **1.** *(Pedant)* imbrattacarte *m fam,* pennaiolo *m fam;* **2.** *(schlechter Schriftsteller)* scribacchino *m fam.* **Federgewicht** *n sport* peso *m* piuma. **Federhalter** *m* portapenne *m.* **Federkernmatratze** *f* materasso *m* a molle. **federleicht** ['fe:dɐ'laiçt] *a* leggero come una piuma. **Federlesen** *n:* **nicht viel ~(s) machen** non fare tante storie (*mit* con).

federn I. *itr* **1.** *tec* essere molleggiato, molleggiare; **2.** *sport* molleggiarsi, flettersi; **II.** *rfl:* **sich ~** mutare (*o.* perdere) le penne; **III.** *tr tec* molleggiare; **dieser Wagen ist gut gefedert** questa macchina è ben molleggiata. **federnd** *a* elastico; *(a. fig)* molleggiante.

Federung ‹-, -en› *f* **1.** *(Elastizität)* elasticità *f;* **2.** *(Gefedertsein)* molleggio *m; (von Fahrzeug)* sospensione *f* (elastica), sospensioni *f pl.*

Federvieh *n* pollame *m.* **Federzeichnung** *f* disegno *m* a penna.

Fee [fe:, 'fe:ən] ‹-, -n› *f* fata *f.*

Fegefeuer *n* purgatorio *m.*

fegen ['fe:gən] **I.** *tr* ‹*haben*› *(a. Schornstein)* spazzare, scopare; **II.** *itr* **1.** ‹*haben*› passare la scopa, scopare; **2.** ‹*sein*› *fam (rasen, jagen)* sfrecciare.

Fehde ['fe:də] ‹-, -n› *f* faida *f;* **mit jdm in ~ liegen** essere in guerra con qu.

fehl [fe:l] *adv:* **~ am Platz** fuori luogo, inopportuno. **Fehlanzeige** *f* rapporto *m* negativo. **Fehlbetrag** *m* deficit *m,* disavanzo *m;* **mit einem ~ schließen** chiudere in perdita. **Fehldiagnose** *f* diagnosi *f* errata. **Fehleinschätzung** *f* valutazione *f* errata.

fehlen ['fe:lən] *itr* **1.** *(mangeln)* mancare; **2.** *(nicht anwesend sein)* essere assente, mancare; **es fehlt mir an Erfahrung** manco di esperienza; **es an nichts ~ lassen** non far mancare nulla; **mir fehlt nichts** sto bene; **du fehlst mir sehr** mir manchi molto; **es hätte nicht viel gefehlt und er hätte verloren** poco ci mancava (*o.* mancò) che perdesse, per poco non avrebbe perso; **was fehlt dir?, wo fehlt es?** che cosa c'è, che non va?; **das hat gerade noch gefehlt!** *fam iron* ci voleva anche questo!, non ci mancava che questa!; **weit gefehlt!** sbagliato in pieno!

Fehler ‹-s, -› *m* **1.** *allg., gram, mot* errore *m; (Irrtum a.)* sbaglio *m; (grober ~, Schnitzer)* strafalcione *m;* **2.** *(Mangel, Defekt, a. Charakter~, Körper~)* difetto *m; (menschliche Schwäche)* vizio *m;* **3.** *(Schuld)* colpa *f;* **einen ~ machen** (*o.* **begehen**) fare (*o.* commettere) un errore; **null ~** nessun errore. **fehlerfrei** *a* **1.** *(ohne Fehler)* corretto, senza errori; **2.** *(einwandfrei)* perfetto, senza difetti. **fehlerhaft** *a* **1.** *(mangelhaft)* difettoso, imperfetto; **2.** *(unrichtig)* scorretto, sbagliato, errato. **fehlerlos** *a s.* **fehlerfrei. Fehlerquelle** *f* fonte *f* di errori.

Fehlfarbe *f (beim Kartenspiel)* scarto *m.* **Fehlgeburt** *f* aborto *m.* **fehl·gehen** ‹*irr*› *itr* ‹*sein*› **1.** *(sich irren)* sbagliarsi, andare errato; **2.** *geh (den falschen Weg einschlagen)* sbagliare strada; *(Schuß)* sbagliare il bersaglio. **Fehlgriff** *m* mossa *f* (*o.* misura *f*) sbagliata, sbaglio *m.* **Fehlkalkulation** *f* calcolo *m* sbagliato. **Fehlkonstruktion** *f* costruzione *f* sbagliata. **Fehlschlag** *m* **1.** *(Mißerfolg)* insuccesso *m,* fiasco *m fam;* **2.** *(beim Ballspiel)* colpo *m* mancato, tiro *m* a vuoto. **fehl·schlagen** ‹*irr*› *itr* ‹*sein*› *(mißlingen)* fallire, non riuscire. **Fehlschluß** *m* conclusione *f* sbagliata (*o.* errata). **Fehlstart** *m* **1.** *sport* falsa partenza *f;* **2.** *aero, tec* mancato avviamento *m.* **Fehltritt** *m* passo *m* falso; **einen ~ begehen** fare un passo falso. **Fehlurteil** *n* giudizio *m* sbagliato. **Fehlzündung** *f* accensione *f* difettosa.

Feier ['faiɐ] ‹-, -n› *f* **1.** *(Festlichkeit)* festa *f;* **2.** *(feierliche Handlung)* festeggiamento *m,* cerimonia *f,* celebrazione *f;* **zur ~ des Tages** per celebrare il giorno. **Feierabend** *m* **1.** *(abendliche Freizeit)* riposo *m* serale; **2.** *(Arbeitsschluß)* cessazione *f* del lavoro; **am** (*o.* **nach**) **~** dopo il lavoro, nel tempo libero; **~ machen** cessare di lavorare; **jetzt ist aber ~!** *fam* adesso basta! *fam;* **schönen ~!** buona serata!

feierlich I. *a* **1.** *(festlich)* festivo; **2.** *(würdevoll)* solenne; **3.** *(förmlich)* ufficiale, formale; **das ist nicht mehr ~** *fam* questo è troppo!; **II.** *adv* **1.** *(festlich)* a festa; **2.** *(würdevoll)* solennemente. **Feierlichkeit** ‹-, -en› *f* **1.** *(Eigenschaft)* solennità *f; (Würde, Ernst)* gravità *f;* **2.** *(Handlung)* celebrazione *f,* cerimonia *f;* ‹*pl*› festività *f pl.*

feiern I. *tr* **1.** *(Fest, etc.)* festeggiare; *(festlich begehen)* celebrare; **2.** *(ehren)* festeggiare, acclamare, onorare; **II.** *itr* far festa.

Feiertag *m* **1.** *allg.* (giorno *m* di) festa *f; (freier Tag a.)* vacanza *f;* **2.** *rel* festa *f* religiosa; **3.** *pol* festa *f* nazionale; **4.** *(Festtag)* giorno *m* festivo, festività *f;* **gesetzlicher ~** festa ufficiale.

feig(e) [fai̯k ('fai̯gə)] *a* **1.** vigliacco; *(hinterhältig a.)* vile; **2.** *(gemein)* infame.

Feige ['fai̯gə] ‹-, -n› *f* fico *m.* **Feigenbaum** *m* fico *m.* **Feigenblatt** *n* foglia *f* di fico.

Feigheit ‹-, ø› *f* vigliaccheria *f,* codardia *f; (bes. Hinterhältigkeit)* viltà *f.*

Feigling ['fai̯klɪŋ] ‹-s, -e› *m* vigliacco, -a *m, f,* vile *mf.*

Feile ['fai̯lə] ‹-, -n› *f* lima *f.*

feilen *tr* limare (*an etw.* qc).

feilschen ['fai̯lʃən] *itr* mercanteggiare (*um* su).

Feilspäne *m pl,* **-staub** *m* trucioli *m pl* (*o.* polvere *f*) (di limatura).

fein [fai̯n] *a* **1.** *(dünn, zart, ~sinnig)* sottile; *(von zartem Aussehen)* fine, grazioso, aggraziato; *(einfühlsam)* sensibile; **2.** *(nicht grob)* fino, raffinato; **3.** *(Sinn: scharf)* acuto, fine; **4.** *(Instrument: genau)* preciso, esatto, di precisione; **5.** *(sorgfältig)* esatto, accurato; **6.** *(exquisit)* squisito, ottimo; *(erlesen)* scelto, pregiato; **7.** *(vornehm)* distinto; **8.** *(anständig)* garbato; **9.** *(gewandt)* fine, elegante; **10.** *fam (erfreulich, lobenswert)* splendido, grandioso; **sich ~ machen** farsi bello; **~(he)raussein** *fam* essersela cavata bene *fam,* averla passata liscia *fam;* **sei ~ brav!** *fam* fa il bravo! *fam;* **ein ~er Kerl** *fam* un tipo garbato.

Feind(in) [fai̯nt (...dɪn)] ‹-(e)s, -e› *m(f)* nemico, -a *m, f; (Gegner)* avversario, -a *m, f;* **jdn zum ~ haben** avere qu come nemico. **feindlich** *a (bes. mil)* nemico; *(gegnerisch)* contrario; *(feindselig)* ostile. **Feindschaft** ‹-, -en› *f* inimicizia *f,* ostilità *f.* **feindselig** *a* nemico, ostile. **Feindseligkeit** ‹-, -en› *f* ostilità *f.*

Feineinstellung *f allg.* regolazione *f* precisa; *radio* sintonia *f* fine. **feinfühlig** [-fy:lɪç] *a* sensibile. **Feingefühl** *n* delicatezza *f* d'animo, sensibilità *f; (Takt)* tatto *m.* **Feingehalt** *m* titolo *m.* **Feingold** *n* oro *m* fino (*o.* puro).

Feinheit ‹-, -en› *f* **1.** *(Zartheit)* finezza *f; (Feinfühligkeit a.)* delicatezza *f;* **2.** *(Scharfsinnigkeit)* acutezza *f; (Spitzfindigkeit)* sottigliezza *f;* **3.** *(Genauigkeit)* esattezza *f,* precisione *f;* **4.** *(Vornehmheit)* distinzione *f;* **5.** *(Anständigkeit)* garbatezza *f.*

Feinkostgeschäft *n* negozio *m* di specialità gastronomiche. **Feinmechanik** *f* meccanica *f* di precisione. **Feinschmecker(in)** ‹-s, -› *m(f)* buongustaio, -a *m, f.* **Feinwaschmittel** *n* detersivo *m* per tessuti delicati.

feist [fai̯st] *a pej* grasso.

feixen ['fai̯ksən] *itr fam* ghignare *fam.*

Feld [fɛlt] ‹-(e)s, -er› *n* **1.** *allg., fig* campo *m; (weites, unbebautes Land a.)* campagna *f;* **2.** *(auf Spielbrett)* casella *f;* **das ~ behaupten** essere padrone del campo; **Gründe ins ~ führen** accampare ragioni; **das ~ räumen** cedere il campo; **das ist ein weites ~** questo è un argomento vasto. **Feldarbeit** *f* lavoro *m* agricolo (*o.* dei campi). **Feldbett** *n* branda *f.* **Feldflasche** *f* borraccia *f.* **Feldgeistliche** *m* cappellano *m* militare. **Feldherr** *m* generale *m.* **Feldküche** *f* cucina *f* da campo. **Feldlager** *n* accampamento *m* militare. **Feldlazarett** *n* ospedale *m* da campo. **Feldmarschall** *m* (feld)maresciallo *m.* **Feldmaus** *f* topo *m* campagnolo. **Feldmesser** ‹-s, -› *m* agrimensore *m.* **Feldpost** *f* posta *f* militare. **Feldsalat** *m* lattughella *f,* dolcetta *f.* **Feldspat** *m* feldspato *m.* **Feldstecher** ‹-s, -› *m* binocolo *m,* cannocchiale *m.* **Feldwebel** [-ve:bəl] ‹-s, -› *m* maresciallo *m.* **Feldweg** *m* viottolo *m* di camapgna. **Feldzug** *m* campagna *f* militare.

Felge ['fɛlgə] ‹-, -n› *f* cerchione *m.*

Felix ['fe:lɪks] *(männlicher Vorname)* Felice.

Fell [fɛl] ‹-(e)s, -e› *n (allg., a. ~besatz)* pelo *m; (a. Pelz)* pelliccia *f; (von Pferd)* mantello *m;* **ein dickes ~ haben** *fig fam* avere la pelle dura *fam;* **jdm das ~ über die Ohren ziehen** *fam* imbrogliare qu.

Fels [fɛls] ‹-en, -en› *m,* **Felsen** ['fɛlzən] ‹-s, -› *m* roccia *f; (~hang, ~wand)* rupe *f; (~block, ~gestein)* masso *m.* **felsenfest** *a fig* irrevocabile; **~ an etw. glauben** credere fermamente in qc. **Fels(en)wand** *f* parete *f* rocciosa. **Felsgestein** *n* roccia *f.* **felsig** *a* roccioso. **Felsmassiv** ‹-s, -e› *n* massiccio *m* roccioso. **Felswand** *f s.* **Felsenwand.**

Femininum [femiˈniːnʊm *o.* ˈfeːm..., ...na] ‹-s, -nina› *n* (genere *m*) femminile *m.*

Feminismus [femiˈnɪsmʊs] ‹-, ø› *m* femminismo *m.*

Feminist(in) [...ˈnɪst(ɪn)] ‹-en, -en› *m(f)* femminista *mf.*

feministisch *a* femminista.

Fenchel [ˈfɛnçəl] ‹-s, ø› *m* finocchio *m.*

Fenster [ˈfɛnstə] ‹-s, -› *n* **1.** finestra *f;* **2.** *(Eisenbahn~, Auto~, etc.)* finestrino *m;* **zum ~ hinausschauen** guardare dalla finestra; **aus dem ~ werfen** *(a. fig)* gettare dalla finestra. **Fensterbank** ‹-, ⸚e› *f* davanzale *m.* **Fensterbriefumschlag** *m* busta *f* con finestrino. **Fensterflügel** *m* battente *m* della finestra. **Fensterglas** *n* vetro *m* per finestra. **Fensterkitt** *m* mastice *m* da vetraio. **Fensterkurbel** *f mot* alzacristallo *m.* **Fensterladen** *m* persiana *f.* **Fensterleder** *n* pelle *f* di daino (per vetri). **Fensternische** *f* vano *m* della finestra. **Fensterplatz** *m* posto *m* al (*o.* vicino al) finestrino. **Fensterputzer(in)** ‹-s, -› *m(f)* pulitore, -trice *m, f* di vetri. **Fensterrahmen** *m* telaio *m* della finestra. **Fensterscheibe** *f* vetro *m* della finestra.

Ferdinand [ˈfɛrdinant] *(männlicher Vorname)* Fernando, Ferdinando.

Ferien [ˈfeːri̯ən] ‹*pl*› vacanze *f pl; (jur a.)* ferie *f pl; mil* congedo *m;* **in die ~ fahren** andare in ferie; **die großen ~** le vacanze estive. **Ferienhaus** *n* casa *f* di vacanze. **Ferienheim** *n* casa *f* per le vacanze; *(Kinder~)* colonia *f.* **Ferienkurs** *m* corso *m* estivo. **Ferienlager** *n* campo *m* di vacanze. **Ferienzeit** *f* periodo *m* di vacanza, vacanze *f pl.*

Ferkel [ˈfɛrkəl] ‹-s, -› *n* **1.** *zoo* porcellino *m,* maialetto *m;* **2.** *fig fam* sudicione *m fam,* porcellone *m fam.*

Ferment [fɛrˈmɛnt] ‹-(e)s, -e› *n* fermento *m.*

fern [fɛrn] **I.** *a* **1.** *allg.* lontano; **2.** *(weit zurückliegend)* remoto; **3.** *(in weiter Zukunft liegend)* in un lontano futuro; **in nicht zu ~er Zeit** fra non molto; **der F~e Osten** l'Estremo Oriente; **II.** *adv* lontano, alla lontana; **~ von** lontano da; **von ~ betrachtet** visto da lontano. **Fernamt** *n* ufficio *m* telefonico interurbano. **Fernbedienung** *f* telecomando *m.* **fern·bleiben** ‹*irr*› *itr* ‹*sein*› *(dem Unterricht)* essere assente; **einer Veranstaltung ~** non andare a una manifestazione. **Fernblick** *m* vista *f.*

Ferne ‹-, ø› *f* lontananza *f;* **aus der ~** da lontano; **in der ~** *(räumlich)* in lontananza; **das liegt noch in weiter ~** è ancora di là da venire.

Fernempfang *m* telericezione *f.*

ferner ‹*Komparativ von* fern› **I.** *a* più lontano, più distante; **II.** *adv (außerdem)* inoltre, in più; **unter „~ liefen" kommen** non classificarsi fra i primi.

Fernfahrer(in) *m(f)* camionista *mf.* **Fernfahrt** *f* viaggio *m* a grande distanza. **Fernflug** *m* volo *m* a grande distanza. **Ferngas** *n* gas *m* di città. **ferngelenkt** *a* teleguidato, telecomandato. **Ferngespräch** *n* comunicazione *f* (*o.* telefonata *f*) interurbana. **ferngesteuert** *a s.* **ferngelenkt.** **Fernglas** *n* binocolo *m,* cannocchiale *m.* **fern·halten** ‹*irr*› *tr* tener lontano (*von* di); **sich von jdm ~** schivare qu; **sich von etw. ~** tenersi lontano da qc. **Fernheizung** *f* riscaldamento *m* centrale (per più edifici o. quartieri). **Fernkurs(us)** *m* corso *m* per corrispondenza. **Fernlaster** *m fam,* **-lastwagen** *m,* **-lastzug** *m* autotreno *m.* **Fernleitung** *f* linea *f* interurbana. **Fernleitungsnetz** *n* rete *f* telefonica interurbana. **Fernlenkung** *f* teleguida *f,* telecomando *m.* **fern·liegen** ‹*irr*› *itr:* **das liegt mir fern** lungi da me un simile pensiero. **Fernmeldetechnik** *f* tecnica *f* delle telecomunicazioni. **Fernmeldeturm** *m* torre *f* radioemittente. **Fernmeldewesen** *n* telecomunicazioni *f pl.* **fernmündlich I.** *a* telefonico; **II.** *adv* telefonicamente, per telefono. **Fernost** [ˈfɛrnˈʔɔst] *m:* **aus/in/nach ~** dall'/in/in Estremo Oriente. **Fernrohr** *n* **1.** *(Fernglas)* cannocchiale *m;* **2.** *(Teleskop)* telescopio *m.* **Fernruf** *m* **1.** *(Anruf)* chiamata *f* interurbana; **2.** *(~nummer)* numero *m* telefonico. **Fernschnellzug** *m* (treno *m*) rapido *m.* **Fernschreiben** *n* telex *m.* **Fernschreiber** *m (Apparat)* telescrivente *f.* **Fernschreiber(in)** *m(f)* telescriventista *mf.* **Fernschreibnetz** *n* rete *f* telex.

Fernsehansager(in) *m(f)* annunciatore, -trice *m, f* della televisione. **Fernsehantenne** *f* antenna *f* televisiva. **Fernsehapparat** *m* televisore *m.* **Fernsehaufnahme** *f* ripresa *f* televisiva. **fern·sehen** ‹*irr*› *itr* guardare la televisione. **Fernsehen** ‹-s, ø› *n* televisione *f;* **im ~ übertragen** teletrasmettere, trasmettere per televisione; **heute abend kommt ein Krimi im ~** stasera c'è un film giallo alla televisione. **Fernseher** *m (Gerät)* televisore *m.* **Fernseher(in)** *m(f)* telespettatore, -trice *m, f.* **Fernsehfilm** *m* telefilm *m.* **Fernsehgebühren** *f pl* canone *m* televisivo. **Fernsehgerät** *n s.* **Fernsehapparat. Fernsehinterview** *n* intervista *f* televisiva. **Fernsehkamera** *f* telecamera *f.* **Fernsehnachrichten** *f pl* telegiornale *m.* **Fernsehnetz** *n* rete *f* televisiva. **Fernsehprogramm** *n* programma *m* televisivo. **Fernsehsender** *m* stazione *f* televisiva, teletrasmittente *f.* **Fernsehsendung** *f* trasmissione *f* televisiva. **Fernsehspiel** *n* dramma *m* televisivo. **Fernsehstudio** *n* studi *m pl* della televisione. **Fernsehtechnik** *f* tecnica *f* televisiva. **Fernsehtechniker(in)** *m(f)* tecnico, -a *m, f* della televisione. **Fernsehteilnehmer(in)** *m(f)* abbonato, -a *m, f* alla televisione. **Fernsehturm** *m* torre *f* della televisione. **Fernsehübertragung** *f* trasmissione *f* televisiva. **Fernsehzuschauer(in)** *m(f)* telespettatore, -trice *m, f.*

Fernsicht *f* **1.** *allg.* vista *f;* **2.** *(klare Sicht)* visibilità *f.*

Fernsprechamt *n* centralino *m* (telefonico). **Fernsprechanlage** *f* impianto *m* telefonico. **Fernsprechapparat** *m,* **Fernsprecher** *m* telefono *m,* apparecchio *m* telefonico. **Fernsprechgebühr** *f* tariffa *f* telefonica. **Fernsprechgeheimnis** *n* segreto *m* telefonico. **Fernsprechnetz** *n* rete *f* telefonica. **Fernsprechteilnehmer(in)** *m(f)* abbonato, -a *m, f* al telefono. **Fernsprechverkehr** *m* servizio *m* telefonico. **Fernsprechvermittlung** *f* centralino *m* (telefonico). **Fernsprechzelle** *f* cabina *f* telefonica. **Fernsprechzentrale** *f* centrale *f* telefonica.

fern·stehen ‹*irr*› *itr:* **jdm/einer S. ~** essere estraneo a qu/qc. **Fernsteuerung** *f* telecomando *m,* telecontrollo *m.* **Fernstudium** *n* corsi *m pl* (universitari) per corrispondenza. **Fernuniversität** *f* università *f* per corrispondenza, corsi *m pl* aperti. **Fernverkehr** *m* **1.** *(Eisenbahn- und Fahrzeug~)* trasporti *m pl* interurbani; **2.** *tel* traffico *m* interurbano. **Fernverkehrsstraße** *f* strada *f* di grande comunicazione. **Fernwärme** *f* riscaldamento *m* a distanza. **Fernweh** *n* nostalgia *f* di terre lontane. **Fernwirkung** *f* effetto *m* a distanza.

Ferse ['fɛrzə] ‹-, -n› *f anat* calcagno *m; (Strumpf~, Schuh~ a.)* tallone *m;* **jdm auf den ~n sein** stare alle calcagna di qu, tallonare qu. **Fersenbein** *n* calcagno *m,* tallone *m.* **Fersengeld** *n:* **~ geben** *fam* scappare, darsela a gambe *fam.*

fertig ['fɛrtɪç] *a* **1.** *(beendet)* finito, terminato; *(vollendet)* compiuto; **2.** *(bereit)* pronto (*zu* per); **3.** *fam (erschöpft)* sfinito, esausto; **4.** *fam (erledigt)* finito, rovinato; **mit etw. ~ sein** aver finito qc; **mit etw. ~ werden** *(beenden)* finire qc; *fig (darüber hinwegkommen)* superare qc; **mit jdm ~ werden** tenere testa a qu *fam;* **ohne jdn/etw. ~ werden** fare a meno di qu/qc; **du bleibst zu Hause und ~!** *fam* resti a casa e basta! *fam;* **damit wären wir ~** ecco fatto *fam;* **ich bin gleich ~** ho subito finito; **sieh zu, wie du damit ~ wirst** arrangiati *fam;* **bist du ~?** sei pronto?; **das Essen ist ~** il mangiare è pronto; **mit dir bin ich endgültig ~!** *fam* con te ho rotto (*o.* chiuso) definitivamente, di te non ne voglio più sapere.

Fertigbau(weise *f*) ‹-s, -ten› *m* costruzione *f* ad elementi prefabbricati.

fertig·bringen ‹*irr*› *tr* **1.** *(zum Abschluß bringen)* finire; **2.** *(schaffen)* concludere, combinare *fam; (zustande bringen)* riuscire (*etw.* in qc *o.* a fare qc); **3.** *(imstande sein)* essere capace di; *(über sich bringen)* decidersi; **sie bringt es doch glatt fertig und ...** *fam* ci riesce facilmente e ...

fertigen *tr* fabbricare, produrre.

Fertigfabrikat *n* prodotto *m* finito. **Fertiggericht** *n* precotto *m.* **Fertighaus** *n* casa *f* prefabbricata.

Fertigkeit ‹-, -en› *f* **1.** *(Geschicklichkeit)* abilità *f,* capacità *f; (Gewandtheit)* facilità *f,* destrezza *f;* **2.** *(Kenntnis)* conoscenza *f,* cognizione *f; (Fähigkeit)* capacità *f.*

fertig·machen *tr* **1.** *(fertigstellen)* terminare, completare, ultimare; **2.** *(bereit machen)* preparare; *(zurechtmachen)* confezionare, approntare; **3.** *fig fam (müde, nervös, etc. machen)* sfinire, esaurire; *(zurechtweisen)* sgridare, riprendere; *(ruinieren)* rovinare; *(umbringen)* uccidere, far fuori *fam.*

Fertigprodukt *n* prodotto *m* finito.

fertig·stellen *tr* ultimare, finire.

Fertigstellung *f* ultimazione *f,* completamento *m.*

Fertigteil *n* elemento *m* prefabbricato.

Fertigung ‹-, -en› *f allg.* produzione *f;*

fabbricazione *f; (von Kleidern)* confezione *f.*

Fes, fes [fɛs] ‹-, -› *n mus* fa *m* bemolle.

fesch [fɛʃ] *a dial, A, fam* **1.** *(schick)* elegante; *(hübsch)* bello; *(flott)* in gamba *fam.*

Fessel ['fɛsəl] ‹-, -n› *f* **1.** *anat* caviglia *f; (von Tieren)* pastoia *f;* **2.** *(Kette)* catena *f;* ‹*pl*› *(Handschellen)* manette *f pl;* **3.** *fig (Bindung)* vincolo *m; (Einschränkung)* obblighi *m pl; (Hemmung)* pastoie *f pl;* **jdm ~n anlegen, jdn in ~n legen** incatenare qu, mettere qu in catene. **Fesselballon** *m* pallone *m* frenato.

fesseln *tr* **1.** mettere in catene, incatenare; *(binden)* legare; *(mit Handschellen)* ammanettare; *(festhalten)* inchiodare; **2.** *fig (faszinieren)* avvincere; **durch die Krankheit war er vier Wochen ans Bett gefesselt** la malattia lo costrinse a letto per quattro settimane; **jdn an Händen und Füßen ~** legare a qu mani e piedi; **jdn an einen Baum ~** legare qu ad un albero. **fesselnd** *a* **1.** *(spannend)* avvincente; **2.** *(faszinierend)* affascinante.

fest [fɛst] *a* **1.** *(nicht flüssig)* solido; *(dick)* compatto; **2.** *(nicht weich)* forte; *(hart)* duro, sodo; *(schwer zerreißbar)* robusto; **3.** *(nicht lose)* compatto, fitto; *(schwer lösbar)* forte; *(stramm)* sodo; **4.** *(ständig, festliegend: Wohnung, Arbeitsplatz, Preise)* fisso; *(Gewohnheiten)* inveterato, radicato; **5.** *fig (energisch)* energico; *(unerschütterlich, bestimmt)* fermo; **6.** *fin (Geld)* vincolato; *(Börse)* sostenuto; **die Tür ~ schließen** chiudere bene la porta; **etw. ~ versprechen** promettere fermamente qc; **~ bleiben** tener duro; **~ davon überzeugt sein, daß ...** avere la ferma convinzione che ... *conj;* **~er Freund, ~e Freundin** *fam* ragazzo, -a fisso, -a *fam;* **~ schlafen** dormire profondamente; **sich** *(dat)* **~ vornehmen, etw. zu tun** avere il fermo proposito di fare qc; **sie ist in ~en Händen** *fam* è in buone mani *fam.*

Fest [fɛst] ‹-(e)s, -e› *n* festa *f;* **ein ~ feiern** celebrare una festa; **bewegliche/unbewegliche ~e** feste mobili/fisse; **frohes ~!** buone feste! **Festakt** *m* cerimonia *f.*

festangestellt *a* fisso, in pianta stabile.

fest·beißen ‹*irr*› *rfl:* **sich ~** aggrapparsi con i denti (*an* a); *fig* non riuscire a liberarsi (*an* di).

fest·binden ‹*irr*› *tr* legare saldamente.

Festessen *n* banchetto *m,* pranzo *m* di gala.

fest·fahren ‹*irr*› *rfl:* **sich ~** *naut, fig* arenarsi; **festgefahren sein** essere affondato.

festgesetzt *a:* **zur ~en Zeit** all'ora fissata. **festgewurzelt** *a* (profondamente) radicato.

fest·halten ‹*irr*› **I.** *tr* **1.** *(nicht loslassen)* tener fermo (*o.* stretto), reggere; **2.** *(gefangen-, zurückhalten)* trattenere; **3.** *fig (in Bild, Ton, etc.)* fissare, fermare, registrare; *(notieren)* annotare; **II.** *itr* attenersi (*an* a), restare fedele (*an* a); *(beharren)* perseverare (*an* in); **III.** *rfl:* **sich ~** tenersi, reggersi.

festigen **I.** *tr* **1.** consolidare; *(stählen, stärken)* rafforzare, fortificare; **2.** *fig (bekräftigen)* convalidare; **II.** *rfl:* **sich ~** consolidarsi, rafforzarsi, stabilizzarsi.

Festiger ‹-s, -› *m (Haar~)* fissativo *m.*

Festigkeit ‹-, ø› *f* **1.** *allg.* solidità *f,* saldezza *f;* **2.** *fin, fig* stabilità *f;* **3.** *(Widerstandsfähigkeit)* resistenza *f;* **4.** *fig (Standfestigkeit)* costanza *f,* fermezza *f; (Entschlossenheit)* risolutezza *f.*

Festigung ‹-, ø› *f* consolidamento *m; fig* rafforzamento *m; fin* stabilizzazione *f.*

Festival ['fɛstivəl *o.* ...val] ‹-s, -s› *n. o. CH m* festival *m.*

fest·kleben **I.** *tr* ‹*haben*› incollare (*an a*), attaccare (*an* a); **II.** *itr* ‹*sein*› *(Vorgang)* essere incollato (*o.* attaccato) (*an* a).

Festland *n* **1.** *(nicht Meer)* terraferma *f;* **2.** *(Kontinent)* continente *m.*

fest·legen **I.** *tr* **1.** *(festsetzen)* fissare, stabilire; **2.** *(bestimmen)* stabilire, definire; **3.** *fin* vincolare, immobilizzare; **II.** *rfl:* **sich ~** *(sich binden)* vincolarsi (*auf* a), impegnarsi (*auf* a).

Festlegung ‹-, -en› *f* determinazione *f; (Bestimmung)* definizione *f; fin* immobilizzazione *f,* investimento *m* vincolato.

festlich **I.** *a* **1.** festivo, di festa; **2.** *(feierlich)* solenne; **3.** *(glanzvoll)* grandioso, splendido; **II.** *adv:* **~ gekleidet** vestito a festa; **etw. ~ begehen** festeggiare qc; **etw. ~ schmücken** ornare qc a festa. **Festlichkeit** ‹-, -en› *f* **1.** *(Stimmung)* festosità *f,* solennità *f;* **2.** *(Fest)* festa *f; (Feier)* festosità *f.*

fest·liegen ‹*irr*› *itr* **1.** *(bestimmt, festgesetzt sein)* essere stabilito; *(bes. Termin)* essere fissato; **2.** *(Kapital)* essere immobilizzato; **3.** *naut* essere arenato (*o.* incagliato).

fest·machen *tr* **1.** *(befestigen)* fermare, fissare; **2.** *(binden)* legare; **3.** *(abmachen, vereinbaren)* combinare, fissare, stabilire; **4.** *naut* attraccare; **5.** *(Jägersprache)* catturare.

Festmahl *n s.* **Festessen.**

Festmeter *m o. n* (*ab* **fm**) metro *m* cubo.

fest·nageln *tr* fissare con chiodi; *(a. fig)* inchiodare (*auf* a).

Festnahme [-na:mə] ‹-, -n› *f* arresto *m; (vorläufige* ~*)* fermo *m; (Gefangennahme)* cattura *f.*

fest·nehmen ‹*irr*› *tr (verhaften)* prendere, arrestare, fermare; *(gefangennehmen)* catturare.

Festplatz *m* piazza *f* della festa. **Festrede** *f* discorso *m* ufficiale. **Festredner(in)** *m(f)* oratore, -trice *m, f* ufficiale.

fest·schnallen I. *tr* affibbiare, allacciare; **II.** *rfl:* **sich** ~ allacciarsi.

fest·schrauben *tr* avvitare.

fest·setzen I. *tr* **1.** *(gefangennehmen)* arrestare, imprigionare; **2.** *(festlegen)* fissare (*auf, bei* a); **3.** *(schätzen)* valutare; **II.** *rfl:* **sich** ~ **1.** *(Staub, etc.)* infiltrarsi; **2.** *fig (Gedanke)* radicarsi, fissarsi.

fest·sitzen ‹*irr*› *itr* **1.** *(haften)* essere fisso (*o.* fermo); **2.** *(nicht von der Stelle kommen)* essere bloccato; *naut* essere incagliato; *fig fam (keine Lösung mehr wissen)* non (saper più) andare avanti.

Festspiele *n pl* festival *m.* **Festspielhaus** *n* teatro *m* del festival.

fest·stecken I. *tr* ‹*haben*› infilare saldamente; *(befestigen)* fermare, fissare; **II.** *itr* ‹*sein*› essere incastrato.

fest·stehen ‹*irr*› *itr* **1.** *fig (bestimmt, festgelegt sein)* essere fissato (*o.* stabilito); **2.** *(unumstößlich sein)* essere certo; **es steht fest, daß ...** è certo che ...; **eins steht fest** una cosa è certa.

feststellbar *a* **1.** *tec* fissabile; **2.** *fig (erkennbar)* accertabile.

fest·stellen *tr* **1.** *tec (arretieren)* bloccare, arrestare; **2.** *fig (konstatieren)* constatare, rendersi conto di; *(beobachten)* osservare; *(ermitteln)* accertare, verificare; **jds Personalien** ~ accertare le generalità di qu.

Feststellung *f (Ermittlung)* accertamento *m; (bes. com, jur)* verifica *f; (Konstatierung)* constatazione *f; (Beobachtung)* osservazione *f; (Aussage)* dichiarazione *f.*

Festtag *m* giorno *m* festivo (*o.* di festa); *rel* festa *f.* **festtags** *adv* nei giorni festivi.

Festung ‹-, -en› *f* fortezza *f,* forte *m,* piazzaforte *f.*

festverzinslich *a* a tasso fisso.

Festzug *m* corteo *m.*

Feten ['fe:tən *o.* 'fɛ:tən] *pl von* **Fetus.**

Fetisch ['fe:tɪʃ] ‹-(e)s, -e› *m* feticcio *m.*

Fetischismus [fetɪ'ʃɪsmʊs] ‹-, ø› *m* feticismo *m.*

fett [fɛt] *a* **1.** *allg.* grasso; **2.** *(Boden)* fertile; **3.** *fig (üppig)* ricco, abbondante; **4.** *fig fam (gewinnbringend)* redditizio; **5.** *typ* (in) nero; ~ **kochen** cucinare con molti grassi; ~ **werden** diventare grasso; **sich** ~ **essen** fare una scorpacciata *fam,* rimpinzarsi *fam.*

Fett ‹-(e)s, -e› *n* **1.** *allg.* grasso *m;* **2.** *chem* lipide *m;* ~ **ansetzen** ingrassare; **etw. in schwimmendem** ~ **braten** friggere qc con molto grasso, preparare qc che nuota nel grasso; **sein** ~ **(ab)bekommen** (*o.* **(ab)kriegen)** *fam* meritarsi una punizione (*o.* una calunnia). **Fettauge** *n* occhio *m* (di grasso).

fetten I. *tr* ingrassare; *(ein~)* ungere, lubrificare; **II.** *itr* **1.** *(Fett absondern)* secernere grasso; **2.** *(Fett annehmen, durchlassen)* ungere, macchiare di grasso.

Fettfleck *m* macchia *f* di grasso (*o.* di unto). **fettgedruckt** *a attr* stampato in nero. **Fettgehalt** *m* contenuto *m* di grassi. **fetthaltig** *a* grasso; *(Gewebe, etc.)* adiposo. **fettleibig** *a* grasso, pingue; *med* obeso. **Fettleibigkeit** ‹-, ø› *f* pinguedine *f; med* obesità *f.* **Fettnäpfchen** [-nɛp͜fçən] ‹-s, -› *n:* **ins** ~ **treten** *fig fam* fare una gaffe *fam.* **Fettpolster** *n* pannicolo *m* adiposo, cuscinetto *m* di grasso. **Fettsäure** *f* acido *m* grasso. **Fettschicht** *f* strato *m* di grasso. **Fettsucht** *f* obesità *f.*

Fetus ['fe:tʊs, ...tʊsə *o.* ...tən] ‹- *o.* ses, -se *o.* Feten› *m* feto *m.*

Fetzen ['fɛt͜sən] ‹-s, -› *m* **1.** *(abgerissenes Stück)* pezzetto *m;* **2.** *(zerschlissener Stoff)* straccio *m;* **3.** *(zusammenhangloses Stück)* frammento *m.*

feucht [fɔ͜yçt] *a* umido; *(angefeuchtet)* inumidito; ~ **werden** diventare umido, inumidirsi. **Feuchtigkeit** ‹-, ø› *f* umidità *f.* **Feuchtigkeitscreme** *f* crema *f* idratante. **feuchtwarm** ['fɔ͜yçt'varm] *a* caldo umido.

feudal [fɔ͜y'da:l] **I.** *a* **1.** *hist, pol* feudale; **2.** *(aristokratisch)* aristocratico, nobile; **3.** *fig fam (prächtig)* magnifico, splendido; **II.** *adv fam (vornehm)* da gran signore; **wir waren gestern**

ganz ~ essen *fam* ieri siamo andati a mangiare in un locale di lusso.

Feudalismus [...da'lɪsmʊs] ⟨-, ø⟩ *m* feudalesimo *m.*

Feuer ['fɔy̯ɐ] ⟨-s, -⟩ *n* fuoco *m;* **wie ~ und Wasser sein** *(Personen)* essere come cane e gatto *fam; (Dinge)* fare a pugni *fam;* **das ~ (an)machen** (*o.* **anzünden)** accendere il fuoco; **haben Sie ~?** ha da accendere?, mi fa accendere?; **jdm ~ geben** dare del fuoco a qu; **das ~ einstellen/eröffnen** *mil* cessare/aprire il fuoco; **~ fangen** prendere fuoco; *fig (sich begeistern)* infiammarsi, entusiasmarsi; **für jdn durchs ~ gehen** gettarsi nel fuoco per qu; **~ und Flamme für etw. sein** essere entusiasta per qc; **mit dem ~ spielen** scherzare col fuoco. **Feueralarm** *m* allarme *m* in caso di incendio. **Feueranzünder** *m* esca *f* (per il fuoco). **Feuerbefehl** *m* ordine *m* di aprire il fuoco. **feuerbeständig** *a* resistente al fuoco; *scient* refrattario. **Feuerbestattung** *f* cremazione *f.* **Feuereifer** *m* zelo *m,* fervore *m.* **Feuereinstellung** *f mil* cessate *m* il fuoco. **feuerfest** *a* resistente al fuoco, refrattario. **Feuergefahr** *f s.* **Feuersgefahr. feuergefährlich** *a* infiammabile. **Feuergefecht** *n* combattimento *m* a fuoco. **Feuerhaken** *m* attizzatoio *m.* **Feuerland** ['fɔy̯ɐlant] *n* Terra *f* del Fuoco. **Feuerländer(in)** [...lɛndɐ (...ərɪn)] ⟨-s, -⟩ *m(f)* fuegino, -a *m, f.* **Feuerleiter** *f* scala *f* d'emergenza. **Feuerlöscher** ⟨-s, -⟩ *m* estintore *m.* **Feuermelder** ⟨-s, -⟩ *m* segnalatore *m* d'incendio.

feuern I. *itr* **1.** *(heizen)* fare il fuoco (*mit* con); **2.** *mil* sparare (*auf* su); **II.** *tr* **1.** *(Ofen)* accendere; *(Zimmer)* riscaldare; **2.** *fam (entlassen)* buttare fuori *fam,* mandar via; **du kriegst gleich eine gefeuert!** *fam* ti arriva subito una sberla! *fam.*

Feuerpause *f* interruzione *f* (*o.* sospensione *f*) del fuoco. **feuerrot** ['fɔy̯ɐ'ro:t] *a* **1.** *(Farbbezeichnung)* rosso fuoco; **2.** *(errötet)* rosso come il fuoco. **Feuersbrunst** *f* incendio *m.* **Feuerschlucker(in)** *m(f)* mangiafuoco *mf.* **Feuer(s)gefahr** *f* pericolo *m* d'incendio. **feuersicher** *a* a prova di fuoco. **feuerspeiend** *a (Berg)* che vomita fuoco; *(Drache)* che sputa fuoco. **Feuerspritze** *f* pompa *f* antincendio. **Feuerstein** *m* **1.** *(Zündstein)* pietra *f* focaia; **2.** *geol* selce *f.*

Feuerung ⟨-, -en⟩ *f* **1.** *(das Heizen)* il riscaldare *m;* **2.** *(Brennmaterial)* combustibile *m;* **3.** *(~sanlage)* impianto *m* di combustione.

Feuerversicherung *f* assicurazione *f* contro gli incendi. **Feuerwache** *f* stazione *f* dei pompieri. **Feuerwehr** ⟨-, -en⟩ *f* corpo *m* dei vigili del fuoco, pompieri *m pl.* **Feuerwehrauto** *n* macchina *f* dei pompieri, autopompa *f.* **Feuerwehrleiter** *f* scala *f* volante (*o.* dei pompieri). **Feuerwehrmann** ⟨-(e)s, -männer *o.* -leute⟩ *m* pompiere *m,* vigile *m* del fuoco. **Feuerwehrschlauch** *m* manichetta *f* antincendio. **Feuerwerk** *n* fuochi *m pl* d'artificio. **Feuerwerker(in)** ⟨-s, -⟩ *m(f)* pirotecnico, -a *m, f.* **Feuerwerkskörper** *m* razzo *m* pirotecnico. **Feuerzangenbowle** *f* vin *m* brulé. **Feuerzeug** ⟨-(e)s, -e⟩ *n* accendino *m.*

Feuilleton ['fœjətõ *o.* ...'tõ:] ⟨-s, -s⟩ *n* **1.** *(Zeitungsteil)* terza pagina *f;* **2.** *(Zeitungsartikel, TV)* feuilleton *m.*

Feuilletonist(in) [...to'nɪst(ɪn)] ⟨-en, -en⟩ *m(f)* redattore, -trice *m, f* della terza pagina.

feurig ['fɔy̯rɪç] *a* **1.** *(brennend)* infocato, di fuoco; **2.** *fig (temperamentvoll)* focoso; *(inbrünstig)* ardente; *(leidenschaftlich)* appassionato; **3.** *geh (feuerrot)* fiammeggiante.

Fez [fe:ts] ⟨-es, ø⟩ *m fam* sciocchezze *f pl.*

ff. *ab von* **folgende (Seiten)** segg. (*ab von* seguenti).

Fiaker ['fi̯akɐ] ⟨-s, -⟩ *m* **1.** *(Droschke)* fiacre *m;* **2.** *(Kutscher)* fiaccheraio *m.*

Fiasko ['fi̯asko] ⟨-s, -s⟩ *n* fiasco *m,* insuccesso *m;* **ein ~ erleben** fare fiasco.

Fibel ['fi:bəl] ⟨-, -n⟩ *f* **1.** *(Lesebuch)* abbiccì *m;* **2.** *(Lehrbuch)* manuale *m.*

Fiber ['fi:bɐ] ⟨-, -n⟩ *f* fibra *f.*

ficht [fɪçt] *3. pers sing pr von* **fechten.**

Fichte ['fɪçtə] ⟨-, -n⟩ *f* abete *m* rosso.

ficken ['fɪkən] *tr vulg* chiavare *vulg.*

fidel [fi'de:l] *a fam* allegro.

Fieber ['fi:bɐ] ⟨-s, *rar* -⟩ *n* febbre *f;* (39 **Grad) ~ haben** avere la febbre (a 39); **hohes ~** febbre alta. **Fieberanfall** *m* accesso *m* di febbre. **fieberfrei** *a* senza febbre, sfebbrato. **fieberhaft** *a* febbrile. **fieb(e)rig** ['fi:b(ə)rɪç] *a* febbrile; *(fiebernd)* febbricitante. **Fieberkurve** *f* diagramma *m* della febbre.

fiebern *itr* **1.** avere la febbre; **2.** *fig* bramare (*nach etw.* qc), agognare (*nach etw.* qc).

Fieberphantasie *f* delirio *m.* **Fieberthermometer** *n* termometro *m.*

fiebrig *a s.* **fieberig.**

Fiedel ['fi:dəl] ‹-, -n› *f obs, pej, fam* violino *m.*

fiedeln *itr obs, pej, fam* grattare (il violino) *fam.*

fiel [fi:l] *1. u. 3. pers sing imp von* **fallen.**

Figur [fi'gu:ɐ̯] ‹-, -en› *f* figura *f; (in Film, Buch)* personaggio *m;* **eine gute ~ haben** avere una bella figura; **keine/eine gute ~ machen** fare (una) brutta/bella figura.

figürlich [fi'gy:ɐ̯lɪç] **I.** *a* **1.** figurativo; **2.** *(übertragen)* figurato; **II.** *adv* **1.** con figure; **2.** *(übertragen)* in senso figurato.

Filet [fi'le:] ‹-s, -s› *n* filetto *m.* **Filetbraten** *m* filetto *m* arrosto. **Filetsteak** *n* bistecca *f* di filetto.

Filiale [fi'li̯a:lə] ‹-, -n› *f* filiale *f,* succursale *f.* **Filialleiter(in)** *m(f)* gerente *mf* di una succursale.

Film [fɪlm] ‹-(e)s, -e› *m* **1.** *fot* pellicola *f;* **2.** *film* film *m,* pellicola *f* cinematografica; *(~wesen)* cinematografia *f,* cinema *m;* **3.** *(dünne Schicht)* film *m,* strato *m* sottile; **sie ist beim ~** è nel cinema; **einen ~ drehen** girare un film; **einen ~ vorführen** proiettare un film; **der ~ läuft** si sta proiettando il film; **in einen ~ gehen** andare a vedere un film. **Filmarchiv** *n* cineteca *f.* **Filmatelier** *n* studio *m* cinematografico. **Filmaufnahme** *f* ripresa *f* cinematografica. **Filmemacher(in)** *m(f)* cineasta *mf.*

filmen **I.** *tr* filmare, riprendere; **II.** *itr* girare un film.

Filmfestspiele *n pl* festival *m* cinematografico (*o.* del cinema). **Filmindustrie** *f* industria *f* cinematografica. **Filmkamera** *f* cinepresa *f,* macchina *f* da presa. **Filmkunst** *f* arte *f* cinematografica. **Filmproduzent(in)** *m(f)* produttore, -trice *m, f* cinematografico, -a. **Filmprojektor** *m* proiettore *m* cinematografico. **Filmregisseur(in)** *m(f)* regista *mf* cinematografico, -a. **Filmreportage** *f* cinereportage *m.* **Filmschauspieler(in)** *m(f)* attore, -trice *m, f* cinematografico, -a. **Filmstar** *m* divo, -a *m, f* del cinema. **Filmverleih** *m* casa *f* di distribuzione cinematografica. **Filmvorführung** *f* proiezione *f* cinematografica. **Filmvorschau** *f* provino *m.* **Filmzensur** *f* censura *f* cinematografica.

Filter ['fɪltɐ] ‹-s, -› *m o. n* filtro *m.* **Filtereinsatz** *m* elemento *m* (*o.* cartuccia *f*) del filtro. **Filtermundstück** *n* bocchino *m* con filtro.

filtern *tr* filtrare, passare al filtro.

Filterpapier *n* carta *f* da filtro. **Filterzigarette** *f* sigaretta *f* con filtro.

Filz [fɪlts̮] ‹-es, -e› *m* **1.** *(Gewebe)* feltro *m;* **2.** *fig (in der Politik, etc.)* corruzione *f* e nepotismo *m;* **3.** *fig fam (Geizhals)* spilorcio *m fam.*

filzen **I.** *itr (Wolle, etc.)* feltrare; **II.** *tr fam (durchsuchen)* frugare, perquisire.

filzig *a* **1.** *(wie Filz)* feltrato; **2.** *fam pej (geizig)* spilorcio *fam,* taccagno *fam.*

Filzlaus *f* pidocchio *m* del pube, piattola *f.* **Filzpantoffeln** *m pl* pantofole *f pl* di feltro. **Filzschreiber** *m,* **Filzstift** *m* pennarello *m.*

Fimmel ['fɪməl] ‹-s, -› *m fam pej* fissazione *f,* mania *f fam,* pallino *m fam;* **einen ~ haben** avere il pallino (*für* di); **das ständige Telefonieren ist ein richtiger ~ von ihm** ha il pallino (*o.* la mania) di telefonare continuamente.

Finale [fi'na:lə] ‹-s, - *o.* -s› *n* finale *m.*

Finanz [fi'nants̮] ‹-, -en› *f* finanza *f.* **Finanzamt** *n* ufficio *m* tasse (*o.* finanziario). **Finanzbeamte** *m,* **-beamtin** *f* impiegato, -a *m, f* di finanza.

finanziell [...'ts̮i̯ɛl] *a* finanziario.

finanzieren [...'ts̮i:rən] ‹*ohne ge-*› *tr* finanziare.

Finanzierung ‹-, -en› *f* finanziamento *m.*

Finanzlage *f* situazione *f* finanziaria. **Finanzminister(in)** *m(f)* ministro *m* delle finanze. **Finanzministerium** *n* ministero *m* delle finanze. **Finanzpolitik** *f* politica *f* finanziaria. **Finanzverwaltung** *f* amministrazione *f* delle finanze.

Findelkind ['fɪndəl-] *n* trovatello, -a *m, f.*

finden ['fɪndən] ‹findet, fand, gefunden› **I.** *tr* trovare; **nicht zu ~ sein** essere irreperibile; **das finde ich nicht nett von dir** non lo trovo gentile da parte tua; **II.** *rfl:* **sich ~ 1.** *(zum Vorschein kommen)* ritrovarsi; **2.** *(in Ordnung kommen)* rientrare nell'ordine; **3.** *geh (sich fügen)* adattarsi (*in* a), rassegnarsi (*in* a); **es fand sich, daß ...** risultò che ...; **das wird sich schon ~** la cosa si accomoderà; **es fand sich niemand, der ...** non si trovò nessuno che ... *conj.*

Finder(in) ‹-s, -› *m(f)* ritrovatore, -trice *m, f.* **Finderlohn** *m* ricompensa *f.*

findig *a* ingegnoso; *(gewitzt)* furbo. **Findigkeit** ‹-, ø› *f* ingegnosità *f; (Gewitztheit)* furberia *f.*

Findling ['fɪntlɪŋ] ‹-s, -e› *m* **1.** *(Findelkind)* trovatello *m;* **2.** *geol* masso *m* erratico.

fing [fɪŋ] *1. u. 3. pers sing imp von* **fangen.**

Finger [ˈfɪŋɐ] ‹-s, -› *m* dito *m;* **etw. an den ~n abzählen** contare qc sulle dita; **etw. mit spitzen ~n anfassen** prendere qc con la punta delle dita; *fig* trattare qc coi guanti bianchi *fam;* **jdm auf die ~ klopfen** redarguire qu; **die ~ von etw. lassen** non immischiarsi in qc; **keinen ~ krumm machen** non muovere un dito *fam;* **sich** *(dat)* **etw. aus den ~n saugen** *fam* inventare qc di sana pianta; **jdm auf die ~ sehen** tener d'occhio qu; **sich** *(dat)* **die ~ verbrennen** scottarsi le dita; *fig* rimaner scottato da qc; **mit dem ~ auf jdn zeigen** additare qu; **den kann man um den ~ wickeln** *fig fam* si può far di lui quello che si vuole; **~ weg!** *fam* via le mani! *fam;* **kleiner ~** (dito *m*) mignolo *m;* **sich** *(dat)* **die ~ nach etw. lecken** *fam* morire dalla voglia di avere qc *fam;* **die ~ von etw./jdm lassen** *fam* lasciare stare qc/qu *fam,* non toccare qc/qu; **da hat doch sicher wieder der Otto seine ~ im Spiel** *fam* in questa faccenda c'è sicuramente di nuovo Otto di mezzo; **sie könnte an jedem ~ zehn haben** *fam* potrebbe avere molti ammiratori; **wenn ich den noch mal in die ~ kriege!** *fam* se mi capita a tiro un'altra volta! *fam;* **sich** *(dat)* **(mit etw.) nicht die ~ schmutzig machen** *fam* non immischiarsi in qc *fam.* **Fingerabdruck** *m* impronta *f* digitale. **fingerdick** *a* grosso (quanto *o.* come) un dito. **fingerfertig** *a* dalle dita agili (*o.* svelte). **Fingerfertigkeit** *f* agilità *f* delle dita, destrezza *f* di mano. **Fingerhut** *m* **1.** *(zum Nähen)* ditale *m;* **2.** *bot* digitale *f.*

fingern *itr:* **an etw. ~** gingillarsi con qc *fam.*

Fingernagel *m* unghia *f.* **Fingerspitze** *f* punta *f* del dito. **Fingerspitzengefühl** *n* sensibilità *f* raffinata, tatto *m.* **Fingerzeig** [-tsaik] ‹-(e)s, -e› *m* cenno *m; (Hinweis)* indicazione *f.*

fingieren [fɪŋˈgiːrən] ‹*ohne ge-*› *tr* fingere, simulare.

Fink [fɪnk] ‹-en, -en› *m* fringuello *m*

Finne [ˈfɪnə] ‹-n, -n› *m,* **Finnin** [ˈfɪnɪn] *f* finlandese *mf.*

finnisch *a* finlandese.

Finnland [ˈfɪnlant] *n* Finlandia *f.*

finster [ˈfɪnstɐ] *a* **1.** *(dunkel)* buio, oscuro; **2.** *fig (zwielichtig)* ambiguo; **3.** *fig (mürrisch)* burbero, scontroso; **4.** *fig (unheimlich)* sinistro, losco, sospetto; **im ~n tappen** *fig* brancolare nel buio *fam;* **das ~e Mittelalter** l'oscuro Medioevo; **~e Nacht** notte fonda; **er hatte eine ~e Miene** aveva un volto (*o.* cipiglio) truce. **Finsternis** ‹-, -se› *f* oscurità *f; (a. fig)* tenebre *f pl; astr* eclissi *f.*

Finte [ˈfɪntə] ‹-, -n› *f* **1.** *(Vorwand)* pretesto *m; (Täuschung)* finzione *f;* **2.** *sport* finta *f.*

Firma [ˈfɪrma, ...mən] ‹-, Firmen› *f* (*ab* **Fa.**) **1.** *(Betrieb)* ditta *f,* azienda *f;* **2.** *(Name)* ragione *f* sociale.

Firmament [fɪrmaˈmɛnt] ‹-(e)s, -e› *n* firmamento *m.*

firmen [ˈfɪrmən] *tr* cresimare.

Firmen *pl von* **Firma.**

Firmenstempel *m* timbro *m* della ditta.

Firmling [ˈfɪrmlɪŋ] ‹-s, -e› *m* cresimando, -a *m, f.*

Firmung ‹-, -en› *f* cresima *f.*

Firn [fɪrn] ‹-(e)s, -e› *m (Schnee)* firn *m.*

Firnis [ˈfɪrnɪs] ‹-ses, -se› *m* vernice *f.* **firnissen** *tr* verniciare.

First [fɪrst] ‹-es, -e› *m* **1.** *(Dach~)* colmo *m,* sommità *f* del tetto; **2.** *(Berg~)* cima *f; (Grat)* cresta *f.*

Fis, fis [fɪs] ‹-, -› *n mus* fa *m* diesis.

Fisch [fɪʃ] ‹-(e)s, -e› *m* pesce *m;* **weder ~ noch Fleisch** né carne né pesce; **munter wie ein ~ im Wasser sein** essere contento come una Pasqua *fam;* **stumm wie ein ~** muto come un pesce *fam;* **~e** *astr* Pesci *m pl;* **er (*o.* sie) ist (ein) ~** è dei Pesci. **Fischbein** *n* osso *m* di balena. **Fischbesteck** *n* posate *f pl* da pesce.

fischen *tr, itr* pescare; **im trüben ~** pescare nel torbido.

Fischer(in) ‹-s, -› *m(f)* pescatore, -trice *m, f.* **Fischerboot** *n* barca *f* da pesca.

Fischerei [fɪʃɐˈrai] ‹-, ø› *f* pesca *f.*

Fischerin *f s.* **Fischer.**

Fischfang *m* pesca *f.* **Fischgeschäft** *n* pescheria *f.* **Fischgräte** *f* lisca *f.* **Fischhändler(in)** *m(f)* pescivendolo, -a *m, f.* **Fischlaich** *m* uova *f pl* di pesce. **Fischmehl** *n* farina *f* di pesce. **Fischnetz** *n* rete *f* da pesca. **Fischotter** *m* lontra *f.* **fischreich** *a* pescoso. **Fischsuppe** *f* zuppa *f* di pesce. **Fischteich** *m* vivaio *m.* **Fischvergiftung** *f* avvelenamento *m* da pesce. **Fischzucht** *f* pescicoltura *f.*

fiskalisch [fɪsˈkaːlɪʃ] *a* fiscale.

Fiskus [ˈfɪskʊs, ...kən *o.* ...kʊsə] ‹-, *rar* Fisken *o.* -se› *m* fisco *m.*

Fisole [fiˈzoːlə] ‹-, -n› *A (grüne Bohne)* fagiolino *m.*

Fistel [ˈfɪstəl] ‹-, -n› *f* fistola *f.* **Fistelstimme** *f* (voce *f* di) falsetto *m.*

fit [fɪt] *a* in forma.
Fitneß, Fitness [ˈfɪtnɛs] ‹-, ø› *f* salute *f* fisica. **Fitneßcenter, Fitnesscenter** [-sɛntɐ] ‹-s, -› *n* centro *m* fitness.
fix [fɪks] *a* **1.** *(fest)* fisso; **2.** *fam (schnell)* svelto, veloce; *(flink, gewandt)* svelto; *(geschickt)* abile; **~!** *fam* presto!; **~ und fertig** *fam* bell'e pronto; *(erschöpft)* sfinito, spossato.
Fixa *pl von* **Fixum.**
fixen [ˈfɪksən] *itr sl* bucarsi *sl.*
Fixer(in) ‹-s, -› *m(f) sl* drogato, -a *m, f.*
Fixierbad *n* bagno *m* fissatore (*o.* di fissaggio).
fixieren [fɪˈksi:rən] ‹*ohne ge-*› *tr* fissare; **auf etw. fixiert sein** essere fissato su qc.
Fixierung ‹-, ø› *f* **1.** *allg.* fissazione *f;* **2.** *fot* fissaggio *m.*
Fixigkeit ‹-, ø› *f fam* sveltezza *f.*
Fixum [ˈfɪksʊm, ...sa] ‹-s, Fixa› *n* (stipendio *m*) fisso *m.*
FKK [ɛfka:ˈka:] *ab von* **Freikörperkultur** nudismo *m;* **~-Strand** *m* spiaggia *f* riservata ai nudisti; **~-Anhänger(in)** *m(f)* nudista *mf.*
flach [flax] *a* **1.** *(eben)* piano; *(a. platt)* piatto; **2.** *(nicht tief)* basso; **3.** *fig (oberflächlich)* superficiale; *(nichtssagend)* scialbo, piatto; **~es Land** pianura *f;* **mit der ~en Hand** con la mano aperta; **~ auf dem Boden** (*o.* **den Boden)** (a) bocconi. **Flachdach** *n* tetto *m* piano. **Flachdruck** ‹-(e)s, -e› *m* stampa *f* planografica.
Fläche [ˈflɛçə] ‹-, -n› *f* **1.** *(Oberfläche, Gebiet, mat)* superficie; **2.** *(Ebene)* pianura *f.* **Flächenausdehnung** *f* estensione *f* in superficie. **flächengleich** *a* equivalente. **Flächeninhalt** *m* area *f,* superficie *f.* **Flächenmaß** *n* misura *f* di superficie.
Flachhang *m* pendio *m* dolce. **Flachküste** *f* costa *f* piana. **Flachland** *n* pianura *f.*
Flachs [flaks] ‹-es, ø› *m* lino *m.* **flachsblond** *a* biondo stoppa.
flackern [ˈflakɐn] *itr (Flamme)* guizzare; *(Licht)* vacillare, tremolare; *(Augen)* lampeggiare.
Fladen [ˈfla:dən] ‹-s, -› *m* **1.** *gastr* focaccia *f;* **2.** *(Kuh~)* sterco *m* di vacca.
Flagge [ˈflagə] ‹-, -n› *f* bandiera *f;* **unter deutscher ~** battente bandiera tedesca; **die italienische ~ führen, unter italienischer ~ segeln** navigare battendo bandiera italiana; **die ~ streichen** ammainare la bandiera.
flaggen *itr* mettere (*o.* issare) le bandiere.
Flaggensignal *n* segnalazione *f* con le bandierine.
Flaggschiff *n* nave *f* ammiraglia.
flagranti [flaˈgranti] *adv:* **in ~** in flagrante.
Flak [flak] ‹-, -(s)› *f* **1.** *(Waffe)* cannone *m* antiaereo; **2.** *(Einheit)* artiglieria *f* contraerea.
Flakon [flaˈkõ:] ‹-s, -s› *n o. m* flacone *m,* boccetta *f.*
flambieren [flamˈbi:rən] ‹*ohne ge-*› *tr* flambare.
Flame [ˈfla:mə] ‹-n, -n› *m,* **Flamin** *o.* **Flämin** [ˈfla:mɪn, ˈflɛ:mɪn] *f* fiammingo, -a *m, f.*
Flamingo [flaˈmɪŋgo] ‹-s, -s› *m* fiammingo *m,* fenicottero *m.*
flämisch [ˈflɛ:mɪʃ] *a* fiammingo.
Flamme [ˈflamə] ‹-, -n› *f* fiamma *f;* **in ~n aufgehen** incendiarsi, andare in fiamme; **in ~n stehen** essere in fiamme, ardere; **eine alte ~ von mir** *fam* una mia vecchia fiamma *fam.* **flammend** *a* **1.** *(brennend)* ardente; **2.** *(~rot)* fiammante; **3.** *fig (Rede, etc.)* infiammato. **Flammenschutz** *m* parafiamma *m.* **Flammenwerfer** ‹-s, -› *m* lanciafiamme *m.*
Flandern [ˈflandɐn] *n* Fiandra *f,* Fiandre *f pl.*
Flanell [flaˈnɛl] ‹-s, -e› *m* flanella *f.*
Flanke [ˈflaŋkə] ‹-, -n› *f* **1.** *allg., anat* fianco *m;* **2.** *sport (Turnen)* volteggio *m* di fianco; *(Fußball)* cross *m.*
flankieren [...ˈki:rən] ‹*ohne ge-*› *tr* fiancheggiare, stare di fianco a.
Flansch [flanʃ] ‹-(e)s, -e› *m* flangia *f.*
Flasche [ˈflaʃə] ‹-, -n› *f* **1.** bottiglia *f;* *(Saug~)* biberon *m;* **2.** *fam pej* schiappa *f fam;* **in ~n** in bottiglia, imbottigliato; **einem Kind die ~ geben** allattare un bambino con il biberon; **(gleich) aus der ~ trinken** bere dalla bottiglia; **zur ~ greifen** darsi al bere. **Flaschenbier** *n* birra *f* in bottiglia. **Flaschengestell** *n* portabottiglie *m.* **Flaschenhals** *m* collo *m* della bottiglia. **Flaschenkürbis** *m* zucca *f* da vino. **Flaschenöffner** *m* apribottiglie *m.* **Flaschenpfand** *n* cauzione *f* per il vuoto. **Flaschenpost** *f* messaggio *m* in bottiglia. **Flaschenzug** *m* paranco *m.*
Flaschner [ˈflaʃnɐ] ‹-s, -› *m dial, CH s.* **Klempner.**
flatterhaft *a* volubile. **Flatterhaftigkeit** ‹-, ø› *f* volubilità *f.*
flattern [ˈflatɐn] *itr* **1.** ‹*sein*› *(Tier)* svolazzare; **2.** ‹*haben*› *(Fahne, etc.)* sventolare; **3.** ‹*haben*› *(Herz)* palpitare; *(Augenlider)* tremolare; *(Hände)* tremare.
flau [flau] *a* **1.** *(schlaff, weich)* fiacco, molle; **2.** *(schwach)* debole; *(Farbe)*

spento; *(Wind)* debole, leggero; **3.** *(Stimmung)* languido; **4.** *fin* stagnante, calmo; **mir wird ~** mi sento male; **mir ist ganz ~ im Magen** mi sento male (dalla fame). **Flauheit** ‹-, ø› *f* **1.** *(Kraftlosigkeit)* debolezza *f,* fiacchezza *f;* *(a. fig)* languore *m;* **2.** *fin* calma *f.*

Flaum [flau̯m] ‹-(e)s, ø› *m* **1.** *(~federn)* piume *f pl;* **2.** *(~haare)* peluria *f.* **Flaumfeder** *f* piuma *f* (minuta). **flaumig** *a* **1.** *(aus, mit Flaum)* coperto di lanugine; **2.** *(flaumweich)* morbido come una piuma, piumoso.

Flausch [flau̯ʃ] ‹-(e)s, -e› *m* rattina *f.* **flauschig** *a* morbido, soffice.

Flausen [ˈflau̯zən] *f pl fam* fandonie *f pl fam,* frottole *f pl fam;* *(Unsinn)* idee *f pl* bizzarre; **er hat nur ~ im Kopf** ha solo stupidaggini per la testa *fam.*

Flaute [ˈflau̯tə] ‹-, -n› *f* **1.** *naut* bonaccia *f,* calma *f;* **2.** *fin* ristagno *m.*

Flechte [ˈflɛçtə] ‹-, -n› *f* **1.** *bot* lichene *m;* **2.** *med* erpete *m,* psoriasi *m;* **3.** *geh (Zopf)* treccia *f.*

flechten ‹flicht, flocht, geflochten› *tr* **1.** *(Zopf)* intrecciare; **2.** *(Flechtwerk)* intessere; *(Stuhl)* impagliare.

Flechtwerk *n* intreccio *m,* lavoro *m* in vimini.

Fleck [flɛk] ‹-(e)s, -e *o.* -en› *m,* **Flekken** ‹-s, -› *m* **1.** *(Flicken, Stück)* pezza *f,* toppa *f;* **2.** *(Schmutz~, Farb~)* macchia *f,* chiazza *f;* **3.** *(Stelle, Ort)* punto *m,* luogo *m,* posto *m;* **einen ~ entfernen** togliere una macchia; **nicht vom ~ kommen** non muoversi di un pollice *fam;* **blauer ~** livido *m;* **das Herz auf dem rechten ~ haben** essere una persona di cuore, aver buon cuore.

Flecken ‹-s, -› *m* **1.** *(Ortschaft)* borgo *m;* **2.** *s.* **Fleck.**

fleckenlos *a* senza macchie. **Flekkenwasser** *n* smacchiatore *m.*

Fleckfieber *n,* **-typhus** *m* febbre *f* petecchiale.

fleckig *a* picchiettato; *(schmutzig)* macchiato.

Fledermaus [ˈfleːdɐ-] *f* pipistrello *m.*

Flegel [ˈfleːgəl] ‹-s, -› *m pej* villano *m,* tanghero *m.*

Flegelei [...ˈlai̯] ‹-, -en› *f* villania *f,* sgarbo *m.*

flegelhaft *a* zotico, villano. **Flegeljahre** *n pl* pubertà *f,* età *f* ingrata; **in den ~n sein** essere nell'età ingrata.

flehen [ˈfleːən] *itr* supplicare (*zu jdm um etw.* qu per qc), implorare (*zu jdm um etw.* qc da qu). **Flehen** ‹-s, ø› *n* preghiera *f,* supplica *f.* **flehentlich** [ˈfleːəntlɪç] *adv* fervidamente, supplichevolmente.

Fleisch [flai̯ʃ] ‹-(e)s, ø› *n* carne *f;* *(Frucht~)* polpa *f;* **sich ins eigene ~ schneiden** *fig* darsi la zappa sui piedi *fam.* **Fleischbeschau** *f* ispezione *f* delle carni. **Fleischbrühe** *f* brodo *m* di carne.

Fleischer(in) ‹-s, -› *m(f)* *(Schlachter)* macellaio, -a *m, f;* *(Metzger)* salumiere, -a *m, f.*

Fleischerei [flai̯ʃəˈrai̯] ‹-, -en› *f* macelleria *f,* salumeria *f.*

Fleischerin *f s.* **Fleischer.**

Fleischextrakt *m* estratto *m* di carne. **fleischfarben** *a* color carne, incarnato. **fleischfressend** *a* carnivoro. **fleischig** *a* carnoso; *bot* polposo. **Fleischklößchen** [-kløːsçən] ‹-s, -› *n* polpetta *f* (di carne). **fleischlich** *a obs* **1.** *(aus Fleisch)* di carne; **2.** *(körperlich, sinnlich)* carnale. **fleischlos** *a* **1.** *(mager)* scarno, magro; **2.** *(Kost)* senza carne; *rel* di magro; *(vegetarisch)* vegetariano. **Fleischvergiftung** *f* intossicazione *f* da carne. **Fleischwolf** *m* tritacarne *m.* **Fleischwunde** *f* ferita *f* nella carne. **Fleischwurst** *f* salsiccia *f.*

Fleiß [flai̯s] ‹-(e)s, ø› *m* diligenza *f;* *(Eifer)* zelo *m;* **ohne ~ kein Preis** *prov* chi non semina non raccoglie *prov,* chi non risica non rosica *prov.* **fleißig** *a* diligente; *(eifrig)* assiduo, zelante, sollecito.

flennen [ˈflɛnən] *itr fam* piagnucolare *fam.*

fletschen [ˈflɛtʃən] *tr:* **die Zähne ~** digrignare i denti.

Fleurop® [ˈflɔy̯rɔp *o.* ˈfløːrɔp] ‹-, ø› euroflor® *f.*

flexibel [flɛˈksiːbəl] *a* flessibile.

Flexion [flɛˈksi̯oːn] ‹-, -en› *f* flessione *f.*

flicht [flɪçt] *3. pers sing pr von* **flechten.**

Flickarbeit *f* **1.** *(Vorgang)* rappezzamento *m;* **2.** *(Ergebnis)* rappezzatura *f;* **3.** *fig (Stümperei)* abborracciatura *f.*

flicken [ˈflɪkən] *tr* **1.** *(ausbessern)* raccomodare; *(Schuhe, Kleider)* rattoppare; *(stopfen)* rammendare; **2.** *fig* abborracciare.

Flicken ‹-s, -› *m* tippa *f,* pezza *f,* rappezzo *m.*

Flickwort ‹-(e)s, ⸚er› *n* particella *f* espletiva; *(in Gedichten)* zeppa *f.* **Flickzeug** ‹-(e)s, -e› *n* corredo *m* per riparazioni.

Flieder [ˈfliːdɐ] ‹-s, -› *m* lillà *m.*

Fliege [ˈfliːgə] ‹-, -n› *f* **1.** *zoo* mosca *f;* **2.** *(Krawatte)* (cravatta *f* a) farfalla *f;*

zwei **~n mit einer Klappe schlagen** *fam* prendere due piccioni con una fava *fam;* **keiner ~ etw. zuleide tun (können)** non far male a una mosca *fam;* **sie fielen um wie die ~n** morirono come mosche.

fliegen ['fli:gən] ⟨fliegt, flog, geflogen⟩ **I.** *itr ⟨sein⟩* **1.** *allg.* volare; **2.** *(mit Flugzeug)* andare in aereo; **3.** *(geworfen werden)* essere scagliato (*o.* scaraventato); **4.** *(sich eilen)* gettarsi, correre; **5.** *fam (hinausgeworfen werden)* venire licenziato; **6.** *fam (fallen)* cadere; **in die Luft ~** *(explodieren)* saltare in aria, esplodere; **auf jdn/etw. ~** *fam* essere attratto da qu/qc; **II.** *tr ⟨haben⟩* pilotare, guidare; *(Person)* trasportare in aereo. **fliegend** *a* **1.** *allg.* volante; **2.** *(lose)* sciolto; **3.** *(Händler)* ambulante.

Fliegenfänger ⟨-s, -⟩ *m* pigliamosche *m.* **Fliegengewicht** *n* peso *m* mosca. **Fliegengitter** *n* retina *f* metallica contro le mosche. **Fliegenklatsche** *f,* **-patsche** *f* acchiappamosche *m.* **Fliegenpilz** *m* ovolaccio *m.*

Flieger ⟨-s, -⟩ *m* **1.** *fam (Flugzeug)* aereo *m;* **2.** *orn* uccello *m* volatore. **Flieger(in)** ⟨-s, -⟩ *m(f)* pilota *mf,* aviatore, -trice *m, f; mil* aviere *m.* **Fliegeralarm** *m* allarme *m* aereo; **~ geben** dare l'allarme aereo. **Fliegerangriff** *m* attacco *m* aereo. **Fliegerhorst** *m* campo *m* d'aviazione. **Fliegerin** *f s.* **Flieger.**

fliehen ['fli:ən] ⟨flieht, floh, geflohen⟩ **I.** *itr ⟨sein⟩* fuggire (*vor* di fronte a); *(von zu Hause)* scappare (*aus, von* da); *(aus Gefängnis)* evadere (*aus, von* da); **II.** *tr ⟨haben⟩ geh* sfuggire, evitare. **fliehend** *a (Stirn, etc.)* sfuggente.

Fliehkraft *f* forza *f* centrifuga.

Fliese ['fli:zə] ⟨-, -n⟩ *f* piastrella *f,* mattonella *f.* **Fliesenleger(in)** ⟨-s, -⟩ *m(f)* piastrellista *mf.*

Fließband ⟨-(e)s, ¨-er⟩ *n* catena *f* di montaggio. **Fließbandarbeit** *f* lavoro *m* alla catena di montaggio. **Fließbandfertigung** *f* lavorazione *f* a catena.

fließen ['fli:sən] ⟨fließt, floß, geflossen⟩ *itr ⟨sein⟩* (s)correre; *(münden)* sboccare (*in* in); *(hervorquellen)* sgorgare; **der Schweiß floß mir von der Stirn** la fronte mi grondava di sudore. **fließend** *a allg.* scorrente; *(Wasser)* corrente; *(Grenze)* fluttuante; *(Stil, Ton)* fluido; **~ Italienisch sprechen** parlare italiano correntemente; **Zimmer mit ~em Wasser** camera con acqua corrente. **Fließpapier** *n* carta *f* assorbente.

flimmern ['flımɐn] *itr* **1.** *(Licht, Luft)* tremolare; **2.** *film, TV* sfarfallare; **es flimmert mir vor den Augen** mi trema la vista.

flink [flıŋk] *a* **1.** *(schnell)* svelto, lesto; **2.** *(geschickt)* abile, agile; **3.** *(munter, lebhaft)* sveglio, vispo.

Flinte ['flıntə] ⟨-, -n⟩ *f* fucile *m,* schioppo *m fam;* **die ~ ins Korn werfen** *fam* abbandonare la lotta, rinunciare, tirarsi indietro.

Flipper ['flıpɐ] ⟨-s, -⟩ *m* flipper *m.*

flippern *itr* giocare a flipper.

Flirt [flœrt *o.* flırt] ⟨-(e)s, -s⟩ *m* flirt *m.*

flirten *itr* flirtare.

Flittchen ['flıtçən] ⟨-s, -⟩ *n fam pej* puttanella *f fam.*

Flitter ['flıtɐ] ⟨-s, -⟩ *m* **1.** *(Pailletten, etc.)* lustrino *m;* **2.** *pej (Tand)* orpello *m.* **Flittergold** *n* orpello *m.* **Flitterwochen** *f pl* luna *f* di miele.

flitzen ['flıtsən] *itr ⟨sein⟩ fam* sfrecciare.

flocht [flɔxt] *1. u. 3. pers sing imp von* **flechten.**

Flocke ['flɔkə] ⟨-, -n⟩ *f* **1.** fiocco *m;* **2.** ⟨*pl*⟩ *sl (Geld)* grana *f sl,* quattrini *m pl fam.* **flockig** *a* fioccoso.

flog [flo:k] *1. u. 3. pers sing imp von* **fliegen.**

floh [flo:] *1. u. 3. pers sing imp von* **fliehen.**

Floh [flo:] ⟨-(e)s, ¨-e⟩ *m* pulce *f;* **jdm einen ~ ins Ohr setzen** mettere una pulce nell'orecchio a qu *fam.* **Flohmarkt** *m* mercato *m* delle pulci. **Flohzirkus** *m* circo *m* delle pulci.

Flor[1] [flo:ɐ̯] ⟨-s, -e⟩ *m (Blumen~)* fioritura *f; (Blumen)* fiori *m pl.*

Flor[2] [flo:ɐ̯] ⟨-s, -e *o. rar* ¨-e⟩ *m* **1.** *(Stoff)* crespo *m,* velo *m;* **2.** *(Trauer~)* velo *m* (da lutto).

Flora ['flo:ra, ...rən] ⟨-, Floren⟩ *f* flora *f.*

Florentiner [florɛn'ti:nɐ] ⟨-s, -⟩ *m* **1.** *(Hut)* cappello *m* di paglia di Firenze; **2.** *gastr* biscotto *m* alla fiorentina.

Florentiner(in) ⟨-s, -⟩ *m(f)* fiorentino, -a *m, f.*

Florenz [flo'rɛnts] *n* Firenze *f.*

Florett [flo'rɛt] ⟨-(e)s, -e⟩ *n* fioretto *m.* **Florettfechten** *n* (scherma *f* col) fioretto *m.*

Florian ['flo:ria:n] *(männlicher Vorname)* Floriano.

florieren [flo'ri:rən] ⟨*ohne ge-*⟩ *itr* fiorire, prosperare.

Floskel ['flɔskəl] ⟨-, -n⟩ *f* frase *f* retorica (*o.* vuota).

floß [flɔs] *1. u. 3. pers sing imp von* **fließen.**

Floß [flo:s] ⟨-es, ⸚e⟩ *n* zattera *f.*

Flosse [ˈflɔsə] ⟨-, -n⟩ **1.** *f zoo, sport* pinna *f; aero* (piano *m*) stabilizzatore *m;* **2.** *sl (Hand)* zampa *f sl;* **3.** ⟨*pl*⟩ *sl (Füße)* piedi *m pl.*

flößen [ˈflø:sən] **I.** *tr* fare fluitare; **II.** *itr* navigare su zattere.

Flößer(in) ⟨-s, -⟩ *m(f)* zatteriere, -a *m, f.*

Flöte [ˈflø:tə] ⟨-, -n⟩ *f* flauto *m.*

flöten *itr* suonare il flauto.

Flötenbläser(in) *m(f)* flautista *mf.* **flöten·gehen** ⟨*irr*⟩ *itr* ⟨*sein*⟩ *fam* andar perduto, andare a farsi friggere *fam.* **Flötenspieler(in)** *m(f),* **Flötist(in)** [fløˈtɪst(ɪn)] ⟨-en, -en⟩ *m(f) s.* **Flötenbläser(in).** **Flötenton** *m:* **jdm die Flötentöne beibringen** *fam* fare una paternale a qu *fam,* insegnare a qu la buona creanza.

flott [flɔt] *a* **1.** *(schnell)* svelto; **2.** *(schick)* chic, carino; **3.** *(lebenslustig)* gaio, spensierato; **4.** *naut* galleggiante; **mach mal ein bißchen ~** *fam* sbrigati!, spicciati!

Flotte [ˈflɔtə] ⟨-, -n⟩ *f* flotta *f.* **Flottenstützpunkt** *m* base *f* navale.

flott·machen *tr (Schiff)* disincagliare; *(Auto)* rimettere a posto (*o.* in condizioni di marcia).

Flöz [flø:ts] ⟨-es, -e⟩ *n* strato *m,* filone *m* orizzontale.

Fluch [flu:x] ⟨-(e)s, ⸚e⟩ *m* **1.** *(Verwünschung, Unheil)* maledizione *f;* **2.** *(Schimpfwort)* bestemmia *f.*

fluchen *itr* bestemmiare, imprecare (*auf* contro).

Flucht [flʊxt] ⟨-, -en⟩ *f* **1.** *(Fliehen)* fuga *f; (Ausbrechen)* evasione *f* (*aus* da); **2.** *arch (Häuser~)* serie *f,* fila *f; (Zimmer~)* fuga *f;* **auf der ~ sein** essere in fuga; **die ~ ergreifen** prendere la fuga; **jdn in die ~ schlagen** mettere qu in fuga. **fluchtartig** *adv* precipitosamente, in fretta e furia *fam.*

flüchten [ˈflʏçtən] *itr* ⟨*sein*⟩ **1.** *(fliehen)* fuggire (*vor* davanti a); **2.** *(a. rfl:* **sich ~**) *(Schutz suchen)* rifugiarsi, trovare scampo.

Fluchthelfer(in) *m(f)* complice *mf* dell'evasione. **Fluchthilfe** *f* complicità *f* dell'evasione.

flüchtig *a* **1.** *(fliehend)* fuggente, fuggitivo; **2.** *(schnell vergehend)* fugace, fuggevole; **3.** *(oberflächlich)* superficiale; *(Eindruck)* vago; *(nachlässig)* impreciso; **4.** *chem* volatile; **etw. ~ lesen** scorrere qc; **ich kenne sie nur ~** la conosco solo superficialmente. **Flüchtigkeit** ⟨-, ø⟩ *f* **1.** *(Schnelligkeit)* velocità *f;* **2.** *(Vergänglichkeit)* fugacità *f;* **3.** *(Oberflächlichkeit)* superficialità *f;* **4.** *(Ungenauigkeit)* imprecisione *f;* **5.** *chem* volatilità *f.* **Flüchtigkeitsfehler** *m* disattenzione *f,* svista *f.*

Flüchtling [ˈflʏçtlɪŋ] ⟨-s, -e⟩ *m* profugo, -a *m, f,* rifugiato, -a *m, f,* fuoriuscito, lüchtlingslager *n* campo *m* (di) profughi.

Fluchtversuch *m* tentativo *m* di fuga. **Fluchtweg** *m* via *f* di scampo.

Flug [flu:k] ⟨-(e)s, ⸚e⟩ *m* volo *m;* **die Zeit verging (wie) im ~(e)** il tempo volò via (*o.* passò come un lampo). **Flugabwehr** *f* (difesa *f*) contraerea *f.* **Flugangst** *f* paura *f* di volare. **Flugbahn** *f aero* traettoria *f* (*o.* linea *f*) di volo; *mil, astr* traettoria *f.* **Flugblatt** *n* volantino *m.* **Flugboot** *n* idrovolante *m* a scafo. **Flugdauer** *f* durata *f* del volo.

Flügel [ˈfly:gəl] ⟨-s, -⟩ *m* **1.** *zoo, aero, sport, pol, mil, arch* ala *f;* **2.** *(Windmühlen~)* pala *f; (Tür-, Fenster~)* battente *m; (Altar~)* sportello *m* (di trittico); **3.** *anat (Lungen~)* lobo *m* polmonare; *(Nasen~)* aletta *f* nasale; **4.** *mus* pianoforte *m* a coda; **jdm die ~ beschneiden** *fig* tarpare le ali a qu; **die ~ hängenlassen** *fam* perdersi d'animo; **mit den ~n schlagen** battere le ali. **Flügelmutter** *f* dado *m* ad alette (*o.* a farfalla). **Flügelschlag** *m* colpo *m* d'ala, batter *m* d'ali. **Flügelschraube** *f* vite *f* ad alette. **Flügeltür** *f* porta *f* a battenti.

Fluggast *m* passeggero *m* (d'aereo).

flügge [ˈflʏgə] *a* atto a (*o.* capace di) volare; **~ werden** *fig* diventare indipendente.

Fluggesellschaft *f* compagnia *f* aerea. **Flughafen** *m* aeroporto *m,* scalo *m* aereo. **Flughöhe** *f* quota *f,* altezza *f* di volo. **Flughörnchen** *n* petauro *m.* **Flugkapitän** *m* capitano *m* pilota. **Fluglehrer(in)** *m(f)* pilota *mf* istruttore, -trice, istruttore, -trice, *m, f* di volo. **Flugleitung** *f* controllo *m* di volo. **Fluglinie** *f* linea *f* aerea, aerolinea *f.* **Fluglotse** *m* controllore *m* di volo. **Flugnetz** *n* rete d'aviazione. **Flugobjekt** *n:* **unbekanntes ~** (*ab* **Ufo, UFO**) ufo *m.* **Flugpersonal** *n* personale *m* navigante. **Flugplan** *m* orario *m* aereo. **Flugplatz** *m* **1.** *(Flugfeld)* campo *m* d'aviazione, aerodromo *m;* **2.** *(Flughafen)* aeroporto *m.* **Flugroute** *f* rotta *f.*

flugs [flʊks] *adv obs* di volata.

Flugsand *m* sabbie *f pl* mobili. **Flugschein** *m* **1.** *(von Pilot)* brevetto *m* di pilota; 2. *(von Passagier)* biglietto *m* aereo. **Flugschneise** *f* corridoio *m* aereo. **Flugschrift** *f* opuscolo *m*, pamphlet *m*. **Flugschule** *f* scuola *f* di volo. **Flugsicherheit** *f* sicurezza *f* di volo. **Flugsicherung** *f* controllo *m* del traffico aereo. **Flugtechnik** *f* tecnica *f* di volo. **Flugverkehr** *m* traffico *m* aereo. **Flugwesen** *n* aviazione *f*, aeronautica *f*. **Flugzeit** *f* durata *f* del volo.

Flugzeug ‹-(e)s, -e› *n* aereo *m*, aeroplano *m*, aviogetto *m*; **ein ~ steuern** pilotare un aereo; **mit dem ~ fliegen** andare (*o.* viaggiare) in aereo. **Flugzeugabsturz** *m* caduta *f* di un aereo. **Flugzeugbau** ‹-(e)s, ø› *m* costruzioni *f pl* aeronautiche. **Flugzeugbesatzung** *f* equipaggio *m* dell'aereo. **Flugzeugentführer(in)** *m(f)* dirottatore, -trice *m*, *f* (di un aereo), pirata *mf* dell'a. **Flugzeugentführung** *f* dirottamento *m* (di un aereo). **Flugzeugfabrik** *f* fabbrica *f* d'aeroplani. **Flugzeugführer(in)** *m(f)* pilota *mf*, aviatore, -trice *m*, *f*. **Flugzeughalle** *f* aviorimessa *f*, hangar *m*. **Flugzeugindustrie** *f* industria *f* aeronautica. **Flugzeugkonstrukteur(in)** *m(f)* costruttore, -trice *m*, *f* di aeroplani. **Flugzeugladung** *f* carico *m* dell'aereo. **Flugzeugmechaniker(in)** *m* meccanico *m* di aeroplani. **Flugzeugmodell** *n* modello *m* d'aereo, aereomodello *m*. **Flugzeugträger** *m* portaerei *f*; **auf einem ~ landen** appontare. **Flugzeugtyp** *m* tipo *m* d'aereo. **Flugzeugunglück** *n* sciagura *f* aerea.

Fluktuation [fluktua'tsio:n] ‹-, -en› *f* fluttuazione *f*.

fluktuieren [...tu'i:rən] ‹*ohne ge-*› *itr* *(schwanken)* oscillare; *(Zahl, Preise)* fluttuare. **Fluktuieren** ‹-s, ø› *n* fluttuazione *f*.

Flunkerei [flʊŋkə'rai] ‹-, -en› *f fam* frottola *f*.

flunkern ['flʊŋkən] *itr fam* raccontar frottole.

Fluor ['flu:ɔr] ‹-s, ø› *n* fluoro *m*.

Fluoreszenz [fluorɛs'tsɛnts] ‹-, ø› *f* fluorescenza *f*.

fluoreszieren [...'tsi:rən] ‹*ohne ge-*› *itr* essere fluorescente. **fluoreszierend** *a* fluorescente.

Flur[1] [flu:ɐ] ‹-, -en› *f poet, geh* campagna *f* (coltivata), campi *m pl*.

Flur[2] [flu:ɐ] ‹-(e)s, -e› *m (Haus~)* ingresso *m*; *(Korridor)* corridoio *m*; *(Treppen~)* pianerottolo *m*.

Flurbereinigung *f* ricomposizione *f* fondiaria. **Flurschaden** *m* danno *m* alle colture.

Fluß [flʊs] ‹Flusses, Flüsse› *m* 1. *(Gewässer)* fiume *m*; 2. *(Fließen)* scorrere *m*; 3. *fig, med, phys* flusso *m*; **wieder in ~ bringen** attivare, mettere in movimento; **in ~ kommen** mettersi in moto, ricominciare; **im ~ sein** essere nel vago. **flußabwärts** [-'ʔapvɛrts] *adv* a valle. **Flußarm** *m* braccio *m* (*o.* ramo *m*) di fiume. **flußaufwärts** [-'ʔaufvɛrts] *adv* a monte. **Flußbett** *n* letto *m* (*o.* alveo *m*) di fiume. **Flußdiagramm** *n* diagramma *m* di flusso. **Flußfisch** *m* pesce *m* di fiume (*o.* d'acqua dolce).

flüssig ['flʏsɪç] *a* 1. *allg., fin* liquido; *(Stil)* fluido; 2. *(geschmolzen, bes. Metall)* fuso; **~ machen** *(schmelzen)* liquefare; **ich bin im Moment nicht ~** al momento non ho soldi. **Flüssigkeit** ‹-, -en› *f* 1. *(Stoff)* liquido *m*; 2. *(Zustand)* fluidità *f*. **flüssigmachen** *tr* rendere disponibile, mobilitare.

Flußkrebs *m* gambero *m* di fiume. **Flußlauf** *m* corso *m* del fiume. **Flußpferd** *n* ippopotamo *m*. **Flußregulierung** *f* regolazione *f* dei fiumi. **Flußschiffahrt** *f* navigazione *f* fluviale. **Flußspat** *m* fluorite *f*, spato *m* di fluoro. **Flußufer** *n* riva *f* del fiume.

flüstern ['flʏstən] *tr, itr* bisbigliare, sussurrare; **jdm etw. ins Ohr ~** bisbigliare a qu qc nell'orecchio; **das kann ich dir ~!** *fam* puoi fidarti! *fam;* **dem werd' ich was ~!** *sl* gliene dirò quattro! *fam.* **Flüsterpropaganda** *f* propaganda *f* in sordina.

Flut [flu:t] ‹-, -en› *f* 1. *(Gezeitenstand)* alta marea *f*, marea *f* montante; 2. ‹*pl*› *(Wassermassen)* acque *f pl*, flutti *m pl;* 3. *fig (Menge)* diluvio *m*, torrente *m*, marea *f*; *(von Tränen, Worten)* torrente *m*, diluvio *m*; *(von Leuten)* fiumana *f*; **eine ~ von Briefen/Anrufen/Blumen** una valanga di lettere/telefonate/una marea di fiori; **es ist ~** c'è l'alta marea.

fluten I. *itr* ‹*sein*› *geh* scorrere (*in* in); *(a. fig)* inondare (*in* etw. qc); II. *tr* ‹*haben*› *naut* inondare.

Flutlicht *n* luce *f* a largo fascio luminoso (*o.* da proiettori). **Flutwelle** *f* onda *f* di alta marea.

fm *ab von* **Festmeter** mc (*ab von* metro cubo).

focht [fɔxt] *1. u. 3. pers sing imp von* **fechten.**

Föderalismus [fødera'lɪsmʊs] ‹-, ø› *m pol* federalismo *m*.

föderalistisch [...'lɪstɪʃ] *a* federalistico, federativo.
fohlen ['fo:lən] *itr* figliare.
Fohlen ⟨-s, -⟩ *n* puledro, -a *m, f; (Stuten~ a.)* cavallina *f.*
Föhn [fø:n] ⟨-(e)s, -e⟩ *m* föhn *m.*
Föhre ['fø:rə] ⟨-, -n⟩ *f* pino *m* silvestre.

Folge ['fɔlgə] ⟨-, -n⟩ *f* **1.** *(Ergebnis)* seguito *m,* conseguenza *f,* risultato *m;* **2.** *(Wirkung)* effetto *m;* **3.** *(Reihen~, Ab~)* successione *f,* serie *f;* **4.** *TV, radio (von Sendung)* puntata *f; (von Zeitschrift: Nummer)* numero *m;* **in der ~** in seguito, successivamente; **etw. zur ~ haben** avere come conseguenza; **~n haben** avere un seguito; **einer S. ~ leisten** *geh* seguire qc; **er starb an den ~n des Unfalls** morì per le conseguenze dell'incidente. **Folgeerscheinung** *f* effetto *m,* conseguenza *f.*
folgen *itr* **1.** ⟨*sein*⟩ *(a. fig: geistig)* seguire (*jdm* qu, *einer S.* qc); *(zeitlich)* venire dopo (*auf etw.* qc); **2.** ⟨*haben*⟩ *(gehorchen)* ubbidire; **3.** ⟨*haben*⟩ *(resultieren)* risultare (*aus* da); **jdm auf Schritt und Tritt ~** seguire qu passo passo *fam;* **daraus folgt, daß ...** ne segue che ...; **wie folgt** come segue; **Fortsetzung folgt** continua. **folgend** *a* seguente, successivo; **~es** quanto segue, le cose seguenti; **er schreibt ~es** ecco ciò che scrive; **im ~en** in seguito. **folgendermaßen, folgenderweise** *adv* nel modo seguente.
folgenlos *a* senza conseguenze; **~ bleiben** restare senza effetto. **folgenschwer** *a* grave, gravido di conseguenze.
folgerichtig *a* conseguente, logico. **Folgerichtigkeit** *f* conseguenza *f,* logicità *f.*
folgern *tr* dedurre (*aus* da), concludere (*aus* da).
Folgerung ⟨-, -en⟩ *f* conclusione *f* (*aus* da), deduzione *f* (*aus* da); **die ~ aus etw. ziehen** trarre la conclusione da qc.
Folgezeit *f:* **in der ~** successivamente, in seguito.
folglich *adv* per conseguenza, perciò; *(also)* quindi.
folgsam *a* ubbidiente, docile. **Folgsamkeit** ⟨-, ø⟩ *f* ubbidienza *f,* docilità *f.*
Foliant [fo'li̯ant] ⟨-en, -en⟩ *m* (volume *m*) in-folio *m.*
Folie ['fo:li̯ə] ⟨-, -n⟩ *f* (s)foglio *m,* lamina *f.*
Folio ['fo:li̯o, ...i̯os *o.* ...i̯ən] ⟨-s, -s *o.* Folien⟩ *n* foglio *m.*

Folklore [fɔlk'lo:rə *o.* 'fɔlk...] ⟨-, ø⟩ *f* folclore *m.*
folkloristisch [...'rɪstɪʃ] *a* folcloristico.
Folter ['fɔltɐ] ⟨-, -n⟩ *f* **1.** *(~bank)* cavalletto *m* di tortura; **2.** *(Folterung)* tortura *f; fig* supplizio *m,* tormento *m;* **jdn auf die ~ spannen** mettere qu alla tortura, far stare qu sulle spine *fam.*
foltern *tr* torturare.
Folterung ⟨-, -en⟩ *f* tortura *f.*
Fön® [fø:n] ⟨-(e)s, -e⟩ *m* asciugacapelli *m,* fon *m.*
Fonds [fõ:, fõ:s] ⟨-, -⟩ *m* fondo *m,* capitale *m.*
Fondue [fõ'dy:] ⟨-s, -s⟩ *n o.* ⟨-, -s⟩ *f* fonduta *f.*
Fönfestiger *m* fissativo *m* per il fon.
Fontäne [fɔn'tɛ:nə] ⟨-, -n⟩ *f* fontana *f* zampillante; zampillo *m.*
foppen ['fɔpən] *tr* schernire, beffare, prendersi gioco di.
forcieren [fɔr'si:rən] ⟨*ohne ge-*⟩ *tr* forzare.
Förderband ⟨-(e)s, ⸚er⟩ *n* nastro *m* trasportatore.
Förderer ⟨-s, -⟩ *m,* **Förderin** *f* promotore, -trice *m, f,* fautore, -trice *m, f.*
Förderkorb *m* gabbia *f* d'estrazione. **Förderkurs** *m* corso *m* di perfezionamento. **Förderleistung** *f* produzione *f* di una miniera.
förderlich *a* propizio, favorevole; *(nützlich)* utile.
fordern ['fɔrdɐn] *tr* **1.** *(verlangen)* (ri)chiedere, domandare; *(Anspruch erheben auf)* rivendicare; **2.** *(er~)* esigere; **3.** *sport* invitare, sfidare; *(zum Duell)* sfidare; **von jdm Genugtuung/Rechenschaft ~** chiedere soddisfazione/ragione (*o.* conto) a qu; **viele Opfer ~** costare molte vittime.
fördern ['fœrdɐn] *tr* **1.** *(weiterbringen, unterstützen)* aiutare a progredire, promuovere, favorire, incrementare; **2.** *min* estrarre.
Förderschacht *m* pozzo *m* d'estrazione. **Förderturm** *m* torre *f* d'estrazione.
Forderung ⟨-, -en⟩ *f* **1.** *(Verlangen)* domanda *f* (*nach* di), richiesta *f* (*nach* di); **2.** *(Anspruch)* pretesa *f* (*auf* di); **3.** *com* credito *m;* **4.** *(Heraus~ zum Duell)* sfida *f;* **eine ~ erheben** (*o.* **geltend machen**) far valere una pretesa; **eine ~ erfüllen** soddisfare una domanda; **hohe ~en an jdn stellen** esigere molto da qu.
Förderung ⟨-, -en⟩ *f* **1.** *(Voranbringen)* promozione *f,* incremento *m; (Unterstützung)* sostegno *m,* incoraggiamento *m;* **2.** *min* estrazione *f.*

Förderwagen *m* carrello *m* da miniera.

Forelle [fo'rɛlə] ‹-, -n› *f* trota *f;* **~ blau** trota lessa (*o.* al blu).

Form [fɔrm] ‹-, -en› *f* **1.** *allg.* forma *f;* **2.** *tec* modello *m,* stampo *m;* **in ~** in forma; **(feste) ~(en) annehmen** prender corpo; **gefährliche ~en annehmen** prendere una piega pericolosa; **einer S. ~ geben** dare forma a qc; **die ~en verletzen** offendere la buona forma; **die ~ wahren** salvare le apparenze; **in aller ~** con tutte le regole; **in ~ von ...** in (*o.* a *o.* sotto) forma di ...

formal [fɔr'ma:l] *a* formale.

Formalität [...mali'tɛ:t] ‹-, -en› *f* formalità *f;* **die ~en erledigen** sbrigare le formalità.

Format [fɔr'ma:t] ‹-(e)s, -e› *n* **1.** *(Bild~, Buch~, etc.)* formato *m;* **2.** *typ* sesto *m;* **3.** *fig* statura *f,* levatura *f;* **ein Mann von ~** un uomo di gran levatura (*o.* di rilievo).

Formation [fɔrma'ts̯io:n] ‹-, -en› *f* formazione *f.*

formbar *a* plasmabile. **Formbarkeit** ‹-, ø› *f* plasmabilità *f.* **formbeständig** *a* indeformabile. **Formblatt** *n* modulo *m.*

Formel ['fɔrməl] ‹-, -n› *f* formula *f;* **etw. auf eine ~ bringen** ridurre qc a una formula. **formelhaft** *a* stereotipato.

formell [fɔr'mɛl] *a (Sache)* formale; *(Person)* formalista; **er ist immer sehr ~** è sempre molto formale.

formen *tr* formare; modellare, plasmare.

Formenlehre *f* **1.** *ling* morfologia *f;* **2.** *mus* composizione *f.* **formenreich** *a* ricco di forme, multiforme.

Former(in) ‹-s, -› *m(f)* formatore, -trice *m, f,* modellatore, -trice *m, f.*

Formfehler *m* errore *m* (*o. jur* vizio *m*) di forma.

formieren [fɔr'mi:rən] ‹*ohne ge-*› *tr* formare; *mil* schierare.

Formierung ‹-, -en› *f* formazione *f.*

förmlich ['fœrmlɪç] **I.** *a* **1.** *(in den gehörigen Formen)* formale, fatto con tutte le regole; **2.** *(steif)* formalistico; **3.** *(feierlich)* solenne; **4.** *(regelrecht, wirklich)* vero e proprio; **II.** *adv (fast)* addirittura, letteralmente. **Förmlichkeit** ‹-, -en› *f* formalità *f;* **ohne ~en** senza cerimonie.

formlos *a* **1.** *(unförmig)* informe; **2.** *(zwanglos)* non formale; senza cerimonie; **ein ~er Antrag** una richiesta non formale. **Formsache** *f* questione *f* di forma, formalità *f.* **Formtief** *n* cattiva forma *f.*

Formular [fɔrmu'la:ɐ̯] ‹-s, -e› *n* modulo *m,* formulario *m;* **ein ~ ausfüllen** riempire un modulo.

formulieren [...'li:rən] ‹*ohne ge-*› *tr* formulare; *(ausdrücken)* esprimere.

Formulierung ‹-, -en› *f* formulazione *f.*

Formung ‹-, -en› *f* **1.** *(das Formen)* formare *m,* formatura *f;* **2.** *(Form)* forma *f.*

formvollendet *a* di forma perfetta.

forsch [fɔrʃ] *a (mutig)* audace; *(resolut)* risoluto; *(energisch)* energico.

forschen ['fɔrʃən] *itr* ricercare (*nach etw.* qc), indagare (*nach etw.* qc), fare indagini (*nach etw.* su qc).

Forscher(in) ‹-s, -› *m(f)* ricercatore, -trice *m, f,* investigatore, -trice *m, f;* *(Gelehrter)* studioso *m,* scienziato *m.*

Forschung ‹-, -en› *f* indagine *f,* ricerca *f.* **Forschungsanstalt** *f* istituto *m* di ricerche. **Forschungsauftrag** *m* incarico *m* di ricerca. **Forschungsbericht** *m* relazione *f* di ricerca. **Forschungsgemeinschaft** *f* gruppo *m* di ricerca. **Forschungsreise** *f* viaggio *m* di esplorazione. **Forschungssatellit** *m* satellite *m* scientifico. **Forschungssemester** *n* semestre *m* di ricerca. **Forschungsstation** *f* stazione *f* di ricerche. **Forschungszentrum** *n* centro *m* di ricerche.

Forst [fɔrst] ‹-(e)s, -e(n)› *m* foresta *f.* **Forstamt** *n* ufficio *m* forestale. **Forstaufseher(in)** *m(f)* ispettore, -trice *m, f* forestale. **Forstbeamte** *m,* **-beamtin** *f* guardia *f* forestale.

Förster(in) ['fœrstɐ (...ərɪn)] ‹-s, -› *m(f)* guardaboschi *mf.*

Forstfrevel *m* reato *m* forestale. **Forsthaus** *m* casa *f* del guardaboschi. **Forstwirt(in)** *m(f)* selvicoltore, -trice *m, f.* **Forstwirtschaft** *f* selvicoltura *f.*

fort [fɔrt] *adv* **1.** *(weg)* via; **2.** *(verschwunden)* perduto; **in einem ~** ininterrottamente; **und so ~** e così via; **~ (mit dir)!** vattene!

Fort [fo:ɐ̯] ‹-s, -s› *n* forte *m.*

Fortbestand ['fɔrt-] *m* continuità *f,* continuazione *f,* ulteriore durata *f.*

fort·bestehen ‹*irr, ohne ge-*› *itr* continuare ad esistere (*o.* a sussistere).

fort·bewegen ‹*ohne ge-*› **I.** *tr* rimuovere, spostare; **II.** *rfl:* **sich ~** muoversi, avanzare.

Fortbewegung *f* avanzamento *m.*

fort·bilden **I.** *tr* perfezionare; **II.** *rfl:* **sich ~** perfezionarsi.

Fortbildung *f* aggiornamento *m,* perfezionamento *m.* **Fortbildungskurs** *m* corso *m* di perfezionamento. **Fortbildungsseminar** *n* seminario *m* di aggiornamento.

fort·bringen ‹*irr*› *tr* **1.** *(wegbringen)* portar via; **2.** *(bewegen)* rimuovere, allontanare.

Fortdauer *f* continuità *f,* durata *f.*

fort·dauern *itr* continuare, durare.

fort·entwickeln ‹*ohne ge-*› **I.** *tr* sviluppare; **II.** *rfl:* **sich ~** svilupparsi (*zu etw.* in qc), diventare (*zu etw.* qc).

Fortentwicklung *f* sviluppo *m,* evoluzione *f.*

fort·fahren ‹*irr*› **I.** *itr* **1.** ‹*sein*› *(wegfahren)* partire; **2.** ‹*haben o. sein*› *(weitermachen)* continuare (*mit etw.* qc, *etw. zu tun* a fare qc), proseguire (*mit etw.* qc, *etw. zu tun* a fare qc); **in seiner Rede ~** continuare il discorso; **II.** *tr* ‹*haben*› portar via.

Fortfall *m* **1.** *(Wegfall)* cessazione *f;* **2.** *(Abschaffung)* eliminazione *f.*

fort·fallen ‹*irr*› *itr* ‹*sein*› **1.** *(wegfallen)* cadere; cessare; **2.** *(abgeschafft werden)* essere soppresso.

fort·fliegen ‹*irr*› *itr* ‹*sein*› volare via.

fort·führen I. *tr* **1.** *(fortsetzen)* continuare, proseguire; **2.** *(wegführen)* condurre via; **II.** *itr* continuare.

Fortführung *f* continuazione *f.*

Fortgang *m* **1.** *(Weggang)* partenza *f;* **2.** *fig (Verlauf)* sviluppo *m;* **seinen ~ nehmen** continuare, proseguire.

fort·gehen ‹*irr*› *itr* ‹*sein*› **1.** *(weggehen)* andarsene; **2.** *(andauern)* durare, continuare.

fortgeschritten *a fig* progredito, avanzato; **Kurs für F~e** corso superiore; **zu ~er Stunde** tardi, a tarda ora.

fortgesetzt *a* continuo, continuato.

fort·jagen I. *tr* ‹*haben*› cacciare via (*aus, von* da); **II.** *itr* ‹*sein*› correr via.

fort·kommen ‹*irr*› *itr* ‹*sein*› **1.** *(wegkommen)* andar via; *(weggebracht werden)* essere portato via; **2.** *(vorwärtskommen)* avanzare; *fig (weiterkommen)* progredire, far carriera; **3.** *(abhanden kommen)* andare smarrito; **machen Sie, daß Sie ~!** se ne vada! **Fortkommen** *n* **1.** *(Weiterkommen)* avanzamento *m; fig (Laufbahn)* carriera *f;* **2.** *(Lebensunterhalt)* sostentamento *m.*

fort·laufen ‹*irr*› *itr* ‹*sein*› **1.** *(weglaufen)* correr via; *(entlaufen)* scappare; **2.** *(sich fortsetzen)* susseguirsi, succedersi. **fortlaufend** *a* continuo; **~ numerieren** numerare progressivamente.

fort·leben *itr* sopravvivere.

fort·pflanzen *rfl:* **sich ~ 1.** *biol* riprodursi; **2.** *phys, fig* propagarsi.

Fortpflanzung *f* riproduzione *f.* **fortpflanzungsfähig** *a* riproduttivo. **Fortpflanzungsfähigkeit** *f* capacità *f* riproduttiva.

fort·räumen *tr* rimuovere.

fort·schaffen *tr* portare via, evacuare.

fort·schicken *tr (Personen)* mandare via; *(Dinge)* spedire.

fort·schreiten ‹*irr*› *itr* ‹*sein*› avanzare, progredire. **fortschreitend** *a* progressivo.

Fortschritt *m* progresso *m,* sviluppo *m;* **~e machen** fare progressi, progredire. **fortschrittlich** *a (Mensch)* progressista; *(Dinge)* progressivo. **Fortschrittlichkeit** ‹-, ø› *f* progressismo *m.*

fort·setzen *tr* continuare, proseguire.

Fortsetzung ‹-, -en› *f* **1.** *(Vorgang)* continuazione *f;* **2.** *(Ergebnis)* puntata *f,* seguito *m;* **in ~en** a puntate; **~ folgt** continua. **Fortsetzungsroman** *m* romanzo *m* a puntate.

fortwährend I. *a* continuo, ininterrotto; **II.** *adv* continuamente.

fort·werfen ‹*irr*› *tr* buttare (*o.* gettare) via.

fossil [fɔ'si:l] *a* fossile. **Fossil** [fɔ'si:l, -i̯ən] ‹-s, -ien› *n* fossile *m.*

Föten *pl von* **Fötus.**

Foto¹ ['fo:to] ‹-s, -s› *n (~grafie)* foto *f.*

Foto² ['fo:to] ‹-s, -s› *m (~apparat)* macchina *f* fotografica.

Fotoalbum *n* album *m* di fotografie. **Fotoamateur(in)** *m(f)* fotoamatore, -trice *m, f.* **Fotoapparat** *m* macchina *f* fotografica. **Fotoatelier** *n* studio *m* fotografico.

fotogen [foto'ge:n] *a* fotogenico.

Fotograf(in) [foto'gra:f(ɪn)] ‹-en, -en› *m(f)* fotografo, -a *m, f.*

Fotografie [fotogra'fi:, ...i:ən] ‹-, -n› *f* fotografia *f.*

fotografieren [...'fi:rən] ‹*ohne ge-*› *tr, itr* fotografare; **sich ~ lassen** farsi fotografare.

Fotografin *f s.* **Fotograf.**

fotografisch *a* fotografico.

Fotokopie [fotoko'pi:, ...i:ən] *f* fotocopia *f.*

fotokopieren [...'pi:rən] ‹*ohne ge-*› *tr* fare una fotocopia di, fotocopiare.

Fotolabor *n* laboratorio *m* fotografico. **Fotomodell** *n* fotomodella *f.* **Fotomontage** *f* fotomontaggio *m.*

Fötus ['fø:tʊs, ...tʊsə *o.* ...tən] ‹- *o.* -ses, -se *o.* Föten› *m* feto *m.*

Fr. *ab von* **Frau** Sig.ra (*ab von* Signora).

Fracht [fraxt] ‹-, -en› *f* **1.** *(Ladung)* carico *m;* **2.** *(~gebühr)* porto *m; naut* nolo *m.* **Frachtbrief** *m* lettera *f* di vettura; *naut* polizza *f* di carico.

Frachter ‹-s, -› *m* nave *f* da carico.

Frachtflugzeug *n* aereo *m* da trasporto. **frachtfrei** *a* franco di porto. **Frachtgut** *n* merce *f* a piccola velocità; **als ~ schicken** spedire a piccola velocità. **Frachtkahn** *m* chiatta *f* da carico. **Frachtkosten** ‹*pl*› spese *f pl* di trasporto. **Frachtraum** *m* volume *m* utile per il carico. **Frachtschiff** *n s.* **Frachter. Frachtstück** *n* collo *m.* **Frachtverkehr** *m* movimento *m* di merci.

Frack [frak] ‹-(e)s, ⸚e *o.* -s› *m* frac *m.*

Frage ['fra:gə] ‹-, -n› *f* **1.** domanda *f; (bes. gram)* interrogazione *f;* **2.** *(Problem, Angelegenheit)* problema *m,* questione *f;* **ohne ~** senza dubbio, certamente; **eine ~ beantworten/stellen** rispondere a/fare (*o.* porre) una domanda; **die ~ bejahen/verneinen** rispondere affermativamente/negativamente alla domanda; **jdn mit ~en bestürmen** tempestare qu di domande; **in ~ kommen** essere preso in considerazione; **etw. in ~ stellen** mettere qc in dubbio (*o.* in forse); **das ist die ~** è questa la questione; **das ist noch die ~** questo è ancora dubbio; **das kommt (überhaupt) nicht in ~!** non se ne parla nemmeno *fam,* nemmeno per sogno *fam* (*o.* idea *fam*); **das steht außer ~** su questo non c'è dubbio, è fuori discussione; **dumme ~!** sciocca domanda!; **das ist eine andere ~** questa è un'altra questione; **es ist nur eine ~ der Zeit, ob ...** è solo (una) questione di tempo se ... **Fragebogen** *m* questionario *m.* **Fragebogenaktion** *f* inchiesta *f* con questionari.

fragen I. *tr* **1.** domandare (*jdn nach etw.* qc a qu), chiedere (*jdn nach etw.* qc a qu); **2.** *(be~)* interrogare; **da fragst du mich zuviel!** *fam* mi chiedi troppo!; **darf ich Sie etw. ~?** posso farLe una domanda?; **jdn nach dem Weg ~** domandare la strada a qu; **II.** *itr* domandare, chiedere, porre (*o.* fare) domande; **da fragst du noch?** e domandi ancora?; **III.** *rfl:* **sich ~** domandarsi, chiedersi; **da fragt man sich doch wirklich, ob/wie/woher/wo ...** ci si domanda (*o.* chiede) veramente se/come/da dove/dove ...; **es fragt sich, ob ...** si tratta di vedere se ...

Fragerei [fra:gə'rai̯] ‹-, -en› *f pej* mania *f* di far domande, domande *f pl* continue.

Fragesatz *m* (proposizione *f*) interrogativa *f.* **Fragestellung** *f* **1.** *(Formulierung)* formulazione *f* della domanda; **2.** *(Frage, Problem)* problematica *f.* **Fragezeichen** *n* punto *m* interrogativo.

fraglich *a* **1.** *(in Frage kommend)* in questione; **2.** *(ungewiß)* dubbio, incerto; *(zweifelhaft)* discutibile, problematico.

fraglos *adv* indubbiamente, senza dubbi.

Fragment [fra'gmɛnt] ‹-(e)s, -e› *n* frammento *m.*

fragmentarisch [...'ta:rɪʃ] *a* frammentario.

fragwürdig *a* dubbio, problematico.

Fraktion [frak'ts̮io:n] ‹-, -en› *f* frazione *f,* gruppo *m* parlamentare. **Fraktionsführer(in)** *m(f)* capo *m* di un gruppo parlamentare.

frank [fraŋk] *adv:* **~ und frei** chiaro e tondo *fam,* francamente.

Frank [fraŋk] *(männlicher Vorname)* Franco.

Franke ['fraŋkə] ‹-n, -n› *m,* **Fränkin** ['frɛŋkɪn] *f* francone *mf; hist* franco, -a *m, f.*

Franken¹ ['fraŋkən] *n geog* Franconia *f.*

Franken² ['fraŋkən] ‹-s, -› *m (schweizerische Währungseinheit)* franco *m* svizzero.

Frankfurt ['fraŋkfurt] *n* Francoforte *f;* **~ am Main** Francoforte sul Meno; **~ an der Oder** Francoforte sull'Oder.

frankieren [fraŋ'ki:rən] ‹*ohne ge-*› *tr* affrancare.

Frankierung ‹-, ø› *f* (af)francatura *f.*

Fränkin *f s.* **Franke.**

fränkisch ['frɛŋkɪʃ] *a* della Franconia; *hist* franco.

franko ['fraŋko] *adv* franco (di porto).

Frankreich ['fraŋkrai̯ç] *n* Francia *f.*

Franse ['franzə] ‹-, -n› *f* frangia *f.* **fransig** *a* **1.** *(mit Fransen)* frangiato; **2.** *(ausgefranst)* sfilacciato.

Franz [frants̮] *(männlicher Vorname)* Francesco.

Franziska [fran'ts̮ɪska] *(weiblicher Vorname)* Francesca *f.*

Franzose [fran'ts̮o:zə] ‹-n, -n› *m,* **Französin** [...'ts̮ø:zɪn] *f* francese *mf.*

französisch I. *a* francese; **die ~e Schweiz** la Svizzera francese; **~es Bett** letto ad una piazza e mezza; **II.** *adv* **1.** *gastr* alla francese; **2.** *ling* in francese; **sich (auf) ~ empfehlen** (*o.* **Abschied nehmen**) filare all'inglese. **französischsprechend** *a* francofono.

fräsen ['frɛ:zən] *tr* fresare. **Fräsmaschine** *f* fresatrice *f*.

fraß [fra:s] *1. u. 3. pers sing imp von* **fressen.**

Fraß [fra:s] ‹-es, ø› *m fam pej* roba *f* da porci *fam*, porcheria *f fam*.

Fratze ['fratsə] ‹-, -n› *f* **1.** *(häßliches Gesicht)* grinta *f;* **2.** *(Grimasse)* smorfia *f;* **~n schneiden** fare smorfie.

Frau [frau] ‹-, -en› *f* (*ab* **Fr.**) **1.** donna *f;* **2.** *(Ehe~)* moglie *f;* **3.** *(Anrede)* signora *f;* **meine/Ihre ~** mia/Sua moglie; **Ihre ~ Gemahlin** *geh* la Sua consorte *geh*, la Sua signora; **~ X** la signora X; *(Anrede)* signora X; **Ihre ~ Mutter** *geh* la Sua signora madre *geh, obs;* **gnädige ~** gentile signora; **jdn zur ~ nehmen** prendere qu in moglie; **~ Doktor/Direktor X** (signora) dottoressa/direttrice.

Frauchen ['frauçən] ‹-s, -› *n (von Hund, etc.)* padrona *f*.

Frauenarzt *m*, **-ärztin** *f* ginecologo, -a *m, f*. **Frauenbewegung** *f* movimento *m* di liberazione della donna. **frauenfeindlich** *a* misogino. **Frauenfrage** *f* questione *f* femminile. **Frauenhaus** *n* casa *f* per le donne maltrattate. **Frauenheld** *m* dongiovanni *m*. **Frauenklinik** *f* clinica *f* ginecologica. **Frauenrechtler(in)** ‹-s, -› *m(f)* femminista *mf*. **Frauenwahlrecht** *n* diritto *m* di voto della donna. **Frauenzeitschrift** *f* rivista *f* femminile. **Frauenzimmer** *n (meist pej)* donna *f*, donnetta *f pej*.

Fräulein ['frɔylain] ‹-s, -› *n* (*ab* **Frl.**) signorina *f;* **~ X** la signorina X; *(Anrede)* signorina X; **gnädiges ~** gentile signorina; **Ihr ~ Tochter** *geh* Sua figlia; **~, bitte zahlen!** signorina, il conto per favore!

fraulich *a* femminile, da donna.

frdl. *ab von* **freundlich** gent. (*ab von* gentile).

frech [frɛç] *a* impertinente, sfacciato, insolente; **~ wie Dreck** (*o.* **Oskar**) *fam* molto sfacciato. **Frechdachs** *m fam* sfacciato *m*, facciatosta *f fam*. **Frechheit** ‹-, -en› *f* sfacciataggine *f*, insolenza *f*, impertinenza *f*, impudenza *f;* **die ~ besitzen zu ...** avere la sfacciataggine di ...; **so eine ~!** che sfacciataggine!

Fregatte [fre'gatə] ‹-, -n› *f* fregata *f*. **Fregattenkapitän** *m* capitano *m* di fregata.

frei [frai] **I.** *a* **1.** *allg.* libero (*von* da); *(in Freiheit)* in libertà; **2.** *(unabhängig)* indipendente; **3.** *(befreit)* esente (*von* da); *(von Sorgen)* privo (*von* di); **4.** *(offen, unbedeckt)* aperto; *(Gebiet)* inoccupato; **5.** *(verfügbar)* disponibile; *(Arbeitsplatz)* vacante; **6.** *(kostenlos)* gratuito; **7.** *(Ansichten, Kunst)* liberale; *(Benehmen)* disinvolto; **8.** *(~mütig, offen)* franco, aperto; **~ nach Schiller** tratto liberamente da Schiller; **(die) ~e Wahl haben** avere libera scelta; **~en Zutritt haben** avere libero ingresso; **~ lassen** *(nicht beschreiben)* lasciare in bianco; **sich ~ machen** *(ausziehen)* svestirsi, spogliarsi; *(von Idee, Vorstellung, etc.)* liberarsi (*von* da); **~ stehen** *(Fußball)* essere smarcato; **~ werden** *(Energie, etc.)* liberarsi; **ich bin so ~!** permette?; **haben Sie noch ein Zimmer ~?** ha ancora una camera libera?; **ein ~es Leben führen** fare (*o.* condurre) una vita indipendente; **~er Schriftsteller/Journalist** libero scrittore/giornalista; **~er Mitarbeiter** libero collaboratore; **~er Tag** giornata libera (*o.* di congedo); **jdm ~e Hand lassen** dare carta bianca a qu, lasciare mano libera a qu; **unter ~em Himmel** all'aperto; **auf ~er Strecke** in aperta campagna; **jdn auf ~en Fuß setzen** mettere qu in libertà; **ich habe erst um 3 Uhr ~** prima delle 3 non sono libero; **sie hat sehr ~e Ansichten** ha idee molto libere; **Verzeihung, ist der Stuhl noch ~?** mi scusi, è ancora libera questa sedia?; **wir liefern ~ Haus** consegnamo franco domicilio; **~e Marktwirtschaft** libera economia di mercato.

Freibad *n* piscina *f* all'aperto. **freiberuflich** *a, adv:* **~ tätig sein** esercitare una libera professione, fare il libero professionista. **Freibetrag** *m* reddito *m* non imponibile. **Freibier** *n* birra *f* gratis. **freibleibend I.** *a com* non impegnativo; **II.** *adv* senza impegno. **Freibrief** *m fig:* **kein ~ für etw. sein** non essere una buona ragione per qc.

Freiburg ['fraiburk] *(in Deutschland u. der Schweiz)* Friburgo *f*.

Freidenker(in) *m(f)* libero, -a pensatore, -trice *m, f*.

Freie ‹ein -s, -n, ø› *n:* **im ~en** all'aperto; **im ~n schlafen** dormire all'addiaccio.

Freier ‹-s, -› *m* **1.** *obs* corteggiatore *m*, ammiratore *m;* **2.** *sl (von Prostituierter)* cliente *m*.

Freiexemplar *n* copia *f* gratuita (*o.* in omaggio). **Freifahrt** *f* viaggio *m* gratuito. **frei·geben** ‹*irr*› **I.** *tr* **1.** *(Gefangene)* (ri)mettere in libertà, rilasciare; *fig (Ehepartner, etc.)* lasciare libero, sciogliere da un legame; **2.** *(Eigentum)* liberare, sbloccare; **3.** *(Film)* lasciar passare, approvare; **für den Verkehr ~** aprire al traffico; **II.** *itr:* **jdm ~** lasciare libero qu. **freigebig** *a* liberale, generoso; **sehr ~** munifico; **mit etw. sehr ~ sein** non lesinare qc. **Freigebigkeit** ⟨-, -en⟩ *f* liberalità *f,* generosità *f;* **große ~** munificenza *f.* **Freigeist** *m* libero pensatore *m.* **Freigelassene** ⟨ein -r, -n, -n⟩ *mf hist* liberto, -a *m, f.* **Freigepäck** *n* bagaglio *m* in franchigia. **Freigrenze** *f fin* limite *m* imponibile. **frei·haben** ⟨*irr*⟩ *itr (bei Arbeit)* esser libero, non lavorare; *(in Schule)* non aver scuola. **Freihafen** *m* porto *m* franco. **frei·halten** ⟨*irr*⟩ **I.** *tr* **1.** *(Einfahrt, etc.)* lasciare libero (*o.* sgombro); *(Stuhl, Platz)* tenere libero, riservare; **2.** *(jds Zeche bezahlen)* pagare per; **II.** *rfl:* **sich ~** *(von Verpflichtung, etc.)* tenersi libero (*von* da); *(von Vorurteil, etc.)* essere libero (*von* da).

Freiheit ⟨-, -en⟩ *f* libertà *f;* **dichterische ~** libertà poetica; **~, Gleichheit, Brüderlichkeit** libertà, uguaglianza, fratellanza; **jdm die ~ schenken** concedere la libertà a qu; **jdm volle ~ lassen** lasciare a qu completa libertà; **jdn in ~ setzen** mettere qu in libertà; **jdn seiner ~ berauben** togliere la libertà a qu; **sich** *(dat)* **die ~ nehmen, etw. zu tun** prendersi la libertà di fare qc. **freiheitlich** *a* liberale. **Freiheitsberaubung** ⟨-, -en⟩ *f* privazione *f* della libertà personale. **Freiheitsdrang** *m* desiderio *m* ardente di libertà. **Freiheitskrieg** *m* guerra *f* d'indipendenza. **Freiheitsstrafe** *f* pena *f* detentiva; **zu einer ~ von zehn Jahren verurteilt werden** venire condannato ad una pena detentiva di dieci anni.

Freikarte *f* biglietto *m* gratuito. **frei·kaufen** *tr* riscattare. **Freikörperkultur** *f* (*ab* **FKK**) nudismo *m.* **Freilandgemüse** *n* verdura *f* in pieno campo. **frei·lassen** ⟨*irr*⟩ *tr* (ri)mettere in libertà, rilasciare (*aus* da). **Freilassung** ⟨-, -en⟩ *f* liberazione *f,* rilascio *m.* **Freilauf** *m* ruota *f* libera. **frei·legen** *tr allg.* mettere allo scoperto (*o.* a nudo); *(bei Ausgrabungen)* esumare. **Freileitung** *f* linea *f* aerea.

freilich *adv* **1.** *(allerdings)* a dire il vero, è vero che; *(einschränkend)* però; **2.** *(selbstverständlich)* certo, naturalmente; **~!** certo!; **~ hat er gestern noch geschlafen** certo, ieri dormiva ancora.

Freilichtbühne *f,* **-theater** *n* teatro *m* all'aperto. **Freilos** *n* biglietto *m* di lotteria gratuito. **frei·machen I.** *tr* **1.** *(frankieren)* affrancare; **2.** *fam (nicht arbeiten)* prendere vacanze; **ich habe eine Woche freigemacht** *fam* ho preso una settimana di vacanze; **II.** *itr fam* fare vacanza; **III.** *rfl:* **sich ~** *(freie Zeit finden)* rendersi libero. **Freimaurer** *m* (fram)massone *m.* **Freimaurerei** [-maurəˈrai] ⟨-, ø⟩ *f* massoneria *f.* **freimaurerisch** *a* massonico. **Freimut** *m,* **Freimütigkeit** ⟨-, -en⟩ *f* franchezza *f,* schiettezza *f.* **freimütig** [-myːtɪç] *a* franco, aperto, sincero. **frei·nehmen** ⟨*irr*⟩ *tr:* **(sich** *dat***) (einen Tag) ~** prendersi (un giorno) libero. **Freischärler(in)** [-ʃɛːglə (...ərɪn)] ⟨-s, -⟩ *m(f)* franco, -a tiratore, -trice *m, f.* **frei·sprechen** ⟨*irr*⟩ *tr jur* assolvere (*jdn von etw.* qu da qc); dichiarare non colpevole (*jdn von etw.* qu di qc); prosciogliere (*jdn von etw.* qu da qc). **Freispruch** *m* assoluzione *f;* **auf ~ erkennen/plädieren** assolvere/patrocinare l'assoluzione. **Freistaat** *m* repubblica *f;* **~ Bayern** repubblica di Baviera. **frei·stehen** ⟨*irr*⟩ *itr (leerstehen)* essere vuoto; **es stehen Ihnen frei zu ...** (Lei) è libero di ... **frei·stellen** *tr* **1.** *(anheimstellen)* rimettere (*jdm etw.* qc a qu), lasciare decidere (*jdm etw.* qc a qu); **2.** *(befreien, ausnehmen)* esonerare (*jdn von etw.* qu da qc), dispensare (*jdn von etw.* qu da qc); **jdm ~, etw. zu tun** lasciar decidere a qu se fare qc, lasciare a qu la scelta di fare qc. **Freistoß** *m* (calcio *m* di) punizione *f.*

Freitag *m* venerdì *m;* **~ abend/morgen/nachmittag** venerdì sera/mattina/pomeriggio; **~ abends/morgens/nachmittags** le sere/le mattine/i pomeriggi del venerdì, il venerdì sera/venerdì mattina/ venerdì pomeriggio; **am ~** venerdì; **heute ist ~, der 11. November** oggi è venerdì undici novembre; **eines ~s** un venerdì; **die Nacht von ~ auf Samstag** la notte dal venerdì al sabato; **den ganzen ~ (über)** durante tutto il venerdì; **jeden ~** ogni venerdì; **~ in acht Tagen** venerdì fra otto giorni; **~ vor 14 Tagen** due settimane fa, venerdì; **letzten ~** venerdì scorso. **freitags** *adv* di (*o.* il) venerdì.

Freitod *m* suicidio *m.* **Freitreppe** *f* scalinata *f.* **Freiübungen** *f pl* esercizi *m pl* a corpo libero. **Freiumschlag** *m* busta *f* affrancata. **Freiwild** *n* selvaggina *f* libera.

freiwillig *a* volontario; spontaneo; *(Veranstaltung, bes. Unterricht)* facoltativo. **Freiwillige** ⟨ein -r, -n, -n⟩

mf volontario, -a *m, f.* **Freiwilligkeit** ‹-, ø› *f* libera volontà *f,* spontaneità *f.*

Freizeichen *n pl* segnale *m* di libero.

Freizeit *f* tempo *m* libero, ore *f pl* libere. **Freizeit(be)kleidung** *f* abbigliamento *m* sportivo. **Freizeitgestaltung** *f* impiego *m* del tempo libero. **Freizeitindustrie** *f* industria *f* per il tempo libero.

freizügig [-t͡sy:gɪç] *a* **1.** *(großzügig)* elastico, libero; **2.** *(moralisch)* non rigido, libero. **Freizügigkeit** ‹-, -en› *f* **1.** *(Großzügigkeit)* elasticità *f,* libertà *f;* **2.** *(moralisch)* non rigidezza *f,* elasticità *f.*

fremd [frɛmt] *a* **1.** *(ausländisch)* straniero; **2.** *(~artig)* strano, singolare; **3.** *(unbekannt)* estraneo, sconosciuto; **4.** *(anderen gehörend)* altrui, d'altri; **sich ~ fühlen** sentirsi estraneo; **ein ~es Land** un paese straniero; **~es Eigentum** proprietà di terzi (*o.* altrui); **sich** *(dat)* (*o.* **einander**) **~ werden** diventare estranei (l'uno all'altro). **fremdartig** *a (ungewöhnlich)* strano; *(fremd)* estraneo. **Fremdartigkeit** ‹-, ø› *f* stranezza *f;* estraneità *f.*

Fremde[1] ['frɛmdə] ‹-, ø› *f (nicht Heimat)* estero *m.*

Fremde[2] ['frɛmdə] ‹ein -r, -n, -n› *mf* straniero, -a *m, f.*

Fremdenführer(in) *m(f)* guida *f* turistica, cicerone *m.* **Fremdenlegion** *f* legione *f* straniera. **Fremdenverkehr** *m* turismo *m.* **Fremdenverkehrszentrum** *n* centro *m* turistico.

Fremdkapital *n* capitale *m* in prestito (*o.* di terzi). **Fremdkörper** *m* corpo *m* estraneo. **fremdländisch** [-lɛndɪʃ] *a* straniero, forestiero. **Fremdling** ['frɛmtlɪŋ] ‹-s, -e› *m* straniero, -a *m, f,* forestiero -a *m, f.* **Fremdsprache** *f* lingua *f* straniera. **Fremdsprachenkorrespondent(in)** *m(f)* corrispondente *mf* in lingue straniere. **fremdsprachig** *a* di lingua straniera; *(Literatur)* in lingua straniera. **fremdsprachlich** *a* di lingua straniera. **Fremdwort** ‹-(e)s, ⸚er› *n* parola *f* straniera.

Frequenz [fre'kvɛnt͡s] ‹-, -en› *f* frequenza *f.*

Fresko ['frɛsko, ...kən] ‹-s, Fresken› *n* affresco *m.* **Freskomalerei** *f* pittura *f* a fresco.

Fressalien [frɛ'sa:li̯ən] ‹*pl*› *fam scherz* viveri *m pl,* cibarie *f pl.*

Fresse ['frɛsə] ‹-, -n› *f vulg* **1.** *(Mund)* bocca *f;* **2.** *(Gesicht)* muso *m sl;* **jdm die ~ polieren** (*o.* **in die ~ schlagen**) rompere il muso a qu *sl;* **(ach) du meine ~!** accidenti! *fam,* porco mondo! *vulg;* **halt die ~!** chiudi il becco! *vulg;* **eine große ~ haben** darsi delle arie *fam.*

fressen ‹frißt, fraß, gefressen› *tr, itr* **1.** *(Tier, a. vulg: Menschen)* mangiare; **2.** *fig (Neid, Rost)* corrodere; **jdm die Haare vom Kopf ~** *fam* ridurre qu in miseria mangiando a sue spese; **jdn zum F~ gern haben** *fam* essere innamorato pazzo di qu *fam;* **er frißt wie ein Scheunendrescher** *fam pej* mangia a quattro palmenti *fam;* mangia come un bue *fam;* **er hat seinen ganzen Ärger in sich hineingefressen** ha mandato giù la collera, ha ingoiato il rospo *fam;* **mein Auto frißt viel zuviel Öl** *fam* la mia macchina consuma troppo olio; **Löcher in etw. ~** fare buchi in qc; **er sah mich an, als ob er mich ~ wollte** mi guardò come se avesse voluto mangiarmi; **an jdm einen Affen** (*o.* **Narren**) **gefressen haben** *fam* aver preso una cotta per qu *fam.* **Fressen** ‹-s, ø› *n* pasto *m,* cibo *m;* **das war ein gefundenes ~ für mich** è stata per me una vera manna, non chiedevo di meglio.

Freßnapf *m* scodella *f.*

Frettchen ['frɛtçən] ‹-s, -› *n* furetto *m.*

Freude ['frɔ͜ydə] ‹-, -n› *f* gioia *f* (*über* per); *(Vergnügen)* piacere *m* (*über* di); *(Fröhlichkeit)* letizia *f* (*über* per); **mit ~n** con piacere; **außer sich** *(dat)* **vor ~** fuori di sé dalla gioia; **~ an etw. haben** trovar diletto in qc; **jdm ~ machen** (*o.* **bereiten**) far piacere a qu; **jdm die ~ verderben** rovinare (*o.* guastare) il piacere a qu; **geteilte ~ ist doppelte ~** *prov* gioia comune è doppia gioia; **die kleinen ~n des Alltags** le piccole gioie della vita quotidiana. **Freudenhaus** *n* bordello *m,* casa *f* chiusa. **Freudenmädchen** *n* prostituta *f,* ragazza *f* di vita. **Freudenschrei** *m* grido *m* di gioia. **freudestrahlend** *a* raggiante di gioia.

freudig *a* **1.** *(froh)* gioioso; *(fröhlich)* allegro; **2.** *(beglückend)* lieto; **ein ~es Ereignis** un lieto evento; **eine ~e Nachricht/Überraschung** una bella notizia/sorpresa.

freudlos *a* infelice, triste, grigio. **Freudlosigkeit** ‹-, ø› *f* tristezza *f,* infelicità *f.*

freuen ['frɔ͜yən] **I.** *rfl:* **sich ~** essere contento (*o.* lieto) (*auf, über* di, per), rallegrarsi (*auf, über* di, per); **da hast du dich zu früh gefreut!** ti sei rallegrato troppo presto!; **er freut sich wie ein Kind** gioisce come un bambino; **ich freue mich für dich, daß ...**

sono contento per te che ... *conj;* **sich seines Lebens ~** gustare la propria vita, godere della propria vita; **II.** *tr:* **das freut mich** questo mi fa piacere; **es freut mich zu hören, daß ...** mi fa piacere sentire che ...; **es hat mich gefreut, Sie kennenzulernen** è stato un piacere conoscerLa.

Freund(in) [frɔynt ('frɔyndɪn)] ‹-(e)s, -e› *m(f)* **1.** *(Kamerad)* amico, -a *m, f;* **2.** *(Anhänger)* amante *mf;* **ein guter ~ von mir** un mio buon amico; **~e gewinnen** trovare amici; **kein ~ von etw. sein** non amare qc; **unter ~en** fra amici.

freundlich *a* **1.** *(liebenswürdig, nett)* gentile, cortese; *(herzlich)* cordiale; **2.** *(Wohnung)* accogliente; **3.** *(Gegend)* ridente; **4.** *(Wetter)* sereno; **5.** *com (Tendenz)* al rialzo; **das ist sehr ~ von Ihnen** è molto gentile da parte Sua; **seien Sie so ~ und ...** abbia la cortesia di ... *inf.* **Freundlichkeit** ‹-, -en› *f* **1.** *(Verhalten)* cortesia *f;* gentilezza *f;* **2.** *(Handlung)* favore *m,* piacere *m.*

Freundschaft ‹-, -en› *f* amicizia *f;* **mit jdm ~ schließen** stringere (*o.* fare) amicizia con qu. **freundschaftlich** *a* amichevole, da amico; **~e Beziehungen, ~es Verhältnis** rapporti *m pl* d'amicizia; **jdm ~ gesinnt sein** essere ben disposto verso qu. **Freundschaftsspiel** *n* partita *f* amichevole. **Freundschaftsvertrag** *m* patto *m* d'amicizia.

Frevel ['fre:fəl] ‹-s, -› *m geh* misfatto *m* (*gegen* contro); *rel* sacrilegio *m* (*gegen* contro), empietà *f* (*gegen* contro); (*Verbrechen*) delitto *m* (*an* contro). **frevelhaft** *a geh* sacrilego, empio.

freveln *itr geh* violare (*gegen etw.* qc); *rel* commettere un sacrilegio (*an* contro).

Frevler(in) ['fre:flɐ (...ərɪn)] ‹-s, -› *m(f) geh* malfattore, -trice *m, f; rel* sacrilego, -a *m, f,* empio, -a *m, f.*

Friaul [fri'aul] *n* Friuli *m.*

Frieda ['fri:da] *(weiblicher Vorname)* Frida.

Friede ['fri:də] ‹-ns, -n› *m geh, obs,* **Frieden** ‹-s, -› *m* pace *f;* **Friede sei mit euch!** la pace sia con voi; **Frieden schließen** concludere (*o.* fare) la pace; **Frieden stiften zwischen ...** mettere pace tra ...; **in Frieden leben** vivere in pace; **laß mich in Frieden!** *fam* lasciami in pace! *fam;* **ruhe in Frieden** riposa in pace; **um des lieben Friedens willen** *fam* per amor di pace *fam.* **Friedensbewegung** *f* movimento *m* pacifista. **Friedensbruch** *m* violazione *f* della pace. **Friedensforschung** *f* ricerca *f* per la pace. **Friedenskonferenz** *f* conferenza *f* per la pace. **Friedensnobelpreis** *m* premio *m* Nobel per la pace. **Friedenspfeife** *f* pipa *f* della pace. **Friedensrichter(in)** *m(f)* giudice *mf* conciliatore, -trice. **Friedensschluß** *m* conclusione *f* della pace. **Friedensstifter(in)** *m(f)* pacificatore, -trice *m, f.* **Friedensverhandlungen** *f pl* trattative *f pl* di pace. **Friedensvertrag** *m* trattato *m* di pace. **Friedenszeit** *f:* **in ~en** in tempi di pace.

Friederike [fri:də'ri:kə] *(weiblicher Vorname)* Federica.

friedfertig *a* pacifico, tranquillo.

Friedhof *m* cimitero *m,* camposanto *m.*

friedlich *a* **1.** *(friedfertig)* pacifico; **2.** *(ruhig)* calmo, tranquillo; **~e Beilegung des Streits** composizione amichevole della lite; **~e Koexistenz** coesistenza pacifica.

friedliebend *a* pacifico, amante della pace.

Friedrich ['fri:drɪç] *(männlicher Vorname)* Federico.

frieren ['fri:rən] ‹friert, fror, gefroren› *itr* **1.** ‹*sein*› *(ge~)* gelarsi, congelarsi; **2.** ‹*haben*› *(Mensch, Tier)* gelare, aver freddo; **es friert** gela; **ich friere, mich friert, es friert mich** ho freddo, sono gelato.

Fries [fri:s] ‹-es, -e› *m* **1.** *arch* fregio *m;* **2.** *(Gewebe)* rascia *f.*

Friese ['fri:zə] ‹-n, -n› *m,* **Friesin** [...zɪn] *f* frisone *mf.*

friesisch *a* frisone.

Friesland ['fri:slant] *n* Frisia *f.*

frigid(e) [fri'gi:t (...i:də)] *a* frigido.

Frikadelle [frika'dɛlə] ‹-, -n› *f* (bistecca *f* alla) svizzera *f,* hamburger *m.*

frisch [frɪʃ] *a* **1.** *(Nahrungsmittel, etc., a. kühl)* fresco; **2.** *(munter)* vivace, vispo; **3.** *(unverbraucht, neu)* nuovo; **~e Wäsche anziehen** indossare biancheria pulita; **das Bett ~ beziehen** cambiare le lenzuola (*o.* la biancheria del letto); **~ gewagt ist halb gewonnen** *prov* chi ben comincia è a metà dell'opera *prov;* **~e Luft** aria aperta; **jdn auf ~er Tat ertappen** cogliere qu in flagrante (*o.* sul fatto); **~, fromm, fröhlich, frei** *fam scherz* sano, credente, allegro e libero; **der Wind ist heute ~** c'è un vento fresco oggi.

Frische ‹-, ø› *f* **1.** *(allg., a. Kühle)* freschezza *f;* **2.** *(Munterkeit)* vivacità *f,* vigore *m.*

Frischfleisch *n* carne *f* fresca. **frischgebacken** *a fig fam* fresco fresco. **Frischgemüse** *n* verdura *f* fresca. **Frischhaltefolie** *f* carta *f* cellofanata.

Frischling [ˈfrɪʃlɪŋ] ‹-s, -e› *m* cinghialetto *m*.

Friseur [friˈzøːɐ̯] ‹-s, -e› *m*, **Friseuse** [...øːzə] ‹-, -n› *f* parrucchiere, -a *m*, *f*, barbiere *m*.

frisieren [...ˈziːrən] ‹*ohne ge-*› *tr* **1.** *(kämmen)* pettinare, acconciare; **2.** *fig (Auto, Bilanzen)* truccare.

Frisiermantel *m* mantellina *f* da toilette. **Frisiersalon** *m* salone *m* da parrucchiere.

frißt [frɪst] *3. pers sing pr von* **fressen.**

Frist [frɪst] ‹-, -en› *f* **1.** termine *m*; **2.** *(Zeitraum)* tempo *m* (determinato *o.* stabilito); **3.** *com, fin (Aufschub)* proroga *f*, dilazione *f*; *jur* rinvio *m*; **innerhalb kürzester ~** al più presto; **nach Ablauf der ~** dopo la scadenza; **eine ~ einhalten** osservare un termine; **einen Monat ~ haben** avere un mese di tempo; **die ~ läuft (am 12.) ab** il termine scade (il 12).

fristen *tr*: **kümmerlich sein Leben ~** vivacchiare *fam*.

fristlos *a*, *adv* senza (pre)avviso; **~ entlassen** licenziare in tronco (*o.* senza preavviso).

Frisur [friˈzuːɐ̯] ‹-, -en› *f* pettinatura *f*, acconciatura *f*.

Fritz [frɪts] *s.* **Friedrich.**

frivol [friˈvoːl] *a* **1.** *(leichtfertig)* frivolo; **2.** *(schlüpfrig)* indecente, sconveniente.

Frl. *ab von* **Fräulein** Sig.na (*ab von* signorina).

froh [froː] *a* **1.** *(heiter)* allegro; *(erfreut)* lieto, contento, felice; **2.** *(erfreulich)* piacevole; **seines Lebens nicht mehr ~ werden** non avere più voglia di vivere; **ich bin ~ (darüber), daß ...** sono lieto che ... *conj*; **~e Ostern/Weihnachten!** buona Pasqua!/buon Natale!

fröhlich [ˈfrøːlɪç] *a* allegro, lieto, gaio. **Fröhlichkeit** ‹-, ø› *f* allegria *f*, allegrezza *f*.

frohlocken [-ˈlɔkən] ‹*ohne ge-*› *itr* gioire, esultare.

Frohsinn *m* gaiezza *f*.

fromm [frɔm] ‹-er *o.* ¨-er, -ste *o.* ¨-ste› *a* **1.** *rel* pio, devoto, religioso; **2.** *fig (Pferd)* docile, mansueto.

Frömmelei [frœməˈlai̯] ‹-, -en› *f pej* bigotteria *f*.

frömmeln [ˈfrœməln] *itr pej* affettare devozione, fare il bigotto.

Frömmigkeit [ˈfrœmɪçkai̯t] ‹-, ø› *f* pietà *f*, devozione *f*, religiosità *f*.

Frömmler(in) [ˈfrœmlɐ (...ərɪn)] ‹-s, -› *m(f) pej* bigotto, -a *m*, *f*.

Fron(arbeit) [ˈfroːn-] ‹-, -en› *f* corvée *f*.

frönen [ˈfrøːnən] *itr* essere schiavo (*dat* di).

Fronleichnam [froːnˈlai̯çnaːm] *m* Corpus Domini *m*.

Front [frɔnt] ‹-, -en› *f* **1.** *arch* facciata *f*; **2.** *mil, pol, fig, meteo* fronte *m*; **die ~en wechseln** *(a. fig)* fare un voltafaccia; **auf breiter ~** su largo (*o.* ampio) fronte; **klare ~en schaffen** mettere in chiaro le cose; **in ~ liegen** essere in testa.

frontal [...ˈtaːl] *a* frontale. **Frontalzusammenstoß** *m* urto *m* frontale.

Frontantrieb *m* trazione *f* anteriore.

fror [froːɐ̯] *1. u. 3. pers sing imp von* **frieren.**

Frosch [frɔʃ] ‹-(e)s, ¨-e› *m* rana *f*; **einen ~ im Hals haben** *fam* essere rauco; **sei kein ~!** *fam* non fare la femminuccia! *fam*. **Froschlaich** *m* uova *f pl* di rana. **Froschmann** *m* uomo *m* rana, sommozzatore *m*. **Froschperspektive** *f* prospettiva *f* da sotto in su. **Froschschenkel** *m* coscia *f* di rana.

Frost [frɔst] ‹-(e)s, ¨-e› *m* gelo *m*; *med (Schüttel~)* brividi *m pl*; **eisiger** (*o.* **klirrender**) **~** gelo intenso, gran freddo. **Frostbeule** *f* gelone *m*.

frösteln [ˈfrœstəln] *itr* aver freddo; **mich fröstelt** rabbrividisco dal freddo, ho (i) brividi di freddo.

frostempfindlich *a* sensibile al gelo. **frostfrei** *a* senza gelo. **frostig** *a* glaciale, freddo. **Frostschaden** *m* danno *m* causato dal gelo. **Frostschutzmittel** *n* antigelo *m*.

Frottee [frɔˈteː] ‹-(s), -s› *n o. m* spugna *f*.

frottieren [frɔˈtiːrən] ‹*ohne ge-*› *tr* fregare, frizionare.

Frucht [frʊxt] ‹-, ¨-e› *f* frutto *m*; **Früchte tragen** *(a. fig)* fruttare.

fruchtbar *a* fertile, fecondo, produttivo. **Fruchtbarkeit** ‹-, ø› *f* fertilità *f*, fecondità *f*.

fruchten *itr* fruttare, giovare; **nichts ~** non servire a nulla.

Fruchtfleisch *n* polpa *f* del frutto. **fruchtig** *a* aromatico, che sa di frutta fresca. **fruchtlos** *a* infruttuoso, inutile, inefficace. **Fruchtlosigkeit** ‹-, ø› *f* inefficacia *f*. **Fruchtpresse** *f* spremifrutta *m*. **Fruchtsaft** *m* succo *m* (*o.* spremuta *f*) di frutta. **Frucht-**

wechsel *m* avvicendamento *m* (*o.* rotazione *f*) delle colture.

früh [fry:] **I.** *a* **1.** *(nicht spät)* presto, primo; **2.** *(vorzeitig)* precoce, prematuro; **3.** *(Gemüse, Obst)* primaticcio; *(Kartoffeln)* novello; **am ~en Morgen** di prima mattina, al mattino presto; **~e Kindheit** prima infanzia; **II.** *adv* presto, di buon'ora; **gestern ~** ieri mattina; **heute ~** stamattina; **von ~ bis spät** dalla mattina alla sera; **zu ~** troppo presto; in anticipo; **zu ~er Stunde** di mattino presto, di buon'ora. **Frühaufsteher(in)** ‹-s, -› *m(f)* persona *f* mattiniera; **(ein) ~ sein** essere mattiniero.

Frühe ‹-, ø› *f*: **in der ~** il (*o.* al) mattino, di mattina; **in aller ~** di buon mattino, all'alba.

früher ‹*Komparativ von* früh› **I.** *a* **1.** *(eher)* prima; **2.** *(ehemalig)* ex, di prima, precedente; **der ~e Besitzer des Schlosses** l'ex proprietario del castello; **in ~en Zeiten** in tempi passati; **II.** *adv* **1.** *(eher)* prima; **2.** *(damals)* prima, una volta, un tempo; **es ist alles noch genau wie ~** è rimasto tutto esattamente come prima; **~ habe ich jeden Tag Tennis gespielt** una volta giocavo a tennis tutti i giorni; **~ kann ich heute nicht kommen** oggi non posso venir prima; **~ oder später** prima o poi.

früheste *a s.* **früheste(r, s).**

frühestens *adv* al più presto.

früheste(r, s) ‹*Superlativ von* früh› *a* primo, -a, remoto, -a.

Frühgeburt *f* **1.** *(Vorgang)* parto *m* prematuro; **2.** *(Kind)* (neonato *m*) prematuro *m.* **Frühgemüse** *n* primizie *f pl.* **Frühjahr** *n* primavera *f.* **Frühjahrsmüdigkeit** *f* stanchezza *f* primaverile. **Frühkartoffeln** *f pl* patate *f pl* novelle.

Frühling ['fry:lɪŋ] ‹-s, -e› *m* primavera *f.* **Frühlingsrolle** *f* rotolo *m* farcito di carne e verdure. **Frühlingssuppe** *f* minestra *f* di verdura.

frühmorgens [-'mɔrgəns] *adv* di buon mattino, di buon'ora. **Frühobst** *n* frutta *f* primaticcia. **frühreif** *a* primaticcio; *(a. fig)* precoce. **Frühschicht** *f* **1.** *(Arbeit)* primo turno *m;* **2.** *(Mannschaft)* squadra *f* del primo turno. **Frühschoppen** *m* bicchiere *m* bevuto la mattina in compagnia. **Frühsport** *m* ginnastica *f* mattutina.

Frühstück *n* colazione *f;* **Übernachtung mit ~** pernottamento con colazione.

frühstücken I. *itr* far colazione; **II.** *tr* mangiare per (*o.* a) colazione.

frühzeitig I. *a* **1.** *(rechtzeitig)* tempestivo; **2.** *(vorzeitig)* primaticcio; **II.** *adv* **1.** *(rechtzeitig)* per tempo, presto; **2.** *(vorzeitig)* precocemente, prematuramente.

Frust [frʊst] ‹-(e)s, ø› *m fam* frustrazione *f.*

frustrieren [...'tri:rən] ‹*ohne ge-*› *tr* frustrare.

frz. *ab von* **französisch** francese.

Fuchs [fʊks] ‹-es, ⸚e› *m,* **Füchsin** ['fʏksɪn] *f* **1.** *(Tier, Pelz)* volpe *f,* volpe *f* femmina; **2.** *(Pferd)* sauro *m;* **alter** (*o.* **schlauer) ~** volpone *m fam.* **Fuchsbau** ‹-(e)s, -e› *m* tana *f* di volpe.

Füchsin *f s.* **Fuchs.**

Fuchsjagd *f* caccia *f* alla volpe. **Fuchspelz** *m* pelliccia *f* di volpe. **fuchsrot** *a* rossigno, rossiccio. **Fuchsschwanz** *m* **1.** *bot, zoo* coda *f* di volpe; **2.** *(Säge)* saracco *m.* **fuchsteufelswild** ['fʊks'tɔyfəls'vɪlt] *a fam* furioso, furibondo.

Fuchtel ['fʊxtəl] ‹-, -n› *f*: **unter jds ~ stehen** *fam* stare sotto la dura disciplina di qu.

fuchteln *itr fam:* **mit den Armen ~** agitare le braccia, gesticolare.

Fug [fu:k] *m:* **mit ~ und Recht** a buon diritto.

Fuge[1] ['fu:gə] ‹-, -n› *f tec, arch, ling* commettitura *f;* **aus den ~n gehen** sconnettersi, scompaginarsi.

Fuge[2] ['fu:gə] ‹-, -n› *f mus* fuga *f.*

fügen ['fy:gən] **I.** *tr (setzen)* aggiungere, disporre; *tec* commettere, congiungere; **II.** *rfl:* **sich ~ 1.** *(sich ein~)* adattarsi (*in* a); conformarsi (*in* a); **2.** *(sich unterordnen)* sottomettersi; **es fügte sich, daß ...** *geh* successe (*o.* avvenne) che ...

fügsam *a* docile. **Fügsamkeit** ‹-, ø› *f* docilità *f,* arrendevolezza *f.*

Fügung ‹-, -en› *f* **1.** *(des Schicksals)* disposizione *f,* volere *m;* **2.** *ling* costrutto *m.*

fühlbar *a* sensibile.

fühlen ['fy:lən] **I.** *tr* **1.** *(tasten)* palpare, tastare; **2.** *(empfinden)* sentire, provare; **II.** *rfl:* **sich ~** sentirsi; **sich für etw. verantwortlich ~** sentirsi responsabile di qc; **sich nicht wohl ~** non sentirsi bene; **wie fühlst du dich?** come stai?, come ti senti? *fam.*

Fühler ‹-s, -› *m* antenna *f;* **die ~ ausstrecken** *fig fam* tastare il terreno.

Fühlung ‹-, ø› *f* contatto *m;* **mit jdm in ~ bleiben** restare in contatto con qu.

fuhr [fu:ɐ̯] *1. u. 3. pers sing imp von* **fahren.**

Fuhre ['fu:rə] ‹-, -n› *f* **1.** *(Ladung)* carrata *f*, carico *m;* **2.** *(Fahrt)* trasporto *m.*

führen ['fy:rən] **I.** *tr* **1.** *(geleiten)* guidare, portare, accompagnare; **2.** *(leiten)* condurre; *(Betrieb, Geschäft)* dirigere; *mil* comandare; **3.** *adm (Auto)* guidare; *(Flugzeug)* pilotare; *(Kran, etc.)* manovrare; **4.** *(transportieren)* avere (*o.* portare) con sé; *(Fluß: Geröll, Eis)* trascinare; **5.** *com (Artikel)* avere, tenere; **den Haushalt ~** attendere al governo della casa; **einen Namen/Titel ~** avere un nome/titolo; **einen Prozeß ~** fare un processo; **etw. zu Ende ~** terminare (*o.* finire) qc; **Verhandlungen ~** negoziare; **was führt Sie zu mir?** in che cosa posso esserLe utile?; **II.** *itr* **1.** *(an erster Stelle stehen)* essere in testa; *sport* condurre; **2.** *(verlaufen, hin~)* portare; **das führt zu nichts** questo non porta a nessun risultato (*o.* a niente); **das würde zu weit ~** questo porterebbe troppo lontano; **unsere Mannschaft führt mit drei Toren** la nostra squadra conduce con tre go(a)l; **wohin soll das (noch) ~?** dove si va a finire?; **III.** *rfl:* **sich ~** *adm, geh* comportarsi. **führend** *a* **1.** *(Persönlichkeit)* di primo piano, eminente; **2.** *(Geschäft)* (il) più rinomato (*o.* conosciuto); *(Hotel)* (il) migliore.

Führer(in) ‹-s, -› *m(f)* **1.** *allg.* guida *f; pol* capo *m; mil* conduttore *m,* capitano *m; (Geschäfts~)* direttore, -trice *m, f;* **2.** *adm (von Auto)* autista *mf; (von öffentlichen Verkehrsmitteln)* conducente *mf*; *(von Lokomotive)* macchinista *m; (von Flugzeug, Schiff)* pilota *mf;* **3.** *(Reise~, Fremden~, a. Buch)* guida *f;* **der ~** *hist* il Führer. **Führerhaus** *n* cabina *f* di guida (*o.* di manovra). **Führerin** *f s.* **Führer. führerlos** *a* **1.** *(Fahrzeug)* senza conducente; **2.** *(Volk)* senza guida. **Führerschein** *m* patente *f* (di guida); **jdm den ~ entziehen** ritirare la patente a qu; **seinen ~ machen** prendere la patente. **Führerstand** *m* cabina *f* del macchinista.

Fuhrmann ‹-(e)s, -leute *o. rar* -männer› *m* carrettiere *m.* **Fuhrpark** *m* parco *m* rotabile (*o.* di vetture).

Führung ‹-, -en› *f* **1.** *(das Führen)* tenuta *f; (Handhaben)* maneggio *m,* uso *m;* **2.** *(Leitung, a. pol)* guida *f,* direzione *f; pol* leadership *f; (Verwaltung)* amministrazione *f;* **3.** *(Besichtigung)* visita *f* guidata; **4.** *(von Fahrzeugen)* guida *f;* **5.** *(Benehmen)* condotta *f,* comportamento *m;* **6.** *(führende Position)* primo posto *m;* **wegen guter ~ vorzeitig entlassen werden** beneficiare di una remissione della pena per buona condotta; **in ~ liegen** essere in testa; **die ~ übernehmen** assumere la direzione; *sport* passare in testa. **Führungskraft** *f* dirigente *mf;* ‹*pl*› quadri *m pl.* **Führungsschiene** *f* rotaia *f* di guida. **Führungsstab** *m* **1.** *mil* stato *m* maggiore; **2.** *com* (consiglio *m*) direttivo *m.* **Führungszeugnis** *n* certificato *m* di buona condotta.

Fuhrunternehmen *n* impresa *f* di trasporti. **Fuhrunternehmer(in)** *m(f)* titolare *mf* d'impresa di trasporti.

Fülle ['fʏlə] ‹-, ø› *f* **1.** *(Menge)* quantità *f; (Überfluß)* abbondanza *f,* profusione *f;* **2.** *(Körper~)* corpulenza *f;* **3.** *(Stärke)* pienezza *f;* **eine ~ von Eindrücken** un mucchio di impressioni.

füllen *tr* **1.** *(Gefäß, etc.)* riempire; **2.** *(Flüssigkeit)* versare; **3.** *gastr* farcire; **4.** *(Zahn)* otturare, piombare; **in Flaschen ~** imbottigliare; **in einen Sack (***o.* **in Säcke) ~** insaccare.

Füller ‹-s, -› *m* (penna *f*) stilografica *f.*

Füllfederhalter *m* penna *f* stilografica.

Füllhorn *n* corno *m* dell'abbondanza, cornucopia *f.*

füllig *a* pienotto, grassoccio.

Füllmaterial *n* materiale *m* di riempimento.

Füllsel ['fʏlzəl] ‹-s, -› *n* **1.** *allg.* riempitivo *m;* **2.** *gastr* ripieno *m.*

Füllung ‹-, -en› *f* **1.** *(das Füllen)* riempimento *m,* riempitura *f; (mit Luft, Gas)* gonfiatura *f;* **2.** *(Füllmaterial)* riempitivo *m; gastr* ripieno *m; (von Zahn)* otturazione *f,* (im)piombatura *f;* **3.** *arch* controsoffitto *m; (Tür~)* pannello *m.*

fummeln ['fʊməln] *itr fam* lavoricchiare *fam,* abborracciare.

Fund [fʊnt] ‹-(e)s, -e› *m* **1.** *(Finden)* ritrovamento *m; (archäologischer ~)* scoperta *f;* **2.** *(~stück)* oggetto *m* ritrovato; *(archäologischer ~)* reperto *m;* **einen ~ machen** fare una scoperta.

Fundament [fʊnda'mɛnt] ‹-(e)s, -e› *n* **1.** *arch* fondamenta *f pl;* **2.** *fig* base *f,* fondamento *m;* **das ~ legen** *(a. fig)* gettare le basi (*zu* di, per).

fundamental [...'ta:l] *a* fondamentale.

Fundbüro *n* ufficio *m* (degli) oggetti smarriti (*o.* rinvenuti). **Fundgrube** *f* miniera *f,* fonte *f* inesauribile, pozzo *m.*

fundieren [fʊn'di:rən] ‹*ohne ge-*› *tr* consolidare, fondare.

fündig ['fʏndɪç] *a* ricco, produttivo; **~ werden** *min* scoprire un giacimento; *fig* trovare qc.
Fundort *m* luogo *m* del ritrovamento.
Fundsache *f* oggetto *m* ritrovato.
Fundus ['fʊndʊs] ⟨-, -⟩ *m* **1.** *(Bestand)* fondo *m;* **2.** *theat* materiale *m* scenico.
fünf [fʏnf] *(Zahlwort)* cinque; **~(e) gerade sein lassen** *fam* non guardar troppo per il sottile *fam; s. a. vier.*
Fünf ⟨-, -en⟩ *f* cinque *m; (Schulnote: ungenügend)* ≃ cinque *m; (Buslinie etc.)* cinque *m; s. a. Vier.*
Fünf-, fünf- *s. a. Vier-, vier-.* **Fünfeck** *n* pentagono *m.* **fünfeckig** *a* pentagonale. **fünffach** *a* quintuplo; *s. a. vierfach.*
fünfhundert ['fʏnf'hʊndɐt] *(Zahlwort)* cinquecento.
Fünfjahresplan [-'ja:rəs-] *m* piano *m* quinquennale.
Fünfkampf *m* pentathlon *m.*
Fünfling ['fʏnflɪŋ] ⟨-s, -e⟩ *m* figlio, -a *m, f* da parto di cinque gemelli; **~e** cinque gemelli.
fünfmal *adv* cinque volte.
Fünfmarkstück [-'mark-] *n* moneta *f* da cinque marchi.
Fünftagewoche [-'ta:gə-] *f* settimana *f* di cinque giorni.
fünftausend ['fʏnf'tau̯zənt] *(Zahlwort)* cinquemila.
fünfte *s.* **fünfte(r, s).**
Fünfte ⟨ein -r, -n, -n⟩ *mf* quinto *mf; s. a. Vierte.*
Fünftel ⟨-s, -⟩ *n* quinto *m.*
fünftens *adv* (in) quinto (luogo).
fünfte(r, s) *a* quinto, -a; *(bei Datumsangaben)* cinque; **das ~ Rad am Wagen sein** essere l'ultima (*o.* la quinta) ruota del carro *fam; s. a. vierte(r, s).*
fünfzehn *(Zahlwort)* quindici.
fünfzehnte *s.* **fünfzehnte(r, s).**
Fünfzehntel *n* quindicesimo *m.*
fünfzehnte(r, s) *a* quindicesimo, -a; *(bei Datumsangaben)* quindici; *s. a. vierte(r, s).*
fünfzig ['fʏnftsɪç] *(Zahlwort)* cinquanta; *s. a. vierzig.*
Fünfziger(in) ⟨-s, -⟩ *m(f)* cinquantenne *mf.*
Fünfzigmarkschein [-'mark-] *m* biglietto *m* da cinquanta marchi.
fünfzigste(r, s) *a* cinquantesimo, -a; *s. a. vierte(r, s).*
fungieren [fʊŋ'gi:rən] ⟨*ohne ge-*⟩ *itr* fare le funzioni (*als* di).
Funk [fʊŋk] ⟨-s, ø⟩ *m* radio *f.* **Funkamateur(in)** *m(f)* radioamatore, -trice *m, f.* **Funkausstellung** *f* esposizione *f* di radiotecnica.
Funke ['fʊŋkə] ⟨-ns, -n⟩ *m,* **Funken** ⟨-s, -⟩ *m* scintilla *f;* **keinen Funken Verstand haben** non avere un barlume d'ingegno; **Funken sprühen** fare scintille; **der zündende Funke** la scintilla.
funkeln *itr* luccicare, brillare, scintillare.
funkelnagelneu ['fʊŋkəl'na:gəl'nɔy̯] *a fam* nuovo di zecca *fam.*
funken I. *tr* radiotrasmettere; **II.** *itr* **1.** *(senden)* trasmettere per radio; **2.** *(Funken sprühen)* mandare scintille; **na, hat es endlich bei dir gefunkt?** *fam* hai capito finalmente?; **zwischen den beiden hat es gefunkt** *fam* i due si sono innamorati.
Funken *m s.* **Funke.**
Funker(in) ⟨-s, -⟩ *m(f)* radiotelegrafista *mf.*
Funkgerät *n* apparecchio *m* radiotrasmittente (*o. für Empfang* radioricevente). **Funkhaus** *n* stazione *f* radio; *(Gebäude)* studi *m pl* radio. **Funkkolleg** *n* corso *m* radiofonico. **Funknetz** *n* rete *f* radio. **Funksignal** *n* segnale *m* radio. **Funksprechgerät** *n* apparecchio *m* radiotrasmittente. **Funkspruch** *m* radiomessaggio *m.* **Funkstation** *f* stazione *f* radio, emittente *f.* **Funkstille** *f* silenzio *m* radio, interruzione *f* delle trasmissioni radio. **Funkstreife** *f* pattuglia *f* radioequipaggiata. **Funkstreifenwagen** *m* autoradio *f* (*o.* auto *f* radiocomandata) della polizia. **Funktaxi** *n* radiotassì *m.* **Funktechnik** *f* radiotecnica *f.*
Funktion [fʊŋk'tsi̯o:n] ⟨-, -en⟩ *f* funzione *f;* **in ~ treten** entrare in funzione; **etw. außer ~ setzen** mettere fuori uso qc.
Funktionär(in) [...tsi̯o'nɛ:ɐ̯ (...rɪn)] ⟨-s, -e⟩ *m(f)* funzionario, a *m, f.*
funktionieren [...tsi̯o'ni:rən] ⟨*ohne ge-*⟩ *itr* funzionare; **gut ~** *tec* essere a punto.
Funkturm *m* torre *f* della radio. **Funkverbindung** *f* collegamento *m* radio; **in ~ stehen** essere in contatto radio. **Funkverkehr** *m* radiocomunicazioni *f pl.* **Funkwagen** *m* autoradio *f,* radiomobile *f.*
für [fy:ɐ̯] *prp acc* **1.** *(zugunsten von)* per, a favore di; **2.** *(in bezug auf)* per; quanto a; **3.** *(im Verhältnis zu)* per; **4.** *(gegen, bes. von Medikamenten)* per, contro; **5.** *(anstelle von)* al posto di, invece di, in cambio di; **6.** *(als)* per; **sich ~ jdn/etw. einsetzen** impegnarsi per qu/qc; **~ jdn eintreten** prendere le parti di qu, prendere partito per

qu; ~ **jdn einspringen** supplire qu; ~ **mich genügt es** per me basta; **ich ~ meine Person ...** quanto a (*o.* per) me ...; **das ist das beste ~ dich** è la miglior soluzione per te; **an und ~ sich** di per sé; ~ **diesmal** per questa volta; ~ **einen Ausländer spricht er gut Deutsch** per essere straniero parla bene tedesco; ~ **jdn bezahlen** pagare al posto di qu; **ich habe ihm ein Buch ~ das Bild gegeben** gli ho dato un libro in cambio dell'immagine; **ich halte ihn ~ ein Genie** lo ritengo un genio; **das halte ich ~ richtig** mi sembra giusto; **Schritt ~ Schritt** passo passo; **Tag ~ Tag** giorno per giorno; **was ~ ein Glück!** che fortuna! **Für** *n:* **das ~ und (das) Wider** il pro e il contro.

Furche ['fʊrçə] ⟨-, -n⟩ *f* **1.** *(Acker~)* solco *m; (Wagenspur a.)* scanalatura *f;* **2.** *(Gesichts~)* ruga *f;* **eine ~ ziehen** tracciare un solco.

furchen *tr* **1.** *(Boden, Wasser)* solcare; **2.** *(Stirn)* corrugare.

Furcht [fʊrçt] ⟨-, ø⟩ *f (Angst)* paura *f; (Ängstlichkeit)* timore *m; (Befürchtung)* apprensione *f,* ansia *f;* **aus ~ vor** per paura di; **jdm ~ einflößen** far paura a qu, incutere timore a qu.

furchtbar *a* **1.** *(schrecklich)* terribile, spaventoso; **2.** *fam (sehr, groß, unangenehm)* enorme, tremendo; **das ist ~ einfach** *fam* è la cosa più semplice del mondo; **das ist ~ nett von Ihnen** *fam* è veramente molto gentile da parte Sua.

fürchten ['fʏrçtən] **I.** *tr* temere, aver paura di; **er fürchtet, zu spät zu kommen** teme di essere in ritardo; **II.** *itr (sich Sorgen machen)* essere in apprensione (*um* per); **für jds Leben ~** temere per la vita di qu; **III.** *rfl:* **sich ~** aver paura (*vor* di).

fürchterlich *a s.* **furchtbar.**

furchtlos *a* impavido, intrepido. **Furchtlosigkeit** ⟨-, ø⟩ *f* coraggio *m,* assenza *f* di paura. **furchtsam** *a* pauroso, timoroso. **Furchtsamkeit** ⟨-, ø⟩ *f* timidezza *f.*

füreinander [-ʔai'nandɐ] *adv* l'uno per l'altro.

Furie ['fu:riə] ⟨-, -n⟩ *f* furia *f.*

Furnier [fʊr'ni:ɐ̯] ⟨-s, -e⟩ *n* (foglio *m* per) impiallacciature *f.*

furnieren [...'ni:rən] ⟨*ohne ge-*⟩ *tr* impiallacciare.

Furore [fu'ro:rə] ⟨-, ø⟩ *f o.* ⟨-s, ø⟩ *n:* **~ machen** far furore *fam.*

Fürsorge *f* **1.** *(Betreuung)* cure *f pl,* sollecitudine *f;* **2.** *(Sozialhilfe)* assistenza *f; (Sozialamt)* previdenza *f* sociale, ufficio *m* di assistenza sociale; **öffentliche ~** assistenza pubblica; **von der ~ leben** vivere della previdenza sociale. **Fürsorgeamt** *n* ufficio *m* assistenziale.

Fürsprache *f* intercessione *f;* **~ für jdn einlegen** intercedere per qu (*bei* presso). **Fürsprech** [-ʃprɛç] ⟨-s, -e⟩ *m CH* avvocato *m.* **Fürsprecher(in)** *m(f)* intercessore, -ceditrice *m, f.*

Fürst(in) ['fʏrst(ɪn)] ⟨-en, -en⟩ *m(f)* principe, -essa *m, f.* **Fürstenhaus** *n* famiglia *f* (*o.* casa *f*) principesca. **Fürstentum** ⟨-s, ¨-er⟩ *n* principato *m.* **Fürstin** *f s.* **Fürst. fürstlich I.** *a* principesco; **II.** *adv* da principe.

Furt [fʊrt] ⟨-, -en⟩ *f* guado *m.*

Furunkel [fu'rʊŋkəl] ⟨-s, -⟩ *m o. n* foruncolo *m.*

Fürwort ⟨-(e)s, ¨-er⟩ *n* pronome *m.*

Furz [fʊrts] ⟨-es, ¨-e⟩ *m vulg* peto *m vulg.*

furzen *itr vulg* fare un peto *vulg.*

Fusel ['fu:zəl] ⟨-s, -⟩ *m fam pej* acquavite *f* di qualità scadente.

Fusion [fu'zio:n] ⟨-, -en⟩ *f* fusione *f.*

fusionieren [fuzio'ni:rən] ⟨*ohne ge-*⟩ **I.** *tr* fondere; **II.** *itr* fondere.

Fuß [fu:s] ⟨-es, ¨-e⟩ *m* piede *m; (zoo a.)* zampa *f;* **am ~e des Berges** ai piedi della montagna; **(festen) ~ fassen** prender piede; **zu ~ gehen** andare a piedi; **kalte Füße haben** avere piedi freddi; **kalte Füße bekommen** *fig fam* tirarsi indietro (da un'impresa); **auf großem ~(e) leben** fare una vita da gran signore; **gut/schlecht zu ~ sein** essere un buon/cattivo camminatore; **jdn auf freien ~ setzen** mettere qu in libertà; **auf eigenen Füßen stehen** essere indipendente; **mit jdm auf gutem ~ stehen** essere in buoni rapporti con qu; **auf dem ~e folgen** stare alla calcagna; **sich** *(dat)* **die Füße vertreten** sgranchirsi le gambe *fam;* **du bist wohl heute mit dem linken ~ zuerst aufgestanden!** *fam* oggi ti sei alzato col piede sbagliato! *fam;* **jdn/etw mit Füßen treten** *fig* trattare male qu/qc; **alle Männer lagen ihr zu Füßen** aveva tutti gli uomini ai suoi piedi. **Fußangel** *f* tagliola *f.* **Fußbad** *n* pediluvio *m,* bagno *m* ai piedi.

Fußball *m* **1.** *(Spiel)* (gioco *m* del) calcio *m;* **2.** *(Ball)* pallone *m.* **Fußballer(in)** ⟨-s, -⟩ *m(f) fam* calciatore, -trice *m, f.* **Fußballmannschaft** *f* squadra *f* di calcio. **Fußballplatz** *m* campo *m* di calcio. **Fußballspiel** *n*

(gioco *m* del) calcio *m*. **Fußballspieler(in)** *m(f)* calciatore, -trice, *m,f*.
Fußbank ‹-, ¨-e› *f* poggiapiedi *m*. **Fußboden** *m* pavimento *m*. **Fußbodenbelag** *m* rivestimento *m* del pavimento. **Fußbodenheizung** *f* riscaldamento *m* a pavimento. **Fußbreit** ‹-, -› *m*: **keinen ~ weichen** non cedere di un passo. **Fußbremse** *f* freno *m* a pedale.
Fussel ['fʊsəl] ‹-, -n› *f o.* ‹-s, -(n)› *m fam* filuzzo *m*, peluzzo *m*. **fusselig** *a* sfilacciato; **sich** *(dat)* **den Mund ~ reden** *fam* sprecare il fiato.
fußen ['fu:sən] *itr* basarsi (*auf* su), fondarsi (*auf* su).
Fußende *n (von Bett)* piedi *m pl* del letto. **Fußgänger(in)** [-gɛŋɐ (...ərɪn)] ‹-s, -› *m(f)* pedone *mf*. **Fußgängerbrücke** *f* ponte *m* pedonale. **Fußgängerüberweg** *m* strisce *f pl* pedonali. **Fußgängerzone** *f* zona *f* pedonale. **Fußgelenk** *n* articolazione *f* del piede. **Fußmatte** *f* stoino *m*, zerbino *m*. **Fußnote** *f* nota *f* in calce. **Fußpflege** *f* pedicure *m o. f*. **Fußpfleger(in)** *m(f)* pedicurista *mf*. **Fußschaltung** *f* comando *m* del cambio a pedale. **Fußsohle** *f* pianta *f* del piede. **Fußspitze** *f* punta *f* del piede. **Fußspur** *f* orma *f* (del piede). **Fuß(s)tapfen** [-(ʃ)tapfən] ‹-s, -› *m* orma *f* del piede; **in jds ~ treten** *fig* seguire le orme di qu. **Fußtritt** *m* calcio *m*, pedata *f*; *fig* schiaffo *m* morale. **Fußweg** *m* **1.** *(Weg)* via *f* pedonale; **2.** *(Entfernung)* cammino *m*; **bis zu uns sind es nur 5 Minuten ~** fino a casa nostra sono solo 5 minuti a piedi.
futsch [fʊtʃ] *a fam* perduto, sparito, finito.
Futter[1] ['fʊtɐ] ‹-s, ø› *n (Fressen)* foraggio *m*, pastura *f*; *(für kleinere Haustiere)* becchime *m*, mangime *m*.
Futter[2] ['fʊtɐ] ‹-s, -› *n (von Kleidungsstücken)* fodera *f*; *tec* rivestimento *m*.
Futteral [fʊtə'ra:l] ‹-s, -e› *n* astuccio *m*; *(Brillen~ a.)* custodia *f*.
futtern *itr fam* rimpinzarsi *fam*.
füttern[1] ['fʏtɐn] *tr* **1.** *(Säugling, Kranke)* imboccare; **2.** *(Tier)* dare da mangiare a.
füttern[2] ['fʏtɐn] *tr (Kleidungsstück)* foderare.
Futternapf *m* scodella *f*. **Futterneid** *m* **1.** invidia *f* del cibo altrui; **2.** *fig* gelosia *f*, invidia *f*. **Futterpflanze** *f* pianta *f* foraggera.
Fütterung ‹-, -en› *f* dare *m* da mangiare; **die ~ der Raubtiere beginnt um 10.30 Uhr** alle 10,30 si comincia a dare da mangiare agli animali rapaci.
Futur [fu'tu:ɐ̯] ‹-s, -e› *n* futuro *m*.
Futurismus [futu'rɪsmʊs] ‹-, ø› *m* futurismo *m*.
futuristisch [...'rɪstɪʃ] *a* futurista.

G

G, g [ge:] ‹-, -(s)› *n* **1.** *(Buchstabe)* G, g *f;* **2.** *mus* sol *m;* **G-Dur** sol maggiore; **g-Moll** sol minore; **G wie Gustav** G come Genova.

g *ab von* **Gramm** g (*ab von* grammo).

gab [ga:p] *1. u. 3. pers sing imp von* **geben.**

Gabe ['ga:bə] ‹-, -n› *f* **1.** *(Geschenk)* dono *m; (Opfer~)* offerta *f; (milde ~)* carità *f,* piccola offerta *f;* **2.** *fig (Talent)* dote *f,* dono *m.*

Gabel ['ga:bəl] ‹-, -n› *f* **1.** *(Eß~)* forchetta *f;* **2.** *(von Telefon, Ast~, Rad~)* forcella *f;* **3.** *(Heu~, Mist~)* forcone *m.* **Gabelfrühstück** *n* colazione *f.*

gabeln *rfl:* **sich ~** biforcarsi.

Gabelstapler [-ʃta:plɐ] ‹-s, -› *m* (carrello *m*) elevatore *m* a forca.

Gabelung ‹-, -en› *f* biforcazione *f,* ramificazione *f.*

Gabi ['ga:bi] *s.* **Gabriele, Gabriela.**

Gabriele, Gabriela [gabri'e:lə, ...la] *(weiblicher Vorname)* Gabriella.

gackern ['gakɐn] *itr* **1.** *(Henne)* schiamazzare; **2.** *fig pej (schwatzen)* chiaccerare, cicalare.

gaffen ['gafən] *itr pej* guardare a bocca aperta.

Gaffer(in) ‹-s, -› *m(f)* curioso, -a *m, f.*

Gag [gɛk] ‹-s, -s› *m (im Film)* gag *m; (Werbe~)* trovata *f* pubblicitaria; *fam (Witz)* frizzo *m,* arguzia *f.*

Gage ['ga:ʒə] ‹-, -n› *f* cachet *m,* compenso *m.*

gähnen ['gɛ:nən] *itr* **1.** *(Mensch)* sbadigliare; **2.** *fig (Abgrund)* spalancarsi; **~de Leere** vuoto assoluto.

Gala ['gala *o.* 'ga:la] ‹-, ø› *f:* **in ~** in gran gala, in ghingheri *fam.*

galaktisch [ga'laktɪʃ] *a* galattico.

galant [ga'lant] *a* galante, cavalleresco.

Galavorstellung *f* serata *f* di gala.

Galeere [ga'le:rə] ‹-, -n› *f* galera *f.* **Galeerensklave** *m* galeotto *m.*

Galerie [galə'ri:, ...i:ən] ‹-, -n› *f* galleria *f.*

Galgen ['galgən] ‹-s, -› *m* **1.** *(zur Hinrichtung)* patibolo *m;* **2.** *(für Mikrophon)* giraffa *f.* **Galgenfrist** *f* ultima dilazione *f,* breve periodo *m* di respiro. **Galgenhumor** *m* umorismo *m* amaro.

Gallapfel *m* galla *f.*

Galle ['galə] ‹-, -n› *f (Organ)* cistifellea *f; (Flüssigkeit)* bile *f,* fiele *m; fig (Bosheit)* rabbia *f,* collera *f;* **mir läuft die ~ über** mi vien la bile. **gallenbitter** ['galən'bɪtɐ] *a* amaro come il fiele. **Gallenblase** *f* cistifellea *f.* **Gallenkolik** *f* colica *f* biliare. **Gallenleiden** *n* affezione *f* biliare. **Gallenstein** *m* calcolo *m* biliare.

Gallert ['galɐt *o.* ga'lɛrt] ‹-(e)s, -e› *n,* **Gallerte** ‹-, -n› *f* gelatina *f,* glutine *m.* **gallertartig** *a* gelatinoso.

Galopp [ga'lɔp] ‹-s, -s *o.* -e› *m* galoppo *m;* **im ~** al galoppo.

galoppieren [...'pi:rən] ‹*ohne ge-*› *itr* ‹*sein*› galoppare, andare al galoppo; **~de Inflation** inflazione galoppante.

galt [galt] *1. u. 3. pers sing imp von* **gelten.**

Galvanisation [galvaniza'tsio:n] ‹-, ø› *f* galvanizzazione *f.*

galvanisch [...'va:nɪʃ] *a* galvanico.

galvanisieren [...'zi:rən] ‹*ohne ge-*› *tr* galvanizzare.

Gamasche [ga'maʃə] ‹-, -n› *f* ghetta *f; (hohe)* gambale *m.*

Gammastrahlen ['gama-] *m pl* raggi *m pl* gamma.

gammelig *a fam (Eßwaren)* avariato; *(Äußeres)* trasandato.

gammeln ['gaməln] *itr fam* fare il capellone.

Gammler(in) ‹-s, -› *m(f)* capellone, -a *m, f.*

gang [gaŋ] *a:* **~ und gäbe** corrente, in uso.

Gang [gaŋ] ‹-(e)s, ⸚e› *m* **1.** *(~art)* andatura *f,* modo *m* di camminare; **2.** *(einzelner ~, Besorgung)* commissione *f;* **3.** *fig (Verlauf)* moto *m* corso *m; (von Geschäften)* andamento *m;* **4.** *(mot, von Fahrrad)* marcia *f; tec (von Maschine)* funzionamento *m;* **5.** *(Flur)* corridoio *m; (offener Durch~)* passaggio *m; (in Eisenbahnwagen, im Flugzeug)* corridoio *m; (zwischen Sitzreihen)* corsia *f; (in Kirche)* navata *f;* **6.** *bot, anat* canale *m,* condotto *m;* **7.** *min* vena *f,* filone *m;* **8.** *sport* ripresa *f; (Fechten)* assalto *m;* **9.** *gastr* piatto *m,* portata *f;* **im ~(e)** in corso; **in vollem ~(e)** in pieno corso; **in ~ bringen** avviare, mettere in moto; **in den ersten/zweiten ~**

schalten innestare la prima/seconda; **seinen ~ gehen** *fig* seguire il proprio corso; **in ~ kommen** iniziare, mettersi in moto; **es geht alles seinen ~** ogni cosa segue il suo corso. **Gangart** *f* passo *m*, andatura *f*. **gangbar** *a (Weg)* praticabile; *fig (Lösung)* adottabile; *(Weg)* praticabile.

gängeln ['gɛŋəln] *tr fig* tenere al guinzaglio.

gängig ['gɛŋɪç] *a* **1.** *(gebräuchlich)* usato, in uso, comune; **2.** *(Ware)* richiesto.

Gangschaltung *f mot* cambio *m* di marcia; *(am Fahrrad)* cambio *m*.

Gangster ['gɛŋstɐ] ‹-s, -› *m* gangster *m*, malvivente *m*.

Gangway ['gæŋweɪ] ‹-, -s› *f* passerella *f*.

Ganove [ga'no:və] ‹-n, -n› *m fam* malfattore *m*, furfante *m*.

Gans [gans] ‹-, ⸚e› *f (a. fig pej)* oca *f*.

Gänseblümchen ['gɛnzəbly:mçən] ‹-s, -› *n* margheritina *f*, pratolina *f*. **Gänsefüßchen** [-fy:sçən] *n pl fam* virgolette *f pl*. **Gänsehaut** *f* pelle *f* d'oca. **Gänseklein** ‹-s, ø› *n* rigaglie *f pl* d'oca. **Gänseleberpastete** *f* pasticcio *m* di fegato d'oca. **Gänsemarsch** *m*: **im ~ gehen** camminare in fila indiana. **Gänserich** ['gɛnzərɪç] ‹-s, -e› *m* maschio *m* dell'oca. **Gänseschmalz** *n* grasso *m* d'oca.

ganz [gants] **I.** *a* **1.** *(ungeteilt, in der Gesamtheit)* tutto, intero; *(vollständig)* completo; *mat (Zahl)* intero; *mus (Note, Pause)* semibreve; *(alles: Zeit, Kraft, Freude, Geld)* tutto; **2.** *fam (unbeschädigt)* intero, intatto; **3.** *fam (nur)* solo, soltanto; **das ~e Deutschland** tutta la Germania; **ein ~er Kuchen** un dolce intero; **~ Europa/Rom** tutta l'Europa/Roma; **die ~e Belegschaft** tutti i dipendenti; **mein ~es Geld** tutti i miei soldi; **die ~e Zeit** *(andauernd)* continuamente; **eine ~e Menge** un bel po' *fam;* **~e zwei Wochen** *(nicht kürzer)* due settimane intere; *(nur)* solo due settimane; **etwas ~ Schönes** qualcosa di bellissimo; **etw. wieder ~ machen** *fam* sistemare qc, aggiustare qc, mettere qc a posto; **im ~en genommen** tutto sommato, in fondo; **II.** *adv* **1.** *(völlig)* completamente, del tutto; **2.** *(ausnahmslos, vollständig)* completamente, del tutto, interamente; **3.** *(ziemlich)* abbastanza; **4.** *(sehr: traurig, froh, etc.)* molto; **~ vorn/hinten** molto avanti/indietro; **nicht ~** non completamente, non del tutto; **~ gewiß** (*o.* **sicher**) certamente, sicuramente; **voll und ~** completamente; **~ und gar** del tutto, assolutamente; **~ und gar nicht** per niente, nient'affatto; **~ genau!** esattamente!; **~ wenig/viel** pochissimo/moltissimo; **ich bin ~ Ihrer Meinung** la penso esattamente come Lei; **~ richtig!** esatto!, giusto!; **~ allein** tutto solo, solo soletto *fam;* **~ wie Sie meinen** come crede; **er ist ~ der Vater** è tutto suo padre.

Ganze ‹ein -s, -n, ø› *n (Ungeteiltes)* intero *m*, tutto *m; (alles zusammen)* tutto *m;* **das ~ ist sehr unerfreulich** il tutto è proprio poco piacevole; **nichts ~s und nichts Halbes** né carne né pesce; **es geht ums ~** è in gioco tutto; **aufs ~ gehen** *fam* mirare al tutto.

Ganzheit ‹-, -en› *f (Einheit)* tutto *m*, totalità *f; (Vollständigkeit)* completezza *f*, interezza *f;* **in seiner ~** nella sua interezza. **ganzheitlich** *a* complessivo.

ganzjährig *adv* tutto l'anno.

gänzlich ['gɛntslɪç] *adv* completamente, del tutto.

ganztägig [-tɛ:gɪç] *a, adv* full time.

gar[1] [ga:ɐ] *a (Speise)* cotto, pronto.

gar[2] [ga:ɐ] *adv (so~)* addirittura, persino; *(vor Negationen)* non ... affatto; *(etwa)* magari, forse; *(nicht etwa: vor Negationen)* mica; **~ kein** non ... affatto; **~ keiner** nessuno; **~ nicht** per niente, nient'affatto; **(rein) ~ nichts** proprio nulla, niente di niente *fam*.

Garage [ga'ra:ʒə] ‹-, -n› *f* (auto)rimessa *f*, garage *m;* **in die ~ stellen/fahren** mettere in garage.

Garant [ga'rant] ‹-en, -en› *m* garante *mf (für* per).

Garantie [...'ti:, ...'ti:ən] ‹-, -n› *f* garanzia *f (für* per); **die ~ für etw. übernehmen** assumersi la garanzia per qc.

garantieren [...'ti:rən] ‹*ohne ge-*› **I.** *tr* garantire; **garantiert frisch** garantito fresco; **II.** *itr:* **für etw. ~** garantire per qc.

Garantieschein *m* certificato *m* di garanzia.

Garaus ['ga:ɐ?aus] *m:* **jdm den ~ machen** ammazzare qu, uccidere qu.

Garbe ['garbə] ‹-, -n› *f (Getreide~)* covone *m; (Geschoß~)* raffica *f*.

Gardasee ['gardaze:] *m* lago *m* di Garda.

Garde ['gardə] ‹-, -n› *f* guardia *f;* **die alte ~** *fig* la vecchia guardia.

Garderobe [gardə'ro:bə] ‹-, -n› *f* guardaroba *f; theat* camerino *m;* **an der ~ abgeben** depositare in guardaroba. **Garderobenfrau** *f* guardarobiera *f*. **Garderobenmarke** *f* marchetta *f* guardaroba. **Garderobenständer** *m* attaccapanni *m.*

Gardine [gar'di:nə] ‹-, -n› *f* tenda *f,* tendina *f,* cortina *f;* **hinter schwedischen ~n sitzen** *fam* essere in gattabuia *fam.* **Gardinenpredigt** *f fam* ramanzina *f fam;* **jdm eine ~ halten** fare una ramanzina a qu *fam.* **Gardinenstange** *f* asta *f* delle tende.

Gardist [gar'dıst] ‹-en, -en› *m* soldato *m* della guardia.

gären ['gɛ:rən] ‹gärt, gärte *o.* gor, gegärt *o.* gegoren› *itr* **1.** ‹*haben o. sein*› fermentare, essere in fermentazione; **2.** ‹*haben*› *fig geh:* **es gärt im Volke** il popolo è in fermento.

Garn [garn] ‹-(e)s, -e› *n* filato *m,* filo *m;* **jdm ins ~ gehen** *fig* cadere nella rete di qu.

Garnele [gar'ne:lə] ‹-, -n› *f* gamberetto *m.*

garnieren [gar'ni:rən] ‹*ohne ge-*› *tr* guarnire (*mit* con).

Garnison [garni'zo:n] ‹-, -en› *f (Standort)* guarnigione *f; (Besatzung)* presidio *m.*

Garnitur [garni'tu:ɐ̯] ‹-, -en› *f* **1.** *(zusammengehörige Teile)* insieme *m,* completo *m; (von Tischen)* set *m; (von Bettwäsche)* parure *f; (von Knöpfen)* serie *f; (Schreibtisch~)* servizio *m* (da scrivania); **2.** *(Unterwäsche)* coordinato *m* di biancheria intima; **3.** *(Besatz)* guarnizione *f;* **die erste ~** *fig* la prima scelta; **zweite ~ sein, zur zweiten ~ gehören** *fig* essere scadente.

Garnknäuel *m o. n* gomitolo *m* di filo. **Garnrolle** *f* rocchetto *m* di filato.

garstig ['garstıç] *a* **1.** *(häßlich)* brutto; *(abstoßend)* schifoso; **2.** *(böse)* cattivo.

Garten ['gartən] ‹-s, ⸚› *m allg.* giardino *m; (Nutz~)* orto *m; (Obst~)* frutteto *m;* **im ~ arbeiten** lavorare in giardino. **Gartenarbeit** *f* lavoro *m* di giardinaggio. **Gartenbau** ‹-(e)s, ø› *m* giardinaggio *m; (von Nutzgärten)* orticoltura *f.* **Gartenfest** *n* festa *f* in giardino, garden-party *m.* **Gartengerät** *n* attrezzo *m* da giardino. **Gartenhaus** *n* padiglione *m* nel giardino. **Gartenlaube** *f* pergola *f,* pergolato *m; (Haus)* capanno *m.* **Gartenmesser** *n* roncola *f.* **Gartenmöbel** *n pl* mobili *m pl* da giardino. **Gartenschau** *f* rassegna *f* del giardinaggio. **Gartenschere** *f* cesoie *f pl* per potare, forbici *f pl* da giardiniere. **Gartenschlauch** *m* sistola *f* (per innaffiare). **Gartenzaun** *m* recinto *m* del giardino. **Gartenzwerg** *m* nanetto *m* (per ornamento di giardini).

Gärtner(in) ['gɛrtnɐ (...ərın)] ‹-s, -› *m(f)* giardiniere, -a *m, f.*

Gärtnerei [gɛrtnə'rai̯] ‹-, -en› *f* **1.** *(Unternehmen)* azienda *f* di floricoltura; **2.** *(Gartenbau)* giardinaggio *m.*

Gärtnerin *f s.* **Gärtner.**

Gärung ‹-, -en› *f* fermentazione *f.*

Gas [ga:s] ‹-es, -e› *n* gas *m;* **das ~ andrehen/abstellen** accendere/spegnere il gas; **~ geben** *mot* accelerare; **~ wegnehmen** *mot* togliere il gas. **Gasanzünder** *m* accendigas *m.* **Gasbeleuchtung** *f* illuminazione *f* a gas. **Gasbrenner** *m* becco *m* a gas, bruciatore *m* per gas. **Gasfeuerzeug** *n* accendino *m* a gas. **Gasflasche** *f* bombola *f* del gas. **gasförmig** [-fœrmıç] *a* gassoso, aeriforme. **Gashahn** *m* rubinetto *m* del gas; **den ~ aufdrehen** *fig* suicidarsi col gas. **Gashebel** *m* leva *f* del gas. **Gasheizung** *f* riscaldamento *m* a gas. **Gasherd** *m* cucina *f* a gas. **Gaskammer** *f* camera *f* a gas. **Gaskocher** *m* fornello *m* a gas. **Gaslampe** *f* lampada *f* a gas. **Gasleitung** *f* conduttura *f* del gas. **Gasmann** *m* letturista *m* (del gas). **Gasmaske** *f* maschera *f* antigas.

Gasometer [gazo'me:tɐ] ‹-s, -› *m* gasometro *m.*

Gaspedal *n* pedale *m* dell'acceleratore. **Gasrohr** *n* tubo *m* del gas.

Gasse ['gasə] ‹-, -n› *f* viuzza *f,* vicolo *m;* **eine ~ bilden** fare un passaggio; **etw. über die ~ verkaufen** *A* vendere qc da portar via.

Gast [gast] ‹-es, ⸚e› *m* ospite *mf,* invitato, -a *m, f; (Tisch~)* convitato, -a *m, f; (Fremder)* forestiero, -a *m, f; (Besucher)* frequentatore, -trice *m, f; (in Gaststätte, Hotel)* cliente *mf; (in Pension)* pensionante *mf; (Hospitant)* uditore, -trice *m, f;* **jdn zu ~ bitten** invitare qu; **die Gäste begrüßen** dare il benvenuto agli ospiti; **Gäste haben** avere ospiti; **bei jdm zu ~ sein, jds ~ sein** essere ospite di qu. **Gastarbeiter(in)** *m(f)* lavoratore, -trice *m, f* straniero, -a.

Gästebuch ['gɛstə-] *n* libro *m* degli ospiti. **Gästezimmer** *n* camera *f* degli ospiti.

gastfrei, gastfreundlich **I.** *a* ospitale; **II.** *adv* in modo ospitale. **Gastfreundschaft** *f* ospitalità *f.* **Gastgeber(in)** *m(f)* ospite *mf,* ospitante *mf,* chi invita. **Gasthaus** *n,* **-hof** *m* locanda *f,* albergo *m.* **Gasthörer(in)** *m(f)* uditore, -trice *m, f.*

gastieren [gas'ti:rən] ‹*ohne ge-*› *itr* fare una recita straordinaria.
Gastland *n* paese *m* ospitante. **gastlich I.** *a* ospitale; **II.** *adv* in maniera ospitale. **Gastprofessor(in)** *m(f)* professore, -essa *m, f* ospite.
Gastronomie [gastrono'mi:] ‹-, ø› *f* gastronomia *f*.
gastronomisch [...'no:mɪʃ] *a* gastronomico.
Gastspiel *n theat* spettacolo *m* straordinario; *sport* gioco *m* straordinario. **Gaststätte** *f* ristorante *m*, trattoria *f*. **Gaststube** *f* sala *f* (da pranzo). **Gastwirt(in)** *m(f)* oste *mf; (bes. Schankwirt)* albergatore, -trice *m, f; (Speisewirt)* trattore, -trice *m, f*. **Gastwirtschaft** *f s.* **Gaststätte.**
Gasuhr *f* contatore *m* del gas. **Gasvergiftung** *f* avvelenamento *m* da gas. **Gaswerk** *n* officina *f* del gas.
Gatte ['gatə] ‹-n, -n› *m*, **Gattin** ['gatɪn] *f geh, adm* coniuge *m geh*, consorte *f geh*.
Gatter ['gatɐ] ‹-s, -› *n* recinto *m*, steccato *m*.
Gattin *f s.* **Gatte.**
Gattung ['gatʊŋ] ‹-, -en› *f* genere *m*.
Gaudi ['gaudi] ‹-s, ø› *n o.* ‹-, ø› *f fam* spasso *m*, divertimento *m*.
Gaul [gaul] ‹-(e)s, ⸚e› *m pej* ronzino *m;* **einem geschenkten ~ schaut man nicht ins Maul** *prov* a caval donato non si guarda in bocca *prov*.
Gaumen ['gaumən] ‹-s, -› *m* palato *m*.
Gauner(in) ['gaunɐ (...ərɪn)] ‹-s, -› *m(f)* **1.** *(Betrüger)* imbroglione, -a *m, f*, truffatore, -trice *m, f;* **2.** *fam (durchtriebener Mensch)* furfante *mf*.
Gaunerei [gaunə'rai] ‹-, -en› *f* furfanteria *f*.
Gaunerin *f s.* **Gauner.**
Gaze ['ga:zə] ‹-, -n› *f* garza *f*.
Gazelle [ga'tsɛlə] ‹-, -n› *f* gazzella *f*.
geb. *ab von* **geboren(e)** nato, -a.
Gebäck [gə'bɛk] ‹-(e)s, -e› *n* biscotti *m pl*, paste *f pl*, dolci *m pl*.
Gebälk [gə'bɛlk] ‹-(e)s, ø› *n* impalcatura *f*, travatura *f*.
geballt *a (Faust)* serrato, chiuso; *fig (Energie, Ladung)* concentrato.
gebar [gə'ba:ɐ] *1. u. 3. pers sing imp von* **gebären.**
Gebärde [gə'bɛ:ɐdə] ‹-, -n› *f* gesto *m*.
gebärden ‹*ohne ge-*› *rfl:* **sich ~** atteggiarsi.
gebären [gə'bɛ:rən] ‹gebiert, gebar, geboren› *tr* partorire; **geboren werden** nascere, essere nato.
Gebärmutter *f* utero *m*.
gebauchpinselt [gə'bauxpɪnzəlt] *a scherz:* **sich ~ fühlen** sentirsi lusingato.
Gebäude [gə'bɔydə] ‹-s, -› *n* **1.** *(Bau)* edificio *m*, fabbricato *m;* **2.** *fig (Aufbau)* sistema *m*. **Gebäudekomplex** *m* caseggiato *m*.
gebaut *a:* **gut ~** *(Mensch)* ben fatto.
Gebein [gə'bain] *n* **1.** *(Glieder)* ossa *f pl;* **2.** ‹*sing*› *(sterbliche Reste)* scheletro *m*.
Gebell [gɛ'bɛl] ‹-(e)s, ø› *n* abbaio *m*.
geben ['ge:bən] ‹gibt, gab, gegeben› **I.** *tr* **1.** *allg.* dare; *(reichen)* porgere *(jdm etw.* qc a qu); *(schenken)* regalare *(jdm etw.* qc a qu), donare *(jdm etw.* qc a qu); *(Schatten, Kühle, Mut, Hoffnung, Ohrfeige, Tritt, Stoß)* dare *(jdm* a qu); **2.** *(zuteilen, gewähren, verleihen)* dare; *(Rabatt, Kredit)* fare; **3.** *(ergeben)* dare come risultato, produrre; **4.** *(veranstalten)* dare; *TV* dare, trasmettere; **5.** *(unterrichten: Fach, Nachhilfeunterricht)* insegnare; *(Unterricht)* dare; **6.** *fam (irgendwohin tun)* mettere; **es gibt jemanden, der ...** c'è qualcuno che ...; **es gibt viele Menschen, die ...** ci sono molte persone che ...; **was gibt's?** *fam* che c'è?; **was gibt's zum Mittagessen/im Kino?** che c'è a pranzo?/che cosa danno al cinema?; **was gibt's Neues?** che c'è di nuovo?; **es wird Regen/Ärger ~** pioverà/ci saranno noie; **das gibt's (doch) nicht** non è possibile; **da gibt's nichts!** *fam* non c'è niente da dire; **gleich gibt's was!** *fam* presto ci saranno guai; **was es nicht alles gibt!** è una parola strana; **Sachen gibt's, die gibt's gar nicht!** *fam* incredibile!, inaudito!; **gib's ihm!** *fam* dagliele! *fam;* **dem habe ich's aber (ordentlich) gegeben** *fam* gli ho risposto per le rime *fam;* **sich** *(dat)* **etw. ~ lassen** farsi dare qc; **~ Sie mir bitte ein Pfund Äpfel** mi dia mezzo chilo di mele, per favore; **~ Sie mir bitte Frau Schnorr** *tel* mi passi la signora Schnorr, per favore; **ich gäbe viel darum zu ...** darei molto per ...; **viel/nicht viel auf etw. ~** tenere molto/non molto a qc; **etw. von sich** *(dat)* **~** *(Laut)* proferire qc; *(Meinung)* esprimere qc; *(Lebenszeichen)* dare qc; *(Nahrung)* vomitare qc, rimettere qc; **zu denken ~** dare da pensare; **zu verstehen ~** far capire; **jdm Stunden ~** dare lezioni private a qu; **II.** *itr (Karten ~)* distribuire, dare; *sport (Aufschlag haben)* servire, battere; **wer gibt?** chi distribuisce?; **G~ ist seliger denn Nehmen** *prov* è meglio dare che

prendere *prov;* **III.** *rfl:* **sich ~ 1.** *(nachlassen: Kälte, Eifer, Wut)* diminuire; *(Schmerzen)* calmarsi, placarsi; *(aufhören: Probleme)* smettere; **2.** *(sich benehmen)* comportarsi; **das wird sich schon ~** la cosa si risolverà; **sich gelassen/heiter ~** mostrarsi tranquillo/sereno; **sich geschlagen ~** darsi per vinto; **sich zu erkennen ~** farsi riconoscere.

Geber(in) ‹-s, -› *m(f)* donatore, -trice *m, f; (bes. in Zusammensetzungen)* datore, *rar* -trice *m, f.* **Geberlaune** *f:* **in ~ sein** essere in vena di dare.

Gebet [gə'be:t] ‹-(e)s, -e› *n* preghiera *f;* **jdn ins ~ nehmen** fare un rabbuffo a qu. **Gebetbuch** *n* libro *m* delle preghiere.

gebeten *pp von* **bitten.**

gebiert [gə'bi:ɐ̯t] *3. pers sing pr von* **gebären.**

Gebiet [gə'bi:t] ‹-(e)s, -e› *n* **1.** *(Region)* regione *f,* zona *f; adm, pol* territorio *m;* **2.** *fig (Fach~)* campo *m,* materia *f; (Bereich)* sfera *f;* **auf allen ~en** *fig* in tutti i campi; **auf dem ~ der Technik** in campo tecnico.

gebieten ‹*irr, ohne ge-*› **I.** *tr geh (befehlen, verlangen)* imporre; **II.** *itr* **1.** *poet (herrschen)* dominare (*über ein Volk* un popolo); **2.** *geh (verfügen)* disporre (*über* di).

gebieterisch *a geh* imperioso, dispotico.

Gebilde [gə'bɪldə] ‹-s, -› *n (Ding, Gegenstand)* cosa *f,* oggetto *m; (Form, Struktur)* forma *f,* struttura *f; (Schöpfung, Werk)* creazione *f,* opera *f; (Konstruktion)* costruzione *f; (Einrichtung)* arredamento *m; (der Phantasie)* opera *f,* frutto *m.*

gebildet *a* colto, istruito.

Gebinde [gə'bɪndə] ‹-s, -› *n (Blumen~)* mazzo *m; (Kranz)* ghirlanda *f.*

Gebirge [gə'bɪrgə] ‹-s, -› *n* montagna *f,* montagne *f pl,* monti *m pl;* **ins ~ fahren** andare in montagna; **im ~** in montagna. **gebirgig** *a* montagnoso, montuoso. **Gebirgsjäger** *m mil* alpino *m;* cacciatore *m* delle Alpi. **Gebirgszug** *m* catena *f* di monti.

Gebiß [gə'bɪs] ‹Gebisses, Gebisse› *n (natürliches)* dentatura *f,* denti *m pl; (künstliches)* dentiera *f; (am Pferdezaum)* morso *m.*

gebissen [gə'bɪsən] *pp von* **beißen.**

Gebläse [gə'blɛ:zə] ‹-s, -› *n* compressore *m; mot* ventilatore *m.*

geblieben [gə'bli:bən] *pp von* **bleiben.**

geblümt [gə'bly:mt] *a* a fiori, fiorito.

Geblüt [gə'bly:t] ‹-(e)s, ø› *n geh* indole *f.*

gebogen [gə'bo:gən] **I.** *pp von* **biegen; II.** *a* piegato, curvato, curvo.

geboren [gə'bo:rən] **I.** *pp von* **gebären; II.** *a* (*ab* **geb.**) nato; **Frau X, ~e Y** la signora X, nata Y; **~er Deutscher** tedesco di nascita; **zu etw. ~ sein** essere nato (*o.* fatto) per qc; **sie ist die ~e Lehrerin** è nata per fare l'insegnante; **wann/wo sind Sie ~?** quando/dov'è nato?

geborgen [gə'bɔrgən] **I.** *pp von* **bergen; II.** *a* al sicuro (*vor* da), al coperto (*vor* di); **sich (bei jdm) ~ fühlen** sentirsi sicuro da (*o.* presso) qu. **Geborgenheit** ‹-, ø› *f* sicurezza *f,* intimità *f.*

geborsten [gə'bɔrstən] *pp von* **bersten.**

Gebot [gə'bo:t] ‹-(e)s, -e› *n* **1.** *(Befehl)* comando *m,* ordine *m;* **2.** *rel* comandamento *m; (gesetzlich)* precetto *m;* **3.** *(bei Auktion)* offerta *f;* **jdm zu ~e stehen** essere a disposizione di qu; **die Zehn ~e** i dieci comandamenti; **ein ~ der Menschlichkeit** *geh* un dovere umano; **das ~ der Stunde** *geh* la necessità del momento.

geboten [gə'bo:tən] **I.** *pp von* **bieten; II.** *a geh (notwendig)* necessario; *(dringend)* urgente; *(angezeigt)* indicato.

Gebr. *ab von* **Gebrüder** F.lli (*ab von* fratelli).

gebracht [gə'braxt] *pp von* **bringen.**

gebrannt [gə'brant] **I.** *pp von* **brennen; II.** *a:* **~e Mandeln** mandorle tostate; **ein ~es Kind scheut das Feuer** *prov* can scottato all'acqua calda ha paura della fredda.

Gebrauch [gə'braux] *m* **1.** ‹*sing*› *(Anwendung)* uso *m,* impiego *m;* **2.** *(Brauch)* usanza *f,* costume *m;* **außer ~** fuori uso; **in ~** in uso; **von etw. ~ machen** usare qc; **in ~ nehmen** adottare; **vor ~ schütteln** agitare prima dell'uso.

gebrauchen ‹*ohne ge-*› *tr (Werkzeug, etc.)* utilizzare, usare; *(Waffe, Gewalt, Verstand, List, Wort, Wendung)* usare; *(Tabletten, Mittel)* prendere; **noch gut zu ~ sein** essere ancora utilizzabile; **das könnte ich gut ~** mi farebbe comodo *fam;* **jdn zu etw. ~** *(mißbrauchen)* approfittare di qu per qc; **ich könnte jetzt etwas zu essen ~** mangerei volontieri qc; **zu nichts zu ~ sein** non essere buono a nulla; **nicht mehr zu ~** inservibile.

gebräuchlich [gə'brɔyçlɪç] *a (üblich)* usato, in uso; *(Ausdruck)* corrente;

(gewöhnlich) comune, usuale; **nicht mehr ~** fuori uso; **~ sein** essere in uso (*o.* in voga).

Gebrauchsanweisung *f* istruzione *f* per l'uso. **Gebrauchsartikel** *m* articolo *m* di prima necessità. **gebrauchsfertig** *a* pronto per l'uso. **Gebrauchsgegenstand** *m* oggetto *m* d'uso comune.

gebraucht *a* usato; *(Kleider)* smesso; **etw. ~ kaufen** comprare qc di seconda mano. **Gebrauchtwagen** *m* automobile *f* usata (*o.* di seconda mano).

Gebrechen [gəˈbrɛçən] ‹-s, -› *n* malanno *m*, infermità *f*.

gebrechlich *a (schwächlich)* malaticcio, debole; *(altersschwach)* decrepito; *(zerbrechlich)* fragile. **Gebrechlichkeit** ‹-, ø› *f* debolezza *f*, infermità *f*; *(Altersschwäche)* decrepitezza *f*.

gebrochen [gəˈbrɔxən] **I.** *pp von* **brechen; II.** *a* **1.** *(niedergedrückt: Mensch)* affranto, abbattuto; *(Stimme)* rotto, spezzato; **2.** *(fehlerhaft: Deutsch, etc.)* stentato; **3.** *(Farbe)* spento; **~ Deutsch sprechen** parlare tedesco stentatamente; **mit ~em Herzen** col cuore infranto (*o.* spezzato).

Gebrüder [gəˈbryːdɐ] ‹*pl*› (*ab* **Gebr.**) fratelli *m pl*; **~ Müller** fratelli Müller.

Gebrüll [gəˈbrʏl] ‹-(e)s, ø› *n (von Rind)* muggito *m*; *(von Menschen)* grida *f pl*, urli *m pl*; *(von wildem Tier)* ruggito *m*.

Gebühr [gəˈbyːɐ̯] ‹-, -en› *f* ‹*meist pl*› *(Abgabe)* tassa *f*; *(Telefon~)* tariffa *f*; *(Fernseh~, Rundfunk~)* canone *m*; *(Straßenbenutzungs~)* pedaggio *m*; *(Beitrag)* contributo *m*, quota *f*; *(Vermittlungs~)* provvigione *f*; *(Honorar)* onorario *m*, competenze *f pl*; **~ bezahlt Empfänger** tassa a carico del destinatario; **nach ~** a dovere, secondo il merito; **über ~** più del giusto.

gebühren [gəˈbyːrən] ‹*ohne ge-*› *geh* **I.** *itr:* **jdm ~** spettare a qu, essere dovuto a qu; **II.** *rfl:* **sich ~** convenirsi, addirsi; **wie es sich gebührt** come si deve. **gebührend** *a* **1.** *(verdient)* dovuto, meritato; **2.** *(gehörig)* conveniente.

Gebühreneinheit *f tel* scatto *m*. **Gebührenerhöhung** *f* aumento *m* delle tasse (*o.* delle imposte). **Gebührenerlaß** *m* esenzione *f* dalle tasse, franchigia *f*. **gebührenfrei** *a* esente da tasse; *(Postsendung)* franco di porto. **Gebührenordnung** *f* tariffario *m*. **gebührenpflichtig** *a* soggetto a tassa, tassabile; *(Straße, Brücke)* a pagamento; **~e Verwarnung** contravvenzione *f*, multa *f*. **Gebührenzähler** *m tel* contatore *m* telefonico.

gebunden [gəˈbʊndən] **I.** *pp von* **binden; II.** *a* **1.** *(verpflichtet)* vincolato (*an* a), legato (*an* a); **2.** *(Kapital)* vincolato; *(Preise)* controllato; **3.** *(Buch)* rilegato; *(Töne)* legato; **zeitlich/vertraglich ~ sein** essere vincolato dal tempo/da un contratto.

Geburt [gəˈbuːɐ̯t] ‹-, -en› *f* **1.** *(von Lebewesen)* nascita *f*; *(Entbindung)* parto *m*; **2.** *(statistisch: Neu~)* nascita *f*; **3.** *(Abstammung, Ursprung)* origine *f*; **von ~ an** dalla nascita; **das war eine schwere ~** *(a. fig)* è stato un parto laborioso; **Deutscher von ~** tedesco di nascita. **Geburtenkontrolle** *f*, **-regelung** *f* controllo *m* delle nascite. **Geburtenrückgang** *m* diminuzione *f* delle nascite. **geburtenschwach** *a (Jahrgang)* con basso tasso di natalità. **geburtenstark** *a (Jahrgang)* con alto tasso di natalità. **Geburtenüberschuß** *m* eccedenza *f* delle nascite sui decessi. **Geburtenziffer** *f* natalità *f*. **Geburtenzuwachs** *m* aumento *m* delle nascite.

gebürtig [gəˈbʏrtɪç] *a:* **~ aus Rom** nativo, -a *m, f* di (*o.* nato, -a a) Roma; **~er Römer** romano di nascita.

Geburtsanzeige *f (Karte)* partecipazione *f*; *(in Zeitung)* annuncio *m* di nascita. **Geburtsdatum** *n* data *f* di nascita. **Geburtsfehler** *m* difetto *m* congenito (*o.* di nascita). **Geburtshaus** *n* casa *f* natale. **Geburtshelfer(in)** *m(f)* ostetrico, -a *m, f*; *(a. Ärztin)* medico *m* ostetrico; *(Hebamme)* ostetrica *f*. **Geburtshilfe** *f* ostetricia *f*. **Geburtsjahr** *n* anno *m* di nascita. **Geburtsort** *m* luogo *m* di nascita.

Geburtstag *m* **1.** *(Tag der Geburt)* data *f* di nascita; **2.** *(Fest)* compleanno *m*; **herzlichen Glückwunsch zum ~!** tanti auguri di buon compleanno; **jdm zum ~ gratulieren** fare a qu gli auguri per il compleanno; **ich habe heute ~** oggi è il mio compleanno. **Geburtstagskarte** *f* biglietto *m* d'auguri per il compleanno. **Geburtstagskind** *n* festeggiato, -a *m, f*.

Geburtsurkunde *f* atto *m* di nascita.

Gebüsch [gəˈbʏʃ] ‹-(e)s, -e› *n* cespuglio *m*, boscaglia *f*.

Geck [gɛk] ‹-en, -en› *m pej* bellimbusto *m*, gagà *m fam*.

gedacht [gəˈdaxt] **I.** *pp von* **denken; II.** *a* immaginario, fittizio.

Gedächtnis [gəˈdɛçtnɪs] ‹-ses, -se› *n* **1.** *(Erinnerungsvermögen)* memoria *f*; **2.** *(Andenken)* ricordo *m*; **aus dem**

~ a memoria; **zum** ~ in ricordo (*an* di), in memoria (*an* di); **sich** *(dat)* **etw. ins ~ zurückrufen** richiamarsi qc alla memoria; **mein ~ läßt mich im Stich** la memoria mi tradisce; **ein schlechtes ~ haben** avere una cattiva memoria; **ein ~ wie ein Sieb haben** *fam* non ricordarsi dal naso alla bocca *fam.* **Gedächtnislücke** *f* amnesia *f.* **Gedächtnisschwund** *m* amnesia *f* totale. **Gedächtnisverlust** *m* perdita *f* della memoria.

gedämpft *a* **1.** *gastr* stufato; **2.** *(Schall, Farbe, Licht, Stimme)* smorzato.

Gedanke [gə'daŋkə] ‹-ns, -n› *m* **1.** *(Überlegung, Erinnerung)* pensiero *m;* **2.** *(Einfall, Vorstellung, Plan, Absicht)* idea *f;* **3.** *(Begriff)* concetto *m;* **4.** *(Absicht)* intenzione *f;* **5.** *(~ngang)* ragionamento *m;* **jdn auf den ~n bringen, daß ...** indurre qu a pensare che ..., fare pensare a qu che ...; **jdn auf andere ~n bringen** distrarre qu; **auf den ~n kommen zu** avere l'idea di; **~n lesen** leggere nel pensiero; **sich** *(dat)* **~n machen** preoccuparsi (*über* di, per); **mit dem ~n umgehen** (*o.* **spielen) zu ...** rimuginare l'idea di ... *inf;* **auf diesen ~n wäre ich nie gekommen** non mi sarebbe mai venuta l'idea; **mir kam der ~ zu ...** mi venne l'idea di ... *inf;* **der bloße ~, schon der ~** solo a pensarci; **in ~n (versunken)** assorto in pensieri; **in ~n bin ich bei dir** ti sono vicino col pensiero. **Gedankenaustausch** *m* scambio *m* di idee (*o.* di vedute). **Gedankenblitz** *m* lampo *m* di genio. **Gedankengang** *m* ragionamento *m.* **Gedankengut** *n* pensiero *m; (ideologisch)* bagaglio *m* ideologico. **gedankenlos** *a (zerstreut)* distratto; *(unüberlegt)* sconsiderato; *(mechanisch)* meccanico. **Gedankenlosigkeit** ‹-, -en› *f* spensieratezza *f,* distrazione *f,* sbadataggine *f;* **aus ~** per distrazione. **Gedankenstrich** *m* lineetta *f,* trattino *m.* **Gedankenübertragung** *f* telepatia *f.* **gedankenvoll** *a* pensieroso, assorto in pensieri. **Gedankenwelt** *f* pensiero *m;* mondo *m* spirituale.

gedanklich *a (das Denken betreffend)* mentale, intellettuale; *(begrifflich)* concettuale.

Gedärm [gə'dɛrm] ‹-(e)s, -e› *n* intestino *m,* visceri *m pl.*

Gedeck [gə'dɛk] ‹-(e)s, -e› *n* coperto *m.*

Gedeih [gə'dai̯] *m:* **auf ~ und Verderb** nella buona e nella cattiva sorte.

gedeihen [gə'dai̯ən] ‹gedeiht, gedieh, gediehen› *itr* ‹*sein*› *allg.* crescere (bene), prosperare; *(sich gut entwickeln)* prosperare; *(Pflanze)* attecchire; *(gut vorangehen)* progredire, andare avanti bene; **die Sache ist so weit gediehen, daß ...** la cosa è giunta al punto che ...; **wie weit sind die Verhandlungen gediehen?** a che punto sono le trattative? **Gedeihen** ‹-s, ø› *n (von Firma, Wirtschaft)* prosperare *m; (von Pflanze, Kind)* crescita *f; (von Plänen)* progredire *m; (Gelingen)* riuscita *f.*

gedenken ‹*irr, ohne ge-*› *itr* **1.** *(feiern):* **jds ~** commemorare qu; **2.** *geh (sich erinnern):* **jds/jds Worten ~** ricordarsi di qu/delle parole di qu; **3.** *(beabsichtigen):* **etw. zu tun ~** avere l'intenzione di fare qc. **Gedenken** ‹-s, ø› *n* memoria *f;* **zum ~ an jdn** in memoria di qu. **Gedenkfeier** *f* commemorazione *f.* **Gedenktafel** *f* lastra *f* commemorativa.

Gedicht [gə'dıçt] ‹-(e)s, -e› *n* **1.** *(Werk)* poesia *f,* poema *m;* **2.** *fam (etwas besonders Schönes)* sogno *fam; (bes. kulinarisch)* squisitezza *f.* **Gedichtsammlung** *f* raccolta *f* di poesie, antologia *f* poetica.

gediegen [gə'di:gən] *a* **1.** *(rein: Metall)* puro; **2.** *(zuverlässig)* saldo, fermo; **3.** *(qualitativ gut)* di buona qualità; *(sorgfältig)* accurato; *(solid)* solido; **4.** *fam (wunderlich)* strano, strambo.

gedieh [gə'di:] *1. u. 3. pers sing imp von* **gedeihen.**

gediehen [gə'di:ən] *pp von* **gedeihen.**

Gedränge [gə'drɛŋə] ‹-s, ø› *n (Menschenmenge)* calca *f fam,* ressa *f fam,* folla *f; (Drängelei)* pigia pigia *m fam;* **ins ~ kommen** *fig* essere messo alle strette, venire a trovarsi nei guai.

gedrängt *a* **1.** *(beengt)* serrato, stretto, fitto; **2.** *(knapp: Stil, Übersicht)* conciso, succinto; **~ voll** pieno zeppo (*von* di) *fam.*

gedroschen [gə'drɔʃən] *pp von* **dreschen.**

gedrückt *a (Mensch)* depresso, scoraggiato, abbattuto; **~er Stimmung sein** essere depresso. **Gedrücktheit** ‹-, ø› *f* avvilimento *m.*

gedrungen [gə'drʊŋən] **I.** *pp von* **dringen; II.** *a* tarchiato. **Gedrungenheit** ‹-, ø› *f* corporatura *f* tarchiata.

Geduld [gə'dʊlt] ‹-, ø› *f* pazienza *f; (Nachsicht)* indulgenza *f* (*mit* con);

(Ausdauer) perseveranza *f;* **sich in ~ fassen, sich mit ~ wappnen** armarsi di pazienza; **~ haben** *(warten)* pazientare; **mit jdm ~ haben** aver pazienza con qu; **die ~ verlieren** perdere la pazienza.

gedulden ‹*ohne ge-*› *rfl:* **sich ~** pazientare, aver pazienza.

geduldig *a* paziente; *(nachsichtig)* indulgente (*mit* con), tollerante (*mit* con); **~ wie ein Lamm** mite come un agnello.

Geduldsfaden *m:* **mir reißt der ~** *fam* mi scappa la pazienza *fam.* **Geduldsprobe** *f:* **jdn auf eine (harte) ~ stellen** mettere a dura prova la pazienza di qu. **Geduldsspiel** *n* gioco *m* di pazienza.

gedurft [gə'durft] *pp von* **dürfen.**

geehrt *a* stimato, onorato; *(geachtet)* riverito; **sehr ~er Herr M.** egregio signor M; **sehr ~e Damen und Herren** gentili signori e signore; **sehr ~e Damen, sehr ~e Herren** *(in Brief)* gentili Signore, egregi Signori.

geeignet *a* **1.** *(Mensch)* adatto (*zu, für* a, per), idoneo (*zu, für* a, per), atto (*für* a); **2.** *(zweckmäßig)* opportuno, appropriato.

Gefahr [gə'fa:ɐ̯] ‹-, -en› *f* pericolo *m,* rischio *m; (Bedrohung)* minaccia *f* (*für* di); **auf die ~ hin** a rischio di; **auf die ~ hin, daß ...** a costo di ... *inf;* **auf eigene ~** a proprio rischio e pericolo; **außer ~** fuori pericolo; **bei ~** in caso di pericolo; **in ~ bringen** mettere a repentaglio; **~ laufen** correre il rischio (*zu* di); **es besteht keine ~** non c'è pericolo; **wer sich in ~ begibt, kommt darin um** *prov* chi ama il pericolo, perirà in esso.

gefährden [gə'fɛ:ɐ̯dən] ‹*ohne ge-*› *tr* mettere in pericolo; *(Ruf, Stellung)* compromettere; *(aufs Spiel setzen)* mettere a repentaglio. **gefährdet** *a* in pericolo, minacciato.

Gefährdung ‹-, ø› *f* pericolo *m,* minaccia *f.*

Gefahrengebiet *n* zona *f* di pericolo. **Gefahrenherd** *m* focolaio *m* di pericoli. **Gefahrenquelle** *f* fonte *f* di pericoli.

gefährlich [gə'fɛ:ɐ̯lɪç] *a* pericoloso; *(riskant)* rischioso; *(gewagt)* azzardato; *(ernst)* serio, grave. **Gefährlichkeit** ‹-, ø› *f* pericolosità *f,* rischio *m; (von Krankheit)* gravità *f.*

gefahrlos *a* senza pericolo, senza rischio; *(sicher)* sicuro; *(harmlos)* innocuo.

Gefährte [gə'fɛ:ɐ̯tə] ‹-n, -n› *m,* **Gefährtin** [...tɪn] *f geh* compagno, -a *m, f.*

gefahrvoll *a* rischioso.

Gefälle [gə'fɛlə] ‹-s, -› *n (Neigung)* pendenza *f; (von Straße)* discesa *f; phys* gradiente *m; (Höhenunterschied)* dislivello *m; (Unterschied)* differenza *f.*

gefallen[1] ‹*irr, ohne ge-*› *itr* piacere (*dat* a), andare a genio (*dat* a); **sich** *(dat)* **~ in** compiacersi di; **sich** *(dat)* **alles ~ lassen** sopportare ogni cosa; **das gefällt mir (gut)** mi piace; **wie gefällt Ihnen der Film?** come trova il film?; **das Konzert hat mir gefallen** il concerto mi è piaciuto; **das gefällt mir gar nicht** *(spricht mich nicht an)* non rivolgermi la parola!; *(paßt mir nicht)* la cosa non mi va; *(ist verdächtig)* la faccenda puzza *fam;* **er gefällt mir gar nicht** *fam (gesundheitlich)* ha un aspetto che non mi piace; **das lasse ich mir von ihm nicht ~!** questo da lui non lo sopporto (*o.* accetto)!; **das lasse ich mir schon eher ~** questo mi piace già di più.

gefallen[2] *a (Soldat, Engel)* caduto; *(Mädchen)* caduto, traviato.

Gefallen[1] ‹-s, -› *m (Freundschaftsdienst)* piacere *m,* favore *m;* **jdm einen ~ tun** (*o.* **erweisen)** fare un piacere a qu; **jdm den ~ tun zu** fare a qu il piacere di.

Gefallen[2] ‹-s, ø› *n (Freude)* piacere *m,* diletto *m;* **an etw. ~ finden** trovar piacere (*o.* diletto) in qc; **nach ~** a piacere (*o.* piacimento).

Gefallene ‹ein -r, -n, -n› *m* caduto *m.*

gefällig *a* **1.** *(angenehm)* piacevole, gradevole; *(einnehmend)* attraente; **2.** *(hilfsbereit)* cortese, gentile; *(zuvorkommend)* premuroso; **Kaffee ~?** desidera del caffè?; **jdm ~ sein** fare un favore a qu. **Gefälligkeit** ‹-, -en› *f* **1.** *(Freundschaftsdienst)* piacere *m,* favore *m;* **2.** ‹*sing*› *(Hilfsbereitschaft)* compiacenza *f,* cortesia *f;* **3.** ‹*sing*› *(ansprechende Art)* piacevolezza *f;* **aus ~** per far piacere; **jdn um eine ~ bitten** chiedere un piacere a qu; **jdm eine ~ erweisen** fare un piacere a qu. **gefälligst** *adv fam* per piacere, per favore, gentilmente.

gefangen *a* preso; *(Tiere)* catturato; *(inhaftiert)* imprigionato, detenuto; *fig* abbindolato. **Gefangene** ‹ein -r, -n, -n› *m f* prigioniero, -a *m, f; (Inhaftierter)* detenuto, -a *m, f.* **Gefangenenaustausch** *m* scambio *m* di prigionieri. **Gefangenenlager** *n* campo *m* di prigionieri. **gefangen·halten**

⟨*irr*⟩ *tr* tenere prigioniero; *fig (bannen)* avvincere. **Gefangennahme** [-na:mə] ⟨-, -n⟩ *f* cattura *f*. **gefangen·nehmen** ⟨*irr*⟩ *tr* prendere; *(a. mil)* catturare; *(verhaften)* arrestare; *fig (fesseln)* avvincere. **Gefangenschaft** ⟨-, ø⟩ *f (bes. mil)* prigionia *f; (Haft)* detenzione *f; (von Tieren)* cattività *f;* **aus der ~ entlassen** rilasciare dalla prigionia; **in ~ geraten** cadere prigioniero.

Gefängnis [gəˈfɛŋnɪs] ⟨-ses, -se⟩ *n (Ort)* prigione *f; (a. Strafe)* carcere *m;* **jdn zu einem Jahr ~ verurteilen** condannare qu ad un anno di reclusione; **im ~ sein (***o.* **sitzen)** essere in prigione; **ins ~ kommen** finire in prigione. **Gefängnishof** *m* cortile *m* (di prigione). **Gefängnisstrafe** *f* pena *f* detentiva; **zu einer ~ von zwei Jahren verurteilen** condannare a due anni di reclusione. **Gefängniswärter(in)** *m(f)* agente *mf* di custodia.

Gefasel [gəˈfa:zəl] ⟨-s, ø⟩ *n pej* discorsi *m pl* insulsi.

Gefäß [gəˈfɛ:s] ⟨-es, -e⟩ *n* **1.** *(Behälter)* recipiente *m,* vaso *m;* **2.** *anat* vaso *m;* **3.** *bot* canale *m.*

gefaßt *a (ruhig)* calmo, tranquillo; **auf etw. ~ sein** aspettarsi qc; **sich auf etw. ~ machen** aspettarsi qc; **auf alles (***o.* **aufs Schlimmste) ~ sein** rassegnarsi al peggio; **du kannst dich auf was ~ machen!** *fam* stai fresco! *fam.* **Gefaßtheit** ⟨-, ø⟩ *f* impassibilità *f.*

Gefecht [gəˈfɛçt] ⟨-(e)s, -e⟩ *n (Kampf)* combattimento *m; (Zusammenstoß)* scontro *m;* **außer ~ setzen** *(a. fig)* mettere fuori combattimento. **Gefechtskopf** *m* testa *f* esplosiva.

gefeit [gəˈfai̯t] *a:* **gegen etw. ~ sein** essere immune da qc.

Gefieder [gəˈfi:dɐ] ⟨-s, -⟩ *n* piumaggio *m,* penne *f pl.* **gefiedert** *a* pennuto, piumato.

Geflecht [gəˈflɛçt] ⟨-(e)s, -e⟩ *n (a. fig)* intreccio *m; (aus Zweigen)* graticcio *m.*

gefleckt [gəˈflɛkt] *a* macciato; *(bes. Tiere)* pezzato.

geflissentlich [gəˈflɪsəntlɪç] **I.** *a* intenzionale, voluto; **II.** *adv* intenzionalmente, apposta.

geflochten [gəˈflɔxtən] *pp von* **flechten.**

geflogen [gəˈflo:gən] *pp von* **fliegen.**

geflohen [gəˈflo:ən] *pp von* **fliehen.**

geflossen [gəˈflɔsən] *pp von* **fließen.**

Geflügel [gəˈfly:gəl] ⟨-s, ø⟩ *n* volatili *m pl,* pollame *m.*

geflügelt [gəˈfly:gəlt] *a* alato; **~e Worte** parole alate.

Geflügelzucht *f* pollicoltura *f.*

Geflüster [gəˈflʏstɐ] ⟨-s, ø⟩ *n* bisbiglio *m,* mormorio *m.*

gefochten [gəˈfɔxtən] *pp von* **fechten.**

Gefolge [gəˈfɔlgə] ⟨-s, *rar* -⟩ *n* seguito *m;* **etw. im ~ haben** *fig* avere per conseguenza qc, provocare qc.

Gefolgschaft ⟨-, -en⟩ *f* seguito *m; pol (Anhänger)* seguaci *m pl; (Schüler, Jünger)* discepoli *m pl.*

gefragt *a (begehrt)* richiesto.

gefräßig [gəˈfrɛ:sɪç] *a* ingordo, vorace. **Gefräßigkeit** ⟨-, ø⟩ *f* ingordigia *f,* voracità *f.*

Gefreite [gəˈfrai̯tə] ⟨ein -r, -n, -n⟩ *m* appuntato *m.*

Gefrieranlage *f* impianto *m* di congelamento.

gefrieren ⟨*irr, ohne ge-*⟩ *itr* ⟨*sein*⟩ (con)gelare, ghiacciare.

Gefrierfach *n* freezer *m,* congelatore *m.* **Gefrierfleisch** *n* carne *f* congelata. **gefriergetrocknet** *a* liofilizzato. **Gefrierpunkt** *m* punto *m* di congelamento; **auf/über/unter dem ~** al/sopra/sotto il punto di congelamento. **Gefriertruhe** *f* congelatore *m.*

gefroren [gəˈfro:rən] **I.** *pp von* **frieren; II.** *a* (con)gelato.

Gefüge [gəˈfy:gə] ⟨-s, -⟩ *n* struttura *f; fig* compagine *f.*

gefügig *a* docile, arrendevole, accomodante; **jdn ~ machen** rendere docile qu. **Gefügigkeit** ⟨-, ø⟩ *f (Willfährigkeit)* duttilità *f; (Gehorsam)* ubbidienza *f.*

Gefühl [gəˈfy:l] ⟨-(e)s, -e⟩ *n* **1.** *(körperliche Wahrnehmung)* sensazione *f;* **2.** *(seelische Empfindung)* sentimento *m,* emozione *f; (Empfindsamkeit)* sentimento *m,* sensibilità *f;* **3.** *(Ahnung)* sensazione *f;* **4.** *(Gespür, Verständnis)* senso *m* (*für* di); *(Takt)* tatto *m;* **etw. im ~ haben** avere il presentimento di qc, sentire qc; **jds ~e erwidern** ricambiare i sentimenti di qu; **das ist das höchste der ~e** *fam* è il massimo (che si possa raggiungere); **mit ~** con sentimento; **seine ~e beherrschen** dominare i propri sentimenti; **ich habe das ~, daß er uns nicht mag** ho l'impressione che non gli piacciamo. **gefühllos** *a* **1.** *(Gliedmaßen)* intorpidito, insensibile; **2.** *(hartherzig)* insensibile, senza cuore; *(grausam)* crudele. **Gefühllosigkeit** ⟨-, ø⟩ *f* **1.** *(von Gliedmaßen)* insensibilità *f;* **2.** *(Hartherzigkeit)* insensibilità *f,* durezza *f* di cuore;

(Grausamkeit) crudeltà *f.* **Gefühlsausbruch** *m* sfogo *m* di sentimenti. **gefühlsbetont** *a (Mensch)* sentimentale; *(Rede)* carico di emozioni. **Gefühlsduselei** [-du:zəˈlai] ‹-, -en› *f fam pej* sentimentalismo *m.* **Gefühlsleben** *n* vita *f* sentimentale. **gefühlsmäßig I.** *a (Reaktion)* emotivo; **II.** *adv* sul piano dei sentimenti; **etw. rein ~ erfassen** cogliere qc intuitivamente. **Gefühlsmensch** *m* persona *f* che si lascia guidare dai sentimenti. **Gefühlssache** *f (Sache des Gefühls)* questione *f* di sentimento; *(Sache des Gespürs)* questione *f* di sensibilità (*o.* di intuito). **gefühlvoll I.** *a* pieno di sentimenti, appassionato; *(empfindsam)* sensibile; *(zärtlich)* affettuoso; **II.** *adv* con sentimento, appassionatamente.

gefüllt *a* **1.** *(voll)* pieno, riempito; **2.** *(Blume)* doppio; **3.** *gastr* farcito, ripieno.

gefunden [gəˈfʊndən] **I.** *pp von* **finden; II.** *a:* **das ist ein ~es Fressen für ihn** *fig* non chiede di meglio *fam.*

gefüttert *a (Kleidungsstück)* foderato (*mit* di).

gegangen [gəˈgaŋən] *pp von* **gehen.**

gegeben *a (bestimmt)* determinato; **unter ~en Umständen** in determinate circostanze; **zu ~er Zeit** a tempo debito; **etw. als ~ voraussetzen** dare qc per concesso. **gegebenenfalls** *adv* eventualmente, in caso. **Gegebenheit** ‹-, -en› *f* circostanza *f;* ‹*pl*› realtà *f,* caratteristiche *f pl.*

gegen [ˈge:gən] *prp acc* **1.** *(feindlich, entgegen, angelehnt, im Verhältnis zu)* contro; **2.** *(in Beziehung zu Personen)* verso, con; **3.** *(im Austausch)* dietro, contro; **4.** *(als Entgelt für)* per, in cambio di; **5.** *(auf ... zu)* verso, in direzione di; *(zeitlich)* verso; **6.** *(etwa)* all'incirca, circa; **7.** *(im Gegensatz zu)* contrariamente a; **8.** *(im Vergleich zu)* in confronto a; **9.** *(~ eine Krankheit)* per, contro; **~ 4 Uhr** verso le 4; **~ Quittung** dietro ricevuta; **das ist (gut) ~ Kopfweh** questo fa bene per il mal di testa; **ich wette zehn ~ eins** scommetto dieci contro uno; **ich habe etwas/nichts ~ ihn** ho qualcosa/non ho niente contro di lui; **~ etw. sein** essere contrario a (*o.* contro) qc.

Gegenangriff *m* contrattacco *m.* **Gegenbesuch** *m:* **(bei) jdm einen ~ machen** contraccambiare una visita a qu. **Gegenbeweis** *m* controprova *f;* **den ~ liefern** provare il contrario.

Gegend [ˈge:gənt] ‹-, -en› *f* **1.** *(Landschaft)* paesaggio *m;* **2.** *(Gebiet)* regione *f,* contrada *f,* paese *m; (Körper~)* regione *f;* **3.** *(Wohn~)* quartiere *m;* **4.** *(nähere Umgebung)* vicinanze *f pl,* paraggi *m pl;* **in der ~ sein** essere nei paraggi.

Gegendarstellung *f* smentita *f; (gegensätzlicher Sachverhalt)* tesi *f* contraria. **Gegendienst** *m:* **jdm einen ~ erweisen** contraccambiare qc a qu. **Gegendruck** ‹-(e)s, ø› *m tec* reazione *f; fig* resistenza *f;* **Druck erzeugt ~** la pressione produce contropressione.

gegeneinander [-ʔaiˈnande] *adv* **1.** *(feindlich)* l'uno contro l'altro; l'un l'altro; **2.** *(zueinander)* l'uno verso l'altro, l'un l'altro; **3.** *(im Austausch)* l'uno per l'altro. **gegeneinander·halten** ‹*irr*› *tr (vergleichen)* paragonare, confrontare.

Gegenfahrbahn *f* corsia *f* contromano. **Gegenfrage** *f* controdomanda *f.* **Gegengewicht** *n* contrappeso *m* (*zu* a); **das ~ zu etw. sein** controbilanciare qc. **Gegengift** *n* antidoto *m,* contravveleno *m.* **Gegenkandidat(in)** *m(f)* candidato, -a *m, f* avversario, -a (*o.* di opposizione). **Gegenleistung** *f* contropartita *f,* contraccambio *m,* compenso *m;* **als ~ für** in compenso di. **Gegenlicht** *n* controluce *f.* **Gegenlichtaufnahme** *f* fotografia *f* in controluce. **Gegenliebe** *f* amore *m* ricambiato; *(Anklang)* simpatia *f;* **er fand keine ~** il suo amore non venne ricambiato; **seine Vorschläge fanden keine ~** le sue proposte non incontrarono molto favore. **Gegenmaßnahme** *f* contromisura *f; (vorbeugend)* misura *f* preventiva; *(Vergeltung)* rappresaglia *f;* **~n ergreifen** (*o.* **treffen**) adottare contromisure. **Gegenmittel** *n med* rimedio *m* (*gegen* contro); *fig* antidoto *m* (*gegen* a). **Gegenoffensive** *f (a. fig)* controffensiva *f.* **Gegenpartei** *f pol* partito *m* avversario; *jur* controparte *f; sport* squadra *f* avversaria, avversari *m pl.* **Gegenprobe** *f* controprova *f.* **Gegenrede** *f* **1.** *(Einwand)* obiezione *f;* **2.** *geh (Antwort)* replica *f,* risposta *f.* **Gegenreformation** *f* controriforma *f.* **Gegenrichtung** *f* direzione *f* opposta.

Gegensatz *m (Unterschied)* contrasto *m* (*zu* con); *(Widerspruch)* contraddizione *f* (*zu* con); **im ~ zu** in contrasto con, a differenza di; **im ~ stehen** contrastare (*zu* con); **Gegensätze ziehen sich an** gli opposti si attraggono.

gegensätzlich [-zɛtslɪç] *a (entgegen-*

gesetzt) contrario, opposto; *(widersprüchlich)* contradditorio, contrastante.

Gegenschlag *m* contrattacco *m.* **Gegenseite** *f* **1.** *(räumlich)* parte *f* opposta, lato *m* opposto; **2.** *pol* opposizione *f;* **3.** *jur* controparte *f.* **gegenseitig** *a* reciproco, mutuo; **in ~em Einvernehmen** di comune accordo; **sich ~ helfen** aiutarsi a vicenda. **Gegenseitigkeit** ‹-, ø› *f* reciprocità *f;* **auf ~ beruhen** essere reciproco. **Gegenspieler(in)** *m(f) sport* avversario, -a *m, f; fig* antagonista *mf.* **Gegensprechanlage** *f* citofono *m.*

Gegenstand *m* **1.** *(Ding)* oggetto *m,* cosa *f; fig (des Hasses, etc.)* oggetto *m;* **2.** *(Thema)* soggetto *m,* materia *f;* **3.** *(Angelegenheit)* faccenda *f;* **~ des Spottes** oggetto di scherno.

gegenständlich [-ʃtɛntlɪç] *a* concreto.

gegenstandslos *a* **1.** *(ungültig)* nullo; *(unbegründet)* infondato; **2.** *(Kunst)* astratto, informale.

Gegenströmung *f* controcorrente *f.*

Gegenstück *n* **1.** *(Pendant)* pendant *m,* oggetto *m* (*o.* pezzo *m*) di riscontro; **2.** *(Gegensatz)* opposto *m* (*zu* di); **das ~ bilden zu** essere il pendant di.

Gegenteil *n* contrario *m* (*von* di), opposto *m* (*von* di); **im ~** al contrario, anzi. **gegenteilig** *a* contrario, opposto; **im ~en Fall** in caso contrario.

gegenüber [ge:gən'ʔy:bɐ] **I.** *adv* di fronte (*von* a); **das Haus ~** la casa di fronte; **II.** *prp dat* **1.** *(örtlich)* di fronte a, di faccia a, dirimpetto a; **2.** *(im Vergleich mit)* in confronto a, paragonato a; **3.** *(in bezug auf)* nei confronti (*o.* riguardi) di, relativamente a; *(angesichts)* in vista di; **mir ~** *(im Umgang mit mir)* con me, nei miei confronti. **Gegenüber** ‹-s, -› *n (Mensch)* persona *f* di fronte. **gegenüberliegend** *a* di fronte, di faccia. **gegenüber·stehen** ‹*irr*› *rfl:* **sich** *(dat)* **~** star di fronte; **jdm feindlich/freundlich ~** essere ostile a/ben disposto verso qu. **gegenüber·stellen** *tr* **1.** *(räumlich)* mettere di fronte (*dat* a); **2.** *(konfrontieren bes. jur)* confrontare (*dat* con), mettere a confronto (*dat* con); **3.** *(vergleichen)* confrontare (*dat* con), paragonare (*dat* a); **4.** *(entgegensetzen)* contrapporre (*dat* a). **Gegenüberstellung** *f* confronto *m.* **gegenüber·treten** ‹*irr*› *itr* ‹*sein*›**:** **jdm ~** comparire a qu; **einer S. ~** *(seinem Schicksal)* affrontare qc.

Gegenverkehr *m* traffico *m* in senso opposto (*o.* contrario).

Gegenwart ['ge:gənvart] ‹-, ø› *f* **1.** *(Anwesenheit)* presenza *f;* **2.** *(jetzige Zeit, a. gram)* presente *m;* **in ~ von** in presenza di; **in meiner ~** in mia presenza.

gegenwärtig ['ge:gənvɛrtɪç *o.* ...'vɛrtɪç] **I.** *a* **1.** *(anwesend)* presente; **2.** *(jetzig)* presente, attuale; **3.** *(aus dieser Zeit)* contemporaneo; **4.** *(vorherrschend)* prevalente; **5.** *(heutig)* odierno; **II.** *adv* **1.** *(momentan)* al momento, attualmente; **2.** *(heutzutage)* oggigiorno; **etw. ~ haben** *(sich erinnern)* aver presente qc.

Gegenwert *m* controvalore *m,* equivalente *m.* **Gegenwind** *m* vento *m* contrario. **gegen·zeichnen** *tr* controfirmare. **Gegenzug** *m* **1.** *(im Spiel)* contromossa *f; fig* contromanovra *f;* **2.** *Eisenb.* treno *m* che incrocia.

gegessen [gə'gɛsən] *pp von* **essen.**

geglichen [gə'glɪçən] *pp von* **gleichen.**

geglitten [gə'glɪtən] *pp von* **gleiten.**

geglommen [gə'glɔmən] *pp von* **glimmen.**

Gegner(in) ['ge:gnɐ (...ərɪn)] ‹-s, -› *m(f)* avversario, -a *m, f,* antagonista *mf; (Feind)* nemico, -a *m, f; sport* avversario, -a *m, f; (von Meinung, Methode, a. jur)* oppositore, -trice *m, f* (*gen* di); *(Rivale)* rivale *mf,* antagonista *mf.* **gegnerisch** *a* avversario; *(feindlich)* ostile, nemico. **Gegnerschaft** ‹-, ø› *f* opposizione *f,* antagonismo *m; (Feindseligkeit)* ostilità *f,* avversione *f.*

gegolten [gə'gɔltən] *pp von* **gelten.**

gegoren [gə'go:rən] *pp von* **gären.**

gegossen [gə'gɔsən] *pp von* **gießen.**

gegr. *ab von* **gegründet** fond. (*ab von* fondato, -a).

gegriffen [gə'grɪfən] *pp von* **greifen.**

Gehabe [gə'ha:bə] ‹-s, ø› *n pej* smancerie *f pl.*

Gehackte [gə'haktə] ‹ein -s, -n, ø› *n gastr* carne *f* tritata (*o.* macinata).

Gehalt[1] [gə'halt] ‹-(e)s, -e› *m* **1.** *(Anteil)* contenuto *m* (*an* di); *(Alkohol~)* percentuale *f; (von Edelmetall)* titolo *m,* tenore *m;* **2.** *fig (geistiger Inhalt)* contenuto *m; (innerer Wert)* valore *m* intrinseco.

Gehalt[2] [gə'halt] ‹-(e)s, ¨er› *n* stipendio *m.*

gehaltlos *a (Nahrung)* senza valore nutritivo; *fig (inhaltslos)* senza contenuto, vuoto; *(oberflächlich)* superficiale.

Gehaltsanspruch *m* diritto *m* allo stipendio. **Gehaltsempfänger(in)**

m(f) stipendiato, -a *m, f.* **Gehaltserhöhung** *f* aumento *m* dello stipendio. **Gehaltsstufe** *f* categoria *f* (*o.* classe *f*) di stipendio. **Gehaltsverhandlungen** *f pl* trattative *f pl* salariali. **Gehaltszulage** *f* supplemento *m* di stipendio.

gehaltvoll *a (Nahrung)* nutritivo, sostanzioso; *fig* di valore.

gehangen [gəˈhaŋən] *pp von* **hängen.**

geharnischt [gəˈharnɪʃt] *a* pepato.

gehässig [gəˈhɛsɪç] *a* maligno, pieno di odio. **Gehässigkeit** ‹-, -en› *f* malignità *f.*

gehäuft I. *a (Löffel)* colmo; **II.** *adv:* ~ **auftreten** succedere frequentemente.

Gehäuse [gəˈhɔyzə] ‹-s, -› *n* **1.** *(Umhüllung)* involucro *m; (Uhr~)* cassa *f; (von technischen Geräten)* scatola *f,* rivestimento *m,* involucro *m,* alloggiamento *m; (von Motor)* basamento *m; (von Radio)* alloggiamento *m; (von Kamera)* custodia *f; (von Kompaß)* mortaio *m;* **2.** *(von Weichtier)* guscio *m;* **3.** *(Kern~)* torsolo *m.*

Gehege [gəˈhe:gə] ‹-s, -› *n* **1.** *(Jagdrevier)* riserva *f* (*o.* bandita *f*) di caccia; **2.** *(Tier~, Wild~)* recinto *m;* **jdm ins ~ kommen** intralciare i piani di qu.

geheim [gəˈhaim] *a* segreto; **im ~en** in segreto; **streng ~!** segreto!; *(auf Dokumenten)* riservato. **Geheimagent(in)** *m(f)* agente *mf* segreto, -a. **Geheimdienst** *m* servizio *m* segreto. **Geheimfach** *n* cassetto *m* segreto. **geheim·halten** ‹*irr*› *tr* tenere segreto (*o.* nascosto); *(verheimlichen)* celare (*vor jdm* a qu). **Geheimhaltung** *f* segretezza *f,* occultamento *m.*

Geheimnis ‹-ses, -se› *n* segreto *m; (nicht Erforschbares)* mistero *m,* arcano *m;* **aus etw. ein/kein ~ machen** fare/non fare un mistero (*o.* un segreto) di qc; **ein offenes ~** un segreto di Pulcinella. **Geheimniskrämer** [-krɛ:mɐ] ‹-s, -› *m* persona *f* misteriosa; *(wer sich mit Geheimnissen wichtig tut)* persona *f* piena di segreti. **Geheimniskrämerei** [-krɛ:mərai] ‹-, -en› *f* comportamento *m* misterioso. **geheimnisvoll** *a* misterioso; **~ tun** fare il misterioso. **Geheimnummer** *f tel* numero *m* telefonico segreto. **Geheimpolizei** *f* polizia *f* segreta.

Geheiß [gəˈhais] ‹-es, ø› *n;* **auf jds ~** *geh* per ordine di qu.

gehemmt *a (Mensch, Benehmen)* inibito.

gehen [ˈge:ən] ‹geht, ging, gegangen› ‹*sein*› **I.** *itr* **1.** *allg.* andare; *(zu Fuß)* camminare, andare a piedi; *(spazieren~)* andare a passeggio; **2.** *(weg~)* andar via, andarsene; *(Zug, Schiff: abfahren)* partire; **3.** *tec (Maschine)* funzionare; *(Uhr)* andare; **4.** *(Ware)* vendersi; *(Geschäft)* andare bene; **5.** *(Teig)* crescere, alzarsi; **6.** *(Tür: bewegt werden)* muoversi; **7.** *(reichen)* arrivare (*bis* fino a); **8.** *(hinein~, passen)* entrare (*in* in); **9.** *(andauern)* durare; **10.** *(möglich sein)* essere possibile; **~ auf** *(Fenster)* dare su; **auf die andere Seite ~** passare dall'altra parte; **auf Reisen ~** andare in viaggio; **mit jdm ~** *(begleiten)* accompagnare qu; *(mit einem Mädchen)* andare con qu, frequentare qu; **zu jdm ~** *(besuchen)* andare da qu, fare una visita a qu; **zum Arzt ~** andare dal medico; **zum Friseur/Bäcker ~** andare dal parrucchiere/dal panettiere; **in sich ~** *(sein Gewissen prüfen)* fare l'esame di coscienza; **auf und ab ~** andare su e giù (*im Zimmer* per la stanza); **auf die 50 ~** andare per i 50; **wie ~ die Geschäfte?** come vanno gli affari?; **das Geschäft geht (gut)/ nicht (***o.* **schlecht)** gli affari vanno bene/non vanno bene (*o.* vanno male); **nach dem Äußeren ~** giudicare dalle apparenze; **nach dem, was er sagt, kann man nicht ~** non ci si può regolare in base a quello che dice; **bei jdm aus und ein ~** frequentare qu; **essen ~** andare a mangiare; **gut ~** *com* vendersi bene, trovare smercio; **so gut es geht** il meglio possibile; **so weit ~, etw. zu tun** arrivare al punto di fare qc; **ich gehe jetzt** me ne vado; **geh doch (***o.* **schon)!** va pure!; **es geht** *(a. gesundheitlich)* va bene; *(ich brauche keine Hilfe)* ce la faccio da solo; **es geht nicht anders** non si può fare diversamente; **es geht auf Mittag** è quasi mezzogiorno; **es geht mir gut** sto bene; **das geht nicht** non si può fare così, così non va; **geht es so/ morgen?** va bene così/domani?; **es geht mir schlecht** sto male; **es geht schon, es wird schon ~** andrà bene; **es geht (so** *o.* **einigermaßen)** *fam* non c'è male, va così così; **es geht mir auch so** succede anche a me; **so geht es nicht** così non va; **es geht nichts über ...** non c'è di meglio che ...; **es geht um** *(es handelt sich darum)* si tratta di; *(steht auf dem Spiel)* è in gioco; **darum geht es (hier) nicht** non si tratta di questo; **es geht um Leben und Tod** è questione di vita o di morte; **das geht zu weit** quest è troppo; **worum geht's?** di che cosa si tratta?; **wie geht es Ihnen?** come sta?; **wenn es nach mir ginge** se dipendesse da me; **wenn es (gar) nicht anders geht** se proprio è indispensabile, se proprio non si può farne a meno; **es geht sich schlecht hier** qui si cammina male; **ach, geh (doch)!** ma va là!; **wie geht das vor sich?** come si fa?; **endlich geht er an die Arbeit** finalmente si mette al lavoro; **er geht nach der Regel** si tiene alla regola; **II.** *tr (Strecke)* percorrere.

gehen·lassen ‹*irr*› **I.** *tr* lasciar andare; **II.** *rfl:* **sich ~** *(im Benehmen)* perdere il controllo di se stesso; *(in der Kleidung)* lasciarsi andare, trascurarsi, essere trasandato.

Geher(in) ‹-s, -› *m(f) sport* marciatore, -trice *m, f.*

geheuer [gəˈhɔyɐ] *a:* **nicht ~ sein** *(verdächtig)* essere sospetto; *(gruselig, beängstigend)* essere sinistro (*o.* pauroso); *(unbehaglich)* essere spiacevole; **das ist mir nicht ~** ciò mi insospettisce, ciò non mi piace; **hier ist es mir nicht ganz ~** in questo posto non mi sento del tutto a mio agio; **das kommt mir nicht ~ vor** la cosa mi dà da pensare.

Gehilfe [gəˈhɪlfə] ‹-n, -n› *m,* **Gehilfin** [...fɪn] *f* **1.** aiuto *m,* assistente *mf;* **2.** *(nach Lehre)* garzone *m;* **3.** *(Laden~)* commesso, -a *m, f;* **4.** *(Komplize)* complice *mf.*

Gehirn [gəˈhɪrn] ‹-(e)s, -e› *n* cervello *m;* **er hat kein ~** *fam* non ha cervello (*o.* testa *fam*) *fam.* **Gehirnerschütterung** *f* commozione *f* cerebrale. **Gehirnhaut** *f* meninge *f.* **Gehirnhautentzündung** *f* meningite *f.* **Gehirnschlag** *m* apoplessia *f* cerebrale, colpo *m* apoplettico al cervello. **Gehirnwäsche** *f* lavaggio *m* del cervello.

gehoben [gəˈhoːbən] **I.** *pp von* **heben; II.** *a* **1.** *(Stil, Ausdrucksweise)* elevato, sostenuto; **2.** *(anspruchsvoll)* sofisticato; **3.** *(Stellung)* elevato; **4.** *(Stimmung)* allegro, brioso; **der ~e Dienst** il grado amministrativo.

Gehöft [gəˈhøːft] ‹-(e)s, -e› *n* fattoria *f,* masseria *f,* podere *m.*

geholfen [gəˈhɔlfən] *pp von* **helfen.**

Gehölz [gəˈhœlts] ‹-es, -e› *n* **1.** *(kleiner Wald)* boschetto *m;* **2.** *(Holzgewächse)* boscaglia *f.*

Gehör [gəˈhøːɐ] ‹-(e)s, ø› *n* **1.** *(~sinn)* udito *m;* **2.** *(Tonempfindung)* orecchio *m;* **3.** *(Beachtung)* ascolto *m;* **nach ~** a orecchio; **~ finden** trovare ascolto (*bei jdm* presso qu); **ein gutes ~ haben** aver l'udito fine; **sich** *(dat)* **~ verschaffen** farsi ascoltare.

gehorchen ‹*ohne ge-*› *itr* ubbidire (*jdm* a qu); **jdm nicht ~** disubbidire a qu.

gehören ‹*ohne ge-*› **I.** *itr* **1.** *(als Eigentum)* appartenere (*dat* a), essere (*dat* di); **2.** *(als Teil)* fare parte (*zu* di); *(zu einer Zahl)* essere (*zu* di, tra); **3.** *(an bestimmten Platz)* andare messo, dover stare; **4.** *(zustehen: Achtung, etc.)* spettare (*jdm* a qu); **das gehört mir** questo è mio; **sie gehört zu denen, die** è tra quelle che; **er gehört zu den besten Dichtern** è tra i migliori poeti; **dazu gehört nicht viel** non ci vuole molto; **diese Frage gehört nicht hierher** questo non c'entra; **du gehörst ins Bett** dovresti essere a letto; **der Schrank gehört nicht hierher** non è questo il posto dell'armadio; **zu diesem Kleid ~ schöne Schuhe** con (*o.* per) questo abito ci vogliono delle belle scarpe; **und alles was dazu gehört** e tutto quello che ne fa parte; **die Sache gehört vor das Gericht** la cosa è di competenza del tribunale; **II.** *rfl:* **sich ~** convenire, addirsi; **das gehört sich nicht** non si fa; **wie es sich gehört** *(sich schickt)* come si addice; *(ordentlich)* come si deve.

Gehörfehler *m* difetto *m* dell'udito. **Gehörgang** *m* meato *m* uditivo.

gehörig **I.** *a* **1.** *(gehörend)* appartenente (*jdm* a qu, *zu etw.* a qc); **2.** *(gebührend)* dovuto, spettante; **3.** *(erforderlich)* necessario, richiesto; **4.** *fam (gründlich)* bello, grande; *(bes. Strafe, Prügel)* forte; **II.** *adv* **1.** *(gebührend)* a dovere, doverosamente; **2.** *(gründlich)* per bene; **jdm ~ die Meinung sagen** dire a qu quello che si merita.

gehorsam [gəˈhoːɐzaːm] *a* ubbidiente. **Gehorsam** ‹-s, ø› *m* ubbidienza *f,* obbedienza *f.*

Gehsteig [ˈgeːʃtaɪk] ‹-(e)s, -e› *m,* **-weg** *m* marciapiede *m.*

Geier [ˈgaɪɐ] ‹-s, -› *m* avvoltoio *m;* **weiß der ~** *sl* ma che ne so io! *fam.*

geifern [ˈgaɪfɐn] *itr (sabbern)* sbavare; *(Schaum vor dem Mund haben)* avere la bava alla bocca; *fig pej (giftig reden)* inveire (*gegen* contro).

Geige [ˈgaɪgə] ‹-, -n› *f* violino *m;* **auf der ~ spielen** suonare il violino; **die erste ~ spielen** *fig* essere il numero uno, fare il bello ed il cattivo tempo *fam;* **der Himmel hängt ihm voller ~n** vede tutto rose e fiori.

geigen *itr* suonare il violino.

Geigenbauer(in) ‹-s, -› *m(f)* liutaio, -a

m, f, violinaio, -a *m, f.* **Geigenbogen** *m* archetto *m* del violino.

Geiger(in) ‹-s, -› *m(f)* violinista *mf.*

Geigerzähler *m* contatore *m* (di) Geiger.

geil [gail] *a (lüstern)* lussurioso, libidinoso, lascivo; **er ist ~ nach Erfolg** è avido di successo; **das ist echt ~!** *sl* è fantastico! **Geilheit** ‹-, ø› *f* libidine *f.*

Geisel ['gaizəl] ‹-, -n› *f* ostaggio *m.* **Geiselnahme** [-na:mə] ‹-, -n› *f* presa *f* in ostaggio. **Geiselnehmer(in)** ‹-s, -› *m(f)* persona *f* che tiene in ostaggio qu, sequestratore *m.*

Geiß [gais] ‹-, -en› *f (süddeutsch, A: Ziege)* capra *f.* **Geißblatt** *n* caprifoglio *m,* madreselva *f.* **Geißbock** *m* caprone *m,* becco *m.*

Geißel ['gaisəl] ‹-, -n› *f (a. fig, biol)* flagello *m.*

geißeln I. *tr* **1.** *(mit Geißel schlagen)* frustare; *rel* flagellare; **2.** *fig (kasteien)* mortificare; **3.** *fig (anprangern)* criticare severamente, stimmatizzare; **II.** *rfl:* **sich ~** *(bes. rel)* flagellarsi, frustarsi.

Geißeltierchen *n* flagellato *m.*

Geist [gaist] ‹-(e)s, -er› *m* **1.** ‹*sing*› *(Denken, Vernunft)* spirito *m,* ingegno *m;* **2.** ‹*sing*› *(Intellekt, Witz)* spirito *m;* **3.** *(Denker, Genie)* spirito *m;* **4.** ‹*sing*› *(Seele)* anima *f,* spirito *m;* **5.** *(Gespenst)* spirito *m,* fantasma *m,* spettro *m;* **6.** ‹*sing*› *(Vorstellung)* pensiero *m,* spirito *m;* **7.** *(Gesinnung, Sinn)* spirito *m,* intenzione *f;* **seinen ~ aufgeben** *(sterben)* rendere l'anima a Dio; *fam (nicht mehr funktionieren)* smettere di funzionare; **hier scheiden sich die ~er** qui le strade si dividono; **kleine ~er** *(ungebildet)* gli ignoranti; *(engstirnig)* la gente limitata; **in jds ~e handeln** operare secondo le intenzioni di qu; **etw. im ~(e) vor sich** *(dat)* **sehen** vedere qc davanti a sé col pensiero; **von allen guten ~ern verlassen sein** *fam* aver perso la testa *fam;* **ich weiß, wes ~es Kind er ist** so come la pensa lui; **der böse ~** lo spirito maligno; **der Heilige ~** lo Spirito Santo.

Geisterbahn *f* galleria *f* degli orrori. **Geisterfahrer(in)** *m(f)* automobilista *mf* che viaggia contromano. **geisterhaft** *a* da fantasma, spettrale; *fig (übernatürlich)* soprannaturale, misterioso.

geistern *itr* ‹*sein*› aggirarsi come un fantasma; **durch die Wohnung/Straßen ~** aggirarsi per l'appartamento/le strade come un fantasma; **der Gedanke geistert durch die Köpfe (der Leute)** il pensiero occupa la gente.

Geisterstadt *f* città *f* fantasma. **Geisterstunde** *f* ora *f* degli spiriti, mezzanotte *f.*

geistesabwesend I. *a (nicht bei der Sache)* assente, distratto, svagato; *(nachdenklich)* assorto; **II.** *adv* distrattamente. **Geistesabwesenheit** *f* distrazione *f.* **Geistesblitz** *m* lampo *m* di genio. **Geistesgegenwart** *f* presenza *f* di spirito. **geistesgegenwärtig I.** *a* che denota prontezza di spirito; **II.** *adv* con prontezza di spirito. **geistesgestört** *a* alienato (di mente), malato di mente. **Geistesgestörte** ‹ein -r, -n, -n› *mf* alienato, -a *m, f* mentale. **Geistesgröße** *f* **1.** ‹*sing*› *(Genialität)* genialità *f;* **2.** *(Mensch)* genio *m.* **Geisteshaltung** *f* attitudine *f* mentale, mentalità *f.* **geisteskrank** *a* malato di mente. **Geisteskranke** *mf* malato, -a *m, f* di mente. **Geisteskrankheit** *f* malattia *f* mentale; *(Psychose)* psicosi *f.* **Geistesstörung** *f* turba *f* mentale. **geistesverwandt** *a* spiritualmente affine (*mit* a). **Geisteswissenschaften** ‹*pl*› scienze *f pl* morali. **Geisteswissenschaftler(in)** *m(f)* umanista *f;* studioso, -a *m, f* di scienze umane. **geisteswissenschaftlich** *a* di scienze umane. **Geisteszustand** *m* stato *m* mentale; **jdn auf seinen ~ untersuchen** esaminare lo stato mentale di qu.

geistig *a* **1.** *(gedanklich)* intellettuale; *(verstandesmäßig)* mentale; **2.** *(innerlich)* spirituale, interiore; **3.** *(unkörperlich)* immateriale.

geistlich *a* spirituale; *mus* sacro; *(kirchlich)* ecclesiastico; *(klerikal)* clericale. **Geistliche** ‹ein -r, -n, -n› *m* ecclesiastico *m; (Priester)* prete *m,* sacerdote *m; (Pastor)* pastore *m.*

geistlos *a (einfallslos)* privo d'ingegno; *(dumm)* stupido, sciocco; *(fade)* insulso, piatto, insipido; *(langweilig)* noioso. **Geistlosigkeit** ‹-, -en› *f* **1.** ‹*sing*› *(Einfallslosigkeit)* futilità *f; (Dummheit)* sciocchezza *f; (Fadheit)* scipitaggine *f; (Langweiligkeit)* monotonia *f;* **2.** *(Äußerung)* insulsaggine *f.* **geistreich** *a* spiritoso; *(einfallsreich)* ingegnoso, geniale. **geisttötend** *a* noioso, monotono. **geistvoll** *a (Mensch)* spiritoso; *(Unterhaltung)* brillante; *(Äußerung)* arguto; *(Buch)* profondo.

Geiz [gaits] ‹-es, ø› *m* avarizia *f.*

geizen *itr* essere avaro (*mit* con), lesinare (*mit* su); *fig* lesinare (*mit etw.* qc), essere parco (*mit* di).

Geizhals *m* avaro *m*, spilorcio *m fam.*

geizig *a* avaro (*mit* di); *(zu sparsam)* parsimonioso (*mit* di).

Geizkragen *m fam* spilorcio *m fam.*

Gejammer [gəˈjamɐ] ‹-s, ø› *n* lamenti *m pl*, lamentele *f pl*, lagna *f fam.*

Gejohle [gəˈjo:lə] ‹-s, ø› *n* urlio *m.*

gekannt [gəˈkant] *pp von* **kennen.**

Gekicher [gəˈkɪçɐ] ‹-s, ø› *n* risate *f pl* soffocate, risatine *f pl.*

Gekläff(e) [gəˈklɛf(ə)] ‹-(e)s, ø› *n* abbaio *m.*

Geklimper [gəˈklɪmpɐ] ‹-s, ø› *n (von Metallgegenständen, Münzen)* tintinnio *m; fam (Klavierspielen)* strimpellio *m fam; (auf Gitarre)* strimpellamento *m; (mit Wimpern)* strusciare *m.*

geklungen [gəˈklʊŋən] *pp von* **klingen.**

Geknatter [gəˈknatɐ] ‹-s, ø› *n (von Gewehren)* crepitio *m; (von Motorrad, Motor)* scoppiettio *m; (von Preßlufthammer)* martellio *m.*

geknickt *a fam* abbacchiato, avvilito.

gekniffen [gəˈknɪfən] *pp von* **kneifen.**

gekonnt [gəˈkɔnt] **I.** *pp von* **können; II.** *a* ben fatto, azzeccato; **etw. ~ machen** fare qc magistralmente.

Gekritzel [gəˈkrɪtsəl] ‹-s, ø› *n* scarabocchi *m pl.*

gekrochen [gəˈkrɔxən] *pp von* **kriechen.**

Gekröse [gəˈkrø:zə] ‹-s, -› *n anat* mesentere *m; (Kutteln)* trippa *f; (Eingeweide)* animella *f; (von Geflügel)* rigaglie *f pl.*

gekünstelt [gəˈkʏnstəlt] *a (unnatürlich, geziert)* affettato; *(Sprache, Stil)* ricercato.

Gel [ge:l] ‹-s, -e› *n* gel *m.*

Gelächter [gəˈlɛçtɐ] ‹-s, -› *n* risata *f*, risa *f;* **in ~ ausbrechen** scoppiare in una risata; **sich dem ~ aussetzen** rendersi ridicolo.

gelackmeiert [gəˈlakmaiət] *a fam* fregato *fam;* **~ (***o.* **der G~e) sein** essere fregato *fam.*

Gelage [gəˈla:gə] ‹-s, -› *n* banchetto *m; (bes. Zech~)* gozzoviglia *f.*

gelähmt *a* paralizzato; *(Mensch)* paralitico. **Gelähmte** ‹ein -r, -n, -n› *mf* paralitico, -a *m, f.*

Gelände [gəˈlɛndə] ‹-s, -› *n* **1.** *(freies Land, bes. mil: Terrain)* terreno *m;* **2.** *(Grundstück)* terreno *m*, area *f; (Fabrik~)* zona *f (o.* area *f)* di un'industria/una ditta; *(Schul~)* area *f* della scuola; *(Bau~)* terreno *m* fabbricabile; *(Ausstellungs~)* zona *f (o.* area *f)* dell'esposizione; **mitten im ~** in un posto impensato; **ebenes (***o.* **flaches) ~** terreno pianeggiante; **hügeliges ~** terreno collinoso. **Geländeabschnitt** *m* settore *m* di terreno. **geländegängig** *a* adatto per tutti i terreni. **Geländelauf** *m* corsa *f* campestre.

Geländer [gəˈlɛndɐ] ‹-s, -› *n (Treppen~)* ringhiera *f; (Brüstung)* balaustra *f*, parapetto *m.*

Geländewagen *m* fuoristrada *m.*

gelang [gəˈlaŋ] *1. u. 3. pers sing imp von* **gelingen.**

gelangen [gəˈlaŋən] ‹*ohne ge-*› *itr* ‹*sein*› arrivare (*zu, nach* a), giungere (*zu, nach* a), pervenire (*zu, nach* a); **in den Besitz einer S. ~** entrare in possesso di qc; **zu Reichtum ~** far fortuna, arricchirsi.

gelangweilt *a* annoiato; **jdm ~ zuhören** ascoltare qu in modo annoiato.

gelassen I. *a (ruhig)* calmo, pacato, tranquillo; *(gleichmütig)* imperturbabile; *(gefaßt)* composto; **~ bleiben** mantenere la calma; **II.** *adv* con calma, tranquillamente. **Gelassenheit** ‹-, ø› *f* calma *f*, pacatezza *f*, tranquillità *f.*

Gelatine [ʒelaˈti:nə] ‹-, ø› *f* gelatina *f.*

geläufig [gəˈlɔyfɪç] *a* corrente; **jdm ~ sein** essere familiare a qu.

gelaunt [gəˈlaunt] *a* disposto; **gut/schlecht ~** di buon/cattivo umore.

Geläut [gəˈlɔyt] ‹-(e)s, -e› *n*, **Geläute** ‹-s, -› *n (Glocken~)* scampanio *m; (Schellen~)* scampanellio *m; (Läutwerk)* soneria *f.*

gelb [gɛlp] *a* giallo; **~ werden** diventar giallo, ingiallire; *s. a. blau.*

Gelb ‹-(s), - *o. fam* -s› *n* giallo *m;* **bei ~ über die Ampel fahren** passare col giallo; **die Ampel springt auf ~** il semaforo diventa giallo; *s. a. Blau.*

gelbbraun *a* bruno giallastro, lionato; *(Tier)* sauro.

Gelbe [ˈgɛlbə] ‹ein -s, -n, ø› *n (Eigelb)* tuorlo *m;* **das ist nicht das ~ vom Ei** *fig* non è il non plus ultra.

Gelbfieber *n* febbre *f* gialla.

gelblich *a* giallognolo, giallastro.

Gelbsucht *f* itterizia *f*, ittero *m.*

Geld [gɛlt] ‹-(e)s, -er› *n* denaro *m*, soldi *m pl; (Klein~)* spiccioli *m pl*, moneta *f; (Vermögen, Kapital)* denaro *m*, capitale *m*, fondi *m pl;* **ohne ~** senza soldi; **mit seinem ~ (gerade) auskommen** sbarcare il lunario; **~ haben** *(reich sein)* aver soldi, essere ricco; **kein ~ bei sich** *(dat)* **haben** non aver soldi con sé; **zu ~ machen**

vendere; **ins ~ gehen** diventar caro (*o.* costoso); **um ~ spielen** giocare a soldi; **~ verdienen** guadagnare soldi; **~ regiert die Welt** *prov* il denaro è il re del mondo *prov;* **bares ~** denaro (*o.* soldi) in contanti; **öffentliche ~er** fondi pubblici. **Geldangelegenheiten** *f pl* fatti *m pl* di denaro, finanze *f pl.* **Geldanlage** *f* investimento *m* di denaro. **Geldautomat** *m* sportello *m* automatico. **Geldbeutel** *m* borsellino *m;* **tief in den ~ greifen** tirar fuori molto denaro. **Geldbuße** *f* multa *f,* contravvenzione *f.* **Geldeinwurf** *m* fessura *f* per la moneta. **Geldentwertung** *f* svalutazione *f* della moneta. **Geldgeber(in)** *m(f)* finanziatore, -trice *m, f.* **Geldgeschäft** *n* operazione *f* finanziaria. **Geldgier** *f* avidità *f* (*o.* sete *f*) di denaro. **geldgierig** *a* avido di denaro. **Geldinstitut** *n* istituto *m* finanziario. **Geldkurs** *m* corso *m* denaro (*o.* domanda *o.* d'acquisto). **geldlich** *a* finanziario. **Geldmittel** *n pl* mezzi *m pl* finanziari. **Geldquelle** *f* risorsa *f* finanziaria; *(Verdienstquelle)* fonte *f* di guadagno. **Geldrolle** *f* rotolino *m* di monete. **Geldschein** *m* banconota *f.* **Geldschrank** *m* cassaforte *f.* **Geldsorgen** *f pl* preoccupazioni *f pl* finanziarie. **Geldspende** *f* offerta *f* in denaro. **Geldstrafe** *f* multa *f,* contravvenzione *f;* **jdn mit einer ~ belegen** multare qu. **Geldstück** *n* moneta *f.* **Geldumlauf** *m* circolazione *f* monetaria. **Geldverlegenheit** *f* difficoltà *f pl* finanziarie. **Geldverschwendung** *f* spreco *m* di denaro. **Geldwechsel** *m* cambio *m* (monetario); *(Stelle)* ufficio *m* di cambio. **Geldwechsler** [-vɛksle] ‹-s, -› *m* automatico *m* per cambio di monete. **Geldwert** *m* valore *m* in denaro; *(Kaufkraft)* potere *m* d'acquisto, valore *m* monetario.

Gelee [ʒe'le: *o.* ʒə'le:] ‹-s, -s› *n o. m* gelatina *f.*

gelegen [gə'le:gən] **I.** *pp von* **liegen; II.** *a* **1.** *(örtlich)* situato, posto; **2.** *(passend)* comodo, opportuno; **das Zimmer ist nach Süden ~** la camera è situata a sud; **mir ist daran ~, daß ...** mi importa (*o.* preme) che ... *conj;* **das kommt mir sehr ~** questo mi torna molto comodo (*o.* opportuno); **es ist mir nicht viel daran ~** non mi importa molto.

Gelegenheit ‹-, -en› *f* **1.** *(Anlaß, günstige ~)* occasione *f* (*zu* di); **2.** *(Möglichkeit)* occasione *f,* possibilità *f,* modo *m* (*zu* di); **3.** *(Ort)* posto *m* (*zu* per); **bei ~** all'occasione, al momento opportuno; **bei dieser ~** in quest'occasione; **~ haben zu** aver l'occasione (*o.* modo) di; **es bietet sich eine ~** si presenta un'occasione; **~ macht Diebe** *prov* l'occasione fa l'uomo ladro *prov;* **eine gute ~** una buona occasione. **Gelegenheitsarbeit** *f* lavoro *m* occasionale. **Gelegenheitsarbeiter(in)** *m(f)* avventizio, -a *m, f.* **Gelegenheitskauf** *m* acquisto *m* d'occasione, occasione *f.*

gelegentlich [gə'le:gəntlɪç] **I.** *a* occasionale; *(zeitweilig)* temporario; **II.** *adv (bei Gelegenheit)* all'occasione, occasionalmente; *(manchmal)* ogni tanto; **gib mir das Buch ~ zurück** restituiscimi il libro quando si presta l'occasione.

gelehrig [gə'le:rɪç] *a* docile; *(lernwillig)* studioso. **Gelehrigkeit** ‹-, ø› *f* docilità *f; (Lernwilligkeit)* buona disponibilità *f* all'apprendimento. **Gelehrsamkeit** ‹-, ø› *f geh* erudizione *f,* sapienza *f,* scienza *f.*

gelehrt *a* dotto, erudito; **~es Haus** *fam* pozzo di scienza *fam.* **Gelehrte** ‹ein -r, -n, -n› *mf* erudito, -a *m, f; (Wissenschaftler)* studioso, -a *m, f,* scienziato, -a *m, f.*

Geleise [gə'la͜izə] ‹-s, -› *n s.* **Gleis.**

Geleit [gə'la͜it] ‹-(e)s, -e› *n* **1.** *(Begleitung)* accompagnamento *m; (zum Schutz)* scorta *f; naut, mil* convoglio *m;* **2.** *hist (Gefolge)* seguito *m,* corteo *m;* **jdm das ~ geben** scortare qu; **jdm freies (*o.* sicheres) ~ geben** dare a qu un salvacondotto. **Geleitschutz** *m* scorta *f; naut* scorta *f* navale; **jdm ~ geben** scortare qu; *(bes. naut)* convogliare qu.

Gelenk [gə'lɛŋk] ‹-(e)s, -e› *n* **1.** *anat* giuntura *f,* articolazione *f;* **2.** *tec* giunto *m,* snodo *m.* **Gelenkentzündung** *f* artrite *f.* **gelenkig** *a* **1.** *(beweglich)* agile, sciolto; **2.** *tec (mit Gelenken verbunden)* unito da giunto (*o.* snodo). **Gelenkigkeit** ‹-, ø› *f* agilità *f,* scioltezza *f.* **Gelenkrheumatismus** *m* reumatismo *m* articolare.

gelernt *a:* **~er Arbeiter** operaio qualificato.

geliebt *a* amato, caro. **Geliebte** ‹ein -r, -n, -n› *mf* amante *mf; geh (Anrede)* amore *m.*

geliefert *a fam:* **~ sein** essere spacciato *fam.*

geliehen [gə'li:ən] *pp von* **leihen.**

gelieren [ʒe'li:rən *o.* ʒə...] ‹*ohne ge-*› *itr* gelificare, gelificarsi.

gelind(e) [gə'lɪnt (...ɪndə)] *a (sanft)* mite; *(bes. Strafe)* dolce; *(mäßig)* moderato, leggero; ~ **gesagt** a dir poco.

gelingen [gə'lɪŋən] ‹gelingt, gelang, gelungen› *itr* ‹*sein*› *(Unternehmen)* riuscire; **es gelingt mir** riesco (*zu* a).
Gelingen ‹-s, ø› *n* riuscita *f*, successo *m*, buon esito *m*.

gelitten [gə'lɪtən] *pp von* **leiden.**

gellen ['gɛlən] *itr* risuonare. **gellend** *a* squillante, stridulo, acuto.

geloben ‹*ohne ge-*› *tr* promettere (solennemente), giurare; **das Gelobte Land** la terra promessa.

Gelöbnis [gə'lø:pnɪs] ‹-ses, -se› *n* promessa *f* (solenne), voto *m*.

gelogen [gə'lo:gən] *pp von* **lügen.**

Gelse ['gɛlzə] ‹-, -n› *f A (Stechmücke)* zanzara *f*.

gelten ['gɛltən] ‹gilt, galt, gegolten› **I.** *itr (gültig sein)* essere valido; *(Gesetz, Regel)* essere in vigore, valere, vigere; **jdm** ~ *(betreffen)* riguardare (*o.* concernere) qu; **für jdn** ~ *(zutreffen)* valere per qu; **für etw.** ~ valere per qc; ~ **als** *(angesehen werden als)* passare per; **einer S.** ~ *(gewidmet sein)* essere dedicato a qc; **die Wette gilt** la scommessa vale; **was er sagt, das gilt** quello che dice, si fa; **das gilt nicht!** *(ist unerlaubt)* non vale!, non è corretto!; **jdn/etw.** ~ **lassen** riconoscere qu/qc; **das gilt mir** questo tocca a me; **das gilt auch für dich!** questo vale anche per te; **dasselbe gilt für ...** lo stesso vale per ...; **II.** *tr* **1.** *(wert sein)* valere, aver valore; **2.** *(nötig sein)* essere necessario; **bei jdm viel/wenig/etwas/nichts** ~ avere molta/poca/un po' di/(non) ... nessuna influenza su qu; **was gilt die Wette?** quanto scommettiamo?; **es gilt, Ruhe zu bewahren** è necessario mantenere la calma. **geltend** *a (gültig)* valido; *(Gesetz, Bestimmung)* vigente; *(Preise)* corrente; *(herrschend, allgemein)* dominante, generale; ~ **machen** far valere; *(durchsetzen)* affermare; **sich** ~ **machen** *(bemerkbar werden)* manifestarsi.

Geltung ‹-, ø› *f* **1.** *(Gültigkeit)* validità *f*; **2.** *(Ansehen)* considerazione *f*; **3.** *(Bedeutung)* evidenza *f*, risalto *m*; **zur** ~ **bringen** mettere in risalto; ~ **haben** *(gültig sein)* essere valido (*o.* in vigore); **zur** ~ **kommen** farsi valere; *(hervorstechen)* risaltare; **sich** *(dat)* ~ **verschaffen** farsi valere. **Geltungsbedürfnis** *n* ambizione *f*, desiderio *m* di mettersi in luce. **Geltungsbereich** *m* sfera *f* d'azione; *(von Gesetz)* giurisdizione *f*.

Gelübde [gə'lʏpdə] ‹-s, -› *n* voto *m*; **ein** ~ **ablegen** (*o.* **leisten**) fare un voto.

gelungen [gə'lʊŋən] **I.** *pp von* **gelingen; II.** *a* **1.** *(geglückt)* riuscito (bene); **2.** *(zum Lachen)* buffo, comico.

GEMA ['ge:ma] ‹-, ø› *f ab von* **Gesellschaft für musikalische Aufführungs- und mechanische Vervielfältigungsrechte** *società per i diritti di riproduzione meccanica e di esecuzione delle opere musicali.*

gemächlich [gə'mɛ:çlɪç] **I.** *a (langsam)* lento, placido; *(gemütlich)* comodo, confortevole; **II.** *adv (langsam)* pian piano, adagio.

gemacht *a:* **für etw.** ~ **sein** *(geschaffen)* essere fatto per qc; **ein ~er Mann sein** *(erfolgreich)* essere un uomo arrivato; **sich ins ~e Bett legen** mettersi a letto, coricarsi; **(ist)** ~! *(einverstanden)* d'accordo.

Gemahl(in) [gə'ma:l(ɪn)] ‹-(e)s, -e› *m(f) geh* marito *m*, consorte *f*; **Ihre Frau Gemahlin** la Sua signora.

Gemälde [gə'mɛ:ldə] ‹-s, -› *n* quadro *m*, dipinto *m*. **Gemäldegalerie** *f* galleria *f* di quadri, pinacoteca *f*. **Gemäldesammlung** *f* collezione *f* di quadri.

gemasert *a* marezzato, venato; *(Holz)* marezzato.

gemäß [gə'mɛ:s] **I.** *prp dat* **1.** *(entsprechend)* secondo, in conformità a, conformemente a; **2.** *(laut, bes. jur)* ai sensi di, a norma di; **Ihrem Wunsch** ~ secondo il Suo/Vostro desiderio; ~ **den bestehenden Bestimmungen** in conformità alle vigenti disposizioni; **II.** *a (würdig)* degno (*dat* di); **er sucht sich** *(dat)* **ihm ~e Freunde** si cerca degli amici degni di lui.

gemäßigt *a* moderato; *(Klima)* temperato.

Gemäuer [gə'mɔ̯ʏɐ] ‹-s, -› *n* mura *f pl*, ruderi *m pl*, rovina *f*.

Gemecker(e) [gə'mɛkɐ (...ərə)] ‹-(e)s, ø› *n (Nörgeln)* brontolio *m*.

gemein [gə'ma̯in] *a* **1.** *(böse)* cattivo, malvagio, perfido; *(niederträchtig)* meschino; **2.** *(ordinär)* volgare; *(unanständig)* sporco, indecente; **3.** *(verbreitet)* comune, corrente; *(all~)* comune, generale; *(öffentlich)* pubblico; **4.** *(einfach)* semplice; *(niedrigen Standes)* basso, comune, popolare; *(Soldat, math: Bruch)* semplice; **5.** *fam (unangenehm: Situation, Kopfschmerzen, Prüfung, Frage)* terribile, orribile; **das ~e Volk** la gente comune; **etw. mit jdm** ~ **haben** avere qc in comune con qu; **~er Kerl** villano *m*; **sei nicht** ~! non essere villano!

Gemeinde [gəˈmaində] ‹-, -n› *f* 1. *(Kommune)* comune *m; (bes. Dorf)* municipio *m;* 2. *(Einwohner)* abitanti *m pl* di un comune; 3. *rel* comunità *f; (beim Gottesdienst)* fedeli *m pl; (Pfarr~)* parrocchia *f.* **Gemeindehaus** *n* 1. *(Rathaus)* palazzo *m* comunale, municipio *m;* 2. *rel* casa *f* parrocchiale. **Gemeinderat** *m* 1. *(Körperschaft)* consiglio *m* comunale; 2. *(Person)* consigliere *m* comunale. **Gemeindeschwester** *f* diaconessa *f.* **Gemeindesteuer** *f* imposta *f* comunale. **Gemeindewahl** *f* elezioni *f pl* comunali.

gemeingefährlich *a* che costituisce un pericolo pubblico; **~er Mensch** pericolo pubblico.

Gemeingut *n* bene *m* pubblico.

Gemeinheit ‹-, -en› *f* 1. ‹*sing*› *(Gesinnung)* perfidia *f,* malvagità *f; (Niedertracht)* meschinità *f;* 2. *(gemeine Handlung)* cattiveria *f,* malvagità *f.*

gemeinhin *adv* comunemente, generalmente, di solito.

gemeinnützig [-nʏtsɪç] *a* di pubblica utilità, di interesse collettivo; **~e Einrichtung** servizio di utilità pubblica.

Gemeinplatz *m* luogo *m* comune, banalità *f.*

gemeinsam I. *a* comune; **mit jdm ~e Sache machen** far causa comune con qu; **der G~e Markt** il mercato comune; II. *adv (mehrere betreffend)* in comune; *(zusammen)* insieme, assieme. **Gemeinsamkeit** ‹-, -en› 1. ‹*sing*› *(Übereinstimmung)* sintonia *f;* 2. *(gemeinsame Eigenschaft)* comunanza *f.*

Gemeinschaft ‹-, -en› *f* 1. ‹*sing*› *(Zusammensein)* comunità *f; (Verbundenheit)* unione *f;* 2. *(Personengruppe)* comunità *f,* associazione *f,* società *f; (religiöse ~)* comunità *f;* 3. *(Staatenbündnis)* comunità *f,* associazione *f;* **die Europäische ~** (*ab* **EG**) la Comunità europea; **die eheliche ~** l'unione coniugale; **in ~ mit** in comunità con, in cooperazione con; **häusliche ~** nucleo *m* familiare. **Gemeinschaftsantenne** *f* antenna *f* collettiva. **Gemeinschaftsgefühl** *n,* **-geist** *m* spirito *m* comunitario. **Gemeinschaftskunde** *f* educazione *f* civica. **Gemeinschaftspraxis** *f* studio *m* comunitario. **Gemeinschaftsproduktion** *f* coproduzione *f.* **Gemeinschaftsraum** *m* sala *f* di ricreazione.

gemeinverständlich *a* facilmente comprensibile, popolare.

Gemeinwohl *n* bene *m* comune.

Gemenge [gəˈmɛŋə] ‹-s, -› *n* 1. *(Gemisch)* miscuglio *m,* mescolanza *f,* misto *m;* 2. *fig (Durcheinander)* confusione *f;* 3. *(Hand~)* mischia *f,* zuffa *f,* tafferuglio *m.*

gemessen *a (a. Schritte, Worte)* misurato; *(feierlich)* compassato.

Gemetzel [gəˈmɛtsəl] ‹-s, -› *n* massacro *m,* strage *f.*

gemieden [gəˈmi:dən] *pp von* **meiden.**

Gemisch [gəˈmɪʃ] ‹-(e)s, -e› *n allg., mot* miscela *f; (a. fig)* miscuglio *m.*

gemischt *a* mescolato, misto, mischiato; *(männlich u. weiblich)* misto; *fig (Gefühle)* contrastante; **ein ~er Salat** un'insalata mista; **es war ~** *fam (nicht sehr gut)* è stato così così *fam;* **ich sah ihm mit ~en Gefühlen zu** lo stetti a guardare con sentimenti contrastanti.

Gemme [ˈgɛmə] ‹-, -n› *f* gemma *f,* cammeo *m.*

gemocht [gəˈmɔxt] *pp von* **mögen.**

gemolken [gəˈmɔlkən] *pp von* **melken.**

Gemsbock *m* camoscio *m.*

Gemse [ˈgɛmzə] ‹-, -n› *f* camozza *f.*

Gemunkel [gəˈmʊŋkəl] ‹-s, ø› *n* dicerie *f pl,* vociferazione *f.*

Gemurmel [gəˈmʊrməl] ‹-s, ø› *n* borbottio *m.*

Gemüse [gəˈmy:zə] ‹-s, -› *n* verdura *f,* legumi *m pl,* ortaggi *m pl;* **gemischtes ~** verdura mista; **~ anbauen** coltivare ortaggi; **junges ~** *fig fam* i giovani. **Gemüsegarten** *m* orto *m.* **Gemüsegärtner(in)** *m(f)* orticoltore, -trice *m, f.* **Gemüsehändler(in)** *m(f)* erbivendolo, -a *m, f.* **Gemüsesuppe** *f* minestra *f* di verdura.

gemußt [gəˈmʊst] *pp von* **müssen.**

gemustert *a* a disegni.

Gemüt [gəˈmy:t] ‹-(e)s, -er› *n (Psyche)* animo *m,* cuore *m; (Gefühl)* sentimento *m; (Seele)* anima *f; (Veranlagung)* indole *f,* natura *f,* temperamento *m;* **die ~er** gli animi; **heiteren ~es** con animo sereno; **sie hat zuviel ~** è tutta sentimento; **sich** *(dat)* **etw. zu ~e führen** *(essen, trinken)* mangiare/bere qc con gusto; *(Buch, etc.)* concedersi qc; *(beherzigen)* prendersi qc a cuore; **du hast ein sonniges ~** *iron* sei proprio ingenuo!

gemütlich *a (behaglich)* accogliente; *(bequem)* comodo, confortevole; *(in aller Ruhe)* calmo, tranquillo; *(angenehm)* piacevole; *(familiär)* intimo, caldo; *(Mensch)* affabile, gioviale, alla buona; **es sich** *(dat)* **~ machen** mettersi a proprio agio; **machen Sie es**

sich *(dat)* ~! faccia come se fosse a casa Sua!; **immer** ~! *fam* sempre con la calma! **Gemütlichkeit** ‹-, ø› *f (Behaglichkeit)* comodità *f; (Traulichkeit)* aria *f* di casa; *(Ruhe)* quiete *f,* tranquillità *f; (Familiarität)* familiarità *f,* intimità *f; (von Menschen)* affabilità *f,* cordialità *f,* giovialità *f.*

Gemütsart *f* indole *f,* carattere *m,* temperamento *m.* **Gemütsbewegung** *f* emozione *f; (Rührung)* commozione *f.* **gemütskrank** *a* nevrotico; *(schwermütig)* malinconico; *(wahnsinnig)* pazzo. **Gemütskrankheit** *f* psicosi *f* emotiva. **Gemütsmensch** *m* persona *f* di cuore, buona pasta *f fam;* **du bist vielleicht ein** ~! *fam iron* sai che sei un bel tipo? *fam.* **Gemütsruhe** *f:* **in aller** ~ con tutta calma. **Gemütsverfassung** *f* stato *m (o.* disposizione *f)* d'animo, umore *m.*

Gen [ge:n] ‹-s, -e› *n* gene *m.*

genannt [gə'nant] *pp von* **nennen.**

genas [gə'na:s] *1. u. 3. pers sing imp von* **genesen.**

genau [gə'nau̯] **I.** *a* **1.** *(exakt)* esatto; *(a. bestimmt)* preciso; **2.** *(sorgfältig)* accurato; **3.** *(ausführlich)* dettagliato; **4.** *(pünktlich)* puntuale; **5.** *(streng)* severo, rigoroso; **peinlich** ~ pignolo, pedante; **II.** *adv* **1.** *(exakt)* esattamente, precisamente; **2.** *(pünktlich)* in punto; **3.** *(gerade)* proprio, esattamente; ~ **um drei Uhr** alle tre precise (*o.* in punto); ~ **gehen** *(Uhr)* andare bene, essere preciso; **jdn** ~ **kennen** conoscere bene qu; **es mit etw.** ~ **nehmen** prendere qc alla lettera (*o.* sul serio); **es mit etw. nicht so** ~ **nehmen** prendere qc sottogamba *fam;* ~ **passen** andare bene, stare a pennello *fam;* **sich** *(dat)* **etw.** ~ **überlegen** riflettere attentamente su qc; **das ist** ~ **dasselbe** è proprio la stessa cosa; ~! *(stimmt)* esatto! **genaugenommen** *adv* a rigore.

Genauigkeit ‹-, ø› *f* **1.** *(Exaktheit)* precisione *f,* esattezza *f;* **2.** *(Sorgfalt)* accuratezza *f;* **3.** *(Strenge)* rigore *m;* **4.** *(peinliche* ~*)* meticolosità *f;* **5.** *(in der Wiedergabe)* fedeltà *f.*

genauso *adv* altrettanto.

Gendarm [ʒan'darm *o.* ʒã'd...] ‹-en, -en› *m obs, A* gendarme *m,* carabiniere *m.*

Gendarmerie [...mə'ri:, ...i:ən] ‹-, -n› *f obs, A* gendarmeria *f,* corpo *m* dei carabinieri; *(Gebäude)* gendarmeria *f.*

genehm [gə'ne:m] *a geh* **1.** *(willkommen, angenehm)* gradito, (ben) accetto; **2.** *(passend)* comodo; **wenn es Ihnen** ~ **ist** se Le fà comodo.

genehmigen ‹*ohne ge-*› **I.** *tr (Antrag, Änderung, Bau, Bauplan, etc.)* approvare; *(Veröffentlichung, Durchreise, Einfuhr, etc.)* autorizzare; *(Bitte)* acconsentire a; *(erlauben: Ausgang, Besuch, etc.)* permettere; *(Lizenz geben: Ausschank, Verkauf, etc.)* autorizzare; *(zugestehen: Recht, Gefühle, etc.)* riconoscere; **genehmigt!** *(auf Antrag)* approvato!; *(gesprochen)* permesso concesso; **etw. amtlich/behördlich/gerichtlich** ~ autorizzare qc ufficialmente/amministrativamente/legalmente; **II.** *rfl:* **sich** *(dat)* **etw.** ~ concedersi qc; **sich** *(dat)* **einen** (*o.* **ein Gläschen)** ~ concedersi un bicchierino.

Genehmigung ‹-, -en› *f* **1.** ‹*sing*› *(Erlaubnis)* permesso *m; (von Antrag, Änderung, Bau, etc.)* approvazione *f; (von Veröffentlichung, Durchreise, Einfuhr, etc.)* autorizzazione *f; (von Bitte)* approvazione *f; (behördliche Zulassung)* ammissione *f; (Lizenz)* licenza *f; (von Rechten, Gefühlen, etc.)* riconoscimento *m;* **2.** *(Schriftstück)* permesso *m,* autorizzazione *f;* **mit** ~ **von** con il permesso di; **die** ~ **einholen** richiedere il permesso; **jdm eine** ~ **erteilen** dare il permesso a qu (*zu* di). **genehmigungspflichtig** *a* soggetto ad autorizzazione (*o.* a licenza).

geneigt *a* **1.** *(abfallend)* inclinato; *(abschüssig)* in pendenza; **2.** *(gebeugt)* chino, chinato; *(gesenkt)* abbassato; **3.** *fig (wohlgesonnen)* ben disposto (*zu* a), incline (*zu* a), propenso (*zu* per); **jdm ein ~es Ohr schenken** *geh* ascoltare benevolmente qu. **Geneigtheit** ‹-, ø› *f* **1.** *(Schiefe)* inclinazione *f; (Abschüssigkeit)* pendenza *f;* **2.** *(Wohlwollen)* benevolenza *f;* **3.** *(Willigkeit)* buona disposizione *f.*

General [genə'ra:l] ‹-s, -e *o.* ¨-e› *m* generale *m.* **Generaldirektor(in)** *m(f)* direttore, -trice *m, f* generale. **Generalkonsul(in)** *m(f)* console *mf* generale. **Generalkonsulat** *n* consolato *m* generale. **Generalprobe** *f* prova *f* generale. **Generalsekretär(in)** *m(f)* segretario, -a *m, f* generale. **Generalstaatsanwalt** *m,* **-anwältin** *f* [-'ʃta:ts-] procuratore, -trice *m, f* generale. **Generalstab** *m* stato *m* maggiore. **Generalstreik** *m* sciopero *m* generale. **Generalüberholung** *f* revisione *f* generale. **Generalversammlung** *f* assemblea *f* generale.

Generation [genəra'tsi̯o:n] ‹-, -en› *f*

generazione *f.* **Generationenkonflikt** *m* conflitto *m* generazionale.

Generator [genəˈra:to:ɐ̯, ...raˈto:rən] ‹-s, -en› *m* generatore *m.*

generell [genəˈrɛl] **I.** *a* generale, generico; **II.** *adv* generalmente, genericamente.

genesen [gəˈne:zən] ‹genest, genas, genesen› *itr* ‹*sein*› *geh* guarire (*von* da), ristabilirsi (*von* da).

Genesis [ˈge:nezɪs *o.* ˈgɛn...] ‹-, ø› *f* genesi *f.*

Genesung [gəˈne:zʊŋ] ‹-, ø› *f geh* guarigione *f,* convalescenza *f;* **auf dem Wege der ~** in via di guarigione.

Genetik [geˈne:tɪk] ‹-, ø› *f* genetica *f.*

Genetiker(in) ‹-s, -› *m(f)* genetista *mf.*

genetisch *a* genetico.

Genf [gɛnf] *n* Ginevra *f.*

Genfer ‹*inv*› *a attr* di Ginevra; **der ~ See** il Lago Lemano (*o.* di Ginevra).

Genfer(in) ‹-s, -› *m(f)* ginevrino, -a *m, f.*

genial [geˈni̯a:l] *a* geniale, ingegnoso; *(Sache)* ingegnoso.

Genialität [geni̯aliˈtɛ:t] ‹-, ø› *f* genialità *f,* genio *m.*

Genick [gəˈnɪk] ‹-(e)s, -e› *n* nuca *f; fig fam* collo *m;* **sich** *(dat)* **das ~ brechen** rompersi l'osso del collo; *fig* rovinarsi. **Genickstarre** [-ʃtarə] ‹-, ø› *f (steifer Hals)* rigidità *f* della nuca; *(Hirnhautentzündung)* meningite *f* cerebro-spinale.

Genie [ʒeˈni:] ‹-s, -s› *n* genio *m;* **verkanntes ~** *fig* genio incompreso.

Genien *pl von* **Genius.**

genieren [ʒeˈni:rən] ‹*ohne ge-*› **I.** *rfl:* **sich ~** *(Hemmungen haben)* sentirsi imbarazzato (*o.* a disagio); *(sich schämen)* vergognarsi; *(Scham empfinden)* provar vergogna, vergognarsi; **~ Sie sich nicht!** non si vergogni!; **II.** *tr (peinlich berühren)* dar fastidio a, infastidire; **das geniert micht nicht** *fam* questo non mi tocca *fam.*

genießbar *a (Speise)* mangiabile, commestibile, mangereccio; *(Getränk)* bevibile; **nicht ~** *fig (unausstehlich)* insopportabile.

genießen [gəˈni:sən] ‹genießt, genoß, genossen› *tr (Speise)* gustare; *fig* godere; **nicht zu ~** *(Speise)* immangiabile; *(Getränk)* imbevibile; *(Mensch)* insopportabile.

Genießer(in) ‹-s, -› *m(f)* gaudente *mf; (Feinschmecker)* buongustaio, -a *m, f.*

genießerisch I. *a* godereccio *fam,* voluttuoso; **II.** *adv* in maniera voluttuosa.

Genitalbereich [geniˈta:l-] *m* zona *f* genitale.

Genitalien [geniˈta:li̯ən] ‹*pl*› (organi *m pl*) genitali *m pl.*

Genitiv [ˈge:niti:f *o.* geniˈti:f] ‹-s, -e› *m* genitivo *m.*

Genius [ˈge:ni̯ʊs, ...i̯ən] ‹-, Genien› *m* genio *m.*

genommen [gəˈnɔmən] *pp von* **nehmen.**

genormt *a* standardizzato.

genoß [gəˈnɔs] *1. u. 3. pers sing imp von* **genießen.**

Genosse [gəˈnɔsə] ‹-n, -n› *m,* **Genossin** [...sɪn] *f* **1.** *(Gefährte, a. pol)* compagno, -a *m, f;* **2.** *(Mitglied einer ~nschaft)* membro *m;* **3.** *(Komplize)* complice *mf;* **... und ~n** *scherz, pej* ... e compagni.

genossen [gəˈnɔsən] *pp von* **genießen.**

Genossenschaft ‹-, -en› *f* cooperativa *f,* consorzio *m;* **sich zu einer ~ zusammenschließen** organizzarsi in cooperativa; **landwirtschaftliche ~** cooperativa agricola. **genossenschaftlich** *a* cooperativistico.

Genossin *f s.* **Genosse.**

genötigt *a:* **~ sein, etw. zu tun** essere costretto a fare qc; **sich ~ sehen, etw. zu tun** vedersi costretto a fare qc.

Gent [gɛnt] *n* Gand *f.*

Gentechnik *f* ingegneria *f* genetica.

Genua [ˈge:nu̯a] *n* Genova *f.*

genug [gəˈnu:k] *adv* abbastanza, a sufficienza; **~ haben von** averne abbastanza di ... *fam;* **laß es ~ sein!** finiscila! *fam;* **das Beste ist gerade ~ für ihn** si concede sempre il meglio di tutto; **~ davon!** basta!

Genüge [gəˈny:gə] ‹-, ø› *f:* **zur ~** abbastanza, a sufficienza.

genügen ‹*ohne ge-*› *itr* bastare, essere sufficiente; **den Anforderungen ~** (cor)rispondere alle esigenze; **das genügt!** questo basta! **genügend I.** *a* sufficiente; **II.** *adv* sufficientemente, abbastanza.

genügsam *a (leicht zu befriedigen)* di poche pretese; *(bescheiden)* modesto; *(mäßig)* sobrio. **Genügsamkeit** ‹-, ø› *f* sobrietà *f,* modestia *f.*

Genugtuung [-tu:ʊŋ] ‹-, ø› *f* soddisfazione *f;* **von jdm für etw. ~ fordern** richiedere da qu soddisfazione per qc.

Genuß [gəˈnʊs] ‹Genusses, Genüsse› *m* **1.** ‹*sing*› *(Verzehr, von Drogen, Tabak, etc.)* consumo *m;* **2.** *(Vergnügen)* piacere *m,* godimento *m,* gioia *f;* **3.** ‹*sing*› *(Nutznießung)* beneficio *m; (von Rechten)* godimento *m;* **nach ~ der Pilze/des Getränks** dopo aver consumato i funghi/la bevanda; **es ist**

ein ~, sie zu sehen/das zu hören è un piacere vederla/sentire ciò; **die Genüsse des Lebens** i piaceri (*o.* le gioie) della vita; **mit ~** con piacere; **in den ~ einer S. kommen** beneficiare di qc.

genüßlich [gəˈnʏslɪç] *a* con voluttà.

Genußmittel *n* genere *m* voluttuario.

Geograph(in) [geoˈgra:f(ɪn)] ‹-en, -en› *m(f)* geografo, -a *m, f.*

Geographie [...graˈfi:] ‹-, ø› *f* geografia *f.*

Geographin *f s.* **Geograph.**

geographisch *a* geografico.

Geologe [geoˈlo:gə] ‹-n, -n› *m,* **Geologin** [...gɪn] *f* geologo, -a *m, f.*

Geologie [...loˈgi:] ‹-, ø› *f* geologia *f.*

Geologin *f s.* **Geologe.**

geologisch [...ˈlo:gɪʃ] *a* geologico.

Geometrie [geomeˈtri:, ...i:ən] ‹-, -n› *f* geometria *f.*

geometrisch [...ˈme:trɪʃ] *a* geometrico.

Geophysik [geofyˈzi:k] *f* geofisica *f.*

geordnet *a (Leben)* ordinato; *(Zustände, Verhältnisse)* stabile.

Georg [geˈɔrk *o.* ˈge:ɔrk] *(männlicher Vorname)* Giorgio.

geothermisch [geoˈtɛrmɪʃ] *a* geotermico. **geozentrisch** [geoˈt͡sɛntrɪʃ] *a* geocentrico.

Gepäck [gəˈpɛk] ‹-(e)s, ø› *n* bagaglio *m; mil* equipaggiamento *m;* **sein ~ aufgeben** consegnare (*o.* spedire) il proprio bagaglio; **diplomatisches ~** valigia *f* diplomatica. **Gepäckabfertigung** *f* spedizione *f* bagagli. **Gepäckannahme** *f* accettazione *f* bagagli. **Gepäckaufbewahrung** *f* deposito *m* bagagli. **Gepäck(aufbewahrungs)schein** *m* scontrino *m* del deposito bagagli. **Gepäckaufgabe** *f* consegna *f* (*o.* spedizione *f*) bagagli. **Gepäckausgabe** *f* consegna *f* bagagli. **Gepäcknetz** *n* rete *f* portabagagli. **Gepäckschein** *m s.* **Gepäckaufbewahrungsschein. Gepäckschließfach** *n* deposito *m* bagagli a cassette. **Gepäckstück** *n* collo *m.* **Gepäckträger** *m* **1.** *(Person)* facchino *m,* portabagagli *m; (Hotelpage)* ragazzo *m* d'albergo; **2.** *(an Fahrzeugen, etc.)* portabagagli *m.* **Gepäckwagen** *m* bagagliaio *m.*

Gepard [ˈge:part] ‹-s, -e› *m* ghepardo *m.*

gepfeffert *a fam* **1.** *(Preise, Mieten, Rechnung)* salato *fam;* **2.** *(grob: Brief, Antwort, Kritik)* grossolano; **3.** *(schwierig: Prüfung, Fragen)* difficile; **4.** *(unanständig: Witz)* piccante.

gepfiffen [gəˈp͡fɪfən] *pp von* **pfeifen.**

gepflegt I. *a* **1.** *(nicht vernachlässigt: Mensch, Äußeres, Hände)* curato; *(Garten, etc.)* ben tenuto, curato; **2.** *(kultiviert: Atmosphäre, Unterhaltung)* raffinato, sofisticato; *(Restaurant)* raffinato; *(Ausdrucksweise, Stil)* scelto, accurato; **3.** *(ausgezeichnet: Speise, Wein)* scelto; **II.** *adv (kultiviert)* in modo raffinato; **ich will mal wieder ~ essen/tanzen gehen** *fam* voglio andare a mangiare/ballare in un bel locale. **Gepflegtheit** ‹-, ø› *f* **1.** *(Ordentlichkeit)* cura *f;* **2.** *(Kultiviertheit)* raffinatezza *f.*

Gepflogenheit [gəˈp͡flo:gənhai̯t] ‹-, -en› *f (Gewohnheit)* abitudine *f; (Sitte)* uso *m,* costume *m.*

Geplänkel [gəˈplɛŋkəl] ‹-s, -› *n* **1.** *mil* scaramuccia *f;* **2.** *fig (Wortgefecht)* schermaglia *f.*

Geplapper [gəˈplapɐ] ‹-s, ø› *n* chiacchierio *m,* cicaleccio *m.*

Geplärr(e) [gəˈplɛr(ə)] ‹-(e)s, ø› *n (von Kind)* piagnisteo *m; (von Radio)* gracidio *m.*

Geplätscher [gəˈplɛt͡ʃɐ] ‹-s, ø› *n* mormorio *m,* gorgoglio *m.*

Geplauder [gəˈplau̯dɐ] ‹-s, ø› *n* chiacchierata *f.*

Gepolter [gəˈpɔltɐ] ‹-s, ø› *n* strepito *m.*

Gepräge [gəˈprɛ:gə] ‹-s, ø› *n (auf Münzen)* conio *m; fig (Eigenart)* impronta *f,* carattere *m.*

gepriesen [gəˈpri:zən] *pp von* **preisen.**

gequält *a (Lachen, Miene, Gesang, Stimme)* sforzato; **~ lächeln/zuhören** sforzarsi di sorridere/di ascoltare.

gequollen [gəˈkvɔlən] *pp von* **quellen.**

gerade [gəˈra:də] **I.** *a* **1.** *(geradlinig)* diritto; **2.** *(aufrecht)* eretto; **3.** *fig (unmittelbar)* diretto; **4.** *(Charakter)* schietto, leale, onesto; **5.** *(Zahl)* pari; **fünf ~ sein lassen** non andare tanto per il sottile, lasciar correre; **II.** *adv* **1.** *(soeben)* appena; *(im Moment, jetzt)* adesso, in questo momento; **2.** *(genau, besonders, ausgerechnet)* proprio; **3** *(knapp)* appena; **das ist es ja ~!** proprio di questo si tratta!; **nicht ~ schön/gut** non proprio bello/buono; **~ zur rechten Zeit** giusto in tempo; **ich bin ~ gekommen** sono appena arrivato; **ich will ~ gehen** sto per andarmene; **das fällt mir ~ ein** a proposito, mi viene in mente; **das fehlte ~ noch!** ci mancava anche questo *fam;* **nun ~ nicht!** a questo punto proprio no!, questa non ci voleva! *fam;* **nun ~!** ora più che mai; ~

darum! proprio per questo; **da wir ~ von Büchern sprechen ...** già che parliamo di libri ...

Gerade ‹-n, -n› *f* **1.** *(gerade Linie)* linea *f* retta; **2.** *sport* rettilineo *m; (Boxhieb)* diretto *m.*

geradeaus [-'ʔaus] *adv* d(i)ritto.

gerade·biegen ‹*irr*› *tr* **1.** *(Draht, etc.)* (rad)drizzare; **2.** *fig (in Ordnung bringen)* aggiustare, sistemare, mettere a posto.

geradeheraus [-hɛ'raus] *adv* francamente, chiaro e tondo *fam.*

gerädert *a fam:* **wie ~** stanco morto *fam.*

geradeso *adv* proprio così.

gerade·stehen ‹*irr*› *itr (aufrecht stehen)* stare diritto (*o.* eretto); **für etw. ~** *fig* rispondere di qc.

geradewegs [-ve:ks] *adv (ohne Umweg)* d(i)ritto; *(ohne Umschweife)* direttamente, chiaramente.

geradezu *adv* **1.** *(beinahe)* quasi; **2.** *(tatsächlich)* veramente, proprio; **3.** *(ohne Umschweife)* direttamente, chiaramente.

Geradheit ‹-, ø› *f (a. fig)* dirittura *f; (Rechtschaffenheit)* rettitudine *f.*

geradlinig [-li:nɪç] *a* **1.** *mat* rettilineo; **2.** *(Nachkommen)* in linea diretta.

gerammelt [gə'raməlt] *adv:* **~ voll** *fam* pieno zeppo *fam.*

Gerangel [gə'raŋəl] ‹-s, ø› *n (Balgerei)* zuffa *f; fig (Kampf)* lotta *f* (*um* per).

Geranie [ge'ra:niə] ‹-, -n› *f* geranio *m.*

gerannt [gə'rant] *pp von* **rennen.**

Gerät [gə'rɛ:t] ‹-(e)s, -e› *n (Werkzeug)* attrezzo *m,* strumento *m; (bes. für Feinmechanik)* utensile *m,* arnese *m; (Vorrichtung)* congegno *m; (Apparat)* apparecchio *m; (Ausrüstung)* equipaggiamento *m.*

geraten[1] ‹*irr, ohne ge-*› *itr* ‹*sein*› **1.** *(zufällig gelangen)* capitare (*in, nach* in), finire (*in, nach* a, in); **2.** *(gelingen)* riuscire; *(gedeihen)* prosperare, crescere; **in Wut ~** infuriarsi; **außer sich** *(dat)* **~** essere fuori di sé; **nach jdm ~** assomigliare a qu; **an jdn ~** imbattersi in qu, incontrare qu; **an etw. ~** *(bekommen)* ricevere qc; **an den Falschen ~** cascar male *fam,* sbagliare indirizzo *fam;* **in schlechte Gesellschaft ~** frequentare cattive compagnie; **in Schulden ~** indebitarsi; **in Gefahr ~** trovarsi in pericolo; **gut/schlecht ~** *(Sache)* riuscire bene/male; *(Kind)* crescer bene/male.

geraten[2] *a geh:* **etw. für ~ halten** ritenere opportuno qc.

Geräteturnen *n* (ginnastica *f*) attrezzistica *f.*

Geratewohl [gəra:tə'vo:l *o.* gə'ra:tə...] *n:* **aufs ~** a caso, a casaccio *fam.*

geraum [gə'raum] *a attr:* **~e Zeit** lungo (*o.* molto) tempo; **seit ~er Zeit** da molto tempo.

geräumig [gə'rɔymɪç] *a* spazioso, ampio, vasto.

Geräusch [gə'rɔyʃ] ‹-(e)s, -e› *n* rumore *m;* **beim leisesten ~** al minimo rumore. **geräuscharm** *a* tranquillo, silenzioso. **geräuschempfindlich** *a* sensibile al rumore. **Geräuschkulisse** *f film, radio* fondo *m* (*o.* sottofondo *m*) sonoro; *fig* rumori *m pl* di sottofondo. **geräuschlos** *a* silenzioso. **geräuschvoll** *a* rumoroso, fragoroso.

gerben ['gɛrbən] *tr* conciare; **jdm das Fell ~** *(prügeln)* picchiare qu di santa ragione *fam.*

Gerber ‹-s, -› *m* conciatore *m.*

Gerberei [gɛrbə'rai] ‹-, -en› *f* conceria *f.*

Gerbsäure *f* acido *m* tannico.

Gerd [gɛrt] *s.* **Gerhard.**

Gerda ['gɛrda] *weiblicher Vorname.*

gerecht [gə'rɛçt] *a* **1.** *(rechtgemäß)* giusto; *(~fertigt)* giustificato; *(rechtschaffen)* onesto, probo; **2.** *(berechtigt)* giustificato, fondato; **3.** *(verdient)* meritato; **~ urteilen** giudicare secondo giustizia; **jdm ~ werden** rendere giustizia a qu; **einer S. ~ werden** *(bewältigen)* essere all'altezza di qc.

Gerechtigkeit ‹-, ø› *f* giustizia *f; (Rechtschaffenheit)* onestà *f;* **ausgleichende ~** giustizia distributiva.

Gerede [gə're:də] ‹-s, ø› *n (Geschwätz)* chiacchiere *f pl; (Klatsch)* pettegolezzi *m pl;* **jdn ins ~ bringen** causare delle voci sul conto di qu; **ins ~ kommen** dar luogo a pettegolezzi.

geregelt *a (Arbeits-, Mahlzeit)* regolare; *(Leben)* regolato.

gereichen ‹*ohne ge-*› *itr geh:* **jdm zur Ehre/zum Nachteil ~** tornare ad onore/a svantaggio di qu.

gereizt *a* irritato, arrabbiato. **Gereiztheit** ‹-, ø› *f* irritazione *f,* rabbia *f.*

Gerhard ['ge:rhart] *(männlicher Vorname)* Gerardo.

Gericht[1] [gə'rɪçt] ‹-(e)s, -e› *n jur (Behörde)* tribunale *m; (bes. ~sstand)* foro *m; (~shof)* corte *f,* tribunale *m; (Gebäude)* tribunale *m,* palazzo *m* di giustizia; *(die Richter)* giudici *m pl,* corte *f;* **jdn vor ~ bringen** citare qu in giudizio; **vor ~ erscheinen** comparire in tribunale; **mit jdm ins ~ gehen** *fig (kritisieren)* criticare aspramente qu; *(bestrafen)* giudicare severamente qu; **über jdn/etw. zu ~ sitzen** giudicare qu/qc; **das höchste** (*o.* **oberste) ~** la corte suprema; **Hohes ~!** *(Anrede)* signori della Corte; **zuständiges ~** foro competente.

Gericht² ⟨-(e)s, -e⟩ *n (Speise)* piatto *m.*

gerichtlich I. *a* 1. *(rechtlich)* legale, giudiziario; 2. *(des Gerichts)* del tribunale, della corte; II. *adv* legalmente, per vie legali; **jdn ~ belangen** (*o.* **verfolgen)** procedere per via legale contro qu; **~ bestätigen** confermare legalmente; **~ vorgehen** procedere legalmente, adire le vie legali.

Gerichtsakten *f pl* atti *m pl* giudiziari. **Gerichtsarzt** *m,* **-ärztin** *f* medico *m* legale. **Gerichtsbarkeit** ⟨-, ø⟩ *f* giurisdizione *f,* competenza *f* giudiziaria. **Gerichtsdiener** *m* usciere *m* del tribunale. **Gerichtsentscheid** *m* decisione *f* giudiziaria. **Gerichtshof** *m* corte *f* di giustizia; **Oberster ~** Suprema Corte di Giustizia. **Gerichtskosten** ⟨*pl*⟩ spese *f pl* giudiziarie. **Gerichtsmedizin** *f* medicina *f* legale. **Gerichtssaal** *m* sala *f* delle udienze. **Gerichtsstand** *m* foro *m.* **Gerichtstermin** *m* data *f* d'udienza. **Gerichtsverfahren** *n* procedimento *m* legale; **ein ~ gegen jdn einleiten** intentare un procedimento legale contro qu. **Gerichtsverhandlung** *f* dibattimento *m,* udienza *f.* **Gerichtsvollzieher** ⟨-s, -⟩ *m* ufficiale *m* giudiziario.

gerieben [gə'ri:bən] I. *pp von* **reiben;** II. *a fam (schlau)* scaltro, furbo.

gering [gə'rɪŋ] *a* 1. *(klein)* piccolo; *(knapp)* scarso; *(beschränkt)* limitato; *(wenig)* poco; *(kurz)* breve, poco; *(schwach)* debole; *(niedrig: Preis, Temperatur)* basso; 2. *(unbedeutend)* insignificante, futile; 3. *(minderwertig)* scadente, cattivo; **kein G~erer als ...** nientemeno che ...; **nicht im ~sten** per niente, minimamente; **~ von jdm denken/sprechen** *geh* pensar/parlar male di qu.

geringfügig [-fy:gɪç] I. *a (unbedeutend)* insignificante; *(klein)* esiguo, scarso; *(leicht)* leggero; II. *adv* poco, scarsamente; *(leicht)* leggermente. **Geringfügigkeit** ⟨-, -en⟩ *f* 1. ⟨*sing*⟩ *(Bedeutungslosigkeit)* futilità *f;* *(Kleinheit)* esiguità *f;* 2. *(Lappalie)* bazzecola *f fam,* piccolezza *f.*

gering·schätzen *tr (Menschen)* avere poca stima di; *(Leistung)* deprezzare; *(nicht wichtig nehmen: Erfolg, etc.)* minimizzare; *(Menschenleben)* svilire; *(Gefahr)* sprezzare. **geringschätzig** [-ʃɛtsɪç] I. *a* sprezzante; II. *adv* con disprezzo. **Geringschätzung** *f (mangelnde Achtung)* mancanza *f* di stima; *(Verachtung)* disprezzo *m,* spregio *m.*

gerinnen ⟨*irr, ohne ge-*⟩ *itr* ⟨*sein*⟩ coagulare, coagularsi; *(Milch)* cagliare; **zum G~ bringen** coagulare; **~ lassen** far coagulare.

Gerinnsel [gə'rɪnzəl] ⟨-s, -⟩ *n (Blut~)* coagulo *m,* grumo *m.*

Gerinnung ⟨-, ø⟩ *f* coagulazione *f.*

Gerippe [gə'rɪpə] ⟨-s, -⟩ *n* 1. *(Skelett, magerer Mensch)* scheletro *m;* *(die Knochen)* ossatura *f;* 2. *(von Schiff, Flugzeug)* ossatura *f;* *(von Blatt)* nervatura *f,* costola *f;* *(von Schirm)* stecca *f;* *(von Gebäude)* impalcatura *f;* 3. *fig (Grundplan)* schema *m,* canovaccio *m,* abbozzo *m.*

gerissen [gə'rɪsən] I. *pp von* **reißen;** II. *a (schlau)* scaltro, furbo. **Gerissenheit** ⟨-, ø⟩ *f* scaltrezza *f.*

geritten [gə'rɪtən] *pp von* **reiten.**

Germ [gɛrm] ⟨-, ø⟩ *f A (Hefe)* lievito *m.*

Germane [gɛr'ma:nə] ⟨-n, -n⟩ *m,* **Germanin** [...nɪn] *f* germano, -a *m, f.*

germanisch *a* germanico.

Germanist(in) [gɛrma'nɪst(ɪn)] ⟨-en, -en⟩ *m(f)* germanista *mf.*

Germanistik [...'nɪstɪk] ⟨-, ø⟩ *f* germanistica *f.*

Germanistin *f s.* **Germanist.**

germanistisch *a* germanistico.

gern [gɛrn] ⟨lieber, am liebsten⟩ *adv* volentieri, con piacere; **herzlich ~** ben volentieri, di tutto cuore; **ich mag/tue das ~** mi piace/lo faccio volentieri; **ich reise ~** mi piace viaggiare; **ich glaube es ~** lo credo bene; **ich hätte ~ ...** vorrei ...; **~ geschehen!** non c'è di che; **jdn ~ haben** voler bene a qu; **du kannst mich mal ~ haben!** *fam* me ne infischio di te *fam;* **aber ~!** ma certo, volentieri; **das tu ich schrecklich ~** lo faccio molto volentieri.

Gernegroß ⟨-, -e⟩ *m* presuntuoso *m,* pallone *m* gonfiato *fam.*

gerochen [gə'rɔxən] *pp von* **riechen.**

Geröll [gə'rœl] ⟨-(e)s, -e⟩ *n* detriti *m pl.*

geronnen [gə'rɔnən] *pp von* **rinnen.**

Gerste ['gɛrstə] ⟨-, ø⟩ *f* orzo *m.* **Gerstenkorn** *n* 1. *(von Ähre)* chicco *m* d'orzo; 2. *med* orzaiolo *m.*

Gerte ['gɛrtə] ⟨-, -n⟩ *f (Stock)* verga *f;* *(Peitsche)* frusta *f;* *(Reit~)* frustino *m,* scudiscio *m.*

Gertrud ['gɛrtru:t] *(weiblicher Vorname)* Geltrude, Gertrude.

Geruch [gə'rʊx] ⟨-(e)s, ⸚e⟩ *m* 1. *(Sinneseindruck)* odore *m;* 2. *(~ssinn)* odorato *m,* olfatto *m;* 3. *fig geh (Ruf)* fama *f;* **im ~ der Heiligkeit stehen** *geh* essere in odore di santità *geh.* **geruchlos** *a* inodoro, senza odore; *(duftlos)* senza profumo. **Geruchsnerv** *m* nervo *m* dell'olfatto. **Geruchssinn** *m* (senso *m* dell')olfatto *m,* odorato *m.*

Gerücht [gə'rʏçt] ⟨-(e)s, -e⟩ *n* voce *f;* **es geht das ~, daß ...** corre la voce che ...; **ein ~ verbreiten** spargere una voce; **das halte ich für ein ~!** *fam* secondo me è una diceria.

geruhen ⟨*ohne ge-*⟩ *itr geh* compiacersi (*zu* di), degnarsi (*zu* di).

geruhsam *a* tranquillo.

Gerümpel [gə'rʏmpəl] ⟨-s, ø⟩ *n pej* ciarpame *m.*

Gerundium [ge'rʊndi̯ʊm, ...i̯ən] ⟨-s, -dien⟩ *n* gerundio *m.*

gerungen [gə'rʊŋən] *pp von* **ringen.**

Gerüst [gə'rʏst] ⟨-(e)s, -e⟩ *n* **1.** *(Bau~)* impalcatura *f,* armatura *f;* **2.** *(Aufbau, a. fig: Grundplan)* struttura *f.*

gesalzen *a fig fam (Preis)* salato *fam; (Witz)* piccante *fam,* spinto *fam.*

gesamt [gə'zamt] *a* **1.** *(ganz)* tutto; **2.** *(völlig)* totale, intero, globale; **3.** *(vollständig)* completo.

Gesamt- *(in Zusammensetzungen)* complessivo, totale. **Gesamtansicht** *f (von Stadt, etc.)* panorama *m; fig* vista *f* d'insieme. **Gesamtausgabe** *f* edizione *f* completa. **Gesamtbetrag** *m* (importo *m*) totale *m.* **gesamtdeutsch** *a* pangermanico. **Gesamteindruck** *m* impressione *f* generale. **gesamthaft** *CH* **I.** *a* totale; **II.** *adv* in totale. **Gesamtheit** ⟨-, ø⟩ *f* totalità *f,* totale *m; (von Menschen)* collettività *f;* **in seiner ~** nel suo complesso. **Gesamthochschule** *f* università *f* unificata. **Gesamtkosten** ⟨*pl*⟩ spesa *f* complessiva. **Gesamtpreis** *m* prezzo *m* totale. **Gesamtschaden** *m* danno *m* complessivo. **Gesamtschule** *f* scuola *f* media unificata. **Gesamtstrafe** *f* pena *f* complessiva. **Gesamtsumme** *f* (somma *f*) totale *m.* **Gesamtübersicht** *f* vista *f* d'insieme, prospetto *m* generale. **Gesamtvermögen** *n* patrimonio *m* complessivo. **Gesamtwert** *m* valore *m* complessivo.

gesandt [gə'zant] *pp von* **senden. Gesandte** ⟨ein -r, -n, -n⟩ *m,* **Gesandtin** *f* inviato, -a *m, f,* delegato, -a *m, f; (Botschafter)* ambasciatore, -trice *m, f;* **päpstlicher ~r** legato *m* pontificio. **Gesandtschaft** ⟨-, -en⟩ *f* legazione *f.*

Gesang [gə'zaŋ] ⟨-(e)s, ¨-e⟩ *m* canto *m.* **Gesangbuch** *n (Liederbuch)* libro *m* dei canti; *rel* innario *m.* **Gesanglehrer(in)** *m(f)* maestro, -a *m, f* di canto. **Gesangverein** *m* società *f* corale.

Gesäß [gə'zɛ:s] ⟨-es, -e⟩ *n* sedere *m,* posteriore *m.* **Gesäßtasche** *f* tasca *f* posteriore.

Geschäft [gə'ʃɛft] ⟨-(e)s, -e⟩ *n* **1.** *(Gewerbe, Handel)* affare *m;* **2.** *(~sabschluß)* affare *m;* **3.** *(Firma)* ditta *f,* impresa *f,* azienda *f; (Laden)* negozio *m; (Büro)* ufficio *m; fam (Arbeit)* lavoro *m;* **4.** *(Beruf)* mestiere *m,* professione *f;* **5.** *(Aufgabe)* dovere *m,* mansione *f;* **6.** *fam (Notdurft)* bisogno *m;* **~ ist ~** gli affari sono affari *prov;* **mit jdm ins ~ kommen** entrare in rapporti d'affari con qu; **mit jdm ein ~ machen** fare un affare con qu; **ein kleines/großes ~ machen** *fam* fare la pipì/cacca *fam;* **ein ~ abschließen** concludere un affare; **ein schlechtes ~ gemacht haben** aver fatto un cattivo affare; **ein (gutes) ~ machen** fare un buon affare; **dunkle ~e machen** fare affari loschi; **sein ~ verstehen** sapere il fatto proprio *fam;* **wie geht das ~?** come vanno gli affari?

geschäftig *a (unentwegt tätig)* attivo, operoso; *(schnell)* svelto; *(beflissen)* premuroso. **Geschäftigkeit** ⟨-, ø⟩ *f (Emsigkeit)* attività *f,* operosità *f; (übertrieben)* affaccendamento *m.*

geschäftlich I. *a* d'affari; *(beruflich)* professionale; **II.** *adv* per affari; **jdn ~ sprechen** parlare a qu d'affari; **~ verhindert** impedito per ragioni d'affari; **~ verreisen** partire per affari.

Geschäftsabschluß *m* **1.** *(Abschluß eines Geschäfts)* conclusione *f* di un affare; **2.** *(Abschluß eines Geschäftsjahres)* resoconto *m* annuale. **Geschäftsanteil** *m* quota *f* sociale. **Geschäftsaufgabe** *f* cessazione *f* di commercio. **Geschäftsbedingungen** *f pl* condizioni *f pl* contrattuali. **Geschäftsbericht** *m* resoconto *m.* **Geschäftsbeziehungen** *f pl* relazioni *f pl* commerciali. **Geschäftsbrief** *m* lettera *f* commerciale. **Geschäftsfrau** *f (Geschäftsinhaberin)* negoziante *f; (Geschäfte betreibend)* donna *f* d'affari. **Geschäftsfreund** *m* amico *m* d'affari. **geschäftsführend** *a (leitend)* gerente; *(amtierend)* in carica. **Geschäftsführer(in)** *m(f)* gerente *mf; (von Fabrik)* direttore, -trice *m, f; (von Gesellschaft)* amministratore, trice *m, f,* delegato, -a *m, f* **Geschäftsführung** *f* **1.** ⟨*sing*⟩ *(Vor-*

gang) gestione *f* (*o.* amministrazione *f*) d'affari; **2.** *(Personal)* dirigenti *m pl.* **Geschäftsgang** *m* **1.** *(Gang der Geschäfte)* andamento *m* degli affari; **2.** *(Dienstweg)* iter *m* burocratico; **3.** *(Besorgung)* commissione *f.* **Geschäftsgebaren** [-gəba:rən] ‹-s, ø› *n* conduzione *f* degli affari. **Geschäftshaus** *n* **1.** *(Firma)* ditta *f* (*o.* azienda *f*) commerciale; **2.** *(Bürogebäude)* palazzo *m* per uffici. **Geschäftsinhaber(in)** *m(f)* *(von Laden)* titolare *mf* di un negozio; *(von Firma)* titolare *mf* di una ditta. **Geschäftsinteresse** *n* interesse *m* commerciale. **Geschäftsjahr** *n* anno *m* d'esercizio (*o.* finanziario), esercizio *m.* **Geschäftsleitung** *f s.* **Geschäftsführung. Geschäftsleute** ‹*pl*› uomini *m pl* d'affari. **Geschäftsmann** ‹-(e)s, -leute *o.* -männer› *m* uomo *m* d'affari. **geschäftsmäßig** *a* secondo la prassi commerciale; *fig (sachlich)* distaccato. **Geschäftsmethoden** *f pl* pratiche *f pl* d'affari. **Geschäftsordnung** *f* regolamento *m* interno. **Geschäftspartner(in)** *m(f)* socio, -a *m, f* (d'affari). **Geschäftsreise** *f* viaggio *m* d'affari; **auf ~** in viaggio d'affari. **Geschäftsschluß** *m* chiusura *f* (di negozi e uffici); **nach ~** dopo l'ora di chiusura. **Geschäftsstelle** *f* ufficio *m.* **Geschäftsstraße** *f* strada *f* commerciale. **Geschäftsstunden** *f pl* ore *f pl* d'ufficio. **Geschäftsträger** *m* incaricato *m* d'affari. **geschäftstüchtig** *a* abile negli affari. **Geschäftsverbindung** *f* relazione *f* (*o.* rapporto *m*) d'affari; **mit jdm in ~ stehen/treten** essere/entrare in rapporti d'affari con qu. **Geschäftsverkehr** *m* relazioni *f pl* d'affari. **Geschäftsviertel** *n* quartiere *m* commerciale. **Geschäftszeit** *f (von Büro)* ore *f pl* d'ufficio; *(von Laden)* orario *m* d'apertura. **Geschäftszweig** *m* branca *f* d'affari; *(Wirtschaftszweig)* settore *m* economico.

geschah [gəˈʃa:] *3. pers sing imp von* **geschehen.**

geschätzt *a (geachtet)* stimato; *(Brief)* pregiato.

geschehen [gəˈʃe:ən] ‹geschieht, geschah, geschehen› *itr* ‹*sein*› **1.** *(passieren)* succedere, accadere; *(zufällig)* capitare; **2.** *(getan werden)* esser (*o.* venir) fatto; **als wenn nichts ~ wäre** come se non fosse successo nulla; **(das ist) gern ~!** non c'è di che; **das geschieht dir (ganz) recht (so)!** ti sta bene *fam,* ben ti sta *fam;* **ist ihm etw. ~?** gli è successo qc?; **es war um ihn ~** era perduto, per lui era finita; **ich wußte gar nicht, wie mir geschah** non sapevo come mi era successo; **was ~ ist, ist ~** cosa fatta capo ha *prov;* **es muß etwas ~** bisogna fare qualcosa; **was auch ~ mag** qualunque cosa avvenga (*o.* succeda).

Geschehnis ‹-ses, -se› *n geh* avvenimento *m,* fatto *m,* vicenda *f.*

gescheit [gəˈʃait] *a (klug)* intelligente; *fam (vernünftig)* ragionevole, assennato; **du bist (wohl) nicht recht ~!** sei proprio matto!; **ich werde nicht ~ daraus** non mi ci raccapezzo *fam;* **nichts G~es** *fam* niente di buono *fam.*

Geschenk [gəˈʃɛŋk] ‹-(e)s, -e› *n* dono *m,* regalo *m;* **jdm etw. zum ~ machen** regalare qc a qu; **kleine ~e erhalten die Freundschaft** *prov* con piccoli regali si mantiene l'amicizia.

Geschichte [gəˈʃɪçtə] ‹-, -n› *f* storia *f;* **mach keine ~n!** *fam* non fare storie! *fam;* **Alte/Mittlere/Neuere/Neueste ~** storia antica/medievale/moderna/contemporanea; **Biblische ~** Sacra Scrittura. **geschichtlich** *a* storico. **Geschichtsschreiber** *m* storiografo *m.*

Geschick[1] [gəˈʃɪk] ‹-(e)s, -e› *n geh (Schicksal)* destino *m,* sorte *f.*

Geschick[2] ‹-(e)s, ø› *n (Begabung)* talento *m.*

Geschicklichkeit ‹-, ø› *f* destrezza *f;* *(a. fig)* abilità *f.*

geschickt *a (gewandt)* abile; *(tüchtig)* bravo (*in* in), capace (*in* in).

geschieden [gəˈʃi:dən] **I.** *pp von* **scheiden; II.** *a* divorziato; **wir sind ~e Leute** *fig* non abbiamo niente a che fare l'uno con l'altro. **Geschiedene** ‹ein -r, -n, -n› *mf* divorziato, -a *m, f.*

geschieht [gəˈʃi:t] *3. pers sing pr von* **geschehen.**

geschienen [gəˈʃi:nən] *pp von* **scheinen.**

Geschirr [gəˈʃɪr] ‹-(e)s, -e› *n* **1.** *(Küchen~)* stoviglie *f pl,* piatti *m pl;* *(Tafel~)* vasellame *m,* servizio *m* (da tavola); **2.** *(Pferde~)* finimenti *m pl;* **(das) ~ spülen** lavare le stoviglie (*o.* i piatti). **Geschirrschrank** *m* credenza *f.* **Geschirrspülmaschine** *f* lavastoviglie *f,* lavapiatti *f fam.* **Geschirrtuch** *n* asciughino *m fam,* canovaccio *m.*

geschissen [gəˈʃɪsən] *pp von* **scheißen.**

Geschlecht [gəˈʃlɛçt] ‹-(e)s, -er› *n* **1.** *biol (a. ~sorgan)* sesso *m;* **2.** *(Gat-*

tung, a. gram) genere *m;* **3.** *(Generation)* generazione *f;* **4.** *(Familie)* stirpe *f,* famiglia *f;* **das schöne ~** il gentil sesso; **das schwache/starke ~** il sesso debole/forte; **beiderlei ~s** di entrambi i sessi. **geschlechtlich** *a* sessuale; **mit jdm ~ verkehren** avere rapporti sessuali con qu. **geschlechtlos** *a* asessuato. **Geschlechtsakt** *m* atto *m* sessuale, coito *m.* **Geschlechtskrankheit** *f* malattia *f* venerea. **Geschlechtsorgan** *n* organo *m* genitale. **Geschlechtsreife** *f* maturirà *f* sessuale. **Geschlechtsteile** *n pl* (organi *m pl*) genitali *m pl.* **Geschlechtstrieb** *m* istinto *m* sessuale. **Geschlechtsverkehr** *m* rapporti *m pl* sessuali. **Geschlechtswort** ‹-(e)s, ⸚er› *n* articolo *m.*

geschlichen [gəˈʃlɪçən] *pp von* **schleichen.**

geschliffen [gəˈʃlɪfən] **I.** *pp von* **schleifen¹; II.** *a (Manieren)* raffinato, fine, distinto; *(Stil)* forbito.

geschlossen [gəˈʃlɔsən] **I.** *pp von* **schließen; II.** *a* **1.** *(zu)* chiuso; **2.** *(Front, Reihe)* compatto; **3.** *(ohne Ausnahme)* compatto; *(einstimmig)* all'unanimità; **~e Gesellschaft** riunione privata; **~e Ortschaft** centro abitato; **in sich** *(dat)* **~** *(Handlung)* compatto; *(Mensch, Charakter)* chiuso; **~ für etw. sein/stimmen** essere/votare all'unanimità per qc; **~ hinter jdm stehen** sostenere solidariamente qu. **Geschlossenheit** ‹-, ø› *f* **1.** *(von Form)* compiutezza *f;* **2.** *(Einheit)* compattezza *f,* unità *f.*

geschlungen [gəˈʃlʊŋən] *pp von* **schlingen¹** *und* **schlingen².**

Geschmack [gəˈʃmak] ‹-(e)s, ⸚e *o. scherz* ⸚er› *m* gusto *m* (*nach* di); **mit Himbeer-/Vanille~** al sapore (*o.* gusto) di lampone/vaniglia; **an etw. ~ finden** trovare gusto in qc; **das ist nicht mein ~** questo non è di mio gusto; **über ~ läßt sich (nicht) streiten** *prov* tutti i gusti sono gusti *prov;* **~ haben** aver gusto.

geschmacklos *a* **1.** *(Speise)* insapore, privo di gusto; *(fade)* insipido; **2.** *fig (Kleidung, etc.)* di cattivo gusto; *(Bemerkung)* senza tatto; *(Witz)* che non sa di niente; **sich ~ anziehen (***o.* **kleiden)** vestirsi senza gusto. **Geschmacklosigkeit** ‹-, -en› *f* **1.** ‹*sing*› *(von Speise, Bemerkung)* mancanza *f* di gusto; *(Fadheit)* insipidezza *f; (Taktlosigkeit)* mancanza *f* di tatto; **2.** *(geschmackloser Gegenstand)* cosa *f* (*o.* oggetto *m*) di cattivo gusto; *(geschmacklose Bemerkung)* osservazione *f* di cattivo gusto; *(geschmacklose Handlung)* azione *f* di cattivo gusto.

Geschmacksnerv *m* nervo *m* gustativo. **Geschmack(s)sache** *f:* **das ist ~** è questione di gusti. **Geschmacksverirrung** ‹-, -en› *f* pervertimento *m* del gusto.

geschmackvoll **I.** *a* di buon gusto; **II.** *adv* con buon gusto; **~ gekleidet** vestito con gusto.

Geschmeide [gəˈʃmaidə] ‹-s, -› *n poet* monile *m.*

geschmeidig [gəˈʃmaidɪç] *a* **1.** *(glatt und weich)* liscio e morbido; **2.** *(elastisch)* elastico; *(Haar)* soffice; *(Körper)* agile; *(Metall, Wachs)* duttile, malleabile; *(Teig)* morbido; **3.** *fig (anpassungsfähig)* flessibile, duttile. **Geschmeidigkeit** ‹-, ø› *f* **1.** *(Glätte)* morbidezza *f;* **2.** *(Elastizität)* elasticità *f; (von Haar)* esser *m* soffice; *(von Körper)* agilità *f; (von Metall, Wachs)* duttilità *f,* malleabilità *f; (von Teig)* morbidezza *f;* **3.** *fig (Anpassungsfähigkeit)* flessibilità *f,* duttilità *f.*

Geschmier(e) [gəˈʃmiːɐ (...iːrə)] ‹-(e)s, ø› *n fam (Schmutz)* sudiciume *m; (Handschrift)* scarabocchio *m; (Geschriebenes)* scarabocchi *m pl; (schlechtes Bild)* imbratto *m.*

geschmissen [gəˈʃmɪsən] *pp von* **schmeißen.**

geschmolzen [gəˈʃmɔltsən] *pp von* **schmelzen.**

Geschmus(e) [gəˈʃmuːs (...uːzə)] ‹-es, ø› *n* sbaciucchiamento *m.*

Geschnatter [gəˈʃnatɐ] ‹-s, ø› *n (von Gänsen)* schiamazzo *m; (von Menschen)* cicaleccio *m.*

geschniegelt [gəˈʃniːgəlt] *a (Mensch, Äußeres)* azzimato; **~ und gebügelt (o. gestriegelt)** in ghingheri.

geschnitten [gəˈʃnɪtən] *pp von* **schneiden.**

geschoben [gəˈʃoːbən] *pp von* **schieben.**

gescholten [gəˈʃɔltən] *pp von* **schelten.**

Geschöpf [gəˈʃœpf] ‹-(e)s, -e› *n (Lebewesen, Mensch)* creatura *f; fig (Produkt)* creazione *f,* frutto *m.*

geschoren [gəˈʃoːrən] *pp von* **scheren¹.**

Geschoß¹ [gəˈʃɔs] ‹Geschosses, Geschosse› *n (Wurf~, Rakete, etc.)* proiettile *m; (Gewehr~)* pallottola *f.*

Geschoß² [gəˈʃɔs] ‹Geschosses, Geschosse› *n (Stockwerk)* piano *m.*

geschossen [gə'ʃɔsən] *pp von* **schießen.**

Geschrei ‹-s, ø› *n* grida *f pl*, urli *m pl;* **um etw. viel ~ machen** fare molto rumore per qc.

geschrieben [gə'ʃri:bən] *pp von* **schreiben.**

geschrie(e)n [gə'ʃri:(ə)n] *pp von* **schreien.**

geschritten [gə'ʃrɪtən] *pp von* **schreiten.**

geschunden [gə'ʃʊndən] *pp von* **schinden.**

Geschütz [gə'ʃʏts] ‹-es, -e› *n* pezzo *m* d'artiglieria, cannone *m;* **schwere ~e auffahren** *(a. fig)* usare la maniera forte. **Geschützfeuer** *n* fuoco *m* d'artiglieria.

geschützt *a* protetto.

Geschwader [gə'ʃva:dɐ] ‹-s, -› *n naut* squadra *f; aero* squadriglia *f*, stormo *m.*

Geschwafel [gə'ʃva:fəl] ‹-s, ø› *n fam pej* ciance *f pl.*

Geschwätz [gə'ʃvɛts] ‹-es, ø› *n* chiacchiere *f pl.* **geschwätzig** *a* chiacchierone, pettegolo, linguacciuto. **Geschwätzigkeit** ‹-, ø› *f* far *m* chiacchiere (*o.* pettegolezzi).

geschweige [gə'ʃvaigə] *con:* **~ denn** tanto meno, meno che mai.

geschwiegen [gə'ʃvi:gən] *pp von* **schweigen.**

geschwind [gə'ʃvɪnt] *a (obs, süddeutsch: schnell)* veloce, rapido; *(flink)* svelto.

Geschwindigkeit ‹-, -en› *f (bes. phys, mot)* velocità *f; (Schnelligkeit)* rapidità *f;* **mit einer ~ von ...** ad una velocità di ... **Geschwindigkeitsbegrenzung** *f* limite *m* di velocità. **Geschwindigkeitsüberschreitung** *f* eccesso *m* di velocità.

Geschwister [gə'ʃvɪstɐ] ‹*pl*› fratelli *m pl* e sorelle *f pl.* **Geschwisterpaar** *n* (coppia *f* di) fratello *m* e sorella *f.*

geschwollen [gə'ʃvɔlən] **I.** *pp von* **schwellen; II.** *a* **1.** *med* gonfio, gonfiato; **2.** *(Stil)* gonfio, ampolloso; **~ reden** parlare ampollosamente.

geschwommen [gə'ʃvɔmən] *pp von* **schwimmen.**

geschworen [gə'ʃvo:rən] *pp von* **schwören. Geschworene** ‹ein -r, -n, -n› *mf* giurato, -a *m, f.* **Geschworenengericht** *n* corte *f* d'assise.

Geschwulst [gə'ʃvʊlst] ‹-, ¨-e› *f med (Anschwellung)* gonfiore *m*, tumefazione *f; (Tumor)* tumore *m.*

geschwunden [gə'ʃvʊndən] *pp von* **schwinden.**

geschwungen [gə'ʃvʊŋən] *pp von* **schwingen.**

Geschwür [gə'ʃvy:ɐ] ‹-(e)s, -e› *n med* ulcera *f*, ascesso *m; fig* piaga *f.*

Geselle [gə'zɛlə] ‹-n, -n› *m*, **Gesellin** [...lɪn] *f* **1.** *(Handwerks~)* garzone *m*, lavorante *mf* (artigiano, -a); **2.** *(Kerl)* tipo *m*, persona *f;* **lustiger ~** buontempone *m fam.*

gesellen ‹*ohne ge-*› *rfl:* **sich ~ zu ...** unirsi a ...

Gesellenprüfung *f* esame *m* di abilitazione (*o.* di idoneità).

gesellig *a (Mensch, Tier)* socievole; *(unterhaltsam)* lieto, gaio; **~es Beisammensein** riunione amichevole. **Geselligkeit** ‹-, ø› *f* **1.** *(Verkehr mit anderen Menschen)* vita *f* di società; **2.** *(geselliges Beisammensein)* trattenimento *m.*

Gesellin *f s.* **Geselle.**

Gesellschaft ‹-, -en› *f* **1.** *allg., soc* società *f;* **2.** *(Vereinigung)* società *f*, associazione *f*, unione *f;* **3.** *(Umgang)* compagnia *f;* **4.** *(Fest)* trattenimento *m; (Abend~)* ricevimento *m* serale; *(Gäste)* invitati *m pl;* **in guter/schlechter ~** in buona /cattiva compagnia; **bürgerliche ~** società borghese; **vornehme ~** alta società; **jdm ~ leisten** fare compagnia a qu; **~ mit beschränkter Haftung** (*ab* **GmbH**) società a responsabilità limitata; **das ist eine ~** *pej* è una bella compagnia!

Gesellschafter(in) ‹-s, -› *m(f)* **1.** *(Unterhalter)* compagno, -a *m, f; (Gesellschaftsdame)* dama *f* di compagnia; **2.** *com (Partner)* socio, -a *m, f;* **stiller ~** *com* associato *m;* **guter ~** compagnone *m fam.*

gesellschaftlich *a* sociale; *(die höhere Gesellschaft betreffend)* mondano, di società.

Gesellschaftsanzug *m* abito *m* da sera; *(Smoking)* smoking *m.* **gesellschaftsfähig** *a* presentabile, accettabile. **Gesellschaftsreise** *f* viaggio *m* in comitiva. **Gesellschaftsschicht** *f* strato *m* sociale. **Gesellschaftsspiel** *n* gioco *m* di società.

gesessen [gə'zɛsən] *pp von* **sitzen.**

Gesetz [gə'zɛts] ‹-es, -e› *n (a. fig)* legge *f;* **im Namen des ~es** in nome della legge; **nach dem ~** secondo la legge, per legge. **Gesetzbuch** *n* codice *m.* **Gesetzentwurf** *m* progetto *m* (*o.* disegno *m*) di legge. **Gesetzeskraft** *f:* **~ erlangen/haben** entrare/essere in vigore. **Gesetzesvorlage** *f* progetto *m* (*o.* disegno *m*) di legge. **gesetzgebend** *a* legislativo. **Gesetz-**

geber *m* legislatore *m.* **Gesetzgebung** ⟨-, ø⟩ *f* legislazione *f.*

gesetzlich *a* legale, di legge; *(gesetzmäßig)* conforme alla legge; *(rechtmäßig)* legittimo, legale; **~er Erbe** erede legittimo; **~er Feiertag** festa ufficiale; **~ geschützt** (*ab* **ges. gesch.**) brevettato; **~er Vertreter** rappresentante legale, mandatario *m;* **~es Zahlungsmittel** mezzo di pagamento legale; **auf ~em Wege** per via legale.

gesetzlos *a* senza (*o.* fuori) legge. **Gesetzlosigkeit** ⟨-, ø⟩ *f* essere *m* senza legge, anarchia *f.*

gesetzmäßig *a* **1.** *jur* conforme alla legge, legale; *(rechtmäßig)* legittimo; **2.** *scient* regolare. **Gesetzmäßigkeit** ⟨-, -en⟩ *f* **1.** ⟨*sing*⟩ *jur* legalità *f; (Rechtmäßigkeit)* legitimità *f;* **2.** *scient* regolarità *f.*

gesetzt I. *a (ruhig, besonnen)* posato, composto, calmo; *(ernst)* serio; **II.** *con:* **~ den Fall, daß ...** poniamo il caso che ... *conj.* **Gesetztheit** ⟨-, ø⟩ *f* posatezza *f,* compostezza *f,* serietà *f.*

gesetzwidrig *a* illegale. **Gesetzwidrigkeit** *f* illegalità *f.*

ges. gesch. *ab von* **gesetzlich geschützt** brev. (*ab von* brevettato).

Gesicht[1] [gə'zɪçt] ⟨-(e)s, -er⟩ *n* **1.** *(vordere Kopfseite)* faccia *f,* viso *m;* **2.** *(~sausdruck, Miene)* viso *m,* volto *m;* **3.** *fig (Aussehen)* aspetto *m,* volto *m;* **4.** *(Mensch)* faccia *f,* viso *m;* **jdm zu ~ kommen** capitare sotto gli occhi di qu; **den Tatsachen ins ~ sehen** guardare in faccia la realtà; **zu ~ bekommen** riuscire a vedere; **jdm ins ~ lachen** ridere in faccia a qu; **ein finsteres ~ machen** fare una faccia corrucciata; **ein langes ~ machen** fare un viso lungo, fare la faccia lunga *fam;* **jdm etw. ins ~ sagen** dire qc in faccia a qu; **jdm ins ~ sehen** guardare in faccia qu; **jdm wie aus dem ~ geschnitten sein** essere il ritratto di qu; **das ~ verlieren** perdere la faccia *fam;* **das ~ wahren** salvare la faccia *fam.*

Gesicht[2] [gə'zɪçt] ⟨-(e)s, -e⟩ *n (Vision)* visione *f.*

Gesichtsausdruck *m* espressione *f* del volto. **Gesichtsfarbe** *f* colorito *m;* **eine gesunde ~ haben** avere una bella cera *fam.* **Gesichtsfeld** *n* campo *m* visivo. **Gesichtskreis** *m (a. fig)* orizzonte *m.* **Gesichtspunkt** *m* punto *m* di vista, aspetto *m;* **unter diesem ~** sotto questo punto di vista. **Gesichtswasser** *n* lozione *f* (*o.* tonico *m*) per il viso. **Gesichtswinkel** *m anat* angolo *m* visuale; *opt* angolo *m* visivo; *fig* punto *m* di vista, angolo *m* visuale. **Gesichtszüge** [-tsy:gə] *m pl* lineamenti *m pl.*

Gesims [gə'zɪms] ⟨-es, -e⟩ *n* cornicione *m.*

Gesinde [gə'zɪndə] ⟨-s, -⟩ *n obs* servitù *f.*

Gesindel [gə'zɪndəl] ⟨-s, ø⟩ *n pej* gentaglia *f,* canaglia *f.*

gesinnt *a (nur in Zusammensetzungen)* disposto, intenzionato; **wohl/übel ~** ben/mal intenzionato; **jdm feindlich ~ sein** essere ostile a qu.

Gesinnung [gə'zɪnʊŋ] ⟨-, -en⟩ *f (Denkweise)* modo *m* di pensare, idee *f pl,* opinione *f; (Grundeinstellung)* principi *m pl;* **politische ~** idee politiche. **Gesinnungsgenosse** *m,* **-genossin** *f* compagno, -a *m, f* ideologico, -a. **gesinnungslos** *a* senza principi, senza carattere. **Gesinnungswechsel** *m* cambiamento *m* d'opinione, voltafaccia *m.*

gesittet [gə'zɪtət] *a* **1.** *(von guten Umgangsformen)* (ben) educato; **2.** *(zivilisiert)* civile.

Gesöff [gə'zœf] ⟨-(e)s, -e⟩ *n fam pej* intruglio *m.*

gesoffen [gə'zɔfən] *pp von* **saufen.**

gesogen [gə'zo:gən] *pp von* **saugen.**

gesondert [gə'zɔndɐt] *a* separato.

gesonnen [gə'zɔnən] **I.** *pp von* **sinnen; II.** *a:* **~ sein, etw. zu tun** avere l'intenzione di fare qc.

gesotten [gə'zɔtən] *pp von* **sieden.**

gespalten *a* **1.** *(Lippen, Rachen)* spaccato; *(Huf)* fesso; *(Zunge, a. fig)* biforcuto; **2.** *(Bewußtsein)* diviso; *(Verhältnis)* contrastato.

Gespann [gə'ʃpan] ⟨-(e)s, -e⟩ *n* **1.** *(Zugtiere, Gefährt)* tiro *m; (Wagen mit Zugtieren)* carrozza *f;* **2.** *fig (Paar)* coppia *f.*

gespannt *a* **1.** *(an~, a. fig)* teso; *(Feder)* sotto carico; **2.** *fig (neugierig)* curioso (*auf* di); **3.** *(aufmerksam. Zuhörer, Zuhören)* attento; **ich bin ~ auf deinen Freund** sono curioso di vedere il tuo amico; **ich bin ~, was er berichten wird** sono curioso di sapere cosa racconterà. **Gespanntheit** ⟨-, ø⟩ *f* **1.** *(An~, a. fig)* tensione *f;* **2.** *(Ungeduld)* impazienza *f;* **3.** *(Aufmerksamkeit)* attenzione *f* intensa.

Gespenst [gə'ʃpɛnst] ⟨-(e)s, -er⟩ *n* spettro *m,* fantasma *m,* spirito *m; (von Toten)* spirito *m; fig* spettro *m;* **~er sehen** *fig fam* avere timori infondati. **gespensterhaft, gespenstig, gespenstisch** *a* spettrale, tetro, sinistro.

gespie(e)n [gəˈʃpiː(ə)n] *pp von* **speien.**

gesponnen [gəˈʃpɔnən] *pp von* **spinnen.**

Gespött [gəˈʃpœt] ‹-(e)s, ø› *n* beffa *f*, burla *f*, scherno *m*; *(Gegenstand des Spottes)* zimbello *m*; **sich zum ~ der Leute machen, zum ~ der Leute werden** diventare lo zimbello della gente; **sein ~ treiben mit** farsi beffe di.

Gespräch [gəˈʃprɛːç] ‹-(e)s, -e› *n* conversazione *f*; *(Unterredung, bes. pol)* colloquio *m*; *(Zwie~)* dialogo *m*; *tel* conversazione *f*, comunicazione *f*; *(Sprechen)* discorso *m*; **das ~ auf etw. bringen** far cadere il discorso su qc; **mit jdm ein ~ führen** avere un colloquio con qu.

gesprächig *a* loquace, comunicativo. **Gesprächigkeit** ‹-, ø› *f* loquacità *f*.

Gesprächspartner(in) *m(f)* interlocutore, -trice *m, f*. **Gesprächsstoff** *m*, **-thema** *n* argomento *m (o.* tema *m)* (della conversazione).

gespreizt *a* **1.** *(Beine)* allargato; **2.** *fig* affettato; *(Stil)* ampolloso.

gesprenkelt [gəˈʃprɛŋkəlt] *a* macchiettato; *(bes. Tier)* pezzato.

gesprochen [gəˈʃprɔxən] *pp von* **sprechen.**

gesprossen [gəˈʃprɔsən] *pp von* **sprießen.**

gesprungen [gəˈʃprʊŋən] *pp von* **springen.**

Gespür [gəˈʃpyːɐ̯] ‹-s, ø› *n* fiuto *m*.

gest. *ab von* **gestorben** morto.

Gestagen [gɛstaˈgeːn] ‹-s, -e› *n* gestagene *m*.

Gestalt [gəˈʃtalt] ‹-, -en› *f* forma *f*; *(a. lit)* figura *f*; *(äußere Erscheinung)* aspetto *m*; *(Körperbau)* corporatura *f*; *(Wuchs)* statura *f*; *(Persönlichkeit)* personaggio *m*; **in ~ von** in forma di, sotto l'aspetto di; *(Person)* in veste di; **(feste) ~ annehmen** prendere forma (*o.* corpo); *(Plan)* prendere forma.

gestalten ‹*ohne ge-*› **I.** *tr* dare forma a; *(Bildhauerei)* modellare; *(entwerfen)* progettare; *(Programm)* preparare; *(Wohnung)* arredare; *(Schaufenster)* allestire; *(einrichten)* disporre; *(Vorstellung, Freizeit, Leben)* organizzare; *(schöpferisch ~)* creare; **II.** *rfl:* **sich ~** prendere forma; *(sich entwickeln)* svilupparsi.

Gestaltpsychologie *f* gestaltismo *m*.

Gestaltung ‹-, -en› *f (Formgebung)* forma *f*; *(in Bildhauerei)* modello *m*; *(Entwurf)* progetto *m*; *(von Programm)* preparazione *f*; *(von Wohnung)* arredamento *m*; *(von Schaufenster)* allestimento *m*; *(Einrichtung)* disposizione *f*; *(von Veranstaltung, Freizeit, Leben)* organizzazione *f*; *(schöpferische ~)* creazione *f*.

gestanden [gəˈʃtandən] **I.** *pp von* **stehen; II.** *a:* **ein ~er Mann** un uomo maturo ed esperto.

geständig [gəˈʃtɛndɪç] *a:* **~ sein** essere reo confesso.

Geständnis [gəˈʃtɛntnɪs] ‹-ses, -se› *n* confessione *f*; **ein ~ ablegen** fare una confessione.

Gestank [gəˈʃtaŋk] ‹-(e)s, ø› *m* puzzo *m*, cattivo odore *m*.

Gestapo [geˈstaːpo] ‹-, ø› *f ab von* **Geheime Staatspolizei** *(im Nationalsozialismus)* GESTAPO *f*.

gestatten [gəˈʃtatən] ‹*ohne ge-*› *tr* permettere (*jdm etw.* qc a qu); *(gewähren)* accordare (*jdm etw.* qc a qu); **wenn Sie (mir) ~ . . .** se mi permette . . .; **~ (Sie)?** permette?, permesso?

Geste [ˈgɛstə *o.* ˈgeːstə] ‹-, -n› *f (a. fig)* gesto *m*.

gestehen ‹*irr, ohne ge-*› *tr (bekennen)* confessare; *(zugeben)* ammettere; *(Gefühle)* dichiarare; **offen gestanden** francamente.

Gestein ‹-(e)s, -e› *n* roccia *f*; *(Steinmenge)* pietrame *m*.

Gestell [gəˈʃtɛl] ‹-(e)s, -e› *n (Stütze)* supporto *m*; *(Regal)* scaffale *m*; *(Bock)* cavalletto *m*; *(Bett~)* lettiera *f*; *mot* telaio *m*; *aero* carrello *m* (d'atterraggio); *(Brillen~)* montatura *f*.

gestern [ˈgɛstɐn] *adv* ieri; **~ früh** (*o.* **morgen)/abend** ieri mattina/sera; **~ vor acht Tagen** nove giorni fa; **nicht von ~ sein** *fig fam* non essere nato ieri *fam*.

gestiefelt [gəˈʃtiːfəlt] *a (Mensch)* stivalato, con gli stivali; **der G~e Kater** il gatto con gli stivali; **~ und gespornt** *fig* pronto (per partire).

gestiegen [gəˈʃtiːgən] *pp von* **steigen.**

Gestikulation [gɛstikulaˈtsi̯oːn] ‹-, -en› *f* gesticolazione *f*.

gestikulieren [...ˈliːrən] ‹*ohne ge-*› *itr* gesticolare.

Gestirn [gəˈʃtɪrn] ‹-(e)s, -e› *n (Himmelskörper)* astro *m*, *(Stern)* stella *f*; *(Sternbild)* costellazione *f*.

gestoben [gəˈʃtoːbən] *pp von* **stieben.**

gestochen [gəˈʃtɔxən] *pp von* **stechen.**

gestohlen [gəˈʃtoːlən] *pp von* **stehlen.**

gestorben [gəˈʃtɔrbən] *pp von* **sterben;** (*ab* **gest.**).

gestört *a allg., radio* disturbato; *(bela-*

stet) turbato; *(geistig ~)* squilibrato; **ein ~es Verhältnis zu jdm/etw. haben** avere un rapporto difficile con qc/qc.

Gestotter [gəˈʃtɔtɐ] ‹-s, ø› *n* balbettio *m.*

Gesträuch [gəˈʃtrɔy̯ç] ‹-(e)s, -e› *n* cespugli *m pl.*

gestreift [gəˈʃtra̯ift] *a* a strisce, a righe, rigato.

gestrichelt *a:* **~e Linie** linea tratteggiata.

gestrichen [gəˈʃtrɪçən] **I.** *pp von* **streichen; II.** *a (Löffel)* pieno; **~ voll** *(Maß)* pieno raso (*o.* colmo); **die Nase ~ voll haben** *sl* averne le tasche piene *sl.*

gestrig [ˈgɛstrɪç] *a* di ieri; **am ~en Tage** ieri.

gestritten [gəˈʃtrɪtən] *pp von* **streiten.**

Gestrüpp [gəˈʃtrʏp] ‹-(e)s, -e› *n* sterpaglia *f.*

gestunken [gəˈʃtʊŋkən] *pp von* **stinken.**

Gestüt [gəˈʃty:t] ‹-(e)s, -e› *n* scuderia *f.*

Gesuch [gəˈzu:x] ‹-(e)s, -e› *n* domanda *f; jur* istanza *f; (Bittschrift)* petizione *f.*

gesucht *a* ricercato.

gesund [gəˈzʊnt] ‹¨er *o. rar* -er, ¨este *o. rar* -este› *a* **1.** *(Mensch, Organ, Pflanze)* sano; **2.** *(gut für die Gesundheit)* sano; *(Luft, Klima)* sano, salubre; **3.** *fig (Gesichtsfarbe, Wirtschaft, Ansichten, etc.)* sano; *(Schlaf)* salutare; **4.** *(heilsam: Erfahrung, Lehre)* salutare; **~ sein** *(Mensch)* essere sano; **jdn ~ schreiben** dichiarare qu guarito; **der ~e Menschenverstand** il buon senso comune; **du bist wohl nicht ganz ~?** *fig fam* sei matto? *fam,* ti ha dato di volta il cervello? *fam;* **~ aussehen** avere un aspetto sano; **ein ~es Urteil haben** avere giudizio; **~ machen** guarire; **(wieder) ~ werden** guarire, **das ist für ihn ganz ~** questo gli fa molto bene; **~ und munter** sano e vegeto.

gesunden ‹*ohne ge-*› *itr* ‹*sein*› *geh* guarire; *(sich erholen)* rimettersi, riprendersi.

Gesundheit ‹-, ø› *f* salute *f; (Zuträglichkeit)* salubrità *f; fig (von Wirtschaft, etc.)* prosperità *f;* **~!** salute!; **bei bester ~ sein** essere in buona salute; **auf jds ~ trinken** bere alla salute di qu.

gesundheitlich *a (die Gesundheit betreffend)* della salute, igienico; *(der Gesundheit dienend)* salutare; **aus ~en Gründen** per ragioni di salute; **wie geht es Ihnen ~?** come sta di salute?

Gesundheitsamt *n* ufficio *m* d'igiene. **gesundheitsschädlich** *a* nocivo alla salute. **Gesundheitszustand** *m* stato *m* di salute; **schlechter ~** condizioni *f pl* di salute precarie.

gesund·schrumpfen I. *tr* ‹*haben*› risanare; **II.** *itr* ‹*sein*› risanarsi.

Gesundung ‹-, ø› *f* guarigione *f; (von Wirtschaft)* risanamento *m.*

gesungen [gəˈzʊŋən] *pp von* **singen.**

gesunken [gəˈzʊŋkən] *pp von* **sinken.**

getan [gəˈta:n] *pp von* **tun.**

Getier *n* animali *m pl,* bestie *f pl.*

Getöse [gəˈtø:zə] ‹-s, ø› *n* frastuono *m,* fracasso *m; (von Wellen)* fragore *m.*

getragen *a* **1.** *(Musik)* sostenuto; **2.** *(Kleidung)* usato.

Getrampel [gəˈtrampəl] ‹-s, ø› *n* scalpiccio *m.*

Getränk [gəˈtrɛŋk] ‹-(e)s, -e› *n* bevanda *f,* bibita *f.*

getrauen ‹*ohne ge-*› *rfl:* **sich ~** avere il coraggio (*zu* di), osare (*zu inf*).

Getreide [gəˈtra̯idə] ‹-s, -› *n* cereali *m pl,* granaglie *f pl; (Korn)* grano *m.* **Getreideanbau** *m* cerealicoltura *f.* **Getreideart** *f* specie *f* di cereale; cereali *m pl.* **Getreidemühle** *f* mulino *m* per cereali.

getrennt I. *a* separato; **~e Kasse führen** fare cassa separata; **mit ~er Post** con plico separato; **II.** *adv* separatamente; *(bezahlen)* alla romana; *(berechnen)* a parte.

getreu *a* **1.** *(treu)* fedele, devoto; **2.** *(genau entsprechend)* fedele, conforme.

Getriebe [gəˈtri:bə] ‹-s, -› *n* **1.** *tec* meccanismo *m; (Räder~)* rotismo *m; (Triebwerk)* trasmissione *f; (Wechsel~)* cambio *m* (di velocità); *mot* cambio *m* di velocità; **2.** *fig (lebhaftes Treiben)* viavai *m,* movimento *m.*

getrieben [gəˈtri:bən] *pp von* **treiben.**

getroffen [gəˈtrɔfən] *pp von* **treffen** *u.* **triefen.**

getrogen [gəˈtro:gən] *pp von* **trügen.**

getrost [gəˈtro:st] **I.** *a (zuversichtlich)* fiducioso; **II.** *adv (ohne Bedenken)* tranquillamente.

getrunken [gəˈtrʊŋkən] *pp von* **trinken.**

Getto [ˈgɛto] ‹-s, -s› *n* ghetto *m.*

Getue [gəˈtu:ə] ‹-s, ø› *n (Wichtigtuerei)* arie *f pl; (Geziertheit)* smancerie *f pl;* **vornehmes ~** arie aristocratiche.

Getümmel [gəˈtʏməl] ‹-s, -› *n* trambusto *m,* tafferuglio *m; (Tumult)* tumulto *m,* baraonda *f.*

getüpfelt [gəˈtʏpfəlt] *a* macchiettato, picchiettato; *(Stoff)* a pois; **weiß ~** a pois bianchi.

geübt *a* pratico, esperto.

Gewächs [gəˈvɛks] ‹-es, -e› *n* **1.** *(Pflanze)* pianta *f*, vegetale *m;* **2.** *(Geschwulst)* tumore *m.*

gewachsen *a:* **jdm/einer S. ~ sein** essere all'altezza di qu/qc; **schlank ~** dalla figura snella; **~er Boden** terreno vergine.

Gewächshaus *n* serra *f.*

gewagt *a* **1.** *(kühn)* audace, arrischiato; *(gefährlich)* rischioso; **2.** *(unanständig)* spinto; **ein ~es Spiel treiben** fare un gioco azzardato.

gewählt *a* scelto, ricercato; *(elegant)* raffinato.

Gewähr [gəˈvɛːɐ̯] ‹-, ø› *f geh, obs* garanzia *f*, assicurazione *f;* **ohne ~** senza garanzia; **für etw. ~ leisten** garantire per qc, rispondere di qc.

gewähren [gəˈvɛːrən] ‹*ohne ge-*› *tr* **1.** *(Kredit, Rabatt)* accordare, concedere; **2.** *fig (geben, verschaffen)* dare (*jdm etw.* qc a qu), offrire (*jdm etw.* qc a qu), procurare (*jdm etw.* qc a qu); **3.** *(Bitte)* esaudire, accogliere; **jdn ~ lassen** *geh* lasciar fare a qu; **Vorteile ~** offrire dei vantaggi.

gewährleisten ‹*ohne ge-*› *tr* garantire.

Gewährleistung *f* garanzia *f.*

Gewahrsam [gəˈvaːɐ̯zaːm] ‹-s, -e› *m* **1.** *(Obhut)* custodia *f;* **2.** *(Haft)* arresto *m;* **in ~ nehmen** *(Sache)* prendere in custodia; *(Person)* arrestare.

Gewährsmann ‹-(e)s, -männer *o.* -leute› *m* fonte *f* sicura, informatore *m* sicuro.

Gewährung ‹-, -en› *f (Bewilligung)* concessione *f; (Erlaubnis)* permesso *m; (von Bitte)* esaudimento *m.*

Gewalt [gəˈvalt] ‹-, -en› *f* **1.** ‹*sing*› *(Zwang)* costrizione *f; (~tätigkeit, ~samkeit)* violenza *f;* **2.** *(Macht)* potere *m; (Machtbefugnis, Autorität)* autorità *f* (*über* su); *(Kontrolle)* controllo *m* (*über* di); **3.** *(Heftigkeit)* forza *f*, violenza *f*, furia *f; (Natur~)* forza *f*, furia *f;* **mit ~** con la forza; **mit aller ~** con tutta forza; *fig* a tutti i costi; **mit nackter** (*o.* **roher**) **~** con forza bruta; **jdm ~ antun** usare violenza a qu; *(vergewaltigen)* violentare qu; **~ anwenden** impiegare la forza; **jdn in seine ~ bringen** impadronirsi di qu; **sich in der ~ haben** dominarsi, controllarsi; **in jds ~ sein** essere in potere di qu; **gesetzgebende/richterliche/vollziehende ~** potere legislativo/giudiziario/esecutivo; **höhere ~** forza maggiore; **elterliche ~** patria potestà. **Gewaltenteilung** *f* divisione *f* dei poteri. **Gewaltherrschaft** *f* tirannia *f*, dispotismo *m.*

gewaltig **I.** *a* **1.** *(riesig)* enorme, gigantesco; **2.** *(heftig)* violento; *(a. stark)* forte; **3.** *(mächtig)* potente; **4.** *(eindrucksvoll)* impressionante; **5.** *(großartig)* grandioso; **6.** *(groß)* grande, forte; **II.** *adv* **1.** *(riesig)* enormemente; **2.** *(heftig, stark)* violentemente, fortemente; **3.** *(großartig)* straordinariamente; **4.** *fam (sehr)* fortemente, molto; **da irren Sie sich ~** qui si sbaglia di grosso *fam.*

gewaltlos *a* non violento. **Gewaltlosigkeit** ‹-, ø› *f* non violenza *f.*

gewaltsam **I.** *a* violento; **~er Umsturz** rivoluzione sanguinosa; **II.** *adv* violentemente, con la forza; **~ öffnen** *(Tür, etc.)* forzare.

Gewaltstreich *m* atto *m* di violenza; *mil* colpo *m* di mano. **Gewalttat** *f* atto *m* di violenza. **gewalttätig** *a* violento, brutale. **Gewalttätigkeit** *f* **1.** ‹*sing*› *(Eigenschaft)* violenza *f;* **2.** *(Tat)* atto *m* di violenza. **Gewaltverbrechen** *n* crimine *m* di violenza. **Gewaltverzicht** *m* rinuncia *f* all'uso della forza.

Gewand [gəˈvant] ‹-(e)s, ⸚er *o. poet* -e› *n geh* veste *f*, abbigliamento *m; (Talar)* talare *m; fig* veste *f.*

gewandt[1] [gəˈvant] *pp von* **wenden.**

gewandt[2] *a (geschickt)* abile (*in* in); *(flink)* agile; *(Stil)* elegante, raffinato.

Gewandtheit ‹-, ø› *f (Geschicktheit)* abilità *f; (Flinkheit)* agilità *f; (von Stil)* eleganza *f*, raffinatezza *f.*

gewann [gəˈvan] *1. u. 3. pers sing imp von* **gewinnen.**

Gewässer [gəˈvɛsɐ] ‹-s, -› *n* acqua *f; (bes. naut)* acque *f pl.*

Gewebe [gəˈveːbə] ‹-s, -› *n* tessuto *m.*

Gewehr [gəˈveːɐ̯] ‹-(e)s, -e› *n* fucile *m;* **~ bei Fuß stehen** *fig fam* stare sul chi va là *fam.* **Gewehrkolben** *m* calcio *m* del fucile. **Gewehrkugel** *f* pallottola *f.*

Geweih [gəˈvai̯] ‹-(e)s, -e› *n* corna *f pl.*

Gewerbe [gəˈvɛrbə] ‹-s, -› *n allg.* lavoro *m*, attività *f; (Beruf)* professione *f; (Handwerk)* mestiere *f; (kleiner Betrieb)* commercio *m;* **ein ~ betreiben** esercitare un mestiere; **ambulantes ~** commercio ambulante. **Gewerbeaufsicht(samt** *n*) *f* ispettorato *m* del lavoro. **Gewerbebetrieb** *m* azienda *f* industriale (*o.* commerciale). **Gewerbeordnung** *f* codice *m* delle attività lucrative indipendenti. **Gewerbeschein** *m* licenza *f* d'esercizio. **Gewerbeschule** *f* scuola *f* industriale. **Gewerbesteuer** *f* imposta *f* su industrie e commerci. **Gewerbetreibende** ⟨ein -r, -n, -n⟩ *mf:* **selbständiger ~r** persona che esercita una professione indipendente.

gewerblich *a* commerciale; *(industriell)* industriale; *(beruflich)* professionale; **Räume ~ nutzen** utilizzare locali ad uso industriale o commerciale.

gewerbsmäßig *a* professionale, di professione, di mestiere.

Gewerkschaft [gəˈvɛrkʃaft] ⟨-, -en⟩ *f* sindacato *m.* **Gewerkschaft(l)er(in)** ⟨-s, -⟩ *m(f)* sindacalista *mf.* **gewerkschaftlich** *a* sindacale; **~ organisiert** organizzato sindacalmente. **Gewerkschaftsbewegung** *f* movimento *m* sindacale. **Gewerkschaftsbund** ⟨-(e)s, ⸚e⟩ *m* confederazione *f* sindacale. **Gewerkschaftsführer(in)** *m(f)* dirigente *mf* sindacale. **Gewerkschaftsfunktionär(in)** *m(f)* funzionario, -a *m, f* sindacale. **Gewerkschaftsmitglied** *n* iscritto, -a *m, f* al sindacato.

gewesen [gəˈveːzən] *pp von* **sein.**

gewichen [gəˈvɪçən] *pp von* **weichen[1].**

Gewicht [gəˈvɪçt] ⟨-(e)s, -e⟩ *n* peso *m; fig (Wichtigkeit)* importanza *f;* **nach ~** a peso; **ins ~ fallen** essere importante, aver peso; **spezifisches ~** peso specifico. **Gewichtheben** ⟨-s, ø⟩ *n* sollevamento *m* pesi. **Gewichtheber** *m* pesista *m.*

gewichtig *a* **1.** *(schwer)* pesante; **2.** *fig (einflußreich)* influente; *(bedeutungsvoll)* importante.

Gewichtsangabe *f* indicazione *f* del peso. **Gewichtsverlust** *m* perdita *f* (*o.* diminuzione *f*) di peso. **Gewichtszunahme** *f* aumento *m* di peso.

Gewichtung ⟨-, -en⟩ *f* ponderazione *f.*

gewieft, gewiegt [gəˈviːft] *a fam (schlau)* furbo, scaltro.

Gewieher [gəˈviːɐ] ⟨-s, ø⟩ *n* nitriti *m pl.*

gewiesen [gəˈviːzən] *pp von* **weisen.**

gewillt [gəˈvɪlt] *a:* **~ sein** essere intenzionato (*zu* a).

Gewimmel [gəˈvɪməl] ⟨-s, ø⟩ *n* brulichio *m,* formicolio *m.*

Gewinde [gəˈvɪndə] ⟨-s, -⟩ *n* **1.** *tec* filetto *m;* **2.** *obs, geh (Girlande)* ghirlanda *f,* festone *m.*

Gewinn [gəˈvɪn] ⟨-(e)s, -e⟩ *m* **1.** *(Vorteil)* vantaggio *m; (Nutzen)* profitto *m;* **2.** *(Verdienst)* guadagno *m; (Ertrag)* utile *m,* provento *m,* ricavo *m; (im Spiel, durch Spekulation)* vincita *f; (in der Lotterie)* premio *m;* **~ bringen** dare un utile, rendere; **am ~ beteiligt sein** partecipare agli utili; **mit ~ verkaufen** vendere con profitto; **~ und Verlust** perdite e profitti. **Gewinnanteil** *m* partecipazione *f* agli utili, dividendo *m.* **Gewinnausschüttung** *f* distribuzione *f* degli utili. **Gewinnbeteiligung** *f* partecipazione *f* agli utili. **gewinnbringend** *a* redditizio, lucrativo.

gewinnen ⟨gewinn, gewann, gewonnen⟩ **I.** *tr* **1.** *(Spiel, Kampf, etc.)* vincere; **2.** *(erlangen: Preis, Medaille)* vincere; *(Sympathie, Vorteil, etc.)* ottenere; *(jds Herz)* conquistare; **3.** *(verdienen)* guadagnare; **4.** *(erzeugen: Strom, Energie, etc.)* ricavare; *(Erz, Kohle)* estrarre; *(durch Verarbeitung)* ricavare; **jdn für etw. ~** ottenere l'adesione di qu a qc; **sich für etw. ~ lassen** acconsentire a qc; **damit ist nicht viel gewonnen** non se ne ricava molto; **Zeit ~** guadagnar tempo; **wie gewonnen, so zerronnen** *prov* tanti presi, tanti spesi *prov;* **II.** *itr* **1.** *(siegen)* vincere (*bei, in* in); **2.** *(profitieren)* approfittare; *(besser werden)* migliorare; **an etw. ~** guadagnare in qc. **gewinnend** *a (Äußeres)* attraente; *(Wesen)* simpatico.

Gewinner(in) ⟨-s, -⟩ *m(f)* vincitore, -trice *m, f.*

Gewinnspanne *f* margine *m* d'utile.

Gewinnung ⟨-, -en⟩ *f min, chem* estrazione *f.*

Gewinnzahl *f* numero *m* vincente.

Gewinsel [gəˈvɪnzəl] ⟨-s, ø⟩ *n* uggiolio *m; fig* piagnucolio *m.*

Gewirr [gəˈvɪr] ⟨-(e)s, ø⟩ *n (von Fäden)* garbuglio *m; (von Straßen)* labirinto *m; (von Stimmen)* brusio *m; (von Paragraphen)* guazzabuglio *m; fig (Durcheinander)* confusione *f,* groviglio *m.*

gewiß [gəˈvɪs] **I.** *a* **1.** *(sicher)* sicuro; **2.** *attr (bestimmt)* certo; **bis zu einem gewissen Grad** fino ad un certo punto; **das gewisse Etwas** quel certo non so che; **ein gewisser N.** un certo N; **II.** *adv (sicher)* certamente, sicuramente, di sicuro; *(zweifellos)* indubbiamente, senza dubbio; **~!** ma certo!; **ganz ~** non c'è dubbio; **~ nicht** certamente no.

Gewissen [gəˈvɪsən] ⟨-s, -⟩ *n* coscienza *f* (morale); **etw. auf dem ~ haben** avere qc sulla coscienza; **jdn auf dem ~ haben** avere qu sulla coscienza; **ein gutes** (*o.* **reines**) **~ haben** avere la coscienza pulita (*o* tranquilla); **ein schlechtes ~ haben** avere la coscienza sporca; **jdm ins ~ reden** appellarsi alla coscienza di qu; **ein gutes ~ ist ein sanftes Ruhekissen** *prov* chi ha la coscienza a posto dorme sonni tranquilli *prov.* **gewissenhaft** *a* coscienzioso, scrupoloso; *(peinlich genau)* meticoloso. **Gewissenhaftigkeit** ‹-, ø› *f* coscienziosità *f,* scrupolosità *f; (Genauigkeit)* meticolosità *f.* **gewissenlos** *a* senza coscienza, privo di scrupoli. **Gewissenlosigkeit** ‹-, ø› *f* mancanza *f* di coscienza. **Gewissensbisse** *m pl* rimorsi *m pl.* **Gewissensfreiheit** *f* libertà *f* di coscienza. **Gewissenskonflikt** *m* conflitto *m* di coscienza.

gewissermaßen *adv* in certo qual modo, per così dire.

Gewißheit ‹-, -en› *f* certezza *f,* sicurezza *f; (innere ~)* convinzione *f;* **~ erlangen** acquisire certezze; **sich** *(dat)* **~ über etw. verschaffen** accertarsi di qc.

Gewitter [gə'vɪtɐ] ‹-s, -› *n* temporale *m.* **gewitt(e)rig** [gə'vɪt(ə)rɪç] *a* temporalesco. **gewittern** ‹*ohne ge-*› *itr* esserci un temporale. **Gewitterwolke** *f* nuvola *f* temporalesca. **gewittrig** *s.* **gewitterig.**

gewitzt [gə'vɪtst] *a* smaliziato, scaltrito.

gewoben [gə'vo:bən] *pp von* **weben.**

gewogen[1] [gə'vo:gən] *pp von* **wiegen**[1]**.**

gewogen[2] [gə'vo:gən] *a:* **jdm ~ sein** *geh* essere affezionato a qu.

gewöhnen [gə'vø:nən] ‹*ohne ge-*› **I.** *tr* abituare (*an* a); **II.** *rfl:* **sich ~ an** abituarsi a; **man gewöhnt sich an alles** ci si abitua a tutto.

Gewohnheit [gə'vo:nhait] ‹-, -en› *f* abitudine *f;* **aus ~** per abitudine; **die ~ haben, etw. zu tun** avere l'abitudine di fare qc; **die Macht der ~** la forza dell'abitudine; **er hat es sich** *(dat)* **zur ~ gemacht, zu ...** è diventata sua abitudine di ... *inf.* **gewohnheitsmäßig I.** *a* abituale; **II.** *adv* per abitudine. **Gewohnheitsmensch** *m* abitudinario, -a *m, f,* consuetudinario, -a *m, f.* **Gewohnheitsrecht** *n* diritto *m* consuetudinario. **Gewohnheitstrinker(in)** *m(f)* bevitore, -trice *m, f* abituale. **Gewohnheitsverbrecher(in)** *m(f)* delinquente *mf* abituale.

gewöhnlich I. *a* **1.** *(gewohnt)* abituale, consueto; *(üblich)* solito; **2.** *(alltäglich)* ordinario; **3.** *(mittelmäßig)* comune; **4.** *pej (unfein, gemein)* grossolano, volgare; **II.** *adv (normalerweise)* di solito, di consueto; **wie ~** come il solito.

gewohnt [gə'vo:nt] *a* abituale, consueto, usuale; **etw. ~ sein** essere abituato a qc.

Gewöhnung ‹-, ø› *f* assuefazione *f* (*an* a).

Gewölbe [gə'vœlbə] ‹-s, -› *n* volta *f; (Raum)* ambiente *m* a volta.

gewölbt *a arch* a volta; *(Nase)* aquilino; *(Stirn)* prominente; *(Himmel)* a volta; *(Brust)* prosperoso, rigonfio.

gewollt *pp von* **wollen**[1]**.**

gewonnen [gə'vɔnən] *pp von* **gewinnen.**

geworben [gə'vɔrbən] *pp von* **werben.**

geworden [gə'vɔrdən] *pp von* **werden.**

geworfen [gə'vɔrfən] *pp von* **werfen.**

gewrungen [gə'vrʊŋən] *pp von* **wringen.**

Gewühl [gə'vy:l] ‹-(e)s, ø› *n (Durcheinander)* confusione *f,* trambusto *m; (Gedränge)* ressa *f,* calca *f; (a. sport)* mischia *f.*

gewunden [gə'vʊndən] **I.** *pp von* **winden; II.** *a* **1.** *(gedreht)* contorto; **2.** *(Weg)* tortuoso; *(Fluß)* sinuoso; **3.** *fig (Erklärung, Ausdrucksweise)* contorto.

gewunken [gə'vʊŋkən] *pp von* **winken.**

Gewürz [gə'vʏrts] ‹-es, -e› *n* **1.** *(Substanz)* spezie *f pl,* droghe *f pl;* **2.** *(Kräutersorte)* erbe *f pl* aromatiche; **3.** *(Würze)* condimento *m.* **Gewürzgurke** *f* cetriolo *m* sott'aceto. **Gewürznelke** *f* chiodo *m* di garofano. **gewürzt** *a* condito, aromatizzato; **stark ~** piccante.

gewußt [gə'vʊst] *pp von* **wissen.**

gez. *ab von* **gezeichnet** f.to (*ab von* firmato).

gezackt [gə'tsakt] *a* dentellato.

Gezänk [gə'tsɛŋk] ‹-(e)s, ø› *n* litigi *m pl,* dispute *f pl.*

Gezeiten [gə'tsaitən] ‹*pl*› maree *f pl.* **Gezeitenkraftwerk** *n* centrale *f* mareomotrice.

Gezeter [gə'tse:tɐ] ‹-s, ø› *n* grida *f pl,* strilli *m pl,* strida *f pl.*

gezielt *a (Frage, Vorgehen)* specifico; *(Hilfe)* ben diretto; *(Indiskretion, Beleidigung)* voluto, intenzionale; **~ fragen** domandare allusivamente.

geziemen [gə'tsi:mən] ‹*ohne ge-*› *geh* **I.** *itr:* **jdm ~** convenire a qu, addirsi a qu; **II.** *rfl:* **sich ~** convenirsi; **wie es sich geziemt** come si conviene. **geziemend** *a* dovuto.

geziert *a* affettato, lezioso.

gezogen [gəˈtso:gən] *pp von* **ziehen.**

Gezwitscher [gəˈtsvɪtʃɐ] ⟨-s, ø⟩ *n* cinguettio *m.*

gezwungen [gəˈtsvʊŋən] **I.** *pp von* **zwingen; II.** *a* forzato; ~ **lachen/lächeln** ridere/sorridere forzamente. **gezwungenermaßen** *adv* forzatamente, per costrizione.

ggf(s). *ab von* **gegebenenfalls** eventualmente.

Gibraltar [giˈbralta:ɐ̯] *n* Gibilterra *f.*

gibt [gi:pt] *3. pers sing pr von* **geben.**

Gicht [gɪçt] ⟨-, ø⟩ *f* gotta *f.*

Giebel [ˈgi:bəl] ⟨-s, -⟩ *m* timpano *m,* frontone *m.*

Gier [gi:ɐ̯] ⟨-, ø⟩ *f (Begierde)* avidità *f* (*nach* di), brama *f* (*nach* di); *(Freß~)* voracità *f.*

gieren [ˈgi:rən] *itr:* **nach etw.** ~ bramare qc, essere avido di qc.

gierig *a* avido (*nach* di), bramoso (*nach* di), cupido (*nach* di); *(freß~)* vorace; ~ **essen/trinken** mangiare/bere avidamente.

Gießbach *m* torrente *m.*

gießen [ˈgi:sən] ⟨gießt, goß, gegossen⟩ **I.** *tr* **1.** *(schütten)* versare, rovesciare; *(verschütten)* versare; **2.** *(Blumen, Rasen)* annaffiare; **3.** *(Glas, Metall)* fondere, colare; *(Bildwerk)* gettare; **II.** *itr* piovere dirottamente; **es gießt wie aus Kübeln** (*o.* **in Strömen**) piove a dirotto (*o.* a catinelle).

Gießer(in) ⟨-s, -⟩ *m(f)* fonditore, -trice *m, f.*

Gießerei [gi:səˈrai̯] ⟨-, -en⟩ *f* **1.** ⟨*sing*⟩ *(Vorgang)* fusione *f;* **2.** *(Betrieb)* fonderia *f.*

Gießerin *f s.* **Gießer.**

Gießform *f* forma *f* da fonderia. **Gießkanne** *f* annaffiatioio *m.*

Gift [gɪft] ⟨-(e)s, -e⟩ *n (a. fig)* veleno *m;* ~ **sein für** ... *fig* essere veleno per ...; ~ **und Galle speien** *fam* sputare veleno *fam;* **darauf können Sie** ~ **nehmen** *fam* può starne certo.

giften *itr fam* inveire (*gegen* contro).

Giftgas *n* gas *m* tossico. **giftgrün** *a* verde bandiera (*o.* brillante). **giftig** *a (a. fig)* velenoso; *zoo* velenifero; *bot, min* venefico; **~er Blick** sguardo velenoso. **Giftmord** *m* veneficio *m.* **Giftmüll** *m* rifiuti *m pl* tossici. **Giftpflanze** *f* pianta *f* velenosa. **Giftpilz** *m* fungo *m* velenoso. **Giftschlange** *f* serpente *m* velenoso. **Giftstoff** *m* sostanza *f* velenosa (*o.* tossica); *med* tossina *f.* **Giftzahn** *m* dente *m* del veleno.

Gigant(in) [giˈgant(ɪn)] ⟨-en, -en⟩ *m(f)* gigante, -essa *m, f.*

gigantisch *a* gigantesco, colossale.

Gilde [ˈgɪldə] ⟨-, -n⟩ *f* corporazione *f.*

gilt [gɪlt] *3. pers sing pr von* **gelten.**

Gimpel [ˈgɪmpəl] ⟨-s, -⟩ *m* borgognone *m,* ciuffolotto *m.*

ging [gɪŋ] *1. u. 3. pers sing imp von* **gehen.**

Ginster [ˈgɪnste] ⟨-s, -⟩ *m* ginestra *f.*

Gipfel [ˈgɪpfəl] ⟨-s, -⟩ *m* **1.** *(von Berg)* cima *f,* vetta *f;* **2.** *fig (Höhepunkt)* apice *m,* culmine *m,* apogeo *m;* **das ist (doch) der ~!** questo è il colmo *fam;* **der ~ der Frechheit** il colmo dell'insolenza *fam.* **Gipfelkonferenz** *f* conferenza *f* al vertice. **gipfeln** *itr fig* culminare (*in* in). **Gipfelpunkt** *m (a. fig)* punto *m* culminante.

Gips [gɪps] ⟨-es, -e⟩ *m* gesso *m.* **Gipsabdruck** *m,* **-abguß** *m* calco *m* in gesso. **Gipsbein** *n fam* gamba *f* ingessata.

gipsen *tr (a. med)* ingessare.

Gipser(in) ⟨-s, -⟩ *m(f)* stuccatore, -trice *m, f.*

Gipsfigur *f* figurina *f* di gesso. **Gipsverband** *m* ingessatura *f.*

Giraffe [giˈrafə] ⟨-, -n⟩ *f* giraffa *f.*

girieren [ʒiˈri:rən] ⟨*ohne ge-*⟩ *tr* girare.

Girlande [gɪrˈlandə] ⟨-, -n⟩ *f* ghirlanda *f.*

Giro [ˈʒi:ro] ⟨-s, -s⟩ *n* giro *m,* girata *f.* **Girokonto** *n* giroconto *m,* conto *m* corrente. **Giroverkehr** *m* bancogiro *m.* **Girozentrale** *f* ufficio *m* di compensazione (*o.* trasferimento).

girren [ˈgɪrən] *itr* tubare.

Gischt [gɪʃt] ⟨-es, *rar* -e⟩ *m o.* ⟨-, *rar* -en⟩ *f (Wellenschaum)* schiuma *f; (spritzendes Wasser)* spruzzi *m pl.*

Gisela [ˈgi:zəla] *(weiblicher Vorname)* Gisella.

Gitarre [giˈtarə] ⟨-, -n⟩ *f* chitarra *f.*

Gitter [ˈgɪte] ⟨-s, -⟩ *n (an Fenster)* inferriata *f; (an Ablauf, Straßen)* grata *f; (von Zaun)* cancellata *f; (für Pflanzen)* graticcio *m; (an Radio)* griglia *f; (Draht~)* reticolato *m; (Schutz~)* griglia *f* (di protezione); *(Kamin~)* parafuoco *m; chem (Kristall~)* reticolo *m; el* rete *f; geog* reticolo *m;* **hinter ~n** *fam* dietro le sbarre *fam.* **Gitterfenster** *n* inferriata *f.* **gitterförmig** [-fœrmɪç] *a* graticolato, reticolato. **Gitterwerk** *n* graticolato *m,* graticcio *m.* **Gitterzaun** *m* graticciata *f.*

Glace [gla:s] ⟨-, -n⟩ *f CH* gelato *m.*

Glacéhandschuhe [glaˈse:-] *m pl* guanti *m pl* di pelle lucida; **jdn mit ~n anfassen** trattare qu coi guanti.

Gladiole [glaˈdi̯o:lə] ⟨-, -n⟩ *f* gladiolo *m.*

Glanz [glants] ⟨-es, ø⟩ *m* **1.** *(blenden-*

der, a. fig) splendore *m; (von glatter Fläche, Haaren, Seide)* lucentezza *f; (Schimmer)* luccichio *m,* scintillio *m;* **2.** *fig (Pracht, Herrlichkeit)* splendore *m,* fulgore *m; (Pomp)* magnificenza *f,* pompa *f;* **mit ~ und Gloria** *fam* con gran stile; **eine Prüfung mit ~ und Gloria bestehen** passare brillantemente un esame.

glänzen ['glɛntsən] *itr* **1.** *(Glanz haben)* brillare; *(schimmern, leuchten)* luccicare, scintillare; *(strahlen)* splendere; **2.** *fig (in einem Fach)* eccellere (*durch, mit* per), brillare (*durch, mit* per). **glänzend** *a* **1.** *(Glanz habend)* brillante; *(schimmernd)* luccicante, scintillante; *(leuchtend)* splendente; *(Metall, Papier, Leder, etc.)* lucido; **2.** *fig* splendido, brillante; **eine ~e Idee** un'idea formidabile; **mir geht es ~** sto magnificamente bene.

Glanzleistung *f* prestazione *f* splendida, capolavoro *m.* **glanzlos** *a* senza splendore; *(matt)* opaco; *(Augen)* spento; *fig* smorto. **Glanznummer** *f* clou *m,* attrazione *f* principale. **Glanzpapier** *n* carta *f* lucida (*o.* satinata). **glanzvoll** *a* splendido, brillante. **Glanzzeit** *f* periodo *m* aureo, apogeo *m.*

Glarus ['gla:rus] *n (Stadt)* Glarona *f; (Kanton)* Glarona *m.*

Glas [gla:s] ‹-es, ¨-er *o. bei Maßangabe* -› *n* **1.** *(Material, Fenster~, Spiegel~)* vetro *m;* **2.** *(Trink~)* bicchiere *m; (~behälter)* recipiente *m; (Marmeladen~, etc.)* vasetto *m;* **3.** *(Brillen~)* lente *f; (Fern~, Opern~)* binocolo *m;* **ein ~ Bier** un bicchier di birra; **zu tief ins ~ gucken** (*o.* **schauen)** alzare il gomito. **Glasauge** *n* occhio *m* di vetro (*o.* artificiale). **Glasbläser** *m* soffiatore *m* del vetro. **Glasbläserei** [-blɛ:zə'rai] ‹-, -en› *f* **1.** ‹*sing*› *(Handwerk)* soffiatura *f* del vetro; **2.** *(Betrieb)* vetreria *f.*

Glaser ['gla:zɐ] ‹-s, -› *m* vetraio *m;* **ist dein Vater ~?** non sei mica trasparente! *fam.*

Glaserei [gla:zə'rai] ‹-, -en› *f* vetreria *f.*

gläsern ['glɛ:zɐn] *a* di vetro; *fig (Blick)* vitreo.

Glasfabrik *f* vetreria *f.* **Glasfaser** *f* fibra *f* di vetro. **Glasglocke** *f* campana *f* di vetro; *(Lampenschirm)* globo *m.* **Glashaus** *n* serra *f;* **wer (selbst) im ~ sitzt, soll nicht mit Steinen werfen** *prov* chi ha la testa di vetro non vada a battaglia di sassi *prov.*

glasieren [gla'zi:rən] ‹*ohne ge-*› *tr* **1.** *tec* smaltare, invetriare; **2.** *gastr* glassare.

glasig *a* vitreo.

Glaskasten *m* vetrina *f.* **glasklar** *a (Wasser, etc.)* limpido; *fig (offensichtlich)* palese. **Glasmalerei** *f* **1.** *(Kunst)* pittura *f* su vetro, vetrocromia *f;* **2.** *(Gegenstand)* vetro *m* dipinto. **Glasperle** *f* perla *f* di vetro. **Glasplatte** *f* lastra *f* di vetro. **Glasröhre** *f* tubo *m* di vetro. **Glasscheibe** *f* lastra *f* di vetro. **Glasscherbe** *f* coccio *m* di vetro. **Glasschrank** *m* vetrina *f.* **Glassplitter** *m* scheggia *f* di vetro. **Glastür** *f* (porta *f*) vetrata *f.*

Glasur [gla'zu:ɐ] ‹-, -en› *f* **1.** *tec* smaltatura *f,* smalto *m; (von Porzellan)* vetrina *f;* **2.** *gastr* glassa(tura) *f.*

Glaswaren *f pl* vetrerie *f pl,* vetrame *m.* **Glaswolle** *f* lana *f* di vetro.

glatt [glat] **I.** ‹-er *o. fam* ¨-er, -este *a fam* ¨-este›*a* **1.** *(eben)* piano, piatto; *(nicht rauh, nicht gewellt, ohne Falten, Knicke)* liscio; *(~rasiert)* ben rasato; *(nicht kompliziert: Bruch)* semplice; **2.** *(rutschig)* scivoloso; **3.** *(komplikationslos: Landung, Ablauf)* perfetto; **4.** *pej (Worte)* mellifluo; *(Manieren)* viscido, strisciante; *(Mensch)* viscido; **5.** *fam (eindeutig: Lüge, Provokation, Unsinn)* bell' e buono *fam; (Absage, Weigerung)* netto, categorico; **eine ~e Eins** *fam* ≃ un dieci pieno; **das kostet ~e 100 Mark** *fam* costa 100 marchi tondi *fam;* **II.** ‹-er *o. fam* ¨-er, am -esten *o. fam* am ¨-esten› *adv* **1.** *(gewandt, geschickt)* abilmente, destramente; **2.** *(völlig, ganz)* completamente, del tutto; **3.** *(rundheraus: leugnen, ablehnen)* apertamente; **~ stricken** lavorare a diritto; **das habe ich ~ vergessen** l'ho proprio dimenticato.

Glätte ['glɛtə] ‹-, -n› *f* **1.** *(Ebenheit)* esser *m* piano (*o.* piatto); *(mangelnde Rauheit, von Haaren)* esser *m* liscio; *(Glattrasiertsein)* esser *m* ben rasato; *(Faltenlosigkeit)* mancanza *f* di rughe (*o.* pieghe); **2.** *(Rutschigkeit)* scivolosità *f;* **3.** *pej (von Worten)* esser *m* mellifluo; *(von Menschen, Manieren)* viscidità *f.*

Glatteis *n* vetrato *m;* **bei ~** in caso di ghiaccio; **jdn aufs ~ führen** *fig* tendere un'insidia a qu, raggirare qu. **Glatteisgefahr** *f* pericolo *m* di strada ghiacciata.

glätten **I.** *tr* **1.** *(glattmachen)* lisciare, levigare; *(Kleidung)* stirare; *(Falten, Holz)* spianare; *(Haare)* lisciare; *(Stirn)* spianare; **2.** *fig (stilistisch)* levigare, limare; **II.** *rfl:* **sich ~** *(Stirn,*

Gesicht) spianarsi; *(Meer, Wellen)* calmarsi; **wenn sich die Wogen geglättet haben** *fig* quando si saranno calmate le acque.

glatt·gehen ⟨*irr*⟩ *itr* ⟨*sein*⟩ andare liscio *fam.*

glattweg [-vɛk] *adv* senza esitare, bellamente, semplicemente.

Glatze ['glatsə] ⟨-, -n⟩ *f* testa *f* calva, calvizie *f*, pelata *f scherz;* **eine ~ haben** essere calvo; **eine ~ bekommen** diventar calvo. **Glatzkopf** *m* testa *f* calva, pelata *f scherz; fam (Mensch)* (uomo *m*) calvo *m*. **glatzköpfig** [-kœpfıç] *a* calvo, pelato *scherz.*

Glaube ['glaubə] ⟨-ns, *rar* -n⟩ *m* **1.** *(Vertrauen, a. rel)* credenza *f* (*an* in), fede *f* (*an* in); **2.** *(Überzeugung)* convinzione *f; (Meinung)* opinione *f;* **3.** *(Zuversicht)* fiducia *f* (*an* in); **4.** *(Konfession, Religion)* fede *f*, confessione *f*, religione *f;* **jdm/einer S. ~n schenken** prestar fede a qu/qc; **in gutem ~n** in buona fede; **im ~n, daß ...** credendo che ...

glauben I. *tr* **1.** *(für wahr halten)* credere a; **2.** *(vermuten, annehmen)* pensare, credere, ritenere; **das ist nicht** (*o.* **kaum) zu ~** è incredibile; **wer das glaubt!** a crederci!; **ob du es glaubst oder nicht** che tu ci creda o no; **II.** *itr* **1.** *(a. rel)* credere (*an* in, a); **2.** *(Glauben schenken)* prestar fede (*dat, an* a); **3.** *(vertrauen auf)* aver fiducia in (*an* in); **wenn man ihm ~ darf** a sentir lui; **dran ~ müssen** *fig fam (sterben)* andarci di mezzo *fam;* **ich glaube dir aufs Wort** ti credo sulla parola; **ich glaube nicht daran** non ci credo; **ich möchte fast ~ ...** ho quasi l'impressione ...; **man könnte ~, daß ...** si direbbe che ...; **~ Sie mir!** mi creda!; **ich glaube ja/nein** credo di sì/no.

Glauben ⟨-s, *rar* -⟩ *m s.* **Glaube. Glaubensbekenntnis** *n* **1.** *rel* professione *f* di fede; **2.** *fig (Überzeugung, Weltanschauung)* credo *m*. **Glaubensfreiheit** *f* libertà *f* religiosa (*o.* di culto).

glaubhaft *a* credibile, attendibile; **etw. ~ machen** rendere qc credibile (*o.* attendibile). **Glaubhaftigkeit** ⟨-, ø⟩ *f* credibilità *f*, attendibilità *f.*

gläubig ['glɔybıç] *a* **1.** *rel* credente; *(fromm)* pio; **2.** *(vertrauend)* fiducioso. **Gläubige** ⟨ein -r, -n, -n⟩ *mf rel* fedele *mf*, credente *mf.*

Gläubiger(in) ⟨-s, -⟩ *m(f) com* creditore, -trice *m, f.*

glaublich *a:* **es ist kaum ~** è quasi da non credersi.

glaubwürdig *a* credibile, attendibile. **Glaubwürdigkeit** ⟨-, ø⟩ *f* credibilità *f*, attendibilità *f.*

gleich [glaıç] **I.** *a (~wertig, a. mat)* uguale; *(identisch)* identico, stesso; *(~artig)* affine; *(ähnlich)* simile; **es ist mir ~** per me fa lo stesso; **er ist mir ~** mi è indifferente; **in ~er Weise** allo stesso modo, ugualmente; **zu ~er Zeit** nello stesso tempo; **im ~en Augenblick** nello stesso momento; **jdm/einer S. ~ sein** essere uguale a qu/qc; **das ~e tun** fare la medesima cosa; **G~es mit G~em vergelten** rendere pan per focaccia; **das läuft aufs ~e hinaus** fa lo stesso; **~ und ~ gesellt sich gern** *prov* Dio li fa e poi li accompagna *prov;* **2 mal 5 ~ 10** 5 per 2 uguale 10; **II.** *adv* **1.** *(vor Adjektiven: ebenso)* altrettanto, ugualmente; **2.** *(sofort)* subito, immediatamente; **3.** *(bald)* presto, fra poco; **~ als ...** appena ...; **~ zu Anfang** fin dal principio; **~ breit/groß/hoch** della stessa larghezza/grandezza (*o.* statura)/altezza; **~ darauf** subito dopo; **~ heute** oggi stesso; **~, ob er kommt** che venga o no; **~ viel** *(die ~e Menge)* altrettanto; **~ wie** non importa come; **das dachte ich mir ~** c'era da immaginarselo, lo sospettavo; **ich komme ~** arrivo subito; **habe ich das nicht ~ gesagt!** l'avevo detto!; **wie war doch ~ Ihr Name?** come ha detto che si chiama?; **~!** un momento!; **bis ~!** a presto!; **~ bei/an ...** proprio a ...

gleichaltrig [-altrıç] *a* coetaneo, della stessa età. **gleichartig** *a* simile, affine. **gleichbedeutend** *a* equivalente (*mit* a), sinonimo (*mit* di). **gleichberechtigt** *a* di uguali diritti. **Gleichberechtigung** *f* equiparazione *f* dei diritti.

gleich·bleiben ⟨*irr, sein*⟩ **I.** *itr (Situation, Mensch, Temperaturen, Kurse)* rimanere inalterato; **II.** *rfl:* **sich** *(dat)* **~** rimanere tale quale; **das bleibt sich gleich** è lo stesso, è uguale. **gleichbleibend** *a* invariabile, immutato, costante.

gleichen ⟨gleicht, glich, geglichen⟩ *itr (ähneln)* assomigliare, essere somigliante; **sie ~ sich wie ein Ei dem anderen, sie ~ einander aufs Haar** si assomigliano come due gocce d'acqua.

gleichermaßen, gleicherweise *adv* ugualmente, allo stesso modo.

gleichfalls *adv* parimenti, altrettanto; **danke, ~!** grazie, altrettanto! **gleichförmig** [-fœrmıç] *a* uniforme, regolare; *(eintönig)* monotono.

Gleichförmigkeit ‹-, ø› *f* uniformità *f; (Eintönigkeit)* monotonia *f.* **gleichgesinnt** *a* che ha affinità di vedute e interessi. **gleichgestellt** *a* equiparato; *(gesellschaftlich)* pari (*jdm* a qu).

Gleichgewicht *n* equilibrio *m;* **ins ~ bringen** equilibrare; **aus dem ~ bringen** squilibrare; **sich im ~ halten** equilibrarsi, tenersi in equilibrio; **das ~ stören** rompere l'equilibrio; **das ~ verlieren** perdere l'equilibrio; **seelisches ~** equilibrio interiore (*o.* spirituale). **Gleichgewichtssinn** *m* senso *m* dell'equilibrio. **Gleichgewichtsstörung** *f* alterazione *f* dell'equilibrio.

gleichgültig *a* **1.** *(ohne Anteilnahme)* indifferente (*gegenüber* a); **2.** *(belanglos, unwichtig)* insignificante; **3.** *(uninteressiert)* disinteressato; **das ist mir ~** per me è indifferente, non m'importa. **Gleichgültigkeit** *f* **1.** *(mangelnde Anteilnahme)* indifferenza *f* (*gegenüber* nei confronti di); **2.** *(Desinteresse)* disinteressamento *m* (*gegenüber* nei confronti di, per).

Gleichheit ‹-, ø› *f* uguaglianza *f; (Gleichberechtigung)* parità *f; (Gleichartigkeit)* affinità *f.* **Gleichheitszeichen** *n* segno *m* d'uguaglianza.

gleich·kommen ‹*irr*› *itr* ‹*sein*› uguagliare (*jdm an etw.* qu in qc); *(entsprechen, fast gleich sein)* equivalere (*einer S.* a qc).

gleichlautend *a* **1.** *(klanglich)* identico; **2.** *(im Wortlaut)* identico, conforme; **~e Wörter** omonimi *m pl;* **~e Abschrift** copia conforme, duplicato *m.*

gleich·machen *tr* render uguale, livellare; **dem Erdboden ~** radere al suolo.

Gleichmacherei [-maxə'rai̯] ‹-, ø› *f* egualitarismo *m.*

Gleichmaß *n* **1.** *(Ebenmaß)* proporzione *f,* armonia *f;* **2.** *(Gleichförmigkeit, a. pej)* uniformità *f.* **gleichmäßig** *a* **1.** *(zu gleichen Teilen)* uguale, uniforme; **2.** *(regelmäßig, nicht variierend)* regolare, stabile; **3.** *(ausgeglichen)* equilibrato; **4.** *(ebenmäßig)* simmetrico; **~ verteilt** distribuito uniformemente. **Gleichmäßigkeit** *f* **1.** *(gleiche Verteilung)* uniformità *f;* **2.** *(Regelmäßigkeit)* regolarità *f;* **3.** *(Ausgeglichenheit)* equilibrio *m;* **4.** *(Ebenmaß)* simmetria *f.*

Gleichmut ‹-(e)s, ø› *m o. rar* ‹-, ø› *f* impassibilità *f,* imperturbabilità *f,* calma *f.* **gleichmütig** [-my:tɪç] *a* impassibile, imperturbabile, calmo.

Gleichnis ‹-ses, -se› *n* **1.** *(bildliche Erzählung)* allegoria *f,* parabola *f;* **2.** *(Vergleich)* paragone *m;* **3.** *(Sinnbild)* simbolo *m.*

gleichrangig *a (Beamter, Soldat, Stellung)* di ugual grado; *(Künstler, Kunstwerk)* di ugual valore; *(Straßen)* di uguale importanza; *(Probleme)* identico; *(Behandlung)* analogo.

Gleichrichter *m el* raddrizzatore *m* di corrente; *radio* rettificatore *m.*

gleichsam *adv* per così dire, in certo qual modo.

gleich·schalten I. *tr pej* allineare, livellare; **II.** *rfl:* **sich ~** adeguarsi, adattarsi.

Gleichschaltung *f* **1.** *pej (Angliederung)* allineamento *m,* livellamento *m;* **2.** *(Anpassung)* adattamento *m.*

gleichschenk(e)lig *a mat* isoscele. **Gleichschritt** *m* passo *m* cadenzato; **im ~** al passo. **gleichseitig** *a mat* equilatero. **gleich·stellen** *tr* equiparare. **Gleichstellung** *f* equiparazione *f.* **Gleichstrom** *m* corrente *f* continua. **gleich·tun** ‹*irr*› *tr:* **es jdm ~** uguagliare qu; **es jdm ~ wollen** voler uguagliare qu.

Gleichung ‹-, -en› *f* equazione *f;* **~ mit einer/mit mehreren Unbekannten** equazione a un'incognita/a più incognite; **die ~ geht auf** l'equazione è risolvibile.

gleichviel [-'fi:l] *adv* comunque; **~, ob ...** poco importa che ... *conj.*

gleichwertig *a* di ugual valore; *(a. chem)* equivalente.

gleichwie *con* (sic)come.

gleichwink(e)lig *a* equiangolo.

gleichwohl [-'vo:l] *adv geh* tuttavia, nondimeno.

gleichzeitig I. *a* contemporaneo, simultaneo; **II.** *adv* contemporaneamente, nello stesso tempo. **Gleichzeitigkeit** ‹-, ø› *f* simultaneità *f,* sincronismo *m.*

Gleis [glai̯s] ‹-es, -e› *n* binario *m;* **aus dem ~ kommen** *fig* uscire dalla carreggiata *fam* (*o.* dalla retta via); **etw. wieder ins (rechte) ~ bringen** *fig* rimettere qc in carreggiata; **jdn aus dem ~ bringen** *fig* far uscire qu dalla carreggiata *fam* (*o.* dalla retta via).

gleiten ['glai̯tən] ‹gleitet, glitt, geglitten› *itr* ‹*sein*› **1.** *(schweben: Vogel, Flugzeug)* planare; *(sich fortbewegen)* scivolare; *(Hand)* passare (*über* su); *(Blick)* scorrere (*über* su); *tec (in Vorrichtung, entlang Schiene)* scorrere; **2.** *(rutschen)* slittare, scivolare;

(Auto) slittare; **3.** *(ent~)* scivolare (*aus* di), sfuggire (*aus* di); **zu Boden ~** andare a finire sul pavimento; **aus der Hand ~** scivolare di mano; **seinen Blick ~ lassen** lasciar scorrere l'occhio; **~de Arbeitszeit** orario flessibile; **~de Löhne** salari mobili (*o.* a scala mobile).

Gleitflug *m* volo *m* planato (*o.* librato); **im ~ niedergehen** scendere a volo planato. **Gleitmittel** *n* lubrificante *m.* **Gleitschiene** *f* (rotaia *f* di) guida *f.* **Gleitschutz** *m* dispositivo *m* antisdrucciolevole.

Gletscher ['glɛtʃɐ] ‹-s, -› *m* ghiacciaio *m.* **Gletscherbrand** *m* eritema *m* solare. **Gletscherspalte** *f* crepaccio *m.*

glich [glɪç] *1. u. 3. pers sing imp von* **gleichen.**

Glied [gli:t] ‹-(e)s, -er› *n* **1.** *anat* membro *m,* arto *m; (Finger~, Zehen~)* falange *f; (von Bandwurm)* segmento *m; (Penis)* membro *m;* **2.** *(Ketten~)* maglia *f,* anello *m;* **3.** *(Teil)* parte *f,* sezione *f,* segmento *m; mat (von Gleichung)* termine *m;* **4.** *(Mit~)* membro *m;* **5.** *mil* fila *f,* riga *f;* **an allen ~ern zittern** tremare in tutte le membra.

gliedern I. *tr (ordnen)* ordinare (*in* in), organizzare (*in* in), strutturare (*in* in); *(einteilen, unter~)* (sud)dividere (*in* in); **II.** *rfl:* **sich ~ in** *(zerfallen in)* (sud)dividersi in; *(bestehen aus)* articolarsi in, consistere in.

Gliederung ‹-, -en› *f* **1.** ‹*sing*› *(Einteilung)* divisione *f; (Unterteilung)* suddivisione *f;* **2.** *(Aufbau)* struttura *f.*

Gliedmaßen ‹*pl*› membra *f pl,* arti *m pl.*

glimmen ['glɪmən] ‹glimmt, glomm *o. rar* glimmte, geglommen *o. rar* geglimmt› *itr* ardere senza fiamma; *(unter Asche)* covare.

Glimmer ‹-s, -› *m min* mica *f.*

Glimmstengel *m fam* cicca *f.*

glimpflich ['glɪmpflɪç] *adv:* **~ davonkommen** cavarsela a buon mercato *fam;* **das ist noch ~ ausgegangen** è finita bene, è andata a finir bene.

glitschig ['glɪtʃɪç] *a* sdrucciolevole, scivoloso.

glitt [glɪt] *1. u. 3. pers sing imp von* **gleiten.**

glitzern [glɪtsɐn] *itr* scintillare, luccicare.

Globus ['glo:bʊs, ...bən *o.* ...bʊsə] ‹- *o.* -ses, Globen *o.* -busse› *m* globo *m,* mappamondo *m.*

Glocke ['glɔkə] ‹-, -n› *f* **1.** *(Kirchturm~)* campana *f;* **2.** *(Klingel)* campanello *m;* **3.** *(Blüte)* campanella *f,* campanula *f;* **4.** *(Käse~, Kuchen~)* campana *f; fig (Dunst~)* campana *f,* calotta *f;* **etw. an die große ~ hängen** strombazzare qc ai quattro venti *fam;* **wissen, was die ~ geschlagen hat** riconoscere la gravità della situazione. **Glockenblume** *f* campanula *f,* campanella *f.* **Glockengeläut(e)** *n* scampanio *m;* **unter ~** al suon delle campane. **Glockengießer** *m* fonditore *m* di campane. **Glokkenschlag** *m* (rin)tocco *m* della campana; **auf den ~, mit dem ~** *fam* puntualissimo. **Glockenspiel** *n* carillon *m.* **Glockenstuhl** *m* ceppo *m* (*o.* mozzo *m*) della campana. **Glockenturm** *m* campanile *m,* torre *f* campanaria.

glomm [glɔm] *1. u. 3. pers sing imp von* **glimmen.**

Glorie ['glo:riə] ‹-, -n› *f* **1.** *geh (Ruhm, Glanz)* gloria *f;* **2.** *geh (Heiligenschein)* aureola *f.*

glorifizieren [glorifi'tsi:rən] ‹*ohne ge-*› *tr* glorificare, magnificare.

glorreich ['glo:ɐraiç] *a* glorioso.

Glossar [glɔ'sa:ɐ] ‹-s, -e› *n* glossario *m.*

Glosse ['glɔsə] ‹-, -n› *f (Kommentar)* commento *m; (spöttische Bemerkung)* osservazione *f* ironica; *lit (Erläuterung)* glossa *f.*

glossieren [...'si:rən] ‹*ohne ge-*› *tr (kommentieren)* commentare; *(spöttisch)* ironizzare su (*o.* di); *lit (mit Erläuterungen versehen)* glossare.

glotzen ['glɔtsən] *itr (starr)* guardare con gli occhi fissi; *(dumm)* guardare con gli occhi spalancati, sgranare gli occhi.

Glück [glʏk] ‹-(e)s, ø› *n (~sfall, Zufall)* fortuna *f; (Erfolg)* successo *m; (Glücklichsein)* felicità *f;* **auf gut ~** a caso, a tutto rischio; **zum ~** per fortuna; **~ bringen** portare fortuna; **~ haben** essere fortunato, avere fortuna; **mehr ~ als Verstand haben** avere più fortuna che cervello; **sein ~ machen** far fortuna; **von ~ sagen können, daß ...** potersi dire fortunato che ... *conj;* **sein ~ suchen** cercar fortuna; **jdm zu etw. ~ wünschen** augurare buona fortuna a qu; **viel ~!** buona fortuna!; **~ und Glas, wie leicht bricht das!** *prov* la fortuna è fragile. **glückbringend** *a* che porta fortuna, fortunato, felice.

Glucke ['glʊkə] ‹-, -n› *f* chioccia *f.*

glücken *itr* ‹*sein*› riuscire; **es ist mir geglückt** sono riuscito (*zu* a); **das ist nicht geglückt** non è riuscito.

gluckern ['glʊkən] *itr* gorgogliare.

glücklich I. *a* 1. *(vom Glück gesegnet, erfolgreich)* fortunato; *(erfreulich)* buono, piacevole; 2. *(froh)* felice; **~ machen** rendere felice; **sich ~ schätzen** ritenersi fortunato; **~e Reise!** buon viaggio!; II. *adv* 1. *(mit Glück)* fortunatamente; *(erfreulich)* bene, piacevolmente; 2. *(froh, beglückt)* felicemente; 3. *fam (endlich)* finalmente. **glücklicherweise** *adv* fortunatamente, per fortuna.

glückselig [-'ze:lɪç] *a* felice, beato. **Glückseligkeit** *f* felicità *f*, beatitudine *f*.

Glücksfall *m* caso *m* fortunato, colpo *m* di fortuna *fam*. **Glückspilz** *m* fortunato, -a *m*, *f*, figlio, -a *m*, *f* della fortuna. **Glückssache** *f*: **das ist ~** è questione di fortuna. **Glücksspiel** *n* gioco *m* d'azzardo. **Glückstag** *m* giornata *f* fortunata.

glückstahlend *a* raggiante (di gioia).

Glückwunsch *m* augurio *m*, felicitazione *f*, congratulazione *f*; **herzlichen ~!, herzliche Glückwünsche!** affettuosi auguri. **Glückwunschkarte** *f* cartolina *f* (*o.* biglietto *m*) d'auguri. **Glückwunschtelegramm** *m* telegramma *m* d'auguri.

Glühbirne *f* lampadina *f* a incandescenza.

glühen ['gly:ən] *itr* 1. *(Metall)* essere incandescente; *(Kohle)* essere ardente; *(Feuer, Zigarette)* ardere; 2. *fig (vor Fieber)* bruciare; *(Gesicht)* essere in fiamme (*o.* infiammato); **vor Eifer ~** *geh* ardere di zelo *geh*; **danach ~, etw. zu tun** *geh* ardere dal desiderio di far qc; **mir glüht der Kopf** mi sento la testa in fiamme. **glühend** *a* 1. *(Metall)* incandescente; *(Feuer, Kohle)* ardente; *(Zigarette)* accesa; 2. *(Gesicht, Augen)* sfavillante; 3. *(heiß)* scottante; 4. *fig* ardente; **~e Hitze** calura *f*.

Glühfaden *m* filamento *m* incandescente. **Glühwein** *m* vino *m* brûlé. **Glühwürmchen** [-vʏrmçən] ‹-s, -› *n* lucciola *f*.

Glut [glu:t] ‹-, -en› *f* 1. *(Feuer)* brace *f*; *(von Zigarette, etc.)* cenere *f* ardente; *(Hitze)* calura *f*, gran caldo *m*; 2. *geh (Leidenschaft)* ardore *m*, fervore *m*. **Gluthitze** *f* calura *f*.

Glyzerin [glyt͟se'ri:n] ‹-s, ø› *n* glicerina *f*.

GmbH [ge:'ɛmbe:'ha:] ‹-, -s› *f ab von* **Gesellschaft mit beschränkter Haftung** S.r.l. (*ab von* Società a responsabilità limitata).

Gnade ['gna:də] ‹-, -n› *f* 1. *allg., jur, rel* grazia *f*; 2. *(Gunst)* favore *m*; 3. *(Erbarmen)* misericordia *f*; *(Milde, Nachsicht)* clemenza *f*; **um ~ bitten** chiedere grazia (*jdn* a qu); **vor jds Augen ~ finden** trovare grazia davanti a qu; **~ vor Recht ergehen lassen** usare clemenza; **~!** pietà!; **ohne ~** senza pietà (*o.* misericordia). **Gnadenbrot** *n*: **jdm das ~ geben** mantenere qu per carità; **das ~ essen** vivere della carità di qu. **Gnadenfrist** *f* respiro *m* (concesso per grazia). **Gnadengesuch** *n* domanda *f* di grazia. **gnadenlos** *a* spietato. **Gnadenstoß** *m (a. fig)* colpo *m* di grazia.

gnädig ['gnɛ:dɪç] *a* 1. *(gütig)* benigno; *(barmherzig)* miseriocordioso; 2. *(wohlwollend)* benevolo; *(mild, nachsichtig)* indulgente, clemente; *(günstig gesinnt)* bendisposto; 3. *(herablassend)* condiscendente; **~e Frau** gentile signora; **~er Herr** gentile (*o.* egregio) signore.

Gneis [gnai̯s] ‹-es, -e› *m* gneis *m*.

Gnom [gno:m] ‹-en, -en› *m* gnomo *m*.

Gobelin [gobə'lɛ̃:] ‹-s, -s› *m* arazzo *m*, gobelin *m*.

Gold [gɔlt] ‹-(e)s, ø› *n* oro *m*; **nicht mit ~ aufzuwiegen sein, ~ wert sein** valere tant'oro quanto pesa; **es ist nicht alles ~, was glänzt** *prov* non è tutto oro quel che luccica *prov*. **Goldbarren** *m* lingotto *m* d'oro. **Goldbestand** *m* riserva *f* aurea. **Golddeckung** *f* copertura *f* aurea.

golden *a (aus Gold)* d'oro; *(goldfarbig, vergoldet)* dorato; *fig* d'oro; **das G~e Buch** *(einer Stadt)* il libro d'oro; **die ~e Mitte, der ~e Mittelweg** il giusto mezzo.

Goldfasan *m* fagiano *m* dorato. **Goldfisch** *m* pesce *m* rosso. **Goldgehalt** *m* titolo *m* dell'oro, fino *m*. **goldgelb** *a* giallo oro; *gastr* dorato. **Goldgräber(in)** [-grɛ:bɐ (...ərɪn)] ‹-s, -› *m(f)* cercatore, -trice *m*, *f* d'oro. **Goldgrube** *f (a. fig)* miniera *f* d'oro.

goldig *a fam (niedlich, reizend)* carino.

Goldlack *m bot* violacciocca *f* gialla. **Goldmedaille** *f* medaglia *f* d'oro; *(olympische ~)* oro *m*. **Goldplombe** *f* impiombatura *f* d'oro. **Goldregen** *m* 1. *bot* avornello *m*, maggiociondolo *m*; 2. *(Feuerwerk, fig: Reichtum)* pioggia *f* d'oro. **goldrichtig** [-'rɪçtɪç] *a fam* giusto, adeguato. **Goldschmied(in)** *m(f)* orafo, -a *m*, *f*. **Goldschnitt** *m* taglio *m* dorato. **Goldstaub** *m* oro *m* in polvere. **Goldstück** *n* 1. *(Goldmünze)* moneta *f* d'oro; 2. *fig scherz* tesoro *m*.

Goldwaage *f* bilancina *f* dell'orafo; **jedes Wort auf die ~ legen** *(sich vorsichtig ausdrücken)* pesare ogni parola; *(überempfindlich sein)* essere ipersensibile. **Goldwährung** *f* valuta *f* aurea. **Goldwaren** *f pl* ori *m pl*, gioielli *m pl*.

Golf[1] [gɔlf] ‹-(e)s, -e› *m geog* golfo *m*.

Golf[2] [gɔlf] ‹-s, ø› *n sport* golf *m*.

Golfer(in) ‹-s, -› *m(f) s.* **Golfspieler.**

Golfplatz *m* campo *m* da golf. **Golfschläger** *m* mazza *f* da golf. **Golfspieler(in)** *m(f)* giocatore, -trice *m, f* di golf, golfista *mf*.

Golfstaaten *m pl* stati *m pl* del Golfo. **Golfstrom** *m* corrente *f* del Golfo.

Gondel ['gɔndəl] ‹-, -n› *f (a. an Luftschiff, Seilbahn, Skilift, etc.)* gondola *f*.

Gong [gɔŋ] ‹-s, -s› *m o. rar n* gong *m*.

gönnen ['gœnən] **I.** *tr* non invidiare (*jdm etw.* qc a qu), concedere (*jdm etw.* qc a qu); **jdm etw. nicht ~** invidiare qc a qu; **ich gönne es dir** te lo auguro di cuore; **II.** *rfl:* **sich** *(dat)* **~** *(sich leisten)* concedersi, permettersi.

Gönner(in) ‹-s, -› *m(f) (Wohltäter)* benefattore, -trice *m, f; (Beschützer)* protettore, -trice *m, f; (von Künstler)* mecenate *mf*. **gönnerhaft I.** *a* condiscendente; **II.** *adv* con condiscendenza. **Gönnerin** *f s.* **Gönner. Gönnermiene** *f* aria *f* condiscendente (*o.* di condiscendenza).

Gonorrhö(e) [gonɔ'rø:, ...ø:ən] ‹-, -en› *f med* genorrea *f*, blenorragia *f*.

gor [go:ɐ̯] *1. u. 3. pers sing imp von* **gären.**

Gör [gø:ɐ̯] ‹-(e)s, -en› *n*, **Göre** ['gø:rə] ‹-, -n› *f pej(kleines Kind)* marmocchio *m; (freches Mädchen)* saputella *f*.

Gorilla [go'rɪla] ‹-s, -s› *m* gorilla *m*.

goß [gɔs] *1. u. 3. pers sing imp von* **gießen.**

Gosse ['gɔsə] ‹-, -n› *f (Straßenrinne)* cunetta *f; fig (Verkommenheit)* fango *m;* **in der ~ enden** finire nel fango.

Goten ['go:tən] *m pl hist* Goti *m pl*.

Gotik ['go:tɪk] ‹-, ø› *f* (stile *m*) gotico *m*.

gotisch *a* gotico.

Gott [gɔt] ‹-es *o. rar* -s, ⸚er› *m (christlich)* Dio *m; (heidnisch)* dio *m*, divinità *f;* **leider ~es** purtroppo, disgraziatamente; **mit ~es Hilfe** grazie a Dio; **so ~ will** se Dio vuole; **um ~es willen** per l'amor di Dio; **er spielt Tennis wie ein junger ~** *fam* gioca a tennis come un dio *fam* (*o.* divinamente); **den lieben ~ einen guten Mann sein lassen** *fam* tirare a campare; **wie ~ in Frankreich leben** vivere (*o.* stare) come un papa *fam;* **großer ~!, mein ~!** Dio mio!; **grüß ~!** *(süddeutsch)* buon giorno; **weiß ~!** Dio sa!; **das wissen die Götter!** *fam* lo sa Iddio; **~ bewahre!** Dio non voglia!; **~ sei Dank!** grazie a Dio; **der liebe ~** il buon Dio; **ein Bild für die Götter** *fam* uno spettacolo unico; **~ und die Welt waren unterwegs** *fam* tutti erano in giro; **über ~ und die Welt reden** *fam* parlare di tutto.

Götterbild ['gœtɐ-] *n* idolo *m*. **Götterspeise** *f (Süßspeise)* budino *m* di gelatina.

Gottesanbeterin *f (Insekt)* mantide *f* religiosa. **Gottesdienst** *m* messa *f*. **Gottesfurcht** *f* timor *m* di Dio. **gottesfürchtig** *a* timorato di Dio, devoto. **Gotteshaus** *n* casa *f* di Dio. **Gotteslästerung** ‹-, -en› *f* blasfemia *f*, bestemmia *f*. **Gottesmutter** *f (Maria)* Madonna *f*. **Gottesurteil** *n* giudizio *m* di Dio.

Gottfried ['gɔtfri:t] *(männlicher Vorname)* Goffredo.

Gottheit ‹-, -en› *f* **1.** *(göttliche Natur)* divinità *f;* **2.** *rel (Gott)* Dio *m; (heidnische ~)* dio *m*.

Göttin ['gœtɪn] *f* dea *f*, divinità *f*.

Göttingen ['gœtɪŋən] *n* Gottinga *f*.

göttlich ['gœtlɪç] *a* divino.

gottlob [-'lo:p] **I.** *interj* Dio sia lodato; **II.** *adv (glücklicherweise)* per fortuna.

gottlos *a (Gott leugnend)* senza Dio, ateo; *(Gott nicht achtend)* empio; *(ruchlos)* scellerato. **Gottlosigkeit** ‹-, -en› *f (Gottesleugnung)* irreligiosità *f*, ateismo *m; (Ruchlosigkeit)* scelleratezza *f*, empietà *f*. **gottverlassen** ['gɔtfɛɐ̯'lasən] *a fam (abgelegen)* desolato. **Gottvertrauen** *n* fiducia *f* (*o.* fede *f*) in Dio.

Götze ['gœt͜sə] ‹-n, -n› *m* idolo *m*. **Götzendienst** *m* idolatria *f*.

Grab [gra:p] ‹-(e)s, ⸚er› *n* tomba *f; (~denkmal)* sepolcro *m;* **ein Geheimnis mit ins ~ nehmen** portare un segreto con sé nella tomba; **sich** *(dat)* **sein (eigenes) ~ schaufeln** *fig* scavarsi la fossa con le proprie mani; **mit einem Bein (***o.* **Fuß) im ~e stehen** *fam* avere un piede nella fossa *fam;* **jdn zu ~e tragen** seppellire qu; **sich im ~e umdrehen** rivoltarsi nella tomba; **schweigen wie ein ~** essere (muto come) una tomba *fam*.

graben ['gra:bən] ‹gräbt, grub, gegraben› **I.** *tr* scavare; **II.** *itr* scavare, vangare; **nach etw. ~** *(nach Kohle, Erz)* scavare alla ricerca di qc; *(nach ur-*

chäologischen Funden) scavare qc; **III.** *rfl:* **sich in etw. ~** *(Tier)* scavarsi un buco in qc; *(Fingernägel, Zähne, Baggerschaufeln)* affondare in qc; **sich jdm ins Gedächtnis ~** *geh* imprimersi a qu nella memoria.

Graben ‹-s, ⸚› *m (Wasser~, Festungs~)* fossato *m,* fosso *m; mil* trincea *f; geol* fossa *f.*

Grabesstille *f* silenzio *m* di tomba. **Grabesstimme** *f* voce *f* cupa.

Grabgewölbe *n* cripta *f.* **Grabhügel** *m* tumulo *m.* **Grabmal** ‹-(e)s, ⸚er *o. geh* -e› *n* monumento *m* sepolcrale; *(Grabstein)* lapide *f* sepolcrale. **Grabplatte** *f* pietra *f* sepolcrale; *(Gedenktafel)* lapide *f* commemorativa. **Grabrede** *f* orazione *f* funebre. **Grabstein** *m* pietra *f* tombale, lapide *f* sepolcrale.

gräbt [grɛ:pt] *3. pers sing pr von* **graben.**

Grabung ‹-, -en› *f* scavo *m.*

Grad [gra:t] ‹-(e)s, -e *o. bei Maßangaben* -› *m* grado *m; (Stärke)* intensità *f;* **bis zu einem gewissen ~** fino a un certo punto; **in hohem ~(e)** in abbondanza; **im höchsten ~e** al massimo (*o.* in sommo) grado; **akademischer ~** titolo *m* accademico; **bei drei ~ Celsius/Wärme/Kälte** a tre gradi centigradi/sopra zero/sotto zero. **Gradeinteilung** *f* graduazione *f.* **Gradmesser** ‹-s, -› *m* indice *m,* scala *f.*

Graf [gra:f] ‹-en, -en› *m,* **Gräfin** ['grɛ:fɪn] *f* conte *m,* contessa *f.* **Grafschaft** ‹-, -en› *f* contea *f.*

gram [gra:m] *a:* **jdm ~ sein** *geh, obs* essere arrabbiato con qu.

Gram ‹-(e)s, ø› *m geh, obs* pena *f,* afflizione *f.*

grämen ['grɛ:mən] *rfl:* **sich ~** affliggersi (*über* per), crucciarsi (*über* per, di).

grämlich *a (mürrisch)* stizzoso; *(verdrießlich)* infastidito; *(Gedanken)* triste.

Gramm [gram] ‹-s, -e *o. bei Maßangaben* -› *n* (*ab* **g**) grammo *m.*

Grammatik [gra'matɪk] ‹-, -en› *f* grammatica *f.*

grammatikalisch [...ti'ka:lɪʃ] *a* grammaticale.

Granat [gra'na:t] ‹-(e)s, -e› *m* granato *m.* **Granatapfel** *m* melagrana *f.*

Granate [gra'na:tə] ‹-, -n› *f* granata *f; (Hand~)* bomba *f* a mano. **Granatsplitter** *m* scheggia *f* di granata. **Granatwerfer** ‹-s, -› *m* lanciagranate *m.*

grandios [gran'di̯o:s] *a* grandioso.

Granit [gra'ni:t] ‹-s, -e› *m* granito *m.*

Granne ['granə] ‹-, -n› *f bot* arista *f; zoo* pelo *m* ispido.

Grapefruit ['gre:pfru:t] ‹-, -s› *f* pompelmo *m.*

Graphik ['gra:fɪk] ‹-, -en› *f* grafica *f.*

Graphiker(in) ‹-s, -› *m(f) (Zeichner, Techniker)* grafico, -a *m, f,* disegnatore, -trice *m, f* grafico, (Künstler) artista *mf* dedito, -a all'arte grafica.

graphisch *a* grafico; **~es Gewerbe** industria poligrafica.

Graphit [gra'fi:t] ‹-(e)s, -e› *m* grafite *f,* piombaggine *f.*

Graphologe [grafo'lo:gə] ‹-n, -n› *m,* **Graphologin** [...gɪn] *f* grafologo, -a *m, f.*

Graphologie [...lo'gi:] ‹-, ø› *f* grafologia *f.*

Graphologin *f s.* **Graphologe.**

Gras [gra:s] ‹-es, ⸚er› *n* erba *f;* **ins ~ beißen (müssen)** *sl* morire; **das ~ wachsen hören** *scherz* fare il sapientone; **über etw. ~ wachsen lassen** *fig* metterci una pietra sopra qc *fam;* **darüber ist längst ~ gewachsen** *fam* è acqua passata *fam.*

grasen ['gra:zən] *itr* pascolare.

grasgrün ['gra:s'gry:n] *a* verde erba. **Grashalm** *m* filo *m* d'erba. **Grashüpfer** ‹-s, -› *m fam* cavalletta *f.* **Grasland** *n* prateria *f.* **Grasmücke** *f* capinera *f.*

grassieren [gra'si:rən] ‹*ohne ge-*› *itr* imperversare.

gräßlich ['grɛslɪç] *a* **1.** *(abscheulich, schrecklich)* atroce, orrendo; **2.** *fam (sehr schlecht, schlimm)* terribile, spaventoso.

Grat [gra:t] ‹-(e)s, -e› *m (Berg~)* cresta *f; (Dach~)* linea *f* di colmo.

Gräte ['grɛ:tə] ‹-, -n› *f* lisca *f,* spina *f* di pesce.

Gratifikation [gratifika'tsi̯o:n] ‹-, -en› *f* gratifica *f.*

gratinieren [grati'ni:rən] ‹*ohne ge-*› *tr gastr* gratinare.

gratis ['gra:tɪs] *adv* gratuitamente, gratis.

Grätsche ['grɛ:tʃə] ‹-, -n› *f sport* divaricata *f.*

Gratulant(in) [gratu'lant(ɪn)] ‹-en, -en› *m(f)* persona *f* che si congratula.

Gratulation [...la'tsi̯o:n] ‹-, -en› *f* congratulazioni *f pl,* felicitazioni *f pl.*

gratulieren [...'li:rən] ‹*ohne ge-*› *itr:* **jdm zu etw. ~** congratularsi con qu per qc; **jdm zum Geburtstag ~** fare a qu gli auguri di buon compleanno; **ich gratuliere Ihnen herzlich** Le faccio le mie più sentite congratulazioni.

grau [grau̯] *a* grigio; *fig (trostlos, öde)* triste, tetro; **in ~er Vorzeit** nei tempi più remoti; ~ **werden** *(Haare)* diventare grigio; **darüber lasse ich mir keine ~en Haare wachsen** non mi dispero per questo; *s. a. blau.* **Grau** ‹-(s), - *o. fam* -s› *n (graue Farbe)* grigio *m; (Trostlosigkeit, Ödheit)* grigiore *m; s. a. Blau.* **Graubrot** *n* pane *m* bigio.

Graubünden [grau̯'bʏndən] *n* Grigioni *m pl.*

grauen[1] ['grau̯ən] *itr geh:* **es** (*o.* **der Tag) graut** albeggia.

grauen[2] ['grau̯ən] *itr:* **mir graut davor zu ...** provo orrore (*o.* inorridisco) all'idea di ... *inf.* **Grauen** ‹-s, ø› *n* orrore *m.* **grauenerregend, grauenhaft, grauenvoll** *a* orribile, orrendo, spaventoso; *(übertreibend)* terribile.

grauhaarig *a* dai capelli grigi.

gräulich ['grɔy̯lɪç] *a* grigiastro.

graumeliert *a (Haar)* brizzolato.

Graupe ['grau̯pə] ‹-, -n› *f* orzo *m* mondato.

Graupeln ['grau̯pəln] ‹*pl*› gragnola *f.*

grausam ['grau̯za:m] *a* **1.** *(gefühllos)* crudele, spietato; **2.** *(schrecklich, furchtbar)* terribile, atroce; **3.** *fam (schlimm)* terribile; **sich ~ langweilen** *fam* annoiarsi a morte *fam.* **Grausamkeit** ‹-, -en› *f* crudeltà *f.*

grausen ['grau̯zən] *itr:* **mir graust, es graust mir** ho orrore (*vor* di). **Grausen** ‹-s, ø› *n* orrore *m,* terrore *m.*

grausig *a* **1.** *(grauenvoll, entsetzlich)* orribile, atroce, raccapricciante; **2.** *(furchtbar)* terribile.

Graveur(in) [gra'vø:ɐ̯ (...rɪn)] ‹-s, -e› *m(f)* incisore, -a *m, f.*

gravieren [gra'vi:rən] ‹*ohne ge-*› *tr* incidere. **gravierend** *a (Umstände)* aggravante; *(Fehler)* grave.

Gravitation [gravita'tsi̯o:n] ‹-, ø› *f* gravitazione *f.*

gravitätisch [gravi'tɛ:tɪʃ] *a* grave, solenne, impettito.

Gravur [gra'vu:ɐ̯] ‹-, -en› *f* incisione *f.*

Graz [gra:ts] *n* Graz *f.*

Grazie ['gra:tsi̯ə] ‹-, -n› *f* **1.** ‹*sing*› *(Anmut)* grazia *f,* leggiadria *f;* **2.** *(Mythologie)* Grazia *f.*

graziös [gra'tsi̯ø:s] *a* grazioso, leggiadro.

Gregor ['gre:gɔr] *(männlicher Vorname)* Gregorio.

Greif [grai̯f] ‹-(e)s *o.* -en, -e *o.* -en› *m* grifone *m.*

greifbar *a* **1.** *(zur Hand)* a portata di mano; **2.** *fig (konket, real)* concreto, tangibile; **in ~er Nähe** a portata di mano.

greifen ['grai̯fən] ‹greift, griff, gegriffen› **I.** *tr* prendere, pigliare; *(packen)* afferrare; **das ist zu hoch gegriffen** è esagerato; **II.** *itr* **1.** *(die Hand nach etw. o. jdm ausstrecken)* stendere la mano (*nach* per prendere, per toccare); **2.** *(einrasten, nicht rutschen)* fare presa; **3.** *fig (wirksam werden)* essere efficare, convincere; **zu etw. ~** *fig* ricorrere a qc; **um sich ~** *fig* propagarsi, estendersi; **zum G~ nahe** *fig* vicinissimo.

Greifer ‹-s, -› *m tec* benna *f* mordente (*o.* prensile).

greis [grai̯s] *a geh* vecchio. **Greis(in)** [grai̯s (...zɪn)] ‹-es, -e› *m(f)* vecchio, -a *m, f,* vegliardo, -a *m, f geh.* **Greisenalter** *n* età *f* senile *geh,* vecchiaia *f.* **greisenhaft** *a* senile; *(~ wirkend)* da (*o.* come un) vecchio. **Greisin** *f s.* **Greis.**

grell [grɛl] *a (Farbe)* vivo, stridente; *(Licht)* abbagliante, accecante; *(Ton)* stridulo, acuto, penetrante; *fig (scharf)* netto.

Gremium ['gre:mi̯ʊm, ...i̯ən] ‹-s, Gremien› *n* organo *m,* commissione *f.*

Grenzbewohner(in) *m(f)* abitante *mf* di confine (*o.* frontiera). **Grenzbezirk** *m* distretto *m* di frontiera.

Grenze ['grɛntsə] ‹-, -n› *f* confine *m; (Landes~)* frontiera *f; fig* limite *m;* **an der ~** alla frontiera; *fig* al limite; **sich in ~n halten** stare nei limiti; **einer S. ~n setzen** porre dei limiti a qc; **die ~ überschreiten** passare i limiti; **alles hat seine ~n** tutto ha un limite; **keine ~n kennen** *fig* non conoscere limiti; **seine ~n kennen** conoscere i propri limiti.

grenzen *itr:* **~ an** confinare con, essere vicino (*o.* attiguo) a; *fig* rasentare (*an etw.* qc), avvicinarsi a; **das grenzt ans Wunderbare** questo ha del miracoloso.

grenzenlos *a (Land, Weite)* sconfinato; *fig* smisurato.

Grenzfall *m* caso *m* limite. **Grenzgänger** [-gɛŋɐ] ‹-s, -› *m* frontaliero *m.* **Grenzland** *n* paese *m* confinante; *(Grenzgebiet)* regione *f* di frontiera. **Grenzlinie** *f* (linea *f* di) confine *m* (*o.* di frontiera). **Grenzschutz** *m* **1.** *(Vorgang)* protezione *f* del confine; **2.** *(Truppen)* guardie *f pl* confinarie. **Grenzstein** *m* (pietra *f* di) confine *m.* **Grenzstreit(igkeit** *f)* *m* controversia *f* per i confini. **Grenzübergang** *m (Ort)* valico *m.* **Grenzübertritt** *m* passaggio *m* del confine. **Grenzverkehr** *m* traffico *m* di frontiera. **Grenzwert** *m* valore *m* limite; *mat* limite *m.* **Grenzzwischenfall** *m* incidente *m* di frontiera.

Grete(l) ['gre:tə(l)] *weiblicher Vorname.*

Greuel ['grɔyəl] ‹-s, -› *m* **1.** *(Abscheu)* orrore *m* (*vor* di); **2.** ‹*meist pl*› *(Gewalttat)* orrori *m pl,* atrocità *f pl;* **er/das ist mir ein ~** lui/ciò mi ripugna. **Greuelmärchen** *n* storia *f* raccapricciante. **Greueltat** *f* atrocità *f.*

greulich ['grɔylıç] *a (gräßlich, entsetzlich)* orribile, atroce; *(ekelhaft)* raccapricciante; *(furchtbar)* terribile.

Griebe ['gri:bə] ‹-, -n› *f* cicciolo *m.*

Grieche ['gri:çə] ‹-n, -n› *m,* **Griechin** [...çın] *f* greco, -a *m, f.*

Griechenland *n* Grecia *f.*

Griechin *f s.* **Grieche.**

griechisch *a* greco, ellenico *geh.*

Griesgram ['gri:sgra:m] ‹-(e)s, -e› *m pej* burbero *m,* grugnone *m fam.* **griesgrämig** ['gri:sgrɛ:mıç] *a* burbero, scontroso, tetro.

Grieß [gri:s] ‹-es, -e› *m* **1.** *gastr* semolino *m;* **2.** *med* renella *f;* **3.** *(grober Sand)* ghiaia *f.* **Grießbrei** *m* pappa *f* di semolino.

griff [grıf] *1. u. 3. pers sing imp von* **greifen.**

Griff [grıf] ‹-(e)s, -e› *m* **1.** *(Stiel, Messer~, an Saiteninstrument)* manico *m; (Knauf)* pomo *m; (Klinke)* maniglia *f; (Degen~)* elsa *f; (von Lenkstange, Pistolen~)* impugnatura *f;* **2.** ‹*sing*› *(das Greifen)* prendere *m* (*nach* qc), afferrare *m* (*nach* qc); **3.** *(Hand~)* presa *f; sport* mossa *f,* appiglio *m;* **4.** *mus (Fingerstellung)* diteggiatura *f; fam (Akkord)* tocco *m;* **einen guten ~ tun mit** avere una mano felice nell'acquisto di, fare un buon acquisto con, fare un bel colpo con *fam;* **jdn/etw. im ~ haben** avere qu/qc sotto controllo; *(geistig)* conoscere bene qu/qc; **jdn/etw. in den ~ bekommen** avere in mano qu/qc.

griffbereit *a* a portata di mano.

Griffel ['grıfəl] ‹-s, -› *m (a. bot)* stilo *m.*

griffig *a (handlich)* maneggevole; *(Reifen)* antisdrucciolevoli; *fig (Ausdruck)* di facile uso.

Grill [grıl] ‹-s, -s› *m* griglia *f;* **vom ~** ai ferri.

Grille ['grılə] ‹-, -n› *f (zoo, fig: Laune)* grillo *m;* **jdm die ~n austreiben** levare a qu i grilli dal capo *fam.*

grillen I. *tr* cuocere sulla griglia, fare ai ferri; **II.** *itr* far da mangiare sulla griglia.

Grimasse [gri'masə] ‹-, -n› *f* smorfia *f;* **~n schneiden** fare le boccacce.

grimmig ['grımıç] *a* **1.** *(Mensch)* rabbioso, stizzoso; *(Gesicht)* truce; **2.** *fig (Kälte)* atroce.

Grind [grınt] ‹-(e)s, -e› *m* **1.** *med* escara *f;* **2.** *bot* scabbia *f.*

grinsen ['grınzən] *itr* (sog)ghignare; *(mit breitem Mund)* sghignazzare. **Grinsen** ‹-s, ø› *n* ghigno *m.*

grippal [grı'pa:l] *a* influenzale.

Grippe ['grıpə] ‹-, -n› *f* influenza *f.* **Grippeschutzimpfung** *f* vaccinazione *f* antinfluenza.

Grips [grıps] ‹-es, -e› *m fam:* **~ haben** avere sale in zucca *fam.*

grob [gro:p] ‹¨er, ¨ste› *a* **1.** *(nicht fein: Leinen, Papier)* grosso, grossolano; *(Sand, Zucker)* grosso; *(Arbeit)* pesante, faticoso; **2.** *(schlimm: Verstoß, Fahrlässigkeit)* grave; *(Fehler)* grossolano, madornale; **3.** *(brutal: Behandlung, Mensch)* brutale, rude, rozzo; *(unhöflich)* sgarbato; **4.** *(ungefähr)* approssimativo; **den gröbsten Schmutz habe ich schon weggeputzt** ho già pulito il grosso (dello sporco); **~ geschätzt** valutato approssimativamente; **gegen jdn ~ werden** *(brutal)* diventare brutale con qu; *(ausfällig)* inveire contro qu; **in ~en Zügen** a larghi tratti; **das Gröbste ist getan** il grosso è fatto; **~e Beleidigung** offesa spudorata; **~e Fahrlässigkeit** *jur* colpa grave.

Grobheit ‹-, -en› *f* **1.** ‹*sing*› *(Roheit)* grossolanità *f,* rozzezza *f;* **2.** *(Unhöflichkeit)* villania *f,* sgarbatezza *f; (grobe Äußerung, Handlung)* sgarbo *m;* **jdm ~en an den Kopf werfen** dire delle sgarbataggini a qu.

Grobian ['gro:bia:n] ‹-(e)s, -e› *m pej* villano *m,* villanzone *m fam.*

grobkörnig *a* di grana grossa, grosso. **grobmaschig** *a* a maglie grosse.

Gröden ['grø:dən] *n* Gardena *f.*

Grog [grɔk] ‹-s, -s› *m* grog *m.*

grölen ['grø:lən] *itr fam (schreien)* gridare, vociare *fam; (singen)* cantare a squarciagola *fam.*

Groll [grɔl] ‹-(e)s, ø› *m* rancore *m; (Verbitterung)* risentimento *m* (*gegen* nei confronti di, per); *(Feindseligkeit)* astio *m* (*gegen* contro).

grollen *itr geh* **1.** *(Groll haben)* avere (*o.* portare) rancore (*jdm* verso *o.* a qu); **2.** *(donnern)* rimbombare, brontolare.

Grönland ['grø:nlant] *n* Groenlandia *f.*

Grönländer(in) [...lɛndɐ (...ərın)] ‹-s, -› *m(f)* groenlandese *mf.*

grönländisch *a* groenlandese.

Gros [gro:, gro:s] ‹-, -› *n* massa *f; mil, sport* grosso *m;* **das ~ des Heeres** il grosso dell'esercito.

Groschen ['grɔʃən] ‹-s, -› **1.** *A (Münze)* groschen *m;* **2.** *fam (10 Pfennig)* monetina *f; fig (Geld)* quattrini *m pl,* soldi *m pl;* **der ~ ist gefallen** *fig* ci è arrivato; **das kostet dich keinen ~** non ti costa una lira (*o.* un centesimo).

groß [gro:s] ⟨¨er, ¨te⟩ *a* **1.** *allg.* grande; *(~ u. dick)* grosso; *(ausgedehnt)* vasto, ampio; *(geräumig)* spazioso; **2.** *(lang, zeitlich)* lungo; **3.** *(hoch)* alto; *(hochgewachsen)* di alta statura; **4.** *(erwachsen)* cresciuto, adulto; **5.** *(wichtig, bedeutend)* importante; *(berühmt)* famoso; **6.** *(älter)* maggiore; **7.** *(~ geschrieben)* maiuscolo; **8.** *(~mütig, selbstlos)* magnanimo; **im ~en (und) ganzen** nell'insieme, in generale; **jdn ~ anschauen** (*o.* **ansehen**) guardare qu con tanto d'occhi *fam;* **nur ~es Geld haben** non avere moneta; **~e Stücke auf jdn halten** avere molta stima di qu, avere un'alta opinione di qu; **größer machen** ingrandire; *(weiten)* allargare; **~ schreiben** *(Wort)* scrivere maiuscolo; **gleich ~ sein** essere della stessa grandezza; **~** (*o.* **größer) werden** diventare più grande, crescere; **wie ~ bist du?** quanto sei alto?; **~ und klein** grandi e piccoli (*o.* piccini); **eine größere Summe** una somma piuttosto grossa; **G~es leisten** fare grandi cose; **Karl der G~e** Carlomagno; **was soll man da ~ machen/sagen?** *fam* non c'è molto da fare/dire.

Großaktionär(in) *m(f)* grande azionista *mf,* azionista *mf* principale.

großartig *a* grandioso, imponente; *(herrlich)* magnifico; *(ausgezeichnet)* eccellente; **das ist (ja) ~!** *(a. iron)* è magnifico.

Großaufnahme *f* primo piano *m.* **Großbetrieb** *m* grande azienda *f.* **Großbritannien** [gro:sbri'tanjən] *n* Gran Bretagna *f.* **Großbuchstabe** *m* (lettera *f*) maiuscola *f.*

Größe ['grø:sə] ⟨-, -n⟩ *f* **1.** *allg., fig, mat, phys, astr* grandezza *f; (Ausdehnung, Umfang)* estensione *f; (Weite)* ampiezza *f; (Fassungsvermögen)* capienza *f;* **2.** *(Länge, a. zeitlich)* lunghezza *f;* **3.** *(Höhe)* altezza *f; (Körper~)* statura *f;* **4.** *(Kleidungs~)* taglia *f; (Hut~, Handschuh~, Schuh~)* misura *f,* numero *m;* **5.** *(Stärke)* forza *f,* intensità *f;* **6.** *(Erhabenheit)* sublimità *f,* magnificenza *f;* **7.** *(berühmte Person)* celebrità *f;* **der ~ nach** secondo la grandezza; **in jeder ~** di ogni grandezza; **unbekannte ~** *mat* incognita *f.*

Großeinkauf *m* acquisto *m* all'ingrosso. **Großeltern** ⟨*pl*⟩ nonni *m pl.*

Größenordnung *f* ordine *m* di grandezza.

großenteils ['gro:sən'tails] *adv* in gran parte.

Größenwahn *m* mania *f* di grandezza, megalomania *f.* **größenwahnsinnig** *a* megalomane.

Großformat *n* formato *m* grande.

Großglockner [gro:s'glɔkne *o.* 'gro:s...] *m* Großglockner *m,* Gran Campanaro *m.*

Großgrundbesitzer(in) *m(f)* latifondista *mf.* **Großhandel** *m* commercio *m* all'ingrosso. **Großhändler(in)** *m(f)* commerciante *mf* all'ingrosso, grossista *mf.* **Großhandlung** *f* negozio *m* all'ingrosso. **großherzig** *a* magnanimo, generoso. **Großherzigkeit** ⟨-, ø⟩ *f* magnanimità *f,* generosità *f.* **Großherzog(in)** *m(f)* granduca, -duchessa *m, f.* **Großherzogtum** *n* granducato *m.* **Großhirn** *n* cervello *m.*

Grossist(in) [grɔ'sɪst(ɪn)] ⟨-en, -en⟩ *m(f) s.* **Großhändler(in).**

Großkapitalist *m* grande capitalista *m.* **Großmacht** *f* grande potenza *f.* **Großmarkt** *m* mercato *m* all'ingrosso. **Großmaul** *n fam pej* spaccone *m fam,* fanfarone *m fam.* **Großmut** ⟨-, ø⟩ *f* magnanimità *f,* generosità *f.* **großmütig** [-my:tɪç] *a* magnanimo, generoso. **Großmutter** *f* nonna *f.* **Großneffe** *m* pronipote *m.* **Großnichte** *f* pronipote *f.* **Großonkel** *m* prozio *m.*

Großraum *m:* **im ~ Stuttgart** nella zona che gravita attorno a Stoccarda. **Großraumbüro** *n* grande locale *m* d'ufficio suddiviso a scomparti. **Großraumflugzeug** *n* aereo *m* tipo jumbo (*o.* cargo). **Großraumwagen** *m* grande carrozza *f.*

Großreinemachen [-'rainəmaxən] ⟨-s, ø⟩ *n fam* grande pulizia *f.* **groß·schreiben** ⟨*irr*⟩ *tr fig* dare importanza a. **großspurig I.** *a* tronfio; **II.** *adv* in modo tronfio. **Großstadt** *f* grande città *f,* metropoli *f.* **Großstädter(in)** *m(f)* abitante *mf* di una grande città. **großstädtisch** *a* di (una) grande città, metropolitano. **Großtante** *f* prozia *f.* **Großteil** *m* gran parte *f.*

größtenteils ['grø:stən'tails] *adv* in massima parte.

Großvater *m* nonno *m.* **Großveranstaltung** *f* grande manifestazione *f.* **Großwild** *n* selvaggina *f* grossa. **groß·ziehen** ⟨*irr*⟩ *tr (aufziehen)* allevare, tirar su *fam.*

großzügig *a* **1** *(in der Form, Gestaltung)* in grande stile, grandioso; **2.** *(in* *den Ansichten)* di larghe vedute; **3.** *(freigebig)* generoso. **Großzügigkeit** ‹-, ø› *f* **1.** *(von Form, Gestaltung)* grandiosità *f;* **2.** *(von Gesinnung)* larghezza *f* di vedute; **3.** *(Freigebigkeit)* generosità *f.*

grotesk [gro'tɛsk] *a* grottesco.

Grotte ['grɔtə] ‹-, -n› *f* grotta *f.*

grub [gru:p] *1. u. 3. pers sing imp von* **graben.**

Grübchen ['gry:pçən] ‹-s, -› *n* fossetta *f.*

Grube ['gru:bə] ‹-, -n› *f* fossa *f; min* miniera *f; (offene ~)* cava *f;* **wer andern eine ~ gräbt, fällt selbst hinein** *prov* l'inganno va a casa dell'ingannatore *prov.*

Grübelei [gry:bə'lai̯] ‹-, -en› *f* fantasticare *m,* almanacchio *m.*

grübeln ['gry:bəln] *itr* fantasticare (*über* su), almanaccare (*über* su).

Grubengas *n* grisou *m.* **Grubenlampe** *f* lampada *f* del minatore. **Grubenunglück** *n* sciagura *f (o.* disgrazia *f)* mineraria.

Grübler(in) ‹-s, -› *m(f)* fantasticone, -a *m, f.*

grüezi ['gry:ɛt͡si] *interj CH* ciao, salve.

Gruft [grʊft] ‹-, ⸚e› *f* tomba *f,* sepolcro *m; (Krypta)* cripta *f.*

Grum(me)t ['grʊm(ə)t] ‹-(e)s, ø› *n* (fieno *m)* grumereccio *m.*

grün [gry:n] *a* **1.** *(Farbe, etc.)* verde; **2.** *pol* verde, ecologista; **3.** *(unreif: Obst)* verde, acerbo; *pej (unerfahren)* inesperto; **~ werden** diventare verde, inverdire; **~er Salat** insalata verde; **~es Licht** *(von Ampel)* il verde; *fig (Zustimmung)* il permesso; **die ~en Lungen einer Stadt** i polmoni verdi di una città; **die ~e Minna** *fam* la cellulare (della polizia); **jdn ~ und blau schlagen** *fam* bastonare qu di santa ragione *fam;* **~e Welle** *(von Ampeln)* onda verde; **~e Witwe** donna di casa che abita in campagna e si sente sola; **auf keinen ~en Zweig kommen** non avere fortuna (*o.* successo); **~ im Gesicht werden** farsi pallido; **jdm nicht ~ sein** *fam* non poter sopportare qu *fam;* **am ~en Tisch** *fig* a tavolino; **sich ~ und gelb ärgern** *fam* diventar verde di bile *fam;* **~er Junge** sbarbatello *m fam;* **über die ~e Grenze gehen** passare il confine clandestinamente; *s. a. blau.*

Grün ‹-(s), - *o. fam* -s› *n* (colore *m)* verde *m;* **bei ~ über die Ampel fahren** passare col verde; **die Ampel steht auf ~** il semaforo è verde; **das ist dasselbe in ~** *fam* è la stessa cosa, se non è zuppa, è pan bagnato *prov; s. a. Grüne, Blau.*

Grünanlagen *f pl* spazi *m pl* (*o.* aree *f pl)* verdi.

Grund [grʊnt] ‹-(e)s, ⸚e› *m* **1.** ‹*sing*› *(tiefste Stelle, Boden)* fondo *m;* **2.** ‹*sing*› *(Erdboden)* suolo *m,* terreno *m;* **3.** ‹*sing*› *(~lage)* fondamento *m,* base *f;* **4.** *fig (Ursache)* causa *f; (Beweg~, Anlaß)* motivo *m,* ragione *f; (Beweis~)* argomento *m,* prova *f;* **auf ~ von** in base a, a causa di; **auf eigenem ~ und Boden** sul proprio (fondo); **aus diesem ~(e)** per questa ragione, perciò; **im ~e (genommen)** in fondo, in sostanza, in fin dei conti; **von ~ auf** (*o.* **aus**) interamente, del tutto, radicalmente; **einer S. auf den ~ gehen** andare fino in fondo a qc; **~ haben** *(im Wasser)* toccare fondo; **(allen) ~ haben zu ...** aver motivo di ...; **jdm zu etw. ~ geben** fornire a qu il motivo per qc/di ... *inf;* **es besteht ~ zu ...** c'è motivo di ...; **das ist kein ~ zum Lachen** c'è poco da ridere; **ich habe meine Gründe (dafür)** ho le mie buone ragioni; **triftiger ~** motivo plausibile; **zwingender ~** ragione impellente. **Grundausbildung** *f* istruzione *f* fondamentale; *mil* addestramento *m* delle reclute, CAR *m.* **Grundausstattung** *f* attrezzatura *f* elementare. **Grundbedeutung** *f* **1.** *(wesentlichste Bedeutung)* significato *m* fondamentale; **2.** *ling* significato *m* originario (*o.* primitivo). **Grundbedingung** *f* condizione *f* principale (*o.* essenziale). **Grundbegriff** *m* **1.** *(elementarer Begriff)* concetto *m* fondamentale; **2.** ‹*meist pl*› *(Basiswissen)* principi *m pl* basilari. **Grundbesitz** *m* proprietà *f* terriera *(o.* fondiaria). **Grundbesitzer(in)** *m(f)* proprietario, -a *m, f* terriero, -a (*o.* fondiario, . **Grundbestandteil** *m* elemento *m* fondamentale. **Grundbuch** *n* catasto *m,* registro *m* fondiario.

gründen ['grʏndən] **I.** *tr* **1.** *(Stadt, Unternehmen, Verein, Partei, etc.)* fondare; *(stiften)* istituire; *(ins Leben rufen)* creare; **2.** *fig (stützen)* basare (*auf* su); **eine Familie ~** fondare una famiglia; **II.** *itr* basarsi (*in* su); **III.** *rfl:* **sich ~ auf** basarsi su, poggiare su.

Gründer(in) ‹-s, -› *m(f)* fondatore, -trice *m, f.*

grundfalsch ['grʊnt'falʃ] *a* assolutamente falso. **Grundfarbe** *f phys* colore *m* fondamentale; *(Malerei, Stoffdruck)* fondo *m.* **Grundfeste** [-fɛstə] ‹-, -n› *f:* **in seinen ~n er-**

schüttern scuotere nelle fondamenta. **Grundfläche** *f* base *f.* **Grundform** *f (Hauptform)* forma *f* fondamentale (*o.* tipica); *(ursprüngliche Form)* forma *f* primitiva (*o.* originaria); *gram* infinito *m.* **Grundgebühr** *f* tassa *f* fissa. **Grundgedanke** *m* concetto *m* fondamentale. **Grundgesetz** *n* **1.** *(Grundprinzip)* legge *f* fondamentale; **2.** *(Verfassung)* costituzione *f.*

grundieren [grʊnˈdiːrən] ⟨*ohne ge-*⟩ *tr (Kunst)* dare il colore (*o.* la tinta) di fondo a; *tec* dare la mano di fondo a.

Grundierung ⟨-, -en⟩ *f (Kunst)* prima mano *f; tec* mano *f* di fondo.

Grundlage *f* **1.** *(Basis)* fondamento *m,* base *f;* **2.** *(Voraussetzung)* presupposto *m;* **auf eine neue ~ stellen** porre su nuove basi; **die ~n legen** porre le basi (*für* per). **grundlegend** *a* basilare; *(wichtig)* fondamentale, di importanza fondamentale.

gründlich [ˈgrʏntlɪç] **I.** *a (tiefgehend)* profondo; *(exakt)* esatto, preciso; *(sorgfältig)* accurato; *(gewissenhaft)* coscienzioso; **II.** *adv* a fondo; **er hat sich ~ blamiert** *fam* ha fatto una figuraccia *fam.* **Gründlichkeit** ⟨-, ø⟩ *f (Tiefe)* profondità *f; (Genauigkeit)* esattezza *f,* precisione *f; (Gewissenhaftigkeit)* coscienziosità *f.*

Grundlinie *f mat* base *f; sport* linea *f* di fondo. **Grundlohn** *m* salario *m* (*o.* paga *f*) base. **grundlos** *a* **1.** *(Tiefe)* senza fondo; **2.** *fig (unbegründet)* infondato.

Gründonnerstag [-ˈdɔnɐstaːk] *m* giovedì *m* santo.

Grundrechenart *f:* **die vier ~en** le quattro operazioni fondamentali. **Grundregel** *f* regola *f* fondamentale, principio *m.* **Grundriß** *m* **1.** *mat* proiezione *f* orizzontale; **2.** *arch* pianta *f;* **3.** *(Schema)* compendio *m.*

Grundsatz *m* principio *m;* **an seinen Grundsätzen festhalten** rimanere fedele ai propri principi; **sich** *(dat)* **etw. zum ~ machen** farsene un principio. **Grundsatzerklärung** *f* dichiarazione *f* di principi. **grundsätzlich** [-zɛt͜slɪç] **I.** *a* **1.** *(aus Prinzip)* di principio, di massima; **2.** *(wesentlich)* fondamentale; **II.** *adv* **1.** *(aus Prinzip)* per principio, per massima; **2.** *(im Prinzip)* essenzialmente, sostanzialmente.

Grundschuld *f* debito *m* fondiario. **Grundschule** *f* scuola *f* elementare (*o.* primaria). **Grundstein** *m* prima pietra *f;* **den ~ legen zu** *(a. fig)* porre la prima pietra per. **Grundsteinlegung** ⟨-, -en⟩ *f* posa *f* della prima pietra. **Grundsteuer** *f* imposta *f* fondiaria. **Grundstock** *m* fondo *m,* base *f.* **Grundstoff** *m* **1.** *chem (Element)* elemento *m;* **2.** *tec (Rohstoff)* materia *f* prima. **Grundstoffindustrie** *f* industria *f* di base. **Grundstück** *n* fondo *m,* terreno *m.* **Grundstücksmakler(in)** *m(f)* agente *mf* immobiliare. **Grundton** *m* **1.** *(Musik)* nota *f* fondamentale, tonica *f;* **2.** *(Malerei)* colore *m* di fondo; **3.** *fig (von Rede)* nota *f* generale. **Grundübel** *n* vizio *m* (*o.* male *m*) fondamentale.

Gründung ⟨-, -en⟩ *f* fondazione *f; (Schaffung)* creazione *f; (Stiftung)* istituzione *f;* **die ~ einer Familie** il fondare una famiglia.

grundverschieden [ˈgrʊntfɛɐ̯ˈʃiːdən] *a* totalmente diverso.

Grundwasser *n* acqua *f* freatica (*o.* del sottosuolo). **Grundwasserspiegel** *m* livello *m* freatico (*o.* delle acque sotterranee). **Grundwehrdienst** *m* servizio *m* militare di base. **Grundzahl** *f mat* base *f; (Kardinalzahl)* numero *m* cardinale. **Grundzug** *m* **1.** *(Charakteristik)* tratto *m* fondamentale, caratteristica *f;* **2.** ⟨*pl*⟩ *(Basiswissen)* sapere *m* base.

Grüne[1] ⟨ein -r, -n, -n⟩ *mf pol* appartenente *mf* al movimento dei verdi; **die ~n** i verdi.

Grüne[2] ⟨ein -s, -n, ø⟩ *n* **1.** *(von Gemüse)* verde *m; (Gemüse u. Salat)* verdura *f; (Grünfutter)* foraggio *m* fresco; **2.** *(Natur)* verde *m,* natura *f;* **im ~n** nel verde; **ins ~ fahren** andare in campagna.

grünen *itr geh* verdeggiare, inverdire; *fig (Hoffnung, Liebe)* fiorire.

Grünfläche *f* zona *f* verde. **Grünfutter** *n* foraggio *m* fresco. **Grüngürtel** *m* cintura *f* di verde. **Grünkohl** *m* cavolo *m* riccio. **grünlich** *a* verdastro. **Grünschnabel** *m pej* sbarbatello *m fam,* pivello *m fam.* **Grünspan** *m* verderame *m;* **~ ansetzen** dare il verderame. **Grünstreifen** *m* spartitraffico *m* (verde).

grunzen [ˈgrʊnt͜sən] *itr* grugnire.

Gruppe [ˈgrʊpə] ⟨-, -n⟩ *f* **1.** *allg.* gruppo *m; (von Arbeitern, Sportlern)* squadra *f;* **2.** *(Klasse)* classe *f,* categoria *f;* **in der ~** in gruppo; **in ~n** a gruppi. **Gruppenaufnahme** *f,* **-bild** *n* (fotografia *f* in) gruppo *m.* **Gruppenbildung** *f* formazione *f* di gruppi, raggruppamento *m.* **Gruppendynamik** *f* dinamica *f* di gruppo. **Gruppenreise** *f* viaggio *m* in comitiva. **Gruppensex** *m* sesso *m* (*o.* amori *m pl*) di gruppo. **Gruppentherapie** *f* terapia *f* di gruppo. **gruppenweise** *adv* a gruppi.

gruppieren [grʊ'pi:rən] ‹*ohne ge-*› **I.** *tr* disporre in gruppi, raggruppare; *(klassifizieren)* classificare; **II.** *rfl:* **sich ~** raggrupparsi.

Gruppierung ‹-, -en› *f* **1.** ‹*sing*› *(Anordnen)* disposizione *f* in gruppi, raggruppamento *m;* **2.** *(Konstellation, bes. pol)* raggruppamento *m; (Gruppe)* gruppo *m.*

gruselig ['gru:zəlɪç] *a* raccapricciante.

gruseln ['gru:zəln] **I.** *tr, itr:* **mir** (*o.* **mich) gruselt es** rabbrividisco (*vor* a, per); **II.** *rfl:* **ich grus(e)le mich** rabbrividisco (*vor* a, per).

Gruß [gru:s] ‹-es, ⸚e› *m* saluto *m;* **viele Grüße** molti saluti (*an* a); **einen ~ erwidern** contraccambiare i saluti; **richten Sie ihm meine herzlichsten Grüße aus!** gli porti i miei più cordiali saluti!; **mit freundlichen Grüßen** *(Briefschluß)* distinti (*o.* cordiali) saluti; **~ aus X** *(auf Andenken)* saluti da X.

grüßen ['gry:sən] *tr* salutare; *mil* fare il saluto militare a; **jdn ~ lassen** mandare i saluti a qu; **~ Sie ihn von mir!** gli porti i miei saluti!; **grüß Gott!** *(süddeutsch)* buon giorno.

Grütze ['grʏt͜sə] ‹-, -n› **1.** *(Getreidekörner)* tritello *m; (Brei)* pappa *f* di tritello; **2.** *fam (Verstand)* cervello *m;* **rote ~** dolce *m* di semolino e succo di frutta.

gucken ['gʊkən] *itr fam* guardare, dare un'occhiata a *fam; (verstohlen)* sbirciare (*nach etw.* qc); **aus dem Fenster ~** guardare dalla finestra; **guck mal!** guarda un po'!

Guckloch *n* spioncino *m.*

Gudrun ['gu:dru:n] *weiblicher Vorname.*

Guerilla[1] [ge'rɪlja] ‹-, -s› *f* **1.** *(~krieg)* guerriglia *f;* **2.** *(~einheit)* bande *f pl* di guerriglieri.

Guerilla[2] [ge'rɪlja] ‹-(s), -s› *m,* **Guerillakämpfer(in)** *m(f)* guerrigliero, -a *m, f.*

Güggeli ['gʏgəli] ‹-s, -› *n CH* pollo *m* allo spiedo.

Guillotine [gɪljo'ti:nə *o.* gijo...] ‹-, -n› *f* ghigliottina *f.*

guillotinieren [...ti'ni:rən] ‹*ohne ge-*› *tr* ghigliottinare.

Guinea [gi'ne:a] *n* Guinea *f.*

Gulasch ['gʊlaʃ] ‹-(e)s, -e *o.* -s› *n o. m* gulasch *m,* spezzatino *m.* **Gulaschkanone** *f fam scherz* cucina *f* da campo.

Gully ['gʊli] ‹-s, -s› *m o. n* tombino *m.*

gültig ['gʏltɪç] *a allg., jur* valido; *(Fahrschein)* valevole; *(Geld)* che ha corso; *(gesetzlich)* in vigore, vigente; **für ~ erklären** dichiarare valido, convalidare; **ab ... ~ sein** essere valido a decorrere dal ... **Gültigkeit** ‹-, ø› *f* validità *f; jur* forza *f* legale, validità *f.*

Gummi ['gʊmi] ‹-s, -(s)› *n o. m* gomma *f.* **Gummiball** *m* palla *f* di gomma. **Gummiband** ‹-(e)s, ⸚er› *n* (nastro *m*) elastico *m.* **Gummibaum** *m* **1.** *(Kautschukbaum)* albero *m* caucifero; **2.** *(Zimmerpflanze)* ficus *m.*

gummieren [gʊ'mi:rən] ‹*ohne ge-*› *tr* gommare.

Gummihandschuh *m* guanto *m* di gomma. **Gummiknüppel** *m* manganello *m* (di gomma). **Gummireifen** *m* pneumatico *m,* gomma *f.* **Gummiring** *m* anello *m* di gomma. **Gummischuhe** *m pl* scarpe *f pl* di gomma. **Gummisohle** *f* suola *f* di gomma. **Gummistiefel** *m pl* stivali *m pl* di gomma. **Gummistrumpf** *m* calza *f* elastica. **Gummizug** *m* elastico *m.*

Gunst [gʊnst] ‹-, ø› *f* favore *m; (Wohlwollen)* benevolenza *f; (von Schicksal)* favore *m;* **zu jds ~en** a favore di qu; **jdm eine ~ erweisen** fare un favore a qu; **in jds ~ stehen** essere nelle grazie di qu.

günstig ['gʏnstɪç] *a* **1.** *(geeignet, gut)* favorevole; *(bes. Moment)* propizio; **2.** *(vorteilhaft)* vantaggioso; *(bes. Preis)* conveniente. **günstigstenfalls** *adv* nella migliore delle ipotesi.

Günstling ['gʏnstlɪŋ] ‹-s, -e› *m* favorito *m.* **Günstlingswirtschaft** *f* protezionismo *m.*

Günt(h)er ['gʏnte] *männlicher Vorname.*

Gurgel ['gʊrgəl] ‹-, -n› *f* gola *f;* **jdn an** (*o.* **bei) der ~ packen** prendere qu per la gola.

gurgeln *itr* **1.** *(die Gurgel spülen)* fare i gargarismi; **2.** *(gluckern)* gorgogliare.

Gurke ['gʊrkə] ‹-, -n› *f* cetriolo *m; (kleine ~)* cetriolino *m;* **saure ~n** cetriolini sott'aceto. **Gurkensalat** *m* insalata *f* di cetrioli.

gurren ['gʊrən] *itr* tubare.

Gurt [gʊrt] ‹-(e)s, -e› *m (Riemen)* cintura *f,* cinghia *f; (Sicherheits~)* cintura *f* (di sicurezza); *(Sattel~)* sottopancia *f; mil* cinturone *m; (Trag~)* spallaccio *m.*

Gürtel ['gʏrtəl] ‹-s, -› *m* **1.** *(an Kleidung)* cintura *f,* cinghia *f;* **2.** *(geog, fig: Zone)* zona *f; (Absperrung)* cordone *m;* **den ~ enger schnallen** *fig* stringere la cinghia. **Gürtellinie** *f* cintola *f;* **ein Schlag unter die ~** un colpo basso. **Gürtelreifen** *m* (pneumatico *m*) cinturato *m*. **Gürtelrose** *f* erpete *m* zoster. **Gürteltier** *n* armadillo *m*.

Guru ['gu:ru] ‹-s, -s› *m* guru *m*.

Guß [gʊs] ‹Gusses, Güsse› *m* **1.** *(Gießen)* colata *f;* **2.** *(Erzeugnis)* pezzo *m* fuso; **3.** *(Wasserstrahl)* getto *m;* **4.** *(Regen~)* acquazzone *m,* rovescio *m;* **aus einem ~** di un solo pezzo; *fig* tutto d'un pezzo. **Gußeisen** *n* ghisa *f.* **gußeisern** *a* di ghisa. **Gußform** *f* forma *f* da fonderia. **Gußstahl** *m* acciaio *m* fuso.

Gustav ['gʊstaf] *(männlicher Vorname)* Gustavo.

gut [gu:t] **I.** ‹besser, beste› *a* **1.** *allg.* buono; **2.** *(sittlich ~, rechtschaffen a.)* probo, virtuoso; **3.** *(richtig)* corretto, giusto; **4.** *(nützlich)* utile; **5.** *(förderlich, heilsam)* giovevole (*für* a), salutare (*für* per); **6.** *(vorteilhaft)* vantaggioso; **7.** *(~ erhalten)* in buono stato; **8.** *fin (Scheck)* valido; **9.** *(reichlich)* abbondante; **10.** *(Schulnote)* ≃ otto; **sehr ~** *(Schulnote)* ≃ nove; **ein ~es Gewissen** la coscienza pulita (*o.* a posto); **ein ~er Mensch** una buona persona; **~es Wetter** bel tempo; **es ist ~, daß ...** meno male che ..., per fortuna che ...; **wozu ist das ~** (*o.* **soll das ~ sein**)? a che serve?; **lassen wir es ~ sein!** lasciamo perdere; **seien Sie so ~ und ...** abbia la cortesia di ... *inf;* **wieder ~ werden** ridiventar buono; **mehr als ~ ist** più del ragionevole; **jdm ~ sein** *obs* amare qu, voler bene a qu; **II.** ‹besser, am besten› *adv* **1.** *allg.* bene; **2.** *(günstig)* favorevolmente; **3.** *(richtig, einwandfrei)* correttamente; **4.** *(ausreichend)* sufficientemente, esaurientemente; **5.** *(reichlich)* abbondantemente, ampiamente; **~ und gern** per lo meno; **so ~ wie** quasi, pressoché; **so ~ wie möglich** nel miglior modo possibile; **~ riechen** avere un buon odore; **mit jdm ~ stehen** essere in buoni rapporti con qu; **~ (daran) tun zu ...** fare bene a ...; **es geht mir ~** sto bene; **mir ist nicht ~** non sto bene; **Sie haben ~ reden/lachen** ha un bel dire/ridere; **es ~ haben** star bene; **~ (so)!** bene così; *(es genügt)* basta così!; **(es ist ja) schon ~!** va bene; *s. a.* *Gute.*

Gut ‹-(e)s, ¨er› *n* **1.** *(Besitz)* proprietà *f; (a. geistig)* bene *m;* **2.** *(Land~)* proprietà *f* terriera; *(Pacht~)* podere *m* in affitto; **3.** ‹*pl*› *(Waren)* merci *f pl;* **unrecht ~ gedeihet nicht** *prov* la farina del diavolo va in crusca *prov.*

Gutachten ‹-s, -› *n* perizia *f;* **ein ~ einholen** far fare una perizia. **Gutachter(in)** ‹-s, -› *m(f)* perito, -a *m, f,* esperto, -a *m, f.*

gutartig *a* **1.** *(Tier)* mansueto; *(Mensch, Wesen)* buono; **2.** *med* benigno. **Gutartigkeit** ‹-, ø› *f* **1.** *(von Tier)* mansuetudine *f,* docilità *f; (von Mensch, Wesen)* bontà *f;* **2.** *med* carattere *m* benigno, benignità *f.*

gutaussehend *a* di bell'aspetto, bello.

Gutdünken ‹-s, ø› *n:* **nach ~** a discrezione.

Gute ‹ein -r, -n, -n› *mf (guter Mensch)* buono, -a *m, f;* **mein ~r, meine ~** mio caro, mia cara.

Gute ‹ein -s, -n, ø› *n (gute Seite)* lato *m* buono; *(gute Taten)* bene *m,* buone azioni *f pl; (gute Eigenschaft: im Menschen)* buono *m;* **es hat alles sein ~s** non tutto il male vien per nuocere *prov;* **alles ~!** *(für Zukunft)* buona fortuna!; *(Glückwunsch)* auguri!; **des ~n zuviel sein/tun** essere troppo/esagerare; **uns steht nichts ~s bevor** non ci aspetta nulla di buono; **im g~n** *(sich trennen)* amichevolmente, con le buone.

Güte ['gy:tə] ‹-, ø› *f* **1.** *(von Menschen, Gefälligkeit)* bontà *f;* **2.** *(von Ware)* qualità *f;* **(ach) du meine ~!** Dio mio!; **in aller ~** con le buone *fam,* in tutta amicizia.

Gutenachtgeschichte [-'naxt-] *f* fiaba *f* della buona notte. **Gutenachtkuß** [-'naxt-] *m* bacio *m* della buona notte.

Güterabfertigung ['gy:tə-] *f* **1.** ‹*sing*› *(Vorgang)* spedizione *f* merci; **2.** *(Stelle)* servizio *m* (spedizione) merci. **Güterbahnhof** *m* scalo *m* merci. **Güterfernverkehr** *m* trasporto *m* di merci a grande distanza. **Gütergemeinschaft** *f* comunione *f* dei beni. **Güternahverkehr** *m* trasporto *m* di merci a breve distanza. **Gütertrennung** *f* (regime *m* della) separazione *f* dei beni. **Güterwagen** *m* carro *m* (*o.* vagone *m*) merci. **Güterzug** *m* treno *m* merci.

Gütezeichen *n* marchio *m* di qualità.

gut·gehen ‹*irr*› *itr* ‹*sein*› andar bene; **es geht jdm gut** qu sta bene; **wenn das (mal) gutgeht** se funzionerà, speriamo che vada bene. **gutgehend** *a* *(Geschäft)* ben avviato.

gutgelaunt *a* di buon umore. **gutgemeint** *a* detto (*o.* fatto) con buone intenzioni. **gutgläubig** *a* in buona fede; *(leichtgläubig)* ingenuo, credulo.

gut·haben ‹*irr*› *tr* avere un credito di.

Guthaben ‹-s, -› *n* averi *m pl; (Spareinlage)* deposito *m.*

gut·heißen ‹*irr*› *tr* approvare.

gütig *a* buono, benevolo; *(freundlich)* gentile; *(nachsichtig)* indulgente.

gütlich *a* amichevole; **sich an etw. ~ tun** gustare qc, godersi qc; **wir haben uns ~ geeinigt** ci siamo messi d'accordo amichevolmente.

gut·machen *tr (Fehler, Schaden)* riparare; **das kann ich gar nicht wieder ~** non potrò mai ripagare.

gutmütig [-my:tɪç] *a* bonario, buono; **ein ~er Mensch** una pasta d'uomo *fam.* **Gutmütigkeit** ‹-, *rar* -en› *f* bonarietà *f,* bontà *f.*

Gutsbesitzer(in) *m(f)* proprietario, -a *m, f* terriero, -a.

Gutschein *m* buono *m.* **gut·schreiben** ‹*irr*› *tr:* **jdm etw. ~** accreditare qc a qu. **Gutschrift** *f* accredito *m.*

Gutsherr(in) *m(f) s.* **Gutsbesitzer(in). Gutshof** *m* podere *m.*

gutsituiert [-zitu'i:ɐ̯t] *a* abbiente, agiato.

Gutsverwalter(in) *m(f)* fattore, -essa *m, f* (*o.* amministratore, -trice *m, f*) di una tenuta.

gut·tun ‹*irr*› *itr* far bene, giovare; **jdm ~** far del bene a qu.

gutwillig *a, adv* di buona volontà, di buona voglia.

Gymnasiast(in) [gʏmna'zi̯ast(ɪn)] ‹-en, -en› *m(f)* (studente, -essa *m, f*) liceale *mf.*

Gymnasium [...'na:zi̯ʊm, ...i̯ən] ‹-s, -sien› *n* liceo *m,* ginnasio *m.*

Gymnastik [gʏm'nastɪk] ‹-, ø› *f* ginnastica *f.*

gymnastisch *a* ginnico.

Gynäkologe [gynɛko'lo:gə] ‹-n, -n› *m,* **Gynäkologin** [...gɪn] *f* ginecologo, -a *m, f.*

Gynäkologie [...lo'gi:] ‹-, ø› *f* ginecologia *f.*

Gynäkologin *f s.* **Gynäkologe.**

gynäkologisch [...'lo:gɪʃ] *a* ginecologico .

H

H, h [ha:] ‹-, -(s)› *n* **1.** *(Buchstabe)* H, h *f;* **2.** *mus* si *m;* **H-Dur** si maggiore; **h-Moll** si minore; **H wie Heinrich** H come hotel.

ha *ab von* **Hektar** ha (*ab von* ettaro).

ha *interj* ah, oh.

Haar [ha:ɐ̯] ‹-(e)s, -e› *n* **1.** *(Kopf~)* capello *m;* **2.** *(Bart~, Körper~, Tier~, Pflanzen~)* pelo *m;* **sie gleichen sich aufs ~** si assomigliano come due gocce d'acqua; **um ein ~** per un pelo; **immer ein ~ in der Suppe finden** trovare sempre qc da ridire (*bei etw.* su qc); **sich** *(dat)* **in die ~e geraten** prendersi per i capelli, accapigliarsi; **jdm kein ~ krümmen** non torcere un capello a qu; **sich** *(dat)* **keine grauen ~e wachsen lassen** non prendersela troppo per qc; **an jdm kein gutes ~ lassen** tagliare i panni addosso a qu; **sich** *(dat)* **die ~e schneiden lassen** farsi tagliare i capelli; **da stehen einem die ~e zu Berge** si rizzano i capelli; **das ist an den ~en herbeigezogen** questo è tirato per i capelli. **Haaransatz** *m* attaccatura *f* dei capelli. **Haarausfall** *m* caduta *f* dei capelli. **Haarbreit** *n:* **um ein ~** per un pelo; **nicht um ein ~ weichen** non cedere neanche di un passo. **Haarbürste** *f* spazzola *f* per capelli.

haaren *itr, refl:* **sich ~** perdere il pelo.

Haarentfernungsmittel *n* crema *f* depilatoria. **Haaresbreite** *f:* **um ~** per un pelo. **Haarfarbe** *f* colore *m* dei capelli. **Haarfestiger** *m* fissatore *m.* **haargenau** ['ha:ɐ̯gə'nau̯] *adv* esattamente; **etw. ~ erzählen** raccontare qc per filo e per segno *fam.*

haarig *a* **1.** *(behaart)* peloso; **2.** *fam (schwierig)* difficile; *(heikel)* scabroso; *(schlimm)* brutto.

Haarklammer *f* fermaglio *m* per capelli. **haarklein** ['ha:ɐ̯'klai̯n] *adv fam* per filo e per segno *fam.* **Haarknoten** *m* chignon *m,* crocchia *f.* **Haarnadel** *f* forcina *f.* **Haarnadelkurve** *f* tornante *m.* **Haarnetz** *n* retina *f* per capelli. **haarscharf** ['ha:ɐ̯'ʃarf] **I.** *a* esattissimo; **II.** *adv* **1.** *(sehr genau)* con la massima precisione; **2.** *(ganz dicht)* a un pelo; **der Schuß ging ~ an ihm vorbei** il colpo lo rasentò. **Haarschleife** *f* fiocco *m.* **Haarschnitt** *m* taglio *m.* **Haarspalterei** [ha:ɐ̯ʃpaltə'rai̯] ‹-, -en› *f pej* cavillosità *f;* **~ treiben** cavillare. **Haarspray** *n o. m* lacca *f* per capelli. **haarsträubend** *a* che fa rizzare i capelli, orripilante, raccapricciante. **Haartrockner** ‹-s, -› *m* asciugacapelli *m,* fon *m.* **Haarwaschmittel** *n* shampoo *m.* **Haarwasser** *n* lozione *f* per capelli. **Haarwuchs** *m* **1.** *(Vorgang: von Kopfhaar)* crescita *f* dei capelli; *(von Körperhaar)* crescita *f* dei peli; **2.** *(Zustand; beim Menschen)* capigliatura *f; (bei Tieren)* pelo *m.* **Haarwurzel** *f* radice *f* dei capelli.

Hab [ha:p] *n:* **mein (ganzes) ~ und Gut** tutti i miei averi.

Habe ['ha:bə] ‹-, ø› *f geh* averi *m pl,* beni *m pl; (Besitz)* possesso *m; (persönliche ~)* effetti *m pl* (*o.* beni *m pl*) personali.

haben ['ha:bən] ‹hat, hatte, gehabt› **I.** *tr* avere; *(besitzen)* possedere; *(erhalten ~)* ricevere (*von* da); **bei sich** *(dat)* **~** avere con sé; **etw. für sich ~** avere i propri lati positivi (*o.* vantaggi); **gegen jdn etw. ~** essere contro qu, avercela con qu *fam;* **mit jdm etw. ~** *fam* intendersela con qu *fam,* filare con qu *fam;* **es mit jdm zu tun ~** aver a che fare con qu; **nichts dagegen ~** non aver nulla in contrario; **jdn zum Freund ~** aver qu per amico; **er hat es sehr gern** gli piace molto; **es gut ~** stare bene, passarsela bene *fam;* **es im Hals ~** avere mal di gola; **lieber ~** preferire; **am liebsten hat er Gemüse** più di tutto gli piace la verdura; **Zeit ~** avere tempo; **noch zu ~ sein** essere ancora libero (*o.* scapolo); **etw. ~ wollen** desiderare qc; *(fordern)* richiedere qc, esigere qc; **ich hab's!** ci sono!, ho capito!; **ich hätte gern ...** vorrei ...; **beinahe hätte ich ...** ci è mancato poco che ... *conj;* **wir ~ jetzt Winter** siamo in inverno ora; **das hat nichts zu sagen** non ha alcuna importanza; **was habe ich (denn) davon?** che vantaggio ne ho?, cosa ci guadagno?; **den Wievielten ~ wir heute?** quanti ne abbiamo oggi?; **wir ~ den 10. Juni** è il 10 giugno; **was hast du?** che hai?; **welche Größe/Nummer ~ Sie?** che taglia/

numero porta?; **da ~ wir's!** ci siamo!, lo sapevo!; **ich habe zu tun** ho da fare; **er hat hier nichts zu suchen** lui qui non c'entra niente; **dafür bin ich immer zu ~** ci sto sempre *fam;* **die Augen hat Lukas von seiner Mutter** Luca ha gli occhi di sua madre; **II.** *rfl:* **sich ~** *fam* **1.** *(sich anstellen)* fare lo smorfioso; **2.** *(Aufhebens machen)* essere esagerato; **und damit hat sich's** non c'è altro da dire, amen *fam.*

Haben ‹-s, ø› *n* avere *m.*

Habenichts ‹- *o.* -es, -e› *m* poveraccio *m,* povero diavolo *m,* spiantato *m.*

Habgier *f* avidità *f,* cupidigia *f.* **habgierig** *a* avido, cupido.

habhaft *a:* **jds/einer S. ~ werden** *geh* acchiappare qu/impadronirsi di qc.

Habicht ['ha:bɪçt] ‹-s, -e› *m* astore *m.*

Habseligkeiten *f pl* quisquiglie *f pl,* carabattole *f pl fam.*

Habsucht *f s.* **Habgier. habsüchtig** *a s.* **habgierig.**

Hackbraten *m* polpettone *m.*

Hacke[1] ['hakə] ‹-, -n› *f (Ferse)* calcagno *m.*

Hacke[2] ['hakə] ‹-, -n› *f (Picke)* zappa *f.*

hacken **I.** *tr* **1.** *(Boden)* zappare; **2.** *(Holz)* spaccare, tagliare; **3.** *(Petersilie, Zwiebeln)* tritare; **II.** *itr (mit Schnabel)* beccare.

Hackfleisch *n* carne *f* tritata (*o.* macinata).

Häcksel ['hɛksəl] ‹-s, ø› *n o. m* paglia *f* tritata.

Hader ['ha:dɐ] ‹-s, ø› *m geh (Streit)* alterco *m,* litigio *m; (Zwietracht)* discordia *f.*

hadern *itr geh:* **mit jdm ~** accusare qu, prendersela con qu; **mit seinem Schicksal ~** lamentarsi della propria sorte.

Hafen ['ha:fən] ‹-s, ¨› *m* porto *m;* **einen ~ anlaufen** toccare un porto; **aus einem ~ auslaufen** uscire da un porto; **in den ~ einlaufen** entrare in porto. **Hafenanlagen** *f pl* opere *f pl* portuali. **Hafenarbeiter(in)** *m(f)* lavoratore, -trice *m, f* del porto, portuale *mf.* **Hafenbecken** *n* bacino *m* del porto, darsena *f.* **Hafenbehörde** *f* autorità *f* portuale. **Hafeneinfahrt** *f* imboccatura *f,* entrata *f* del porto. **Hafenpolizei** *f* polizia *f* portuale. **Hafenrundfahrt** *f* giro *m* turistico del porto. **Hafenstadt** *f* città *f* portuale, porto *m.*

Hafer ['ha:fɐ] ‹-s, ø› *m* avena *f;* **ihn sticht der ~** *fam* diventa spavaldo. **Haferflocken** *f pl* fiocchi *m pl* d'avena.

Haft [haft] ‹-, ø› *f* **1.** *(Gefängnis~)* detenzione *f,* reclusione *f;* **2.** *(Verhaftung)* arresto *m;* **jdn aus der ~ entlassen** rilasciare qu, rimettere in libertà qu; **jdn in ~ nehmen** arrestare qu; **jdn zu zwei Monaten ~ verurteilen** condannare qu a due mesi di reclusione. **Haftanstalt** *f* penitenziario *m,* prigione *f.* **haftbar** *a* responsabile; **jdn für etw. ~ machen** rendere qu responsabile di qc; **persönlich ~** personalmente responsabile. **Haftbefehl** *m* mandato *m* di cattura.

haften[1] *itr* **1.** *(festsitzen)* aderire (*an* a), rimanere attaccato (*an* a); **2.** *fig (Blicke)* essere fisso (*auf* su).

haften[2] *itr* **1.** *(bürgen)* garantire (*für* per); **2.** *(verantwortlich sein)* rispondere (*für* di); **Eltern ~ für ihre Kinder** i genitori rispondono dei loro figli.

Haftentlassung *f* scarcerazione *f.*

Häftling ['hɛftlɪŋ] ‹-s, -e› *m* detenuto, -a *m, f.*

Haftpflicht *f* responsabilità *f* civile (*für* per). **haftpflichtig** *a* responsabile. **Haftpflichtversicherung** *f* assicurazione *f* della responsabilità civile (verso terzi).

Haftung ‹-s, ø› *f* **1.** *(Verantwortlichkeit)* responsabilità *f;* **2.** *(Bürgschaft)* garanzia *f;* **3.** *(Kontakt)* aderenza *f;* **für etw. die ~ übernehmen** assumere la responsabilità di qc; **Gesellschaft mit beschränkter ~** (*ab* **GmbH**) società a responsabilità limitata.

Hagebutte ['ha:gəbʊtə] ‹-, -n› *f* frutto *m* di rosa canina, cinorrodo *m.*

Hagel ['ha:gəl] ‹-s, ø› *m* grandine. **Hagelkorn** *n* chicco *m* di grandine *f.*

hageln *tr, itr* grandinare; **es hagelt** grandina; **es hagelte Vorwürfe** piovvero rimproveri.

Hagelschaden *m* danno *m* causato dalla grandine. **Hagelschauer** *m* rovescio *m* di grandine. **Hagelschlag** *m* grandinata *f.*

hager ['ha:gɐ] *a* magro, secco, scarno.

haha [ha'ha: *o.* ha'ha] *interj* ah ah.

Häher ['hɛ:ɐ] ‹-s, -› *m* ghiandaia *f.*

Hahn [ha:n] ‹-(e)s, ¨e› *m* **1.** *zoo* gallo *m;* **2.** *tec* rubinetto *m; (Gewehr~)* grilletto *m;* **den ~ aufdrehen/zudrehen** aprire/chiudere il rubinetto; **danach kräht kein ~** *fam* non se ne cura nessuno; **~ im Korb sein** fare il gallo nel pollaio.

Hähnchen ['hɛ:nçən] ‹-s, -› *n* galletto *m.*

Hahnenfuß *m* ranuncolo *m.* **Hahnenschrei** *m:* **beim ersten ~** al primo canto del gallo. **Hahnentritt** *m*

1. *(im Ei)* germe *m* dell'uovo; 2. *(~muster)* pied-de-poule *m.*

Hai(fisch *m*) ['hai̯-] ‹-(e)s, -e› *m* pescecane *m*, squalo *m.*

Hain [hai̯n] ‹-(e)s, -e› *m poet* boschetto *m.*

häkeln ['hɛ:kəln] *tr* lavorare all'uncinetto. **Häkelnadel** *f* uncinetto *m.*

Haken ['ha:kən] ‹-s, -› *m* 1. *tec, sport* gancio *m;* 2. *(Kleider~)* attaccapanni *m;* 3. *(Angel~)* amo *m;* **etw. vom ~ nehmen** staccare qc; **einen ~ schlagen** fare uno scarto; **die Sache hat einen ~** *fam* c'è un intoppo *fam.* **Hakenkreuz** *n* croce *f* uncinata, svastica *f.* **Hakennase** *f* naso *m* adunco.

halb [halp] **I.** *a* mezzo, metà *f* (di); **auf ~em Wege** a metà strada; **um ~ drei** alle due e mezza; **zum ~en Preis** a metà prezzo; **~ Rom** mezza Roma; **eine ~e Note** una mezza nota; **das ist nichts H~es und nichts Ganzes** non è né carne né pesce; **II.** *adv* mezzo, (a) metà; **~ und ~** mezzo e mezzo, a metà; **~ öffnen** *(Tür)* socchiudere; **das ist ~ so schlimm** non e poi così grave; **ich habe mich ~ totgelacht** *fam* sono quasi morto dal ridere *fam;* **~ Mann, ~ Frau** mezzo uomo, mezza donna; **das ist nicht ~ so gut wie ...** non è di gran lunga così buono come ... **halbamtlich I.** *a* ufficioso, semiufficiale; **II.** *adv* a titolo ufficioso. **Halbbildung** *f pej* pseudocultura *f.* **halbbitter** *a* semiamaro. **Halbbruder** *m* fratellastro *m; (väterlicherseits)* fratello *m* consanguineo; *(mütterlicherseits)* fratello *m* uterino. **Halbdunkel** *n* penombra *f*, chiaroscuro *m.*

Halbe ['halbə] ‹-n, -› *f (Bier)* mezzo litro *m* di birra.

Halbedelstein *m* pietra *f* dura

-halber [-halbɐ] *adv, prp gen* per, a causa di; **der Ehre ~** per l'onore; **vorsichts~** per precauzione (*o.* prudenza).

Halbfabrikat *n* prodotto *m* semilavorato (*o.* semifinito). **Halbfinale** *n* semifinale *f.* **Halbgeschwister** ‹*pl*› fratellastri *m pl.* **Halbgott** *m* semidio *m.* **Halbheit** ‹-, -en› *f* imperfezione *f*, insufficienza *f; (halbe Maßnahmen)* mezze misure *f pl.* **halbherzig** *a* tiepido, poco entusiasta.

halbieren [hal'bi:rən] ‹*ohne ge-*› *tr* dividere in due, fare a metà

Halbierung ‹-, -en› *f* dimezzamento *m*, bipartizione *f; mat* bisezione *f.*

Halbinsel *f* pensiola *f.* **Halbjahr** *n* semestre *m.* **halbjährlich I.** *a* semestrale; **II.** *adv* ogni sei mesi. **Halbkreis** *m* semicerchio *m.* **Halbkugel** *f* semisfera *f*, mezza sfera *f; geog* emisfero *m.* **halblaut** *a, adv* a mezza voce. **Halbleinenband** ‹-(e)s, ⸚e› *m* volume *m* in mezza tela. **Halbleiter** *m* semiconduttore *m.* **Halblinks** [-'lɪŋks] ‹-, -› *m* mezz'ala *f* sinistra, interno *m* sinistro. **halbmast** *adv:* **auf ~** a mezz'asta; **~ flaggen** alzare la bandiera a mezz'asta. **Halbmesser** ‹-s, -› *m* raggio *m.* **Halbmond** *m* mezzaluna *f.* **halbnackt** *a* seminudo, mezzo nudo. **halboffen** *a* semiaperto, socchiuso. **Halbpension** *f* mezza pensione *f.* **Halbrechts** [-'rɛçts] ‹-, -› *m* mezz'ala *f* destra, interno *m* destro. **halbrund** *a* semicircolare. **Halbschatten** *m* penombra *f.* **Halbschlaf** *m* dormiveglia *m;* **im ~ sein** essere nel dormiveglia. **Halbschuh** *m* scarpa *f* bassa. **Halbschwergewicht** *n* peso *m* mediomassimo. **Halbschwester** *f* sorellastra *f; (väterlicherseits)* sorella *f* consanguinea; *(mütterlicherseits)* sorella *f* uterina. **Halbstarke** ‹ein -r, -n, -n› *mf* teppista *mf*, teddy-boy *m;* **die ~n** la gioventù bruciata. **Halbtagsarbeit** *f*, **-beschäftigung** *f* lavoro *m* (*o.* impiego *m*) a mezza giornata. **halbvoll** ['halp'fɔl] *a* mezzo pieno, pieno a metà. **Halbwaise** *f* orfano, -a *m, f* di padre (*o.* di madre). **halbwegs** ['halp've:ks] *adv* press'a poco, più o meno, abbastanza. **Halbwelt** *f* demi-monde *m.* **Halbwert(s)zeit** *f* tempo *m* di dimezzamento, periodo *m* radioattivo. **Halbzeit** *f* tempo *m;* **erste ~** primo tempo; **zweite ~** ripresa *f.*

Halde ['haldə] ‹-, -n› *f* 1. *geol* ghiaione *m;* 2. *min* discarica *f.*

half [half] *1. u. 3. pers sing imp von* **helfen.**

Hälfte ['hɛlftə] ‹-, -n› *f* metà *f;* **bis zur ~** fino alla metà; **zur ~** a metà; **meine bessere ~** *scherz (Ehepartner)* la mia dolce metà.

Halle ['halə] ‹-, -n› *f (Hotel~)* hall *f; theat* foyer *m; (Bahnhofs~)* atrio *m; aero* aviorimessa *f*, hangar *m; arch* galleria *f; (Fabrik~, Lager~)* capannone *m; (Sport~)* palestra *f.*

hallen ['halən] *itr* risonare, rimbombare, riecheggiare.

Hallenbad *n* piscina *f* coperta. **Hallensport** *m* sport *m* da palestra. **Hallenturnen** *n* ginnastica *f* da palestra.

hallo [ha'lo: *o.* 'halo] *interj* 1. *(Zuruf)* ohé, ehi; 2. *(am Telefon)* pronto; 3. *(Begrüßung)* ciao.

Halluzination [halutsina'tsio:n] ‹-, -en› *f* allucinazione *f.*

Halm [halm] ‹-(e)s, -e› *m* gambo *m,* stelo *m; (Getreide~)* fuscello *m; (Gras~)* filo *m* d'erba; **das Getreide auf dem ~ verkaufen** vendere il grano prima della mietitura.

Halogenscheinwerfer [halo'ge:n-] *m* proiettore *m* allo iodio.

Hals [hals] ‹-es, ¨-e› *m* **1.** *(anat, Flaschen~, Noten~)* collo *m;* **2.** *(Kehle)* gola *f;* **3.** *(Geigen~)* manico *m;* **aus vollem ~(e)** a squarciagola, a piena gola; **bis an den ~, bis zum ~** fino al collo, sopra i capelli; **das Wasser steht mir bis zum ~** *fig fin* ho l'acqua alla gola; **~ über Kopf** a precipizio, a rotta di collo *fam,* a rompicollo *fam;* **sich** *(dat)* **den ~ brechen** rompersi l'osso del collo; *fig* rovinarsi; **es im ~ haben** aver mal di gola; **jdn/etw. auf dem ~ haben** avere qu sulle spalle/avere qc alle costole (*o.* alle calcagna); **aus vollem ~ lachen** ridere di gusto (*o.* cuore); **sich** *(dat)* **etw./jdn vom ~ schaffen** levarsi di dosso qc/liberarsi di qu; **jdm den ~ umdrehen** torcere il collo a qu; **sich jdm an den ~ werfen** gettarsi al collo di qu; **das hängt mir zum ~ heraus** *fig fam* ne ho fin sopra i capelli *fam;* **bleib mir damit vom ~!** *fam* stammi alla larga con queste cose!; **steifer ~** torcicollo *m.* **Halsabschneider** *m fam pej* strozzino *m fam.* **Halsband** ‹-(e)s, ¨-er› *n (Schmuck)* collana *f; (Hunde~)* collare *m.* **halsbrecherisch** [-brɛçərɪʃ] **I.** *a* pericoloso; *(tollkühn)* spericolato; **II.** *adv* a rotta di collo, in maniera spericolata. **Halsentzündung** *f* infiammazione *f* della gola. **Halskette** *f* collana *f.* **Hals-Nasen-Ohren-Arzt** ['hals'na:zən'ʔo:rən-] *m,* **-Ärztin** *f* (*ab* **HNO-Arzt**) otorinolaringoiatra *mf.* **Halsschlagader** *f* carotide *f.* **Halsschmerzen** *m pl* mal *m* di gola. **halsstarrig** [-ʃtarɪç] **I.** *a* ostinato, testardo; **II.** *adv* con ostinazione. **Halsstarrigkeit** ‹-, ø› *f* ostinazione *f,* testardaggine *f.* **Halstuch** *n* fazzoletto *m* (da collo), foulard *m; (Schal)* sciarpa *f.* **Halswirbel** *m* vertebra *f* cervicale.

halt [halt] *interj* **1.** *(stehenbleiben)* fermo; **2.** *(genug)* basta, stop; **3.** *(Moment mal)* un momento, aspetta; **~!, wer da?** *mil* chi va là?, alto là!

hält [hɛlt] *3. pers sing pr von* **halten.**

Halt [halt] ‹-(e)s, -e *o.* -s› *m* **1.** *(Stillstand)* arresto *m;* **2.** *(Anhalten)* fermata *f;* **3.** *(Griff: für Hände)* appiglio *m* (per le mani); *(Stand: für Füße)* appoggio *m* (per i piedi); **4.** *(Stütze, Unterstützung)* sostegno *m; (a. fig: Rück~)* appoggio *m;* **5.** *fig (Bestand)* durevolezza *f,* stabilità *f;* **ohne ~** senza sosta, senza fermarsi; **den ~ verlieren** *fig* perdere il controllo; **keinen inneren ~ haben** non aver carattere.

haltbar *a* **1.** *(Lebensmittel)* non deperibile, che si mantiene; *(Farben)* indelebile; **2.** *(beständig)* durevole, duraturo; **3.** *(widerstandsfähig)* resistente; **4.** *fig (Argument, etc.)* valido, accettabile, sostenibile; **5.** *mil* sostenibile; **Lebensmittel ~ machen** conservare alimenti. **Haltbarkeit** ‹-, ø› *f* **1.** *(von Lebensmitteln, von Farben)* indelebilità *f;* **2.** *(Beständigkeit, Dauerhaftigkeit)* durevolezza *f,* durata *f;* **3.** *(Widerstandsfähigkeit)* resistenza *f;* **4.** *fig (von Argument, etc.)* validità *f,* sostenibilità *f.* **Haltbarkeitsdatum** *n* data *f* di scadenza.

halten ['haltən] ‹hält, hielt, gehalten› **I.** *tr* **1.** *allg., mil, mus (aufrecht~, fest~, ab~)* tenere; **2.** *(stützen, fest~)* sostenere, sorreggere; **3.** *(an~)* fermare; **4.** *(zurück~)* trattenere; **5.** *(innehaben: Rekord)* detenere; **6.** *(Versprechen)* mantenere; **7.** *(besitzen, unter~)* avere; **8.** *(begehen, feiern)* celebrare; **9.** *(meinen)* ritenere, credere; **10.** *(betrachten)* considerare; **jdn für zwanzig ~** *fam* dare vent'anni a qu *fam;* **etw. für recht/wahr/nötig ~** ritenere (*o.* credere) qc giusto/vero/necessario; **nichts von etw. ~** tenere in poco (*o.* nessun) conto qc; **was ~ Sie davon?** che ne pensa?; **von Höflichkeit hält er nicht viel** non è un esempio d'educazione; **etw. auf sich ~** tenere alla propria persona; **eine Predigt ~** fare una predica; **sein Versprechen nicht ~** non mantenere la propria promessa; **halt den Mund!** chiudi la bocca!, taci!; **jdn für etw./jdn ~** considerare (*o.* prendere) qu per qc/qu; *(irrtümlich)* prendere qu per qc/qu; **wofür ~ Sie mich denn eigentlich** (*o.* **überhaupt**)**?** per chi mi prende?; **II.** *itr* **1.** *(an~, stehenbleiben)* fermarsi; *(mit Auto)* sostare; **2.** *(fest~, zusammen~)* tenere; *(nicht zusammenbrechen)* reggere; **3.** *(dauern)* durare; **4.** *(widerstandsfähig sein)* essere resistente; **5.** *(Wert legen)* tenere (*auf* a); **an sich ~** controllarsi, dominarsi; **zu jdm ~** stare dalla parte di qu; **das hält nicht/hält** non tiene/tiene; **III.** *rfl:* **sich ~ 1.** *(sich aufrecht ~)* sorreggersi; **2.** *(dauern)* conservarsi; *(bleiben)* mantenersi; **3.** *(sich fest~)* tenersi (*an* a); **4.** *(sich stützen)* reggersi; **5.** *(sich richten)* attenersi (*an* a); **sich an etw. ~** *fig* attenersi a qc; **sich gerade ~** stare d(i)ritto; **sich nicht** (*o.* **schlecht) ~** *(Lebensmittel)* non conservarsi bene; **sich vor Lachen nicht mehr ~ können** non poterne più dal ridere.

Halter ‹-s, -› *m* **1.** *(Halterung, Haltegriff)* sostegno *m,* supporto *m; (Handtuch~)* portasciugamani *m;* **2.** *(Feder~)* cannello *m; (Füll~)* penna *f* stilografica; **3.** *(Kerzen~)* candeliere *m.*

Halter(in) ‹-s, -› *m(f) jur (Kraftfahrzeug~)* proprietario, -a *m, f* (di (un) autoveicolo); *(Tier~)* allevatore, -trice *m, f* (di animali).

Haltestelle *f (Straßenbahn~, Bus~)* fermata *f; (Zug~)* stazione *f.* **Halteverbot** *n* divieto *m* di sosta; *(Stelle)* zona *f* di sosta vietata; **absolutes ~** divieto di sosta assoluto. **Halteverbotsschild** *n* cartello *m* di divieto di sosta.

haltlos *a* **1.** *(Mensch)* instabile, volubile, incostante; **2.** *(Behauptung: unbegründet)* infondato, inconsistente; *(unhaltbar)* insostenibile. **Haltlosigkeit** ‹-, ø› *f* **1.** *(von Mensch)* debolezza *f,* volubilità *f,* incostanza *f;* **2.** *(von Behauptung)* infondatezza *f;* inconsistenza *f; (von Theorie)* insostenibilità *f.*

halt·machen *itr* fermarsi.

Haltung ‹-, -en› *f* **1.** *(Körper~)* portamento *m; (Stellung)* posizione *f;* **2.** *(Auftreten, Einstellung)* atteggiamento *m* (*gegenüber* di fronte a); **3.** *(Benehmen)* comportamento *m,* condotta *f;* **4.** ‹*sing*› *(Fassung)* contegno *m,* controllo *m;* **(stramme) ~ annehmen** mettersi sull'attenti; **die ~ bewahren/verlieren** mantenere/perdere il controllo di se stesso; **eine ~ einnehmen** assumere un atteggiamento. **Haltungsschäden** *m pl* difetti *m pl* di portamento.

Halunke [ha'lʊŋkə] ‹-n, -n› *m* **1.** *fig* mascalzone *m,* farabutto *m,* furfante *m;* **2.** *scherz* briccone *m fam,* birbante *m fam.*

Hamburg ['hambʊrk] *n* Amburgo *f.*

Hamburger ['hambʊrgɐ] ‹-s, -› *m gastr* hamburger *m.*

Hamburger(in) ‹-s, -› *m(f)* amburghese *mf.*

hämisch ['hɛ:mɪʃ] *a* **1.** *(schadenfroh)* maligno; **2.** *(hinterhältig)* perfido, infido; **ein ~es Gesicht machen** ghignare; **sich ~ über etw. freuen** provare un piacere perfido per qc.

Hammel ['haməl] ‹-s, - *o.* ¨-› *m* **1.** *zoo* montone *m;* **2.** *fig pej (Dummkopf)* babbeo *m,* scemo *m.* **Hammelherde** *f (a. pej)* branco m di pecore. **Hammelkeule** *f* cosciotto *m* di montone. **Hammelkotelett** *n* costoletta *f* di montone. **Hammelrücken** *m* spalletta *f* di montone. **Hammelsprung** *m parl* votazione *f* per divisione.

Hammer ['hamɐ] ‹-s, ¨-› *m* martello *m; (Schmiede~)* maglio *m;* **unter den ~ kommen** essere messo all'asta; **~ und Sichel** falce e martello; **das ist ja ein ~!** *sl (positiv)* che bella sorpresa!, è magnifico; *(negativ)* che vergogna!

hämmern ['hɛmɐn] **I.** *tr* martellare, lavorare col martello; **II.** *itr* martellare; *(bes. Herz, Puls)* battere.

Hammerwerfen ‹-s, ø› *n* lancio *m* del martello.

Hammondorgel ['hæmənd-] *f* organo *m* Hammond.

Hämorrhoiden [hɛmɔro'i:dən] *f pl* emorroidi *m pl.*

Hampelmann ['hampəl-] *m* marionetta *f; (a. fig)* burattino *m.*

Hamster ['hamstɐ] ‹-s, -› *m* criceto *m.*

hamstern **I.** *tr* incettare, accaparrare; **II.** *itr* accaparrarsi.

Hand [hant] ‹-, ¨-e› *f* mano *f;* **jdn an** (*o.* **bei) der ~ nehmen** prendere qu per mano; **an ~ von** *(o. gen)* in base a, sulla scorta di; **aus erster/zweiter ~** di prima/seconda mano; **in der ~** nella (*o.* in) mano; **er hat es in der ~ zu ...** è sua facoltà ... *inf;* **mit beiden Händen** con tutt'e due le mani; **mit vollen Händen** a piene mani; **von ~ zu ~** di mano in mano; **zu Händen von ...** (*ab* **z. H., z. Hd.**) sue proprie mani, all'attenzione di ...; **um jds ~ anhalten** chiedere la mano di qu; **an etw. mit ~ anlegen** dare una mano a qc; **mit leeren Händen dastehen** starsene lì a mani vuote; **jdm aus der ~ fressen** mangiare dalla mano di qu; *fig* essere succube di qu; **jdm die ~ geben** dare (*o.* porgere) la mano a qu; **jdm an die** (*o.* **zur) ~ gehen** dare una mano a qu; **jdn in der ~ haben** avere in mano qu; **freie ~ haben, etw. zu tun** *fig* avere mano libera di fare qc; **mit** (*o.* **bei) etw. eine glückliche ~ haben** avere la mano felice in qc; **kalte Hände haben** avere le mani fredde; **seine ~ im Spiel haben** avere le mani in pasta; *pej* averci messo lo zampino *fam;* **alle Hände voll zu tun haben** essere molto affaccendato, avere molto da fare; **in andere Hände übergehen** (*o.* **kommen)** passare in altre mani; **von der ~ in den**

Mund leben vivere alla giornata; **von seiner Hände Arbeit leben** vivere del proprio lavoro; **letzte ~ an etw. legen** dare l'ultima mano a qc; **~ an sich legen** *geh* suicidarsi, togliersi la vita; **seine ~ für etw. ins Feuer legen** mettere la mano sul fuoco per qc; **die Hände in den Schoß legen** *fig* stare con le mani in mano; **sich** *(dat)* **die Hände schmutzig machen** sporcarsi le mani; **die Hände ringen** torcersi le mani; **man kann die ~ nicht vor den Augen sehen** non si vede davanti al naso; **jdn auf Händen tragen** *fig* tenere qu in palmo di mano; **von langer ~ vorbereiten** preparare da lungo tempo; **das hat weder ~ noch Fuß** non ha né capo né coda; **mit Händen und Füßen reden** *fam* parlare gesticolando; **sich mit Händen und Füßen dagegen wehren, daß ...** difendersi con le unghie e con i denti per non ... *inf;* **die Hände über dem Kopf zusammenschlagen** alzare le braccia al cielo; **mir sind die Hände gebunden** ho le mani legate; **das ist nicht von der ~ zu weisen** non è da disprezzare; **die Arbeit geht ihm leicht von der ~** il lavoro gli riesce facilmente; **das liegt auf der ~** è evidente, è chiaro come la luce del sole; **~ aufs Herz!** parola d'onore!; siamo sinceri!; **~ drauf!** promesso!; **Hände hoch!** mani in alto!; **Hände weg!** giù le mani!; **eine ~ wäscht die andere** *prov* una mano lava l'altra *prov;* **hohle/flache ~** cavo/palmo della mano; **meine rechte ~** *fig* il mio braccio destro; **etw. zur ~ haben/nehmen** avere qc sottomano (*o.* a portata di mano)/prendere qc in mano; **etw. aus der ~ geben** dar via qc; **in guten Händen sein** essere in buone mani.

Handarbeit *f* **1.** *(Tätigkeit)* lavoro *m* manuale; **2.** *(Produkt)* lavoro *m* (fatto) a mano, lavorazione *f* a mano; manufatto *m;* **3.** *(Nadelarbeit)* lavori *m pl* femminili; *(Schulfach)* attività *f pl* manuali e pratiche. **Handbewegung** *f* movimento *m* della mano, gesto *m.* **Handbibliothek** *f* biblioteca *f* di consultazione. **Handbremse** *f* freno *m* a mano; **die ~ ziehen** tirare il freno a mano. **Handbuch** *n* manuale *m,* prontuario *m.*

Händedruck ['hɛndə-] ‹-(e)s, ⸚e› *m* stretta *f* di mano.

Handel ['handəl] ‹-s, ø› *m* **1.** *(Gewerbe)* commercio *m;* **2.** *(einzelner Vorgang)* affare *m,* transazione *f;* **3.** *(Tausch~)* commercio *m* di scambio, baratto *m;* **nicht im ~ (befindlich)** non in commercio (*o.* in vendita); **mit jdm ~ treiben** commerciare con qu, esercitare il commercio con qu.

Händel ['hɛndəl] ‹*pl*› *geh* lite *f;* **mit jdm ~ suchen** attaccare lite con qu.

handeln *itr* **1.** *(agieren, verfahren)* agire, operare; **2.** *(Handel treiben)* commerciare (*mit* in, con); **3.** *(feilschen)* contrattare (*um* su), trattare (*um* su); **4.** *(Buch, etc.)* trattare (*von* di), avere per argomento; **es handelt sich um ...** si tratta di ... **Handeln** ‹-s, ø› *n* **1.** *(Feilschen)* contrattazione *f;* mercanteggiamento *m;* **2.** *(Handeltreiben)* commerciare *m;* **3.** *(Verhalten)* comportamento *m.*

Handelsabkommen *n* accordo *m* (*o.* trattato *m*) commerciale. **Handelsartikel** *m* articolo *m* (commerciale), merce *f.* **Handelsbank** ‹-, -en› *f* banca *f* di commercio (*o.* commerciale). **Handelsbeziehungen** *f pl* relazioni *f pl* commerciali. **Handelsbilanz** *f* bilancio *m* commerciale. **handelseinig** *a:* **mit jdm ~ sein/werden** essere d'accordo/accordarsi con qu. **Handelsflagge** *f* bandiera *f* della marina mercantile. **Handelsflotte** *f* flotta *f* mercantile. **Handelsfreiheit** *f* libertà *f* di commercio, libero commercio *m.* **Handelsgesellschaft** *f* società *f* commerciale; **offene ~** (*ab* **OHG**) società a (*o.* in) nome collettivo. **Handelsgesetz** *n* legge *f* commerciale. **Handelsgesetzbuch** *n* (*ab* **HGB**) codice *m* di diritto commerciale. **Handelshafen** *m* porto *m* mercantile. **Handelskammer** *f* camera *f* di commercio. **Handelsmarine** *f* marina *f* mercantile. **Handelsmission** *f* missione *f* commerciale. **Handelsrecht** *n* diritto *m* commerciale. **Handelsregister** *n* registro *m* di commercio. **Handelsschiff** *n* nave *f* mercantile. **Handelsschule** *f* scuola *f* commerciale. **handelsüblich** *a* (d'uso) commerciale. **Handelsvertrag** *m* trattato *m* (*o.* contrato *m*) commerciale. **Handelsvertreter(in)** *m(f)* rappresentante *mf* (*o.* agente *mf*) di commercio. **Handelsvertretung** *f* rappresentanza *f* commerciale. **Handelsware** *f* articolo *m* di commercio, merce *f.* **Handelszentrum** *n* centro *m* commerciale. **Handelszweig** *m* ramo *m* del commercio.

Handeltreibende ‹ein, -r, -n, -n› *mf* commerciante *mf.*

händeringend **I.** *a* disperato; **II.** *(fle-*

hentlich) implorando; *(verzweifelt)* disperatamente.

Handfeger ‹-s, -› *m* scopetta *f*. **Handfertigkeit** *f* abilità *f* manuale. **handfest** *a (Lüge)* grosso, solenne; *(Skandal)* grosso, grande; *(Schlägerei)* grande; *(Argument, Beweis)* valido, convincente. **Handfeuerwaffe** *f* arma *f* da fuoco portatile. **Handfläche** *f* palma *f* della mano. **handgearbeitet** *a* lavorato (*o.* fatto) a mano. **Handgelenk** *n* (articolazione *f* del) polso *m;* **etw. aus dem ~ schütteln** *fam* fare qc facilmente (*o.* senza difficoltà). **handgemacht** *a* fatto a mano. **handgemalt** *a* dipinto a mano. **Handgemenge** *n* rissa *f*, zuffa *f*, tafferuglio *m*. **Handgepäck** *n* bagaglio *m* a mano. **handgeschrieben** *a* scritto a mano. **Handgranate** *f* bomba *f* a mano.

handgreiflich *a* **1.** *(offensichtlich)* evidente, manifesto; **2.** *(Auseinandersetzung, Streit)* violento; **~ werden** venire alle mani, passare alle vie di fatto.

Handgriff *m* **1.** *(zum Anfassen, Festhalten, Tragen)* maniglia *f*, manico *m;* **2.** *(Bewegung)* movimento *m* (della mano); **3.** *(kleine Verrichtung)* lavoretto *m;* **mit einem ~, mit ein paar ~en** *fig* in quattro e quattr'otto *fam;* **keinen ~ tun** non alzare un dito *fam.*

Handhabe ‹-, -n› *f* pretesto *m* (*gegen* per), motivo *m* (*gegen* di); **eine ~ gegen etw./jdn haben** avere un pretesto per agire contro qc/qu.

handhaben *tr* **1.** *(behandeln)* maneggiare, impiegare; **2.** *(bedienen)* far funzionare, manovrare, azionare; **3.** *(gebrauchen)* adoperare, usare; **4.** *(anwenden)* applicare; *(Recht)* amministrare; **leicht zu ~** facile da maneggiare.

Handhabung ‹-, -en› *f* **1.** *(Behandlung)* maneggio *m*, impiego *m;* **2.** *(Bedienung)* funzionamento *m;* **3.** *(Gebrauch)* uso *m;* **4.** *(Anwendung)* applicazione *f;* *(von Recht)* amministrazione *f;* **sichere ~** sicurezza d'impiego.

Handikap ['hɛndikɛp] ‹-s, -s› *n* handicap *m.*

Handkarren *m* carretto *m* a mano. **Handkoffer** *m* valigetta *f*. **Handkuß** *m* baciamano *m;* **jdm einen ~ geben** baciare la mano a qu, fare il baciamano a qu; **mit ~** *fig fam* con gran piacere. **Handlanger** [-laŋɐ] ‹-s, -› *m* **1.** *(Arbeiter)* manovale *m;* **2.** *pej* tirapiedi *m.*

Händler(in) ['hɛndlɐ (...ərɪn)] ‹-s, -› *m(f)* commerciante *mf*, negoziante *mf;* *(ambulanter ~)* venditore, -trice *m, f* ambulante.

handlich *a* maneggevole, pratico, comodo. **Handlichkeit** ‹-, ø› *f* maneggevolezza *f*, comodità *f.*

Handlinie *f* linea *f* della mano; **die ~n deuten** leggere la mano.

Handlung ['handlʊŋ] ‹-, -en› *f* **1.** *(Tat)* azione *f;* **2.** *theat, film* trama *f*, storia *f;* *(verwickelte ~)* intreccio *m;* **3.** *(Laden)* negozio *m*, bottega *f;* **strafbare ~** *jur* reato *m.* **Handlungsbevollmächtigte** *mf* mandatario, -a *m, f*, procuratore, -trice *m, f.* **handlungsfähig** *a* capace d'agire. **Handlungsfähigkeit** *f* capacità *f* d'agire. **Handlungsfreiheit** *f* libertà *f* d'azione. **handlungsunfähig** *a* incapace d'agire. **Handlungsweise** *f* modo *m* d'agire.

Handrücken *m* dorso *m* della mano. **Handsatz** *m* composizione *f* (tipografica) a mano. **Handschellen** *f pl* manette *f pl;* **jdm ~ anlegen** mettere le manette a qu. **Handschlag** *m* stretta *f* di mano; **etw. durch ~ bekräftigen** confermare qc con una stretta di mano; **keinen ~ tun** *fam* non alzare un dito *fam.* **Handschrift** *f* **1.** scrittura *f*, calligrafia *f;* **2.** *fig (Charakteristik)* mano *f*, stile *m;* **3.** *(handgeschriebener Text)* manoscritto *m.* **handschriftlich I.** *a* scritto a mano, manoscritto; **II.** *adv* per iscritto. **Handschuh** *m* guanto *m.* **Handschuhfach** *n* cassetto *m* portaoggetti (*o.* ripostiglio). **Handspiegel** *m* specchietto *m* (a mano). **Handstand** *m* verticale *f* (sulle mani). **Handstreich** *m:* **etw. im (*o.* in einem *o.* durch einen) ~ erobern** conquistare qc con un colpo di mano. **Handtasche** *f* borsetta *f.* **Handteller** *m* palma *f* della mano. **Handtuch** *n* asciugamano *m;* **das ~ werfen** *fig* gettare la spugna. **Handtuchhalter** *m* portasciugamani *m.* **Handumdrehen** ‹-s, ø› *n:* **im ~** in un batter d'occhio, in quattro e quattr'otto *fam.* **Handvoll** ‹-, -› *f:* **eine ~** *gen* una manciata di. **Handwagen** *m* carretto *m* a mano.

Handwerk *n* **1.** *(Tätigkeit)* artigianato *m;* **2.** *fig (Beruf)* mestiere *m;* **ein ~ erlernen** imparare un mestiere; **jdm das ~ legen** *fig* mettere fine ai maneggi (*o.* alle malefatte) di qu; **jdm ins ~ pfuschen** (*o.* **reden**) immischiarsi nei fatti altrui. **Handwerker(in)** ‹-s, -› *m(f)* **1.** *(Kunst~)* artigiano, -a *m, f;* **2.** *(Arbeiter)* operaio, -a *m, f;* **die ~**

im Haus haben avere gli operai in casa. **Handwerksbetrieb** *m* azienda *f* artigiana. **Handwerkskammer** *f* camera *f* dell'artigianato. **Handwerksmeister** *m* maestro *m,* mastro *m.* **Handwerkszeug** *n* arnesi *m pl* (o. utensili *m pl*) dell'artigiano.

Handwurzel *f* carpo *m.* **Handzeichen** *n* gesto *m* (*o.* segno *m*) della mano; **durch ~** per alzata di mano. **Handzeichnung** *f* disegno *m* a mano libera. **Handzettel** *m* volantino *m.*

hanebüchen ['ha:nəby:çən] *a* inaudito, incredibile, scandaloso.

Hanf [hanf] ‹-(e)s, ø› *m* canapa *f.*

Hänfling ['hɛnflɪŋ] ‹-s, -e› *m* fanello *m.*

Hang [haŋ] ‹-(e)s, ⸚e› *m* **1.** *(Ab~)* pendio *m,* declivio *m;* **2.** ‹*sing*› *fig (Neigung, Tendenz)* inclinazione *f* (*zu* a), tendenza *f* (*zu* a), disposizione *f* (*zu* a); **3.** ‹*sing*› *fig (Vorliebe)* predilezione *f* (*für* per).

Hängebrücke *f* ponte *m* sospeso. **Hängelampe** *f* lampadario *m* (da soffitto). **Hängematte** *f* amaca *f.*

hängen ['hɛŋən] **I.** *tr* ‹hängt, hängte, gehängt› **1.** *(auf~)* appendere; **2.** *(befestigen)* attaccare, fissare; *(an Haken)* agganciare; **3.** *(henken)* impiccare; **etw. an den Nagel ~** *fig* gettare qc alle ortiche; **II.** *itr* ‹hängt, hing, gehangen› **1.** *(herunter~)* pendere; **2.** *(befestigt sein)* essere appeso (*an* a); **3.** *(haften)* essere attaccato (*o.* fisso); **4.** *(schief sein)* pendere (*nach einer Seite* da una parte), essere inclinato; **5.** *(gehenkt werden)* venire impiccato; **sehr an etw. ~** tenere molto a qc; **mit H~ und Würgen** *fam* a stento, a malapena.

hängen·bleiben ‹*irr*› *itr* ‹*sein*› **1.** *(sich verhaken)* rimanere attaccato (*an* a), impigliarsi (*an* in); **2.** *(haftenbleiben)* rimanere attaccato; *fig (Verdacht)* gravare; **3.** *(in Erinnerung bleiben)* rimanere impresso; **4.** *fam (nicht wegfinden)* fermarsi, arenarsi; **5.** *fam (sitzenbleiben)* essere bocciato; **an mir bleibt wieder alles ~!** *fam* devo fare tutto io!

hängend *a* pendente, sospeso.

hängen·lassen ‹*irr, a. ohne ge-*› **I.** *tr* **1.** *(vergessen)* dimenticare; **2.** *fam (im Stich lassen)* piantare in asso; **II.** *rfl:* **sich ~** buttarsi giù.

Hängeschrank *m* (mobiletto *m*) pensile *m.*

Hanna, Hanne ['hana, 'hanə] *(weiblicher Vorname)* Gianna.

Hannover [ha'no:fɐ] *n* Annover *f.*

Hans [hans] *(männlicher Vorname)* Gianni; **~ im Glück** persona nata con la camicia.

Hansa ['hanza] ‹-, ø› *f s.* **Hanse.**

Hansdampf [hans'dampf *o.* 'hans...] ‹-(e)s, -e› *m:* **~ in allen Gassen** faccendone, -a *m, f.*

Hanse ['hanzə] ‹-, ø› *f* Ansa *f.*

Hänselei [hɛnzə'lai̯] ‹-, -en› *f* presa *f* in giro, canzonatura *f.*

hänseln ['hɛnzəln] *tr* prendere in giro, canzonare.

Hansestadt *f* città *f* anseatica.

Hanswurst [hans'vʊrst *o.* 'hans...] ‹-(e)s, -e *o.* *scherz* -würste› *m* **1.** *theat* arlecchino *m;* **2.** *fig* buffone *m,* pagliaccio *m.*

Hantel ['hantəl] ‹-, -n› *f* manubrio *m.*

hantieren [han'ti:rən] ‹*ohne ge-*› *itr* **1.** *(handhaben)* maneggiare *(mit etw.* qc), manipolare (*mit* con); **2.** *(sich zu schaffen machen)* darsi da fare (*an etw.* intorno a qc); **3.** *(geschäftig sein)* essere occupato (*o.* impegnato).

hapern ['ha:pɐn] *itr* mancare (*an, (o. mit) etw.* qc); **woran hapert es?** dov'è l'intoppo?; **es hapert bei ihm mit der Rechtschreibung** zoppica in ortografia.

Happen ['hapən] ‹-s, -› *m* boccone *m; (bes. leckerer ~)* bocconcino *m.*

Happening ['hɛpənɪŋ] ‹-s, -s› *n* happening *m.*

happig ['hapɪç] *a fam:* **das ist ganz schön ~** è un po' troppo.

Happy-End ['hɛpi'ʔɛnt] ‹-(s), -s› *n* lieto fine *m,* happy end *m.*

Harald ['ha:ralt] *männlicher Vorname.*

Hardware ['hɑ:dvɛə] ‹-, -s› *f* hardware *m.*

Harem ['ha:rɛm] ‹-s, -s› *m* arem *m.*

Harfe ['harfə] ‹-, -n› *f* arpa *f;* **~ spielen** sonare l'arpa.

Harke ['harkə] ‹-, -n› *f* rastrello *m.*

harken *tr* rastrellare.

Harlekin ['harleki:n] ‹-s, -e› *m* arlecchino *m.*

härmen ['hɛrmən] *rfl:* **sich ~** *geh* affliggersi (*um* per), affannarsi (*um* per).

harmlos ['harmlo:s] *a* **1.** *(arglos, unschuldig)* innocente; *(friedlich)* tranquillo, pacifico; **2.** *(ungefährlich)* innocuo. **Harmlosigkeit** ‹-, ø› *f* **1.** *(Arglosigkeit, Unschuld)* innocenza *f; (Friedlichkeit)* tranquillità *f;* **2.** *(Ungefährlichkeit)* innocuità *f.*

Harmonie [harmo'ni:, ...i:ən] ‹-, -n› *f* armonia *f.*

harmonieren [...'ni:rən] ‹*ohne ge-*› *itr* armonizzare, andare d'accordo, accordarsi; *mus* essere armonizzato.

Harmonika [har'mo:nika, ...ikas *o.*

...ikən] ‹-, -s *o.* -niken› *f* armonica *f; (Mund~)* armonica *f* a bocca; *(Zieh~)* fisarmonica *f.*

harmonisch [har'mo:nıʃ] *a* **1.** *mus, mat, phys* armonico; **2.** *fig* armonioso.

Harmonium [har'mo:nịʊm, ...ịʊms *o.* ...ịən] ‹-s, -s *o.* -nien› *n* armonium *m.*

Harn [harn] ‹-(e)s, -e› *m* urina *f,* orina *f.* **Harnblase** *f* vescica *f.* **Harndrang** *m* stimolo *m* della minzione. **harnen** *itr geh* orinare.

Harnisch ['harnıʃ] ‹-(e)s, -e› *m* armatura *f; (Brust~)* corazza *f;* **jdn in ~ bringen** far uscire dai gangheri qu *fam;* **in ~ geraten** uscire dai gangheri *fam,* andare in bestia *fam.*

Harnleiter *m* uretere *m.* **Harnröhre** *f* uretra *f.* **Harnsäure** *f* acido *m* urico. **harntreibend** *a* diuretico.

Harpune [har'pu:nə] ‹-, -n› *f* arpione *m,* fiocina *f.*

harpunieren [harpu'ni:rən] ‹*ohne ge-*› *tr* arpionare, colpire con la fiocina.

harren ['harən] *itr geh* aspettare (*einer S./jds* qc/qu), attendere (con ansia) (*einer S./jds* qc/qu).

harsch [harʃ] *a* **1.** *(Mensch)* brusco, duro; **2.** *(Schnee)* gelato, ghiacciato. **Harsch** ‹-es, ø› *m* neve *f* ghiacciata.

hart [hart] **I.** ‹¨er, ¨este› *a* **1.** *allg, fig* duro; **2.** *(fest)* solido; *(bes. Eier)* sodo; *(Brot)* raffermo; *(Wasser)* calcareo; **3.** *(widerstandsfähig)* resistente; **4.** *(streng)* severo, rigido; **5.** *(~herzig)* duro, insensibile; **6.** *(schwer, mühsam)* difficile, duro; *(anstrengend)* faticoso; *(Kampf)* accanito; **~ machen** indurire; *(a. fig)* rendere duro; **~ werden** indurirsi *(a. fig),* diventare duro; **~e Droge** droga pesante; **~e Landung** atterraggio duro; **~es Los** sorte crudele; **sie ist ~ im Nehmen** è una buona incassatrice; **eine ~e Währung** una valuta dura; **II.** ‹¨er, am ¨esten› *adv* **1.** *allg, fig* duramente; **2.** *(streng)* severamente; **3.** *(~herzig)* duramente; **4.** *(schwer, mühsam)* duramente; **~ an** rasente a, vicino a; **jdn ~ anfassen** trattare qu duramente; **jdm ~ zusetzen** mettere alle strette qu; **es geht ~ auf ~** si combatte accanitamente; **~ arbeiten** lavorare sodo.

Härte ['hɛrtə] ‹-, -n› *f* **1.** *allg, fig, phys* durezza *f; (von Stahl)* tempra *f;* **2.** *(Widerstandsfähigkeit)* resistenza *f;* **3.** *(Strenge)* rigore *m,* severità *f;* **4.** *(Gefühllosigkeit)* insensibilità *f; (Grausamheit)* crudeltà *f;* **5.** *(Heftigkeit)* violenza *f.* **Härtefall** *m* caso *m* di rigore. **Härtegrad** *m* grado *m* di durezza; *(von Stahl)* grado *m* di tempra.

härten I. *tr* indurire; *(Stahl)* temperare; **II.** *rfl:* **sich ~** indurirsi, diventare duro.

Hartfaserplatte *f* lastra *f* di truciolato. **hartgefroren** *a* ghiacciato. **hartgekocht** *a* sodo. **Hartgeld** *n* moneta *f* metallica. **hartgesotten** *a* indurito, incallito. **Hartgummi** *m o. n* ebanite *f,* gomma *f* vulcanizzata. **hartherzig** *a* duro d'animo, inumano, spietato. **Hartherzigkeit** ‹-, *rar* -en› *f* durezza *f* d'animo, insensibilità *f.* **Hartholz** *n* legno *m* duro.

hartnäckig [-nɛkıç] *a* **1.** *(eigensinnig)* testardo, caparbio; **2.** *(Krankheit)* ostinato; **3.** *(verbissen)* accanito; **4.** *(ausdauernd)* resistente, tenace; **~ auf etw. bestehen** ostinarsi in qc. **Hartnäckigkeit** ‹-, ø› *f* **1.** *(Eigensinn)* testardaggine *f,* ostinazione *f,* caparbietà *f;* **2.** *(von Krankheit)* persistenza *f;* **3.** *(Verbissenheit)* accanimento *m;* **4.** *(Ausdauer)* resistenza *f,* tenacia *f.*

Härtung ‹-, -en› *f* indurimento *m; (von Stahl)* tempra *f; chem* idrogenazione *f.*

Harz[1] [ha:ɐ̯ts] ‹-es, -e› *n (Baum~)* resina *f.*

Harz[2] [ha:ɐ̯ts] *m geog* Selva *f* Ercinia.

harzig *a* resinoso.

Hasch [haʃ] ‹-s, ø› *n fam* hascisc *m.*

Haschee [ha'ʃe:] ‹-s, -s› *n* (piatto *m* di) carne *f* macinata.

haschen[1] ['haʃən] *obs* **I.** *tr (fangen)* acchiappare, prendere; **II.** *itr:* **nach etw. ~** cercare di acchiappare (*o.* di prendere) qc; **nach Effekt ~** mirare all'effetto.

haschen[2] ['haʃən] *itr fam (Haschisch rauchen)* fumare l' hascisc, drogarsi.

Häschen ['hɛ:sçən] ‹-s, -› *n* **1.** *zoo* leprotto *m;* **2.** *(Kosename)* tesoro *m.*

haschieren [ha'ʃi:rən] ‹*ohne ge-*› *tr* tritare, macinare.

Haschisch ['haʃıʃ] ‹-(s), ø› *n o. m* hascisc *m.*

Hase ['ha:zə] ‹-n, -n› *m* lepre *f;* **alter ~** *fig* vecchia volpe; **wissen, wie der ~ läuft** *fam* prevedere come andranno le cose; **da liegt der ~ im Pfeffer!** *fam* qui casca l'asino! *fam;* **falscher ~** *gastr* polpettone *m;* **mein Name ist ~(, ich weiß von nichts)** *fam* non so niente di niente *fam.*

Hasel(busch *m*) ['ha:zəl] ‹-, -n› *f* nocciolo. **Haselnuß** *f* nocciola *f.*

Hasenbraten *m* arrosto *m* di lepre, lepre *f* arrosto. **Hasenfuß** *m* **1.** *zoo* zampa *f* di lepre; **2.** *fam pej* vigliacco

m, coniglio *m.* **Hasenpfeffer** *m* lepre *f* in salmì. **Hasenscharte** *f* labbro *m* leporino.
Häsin ['hɛ:zɪn] *f* lepre *f* femmina.
Haß [has] ‹Hasses, ø› *m* **1.** odio *m* (*gegen* contro); **2.** *fam (Zorn)* collera *f;* **einen ~ auf jdn haben** *fam* essere in collera con qu.
hassen I. *tr* odiare; *(verabscheuen)* detestare; **etw. ~ wie die Pest** *fam* odiare qc come il peccato; **II.** *rfl:* **sich ~** odiarsi.
haßerfüllt *a* pieno d'odio.
häßlich ['hɛslɪç] *a* **1.** *(a. fig)* brutto; *(abstoßend)* orribile, ripugnante; **2.** *(gemein, böse)* cattivo; **~ wie die Nacht** brutto come il peccato. **Häßlichkeit** ‹-, -en› *f* **1.** *(a. fig)* bruttezza *f;* **2.** *(von Gesinnung)* cattiveria *f.*
Haßliebe *f* amore-odio *m* (*zu* per).
Hast [hast] ‹-, ø› *f* **1.** *(Eile)* fretta *f,* furia *f;* **2.** *(Überstürzung)* precipitazione *f;* **in wilder ~** in fretta e furia.
hasten *itr* ‹*sein*› *geh* precipitarsi, correre, andare in fretta.
hastig I. *a* **1.** *(eilig)* affrettato; *(a. flüchtig)* frettoloso; **2.** *(überstürzt)* precipitoso; **II.** *adv* **1.** *(eilig)* in fretta; **2.** *(voreilig, überstürzt)* precipitosamente.
hat [hat] *3. pers sing pr von* **haben.**
hätscheln ['hɛ:tʃəln] *tr* **1.** *(liebkosen)* (ac)carezzare, coccolare; **2.** *(verwöhnen)* viziare.
hatschi [ha'tʃi: *o.* 'hatʃi] *interj* ecci(ù), atciù, etciù.
hatte ['hatə] *1. u. 3. pers sing imp von* **haben.**
Haube ['haubə] ‹-, -n› *f* **1.** cuffia *f;* **2.** *(bei Vögeln)* ciuffo *m;* **3.** *(Motor~)* cofano *m;* **jdn unter die ~ bringen** *(Mann)* maritare qu; *(Mädchen)* dar marito a qu.
Hauch [haux] ‹-(e)s, *rar* -e› *m* **1.** *(Atem)* fiato *m,* alito *m;* **2.** *(Luft~)* aria *f,* soffio *m* (*o.* alito *m*) di vento; **3.** *(Duft)* profumo *m;* **4.** *(dünne Schicht)* velo *m,* strato *m;* **5.** *(Anflug, Andeutung)* ombra *f,* parvenza *f,* traccia *f;* **6.** *(Flair)* aria *f,* atmosfera *f.*
hauchdünn ['haux'dʏn] *a* sottilissimo, leggerissimo.
hauchen I. *itr* **1.** *(mit Atem)* respirare; **2.** *(Wind)* alitare; **II.** *tr* sussurare a fior di labbra; **jdm einen Kuß auf die Stirn ~** sfiorare con un bacio la fronte di qu.
hauchzart ['haux'tsa:ɐt] *a* leggerissimo, sottilissimo, molto delicato.
Haudegen *m* spadaccino *m* provetto.
Haue ['hauə] ‹-, -n› *f* **1.** *(A, süddeutsch: Hacke)* zappa *f;* **2.** ‹*sing*› *fam (Schläge)* botte *f pl;* **~ bekommen** prenderle.
hauen ‹haut, haute *o.* hieb, gehauen *o. dial* gehaut› **I.** *tr* **1.** *(schlagen)* battere, colpire; *(Holz)* spaccare; *(Loch)* scavare; *(Nagel)* piantare, conficcare; **2.** *(prügeln)* bastonare; *(mit Peitsche)* frustare; **II.** *rfl:* **sich ~ 1.** *(sich schlagen)* picchiarsi; **2.** *fam (sich werfen)* buttarsi; **um sich ~** menar colpi a destra e a manca (*o.* da tutte le parti).
Hauer ‹-s, -› *m* **1.** *zoo* zanna *f;* ‹*pl*› *fam scherz* dentoni *m pl fam;* **2.** *min* minatore *m.*
häufeln ['hɔyfəln] *tr* ammonticchiare.
Haufen ['haufən] ‹-s, -› *m* **1.** *(Anhäufung)* mucchio *m;* *(Stapel)* pila *f;* *(bes. Holz~)* catasta *f;* **2.** *fig fam (Menge)* montagna *f,* sacco *m fam;* **3.** *(Schar)* massa *f;* **einen ~ ausgeben** *fam* spendere un sacco (di soldi) *fam;* **über den ~ werfen** mandare a monte, buttare all'aria; **jdn über den ~ fahren/schießen** *fam* stendere a terra qu con un veicolo *fam*/con una fucilata *fam.*
häufen ['hɔyfən] **I.** *tr* ammucchiare, accumulare, ammassare; **ein gehäufter Eßlöffel Mehl** un cucchiaio pieno di farina; **II.** *rfl:* **sich ~** accumularsi, ammucchiarsi; **diese Vorfälle ~ sich in letzter Zeit** ultimamente questi casi sono in aumento.
Haufenwolke *f* cumulo *m.*
häufig ['hɔyfɪç] **I.** *a* **1.** *(oft)* frequente; **2.** *(wiederholt)* ripetuto; **3.** *(weitverbreitet)* diffuso; **II.** *adv* spesso, frequentemente. **Häufigkeit** ‹-, *rar* -en› *f* frequenza *f.*
Häufung ‹-, -en› *f* **1.** ammucchiamento *m,* accumulamento *m;* **2.** *fig (An~)* cumulo *m.*
Haupt [haupt] ‹-(e)s, ⸚er› *n* **1.** *geh (Kopf)* capo *m;* **2.** *fig* capo *m,* testa *f;* **erhobenen ~es** a testa alta; **gesenkten ~es** a capo chino; **gekröntes ~** testa coronata.
Haupt- *(in Zusammensetzungen)* **1.** *(hauptsächlich)* principale, centrale, generale; **2.** *(wesentlich)* fondamentale, essenziale. **Hauptaltar** *m* altar(e) *m* maggiore. **hauptamtlich** *a* a tempo pieno. **Hauptanschluß** *m* linea *f* diretta, collegamento *m* diretto. **Hauptaufgabe** *f* compito *m* principale. **Hauptaugenmerk** *n:* **sein ~ auf etw. richten** rivolgere la propria attenzione specialmente su qc. **Hauptbahnhof** *m* (*ab* **Hbf.**) stazione *f* centrale. **Hauptbedingung** *f* condizione *f* essenziale (*o.* principale). **Hauptberuf** *m* professione *f* princi-

pale. **hauptberuflich I.** *a* professionale principale; **II.** *adv* come professione principale. **Hauptbestandteil** *m* elemento *m* (*o.* componente *f o.* parte *f*) essenziale. **Hauptbuch** *n* libro *m* mastro. **Hauptdarsteller(in)** *m(f)* protagonista *mf,* interprete *mf* principale. **Haupteingang** *m* entrata *f* principale. **Hauptfach** *n* materia *f* principale. **Hauptgericht** *n* piatto *m* principale. **Hauptgeschäftsstelle** [-gəˈʃɛft͜s-] *f* sede *f* centrale. **Hauptgeschäftszeit** [-gəˈʃɛft͜s-] *f* ore *f pl* di punta. **Hauptgewinn** *m* primo premio *m.* **Hauptleitung** *f el* conduttura *f* principale; *tel* linea *f* principale.

Häuptling [ˈhɔ͜yptlɪŋ] ‹-s, -e› *m* capo *m* (di una tribù).

Hauptmahlzeit *f* pasto *m* principale. **Hauptmann** ‹-(e)s, -leute› *m* **1.** *mil* capitano *m;* **2.** *(Räuber~, etc.)* capobanda *m.* **Hauptmerkmal** *n* caratteristica *f* principale (*o.* fondamentale). **Hauptnenner** *m* denominatore *m* comune. **Hauptperson** *f* **1.** *film, theat* protagonista *mf;* **2.** *fig* personaggio *m* principale. **Hauptpost(amt** *n*) *f* posta *f* centrale. **Hauptproblem** *n* problema *m* fondamentale (*o.* principale). **Hauptquartier** *n* quartiere *m* generale. **Hauptrolle** *f film, theat* parte *f* del protagonista; *fig* parte *f* principale; **die ~ spielen** *theat, film, fig* fare la parte principale; *(von größter Wichtigkeit sein)* essere di somma importanze.

Hauptsache *f* cosa *f* principale, essenziale *m;* **in der ~** *(im wesentlichen)* in sostanza; *(im allgemeinen)* in generale; **zur ~ kommen** venire al nocciolo della questione; **das ist die ~** questa è la cosa più importante; **die ~ dabei ist zu ...** il tutto sta nel ... *inf;* **~, es geht dir gut** la cosa principale è che tu stia bene.

hauptsächlich I. *a* **1.** *(wichtig)* principale, fondamentale; **2.** *(wesentlich)* essenziale, sostanziale; **II.** *adv* specialmente, principalmente, soprattutto.

Hauptsaison *f* alta stagione *f.* **Hauptsatz** *m* **1.** *gram* proposizione *f* principale; **2.** *mus* tema *m* principale. **Hauptschalter** *m el* interruttore *m* principale. **Hauptschlagader** *f* aorta *f.* **Hauptschlüssel** *m* passepartout *m.* **Hauptschuld** *f* colpa *f* maggiore. **Hauptschuldige** *mf* maggior colpevole *mf; jur* reo, -a *m, f* principale. **Hauptschule** *f* scuola *f* secondaria inferiore. **Hauptseminar** *n* seminario *m.* **Hauptsicherung** *f* valvola *f* principale. **Hauptstadt** *f* capitale *f.* **Hauptstraße** *f* **1.** *(Geschäftsstraße)* corso *m;* **2.** *(Durchgangsstraße)* strada *f* principale. **Haupttreffer** *m* primo premio *m.* **Hauptursache** *f* causa *f* principale. **Hauptverhandlung** *f* dibattimento *m.* **Hauptverkehrsstraße** *f* strada *f* principale. **Hauptverkehrszeit** *f* ore *f pl* di punta. **Hauptversammlung** *f* assemblea *f* generale. **Hauptverwaltung** *f* amministrazione *f* generale. **Hauptwäsche** *f* lavaggio *m* principale. **Hauptwaschgang** *m* fase *f* principale di lavaggio. **Hauptwaschmittel** *n* detersivo *m* principale. **Hauptwort** ‹-(e)s, ¨-er› *n* sostantivo *m.*

Haus [haʊ̯s] ‹-es, ¨-er› *n* **1.** *allg.* casa *f;* **2.** *(Gebäude a.)* edificio *m;* **3.** *parl (Kammer)* camera *f;* **4.** *(Schnekken~)* guscio *m;* **5.** *astr* casa *f;* **6.** *fam scherz (Person)* tipo *m;* **aus gutem ~(e)** di buona famiglia; **frei ~** franco domicilio; **nach ~e** a casa; **von ~ aus** *(von der Familie her)* di casa, di famiglia; *(seinem Wesen nach)* per natura; *(ursprünglich)* originariamente; **von ~ zu ~** di casa in casa; **jdn nach ~e bringen** accompagnare a casa qu; **zu ~e** a casa; **sich (ganz) wie zu ~e fühlen** sentirsi come a casa propria; **in etw. zu ~e sein** *fig* essere versato in qc; **in Rom zu ~ sein** abitare a Roma; **jdm das ~ verbieten** proibire a qu di frequentare la propria casa; **wo sind Sie zu ~?** dove sta di casa?; **tun Sie (ganz), als ob Sie zu ~e wären** faccia come a casa Sua; **die Dame/der Herr des ~es** la padrona/il padrone di casa; **ein fideles ~** *fam* un allegrone *fam;* **außer ~ essen** mangiare fuori (di) casa; **jdm ins ~ stehen** *fig* prospettarsi a qu; **ein Freund des ~es** un amico di famiglia; **vor vollem ~ spielen** *theat* recitare davanti ad un teatro pieno; **hallo, Raimund/Bärbel, (du) altes ~!** *fam* ciao Raimondo/Barbara, vecchio/-a mio/-a! *fam.*

Hausangestellte *mf* domestico, -a *m, f.* **Hausapotheke** *f* farmacia *f* domestica. **Hausarbeit** *f* **1.** *(im Haushalt)* lavori *m pl* di casa, faccende *f pl* domestiche; **2.** *(für Schule)* compito *m* (a casa). **Hausarrest** *m* arresto *m* domiciliare. **Hausarzt** *m,* **-ärztin** *f* medico -a, *m, f* di famiglia (*o.* di casa). **Hausaufgabe** *f* compito *m* (a casa). **hausbacken** *a pej* terra terra *fam*, mediocre. **Hausbar** *f* bar *m; (Möbelstück)* mobile *m* bar. **Hausbesetzer** ‹-s, -› *m* occupante *m* abusivo di edifici. **Hausbesetzerszene** *f* movimento *m* degli occupanti abusivi. **Hausbesetzung** *f* occupazione *f* abusiva di edifici. **Hausbesitzer(in)** *m(f)* proprietario, -a *m, f* di una casa, padrone, -a *m, f* di. **Hausbewohner(in)** *m(f)* inquilino, -a *m, f.* **Hausboot** *n* cabinato *m.*

Häuschen ['hɔysçən] ‹-s, - *o. scherz* Häuserchen› *n* **1.** *(kleines Haus)* casetta *f;* **2.** *fam (Toilette)* posticino *m fam;* **ganz aus dem ~ sein** *fig fam* essere fuori dei gangheri *fam.*

Hausdame *f* governante *f,* dama *f* di compagnia. **Hausdiener(in)** *m(f)* domestico, -a *m, f.* **Hauseinfahrt** *f* ingresso *m* carraio.

hausen ['haʊzən] *itr pej* **1.** *(wohnen)* alloggiare, abitare; **2.** *fig (wüten)* devastare (*in etw.* qc), infuriare (*in etw.* qc).

Häuserblock ['hɔyzɐ-] ‹-(e)s, -s› *m* caseggiato *m.* **Häusermeer** *n* mare *m* di case. **Häuserreihe** *f* fila *f* di case.

Hausflur *m* corridoio *m; (Vorraum)* ingresso *m.* **Hausfrau** *f* casalinga *f,* donna *f* di casa. **Hausfreund** *m* **1.** amico *m* di famiglia; **2.** *scherz (Liebhaber)* amante *m.* **Hausfriedensbruch** *m* violazione *f* di domicilio. **Hausgebrauch** *m:* **für den ~** per uso domestico, per la casa. **Hausgehilfin** *f* colf *f,* collaboratrice *f* domestica.

Haushalt [-halt] ‹-(e)s, -e› *m* **1.** *(Hausgemeinschaft)* casa *f,* ménage *m;* **2.** *(~sführung)* (governo *m* della) casa *f;* **3.** *com (Etat)* bilancio *m;* **jds ~** (*o.* **jdm den ~**) **führen** accudire alla casa di qu; **den ~ verabschieden** *parl* votare il bilancio.

haus·halten ‹*irr*› *itr* far economia (*mit* di), risparmiare (*mit etw.* qc); **mit seinen Kräften ~** risparmiare le proprie forze.

Haushälterin [-hɛltərɪn] *f* governante *f.*

haushälterisch **I.** *a* economo; **II.** *adv* in modo economico.

Haushalt(s)artikel *m pl* articoli *m pl* per la casa. **Haushaltsdebatte** *f* discussione *f* del bilancio pubblico. **Haushalt(s)geld** *n* denaro *m* per le spese di casa. **Haushalt(s)gerät** *n* utensile *m* domestico. **Haushaltsjahr** *n* anno *m* (*o.* esercizio *m*) finanziario. **Haushaltsplan** *m* bilancio *m* preventivo; **den ~ aufstellen** redigere il bilancio preventivo.

Haushaltung *f* **1.** *(Haushalt)* casa *f;* **2.** *(Hauswirtschaft)* economia *f* domestica; **3.** *(Wirtschaftsführung)* gestione *f* economica.

Hausherr(in) *m(f)* padrone, -a *m, f* di casa.

haushoch ['haʊs'ho:x] *a* altissimo, enorme; *(Sieg)* netto; *(überragend)* nettamente superiore; **~ gewinnen** vincere brillantemente, riportare una brillante vittoria; **~ verlieren** perdere in modo clamoroso.

hausieren [haʊ'zi:rən] ‹*ohne ge-*› *itr* **1.** (*~ gehen*) vendere di casa in casa (*mit etw.* qc); **2.** *fig* raccontare a tutti (*mit etw.* qc); **H~ verboten!** vietato l'ingresso ai venditori ambulanti!

Hausierer(in) ‹-s, -› *m(f)* venditore, -trice *m, f* ambulante.

Hauskleid *n* vestito *m* da casa. **Hauslehrer(in)** *m(f)* precettore, -trice *m, f,* maestro, -a *m, f* privato, titutore, -trice *m, f.*

häuslich ['hɔyslɪç] *a* **1.** *(das Zuhause betreffend)* domestico; di casa, della casa; *(die Familie betreffend)* familiare; **2.** *(das Zuhause, das Familienleben liebend)* che ama stare in casa, casalingo; **sich ~ einrichten** installarsi comodamente; **sich ~ bei jdm einrichten** *fam* piantare le tende in casa di qu *fam.* **Häuslichkeit** ‹-, ø› *f* **1.** *(Liebe zum Zuhause)* amore *m* per la casa; **2.** *(Familienleben)* vita *f* familiare.

Hausmädchen *n* donna *f* di servizio, domestica *f.* **Hausmann** *m* casalingo *m.* **Hausmannskost** *f* cucina *f* casalinga. **Hausmeister(in)** *m(f)* **1.** portinaio, -a *m, f,* portiere, -a *m, f;* **2.** *CH (Eigentümer)* padrone, -a *m, f* di casa. **Hausmittel** *n* rimedio *m* casalingo. **Hausnummer** *f* numero *m* di casa. **Hausordnung** *f* regolamento *m* della casa; *(für Anstalten, Betriebe)* regolamento *m* interno. **Hausputz** *m* pulizia *f* della casa. **Hausratversicherung** *f* assicurazione *f* sulle suppellettili domestiche. **Hausschlüssel** *m* chiave *f* di casa. **Hausschuhe** *m pl* pantofole *f pl,* ciabatte *f pl.*

Hausse ['ho:sə *o.* o:s] ‹-, -n› *f* rialzo *m;* **auf ~ spekulieren** giocare al rialzo.

Haussegen *m:* **bei uns hängt der ~ schief** *scherz* c'è aria di lite in casa nostra. **Hausstand** *m* casa *f,* famiglia *f,* **einen ~ gründen** mettere su casa. **Haussuchung** ‹-, -en› *f* perquisizione *f* domiciliare. **Haustelefon** *n* telefono *m* interno. **Haustier** *n* animale *m* domestico. **Haustür** *f* porta *f* di casa. **Haustyrann** *m fam pej* tiranno *m* domestico. **Hausverwalter(in)** *m(f)* amministratore, -trice *m, f* della casa. **Hauswirt(in)** *m(f)* padrone, -a *m, f* di casa. **Hauszelt** *n* tenda *f* a casetta.

Haut [haut] ⟨-, ¨-e⟩ *f* **1.** *(Tier~, Menschen~)* pelle *f,* cute *f;* **2.** *(von Frucht)* buccia *f;* **3.** *(Schicht)* pellicola *f;* **einem Tier die ~ abziehen** spellare un animale; **jdm die ~ abziehen** *fam* imbrogliare qu; **mit ~ und Haaren** *fam* completamente, tutto quanto; **mit heiler ~ davonkommen** *fam (unverletzt)* salvare la pelle *fam,* uscirne illeso; *(ungestraft)* passarla liscia *fam;* **aus der ~ fahren** *fam* uscire dai gangheri *fam,* andare in bestia *fam;* **sich seiner ~ wehren** difendere la propria pelle; **ich möchte nicht in seiner ~ stecken** non vorrei essere nei suoi panni; **niemand kann aus seiner ~ (heraus)** *fam* non si può essere diversi da quello che si è; **naß bis auf die ~** bagnato fino all'osso; **sie ist bloß noch ~ und Knochen** *fam* è ridotta pelle ed ossa *fam;* **dieser Film geht unter die ~** *fam* questo film tocca da vicino; **mir ist nicht wohl in meiner ~** *fam* non sono tranquillo. **Hautabschürfung** *f* escoriazione *f.* **Hautarzt** *m,* **-ärztin** *f* dermatologo, -a *m, f.* **Hautatmung** *f* respirazione *f* cutanea. **Hautausschlag** *m* eruzione *f* cutanea, esantema *m.*

Häutchen ['hɔytçən] ⟨-s, -⟩ *n* **1.** *(Überzug)* pellicina *f;* **2.** *(auf Flüssigkeit)* velo *m,* pellicola *f;* **3.** *anat* membrana *f; (Nagel~)* pellicina *f,* pipita *f;* **4.** *bot* buccia *f.*

Hautcreme *f* crema *f* per la pelle.

häuten ['hɔytən] **I.** *tr* spellare, scuoiare, scorticare; **II.** *rfl:* **sich ~** spellarsi, cambiare pelle; *(Schlange)* gettare la spoglia.

hauteng *a* attillato, aderente.

Hautevolee [ho:tvo'le: *o.* o:t...] ⟨-, ø⟩ *f* alta società *f.*

Hautfarbe *f* colore *m* della pelle, carnagione *f.* **hautfreundlich** *a* che non irrita la pelle, dermatosimpatico. **Hautkrankheit** *f* malattia *f* della pelle, dermatosi *f.* **hautnah** *a sport (Deckung)* a uomo; *fig* vivo, immediato; **etw. ~ miterleben** vivere qc da vicino. **Hautpflege** *f* cura *f* della pelle. **Hautpilz** *m* micosi *f* cutanea. **hautschonend** *a* che non irrita la pelle.

Häutung ⟨-, -en⟩ *f* spellatura *f; zoo* muta *f; (bes. von Schlangen)* getto *m* della spoglia.

Havarie [hava'ri:, ...i:ən] ⟨-, -n⟩ *f* avaria *f.*

Hbf. *ab von* **Hauptbahnhof** C (*ab von* stazione centrale).

h. c. [ha:'tse:] *ab von* **honoris causa** *(ehrenhalber)* h. c.

he [he:] *interj* eh, ehi.

Hebamme ['he:pʔamə *o.* 'he:bamə] ⟨-, -n⟩ *f* levatrice *f,* ostetrica *f.*

Hebebühne *f* ponte *m* sollevatore, banco *m* elevatore.

Hebel ['he:bəl] ⟨-s, -⟩ *m* leva *f;* **alle ~ in Bewegung setzen** *fig fam* muovere cielo e terra; **am längeren ~ sitzen** essere in (posizione di) vantaggio. **Hebelarm** *m* braccio *m* della leva. **Hebelwirkung** *f* azione *f* della leva.

heben ['he:bən] ⟨hebt, hob, gehoben⟩ **I.** *tr* **1.** *(hoch~)* (sol)levare; **2.** *(Stimme, Augen, Hände)* alzare; **3.** *(Schiff)* ricuperare; **4.** *(Schatz)* scavare; **5.** *fig (vermehren)* aumentare, elevare; *(verbessern)* migliorare; *(Stimmung)* accrescere; **einen ~** *fam* bere un bicchierino; **II.** *rfl:* **sich ~ 1.** *(steigen)* salire; *(sich aufrichten)* alzarsi; *(sich emporheben)* sollevarsi; **2.** *(zunehmen)* accrescere, aumentare.

Heber ⟨-s, -⟩ *m* **1.** *(Saug~)* sifone *m;* **2.** *mot* cricco *m;* **3.** *chem* pipetta *f;* **4.** *(Gewicht~)* sollevatore *m* di pesi.

Hebewerk *n* impianto *m* di sollevamento.

Hebräer(in) [he'brɛ:ɐ (...ərɪn)] ⟨-s, -⟩ *m(f)* ebreo, -a *m, f.*

hebräisch *a* ebreo.

Hebräisch *n* ebraico *m,* lingua *f* ebraica; *s. a. Deutsch.*

Hebung ⟨-, -en⟩ *f* **1.** *(Er~)* sollevamento *m;* innalzamento *m;* **2.** *geol* elevazione *f;* **3.** *(von Schiff)* ricupero *m;* **4.** *(von Schatz)* scavo *m;* **5.** *fig (Steigern)* incremento *m,* aumento *m,* crescita *f;* **6.** *fig (Förderung)* incoraggiamento *m,* impulso *m,* promozione *f;* **7.** *lit* arsi *f.*

hecheln ['hɛçəln] **I.** *itr* **1.** *(Hunde, etc.)* ansimare; **2.** *fam pej (tratschen)* spettegolare; **II.** *tr* pettinare.

Hecht [hɛçt] ⟨-(e)s, -e⟩ *m* luccio *m.* **Hechtsprung** *m* tuffo *m.*

Heck [hɛk] ⟨-(e)s, -e *o.* -s⟩ *n naut* poppa *f; aero* coda *f; mot* parte *f* posteriore. **Heckantrieb** *m* trazione *f* posteriore.

Hecke ['hɛkə] ⟨-, -n⟩ *f* siepe *f.* **Heckenrose** *f* rosa *f* selvatica. **Hecken-**

schere *f* cesoie *f pl* (per siepi). **Heckenschütze** *m* franco tiratore *m*.
Heckfenster *n* finestrino *m* posteriore. **Heckklappe** *f* portellone *m* posteriore. **Heckmotor** *m mot* motore *m* posteriore. **Heckscheibe** *f* lunotto *m*. **Heckscheibenheizung** *f* lunotto *m* termico. **Heckscheibenwischer** *m* tergilunotto *m*.
heda ['he:da] *interj* ehi.
Hedwig ['he:tvıç] *(weiblicher Vorname)* Edvige.
Heer [he:ɐ̯] ‹-(e)s, -e› *n* esercito *m*; **ein ganzes ~ von ...** un esercito di ...; **stehendes ~** esercito permanente. **Heeresleitung** *f* comando *m* dell'esercito. **Heerführer** *m* generale *m* d'armata; *hist* condottiero *m*. **Heerscharen** *f pl* esercito *m*, legioni *f pl*; **die himmlischen ~** le legioni celesti.
Hefe ['he:fə] ‹-, -n› *f* lievito *m*, fermento *m*. **Hefeteig** *m* pasta *f* lievitata.
Heft¹ [hɛft] ‹-(e)s, -e› *n* **1.** *(Schreib~)* quaderno *m*; *(Notiz~)* taccuino *m*; **2.** *(Büchlein)* libretto *m*; **3.** *(Broschüre)* fascicolo *m*.
Heft² [hɛft] ‹-(e)s, -e› *n (Griff)* manico *m*.
heften *tr* **1.** *(befestigen)* attaccare, fissare; *(mit Klammern)* agganciare; *(mit Stecknadeln, Reißzwecken)* appuntare; **2.** *(beim Nähen)* imbastire; **3.** *(beim Buchbinden)* rilegare; **4.** *(in einen Ordner ab~)* mettere in un classificatore; **sich an jds Fersen ~** stare alle calcagna di qu; **den Blick auf etw. ~** fissare lo sguardo su qc.
Hefter ‹-s, -› *m* raccoglitore *m*, classificatore *m*, cartella *f* (per incartamenti).
Heftfaden *m* filo *m* da imbastire.
heftig ['hɛftıç] **I.** *a* **1.** *(stark, gewaltig)* forte; *(wuchtig)* violento, veemente; *(Schmerz)* acuto, atroce; *(Kälte)* intenso; *(Worte)* aspro; *(Regen, Weinen)* dirotto; **2.** *(stürmisch, leidenschaftlich)* impetuoso, appassionato; **~ werden** adirarsi, infiammarsi; **II.** *adv* **1.** *(stark)* fortemente, violentemente; **2.** *(leidenschaftlich)* appassionatamente. **Heftigkeit** ‹-, -en› *f* **1.** *(Wucht, Gewalt)* violenza *f*, veemenza *f*; **2.** *(heftiges Wesen)* impetuosità *f*; **3.** *(Schärfe)* asprezza *f*.
Heftpflaster *n* cerotto *m*; **ein ~ auflegen** mettere un cerotto. **Heftzwecke** *f* puntina *f* da disegno.
Hege ['he:gə] ‹-, ø› *f* conservazione *f*.
Hegemonie [hegemo'ni:, ...i:ən] ‹-, -n› *f* egemonia *f*, supremazia *f*.
hegen ['he:gən] *tr* **1.** *(Wild)* conservare; *(Pflanzen)* curare; **2.** *fig (Gefühle, Hoffnung, Verdacht)* nutrire, avere; *(Groll, Haß)* nutrire, serbare; **jdn ~ und pflegen** avere gran cura di qu.
Hehl [he:l] ‹-s, ø› *n o. m*: **kein(en) ~ aus etw. machen** non nascondere qc, non fare un mistero di qc.
Hehler(in) ['he:lɐ (...ərın)] ‹-s, -› *m(f)* ricettatore, -trice *m, f*.
Hehlerei [he:lə'rai̯] ‹-, -en› *f* ricettazione *f*.
Hehlerin *f s.* **Hehler.**
hehr [he:ɐ̯] *a poet* augusto, sublime; venerabile.
Heia ['hai̯a] ‹-, *rar* -(s)› *f (Kindersprache)* nanna *f*; *(Bett)* lettino *m*; **in die ~ gehen** andare a nanna; **h~ machen** fare la nanna.
Heide¹ ['hai̯də] ‹-, -n› *f* **1.** *bot (~kraut)* erica *f*; **2.** *(~land)* brughiera *f*.
Heide² ['hai̯də] ‹-n, -n› *m*, **Heidin** [...dın] *f rel* pagano, -a *m, f*.
Heidekraut *n* erica *f*.
Heidelbeere ['hai̯dəl-] *f* **1.** *(Pflanze)* mirtillo *m*; **2.** *(Frucht)* mirtillo *m* nero.
Heidelberg ['hai̯dəlbɛrk] *n* Aidelberga *f*.
Heidenangst ['hai̯dən'ʔaŋst] *f fam* paura *f* matta *fam*, fifa *f fam*. **Heidenarbeit** ['hai̯dən'ʔarbai̯t] *f*: **das ist eine ~** *fam* è un lavoro faticoso. **Heidengeld** ['hai̯dən'gɛlt] *n*: **ein ~ kosten** *fam* costare un sacco di soldi *fam* (*o.* un occhio della testa *fam*). **Heidenlärm** ['hai̯dən'lɛrm] *m fam* fracasso *m* infernale, rumore *m* spaventoso. **Heidenspaß** ['hai̯dən'ʃpa:s] *m fam* piacere *m* folle.
Heidentum ‹-s, ø› *n* paganesimo *m*.
Heidin *f s.* **Heide².**
heidnisch ['hai̯dnıʃ] *a* pagano.
Heike ['hai̯kə] *weiblicher Vorname.*
heikel ['hai̯kəl] *a* **1.** *(Angelegenheit)* scabroso, spinoso; *(Frage, Thema)* delicato; **2.** *dial (Person)* schizzinoso, difficile.
heil [hai̯l] *a* **1.** *(unversehrt)* illeso; *(~ und gesund)* sano e salvo; *(geheilt)* guarito; **2.** *(ganz)* intero, intatto; **die ~e Welt** un mondo ideale; **sie hat den Unfall ~ überstanden** è uscita illesa dall'incidente.
Heil ‹-(e)s, ø› *n* **1.** *(Rettung)* salvezza *f*; **2.** *(Wohlergehen)* benessere *m*, prosperità *f*; *(a. Glück)* fortuna *f*; **3.** *rel (Gnade)* grazia *f*; **sein ~ versuchen** tentare la fortuna; **~ dem König!** evviva il re!; **Ski/Petri ~!** in bocca al lupo!/buona pesca!

Heiland ['hailant] ‹-(e)s, -e› *m* Salvatore *m*, Redentore *m*.
Heilanstalt *f* **1.** *(Sanatorium)* sanatorio *m*, casa *f* di cura; **2.** *(Nerven~)* manicomio *m*. **heilbar** *a* guaribile, curabile. **Heilbarkeit** ‹-, ø› *f* possibilità *f* di guarire.
Heilbutt ['hailbʊt] ‹-(e)s, -e› *m* ippoglosso *m*.
heilen **I.** *tr* ‹*haben*› guarire (*von* da); **II.** *itr* ‹*sein*› guarire.
Heilerde *f* argilla *f* curativa.
heilfroh ['hail'fro:] *a* contento come una pasqua *fam*, contentissimo.
heilig ['hailɪç] *a* (*ab* **hl.**) **1.** santo; *(vor männlichen Eigennamen)* San; *(geweiht)* sacro; *(unverletzlich)* inviolabile, sacro, sacrosanto; **2.** *fig (ernst)* solenne; *(Pflicht)* sacrosanto; *(Ernst, Eifer, Zorn)* grande; **3.** *fig fam (groß)* grande, incredibile; **ich schwöre bei allem, was mir ~ ist, daß ...** giuro su tutto quello che ho di più caro che ...; **der H~e Vater** il Santo Padre; **h~er Antonius** Sant'Antonio; **H~e Jungfrau Maria** Santa Maria Vergine; **(ach du) ~er Strohsack** (*o.* **Bimbam**)! *fam* Dio mio! *fam*, mamma mia! *fam*.
Heiligabend [-'ʔa:bənt] *m* vigilia *f* di Natale.
Heilige ‹ein -r, -n, -n› *mf* santo, -a *m, f*.
heiligen *tr* santificare; *(weihen)* consacrare.
Heiligenschein *m* aureola *f*, nimbo *m*; **jdn mit einem ~ umgeben** mettere qc sul piedestallo.
Heiligkeit ‹-, ø› *f rel, fig* santità *f*; *(Unverletzlichkeit)* inviolabilità *f*; **Seine ~** Sua Santità.
heilig·sprechen ‹*irr*› *tr* canonizzare.
Heiligsprechung ‹-, -en› *f* canonizzazione *f*.
Heiligtum ‹-s, ⸚er› *n* **1.** *(Stätte)* luogo *m* sacro, santuario *m*; **2.** *(Gegenstand)* cosa *f* sacra; *(Reliquie)* reliquia *f*.
Heilkraft *f* virtù *f* terapeutica, potere *m* curativo. **Heilkräuter** *n pl* erbe *f pl* medicinali (*o.* officinali). **Heilkunde** *f* medicina *f*, scienza *f* medica.
heillos *a* terribile, inaudito; **im Zimmer herrscht ~es Durcheinander** nella stanza c'è un putiferio.
Heilmittel *n* rimedio *m*, farmaco *m*, medicina *f*. **Heilpflanze** *f* pianta *f* medicinale (*o.* officinale). **Heilpraktiker(in)** *m(f)* medico *m* naturalista. **Heilquelle** *f* sorgente *f* d'acqua minerale. **heilsam** *a* salutare, utile.
Heilsarmee *f* esercito *m* della salvezza.
Heilschlaf *m* sonno *m* ristoratore; *(Schlafkur)* cura *f* del sonno.
Heilung ‹-, -en› *f* **1.** ‹*sing*› *(Heilen)* cura *f*; **2.** *(Gesundwerden)* guarigione *f*; *(von Wunde)* cicatrizzazione *f*.
heim [haim] *adv* **1.** *(nach Hause)* a casa; **2.** *(ins Heimatland)* in patria.
Heim ‹-(e)s, -e› *n (Zuhause, öffentliche Einrichtung)* casa *f*; *(Waisen~)* orfanatrofio *m*; *(Alten~)* ricovero *m*; *(Erziehungs~)* istituto *m* (di educazione); *(Schulland~)* colonia *f*.
Heimarbeit *f* lavoro *m* a domicilio; **~ machen** fare lavori a domicilio. **Heimarbeiter(in)** *m(f)* lavoratore, -trice *m, f* a domicilio.
Heimat ['haima:t] ‹-, *rar* -en› *f* **1.** *(~land)* patria *f*; **2.** *(~ort)* città *f* (*o.* paese *m*) natale. **Heimatdichter(in)** *m(f)* poeta *m* regionale. **Heimatfilm** *m* film *m* a sfondo regionale e patriottico. **Heimatland** *n* patria *f*, terra *f* natale. **heimatlich** *a* **1.** *(zur Heimat gehörend)* natale, natio, della patria, del proprio paese; **2.** *(an die Heimat erinnernd)* familiare, che ricorda il proprio paese. **Heimatlose** [-lo:zə] ‹ein -r, -n, -n› *m(f)* persona *f* senza patria; *(Staatenlose)* apolide *mf*. **Heimatrecht** *n* diritto *m* di residenza. **Heimatstadt** *f* città *f* natale. **Heimatvertriebene** [-fɛɐ̯tri:bənə] ‹ein -r, -n, -n› *mf* profugo, -a *m, f*.
Heimchen ['haimçən] ‹-s, -› *n* grillo *m* del focolare; **~ am Herd** *fam pej* donna di casa senza altri interessi.
heim·fahren ‹*irr*› *itr* ‹*sein*› andare a casa. **Heimfahrt** *f* viaggio *m* verso casa; *(Rückfahrt)* viaggio *m* di ritorno; **auf der ~** nel viaggio di ritorno. **Heimindustrie** *f* industria *f* domestica.
heimisch *a* **1.** *(ein~)* indigeno, locale; **2.** *(vertraut)* abituale; **sich ~ fühlen** sentirsi come a casa propria; **~ werden** ambientarsi, acclimatarsi.
Heimkehr ‹-, ø› *f* **1.** *(nach Hause)* ritorno *m* a casa; **2.** *(in die Heimat)* ritorno *m* in patria. **heim·kehren** *itr* ‹*sein*› **1.** *(nach Hause)* tornare a casa, rincasare, rientrare; **2.** *(in die Heimat)* tornare in patria, rimpatriare. **Heimkehrer(in)** ‹-s, -› *m(f)* **1.** *(aus Krieg, Exil)* reduce *mf*; **2.** *(aus Emigration)* rimpatriato, -a *m, f*, rimpatriante *mf*.
Heimkind *n* bambino *m* affidato a istituto. **Heimkino** *n* **1.** *(Filmvortrag)* proiezioni *f pl* in casa; **2.** *fam scherz (Fernsehen)* tele *f*. **Heimleiter(in)** *m(f)* direttore, -trice *m, f* di un istitu-

to. **heim·leuchten** *itr:* **jdm ~** *fig* rispondere per le rime a qu.
heimlich I. *a* **1.** *(geheim, unerlaubt)* segreto; **2.** *(verborgen)* nascosto; *(Gedanken, Wünsche)* recondito; **3.** *(verstohlen)* furtivo; **II.** *adv* **1.** *(geheim, unerlaubt)* segretamente; **2.** *(verborgen)* di nascosto; **3.** *(verstohlen)* furtivamente. **Heimlichkeit** ‹-, -en› *f* **1.** ‹*sing*› segretezza *f;* **2.** *(Geheimnis)* segreto *m;* **3.** *(Verborgenheit)* clandestinità *f;* **4.** *(Stille)* quiete *f,* solitudine *f;* **in aller ~ weggehen** andarsene di nascosto; **~en vor jdm haben** avere qc da nascondere a qu. **Heimlichtuerei** [-tu:ə'rai̯] ‹-, *rar* -en› *f* fare *m* misterioso. **heimlich·-tun** ‹*irr*› *itr* fare il misterioso.
Heimreise *f* viaggio *m* di ritorno (*o.* a casa), rientro *m.* **heim·schicken** *tr* **1.** *(nach Hause)* mandare a casa; **2.** *(in Heimat)* rimpatriare. **Heimspiel** *n* incontro *m* in casa. **heim·-suchen** *tr (Katastrophen)* colpire; *(Krankheiten)* affliggere.
heimtückisch *a* subdolo, perfido, falso; *(Krankheit)* maligno.
Heimvorteil *m* vantaggio *m* del fattore campo. **heimwärts** [-vɛrts̯] *adv* verso casa. **Heimweg** *m* ritorno *m* a casa; **auf dem ~** ritornando a casa; **sich auf den ~ machen** mettersi sulla via del ritorno. **Heimweh** ‹-s, ø› *n* nostalgia *f* (*nach* di). **heim·zahlen** *tr:* **jdm etw. ~** far pagare cara qc a qu *fam.*
Heinrich, Heinz ['hai̯nrıç, hai̯nts̯] *(männlicher Vorname)* Enrico.
Heinzelmännchen ['hai̯nts̯əlmɛnçən] *n* gnomo *m,* nano *m.*
Heirat ['hai̯ra:t] ‹-, -en› *f* matrimonio *m.*
heiraten I. *tr* sposare; **II.** *itr* sposarsi; *(Frau a.)* maritarsi; *(Mann a.)* ammogliarsi.
Heiratsantrag *m* proposta *f* di matrimonio; **jdm einen ~ machen** fare una proposta di matrimonio a qu. **Heiratsanzeige** *f* **1.** *(Mitteilung)* partecipazione *f* di matrimonio; **2.** *(in Zeitung)* annuncio *m* matrimoniale. **heiratsfähig** *a* in età da prendere moglie/marito; **~es Alter** età di sposarsi. **Heiratsschwindler(in)** *m(f)* corteggiatore, -trice *m, f* a scopo di lucro. **Heiratsurkunde** *f* atto *m* di matrimonio. **Heiratsvermittler(in)** *m(f)* mediatore, -trice *m, f* di matrimonio.
heischen ['hai̯ʃən] *tr* esigere, richiedere.
heiser ['hai̯zɐ] *a* rauco, roco, fioco; **sich ~ schreien** gridare tanto da diventare rauco; **~ werden** arrochire, diventare rauco. **Heiserkeit** ‹-, *rar* -en› *f* raucedine *f.*
heiß [hai̯s] *a* **1.** *allg.* (molto) caldo, caldissimo; *(Flüssigkeiten)* bollente; *geog* torrido; *(Sonne)* cocente; *(glühend)* che scotta; **2.** *fig (innig)* fervido; *(a. leidenschaftlich)* ardente; **3.** *fig (Thema)* scottante; **4.** *fig (Auseinandersetzung)* acceso; *(Kampf)* accanito; **5.** *fig (geil)* libidinoso; **~ machen** (ri)scaldare; **~ werden** (ri)scaldarsi; **es ist ~** fa un gran caldo; **mir ist ~** ho molto caldo; **beim Fußballspiel ging es ~ her** la partita di calcio fu molto combattuta; **~e Musik** *fam* musica eccitante; **~er Draht** linea calda; **~e Spur** traccia (*o.* indizio) importante. **heißblütig** [-bly:tıç] *a* focoso, impetuoso.
heißen ['hai̯sən] ‹heißt, hieß, geheißen› **I.** *itr* **1.** *(Namen haben)* chiamarsi; **2.** *(Bedeutung haben)* significare, voler dire; **es heißt, daß ...** si dice che ..., corre voce che ... *conj;* **das heißt** (*ab* **d. h.**) *(mit anderen Worten)* cioè, vale a dire; *(einschränkend)* o meglio, s'intende; **das soll nicht ~, daß ...** non significa che ...; **wie ~ Sie?** come si chiama?; **wie heißt das auf italienisch?** come si dice questo in italiano?; **was soll das ~?** che significa questo?, che discorso è questo?; **wie heißt es noch (so schön) bei Dante?** com'è che dice Dante?; **II.** *tr geh* **1.** *(nennen)* chiamare, nominare; **2.** *obs (befehlen)* ordinare; **hier heißt es schnell handeln** qui bisogna agire in fretta.
heißgeliebt *a* amatissimo, diletto. **Heißhunger** *m* fame *f* da lupi (*auf* di), voglia *f* matta (*auf etw.* di mangiare qc). **heiß·laufen** ‹*irr*› *itr* ‹*sein*› (sur)riscaldarsi. **Heißluft** *f* aria *f* calda. **Heißmangel** *f* mangano *m* a caldo. **Heißwasserspeicher** *m* scaldacqua *m.*
heiter ['hai̯tɐ] *a (Mensch, Wetter)* sereno, contento; *(bes. Abend, Gesellschaft)* gaio; *(bes. Musik)* allegro; **das kann ja ~ werden!** *fam* ne vedremo delle belle! *fam;* **aus ~em Himmel** a ciel sereno. **Heiterkeit** ‹-, ø› *f* **1.** *(Fröhlichkeit)* allegria *f,* gaiezza *f;* **2.** *(Gelächter)* ilarità *f.*

Heizanlage *f* impianto *m* di riscaldamento. **heizbar** *a* riscaldabile. **Heizdecke** *f* termocoperta *f.*
heizen ['hai̯ts̯ən] **I.** *tr* (ri)scaldare; **II.** *itr* (ri)scaldare (*mit* con a); **wir ~**

mit Erdöl abbiamo il riscaldamento a petrolio.

Heizer ‹-s, -› *m* fochista *m*.

Heizkessel *m* caldaia *f* per riscaldamento. **Heizkissen** *n* termoforo *m*. **Heizkörper** *m* radiatore *m*, calorifero *m*. **Heizlüfter** ‹-s, -› *m* termoventilatore *m*. **Heizmaterial** *n* combustibile *m*. **Heizöl** *n* olio *m* combustibile. **Heizsonne** *f*: **elektrische ~** radiatore *m* parabolico.

Heizung ‹-, -en› *f* **1.** ‹*sing*› *(Heizen)* riscaldamento *m;* **2.** *(Anlage)* impianto *m* di riscaldamento; **3.** *(Heizkörper)* radiatore *m;* **die ~ an-/abstellen** accendere/spegnere il riscaldamento.

Hektar ['hɛkta:ɐ̯ *o.* ...'ta:ɐ̯] ‹-s, -e *o. bei Maßangaben* -› *n o. m* (*ab* **ha**) ettaro *m*.

Hektik ['hɛktɪk] ‹-, ø› *f* attività *f* (*o.* agitazione *f*) febbrile, corri corri *m fam*.

hektisch *a* febbrile, nervoso.

hektographieren [hɛktogra'fi:rən] ‹*ohne ge-*› *tr* ciclostilare.

Hektoliter [hɛkto'li:tɐ *o.* 'hɛkto-] *n o. m* (*ab* **hl**) ettolitro *m*.

helau [he'lau̯] *interj* evviva, urrà.

Held(in) ['hɛlt (...dɪn)] ‹-en, -en› *m(f)* **1.** *allg.* eroe *m*, eroina *f;* **2.** *theat, lit, etc.* protagonista *mf;* **3.** *fam scherz (Könner)* campione, -essa *m, f,* cannone *m;* **der ~ des Tages** l'eroe del giorno. **Heldengedicht** *n* canzone *f* epica. **heldenhaft, heldenmütig** [-my:tɪç] *a* eroico. **Heldensage** *f* leggenda *f* epica, saga *f*. **Heldentat** *f* atto *m* eroico, impresa *f* eroica. **Heldentum** ‹-s, ø› *n* eroismo *m*. **Heldin** *f s.* **Held.**

Helene [he'le:nə] *(weiblicher Vorname)* Elena.

helfen ['hɛlfən] ‹**hilft, half, geholfen**› *itr* **1.** *(Hilfe leisten)* aiutare (*jdm* qu), soccorrere (*jdm* qu); *(beistehen)* assistere (*jdm* qu); *(behilflich sein)* dare una mano (*jdm* a qu); **2.** *(nützen)* giovare (*jdm* a qu), essere buono (*jdm* con qu), servire (*jdm* qu), essere utile (*jdm* a qu); **3.** *(fördern)* promuovere, favorire; **4.** *(heilsam sein)* fare bene (*gegen* per), essere un buon rimedio (*gegen* contro); **jdm bei der Arbeit ~** aiutare qu nel lavoro; **jdm in den Mantel ~** aiutare qu a mettersi il cappotto; **sich** *(dat)* **zu ~ wissen** sapersi arrangiare, sapersi trarre d'impiccio; **ich kann mir nicht ~, (aber) ich muß es sagen** non posso fare a meno di dirlo; **ich weiß mir nicht mehr zu ~** non so più; **das hilft nichts** non serve a nulla; **es hilft nichts, du mußt ...** non c'è niente da fare, devi ...; **hilf dir selbst, so hilft dir Gott** *prov* aiutati, che il ciel t'aiuta *prov*, chi si aiuta, Dio l'aiuta *prov*.

Helfer(in) ‹-s, -› *m(f)* **1.** *(Gehilfe)* assistente *mf*, aiuto *m;* **2.** *(Retter)* soccorritore, -trice *m, f;* **ein ~ in der Not** un amico nel bisogno. **Helfershelfer** *m fig* complice *m*.

Helga ['hɛlga] *(weiblicher Vorname)* Elga.

hell [hɛl] *a* **1.** *(Licht, Farbe, Stimme, Feuer, Bier)* chiaro; *(Haar)* chiaro, biondo; *(Hautfarbe)* chiaro; **2.** *(voller Licht)* luminoso, pieno di luce; *(beleuchtet)* illuminato; **3.** *(Töne)* limpido, sonoro; **4.** *fig (groß, stark)* grande, forte; *(Verzweiflung, Freude)* il colmo di, grandissimo; **am ~en Tag** in pieno giorno; **es ist schon ~(er Tag)** si è già fatto giorno; **ein H~es, bitte!** una birra chiara per favore!; **ein ~er Kopf** *fam* un tipo intelligente; **in ~en Scharen** in massa (*o.* frotte); **seine ~e Freude an etw. haben** provare una gran gioia per qc.

hell- *(in Zusammensetzungen nach Farbbezeichnungen)* chiaro. **hellblau** *a* azzurro chiaro, celeste. **hellblond** *a* biondo chiaro. **Helldunkel** *n* chiaroscuro *m*.

Helle ‹-, ø› *f* **1.** *(Helligkeit)* chiarezza *f;* **2.** *(helles Licht)* luminosità *f*, chiarore *m*.

hellhörig *a* **1.** *(Mensch)* di udito fine; **2.** *(Wohnung, etc.)* senza insonorizzazione; **als Sie davon sprach, wurde ich ~** quando ne parlò, tesi le orecchie.

hellicht ['hɛl'lɪçt] *a:* **am ~en Tage** a giorno fatto, in pieno giorni.

Helligkeit ‹-, *astr* -en› *f* **1.** *allg., astr* chiarezza *f;* **2.** *(Lichtfülle)* luminosità *f;* **3.** *(Lichtstärke)* intensità *f* luminosa.

Hel(l)mut(h) ['hɛlmu:t] *männlicher Vorname.*

Hellseher(in) *m(f)* chiaroveggente *mf*.

hellwach ['hɛl'vax] *a* sveglio.

Helm [hɛlm] ‹-(e)s, -e› *m* **1.** *mil* elmo *m*, elmetto *m;* **2.** *(Schutz~, Sturz~)* casco *m;* **3.** *arch* cupola *f*. **Helmbusch** *m* pennacchio *m*.

Helmut *s.* **Hellmuth.**

Helsinki ['hɛlzɪŋki] *n* Helsinki *f*.

Hemd [hɛmt] ‹-(e)s, -en› *n* **1.** *(Ober~)* camicia *f;* **2.** *(Unter~)* maglia *f;* *(für Männer)* canottiera *f;* *(für Frauen)* camiciola *f*. **Hemdbluse** *f* camicetta *f*. **hemdsärm(e)lig** [-ʔɛrm(ə)lɪç] *a* in

maniche di camicia; *fig (salopp)* sbracato *fam*, sguaiato.
Hemisphäre [hemi'sfɛ:rə] *f* emisfero *m*.
hemmen ['hɛmən] *tr* **1.** *(bremsen, anhalten)* frenare, arrestare, bloccare; **2.** *(verlangsamen)* rallentare, ritardare; **3.** *fig (hindern)* ostacolare, impedire, intralciare; **4.** *fig (Widerstand entgegensetzen)* resistere (*etw.* a qc); **5.** *psych* inibire; *(Leidenschaften)* reprimere.
Hemmnis ‹-ses, -se› *n* ostacolo *m*, impedimento *m*, freno *m*.
Hemmschuh *m* **1.** *tec* calzatoia *f*, tacco *m*; **2.** *fig (Hemmnis)* intralcio *m*, ostacolo *m*. **Hemmschwelle** *f* soglia *f* di inibizione.
Hemmung ‹-, -en› *f* **1.** *(Verlangsamung)* rallentamento *m*; **2.** *(Verhinderung)* ostacolamento *m*, impedimento *m*; **3.** *(Bedenken)* scrupolo *m*; **4.** *psych* inibizione *f*; ‹*pl*› *(Schüchternheit)* timidezza *f*; **~en/keine ~en haben** avere/non avere scrupoli. **hemmungslos** *a* **1.** *(zügellos)* sfrenato; **2.** *(leidenschaftlich)* appassionato; **3.** *(ohne Bedenken)* senza scrupoli; **~ weinen** piangere senza ritegno. **Hemmungslosigkeit** ‹-, ø› *f* **1.** *(Zügellosigkeit)* sfrenatezza *f*; **2.** *(Benehmen)* mancanza *f* di ritegno.
Hengst [hɛŋst] ‹-es, -e› *m (Pferd)* stallone *m*; *(Esel)* asino *m*.
Henkel ['hɛŋkəl] ‹-s, -› *m* manico *m*.
henken ['hɛŋkən] *tr* impiccare.
Henker ‹-s, -› *m* carnefice *m*, boia *m*. **Henkersmahl(zeit** *f*) *n* **1.** ultimo pasto *m* del condannato a morte; **2.** *fig* pranzo *m* d'addio.
Henna ['hɛna] ‹-, ø› *f o.* ‹-(s), ø› *n* henna *f*.
Henne ['hɛnə] ‹-, -n› *f* gallina *f*.
Henriette [hɛnri'ɛtə] *(weiblicher Vorname)* Enrichetta.
her [he:ɐ̯] *adv* **1.** *(örtlich)* qui, qua; **2.** *(kausal)* per, a causa di; **um ... ~** attorno a ...; **von ... ~** da; *(zeitlich)* da, fin da; **es ist ein Jahr ~, daß ...** è (passato) un anno che ...; **wie lange ist es ~, daß ...?** quanto tempo è che ...?; **komm ~!** vieni qui (*o.* qua)!; **hin und ~** qua e là; *(auf und ab)* su e giù; **Freund hin, Freund ~** amico qua, amico là; **damit ist es nicht weit ~** *fam* non è un gran che; **das ist schon lange ~** è già (da) un pezzo *fam*, è già passato molto tempo; **wo hast du (denn) das ~?** come l'hai avuto?; **~ damit!** *fam* dà (*o.* date) qua! *fam*; **Geld ~!** *fam* fuori i soldi! *fam*.

herab [hɛ'rap] *adv* giù, in basso. **herab·blicken** *itr (a. fig)* guardare dall'alto in basso (*auf etw./jdn* qc/qu). **herab·fallen** ‹*irr*› *itr* ‹*sein*› cadere giù. **herab·lassen** ‹*irr*› **I.** *tr (Vorhang, Seil)* calare, abbassare; **II.** *rfl:* **sich ~ 1.** *(an Seil, etc.)* calarsi giù; **2.** *fig:* **sich ~, etw. zu tun** degnarsi di fare qc. **herablassend** *a* presuntuoso, borioso. **Herablassung** ‹-, ø› *f* presunzione *f*, arroganza *f*. **herab·sehen** ‹*irr*› *itr s.* **herabblicken. herab·setzen** *tr* **1.** *(Gegenstand)* mettere giù; **2.** *fig (Preis, Strafe)* diminuire, ridurre; **3.** *fig (schmälern)* sminuire. **Herabsetzung** ‹-, ø› *f* **1.** *fig (Senkung)* riduzione *f*, diminuzione *f*, ribasso *m*; **2.** *fig (Herabwürdigung)* discredito *m*.
Heraldik [he'raldɪk] ‹-, ø› *f* araldica *f*.

heran [hɛ'ran] *adv* **1.** *(örtlich)* vicino, avanti; **2.** *(zeitlich)* vicino; **immer ~!** avanti!; **rechts/links ~** a destra/sinistra. **heran·bilden I.** *tr* formare (*zu* per), educare (*zu* per); **II.** *rfl:* **sich ~** formarsi (*zu* per). **heran·fahren** ‹*irr*› *itr* ‹*sein*› avvicinarsi (con un veicolo) (*an* a). **heran·kommen** ‹*irr*› *itr* ‹*sein*› **1.** *allg., fig* avvicinarsi (*an* a); **2.** *fig (sich vergleichen können)* raggiungere (*an jdn* qu); **3.** *fig (bekommen)* ottenere (*an etw.* qc); **man kann nicht an ihn ~** è inavvicinabile; **die Dinge an sich ~ lassen** prendere tempo, temporeggiare. **heran·machen** *rfl:* **sich ~ 1.** *(sich nähern)* avvicinarsi (*an* a); **2.** *(beginnen)* cominciare (*an etw.* qc), mettere mano (*an* a qc); **sich an ein Mädchen/einen Jungen ~** avvicinarsi ad (*o.* abbordare) una ragazza/un ragazzo. **heran·nahen** *itr* ‹*sein*› *geh* avvicinarsi. **heran·reichen** *itr* **1.** *(mit Hand, etc.)* arrivare (*an* a); **2.** *fig (gleichkommen)* uguagliare (*an jdn* qu). **heran·tragen** ‹*irr*› *tr (herbeitragen)* apportare; portare (*zu* verso, presso); **etw. an jdn ~** *fig* sottoporre qc a qu. **heran·wachsen** ‹*irr*› *itr* ‹*sein*› crescere, diventare grande; **zum Mann ~** diventare (*o.* farsi) uomo; **die ~de Generation** la generazione che viene su ora. **Heranwachsende** ‹ein -r, -n, -n› *mf* adolescente *mf*. **heran·wagen** *rfl:* **sich an etw. ~** azzardarsi in qc, tentare qc. **heran·ziehen** ‹*irr*› **I.** *tr* ‹*haben*› **1.** *(näher holen)* avvicinare tirando; **2.** *(großziehen)* allevare; **3.** *(ausbilden)* formare, educare; **4.** *(einsetzen)* impiegare; *(Arzt, Sachverständigen)* consultare, chiamare;

5. *(geltend machen)* far valere, citare; **II.** *itr* ⟨*sein*⟩ avvicinarsi.

herauf [hɛ'rauf] **I.** *adv* su, sopra; **komm ~!** vieni su!; **II.** *prp acc* su (per); **den Berg ~** su per la montagna; **die Treppe ~** su per la scala. **herauf·beschwören** ⟨*irr, ohne ge-*⟩ *tr* **1.** *(wachrufen)* evocare; **2.** *(verursachen)* provocare, causare, suscitare. **herauf·holen** *tr* fare venire su, portare su. **herauf·kommen** ⟨*irr*⟩ *itr* ⟨*sein*⟩ salire, venire su. **herauf·ziehen** ⟨*irr*⟩ **I.** *tr* ⟨*haben*⟩ tirare su; **II.** *itr* ⟨*sein*⟩ avvicinarsi.

heraus [hɛ'raus] *adv* fuori; **aus ... ~** fuori da ...; **von innen ~** dal di dentro; **das ist noch nicht ~** non è ancora sicuro; **~ damit!** fuori!, dà (*o.* date) qua! *fam;* **~ mit der Sprache!** *fam* sputa l'osso! *fam.* **heraus·bekommen** ⟨*irr, ohne ge-*⟩ *tr* **1.** *(Fleck, etc.)* togliere, levare; **2.** *fig (herausfinden)* venire a sapere; *(Geheimnis)* riuscire a scoprire; *(Rätsel)* riuscire a risolvere; *(entziffern)* riuscire a decifrare; *(Rechenaufgabe)* trovare; **3.** *(Wechselgeld)* ricevere di resto; **aus ihm bekommt man nichts ~** non gli si cava una parola di bocca *fam;* **ich bekomme drei Mark ~** mi spettano tre marchi di resto. **heraus·bringen** ⟨*irr*⟩ *tr* **1.** *(nach draußen bringen)* portare fuori; **2.** *fam (Fleck)* riuscire a togliere (*o.* a levare); **3.** *(Ware)* lanciare (sul mercato); *(Buch)* pubblicare; *theat* mettere in scena; **4.** *fam (in Erfahrung bringen)* venire a sapere, riuscire a scoprire; **aus jdm kein Wort ~** non riuscire a cavare una parola di bocca a qu *fam;* **kein Wort ~** non riuscire a proferire parola. **heraus·fahren** ⟨*irr*⟩ *itr* ⟨*sein*⟩ uscire, venire fuori. **heraus·finden** ⟨*irr*⟩ **I.** *tr* **1.** *(finden)* ritrovare, rintracciare; **2.** *(entdecken)* scoprire, trovare; **II.** *itr, rfl:* **sich ~** trovare la via d'uscita (*o.* il modo di uscire). **heraus·fischen** *tr fam* pescar fuori *fam.*

Herausforderer ⟨-s, -⟩ *m,* **-for-d(r)erin** *f* sfidante *mf.*

heraus·fordern *tr* **1.** *allg., sport* sfidare (*zu* a); **2.** *(Schicksal, etc.)* provocare. **herausfordernd** *a (Benehmen)* provocatorio; *(bes. Blicke)* provocante.

Herausforderung *f* **1.** *allg., sport* sfida *f;* **2.** *fig* provocazione *f;* **die ~ annehmen** accettare la sfida.

Herausfordrerin *f s.* **Herausforderer.**

heraus·geben ⟨*irr*⟩ *tr* **1.** *(herausreichen)* passare fuori, porgere; **2.** *(zurückgeben)* restituire; **3.** *(Garderobe, Gefangene)* consegnare; **4.** *(Wechselgeld)* dare di resto; **5.** *(Buch)* curare l'edizione di; *(veröffentlichen)* pubblicare; **6.** *(Münzen, Aktien)* emettere; *(Vorschriften)* emanare; **ich kann (Ihnen) leider nicht ~** purtroppo non posso dar(Le) il resto; **jdm 3 Mark ~** dare a qu 3 marchi di resto.

Herausgeber(in) *m(f)* (*ab* **Hg., Hrsg.**) **1.** *(von Buch)* curatore, -trice *m, f; (Verleger)* editore, -trice *mf;* **2.** *(von Zeitung)* direttore, -trice *m, f.*

heraus·gehen ⟨*irr*⟩ *itr* ⟨*sein*⟩ **1.** *(nach draußen gehen)* uscire; **2.** *(sich herausziehen lassen)* venir fuori; **3.** *(Fleck)* andare via; **aus sich** *(dat)* **~** aprirsi, sbottonarsi *fam.*

heraus·greifen ⟨*irr*⟩ *tr* prendere, scegliere; **um ein Beispiel herauszugreifen** per fare un esempio.

heraus·gucken *itr fam* **1.** *(aus Fenster, etc.)* guardare fuori (dalla finestra); **2.** *(sichtbar sein)* spuntare fuori.

heraus·hängen *tr* appendere (*o.* mettere) fuori.

heraus·holen *tr* **1.** *(nach draußen holen)* portare fuori (*aus* da); **2.** *(befreien)* far uscire (*aus* da); **3.** *fig fam (verdienen)* ricavare (*aus* da); **4.** *fig (durch Fragen)* far dire (*aus jdm* a qu); *(Geheimnis)* strappare (*aus jdm* a qu); **das Letzte aus sich** *(dat)* **~** dare il massimo di se stesso, impegnarsi a fondo.

heraus·kommen ⟨*irr*⟩ *itr* ⟨*sein*⟩ **1.** *(nach draußen kommen)* venire fuori, uscire (*aus* da); **2.** *(sich ergeben)* risultare (*aus* di); **3.** *(Wahrheit)* venire a galla; **4.** *(Buch)* venire pubblicato; **aus dem Staunen nicht ~** non potersi riavere dallo stupore; **das kommt auf eins (*o.* dasselbe) heraus** il risultato è sempre quello, è la stessa cosa; **dabei kommt nichts heraus** non se ne ricava nulla; **mit der Sprache ~** parlare; **ganz groß ~** avere un gran successo.

heraus·kriegen *tr fam s.* **herausbekommen.**

heraus·nehmen ⟨*irr*⟩ **I.** *tr* **1.** *(aus dem Inneren holen)* prendere (*o.* levare) fuori (*aus* da); **2.** *(entfernen)* togliere; *(operativ)* asportare; **II.** *rfl:* **sich** *(dat)* **(jdm gegenüber) etw. ~** permettersi qc (nei confronti di qu); **sich** *(dat)* **(jdm gegenüber) zuviel ~** permettersi troppo (con qu); **sich** *(dat)* **ein Recht ~** arrogarsi un diritto.

heraus·ragen *itr* **1.** ergersi (*aus* su); **2.** *fig* distinguersi (*aus* da).
heraus·reden *rfl:* **sich ~** scusarsi; **sich mit etw. ~** addurre qc come scusa.
heraus·reißen ⟨*irr*⟩ *tr* **1.** strappare (*aus* da); *(Menschen)* strappare (*aus* a); **2.** *fig fam (retten)* salvare.
heraus·rücken I. *tr* ⟨*haben*⟩ **1.** *(Stuhl etc.)* mettere fuori; **2.** *fig fam (Geld)* sborsare, mettere mano alla borsa; **II.** *itr* ⟨*sein*⟩ **1.** *(räumlich)* spostare; **2.** *fig fam:* **mit etw. ~** tirare fuori qc, dare qc; **mit der Sprache ~** *fam* parlare.
heraus·schauen *itr s.* **herausgukken.**
heraus·schlagen ⟨*irr*⟩ **I.** *tr* ⟨*haben*⟩ **1.** far uscire battendo; **2.** *fig fam (gewinnen)* ricavare, guadagnare; **II.** *itr* ⟨*sein*⟩ *(Flamme)* uscir fuori, divampare.
heraus·spritzen *itr* ⟨*sein*⟩ schizzare (fuori).
heraus·stellen I. *tr* **1.** *(nach draußen stellen)* mettere fuori; **2.** *fig (hervorheben)* mettere in luce (*o.* in risalto); **II.** *rfl:* **sich ~** risultare (*als etw.* qc); rivelarsi (*als etw.* qc); **sich als richtig ~** rivelarsi esatto; **es hat sich herausgestellt, daß ...** è risultato che ...
heraus·streichen ⟨*irr*⟩ *tr* **1.** *(wegstreichen)* cancellare; **2.** *fig (hervorheben)* vantare, elogiare.
heraus·wirtschaften *tr* ricavare (*aus* da).
heraus·ziehen ⟨*irr*⟩ *tr* tirare fuori (*aus* da), estrarre (*aus* da).
herb [hɛrp] *a* **1.** acerbo; *(Wein)* aspro; **2.** *fig (Worte, Gesicht, Schönheit)* duro; *(Enttäuschung)* amaro; *(Verlust)* doloroso.
Herbarium [hɛr'ba:ri̯ʊm, ...i̯ən] ⟨-s, -rien⟩ *n* erbario *m.*
herbei [hɛɐ̯'bai̯] *adv* qui, qua. **herbei·eilen** *itr* ⟨*sein*⟩ accorrere. **herbei·führen** *tr (bewirken)* causare, provocare. **herbei·rufen** ⟨*irr*⟩ *tr* chiamare, far venire. **herbei·sehnen** *tr,* **herbei·wünschen** *tr* desiderare ardentemente, bramare.
Herberge ['hɛrbɛrgə] ⟨-, -n⟩ *f allg.* alloggio *m,* locanda *f; (Jugend~)* ostello *m* (della gioventù). **Herbergsvater** *m,* **-mutter** *f* responsabile *mf* di un ostello della gioventù.
Herbert ['hɛrbɛrt] *(männlicher Vorname)* Erberto.
Herbst [hɛrpst] ⟨-(e)s, -e⟩ *m* autunno *m.* **herbstlich** *a* d'autunno, autunnale. **Herbstzeitlose** ⟨-n, -n⟩ *f* colchico *m.*
Herculaneum [hɛrku'la:neʊm] *n* Ercolano *m.*
Herd [he:ɐ̯t] ⟨-(e)s, -e⟩ *m* **1.** *(Feuerstelle)* focolare *m;* **2.** *(Küchen~)* cucina *f;* **3.** *fig (Krisen~, Seuchen~)* focolaio *m;* **am häuslichen ~** nell'intimità della famiglia; **eigener ~ ist Goldes wert** *prov* casa mia, casa mia, per piccina che tu sia, tu mi sembri una badia *prov.*
Herde ['he:ɐ̯də] ⟨-, -n⟩ *f* gregge *m.* **Herdentrieb** *m* istinto *m* gregario.
Herdplatte *f* piastra *f* della cucina.
herein [hɛ'rai̯n] *adv* dentro; **~!** avanti; **hier ~, bitte!** per di qua! **herein·brechen** ⟨*irr*⟩ *itr* ⟨*sein*⟩ *(Unglück)* colpire *(über jdm* qu); *(Nacht)* calare. **herein·fallen** ⟨*irr*⟩ *itr* ⟨*sein*⟩ **1.** *(nach innen fallen)* cadere dentro; *(Licht)* penetrare; **2.** *fig fam (betrogen werden)* cascarci *fam,* farsi imbrogliare; **auf jdn ~** *fam* lasciarsi abbindolare da qu *fam;* **darauf fällt jeder herein** ci casca chiunque *fam.* **herein·holen** *tr* portare dentro; *(Person)* far entrare. **herein·kommen** ⟨*irr*⟩ *itr* ⟨*sein*⟩ entrare. **herein·lassen** ⟨*irr*⟩ *tr* lasciare (*o.* fare) entrare. **herein·legen** *tr* **1.** *(nach innen legen)* mettere dentro; **2.** *fig fam (betrügen)* imbrogliare. **herein·regnen** *itr:* **es regnet herein** piove dentro.
her·fallen ⟨*irr*⟩ *itr* ⟨*sein*⟩*:* **über jdn ~** gettarsi (*o.* scagliarsi) contro (*o.* su) qu; *fig (mit Fragen)* tempestare qu; *(mit Kritik)* assillare **über etw. ~** gettarsi contro qu; *(über Essen)* gettarsi su qc, buttarsi su qc.
Hergang *m* **1.** *(Verlauf)* svolgimento *m;* **2.** *(Einzelheiten)* particolari *m pl.*
her·geben ⟨*irr*⟩ **I.** *tr* **1.** *(geben)* dare; **2.** *(weggeben)* dare via; **3.** *(zurückgeben)* restituire; **das Thema gibt viel/nichts ~** il tema offre molto/non offre niente; **II.** *rfl:* **sich zu etw. ~** prestarsi per qc.
her·gehen ⟨*irr*⟩ *itr* ⟨*sein*⟩*:* **hinter/vor/neben jdm ~** andare dietro/davanti/accanto a qu; **hier geht es hoch her** qui si fa baldoria *fam;* **es ging heiß her** la discussione si fece accesa.
her·halten ⟨*irr*⟩ **I.** *tr* **1.** porgere; **II.** *itr* dover scontare (*für* per), dover pagare (*für* per).
her·holen *tr* andare a prendere.
Hering ['he:rɪŋ] ⟨-s, -e⟩ *m* **1.** *zoo* aringa *f;* **2.** *(Zeltpflock)* picchetto *m;* **grüner/marinierter ~** aringa fresca/marinata. **Heringssalat** *m* insalata *f* d'aringhe.
Herisau ['he:rizau̯] *n* Herisau *f.*
her·kommen ⟨*irr*⟩ *itr* ⟨*sein*⟩ **1.** *(hierhin*

kommen) venire qui; *(sich nähern)* avvicinarsi; **2.** *(herrühren)* derivare (*von* da); *(herstammen)* provenire.

herkömmlich ['he:ɐkœmlɪç] *a* tradizionale.

Herkunft ['he:ɐkʊnft] ‹-, *rar* ⸚e› *f* **1.** *(Abstammung)* nascita *f*, discendenza *f*; *(soziale ~)* estrazione *f*; **2.** *(Ursprung)* origine *f*; *(com a.)* provenienza *f*.

her·leiten I. *tr* **1.** *fig (ableiten)* derivare (*von* da); **2.** *(an diesen Ort leiten)* condurre qua; **II.** *rfl:* **sich ~** trarre origine (*von* da).

her·machen *rfl:* **sich ~ 1.** *(herfallen)* gettarsi (*über jdn* su (*o.* adosso a) qu, scagliarsi (*über jdn* su (*o.* adosso a) qu); **2.** *(in Angriff nehmen)* accingersi (*über etw.* a fare qc); **3.** *(gierig essen)* buttarsi (*über* su), gettarsi (*über* su).

Hermann ['hɛrman] *(männlicher Vorname)* Ermanno.

Hermelin¹ [hɛrmə'li:n] ‹-s, -e› *n zoo* ermellino *m*.

Hermelin² [hɛrmə'li:n] ‹-s, -e› *m (Pelz)* pelliccia *f* d'ermellino.

hermetisch [hɛr'me:tɪʃ] *a* ermetico.

hernach [hɛɐ'na:x] *adv obs, dial* dopo, poi, più tardi.

her·nehmen ‹*irr*› *tr* **1.** *(beschaffen)* prendere; **2.** *dial fam (tadeln)* dare (*o.* fare) una strapazzata a *fam.*

heroisch [he'ro:ɪʃ] *a* eroico.

Herold ['he:rɔlt] ‹-(e)s, -e› *m* **1.** *hist* araldo *m*; **2.** *fig* messaggero *m*.

Herr [hɛr] ‹-n *o. rar* -en, -en› *m* (*ab* **Hr.**) **1.** *allg., hist* signore *m*; **2.** *(vor Eigennamen)* signor *m*; **3.** *(beim Tanz)* cavaliere *m*; **4.** *(Gebieter, Eigentümer, Arbeitgeber)* padrone *m*; *(Vorgesetzter)* superiore *m*; **5.** *(Herrscher)* sovrano *m*; **(Gott) der ~** Signore *m*, Dio *m*; **sein eigener ~ sein** non dipendere da nessuno; **~ im Hause sein** essere padrone in casa; **der ~ des Hauses** il padron(e) di casa; **~ der Lage sein** essere padrone della situazione; **einer S. ~ werden** riuscire a dominare qc; **mein ~!** signore!; **meine ~en!** signori!; **meine Damen und ~en!** Signore e Signori!; **sehr geehrte ~en!** *(in Brief)* egregi signori; **~ General!** signor generale!; **~ Doktor** (signor) dottore; **~ Müller** il signor Müller; *(als Anrede)* signor Müller; **niemand kann zwei ~en dienen** *prov* non si possono servire due padroni *prov.*

Herrchen ['hɛrçən] ‹-s, -› *n (von Hund, etc.)* padrone *m*.

Herrenartikel *m pl* articoli *m pl* da uomo. **Herrenausstatter** ‹-s, -› *m (Geschäft)* negozio *m* di articoli da uomo. **Herrenbegleitung** *f:* **in ~** in compagnia maschile. **Herrenbekanntschaft** *f* conoscenza *f* maschile. **Herrenbekleidung** *f* abbigliamento *m* maschile. **Herrenbesuch** *m* visita *f* maschile. **Herrendoppel** *n* doppio *m* maschile. **Herreneinzel** *n* singolo *m* maschile. **herrenlos** *a* abbandonato, non reclamato; *(Tier)* randagio; **~es Gut** res nullius. **Herrenmode** *f* moda *f* maschile. **Herrentoilette** *f* gabinetto *m* per uomini. **Herrenwitz** *m* barzelletta *f* spinta.

Herrgott *m dial, fam* Signore *m*, Dio *m*; **~ noch mal!** *fam* accidenti! *fam*, maledizione! *fam.* **Herrgottsfrühe** *f:* **in aller ~** di buon mattino.

her·richten *tr* **1.** *(vorbereiten)* preparare; **2.** *(instand setzen)* sistemare, accomodare.

Herrin ['hɛrɪn] *f* **1.** *(Gebieterin)* signora *f*, padrona *f*; **2.** *(Haus~)* padrona *f* (di casa).

herrisch *a* imperioso, dispotico; **ein ~es Auftreten** un'aria arrogante.

herrlich *a (großartig)* magnifico, splendido; *(wunderbar)* meraviglioso; *(ausgezeichnet)* eccellente.

Herrschaft ‹-, -en› *f* **1.** ‹*sing*› *(Beherrschung)* dominio *m* (*über* su); *(a. fig)* controllo *m* (*über* di); *(Befehlsgewalt)* potere *m*, autorità *f* (*über* su); *(Herrschergewalt)* sovranità *f* (*über* su); **2.** *obs (Dienst~)* padroni *m pl*, signori *m pl*; **die ~en** i signori, i padroni; **meine ~en!** signore e signori!; **die ~ des Volkes** la sovranità popolare; **was wünschen die ~en?** che cosa desiderano i signori? **herrschaftlich** *a* padronale; *(vornehm)* signorile.

herrschen ['hɛrʃən] *itr* **1.** *(Herr sein)* dominare (*über* su); *(befehlen)* comandare; *(Fürst)* regnare (*über* su); **2.** *fig* esserci; *(Krankheit, Not)* infuriare; *(Ordnung, Ruhe)* regnare; *(Angst, Ungewißheit)* esserci, regnare; *(Meinung, Ansicht)* predominare. **herrschend** *a* **1.** regnante; *(Klasse)* dominante; **2.** *fig (vor~)* predominante; *(gegenwärtig)* vigente.

Herrscher(in) ‹-s, -› *m(f)* **1.** *(Gebieter)* dominatore, -trice *m, f*; **2.** *(Landesherr)* sovrano, -a *m, f*; **3.** *(regierender Fürst)* principe, -essa *m, f* (regnante). **Herrscherhaus** *n* dinastia *f*. **Herrscherin** *f s.* **Herrscher.**

Herrschsucht *f* avidità *f* di dominio

(*o.* di potere). **herrschsüchtig** *a* avido di potere.

her·rühren *itr* provenire (*von* da), avere origine (*von* in).

her·sein ‹*irr*› *itr* ‹*sein*› **1.** *(zeitlich)* essere già (da); **es ist 10 Jahre her, daß ...** sono già 10 anni che ...; **2.** *(herstammen)* essere (*von, aus* di); **hinter jdm/etw. ~** rincorrere qu/qc.

her·stellen *tr* **1.** *(an einen Platz)* mettere qua; **2.** *(produzieren)* produrre, fabbricare; *(bauen)* costruire; **3.** *(schaffen, ins Leben rufen)* creare; **4.** *(Verbindung, Kontakt, Beziehung)* stabilire; **5.** *fig (wieder~)* ristabilire.

Hersteller(in) ‹-s, -› *m(f)* fabbricante *mf*, produttore, -trice *m, f.*

Herstellung *f* fabbricazione *f*, produzione *f.* **Herstellungskosten** ‹*pl*› costi *m pl* di produzione. **Herstellungsland** *n* paese *m* produttore.

Hertz [hɛrts] ‹-, -› *n* (*ab* **Hz**) hertz *m.*

herüber [hɛ'ry:bɐ] *adv* di qua, da questa parte; **~ und hinüber** di qua e di là. **herüber·kommen** ‹*irr*› *itr* ‹*sein*› venire di qua.

herum [hɛ'rʊm] *adv* intorno, attorno; **um ... ~** *(räumlich)* intorno a ...; *(zeitlich)* verso; *(bei Zahlenangaben)* circa; **um Weihnachten ~** verso Natale; **im Kreise ~** in cerchio.

herum·drehen **I.** *tr* girare; **den Schlüssel zweimal ~** dare due giri di chiave; **II.** *rfl:* **sich ~** girarsi (*zu* verso).

herum·fahren ‹*irr*› *itr* ‹*sein*› **1.** girare (*um* intorno a); *(um Kap)* doppiare (*um etw.* qc); **2.** *(ohne Ziel)* girare, andare in giro; **3.** *(sich herumdrehen)* girarsi di scatto.

herum·fuchteln *itr fam:* **mit den Händen ~** gesticolare.

herum·führen **I.** *tr (Person)* portare in giro; **II.** *itr:* **um etw. ~** *(umschließen)* cingere qc.

herum·gehen ‹*irr*› *itr* ‹*sein*› **1.** *(um etw. ~)* girare (*um etw.* qc); **2.** *(ziellos)* girellare; **3.** *(Pokal, etc.)* fare il giro; **4.** *(Zeit)* passare; **das geht mir im Kopf herum** ci penso e ripenso; **etw. ~ lassen** far circolare qc.

herum·irren *itr* ‹*sein*› girare, girovagare.

herum·kommen ‹*irr*› *itr* ‹*sein*› *fam* **1.** *(um Ecke, etc.)* voltare (*um etw.* qc), girare *(um etw.* qc); **2.** *(herumgehen können)* poter girare; **3.** *(reisen)* girare, andare in giro; **um etw. ~** *(vermeiden können)* poter evitare qc.

herum·kramen *itr fam* rovistare *fam*, frugare.

herum·kriegen *tr fam* riuscire a convincere.

herum·laufen ‹*irr*› *itr* ‹*sein*› *fam* **1.** *(ziellos)* correre (*o.* andare) in giro; **2.** *(um etw. ~)* circondare (*um etw.* qc); **so kannst du doch nicht ~!** non puoi andare in giro così!

herum·liegen ‹*irr*› *itr fam;* **1.** *(um etw. ~)* giacere (*um* attorno a); **2.** *(unordentlich)* essere sparso (dappertutto).

herum·lungern [-lʊŋɐn] *itr fam* bighellonare *fam*, andare a zonzo *fam.*

herum·meckern *itr fam,* **herum·nörgeln** *itr* brontolare (*an* con), trovare da ridire (*an* su).

herum·reichen *tr* far circolare, porgere in giro.

herum·reiten ‹*irr*› *itr* ‹*sein*› **1.** *(umherreiten)* girare a cavallo; **2.** *(um etw. ~)* girare (*um* intorno a); **auf etw. ~** *fig fam* non smettere di parlare di qc, insistere su qc; **auf jdm ~** *fig fam* accanirsi contro qu.

herum·schlagen ‹*irr*› **I.** *rfl:* **sich ~** *fam (raufen)* azzuffarsi; **sich mit jdm/etw. ~** *fig* essere alle prese con qu/qc; **II.** *tr (herumwickeln)* avvolgere (*um* intorno a).

herum·schnüffeln *itr fam* ficcare il naso (*in* in) *fam.*

herum·sein ‹*irr*› *itr* ‹*sein*› *fam (zeitlich)* essere finito *(o.* passato).

herum·sitzen ‹*irr*› *itr fam* ‹*haben o. sein*› **1.** *(um etw. ~)* sedere (*um* intorno a); **2.** *fig (nichts tun)* starsene (seduto) senza far niente.

herum·sprechen ‹*irr*› *rfl:* **sich ~** diffondersi, spargersi.

herum·stehen ‹*irr*› *itr* ‹*sein*› **1.** *(um etw. ~)* stare (*um* attorno a); **2.** *(lässig)* starsene senza far niente (*o.* in ozio); **3.** *(Sachen)* essere fuori posto.

herum·stöbern *itr fam* frugare (*in* in), rovistare (*in* in).

herum·treiben ‹*irr*› *rfl:* **sich ~** *fam pej* bighellonare *fam*, andare a zonzo *fam.*

herum·werfen ‹*irr*› **I.** *tr* **1.** *(achtlos)* gettare qua e là, sparpagliare; **2.** *(Steuer, etc.)* dare un giro a; **II.** *rfl:* **sich ~** rivoltarsi, rigirarsi.

herum·wühlen *itr s.* **herumstöbern.**

herum·ziehen ‹*irr*› *itr* ‹*sein*› **1.** *(umherziehen)* girare, girovagare; **2.** *(um etw. ~)* fare il giro (*um* di), girare (*um* intorno a).

herunter [hɛ'rʊntɐ] *adv* giù; **von ... ~** giù da ...; **von oben ~** dall'alto in basso; **ich kann nicht ~** non posso scendere. **herunter·fallen** ‹*irr*› *itr* ‹*sein*› cadere (giù); *(Haare)* scendere. **herunter·gehen** ‹*irr*› *itr* ‹*sein*›

1. *(räumlich)* scendere, andare giù; 2. *(Fieber)* diminuire; **mit den Preisen ~** ribassare i prezzi. **herunter·handeln** *tr fam* tirare sul prezzo (*um* di). **herunter·hauen** ‹*irr*› *tr fam:* **jdm eine ~** mollare (*o.* dare) un ceffone a qu *fam.* **herunter·holen** *tr* 1. far venire giù; 2. *fam (Flugzeug, Vogel)* abbattere. **herunter·klappen** *tr* abbassare. **herunter·kommen** ‹*irr*› *itr* ‹*sein*› 1. venire giù, scendere; 2. *fam (gesundheitlich)* deperire; *(sittlich)* decadere, cadere in basso. **herunter·leiern** *tr fam* recitare meccanicamente. **herunter·machen** *tr fam* 1. *(zurechtweisen)* sgridare, rimproverare; 2. *(herabsetzen)* stroncare, denigrare. **herunter·nehmen** ‹*irr*› *tr* prendere giù. **herunter·schlucken** *tr* 1. *(Bissen, Pille)* inghiottire; 2. *fig fam (Vorwürfe, Kritik)* ingoiare, mandar giù *fam.* **herunter·wirtschaften** *tr fam* mandare in rovina.

hervor [hɛɐ̯'fo:ɐ̯] *adv* (in) fuori; **unter dem Bett ~** fuori da sotto il letto.

hervor·bringen ‹*irr*› *tr* 1. *(erzeugen)* produrre; *(a. fig)* dare; *(schaffen)* creare; 2. *(Ton, Wort)* dire, proferire; 3. *(bewirken)* causare.

hervor·gehen ‹*irr*› *itr* ‹*sein*› 1. *geh (entkommen)* provenire (*aus* da); 2. *(sich ergeben)* risultare; 3. *(überstehen)* uscire (*aus* da); **daraus geht hervor, daß ...** da ciò risulta che ...; **als Sieger ~** uscire vincitore.

hervor·heben ‹*irr*› *tr* 1. *(räumlich)* dare rilievo a, far spiccare; 2. *fig (betonen)* accentuare, sottolineare.

hervor·holen *tr* tirare fuori (*unter* da sotto).

hervor·locken *tr* attirare fuori (*aus* da), fare uscire (*aus* da).

hervor·ragen *itr* 1. sporgere fuori (*aus* da), emergere (*aus* da); 2. *fig* emergere, distinguersi. **hervorragend** *a* 1. *(räumlich)* sporgente, prominente; 2. *fig* straordinario, eccezionale; *(Wissenschaftler)* eminente; *(Wein)* eccellente.

hervor·rufen ‹*irr*› *tr (verursachen)* suscitare; *(Bewunderung)* causare; *(a. med)* provocare.

hervorstechend *a* spiccato, pronunciato.

hervor·treten ‹*irr*› *itr* ‹*sein*› 1. *(räumlich)* uscire, sporgere; 2. *(sich abheben)* staccarsi; *(a. fig)* spiccare; 3. *(erscheinen)* apparire; *(sich hervortun)* manifestarsi; **~ lassen** dare risalto a.

hervor·tun ‹*irr*› *rfl:* **sich ~** distinguersi, segnalarsi; *(bewußt)* mettersi in mostra (*mit* per).

hervor·wagen *rfl:* **sich ~** azzardarsi a (*o.* osare) uscire.

Herz [hɛrts] ‹-ens, -en› *n* 1. *anat, fig* cuore *m;* 2. ‹*sing*› *fig (Gemüt, Seele a.)* animo *m;* 3. ‹*sing*› *fig (Mut a.)* coraggio *m;* 4. *(Kern, Mittelpunkt a.)* centro *m;* 5. ‹*sing*› *(beim Kartenspiel)* cuori *m pl;* **im ~en Deutschlands** nel cuore della Germania; **leichten ~ens** a cuor leggero; **schweren ~ens** a malincuore; **von ganzem ~en** di tutto cuore; **von ~en gern** molto volentieri; **es nicht übers ~ bringen zu ...** non avere il coraggio di ...; **sich** *(dat)* **ein ~ fassen** farsi animo; **alle ~en gewinnen** guadagnarsi l'affetto di tutti; **etw. auf dem ~en haben** avere un peso sul cuore; **ein gutes ~ haben** avere un buon cuore; **jdn in sein ~ geschlossen haben** nutrire un grande affetto per qu; **das ~ auf der Zunge haben** avere il cuore sulle labbra; **jds ~ höher schlagen lassen** far battere il cuore di qu; **jdm ans ~ legen, etw. zu tun** raccomandare vivamente a qu di fare qc; **von ~en lieben** amare di vero cuore; **sich** *(dat)* **etw. zu ~en nehmen** prendersi a cuore qc; **jdm ans ~ gewachsen sein** essere molto affezionato a qu; **ein ~ und eine Seele sein** essere un cuore e un'anima sola; **mir klopft das ~** mi batte il cuore; **das ~ schlug ihm bis zum Hals** aveva il cuore in gola. **Herzanfall** *m* attacco *m* cardiaco. **Herzbeschwerden** *f pl* disturbi *m pl* cardiaci.

Herzchen ['hɛrtsçən] ‹-s, -› *n* 1. *(Kosewort)* tesoruccio *m;* 2. *fam pej* pupa *f.*

herzen *tr obs* abbracciare, accarezzare.

Herzensbrecher(in) *m(f)* rubacuori *mf.* **herzensgut** *a* di buon cuore, profondamente buono. **Herzenslust** *f:* **nach ~** a piacere. **Herzenswunsch** *m* desiderio *m* profondo.

herzerfrischend *a* gradevole. **herzergreifend** *a* commovente, toccante. **Herzfehler** *m* vizio *m* (*o.* difetto *m*) cardiaco, insufficienza *f* cardiaca. **Herzflattern** ‹-s, ø› *n* flutter *m* cardiaco. **herzförmig** [-fœrmıç] *a* cuoriforme. **herzhaft** *a* 1. *(kräftig)* forte; 2. *(tüchtig, gehörig)* bello, buono; **~ lachen** ridere di cuore.

her·ziehen ‹*irr*› I. *itr* ‹*sein*› *(herankommen)* avvicinarsi; **über jdn ~** ‹*haben*› *fam* tagliare i panni addosso a qu; II. *tr* ‹*haben*› *(heranziehen)* tirare (*zu* verso); **jdn/etw. hinter sich** *(dat)* ~ tirarsi dietro qu/qc.

herzig *a* grazioso, carino.

Herzinfarkt *m* infarto *m* cardiaco. **Herzkammer** *f* ventricolo *m* (del cuore). **Herzklappe** *f* valvola *f* cardiaca. **Herzklappenfehler** *m* vizio *m* valvolare. **Herzklopfen** ‹-s, ø› *n* batticuore *m;* palpitazioni *f pl;* **ich habe** ~ ho il batticuore. **Herzkönig** *m* re *m* di cuori. **herzkrank, herzleidend** *a* cardiopatico. **Herzkrankheit** *f,* **-leiden** *n* malattia *f* di cuore; *scient* cardiopatia *f.*

herzlich I. *a* **1.** *(in Gruß- u. Wunschformeln)* cordiale; **2.** *(aufrichtig)* sincero; **3.** *(Mensch, Wesen)* affettuoso; **4.** *(Bitte)* fervido; *(Gruß)* cordiale; *(Empfang)* affettuoso; **(mit) ~e(n) Grüße(n)** cordiali saluti; **~e Grüße an deine Mutter** cari saluti a tua madre; **~es Beileid** vive (*o.* sincere) condoglianze; **~en Glückwunsch** *(zum Geburtstag)* un caro augurio (di buon compleanno); **II.** *adv* cordialmente, di cuore; ~ **gern** ben volentieri, di cuore. **Herzlichkeit** ‹-, ø› *f* cordialità *f.*

herzlos *a* senza cuore, insensibile; *(grausam)* spietato, crudele. **Herz-Lungen-Maschine** *f* macchina *f* cuore-polmoni. **Herzmittel** *n* cardiotonico *m.* **Herzmuskel** *m* miocardio *m.*

Herzog(in) ['hɛrt͜so:k (...gɪn)] ‹-(e)s, ¨-e *o.* -e› *m(f)* duca *m,* duchessa *f.* **Herzogtum** ‹-(e)s, ¨-er› *n* ducato *m.*

Herzschlag *m* **1.** *(einzelner Schlag)* battito *m* del cuore; **2.** *(Herztätigkeit)* pulsazioni *f pl* (cardiache); **3.** *(Herzstillstand)* colpo *m* apoplettico, sincope *f* cardiaca. **Herzschrittmacher** *m* pace-maker *m.* **Herzspezialist(in)** *m(f)* cardiologo, -a *m, f.* **Herzstillstand** *m* arresto *m* cardiaco. **Herzstück** *n* parte *f* vitale. **Herztätigkeit** *f* attività *f* cardiaca. **Herzton** *m* tono *m* cardiaco. **Herztransplantation** *f* trapianto *m* cardiaco. **herzzerreißend** *a* straziante.

Hesse ['hɛsə] ‹-n, -n› *m,* **Hessin** ['hɛsɪn] *f* assiano, -a *m, f.*

Hessen ['hɛsən] *n* Assia *f.*

Hessin *f s.* **Hesse.**

hessisch *a* assiano.

Heterosexualität [hetero-] *f* eterosessualità *f.*

heterosexuell *a* eterosessuale.

Hetze ['hɛt͜sə] ‹-, -n› *f* **1.** ‹*sing*› *(Eile)* fretta *f,* furia *f;* **2.** ‹*sing*› *(Getriebensein)* grande agitazione *f;* **3.** ‹*sing*› *(Hetzkampagne)* campagna *f* d'odio (*gegen* contro); **4.** *(beim Jagen)* caccia *f* ad inseguimento.

hetzen I. *tr* ‹*haben*› **1.** *(Wild)* dare la caccia a; **2.** *(Hund)* aizzare (*auf* contro); **3.** *(Menschen)* inseguire, perseguitare; **4.** *fig (zur Eile antreiben)* fare fretta a, sollecitare; **II.** *itr* **1.** ‹*sein*› *(eilen)* correre; **2.** ‹*haben*› *(sich beeilen)* affrettarsi; **3.** ‹*haben*› *pej* sobillare (*gegen* contro), aizzare (*gegen* contro); **4.** ‹*haben*› *(hastig arbeiten)* lavorare in fretta e furia; *(hastig vorgehen, agieren)* fare in fretta.

Hetzjagd *f* **1.** *(beim Jagen)* caccia *f* all'inseguimento; **2.** *fig (Hetze)* fretta *f,* furia *f.* **Hetzkampagne** *f* campagna *f* diffamatoria (*gegen* contro).

Heu [hɔ͜y] ‹-(e)s, ø› *n* **1.** *bot* fieno *m;* **2.** *sl (Marihuana)* erba *f sl;* ~ **machen** fare il fieno; **Geld wie ~ haben** avere soldi a palate *fam.*

Heuchelei [hɔ͜yçə'la͜i] ‹-, -en› *f* ipocrisia *f; (Scheinheiligkeit)* fariseismo *m; (Verstellung)* (dis)simulazione *f.*

heucheln ['hɔ͜yçəln] **I.** *tr* simulare, fingere; **Mitleid** ~ fingere compassione; **II.** *itr* fare l'ipocrita.

Heuchler(in) ‹-s, -› *m(f)* ipocrita *mf; (Scheinheilige)* fariseo, -a *m, f; (jd., der sich verstellt)* (dis)simulatore, -trice *m, f.* **heuchlerisch** *a* ipocrita; *(scheinheilig)* farisaico; *(vorgetäuscht)* finto, (dis)simulato.

heuer ['hɔ͜yɐ] *adv (süddeutsch, A, CH)* quest'anno.

Heuernte *f* fienagione *f.* **Heugabel** *f* forcone *m* da fieno. **Heuhaufen** *m* mucchio *m* di fieno.

heulen ['hɔ͜ylən] *itr* **1.** *(Sirenen, etc.)* urlare; *(Wölfe, Hunde)* ululare; **2.** *fam (heftig weinen)* piangere, strillare; **ich hätte ~ können vor Wut** *fam* mi sarei messo a piangere dalla rabbia.

Heurige ['hɔ͜yrɪgə] ‹ein -r, -n, -n› *m (bes. A)* vino *m* nuovo.

Heuschnupfen *m* raffreddore *m* da fieno. **Heuschober** *m,* **-stadel** [-ʃta:dəl] ‹-s, -› *m(süddeutsch, A, CH)* fienile *m.* **Heuschrecke** [-ʃrɛkə] ‹-, -n› *f* cavalletta *f,* locusta *f.*

heute *adv* oggi; **ab ~, von ~ ab** (*o.* **an**) a partire da oggi, da oggi in poi; **bis** ~ fino ad oggi; **noch** ~ oggi stesso; *(noch immer)* ancora oggi; **von ~ auf morgen** dall'oggi al domani; ~ **abend/nacht** stasera/stanotte; ~ **morgen** stamattina; ~ **(nach)mittag** questo pomeriggio; ~ **vormittag** stamattina; ~ **in acht/vierzehn Tagen** oggi tra otto/quindici giorni; **die Jugend von** ~ la gioventù d'oggi.

heutig *a* di oggi; *(gegenwärtig)* odierno; *(modern)* moderno.
heutzutage ['hɔyttsuta:gə] *adv* oggi (giorno).
Heuwagen *m* carro *m* da fieno. **Heuwender** ‹-s, -› *m* voltafieno *m.*
Hexe ['hɛksə] ‹-, -n› *f* strega *f.*
hexen *itr* fare stregonerie; **ich kann doch nicht ~** *fam* non posso fare miracoli.
Hexenkessel *m* tregenda *f,* inferno *m.* **Hexenschuß** *m* lombaggine *f.* **Hexenverbrennung** *f* rogo *m* delle streghe. **Hexenwahn** *m* delirio *m* per credenza nelle streghe.
Hexerei [hɛksə'rai] ‹-, *rar* -en› *f* stregoneria *f,* magia *f.*
hg. *ab von* **herausgegeben von** Ed. (*ab von* editore).
Hg. *ab von* **Herausgeber(in)** Ed. (*ab von* editore).
HGB [ha:ge:'be:] ‹-(s), -s› *n ab von* **Handelsgesetzbuch** Codice di Diritto Commerciale.
hieb [hi:p] *rar 1. u. 3. pers sing imp von* **hauen.**
Hieb [hi:p] ‹-(e)s, -e› *m* **1.** *(Schlag)* colpo *m;* **2.** *(Wunde, Narbe)* taglio *m;* **3.** ‹*pl*› *(Prügel)* botte *f pl;* **4.** *fig (bissige Bemerkung)* frecciata *f;* **~e bekommen** ricevere botte. **hieb- und stichfest** *a* incontestabile, inconfutabile.
hielt [hi:lt] *1. u. 3. pers sing imp von* **halten.**
hier [hi:ɐ] *adv* **1.** *(an diesem Ort)* qui, qua, in questo posto; *(auf Erden)* in questo mondo; **2.** *(in diesem Augenblick)* a questo punto; *(bei diesen Worten)* a queste parole; **dieser ~** questo qui; **der** (*o.* **dieser) Brief ~** questa lettera qui; **~ und da** qua e là; **von ~** da qui; **von ~ an** da qui in poi; **~ ist/sind ...** ecco ...; **~ bin ich** eccomi qua; **ich bin nicht von ~** non sono di qui.
hieran ['hi:'ran, *hinweisend:* 'hi:ran] *adv* **1.** *(räumlich)* qui, a ciò, vi; **2.** *fig (daran)* da ciò, ci, ne; **~ erkennt man einen Maikäfer** da ciò si riconosce un maggiolino.
Hierarchie [hierar'çi:, ...i:ən] ‹-, -n› *f* gerarchia *f.*
hierarchisch [...'rarçıʃ] *a* gerarchico.
hierauf ['hi:'rauf, *hinweisend:* 'hi:rauf] *adv* **1.** *(räumlich)* qui, su di ciò; **2.** *(zeitlich)* dopo di ciò, poi; *(infolgedessen)* quindi.
hieraus ['hi:'raus, *hinweisend:* 'hi:raus] *adv* da qui, da qua, da ciò, ne.
hierbei ['hi:ɐ'bai, *hinweisend:* 'hi:ɐbai] *adv* **1.** *(räumlich)* qui accanto (*o.* accluso); **2.** *(bei dieser Gelegenheit)* in quest'occasione; **3.** *(zeitlich)* durante ciò; **4.** *(in diesem Zusammenhang)* a questo proposito.
hier·bleiben ‹*irr*› *itr* ‹*sein*› restare (*o.* rimanere) qui.
hierdurch ['hi:ɐ'dʊrç, *hinweisend:* 'hi:ɐdʊrç] *adv* **1.** *(örtlich)* per di qua; **2.** *fig* da ciò, con ciò, così.
hierfür ['hi:ɐ'fy:ɐ, *hinweisend:* 'hi:ɐfy:ɐ] *adv* per ciò, per questo; *(als Gegenleistung)* in cambio di ciò.
hierher ['hi:ɐ'he:ɐ, *hinweisend:* 'hi:ɐhe:ɐ] *adv* qua, qui; **~!** (vieni) qua!, a me!; **bis ~** *(örtlich)* fin qui; *(zeitlich)* finora, fino adesso; **das gehört nicht ~** questo non c'entra.
hierhin ['hi:ɐ'hın, *hinweisend:* 'hi:ɐhın] *adv* qui; **bis ~** fin qui.
hiermit ['hi:ɐ'mıt, *hinweisend:* 'hi:ɐmıt] *adv* con questo, con ciò; *(im Brief)* con la presente.
hierüber ['hi:'ry:bɐ, *hinweisend:* 'hi:ry:bɐ] *adv* **1.** *(örtlich)* sopra questo; **2.** *fig* di (*o.* su) ciò.
hierunter ['hi:'rʊntɐ, *hinweisend:* 'hi:rʊntɐ] *adv* **1.** *(örtlich)* qui sotto; **2.** *fig* tra questi, con questo; **~ versteht man** con questo si intende.
hiervon ['hi:ɐ'fɔn, *hinweisend:* 'hi:ɐfɔn] *adv* di ciò, ne.
hierzu ['hi:ɐ'tsu:, *hinweisend:* 'hi:ɐtsu:] *adv* **1.** *(zu diesem)* a ciò, a questo; **2.** *(zu diesem Zweck)* a questo scopo; **3.** *(zu diesem Punkt)* a questo proposito; **~ kommt noch, daß ...** a ciò si aggiunge che ...; **vgl. ~ Seite 87** cfr. in merito pagina 87; **~ wünschen wir Ihnen viel Glück** per questo le auguriamo buona fortuna.
hierzulande ['hi:ɐtsu'landə] *adv* (qui) da noi, in questo paese.
hiesig ['hi:zıç] *a* **1.** locale, di qui; **2.** *(einheimisch)* indigeno, nativo.
hieß [hi:s] *1. u. 3. pers sing imp von* **heißen.**
Hi-Fi ['haifi *o.* 'haı'faı] *ab von* **High-Fidelity** hi-fi. **Hi-Fi-Anlage** *f* impianto *m* hi-fi.
high [haı] ‹*inv*› *a sl* flippato, high *sl.*
hihi [hi'hi:] *interj* ah, ah.
Hilde ['hıldə] *weiblicher Vorname.*
Hildegard ['hıldəgart] *(weiblicher Vorname)* Ildegarda.
Hilfe ['hılfə] ‹-, -n› *f (a. Hilfsperson, Hilfsmittel)* aiuto *m; (Unterstützung)* appoggio *m; (Beistand, bes. med)* assistenza *f;* **mit ~ von** con l'aiuto di, per mezzo di; **ohne fremde ~** senza l'aiuto di nessuno; **jdn um ~ bitten** chiedere aiuto a qu; **jdm zu ~ kommen** venire in aiuto (*o.* soccorso) di

qu; **um ~ rufen** invocare aiuto; **jdn zu ~ rufen** chiamare in aiuto qu; **(zu) ~!** aiuto!; **Erste ~** pronto soccorso. **Hilfeleistung** *f* prestazione *f* d'aiuto (*o.* soccorso); *(bes. med.)* assistenza *f;* **unterlassene ~** omissione di soccorso. **Hilferuf** *m* **1.** *(Schrei)* grido *m* di aiuto; **2.** *fig (Bitte um Hilfe)* chiamata *f* di soccorso.

hilflos *a* **1.** *(allein)* privo d'aiuto, impotente; **2.** *(ratlos)* perplesso. **Hilflosigkeit** ⟨-, ø⟩ *f* impotenza *f,* perplessità *f.* **hilfreich** *a* caritatevole; **eine ~e Hand** una mano caritatevole.

Hilfsarbeiter(in) *m(f)* manovale *mf,* bracciante *mf,* operaio, -a *m, f* ausiliari-a *m, f.* **hilfsbedürftig** *a* bisognoso d'aiuto, indigente. **hilfsbereit** *a* pronto ad aiutare, servizievole. **Hilfsbereitschaft** *f* prontezza *f* nel soccorrere, essere *m* servizievole. **Hilfsdienst** *m* **1.** *(Zusatzdienst)* servizio *m* ausiliario; **2.** *(für Notfälle)* servizio *m* d'emergenza. **Hilfskraft** *f* aiuto *m,* assistente *mf;* **wissenschaftliche ~** assistente ricercatore. **Hilfsmittel** *n* aiuto *m,* ausilio *m,* mezzo *m.* **Hilfsmotor** *m (am Auto)* motore *m* ausiliario; *(am Fahrrad)* motorino *m* ausiliario. **Hilfsquellen** *f pl* risorse *f pl.* **Hilfsverb** *n* (verbo *m*) ausiliare *m.* **Hilfswerk** *n* ente *m* (*o.* opera *f*) assistenziale.

hilft [hɪlft] *3. pers sing pr von* **helfen.**

Himbeere ['hɪm-] *f* lampone *m.* **Himbeergeist** *m* distillato *m* di lampone. **Himbeersirup** *m* sciroppo *m* di lamponi. **Himbeerstrauch** *m* lampone *m.*

Himmel ['hɪməl] ⟨-s, *rar* -⟩ *m* **1.** cielo *m;* **2.** *(Thron~, Altar~)* baldacchino *m;* **am ~** in cielo; **im ~** in paradiso; **jdn/etw. in den ~ heben** (*o.* **loben**) portare qu/qc alle stelle; **das schreit zum ~** grida vendetta; **du lieber ~!** santo cielo!; **um ~s willen!** per l'amor del cielo (*o.* di Dio)!; **(das) weiß der ~!** *fam* lo sa il cielo; **das stinkt zum ~** *fam* è uno scandalo, ciò grida vendetta davanti a Dio; **der ~ auf Erden** il paradiso (*o.* il cielo) in terra; **~ und Erde** (*o.* **Hölle**) **in Bewegung setzen** muovere cielo e terra, far fuoco e fiamme *fam.* **himmelangst** ['hɪməl'ʔaŋst] *a:* **mir ist ~** ho una paura del diavolo *fam.* **Himmelbett** *n* letto *m* a cielo (*o.* a baldacchino). **himmelblau** *a* celeste. **Himmelfahrt** *f* **1.** *rel:* **Christi ~** Ascensione *f;* **Mariä ~** Assunzione *f;* **2.** *(Feiertag)* Ascensione *f.* **himmelhoch** ['hɪməl'ho:x] *a* altissimo; **~ jauchzend, zu Tode betrübt sein** alternare momenti di esaltazione a fasi depressive. **Himmelreich** *n* regno *m* dei cieli. **himmelschreiend** *a* che grida vendetta davanti a Dio, inaudito, scandaloso. **Himmelskörper** *m* corpo *m* celeste; *(Gestirn)* stella *f.* **Himmelsrichtung** *f* punto *m* cardinale. **himmelweit** ['hɪməl'vai̯t] *a:* **das ist ein ~er Unterschied** *fam* fa una grandissima differenza.

himmlisch ['hɪmlɪʃ] *a* **1.** *(göttlich)* celeste, del cielo; **2.** *fig (wunderbar)* celestiale.

hin [hɪn] **I.** *adv* **1.** *(örtlich)* là, verso quel luogo; **2.** *(zeitlich)* per; **~ und her** qua e là, su e giù; **~ und wieder** di quando in quando, di tanto in tanto; **~ und zurück** *(Fahrkarte)* andata e ritorno; **~ und her gehen** andare qua e là; **~ und her überlegen** riflettere a lungo, ponderare; **Dankbarkeit ~, Dankbarkeit her!** gratitudine o non gratitudine!; **wo ist er ~?** dov'è andato?; **das H~ und Her** il viavai, l'andirivieni; **nach langem** (*o.* **vielem**) **H~ und Her** *fam* dopo un lungo tiremmolla *fam;* **~- und hergerissen werden** *fig* essere sospeso tra sentimenti opposti; **auf die Gefahr ~, daß ...** a rischio di ... *inf;* **wo gehst du ~?** *fam* dove vai?; **auf ihre Veranlassung ~** per sua iniziativa; **auf ihre Vermittlung ~** in seguito al suo intervento; **auf ihre Aussage ~** alla sua dichiarazione; **II.** *a fam* **1.** *(verflossen)* finito, passato; **2.** *(kaputt)* rotto; **3.** *(begeistert)* senza parole.

hinab [hɪ'nap] *adv s.* **hinunter.**

hin·arbeiten *itr:* **auf etw. ~** mirare a qc, sforzarsi di raggiungere qc.

hinauf [hɪ'nau̯f] *adv* in su, in alto; **da ~** su per di qua. **hinauf·fahren** ⟨*irr*⟩ **I.** *itr* ⟨*sein*⟩ andare su, salire; *(einen Fluß)* risalire; **II.** *tr* ⟨*haben*⟩ portare su. **hinauf·gehen** ⟨*irr*⟩ *itr* ⟨*sein*⟩ andare su; *(Preis, Fieber)* salire. **hinauf·steigen** ⟨*irr*⟩ *itr* ⟨*sein*⟩ **1.** salire; **2.** *fig* ascendere *(zu* a).

hinaus [hɪ'nau̯s] *adv* fuori; **da** (*o.* **hier**) **~** fuori (per) di qua; **darüber ~** oltre, più in là; *fig* oltre a ciò; **das Zimmer geht nach vorn/hinten ~** la camera dà sul davanti/retro; **über ... ~** *(räumlich)* al di là di ...; *(zeitlich, mehr als)* oltre; **zum Fenster/zur Tür ~** fuori dalla finestra/porta; **wo geht es ~?** dov'è l'uscita?; **~ mit Ihnen!** esca!, fuori!, se ne vada! **hinaus·begleiten** ⟨*ohne ge-*⟩ *tr* accompagnare fuori. **hinaus·gehen** ⟨*irr*⟩ *itr* ⟨*sein*⟩ **1.** *(nach draußen ge-*

hen) andare fuori, uscire; **2.** *(Zimmer, Fenster)* dare (*auf, nach* su); **3.** *fig (überschreiten)* superare (*über etw.* qc). **hinaus·laufen** ‹*irr*› *itr* ‹*sein*› *(nach draußen laufen)* correre fuori, uscire di corsa; **auf etw. ~** *fig* andare a finire in qc, portare a qc; **auf eins** (*o.* **dasselbe) ~** essere la stessa cosa. **hinaus·lehnen** *rfl:* **sich ~** sporgersi. **hinaus·schicken** *tr* mandare fuori. **hinaus·schießen** ‹*irr*› *itr* ‹*sein*› *(hinausrennen)* uscire sparato *fam;* **über das Ziel ~** *fig* oltrepassare il segno. **hinaus·werfen** ‹*irr*› *tr* **1.** *(Sache)* gettare (*o.* buttare) fuori; **2.** *fam (unliebsame Person)* buttare fuori; *(entlassen)* licenziare; *(kündigen)* sfrattare, sbatter fuori *fam.* **hinaus·wollen** ‹*irr*› *itr (nach draußen wollen)* voler uscire (*aus* da); **auf etw. ~** *fig* mirare a qc, tendere a qc; **hoch ~** mirare in alto; **worauf wollen Sie hinaus?** dove vuole andare a parare?

Hinblick *m:* **in** (*o.* **im) ~ auf** riguardo a, in considerazione di; **im ~ darauf, daß ...** in considerazione del fatto che ...

hin·bringen ‹*irr*› *tr* **1.** *(Sache)* portare lì; *(Person)* accompagnare (là); **2.** *(Zeit)* passare, trascorrere.

hinderlich *a* che è d'impedimento (*o.* d'ostacolo); **jdm ~ sein** essere d'ostacolo a qu.

hindern [ˈhɪndɐn] *tr* **1.** *(abhalten)* impedire (*an* di); **2.** *(hemmen)* ostacolare (*bei* in); **ich hindere dich nicht daran zu ...** non ti impedisco di ... *inf;* **ich weiß nicht, was mich daran hindert** non so che cosa mi trattiene.

Hindernis ‹-ses, -se› *n* **1.** *allg., fig, sport* ostacolo *m;* **2.** *(Behinderung, a. jur)* impedimento *m;* **allen ~sen zum Trotz** malgrado tutti gli ostacoli; **jdm ~se in den Weg legen** *fig* frappore ostacoli a qu; **ein ~ aus dem Weg räumen** *fig* eliminare un ostacolo. **Hindernislauf** *m,* **-rennen** *n* corsa *f* a ostacoli.

Hinderungsgrund *m* (motivo *m* d')impedimento *m.*

hin·deuten *itr* **1.** mostrare col dito (*auf etw.* qc), additare (*auf etw.* qc); **2.** *fig (andeuten)* alludere (*auf etw.* a qc); *(hinweisen)* indicare (*auf etw.* qc).

Hindu [ˈhɪndu] ‹-(s), -(s)› *m* indù *m.*

hindurch [hɪnˈdʊrç] *adv* **1.** *(örtlich)* attraverso; **2.** *(zeitlich)* per, durante; **das ganze Jahr ~** per (*o.* durante) tutto l'anno; **Jahre ~** per anni; **mitten ~** attraverso il mezzo.

hinein [hɪˈnaɪn] *adv* dentro; **mitten in etw. ~** dentro/in mezzo a qc, nel bel mezzo di qc; **bis tief in die Nacht ~** fino a notte avanzata.

hinein·finden ‹*irr*› *rfl:* **sich ~ 1.** *(sich vertraut machen)* adattarsi (*in* a), familiarizzarsi (*in* con); **2.** *(sich damit abfinden)* rassegnarsi (*in* a).

hinein·gehen ‹*irr*› *itr* ‹*sein*› **1.** *(in etw. ~)* andare dentro, entrare; **2.** *(nach innen gehen)* penetrare; **3.** *(hineinpassen)* starci.

hinein·knien *rfl:* **sich in etw. ~** *fig fam* sprofondarsi in qc.

hinein·kommen ‹*irr*› *itr* ‹*sein*› **1.** entrare; *(hineingelangen)* poter entrare; **2.** *fig (sich hineinfinden)* impratichirsi (*in* di); **3.** *(hineingeraten)* cacciarsi (*in* in).

hinein·legen *tr* **1.** *(nach innen legen)* mettere dentro; **2.** *fig (Gefühl, Ehrgeiz, etc.)* metterci.

hinein·passen *itr* **1.** *(Platz haben)* trovar posto (*in* in); **2.** *fig* essere adatto (*in* a, per).

hinein·stecken *tr* **1.** *(hineinlegen, -setzen, -stellen)* mettere dentro; *(Stecker, Nadel)* infilare; **2.** *fam (Geld)* investire; *(Zeit, Mühe, Arbeit, etc.)* investire, impiegare.

hinein·steigern *rfl:* **sich in etw. ~** lasciarsi trasportare a qc.

hinein·versetzen ‹*ohne ge-*› *rfl:* **sich in jdn** (*o.* **jds Lage) ~** mettersi nei panni di qu *fam.*

hin·fahren ‹*irr*› **I.** *itr* ‹*sein*› andare là, andarci; *(wegfahren)* andare via; **II.** *tr* ‹*haben*› condurre, portare là.

Hinfahrt *f* (viaggio *m* di) andata *f;* **auf der ~** all'andata; **Hin- und Rückfahrt** andata e ritorno.

hin·fallen ‹*irr*› *itr* ‹*sein*› cadere (per terra); **lang** (*o.* **der Länge nach) ~** cadere lungo disteso.

hinfällig *a* **1.** *(altersschwach)* decrepito, cadente; *(kränklich)* malaticcio *fam,* debole; **2.** *(ungültig)* non valido, nullo. **Hinfälligkeit** *f* **1.** *(Altersschwäche)* decrepitezza *f;* *(Kränkeln)* gracilità *f,* infermità *f;* **2.** *(Ungültigkeit)* caducità *f,* nullità *f.*

hing [hɪŋ] *1. u. 3. pers sing imp von* **hängen.**

Hingabe *f (Widmung)* dedizione *f;* *(Begeisterung)* fervore *f;* *(Leidenschaft)* passione *f;* *(Eifer)* zelo *m;* **mit ~ tanzen** ballare con passione.

hin·geben ‹*irr*› **I.** *tr* sacrificare; **II.** *rfl:* **sich einer S. ~** dedicarsi a qc; **sich jdm ~** darsi a qu.

hingebungsvoll *a* pieno di abnegazione.

hingegen [hɪn'ge:gən] *adv* invece, al contrario.

hin·gehen ⟨*irr*⟩ *itr* ⟨*sein*⟩ **1.** *(räumlich)* andare là, andarci; **2.** *(Zeit)* passare; **3.** *geh (sterben)* morire; **diesmal mag es noch ~, aber ...** per questa volta passi, ma ...

hingerissen *a* entusiasta, incantato.

hin·halten ⟨*irr*⟩ *tr* **1.** *(entgegenstrekken)* tendere, porgere; **2.** *fig (warten lassen)* tenere a bada; **seinen Kopf für etw. ~** fare le spese di qc. **Hinhaltetaktik** *f* tattica *f* di rinvio.

hin·hauen ⟨*irr*⟩ *fam* **I.** *tr (Arbeit)* buttar giù *fam;* **II.** *itr* **1.** *(klappen)* riuscire; **2.** *(gutgehen)* andare bene; **3.** *(ausreichen)* bastare; **III.** *rfl:* **sich ~** *sl (zum Sitzen)* buttarsi (*auf etw.* su qc) *fam*, gettarsi (*auf etw.* su qc) *fam; (zum Schlafen)* coricarsi, buttarsi sul letto *fam;* **das haut hin!** è a posto, è in ordine.

hin·hören *itr* ascoltare, tendere l'orecchio.

hinken ['hɪŋkən] *itr* ⟨*haben o. bei Fortbewegung sein*⟩ essere zoppo, zoppicare; **mit** (*o.* **auf**) **dem rechten/linken Fuß ~** zoppicare dal piede destro/sinistro.

hin·knien *itr* ⟨*sein*⟩, *rfl:* **sich ~** inginocchiarsi, mettersi in ginocchio.

hinlänglich **I.** *a* bastante, sufficiente; **II.** *adv* abbastanza, sufficientemente.

hin·legen **I.** *tr* (de)porre, posare; **II.** *rfl:* **sich ~** sdraiarsi; *(zu Bett gehen)* coricarsi.

hin·nehmen ⟨*irr*⟩ *tr (Tatsache, etc.)* accettare, prendere; *(erdulden)* sopportare; *(Beleidigung)* incassare, ingoiare.

hinreichend **I.** *a* bastante, sufficiente; **II.** *adv* abbastanza, sufficientemente.

Hinreise *f* (viaggio *m* d')andata *f;* **auf der ~** all'andata.

hin·reißen ⟨*irr*⟩ *tr:* **sich zu etw. ~ lassen** lasciarsi trasportare (*o.* trascinare) a fare qc. **hinreißend** *a* affascinante, meraviglioso.

hin·richten *tr* giustiziare.

Hinrichtung *f* esecuzione *f* capitale.

Hinschied ['hɪnʃi:t] ⟨-(e)s, -e⟩ *m CH* decesso *m.*

hin·schmeißen ⟨*irr*⟩ *tr fam* buttare (*o.* gettare) là (*o.* per terra); *(Arbeit)* mandare a quel paese *fam.*

hin·sehen ⟨*irr*⟩ *itr* guardare (*zu* verso); **genau ~** guardare da vicino; **ohne hinzusehen** senza guardare; **bei näherem H~** guardando più da vicino.

hin·setzen **I.** *rfl:* **sich ~** sedersi; **II.** *tr* mettere (*o.* porre) là.

Hinsicht *f:* **in ~ auf** riguardo (*o.* quanto) a; **in dieser ~** sotto questo aspetto; **in gewisser ~** sotto certi aspetti; **in jeder ~** sotto tutti gli aspetti. **hinsichtlich** *prp gen* riguardo a, per quanto concerne, quanto a.

Hinspiel *n* partita *f* di andata.

hin·stellen **I.** *tr* **1.** mettere, porre lì, collocare; **2.** *fig (darstellen)* presentare (*als* come); **II.** *rfl:* **sich ~** **1.** mettersi (*vor* davanti a); **2.** *fig* darsi (*als* per), farsi passare (*als* per).

hinten ['hɪntən] *adv* **1.** (di) dietro; **2.** *(im Hintergrund)* sullo sfondo; **3.** *(hinter anderen)* indietro; **4.** *(am Ende)* in coda, alla fine; **5.** *(weit entfernt)* lontano; **6.** *(auf der Rückseite)* di dietro; **nach ~** indietro, all'indietro; **jdn am liebsten von ~ sehen** *fam* essere contento quando qu se ne va; **das stimmt ~ und vorne nicht** *fam* non è affatto vero; **das Geld reicht ~ und vorn(e) nicht** *fam* i soldi non bastano assolutamente; **ich hab' doch ~ keine Augen!** *fam* non ho mica gli occhi sul didietro! *fam.*

hintenherum *adv* per di dietro; **etw. ~ kriegen** *fam* ottenere qc sotto banco; **etw. ~ erfahren** venire a sapere qc per vie traverse.

hintenüber [-'ʔy:bɐ] *adv* (all')indietro.

hinter ['hɪntɐ] *prp dat/acc* **1.** *(örtlich)* dietro; **2.** *(in der Reihenfolge)* dopo; **einer ~ dem andern** uno dopo l'altro; **~ sich** *(dat)* dietro di sé; **etw. ~ sich bringen** compiere (*o.* superare) qc; **etw. ~ sich** *(dat)* **haben** aver passato (*o.* superato) qc; **~ sich** *(dat)* **lassen** *(überholen)* sorpassare; *(übertreffen)* superare; **~ die Wahrheit kommen** scoprire la verità; **sie hat ein bewegtes Leben ~ sich** *(dat)* ha avuto una vita movimentata. **Hinterachse** *f* assale *m* posteriore. **Hinterbacke** *f* natica *f*, chiappa *f fam.* **Hinterbein** *n* gamba *f* (*o.* zampa *f*) posteriore; **sich auf die ~e stellen** impennarsi; *fig* impuntarsi, puntare i piedi. **Hinterbliebene** [-'bli:bənə] ⟨ein -r, -n, -n⟩ *mf* superstite *mf.* **hinterbringen** [-'brɪŋən] ⟨*irr, ohne ge-*⟩ *tr:* **jdm etw. ~** riferire (*o.* riportare) qc a qu.

hintere *s.* **hintere(r, s).**

hintereinander [-ʔai̯'nandɐ] *adv* **1.** *(örtlich)* uno dietro l'altro, in fila; **2.** *(zeitlich)* uno dopo l'altro; *(Reihenfolge)* successivamente; **sich ~ aufstellen** mettersi in fila; **zwei Jahre ~** due anni di fila (*o.* consecutivi); **~ gehen** andare in fila; **fünfmal ~** cinque volte di fila.

hintere(r, s) *a* posteriore, di dietro, ultimo, -a.
hinterfragen [-ˈfra:gən] ⟨*ohne ge-*⟩ *tr* indagare.
Hintergedanke *m* pensiero *m* segreto, secondo fine *m.*
hintergehen [-ˈge:ən] ⟨*irr, ohne ge-*⟩ *tr* **1.** *(täuschen)* ingannare, gabbare, raggirare; **2.** *(umgehen)* eludere.
Hintergrund *m* sfondo *m; theat, fig* retroscena *m;* **im ~ bleiben** *fig* restare nell'ombra; **in den ~ treten** *fig* passare in seconda linea (*o.* in secondo piano). **hintergründig** [-grʏndɪç] *a* recondito, nascosto.
Hinterhalt *m* imboscata *f,* agguato *m;* **jdn in einen ~ locken** attirare qu im un'imboscata. **hinterhältig** [-hɛltɪç] *a* subdolo, perfido.
hinterher [-ˈhe:ɐ̯ *o.* ˈhɪntɐ-] *adv* **1.** *(räumlich)* (di) dietro; **2.** *(zeitlich)* dopo, poi, in seguito. **hinterher·laufen** ⟨*irr*⟩ *itr* ⟨*sein*⟩*:* **jdm ~** correr dietro a qu.
Hinterhof *m* cortile *m* interno. **Hinterkopf** *m* occipite *m.* **Hinterland** *n* retroterra *m,* entroterra *m,* hinterland *m.*
hinterlassen [-ˈlasən] ⟨*irr, ohne ge-*⟩ *tr* lasciare. **Hinterlassenschaft** ⟨-, -en⟩ *f* eredità *f.*
hinterlegen [-ˈle:gən] ⟨*ohne ge-*⟩ *tr* depositare.
Hinterlist *f* perfidia *f,* malignità *f.* **hinterlistig** *a* perfido, maligno, subdolo.
Hintermann *m* **1.** *(räumlich)* chi sta dietro; **2.** ⟨*meist pl*⟩ *fig (Drahtzieher)* mandanti *m pl.*
Hintern ⟨-s, -⟩ *m fam* didietro *m fam.*
Hinterrad *n* ruota *f* posteriore. **Hinterradantrieb** *m* trazione *f* posteriore.
Hinterreihe *f* ultima fila *f.*
hinterrücks [-rʏks] *adv* **1.** (per) di dietro, alle spalle; **2.** *fig pej (heimtückisch)* proditoriamente, a tradimento.
Hinterschinken *m* prosciutto *m* di coscia.
hinterste(r, s) ⟨*Superlativ von* hintere⟩ *a* ultimo, -a.
Hinterteil *n* **1.** *allg.* parte *f* posteriore; **2.** *scherz (Gesäß)* sedere *m.*
Hintertreffen *n:* **ins ~ geraten** (*o.* **kommen**) avere la peggio.
hintertreiben [-ˈtraɪ̯bən] ⟨*irr, ohne ge-*⟩ *tr* mandare a monte, render vano, frustrare.
Hintertupfing(en) [-ˈtʊpf̮ɪŋ(ən)] ⟨-s, ø⟩ *n fam* paesetto *m* sperduto.
Hintertür *f* **1.** porta *f* posteriore; **2.** *fig* scappatoia *f;* **sich** *(dat)* **eine ~** (*o.* **ein Hintertürchen) offenlassen** lasciarsi aperta una via di scampo.
Hinterwäldler [-vɛltlɐ] ⟨-s, -⟩ *m fig fam* uomo *m* rozzo (*o.* ignorante), zoticone *m.*
hinterziehen [-ˈt̮si:ən] ⟨*irr, ohne ge-*⟩ *tr (Geld)* sottrarre; *(Steuern, Zoll)* frodare, evadere.
hinüber [hɪˈny:bɐ] *adv* di là, dall'altra parte; **da ~** per di qua; **über etw. ~** al di sopra di qc, dall'altra parte di qc. **hinüber·springen** ⟨*irr*⟩ *itr* ⟨*sein*⟩ saltare di là, passare di là con un salto. **hinüber·wollen** ⟨*irr*⟩ *itr* voler passare di là.
hinunter [hɪˈnʊntɐ] *adv* giù, abbasso; **den Berg ~** giù per la montagna. **hinunter·fahren** ⟨*irr*⟩ *itr* ⟨*sein*⟩ scendere (con un veicolo). **hinunter·fallen** ⟨*irr*⟩ *itr* ⟨*sein*⟩ cadere giù. **hinunter·gehen** ⟨*irr*⟩ *itr* ⟨*sein*⟩ scendere. **hinunter·schlucken** *tr* mandare giù, inghiottire; *(a. Ärger)* ingoiare. **hinunter·sehen** ⟨*irr*⟩ *itr* guardare giù. **hinunter·stürzen I.** *itr* ⟨*sein*⟩ **1.** *(hinunterfallen)* cadere (*o.* precipitare) giù; **2.** *(hinunterlaufen)* scendere a precipizio; **II.** *tr* ⟨*haben*⟩ buttar giù. **hinunter·werfen** ⟨*irr*⟩ *tr* gettare (*o.* buttare) giù; **jdn die Treppe ~** gettare qu giù dalle scale.
hinweg [hɪnˈvɛk] *adv:* **~ mit euch!** *obs* fuori dai piedi!, via di qui!
Hinweg [ˈhɪnve:k] *m* andata *f;* **auf dem ~** all'andata.
hinweg·gehen ⟨*irr*⟩ *itr* ⟨*sein*⟩*:* **über etw. ~** *fig* ignorare qc, passare sopra a qc. **hinweg·kommen** ⟨*irr*⟩ *itr* ⟨*sein*⟩*:* **über etw. ~** *fig* superare qc, non pensare più a qc. **hinweg·sehen** ⟨*irr*⟩ *itr* **1.** guardare (*über* al di sopra di); **2.** *fig (ignorieren)* passare (*über* sopra); **darüber will ich noch ~, aber ...** per questa volta passi, però ... **hinweg·setzen** *rfl:* **sich über etw. ~** non tener conto di qc.
Hinweis [ˈhɪnvaɪ̯s] ⟨-es, -e⟩ *m* **1.** *(Rat, Anhaltspunkt)* indicazione *f,* informazione *f,* avvertimento *m;* **2.** *(Verweis)* rimando *m* (*auf* a); **3.** *(Anspielung)* allusione *f* (*auf* a), accenno *m* (*auf* a), riferimento *m* (*auf* a); **unter ~ auf** accennando a, facendo presente.
hin·weisen ⟨*irr*⟩ **I.** *tr:* **jdn auf etw. ~** far notare qc a qu, richiamare l'attenzione di qu su qc; **II.** *itr:* **auf etw. ~** indicare qc, accennare qc, segnalare qc; **darauf ~, daß ...** far notare che ...
hin·werfen ⟨*irr*⟩ *tr* **1.** *(zu Boden werfen)* buttare (*o.* gettare) per terra; **2.** *fig (Zeichnung, Skizze, etc.)* abboz-

zare, schizzare; **3.** *fam (Stellung)* abbandonare; **ein Wort ~** buttare là una parola.

hin·ziehen ‹*irr*› *rfl:* **sich ~** *(zeitlich)* protrarsi, andare per le lunghe; **sich zu jdm hingezogen fühlen** sentirsi attratto da qu; **sich zu etw. hingezogen fühlen** avere inclinazione per qc.

hinzu [hɪn'tsu:] *adv* **1.** *(örtlich)* vi; **2.** *(außerdem)* inoltre; **3.** *(obendrein)* per di più. **hinzu·fügen** *tr* aggiungere (*zu* a). **hinzu·kommen** ‹*irr*› *itr* ‹*sein*› **1.** *(Personen)* sopraggiungere; *(Dinge, Tatsachen)* aggiungersi; **hinzu kommt noch, daß ...** va ancora aggiunto che ... **hinzu·ziehen** ‹*irr*› *tr* consultare, ricorrere a.

Hiobsbotschaft ['hi:ɔps-] *f* annuncio *m* funesto, notizia *f* infausta.

Hippie ['hɪpi] ‹-s, -s› *m* hippy *m.*

Hirn [hɪrn] ‹-(e)s, -e› *n* cervello *m;* **sich** *(dat)* **das ~ zermartern** spremersi le meningi. **Hirngespinst** [-gəʃpɪnst] ‹-(e)s, -e› *n* fantasticheria *f,* fantasia *f,* chimera *f.* **Hirnhaut** *f* meninge *f.* **Hirnhautentzündung** *f* meningite *f.* **hirnrissig, hirnverbrannt** [-fɛɐbrant] *a fam* pazzo, folle.

Hirsch [hɪrʃ] ‹-(e)s, -e› *m* cervo *m.* **Hirschkäfer** *m* cervo *m* volante. **Hirschkalb** *n* cerbiatto *m.* **Hirschkeule** *f* coscia *f* di cervo. **Hirschkuh** *f* cerva *f.*

Hirse ['hɪrzə] ‹-, *rar* -n› *f* miglio *m.*

Hirt(in) ['hɪrt(ɪn)] ‹-en, -en› *m(f)* pastore, -a *m, f.* **Hirtenbrief** *m* lettera *f* pastorale. **Hirtin** *f s.* **Hirt.**

hissen ['hɪsən] *tr (Fahne)* issare; *(Segel)* alzare.

Historie [hɪs'to:riə] ‹-, -n› *f* storia *f.*

Historiker(in) [...'to:rɪkɐ (...ərɪn)] ‹-s, -› *m(f)* storico, -a *m, f.*

historisch *a* storico.

Hit [hɪt] ‹-s, -s› *m* hit *m.* **Hitliste** *f* classifica *f* delle canzoni di successo. **Hitparade** *f* hitparade *f.*

Hitze ['hɪtsə] ‹-, ø› *f* **1.** gran caldo *m,* gran calura *f;* **2.** *fig (Leidenschaft)* ardore *m; (Eifer)* fervore *m;* **in der ~ des Gefechts** nel fervore della mischia; *fig* nella foga della discussione; **den Kuchen bei mittlerer ~ backen** cuocere il dolce in forno a temperatura media. **hitzebeständig** *a* resistente al calore, refrattario. **Hitzebläschen** [-blɛ:sçən] ‹-s, -› *n* sudamina *f.* **hitzeempfindlich** *a* sensibile al calore. **hitzefrei** *a:* **~ haben** avere vacanza per il gran caldo. **Hitzewelle** *f* ondata *f* di caldo.

hitzig *a* **1.** *(leicht erregbar)* irritabile, irascibile; *(heftig)* violento; **2.** *(Debatte)* acceso; **3.** *obs med (fiebrig)* febbrile; *(Fieber)* scottante. **Hitzkopf** *m* testa *f* calda. **Hitzschlag** *m* colpo *m* di calore.

Hiwi ['hi:vi] ‹-(s), -s› *m sl (an Universität)* assistente *m* universitario.

hl *ab von* **Hektoliter** hl (*ab von* ettolitro).

hl. *ab von* **heilig** S. (*ab von* santo).

hm *interj* ehm.

H-Milch ['ha:-] *f* latte *m* pastorizzato a lunga conservazione.

HNO-Arzt [ha:ʔɛn'ʔo:-] *m,* **-Ärztin** *f* otorinolaringoiatra *mf.*

hob [ho:p] *1. u. 3. pers sing imp von* **heben.**

Hobby ['hɔbi] ‹-s, -s› *n* hobby *m,* svago *m* preferito. **Hobbyraum** *m* locale *m* per hobby.

Hobel ['ho:bəl] ‹-s, -› *m* pialla *f.* **Hobelbank** ‹-, ⸚e› *f* banco *m* da falegname.

hobeln *tr* piallare; **wo gehobelt wird, da fallen Späne** *prov* non si fanno frittate senza rompere le uova *prov.*

hoch [ho:x] **I.** ‹höher, ⸚ste› *a* **1.** *(räumlich)* alto; **2.** *fig (Ton)* acuto; **3.** *(Zahl, Preis)* elevato; *(Alter)* avanzato; **4.** *(Strafe)* duro; *(Geldstrafe)* forte; **5.** *(erhaben)* sublime; *(Ehre)* grande; **6.** *(hervorragend)* eminente; **im hohen Norden** all'estremo nord; **hoher Feiertag** festa solenne; **das Hohe Gericht** l'Alta corte; **hoher Offizier** ufficiale superiore; **in hohem Maße** in alto grado, molto, grandemente; **mit hoher Wahrscheinlichkeit** con grande probabilità; **ein hohes Tier** *fam* un pezzo grosso *fam;* **das hohe C** il do acuto; **das ist mir zu ~** *fam* questo è troppo difficile per me; **II.** ‹höher, am ⸚sten› *adv* molto, altamente, ben; **~ erfreut sein** essere molto lieto; **wenn es ~ kommt** *fam* tutt'al più, al massimo; **~ oben** su in alto; **6 ~ 4** sei elevato alla quarta potenza; **jdm etw. ~ anrechnen** fare un gran merito a qu di qc; **~ und heilig versprechen** promettere solennemente; **es geht ~ her** si fa baldoria; **wie ~ schätzen Sie ...?** quanto vale secondo Lei ...?; **~ lebe der König!** (ev)viva il re!; **er lebe ~!** viva!; **~ am Himmel** alto nel cielo.

Hoch ‹-s, -s› *n* **1.** *meteo* zona *f* di alta pressione, anticiclone *m;* **2.** *(Ruf)* evviva *m;* **ein dreifaches ~ für** (*o.* **auf**) **...!** un triplo evviva per ...!

Hochachtung *f* stima *f,* rispetto *m,* considerazione *f;* **mit vorzüglicher ~** *geh* con la massima stima. **hochach-**

tungsvoll *adv* con la massima stima, distinti saluti.

Hochaltar *m* altar(e) *m* maggiore. **Hochamt** *n* messa *f* grande (*o.* solenne). **hoch·arbeiten** *rfl:* **sich ~** farsi strada (lavorando). **Hochbahn** *f* ferrovia *f* sopraelevata. **Hochbau** ‹-(e)s, -ten› *m* costruzione *f* soprassuolo. **hochbegabt** *a attr* molto dotato. **hochberühmt** *a attr* famosissimo, celeberrimo. **hochbetagt** *a* molto vecchio (*o.* anziano). **Hochbetrieb** *m* massima attività *f.* **Hochblüte** *f fig* fioritura *f;* **seine ~ haben** fiorire. **Hochburg** *f* roccaforte *f.* **hochdeutsch** *a* alto tedesco, tedesco puro (*o.* scritto). **hochdotiert** *a* rimunerato lautamente.

Hochdruck¹ ‹-(e)s, ø› *m phys, meteo* alta pressione *f; fig* pressione *f;* **mit ~** sotto pressione.

Hochdruck² ‹-(e)s, -e› *m typ* stampa *f* in rilievo, tipografia *f.*

Hochdruckgebiet *n* zona *f* d'alta pressione.

Hochebene *f* altopiano *m.* **hocherfreut** *a attr* felicissimo. **hochexplosiv** *a* molto esplosivo.

hoch·fahren ‹*irr*› *itr* ‹*sein*› **1.** *(nach oben fahren)* andare su, salire; **2.** *(aufbrausen)* saltar(e) su; **aus dem Schlaf ~** svegliarsi di soprassalto. **hochfahrend** *a* superbo, arrogante, presuntuoso.

Hochfinanz *f* alta finanza *f.* **hochfliegend** *a fig* ambizioso. **Hochform** *f* ottima forma *f.* **Hochformat** *n* formato *m* verticale. **Hochfrequenz** *f* alta frequenza *f.* **Hochgebirge** *n* alta montagna *f.* **Hochgefühl** *n* euforia *f.*

hoch·gehen ‹*irr*› *itr* ‹*sein*› **1.** *(nach oben gehen)* salire; *(Vorhang)* alzarsi, levarsi; *(Mine)* esplodere; **2.** *fam (zornig werden)* montare su tutte le furie *fam.*

Hochgenuß *m* godimento *m* ineffabile, voluttà *f.* **hochgespannt** *a:* **~e Erwartungen** eccessive aspettative. **hochgestochen** *a fam pej (Rede)* forbito; *(Buch)* di alta levatura intellettuale. **Hochglanz** *m* lucentezza *f,* splendore *m;* **etw. auf ~ bringen** (*o.* **polieren**) lucidare qc a specchio *fam.* **hochgradig** *a* forte, intenso. **hochhackig** [-hakɪç] *a* a tacchi alti.

hoch·halten ‹*irr*› *tr* **1.** tenere in alto; **2.** *fig (achten)* tenere alto, onorare.

Hochhaus *n* grattacielo *m.* **hoch·heben** ‹*irr*› *tr* alzare, sollevare. **hochindustrialisiert** *a* altamente industrializzato. **hochkant** [-kant] *adv* per (*o.* a) coltello, di costa. **Hochkonjunktur** *f* congiuntura *f* favorevole. **Hochland** ‹-(e)s, -ër *o.* -e› *n* altopiano *m.* **hochmodern** *a* modernissimo. **Hochmoor** *n* palude *f* alta (*o.* sovracquatica).

Hochmut *m* superbia *f,* arroganza *f.*

hochmütig [-my:tɪç] *a* superbo, arrogante.

Hochnebel *m* nebbia *f* alta. **Hochofen** *m* altoforno *m.* **Hochparterre** *n* pianoterra *m* rialzato. **hochprozentig** *a* ad alta percentuale; *(Alkohol)* ad alta gradazione alcolica. **hochqualifiziert** *a* altamente qualificato.

hoch·rechnen **I.** *tr* prevedere (sulla base di proiezioni parziali); **II.** *itr* fare delle previsioni. **Hochrechnung** *f* previsione *f* (in base a proiezioni parziali).

Hochrelief *n* altorilievo *m.* **Hochruf** *m* evviva *m.* **Hochsaison** *f* alta stagione *f.*

Hochschule *f* istituto *m* superiore, università *f.* **Hochschüler(in)** *m(f)* studente, -essa *m, f* universitario, -a. **Hochschullehrer(in)** *m(f)* professore, -essa *m, f* universitario, -a. **Hochschulreife** *f* maturità *f,* licenza *f* liceale. **Hochschulstudium** *n* studi *m pl* universitari. **Hochschulzulassung** *f* ammissione *f* all'università.

hochschwanger *a* negli ultimi mesi di gravidanza.

Hochsee *f* alto mare *m.* **Hochseefischerei** *f* pesca *f* d'alto mare.

Hochsitz *m* palchetto *m,* posta *f* alta. **Hochsommer** *m* piena estate *f.*

Hochspannung *f* alta tensione *f.* **Hochspannungsleitung** *f* linea *f* ad alta tensione. **Hochspannungsmast** *m* traliccio *m* di elettrodotto d'alta tensione.

hoch·spielen *tr fig* gonfiare, enfatizzare. **Hochsprache** *f* lingua *f* scritta (*o.* letteraria). **Hochsprung** *m* salto *m* in alto.

höchst [hø:çst] *adv* molto, assai, estremamente, sommamente.

Höchst- *(in Zusammensetzungen)* massimo. **Höchstalter** *n* età *f* massima.

Hochstapler(in) [-ʃta:plɐ (...ərɪn)] ‹-s, -› *m(f)* cavaliere *m* d'industria, filibustiere, -a *m, f,* imbroglion-a *m, f.*

Höchstbetrag *m* importo *m* massimo; **bis zum ~ von** fino all'ammontare di.

höchste *s.* **höchste(r, s).**

höchstens *adv* al massimo, tutt'al più.

höchste(r, s) ['hø:çstə] ‹*Superlativ*

von hoch) *a* **1.** (il, la) più alto, -a; **2.** *fig (äußerste)* estremo, -a, massimo, -a; **es ist ~ Zeit** è proprio ora; **das ist das ~ der Gefühle** *fam (prima)* è magnifico, è fantastico; *(Grenze)* questo è il massimo.

Höchstfall *m:* **im ~** al massimo. **Höchstgebot** *n* offerta *f* massima, ultima offerta *f.* **Höchstgeschwindigkeit** *f* velocità *f* massima; **zulässige ~** velocità massima consentita. **Höchstgrenze** *f* limite *m* massimo.

hoch·stilisieren ⟨*ohne ge-*⟩ *tr* elevare (*zu* a).

Höchstleistung *f* **1.** *tec* rendimento *m* massimo, produzione *f* massima; **2.** *sport* record *m,* primato *m.* **Höchstmaß** *n:* **ein ~ an Verantwortung** una grandissima responsabilità. **höchstpersönlich** ['hø:çstpɛr'zø:nlıç] *adv* in (*o.* di) persona. **Höchstpreis** *m* prezzo *m* massimo (*o.* limite). **Höchststrafe** *f* pena *f* massima. **höchstwahrscheinlich** ['hø:çstva:ɐ̯'ʃa͜inlıç] *adv* con tutta probabilità. **höchstzulässig** *a:* **~es Gesamtgewicht** carico massimo ammesso.

Hochtour *f:* **auf ~en laufen** girare a pieno regime; *fig* lavorare a pieno ritmo. **hochtrabend** *a* enfatico, pomposo, ampolloso. **Hochverrat** *m* alto tradimento *m.* **Hochwald** *m* fustaia *f.* **Hochwasser** *n* **1.** *(bei Flut)* alta marea *f;* **2.** *(von Fluß)* piena *f;* **3.** *(Überschwemmung)* inondazione *f;* **meine Hose hat ~** *fam scherz* i miei pantaloni sono troppo corti. **hochwertig** *a* di gran valore (*o.* pregio), prezioso. **Hochwild** *n* selvaggina *f* grossa.

Hochzeit ['hɔxt͜sa͜it] *f* nozze *f pl,* sposalizio *m;* **silberne/goldene/diamantene ~** nozze d'argento/d'oro/di diamante. **Hochzeitsfeier** *f* cerimonia *f* nuziale. **Hochzeitsgast** *m* invitato *m* alle nozze. **Hochzeitsgeschenk** *n* regalo *m* di nozze. **Hochzeitsnacht** *f* prima notte *f* di matrimonio. **Hochzeitsreise** *f* viaggio *m* di nozze. **Hochzeitstag** *m* **1.** *(Tag der Eheschließung)* giorno *m* delle nozze; **2.** *(Jahrestag)* anniversario *m* delle nozze.

Hocke ['hɔkə] ⟨-, -n⟩ *f* **1.** posizione *f* raccolta; **2.** *(Sport)* salto *m* a piedi giunti.

hocken *itr* **1.** *(in Hocke sitzen)* essere accoccolato, stare accovacciato; **2.** *fam (sitzen)* stare (seduto); **immer zu Hause ~** stare sempre chiuso in casa.

Hocker ⟨-s, -⟩ *m* sgabello *m.*

Höcker ['hœkɐ] ⟨-s, -⟩ *m* **1.** *(Buckel)* gobba *f;* **2.** *med* gibbosità *f;* **3.** *(Auswuchs)* protuberanza *f,* escrescenza *f.*

Hockey ['hɔki *o.* 'hɔke] ⟨-s, ø⟩ *n* hockey *m.* **Hockeyschläger** *m* mazza *f* da hockey.

Hode ['ho:də] ⟨-, -n⟩ *f,* **Hoden** ⟨-s, -⟩ *m* testicolo *m.* **Hodensack** *m* scroto *m.*

Hof [ho:f] ⟨-(e)s, ⸚e⟩ *m* **1.** *(Innen~, Schul~, Kloster~, Gefängnis~, etc.)* cortile *m;* **2.** *(Bauern~)* fattoria *f;* **3.** *(Gerichts~, Fürsten~)* corte *f;* **4.** *astr* alone *m;* **auf dem ~** nel cortile; **jdm den ~ machen** fare la corte a qu, corteggiare qu.

hoffen ['hɔfən] *tr, itr* sperare (*auf* in); **auf bessere Zeiten ~** sperare in tempi migliori; **ich hoffe es** lo spero; **ich hoffe nicht** spero di no; **~ wir das Beste!** speriamo (in) bene; **sie hofften auf das Ende des Krieges** speravano che la guerra finisse; **ich will nicht ~, daß sie das tut** spero che non lo faccia.

Hoffnung ['hɔfnʊŋ] ⟨-, -en⟩ *f* speranza *f* (*auf* in); *(Erwartung)* attesa *f* (*auf* di); *(Aussicht)* probabilità *f* (*auf* di); **in der ~** nella speranza (*zu* di), sperando (*daß* ... che ...); **die ~ aufgeben** perdere (*o.* abbandonare) ogni speranza; **keine ~ mehr haben** non avere più speranze; **jdm ~ auf etw. machen** far sperare qc a qu; **sich** *(dat)* **~en machen** farsi illusioni; **wieder ~ schöpfen** riacquistare la speranza; **seine ~ auf etw./jdn setzen** riporre le proprie speranze in qc/qu; **guter ~ sein** *geh* aspettare un bambino, essere in stato interessante. **hoffnungslos** *a* senza speranza; *(aussichtslos)* disperato. **Hoffnungslosigkeit** ⟨-, ø⟩ *f* **1.** *(ohne Hoffnung)* condizione *f* disperata, disperazione *f;* **2.** *(ohne Aussicht)* inutilità *f.* **Hoffnungsschimmer** *m* barlume *m* di speranza. **hoffnungsvoll** *a* pieno di speranza; *(zuversichtlich)* fiducioso; *(vielversprechend)* promettente.

Hofhund *m* cane *m* da guardia.

hofieren [ho'fi:rən] ⟨*ohne ge-*⟩ *tr* corteggiare.

höfisch ['hø:fıʃ] *a* **1.** *(Leben, Sitten)* di corte, cortigiano; **2.** *(Dichtung)* cortese.

höflich ['hø:flıç] *a* cortese, gentile. **Höflichkeit** ⟨-, -en⟩ *f* cortesia *f,* gentilezza *f.* **Höflichkeitsbesuch** *m* visita *f* di cortesia. **Höflichkeitsfloskel** *f* (vuota) formula *f* di cortesia.

Höfling ['hø:flıŋ] ⟨-s, -e⟩ *m* cortigiano *m.*

Hofmarschall *m* maresciallo *m* di corte. **Hofnarr** *m* buffone *m* di corte. **Hoftor** *n* portone *m* del cortile.

hohe *s.* **hoch.**

Höhe ['hø:ə] ‹-, -n› *f* **1.** *allg., mat, mus* altezza *f; aero* quota *f;* **2.** *(An~)* altura *f,* elevazione *f; (Gipfel~)* vetta *f;* **3.** *(von Betrag)* ammontare *m; (von Steuer, Satz)* tasso *m;* **auf der ~ von** all'altezza di; **auf gleicher ~** alla stessa altezza; *(Stadt, Ort)* alla stessa latitudine; **auf gleicher ~ mit, in gleicher ~ wie** allo stesso livello di; **auf** (*o.* **in) halber ~** a mezza costa; **bis zur ~ von 1000 DM** fino a(ll'ammontare di) 1000 marchi; **in der** (*o.* **die) ~** in alto; **nicht auf der ~ sein** *fig fam* non essere in forma; **wieder auf der ~ sein** *fig* essere ristabilito; **das ist (doch) die ~!** *fam* è il colmo! *fam.*

Hoheit ['ho:hait] ‹-, -en› *f* **1.** ‹*sing*› *(Erhabenheit)* maestà *f* (*über* su), maestosità *f* (*über* su), sublimità *f* (*über* su); **2.** *(Majestät)* altezza *f; (Anrede)* Sua Altezza; **Königliche ~** Altezza reale. **Hoheitsgebiet** *n* territorio *m* nazionale. **Hoheitsgewässer** *n pl* acque *f pl* territoriali. **hoheitsvoll** *a* maestoso, regale. **Hoheitszeichen** *n* emblema *m* di sovranità.

Höhenmesser ‹-s, -› *m* altimetro *m.* **Höhensonne** *f* lampada *f* al quarzo. **Höhenunterschied** *m* dislivello *m.* **Höhenzug** *m* catena *f* di montagne.

Höhepunkt *m* **1.** *allg.* punto *m* culminante; **2.** *(Gipfel)* cima *f,* vetta *f,* culmine *m;* **3.** *fig* apice *m,* vertice *m; (bes. med)* acme *f fam,* colmo *m fam;* **auf dem ~ der Macht** all'apice della potenza; **den ~ erreichen** raggiungere l'apice (*o.* il vertice).

höher ['hø:ɐ] ‹*Komparativ von* hoch› *a* più alto (*als* di); *(~liegend)* più elevato (*als* di); *fig* superiore (*als* a); **auf ~en Befehl** per ordine superiore; **~e Gewalt** forza maggiore; **~e Mathematik** matematica superiore; **~e Schule** scuola secondaria (*o.* superiore).

hohe(r, s) ['ho:ə] *s.* **hoch.**

hohl [ho:l] *a* **1.** *(leer)* cavo; **2.** *(Augen)* infossato; *(Wangen)* incavato; **3.** *(Klang)* cupo; **4.** *fig* vuoto, vacuo; *(nichtssagend)* insulso; *(Gerede)* vuoto, insulso; *(Blick)* vuoto; **~ klingen** mandare un suono vuoto; **~ machen** scavare; **aus der ~en Hand trinken** bere dal cavo della mano.

Höhle ['hø:lə] ‹-, -n› *f* **1.** *(Erd~, Fels~)* caverna *f,* grotta *f;* **2.** *(Hohlraum, a. med)* cavità *f; (Augen~)* orbita *f;* **3.** *(Tier~)* tana *f.* **Höhlenbewohner(in)** *m(f)* cavernicolo, -a *m, f.* **Höhlenforscher(in)** *m(f)* speleologo, -a *m, f.* **Höhlenforschung** *f,* **-kunde** *f* speleologia *f.* **Höhlenmalerei** *f* pittura *f* parietale.

Hohlheit ‹-, *rar* -en› *f* vacuità *f.* **Hohlkopf** *m pej* testa *f* vuota *fam;* zucca *f fam.* **Hohlkörper** *m* corpo *m* cavo. **Hohlkreuz** *n* lordosi *f* lombosacrale. **Hohlkugel** *f* sfera *f* cava. **Hohlmaß** *n* misura *f* di capacità. **Hohlraum** *m* cavità *f; geol* vacuolo *m.* **Hohlsaum** *m* orlo *m* a giorno. **Hohlspiegel** *m* specchio *m* concavo.

Höhlung ‹-, -en› *f* cavità *f.*

Hohlweg *m* strada *f* incassata. **Hohlziegel** *m* mattone *m* forato.

Hohn [ho:n] ‹-(e)s, ø› *m* scherno *m; (Spott)* derisione *f; (feiner ~)* ironia *f; (bitterer ~)* sarcasmo *m.*

höhnen ['hø:nən] **I.** *itr* farsi beffe (*über* di); **II.** *tr geh* schernire.

Hohngelächter *n* risata *f* di scherno.

höhnisch I. *a* derisorio, beffardo, sarcastico; *(Lachen)* sardonico; **II.** *adv* in modo canzonatorio.

Hokuspokus [ho:kʊs'po:kʊs] ‹-, ø› *m* **1.** *(Zauberformel)* abracadabra *f;* **2.** *pej (fauler Zauber)* raggiro *m;* **3.** *pej (Getue)* sciocchezze *f pl.*

hold [hɔlt] *a obs, poet* **1.** *(Glück, etc.)* favorevole, propizio; **2.** *(Mensch)* grazioso, leggiadro; **das Glück ist mir ~** la fortuna mi arride.

holen ['ho:lən] *tr* andare (*o.* venire) a prendere; **sich** *(dat)* **eine Krankheit ~** *fam* buscarsi (*o.* beccarsi) una malattia; **sich** *(dat)* **eine Abfuhr ~** ricevere un rabbuffo; **sich** *(dat)* **bei jdm Rat ~** chiedere consiglio a qu; **sich** *(dat)* **einen Schnupfen ~** *fam* pigliarsi (*o.* prendersi) un raffreddore *fam;* **jdn ~ lassen** mandare a chiamare qu, far venire qu; **da ist nichts zu ~** non se ne ricava nulla; **hol' dich der Teufel!** *fam* che il diavolo ti porti!, va al diavolo! *fam;* **etw. ~ lassen** mandare a prendere qc; **Atem ~** prender fiato; **jdn aus dem Bett ~** tirare qu giù dal letto.

Holland ['hɔlant] *n* Olanda *f.*

Holländer(in) ['hɔlɛndɐ (...ərɪn)] ‹-s, -› *m(f)* olandese *mf.*

holländisch *a* olandese.

Hölle ['hœlə] ‹-, *rar* -n› *f* inferno *m;* **in die ~ kommen** andare all'inferno; **jdm das Leben zur ~ machen** *fam* rendere la vita insopportabile a qu; **das ist die ~ auf Erden** è un inferno; **jdm die ~ heiß machen** *fam* non dar tregua a qu; **in der Chefetage ist die ~ los** sul piano del capo sta succedendo un pandemonio. **Höllenlärm** ['hœlən'lɛrm] *m* baccano *m* infernale (*o.* del diavolo). **Höllenqual** ['hœlən'kva:l] *f* pene *f pl* dell'inferno. **Höllenstein** *m* pietra *f* infernale.

Holler ['hɔlɐ] ‹-s, -› *m A (Holunder)* sambuco *m.*

höllisch *a* **1.** *(die Hölle betreffend)* infernale, dell'inferno, d'inferno; **2.** *fam (riesig)* enorme; **~ aufpassen** *fam* stare attentissimo; **das tut ~ weh** *fam* fa un male cane *fam.*

Hollywoodschaukel ['hɔlɪwʊd-] *f* divano *m* a dondolo.

Holm [hɔlm] ‹-(e)s, -e› *m (von Leiter)* staggio *m; (von Barren)* sbarra *f.*

holp(e)rig ['hɔlp(ə)rɪç] *a* **1.** *(Weg)* accidentato, ineguale; **2.** *fig (Stil)* scabro; *(Vers)* zoppicante.

holpern ['hɔlpɐn] *itr* **1.** ‹*sein*› *(sich holpernd fortbewegen)* camminare inciampando; *(Wagen)* traballare; **2.** ‹*haben*› *(stolpern, wackeln)* inciampare, vacillare; **3.** ‹*haben*› *(beim Lesen)* leggere stentatamente.

holprig *a s.* **holperig.**

Holschuld ['ho:l-] *f* debito *m* domiciliato.

Holunder [ho'lʊndɐ] ‹-s, -› *m,* **Holunderbaum** *m* sambuco *m.*

Holz [hɔlt͡s] ‹-es, ¨er› *n* **1.** *(Material, Stück)* legno *m; (Brenn~)* legna *f; (Nutz~)* legname *m;* **2.** *obs (Wald)* bosco *m;* **3.** ‹*pl*› *(Kegel)* birilli *m pl;* **~ fällen** tagliare la legna; **aus einem anderen ~ (geschnitzt) sein** *fig* essere di (ben) altra tempra; **aus demselben ~ (geschnitzt) sein** *fig* essere della stessa tempra; **(viel) ~ vor der Hütte haben** *fam scherz* avere un bel davanzale *fam.* **Holzbearbeitung** *f* lavorazione *f* del legno. **Holzbein** *n* gamba *f* di legno. **Holzblasinstrument** *n* strumento *m* a fiato di legno. **Holzbock** *m* **1.** *tec* cavalletto *m* di legno; **2.** *zoo* zecca *f.* **Holzbohrer** *m* **1.** *tec* trivella *f;* **2.** *zoo* scolito *m* bostrico.

hölzern ['hœlt͡sɐn] *a* **1.** *(aus Holz)* di legno, ligneo; **2.** *(holzartig)* legnoso; **3.** *fig (Haltung)* rigido; *(schwerfällig)* pesante.

Holzfäller ‹-s, -› *m* boscaiolo *m.* **Holzfaser** *f* fibra *f* legnosa. **Holzfaserplatte** *f* pannello *m* di masonite. **holzfrei** *a* che non contiene cellulosa. **Holzhacker** ‹-s, -› *m* spaccalegna *m,* taglialegna *m.* **Holzhammer** *m* mazzuolo *m.* **Holzhandel** *m* commercio *m* del legname. **Holzhändler(in)** *m(f)* commerciante *mf* di legnami. **Holzhaufen** *m* catasta *f* di legna. **Holzhaus** *n* casa *f* di legno.

holzig *a* legnoso.

Holzklotz *m* ceppo *m.* **Holzkohle** *f* carbone *m* di legna. **Holzlager** *n* deposito *m* di legname. **Holzscheit** *n* (pezzo *m* di) legno *m.* **Holzschnitt** *m* silografia *f.* **Holzschnitzer(in)** *m(f)* intagliatore, -trice *m, f* in legno. **Holzschnitzerei** *f* intaglio *m* (*o.* scultura *f*) in legno. **Holzschuh** *m* zoccolo *m.* **Holzsplitter** *m* scheggia *f* di legno. **Holzstich** *m* silografia *f.* **Holzstoß** *m* catasta *f* di legna. **holzverarbeitend** *a:* **~e Industrie** industria della lavorazione del legno. **Holzweg** *m:* **auf dem ~ sein** *fam* sbagliarsi di grosso *fam.* **Holzwolle** *f* lana *f* di legno. **Holzwurm** *m* tarlo *m.*

homogen [homo'ge:n] *a* omogeneo.

homogenisieren [...geni'zi:rən] ‹*ohne ge-*› *tr* omogeneizzare.

Homogenität [...geni'tɛ:t] ‹-, ø› *f* omogeneità *f.*

homonym [homo'ny:m] *a* omonimo. **Homonym** ‹-(e)s, -e› *n* omonimo *m.*

Homöopath(in) [homøo'pa:t(ɪn)] ‹-en, -en› *m(f)* omeopata *mf.*

Homöopathie [...pa'ti:] ‹-, ø› *f* omeopatia *f.*

Homöopathin *f s.* **Homöopath.**

homöopathisch *a* omeopatico.

Homosexualität [homo-] *f* omosessualità *f.*

homosexuell *a* omosessuale.

Hongkong ['hɔŋkɔŋ] *n* Hong Kong *m.*

Honig ['ho:nɪç] ‹-s, *rar* -e› *m* miele *m;* **mit ~ gesüßt** mielato; **jdm ~ ums Maul schmieren** *fam* essere tutto miele con qu. **Honigkuchen** *m* panpepato *m.* **Honigkuchenpferd** *n:* **grinsen wie ein ~** *fam* sghignazzare come uno sciocco. **honigsüß** ['ho:nɪç'zy:s] *a* **1.** dolce come il miele, mielato; **2.** *fig pej* mellifluo. **Honigwabe** *f* favo *m.*

Honorar [hono'ra:ɐ̯] ‹-s, -e› *n* onorario *m.*

Honoratioren [honora't͡si̯o:rən] ‹*pl*› notabili *m pl.*

honorieren [hono'ri:rən] ‹*ohne ge-*› *tr* **1.** *(Anwalt, Arzt)* pagare un onorario a, retribuire; *(Wechsel)* onorare; **2.** *fig (würdigen)* onorare.

Hopfen ['hɔp͡fən] ‹-s, -› *m* luppolo *m;* **da ist ~ und Malz verloren** *fam* è fatica sprecata. **Hopfenstange** *f* **1.** *agr* pertica *f* dei luppoli; **2.** *fam scherz (langer Mensch)* spilungone, -a *m, f fam.*

hopp [hɔp] *interj* op, opplà; **~e ~e**

Reiter! arri, arri, cavallino!; **mach mal ein bißchen ~!** *fam* sbrigati! *fam*, spicciati! *fam*.

hoppeln ['hɔpəln] *itr ‹sein›* saltellare.

hoppla ['hɔpla] *interj fam* opplà.

hops [hɔps] *interj* opplà.

hopsen ['hɔpsən] *itr ‹sein› fam* saltellare.

hops·gehen *‹irr› itr ‹sein› fam (verlorengehen)* andar perduto; *(sterben)* morire.

hörbar *a* udibile, percettibile.

horchen ['hɔrçən] *itr* ascoltare (*auf etw./jdn* qc/qu); *(heimlich)* stare in ascolto (*o.* a sentire); **an der Tür ~** origliare; **horch!** ascolta! **Horchposten** *m* posto *m* d'ascolta (*o.* d'intercettazione).

Horde ['hɔrdə] ‹-, -n› *f* orda *f.*

hören ['hø:rən] **I.** *tr* **1.** *allg.* udire, sentire; **2.** *(hin~, zu~)* ascoltare; **3.** *(erfahren)* apprendere, sentire (parlare), venire a sapere; **eine Vorlesung ~** assistere a una lezione universitaria; **ich will nichts mehr von Fußball ~** non ne voglio più sapere del calcio; **er hört immer Radio Luxemburg** ascolta sempre Radio Lussemburgo; **das ist das erste, was ich höre** questa mi è nuova; **II.** *itr* **1.** *allg.* udire, sentire; **2.** *(hin~, zu~)* ascoltare (*auf etw./jdn* qc/qu); **3.** *(gehorchen)* ubbidire (*auf* a), dar retta (*auf* a); **gut ~** sentire bene, avere un udito fine; **sie hört auf den Namen Maria** si chiama Maria; **nur auf einem Ohr ~** essere sordo da un orecchio; **er hört sich gern reden** gli piace parlare; **schwer** (*o.* **schlecht) ~** essere sordo (*o.* duro d'orecchi); **(nichts) von sich** *(dat)* **~ lassen** (non) dare notizie di sé, (non) farsi vivo *fam;* **hör mal!** senti un po'!; **(na) ~ Sie mal!** che cosa le salta in mente!; **Sie werden (noch) von mir ~** avrete mie notizie; *(als Drohung)* sentirete (ancora) parlare di me!; **das läßt sich (schon) ~** questo è positivo; **wer nicht ~ will, muß fühlen** *prov* chi non vuole ascoltare consigli, dovrà imparare a sue spese; **dabei wird ihm H~ und Sehen vergehen** rimarrà senza fiato.

Hörensagen *n:* **vom ~** per sentito dire.

Hörer ‹-s, -› *m (Telefon~)* ricevitore *m; (Kopf~)* ricevitore *m* a cuffia; **den ~ abnehmen/auflegen** staccare/riattaccare il ricevitore.

Hörer(in) ‹-s, -› *m(f) (Radio~)* ascoltatore, -trice *m, f; (Universitäts~)* uditore, -trice *m, f.* **Hörerschaft** ‹-, *rar* -en› *f* uditorio *m.*

Hörfehler *m* **1.** *(Mißverständnis)* errore *m* d'udito; **2.** *med* difetto *m* dell'udito. **Hörfolge** *f* serie *f* (*o.* ciclo *m*) di trasmissioni (radiofoniche). **Hörgerät** *n* apparecchio *m* acustico.

hörig *a* **1.** *hist* asservito, soggetto a servitù; **2.** *psych* succubo; **jdm ~ sein** dipendere (sessualmente) da qu. **Hörigkeit** ‹-, *rar* -en› *f* **1.** *hist* servitù *f,* asservimento *m;* **2.** *(sexuell)* dipendenza *f* sessuale.

Horizont [hori'tsɔnt] ‹-(e)s, -e› *m* orizzonte *m;* **am ~** all'orizzonte; **einen engen ~ haben** avere un orizzonte limitato (*o.* ristretto); **das geht über meinen ~** non ci arrivo *fam.*

horizontal [...'ta:l] *a* orizzontale. **Horizontale** ‹-, -n› *f* (linea *f*) orizzontale *f.*

Hormon [hɔr'mo:n] ‹-s, -e› *n* ormone *m.* **Hormonhaushalt** *m* equilibrio *m* ormonale.

Hörmuschel *f* padiglione *m* del ricevitore.

Horn [hɔrn] ‹-(e)s, ⸚er› *n* corno *m;* **sich** *(dat)* **die Hörner abstoßen** (*o.* **ablaufen)** *fig fam* rompersi le corna *fam;* **ins gleiche ~ stoßen** (*o.* **blasen)** *fig fam* avere grande affinità d'idee; **jdm Hörner aufsetzen** *fam* mettere le corna a qu *fam;* **den Stier bei den Hörnern packen** prendere il toro per le corna. **Hornbrille** *f* occhiali *m pl* di tartaruga.

Hörnchen ['hœrnçən] ‹-s, -› *n* **1.** *(kleines Horn)* cornetto *m;* **2.** *(Gebäck)* cornetto *m;* **3.** *zoo (Eich~)* scoiattolo *m; (Backen~)* tamia *m* striato; *(Flug~)* petauro *m.*

Hornhaut *f* **1.** *(Schwiele)* callosità *f,* durone *m;* **2.** *(am Auge)* cornea *f.*

Hornisse [hɔr'nɪsə] ‹-, -n› *f* calabrone *m.*

Hornist(in) [hɔr'nɪst(ɪn)] ‹-en, -en› *m(f)* suonatore, -trice *m, f* di corno.

Hornochse *m fam* imbecille *m fam,* cretino *m fam.*

Hörorgan *n* organo *m* dell'udito.

Horoskop [horo'sko:p] ‹-s, -e› *n* oroscopo *m;* **jdm das ~ stellen** fare l'oroscopo a qu.

Hörrohr *n* **1.** *(für Schwerhörige)* cornetto *m* acustico; **2.** *(für Arzt)* stetoscopio *m.*

Horror ['hɔrɔr] ‹-s, ø› *m* orrore *m* (*vor* di, per). **Horrorfilm** *m* film *m* dell'orrore. **Horrortrip** *m sl* **1.** *(Rauschgift~)* viaggio *m* allucinante; **2.** *fig* esperienza *f* allucinante.

Hörsaal *m* uditorio *m.* **Hörspiel** *n* radiodramma *m.*

Horst[1] [hɔrst] *männlicher Vorname.*

Horst² [hɔrst] ‹-(e)s, -e› *m* **1.** *bot* ciuffo *m;* **2.** *(Adler~, etc.)* nido *m* (di uccello rapace); **3.** *(Flieger~)* base *f* aerea.

Hörsturz *m* ipoacusia *f* improvvisa.

Hort [hɔrt] ‹-(e)s, -e› *m* **1.** *poet (Schatz)* tesoro *m;* **2.** *geh (Zufluchtsort)* asilo *m,* rifugio *m;* **3.** *(Kinder~)* doposcuola *m.*

horten *tr* tesaurizzare, accumulare.

Hortensie [hɔrˈtɛnzi̯ə] ‹-, -n› *f* ortensia *f.*

Hörweite *f* portata *f* d'orecchio; **außer/in ~** fuori/a portata d'orecchio.

Höschen [ˈhøːsçən] ‹-s, -› *n* mutandina *f,* slip *m.*

Hose [ˈhoːzə] ‹-, -n› *f* pantaloni *m pl,* calzoni *m pl; (kurze ~, Knie~)* calzoncini *m pl,* pantaloni *m pl* corti; *(Unter~)* mutande *f pl;* **die ~n anhaben** *fig fam* portare i calzoni, comandare; **jdm die ~n strammziehen** *fig fam* sculacciare qu *fam;* **das Baby hat in die ~ gemacht** (*o.* **hat die ~ voll)** il bambino se l'è fatta addosso *fam;* **sich** *(dat)* **(vor Angst) in die ~n machen** *fig fam* farsela addosso (per la paura) *fam;* **ihm fiel** (*o.* **rutschte) das Herz in die ~** *fam* ebbe paura, gli mancò il coraggio; **die Prüfung ist in die ~n gegangen** *sl* l'esame è andato male. **Hosenanzug** *m* tailleur *m* pantalone. **Hosenbein** *n* gamba *f* dei calzoni. **Hosenboden** *m* fondo *m* dei calzoni; **jdm den ~ strammziehen** (*o.* **versohlen)** *fam* sculacciare qu *fam;* **wenn du das Abitur schaffen willst, solltest du dich mal auf den ~ setzen** *fam* se vuoi passare l'esame di maturità, devi metterti a studiare con impegno. **Hosenbund** ‹-(e)s, ¨-e› *m* cintura *f* dei calzoni. **Hosenklammer** *f* molletta *f* fermapantaloni. **Hosenrock** *m* gonnapantalone *f.* **Hosenschlitz** *m* patta *f* dei calzoni. **Hosentasche** *f* tasca *f* dei calzoni. **Hosenträger** *m pl* bretelle *f pl.*

Hospital [hɔspiˈtaːl] ‹-s, -e *o.* ¨-er› *n* ospedale *m.*

Hospiz [hɔsˈpiːts] ‹-es, -e› *n* ospizio *m.*

Hostess, Hosteß [hɔsˈtɛs *o.* ˈhɔs...] ‹-, Hostessen› *f* hostess *f.*

Hostie [ˈhɔsti̯ə] ‹-, -n› *f* ostia *f,* particola *f.*

Hotel [hoˈtɛl] ‹-s, -s› *n* albergo *m,* hotel *m.* **Hotelbesitzer(in)** *m(f)* proprietario, -a *m, f* d'albergo, albergatore, -trice *m,.* **Hotelboy** [-bɔy] ‹-s, -s› *m* ragazzo *m* d'albergo. **Hotelfachschule** *f* scuola *f* alberghiera. **Hotelzimmer** *n* camera *f* d'albergo.

hott [hɔt] *interj* arri.

Hr. *ab von* **Herr** Sig. (*ab von* signore).

HR [haːˈʔɛr] ‹-(s), ø› *m ab von* **Hessischer Rundfunk** *rete radio televisiva regionale della R.F.T. con sede a Francoforte.*

hrsg. *ab von* **herausgegeben** ed. (*ab von* edito).

Hrsg. *ab von* **Herausgeber(in)** Ed. (*ab von* editore).

hü [hyː] *interj* uh; **einmal ~ und einmal hott sagen** *fam* cambiare continuamente idea.

Hubert [ˈhuːbɛrt] *(männlicher Vorname)* Uberto.

Hubraum [ˈhuːp-] *m* cilindrata *f.*

hübsch [hʏpʃ] **I.** *a* bello; *(niedlich)* carino; *(reizend)* grazioso; **sich ~ machen** farsi bello; **eine (ganz) ~e Summe** *fam iron* una bella somma *fam;* **das ist ja eine ~e Geschichte!** *fam iron* questa sì che è una bella storia! *fam;* **na, ihr beiden H~en!** *fam* allora, bellezze! *fam;* **II.** *adv fam (ziemlich)* abbastanza; **es ~ bleibenlassen** *fam* guardarsene bene *fam.*

Hubschrauber [ˈhuːpʃrau̯bɐ] ‹-s, -› *m* elicottero *m.*

huckepack [ˈhʊkəpak] *adv:* **jdn ~ tragen** portare qu a cavalluccio *fam.*

Huf [huːf] ‹-(e)s, -e› *m* zoccolo *m,* unghia *f.* **Hufeisen** *n* ferro *m* di cavallo. **hufeisenförmig** [-fœrmɪç] *a* a ferro di cavallo. **Hufschmied** *m* maniscalco *m.*

Hüfte [ˈhʏftə] ‹-, -n› *f* anca *f;* **bis an die ~** fino ai fianchi; **mit den ~n wakkeln** ancheggiare. **Hüftgelenk** *n* articolazione *f* dell'anca. **Hüfthalter** *m* guaina *f;* reggicalze *m.*

Hügel [ˈhyːgəl] ‹-s, -› *m* colle *m; (kleiner)* collina *f; (Grab~)* tumulo *m.* **hügelig** *a* collinoso.

Hugo [ˈhuːgo] *(männlicher Vorname)* Ugo.

Huhn [huːn] ‹-(e)s, ¨-er› *n (Art)* pollo *m; (Gattung)* pollame *m; (Henne)* gallina *f;* **da lachen ja die Hühner!** *fam* fa ridere i polli! *fam;* **mit den Hühnern aufstehen** *fam* alzarsi con i polli *fam;* **du verrücktes/dummes ~!** *fam* (sei) pazzo (sei un) imbecille! *fam.*

Hühnchen [ˈhyːnçən] ‹-s, -› *n* pollastro *m,* pollastrino *m;* **mit jdm (noch) ein ~ zu rupfen haben** *fam* avere dei conti da regolare con qu.

Hühnerauge [ˈhyːnɐ-] *n* callo *m.* **Hühnerbouillon** *f,* **-brühe** *f* brodo *m* di pollo. **Hühnerei** *n* uovo *m* di gallina. **Hühnerfarm** *f* stabilimento *m* avicolo. **Hühnerhof** *m* bassa *f* corte. **Hühnerleiter** *f* scaletta *f* del pollaio. **Hühnerstall** *m* pollaio *m*. **Hühnerstange** *f* posatoio *m*. **Hühnerzucht** *f* pollicoltura *f*, allevamento *m* di polli.

Huld [hʊlt] ⟨-s, ø⟩ *f obs, geh* grazia *f; (Geneigtheit, Wohlwollen)* benevolenza *f; (Gunst)* favore *m*.

huldigen ['hʊldɪgən] *itr obs, geh* **1.** *(Menschen)* rendere omaggio (*jdm* a qu); **2.** *(Dingen)* essere dedito (*einer S.* a qc).

Huldigung ⟨-, -en⟩ *f obs, geh* omaggio *m*.

Hülle ['hʏlə] ⟨-, -n⟩ *f* **1.** *allg.* involucro *m; (Schallplatten~)* copertina *f*, custodia *f; (Cellophan~)* custodia *f;* **2.** *bot* involucro *m;* **in ~ und Fülle** in gran quantità, a bizzeffe; **die sterbliche ~** *geh* la spoglia mortale; **die letzten ~n fallen lassen** spogliarsi.

hüllen *tr* avvolgere (*in* in), coprire (*in* di); **sich in Schweigen (über etw.) ~** chiudersi nel silenzio (riguardo a qc).

hüllenlos *a* nudo.

Hülse ['hʏlzə] ⟨-, -n⟩ *f* **1.** *bot* baccello *m; (Schale)* buccia *f;* **2.** *(Geschoß~)* bossolo *m*. **Hülsenfrüchte** *f pl* **1.** *(Pflanzen)* leguminose *f pl;* **2.** *(Früchte)* legumi *m pl*.

human [hu'ma:n] *a* **1.** *(menschlich)* umano; **2.** *(menschenfreundlich)* umanitario.

Humanismus [huma'nɪsmʊs] ⟨-, ø⟩ *m* umanesimo *m*.

Humanist(in) [...'nɪst(ɪn)] ⟨-en, -en⟩ *m(f)* umanista *mf*.

humanistisch *a* umanista; *hist* umanistico; **~e Bildung** educazione classica.

Humanität [...ni'tɛ:t] ⟨-, ø⟩ *f* umanità *f*.

Hummel ['hʊməl] ⟨-, -n⟩ *f* bombo *m*.

Hummer ['hʊmɐ] ⟨-s, -⟩ *m* gambero *m* di mare.

Humor [hu'mo:ɐ̯] ⟨-s, *rar* -e⟩ *m* umorismo *m; (Sinn für ~)* senso *m* dell'umorismo, humour *m;* **~ haben** avere il senso dell'umorismo; **~ ist, wenn man trotzdem lacht** *prov* avere senso dell'umorismo vuol dire vedere sempre il lato positivo delle cose.

humoristisch [humo'rɪstɪʃ] *a* umoristico.

humorlos *a* privo di umorismo. **humorvoll** *a* ricco di umorismo; *(witzig)* spiritoso.

humpeln ['hʊmpəln] *itr* ⟨*haben o. bei Fortbewegung sein*⟩ **1.** *(hinken)* zoppicare; **2.** *(sich humpelnd fortbewegen)* camminare zoppicando.

Humpen ['hʊmpən] ⟨-s, -⟩ *m* boccale *m*, bicchierone *m*.

Humus ['hu:mʊs] ⟨-s, ø⟩ *m* humus *m*.

Hund [hʊnt] ⟨-(e)s, -e⟩ *m*, **Hündin** ['hʏndɪn] *f* cane *m*, cagna *f;* **auf den ~ kommen** *fam* cadere in miseria; **bekannt sein wie ein bunter ~** *fam* essere conosciuto dappertutto; **das ist ein dicker ~!** *fam* è un'indecenza (*o.* una vergogna); **da liegt der ~ begraben** *fam* qui sta il busillis; **~e, die bellen, beißen nicht** *prov* can che abbaia non morde *prov;* **bei diesem Wetter jagt man keinen ~ vor die Tür** fa un tempo da cani *fam;* **Vorsicht, bissiger ~!** attenti al cane!, (attenzione,) cane mordace!; **da wird ja der ~ in der Pfanne verrückt!** *sl* è incredibile!; **ich bin müde wie ein ~** *fam* sono stanco morto *fam;* **wie ~ und Katze leben** *fam* vivere come cane e gatto *fam;* **damit lockt man keinen ~ hinterm Ofen hervor** *fam* con ciò non si cava un ragno dal buco *fam;* **er ist ein ganz armer ~** *fam* è proprio un povero diavolo *fam;* **vor die ~e gehen** *fam* andare in rovina; **du gemeiner ~!** *sl* vigliacco!, cane!

hundeelend ['hʊndəˀe:lɛnt] *a:* **mir ist ~** *fam* mi sento da cani *fam*. **Hundefutter** *n* cibo *m* per cani. **Hundehütte** *f* **1.** canile *m;* **2.** *fig pej* stamberga *f*. **Hundekälte** ['hʊndə'kɛltə] *f fam* freddo *m* cane *fam*. **Hundekuchen** *m* biscotto *m* per cani. **Hundeleben** *n fam* vita *f* da cani *fam*. **Hundeleine** *f* guinzaglio *m*. **hundemüde** ['hʊndə'my:də] *a fam* stanco morto *fam*, stracco *fam*.

hundert *(Zahlwort) a* cento; **ungefähr ~** un centinaio; **einige/mehrere ~** alcune/parecchie centinaia; *s. a. vier, vierzig*.

Hundert[1] ['hʊndɐt] ⟨-s, -e⟩ *n (Maßeinheit)* cento *m*, centinaio *m;* **zu ~en** a centinaia; **vom ~** (*ab* **v. H.**) per cento.

Hundert[2] ['hʊndɐt] ⟨-, -en⟩ *f (Zahl)* cento *m*.

Hunderter ⟨-s, -⟩ *m* **1.** *mat* centinaio *m;* **2.** *fam (Geldschein)* biglietto *m* da cento.

hundertfach *a* centuplo; *s. a. vierfach*.

Hundert-, hundert *s. a. Vier-, vier-, Vierzig-, vierzig-*.

Hundertjahrfeier [-'ja:ɐ̯-] *f* centenario *m*.

hundertjährig *a* centenario, secolare; **der H~e Krieg** la guerra dei cent'anni. **Hundertjährige** ⟨ein -r, -n, -n⟩ *mf* centenario, -a *m, f*.

hundertmal *adv* cento volte.

hundertprozentig *a, adv* al (*o.* del) cento per cento.
Hundertsatz *m* percentuale *f.*
hundertste *s.* **hundertste(r, s).**
Hundertstel ‹-s, -› *n* centesimo *m,* centesima parte *f.*
hundertste(r, s) *a* centesimo, -a; **vom H~n ins Tausendste kommen** saltare di palo in frasca *fam.*
hunderttausend ['hʊndɐt'taụzənt] *(Zahlwort)* centomila; **H~e** centinaia di migliaia.
Hundesteuer *f* tassa *f* sui cani. **Hundezwinger** *m* canile *m.*
Hündin *f s.* **Hund.**
hündisch ['hʏndɪʃ] *a fig pej* servile; **~e Ergebenheit** devozione servile.
Hundstage *m pl* giorni *m pl* canicolari, canicola *f.*
Hüne ['hy:nə] ‹-n, -n› *m* gigante *m.* **Hünengrab** *n* dolmen *m,* tomba *f* megalitica.
Hunger ['hʊŋɐ] ‹-s, ø› *m* **1.** fame *f;* **2.** *fig (Verlangen)* sete *f* (*nach* di); **~/keinen ~ haben** avere/non avere fame; **ich bekomme ~** mi viene fame; **großen ~ haben** avere molta fame; **~ leiden** *geh* patire (*o.* soffrire) la fame; **seinen ~ stillen** togliere (*o.* placare) la fame, sfamarsi; **~ ist der beste Koch** *prov* la fame è il miglior cuoco *prov;* **vor ~ sterben** morir di fame; **~ auf etw. haben** avere voglia di qc; **ich sterbe vor ~** *fig fam* muoio di fame *fam.* **Hungerkünstler(in)** *m(f)* digiunatore, -trice *m, f.* **Hungerkur** *f* cura *f* del digiuno. **Hungerlohn** *m pej* paga *f* di fame; **für einen ~ arbeiten** lavorare per una miseria.
hungern *itr* **1.** *(Hunger leiden)* aver fame; patire la fame; **2.** *(fasten)* digiunare; *(bei Abmagerungskur)* far dieta; **3.** *fig geh (verlangen)* aver fame (*nach* di), essere assetato (*nach* di).
Hungersnot *f* carestia *f.* **Hungerstreik** *m* sciopero *m* della fame; **in den ~ treten** fare lo sciopero della fame. **Hungertuch** *n:* **am ~ nagen** tirare la cinghia *fam.*
hungrig ['hʊŋrɪç] *a* **1.** che ha fame (*nach* di), affamato (*nach* di); **2.** *fig geh (gierig)* assetato (*nach* di).
Hunsrück ['hʊnsrʏk] *m* Hunsrück *m.*
Hupe ['hu:pə] ‹-, -n› *f* clacson *m.*
hupen *itr* sonare il clacson.
hüpfen ['hʏpfən] *itr* ‹*sein*› saltellare.
Hürde ['hʏrdə] ‹-, -n› *f* **1.** *sport, fig* ostacolo *m;* **2.** *(Einzäunung)* graticolato *m;* **eine ~ nehmen** superare un ostacolo; *fig* superare una difficoltà. **Hürdenlauf** *m* corsa *f* a ostacoli. **Hürdenläufer(in)** *m(f)* ostacolista *mf.*
Hure ['hu:rə] ‹-, -n› *f pej* puttana *f vulg.* **Hurensohn** *m vulg* figlio *m* di puttana *vulg.*
hurra [hʊ'ra: *o.* 'hʊra] *interj* urrà; **~ rufen** gridare evviva.
huschen ['hʊʃən] *itr* ‹*sein*› **1.** guizzare; **2.** *fig* scivolare (*über* su).
hüsteln ['hy:stəln] *itr* tossicchiare.
husten ['hu:stən] *itr* tossire, avere la tosse; **auf etw. ~** *fam* infischiarsene di qc *vulg.* **Husten** ‹-s, *rar* -› *m* tosse *f.* **Hustenanfall** *m* colpo *m* di tosse. **Hustenreiz** *m* stimolo *m* della tosse. **Hustensaft** *m* sciroppo *m* per la tosse.
Hut[1] [hu:t] ‹-(e)s, ⸚e› *m* cappello *m;* **vor jdm den ~ abnehmen (*o.* ziehen)** *fig* levarsi (*o.* togliersi) tanto di cappello davanti a qu; **den ~ aufsetzen** mettersi il cappello; **etw. unter einen ~ bringen** *fig* mettere d'accordo qc; **da geht einem (ja) der ~ hoch** *fam* c'è da arrabbiarsi sul serio *fam;* **das ist ein alter ~** *fig fam* non è nulla di nuovo, è una storia vecchia; **dein Geld kannst du dir an den ~ stekken!** *fam* i tuoi soldi puoi tenerteli! *fam.*
Hut[2] [hu:t] ‹-, ø› *f geh:* **auf der ~ (vor etw.) sein** stare in guardia (da qc), stare all'erta (da qc).
hüten ['hy:tən] **I.** *tr* sorvegliare, guardare; *(a. Geheimnis)* custodire; *(Vieh)* pascolare; **II.** *rfl:* **sich ~ vor** guardarsi da; **sich ~ etw. zu tun** guardarsi bene dal fare qc *fam;* **das Bett ~ (müssen)** (dover) stare a letto (per malattia); **das Haus ~** stare in casa, non uscire di casa.
Hüter(in) ‹-s, -› *m(f)* guardiano, -a *m, f;* custode *mf.*
Hutgeschäft *n* cappelleria *f.* **Hutkrempe** *f* tesa *f* (*o.* falda *f*) del cappello. **Hutmacher(in)** *m(f)* cappellaio, -a *m, f,* modista *f.* **Hutschnur** *f:* **das geht mir über die ~** *fam* questo è (un po') troppo *fam.*
Hütte ['hʏtə] ‹-, -n› *f* **1.** capanna *f,* casupola *f; (elendige)* baracca *f,* catapecchia *f; (im Gebirge)* baita *f,* rifugio *m; (Jagd~)* capanna *f; (Hunde~)* canile *m,* cuccia *f; naut* cassero *m;* **2.** *tec (~nwerk)* stabilimento *m* metallurgico; *(Eisen~)* ferriera *f; (Schmelz~)* fonderia *f.* **Hüttenarbeiter** *m* operaio *m* metallurgico. **Hüttenkäse** *m* specie *f* di ricotta, cottage cheese *m.* **Hüttenkunde** *f* metallurgia *f.*
Hyäne ['hy̆ɛ:nə] ‹-, -n› *f* iena *f.*

Hyazinthe [hy̆a'ts̲ıntə] ⟨-, -n⟩ *f* giacinto *m.*

Hydrant [hy'drant] ⟨-en, -en⟩ *m* idrante *m,* bocca *f* d'acqua (*o.* antincendio).

Hydraulik [hy'dra̲u̲lık] ⟨-, ø⟩ *f* idraulica *f.*

hydraulisch *a* idraulico.

hydrieren [hy'dri:rən] ⟨*ohne ge-*⟩ *tr* idrogenare.

Hydrodynamik [hydrody'na:mık] *f* idrodinamica *f.*

Hydrokultur [-kʊl'tu:ɐ̯] *f* idrocultura *f.*

Hydrotherapie [-tera'pi:] *f* idroterapia *f.*

Hygiene [hy'gi̯e:nə] ⟨-, ø⟩ *f* igiene *f.*

hygienisch *a* igienico.

Hymne ['hymnə] ⟨-, -n⟩ *f* inno *m.*

Hyperbel [hy'pɛrbəl] ⟨-, -n⟩ *f* iperbole *f.*

Hypnose [hʏp'no:zə] ⟨-, -n⟩ *f* ipnosi *f;* **unter ~ stehen** essere in stato d'ipnosi.

hypnotisieren [...noti'zi:rən] ⟨*ohne ge-*⟩ *tr* ipnotizzare.

Hypochonder [hypo'xɔndɐ] ⟨-s, -⟩ *m* ipocondriaco *m.*

Hypophyse [hypo'fy:zə] ⟨-, -n⟩ *f* ipofisi *f.*

Hypotenuse [hypote'nu:zə] ⟨-, -n⟩ *f* ipotenusa *f.*

Hypothek [hypo'te:k] ⟨-, -en⟩ *f* ipoteca *f* (*auf* su); **eine ~ abtragen/aufnehmen** ammortare/accendere un'ipoteca; **mit einer ~ belasten** gravare di un'ipoteca; **erste/zweite ~** ipoteca di primo/secondo rango. **Hypothekenbank** ⟨-, -en⟩ *f* banca *f* di credito ipotecario. **Hypothekenbrief** *m* titolo *m* ipotecario. **hypothekenfrei** *a* libero da ipoteche. **Hypothekenschuld** *f* debito *m* ipotecario.

Hypothese [hypo'te:zə] ⟨-, -n⟩ *f* ipotesi *f.*

hypothetisch [...'te:tıʃ] *a* ipotetico.

Hysterie [hʏste'ri:, ...i:ən] ⟨-, -n⟩ *f* isteria *f,* isterismo *m.*

hysterisch [...'te:rıʃ] *a* isterico.

Hz *ab von* **Hertz** Hz.

I

I, i [iː] ‹-, -(s)› *n* I, i *f;* **I wie Ida** I come Imola.
i [iː] *interj* oh!, eh!; ~ **bewahre!** niente affatto!, macché!; ~ **wo!** ma va! *fam.*
I *ab von* **Italien** I.
i. A. *ab von* **im Auftrag** per incarico di.
ib., ibid, ibid. *ab von* **ibidem** *(ebenda)* ib., ibid.
IC [iːˈtseː] ‹-(s), -(s)› *m ab von* **Intercity-Zug** ≃ R. (*ab von* rapido).
ich [ɪç] *pers pron 1. pers sing* io; ~ **auch nicht** neppure io; ~ **für meine Person** quanto a me, per me; ~ **selbst** io stesso; ~ **bin's** sono io; **hier bin** ~! eccomi!; ~ **Ärmster!** povero me!; ~ **Idiot!** che stupido sono! *fam;* **Menschen wie du und** ~ gente come me e te. **Ich** ‹-(s), -(s)› *n:* **das** ~ l'io *m;* **mein zweites** ~ il mio alter ego.
ideal [ideˈaːl] *a* ideale. **Ideal** ‹-s, -e› *n* ideale *m.* **Idealfall** *m* caso *m* ideale.
idealisieren [idealiˈziːrən] ‹*ohne ge-*› *tr* idealizzare.
Idealismus [...ˈlɪsmʊs] ‹-, ø› *m* idealismo *m.*
Idealist(in) [...ˈlɪst(ɪn)] ‹-en, -en› *m(f)* idealista *mf.*
idealistisch *a* indealistico, idealista.
Idee [iˈdeː, ...eːən] ‹-, -n› *f* idea *f;* **eine** ~ **(Salz)** un'idea (*o.* un po') (di sale); **voller** ~**n stecken** essere pieno di idee; **geniale** ~ idea brillante; **wie kommst du denn auf die** ~? come ti è venuta quest'idea?; **das bringt mich auf eine** ~! mi fa venire un'idea!; **plötzlich kam ich auf die** ~, **Claudia anzurufen** improvvisamente mi venne l'idea di telefonare a Claudia; **das ist eine fixe** ~ **von ihm** è una sua idea fissa.
ideenreich *a* ricco d'idee.
identifizieren [idɛntifiˈtsiːrən] ‹*ohne ge-*› *tr* identificare.
Identifizierung ‹-, -en› *f* identificazione *f.*
identisch [iˈdɛntɪʃ] *a* identico (*mit* a).
Identität [...tiˈtɛːt] ‹-, ø› *f* identità *f.* **Identitätskrise** *f* crisi *f* d'identità. **Identitätsverlust** *m* perdita *f* della propria identità.
Ideologe [ideoˈloːgə] ‹-n, -n› *m,* **Ideologin** [...gɪn] *f* ideologo, -a *m, f.*
Ideologie [...loˈgiː, ...iːən] ‹-, -n› *f* ideologia *f.* **Ideologiekritik** *f* critica *f* ideologica. **ideologiekritisch** *a* critico ideologico.
Ideologin *f s.* **Ideologe.**
idiomatisch [idi̯oˈmaːtɪʃ] *a* idiomatico.
Idiot(in) [iˈdi̯oːt(ɪn)] ‹-en, -en› *m(f)* idiota *mf; fam* stupido, -a *m, f.* **Idiotenhügel** *m fam scherz* pendio *m* per principianti. **idiotensicher** *a fam scherz* di semplicissimo impiego.
Idiotie [idi̯oˈtiː, ...iːən] ‹-, -n› *f med, fam pej* idiozia *f.*
Idiotin *f s.* **Idiot.**
idiotisch *a* idiota; *fam* stupido.
Idol [iˈdoːl] ‹-s, -e› *n* idolo *m.*
Idyll [iˈdʏl] ‹-s, -e› *n* idillio *m.*
idyllisch *a* idilliaco.
i. e. *ab von* **id est** *(das ist)* i. e.
IG *ab von* **Industriegewerkschaft** sindacato industriale.
Igel [ˈiːgəl] ‹-s, -› *m* riccio *m.*
igitt [iˈgɪt] *interj* oh, che schifo.
Ignorant(in) [ɪgnoˈrant(ɪn)] ‹-en, -en› *m(f)* ignorante *mf.*
Ignoranz [...ˈrants] ‹-, ø› *f* ignoranza *f.*
ignorieren [...ˈriːrən] ‹*ohne ge-*› *tr* **1.** *(nicht wissen wollen)* ignorare; **2.** *(nicht beachten)* trascurare.
IHK [iːhaːˈkaː] ‹-, ø› *f ab von* **Industrie- und Handelskammer** camera dell'industria e del commercio.
ihm [iːm] *pers pron (dat von* er, es*) (betont)* a lui; *(unbetont)* gli.
ihn [iːn] *pers pron (acc von* er*) (betont)* lui; *(unbetont)* lo, l'.
ihnen [ˈiːnən] *pers pron (dat von* sie *pl) (betont)* a loro; *(unbetont)* loro, gli.
Ihnen *pers pron* **1.** *(dat von* Sie *sing) (betont)* a Lei; *(unbetont)* Le; **2.** *(dat von* Sie *pl) (betont)* a Loro; *(unbetont)* Loro, Vi.
ihr [iːɐ̯] **I.** *pers pron* **1.** *(2. pers pl)* voi; **2.** *(dat von* sie *sing) (betont)* a lei; *(unbetont)* le; **II.** *(adjektivisches Possessivpronomen)* **1.** *(von* sie *sing)* suo, -a *m, f,* suoi *m pl,* sue *f pl;* **2.** *(von* sie *pl)* loro.
Ihr *(adjektivisches Possessivpronomen)* **1.** *(von* Sie *sing)* Suo, -a *m, f,* Suoi *m pl,* Sue *f pl;* **2.** *(von* Sie *pl)* Loro, Vostro.
ihre, Ihre *s.* **ihre(r, s), Ihre(r, s).**
ihrer *pers pron* **1.** *(gen von* sie *sing)* di

lei; **2.** *(gen von* sie *pl)* di essi *m,* di esse *f;* **es waren ~ drei** *geh* erano in tre; *s. a. ihre(r, s).*

Ihrer *pers pron* **1.** *(gen von* Sie *sing)* di Lei; **2.** *(gen von* Sie *pl)* di Loro, die Voi; **wir werden ~ gedenken** *geh* Vi ricorderemo; *s. a. Ihre(r, s).*

ihre(r, s) ['i:rə] *(substantivisches Possessivpronomen)* **1.** *(von* sie *sing)* il suo, la sua, i suoi *pl,* le sue *pl;* **2.** *(von* sie *pl)* il loro, la loro, i loro *pl,* le loro *pl.*

Ihre(r, s) *(substantivisches Possessivpronomen)* **1.** *(von* Sie *sing)* il Suo, la Sua, i Suoi *pl,* le Sue *pl;* **2.** *(von* Sie *pl)* il Loro (*o.* Vostro), la Loro (*o.* Vostra), i Loro (*o.* Vostri) *pl,* le Loro (*o.* Vostre) *pl;* **auf das ~!** *(Trinkspruch entgegnend)* alla Sua!; **ganz der ~!** *geh* eccomi tutto per Lei!

ihrerseits [-zaits] *adv* **1.** ⟨*sing*⟩ da parte sua; **2.** ⟨*pl*⟩ da parte loro.

Ihrerseits *adv* da parte Sua.

ihres, Ihres *s.* **ihre(r, s), Ihre(r, s).**

ihresgleichen ['i:rəs'glaiçən] ⟨*inv*⟩ *pron* **1.** ⟨*sing*⟩ suo pari, gente *f, etc.* come lei; **2.** ⟨*pl*⟩ loro pari, gente *f, etc.* come loro.

Ihresgleichen ⟨*inv*⟩ *pron* pari Suo, gente *f, etc.* come Lei.

ihretwegen ['i:rət've:gən] *adv* **1.** ⟨*sing*⟩ per causa sua, per lei; *(negativ)* per colpa sua; **2.** ⟨*pl*⟩ per (causa) loro; *(negativ)* per colpa loro.

Ihretwegen *adv* per causa Sua, per Lei; *(negativ)* per colpa Sua.

ihretwillen ['i:rət'vılən] *adv:* **um ~ 1.** ⟨*sing*⟩ per lei, per amor suo; **2.** ⟨*pl*⟩ per loro, per amor loro.

Ihretwillen *adv:* **um ~** per Lei; per amor Loro.

ihrige(r, s), Ihrige(r, s) *pron obs, geh s.* **ihre(r, s), Ihre(r, s).**

i. J. *ab von* **im Jahre** a (*ab von* nell'anno).

illegal ['ılega:l *o.* ...'ga:l] *a* illegale.

Illegalität [ılegali'tɛ:t *o.* 'ıl...] *f* illegalità *f.*

illegitim ['ılegiti:m *o.* ...'ti:m] *a* illegittimo, illegale.

Illumination [ılumina'tsio:n] ⟨-, -en⟩ *f* illuminazione *f.*

illuminieren [...'ni:rən] ⟨*ohne ge-*⟩ *tr* illuminare.

Illusion [ılu'zio:n] ⟨-, -en⟩ *f* illusione *f;* **sich** *(dat)* **~en machen über** farsi illusioni su, illudersi su.

illusorisch [...'zo:rıʃ] *a* illusorio.

Illustration [ılustra'tsio:n] ⟨-, -en⟩ *f* illustrazione *f.*

illustrieren [...'tri:rən] ⟨*ohne ge-*⟩ *tr* illustrare. **illustriert** *a* illustrato. **Illustrierte** ⟨-n, -n⟩ *f* giornale *m* illustrato.

Ilse ['ılzə] *weiblicher Vorname.*

Iltis ['ıltıs] ⟨-ses, -se⟩ *m* puzzola *f.*

im [ım] = **in dem.**

Image ['ımıtʃ *o.* 'ımıdʒ, ...ıtʃs *o.* ...ıdʒiz] ⟨-(s), -s⟩ *n* immagine *f.* **Imagepflege** *f* cura *f* della propria immagine. **Imageverlust** *m* perdita *f* della propria immagine.

imaginär [imagi'nɛ:ɐ] *a* immaginario.

Imbiß ['ımbıs] ⟨-bisses, -bisse⟩ *m* spuntino *m;* **einen ~ nehmen** fare uno spuntino. **Imbißstube** *f* tavola *f* calda.

Imitation [imita'tsio:n] ⟨-, -en⟩ *f* imitazione *f.*

imitieren [...'ti:rən] ⟨*ohne ge-*⟩ *tr* imitare.

Imker(in) ['ımkɐ (...ərın)] ⟨-s, -⟩ *m(f)* apicoltore, -trice *m, f.*

Immatrikulation [ımatrikula'tsio:n] ⟨-, -en⟩ *f* immatricolazione *f.*

immatrikulieren [...'li:rən] ⟨*ohne ge-*⟩ **I.** *tr* immatricolare, iscrivere; **II.** *rfl:* **sich ~ (lassen)** immatricolarsi.

Imme ['ımə] ⟨-, -n⟩ *f obs* ape *f.*

immer ['ımɐ] *adv* sempre; **wann auch ~** in qualsiasi momento *conj;* **was auch ~** qualunque cosa *conj;* **wer auch ~** chiunque *conj;* **wie auch ~** in qualunque modo *conj;* **wo auch ~** dovunque *conj;* **für ~** per sempre; **noch ~, ~ noch** ancora (sempre); **schon ~** da sempre; **~ besser** sempre meglio; **~ größer** sempre più grande; **~ mehr** sempre più; **~, wenn ...** ogni volta che ..., tutte le volte che ...; **~ wieder** sempre; **er kommt ~ noch nicht** non giunge ancora; **~ schön ruhig bleiben!** *fam* mantenersi sempre calmi!, restare calmi!; **es lagen ~ zehn auf einer Etage** *fam* ce n'erano sempre dieci su un piano.

immergrün *a* sempreverde. **Immergrün** ⟨-s, -e⟩ *n* pervinca *f.*

immerhin ['ımɐ'hın] *adv (jedenfalls)* comunque, in ogni caso; *(wenigstens)* almeno; **das ist ~ etwas** è qualcosa; **er hat sich ~ entschuldigt** comunque si è scusato.

immerzu ['ımɐ'tsu:] *adv* sempre, continuamente, ininterrottamente.

Immigrant(in) [ımi'grant(ın)] ⟨-en, -en⟩ *m(f)* immigrante *mf,* immigrato, -a *m, f.*

Immigration [...gra'tsio:n] ⟨-, -en⟩ *f* immigrazione *f.*

immigrieren [...'gri:rən] ⟨*ohne ge-*⟩ *itr* ⟨*sein*⟩ immigrare.

Immobilien [ımo'bi:liən] *f pl* immobili, beni *m pl* immobili (*o.* immobiliari *o.*

fondiari). **Immobilienhändler(in)** *m(f)* immobiliarista *mf*. **Immobilienmakler(in)** *m(f)* agente *mf* immobiliare. **Immobilienmarkt** *m* mercato *m* immobiliare (*o.* degli immobili).

immun [ɪ'mu:n] *a* immune (*gegen* da).

immunisieren [ɪmuni'zi:rən] ‹*ohne ge-*› *tr* immunizzare.

Immunität [...'tɛ:t] ‹-, ø› *f* immunità *f*.

Imperativ ['ɪmperati:f] ‹-s, -e› *m* imperativo *m*.

Imperfekt ['ɪmperfɛkt] *n* imperfetto *m*.

Imperialismus [ɪmperi̯a'lɪsmʊs] ‹-, ø› *m* imperialismo *m*.

imperialistisch [...'lɪstɪʃ] *a* imperialistico, imperialista.

impfen ['ɪmp͜fən] *tr* **1.** *(Menschen)* vaccinare (*gegen* contro); **2.** *(Impfstoff)* vaccinare.

Impfling ['ɪmp͜flɪŋ] ‹-s, -e› *m* persona *f* che deve essere vaccinata. **Impfpflicht** *f* vaccinazione *f* obbligatoria. **Impfpistole** *f* pistola *f* per vaccinazione. **Impfschein** *m* certificato *m* di vaccinazione. **Impfstoff** *m* vaccino *m*.

Impfung ‹-, -en› *f* vaccinazione *f*.

imponieren [ɪmpo'ni:rən] ‹*ohne ge-*› *itr* impressionare (*jdm* qu); fare effetto (*jdm* su qu). **imponierend** *a* imponente.

Import [ɪm'pɔrt] ‹-(e)s, -e› *m* importazione *f*.

Importeur(in) [...'tø:ɐ̯ (...rɪn)] ‹-s, -e› *m(f)* importatore, -trice *m, f*.

importieren [...'ti:rən] ‹*ohne ge-*› *tr* importare.

imposant [ɪmpo'zant] *a* imponente.

impotent ['ɪmpotɛnt] *a* impotente. **Impotenz** [...nt͜s] ‹-, ø› *f* impotenza *f*.

imprägnieren [ɪmprɛ'gni:rən] ‹*ohne ge-*› *tr* **1.** *(durchtränken)* impregnare (*mit* di), imbevere (*mit* di); **2.** *(wasserdicht machen)* impermeabilizzare.

Impressionismus [ɪmprɛsi̯o'nɪsmʊs] ‹-, ø› *m* impressionismo *m*.

impressionistisch [...'nɪstɪʃ] *a* impressionista.

Improvisation [ɪmproviza't͜si̯o:n] ‹-, -en› *f* improvvisazione *f*.

improvisieren [...'zi:rən] ‹*ohne ge-*› *tr, itr* improvvisare.

Impuls [ɪm'pʊls] ‹-es, -e› *m* impulso *m*.

impulsiv [...'zi:f] *a* impulsivo.

imstande [ɪm'ʃtandə] *a:* **~ sein, etw. zu tun** *(fähig)* essere capace di fare qc; *(in der Lage)* essere in grado di fare qc.

in[1] [ɪn] *a fam:* **~ sein** essere in.

in[2] [ɪn] *prp acc/dat* in, a; **~ der Hand/Tasse/Kiste** in mano/nella tazza/nella cassa; **~ dem** (*o.* **im**) **Zimmer/Haus/Gebiet/Land** in camera/in casa/nella regione/nel paese; **im Garten** in giardino; **~ der Stadt** *allg.* nella città; *(nicht zu Hause)* in città; **~ Rom** a Roma; **~ der Mühlenstraße wohnen** abitare in Mühlenstraße; **~ Deutschland** in Germania; **im Deutschland der Nachkriegszeit** nella Germania del dopoguerra; **~ der Schweiz** in Svizzera; **im ersten Stock** al primo piano; **ins Kino/Museum/Theater gehen** andare al cinema/al museo/a teatro; **im Regen** sotto la pioggia; **im Anfang** all'inizio, al principio; **~ der Nacht** nella (*o.* durante la *o.* di) notte; **~ der nächsten Woche** la settimana prossima; **im Mai** in (*o.* a) maggio; **im Frühling** in (*o.* a) primavera; **im Sommer/Herbst/Winter** d'(*o.* in) estate/autunno/inverno; **~ diesem Jahr** quest'anno; **im Jahre 1970** nel 1970; **~ zehn Jahren** *(nach Ablauf von)* tra dieci anni; *(während)* in dieci anni; **im Alter von ...** all'età di ...; **im Chor** in coro; **~ Eile** in fretta; **~ eigener Person** lui stesso/lei stessa, di persona; **~ strengem Ton** con tono severo; **er spricht ~ Rätseln** parla per enigmi; **~ drei Teile teilen** dividere in tre (parti); **der Schnaps hat es ~ sich** *(dat)*! *fam* l'acquavite è forte; **dieses Rätsel hat es ~ sich** *(dat)* questo enigma è difficile; **sich ~ jdn verlieben** innamorarsi di qu.

inaktiv ['ɪnʔakti:f *o.* ...'ti:f] *a* inattivo.

Inanspruchnahme [ɪn'ʔanʃprʊxna:mə] ‹-, -n› *f* **1.** *(von Gegenstand)* utilizzazione *f* (*von* di); *(von Geld)* utilizzo *m* (*von* di); *(von Hilfsquellen)* fruizione *f* (*von* di); **2.** *(von Menschen)* ricorso *m* (*von* a).

Inbegriff *m* incarnazione *f*, modello *m;* **der ~ der Dummheit** la stupidità personificata (*o.* in persona).

inbegriffen *a* compreso, incluso.

Inbetriebnahme [ɪnbə'tri:pna:mə] ‹-, -n› *f* messa *f* in servizio (*o.* funzione).

Inbrunst ['ɪnbrʊnst] ‹-, ø› *f* fervore *m*, ardore *m*. **inbrünstig** ['ɪnbrʏnstɪç] *a* fervido, ardente.

Inbusschlüssel® ['ɪnbʊs-] *m* chiave *f* per vite ad esagono incassato.

indem [ɪn'de:m] *con* **1.** *(während)* mentre; **2.** *(dadurch, daß)*: **er bleibt in Form, ~ er ständig trainiert** si mantiene in forma allenandosi conti-

nuamente; ~ **er das sagte . . .** dicendo ciò . . .
Inder(in) ['ɪndɐ (...ərɪn)] ‹-s, -› *m(f)* indiano, -a *m, f,* indù *mf.*
indes(sen) [ɪn'dɛs(ən)] **1.** *adv (zeitlich)* intanto, nel frattempo; **2.** *(einräumend)* tuttavia, nondimeno; **3.** *geh (jedoch)* ma, però, invece.
Index ['ɪndɛks, ...dɛksə *o.* ...ditse:s] ‹-(es), -e *o.* Indizes› *m* **1.** *mat, com* indice *m;* **2.** *rel* elenco *m.*
Indianer(in) [ɪn'dia:nɐ (...ərɪn)] ‹-s, -› *m(f)* indiano, -a *m, f.* **Indianerstamm** *m* tribù *f* indiana. **indianisch** *a* indiano.
Indien ['ɪndiən] *n* India *f,* Indie *f pl.*
indifferent ['ɪndɪfərɛnt *o.* ...'rɛnt] *a* **1.** *phys* indifferente; *chem* neutro, inerte; **2.** *geh (teilnahmslos, gleichgültig)* indifferente, inerte.
Indikation [ɪndika'tsio:n] ‹-, -en› *f* indicazione *f;* **medizinische/soziale ~** indicazione clinica/sociale.
Indikativ ['ɪndikati:f] ‹-s, -e› *m* indicativo *m.*
indirekt ['ɪndirɛkt *o.* ...'rɛkt] *a* indiretto; **~es Licht** luce *f* indiretta; **~e Rede** discorso indiretto.
indisch ['ɪndɪʃ] *a* indiano, indù, delle Indie; **der I~e Ozean** l'Oceano *m* Indiano.
indiskret ['ɪndɪskre:t *o.* ...'kre:t] *a* indiscreto.
Indiskretion [ɪndɪskre'tsio:n *o.* 'ɪn...] ‹-, -en› *f* indiscrezione *f.*
Individualismus [ɪndividua'lɪsmʊs] ‹-, ø› *m* individualismo *m.*
Individualist(in) [...'lɪst(ɪn)] ‹-en, -en› *mf* individualista *m f.*
Individualität [...li'tɛ:t] ‹-, -en› *f* individualità *f.*
individuell [...'duɛl] *a* individuale.
Individuum [ɪndi'vi:duʊm, ...duən] ‹-s, -duen› *n* individuo *m.*
Indizes *pl von* **Index.**
Indizien [ɪn'di:tsiən] *n pl* indizi *m pl.* **Indizienbeweis** *m* prova *f* indiziaria.
Indochina [ɪndo'çi:na] *n* Indocina *f.*
indogermanisch ['ɪndogɛr'ma:nɪʃ] *a* indoeuropeo.
Indonesien [ɪndo'ne:ziən] *n* Indonesia *f.*
Indonesier(in) ‹-s, -› *m(f)* indonesiano, -a *m, f.*
indonesisch *a* indonesiano.
indossieren [ɪndɔ'si:rən] ‹*ohne ge-*› *tr* girare.
Induktion [ɪndʊk'tsio:n] ‹-, -en› *f* induzione *f.*
industrialisieren [ɪndʊstriali'zi:rən] ‹*ohne ge-*› *tr* industrializzare.
Industrialisierung ‹-, -en› *f* industrializzazione *f.*
Industrie [ɪndʊs'tri:, ...i:ən] ‹-, -n› *f* industria *f;* **chemische ~** industria chimica; **eisen-/holzverarbeitende ~** industria siderurgica/della lavorazione del legno; **verarbeitende ~** industria di trasformazione. **Industrieabwässer** *n pl* acque *f pl* di scarico industriali. **Industriebetrieb** *m* azienda *f* industriale. **Industrieerzeugnis** *n* prodotto *m* industriale, manufatto *m.* **Industriegebiet** *n* zona *f* industriale. **Industriegelände** *n* terreno *m* (*o.* zona *f*) industriale. **Industriegewerkschaft** *f* (*ab* **IG**) sindacato *m* industriale. **Industrieland** *n* paese *m* industriale.
industriell [...tri'ɛl] *a* industriale.
Industriestaat *m* stato *m* industriale. **Industriestadt** *f* città *f* industriale. **Industrie- und Handelskammer** *f* (*ab* **IHK**) camera *f* dell'industria e del commercio. **Industriezweig** *m* branca *f* (*o.* ramo *m*) dell'industria.
ineinander [ɪnʔai'nandɐ] *adv* l'uno, -a nell'altro, -a; gli, le uni, -e negli, nelle altri, -e. **ineinander·greifen** ‹*irr*› *itr* **1.** ingranare; **2.** *fig* intrecciarsi. **ineinanderschiebbar** *a* telescopico.
infam [ɪn'fa:m] *a* infame, svergognato.
Infamie [ɪnfa:mi:, ...i:ən] ‹-, -n› *f* infamia *f.*
Infanterie ['ɪnfantəri: *o.* ...'ri:, ...i:ən] ‹-, -n› *f* fanteria *f.*
Infanterist [...rɪst] ‹-en, -en› *m* fante *m,* soldato *m* di fanteria.
infantil [ɪnfan'ti:l] *a* infantile.
Infarkt [ɪn'farkt] ‹-(e)s, -e› *m* infarto *m.*
Infektion [ɪnfɛk'tsio:n] ‹-, -en› *f* infezione *f.* **Infektionsherd** *m* focolaio *m* d'infezione. **Infektionskrankheit** *f* malattia *f* infettiva.
infiltrieren [ɪnfɪl'tri:rən] ‹*ohne ge-*› *tr (eindringen)* infiltrare (*in* in); *(einflößen)* instillare.
Infinitiv ['ɪnfiniti:f *o.* ...'ti:f] ‹-s, -e› *m* infinito *m.*
infizieren [ɪnfi'tsi:rən] ‹*ohne ge-*› *tr* infettare.
Inflation [ɪnfla'tsio:n] ‹-, -en› *f* inflazione *f;* **galoppierende/schleichende ~** inflazione galoppante/strisciante. **Inflationsrate** *f* tasso *m* d'inflazione. **Inflationsspirale** *f* spirale *f* inflazionistica.
infolge [ɪn'fɔlgə] *prp gen* in seguito a, a causa di.
infolgedessen [-'dɛsən] *adv* perciò, in conseguenza di ciò, per questa ragione.

Informatik [ɪnfɔrˈmaːtɪk] ‹-, ø› *f* informatica *f.*

Informatiker(in) ‹-s, -› *m(f)* informatico *m;* studioso, -a *m, f* di informatica.

Information [ɪnfɔrmaˈtsi̯oːn] ‹-, -en› *f* informazione *f; (Nachricht)* notizia *f;* **~en einholen** raccogliere informazioni.

informieren [...ˈmiːrən] ‹*ohne ge-*› **I.** *tr* informare (*jdn über etw.* qu di qc), mettere al corrente (*jdn über etw.* qu di qc); **über etw. informiert sein** essere a conoscenza di qc; **II.** *rfl:* **sich ~** informarsi (*über* su).

infrarot [ˈɪnfraroːt] *a* infrarosso. **Infrarotbestrahlung** *f* applicazione *f* di raggi infrarossi.

Infrastruktur [ˈɪnfra-] *f* infrastruttura *f.*

Ing. *ab von* **Ingenieur(in)** ing. (*ab von* ingegnere).

Inge, Ingeborg [ˈɪŋə, ˈɪŋəbɔrk] *weiblicher Vorname.*

Ingenieur(in) [ɪnʒeˈni̯øːɐ̯ (...rɪn)] ‹-s, -e› *m(f)* (*ab* **Ing.**) ingegnere *m;* **leitender ~** ingegnere (in) capo. **Ingenieurbüro** *n* ufficio *m* d'ingegneria. **Ingenieurin** *f s.* **Ingenieur.**

Ingrediens [ɪnˈgreːdi̯ɛns, ɪngreˈdi̯ɛntsi̯ən] ‹-, -dienzien› *n,* **Ingredienz** [ɪngreˈdi̯ɛnts] ‹-, -en› *f* ‹*meist pl*› ingrediente *m.*

Ingrid [ˈɪŋgrɪt] *weiblicher Vorname.*

Ingrimm [ˈɪngrɪm] *m geh* rancore *m,* risentimento *m.*

Ingwer [ˈɪŋvɐ] ‹-s, ø› *m* zenzero *m.*

Inh. *ab von* **Inhaber(in)** titolare *mf.*

Inhaber(in) ‹-s, -› *m(f)* (*ab* **Inh.**) **1.** *allg.* proprietario, -a *m, f; (Besitzer)* possessore *m,* posseditrice *f; (von Geschäft a.)* principale *mf; (von Gaststätte)* proprietario, -a *m, f;* **2.** *(von Amt, Titel, Urkunde, Ausweis, etc.)* titolare *mf; (von Berechtigung, Aktie, etc.)* detentore, -trice *m, f; fin* portatore, -trice *m, f.*

inhaftieren [ɪnhafˈtiːrən] ‹*ohne ge-*› *tr* arrestare, imprigionare.

Inhalation [ɪnhalaˈtsi̯oːn] ‹-, -en› *f* inalazione *f.*

inhalieren [...ˈliːrən] ‹*ohne ge-*› **I.** *tr* inalare; **II.** *itr* fare inalazioni.

Inhalt [ˈɪnhalt] ‹-(e)s, -e› *m* **1.** *allg.* contenuto *m; mat (Raum~)* volume *m; (Flächen~)* area *f;* **2.** *(~sverzeichnis)* indice *m;* **zum ~ haben** avere per soggetto. **inhaltlich I.** *a* contenutistico; **II.** *adv* per quanto riguarda il contenuto, di contenuto. **Inhaltsangabe** *f* sommario *m,* riassunto *m.* **inhalt(s)los** *a* vuoto, superficiale. **inhalt(s)reich** *a* sostanziale; *(bedeutsam)* significativo. **Inhaltsübersicht** *f,* **-verzeichnis** *n* indice *m.*

Initialzündung [iniˈtsi̯aːl-] *f* carica *f* d'innesco.

Initiative [initsi̯aˈtiːvə] ‹-, -n› *f* **1.** *(Anstoß)* iniziativa *f;* **2.** ‹*sing*› *(Unternehmungsgeist)* spirito *m* d'iniziativa; **3.** *CH (Volksbegehren)* iniziativa *f* popolare; **aus eigener ~** di propria iniziativa, di testa propria; **die ~ ergreifen** prendere l'iniziativa.

Initiator(in) [...ˈtsi̯aːtoːɐ̯ (...i̯aˈtoːrɪn), ...i̯aˈtoːrən] ‹-s, -en› *m(f)* iniziatore, -trice *m, f,* promotore, -trice *m, f.*

Injektion [ɪnjɛkˈtsi̯oːn] ‹-, -en› *f* iniezione *f,* puntura *f.*

injizieren [ɪnjiˈtsiːrən] ‹*ohne ge-*› *tr* iniettare.

Inkasso [ɪnˈkaso, ...sos *o.* ...si] ‹-s, -s *o.* -kassi› *n* incasso *m.*

inkl. *ab von* **inklusive** incl. (*ab von* incluso).

inklusive [ɪnkluˈziːvə] *prp gen* (*ab* **inkl.**) incluso, compreso.

inkognito [ɪnˈkɔgnito] *adv* in incognito. **Inkognito** ‹-s, -s› *n* incognito *m.*

inkonsequent *a* inconseguente. **Inkonsequenz** *f* inconseguenza *f.*

Inkrafttreten [ɪnˈkraft-] ‹-s, ø› *n* entrata *f* in vigore; **zum Zeitpunkt des ~s** al momento dell'entrata in vigore.

Inkubationszeit [ɪnkubaˈtsi̯oːns-] *f* periodo *m* d'incubazione.

Inland *n* interno *m* (del paese).

inländisch [ˈɪnlɛndɪʃ] *a* interno; *(Erzeugnis)* nazionale, del paese.

Inlandsmarkt *m* mercato *m* interno (*o.* nazionale). **Inlandsporto** *n* affrancatura *f* per l'interno.

Inlett [ˈɪnlɛt] ‹-(e)s, -e *o.* -s› *n* federa *f* (per piumini).

inliegend *a adm* allegato, accluso.

inmitten [ɪnˈmɪtən] *prp gen* in mezzo a.

Inn [ɪn] *m* Eno *m.*

inne·haben [ˈɪnə-] ‹*irr*› *tr allg.* avere; *(Titel)* detenere; *(Amt, Stellung a.)* occupare. **inne·halten** ‹*irr*› *itr* arrestarsi; **~ mit . . .** cessare di . . *inf.*

innen [ˈɪnən] *adv* all'interno, dentro; **nach/von ~** verso/dall'interno. **Innenansicht** *f* interno *m.* **Innenantenne** *f* antenna *f* interna. **Innenarchitekt(in)** *m(f)* architetto, -a *m, f,* arredatore, -trice *m, f.* **Innenausstattung** *f* arredamento *m* interno. **Innendienst** *m* servizio *m* interno. **Innenleben** *n* vita *f* interiore. **Innenminister(in)** *m(f)* ministro *m* degli interni. **Innenministerium** *n* ministero *m* degli interni. **Innenpoli-**

tik *f* politica *f* interna. **innenpolitisch** *a* di politica interna. **Innenraum** *m* interno *m*. **Innenseite** *f* faccia *f* interna, lato *m* interno. **Innenspiegel** *m* retrovisore *m* (*o*. specchietto *m*) interno. **Innenstadt** *f* centro *m* (della città). **Innentemperatur** *f* temperatura *f* interna. **Innenwand** *f* parete *f* divisoria.

innerbetrieblich ['ɪnɐ-] *a* interaziendale; *(a. adv)* all'interno dell'azienda.

innere *s.* **innere(r, s).**

Innere ‹ein -s, -n, ø› *n* **1.** *(räumlich)* interno *m*, centro *m*; **2.** *fig* viscere *f pl;* cuore *m*, anima *f*; **im ~n von** all'interno di; **in meinem ~n** nel mio intimo; **Minister des ~n** *s.* **Innenminister.**

Innereien [ɪnə'ra͜iən] *f pl* interiora *f pl.*

innere(r, s) ['ɪnərə] *a* **1.** *(räumlich, adm, med)* interno, -a; **2.** *(körperlich)* interno, -a; **3.** *(geistig, seelisch)* intimo, -a; **~ Angelegenheit** affare interno; **~ Medizin** medicina interna; **~r Wert** valore intrinseco; **meine ~ Uhr** *fam scherz* il mio orologio interno *fam;* **~r Monolog** monologo interiore; **vor meinem ~n Auge** alla mia vista interiore.

innerhalb I. *prp gen* **1.** *(örtlich)* all'interno di, entro, in; **2.** *(zeitlich)* nello spazio di, entro, in; **II.** *adv* all'interno, dentro.

innerlich I. *a* **1.** *(körperlich)* interiore, interno; **2.** *(seelisch)* intimo; **II.** *adv* nel proprio intimo, intimamente; **~ anzuwenden** per uso interno. **Innerlichkeit** ‹-, ø› *f* interiorità *f*, profondità *f* di sentimenti.

innerparteilich *a, adv* all'interno del (*o.* in seno al) partito.

innerste *s.* **innerste(r, s).**

Innerste ‹ein -s, -n, ø› *n:* **das ~** il centro, il nucleo; **tief im ~n** nel più profondo, nell'intimo; **bis ins ~ getroffen** colpito nel più profondo.

innerste(r, s) ‹*Superlativ von* innere› *a* **1.** *(räumlich)* (il, la) più profondo, -a; **2.** *fig* intimo, -a; (il, la) più profondo, -a (*o.* segreto, -a); **im ~n Herzen** nel più profondo dell'animo; **das ist meine ~ Überzeugung** (questa) è la mia intima convinzione.

inne·wohnen *itr geh* essere insito (*dat* in).

innig ['ɪnɪç] *a* **1.** *(tief, herzlich)* cordiale; **2.** *(stark, heiß)* fervido, ardente; **3.** *(zärtlich)* tenero; **4.** *(vertraut)* intimo. **Innigkeit** ‹-, ø› *f* **1.** *(Herzlichkeit)* cordialità *f*; **2.** *(Intensität)* fervore *m*, ardore *m;* **3.** *(Zärtlichkeit)* tenerezza *f;* **4.** *(Vertrautheit)* intimità *f.*

Innsbruck ['ɪnsbrʊk] *n* Innsbruck *f.*

Innung ['ɪnʊŋ] ‹-, -en› *f* corporazione *f* (artigianale *o.* d'arti e mestieri).

inoffiziell ['ɪnʔɔfitsi̯ɛl *o.* ...'tsi̯ɛl] *a* non ufficiale.

ins [ɪns] = **in das.**

Insasse ['ɪnzasə] ‹-n, -n› *m*, **Insassin** [...sɪn] *f* **1.** *(von Anstalt)* pensionante *mf*, ospite *mf;* **2.** *(von Fahrzeug)* occupante *mf.*

insbesondere [ɪnsbə'zɔndərə] *adv* soprattutto, specialmente, particolarmente.

Inschrift *f* iscrizione *f.*

Insekt [ɪn'zɛkt] ‹-(e)s, -en› *n* insetto *m*. **Insektenfresser** ‹-s, -› *m* insettivoro *m*. **Insektenkunde** *f* entomologia *f*. **Insektenpulver** *n* polvere *f* insetticida. **Insektenstich** *m* puntura *f* d'insetto. **Insektenvertilgungsmittel** *n* insetticida *m.*

Insel ['ɪnzəl] ‹-, -n› *f* isola *f;* **auf einer ~** in (*o.* su) un'isola. **Inselgruppe** *f* arcipelago *m.*

Inserat [ɪnze'ra:t] ‹-(e)s, -e› *n* inserzione *f*, annuncio *f;* **ein ~ aufgeben** *s.* **inserieren.**

Inserent(in) [...'rɛnt(ɪn)] ‹-en, -en› *m(f)* inserzionista *mf.*

inserieren [...'ri:rən] ‹*ohne ge-*› *itr* fare un'inserzione.

insgeheim [ɪnsgə'ha͜im] *adv* segretamente, in segreto, di nascosto.

insgesamt [ɪnsgə'zamt] *adv* **1.** *(zusammen)* (tutti) insieme, complessivamente; **2.** *(im ganzen)* in tutto, in totale.

Insider ['ɪnsaɪdə] ‹-s, -› *m sl* iniziato, -a *m, f.*

insofern, insoweit [ɪnzo'fɛrn, *hinweisend:* ɪn'zo:..., ɪnzo'va͜it, *hinweisend:* ɪn'zo:...] **I.** *adv* fino a questo punto, a tale riguardo; **~, als . . .** nella misura in cui . . ., in quanto . . .; **II.** *con* per quanto, nella misura in cui.

Inspekteur(in) [ɪnspɛk'tø:ɐ̯ (...rɪn)] ‹-s, -e› *m(f)* ispettore, -trice *m, f*, controllore *m.*

Inspektion [...'tsi̯o:n] ‹-, -en› *f* ispezione *f; (Prüfung)* controllo *m;* **sein Auto zur ~ bringen** portare la (propria) macchina al controllo.

Inspektor(in) [ɪn'spɛkto:ɐ̯ (...'to:rɪn), ...'to:rən] ‹-s, -en› *m(f)* gerente *mf*, amministratore, -trice *m, f.*

Inspiration [ɪnspira'tsi̯o:n] ‹-, -en› *f* ispirazione *f.*

inspirieren [...'ri:rən] ‹*ohne ge-*› *tr* ispirare.

Installateur(in) [ɪnstala'tø:ɐ̯ (...rɪn)]

‹-s, -e› *m(f)* installatore, *rar* -trice *m, f.*
Installation [...'tsi̯o:n] ‹-, -en› *f* installazione *f.*
installieren [...'li:rən] ‹*ohne ge-*› *tr* installare; *tec* equipaggiare.
instand [ɪn'ʃtant] *a* a posto, in ordine; **etw. ~ halten** tenere qc in buono stato, provvedere alla manutenzione di qc; **etw. ~ setzen** ripristinare qc, rimettere a nuovo qc, riparare qc.
inständig ['ɪnʃtɛndɪç] **I.** *a* pressante, insistente; **II.** *adv:* **~ bitten** pregare insistentemente (*jdn um etw.* qu di *o.* per qc), implorare (*jdn um etw.* qc da qu); **~ hoffen** sperare intensamente.
Instandsetzung ‹-, -en› *f* riparazione *f;* raccomodatura *f.*
Instanz [ɪn'stants] ‹-, -en› *f* **1.** *jur* istanza *f;* **2.** *adm* autorità *f;* **in erster/letzter ~** in prima/ultima istanza. **Instanzenweg** *m:* **auf dem ~** per via gerarchica; **den ~ einhalten** seguire la via gerarchica.
Instinkt [ɪn'stɪŋkt] ‹-(e)s, -e› *m* istinto *m;* **aus ~** per istinto, istintivamente; **einen untrüglichen ~ haben** avere un istinto infallibile.
instinktiv, instinktmäßig [...'ti:f] *a* istintivo.
Institut [ɪnsti'tu:t] ‹-(e)s, -e› *n* (*a. Lehr~*) istituto *m,* istituzione *f;* (*Anstalt*) ente *m.*
Institution [...tu'tsi̯o:n] ‹-, -en› *f* istituzione *f.*
instruieren [ɪnstru'i:rən] ‹*ohne ge-*› *tr* istruire, dare le istruzioni a.
Instruktion [ɪnstrʊk'tsi̯o:n] ‹-, -en› *f* istruzione *f.*
Instrument [ɪnstru'mɛnt] ‹-(e)s, -e› *n* strumento *m;* (*Werkzeug a.*) attrezzo *m.*
instrumental [...'ta:l] *a* strumentale. **Instrumentalbegleitung** *f* accompagnamento *m* strumentale. **Instrumentalstück** *n* pezzo *m* strumentale.
Insulaner(in) [ɪnzu'la:nɐ (...ərɪn)] ‹-s, -› *m(f)* isolano, -a *m, f.*
inszenieren [ɪnstse'ni:rən] ‹*ohne ge-*› *tr* **1.** *theat, film* mettere in scena; **2.** *fig* montare, inscenare.
Inszenierung ‹-, -en› *f* **1.** *theat, film* allestimento *m,* messa *f* in scena; **2.** *fig* montatura *f,* messa *f* in scena.

intakt [ɪn'takt] *a* intatto.
Intarsienmalerei [ɪn'tarzi̯ən-] *f* pittura *f* ad intarsio.
Integral [ɪnte'gra:l] ‹-s, -e› *n* integrale *m.* **Integralrechnung** *f* calcolo *m* integrale.
Integration [ɪntegra'tsi̯o:n] ‹-, -en› *f* integrazione *f.*
integrieren [...'gri:rən] ‹*ohne ge-*› *tr* integrare.
Intellekt [ɪntɛ'lɛkt] ‹-(e)s, ø› *m* intelletto *m.*
intellektuell [...'tu̯ɛl] *a* intellettuale. **Intellektuelle** ‹ein -r, -n, -n› *mf* intellettuale *mf.*
intelligent [ɪnteli'gɛnt] *a* intelligente.
Intelligenz [...'gɛnts] ‹-, -en› *f* intelligenza *f.* **Intelligenzquotient** *m* (*ab* **IQ**) quoziente *m* d'intelligenza. **Intelligenztest** *m* test *m* d'intelligenza.
Intendant(in) [ɪntɛn'dant(ɪn)] ‹-en, -en› *m(f)* intendente *mf.*
Intendantur [...'tu:ɐ̯] ‹-, -en› *f* intendenza *f.*
Intensität [ɪntɛnzi'tɛ:t] ‹-, ø› *f* intensità *f.*
intensiv [...'zi:f] *a* intenso; (*bes. agr, tec*) intensivo.
intensivieren [...zi'vi:rən] ‹*ohne ge-*› *tr* intensificare.
Intensivkurs *m* corso *m* intensivo. **Intensivstation** *f* reparto *m* cure intensive.
Intercity(**-Zug** *m*) [ɪntɐ'sɪti] ‹-s, -s› *m* (*ab* **IC**) ≃ rapido *m.*
interessant [ɪntərɛ'sant] *a* interessante.
Interesse [...'rɛsə] ‹-s, -n› *n* interesse *m* (*an* a, *für* per); **im ~ der Allgemeinheit** nell'interesse della comunità; **von allgemeinem ~** d'interesse generale; **an** (*o.* **für**) **etw. ~ haben** interessarsi di qc, essere interessato a qc; **in jds ~ liegen** essere nell'interesse di qu; **das ~ an etw. verlieren** disinteressarsi di qc; **jds ~n vertreten** difendere gli interessi di qu. **interesselos** *a* indifferente, senza interesse. **Interesselosigkeit** ‹-, ø› *f* disinteresse *m.* **Interessengemeinschaft** *f* comunione *f* d'interessi. **Interessenkonflikt** *m* conflitto *m* d'interessi. **Interessent(in)** [ɪntərɛ'sɛnt(ɪn)] ‹-en, -en› *m(f)* interessato, -a *m, f.*
interessieren [...'si:rən] ‹*ohne ge-*› *tr* interessare; **sich für jdn/etw. ~** interessarsi di qu/qc.
Interjektion [ɪntɐjɛk'tsi̯o:n] ‹-, -en› *f* interiezione *f.*
Intermezzo [ɪntɐ'mɛtso, ...tsos *o.* ...tsi] ‹-s, -s *o.* -mezzi› *n theat, mus* intermezzo *m;* (*fig a.*) intermezzo *m* comico.
intern [ɪn'tɛrn] *a* interno.
Internat [ɪntɐ'na:t] ‹-(e)s, -e› *n* internato *m,* collegio *m,* convitto *m.*
international [ɪntɐ-] *a* internazionale.
internieren [ɪntɐ'ni:rən] ‹*ohne ge-*› *tr*

internare. **Internierte** ‹ein -r, -n, -n› *mf* internato, -a *m, f.*
Internierung ‹-, -en› *f* internamento *m.* **Internierungslager** *n* campo *m* d'internamento.
Internist(in) [ɪnte'nɪst(ɪn)] ‹-en, -en› *m(f)* internista *mf.*
Interpol ['ɪntepo:l] ‹-, ø› *f* INTERPOL *m.*
interpolieren [ɪntepo'li:rən] ‹*ohne ge-*› *tr* interpolare.
Interpret(in) [ɪnte'pre:t(ɪn)] ‹-en, -en› *m(f)* interprete *mf.*
Interpretation [...preta'tsi̯o:n] ‹-, -en› *f* interpretazione *f.*
interpretieren [...'ti:rən] ‹*ohne ge-*› *tr* interpretare.
Interpretin *f s.* **Interpret.**
Interpunktion [ɪntepʊŋk'tsi̯o:n] *f* interpunzione *f.* **Interpunktionszeichen** *n* segno *m* d'interpunzione.
Intervall [ɪnte'val] ‹-s, -e› *n* intervallo *m.*
intervenieren [ɪnteve'ni:rən] ‹*ohne ge-*› *itr* intervenire.
Intervention [...vɛn'tsi̯o:n] ‹-, -en› *f* intervento *m.*
Interview ['ɪntevju *o.* ...'vju:] ‹-s, -s› *n* intervista *f.*
interviewen ‹*ohne ge-*› *tr* intervistare.
Interviewer(in) ‹-s, -› *m(f)* intervistatore, -trice *m, f.*
intim [ɪn'ti:m] *a* intimo; *(vertraut)* familiare; **~e Beziehungen mit jdm haben** avere rapporti sessuali con qu.
Intimität [ɪntimi'tɛ:t] ‹-, -en› *f* intimità *f.*
Intimsphäre *f* intimo *m.*
intolerant ['ɪntolerant *o.* ...'rant] *a* intollerante. **Intoleranz** [...nts̯] *f* intolleranza *f.*
intransitiv ['ɪn-] *a* intransitivo.
Intrauterinpessar [ɪntraʔute'ri:n-] *n* diaframma *m.*
intrigant [ɪntri'gant] *a* intrigante. **Intrigant(in)** ‹-en, -en› *m(f)* intrigante *mf.*
Intrige [ɪn'tri:gə] ‹-, -n› *f* intrigo *m,* cabala *f.*
intrigieren [ɪntri'gi:rən] ‹*ohne ge-*› *itr* intrigare, brigare *fam.*
introvertiert [ɪntrovɛr'ti:ɐ̯t] *a* introverso.
Invalide [ɪnva'li:də] ‹-n, -n› *m,* **Invalidin** [...dɪn] *f* invalido, -a *m, f; mil* mutilato, -a *m, f.*
Invalidität [...lidi'tɛ:t] ‹-, ø› *f* invalidità *f.*
Invasion [ɪnva'zi̯o:n] ‹-, -en› *f* invasione *f.*
Inventar [ɪnvɛn'ta:ɐ̯] ‹-s, -e› *n* inventario *m;* **das ~ aufnehmen** fare l'inventario; **lebendes/totes ~** scorte *f pl* vive/morte.
Inventur [...'tu:ɐ̯] ‹-, -en› *f* inventario *m;* **~ machen** fare l'inventario.
investieren [ɪnvɛs'ti:rən] ‹*ohne ge-*› *tr* investire.
Investition [...ti'tsi̯o:n] ‹-, -en› *f* investimento *m.* **Investitionsgüter** *n pl* beni *m pl* d'investimento.
inwendig ['ɪnvɛndɪç] **I.** *a* interno; **II.** *adv* dentro, all'interno.
inwiefern, inwieweit [ɪnvi'fɛrn, ...'vai̯t] *adv* quanto, fino a che punto, in che senso.
Inzest [ɪn'tsɛst] ‹-(e)s, -e› *m* incesto *m.*
Inzucht *f* **1.** *(bei Tieren)* riproduzione *f* fra consanguinei; **2.** *(bei Menschen)* unione *f* consanguinea.
inzwischen [ɪn'tsvɪʃən] *adv* intanto, frattanto, nel frattempo.
IOK [i:ʔo:'ka:] ‹-(s), ø› *n ab von* **Internationales Olympisches Komitee** C.I.O. *m* (*ab von* Comitato Internazionale Olimpico).
Ion [i̯o:n] ‹-s, -en› *n* ione *m.*
I-Punkt ['i:-] *m* puntino *m* sulla i.
IQ [i:'ku: *o.* aɪ'kju:] ‹-(s), -s› *m ab von* **Intelligenzquotient** Q.I. (*ab von* quoziente d'intelligenza).
i. R. *ab von* **im Ruhestand** a.r. (*ab von* a riposo).
Irak [i'ra:k] *m:* **(der) ~** l'Iraq *m;* **im ~** nell'Iraq.
Iraker(in) ‹-s, -› *m* iracheno, -a *m, f.*
irakisch *a* iracheno.
Iran [i'ra:n] *m:* **(der) ~** l'Iran *m;* **im ~** nell'iran.
Iraner(in) ‹-s, -› *m(f)* iraniano, -a *m, f,* iranico, -a *m, f.*
iranisch *a* iraniano, iranico.
irden ['ɪrdən] *a* di terra, terracotta; **~es Geschirr** terraglia *f.*
irdisch ['ɪrdɪʃ] *a* terrestre; *(nicht himmlisch)* terreno, di questo mondo.
Ire ['i:rə] ‹-n, -n› *m,* **Irin** ['i:rɪn] *f* irlandese *mf.*
Irene [i'ro:nə] *(weiblicher Vorname)* Irene.
irgend ['ɪrgənt] *adv:* **wenn ~ möglich, wenn es ~ geht** se mai è possibile; **so gut es ~ geht** il meglio possibile; **~ etwas** qualunque cosa; **~ jemand** qualcuno, uno qualunque; **er studiert Wirtschaftswissenschaften oder ~ so etw.** studia scienze economiche o qualcosa del genere. **irgendein** *pron (adjektivisch)* uno, -a qualunque, uno, -a qualsiasi. **irgendeine(r, s)** ['ɪrgənt'ʔai̯nə] *pron* qualcuno, -a, uno, -a. **irgendwann** ['ɪrgənt'van] *adv* una volta o l'altra, prima o poi. **Ir-**

gendwie ['ɪrgənt'vi:] *adv* in qualche modo, in un modo o nell'altro. **irgendwo** ['ɪrgənt'vo:] *adv* in qualche posto, da qualche parte. **irgendwoher** ['ɪrgəntvo'he:ɐ̯] *adv* da qualche parte. **irgendwohin** ['ɪrgəntvo'hɪn] *adv* in qualche posto, da qualche parte.

Iriden *pl von* **Iris[1]**.

Irin *f s.* **Ire.**

Iris[1] ['i:rɪs, 'i:rɪs *o.* i'ri:dən] ⟨-, -, *o.* Iriden⟩ *f anat, opt* iride *f.*

Iris[2] ['i:rɪs] ⟨-, -⟩ *f bot* iris *f.*

irisch ['i:rɪʃ] *a* irlandese.

IRK [i:ˀɛr'ka:] ⟨-(s), ø⟩ *n ab von* **Internationales Rotes Kreuz** Croce Rossa Internazionale.

Irland ['ɪrlant] *n* Irlanda *f.*

Ironie [iro'ni:, ...i:ən] ⟨-, -n⟩ *f* ironia *f.*

ironisch [i'ro:nɪʃ] *a* ironico.

irrational ['ɪrat͡si̯ona:l *o.* ...'na:l] *a* irrazionale.

irr(e) ['ɪr(ə)] *a* **1.** *(verrückt)* folle, pazzo, alienato; **2.** *sl (ausgefallen, toll)* straordinario, pazzesco; **ein ~er Typ** *sl* un tipo stravagante (*o.* originale); **an jdm ~ werden** perdere la fiducia in qu.

Irre[1] ⟨-, ø⟩ *f*: **in die ~ führen** fuorviare; *fig (täuschen)* sviare, ingannare; **in die ~ gehen** smarrirsi.

Irre[2] ⟨ein -r, -n, -n⟩ *mf* pazzo, -a *m, f,* demente *mf,* alienato, -a *m, f.*

irreal ['ɪrea:l] *a* irreale.

Irrealität [ɪreali'tɛ:t] *f* irrealtà *f.*

irre·führen *tr fig* trarre in inganno, ingannare, imbrogliare. **irreführend** *a* che trae in inganno; **~e Werbung** pubblicità menzognera. **Irreführung** *f* sviamento *m;* **~ der Behörden** sviamento delle indagini.

irrelevant ['ɪrelevant *o.* ...'vant] *a* irrilevante, trascurabile.

irre·machen *tr* confondere, disorientare; **sich von jdm nicht ~ lassen** *(von seiner Meinung abbringen)* non lasciarsi confondere da qu.

irren I. *itr* **1.** ⟨*sein*⟩ *(umher~)* errare; *fig (Gedanken)* vagare; **2.** ⟨*haben*⟩ *(sich täuschen)* errare, sbagliare; **~ ist menschlich** *prov* errare è umano *prov;* **II.** *rfl:* **sich ~** sbagliarsi (*in etw.* in qc, *in jdm* sul conto di qu); errare, ingannarsi (*in etw.* su qc, *in jdm* su qu); **sich gewaltig** (*o.* **schwer**) **~** *fam* prendere un granchio enorme; **wenn ich mich nicht irre** se non erro, se non mi sbaglio; **ich habe mich gründlich in ihm geirrt** mi sono sbagliato di grosso sul suo conto.

Irrenanstalt *f,* **-haus** *n* manicomio *m.* **Irrenarzt** *m,* **-ärztin** *f* psichiatra *mf.*

Irrfahrt *f* peregrinazione *f,* odissea *f.* **Irrgarten** *m* labirinto *m,* dedalo *m.*

irrig *a geh* erroneo, falso.

irrigerweise *adv geh* erroneamente.

irritieren [ɪri'ti:rən] ⟨*ohne ge-*⟩ *tr* **1.** *(verwirren)* confondere; **2.** *geh (reizen)* irritare, molestare.

Irrlicht *n* fuoco *m* fatuo. **Irrsinn** *m* follia *f,* demenza *f.* **irrsinnig** *a* folle, demente, alienato.

Irrtum ⟨-s, ¨er⟩ *m* **1.** *(falsche Meinung)* errore *m;* **2.** *(Mißverständnis)* malinteso *m,* equivoco *m; (Versehen)* svista *f,* sbaglio *m;* **jdn über einen ~ aufklären** trarre qu d'inganno; **sich im ~ befinden, im ~ sein** essere in errore; **Sie sind** (*o.* **da sind Sie) im ~** Lei si sbaglia; **das ist ein ~** vi è un malinteso; **das war ein ~ von mir** mi sono sbagliato; **~!** *fam* è uno sbaglio!; **es ist ein ~ zu glauben, daß ...** è un errore credere che ...

irrtümlich ['ɪrty:mlɪç] *a* erroneo.

Ischias ['ɪʃias *o.* 'ɪsçias] ⟨-, ø⟩ *m o. n o. rar f* sciatica *f.*

Islam [ɪs'la:m *o.* 'ɪslam] ⟨-s, ø⟩ *m* islam(ismo) *m.*

islamisch *a* islamico.

Island ['i:slant] *n* Islanda *f.*

Isländer(in) ['i:slɛndɐ (...ərɪn)] ⟨-s, -⟩ *m(f)* islandese *mf.*

isländisch *a* islandese.

Isolation [izola't͡si̯o:n] ⟨-, -en⟩ *f* isolamento *m.* **Isolationshaft** *f* segregazione *f* cellulare.

Isolator [...'la:to:ɐ̯, ...la'to:rən] ⟨-s, -en⟩ *m* isolante *m.*

Isolde [i'zɔldə] *(weiblicher Vorname)* Isotta.

Isolierband ⟨-(e)s, ¨er⟩ *n* nastro *m* isolante.

isolieren [izo'li:rən] ⟨*ohne ge-*⟩ *tr* isolare.

Isolierstation *f* reparto *m* di isolamento.

Isolierung ⟨-, -en⟩ *f* isolamento *m.*

Israel ['ɪsrae:l *o.* ...aɛl] *n* Israele *m;* **in ~** nell'Israele.

Israeli [...'e:li] ⟨-(s), -(s)⟩ *mf,* **Israelin** [...lɪn] *f* israeliano, -a *m, f.*

israelisch *a* israeliano.

Israelit(in) [...e'li:t(ɪn)] ⟨-en, -en⟩ *m(f)* israelita *mf.*

israelitisch *a* israelitico, ebraico.

ist [ɪst] *3. pers sing pr von* **sein.**

ißt [ɪst] *2. u. 3. pers sing pr von* **essen.**

Istanbul ['ɪstambu:l] *n* Istanbul *f.*

Ist-Bestand *m* stato *m* effettivo, scorte *f pl* di magazzino.

Italien [i'ta:li̯ən] *n* (*ab* **I**) Italia *f.*

Italiener(in) [ita'li̯e:nɐ (...ərɪn)] ⟨-s, -⟩ *m(f)* italiano, -a *m, f.*

italienisch *a* italiano.

Italienisch ‹ø, ø› *n,* **Italienische** ‹-n, ø› *n* italiano *m;* **das ~(e) ist schwer** l'italiano è (una lingua) difficile; **die Schwierigkeiten des Italienischen** le difficoltà dell'italiano; **Italienisch sprechen/verstehen** parlare/capire l'italiano; **kein Italienisch sprechen/verstehen** non parlare/capire l'italiano; **er hat in Italienisch eine Zwei** ha un otto in italiano.

i. Tr. *ab von* **in der Trockenmasse: Fett ~** grassi in (*o.* grasso) s. s.

I-Tüpfelchen [ˈiːtʏpf̮əlçən] ‹-s, -› *n* **1.** puntino *m* sulla i; **2.** *fig* cacio *m* sui maccheroni *fam,* minimo particolare *m.*

i. V. [iːˈfau̯] *ab von* **in Vertretung** p. (*ab von* per).

J

J, j ‹-, -(s)› *n* J, j *f;* **J wie Julius** i lunga.

J *ab von* **Joule** J (*ab von* joule).

ja [ja:] *adv* **1.** *(zustimmend)* sì; **2.** *(fragend: wirklich?)* ah sì; *fam* eh, vero; **3.** *(nachdrücklich)* ma; **4.** *(sogar)* anzi, perfino; **glaube ~ nicht, daß ...** e non credere che ...; **komm ~ pünktlich!** vieni puntuale!; **sage ~ nicht, daß ...** stai attento a non dire che ...; **aber ~!** *fam,* **~ doch!** ma sì! *fam;* **da bist du ~!** eccoti finalmente; **das ist ~ eine schöne Geschichte!** *iron* bell'affare; **das ist ~ furchtbar!** ma è terribile!; **ich glaube ~** penso di sì; **ich habe es ~ gesagt** ma l'ho detto; **~ sagen** dire di sì; **mit Ja antworten** rispondere affermativamente; **mit Ja stimmen** votare per ...; **na ~!** *fam* sì, sì *fam;* **nun ~!** e va bene; **oh ~!** oh sì!; *(bestätigend)* certamente!; **sie wissen ~, daß ...** Lei sa bene che ...; **zu allem ~ und amen sagen** *fam* acconsentire a tutto; **zu etw. ~ sagen** acconsentire a qc, dare il proprio consenso a qc.

Jacht [jaxt] ‹-, -en› *f* yacht *m.*

Jacke ['jakə] ‹-, -n› *f (Herren~)* giacca *f* (da uomo); *(Damen~, Kostüm~)* giacca *f* da donna.

Jackett [ʒa'kɛt] ‹-(e)s, -s *o. rar* -e› *n* giacca *f,* giacchetto *m.*

Jade ['ja:də] ‹-(s), ø› *m o.* ‹-, ø› *f* giada *f.*

Jagd [ja:kt] ‹-, -en› *f* caccia *f; (Verfolgung a.)* inseguimento *m* (*auf* a); **auf die ~ gehen** andare a caccia; **auf etw. ~ machen** dare la caccia a qc. **Jagdaufseher** *m* guardiacaccia *m.* **Jagdbeute** *f* cacciagione *f.* **Jagdbomber** *m* cacciabombardiere *m.* **Jagdgewehr** *n* fucile *m* da caccia. **Jagdhund** *m* cane *m* da caccia. **Jagdhütte** *f* capanna *f* di caccia. **Jagdrevier** *n* riserva *f* di caccia. **Jagdschein** *m* licenza *f* di caccia. **Jagdtasche** *f* carniere *m.* **Jagdzeit** *f* stagione *f* venatoria (*o.* della caccia).

jagen ['ja:gən] **I.** *tr* ‹haben› **1.** *(Wild)* cacciare; **2.** *fig (verfolgen)* inseguire, dare la caccia a; **damit kannst du mich ~!** *fam* mi fa schifo *fam;* **ein Ereignis jagt das andere** gli avvenimenti si susseguono senza tregua; **jdn zum Teufel ~** mandare al diavolo qu; **II.** *itr* **1.** ‹haben› *(auf die Jagd gehen)* cacciare, andare a caccia; **2.** ‹sein› *(dahin~)* correre, andare di corsa (*o.* a precipizio); **nach etw. ~** correr dietro a qc.

Jäger(in) ['jɛ:gɐ (...ərɪn)] ‹-s, -› *m(f)* **1.** *allg., mil* cacciatore, -trice *m, f;* **2.** *mil aero* pilota *m* da caccia.

Jägerei [jɛ:gə'rai̯] ‹-, ø› *f* caccia *f,* esercizio *m* della caccia.

Jägerin *f s.* **Jäger.**

Jägerlatein *n scherz* fanfaronata *f* (da cacciatore).

Jaguar ['ja:gu̯a:ɐ̯] ‹-s, -e› *m* giaguaro *m.*

jäh [jɛ:] **I.** *a* **1.** *(steil)* ripido, erto, scosceso; **2.** *(plötzlich)* improvviso, repentino; **3.** *(überstürzt)* precipitato; **II.** *adv (mit plötzlicher Heftigkeit)* bruscamente.

Jahr [ja:ɐ̯] ‹-(e)s, -e› *n (Zeiteinheit)* anno *m; (in bezug auf Inhalt, Verlauf)* annata *f;* **alle zwei ~e** ogni due anni; **einmal im ~** una volta all'anno; **~ für ~** anno per anno; **die dreißiger ~e** gli anni trenta; **das ganze ~ (hindurch** *o.* **über)** (per) tutto l'anno; **im ~e 1981** nel(l'anno) 1981; **ein Mann in den besten ~en** un uomo nel fiore degli anni; **in einem ~** *(ab jetzt)* fra un anno; *(im Verlauf eines ~es)* in un anno, nel corso di un anno; **jedes ~** ogni anno, annualmente; **letztes** (*o.* **vergangenes** *o.* **voriges) ~** l'anno scorso (*o.* passato); **nächstes ~** l'anno prossimo; **seit ~ und Tag** da anni; **viele ~e lang** per anni; **von ~ zu ~** di anno in anno; **vor einem ~** un anno fa; **in die ~e kommen** cominciare a invecchiare; **die besten ~e (des Lebens)** gli anni più belli (della vita); **ein dreiviertel/halbes ~** nove/sei mesi; **das laufende ~** l'anno in corso; **das neue ~** l'anno nuovo; **jdm ein glückliches neues ~ wünschen** augurare a qu buon anno; **im Alter von 3 ~en** a 3 anni; **vor ~en** anni fa; **er ist um ~e gealtert** è invecchiato di anni.

jahraus [-'ʔau̯s] *adv:* **~, jahrein** anno per anno.

Jahrbuch *n* annuario *m,* almanacco *m.*

jahrelang **I.** *a* di anni, che dura da anni; **II.** *adv* per anni.

jähren ['jɛ:rən] *rfl:* **sein Tod jährt sich heute zum erstenmal** è il primo anniversario della sua morte; **der Tag jährt sich bald, an dem ...** presto è l'anniversario del giorno in cui ...

Jahresabschlußprämie *f* premio *m* di fine anno. **Jahresanfang** *m* inizio *m* dell'anno. **Jahresbeitrag** *m* quota *f* annua. **Jahresdurchschnitt** *m* media *f* annua. **Jahreseinkommen** *n* reddito *m* annuo. **Jahresende** *n* fine *f* dell'anno. **Jahrestag** *m* anniversario *m.* **Jahresurlaub** *m* vacanze *f pl* annuali; *mil* licenza *f* ordinaria. **Jahreswechsel** *m,* **-wende** *f* capodanno *m.* **Jahreszahl** *f* data *f.* **Jahreszeit** *f* stagione *f.*

Jahrgang *m* (*ab* **Jg.**) **1.** *(von Geburt)* generazione *f;* **2.** *(in Schule, etc.)* classe *f;* **3.** *(von Wein, Zeitschrift)* annata *f;* **1982 war ein guter ~** *(Wein)* il 1982 è stata una buona annata (per il vino).

Jahrhundert [-'hʊndɐt] ‹-s, -e› *n* (*ab* **Jh.**) secolo *m.* **jahrhundertelang** *adv* per secoli. **Jahrhundertwende** *f* passaggio *m* da un secolo all'altro.

-jährig [-jɛ:rıç] *a (in Zusammensetzungen)* di ... anni.

Jahrmarkt *m* fiera *f.* **Jahrmarktsbude** *f* baraccone *m* da fiera.

Jahrtausend [-'tau̯zənt] ‹-s, -e› *n* millennio *m.*

Jahrzehnt [-'tse:nt] ‹-(e)s, -e› *n* decennio *m.* **jahrzehntelang** *adv* per decenni.

Jähzorn *m* **1.** *(Eigenschaft)* temperamento *m* collerico, irascibilità *f;* **2.** *(Ausbruch)* accesso, impeto *m* di collera. **jähzornig** *a* irascibile, iracondo, collerico.

Jakob ['ja:kɔp] *(männlicher Vorname)* Giacomo; *(in Bibel)* Giacobbe.

Jalousie [ʒalu'zi:, ...i:ən] ‹-, -n› *f* imposta *f,* persiana *f.*

Jammer ['jamɐ] ‹-s, ø› *m* **1.** *(Elend)* miseria *f,* indigenza *f;* **2.** *(Klagen)* lamenti *m pl;* **es ist ein ~, daß ...** è un peccato che ... *conj;* **es wäre ein ~, wenn ...** sarebbe un vero peccato che (*o.* se) ... *conj.*

jämmerlich ['jɛmɐlıç] *a (elend)* misero; *(erbärmlich)* miserabile, pietoso; *(mitleiderregend)* compassionevole.

jammern I. *itr* lamentarsi (*über* di, *um* per); *(klagen)* lagnarsi (*über* di, *um* per); **nach jdm/etw. ~** reclamare qu/qc con tono lamentoso; **II.** *tr obs:* **das jammert mich** ciò mi fa compassione (*o.* pietà).

jammerschade ['jamɐ'ʃa:də] *a fam:* **das ist ~!** è un gran peccato!

Jan [jan] *männlicher Vorname.*

Januar ['janu̯a:ɐ̯] ‹-(s), -e› *m* gennaio *m; s. a. September.*

Japan ['ja:pan] *n* Giappone *m;* **in ~** nel Giappone.

Japaner(in) [ja'pa:nɐ (...ərın)] ‹-s, -› *m(f)* giapponese *mf.*

japanisch *a* giapponese.

Jargon [ʒar'gõ:] ‹-s, -s› *m* gergo *m.*

Jasmin [jas'mi:n] ‹-s, -e› *m* gelsomino *m.*

Jastimme *f* voto *m* favorevole.

jäten ['jɛ:tən] *tr* sarchiare; diserbare.

Jauche ['jau̯xə] ‹-, -n› *f* liquame *m,* colaticcio *m.* **Jauchegrube** *f* fossa *f* del liquame.

jauchzen ['jau̯xtsən] *itr* levare grida di gioia, esultare, giubilare.

Jauchzer ‹-s, -› *m* grido *m* di giubilo.

jaulen ['jau̯lən] *itr* guaire, mugolare.

Jause ['jau̯zə] ‹-, -n› *f (A, süddeutsch)* merenda *f,* spuntino *m.*

jawohl [ja'vo:l] *adv* sì certo, sissignore.

Jawort *n:* **jdm das (***o.* **sein) ~ geben** *allg.* dare la (propria) parola a qu; *(bei Trauung)* pronunciare il sì.

Jazz [dʒɛs *o.* jats] ‹-, ø› *m* jazz *m.* **Jazzkapelle** *f* jazzband *m,* orchestra *f* di jazz.

je[1] [je:] **I.** *adv* **1.** *(~mals)* mai; **2.** *(~weils)* ogni, alla volta; *(bei Personen)* ciascuno *(nachgestellt);* **es ist schlimmer denn ~** è peggio che mai; **ich gebe euch ~ 2 Mark** vi do 2 marchi ciascuno; **seit eh und ~** da sempre; **wer hätte das ~ gedacht!** chi l'avrebbe mai immaginato!; **II.** *con:* **~ ..., desto ...** quanto ... tanto ...; **~ nach ...** secondo ...; **~ eher, desto lieber** quanto prima tanto meglio; **~ nachdem** a seconda delle circostanze; **~ nachdem, ob ...** a seconda se ...; **~ mehr, desto besser** più ce n'è tanto meglio; **III.** *prp acc (pro)* per, a.

je[2] [je:] *interj:* **ach (***o.* **oh) ~!** ahimè!, oh Dio!, mamma mia!

Jeans [dʒi:nz] ‹*pl*› jeans *m pl.*

jede *pron s.* **jede(r, s).**

jeder *pron s.* **jede(r, s).**

jedenfalls ['je:dən'fals] *adv* in ogni caso, a ogni modo, fatto sta che.

jedermann *pron* ognuno, tutti.

jede(r, s) ['je:də] *pron* **1.** *(adjektivisch)* ogni; **2.** *(substantivisch)* ognuno, -a, tutti; **er kann ~n Augenblick hereinkommen** può entrare da un momento all'altro; **ohne ~n Grund/Sinn** senza alcun motivo/senso; **~ zweite/dritte/vierte ...** ogni ... due/tre/quatro ...; **~r von uns** ognuno di noi; **~m das Seine** a ciascuno il suo;

~r beliebige uno qualsiasi; **~r einzelne** ogni singolo.

jederzeit ['je:de'tsait] *adv* in qualsiasi momento, sempre.

jedes *pron s.* **jede(r, s).**

jedesmal ['je:dəs'ma:l] *adv* ogni volta; **~, wenn ...** ogni volta che ...

jedoch [je'dɔx] **I.** *adv* però, tuttavia; **II.** *con* ma, però.

jegliche(r, s) ['je:klɪçə] *pron* ogni, tutto, -a; **ohne ~ Hoffnung** senza alcuna speranza.

jeher ['je:he:ɐ *o.* 'je:'he:ɐ] *adv:* **von ~** da sempre, da molto tempo.

jemals ['je:ma:ls] *adv* mai; **hat man ~ so etwas gesehen?** si è mai visto qualcosa di simile?

jemand ['je:mant] *pron* qualcuno; *(verneinend)* nessuno; **es ist ~ da** c'è qualcuno; **~ anders** qualcun altro; **ohne ~en zu fragen** senza chiedere a nessuno.

jene(r, s) ['je:nə] *(Demonstrativpronomen) geh* **1.** *(adjektivisch)* quel(lo) *m*, quella *f*, quei *m pl*, quegli *m pl*, quelle *f pl;* **2.** *(substantivisch)* quello *m*, quella *f*, quelli *m pl*, quelle *f pl;* **an ~em Tage** quel giorno; **dies und ~s** questo e quello.

jenseitig ['je:nzaitɪç *o.* 'jɛn...] *a* ulteriore, altro, che è di là.

jenseits ['je:nzaits *o.* 'jɛn...] **I.** *adv* di là, dall'altra parte; **II.** *prp gen* al di là di, di là da. **Jenseits** ⟨-, ø⟩ *n:* **das ~** l'al di là *m*, l'altro mondo *m*.

Jerusalem [je'ru:zalɛm] *n* Gerusalemme *f*.

Jesuit [je'zui:t] ⟨-en, -en⟩ *m* gesuita *m*. **Jesuitenorden** *m* ordine *m* dei gesuiti, compagnia *f* di Gesù.

Jesus ['je:zʊs, ...zu, ...zʊm] ⟨Jesu, *dat* - *o.* Jesu, *acc* - *o.* Jesum⟩ *(männlicher Vorname)* Gesù; **~ Christus** Gesù Cristo.

Jet-set ['dʒɛtsɛt] ⟨-s, ø⟩ *m* jet-set *m*.

jetzig ['jɛtsɪç] *a* di adesso, attuale, presente.

jetzt [jɛtst] *adv* adesso, ora, attualmente; *(dann)* allora; **bis ~** finora; **erst ~** solo ora, soltanto adesso; **gerade ~** proprio ora; **von ~ an** d'ora in poi, d'ora innanzi; **~ oder nie!** adesso o mai più!

jeweilig ['je:'vailɪç] *a* rispettivo, vigente; *(betreffend)* in questione; **das ~e Muster ist überall gut zu erkennen** lo stesso modello è riconoscibile dappertutto.

jeweils ['je:'vails] *adv (jedesmal)* ogni volta; **für jede Gruppe gilt ~ ...** per ogni gruppo vale sempre ...; **es können ~ 8 Personen teilnehmen** possono prendervi parte 8 persone per volta.

Jg. *ab von* **Jahrgang** annata.

Jh. *ab von* **Jahrhundert** sec. (*ab von* secolo).

Joachim ['jo:axɪm *o.* jo'axɪm] *(männlicher Vorname)* Gioacchino.

Job [dʒɔp] ⟨-s, -s⟩ *m fam* lavoro *m*.

jobben ['dʒɔbən] *itr fam* lavorare (occasionalmente).

Jobber(in) ⟨-s, -⟩ *m(f) fam* lavoratore, -trice *m, f* occasionale.

Jobsharing [-ʃɛ:rɪŋ] ⟨-(s), ø⟩ *n* jobsharing *m*, lavoro *m* part time a turno.

Joch [jɔx] ⟨-(e)s, -e⟩ *n* **1.** *allg., fig* giogo *m;* **2.** *arch* pila *f* ad arco; **3.** *(Paß)* passo *m*, valico *m;* **sein ~ abschütteln** *fig* scuotere il (proprio) giogo.

Jockei, Jockey ['dʒɔke *o.* -ki] ⟨-s, -s⟩ *m* jockey *m*, fantino *m*.

Jod [jo:t] ⟨-(e)s, ø⟩ *n* iodio *m*.

jodeln ['jo:dəln] *itr* fare lo jodel.

Jodler ⟨-s, -⟩ *m (Ruf)* jodel *m*.

Jodler(in) ⟨-s, -⟩ *m(f)* cantante *mf* di jodel.

Jodtinktur *f* tintura *f* di iodio.

Joga ['jo:ga] ⟨-(s), ø⟩ *m o. n* yoga *m*.

joggen ['dʒɔgən] **I.** *itr* ⟨*sein*⟩ praticare il jogging; **II.** *tr* ⟨*haben o. sein*⟩ **er ist (*o.* hat) 2000 Meter gejoggt** ha corso per 2000 metri.

Jogging ['dʒɔgɪŋ] ⟨-(s), ø⟩ *n* jogging *m*. **Jogginganzug** *m* tuta *f* da jogging.

Joghurt ['jo:gʊrt] ⟨-(s), -(s)⟩ *m o. n* iogurt *m*.

Jogi ['jo:gi] ⟨-(s), -s⟩ *m* yogin *m*.

Johanna [jo'hana] *(weiblicher Vorname)* Giovanna; **(die heilige) ~ von Orléans** la Pulzella d'Orléans.

Johann(es) [jo'han(əs) *o.* 'jo:han] *(männlicher Vorname)* Giovanni; **~ der Täufer** San Giovanni Battista.

Johannisbeere [jo'hanɪs-] *f* ribes *m;* **schwarze/rote ~** ribes nero/rosso.

johlen ['jo:lən] *itr* urlare, gridare.

Joint [dʒɔɪnt] ⟨-s, -s⟩ *m sl* spinello *m;* **einen ~ nehmen** farsi uno spinello.

Jongleur [ʒõ'glø:ɐ] ⟨-s, -e⟩ *m* giocoliere *m*.

jonglieren [ʒõ'gli:rən] ⟨*ohne ge-*⟩ *itr* fare giochi di destrezza.

Joppe ['jɔpə] ⟨-, -n⟩ *f* giacca *f*, casacca *f*.

Jordan ['jɔrdan] *m* Giordano *m*.

Jordanien [jɔr'da:niən] *n* Giordania *f*.

Jordanier(in) ⟨-s, -⟩ *m(f)* giordano, -a *m, f*.

Josef, Joseph ['jo:zɛf] *(männlicher Vorname)* Giuseppe.

Joule [dʒu:l *o.* dʒaul] ⟨-(s), -⟩ *n* (*ab* **J**) joule *m*.

Journal [ʒʊr'na:l] ⟨-s, -e⟩ *n* **1.** *obs (Ta-*

gebuch) diario *m;* **2.** *com* giornale *m* di contabilità; **3.** *(Zeitschrift)* giornale *m.*

Journalismus [ʒurna'lɪsmʊs] ‹-, ø› *m* giornalismo *m.*

Journalist(in) [...'lɪst(ɪn)] ‹-en, -en› *m(f)* giornalista *mf.*

jovial [jo'vi̯a:l] *a* gioviale.

jr. *ab von* **junior** jr.

Jubel ['ju:bəl] ‹-s, ø› *m* giubilo *m,* esultanza *f; (~schreie)* grida *f pl* di giubilo; **~, Trubel, Heiterkeit** *fam* confusione ed allegria. **Jubeljahr** *n:* **alle ~e (einmal)** *fam* (una volta) ogni morte di papa *fam.*

jubeln *itr* giubilare, esultare, lanciare grida di gioia.

Jubilar(in) [jubi'la:ɐ̯ (...rɪn)] ‹-s, -e› *m(f)* festeggiato, -a *m, f,* chi festeggia un anniversario.

Jubiläum [...'lɛ:ʊm, ...ɛ:ən] ‹-s, -läen› *n* giubileo *m;* **fünfzigjähriges ~** cinquantenario *m.*

jucken ['jʊkən] **I.** *itr, tr (Körperstelle)* prudere (*jdn* a qu); **es juckt mich** mi prude; **II.** *rfl fam:* **sich ~** grattarsi.

Juckreiz *m* prurito *m.*

Jude ['ju:də] ‹-n, -n› *m,* **Jüdin** 1. *?jy:dIn*] *f* ebreo, -a *m, f.* **Judentum** ‹-s, ø› *n* ebraismo *m.* **Judenverfolgung** *f* persecuzione *f* degli ebrei.

Jüdin *f s.* **Jude.**

jüdisch ['jy:dɪʃ] *a* ebreo, ebraico, giudaico.

Judith ['ju:dɪt] *(weiblicher Vorname)* Giuditta.

Judo ['ju:do] ‹-(s), ø› *n* judo *m.*

Jugend ['ju:gənt] ‹-, ø› *f* **1.** *(Jungsein)* gioventù *f,* giovinezza *f;* **2.** *(Kindheit)* infanzia *f; (~alter)* adolescenza *f;* **die ~ von heute** la gioventù d'oggi; **von (früher) ~ an** dalla (prima) giovinezza. **Jugendamt** *n* ufficio *m* di assistenza dei minorenni, servizio *m* sociale per minorenni. **Jugendarbeitslosigkeit** *f* disoccupazione *f* giovanile. **Jugendbuch** *n* libro *m* per ragazzi. **Jugendfreund(in)** *m(f)* amico, -a *m, f* di gioventù. **jugendgefährdend** *a:* **~e Schriften** *jur* scritti pericolosi per la gioventù. **Jugendherberge** *f* ostello *m* della gioventù. **Jugendkriminalität** *f* delinquenza *f* minorile.

jugendlich *a* **1.** *(jung wirkend)* giovanile; **2.** *(jung)* giovane, adolescente; **~ aussehen** avere un aspetto giovanile. **Jugendliche** ‹ein -r, -n, -n› *mf* minorenne *mf;* **~ unter 16 Jahren haben keinen Zutritt** vietata l'entrata ai minori di sedici anni. **Jugendlichkeit** ‹-, ø› *f* gioventù *f,* giovinezza *f; (Aussehen)* aspetto *m* giovanile.

Jugendliebe *f* **1.** *(Gefühl)* amore *m* giovanile; **2.** *(Person)* amore *m* di gioventù. **Jugendschutz** *m* protezione *f* della gioventù. **Jugendstil** *m* liberty *m.* **Jugendzeit** *f* gioventù *f,* adolescenza *f.* **Jugendzentrum** *n* centro *m* per la gioventù.

Jugoslawe [jugo'sla:və] ‹-n, -n› *m,* **Jugoslawin** [...vɪn] *f* iugoslavo, -a *m, f.*

Jugoslawien [...'sla:vi̯ən] *n* Iugoslavia *f.*

Jugoslawin *f s.* **Jugoslawe.**

jugoslawisch *a* iugoslavo.

Juli ['ju:li] ‹-(s), -s› *m* luglio *m; s. a. September.*

jun. *ab von* **junior** jr.

jung [jʊŋ] ‹¨er, ¨ste› *a* **1.** giovane; **2.** *fig* nuovo; **in ~en Jahren** in giovane età; **von ~ auf** fin da giovane; **~ aussehen** avere un aspetto giovane; **~ und alt** giovani e vecchi; **~er Wein** vino nuovo.

Junge[1] ‹-n, -n *o. fam* Jungs *o.* -ns› *m* ragazzo *m,* giovane *m;* **kleiner ~** ragazzino *m, fam* marmocchio *m fam;* **~, ~!** *fam* ahi ahi ahi! *fam;* **ein schwerer ~** *fam* un delinquente (*o.* criminale).

Junge[2] ‹ein -s, -n, -n› *n* piccolo *m;* **~ werfen, jungen** *itr* figliare.

jünger ['jʏŋɐ] ‹*Komparativ von* jung› *a* più giovane; *(bei Geschwistern)* minore; **er ist fünf Jahre ~ als ich** ha cinque anni meno di me; **er sieht ~ aus, als er ist** non dimostra la sua età, sembra più giovane; **Cranach der J~e** Cranach il giovane.

Jünger ‹-s, -› *m* discepolo *m.*

Jungfer ['jʊŋfɐ] ‹-, -n› *f* **1.** *pej:* **alte ~** vecchia zitella *f;* **2.** *obs (junges Mädchen)* ragazza *f;* vergine *f.* **Jungfernfahrt** *f* viaggio *m* inaugurale. **Jungfernhäutchen** *n* imene *m.*

Jungfrau *f* **1.** vergine *f;* **2.** *astr* Vergine *f;* **er/sie ist ~** è Vergine.

jungfräulich [-frɔ̯ylɪç] *a* vergine, verginale.

Junggeselle *m,* **-gesellin** *f* scapolo *m,* celibe *m,* scapolone *m fam,* nubile *f,* zitella *f pej;* **eingefleischter ~** *fam* scapolo impenitente.

Jüngling ['jʏŋlɪŋ] ‹-s, -e› *m obs, poet* adolescente *m,* efebo *m poet,* giovincello *m poet, scherz.*

jüngst [jʏŋst] *adv geh* ultimamente, recentemente.

jüngste(r, s) ['jʏŋstə] ‹*Superlativ von* jung› *a* (il, la) più giovane; *(letzter)* ultimo, -a; **der/die J~** *(Bruder o.*

Schwester) il/la più piccolo/-a; **das J~ Gericht, der J~ Tag** il giudizio universale.

Juni ['ju:ni] ‹-(s), -s› *m* giugno *m; s. a. September.*

junior ['ju:ni̯ɔr] *a (nachgestellt)* (*ab* **jr., jun.**) junior *m,* figlio *m.* **Juniorchef(in)** *m(f)* figlio, -a *m, f* del principale.

Jupe [ʒʏ:p] ‹-, -s› *f o.* ‹-s, -s› *m CH* gonna *f.*

Jura[1] ['ju:ra] *(ohne Artikel) (die Rechte):* **~ studieren** studiare legge.

Jura[2] ['ju:ra] *m geog:* **der ~** il Giura; **der Schweizer ~** il Giura franco-svizzero.

Jura[3] ['ju:ra] ‹-s, ø› *m geol* guirassico *m.*

Jürgen ['jʏrgən] *männlicher Vorname.*

Jurisprudenz [jurɪspru'dɛnt͜s] ‹-, ø› *f* giurisprudenza *f.*

Jurist(in) [ju'rɪst(ɪn)] ‹-en, -en› *m(f)* giurista *mf,* legista *mf; (Rechtsgelehrter)* giureconsulto *m; (Student)* studente, -essa *m, f* in legge. **Juristendeutsch** *n pej* gergo *m* giuridico.

juristisch *a* giuridico; **~e Fakultät** facoltà di legge; **~e Person** persona giuridica.

Jury [ʒy'ri: *o.* 'ʒy:ri:] ‹-, -s› *f* giurì *m,* giuria *f.*

Jus [ʒy:] ‹-, -› *m CH* succo *m* di frutta (*o.* di verdura).

just [jʊst] *adv obs, scherz* proprio, precisamente, per l'appunto.

justieren [jʊs'ti:rən] ‹*ohne ge-*› *tr* **1.** *tec* aggiustare, regolare; **2.** *typ* giustificare.

Justiz [jʊs'ti:t͜s] ‹-, ø› *f* giustizia *f.* **Justizbeamte** *m,* **-beamtin** *f* magistrato *m* (giudiziario), donna *f* magistrato. **Justizgebäude** *n* palazzo *m* di giustizia. **Justizirrtum** *m* errore *m* giudiziario. **Justizminister(in)** *m(f)* ministro *m* della giustizia. **Justizministerium** *n* ministero *m* della giustizia. **Justizmord** *m* assassinio *m* giudiziario. **Justizpalast** *m* palazzo *m* di giustizia. **Justizvollzugsanstalt** *f adm* carcere *m,* prigione *f.*

Jutta ['jʊta] *weiblicher Vorname.*

Juwel [ju've:l] ‹-s, -en *o. fig* -e› *m o. fig n* gioiello *m.* **Juwelenhandel** *m* commercio *m* di gioielli.

Juwelier [juve'li:ɐ̯] ‹-s, -e› *m* gioielliere *m.* **Juweliergeschäft** *n,* **-laden** *m* gioielleria *f.*

Jux [jʊks] ‹-es, -e› *m fam* scherzo *m,* celia *f;* **aus ~** per scherzo.

K

K, k [ka:] ‹-, -(s)› *n* K, k *f;* **K wie Kaufmann** kappa.
Kabarett [kaba'rɛt *o.* 'ka...] ‹-s, -s *o.* -e› *n* cabaret *m.*
Kabel ['ka:bəl] ‹-s, -› *n* cavo *m.* **Kabelfernsehen** *n* televisione *f* via cavo.
Kabeljau ['ka:bəljau̯] ‹-s, -e *o.* -s› *m* merluzzo *m.*
Kabelleger ‹-s, -› *m* nave *f* posacavi. **Kabelrolle** *f* rotolo *m* di cavo.
Kabine [ka'bi:nə] ‹-, -n› *f* cabina *f.* **Kabinenkoffer** *m* baule *m* a scomparti. **Kabinenroller** *m* scooter *m* cabinato.
Kabinett [kabi'nɛt] ‹-s, -e› *n* gabinetto *m;* governo *m,* consiglio *m* dei ministri. **Kabinettsbeschluß** *m* decisione *f* del governo. **Kabinettschef** *m* capo *m* del governo. **Kabinettskrise** *f* crisi *f* ministeriale (*o.* di governo). **Kabinettssitzung** *f* seduta *f* dei ministri. **Kabinettsumbildung** *f* rimpasto *m* ministeriale.
Kabrio ['ka:brio] ‹-s, -s› *n,* **Kabriolett** [kabrio'lɛt] ‹-s, -s› *n* decappottabile *f.*
Kachel ['kaxəl] ‹-, -n› *f* piastrella *f.*
kacheln *tr* piastrellare.
Kachelofen *m* stufa *f* di ceramica.
Kadaver [ka'da:ve] ‹-s, -› *m* **1.** *(Tier)* carogna *f;* **2.** *pej (Mensch)* cadavere *m.*
Kader ['ka:dɐ] ‹-s, -› *m* quadri *m pl.*
Kadmium ['katmi̯ʊm] ‹-s, ø› *n* cadmio *m.*
Käfer ['kɛ:fɐ] ‹-s, -› *m* **1.** *zoo* coleottero *m;* **2.** *fam scherz (VW)* maggiolino *m fam.*
Kaff [kaf] ‹-s, -s *o.* -e› *n fam pej* buco *m fam.*
Kaffee ['kafe *o.* ka'fe:] ‹-s, -s *o. bei Mengenangaben* -› *m* caffè *m;* **~ mit Milch** *(Milchkaffee)* caffellatte *m;* **jdn zum ~ einladen** *(zu sich nach Hause)* invitare qu a prendere il caffè; **~ kochen** fare il caffè; **schwarzer ~** caffè nero; **das ist kalter ~!** *fam* è vecchia! *fam.* **Kaffeebohne** *f* chicco *m* di caffè. **Kaffee-Ersatz** *m* surrogato *m* di caffè. **Kaffeefilter** *m* filtro *m* per il caffè. **Kaffeehaus** [ka'fe:-] *n (bes. A)* caffè *m.* **Kaffeekanne** *f* caffettiera *f.* **Kaffeeklatsch** *m fam* riunione *f* (di signore) per il caffè. **Kaffeelöffel** *m* cucchiaino *m* da caffè. **Kaffeemaschine** *f* macchina *f* del caffè. **Kaffeemühle** *f* macinacaffè *m.* **Kaffeesatz** *m* fondo *m* del caffè. **Kaffeeservice** *n* servizio *m* da caffè. **Kaffeetasse** *f* tazza *f* (*o.* tazzina *f*) da caffè. **Kaffeewärmer** ‹-s, -› *m* copriteiera *f,* copricaffettiera *f.*
Käfig ['kɛ:fɪç] ‹-s, -e› *m* gabbia *f.*
kahl [ka:l] *a* **1.** *(haarlos)* pelato, calvo; **2.** *(unbewachsen, schmucklos)* brullo, spoglio; *(Wand)* nudo; **~ scheren** rasare (*o.* rapare *fam*) a zero; **~ werden** *(Kopf)* stempiarsi. **kahl·fressen** ‹*irr*› *tr* divorare il fogliame di. **kahlgeschoren** *a* raso (*o.* rapato *fam*) a zero; *(Schafe)* tosato. **Kahlheit** ‹-, ø› *f* **1.** *(Kahlköpfigkeit)* calvizie *f;* **2.** *(Kahlsein)* nudità *f.* **Kahlkopf** *m* testa *f* pelata (*o.* calva). **kahlköpfig** [-kœpfɪç] *a* calvo. **Kahlschlag** *m* **1.** disboscamento *m* totale; **2.** *(Fläche)* area *f* disboscata.
Kahn [ka:n] ‹-(e)s, ⸚e› *m* barca *f;* *(Schlepp~)* chiatta *f;* **~ fahren** andare in barca; **alter ~** *pej* vecchia barca. **Kahnfahrt** *f* gita *f* in barca.
Kai [kai̯] ‹-s, -e *o.* -s› *m naut* banchina *f,* molo *m.* **Kaimauer** *f* (muro *m* della) banchina *f.*
Kairo ['kai̯ro] *n* Il Cairo *m.*
Kaiser(in) ['kai̯ze (...ərɪn)] ‹-s, -› *m(f)* imperatore, -trice *m, f.* **Kaiseradler** *m* aquila *f* imperiale. **Kaiserhaus** *n* casa *f* imperiale. **Kaiserin** *f s.* **Kaiser. Kaiserkrone** *f* **1.** corona *f* imperiale; **2.** *bot* fritillaria *f.* **kaiserlich** *a* imperiale. **Kaiserreich** *n* impero *m.* **Kaiserschmarren** *m A gastr frittata dolce sminuzzata.* **Kaiserschnitt** *m* taglio *m* cesareo. **Kaisertum** ‹-s, ø› *n* impero *m.*
Kajüte [ka'jy:tə] ‹-, -n› *f* cabina *f,* camerino *m.*
Kakadu ['kakadu] ‹-s, -s› *m* cacatua *m.*
Kakao [ka'kau̯ *o.* ka'ka:o] ‹-s, ø› *m* **1.** *(Pflanze, Pulver)* cacao *m;* **2.** *(Getränk)* cioccolata *f;* **jdn durch den ~ ziehen** *fig fam* prendere in giro qu *fam.* **Kakaobaum** *m* cacao *m.* **Kakaobohne** *f* seme *m* (*o.* grano *m*) di cacao.
Kakerlak ['ka:kelak] ‹-s *o.* -en, -en› *m* scarafaggio *m.*
Kaktee [kak'te:ə] ‹-, -n› *f,* **Kaktus**

['kaktʊs] ‹- *o.* -ses, -teen *o.* -se› *m* cactus *m.*

Kalabrien [ka'la:briən] *n* Calabria *f.*

Kalauer ['ka:laue] ‹-s, -› *m* freddura *f; (Wortspiel)* gioco *m* di parole.

Kalb [kalp] ‹-(e)s, ¨er› *n* vitello *m.*

kalben *itr* figliare.

Kalbfleisch *n* carne *f* di vitello.

Kalbsbraten *m* arrosto *m* di vitello. **Kalb(s)leder** *n* (pelle *f* di) vitello *m.* **Kalbsschnitzel** *n* scaloppina *f* di vitello.

Kaldaunen [kal'daunən] *f pl* trippa *f.*

Kaleidoskop [kalaido'sko:p] ‹-s, -e› *n* caleidoscopio *m.*

Kalender [ka'lɛndɐ] ‹-s, -› *m* calendario *m.* **Kalenderjahr** *n* anno *m* civile.

Kali ['ka:li] ‹-s, -s› *n* **1.** *chem* potassio *m; (~lauge)* potassa *f* caustica; **2.** *min* sale *m* potassico.

Kaliber [ka'li:bɐ] ‹-s, -› *n* calibro *m.*

Kalifornien [kali'fɔrniən] *n* California *f.*

Kalium ['ka:liʊm] ‹-s, ø› *n* potassio *m.*

Kalk [kalk] ‹-(e)s, -e› *m* **1.** calce *f;* **2.** *(~stein)* calcare *m;* **3.** *anat* calcio *m;* **~ brennen** cuocere la calce; **ungelöschter/gelöschter ~** calce viva/spenta. **Kalkablagerung** *f* deposito *m* calcareo. **Kalkbildung** *f* calcificazione *f.* **Kalkbrennerei** *f* fornace *f* di calce.

kalken *tr* imbiancare.

kalkhaltig *a* calcareo. **Kalkmangel** *m* **1.** *med* mancanza *f* di calcio; **2.** *(von Boden)* mancanza *f* di carbonato di calcio. **Kalkstein** *m* pietra *f* calcarea.

Kalkulation [kalkula'tsio:n] ‹-, -en› *f* **1.** *(a. fig)* calcolo *m;* **2.** *(Kostenvoranschlag)* preventivo *m.*

kalkulieren [...'li:rən] ‹*ohne ge-*› *tr* calcolare; *(a. fig: abschätzen)* valutare.

Kalorie [kalo'ri:, ...i:ən] ‹-, -n› *f* (*ab* **cal**) caloria *f.* **kalorienarm** *a* ipocalorico. **Kalorienbedarf** *m* fabbisogno *m* calorico. **kalorienreich** *a* ipercalorico.

kalt [kalt] ‹¨er, ¨este› *a* **1.** freddo; *(eisig~)* freddissimo, ghiacciato; **2.** *fig* freddo; *(unempfindlich, gefühllos)* insensibile; *(gleichgültig)* indifferente; *(unfreundlich)* duro, secco; **~er Krieg** guerra fredda; **~ werden** *(Wetter)* fare freddo; *(Speise, etc.)* raffreddarsi; **auf ~em Wege** *tec* a freddo; **es ist ~** fa freddo; **es lief mir ~ über den Rücken, es überlief mich ~** mi vennero i brividi; **mir bricht der ~e Schweiß aus** mi vengono i sudori freddi; **mir ist ~** ho freddo. **kaltblütig** [-bly:tɪç] *a, adv* a sangue freddo. **Kaltblütigkeit** [-bly:tɪçkait] ‹-, ø› *f* sangue *m* freddo, freddezza *f.*

Kälte ['kɛltə] ‹-, ø› *f* **1.** freddo *m;* **2.** *fig (Gefühls~)* freddezza *f; (Gleichgültigkeit)* indifferenza *f;* **vor ~ zittern** tremare dal freddo; **bei dieser ~** con questo freddo. **kältebeständig** *a* resistente al freddo. **Kälteeinbruch** *m* ondata *f* di freddo. **kälteempfindlich** *a* sensibile al freddo. **Kältegrad** *m* grado *m* sotto zero. **Kälteschutzmittel** *n* anticongelante *m; (bes. mot)* antigelo *m.*

kalt·lassen ‹*irr*› *tr:* **das läßt mich kalt** ciò non mi fa né caldo né freddo. **Kaltluft** *f* aria *f* fredda. **Kaltluftfront** *f* fronte *m* di aria fredda. **kalt·machen** *tr sl (töten)* freddare *sl,* far fuori *sl.* **Kaltschale** *f gastr* zuppa *f* dolce di frutta fredda. **kaltschnäuzig** [-ʃnɔytsɪç] *a fam* freddo, insensibile. **Kaltstartautomatik** *f* starter *m.* **kalt·stellen** *tr fam* liquidare *fam; (bes. pol)* mettere su un binario morto.

Kalvinismus [kalvi'nɪsmʊs] ‹-, ø› *m* calvinismo *m.*

Kalvinist(in) [...'nɪst(ɪn)] ‹-en, -en› *m(f)* calvinista *mf.*

kalvinistisch *a* calvinista, calvinistico.

Kalzium ['kaltsiʊm] ‹-s, ø› *n* calcio *m.*

kam [ka:m] *1. u. 3. pers sing imp von* **kommen.**

Kambodscha [kam'bɔdʒa] *n* Cambogia *f.*

Kamel [ka'me:l] ‹-(e)s, -e› *n* **1.** cammello *m;* **2.** *fam pej* imbecille *m fam.* **Kamelhaar** *n* pelo *m* di cammello.

Kamelie [ka'me:liə] ‹-, -n› *f* camelia *f.*

Kameltreiber *m* cammelliere *m.*

Kamera ['kaməra] ‹-, -s› *f* **1.** *film* cinepresa *f; TV* telecamera *f;* **2.** *fot* apparecchio *m* fotografico.

Kamerad(in) [kamə'ra:t (...dɪn)] ‹-en, -en› *m(f)* **1.** *(bes. Mitschüler, Lebensgefährte)* compagno, -a *m, f,* camerata *m;* **2.** *mil* commilitone *m.* **Kameradschaft** ‹-, ø› *f* cameratismo *m.* **kameradschaftlich** *a* cameratesco. **Kameradschaftsgeist** *m* spirito *m* cameratesco.

Kameramann ‹-(e)s, -männer *o.* -leute› *m* cameraman *m,* operatore *m* cinematografico.

Kamille [ka'mɪlə] ‹-, -n› *f* camomilla *f.* **Kamillentee** *m* (infuso *m* di) camomilla *f.*

Kamin [ka'mi:n] ‹-s, -e› *m* camino *m,* caminetto *m;* **am ~** accanto al camino. **Kaminaufsatz** *m* mensola *f* del camino. **Kaminfeger** ‹-s, -› *m* spazzacamino *m.*

Kamm [kam] ‹-(e)s, ¨e› *m* **1.** *(Haar~)* pettine *m;* **2.** *(Hahnen~, Wellen~,*

Gebirgs~) cresta *f;* **alles über einen ~ scheren** fare di ogni erba un fascio *fam;* **ihm schwillt der ~** *(er wird überheblich)* rizza la cresta *fam; (er wird wütend)* monta in collera.

kämmen ['kɛmən] **I.** *tr* pettinare; **II.** *rfl:* **sich ~** pettinarsi.

Kammer ['kamɐ] ‹-, -n› *f* camera *f.* **Kammerdiener** *m* cameriere *m* segreto. **Kammermusik** *f* musica *f* da camera. **Kammerton** *m* intonazione *f,* diapason *m.*

Kampagne [kam'panjə] ‹-, -n› *f* campagna *f.*

Kampanien [kam'pa:ni̯ən] *n* Campania *f.*

Kampf [kamp͜f] ‹-(e)s, ⸚e› *m* **1.** lotta *f* (*um* per); **2.** *(~handlung)* combattimento *m; (Schlacht)* battaglia *f;* **3.** *(Auseinandersetzung)* disputa *f; (Streit)* controversia *f; (Schlägerei)* rissa *f;* **4.** *(Wett~)* gara *f,* competizione *f;* **den ~ aufgeben** abbandonare la lotta; **~ ums Dasein** lotta per l'esistenza; **~ auf Leben und Tod** lotta all'ultimo sangue; **jdm den ~ ansagen** dichiarare guerra a qu. **Kampfansage** *f* sfida *f.* **Kampfbahn** *f* arena *f,* stadio *m.* **kampfbereit** *a* pronto a combattere.

kämpfen ['kɛmp͜fən] *itr* **1.** lottare (*für, um* per); **2.** *(bes. mil)* combattere (*gegen* contro), essere alle prese (*mit* con); **3.** *(im Wettkampf)* gareggiare (*mit* con); **mit Schwierigkeiten zu ~ haben** essere alle prese con delle difficoltà; **mit den Tränen ~** cercare di trattenere le lacrime.

Kampfer ['kamp͜fɐ] ‹-s, ø› *m* canfora *f.*

Kämpfer(in) ‹-s, -› *m(f) mil* combattente *mf; (a. fig, sport)* lottatore, -trice *m, f.*

kämpferisch *a* combattivo, battagliero.

kampffähig *a* in grado di combattere. **Kampfflugzeug** *n* aereo *m* da combattimento. **Kampfführung** *f* condotta *f* di combattimento. **Kampfgefährte** *m,* **-gefährtin** *f* compagno, -a *m, f* di lotta. **Kampfgeist** *m* spirito *m* combattivo. **Kampfgewühl** *n* mischia *f.* **Kampfgruppe** *f* squadra *f* da combattimento. **Kampfhandlung** *f* operazione *f* militare. **Kampfkraft** *f* forza *f* combattiva. **Kampfpause** *f* tregua *f.* **Kampfplatz** *m* campo *m* di battaglia. **Kampfrichter(in)** *m(f)* arbitro, -a *m, f.* **kampfunfähig** *a* **1.** *mil* incapace di combattere; **2.** *sport* fuori combattimento; **jdn ~ machen** mettere qu fuori combattimento; **jdn ~ schlagen** *(Boxen)* mettere qu fuori combattimento (*o.* k.o.). **Kampfverband** *m* squadra *f* da combattimento. **Kampfwille** *m* volontà *f* di combattere.

kampieren [kam'pi:rən] ‹*ohne ge-*› *itr* accamparsi.

Kanada ['kanada] *n* Canada *m;* **in ~** nel Canada.

Kanadier(in) [ka'na:di̯ɐ (...ərın)] ‹-s, -› *m(f)* canadese *mf.*

kanadisch *a* canadese.

Kanal [ka'na:l] ‹-s, ⸚e› *m* **1.** canale *m;* **2.** *(Abwasser~)* canale *m* di scolo; **3.** *geog (Ärmel~)* Canale *m* della Manica; **den ~ voll haben** *sl (betrunken sein)* aver alzato troppo il gomito *fam,* essere ubriaco fradicio *fam; (es satt haben)* averne le tasche piene *sl.* **Kanalinseln** *f pl* isole *f pl* della Manica.

Kanalisation [kanaliza'tsi̯o:n] ‹-, -en› *f* canalizzazione *f* di scarico, fognatura *f.*

kanalisieren [...'zi:rən] ‹*ohne ge-*› *tr* canalizzare.

Kanalnetz *n (Abwasser~)* rete *f* di fognatura.

Kanarienvogel [ka'na:ri̯ən-] *m* canarino *m.*

Kanarische Inseln [ka'na:rıʃə 'ınzəln] *f pl* Canarie *f pl.*

Kandidat(in) [kandi'da:t(ın)] ‹-en, -en› *m(f)* candidato, -a *m, f* (*für* a); **einen ~en aufstellen** presentare un candidato.

Kandidatur [...da'tu:ɐ̯] ‹-, -en› *f* candidatura *f;* **von seiner ~ zurücktreten** ritirare la propria candidatura.

kandidieren [...'di:rən] ‹*ohne ge-*› *itr* presentare la propria candidatura (*für* a).

kandieren [kan'di:rən] ‹*ohne ge-*› *tr gastr* candire; **kandierte Früchte** *f pl* frutta *f* candita.

Kandis(zucker *m*) ['kandıs] ‹-, ø› *m* zucchero *m* candito.

Känguruh ['kɛŋguru] ‹-s, -s› *n* canguro *m.*

Kaninchen [ka'ni:nçən] ‹-s, -› *n* coniglio *m.* **Kaninchenstall** *m* conigliera *f.*

Kanister [ka'nıstɐ] ‹-s, -› *m* bidone *m.*

kann [kan] *1. u. 3. pers sing pr von* **können.**

Kännchen ['kɛnçən] ‹-s, -› *n* bricchetto *m.*

Kanne ['kanə] ‹-, -n› *f (Kaffee~, Tee~)* bricco *m; (große ~)* bidone *m; (Milch~)* bidone *m* del latte.

Kannibale [kani'ba:lə] ‹-n, -n› *m,* **Kannibalin** [...lın] *f* cannibale *mf.*

Kannibalismus [...ba'lɪsmʊs] ‹-, ø› *m* cannibalismo *m*.

kannte ['kantə] *1. u. 3. pers sing imp von* **kennen.**

Kanonade [kano'na:də] ‹-, -n› *f mil* connoneggiamento *m; fig* pioggia *f*, grandine *f*.

Kanone [ka'no:nə] ‹-, -n› *f* **1.** *(a. fig)* cannone *m*, pezzo *m* d'artiglieria; **2.** *fig fam (bes. sport)* asso *m*, campione *m;* **3.** *sl (Revolver)* pistola *f*, revolver *m;* **mit ~n auf Spatzen schießen** *fig* sparare ai passeri col cannone; **das ist unter aller ~** *fam* è malissimo. **Kanonenboot** *n* cannoniera *f*. **Kanonenfutter** *n fig pej* carne *f* da cannone (*o.* da macello). **Kanonenkugel** *f* palla *f* di cannone, proiettile *m* di cannone. **Kanonenschuß** *m* colpo *m* di cannone.

Kanonier [kano'ni:ɐ̯] ‹-s, -e› *m mil* artigliere *m*.

Kante ['kantə] ‹-, -n› *f* **1.** spigolo *m;* **2.** *(Rand)* bordo *m; (Saum)* orlo *m;* **Geld auf die hohe ~ legen** *fam* mettere soldi da parte, risparmiare soldi; **Geld auf der hohen ~ haben** *fam* aver risparmiato denaro.

kanten I. *tr* **1.** *(auf die Kante stellen)* mettere di costa (*o.* di coltello); **2.** *(Stein, Holz)* squadrare; **nicht ~!** non capovolgere!; **II.** *itr (beim Skilaufen)* spigolare gli sci.

Kantholz *n* legname *m* squadrato, travetti *m pl*.

kantig *a* angoloso; *(bes. Gesicht)* spigoloso.

Kantine [kan'ti:nə] ‹-, -n› *f (Werks~)* mensa *f; (Kasernen~, Internats~)* refettorio *m*.

Kanton [kan'to:n] ‹-s, -e› *m (Verwaltungsbezirk)* cantone *m*.

Kanu ['ka:nu *o.* ka'nu:] ‹-s, -s› *n* canoa *f*.

Kanüle [ka'ny:lə] ‹-, -n› *f* **1.** *(an Spritze)* ago *m* (della siringa); **2.** *(Röhrchen)* cannula *f*.

Kanusport *m* canottaggio *m*.

Kanzel ['kant̮səl] ‹-, -n› *f* **1.** *rel* pulpito *m;* **2.** *aero* cabina *f* (di pilotaggio).

Kanzlei [kant̮s'la̮i] ‹-, -en› *f* **1.** *(von Rechtsanwalt)* ufficio *m*, studio *m;* **2.** *(von Behörde)* cancelleria *f*, segreteria *f*. **Kanzleibeamte** *m*, **-beamtin** *f* impiegato, -a *m, f* di cancelleria.

Kanzler(in) ['kant̮slɐ (...ərɪn)] ‹-s, -› *m(f)* **1.** *pol* (donna *f*) cancelliere *m;* **2.** *(von Universität)* economo, -a *m, f*. **Kanzleramt** *n* cancellierato *m*.

Kap [kap] ‹-s, -s› *n* capo *m*.

Kap. *ab von* **Kapitel** cap. (*ab von* capitolo).

Kapaun [ka'pa̮un] ‹-s, -e› *m* cappone *m*.

Kapazität [kapat̮si'tɛ:t] ‹-, -en› *f* **1.** *(Fassungsvermögen)* capacità *f;* **2.** *(Experte a.)* esperto *m*, autorità *f*.

Kapelle [ka'pɛlə] ‹-, -n› *f* **1.** *rel* cappella *f;* **2.** *mus* banda *f*, orchestrina *f*, complesso *m* (musicale). **Kapellmeister** *m* **1.** *(Orchesterdirigent)* direttore *m* d'orchestra; **2.** *(Leiter einer Kapelle)* capobanda *m*.

Kaper ['ka:pɐ] ‹-, -n› *f* cappero *m*.

kapern ['ka:pɐn] *tr* **1.** *hist (erbeuten)* catturare; **2.** *fam (sich bemächtigen)* impadronirsi (*etw.* di qc); **sich** *(dat)* **einen Mann ~** *fam* pescare un marito.

kapieren [ka'pi:rən] ‹*ohne ge-*› *tr fam* capire, comprendere, afferrare; **kapiert?** ci siamo intesi?

Kapital [kapi'ta:l, ...lə *o.* ...li̯ən] ‹-s, -e *o.* -ien› *n* **1.** *allg., fig* capitale *m;* **2.** *(Geldmittel)* capitali *m pl*, fondi *m pl;* **~ aus etw. schlagen** *fig* trarre profitto da qc; **sein ~ in etw. stecken** investire il proprio capitale in qc. **Kapitalanlage** *f* investimento *m* (di capitale). **Kapitalertrag** *m* reddito *m* di capitale. **Kapitalflucht** *f* fuga *f* dei capitali. **Kapitalgesellschaft** *f* società *f* di capitali.

Kapitalismus [kapita'lɪsmʊs] ‹-, ø› *m* capitalismo *m*.

Kapitalist [...'lɪst] ‹-en, -en› *m* capitalista *m*.

kapitalistisch *a* capitalista, capitalistico.

kapitalkräftig *a* finziariamente solido, di buone capacità finanziarie. **Kapitalmangel** *m* mancanza *f* (*o.* penuria *f*) di capitali. **Kapitalmarkt** *m* mercato *m* finanziario (*o.* dei capitali). **Kapitalverbrechen** *n* delitto *m* capitale.

Kapitän [kapi'tɛ:n] ‹-s, -e› *m* **1.** *naut, sport* capitano *m;* **2.** *aero* comandante *m;* **~ zur See** capitano di vascello.

Kapitel [ka'pɪtəl] ‹-s, -› *n* (*ab* **Kap.**) **1.** capitolo *m;* **2.** *fig (Angelegenheit)* questione *f*, faccenda *f;* **das ist ein ~ für sich** questa è una questione a parte; **das ist ein anderes ~** è un'altra faccenda (*o.* questione); **ein dunkles ~ in seinem Leben** un capitolo oscuro nella sua vita.

Kapitell [kapi'tɛl] ‹-s, -e› *n* capitello *m*.

Kapitelüberschrift *f* titolo *m* del capitolo.

Kapitulation [kapitula't̮si̯o:n] ‹-, -en› *f* resa *f* (*vor* davanti a), capitolazione *f* (*vor* davanti a).

kapitulieren [...ˈliːrən] ‹*ohne ge-*› *itr* capitolare; *(a. fig)* arrendersi.
Kaplan [kaˈplaːn] ‹-s, ¨-e› *m* cappellano *m.*
Kappe [ˈkapə] ‹-, -n› *f* **1.** *(Kopfbedekkung)* berretto *m,* berretta *f;* **2.** *(am Schuh)* punta *f;* **3.** *(Deckel)* coperchio *m;* **etw. auf seine ~ nehmen** assumersi la responsabilità di qc.
kappen [ˈkapən] *tr* **1.** *(Tau)* troncare, mozzare, tagliare; **2.** *(Bäume)* svettare; **3.** *(Hähne)* castrare, capponare.
Kappes [ˈkapəs] ‹-, ø› *m dial* **1.** *fam (Blödsinn)* scemenze *f pl;* **2.** *(Weißkohl)* cavolo *m* cappuccio.
Kapriole [kapriˈoːlə] ‹-, -n› *f* **1.** *(Luftsprung)* capriola *f;* **2.** *fig* pazzia *f.*
kapriziös [kapriˈtsiøːs] *a* capriccioso.
Kapsel [ˈkapsəl] ‹-, -n› *f* **1.** *bot, anat* capsula *f;* **2.** *(Tablette)* cachet *m;* **3.** *(Behälter)* scatoletta *f.*
Kapstadt [ˈkapʃtat] *n* Città *f* del Capo.
kaputt [kaˈput] *a* **1.** *fam (zerbrochen)* rotto, scassato *fam; (beschädigt)* rovinato; *(defekt)* guasto; **2.** *fig (erschöpft)* sfinito, stanco morto *fam;* **ein ~er Typ** *sl* un emarginato, un outsider, uno spiantato *sl.* **kaputt·gehen** ‹*irr*› *itr* ‹*sein*› *fam* **1.** *(entzweigehen)* rompersi, scassarsi; *(verderben)* rovinarsi, guastarsi; *(Pflanzen: eingehen)* morire; **2.** *fig (zugrunde gehen)* rovinarsi, andare in rovina; **an dieser Arbeit gehe ich noch ~** questo lavoro mi distrugge. **kaputt·lachen** *rfl:* **sich ~** *fam* sbellicarsi dalle risa *fam.* **kaputt·machen I.** *tr* **1.** *(zerbrechen)* rompere, scassare *fam;* **2.** *(ruinieren, a. wirtschaftlich)* rovinare; **die Arbeit macht mich ganz kaputt** il lavoro mi sta rovinando (la salute); **II.** *rfl:* **sich ~** rovinarsi.
Kapuze [kaˈpuːtsə] ‹-, -n› *f* cappuccio *m.*
Kapuziner [kapuˈtsiːnɐ] ‹-s, -› *m* (frate *m*) cappuccino *m.* **Kapuzinerkresse** *f* cappuccina *f.*
Karabiner [karaˈbiːnɐ] ‹-s, -› *m* carabina *f.* **Karabinerhaken** *m* moschettone *m.*
Karaffe [kaˈrafə] ‹-, -n› *f* caraffa *f.*
Karambolage [karamboˈlaːʒə] ‹-, -n› *f* **1.** *(Zusammenstoß)* collisione *f,* scontro *m;* **2.** *(Billard)* carambola *f.*
karambolieren [...ˈliːrən] ‹*ohne ge-*› *itr* ‹*sein*› **1.** *(Billard)* carambolare; **2.** *rar (zusammenstoßen)* scontrarsi (*mit* con).
Karamel [karaˈmɛl] ‹-s, ø› *m* caramello *m.*
Karat [kaˈraːt] ‹-(e)s, -e› *n* carato *m.*
Karate [kaˈraːtə] ‹-(s), ø› *n* karatè *m.*
-karätig [-karɛːtɪç] *a* di ... carati.
Karawane [karaˈvaːnə] ‹-, -n› *f* carovana *f.*
Karawanserei [...vanzəˈrai] ‹-, -en› *f* caravanserraglio *m.*
Karbid [karˈbiːt] ‹-(e)s, -e› *n* carburo *m.* **Karbidlampe** *f* lampada *f* a carburo.
Kardantunnel [karˈdaːn-] *m* tunnel *m* dell'albero cardanico. **Kardanwelle** *f* albero *m* cardanico.
Kardinal [kardiˈnaːl] ‹-s, ¨-e› *m* cardinale *m.*
Kardinal- [kardiˈnaːl-] *(in Zusammensetzungen)* fondamentale, sostanziale. **Kardinalzahl** *f* numero *m* cardinale.
Kardiogramm [kardioˈgram] ‹-s, -e› *n* cardiogramma *m.*
Karenz(zeit *f*) [kaˈrɛnts] ‹-, -en› *f* periodo *m* di aspettativa.
Karfiol [karˈfioːl] ‹-s, ø› *m A (Blumenkohl)* cavolfiore *m.*
Karfreitag [kaːɐ̯-] *m* venerdì *m* santo.
karg [kark] ‹-er *o. rar* ¨-er, -ste *o. rar* ¨-ste› *a* **1.** *(gering bemessen)* scarso, magro; *(bes. Worte)* parco (*mit* di); **2.** *(armselig)* misero, povero; **3.** *(unfruchtbar)* povero; **4.** *(geizig)* avaro (*mit* di).
kargen [ˈkargən] *itr geh* lesinare (*mit etw.* qc).
kärglich [ˈkɛrklɪç] *a (dürftig)* magro; *(Mahl)* frugale; *(a. armselig)* misero; povero; **in ~en Verhältnissen leben** vivere poveramente.
Karibik [kaˈriːbɪk] *f* Caraibi *m pl.*
kariert [kaˈriːɐ̯t] *a (Papier)* a quadretti; *(Stoff)* a quadri.
Karies [ˈkaːriɛs] ‹-, ø› *f* carie *f.*
Karikatur [karikaˈtuːɐ̯] ‹-, -en› *f* caricatura *f; (in Zeitungen, etc.)* vignetta *f.*
karikieren [...ˈkiːrən] ‹*ohne ge-*› *tr* fare la caricatura di.
Karin [ˈkaːriːn] *weiblicher Vorname.*
Karl [karl] *(männlicher Vorname)* Carlo *m;* **~ der Große** Carlo Magno.
Karneval [ˈkarnəval] ‹-s, -e *o.* -s› *m* carnevale *m.*
Kärnten [ˈkɛrntən] *n* Carinzia *f.*
Karo [ˈkaːro] ‹-s, -s› *n* **1.** *(Quadrat)* quadrato *m;* **2.** *(Raute)* losanga *f,* rombo *m;* **3.** *(von ~muster)* quadro *m;* **4.** ‹*sing*› *(beim Kartenspiel)* quadri *m pl.* **Karoas** [ˈkaːroˀas *o.* ...ˈˀas] *n* asso *m* di quadri.
Karolinger [ˈkaːrolɪŋɐ] ‹-s, -› *m* carolingio *m.*
Karosse [kaˈrɔsə] ‹-, -n› *f* carrozza *f.*
Karosserie [karɔsəˈriː, ...iːən] ‹-, -n› *f* carrozzeria *f.*
Karotte [kaˈrɔtə] ‹-, -n› *f* carota *f.*

Karpaten [kar'pa:tən] ‹*pl*› Carpazi *m pl.*
Karpfen ['karpfən] ‹-s, -› *m* carpa *f;* **~ blau** *gastr* carpa lessa (*o.* al blu). **Karpfenteich** *m* vivaio *m* di carpe.
Karre ['karə] ‹-, -n› *f s.* **Karren; alte ~** *fam* macinino *m fam.*
Karren ‹-s, -› *m* **1.** carretto *m,* carrello *m;* **2.** *(Schub~)* carriola *f;* **den ~ aus dem Dreck ziehen** *fig fam* sbrogliare la matassa *fam;* **den ~ in den Dreck fahren** *fig fam* imbrogliare (*o.* guastare) la faccenda.
Karriere [ka'ri̯ɛ:rə] ‹-, -n› *f (Laufbahn)* carriera *f;* **~ machen** fare carriera.
Karte ['kartə] ‹-, -n› *f* **1.** *allg.* carta *f;* **2.** *(Land~)* carta *f* (geografica); **3.** *(Spiel~)* carta *f* (da gioco); **4.** *(Fahr~, Eintritts~)* biglietto *m; (Visiten~)* biglietto *m* da visita; *(Kartei~)* scheda *f;* **5.** *(Speise~)* menù *m,* carta *f; (Wein~)* lista *f* dei vini; **6.** *(Ansichts~, Post~)* cartolina *f* (illustrata *o.* postale); **nach der ~ essen** mangiare alla carta; **seine ~n aufdekken** *(a. fig)* mettere le carte in tavola; **gute/schlechte ~n haben** *(Spiel)* avere buone/cattive carte; **sich** *(dat)* **nicht in die ~en sehen lassen** *(a. fig)* non scoprire le proprie carte; **mit verdeckten ~n spielen** *(a. fig)* non svelare il proprio gioco; **jdm die ~n legen** fare le carte a qu; **alles auf eine ~ setzen** *fig* puntare tutto su una carta; **~n spielen** giocare a carte; **ein Spiel ~n** un mazzo di carte.
Kartei [kar'ta̯i] ‹-, -en› *f* schedario *m.* **Karteikarte** *f* scheda *f,* cartellino *m.* **Karteikasten** *m* schedario *m.* **Karteileiche** *f scherz* annotazione *f* burocratica scaduta.
Kartell [kar'tɛl] ‹-s, -e› *n com* cartello *m.*
Kartenhaus *n* **1.** *naut* sala *f* nautica; **2.** *(aus Spielkarten, fig)* castello *m* di carte; **wie ein ~ zusammenfallen** crollare come un castello di carte. **Kartenkunststück** *n* gioco *m* di prestigio con le carte. **Kartenleger(in)** ‹-s, -› *m(f)* cartomante *mf.* **Kartenspiel** *n* **1.** *(Spiel)* partita *f* a (*o.* di) carte; **2.** *(Spielkarten)* mazzo *m* di carte. **Kartenspieler(in)** *m(f)* giocatore, -trice *m, f* di carte. **Kartenständer** *m* sostegno *m* per carte geografiche. **Kartenvorverkauf** *m theat* vendita *f* anticipata, prenotazione *f* dei biglietti.
Kartoffel [kar'tɔfəl] ‹-, -n› *f* patata *f;* **~n schälen** sbucciare (*o.* pelare) le patate. **Kartoffelbrei** *m* purè *m* di patate. **Kartoffelchips** *m pl* patatine *f pl.* **Kartoffelernte** *f* raccolta *f* delle patate. **Kartoffelkäfer** *m* dorifora *f* della patata. **Kartoffelkloß** *m* gnocco *m* di patate. **Kartoffelpuffer** *m* frittella *f* di patate. **Kartoffelpüree** *n s.* **Kartoffelbrei. Kartoffelsalat** *m* insalata *f* di patate. **Kartoffelschale** *f* buccia *f* di patata.
Karton [kar'tɔŋ *o.* ...'to:n] ‹-s, -s *o.* -e› *m* **1.** *(Pappe)* cartone *m; (leichter ~)* cartoncino *m;* **2.** *(Schachtel)* scatola *f* di cartone.
kartonieren [...to'ni:rən] ‹*ohne ge-*› *tr (Buch)* rilegare in cartone.
Karussell [karʊ'sɛl] ‹-s, -s *o.* -e› *n* giostra *f,* carosello *m.*
Karwendelgebirge [kar'vɛndəl-] *n* (montagne *f pl*) Karwendel *f pl.*
Karwoche ['ka:e̯-] *f* settimana *f* santa.
Käse ['kɛ:zə] ‹-s, -› *m* **1.** formaggio *m,* cacio *m;* **2.** *(~laib)* forma *f* di formaggio; **3.** *fig fam (Unsinn)* sciocchezze *f pl,* cretinate *f pl fam.* **Käseblatt** *n fam pej* giornaluccio *m.* **Käsebrot** *n* panino *m* al (*o.* col) formaggio. **Käseglocke** *f* campana *f* per formaggio. **Käsekuchen** *m* torta *f* di formaggio.
Käserei [kɛ:zə'ra̯i] ‹-, -en› *f* caseificio *m.*
Kaserne [ka'zɛrnə] ‹-, -n› *f* caserma *f.* **Kasernenhof** *m* cortile *m* della caserma.
kasernieren [...'ni:rən] ‹*ohne ge-*› *tr* accasermare.
käsig *a (käseartig)* caseiforme, caseoso; *(Hautfarbe)* pallido.
Kasino [ka'zi:no] ‹-s, -s› *n* **1.** *(Spielbank)* casinò *m;* **2.** *(Speiseraum)* mensa *f; (Offiziers~)* mensa *f* ufficiali.
Kaskoversicherung ['kasko-] *f* assicurazione *f* contro tutti i rischi.
Kaspar ['kaspar] *(männlicher Vorname)* Gaspare.
Kasperle ['kaspələ] ‹-s, -› *n o. m* **1.** *(Hauptfigur im ~theater)* ≃ Arlecchino *m;* **2.** *fam* pagliaccio *m fam,* buffone *m fam.* **Kasper(le)theater** *n* teatrino *m* dei burattini.
Kasse ['kasə] ‹-, -n› *f* **1.** *allg.* cassa *f;* **2.** *(Zahlstelle)* ufficio *m* cassa; **3.** *(für Eintritts-, Fahrkarten)* biglietteria *f; theat, film* botteghino *m;* **4.** *(Bank)* banca *f;* **5.** *(Kranken~)* mutua *f,* cassa *f* malati; **jdn zur ~ bitten** chiedere il pagamento a qu; **(gut) bei ~ sein** *fam* stare bene a quattrini *fam;* **knapp bei ~ sein** *fam* essere a corto di quattrini *fam;* **~ machen** *com* fare i conti di cassa; **zahlen Sie bitte an der ~** paghi alla cassa, per favore.

Kassenabschluß *m* chiusura *f* di cassa. **Kassenarzt** *m*, **-ärztin** *f* medico *m* (dottoressa *f*) della mutua. **Kassenbestand** *m* giacenza *f* (*o.* fondo *m o.* effettivo *m*) di cassa. **Kassenbon** *m* scontrino *m*. **Kassenbuch** *n* libro *m* (*o.* registro *m*) di cassa. **Kassenfüller** *m* **1.** *(Buch, etc.)* successo *m* di vendita; *(Film)* film *m* di cassetta; **2.** *(Künstler)* artista *mf* che riempie il botteghino. **Kassenpatient(in)** *m(f)* (paziente *mf*) mutuato, -a *m, f.* **Kassenstunden** *f pl* ore *f pl* d'ufficio. **Kassensturz** *m*: **~ machen** verificare la cassa.

Kassette [ka'sɛtə] ⟨-, -n⟩ *f* **1.** *allg.* cassetta *f*; *(Musik~)* musicassetta *f*; **2.** *fot (Filmbehälter)* caricatore *m*; **3.** *arch* cassettone *m*. **Kassettenrecorder** [-rekɔrdɐ] ⟨-s, -⟩ *m* registratore *m* a cassette.

kassieren [ka'si:rən] ⟨*ohne ge-*⟩ **I.** *tr* **1.** *(ein~)* incassare (*bei jdm* da qu); **2.** *fig fam (wegnehmen)* sottrarre; *(beschlagnahmen)* sequestrare; **3.** *jur (Gerichtsurteil)* cassare; **er kassierte eine Tracht Prügel** *fam* prese un fracco di legnate *fam*; **II.** *itr* **1.** *(abrechnen)* fare i conti; **2.** *sl (verdienen, Geld machen)* far soldi *fam*; **darf ich ~, bitte?** posso chiederLe di pagare?; **er kassiert ganz schön bei diesem Geschäft** *fam* con questo affare guadagna un bel po' *fam*.

Kassierer(in) ⟨-s, -⟩ *m(f)* cassiere, -a *m, f.*

Kastagnetten [kastan'jɛtən] *f pl* castagnette *f pl.*

Kastanie [kas'ta:ni̯ə] ⟨-, -n⟩ *f* **1.** *(Baum: Edel~)* castagno *m*; *(Roß~)* ippocastano *m*, castagno *m* d'India; **2.** *(Frucht)* castagna *f*; **für jdn die ~n aus dem Feuer holen** *fig* cavare le castagne dal fuoco per qu *fam*. **Kastanienbaum** *m s.* **Kastanie 1. kastanienbraun** *a* castano.

Kästchen ['kɛstçən] ⟨-s, -⟩ *n* **1.** cassettina *f*; *(Schmuck~)* scrigno *m*; **2.** *(Viereck)* quadretto *m*.

Kaste ['kastə] ⟨-, -n⟩ *f* casta *f.*

kasteien [kas'ta̯iən] ⟨*ohne ge-*⟩ *rfl*: **sich ~** mortificarsi.

Kastell [kas'tɛl] ⟨-s, -e⟩ *n (Burg)* castello *m*; *(Befestigung)* fortificazione *f.*

Kasten ['kastən] ⟨-s, ¨ *o.* -⟩ *m* **1.** *(Kiste)* cassa *f*; *(großer ~, Truhe)* cassone *m*; *(Schachtel)* scatola *f*; **2.** *sport (Turngerät)* plinto *m*; **3.** *fam (häßliches Gebäude)* catapecchia *f fam*; *(altes Fahrzeug)* trabiccolo *m fam*, macinino *m fam*; *(altes Schiff)* rottame *m fam*, carcassa *f fam*; **viel auf dem ~ haben** *fam* avere una gran testa *fam*.

kastrieren [kas'tri:rən] ⟨*ohne ge-*⟩ *tr* castrare.

Katakombe [kata'kɔmbə] ⟨-, -n⟩ *f* catacomba *f.*

Katalog [kata'lo:k] ⟨-(e)s, -e⟩ *m* catalogo *m*.

katalogisieren [...logi'zi:rən] ⟨*ohne ge-*⟩ *tr* catalogare.

Katalognummer *f* numero *m* di catalogo.

Katalysator [kataly'za:to:ɐ̯, ...za'to:rən] ⟨-s, -en⟩ *m chem, mot, fig* catalizzatore *m*.

Katamaran [katama'ra:n] ⟨-s, -e⟩ *m* catamarano *m*.

Katapult [kata'pʊlt] ⟨-(e)s, -e⟩ *n o. m* catapulta *f.*

katapultieren [...'ti:rən] ⟨*ohne ge-*⟩ *tr aero, fig* catapultare.

Katarrh [ka'tar] ⟨-s, -e⟩ *m* catarro *m*.

Kataster [ka'tastɐ] ⟨-s, -⟩ *m o. n* catasto *m*, registro *m* fondiario. **Katasteramt** *n* ufficio *m* del catasto.

katastrophal [katastro'fa:l] *a* catastrofico.

Katastrophe [...'tro:fə] ⟨-, -n⟩ *f* catastrofe *f*, disastro *m*. **Katastrophengebiet** *n* zona *f* sinistrata. **Katastrophenschutz** *m* **1.** *(Organisation)* protezione *f* civile; **2.** *(Maßnahme)* misure *f pl* anticatastrofe.

Katechismus [katɛ'çɪsmʊs, ...mən] ⟨-, -men⟩ *m* catechismo *m*.

Kategorie [katego'ri:, ...i:ən] ⟨-, -n⟩ *f* categoria *f.*

kategorisch [...'go:rɪʃ] *a* categorico.

Kater ['ka:tɐ] ⟨-s, -⟩ *m* **1.** *zoo* gatto *m*; **2.** *fig fam (Katzenjammer)* malessere *m*, mal *m* di testa dopo una sbornia; **wie ein verliebter ~** come un gatto in amore. **Katerfrühstück** *n fam* colazione *f* per smaltire la sbornia.

Katharina, Käthe [kata'ri:na, 'kɛ:tə] *(weiblicher Vorname)* Caterina.

Katheder [ka'te:dɐ] ⟨-s, -⟩ *n o. m* cattedra *f.*

Kathedrale [kate'dra:lə] ⟨-, -n⟩ *f* cattedrale *f.*

Kathode [ka'to:də] ⟨-, -n⟩ *f* catodo *m*.

Katholik(in) [kato'li:k(ɪn)] ⟨-en, -en⟩ *m(f)* cattolico, -a *m, f.*

katholisch [ka'to:lɪʃ] *a* cattolico.

Katholizismus [katoli'ts̯ɪsmʊs] ⟨-, ø⟩ *m* cattolicesimo *m*.

katzbuckeln *itr pej* fare i salamelecchi (*vor jdm* a qu).

Katze ['katsə] ⟨-, -n⟩ *f* gatto *m*; *(nur weiblich)* gatta *f*; **das ist für die Katz**

fam è fatica sprecata *fam;* **wie die ~ um den heißen Brei herumgehen** rigirare le parole per non venire al sodo; **die ~ im Sack kaufen** comprare a occhi chiusi (*o.* a scatola chiusa); **die ~ aus dem Sack lassen** spiattellare il segreto *fam;* **die ~ läßt das Mausen nicht** *prov* il lupo perde il pelo ma non il vizio *prov;* **falsche ~** persona falsa; **in der Nacht** (*o.* **nachts) sind alle ~n grau** *prov* di notte non si vedono i particolari. **katzenartig** *a* felino. **Katzenauge** *n (Rückstrahler)* catarinfrangente *m.* **Katzenjammer** *m fam* **1.** *(nach Alkoholgenuß)* postumi *m pl* di una sbornia; **2.** *(depressive Stimmung)* abbattimento *m.* **Katzenmusik** *f pej* strimpellata *f fam.* **Katzensprung** *m fam:* **das ist nur ein ~ (von hier)** è a due passi (da qui). **Katzenwäsche** *f:* **~ machen** *fam scherz* lavarsi come i gatti *fam.*

Kauderwelsch ['ka̯udəvɛlʃ] ‹-(s), ø› *n pej* **1.** *(fehlerhafte, unverständliche Sprache)* linguaggio *m* incomprensibile e scorretto; **2.** *(schwerverständliche Fachsprache)* gergo *m* incomprensibile; **ein ~ aus Italienisch und Deutsch** un miscuglio di italiano e tedesco.

kauderwelschen *itr* **1.** *(fehlerhaft)* parlare in modo scorretto; **2.** *(unverständlich)* parlare in modo incomprensibile (*o.* in gergo).

kauen ['ka̯uən] **I.** *tr* masticare; **II.** *itr* masticare; **an den Nägeln ~** rosicchiarsi (*o.* mangiarsi) le unghie.

kauern ['ka̯uɐn] **I.** *itr* stare accovacciato; **II.** *rfl:* **sich ~** accovacciarsi, rannicchiarsi.

Kauf [ka̯uf] ‹-(e)s, ⸚e› *m* acquisto *m,* comp(e)ra *f;* **etw. in ~ nehmen** rassegnarsi ad accettare qc.

kaufen *tr* comp(e)rare (*etw. von jdm* qc da qu), acquistare *(etw. von jdm* qc da qu); **sich** *(dat)* **jdn ~** *(vornehmen)* fare i conti con qu.

Käufer(in) ['kɔ̯yfɐ (...ərɪn)] ‹-s, -› *m(f)* compratore, -trice *m, f;* acquirente *mf; (Kunde)* cliente *mf;* **einen ~ finden** trovare un acquirente.

Kauffrau *f* commerciante *f.* **Kaufhaus** *n* grande magazzino *m.* **Kaufkraft** *f* potere *m* d'acquisto.

käuflich ['kɔ̯yflɪç] *a* **1.** *(zum Verkauf angeboten)* da vendersi, in vendita; **2.** *fig (Liebe)* venale; *(a. bestechlich)* corruttibile; **~ erwerben** *adm* comp(e)rare, acquistare.

Kaufmann ‹-(e)s, -leute› *m (ab* **Kfm.)** **1.** *(a. Geschäftsmann)* commerciante *m;* **2.** *(Krämer)* bottegaio *m;* **3.** *(Einzelhandels~)* negoziante *m.*

kaufmännisch [-mɛnɪʃ] *a* commerciale, di commercio; **~er Angestellter** impiegato di commercio.

Kaufpreis *m* prezzo *m* d'acquisto. **Kaufsumme** *f* importo *m* d'acquisto. **Kaufvertrag** *m* contratto *m* di compravendita. **Kaufzwang** *m* obbligo *m* d'acquisto; **kein ~** ingresso libero.

Kaugummi *m o. n* gomma *f* da masticare.

Kaulquappe ['ka̯ul-] *f* girino *m.*

kaum [ka̯um] *adv* **1.** *(fast nicht)* appena; *(noch nicht einmal)* non appena; **2.** *(nur mit Mühe)* a malapena; **3.** *(wahrscheinlich nicht)* probabilmente non ...; **das dauert ~ zwei Stunden** dura appena due ore; **~ hatte er ..., als ...** aveva appena ... che ...; **ich glaube ~** non credo; **ich kann es ~ erwarten** non (ne) vedo l'ora; **ich kann es ~ glauben** stento a crederlo, pare impossibile; **~ war er zu Hause, da rief er mich an** non appena arrivò a casa, mi telefonò; **wohl ~** sarà difficile.

Kaumuskel *m* massetere *m,* muscolo *m* masticatorio. **Kautabak** *m* tabacco *m* da masticare.

Kaution [ka̯u'ts̯io:n] ‹-, -en› *f (bes. ~ssumme)* cauzione *f;* garanzia *f;* **gegen ~** contro cauzione; **eine ~ stellen** dare cauzione.

Kautschuk ['ka̯utʃʊk] ‹-s, -e› *m* caucciù *m,* gomma *f* elastica.

Kauz [ka̯uts̯] ‹-es, ⸚e› *m* civetta *f;* **komischer ~** *fam* tipo *m* strano *fam.*

Kavalier [kava'li:ɐ̯] ‹-s, -e› *m* cavaliere *m.* **Kavaliersdelikt** *n* peccatuccio *m.*

Kaviar ['ka:vi̯ar] ‹-s, -e› *m* caviale *m.*

kcal *ab von* **Kilokalorie** kcal, Cal (*ab von* grande caloria).

keck [kɛk] *a* **1.** *(frech)* baldanzoso, spavaldo; *(respektlos)* sfacciato; *(munter)* vispo; *(unbefangen)* spigliato; **2.** *obs (flott, schick)* chic.

Keckheit ‹-, ø› *f* **1.** *(keckes Auftreten)* spavalderia *f,* baldanza *f;* **2.** *(Unbefangenheit)* spigliatezza *f;* **3.** *(Kühnheit)* audacia *f;* **4.** *(Frechheit)* sfacciataggine *f.*

Kegel ['ke:gəl] ‹-s, -› *m* **1.** *mat* cono *m;* **2.** *(Spiel~)* birillo *m;* **3.** *(Berg~)* conoide *m;* **die ~ aufstellen** disporre i birilli; **~ schieben** giocare ai birilli. **Kegelbahn** *f* pista *f* dei birilli, bowling *m.* **Kegelbruder** *m* appassionato *m* di birilli; *(eines gleichen Kegelclubs)* compagno *m* di club. **kegelförmig** [-fœrmɪç] *a* conico.

kegeln *itr* giocare ai birilli.
Kegelschnitt *m* sezione *f* conica.
Kegler(in) ‹-s, -› *m(f)* giocatore, -trice *m, f* di birilli.
Kehle ['ke:lə] ‹-, -n› *f* **1.** *anat* gola *f;* **2.** *arch* scanalatura *f;* **aus voller ~** a squarciagola *fam;* **etw. in die falsche ~ bekommen** *fam* prendere qc per un altro verso; **jdm an die ~ springen** saltare alla gola di qu; **mir war die ~ wie zugeschnürt** avevo un nodo alla gola; **sich** *(dat)* **die ~ aus dem Hals schreien** *fam* gridare a squarciagola *fam.*
Kehlkopf *m* laringe *f.* **Kehllaut** *m* suono *m* gutturale.
Kehre ['ke:rə] ‹-, -n› *f* **1.** *(Kurve)* tornante *m,* svolta *f;* **2.** *(Turnübung)* volteggio *m.*
kehren[1] ['ke:rən] *tr, itr (fegen)* scopare.
kehren[2] ['ke:rən] **I.** *tr, itr (wenden)* voltare, girare; **das Oberste zuunterst ~** mettere tutto sottosopra (*o.* a soqquadro); **in sich gekehrt** rinchiuso in se stesso; **II.** *rfl:* **sich ~ 1.** *(sich wenden)* voltarsi, girarsi; **2.** *(sich kümmern)* curarsi (*an* di), occuparsi (*an* di).
Kehricht ['ke:rıçt] ‹-s, ø› *m o. n* spazzatura *f.*
Kehrmaschine *f* (macchina *f*) spazzatrice *f.*
Kehrreim *m* ritornello *m.*
Kehrseite *f* **1.** *(Rückseite)* retro *m,* rovescio *m;* **2.** *fam scherz (Rücken)* spalle *f pl; (Gesäß)* didietro *m fam;* **die ~ der Medaille** il rovescio della medaglia.
kehrt·machen ['ke:ɐ̯t-] *itr* fare dietrofront. **Kehrtwendung** *f* **1.** *mil* dietro-front *m;* **2.** *fig* voltafaccia *m.*
keifen ['kai̯fən] *itr pej* strillare, gridare.
Keil [kai̯l] ‹-(e)s, -e› *m* **1.** *allg., tec* cuneo *m,* chiavetta *f;* **2.** *(Bremsklotz)* ceppo *m* del freno; **3.** *(Stoff~: beim Hemd)* gherone *m; (Zwickel)* tassello *m.*
keilen I. *tr* spaccare con un cuneo; **II.** *rfl:* **sich ~** *fam* picchiarsi, darsele *fam.*
Keiler ['kai̯lɐ] ‹-s, -› *m* cinghiale *m.*
Keilerei [kai̯lə'rai̯] ‹-, -en› *f fam* zuffa *f fam,* rissa *f.*
keilförmig [-fœrmıç] *a* cuneiforme. **Keilriemen** *m* cinghia *f* trapezoidale. **Keilschrift** *f* scrittura *f* cuneiforme.
Keim [kai̯m] ‹-(e)s, -e› *m* germe *m;* **etw. im ~ ersticken** soffocare qc sul nascere; **den ~ einer Krankheit in sich** *(dat)* **tragen** covare una malattia. **Keimdrüse** *f* ghiandola *f* germinale (*o.* genitale).
keimen *itr* **1.** *(Pflanzen)* germogliare, germinare; **2.** *fig (Verdacht)* sorgere.
keimfrei *a (Milch)* sterilizzato; *(aseptisch)* asettico. **Keimling** ['kai̯mlıŋ] ‹-s, -e› *m* **1.** *bot* germoglio *m;* **2.** *biol (Embryo)* embrione *m.* **keimtötend** *a* antisettico, germicida.
Keimung ‹-, ø› *f* germinazione *f.*
Keimzelle *f* cellula *f* germinale.
kein, keine, kein [kai̯n] *pron* **1.** non ... (un, una); nessuno, -a; alcuno, -a; **2.** *(nicht einmal)* nemmeno; **~ anderer als ...** nessun'altro che ...; **~ bißchen** *fam* per niente, neanche un pò; **~ einziges Mal** neanche una volta; **~ ... mehr** non più ...; **~ Mensch** *fam* nessuno, non anima viva *fam;* **~e 20 Leute/2 Mark/4 Stunden** neanche 20 persone/2 marchi/4 ore.
keine *pron s.* **keine(r, s).**
keinerlei ['kai̯nɐ'lai̯] ‹*inv*› *a* non ... alcuno, non ... di sorta.
keine(r, s) ['kai̯nə] *pron* nessuno, -a *m, f;* **~r von beiden** nessuno dei due.
keinesfalls ['kai̯nəs'fals] *adv* in nessun caso.
keineswegs ['kai̯nəs've:ks] *adv* in nessun modo, non ... affatto.
keins *pron s.* **keine(r, s).**
Keks [ke:ks] ‹-(es), -(e)› *m o. n* biscotto *m,* biscottino *m.*
Kelch [kɛlç] ‹-(e)s, -e› *m* calice *m;* **den ~ bis zur Neige leeren** *fig* bere il calice sino alla feccia; **der ~ ist (noch einmal) an mir vorübergegangen** l'ho scampata bella *fam.*
Kelle ['kɛlə] ‹-, -n› *f* **1.** *(Schöpf~)* mestolo *m,* ramaiolo *m;* **2.** *(Maurer~)* cazzuola *f;* **3.** *(Signalstab)* paletta *f.*
Keller ['kɛlɐ] ‹-s, -› *m* **1.** cantina *f;* **2.** *(~geschoß)* scantinato *m.* **Kellerassel** *f zoo* onisco *m* delle cantine. **Kellergeschoß** *n* scantinato *m.* **Kellermeister** *m* cantiniere *m.*
Kellner(in) ['kɛlnɐ (...ərın)] ‹-s, -› *m(f)* cameriere, -a *m, f.*
Kelte ['kɛltə] ‹-n, -n› *m,* **Keltin** [...tın] *f* celta *mf.*
Kelter ['kɛltɐ] ‹-, -n› *f* torchio *m.*
keltern *tr* pigiare.
Keltin *f s.* **Kelte.**
keltisch *a* celtico.
Kennbuchstabe *m* lettera *f* di riferimento.
kennen ['kɛnən] ‹kennt, kannte, gekannt› *tr* **1.** conoscere; *(wissen a.)* sapere; **2.** *fig (Grenzen, Mitleid, etc.)* avere; **keine Rücksicht ~** non avere riguardo; **sich vor Wut nicht mehr ~** essere fuori di se dalla rabbia; **~ Sie**

sich schon? vi conoscete già?; **so kenne ich ihn gar nicht!** così non lo conosco proprio!; **dieses Gericht ~ wir hier nicht** questo piatto qui non lo conosciamo. **kennen·lernen** *tr* conoscere, fare la conoscenza di; **es freut mich, Sie kennenzulernen** lieto di fare la Sua conoscenza; **sich ~** conoscersi; **du wirst** (*o.* **sollst) mich noch ~!** *fam* ancora non mi conosci! *fam.*

Kenner(in) ‹-s, -› *m(f)* conoscitore, -trice *m, f,* intenditore, -trice *m, f; (a. Fachmann)* esperto, -a *m, f.* **Kennerblick** *m:* **mit ~** con occhio esperto. **Kennerin** *f s.* **Kenner.**

kenntlich ['kɛntlɪç] *a* riconoscibile (*an* da); **~ machen** *(kennzeichnen)* contrassegnare; *(erkennbar machen)* far riconoscere.

Kenntnis ['kɛntnɪs] ‹-, -se› *f* **1.** conoscenza *f;* **2.** ‹*pl*› *(Fach~)* cognizioni *f pl,* nozioni *f pl;* **von etw. ~ erhalten** venir a conoscenza di qc, avere notizia di qc; **etw. zur ~ nehmen** prendere atto di qc; **ohne ~ von ...** senza conoscenza di ... **Kenntnisnahme** [-na:mə] ‹-, -n› *f adm:* **zur ~** per conoscenza; **zu Ihrer ~** per Vostra informazione.

Kennummer *f* numero *m* di riferimento. **Kennwort** ‹-(e)s, ¨-er› *n* parola *f* di riconoscimento; *mil* parola *f* d'ordine.

Kennzeichen *n* **1.** *(Merkmal)* segno *m* (particolare) (*für* di), caratteristica *f* (*für* di); **2.** *(Unterscheidungszeichen)* contrassegno *m;* **3.** *(Abzeichen)* distintivo *m;* **4.** *mot (amtliches ~)* targa *f;* **besondere ~** *(Paßvermerk)* segni particolari; **ein Auto mit Münchner ~** un'auto targata Monaco.

kennzeichnen *tr* **1.** contrassegnare; **2.** *(markieren)* segnare; **3.** *(charakterisieren)* caratterizzare; *(a. beschreiben)* descrivere; *(auszeichnen)* distinguere; **4.** *(bezeichnen)* definire. **kennzeichnend** *a* caratteristico (*für* di).

Kennziffer *f* **1.** *allg.* numero *m* di riferimento; **2.** *mat* indice *m; (von Logarithmus)* caratteristica *f.*

kentern ['kɛntɐn] *itr* ‹*sein*› ribaltarsi, capovolgersi.

Keramik [ke'ra:mɪk] ‹-, -en› *f* **1.** ceramica *f;* **2.** *(Erzeugnisse)* ceramiche *f pl;* **3.** *(Kunst)* arte *f* della ceramica.

keramisch *a* ceramico; *(aus Ton)* di (*o.* in) ceramica.

Kerbe ['kɛrbə] ‹-, -n› *f* tacca *f,* intaccatura *f; (bes. tec)* intaglio *m;* **in die gleiche ~ hauen** *fig* mirare allo stesso scopo.

kerben *tr (bes. tec)* intagliare, intaccare.

Kerbholz *n:* **etw. auf dem ~ haben** avere un conto da saldare.

Kerker ['kɛrkɐ] ‹-s,-› *m* carcere.

Kerl [kɛrl] ‹-(e)s, -e *o.* -s› *m* **1.** *fam (Mann)* uomo *m; (a. pej und Mädchen)* tipo *m fam;* **2.** *pej* individuo *m,* soggetto *m;* **anständiger ~** tipo onesto; **armer ~** poveraccio *m,* povero diavolo *fam;* **blöder** (*o.* **dämlicher** *o.* **dummer,** *etc.* **~)** cretino *m fam,* imbecille *m fam;* **ganzer ~** uomo tutto d'un pezzo; **feiner ~** tipo in gamba *fam;* **gemeiner ~** vigliacco *m.*

Kern [kɛrn] ‹-(e)s, -e› *m* **1.** *allg., fig* nocciolo *m; (von Birnen, Äpfeln)* seme *m; (von Trauben)* acino *m,* chicco *m; (Nuß~)* gheriglio *m; (von Holz)* anima *f;* **2.** *(Zell~, Atom~)* nucleo *m;* **3.** *(~punkt)* centro *m,* cuore *m;* **4.** *fig (Wesen)* sostanza *f,* essenza *f;* **5.** *fig (bester, wichtigster Teil)* anima *f,* nerbo *m;* **er hat einen guten ~** il suo fondo è buono; **der harte ~ (der Gruppe)** l'anima (del gruppo); **das also ist des Pudels ~** questo è il nocciolo della questione; **zum ~ der Sache vordringen** venire al dunque (*o.* al nocciolo) della questione. **Kernenergie** *f* energia *f* nucleare. **Kernexplosion** *f* esplosione *f* nucleare. **Kernforschung** *f* ricerca *f* nucleare. **Kerngehäuse** *n* torsolo *m.* **kerngesund** ['kɛrngə'zʊnt] *a* sano come un pesce *fam,* sanissimo.

kernig *a* **1.** *(Frucht)* granuloso; **2.** *(kräftig)* vigoroso, forte, robusto; **3.** *(markig, bes. Ausspruch)* incisivo.

Kernkraft *f* energia *f* atomica (*o.* nucleare). **Kernkraftgegner(in)** *m(f)* antinucleare *mf.* **Kernkraftwerk** *n* (*ab* **KKW**) centrale *f* nucleare.

kernlos *a* privo di semi, senza nocciolo. **Kernobst** *n* frutta *f* con semi. **Kernphysik** *f* fisica *f* nucleare. **Kernreaktion** *f* reazione *f* nucleare. **Kernreaktor** *m* reattore *m* nucleare. **Kernspaltung** *f* fissione *f* (*o.* scissione *f*) nucleare. **Kernstück** *n* parte *f* essenziale, anima *f.* **Kernteilung** *f* mitosi *f.* **Kernumwandlung** *f* trasformazione *f* nucleare. **Kernverschmelzung** *f* fusione *f* atomica. **Kernwaffen** *f pl* armi *f pl* nucleari.

Kerze ['kɛrt͜sə] ‹-, -n› *f allg., mot, sport* candela *f; (Altar~)* cero *m.* **kerzengerade** ['kɛrt͜səngə'ra:də] *a* diritto come un fuso *fam.* **Kerzenhalter** *m* candeliere *m,* portacandele *m.* **Ker-**

zenleuchter *m*, **-ständer** *m* candeliere *m*. **Kerzenlicht** *n* lume *m* di candela; **bei ~** al lume di candela. **Kerzenständer** *m s.* **Kerzenleuchter.**

keß [kɛs] *a* **1.** *(Mädchen)* spigliato; **2.** *(schick)* chic, carino; **3.** *(frech)* impertinente; **kesse Biene** *fam* ragazza giovane, carina e spensierata.

Kessel ['kɛsəl] ‹-s, -› *m* **1.** *(Wasser~, Heiz~)* caldaia *f; (großer ~)* calderone *m;* paiolo *m; (kleiner ~, Tee~)* bollitore *m;* **2.** *(Tal~)* conca *f;* **3.** *mil* sacca *f.* **Kesselschmied** *m* calderaio *m.* **Kesselstein** *m* incrostazione *f* della caldaia; **den ~ entfernen** disincrostare (*aus etw.* qc). **Kesseltreiben** *n* **1.** *(Jagd)* battuta *f* (di caccia) in cerchio; **2.** *fig* caccia *f* spietata.

Ketchup ['kɛtʃap *o.* 'kɛtʃəp] ‹-(s), -s› *m o. n* ketchup *m.*

Kette ['kɛtə] ‹-, -n› *f* **1.** *allg., fig* catena *f;* **2.** *(Schmuck~)* catenina *f; (Hals~)* collana *f;* **3.** *(von Raupenfahrzeugen)* cingolo *m;* **4.** *(beim Weben)* ordito *m;* **5.** *(Absperrungs~)* cordone *f;* **6.** *(Laden~)* catena *f;* **7.** *fig (Reihe)* serie *f,* fila *f;* **eine ~ bilden** *(Personen)* formare una catena; **eine ~ von Ereignissen** una serie di avvenimenti; **an die ~ legen** mettere alla catena; **in ~n legen** incatenare, mettere in ceppi.

ketten *tr* **1.** incatenare (*an* a); **2.** *fig* legare (*an* a); **jdn an sich ~** legare qu a sé; **sich an jdn/etw. ~** legarsi a qu/qc; **an jdn gekettet sein** essere legato a qu.

Kettenfahrzeug *n* (veicolo *m*) cingolato *m.* **Kettenhund** *m* cane *m* da guardia legato alla catena. **Kettenraucher(in)** *m(f)* fumatore, -trice *m, f* accanito, -a. **Kettenreaktion** *f* reazione *f* a catena.

Ketzer(in) ['kɛtsɐ (...ərɪn)] ‹-s, -› *m(f)* eretico, -a *m, f.*

Ketzerei [kɛtsə'rai] ‹-, -en› *f* eresia *f.*

Ketzerin *f s.* **Ketzer.**

ketzerisch *a* eretico.

keuchen ['kɔyçən] *itr* **1.** ‹*haben*› *(geräuschvoll, schwer atmen)* ansimare; **2.** ‹*haben*› *(schwer atmend sprechen)* parlare affannosamente; **3.** ‹*sein*› *(sich fortbewegen)* muoversi ansimando. **Keuchhusten** *m* pertosse *f,* tosse *f* canina (*o.* asinina).

Keule ['kɔylə] ‹-, -n› *f* **1.** *(Waffe, Sportgerät)* clava *f;* **2.** *(Kalbs~, Rinds~, Schweine~, Geflügel~, etc.)* coscia *f; (Lamm~, Hammel~, Wild~)* cosciotto *m.*

keusch [kɔyʃ] *a* casto; *(schamhaft)* pudico. **Keuschheit** ‹-, ø› *f* castità *f; (Schamhaftigkeit)* pudicizia *f.*

Kfm. *ab von* **Kaufmann** commerciante *m.*

Kfz [ka:ʔɛf'tsɛt] ‹-(s), -(s)› *n ab von* **Kraftfahrzeug** autoveicolo *m.*

kg *ab von* **Kilogramm** kg (*ab von* chilogrammo).

KG [ka:'ge:] ‹-, -s› *f ab von* **Kommanditgesellschaft** S.acc. (*ab von* Società in accomandita).

kgl. *ab von* **königlich** R. (*ab von* regio).

Khaki ['ka:ki] ‹-(s), ø› *n (Farbe)* color *m* cachi. **khakifarben** *a* (color) cachi.

kHz *ab von* **Kilohertz** kHz (*ab von* chilohertz).

Kichererbse ['kɪçɐ-] *f* cece *m.*

kichern ['kɪçɐn] *itr* ridacchiare, ridere sotto i baffi *fam.*

Kiebitz ['ki:bɪts] ‹-es, -e› *m* **1.** *zoo* pavoncella *f;* **2.** *fam (beim Kartenspiel)* osservatore *m* importuno.

Kiefer[1] ['ki:fɐ] ‹-s, -› *m anat* mascella *f.*

Kiefer[2] ['ki:fɐ] ‹-, -n› *f bot* pino *m.* **Kiefernwald** *m* pineta *f,* foresta *f* di pini.

Kiel[1] [ki:l] ‹-(e)s, -e› *m (Schiffs~)* chiglia *f,* carena *f.*

Kiel[2] [ki:l] ‹-(e)s, -e› *m (Feder~)* cannello *m* della penna.

Kiel[3] [ki:l] *n geog* Kiel *f.*

Kielraum *m* sentina *f.* **Kielwasser** *n* scia *f;* **in jds ~ schwimmen** (*o.* **segeln**) *fig* seguire le orme di qu.

Kieme ['ki:mə] ‹-, -n› *f* ‹*meist pl*› branchia *f.*

Kies [ki:s] ‹-es, -e› *m* **1.** ghiaia *f; (grober ~)* pietrisco *m;* **2.** ‹*sing*› *sl (Geld)* grana *f sl.*

Kiesel ['ki:zəl] ‹-s, -› *m* ciottolo *m.* **Kieselerde** *f* terra *f* silicea, silice *f.*

Kiesgrube *f* cava *f* di ghiaia.

kiffen ['kɪfən] *itr sl* farsi uno spinello *sl.*

kikeriki [kikəri'ki:] *interj* chicchirichì.

killekille ['kɪlə'kɪlə] *interj (Kindersprache):* **~ machen** fare il solletico.

killen ['kɪlən] *tr, itr sl (umbringen)* ammazzare.

Killer ‹-s, -› *m sl* sicario *m,* killer *m.*

Kilo ['ki:lo] ‹-s, -s *o. bei Maßangaben* -› *n* chilo *m.*

Kilogramm [-'gram] *n* (*ab* **kg**) chilogrammo *m.*

Kilohertz [-'hɛrts] *n* (*ab* **kHz**) *phys* chilociclo *m,* chilohertz *m.*

Kilojoule [-'dʒu:l *o.* -'dʒaul] *n* chilo *m* joule.

Kilokalorie [-kalo'ri:] *f* (*ab* **kcal**) grande caloria *f,* chilocaloria *f.*

Kilometer [-'me:tɐ] *m* (*ab* **km**) chilometro *m;* 5 ~ **fahren** fare 5 chilometri; ~ **pro Stunde** (*ab* **km/h, km/st**) chilometri orari; **mit 100 ~n in der Stunde fahren** andare a 100 (chilometri) all'ora. **Kilometerfresser** ‹-s, -› *m fam* divoratore *m* di chilometri. **Kilometergeld** *n* indennità *f* per chilometro. **Kilometerstein** *m* pietra *f* miliare. **Kilometerzähler** *m* contachilometri *m.*

Kilowatt [-'vat] *n* (*ab* **kW**) chilowatt *m.* **Kilowattstunde** *f* (*ab* **kWh**) chilowattora *f.*

Kind [kɪnt] ‹-(e)s, -er› *n* **1.** *(a. Klein~)* bambino *m; (a. Koseform)* bimbo *m;* **2.** *(Sohn, Tochter)* figlio, -a *m, f;* **das ~ mit dem Bade ausschütten** *prov* buttare via il buono col cattivo; **ein ~ erwarten** aspettare un bambino; **sich wie ein ~ freuen** rallegrarsi (*o.* gioire) come un bambino; **sie hat ein ~ gekriegt** *fam* ha avuto un bambino; **mit ~ und Kegel** *fam scherz* con tutta la famiglia; **aus ~ern werden Leute** *prov* i figli crescono; **sich bei jdm lieb ~ machen** *fam* entrare nelle grazie di qu; **so, ~er, jetzt ...!** *fam (so, Leute ...)* allora, ragazzi, adesso ...! *fam;* **an ~es Statt annehmen** adottare; **von ~ auf** fin dall'infanzia, (fin) da piccolo; **das weiß jedes ~** lo sanno tutti. **Kindbett** *n* puerperio *m;* **im ~ liegen** essere di parto. **Kinderarzt** *m,* **-ärztin** *f* pediatra *mf.* **Kinderbuch** *n* libro *m* per ragazzi.

Kinderei [kɪndə'rai̯] ‹-, -en› *f* **1.** *(Kinderstreich)* bambinata *f;* **2.** *(albernes Benehmen)* comportamento *m* sciocco.

kinderfeindlich *a* ostile ai bambini. **Kindergarten** *m* scuola *f* materna, giardino *m* d'infanzia, asilo *m.* **Kindergärtner(in)** *m(f)* maestro, -a *m, f* di scuola materna, maestra *f* giardiniera. **Kindergeld** *n* assegno *m* familiare. **Kinderheim** *n* **1.** *(für Waisenkinder)* orfanotrofio *m;* **2.** *(Erholungsheim)* colonia *f.* **Kinderhort** *m* doposcuola *m.* **Kinderklinik** *f* clinica *f* pediatrica. **Kinderkrankheit** *f* malattia *f* d'infanzia (*o.* dei bambini). **Kinderkrippe** *f* (asilo *m*) nido *m.* **Kinderlähmung** *f* paralisi *f* infantile. **kinderleicht** ['kɪndɐ'lai̯çt] *a* facilissimo; **das ist ~** è un gioco da ragazzi. **kinderlieb** *a:* **~ sein** essere amante dei bambini. **kinderlos** *a* senza figli. **Kindermädchen** *n* bambinaia *f.* **kinderreich** *a:* **~e Familie** famiglia numerosa. **Kinderschuhe** *m pl:* **noch in den ~n stecken** essere agli inizi, essere in fasce; **den ~n entwachsen** uscire dall'infanzia. **Kindersitz** *m* seggiolino *m* (per bambini). **Kinderspiel** *n* gioco *m* per bambini; **das ist ein ~** è un giochetto *fam.* **Kinderspielplatz** *m* campo *m* da gioco (per bambini). **Kindersprache** *f* linguaggio *m* dei bambini. **Kindersterblichkeit** *f* mortalità *f* infantile. **Kinderstube** *f fig:* **eine gute/ schlechte ~ haben** essere ben/mal educato. **Kinderwagen** *m* carrozzina *f.* **Kinderzimmer** *n* stanza *f* dei bambini.

Kindesalter *n* infanzia *f.* **Kindesbeine** *n pl:* **von ~n an** fin dall'infanzia, fin da piccolo. **Kindesmißhandlung** *f* violenza *f* ai bambini, maltrattamento *m* di bambini.

Kindheit ‹-, ø› *f (bis 12 Jahre)* infanzia *f; (Kleinkindalter)* prima infanzia *f; (von 2 bis 12)* seconda infanzia *f; (von 6 bis 13)* fanciullezza *f.* **Kindheitserinnerung** *f* ricordo *m* d'infanzia.

kindisch *a pej* infantile, puerile; **sich ~ benehmen** comportarsi in modo puerile; **sei nicht ~!** non fare il bambino!; **sich ~ freuen** rallegrarsi (*o.* gioire) come un bambino.

kindlich *a* **1.** infantile; *(Gesicht)* di (*o.* da) bambino; **2.** *fig (naiv)* ingenuo.

Kindtaufe *f* battesimo *m.*

kinetisch [ki'ne:tɪʃ] *a* cinetico.

Kinn [kɪn] ‹-(e)s, -e› *m* mento *m.* **Kinnbart** *m* pizzo *m.* **Kinnhaken** *m* montante *m* al mento. **Kinnlade** *f (Unterkiefer)* mandibola *f; (Kiefer)* mascella *f.*

Kino ['ki:no] ‹-s, -s› *n* cinema *m.* **Kinobesucher(in)** *m(f),* **-gänger(in)** [-gɛŋɐ (...ərɪn)] ‹-s, -› *m(f)* spettatore, -trice *m, f;* **ein häufiger ~ sein** andare spesso al cinema. **Kinovorstellung** *f* spettacolo *m* cinematografico.

Kiosk ['ki:ɔsk *o.* ki̯ɔsk] ‹-(e)s, -e› *m* **1.** *(Verkaufsbude)* chiosco *m;* **2.** *(Zeitungsstand)* edicola *f.*

Kipferl ['kɪpfel] ‹-s, -n› *n (A, süddeutsch)* chifel *m,* cornetto *m.*

Kippe ['kɪpə] ‹-, -n› *f* **1.** *fam (Zigarettenstummel)* mozzicone *m,* cicca *f;* **2.** *sport* kippe *f;* **3.** *min (Ablagerungsstelle, Müll~)* scarico *m;* **auf der ~ stehen** essere in bilico, stare per cadere; *fig (unsicher sein)* essere incerto.

kippen I. *tr* ‹*haben*› **1.** *(um~)* rovesciare, ribaltare; **2.** *(schütten)* versare; **einen ~** *fam* bere un bicchierino; **II.** *itr* ‹*sein*› *(um~)* rovesciarsi, ribaltarsi; *(fallen)* cadere.

Kippschalter *m* interruttore *m* a levetta (*o.* basculante). **Kippwagen** *m* carro *m* ribaltabile.

Kirche ['kɪrçə] ‹-, -n› *f* **1.** *(Gebäude, Einrichtung)* chiesa *f;* **2.** *(Gottesdienst)* funzione *f; (Messe)* messa *f;* **in die ~ gehen** andare in chiesa; **die ~ im Dorf lassen** *prov* non esagerare. **Kirchenälteste** [-ɛltəstə] ‹ein -r, -n, -n› *m* decano *m* della chiesa. **Kirchenbuch** *n* registro *m* parrocchiale. **Kirchenchor** *m* coro *m* parrocchiale. **Kirchendiener** *m* sagrestano *m.* **kirchenfeindlich** *a* anticlericale. **Kirchenfenster** *n* vetrata *f.* **Kirchenfest** *n* festa *f* religiosa. **Kirchenfürst** *m* principe *m* della Chiesa. **Kirchengeschichte** *f* storia *f* della chiesa. **Kirchenjahr** *n* anno *m* ecclesiastico. **Kirchenlicht** *n:* **er ist kein (großes) ~** *fam scherz* non è un gran luminare (*o.* una cima) *fam.* **Kirchenlied** *n* canto *m* liturgico. **Kirchenmaus** *f:* **arm wie eine ~** *fam scherz* povero in canna *fam.* **Kirchenrecht** *n* diritto *m* canonico. **Kirchenstaat** *m hist* stato *m* pontificio; *(Vatikanstaat)* stato *m* vaticano. **Kirchensteuer** *f* imposta *f* per la Chiesa. **Kirchenvater** *m* padre *m* della Chiesa.

Kirchhof *m obs* camposanto *m,* cimitero *m.*

kirchlich *a* **1.** *(die Kirche betreffend)* ecclesiastico, della chiesa; *(a. religiös)* religioso; **2.** *(geistlich)* sacro; **3.** *(klerikal)* clericale; **sich ~ trauen lassen** sposarsi in chiesa; **~e Trauung** matrimonio religioso.

Kirchturm *m* campanile *m.* **Kirchweih** [-vai] ‹-, -en› *f* sagra *f.*

kirre ['kɪrə] *a fam* docile, mansueto; **jdn ~ machen** ammansire qu.

Kirschbaum *m* ciliegio *m.* **Kirschblüte** *f* **1.** fiore *m* di ciliegio; **2.** *(Blütezeit)* fioritura *f* dei ciliegi.

Kirsche ['kɪrʃə] ‹-, -n› *f* ciliegia *f;* **mit ihm ist nicht gut ~n essen** è meglio non aver a che fare con lui. **Kirschkern** *m* nocciolo *m* di ciliegia. **Kirschwasser** *n* kirsch *m,* acquavite *f* di ciliegie.

Kissen ['kɪsən] ‹-s, -› *n* cuscino *m; (bes. Kopf~)* guanciale *m.* **Kissenbezug** *m* federa *f.*

Kiste ['kɪstə] ‹-, -n› *f* **1.** *(Truhe)* cassa *f; (Bier~, etc.)* cassetta *f; (Zigarren~, etc.)* scatola *f;* **2.** *fam (Auto)* trabiccolo *m fam,* macinino *m fam; (Schiff)* rottame *m fam,* carcassa *f fam; (Flugzeug)* carcassa *f fam;* **3.** *fam (Bett)* letto *m; (Sarg)* bara *f;* **4.** *fam (Fernseher)* tivù *f fam.*

Kitsch [kɪtʃ] ‹-(e)s, ø› *m* **1.** arte *f* di cattivo gusto, kitsch *m;* **2.** *(Werk)* opera *f* di cattivo gusto. **kitschig** *a* di poco gusto, pacchiano; *(rührselig)* sdolcinato, sentimentale, lacrimevole.

Kitt [kɪt] ‹-(e)s, -e› *m* **1.** *(Glaser~, etc.)* mastice *m,* stucco *m; (Bindemittel)* cemento *m;* **2.** *fam pej (Zeug)* roba *f fam.*

Kittchen ['kɪtçən] ‹-s, -› *n fam* gattabuia *f fam,* galera *f fam.*

Kittel ['kɪtəl] ‹-s, -› *m* **1.** *(Arbeits~)* camice *m;* **2.** *(weite Bluse)* camiciotto *m; (langes Hemd)* casacca *f.* **Kittelschürze** *f* camice *m* senza maniche.

kitten *tr* **1.** stuccare, applicare il mastice a; **2.** *(kleben)* incollare; **3.** *fig (Ehe, etc.)* accomodare.

Kitz [kɪts] ‹-es, -e› *n,* **Kitze** ['kɪtsə] ‹-, -n› *f* **1.** *(Reh~)* caprioletto *m;* **2.** *(Ziegen~)* capretto *m.*

Kitzel ['kɪtsəl] ‹-s, ø› *m* **1.** solletico *m;* **2.** *fig (Gelüst)* voglia *f* (*nach* di). **kitz(e)lig** *a* **1.** *(Mensch)* che soffre il solletico; *(Stelle)* sensibile al solletico; **2.** *fig (empfindlich)* suscettibile, permaloso; **3.** *fam (heikel)* scabroso, delicato.

kitzeln **I.** *tr* fare il solletico a; *(a. fig)* solleticare; **es kitzelt mich, etw. zu machen** ho voglia di fare qc; **II.** *itr (jucken)* dare prurito; **hör auf, das kitzelt!** smettila, fa il solletico!

Kitzler ‹-s, -› *m* clitoride *m o. f.*

kitzlig *s.* **kitzelig.**

Kiwi ['ki:vi] ‹-, -s› *f* kiwi *m.*

KKW [ka:ka:'ve:] ‹-(s), -s› *n ab von* **Kernkraftwerk** centrale nucleare.

klaffen ['klafən] *itr* spalancarsi; **vor uns klafft der Abgrund** davanti a noi si spalanca l'abisso.

kläffen ['klɛfən] *itr* abbaiare, latrare.

klaffend *a (Wunde)* aperto; *(Abgrund)* spalancato.

Klage ['kla:gə] ‹-, -n› *f* **1.** *(Weh~)* lamento *m;* **2.** *(Beschwerde)* lagnanza *f* (*über* su), lamento *f* (*über* contro); *(bes. jur)* querela *f;* **3.** *jur (~ verfahren)* causa *f* (*wegen* per), azione *f* (*wegen* per); **eine ~ abweisen** respingere un'azione; **gegen jdn ~ erheben** sporgere querela contro qu, intentare un'azione contro qu; **das ist kein Grund zur ~** non è un motivo per lamentarsi. **Klagegeschrei** *n,* **-laut** *m* lamento *m.* **Klagelied** *n* **1.** *(Gedicht)* elegia *f;* **2.** *fig* lamentela *f;* **ein ~ über etw./jdn anstimmen** intonare lamentele contro qc/qu.

klagen **I.** *itr* **1.** *(sich beschweren)* lamentarsi (*über* di); **2.** *(jammern)* lamentarsi (*über* di); **3.** *(trauern)* piangere (*um jdn/etw.* qu/qc), lamentare (*um jdn/etw.* qu/qc); **4.** *jur* sporgere querela (*gegen jdn auf etw.* contro qu per qc), intentare un'azione legale (*gegen jdn auf etw.* contro qu per qc); **auf Schadenersatz ~** chiedere il risarcimento dei danni; **über Kopfschmerzen ~** accusare mal di testa; **II.** *tr:* **jdm sein Leid ~** sfogare il proprio dolore con qu.

Klagenfurt ['kla:gənfʊrt] *n* Klagenfurt *f.*

Kläger(in) ['klɛ:gɐ (...ərɪn)] ‹-s, -› *m(f)* querelante *mf,* attore, -trice *m, f.*

Klageschrift *f jur* citazione *f.*

kläglich ['klɛ:klɪç] *a* **1.** *(beklagenswert)* pietoso; **2.** *(jämmerlich)* misero, miserabile; **der Versuch ist ~ mißlungen** il tentativo è fallito miseramente.

klamm [klam] *a* **1.** *(kalt und feucht)* umido e freddo; **2.** *(starr vor Kälte)* irrigidito (per il freddo).

Klamm [klam] ‹-, -en› *f* gola *f.*

Klammer ['klamɐ] ‹-, -n› *f* **1.** *(Wäsche~, Haar~)* molletta *f; (Büro~)* fermaglio *m; (Heft~, Wund~, Zahn~)* graffetta *f; (Hosen~)* molletta *f,* fermapantaloni *m; (Bau~)* grappa *f;* **2.** *typ* parentesi *f; (geschweifte ~)* graffa *f;* **~ auf/zu** aperta/chiusa parentesi; **runde/eckige ~** parentesi tonda/quadra; **in ~n setzen** mettere fra parentesi.

klammern I. *tr* **1.** *(befestigen)* fissare (con graffe, *etc.*); **2.** *med* chiudere con graffette; **II.** *rfl:* **sich ~** aggrapparsi (*an* a); **III.** *itr sport* effettuare una presa.

klammheimlich ['klam'ha͜imlɪç] *fam* **I.** *a* furtivo; **II.** *adv* di soppiatto.

Klamotten [kla'mɔtən] *f pl fam pej* **1.** *(Kleidung)* stracci *m pl fam,* cenci *m pl fam;* **2.** *(Kram)* cianfrusaglie *f pl fam.*

klang [klaŋ] *1. u. 3. pers sing imp von* **klingen.**

Klang [klaŋ] ‹-(e)s, ⸚e› *m* **1.** suono *m;* **2.** *(bes. von Stimme)* timbro *m; (Ton)* tono *m;* **3.** *(Klingen)* tintinnio *m;* **dumpfer/heller/tiefer ~** suono cupo/limpido/profondo; **beim ~ seiner Schritte** al rumore dei suoi passi. **Klangfarbe** *f* timbro *m,* tonalità *f.* **Klang(farbe)regler** *m* regolatore *m* di suono (*o.* di tonalità). **Klangfülle** *f* sonorità *f.* **Klangregler** *m s.* **Klangfarbenregler. klangvoll** *a* **1.** sonoro; **2.** *fig (berühmt)* altisonante.

Klappbett *n* letto *m* ribaltabile.

Klappe ['klapə] ‹-, -n› *f* **1.** *(Deckel)* coperchio *m* (ribaltabile); *mus* chiavetta *f; tec (Drossel)* (valvola *f* a) farfalla *f;* **2.** *(Hosen~)* patta *f; (Taschen~)* pattina *f; (Schulter~)* controspallina *f; (Augen~)* benda *f* per gli occhi; **3.** *(Herz~)* valvola *f;* **4.** *film* ciac *m;* **5.** *fam (Bett)* letto *m;* **6.** *fam (Mund)* becco *m fam;* **~ zu, Affe tot!** *fam* è fatta! *fam;* **eine große ~ haben** *fam* fare lo sbruffone (*o.* smargiasso) *fam;* **halt die ~!** *fam* chiudi il becco! *fam.*

klappen I. *tr (nach oben, unten, vorn, hinten ~)* ribaltare; **II.** *itr* **1.** *(gegen etw. schlagen)* sbattere; **2.** *(Geräusch verursachen)* risonare; **3.** *fam fig (gelingen, funktionieren)* andare bene; **es hat geklappt** *fam* è andata bene; ha funzionato *fam.*

Klapper ['klapɐ] ‹-, -n› *f* sonaglio *m; (Knarre)* raganella *f.* **klapperdürr** ['klapɐ'dʏr] *a pej* magro come uno scheletro. **Klappergestell** *n* **1.** *pej (Mensch)* spaventapasseri *m fam;* **2.** *fam pej, scherz (Auto)* catenaccio *m.* **klapp(e)rig** ['klap(ə)rɪç] *a* **1.** *(Fahrzeug)* scassato *fam;* **2.** *(Mensch, Tier)* decrepito; **3.** *(wenig solide)* fragile. **Klapperkasten** *m,* **-kiste** *f fam pej (Klavier)* vecchio pianoforte *m; (Auto)* trabiccolo *m fam; (Schreibmaschine, Radio, Fernseher)* catorcio *m fam.*

klappern *itr* **1.** strepitare (*mit* con); **2.** *(Tür, Fenster)* sbattere; **3.** *(Geschirr)* acciottolare; **mit den Zähnen ~** battere i denti.

Klapperschlange *f* **1.** *zoo* serpente *m* a sonagli; **2.** *fam* vipera *f fam.* **Klapperstorch** *m* cicogna *f.*

Klappfahrrad *n* bicicletta *f* pieghevole, Graziella® *f fam.*

klapprig *a s.* **klapperig.**

Klappsitz *m* sedile *m* ribaltabile, strapuntino *m.* **Klappstuhl** *m* sedia *f* pieghevole; *(kleiner)* seggiolino *m* pieghevole. **Klapptisch** *m* tavolo *m* pieghevole. **Klappverdeck** *n* capote *f* ribaltabile.

Klaps [klaps] ‹-es, -e› *m fam* pacca *f fam;* **einen ~ haben** non avere il cervello a posto, essere un po' tocco *fam.* **Klapsmühle** *f fam pej* manicomio *m.*

klar [kla:ɐ̯] *a* **1.** chiaro; **2.** *(Wetter, Himmel)* sereno; *(Farben)* schietto; *(durchsichtig)* limpido, trasparente; **3.** *(bei vollem Bewußtsein)* lucido; **4.** *(fertig)* pronto; **~ und deutlich** chiaro e tondo *fam;* **ein ~er Fall von ...** *fam* un chiaro caso di ...; **~ zum Gefecht/Start** pronto al (*o.* per il) combattimento/alla (*o.* per la) partenza; ~ **wie Klärchen** (*o.* **Kloßbrühe)** *fam* chiaro come il sole *fam;* **mit etw. ins ~e kommen** venire a capo di qc; **sich** *(dat)* **über etw. im ~en sein** rendersi conto di qc; **eine ~e Ochsenschwanzsuppe** un brodo lungo di coda di bue; **alles ~?** *fam* tutto chiaro? *fam;* **das ist doch ~!** *fam* ma è chiaro! *fam;* **na ~!** *fam* certo! *fam,* chiaro! *fam.*

Klara ['kla:ra] *(weiblicher Vorname)* Chiara, Clara.

Kläranlage *f* impianto *m* di depurazione. **Klärbecken** *n* bacino *m* di depurazione.

klären ['klɛ:rən] **I.** *tr* **1.** *(reinigen)* chiarificare; *(bes. Luft)* purificare; *(bes. Wasser)* depurare; **2.** *(Frage, Sachlage)* chiarire, mettere in chiaro; **II.** *rfl:* **sich ~** chiarirsi.

Klarheit ‹-, ø› *f* **1.** *(Deutlichkeit)* chiarezza *f;* **2.** *(Reinheit, Schärfe)* limpidezza *f;* **3.** *(von Verstand)* lucidità *f.*

Klarinette [klari'nɛtə] ‹-, -n› *f* clarinetto *m.*

klar·kommen ‹*irr*› *itr* ‹*sein*› *fam* venire a capo (*mit* di). **klar·machen I.** *tr* **1.** *(erklären)* spiegare, esporre; **2.** *naut* approntare; **jdm etw. ~** far capire qc a qu; **II.** *itr naut* essere pronto.

Klärschlamm *m* deposito *m* di filtrazione.

Klarsichtfolie *f* foglio *m* trasparente. **Klarsichthülle** *f* involucro *m* trasparente. **klar·stellen** *tr* chiarire, mettere in chiaro. **Klartext** *m:* **im ~** in parole semplici, in altre parole.

Klärung ‹-, -en› *f* **1.** *(Reinigung)* chiarificazione *f; (von Luft)* purificazione *f; (von Abwasser)* depurazione *f;* **2.** *(von Frage, Sachlage)* chiarimento *m.*

Klasse ['klasə] ‹-, -n› *f* **1.** classe *f;* **2.** *(Kategorie, a. sport)* categoria *f; (Rang)* ordine *m;* **3.** *(Qualität)* qualità *f;* **(das ist) ~** (è) magnifico!; **in ~n einteilen** classificare; **erster ~ fahren** viaggiare in prima classe; **eine ~ überspringen/wiederholen** saltare/ripetere una classe. **Klassenarbeit** *f* compito *m* in classe. **Klassenbuch** *n* *(Schule)* registro *m* di classe. **Klassenkamerad(in)** *m(f)* compagno, -a *m, f* di classe. **Klassenkampf** *m* lotta *f* di classe. **Klassenlehrer(in)** *m(f)* docente *mf* di classe. **Klassenziel** *n:* **das ~ erreichen** essere promosso. **Klassenzimmer** *n* aula *f,* classe *f.*

klassifizieren [klasifi'tsi:rən] ‹*ohne ge-*› *tr* classificare.

Klassik ['klasɪk] ‹-, ø› *f* **1.** *(klassisches Altertum)* periodo *m* classico, epoca *f* classica; **2.** *(Kunstperiode)* classicismo *m;* **3.** *(klassische Ausführung)* classicità *f.* **Klassiker(in)** ‹-s, -› *m(f)* classio, -a *m, f.* **klassisch** *a* classico.

Klatsch [klatʃ] ‹-(e)s, -e› *m* **1.** *(klatschendes Geräusch)* tonfo *m;* **2.** *fam pej (Tratsch)* pettegolezzi *m pl fam;* **3.** *(Plauderei)* chiacchiere *f pl.* **Klatschbase** *f pej* pettegola *f.*

klatschen ['klatʃən] **I.** *itr* **1.** ‹*haben*› *(mit den Händen)* battere le mani; *(applaudieren)* battere le mani, applaudire; **2.** ‹*sein*› *(aufschlagen)* battere; *(Regen)* scrosciare; **3.** ‹*haben*› *pej fam (tratschen)* spettegolare (*über* di) *fam,* sparlare (*über* di); **in die Hände ~** battere le mani; **II.** *tr:* **jdm Beifall ~** applaudire qu; **den Takt ~** battere il tempo (con le mani).

Klatschmaul *n fam pej s.* **Klatschbase. Klatschmohn** *m* papavero *m* selvatico. **klatschnaß** ['klatʃ'nas] *a* bagnato fradicio; *(Mensch)* bagnato come un pulcino *fam* (*o.* fino alle ossa *fam*). **Klatschspalte** *f* cronaca *f* mondana (*o.* rosa). **Klatschsucht** *f* mania *f* di pettegolare, maldicenza *f.*

Klaue ['klauə] ‹-, -n› *f* **1.** artiglio *m;* **2.** *fam pej (unleserliche Handschrift)* scrittura *f* illeggibile; **in jds ~n geraten/sein** cadere/essere nelle grinfie di qu.

klauen ['klauən] *tr fam* sgraffignare *fam.*

Klaus [klaus] *(männlicher Vorname)* Nicola, Nicolò.

Klause ['klauzə] ‹-, -n› *f* **1.** *(Mönchszelle)* cella *f; (Einsiedelei)* eremitaggio *m,* clausura *f;* **2.** *(Schlucht)* gola *f.*

Klausel ['klauzəl] ‹-, -n› *f* clausola *f.*

Klavier [kla'vi:ɐ] ‹-s, -e› *n* pianoforte *m,* piano *m fam;* **~ spielen** suonare il pianoforte (*o.* piano *fam*). **Klavierhocker** *m* sgabello *m* del pianoforte. **Klavierlehrer(in)** *m(f)* maestro, -a *m, f* di pianoforte. **Klavierspiel** *n* suonare *m* il pianoforte, tecnica *f* del pianoforte. **Klavierspieler(in)** *m(f)* pianista *mf.* **Klavierstimmer** ‹-s, -› *m* accordatore *m* di pianoforti.

kleben ['kle:bən] **I.** *itr* **1.** *(haften)* essere attaccato; **2.** *(klebefähig sein)* attaccare; **3.** *(an~)* appiccicarsi, attaccarsi; **nicht ~** non rimanere attaccato; **II.** *tr* incollare, attaccare; *(Anschlagzettel)* affiggere; **jdm eine ~** *fam* mollare uno schiaffo a qu *fam.*

Kleb(e)streifen *m* nastro *m* adesivo.

klebrig ['kle:brɪç] *a* colloso.

Klebstoff *m* adesivo *m,* colla *f.*

Klebstreifen *m s.* **Klebestreifen.**

kleckern ['klɛkɐn] *itr* **1.** *(Flecken machen)* sporcare, macchiare; *(sich be~)* sbrodolarsi *fam;* **2.** *fam (stückchenweise tun)* procedere lentamente.

Klecks [klɛks] ‹-es, -e› *m* **1.** *(Fleck)* macchia *f; (Farb~)* schizzo *f* di colore; **2.** *fam (kleine Menge)* cucchiaiata *f.* **klecksen** *itr* fare macchie; **der Füller kleckst** la penna perde.

Klee [kle:] ‹-s, ø› *m* trifoglio *m;* **jdn über den grünen ~ loben** portare qu alle stelle. **Kleeblatt** *n* (foglia *f* di) trifoglio *m; (vierblättriges ~)* quadrifoglio *m.*

Kleid [klai̯t] ‹-(e)s, -er› *n* **1.** *(Damen~)* vestito *m; (a. Ordens~)* abito *m;* **2.** ‹*pl*› *(Kleidungsstücke)* vestiti *m pl;* **~er machen Leute** *prov* vesti un ciocco pare un fiocco *prov.*

kleiden ['klai̯dən] **I.** *tr* **1.** vestire; **2.** *(gut stehen)* donare a; **in Worte ~** esprimere a (*o.* con) parole; **II.** *rfl:* **sich ~** vestirsi, vestire.

Kleiderablage *f* guardaroba *m.* **Kleiderbügel** *m* gruccia *f.* **Kleiderbürste** *f* spazzola *f* per vestiti. **Kleiderhaken** *m* gancio *m* dell'attaccapanni. **Kleiderschrank** *m* armadio *m* (per vestiti). **Kleiderständer** *m* attaccapanni *m.*

kleidsam *a* che dona.

Kleidung ‹-, -en› *f* vestiti *m pl,* vestiario *m,* abbigliamento *m.* **Kleidungsstück** *n* capo *m* di vestiario, vestito *m.*

Kleie ['klai̯ə] ‹-, -n› *f* crusca *f.*

klein [klai̯n] *a* **1.** *allg., fig* piccolo; *(Buchstabe)* minuscolo; **2.** *(kurz)* breve; *(~gewachsen)* basso; **3.** *(eng)* stretto; **4.** *(jünger)* minore; **5.** *fig (unbedeutend)* insignificante; *(bescheiden)* modesto; *(beschränkt)* limitato; **~ anfangen** cominciare con poco (*o.* dal basso); **von ~ auf** fin da piccolo; **ein ~er Beamter/Ganove** un piccolo impiegato/furfante; **~ beigeben** cedere (*o.* piegare) la testa; **~, aber fein** piccolo, ma buono; **~, aber oho** *fam* piccolo, ma in gamba *fam;* **die Flamme auf ~ stellen** abbassare la fiamma; **aus ~en Verhältnissen** di origine modesta; **ein ~ wenig** un pochino. **Kleinanzeigen** *f pl* economici *m pl.* **Kleinasien** [-'ʔa:zi̯ən] *n* Asia *f* Minore. **Kleinbildkamera** *f* microcamera *f.* **Kleinbuchstabe** *m* (lettera *f*) minuscola *f.* **Kleinbürger** *m (a. pej)* piccolo borghese *m.* **Kleinbürgertum** *n* piccola borghesia *f.* **Kleingeld** *n* moneta *f* spicciola, spiccioli *m pl.* **kleingläubig** *a* **1.** di poca fede; **2.** *(ängstlich)* pusillanime. **Kleinhandel** *m* commercio *m* al minuto (*o.* al dettaglio). **Kleinheit** ‹-, ø› *f* piccolezza *f,* minutezza *f.* **Kleinhirn** *n* cervelletto *m.* **Kleinholz** *n* legna *f* minuta; **~ aus jdm/etw. machen** *fig fam* distruggere qu/qc.

Kleinigkeit ‹-, -en› *f* **1.** piccolezza *f;* sciocchezza *f;* **2.** *(Bagatelle)* inezia *f,* bagattella *f,* bazzecola *f fam;* **3.** *(ein bißchen)* un poco, un po'; **sich über jede ~ aufregen** irritarsi per un nonnulla; **(das ist eine) ~!** è un gioco da bambini *fam;* **das ist keine ~** *(das ist wichtig)* è una cosa importante; *(das ist nicht so einfach)* non è una sciocchezza; **eine ~ essen** mangiare un boccone; **das kostet eine ~** *iron* costa poche lire; **es sind nur noch ein paar ~en zu ändern** restano ancora da modificare solo un paio di cosette. **Kleinigkeitskrämer** [-krɛ:mɐ] ‹-s, -› *m pej* pedante *m,* pignolo *m.*

kleinkariert *a* **1.** *(Stoff)* a quadrettini; **2.** *fam pej (kleinlich)* meschino, gretto. **Kleinkind** *n* bambino *m,* bimbo *m.* **Kleinkram** *m* cianfrusaglie *f pl.* **Kleinkrieg** *m* guerriglia *f.* **klein·kriegen** *tr* **1.** *(zerkleinern)* riuscire a sminuzzare; **2.** *fam (unterkriegen)* sottomettere; **3.** *fam (kaputtmachen)* sottomettere, mettere sotto i piedi *fam.* **kleinlaut** *a* mogio mogio *fam.*

kleinlich *a* **1.** *(engherzig)* gretto, meschino; *(knauserig)* avaro; **2.** *(engstirnig)* limitato; **3.** *(pedantisch)* pedante, meticoloso. **Kleinlichkeit** ‹-, -en› *f* **1.** *(Engherzigkeit)* meschinità *f,* grettezza *f; (Geiz)* avarizia *f;* **2.** *(Engstirnigkeit)* limitatezza *f;* **3.** *(Pedanterie)* pedanteria *f,* meticolosità *f.*

kleinmütig [-my:tɪç] *a* pusillanime, pavido. **Kleinod** ['klai̯no:t, ...o:də *o.* ...'no:di̯ən] ‹-(e)s, -e *o.* -ien› *n* gioiello *m.* **klein·schneiden** ‹*irr*› *tr* sminuzzare. **Kleinstaat** *m* piccolo stato *m.* **Kleinstadt** *f* cittadina *f.* **Kleinvieh** *n* bestiame *m* minuto; **~ macht auch Mist** *prov* meglio poco che niente *prov.* **Kleinwagen** *m* utilitaria *f.*

Kleister ['klai̯stɐ] ‹-s, -› *m* colla *f* (d'amido).

kleistern *tr* incollare.

Klemme ['klɛmə] ‹-, -n› *f* **1.** *(bes. Haar~)* molletta *f; el* morsetto *m; med* graffetta *f;* **2.** *fig* guaio *m,* impiccio *m,* pasticcio *m;* **in die ~ geraten** cacciarsi nei guai *fam;* **in der ~ sein** (*o.* **sitzen)** *fam* essere nei guai *fam.*

klemmen **I.** *tr* **1.** *(Draht, etc.)* serrare;

2. *(Bücher, etc.)* stringere (*unter den Arm* sotto il braccio); *(Monokel, etc.)* applicare; 3. *(quetschen)* incastrare; II. *itr* incepparsi, bloccarsi; **die Schublade klemmt** il cassetto si blocca (*o.* resta incastrato); III. *rfl:* **sich ~** schiacciarsi, incepparsi; **sich** *(dat)* **den Finger ~** schiacciarsi il dito; **sich hinter etw. ~** *fam* arrabattarsi dietro a (*o.* per) qc *fam.*

Klempner ['klɛmpnɐ] ‹-s, -› *m* idraulico *m,* lattoniere *m.*

Klempnerei [...nə'rai̯] ‹-, -en› *f* **1.** ‹*sing*› *(Handwerk)* mestiere *m* dello stagnaio; **2.** *(Werkstatt)* officina *f* dello stagnaio.

Klepper ['klɛpɐ] ‹-s, -› *m pej* ronzino *m.*

Kleptomane [klɛpto'ma:nə] ‹-n, -n› *m,* **Kleptomanin** [...nɪn] *f* cleptomane *mf.*

klerikal [kleri'ka:l] *a* clericale.

Kleriker ['kle:rikɐ] ‹-s, -› *m rel* chierico *m.*

Klerus ['kle:rʊs] ‹-, ø› *m* clero *m.*

Klette ['klɛtə] ‹-, -n› *f* **1.** *bot* lappola *f;* **2.** *fam pej (lästiger Mensch)* piattola *f fam.* **Klett(en)verschluß** ['klɛt(ən)-] *m* chiusura *f* a strappo.

Klettereisen *n* rampone *m.*

klettern ['klɛtɐn] *itr* ‹*sein*› **1.** arrampicarsi (*auf* su), scalare (*auf etw.* qc); **2.** *(steigen, a. fig)* salire.

Kletterpflanze *f* (pianta *f*) rampicante *m.* **Kletterstange** *f* pertica *f.*

Klettverschluß *m s.* **Klettenverschluß.**

Klima ['kli:ma, ...mas *o.* kli'ma:tə] ‹-s, -s *o.* -te› *n* clima *m.* **Klimaanlage** *f* impianto *m* di aria condizionata, climatizzazione *f;* **mit (einer) ~ (ausgestattet)** ad aria condizionata.

Klimakterium [klimak'te:ri̯ʊm] ‹-s, ø› *n* climaterio *m.*

Klimate *pl von* **Klima.**

klimatisch [kli'ma:tɪʃ] *a* climatico.

klimatisieren [...mati'zi:rən] ‹*ohne ge-*› *tr* dotare di condizionamento d'aria, climatizzare.

Klimawechsel *m* cambiamento *m* di clima.

Klimbim [klɪm'bɪm] ‹-s, ø› *m fam* **1.** *(unnützer Kram)* cianfrusaglie *f pl;* **2.** *(Unsinn)* scemenze *f pl;* **3.** *(Klamauk)* baccano *m,* baldoria *f.*

Klimmzug ['klɪm-] *m* sollevamento *m* sulle braccia (alla sbarra).

klimpern ['klɪmpɐn] *itr* **1.** *(Geld, etc.)* tintinnare; **2.** *mus pej* strimpellare (*auf* qc); **mit den Wimpern ~** *fam* sbattere gli occhi.

Klinge ['klɪŋə] ‹-, -n› *f* lama *f.*

Klingel ['klɪŋəl] ‹-, -n› *f* campanello *m.*

klingeln *itr* suonare; **es klingelt** suona (il campanello *o.* alla porta); **das Telefon klingelt** squilla il telefono.

Klingelzeichen *n* suono *m* di campanello, squillo *m.*

klingen ['klɪŋən] ‹klingt, klang, geklungen› *itr* **1.** *(Töne hervorbringen)* mandare un suono, sonare; **2.** *(sich anhören)* avere un suono; **es klingt ja, als ob du ...** sentendoti si ha l'impressione che ... *conj;* **das klingt wie ein Vorwurf** ha l'aria di un rimprovero; **mir ~ die Ohren** mi fischiano le orecchie.

Klinik ['kli:nɪk] ‹-, -en› *f* clinica *f.*

klinisch *a* clinico.

Klinke ['klɪŋkə] ‹-, -n› *f* **1.** *(Tür~)* maniglia *f;* **2.** *tec (Schalthebel)* manetta *f; (Sperrhebel)* nottolino *m,* leva *f* d'arresto; *tel* presa *f* d'innesto.

Klinker ['klɪŋkɐ] ‹-s, -› *m* clinker *m.*

klipp [klɪp] *adv:* **~ und klar** chiaro e tondo *fam.*

Klippe ['klɪpə] ‹-, -n› *f* scoglio *m.*

klirren ['klɪrən] *itr (Glas)* tintinnare; *(Metall)* stridere, cigolare; *(Waffen)* stridere; **~de Kälte** freddo intenso (*o.* pungente).

Klischee [kli'ʃe:] ‹-s, -s› *n typ, fig* cliché *m;* **in ~s sprechen** parlare per luoghi comuni, dire frasi fatte.

klischieren [...'ʃi:rən] ‹*ohne ge-*› *tr* stereotipare.

Klitoris ['kli:torɪs, ...rɪs *o.* kli'to:ride:s] ‹-, - *o.* Klitorides› *f* clitoride *m o. f.*

klitschnaß ['klɪtʃ'nas] *a s.* **klatschnaß.**

Klo [klo:] ‹-s, -s› *n fam* gabinetto *m;* **aufs ~ gehen** andare al gabinetto.

Kloake [klo'a:kə] ‹-, -n› *f* cloaca *f.*

klobig ['klo:bɪç] *a (Möbel)* massiccio; *(Mensch)* tozzo.

Klopapier *n fam* carta *f* igienica.

klopfen ['klɔpfən] **I.** *itr* **1.** *(an Tür)* bussare (*an* a); *(bes. hauen)* picchiare; *(a. Herz)* battere; **2.** *mot* battere in testa; **es klopft** bussano (alla porta); **II.** *tr* **1.** *(Steine)* spaccare; **2.** *(Teppich, Fleisch)* battere; **den Takt ~** battere il tempo.

klopffest *a mot* antidetonante.

Klöppel ['klœpəl] ‹-s, -› *m* **1.** *(Glokken~)* battaglio *m,* batacchio *m;* **2.** *(Spitzen~)* fuso *m.* **klöppeln** *tr, itr* lavorare al tombolo. **Klöppelspitze** *f* pizzo *m* a tombolo.

Klops [klɔps] ‹-es, -e› *m dial (Kloß)* polpetta *f* (di carne); **Königsberger ~e** *gastr polpette di carne in salsa di capperi.*

Klosett [klo'zɛt] ‹-s, -e *o.* -s› *f* gabinetto *m*. **Klosettbecken** *n* tazza *f* (del gabinetto). **Klosettbürste** *f* spazzola *f* per il gabinetto. **Klosettpapier** *n* carta *f* igienica.

Kloß [klo:s] ‹-es, ⸚e› *m* **1.** *gastr (Mehl~)* gnocco *m; (Fisch~, Fleisch~)* polpetta *f;* **2.** *fam pej (dikker Mensch)* grassone *m fam;* **einen ~ im Hals haben** *fam* avere un nodo alla gola.

Kloster ['klo:stɐ] ‹-s, ⸚› *n* convento *m*, monastero *m*. **Klosterkirche** *f* chiesa *f* del convento. **Klosterschule** *f* scuola *f* conventuale.

Klothilde [klo'tɪldə] *(weiblicher Vorname)* Clotilde.

Klotz [klɔts] ‹-es, ⸚e *o.* ⸚er› *m* **1.** *(Holz~)* ciocco *m;* ceppo *m; (Beton~)* blocco *m;* **2.** *fam pej (grober Mensch)* zoticone *fam;* **jdm ein ~ am Bein sein** *fam* essere per qu una palla al piede *fam*.

klotzig *a* **1.** massiccio, tozzo; **2.** *sl (riesig)* molto.

Klub [klʊp] ‹-s, -s› *m* circolo *m*, club *m*. **Klubsessel** *m* poltrona *f* in pelle.

Kluft[1] [klʊft] ‹-, ⸚e› *f* **1.** *(Felsspalte)* crepaccio *m; (Schlucht)* gola *f;* **2.** *fig* abisso *m*.

Kluft[2] [klʊft] ‹-, -en› *f* **1.** *(Arbeits~)* tuta *f* da lavoro; **2.** *(Uniform)* divisa *f*.

klug [klu:k] ‹⸚er, ⸚ste› *a allg.* intelligente; *(scharfsinnig)* sagace, perspicace; *(aufgeweckt)* sveglio; *(vernünftig)* sensato, ragionevole; *(weise)* saggio; *(schlau)* astuto; *(erfinderisch)* ingegnoso; **daraus werde ich nicht ~** non ci capisco niente *fam;* **das war sehr ~ von dir** hai fatto bene *(zu* a); **der Klügere gibt nach** *prov* chi ha più senno cede.

Klugheit ‹-, ø› *f allg.* intelligenza *f; (Scharfsinn)* sagacia *f; (Verständigkeit)* giudizio *m; (Weisheit)* sagezza *f; (Schlauheit)* astuzia *f; (Einfallsreichtum)* ingegnosità *f*.

Klumpen ['klʊmpən] ‹-s, -› *m* **1.** *(Erd~)* zolla *f;* **2.** *(Blut~)* grumo *m* (di sangue); **3.** *(Gold~)* massello *m;* **~ bilden** raggrumarsi.

Klumpfuß *m* piede *m* varo.

km *ab von* **Kilometer** km *(ab von* chilometro).

km/h, km/st *ab von* **Kilometer pro Stunde** km/h *(ab von* chilometri orari).

knabbern ['knabɐn] *tr, itr* sgranocchiare; **an etw. zu ~ haben** *fam* aver da penare per qu; **daran wirst du noch lange zu ~ haben** *fam* per questo dovrai penare ancora parecchio.

Knabe ['kna:bə] ‹-n, -n› *m lit, geh, obs* ragazzo *m*, fanciullo *m;* **na, alter ~!** *fam* allora, vecchio mio! *fam*.

Knäckebrot ['knɛkə-] *n* pane *m* croccante (di segale).

knacken ['knakən] **I.** *itr* **1.** *(geräuschvoll ~)* scricchiolare; *(Radio, Holz)* crepitare; **2.** *(brechen, reißen)* spezzarsi; **3.** *sl (schlafen)* fare una dormita *fam (drei Stunden* di tre ore); **II.** *tr* **1.** *(Nüsse)* schiacciare; **2.** *fam (Geldschrank)* scassinare; *(Auto)* forzare; **3.** *fig fam (Rätsel, Code, etc.)* sciogliere, risolvere.

Knacker ‹-s, -› *m* **1.** *s.* **Knackwurst; 2.** *fam pej:* **alter ~** bacucco *m*.

knacks [knaks] *interj* crac.

Knacks ‹-es, -e› *m fam* incrinatura *f;* **er hat einen seelischen ~** ha un disturbo psichico; **diese Ehe hatte schon vorher einen ~** questo matrimonio era già incrinato prima; **das Radio hat einen ~** la radio ha un difetto.

Knackwurst *f* würstel *m*.

Knall [knal] ‹-(e)s, -e› *m* scoppio *m; (bes. von Geschoß)* colpo *m; (von Peitsche)* schiocco *m; (von Explosion)* detonazione *f;* **einen ~ haben** *fam* essere tocco *fam;* **~ und Fall** *fam* su due piedi.

knallen **I.** *itr* **1.** scoppiare; *(Peitsche)* schioccare; *(Tür)* sbattere; *(Explosion)* detonare; *(Sektkorken)* schioccare, scoppiare; **2.** *fam (Sonne)* picchiare *fam;* **3.** *(prallen)* andare a sbattere; **II.** *tr* tirare, sbattere; **jdm eine ~** *fam* mollare uno schiaffo a qu *fam*. **Knallerbse** *f* pisello *m* fulminante. **Knallfrosch** *m* petardo *m*. **knallhart** ['knal'hart] *a fam* **1.** durissimo; **2.** *fig (rücksichtslos)* brutale, spietato. **knallig** *a fam (Farben)* acceso, vivace. **Knallkopf** *m fam pej* imbecille *m fam*. **knallrot** ['knal'ro:t] *a* rosso sgargiante.

knapp [knap] **I.** *a* **1.** *(nicht ausreichend)* scarso; *(dürftig)* misero; **2.** *(gerade noch ausreichend: Sieg, Mehrheit)* di stretta misura; *(beschränkt)* limitato; *(vor Zahlen)* poco meno di; **3.** *(nicht ganz, kaum)* scarso; **4.** *(Stil)* conciso; **eine ~e Stunde** un'ora scarsa; **~ werden** *(Ware, etc.)* cominciare a scarseggiare; **II.** *adv* **1.** *(nicht reichlich)* scarsamente; **2.** *(gerade soeben)* appena; **3.** *(nicht ganz)* meno di; **4.** *(kurz und bündig)* concisamente, in modo conciso; **meine Zeit/mein Geld ist ~ bemessen** ho poco tempo/ho pochi soldi; **er ist ~ an mir vorbeigefahren** mi è passato vicinissimo; **~ bei Kasse**

sein *fam* essere a corto di denaro; **(aber) nicht zu ~!** *fam* e parecchio!
Knappe ['knapə] ‹-n, -n› *m* **1.** *hist (Edelknabe)* paggio *m; (Schild~)* scudiero *m;* **2.** *min* minatore *m.*
Knappheit ‹-, ø› *f* **1.** *(Mangel)* scarsità *f* (*an* di), mancanza *f* (*an* di), penuria *f* (*an* di), insufficienza *(an* di); **2.** *(Dürftigkeit)* ristrettezza *f;* **3.** *(Enge)* strettezza *f;* **4.** *(von Stil)* stringatezza *f,* concisione *f.*
Knappschaft ‹-, -en› *f* maestranze *f pl* d'una miniera.
Knarre ['knarə] ‹-, -n› *f* **1.** *(Spielzeug)* raganella *f;* **2.** *sl mil (Gewehr)* fucile *m.*
knarren ['knarən] *itr* scricchiolare.
Knast [knast] ‹-(e)s, ⸚e *o.* -e› *m sl* galera *f fam,* gattabuia *f fam.*
knattern ['knatən] *itr* scoppiettare, crepitare.
Knäuel ['knɔ̯yəl] ‹-s, -› *m o. n* **1.** *(Garn~)* gomitolo *m;* **2.** *fig (Durcheinander)* groviglio *m.*
Knauf [kna̯uf] ‹-(e)s, ⸚e› *m (Tür~, etc.)* pomello *m; (Degen~)* pomo *m.*
Knauser ['kna̯uzɐ] ‹-s, -› *m fam pej* spilorcio *m fam,* taccagno *m fam.*
knaus(e)rig ['kna̯uz(ə)rɪç] *a fam pej* spilorcio *fam,* taccagno *fam,* tirchio *fam.*
knausern *itr fam pej* fare lo (*o.* essere) spilorcio (*mit etw.* con qc), lesinare (*mit etw. (su) qc).*
knautschen ['kna̯utʃən] **I.** *tr (bes. Kleid)* sgualcire; spiegazzare; **II.** *itr* sgualcirsi. **Knautschlack** *m* cuoio *m* verniciato. **Knautschzone** *f* zona *f* di assorbimento.
Knebel ['kne:bəl] ‹-s, -› *m* **1.** *(Mund~)* bavaglio *m;* **2.** *(Querholz)* maniglietta *f* (per portare i pacchi).
knebeln *tr* imbavagliare.
Knecht [knɛçt] ‹-(e)s, -e› *m* **1.** *(Bauern~)* bracciante *m* agricolo; **2.** *hist* servo *m.*
knechten *tr* sottomettere, asservire; *(unterjochen)* soggiogare.
knechtisch *a* servile.
Knechtschaft ‹-, ø› *f* servitù *f,* schiavitù *f.*
kneifen ['kna̯ifən] ‹kneift, kniff, gekniffen› **I.** *tr (zwicken)* pizzicare; *(a. zusammenpressen)* stringere; **II.** *itr* **1.** *(Kleidungsstücke)* stringere, essere (troppo) stretto; **2.** *fam pej (sich drücken)* sottrarsi (*vor* a), evitare *(vor etw.* qc).
Kneipe ['kna̯ipə] ‹-, -n› *f fam* osteria *f,* bettola *f.*
Kneippkur ['kna̯ip] *f* cura *f* idroterapica di Kneipp.

kneten ['kne:tən] *tr* impastare. **Knetgummi** *n o. m* plastilina *f.* **Knetmasse** *f* plastilina *f.*
Knick [knɪk] ‹-(e)s, -e› *m* **1.** *(Falte, bes. in Papier)* piega *f; (in Metall)* gomito *m;* **2.** *(Biegung)* svolta *f.*
knicken I. *tr* ‹*haben*› **1.** *(falten)* piegare; **2.** *(brechen)* spezzare; **II.** *itr* ‹*sein*› *(brechen)* spezzarsi.
Knicks [knɪks] ‹-es, -e› *m* inchino *m,* riverenza *f.*
knicksen *itr* fare un inchino.
Knie [kni:] ‹-s, -› *n* **1.** *anat* ginocchio *m;* **2.** *(Fluß~)* ansa *f;* **auf den ~n** in ginocchio; **die ~ beugen** piegare le ginocchia; **etw. übers ~ brechen** *fig* precipitare qc; **in die ~ gehen** *(umfallen)* cadere in ginocchio; *(sich einer Übermacht beugen)* cedere, darsi per vinto; **jdn in die ~ zwingen** mettere qu in ginocchio, mettere qu sotto i piedi; **weiche ~ haben** avere le ginocchia che fanno giacomo giacomo *fam;* **jdn übers ~ legen** sculacciare qu. **Kniebeuge** ‹-, -n› *f* piegamento *m* delle ginocchia *(o.* delle gambe). **Kniebundhose** *f* pantaloni *m pl* alla zuava. **kniefrei** *a:* **~er Rock** gonna sopra il ginocchio. **Kniegelenk** *n* articolazione *f* del ginocchio. **Kniekehle** *f* cavità *f* del ginocchio, poplite *m.*
knien [kni:n *o.* 'kni:ən] **I.** *itr* stare in ginocchio; **II.** *rfl:* **sich ~** inginocchiarsi, mettersi in ginocchio.
Kniescheibe *f* rotula *f* del ginocchio, patella *f.* **Knieschützer** ‹-s, -› *m* ginocchiera *f.* **Kniestrumpf** *m* calzettone *m.* **Kniestück** *n* curva *f,* gomito *m.* **Kniewärmer** ‹-s, -› *m* ginocchiera *f* di lana.
kniff [knɪf] *1. u. 3. pers sing imp von* **kneifen.**
Kniff [knɪf] ‹-(e)s, -e› *m* **1.** *(Kneifen)* pizzico *m,* pizzicotto *m;* **2.** *(Falte)* piega *f,* piegatura *f;* **3.** *fig (Kunstgriff)* artificio *m; (Trick)* trucco *m.*
kniff(e)lig ['knɪf(ə)lɪç] *a fam* **1.** *(schwierig)* difficoltoso; **2.** *(heikel)* spinoso.
Knilch [knɪlç] ‹-s, -e› *m fam* scocciatore *m fam.*
knipsen ['knɪpsən] **I.** *tr* **1.** *(Schalter)* far scattare; **2.** *fam fot* scattare una fotografia *(jdn* a qu); **3.** *(lochen)* forare; **II.** *itr fot fam* fare (*o.* scattare) fotografie; **mit den Fingern ~** schioccare le dita.
Knirps [knɪrps] ‹-es, -e› *m* **1.** *(kleiner Junge)* bambino *m* piccolo, bambinetto *m; (kleiner Mann)* omino *m; pej*

(unbedeutender ~) omiciattolo *m;* **2.** ® ombrello *m* pieghevole.

knirschen ['knɪrʃən] *itr* scricchiolare, stridere; **mit den Zähnen ~** digrignare i denti.

knistern ['knɪstn̩] *itr (Feuer)* crepitare; *(Papier)* scricchiolare; *(Haar, Stoff)* frusciare.

knitterfrei *a* ingualcibile.

knittern ['knɪtn̩] *itr* sgualcirsi, spiegazzarsi.

Knobelbecher *m* **1.** *(beim Würfeln)* bussolotto *m* per i dadi; **2.** *mil sl (Stiefel)* stivaletto *m.*

knobeln ['kno:bəln] *itr* **1.** *(würfeln)* giocare ai dadi; **2.** *(losen)* tirare a sorte; **3.** *fig (nachdenken)* riflettere (*an* su), meditare (*an* su), rimuginare (*an etw.* qc).

Knoblauch ['kno:plaux] *m* aglio *m.* **Knoblauchpresse** *f* schiacciaaglio *m.*

Knöchel ['knœçəl] ‹-s, -› *m (Fuß~)* caviglia *f,* malleolo *m; (Finger~)* nocca *f.*

Knochen ['knɔxən] ‹-s, -› *m* osso *m;* **das ist mir in die ~ gefahren** *fam* mi è entrato nelle ossa *fam;* **mir tun alle ~ weh** *fam* mi fanno male tutte le ossa; **naß bis auf die ~ sein** *fam* essere bagnato fino nelle ossa *fam* (*o.* fino all'osso *fam*); **jdm die ~ einzeln brechen** *sl* conciare qu per le feste *fam;* **ihm sitzt die Angst noch in den ~** ha ancora paura. **Knochenbruch** *m* frattura *f* ossea. **Knochengerüst** *n* scheletro *m,* ossatura *f.* **Knochenmark** *n* midollo *m* osseo. **knochentrocken** ['knɔxən'trɔkən] *a fam* completamente asciutto (*o.* secco).

knöchern ['knœçn̩] *a* osseo, d'osso.

knochig *a (Gesicht, Hände, Mensch)* scarno.

Knödel ['knø:dəl] ‹-s, -› *m* gnocco *m.*

Knolle ['knɔlə] ‹-, -n› *f* **1.** *bot* bulbo *m,* tubero *m;* **2.** *fam scherz (dicke Nase)* nasone *m fam.* **Knollenblätterpilz** *m* amanita *f,* tignosa *f.*

Knopf [knɔpf] ‹-(e)s, ⸚e› *m* bottone *m;* **einen ~ annähen** cucire (*o.* attaccare) un bottone; **auf den ~ drücken** premere il bottone.

knöpfen ['knœpfən] *tr* abbottonare.

Knopfloch *n* occhiello *m.*

Knorpel ['knɔrpəl] ‹-s, -› *m* cartilagine *f.* **knorp(e)lig** *a* cartilaginoso.

Knorren ['knɔrən] ‹-s, -› *m* **1.** *(Ast~)* nocchio *m;* **2.** *(Baumstumpf)* ceppo *m;* **3.** *(Auswuchs)* protuberanza *f.*

knorrig *a* **1.** nodoso, nocchiuto; **2.** *fig (spröde, eigenwillig)* burbero.

Knospe ['knɔspə] ‹-, -n› *f (Blatt~)* gemma *f; (Blüten~)* boccio *m,* bocciuolo *m;* **~n treiben** germogliare.

knospen *itr* germogliare.

knoten ['kno:tən] *tr* fare un nodo a; *(zusammen~)* annodare. **Knoten** ‹-s, -› *m* **1.** *allg.* nodo *m;* **2.** *(Haar~)* crocchia *f;* **einen ~ machen/aufmachen** fare/sciogliere (*o.* disfare) un nodo. **Knotenpunkt** *m* **1.** nodo *m,* punto *m* di congiunzione (*o.* di incrocio); **2.** *mot* nodo *m* stradale; *Eisenb.* nodo *m* ferroviario.

knotig *a* a nodi, nodoso.

knülle ['knʏlə] *a fam (besoffen)* sbronzo.

knüllen ['knʏlən] **I.** *tr* spiegazzare; **II.** *itr (knittern)* sgualcirsi, spiegazzarsi.

Knüller ‹-s, -› *m fam* sensazione *f,* successo *m.*

knüpfen ['knʏpfən] **I.** *tr* **1.** *(Schuhbänder, a. fig: Freundschaft)* stringere; **2.** *(Knoten)* annodare; **3.** *(Netz)* intrecciare; **4.** *(Teppiche)* tessere; **5.** *fig (Bedingungen, Hoffnungen)* collegare (*an* a), far dipendere (*an* da); **6.** *(an~)* fissare (con un nodo), attaccare (*an* a); **7.** *fig (ver~)* unire (*an* a); **etw. an eine Bedingung ~** far dipendere qc da una condizione; **II.** *rfl:* **sich ~** essere legato (*an* a).

Knüppel ['knʏpəl] ‹-s, -› *m* **1.** *(Rundholz)* tondello *m;* **2.** *(Stock)* bastone *m,* randello *m; (Polizei~)* manganello *m;* **3.** *aero (Steuer~)* barra *f* di comando; *mot (Schalt~)* leva *f* del cambio; **jdm (einen) ~ zwischen die Beine werfen** *fam fig* mettere a qu i bastoni fra le ruote. **knüppeldick** ['knʏpəl'dɪk] *a fam:* **er hat es ~ hinter den Ohren** è un furbo di tre cotte *fam.* **Knüppelschaltung** *f* cambio *m* a cloche.

knurren ['knʊrən] *itr* **1.** *(Tier)* ringhiare; **2.** *(Magen, Mensch)* brontolare.

knurrig *a* brontolone.

knusp(e)rig ['knʊsp(ə)rɪç] *a* **1.** *(Braten, Brötchen)* croccante; **2.** *fam (Mädchen)* appetitoso *fam.*

knuspern ['knʊspn̩] **I.** *tr* sgranocchiare *fam;* **II.** *itr* rosicchiare (*an etw.* qc).

knusprig *a s.* **knusperig.**

knutschen ['knu:tʃən] *fam* **I.** *tr fam* sbaciucchiare *fam;* **II.** *rfl:* **sich mit jdm ~** sbaciucchiarsi con qc. **Knutschfleck** *m fam* succhiotto *m sl.*

k.o. [ka:'ʔo:] *a* **1.** k.o., fuori combattimento; **2.** *fam (erschöpft)* sfinito; **jdn ~ schlagen** mettere qu k.o. (*o.* fuori combattimento).

koalieren [koa'li:rən] ‹*ohne ge-*› *itr pol* coalizzarsi.

Koalition [...li'tsio:n] ‹-, -en› *f* coalizione *f*. **Koalitionspartner** *m pol* partner *m* di coalizione. **Koalitionsregierung** *f* governo *m* di coalizione.

Kobalt ['ko:balt] ‹-s, ø› *n* cobalto *m*.

Koblenz ['ko:blɛnts] *n* Coblenza *f*.

Kobold ['ko:bɔlt] ‹-(e)s, -e› *m* coboldo *m*, folletto *m*.

Koch [kɔx] ‹-(e)s, ⸚e› *m*, **Köchin** ['kœçɪn] *f* cuoco, -a *m, f*; **viele Köche verderben den Brei** *prov* troppi cuochi guastano la minestra. **Kochbuch** *n* libro *m* di cucina, ricettario *m*.

kochen I. *itr* **1.** *(Flüssigkeit, fig)* bollire; *(Speise)* cuocere; **2.** *(Speisen zubereiten)* cucinare, far da mangiare *fam*; **gut ~ (können)** saper cucinare bene; **vor Wut ~** bollire di rabbia *fam*; **II.** *tr* **1.** *(Flüssigkeit, Wäsche)* far bollire; *(Speise)* cuocere, far cuocere; **2.** *(zubereiten)* cucinare, preparare; *(Kaffee)* fare. **Kochen** ‹-s, ø› *n* **1.** cottura *f*; *(Sieden)* bollitura *f*; **2.** *(Tätigkeit)* cucinare *m*, cucina *f*. **kochend** *a* **1.** *(a. fig)* bollente; *(schäumend)* ribollente; **2.** *(~heiß)* molto caldo, che scotta.

Kocher ‹-s, -› *m* fornello *m*.

Köcher ['kœçɐ] ‹-s, -› *m* faretra *f*.

kochfest *a* resistente alla bollitura. **Kochgeschirr** *n* **1.** stoviglie *f pl*; **2.** *mil* gavetta *f*.

Köchin *f s.* **Koch.**

Kochkunst *f* arte *f* culinaria. **Kochlöffel** *m* ramaiolo *m*. **Kochnische** *f* cucinino *m*. **Kochrezept** *n* ricetta *f* (di cucina). **Kochsalz** *n* sale *m* da cucina. **Kochtopf** *m* pentola *f*, casseruola *f*.

Köder ['kø:dɐ] ‹-s, -› *m* esca *f*; **den ~ auswerfen** gettare l'amo.

ködern *tr* adescare; *(a. fig)* allettare.

Koedukation [koeduka'tsio:n] ‹-, ø› *f* coeducazione *f*.

Koexistenz ['ko:- *o.* koˀɛksɪs'tɛnts] *f* coesistenza *f*; **friedliche ~** coesistenza pacifica.

Koffein [kɔfe'i:n] ‹-s, ø› *n* caffeina *f*. **koffeinfrei** *a* senza caffeina. **koffeinhaltig** *a* che contiene caffeina.

Koffer ['kɔfɐ] ‹-s, -› *m (Hand~)* valigia *f*; *(Schrank~)* baule *m*; **seine ~ packen** fare le valigie; *fig fam* andarsene; **aus dem ~ leben** essere sempre in giro. **Kofferradio** *n* radio *f* portatile. **Kofferraum** *m* portabagagli *m*.

Kohl¹ [ko:l] ‹-(e)s, -e› *m* **1.** *bot* cavolo *m*; **2.** *(~gericht)* cavoli *m pl*; **das macht den ~ auch nicht fett** *fam* questo non cambia nulla.

Kohl² [ko:l] ‹-(e)s, ø› *m fam (Geschwätz, Unsinn)* sciocchezze *f pl*; **~ reden** dire sciocchezze.

Kohldampf *m fam* fame *f*; **~ schieben** patire la fame.

Kohle ['ko:lə] ‹-, -n› *f* **1.** carbone *m*; **2.** *(Zeichen~)* carboncino *m*; **3.** *sl (Geld)* grana *f sl*; **mit ~n heizen** riscaldare a carbone; **(wie) auf (glühenden** *o.* **heißen) ~n sitzen** stare sulle spine *fam*; **Hauptsache, die ~n stimmen** *sl* la cosa più importante è che il pagamento sia soddisfacente.

Kohle- *(in Zusammensetzungen) s.* **Kohlen-.**

kohlen¹ *itr (ver~)* carbonizzarsi.

kohlen² ['ko:lən] *itr fam (schwindeln)* dire bugie.

Kohle(n)abbau *m* estrazione *f* del carbone. **Kohlenbecken** *n* **1.** *geol* bacino *m* carbonifero; **2.** *tec* braciere *m*. **Kohlenbergbau** *m* industria *f* carbonifera. **Kohlenbergwerk** *n* miniera *f* di carbone. **Kohlendioxid** [-'di:ˀɔksi:t] *n* anidride *f* carbonica. **Kohlenhalde** *f* deposito *m* di carbone. **Kohlenhändler** *m* carbonaio *m*, negoziante *m* di carbone. **Kohlenhandlung** *f* negozio *m* (*o.* deposito *m*) di carboni. **Kohlenherd** *m* cucina *f* a carbone. **Kohle(n)hydrate** [-hydra:tə] *n pl* idrati *m pl* di carbonio. **Kohlenkasten** *m* cassa *f* del carbone. **Kohlenkeller** *m* carbonaia *f*. **Kohlenmonoxid** [-'mo:nɔksi:t] *n* ossido *m* di carbone. **Kohlenofen** *m* stufa *f* a carbone. **Kohlenpott** *m fam* bacino *m* carbonifero della Ruhr. **Kohlensäure** *f* acido *m* carbonico. **Kohlenschaufel** *f* pala *f* da carbone. **Kohlenstaub** *m* polvere *f* di carbone. **Kohlenstoff** *m* carbonio *m*. **Kohlenvorkommen** *n* giacimento *m* di carbone. **Kohlenwagen** *m* **1.** *min* vagoncino *m* per carbone; **2.** *Eisenb.* carro-scorta *m*, tender *m*. **Kohlenwasserstoff** *m* idrocarburo *m*. **Kohlepapier** *n* carta *f* carbone.

Köhler ‹-s, -› *m* carbonaio *m*.

Kohlezeichnung *f* disegno *m* a carboncino.

Kohlkopf *m* testa *f* di cavolo.

kohl(raben)schwarz ['ko:l('ra:bən)-'ʃvarts] *a* nero come il carbone.

Kohlrabi [-'ra:bi] ‹-(s), -(s)› *m* cavolo *m* rapa.

Kohlrübe *f* navone *m*, rapa *f* da foraggio.

kohlschwarz *a s.* **kohlrabenschwarz. Kohlsprossen** *f pl A (Rosenkohl)* cavolino *m* di Bruxelles.

Kohlweißling [-vai̯slɪŋ] ‹-s, -e› *m* cavolaia *f.*
Koitus ['ko:itʊs] ‹-, -› *m* coito *m.*
Koje ['ko:jə] ‹-, -n› *f* **1.** *naut* cuccetta *f;* **2.** *sl (Bett)* cuccia *f fam.*
Kokain [koka'i:n] ‹-s, ø› *n* cocaina *f.*
Kokerei [ko:kə'rai̯] ‹-, -en› *f* cokeria *f.*
kokett [ko'kɛt] *a* civettuolo.
Koketterie [...tə'ri:, ...i:ən] ‹-, -n› *f* civetteria *f.*
kokettieren [...'ti:rən] ‹*ohne ge-*› *itr* civettare; *(flirten)* flirtare.
Kokolores [koko'lo:rɛs] ‹-, ø› *m fam* **1.** *(Unsinn)* scemenze *f pl,* stupidaggini *f pl;* **2.** *(Aufheben)* arie *f pl;* **mach doch keinen solchen ~!** non fare tante storie.
Kokon [ko'kõ:] ‹-s, -s› *m* bozzolo *m.*
Kokosfaser ['ko:kɔs-] *f* fibra *f* di cocco. **Kokosfett** *n* grasso *m* di cocco. **Kokosmakrone** *f* biscotto *m* di cocco. **Kokosmilch** *f* latte *m* di cocco. **Kokosnuß** *f* noce *f* di cocco. **Kokospalme** *f* (palma *f* del) cocco *m.*
Kokotte [ko'kɔtə] ‹-, -n› *f obs* cocotte *f.*
Koks [ko:ks] ‹-es, -e› *m* **1.** coke *m;* **2.** *fam (Unsinn)* schiocchezze *f pl;* **3.** *sl (Geld)* grana *f sl;* **4.** *sl (Kokain)* cocaina *f.*
Kolben ['kɔlbən] ‹-s, -› *m* **1.** *(Keule)* mazza *f,* clava *f;* **2.** *(Gewehr~)* calcio *m* (del fucile); **3.** *chem (Destillier~)* alambicco *m;* **4.** *el* bulbo *m,* ampolla *f;* **5.** *tec (Motor~)* stantuffo *m,* pistone *m;* **6.** *bot* pannocchia *f;* **7.** *fam (große Nase)* proboscide *f fam.* **Kolbenfresser** ‹-s, -› *m mot fam* grippaggio *m* del pistone. **Kolbenhub** [-hu:p] ‹-(e)s, ⸚e› *m* corsa *f* dello stantuffo (*o.* del pistone). **Kolbenmotor** *m* motore *m* a pistoni. **Kolbenring** *m* fascia *f* elastica, segmento *m,* anello *m* elastico.
Kolchose [kɔl'ço:zə] ‹-, -n› *f* kolchoz *m,* fattoria *f* collettiva.
Kolibakterien [koli-] *f pl* colibacilli *m pl.*
Kolibri ['ko:libri] ‹-s, -s› *m* colibrì *m.*
Kolik ['ko:lɪk *o.* ko'li:k] ‹-, -en› *f* colica *f.*
Kollaborateur(in) [kɔlabora'tø:ɐ̯ (...rɪn)] ‹-s, -e› *m(f)* collaborazionista *mf.*
Kollaps ['kɔlaps *o.* kɔ'laps] ‹-es, -e› *m* collasso *m.*
Kolleg [kɔ'le:k, ...e:ks *o.* ...e:gi̯ən] ‹-s, -s *o.* -ien› *n* corso *m* (accademico).
Kollege [kɔ'le:gə] ‹-n, -n› *m,* **Kollegin** [...gɪn] collega *mf;* **Herr ~!** caro collega!
kollegial [kɔle'gi̯a:l] *a* collegiale.
Kollegien *pl von* **Kolleg(ium).**
Kollegin *f s.* **Kollege.**
Kollegium [kɔ'le:gi̯ʊm, ...i̯ən] ‹-s, -ien› *n* **1.** collegio *m;* **2.** *(Lehrkörper)* corpo *m* insegnante; **3.** *(Ausschuß)* comitato *m,* commissione *f.*
Kollekte [kɔ'lɛktə] ‹-, -n› *f rel* colletta *f.*
Kollektion [...'ts̮i̯o:n] ‹-, -en› *f* collezione *f.*
Kollektiv [...'ti:f] ‹-s, -e *o.* -s› *n* **1.** *pol* collettivo *m;* **2.** *(Gemeinschaft)* comunità *f; (Produktionsgemeinschaft)* gruppo *m* di produzione.
Kollektivismus [...ti'vɪsmʊs] ‹-, ø› *m* collettivismo *m.*
Koller ['kɔlɐ] ‹-s, -› *m fam* accesso *m* d'ira, rabbia *f;* **einen ~ kriegen** andare in bestia *fam.*
kollidieren [kɔli'di:rən] ‹*ohne ge-*› *itr* ‹*haben o. sein*› *geh* **1.** *(Fahrzeuge)* scontrarsi (*mit* con); **2.** *fig* scontrarsi (*mit* con), venire a conflitto (*mit* con).
Kollier [kɔ'li̯e:] ‹-s, -s› *n* collana *f.*
Kollision [kɔli'zi̯o:n] ‹-, -en› *f* scontro *m; (von Schiffen, fig)* collisione *f.*
Kolloquium [kɔ'lo:kvi̯ʊm *o.* kɔ'lɔ..., ...i̯ən] ‹-s, -quien› *n (an der Universität)* colloquio *m;* **1.** *(Zusammenkunft v. Wissenschaftlern)* congresso *m.*
Köln [kœln] *n* Colonia *f.*

kolonial [kolo'ni̯a:l] *a* coloniale. **Kolonialherrschaft** *f* dominio *m* coloniale. **Kolonialmacht** *f* potenza *f* coloniale.
Kolonie [kolo'ni:, ...i:ən] ‹-, -n› *f* colonia *f.*
Kolonisation [...niza'ts̮i̯o:n] ‹-, -en› *f* colonizzazione *f.*
kolonisieren [...ni'zi:rən] ‹*ohne ge-*› *tr* colonizzare.
Kolonist(in) [...'nɪst(ɪn)] ‹-en, -en› *m(f)* colonizzatore, -trice *m, f.*
Kolonnade [kolɔ'na:də] ‹-, -n› *f* colonnato *m.*
Kolonne [ko'lɔnə] ‹-, -n› *f* **1.** *mil, mat, typ* colonna *f;* **2.** *(Auto~)* (auto)colonna *f;* **~ fahren** marciare (*o.* andare) in colonna (*o.* fila).
kolorieren [kolo'ri:rən] ‹*ohne ge-*› *tr* colorare.
Kolorit [kolo'ri:t *o.* ...'rɪt] ‹-(e)s, -e› *n* colorito *m,* colore *m;* *(Lokal~)* atmosfera *f,* carattere *m.*
Koloß [ko'lɔs] ‹Kolosses, Kolosse› *m* colosso *m.*
kolossal [...'sa:l] **I.** *a* colossale; **II.** *adv* moltissimo.
Kolumne [ko'lʊmnə] ‹-, -n› *f* **1.** *typ* colonna *f;* **2.** *(in Zeitung)* rubrica *f.*

Koma ['ko:ma, -s *o.* -ta] ‹-s, -s *o.* -ta› *n* coma *m.*

Kombination [kɔmbina'tsio:n] ‹-, -en› *f* **1.** combinazione *f;* **2.** *(Vermutung)* supposizione *f;* **3.** *sport* gioco *m* combinato; combinata *f;* **4.** *(Arbeitsanzug)* tuta *f;* **5.** *(Herren~)* spezzato *m.* **Kombinationsgabe** *f* facoltà *f* di combinazione.

kombinieren [...'ni:rən] ‹*ohne ge-*› **I.** *tr* combinare; **II.** *itr (folgern)* dedurre.

Kombiwagen ['kɔmbi-] *m* vettura *f* familiare, giardinetta *f.*

Kombüse [kɔm'by:zə] ‹-, -n› *f* cambusa *f.*

Komet [ko'me:t] ‹-en, -en› *m* cometa *f.*

Komfort [kɔm'fo:ɐ̯] ‹-s, ø› *m* comfort *m,* comodità *f;* **mit allem ~** con tutte le comodità.

komfortabel [...fɔr'ta:bəl] *a* comodo, confortevole.

Komfortwohnung *f* appartamento *m* con tutti i comfort.

Komik ['ko:mɪk] ‹-, ø› *f* comicità *f;* **unfreiwillige ~** comicità involontaria.

Komiker(in) ‹-s, -› *m(f)* **1.** attore *m,* -trice *f* comico, -a; **2.** *fig pej* buffone, -a *m, f pej.*

komisch *a* **1.** comico; *(bes. Aussehen)* buffo; **2.** *(seltsam)* strano; **3.** *(lächerlich)* ridicolo.

Komitee [komi'te:] ‹-s, -s› *n* comitato *m.*

Komma ['kɔma, -s *o.* -ta] ‹-s, -s *o.* -ta› *n* virgola *f.*

Kommandant(in) [kɔman'dant(ɪn)] ‹-en, -en› *m(f)* comandante *mf.*

Kommandantur [...'tu:ɐ̯] ‹-, -en› *f* comando *m.*

Kommandeur [...'dø:ɐ̯] ‹-s, -e› *m* comandante *m.*

kommandieren [...'di:rən] ‹*ohne ge-*› **I.** *tr* comandare (*jdm etw.* qc a qu); **jdn ~** *fam* comandare qu a bacchetta *fam;* **II.** *itr (Kommandeur sein)* comandare.

Kommanditgesellschaft [kɔman'di:t-] *f* (*ab* **KG**) *com* società *f* in accomandita.

Kommando [kɔ'mando] ‹-s, -s› *n* comando *m;* **auf ~** al comando; **das ~ übernehmen / führen / niederlegen** assumere/tenere/deporre il comando. **Kommandobrücke** *f naut* ponte *m* di comando.

kommen ['kɔmən] ‹kommt, kam, gekommen› **I.** *itr* ‹*sein*› **1.** venire; *(an~)* arrivare; *(wieder~)* ritornare; **2.** *(hin~, gelangen)* giungere (*nach* a); *(hingehören; Gegenstände)* andare (messo); *(erreichen können)* raggiungere, arrivare; **3.** *(herbei~)* avvicinarsi; *(her~)* provenire; **4.** *(besuchen ~)* venire a trovare (*zu jdm* qu); **5.** *(stammen)* venire (*aus* da); provenire (*aus* da); *(herrühren)* derivare (*von* da), essere dovuto (*von* a); **6.** *(sich zutragen)* succedere, accadere; **7.** *(an der Reihe sein)* toccare; **8.** *sl (einen Orgasmus haben)* arrivare *sl;* **das ist von (ganz) allein gekommen** *fam* è venuto da sé; **kommst du an die Lampe da oben?** *fam* arrivi fino al lampadario là in cima?; **ich komme (einfach) nicht auf seinen Namen** *fam* non mi viene in mente il suo nome; **das Beste kommt (erst) noch** *fam* non è ancora tutto; **da kommt er!** eccolo che arriva!; **daher kommt es, daß ...** ecco perché ...; **~ Sie mir nicht damit!** *fam* non cominci con questa storia!, non voglio sentire queste cose!; **darauf wäre ich nie gekommen!** non ci sarei mai arrivato! *fam;* **wie kommst du darauf?** come ti è venuta quest'idea?; **das kommt davon!** *fam* ecco cosa succede! *fam;* **ich komme nicht dazu zu ...** non trovo il tempo di ...; **durch Mailand ~** passare per Milano; **zu früh/zu spät ~** venire troppo presto/tardi; **gegangen/gefahren/geflogen/gelaufen ~** arrivare a piedi/in macchina/in aereo (*o.* in volo)/di corsa; **gelegen ~** venir (*o.* capitare) a proposito; **ins Gerede ~** dare adito a pettegolezzi, far nascere chiacchiere; **komm (her)!** vieni qui (*o.* qua)!; **hinter etw. ~** *fam* scoprire qc; **wenn es hoch kommt** al massimo, a dir tanto; **da kann ja jeder ~!** *fam iron* ci arriva chiunque! *fam;* **jdn/etw. ~ lassen** chiamare (*o.* far venire) qu/ordinare qc; **auf jdn nichts ~ lassen** non permettere che si parli male di qu; **ums Leben ~** perdere la vita; **ans Licht** (*o.* **an den Tag**) **~** venire alla luce; **das mußte ja so ~!** non poteva essere altrimenti; **als nächstes komme ich (dran)** *fam* il prossimo sono io, poi tocca a me; **zu nichts ~** non combinare nulla; **jdm in die Quere ~** mettere a qu i bastoni fra le ruote *fam;* **da kommt nicht viel bei raus** (*o.* **rum**) *fam* non se ne ricava nulla; **das habe ich ~ sehen** *fam* l'ho sempre detto; **es kommt noch soweit, daß ...** si arriverà (fino) al punto che ...; **auf etw. zu sprechen ~** venire a parlare di qc; **mir ~ gleich die Tränen** *fam iron* mi viene già da piangere *fam;* **das kommt von ...** ciò viene (*o.* deriva *o.* dipende) da ...; **wenn Sie**

mir so ~ . . . se mi parla (*o.* tratta) così . . .; **wie kommt es, daß . . .?** come mai . . ., com'è che . . .?; **wie komme ich zu . . .?** come faccio ad arrivare a . . .?; **(wieder) zu sich** *(dat)* **~** tornare in sé; **komm, komm!** andiamoci piano!; **II.** *tr ‹sein› fam (kosten)* venire; **das kommt 5 Mark** questo viene 5 marchi; **das wird dich teuer zu stehen ~!** *fam* la pagherai cara! *fam.*

Kommen ‹-s, ø› *n* venuta *f;* **ein ständiges ~ und Gehen** un continuo viavai (*o.* andirivieni).

kommend *a* **1.** *(nächste)* prossimo; **2.** *(zukünftig)* a venire, futuro; **die ~e Woche** la settimana prossima.

Kommentar [kɔmɛn'ta:ɐ̯] ‹-s, -e› *m* commento *m* (*zu* a).

Kommentator(in) [...'ta:to:ɐ̯ (...ta'to:rɪn), ...ta'to:rən] ‹-s, -en› *m(f)* commentatore, -trice *m, f.*

kommentieren [...'ti:rən] ‹*ohne ge-*› *tr* commentare; *(Bemerkungen machen zu)* far commenti su.

kommerziell [kɔmɛr'ts̯iɛl] *a* commerciale.

Kommilitone [kɔmili'to:nə] ‹-n, -n› *m,* **Kommilitonin** [...nɪn] *f* compagno, -a *m, f* (di studi).

Kommiß [kɔ'mɪs] ‹Kommisses, ø› *m sl mil* naia *f sl;* **beim ~ sein** fare il militare.

Kommissar(in) [...'sa:ɐ̯ (...rɪn)] ‹-s, -e› *m(f)* commissario, -a *m, f.*

Kommissariat [kɔmɪsa'ri̯a:t] ‹-(e)s, -e› *n* commissariato *m.*

Kommissarin *f s.* **Kommissar.**

kommissarisch [...'sa:rɪʃ] **I.** *a* commissariale, provvisorio; **II.** *adv* per incarico.

Kommission [kɔmɪ'si̯o:n] ‹-, -en› *f* commissione *f.*

Kommissionär [...si̯o'nɛ:ɐ̯] ‹-s, -e› *m* commissionario *m.*

Kommode [kɔ'mo:də] ‹-, -n› *f* comò *m,* cassettone *m.*

kommunal [kɔmu'na:l] *a* comunale, municipale. **Kommunalpolitik** *f* politica *f* comunale. **Kommunalwahl** *f* elezioni *f pl* comunali.

Kommune [kɔ'mu:nə] ‹-, -n› *f* **1.** *(Gemeinde)* comune *m;* **2.** *(Wohngemeinschaft)* comune *f.*

Kommunikation [kɔmunika'ts̯i̯o:n] ‹-, -en› *f* comunicazione *f.* **Kommunikationsmittel** *n* mezzo *m* di comunicazione.

Kommunion [kɔmu'ni̯o:n] ‹-, -en› *f* *(Abendmahl)* eucarestia *f;* *(~feier a.)* comunione *f;* **die erste ~** la prima comunione; **die ~ empfangen** fare (*o.* ricevere) la comunione.

Kommuniqué [kɔmyni'ke: *o.* kɔmun...] ‹-s, -s› *n* comunicato *m.*

Kommunismus [kɔmu'nɪsmʊs] ‹-, ø› *m* comunismo *m.*

Kommunist(in) [...'nɪst(ɪn)] ‹-en, -en› *m(f)* comunista *mf.*

kommunistisch *a* comunista.

Komödiant(in) [komø'di̯ant(ɪn)] ‹-en, -en› *m(f)* **1.** *obs. (Schauspieler)* attore, -trice *m, f;* **2.** *fig pej (Heuchler)* commediante *mf,* istrione, -a *m, f.*

Komödie [ko'mø:di̯ə] ‹-, -n› *f* **1.** commedia *f;* **2.** *(~nhaus)* teatro *m* di prosa; **~ spielen** *fig* far la commedia *fam.*

Kompagnon [kɔmpan'jõ: *o.* 'kɔmpanjõ] ‹-s, -s› *m* socio *m.*

Kompanie [kɔmpa'ni:, ...i:ən] ‹-, -n› *f* compagnia *f.* **Kompaniechef** *m,* **-führer** *m* comandante *m* di compagnia.

Komparativ ['kɔmparati:f *o.* ...'ti:f] ‹-s, -e› *m* comparativo *m.*

Komparse [kɔm'parzə] ‹-n, -n› *m,* **Komparsin** [...zɪn] *f* comparsa *mf.*

Kompaß ['kɔmpas] ‹Kompasses, Kompasse› *m* bussola *f;* **nach dem ~** secondo la bussola. **Kompaßnadel** *f* ago *m* della bussola.

Kompensation [kɔmpɛnza'ts̯i̯o:n] ‹-, -en› *f* **1.** *(Ausgleich)* compensazione *f;* **2.** *(Entschädigung)* compenso *m.*

kompensieren [...'zi:rən] ‹*ohne ge-*› *tr* compensare.

kompetent [kɔmpe'tɛnt] *a* competente.

Kompetenz [...'tɛnts̯] ‹-, -en› *f* competenza *f; jur* giurisdizione *f.* **Kompetenzstreitigkeiten** *f pl* conflitti *m pl* di competenze (*o.* di giurisdizione).

komplett [kɔm'plɛt] *a* **1.** *(vollständig)* completo; **2.** *(vollzählig)* al completo; **3.** *(völlig, absolut)* perfetto, completo.

komplex [kɔm'plɛks] *a* complesso.

Komplex ‹-es, -e› *m* complesso *m;* **er steckt voller ~e** è pieno di complessi; **dieser ~ des Schlosses wird nicht mehr bewohnt** questa parte del castello non è più abitata.

Komplikation [kɔmplika'ts̯i̯o:n] ‹-, -en› *f* complicazione *f.*

Kompliment [kɔmpli'mɛnt] ‹-(e)s, -e› *n* complimento *m;* **mein ~!** complimenti!; **jdm wegen etw. ~e machen** fare i complimenti a qu per qc.

Komplize [kɔm'pli:ts̯ə] ‹-n, -n› *m,* **Komplizin** [ts̯ɪn] *f* complice *mf.*

komplizieren [kɔmpli'ts̯i:rən] ‹*ohne ge-*› *tr* complicare. **kompliziert** *a* complicato. **Kompliziertheit** ‹-, ø› *f* complicatezza *f.*

Komplizin *f s.* **Komplize.**

Komplott [kɔm'plɔt] ‹-(e)s, -e› *n* complotto *m,* congiura *f;* **ein ~ gegen jdn schmieden** tramare una congiura contro qu, complottare contro qu.

Komponente [kɔmpo'nɛntə] ‹-, -n› *f* componente *f.*

komponieren [kɔmpo'ni:rən] ‹*ohne ge-*› *tr, itr* comporre.

Komponist(in) [...'nɪst(ɪn)] ‹-en, -en› *m(f)* compositore, -trice *m, f.*

Komposition [...zi'tsio:n] ‹-, -en› *f* composizione *f.*

Kompost [kɔm'pɔst] ‹-(e)s, -e› *m* composta *f,* terricciato *m.*

Kompott [kɔm'pɔt] ‹-(e)s, -e› *n* frutta *f* cotta, conserva *f* di frutta.

Kompresse [kɔm'prɛsə] ‹-, -n› *f (Umschlag)* impacco *m; (Mullstück)* compressa *f.*

Kompressor [kɔm'prɛso:ɐ, ...'so:rən] ‹-s, -en› *m* compressore *m.*

komprimieren [kɔmpri'mi:rən] ‹*ohne ge-*› *tr* comprimere.

Kompromiß [kɔmpro'mɪs] ‹-isses, -isse› *m* compromesso *m;* **einen ~ schließen** venire (*o.* scendere) ad un compromesso. **Kompromißbereitschaft** *f* atteggiamento *m* conciliante.

kompromittieren [...mɪ'ti:rən] ‹*ohne ge-*› **I.** *tr* compromettere; **II.** *rfl:* **sich ~** compromettersi.

Kondensator [kɔndɛn'za:to:ɐ, ...za'to:rən] ‹-s, -en› *m* condensatore *m.*

kondensieren [...'zi:rən] ‹*ohne ge-*› *tr, itr* condensare.

Kondensmilch [kɔn'dɛns-] *f* latte *m* condensato. **Kondensstreifen** *m* scia *f* di condensazione. **Kondenswasser** *n* condensa *f,* acqua *f* di condensazione.

Kondition [kɔndi'tsio:n] ‹-, -en› **1.** *geh (Bedingung)* condizione *f;* **2.** ‹*sing*› *(sport, etc.)* forma *f.* **Konditionsschwäche** *f* cattiva forma *f.*

Konditor [kɔn'di:to:ɐ, ...di'to:rən] ‹-s, -en› *m* pasticciere *m.*

Konditorei [...dito'rai] ‹-, -en› *f* pasticceria *f.*

Konditorwaren *f pl* pasticceria *f,* dolci *m pl.*

Kondom [kɔn'do:m] ‹-s, -e *o.* -s› *n o. m* preservativo *m.*

Kondukteur [kɔndʊk'tø:ɐ] ‹-s, -e› *m CH* controllore *m.*

Konfekt [kɔn'fɛkt] ‹-(e)s, -e› *n* dolci *m pl; (Pralinen)* cioccolatini *m pl; (Teegebäck)* pasticcini *m pl* (da tè).

Konfektion [kɔnfɛk'tsio:n] ‹-, -en› *f* **1.** *(Herstellung)* confezione *f* di abiti in serie; **2.** *(Kleidung)* confezioni *f pl,* abiti *m pl* confezionati. **Konfektionsgröße** *f* taglia *f.*

Konferenz [kɔnfe'rɛnts] ‹-, -en› *f* conferenza, congresso *m; (Besprechung)* consiglio *m; (Lehrer~)* consiglio *m* di classe; **eine ~ abhalten** tenere (*o.* fare) una conferenza. **Konferenzraum** *m* sala *f* delle conferenze. **Konferenzschaltung** *f* circuito *m* conferenza.

konferieren [kɔnfe'ri:rən] ‹*ohne ge-*› *itr* **1.** *(beraten)* conferire (*über* su); *(Konferenz abhalten)* tenere una conferenza (*über* su); **2.** *(als Conférencier sprechen)* presentare.

Konfession [kɔnfɛ'sio:n] ‹-, -en› *f* confessione *f.*

konfessionell [...sio'nɛl] *a* confessionale, religioso.

konfessionslos *a* senza confessione.

Konfetti [kɔn'fɛti] ‹*pl*› coriandoli *m pl.*

Konfirmand(in) [kɔnfɪr'mant (...dɪn)] ‹-en, -en› *m(f)* cresimando, -a *m, f.*

Konfirmation [...ma'tsio:n] ‹-, -en› *f* cresima *f,* confermazione *f.*

konfirmieren [...'mi:rən] ‹*ohne ge-*› *tr* cresimare, confermare.

Konfiserie [kõfizə'ri: *o.* kɔn..., ...i:ən] ‹-, -n› *f CH* pasticceria *f.*

konfiszieren [kɔnfɪs'tsi:rən] ‹*ohne ge-*› *tr* confiscare, sequestrare.

Konfitüre [kɔnfi'ty:rə] ‹-, -n› *f* confettura *f,* conserva *f,* marmellata *f.*

Konflikt [kɔn'flɪkt] ‹-(e)s, -e› *m* conflitto *m;* **in ~ mit jdm/etw. geraten** entrare in conflitto con qu/qc; **in einem ~ sein** essere in conflitto.

konform [kɔn'fɔrm] *a* **1.** conforme (*mit* a), in conformità (*mit* con); **2.** *mat* isogono; **~ gehen mit** essere d'accordo con.

konfrontieren [kɔnfrɔn'ti:rən] ‹*ohne ge-*› *tr* mettere di fronte (*mit* a).

konfus [kɔn'fu:s] *a* confuso; *(Person)* sconcertato; **jdn ~ machen** confondere qu.

Kongreß [kɔn'grɛs] ‹-gresses, -gresse› *m* congresso *m.*

kongruent [kɔngru'ɛnt] *a* **1.** *mat* congruente; **2.** *fig (übereinstimmend)* concorde.

K.-o.-Niederlage *f* sconfitta *f* k.o.

König(in) ['kø:nɪç (...gɪn)] ‹-(e)s, -e› *m(f)* re *m,* regina *f;* **die Heiligen Drei ~e** i re Magi. **königlich** ['kø:nɪklɪç] **I.** *a* **1.** reale, regio; **2.** *(einem König gemäß)* regale; *(a. hoheitsvoll)* maestoso; *(Benehmen)* da re; **3.** *fig (großzügig)* principesco; **II.** *adv fig fam (außerordentlich)* moltissimo; **sich ~ amüsieren** divertirsi un mondo *fam.* **Königreich** ['kø:nɪk-] *n* regno *m.* **Königsmord** ['kø:nɪçs-] *m* regicidio *m.*

Konjugation [kɔnjuga'tsi̯o:n] ‹-, -en› *f* coniugazione *f.*

konjugieren [...'gi:rən] ‹*ohne ge-*› *tr* coniugare.

Konjunktion [kɔnjʊŋk'tsi̯o:n] ‹-, -en› *f* congiunzione *f.*

Konjunktiv ['kɔnjʊŋkti:f *o.* ...'ti:f] ‹-s, -e› *m* congiuntivo *m.*

Konjunktur [kɔnjʊŋk'tu:ɐ̯] ‹-, -en› *f* congiuntura *f;* **rückläufige/stabile/steigende ~** congiuntura negativa/stabile/in ascesa.

konkret [kɔn'kre:t] *a* concreto, reale.

Konkurrent(in) [kɔnkʊ'rɛnt(ɪn)] ‹-en, -en› *m(f) (a. sport)* concorrente *mf; com* rivale *mf.*

Konkurrenz [...'rɛnts] ‹-, -en› *f* **1.** concorrenza *f;* **2.** *(Wettbewerb)* concorso *m; (a. sport)* competizione *f,* gara *f;* **3.** *(Konkurrenten)* concorrenti *m pl;* **außer ~** fuori concorso; **jdm ~ machen** fare concorrenza a qu. **konkurrenzfähig** *a* competitivo, concorrenziale. **Konkurrenzkampf** *m* concorrenza *f.* **konkurrenzlos** *a* senza concorrenza (*o.* rivali), che non ha concorrenti; *(Preis, Waren)* che non teme la concorrenza. **Konkurrenzunternehmen** *n* impresa *f* concorrente.

konkurrieren [...'ri:rən] ‹*ohne ge-*› *itr* **1.** *com* concorrere (*um* a, *mit* con); **2.** *sport* competere; *(sich messen)* misurarsi (*mit* con); **miteinander ~** farsi concorrenza.

Konkurs [kɔn'kʊrs] ‹-es, -e› *m* **1.** *(Bankrott)* fallimento *m,* bancarotta *f;* **2.** *(~verfahren)* procedimento *m* fallimentare; **~ anmelden** dichiarare fallimento; **in ~ gehen** fallire, fare fallimento. **Konkursmasse** *f* massa *f* fallimentare. **Konkursverfahren** *n* procedimento *m* fallimentare. **Konkursverwalter** *m* curatore *m* del fallimento.

können ['kœnən] ‹kann, konnte, gekonnt *o. modales Hilfsverb* können› *tr, itr* **1.** *(imstande sein, vermögen)* potere; *(in der Lage sein)* essere in grado di; **2.** *(beherrschen)* sapere; essere capace di; **3.** *(dürfen)* essere autorizzato a, avere il permesso di; *(erlaubt sein)* essere permesso che *conj;* **4.** *(die Möglichkeit haben)* avere la possibilità di; *(möglich sein)* essere possibile che *conj;* **das hätte ich Ihnen gleich sagen ~** gliel'avrei potuto dire subito; **das kann man wohl sagen!** *fam* si può proprio dire!, ha (*o.* hai) ragione!; **das kann schon stimmen** può essere giusto; **du kannst mich mal!** *sl* va a fare un culo! *vulg;* **er kann jeden Augenblick hereinkommen** può entrare da un momento all'altro; **er kann kein Italienisch** non sa l'italiano; **er kann sich noch so anstrengen ...** per quanto si sforzi ...; **ich kann es Ihnen nicht sagen** non glielo so dire; **ich kann es nicht mehr hören** *fam* non posso più sentirlo; **ich kann nicht mehr** *(nicht mehr aushalten)* non ne posso più *fam,* non ce la faccio più *fam; (nicht weitermachen)* non posso continuare; *fam (nichts mehr essen)* non posso mandar giù più niente *fam;* **ich kann nichts dafür** *fam* non è colpa mia; **kann ich jetzt nach Hause gehen?** posso andare a casa ora?; **kann sein** *fam* può darsi *fam;* **kannst du nicht aufpassen?** non puoi fare attenzione?, sta attento!; **man könnte meinen, daß ...** si direbbe che ... *conj;* **nicht anders ~ als ...** non poter fare a meno di ... *inf;* **ich kann nicht anders** non posso far altrimenti; **Sie ~ es mir glauben** può credermi; **so gut ich (es) kann** come meglio posso; **was kannst du alles?** quante cose sai?; **wer kann das getan haben?** chi può averlo fatto?

Können ‹-s, ø› *n* **1.** *(Fähigkeit)* capacità *f,* bravura *f;* **2.** *(Kunstfertigkeit)* arte *f.*

konnte ['kɔntə] *1. u. 3. pers sing imp von* **können.**

Konrad ['kɔnra:t] *(männlicher Vorname)* Corrado.

konsequent [kɔnze'kvɛnt] *a* coerente, conseguente; **~ durchgreifen** intervenire di conseguenza.

Konsequenz [...'kvɛnts] ‹-, -en› *f* **1.** *(Folgerichtigkeit)* logicità *f,* coerenza *f;* **2.** *(Unbeirrbarkeit)* costanza *f,* perseveranza *f;* **3.** *(Folge)* conseguenza *f;* **4.** *(Schlußfolgerung)* conclusione *f;* **die ~en ziehen** tirare le conseguenze, agire di conseguenza.

konservativ [kɔnzɛrva'ti:f] *a* **1.** *(am Hergebrachten festhaltend)* tradizionalista; **2.** *pol* conservatore.

Konserve [kɔn'zɛrvə] ‹-, -n› *f* conserva *f.* **Konservenbüchse** *f,* **-dose** *f* scatola *f* di conserva.

konservieren [...'vi:rən] ‹*ohne ge-*› *tr* conservare; *(Lebensmittel a.)* mettere in conserva.

Konservierung ‹-, -en› *f* conservazione *f.* **Konservierungsmittel** *n* mezzo *m* di conservazione.

Konsole [kɔn'zo:lə] ‹-, -n› *f* **1.** *arch*

modiglione *m;* **2.** *(Wandbrett)* console *f,* mensola *f.*
konsolidieren [kɔnzoli'di:rən] ‹*ohne ge-*› *tr* consolidare.
Konsonant [kɔnzo'nant] ‹-en, -en› *m* consonante *f.*
konstant [kɔn'stant] *a* costante. **Konstante** ‹-, -n› *f* costante *f.*
Konstantin ['kɔnstanti:n] *(männlicher Vorname)* Costantino.
Konstanz ['kɔnstants] *n* Costanza *f.*
konstatieren [kɔnsta'ti:rən] ‹*ohne ge-*› *tr* co(n)statare, accertare.
Konstitution [kɔnstitu'tsio:n] ‹-, -en› *f* costituzione *f.*
konstitutionell [...tsio'nɛl] *a* costituzionale.
konstruieren [kɔnstru'i:rən] ‹*ohne ge-*› *tr* **1.** costruire; **2.** *(entwerfen)* ideare, progettare.
Konstrukteur(in) [kɔnstrʊk'tø:ɐ (...rɪn)] ‹-s, -e› *m(f)* (ingegnere *m*) costruttore, -trice *m, f.*
Konstruktion [...'tsio:n] ‹-, -en› *f* **1.** costruzione *f;* **2.** *(Entwurf)* progetto *m.* **Konstruktionsfehler** *m* difetto *m* di costruzione.
Konsul(in) ['kɔnzʊl(ɪn)] ‹-s, -n› *m(f)* console *mf.*
Konsulat [kɔnzu'la:t] ‹-(e)s, -e› *n* consolato *m.*
Konsulin *f s.* **Konsul.**
konsultieren [kɔnzʊl'ti:rən] ‹*ohne ge-*› *tr* consultare.
Konsum [kɔn'zu:m] ‹-s, ø› *m* **1.** consumo *m;* **2.** *(~genossenschaft)* cooperativa *f* di consumo.
Konsumation [kɔnzuma'tsio:n] ‹-, -en› *f CH* consumazione *f.*
Konsument(in) [...'mɛnt(ɪn)] ‹-en, -en› *m(f)* consumatore, -trice *m, f.*

Konsumgesellschaft *f* società *f* dei consumi. **Konsumgüter** *n pl* beni *m pl* di consumo.
konsumieren [...'mi:rən] ‹*ohne ge-*› *tr* consumare.
Konsumverhalten *n* atteggiamento *m* dei consumatori, consumi *m pl.*
Kontakt [kɔn'takt] ‹-(e)s, -e› *m* contatto *m;* **mit jdm ~ aufnehmen, mit jdm in ~ treten** prendere (*o.* entrare in) contatto con qu; **mit jdm ~ haben, mit jdm in ~ stehen** essere in contatto con qu; **keinen ~ mehr mit** (*o.* **zu) jdm haben** non avere più contatto con qu. **kontaktarm** *a* poco comunicativo. **Kontaktarmut** *f* **1.** *(Wesen)* povertà *f* di comunicativa; **2.** *(Mangel an Kontakt)* mancanza *f* di contatti. **Kontaktlinsen** *f pl* lenti *f pl* a contatto. **Kontaktperson** *f* intermediario, -a *m, f; med* persona *f* sospetta di contagio.
Konten *pl von* **Konto.**
Konterrevolution ['kɔntɐ-] *f* controrivoluzione *f.*
Kontinent [kɔnti'nɛnt *o.* 'kɔn...] ‹-(e)s, -e› *m* continente *m.*
kontinental [...'ta:l] *a* continentale.
Kontingent [kɔntɪŋ'gɛnt] ‹-(e)s, -e› *n* contingente *m,* quota *f.*
kontinuierlich [kɔntinu'i:ɐlɪç] *a* continuo, continuativo.
Konto ['kɔnto, ...tən] ‹-s, Konten› *n* conto *m;* **ein ~ eröffnen/auflösen/überziehen/sperren** aprire/estinguere/mandare allo scoperto/bloccare un conto; **das geht auf sein ~** *fam* è colpa sua. **Kontoauszug** *m* estratto *m* conto. **Kontoinhaber(in)** *m(f)* intestatario, -a *m, f* (*o.* titolare *mf*) del conto. **Kontonummer** *f* numero *m* del conto.
Kontor [kɔn'to:ɐ] ‹-s, -e› *n* **1.** *(Handelsniederlassung)* filiale *f,* agenzia *f;* **2.** *(Büro)* ufficio *m.*
Kontorist(in) [...to'rɪst(ɪn)] ‹-en, -en› *m(f)* impiegato, -a *m, f* di commercio.
Kontostand *m* situazione *f* del conto.
Kontrahent(in) [kɔntra'hɛnt(ɪn)] ‹-en, -en› *m(f)* **1.** *com* contraente *mf;* **2.** *(Gegner)* avversario, -a *m, f.*
Kontraindikation ['kɔntraʔɪndikatsio:n] *f med* controindicazione *f.*
Kontrakt [kɔn'trakt] ‹-(e)s, -e› *m* contratto *m.*
konträr [kɔn'trɛ:ɐ] *a* contrario; *(bes. Ziele)* opposto.
Kontrast [kɔn'trast] ‹-(e)s, -e› *m* contrasto *m.*
kontrastieren [...'ti:rən] ‹*ohne ge-*› *itr* contrastare (*mit* con); *(sich abheben)* staccarsi (*mit* da).
Kontrastprogramm *n TV* programma *m* alternativo. **Kontrastregler** *m TV* regolatore *m* del contrasto. **kontrastreich** *a* pieno (*o.* ricco) di contrasti.
Kontrollabschnitt *m* tagliando *m* di controllo.
Kontrollampe *f* spia *f.*
Kontrolle [kɔn'trɔlə] ‹-, -n› *f* **1.** *(Beherrschung)* controllo *m* (*über* di); **2.** *(Prüfung)* verifica *f; (Paß~)* controllo *m* (passaporti); *(Zoll~)* controllo *m* (*o.* ispezione *f*) (doganale); *(Polizei~)* controllo *m* (di polizia); **die ~ über etw. verlieren** perdere il controllo di qc; **jdn/etw. unter ~ haben** tenere qu/qc sotto controllo.
Kontrolleur(in) [...'lø:ɐ (...rɪn)] ‹-s, -e› *m(f)* controllore *m.*

Kontrollgang *m* giro *m* d'ispezione.
kontrollieren [...'li:rən] ‹*ohne ge-*› *tr* **1.** *allg.* controllare; **2.** *(überwachen)* sorvegliare; **3.** *(prüfen)* verificare, esaminare; *(überprüfen)* ispezionare.
Kontrollmaßnahme *f* misura *f* di controllo. **Kontrollorgan** *n* organo *m* di controllo. **Kontrollturm** *m* torre *f* di controllo.
Kontroverse [kɔntro'vɛrzə] ‹-, -n› *f* *(Meinungsverschiedenheit)* controversia *f; (Auseinandersetzung)* disputa *f.*
Kontur [kɔn'tu:ɐ̯] ‹-, -en› *f o.* ‹-s, -en› *m* profilo *m,* sagoma *f,* contorno *m.*
Konvention [kɔnvɛn'ts̮i̯o:n] ‹-, -en› *f* convenzione *f.*
Konventionalstrafe [...ts̮i̯o'na:l-] *f* (multa *f*) penale *f.*
konventionell [...ts̮i̯o'nɛl] *a* convenzionale; **~e Waffen** armi convenzionali.
Konversation [kɔnvɛrza'ts̮i̯o:n] ‹-, -en› *f* conversazione *f.* **Konversationslexikon** *n* enciclopedia *f,* dizionario *m* enciclopedico.
konvertierbar *a* convertibile.
konvertieren [kɔnvɛr'ti:rən] ‹*ohne ge-*› **I.** *tr* ‹*haben*› *fin* convertire; **II.** *itr* ‹*haben o. sein*› *rel* convertirsi (*zu* a).
Konvertit(in) [...'ti:t(ɪn)] ‹-en, -en› *m(f)* convertito, -a *m, f.*
konvex [kɔn'vɛks] *a* convesso.
Konzentration ‹-, -en› *f* concentrazione *f.* **Konzentrationsfähigkeit** *f* capacità *f* di concentrazione. **Konzentrationslager** *n* (*ab* **KZ**) campo *m* di concentramento. **Konzentrationsmangel** *m* mancanza *f* di concentrazione. **Konzentrationsschwäche** *f* concentrazione *f* insufficiente.
konzentrieren [...'tri:rən] ‹*ohne ge-*› **I.** *tr* concentrare (*auf* su); **II.** *rfl:* **sich ~** concentrarsi (*auf* su).
konzentrisch [kɔn'ts̮ɛntrɪʃ] *a* concentrico.
Konzept [kɔn'ts̮ɛpt] ‹-(e)s, -e› *n* **1.** *(von Rede, etc.)* abbozzo *m,* traccia *f;* **2.** *(Entwurf)* progetto *m; (Rohentwurf)* minuta *f,* brutta copia *f;* **3.** *(Begriff, Vorstellung)* concetto *m,* idea *f;* **das paßt mir nicht ins ~** non mi va *fam,* non sono d'accordo; **jdn aus dem ~ bringen** far perdere il filo a qu.
Konzern [kɔn'ts̮ɛrn] ‹-(e)s, -e› *m* gruppo *m* industriale (*o.* commerciale).
Konzert [kɔn'ts̮ɛrt] ‹-(e)s, -e› *n* concerto *m.* **Konzertflügel** *m* pianoforte *m* a coda.
konzertieren [...'ti:rən] ‹*ohne ge-*› *itr* dare un concerto.
Konzertmeister *m* primo violino *m.*
Konzertsaal *m* sala *f* dei concerti.
Konzession [kɔnts̮ɛ'si̯o:n] ‹-, -en› *f* **1.** *(Zugeständnis)* concessione *f;* **2.** *(Gewerbeerlaubnis)* licenza *f,* permesso *m.*
Konzil [kɔn'ts̮i:l, -ə *o.* -i̯ən] ‹-s, -e *o.* -ien› *n* concilio *m.*
Kooperation [koˀopera'ts̮i̯o:n] ‹-, -en› *f* cooperazione *f.*
Koordination [koˀɔrdina'ts̮i̯o:n] ‹-, -en› *f* coordinazione *f.*
koordinieren [...'ni:rən] ‹*ohne ge-*› *tr* coordinare.
Kopenhagen [ko:pən'ha:gən] *n* Copenaghen *f.*
Kopf [kɔp͡f] ‹-(e)s, ⸚e› *m* **1.** *allg., fig, tec* testa *f; (a. fig: Anführer)* capo *m;* **2.** *(Spitze, Ende)* punta *f,* estremità *f; (Brief~)* intestazione *f; (Nadel~, Nagel~)* capocchia *f; (von Münze)* testa *f; (Zeitungs~)* testata *f;* **3.** *fig (Person)* uomo *m,* persona *f;* **4.** *fig (Verstand)* mente *f,* testa *f;* **am ~ von** *fig* alla testa di; **~ an ~** stretti stretti *fam,* testa a testa; **auf dem ~ stehen** *(umgekehrt sein)* essere sottosopra *fam;* **auf den ~ stellen** *(umkehren)* capovolgere; *(in Unordnung bringen)* mettere a soqquadro; **aus dem ~** *(auswendig)* a memoria; **das hat ihn den ~ gekostet** gli è costata la vita; **das will mir nicht in den ~** non mi entra in testa *fam;* **den ~ hängen lassen** *fig* avvilirsi, perdersi d'animo; **den ~ verlieren** perdere la testa; **die Arbeit wächst ihm über den ~** è carico di lavoro fin sopra i capelli *fam;* **ein kluger ~ sein** essere un tipo capace; **einen ~ größer sein als jd** superare qu di una testa; **einen roten ~ kriegen** arrossire; *(vor Zorn)* diventare rosso dalla rabbia; **einen schweren ~ haben** sentirsi la testa pesante; **er hat nur Autos im ~** *fam* ha solo automobili in (*o.* per la) testa *fam;* **Geld auf den ~ hauen** *sl* spendere un sacco di quattrini *fam;* **~ hoch!** animo!, coraggio!; **im ~ behalten** tenere a mente; **im ~ haben** *fam* avere in mente; **im ~ rechnen** calcolare a mente; **jdm den ~ verdrehen** far perdere la testa a qu; **jdm den ~ waschen** *fig fam* fare una lavata di capo a qu *fam;* **jdn einen ~ kürzer machen** *fam* tagliare la testa a qu; **jdm etw. an den ~ werfen** *fig fam* rinfacciare qc a qu; **jdm etw. auf den ~ zusagen** dire qc in faccia a qu *fam;* **jdn vor den ~ stoßen** *fig* offendere qu;

einen klaren (*o.* **kühlen**) **~ behalten** (*o.* **bewahren**) conservare la calma, non perdere la testa; **nicht richtig im ~ sein** *fam* essere un pò picchiato (*o.* tocco) *fam;* **nicht wissen, wo einem der ~ steht** non sapere dove sbattere la testa; **pro ~** a testa, pro capite; **sich** *(dat)* **den Hut auf den ~ setzen** mettersi il cappello in testa; **sich** *(dat)* **etw. aus dem ~ schlagen** *fam* levarsi (*o.* togliersi) qc dalla testa; **sich** *(dat)* **etw. durch den ~ gehen lassen** (ri)pensare a qc; **sich** *(dat)* **etw. in den ~ setzen** mettersi qc in mente; **~ und Kragen riskieren** *fam* rischiare le pelle; **und wenn du dich auf den ~ stellst!** *fam* nemmeno se mi preghi in ginocchio; **von ~ bis Fuß** da capo a piedi; **was man nicht im ~ hat, muß man in den Beinen haben** *prov* chi non ha testa, ha gambe; **~ weg!** abbassa la testa!, tira via la testa!; **wie vor den ~ geschlagen sein** *fam* rimanere di stucco *fam.*

Kopf-an-Kopf-Rennen *n* corsa *f* testa a testa. **Kopfbahnhof** *m* capolinea *m,* stazione *f* terminale. **Kopfball** *m* tiro *m* di testa. **Kopfbedekkung** *f* copricapo *m.*

Köpfchen ['kœpfçən] ⟨-s, -⟩ *n fam scherz:* **~!** ci vuole un po' di cervello.

köpfen ['kœpfən] *tr* **1.** *(enthaupten)* decapitare; **2.** *(Ball)* tirare di testa; **3.** *(Bäume)* svettare.

Kopfende *n (von Bett)* testata *f; (von Tisch)* capotavola *m.* **Kopfgeld** *n* taglia *f.* **Kopfgeldjäger** *m* cacciatore *m* di taglie. **Kopfhaut** *f* cuoio *m* capelluto. **Kopfhörer** *m* cuffia *f.* **Kopfkissen** *n* guanciale *m,* cuscino *m.* **kopflastig** *a aero* appruato; *(Tennisschläger)* squilibrato; *fig* intellettualizzato. **kopflos** *a* sbadato, sventato. **Kopfrechnen** *n* calcolo *m* mentale. **Kopfsalat** *m* lattuga *f.* **kopfscheu** *a (Tiere)* ombroso; **jdn ~ machen** intimidire (*o.* confondere) qu. **Kopfschmerzen** *m pl* mal *m* di testa (*o.* di capo); **~ haben** avere mal di testa; **sich** *(dat)* **um etw. ~ machen** preoccuparsi di qc. **Kopfschmerztablette** *f* cachet *m,* pasticca *f* per il mal di testa. **Kopfsprung** *m* tuffo *m* (con la testa in avanti); **einen ~ machen** tuffarsi a capofitto. **Kopfstand** *m* verticale *f* (in appoggio) sul capo. **kopf·stehen** ⟨*irr*⟩ *itr* ⟨*haben o. sein*⟩ **1.** *(auf dem Kopf stehen)* fare la verticale; **2.** *fig (durcheinandersein)* essere sottosopra (*vor* per). **Kopfsteinpflaster** *n* acciottolato *m.* **Kopfstimme** *f* voce *f* di testa; *(männliche ~)* falsetto *m.* **Kopfstütze** *f* poggiatesta *m.* **Kopftuch** *n* fazzoletto *m* (da testa), foulard *m.* **kopfüber** [-'ʔy:bɐ] *adv* a capofitto. **Kopfweh** ⟨-s, ø⟩ *n s.* **Kopfschmerzen. Kopfzerbrechen** ⟨-s, ø⟩ *n* rompicapo *m;* **das bereitet mir ~** ciò mi dà dei grattacapi.

Kopie [ko'pi:, ...i:ən] ⟨-, -n⟩ *f* **1.** *allg.* copia *f;* **2.** *(Nachahmung)* imitazione *f.*

kopieren [ko'pi:rən] ⟨*ohne ge-*⟩ *tr* **1.** *allg.* copiare; **2.** *(abschreiben)* trascrivere; **3.** *(Fotokopie machen)* fotocopiare; **4.** *fot* stampare; **5.** *(imitieren)* imitare.

Kopiergerät *n* copiatrice *f.*

Kopilot(in) ['ko:-] *m(f)* copilota *mf.*

Koppel[1] ['kɔpəl] ⟨-s, -⟩ *n (Ledergürtel)* cintura *f; mil* cinturone *m.*

Koppel[2] ['kɔpəl] ⟨-, -n⟩ *f* **1.** *(Weide)* pascolo *m;* **2.** *(Leine)* guinzaglio *m.*

koppeln ['kɔpəln] *tr* **1.** accoppiare (*mit* con, a); *(a. fig: verbinden)* abbinare (*mit* a); **2.** *(Hunde)* legare al guinzaglio; *(Ochsen)* aggiogare; **3.** *(anhängen)* attaccare; *(Fahrzeuge)* agganciare.

Kopp(e)lung ⟨-, -en⟩ *f* **1.** *(Verbindung, a. el)* accoppiamento *m;* **2.** *(von Fahrzeugen)* agganciamento *m;* **3.** *tec* collegamento *m;* **4.** *fig* abbinamento *m.*

Koproduktion ['ko:-] *f* coproduzione *f.*

Koralle [ko'ralə] ⟨-, -n⟩ *f* corallo *m.* **Koralleninsel** *f* atollo *m,* isola *f* corallina. **Korallenriff** *n* scogliera *f* corallina.

Koran [ko'ra:n] ⟨-s, -e⟩ *m* Corano *m.*

Korb [kɔrp] ⟨-(e)s, ⸚e⟩ *m* **1.** cesto *m; (a. Brot~, Wäsche~)* cesta *f; (bes. Henkel~)* paniere *m,* canestro *m; (Trag~)* gerla *f;* **2.** *(~voll)* cesto *m,* canestro *m;* **3.** *(~geflecht)* vimini *m pl;* **4.** *sport (Gerät, ~wurf)* canestro *m;* **5.** *fam (Ablehnung)* rifiuto *m;* **einen ~ bekommen** ricevere un rifiuto; **jdm einen ~ geben** dire di no a qu. **Korbball** *m* pallacanestro *m.*

Körbchen ['kœrpçən] ⟨-s, -⟩ *n* **1.** *(kleiner Korb)* cestello *m,* cestino *m; (Hunde~)* cuccia *f;* **2.** *(von BH)* coppa *f;* **ab ins ~** a cuccia.

Korbflasche *f* fiasco *m; (große ~)* damigiana *f.* **Korbflechter(in)** ⟨-s, -⟩ *m(f),* **-macher(in)** *m(f)* cestaio, -a *m, f,* canestraio, -a *m, f.* **Korbflechterei** [-flɛçtə'rai] ⟨-, -en⟩ *f,* **-macherei** [-maxə'rai] ⟨-, -en⟩ *f* **1.** ⟨*sing*⟩ *(Herstellung)* fabbricazione *f* di ceste; **2.** *(Betrieb)* cesteria *f.* **Korbmöbel** *n pl* mobili *m pl* di vimini. **Korbwaren** *f pl* oggetti *m pl* di vimini.

Kordel ['kɔrdəl] ‹-, -n› *f* cordoncino *m*, cordicella *f*.
Korinthe [ko'rɪntə] ‹-, -n› *f* uvetta *f*, uva *f* passa.
Kork [kɔrk] ‹-(e)s, -e› *m* sughero *m*. **Korkeiche** *f* quercia *f* da sughero.
Korken ‹-s, -› *m* turacciolo *m*, tappo *m* di sughero. **Korkenzieher** ‹-s, -› *m* cavatappi *m*.
Korn[1] [kɔrn] ‹-(e)s, ⸚er› *n* **1.** *allg.* chicco *m; (Weizen~)* chicco *m* di grano; *(Hagel~)* chicco *m* di grandine; *(Samen~)* seme *m*, grano *m; (Pfeffer~)* grano *m; (Salz~)* grano *m*, granello *m; (Sand~, Staub~)* granello *m;* **2.** *(Getreide)* grano *m*, cereali *m pl*, granaglie *f pl;* **3.** *fot, typ (Körnung)* grana *f;* **4.** *(an Gewehr)* mirino *m;* **jdn aufs ~ nehmen** tener d'occhio qu.
Korn[2] [kɔrn] ‹-(e)s, -› *m (Kornbranntwein)* acquavite *f* (di cereali).
Kornblume *f* fiordaliso *m*.
körnen ['kœrnən] *tr* ridurre in granelli.
Kornfeld *n* campo *m* di grano.
körnig *a* granuloso.
Kornkammer *f* granaio *m*. **Kornsilo** *n*, **-speicher** *m* silo *m* di cereali.
Körper ['kœrpɐ] ‹-s, -› *m* corpo *m*. **Körperbau** ‹-(e)s, -ten› *m* corpo *m*, corporatura *f*. **körperbehindert** *a* minorato fisico, handicappato; *(invalide)* invalido. **Körperbehinderte** *mf* minorato, -a *m, f* fisico, -a; handicappato, -a *m, f; (Invalide)* invalido, -a *m, f*. **Körperkraft** *f* forza *f* fisica.
körperlich *a* **1.** *(leiblich)* corporeo, coporale; *(a. geschlechtlich)* fisico; **2.** *(stofflich)* materiale; **3.** *(Arbeit)* manuale; **~e Ertüchtigung** allenamento fisico.
Körperpflege *f* cura *f* (*o.* igiene *f*) del corpo. **Körperpuder** *m* talco *m*. **Körperschaft** ‹-, -en› *f* corporazione *f*, organo *m*, ente *m*, corpo *m;* **gesetzgebende ~** corpo legislativo; **~ des öffentlichen Rechts** ente pubblico. **Körperschaft(s)steuer** *f* imposta *f* sul reddito delle società (*o.* sugli enti collettivi). **Körperteil** *m* parte *f* del corpo. **Körperverletzung** *f* lesione *f* corporale; **fahrlässige/schwere ~** lesione colposa/grave.

Korps [ko:ɐ̯, ...s] ‹-, -› *n* corpo *m;* **diplomatisches ~** corpo diplomatico.
korpulent [kɔrpu'lɛnt] *a* corpulento, obeso. **Korpulenz** [...'lɛnt͡s] ‹-, ø› *f* corpulenza *f*, obesità *f*.
korrekt [kɔ'rɛkt] *a* **1.** *(richtig)* giusto; **2.** *(Normen entsprechend)* corretto. **Korrektheit** ‹-, ø› *f* **1.** *(Richtigkeit)* esattezza *f;* **2.** *(von Benehmen)* correttezza *f*.
Korrektor(in) [kɔ'rɛkto:ɐ̯ (...'to:rɪn), ...'to:rən] ‹-s, -en› *m(f)* correttore, -trice *m, f* di bozze.
Korrektur [...'tu:ɐ̯] ‹-, -en› *f* correzione *f;* **~ lesen** correggere le bozze. **Korrekturfahne** *f* bozza *f* (di stampa). **Korrekturzeichen** *n* (segno *m* di) correzione *f*.
Korrespondent(in) [kɔrɛspɔn-'dɛnt(ɪn)] ‹-en, -en› *m(f)* corrispondente *mf*.
Korrespondenz [...'dɛnt͡s] ‹-, -en› *f* corrispondenza *f*.
korrespondieren [...'di:rən] ‹*ohne ge-*› *itr* **1.** *(in Briefwechsel stehen)* corrispondere (*mit* con), essere in corrispondenza (*mit* con); **2.** *(übereinstimmen)* corrispondere (*mit* con).
Korridor ['kɔrido:ɐ̯] ‹-s, -e› *m* corridoio *m*.
korrigieren [kɔri'gi:rən] ‹*ohne ge-*› *tr (Text)* correggere; *(berichtigen)* modificare, rettificare; *(Ansichten)* rivedere.
Korruption [kɔrʊp't͡sio:n] ‹-, -en› *f* corruzione *f*.
Korse ['kɔrzə] ‹-n, -n› *m*, **Korsin** [...zɪn] *f* corso, -a *m, f*.
Korsett [kɔr'zɛt] ‹-(e)s, -e *o.* -s› *n* busto *m*, corsetto *m*.
Korsika ['kɔrzika] *n* Corsica *f*.
Korsin *f s.* **Korse.**
korsisch *a* corso.
Korvette [kɔr'vɛtə] ‹-, -n› *f* corvetta *f*.
Koryphäe [kory'fɛ:ə] ‹-, -n› *f* corifeo *m*, luminare *m*, autorità *f*.
koscher ['ko:ʃɐ] *a rel* kascer; **nicht ~** *fam (bedenklich)* losco, sospetto.
kosen ['ko:zən] **I.** *tr* accarrezzare; **II.** *itr* scambiarsi carezze. **Kosename** *m* nome *m* vezzeggiativo. **Kosewort** ‹-(e)s, ⸚er *o.* -e› *n* vezzeggiativo *m*.
Kosinus ['ko:zinʊs] ‹-, - *o.* -se› *m* coseno *m*.
Kosmetik [kɔs'me:tɪk] ‹-, ø› *f* cosmesi *f*, cosmetica *f*.
Kosmetika [...ka] *n pl* cosmetici *m pl*, prodotti *m pl* di bellezza.
Kosmetiker(in) ‹-s, -› *m(f)* estetista *mf*.
kosmetisch *a* cosmetico.
kosmisch ['kɔsmɪʃ] *a* cosmico; **~e Strahlung** raggi cosmici.
Kosmonaut(in) [kɔsmo'naut(ɪn)] ‹-en, -en› *m(f)* cosmonauta *mf*.
Kosmopolit(in) [kɔsmopo'li:t(ɪn)] ‹-en, -en› *m(f)* cosmopolita *mf*.
Kosmos ['kɔsmɔs] ‹-, ø› *m* cosmo *m*.
Kost [kɔst] ‹-, ø› *f* **1.** *(Nahrung)* cibo

m, cibi *m pl,* cucina *f;* 2. *(Verpflegung)* vitto *m;* **freie ~ haben** avere vitto gratuito; **schmale ~ bekommen** ricevere poco da mangiare; **schwere ~** cucina grassa; *fig* cosa difficile da capire; **~ und Logis** vitto e alloggio.

kostbar *a* prezioso; *(teuer)* caro. **Kostbarkeit** ‹-, -en› *f* 1. *(Gegenstand)* cosa *f* preziosa; 2. ‹*sing*› *(Wert)* pregio *m,* valore *m.*

kosten¹ ['kɔstən] *tr, itr (Preis haben, fig: erfordern)* costare; **es hat mich einige Überwindung gekostet** mi è costato un po'; **es sich** *(dat)* **etw. ~ lassen** non badare a spese; **koste es, was es wolle!** costi quel che costi!; **was kostet das?** quanto costa questo?

kosten² ['kɔstən] *tr, itr* 1. *(Speisen)* asaggiare, provare; 2. *geh (empfinden, wahrnehmen)* assaporare, gustare; **willst du mal ~?** vuoi assaggiare?

Kosten ‹*pl*› *(Un~)* costo *m,* spesa *f; (Auslagen)* spese *f pl;* **auf ~ von** a spese di; *fig* a scapito di; **auf eigene ~** a proprie spese; **für die ~ aufkommen** assumersi le spese; **~ mit sich** *(dat)* **bringen** comportare delle spese; **auf seine ~ kommen** *fig* essere soddisfatto (*bei* di); **das geht auf meine ~** questo lo pago io. **Kostenbeteiligung** *f* partecipazione *f* alle spese. **kostenlos** *a* gratuito. **Kostenvoranschlag** *m* preventivo *m;* **einen ~ machen** fare un preventivo.

köstlich ['kœstlɪç] **I.** *a* 1. *(Genuß)* delizioso; *(Speise)* squisito, eccellente; 2. *(herrlich)* splendido; 3. *(amüsant)* divertente; **II.** *adv:* **sich ~ amüsieren** divertirsi un mondo *fam.*

Kostprobe *f (a. fig)* assaggio *m; (von Wein)* degustazione *f.*

kostspielig *a* caro, costoso, dispendioso.

Kostüm [kɔs'ty:m] ‹-s, -e› *n* 1. *(Damen~)* tailleur *m;* 2. *(Verkleidung)* costume *m; (Karnevals~)* costume *m* da carnevale. **Kostümball** *m,* **-fest** *n* ballo *m* in maschera.

kostümieren [kɔsty'mi:rən] ‹*ohne ge-*› **I.** *tr* vestire in costume, travestire; *(maskieren)* mascherare; **II.** *rfl:* **sich ~** mettersi in costume, traverstirsi (*als* da); *(sich maskieren)* mascherarsi.

Kostverächter [-fɛɐ̯ʔɛçtɐ] ‹-s, -› *m:* **kein ~ sein** *(gern essen)* non disprezzare la buona tavola; *(genießerisch sein)* non disprezzare i piaceri della vita.

Kot [ko:t] ‹-(e)s, ø› *m (Exkremente)* feci *f pl,* escrementi *m pl; (Tier~)* sterco *m.*

Kotelett [kotə'lɛt] ‹-s, -s *o.* -e› *n* costoletta *f,* cotoletta *f.*

Koteletten ‹*pl*› basette *f pl.*

Köter ['kø:tɐ] ‹-s, -› *m pej* botolo *m,* cagnaccio *m.*

Kotflügel *m* parafango *m.*

kotzen ['kɔt͜sən] *itr vulg* vomitare; **es ist zum K~** è uno schifo *fam;* **ich finde ihn zum K~!** trovo che (lui) faccia schifo *fam.*

Kotzen ‹-s, -› *m A (Decke)* coperta *f.*

KP [ka:'pe:] ‹-, -s› *f ab von* **Kommunistische Partei** P.C. *m* (*ab von* Partito comunista).

KPdSU [ka:pe:de:ʔɛs'ʔu:] ‹-, ø› *f ab für* **Kommunistische Partei der Sowjetunion** P.C.U.S. *m* (*ab von* Partito Comunista dell'Unione Sovietica).

Krabbe ['krabə] ‹-, -n› *f* 1. *zoo (Taschenkrebs)* granchio *m; (Garnele)* gambero *m;* 2. *fam (drolliges Kind)* marmocchio *m fam;* 3. *(arch)* foglia *f* rampante.

krabbeln ['krabəln] **I.** *itr* 1. ‹*sein*› *(Tiere)* strisciare; *(Kleinkinder)* camminare carponi; 2. ‹*haben*› *fam (kitzeln)* dare il prurito; **II.** *tr* ‹*haben*› *fam (kitzeln)* fare il solletico a.

Krach [krax] ‹-(e)s, -e *o.* -s *o.* ¨-e› *m* 1. ‹*sing*› *(Lärm)* chiasso *m,* rumore *m,* baccano *m fam,* fragore *m,* fracasso *m; (Schlag)* schianto *m;* 2. *fam (Streit)* lite *f;* **~ machen** *fam* fare chiasso; **~ schlagen** *fam* protestare.

krachen *itr* 1. ‹*haben*› *(Donner)* tuonare; *(Schuß)* scoppiare; *(Holz)* scricchiolare; *(Tür)* sbattere; 2. ‹*sein*› *fam (platzen)* scoppiare; *(brechen: Eis)* spaccarsi; 3. ‹*sein*› *fam (aufprallen)* schiantarsi (*gegen* su); **auf dieser Kreuzung kracht es dauernd** *fam* a questo incrocio succedono sempre incidenti; **gleich kracht's** *fam* devo far qc, devo intervenire subito.

krächzen ['krɛçt͜sən] *itr* gracchiare, gracidare.

kraft [kraft] *prp gen geh* in virtù di, in forza di.

Kraft [kraft] ‹-, ¨-e› *f* 1. forza *f;* 2. *(Wirksamkeit)* efficacia *f; (Gültigkeit)* vigore *m;* 3. *(Hilfs~, Arbeits~)* elemento *m,* operaio *m; (Lehr~)* insegnante *mf;* **am Ende seiner Kräfte sein** essere allo stremo delle proprie forze; **aus eigener ~** con le proprie forze, da solo; **außer ~ setzen** annullare, dichiacare invalido; *(Gesetz)* abolire, abrogare; *(zeitweilig)* sospendere; **bei Kräften sein** essere in forze; **das geht über meine Kräfte**

questo supera le mie forze; **in ~ sein/treten** *jur* essere/entrare in vigore; **Kräfte sammeln** raccogliere le proprie forze; **mit allen ~** con tutte le forze; **mit letzter ~** con le ultime forze; **nach Kräften** facendo tutto il possibile; **neue Kräfte schöpfen** riacquistare nuove forze; **seine Kräfte mit jdm messen** misurare le proprie forze con qu; **volle ~ voraus!** *naut* avanti a tutta forza!; **wieder zu Kräften kommen** rimettersi in forze. **Kraftaufwand** *m* impiego *m* (*o.* dispendio *m*) di forze(*o.* di energia). **Kraftausdruck** *m* parolaccia *f; (Fluch)* bestemmia *f.* **Kraftbrühe** *f* consommé *m.*

Kräfteverfall ['krɛftə-] *m* deperimento *m* delle forze, cachessia *f.*

Kraftfahrer(in) *m(f)* **1.** conducente *mf;* **2.** *(Chauffeur)* autista *mf.* **Kraftfahrzeug** *n* (*ab* **Kfz**) autoveicolo *m.* **Kraftfahrzeugbrief** *m* libretto *m* di circolazione. **Kraftfahrzeugschein** *m* carta *f* di circolazione. **Kraftfahrzeugsteuer** *f* tassa *f* di circolazione. **Kraftfahrzeugversicherung** *f* assicurazione *f* automobilistica.

Kraftfeld *n phys* campo *m* di forze. **Kraftfutter** *n* foraggio *m* concentrato.

kräftig ['krɛftɪç] **I.** *a* **1.** *(stabil gebaut)* robusto, forte; *(kraftvoll, stark)* forte; *(groß)* grande; **2.** *(Farben)* violento; **3.** *(Nahrung)* sostanziso; **eine ~e Tracht Prügel** *fam* una bella (*o.* sonora) dose di legnate *fam;* **einen ~en Schluck nehmen** *fam* bere un bel sorso; **II.** *adv* **1.** forte, fortemente; **2.** *(sehr)* molto; **~ regnen** piovere forte; **~ schütteln** agitare bene.

kräftigen *tr* rinforzare, rinvigorire, fortificare.

kraftlos *a* **1.** senza forza; *(schwach)* debole; **2.** *(Stil)* fiacco; **3.** *jur (ungültig)* non valido. **Kraftprobe** *f* prova *f* (*o.* atto *m*) di forza. **Kraftrad** *n* motociclo *m.* **Kraftreserve** *f* riserva *f* d'energia. **Kraftstoff** *m mot* carburante *m.* **Kraftstoffgemisch** *n* miscela *f* di carburante. **Kraftstrom** *m* corrente *f* industriale, forza *f.* **kraftstrotzend** *a* pieno di forze (*o.* d'energia), muscoloso. **Kraftübertragung** *f* trasmissione *f* d'energia. **kraftvoll** *a* pieno di forza, forte. **Kraftwagen** *m* automobile *m,* autoveicolo *m.* **Kraftwerk** *n* centrale *f* elettrica.

Kragen ['kra:gən] ‹-s, - *o.* ̈-› *m* *(Hemd~)* colletto *m,* collo *m; (Kleider~, Mantel~)* bavero *m;* **jdn beim ~ packen** prendere qu per il collo; **da platzt einem ja der ~** *fam* questo mi fa andare in bestia *fam.* **Kragenknopf** *m* bottone *m* del colletto. **Kragenweite** *f* misura *f* del collo.

Krähe ['krɛ:ə] ‹-, -n› *f* cornacchia *f.*

krähen ['krɛ:ən] *itr (Hahn)* cantare; *fig (Mensch)* gracidare.

Krähenfüße *m pl fam (Runzeln)* zampe *f pl* di gallina.

krakeelen [kra'ke:lən] ‹*ohne ge-*› *itr fam pej* **1.** *(lärmen)* schiamazzare *fam;* **2.** *(streiten)* litigare.

Kralle ['kralə] ‹-, -n› *f (von Raubtieren, Vögeln, a. fam pej: Fingernägel)* artiglio *m; (von Katzen)* unghia *f;* **die ~n zeigen** mostrare i denti.

krallen **I.** *tr* **1.** *(packen)* aggranfiare; *(bes. Katze)* adunghiare; **2.** *sl (klauen)* sgraffignare *fam;* **die Finger in etw. ~** affondare (*o.* conficcare) le dita in qc; **II.** *rfl:* **sich ~** *(a. fig)* aggrapparsi (*an* a).

Kram [kra:m] ‹-(e)s, ø› *m fam pej* **1.** *(Zeug)* cose *f pl,* roba *f fam; (Plunder, Schund)* ciarpame *m fam;* **2.** *(Angelegenheit)* faccenda *f,* storia *f;* **das paßt mir nicht in den ~** non mi accomoda; non mi va a genio *fam;* **den ganzen ~ hinschmeißen** mandare tutto all'aria *fam.*

kramen **I.** *itr* frugare (*in* in, *nach etw.* per trovare qc), rovistare (*in* in, *nach etw.* per trovare qc); **II.** *tr:* **etw. aus etw. ~** tirare fuori qc da qc.

Krämerseele ['krɛ:mɐ-] *f* persona *f* meschina.

Kramladen *m fam (für Lebensmittel)* pizzicagnolo *m; (für Kurzwaren)* merceria *f.*

Krampf [krampf] ‹-(e)s, ̈-e› *m* **1.** *med* crampo *m,* spasmo *m,* convulsioni *f pl;* **2.** *fam pej (gequältes Tun)* forzatura *f; (Unsinn)* sciocchezze *f pl.* **Krampfader** *f* vena *f* varicosa, varice *f.*

krampfen **I.** *rfl:* **sich ~** **1.** *med* contrarsi (convulsivamente); **2.** *(sich festhalten)* aggrapparsi (*an* a); *(Finger, etc.)* stringersi (*um* a); **II.** *tr (Finger etc.)* affondare (*um, in* in) stringere (*um, in* a, in); **III.** *itr* **1.** *(Krämpfe haben)* avere i crampi; **2.** *CH (hart arbeiten)* lavorare sodo, sgobbare *fam.*

krampfhaft *a* **1.** *med* spasmodico, convulsivo; **2.** *fam (unnatürlich)* forzato; *(angestrengt)* sforzato; **~e Anstrengungen machen** fare (degli) sforzi disperati.

Kran [kra:n] ‹-(e)s, ̈-e *o.* -e› *m* gru *f.* **Kranführer** *m* gruista *m.*

Kranich ['kra:nɪç] ‹-s, -e› *m* gru *f.*

krank [kraŋk] ⟨¨er, ¨(e)ste⟩ *a* **1.** ammalato (*an* di); *(bes. Organe)* malato; *(dauernd)* infermo; **2.** *(leidend)* sofferente (*an* di); **~ machen** far ammalare; **sich ~ melden** mettersi in mutua; *mil* marcare visita; **jdn ~ schreiben** rilasciare un certificato di malattia a qu; **~ geschrieben sein** essere in mutua; **sich ~ stellen** fingersi malato; **~ werden** ammalarsi; **deine Fragen machen mich noch ~** *fam* le tue domande mi danno sui nervi *fam.*

Kranke ⟨ein -r, -n, -n⟩ *mf* (am)malato, -a *m, f,* infermo, -a *m, f; (Patient)* paziente *mf.*

kränkeln ['krɛŋkəln] *itr* essere malaticcio.

kranken *itr* **1.** essere malato (*an* di), soffrire (*an* di); **2.** *fig* risentire (*an* di); **das krankt daran, daß ...** (ciò) risente del fatto che ...

kränken ['krɛŋkən] *tr* offendere.

Krankenbesuch *m* visita *f* (a un malato). **Krankenbett** *n* letto *m* (dell'ammalato). **Krankengeld** *n* indennità *f* di malattia. **Krankengymnast(in)** [-gymnast(ɪn)] ⟨-en, -en⟩ *m(f)* fisioterapista *mf.* **Krankengymnastik** *f* fisioterapia *f.* **Krankengymnastin** *f s.* **Krankengymnast. Krankenhaus** *n* ospedale *m; (Klinik)* clinica *f;* **städtisches ~** ospedale civico; **jdn ins ~ einweisen** far ricoverare qu in ospedale; **im ~ sein** essere all'ospedale. **krankenhausreif** *a* pronto per essere ricoverato; **jdn ~ schlagen** mandare qu all'ospedale (per le botte). **Krankenkasse** *f* mutua *f,* cassa *f* malati. **Krankenkost** *f* dieta *f* per ammalati. **Krankenpflege** *f* assistenza *f* al malato. **Krankenpfleger(in)** *m(f)* infermiere, -a *m, f.* **Krankenschein** *m* modulo *m* per la mutua, foglio *m* di malattia. **Krankenschwester** *f* infermiera *f.* **Krankenversicherung** *f* assicurazione *f* malattia (*o.* contro le malattie). **Krankenwagen** *m* ambulanza *f.* **Krankenzimmer** *n* camera *f* dell'ammalato.

krank·feiern *itr fam* darsi malato *fam.*

krankhaft *a* patologico; *(a. fig)* morboso; **seine Eifersucht ist geradezu ~** la sua è una gelosia morbosa.

Krankheit ⟨-, -en⟩ *f* malattia *f; (Erkrankung)* affezione *f; (Schmerz, Leiden)* male *m;* **eine ~ bekommen, sich** *(dat)* **eine ~ zuziehen** prendere una malattia. **Krankheitsbild** *n* quadro *m* clinico. **Krankheitserreger** *m* agente *m* patogeno. **Krankheitserscheinung** *f* sintomo *m* di una malattia. **Krankheitsherd** *m* focolaio *m* d'infezione (*o.* di malattia). **Krankheitskeim** *m* germe *m* patogeno. **Krankheitsverlauf** *m* decorso *m* della malattia.

krank·lachen *rfl:* **sich ~** *fam* morire dal ridere *fam.*

kränklich ['krɛnklɪç] *a* malaticcio.

Kränkung ⟨-, -en⟩ *f* offesa *f.*

Kranz [krants] ⟨-es, ¨e⟩ *m* corona *f,* ghirlanda *f; (Toten~)* corona *f* funebre.

kränzen ['krɛntsən] *tr* incoronare.

kraß [kras] *a* **1.** *(extrem)* estremo; *(Egoist)* grande; **2.** *(auffallend)* sorprendente; *(Widerspruch)* stridente; *(Unterschied)* grande; **3.** *(unerhört)* incredibile, inaudito; *(Lüge)* spudorato.

Krater ['kra:tɐ] ⟨-s, -⟩ *m* cratere *m.*

Krätze ['krɛtsə] ⟨-, ø⟩ *f* scabbia *f,* rogna *f.*

kratzen ['kratsən] **I.** *tr* **1.** grattare; *(mit Nägeln, Krallen)* graffiare; **2.** *(ab~)* raschiare, raspare; **3.** *(einritzen)* incidere; **4.** *fam (stören)* irritare, disturbare; **es kratzt mich** (*o.* **mir) im Hals** sento un raschio alla gola; **kratz mich mal am Rücken** grattami la schiena; **das kratzt mich überhaupt nicht** *fam* non mi disturba affatto; **II.** *itr* **1.** *(Geräusch)* scricchiolare; **2.** *(Pullover, etc.)* dare prurito; **III.** *rfl:* **sich ~** grattarsi.

Kratzer ⟨-s, -⟩ *m (a. Kratzspur)* graffiatura *f; (a. Kratzwunde)* graffio *m.*

kraulen[1] ['kraulən] *tr (streicheln)* accarezzare, lisciare; **jdm das Kinn** (*o.* **jdn am Kinn) ~** accarezzare qu sotto il mento.

kraulen[2] ['kraulən] *tr, itr* ⟨*haben o. sein*⟩ *(schwimmen)* nuotare a crawl; **sie hat** (*o.* **ist) die 100 m in Rekordzeit gekrault** ha percorso a crawl i 100 m in tempo di record.

kraus [kraus] *a* **1.** *(Haar)* riccio, crespo; *(Stirn)* rugoso; *(Stoff)* sgualcito; **2.** *fig (Gedanken)* confuso; **die Nase/Stirn ~ ziehen** arricciare il naso/corrugare la fronte.

kräuseln ['krɔyzəln] **I.** *tr (Haare)* arricciare; *(Stoff, Wasser)* increspare; *(Stirn)* corrugare; **II.** *rfl:* **sich ~** incresparsi.

Krauskopf *m* testa *f* ricciuta.

Kraut [kraut] ⟨-(e)s, ¨er⟩ *n* **1.** erba *f; (Heil~)* erba *f* medicinale; *(Würz~)* erba *f* aromatica; **2.** *(von Rüben, etc.)* foglie *f pl;* **3.** ⟨*sing*⟩ *(Kohl)* cavolo *m* (cappuccio); *(Rot~, Weiß~)* cavolo *m* rosso/bianco (*o.* cappuccio); *(Sauer~)*

crauti *m pl;* **4.** *(Un~)* malerba *f;* **5.** *pej fam (Tabak)* tabacco *m* scadente; **mit Kräutern** *gastr* alle erbe; **wie ~ und Rüben** *fam* sottosopra *fam,* alla rinfusa *fam;* **ins ~ schießen** mettere troppo foglie, crescere rapidamente; **dagegen ist kein ~ gewachsen** non c'è rimedio, non si può far nulla.

Kräuterbuch ['krɔytɐ-] *n* erbario *m.* **Kräuterbutter** *f* burro *m* aromatizzato. **Kräuterlikör** *m* liquore *m* alle erbe. **Kräutertee** *m* infuso *m* d'erbe; *(bes. Beruhigungs~)* tisana *f.*

Krawall [kra'val] ‹-s, -e› *m* **1.** *(Aufruhr)* tumulto *m,* disordine *m;* **2.** *fam pej (Lärm)* chiasso *m,* baccano *m fam.*

Krawatte [kra'vatə] ‹-, -n› *f* cravatta *f.* **Krawattennadel** *f* spillo *m* da cravatte.

kraxeln ['kraksəln] *itr ‹sein› dial, fam* arrampicarsi.

Kreatur [krea'tu:ɐ̯] ‹-, -en› *f* creatura *f.*

Krebs [kre:ps] ‹-es, -e› *m* **1.** *zoo* gambero *m; (Taschen~)* granchio *m;* **2.** *med, bot* cancro *m;* **3.** *astr* Cancro *m;* **er/sie ist (ein) ~** è Cancro. **krebserregend** *a* cancerogeno. **Krebserreger** *m* cancerogeno *m.* **Krebsforschung** *f* cancerologia *f.* **Krebsfrüherkennung** ‹-, ø› *f* diagnosi *f* precoce del cancro. **Krebsgang** *m:* **den ~ gehen** fare come i gamberi. **Krebsgeschwür** *n* ulcerazione *f* cancerosa. **krebskrank** *a* malato di cancro. **krebsrot** *a* rosso come un gambero. **Krebssuppe** *f* zuppa *f* di gamberetti. **Krebsverdacht** *m* sospetto *m* di cancro. **Krebsvorsorge** *f* prevenzione *f* del cancro. **Krebsvorsorgeuntersuchung** *f* visita *f* di controllo preventiva del cancro.

Kredit¹ [kre'di:t *o.* ...'dɪt] ‹-(e)s, -e› *m* **1.** *(fin, a. Glaubwürdigkeit)* credito *m;* **2.** *fig (Ansehen)* reputazione *f;* **auf ~** a credito; **einen ~ aufnehmen** accendere un credito; **etw. auf ~ kaufen** comprare qc a credito; **jdm einen ~ einräumen** (*o.* **gewähren** *o.* **geben)** accordare (*o.* concedere) un credito a qu; **~ haben** avere credito; *fig* godere di molto credito.

Kredit² ['kre:dɪt] ‹-s, -s› *n fin (Haben)* avere *m.*

Kreditbank [kre'di:t-] ‹-, -en› *f* istituto *m* di credito. **Kreditbrief** *m* lettera *f* di credito. **kreditfähig** *a* solvibile. **Kreditfähigkeit** *f* solvibilità *f.* **Kreditgeber** *m* creditore *m.*

kreditieren [kredi'ti:rən] ‹*ohne ge-*› **I.** *itr* far credito; **II.** *tr* accreditare (*jdm etw.* qc a qu).

Kreditkarte *f* carta *f* di credito. **Kreditnehmer** ‹-s, -› *m* beneficiario *m* di un credito. **kreditwürdig** *a* solvibile.

Kreide ['kra̯idə] ‹-, -n› *f* **1.** creta *f;* **2.** *(Schreib~)* gesso *m;* **3.** ‹*sing*› *(~zeitalter)* cretaceo *m;* **ein Stück ~** un gessetto; **bei jdm (tief) in der ~ stehen** (*o.* **sein)** *fam* essere indebitato (fino al collo) con qu. **kreidebleich** ['kra̯idə'bla̯iç] *a* bianco come un panno lavato (*o.* un cencio). **Kreidefelsen** *m* roccia *f* cretacea. **kreideweiß** ['kra̯idə'va̯is] *s.* **kreidebleich. Kreidezeichnung** *f* disegno *m* a gessetto. **Kreidezeit** *f s.* **Kreide 3.**

Kreis [kra̯is] ‹-es, -e› *m* **1.** circolo *m; (a. fig, mat)* cerchio *m; (~linie)* circonferenza *f;* **2.** *el* circuito *m;* **3.** *(Lebens~, Bereich)* ambito *m; (Wirkungs~)* ambito *m,* sfera *f;* **4.** *fig (Personen~)* cerchia *f;* **5.** *(Verwaltungsbezirk)* distretto *m;* **im ~** in cerchio; **im ~e von** in seno a; **in gutunterrichteten ~en** in ambienti (*o.* circoli) ben informati; **sich im ~ drehen** girare, rotare; **(weite) ~e ziehen** *fig* estendersi. **Kreisbahn** *f* orbita *f* (circolare); **in eine ~ (um die Erde) bringen** mettere nell'orbita (terrestre *o.* della terra). **Kreisbogen** *m* arco *m* di cerchio.

kreischen ['kra̯iʃən] *itr* strillare; *(Vögel, Bremsen)* stridere. **kreischend** *a (Stimme)* stridulo; *(Bremsen)* stridente.

Kreisel ['kra̯izəl] ‹-s, -› *m* trottola *f.*

kreisen ['kra̯izən] *itr ‹haben o. sein›* **1.** girare (*um* intorno), ruotare (*um* intorno a); **2.** *(Vögel, aero)* volteggiare; **3.** *(Blut, Geld)* circolare; **in der Runde ~** *(Becher)* fare il giro; **mit den Armen ~** roteare le braccia; **das Gespräch kreiste um ...** la conversazione si incentrava su ...

Kreisfläche *f* **1.** *allg.* superficie *f* circolare; **2.** *mat* superficie *f* del cerchio. **kreisförmig** [-fœrmɪç] **I.** *a* circolare; **II.** *adv* in cerchio, in circolo. **Kreislauf** *m* **1.** *(Blut~, Geld~)* circolazione *f;* **2.** *astr* rivoluzione *f;* **3.** *(Natur~)* ciclo *m.* **Kreislaufstörungen** *f pl* disturbi *m pl* circolatori. **Kreissäge** *f* **1.** sega *f* circolare; **2.** *fam scherz (Strohhut)* paglietta *f.*

Kreißsaal ['kra̯is-] *m* sala *f* parto.

Kreisstadt *f* capoluogo *m* distrettuale. **Kreisumfang** *m* circonferenza *f.* **Kreisverkehr** *m* circolazione *f* rotatoria.

Krematorium [krema'to:ri̯ʊm, ...i̯ən] ‹-s, -rien› *n* (forno *m*) crematorio *m*.
Kreml ['kre:məl *o.* 'krɛməl] ‹-(s), -› *m* Cremlino *m*.
Krempe ['krɛmpə] ‹-, -n› *f* tesa *f*, falda *f*.
Krempel ['krɛmpəl] ‹-s, ø› *m fam pej* roba *f fam*, cianfrusaglie *f pl fam;* **dieser alte ~** questa vecchia cianfrusaglia *fam;* **den ganzen ~ hinwerfen** *fig* buttare tutto all'aria.
Kren [kre:n] ‹-(e)s, ø› *m A (Meerrettich)* rafano *m*, crèn *m*.
krepieren [kre'pi:rən] ‹*ohne ge-*› *itr* ‹*sein*› **1.** *(Tiere, vulg: Menschen)* crepare; **2.** *(Granate, etc.)* scoppiare.
Krepp [krɛp] ‹-s, -s *o.* -e› *m* crespo *m*.
Kresse ['krɛsə] ‹-, -n› *f* crescione *m*.
kreuz [krɔy̯ts̯] *adv:* **~ und quer** a destra e sinistra, in tutti i sensi.
Kreuz [krɔy̯ts̯] ‹-es, -e› *n* **1.** *allg., rel* croce *f; (~zeichen a.)* segno *m* della croce; **2.** *mus* diesis *m;* **3.** ‹*sing*› *(beim Kartenspiel)* fiori *m pl;* **4.** *fig (Leid)* tormento *m*, afflizione *f;* **5.** *anat* schiena *f*, reni *m pl;* **aufs ~ fallen** cadere sulle reni; *fig (erstaunt, etc. sein)* rimanere di sasso *fam;* **ein ~ schlagen** (*o.* **machen)** farsi il segno della croce; **es ist ein ~** *fam* è un calvario; **es ist ein ~ mit ihm** *fam* è una croce con lui *fam;* **etw. über ~ legen** mettere in croce qc; **jdn aufs ~ legen** *fig sl* gabbare qu; **mir tut das ~ weh, ich hab's im ~** *fam* ho dolori alla schiena; **zu ~e kriechen** umiliarsi (*vor* davanti a), andare a Canossa. **Kreuzbube** *m* fante *m* di fiori.
kreuzen **I.** *tr* ‹*haben*› **1.** *(Arme, Beine, Wege, Blicke, bot)* incrociare; **2.** *(überschreiten)* attraversare; **II.** *itr* ‹*haben o. sein*› *naut* incrociare; *(beim Segeln)* bordeggiare; **III.** *rfl:* **sich ~** *(Straßen)* tagliarsi; *(Wege, Blicke)* incrociarsi.
Kreuzer ‹-s, -› *m (Schiff)* incrociatore *m*.
Kreuzfahrt *f* crociera *f*. **Kreuzfeuer** *n* **1.** *mil* fuoco *m* incrociato; **2.** *fig* fuoco *m* di fila; **im ~ der Kritik stehen** essere al centro della critica. **kreuzfidel** ['krɔy̯ts̯fi'de:l] *a fam* allegro come una pasqua *fam*. **Kreuzgang** *m* chiostro *m*.
kreuzigen *tr* crocifiggere.
Kreuzigung ‹-, -en› *f* crocifissione *f*.
Kreuzotter *f* vipera *f* comune. **Kreuzschmerzen** *m pl* dolori *m pl* di schiena.
Kreuzung ‹-, -en› *f* incrocio *m*.
Kreuzverhör *n* interrogatorio *m* in contraddittorio; **jdn ins ~ nehmen** interrogare qu in contraddittorio.
Kreuzweg *m* **1.** *(Wegkreuzung)* incrocio *m*, crocicchio *m;* **2.** *rel, fig* via *f* crucis. **kreuzweise** *adv* in croce; **du kannst mich ~!** *sl* va a fare un culo! *vulg*. **Kreuzworträtsel** *n* parole *f pl* incrociate, cruciverba *m*. **Kreuzzeichen** *n s.* **Kreuz 1. Kreuzzug** *m* crociata *f*.
kribb(e)lig ['krɪb(ə)lɪç] *a* **1.** *(kribbelnd)* solleticante; **2.** *fam (nervös, unruhig)* nervoso, irrequieto; *(gereizt)* irritato.
kribbeln ['krɪbəln] **I.** *itr* **1.** ‹*haben*› *(jucken)* prudere; *(prickeln)* essere frizzante; **2.** ‹*sein*› *(wimmeln)* formicolare; **II.** *tr* ‹*haben*› *fam (kitzeln)* fare il solletico a *fam*.
kribblig *a s.* **kribbelig.**
kriechen ['kri:çən] ‹kriecht, kroch, gekrochen› *itr* ‹*sein*› **1.** strisciare; **2.** *fig (Fahrzeuge, etc.)* procedere lentamente; **vor jdm ~** *fig* leccare i piedi a qu.
Kriecher ‹-s, -› *m fig pej* leccapiedi *m*.
Kriechspur *f* corsia *f* lenta.
Krieg [kri:k] ‹-(e)s, -e› *m* guerra *f;* **den ~ erklären** dichiarare la guerra; **gegen jdn ~ führen** fare la guerra contro qu; **im ~** in guerra.
kriegen ['kri:gən] *tr fam (bekommen, erhalten)* ricevere, ottenere; *(Krankheit)* prendersi, buscarsi *fam;* **ein Kind ~** *(erwarten)* aspettare un bambino; **sie hat ein Kind gekriegt** ha avuto un bambino; **nicht genug ~ (können)** non averne mai abbastanza; **ich kriege Hunger/Durst** mi viene fame/sete; **da kriegst du es mit mir zu tun** avrai a che fare con me; **wenn ich das sehe, kriege ich zuviel** quando vedo ciò mi sento male *fam*.
Kriegerdenkmal *n* monumento *m* ai caduti.
kriegerisch ['kri:gərɪʃ] *a (Ereignisse)* guerresco, bellico; *(Haltung)* bellicoso; *(Aussehen)* marziale.
Kriegerwitwe *f* vedova *f* di guerra.
kriegführend *a* belligerante. **Kriegführung** *f* condotta *f* di guerra; strategia *f*, tattica *f*. **Kriegsausbruch** *m:* **bei ~** allo scoppio (*o.* all'inizio) della guerra. **Kriegsbeil** *n:* **das ~ begraben/ausgraben** sotterrare/dissotterrare l'ascia di guerra. **Kriegsbereitschaft** *f:* **in ~** sul piede di guerra. **Kriegsberichterstatter** *m* corrispondente *m* di guerra. **Kriegsbeschädigte** ‹ein -r, -n, -n› *mf* invalido, -a *m, f* di guerra. **Kriegsdienstverweigerer** ‹-s, -› *m* obiettore *m* di coscienza. **Kriegserklärung** *f* di-

chiarazione *f* di guerra. **Kriegsfall** *m:* **im ~** in caso di guerra. **Kriegsfuß** *m:* **mit jdm auf (dem) ~ stehen** *scherz* essere sul piede di guerra con qu; **mit etw. auf (dem) ~ stehen** *scherz* non conoscere bene qc, avere difficoltà con qc. **Kriegsgefangene** *mf* prigioniero, -a *m, f* di guerra. **Kriegsgefangenschaft** *f* prigionia *f* (di guerra); **in ~ kommen/sein** cadere/essere prigioniero di guerra. **Kriegsgericht** *n* tribunale *m* di guerra, corte *f* marziale; **jdn vor das ~ stellen** citare qu davanti alla corte marziale (*wegen* per). **Kriegshandlung** *f* operazione *f* bellica. **Kriegslist** *f* stratagemma *m,* astuzia *f* di guerra. **Kriegsmarine** *f* marina *f* militare. **Kriegsopfer** *n* vittima *f* della guerra. **Kriegsrecht** *n* diritto *m* di guerra. **Kriegsschauplatz** *m* teatro *m* della guerra. **Kriegsschiff** *n* nave *f* da guerra. **Kriegsverbrechen** *n* crimine *m* di guerra. **Kriegsverbrecher** *m* criminale *m* di guerra. **Kriegsversehrte** *mf s.* **Kriegsbeschädigte. Kriegszustand** *m* stato *m* di guerra; **sich im ~ befinden** essere in guerra.

Krim [krɪm] *f* Crimea *f.*

Krimi ['kri:mi *o.* 'krɪmi] ‹-s, -s› *m fam* giallo *m fam.*

Kriminalbeamte [krimi'na:l-] *m,* **-beamtin** *f* funzionario, -a *m, f* della polizia giudiziaria. **Kriminalfall** *m* caso *m* criminale. **Kriminalfilm** *m* (film *m*) giallo *m.*

Kriminalistik [krimina'lɪstɪk] ‹-, ø› *f* criminologia *f.*

Kriminalität [...li'tɛ:t] ‹-, ø› *f* criminalità *f,* delinquenza *f.*

Kriminalpolizei *f* polizia *f* giudiziaria. **Kriminalroman** *m* romanzo *m* poliziesco (*o.* giallo), giallo *m.*

kriminell [krimi'nɛl] *a* criminale. **Kriminelle** ‹ein -r, -n, -n› *mf* criminale *mf.*

Kriminologie [kriminolo'gi:] ‹-, ø› *f* criminologia *f.*

Krimskrams ['krɪmskrams] ‹-(es), ø› *m fam* cianfrusaglie *f pl fam,* ciarpame *m.*

Kripo ['kri:po] ‹-, -s› *f fam ab von* **Kriminalpolizei** polizia *f* giudiziaria.

Krippe ['krɪpə] ‹-, -n› *f* **1.** *(Futter~)* mangiatoia *f,* greppia *f;* **2.** *(Weihnachts~)* presepio *m;* **3.** *(Kinder~)* asilo *m* nido.

Krise ['kri:zə] ‹-, -n› *f* crisi *f.*

kriseln *itr:* **es kriselt** c'è (in vista) una crisi.

krisenfest *a* stabile. **Krisengebiet** *n* focolaio *m* di crisi. **Krisenherd** *m* focolaio *m.* **Krisenstab** *m* comitato *m* d'emergenza.

Kristall[1] [krɪs'tal] ‹-s, -e› *m (Körper)* cristallo *m.*

Kristall[2] [krɪs'tal] ‹-s, ø› *n (Glas)* cristallo *m.*

kristallen *a* di cristallo, cristallino.

Kristallglas *n* **1.** *(Material)* cristallo *m;* **2.** *(Gefäß)* bicchiere *m* di cristallo.

kristallin(isch) [...'li:n(ɪʃ)] *a* cristallino.

kristallisieren [...li'zi:rən] ‹*ohne ge-*› **I.** *tr, itr* cristallizzare; **II.** *rfl:* **sich ~** cristallizzarsi.

kristallklar *a* cristallino. **Kristallzukker** *m* zucchero *m* cristallino.

Kriterium [kri'te:ri̯ʊm, ...i̯ən] ‹-s, -rien› *n* **1.** *allg.* criterio *m;* **2.** *sport* criterium *m.*

Kritik [kri'ti:k] ‹-, -en› *f* critica *f* (*an* a, di); **eine gute ~ haben** avere una buona critica; **unter aller ~ sein** *fam* essere molto scadente.

Kritiker(in) ['kri:tikɐ (...ərɪn)] ‹-s, -› *m(f)* critico *mf,* recensore *m.*

kritiklos *a* acritico.

kritisch ['kri:tɪʃ] *a* critico.

kritisieren [kriti'zi:rən] ‹*ohne ge-*› *tr* criticare.

kritteln ['krɪtəln] *itr pej* trovare da ridire (*an* su).

Kritzelei [krɪt͜sə'la͜i] ‹-, -en› *f fam pej* scarabocchi *m pl fam,* sgorbi *m pl.*

kritzeln ['krɪt͜səln] *tr, itr* scarabocchiare.

kroch [krɔx] *1. u. 3. pers sing imp von* **kriechen.**

Krokant [kro'kant] ‹-s, ø› *m* croccante *m.*

Krokodil [kroko'di:l] ‹-s, -e› *n* coccodrillo *m.* **Krokodilstränen** *f pl* lacrime *f pl* di coccodrillo.

Krokus ['kro:kʊs] ‹-, -(se)› *m* croco *m.*

Krone ['kro:nə] ‹-, -n› *f* **1.** *(allg., fin, tec, Zahn~)* corona *f; (Baum~)* chioma *f;* **2.** *fig (Krönung, Höhepunkt)* colmo *m,* massimo *m,* coronamento *m;* **einen in der ~ haben** *fam* essere sbronzo *fam;* **das setzt doch allem die ~ auf!** *fam* questo è il colmo! *fam;* **die ~ der Schöpfung** la corona del creato; **dabei fällt dir keine Perle** (*o.* **kein Stein) aus der ~** *fam* non ci rimetti niente.

krönen ['krø:nən] *tr* **1.** *(a. fig)* incoronare; **2.** *(abschließen)* coronare; **von Erfolg gekrönt sein** essere coronato dal successo; **der ~de Abschluß** la fine in gloria.

Kronleuchter *m* lampadario *m* a corona. **Kronprinz** *m* principe *m* ereditario. **Kronprinzessin** *f* **1.** *(Throner-*

bin) principessa *f* ereditaria; **2.** *(Gattin des Thronerben)* moglie *f* del principe ereditario.

Krönung ‹-, -en› *f* **1.** incoronazione *f;* **2.** *fig (Höhepunkt)* coronamento *m.*

Kronzeuge *m,* **-zeugin** *f* teste *mf* principale.

Kropf [krɔpf] ‹-(e)s, ⸚e› *m* gozzo *m.*

Krösus ['krø:zʊs] ‹- *o.* -ses, -se› *m scherz* creso *m,* nababbo *m.*

Kröte ['krø:tə] ‹-, -n› *f* **1.** *zoo, fig pej* rospo *m;* **2.** *fam scherz (kleines Kind)* rospetto *m fam;* **3.** ‹*pl*› *sl (Geld)* quattrini *m pl fam.*

Krs. *ab von* **Kreis** distretto *m.*

Krücke ['krʏkə] ‹-, -n› *f* **1.** gruccia *f,* stampella *f;* **2.** *(Schirm~, Stock~)* manico *m;* **3.** *sl pej (Versager)* inetto, -a *m, f fam,* fallito, -a *m, f fam,* incapace ; **an ~n gehen** camminare con le grucce.

Krug ['kru:k] ‹-(e)s, ⸚e› *m* brocca *f;* **der ~ geht so lange zum Brunnen, bis er bricht** *prov* tanto va la gatta al lardo che ci lascia lo zampino *prov.*

Krume ['kru:mə] ‹-, -n› *f* **1.** *(Brot~)* briciola *f* (di pane); **2.** *(Acker~)* strato *m* superiore del terreno.

Krümel ['kry:məl] ‹-s, -› *m* briciola *f.*

krüm(e)lig *a* friabile.

krümeln *itr* sbriciolarsi.

krümlig *a s.* **krümelig.**

krumm [krʊm] *a* **1.** *(schief)* storto; *(verkrümmt)* contorto; *(bogenförmig)* curvo; **2.** *fig sl (unrechtmäßig)* disonesto; **auf die ~e Tour** *sl* in modo poco pulito, per vie traverse; **~ biegen** incurvare; **~e Beine/Nase** gambe storte/naso adunco; **~e Dinger drehen** *sl* far qc di proibito; **~e Geschäfte** *sl* affari loschi (*o.* poco puliti); **sich ~ ärgern** *fam* arrabbiarsi molto; **~ werden** piegarsi, incurvarsi.

krummbeinig *a* dalle gambe storte.

krümmen ['krʏmən] **I.** *tr (biegen)* (in)curvare, piegare; **ihm wurde kein Haar gekrümmt** non gli è stato torto un capello; **II.** *rfl:* **sich ~ 1.** *(sich beugen)* (in)curvarsi, piegarsi; *(Straße, Fluß)* (in)curvare, piegare; **2.** *(sich winden)* (con)torcersi; **sich vor Lachen ~** piegarsi in due dal ridere *fam;* **sich vor Schmerzen ~** piegarsi in due dai dolori.

krumm·nehmen ‹*irr*› *tr fam (übelnehmen)* prendere in mala parte (*jdm etw.* qc a qu).

Krümmung ‹-, -en› *f* **1.** incurvamento *m;* **2.** *(Biegung, a. anat, mat)* curvatura *f; (Straßen~, Fluß~)* curva *f.*

Kruppe ['krʊpə] ‹-, -n› *f* groppa *f.*

Krüppel ['krʏpəl] ‹-s, -› *m* storpio *m;* **jdn zum ~ machen** storpiare qu; **zum ~ werden** diventare storpio.

krüppelhaft *a* storpio, storpiato.

krüpp(e)lig *a* **1.** *(verkrüppelt)* storpio; **2.** *(mißgestaltet)* deforme.

Kruste ['krʊstə] ‹-, -n› *f* crosta *f.* **Krustenbildung** *f (Vorgang)* incrostamento *m; (Resultat)* incrostazione *f.* **Krustentier** *n* crostaceo *m.*

Kruzifix [krut͡si'fɪks *o.* 'kru:t͡s...] ‹-es, -e› *n* crocifisso *m;* **~ (noch mal)!** *fam* accidenti! *fam.*

Krypta ['krʏpta, ...tən] ‹-, -ten› *f* cripta *f.*

Kuba ['ku:ba] *n* Cuba *f.*

Kubaner(in) [ku'ba:nɐ (...ərɪn)] ‹-s, -› *m(f)* cubano, -a *m, f.*

kubanisch *a* cubano.

Kübel ['ky:bəl] ‹-s, -› *m* mastello *m,* tinozza *f; (Eimer)* secchio *m.*

Kubikmeter [ku'bi:k-] *n o. m* (*ab* **cbm**) metro *m* cubo. **Kubikwurzel** *f* radice *f* cubica. **Kubikzahl** *f* potenza *f* cubica. **Kubikzentimeter** *n o. m* (*ab* **ccm**) centimetro *m* cubo.

kubisch ['ku:bɪʃ] *a* cubico.

Kubismus [ku'bɪsmʊs] ‹-, ø› *m* cubismo *m.*

Küche ['kʏçə] ‹-, -n› *f* cucina *f;* **die italienische ~** la cucina italiana; **gutbürgerliche ~** cucina casalinga; **kalte ~** piatti freddi.

Kuchen ['ku:xən] ‹-s, -› *m* **1.** torta *f,* focaccia *f;* **2.** ‹*meist pl*› *(Kleingebäck)* paste *f pl;* **ein Stück ~** un pezzo (*o.* una fetta) di torta. **Kuchenblech** *n* piastra *f* del forno.

Küchenchef *m* chef *m,* capocuoco *m.*

Kuchenform *f* forma *f* per torte. **Kuchengabel** *f* forchetta *f* da dessert.

Küchenherd *m* fornello *m* (da cucina). **Küchenmesser** *n* coltello *m* da cucina. **Küchenpersonal** *n* personale *m* di cucina. **Küchenschabe** *f* scarafaggio *m,* blatta *f.* **Küchenschrank** *m* credenza *f,* buffè *m.*

Kuchenteig *m* pasta *f* per (*o.* da) torte (*o.* dolci).

kuckuck ['kʊkʊk] *interj* cucù. **Kuckuck** ‹-s, -e› *m* cuculo *m;* **das weiß der ~!** *fam* lo sa il diavolo *fam;* **zum ~ (noch mal)!** *fam* al diavolo! *fam;* **hol's der ~!** *fam* accidenti! *fam,* uffa, che noia! *fam,* al diavolo! *fam.* **Kuckucksuhr** *f* (orologio *m* a) cucù *m.*

Kufe ['ku:fə] ‹-, -n› *f (Schlitten~, Flugzeug~)* pattino *m; (Schlittschuh~)* lama *f.*

Küfer ['ky:fɐ] ‹-s, -› *m* bottaio *m.*

Kugel ['ku:gəl] ‹-, -n› *f* **1.** *allg.* palla *f;* **2.** *mat* sfera *f;* **3.** *(Erd~)* globo *m;* **4.** *(Gewehr~)* pallottola *f; (Kano-*

nen~) palla *f;* 5. *(Kegel~)* boccia *f; (Billard~)* biglia *f; sport (Stoß~)* peso *m;* **sich** *(dat)* **eine ~ durch den Kopf jagen** *fam* bruciarsi le cervella *fam;* **eine ruhige ~ schieben** *fam* prendersela con calma (*o.* comoda) *fam.* **Kugelblitz** *m* fulmine *m* a globo. **Kugelfang** *m* parapalle *m.* **kugelförmig** [-fœrmıç] *a* sferico. **Kugelkopfschreibmaschine** *f* macchina *f* da scrivere a testina rotante. **Kugellager** *n* cuscinetto *m* a sfere.

kugeln I. *itr ‹sein›* rotolare; **das ist ja zum K~!** *fam* c'è da sbellicarsi dalle risa! *fam;* **II.** *rfl:* **sich ~** rotolarsi; **sich ~ vor Lachen** ridere a crepapelle; **ich könnte mich ~!** *fam* potrei crepare dal ridere! *fam.*

kugelrund ['ku:gəl'rʊnt] *a* sferico, tondo. **Kugelschreiber** *m* penna *f* a sfera, biro *m fam.* **kugelsicher** *a* a prova di proiettile. **Kugelstoßen** ‹-s, ø› *n* lancio *m* del peso.

Kuh [ku:] ‹-, ¨-e› *f* **1.** vacca *f,* mucca *f;* **2.** *fig pej (weibliche Person)* stupida *f fam,* cretina *f fam.* **Kuhfladen** *m* meta *f* di vacca. **Kuhhandel** *m fam pej* mercanteggiamento *m,* mercimonio *m.* **Kuhhaut** *f:* **das geht auf keine ~** *fig fam* questo è il colmo *fam.* **Kuhhirte** *m* vaccaio *m.*

kühl [ky:l] *a* **1.** *(Wetter, etc.)* fresco; **2.** *fig (Empfang, Blick)* freddo; **~ werden** diventare più fresco; **~ aufbewahren** (*o.* **lagern)** tenere al fresco, conservare in luogo fresco. **Kühlanlage** *f* impianto *m* frigorifero (*o.* di refrigerazione). **Kühlbox** *f* freezer *m.*

Kühle ‹-, ø› *f* **1.** fresco *m,* frescura *f;* **2.** *fig* freddezza *f.*

kühlen I. *tr* **1.** *(~ lassen)* raffreddare; *(kalt stellen)* mettere in ghiaccio; **2.** *(erfrischen)* rinfrescare; **3.** *phys, tec* refrigerare; **II.** *itr* diventar freddo.

Kühler ‹-s, -› *m* **1.** *tec* refrigeratore *m; mot, aero* radiatore *m;* **2.** *fam (~haube)* cofano *m.* **Kühlerhaube** *f* cofano *m* (del motore).

Kühlhaus *n* magazzino *m* frigorifero. **Kühlraum** *m* cella *f* frigorifera. **Kühlschrank** *m* frigorifero *m,* frigo *m fam.* **Kühltruhe** *f* congelatore *m.* **Kühlturm** *m* torre *f* di raffreddamento.

Kühlung ‹-, ø› *f* **1.** *(Vorgang)* raffreddamento *m;* **2.** *(Luft)* frescura *f;* **3.** *(Vorrichtung)* dispositivo *m* di raffreddamento.

Kühlwagen *m Eisenb.* vagone *m* frigorifero; *mot* camion *m* frigorifero.

Kühlwasser *n* acqua *f* di raffreddamento.

Kuhmilch *f* latte *f* di mucca.

kühn [ky:n] *a* audace, ardito; *(toll~)* temerario; *(riskant)* rischioso; *fig (Behauptung)* avventato; **das übertrifft meine ~sten Erwartungen** questo supera le mie più audaci aspettative. **Kühnheit** ‹-, -en› *f* audacia *f,* ardimento *m,* temerarietà *f; fig (von Gedanke, Theorie)* arditezza *f.*

Kuhstall *m* stalla *f* delle mucche.

k. u. k. ['ka:ʔʊnt'ka:] *hist ab von* **kaiserlich und königlich** imperialregio.

Küken ['ky:kən] ‹-s, -› *n* **1.** pucino *m;* **2.** *fam (junges Mädchen)* pollastrella *f fam;* **das ~** *(Nesthäkchen)* il (*o.* la) più giovane della famiglia.

Kukuruz ['kʊkurʊts̯ *o.* 'ku:k...] ‹-(es), ø› *m A (Mais)* mais *m,* gran(o)turco *m.*

kulant [ku'lant] *a* accomodante.

Kuli ['ku:li] ‹-s, -s› *m* **1.** *(Lastenträger)* coolie *m; fig* facchino *m;* **2.** *fam (Kugelschreiber)* biro *m fam.*

kulinarisch [kuli'na:rıʃ] *a* culinario.

Kulisse [ku'lısə] ‹-, -n› *f* quinta *f;* **hinter den ~n** *(a. fig)* dietro le quinte; **einen Blick hinter die ~ werfen** *fig* gettare uno sguardo dietro le quinte.

Kulleraugen ['kʊle-] *n pl* occhioni *m pl.*

Kult [kʊlt] ‹-(e)s, -e› *m* culto *m;* **einen ~ mit etw. treiben** avere un culto per qc, idolatrare qc. **kultisch** *a* del culto, liturgico.

kultivieren [kʊlti'vi:rən] ‹*ohne ge-*› *tr* **1.** *agr, fig* coltivare; **2.** *(urbar machen)* dissodare; **3.** *fig (verfeinern)* affinare. **kultiviert** *a fig (vornehm, gebildet)* colto, istruito; *(Geschmack, Sprache)* raffinato; **ein ~er Herr** un uomo colto; **könnt Ihr Euch nicht etwas ~er unterhalten?** non potreste discutere un po' più educatamente?

Kultstätte *f* luogo *m* sacro (*o.* di culto).

Kultur [kʊl'tu:ɐ̯] ‹-, -en› *f* **1.** *agr, biol* coltura *f;* **2.** *(geistige, künstlerische ~)* cultura *f; (Lebensform)* civiltà *f.* **Kulturaustausch** *m* scambi *m pl* culturali. **Kulturbanause** *m* zotico *m.* **Kulturbeutel** *m* nécessaire *m* da toeletta.

kulturell [kʊltu'rɛl] *a* culturale.

Kulturfilm *m* documentario *m.* **Kulturgeschichte** *f* storia *f* della civiltà. **Kulturgüter** *n pl* beni *m pl* culturali. **Kulturhoheit** *f* sovranità *f* culturale. **Kulturrevolution** *f* rivoluzione *f* culturale. **Kulturstufe** *f* grado *m* di civiltà. **Kulturvolk** *n* popolo *m* civile.

Kulturzentrum *n* centro *m* culturale.

Kultusminister(in) ['kʊltʊs-] *m(f)* ministro *m* della pubblica istruzione. **Kultusministerium** *n* ministero *m* della pubblica istruzione.

Kümmel ['kʏməl] ‹-s, -› *m* **1.** *bot* comino *m;* **2.** *(Branntwein)* Kümmel *m.*

Kummer ['kʊmɐ] ‹-s, ø› *m* dispiacere *m,* pena *f,* afflizione *f;* **hast du ~?** hai preoccupazioni?; **ich bin an ~ gewöhnt** *fam* sono abituato a soffrire; **jdm ~ bereiten** (*o.* **machen**) dare dei dispiaceri a qu.

kümmerlich ['kʏmɐlɪç] *a* **1.** *(elend)* misero; *(erbärmlich)* pietoso; *(ärmlich, dürftig)* povero, scarso; **2.** *(schwächlich)* deboluccio.

kümmern ['kʏmɐn] **I.** *rfl:* **sich ~ 1.** *(sich annehmen)* prendersi cura (*um* di); **2.** *(sich befassen)* preoccuparsi (*um* di); **~ Sie sich bitte darum, daß ...** per favore, si preoccupi che ... *conj;* **~ Sie sich (doch) um Ihre eigenen Angelegenheiten!** badi (*o.* pensi) ai fatti suoi *fam;* **~ Sie sich nicht um ...** non pensi a ..., non si impicci di ... *fam;* **II.** *tr* interessare (*jdn* a qu), importare (*jdn* a qu); **was kümmert mich das?** che me ne importa?

kummervoll *a* afflitto.

Kumpan(in) [kʊm'pa:n(ɪn)] ‹-s, -e› *m(f) fam* **1.** *(Kamerad)* compagno, -a *m, f;* **2.** *pej (Mittäter)* complice *mf.*

Kumpel ['kʊmpəl] ‹-s, -(s)› *m* **1.** *min* minatore *m;* **2.** *allg. fam* compagno *m* (di lavoro); **sie/er ist ein guter ~** *fam* è un buon amico/una buona amica.

kündbar ['kʏntba:ɐ̯] *a* **1.** *(Vertrag)* denunciabile; **2.** *(Geld)* rimborsabile, revocabile; **3.** *(Arbeitnehmer)* licenziabile.

Kunde [1] ['kʊndə] ‹-, -n› *f* **1.** *geh, obs (Nachricht)* notizia *f;* **2.** *(Kenntnis)* conoscenza *f;* **3.** *(Lehre)* scienza *f.*

Kunde [2] ['kʊndə] ‹-n, -n› *m,* **Kundin** [...dɪn] *f* cliente *mf,* avventore, -a *m, f.* **Kundendienst** *m* servizio *m* di assistenza ai clienti. **Kundennummer** *f* codice *m* clienti.

kund·geben ‹*irr*› *tr geh* **1.** *(mitteilen)* annunciare, comunicare; **2.** *(äußern)* manifestare, rivelare.

Kundgebung ‹-, -en› *f* **1.** *pol* manifestazione *f,* dimostrazione *f;* **2.** *obs (Äußerung)* espressione *f.*

kundig *a geh* **1.** *(unterrichtet)* informato (*gen* di); **2.** *(erfahren)* esperto (*gen* di, in), versato (*gen* in).

kündigen ['kʏndɪgən] **I.** *tr allg.* *(Freundschaft)* disdire, rifiutare; *(Vertrag)* denunciare; *(Darlehen)* chiedere la restituzione di; *(Hypothek)* denunciare il rimborso di; **II.** *itr* **1.** *(Arbeitgeber)* licenziare (*jdm* qu); *(Arbeitnehmer)* licenziarsi; **2.** *(Mieter, Vermieter)* dare la disdetta (*jdm* a qu); **jdm fristlos ~** licenziare qu senza preavviso; **ihm ist gekündigt worden** è stato licenziato.

Kündigung ‹-, -en› *f* **1.** *(von Vertrag)* disdetta *f,* rescissione *f;* **2.** *(von Darlehen, Hypothek)* riscatto *m;* **3.** *(von Arbeitgeber)* licenziamento *m; (von Arbeitnehmer)* dimissioni *f pl;* **mit monatlicher ~** con preavviso di un mese. **Kündigungsfrist** *f* **1.** *(Zeitpunkt)* termine *m* di disdetta; **2.** *(Zeitraum)* preavviso *m.* **Kündigungsgrund** *m* motivo *m* del licenziamento (*o.* della disdetta).

Kundin *f s.* **Kunde**[2].

Kundschaft ‹-, ø› *f* **1.** *com* clientela *f,* clienti *m pl;* **2.** *obs (Erkundung)* esplorazione *f;* **3.** *obs (Nachricht)* notizia *f.*

kundschaften *itr* andare in ricognizione.

kund·tun ‹*irr*› *tr s.* **kundgeben.**

künftig ['kʏnftɪç] **I.** *a* futuro; **II.** *adv* in avvenire; *(von jetzt ab)* d'ora innanzi.

Kunst [kʊnst] ‹-, ¨e› *f* **1.** arte *f;* **2.** *(Geschicklichkeit)* abilità *f,* destrezza *f;* **3.** *(~griff)* artificio *m;* **am Ende seiner ~ sein** non saper più che cosa fare; **das ist keine ~!** non è difficile; **die bildenden Künste** le arti figurative; **die schönen Künste** le belle arti; **die Schwarze ~** la negromanzia, la magia nera. **Kunstakademie** *f* accademia *f* di (*o.* delle) belle arti. **Kunstausstellung** *f* mostra *f* (*o.* esposizione *f*) d'arte.

Kunstdünger *m* concime *m* chimico. **Kunstfaser** *f* fibra *f* sintetica.

kunstfertig *a geh* abile, destro. **Kunstfertigkeit** *f* abilità *f,* destrezza *f.* **Kunstgegenstand** *m* oggetto *m* d'arte. **kunstgerecht I.** *a* fatto a regola d'arte; **II.** *adv* a regola d'arte. **Kunstgeschichte** *f* storia *f* dell'arte. **Kunstgewerbe** *n* arte *f* applicata (*o.* industriale). **Kunstgriff** *m* artificio *m,* stratagemma *m.* **Kunsthändler(in)** *m(f)* commerciante *mf* d'oggetti d'arte. **Kunsthandlung** *f* negozio *m* (*o.* bottega *f*) d'arte. **Kunsthandwerk** *n* arte *f* applicata, arti *f pl* decorative. **Kunstkenner(in)** *m(f)* intenditore, -trice *m, f* d'arte. **Kunstkritiker(in)** *m(f)* critico *mf* d'arte.

Kunstleder *n* cuoio *m* artificiale.
Künstler(in) ['kʏnstlɐ (...ərɪn)] ‹-s, -› *m(f)* artista *mf*. **künstlerisch** *a* artistico. **Künstlername** *m* nome *m* d'arte.
künstlich ['kʏnstlɪç] *a* **1.** artificiale; **2.** *chem* sintetico; **3.** *(gekünstelt)* artificioso; *(geheuchelt)* affettato; **jdn ~ ernähren** nutrire qu artificialmente.
Kunstliebhaber(in) *m(f)* amante *mf* dell'arte. **kunstlos** *a* semplice, disadorno. **Kunstmaler(in)** *m(f)* pittore, -trice *m, f* artista.
Kunstpause *f* **1.** pausa *f* a effetto; **2.** *fam iron* inciampo *m*.
Kunstreiter(in) *m(f)* cavallerizzo, -a *m, f* acrobata. **Kunstsammlung** *f* collezione *f* (di oggetti) d'arte.
Kunstseide *f* seta *f* artificiale. **Kunststoff** *m* materia *f* sintetica, plastica *f*. **kunststoffbeschichtet** *a* plastificato.
kunst·stopfen *tr* rammendare in modo invisibile.
Kunststück *n* gioco *m* di prestigio; **~e vorführen** fare giochi di destrezza; **das ist kein ~!** *fam* bell'abilità! *fam*.
Kunstverständnis *n* sensibilità *f* artistica, senso *m* dell'arte. **Kunstwerk** *n* opera *f* d'arte. **Kunstwert** *m* valore *m* artistico.
kunterbunt ['kʊntɐ-] *a* **1.** *(bunt)* multicolore, variopinto; **2.** *fig (abwechslungsreich)* vario; *(ungeordnet)* disordinato, confuso.

Kupfer ['kʊpfɐ] ‹-s, ø› *n* rame *m*. **Kupferdraht** *m* filo *m* di rame. **Kupfergeschirr** *n* rami *m pl*. **kupfern** *a* di rame. **Kupferschmied** *m* ramaio *m*. **Kupferstich** *m* incisione *f* su rame. **Kupfervitriol** [-vitrio:l] ‹-s, -e› *n* solfato *m* di rame.
Kuppe ['kʊpə] ‹-, -n› *f* **1.** *(Berg~)* cima *f* arrotondata; **2.** *(Finger~)* punta *f* del dito.
Kuppel ['kʊpəl] ‹-, -n› *f* cupola *f*.
Kuppelei [kʊpə'lai̯] ‹-, -en› *f* lenocinio *m*.
kuppeln ['kʊpəln] **I.** *tr* **1.** *fig, tec* accoppiare, appaiare; **2.** *Eisenb.* agganciare; **II.** *itr* **1.** *mot* innestare la frizione; **2.** *(als Kuppler)* fare da mezzano.
Kuppler(in) ‹-s, -› *m(f)* mezzano, -a *m, f*, lenone, -a *m, f*.
Kupplung ['kʊplʊŋ] ‹-, -en› *f* **1.** *(Ver~) tec* accoppiamento *m; Eisenb.* agganciamento *m;* **2.** *tec (Vorrichtung)* giunto *m; mot* frizione *f;* **die ~ treten** pigiare la frizione; **die ~ kommen lassen** lasciar venir su la frizione.

Kur [ku:ɐ̯] ‹-, -en› *f* cura *f*, trattamento *m*.
Kuratorium [kura'to:ri̯ʊm, ...i̯ən] ‹-s, -rien› *n* consiglio *m* di sorveglianza.
Kurbel ['kʊrbəl] ‹-, -n› *f* manovella *f*. **Kurbelantrieb** *m* comando *m* a manovella.
kurbeln I. *itr* girare la manovella; **II.** *tr* tirare girando una manovella.
Kurbelstange *f* biella *f*. **Kurbelwelle** *f* albero *m* a gomiti.
Kürbis ['kʏrbɪs] ‹-ses, -se› *m* zucca *f*.
Kurfürst ['ku:ɐ̯-] *m* principe *m* elettore. **Kurfürstentum** *n* elettorato *m*.
Kurgast *m* ospite *m* di un luogo di cura. **Kurhaus** *n* stabilimento *m* termale (*o.* di cura).
Kurie ['ku:ri̯ə] ‹-, ø› *f* curia *f*.
kurieren [ku'ri:rən] ‹*ohne ge-*› *tr* **1.** *(ärztlich behandeln)* curare; **2.** *(heilen)* guarire.
kurios [ku'ri̯o:s] *a* curioso, strano, bizzarro.
Kuriosität [kuri̯ozi'tɛ:t] ‹-, -en› *f* **1.** *(Eigenart)* curiosità *f*, stranezza *f;* **2.** *(Gegenstand)* oggetto *m* raro, rarità *f*.
Kurort *m* luogo *m* di cura, stazione *f* climatica (*o* balneare *o* termale).
Kurpfuscher(in) [-pfʊʃɐ (...ərɪn)] ‹-s, -› *m(f) fam pej* medicastro, -a *m, f fam*, ciarlatano, -a *m, f fam*.
Kurpfuscherei [-pfʊʃə'rai̯] ‹-, ø› *f* ciarlataneria *f*.
Kurpfuscherin *f s.* **Kurpfuscher.**
Kurs [kʊrs] ‹-es, -e› *m* **1.** *naut, aero* rotta *f;* **2.** *fig, pol* corso *m;* **3.** *(Aktien~)* quotazione *f; (Wechsel~)* cambio *m;* **4.** *(Lehrgang)* corso *m* (*für, in* di, per); **zum ~ von** *fin* al cambio di; **den ~ ändern** cambiare corso; **einen neuen ~ einschlagen** *(a. fig)* cambiare rotta; **~ nehmen auf** *naut* far rotta su; **harter ~** *pol* linea *f* dura; **hoch im ~ stehen** *(Aktien)* essere molto quotato; *fig* essere molto quotato (*bei* presso, da); **vom ~ abkommen** andare fuori corso. **Kursbericht** *m* bollettino *m* della borsa, listino *m* dei cambi. **Kursbuch** *n* orario *m* ferroviario.
Kurschatten *m* amante *mf* durante un soggiorno termale.
Kürschner(in) ['kʏrʃnɐ (...ərɪn)] ‹-s, -› *m(f)* pellicciaio, -a *m, f*.

Kurse *pl von* **Kurs(us).**
kursieren [kʊr'zi:rən] ‹*ohne ge-*› *itr* circolare.
kursiv [kʊr'zi:f] *a typ* corsivo.
Kursnotierung *f* quotazione *f* di borsa. **Kursschwankung** *f* oscillazione

f dei corsi. **Kursteilnehmer(in)** *m(f)* partecipante *mf* a un corso.

Kursus ['kʊrzʊs, ...zə] ‹-, Kurse› *m* corso *m*.

Kursverlust *m* perdita *f* sul cambio. **Kurswagen** *m* carrozza *f* diretta. **Kurszettel** *m* listino *m* di borsa.

Kurt [kʊrt] *männlicher Vorname.*

Kurtaxe *f* tassa *f* di soggiorno.

Kurve ['kʊrvə *o.* 'kʊrfə] ‹-, -n› *f* **1.** *allg., mat* curva *f;* **2.** *(Straßen~)* svolta *f;* **3.** *fig* parabola *f;* **eine ~ nehmen** prendere una curva; **aus der ~ geschleudert werden** sbandare in curva; **die ~ kratzen** *fam* svignarsela *fam;* **nicht die ~ kriegen** *fam* non farcela *fam.*

kurven *itr ‹sein›* curvare.

Kurvenlineal *n* curvilineo *m*. **kurvenreich** *a* sinuoso, pieno di curve.

kurz [kʊrts] **I.** ‹¨er, ¨este› *a* **1.** *(räumlich)* corto; **2.** *(zeitlich)* breve; **binnen ~em** entro breve tempo, in poco tempo; **(bis) vor ~em** (fino a) poco (tempo) fa; **~ danach** poco dopo; **kürzer machen** (r)accorciare; **über ~ oder lang** presto o tardi, prima o poi; **kürzer werden** (r)accorciarsi; **den kürzeren ziehen** avere la peggio *fam;* **II.** ‹¨er, am ¨esten› *adv* in breve, brevemente, (per) poco; **~ angebunden** di poche parole; **bei etw. zu ~ kommen** scapitarci in qc *fam;* **etw. ~ und klein schlagen** fracassare qc, fare a pezzi qc; **~ gesagt, ~ und gut** per farla breve *fam,* in poche parole, insomma; **mach's ~!** falla breve! *fam,* taglia corto! *fam;* **sich ~ fassen** essere breve; **um es ~ zu machen** per farla breve *fam;* **~ und bündig** brevemente, in modo conciso. **Kurzarbeit** *f* lavoro *m* a orario ridotto. **kurzatmig** *a* che ha il fiato corto, asmatico.

Kürze ['kʏrtsə] ‹-, -n› *f* **1.** *(räumlich)* cortezza *f;* *(a. zeitlich)* brevità *f;* **2.** *(des Ausdrucks)* concisione *f,* stringatezza *f;* **3.** *lit* breve *f;* **in ~** tra poco (*o.* breve); **in aller ~** brevemente, succintamente; **in der ~ liegt die Würze** *prov* la brevità dà sapore al discorso.

kürzen *tr* **1.** *(Kleid, etc.)* (r)accorciare; **2.** *(ab~)* abbreviare; **3.** *(verringern: Gehälter, Ausgaben)* diminuire; *(a. mat)* ridurre; *(Kredit)* tagliare.

kurzerhand ['kʊrtsɐ'hant] *adv* senza esitare (*o.* pensarci troppo); al momento.

Kurzfassung *f* edizione *f* ridotta. **Kurzfilm** *m* cortometraggio *m*. **kurzfristig I.** *a* **1.** *(kurze Zeit dauernd)* a breve termine; **2.** *(ohne lange Vorbereitung)* dell'ultimo momento; **3.** *(in kurzer Zeit)* sollecito; **II.** *adv* **1.** *(ohne lange Vorbereitung)* all'ultimo momento; **2.** *(in kurzer Zeit)* in breve tempo. **Kurzgeschichte** *f* storia *f* breve. **kurz·halten** ‹*irr*› *tr:* **jdn ~** tenere a corto qu. **kurzlebig** *a* **1.** dalla vita breve; **2.** *fig* di breve durata, effimero; *(Güter)* deperibile.

kürzlich *adv* recentemente, poco tempo fa, l'altro giorno.

Kurznachrichten *f pl* brevi notizie *f pl*. **Kurzschluß** *m* corto circuito *m*. **Kurzschlußhandlung** *f* azione *f* avventata. **Kurzschrift** *f* stenografia *f*. **kurzsichtig** *a* miope. **Kurzsichtigkeit** ‹-, ø› *f* miopia *f*.

kurzum ['kʊrts'ʔʊm] *adv* in breve, insomma.

Kürzung ‹-, -en› *f* **1.** *allg.* (r)accorciamento *m;* **2.** *(Ab~)* abbreviazione *f;* **3.** *(Verringerung)* diminuzione *f;* **4.** *(mat, a. von Buch)* riduzione *f*.

Kurzwaren *f pl* mercerie *f pl*. **kurzweilig** *a* divertente. **Kurzwelle** *f* (*ab* KW) **1.** *phys* onda *f* corta; **2.** *radio* onde *f pl* corte. **Kurzzeitgedächtnis** *n* memoria *f* corta.

kuscheln ['kʊʃəln] *rfl:* **sich ~** stringersi (*an* a, *in* in), raggomitolarsi (*an* su, *in* in).

Kusine [ku'zi:nə] ‹-, -n› *f* cugina *f*.

Kuß [kʊs] ‹Kusses, Küsse› *m* bacio *m*.

kußecht *a* indelebile.

küssen ['kʏsən] **I.** *tr* baciare; **jdm die Hand ~** baciare la mano a qu; **II.** *rfl:* **sich ~** baciarsi.

Küste ['kʏstə] ‹-, -n› *f* costa *f,* litorale *m,* riva *f* del mare; **an der ~** sulla costa. **Küstengebiet** *n* territorio *m* costiero, litorale *m*. **Küstengewässer** *n pl* acque *f pl* territoriali. **Küstenschiffahrt** *f* navigazione *f* costiera, cabotaggio *m*. **Küstenstreifen** *m* fascia *f* costiera, litorale *m*.

Küster ['kʏstɐ] ‹-s, -› *m* sagrestano *m*.

Kustos ['kʊstɔs, ...'to:dən] ‹-, -toden› *m* conservatore *m* di museo.

Kutsche ['kʊtʃə] ‹-, -n› *f* carrozza *f,* vettura *f*.

Kutscher ‹-s, -› *m* cocchiere *m,* vetturino *m*.

Kutte ['kʊtə] ‹-, -n› *f* saio *m*.

Kutteln ['kʊtəln] ‹*pl*› trippa *f*.

Kutter ['kʊtɐ] ‹-s, -› *m* cutter *m*.

Kuvert [ku'veːɐ̯ *o.* ku'vɛːɐ̯] ‹-(e)s, -e *o.* -s› *n* busta *f*.

KV *ab von* **Köchelverzeichnis** registro *m* Köchel.

kW *ab von* **Kilowatt** kW (*ab von* chilowatt).

KW *ab von* **Kurzwelle** OC (*ab von* onde corte).

kwh *ab von* **Kilowattstunde** kWh.

Kybernetik [kybɛr'ne:tɪk] ‹-, ø› *f* cibernetica *f.*

kyrillisch [ky'rɪlɪʃ] *a* cirillico.

KZ [ka:'tsɛt] ‹-(s), -s› *n ab von* **Konzentrationslager** campo *m* di concentramento.

L

L, l [ɛl] ‹-, -(s)› *n* L, l *f;* ~ **wie Ludwig** L come Livorno.
l *ab von* **Liter** l (*ab von* litro).
laben ['la:bən] **I.** *tr* ristorare; **II.** *rfl:* **sich** ~ **1.** ristorarsi (*an* con); **2.** *fig* ricrearsi (*an* con).
labil [la'bi:l] *a* labile.
Labilität [labili'tɛ:t] ‹-, ø› *f* labilità *f,* instabilità *f.*
Labor [la'bo:ɐ̯] ‹-s, -s *o.* -e› *n* laboratorio *m.*
Laborant(in) [labo'rant(ɪn)] ‹-en, -en› *m(f)* assistente *mf* di laboratorio.
Laboratorium [...ra'to:ri̯ʊm, ...i̯ən] ‹-s, -rien› *n* laboratorio *m.*
Labsal ['la:pza:l] ‹-(e)s, -e› *n o. (A, süddeutsch)* ‹-, -e› *f geh* ristoro *m geh,* conforto *m.*
Labyrinth [laby'rɪnt] ‹-(e)s, -e› *n* labirinto *m.*
Lache[1] ['laxə *o.* 'la:xə] ‹-, -n› *f* pozza *f; (Wasser~)* pozzanghera *f.*
Lache[2] ['laxə] ‹-, -n› *f fam* risata *f.*
lächeln ['lɛçəln] *itr* **1.** sorridere; **2.** *fig (Glück)* arridere (*jdm* a qu). **Lächeln** ‹-s, ø› *n* sorriso *m.*
lachen ['laxən] *itr* **1.** *allg.* ridere (*über* di, per); **2.** *(jdm günstig sein)* arridere (*jdm* a qu); **jdm ins Gesicht** ~ ridere in faccia a qu; **hämisch** ~ (sog)ghignare; **herzlich** (*o.* **von Herzen**) ~ ridere di cuore; **nichts zu** ~ **haben** aver poco da ridere; **da gibt's nichts zu** ~ c'è poco da ridere; **daß ich nicht lache!** non farmi ridere, mi fai proprio ridere; **Sie haben gut** ~! ha un bel ridere *fam;* **das wäre ja gelacht, wenn ...!** sarebbe davvero da ridere se ...; **wer zuletzt lacht, lacht am besten** *prov* ride bene chi ride ultimo *prov;* **aus vollem Hals** ~ ridere di cuore; **sich** *(dat)* **ins Fäustchen** ~ ridere sotto i baffi *fam.* **Lachen** ‹-s, ø› *n* riso *m; (Gelächter)* risata *f;* **sich biegen** (*o.* **kugeln**) **vor** ~ *fam* ridere a crepapelle, piegarsi in due dal ridere (*o.* dalle risate) *fam;* **jdn zum** ~ **bringen** far ridere qu; **sich vor** ~ **nicht halten können** non poterne più dal ridere; **sich** *(dat)* **das** ~ **nicht verbeißen** (*o.* **verkneifen**) **können** non potersi trattenere dal ridere; **mir ist (gar) nicht zum** ~ **(zumute)** non ho affatto voglia di ridere; **das ist nicht zum** ~ non son cose da ridere; **dir wird das** ~ **(schon) noch vergehen** ti passerà la voglia di ridere *fam.*
Lacher ‹-s, -› *m* colui che ride; **die** ~ **auf seiner Seite haben** aver conquistato con una battuta le persone che ascoltano.
Lacherfolg *m:* **ein** ~ **sein** essere un successo di risate.
lächerlich ['lɛçəlɪç] *a* ridicolo; **sich** ~ **machen** rendersi ridicolo; **jdn** ~ **machen** rendere ridicolo qu, ridicolizzare qu; **etw.** ~ **machen** volgere qc al ridicolo; **das ist doch** ~! ma è ridicolo!; **das habe ich zu einem geradezu ~en Preis bekommen** l'ho comprato per un prezzo irrisorio.
Lachgas *n* gas *m* esilarante. **Lachkrampf** *m* riso *m* convulso.
Lachs [laks] ‹-es, -e› *m* salmone *m.* **lachsfarben** *a* color salmone. **Lachsforelle** *f* trota *f* salmonata. **Lachsschinken** *m* arista *f* di maiale affumicata.
Lack [lak] ‹-(e)s, -e› *m* **1.** *(~farbe)* lacca *f;* vernice *f; (Auto~)* vernice *f; (Nagel~)* smalto *m; (Siegel~)* ceralacca *f;* **2.** *(~ierung)* verniciatura *f;* **der** ~ **ist ab** *fam* la patina è andata via, non è più nuovo. **Lackaffe** *m fam pej* bellimbusto *m.*
lackieren [la'ki:rən] ‹*ohne ge-*› *tr* **1.** laccare; *(Auto, Möbel)* verniciare; **2.** *fig fam (täuschen)* imbrogliare.
Lackleder *n* cuoio *m* verniciato, vernice *f.*
Lackmus ['lakmʊs] ‹-, ø› *m o. n* tornasole *m.* **Lackmuspapier** *n* carta *f* al tornasole.
Lackschuh *m* scarpa *f* di vernice.

Lade ['la:də] ‹-, -n› *f (Schub~)* cassetto *m.*
Ladegewicht *n* portata *f;* **zulässiges** ~ carico *m* ammesso. **Ladehemmung** *f* inceppamento *m.* **Ladekran** *m* gru *f* da carico.
laden ['la:dən] ‹lädt, lud, geladen› *tr* **1.** *allg., el, phys, mil, fig* caricare; **2.** *geh (ein~)* invitare; **3.** *(vor~) jur* citare; **jdn vor Gericht** ~ citare qu in giudizio; **Holz auf einen Wagen** ~ caricare legname su un carro; **geladen sein** *fig fam* essere furibondo

fam; **(schwere) Schuld auf sich ~** addossarsi una (grave) colpa.

Laden ['la:dən] ‹-s, ¨-› *m* **1.** *(Kauf~)* negozio *m,* bottega *f;* **2.** *(Fenster~)* imposta *f; (Rolladen)* avvolgibile *m;* **den ganzen ~ hinwerfen** *fam* piantar baracca e burattini *fam;* **den ~ schmeißen** *fam* sistemare le cose; **einen ~ aufmachen** (*o.* **eröffnen)** aprire un negozio; **wie läuft der ~?** *fam* come vanno le cose? *fam;* **das ist vielleicht ein müder ~!** *fam* mamma che barba! *fam,* che posto barboso! *fam.* **Ladendieb(in)** *m(f)* taccheggiatore, -trice *m, f.* **Ladendiebstahl** *m* taccheggio *m.* **Ladenhüter** *m fig pej* fondo *m* di bottega; rimanenza *f.* **Ladenkette** *f* catena *f* di negozi. **Ladenpreis** *m* prezzo *m* (di vendita) al minuto. **Ladenschild** *n* insegna *f* del negozio. **Ladenschluß** *m* chiusura *f* dei negozi. **Ladenschlußgesetz** *n* legge *f* sull'orario di chiusura dei negozi. **Ladentisch** *m* banco *m* di vendita. **Laderampe** *f* rampa *f* di carico.

lädieren [lɛ'di:rən] ‹*ohne ge-*› *tr* danneggiare, ledere.

lädt [lɛ:t] *3. pers sing pr von* **laden.**

Ladung ‹-, -en› *f* **1.** *(Fracht)* carico *m;* **2.** *(Munition, a. el, fig)* carica *f;* **3.** *jur (Vor~)* citazione *f.*

lag [la:k] *1. u. 3. pers sing imp von* **liegen.**

Lage ['la:gə] ‹-, -n› *f* **1.** *(Position, geog, Ton~)* posizione *f;* **2.** *(Situation, Umstände)* situazione *f,* condizioni *f pl;* **3.** *(Schicht)* strato *m; (~ Papier)* quinterno *m;* **4.** *fam (Runde)* giro *m;* **5.** *mus (Stimm~)* registro *m;* **dazu bin ich (heute) nicht in der ~** (oggi) non sono in grado di farlo; **die ~ erkunden** (*o. fam* **peilen)** tastare il terreno; **eine sonnige/verkehrsgünstige ~** una posizione soleggiata/favorevole per quanto riguarda i mezzi di trasporto; **in der ~ sein, etw. zu tun** essere in grado (*o.* condizione) di fare qc; **in einer schwierigen ~ sein** essere in una situazione precaria; **nach ~ der Dinge** date le circostanze; **sich in jds ~ versetzen** mettersi nei panni di qu. **Lagebericht** *m* rapporto *m* sulla situazione. **Lagebesprechung** *f* discussione *f* (*o.* analisi *f*) della situazione. **Lageplan** *m* planimetria *f.*

Lager ['la:ge] ‹-s, -› *n* **1.** *allg. (Unterkunft)* campo *m;* **2.** *(Vorrats~)* deposito *m;* magazzino *m; (gelagerter Vorrat)* stock *m;* **3.** *geh, poet (Schlafstätte)* giaciglio *m geh,* letto *m;* **4.** *fig (Partei, Seite)* campo *m,* schieramento *m,* partito *m;* **5.** *tec* cuscinetto *m;* **ab ~** franco magazzino; **das ~ abbrechen** levare il campo; **etw. auf ~ haben** avere qc in magazzino; *fig fam (Witz, etc.)* avere in serbo qc *fam;* **sein ~ aufschlagen** piantare il campo. **Lagerbestand** *m* stock *m,* scorta *f* disponibile. **Lagerfeuer** *n* fuoco *m* da campo, bivacco *m.* **Lagergebühr** *f* diritto *m* di magazzinaggio. **Lagerhalle** *f* capannone *m.* **Lagerhaltung** *f* stoccaggio *m,* magazzinaggio *m.*

Lagerist(in) [lagə'rɪst(ɪn)] ‹-en, -en› *m(f)* magazziniere, -a *m, f.*

lagern I. *itr* **1.** *(liegen)* essere sdraiato (*o.* coricato); **2.** *(kampieren, a. mil)* essere accampato; **3.** *(Vorrat, Waren)* essere depositato (*o.* immagazzinato); *(Wein)* stagionare; **II.** *tr* **1.** *(legen)* posare, adagiare; **2.** *(aufbewahren)* immagazzinare; **dieser Fall ist ähnlich gelagert** questo caso presenta analogie; **III.** *rfl:* **sich ~** sdraiarsi; *(bes. mil)* accamparsi.

Lagerplatz *m* **1.** *(Zelt~)* campo *m;* **2.** *(Waren~)* deposito *m.* **Lagerraum** *m* magazzino *m.*

Lagerung ‹-, -en› *f* **1.** *(Lagern)* immagazzinamento *m;* **2.** *(Gelagertsein)* magazzinaggio *m.*

Lagerverwalter(in) *m(f)* capo *m* magazziniere. **Lagerzeit** *f* periodo *m* di magazzinaggio.

lahm [la:m] *a* **1.** *(gelähmt)* paralitico; *(a. fig)* paralizzato; *(hinkend)* zoppo; **2.** *fam (kraftlos, schlaff)* debole, fiacco; **3.** *fig fam* magro, insufficiente; **eine ~e Entschuldigung** *fam* una misera scusa *fam.* **lahmarschig** *a sl pej* indolente. **Lahme** ‹ein -r, -n, -n› *mf* paralitico, -a *m, f; (Hinkende)* zoppo, -a *m, f.*

lahmen *itr* essere zoppo; *(hinken)* zoppicare.

lähmen ['lɛ:mən] *tr* paralizzare.

lahm·legen *tr* paralizzare.

Lähmung ‹-, -en› *f* paralisi *f;* **halbseitige ~** emiplegia *f.*

Laib [la̯ip] ‹-(e)s, -e› *m* **1.** *(Brot~)* pagnotta *f;* **2.** *(Käse~)* forma *f.*

Laich [la̯iç] ‹-(e)s, -e› *m* uova *f pl* di pesci e anfibi. **laichen** *itr* deporre le uova. **Laichplatz** *m* luogo *m* dove pesci e anfibi depongono uova.

Laie ['la̯iə] ‹-n, -n› *m* **1.** *(Nichtfachmann)* profano *m;* **2.** *rel* laico *m;* **ein blutiger ~ sein** *fam* essere uno sprovveduto profano. **laienhaft** *a, adv* da profano, da incompetente.

Lakai [la'ka̯i] ‹-en, -en› *m* lacchè *m.*

Lake ['la:kə] ‹-, -n› *f* salamoia *f.*

Laken ['la:kən] ‹-s, -› *n* lenzuolo *m.*

Lakritze [la'krɪtsə] ‹-, -n› *f* liquirizia *f.*
lallen ['lalən] *itr, tr* balbettare, ciangottare.
Lama¹ ['la:ma] ‹-s, -s› *n* **1.** *zoo* lama *m;* **2.** ‹*sing*› *(Textil)* vigogna *f.*
Lama² ['la:ma] ‹-(s), -s› *m rel* lama *m.*
Lamelle [la'mɛlə] ‹-, -n› *f* **1.** *bot* lamella *f;* **2.** *tec* aletta *f.*
Lametta [la'mɛta] ‹-s, ø› *n* **1.** *(Christbaumschmuck)* fili *m pl* d'argento; **2.** *fam scherz (Orden)* patacche *f pl fam.*
Lamm [lam] ‹-(e)s, ¨-er› *n* agnello *m; (gastr. a.)* abbacchio *m.*
lammen *itr* agnellare.
Lammfell *n* pelliccia *f* d'agnello, agnellino *m.* **lammfromm** ['lam'frɔm] *a* docile come un agnello.
Lampe ['lampə] ‹-, -n› *f* lampada *f.* **Lampenfieber** *n* febbre *f* della ribalta. **Lampenschirm** *m* paralume *m,* abat jour *m.*
Lampion [lam'pi̯ɔŋ *o.* 'lam...] ‹-s, -s› *m* lampioncino *m* (alla veneziana).
lancieren [lã'si:rən] ‹*ohne ge-*› *tr* **1.** *fig, com, pol* lanciare; **2.** *mil* silurare.
Land [lant] ‹-(e)s, ¨-er› *n* **1.** *(nicht Wasser)* terra *f;* **2.** *(Staat)* paese *m;* **3.** *(Bundesland der BRD)* regione *f,* Land *m;* **4.** *(nicht Stadt)* campagna *f;* **5.** *(Acker~)* terreno *m;* **an ~ gehen** toccare terra, approdare; **auf dem ~(e)** in campagna; **aufs ~ fahren/ziehen** andare/andare a stare in campagna; **aus aller Herren Länder** da tutti i paesi del mondo; **das Gelobte** (*o.* **Heilige) ~** la terra promessa (*o.* santa); **ins ~ gehen** (*o.* **ziehen)** *poet* passare, trascorrere; **jdn des ~es verweisen** esiliare qu; **~ und Leute** il paese e i suoi abitanti; **sich** *(dat)* **etw./jdn an ~ ziehen** *fam fig* conquistare qc/qu; **wieder im ~e sein** *fam* essere tornato; **wieder ~ sehen** *fig* tornare a sperare; **zu ~e und zu Wasser** per mare e per terra. **Landadel** *m* nobiltà *f* terriera. **Landarbeiter(in)** *m(f)* lavoratore, -trice *m, f* agricolo, -a. **Landbesitz** *m* proprietà *f* terriera. **Landbevölkerung** *f* popolazione *f* rurale.
Landebahn *f* pista *f* di atterraggio. **Landeerlaubnis** *f* permesso *m* d'atterraggio.
landeinwärts [-'ʔai̯nvɛrts] *adv* verso l'interno del paese.
landen ['landən] **I.** *itr* ‹*sein*› **1.** *naut* toccare terra, approdare, sbarcare; **2.** *aero* atterrare; *(auf Flugzeugträger)* appontare; *(auf Mond)* allunare; **3.** *fam (ankommen)* arrivare, giungere; *(unvorhergesehen ankommen)* capitare, andare a finire; **damit kannst du bei mir nicht ~!** *fam* con me non attacca!; **du landest noch einmal im Gefängnis, wenn du so weitermachst!** *fam* finirai in galera se continui a comportarti così! *fam;* **nach seinem Sturz landete er auf dem Bauch** *fam* dopa la sua caduta cadde bocconi *fam;* **II.** *tr* ‹*haben*› **1.** sbarcare; **2.** *fam (Schlag)* assestare, mettere a segno; *(Sieg, Erfolg)* conseguire, riportare.
Landenge *f* istmo *m.*
Landeplatz *m* **1.** *naut* approdo *m;* **2.** *aero* terreno *m* d'atterraggio; *(kleiner Flugplatz)* campo *m* d'aviazione; **~ für Hubschrauber** eliporto *m.*
Ländereien [lɛndə'rai̯ən] ‹*pl*› proprietà *f* terriera, terre *f pl.*
Länderkampf *m,* **-spiel** *n* ['lɛndɐ-] incontro *m* internazionale. **Länderkunde** *f* geografia *f.*

Landesebene *f:* **auf ~** a livello *m* nazionale. **Landesfarben** *f pl* **1.** *(von Staat)* colori *m pl* nazionali; **2.** *(von Bundesland)* colori *m pl* regionali (*o.* del Land). **Landesgrenze** *f* **1.** *(von Staat)* confine *m* nazionale, frontiera *f;* **2.** *(von Bundesland)* confine *m* regionale (*o.* del Land). **Landeshauptstadt** *f (von Staat)* capitale *f; (von Region)* capoluogo *m.*
Landesignal *n* segnale *m* d'atterraggio.
Landesinnere *n* interno *m* del paese. **Landeskunde** *f* corografia *f.* **Landesregierung** *f* **1.** *(von Staat)* governo *m* nazionale; **2.** *(von Bundesland)* governo *m* regionale (*o.* del Land). **Landessprache** *f* lingua *f* nazionale (*o.* del paese).
Landesteg *m* pontile *m* d'approdo.
Landestrauer *f* lutto *m* nazionale. **landesüblich** *a* conforme agli usi del paese, del paese. **Landesverrat** *m* alto tradimento *m.* **Landeswährung** *f* moneta *f* (*o.* valuta *f*) nazionale.
Landflucht *f* esodo *m* dalla campagna. **Landfriedensbruch** *m* **1.** *hist* rottura *f* della tregua; **2.** *jur* violazione *f* dell'ordine pubblico. **Landgemeinde** *f* comune *m* rurale. **Landgut** *n* proprietà *f* terriera, podere *m* (rurale). **Landhaus** *n* casa *f* di campagna, villa *f.* **Landkarte** *f* carta *f* geografica. **Landkommune** *f* comune *f* rurale. **Landkreis** *m* distretto *m* rurale. **landläufig** [-lɔyfɪç] *a* corrente, usuale, comune. **Landleben** *n* vita *f* agreste (*o.* di campagna).

ländlich ['lɛntlɪç] *a* rurale, campagnolo, rustico.
Landluft *f* aria *f* di campagna. **Landmaschinen** *f pl* macchine *f pl* agricole. **Landplage** *f* piaga *f*, calamità *f*. **Landrat** *m* presidente *m* di distretto rurale. **Landratsamt** *n* ufficio *m* distrettuale (*o.* del Landkreis). **Landratte** *f fam scherz* terraiolo *m*, uomo *m* di terraferma. **Landregen** *m* pioggia *f* continua.
Landschaft ‹-, -en› *f* paesaggio *m*; regione *f*, paese *m*. **landschaftlich** *a* paesistico; regionale. **Landschaftsgärtner(in)** *m(f)* architetto *mf* paesaggista. **Landschaftsgestaltung** *f* architettura *f* del paesaggio. **Landschaftsschutz** *m* tutela *f* del paesaggio naturale. **Landschaftsschutzgebiet** *n* zona *f* protetta.
Landschulheim *n* collegio *m* di campagna.
Landsknecht *m hist* lanzichenecco *m*; *(Söldner)* mercenario *m*.
Landsmann ‹-(e)s, -leute› *m*, **-männin** [-mɛnɪn] *f* compatriota *mf*, connazionale *mf*, compaesano, -a *m*, *f*; **was für ein ~ sind Sie?** di che paese è Lei?; **wir sind Landsleute** siamo dello stesso paese.
Landstraße *f* strada *f* maestra. **Landstreicher(in)** ‹-s, -› *m(f)* vagabondo, -a *m*, *f*, girovago, -a *m*, *f*. **Landstreicherei** [-ʃtrai̯çə'rai̯] ‹-, *rar* -en› *f* vagabondaggio *m*. **Landstrich** *m* regione *f*, zona *f*. **Landtag** *m* **1.** *(Institution)* dieta *f* regionale; **2.** *(~sgebäude)* sede *f* della dieta.
Landung ‹-, -en› *f* **1.** *aero* atterraggio *m*; *(Mond~)* allunaggio *m*; **2.** *naut* approdo *m*; **zur ~ ansetzen** *aero* apprestarsi all'atterraggio. **Landungsbrücke** *f* pontile *m* d'approdo.
Landvermessung *f* agrimensura *f*. **Landweg** *m*: **auf dem ~** via terra. **Landwein** *m* vino *m* locale.
Landwirt(in) *m(f)* agricoltore, -trice *m*, *f*, coltivatore, -trice *m*, *f*. **Landwirtschaft** *f* agricoltura *f*, economia *f* rurale. **landwirtschaftlich** *a* agricolo, agrario, rurale; **~er Betrieb** azienda agricola; **~e Genossenschaft** cooperativa agricola. **Landwirtschaftsausstellung** *f* fiera *f* agricola. **Landwirtschaftsminister(in)** *m(f)* ministro *m* dell'agricoltura. **Landwirtschaftsministerium** *n* ministero *m* dell'agricoltura.
Landzunge *f* lingua *f* di terra.
lang [laŋ] **I.** ‹¨er, ¨ste› *a* **1.** *allg.* lungo; **2.** *(hochgewachsen)* alto; **gleich/verschieden ~** *(räumlich)* della stessa/di diversa lunghezza; *(zeitlich)* della stessa/di diversa durata; **des ~en und (des) breiten** per le lunghe, minutamente; **vor ~er Zeit** tanto tempo fa; **II.** *adv* ‹¨er, am ¨sten›: **zehn Jahre ~** per dieci anni; **den ganzen Tag ~** per tutta la giornata; **~ ersehnt/erwartet** lungamente (*o.* a lungo) desiderato/atteso; **~ hinfallen** cadere lungo disteso; *s. a. entlang.* **langanhaltend** *a* di lunga durata. **langärm(e)lig** *a* a maniche lunghe. **langatmig** *a* prolisso. **langbeinig** *a* dalle gambe lunghe.
lange ['laŋə] ‹¨er, am ¨sten› *adv* **1.** *(~ Zeit)* (a) lungo, lungamente, per molto tempo; **2.** *(längst, bei weitem)* molto; **da kannst du ~ warten!** *fam* puoi aspettare! *fam*; **es ist noch ~ nicht gesagt, daß ...** non è detto che ... *conj*; **es ist schon ~ her** è già da un pezzo; **es nicht mehr ~ machen** *fam* non averne per molto *fam*; **~ brauchen, um etw. zu tun** impiegare molto (tempo) per fare qc; **~ dauern** durare a lungo; **nicht ~ darauf** poco dopo; **schon ~** da molto tempo; **so ~ wie** (per tanto tempo) quanto; **warten Sie schon ~?** è molto che aspetta?; **was er kann, (das) kann ich schon ~!** *fam* quello che sa fare lui, lo so fare già da un pezzo; **was fragst du noch ~?** *fam* ne hai ancora per molto con le tue domande? *fam*, esiti ancora?; **wie ~?** (per) quanto (tempo)?
Länge ['lɛŋə] ‹-, -n› *f* **1.** *allg. sport* lunghezza *f*; **2.** *geog, astr, mat* longitudine *f*; **3.** *(Dauer)* durata *f*; **4.** *(lange Silbe)* (sillaba *f*) lunga *f*; **5.** *fig (langweilige Stelle)* lungaggine *f*; **der ~ nach** per il lungo, in lunghezza; **von zehn Meter ~** lungo dieci metri; **der ~ nach hinfallen** cadere lungo disteso; **sich in die ~ ziehen** andare per le lunghe; **etw. in die ~ ziehen** *fig* tirare in lungo qc.
langen *fam dial* **I.** *itr* **1.** *(ausreichen)* bastare; **2.** *(greifen)* prendere (*nach etw.* qc), allungare la mano (*nach etw.* verso qc); **3.** *(sich erstrecken)* allungarsi; **mir langt's!, jetzt langt's (mir) aber!** *fam* ne ho abbastanza!, ora basta! *fam*; **das langt** basta così; **II.** *tr* **1.** *(reichen)* porgere; **2.** *(nehmen, holen)* prendere; **jdm eine ~** *fam* mollare un ceffone a qu *fam*.
Längengrad *m* grado *m* di longitudine. **Längenmaß** *n* misura *f* di lunghezza.
länger ['lɛŋɐ] **I.** ‹*Komparativ von* lang› *a* **1.** più lungo; **2.** *(ziemlich lang)* prolungato; **etw. ~ machen** allungare qc;

~ werden allungarsi; **II.** ⟨*Komparativ von* lange⟩ *adv* più (a lungo), per lungo tempo; **einen Tag ~** un giorno in più; **je ~, desto besser** più dura meglio è.

Langeweile ⟨- *o.* Langenweile, *dat - o.* Langerweile, ø⟩ *f* noia *f;* **aus** (*o.* **vor**) **~** per la noia; **~ haben** annoiarsi.

Langfinger *m fam* ladro *m,* ladruncolo *m.* **langfristig** *a, adv* a lunga scadenza, a lungo termine. **langgestreckt** *a* lungo, allungato. **langhaarig** *a (Mensch)* con i capelli lunghi; *(Tier)* a pelo lungo. **langjährig** *a* di (molti) anni; *geh* annoso; *(Freund, etc.)* vecchio. **Langlauf** *m* sci *m* di fondo. **Langlaufloipe** *f* pista *f* (per sci) di fondo. **Langlaufski** *m* sci *m* di fondo. **langlebig** *a* **1.** *(lange lebend)* longevo; **2.** *(lange Zeit dauernd)* duraturo, durevole. **Langlebigkeit** ⟨-, ø⟩ *f* longevità *f; (Dauerhaftigkeit)* durevolezza *f.*

länglich ['lɛŋlɪç] *a* allungato, oblungo.

Langmut ⟨-, ø⟩ *f geh* longanimità *f.* **langmütig** [-my:tɪç] *a geh* longanime.

längs [lɛŋs] **I.** *prp gen o. dat* lungo *nom;* **II.** *adv* per (il) lungo. **Längsachse** *f* asse *m* longitudinale.

langsam **I.** *a* lento; **II.** *adv* **1.** lentamente, a poco a poco; **2.** *fam (allmählich, endlich)* piano piano; **immer schön ~!** *fam* adagio!, con calma!; **~, aber sicher** *fam* lento, ma sicuro; **~er fahren/gehen** rallentare (il passo); **~ wird es Zeit, daß ...** *fam* è quasi ora che ... *conj.* **Langsamkeit** ⟨-, ø⟩ *f* lentezza *f.*

Langschläfer(in) *m(f)* dormiglione, -a *m, f.* **Langspielplatte** *f* (*ab* **LP**) long-playing *m.*

Längsschnitt *m* taglio *m* (*o.* sezione *f*) longitudinale.

längst [lɛŋst] *adv:* **schon ~** già da molto tempo (*o.* da un pezzo); **~ nicht so wie ...** molto meno di ..., di gran lunga non così come ...; **noch ~ nicht** molto meno.

längstens ['lɛŋstəns] *adv* **1.** *(höchstens)* al massimo; **2.** *(spätestens)* al più tardi.

Langstreckenlauf *m* corsa *f* di fondo. **Langstreckenläufer(in)** *m(f)* fondista *mf.*

Languste [laŋ'gʊstə] ⟨-, -n⟩ *f* aragosta *f.*

langweilen **I.** *tr* annoiare; **II.** *rfl:* **sich ~** annoiarsi; **sich tödlich** (*o.* **zu Tode**) **~** annoiarsi a morte.

langweilig *a* noioso; *(eintönig)* monotono.

Langwelle *f* (*ab* **LW**) onda *f* lunga. **langwierig** [-vi:rɪç] *a* lungo e complicato. **Langzeitwirkung** *f* effetto *m* prolungato.

Lanolin [lano'li:n] ⟨-s, ø⟩ *n* lanolina *f.*

Lanze ['lantsə] ⟨-, -n⟩ *f* lancia *f;* **für jdn eine ~ brechen** *fig* spezzare una lancia in favore di qu.

lapidar [lapi'da:ɐ] *a* lapidario.

Lapislazuli [lapɪs'la:tsuli] ⟨-, -⟩ *m* lapislazzuli *m.*

Lappalie [la'pa:liə] ⟨-, -n⟩ *f* bagatella *f,* bazzecola *f,* inezia *f.*

Lappen ['lapən] ⟨-s, -⟩ *m* **1.** *(Stück Stoff)* cencio *m,* straccio *m; (Wisch~)* strofinaccio *m; (Wasch~)* manopola *f* (per lavarsi); **2.** *anat* lobo *m;* **3.** *sl (Geldschein)* banconota *f* di grosso taglio; **jdm durch die ~ gehen** *fam* sfuggire a qu.

läppisch ['lɛpɪʃ] *a* sciocco, ridicolo; *(kindisch)* infantile.

Lärche ['lɛrçə] ⟨-, -n⟩ *f bot* larice *m.*

Lärm [lɛrm] ⟨-(e)s, ø⟩ *m* rumore *m; (Krach)* chiasso *m,* baccano *m;* **~ schlagen** dare l'allarme; **viel ~ um nichts** molto rumore per nulla. **Lärmbekämpfung** *f* lotta *f* contro i rumori. **Lärmbelästigung** *f* inquinamento *m* fonico.

lärmen *itr* far chiasso (*o.* rumore). **lärmend** *a* rumoroso, chiassoso; *(Kinder)* schiamazzante.

Lärmpegel *m* decibel *m.*

Larve ['larfə] ⟨-, -n⟩ *f* **1.** *zoo* larva *f;* **2.** *(Maske)* maschera *f.*

las [la:s] *1. u. 3. pers sing imp von* **lesen.**

lasch [laʃ] *a (schlaff)* molle; *(a. fig)* fiacco.

Lasche ['laʃə] ⟨-, -n⟩ *f* **1.** *tec* coprigiunto *m;* **2.** *(Schuh~)* linguetta *f.*

Laser ['leɪzə] ⟨-s, -⟩ *m* laser *m.* **Laserstrahl** *m* raggio *m* laser.

lassen ['lasən] ⟨läßt, ließ, gelassen *o. modales Hilfsverb* lassen⟩ *tr, itr* **1.** *allg.* lasciare; **2.** *(zu~, gestatten)* permettere (*etw. tun* di fare qc); **3.** *(veran~)* fare (*etw. tun* fare qc); **4.** *(nicht tun)* non fare; *(unter~)* smettere; rinunciare (*etw.* a qc); **5.** *(ver~, zurück~)* abbandonare; **6.** *(be~)* lasciare; **7.** *(über~)* lasciare, dare; **das muß man ihr ~** questo non glielo si può negare; questo bisogna concederglielo; **er läßt nicht mit sich** *(dat)* **reden/handeln** con lui non si può ragionare/trattare; **etw. (einfach) nicht ~ können** non poter fare a meno di qc; **ich habe mir sagen ~, daß ...** ho saputo che ..., mi hanno detto che ...; **jdn allein ~** lasciare solo qu; **jdn in Ruhe ~** lasciare qu in pace; **jdn kommen/warten ~** far venire/aspettare qu; **~ Sie sich nicht stören!** non si disturbi!; **~ wir das!** non parliamone più!; **laß das (sein)!** lascia perdere!, smettila!, piantala!; **laß mich dabei aus dem Spiel** non coinvolgermi; **laß mich nur machen!** *fam* lascia fare a me! *fam;* **laß(t) uns gehen** andiamo; **sich** *(dat)* **die Haare schneiden/wachsen ~** farsi tagliare/crescere i capelli; **sich** *(dat)* **etw. nicht nehmen ~** non rinunciare a qc; **tu, was du nicht ~ kannst** *fam* fallo se proprio vuoi; **von etw./jdm ~** *geh, obs* rinunciare a qc/qu.

lässig ['lɛsɪç] *a* **1.** *(ungezwungen)* disinvolto; **2.** *(gleichgültig)* indolente; **3.** *(nach~)* negligente, trascurato. **Lässigkeit** ⟨-, ø⟩ *f* **1.** *(Ungezwungenheit)* disinvoltura *f;* **2.** *(Gleichgültigkeit)* indolenza *f.*

Lasso ['laso] ⟨-s, -s⟩ *n o. m* lasso *m.*

läßt [lɛst] *2. u. 3. pers pr sing von* **lassen.**

Last [last] ⟨-, -en⟩ *f* **1.** *allg., el, fig* carico *m;* **2.** *(Gewicht, a. fig)* peso *m;* **3.** *(undankbare Arbeit)* corvé *f,* sfacchinata *f;* **4.** ⟨*pl*⟩ *(Abgaben)* oneri *f pl; (Steuern)* imposte *f pl;* **zu ~en von** a carico di; **zu Ihren ~en** a Vostro carico; **jdm zur ~ fallen** *(lästig sein)* molestare qu; **jdm etw. zur ~ legen** addossare qc a qu.

lasten *itr* gravare (*auf* su).

Lastenaufzug *m* montacarichi *m.* **lastenfrei** *a* esente da oneri (*o.* da ipoteche).

Laster¹ ['lastɐ] ⟨-s, -⟩ *m fam s.* **Last(kraft)wagen.**

Laster² ['lastɐ] ⟨-s, -⟩ *n* vizio *m;* **einem ~ verfallen sein** avere un (*o.* essere schiavo di un) vizio.

Lästerei [lɛstəˈra͜i] ⟨-, -en⟩ *f* continuo imprecare *m.*

Lästerer ['lɛstərɐ] ⟨-s, -⟩ *m,* **Lästerin** [...rɪn] *f* maldicente *mf,* malalingua *f; (Gottes~)* bestemmiatore, -trice *m, f.*

lasterhaft *a* vizioso, depravato. **Lasterhaftigkeit** ⟨-, ø⟩ *f* viziosità *f,* depravazione *f.* **Lasterhöhle** *f* sentina *f* di vizi.

Lästerin *f s.* **Lästerer.**

Lästermaul *n fam pej* malalingua *f,* linguaccia *f fam.*

lästern ['lɛstɐn] **I.** *itr pej* sparlare (*über* di); **II.** *tr (Gott)* bestemmiare.

lästig ['lɛstɪç] *a (unangenehm)* fastidioso, noioso, molesto; *(unbequem)* scomodo; **jdm ~ fallen** (*o.* **sein**) dare fastidio a qu, importunare qu.

Lastkahn *m* chiatta *f.* **Last(kraft)wagen** *m* (*ab* **LKW, Lkw**) autocarro *m,* camion *m.* **Lastschrift** *f* addebitamento *m,* addebito *m.* **Lasttier** *n* bestia *f* (*o.* animale *m*) da soma. **Lastträger** *m* portatore *m.* **Lastwagen** *m s.* **Lastkraftwagen. Lastwagenfahrer(in)** *m(f)* camionista *mf.* **Lastzug** *m* autotreno *m.*

Lasur [la'zu:ɐ̯] ⟨-, -en⟩ *f* vernice *f* trasparente.

lasziv [las'ts͜i:f] *a* lascivo, voluttuoso.

Latein [la'ta͜in] ⟨-s, ø⟩ *n* latino *m;* **mit seinem ~ am Ende sein** *fam* non saper più andare avanti.

Lateinamerika *n* America *f* latina.

lateinamerikanisch *a* sudamericano, latino-americano.

lateinisch *a* latino.

Laterne [la'tɛrnə] ⟨-, -n⟩ *f* lanterna *f; (Straßen~)* lampione *m.* **Laternenpfahl** *m* palo *m* del lampione.

Latium ['la:ts͜iʊm] *n* Lazio *m.*

Latsche ['latʃə] ⟨-, -n⟩ *f* pino *m* nano.

latschen ['la:tʃən] *itr* ⟨*sein*⟩ *fam* ciabattare, camminare strascicando i piedi.

Latschen ⟨-s, -⟩ *m* ciabatta *f;* **aus den ~ kippen** *fam* perdere le staffe *fam,* svenire.

Latte ['latə] ⟨-, -n⟩ *f* **1.** assicella *f;* **2.** *sport (Hand-, Fußball)* traversa *f; (Leichtathletik)* asticella *f;* **3.** *fam (großer Mensch)* stanga *f fam;* **eine lange ~ von . . .** *fam* una lunga lista di . . .; **(sie) nicht alle auf der ~ haben** *sl* essere un po' tocco *sl.* **Lattenzaun** *m* staccionata *f,* steccato *m.*

Latz [lat͜s] ⟨-es, ⸚e⟩ *m* **1.** *(Brust~)* pettorina *f;* **2.** *(Hosen~)* patta *f.*

Lätzchen ['lɛt͜sçən] ⟨-s, -⟩ *n* bavaglino *m.*

Latzhose *f* pantaloni *m pl* con pettorina (*o.* con patta), salopette *f.*

lau [la͜u] *a* tiepido.

Laub [la͜up] ⟨-(e)s, ø⟩ *n* fogliame *m.* **Laubbaum** *m* latifoglia *f;* albero *m* a foglie caduche.

Laube ['la͜ubə] ⟨-, -n⟩ *f* **1.** *(Garten~)* pergola *f,* pergolato *m;* **2.** *arch (Bogengang)* portico *m.*

Laubfrosch *m* raganella *f.* **Laubsäge** *f* sega *f* da traforo. **Laubwald** *m* bosco *m* di latifoglie.

Lauch [la͜ux] ⟨-(e)s, -e⟩ *m* porro *m.*

Lauer ['la͜uɐ] ⟨-, ø⟩ *f:* **auf der ~ liegen** (*o.* **sein**) stare in agguato; **sich auf die ~ legen** appostarsi.

lauern *itr* **1.** fare la posta; *(bes. Wild)* appostare (*auf etw.* qc); **2.** *(angespannt warten)* spiare; attendere (*auf etw./jdn* qc/qu).

Lauf [la͜uf] ⟨-(e)s, ⸚e⟩ *m* **1.** *(das Lau-*

fen, a. Wett~) corsa *f;* **2.** *(Ver~, a. Fluß~)* corso *m;* **3.** *tec* funzionamento *m; (a. mot)* marcia *f;* **4.** *astr* orbita *f;* **5.** *(Gewehr~)* canna *f;* **6.** *mus* passaggio *m;* **7.** *(Jägersprache)* zampa *f,* gamba *f;* **den Dingen ihren ~ lassen** lasciare andare le cose per il loro verso; **einer S. freien ~ lassen** dare libero corso a qc; **im ~ (e) der Zeit** col tempo; **im ~ (e) des Gesprächs/des Jahres/der Woche** nel corso del colloquio/dell'anno/della settimana; **seinen ~ nehmen** compiersi, svolgersi.

Laufbahn *f* **1.** *(Karriere)* carriera *f;* **2.** *(Sport)* pista *f;* **eine ~ einschlagen** intraprendere una carriera. **Laufbursche** *m* garzone *m,* fattorino *m.*

laufen ['laufən] ‹läuft, lief, gelaufen› **I.** *itr ‹sein›* **1.** *allg.* correre; **2.** *fam (gehen)* camminare, andare a piedi; **3.** *(in Betrieb sein)* funzionare; *(a. Motor)* marciare; *(Fahrzeug)* andare; **4.** *(fließen)* scorrere; **5.** *(undicht sein)* perdere; **6.** *(Film)* essere in programma; *(als Vorführung)* venire proiettato; **7.** *fig (im Gange sein)* essere in corso, svolgersi; **8.** *(ver~)* andare, correre, passare; **9.** *jur, fin* decorrere (*ab* da); **auf** (*o.* **unter) jds Namen ~** essere a nome di qu, essere intestato a qu; **die Sache ist gelaufen** *sl* la cosa è andata *fam;* **gelaufen kommen** venire di corsa; **ich weiß genau, wie das läuft** *fam* so esattamente come vanno le cose *fam;* **ihm läuft die Nase** gli cola il naso *fam;* **im Kino läuft ein neuer Film** al cinema è in programma un nuovo film; **sie konnte schon mit acht Monaten ~** a soli otto mesi camminava già; **wie läuft der Laden?** *fam* come vanno le cose? *fam;* **II.** *tr* **1.** *‹sein› (Strecke, etc.)* fare, percorrere; **2.** *‹haben›:* **sich** *(dat)* **etw. ~** *(Blase, etc.)* farsi venire qc (dal gran camminare); **Gefahr ~, etw. zu tun** correre il pericolo di fare qc; **hundert Meter ~** fare i cento metri piani; **Rollschuh/Schlittschuh ~** pattinare; **Ski ~** sciare; **III.** *rfl:* **sich warm ~** riscaldarsi. **laufend I.** *a* corrente; **am ~en Band** senza interruzione; **auf dem ~en bleiben** essere aggiornato; **auf dem ~en sein** essere al corrente (*über* su); **jdn auf dem ~en halten** tenere qu al corrente; **sich in die ~en Ermittlungen einschalten** intervenire nelle inchieste correnti; **II.** *adv* continuamente, in continuazione.

laufen·lassen *‹irr› tr:* **jdn ~** *fam* rimettere qu in libertà.

Läufer ['lɔyfɐ] ‹-s, -› *m* **1.** *(beim Schach)* alfiere *m;* **2.** *(Teppich)* passatoia *f;* **3.** *tec* rotore *m.*

Läufer(in) ['lɔyfɐ (...ərɪn)] ‹-s, -› *m(f) (Leichtathletik)* corridore, -a *m, f; (Fußball)* mediano, -a *m, f.*

Lauferei [laufə'rai] ‹-, -en› *f fam:* **~en haben** avere un bel daffare; **jdm (unnötige) ~en bereiten** procurare dei fastidi a qu.

Läuferin *f s.* **Läufer.**

Lauffeuer *n:* **sich wie ein ~ verbreiten** propagarsi con rapidità fulminea.

läufig ['lɔyfɪç] *a* in calore.

Laufjunge *m s.* **Laufbursche. Laufkran** *m* gru *f* mobile (*o.* scorrevole). **Laufkundschaft** *f* clientela *f* di passaggio. **Laufmasche** *f* smagliatura *f;* **~n bekommen** smagliarsi. **Laufpaß** *m:* **jdm den ~ geben** *fam* mandare a spasso qu *fam.* **Laufschritt** *m* passo *m* di corsa. **Laufstall** *m* box *m* (per bambini). **Laufsteg** *m* passerella *f.*

läuft [lɔyft] *3. pers sing pr von* **laufen.**

Laufzeit *f* **1.** *sport* tempo *m* (impiegato); **2.** *film* durata *f* della programmazione; **3.** *(Gültigkeitsdauer)* durata *f* di validità. **Laufzettel** *m* avviso *m,* circolare *f.*

Lauge ['laugə] ‹-, -n› *f* **1.** *(Seifen~)* lisciva *f;* **2.** *chem* soluzione *f* caustica.

Laune ['launə] ‹-, -n› *f* **1.** *(Stimmung)* umore *m;* **2.** *(spontaner Einfall)* capriccio *m;* **seine schlechte ~ an jdm auslassen** sfogare il proprio malumore su qu; **jdn bei guter ~ halten** tenere qu di buon umore; **gute/schlechte ~ haben, guter/schlechter ~ sein** essere di buon/cattivo umore *fam;* **jdm die ~ verderben** far passare il buon umore a qu. **launenhaft** *a* **1.** *(launisch)* lunatico; **2.** *(unberechenbar)* imprevedibile. **Launenhaftigkeit** ‹-, ø› *f* carattere *m* lunatico, capricciosità *f.*

launig *a obs (witzig)* spiritoso, brioso.

launisch *s.* **launenhaft.**

Laus [laus] ‹-, ¨-e› *f* pidocchio *m;* **ist dir eine ~ über die Leber gelaufen?** *fam* sei di cattivo umore?

Lausanne [lo'zan] *n* Losanna *f.*

Lausbub *m dial, obs s.* **Lausebengel.**

lauschen ['lauʃən] *itr* **1.** *(zuhören)* ascoltare attentamente (*einer S.* qc); **2.** *(heimlich)* origliare.

Lauscher ‹-s, -› *m* **1.** *(heimlicher Horcher)* chi origlia; **2.** *(Jägersprache)* orecchio *m.*

lauschig *a* intimo, romantico.

Lausebengel *m,* **-junge** *m fam* monello *m,* briccone *m.*

lausen ['lauzən] *tr* spidocchiare.

lausig *a fam pej (schäbig)* misero;

(armselig) miserabile; **es ist ~ kalt** fa un freddo cane *fam.*

laut¹ [la̯ut] **I.** *a* **1.** alto; *(~stark, kräftig)* forte, intenso; **2.** *(geräuschvoll, lärmerfüllt)* rumoroso, chiassoso; **~ werden** *(bekanntwerden)* diventare noto, divulgarsi; **das Radio ~er stellen** alzare il volume della radio; **II.** *adv* **1.** *(vernehmlich)* chiaramente, distintamente; **2.** *(kräftig)* forte; **3.** *(mit ~er Stimme)* ad alta voce; **etw. ~ vorlesen** leggere a voce alta qc; **~er sprechen** parlare più forte; **~ denken** parlare da solo; **~ lachen** ridere forte (*o.* fragorosamente).

laut² [la̯ut] *prp gen o. dat* (*ab* **lt.**) secondo, conformemente a.

Laut ‹-(e)s, -e› *m* suono *m; (Geräusch)* rumore *m;* **keinen ~ von sich** *(dat)* **geben** non aprir bocca.

lauten *itr* **1.** *(klingen)* (ri)sonare; **2.** *(einen Wortlaut, Inhalt haben)* essere; *(besagen)* dire; **der Titel lautet ...** il titolo è ...; **das Urteil lautet auf ...** è una sentenza di ...; **auf jds Namen ~** essere intestato a qu.

läuten ['lɔ̯ytən] *itr* **1.** *(a. tr) (Glocken)* s(u)onare; **2.** *(Telefon, Wecker)* squillare; **es hat geläutet** hanno s(u)onato; **nach jdm ~** chiamare qu (col campanello); **er hat davon (etw.) ~ hören** *fam* ne ha sentito parlare.

lauter ['la̯ute] **I.** *a geh* **1.** *(rein)* puro; **2.** *(aufrichtig, ehrlich)* onesto, retto; **II.** *adv (nur)* solo, non ... (altro) che; **das sind ~ Lügen** sono tutte bugie; **vor ~ Angst/Freude/Glück** per la gran paura/gioia/fortuna.

läutern ['lɔ̯yten] *tr* **1.** *chem* depurare, chiarificare; *tec* (r)affinare; **2.** *fig geh* purificare, nobilitare.

Läuterung ‹-, -en› *f* **1.** *chem* depurazione *f; tec* affinazione *f;* **2.** *fig geh* purificazione *f.*

Lautlehre *f* fonetica *f.* **Lautschrift** *f* trascrizione *f* fonematica.

Lautsprecher *m* altoparlante *m.* **Lautsprecherbox** *f* cassa *f* acustica. **Lautsprecherwagen** *m* vettura *f* munita di altoparlante.

lautstark I. *a* alto, forte; *(heftig)* violento; **II.** *adv* ad alta voce. **Lautstärke** *f* livello *m* sonoro, sonorità *f; radio, TV* volume *m.* **Lautstärkeregler** *m* regolatore *m* del volume.

lauwarm *a* tiepido.

Lava ['la:va, ...vən] ‹-, *rar* -ven› *f* lava *f.*

Lavendel [la'vɛndəl] ‹-s, -› *m* lavanda *f.*

lavieren [la'vi:rən] ‹*ohne ge-*› *itr* **1.** *naut* bordeggiare; **2.** *fig* barcamenarsi, destreggiarsi.

Lawine [la'vi:nə] ‹-, -n› *f* valanga *f.* **Lawinengefahr** *f* pericolo *m* di valanghe.

lax [laks] *a* molle; *(a. fig)* rilassato.

Layout [leɪ'aʊt *o.* 'leɪ...] ‹-s, -s› *n* layout *m.*

Lazarett [lat͜sa'rɛt] ‹-(e)s, -e› *n* ospedale *m* militare.

leasen ['li:zən] *tr (Wagen, Fernseher)* noleggiare.

Leasing ['li:zɪŋ] ‹-s, -s› *n* leasing *m.*

Lebedame *f* donna *f* di mondo. **Lebemann** *m* uomo *m* di mondo, viveur *m.*

leben ['le:bən] *tr, itr* vivere; **bescheiden/enthaltsam/gesund/zurückgezogen ~** vivere modestamente/castamente/sano/ritirato; **es lebe die Freiheit!** viva la libertà!; **gut/schlecht ~** vivere bene/male; **~ Sie wohl!** *obs, geh* addio! *geh;* **lebst du (auch) noch?** *fam scherz* sei ancora vivo! *fam;* **man lebt nur einmal!** si vive una volta sola; **noch/nicht mehr ~** essere ancora/non essere più in vita; **von/für etw. ~** vivere di/per qc.

Leben ‹-s, -› *n* vita *f; (Lebhaftigkeit, Betriebsamkeit a.)* animazione *f,* vivacità *f,* vitalità *f;* **am ~ bleiben/sein** restare/essere in vita; **auf ~ und Tod** per la vita e la morte; **aus dem ~ gegriffen** tratto dal vivo; **ein ~ lang** tutta una vita; **einem Kind das ~ schenken** dare la vita a un bambino, mettere al mondo un bambino; **etw. ins ~ rufen** dare vita a qc; **etw. mit dem ~ bezahlen** pagare qc con la vita; **für mein ~ gern würde ich ...** pagherei non so che per ...; **jdm das ~ retten** salvare la vita a qu; **jdm das ~ schwermachen** rendere la vita dura a qu; **~ in die Bude bringen** *fam* portar l'allegria in casa; **mit dem ~ davonkommen** salvarsi la vita; **nie im ~** *fam* mai e poi mai *fam;* **sein ~ fristen** campare alla meglio, tirare avanti; **sich** *(dat)* **das ~ nehmen** togliersi la vita, suicidarsi; **um sein ~ rennen** correre per salvare la pelle; **ums ~ bringen** uccidere, ammazzare; **ums ~ kommen** perdere la vita; **voller ~ stecken** essere pieno di vita. **lebend** *a* vivente; **das ist der ~e Beweis** è la prova lampante, è l'esempio vivo; **die L~en** i vivi; **es war kein ~es Wesen zu sehen** non c'èra anima viva *fam;* **~e Sprachen** lingue vive. **Lebendgewicht** *n* peso *m* vivo.

lebendig [le'bɛndɪç] *a* **1.** *(lebend, a. Erinnerung)* vivo; **2.** *(lebhaft)* vivace;

bei ~em Leib verbrennen essere bruciato vivo; **es von den L~en nehmen** *fam scherz* far pagare caro *fam.* **Lebendigkeit** ‹-, ø› *f* **1.** vitalità *f;* **2.** *(Lebhaftigkeit)* vivacità *f.*

Lebensabend *m geh* vecchiaia *f,* ultimi anni *m pl.* **Lebensabschnitt** *m* periodo *m* (*o.* fase *f*) della vita. **Lebensalter** *n* età *f.* **Lebensart** *f* **1.** *(Lebensweise)* modo *m* di vivere, vita *f;* **2.** *(gutes Benehmen)* modi *m pl,* maniere *f pl* gentili; **~ haben** essere beneducato. **Lebensaufgabe** *f* compito *m* della vita. **Lebensbaum** *m* **1.** *bot* tuia *f;* **2.** *rel* albero *m* della vita. **Lebensbedingungen** *f pl* condizioni *f pl* di vita. **Lebensdauer** *f* **1.** (durata *f* della) vita *f;* **2.** *tec* durata *f.* **Lebenselixier** *n* elisir *m* di lunga vita. **Lebensende** *n* fine *f* della vita; **bis an sein ~** fino alla morte. **Lebenserwartung** *f* vita *f* media. **lebensfähig** *a* vitale. **Lebensfreude** *f* gioia *f* di vivere. **Lebensgefahr** *f* pericolo *m* di vita; **unter ~** a rischio della vita; **in ~ sein (***o.* **schweben)** essere in pericolo di vita; **Vorsicht, ~!** pericolo di morte!; **außer ~ sein** essere fuori pericolo. **lebensgefährlich** pericolosissimo, rischioso; *(Brücke, Auto, etc.)* pericolosissimo; *(Verletzung, Unfall, etc.)* mortale; **~ verletzt/krank** ferito/malato mortalmente. **Lebensgefährte** *m,* **-gefährtin** *f geh* compagno, -a *m, f.* **lebensgroß** *a* di (*o.* in) grandezza naturale. **Lebenshaltungsindex** *m* indice *m* del costo della vita. **Lebenshaltungskosten** ‹*pl*› costo *m* della vita. **Lebenskünstler** *m* artista *mf* nell'arte di vivere; **ein ~ sein** saper vivere. **Lebenslage** *f* situazione *f* (della vita); **in jeder ~** in ogni situazione. **lebenslänglich** *a* a vita; *(Rente, etc. a.)* vitalizio; **~e Haft** ergastolo *m;* **sie bekam „~"** *fam* è stata condannata all'ergastolo. **Lebenslauf** *m* **1.** *(Verlauf)* corso *m* della vita; **2.** *(geschriebener)* curriculum *m* vitae. **lebenslustig** *a* gaio, allegro.

Lebensmittel *n pl* generi *m pl* alimentari, viveri *m pl.* **Lebensmittelgeschäft** *n* negozio *m* di (generi) alimentari. **Lebensmittelhändler(in)** *m(f)* negoziante *mf* di generi alimentari. **Lebensmittelversorgung** *f* rifornimento *m* di viveri. **Lebensmittelvorrat** *m* provviste *f pl* di viveri.

lebensmüde *a* stanco della vita (*o.* di vivere). **Lebensmut** *m* coraggio *m* (di vivere), forza *f* d'animo. **lebensnah** *a* **1.** *(praktisch)* attuale, pratico; **2.** *(realistisch)* realistico. **lebensnotwendig** *a* d'importanza vitale. **Lebensretter(in)** *m(f)* salvatore, -trice *m, f* (chi salva la vita a qu). **Lebensstandard** *m* tenore *m* di vita. **Lebensstellung** *f* posto *m* a vita. **Lebensunterhalt** *m* sostentamento *m;* **sich** *(dat)* **seinen ~ verdienen** guadagnare la propria vita. **lebensuntüchtig** *a* disadattato alla vita. **Lebensversicherung** *f* assicurazione *f* sulla vita. **Lebenswandel** *m* (condotta *f* di) vita *f.* **Lebensweg** *m* corso *m* (*o.* cammino *m*) della vita; **viel Glück auf deinem weiteren ~!** tanti auguri per il futuro! **Lebensweise** *f* modo *m* di vivere, costume *m* di vita. **Lebensweisheit** *f* saggezza *f* di vita. **Lebenswerk** *n* opera *f* di (tutta) una vita. **lebenswert** *a* degno di essere vissuto. **lebenswichtig** *a* (di importanza) vitale. **Lebenszeichen** *n* segno *m* di vita; **kein ~ von sich** *(dat)* **geben** non dare segni di vita *fam.* **Lebenszeit** *f:* **auf ~** a vita.

Leber ['le:bɐ] ‹-, -n› *f* fegato *m;* **frisch von der ~ weg** *fam* francamente. **Leberfleck** *m* macchia *f* epatica. **Leberkäse** *m* pasticcio *m* di fegato. **Leberknödel** *m* gnocchetto *m* di fegato. **Leberpastete** *f* pasticcio *m* di fegato. **Lebertran** *m* olio *m* di fegato di merluzzo. **Leberwurst** *f* salsiccia *f* di fegato; **die beleidigte ~ spielen** *fam* fare l'offeso *fam.*

Lebewesen *n* essere *m* vivente; *(einzelliges ~ a.)* organismo *m.*

Lebewohl [-'vo:l] ‹-(e)s, -s *o.* -e› *n* addio *m;* **jdm ~ sagen** dire addio a qu *geh, obs.*

lebhaft I. *a* **1.** *(Mensch, Unterhaltung, etc.)* vivace; **2.** *(Phantasie, Farbe, Erinnerung)* vivo; **3.** *(Handel, Verkehr)* intenso; **4.** *(deutlich, klar)* chiaro; **II.** *adv* **1.** *(munter, temperamentvoll)* vivacemente; **2.** *(deutlich)* vivamente; **3.** *(sehr)* molto; **ich kann mir ~ vorstellen, wie ...** mi posso ben immaginare come ... **Lebhaftigkeit** ‹-, ø› *f* **1.** *(Munterkeit)* vivacità *f;* **2.** *(Bewegtheit)* animazione *f;* **3.** *(Deutlichkeit)* vivezza *f.*

Lebkuchen ['le:p-] *m* panpepato *m.*

leblos *a* **1.** *(wie tot)* senza vita, inanimato; **2.** *fig* inerte, languido.

Lebzeiten *f pl:* **zu ~ von** ai tempi di; **zu seinen ~** quand'era vivo.

Lech [lɛç] *m* Lech *m.*

lechzen ['lɛçtsən] *itr* **1.** *allg.* desiderare (*nach etw.* qc); *(gierig sein)* essere avido (*nach* di); **2.** *(dürsten)* essere assetato (*nach* di).

leck [lɛk] *a:* **~ sein** *(undicht sein)* perdere; *(Schiff)* fare acqua. **Leck** ‹-(e)s, -s› *n* perdita *f; (naut a.)* fuga *f.*

lecken¹ ['lɛkən] **I.** *tr (mit Zunge, etc.)* leccare; **II.** *itr* **1.** leccare (*an etw.* qc); **2.** *fig (Flammen)* lambire.

lecken² ['lɛkən] *itr (undicht sein)* perdere, colare; *(Schiff)* fare acqua.

lecker ['lɛkɐ] *a (a. fig)* gustoso, appetitoso. **Leckerbissen** *m,* **Leckerei** [lɛkə'rai̯] ‹-, -en› *f* ghiottoneria *f,* leccornia *f.* **Leckermaul** *n fam* **1.** *(der gern Süßigkeiten ißt)* ghiottone, -a *m, f;* **2.** *(Feinschmecker)* buongustaio, -a *m, f.*

led. *ab von* **ledig** *(Frauen)* nubile; *(Männer)* celibe.

Leder ['le:dɐ] ‹-s, -› **1.** *allg.* cuoio *m,* pelle *f;* **2.** *fam sport (Fußball)* pallone *m.*

Leder- *(in Zusammensetzungen)* di pelle. **Ledereinband** *m* rilegatura *f* in pelle. **Lederhandschuh** *m* guanto *m* di pelle. **Lederhose** *f* pantaloni *m pl* di pelle. **Lederindustrie** *f* industria *f* del cuoio. **Lederjacke** *f* giacca *f* di pelle.

ledern¹ *a* **1.** *(aus Leder)* di cuoio, di pelle; **2.** *(zäh)* coriaceo, duro; **3.** *fig (langweilig, trocken)* noioso, arido.

ledern² *tr (Fenster, etc.)* pulire (con la pelle scamosciata).

Lederriemen *m* cinghia *f* di cuoio. **Ledersohle** *f* suola *f* di cuoio. **Lederwaren** *f pl* pelletterie *f pl,* articoli *m pl* di pelle. **Lederwarenhandlung** *f* negozio *m* di pelletteria.

ledig ['le:dɪç] *a* **1.** (*ab* **led.**) *(unverheiratet)* celibe, scapolo; *(Frau)* nubile; **2.** *geh* libero (*gen* da), esente *geh, adm* (*gen* da); **~e Mutter** *obs* ragazza madre.

lediglich ['le:dɪklɪç] *adv* soltanto, solamente, unicamente.

Lee [le:] ‹-, ø› *f o. n* (lato *m*) sottovento *m.*

leer [le:ɐ̯] **I.** *a* **1.** *allg.* vuoto; **2.** *(unbeschrieben)* bianco; **3.** *el (Batterie)* scarico; **4.** *(nicht möbliert)* non ammobiliato; **5.** *(unbesetzt)* libero, vacante; **6.** *fig (nichtssagend, ausdruckslos)* inespressivo; **mit ~en Händen** a mani vuote; **~ ausgehen** andarsene (*o.* restare) a mani vuote; **~e Worte/Versprechungen** parole vuote/vane promesse; **~ machen** svuotare; **vor ~em Haus spielen** *theat* recitare a teatro vuoto; **~ stehen** essere vuoto (*o.* libero *o.* sfitto); **II.** *adv tec* al minimo; *mot* in folle; *fig* a vuoto.

Leere ['le:rə] ‹-, ø› *f* **1.** *(das Leersein)* vuoto *m;* **2.** *fig* vacuità *f;* **gähnende ~** vuoto assoluto.

leeren I. *tr* vuotare; **II.** *rfl:* **sich ~** svuotarsi.

Leergewicht *n* peso *m* a vuoto. **Leergut** *n* (recipienti *m pl*) vuoti *m pl.* **Leerlauf** *m tec* funzionamento *m* a vuoto (*o.* al minimo); *mot* marcia *f* in folle. **leer·laufen** ‹*irr*› *itr* ‹*sein*› *(Behälter)* svuotarsi.

Leerung ‹-, -en› *f allg.* svuotamento *m; (von Briefkasten)* levata *f* della posta.

Lefze ['lɛft̮sə] ‹-, -n› *f* labbro *m.*

legal [le'ga:l] *a* legale.

legalisieren [legali'zi:rən] ‹*ohne ge-*› *tr* legalizzare.

Legalität [...i'tɛ:t] ‹-, ø› *f* legalità *f.*

Legasthenie [legaste'ni:] ‹-, ø› *f* legastenia *f.*

Legastheniker(in) [...'te:nɪkɐ (...ərɪn)] ‹-s, -› *m(f)* legastenico, -a *m, f.*

Legat¹ [le'ga:t] ‹-en, -en› *m hist, rel* legato *m.*

Legat² [le'ga:t] ‹-(e)s, -e› *n jur* legato *m.*

legen ['le:gən] **I.** *tr* **1.** *allg.* mettere, adagiare; **2.** *(nieder~)* posare, deporre; **3.** *(ausbreiten)* stendere (*über* su); **4.** *(Eier)* deporre; **auf etw. Wert ~** tenere a qc; **die Stirn in Falten ~** corrugare la fronte; **einen Brand ~** appiccare il fuoco a qc; **die Fliesen/den Teppichboden ~** mettere le piastrelle/la moquette; **II.** *rfl:* **sich ~ 1.** *(sich ausstrecken, ausruhen)* distendersi; *(zu Bett)* coricarsi; **2.** *(nachlassen)* calmarsi, placarsi; **sich auf den Bauch/die Seite ~** coricarsi sulla pancia/sul fianco; **sich in die Kurve ~** piegarsi in curva.

legendär [legɛn'dɛ:ɐ̯] *a* leggendario, favoloso.

Legende [le'gɛndə] ‹-, -n› *f* **1.** *(Sage)* leggenda *f;* **2.** *(erklärender Text a.)* didascalia *f.*

legieren [le'gi:rən] ‹*ohne ge-*› *tr* legare.

Legierung ‹-, -en› *f* lega *f.*

Legion [le'gi̯o:n] ‹-, -en› *f* legione *f.*

Legionär [legi̯o'nɛ:ɐ̯] ‹-s, -e› *m* legionario *m.*

Legislative [legɪsla'ti:və] ‹-, -n› *f* **1.** *(gesetzgebende Gewalt)* potere *m* legislativo; **2.** *(Versammlung)* assemblea *f* legislativa.

Legislaturperiode [...'tu:ɐ̯-] *f* legislatura *f.*

legitim [legi'ti:m] *a* legittimo.

Legitimation [legitima'tsio:n] ‹-, -en› *f* legittimazione *f.*
legitimieren [...'mi:rən] ‹*ohne ge-*› **I.** *tr* legittimare; **II.** *rfl:* **sich ~** *(sich ausweisen)* dimostrare la propria identità.
Legitimität [...mi'tɛ:t] ‹-, ø› *f* legittimità *f.*

Lehen ['le:ən] ‹-s, -› *n* feudo *m.*
Lehm [le:m] ‹-(e)s, -e› *m* argilla *f,* creta *f.* **Lehmgrube** *f* cava *f* d'argilla. **lehmig** *a* argilloso.
Lehne ['le:nə] ‹-, -n› *f* **1.** *allg. (Stütze)* appoggio *m,* sostegno *m; (Rücken~)* spalliera *f; (Arm~)* bracciolo *m;* **2.** *(A, CH, süddeutsch: Abhang)* pendio *m.*
lehnen **I.** *tr* appoggiare (*an* a); **II.** *itr* poggiare (*an* a), essere appoggiato (*an* a); **III.** *rfl:* **sich ~** appoggiarsi (*an* a); **sich aus dem Fenster ~** sporgersi dal finestrino; *(von Haus)* sporgersi dalla finestra.
Lehnsessel *m,* **-stuhl** *m* poltrona *f.*
Lehnsherr ['le:ns-] *m* feudatario *m,* signore *m* feudale. **Lehnsmann** ‹-(e)s, -männer *o.* -leute› *m* vassallo *m.*
Lehnstuhl *m s.* **Lehnsessel.**
Lehnwort ‹-(e)s, ⸚er› *n* prestito *m* linguistico.
Lehramt *n* insegnamento *m.* **Lehramtsanwärter(in)** *m(f)* candidato, -a *m, f* all'insegnamento. **Lehranstalt** *f* istituto *m* scolastico. **Lehrbeauftragte** *mf* (insegnante *mf)* incaricato, -a *m, f.* **Lehrberuf** *m* professione *f* d'insegnante, insegnamento *m.* **Lehrbrief** *m* certificato *m* di apprendistato. **Lehrbuch** *n* (libro *m* di) testo *m,* manuale *m.*
Lehre[1] ['le:rə] ‹-, -n› *f* **1.** *(Unterweisung)* insegnamento *m; (Handwerks~)* apprendistato *m,* tirocinio *m;* **2.** *scient* scienza *f;* **3.** *(Theorie, Lehrmeinung)* teoria *f; rel, philos* dottrina *f;* **4.** *(Erfahrung)* lezione *f; (Warnung)* monito *m; (einer Fabel)* morale *f;* **jdm eine ~ sein** servire di lezione (*o.* di regola *fam*) a qu; **aus etw. eine ~ ziehen** trarre un insegnamento da qc; **bei jdm in die ~ gehen** andare a fare (il) tirocinio presso qu.
Lehre[2] ['le:rə] ‹-, -n› *f tec* calibro *m.*
lehren *tr, itr* insegnare; **ich werde dich ~ zu ...** ti insegnerò io a ... *fam.*
Lehrer(in) ‹-s, -› *m(f) allg.* insegnante *mf; (Volksschul~)* maestro, -a *m, f; (Gymnasial~, Universitäts~)* professore, -essa *m, f.* **Lehrerschaft** ‹-, -en› *f* corpo *m* insegnante, insegnanti *m pl.* **Lehrerzimmer** *n* sala *f* dei docenti (*o.* professori).
Lehrfilm *m* film *m* didattico. **Lehrgang** *m* corso *m.* **Lehrgangsteilnehmer(in)** *m(f)* partecipante *mf* a un corso. **Lehrgeld** *n* costo *m* del tirocinio; **~ zahlen** (*o.* **geben**) *fig* imparare a proprie spese. **Lehrherr** *m obs* maestro *m,* padrone *m.* **Lehrjahr** *n* anno *m* di tirocinio (*o.* di apprendistato); ‹*pl*› *fig* tirocinio *m,* noviziato *m.* **Lehrkörper** *m adm* corpo *m* insegnante. **Lehrkraft** *f adm* insegnante *mf.* **Lehrling** ['le:ɐ̯lɪŋ] ‹-s, -e› *m* apprendista *mf.* **Lehrmädchen** *n* apprendista *f.* **Lehrmittel** *n* ‹*meist pl*› materiale *m* didattico. **Lehrmittelfreiheit** *f* gratuità *f* dei libri scolastici. **Lehrplan** *m* piano *m* di studi. **Lehrprobe** *f* lezione *f* di prova. **lehrreich** *a* istruttivo. **Lehrsatz** *m allg.* tesi *f; mat, phys* teorema *m; rel* dogma *m.* **Lehrstelle** *f* posto *m* di apprendistato. **Lehrstuhl** *m* cattedra *f* (*für* di). **Lehrzeit** *f* (periodo *m* di) apprendistato *m* (*o.* tirocinio *m*).
Leib [laip] ‹-(e)s, -er› *m geh* **1.** *(Körper)* corpo *m;* **2.** *(Bauch)* ventre *m,* pancia *f;* **am ganzen ~ (e) zittern** tremare da capo a piedi; **bei lebendigem ~e** vivo; **bleiben Sie mir damit vom ~e!** *fam* non mi secchi con questa storia! *fam;* **du hast vielleicht einen Ton am ~!** *fam* che tono arrogante ti permetti!; **einer S. zu ~e gehen** (*o.* **rücken**) affrontare qc; **etw. am eigenen ~ (e) erfahren** imparare qc a proprie spese *fam;* **geh mir vom ~!** *fam* vattene!; **jdm wie auf den ~ geschrieben sein** adattarsi perfettamente a qu; **mit ~ und Seele** anima e corpo; **sich** *(dat)* **jdn vom ~e halten** tenere alla larga qu *fam.* **Leibarzt** *m* medico *m* personale. **Leibbinde** *f* panciera *f,* ventriera *f.*
leiben *itr:* **wie er leibt und lebt** in carne ed ossa.
Leibeserziehung *f adm* educazione *f* fisica. **Leibeskräfte** *f pl:* **aus ~n schreien** gridare a più non posso (*o.* a squarciagola). **Leibesübungen** *f pl adm* esercizi *m pl* fisici. **Leibesvisitation** *f* perquisizione *f* personale.
Leibgarde *f* guardia *f* del corpo. **Leibgardist** *m* soldato *m* della guardia del corpo. **Leibgericht** *n* piatto *m* preferito.
leibhaftig [-'haftɪç] *a* in persona, in carne ed ossa.
leiblich *a* **1.** *(körperlich)* corporale, fisico; **2.** *(blutsverwandt)* consanguineo; **sein ~er Sohn** suo figlio carnale.

Leibwache *f* guardia *f* del corpo. **Leibwächter** *m* guardia *f* del corpo. **Leibwäsche** *f* biancheria *f* intima.

Leiche ['la̯içə] ‹-, -n› *f* cadavere *m*, salma *f* *geh;* **nur über meine ~!** *fam* dovranno prima passare sul mio cadavere! *fam;* **über ~n gehen** *fig* essere senza scrupoli. **leichenblaß** ['la̯içən'blas] *a* pallido come un morto. **Leichenhalle** *f*, **-haus** *n* camera *f* mortuaria. **Leichenschändung** *f* profanazione *f* di cadavere. **Leichenschauhaus** *n* obitorio *m*. **Leichenstarre** ‹-, ø› *f* rigidità *f* cadaverica. **Leichentuch** *n* lenzuolo *m* funebre. **Leichenverbrennung** *f* cremazione *f*. **Leichenwagen** *m* carro *m* funebre. **Leichenzug** *m* corteo *m* funebre.

Leichnam ['la̯içna:m] ‹-(e)s, -e› *m* *geh* salma *f* *geh*, cadavere *m*.

leicht [la̯içt] **I.** *a* **1.** *(nicht schwer, geringfügig)* leggero; **2.** *(nicht schwierig)* facile; **es nicht ~ haben** non avere una vita facile; **etw. ~en Herzens tun** far qc a cuor leggero; **~es Spiel haben** aver buon gioco *fam;* **nichts ~er als das** nulla di più facile *fam;* **II.** *adv, (schnell, unversehens, mühelos)* facilmente; **das ist ~ gesagt** è facile a dirsi; **das ist ~er gesagt als getan** tra il dire ed il fare c'è di mezzo il mare *prov;* **etw. ~ salzen** salare qc leggermente; **das ist ~ möglich** è possibilissimo; **~ zugänglich** facilmente accessibile; **sie wird ~ ärgerlich** si arrabbia facilmente; **wie ~ ist ein Unglück passiert!** nulla di più facile di una disgrazia!

Leichtathlet(in) *m(f)* atleta *mf* (di atletica leggera). **Leichtathletik** *f* atletica *f* leggera.

Leichter ‹-s, -› *m* *naut* alleggio *m*.

leicht·fallen ‹*irr*› *itr* ‹*sein*› essere (*o.* riuscire) facile; **es fällt mir nicht ~, das zu tun** non mi riesce facile fare ciò.

leichtfertig **I.** *a* **1.** *(unbekümmert)* spensierato; **2.** *(leichtsinnig)* leggero, sconsiderato; **II.** *adv* **1.** *(unbekümmert)* spensieratamente; **2.** *(unbedacht)* alla leggera.

Leichtgewicht *n* peso *m* leggero.

leichtgläubig *a* credulone. **Leichtgläubigkeit** ‹-, ø› *f* credulità *f*.

leichthin ['la̯içt'hın] *adv* **1.** *(ohne lange zu überlegen)* senza riflettere, alla leggera; **2.** *(flüchtig)* di sfuggita.

Leichtigkeit ‹-, ø› *f* **1.** *(Leichtsein)* leggerezza *f;* **2.** *(Mühelosigkeit)* facilità *f;* **mit ~** facilmente.

leicht·machen *tr:* **jdm etw. ~** agevolare qc a qu; **es sich** *(dat)* **~** prendersela comoda *fam*.

Leichtmetall *n* metallo *m* leggero.

leicht·nehmen ‹*irr*› *tr* prendere alla leggera *fam*.

Leichtsinn *m* **1.** *(Unvorsichtigkeit)* leggerezza *f*, sventatezza *f;* *(Unbesonnenheit)* irreflessione *f*, sconsideratezza *f;* **2.** *(Unbekümmertheit)* spensieratezza *f*. **leichtsinnig** **I.** *a* **1.** *(unvorsichtig)* leggero; *(unbesonnen)* sventato; *(unbedacht)* sconsiderato; **2.** *(sorglos)* spensierato; **II.** *adv* **1.** spensieratamente; **2.** *(unvorsichtig)* con leggerezza, alla leggera.

leichtverdaulich *a* facilmente digeribile, leggero.

leichtverderblich *a* deperibile.

leichtverletzt, -verwundet *a* leggermente ferito. **Leichtverletzte** *mf*, **-verwundete** *mf* ferito, -a *m*, *f* leggero, -a.

leid [la̯it] *a:* **~ tun** (di)spiacere; **er tut mir ~** mi fa pena; **es tut mir ~, daß ...** mi spiace che ..., sono desolato che ... *conj geh;* **ich bin es ~ zu ...** sono stufo di ... *fam*.

Leid ‹-(e)s, ø› *n* **1.** *(seelischer Schmerz)* pena *f*, afflizione *f*, sofferenza *f;* *(Schmerz)* dolore *m;* *(Kummer)* dispiacere *m;* **2.** *(Unrecht)* torto *m*, ingiustizia *f;* **geteiltes ~ ist halbes ~** *prov* mal comune, mezzo gaudio *prov;* **jdm ein ~ (an)tun** (*o.* **zufügen)** fare un torto a qu; **jdm sein ~ klagen** confidare a qu il proprio dolore.

leiden ['la̯idən] ‹leidet, litt, gelitten› **I.** *itr* soffrire (*an, unter* di); **an Krebs ~** soffrire di cancro; **II.** *tr* **1.** *(erdulden, ertragen)* patire; **2.** *geh* *(zulassen)* ammettere, consentire, tollerare; **jdn nicht ~ können** non poter soffrire qu *fam;* **ich mag ihn gut ~** mi è simpatico, mi piace; **Not ~** essere in miseria. **Leiden** ‹-s, -› *n* **1.** *allg.* sofferenza *f;* **2.** *(Schmerz)* dolore *m;* **3.** *(Krankheit)* malattia *f;* *(Erkrankung)* affezione *f*.

Leidenschaft ‹-, -en› *f* passione *f;* **von einer heftigen ~ für jdn ergriffen werden** essere preso da una grande passione per qu; **meine ~ ist ...** la mia passione è ... **leidenschaftlich** *a* **1.** *(begeistert)* appassionato; **2.** *(emotional)* passionale; **etw. ~ gern tun** fare qc molto volentieri. **leidenschaftslos** *a* *(vernunftbestimmt)* razionale; *(kühl)* freddo; *(objektiv)* spassionato; *(unempfindlich)* impassibile. **Leidenschaftslosigkeit** ‹-, ø› *f* *(Teilnahmslosigkeit)* insensibilità *f*, freddezza *f;* *(Objektivi-*

tät) spassionatezza *f; (Unempfindlichkeit)* impassibilità *f.*

Leidensfähigkeit *f* capacità *f* di sofferenza. **Leidensgenosse** *m,* **-genossin** *f* compagno, -a *mf* di sventura.

leider ['laidɐ] *adv* purtroppo; *(unglücklicherweise)* disgraziatamente, sfortunatamente; ~ **muß ich sagen, daß ...** mi dispiace di dover dire che ...; ~! purtroppo!; ~ **ja** purtroppo sì; ~ **nein** purtroppo no; ~ **Gottes** sfortunatamente.

leidig *a (ärgerlich)* fastidioso; *(unangenehm)* increscioso.

leidlich I. *a* passabile, discreto; **II.** *adv* discretamente, passabilmente; *(einigermaßen)* abbastanza.

Leidtragende ⟨ein -r, -n, -n⟩ *mf* **1.** *(Hinterbliebene)* familiare *mf* del defunto; **2.** *(Benachteiligte)* vittima *f.* **leidvoll** *a* doloroso. **Leidwesen** *n:* **zu meinem** ~ con mio rincrescimento.

Leier ['laiɐ] ⟨-, -n⟩ *f* lira *f; (Dreh~)* organetto *m;* **das ist immer die alte** ~ *fam* è sempre la solita solfa *fam.* **Leierkasten** *m* organetto *m* (di Barberia). **Leierkastenmann** *m* sonatore *m* d'organetto.

leiern *itr fig (monoton sprechen)* parlare in tono monotono.

Leihbibliothek *f,* **-bücherei** *f* biblioteca *f* di prestito.

leihen ['laiən] ⟨leiht, lieh, geliehen⟩ *tr* **I.** prestare *(jdm etw.* qc a qu); **II.** *rfl:* **sich** *(dat)* ~ farsi prestare *(etw. von jdm* qc da qu).

Leihfrist *f* scadenza *f* del prestito. **Leihgabe** *f* prestito *m.* **Leihgebühr** *f* tariffa *f* di prestito. **Leihhaus** *n* monte *m* di pietà. **leihweise** *adv* in prestito.

Leim [laim] ⟨-(e)s, -e⟩ *m* **1.** colla *f;* **2.** *(Vogel~)* vischio *m;* **jdm auf den** ~ **gehen** *fam* farsi abbindolare da qu *fam;* **aus dem** ~ **gehen** *fam (auseinanderfallen)* scollarsi; *(dick werden)* sformarsi.

leimen *tr* **1.** *(kleben)* incollare; **2.** *sl (hereinlegen)* abbindolare *fam.*

Leimfarbe *f* colore *m* a colla, tempera *f.*

Lein [lain] ⟨-(e)s, -e⟩ *m* lino *m.*

Leine ['lainə] ⟨-, -n⟩ *f allg.* funicella *f; (a. Wäsche~)* corda *f; (Hunde~)* guinzaglio *m; (Lauf~)* lunga *f; (Angel~)* lenza *f;* **an der** ~ **führen** tenere al guinzaglio; ~ **ziehen** *fam* tagliar la corda *fam.*

leinen *a* di lino.

Leinen ⟨-s, -⟩ *n* **1.** *(Gewebe)* lino *m;* **2.** *(Bucheinband)* tela *f;* **in** ~ **(gebunden)** rilegato in tela.

Leinöl *n* olio *m* di lino. **Leinsamen** *m* seme *m* di lino.

Leintuch *n* lenzuolo *m.* **Leinwand** *f* **1.** *allg.* tela *f; (Malerei a.)* lino *m;* **2.** *film* schermo *m.*

Leipzig ['laiptsɪç] *n* Lipsia *f.*

leise ['laizə] **I.** *a* **1.** *(still)* basso, sommesso; **2.** *(leicht, schwach)* leggero; **3.** *(sanft)* delicato; **mit ~r Stimme** a bassa voce; **~r stellen** abbassare; **nicht die ~ste Ahnung haben** non avere la più pallida idea; **II.** *adv* **1.** *(mit leiser Stimme)* sottovoce, piano; *(nicht laut)* silenziosamente; **2.** *(leicht)* leggermente; **3.** *(sanft)* delicatamente. **Leisetreter** ⟨-s, -⟩ *m pej* sornione, -a *m, f,* ipocrita *mf.*

Leiste ['laistə] ⟨-, -n⟩ *f* **1.** *allg.* lista *f,* listello *m;* **2.** *(Stoff~)* orlo *m,* bordo *m;* **3.** *arch* modanatura *f;* **4.** *anat* inguine *m.*

leisten ['laistən] **I.** *tr* **1.** *(tun, schaffen)* fare; *(hervorbringen)* compiere; **2.** *tec* rendere; *(a. mot)* avere un rendimento; **3.** *(Zahlung)* effettuare; **4.** *(Hilfe, Eid)* prestare; **jdm Gesellschaft** ~ far compagnia a qu; **II.** *rfl:* **sich** ~ **1.** *(gönnen)* concedersi; **2.** *(finanziell)* permettersi (il lusso di); **3.** *(sich herausnehmen)* prendersi la libertà di, permettersi; **das kann ich mir nicht** ~ non me lo posso permettere.

Leisten ['laistən] ⟨-s, -⟩ *m* **1.** *(Schuhform)* forma *f;* **2.** *(Schuhspanner)* tendiscarpe *m;* **alles über einen** ~ **schlagen** *fam* fare di ogni erba un fascio *fam.*

Leistenbruch *m* ernia *f* inguinale. **Leistengegend** *f* regione *f* inguinale.

Leistung ⟨-, -en⟩ *f* **1.** *allg.* prestazione *f; (sport a.)* exploit *m; (von Arbeiter)* rendimento *m; (von Schüler)* profitto *m;* **2.** *(Geleistetes)* lavoro *m,* opera *f;* **3.** *(von Maschine, Fabrik)* capacità *f* di produzione, efficienza *f;* **4.** *(Zahlung)* pagamento *m; (Beitrag)* contributo *m;* **eine** ~ **vollbringen** *allg.* fare un lavoro; *sport* compiere un exploit; **große** ~ grande opera; *sport* prodezza *f,* exploit; **soziale ~en** prestazioni sociali. **Leistungsabfall** *m* calo *m* di rendimento. **Leistungsdruck** ⟨-(e)s, ø⟩ *m:* **unter** ~ **sein** essere sotto pressione (di dover rendere). **leistungsfähig** *a (produktiv)* efficiente, produttivo. **Leistungsfähigkeit** *f* **1.** capacità *f* produttiva, produttività *f;* **2.** *tec* rendimento *m,* efficienza *f,* **kör-**

perliche ~ resistenza *f.* **Leistungsgesellschaft** *f* società *f* efficientistica. **Leistungskurs** *m* seminario *m.* **Leistungssport** *m* sport *m* di competizione.

Leitartikel *m* articolo *m* di fondo, editoriale *m.* **Leitartikler(in)** ‹-s, -› *m(f)* editorialista *mf.* **Leitbild** *n* esempio *m,* modello *m,* ideale *m.*

leiten ['laitən] *tr* **1.** *(führen)* condurre, guidare; **2.** *(verantwortlich ~)* dirigere; *(den Vorsitz haben von)* presiedere; **3.** *(lenken)* dirigere; *(um~)* deviare; *(Gewässer, fig)* incanalare; **4.** *el, phys* condurre; **sich von etw. ~ lassen** lasciarsi guidare da qc. **leitend** *a* **1.** *(Stellung)* direttivo; *(Angestellter)* dirigente; **2.** *fig (Gedanke)* dominante; **3.** *el, phys* conduttore; **~e (r) Angestellte(r)** dirigente *mf.*

Leiter¹ ['laitɐ] ‹-, -n› *f* scala *f* (a pioli).

Leiter² ['laitɐ] ‹-s, -› *m el, phys* conduttore *m.*

Leiter(in) ['laitɐ (...ərɪn)] ‹-s, -› *m(f) allg.* guida *f,* capo *m; (Betriebs~, Schul~, Orchester~)* direttore, -trice *m, f; (Geschäfts~)* gerente *mf; (Abteilungs~)* caporeparto *mf.*

Leiterwagen *m* carro *m* rastrelliera.

Leitfaden *m* **1.** *(Lehrbuch)* manuale *m;* **2.** *fig (Leitgedanke)* filo *m* conduttore. **leitfähig** *a* conduttore. **Leitfähigkeit** *f* conduttività *f.* **Leitgedanke** *m* pensiero *m* (*o.* idea *f*) dominante. **Leithammel** *m* **1.** montone *m* guidaiolo; **2.** *fig (Anführer)* guida *f;* **der ~ sein** *fig* guidare la danza. **Leitplanke** *f* guardrail *m.* **Leitsatz** *m* principio *m* (direttivo). **Leitstelle** *n* ufficio *m* centrale, direzione *f.*

Leitung ‹-, -en› *f* **1.** *(Führung)* guida *f,* conduzione *f; (von Betrieb, Schule, Orchester, etc.)* direzione *f;* **2.** *(Verwaltung)* gestione *f,* amministrazione *f;* **3.** *(Vorsitz)* direzione *f;* **4.** *(die Leitenden)* direzione *f; (von Parteien)* direttivo *m;* **5.** *tec (Gas~, Wasser~)* tubazione *f;* **6.** *el, tel* linea *f; (Kabel)* cavo *m;* **die ~ einer S. übernehmen** assumere la direzione di qc; **die ~ ist besetzt/gestört** la linea è occupata/disturbata; **eine lange ~ haben** *fig fam* essere duro di comprendonio *fam;* **eine ~ legen** posare una linea; **unter der ~ von** sotto la direzione di. **Leitungsnetz** *n* **1.** *(für Wasser)* canalizzazione *f;* **2.** *el* rete *f* elettrica (*o.* di distribuzione); **3.** *tel* rete *f* telefonica. **Leitungsrohr** *n* tubazione *f,* conduttura *f.* **Leitungswasser** *n* acqua *f* di rubinetto. **Leitungswiderstand** *m* resistenza *f* di linea.

Lektion [lɛk'tsi̯o:n] ‹-, -en› *f* lezione *f;* **jdm eine ~ erteilen** dare una lezione a qu *fam.*

Lektor(in) ['lɛkto:ɐ̯ (...rɪn), ...'to:rən] ‹-s, -en› *m(f)* **1.** *(Universitäts~)* lettore, -trice *m, f;* **2.** *(Verlags~)* consulente *mf* editoriale.

Lektüre [lɛk'ty:rə] ‹-, -n› *f* lettura *f.*

Lende ['lɛndə] ‹-, -n› *f* lombo *m.* **Lendenbraten** *m* arrosto *m* di lombo, lombata *f.* **Lendenschurz** *m* perizoma *m.* **Lendenwirbel** *m* vertebra *f* lombare.

lenkbar *a* **1.** *(steuerbar)* dirigibile, manovrabile; **2.** *fig (Mensch)* docile.

lenken ['lɛŋkən] *tr* **1.** *allg., fig* guidare; *aero* pilotare; *naut* governare; **2.** *(führen)* condurre; **3.** *(adm, Wirtschaft)* pianificare; **4.** *(Gedanken, Blick)* volgere; **auf sich ~** attirare su di sé; **jds Aufmerksamkeit auf etw. ~** richiamare l'attenzione di qu su qc; **seine Schritte ~ nach** volgere i propri passi verso; **gelenkte Wirtschaft** economia pianificata.

Lenker ‹-s, -› *m (Lenkstange)* manubrio *m; (Lenkrad)* volante *m.*

Lenker(in) ‹-s, -› *m(f) (Fahrer)* conduttore, -trice *m, f.*

Lenkrad *n* volante *m* (di guida). **Lenkradschaltung** *f* cambio *m* al volante. **Lenkradschloß** *n* bloccasterzo *m.*

lenksam *a* docile. **Lenksamkeit** ‹-, ø› *f* docilità *f.*

Lenkstange *f* manubrio *m.*

Lenkung ‹-, -en› *f* **1.** *allg., mot* guida *f;* **2.** *(Führung)* direzione *f,* conduzione *f;* **3.** *mot (Vorrichtung)* sterzo *m.*

Lenz [lɛnts] ‹-es, -e› *m poet, obs* primavera *f.*

Leo ['le:o] *(männlicher Vorname)* Leo.

Leon(h)ard ['le:ɔn(h)art] *(männlicher Vorname)* Leonardo.

Leopard [leo'part] ‹-en, -en› *m* leopardo *m.*

Lepra ['le:pra] ‹-, ø› *f* lebbra *f.* **Leprakranke** *mf* lebbroso, -a *m, f.* **Leprastation** *f* lebbrosario *m.*

Lerche ['lɛrçə] ‹-, -n› *f* allodola *f.*

lernbegierig *a* avido (*o.* desideroso) di apprendere.

lernen ['lɛrnən] **I.** *tr* imparare (*etw. von jdm.* qc da qu, *etw. zu tun* a fare qc, *aus etw.* da qc), apprendere (*etw. von jdm* qc da qu, *etw. zu tun* a fare qc, *aus etw.* da qc); **auswendig ~** imparare a memoria; **lesen/schreiben/rechnen ~** imparare a leggere/a scrivere/a far di conto; **das lernst du nie!** non ci arriverai mai!; **von ihr kannst**

du noch etw. ~ lei ti può insegnare qc; **II.** *itr* **1.** *(Kenntnisse erwerben)* studiare; **2.** *(in der Lehre sein)* imparare come apprendista; **ich habe gestern drei Stunden gelernt** ieri ho studiato tre ore.

Lernprozeß *m* processo *m* d'apprendimento.

Lesart *f* **1.** *(Fassung)* versione *f; (andere ~)* variante *f;* **2.** *(Deutung)* interpretazione *f.* **lesbar** *a* leggibile. **Lesbarkeit** ‹-, ø› *f* leggibilità *f.*

Lesbe ['lɛsbə] ‹-, -n› *f sl pej* lesbica *f.*

lesbisch *a* lesbico.

Lese ['le:zə] ‹-, -n› *f* raccolta *f; (Wein~)* vendemmia *f.*

Lesebuch *n* libro *m* di lettura. **Leselampe** *f* lampada *f* leggilibro.

lesen¹ ['le:zən] ‹liest, las, gelesen› **I.** *tr* **1.** *allg.* leggere; **2.** *fig (Gedanke)* indovinare, leggere; **II.** *itr* **1.** *allg.* leggere; **2.** *(an Universität)* tenere un corso (*über* su).

lesen² ['le:zən] ‹liest, las, gelesen› *tr* **1.** *(sammeln)* raccogliere; *(Ähren)* spigolare; **2.** *(pflücken)* cogliere; *(Trauben)* vendemmiare; **3.** *(aus~, ver~)* cernere.

lesenswert *a* che vale la pena di essere letto.

Leseprobe *f* **1.** *lit* saggio *m* di lettura; **2.** *theat* prova *f* a tavolino. **Leseratte** *f* divoratore, -trice *m, f* di libri.

Leser(in) ‹-s, -› *mf* lettore, -trice *m, f.* **Leserbrief** *m* lettera *f* al direttore. **Leserkreis** *m* cerchia *f* dei lettori.

leserlich *a* leggibile. **Leserlichkeit** ‹-, ø› *f* leggibilità *f.*

Leserschaft ‹-, ø› *f* lettori *m pl.*

Lesesaal *m* sala *f* di lettura. **Lesestoff** *m* lettura *f.* **Lesestück** *n* (brano *m* di) lettura *f.* **Lesezeichen** *n* segnalibro *m.*

Lesung ‹-, -en› *f* lettura *f.*

Lette ['lɛtə] ‹-n, -n› *m,* **Lettin** ['lɛtɪn] *f* lettone *mf.*

Letter ['lɛte] ‹-, -n› *f* lettera *f,* carattere *m* tipografico (*o.* di stampa).

Lettin *f s.* **Lette.**

lettisch *a* lettone.

Lettland ['lɛtlant] *n* Lettonia *f.*

Letzt [lɛtst] *f:* **zu guter ~** alla fin fine, in fin dei conti.

letzte *s.* **letzte(r, s).**

letztendlich ['lɛtst'ʔɛntlɪç] *adv* alla fin fine.

letztens *adv* **1.** *(kürzlich)* recentemente; **2.** *(als letzter Punkt)* infine, in ultimo luogo.

letztere(r, s) ['lɛtstərə] *a* quest'ultimo, -a.

letzte(r, s) ['lɛtstə] *a* **1.** ultimo, -a; *(abschließend)* finale; **2.** *(neueste)* (il/la) più recente; **3.** *(äußerste)* estremo, -a; **~n Endes** in fin dei conti; **in den ~n Jahren/Tagen** negli ultimi anni/giorni; **~ Woche** la settimana scorsa; **das L~ daransetzen** rischiare il tutto per il tutto; **zum ~n Mittel greifen** giocare l'ultima carta *fam;* **den ~n beißen die Hunde** *prov* chi tardi arriva male alloggia *prov;* **das wäre das L~!** sarebbe la fine; **der L~ Wille** le ultime volontà; **jdn wie den ~n Dreck behandeln** *fam* trattare qu come una pezza da piedi *fam;* **das ist mein ~s Angebot** è la mia ultima offerta; **bis aufs ~** fino in fondo; **der ~ Schrei** l'ultimo grido.

letztjährig *a* dell'anno scorso (*o.* passato).

letztlich *adv (schließlich)* in fine, alla fine.

letztwillig *a:* **~e Verfügung** disposizione testamentaria.

Leuchtbake *f,* **-boje** *f* boa *f* luminosa.

Leuchtbombe *f* bomba *f* illuminante.

Leuchte ['lɔyçtə] ‹-, -n› *f* **1.** *(Licht)* lume *m; (Lampe)* lampada *f;* **2.** *fig fam (kluger Mensch)* luminare *m.*

leuchten ['lɔyçtən] *itr* **1.** *(Licht abgeben)* dar luce; **2.** *(be~)* far luce, illuminare; **3.** *(glänzen)* splendere; *(a. strahlen)* brillare; *(Augen)* luccicare, essere raggianti. **leuchtend** *a* luminoso; *(Farbe)* vivo; *(strahlend)* raggiante; **~es Vorbild** esempio luminoso.

Leuchter ‹-s, -› *m (Kerzen~)* candeliere *m; (Arm~)* candelabro *m; (Wand~)* applique *f; (Kron~)* lampadario *m.*

Leuchtfarbe *f* colore *m* luminescente. **Leuchtfeuer** *n* faro *m.* **Leuchtgas** *n* gas *m* illuminante. **Leuchtkäfer** *m* lucciola *f.* **Leuchtkraft** *f* intensità *f* luminosa. **Leuchtrakete** *f* razzo *m* illuminante. **Leuchtreklame** *f* insegna *f* luminosa. **Leuchtsignal** *n* segnale *m* luminoso. **Leuchtstofflampe** *f* lampada *f* fluorescente. **Leuchtstoffröhre** *f* tubo *m* fluorescente. **Leuchtturm** *m* faro *m.* **Leuchtzifferblatt** *n* quadrante *m* luminoso.

leugnen ['lɔygnən] *tr* negare; *(bestreiten)* contestare; **ich leugne es nicht** non lo nego; **es kann nicht geleugnet werden, daß ...** è innegabile che ...

Leukoplast® [lɔyko'plast] ‹-(e)s, -e› *n* leucoplasto® *m.*

Leumund ['lɔymʊnt] ‹-(e)s, ø› *m* reputazione *f,* nome *m;* **guter ~** buona re-

putatione; **schlechter ~** cattiva reputazione (*o.* nomea).
Leute ['lɔytə] ‹*pl*› **1.** gente *f;* **2.** *(Arbeitskräfte, Soldaten)* uomini *m pl;* **3.** *(Dienst~)* domestici *m pl,* servitù *f;* **unter die ~ bringen** diffondere, divulgare; **was werden die ~ dazu sagen?** che dirà la gente?; **alle ~** tutti; **junge/alte ~** i giovani *m pl*/i vecchi *m pl;* **es sind ~ bei uns (zu Besuch)** abbiamo gente (*o.* visite); **meine ~** *fam (Familie)* i miei *fam; (Mannschaft, Arbeiter, etc.)* i miei uomini *m pl,* i miei operai *m pl;* **liebe ~!** *fam* miei cari!; **kleine ~** *fig* la gente semplice; **ich kenne meine ~** conosco i miei polli *fam;* **unter/wieder unter (die) ~ gehen** andare/ritornare in società; **es waren mindestens zehn ~ da** c'erano per lo meno dieci persone.
Leutnant ['lɔytnant] ‹-s, -s *o. rar* -e› *m* tenente *m.*
leutselig *a* affabile, alla mano; condiscendente. **Leutseligkeit** *f* affabilità *f;* condiscendenza *f.*
Leviten [le'vi:tən] ‹*pl*› **:** **jdm die ~ lesen** *fam* dare una lavata di capo a qu *fam.*
Lexika *pl von* **Lexikon.**
lexikalisch [lɛksi'ka:lɪʃ] *a* lessicale.
Lexikograph(in) [lɛksiko'gra:f(ɪn)] ‹-en, -en› *m(f)* lessicografo, -a *m, f.*
Lexikographie [...gra'fi:] ‹-, ø› *f* lessicografia *f.*
Lexikographin *f s.* **Lexikograph.**
Lexikon ['lɛksikɔn, ...ka *o.* ...kən] ‹-s, -ka *o.* -ken› *n* **1.** *(Nachschlagewerk)* enciclopedia *f;* **2.** *obs (Wörterbuch)* vocabolario *m,* dizionario *m.*
lfd. *ab von* **laufend** c. (*ab von* corrente).

Libanese [liba'ne:zə] ‹-n, -n› *m,* **Libanesin** [...zɪn] *f* libanese *mf.*
libanesisch *a* libanese.
Libanon ['li:banɔn] *m:* **der ~** il Libano *m;* **im ~** nel Libano.
Libelle [li'bɛlə] ‹-, -n› *f* **1.** *zoo* libellula *f;* **2.** *tec (bei Wasserwaage, etc.)* livella *f.*
liberal [libe'ra:l] *a* liberale.
liberalisieren [...rali'zi:rən] ‹*ohne ge-*› *tr* liberarizzare.
Liberalisierung ‹-, -en› *f* liberalizzazione *f.*
Liberalismus [...ra'lɪsmʊs] ‹-, ø› *m* liberalismo *m.*
Libero ['li:bero] ‹-s, -s› *m sport* (battitore *m*) libero *m.*
Libyen ['li:byən] *n* Libia *f.*
Libyer(in) ‹-s, -› *m(f)* libico, -a *m, f.*
libysch ['li:bʏʃ] *a* libico.
licht [lɪçt] *a* **1.** *(hell)* chiaro; **2.** *(dünn, spärlich)* rado.
Licht [lɪçt] ‹-(e)s, -er› *n* luce *f; (Helligkeit, ~schein)* chiarore *m;* **bei ~** alla luce; **bei ~ besehen** (*o.* **betrachtet)** esaminato più da vicino; **in günstigem ~** sotto una luce favorevole; **~ machen** accendere la luce; **das ~ ausmachen** (*o.* **ausschalten)** spegnere la luce; **~ in etw. bringen** far luce su qc; **das ~ der Welt erblicken** schiudere gli occhi alla luce, nascere; **jdn hinters ~ führen** imbrogliare qu, abbindolare qu *fam;* **ans ~ kommen** essere scoperto (*o.* svelato); **etw. ins rechte ~ rücken** (*o.* **setzen)** mettere qc nella giusta luce; **das ~ scheuen** fuggire la luce del giorno; **jdm im ~ stehen** fare ombra a qu; **jetzt geht mir ein ~ auf** ora comincio a capire; **er ist kein großes ~** *fam* non è una cima *fam;* **schlechtes ~** cattiva luce; **etw. gegen das ~ halten** tenere qc contro luce. **Lichtanlage** *f* impianto *m* d'illuminazione. **Lichtbild** *n* **1.** *adm (Paßbild)* fotografia *f;* **2.** *obs (Diapositiv)* diapositiva *f.* **Lichtbildervortrag** *m* conferenza *f* con diapositive. **Lichtblick** *m fig* (barlume *m* di) speranza *f.* **Lichtbogen** *m* arco *m* elettrico (*o.* voltaico). **Lichtbrechung** ‹-, ø› *f* rifrazione *f* della luce. **Lichtdruck** ‹-(e)s, -e› *m* fototipia *f.* **lichtdurchlässig** *a* trasparente, diafano. **lichtecht** *a* resistente (*o.* solido) alla luce. **Lichteinwirkung** *f* azione *f* della luce. **lichtempfindlich** *a* **1.** *allg.* sensibile alla luce; **2.** *fot, biol* fotosensibile.
lichten[1] **I.** *tr (ausdünnen, a. fig)* diradare; **II.** *rfl:* **sich ~** *(Nebel, Wald, Wolken, Haare)* diradarsi; *(Dunkelheit, Angelegenheit)* rischiararsi; *(Bestände)* diminuire.
lichten[2] *tr:* **den Anker ~** levare l'ancora.
lichterloh ['lɪçtɐ'lo:] *adv:* **~ brennen** essere in fiamme.
Lichtermeer *n* mare *m* di luci.
Lichtfleck *m* macchia *f* di luce. **Lichtgeschwindigkeit** *f* velocità *f* della luce. **Lichthof** *m* **1.** *arch* cortile *m* a lucernario; **2.** *fot, astr* alone *m.* **Lichthupe** *f* lampeggiatore *m.* **Lichtjahr** *n* anno *m* luce. **Lichtmaschine** *f* dinamo *f.* **Lichtmast** *m* palo *m* della luce. **Lichtmeß** ['lɪçtmɛs] *(ohne Artikel)* Candelora *f.* **Lichtmesser** ‹-s, -› *m* fotometro *m.* **Lichtorgel** *f* console *f* per luci. **Lichtpause** *f* copia *m* eliografica. **Lichtquelle** *f* sorgente *f* luminosa.

Lichtsatz *m* fotocomposizione *f.* **Lichtschacht** *m* lucernario *m.* **Lichtschalter** *m* interruttore *m* della luce. **Lichtschein** *m* luce *f,* chiarore *m,* riflesso *m.* **lichtscheu** *a* **1.** che teme la luce; **2.** *fig* losco, sinistro; **~es Gesindel** *fam* losca canaglia *fam.* **Lichtschutzfaktor** *m* coefficiente *m* di filtrazione. **Lichtsignal** *n* segnale *m* luminoso (*o.* ottico). **Lichtspielhaus** *n,* **-spieltheater** *n obs* cinematografo *m obs,* cinema *m.* **lichtstark** *a* molto luminoso. **Lichtstärke** *f* **1.** *phys* intensità *f* luminosa; **2.** *fot* luminosità *f.* **Lichtstrahl** *m* raggio *m* di luce.

Lichtung ‹-, -en› *f* radura *f.*

Lichtverhältnisse *n pl* condizioni *f pl* di luce. **Lichtwelle** *f* onda *f* luminosa.

Lid [li:t] ‹-(e)s, -er› *n* palpebra *f.* **Lidschatten** *m* ombretto *m.*

lieb [li:p] *a* **1.** *(geschätzt, teuer)* caro; **2.** *(geliebt)* diletto; **3.** *(angenehm)* piacevole; **4.** *(nett)* gentile; *(liebenswürdig)* amabile; **5.** *(artig, brav)* bravo, buono; **den ~en langen Tag** *fam* tutto il santo giorno *fam;* **wenn dir dein Leben ~ ist** se ti è cara la vita; **seien Sie so ~ und ...** abbiate la cortesia di ... *inf;* **mein L~er!** mio caro!; **das ist mir ganz ~** mi fa molto piacere, mi va proprio bene; **es wäre mir ~(er), wenn ...** preferirei che ... *conj;* **(ach,) du ~er Himmel** (*o.* **~er Gott** *o.* **~e Zeit** *o.* **~e Güte** *o.* **~es bißchen)!** *fam* oh cielo!, oh Dio!, Dio mio!, santo cielo! *fam;* **bist du heute ~ gewesen?** sei stato bravo oggi?; **~e Birgit/Verwandte/Gäste!** cara Birgit/cari parenti/cari ospiti!; *s. a.* *lieber, liebste(r, s).*

liebäugeln [-ˀɔygəln] *itr:* **mit etw. ~** vagheggiare qc.

Liebchen ['li:pçən] ‹-s, -› *n* **1.** *obs (geliebte Frau)* amata *f obs;* **2.** *pej (Geliebte)* bella *f,* amante *f.*

Liebe ['li:bə] ‹-, *rar* -n› *f* **1.** amore *m* (*zu* per); **2.** *(Gefallen)* favore *m;* **3.** *fam (geliebter Mensch)* amato, -a *m, f;* **aus ~ zu** per amore di; **~ macht blind** *prov* l'amore è cieco *prov;* **~ auf den ersten Blick** amore a prima vista; **tu mir doch die ~ und ...** *fam* fammi il favore di ... *inf fam;* **es war meine erste ~** è stato il mio primo amore; **~ geht durch den Magen** *prov* il marito si prende per la gola; **bei aller ~, aber ...** con tutto l'amore, ma ..., nonostante tutto l'amore ...; **alte ~ rostet nicht** *prov* il primo amore non si scorda mai *prov;* **wo die ~ hinfällt ...** *prov* al cuore non si comanda *prov;* **etw. mit ~ tun** fare qc con amore.

Liebelei [li:bə'la̯i] ‹-, -en› *f pej* flirt *m.*

lieben *tr* amare; **etw./jdn über alles ~** amare qc/qu più di tutto; **was sich liebt, das neckt sich** *prov* l'amore non è bello se non è stuzzicarello *prov;* **etw. ~d gern tun** far qc con gran piacere. **Liebende** ‹ein -r, -n, -n› *mf* innamorato, -a *m, f.*

liebenswert *a* amabile, piacevole. **liebenswürdig** *a* gentile; **das ist sehr ~ von Ihnen** è molto gentile da parte Sua; **wären Sie so ~ und ...?** mi farebbe la cortesia di ... *inf?* **Liebenswürdigkeit** ‹-, -en› *f* gentilezza *f,* cortesia *f.*

lieber ['li:bɐ] **I.** ‹*Komparativ von* **lieb**›; **II.** ‹*Komparativ von* **gern**› *adv* **1.** *(eher, vorzugsweise)* piuttosto; **2.** *(besser, klugerweise)* meglio; **~ haben** preferire; **etw. ~ tun** preferire fare qc; **das habe ich ~, das ist mir ~** preferisco questo; **ich würde ~ gehen** preferirei andare; **ich hätte ~ gehen sollen** avrei fatto meglio ad andarmene; **ich wüßte nicht, was ich ~ täte (als...)** non chiedo di meglio (che...); **tu es ~ nicht!** è meglio che tu non lo faccia; **~ nicht** è meglio di no; **je länger, je ~** più dura, meglio è; **nichts ~ als das** *fam* niente di meglio.

Liebesaffäre *f* avventura *f* (*o.* tresca *f*) amorosa. **Liebesbrief** *m* lettera *f* d'amore. **Liebesdienst** *m* favore *m;* **jdm einen ~ erweisen** fare un favore a qu. **Liebeserklärung** *f* dichiarazione *f* d'amore; **jdm eine ~ machen** dichiararsi a qu. **Liebesfilm** *m* film *m* d'amore. **Liebesgabe** *f* dono *m,* beneficenza *f.* **Liebesknochen** *m dial gastr* bignè *m.* **Liebeskummer** *m* dispiaceri *m pl* amorosi, pene *f pl* d'amore; **~ haben** avere dispiaceri amorosi. **Liebesleben** *n* vita *f* sessuale. **Liebeslied** *n* canzone *f* d'amore. **Liebesmüh(e)** *f:* **verlorene** (*o.* **vergebliche) ~** fatica *f* sprecata. **Liebespaar** *n* coppia *f* d'innamorati.

liebevoll **I.** *a* amoroso, affettuoso; **II.** *adv* **1.** *(zärtlich)* affettuosamente; **2.** *(sorgfältig)* con cura (*o.* amore).

lieb·gewinnen ‹*irr, ohne ge-*› *tr* affezionarsi a.

lieb·haben ‹*irr*› *tr* amare.

Liebhaberei [-ha:bə'ra̯i] ‹-, -en› *f* passione *f,* hobby *m.*

Liebhaber(in) ‹-s, -› *m(f)* **1.** *(Geliebte)* amante *mf;* **2.** *(Interessent, Kenner)* amatore, -trice *m, f* (*von* di);

3. *(Sammler)* collezionista *mf* (*von* di); **4.** *theat* amoroso, -a *m, f.* **Liebhaberwert** *m* valore *m* d'affezione.

liebkosen [li:p'ko:zən *o.* 'li:p...] ⟨*ohne ge-*⟩ *tr* accarezzare.

Liebkosung ⟨-, -en⟩ *f* carezza *f.*

lieblich *a (Mensch)* grazioso; *(Duft, Töne)* soave; *(Landschaft)* ridente, ameno.

Liebling ['li:plɪŋ] ⟨-s, -e⟩ *m* **1.** *(bevorzugter Mensch)* beniamino, -a *m, f,* idolo *m;* **2.** *(Kosenwort)* tesoro *m.*

Lieblings- *(in Zusammensetzung)* preferito, prediletto.

lieblos *a (ohne Liebe)* senza amore (*o.* cuore); *(ohne Sorgfalt)* senza cura; *(herzlos)* freddo; *(unfreundlich)* scortese, sgarbato. **Lieblosigkeit** ⟨-, -en⟩ *f* mancanza *f* d'animo, freddezza *f,* insensibilità *f.*

Liebschaft ⟨-, -en⟩ *f* relazione *f* amorosa.

liebste *s.* **liebste(r, s).**

Liebste ⟨ein -r, -n, -n⟩ *mf obs* amato, -a *m, f obs.*

liebste(r, s) ['li:pstə] **I.** ⟨*Superlativ von* lieb⟩; **II.** ⟨*Superlativ von* gern⟩ *adv:* **am ~n** più di tutto; **am ~n würde ich jetzt schlafen** adesso avrei proprio voglia di dormire; **am ~n spiele ich Tennis** giocare a tennis mi piace più di tutto.

Liechtenstein ['lɪçtənʃtain] *n* Liechtenstein *m;* **in ~** nel Liechtenstein.

Liechtensteiner(in) ⟨-s, -⟩ *m(f)* abitante *mf* del Liechtenstein.

liechtensteinisch *a* del Liechtenstein.

Lied [li:t] ⟨-(e)s, -er⟩ *n* **1.** *allg.* canzone *f;* *(a. Volks~)* canto *m;* **2.** *mus* lied *m;* **davon kann ich ein ~ singen** *fig fam* ne so qualcosa *fam;* **es ist immer das alte ~** *fig fam* è sempre la solita musica *fam;* **das ist das Ende vom ~** *fig fam* doveva finire così. **Liederabend** *m* serata *f* liederistica. **Liederbuch** *n* raccolta *f* di canzoni.

liederlich ['li:dɐlɪç] *a pej (unmoralisch)* dissoluto, sregolato; *(unordentlich)* disordinato; *(Arbeit)* raffazzonato, abborracciato. **Liederlichkeit** ⟨-, ø⟩ *f* **1.** *(Sittenlosigkeit)* dissolutezza *f,* sregolatezza *f;* **2.** *(Unordentlichkeit)* disordine *m,* sciatteria *f.*

Liedermacher(in) *m(f)* cantautore, -trice *m, f.*

lief [li:f] *1. u. 3. pers sing imp von* **laufen.**

Lieferant(in) [lifə'rant(ɪn)] ⟨-en, -en⟩ *m(f)* fornitore, -trice *m, f.*

lieferbar *a* disponibile; **jederzeit** (*o.* **sofort**) **~** pronto alla consegna. **Lieferbedingungen** *f pl* condizioni *f pl* di consegna. **Lieferfirma** *f* ditta *f* fornitrice. **Lieferfrist** *f* termine *m* di consegna.

liefern ['li:fɐn] *tr* **1.** fornire, consegnare; **2.** *(Wasser, Strom)* erogare; **ins Haus ~** consegnare a domicilio.

Lieferschein *m* bolletta *f* (*o.* buono *m*) di consegna.

Lieferung ⟨-, -en⟩ *f* **1.** *allg.* fornitura *f,* consegna *f;* **2.** *(von Buch)* fascicolo *m,* dispensa; *f* **bei/nach ~** alla consegna/dopo la consegna; **~ frei Haus** consegna franco domicilio; **zahlbar bei ~** pagamento alla consegna.

Lieferwagen *m* furgone *m; (kleiner ~)* furgoncino *m.*

Liege ['li:gə] ⟨-, -n⟩ *f* **1.** *(Couch)* divano *m;* **2.** *(Garten~, etc.)* sedia *f* a sdraio.

liegen ['li:gən] ⟨liegt, lag, gelegen⟩ *itr* **1.** *(flach ~, etc.)* essere disteso (*o.* coricato *o.* sdraiato), giacere; **2.** *(sich befinden)* trovarsi, essere, esserci; **3.** *(gelegen sein, geog)* essere situato; *(Zimmer)* dare *(nach* su), essere esposto (*nach* a); **4.** *mil* essere accampato (*o.* stazionato); **5.** *naut* essere ormeggiato; **6.** *fig (lasten)* pesare (*auf jdm* qu), gravare (*auf* su); **7.** *(abhängen)* dipendere (*an* da); **8.** *(zusagen, gefallen)* piacere (*jdm* a qu), essere del gusto (*jdm* di qu), essere di (mio, tuo, suo, *etc.*) gusto; **im Bett ~** essere a letto; **über/unter dem Durchschnitt ~** essere superiore/inferiore alla media; **es liegt mir (viel) daran, Ihnen zu sagen ...** ci tengo molto a dirLe ...; **es liegt mir viel daran, daß Sie kommen** mi preme molto che Lei venga; **das liegt mir nicht** non è di mio gusto; **das liegt an Ihnen** dipende da Lei; **das liegt ganz bei dir (zu ...)** sta a te (di ... *inf*); **das liegt daran, daß ...** questo dipende dal fatto che ...; **daran soll's nicht ~** *fam* non sarà questo a impedirlo; **zehn Jahre ~ zwischen ... und ...** dieci anni separano ... da ...; **an wem liegt das?** chi è responsabile per questo?, da chi dipende?; **woran liegt das?** da che dipende?; **wo liegt Regensburg?** dove si trova Ratisbona?; **(so) wie die Dinge ~ ...** (così) come stanno le cose ...; **hart/weich ~** stare sul duro/morbido; **an erster/letzter Stelle ~** essere al primo/all'ultimo posto; **in Führung ~** essere in testa; **es liegt mir viel/wenig daran, daß ...** mi preme molto/poco che ...; **die ganze Nacht wach ~** stare sveglio tutta la notte; **im Rückstand ~** essere arretrato (*o.* indietro); **das lag nicht in meiner Absicht** non era mia intenzione; **das liegt in meinem Ermessen** dipende da me; **das liegt nicht in meiner Macht** non è in mio potere.

liegen·bleiben ‹*irr*› *itr* ‹*sein*› **1.** *(nicht aufstehen)* rimanere disteso; *(im Bett)* restare coricato (*o.* a letto); **2.** *(vergessen werden)* essere dimenticato; **3.** *(unerledigt bleiben)* rimanere interrotto (*o.* incompiuto); **4.** *(nicht verkauft werden)* rimanere invenduto; **5.** *(Auto, etc.)* rimanere per strada, rimanere fermo.

liegend *a (Kunst: Akt)* sdraiato, giacente; *(Wappentier)* sdraiato; **eine im Süden ~e Stadt** una città situata a sud; **~ aufbewahren** mantenere in posizione orizzontale.

liegen·lassen ‹*irr, meist ohne ge-*› *tr* **1.** *allg.* lasciare lì; **2.** *(vergessen)* dimenticare, lasciare; **3.** *(unerledigt lassen: Arbeit)* interrompere; *(Briefe, etc.)* non scrivere; **jdn links ~** *fam* trascurare qu; **alles stehen- und ~** *fam* lasciare tutto com'è *fam.*

Liegesitz *m* **1.** *mot* sedile *m* ribaltabile; **2.** *Eisenb.* cuccetta *f.* **Liegestütz** [-ʃtʏts] ‹-es, -e› *m* appoggio *m* frontale teso. **Liegewagen** *m* carrozza *f* con cuccette; cuccetta *f.* **Liegewiese** *f* prato *m* (per sdraiarsi).

lieh [li:] *1. u. 3. pers sing imp von* **leihen.**

ließ [li:s] *1. u. 3. pers sing imp von* **lassen.**

liest [li:st] *3. pers sing pr von* **lesen.**

Lift [lɪft] ‹-(e)s, -e *o.* -s› *m* **1.** *(Aufzug)* ascensore *m,* lift *m;* **2.** *(Ski~)* sciovia *f.* **Liftboy** [-bɔy] ‹-s, -s› *m* ascensorista *m,* lift(boy) *m.*

liften ['lɪftən] *tr* **1.** *tec* sollevare; **2.** *(Preise)* alzare; **sich** *(dat)* **das Gesicht ~ lassen** sottoporsi ad un lifting.

Liga ['li:ga, ...gən] ‹-, Ligen› *f* **1.** *pol* lega *f;* **2.** *sport* serie *f,* lega *f.*

Ligurien [li'gu:ri̯ən] *n* Liguria *f.*

Ligurisches Meer *n* Mare *m* Ligure.

Likör [li'kø:ɐ̯] ‹-s, -e› *m* liquore *m.*

lila ['li:la] ‹*inv*› *a* lilla; *s. a. blau.* **Lila** ‹-(s), - *o. fam* -s› *n* (colore *m*) lilla *m; s. a. Blau.*

Lilie ['li:li̯ə] ‹-, -n› *f* giglio *m.*

Liliputaner(in) [lilipu'ta:nɐ (...ərɪn)] ‹-s, -› *m(f)* lillipuziano, -a *m, f.*

Limit ['lɪmɪt] ‹-s, -s *o.* -e› *n* limite *m;* **jdm ein ~ setzen** porre (*o.* fissare) un limite a qu.

limitieren [limi'ti:rən] ‹*ohne ge-*› *tr* limitare; **limitierte Ausgabe** *(von Buch)* edizione *f* limitata.

Limonade [limo'na:də] ‹-, -n› *f* gassosa *f.*

Limousine [limu'zi:nə] ‹-, -n› *f* berlina *f.*

lind [lɪnt] *a* **1.** *geh (mild)* mite; *(sanft)* soave; **2.** *s.* **lindgrün.**

Linde ['lɪndə] ‹-, -n› *f,* **Lindenbaum** *m* tiglio *m.*

lindern ['lɪndɐn] *tr* **1.** *(mildern: Schmerz, Strafe)* mitigare; **2.** *(erleichtern)* alleviare; **3.** *med* lenire, sedare.

Linderung ‹-, ø› *f* **1.** *(Milderung)* mitigazione *f;* **2.** *(Erleichterung)* sollievo *m,* alleviamento *m;* **jdm ~ verschaffen** dare sollievo a qu.

lindgrün *a* verde giallo.

Lineal [line'a:l] ‹-s, -e› *n* riga *f.*

Linguist(in) [lɪŋ'gu̯ɪst(ɪn)] ‹-en, -en› *m(f)* linguista *mf.*

Linguistik [lɪŋ'gu̯ɪstɪk] ‹-, ø› *f* linguistica *f.*

Linguistin *f s.* **Linguist.**

linguistisch *a* linguistico.

Linie ['li:ni̯ə] ‹-, -n› *f* linea *f;* **auf der ganzen ~** su tutta la linea; **auf die schlanke ~ achten** badare alla linea; **in erster/zweiter ~** in primo/secondo luogo; **die ~ 4 fährt bis zur Oper** la linea 4 arriva fino all' Opera. **Linienblatt** *n* falsariga *f.* **Linienführung** *f* tratteggio *m.* **linientreu** *a* ortodosso.

lin(i)ieren [li'ni:rən (lini'i:rən)] ‹*ohne ge-*› *tr* rigare.

link [lɪŋk] *a sl* sinistro *fam;* **auf die (ganz) ~e Tour** in modo (molto) sinistro; **ein (ganz) ~es Ding drehen** farne una (molto) grossa *fam; s. a. linke(r, s).*

Linke[1] ‹ein -r, -n, -n› *mf pol:* **er/sie ist ein ~r/eine ~** è di sinistra.

Linke[2] ‹-n, -n› *f* sinistra *f;* **zur ~n** a sinistra; **äußerste ~** *pol* estrema sinistra; **gemäßigte ~** *pol* centrosinistra.

linke(r, s) ['lɪŋkə] *a* **1.** *allg.* sinistro, -a; **2.** *pol* di (*o.* della) sinistra; **~r Hand** a(lla) sinistra; **mein ~r Nebenmann** il mio vicino di sinistra; **~ Seite** parte *f* sinistra, lato *m* sinistro; *(untere, hintere Seite)* interno *m; (von Stoff)* rovescio *m.*

linkisch *a* maldestro, impacciato.

links ['lɪŋks] *adv* **1.** a sinistra; **2.** *(auf der unteren, hinteren Seite)* alla rovescia; **nach/von ~** a/da sinistra; **von ~ nach rechts** da sinistra a destra; **~ von mir** alla mia sinistra; **etw. mit ~ machen** *fam* fare qc ad occhi chiusi *fam;* **~ sein** (*o.* **stehen**) *pol* essere (*o.* stare) a sinistra; **den Pullover auf ~ anziehen** mettersi il pullover alla rovescia; **sich ~ einordnen** disporsi sulla corsia di sinistra; **sich ~ halten** mantenersi sulla (*o.* a) sinistra. **Links-**

abbieger ‹-s, -› *m* chi svolta a sinistra. **Linksabbiegerspur** *f* preselezione *f* a sinistra. **Linksaußen** [-'ʔausən] ‹-, -› *m* ala *f* sinistra. **Linksdrehung** *f* rotazione *f* sinistrosa. **Linksextremist(in)** *m(f)* estremista *mf* di sinistra. **Linkshänder(in)** [-hɛndɐ (...ərın)] ‹-s, -› *m(f)* mancino, -a *m, f.* **Linkskurve** *f* curva *f* a sinistra. **linksradikal** *a* radicale di sinistra. **linksrheinisch** *a* della/sulla riva sinistra del Reno. **Linksverkehr** *m* circolazione *f* a sinistra.

Linoleum [li'no:leʊm] ‹-s, ø› *n* linoleum *m.*

Linolschnitt [li'no:l-] *m* incisione *f* su linoleum.

Linse ['lınzə] ‹-, -n› *f* **1.** *bot, gastr* lenticchia *f;* **2.** *opt* lente *f;* **3.** *fam fot (Objektiv)* obiettivo *m;* **4.** *anat* cristallino *m.* **linsenförmig** [-fœrmıç] *a* lenticolare.

Linz [lınts] *n* Linz *f.*

Liparische Inseln [li'pa:rıʃə 'ınzəln] *f pl* Eolie *f pl,* (isole *f pl)* Lipari *f pl.*

Lippe ['lıpə] ‹-, -n› *f* labbro *m;* **sich** *(dat)* **auf die ~n beißen** mordersi le labbra; **aufgesprungene ~n haben** avere le labbra screpolate; **etw. an die ~n setzen** accostare qc alle labbra; **kein Wort kam über seine ~n** non proferì parola; **an jds ~n hängen** *fig* pendere dalle labbra di qu; **er hatte das Wort schon auf den ~n, als ...** l'aveva già sulla punta della lingua, quando ...; **kein Wort über die ~n bringen** non (riuscire a) proferire parola. **Lippenbekenntnis** *n* professione *f* (di fede) formale. **Lippenstift** *m* rossetto *m* (per le labbra).

liquidieren [likvi'di:rən] ‹*ohne ge-*› *tr* liquidare.

Liquidität [likvidi:'tɛ:t] ‹-, ø› *f* liquidità *f.*

lispeln ['lıspəln] *itr* bisbigliare, avere la lisca; *(a. tr: flüstern)* sussurare.

Lissabon ['lısabɔn *o.* ...'bɔn] *n* Lisbona *f.*

List [lıst] ‹-, *rar* -en› *f* **1.** *(Schlauheit)* astuzia *f,* furbizia *f;* **2.** *(listige Handlung)* stratagemma *m;* **zu einer ~ greifen** ricorrere a un'astuzia; **mit ~ und Tücke** *fam* a gran fatica.

Liste ['lıstə] ‹-, -n› *f* lista *f,* elenco *m; (Wahl~)* lista *f* elettorale; **eine ~ aufstellen** fare una lista; **etw. in eine ~ eintragen** annotare qc su una lista; **sich in eine ~ eintragen** (*o.* **einschreiben**) iscriversi in un elenco. **Listenpreis** *m* prezzo *m* di listino.

listig *a* astuto, furbo. **Listigkeit** ‹-, ø› *f* astuzia *f,* furberia *f.*

Litanei [lita'nai] ‹-, -en› *f* litania *f.*

Litauen ['li:tauən] *n* Lituania *f.*

Litauer(in) ‹-s, -› *m(f)* lituano, -a *m, f.*

litauisch *a* lituano.

Liter ['li:tɐ *o.* 'lıtɐ] ‹-s, -› *m o. n* (*ab* **l**) litro *m.*

literarisch [lıtə'ra:rıʃ] *a* letterario.

Literat [...'ra:t] ‹-en, -en› *m* letterato *m,* scrittore *m.*

Literatur [...ra'tu:ɐ̯] ‹-, -en› *f* letteratura *f; (einschlägige ~)* bibliografia *f;* **schöne ~** bellettristica *f.* **Literaturangaben** *f pl* bibliografia *f.* **Literaturgeschichte** *f* storia *f* della letteratura. **Literaturkritik** *f* critica *f* letteraria. **Literaturpreis** *m* premio *m* letterario. **Literaturwissenschaft** *f* lettere *f pl.* **Literaturwissenschaftler(in)** *m(f)* studioso, -a *m, f* di lettere.

Litfaßsäule ['lıtfas-] *f* colonna *f* delle affissioni.

Lithographie [litogra'fi:, ...i:ən] ‹-, -n› *f* litografia *f.*

litt [lıt] *1. u. 3. pers sing imp von* **leiden.**

Liturgie [litʊr'gi:, ...i:ən] ‹-, -n› *f* liturgia *f.*

liturgisch [li'tʊrgıʃ] *a* liturgico.

Litze ['lıtsə] ‹-, -n› *f* cordoncino *m,* passamano *m; mil* gallone *m; tec* liccio *m; el* cavetto *m.*

live [laif] ‹*inv*› *a, adv TV, radio* in diretta. **Live-Aufzeichnung** *f* registrazione *f* in diretta. **Live-Sendung** *f* trasmissione *f* in diretta.

Livree [li'vre:, ...e:ən] ‹-, -n› *f* livrea *f.*

Lizenz [li'tsɛnts] ‹-, -en› *f* licenza *f;* **in ~** in concessione; **eine ~ erteilen/zurückziehen** accordare/revocare una licenza. **Lizenzgeber(in)** *m(f)* datore, -trice *m, f* di licenza. **Lizenzgebühr** *f* tassa *f* di licenza. **Lizenznehmer(in)** ‹-s,-› *m(f)* licenziatario, -a *m, f.* **Lizenzvertrag** *m* contratto *m* di licenza.

LKW, Lkw [ɛlka:'ve: *o.* 'ɛl...] ‹-(s), -(s)› *m ab von* **Lastkraftwagen** autocarro *m.*

Lob [lo:p] ‹-(e)s, ø› *n* **1.** lode *f,* elogi *m pl;* **2.** *(~rede)* elogio *m;* **zu jds ~** in lode di qu; **(das höchste) ~ ernten** raccogliere i più alti elogi; **ein ~ verdient haben** essere degno di lode; **voll des ~es sein über etw.** lodare qc molto e entusiasticamente.

Lobby ['lɔbi] ‹-, -s *o.* Lobbies› *f* lobby *m.*

loben ['lo:bən] *tr* lodare, elogiare; *(überschwenglich)* vantare, esaltare; *(Gott)* glorificare; **da lobe ich mir doch mein eigenes Bett** benedico proprio il mio letto; **das lob' ich mir!** questo sì che mi piace! **lobend** *a* laudativo; **etw. ~ erwähnen** citare qc in modo lusinghiero. **lobenswert, löblich** ['lø:plɪç] *a* lodevole, degno di lode.

Loblied *n:* **ein ~ auf jdn singen** tessere le lodi di qu. **Lobrede** *f* elogio *m,* panegirico *m;* **eine ~ auf etw. halten** fare un panegirico su qc.

Loch [lɔx] ‹-(e)s, ⸚er› *n* **1.** *allg.* buco *m; (Öffnung)* apertura *f;* **2.** *(Höhle)* tana *f;* **3.** *(Erd~, Schlag~)* buca *f;* **4.** *(Riß)* strappo *m; (in Reifen)* foro *m;* **5.** *(beim Billard)* bilia *f;* **6.** *sl pej (schlechte Wohnung)* buco *m;* **7.** *sl (Gefängnis)* galera *f fam;* **jdm ein ~** (*o.* **Löcher) in den Bauch fragen** *fam* riempire gli orecchi a qu; **auf** (*o.* **aus) dem letzten ~ pfeifen** *fam* essere allo stremo; **ein ~** (*o.* **Löcher) in die Luft gucken** *fam* (continuare a) guardare nel vuoto. **Locheisen** *n* punzone *m.*

lochen *tr* **1.** *allg.* bucare, forare; **2.** *inform* perforare.

Locher ‹-s, -› *m* perforatore *m.*

Lochkarte *f* scheda *f* perforata. **Lochstanze** *f* punzonatrice *f.* **Lochstickerei** *f* lavoro *m* a giorno. **Lochstreifen** *m* nastro *m* perforato.

Lochung ‹-, -en› *f* perforazione *f.*

Lochzange *f* tenaglia *f* perforatrice.

Locke ['lɔkə] ‹-, -n› *f* riccio *m,* ciocca *f;* **~n haben** avere i riccioli.

locken[1] ['lɔkən] *tr* **1.** *(Tier)* chiamare; **2.** *fig (reizen, anziehen)* attirare, allettare; **dieser Vorschlag lockt mich überhaupt nicht** questa proposta non mi attira per niente; **jdm das Geld aus der Tasche ~** *fam* spillare soldi a qu *fam;* **jdn in einen Hinterhalt ~** tendere un agguato a qu.

locken[2] ['lɔkən] **I.** *tr (Haar)* arricciare; **II.** *rfl:* **sich ~** arricciarsi.

Lockenkopf *m* **1.** *(Frisur)* testa *f* ricciuta; **2.** *(Mensch)* persona *f* riccia. **Lockenstab** *m* ferro *m* arricciante (per capelli). **Lockenwickler** ‹-s, -› *m* bigodino *m.*

locker ['lɔkɐ] *a* **1.** *(Schraube, Knoten, Seil)* lento; *(wackelnd)* traballante; **2.** *(Teig, Backware, Boden)* molle, soffice; **3.** *(nicht gespannt, Muskulatur)* rilassato; *(Beine)* sciolto; **4.** *fig (Lebenswandel)* sregolato, libertino; *(leichtfertig)* leggero; **5.** *sl (lässig)* comodo; **~ sitzen** *tec* avere gioco; **~ werden** *(schlaff)* rilassarsi; *(sich lokkern, a. fig)* allentarsi; *(Zahn)* scalzarsi; **das mach' ich doch ~!** *sl* lo faccio ad occhi chiusi *fam.* **locker-lassen** ‹*irr*› *itr fam:* **nicht ~** non mollare, tener duro; **sie ließ nicht eher locker, bis ...** tenne duro finché ...

lockern *tr* **1.** *allg., fig* allentare; **2.** *(Erde)* smuovere; **3.** *(Muskeln)* rilassare.

lockig *a* ricciuto.

Lockmittel *n* richiamo *m,* esca *f.*

Lockung ‹-, -en› *f* **1.** *(Reiz)* allettamento *m,* attrazione *f;* **2.** *(Versuchung)* tentazione *f.*

Lockvogel *m* **1.** zimbello *m;* **2.** *fig pej* adescatore, -trice *m, f.*

Loden ['lo:dən] ‹-s, -› *m* loden *m.* **Lodenmantel** *m* (cappotto *m* di) loden *m.*

lodern ['lo:dɐn] *itr* fiammeggiare; *(a. fig)* divampare.

Löffel ['lœfəl] ‹-s, -› *m* **1.** *(Eß~, med)* cucchiaio *m;* **2.** *(~ voll)* cucchiaiata *f;* **3.** *(Jägersprache)* orecchio *m;* **4.** *fam (Ohr)* orecchio *m;* **jdm ein paar** (*o.* **eins) hinter die ~ geben** *fam* dare uno schiaffo a qu; **den ~ abgeben** (*o.* **aus der Hand legen)** *sl (sterben)* tirare il calzino. **Löffelbagger** *m* escavatore *m* a cucchiaia.

löffeln *tr, itr* mangiare col cucchiaio.

log [lo:k] *1. u. 3. pers sing imp von* **lügen.**

Logarithmentafel *f* tavola *f* logaritmica.

Logarithmus [loga'rɪtmʊs, ...mən] ‹-, -men› *m* logaritmo *m.*

Loge ['lo:ʒə] ‹-, -n› *f* **1.** *theat* palco *m;* **2.** *(Pförtner~)* portineria *f;* **3.** *(Freimaurer~)* loggia *f* (massonica). **Logenplatz** *m* palco *m.*

Logik ['lo:gɪk] ‹-, ø› *f* logica *f.*

Logis [lo'ʒi:, ...i:s] ‹-, -› *n* alloggio *m;* **Kost und ~ haben** avere vitto e alloggio.

logisch ['lo:gɪʃ] *a* logico.

Logopäde [logo'pɛ:də] ‹-n, -n› *m,* **Logopädin** [...dɪn] *f* logopedista *mf.*

Lohn [lo:n] ‹-(e)s, ⸚e› *m* **1.** *allg.* salario *m; (von Arbeiter a.)* paga *f;* **2.** *fig (Belohnung)* ricompensa *f;* **zum ~ für** in ricompensa per. **Lohnabbau** *m* riduzione *f* salariale. **Lohnabkommen** *n* convenzione *f* salariale. **Lohnabrechnung** *f* busta *f* paga. **Lohnausfall** *m* perdita *f* di salario. **Lohnausgleich** *m* conguaglio *m* salariale. **Lohnbuchhaltung** *f* **1.** *(Abteilung)* ufficio *m* paga; **2.** *(Tätigkeit)* contabilità *f* salariale. **Lohnbüro** *n* ufficio *m* paga. **Lohnempfänger(in)** *m(f)* salariato, -a *m, f.*

lohnen **I.** *tr* **1.** *(be~)* ricompensare (*jdm etw.* qu di qc); **2.** *(wert sein, rechtfertigen)* valere, compensare; **das Ergebnis lohnt die Mühe** il gio-

co vale la candela *prov*, il risultato compensa la fatica; **II.** *rfl:* **sich ~** rendere; *fig* valere la pena; **es lohnt sich nicht** non ne vale la pena.
löhnen ['lø:nən] *tr* **1.** *obs (bezahlen)* pagare (*jdn* qu), fare la paga (*jdn* di qu); **2.** *fam (viel zahlen)* pagare caro.
lohnend *a* **1.** *(vorteilhaft)* vantaggioso, proficuo; **2.** *(einträglich)* redditizio.
Lohnerhöhung *f* aumento *m* salariale. **Lohnforderung** *f* rivendicazione *f* salariale. **Lohngefälle** *n* disparità *f* salariale. **Lohnkampf** *m* lotta *f* salariale. **Lohnkürzung** *f* riduzione *f* della paga. **Lohnpolitik** *f* politica *f* dei salari. **Lohnsteuer** *f* imposta *f* sul salario. **Lohnsteuerjahresausgleich** *m* conguaglio *m* annuale dell'imposta sul salario. **Lohnstopp** *m* congelamento *m* (*o.* blocco *m*) dei salari. **Lohntarif** *m* tariffa *f* salariale.
Löhnung ‹-, -en› *f* **1.** *(Zahlung)* pagamento *m* del salario; *mil* pagamento *m* del soldo; **2.** *(Lohn)* salario *m*, paga *f*; *mil* soldo *m*.
Lohnvereinbarung *f* accordo *m* salariale. **Lohnverhandlungen** *f pl* trattative *f pl* (sindacali) sui salari.
Loipe ['lɔypə] ‹-, -n› *f* pista *f* (per sci) di fondo.
Lok [lɔk] ‹-, -s› *f ab von* **Lokomotive.**
lokal [lo'ka:l] *a* **1.** *allg.* locale; **2.** *gram* di luogo.
Lokal ‹-(e)s, -e› *n (Gaststätte)* locale *m* pubblico, ristorante *m*; *(Wirtschaft)* osteria *f*.
Lokalblatt *n* giornale *m* locale.
Lokale ‹ein -s, -n, ø› *n (in Zeitung)* cronaca *f* locale.
lokalisieren [lokali'zi:rən] ‹*ohne ge-*› *tr* localizzare.
Lokalität [...i'tɛ:t] ‹-, -en› *f* località *f*.
Lokalnachrichten *f pl* cronaca *f* locale. **Lokalpatriotismus** *m pej* campanilismo *m*. **Lokalseite** *f*, **-teil** *m (einer Zeitung)* cronaca *f* locale. **Lokaltermin** *m jur* sopralluogo *m*; **einen ~ abhalten** fare un sopralluogo.
Lokomotive [lokomo'ti:və] ‹-, -n› *f* locomotiva *f*; **elektrische ~** locomotrice *f*, locomotore *m*. **Lokomotivführer(in)** *m(f)* macchinista *mf*.
Lokus ['lo:kʊs] ‹- *o.* -ses, - *o.* -se› *m fam* posticino *m fam*.
Lombardei [lɔmbar'dai̯] *f* Lombardia *f*.
London ['lɔndɔn] *n* Londra *f*.
Look [lʊk] ‹-s, -s› *m* stile *m*, moda *f*; **ein Kleid im Trachten-~** vestito *m* di foggia folcloristica.
Looping ['lu:pɪŋ] ‹-s, -s› *m o. n* giro *m* della morte, looping *m*.
Lorbeer ['lɔrbe:ɐ̯] ‹-s, -en› *m* alloro *m*; *poet* lauro *m*; **(sich) auf seinen ~en ausruhen** riposare (*o.* dormire) sugli allori; **~en ernten** *fig* raccogliere allori. **Lorbeerbaum** *m* alloro *m*. **Lorbeerkranz** *m* corona *f* d'alloro.
Lore ['lo:rə] ‹-, -n› *f Eisenb.* vagoncino *m*.
Lorgnette [lɔrn'jɛtə] ‹-, -n› *f* lorgnette *f*, occhialino *m*.
los [lo:s] **I.** *a* **1.** *(abgegangen, -gerissen, -gebrochen)* staccato, strappato; **2.** *(locker) s.* **lose; etw./jdn ~ sein** *fam* essersi liberato (*o.* sbarazzato *fam*) di qc/qu; **~ sein** *fam (geschehen)* succedere; *(nicht in Ordnung sein)* non essere in ordine, non andare; **in dieser Stadt ist nach 10 Uhr nichts mehr ~** *fam* questa città dopo le 10 di sera è un mortorio; **mit dem ist nicht viel ~** *fam pej* non vale molto, non è un gran che; **was ist (denn) hier ~?** *fam* che cosa succede? *fam*; **was ist mit dir ~?** *fam* che cosa hai? *fam*; **II.** *adv* **1.** *(Aufforderung):* **~!** avanti!, forza!, via!; **2.** *(weg)* libero, staccato; **auf die Plätze** (*o.* **Achtung), fertig, ~!** ai vostri posti, pronti, via!; **na, ~!** *fam (zier dich nicht)* su, coraggio!; **wir müssen heute früh ~** *fam* dobbiamo andare (via) presto oggi.
Los [lo:s] ‹-es, -e› *n* **1.** ‹*sing*› *geh (Schicksal)* sorte *f*; destino *m*; **2.** *(Lotterie~)* biglietto *m* della lotteria; **das Große ~ ziehen** vincere il primo premio; *fig* vincere un terno al lotto; **das ~ entscheiden lassen** tirare a sorte, sorteggiare; **sie hat ein schweres (*o.* hartes) ~** ha un duro destino.
lösbar *a* **1.** *(löslich)* solubile; **2.** *fig (Probleme)* risolvibile.
los·binden ‹*irr*› *tr* sciogliere, slegare.
los·brechen ‹*irr*› **I.** *itr* ‹*sein*› scoppiare, scatenarsi; **II.** *tr* ‹*haben*› rompere.

Löschblatt *n* carta *f* assorbente.
löschen[1] ['lœʃən] **I.** *tr* **1.** *(Feuer, Licht, Durst)* spegnere; **2.** *(Schrift, Namen, Tonband)* cancellare; **3.** *(Hypothek)* estinguere; **4.** *(Firma)* radiare; **II.** *itr (Feuerwehr)* spegnere il fuoco.
löschen[2] ['lœʃən] *tr naut* scaricare, sbarcare.
Löschfahrzeug *n* autopompa *f*. **Löschmannschaft** *f* squadra *f* antincendi. **Löschpapier** *n* carta *f* assorbente. **Löschtrupp** *m s.* **Löschmannschaft.**
Löschung[1] ‹-, -en› *f* **1.** *allg.* spegnimento *m*; estinzione *f*; **2.** *(von Hypo-*

thek) cancellazione *f;* **3.** *(von Firma)* radiazione *f.*

Löschung² ‹-, -en› *f naut* scarico *m,* sbarco *m.*

lose *a* **1.** *(locker)* lento, allentato; **2.** *(unverpackt)* sciolto; **3.** *(leichtfertig)* leggero, frivolo; **4.** *(frech, dreist)* impertinente, sfacciato; **~ Reden führen** fare discorsi frivoli; **das Band hing ~ herunter** la fascia pendeva giù sciolta.

Lösegeld *n* riscatto *m.*

losen ['lo:zən] *itr* tirare a sorte (*um etw.* qc), sorteggiare (*um etw.* qc).

lösen ['lø:zən] **I.** *tr* **1.** *(allg., chem, losmachen, auf~)* sciogliere, slegare; **2.** *(abtrennen)* staccare (*von* da); **3.** *(lockern)* allentare; **4.** *(Problem, Rätsel, Gleichung)* risolvere; **5.** *(Fahrkarte)* comperare; **II.** *rfl:* **sich ~ 1.** *allg., chem* sciogliersi; **2.** *(ab-, losgehen)* staccarsi; *(Schuß)* partire; **3.** *(sich frei machen)* liberarsi (*von, aus* da); **4.** *(sich aufklären)* risolversi.

los·fahren ‹*irr*› *itr* ‹*sein*› **1.** *(abfahren)* partire; **2.** *fig (anfahren, -greifen)* aggredire (*auf jdn* qu), assalire (*auf jdn* qu).

los·gehen ‹*irr*› *itr* ‹*sein*› **1.** *(aufbrechen)* mettersi in cammino; *(weggehen)* andarsene; **2.** *fam (sich lösen)* staccarsi; *(Schuß)* partire; **3.** *fam (anfangen)* cominciare; **auf jdn ~** *(zugehen)* dirigersi verso qu; *(in feindlicher Absicht)* gettarsi su qu; **geht das Gejammere schon wieder los!** *fam* ricomincia la lagna! *fam;* **gleich geht's los!** *fam* comincia subito!

los·haben ‹*irr*› *tr:* **etw.** (*o.* **viel**) **~** *fam* saperci fare *fam.*

los·kaufen *tr* riscattare.

los·kommen ‹*irr*› *itr* ‹*sein*› **1.** *(wegkommen)* staccarsi, venir via; **2.** *(freikommen)* riuscire a staccarsi (*o.* liberarsi) (*von* da).

los·lachen *itr:* **laut ~** scoppiare a ridere.

los·lassen ‹*irr*› *tr* **1.** *(nicht mehr festhalten)* lasciare andare, mollare; **2.** *(freilassen)* rilasciare; *(Hunde)* sguinzagliare (*auf* contro); **3.** *fam (verlauten lassen)* raccontare, dire, annunciare; **jdn auf jdn ~** *fig fam* aizzare qu contro qu; **das Buch/die Frage/der Gedanke läßt mich nicht mehr los** il libro/la domanda/il pensiero non mi dà più pace; **laß den Ball los!** molla la palla!; **und so was läßt man auf die Menschheit los!** *fam scherz* e un qualcosa del genere si lascia libero fra la gente!; **wehe, wenn sie losgelassen!** *fam scherz* guaì a lasciarli, -le liberi, -e.

los·legen *itr fam* cominciare (*zu* a); attaccare (*mit* a), mettersi (*mit* a).

löslich *a* solubile.

los·machen **I.** *tr* sciogliere, slegare; **II.** *rfl:* **sich ~** svincolarsi; *(a. fig)* liberarsi; **III.** *itr* **1.** *fam (sich beeilen)* sbrigarsi; **2.** *naut* salpare.

los·reißen ‹*irr*› **I.** *tr* strappare (*von* da); *(a. fig)* staccare; **II.** *rfl:* **sich ~** strapparsi (*von* da); *(a. fig)* staccarsi (*von* da).

Löß ‹-es *o.* Lösses, -e *o.* Lösse› *m* loess *m.*

los·sagen *rfl:* **sich ~** separarsi (*von* da), staccarsi (*von* da).

Losung ‹-, -en› *f* parola *f* d'ordine.

Lösung ‹-, -en› *f* **1.** *(Los~)* distacco *m;* **2.** *chem, mat, fig* soluzione *f;* **3.** *(von Beziehungen)* rottura *f,* scioglimento *m.* **Lösungsmittel** *n chem* solvente *m.*

los·werden ‹*irr*› *tr* ‹*sein*› **1.** liberarsi di, sbarazzarsi di; **2.** *fam (verkaufen)* vendere; **3.** *fam (verlieren)* perdere; **ich werde den Gedanken nicht los** non riesco a togliermi quest'idea dalla testa.

los·ziehen ‹*irr*› *itr* ‹*sein*› partire, mettersi in cammino; **gegen jdn ~** *fig fam (auf jdn schimpfen)* scagliarsi (*o.* inveire) contro qu *fam.*

Lot [lo:t] ‹-(e)s, -e› *n* **1.** *(Senkblei)* filo *m* a piombo, piombino *m;* **2.** *naut* scandaglio *m;* **3.** *mat (Senkrechte)* perpendicolare *f,* verticale *f;* **ein ~ fällen auf** calare una perpendicolare su; **etw. wieder ins rechte ~ bringen** sistemare (*o.* accomodare) qc.

loten *tr* **1.** *tec* mettere a piombo; **2.** *naut* scandagliare.

löten ['lø:tən] *tr* saldare; *(hart ~)* brasare.

Lothar ['lo:tar] *(männlicher Vorname)* Lotario.

Lotion [lo'tsio:n] ‹-, -en› *f* lozione *f.*

Lötkolben *m* saldatoio *m.* **Lötlampe** *f* lampada *f* per saldare.

Lotos(blume *f*) ['lo:tɔs] ‹-, -› *m* loto *m.*

Lötrohr *n* cannello *m* per saldare.

Lotse ['lo:tsə] ‹-n, -n› *m* **1.** *naut* pilota *m; aero (Flug~)* radioassistente *m;* **2.** *fig* guida *f.*

lotsen *tr* **1.** *naut* pilotare; *aero* dirigere; *mot* guidare; **2.** *fig fam* portare, trascinare.

Lotsenboot *n* pilotina *f.* **Lotsendienst** *m* servizio *m* di pilotaggio.

Lötstelle *f* (punto *m* di) saldatura *f.*

Lotterie [lɔtə'ri:, ...i:ən] ‹-, -n› *f* lotteria

f. **Lotterielos** *n* biglietto *m* della lotteria.

lott(e)rig ['lɔt(ə)rɪç] *a fam* **1.** *(schlampig)* trasandato, trascurato; **2.** *(unmoralisch)* dissoluto, sregolato.

Lotterleben ['lɔtɐ-] *n pej* vita *f* sregolata (*o.* dissoluta).

Lotto ['lɔto] ‹-s, -s› *n* lotto *m.* **Lottoschein** *m* schedina *f* del lotto. **Lottozahlen** *f pl* numeri *m pl* del lotto.

lottrig *a s.* **lotterig.**

Löwe ['lø:və] ‹-n, -n› *m* **1.** *zoo* leone *m;* **2.** *astr* Leone *m;* **sich in die Höhle des ~n wagen** (*o.* **begeben)** *fig fam* osare entrare nella tana del leone *fam;* **er/sie ist (ein) ~** è Leone. **Löwenanteil** *m:* **sich** *(dat)* **den ~ nehmen** *fig fam* assicurarsi la parte *f* del leone. **Löwenmaul** *n,* **-mäulchen** [-mɔ̯ylçən] ‹-s, -›*n bot* bocca *f* di leone. **Löwenzahn** *m bot* dente *m* di leone. **Löwin** ['lø:vɪn] *f* leonessa *f.*

loyal [lo̯a'ja:l] *a* leale.

Loyalität [...jali'tɛ:t] ‹-, ø› *f* lealtà *f.*

LP [ɛl'pe:] ‹-, -s› *f ab von* **Langspielplatte** LP *m* (*ab von* long-playing).

LSD [ɛlˀɛs'de:] ‹-(s), ø› *n* LSD *f.*

lt. *ab von* **laut** sec. (*ab di* secondo).

Lübeck ['ly:bɛk] *n* Lubecca *f.*

Luchs [lʊks] ‹-es, -e› *m* lince *f.*

Lücke ['lʏkə] ‹-, -n› *f* **1.** *(leere Stelle, a. fig)* vuoto *m;* **2.** *fig* lacuna *f; (Mangel)* carenza *f,* difetto *m;* **eine ~ schließen** colmare una lacuna. **Lückenbüßer** *m* **1.** *(Person)* tappabuchi *m;* **2.** *(Sache)* riempitivo *m.* **lückenhaft** *a* **1.** *(voller Lücken)* pieno di lacune, lacunoso; **2.** *fig (unvollständig)* incompleto. **lückenlos** *a* **1.** *(ohne Lücken)* senza lacune; **2.** *fig (vollständig)* completo.

lud [lu:t] *1. u. 3. pers sing imp von* **laden.**

Luder ['lu:dɐ] ‹-s, -› *n fam pej* carogna *f.*

Ludwig ['lu:tvɪç] *(männlicher Vorname)* Lodovico, Luigi.

Luft [lʊft] ‹-, *poet, geh* ⸚e› *f* **1.** *allg.* aria *f;* **2.** ‹*sing*› *(Atem)* fiato *m,* respiro *m;* **3.** *fam (Platz, Spielraum)* spazio *m;* **die ~ aus etw. herauslassen** sgonfiare qc; **an die (frische) ~ gehen** andare all'aria aperta; **~ holen** prendere fiato; **tief ~ holen** respirare profondamente; **in die ~ jagen** *(sprengen)* far saltare; **keine ~ kriegen** soffocare; **in der ~ liegen** essere nell'aria; **seinem Ärger ~ machen** sfogare la propria rabbia; **für jdn ~ sein** non esistere per qu; **jdn an die ~ setzen** *fam* mettere qu alla porta; **es hängt noch in der ~** è ancora campato in aria; **das ist völlig aus der ~ gegriffen** è inventato di sana pianta; **die ~ ist rein** *fig fam* è tutto a posto; **dicke ~** *fam* aria di tempesta *fam,* atmosfera tesa; **(völlig) in der ~ hängen** *fam* essere in una situazione molto incerta; **halt die ~ an!** *fam (sei still)* acqua in bocca! *fam; (übertreibe nicht)* non esagerare!; **sich in ~ auflösen** *fam (Person)* svanire nel nulla; *(Ding)* andare in fumo *fam;* **schnell** (*o.* **leicht) in die ~ gehen** *fam* andare in bestia facilmente *fam.* **Luftangriff** *m* attacco *m* aereo, incursione *f* aerea. **Luftballon** *m* **1.** *(Spielzeug)* palloncino *m;* **2.** *aero* aerostato *m.* **Luftbild** *n* fotografia *f* (*o.* veduta *f*) aerea. **Luftblase** *f* bolla *f* d'aria. **Luftbrücke** *f* ponte *f* aereo. **luftdicht** *a* ermetico. **Luftdruck** ‹-(e)s, ø› *m* pressione *f* atmosferica. **luftdurchlässig** *a* permeabile all'aria.

lüften ['lʏftən] *tr* **1.** (*a. itr) (Zimmer)* aerare; *(Bett, Kleidung)* dare aria a, mettere all'aria; **2.** *(Vorhang)* sollevare; *(Hut)* alzare; **3.** *fig (Geheimnis)* svelare.

Luftfahrt *f* aviazione *f,* aeronautica *f.* **Luftfahrtgesellschaft** *f* compagnia *f* di navigazione aerea. **Luftfeuchtigkeit** *f* umidità *f* atmosferica. **Luftfracht** *f* **1.** *(Gebühr)* nolo *m* aereo; **2.** *(Ware)* merce *f* aerotrasportata. **luftgetrocknet** *a* seccato all'aria. **Luftgewehr** *n* fucile *m* ad aria compressa. **Lufthauch** *m geh* soffio *m* (*o.* alito *m*) d'aria.

luftig *a* **1.** *(Raum)* arioso; *(frisch)* aerato; **2.** *(Kleidung)* vaporoso.

Luftkampf *m* combattimento *m* aereo; *(zwischen zwei Flugzeugen)* duello *m* aereo. **Luftkissen** *n* **1.** *(Kissen)* cuscino *m* pneumatico; **2.** *(Luft)* cuscino *m* d'aria. **Luftkissenboot** *n* hovercraft *m,* aliscafo *m.* **Luftkrieg** *m* guerra *f* aerea. **Luftkühlung** *f* raffreddamento *m* ad aria. **Luftkurort** *m* stazione *f* climatica. **Luftlandetruppen** *f pl* truppe *f pl* aviotrasportate. **Luftlandung** *f mil* aerosbarco *m.* **luftleer** *a* vuoto *m* d'aria; **~er Raum** vuoto *m.* **Luftlinie** *f* linea *f* d'aria. **Luftloch** *n* **1.** *tec* foro *m* d'aerazione; **2.** *fam* vuoto *m* d'aria. **Luftmasche** *f* primo ferro *m* (*o.* punto *m*). **Luftmatratze** *f* materasso *m* pneumatico, materassino *m* (gonfiabile). **Luftmine** *f* mina *f* aerea. **Luftpirat(in)** *m(f)* pirata *mf* dell'aria. **Luftpost** *f* posta *f* aerea; **mit ~** per posta aerea. **Luftpost-**

brief *m* lettera *f* per posta aerea. **Luftpostpapier** *n* carta *f* per posta aerea. **Luftpumpe** *f* pompa *f* pneumatica. **Luftraum** *m* spazio *m* aereo. **Luftreiniger** ‹-s, -› *m* depuratore *m* (*o.* filtro *m*) dell'aria. **Luftröhre** *f* trachea *f.* **Luftschacht** *m* pozzo *m* di ventilazione. **Luftschicht** *f* strato *m* d'aria. **Luftschiff** *n* dirigibile *m*, aeronave *f.* **Luftschiffahrt** *f* navigazione *f* aerea (con dirigibili); aeronautica *f.* **Luftschlange** *f* stella *f* filante. **Luftschloß** *n* castello *m* in aria; **Luftschlösser bauen** fare castelli in aria. **Luftschraube** *f* elica *f.* **Luftschutz** *m* protezione *f* antiaerea; **ziviler ~** difesa *f* antiaerea civile. **Luftschutzbunker** *m*, **-keller** *m*, **-raum** *m* rifugio *m* antiaereo. **Luftsperrgebiet** *n* zona *f* aerea vietata. **Luftspieg(e)lung** *f* miraggio *m.* **Luftsprung** *m* salto *m* di gioia. **Luftstreitkräfte** *f pl* forze *f pl* aeree. **Luftströmung** *f* corrente *f* d'aria. **Luftstützpunkt** *m* base *f* aerea. **Lufttaxi** *n* aerotaxi *m.* **Lufttransport** *m* trasporto *m* aereo. **luftundurchlässig** *a* impermeabile all'aria.

Lüftung ‹-, -en› *f* aerazione *f*, ventilazione *f.*

Luftveränderung *f* cambiamento *m* d'aria. **Luftverkehr** *m* traffico *m* aereo. **Luftverschmutzung** *f* inquinamento *m* atmosferico. **Luftwaffe** *f* aeronautica *f* (*o.* aviazione *f*) militare. **Luftweg** *m:* **auf dem ~** per via aerea. **Luftwiderstand** *m* resistenza *f* dell'aria. **Luftzufuhr** *f* adduzione *f* d'aria. **Luftzug** *m* corrente *f* d'aria.

Lüge ['ly:gə] ‹-, -n› *f* bugia *f*, menzogna *f;* **jdn ~n strafen** smentire qu; **~n haben kurze Beine** *prov* le bugie hanno le gambe corte *prov.*

lügen ‹lügt, log, gelogen› *itr* mentire, dire una bugia; **~ wie gedruckt, ~, daß sich die Balken biegen, das Blaue vom Himmel herunter ~** *fam* sparale grosse *fam*, mentire spudoratamente; **wer einmal lügt, dem glaubt man nicht, und wenn er auch die Wahrheit spricht** *prov* il bugiardo conosciuto, da nessuno è mai creduto *prov.*

Lügendetektor [-detɛktɔr, ...to:rən] ‹-s, -en› *m* macchina *f* della verità, lie detector *m.*

Lügner(in) ['ly:gnɐ (...ərɪn)] ‹-s, -› *m(f)* bugiardo, -a *m, f;* mentitore, -trice *m f.*

lügnerisch *a* bugiardo, menzognero.

Luise ['lu̯i:zə] *(weiblicher Vorname)* Luisa.

Lukas ['lu:kas] *(männlicher Vorname)* Luca.

Luke ['lu:kə] ‹-, -n› *f (Dach~)* abbaino *m; naut* boccaporto *m.*

lukrativ [lukra'ti:f] *a* lucrativo.

lukullisch [lu'kʊlɪʃ] *a* luculliano.

Lümmel ['lʏməl] ‹-s, -› *m* **1.** *pej (Flegel)* villano *m;* **2.** *fam (Bursche)* tipo *m.*

Lump [lʊmp] ‹-en, -en› *m pej* farabutto *m*, mascalzone *m.*

lumpen ['lʊmpən] *tr fam:* **sich nicht ~ lassen** non fare lo spilorcio.

Lumpen ‹-s, -› *m* straccio *m*, cencio *m.* **Lumpengesindel** *n*, **-pack** *n pej* gentaglia *f*, marmaglia *f.* **Lumpensammler** *m* **1.** cenciaiolo *m;* **2.** *fig scherz (Bahn, Bus)* ultima corsa *f.*

lumpig *a* **1.** *(niederträchtig)* meschino, vile; **2.** *(zerlumpt)* cencioso; **3.** *fam (unbedeutend)* misero *fam;* **~e drei Mark** *fam* tre miseri marchi *fam.*

Lüneburg ['ly:nəbʊrk] *n* Luneburgo *f;* **~er Heide** Lande *f pl* di Luneburgo.

Lunge ['lʊŋə] ‹-, -n› *f* polmone *m*, *meist* polmoni *m pl;* **sich** *(dat)* **die ~ aus dem Leib schreien** *fam* spolmonarsi. **Lungenentzündung** *f* polmonite *m.* **Lungenfell** *n* pleura *f.* **Lungenfellentzündung** *f* pleurite *f.* **Lungenflügel** *m* lobo *m* polmonare. **Lungenheilstätte** *f* sanatorio *m* antitubercolare. **lungenkrank** *a* tubercolotico, tisico. **Lungenkrankheit** *f* affezione *f* polmonare. **Lungenkrebs** *m* cancro *m* ai polmoni. **Lungentuberkulose** *f* tubercolosi *f* polmonare.

Lunte ['lʊntə] ‹-, -n› *f* **1.** *hist (Zündschnur)* miccia *f;* **2.** *(Jägersprache: Fuchsschwanz)* coda *f;* **~ riechen** *fig fam* sentire odore di polvere.

Lupe ['lu:pə] ‹-, -n› *f* lente *f;* **jdn unter die ~ nehmen** *fam* rivedere le bucce a qu; **etw. unter die ~ nehmen** *fam* esaminare qc attentamente. **lupenrein** *a* **1.** *(Diamant)* purissimo; **2.** *fig* vero, autentico.

Lupine [lu'pi:nə] ‹-, -n› *f* lupino *m.*

Lurch [lʊrç] ‹-(e)s, -e› *m* anfibio *m.*

Lurex® ['lu:rɛks] ‹-, ø› *n* lurex® *m.*

Lust [lʊst] ‹-, ¨-e› *f* **1.** *(Freude)* gioia *f; (Vergnügen)* piacere *m;* **2.** *(Verlangen)* voglia *f (auf, nach* di), desiderio *m* (*auf, nach* di); **3.** *(Sinnes~)* voluttà *f;* **mit ~ und Liebe** con piacere, con grande entusiasmo; **nach ~ und Laune** a capriccio; **~/keine ~ haben zu arbeiten** avere/non avere voglia di lavorare; **ich habe ~ auf ein Stück**

Kuchen *fam* ho voglia di un pezzo di torta; **ich habe keine ~ mehr** non ho più voglia; **wenn Sie ~ dazu haben** se ne ha voglia; **mir ist die ~ (daran) vergangen** mi è passata la voglia; **~ haben** *fam (sexuell)* aver voglia.

Lüster ‹-s, -› *m* **1.** *(Glanzüberzug)* lustro *m;* **2.** *(Kronleuchter)* lampadario *m.*

lüstern ['lʏstɐn] *a* **1.** *(begierig)* avido (*auf, nach* di), bramoso (*auf, nach* di); **2.** *(geil)* cupido, lascivo. **Lüsternheit** ‹-, ø› *f* **1.** *(Begierde)* desiderio *m,* brama *f;* **2.** *(Geilheit)* concupiscenza *f,* lascivia *f.*

lustig *a* **1.** *(vergnügt)* allegro, gaio; **2.** *(erheiternd)* divertente, piacevole; **sich über jdn ~ machen** prendere in giro qu; **sich über etw. ~ machen** burlarsi di qc; **das kannst du tun, solange du ~ bist** *fam* lo puoi fare finché vuoi; **das kann ja ~ werden!** *fam iron* ci sarà da divertirsi!; ne vedremo delle belle! *fam.*

Lüstling ['lʏstlɪŋ] ‹-s, -e› *m* libertino *m.*

lustlos *a* **1.** *(Mensch)* svogliato; **2.** *fig (Geschäfte, Börse)* fiacco. **Lustmolch** *m fam scherz* libidinoso *m.* **Lustmord** *m* omicidio *m* con violenza carnale (*o.* sadico). **Lustmörder(in)** *m(f)* omicida *mf* sessuale. **Lustobjekt** *n* oggetto *m* di piacere. **Lustschloß** *n* castello *m* di campagna. **Lustspiel** *n* commedia *f.*

lutschen ['lʊtʃən] *tr, itr* succhiare (*an etw.* qc).

Lutscher ‹-s, -› *m* lecca-lecca *m.*

Luv [lu:f] ‹-, ø› *f o. n* orza *f,* lato *m* sopravvento.

Luxemburg ['lʊksəmbʊrk] *n* Lussemburgo *m;* **in ~** nel Lussemburgo.

Luxemburger(in) ‹-s, -› *m(f)* lussemburghese *mf.*

luxemburgisch *a* lussemburghese.

luxuriös [lʊksu'rjø:s] *a* lussuoso, di lusso.

Luxus ['lʊksʊs] ‹-, ø› *m* lusso *m.*

Luxus- *(in Zusammensetzungen)* di lusso. **Luxusartikel** *m* articolo *m* di lusso. **Luxusausführung** *f* modello *m* di lusso. **Luxushotel** *n* albergo *m* di lusso. **Luxuswagen** *m* automobile *f* di lusso.

Luzern [lu'tsɛrn] *n* Lucerna *f.*

Luzerne [lu'tsɛrnə] ‹-, -n› *f bot* (erba *f*) medica *f.*

LW *ab von* **Langwelle** OL (*ab von* onde lunghe).

Lymphdrüse *f* ghiandola *f* linfatica.

Lymphe ['lʏmfə] ‹-, -n› *f* linfa *f.*

Lymphknoten *m* linfoghiandola *f.*

lynchen ['lʏnçən] *tr* linciare. **Lynchjustiz** *f* linciaggio *m.*

Lyrik ['ly:rɪk] ‹-, ø› *f* lirica *f.*

Lyriker(in) ‹-s, -› *m(f)* poeta, -essa *m, f* lirico, -a.

lyrisch *a* lirico.

M

M, m [ɛm] ‹-, -(s)› *n* M, m *f;* **M wie Martha** M come Milano.
m *ab von* **Meter** m (*ab von* metro).
mA *ab von* **Milliampere** mA.
MA *ab von* **Mittelalter** M.E. (*ab von* medioevo).
M. A. *ab von* **Magister Artium** *titolo di studio universitario per le materie umanistiche.*
Machart *f* fattura *f,* confezione *f.* **machbar** *a* fattibile.
Mache ['maxə] ‹-, ø› *f fam* **1.** *(Vortäuschung)* apparenza *f,* messa *f* in scena; **2.** *(Form)* tecnica *f;* **etw. in der ~ haben** stare macchinando qc; **das ist alles nur ~** è tutta una commedia.
machen ['maxən] **I.** *tr* **1.** *(tun)* fare; **2.** *(herstellen)* produrre, fabbricare; **3.** *(bewirken, verursachen)* causare; **4.** *(in einen Zustand versetzen)* rendere; **5.** *(veranstalten)* organizzare; **6.** *(erledigen, ausführen)* fare, eseguire; **7.** *(ernennen)* nominare (*zu etw.* qc); **8.** *fam (ergeben)* fare; *(kosten)* costare; **9.** *fam (Notdurft verrichten)* fare; **da kann man nichts (mehr) ~** non c'è più niente da fare; **dagegen ist nichts zu ~** non ci si può fare nulla; **das macht nichts** non fa niente; **das** (*o.* **so etw.**) **macht man nicht** una cosa simile non si fa; **du machst mich ganz nervös!** mi rendi nervoso!; **den Anfang mit etw. ~** cominciare qc; **das Bett ~** fare il letto; **ein Ende ~ mit** porre fine a; **einen Besuch ~** fare una visita; **es jdm recht ~** accontentare qu; **etw. ~ lassen** far fare qc; **jdm den Hof ~** fare la corte a qu; **Licht ~** accendere la luce; **mach's gut!** *fam* ciao, stammi bene! *fam;* **Mühe ~** costare fatica; **was machst du denn hier?** cosa fai qui?; **was macht deine Arbeit/dein Mann?** come va il tuo lavoro/come sta tuo marito?; **wird gemacht!** *fam* sarà fatto *fam;* **II.** *rfl:* **sich ~ 1.** *fam (gedeihen)* crescere, svilupparsi; **2.** *(passen, aussehen)* stare; **sich an etw. ~** mettersi (*o.* accingersi) a fare qc; **ich mache mir nichts/viel daraus** non me ne importa niente/me ne importa molto; **ich mache mir nichts aus Kuchen** i dolci non mi piacciono; **mach dir nichts draus!** *fam* non te la prendere *fam;* **sich** *(dat)* **das Haar ~** farsi i capelli; **~ Sie es sich** *(dat)* **bequem!** si metta a Suo agio!; **sich** *(dat)* **einen schönen Abend ~** fare qc di bello (stasera); **mach dich nicht schmutzig!** non sporcarti!; **sich gut ~** stare bene; **sich** *(dat)* **Sorgen ~** preoccuparsi; **sich** *(dat)* **über etw. Gedanken ~** preoccuparsi di qc, darsi pensiero per qc; **III.** *itr:* **Arbeiten macht müde** il lavoro stanca; **in die Hose ~** *fam* farsela addosso *fam;* **laß mich nur ~!** *fam* lascia fare a me! *fam;* **nun mach schon!** *fam* sbrigati!, spicciati!
Machenschaften *f pl* manovre *f pl,* intrighi *m pl.*
Macher ‹-s, -› *m fam* uomo *m* energico.
Macht [maxt] ‹-, ⸚e› *f* **1.** ‹*sing*› *(Einfluß, Gewalt)* potere *m;* **2.** ‹*sing*› *(Stärke)* forza *f;* **3.** *(Heeres~)* forze *f pl* armate, esercito *m;* **die ~ ergreifen** prendere il potere; **in jds ~ liegen** dipendere da qu; **an der ~ sein** essere al potere; **alles, was in meiner ~ steht** tutto quello che posso. **Machtbereich** *m* sfera *f* di competenza. **Machtergreifung** *f* presa *f* (*o.* conquista *f*) del potere. **Machthaber(in)** ‹-s, -› *m(f)* uomo *m* (donna *f*) al potere, potente *mf.*
mächtig ['mɛçtɪç] **I.** *a* **1.** *(machtvoll)* potente, possente; **2.** *(sehr groß)* grande, enorme; **einer Sprache ~ sein** *geh* possedere (*o.* padroneggiare) una lingua; **seiner Sinne ~ sein** *geh* dominare i propri sensi; **II.** *adv fam (sehr)* molto, assai; **sich ~ anstrengen** sforzarsi molto.
Machtkampf *m* lotta *f* per il potere. **machtlos** *a* impotente; **dagegen ist man ~** non ci si può far nulla. **Machtlosigkeit** ‹-, ø› *f* impotenza *f.* **Machtpolitik** *f* politica *f* della forza. **Machtprobe** *f* prova *f* di forza. **Machtübernahme** *f* avvento *m* al potere. **machtvoll** *a* potente. **Machtwort** ‹-(e)s, -e› *n:* **ein ~ sprechen** farsi valere, dire una parola decisiva, fare la voce grossa *fam.*
Machwerk *n pej* abborracciatura *f.*
MAD [ɛmʔaːˈdeː] ‹-(s), ø› *m ab von* **Militärischer Abschirmdienst** *Organizzazione della R.F.T. per la prote-*

zione delle forze armate da spionaggio e sabotaggi.

Mädchen ['mɛ:tçən] ⟨-s, -⟩ *n* **1.** *(Kind)* bambina *f; (Jugendliche)* ragazza *f,* fanciulla *f;* **2.** *(Haus~)* domestica *f; (Zimmer~)* cameriera *f;* **leichtes ~** ragazza leggera; **~ für alles** ragazza tuttofare. **mädchenhaft I.** *a* da fanciulla; **II.** *adv* come una fanciulla. **Mädchenhandel** *m* tratta *f* delle bianche. **Mädchenname** *m* **1.** *(weiblicher Vorname)* nome *m* di ragazza; **2.** *(von verheirateter Frau)* nome *m* da ragazza.

Made ['ma:də] ⟨-, -n⟩ *f* verme *m; (bes. Obst~)* baco *m;* **wie die ~ im Speck leben** *fam* far vita da papi.

Madonna [ma'dɔna, ...nən] ⟨-, -donnen⟩ *f* Madonna *f.*

Madrid [ma'drɪt] *n* Madrid *f.*

mag [ma:k] *1. u. 3. pers sing pr von* **mögen.**

Magazin [maga'tsi:n] ⟨-s, -e⟩ *n* **1.** *(fot, Lager)* magazzino *m;* **2.** *(Zeitschrift)* rivista *f; TV, radio* programma *m* d'attualità; **3.** *(von Waffe)* caricatore *m.*

Magd [ma:kt] ⟨-, ¨-e⟩ *f obs* serva *f,* domestica *f.*

Magen ['ma:gən] ⟨-s, ¨ *o.* -⟩ *m* stomaco *m;* **mir dreht sich der ~ um** *fam* mi si rivolta lo stomaco *fam;* **das liegt mir schwer im ~** *fig fam* mi sta sullo stomaco *fam;* **das ist mir auf den ~ geschlagen** *fam* ciò mi ha causato disturbi di stomaco; **einen leeren ~ haben** avere lo stomaco vuoto; **sich** *(dat)* **den ~ verderben** guastarsi lo stomaco; **auf nüchternen ~** a stomaco vuoto, a digiuno. **Magenbeschwerden** *f pl* disturbi *m pl* gastrici. **Magenbitter** ⟨-s, -⟩ *m* amaro *m* (digestivo). **Magengeschwür** *n* ulcera *f* gastrica. **Magengrube** *f* epigastrio *m,* bocca *f* dello stomaco *fam.* **Magenknurren** ⟨-s, ø⟩ *n* borborismo *m.* **Magensäure** *f* acido *m* gastrico. **Magenschmerzen** *m pl* dolori *m pl* (*o.* mal *m*) di stomaco. **Magenverstimmung** ⟨-, -en⟩ *f* indigestione *f.*

mager ['ma:gɐ] *a* magro; *(fig a.)* scarso; **~ werden** dimagrire. **Magerkeit** ⟨-, ø⟩ *f* magrezza *f.* **Magermilch** *f* latte *m* magro (*o.* scremato). **Magerquark** *m* ricotta *f* magra. **Magersucht** *f* magrezza *f* patologica, anoressia *f* (nervosa). **magersüchtig** *a* anoressico.

Magie [ma'gi:] ⟨-, ø⟩ *f* magia *f.*

Magier ['ma:gi̯ɐ] ⟨-s, -⟩ *m* mago *m.*

magisch *a* magico.

Magistrat [magɪs'tra:t] ⟨-(e)s, -e⟩ *m* **1.** *hist* magistrato *m; (Amt)* magistratura *f;* municipalità *f;* **2.** *(Stadtverwaltung)* amministrazione *f* comunale, municipalità *f.*

Magistratur [...tra'tu:ɐ̯] ⟨-, -en⟩ *f* carica *f* pubblica.

Magnesium [ma'gne:zi̯ʊm] ⟨-s, ø⟩ *n* magnesio *m.*

Magnet [ma'gne:t] ⟨-(e)s *o.* -en, -e *o. rar* -en⟩ *m* magnete *m.* **Magnetband** ⟨-(e)s, ¨-er⟩ *n* nastro *m* magnetico. **Magnetfeld** *n* campo *m* magnetico.

magnetisch *a* magnetico.

magnetisieren [magneti'zi:rən] ⟨*ohne ge-*⟩ *tr* magnetizzare.

Magnetnadel *f* ago *m* magnetico.

Magnolie [ma'gno:li̯ə] ⟨-, -n⟩ *f* magnolia *f.*

Mahagoni [maha'go:ni] ⟨-s, ø⟩ *n* mogano *m.*

Mähdrescher *m* mietitrebbiatrice *f.*

mähen ['mɛ:ən] *tr* mietere, falciare.

Mahl [ma:l] ⟨-(e)s, -e *o.* ¨-er⟩ *n obs, geh* pasto *m,* pranzo *m; (Fest~)* banchetto *m.*

mahlen ['ma:lən] ⟨mahlt, mahlte, gemahlen⟩ *tr allg.* triturare, tritare; *(Körner)* macinare; **grob/fein ~** macinare grosso/fino.

Mahlzeit *f* pasto *m;* **eine ~ einnehmen** prendere un pasto; **(gesegnete) ~!** buon appetito!

Mähmaschine *f* falciatrice *f,* mietitrice *f.*

Mähne ['mɛ:nə] ⟨-, -n⟩ *f* criniera *f.*

mahnen ['ma:nən] *tr* **1.** *(zurechtweisen)* ammonire; **2.** *(erinnern)* rammentare (*jdn an etw.* qc a qu); **3.** *(Schuldner)* sollecitare; **4.** *jur* intimare.

Mahngebühr *f* spese *f pl* di intimazione. **Mahnmal** ⟨-(e)s, -e *o. rar* ¨-er⟩ *n* monumento *m* commemorativo.

Mahnung ⟨-, -en⟩ *f* **1.** *(Er~)* ammonimento *m;* **2.** *(von Schuldner)* sollecitazione *f; (Mahnbrief)* sollecito *m;* **3.** *jur* intimazione *f,* diffida *f.*

Mai [mai̯] ⟨-(e)s *o.* -, -e⟩ *m* maggio *m; s. auch September.* **Maibowle** *f* bowle *f* con asperula. **Maifeier** *f* festa *f* del primo maggio, primo maggio *m.* **Maiglöckchen** [-glœkçən] ⟨-s, -⟩ *n* mughetto *m.* **Maikäfer** *m* maggiolino *m.*

Mailand ['mai̯lant] *n* Milano *f.*

Main [mai̯n] *m* Meno *m.*

Mainz [mai̯nts] *n* Magonza *f.*

Mais [mai̯s] ⟨-es, *rar* -e⟩ *m* mais *m,* gran(o)turco *m.* **Maiskeimöl** *n* olio *m* di semi di mais. **Maiskolben** *m* pannocchia *f.* **Maismehl** *n* farina *f* di granoturco.

Majestät [majɛsˈtɛ:t] ‹-, -en› *f* maestà *f.*

majestätisch *a* maestoso.

Majonäse [majoˈnɛ:zə] ‹-, -n› *f s.* **Mayonnaise.**

Major [maˈjo:ɐ̯] ‹-s, -e› *m* maggiore *m.*

Majoran [ˈma:joran *o.* majoˈra:n] ‹-s, -e› *m* maggiorana *f.*

Majorität [majoriˈtɛ:t] ‹-, -en› *f* maggioranza *f.*

makaber [maˈka:bɐ] *a* macabro.

Makel [ˈma:kəl] ‹-s, -› *m geh* difetto *m; (moralisch)* macchia *f; (Schandfleck)* onta *f.* **makellos** *a* **1.** senza difetto (*o.* macchia); **2.** *fig* impeccabile.

mäkeln [ˈmɛ:kəln] *itr* trovare da ridire (*an* su).

Make-up [me:kˈʔap *o.* ˈmeɪkʌp] ‹-s, -s› *n* trucco *m* (del volto), maquillage *m,* make-up *m.*

Makler(in) [ˈma:klɐ (...ərɪn)] ‹-s, -› *m(f) (Wohnungs~)* sensale *mf* di alloggi; *(Börsen~)* agente *mf* di cambio; *(Grundstücks~)* agente *mf* immobiliare. **Maklergebühr** *f* diritti *m pl* di mediazione. **Maklerin** *f s.* **Makler.**

Makrele [maˈkre:lə] ‹-, -n› *f* sgombro *m.*

Makrone [maˈkro:nə] ‹-, -n› *f biscotto di mandorle e nocciole o noce di cocco;* amaretto *m.*

Makulatur [makulaˈtu:ɐ̯] ‹-, -en› *f* cartastraccia *f;* carta *f* da macero.

mal[1] [ma:l] *adv fam s. a. einmal;* **wir wollen ~ sehen** vedremo; **ich muß ~** devo andare in un posticino; **besuchen Sie mich ~!** venga a trovarmi!; **denk (dir) ~!** immagina!; **hör ~ her** (*o.* **zu)!** ascolta!; **sieh ~!, schau ~!** guarda!; **versuchen Sie es ~!** ci provi un po'!

mal[2] [ma:l] *adv* per; **2 ~ 2 ist 4** 2 per 2 fa 4.

Mal[1] ‹-(e)s, -e› *n* volta *f;* **das erste/ zweite/andere/nächste/vorige** (*o.* **letzte) ~** la prima/la seconda/l'altra/ la prossima/l'ultima volta; **dieses ~** questa volta; **ein ums andere ~** una volta su due; **mit einem ~** ad un tratto; **(so) manches ~** qualche volta; **zum ersten/letzten ~** per la prima/ l'ultima volta; **zu wiederholten ~en** a più riprese; **ein für alle ~e** una volta per tutte; **es wird von ~ zu ~ komplizierter** diventa di volta in volta più complicato.

Mal[2] ‹-(e)s, -e *o.* ¨-er› *n* **1.** *(Fleck)* macchia *f,* chiazza *f; (bes. auf der Haut)* livido *m;* **2.** *(Mutter~)* voglia *f.*

Malaria [maˈla:ri̯a] ‹-, ø› *f* malaria *f.*

malen [ˈma:lən] *tr* dipingere; *(porträtieren)* fare il ritratto a; **sich ~ lassen** farsi fare il ritratto.

Maler(in) ‹-s, -› *m(f)* **1.** *(Kunst~)* pittore, -trice *m, f;* **2.** *(Anstreicher)* imbianchino, -a *m, f.*

Malerei [ma:ləˈrai̯] ‹-, -en› *f* pittura *f.*

Malerin *f s.* **Maler.**

malerisch *a* pittoresco.

Malkasten *m* cassetta *f* dei colori.

Mallorca [maˈlɔrka *o.* maˈjɔrka] *n* Maiorca *f.*

mal·nehmen ‹*irr*› *tr, itr* moltiplicare (*mit* per).

Malta [ˈmalta] *n* Malta *f.*

Malteser(in) [malˈte:zɐ (...ərɪn)] ‹-s, -› *m(f)* maltese *mf.* **Malteserkreuz** *n* croce *f* di Malta.

Malve [ˈmalvə] ‹-, -n› *f* malva *f.*

Malz [malts] ‹-es, ø› *n* malto *m.* **Malzbier** *n* birra *f* di malto. **Malzbonbon** *m o. n* caramella *f* di malto. **Malzkaffee** *m* caffè *m* di malto.

Mama [maˈma: *o.* ˈmama] ‹-, -s› *f fam* mamma *f.*

Mami [ˈmami] ‹-, -s› *f fam* mammina *f.*

Mammographie [mamograˈfi:, ...i:ən] ‹-, -n› *f* mammografia *f.*

Mammut [ˈmamʊt] ‹-s, -e *o.* -s› *n* mammut *m.*

mampfen [ˈmampfən] *tr, itr fam* mangiare a quattro palmenti *fam.*

man [man] **I.** *pron* si; **II.** *adv dial s.* **mal, einmal, nur.**

Management [ˈmænɪdʒmənt] ‹-s, -s› *n* management *m.*

managen [ˈmɛnɪdʒən] *tr fam* organizzare, sistemare; **eine Person ~** essere il manager di una persona.

Manager(in) ‹-s, -› *m(f)* (donna *f*) manager *m.* **Managerkrankheit** *f* surmenage *m.*

manche *s.* **manche(r, s).**

mancherlei [ˈmançɐˈlai̯] ‹*inv*› **I.** *a* diverso, vario; **II.** *pron* varie (*o.* diverse) cose.

manche(r, s) [ˈmançə] **I.** *pron* qualcuno, -a *m, f,* alcuni, -e *m pl, f pl,* parecchi, , f pl; **II.** *a* qualche, alcuni, -e *m pl, f pl.*

manches **I.** *a s.* **manche(r, s); II.** *pron* alcune (*o.* parecchie) cose.

manchmal *adv* talvolta, qualche volta, a volte.

Mandant(in) [manˈdant(ɪn)] ‹-en, -en› *m(f)* mandante *mf,* cliente *mf.*

Mandarine [mandaˈri:nə] ‹-, -n› *f* mandarino *m.*

Mandat [manˈda:t] ‹-(e)s, -e› *n* mandato *m;* **sein ~ niederlegen** rinunciare al proprio mandato.

Mandel ['mandəl] ⟨-, -n⟩ *f* **1.** *bot* mandorla *f;* **2.** *anat* tonsilla *f;* **gebrannte ~n** mandorle tostate. **Mandelbaum** *m* mandorlo *m.* **Mandelentzündung** *f* tonsillite *f.* **mandelförmig** [-fœrmıç] *a* amigdaloide, a forma di mandorla. **Mandelkleie** *f* polvere *f* di mandorle.

Mandoline [mando'li:nə] ⟨-, -n⟩ *f* mandolino *m.*

Manege [ma'ne:ʒə] ⟨-, -n⟩ *f* **1.** *(Reitbahn)* maneggio *m;* **2.** *(im Zirkus)* arena *f.*

Manfred ['manfre:t] *(männlicher Vorname)* Manfredo.

Mangan [maŋ'ga:n] ⟨-s, ø⟩ *n* manganese *m.*

Mangel[1] ['maŋəl] ⟨-s, ¨-⟩ *m* **1.** ⟨*sing*⟩ *(Fehlen)* mancanza *f* (*an* di), insufficienza *f* (*an* di); **2.** ⟨*sing*⟩ *(Knappheit)* scarsità *f,* penuria *f; (a. med)* carenza *f;* **3.** *(Fehler)* difetto *m;* **aus ~ an Beweisen** per insufficienza di prove; **~ haben an** mancare di; **daran ist kein ~** ce n'è abbastanza; **~ an Vitaminen** carenza vitminica, avitaminosi *f.*

Mangel[2] ['maŋəl] ⟨-, -n⟩ *f (Wäsche~)* mangano *m,* **jdn in die ~ nehmen** *fam* spremere ben bene qu *fam.*

Mangelerscheinung *f* fenomeno *m* di carenza. **mangelhaft** *a (unzureichend)* insufficiente; *(fehlerhaft)* difettoso, manchevole; *(unbefriedigend)* insoddisfacente; *(Schulnote)* ≃ cinque; **~e Ernährung** carenza alimentare. **Mangelkrankheit** *f* malattia *f* da carenza alimentare.

mangeln[1] *itr geh (nicht, ungenügend vorhanden sein)* mancare (*an* di), scarseggiare (*an* di); **es mangelt ihm an Geld** gli mancano soldi.

mangeln[2] *tr, itr (Wäsche)* manganare.

Mängelrüge ['mɛŋəl-] *f* reclamo *m.*

mangels *prp gen geh* per mancanza (*o.* insufficienza) di.

Mangelware *f* merce *f* rara.

Manie [ma'ni:, ...i:ən] ⟨-, -n⟩ *f* mania *f.*

Manier [ma'ni:ɐ] ⟨-, -en⟩ *f* **1.** ⟨*sing*⟩ *(Art)* modo *m,* maniera *f;* **2.** ⟨*pl*⟩ *(Benehmen)* modi *m pl,* maniere *f pl;* **jdm ~en beibringen** insegnare a qu la buona educazione; **keine ~en haben** essere maleducato; **gute/schlechte ~en** buone/cattive maniere. **manierlich** *a* beneducato, garbato.

Manifest [mani'fɛst] ⟨-es, -e⟩ *n* manifesto *m.*

Maniküre [mani'ky:rə] ⟨-, -n⟩ *f* manicure *f.*

maniküren ⟨*ohne ge-*⟩ *tr* fare la manicure a.

Manipulation [manipula'tsi̯o:n] ⟨-, -en⟩ *f* manipolazione *f.*

manipulieren [...'li:rən] ⟨*ohne ge-*⟩ *tr* manipolare.

manisch ['man:ıʃ] *a* maniaco, maniacale.

Manko ['maŋko] ⟨-s, -s⟩ *n* **1.** *allg.* mancanza *f,* difetto *m;* **2.** *(Fehlbetrag)* ammanco *m,* deficit *m.*

Mann [man] ⟨-(e)s, ¨-er *o. Teilnehmer von Mannschaft* Leute⟩ *m* **1.** *allg.* uomo *m;* **2.** *(Ehe~)* marito *m;* **bis auf den letzten ~** fino all'ultimo; **~ für ~** a uno a uno; **~ gegen ~** corpo a corpo; **pro ~** a testa; **seine Ware an den ~ bringen** *fam* piazzare la propria merce; **seinen ~ stehen** sapere il fatto suo; **mit ~ und Maus untergehen** andare a fondo con tutta la ciurma; **Sie sind mein ~** (*o.* **der ~, den ich brauche**)! Lei è l'uomo che fa per me!; **(mein lieber) ~!** *fam* caro mio! *fam;* **~ über Bord!** uomo in mare!; **alle ~ an Deck!** tutti in coperta!; **selbst ist der ~!** chi fa da sé fa per tre *prov;* **ein ~, ein Wort!** ogni promessa è debito *prov;* **ein ~ von Welt** un uomo di mondo; **von ~ zu ~** da uomo a uomo.

Männchen ['mɛnçən] ⟨-s, -⟩ *n* **1.** *(Männlein)* ometto *m,* omino *m;* **2.** *zoo* maschio *m;* **~ machen** drizzarsi sulle zampe posteriori.

Mannequin ['manəkɛ̃ *o.* ...'kɛ̃:] ⟨-s, -s⟩ *n* mannequin *f,* indossatrice *f.*

Männerchor ['mɛnɐ-] *m* coro *m* maschile.

mannigfach, mannigfaltig ['manıç-] *a geh* **1.** *(vielfach)* molteplice; **2.** *(abwechslungsreich)* vario, svariato. **Mannigfaltigkeit** ⟨-, ø⟩ *f* molteplicità *f,* varietà *f.*

männlich ['mɛnlıç] *a* **1.** *allg., fam* virile; **2.** *biol, bot* maschio; *(a. gram)* maschile. **Männlichkeit** ⟨-, ø⟩ *f* virilità *f.*

Mannsbild *n fam* uomo *m.*

Mannschaft ⟨-, -en⟩ *f* **1.** *sport* squadra *f;* **2.** *aero, naut* equipaggio *m.* **Mannschaftsführer(in)** *m(f) sport* capitano, -a *m, f* di squadra.

mannshoch *a* dell'altezza di un uomo. **mannstoll** *a pej* ninfomane. **Mannweib** *n pej* virago *f.*

Manometer [mano'me:tɐ] ⟨-s, -⟩ *n* manometro *m;* **~!** *fam* accidenti! *fam.*

Manöver [ma'nø:vɐ] ⟨-s, -⟩ *n* **1.** *mar, aero, mot* manovra *f;* **2.** *mil* manovre *f pl;* **3.** *fig pej (Kunstgriff)* stratagemma *m.*

manövrieren [manø:'vri:rən] ⟨*ohne ge-*⟩ *tr, itr* manovrare. **manövrierfä-**

hig *a* manovrabile. **Manövrierfähigkeit** *f* manovrabilità *f.* **manövrierunfähig** *a* non manovrabile.

Mansarde [man'zardə] ⟨-, -n⟩ *f* mansarda *f.*

Manschette [man'ʃɛtə] ⟨-, -n⟩ *f* **1.** *(an Kleidung)* polsino *m;* **2.** *tec* manicotto *m.* **Manschettenknopf** *m* bottone *m* da polsino.

Mantel ['mantəl] ⟨-s, ¨-⟩ *m* **1.** mantello *m,* cappotto *m; (Übergangs~)* soprabito *m;* **2.** *tec* camicia *f,* guarnizione *f,* involucro *m;* **3.** *(Reifen~)* copertone *m;* **4.** *fig* manto *m;* **den ~ nach dem Winde hängen** *fig* regolarsi secondo il vento che tira. **Manteltarif(vertrag** *m*) *m* contratto *m* collettivo di lavoro. **Manteltasche** *f* tasca *f* del cappotto.

Mantua ['mantu̯a] *n* Mantova *f.*

Manuela [ma'nu̯e:la] *(weiblicher Vorname)* Manuela.

manuell [ma'nu̯ɛl] **I.** *a* manuale; **II.** *adv* a mano.

Manuskript [manu'skrɪpt] ⟨-(e)s, -e⟩ *n* (*ab* **Ms., Mskr.**) manoscritto *m; film* copione *m.*

Mappe ['mapə] ⟨-, -n⟩ *f* **1.** *(Akten~, Schul~, Zeichen~)* cartella *f;* **2.** *(Sammel~, Ordner)* raccoglitore *m.*

Marabu ['ma:rabu] ⟨-s, -s⟩ *m* marabù *m.*

Märchen ['mɛ:ɐ̯çən] ⟨-s, -⟩ *n* **1.** *lit* fiaba *f,* favola *f;* **2.** *fig pej* storia *f,* frottola *f.* **Märchenbuch** *n* libro *m* di fiabe. **märchenhaft** *a* **1.** fiabesco; **2.** *fig (schön, zauberhaft)* favoloso, fantastico. **Märchenland** *n* paese *m* di fiaba. **Märchenprinz** *m* principe *m* azzurro.

Marder ['mardɐ] ⟨-s, -⟩ *m* martora *f.*

Margarete [marga're:tə] *(weiblicher Vorname)* Margherita.

Margarine [marga'ri:nə] ⟨-, -n⟩ *f* margarina *f.*

Margerite [margə'ri:tə] ⟨-, -n⟩ *f* margherita *f* (dei campi).

Margot ['margɔt] *weiblicher Vorname.*

Maria, Marie [ma'ri:a, ma'ri:] *(weiblicher Vorname)* Maria.

Marianne [ma'ri̯anə] *(weiblicher Vorname)* Marianna.

Marienkäfer [ma'ri:ən-] *m* coccinella *f.*

Marihuana [mari'hu̯a:na] ⟨-s, ø⟩ *n* marijuana *f.*

Marille [ma'rɪlə] ⟨-, -n⟩ *f A (Aprikose)* albicocca *f.*

Marine [ma'ri:nə] ⟨-, -n⟩ *f* marina *f.* **marineblau** *a* blu *m* marino. **Marineoffizier** *m* ufficiale *m* di marina. **Marinestützpunkt** *m* base *f* navale.

marinieren [mari'ni:rən] ⟨*ohne ge-*⟩ *tr* marinare.

Marion ['ma:ri̯ɔn] *(weiblicher Vorname)* Marietta.

Marionette [mari̯o'nɛtə] ⟨-, -n⟩ *f* marionetta *f.* **Marionettentheater** *n* teatro *m* delle marionette.

Mark¹ [mark] ⟨-(e)s, ø⟩ *n anat, bot, fig* midollo *m; (fig a.)* intimo *m;* **durch ~ und Bein gehen** penetrare nelle ossa.

Mark² [mark] ⟨-, - *o.* -stücke⟩ *f (Währung)* marco *m;* **Deutsche ~** (*ab* **DM**) marco tedesco; **keine müde ~** *fam* neanche un centesimo *fam.*

Mark³ [mark] ⟨-, -en⟩ *f (Grenzgebiet)* marca *f.*

markant [mar'kant] *a (auffallend)* notevole; *(ausgeprägt)* spiccato, marcato.

Marke ['markə] ⟨-, -n⟩ *f* **1.** *(Fabrikat)* marca *f; (Schutz~)* marchio *m* (di fabbrica); **2.** *(Brief~, Steuer~)* bollo *m;* **3.** *(Lebensmittel~)* bollino *m,* marca *f* annonaria; *(Essens~)* bollino *m;* **4.** *(Erkennungs~)* contrassegno *m; mil* piastrina *f* di riconoscimento; **5.** *(Spiel~, Automaten~)* gettone *m;* **6.** *fam (seltsamer Mensch)* originale *m,* sagoma *f fam.*

Marken ⟨*pl*⟩ *geog* Marche *f pl.*

Markenartikel *m* articolo *m* di marca. **Markenschutz** *m* protezione *f* del marchio di fabbrica. **Markenware** *f* prodotto *m* di marca.

markerschütternd *a* straziante.

markieren [mar'ki:rən] ⟨*ohne ge-*⟩ *tr* **1.** *allg. (kennzeichnen)* marcare; *(Weg)* (contras)segnare; **2.** *(betonen)* accentuare, sottolineare; **3.** *fam (vortäuschen, spielen)* simulare, fingere.

Markierung ⟨-, -en⟩ *f* **1.** *(Kennzeichnung)* marcatura *f;* **2.** *(Zeichen)* (contras)segno *m.*

markig *a* energico, vigoroso.

Markise [mar'ki:zə] ⟨-, -n⟩ *f* marquise *f.*

Markknochen *m* osso *m* ricco di midollo.

Markstein *m fig* pietra *f* miliare.

Markstück *n* (pezzo *m* da un) marco *m.*

Markt [markt] ⟨-(e)s, ¨-e⟩ *m* **1.** *com, agr* mercato *m; (~platz)* (piazza *f* del) mercato *m;* **2.** *(Jahr~)* fiera *f;* **auf dem ~** al (*o.* sul) mercato; **auf den ~ bringen/kommen** lanciare (*o.* immettere)/venire sul mercato; **freier ~** mercato libero; **grauer/schwarzer ~** mercato grigio/nero; **bei uns im Dorf ist jeden Dienstag ~** da noi al paese ogni martedì c'è (il) mercato. **Marktanalyse** *f* analisi *f* di mercato. **Marktanteil** *m* partecipazione *f* al mercato. **Marktbericht** *m* bollettino *m* del mercato, mercuriale *m*. **Marktbude** *f* bancarella *f*, chiosco *m*. **Marktflecken** *m geh, obs* borgo *m*, borgata *f* (con diritto di mercato). **Marktforschung** *f* ricerche *f pl* di mercato. **Marktfrau** *f* rivenditrice *f* del mercato. **Markthalle** *f* mercato *m* coperto. **Marktlage** *f* situazione *f* del mercato. **Marktlücke** *f* vuoto *m* di mercato. **Marktplatz** *m* piazza *f* del mercato. **marktschreierisch** *a pej* ciarlatanesco. **Marktschwankungen** *f pl* oscillazioni *f pl* del mercato. **Markttag** *m* giorno *m* di mercato. **Marktwert** *m* valore *m* di mercato. **Marktwirtschaft** *f* economia *f* di mercato; **freie ~** economia di mercato libera. **marktwirtschaftlich** *a* orientato sull'economia di mercato, dell'economia di mercato.

Markus ['markʊs] *(männlicher Vorname)* Marco.

Marlene [mar'le:nə] *(weiblicher Vorname)* Marilena.

Marmelade [marmə'la:də] ‹-, -n› *f* marmellata *f*. **Marmelade(n)brot** *n* fetta *f* di pane con marmellata.

Marmor ['marmo:ɐ̯] ‹-s, -e› *m* marmo *m*.

marmorieren [...mo'ri:rən] ‹*ohne ge-*› *tr* marmorizzare.

Marmorierung ‹-, ø› *f* **1.** *(Vorgang)* marmorizzazione *f*; **2.** *(Ergebnis)* marmorizzatura *f*.

Marmorkuchen *m* torta *f* marmorizzata.

Marokkaner(in) [marɔ'ka:nɐ (...ərɪn)] ‹-s, -› *m(f)* marocchino, -a *m, f*.

marokkanisch *a* marocchino.

Marokko [ma'rɔko] *n* Marocco *m*; **in ~** nel Marocco.

Marone [ma'ro:nə] ‹-, -n› *f (Eßkastanie)* marrone *m*.

Marotte [ma'rɔtə] ‹-, -n› *f* capriccio *m*, mania *f*, fissazione *f*.

Mars [mars] ‹-, ø› *m* Marte *m*.

marsch [marʃ] *interj* marsch, avanti, avanti marsc'.

Marsch[1] [marʃ] ‹-(e)s, ¨-e› *m allg., mil, mus* marcia *f*; **sich in ~ setzen** mettersi in marcia, avviarsi.

Marsch[2] [marʃ] ‹-, -en› *f geog* terreno *m* alluvionale.

Marschall ['marʃal] ‹-s, ¨-e› *m* maresciallo *m*.

Marschbefehl *m* ordine *m* di marcia. **marschbereit** *a* pronto a partire. **Marschgepäck** *n* equipaggiamento *m* da marcia.

marschieren [mar'ʃi:rən] ‹*ohne ge-*› *itr* ‹*sein*› marciare.

Marschkolonne *f* colonna *f* di marcia. **Marschmusik** *f* musica *f* militare. **Marschordnung** *f* ordine *m* di marcia; **sich in ~ aufstellen** mettersi in colonna. **Marschpause** *f* tappa *f*. **Marschroute** *f* itinerario *m*. **Marschverpflegung** *f* razioni *f pl* di marcia.

Marsmensch *m* marziano, -a *m, f*.

Marter ['martɐ] ‹-, -n› *f* martirio *m*, tortura *f*, tormento *m*.

martern *tr geh (foltern)* torturare; *(seelisch)* tormentare.

Marterpfahl *m* palo *m* della tortura.

Martha ['marta] *(weiblicher Vorname)* Marta.

Martin ['marti:n] *(männlicher Vorname)* Martino.

Martina [mar'ti:na] *(weiblicher Vorname)* Martina.

Märtyrer(in) ['mɛrtyrɐ (...ərɪn)] ‹-s, -› *m(f)* martire *mf*.

Märtyrertum ‹-s, ø› *n*. **Martyrium** [mar'ty:ri̯ʊm, ...iən] ‹-s, -rien› *n* martirio *m*.

Marxismus [mar'ksɪsmʊs] ‹-, ø› *m* marxismo *m*.

Marxist(in) [...'ksɪst(ɪn)] ‹-en, -en› *m(f)* marxista *mf*.

marxistisch *a* marxista.

März [mɛrts̯] ‹-(en), -e› *m* marzo *m*; *s. a. September.*

Marzipan [marts̯i'pa:n *o.* 'mar...] ‹-s, -e› *n o. m* marzapane *m*.

Masche ['maʃə] ‹-, -n› *f* **1.** *(bei Handarbeit)* maglia *f*; **2.** *fam (Trick)* trucco *m*; **eine ~ fallen lassen** lasciar cadere una maglia; **rechte/linke ~** maglia diritta/rovescia; **das ist doch die alte ~!** *fam* è il vecchio trucco! *fam*; **das ist seine neueste ~** *fam* è la sua ultima trovata! *fam*. **Maschendraht** *m* rete *f* metallica.

Maschine [ma'ʃi:nə] ‹-, -n› *f* **1.** *(Schreib~, Näh~, Wasch~)* macchina *f*; **2.** *(Flugzeug)* apparecchio *m*; **3.** *fam (Motorrad)* moto *f fam*; **4.** *fam (Automotor)* motore *m*; **auf** (*o.* **mit) der ~ schreiben** scrivere a macchina. **maschinegeschrieben** *a s.* **maschinengeschrieben.**

maschinell [maʃi'nɛl] **I.** *a* meccanico; **II.** *adv* meccanicamente, a macchina; **~ bearbeiten** lavorare a macchina; **~ hergestellt** prodotto meccanicamente.

Maschinenbau ‹-(e)s, ø› *m* **1.** *(das Bauen)* costruzione *f* di macchine;

2. *(Lehrfach)* (ingegneria *f*) meccanica *f*. **Maschinenfabrik** *f* fabbrica *f* di macchine. **maschine(n)geschrieben** *a* scritto *a* macchina. **Maschinengewehr** *n* (*ab* MG) mitragliatrice *f*. **maschinenlesbar** *a* leggibile dalla macchina. **Maschinenmeister** *m* **1.** *(in Fabrik)* capo *m* macchinista; **2.** *(bes. theat)* macchinista *m*. **Maschinenöl** *n* olio *m* di macchina. **Maschinenpistole** *f* pistola *f* mitragliatrice. **Maschinenraum** *m* sala *f* macchine. **Maschinensatz** *m typ* composizione *f* a macchina. **Maschinenschaden** *m* *(bes. mot)* avaria *f* al motore. **Maschinenschlosser(in)** *m(f)* meccanico *m*, donna *f* meccanico, aggiustatore, - *m*, *f*. **Maschinenschrift** *f* scrittura *f* a macchina; **in ~** dattiloscritto. **maschinenschriftlich** *a* dattiloscritto.

Maschinerie [maʃinəˈriː, ...iːən] ‹-, -n› *f* **1.** *(maschinelle Einrichtung)* macchinario *m;* **2.** *theat* macchinismo *m;* **3.** *fig* meccanismo *m*.

Maschinist(in) [...ˈnɪst(ɪn)] ‹-en, -en› *m(f)* macchinista *mf*.

Maser [ˈmaːzɐ] ‹-, -n› *f (im Holz)* marezzo *m*, venatura *f*.

masern *tr* variegare.

Masern [ˈmaːzɐn] ‹*pl*› *med* morbillo *m*.

Maserung ‹-, -en› *f* marezzatura *f*.

Maske [ˈmaskə] ‹-, -n› *f* maschera *f;* **die ~ abnehmen (***o.* **fallen lassen)** *fig* togliere (*o.* lasciar cadere) la maschera. **Maskenball** *m* ballo *m* in maschera. **Maskenbildner(in)** [-bɪldnɐ (...ərɪn)] ‹-s, -› *m(f)* truccatore, -trice *m*, *f*.

Maskerade [maskəˈraːdə] ‹-, -n› *f* mascherata *f*.

maskieren [masˈkiːrən] ‹*ohne ge-*› **I.** *tr* mascherare; **II.** *rfl:* **sich ~** mascherarsi; **sich als ... ~** mascherarsi da ...

Maskierung ‹-, -en› *f* mascheramento *m*.

Maskottchen [masˈkɔtçən] ‹-s, -› *n* mascotte *f*.

Maskulinum [maskuˈliːnʊm *o.* ˈmas..., ...na] ‹-s, -na› *n* (genere *m*) maschile *m*.

Masochismus [mazɔˈxɪsmʊs] ‹-, ø› *m* masochismo *m*.

Masochist(in) [...ˈxɪst(ɪn)] ‹-en, -en› *m(f)* masochista *mf*.

maß [maːs] *1. u. 3. pers sing imp von* **messen.**

Maß [maːs] ‹-es, -e› *n* misura *f;* **in dem ~e, daß ...** a tal punto che ...; **in dem ~e, wie ...** a misura che ..., man mano che ...; **in hohem ~** in alto grado, in larga scala; **kein ~ kennen** non conoscere misura, eccedere; **etw. nach ~ machen lassen** far fare qc su misura; **mit zweierlei ~ messen** *fig* avere due pesi e due misure; **~ nehmen** prender le misure; **das ~ vollmachen** colmare la misura *fam*, far traboccare il vaso *fam;* **das ~ ist voll!** questo è il colmo! *fam;* **ein gewisses ~ an ...** una certa quantità di ...; **etw. in (***o.* **mit) ~en tun** fare qc con moderazione; **in vollem ~e** molto, grandemente.

Massage [maˈsaːʒə] ‹-, -n› *f* massaggio *m*.

Massaker [maˈsaːkɐ] ‹-s, -› *n* massacro *m*.

massakrieren [masaˈkriːrən] ‹*ohne ge-*› *tr* massacrare.

Maßanzug *m* abito *m* su misura. **Maßarbeit** *f* lavorazione *f* su misura.

Masse [ˈmasə] ‹-, -n› *f* **1.** *allg., el, phys, jur (Konkurs~, Erb~)* massa *f;* **2.** *(Menge)* gran quantità *f; (Menschen)* folla *f; (oft pej)* massa *f;* **eine (ganze) ~ ...** *fam* una gran quantità di ...; **in der ~ untertauchen** scomparire nella massa; **die breite (***o.* **große) ~** la massa; **die erkaltete ~ auf den Tortenboden streichen** disporre la massa raffreddata sul fondo della torta.

Maßeinheit *f* unità *f* di misura.

Massenabsatz *m* smercio *m* in massa. **Massenandrang** *m* affluenza *f* in massa. **Massenartikel** *m* articolo *m* in serie (*o.* di gran consumo). **Massenbewegung** *f* movimento *m* di massa. **Massenelend** *n* pauperismo *m*. **Massenentlassung** *f* licenziamento *m* in massa (*o.* in blocco). **Massenerzeugung** *f*, **-fabrikation** *f*, **-fertigung** *f* produzione *f* in massa. **Massenflucht** *f* fuga *f* in massa, esodo *m*. **Massengrab** *n* fossa *f* comune. **massenhaft** *a, adv* in gran numero, in massa. **Massenkarambolage** *f* tamponamento *m* a catena. **Massenkundgebung** *f* manifestazione *f* (*o.* dimostrazione *f*) di massa. **Massenmedien** *n pl* mass-media *m pl*. **Massenmord** *m* eccidio *m*, strage *f*. **Massenpsychologie** *f* psicologia *f* delle masse. **Massentourismus** *m* turismo *m* di massa.

Masseur [maˈsøːɐ̯] ‹-s, -e› *m*, **Masseurin** [...øːrɪn] *f (Berufsbezeichnung)*, **Masseuse** [...øːzə] ‹-, -n› *f (in Eroscenter, etc.)* massaggiatore, -trice *m*, *f*.

maßgebend *a* determinante, decisivo;

deine Meinung ist für mich nicht ~ il tuo parere non è determinante per me.

maßgeblich *a* **1.** *(ausschlaggebend)* determinante; **2.** *(in hohem, besonderem Maße)* particolare, preponderante; **an diesem Erfolg war sie ~ beteiligt** in questo successo ha avuto una parte (*o.* un peso) determinante.

maßgeschneidert *a* fatto su misura.

maß·halten ‹*irr*› *itr* moderarsi, osservare la misura.

massieren[1] [ma'si:rən] ‹*ohne ge-*› *tr med* massaggiare.

massieren[2] [ma'si:rən] ‹*ohne ge-*› *tr (bes. mil)* concentrare.

massig I. *a* massiccio; **II.** *adv fam* in massa, in gran quantità.

mäßig ['mɛ:sɪç] *a* **1.** *(gemäßigt)* moderato; *(niedrig, bes. Preis)* modico; **2.** *(genügsam)* sobrio; **3.** *(mittel~)* mediocre.

mäßigen I. *tr* moderare; *(mildern)* mitigare; **II.** *rfl:* **sich ~** moderarsi.

Mäßigkeit ‹-, ø› *f* **1.** *(Maßhalten)* moderazione *f; (Genügsamkeit)* sobrietà *f;* **2.** *(Mittel~)* mediocrità *f.*

Mäßigung ‹-, ø› *f* moderazione *f.*

massiv [ma'si:f] *a* massiccio.

Maßkonfektion *f* confezione *f* su misura.

Maßkrug *m* boccale *m* (da un litro).

maßlos I. *a* smisurato; *(unmäßig)* smodato; *(übermäßig)* eccessivo; **II.** *adv (außerordentlich)* molto; **ich war ~ enttäuscht** ero molto deluso.

Maßlosigkeit ‹-, ø› *f* smisuratezza *f; (Unmäßigkeit, Übermaß)* eccesso *m.*

Maßnahme [-na:mə] ‹-, -n› *f* misura *f,* provvedimento *m;* **~n ergreifen** prendere (dei) provvedimenti.

Maßregel *f* norma *f,* criterio *m.*

maßregeln *tr* **1.** *(tadeln)* biasimare; **2.** *(strafen)* punire disciplinarmente.

Maßstab *m* **1.** *(Karten~)* scala *f;* **2.** *fig* metro *m,* norma *f,* criterio *m;* **in großem/kleinem ~** su vasta/piccola scala; **im ~ 1 : 100.000** scala 1 : 100.000; **einen strengen ~ anlegen** giudicare severamente; **Maßstäbe setzen** stabilire (*o.* fissare) delle norme. **maßstab(s)gerecht, maßstab(s)getreu I.** *a* conforme alla scala; **II.** *adv* in scala.

maßvoll *a* moderato.

Mast[1] [mast] ‹-(e)s, -en *o.* -e› *m naut* albero *m; el, tel* pilone *m,* traliccio *m.*

Mast[2] [mast] ‹-, -en› *f (von Tieren)* ingrasso *m.* **Mastdarm** *m* (intestino *m*) retto *m.*

mästen ['mɛstən] **I.** *tr* ingrassare; **II.** *rfl:* **sich ~** *fam* rimpinzarsi *fam.*

Mastfutter *n* mangime *m* da ingrasso. **Mastgans** *f* oca *f* ingrassata (*o.* da ingrasso).

Mastkorb *m* coffa *f.*

Matchball ['mɛtʃ-] *m* palla *f* partita.

Material [mate'ri̯a:l, -i̯ən] ‹-s, -ien› *n* **1.** *allg.* materiale *m;* **2.** *fig (Unterlagen)* documenti *m pl,* documentazione *f;* **3.** *jur (Beweis~)* prove *f pl.* **Materialfehler** *m* difetto *m* di materiale.

Materialismus [materi̯a'lɪsmʊs] ‹-, ø› *m* materialismo *m.*

Materialist(in) [...'lɪst(ɪn)] ‹-en, -en› *m(f)* materialista *mf.*

materialistisch *a* materialistico, materialista.

Materialkosten ‹*pl*› costo *m* del materiale. **Materialschlacht** *f* battaglia *f* con massiccio impiego di armi pesanti.

Materie [ma'te:ri̯ə] ‹-, -n› *f* **1.** *phys, chem, philos* materia *f;* **2.** *(Thema)* soggetto *m,* tema *m.*

materiell [mate'ri̯ɛl] *a* **1.** *(stofflich, körperlich, a. philos)* materiale; **2.** *(oft pej: materialistisch)* materialistico, materialista; **3.** *(finanziell)* economico; **in ~er Hinsicht** materialmente.

Mathematik [matema'ti:k] ‹-, ø› *f* matematica *f;* **höhere ~** alta matematica; **angewandte ~** matematica applicata.

mathematisch [...'ma:tɪʃ] *a* matematico.

Mathilde [ma'tɪldə] *(weiblicher Vorname)* Matilde.

Matjeshering ['matjəs-] *m* aringa *f* giovane.

Matratze [ma'tratsə] ‹-, -n› *f* materasso *m; (aufblasbare ~)* materassino *m.*

Mätresse [mɛ'trɛsə] ‹-, -n› *f* amante *f.*

Matriarchat [matriar'ça:t] ‹-(e)s, -e› *n* matriarcato *m.*

Matrikelnummer [ma'tri:kəl-] *f* numero *m* di matricola.

Matrize [ma'tri:tsə] ‹-, -n› *f* matrice *f.*

Matrone [ma'tro:nə] ‹-, -n› *f* matrona *f.*

Matrose [ma'tro:zə] ‹-n, -n› *m* marinaio *m; mil* soldato *m* di marina.

Matsch [matʃ] ‹-(e)s, ø› *m fam* **1.** *(weiche Masse)* poltiglia *f;* **2.** *(Schlamm)* fanghiglia *f.* **matschig** *a fam* **1.** *(breiig)* poltiglioso; **2.** *(schlammig)* fangoso.

matt [mat] *a* **1.** *(Blick, Augen, Stimme)* spento; *(Metall, Spiegel)* opaco; *(Glas)* smerigliato; **2.** *(schwach: Stimme, Licht)* fioco; *(schlaff, abge-*

spannt) stanco, spossato; **3.** *fig (nicht überzeugend)* fiacco; **jdn ~ setzen** *(Schach, fig)* dare scacco matto a qu.
Matte ['matə] ‹-, -n› *f* **1.** *allg.* stuoia *f; (Fuß~)* stoino *m,* zerbino *m;* **2.** *sport* tappeto *m;* **3.** *CH, poet, obs (Bergwiese)* prato *m* alpino.
Matterhorn ['matɐhɔrn] *n* (Monte *m*) Cervino *m.*
Mattglas *n* vetro *m* opaco (*o.* smerigliato).
Matthäus [ma'tɛ:ʊs] *(männlicher Vorname)* Matteo.
Matthias [ma'ti:as] *(männlicher Vorname)* Matteo.
mattieren [ma'ti:rən] ‹*ohne ge-*› *tr* rendere opaco; *(Glas)* smerigliare.
Mattigkeit ‹-, ø› *f (Müdigkeit, Erschöpfung)* stanchezza *f,* spossatezza *f; (Schwäche)* debolezza *f,* fiacchezza *f.*
Mattscheibe *f* **1.** vetro *m* smerigliato; **2.** *fam (Fernseher)* tivù *fam;* **~ haben** *fam* avere la mente annebbiata.
Matura [ma'tu:ra] ‹-, ø› *f A, CH (Abitur)* maturità *f.*
Maturand(in) [matu'rant (...dɪn)] ‹-en, -en› *m(f) CH* maturando, -a *m, f.*
Mauer ['maue̯] ‹-, -n› *f* muro *m.* **Mauerblümchen** [-bly:mçən] ‹-s, -› *n:* **~ sein** *fam* far da tappezzeria.
mauern *tr, itr* costruire (un muro), murare.
Mauersegler *m* rondone *m.* **Mauervorsprung** *m* sporto *m.* **Mauerwerk** *n* opera *f* in muratura (*o.* muraria).
Maul [maul] ‹-(e)s, ⸚er› *n* muso *m;* **das ~ aufreißen** *vulg* spararle grosse *fam;* **ein großes ~ haben** *vulg* essere uno spaccone *fam;* **jdm das ~ stopfen** *fam* chiudere il becco a qu *fam;* **halt's ~!** *vulg* chiudi il becco! *vulg.* **Maulbeerbaum** *m* gelso *m.*
maulen *itr fam* brontolare.
Maulesel *m* mulo *m.* **maulfaul** *a:* **~ sein** *fam pej* non aprir bocca. **Maulheld** *m fam pej* spaccone *m fam,* smargiasso *m fam.* **Maulkorb** *m* museruola *f.* **Maultaschen** *f pl tipo di grandi ravioli con un ripieno di carne macinata, spinaci, prezzemolo, cipolla, serviti spesso in brodo.* **Maultier** *n* mulo *m.* **Maul- und Klauenseuche** *f* afta *f* epizootica *f.* **Maulwurf** *m* talpa *f.* **Maulwurfshügel** *m* monticello *m* di terra sollevato dalle talpe.
Maurer(in) ['maure̯ (...ərɪn)] ‹-s, -› *m(f)* (donna *f*) muratore *m.* **Maurerkelle** *f* cazzuola *f.* **Maurerpolier** *m* capomastro *m.*
Maus [maus] ‹-, ⸚e› *f* **1.** *(Tier)* topo *m;* **2.** ‹*pl*› *sl (Geld)* grana *f sl,* quattrini *m pl fam.*
Mäusebussard ['mɔyzə-] *m* poiana *f.*
Mausefalle *f* trappola *f* per i topi. **Mauseloch** *n* buco *m* di topi.
mausen ['mauzən] **I.** *tr fam scherz (stibitzen)* sgraffignare *fam;* **II.** *itr dial, obs (Mäuse fangen)* pigliare i topi.
Mauser ['mauze̯] ‹-, ø› *f* muda *f;* **in der ~ sein** essere in muda.
mausern *rfl:* **sich ~ 1.** *zoo* mutare le penne; **2.** *fig fam* diventare, farsi.
mausetot ['mauzə'to:t] *a fam* morto stecchito *fam.*
Mausoleum [mauzo'le:ʊm, ...e:ən] ‹-s, -leen› *n* mausoleo *m.*
Maut(gebühr *f*) ['maut-] ‹-, -en› *f (A, süddeutsch)* pedaggio *m.*
Max [maks] *(männlicher Vorname)* Massimo.
Maxima *pl von* **Maximum.**
maximal [maksi'ma:l] **I.** *a* massimo; **II.** *adv (höchstens)* al massimo.
Maximal- *(in Zusammensetzungen)* massimo.
Maxime [ma'ksi:mə] ‹-, -n› *f* massima *f.*
Maximilian [maksi'mi:li̯a:n] *(männlicher Vorname)* Massimiliano.
Maximum ['maksimʊm, ...ma] ‹-s, Maxima› *n* massimo *m* (*an* di).
Mayonnaise [majɔ'nɛ:zə] ‹-, -n› *f* maionese *f.*
Mäzen [mɛ'tse:n] ‹-s, -e› *m,* **Mäzenin** *f,* **Mäzenatin** [mɛ'tse:nɪn, mɛtse'na:tɪn] *f* mecenate *mf.*
mb *ab von* **Millibar** mb (*ab von* millibar).
mbH [ɛmbe:'ha:] *ab von* **mit beschränkter Haftung** a.r.l. (*ab von* a responsabilità limitata).
MdB *ab von* **Mitglied des Bundestags** membro del Bundestag.
mdl. *ab von* **mündlich** orale.
MdL *ab von* **Mitglied des Landtags** membro del Landtag.
m. E. *ab von* **meines Erachtens** a mio parere.
Mechanik [me'ça:nɪk] ‹-, -en› *f* meccanica *f.*
Mechaniker(in) ‹-s, -› *m(f)* meccanico *m,* donna *f* meccanico.
mechanisch *a* meccanico.
Mechanismus [meça'nɪsmʊs, ...mən] ‹-, -men› *m* meccanismo *m.*
Meckerer ['mɛkərɐ] ‹-s, -› *m fam pej* criticone *m fam,* brontolone *m fam.*
meckern ['mɛken] *itr* **1.** *(Ziege)* belare; **2.** *fam pej* brontolare *fam,* trovare da ridire (*über* su).

Medaille [me'daljə] ⟨-, -n⟩ *f* medaglia *f.*

Medaillon [medal'jõ:] ⟨-s, -s⟩ *n* medaglione *m.*

Medien *pl von* **Medium. Medienpolitik** *f* politica *f* dei mass-media. **Medienverbund** *m com* fusione *f; (in Schule)* impiego *m* multimedia.

Medikament [medika'mɛnt] ⟨-(e)s, -e⟩ *n* medicina *f,* medicamento *m,* farmaco *m.*

Meditation [medita'tsi̯o:n] ⟨-, -en⟩ *f* meditazione *f.*

meditieren [...'ti:rən] ⟨*ohne ge-*⟩ *itr* meditare (*über* su).

Medium ['me:di̯ʊm, ...i̯ən] ⟨-s, -dien⟩ *n* **1.** *allg., phys, chem* mezzo *m;* **2.** ⟨*pl*⟩ *(Massenmedien)* media *m pl;* **3.** *(Parapsychologie)* medium *m.*

Medizin [medi'tsi:n] ⟨-, -en⟩ *f* medicina *f;* **innere ~** medicina interna. **Medizinball** *m* palla *f* medica.

Mediziner(in) ⟨-s, -⟩ *m(f)* **1.** *(Arzt)* dottore, -essa *m, f;* **2.** *(Student)* studente, -tessa *m, f* di medicina.

medizinisch *a* **1.** *(ärztlich)* (del) medico; **2.** *(arzneilich)* medicinale; **~-technische Assistentin** (*ab* **MTA**) tecnico *mf* di laboratorio analisi, analista *mf.*

Medizinmann *m* stregone *m.*

Meer [me:ɐ̯] ⟨-(e)s, -e⟩ *n* mare *m; (Welt~)* oceano *m;* **am ~ Urlaub machen** far vacanza al mare; **ein ~ von Blumen** un mare di fiori; **Tyrrhenisches ~** Mare(e) Tirreno; **Rotes/ Schwarzes ~** Mare(e) Rosso/Nero. **Meerbusen** *m* golfo *m.* **Meerenge** *f* stretto *m* di mare, canale *m.*

Meeresarm *m* braccio *m* di mare. **Meeresboden** *m* fondo *m* marino. **Meeresfrüchte** *f pl* frutti *m pl* di mare. **Meeresgrund** *m poet* fondo *m* marino. **Meereshöhe** *f* livello *m* del mare. **Meereskunde** *f* oceanografia *f.* **Meeresküste** *f* costa *f* marina, litorale *m.* **Meeresspiegel** *m* superficie *f* del mare; **Düsseldorf liegt 36 m über dem ~** Düsseldorf è a 36 m sul livello del mare.

Meerrettich *m* rafano *m.* **Meerschaum** *m* schiuma *f* di mare. **Meerschweinchen** [-ʃvai̯nçən] ⟨-s, -⟩ *n* porcellino *m* d'India, cavia *f.* **Meerwasser** *n* acqua *f* marina.

Megahertz [mega-] *n* (*ab* **MHz**) megaciclo *m* al secondo.

Megaphon [-'fo:n] ⟨-s, -e⟩ *n* megafono *m.*

Megatonne [-'tɔnə] *f* (*ab* **Mt**) megaton *m.*

Megawatt [-'vat] *n* (*ab* **MW**) megawatt *m.*

Mehl [me:l] ⟨-(e)s, *rar* -e⟩ *n* farina *f.* **mehlig** *a* farinoso, farinaceo. **Mehlschwitze** [-ʃvɪtsə] ⟨-, -n⟩ *f* soffritto *m* di farina. **Mehlspeise** *f* dolce *m.* **Mehltau** *m* oidio *m.* **Mehlwurm** *m* larva *f* di tenebrione.

mehr [me:ɐ̯] ⟨*Komparativ von* viel⟩ *adv, pron* **1.** *(vor Substantiv)* più; **2.** *(nach Substantiv)* in più, di più; **3.** *(alleinstehend)* (di) più; **~ als ...** più di ...; **~ ... als ...** più ... che ...; **~ und ~, immer ~** sempre più; **je ~ ..., desto ...** (quanto) più ..., (tanto) più ...; **nicht ~ und nicht weniger** né più né meno; **nie ~** mai più; **noch ~** ancora (di) più; *(alleinstehend)* a maggior ragione; **~ denn je** più che mai; **~ tot als lebendig** più morto che vivo; **was wollen Sie ~?** che altro vuole?; **kein Wort ~!** non una parola in più!, basta!; **ein Grund ~** una ragione di più; **nichts/etw./viel ~** più nulla/un po' di più/molto di più; **es war ~ oder weniger dasselbe** era più o meno la stessa cosa; **es war niemand/nichts ~ da** non c'era più nessuno/niente; **gibt es noch ~?** ce n'è ancora di più?, ce n'è dell'altro?; **ich bin ~ als beunruhigt** sono più che preoccupato; **war deine Besprechung zufriedenstellend? – ~ als das!** è stato soddisfacente il tuo colloquio? – più che soddisfacente!; **es war enttäuschend, um so ~, als ...** è stato deludente tanto più che ...

Mehr ⟨-(s), ø⟩ *n* soprappiù *m,* eccedenza *f.* **Mehrarbeit** *f* **1.** lavoro *m* in più (*o.* straordinario); **2.** *(Überstunden)* straordinario *m.* **Mehrbelastung** *f* sovraccarico *m.* **Mehrbetrag** *m* importo *m* eccedente, eccedenza *f.* **mehrdeutig** [-dɔytɪç] *a* ambiguo, equivoco. **Mehrdeutigkeit** ⟨-, ø⟩ *f* ambiguità *f.* **Mehreinnahme** *f* maggiore entrata *f.*

mehren ['me:rən] **I.** *tr* aumentare, accrescere; **II.** *rfl:* **sich ~** aumentare, accrescersi.

mehrere ['me:rərə] *pron pl* parecchi, -ie *m, f pl.*

Mehrerlös *m,* **-ertrag** *m* ricavo *m* (*o.* guadagno *m*) in più. **mehrfach I.** *a* molteplice, *(a. tec)* multiplo; *(wiederholt)* ripetuto; **II.** *adv* ripetutamente, a più riprese. **Mehrfachstecker** *m* spina *f* multipla. **mehrgleisig** *a* a più binari.

Mehrheit ⟨-, -en⟩ *f* maggioranza *f;* **in der ~ (befindlich)** maggioritario; **die ~ der abgegebenen Stimmen erhal-**

ten (*o.* **auf sich vereinigen**) raccogliere la maggioranza dei voti espressi; **die absolute/einfache/relative ~ haben** avere la maggioranza assoluta/semplice/relativa; **mit knapper ~** a maggioranza di stretta misura; **die schweigende ~** la maggioranza silenziosa. **Mehrheitsbeschluß** *m* deliberazione *f* presa a maggioranza. **Mehrheitswahl** *f* scrutinio *m* maggioritario. **Mehrheitswahlrecht** *n* sistema *m* maggioritario.

mehrjährig *a* di più anni, pluriennale; *bot* plurienne. **Mehrkosten** ⟨*pl*⟩ spese *f pl* eccedenti, sovraccosto *m*. **mehrmalig** *a* ripetuto, reiterato. **mehrmals** *adv* più volte, ripetutamente. **mehrmotorig** *a* plurimotore. **Mehrparteiensystem** *n* sistema *m* a più partiti. **mehrphasig** *a* polifase. **mehrpolig** *a* multipolare. **Mehrpreis** *m* sovrapprezzo *m*. **mehrsilbig** *a* polisillabo; **~es Wort** polisillabo *m*. **mehrsprachig** *a* plurilingue; *(Person)* poliglotta. **mehrstellig** *a* di (*o.* a) più cifre. **mehrstimmig** *a* polifonico; *(adv a.)* a più voci. **Mehrstufenrakete** *f* missile *m* pluristadio. **mehrstufig** *a* pluristadio. **mehrstündig** [-ʃtʏndɪç] *a* di parecchie ore. **mehrtägig** [-tɛ:gɪç] *a* di parecchi giorni.

Mehrung ⟨-, ø⟩ *f* accrescimento *m*, aumento *m*.

Mehrverbrauch *m* maggior consumo *m*, eccesso *m* di consumo. **Mehrwert** *m* **1.** *(marxistisch)* plusvalore *m;* **2.** *fin* valore *m* aggiunto. **mehrwertig** *a* polivalente. **Mehrwertsteuer** *f* (*ab* **MwSt., MWSt.**) imposta *f* sul valore aggiunto. **Mehrzahl** *f* **1.** *(Mehrheit)* maggioranza *f*, maggior parte *f;* **2.** *gram* plurale *m*. **Mehrzweck-** *(in Zusammensetzungen)* universale, per vari usi.

meiden ['mai̯dən] ⟨**meidet, mied, gemieden**⟩ *tr* evitare, (s)fuggire.

Meile ['mai̯lə] ⟨-, -n⟩ *f* miglio *m*. **Meilenstein** *m* pietra *f* miliare.

mein [main] *(adjektivisches Possessivpronomen von* ich*)* mio, -a *m, f*, miei *m pl*, mie *f pl;* **~e Damen und Herren!** Signori e Signore!

meine *s.* **meine(r, s).**

Meineid ['mai̯nʔai̯t] *m* spergiuro *m*, falso giuramento *m;* **einen ~ schwören** (*o.* **leisten**) fare uno spergiuro. **meineidig** *a* spergiuro; **~ werden** spergiurare.

meinen ['mai̯nən] **I.** *tr* **1.** *(denken)* pensare; *(glauben)* credere; **2.** *(sagen wollen)* volere dire; **etw. ernst ~** dire qc sul serio; **es gut mit jdm ~** avere buone intenzioni nei riguardi di qu; **damit sind Sie gemeint** questo è per Lei; **es war nicht böse gemeint** non c'era alcuna cattiva intenzione; **das war nicht so gemeint** non volevo dire questo; **was ~ Sie damit?** cosa intende dire?; **was ~ Sie dazu?** che cosa ne pensa?; **wen ~ Sie?** a chi si riferisce?; **wie ~ Sie das?** cosa intende dire con ciò?; **das will ich ~!** *fam* lo credo bene! *fam;* **II.** *itr* pensare, credere, essere dell'avviso (*o.* opinione); **man könnte (** *o.* **sollte) ~ ...** si direbbe ...; **wie Sie ~!** come pare a Lei.

meiner *pers pron (gen von* ich*)* di me; *s. a. meine(r, s).*

meine(r, s) ['mai̯nə] *(substantivisches Possessivpronomen von* ich*)* il mio, la mia, i miei *pl*, le mie *pl;* **ist das dein Stift oder ~r?** è la tua matita o la mia?; **ihr Zimmer lag direkt neben ~m** la sua camera era proprio accanto alla mia.

meinerseits ['mai̯nɐ'zai̯ts] *adv* da parte mia, per conto mio; **ganz ~!** il piacere è tutto mio!

mein(e)s *s.* **meine(r, s).**

meinesgleichen ['mai̯nəs'glai̯çən] *pron* mio pari, uno *m* (*o.* gente *f*, *etc.*) come me.

meinetwegen ['mai̯nət've:gən] *adv* **1.** *(wegen mir)* per causa mia; *(negativ)* per colpa mia; **2.** *(von mir aus)* per me.

meinetwillen ['mai̯nət'vɪlən] *adv:* **um ~** per me, per amor mio.

meinige(r, s) *pron obs, geh s.* **meine(r, s).**

meins *s.* **meine(r, s).**

Meinung ⟨-, -en⟩ *f* **1.** *(Ansicht)* opinione *f*, parere *m*, avviso *m;* **2.** *(Standpunkt)* punto *m* di vista; **3.** *(Urteil)* giudizio *m;* **meiner ~ nach** a mio parere (*o.* giudizio *o.* avviso), secondo la mia opinione; **seine ~ ändern** cambiare opinione (*o.* parere); **seine ~ äußern** esprimere la propria opinione; **sich** *(dat)* **eine ~ bilden** farsi un'opinione; **eine gute/schlechte/hohe ~ von ... haben** avere una buona/cattiva/alta opinione di ...; **jdm die ~ sagen** *fam* dire il fatto suo a qu *fam;* **der ~ sein, daß ...** essere del parere (*o.* dell'avviso) che ...; **anderer ~ sein** essere di altro avviso; **der gleichen ~ sein wie, einer ~ sein mit** condividere il parere di; **die ~en gehen auseinander** (*o.* **sind geteilt**) le opinioni sono divergenti. **Meinungsäußerung** *f* manifestazione *f* della propria opinione. **Meinungs-**

austausch *m* scambio *m* di opinioni (*o.* di idee). **Meinungsforschung** *f* sondaggio *m* dell'opinione pubblica, indagine *f* demoscopica. **Meinungsverschiedenheit** *f* **1.** *(Unterschiedlichkeit)* divergenza *f* (*o.* contrasto *m*) d'opinioni; **2.** *(Streit)* controversia *f*, dissidio *m*.

Meise ['mai̯zə] ‹-, -n› *f* cinciallegra *f*.

Meißel ['mai̯səl] ‹-s, -› *m* scalpello *m*.

meißeln I. *itr* lavorare con lo scalpello; **II.** *tr* **1.** *(bearbeiten)* scalpellare; **2.** *(schaffen)* scolpire.

meist [mai̯st] *adv s.* **meistens.**

meistbietend *a* che offre di più; **der M~e** il maggior offerente.

meiste *s.* **meiste(r, s).**

meisten *adv:* **am ~** più di tutto (*o.* tutti).

meistens *adv* per lo più, di solito.

meister *s.* **meiste(r, s).**

Meister(in) ['mai̯stɐ (...ərɪn)] ‹-s, -› *m(f)* **1.** *(Handwerks~)* mastro, -a *m, f;* **2.** *(in Betrieb)* capo, -a *m, f;* **3.** *fig (Könner, Künstler)* maestro, -a *m, f;* **4.** *sport* campione, -essa *m, f;* **es ist noch kein ~ vom Himmel gefallen** *prov* maestri non si nasce *prov*, nessuno nasce maestro *prov.* **Meisterbrief** *m* diploma *m* di maestro (*o.* di mastro). **meisterhaft I.** *a* magistrale, perfetto; **II.** *adv* da maestro, magistralmente. **Meisterhand** *f:* **von ~** di mano maestra. **Meisterin** *f s.* **Meister;** *obs (Frau von Meister)* moglie *f* del principale.

meistern *tr* venire a capo di; *(Emotion)* dominare; *(Schwierigkeit)* superare; *(Sprache)* conoscere a fondo.

Meisterprüfung *f* esame *m* di maestro (*o.* di mastro).

meiste(r, s) ['mai̯stə] ‹*Superlativ von* viel› *pron* **1.** *(adjektivisch):* **die ~n Leute** la maggior parte delle persone; **die ~ Zeit** la maggior parte del tempo; **2.** *(meist)* per lo più; **in den ~n Fällen** nella maggior parte dei casi; **3.** *(substantivisch):* **der/die/das ~** il/la/il più; **die ~n** i più, la maggior parte.

Meisterschaft ‹-, -en› *f* **1.** *(Können)* maestria *f;* **2.** *sport (Veranstaltung)* campionato *m; (Sieg)* titolo *m* di campione. **Meisterstück** *n*, **-werk** *n* capolavoro *m*.

meistes *s.* **meiste(r, s).**

Mekka ['mɛka] *n* Mecca *f; fig* mecca *f*.

Melancholie [melaŋko'li:, ...i:ən] ‹-, -n› *f* malinconia *f*.

melancholisch [...'ko:lɪʃ] *a* malinconico.

Melanzani [melan'tsa:ni] ‹*pl*› *A (Auberginen)* melanzane *f pl*.

Meldeamt *n (Einwohner~)* anagrafe *f*. **Meldefrist** *f* termine *m* di denuncia.

melden ['mɛldən] **I.** *tr* **1.** *(ankündigen)* annunciare (*jdn* qu); **2.** *(einer zuständigen Stelle)* notificare, denunciare; **3.** *(mitteilen)* informare (*jdm etw.* qu di qc), comunicare (*jdm etw.* qc a qu); rendere conto (*jdm etw.* a qu di qc); **wen darf ich ~?** chi devo annunciare?; **er hat hier nichts zu ~** *fam* non ha voce in capitolo; **II.** *rfl:* **sich ~ 1.** *(an~)* annunciarsi (*bei jdm* a (*o.* presso) qu, *zu etw.* per qc); **2.** *(vorstellen)* presentarsi (*für* per); **3.** *(Schule)* alzare la mano; **4.** *(am Telefon)* rispondere al telefono; **5.** *(von sich hören lassen)* farsi vivo; **es meldet sich niemand** non risponde nessuno; **sich bei der Polizei ~** presentarsi (*o.* annunciarsi) alla polizia; **bitte ~!** annunciarsi, per favore!; **wenn du etw. brauchst, mußt du dich ~** se hai bisogno di qualcosa, dillo; **melde dich mal wieder!** rifatti vivo! *fam*

Meldepflicht *f* **1.** *(für Person)* iscrizione *f* obbligatoria; **2.** *(für Dinge)* obbligo *m* di notifica. **meldepflichtig** *a* **1.** *(Person)* soggetto a iscrizione; **2.** *(Dinge)* da dichiarare (*o.* notificare).

Meldung ‹-, -en› *f* **1.** *allg.* annuncio *m;* **2.** *(Mitteilung)* comunicazione *f;* **3.** *TV, radio* notizia *f;* **4.** *(Angabe)* notifica *f*, denuncia *f;* **5.** *mil* rapporto *m;* **6.** *sport* iscrizione *f;* **jdm ~ machen** *mil* far rapporto a qu; **letzte ~en** ultime notizie.

meliert [me'li:ɐ̯t] *a* screziato; *(Haar)* brizzolato.

melken ['mɛlkən] ‹melkt, melkte *o. rar* molk, gemolken *o. rar* gemelkt› *tr* mungere.

Melker(in) ‹-s, -› *m(f)* mungitore, -trice *m, f*.

Melkmaschine *f* mungitrice *f* meccanica.

Melodie [melo'di:, ...i:ən] ‹-, -n› *f* melodia *f*, aria *f*.

melodiös [...'di̯ø:s] *a* melodioso.

melodisch [me'lo:dɪʃ] *a* melodico.

Melone [me'lo:nə] ‹-, -n› *f* **1.** *bot* melone *m; (Wasser~)* cocomero *m;* **2.** *fam scherz (Hut)* bombetta *f*.

Membran [mɛm'bra:n] ‹-, -en› *f*, **Membrane** [...nə] ‹-, -n› *f anat, biol, chem phys, tec* membrana *f; (bes. tel)* diaframma *m*.

Memoiren [me'mo̯a:rən] ‹*pl*› memorie *f pl*.

Memorandum [memo'randum, ...dən *o.* ...da] ‹-s, -randen *o.* -randa› *n* memorandum *m.*

Menagerie [menaʒə'ri:, ...i:ən] ‹-, -n› *f* serraglio *m.*

Menge ['mɛŋə] ‹-, -n› *f* **1.** *(bestimmte Anzahl)* quantità *f;* **2.** *(große Anzahl)* moltitudine *f,* gran numero *m; (fam a.)* mucchio *m;* **3.** *(Menschen~)* folla *f,* massa *f;* **eine (ganze) ~ ...** *fam* (tutt')un mucchio di ... *fam;* **in großen** (*o. fam* **rauhen) ~n** a mucchi *fam,* a profusione; **in kleinen ~n** in piccole quantità; **in der ~ untertauchen** scomparire tra la folla; **sie weiß eine ganze ~** *fam* sa un sacco di cose *fam;* **davon gibt es jede ~** *fam* ce n'è a non finire *fam.*

mengen **I.** *tr* **1.** *(ver~)* mescolare; **2.** *(hinzufügen)* aggiungere; **II.** *rfl:* **sich ~ 1.** mescolarsi (*unter* fra); **2.** *fig fam* immischiarsi (*in* in), ficcare il naso (*in* in).

Mengenlehre *f* teoria *f* degli insiemi. **mengenmäßig** *a* quantitativo. **Mengenrabatt** *m* sconto *m* per grandi quantità.

Mensa ['mɛnza, ...zas *o.* ...zən] ‹-, -s *o.* Mensen› *f* mensa *f.*

Mensch [mɛnʃ] ‹-en, -en› *m* **1.** *(Gattung)* uomo *m,* essere *m* umano; **2.** *(Person)* persona *f;* uomo *m,* donna *f; (Individuum)* individuo *m;* **kein ~** nussuno; **unter ~en kommen** frequentare la gente; **ein (ganz) anderer ~ werden** cambiar vita; **er ist auch nur ein ~** anche lui è solo un uomo; **der ~ denkt, Gott lenkt** *prov* l'uomo propone, Dio dispone *prov;* **ein guter ~ sein** essere un brav'uomo; **die ~en** gli uomini; **~ Meier!** *fam* accidenti! *fam;* **~, ist das gut!** *fam* caspita, com'è buono! *fam;* **~, tut das weh!** *fam* accidenti, se fa male! *fam;* **~, das habe ich ganz vergessen!** *fam* accidenti, l'ho completamente dimenticato! *fam.*

Menschenaffe *m* antropoide *m.* **Menschenalter** *n* **1.** *(Generation)* generazione *f;* **2.** *(Lebensspanne)* periodo *m* di vita. **Menschenfresser** ‹-s, -› *m* antropofago *m,* cannibale *m.* **Menschenfreund** *m* filantropo *m.* **menschenfreundlich** *a* filantropico, umanitario, umano. **Menschengedenken** *n:* **seit ~** a memoria d'uomo. **Menschenhandel** *m* tratta *f.* **Menschenkenner(in)** *m(f)* conoscitore, -trice *m, f* dell'animo umano. **Menschenkenntnis** *f* conscenza *f* degli uomini. **Menschenleben** *n* vita *f* umana; **~ fordern (*o.* kosten)** costare vite umane. **menschenleer** *a* spopolato, deserto. **Menschenmasse** *f,* **-menge** *f* massa *f,* folla *f.* **menschenmöglich** ['mɛnʃən'mø:klıç] *a* umanamente possibile; **das ~e tun** fare tutto il possibile.

Menschenrechte *n pl* diritti *m pl* dell'uomo. **Menschenrechtserklärung** *f* dichiarazione *f* dei diritti dell'uomo. **Menschenrechtskommission** *f* commissione *f* per i diritti dell'uomo. **Menschenrechtsverletzung** *f* violazione *f* dei diritti dell'uomo.

menschenscheu *a* **1.** *(ungesellig)* insocievole; **2.** *(schüchtern)* timido. **Menschenschlag** *m* specie *f* (*o.* razza *f)* di uomini. **Menschenseele** *f:* **es war keine ~ zu sehen** non c'era anima viva. **Menschenskind** *n:* **~!** *fam* figlio mio! *fam.* **Menschenverstand** *m:* **der gesunde ~** il buon senso. **Menschenwürde** *f* dignità *f* umana.

Menschheit ‹-, ø› *f* umanità *f.*

menschlich *a* umano. **Menschlichkeit** ‹-, ø› *f* umanità *f.*

Menschwerdung ‹-, ø› *f* **1.** *rel* incarnazione *f;* **2.** *biol* ominazione *f.*

Mensen *pl von* **Mensa.**

Menstruation [mɛnstrua'tsi̯o:n] ‹-, -en› *f* mestruazione *f.*

Mentalität [mɛntali'tɛ:t] ‹-, -en› *f* mentalità *f.*

Mentor(in) ['mɛnto:ɐ̯ (...'to:rın), ...'to:rən] ‹-s, -en› *m(f)* mentore, -trice *m, f,* consigliere, -a *m, f.*

Menuett [me'nu̯ɛt] ‹-(e)s, -e *o.* -s› *n* minuetto *m.*

Meran [me'ra:n] *n* Merano *f.*

Meridian [meri'di̯a:n] ‹-s, -e› *m* meridiano *m.*

merkbar *a* percettibile, sensibile. **Merkblatt** *n* **1.** *(mit Verordnungen)* (foglio *m* d')istruzioni *f pl;* **2.** *(Notizzettel)* foglio *m* d'appunti.

merken ['mɛrkən] **I.** *tr* **1.** *(be~, an~)* notare; **2.** *(wahrnehmen)* accorgersi di; **3.** *(spüren)* sentire; **4.** *(erkennen)* riconoscere (*an* da); **jdn etw. ~/nicht ~ lassen** far/non far capire qc a qu; **das merkt doch keiner** non se ne accorge nessuno; **II.** *rfl:* **sich** *(dat)* **etw. ~** ricordare qc, ritenere qc, tenere a mente qc; **das werde ich mir ~** me lo ricorderò; **das muß man sich** *(dat)* **~** è bene ricordarselo; **~ Sie sich** *(dat)* **das!** se lo ricordi!

merklich *a* **1.** *(fühlbar)* sensibile; **2.** *(sichtlich)* visibile; **3.** *(betrachtlich)* notevole; **4.** *(offensichtlich)* evidente.

Merkmal ⟨-(e)s, -e⟩ *n* **1.** segno *m* caratteristico, caratteristica *f; biol* carattere *m;* **2.** *(Unterscheidungs~)* criterio *m.*

merkwürdig *a* strano, singolare. **Merkwürdigkeit** ⟨-, -en⟩ *f* **1.** ⟨*sing*⟩ *(Art)* stranezza *f,* singolarità *f;* **2.** *(Erscheinung)* cosa *f* singolare (*o.* strana).

Meßapparat *m* apparecchio *m* di misura. **meßbar** *a* misurabile. **Meßbecher** *m* misurino *m.*

Meßbuch *n* messale *m.* **Meßdiener(in)** *m(f)* chierichetto *m.*

Messe[1] ['mɛsə] ⟨-, -n⟩ *f rel* messa *f;* **die ~ lesen** celebrare la messa; **stille ~** messa bassa; **in die** (*o.* **zur**) **~ gehen** andare a messa.

Messe[2] ['mɛsə] ⟨-, -n⟩ *f com (Ausstellung)* fiera *f;* **auf der ~** alla fiera.

Messe[3] ['mɛsə] ⟨-, -n⟩ *f naut (Speiseraum)* mensa *f.*

Messegelände *n* area *f* della fiera.

messen ['mɛsən] ⟨mißt, maß, gemessen⟩ **I.** *tr, itr* misurare; **II.** *rfl:* **sich mit jdm ~** misurarsi con qu, cimentarsi con qu.

Messer ['mɛsɐ] ⟨-s, -⟩ *n* coltello *m; (Rasier~)* rasoio *m; (Operations~)* bisturi *m; tec* lama *f;* **jdn jdm ans ~ liefern** *fam* consegnare qu nelle mani di qu; **jdm das ~ an die Kehle setzen** *fam* stare col coltello alla gola di qu; **ein Kampf bis aufs ~** *fam* una lotta all'ultimo sangue; **auf des ~s Schneide stehen** essere sul filo del rasoio. **Messerheld** *m fam pej* accoltellatore *m.* **Messerklinge** *f* lama *n* del coltello. **Messerrücken** *m* costa *f* del coltello. **Messerspitze** *f:* **eine ~ . . .** un pizzico di . . . **Messerstecher** ⟨-s, -⟩ *m fam pej s.* **Messerheld.**

Messestand *m* stand *m* di una fiera.

Meßfehler *m* errore *m* di misurazione. **Meßgerät** *n* strumento *m* (*o.* apparecchio *m*) di misura.

Messias [mɛ'si:as] ⟨-, ø⟩ *m* Messia *m.*

Messing ['mɛsɪŋ] ⟨-s, ø⟩ *n* ottone *m.*

Meßinstrument *n* strumento *m* di misurazione. **Meßlatte** *f* mira *f.*

Meßopfer *n* sacrificio *m* della messa.

Meßtisch *m* tavola *f* pretoriana.

Messung ⟨-, -en⟩ *f* **1.** *(Tätigkeit)* misurazione *f;* **2.** *(Ergebnis)* rilevamento *m.*

Meßwein *m* vino *m* da messa.

Meßwert *m* valore *m* misurato. **Meßzylinder** *m* cilindro *m* graduato.

Metall [me'tal] ⟨-s, -e⟩ *n* metallo *m.*

Metallarbeiter *m* (operaio *m*) metallurgico *m.*

metallic [me'talɪk] *a* metallizzato.

metallisch *a* metallico; **~ glänzend** metallino.

Metallsäge *f* sega *f* per metalli. **Metallverarbeitung** *f* lavorazione *f* del metallo.

Metamorphose [metamɔr'fo:zə] ⟨-, -n⟩ *f* metamorfosi *f.*

Metapher [me'tafɐ] ⟨-, -n⟩ *f* metafora *f.*

metaphysisch [meta'fy:zɪʃ] *a* metafisico.

Metastase [meta'sta:zə] ⟨-, -n⟩ *f* metastasi *f.*

Meteor [mete'o:ɐ̯] ⟨-s, -e⟩ *m o. rar n* meteora *f.*

Meteorit [meteo'ri:t *o.* ...rɪt] ⟨-en *o.* -s, -en *o.* -e⟩ *m* meteorite *m.*

Meteorologe [meteoro'lo:gə] ⟨-n, -n⟩ *m,* **Meteorologin** [...gɪn] *f* meteorologo, -a *m, f.*

Meteorologie [...lo'gi:] ⟨-, ø⟩ *f* meteorologia *f.*

Meteorologin *f s.* **Meteorologe.**

meteorologisch [...'lo:gɪʃ] *a* meteorologico.

Meter ['me:tɐ] ⟨-s, -⟩ *m o. n* (*ab* **m**) metro *m;* **am laufenden ~** *fam* a metri. **Metermaß** *n* metro *m.*

Methode [me'to:də] ⟨-, -n⟩ *f* metodo *m.*

methodisch *a* metodico.

Methyl [me'ty:l] ⟨-s, ø⟩ *n* metile *m.* **Methylalkohol** *m* alcole *m* metilico.

Metrik ['me:trɪk] ⟨-, -en⟩ *f* metrica *f.*

metrisch *a* metrico.

Metropole [metro'po:lə] ⟨-, -n⟩ *f* metropoli *f.*

Mett [mɛt] ⟨-(e)s, ø⟩ *n* carne *f* di maiale macinata.

Mette ['mɛtə] ⟨-, -n⟩ *f* **1.** *(Früh~)* mattutino *m;* **2.** *(Mitternachts~)* messa *f* di mezzanotte.

Mettwurst *f* salsicciotto *m* (affumicato).

Metzelei [mɛtsə'lai̯] ⟨-, -en⟩ *f pej* carneficina *f,* massacro *m.*

Metzger(in) ['mɛtsgɐ (...ərɪn)] ⟨-s, -⟩ *m(f)* macellaio, -a *m, f.*

Metzgerei [mɛtsgə'rai̯] ⟨-, -en⟩ *f* macelleria *f.*

Metzgerin *f s.* **Metzger.**

Meuchelmord *m pej* assassinio *m* proditorio. **Meuchelmörder(in)** *m(f) pej* assassino, -a *m, f,* omicida *mf.*

meucheln ['mɔy̯çəln] *tr obs, rar* uccidere proditoriamente.

Meute ['mɔy̯tə] ⟨-, -n⟩ *f* **1.** *(bei Jagd)*

muta *f;* **2.** *fig fam pej* masnada *f fam,* orda *f.*
Meuterei [mɔytəˈrai] ‹-, -en› *f* ammutinamento *m.*
Meuterer [ˈmɔytərɐ] ‹-s, -› *m* ammutinato *m.*
meutern [ˈmɔytɐn] *itr* **1.** *mil, naut, etc.* ammutinarsi; **2.** *fam* brontolare *fam.*
Mexikaner(in) [mɛksiˈka:nɐ (...ərın)] ‹-s, -› *m(f)* messicano, -a *m, f.*
mexikanisch *a* messicano.
Mexiko [ˈmɛksiko] *n* **1.** *(Land)* Messico *m;* **2.** *(Stadt)* Città *f* del Messico; **in ~** *(Land)* nel Messico; *(Stadt)* alla Città del Messico.
MEZ *ab von* **mitteleuropäische Zeit** tempo dell'Europa centrale.
mg *ab von* **Milligramm** mg (*ab von* milligrammo).
MG [ɛmˈge:] ‹-(s), -s› *n ab von* **Maschinengewehr** mitragliatrice *f.*
mhd *ab von* **mittelhochdeutsch** medio alto tedesco.
MHz *ab von* **Megahertz** MHz.
Mia *(weiblicher Vorname)* Mia.
Mia. *ab von* **Miliarde(n)** miliardo, -i.
miau [miˈau] *interj* miao.
miauen ‹*ohne ge-*› *itr* miagolare.
mich [mıç] **I.** *pers pron (acc von* ich*) (betont)* me; *(unbetont)* mi; **II.** *rfl pron* mi.
Michael [ˈmıçae:l *o.* ...aɛl] *(männlicher Vorname)* Michele.
mick(e)rig [ˈmık(ə)rıç] *a fam pej* scarso, magro.
mied [mi:t] *1. u. 3. pers sing imp von* **meiden.**
Mieder [ˈmi:dɐ] ‹-s, -› *n* **1.** *(Unterwäsche)* busto *m,* corsetto *m;* **2.** *(Oberteil von Trachtenkleid)* corsetto *m.* **Miederwaren** *f pl* corsetteria *f.*
Mief [mi:f] ‹-(e)s, ø› *m fam pej* aria *f* cattiva (*o.* viziata).
miefen *itr fam pej* puzzare (*nach* di); **hier mieft's** qui puzza di stantio.
Miene [ˈmi:nə] ‹-, -n› *f* (espressione *f* del) viso *m,* faccia *f,* aria *f;* **~ machen, etw. zu tun** fare atto di fare qc; **eine finstere ~ machen** rabbuiarsi in volto; **gute ~ zum bösen Spiel machen** far buon viso a cattiva sorte; **keine ~ verziehen** restare impassibile. **Mienenspiel** *n* mimica *f* facciale.
mies [mi:s] *a fam pej* brutto, cattivo; **ein ~er Typ** un brutto tipo; **~e Stimmung** malumore *m.*
Miesepeter [ˈmi:zəpe:tɐ] ‹-s, -› *m,* **Miesmacher(in)** *m(f) fam pej* disfattista *mf,* criticone, -a *m, f.*
Miesmuschel [ˈmi:s] *f* mitilo *m,* cozza *f.*
Miete¹ [ˈmi:tə] ‹-, -n› *f (Wohnungs~)* locazione *f,* affitto *m,* pigione *f;* **zur ~ wohnen** essere in affitto.
Miete² [ˈmi:tə] ‹-, -n› *f agr* silo *m* (sotterraneo).
Mieteinnahmen *f pl* reddito *m* locativo.
mieten *tr (Wohnung)* affittare (*von* da), prendere in affitto (*von* da); *(Auto, Boot)* noleggiare.
Mieter(in) ‹-s, -› *m(f) (von Wohnung)* locatario, -a *m, f,* inquilino, -a *m, f; (von Auto, Boot, etc.)* noleggiatore, -trice *m, f.*
Mieterhöhung *f* aumento *m* dell'affitto.
Mieterin *f s.* **Mieter.**
Mieterschutz *m* tutela *f* degli inquilini.
Mietertrag *m* rendita *f* degli affitti. **mietfrei** *a* esente da fitto. **Mietpreis** *m* prezzo *m* d'affitto, fitto *m,* pigione *f.* **Mietrückstand** *m* affitto *m* arretrato. **Mietshaus** *n* casa *f* d'affitto. **Mietskaserne** *f pej* casermone *m.* **Mietvertrag** *m* contratto *m* d'affitto (*o.* di locazione). **Mietwagen** *m* **1.** automobile *f* da noleggio; **2.** *(Taxi)* tassì *m.* **Mietwohnung** *f* appartamento *m* d'affitto.
Mieze [ˈmi:tsə] ‹-, -n› *f* **1.** *fam (Katze)* micio *m fam;* **2.** *sl (Mädchen)* donna *f.*
Migräne [miˈgrɛ:nə] ‹-, -n› *f* emicrania *f.*
Mikado [miˈka:do] ‹-s, -s› *n* **1.** *(~spiel)* sciangai *m;* **2.** *(~stäbchen)* bastoncino *m* dello sciangai.
Mikrobe [miˈkro:bə] ‹-, -n› *f* microbo *m.*
Mikroelektronik [mikro-] *f* microelettronica *f.*
Mikrofilm [ˈmi:kro-] *m* microfilm *m.*
Mikrofon *n s.* **Mikrophon.**
Mikrometer [mikro-] *n* micrometro *m.*
Mikrophon [-ˈfo:n] ‹-s, -e› *n* microfono *m.*
Mikroprozessor [-proˈtsɛso:ɐ, ...ˈso:rən] ‹-s, -en› *m* microprocessor *m.*
Mikroskop [-ˈsko:p] ‹-s, -e› *n* microscopio *m.*
mikroskopieren [-skoˈpi:rən] ‹*ohne ge-*› *tr, itr* guardare al microscopio.
mikroskopisch [-ˈsko:pıʃ] *a* micoroscopico.
Mikrowellenherd [ˈmi:kro-] *m* forno *m* a microonde.
Milbe [ˈmılbə] ‹-, -n› *f* acaro *m.*
Milch [mılç] ‹-, ø› *f* latte *m; bot* lattice *m;* **dicke** (*o.* **gestandene**) **~** latte cagliato. **Milchbar** *f* milk-bar *m.*

Milchbart *m fam pej* sbarbatello *m fam.* **Milcherzeugnisse** *n pl* latticini *m pl.* **Milchflasche** *f* bottiglia *f* del latte; *(für Babies)* poppatoio *m,* biberon *m.* **Milchgebiß** *n* denti *m pl* di latte. **Milchgeschäft** *n* latteria *f,* cremeria *f.* **Milchglas** *n* **1.** *(Glasscheibe)* vetro *m* smerigliato; **2.** *(zum Trinken)* bicchiere *m* da latte.

milchig *a* latteo, lattiginoso.

Milchkaffee *m* caffellatte *m.* **Milchkännchen** *n* bricco *m* del latte. **Milchkanne** *f* bidone *m* del latte. **Milchkuh** *f* mucca lattifera (*o.* da latte). **Milchmädchenrechnung** *f scherz* illusioni *f pl.* **Milchmann** *m* lattaio *m.* **Milchpulver** *n* latte *m* in polvere. **Milchreis** *m* riso *m* al latte. **Milchschokolade** *f* cioccolato *m* al latte. **Milchspeise** *f* cibo *m* a base di latte. **Milchstraße** *f* via *f* lattea. **Milchstraßensystem** *n* sistema *m* galattico. **Milchsuppe** *f* pappa *f* di latte. **Milchzahn** *m* dente *m* di latte.

mild(e) [mɪlt ('mɪldə)] *a* **1.** *(sanft)* dolce; *(Klima)* mite; *(Farbe)* tenue; *(Strafe)* lieve; **2.** *(~tätig)* mite, caritatevole; *(gütig)* benevolo, benigno; *(nachsichtig)* clemente, indulgente; **3.** *(Käse)* dolce; *(Tabak)* leggero; *(Wein)* soave; **~e Gabe** elemosina *f.*

Milde ⟨-, ø⟩ *f* **1.** *(Sanftheit)* dolcezza *f; (von Klima a.)* mitezza *f; (von Farben)* tenuità *f; (von Strafe)* lievità *f;* **2.** *(Güte)* mitezza *f,* benevolenza *f; (Nachsicht)* clemenza *f,* indulgenza *f.*

mildern I. *tr (Urteil, Strafe)* attenuare; *(Schmerz)* lenire; **~de Umstände** attenuanti *f pl;* **II.** *rfl:* **sich ~** *(Wetter)* addolcirsi.

Milderung ⟨-, ø⟩ *f (von Urteil, etc.)* attenuazione *f; (von Schmerzen)* lenimento *m.*

mildtätig *a* caritatevole. **Mildtätigkeit** *f* carità *f.*

Milieu [mi'li̯øː] ⟨-s, -s⟩ *n* ambiente *m.* **milieugeschädigt** *a* maladattato, disadattato.

militant [mili'tant] *a* militante.

Militär[1] [mili'tɛːɐ̯] ⟨-s, ø⟩ *n* **1.** *(Soldaten)* militari *m pl;* **2.** *(Heer)* forze *f pl* armate; **3.** *(~dienst)* servizio *m* militare; **beim ~ sein** essere sotto le armi; **zum ~ gehen** partire militare, andare sotto le armi.

Militär[2] [mili'tɛːɐ̯] ⟨-s, -s⟩ *m* militare *m,* ufficiale *m.*

Militärarzt *m,* **-ärztin** *f* medico *m* (dottoressa *f*) militare, ufficiale *m* medico. **Militärattaché** [-ˀataʃeː] ⟨-s, -s⟩ *m* addetto *m* militare. **Militärbündnis** *n* alleanza *f* militare. **Militärdienst** *m* servizio *m* militare; **den ~ ableisten** prestare il servizio militare. **Militärdiktatur** *f* dittatura *f* militare. **Militärgericht** *n* tribunale *m* militare; **vor ein ~ gestellt werden** essere tradotto (*o.* condotto) davanti a un tribunale militare.

militärisch *a* militare; **~e Ehren** onori militari.

Militarismus [milita'rɪsmʊs] ⟨-, ø⟩ *m* militarismo *m.*

militaristisch [...'rɪstɪʃ] *a* militaristico.

Militärkapelle *f* banda *f* militare. **Militärregierung** *f* governo *m* militare.

Miliz [mi'liːt͜s] ⟨-, -en⟩ *f* milizia *f.*

Mill. *ab von* **Million(en)** milione, -i.

Mille ['mɪlə] ⟨-, -⟩ *n sl* mille *m,* un migliaio di.

Milli- [mɪli-] *(in Zusammensetzungen)* milli-.

Milliardär(in) [mɪli̯ar'dɛːɐ̯ (...rɪn)] ⟨-s, -e⟩ *m(f)* miliardario, -a *m, f.*

Milliarde [mɪ'li̯ardə] ⟨-, -n⟩ *f* (*ab* **Mia.**, **Mrd.**) miliardo *m.*

Millibar [-'baːɐ̯] ⟨-s, -⟩ *n* (*ab* **mb**) millibar *m.*

Milligramm [-'gram] *n* (*ab* **mg**) milligrammo *m.*

Millimeter [-'meːtɐ] *m o. n* (*ab* **mm**) millimetro *m.* **Millimeterpapier** *n* carta *f* millimetrata.

Million [mɪ'li̯oːn] ⟨-, -en⟩ *f* (*ab* **Mill.**, **Mio.**) milione *m.*

Millionär(in) [mɪli̯o'nɛːɐ̯ (...rɪn)] ⟨-s, -e⟩ *m(f)* milionario, -a *m, f.*

Millionenauftrag *m* ordine *m* di un milione. **millionenfach** *a, adv* milioni di volte. **Millionengeschäft** *n* affare *m* di milioni. **Millionengewinn** *m* guadagno *m* di milioni. **Millionenschaden** *m* danno *m* di milioni. **millionenschwer** *a fam* straricco *fam.* **Millionenstadt** *f* città *f* di un milione di abitanti.

Milz [mɪlt͜s] ⟨-, -en⟩ *f* milza *f.*

mimen ['miːmən] *tr* **1.** *rar theat* mimare; **2.** *fam pej (vortäuschen)* simulare; fingersi.

Mimik ['miːmɪk] ⟨-, ø⟩ *f* mimica *f.*

mimisch *a* mimico.

Mimose [mi'moːzə] ⟨-, -n⟩ *f* **1.** *bot* mimosa *f;* **2.** *fig (empfindsamer Mensch)* persona *f* ipersensibile.

min, Min. *ab von* **Minute** min. (*ab von* minuto).

Minarett [mina'rɛt] ⟨-s, -e *o.* -s⟩ *n* minareto *m.*

minder ['mɪndɐ] *adv* meno; **mehr oder ~** più o meno; **nicht ~** non meno. **minderbemittelt** *a* meno abbiente; **geistig ~** *sl pej* deficiente.

mindere(r, s) ['mɪndərə] *a* minore, inferiore; *(Ware, Qualität)* scadente.
Minderheit ‹-, -en› *f* minoranza *f;* **in der ~ sein** essere in minoranza. **Minderheitenfrage** *f* problema *f* (*o.* questione *f*) delle minoranze.
minderjährig *a* minorenne. **Minderjährige** ‹ein -r, -n, -n› *mf* minorenne *mf.* **Minderjährigkeit** ‹-, ø› *f* minorità *f.*
mindern *tr* **1.** *(verringern)* diminuire; *(abschwächen)* attenuare, mitigare; **2.** *(herabsetzen)* ridurre, abbassare.
Minderung ‹-, -en› *f* **1.** *(Verringerung)* diminuzione *f; (Abschwächung)* attenuazione *f;* **2.** *(Herabsetzung)* riduzione *f; (im Wert)* deprezzamento *m.*
minderwertig *a* inferiore; *(Ware, etc.)* scadente. **Minderwertigkeit** *f* inferiorità *f; (von Qualität, Ware, etc.)* qualità *f* scadente. **Minderwertigkeitsgefühl** *n* senso *m* di inferiorità. **Minderwertigkeitskomplex** *m* complesso *m* di inferiorità.
Mindestabstand ['mɪndəst-] *m* distanza *f* minima. **Mindestalter** *n* età *f* minima. **Mindestanforderung** *f* requisito *m* minimo. **Mindestbetrag** *m* importo *m* minimo.
mindeste *s.* **mindeste(r, s).**
Mindesteinkommen *n* reddito *m* minimo.
mindestens *adv* per lo meno, almeno.
mindeste(r, s) ['mɪndəstə] *a* minimo, -a, (il, la) più piccolo, -a; **nicht im ~n** per niente, non … affatto; **zum ~n** per lo meno; **das ist doch das ~** è il minimo.
Mindestgewicht *n* peso *m* minimo. **Mindestlohn** *m* salario *m* minimo. **Mindestmaß** *n* minimo *m* (*an* di); **sich auf das ~ beschränken** limitarsi al minimo. **Mindestpreis** *m* prezzo *m* minimo. **Mindeststrafe** *f* minimo *m* della pena.
Mine ['mi:nə] ‹-, -n› *f* **1.** *mil* mina *f;* **2.** *(Bleistift~)* mina *f; (Kugelschreiber~)* ricambio *m;* **3.** *min* giacimento *m* minerario; **auf eine ~ laufen** urtare una mina; **~n legen** posare mine. **Minenfeld** *n* campo *m* minato. **Minenleger** ‹-s, -› *m* posamine *m.* **Minensuchgerät** *n* cercamine *m.* **Minenwerfer** ‹-s, -› *m* lanciamine *m.*
Mineral [mine'ra:l, -ə *o.* -i̯ən] ‹-s, -e *o.* -ien› *n* minerale *m.* **Mineralbad** *n* bagno *m* d'acque minerali.
Mineralogie [mineralo'gi:] ‹-, ø› *f* mineralogia *f.*
Mineralöl *n* olio *m* minerale; *(Erdöl)* petrolio *m.* **Mineralölsteuer** *f* tassa *f* sugli idrocarburi. **Mineralquelle** *f* sorgente *f* d'acqua minerale. **Mineralwasser** *n* acqua *f* minerale.
Mini- ['mɪni-] *(in Zusammensetzungen)* mini-.
Miniatur [mini̯a'tu:ɐ̯] ‹-, -en› *f* miniatura *f.*
Minigolf *n* minigolf *m.* **Minikleid** *n* vestito *m* mini.
Minima *pl von* **Minimum.**
minimal [mini'ma:l] *a* minimale, minimo.
Minimal- *(in Zusammensetzungen)* minimo, minimale.
Minimum ['mi:nimʊm, ...ma] ‹-s, Minima› *n* minimo *m* (*an* di).
Minipille *f* minipillola *f.* **Minirock** *m* minigonna *f.*
Minister(in) [mi'nɪstɐ (...ərɪn)] ‹-s, -› *m(f)* ministro *m.* **Ministeramt** *n* ministero *m,* carica *f* di ministro.
ministeriell [minɪste'ri̯ɛl] *a* ministeriale.
Ministerien *pl von* **Ministerium.**
Ministerin *f s.* **Minister.**
Ministerium [minɪs'te:ri̯ʊm, ...i̯ən] ‹-s, -rien› *n* ministero *m.*
Ministerkonferenz *f* conferenza *f* dei ministri. **Ministerpräsident(in)** *m(f)* primo ministro *m; (in Italien)* presidente, -essa *m, f* del consiglio. **Ministerrat** *m* consiglio *m* dei ministri.
min, Min. *ab von* **Minute** min. *(ab von* minuto).
Minorität [minori'tɛ:t] ‹-, -en› *f* minoranza *f.*
minus ['mi:nʊs] *adv* **1.** *mat* meno; **2.** *el* negativo; **bei ~ 10 Grad** a 10 gradi sotto zero. **Minus** ‹-, -› *n* **1.** *com* ammanco *m,* deficit *m;* **2.** *el* polo *m* negativo; **3.** *fig (Nachteil)* svantaggio *m;* **ein ~ machen** fare un deficit. **Minuspunkt** *m* punto *m* a sfavore (*o.* a svantaggio). **Minuszeichen** *n* (segno *m* di) meno *m.*
Minute [mi'nu:tə] ‹-, -n› *f* (*ab* **min, Min.**) minuto *m; (Augenblick)* attimo *m,* istante *m;* **auf die ~ genau sein** spaccare il minuto *fam;* **auf die letzte** (*o.* **in letzter**) **~** all'ultimo minuto (*o.* momento); **keine ruhige ~ haben** non aver requie, non avere un momento di pace. **minutenlang I.** *a* di alcuni minuti; **II.** *adv* per alcuni minuti. **Minutenzeiger** *m* lancetta *f* dei minuti.
Minze ['mɪnt͜sə] ‹-, -n› *f* menta *f.*

Mio. *ab von* **Million(en)** milione, -i.
mir [mi:ɐ̯] *pers pron (dat von* ich*) (betont)* (a) me; *(unbetont)* mi; **von ~ aus** per me, per conto mio; **~ nichts,**

dir nichts *fam* di punto in bianco *fam,* come se niente fosse.
Mirabelle [mira'bɛlə] ‹-, -n› *f* mirabella *f.*
Mischbatterie *f* batteria *f* di miscellazione per acqua fredda e calda. **Mischbrot** *n* pane *m* misto.
mischen ['mɪʃən] **I.** *tr* **1.** mescolare; *(Karten a.)* mischiare; *(Gift)* preparare; *(Cocktail)* fare; *(Wein)* tagliare; **2.** *film, radio, TV* missare; **II.** *rfl:* **sich ~ 1.** mischiarsi, mescolarsi; **2.** *(sich ein~)* immischiarsi (*in* in); **III.** *itr (beim Kartenspiel)* mischiare.
Mischfutter *n* foraggio *m* misto. **Mischgemüse** *n* verdura *f* mista.
Mischling ['mɪʃlɪŋ] ‹-s, -e› *m (Mensch)* meticcio, -a *m, f; (Tier)* bastardo, -a *m, f.*
Mischmasch ['mɪʃmaʃ] ‹-(e)s, -e› *m fam pej* miscuglio *m.* **Mischmaschine** *f,* **-trommel** *f* mescolatrice *f,* mescolatore *m; (Beton~)* betoniera *f.* **Mischpult** *n* tavolo *m* di missaggio.
Mischung ‹-, -en› *f* **1.** ‹*sing*› *(das Mischen)* mescolamento *m,* mescolatura *f;* **2.** *(Gemisch)* miscuglio *m* (*aus* di), mescolanza *f* (*aus* di), *mot* miscela *f.*
Mischwald *m* bosco *m* misto.
miserabel [mizə'ra:bəl] *a* **1.** *(schlecht)* pessimo; *(Zustand)* pietoso, miserabile; **2.** *(nichtswürdig)* ignobile.
Misere [mi'ze:rə] ‹-, -n› *f* situazione *f* precaria.
misogyn [mizo'gy:n] *a* misogino.
Misogynie [...gy'ni:] ‹-, ø› *f* misoginia *f.*
Mispel ['mɪspəl] ‹-, -n› *f* **1.** *(Frucht)* nespola *f;* **2.** *(Baum)* nespolo *m.*

mißachten [mɪs'ʔaxtən] ‹*ohne ge-*› *tr* **1.** *(ignorieren)* trascurare; *(Rotlicht)* non osservare; **2.** *(verachten)* disprezzare.
Mißachtung *f* **1.** *(Nichteinhaltung)* mancato rispetto *m; (von Gesetz a.)* inosservanza *f;* **2.** *(Geringschätzung)* disprezzo *m,* spregio *m.*
Mißbehagen *n* disagio *m.*
Mißbildung *f* malformazione *f,* deformità *f.*
mißbilligen [mɪs'bɪlɪgən] ‹*ohne ge-*› *tr* disapprovare. **mißbilligend** *a* di disapprovazione.
Mißbilligung *f* disapprovazione *f.*
Mißbrauch *m* abuso *m;* **~ mit etw. treiben** fare abuso di qc; **~ der Amtsgewalt** abuso di potere (*o.* d'autorità).
mißbrauchen [mɪs'braux̯ən] ‹*ohne ge-*› *tr (Vertrauen, etc.)* abusare di; *(Dinge)* fare uso indebito (*o.* cattivo uso) di; *(Güte)* approfittare di.
mißbräuchlich ['mɪsbrɔy̯çlɪç] *a* abusivo.
mißdeuten [mɪs'dɔy̯tən] ‹*ohne ge-*› *tr* fraintendere.
Mißdeutung ['mɪs-] *f* malinteso *m,* equivoco *m.*
missen ['mɪsən] *tr:* **etw. nicht ~ mögen** (*o.* **können**) *geh* non voler (*o.* non poter) fare a meno di qc.
Mißerfolg *m* insuccesso *m,* fallimento *m.* **Mißernte** *f* cattivo raccolto *m,* annata *f* cattiva.
Missetat ['mɪsəta:t] *f geh* misfatto *m geh; (Streich)* tiro *m* birbone *fam.*
Missetäter(in) *m(f) geh* malfattore, -trice *m, f geh.*
mißfallen [mɪs'falən] ‹*irr, ohne ge-*› *itr* non piacere, spiacere. **Mißfallen** ['mɪs-] ‹-s, ø› *n* malcontento *m* (*über* per); **jds ~ erregen** suscitare la disapprovazione di qu.
mißgebildet *a* malformato, deforme.
Mißgeburt *f* essere *m* deforme.
mißgelaunt *a geh* di malumore.
Mißgeschick *n* sfortuna *f,* disavventura *f.*
mißgestimmt *a geh s.* **mißgelaunt**
mißglücken [mɪs'glʏkən] ‹*ohne ge-*› *itr* ‹*sein*› non riuscire, fallire; **es ist mir mißglückt** non ci sono riuscito.
mißgönnen [mɪs'gœnən] ‹*ohne ge-*› *tr* invidiare (*jdm etw.* qc a qu).
Mißgriff *m* passo *m* falso, mossa *f* sbagliata.
Mißgunst *f* invidia *f,* gelosia *f.*
mißgünstig *a* invidioso, geloso.
mißhandeln [mɪs'handəln] ‹*ohne ge-*› *tr* maltrattare.
Mißhandlung [mɪs'handlʊŋ] *f* maltrattamento *m.*
Mission [mɪ'si̯o:n] ‹-, -en› *f* missione *f.*
Missionar(in) [mɪsi̯o'na:ɐ̯ (...rɪn)] ‹-s, -e› *m(f)* missionario, -a *m, f.*
missionarisch *a* missionario.
missionieren [...'ni:rən] ‹*ohne ge-*› **I.** *tr* evangelizzare; **II.** *itr* fare il missionario.
Mißklang *m* **1.** *mus* dissonanza *f,* stonatura *f;* **2.** *ling* cacofonia *f;* **3.** *fig* disaccordo *m.*
Mißkredit *m* discredito *m;* **jdn in ~ bringen** screditare qu, gettare il discredito su qu; **in ~ geraten** (*o.* **kommen**) cadere in discredito.
mißlang [mɪs'laŋ] *1. u. 3. pers sing imp von* **mißlingen.**
mißlich ['mɪslɪç] *a geh* spiacevole, sgradevole.
mißliebig *a* malvisto, antipatico; **sich bei jdm ~ machen** rendersi antipatico a qu, farsi malvolere da qu.
mißlingen [mɪs'lɪŋən] ‹mißlingt, miß-

lang, mißlungen⟩ *itr* ⟨*sein*⟩ non riuscire, fallire; **der Versuch ist mißlungen** il tentativo è fallito; **ihm mißlingt alles** non gli riesce niente. **Mißlingen** ⟨-s, ø⟩ *n* fallimento *m*, insuccesso *m*.

mißlungen [mɪs'lʊŋən] *pp von* **mißlingen.**

Mißmut *m* malumore *m*, malcontento *m*. **mißmutig** *a* di malumore, di cattivo umore.

mißraten[1] [mɪs'ra:tən] ⟨*irr, ohne ge-*⟩ *itr* ⟨*sein*⟩ non riuscire, fallire; **der Kuchen ist leider ~** purtroppo il dolce non è riuscito.

mißraten[2] [mɪs'ra:tən] *a (Mensch)* maleducato, screanzato.

Mißstand *m* abuso *m*, male *m*, inconveniente *m*; **Mißstände beseitigen** eliminare mali; **soziale/wirtschaftliche Mißstände** mali sociali/economici.

Mißstimmung *f* malumore *m*.

mißt [mɪst] *3. pers sing pr von* **messen.**

Mißton *m (a. fig)* stonatura *f*.

mißtrauen [mɪs'traʊən] ⟨*ohne ge-*⟩ *itr* non fidarsi (*jdm/einer S.* di qu/qc), diffidare (*jdm/einer S.* di qu/qc). **Mißtrauen** ['mɪstraʊən] ⟨-s, ø⟩ *n* diffidenza *f* (*gegen* verso), sfiducia *f* (*gegen* verso); **jds ~ erregen** suscitare la diffidenza di qu. **Mißtrauensantrag** *m* mozione *f* di sfiducia. **Mißtrauensvotum** *n* voto *m* di sfiducia; **konstruktives ~** voto di sfiducia costruttivo.

mißtrauisch *a* diffidente; *(argwöhnisch)* sospettoso.

Mißverhältnis *n* sproporzione *f*, squilibrio *m*, disparità *f*.

mißverständlich *a* equivoco, ambiguo.

Mißverständnis *n* malinteso *m*, equivoco *m*.

mißverstehen ⟨*irr, ohne ge-*⟩ *tr* capire male, fraintendere.

Mißwahl ['mɪs-] *f* concorso *m* di bellezza.

Mißwirtschaft *f* cattiva amministrazione *f*; malgoverno *m*.

Mist [mɪst] ⟨-(e)s, ø⟩ *m* **1.** *(Tier~)* letame *m*; *(~haufen)* letamaio *m*; **2.** *fig (Schund)* porcheria *f*, robaccia *f*; **3.** *fig (Unsinn)* sciocchezze *f pl*, stupidaggini *f pl*; **so ein** (*o.* **verdammter** *sl*) **~!** *fam* che pasticcio! *fam*, che porcheria! *fam*; **das ist nicht auf seinem ~ gewachsen** *fam* non è farina del suo sacco *fam*, **da hat einer ~ gemacht** (*o.* **gebaut**) *sl* qualcuno ha fatto un pasticcio *fam*; **~ reden** *fam* dire cretinate (*o.* stupidaggini). **Mistbeet** *n* letto *m* caldo.

Mistel ['mɪstəl] ⟨-, -n⟩ *f* vischio *m*.

Mistfink ⟨-en *o.* -s, -en⟩ *m fam* sporcaccione *m*, porco *m*. **Mistgabel** *f* forcone *m* (da letame). **Misthaufen** *m* letamaio *m*. **Miststück** *n*, **-vieh** *n vulg* **1.** *(Mann)* farabutto *m*, porco *m*; **2.** *(Frau)* farabutta *f*, carogna *f*.

mit [mɪt] **I.** *prp dat* **1.** *(in Begleitung von)* (insieme) con, assieme a, in compagnia di; **2.** *(mit Hilfe von)* con, per; *(Verkehrsmittel a.)* a, in; **3.** *(versehen mit, Eigenschaft)* con, a, da; *(Alter)* a, all'età di; **4.** *(auf Art und Weise)* con, a; **eine Pizza ~ Salami** una pizza al salame; **~ blauen Augen** dagli occhi blu; **~ dem Auto/Flugzeug/Zug** in automobile/aereo/treno; **~ jedem Jahr** ogni anno (che passa); **~ lauter/leiser Stimme** a voce alta/bassa; **~ offenem Mund** a bocca aperta; **~ Recht** a ragione; **~ zwanzig Jahren** a (*o.* all'età di) venti anni; **was ist ~ dir (los)?** *fam* cosa c'è? *fam*, che hai? *fam*, che t'è successo? *fam*; **II.** *adv*: **etw. ~ berücksichtigen** tenere conto anche di qc; **ich habe keinen Schirm ~** *fam* non ho con me l'ombrello; **~ dabeisein** esserci.

Mitangeklagte *mf* coimputato, -a *m, f*.

Mitarbeit *f* collaborazione *f*, cooperazione *f*; **unter ~ von ...** con la collaborazione di ..., hanno collaborato ...

mit·arbeiten *itr* collaborare (*an etw.* a qc), cooperare (*an etw.* a qc).

Mitarbeiter(in) *m(f)* collaboratore, -trice *m, f*, cooperatore, -trice *m, f*; **freier ~** libero collaboratore.

mit·bekommen ⟨*irr, ohne ge-*⟩ *tr* **1.** *(Verpflegung, etc.)* ricevere (da portar via); *(als Mitgift)* ricevere in dote; **2.** *fam (bemerken, wahrnehmen)* notare, accorgersi di; *(verstehen)* comprendere.

mit·benutzen ⟨*ohne ge*⟩ *tr* usare in comune.

Mitbenutzung *f* uso *m* in comune.

Mitbestimmung *f* cogestione *f*. **Mitbestimmungsrecht** *n* diritto *m* di cogestione.

Mitbewerber(in) *m(f)* concorrente *mf*.

Mitbewohner(in) *m(f)* **1.** *(von Wohnung)* coabitatore, -trice *m, f*; **2.** *(von Haus)* coinquilino, -a *m, f*.

mit·bringen ⟨*irr*⟩ *tr* **1.** *(Dinge, Personen)* portare (con sé); **2.** *(aufweisen)* avere, disporre di; **jdm etw. ~** portare qc a qu; **kannst du mir etw. aus**

der Stadt ~? puoi portarmi qc dalla città?

Mitbringsel ['mɪtbrɪŋzəl] ⟨-s, -⟩ *n fam* regalino *m; (von Reise)* pensierino *m.*

Mitbürger(in) *m(f)* concittadino, -a *m, f.*

mit·denken ⟨*irr*⟩ *itr* seguire il ragionamento, ragionare.

mit·dürfen ⟨*irr*⟩ *itr:* **darf ich mit?** posso venire (*o.* andare) anch'io.

Miteigentümer(in) *m(f)* comproprietario, -a *m, f.*

miteinander [mɪtʔa̯iˈnandɐ] *adv* **1.** *(einer mit dem anderen)* l'uno con l'altro; **2.** *(gemeinsam)* insieme, assieme; **alle ~** tutti insieme; **~ reden** parlare l'uno con l'altro (*o.* insieme).

Miterbe *m,* **-erbin** *f* coerede *mf.*

mit·erleben ⟨*ohne ge-*⟩ *tr* **1.** *(erleben)* vivere, vedere; **2.** *(dabeisein)* assistere a, partecipare a.

Mitesser *m med* comedone *m.*

mit·fahren ⟨*irr*⟩ *itr* ⟨*sein*⟩ andare (*mit* con *o.* insieme a), venire (*mit* con *o.* insieme a), viaggiare (*mit* con *o.* insieme a); **jdn ~ lassen** *(im Auto)* dare un passaggio a qu. **Mitfahrgelegenheit** *f* passaggio *m.*

mit·fühlen I. *tr* condividere, partecipare; **II.** *itr:* **mit jdm ~** condividere i sentimenti di qu. **mitfühlend** *a* compassionevole.

mit·geben ⟨*irr*⟩ *tr* dare.

Mitgefangene *mf* compagno, -a *m, f* di prigionia.

Mitgefühl *n* **1.** *(Verständnis)* simpatia *f* (*mit* per); **2.** *(Mitleid)* compassione *f* (*mit* per).

mit·gehen ⟨*irr*⟩ *itr* ⟨*sein*⟩ **1.** andare (*mit* insieme a); *(begleiten)* accompagnare (*mit jdm* qu); **2.** *fig (sich mitreißen lassen)* venire trasportato (*mit* con); **etw. ~ lassen** *fam* far sparire qc *fam.*

mitgenommen *a allg.* deperito, patito; *(Sache)* consunto, logoro; *(körperlich, seelisch)* colpito, provato.

Mitgift ['mɪtgɪft] ⟨-, -en⟩ *f* dote *f.*

Mitglied *n* membro *m.* **Mitgliedsausweis** *m* tessera *f* di socio. **Mitgliedsbeitrag** *m* quota *f* sociale. **Mitgliedschaft** ⟨-, *rar* -en⟩ *f* appartenenza *f.*

Mithaftung *f* garanzia *f* solidale.

mit·halten ⟨*irr*⟩ *itr* essere della partita *fam,* starci *fam.*

mit·helfen ⟨*irr*⟩ *itr* collaborare (*bei* a), cooperare (*bei* a).

Mithilfe *f* collaborazione *f,* cooperazione *f.*

mit·hören I. *tr* ascoltare; *(belauschen)* ascoltare di nascosto, origliare; **II.** *itr* stare in ascolto; *(lauschen)* origliare; **Feind hört mit!** il nemico è in ascolto.

Mitinhaber(in) *m(f)* comproprietario, -a *m, f,* contitolare *mf.*

Mitkläger(in) *m(f) jur* coattore, -trice *m, f.*

mit·kommen ⟨*irr*⟩ *itr* ⟨*sein*⟩ **1.** venire (*mit* insieme a); *(begleiten)* accompagnare (*mit jdm* qu); **2.** *fig (Schritt halten)* tener dietro; *(geistig)* seguire; **da komme ich nicht mehr mit** *fig fam* non riesco a capire; **ich kann heute abend leider nicht ~** purtroppo stasera non posso venire; **komm doch mit!** e dai, vieni!, vieni anche tu!; **kommst du mit?** vieni anche tu?

mit·kriegen *tr fam s.* **mitbekommen.**

Mitläufer *m pej* pedissequo *m.*

Mitlaut *m* consonante *f.*

Mitleid *n* compassione *f* (*mit* per), pietà *f* (*mit* per); **jds ~ erregen** (*o.* **erwecken**) far compassione a qu, muovere qu a pietà (*o.* compassione); **mit jdm ~ haben** provare compassione per qu.

Mitleidenschaft *f;* **etw. in ~ ziehen** danneggiare qc.

mitleiderregend *a* che suscita compassione, pietoso.

mitleidig *a* pietoso, compassionevole.

mitleid(s)los *a* spietato.

mit·machen I. *tr* **1.** *(Veranstaltung)* partecipare a, prendere parte a; *(Kurs, Mode)* seguire; **2.** *(durchmachen, erleiden)* passare, subire; **da machst du vielleicht was mit!** *sl* ne sto passando delle belle! *fam;* **das mache ich nicht länger mit!** *fam* non ci sto più! *fam;* **II.** *itr (sich beteiligen)* partecipare (*bei* a); *fam* starci *fam;* **ich mache mit** ci sto *fam.*

Mitmensch *m* prossimo *m,* simile *m.*

Mitnahmepreis ['mitna:mə-] *m* prezzo *m* del ritiratelo da voi; **zum ~ von ...** al prezzo del ritiratelo da voi ...

mit·nehmen ⟨*irr*⟩ *tr* **1.** *allg.* prendere (*o.* portare) con sé; *(fortnehmen)* portare via; **2.** *fam (stehlen)* rubare, sgraffignare *fam;* **3.** *fam (lernen)* imparare (*aus* da); **4.** *fig (körperlich, seelisch)* affaticare, esaurire; *(beschädigen)* danneggiare; **kannst du mich bis Köln (im Auto) ~?** mi puoi portare (in macchina) fino a Colonia?, mi puoi dare un passaggio fino a Colonia?; **Pizza zum M~** pizza da portar via.

mitnichten [mɪtˈnɪçtən] *adv geh* niente affatto.

mit·reden *itr* **1.** *(im Gespräch)* partecipare alla discussione; **2.** *(mitbestim-*

men) partecipare alla decisione; **da habe ich auch noch ein Wort mitzureden** *fam* anch'io ho voce in capitolo; **da kannst du (gar) nicht ~** non puoi parlare.

Mitreisende *mf* compagno, -a *m, f* di viaggio.

mit·reißen ‹*irr*› *tr* **1.** trascinare con sé; **2.** *fig (begeistern)* entusiasmare.

mitsamt [mɪt'zamt] *prp dat* insieme a.

mit·schicken *tr* spedire (*o.* mandare) (*mit* insieme a); *(beifügen)* allegare.

mit·schreiben ‹*irr*› **I.** *itr* prendere appunti; **schreiben Sie mit: ...** scriva: ...; **II.** *tr* **1.** *(Diktat, etc.)* scrivere; **2.** *(an Arbeit teilnehmen)* partecipare a; **er konnte die Klassenarbeit nicht ~** non potè partecipare al compito in classe.

Mitschuld *f* correità *f* (*an* in), complicità *f* (*an* in). **mitschuldig** *a* correo (*an* di), complice (*an* di).

Mitschüler(in) *m(f)* compagno, -a *m, f* di scuola.

mit·spielen *itr* **1.** *(bei Spiel)* prendere parte a un gioco; *(sport a.)* giocare (*mit* insieme a); *theat* recitare (*mit* insieme a); *mus* sonare (*mit* insieme a); **2.** *fig (Gründe, etc.)* concorrere, essere in gioco; **3.** *(zusetzen, Schaden zufügen)* danneggiare (*jdm/einer S.* qu/qc); **jdm übel ~** giocare un brutto tiro a qu.

Mitsprache *f* parola *f.* **Mitspracherecht** *n* diritto *m* di essere interpellato.

mit·sprechen ‹*irr*› **I.** *tr (Gebet, etc.)* dire (*o.* recitare) (*mit* insieme a); **II.** *itr* **1.** *(im Gespräch)* partecipare alla discussione; **2.** *(mitbestimmen)* avere voce in capitolo, dire la sua *fam.*

mittag ['mɪta:k] *adv* a mezzogiorno; **Freitag ~** venerdì a mezzogiorno; **gestern/heute/morgen ~** ieri/oggi/domani a mezzogiorno. **Mittag** *m* mezzogiorno *m;* **zu ~ essen** pranzare. **Mittagessen** *n* pranzo *m.*

mittags *adv* a mezzogiorno; **(um) 12 Uhr ~** a mezzogiorno; **(um) 4 Uhr ~** alle 4 di pomeriggio. **Mittagspause** *f* pausa *f* (*o.* intervallo *m*) di mezzogiorno. **Mittagsruhe** *f* riposo *m* pomeridiano, siesta *f;* **~ halten** fare la siesta. **Mittagsschlaf** *m* pisolino *m* pomeridiano; **einen ~ machen** (*o.* **halten**) fare un pisolino pomeridiano. **Mittagstisch** *m:* **~ von 12 bis 14 Uhr** servizio *m* da mezzogiorno alle 14. **Mittagszeit** *f* mezzogiorno *m; (Mittagspause)* pausa *f* del mezzogiorno; **in der ~** sul mezzogiorno.

Mittäter(in) *m(f)* correo, -a *m, f,* complice *mf.*

Mitte ['mɪtə] ‹-, -n› *f* **1.** *allg.* mezzo *m,* metà *f;* **2.** *(pol, Mittelpunkt)* centro *m;* **in der ~** nel mezzo, al centro; **in unserer ~** in mezzo a noi, tra di noi; **~ Januar** a metà gennaio; **er ist ~ Vierzig** è sui quarantacinque anni; **ab durch die ~!** *fam* via! *fam.*

mit·teilen **I.** *tr* comunicare (*jdm etw.* qc a qu), informare (*jdm etw.* qu di qc); *adm* notificare (*jdm etw.* qc a qu); **II.** *rfl:* **sich jdm ~** confidarsi con qu.

mitteilsam *a* comunicativo, espansivo.

Mitteilung *f* **1.** comunicazione *f; (a. adm)* comunicato *m; (Bekanntmachung)* avviso *m;* notifica(zione) *f; (vertraulich)* confidenza *f.*

Mittel ['mɪtəl] ‹-s, -› *n* **1.** *allg.* mezzo *m;* **2.** *(Hilfs~, Heil~)* rimedio *m;* **3.** *mat* media *f;* **4.** ‹*pl*› *fin* mezzi *m pl* (finanziari), fondi *m pl;* **arithmetisches/geometrisches ~** media aritmetica/geometrica; **das ist das beste ~ gegen Grippe** è il miglior rimedio (*o.* la miglior medicina) contro l'influenza; **etw. mit allen ~n zu verhindern versuchen** cercare con ogni mezzo di impedire qc; **ihm ist jedes ~ recht** a lui va bene ogni mezzo; **~ und Wege finden** trovare mezzo e modo; **öffentliche ~** fondi pubblici.

Mittelalter *n* (*ab* **MA**) medioevo *m.* **mittelalterlich** *a* medievale. **Mittelamerika** *n* America *f* centrale. **mittelbar** *a* mediato, indiretto. **Mittelding** *n fam* cosa *f (o.* via *f)* di mezzo. **Mitteleuropa** *n* Europa *f* centrale. **mitteleuropäisch** *a:* **~e Zeit** (*ab* **MEZ**) tempo dell'Europa centrale. **Mittelfeld** *n* centro campo *m.* **Mittelfinger** *m* (dito *m*) medio *m.* **mittelfristig** **I.** *a* a medio termine; **II.** *adv* nei tempi brevi. **Mittelgebirge** *n* media montagna *f.* **Mittelgewicht** *n* peso *m* medio. **mittelhochdeutsch** *a* (*ab* **mhd**) medio alto tedesco. **Mittelklassewagen** *m* autovettura *f* di media cilindrata. **Mittelläufer(in)** *m(f)* centromediano, -a *m, f.* **Mittellinie** *f* linea *f* di metà campo. **mittellos** *a* privo di mezzi; *adm* nullatenente. **Mittellosigkeit** ‹-, ø› *f* mancanza *f* di mezzi; *adm* nullatenenza *f.* **Mittelmaß** *n* **1.** *(Durchschnitt)* media *f;* **2.** *(mittlere Größe)* misura *f* media. **mittelmäßig** *a* medio; *(pej a.)* mediocre. **Mittelmäßigkeit** *f* mediocrità *f.* **Mittelmeer** *n* (Mare *m*) Mediterraneo *m.* **Mittelohrentzündung** *f* otite *f* media.

Mittelpunkt *m* punto *m* centrale; *(mat, fig a.)* centro *m;* **im ~ stehen** essere al centro.

mittels *prp gen geh* mediante, per mezzo di, con.

Mittelscheitel *m* riga *f* (*o.* scriminatura *f*) in mezzo. **Mittelschicht** *f* ceto *m* medio. **Mittelschiff** *n arch* navata *f* centrale.

Mittelsmann ⟨-(e)s, -männer *o.* -leute⟩ *m* intermediario *m,* mediatore *m,* interposta persona *f.*

Mittelstand *m* classe *f* media, ceto *m* medio. **Mittelstreckenrakete** *f* missile *m* a media gittata. **Mittelstreifen** *m* spartitraffico *m.* **Mittelstürmer(in)** *m(f)* centrattacco *mf,* centravanti *mf.* **Mittelweg** *m* via *f* di mezzo; **einen ~ gehen** prendere una via di mezzo. **Mittelwelle** *f* (*ab* **MW**) onde *f pl* medie. **Mittelwert** *m* valore *m* medio, media *f.*

mitten ['mɪtən] *adv:* **~ in** in mezzo a, nel mezzo di, al centro di; **~ aus** dal mezzo di; **~ durch** attraverso; **~ ins Herz** in pieno (al) cuore; **~ in der Nacht** in piena notte; **~ auf der Straße** in mezzo alla strada; **~ durchbrechen** rompere a metà.

Mitternacht ['mɪtɐ-] *f* mezzanotte *f.*

mittlere(r, s) ['mɪtlərə] *a* **1.** *(im Mittelpunkt)* centrale; **2.** *(dazwischen befindlich)* intermediario, -a; **3.** *(durchschnittlich)* medio, -a; **4.** *(mittelmäßig)* mediocre; **~n Alters** di mezza età; **von ~r Größe** di statura media; **der M~ Osten** il Medio Oriente.

mittlerweile ['mɪtlɐ'vailə] *adv* intanto, nel frattempo, frattanto.

Mittwoch ['mɪtvɔx] ⟨-(e)s, -e⟩ *m* mercoledì *m; s. a. Freitag.*

mitunter [mɪt'ʔʊntɐ] *adv* talvolta, a volte, di quando in quando.

mitverantwortlich *a* corresponsabile.

Mitverfasser(in) *m(f)* coautore, -trice *m, f.*

Mitwelt *f* contemporanei *m pl.*

mit·wirken *itr* cooperare (*an, bei* a), collaborare (*an, bei* a); *film, theat* prendere parte (*bei, in* a, in).

Mitwirkung *f* cooperazione *f* (*von* di), collaborazione *f* (*von* di); **unter ~ von** con la partecipazione di.

Mitwissen *n:* **ohne mein ~** a mia insaputa.

Mitwisser(in) ⟨-s, -⟩ *m(f)* **1.** *allg.* che è a conoscenza; *(in Geheimnis)* iniziato, -a *m, f; (Vertrauter)* confidente *mf;* **2.** *jur* connivente *mf.*

mit·zählen I. *tr (mit einrechnen)* includere (nel conto); **II.** *itr (von Bedeutung sein)* contare.

Mixbecher *m* shaker *m.*

mixen ['mɪksən] *tr* **1.** *allg.* mescolare; *(im Mixer)* frullare; **2.** *film, radio, TV* missare.

Mixer ⟨-s, -⟩ *m* **1.** *(Bar~)* barista *m,* barman *m;* **2.** *(Gerät)* frullatore *m.*

Mixtur [mɪks'tu:ɐ̯] ⟨-, -en⟩ *f* mistura *f.*

mm *ab von* **Millimeter** mm (*ab von* millimetro).

Mob [mɔp] ⟨-s, ø⟩ *m pej* plebaglia *f,* gentaglia *f.*

Möbel ['mø:bəl] ⟨-s, -⟩ *n* ⟨*meist pl*⟩ mobile *m.* **Möbelgeschäft** *n* negozio *m* di mobili. **Möbelpacker** *m* facchino *m.* **Möbelpolitur** *f* lucido *m* per mobili. **Möbelschreiner(in)** *m(f)* ebanista *mf.* **Möbelstück** *n* mobile *m.* **Möbeltischler(in)** *m(f)* ebanista *mf.* **Möbelwagen** *m* furgone *m* per traslochi.

mobil [mo'bi:l] *a* **1.** *allg., jur, mil, com* mobile; **2.** *fam (munter)* vivace; **3.** *fam (flink)* svelto, lesto; **~ machen** mobilitare.

Mobiliar [mobi'li̯a:ɐ̯] ⟨-s, ø⟩ *n* mobilia *f,* mobili *m pl.*

mobilisieren [mobili'zi:rən] ⟨*ohne ge-*⟩ *tr* mobilitare.

Mobilmachung ⟨-, ø⟩ *f* mobilitazione *f.*

möblieren [mø'bli:rən] ⟨*ohne ge-*⟩ *tr* ammobiliare, arredare; **möbliertes Zimmer** camera ammobiliata; **möbliert wohnen/vermieten** abitare in/affittare una stanza ammobiliata.

mochte ['mɔxtə] *1. u. 3. pers sing imp von* **mögen.**

möchte ['mœçtə] *conj von* **mögen.**

Mode ['mo:də] ⟨-, -n⟩ *f* moda *f;* **aus der ~ kommen** passare di moda; **~ sein** essere di moda (*o.* in voga); **in ~ kommen** essere di moda; **die neueste ~** l'ultima moda, l'ultimo grido; **mit der ~ gehen** seguire la moda; **Jogging ist jetzt groß in ~** il jogging adesso è di gran moda. **Modegeschäft** *n* negozio *m* di mode. **Modeheft** *n,* **-journal** *n* giornale *m* di moda.

Modell [mo'dɛl] ⟨-s, -e⟩ *n* **1.** *allg.* modello *m;* **2.** *(Foto~)* modella *f;* **ein ~ von etw. anfertigen** modellare qc; **~ stehen** posare. **Modellflugzeug** *n* aeromodello *m.*

modellieren [modɛ'li:rən] ⟨*ohne ge-*⟩ *tr, itr* modellare. **Modelliermasse** *f* pasta *f* per modellare.

Modellkleid *n* modello *m.* **Modellversuch** *m* sperimentazione *f* pilota.

Mode(n)schau *f* sfilata *f* di moda.

Moder ['mo:dɐ] ‹-s, ø› *m* marciume *m*, putridume *m; (Schimmel)* muffa *f*.

Moderation [modera'tsi̯o:n] ‹-, -en› *f:* **die ~ einer Sendung übernehmen** fare da moderatore.

Moderator(in) [mode'ra:to:ɐ̯ (...'to:rın) ...ra'to:rən] ‹-s, -en› *m(f)* moderatore, -trice *m, f*.

Modergeruch *m* odore *m* di muffa, tanfo *m*.

mod(e)rig ['mo:d(ə)rıç] *a* che sa di marcio (*o.* di muffa).

modern¹ ['mo:dɐn] *itr* marcire, ammuffire.

modern² [mo'dɛrn] *a* **1.** *(zeitgemäß)* moderno; **2.** *(modisch)* alla (*o.* di) moda. **Moderne** [mo'dɛrnə] ‹-, ø› *f:* **die ~** i tempi moderni *m pl;* **ein Vertreter der ~** un rappresentante dell'arte moderna.

modernisieren [...ni'zi:rən] ‹*ohne ge-*› *tr* modernizzare; *(Wohnung, Kleid)* rimodernare.

Modernisierung ‹-, ø› *f* modernizzazione *f;* rimodernamento *m*.

Modesalon *m* casa *f* di mode. **Modeschau** *f s.* **Modenschau. Modeschmuck** *m* bigiotteria *f*, bijoux *m pl.* **Modeschöpfer(in)** *m(f)* creatore, -trice *m, f* di moda. **Modetrend** *m* trend *m* di moda. **Modezeitschrift** *f*, **-zeitung** *f* giornale *m* di moda.

Modi *pl von* **Modus.**

modisch *a, adv* alla moda.

Modistin [mo'dıstın] *f* modista *f*.

modrig *a s.* **moderig.**

Modus ['mo:dʊs *o.* 'mɔdʊs, ...di] ‹-, Modi› *m* modo *m*.

Mofa ['mo:fa] ‹-s, -s› *n* ciclomotore *m*. **Mofafahrer(in)** *m(f)* ciclomotorista *mf*.

mogeln ['mo:gəln] *itr fam* imbrogliare; *(beim Kartenspiel)* barare.

mögen ['mø:gən] ‹mag (*conj* möchte), mochte, gemocht *o. modales Hilfsverb* mögen› **I.** *tr (gern haben)* amare; *(Speise)* essere ghiotto di; **lieber mögen** preferire; **II.** *itr:* **ich mag nicht (mehr)** non voglio (più); **III.** *(modales Hilfsverb)* **1.** *(Wunsch)* volere, desiderare, avere voglia di; **2.** *(Vermutung)* potere; **das hätte ich sehen ~** questo avrei proprio voluto vederlo; **das mag ja sein, aber...** può essere, ma ...; **er mag 10 Jahre alt sein** può avere dieci anni; **es mag sein, daß ...** è possibile che ... *conj;* **ich möchte gern ...** vorrei ...; **man möchte meinen, daß ...** si direbbe che ...; **was mag das bedeuten?** cosa significherà questo?; **wo mag er bloß stecken?** dove si sarà cacciato? *fam.*

möglich ['mø:klıç] *a* possibile; **so bald wie ~** il più presto possibile; **so gut wie ~** il meglio possibile; **so schnell wie ~** il più in fretta possibile; **so oft wie ~** il più spesso possibile; **so viel/wenig wie ~** il più/meno possibile; **das ist durchaus** (*o.* **wohl**) **~** è possibilissimo; **(das ist ja) nicht ~!** *fam* non è possibile!; **alles ~e** di tutto; **sein ~stes tun** fare tutto il possibile, fare del proprio meglio; **ich habe alle ~n Leute angerufen, aber keiner hatte Zeit** ho telefonato a tutta la gente possibile, ma nessuno aveva tempo.

möglicherweise *adv* forse, eventualmente.

Möglichkeit ‹-, -en› *f* **1.** possibilità *f; (möglicher Fall a.)* eventualità *f;* **2.** *(Gelegenheit, Chance)* occasione *f;* **3.** ‹*pl*› *(Mittel)* mezzi *m pl;* **nach ~** nella misura del possibile, per quanto possibile; **es besteht die ~, daß ...** c'è (la) possibilità che ... *conj;* **ich hatte keine andere ~** non avevo altra scelta.

möglichst *adv:* **~ gut/viel/oft** il meglio/il più/il più spesso possibile.

Mohammedaner(in) [mohame'da:nɐ (...ərın)] ‹-s, -› *m(f)* maomettano, -a *m, f*, musulmano, -a *m, f*.

mohammedanisch *a* musulmano, maomettano.

Mohn [mo:n] ‹-(e)s, -e› *m* **1.** *bot* papavero *m; (Klatsch~)* rosolaccio *m;* **2.** *(~samen)* semi *m pl* di papavero.

Möhre ['mø:rə] ‹-, -n› *f* carota *f*.

Mohrenkopf ['mo:rən-] *m gastr* testa *f* di moro, africano *m*.

Mohrrübe ['mo:ɐ̯-] *f s.* **Möhre.**

mokant [mo'kant] *a* beffardo, sarcastico.

mokieren [mo'ki:rən] ‹*ohne ge-*› *rfl:* **sich ~** beffarsi (*über jdn* di qu), canzonare (*über jdn* qu).

Mokka ['mɔka] ‹-s, -s› *m* moca *m*. **Mokkatasse** *f* tazzina *f* da caffè.

Molch [mɔlç] ‹-(e)s, -e› *m* tritone *m*.

Mole ['mo:lə] ‹-, -n› *f* molo *m*.

Molekül [mole'ky:l] ‹-s, -e› *n* molecola *f*.

Molekulargewicht [moleku'la:ɐ̯-] *n* peso *m* molecolare.

molk [mɔlk] *rar 1. u. 3. pers sing imp von* **melken.**

Molkerei [mɔlkə'rai̯] ‹-, -en› *f* latteria *f*, caseificio *m*.

Moll [mɔl] ‹-, ø› *n* tonalità *f* minore.

mollig ['mɔlıç] *a fam* **1.** *(warm)* piacevole, piacevolmente caldo; *(Klei-*

dung) soffice, morbido; **2.** *(rundlich)* grassottello, paffutello.

Molotowcocktail ['mo:lotɔf-] *m* molotov *f.*

Moment[1] [mo'mɛnt] ‹-(e)s, -e› *m (Augenblick)* momento *m,* istante *m,* attimo *m;* **im ~** *(jetzt)* al (*o.* per il) momento, momentaneamente; *(gerade)* in quest'istante, in questo momento; **im letzten ~** all'ultimo minuto; **~ (mal)!** un momento!; **er kann jeden ~ kommen** può arrivare da un momento all'altro.

Moment[2] [mo'mɛnt] ‹-(e)s, -e› *n (Umstand)* momento *m.*

momentan [...'ta:n] **I.** *a* momentaneo; *(aktuell a.)* attuale; **II.** *adv* momentaneamente, per il momento.

Momentaufnahme *f* istantanea *f.*

Monaco ['mo:nako *o.* mo'nako] *n* Monaco *f.*

Monarch(in) [mo'narç(ɪn)] ‹-en, -en› *m(f)* monarca *m (nur scherz:* -essa *f).*

Monarchie [monar'çi:, ...i:ən] ‹-, -n› *f* monarchia *f.*

Monarchin *f s.* **Monarch.**

Monarchist(in) [...'çɪst(ɪn)] ‹-en, -en› *m(f)* monarchico, -a *m, f.*

monarchistisch *a* monarchico.

Monat ['mo:nat] ‹-(e)s, -e› *m* mese *m;* **am 10. dieses ~s** (*ab* **d. M.**) *adm* il 10 corrente mese; **im Laufe des ~s** nel corso del mese; **im achten ~ (schwanger) sein** essere all'ottavo mese.

monatelang I. *a* di mesi; **II.** *adv* (per) molti mesi, (per) mesi e mesi.

Monatsbinde *f* assorbente *m* igienico. **Monatsgehalt** *n* (stipendio *m*) mensile *m,* mensilità *f.* **Monatskarte** *f* tessera *f* mensile. **Monatsrate** *f* rata *f* mensile.

Mönch [mœnç] ‹-(e)s, -e› *m* monaco *m,* frate *m.* **Mönchskloster** *n* convento *m* di monaci, monastero *m* di frati. **Mönchsorden** *m* ordine *m* monastico.

Mond [mo:nt] ‹-(e)s, -e› *m* luna *f;* **auf dem ~ landen** allunare; **der ~ scheint** c'è il chiaro di luna; **abnehmender/zunehmender ~** luna calante/crescente; **hinter dem ~ leben** *fam* vivere sulla luna *fam;* **manchmal könnte ich ihn auf den ~ schießen!** *fam* a volte lo manderei a quel paese! *fam;* **meine Uhr geht nach dem ~** *fam* il mio orologio è impazzito. **Mondbahn** *f* orbita *f* lunare. **Mondfähre** *f* modulo *m* lunare. **Mondfinsternis** *f* eclissi *f* lunare. **Mondlandefähre** *f* navetta *f* spaziale, shuttle *m.* **Mondlandschaft** *f* paesaggio *m* lunare. **Mondlandung** *f* allunaggio *m.* **Mondlicht** *n* luce *f* lunare. **Mondoberfläche** *f* superficie *f* lunare. **Mondphase** *f* fase *f* lunare. **Mondschein** *m* chiaro *m* di luna; **bei ~** al chiar(o) di luna. **Mondscheintarif** *m* tariffa *f* notturna. **Mondsichel** *f* falce *f* di luna. **mondsüchtig** *a* sonnambulo. **Mondumlaufbahn** *f* orbita *f* lunare. **Mondwechsel** *m* cambiamento *m* della luna.

Monegasse [mone'gasə] ‹-n, -n› *m,* **Monegassin** [...sɪn] *f* monegasco, -a *m, f.*

monegassisch *a* monegasco.

Moneten [mo'ne:tən] ‹*pl*› *fam* quattrini *m pl fam.*

Mongole [mɔŋ'go:lə] ‹-n, -n› *m,* **Mongolin**[...lɪn] *f* mongolo, -a *m, f.*

Mongolei [...go'la͜i] *f:* **die ~** (la) Mongolia *f.*

Mongolin *f s.* **Mongole.**

mongolisch [...'go:lɪʃ] *a* mongolico.

Monika ['mo:nika] *(weiblicher Vorname)* Monica.

Monogamie [monoga'mi:] ‹-, ø› *f* monogamia *f.*

Monogramm [mono'gramm] ‹-s, -e› *n* monogramma *m.*

Monographie [monogra'fi:, ...i:ən] ‹-, -n› *f* monografia *f.*

Monokel [mo'nɔkəl] ‹-s, -› *n* monocolo *m.*

Monokultur ['mo:no- *o.* 'mɔno-] *f* monocultura *f.*

Monolog [mono'lo:k] ‹-s, -e› *m* monologo *m;* **einen ~ halten** fare un monologo.

Monopol [mono'po:l] ‹-s, -e› *n* monopolio *m.* **Monopolstellung** *f* posizione *f* di monopolio.

monoton [mono'to:n] *a* monotono.

Monotonie [...to'ni:, ...i:ən] ‹-, *rar* -en› *f* monotonia *f.*

Monster ['mɔnstɐ] ‹-s, -› *n* mostro *m.*

Monstranz [mɔn'strants] ‹-, -en› *f* ostensorio *m.*

Monstrum ['mɔnstrʊm, ...rən] ‹-s, Monstren› *n* mostro *m.*

Monsun [mɔn'zu:n] ‹-s, -e› *m* monsone *m.*

Montag ['mo:nta:k] *m* lunedì *m;* **blauen ~ machen** *fam* far festa di lunedì; *s. a. Freitag.*

Montage [mɔn'ta:ʒə] ‹-, -n› *f* montaggio *m.* **Montagehalle** *f* capannone *m* di montaggio.

Montanindustrie [mɔn'ta:n-] *f* industria *f* mineraria e metallurgica.

Monteur(in) [mɔn'tø:ɐ̯ (...rɪn)] ‹-s, -e›

m(f) montatore, -trice *m, f,* installatore, -trice *m, f.*
montieren [...ˈtiːrən] ‹*ohne ge-*› *tr* montare.
Montur [mɔnˈtuːɐ̯] ‹-, -en› *f fam scherz (ausgefallen)* abbigliamento *m* stravagante; *(von Motorradfahrer, Sportler, etc.)* tuta *f; (Arbeitskleidung)* vestito *m (o.* abito *m)* da lavoro; *obs (Uniform)* uniforme *f;* **in der ~ nehme ich dich nicht mit ins Theater!** conciata così, non ti porto a teatro! *fam.*
Monument [monuˈmɛnt] ‹-(e)s, -e› *n* monumento *m.*
monumental [...ˈtaːl] *a* monumentale. **Monumentalfilm** *m* colossal *m.*
Moor [moːɐ̯] ‹-(e)s, -e› *n* palude *f.*
Moos [moːs] ‹-es, -e› *n* **1.** *bot* muschio *m;* **2.** ‹*sing*› *sl (Geld)* grana *f fam.* **moosig** *a* muscoso.
Mop [mɔp] ‹-s, -s› *m* scopa *f* a frange.
Moped [ˈmoːpɛt *o.* ...peːt] ‹-s, -s› *n* ciclomotore *m,* motorino *m.*
Mops [mɔps] ‹-es, ⸚e› *m* carlino *m.*
mopsen *fam* **I.** *tr (stehlen)* sgraffignare *fam;* **II.** *rfl:* **sich ~** *(sich langweilen)* annoiarsi; *(sich ärgern)* arrabbiarsi.
Moral [moˈraːl] ‹-, *rar* -en› *f* **1.** *(Lehre, Geist)* morale *f;* **2.** *(Sittlichkeit)* moralità *f;* **eine doppelte ~** una doppia morale. **Moralapostel** *m pej* moralista *mf.* **moralisch** *a* morale. **Moralpredigt** *f pej:* **jdm eine ~ halten** fare una ramanzina a qu.
Moräne [moˈrɛːnə] ‹-, -n› *f* morena *f.*
Morast [moˈrast] ‹-(e)s, -e *o.* ⸚e› *m (Sumpf)* pantano *m,* palude *f; (Schlamm)* fango *m;* **im ~ steckenbleiben** impantanarsi.
Morchel [ˈmɔrçəl] ‹-, -n› *f* morchella *f,* spugnola *f.*
Mord [mɔrt] ‹-(e)s, -e› *m* assassinio *m* (*an* di), omicidio *m* (*an* di); **einen ~ begehen** commettere un assassinio; **das gibt ~ und Totschlag** *fam* succede un putiferio. **Mordanschlag** *m* attentato *m* alla vita(*auf* di). **Morddrohung** *f* minaccia *f* di morte.
morden [ˈmɔrdən] **I.** *tr* assassinare; **II.** *itr* commettere un assassinio.
Mörder(in) [ˈmœrdɐ (...ərɪn)] ‹-s, -› *m(f)* assassino, -a *m, f,* omicida *mf.*
mörderisch *a* **1.** *(mordend)* assassino, omicida; **2.** *fig fam* feroce, atroce; *(Hitze, Kälte)* terribile; *(Geschwindigkeit)* pazzo.
Mordkommission *f* sezione *f* omicidi. **Mordprozeß** *m* processo *m* per omicidio.
Mordshunger [ˈmɔrt͜sˈhʊŋɐ] *m fam* fame *f* da lupi *fam.* **Mordskerl** [ˈmɔrt͜sˈkɛrl] *m fam (tüchtig)* tipo *m* in gamba *fam; (schlau)* dritto *m fam; (stark)* pezzo *m* d'uomo *fam.* **Mordskrach** [ˈmɔrt͜sˈkrax] *m fam* **1.** *(Lautsein)* baccano *m;* **2.** *(Streit)* alterco *m.* **mordsmäßig** *a fam* enorme, terribile. **Mordsschreck(en)** [ˈmɔrt͜sˈʃrɛk(ən)] *m fam* paura *f* infernale. **Mordsspaß** [ˈmɔrt͜sˈʃpaːs] *m:* **es gab einen ~** *fam* ci siamo divertiti un mondo *fam.* **Mordswut** [ˈmɔrt͜sˈvuːt] *f fam* rabbia *f* feroce.
Mordverdacht *m:* **unter ~ stehen** essere sospettato di omicidio. **Mordversuch** *m* tentato omicidio *m.* **Mordwaffe** *f* arma *f* del delitto.
morgen [ˈmɔrgən] *adv* domani; **ab ~, von ~ an** a partire da domani; **~ früh/mittag/abend** domani mattina/a mezzogiorno/sera; **~ ist Sonntag** domani è domenica; **bis ~!** a domani!; **gestern ~** ieri mattina; **~ in acht Tagen** domani a otto.
Morgen ‹-s, -› *m* **1.** mattino *m; (Vormittag)* mattina *f,* mattinata *f;* **2.** *(Feldmaß)* iugero *m;* **am ~** di (*o.* la) mattina; **am anderen** (*o.* **nächsten**) **~** la mattina seguente; **eines (schönen) ~s** un (bel) mattino; **früh am ~** la mattina presto, di buon mattino; **jdm einen guten ~ wünschen** dare il buon giorno a qu; **guten ~!** buon giorno!
Morgen- *(in Zusammensetzungen)* del mattino. **Morgenausgabe** *f* edizione *f* del mattino. **Morgendämmerung** *f* crepuscolo *m* mattutino, alba *f.*
morgendlich [ˈmɔrgəntlɪç] *a* mattutino, del mattino.
Morgenessen *n CH* prima colazione *f.* **Morgengrauen** *n:* **im** (*o.* **beim**) **~** all'alba. **Morgenluft** *f* aria *f* mattutina. **Morgenmantel** *m,* **-rock** *m* vestaglia *f.* **Morgenmuffel** *m fam* grugnone *m,* persona *f* che appena alzata è di cattivo umore. **Morgenrot** *n,* **-röte** *f geh* aurora *f.*
morgens *adv* di (*o.* la) mattina, il mattino; *(nach Zeitangabe)* di mattino; **von ~ bis abens** dalla mattina alla sera.
Morgensonne *f* sole *m* del mattino. **Morgenstern** *m* stella *f* del mattino.

morgig *a:* **der ~e Tag** (il) domani; **die ~e Besprechung** il colloquio di domani.
Moritz [ˈmoːrɪt͜s] *(männlicher Vorname)* Maurizio.

Morphinismus [mɔrfi'nɪsmʊs] ⟨-, ø⟩ *m* morfinismo *m*, morfinomania *f*.
Morphium ['mɔrfi̯ʊm] ⟨-s, ø⟩ *n* morfina *f*.
morsch [mɔrʃ] *a (Holz)* marcio, fradicio; *(Gestein)* friabile; *(Brücke)* decrepito.
Morsealphabet *n* alfabeto *m* Morse. **Morseapparat** *m* apparecchio *m* Morse.
morsen ['mɔrzən] *itr, tr* telegrafare.
Mörser ['mœrzɐ] ⟨-s, -⟩ *m* mortaio *m*.
Mörtel ['mœrtəl] ⟨-s, -⟩ *m* malta *f*. **Mörtelkelle** *f* cazzuola *f*.
Mosaik [moza'i:k] ⟨-s, -en *o.* -e⟩ *n* mosaico *m*. **Mosaikfußboden** *m* pavimento *m* a mosaico.
Moschee [mɔ'ʃe:, ...e:ən] ⟨-, -n⟩ *f* moschea *f*.
Moschus ['mɔʃʊs] ⟨-, ø⟩ *m* muschio *m*.
Mosel ['mo:zəl] *f* Mosella *f*.
Mosel(wein *m)* ⟨-s, -⟩ *m* vino *m* della Mosella.
Moskau ['mɔskau̯] *n* Mosca *f*.
Moskito [mɔs'ki:to] ⟨-s, -s⟩ *m* moschito *m*, zanzara *f*. **Moskitonetz** *n* zanzariera *f*.
Moslem ['mɔsləm] ⟨-s, -s⟩ *m*, **Muslime** [...'li:mə] ⟨-, -n⟩ *f* musulmano, -a *m, f*, maomettano, -a *m, f*.
Most [mɔst] ⟨-(e)s, -e⟩ *m (Trauben~)* mosto *m; (Apfel~)* sidro *m*.
Motel ['mo:təl *o.* mo'tɛl] ⟨-s, -s⟩ *n* motel *m*.
Motiv [mo'ti:f] ⟨-s, -e⟩ *n* motivo *m; jur* movente *m*.
Motivation [motiva'tsi̯o:n] ⟨-, -en⟩ *f*, **Motivierung** ⟨-, -en⟩ *f* motivazione *f*.
motivieren [...'vi:rən] ⟨*ohne ge-*⟩ *tr* motivare.
Motor ['mo:tɔr *o.* mo'to:ɐ̯, ...'to:rən] ⟨-s, -en⟩ *m* motore *m*; **den ~ abstellen/anlassen/warm werden lassen** spegnere/avviare/riscaldare il motore; **der ~ springt an** il motore si avvia. **Motorantrieb** *m* trazione *f* a motore; **mit ~** a motore. **Motorboot** *n* motoscafo *m*, barca *f* a motore.
Motorenbau ⟨-(e)s, ø⟩ *m* costruzione *f* di motori. **Motorengeräusch** *n* rumore *m* (*o.* rombo *m*) dei motori (*o.* del motore).
Motorfahrzeug *n* veicolo *m* a motore. **Motorhaube** *f* cofano *m* (del motore).
motorisch [mo'to:rɪʃ] *a* motorio.
motorisieren [motori'zi:rən] ⟨*ohne ge-*⟩ *tr* motorizzare.
Motorisierung ⟨-, *rar* -en⟩ *f* motorizzazione *f*.
Motorjacht *f* motoscafo *m* da crociera. **Motorpumpe** *f* motopompa *f*. **Motorrad** *n* motocicletta *f*, moto *f fam*. **Motorradfahrer(in)** *m(f)* motociclista *mf*. **Motorradrennen** *n* corsa *f* motociclistica. **Motorradsport** *m* motociclismo *m*. **Motorraum** *m* vano *m* motore. **Motorroller** *m* (moto)scooter *m*. **Motorsäge** *f* sega *f* a motore. **Motorschaden** *m* guasto *m* al motore. **Motorsegler** *m* motoaliante *m*. **Motorsport** *m* motorismo *m*. **Motorwäsche** *f* lavaggio *m* del motore.
Motte ['mɔtə] ⟨-, -n⟩ *f* tarma *f*, tignola *f*; **ich krieg' die ~n!** *sl* mi vengono nervi! *fam*. **Mottenfraß** *m* intarmatura *f*. **Mottenkiste** *f fig:* **etw. aus der ~ (hervor)holen** levar dal dimenticatoio. **Mottenkugel** *f* pallina *f* antitarmica. **Mottenloch** *n* buco *m* fatto dalle tarme. **mottenzerfressen** *a* tarmato.
Motto ['mɔto] ⟨-s, -s⟩ *n* motto *m*, massima *f*, epigrafe *f*.
motzen ['mɔts̮ən] *itr sl* brontolare.
Möwe ['mø:və] ⟨-, -n⟩ *f* gabbiano *m*.
Mrd. *ab von* **Milliarde(n)** miliardo, -i.
Ms., Mskr. *ab von* **Manuskript** ms. (*ab von* manoscritto).
Mt *ab von* **Megatonne** MT (*ab von* megaton).
MTA [ɛmte:'ʔa:] ⟨-, -s⟩ *f ab von* **medizinisch-technische Assistentin** ≃ tecnico *mf* di laboratorio analisi, analista *mf*.
Mücke ['mʏkə] ⟨-, -n⟩ *f* moscerino *m*, moschino *m; (Stech~)* zanzara *f*; **aus einer ~ einen Elefanten machen** *fig* fare di una mosca un elefante. **Mückenstich** *m* puntura *f* di zanzara.
müde ['my:də] *a* **1.** *(ermüdet)* stanco, affaticato; **2.** *(schläfrig)* assonnato; **~ machen** stancare, affaticare; **einer S. ~ sein** *geh* essere stanco di qc; **~ werden** stancarsi, affaticarsi. **Müdigkeit** ⟨-, ø⟩ *f* **1.** stanchezza *f*; **2.** *(Schläfrigkeit)* sonnolenza *f*; **vor ~ umfallen** essere stanco morto *fam*.
Muff [mʊf] ⟨-(e)s, -e⟩ *m* manicotto *m*.
Muffe ['mʊfə] ⟨-, -n⟩ *f tec* manicotto *m; el* muffola *f*.
Muffel[1] ['mʊfəl] ⟨-s, -⟩ *m fam pej* brontolone *m fam*.
Muffel[2] ['mʊfəl] ⟨-, -n⟩ *f tec* muffola *f*.
muff(e)lig *a fam pej* scontroso, musone *fam*.
Muffensausen ⟨-s, ø⟩ *n sl:* **~ haben/kriegen** avere fifa *fam*.
muffig *a:* **~ riechen** sapere di muffa.
mufflig *a s.* **muffelig.**
Mühe ['my:ə] ⟨-, -n⟩ *f* fatica *f*, pena *f; (Anstrengung)* sforzo *m; (Schwierig-*

keit) difficoltà *f;* **mit Müh(e) und Not** a stento, a mala pena; **sich** *(dat)* **geben, zu ...** darsi la pena (*o.* briga) di ...; **sich** *(dat)* **alle (erdenkliche) ~ geben, etw. zu tun** fare tutti gli sforzi immaginabili per fare qc; **keine ~ scheuen** non risparmiare fatica; **der ~ wert sein** valere la pena; **das ist verlorene** (*o.* **vergebliche) ~** è fatica sprecata; **geben Sie sich** *(dat)* **keine (weitere) ~!** non s'incomodi!, non si disturbi!; **wenn es Ihnen keine ~ macht** se non Le incomoda. **mühelos I.** *a* facile, senza fatica; **II.** *adv* con facilità, facilmente.

mühen *rfl:* **sich ~** *geh* darsi pena *geh,* affannarsi.

mühevoll *a* **1.** *(anstrengend)* faticoso; **2.** *(schwierig)* difficile.

Mühle ['my:lə] ‹-, -n› *f* **1.** mulino *m,* macina *f;* *(Kaffee~, Pfeffer~, etc.)* macinino *m;* **2.** ‹*pl*› *fig (der Justiz, Bürokratie, etc.)* ingranaggi *m pl;* **3.** *fam pej (altes Auto)* macinino *m fam.* **Mühlrad** *n* ruota *f* del mulino. **Mühlstein** *m* mola *f,* macina *f.* **Mühlwerk** *n* meccanismo *m* del mulino.

Mühsal ['my:za:l] ‹-, -e› *f geh* pene *f pl geh,* affanni *m pl.* **mühsam I.** *a* faticoso; **II.** *adv* a fatica. **mühselig** *a* penoso.

Mulatte [mu'latə] ‹-n, -n› *m,* **Mulattin** [...tɪn] *f* mulatto, -a *m, f.*

Mulde ['mʊldə] ‹-, -n› *f* **1.** *(Vertiefung)* avvallamento *m;* **2.** *dial (Trog)* trogolo *m.*

Mull [mʊl] ‹-(e)s, -e› *m* **1.** *(Gewebe)* mussola *f; med* garza *f;* **2.** *(Torf~)* terriccio *m.*

Müll [mʏl] ‹-(e)s, ø› *m* immondizia *f,* rifiuti *m pl;* *(Kehricht)* spazzatura *f;* **~ abladen verboten!** divieto di scarico!; **radioaktiver ~** scorie *f pl* radioattive. **Müllabfuhr** *f* **1.** *(Abtransport)* trasporto *m* delle immondizie; **2.** *(Unternehmen)* nettezza *f* urbana. **Müllbeutel** *m* sacco *m* della spazzatura.

Mullbinde *f* fascia *f* di garza.

Mülldeponie [-deponi:, ...iən] ‹-, -n› *f* deposito *m* delle immondizie. **Mülleimer** *m* secchio *m* delle immondizie, pattumiera *f.*

Müller(in) ['mʏlɐ (...ərɪn)] ‹-s, -› *m(f)* mugnaio, -a *m, f.*

Müllkutscher *m,* **-mann** ‹-(e)s, -männer *o. rar* Mülleute› *m* addetto *m* al trasporto delle immondizie. **Müllschlucker** *m* tromba *f* per le immondizie. **Mülltonne** *f* bidone *m* delle immondizie. **Müllverbrennungsanlage** *f* inceneritore *m* di rifiuti. **Müllverwertung** *f* sfruttamento *m* dei rifiuti. **Müllwagen** *m* autocarro *m* della nettezza urbana.

mulmig ['mʊlmɪç] *a* **1.** *(Boden)* soffice; **2.** *fam (Situation)* compromettente; **mir ist ganz ~ (zumute)** *fam* mi sento a disagio.

multilateral [mʊltilate'ra:l] *a* multilaterale.

Multimillionär(in) [mʊlti-] *m(f)* multimilionario, -a *m, f.*

Multiplikation [mʊltiplika'tsi̯o:n] ‹-, -en› *f* moltiplicazione *f.*

multiplizieren [...'tsi:rən] ‹*ohne ge-*› *tr* moltiplicare.

Mumie ['mu:mi̯ə] ‹-, -n› *f* mummia *f.*

mumifizieren [mumifi'tsi:rən] ‹*ohne ge-*› *tr* mummificare, imbalsamare.

Mumm [mʊm] ‹-s, ø› *m fam* **1.** *(Mut)* coraggio *m;* **2.** *(Kraft)* forza *f;* **~ haben** *(Mut)* avere fegato *fam;* *(Kraft)* avere forza.

Mummelgreis(in) ['mʊməl-] *m(f) fam pej* vecchio, -a *m, f* decrepito, -a *fam.*

Mumps [mʊmps] ‹-, ø› *m o. dial f* parotite *f,* orecchioni *m pl fam.*

München ['mʏnçən] *n* Monaco *f* (di Baviera).

Mund [mʊnt] ‹-(e)s, ¨er› *m* bocca *f;* **~ und Nase** (*o.* **Augen) aufsperren** *fam* rimanere a bocca aperta *fam;* **nicht auf den ~ gefallen sein** *fam* avere sempre la risposta pronta; **den ~ nicht halten können** *fam* aver la lingua troppo lunga *fam;* **jdm den ~ wässerig machen** *fam* far venire l'acquolina in bocca a qu *fam;* **jdm nach dem ~ reden** dire cose che fanno piacere a qu; **aus dem ~ riechen** avere l'alito cattivo; **in aller ~e sein** *geh* correre sulla bocca di tutti; **jdm etw. in den ~ legen** suggerire qc a qu, far dire qc a qu; **jdm den ~ stopfen** *fam* tappare la bocca a qu *fam;* **jdm das Wort im ~ umdrehen** svisare le parole di qu; **jdm den ~ verbieten** impedire a qu di parlare; **sich** *(dat)* **den ~ verbrennen** *fig fam* tradirsi con una parola; **halt den ~!** *fam* stai zitto! *fam,* chiudi il becco! *vulg;* **einen großen ~ haben** *fig fam* fare lo spaccone *fam;* **sich** *(dat)* **etw. vom ~e absparen** togliersi il pane di bocca per qc; **du nimmst mir das Wort aus dem ~!** *fam* mi togli le parole di bocca! *fam;* **aus berufenem ~e** *geh* da fonte autorevole *geh;* **dieses Wort nehme ich nicht mehr in den ~** non dirò più questa parola.

Mundart *f* dialetto *m.* **Mundartdich-**

ter(in) *m(f)* poeta *mf* dialettale. **mundartlich** *a* dialettale.

Munddusche *f* doccia *f* orale.

Mündel ['mʏndəl] ‹-s, -› *n* pupillo *m*. **mündelsicher** *a* di tutto riposo; **~e Wertpapiere** valori (*o.* titoli) di tutto riposo.

munden ['mʊndən] *itr geh* piacere (*jdm* a qu).

münden ['mʏndən] *itr* ‹*haben o. sein*› **1.** *(Fluß)* sfociare (*in* in), gettarsi (*in* in); *(Straße a.)* sboccare (*in* in); **2.** *fig (enden)* finire (*in* in).

mundfaul *a fam* taciturno, poco loquace. **mundgerecht** *a* pronti per essere mangiati; **jdm etw ~ servieren** *fig* scodellare la pappa a qu. **Mundgeruch** *m* alito *m* cattivo. **Mundharmonika** *f* armonica *f* a bocca. **Mundhöhle** *f* cavità *f* orale.

mündig ['mʏndɪç] *a* **1.** *jur* maggiorenne; **2.** *fig, allg.* emancipato. **Mündigkeit** ‹-, ø› *f* **1.** *jur* maggiore età *f;* **2.** *fig, allg.* emancipazione *f.*

mündlich ['mʏntlɪç] *a* orale, verbale; **~e Prüfung** (esame *m*) orale *m;* **~e Zusage** consenso (*o.* assenso) orale; **~e Überlieferung** tradizione orale; **alles weitere ~!** il resto a voce!

Mundpflege *f* igiene *f* della bocca. **Mundpropaganda** *f* pubblicità *f* verbale. **Mundraub** *m* furto *m* lieve di generi alimentari per consumo immediato.

M-und-S-Reifen ['ɛm ʊnt 'ɛs-] *m* pneumatico *m* antineve.

Mundstück *n* bocchino *m*. **mundtot** *a fam:* **jdn ~ machen** ridurre qu al silenzio.

Mündung ‹-, -en› *f* **1.** *(von Fluß)* foce *f; (von Straße a.)* sbocco *m;* **2.** *(von Gewehr)* bocca *f.* **Mündungsarm** *m* braccio *m* del delta.

Mundvoll ‹-, -› *m* boccata *f.* **Mundwasser** *n* acqua *f* dentifricia; *med* collutorio *m*. **Mundwerk** *n fam:* **ein loses/freches ~ haben** avere la lingua lunga *fam.* **Mundwinkel** *m* angolo *m* della bocca. **Mund-zu-Mund-Beatmung** *f* respirazione *f* bocca a bocca.

Munition [muni'tsi̯o:n] ‹-, -en› *f* munizione *f.* **Munitionsfabrik** *f* fabbrica *f* di munizioni.

munkeln ['mʊŋkəln] *tr, itr fam* mormorare (*über, von* di); **man munkelt, daß ...** si mormora che ...

Münster ['mʏnstɐ] ‹-s, -› *n* cattedrale *f.*

munter ['mʊntɐ] *a* **1.** *(wach, aufgeweckt)* sveglio; **2.** *(lebhaft)* vivace, vivo; **3.** *(fröhlich)* allegro, gaio; **4.** *(rüstig)* vegeto; **~ machen** (ri)svegliare; **~ werden** svegliarsi; **gesund und ~** vivo e vegeto. **Munterkeit** ‹-, ø› *f (Lebhaftigkeit)* vivacità *f; (Fröhlichkeit)* allegria *f.* **Muntermacher** *m fam* stimolante *m.*

Münzamt *n s.* **Münzstätte. Münzautomat** *m* distributore *m* a gettoni.

Münze ['mʏntsə] ‹-, -n› *f* moneta *f;* **jdm etw. mit gleicher ~ heimzahlen** ripagare qu con la stessa moneta; **etw. für bare ~ nehmen** prendere qc per oro colato.

Münzeinwurf *m* fessura *f* per l'introduzione della moneta.

münzen I. *itr* battere (*o.* coniare) moneta; **II.** *tr* coniare; **das ist auf mich gemünzt** la frecciata è diretta a me.

Münzfernsprecher *m* telefono *m* pubblico a gettoni. **Münzgeld** *n* spiccioli *m pl.* **Münzprägung** *f* coniatura *f* di monete. **Münzsammler(in)** *m(f)* collezionista *mf* di monete. **Münzsammlung** *f* collezione *f* di monete. **Münzstätte** *f* zecca *f.* **Münztankstelle** *f* distributore *m* di benzina a gettoni.

mürbe ['mʏrbə] *a* **1.** *(Fleisch)* tenero, frollo; *(~ gebraten, gekocht)* ben cotto; *(Obst)* tenero; *(Gebäck)* friabile; **2.** *(bröckelig)* friabile; *(brüchig)* fragile; **3.** *(morsch)* fradicio; **~ machen** *(Fleisch)* rendere tenero; *fig (Menschen)* rendere docile, fiaccare. **Mürbeteig** *m* pasta *f* frolla.

Murmel ['mʊrməl] ‹-, -n› *f* bilia *f.*

murmeln ['mʊrməln] *tr, itr* mormorare, borbottare; **in den Bart ~** borbottare tra i denti.

Murmeltier *n* marmotta *f;* **wie ein ~ schlafen** dormire come una marmotta.

murren ['mʊrən] *itr* brontolare (*über* per).

mürrisch ['mʏrɪʃ] *a (griesgrämig)* scontroso; *(Gesicht)* imbronciato; *(brummig)* brontolone.

Mus [mu:s] ‹-es, -e› *n* passato *m*, purè *m.*

Muschel ['mʊʃəl] ‹-, -n› *f* **1.** *zoo* conchiglia *f; (Mies~)* mitilo *m*, cozza *f;* **2.** *(~schale)* guscio *m;* **3.** *(Ohr~)* padiglione *m* auricolare; **4.** *tel (Hör~)* ricevitore *m; (Sprech~)* microfono *m*. **muschelförmig** [-fœrmɪç] *a* a forma di conchiglia.

Muse ['mu:zə] ‹-, -n› *f* musa *f.*

Museum [mu'ze:ʊm, ...e:ən] ‹-s, -seen› *n* museo *m*. **Museumswärter(in)** *m(f)* guardiano, -a *m, f* di museo.

Musical ['mju:zikəl] ‹-s, -s› *n* musical *m.*
Musik [mu'zi:k] ‹-, *rar* -en› *f* musica *f;* ~ **machen** fare della musica; ~ **im Blut haben** avere la musica nel sangue.
musikalisch [muzi'ka:lɪʃ] *a* musicale.
Musikalität [...kali'tɛ:t] ‹-, ø› *f* **1.** *(Empfinden)* sensibilità *f* musicale; **2.** *(Begabung)* disposizione *f* per la musica; **3.** *(Wirkung)* musicalità *f.*
Musikant(in) [muzi'kant(ɪn)] ‹-en, -en› *m(f)* musicante *mf.* **Musikantenknochen** *m* epicondilo *m.* **Musikantin** *f s.* **Musikant.**
Musikbegleitung *f* accompagnamento *m* musicale. **Musikbox** *f* juke-box *m.* **Musikdirektor** *m* direttore *m* d'orchestra.
Musiker(in) ['mu:zikɐ (...ərɪn)] ‹-s, -› *m(f)* musicista *mf; (Orchester~)* orchestrale *mf.*
Musikfreund(in) *m(f)* amante *mf* della musica. **Musikhochschule** *f* conservatorio *m* musicale. **Musikinstrument** *n* strumento *m* musicale. **Musikkapelle** *f* orchestra *f; mil* banda *f* musicale. **Musikkassette** *f* musicassetta *f.* **Musiklehrer(in)** *m(f)* insegnante *mf* (*o.* maestro, -a *m, f*) di musica. **Musikstück** *n* brano *m* (*o.* pezzo *m*) musicale.
musisch ['mu:zɪʃ] *a* **1.** *(Fächer, Schule, etc.)* artistico; **2.** *(Mensch)* dotato artisticamente.
musizieren [muzi'tsi:rən] ‹*ohne ge-*› *itr* fare della musica.
Muskel ['mʊskəl] ‹-s, -n› *m* muscolo *m.* **Muskelkater** *m* dolori *m pl* muscolari. **Muskelprotz** [-prɔts] ‹-en *o.* -es, -e(n)› *m fam* maciste *m fam.* **Muskelschwund** *m* atrofia *f* muscolare.
muskulös [mʊsku'lø:s] *a* muscoloso.
Müsli ['my:sli] ‹-s, -› *n,* **Muesli** ['my:ɛsli] ‹-s, -› *n CH* zuppa al latte con frutta e cereali.
muß [mʊs] *1. u. 3. pers sing pr von* **müssen. Muß** [mʊs] ‹-, ø› *n* necessità *f* (assoluta).
Muße ['mu:sə] ‹-, ø› *f* tempo *m* libero.
Mußehe ['mʊs-] *f* matrimonio *m* di necessità.
müssen ['mʏsən] ‹muß, mußte, gemußt *o. modales Hilfsverb* müssen› **I.** *(modales Hilfsverb)* **1.** *(Notwendigkeit)* dovere; **2.** *(Zwang)* essere costretto a *inf; (Verpflichtung)* essere obbligato a *inf;* **3.** *(Vermutung)* dovere; **4.** *(Wunsch):* **man müßte mehr Geld/Zeit haben!** si dovrebbero avere più soldi/più tempo libero!; **ich muß es tun** *(Zwang)* devo farlo; *(Notwendigkeit)* bisogna (*o.* è necessario) che lo faccia; **da mußte ich lachen** dovetti ridere; **das hättest du sehen** ~! avresti dovuto vederlo!; **das müßtest du eigentlich wissen** lo dovresti sapere; **drei Jahre mußten vergehen, bis ...** ci sono voluti tre anni prima che ... *conj;* **er muß gleich kommen** dovrebbe arrivare subito; **ich müßte mich schon sehr irren, wenn ...** dovrei sbagliarmi di grosso, se ...; **muß das sein?** deve essere proprio così?, è necessario?; **II.** *itr:* **ich muß in die Stadt** devo andare in città; **ich muß mal** *fam* devo andare al gabinetto.
Mußestunden *f pl* tempo *m* libero.
müßig ['my:sɪç] *a* **1.** *(untätig)* ozioso, inoperoso; **2.** *(unnütz, zwecklos)* inutile, vano. **Müßiggang** *m* ozio *m* inoperosità *f;* ~ **ist aller Laster Anfang** *prov* l'ozio è il padre dei vizi *prov.*
mußte ['mʊstə] *1. u. 3 pers sing imp von* **müssen.**
Muster ['mʊstɐ] ‹-s, -› *n* **1.** *(Vorlage, a. Vorbild)* modello *m;* **2.** *(Vorbild)* esempio *m* (*an* di); **3.** *(~ung)* disegno *m,* motivo *m;* **4.** *(Probestück)* campione *m;* **nach dem ~ von** sull'esempio di; **etw. zum ~ nehmen** prendere qc come modello; **als ~ dienen** servire da (*o.* come) modello. **Musterbeispiel** *n* esempio *m* tipico. **Musterbetrieb** *m* azienda *f* modello. **Musterbrief** *m* lettera *f* tipo. **Musterexemplar** *n* esemplare *m,* modello *m.* **mustergültig, musterhaft** *a* esemplare. **Musterknabe** *m pej* ragazzo *m* modello (mal visto dai compagni). **Musterkollektion** *f* collezione *f* di campioni. **Mustermesse** *f* fiera *f* campionaria.
mustern ['mʊstɐn] *tr* **1.** *(betrachten)* squadrare, scrutare; *mil* ispezionare; *(Truppen)* passare in rassegna; *(Wehrpflichtigen)* sottoporre alla visita di leva; **2.** *(mit Mustern versehen)* decorare (con disegni).
Musterschüler(in) *m(f)* scolaro, -a *m, f* modello.
Musterung ‹-, -en› *f* **1.** *(Prüfung, Betrachtung)* esame *m;* **2.** *mil (von Wehrpflichtigen)* visita *f* di leva; **3.** *(Muster)* motivo *m,* disegno *m.*

Mut [mu:t] ‹-(e)s, ø› *m* coraggio *m;* **jdm ~ machen** far coraggio a qu, incoraggiare qu; **jdm den ~ nehmen** scoraggiare qu; **den ~ verlieren** perdersi d'animo; **es gehört ~ dazu** ci

vuole un bel coraggio; **frohen ~es** di buon animo; **nur ~!** su, coraggio!
Mutation [muta'tsio:n] ‹-, -en› *f* mutazione *f*.
mutig *a* coraggioso.
mutlos *a* scoraggiato, abbattuto. **Mutlosigkeit** ‹-, ø› *f* scoraggiamento *m*, avvilimento *m*.
mutmaßen ['mu:tma:sən] *tr geh (vermuten)* presumere *geh*, congetturare; *(annehmen)* supporre.
mutmaßlich *a adm* presunto; **der ~e Täter** il presunto autore del crimine.
Mutmaßung ‹-, -en› *f geh* presunzione *f*, congettura *f*; *(Annahme)* supposizione *f*.

Mutter[1] ['mʊtɐ] ‹-, ¨› *f* madre *f*; **keine ~ mehr haben** essere orfano di madre; **werdende und stillende Mütter** donne incinte e allattanti.
Mutter[2] ['mʊtɐ] ‹-, -n› *f tec* madrevite *f*, dado *m*.
Mütterchen ['mʏtɐçən] ‹-s, -› *n*: **altes ~** nonnina *f*, vecchietta *f*.
Mütter-Genesungswerk ['mʏtɐ-] *n opera assistenziale che gestisce delle case di cura per madri bisognose.*
Muttergottes [-'gɔtəs] ‹-, ø› *f* Madonna *f*, madre *f* di Dio. **Mutterkuchen** *m* placenta *f*. **Mutterleib** *m* grembo *m* materno.
mütterlich ['mʏtɐlɪç] *a* materno.
mütterlicherseits *adv* per (*o.* da) parte di madre.
Mutterliebe *f* amore *m* materno. **mutterlos** *a* orfano di madre. **Muttermal** ‹-s, -e› *n* voglia *f*, neo *m*, angioma *m*. **Muttermilch** *f* latte *m* materno. **Muttermord** *m* matricidio *m*. **Muttermörder(in)** *m(f)* matricida *mf*. **Muttermund** *m* orifizio *m* dell'utero. **Mutterschaft** ‹-, ø› *f* maternità *f*. **Mutterschaftsgeld** *n* sussidio *m* di maternità. **Mutterschaftsurlaub** *m* vacanza *f* per maternità. **Mutterschiff** *n* nave *f* appoggio. **Mutterschutz** *m* protezione *f* della maternità. **Mutterschutzgesetz** *n* legge *f* sulla protezione della maternità. **mutterseelenallein** ['mʊtɐ'ze:lənʔa'lain] *a, adv fam* solo soletto *fam*. **Muttersöhnchen** [-zø:nçən] ‹-s, -› *n fam pej* figlio *m* (*o.* cocco *m fam*) di mamma *fam*. **Muttersprache** *f* lingua *f* madre (*o.* materna). **Muttertag** *m* festa *f* della mamma. **Mutterwitz** *m* astuzia *f* genuina.
Mutti ['mʊti] ‹-, -s› *f fam* mammina *f*.
mutwillig *a* **1.** *(absichtlich)* intenzionale, volontario; **2.** *(böswillig)* malizioso; **3.** *(übermutig)* spavaldo; **~e Zerstörung** distruzione intenzionale.
Mütze ['mʏtsə] ‹-, -n› *f* berretto *m* (con visiera), berretta *f*, cuffia *f*; *(Basken~)* basco *m*.
MW **1.** *ab von* **Mittelwelle** OM (*ab von* onde medie); **2.** *ab von* **Megawatt** MW (*ab von* megawatt).
m. W. *ab von* **meines Wissens** per quanto ne so.
MwSt., MWSt. *ab von* **Mehrwertsteuer** I.V.A *f* (*ab von* Imposta sul Valore Aggiunto).
Myrte ['mʏrtə] ‹-, -n› *f* mirto *m*.
Mysterien *pl von* **Mysterium.**
mysteriös [mʏste'riø:s] *a* misterioso.
Mysterium [...'te:riʊm, ...iən] ‹-s, -rien› *n* mistero *m*.
Mystik ['mʏstɪk] ‹-, ø› *f* mistica *f*.
Mythen *pl von* **Mythos, Mythus.**
mythisch ['my:tɪʃ] *a* mitico.
Mythologie [mytolo'gi:, ...i:ən] ‹-, -n› *f* mitologia *f*.
mythologisch [...'lo:gɪʃ] *a* mitologico.
Mythos, Mythus ['my:tɔs, 'my:tʊs, ...tən] ‹-, Mythen› *m* mito *m*.

N

N, n [ɛn] ‹-, -(s)› *n* N, n *f;* **N wie Nordpol** N come Napoli.

N *ab von* **Nord(en)** N. *(ab von* nord).

na [na] *interj fam* **1.** *(fragend, auffordernd, anredend)* allora, su; **2.** *(beschwichtigend)* suvvia; **3.** *(zweifelnd)* ma; **4.** *(ermahnend)* attenzione; **5.** *(resigniert, zustimmend)* okay; **6.** *(bestätigend)* va bene, d'accordo; **7.** *(überrascht)* oh, ma; **~ also!, ~ eben!, ~ bitte!** allora!, appunto!, dunque!; **~, dann mal los!** suvvia!, forza!; **~ gut!, ~ schön!** va bene; **~, Kleiner?** ehi, tu?; **~, (~)!** aspetta!, attenzione!; **~, so eine Überraschung!, ~ so was!** ma che sorpresa!, ma guarda un po'!; **~ und (wenn schon)?** e allora?, e con ciò?, ebbene?; **~ warte!** aspetta!; **~, wird's bald!** forza!, sbrigati!, spicciati!

Nabe ['na:bə] ‹-, -n› *f* mozzo *m.*

Nabel ['na:bəl] ‹-s, -› *m* ombelico *m.* **Nabelschnur** *f* cordone *m* ombelicale.

nach [na:x] **I.** *prp dat* **1.** *(räumlich)* verso; *(bei Ortsnamen)* a; *(bei Ländernamen)* in; **2.** *(zeitlich, a. Reihenfolge)* dopo; **3.** *(zufolge, gemäß)* secondo, in conformità di; **einer ~ dem ander(e)n** uno dopo l'altro, uno alla volta; **Viertel ~ fünf** le cinque e un quarto; **~ (französischer,** *etc.***) Art** alla (francese, *etc.*); **~ dem Gedächtnis** a memoria; **~ Geschmack** secondo i gusti; **der Reihe ~** per (*o.* in) ordine, di seguito; **~ der Straße liegen** dare sulla strada; **(je) ~ den Umständen** secondo le circostanze; **~ ... fahren** partire per ...; **~ jdm fragen** chiedere di qu; **der Zug ~ Paris** il treno per Parigi; **von links ~ rechts** da sinistra a destra; **~ etw. riechen/schmecken** sapere di qc; **(bitte) ~ Ihnen!** dopo di Lei!; **~ Hause gehen** andare a casa; **jdn ~ jdm/einer S. benennen** dare a qu il nome di qu/qc; **meiner Meinung ~** secondo me; **aller Wahrscheinlichkeit ~** con tutta probabilità; **II.** *adv* **1.** *(zeitlich):* **~ wie vor** come prima; **~ und ~** un pò alla volta, a poco a poco; **2.** *(räumlich):* **mir ~!** dietro a me!, seguitemi.

nach·äffen ['na:xʔɛfən] *tr pej* contraffare, scimiottare *fam.*

nach·ahmen ['na:xʔa:mən] *tr* imitare, copiare; *(in Gestik, Sprache, etc. a.)* contraffare. **nachahmenswert** *a* esemplare. **Nachahmung** ‹-, -en› *f* imitazione *f; (Fälschung)* contraffazione *f.*

Nachbar(in) ['naxba:ɐ̯ (...rɪn)] ‹-n *o. rar* -s, -n› *m(f)* vicino, -a *m, f.* **Nachbarhaus** *n* casa *f* vicina. **Nachbarin** *f s.* **Nachbar. Nachbarland** *n* paese *m* confinante. **nachbarlich I.** *a* (del) vicino; **II.** *adv* di vicinato. **Nachbarschaft** ‹-, ø› *f* **1.** *(Verhältnis, Nachbarn)* vicinato *m;* **2.** *(Nähe)* vicinanza *f;* **die ~** i vicini.

nach·bereiten ‹*ohne ge-*› *tr* rielaborare, rimeditare.

nach·bestellen ‹*ohne ge-*› *tr* ordinare ancora. **Nachbestellung** *f* ordinazione *f* supplementare.

nach·beten *tr fam* ripetere pappagallescamente.

Nachbildung *f* **1.** *(Vorgang)* imitazione *f;* **2.** *(Werk)* copia *f.*

nach·datieren ‹*ohne ge-*› *tr* retrodatare.

nachdem [na:x'de:m] **I.** *con* **1.** *(zeitlich)* dopo *inf,* dopo che; **2.** *dial (kausal)* poichè, siccome; **II.** *adv:* **je ~, ob .../wie ...** secondo se .../come ...

nach·denken ‹*irr*› *itr* riflettere (*über* su), meditare (*über* su).

nachdenklich *a* **1.** *(in Gedanken versunken)* pensieroso, meditabondo; **2.** *(generell zum Nachdenken geneigt)* reflessivo.

Nachdichtung *f* versione *f* libera.

Nachdruck[1] ‹-(e)s, ø› *m* **1.** *(Betonung)* accento *m,* enfasi *f;* **2.** *(Festigkeit)* energia *f,* forza *f,* vigore *m;* **mit ~** con energia; **auf etw. ~ legen** porre l'accento su qc.

Nachdruck[2] ‹-(e)s, -e› *m* **1.** *typ* riproduzione *f;* **2.** *(Neuauflage)* ristampa *f;* **~ verboten** tutti i diritti riservati.

nach·drucken *tr* ristampare.

nachdrücklich ['na:xdrʏklɪç] *a* energico, fermo.

nach·dunkeln *itr* ‹*sein*› scurire.

Nachdurst *m* sete *f* da sbornia.

nach·eifern *itr:* **jdm ~** emulare qu.

nach·eilen *itr* ‹*sein*›: **jdm ~** correre dietro a qu.

nacheinander [na:xʔa̯i'nandɐ] *adv*

1. *(räumlich)* l'uno dopo (*o.* dietro) l'altro; **2.** *(zeitlich a.)* di seguito.

nach·empfinden ‹*irr, ohne ge-*› *tr* partecipare a, condividere, sentire; **jdm etw. ~** sentire qc come qu.

Nachen ['naxən] ‹-s, -› *m poet* navicella *f*, barca *f*.

nach·erzählen ‹*ohne ge-*› *tr* ripetere con proprie parole. **Nacherzählung** *f* ripetizione *f* (con proprie parole), riassunto *m*.

Nachfeier *f* festeggiamento *m* aggiornato (*o.* replicato).

Nachfolge *f* successione *f*.

nach·folgen *itr* ‹*sein*› **1.** *geh (als Anhänger)* seguire l'esempio (*jdm* di qu); **2.** *(hinterhergehen)* seguire (*jdm* qu); **3.** *(im Amt)* succedere (*jdm* a qu).

nach·forschen *itr* ricercare (*einer S.* qc). **Nachforschung** *f* ricerca *f*, indagine *f*; **~en nach etw. anstellen** fare delle ricerche (*o.* indagini) su qc.

Nachfrage *f* domanda *f*.

nach·fragen I. *itr* **1.** *(sich erkundigen)* informarsi (*nach* su, di); **2.** *(erbitten)* chiedere il permesso (*um* di); **3.** *(noch einmal fragen)* ridomandare; **II.** *tr com* richiedere.

Nachfrist *f* dilazione *f*, proroga *f*.

nach·fühlen *tr s.* **nachempfinden.**

nach·füllen *tr* **1.** *(Gefäß)* riempire (di nuovo); **2.** *(Inhalt)* riempire.

nach·geben ‹*irr*› **I.** *itr* **1.** cedere; **2.** *fin* flettersi; **II.** *tr* dare ancora; **er gibt seinem Freund an Eifer nichts nach** *geh* quanto a zelo non è inferiore al suo amico.

Nachgebühr *f* soprattassa *f*.

Nachgeburt *f* **1.** *(Mutterkuchen)* placenta *f*; **2.** *(Vorgang)* secondina *f*.

nach·gehen ‹*irr*› *itr* ‹*sein*› **1.** andare dietro (*jdm* a qu); *(a. fig: Spur, Gedanken)* seguire (*einer S.* qc); **2.** *fig (sich widmen)* attendere (*einer S.* qc), dedicarsi (*dat* a); **3.** *(nachforschen)* studiare a fondo (*einer S.* qc), approfondire (*einer S.* qc); **4.** *(Uhr)* ritardare, essere indietro; **einer Tätigkeit ~** dedicarsi ad un'attività; **meine Uhr geht drei Minuten nach** il mio orologio ritarda (*o.* è indietro) di tre minuti.

Nachgeschmack *m* sapore *m* (residuo).

nachgiebig ['na:xgi:bɪç] *a* **1.** *(Boden, etc.)* cedevole; *(Material)* elastico, flessibile; **2.** *(Mensch)* arrendevole, accondiscendente. **Nachgiebigkeit** ‹-, ø› *f* **1.** cedevolezza *f*; *tec* elasticità *f*, flessiblità *f*; **2.** *fig* arrendevolezza *f*, compiacenza *f*.

nach·grübeln *itr* **über etw. ~** lambiccarsi il cervello su qc, ruminare qc *fam*, rimuginare qc *fam*.

nachhaltig ['na:xhaltɪç] *a* persistente, durevole. **Nachhaltigkeit** ‹-, ø› *f* persistenza *f*, durata *f*.

nach·hängen ‹*irr*› *itr* accarezzare (*einem Gedanken, Traum* un'idea, un sogno).

Nachhauseweg [na:x'hauzə-] *m* rientro *m* a casa; **auf dem ~** rientrando a casa.

nach·helfen ‹*irr*› *itr* dare una mano (*jdm* a qu) aiutare (*jdm* qu); **dem Glück ein bißchen ~** aiutare un po' la fortuna.

nachher [na:x'he:ɐ̯ *o.* 'na:x...] *adv (danach)* dopo, poi; *(später)* più tardi; **bis ~!** a più tardi!, a dopo!

Nachhilfe *f* **1.** *(Hilfe)* aiuto *m*, assistenza *f*; **2.** *s.* **Nachhilfestunden. Nachhilfestunden** *f pl*, **-unterricht** *m* ripetizione *f*.

Nachholbedarf *m* bisogno *m* di ricuperare (*an etw.* qc).

nach·holen *tr* ricuperare.

Nachhut ‹-, -en› *f* retroguardia *f*.

nach·jagen *itr* ‹*sein*› correre dietro (*einer S.* a qc).

nach·kaufen *tr* completare, ricostituire; comprare successivamente. **Nachkaufgarantie** *f* garanzia *f* di produzione.

Nachkomme ['na:xkɔmə] ‹-n, -n› *m* discendente *mf*.

nach·kommen ‹*irr*› *itr* ‹*sein*› **1.** *(später kommen)* venire dopo; **2.** *(einer Vorschrift)* conformarsi (*dat* a); *(einem Befehl)* obbedire (*dat* a); *(einer Forderung)* dar seguito (*dat* a); *(einer Verpflichtung)* adempiere (*dat* a); **ich komme (euch) nach** vi raggiungerò.

Nachkommenschaft ‹-, ø› *f* discendenza *f*, posteri *m pl*.

Nachkömmling ['na:xkœmlɪŋ] ‹-s, -e› *m* ultimo figlio *m* (con grande differenza di età rispetto ai fratelli).

Nachkriegs- *(in Zusammensetzungen)* del dopoguerra, postbellico. **Nachkriegszeit** *f* dopoguerra *m*.

Nachkur *f* convalescenza *f*.

Nachlaß ['na:xlas] ‹-lasses, -lasse *o.* -lässe› *m* **1.** *com* riduzione *f*, sconto *m*; *(Rabatt)* ribasso *m*; **2.** *(Hinterlassenschaft)* eredità *f*.

nach·lassen ‹*irr*› **I.** *tr* **1.** *(lockern)* allentare; **2.** *(vom Preis)* ribassare; *(Schulden)* rimettere; *(Strafe)* condonare; **II.** *itr (Sturm, Lärm, Wind)* placarsi; *(Kälte, Hitze, Interesse, Leistung)* diminuire; *(Schmerz)* calmarsi;

(Liebe, Freundschaft, Eifer) raffreddarsi, intiepidirsi.

nachlässig *a* **1.** *(ohne Sorgfalt)* trascurato, negligente; **2.** *(gleichgültig)* incurante. **Nachlässigkeit** ‹-, *rar* -en› *f* **1.** *(Unordentlichkeit)* trascuratezza *f*, negligenza *f*; **2.** *(Gleichgültigkeit)* noncuranza *f*.

Nachlaßverwalter(in) *m(f)* amministratore, -trice *m, f* d'eredità.

nach·laufen ‹*irr*› *itr* ‹*sein*› correre dietro (*dat* a).

Nachlese *f* **1.** *(Getreide~)* spigolatura *f*; *(Trauben~)* racimolatura *f*; **2.** *fig lit* spigolatura *f*.

nach·lösen **I.** *itr* fare un biglietto in viaggio; **II.** *tr* fare.

nach·machen *tr* **1.** *(nachahmen)* imitare, copiare; *(parodieren)* contraffare; **2.** *(fälschen)* contraffare; *(Geld)* falsificare; **3.** *(nachträglich machen)* fare dopo; **es jdm ~** imitare l'esempio di qu; **mach mir doch nicht alles nach!** smettila di copiare tutto quello che faccio io! *fam;* **das soll mir erst mal jemand ~!** *fam* vediamo se c'è qualcuno capace di fare come me! *fam.*

nach·messen ‹*irr*› **I.** *tr (Länge, etc.)* verificare la misura di, rimisurare; *(Temperatur)* rimisurare; **II.** *itr (Länge, etc.)* verificare la misura; *(Temperatur)* rimisurare.

Nachmieter(in) *m(f)* inquilino, -a *m, f* subentrante.

Nachmittag *m* pomeriggio *m*. **nachmittags** *adv* di pomeriggio. **Nachmittagsvorstellung** *f* rappresentazione *f* pomeridiana.

Nachnahme ['na:xna:mə] ‹-, -n› *f*: **gegen ~** contrassegno. **Nachnahmegebühr** *f* tassa per spedizione contrassegno.

Nachporto *n* soprattassa *f*.

nachprüfbar *a* controllabile, verificabile.

nach·prüfen *tr* **1.** *(überprüfen)* controllare, verificare; **2.** *(noch einmal prüfen)* riesaminare.

Nachprüfung *f* **1.** *(Überprüfung)* controllo *m*, verifica *f*; **2.** *(erneute Prüfung)* riesame *m*; *(in Schule)* esame *m* di riparazione.

nach·rechnen **I.** *tr* controllare, verificare; **II.** *itr* verificare i conti (*o.* i calcoli).

Nachrede *f*: **üble ~** maldicenza *f*, diffamazione *f*.

nach·reden *tr (wiederholen)* ripetere; **jdm (etw.) Schlechtes ~** dire male di qu, sparlare di qu.

nach·reichen *tr (Unterlagen)* fornire in seguito.

Nachricht ['na:xrɪçt] ‹-, -en› *f* **1.** *(Meldung, Information)* notizia *f*; *(Mitteilung)* informazione *f*, comunicazione *f*; *(amtliche ~)* comunicato *m*; **2.** ‹*pl*› *radio* giornale *m* radio, notiziario *m*; *TV* telegiornale *m*; **ich habe keine ~ von ihm** non ho sue notizie; **das sind aber schlechte ~en** queste sono proprio cattive notizie; **wir geben Ihnen ~, sobald die Möbel da sind** non appena arrivano i mobili, glielo facciamo sapere. **Nachrichtenagentur** *f* agenzia *f* d'informazioni (*o.* di stampa). **Nachrichtendienst** *m* servizio *m* d'informazioni; *mil* servizio *m* di ricognizione. **Nachrichtensatellit** *m* satellite *m* per telecomunicazioni. **Nachrichtensendung** *f radio* giornale *m* radio, notiziario *m*; *TV* telegiornale *m*. **Nachrichtensperre** *f* censura *f* sulle informazioni. **Nachrichtensprecher(in)** *m(f)* annunciatore, -trice *m, f*. **Nachrichtentechnik** *f* telecomunicazioni *f pl*. **Nachrichtenwesen** *n* informazioni *f pl*.

Nachruf *m* necrologio *m* (*auf* di).

nach·rufen ‹*irr*› *tr*: **jdm etw. ~** gridare qc dietro a qu.

Nachruhm *m* fama *f* postuma.

Nachrüstung *f* riarmo *m*.

nach·sagen *tr (wiederholen)* ripetere; **jdm etw. Gutes/Schlechtes ~** dire bene/male di qu; **das soll man uns** *(dat)* **nicht ~** non ci possono accusare di ciò.

Nachsaison *f* bassa stagione *f*.

nach·schauen *itr*: **jdm ~** seguire qu con lo sguardo; **~, ob ...** andare a vedere se ...

nach·schicken *tr (Post)* mandare dopo, rispedire; *(Leute)* mandare dietro; *(Blicke)* mandare (dietro).

Nachschlag *m* **1.** *mus* note *f pl* finali del trillo; **2.** *fam (beim Essen)* seconda porzione *f*.

nach·schlagen ‹*irr*› **I.** *tr* ‹*haben*› *(in Buch, etc.)* cercare; **II.** *itr* **1.** ‹*haben*› consultare (*in einem Buch* un libro); **2.** ‹*sein*›: **jdm ~** *geh (nacharten)* assomigliare a qu.

Nachschlagewerk *n* opera *f* di consultazione.

Nachschlüssel *m* chiave *f* falsa, passe-partout *m*.

Nachschrift *f* **1.** *(Aufzeichnungen)* appunti *m pl*; **2.** (*ab* **NS**) *(Nachtrag)* poscritto *m*.

Nachschub *m* **1.** *(Versorgung)* rifornimento *m*; **2.** *(Material)* rifornimenti *m pl*.

nach·sehen ⟨*irr*⟩ **I.** *itr* **1.** *(hinterhersehen)* seguire con lo sguardo (*jdm/einer S.* qu/qc); **2.** *(gucken)* andare a vedere, dare un'occhiata; *(in Buch)* consultare (*in etw.* qc); **II.** *tr* **1.** *(durchsehen, prüfen)* verificare, esaminare, controllare; **2.** *(entschuldigen)* perdonare (*jdm etw.* qc a qu), lasciar passare (*jdm etw.* qc a qu). **Nachsehen** ⟨-s, ø⟩ *n:* **das ~ haben** restare a bocca asciutta *fam.*

nach·senden ⟨*irr*⟩ *tr s.* **nachschikken.**

Nachsicht *f* indulgenza *f,* condiscendenza *f,* riguardo *m;* **gegen jdn ~ üben** essere indulgente con qu; **~/keine ~ mit jdm haben** essere/non essere indulgente con qu. **nachsichtig** *a* indulgente.

Nachsilbe *f* suffisso *m.*

nach·sinnen ⟨*irr*⟩ *itr geh* riflettere (*über* su), meditare (*über* su).

nach·sitzen ⟨*irr*⟩ *itr* rimanere a scuola per castigo.

Nachspann ['na:xʃpan] ⟨-(e)s, -e⟩ *m* titoli *m pl* di chiusura.

Nachspeise *f* dessert *m,* dolce *m.*

Nachspiel *n* **1.** *theat* epilogo *m, mus* postludio *m;* **2.** *fig (Folgen)* strascico *m;* **ein gerichtliches ~ haben** avere uno strascico giudiziario.

nach·spionieren ⟨*ohne ge-*⟩ *itr:* **jdm ~** spiare qu.

nach·sprechen ⟨*irr*⟩ *tr* ripetere.

nächst [nɛ:çst] *prp dat geh* **1.** *(örtlich)* accanto, dopo; **2.** *(außer)* oltre a.

nächstbeste(r, s) ['nɛ:çst'bɛstə] *a* primo, -a venuto, -a.

nächste *s.* **nächste(r, s).**

Nächste[1] ⟨ein -r, -n, -n⟩ *m (Mitmensch)* prossimo *m.*

Nächste[2] ⟨ein -s, -n, ø⟩ *n* prima cosa *f.*

nach·stehen ⟨*irr*⟩ *itr:* **jdm (in nichts) ~** (non) essere inferiore (in nulla) a qu; **jdm an Schönheit nicht ~** non essere inferiore a qu in bellezza.

nach·stellen I. *tr* **1.** *(räumlich, a. gram)* posporre; **2.** *(Uhr)* mettere indietro; **II.** *itr:* **jdm ~** inseguire qu, perseguitare qu; *fam (nachsteigen)* correre dietro a qu; **einem Tier ~** dare la caccia ad un animale. **Nachstellung** *f* **1.** *(Verfolgung)* agguato *m,* caccia *f,* persecuzione *f; (Aufdringlichkeit)* invadenza *f;* **2.** *gram* posposizione *f.*

Nächstenliebe *f* amore *m* del prossimo, carità *f.*

nächste(r, s) ['nɛ:çstə] ⟨*Superlativ von* nah(e)⟩ *a* **1.** *(räumlich)* (il, la) più vicino, -a; *(a. zeitlich)* prossimo, -a; *(Weg)* (il, la) più breve; **2.** *(Reihenfolge)* seguente, prossimo, -a, successivo, -a; **~s Mal** la prossima volta; **~n Sonntag** domenica prossima; **am ~n** più vicino; **im ~n Augenblick** un momento dopo; **im ~en Jahr** l'anno prossimo; **in/aus ~r Nähe** da molto vicino; **Anfang ~r Woche** all'inizio della settimana prossima; **bei der ~n Gelegenheit** alla prossima occasione; **der ~, bitte!** avanti il prossimo!; **der/die/das ~ beste** il/la primo/-a venuto/-a, la prima cosa che capita; **ich bin die ~, die hier auszieht** sono la prima che se ne va.

Nächstliegende ⟨ein -s, -n, ø⟩ *n:* **das ~** *fig* la cosa più evidente. **nächstmögliche(r, s)** ['nɛ:çst'mø:klıçə] *a* prossimo, -a.

nach·suchen *itr* **1.** *(nachsehen)* (ri)cercare; **2.** *geh (bitten, beantragen)* chiedere (*bei jdm um etw.* qc a qu), domandare (*bei jdm um etw.* qc a qu), sollecitare (*bei jdm um etw.* qc da qu).

Nacht [naxt] ⟨-, ⸚e⟩ *f (a. fig)* notte *f; (Dauer)* nottata *f;* **die ganze ~ (über)** tutta la notte; **bei ~, in der ~, des ~s** *geh* di notte; **im Schutze der ~** *geh* col favore delle tenebre; **bei ~ und Nebel** furtivamente; **heute ~** stanotte; **über ~, die ~ über** durante la notte; **über ~** *fig* improvvisamente; *(von heute auf morgen)* da un giorno all'altro; **über ~ bleiben** pernottare, passare (*o.* trascorrere) la notte; **es wird ~, die ~ bricht herein** si fa notte, annotta; **gute ~!** buona notte!; **na, dann gute ~!** *fam* buonanotte, allora! *fam,* buona notte al secchio! *fam;* **schwarz wie die ~** nero come il carbone; **sich** *(dat)* **die ~ um die Ohren schlagen** passare la notte in bianco; **in der ~ vom 21. auf den 22. April** nella notte fra il 21 ed il 22 aprile. **Nachtarbeit** *f* lavoro *m* notturno. **Nachtblindheit** *f* emeralopia *f.* **Nachtcreme** *f* crema *f* da (*o.* per la) notte. **Nachtdienst** *m* servizio *m* notturno.

Nachteil *m* svantaggio *m,* sfavore *m; (Schaden a.)* danno *m,* pregiudizio *m;* **zum ~ von** a svantaggio di; **jdm ~e bringen, für jdn von ~ sein** arrecare danno (*o.* pregiudizio) a qu; **gegenüber jdm im ~ sein** essere svantaggiato rispetto a qu; **die Vor- und ~e einer S. abwägen** valutare il pro ed il contro di qc; **sich zu seinem ~ verändern** cambiare in peggio; **daraus entstehen** (*o.* **erwachsen) Ihnen beträchtliche ~e** ne derivano per Lei notevoli svantaggi. **nachteilig** *a (un-*

günstig) svantaggioso; *(schädlich)* dannoso, pregiudizievole; *(abträglich)* sfavorevole.
nächtelang ['nɛçtə-] *adv* per notti intere.
Nachtessen *n (CH, süddeutsch) s.* **Abendessen. Nachteule** *f fam scherz* nottambulo *m.* **Nachtfalter** *m* farfalla *f* notturna, falena *f.* **Nachtfrost** *m* gelo *m* notturno. **Nachthemd** *n* camicia *f* da notte.
Nachtigall ['naxtɪgal] ⟨-, -en⟩ *f* usignolo *m.*
nächtigen ['nɛçtɪgən] *itr geh* passare la notte.
Nachtisch *m* dessert *m,* dolce *m.*
Nachtklub *m* locale *m* notturno, night-club *m.* **Nachtlager** *n geh* giaciglio *m.* **Nachtleben** *n* vita *f* notturna.
nächtlich ['nɛçtlɪç] *a* notturno.
Nachtlokal *n* locale *m* notturno, night *m.* **Nachtmahl** *n (A, süddeutsch) s.* **Abendessen. Nachtportier** *m* portiere *m* di notte. **Nachtquartier** *n* alloggio *m* per la notte.
Nachtrag ['na:xtra:k] ⟨-(e)s, ⸚e⟩ *m* supplemento *m,* aggiunta *f; (Anhang, a. in Vertrag)* appendice *f; (in Brief)* poscritto *m.*
nach·tragen ⟨*irr*⟩ *tr* **1.** *(hinterhertragen)* portare dietro; **2.** *(hinzufügen, später einsetzen)* aggiungere; **3.** *(nachtragend sein)* serbare (*o.* portare) rancore (*jdm etw.* a qu per qc). **nachtragend** *a* permaloso.
nachträglich ['na:xtrɛ:klɪç] **I.** *a* **1.** *(ergänzend)* supplementare, suppletivo; **2.** *(später eingehend)* ulteriore, posteriore; **3.** *(später nachfolgend)* ritardato, tardivo; **II.** *adv* più tardi, in seguito; *(verspätet)* in ritardo.
nach·trauern *itr:* **jdm/einer S. ~** rimpiangere qu/qc.
Nachtruhe *f* riposo *m* notturno.
nachts *adv* di notte; **um 3 Uhr ~** alle 3 di notte.
Nachtschattengewächs *n* solanacee *f pl.* **Nachtschicht** *f* **1.** *(Arbeit)* turno *m* di notte; **2.** *(Mannschaft)* squadra *f* notturna. **Nachtschwärmer** *m* **1.** *zoo* falena *f;* **2.** *scherz* nottambulo *m.* **Nachtschwester** *f* infermiera *f* di notte; **nach der ~ klingeln** chiamare l'infermiera di notte. **Nachtspeicherofen** *m* stufa *f* d'accumulazione di calore. **Nachttarif** *m* tariffa *f* notturna. **Nachttisch** *m* comodino *m.* **Nachttischlampe** *f* abat-jour *m.* **Nachttopf** *m* vaso *m* da notte. **Nacht-und-Nebel-Aktion** *f fam* retata *f* notturna. **Nachtvorstellung** *f* rappresentazione *f* notturna. **Nachtwache** *f* **1.** *(Dienst)* veglia *f;* **2.** *(Person)* guardia *f* notturna. **Nachtwächter** *m* guardiano *m* (*o.* vigile *m*) notturno. **Nachtzeit** *f:* **zur ~** di notte.
Nachuntersuchung *f* controllo *m.*
nachvollziehbar *a* comprensibile; *(Gedanken)* ripercorribile.
nach·vollziehen ⟨*irr, ohne ge-*⟩ *tr* ripercorrere.
nach·wachsen ⟨*irr*⟩ *itr* ⟨*sein*⟩ ricrescere.
Nachwahl *f* elezione *f* suppletiva.
Nachwehen *f pl* **1.** *med* morsi *m pl* uterini; **2.** *fig geh (unangenehme Folgen)* conseguenze *f pl* dolorose, effetti *m pl* dolorosi.
nach·weinen *itr:* **jdm/einer S. keine Träne ~** non rimpiangere qu/qc, non versare lacrime per qu/qc.
Nachweis ['na:xva̯ɪs] ⟨-es, -e⟩ *m* **1.** *(Beweis)* prova *f,* dimostrazione *f;* **2.** *(Bescheinigung)* attestato *m,* pezza *f* d'appoggio; **zum ~ von** a sostegno di; **den ~ erbringen (***o.* **führen** *o.* **liefern), daß ...** fornire la prova che ...
nachweisbar *a* **1.** *(beweisbar)* dimostrabile; **2.** *(belegbar)* documentabile; **3.** *(auffindbar: Fehler, etc.)* trovabile.
nach·weisen ⟨*irr*⟩ *tr* **1.** *(beweisen)* provare, dimostrare; **2.** *(belegen, bescheinigen)* attestare, certificare; **jdm etw. ~** provare (*o.* dimostrare) qc a qu.
nachweislich *adv* come si può dimostrare.
Nachwelt *f* posterità *f,* posteri *m pl.*
nach·werfen ⟨*irr*⟩ *tr:* **jdm etw. ~** gettare (*o.* tirare) dietro qc a qu.
nach·wirken *itr tec, med* produrre un effetto secondario; *(Einfluß haben)* ripercuotersi (*auf* su). **Nachwirkung** *f* **1.** *tec, med* effetto *m* secondario; **2.** *fig (Einfluß)* ripercussione *f* (*auf* su).
Nachwort ⟨-(e)s, -e⟩ *n* conclusione *f,* epilogo *m.*
Nachwuchs *m (junge Kräfte)* giovani leve *f pl; fam (Kinder)* figli *m pl,* bambini *m pl.*
nach·zahlen *tr, itr* **1.** *(später zahlen)* pagare dopo (*o.* successivamente); **2.** *(zusätzlich zahlen)* pagare in più; *(im Zug, etc.)* pagare un (*o. tr* come) supplemento.
nach·zählen *tr, itr* (ri)contare.
Nachzahlung *f* **1.** *(später)* pagamento *m* successivo; *(zusätzlich)* pagamento *m* supplementare; **2.** *(nachzuzahlende Summe)* arretrato *m; (im Zug, etc.)* supplemento *m.*

nach·zeichnen *tr* copiare, riprodurre.

nach·ziehen ‹*irr*› **I.** *tr* ‹*haben*› **1.** *(hinterherziehen)* tirare dietro; **2.** *(Schraube, etc.)* serrare; **3.** *(Strich)* ricalcare; *(Augenbrauen, Lippen, etc.)* ritoccare; **das Bein ~** trascinare la gamba; **II.** *itr* ‹*sein*› seguire (*jdm/einer S.* qu/qc).

Nachzügler(in) ['na:xtsy:klɐ (...ərɪn)] ‹-s, -› *m(f)* ritardatario, -a *m, f.*

Nackedei ['nakədai] ‹-s, -s› *m fam scherz* **1.** *(Erwachsener)* nudità *f;* **2.** *(Kind)* bambino *m* nudo.

Nacken ['nakən] ‹-s, -› *m* nuca *f; gastr* lombata *f;* **jdm den ~ steifen** *geh* incoraggiare qu; **ihr sitzt die Angst/ihr Chef im ~** *fam* è in preda alla paura/il suo capo (*o.* principale) l'assilla (*o.* la tormenta). **Nackenstütze** *f* poggiacapo *m.*

nackt [nakt] *a* **1.** *(unbekleidet, a. fig)* nudo; **2.** *(kahl a.)* calvo; *(Baum)* spoglio; *(Hügel)* brullo; **3.** *fig (unverhüllt a.)* nudo e crudo; *(nichts anderes als)* puro; **sich ~ ausziehen** spogliarsi completamente; **die ~en Tatsachen** i fatti nudi e crudi. **nackt·baden** *itr* fare il bagno nudo. **Nacktbadestrand** *m* spiaggia *f* per nudisti. **Nacktheit** ‹-, ø› *f* nudità *f.* **Nackttänzer(in)** *m(f)* ballerino, -a *m, f* nudo, -a.

Nadel ['na:dəl] ‹-, -n› *f* **1.** *(Näh~, bot)* ago *m; (Steck~)* spillo *m; (Häkel~)* uncinetto *m; (Strick~)* ago *m* da maglia (*o.* da calza *o.* da lana), ferro *m* (da calza); **2.** *(ohne Öhr)* spilla *f; (Haar~)* spillone *m; (Hut~)* spillone *m* (da cappello); *(Krawatten~)* spilla *f* (da cravatta); *(Ansteck~)* spilla *f;* **3.** *(Grammophon~)* puntina *f.* **Nadelbaum** *m* conifera *f.* **Nadelholz** *n* conifera *f.* **Nadelkissen** *n* puntaspilli *m.* **Nadelöhr** *n* cruna *f* dell'ago. **Nadelstich** *m* **1.** *(Einstich)* puntura *f* d'ago; *(von Stecknadel)* puntura *f* di spillo; **2.** *(Nähstich)* punto *m* di cucito; **3.** *fig* punzecchiatura *f,* frecciata *f.* **Nadelstreifen** *m pl* righe *f pl* sottilissime di una stoffa gessata. **Nadelstreifenanzug** *m* gessato *m.* **Nadelwald** *m* bosco *m* di conifere.

Nagel ['na:gəl] ‹-s, ¨› *m* **1.** *tec* chiodo *m; (Holz~)* cavicchio *m;* **2.** *anat* unghia *f;* **mit Nägeln beschlagen** chiodare; **sich** *(dat)* **die Nägel schneiden/feilen** tagliarsi/limarsi le unghie; **sich** *(dat)* **etw. unter den ~ reißen** *fam* grattare (*o.* sgraffignare) qc *fam;* **den ~ auf den Kopf treffen** *fam* cogliere nel segno; **Nägel mit Köpfen machen** *fam* fare le cose come si deve *fam;* **er hat das Klavierspielen an den ~ gehängt** *fam* ha smesso di suonare il pianoforte; **die Sache brennt mir auf** (*o.* **unter**) **den Nägeln** la cosa mi preme (*o.* urge). **Nagelbürste** *f* spazzolino *m* per le unghie. **Nagelfeile** *f* limetta *f* per le unghie. **Nagelhaut** *f* pipita *f.* **Nagelhautentferner** ‹-s, -› *m* lozione *f* per togliere le pellicine delle unghie. **Nagellack** *m* smalto *m* per le unghie. **Nagellackentferner** ‹-s, -› *m* solvente *m* per smalto, acetone *m.*

nageln **I.** *tr* inchiodare (*an, auf* a); *(Schuhe)* chiodare; **II.** *itr* piantare chiodi (*in* in).

nagelneu ['na:gəl'nɔy] *a fam* nuovo fiammante *fam.*

Nagelpflege *f* manicure *f,* cura *f* delle unghie. **Nagelreiniger** ‹-s, -› *m* nettaunghie *m.* **Nagelschere** *f* forbici *f pl* per le unghie. **Nagelschuhe** *m pl* scarpe *f pl* chiodate.

nagen ['na:gən] **I.** *itr* **1.** *(knabbern, zer~)* (cor)rodere (*an etw.* qc), rosicchiare (*an etw.* qc); **2.** *fig (Kummer)* struggere (*an jdm* qu); *(Gewissen)* rimordere; **II.** *tr* rodere. **nagend** *a* tormentoso, cocente.

Nager ‹-s, -› *m,* **Nagetier** *n* roditore *m.*

Nahaufnahme *f* primo piano *m.*

nah(e) ['na:(ə)] **I.** ‹¨er, nächste› *a* **1.** *(räumlich)* vicino; **2.** *(zeitlich)* prossimo, imminente; **3.** *fig (eng)* stretto; **~e bei** vicino a, in prossimità di; **~(e) beieinander** uno accanto all'altro; **jdm zu ~e treten** offendere qu; **ich war ~e daran zu ...** ero sul punto di ...; **von ~ und fern** da tutte le parti, da ogni dove; **der N~e Osten** il Vicino Oriente; **II.** *prp dat* vicino a; **den Tränen ~e sein** stare per piangere.

Nähe ['nɛ:ə] ‹-, ø› *f* **1.** vicinanza *f; prossimità f;* **2.** *(Umgebung)* vicinanze *f pl,* dintorni *m pl;* **aus nächster ~, ganz aus der ~** da brevissima distanza; **in der ~ (von)** vincino (a), nelle vicinanze (di); **ganz in der ~, in nächster** (*o.* **unmittelbarer**) **~** vicinissimo; **aus der ~ betrachtet** considerato da vicino; **in seiner ~ fühle ich mich wohl** vicino a lui mi sento bene.

nahebei ['na:ə'bai] *adv* vicino.

nahe·bringen ‹*irr*› *tr:* **jdm etw. ~** rendere accessibile qc a qu; **jdn jdm ~** avvicinare qu a qu. **nahe·gehen** ‹*irr*› *itr* ‹*sein*› toccare da vicino (*jdm* qu). **nahe·kommen** ‹*irr*› *itr* ‹*sein*› avvicinarsi (*jdm/einer S.* a qu/qc). **nahe·legen** *tr* far capire (*jdm etw.* qc a qu),

raccomandare (*jdm etw.* qc a qu). **nahe·liegen** ‹*irr*› *itr* essere ovvio; **die Vermutung liegt nahe, daß ...** è facile supporre che ... *conj.* **naheliegend** *a* evidente, ovvio.
nahen ['na:ən] *itr* ‹*sein*›, *rfl:* **sich ~** *geh* avvicinarsi.
nähen ['nɛ:ən] **I.** *tr* cucire; **II.** *itr* cucire; *med* operare una sutura.
näher ['nɛ:ɐ] ‹*Komparativ von* nah(e)› *a* **1.** *(örtlich)* più vicino; *(Weg)* più breve; **2.** *(zeitlich)* prossimo, più vicino; **3.** *(genauer)* preciso, dettagliato; **~ bestimmen** determinare; **jdn ~ kennen** conoscere bene qu; **jdn ~ kennenlernen** conoscere qu più da vicino (*o.* meglio); **treten Sie ~!** venga avanti!; **bei ~em Hinsehen** visto (più) da vicino; **~ auf etw. eingehen** interessarsi di qc più da vicino; **alles N~e besprechen wir morgen** dei particolari parleremo domani. **näher·bringen** ‹*irr*› *tr:* **jdm etw. ~** far capire qc a qu, mettere qc alla portata di qu.
Naherholung *f* villeggiatura *f* da fine settimana. **Naherholungsgebiet** *n* zona *f* di villeggiatura limitrofa al centro urbano.
Näherin ['nɛ:ərɪn] *f* cucitrice *f.*
näher·kommen ‹*irr*› *itr* ‹*sein*› avvicinarsi, stabilire un rapporto più stretto.
nähern *rfl:* **sich ~** avvicinarsi (*dat* a); **sich seinem Ende ~** avvicinarsi alla fine. **Näherungswert** *m* valore *m* approssimativo.
nahe·stehen ‹*irr*› *itr* essere vicino (*dat* a), essere in stretto rapporto (*dat* con).
nahezu ['na:ə'tsu:] *adv* quasi.
Nähfaden *m,* **-garn** *n* filo *m* da cucire.
Nahkampf *m* corpo a corpo *m.*
Nähkasten *m,* **-korb** *m* cestino *m* da lavoro.
nahm [na:m] *1. u. 3. pers sing imp von* **nehmen.**
Nähmaschine *f* macchina *f* da cucire. **Nähnadel** *f* ago *m* per cucire.
Nährboden *m* **1.** *biol* terreno *m* di coltura; **2.** *fig* terreno *m* propizio.
nähren ['nɛ:rən] **I.** *tr* nutrire; **II.** *itr* essere nutriente; **III.** *rfl:* **sich ~** nutrirsi (*von* di).
nahrhaft ['na:ɐhaft] *a* nutriente, nutritivo.
Nährmittel *n pl* prodotti *m pl* alimentari. **Nährstoff** *m* sostanza *f* nutritiva.
Nahrung ['na:rʊŋ] ‹-, ø› *f* alimentazione *f,* nutrizione *f;* **~ zu sich** *(dat)* **nehmen** mangiare, prendere cibo; **die ~ verweigern** rifiutare il cibo; **einem Gerücht neue ~ geben** alimentare una voce.
Nahrungsmittel *n* alimento *m,* prodotto *m* alimentare; ‹*pl*› derrate *f pl* (alimentari). **Nahrungsmittelchemie** *f* chimica *f* alimentare (*o.* degli alimenti). **Nahrungsmittelchemiker(in)** *m(f)* chimico, -a *m, f* alimentare. **Nahrungsmittelindustrie** *f* industria *f* alimentare. **Nahrungsmittelvergiftung** *f* intossicazione *f* da alimenti.
Nährwert *m* valore *m* nutritivo.
Nähseide *f* seta *f* per cucire.
Naht [na:t] ‹-, ¨e› *f* cucitura *f; tec* saldatura *f; anat, bot, med* sutura *f;* **aus allen Nähten platzen** *fam* ingrassare. **nahtlos** *a (Textil)* senza cucitura; *tec* senza saldatura; **Vorlesung und Diskussion gingen ~ ineinander über** si passò dalla lezione alla discussione senza difficoltà.
Nahverkehr *m* traffico *m* locale (*o.* a breve distanza). **Nahverkehrsmittel** *n* mezzo *m* di trasporto intercomunale.
Nähzeug ‹-(e)s, -e› *n* occorrente *m* per cucire.
naiv [na'i:f] *a* ingenuo, semplice.
Naivität [naivi'tɛ:t] ‹-, ø› *f* ingenuità *f,* candore *m,* semplicità *f.*
Name ['na:mə] ‹-ns, -n› *m,* **Namen** ['na:mən] ‹-s, -› *m* nome *m; (Bezeichnung a.)* denominazione *f; (Ruf)* reputazione *f;* **im ~n von** a nome (*o.* da parte) di; **unter falschem ~n** sotto falso nome; **seinen ~n für etw. hergeben** prestare il nome per qc; **beim ~n nennen** chiamare per nome; **seinen ~n unter etw. setzen** apporre il proprio nome sotto qc, firmare qc; **mit vollem ~n unterschreiben** firmare per intero (*o.* con nome e cognome); **wie ist Ihr ~?** come si chiama?; **auf den ~n ... lautend** nominativo ...; **dem ~n nach könnte er Italiener sein** a giudicare dal nome potrebbe essere italiano; **ich kenne sie nur dem ~n nach** la conosco solo di nome; **sich** *(dat)* **mit etw. einen ~n machen** farsi un nome con qc; **im ~n des Gesetzes/Volkes** in nome della legge/del popolo; **im ~n des Vaters, des Sohnes und des Heiligen Geistes** in nome del Padre, del Figlio e dello Spirito Santo; **in Gottes ~n!** *fam* va bene!; **das Kind beim ~n nennen** *fam* dire pane al pane e vino al vino *fam.* **namenlos** *a* **1.** senza nome, anonimo; **2.** *fig geh (unsagbar)* indicibile, inesprimibile.

namens **I.** *adv (mit Namen)* di nome, chiamato; **II.** *prp gen adm (im Namen von)* in nome (*o.* da parte) di.

Namensänderung *f* cambiamento *m* di nome. **Namen(s)gedächtnis** *n* memoria *f* per i nomi. **Namenstag** *m* onomastico *m;* **jdm zum ~ gratulieren** fare gli auguri a qu per il suo onomastico. **Namensvetter** *m* omonimo *m.* **Namenszug** *m* sigla *f.*

namentlich ['na:məntlıç] **I.** *a* nominale; nominativo; **~er Aufruf** appello nominale; **II.** *adv* **1.** *(mit Namen)* nominalmente, per nome; **2.** *(insbesondere)* segnatamente, specialmente.

namhaft *a* **1.** *(bekannt)* noto, conosciuto; **2.** *(beträchtlich)* considerevole, notevole; **jdn ~ machen** *adm* trovare qu.

nämlich ['nɛ:mlıç] **I.** *a geh:* **der ~e** lo stesso; **das ~e** la stessa cosa; **II.** *adv* **1.** *(und zwar)* cioè, vale a dire; **2.** *(denn)* poiché, difatti; **die Sache ist ~ die, daß ...** la cosa infatti è che ...; **das weiß ich genau, wir haben sie ~ gerade getroffen** lo so con precisione: infatti l'abbiamo appena incontrata.

nannte ['nantə] *1. u. 3. pers sing imp von* **nennen.**

nanu [na'nu:] *interj fam* ma guarda un po'!; *fam* **~, wo kommst du denn her?** beh (*o.* tò), da dove arrivi?

Napalm® ['na:palm] ‹-s, ø› *n* napalm *m.* **Napalmbombe** *f* bomba *f* al napalm.

Napf [napf] ‹-(e)s, ⸚e› *m* scodella *f,* ciotola *f,* gamella *f.* **Napfkuchen** *m* focaccia *f.*

Narbe ['narbə] ‹-, -n› *f* **1.** *med* cicatrice *f;* **2.** *bot* stigma *m;* **3.** *(im Leder)* grana *f;* **4.** *(Gras~)* prato *m,* tappeto *m* erboso. **narbig** *a* **1.** *med* pieno di cicatrici, butterato; **2.** *(Leder)* granito.

Narbung ‹-, -en› *f (Leder~)* granitura *f.*

Narkose [nar'ko:zə] ‹-, -n› *f* narcosi *f,* anestesia *f.*

narkotisch [...'ko:tıʃ] *a* narcotico, narcotizzante.

narkotisieren [...koti'zi:rən] ‹*ohne ge-*› *tr* narcotizzare.

Narr [nar] ‹-en, -en› *m,* **Närrin** ['nɛrın] *f* **1.** pazzo, -a *m, f,* folle *mf,* matto, -a *m, f;* **2.** *theat, hist* buffone *m;* **an jdm einen ~en gefressen haben** *fam* andare pazzo per qu *fam;* **jdn zum ~en halten** (*o.* **haben**) farsi (*o.* prendersi) gioco di qu.

narren *tr geh* **1.** *(zum besten halten)* prendersi gioco di; **2.** *(täuschen)* ingannare.

Narrenfreiheit *f* libertà *f* di dire *o.* fare cose altrimenti proibite. **Narrenkappe** *f* berretto *m* da buffone.

Narretei [narə'tai̯] ‹-, -en› *f geh* scherzo *m; (Unsinn)* sciocchezza *f,* stravaganza *f.*

Narrheit ‹-, -en› *f* **1.** ‹*sing*› *(Dummheit)* follia *f,* pazzia *f;* **2.** *(Streich)* sciocchezza *f; (dumme Tat)* pazzia *f,* follia *f.*

Närrin *f s.* **Narr.**

närrisch ['nɛrıʃ] *a* **1.** *(töricht)* folle, matto; **2.** *(verrückt, skurril)* pazzo, buffo; **3.** *(karnevalistisch)* carnevalesco, buffonesco; **die ~en Tage** *(Faschingszeit)* il Carnevale; **auf den Straßen Kölns herrscht ~es Treiben** per le strade di Colonia infuria il Carnevale; **ganz ~ auf etw./jdn sein** *fam* andare pazzo per qc/qu *fam.*

Narzisse [nar'ts̮ısə] ‹-, -n› *f* narciso *m.*

Narzißmus [nar'ts̮ısmus] ‹-, ø› *m* narcisismo *m.*

Narzißt(in) [...'ts̮ıst(ın)] ‹-en, -en› *m(f)* narcisista *mf.*

narzißtisch *a* narcisistico.

NASA ['na:za] ‹-, ø› *f* N.A.S.A. *f.*

nasal [na'za:l] *a* nasale.

nasalieren [naza'li:rən] ‹*ohne ge-*› *tr* nasalizzare.

Nasallaut *m* suono *m* nasale.

naschen ['naʃən] *tr, itr (heimlich)* spizzicare (di nascosto) (*an, von etw.* qc); *(Süßigkeiten)* mangiare.

Nascherei [naʃə'rai̯] ‹-, -en› *f* **1.** *(Naschwerk)* dolciume *m;* **2.** ‹*sing*› *(das Naschen)* spilluzzicare *m* (di nascosto); *(von Süßigkeiten)* mangiare *m* dolciumi.

naschhaft *a* ghiotto, goloso. **Naschhaftigkeit** ‹-, ø› *f* golosità *f,* ghiottoneria *f.* **Naschkatze** *f fam* ghiottone, -a *m, f,* goloso, -a *m, f.*

Nase ['na:zə] ‹-, -n› *f* **1.** *(a. fig, arch)* naso *m;* **2.** *(Geruchssinn a.)* odorato *m,* olfatto *m;* **3.** *(Spürsinn a.)* fiuto *m;* **4.** *fam (von Farbe, etc.)* lacrima *f;* **eine feine** (*o.* **gute**) **~ haben** aver l'odorato fino; **die ~ davon voll haben** *fam* averne le tasche piene *vulg;* **jdn an der ~ herumführen** menare qu per il naso *fam;* **jdm auf der ~ herumtanzen** mettersi qu sotto i piedi; **auf der ~ liegen** *fam* essere malato; **jdm etw. unter die ~ reiben** *fam* rinfacciare qc a qu; **durch die ~ sprechen** parlare col naso; **seine ~ in alles stecken** *fam* ficcare il naso dappertutto *fam;* **jdn mit der ~ auf etw. stoßen** *fam* far toccare con mano qc a qu; **jdm etw. vor der ~ wegschnappen** *fam* portar via qc a qu sotto il naso *fam;* **pro ~** *fam scherz* a testa, per persona; **auf die ~ fallen** *fig fam* fallire, non avere successo; **jdm die Tür vor der ~ zuschlagen** *fam* sbattere la porta in faccia a qu *fam;* **die ~ rümpfen** arricciare il naso; **immer der ~ nach** *fam* sempre diritto; **das sieht man dir an der ~ an** *fam* basta guardarti in faccia; **jdm etw. auf die ~ binden** *fam* dare d'intendere qc a qu *fam;* **man mußte ihr jedes Wort** (*o.* **die Würmer) aus der ~ ziehen** bisognava cavarle le parole di bocca; **die richtige ~ für etw. haben** avere buon fiuto per qc.

näseln ['nɛ:zəln] *itr* parlare con voce nasale.

Nasenbein *n* osso *m* nasale. **Nasenbluten** ‹-s, ø› *n* sangue *m* dal naso; *med* epistassi *f;* **~ haben** perdere sangue del naso. **Nasenflügel** *m* ala *f* (*o.* pinna *f*) nasale. **Nasenhöhle** *f* fossa *f* nasale. **Nasenlänge** *f:* **jdm um eine ~ voraus sein** precedere qu di un palmo. **Nasenloch** *n* narice *f.* **Nasenrücken** *m* dorso *m* del naso. **Nasenscheidewand** *f* setto *m* nasale. **Nasenschleimhaut** *f* mucosa *f* nasale. **Nasenspitze** *f* punta *f* del naso. **Nasenspray** *m o. n* nebulizzatore *m* (*o.* spray *m*) per il naso. **Nasentropfen** *m pl* gocce *f pl* per il naso. **Nasenwurzel** *f* radice *f* del naso.

naseweis ['na:zəvais] *a* **1.** *(vorlaut)* saputello, saccente; **2.** *(vorwitzig)* saccente. **Naseweis** ‹-es, -e› *m* **1.** *(Vorlauter)* saputello, -a *m, f,* saccente *mf;* **2.** *(Vorwitziger)* saccente *mf.*

Nashorn *n* rinoceronte *m.*

naß [nas] ‹nasser *o.* nässer, nasseste *o.* nässeste› *a* bagnato; *(durchnäßt a.)* zuppo, fradicio; *(Wetter, a. med)* umido; *(regenreich)* piovoso; **~ machen** bagnare; **sich ~ machen, ~ werden** bagnarsi; **~ bis auf die Haut** bagnato fino alle ossa.

Nässe ['nɛsə] ‹-, ø› *f* umidità *f;* **vor ~ schützen!** teme l'umidità.

nässen I. *itr* colare; **II.** *tr geh* inumidire; **das Bett ~** bagnare il letto.

naßkalt *a* freddo umido; **es ist ~** fa un freddo umido. **Naßrasur** *f* rasatura *f* con pennello. **Naßzelle** *f* servizi *m pl.*

Nastuch *n CH* fazzoletto *m.*

Nation [na'tsio:n] ‹-, -en› *f* nazione *f;* **die Vereinten ~en** le Nazioni Unite.

national [natsio'na:l] *a* nazionale. **Nationalelf** *f* squadra *f* nazionale di calcio; **die italienische ~** la nazionale italiana; gli azzurri. **Nationalfeiertag** *m* festa *f* nazionale. **Nationalgericht** *n* piatto *m* nazionale. **Nationalgetränk** *n* bevanda *f* nazionale. **Nationalheld(in)** *m(f)* eroe *m,* (eroina *f*) nazionale. **Nationalhymne** *f* inno *m* nazionale.

Nationalismus [natsiona'lɪsmʊs] ‹-, ø› *m* nazionalismo *m.*

Nationalist(in) [...'lɪst(ɪn)] ‹-en, -en› *m(f)* nazionalista *mf.*

nationalistisch *a* nazionalista, nazionalistico.

Nationalität [...li'tɛ:t] ‹-, -en› *f* nazionalità *f.* **Nationalitätskennzeichen** *n* targa *f* di nazionalità.

Nationalmannschaft *f* (squadra *f*) nazionale *f.* **Nationalsozialismus** *m* nazionalsocialismo *m,* nazismo *m.* **Nationalsozialist(in)** *m(f)* nazionalsocialista *mf,* nazista *mf.* **nationalsozialistisch** *a* (*ab* NS) nazionalsocialista, nazionalsocialistico. **Nationalspieler(in)** *m(f)* giocatore, -trice *m, f* della nazionale. **Nationalversammlung** *f* assemblea *f* nazionale.

Nato, NATO ['na:to] ‹-, ø› *f* N.A.T.O. *f.* **Nato-Doppelbeschluß** *m* doppia risoluzione *f* Nato.

Natrium ['na:triʊm] ‹-s, ø› *n chem* sodio *m.* **Natriumchlorid** *n (Kochsalz)* cloruro *m* di sodio.

Natron ['na:trɔn] ‹-s, ø› *n* soda *f.*

Natter ['natɐ] ‹-, -n› *f* **1.** *zoo* colubro *m;* **2.** *fig* vipera *f.*

Natur [na'tu:ɐ] ‹-, -en› *f* natura *f; (Körperverfassung a.)* fisico *m,* complessione *f; (Veranlagung a.)* indole *f,* carattere *m,* temperamento *m;* **in der ~ der Sache liegen** essere nella natura delle cose; **seine wahre ~ zeigen** mostrare la propria indole; **sie ist von ~ aus energisch** è energica di carattere; **zurück zur ~!** torniamo alla natura!; **mein Haar ist ~** i miei capelli sono naturali.

Naturalien [natu'ra:liən] ‹*pl*› **1.** *agr* prodotti *m pl* naturali; **2.** *rar (naturwissenschaftlich)* oggetti *m pl* di storia naturale.

Naturalismus [natura'lɪsmʊs] ‹-, ø› *m* naturalismo *m.*

naturalistisch [...'lɪstɪʃ] *a* naturalistico.

Naturalleistung [natu'ra:l-] *f* prestazione *f* in natura. **Naturallohn** *m* salario *m* in natura.

Naturdünger *m* concime *m* naturale.

Naturell [natu'rɛl] ‹-s, -e› *n* natura *f,* indole *f,* temperamento *m,* carattere *m.*

Naturereignis *n,* **-erscheinung** *f* fenomeno *m* naturale. **naturfarben** *a* di colore naturale. **Naturfaser** *f* fibra *f* naturale. **Naturforscher(in)** *m(f)* naturalista *mf*. **Naturfreund** *m* amante *m* della natura. **naturgemäß** **I.** *a* conforme alla natura, naturale; **II.** *adv* per (sua) natura. **Naturgesetz** *n* legge *f* naturale (*o.* di natura). **naturgetreu** *a* conforme all'originale. **Naturheilkunde** *f* medicina *f* naturalista. **Naturkatastrophe** *f* cataclisma *m*. **Naturkunde** *f* scienze *f pl* naturali. **Naturlehrpfad** *m* sentiero *m* botanico.

natürlich [na'ty:ɐ̯lɪç] **I.** *a* **1.** *(der Natur entsprechend)* naturale; **2.** *(nicht künstlich, gekünstelt)* genuino; **3.** *(selbstverständlich)* ovvio, logico; **II.** *adv* **1.** *(der Natur entsprechend)* naturalmente, in modo naturale; **2.** *(selbstverständlich)* naturalmente, ovviamente, ben inteso. **Natürlichkeit** ⟨-, ø⟩ *f* naturalezza *f*.

Naturprodukt *n* prodotto *m* naturale. **Naturrecht** *n* diritto *m* naturale. **naturrein** *a* genuino, naturale. **Naturschutz** *m* tutela *f* delle bellezze naturali; **unter ~ stehen** essere protetto dalle leggi per la tutela della natura. **Naturschutzgebiet** *n* zona *f* protetta, parco *m* nazionale. **naturverbunden** [-fɛɐ̯bʊndən] *a* amante della natura. **Naturverbundenheit** *f* amore *m* per la natura. **Naturvolk** *n* popolo *m* primitivo. **Naturwissenschaften** *f pl* scienze *f pl* naturali. **Naturwissenschaftler(in)** *m(f)* naturalista *mf*. **Naturwunder** *n* meraviglie *f pl* della natura.

Navigation [naviga'tsi̯o:n] ⟨-, ø⟩ *f* navigazione *f*.

Nazi ['na:tsi] ⟨-s, -s⟩ *m pej* nazista *mf*.

NB *ab von* **notabene** *(merke wohl)* N.B.

n. Br. *ab von* **nördlicher Breite** lat. N. (*ab von* latitudine Nord).

NC [ɛn'tse:] ⟨-(s), -s⟩ *m ab von* **Numerus clausus** numero chiuso, numerus clausus; **~-Fach** facoltà con numero chiuso.

n. Chr. *ab von* **nach Christus** d.C. (*ab von* dopo Cristo).

NDR [ɛnde:'ʔɛr] ⟨-(s), ø⟩ *m ab von* **Norddeutscher Rundfunk** *rete radiotelevisiva regionale della R.F.T. con sede in Amburgo.*

ne [ne:] *adv fam dial s.* **nein.**

'ne [nə] *unbestimmter Artikel fam dial s.* **eine.**

Neandertaler [ne'andɐta:lɐ] ⟨-s, -⟩ *m* uomo *m* di Neandertal.

Neapel [ne'a:pəl] *n* Napoli *f*.

Nebel ['ne:bəl] ⟨-s, -⟩ *m* **1.** *meteo* nebbia *f*; **2.** *astr* nebulosa *f*; **in ~ gehüllt** avvolto nella nebbia. **Nebelbank** ⟨-, ⸚e⟩ *f* banco *m* di nebbia. **Nebelbildung** *f* formazione *f* di nebbia. **nebelhaft** *a* **1.** *rar (neblig)* nebbioso; **2.** *fig (undeutlich, verschwommen)* vago. **Nebelhorn** *n* sirena *f* da nebbia.

neb(e)lig *a* nebbioso; **es ist ~** c'è nebbia.

Nebelkrähe *f* cornacchia *f* grigia. **Nebelscheinwerfer** *m* (faro *m*) fendinebbia *m*. **Nebelschlußleuchte** *f* faro *m* fendinebbia posteriore. **Nebelschwaden** *m* banco *m* di nebbia. **Nebelwand** *f* cortina *f* di nebbia.

neben ['ne:bən] *prp* **1.** *dat/acc (örtlich)* accanto a, vicino a; **2.** *dat (außer)* oltre a; **3.** *dat (verglichen mit)* al confronto di; **er saß ~ dem Minister** sedeva accanto al ministro. **nebenamtlich** **I.** *a* collaterale; **II.** *adv* come attività collaterale. **nebenan** [-'ʔan] *adv* accanto. **Nebenanschluß** *m* apparecchio *m* telefonico supplementare. **Nebenausgaben** *f pl* spese *f pl* accessorie.

nebenbei [-'bai̯] *adv* **1.** *(gleichzeitig, nebenher)* contemporaneamente; **2.** *(außerdem)* inoltre; **3.** *(beiläufig)* tra parentesi, incidentalmente; **~ bemerkt** (*o.* **gesagt**) tra l'altro, tra parentesi.

Nebenbemerkung *f* commento *m*. **Nebenberuf** *m* secondo impiego *m*, occupazione *f* secondaria. **nebenberuflich** **I.** *a* secondario; **II.** *adv* come secondo impiego. **Nebenbeschäftigung** *f* occupazione *f* (*o.* attività *f*) secondaria. **Nebenbuhler(in)** ⟨-s, -⟩ *m(f)* rivale *mf*.

nebeneinander [-ʔai̯'nandɐ] *adv* **1.** *(räumlich)* l'uno accanto all'altro, fianco a fianco; **2.** *(zeitlich)* insieme, contemporaneamente. **Nebeneinander** ⟨-s, ø⟩ *n* **1.** *(räumlich)* vicinanza *f*; **2.** *(zeitlich)* coesistenza *f*, simultaneità *f*. **nebeneinander·legen** *tr*, **nebeneinander·setzen** *tr*, **nebeneinander·stellen** *tr* mettere l'uno accanto all'altro, giustapporre.

Nebeneinnahmen *f pl* entrate *f pl* secondarie. **Nebenfach** *n* materia *f* secondaria. **Nebenfluß** *m* affluente *m*. **Nebengebäude** *n* edificio *m* annesso, dépendance *f*. **Nebeng(e)leis(e)** *n* binario *m* secondario. **Nebengeräusch** *n* rumore *m* estraneo; *radio* disturbo *m*, rumore *m* parassita. **Nebenhandlung** *f* trama *f* collaterale.

nebenher [-'he:ɐ̯] *adv* **1.** *(gleichzeitig)*

contemporaneamente; **2.** *(außerdem)* inoltre; **3.** *(beiläufig)* incidentalmente.
Nebenklage *f* costituzione *f* di parte civile. **Nebenkläger(in)** *m(f)* parte *f* civile. **Nebenkosten** ‹*pl*› spese *f pl* accessorie. **Nebenlinie** *f* **1.** *(im Verkehr)* linea *f* secondaria; **2.** *(von Familie)* linea *f* collaterale. **Nebenmann** ‹-(e)s, -männer *o.* -leute› *m* vicino *m.* **Nebennieren** *f pl* ghiandole *f pl* surrenali. **Nebenprodukt** *n* sottoprodotto *m.* **Nebenraum** *m* **1.** *(Raum nebenan)* stanza *f* attigua; **2.** *(Abstellraum)* ripostiglio *m.* **Nebenrolle** *f* parte *f* secondaria. **Nebensache** *f* questione *f* marginale, bagatella *f;* **das ist ~** ciò ha poca importanza. **nebensächlich** *a* accessorio, secondario, marginale. **Nebensatz** *m* proposizione *f* subordinata (*o.* secondaria). **nebenstehend** *a, adv* a lato. **Nebenstelle** *f* **1.** *(Filiale, Zweigstelle)* succursale *f,* filiale *f;* **2.** *(Fernsprech~)* apparecchio *m* (telefonico) supplementare. **Nebenstraße** *f* strada *f* secondaria; *(Seitenstraße)* (strada *f*) laterale *f.* **Nebenstrecke** *f* linea *f* secondaria. **Nebentisch** *m* tavolo *m* vicino. **Nebenverdienst** *m* secondo guadagno *m,* guadagno *m* accessorio. **Nebenwinkel** *m* angolo *m* adiacente. **Nebenwirkung** *f* effetto *m* collaterale. **Nebenzimmer** *n s.* **Nebenraum.**
neblig *a s.* **nebelig.**
nebst [ne:pst] *prp dat obs (mit)* (insieme) con; *(einschließlich)* compreso.
nebstdem [-'de:m] *adv CH* inoltre.
Necessaire [nesɛ'sɛ:e̯] ‹-s, -s› *n* nécessaire *m.*
Neckar ['nɛkar] *m* Neckar *m.*
necken ['nɛkən] *tr* punzecchiare, stuzzicare.
neckisch *a* **1.** *(schelmisch)* malizioso; **2.** *(kokett, keß)* civettuolo; *(Kleidung)* chic, carino.
nee [ne:] *adv fam dial s.* **nein.**
Neffe ['nɛfə] ‹-n, -n› *m,* **Nichte** ['nɪçtə] ‹-, -n› nipote *mf* (di zio e zia).
negativ ['ne:gati:f *o.* nega'ti:f] *a* negativo; *(ungünstig a.)* sfavorevole. **Negativ** ‹-s, -e› *n* negativa *f,* negativo *m.*
Neger(in) ['ne:gɐ (...ərɪn)] ‹-s, -› *m(f)* negro, -a *m, f.* **Negerkuß** *m gastr* moretto *m.*
negieren [ne'gi:rən] ‹*ohne ge-*› *tr* negare.
Negligé, *CH* **Négligé** [negli'ʒe:] ‹-s, -s› *n* négligé *m.*
nehmen ['ne:mən] ‹nimmt, nahm, genommen› *tr, itr* **1.** *allg. (auf~, ein~, fassen, etc.)* prendere; *(ergreifen)* afferrare; **2.** *(an~)* accettare; **3.** *(weg~)* togliere, levare; **etw. an sich ~** prendere (possesso di) qc; **etw. auf sich ~** *fig* assumersi qc; *(Entbehrungen)* sottoporsi a qc; **jdn zu sich** *(dat)* **~** prendere in casa (*o.* con sé) qu; **etw. zu sich** *(dat)* **~** mangiare qc; **seinen Anfang ~** cominciare; **ein Ende ~** finire; **es genau ~** guardare (*o.* andare) per il sottile; **jdn zu ~ wissen** saper prendere qu; **~ Sie es nicht tragisch!** non la prenda sul tragico!; **wie man es nimmt!** *fam* dipende; **es sich** *(dat)* **nicht ~ lassen, etw. zu tun** non rinunciare a fare qc; **man nehme: 500 g Mehl, 200 g Butter ...** si prendano (*o.* prendere): mezzo chilo di farina, 2 etti di burro ...; **was** (*o.* **wieviel) ~ Sie für ein Pfund Spargel?** quanto fa pagare mezzp chilo di asparagi?; **etw. ernst/wörtlich ~** prendere qc sul serio/alla lettera; **in etw. Einblick ~** prendere conoscenza di qc; **auf jdn Einfluß ~** *geh* influenzare qu; **ein Hindernis ~** superare un ostacolo; **die Dinge ~, wie sie sind** prendere le cose come vengono.
Neid [na͜it] ‹-(e)s, ø› *m* invidia *f;* **aus ~** per invidia; **~ erregen** destare (l')invidia; **vor ~ platzen** *fam* crepare d'invidia *fam;* **das muß ihm der ~ lassen** *fam* questo bisogna riconoscerglielo; **vor ~ erblassen** essere molto invidioso.
neiden ['na͜idən] *tr:* **jdm etw. ~** *geh* invidiare qc a qu.
Neider(in) ‹-s, -› *m(f)* invidioso, -a *m, f.*
Neidhammel *m sl pej* invidioso *m.*
neidisch *a* invidioso (*auf* di).
neidlos I. *a* non invidioso; **II.** *adv* senza invidia.
Neige ['na͜igə] ‹-, -n› *f geh* **1.** *(Ende)* fine *f,* declino *m;* **2.** *(Rest)* fondo *m;* **zur ~ gehen** volgere alla fine (*o.* al termine); **bis zur bitteren ~** fino all'ultima goccia.
neigen I. *tr* inclinare; *(beugen)* chinare, abbassare; **II.** *itr* tendere (*zu* a), aver disposizione (*o.* attitudine) (*zu* per, a); essere incline (*zu* a), propendere (*zu* per); **III.** *rfl:* **sich ~ 1.** *(Körper, Kopf)* piegarsi (*zu* verso); *(Mensch)* piegarsi (*zu* verso), abbassarsi (*zu* verso); *(Gegenstand, Baum, Schiff, etc.)* inclinarsi (*zu* verso); *(Gebäude, Wippe)* inclinarsi, abbassarsi; **2.** *geh (zu Ende gehen)* volgere al termine.
Neigung ‹-, -en› *f* **1.** inclinazione *f;* **2.** *fig (Veranlagung)* attitudine *f* (*zu*

per), disposizione *f* (*zu* per, a), propensione *f* (*zu* per); *tendenza f* (*zu* a) **3.** *(Zu~)* simpatia *f,* affetto *m.* **Neigungswinkel** *m* angolo *m* d'inclinazione.

nein [nai̯n] *adv* no; **~ sagen** dire di no; **nicht ~ sagen können** non saper dire di no; **ich glaube/fürchte ~** credo/temo di no; **aber ~!** ma no!; **~, so was!** ma guarda un po'! **Nein** ⟨-s, ø⟩ *n* no *m;* **mit ~ antworten** rispondere di no. **Neinstimme** *f* voto *m* contrario, no *m.*

Nektar ['nɛktar] ⟨-s, ø⟩ *m* nettare *m.*

Nektarine [nɛkta'ri:nə] ⟨-, -n⟩ *f* pesca noce *f.*

Nelke ['nɛlkə] ⟨-, -n⟩ *f* **1.** *(Blume)* garofano *m;* **2.** *(Gewürz)* chiodo *m* di garofano.

nennen ['nɛnən] ⟨nennt, nannte, genannt⟩ **I.** *tr* **1.** chiamare, dare un nome a; **2.** *(be~)* denominare; **3.** *(erwähnen)* menzionare; **4.** *(bezeichnen)* qualificare (*als* come); **ein Kind nach jdm ~** dare a un bambino il nome di qu; **das nenne ich Großzügigkeit!** questa si chiama generosità; **und das nennst du Erholung!** e questo lo chiami riposo?; **nenne mir drei europäische Hauptstädte!** dimmi tre capitali europee!; **II.** *rfl:* **sich ~** chiamarsi. **nennenswert** *a* degno di nota (*o.* menzione), notevole; considerevole.

Nenner ⟨-s, -⟩ *m* denominatore *m;* **auf einen (gemeinsamen) ~ bringen** ridurre allo stesso denominatore.

Nennwert *m* valore *m* nominale; **zum ~** alla pari.

Neologismus [neolo'gɪsmʊs, ...mən] ⟨-, -men⟩ *m* neologismo *m.*

Neon ['ne:ɔn] ⟨-s, ø⟩ *n* neon *m.* **Neonlicht** *n* luce *f* al neon. **Neonreklame** *f* réclame *f* luminosa. **Neonröhre** *f* tubo *m* al neon.

Nepp [nɛp] ⟨-s, ø⟩ *m fam pej* buggeratura *f fam.*

neppen *tr fam pej* buggerare *fam.*

Nerv [nɛrf] ⟨-s, -en⟩ *m* nervo *m;* **jdm auf die ~en fallen** (*o.* **gehen**) dare ai nervi a qu; **mit den ~en fertig** (*o.* **runter) sein** *fam* essere giù di nervi *fam,* avere i nervi a pezzi *fam;* **die ~en verlieren** perdere la calma; **Sie haben (vielleicht) ~en!** *fam* Lei ha un bel coraggio!; **jdm den letzten ~ rauben** (*o.* **töten)** *fam* urtare i nervi a qu *fam;* **~en wie Drahtseile haben** avere i nervi d'acciaio.

nerven *tr sl* scocciare *fam.*

Nervenarzt *m,* **-ärztin** *f* neurologo, -a *m, f.* **nervenaufreibend** *a* snervante. **Nervenbündel** *anat* fascio *m* nervoso; **ein ~ sein** *fam* avere i nervi a fior di pelle *fam.* **Nervenheilanstalt** *f* clinica *f* neurologica. **Nervenkitzel** *m fam* brivido *m.* **Nervenkostüm** *n fam scherz* sistema *m* nervoso; **ein starkes/schwaches ~ haben** avere i nervi saldi/fragili. **Nervenkrankheit** *f,* **-leiden** *n* nevrosi *f.* **Nervenkrieg** *m* guerra *f* dei nervi (*o.* psicologica). **Nervensäge** *f fam pej* tormento *m,* logorio *m.* **Nervenschock** *m* choc *m* nervoso. **Nervensystem** *n* sistema *m* nervoso. **Nervenzelle** *f* cellula *f* nervosa. **Nervenzentrum** *n* centro *m* nervoso. **Nervenzusammenbruch** *m* esaurimento *m* nervoso.

nervös [nɛr'vø:s] *a* nervoso; **jdn ~ machen** far venire i nervi a qu; **~ werden** irritarsi.

Nervosität [...vozi'tɛ:t] ⟨-, ø⟩ *f* nervosismo *m.*

Nerz [nɛrts̮] ⟨-es, -e⟩ *m* visone *m.*

Nessel ['nɛsəl] ⟨-, -n⟩ *f* ortica *f;* **sich in die ~n setzen** *fig fam* mettersi nei pasticci *fam.* **Nesselfieber** *n* orticaria *f.*

Nest [nɛst] ⟨-(e)s, -er⟩ *n* **1.** *(a. fig)* nido *m;* **2.** *fam pej (kleiner Ort)* buco *m fam;* **ein ~ ausnehmen** levare le uova dal nido; **das eigene ~ beschmutzen** sputare nel piatto in cui si mangia *fam;* **das ~ leer finden** *fig* trovare il covo vuoto; **sich ins warme** (*o.* **gemachte) ~ setzen** *fig* trovare la pappa pronta; *(durch Heirat)* sposare un buon partito, sposare bene.

nesteln ['nɛstəln] *itr:* **an etw. ~** armeggiare con qc.

Nesthäkchen [-hɛ:kçən] ⟨-s, -⟩ *n* ultimogenito *m.* **Nestwärme** *f* calore *m* familiare.

nett [nɛt] *a* **1.** *(freundlich)* gentile, simpatico; **2.** *(hübsch)* carino, grazioso; **3.** *(angenehm)* piacevole; **4.** *fam (groß), iron (unangenehm)* bello; **~ zu jdm sein** essere gentile con qu; **das ist ~ von Ihnen** è gentile da parte Sua; **sei so ~ und mach die Tür zu** fammi il piacere di chiudere la porta; **das kann ja (noch) ~ werden!** *fam iron* ne vedremo delle belle! *fam.*

netto ['nɛto] *adv* netto. **Nettoeinkommen** *n* reddito *m* netto. **Nettogehalt** *n* stipendio *m* netto. **Nettogewicht** *n* peso *m* netto. **Nettolohn** *m* paga *f* netta. **Nettopreis** *m* prezzo *m* netto. **Nettosozialprodukt** *n* prodotto *m* nazionale netto.

Netz [nɛts̮] ⟨-es, -e⟩ *n (allg., tel, el, fig, radio, TV, sport, a. Einkaufs~, Ver-*

kehrs~, Gepäck~) rete *f; (Spinnen~)* ragnatela *f; (Haar~)* retina *f.* **Netzanschluß** *m* allacciamento *m* alla rete. **netzartig** *a* reticolare, reticolato. **Netzball** *m* palla *f* in rete.

netzen ['nɛtsən] *tr poet* inumidire, umettare.

Netz(fahr)karte *f* biglietto *m* di rete. **Netzgerät** *n* apparecchio *m* alimentato dalla rete. **Netzhaut** *f* retina *f.* **Netzhemd** *n* canottiera *f* a rete. **Netzkarte** *f s.* **Netzfahrkarte. Netzstrumpf** *m* calza *f* a rete. **Netzwerk** *n* **1.** *allg.* reticolo *m;* **2.** *inform, tec* rete *f;* **3.** *fig* intreccio *m.*

neu [nɔy] *a* **1.** *allg.* nuovo; **2.** *(jung a.)* novello; **3.** *(frisch a.)* fresco; **4.** *(kürzlich geschehen a.)* recente; **aufs ~e** di nuovo; **von ~em** un'altra volta, da capo; **~ anfangen** ricominciare; **~ gestalten** rimaneggiare; **das ist mir ~** questa mi giunge nuova *fam;* **das ist nichts N~es** non è niente di nuovo; **was gibt's N~es?** che c'è di nuovo?; **glückliches ~es Jahr!** buon anno!; **die ~eren Sprachen** le lingue moderne; **die N~e Welt** il Nuovo Mondo; **die ~(e)ste Mode** l'ultima moda; **das N~(e)ste vom Tage** le ultime notizie. **Neuankömmling** [-ˀankœmlɪŋ] ‹-s, -e› *m* nuovo arrivato *m.* **Neuanschaffung** *f* nuovo acquisto *m.* **neuartig** *a* nuovo, inedito. **Neuauflage** *f* ristampa *f,* riedizione *f.* **Neubau** ‹-(e)s, -ten› *m* **1.** *(im Bau befindliches Gebäude)* edificio *m* in costruzione; **2.** *(neues Gebäude)* nuova costruzione *f.* **Neubaugebiet** *n* area *f* di nuova urbanizzazione. **Neubauwohnung** *f* appartamento *m* di recente costruzione. **Neubearbeitung** *f (Buch)* edizione *f* rimaneggiata. **Neubildung** *f* neoformazione *f.*

Neue ‹ein -r, -n, -n› *mf* nuovo, -a *m, f* (arrivato, -a).

Neuenburg ['nɔyənbʊrk] *n* Neuchâtel *f.*

neuerdings ['nɔyɐ'dɪŋs] *adv* recentemente, da poco.

neuerlich **I.** *a* rinnovato; **II.** *adv* di nuovo.

Neueröffnung *f* apertura *f.* **Neuerscheinung** *f* novità *f* editoriale (*o.* libraria).

Neuerung ‹-, -en› *f* innovazione *f.*

Neuerwerbung *f* nuovo acquisto *m.*

Neufundland [nɔy'fʊntlant] *n* Terranova *f.*

neugeboren *a* **1.** *(gerade geboren)* neonato; **2.** *fig* rinato; **ich fühle mich wie ~** mi sento (come) rinato. **Neugeborene** ‹ein -s, -n, -n› *n* neonato *m.*

Neugestaltung *f* riordinamento *m,* riorganizzazione *f,* riassetto *m.*

Neugier(de) ['nɔygiːɐ̯(də)] ‹-, ø› *f* curiosità *f;* **aus ~** per curiosità. **neugierig** *a* curioso (*auf* di); **ich bin ~, ob ...** sono curioso di sapere se ...; **das macht mich ~** questo mi incuriosisce.

Neugriechisch *n* greco *m* moderno; *s. a. Deutsch.* **Neugründung** *f* rifondazione *f.*

Neuguinea [nɔygi'neːa] *n* Nuova Guinea *f.*

Neuheit ‹-, -en› *f* novità *f.*

Neuhochdeutsch *n* (*ab* **nhd.**) nuovo alto tedesco *m.*

Neuigkeit ‹-, -en› *f* novità *f.*

Neuinszenierung *f* nuova messinscena *f,* nuovo allestimento *m.* **Neujahr** *n* capodanno *m;* **prosit ~!** buon anno! **Neuland** *n* **1.** terra *f* di bonifica, **2.** *fig* terreno *m* vergine; **~ betreten** *fig* muoversi in un campo nuovo. **Neulandgewinnung** *f* dissodamento *m.*

neulich *adv* recentemente, l'altro giorno; **~ abend(s)** l'altra sera.

Neuling ['nɔylɪŋ] ‹-s, -e› *m* principiante *mf,* novellino, -a *m, f,* novizio, -a *m, f.*

neumodisch *a* moderno; *(adv a.)* all'ultima moda. **Neumond** *m* luna *f* nuova.

neun [nɔyn] *(Zahlwort)* nove; *s. a. vier.*

Neun ‹-, -en› *f* nove *m;* **ach, du grüne ~e!** *fam* perbacco! *fam,* diamine *fam.*

Neun-, neun- *s. a. Vier-, vier-.*

Neunauge *n* lampreda *f.*

neunhundert ['nɔyn'hʊndɐt] *(Zahlwort)* novecento.

neunmal *adv* nove volte. **neunmalklug** *a iron* saccente.

neuntausend ['nɔyn'tauzənt] *(Zahlwort)* novemila.

neunte *s.* **neunte(r, s).**

Neunte ‹ein -r, -n, -n› *mf* nono, -a *m, f; s. a. Vierte.*

Neuntel ‹-s, -› *n* nono *m,* nona parte *f.*

neuntens *adv* (in) nono (luogo).

neunte(r, s) *a* nono, -a; *(bei Datumsangabe)* nove; *s. a. vierte(r, s).*

neunzehn *(Zahlwort)* diciannove.

neunzehnte(r, s) *a* diciannovesimo, -a; *(bei Datumsangabe)* diciannove; *s. a. vierte(r, s).*

neunzig ['nɔyntsɪç] *(Zahlwort)* novanta.

neunzigste *s.* **neunzigste(r, s).**

Neunzigstel ‹-s, -› *n* novantesimo *m*, novantesima parte *f*.
neunzigste(r, s) *a* novantesimo, -a.
Neuorientierung *f* nuovo orientamento *m*. **Neuphilologe** *m*, **-philologin** *f* filologo, -a *m*, *f*, di lingue moderne.
Neuralgie [nɔyralˈgiː, ...iːən] ‹-, -n› *f* nevralgia *f*.
neuralgisch [...ˈralgɪʃ] *a* nevralgico.
Neurasthenie [nɔyrasteˈniː, ...iːən] ‹-, -n› *f* nevrastenia *f*.
Neureg(e)lung *f* nuova regolamentazione *f*. **neureich** *a* nuovo ricco. **Neureiche** ‹ein -r, -n, -n› *mf* nuovo, -a ricco, -a *m*, *f*.
Neurologie [nɔyroloˈgiː] ‹-, ø› *f* neurologia *f*.
Neurose [nɔyˈroːzə] ‹-, -n› *f* nevrosi *f*.
Neurotiker(in) [...ˈroːtɪkɐ (...ərɪn)] ‹-s, -› *m(f)* nevrotico, -a *m*, *f*.
neurotisch *a* nevrotico.
Neuschnee *m* neve *f* fresca.
Neuseeland [nɔyˈzeːlant] *n* Nuova Zelanda *f*.
neusprachlich *a* di (*o.* delle) lingue moderne.
Neutra *pl von* **Neutrum.**
neutral [nɔyˈtraːl] *a* **1.** *(unbeteiligt, unparteiisch, a. pol)* neutrale; **2.** *chem, gram, el* neutro.
neutralisieren [nɔytraliˈziːrən] ‹*ohne ge-*› *tr* neutralizzare.
Neutralisierung ‹-, ø› *f* neutralizzazione *f*.
Neutralität [...ˈtɛːt] ‹-, ø› *f pol, chem, el* neutralità *f; (von Schiedsrichter)* imparzialità *f*.
Neutren *pl von* **Neutrum.**
Neutron [ˈnɔytrɔn, ...ˈtroːnən] ‹-s, -en› *n* neutrone *m*. **Neutronenbombe** *f* bomba *f* al neutrone.
Neutrum [ˈnɔytrʊm, ...ra *o.* ...rən] ‹-s, Neutra *o.* Neutren› *n* neutro *m*.
Neuwahl *f* nuova elezione *f*. **neuwertig** *a* come nuovo. **Neuzeit** *f* tempi *m pl* moderni. **neuzeitlich** *a* moderno.
New York [ˈnjuːˈjɔːk] *n* New (*o.* Nuova) York *f*.
nhd. *ab von* **neuhochdeutsch** nuovo alto tedesco.
nicht [nɪçt] *adv* **1.** *(Verneinung)* non; **2.** *(nach Fragesätzen)* no; **bestimmt ~** non di certo; **durchaus** (*o.* **ganz und gar**) **~** non ... affatto; **ich auch ~** neanch'io; **~ (etwa), daß . . .** non (è) che . . .; **~ einmal** nemmeno; **~ mehr** non ... più; **~ mehr und ~ weniger** né più né meno; **~ nur . . ., sondern auch . . .** non solo . . ., ma anche . . .; **~ wahr?** nevvero?; **dann eben ~** *fam* allora no; **~, daß ich wüßte!** non che io sappia!; **~ doch!** ma no!; **~ schlecht!, ~ übel!** *fam* mica male! *fam;* **alle wissen es, nur Sie ~** tutti lo sanno, solo Lei no; **was du ~ sagst!** che mi dici!; **du freust dich doch auch, ~ (wahr)?** sei contento anche tu, no (*o.* nevvero)?
Nichtachtung *f* **1.** *(Mangel an Respekt)* mancanza *f* di rispetto; **2.** *(Nichtbeachtung)* innosservanza *f*. **Nichtanerkennung** *f fin, pol* non riconoscimento *m; jur* disconoscimento *m*. **Nichtangriffspakt** *m* patto *m* di non aggressione. **Nichtbeachtung** *f* inosservanza *f*.
Nichte [ˈnɪçtə] ‹-, -n› *f* nipote *f* (di zio e zia).
Nichteinhaltung *f (von Vorschrift, Anordnung)* inosservanza *f; (von Vertrag)* inadempimento *m*. **Nichteinmischung** *f* non intervento *m*. **Nichterscheinen** *n* non comparizione *f*, contumacia *f*. **Nichtgefallen** *n:* **bei ~ Geld zurück** in caso di non soddisfazione la somma pagata sarà restituita.
nichtig *a* **1.** *(wertlos, ungültig)* nullo; **2.** *geh (unbedeutend)* futile, vano, insignificante; **für ~ erklären** annullare; *jur* abrogare. **Nichtigkeit** ‹-, -en› *f* **1.** ‹*sing*› *(Ungültigkeit)* nullità *f;* **2.** ‹*sing*› *(Bedeutungslosigkeit)* futilità *f*, vanità *f;* **3.** *(unwichtiges Ding, Angelegenheit)* niente *m*. **Nichtigkeitserklärung** *f* annullamento *m*.
nichtleitend *a* coibente. **Nichtraucher(in)** *m(f)* non fumatore, -trice *m*, *f*. **Nichtraucherabteil** *n* scompartimento *m* per non fumatori. **nichtrostend** *a* inossidabile.
nichts [nɪçts] *pron* niente, nulla; **für ~ und wieder ~** *fam* per niente; **gar** (*o.* **überhaupt**) **~** proprio niente; **ganz und gar ~** nient'affatto; **so gut wie ~** nulla o quasi; **mir ~, dir ~** come se niente fosse; **sonst** (*o.* **weiter**) **~** nient'altro; **~ dergleichen** nulla di tutto ciò; **~ mehr** (non . . .) più nulla; **~ Neues** niente di nuovo; **~ weniger als . . .** niente di meno che . . .; **zu ~ kommen** non combinare niente *fam;* **~ dagegen tun** (*o.* **machen**) **können** *fam* non potere farci nulla *fam;* **ich kann ~ dafür** non è colpa mia; **da ist ~ zu machen** non c'è niente da fare; **daraus wird ~** non se ne farà (di) nulla; **das hat ~ zu sagen** non vuole dire nulla; **das ist ~ für mich** non fa per me; **das ist (immerhin) besser als ~** è già meglio di niente; **das macht ~** non fa nulla; **wenn es weiter ~ ist!** se

non è altro!, se questo è tutto!; **~ lieber als das!** non chiedo di meglio; **~ zu danken!** non c'è di che!; **sie haben mit ihr ~ als Sorgen** con lei non hanno altro che preoccupazioni; **jetzt aber ~ wie weg!** *fam* via, veloci!; **~ da!** *fam* nemmeno per sogno! (*o.* per idea!) *fam.*

Nichts ⟨-, ø⟩ *n* **1.** *allg., philos* nulla *m;* **2.** *(Leere)* vuoto *m;* **3.** *(Geringfügigkeit)* nonnulla *m;* **er ist ein ~** è un niente; **vor dem ~ stehen** essere sull'orlo della rovina *(o.* del crollo).

nichtsahnend *a* non sospettando di niente.

Nichtschwimmer(in) *m(f)* non nuotatore, -trice *m, f.* **Nichtschwimmerbecken** *n* piscina *f* per non nuotatori.

nichtsdestoweniger [-ˈveːnɪgɐ] *adv* ciò nonostante, nondimeno.

Nichtsnutz [-nʊts] ⟨-es, -e⟩ *m pej* buono, -a *m, f* a nulla, inetto, -a *m, f.*

nichtsnutzig *a pej* buono a nulla, inetto.

nichtssagend *a* insignificante, insulso, futile; *(Gesicht)* inespressivo. **Nichtstuer(in)** ⟨-s, -⟩ *m(f) pej* fannullone, -a *m, f,* poltrone, -a *m, f.* **Nichtstun** ⟨-s, ø⟩ *n* **1.** *(Muße)* oziosità *f;* **2.** *(Faulheit)* pigrizia *f,* poltroneria *f;* **das süße ~** il dolce far niente. **nichtswürdig** *a geh pej* vile, spregevole, abietto.

Nichtzutreffende ⟨ein -s, -n, ø⟩ *n:* **~s bitte streichen!** cancellare ciò che non interessa.

Nickel [ˈnɪkəl] ⟨-s, ø⟩ *n* nichel *m,* nichelio *m.* **Nickelbrille** *f* occhiali *m pl* con montatura nichelata.

nicken [ˈnɪkən] *itr* **1.** *(mit dem Kopf)* fare cenno col capo; *(zustimmend)* annuire; **2.** *fam (schlummern)* appisolarsi.

Nickerchen [ˈnɪkɐçən] ⟨-s, -⟩ *n fam* pisolino *m fam;* **ein ~ machen** fare un pisolino *fam.*

Nicki(pullover *m)* [ˈnɪki] ⟨-s, -s⟩ *m* maglia *f* felpata.

nie [niː] *adv* (non) ... mai; **~ und nimmer** mai e poi mai; **~ mehr!** mai più!; **noch ~ dagewesen** senza precedenti; **jetzt oder ~!** ora o mai!

nieder [ˈniːdɐ] **I.** *a attr* **1.** *dial (niedrig, gering)* basso; **2.** *(Rang)* inferiore; **3.** *(Gesinnung)* vile; **von ~er Herkunft** di umili natali; **II.** *adv* giù abbasso; **auf und ~ gehen** salire e scendere; **~ mit den Frauenfeinden!** abbasso i misogini!

nieder·beugen **I.** *tr* piegare in giù; **II.** *rfl:* **sich ~** abbassarsi, (in)chinarsi.

nieder·brennen ⟨*irr*⟩ **I.** *tr* ⟨*haben*⟩ bruciare, ridurre in cenere; **II.** *itr* ⟨*sein*⟩ bruciare, essere distrutto dal fuoco (*o.* da un incendio).

niederdeutsch *a* basso tedesco.

nieder·drücken *tr* **1.** piegare (in giù); *(Klinke, Hebel)* abbassare; **2.** *fig geh (bedrücken)* deprimere.

nieder·fallen ⟨*irr*⟩ *itr* ⟨*sein*⟩*:* **vor jdm ~** *geh* gettarsi ai piedi di qu, prostrarsi dinanzi a qu.

Niederfrequenz *f* bassa frequenza *f.*

Niedergang *m* **1.** *(Untergang)* decadenza *f; (Sonnen~, etc.)* tramonto *m;* **2.** *naut* scaletta *f* di boccaporto.

nieder·gehen ⟨*irr*⟩ *itr* ⟨*sein*⟩ **1.** *(Gewitter, etc.)* abbattersi; **2.** *(Flugzeug)* atterrare.

niedergeschlagen *a* **1.** *(Augen)* abbassato; **2.** *fig (bedrückt)* depresso, scoraggiato, avvilito. **Niedergeschlagenheit** ⟨-, ø⟩ *f* abbattimento *m,* scoraggiamento *m,* avvilimento *m.*

nieder·holen *tr* ammainare.

nieder·knien *itr* ⟨*sein*⟩, *rfl:* **sich ~** inginocchiarsi.

nieder·kommen ⟨*irr*⟩ *itr* ⟨*sein*⟩ *geh* partorire (*mit einem Mädchen* una bambina).

Niederkunft [-kʊnft] ⟨-, ¨-e⟩ *f geh* parto *m.*

Niederlage *f mil* disfatta *f; (fig a.)* sconfitta *f;* **jdm eine ~ beibringen** (*o.* **bereiten**) infliggere una sconfitta a qu; **eine ~ erleiden** (*o.* **einstecken müssen**) subire una sconfitta.

Niederlande [ˈniːdɐlandə] ⟨*pl*⟩ *:* **die ~** i Paesi Bassi.

Niederländer(in) [...lɛndɐ (...ərɪn)] ⟨-s, -⟩ *m(f)* olandese *mf.*

niederländisch *a* olandese.

nieder·lassen ⟨*irr*⟩ **I.** *rfl:* **sich ~** **1.** *geh (sich setzen)* sedersi; *(Vogel)* posarsi; **2.** *(seinen Wohnsitz nehmen)* stabilirsi; **II.** *tr obs (herunterlassen)* abbassare.

Niederlassung ⟨-, -en⟩ *f* **1.** *(das Sichniederlassen)* stabilimento *m; (als Arzt)* apertura *f* di uno studio medico; *(als Rechtsanwalt)* apertura *f* di uno studio legale; **2.** *com* sede *f; (Zweigstelle)* filiale *f,* succursale *f.*

nieder·legen *tr* **1.** *geh (hinlegen)* mettere giù, posare; *(Waffen)* deporre; *(Arbeit)* interrompere; *(Amt)* dimettersi (dal suo ufficio); **schriftlich ~** fissare, registrare; **2.** *rfl:* **sich ~** coricarsi.

Niederlegung ⟨-, -en⟩ *f* **1.** *(Kranz~)* deposizione *f;* **2.** *(Arbeits~)* interruzione *f; (Amts~)* dimissioni *f pl; (von*

Krone) abdicazione *f;* **3.** *(schriftlich)* registrazione *f.*
nieder·machen *tr,* **nieder·metzeln** [-mɛtsəln] *tr* trucidare, massacrare.
Niederösterreich *n* Bassa Austria *f.*
nieder·reißen ‹*irr*› *tr* abbattere, demolire.
Niederrhein *m* Basso Reno *m,* Reno *m* inferiore.
Niedersachsen *n* Bassa Sassonia *f.*
nieder·schießen ‹*irr*› **I.** *tr* ‹*haben*› abbattere, stendere; **II.** *itr* ‹*sein*› *(Vogel, etc.)* piombare (*auf* su).
Niederschlag *m* **1.** *meteo* precipitazioni *f pl; chem* precipitato *m;* **2.** *(Boxen)* knock-out *m;* **3.** *fig* ripercussione *f,* riflesso *m;* **seinen ~ in etw. finden** riflettersi in (*o.* su) qc; **radioaktiver ~** pioggia *f* radioattiva, fall-out *m.*
nieder·schlagen ‹*irr*› **I.** *tr* **1.** abbattere, atterrare; *(töten)* uccidere; **2.** *fig (Aufstand)* reprimere; **3.** *(Kragen, Augen)* abbassare; **II.** *rfl:* **sich ~ 1.** *(Dampf)* depositarsi; *chem* precipitare; **2.** *fig* riflettersi (*in* su, in), ripercuotersi (*in* su).
Niederschlagsmenge *f* precipitazioni *f pl.*
nieder·schmettern *tr* scaraventare a terra; *(a. fig)* abbattere. **niederschmetternd** *a* costernante.
nieder·schreiben ‹*irr*› *tr* mettere per iscritto, scrivere, stendere.
Niederschrift *f* **1.** *(Tätigkeit)* stesura *f;* **2.** *(Ergebnis)* scritto *m; (Protokoll)* verbale *m.*
nieder·setzen I. *tr* posare; **II.** *rfl:* **sich ~** sedersi.
nieder·stoßen ‹*irr*› **I.** *tr* ‹*haben*› buttare giù, gettare a terra; **II.** *itr* ‹*sein*› piombare (*auf* su, addosso a).
nieder·strecken *geh* **I.** *tr* stendere a terra, abbattere; **II.** *rfl:* **sich ~** (di)stendersi.
Niedertracht *f* bassezza *f,* infamia *f,* viltà *f.* **niederträchtig** [-trɛçtıç] *a* basso, infame, vile. **Niederträchtigkeit** ‹-, -en› *f s.* **Niedertracht.**
nieder·trampeln *tr fam,* **nieder·treten** ‹*irr*› *tr* pestare coi piedi, calpestare.
Niederung ‹-, -en› *f* bassopiano *m.*
nieder·walzen *tr* schiacciare.
nieder·werfen ‹*irr*› **I.** *tr* **1.** gettare a terra; **2.** *(Aufstand)* reprimere; **3.** *(Feind)* vincere; **II.** *rfl:* **sich vor jdm ~** gettarsi ai piedi di qu.
Niederwerfung ‹-, -en› *f (von Feind)* sconfitta *f; (von Aufstand)* repressione *f.*
Niederwild *n* selvaggina *f* piccola.
niedlich ['ni:tlıç] *a* carino, grazioso.
niedrig ['ni:drıç] *a* **1.** *(klein, gering)* basso; *(Preis)* modico; **2.** *(Stand)* umile; **3.** *fig (Gesinnung)* vile. **Niedrigkeit** ‹-, -en› *f* bassezza *f.*
niemals ['ni:ma:ls] *adv* (non ...) mai; **~ mehr** mai più.
niemand ['ni:mant] *pron* (non ...) nessuno; **sonst ~, ~ anders** nessun altro (*als* che); **es ist ~ da** non c'è nessuno; **~ Bekanntes/Fremdes** nessun conoscente/estraneo. **Niemandsland** *n* terra *f* di nessuno.
Niere ['ni:rə] ‹-, -n› *f* **1.** *anat* rene *m;* **2.** ‹*pl*› *gastr* rognoni *m pl.* **Nierenbecken** *n* bacinetto *m* renale. **nierenförmig** [-fœrmıç] *a* reniforme. **Nierengurt** *m* fascia *f* renale. **nierenkrank** *a* nefritico. **Nierenleiden** *n* affezione *f* renale, nefropatia *f.* **Nierenstein** *m* **1.** *(Stein)* calcolo *m* renale, nefrolito *m;* **2.** ‹*pl*› *(Krankheit)* calcolosi *f,* litiasi *f.* **Nierentisch** *m* tavola *f* reniforme. **Nierentransplantation** *f* trapianto *m* renale.
nieseln ['ni:zəln] *itr:* **es nieselt** pioviggina. **Nieselregen** *m* pioggerella *f* minuta.
niesen ['ni:zən] *itr* starnutire. **Niesen** ‹-s, ø› *n* starnuto *m.* **Niespulver** *n* polvere *f* per starnutire.
Nießbrauch ['ni:s-] *m jur* usufrutto *m.*
Niet [ni:t] ‹-(e)s, -e)› *m o. n,* **Niete**[1] ['ni:tə] ‹-, -n› *f tec* chiodo *m* da ribadire, rivetto *m.*
Niete[2] ['ni:tə] ‹-, -n› *f* **1.** *(Fehllos)* biglietto *m* non vincente; **2.** *fig fam (Mißerfolg)* fiasco *m fam;* **3.** *fig fam (Versager)* schiappa *f fam.*
nieten *tr* rivettare.
niet- und nagelfest *a:* **alles, was nicht ~ ist** *fam* tutto quello che si può portar via.
Nihilismus [nihi'lısmʊs] ‹-, ø› *m* nichilismo *m.*
Nihilist(in) [...'lıst(ın)] ‹-en, -en› *m(f)* nichilista *mf.*
nihilistisch *a* nichilista.
Nikolaus ['ni:kolaus *o.* 'nık...] *m* **1.** *(männlicher Vorname)* Nicola; **2.** ‹-, -e *o. scherz* -läuse› *(Gestalt)* San Niccolò.
Nikotin [niko'ti:n] ‹-s, ø› *n* nicotina *f.* **nikotinfrei** *a* denicotinizzato, senza nicotina. **Nikotingehalt** *m* contenuto *m* di nicotina. **Nikotinvergiftung** *f* avvelenamento *m* da nicotina, nicotinismo *m.*
Nil [ni:l] *m* Nilo *m.* **Nilpferd** *n* ippopotamo *m.*
Nimbus ['nımbʊs] ‹-, -se› *m* aureola *f.*
nimmer ['nımɐ] *adv dial, poet s.*

nie(mals). **nimmermüde** ['nɪme'my:də] *a* instancabile, indefesso. **Nimmersatt** ‹-(e)s, -e› *m fam* ingordo *m,* sfondato *m fam.* **Nimmerwiedersehen** *n fam:* **auf ~!** addio per sempre; **auf ~ verschwinden** sparire per sempre.

nimmt [nɪmt] *3. pers sing pr von* **nehmen.**

nippen ['nɪpən] *itr* sorseggiare (*an etw.* qc), centellinare (*an etw.* qc).

Nippes ['nɪpəs *o.* nɪps] ‹*pl*›, **Nippsachen** ['nɪp-] *f pl* ninnoli *m pl,* chincaglie *f pl.*

nirgends, nirgend(s)wo ['nɪrgənts] *adv* da nessuna parte.

Nische ['ni:ʃə] ‹-, -n› *f* nicchia *f.*

Nisse ['nɪsə] ‹-, -n› *f* lendine *f.*

nisten ['nɪstən] *itr* nidificare, fare il nido. **Nistkasten** *m* nido *m* artificiale.

Nitrat [ni'tra:t] ‹-(e)s, -e› *n* nitrato *m.*

Niveau [ni'vo:] ‹-s, -s› *n* livello *m;* **eine Sendung mit ~** una trasmissione di livello. **niveauvoll** *a* ad alto livello.

nivellieren [nivɛ'li:rən] ‹*ohne ge-*› *tr* livellare.

Nivellierung ‹-, -en› *f* livellamento *m.*

nix [nɪks] *fam s.* **nichts.**

Nixe ['nɪksə] ‹-, -n› *f* ondina *f.*

NN *ab von* **Normalnull** l.m. (*ab von* livello mare).

N. N. *ab von* **nomen nescio** *(Name unbekannt)* nome ignoto; *(in Vorlesungsverzeichnissen)* non ancora nominato.

NO *ab von* **Nordost(en)** N.E. (*ab von* nord-est).

nobel ['no:bəl] *a* **1.** *geh (vornehm, edel)* nobile; **2.** *iron (luxuriös)* signorile; **3.** *fam (freigebig)* generoso.

Nobelpreis [no'bɛl-] *m* premio *m* Nobel. **Nobelpreisträger(in)** *m(f)* premio *m* Nobel.

noch [nɔx] **I.** *adv* ancora; **~ bevor** (*o.* **ehe**) ancora prima che *conj* (*o.* di *inf*); **~ dazu (außerdem)** per giunta, oltre tutto; **~ (ein)mal** ancora una volta; **~ einmal so groß wie** il doppio di; **~ einmal so viel** due volte tanto; **~ heute, heute ~** oggi stesso, ancora oggi; **~ immer, immer ~** ancora, sempre; **~ mehr** ancora di più; **~ nicht** non ancora; **~ nie** non ancora; **~ und ~** (*o.* **nöcher** *fam scherz*) a palate *fam;* **er wird schon ~ kommen** finirà per venire; **wäre er auch ~ so reich ...** per ricco che sia ...; **(darf es) sonst ~ etwas (sein)?** che altro?; **auch das ~!** ci mancava anche questo!; **das wirst du ~ bereuen!** te ne pentirai!; **du bringst mich mit deinen Fragen ~ (einmal) um den Verstand!** mi farai diventar matto con le tue domande! *fam;* **er kann ~ nicht einmal kochen** non sa neanche cucinare; **~ besser/größer/wärmer** ancora meglio/più grande/più caldo; **geh doch ~ nicht!** non andartene ancora!; **ich möchte ~ bleiben** desidero rimanere ancora; **wie hieß sie (doch) ~?** com'è che si chiama?; **II.** *con:* **weder ... ~ ...** né ... né ..

nochmalig *a* nuovo; *(wiederholt)* ripetuto.

nochmals *adv* ancora una volta, di nuovo.

Nockenwelle ['nɔkən-] *f* albero *m* a camme.

Nomade [no'ma:də] ‹-n, -n› *m,* **Nomadin** [...dɪn] *f* nomade *mf.* **Nomadenleben** *n* vita *f* (da) nomade. **Nomadentum** ‹-s, ø› *n* nomadismo *m.*

Nomadin *f s.* **Nomade.**

Nomen ['no:mən, ...mɪna] ‹-s, Nomina› *n* nome *m.*

Nomenklatur [nomɛnkla'tu:ɐ̯] ‹-, -en› *f* nomenclatura *f.*

Nomina *pl von* **Nomen.**

Nominativ ['no:minati:f *o.* nomina'ti:f] ‹-s, -e› *m* nominativo *m.*

nominieren [nomi'ni:rən] ‹*ohne ge-*› *tr* nominare.

Nominierung ‹-, -en› *f* nomina *f.*

Nonkonformist(in) [nɔnkɔnfɔr'mɪst(ɪn)] ‹-en, -en› *m(f)* nonconformista *mf.* **nonkonformistisch** *a* nonconformista.

Nonne ['nɔnə] ‹-, -n› *f* monaca *f.*

Nonstopflug [nɔn'stɔp-] *m* volo *m* senza scalo. **Nonstopkino** *n* cinema *m* con spettacoli continuati.

Norbert ['nɔrbɛrt] *(männlicher Vorname)* Norberto.

Nord- [nɔrt-] *(in Zusammensetzungen)* del nord, settentrionale. **Nordamerika** ['nɔrtʔa'me:rika] *n* America *f* settentrionale, America *f* del Nord, Nordamerica *m.* **nordatlantisch** ['nɔrtʔat'lantɪʃ] *a* nordatlantico. **norddeutsch** *a* della Germania settentrionale. **Norddeutsche** *mf* tedesco, -a *m, f* settentrionale. **Norddeutschland** *n* Germania *f* del Nord (*o.* settentrionale).

Norden ['nɔrdən] ‹-s, ø› *m* (*ab* **N**) nord *m,* settentrione *m;* **im ~ von** a nord di; **nach ~** verso il nord; **von ~** dal nord; **im hohen ~** nell'alto nord.

Nordeuropa ['nɔrtʔɔy'ro:pa] *n* Europa *f* del Nord. **Nordhang** *m* versante *m* settentrionale.

nordisch *a* nordico; **~e Kombination** *sport* combinata nordica.

Norditalien *n* Italia *f* del Nord (*o.* settentrionale). **Norditaliener(in)** *m(f)* (italiano, -a *m, f*) settentrionale *mf*. **norditalienisch** **I.** *a* dell'Italia settentrionale.

nördlich ['nœrtlıç] **I.** *a* settentrionale; **~ von** a nord di; **in ~er Richtung** verso nord; **II.** *prp gen* a nord (*gen* di).

Nordlicht *n* **1.** *(Polarlicht)* aurora *f* boreale; **2.** *fam scherz* persona *f* della Germania settentrionale. **Nordost(en)** [-'ʔɔst(ən)] *m* (*ab* NO) nord-est *m*. **nordöstlich** [-'ʔœstlıç] *a* a nord-est (*von* di).

Nordpol *m* polo *m* nord.

Nordrhein-Westfalen ['nɔrtra̲invɛst'fa:lən] *n* Renania *f* Settentrionale-Vestfalia.

Nordsee *f* mare *m* del Nord.

Nord-Süd-Dialog *m* dialogo *m* Nord-Sud. **Nord-Süd-Gefälle** *n* divario *m* Nord-Sud.

Nordwest(en) [-'vɛstən] *m* (*ab* NW) nord-ovest *m*. **nordwestlich** [-'vɛstlıç] *a* a nord-ovest (*von* di). **Nordwind** *m* vento *m* del nord.

Nörgelei [nœrgə'la̲i] ‹-, -en› *f pej* continuo criticare *m*, **brontolio** *m*.

nörgeln ['nœrgəln] *itr pej* criticare (*an etw.* qc), trovar sempre da ridire (*an* su).

Nörgler(in) ‹-s, -› *m(f) pej* criticone, -a *m, f*.

Norm [nɔrm] ‹-, -en› *f* norma *f*, regola *f*, standard *m*; **als ~ gelten** valere come norma.

normal [nɔr'ma:l] *a* normale. **normalerweise** *adv* normalmente. **Normalfall** *m* caso *m* normale; **im ~** normalmente. **Normalgröße** *f* grandezza *f* normale.

normalisieren [nɔrmali'zi:rən] ‹*ohne ge-*› **I.** *tr* normalizzare; **II.** *rfl*: **sich ~** normalizzarsi.

Normalisierung ‹-, -en› *f* normalizzazione *f*.

Normalmaß *n* misura *f* normale, campione *m*. **Normalnull** ‹-s, ø› *n* (*ab* NN) quota *f* zero, livello *m* mare. **Normalverbraucher** *m* **1.** consumatore *m* medio; **2.** *pej* uomo *m* medio; **Otto ~** *fam pej* uomo *m* qualunque.

Normanne [nɔr'manə] ‹-n, -n› *m*, **Normannin** [...nın] *f* normanno, -a *m, f*.

normannisch *a* normanno.

normativ [nɔrma'ti:f] *a* normativo.

normen ['nɔrmən] *tr*, **normieren** [nɔr'mi:rən] ‹*ohne ge-*› *tr* normalizzare, standardizzare, unificare.

Normierung ‹-, -en› *f*, **Normung** ‹-, -en› *f* normalizzazione *f*, standardizzazione *f*.

normwidrig *a* contrario alla norma.

Norwegen ['nɔrve:gən] *n* Norvegia *f*.

Norweger(in) ‹-s, -› *m(f)* norvegese *mf*.

norwegisch *a* norvegese.

Nostalgie [nɔstal'gi:, ...i:ən] ‹-, -n› *f* nostalgia *f*. **Nostalgiewelle** *f* revival *m*, ritorno *m* nostalgico; **auf der ~ schwimmen** abbandonarsi all'onda della nostalgia.

nostalgisch [...'talgıʃ] *a* nostalgico.

Not [no:t] ‹-, ¨-e› *f* **1.** *(~lage)* bisogno *m*, necessità *f*; *(große ~)* angustie *f pl*; **2.** *(Mangel)* penuria *f*, mancanza *f*; **3.** *(Bedürftigkeit)* indigenza *f*; *(Armut)* povertà *f*; **4.** *(Elend)* miseria *f*; **mit knapper ~** a malapena; **mit knapper ~ entkommen** scamparla bella *fam*; **in ~ geraten** cadere in miseria; **seine (liebe) ~ mit jdm/etw. haben** avere un bel daffare con qu/qc *fam*; **jdm aus der ~ helfen** trarre d'impaccio qu; **~ leiden** essere in miseria; **aus der ~ eine Tugend machen** fare di necessità virtù; **wenn ~ am Mann ist** quando urge il bisogno; **~ macht erfinderisch** *prov* il bisogno aguzza l'ingegno; **zur ~ kann man auch ein anderes Material nehmen** se è necessario, si può prendere anche un altro materiale; **in der ~ frißt der Teufel Fliegen** *prov scherz* in tempo di carestia tutto fa brodo. **Notanker** *m* **1.** ancora *f* di riserva; **2.** *fig geh* ancora *f* di salvezza.

Notar(in) [no'ta:ɐ̯ (...rın)] ‹-s, -e› *m(f)* notaio *m*.

Notariat [nota'ri̯a:t] ‹-(e)s, -e› *n* **1.** *(Amt)* notariato *m*; **2.** *(Büro)* studio *m* notarile.

notariell [...'ri̯ɛl] **I.** *a* notarile; **II.** *adv* dal notaio; **~ beglaubigt** legalizzato dal notaio.

Notarin *f s.* **Notar.**

Notarzt *m*, **-ärztin** *f* medico, -a *m, f* di servizio (*o.* di turno). **Notausgang** *m* uscita *f* di sicurezza. **Notbehelf** *m* espediente *m*, ripiego *m*. **Notbeleuchtung** *f* illuminazione *f* d'emergenza. **Notbremse** *f* freno *m* d'emergenza; **die ~ ziehen** tirare il freno d'emergenza. **Notbremsung** ‹-, -en› *f* frenata *f* d'emergenza. **Notdurft** [-dʊrft] ‹-, ø› *f geh* bisogno *m*, necessità *f pl*; **seine ~ verrichten** fare i propri bisogni. **notdürftig** **I.** *a* **1.** *(kaum ausreichend)* appena sufficiente, scarso; **2.** *(behelfsmäßig)* provvisorio, di fortuna; **II.** *adv* alla meno peggio; **sich nur ~ verständi-**

gen können potersi capire solo alla meno peggio.

Note ['no:tə] ‹-, -n› *f* **1.** *mus* nota *f;* **2.** *(Bank~)* banconota *f;* **3.** *(Schul~)* voto *m;* **4.** *fig (Wesenszug)* impronta *f;* **nach ~n** *fig fam* per bene; **~n lesen** leggere la musica; **ganze ~** semibreve *f;* **halbe ~** minima *f;* **eine persönliche/sportliche/elegante ~** un'impronta (*o.* una nota) personale/sportiva/elegante. **Notenbank** ‹-, -en› *f* banca *f* d'emissione. **Notenblatt** *n* foglio *m* di musica. **Notenheft** *n* quaderno *m* di musica. **Notenpapier** *n* carta *f* da musica. **Notenständer** *m* leggio *m.*

Notfall *m* caso *m* di bisogno (*o.* d'emergenza); **im ~** in caso di bisogno; *(zur Not)* se è necessario. **notfalls** *adv* all'occorrenza; in caso di bisogno. **notgedrungen** *adv* per necessità, costretto dalla necessità. **Notgroschen** *m* risparmio *m,* riserva *f* di denaro.

notieren [no'ti:rən] ‹*ohne ge-*› *tr* **1.** *(aufschreiben)* annotare, prendere nota di; **2.** *fin (Kurse, Aktien)* quotare; **sich** *(dat)* **etw. ~** annotarsi qc.

Notierung ‹-, -en› *f fin* quotazione *f.*

nötig ['nø:tıç] *a* necessario; **wenn** (*o.* **falls**) **~** se necessario, all'occorrenza; **es ~ haben zu** aver bisogno di; **für ~ halten** ritenere necessario; **das N~e veranlassen** predisporre il necessario; **es ist ~, daß ...** è necessario che ... *conj* occorre che ... *conj.*

nötigen *tr* obbligare, costringere; *jur* costringere, coartare; *s. a. genötigt.*

nötigenfalls *adv adm s.* **notfalls.**

Nötigung ‹-, -en› *f* costrizione *f.*

Notiz [no'ti:ts] ‹-, -en› *f* **1.** nota *f,* appunto *m;* **2.** *(Zeitungs~)* notizia *f;* **sich** *(dat)* **~en machen** prendere appunti; **von etw./jdm ~ nehmen** prendere nota di qc/qu. **Notizblock** ‹-(e)s, ⸚e› *m* blocco *m* per appunti. **Notizbuch** *n* taccuino *m,* agenda *f.*

Notlage *f* situazione *f* di emergenza, necessità *f.* **not·landen** *itr* ‹*sein*› effettuare un atterraggio di fortuna. **Notlandung** *f* atterraggio *m* di fortuna. **notleidend** *a* bisognoso, indigente. **Notlösung** *f* soluzione *f* di fortuna. **Notlüge** *f* bugia *f* ufficiosa.

notorisch [no'to:rıʃ] *a* notorio, pubblicamente noto.

Notruf *m* **1.** *(Anruf)* chiamata *f* d'emergenza; **2.** *(~nummer)* numero *m* per chiamate d'emergenza. **Notrufsäule** *f* colonnina *f* per chiamate di soccorso. **Notsitz** *m* strapuntino *m.* **Notstand** *m* stato *m* di emergenza. **Notstandsgebiet** *n* zona *f* sinistrata. **Notstandsgesetz** *n* legge *f* per lo stato di emergenza. **Notstromaggregat** *n* gruppo *m* elettrogeno di emergenza. **Nottaufe** *f* battesimo *m* d'urgenza. **Notverband** *m* fasciatura *f* provvisoria, prima medicazione *f.* **Notwehr** ‹-, ø› *f* legittima difesa *f;* **aus** (*o.* **in**) **~** per legittima difesa.

notwendig ['no:tvɛndıç] *a* necessario; *(unerläßlich)* indispensabile; **etw. ~ machen** rendere necessario qc. **notwendigerweise** *adv* necessariamente. **Notwendigkeit** ‹-, -en› *f* necessità *f.*

Notzucht *f* stupro *m,* violenza *f* carnale.

Nougat ['nu:gat] ‹-s, -s› *m o. n* nougat *m.*

Novelle [no'vɛlə] ‹-, -n› *f* novella *f.*

November [no'vɛmbɐ] ‹-(s), -› *m* novembre *m; s. a. September.*

NPD [ɛnpe:'de:] ‹-, ø› *f ab von* **Nationaldemokratische Partei Deutschlands** *partito nazionaldemocratico tedesco.*

Nr. *ab von* **Nummer** n. (*ab von* numero).

NS 1. *ab von* **Nachschrift** P.S. (*ab von* poscritto); **2.** *ab von* **nationalsozialistisch** nazionalsocialista, nazionalsocialistico.

N. T. *ab von* **Neues Testament** N.T. (*ab von* Nuovo Testamento).

Nu [nu:] *m:* **im ~** in un attimo (*o.* battibaleno).

Nuance ['nÿã:sə] ‹-, -n› *f* sfumatura *f.*

nüchtern ['nʏçtɐn] *a* **1.** *(ohne Essen)* digiuno; **2.** *(ohne Alkohol)* sobrio; **3.** *(einfach)* sobrio; **4.** *(schmucklos)* disadorno, semplice; **5.** *(sachlich)* obiettivo, spassionato; **auf ~en Magen** a digiuno; **~ werden** smaltire la sbornia. **Nüchternheit** ‹-, ø› *f* **1.** *(ohne Essen)* essere *m* a digiuno; **2.** *(ohne Alkohol)* sobrietà *f;* **3.** *(Einfachheit)* sobrietà *f;* **4.** *(Schmucklosigkeit)* semplicità *f;* **5.** *(Sachlichkeit)* obiettività *f.*

nuckeln ['nʊkəln] *itr fam* succhiare (*an etw.* qc).

Nudel ['nu:dəl] ‹-, -n› *f* **1.** ‹*meist pl*› pasta *f;* **2.** *fig fam:* **eine komische/dikke ~** una macchietta/un grassone *fam.* **Nudelholz** *n* matterello *m.*

nudeln *tr* ingrassare.

Nudelsuppe *f* pastina *f* in brodo.

Nugat *m o. n s.* **Nougat.**

nuklear [nukle'a:ɐ̯] *a* nucleare. **Nuklearmacht** *f* potenza *f* nucleare.

Nuklearmedizin *f* medicina *f* nucleare. **Nuklearphysik** *f* fisica *f* nucleare.

null [nʊl] *(Zahlwort)* zero; **~ Ahnung/Bock haben** *sl* non avere idea/nessuna voglia; **~ Komma drei sechs** zero virgola tre sei; **es ist ~ Uhr fünf** *adm* è mezzanotte e cinque; **~ Fehler** zero errori; **~ und nichtig** nullo; **für ~ und nichtig erklären** dichiarare nullo.

Null ‹-, -en› *f* **1.** *(mat, phys, etc.)* zero *m;* **2.** *fam pej* nullità *f;* **die Stunde ~** l'ora zero; **in ~ Komma nichts** *fam* in un batter d'occhio; **zehn Grad über/unter ~** dieci gradi sopra/sotto zero.

Nullachtfuffzehn-, Nullachtfünfzehn- [-ˈfʊf-, -ˈfʏnf-] *(in Zusammensetzungen) fam pej* dozzinale.

Nulldiät *f* dieta *f* zero (*o.* assoluta). **Nullösung** *f* opzione *f* zero. **Nullpunkt** *m* punto *m* nullo (*o.* zero); **auf den ~ sinken** scendere a zero. **Nullserie** *f* serie *f* sperimentale. **Nulltarif** *m* tariffa *f* zero; **zum ~ fahren** andare gratis. **Nullwachstum** *n* crescita *f* zero.

numerieren [numeˈriːrən] ‹*ohne ge*› *tr* numerare; **fortlaufend ~** numerare progressivamente.

Numerierung ‹-, -en› *f* numerazione *f.*

numerisch [nuˈmeːrɪʃ] *a* numerico.

Numerus clausus [ˈnʊmerʊs ˈklaʊzʊs] ‹-, -› *m* (*ab* **NC**) numero *m* chiuso.

Numismatik [numɪsˈmaːtɪk] ‹-, ø› *f* numismatica *f.*

Nummer [ˈnʊmɐ] ‹-, -n› *f* (*ab* **Nr.**) **1.** *(Zahl, Zirkus~, Konfektions~, etc.)* numero *m;* **2.** *fam (Typ)* tipo *m;* **mit einer ~ versehen** numerare; **eine ~ wählen** fare (*o.* comporre) un numero; **auf ~ Sicher gehen** andare sul sicuro; **Mord war ein paar ~n zu groß für einen kleinen Ganoven wie ihn** un assassinio era troppo per un furfantello come lui. **Nummernkonto** *n* conto *m* cifrato. **Nummernscheibe** *f* disco *m* combinatore. **Nummernschild** *n* targa *f* d'immatricolazione.

nun [nuːn] *adv* **1.** *(jetzt)* ora, adesso; **2.** *(beschwichtigend)* e; **3.** *(entrüstet)* però; **4.** *(auffordernd, fragend)* be', e, allora, e allora; **~?** allora?; **von ~ an** d'ora in poi; **~ aber** ma insomma; **~ ja** ebbene; **das ist ~ einmal so!** è (ormai) così; **~ gut!** e va bene!; **was ~** e adesso?, e ora?

nunmehr [ˈnuːnˈmeːɐ̯] *adv geh* ora, adesso, ormai.

Nuntius [ˈnʊntsi̯ʊs, ...i̯ən] ‹-, -tien› *m* nunzio *m.*

nur [nuːɐ̯] *adv* solo, solamente, soltanto; *(bei Verben a.)* non ... che; **nicht ~ ..., sondern auch ...** non solo ..., ma anche ...; **lassen Sie mich ~ machen!** *fam* lasci fare a me! *fam;* **~ zu!** avanti!, coraggio!; **wenn ich ~ wüßte, ob ...** se solo sapessi se ...; **ich weiß es ~ zu gut** lo so fin troppo bene; **ich habe ~ noch drei Mark** ho ancora solo tre marchi; **~ wir wissen, warum ...** solo noi sappiamo perché ...; **~ schade, daß ...** solo peccato che ...; **alle, ~ ich nicht** tutti, solo io no; tutti tranne me; **sie lief so schnell sie ~ konnte** corse con quanta forza aveva in corpo; **wie konntest du ~ so dumm sein!** come hai potuto essere così stupido!; **was hast du ~ (heute)?** ma che hai (oggi)?, si può sapere che hai (oggi)?; **sollen sie sich ~ über mich lustig machen!** e che si prendano pure gioco di me!; **er ist nicht dumm, ~ faul** non è stupido, ma solo pigro.

Nürnberg [ˈnʏrnbɛrk] *n* Norimberga *f.*

nuscheln [ˈnʊʃəln] *tr, itr fam* farfugliare.

Nuß [nʊs] ‹-, Nüsse› *f* **1.** *bot, gastr* noce *f;* *(Hasel~ a.)* nocciola *f;* **2.** *fam (Kopf~)* colpo *m* dato con le nocche, nocchino *m;* **du dumme (***o.* **doofe) ~!** *fam* imbecille! *fam,* cretino! *fam;* **das ist eine harte ~!** *fig fam* è un osso duro *fam.* **Nußbaum** *m* noce *m.* **nußbraun** *a* color noce, castano.

Nüsse *pl von* **Nuß.**

Nußknacker ‹-s, -› *m* schiaccianoci *m.* **Nußschale** *f* guscio *m* di noce.

Nüster [ˈnʏstɐ *o.* ˈnyːstɐ] ‹-, -n› *f* ‹*meist pl*› frogia *f.*

Nut [nuːt] ‹-, -en› *f,* **Nute** [ˈnuːtə] ‹-, -n› *f* scanalatura *f.*

nuten *tr* scanalare.

Nutte [ˈnʊtə] ‹-, -n› *f vulg pej* puttana *f vulg.*

Nutzanwendung *f* applicazione *f* pratica. **nutzbar** *a* utilizzabile; **~ machen** utilizzare, mettere a profitto; *(Boden)* coltivare. **Nutzbarmachung** ‹-, ø› *f* utilizzazione *f,* sfruttamento *m;* *(von Boden)* coltivazione *f.* **nutzbringend** *a* utile, proficuo; produttivo; **~ anlegen** investire vantaggiosamente.

nütze [ˈnʏtsə] *a:* **(zu) nichts ~ sein** non essere buono a nulla; **(zu) etw. ~ sein** servire a qc.

Nutzeffekt *m* effetto *m* utile.

nutzen, nützen [ˈnʊtsən, ˈnʏtsən] **I.** *itr* essere utile (*zu etw.* a qc, *jdm* a qu), giovare (*zu etw.* a qc, *jdm* a qu), servire (*zu etw.* a qc, *jdm* a qu); **II.** *tr* sfruttare; **das nützt nichts** ciò non serve a nulla; **was nützt das?** a che serve questo?

Nutzen ['nʊtsən] ‹-s, ø› *m* **1.** *(Nützlichkeit)* utilità *f;* **2.** *(Gewinn)* profitto *m,* guadagno *m;* **3.** *(Vorteil)* vantaggio *m;* **4.** *(Ertrag)* utile *m,* frutto *m;* **mit ~** con profitto; **~ bringen, von ~ sein** dare frutti, essere utile; **aus etw. ~ ziehen** trarre profitto da qc.

Nutzfahrzeug *n* veicolo *m* utilitario. **Nutzfläche** *f* superficie *f* utile. **Nutzholz** *n* legname *m* da costruzione. **Nutzlast** *f* carico *m* utile.

nützlich *a* utile, giovevole; **sich ~ machen** rendersi utile. **Nützlichkeit** ‹-, ø› *f* utilità *f.*

nutzlos *a* inutile; *(vergeblich)* vano, infruttuoso. **Nutzlosigkeit** ‹-, ø› *f* inutilità *f; (Vergeblichkeit)* vanità *f.* **Nutznießer(in)** [-ni:sɐ (...ərɪn)] ‹-s, -› *m(f)* beneficiario, -a *m, f; jur* usufruttuario, -a *m, f.* **Nutzpflanze** *f* pianta *f* utile.

Nutzung ‹-, *rar* -en› *f* **1.** *(Be~)* utilizzazione *f,* uso *m;* **2.** *(Aus~)* sfruttamento *m; (von Boden)* coltivazione *f.* **Nutzungsrecht** *n* diritto *m* d'usufrutto (*o.* di godimento).

NW *ab von* **Nordwest(en)** N.O. (*ab von* nord-ovest).

Nylon® ['nailɔn] ‹-(s), ø› *n* nylon® *m.*

Nymphe ['nʏmfə] ‹-, -n› *f* ninfa *f.*

nymphoman *a s.* **nymphomanisch.**

Nymphomanie [nʏmfoma'ni:] *f* ninfomania *f.*

Nymphomanin [...'ma:nɪn] *f* ninfomane *f.*

nymphoman(isch) *a* ninfomane.

O

O, o [o:] ‹-, -(s)› *n* O, o *f;* **O wie Otto** O come Otranto.

o [o:] *interj* oh; **~ doch!** ma sì!; **~ ja/nein!** oh sì/no!; **~ weh!** ahimè!; **~ Gott!** oh Dio!; **~ Wunder!** miracolo!

O *ab von* **Ost(en)** E. (*ab von* est).

o. a. *ab von* **oben angeführt** detto (*o.* dimostrato, *etc.*) sopra.

o. ä. *ab von* **oder ähnliche(s)** o sim. (*ab von* o simili, -e).

Oase [o'a:zə] ‹-, -n› *f* oasi *f.*

ob [ɔp] *con* **1.** *(indirekte Frage einleitend)* se; **2.** *(vergleichend):* **als ~** come se; **3.** *(verstärkend):* **und ~!** eccome!, altro che!; **es ist, als ~ ...** si direbbe che ...; **ich weiß nicht, ~ das reicht** non so se basta; **~ das wohl stimmt?** che sia vero?; **~ er kommt oder nicht** che venga o no; **~ ... oder** che [illegible] o *conj;* **so tun, als ~ ...** far finta di ... *inf;* **und ~ er wütend war!** altro che se era furente!

OB [o:'be:] ‹-(s), -s› *m ab von* **Oberbürgermeister** sindaco *m.*

o. B. *ab von* **ohne Befund** risultato negativo.

Obdach ['ɔpdax] *n* asilo *m,* ricovero *m,* rifugio *m.* **obdachlos** *a* senza casa, senza tetto. **Obdachlose** ‹ein -r, -n, -n› *mf* senzatetto *mf.* **Obdachlosenasyl** *n* asilo *m* per i senzatetto.

Obduktion [ɔpdʊk'tsi̯o:n] ‹-, -en› *f* autopsia *f.*

obduzieren [ɔpdu'tsi:rən] ‹*ohne ge-*› *tr* fare l'autopsia di.

O-Beine *n pl fam* gambe *f pl* storte *fam.*

Obelisk [obe'lɪsk] ‹-en, -en› *m* obelisco *m.*

oben ['o:bən] *adv* **1.** *(in der Höhe)* in alto; **2.** *(an Oberfläche)* alla superficie; **3.** *(in Schriftstück, Buch)* sopra; **da (*o.* dort) ~** lassù; **ganz ~** (su) in cima; **jdn von ~ herab behandeln** trattare qu dall'alto in basso; **links/rechts ~** su (*o.* in alto) a sinistra/a destra; **mir steht's bis hier ~!** *fam* ne ho fin sopra i capelli *fam;* **nach ~** in alto; **~!** *(Aufschrift auf Kisten)* alto; **~ ohne** *fam* a petto (*o.* seno) nudo; **~ wohnen** abitare sopra; **von ~** dall'alto; **von ~ bis unten** da cima a fondo; *(bei Personen)* da capo a piedi.

obenan ['o:bən'ʔan] *adv* **1.** *(bei Tisch)* a capotavola; **2.** *(in Reihenfolge)* al primo posto; *(bei Liste)* in cima.

obenauf ['o:bən'ʔau̯f] *adv* sopra, sulla superficie; **~ sein** *fig fam* essere sulla cresta dell'onda; **wieder ~ sein** *fam (gesund sein)* essere ristabilito, essersi rimesso (*o.* ristabilito).

obendrein ['o:bən'drai̯n] *adv* per giunta, per di più, inoltre.

obenerwähnt, obengenannt *a* summenzionato.

obenhin ['o:bən'hɪn] *adv* superficialmente, di sfuggita.

oben-ohne ['o:bən'ʔo:nə] ‹*inv*› **I.** *a* topless; **II.** *adv* in topless.

Ober ['o:bɐ] ‹-s, -› *m* cameriere *m.*

Oberarm ['o:bɐ-] *m* parte *f* superiore del braccio, omero *m.* **Oberarzt** *m,* **-ärztin** *f* medico *m* capo, dottoressa *f* capo; *mil* tenente *m* medico. **Oberbefehl** *m* comando *m* supremo. **Oberbefehlshaber** *m* comandante *m* supremo (*o.* in capo). **Oberbekleidung** *f* abiti *m pl,* vestiti *m pl,* abbigliamento *m.* **Oberbett** *n* piumino *m.* **Oberbürgermeister(in)** *m(f)* (*ab* **OB**) borgomastro *m,* sindaco, -a *m, f.*

obere(r, s) ['o:bərə] *a* superiore, (più) alto, -a.

Oberfeldwebel *m* maresciallo *m* maggiore. **Oberfläche** *f* superficie *f;* **an der ~** in (*o.* alla) superficie; **an die ~ kommen** venire alla superficie, riemergere. **oberflächlich** *a* superficiale. **Oberflächlichkeit** ‹-, -en› *f* superficialità *f.* **Obergeschoß** *n* piano *m* superiore. **oberhalb I.** *prp gen* al di sopra di; **II.** *adv* (di) sopra. **Oberhand** *f:* **die ~ behalten/gewinnen über** avere il sopravvento su; **die ~ bei etw. haben** avere il sopravvento (*o.* la supremazia) in qc. **Oberhaupt** *n* capo *m.* **Oberhaus** *n pol* **1.** *allg.* camera *f* alta; **2.** *(in Großbritannien)* Camera *f* alta (*o.* dei Lords). **Oberhaut** *f* epidermide *f.* **Oberhemd** *n* camicia *f.* **Oberhoheit** *f* sovranità *f.*

Oberin ['o:bərɪn] *f* superiora *f,* madre *f* superiora.

Oberkellner(in) *m(f)* capocameriere *m,* capocameriera *f.* **Oberkiefer** *m* mascella *f* superiore. **Oberkommando** *n* comando *m* supremo. **Oberkörper** *m* parte *m* superiore del corpo, busto *m.* **Oberleder** *n* tomaia *f.* **Oberleitung** *f* **1.** *(Führung)* direzione *f* generale; **2.** *el* linea *f* aerea. **Oberleitungsomnibus** *m* filobus *m.* **Oberleutnant** *m* tenente *m.* **Oberlicht** *n* luce *f* dall'alto, lucernario *m.* **Oberlippe** *f* labbro *m* superiore. **Oberösterreich** *n* Alta Austria *f.* **Oberprima** [-pri:ma] *f* ultima classe *f* liceale. **Oberprimaner(in)** [-pri'ma:nɐ (...ərın)] ‹-s, -› *m(f)* allievo, -a *m, f* dell'ultima classe liceale. **Oberrhein** *m* Reno *m* superiore.

Obers ['o:bɐs] ‹-, ø› *n A (Sahne)* panna *f* (montata).

Oberschenkel *m* coscia *f.* **Oberschicht** *f* **1.** *allg.* strato *m* superiore; **2.** *soc* strato *m* superiore, ceto *m* elevato. **Oberschwester** *f* capoinfermiera *f.* **Oberseite** *f* lato *m* superiore.

Oberst ['o:bɐst] ‹-en *o.* -s, -en, *o. rar* -e› *m* colonnello *m.*

Oberstaatsanwalt *m,* **-anwältin** *f* procuratore, -trice *m, f* della Repubblica.

oberste(r, s) ‹*Superlativ von* obere(r, s)› *a* **1.** *(räumlich)* (il/la) più alto, -a; **2.** *fig, adm* supremo, -a, superiore, sommo, -a; **das O~ Gericht** la corte suprema.

Oberstufe *f* corso *m* superiore. **Oberteil** *n* parte *f* superiore. **Oberwasser** *n* acqua *f* superiore, gora *f* d'afflusso; **~ haben** *fam* avere il sopravvento. **Oberweite** *f* (giro *m* del) petto *m.*

obgleich [ɔp'glai̯ç] *con* sebbene *conj,* quantunque *conj,* benché *conj.*

Obhut ['ɔphu:t] *f:* **jdn in seine ~ nehmen** prendere qu sotto la sua protezione.

obige(r, s) ['o:bıgə] *a* suddetto, -a, summenzionato, -a.

Objekt [ɔp'jɛkt] ‹-(e)s, -e› *n* **1.** *allg.* oggetto *m;* **2.** *gram* complemento *m.*

objektiv [ɔpjɛk'ti:f] *a* obiettivo.

Objektiv ‹-s, -e› *n* obiettivo *m.*

Objektivität [...tivi'tɛ:t] ‹-, ø› *f* obiettività *f.*

Objektträger *m* vetrino *m* portaoggetti, portaoggetto *m.*

Oblate [o'bla:tə] ‹-, -n› *f* ostia *f.*

ob·liegen ['ɔpli:gən] ‹*irr, mit ge-*›, **obliegen** [ɔp'li:gən] ‹*irr, ohne ge-*› *itr geh:* **jdm ~** spettare a qu. **Obliegenheit** ‹-, -en› *f geh* dovere *m,* incombenza *f,* obbligo *m.*

obligat [obli'ga:t] *a* d'obbligo, obbligatorio, indispensabile.

Obligation [obliga'tsi̯o:n] ‹-, -en› *f* obbligazione *f.*

obligatorisch [...'to:rıʃ] *a* obbligatorio.

Obmann ['ɔpman] ‹-(e)s, -männer *o.* -leute› *m,* **Obmännin** ['ɔpmɛnın] *f* direttore, -trice *m, f; sport* arbitro, -a *m, f.*

Oboe [o'bo:ə] ‹-, -n› *f* oboe *m.*

Obolus ['o:bolʊs] ‹-, - *o.* -se› *m* obolo *m.*

Obrigkeit ['o:brıçkai̯t] ‹-, -en› *f* autorità *f,* potere *m* pubblico. **Obrigkeitsstaat** *m* stato *m* (*o.* regime *m*) autoritario.

obschon [ɔp'ʃo:n] *con geh s.* **obgleich.**

Observatorium [ɔpzɛrva'to:ri̯ʊm, ...i̯ən] ‹-s, -rien› *n* osservatorio *m.*

obskur [ɔps'ku:ɐ̯] *a* oscuro, non conosciuto, sospetto.

Obst [o:pst] ‹-(e)s, ø› *n* frutta *f.* **Obstbau** ‹-(e)s, ø› *m* frutticoltura *f.* **Obstbaum** *m* albero *m* da frutto. **Obsternte** *f* **1.** *(Tätigkeit)* raccolta *f* della frutta; **2.** *(Zeit)* tempo *m* del raccolto. **Obstgarten** *m* frutteto *m.* **Obstgeschäft** *n,* **-handlung** *f* negozio *m* di frutta. **Obsthändler(in)** *m(f)* fruttivendolo, -a *m, f.* **Obstkuchen** *m* dolce *m* di frutta. **Obstmesser** *n* coltello *m* da frutta (*o.* da dessert). **Obstplantage** *f* piantagione *f* di alberi da frutto. **Obstsaft** *m* succo *m* di frutta. **Obstsalat** *m* macedonia *f* di frutta. **Obsttorte** *f* torta *f* alla frutta.

obszön [ɔps'tsø:n] *a* osceno.

Obszönität [...tsøni'tɛ:t] ‹-, -en› *f* oscenità *f.*

Obus ['o:bʊs] *m ab von* **Oberleitungsomnibus.**

obwohl [ɔp'vo:l] *con* sebbene *conj,* benché *conj,* anche se.

Ochs [ɔks] ‹-en, -en›, **Ochse** ['ɔksə] ‹-n, -n› *m* **1.** *zoo* bue *m;* **2.** *fig fam (Dummkopf)* stupido *m,* sciocco *m;* **dastehen wie der ~ vorm Berg** non sapere che pesci pigliare *fam.*

ochsen *itr fam (pauken)* sgobbare *fam.*

Ochsenschwanzsuppe *f* brodo *m* di coda di bue.

Ocker ['ɔkɐ] ‹-s, -› *m o. n* ocra *f.*

öd(e) [ø:t ('ø:də)] *a* **1.** *(verlassen)* deserto; *(kahl)* brullo; *(unbebaut)* incolto; *(unbewohnt)* disabitato; **2.** *fig (langweilig)* monotono, noioso, triste.

Ode ['o:də] ‹-, -n› *f* ode *f.*

Öde ['ø:də] ‹-, -n› *f* **1.** *(Wüste)* deserto *m; (Ein~)* solitudine *f;* **2.** *fig (Langeweile)* monotonia *f.*

oder ['o:dɐ] *con* **1.** *allg.* o, oppure; **2.** *(nachgestellt: ~ nicht)* o no; *(~ doch?)* o sbaglio; **du kommst doch**

heute, ~? vieni oggi, o no?; **du kommst heute nicht,** ~ **doch?** non vieni oggi, o sbaglio?; **entweder** ... ~ ... o ... o ...; ~ **auch** oppure, ovvero.

Ödipuskomplex ['ø:dipʊs-] *m* complesso *m* di Edipo.

Ödland *n* terreni *m pl* incolti.

OEZ *ab von* **osteuropäische Zeit** ora locale dell'Europa orientale.

Ofen ['o:fən] ‹-s, ¨› *m* *(Heiz~)* stufa *f;* *(Back~)* forno *m.* **Ofenbank** ‹-, -bänke› *f* panca *f* accanto alla stufa. **Ofenrohr** *n* tubo *m* della stufa. **Ofenschirm** *m* parafuoco.

offen ['ɔfən] *a* **1.** *allg., fig* aperto; *(Gelände, Wagen)* scoperto; **2.** *(Stelle)* vacante, libero; **3.** *(Frage)* insoluto, aperto, in sospeso; **4.** *(freimütig)* franco, sincero; *(unverhüllt, unmißverständlich)* palese, manifesto; **weit** ~ spalancato; ~ **und ehrlich** *adv* schiettamente, chiaro e tondo; ~ **gesagt** (*o.* **gestanden)** a dire il vero; **es ganz** ~ **sagen** dirlo senza mezzi termini; **~e Wunde** ferita aperta; **auf ~er See** in mare aperto, in alto mare, al largo; **auf ~er Straße** per la strada; **~er Wein** vino sfuso; **~e Türen einrennen** *fig* sfondare porte aperte; **Tag der ~en Tür** giorno di apertura al pubblico, giorno di visita (per il pubblico); **~er Widerstand** opposizione palese.

offenbar ['ɔfənba:ɐ̯ *o.* ...'ba:ɐ̯] **I.** *a* manifesto, palese, evidente; **II.** *adv* chiaramente, evidentemente.

offenbaren [...'ba:rən] ‹*mit o. ohne ge-*› **I.** *tr* *(bes. rel)* rivelare; manifestare; **II.** *rfl:* **sich** ~ **1.** *(erweisen)* mostrarsi; **2.** *(kundtun)* rivelarsi.

Offenbarung ‹-, -en› *f* rivelazione *f,* manifestazione *f.* **Offenbarungseid** *m* giuramento *m* dichiarativo.

offen·bleiben ‹*irr*› *itr* ‹*sein*› **1.** rimanere aperto; **2.** *fig (unentschieden bleiben)* rimanere indeciso (*o.* in sospeso). **offen·halten** ‹*irr*› *tr* **1.** lasciare aperto; **2.** *fig* riservare; **sich** *(dat)* **einen Ausweg** ~ lasciarsi aperta una via d'uscita.

Offenheit ‹-, *rar* -en› *f* franchezza *f,* sincerità *f;* **in aller** ~ con tutta franchezza.

offenherzig *a* franco, schietto, sincero. **Offenherzigkeit** ‹-, *rar* -en› *f* franchezza *f,* sincerità *f,* schiettezza *f.*

offenkundig *a* manifesto, notorio, evidente; pubblico.

offen·lassen ‹*irr*› *tr* **1.** lasciare aperto (*o.* scoperto); **2.** *fig* lasciare in sospeso.

offensichtlich **I.** *a* evidente, chiaro, manifesto, palese; **II.** *adv* evidentemente, chiaramente.

offensiv [ɔfən'zi:f] *a* offensivo. **Offensive** [...'zi:və] ‹-, -n› *f* offensiva *f.*

offen·stehen ‹*irr*› *itr* **1.** *(geöffnet sein)* essere aperto; **2.** *com (Rechnung)* non essere pagato, essere scoperto; **3.** *(frei sein)* essere libero; **4.** *(zugänglich sein)* essere accessibile; **es steht dir offen zu kommen oder nicht** sta a te decidere se venire o meno *fam;* **ihr steht die ganze Welt offen** il mondo le sta aperto davanti, ha tutte le possibilità.

öffentlich ['œfəntlɪç] **I.** *a* pubblico; **im ~en Interesse** nell'interesse pubblico; **die ~e Meinung** l'opinione pubblica; **die ~e Hand** la mano pubblica; **II.** *adv* pubblicamente, in pubblico; ~ **auftreten** presentarsi in pubblico.

Öffentlichkeit ‹-, ø› *f* pubblico *m;* **in der** ~ in pubblico; **unter Ausschluß der** ~ *jur* a porte chiuse; **vor aller** ~ davanti a tutti; **etw. der** ~ **übergeben** *adm* aprire al pubblico qc. **Öffentlichkeitsarbeit** *f* relazioni *f pl* pubbliche.

öffentlich-rechtlich *a* di diritto pubblico.

offerieren [ɔfe'ri:rən] ‹*ohne ge-*› *tr geh* offrire.

Offerte [ɔ'fɛrtə] ‹-, -n› *f com* offerta *f.*

offiziell [ɔfi'tsi̯ɛl] *a* ufficiale.

Offizier [ɔfi'tsi:ɐ̯] ‹-s, -e› *m* ufficiale *m;* ~ **vom Dienst** ufficiale *m* di servizio. **Offiziersanwärter** *m* aspirante *m.* **Offizierslaufbahn** *f* carriera *f* di ufficiale.

öffnen ['œfnən] **I.** *tr* aprire; *(Flasche)* stappare; **mit Gewalt** ~ forzare; **hier ~!** lato da aprire!; **II.** *rfl:* **sich** ~ aprirsi.

Öffner ‹-s, -› *m* **1.** *(Dosen~)* apriscatole *m;* *(Flaschen~)* apribottiglie *m;* *(Brief~)* tagliacarte *m;* **2.** *(Tür~)* apriporta *m.*

Öffnung ‹-, -en› *f* **1.** *allg.* apertura *f;* **2.** *(Loch)* buco *m,* foro *m.* **Öffnungszeit** *f* ore *f pl* di apertura.

Offsetdruck ['ɔfsɛt-] ‹-(e)s, -e› *m* stampa *f* offset.

oft [ɔft] ‹¨er, *rar* am ¨esten› *adv* spesso, sovente, spesse volte, di frequente; **wie ~?** quante volte?; **des öfteren** spesso, di frequente; **je öfter ..., desto mehr/weniger ...** più ... e più/meno ...

öfters ['œftɐs] *adv* abbastanza spesso.

oh [o:] *interj* o, oh, ah; **~, wie schön!** oh, che bello!; **~, wie furchtbar!** terribile!; **~, diese Kinder!** oh, questi bambini!

OHG [o:ha:'ge:] ‹-, -s› *f ab von* **offene Handelsgesellschaft** s.n.c. (*ab von* società in (*o.* a) nome collettivo).

Ohm [o:m] ‹-(s), -› *n el* ohm *m.*

ohne ['o:nə] **I.** *prp acc* senza; *(frei von)* privo di; **ich werde auch ~ ihn fertig** farò anche a meno di lui; **nicht (so) ~ sein** *fam* non essere niente male *fam,* non essere da disprezzare *fam;* **~ mein Wissen** a mia insaputa, senza che lo sapessi; **~ weiteres** senz'altro; **II.** *con:* **~ daß ...** senza che ... *conj;* **~ etw. zu sagen** senza dir nulla.

ohnedies [-'di:s] *adv* lo stesso, in ogni caso, comunque.

ohnegleichen [-'glaiçən] ‹*inv*› *a (nachgestellt)* senza pari, unico (nel suo genere).

ohnehin [-'hɪn] *adv s.* **ohnedies.**

Ohnmacht ['o:nmaxt] ‹-, -en› *f* **1.** *med* svenimento *m;* **2.** ‹*sing*› *geh (Machtlosigkeit)* impotenza *f,* debolezza *f;* **in ~ fallen** svenire, perdere la conoscenza. **ohnmächtig** ['o:nmɛçtɪç] *a* **1.** *med* svenuto, senza conoscenza **2.** *fig geh* impotente; **~ werden** svenire, perdere la conoscenza (*o.* i sensi); **einer S. ~ gegenüberstehen** essere impotente nei confronti di qc.

oho [o'ho:] *interj* oh, oh, olà.

Ohr [o:ɐ̯] ‹-(e)s, -en› *n* orecchio *m;* **bis über die ~en** fin sopra i capelli *fam;* **jdm etw. ins ~ flüstern** (*o.* **sagen**) bisbigliare qc nell'orecchio di qu; **jdn übers ~ hauen** *fam* imbrogliare qu; **sich übers ~ hauen lassen** *fam* farsi abbindolare *fam;* **zu einem ~ herein- und zum anderen wieder hinausgehen** *fam* entrare da un orecchio e uscire dall'altro *fam;* **nur mit halbem ~ hinhören** (*o.* **zuhören**) ascoltare distrattamente; **jdm zu ~en kommen** giungere all'orecchio di qu; **sich aufs ~ legen** *fam* mettersi a dormire, fare un pisolino; **jdm mit etw. in den ~en liegen** *fam* importunare qu con qc; **sich** *(dat)* **etw. hinter die ~en schreiben** *fig fam* ficcarsi bene in mente qc *fam;* **ganz ~ sein** essere tutt'orecchi *fam;* **auf einem ~ taub sein** essere sordo da un orecchio; **die ~en spitzen** drizzare gli orecchi, tendere l'orecchio; **die ~en steifhalten** *fam* farsi forza e coraggio; **sich** *(dat)* **die ~en zuhalten** tapparsi (*o.* turarsi) le orecchie; **jdm sein ~ leihen** *geh* porgere l'orecchio a qu *geh,* dare ascolto a qu *geh;* **auf den ~en sitzen** *fam* fare orecchi da mercante *fam;* **ins ~ gehen** essere facilmente orecchiabile (di melodia); **mit den ~en schlackern** *fam* rimanere senza parole; **ich habe im Moment furchtbar viel um die ~en** *fam* al momento ho un sacco di lavoro (*o.* di problemi) *fam.*

Öhr [ø:ɐ̯] ‹-(e)s, -e› *n (Nadel~)* cruna *f; tec* occhiello *m.*

Ohrenarzt *m,* **-ärztin** *f* otoiatra *mf.* **ohrenbetäubend** *a* assordante, da rompere i timpani. **Ohrenentzündung** *f* otite *f.* **Ohrensausen** ‹-s, ø› *n* ronzio *m* auricolare. **Ohrenschmalz** *n* cerume *m.* **Ohrenschmaus** *m* godimento *m* (*o.* delizia *f*) per gli orecchi. **Ohrenschützer** ‹-s, -› *m* paraorecchie *m.* **Ohrensessel** *m* poltrona *f* a orecchioni. **Ohrenzeuge** *m,* **-zeugin** *f* testimone *mf* auricolare.

Ohrfeige *f* schiaffo *m,* ceffone *m,* scapaccione *m.*

ohrfeigen *tr* schiaffeggiare.

Ohrgehänge *n* pendente *m* da orecchio. **Ohrläppchen** [-lɛpçən] ‹-s, -› *n* lobo *m* auricolare. **Ohrmuschel** *f* padiglione *m* auricolare. **Ohrring** *m* orecchino *m.* **Ohrwurm** *m* **1.** *zoo* forbicina *f;* **2.** *fig fam (Melodie)* motivo *m* di successo facilmente orecchiabile.

okay [o'ke: *o.* 'oʊ'keɪ] ‹*inv*› *fam* **I.** *interj* va bene *fam,* d'accordo; **II.** *a* a posto, in ordine; **es ist alles ~** è tutto a posto (*o.* in ordine).

okkult [ɔ'kʊlt] *a* occulto, segreto.

Okkultismus [...'tɪsmʊs] ‹-, ø› *m* occultismo *m.*

Ökologe [øko'lo:gə] ‹-n, -n› *m,* **Ökologin** [...gɪn] *f* ecologo, -a *m, f.*

Ökologie [...lo'gi:] ‹-, ø› *f* ecologia *f.*

Ökologin *f s.* **Ökologe.**

ökologisch [...'lo:gɪʃ] *a* ecologico.

Ökonom(in) [øko'no:m(ɪn)] ‹-en, -en› *m(f)* **1.** economo, -a *m, f;* **2.** *(Landwirt)* agricoltore, -trice *m, f.*

Ökonomie [...no'mi:, ...i:ən] ‹-, -en› *f* economia *f.*

Ökonomin *f s.* **Ökonom.**

ökonomisch [...'no:mɪʃ] *a* economico.

Oktaeder [ɔkta'ʔe:dɐ] ‹-s, -› *n* ottaedro *m.*

Oktanzahl [ɔk'ta:n-] *f* numero *m* di ottani.

Oktave [ɔk'ta:və] ‹-, -n› *f* ottava *f.*

Oktober [ɔk'to:bɐ] ‹-(s), -› *m* ottobre *m; s. a. September.*

Okular [oku'la:ɐ̯] ‹-s, -e› *n* lente *f* oculare.

okulieren [oku'li:rən] ‹*ohne ge-*› *tr agr* innestare a occhio.

ökumenisch [øku'me:nɪʃ] *a* ecumenico.

Okzident ['ɔktsidɛnt *o.* ...'dɛnt] ‹-s, ø› *m:* **der ~** l'occidente *m.*

Öl [ø:l] ‹-(e)s, -e› *n* **1.** *(allg., Speise~)* olio *m;* **2.** *(Heiz~)* nafta *f;* **3.** *(Erd~)* petrolio *m;* **~ ins Feuer gießen** *fig* buttare (*o.* gettare) olio sul fuoco *fam;* **in ~ malen** dipingere a olio.

Olaf ['o:laf] *männlicher Vorname.*

Ölbaum *m* olivo *m.* **Ölbild** *n* dipinto *m* a olio, olio *m.*

Oldtimer ['oʊldtaɪmə] ‹-s, -› *m* **1.** *scherz (Person)* vecchia volpe *f fam;* **2.** *(Auto)* auto *f* d'epoca.

Oleander [ole'andɐ] ‹-s, -› *m* oleandro *m.*

ölen *tr* oliare, lubrificare; **wie ein geölter Blitz** *fam* come un lampo *fam.*

Ölfarbe *f* colore *m* a olio. **Ölfleck** *m* macchia *f* d'olio/di nafta/di petrolio. **Ölförderung** *f* estrazione *f* petrolifera (*o.* del petrolio).

Olga ['ɔlga] *(weiblicher Vorname)* Olga.

Ölgemälde *n. s.* **Ölbild. Ölgemisch** *n* miscela *f* (d'olio e benzina). **Ölgesellschaft** *f* compagnia *f* petrolifera. **Ölgewinnung** *f* estrazione *f* petrolifera; *(von Speiseöl)* produzione *f* di olio. **Ölheizung** *f* riscaldamento *m* a nafta (*o.* gasolio).

ölig *a* oleoso.

Olive [o'li:və] ‹-, -n› *f* oliva *f.* **Olivenbaum** *m* olivo *m,* ulivo *m.* **Olivenöl** *n* olio *m* d'oliva.

olivgrün *a* verde oliva, olivastro.

Ölkanister *m* bidone *m* dell'olio. **Ölkännchen** *n* oliatore *m.* **Ölkrise** *f* crisi *f* del petrolio. **Öllager** *n* deposito *m* di petrolio. **Ölleitung** *f* oleodotto *m; mot* tubo *m* dell'olio; *(von Heizung)* tubo *m* dell'olio combustibile. **Ölofen** *m* stufa *f* a olio combustibile. **Ölpapier** *n* carta *f* oleata. **Ölpest** *f* inquinamento *m* da petrolio. **Ölpresse** *f* frantoio *m.* **Ölpumpe** *f* pompa *f* dell'olio; *(von Heizung)* pompa *f* dell'olio combustibile; *(bei Erdölförderung)* pompa *f* per il petrolio. **Ölquelle** *f* pozzo *m* di petrolio. **Ölraffinerie** *f* raffineria *f* di petrolio. **Ölsardine** *f* sardina *f* sott'olio. **Ölscheich** *m* sceicco *m* del petrolio. **Ölschicht** *f* strato *m* d'olio. **Ölstand** *m* livello *m* dell'olio. **Öltanker** *m* petroliera *f.* **Ölteppich** *m* chiazza *f* di petrolio.

Ölung ‹-, -en› *f* **1.** *allg.* oleazione *f,* lubrificazione *f;* grassaggio *m;* **2.** *rel* unzione *f;* **die Letzte ~** l'estrema unzione *f.*

Ölverbrauch *m* consumo *m* d'olio. **Ölvorkommen** *n* giacimento *m* petrolifero (*o.* di petrolio). **Ölwechsel** *m* cambio *m* dell'olio; **einen ~ machen** fare il cambio dell'olio, cambiare l'olio.

Olympiade [olʏm'pi̯a:də] ‹-, -n› *f hist* olimpiade *f; sport* olimpiadi *f pl,* giochi *m pl* olimpici.

Olympiasieger(in) [o'lʏmpi̯a-] *m(f)* campione, -essa *m, f,* olimpionico, -a, vincitore, -trice *m, f* olimpico, -a.

olympisch [o'lʏmpɪʃ] *a* olimpico; **die O~en (Winter/Sommer)Spiele** i giochi olimpici invernali/estivi.

Ölzeug *n* indumenti *m pl* di tela cerata.

Oma ['o:ma] ‹-, -s› *f fam* nonna *f; (Kindersprache)* nonnina *f.*

Omelett [ɔmə'lɛt *o.* ɔm'lɛt] ‹-(e)s, -s *o.* -e› *n,* **Omelette** ‹-, -n› *f* omelette *f,* frittata *f.*

Omen ['o:mən, 'o:mən *o.* 'o:mina] ‹-s, - *o.* Omina› *n* segno *m,* augurio *m,* presagio *m;* **ein gutes/böses ~** un buon/cattivo segno.

ominös [omi'nø:s] *a* di cattivo augurio.

Omnibus ['ɔmnibʊs] *m* omnibus *m,* autobus *m; (Reise~, Gesellschafts~)* pullmann *m.* **Omnibushaltestelle** *f* fermata *f* dell'autobus. **Omnibuslinie** *f* linea *f* d'autobus.

Onanie [ona'ni:] ‹-, ø› *f* onanismo *m,* masturbazione *f.*

onanieren [...'ni:rən] ‹*ohne ge-*› *itr* masturbarsi.

Onkel ['ɔŋkəl] ‹-s, - *o. fam* -s› *m* zio *m.*

Onyx ['o:nʏks] ‹-(es), -e› *m* onice *f.*

OP [o:'pe:] ‹-(s), -s› *m ab von* **Operationssaal** sala *f* operatoria.

Opa ['o:pa] ‹-s, -s› *m fam* nonno *m.*

Opal [o'pa:l] ‹-s, -e› *m* opale *m o. f.*

op. cit. *ab von* **opere citato** *(im angegebenen Werk)* op. cit. (*ab von* opera citata).

Oper ['o:pɐ] ‹-, -n› *f* **1.** *mus* opera *f;* **2.** *(Gebäude)* teatro *m* dell'opera, opera *f.*

Operateur [opəra'tø:ɐ̯] ‹-s, -e› *m* operatore *m.*

Operation [opəra'tsi̯o:n] ‹-, -en› *f allg.* operazione *f; (med a.)* intervento *m* chirurgico; **sich einer ~ unterziehen** sottoporsi a un'operazione. **Operationssaal** *m* (*ab* **OP**) sala *f* operatoria. **Operationstisch** *m* tavolo *m* operatorio.

operativ [...'ti:f] **I.** *a* operatorio; **~er Eingriff** intervento chirurgico; **II.** *adv* per via operatoria; **~ entfernen** resecare.

Operette [opə'rɛtə] ‹-, -n› *f* operetta *f.*

operieren [opə'ri:rən] ‹*ohne ge-*› **I.** *tr* operare; **II.** *tr* **1.** *med* fare un'operazione; **2.** *mil* operare, compiere una manovra; **sich ~ lassen** sottoporsi a un'operazione.

Opernball *m* ballo *m* dell'opera. **Opernführer** *m (Buch)* guida *f* dell'opera. **Opernglas** *n* binocolo *m*. **Opernhaus** *n* teatro *m* dell'opera, opera *f*. **Opernsänger(in)** *m(f)* cantante *mf* d'opera.

Opfer ['ɔpfɐ] ‹-s, -› *n* **1.** *(~gabe, a. fig)* sacrificio *m;* offerta *f; rel* immolazione *f;* **2.** *(Geopferter, Geschädigter)* vittima *f; (bes. rel)* olocausto *m;* **ein ~ bringen** fare un sacrificio, fare uno sforzo *fam* (*für* per); **jdm/einer S. zum ~ fallen** essere vittima di qu/qc; **kein ~ scheuen** non risparmiare sacrifici. **Opferbereitschaft** *f* spirito *m* di sacrificio, abnegazione *f*.

opfern **I.** *tr* sacrificare, immolare; **II.** *rfl:* **sich ~** sacrificarsi (*für* per); far olocausto di sé.

Opferung ‹-, -en› *f* sacrificio *m*.

opferwillig *a* pronto al sacrificio.

Opiat [o'pi̯a:t] ‹-(e)s, -e› *n* oppiato *m*.

Opium ['o:pi̯ʊm] ‹-s, ø› *n* oppio *m*.

Opossum [o'pɔsʊm] ‹-s, -s› *n* opossum *m*.

Opponent(in) [ɔpo'nɛnt(ɪn)] ‹-en, -en› *m(f)* oppositore, -trice *m, f*, avversario, -a *m, f*.

opponieren [...'ni:rən] ‹*ohne ge-*› *itr* opporsi (*gegen* a), fare opposizione (*gegen* a).

opportun [ɔpɔr'tu:n] *a* opportuno.

Opportunismus [...tu'nɪsmʊs] ‹-, ø› *m* opportunismo *m*.

Opportunist(in) [...tu'nɪst(ɪn)] ‹-en, -en› *m(f)* opportunista *mf*.

opportunistisch *a* opportunista, opportunistico.

Opposition [ɔpozi'tsi̯o:n] ‹-, -en› *f* opposizione *f*. **Oppositionsführer(in)** *m(f)* (donna *f*) capo *m* dell'opposizione. **Oppositionspartei** *f* partito *m* d'opposizione.

OP-Schwester *f* infermiera *f* di sala operatoria.

Optik ['ɔptɪk] ‹-, ø› *f* ottica *f; fig (Eindruck)* aspetto *m* ottico.

Optiker(in) ‹-s, -› *m(f)* ottico, -a *m, f*.

Optima *pl von* **Optimum.**

optimal [ɔpti'ma:l] *a* ottimale.

Optimismus [ɔpti'mɪsmʊs] ‹-, ø› *m* ottimismo *m*.

Optimist(in) [...'mɪst(ɪn)] ‹-en, -en› *m(f)* ottimista *mf*.

optimistisch *a* ottimista, ottimistico.

Optimum ['ɔptimʊm, ...ma] ‹-s, -tima› *n* optimum *m*.

optisch ['ɔptɪʃ] *a* ottico; **~e Täuschung** illusione ottica.

opulent [opu'lɛnt] *a* opulento.

Orakel [o'ra:kəl] ‹-s, -› *n* oracolo *m*.

orakeln ‹*ohne ge-*› *itr fig* parlare come un oracolo.

orange [o'rã:ʒ *o.* ...ʒə] ‹*inv*› *a* arancione; *s. a. blau.*

Orange[1] [o'rã:ʒə] ‹-, -n› *f (Apfelsine)* arancia *f*.

Orange[2] [o'rã:ʒ *o.* ...ʒə] ‹-, - *o. fam* -s› *n (Farbe)* (colore *m*) arancione *m; s. a. Blau.*

Orangeade [orã'ʒa:də] ‹-, -n› *f* aranciata *f*.

Orangeat [...'ʒa:t] ‹-s, -e› *n* buccia *f* d'arancia candita.

Orangenbaum *m* arancio *m*. **Orangensaft** *m* succo *m* (*o.* spremuta *f*) d'arancia. **Orangenschale** *f* buccia *f* (*o.* scorza *f*) d'arancia.

Orangerie [orãʒə'ri:, ...i:ən] ‹-, -n› *f* aranceto *m*.

Orang-Utan ['o:raŋ'ʔu:tan] ‹-s, -s› *m* orang-utan *m*.

Oratorium [ora'to:ri̯ʊm, ...i̯ən] ‹-s, -rien› *n* oratorio *m*.

Orchester [ɔr'kɛstɐ *o.* ɔr'çɛ...] ‹-s, -› *n* orchestra *f*. **Orchesterbegleitung** *f* accompagnamento *m* orchestrale. **Orchestergraben** *m* fossa *f* dell'orchestra.

orchestrieren [...'tri:rən] ‹*ohne ge-*› *tr* orchestrare.

Orchidee [ɔrçi'de:ə] ‹-, -n› *f* orchidea *f*.

Orden ['ɔrdən] ‹-s, -› *m* **1.** *rel* ordine *m* (religioso); **2.** *(Auszeichnung)* onorificenza *f; (mil a.)* decorazione *f*, medaglia *f;* **jdm einen ~ verleihen** conferire un'onorificenza a qu; decorare qu (con medaglia). **Ordensgeistliche** *m* chierico *m* regolare; ‹*pl*› clero *m* regolare. **Ordensträger(in)** *m(f)* insignito, -a *m, f* di un ordine.

ordentlich ['ɔrdəntlɪç] *a* **1.** *(aufgeräumt)* ordinato, in ordine; **2.** *(ordnungsliebend)* ordinato, ammodo; **3.** *(achtbar)* onesto; **4.** *(ordnungsgemäß)* ordinario; **5.** *fam (reichlich)* abbondante; **6.** *fam (einigermaßen gut)* buono, come si deve, conveniente; **ein ~es Frühstück** *fam* una buona colazione; **~es Gericht** *jur* tribunale ordinario; **~es Mitglied** membro effettivo; **~er Professor** professore ordinario; **eine ~e Tracht Prügel** un fracco di legnate *fam*.

Order ['ɔrdɐ] ‹-, -s *o.* -n› *f* **1.** *(Befehl)* ordine *m;* **2.** *com (Auftrag)* ordinazione *f*, commissione *f*.

Ordinalzahl [ɔrdi'na:l-] *f* numero *m* ordinale.

ordinär [ɔrdi'nɛ:ɐ] *a* **1.** *pej (gewöhn-*

lich, gemein) comune, volgare, triviale; **2.** *(alltäglich, gewöhnlich)* ordinario, comune.

Ordinarius [ɔrdiˈnaːri̯ʊs, ...i̯ən] ‹-, -rien› *m* professore *m* ordinario, ordinario *m.*

ordnen [ˈɔrdnən] *tr* ordinare, mettere in ordine; *(Haar)* ravviare; **alphabetisch ~/nach der Größe ~** ordinare alfabeticamente/secondo la (*o.* in ordine di) grandezza.

Ordner ‹-s, -› *m (Akten~)* raccoglitore *m.*

Ordner(in) ‹-s, -› *m(f)* **1.** *(bei Versammlungen, etc.)* organizzatore, -trice *m, f,* ordinatore, -trice *m, f.*

Ordnung ‹-, -en› *f* **1.** *(Zustand, allg.)* ordine *m,* (buono) stato *m;* **2.** ‹*sing*› *(Handlung)* disposizione *f,* sistemazione *f,* regolamento *m;* **3.** *(Regelung)* regolamento *m,* statuto *m;* **4.** *biol, mat* ordine *m;* **der ~ halber** per la regolarità, per la buona regola; **in ~** *allg.* in (buon) ordine; *tec* in buono stato, a posto; *fam (Mensch)* a posto; **etw. (wieder) in ~ bringen** rimettere in ordine qc; **in ~ halten** tenere in ordine; **zur ~ rufen** richiamare all'ordine; **~ schaffen** fare (*o.* mettere) ordine; **für ~ sorgen** mettere ordine; **das werde ich schon in ~ bringen** lo metterò in ordine (io); **es ist alles in ~** è tutto in ordine (*o.* a posto); **(geht) in ~!** *fam* d'accordo! **ordnungsgemäß I.** *a* regolare, regolamentare; **II.** *adv* regolarmente, nella debita forma. **Ordnungsliebe** *m* amore *f* dell'ordine. **Ordnungsruf** *m* richiamo *m* all'ordine. **Ordnungssinn** *m* senso *m* dell'ordine. **Ordnungsstrafe** *f* pena *f* disciplinare. **Ordnungszahl** *f mat* numero *m* ordinale, ordinale *m; chem* numero *m* atomico.

Organ [ɔrˈgaːn] ‹-s, -e› *n* **1.** *allg., anat, fig* organo *m;* **2.** *fig adm* istituzione *f;* **3.** *fig (Zeitung)* organo *m;* **4.** *fam (Stimme)* voce *f.* **Organbank** ‹-, -en› *f* banca *f* degli organi.

Organisation [ɔrganizaˈtsi̯oːn] ‹-, -en› *f* organizzazione *f.*

Organisator(in) [...ˈzaːtoːɐ̯ (...zaˈtoːrɪn), ...zaˈtoːrən] ‹-s, -en› *m(f)* organizzatore, -trice *m, f.*

organisatorisch [...ˈtoːrɪʃ] *a* organizzativo.

organisch [ɔrˈgaːnɪʃ] *a* organico.

organisieren [ɔrganiˈziːrən] ‹*ohne ge-*› *tr* organizzare. **organisiert** *a* organizzato; **gewerkschaftlich ~** organizzato in un sindacato.

Organismus [ɔrgaˈnɪsmʊs, ...mən] ‹-, -men› *m* organismo *m.*

Organist(in) [ɔrgaˈnɪst(ɪn)] ‹-en, -en› *m(f)* organista *mf.*

Organspende *f* donazione *f* di un organo. **Organspender(in)** *m(f)* donatore, -trice *m, f* (di un organo). **Organtransplantation** *f* trapianto *m* organico.

Orgasmus [ɔrˈgasmʊs, ...mən] ‹-, -men› *m* orgasmo *m.*

Orgel [ˈɔrgəl] ‹-, -n› *f* organo *m;* **die ~ spielen** s(u)onare l'organo. **Orgelkonzert** *n* concerto *m* d'organo. **Orgelmusik** *f* musica *f* d'organo (*o.* per organo).

orgeln *itr* s(u)onare l'organo.

Orgelpfeife *f* canna *f* dell'organo; **wie die ~n** *scherz* in fila. **Orgelspieler(in)** *m(f) s.* **Organist(in).**

Orgie [ˈɔrgi̯ə] ‹-, -n› *f* orgia *f;* **~n feiern** fare orge.

Orient [ˈoːri̯ɛnt *o.* oˈri̯ɛnt] ‹-s, ø› *m:* **der ~** l'oriente *m,* il levante *m.*

Orientale [ori̯ɛnˈtaːlə] ‹-n, -n› *m,* **Orientalin** [...lɪn] *f* orientale *mf.*

orientalisch *a* orientale, levantino.

orientieren [ori̯ɛnˈtiːrən] ‹*ohne ge-*› *rfl:* **sich ~** orientarsi; *fig* raccapezzarsi *fam.*

Orientierung ‹-, ø› *f* orientamento *m.* **Orientierungshilfe** *f* guida *f.*

original [origiˈnaːl] *a* originale; *(echt)* autentico.

Original ‹-s, -e› *n* **1.** *allg.* originale *m; (Urschrift)* autografo *m,* manoscritto *m,* testo *m* originale; **2.** *fam (Mensch)* tipo *m* originale, originale *m fam;* **im ~** *(Schrift)* nel testo.

Original- *(in Zusammensetzungen)* originale.

Originalität [...naliˈtɛːt] ‹-, *o. rar* -en› *f* originalità *f.*

Originalpackung *f* confezione *f* originale. **Originalübertragung** *f* trasmissione *f* in diretta.

originell [origiˈnɛl] *a* originale.

Orkan [ɔrˈkaːn] ‹-(e)s, -e› *m* uragano *m.* **orkanartig** *a* come un uragano, violento.

Ornament [ɔrnaˈmɛnt] ‹-(e)s, -e› *n* ornamento *m.*

Ornat [ɔrˈnaːt] ‹-(e)s, -e› *m* veste *f* ufficiale; *rel* paramenti *m pl* sacerdotali.

Ornithologie [ɔrnitoloˈgiː] ‹-, ø› *f* ornitologia *f.*

Ort [ɔrt] ‹-(e)s, -e› *m* **1.** *(Stelle, a. mat)* luogo *m* posto *m;* **2.** *(~schaft)* località *f,* villaggio *m,* paese *m;* **geometrischer ~** *mat* luogo geometrico; **an ~ und Stelle** sul posto.

orten *tr aero* fare il punto di, avvistare.

orthodox [ɔrto'dɔks] *a* ortodosso.
Orthographie [ɔrtogra'fi:, ...i:ən] ‹-, -n› *f* ortografia *f*.
orthographisch [...'gra:fɪʃ] *a* ortografico.
Orthopäde [ɔrto'pɛ:də] ‹-n, -n› *m*, **Orthopädin** [...dɪn] *f* (donna *f*) ortopedico *m*.
orthopädisch *a* ortopedico; **~e Schuhe** scarpe ortopediche.
örtlich ['œrtlɪç] *a* **1.** *allg.* locale; **2.** *med* topico; **~e Störungen** *radio* disturbi parassiti; **~ betäubt** anestetizzato localmente.
Ortsangabe *f* indicazione *f* del luogo. **ortsansässig** *a* residente nel luogo. **Ortsbestimmung** *f* localizzazione *f; mar* determinazione *f* della posizione, rilevamento *m*.
Ortschaft ‹-, -en› *f* località *f*, villaggio *m*.
ortsfremd *a* forestiero. **Ortsgespräch** *n tel* conversazione *f* urbana. **Ortskrankenkasse** *f* cassa *f* malattia locale. **ortskundig** *a* esperto del posto. **Ortsname** *m* nome *m* di luogo, toponimo *m*. **Ortsnetz** *n tel* rete *f* locale. **Ortsschild** *n* segnale *m* di località. **Ortsteil** *m* quartiere *m*, sobborgo *m*. **ortsüblich** *a* di uso locale. **Ortszeit** *f* ora *f* locale. **Ortszuschlag** *m* indennità *f* di residenza.
Ortung ‹-, -en› *f* orientamento *m; (mit Radar)* localizzazione *f*.
Öse ['ø:zə] ‹-, -n› *f* occhiello *m*.
Oskar ['ɔskar] *(männlicher Vorname)* Oscar.
Oslo ['ɔslo] *n* Oslo *f*.
Ost-Berlin *n* Berlino-Est *f*. **Ostblock** *m:* **der ~** il blocco orientale. **Ostblockstaaten** *m pl:* **die ~** i paesi *m pl* dell'Est (*o.* del blocco orientale).
Osten ['ɔstən] ‹-s, ø› *m* (*ab* **O**) est *m;* **der ~** *(Orient)* l'oriente *m*, il levante; *pol* l'est *m;* **der Nahe/Mittlere/Ferne ~** il vicino/il medio/l'estremo oriente.
Osterei *n* uovo *m* di Pasqua. **Osterglocke** *f bot* narciso *m*. **Osterhase** *m* coniglietto *m* pasquale. **Osterlamm** *n* agnello *m* pasquale.
österlich ['ø:stelɪç] *a* pasquale.
Ostermontag ['o:ste'mo:nta:k] *m* Pasquetta *f*.
Ostern ['o:sten] ‹-, ø› *n* Pasqua *f;* **fröhliche ~!** buona Pasqua!
Österreich ['ø:stəraiç] *n* (*ab* **A**) Austria *f*.
Österreicher(in) ‹-s, -› *m(f)* austriaco, -a *m, f*.
österreichisch *a* austriaco.
Ostersonntag ['o:ste'zɔnta:k] *m* domenica *f* di Pasqua. **Osterwoche** *f* settimana *f* di Pasqua.
Osteuropa *n* Europa *f* orientale. **Ostfriesland** ['ɔst'fri:slant] *n* Frisia *f* orientale. **Ostgote** [-go:tə] ‹-n, -n› *m*, **-gotin** [-go:tɪn] *f* ostrogoto, -a *m, f*. **Ostindien** ['ɔst'ʔɪndiən] *n* Indie *f pl* orientali. **Ostküste** *f* costa *f* orientale.
östlich ['œstlɪç] **I.** *a* orientale, dell'est, a est; **II.** *adv* a est (*von* di).
Ostpolitik *f* politica *f* con i paesi dell'Est, Ostpolitik *f*. **Ostpreußen** *n* Prussia *f* orientale.
Östrogen [œstro'ge:n] ‹-s, -e› *n* estrogeno *m*.
oströmisch *a:* **das O~e Reich** l'Impero romano d'oriente (*o.* bizantino). **Ostsee** *f:* **die ~** il mar Baltico. **Ostseite** *f* lato *m* est (*o.* orientale). **Ostverträge** *m pl* trattati *m pl* con i paesi dell'Est. **ostwärts** [-verts] *adv* verso est.
Otter¹ ['ɔte] ‹-, -n› *f (Schlange)* vipera *f*.
Otter² ['ɔte] ‹-s, -› *m (Fisch~)* lontra *f*.
Otto ['ɔto] *(männlicher Vorname)* Ottone.
Ottomotor *m* motore *m* a carburazione, motore *m* a ciclo Otto.
Ötztal ['œts-] *n* valle *f* dell'Oetz.
Ouvertüre [uver'ty:rə] ‹-, -n› *f* ouverture *f*.
oval [o'va:l] *a* ovale. **Oval** ‹-s, -e› *n* ovale *m*.
Ovation [ova'tsio:n] ‹-, -en› *f* ovazione *f;* **jdm eine ~ bringen** fare un'ovazione a qu.
Overall ['oʊvərɔ:l] ‹-s, -s› *m* tuta *f*, overall *m*.
Ovulation [ovula'tsio:n] ‹-, -en› *f* ovulazione *f*. **Ovulationshemmer** ‹-s, -› *m geh* pillola *f* anticoncezionale.
Oxyd [ɔ'ksy:t] , *(fachsprachlich)* **Oxid** [ɔ'ksi:t] ‹-(e)s, -e› *n* ossido *m*.
Oxydation [ɔksyda'tsio:n] ‹-, -en› *f* ossidazione *f*.
oxydieren [...'di:rən] ‹*ohne ge-*› *itr* ‹*sein o. haben*› ossidare.
Oxydierung ‹-, -en› *f* ossidazione *f*.
Ozean ['o:tsea:n] ‹-s, -e› *m* oceano *m*. **Ozeandampfer** *m* transatlantico *m*.
Ozeanien [otse'a:niən] *n* Oceania *f*.
ozeanisch *a* **1.** *allg.* oceanico; **2.** *(aus Ozeanien)* oceaniano.
Ozeanographie [otseanogra'fi:] ‹-, ø› *f* oceanografia *f*.
Ozelot ['o:tselɔt *o.* 'ɔts...] ‹-s, -e› *m* ozelot *m*.
Ozon [o'tso:n] ‹-s, ø› *n* ozono *m*.

P

P, p [pe:] ‹-, -(s)› *n (Buchstabe)* P, p *f;* **P wie Paula** P come Padova.

paar [pa:ɐ̯] ‹*inv*› *a:* **ein ~ . . .** un paio di . . ., alcuni . . ., qualche . . .; **in den ~ Stunden konnte ich nichts lernen** in quelle poche ore non sono riuscito a studiare niente.

Paar ‹-(e)s, -e› *n* paio *m; (Personen, Tiere)* coppia *f;* **ein junges ~** sposi novelli; **ein ~ Schuhe** un paio di scarpe; **zehn ~ Socken** dieci paia di calzini; **ein ~ Ohrringe** un paio di orecchini.

paaren ['pa:rən] **I.** *tr (Zuchttiere)* appaiare; *(a. fig)* accoppiare; **II.** *rfl:* **sich ~** accoppiarsi.

Paarhufer ‹-s, -› *m* artiodattilo *m.*

paarig *a* geminato.

Paarlauf *m,* **-laufen** ‹-s, ø› *n* pattinaggio *m* artistico a coppie.

paarmal *adv:* **ein ~** un paio di volte.

Paarung ‹-, -en› *f* **1.** *biol* accoppiamento *m;* **2.** *allg., fig, sport* mettere *m* insieme.

paarweise *adv* a coppie, a paia.

Pacht [paxt] ‹-, -en› *f* **1.** *(~verhältnis)* affitto *m,* locazione *f; (von Geschäften)* gestione *f;* **2.** *(~vertrag)* contratto *m* di locazione; **3.** *(~zins)* (af)fitto *m;* **in ~ haben/geben/nehmen** avere/dare/prendere in affitto.

pachten *tr* **1.** prendere in affitto, affittare; *(Geschäft)* prendere la gestione di; **2.** *fam (für sich beanspruchen)* monopolizzare.

Pächter(in) ['pɛçtɐ (...ərɪn)] ‹-s, -› *m(f)* affittuario, -a *m, f,* locatario, -a *m, f; (Geschäftsleiter)* gerente *mf.*

Pachtung ‹-, -en› *f* locazione *f; (von Geschäft)* gestione *f.*

Pachtvertrag *m* contratto *m* di locazione; *(von Geschäft)* contratto *m* di gestione.

Pack¹ [pak] ‹-(e)s, -e *o.* ¨-e› *m (Bündel)* pacco *m.*

Pack² [pak] ‹-(e)s, ø› *n pej (Gesindel)* gentaglia *f.*

Päckchen ['pɛkçən] ‹-s, -› *n* pacchetto *m.*

Packeis *n* banchisa *f,* pack *m.*

packen ['pakən] **I.** *tr* **1.** *(ergreifen)* afferrare (*an* per), pigliare (*an* per); **2.** *fig (Schrecken, etc.)* cogliere; **3.** *fig (fesseln)* avvincere; **4.** *(ein~)* mettere; *(Koffer, Paket)* fare; **5.** *sl (verstehen)* capire; **es ~** *fam (schaffen)* farcela *fam;* **in Kisten ~** incassare; **ihn hat es ganz schön gepackt** *fam (er ist krank)* s'è beccato una malattia *fam; (er ist verliebt)* s'è preso una cotta *fam;* **ich glaub', ich pack' das nie!** *sl* credo che non capirò mai; **II.** *itr; (die Koffer ~)* fare le valigie; **III.** *rfl:* **sich ~** *fam (weggehen)* andarsene.

Packen ‹-s, -› *m* **1.** pacco *m;* **2.** *fig (Haufen)* mucchio *m.*

packend *a* avvincente.

Packer(in) ‹-s, -› *m(f)* impaccatore, -trice *m, f.*

Packesel *m fam* mulo *m fam;* **wie ein ~ beladen sein** essere carico come un mulo *fam;* **ich bin nicht dein ~** non sono il tuo facchino. **Packpapier** *n* carta *f* da pacchi.

Packung ‹-, -en› *f* **1.** *(Paket)* pacchetto *m; (Schachtel)* scatola *f;* **2.** *(Ver~)* involucro *m;* **3.** *med* impacco *m;* **eine ~ Zigaretten** un pacchetto di sigarette.

Packwagen *m* bagagliaio *m.*

Pädagoge [pɛda'go:gə] ‹-n, -n› *m,* **Pädagogin** [...gɪn] *f (Erzieher)* pedagogo, -a *m, f; (Wissenschaftler)* pedagogista *mf.*

Pädagogik [...'go:gɪk] ‹-, ø› *f* pedagogia *f.*

Pädagogin *f s.* **Pädagoge.**

pädagogisch *a* pedagogico; *(~ richtig)* pedagogicamente giusto; **P~e Hochschule** (*ab* **PH**) scuole *f pl* magistrali, facoltà *f* di pedagogia.

Paddel ['padəl] ‹-s, -› *n* pagaia *f.* **Paddelboot** *n* canoa *f.*

paddeln *itr* ‹*haben o. bei Fortbewegung sein*› andare in canoa.

Päderast [pɛde'rast] ‹-en, -en› *m* pederasta *m.*

Padua ['pa:du̯a] *n* Padova *f.*

paffen ['pafən] *tr, itr fam* **1.** *(rauchen)* fumare a grandi sbuffate; **2.** *(rauchen, ohne zu inhalieren)* fumare senza aspirare.

Page ['pa:ʒə] ‹-n, -n› *m* **1.** *(Hotel~)* fattorino *m* d'albergo; **2.** *hist* paggio *m.* **Pagenkopf** *m* capelli *m pl* alla paggio.

paginieren [pagi'ni:rən] ‹*ohne ge-*› *tr* numerare le pagine di.
Paginierung ‹-, -en› *f* paginatura *f.*
Pagode [pa'go:də] ‹-, -n› *f* pagoda *f.*
Paillette [pai'jɛtə] ‹-, -n› *f* lustrino *m,* paglietta *f.*
Paket [pa'ke:t] ‹-(e)s, -e› *n* pacco *m.* **Paketannahme** *f (~stelle)* (sportello *m* di) accettazione *f* pacchi. **Paketausgabe** *f (~stelle)* (sportello *m* di) consegna *f* pacchi. **Paketkarte** *f* bollettino *m* di spedizione. **Paketpost** *f* servizio *m* pacchi postali. **Paketschalter** *m* sportello *m* per i pacchi postali. **Paketzustellung** *f* consegna *f* dei pacchi.
Pakistan ['pa:kısta:n] *n* Pakistan *m;* **in ~** nel Pakistan.
Pakistaner(in) [pakıs'ta:nɐ (...ərın)] ‹-s, -› *m(f),* **Pakistani** [...ni] ‹-(s), -(s)› *m* pakistano, -a *m, f.*
pakistanisch *a* pakistano.
Pakt [pakt] ‹-(e)s, -e› *m* patto *m.*
paktieren [...'ti:rən] ‹*ohne ge-*› *itr* fare un patto (*mit* con).
Palast [pa'last] ‹-(e)s, Paläste› *m* palazzo *m.*
Palästina [palɛs'ti:na] *n* Palestina *f.*
Palästinenser(in) [...ti'nɛnzɐ (...ərın)] ‹-s, -› *m(f)* palestinese *mf.*
palästinensisch *a* palestinese.
Palaver [pa'la:vɐ] ‹-s, -› *n fam pej* chiacchiere *f pl.*
palavern ‹*ohne ge-*› *itr fam pej* chiacchierare.
Palette [pa'lɛtə] ‹-, -n› *f* **1.** *(Maler~)* tavolozza *f;* **2.** *fig* gamma *f.*
Palisade [pali'za:də] ‹-, -n› *f* palizzata *f.*
Palme ['palmə] ‹-, -n› *f* palma *f;* **jdn auf die ~ bringen** *fam* mandare in bestia qu *fam.* **Palm(en)wedel** *m,* **-zweig** *m* ramo *m* di palma. **Palmsonntag** [-'zɔnta:k] *m* Domenica *f* delle Palme. **Palmwedel** *m s.* **Palmenwedel.**
Pampe ['pampə] ‹-, ø› *f (meist pej)* pastone *m.*
Pampelmuse ['pampəlmu:zə *o.* ...'mu:zə] ‹-, -n› *f* pompelmo *m.*
Pamphlet [pam'fle:t] ‹-(e)s, -e› *n pej* libello *m,* pamphlet *m.*
pampig *a* **1.** *dial (breiig)* poltiglioso; **2.** *fam pej (frech)* sfacciato.
panaschieren [pana'ʃi:rən] ‹*ohne ge-*› *itr* votare candidati di liste diverse.
panieren [pa'ni:rən] ‹*ohne ge-*› *tr* impanare. **Paniermehl** *n* pangrattato *m.*
Panik ['pa:nık] ‹-, -en› *f* panico *m.* **panikartig I.** *a* dettato dal panico; **II.** *adv* come in preda al panico. **Panikmache** *f fam pej* creare *m* del panico. **Panikstimmung** *f* atmosfera *f* di panico.
panisch *a* panico; **~er Schrecken** terrore panico.
Panne ['panə] ‹-, -n› *f* **1.** *(Schaden)* guasto *m; (Auto~)* panna *f;* **2.** *fig (Fehler)* errore *m;* **eine ~ haben** avere una panna, essere in panna; **mit jdm/etw. eine ~ erleben** avere delle difficoltà con qu/qc. **Pannendienst** *m* soccorso *m* stradale.
Panorama [pano'ra:ma, ...mən] ‹-s, -men› *n* panorama *m.*
panschen *tr, itr s.* **pantschen.**
Pansen ['panzən] ‹-s, -› *m* rumine *m.*
Panther ['pantɐ] ‹-s, -› *m* pantera *f.*
Pantine [pan'ti:nə] ‹-, -n› *f (norddeutsch)* zoccolo *m.*
Pantoffel [pan'tɔfəl] ‹-s, -n› *m* ‹*meist pl*› pantofola *f,* ciabatta *f;* **er steht unter dem ~** *fam* si fa mettere sotto i piedi dalla moglie *fam.* **Pantoffelheld** *m fam pej* marito *m* comandato a bacchetta dalla moglie. **Pantoffelkino** *n fam scherz* tele(visione) *f.*
Pantomime¹ [panto'mi:mə] ‹-, -n› *f (Darbietung)* pantomima *f.*
Pantomime² [panto'mi:mə] ‹-n, -n› *m (Künstler)* pantomimo *m.*
pan(t)schen ['panʃən ('pantʃən)] **I.** *tr (Wein)* adulterare; *(mit Wasser)* annacquare; **II.** *itr fam (planschen)* sguazzare *fam.*
Panzer ['pantsɐ] ‹-s, -› *m* **1.** *zoo, hist, fig* corazza *f;* **2.** *mil* carro *m* armato. **Panzerfaust** *f* lanciarazzi *m* anticarro. **Panzerglas** *n* vetro *m* blindato. **Panzerkreuzer** *m* incrociatore *m* corazzato.
panzern I. *tr* corazzare; **II.** *rfl:* **sich ~** corazzarsi.
Panzerschrank *m* cassaforte *f* blindata.
Panzerung ‹-, -en› *f* corazzatura *f.*
Panzerwagen *m* carro *m* armato.
Papa ['papa *o.* pa'pa:] ‹-s, -s› *m fam* papà *m,* babbo *m.*
Papagei [papa'gai] ‹-en *o.* -s, -en *o. rar* -e› *m* pappagallo *m.* **Papageienkrankheit** *f* psittacosi *f.*
Paperback ['peıpəbæk] ‹-s, -s› *n* libro *m* tascabile.
Papeterie [papɛtə'ri:, ...i:ən] ‹-, -n› *f CH* cartoleria *f.*
Papi ['papi] ‹-s, -s› *m fam s.* **Papa.**
Papier [pa'pi:ɐ] ‹-s, -e› *n* **1.** *(Material)* carta *f;* **2.** *(Schriftstück, Dokument)* carta *f,* documento *m;* **3.** *(Wert~)* titolo *m;* **4.** ‹*pl*› *(Ausweis)* carte *f pl,* documenti *m pl;* **etw. zu ~ bringen** mettere qc per iscritto; **ein Blatt** (*o.*

Bogen) ~ un foglio di carta; **nur auf dem ~ existieren** esistere solo sulla carta. **Papierfabrik** *f* cartiera *f.* **Papiergeld** *n* cartamoneta *f.* **Papierkorb** *m* cestino *m;* **etw. in den ~ werfen** cestinare qc. **Papierkrieg** *m fam pej* lungaggine *f* burocratica *fam.* **Papiertaschentuch** *n* fazzoletto *m* di carta. **Papiertüte** *f* sacchetto *m* di carta. **Papierwaren** *f pl* articoli *m pl* di cartoleria.

Pappbecher *m* bicchiere *m* di carta. **Pappdeckel** *m s.* **Pappendeckel.**

Pappe ['papə] ‹-, -n› *f* cartone *m;* **das ist nicht von ~** *fig fam* questo non è da sottovalutare.

Pappeinband *m* rilegatura *f* in cartone.

Pappel ['papəl] ‹-, -n› *f* pioppo *f.*

päppeln ['pɛpəln] *tr fam* dare la pappa a *fam,* imboccare.

Papp(en)deckel *m* cartone *m.*

Pappenheimer ['papənhai̯mɐ] *m pl:* **ich kenne meine ~** *fam* conosco i miei polli *fam.*

Pappenstiel *m:* **das ist kein ~** non è un'inezia.

papperlapapp [papɐla'pap] *interj* sciocchezze *f pl.*

pappig ['papɪç] *a fam* **1.** *(klebrig)* appiccicoso; **2.** *(breiig, a. Schnee)* poltiglioso; **3.** *(nicht knusprig)* non croccante.

Pappmaché [-ma'ʃe:] ‹-s, -s› *n* cartapesta *f.* **Pappschachtel** ['pap-] *f* scatola *f* di cartone. **Pappschnee** ['pap-] *m* neve *f* poltigliosa.

Paprika ['paprika] ‹-s, -(s)› *m* **1.** *bot (Planze, ~schote)* peperone *m;* **2.** ‹*sing*› *gastr (~gemüse)* peperoni *m pl;* **3.** ‹*sing*› *(Gewürz)* paprica *f.* **Paprikaschote** *f* peperone *m.*

Papst [pa:pst] ‹-(e)s, ¨-e› *m* papa *m,* pontefice *m.*

päpstlich ['pɛ:pstlɪç] *a* papale, pontificio; **~er als der Papst sein** *fig* essere più realista del re.

Papsttum ‹-, ø› *n* papato *m.*

Parabel [pa'ra:bəl] ‹-, -n› *f* parabola *f.*

Parade [pa'ra:də] ‹-, -n› *f* **1.** *sport* parata *f;* **2.** *mil* rivista *f* militare, rassegna *f; (Vorbeimarsch)* sfilata *f.* **Paradebeispiel** *n* esempio *m* paradigmatico.

Paradeiser [para'dai̯zɐ] ‹-s, -› *m A (Tomate)* pomodoro *m.*

Paradeuniform *f* grande uniforme *f.*

paradieren [para'di:rən] ‹*ohne ge-*› *itr* **1.** *mil* sfilare in parata; **2.** *fig geh (sich brüsten)* fare sfoggio (*mit etw.* di).

Paradies [para'di:s] ‹-es, -e› *n* paradiso *m;* **das ~ auf Erden** il paradiso in terra. **paradiesisch** *a* paradisiaco. **Paradiesvogel** *m* uccello *m* del paradiso.

Paradigma [para'dɪgma, ...mən *o.* ...mata] ‹-s, -digmen *o.* -digmata› *n* paradigma *m.*

paradox [para'dɔks] *a* paradossale.

Paraffin [para'fi:n] ‹-s, -e› *n* paraffina *f.*

Paragraph [para'gra:f] ‹-en, -en› *m* paragrafo *m.* **Paragraphendschungel** *m pej* labirinto *m* della legge.

parallel [para'le:l] *a* parallelo (*zu* a); **~ schalten** accoppiare in parallelo; **~ (ver)laufen** essere parallelo (*zu* a). **Parallele** ‹-, -n› *f* **1.** *mat* parallela *f;* **2.** *fig (Vergleich)* parallelo *m (zwischen* fra); **eine ~ zu etw. ziehen** *mat* tracciare una parallela a qc; *fig* fare un parallelo con qc.

Parallelogramm [paralelo'gram] ‹-s, -e› *n* parallelogramma *m.*

Parallelstraße *f* strada *f* parallela.

paraphieren [para'fi:rən] ‹*ohne ge-*› *tr* parafare.

Parapsychologie [para-] *f* parapsicologia *f.*

Parasit [para'zi:t] ‹-en, -en› *m* parassita *m.*

parat [pa'ra:t] *a* pronto; **immer eine Antwort ~ haben** avere sempre la risposta pronta.

Paratyphus ['para-] *m* paratifo *m.*

Pärchen ['pɛ:ɐ̯çən] ‹-s, -› *n* coppia *f; (Liebes~)* coppia *f* di innamorati; *(Verbrecher~)* coppia *f* di delinquenti.

Parcours [par'ku:ɐ̯] ‹-, -› *m* percorso *m.*

Parfüm [par'fy:m] ‹-s, -e *o.* -s› *n* profumo *m.*

Parfümerie [...fymə'ri:, ...i:ən] ‹-, -n› *f* profumeria *f.*

Parfümfläschchen [-flɛʃçən] ‹-s, -› *n* flacone *m* (*o.* bottiglietta *f*) di profumo.

parfümieren [parfy'mi:rən] ‹*ohne ge-*› **I.** *tr* profumare; **II.** *rfl:* **sich ~** profumarsi.

Paria ['pa:ri̯a] ‹-s, -s› *m* paria *m.*

parieren [pa'ri:rən] ‹*ohne ge-*› **I.** *tr sport* parare; **II.** *itr fam (gehorchen)* ubbidire.

Paris [pa'ri:s] *n* Parigi *f.*

Pariser [pa'ri:zɐ] ‹-s, -› *m sl (Präservativ)* preservativo *m.*

Pariser(in) ‹-s, -› *m(f)* parigino, -a *m, f.*

paritätisch [pari'tɛ:tɪʃ] *a* paritetico.

Park [park] ⟨-s, -s *o. rar* -e⟩ *m* parco *m.*
Parka ['parka] ⟨-, -s⟩ *f o.* ⟨-(s), -s⟩ *m* eskimo *m,* parka *m.*
Parkbank ⟨-, ⸚e⟩ *f* panchina *f* del parco. **Parkdeck** *n* piano *m* di autosilo. **Parkebene** *f* area *f* di parcheggio.
parken ['parkən] *tr, itr* parcheggiare; **P~ verboten!** parcheggio vietato!; **hier ~ abends zuviel Autos** qui di sera parcheggiano troppe macchine; **~de Wagen** veicoli in parcheggio.
Parkett [par'kɛt] ⟨-(e)s, -e⟩ *n* **1.** *(Fußboden)* parquet *m;* **2.** *theat* platea *f;* **3.** *(Tanzfläche)* pista *f* (da ballo). **Parkett(fuß)boden** *m* (pavimento *m* di) parquet *m.*
Parkgebühr *f* tassa *f* di parcheggio (*o.* posteggio). **Parkhaus** *n* autosilo *m.*
parkieren [par'ki:rən] ⟨*ohne ge-*⟩ *tr, itr CH* parcheggiare.
Parkingmeter ['parkıŋme:tɐ] ⟨-s, -⟩ *m CH* parchimetro *m.*
Parklücke *f* spazio *m* libero per posteggiare, buco *m* (per posteggiare) *fam.* **Parkplatz** *m* parcheggio *m,* posteggio *m; (Parklücke)* buco *m fam;* **bewachter ~** parcheggio custodito. **Parkscheibe** *f* disco *m* orario. **Parkstreifen** *m* corsia *f* di sosta. **Parkstudium** *n fam* studi *m pl* di parcheggio. **Parksünder** *m fam* parcheggiatore, -trice *m, f* abusivo, -a. **Parkuhr** *f* parchimetro *m.* **Parkverbot** *n* divieto *m* di parcheggio (*o.* di posteggio).
Parlament [parla'mɛnt] ⟨-(e)s, -e⟩ *n* parlamento *m.*
Parlamentarier(in) [...'ta:ri̯ɐ (...ərın)] ⟨-s, -⟩ *m(f)* parlamentare *mf,* membro *m* del parlamento.
parlamentarisch *a* parlamentare.
Parlamentsbeschluß *m* voto *m* (*o.* decisione *f*) del parlamento. **Parlamentsdebatte** *f* dibattito *m* parlamentare. **Parlamentsferien** ⟨*pl*⟩ vacanze *f pl* parlamentari. **Parlamentssitzung** *f* seduta *f* parlamentare.
Parmesan(käse *m*) [parme'za:n] ⟨-s, ø⟩ *m* parmigiano *m.*
Parodie [paro'di:, ...i:ən] ⟨-, -n⟩ *f* parodia *f* (*auf* di).
parodieren [...'di:rən] ⟨*ohne ge-*⟩ *tr* parodiare, fare la parodia di.
parodistisch [...'dıstıʃ] *a* parodico *obs,* parodistico.
Parole [pa'ro:lə] ⟨-, -n⟩ *f* **1.** *mil* parola *f* d'ordine; **2.** *fig, pol* motto *m.*
Partei [par'ta̯i] ⟨-, -en⟩ *f* **1.** *pol* partito *m;* **2.** *jur, fig* parte *f;* **3.** *sport* squadra *f;* **4.** *(Miet~)* inquilino *m* pigionale; **einer ~ angehören/beitreten** essere di/aderire ad un partito; **in eine ~ eintreten** entrare in un partito; **für jdn ~ ergreifen** (*o.* **nehmen**) prendere partito per qu. **Parteiapparat** *m* apparato *m* del partito. **Parteibuch** *n* tessera *f* del partito; **das richtige/falsche ~ haben** *fig fam* stare dalla parte giusta/sbagliata. **Parteiführer(in)** *m(f)* leader *m* (*o.* capo *m*) del partito. **Parteiführung** *f* presidenza *f* del partito. **Parteifunktionär(in)** *m(f)* funzionario, -a *m, f* del partito. **parteiisch** *a* parziale. **Parteikongreß** *m* congresso *m* del partito. **Parteilichkeit** ⟨-, ø⟩ *f* parzialità *f.* **parteilos** *a* apartitico, senza partito. **Parteimitglied** *n* membro *m* del partito, iscritto *m* ad un partito. **Parteinahme** [-na:mə] ⟨-, -n⟩ *f* presa *f* di posizione. **Parteiorgan** *n* organo *m* di partito. **Parteipolitik** *f* politica *f* di partito. **Parteiprogramm** *n* programma *m* di partito. **Parteitag** *m* congresso *m* del partito. **Parteizugehörigkeit** *f* appartenenza *f* ad un partito.
parterre [par'tɛr] *adv* a (*o.* al) pianterreno. **Parterre** ⟨-s, -s⟩ *n* pianterreno *m.*
Partie [par'ti:, ...i:ən] ⟨-, -n⟩ *f* **1.** *(Teil, Abschnitt, a. mus, theat)* parte *f;* **2.** *sport, com* partita *f;* **ich bin mit von der ~** *fam* ci sto anch'io; **eine gute ~ machen** fare un buon matrimonio; **eine ~ Schach spielen** fare una partita a scacchi.
partiell [par'tsi̯ɛl] *a* parziale.
Parties *pl von* **Party.**
Partisan(in) [parti'za:n(ın)] ⟨-s *o.* -en, -en⟩ *m(f)* partigiano, -a *m, f.* **Partisanenkrieg** *m* guerra *f* partigiana. **Partisanin** *f s.* **Partisan.**
Partitur [parti'tu:ɐ̯] ⟨-, -en⟩ *f* partitura *f.*
Partizip [parti'tsi:p, ...pi̯ən] ⟨-s, -pien⟩ *n,* **Partizipium** [...pi̯ʊm, ...pi̯a] ⟨-s, -pia⟩ *n gram* participio *m.*
Partner(in) ['partnɐ (...ərın)] ⟨-s, -⟩ *m(f) (theat, film, Tanz~)* partner *mf; (Spiel~)* compagno, -a *m, f* di gioco; *(Vertrags~)* contraente *mf; (Ehe~)* coniuge *mf; (Gesprächs~)* interlocutore, -trice *m, f; (Geschäfts~)* collaboratore, -trice *m, f; com* socio, -a *m, f.* **Partnerschaft** ⟨-, -en⟩ *f* **1.** *(Mitarbeit)* collaborazione *f; com* compartecipazione *f;* **2.** *(Zusammenleben)* convivenza *f;* **3.** *(Städte~)* gemellaggio *m.* **partnerschaftlich** *a* di partecipazione. **Partnerstadt** *f* città *f* gemellata. **Partnertausch** *m*

scambio *m* di partner. **Partnerwahl** *f* scelta *f* del proprio partner.
partout [par'tu:] *adv fam* a tutti costi, assolutamente.
Party ['pa:ɐ̯ti] ‹-, -s *o.* Parties› *f* festa *f*, party *m*. **Partykeller** *m* tavernetta *f*. **Partyservice** *m* servizio *m* ristoro.
Parzelle [par'tsɛlə] ‹-, -n› *f* parcella *f*, lotto *m*.
parzellieren [...'li:rən] ‹*ohne ge-*› *tr* lottizzare, dividere in parcelle.
Parzellierung ‹-, -en› *f* lottizzazione *f*, parcellazione *f*.
Pascha ['paʃa] ‹-s, -s› *m* pascià *m*.
Paß [pas] ‹Passes, Pässe› *m* **1.** *(Reise~)* passaporto *m;* **2.** *(Gebirgs~)* passo *m*, valico *m;* **3.** *sport (Ballspiele)* passaggio *m;* **einen ~ ausstellen/erneuern/verlängern** rilasciare/rinnovare/prorogare un passaporto.
passé [pa'se:] ‹*inv*› *a fam* tramontato, passato, out.
Passagier [pasa'ʒi:ɐ̯] ‹-s, -e› *m* passeggero, -a *m, f*, viaggiatore, -trice *m, f*. **Passagierdampfer** *m* nave *f* passeggeri. **Passagierflugzeug** *n* aereo *m* passeggeri.
Passah(fest *n*) ['pasa] ‹-s, ø› *n* pasqua *f* (ebraica).
Paßamt *n* ufficio *m* passaporti.
Passant(in) [pa'sant(ɪn)] ‹-en, -en› *m(f)* passante *mf*.
Passat(wind *m*) [pa'sa:t] ‹-(e)s, -e› *m* aliseo *m*.
Paßbild *n* fotografia *f* formato tessera (*o.* per passaporto).
Pässe ['pasən] *pl von* **Paß.**
passen *itr* **1.** *(harmonieren)* andare (bene) (*zu* a); *(sich ziemen)* addirsi (*zu* a); *(sich eignen)* adattarsi (*zu* a); **2.** *(in Größe, Form, etc.)* andare (bene), stare (bene), avere la giusta misura; *(Schuhe)* calzare bene; **3.** *(genehm sein)* andare *fam* (*jdm* a qu), fare comodo (*jdm* a qu); **4.** *(beim Kartenspiel)* passare; *(bei Fragen)* non saper rispondere; **genau ~** essere giusto; **das Bild paßt nicht ins Zimmer** il quadro non si adatta alla stanza; **dieses Benehmen paßt nicht zu einem Lehrer** questo comportamento non si addice ad un insegnante; **sie paßt nicht zu ihm** non è fatta per lui; **das Kleid paßt mir nicht** il vestito non mi va; **das könnte dir so ~!** *fam* ti piacerebbe, eh!; **der Zeitpunkt paßt mir nicht** il momento non mi va; **es paßt mir gar nicht, daß du erst so spät kommst** non mi va che tu venga così tardi; **die Hose paßt wie angegossen** i pantaloni stanno a pennello; **paßt es dir am Samstag um elf Uhr?** ti va bene sabato alle undici?; **er paßt nicht zu uns** non va bene con noi; **das Buch paßt nicht ins Regal** il libro non entra nella libreria; **da muß ich (leider) ~** (purtroppo) non so rispondere; **I.** *tr* **1.** *tec* adattare; **2.** *sport (Ball)* passare. **passend** *a* **1.** *(in Größe, Form)* che va bene; *(zusammen~)* che sta bene insieme; **2.** *(geeignet)* adatto (*für* a); **3.** *(angemessen)* adeguato, buono; **4.** *(treffend)* appropriato, giusto, che coglie nel segno; **5.** *(günstig)* opportuno; **bei jeder ~en und unpassenden Gelegenheit** *fam* in ogni circostanza; **das ~e Wort finden** trovare la parola adatta; **es für ~ halten zu ... *inf*** ritenere opportuno ... *inf;* **er trägt zu jedem Anzug die ~e Krawatte** per ogni vestito ha la cravatta adatta.
Passepartout [paspar'tu:] ‹-s, -s› *n* passe-partout *m*.
passierbar *a (Weg)* praticabile, transitabile; *(Paß)* valicabile.
passieren [pa'si:rən] ‹*ohne ge-*› **I.** *tr* ‹*haben*› *(Grenze, Zensur, gastr)* passare; *(Fluß)* attraversare; *(Paß)* valicare; **II.** *itr* ‹*sein*› **1.** *(geschehen)* succedere (*mit* con), accadere (*mit* con), avvenire (*mit* con); **2.** *(widerfahren)* capitare (*jdm* a qu); **das soll mir nicht noch einmal ~** non mi succederà una seconda volta; **das kann jedem ~** può capitare a tutti; **was ist passiert?** cosa è successo?; **ist ihm etw. passiert?** gli è successo qualcosa?; **es ist ein Unfall passiert** è successo un incidente.
Passierschein *m* lasciapassare *m*.
Passion [pa'si̯o:n] ‹-, -en› *f* passione *f*.
passioniert [pasi̯o'ni:ɐ̯t] *a* appassionato.
Passionszeit *f* quaresima *f*.
passiv ['pasi:f *o.* pa'si:f] *a* passivo; **~es Wahlrecht** elettorato passivo, eleggibilità *f;* **~er Widerstand** resistenza passiva. **Passiv** ‹-s, *rar* -e› *n* passivo *m*, forma *f* passiva.
Passiva [pa'si:va] ‹*pl*› passivo *m*, passività *f pl*.
Passivität [pasivi'tɛ:t] ‹-, ø› *f* passività *f*.
Paßkontrolle *f* controllo *m* dei passaporti. **Paßstraße** *f* strada *f* di un passo.
Passus ['pasʊs] ‹-, -› *m* passo *m*.
Pasta ['pasta, ...tən] ‹-, Pasten› *f*, **Paste** ['pastə] ‹-, -n› *f* pasta *f*.
Pastell [pas'tɛl] ‹-(e)s, -e› *n* pastello *m*. **Pastellfarbe** *f* (colore *m*) pastel-

lo *m.* **pastellfarben** *a* color pastello. **Pastellton** *m* tonalità *f* pastello.

Pasten *pl von* **Pasta, Paste.**

Pastete [pas'te:tə] ‹-, -n› *f* **1.** *(Leber~, etc.)* pasticcio *m;* **2.** *(Blätterteig~)* vol-au-vent *m.*

pasteurisieren [pastøri'zi:rən] ‹*ohne ge-*› *tr* pastorizzare.

Pastille [pas'tɪlə] ‹-, -n› *f* pastiglia *f,* pasticca *f.*

Pastor(in) ['pasto:ɐ̯ *o.* ...'to:ɐ̯ (...'to:rɪn), ...'to:rən] ‹-s, -en› *m(f)* pastore *m.*

Pate ['pa:tə] ‹-n, -n› *m,* **Patin** ['pa:tɪn] *f* padrino *m,* madrina *f.* **Patenkind** *n* figlioccio, -a *m, f.* **Patenonkel** *m* padrino *m.* **Patenschaft** ‹-, -en› *f* paternità *f* spirituale; **die ~ für jdn übernehmen** fare da padrino/madrina a qu.

patent [pa'tɛnt] *a fam* **1.** *(Mensch)* bravo, in gamba *fam;* **2.** *(Lösung, Idee)* formidabile.

Patent ‹-(e)s, -e› *n* brevetto *m;* **ein ~ auf etw. anmelden** depositare domanda di brevetto per qc. **Patentamt** *n* ufficio *m* brevetti.

Patentante *f* madrina *f.*

Patentanwalt *m,* **-anwältin** *f* avvocato, -tessa *m, f,* specializzato, -a in brevetti.

patentieren [patɛn'ti:rən] ‹*ohne ge-*› *tr* brevettare; **eine Erfindung ~ lassen** chiedere il brevetto per un'invenzione.

Patentinhaber(in) *m(f)* detentore, -trice *m, f* (*o.* titolare *mf)* di brevetto. **Patentlösung** *f* ricetta *f,* formula *f* magica. **Patentrecht** *n* **1.** *jur (Rechtsvorschriften)* legislazione *f* sui brevetti; **2.** *(Recht auf Patentnutzung)* diritto *m* di privativa.

Pater ['pa:tɐ, 'patre:s] ‹-s, Patres *o.* -› *m* padre *m.*

Paternoster [patɐ'nɔstɐ] ‹-s, -› *m (Aufzug)* ascensore *m* a paternoster.

pathetisch [pa'te:tɪʃ] *a* patetico.

Pathologie [patolo'gi:] ‹-, ø› *f* patologia *f.*

pathologisch [...'lo:gɪʃ] *a* patologico.

Pathos ['pa:tɔs] ‹-, ø› *n* pathos *m.*

Patience [pa'si̯ã:s] ‹-, -n› *f* gioco *m* di pazienza; **eine ~ legen** fare un solitario.

Patient(in) [pa'tsi̯ɛnt(ɪn)] ‹-en, -en› *m(f)* paziente *mf.*

Patin *f s.* **Pate.**

Patina ['pa:tina] ‹-, ø› *f* patina *f.*

Patisserie [patɪsə'ri:, ...i:ən] ‹-, -n› *f CH* pasticceria *f.*

Patres *pl von* **Pater.**

Patriarch [patri'arç] ‹-en, -en› *m* patriarca *m.*

patriarchalisch [...'ça:lɪʃ] *a* patriarcale.

Patriot(in) [patri'o:t(ɪn)] ‹-en, -en› *m(f)* patriota *mf.*

patriotisch *a* patriottico.

Patriotismus [...o'tɪsmʊs] ‹-, ø› *m* patriottismo *m.*

Patrizier(in) [pa'tri:tsi̯ɐ (...ərɪn)] ‹-s, -› *m(f)* patrizio, -a *m, f.*

Patron(in) [pa'tro:n(ɪn)] ‹-s, -e› *m(f)* **1.** *rel, hist* patrono, -a *m, f;* **2.** *fam pej:* **ein gemeiner/übler/frecher ~** un tipaccio *fam*/briccone *fam*/uno sfacciato *fam.*

Patronat [patro'na:t] ‹-(e)s, -e› *n* patronato *m* (*über* su).

Patrone [pa'tro:nə] ‹-, -n› *f* cartuccia *f.* **Patronentasche** *f* giberna *f.*

Patronin *s.* **Patron.**

Patrouille [pa'trʊljə] ‹-, -n› *f* **1.** *(Kontrollgang)* ronda *f;* **2.** *(Spähtrupp)* pattuglia *f;* **auf ~ gehen** pattugliare.

patrouillieren [...'ji:rən] ‹*ohne ge-*› *itr* ‹*haben o. bei Fortbewegung sein*› pattugliare.

patsch [patʃ] *interj* paf(fete).

Patsche ['patʃə] ‹-, -n› *f fam* **1.** *(Hand)* mano *f; (Händchen)* manina *f;* **2.** *(Matsch)* fanghiglia *f;* **3.** *(Fliegen~)* acchiappamosche *m; (Feuer~)* estintore *m;* **4.** *(Notlage):* **jdm aus der ~ helfen** trarre qu d'impaccio; **in der ~ sitzen** (*o.* **stecken**) essere (*o.* trovarsi) nei guai (*o.* nei pasticci *fam*) *fam.*

patschen *fam itr* **1.** ‹*haben*› *(schlagen)* dare un colpo; **2.** ‹*sein*› *(gehen)* sguazzare *fam;* **3.** ‹*sein*› *(aufprallen)* battere.

patsch(e)naß ['patʃ(ə)'nas] *a fam* bagnato fradicio *fam.* **Patschhändchen** [-hɛntçən] ‹-s, -› *n (Kindersprache)* manina *f.*

Patt [pat] ‹-s, -s› *n* **1.** *(beim Schach)* patta *f;* **2.** *fig pol* stallo *m.*

patzen ['patsən] *itr fam* commettere delle imperfezioni (*bei* in).

Patzer ‹-s, -› *m fam* errore *m* di esecuzione, imperfezione *f; mus* stecca *f.*

patzig *a fam pej* sfacciato.

Pauke ['paukə] ‹-, -n› *f* timpano *m;* **die ~ schlagen** s(u)onare il timpano; **auf die ~ hauen** *fam (feiern)* fare baldoria *fam; (angeben)* sballarle grosse *fam;* **mit ~n und Trompeten durchfallen** *fam* fare un fiasco completo agli esami *fam;* **jdn mit ~n und Trompeten empfangen** *fam* accogliere qu con tutti gli onori.

pauken **I.** *itr* **1.** *(Pauke spielen)*

s(u)onare il timpano; **2.** *fam (büffeln)* sgobbare *fam;* **II.** *tr fam (Vokabeln, etc.)* studiare.

Paukenschlag *m* colpo *m* di timpano.

Pauker ‹-s, -› *m* **1.** *(Paukist)* timpanista *m;* **2.** *sl (Lehrer)* insegnante *m.*

Paul [paul] *(männlicher Vorname)* Paolo.

Paula, Pauline ['paula, pau'li:nə] *(weiblicher Vorname)* Paola.

pausbäckig ['pausbɛkɪç] *a* dalle guance paffute.

pauschal [pau'ʃa:l] **I.** *a* **1.** *fin* globale, forfettario; **2.** *fig (generell, undifferenziert)* generale; **ein ~es Urteil** un giudizio generale; **II.** *adv* globalmente, in blocco; **so ~ kann man das nicht sagen** non si può dirlo così in generale. **Pausch(al)betrag** *m,* **Pauschale** [pau'ʃa:lə, ...lən *o.* ...liən] ‹-, -n› *f o. rar* ‹-s, -lien› *n* importo *m* (*o.* somma *f*) globale, importo *m* forfettario. **Pauschalpreis** *m* prezzo *m* globale (*o.* forfettario). **Pauschalreise** *f* viaggio *m* tutto compreso. **Pauschalurteil** *n pej* giudizio *m* troppo generico.

Pauschbetrag *m s.* **Pauschalbetrag.**

Pause[1] ['pauzə] ‹-, -n› *f* **1.** *allg., mus* pausa *f; theat, film* intervallo *m; (Schul~)* ricreazione *f;* **2.** *(Rast)* sosta *f,* fermata *f;* **eine ~ einlegen** (*o.* **machen**) fare una pausa; **große ~** ricreazione.

Pause[2] ['pauzə] ‹-, -n› *f (Durchzeichnung)* calco *m,* lucido *m.*

pausen *tr* fare un calco di, lucidare.

Pausenbrot *n* panino *m.* **pausenfüllend** *a* che fa da intermezzo. **Pausenfüller** *m* intermezzo *m.* **pausenlos** *a* ininterrotto. **Pausenzeichen** *n* segnale *m* d'intervallo.

pausieren [pau'zi:rən] ‹*ohne ge-*› *itr* fare una pausa; *(ausruhen)* riposarsi.

Pauspapier *n* carta *f* lucida.

Pavian ['pa:via:n] ‹-s, -e› *m* babbuino *m.*

Pavillon ['pavɪljõ *o.* ...'jõ:] ‹-s, -s› *m* padiglione *m.*

Pazifik [pa'tsi:fɪk] *m* Pacifico *m.*

Pazifismus [patsi'fɪsmʊs] ‹-s, ø› *m* pacifismo *m.*

Pazifist(in) [...'fɪst(ɪn)] ‹-en, -en› *m(f)* pacifista *mf.*

pazifistisch *a* pacifista.

Pech [pɛç] ‹-s *o. rar* -es, -e› *n* **1.** *(Material)* pece *f;* **2.** ‹*sing*› *fig (Unglück)* sfortuna *f,* scalogna *f fam;* **~ haben** avere sfortuna, essere sfortunato; **wie ~ und Schwefel zusammenhalten** *fam* essere inseparabili; **vom ~ verfolgt sein** essere perseguitato dalla sfortuna; **schwarz wie ~** nero come la pece; **bei etw. ~ haben** essere sfortunato con qc; **so ein ~!** che scalogna! *fam.* **Pechblende** *f* pechblenda *f,* uranite *f.* **pech(raben)schwarz** ['pɛç('ra:bən)'ʃvarts] *a fam* nero come la pece. **Pechsträhne** *f fam* serie *f* (*o.* sequela *f*) di disgrazie; **eine ~ haben** essere perseguitato dalla scalogna *fam.* **Pechvogel** *m* scalognato, -a *m, f fam.*

Pedal [pe'da:l] ‹-s, -e› *n* pedale *m.*

Pedant(in) [pe'dant(ɪn)] ‹-en, -en› *m(f)* pedante *mf,* pignolo, -a *m, f.*

Pedanterie [pedantə'ri:, ...i:ən] ‹-, -n› *f* pedanteria *f,* pignoleria *f.*

Pedantin *f s.* **Pedant.**

pedantisch *a* pedante, pignolo.

Pedell [pe'dɛl] ‹-s, -e› *m obs* bidello *m.*

Peep-Show ['pi:p-] *f* peep-show *m.*

Pegel ['pe:gəl] ‹-s, -› *m (Meer~)* mareografo *m; (Fluß~)* idrometro *m.* **Pegelstand** *m* livello *m* dell'acqua.

Peilanlage *f* radiogoniometro *m.*

peilen ['pailən] *tr (Lage, Richtung, etc.)* rilevare, determinare; *(Wassertiefe)* scandagliare; **über den Daumen ~** *fam* calcolare approssimativamente; **über den Daumen gepeilt** *fam* a occhio e croce *fam;* **die Lage/Umgebung ~** *fam* sondare il terreno.

Peilfunk *m* radiogoniometria *f.* **Peilgerät** *n* apparecchio *m* di rilevamento. **Peilstation** *f* stazione *f* radiogoniometrica.

Pein [pain] ‹-, ø› *f geh* pena *f.*

peinigen *tr geh* tormentare.

Peiniger(in) ‹-s, -› *m(f) geh* **1.** *allg.* tormentatore, -trice *m, f;* **2.** *(Folterer)* torturatore, -trice *m, f.*

Peinigung ‹-, -en› *f geh* tormento *m,* tortura *f.*

peinlich *a* **1.** *(unangenehm)* increscioso, spiacevole, penoso; **2.** *(übergenau, gewissenhaft)* meticoloso, preciso; **3.** *(sorgfältig)* scrupoloso; **4.** *(äußerste)* massimo, estremo; **~e Sauberkeit/Ordnung** massima pulizia/ordine scrupoloso; **von etw. ~ berührt sein** essere imbarazzato per qc; **etw. ~ einhalten** rispettare qc scrupolosamente; **das ist mir aber ~!** per me è imbarazzante!; **es ist mir sehr ~, daß ...** mi dispiace molto che ... *conj;* **sie vermied es ~st, über ihre Arbeit zu sprechen** evitava con ogni mezzo di parlare del suo lavoro.

Peitsche ['paitʃə] ‹-, -n› *f* frusta *f; (a. fig)* sferza *f;* **mit der ~ knallen** far schioccare la frusta.

peitschen **I.** *tr* frustare; *(a. fig u. aus~)* sferzare; **II.** *itr* colpire; *(Regen)* battere.
Peitschenhieb *m* frustata *f*, sferzata *f*.
Pekinese [peki'ne:zə] ‹-n, -n› *m (Hund)* (cane *m*) pechinese *m*.
Peking ['pe:kɪŋ] *n* Pechino *f*.
Pelerine [pelə'ri:nə] ‹-, -n› *f* pellegrina *f*, mantellina *f*.
Pelikan ['pe:lika:n] ‹-s, -e› *m* pellicano *m*.
Pelle ['pɛlə] ‹-, -n› *f (Kartoffel~, Obst~)* buccia *f*; *(Wurst~)* pelle *f*; **jdm auf der ~ sitzen** (*o.* **liegen**) *fam*, **jdm nicht von der ~ gehen** *fam* essere sempre alle costole di qu; **jdm auf die ~ rücken** *fam* stare alle calcagna di qu *fam*.
pellen **I.** *tr (schälen)* sbucciare; **II.** *rfl*: **sich ~** *(Haut)* pelarsi.
Pellkartoffeln *f pl* patate *f pl* lesse con la buccia.
Pelz [pɛlts] ‹-es, -e› *m* pelliccia *f*. **pelzbesetzt** *a* guarnito di pelliccia. **pelzgefüttert** *a* foderato di pelliccia. **Pelzgeschäft** *n* pellicceria *f*. **Pelzhandel** *m* commercio *m* di pellicce. **Pelzhändler(in)** *m(f)* pellicciaio, -a *m, f*. **Pelzimitation** *f* pelliccia *f* sintetica. **Pelzkragen** *m* collo *m* di pelliccia. **Pelzmantel** *m* pelliccia *f*. **Pelzmütze** *f* berretto *m* di pelliccia. **Pelztier** *n* animale *m* da pelliccia.

Pendant [pã'dã] ‹-s, -s› *n* pendant *m* (*zu* di).
Pendel ['pɛndəl] ‹-s, -› *n* pendolo *m*.
pendeln *itr* **1.** ‹*haben*› *(schwingen)* pendolare; *(a. fig)* oscillare; **2.** ‹*sein*› *(hin- u. herfahren)* fare la spola (*von ... nach* tra ... e, *zwischen* tra).
Pendeltür *f* porta *f* battente. **Pendelverkehr** *m* traffico *m* pendolare. **Pendelzug** *m* treno *m* navetta.
Pendler(in) ‹-s, -› *m(f)* pendolare *mf*.
Penes *pl von* **Penis.**
penetrant [pene'trant] *a (Geruch)* penetrante; *pej (Person)* invadente.
peng [pɛŋ] *interj* pam.
penibel [pe'ni:bəl] *a (peinlich genau)* meticoloso, preciso; *(kleinlich)* pignolo.
Penis ['pe:nɪs, ...nɪsə *o.* ...ne:s] ‹-, -se *o.* Penes› *m* pene *m*.
Penizillin, *A* **Penicillin** [penitsɪ'li:n] ‹-s, -e› *n* penicillina *f*.
Pennäler(in) [pɛ'nɛ:lɐ (...ərɪn)] ‹-s, -› *m(f) fam obs* studente, -essa *m, f* di scuola superiore.
Pennbruder *m fam pej* vagabondo *m*.
Penne ['pɛnə] ‹-, -n› *f sl (Schule)* scuola *f* (superiore).
pennen ['pɛnən] *itr sl* fare una dormita *fam*.
Penner(in) ‹-s, -› *m(f) sl pej* **1.** *(Pennbruder)* clochard *m*, donna *f* sacchetto; **2.** *Schlafmütze)* persona *f* disattenta.
Pensa, Pensen *pl von* **Pensum.**
Pension [pã'zio:n *o.* pɛn'zio:n] ‹-, -en› *f* pensione *f*; **in ~ sein/gehen** essere/andare in pensione.
Pensionär(in) [pãzio'nɛ:ɐ (...rɪn) *o.* pɛnz...] ‹-s, -e› *m(f)* **1.** *(Mensch im Ruhestand)* pensionato, -a *m, f*; **2.** *obs, CH (Pensionsgast)* pensionante *mf*.
Pensionat [...'na:t] ‹-(e)s, -e› *n* collegio *m*, pensionato *m*.
pensionieren [...'ni:rən] ‹*ohne ge-*› *tr* mandare in pensione; **sich ~ lassen** andare in pensione. **pensioniert** *a* pensionato, a riposo.
Pensionierung ‹-, -en› *f* pensionamento *m*.
Pensionsalter *n* età *f* di pensionamento; **das ~ erreicht haben** aver raggiunto i limiti d'età per la pensione. **pensionsberechtigt** *a* che ha diritto alla pensione. **Pensionsgast** *m* pensionante *mf*. **Pensionskasse** *f* cassa *f* pensione.
Pensum [pɛnzʊm, ...zən *o.* ...za] ‹-s, Pensen *o.* Pensa› *n* **1.** *(Arbeits~)* lavoro *m*, compito *m*; **2.** *(Unterrichts~)* programma *m*.
Peperoni [pepe'ro:ni] ‹-, -› *f* ‹*meist pl*› peperoncino *m*.
per [pɛr] *prp* **1.** *(mittels, durch)* per, a mezzo, con; **2.** *com (für)* per; *(pro)* per, a; **~ Bahn** per ferrovia; **~ Flugzeug** via aerea; **~ Adresse** presso, c/o; **~ Stück** il pezzo; **mit jdm ~ du sein** darsi del tu con qu; **~ Anhalter fahren** viaggiare facendo l'autostop; **~ sofort** subito; **~ se** da sé; **~ pedes** *fam scherz* a piedi.
perfekt [pɛr'fɛkt] *a* **1.** *(vollkommen)* perfetto, compiuto; **2.** *(abgeschlossen)* concluso; **einen Kauf/Vertrag ~ machen** perfezionare un acquisto/contratto; **damit war die Blamage/Niederlage ~** in tal modo la figuraccia/sconfitta era completa.
Perfekt ['pɛrfɛkt] ‹-(e)s, -e› *n* perfetto *m*, passato *m*.
Perfektion [pɛfɛk'tsio:n] ‹-, -en› *f* perfezione *f*, compiutezza *f*.
Perfektionist(in) [...tsio'nɪst(ɪn)] ‹-en, -en› *m(f)* perfezionista *mf*.
perfid(e) [pɛr'fi:t (...i:də)] *a geh* perfido.
Perfidie [...fi'di:, ...i:ən] ‹-, *rar* -n› *f geh* perfidia *f*.

Perforation [pɛrfora'tsi̯o:n] ‹-, -en› *f* perforazione *f.*
perforieren [...'ri:rən] ‹*ohne ge-*› *tr* perforare.
Pergament [pɛrga'mɛnt] ‹-(e)s, -e› *n* pergamena *f.* **Pergamentpapier** *n* carta *f* pergamena.
Periode [pe'ri̯o:də] ‹-, -n› *f* **1.** *allg., mat, chem, phys, astr, meteo, geol, mus, lit, ling* periodo *m;* **2.** *biol (Menstruation)* mestruazione *f.* **Periodensystem** *n* sistema *m* periodico. **periodisch** *a* periodico.
Peripherie [perife'ri:, ...i:ən] ‹-, -n› *f* **1.** *(Rand)* margine *m;* **2.** *mat* circonferenza *f;* **3.** *(Stadtrand, Randgebiet)* periferia *f.*
Perle ['pɛrlə] ‹-, -n› *f* perla *f;* **echte ~** perla vera; **~n vor die Säue werfen** gettare le perle ai porci; **Frau K. ist eine (richtige) ~** *fam scherz* la signora K. è una domestica perfetta.
perlen *itr (Schweiß, Tau)* imperlare; *(Sekt)* spumeggiare.
Perlentaucher(in) *m(f)* pescatore, -trice *m, f* di perle.
Perlhuhn *n* (gallina *f*) faraona *f.* **Perlmuschel** *f* conchiglia *f* perlifera. **Perlmutt** [pɛrl'mʊt] ‹-s, ø› *n,* **Perlmutter** ‹-, ø› *f o.* ‹-s, ø› *n* madreperla *f.* **perlmuttern** *a* **1.** *(aus Perlmutt)* di (*o.* in) madreperla; **2.** *(perlmuttfarben)* madreperlaceo.
Perlon® ['pɛrlɔn] ‹-s, ø› *n* perlon® *m.*
permanent [pɛrma'nɛnt] *a* permanente.
perplex [pɛr'plɛks] *a* **1.** *(verblüfft)* sbalordito; **2.** *(verwirrt)* confuso, perplesso.
Perron [pɛ'rõ:] ‹-s, -s› *m CH* marciapiede *m.*
Perser(in) ['pɛrzɐ (...ərɪn)] ‹-s, -› *m(f)* persiano, -a *m, f.* **Perserteppich** *m* tappeto *m* persiano.
Persianer [pɛr'zi̯a:nɐ] ‹-s, -› *m* persiano *m.*
Persien ['pɛrzi̯ən] *n* Persia *f.*
persisch *a* persiano; *(geog a.)* persico; **der P~e Golf** il Golfo Persico.
Person [pɛr'zo:n] ‹-, -en› *f allg., gram* persona *f; theat, film, lit* figura *f,* personaggio *m; (Einzel~)* individuo *m;* **in ~** in persona, personalmente; **in (eigener) ~ erscheinen** presentarsi di persona; **pro ~** a testa, a persona; **juristische/natürliche ~** persona giuridica/fisica; **sie ist die Güte in ~** è la bontà in persona; **ich für meine ~ fände es besser, wenn ...** in quanto a me mi sembrerebbe meglio se ...; **sie ist Choreographin und Tänzerin in einer ~** è contemporaneamente coreografa e ballerina; **in diesem Stück gibt es nur zwei ~en** in questo lavoro ci sono solo due personaggi.
Personal [pɛrzo'na:l] ‹-s, ø› *n* personale *m.* **Personalabbau** *m* diminuzione *f* del personale. **Personalabteilung** *f* ufficio *m* del personale. **Personalakte** *f* cartella *f* personale. **Personalausweis** *m* carta *f* d'identità. **Personalbüro** *n s.* **Personalabteilung. Personalchef** *m* capo *m* del personale.
Personalien [pɛrzo'na:li̯ən] ‹*pl*› generalità *f pl;* **seine ~ angeben** dare le proprie generalità; **jds ~ feststellen** prendere le generalità di qu.
Personalkosten ‹*pl*› spese *f pl per il personale.* **Personalpolitik** *f* politica *f* del personale. **Personalpronomen** *n* pronome *m* personale. **Personalunion** *f* unione *f* personale; **er ist ... in ~** è contemporaneamente ...
personell [pɛrzo'nɛl] *a* **1.** *(die Person betreffend)* personale; **2.** *(das Personal betreffend)* del personalc.
Personenaufzug *m* ascensore *m* (per persone). **Personenbeschreibung** *f* connotati *m pl* di una persona. **Personen(kraft)wagen** *m* (*ab* **PKW, Pkw**) autovettura *f.* **Personenkreis** *m* cerchia *f* di persone. **Personenschaden** *m* danno *m* alle persone. **Personenverkehr** *m* traffico *m* viaggiatori. **Personenwaage** *f* bilancia *f* per persone. **Personenwagen** *m s.* **Personenkraftwagen.**
personifizieren [pɛrzonifi'tsi:rən] ‹*ohne ge-*› *tr* personificare, incarnare.
persönlich [pɛr'zø:nlɪç] **I.** *a* personale; *(individuell)* individuale; *(privat)* privato; **~ werden** diventare insolente; **II.** *adv* personalmente, di persona; **etw. ~ übergeben** consegnare qc di persona; **~ für etw. haften** garantire per qc di persona; **~ kennen** conoscere personalmente; **ich ~ finde, daß ...** io personalmente trovo che ...; **das habe ich ~ komponiert** l'ho composto io personalmente; **der König ~** il re in persona; **etw. ~ nehmen** prendere qc personalmente. **Persönlichkeit** ‹-, -en› *f* **1.** ‹*sing*› *(Eigenschaften)* personalità *f;* **2.** *(Mensch)* personaggio *m.* **Persönlichkeitswahl** *f* elezione *f* uninominale.
Perspektive [pɛrspɛk'ti:və] ‹-, -n› *f* prospettiva *f; (Blickwickel a.)* punto *m* di vista.
Peru [pe'ru:] *n* Perù *m;* **in ~** nel Peru.
Peruaner(in) [pe'ru̯a:nɐ (...ərɪn)] ‹-s, -› *m(f)* peruviano, -a *m, f.*

peruanisch *a* peruviano.
Perücke [pe'rʏkə] ‹-, -n› *f* parrucca *f.*
pervers [pɛr'vɛrs] *a* perverso.
Perversion [...r'zi̯o:n] ‹-, -en› *f* perversione *f.*
Perversität [...rzi'tɛ:t] ‹-, -en› *f* pervertimento *m.*
Pessar [pɛ'sa:ɐ̯] ‹-s, -e› *n* pessario *m.*
Pessimismus [pɛsi'mɪsmʊs] ‹-, ø› *m* pessimismo *m.*
Pessimist(in) [...'mɪst(ɪn)] ‹-en, -en› *m(f)* pessimista *mf.*
pessimistisch *a* pessimista, pessimistico.
Pest [pɛst] ‹-, ø› *f* peste *f;* **wie die ~ stinken** *fam* puzzare come la peste *fam.*
Peter ['pe:tɐ] *(männlicher Vorname)* Pietro, Piero.
Petersilie [petɐ'zi:li̯ə] ‹-, -n› *f* prezzemolo *m.*
Petra ['pe:tra] *(weiblicher Vorname)* Piera.
Petroleum [pe'tro:leʊm] ‹-s, ø› *n* petrolio *m,* greggio *m.* **Petroleumlampe** *f* lampada *f* a petrolio.
Petting ['pɛtɪŋ] ‹-(s), -s› *n* petting *m.*
petto ['pɛto] *adv:* **etw. in ~ haben** *fam* avere qc in petto.
petzen ['pɛt͜sən] *fam* **I.** *itr* fare la spia; **II.** *tr* riportare (*jdm etw.* qc a qu).
Pf *ab von* **Pfennig(e)** pfennig.
Pfad [p͜fa:t] ‹-(e)s, -e› *m* sentiero *m.*
Pfader ['p͜fa:dɐ] ‹-s, -› *m CH* boy-scout *m.*
Pfadfinder(in) *m(f)* giovane esploratore, -trice *m, f,* (boy) scout *(m)f,* guida *f.*
Pfaffe ['p͜fafə] ‹-n, -n› *m pej* pretaccio *m.*
Pfahl [p͜fa:l] ‹-(e)s, ⸚e› *m* palo *m; (Stütz~)* sostegno *m,* tutore *m;* **einen ~ einschlagen** conficcare un palo. **Pfahlbau** ‹-(e)s -ten› *m* costruzione *f* su palafitte; **~ten** *hist* palafitte *f pl.*
Pfalz [p͜falt͜s] *f* Palatinato *m.*
Pfälzer(in) ['p͜fɛlt͜sɐ (...ərɪn)] ‹-s, -› *m(f)* abitante *mf* del Palatinato.
pfälzisch *a* del palatinato.
Pfand [p͜fant] ‹-(e)s, ⸚er› *n allg., fig* pegno *m; (Bürgschaft)* garanzia *f; (Flaschen~)* deposito *m* per il vuoto; **gegen ~** su pegno; **zum** (*o.* **als**) **~ geben** dare in pegno; **ein ~ einlösen** riscattare un pegno; **etw. als ~ behalten** tenere qc in pegno; **auf der Flasche sind 30 Pf ~** sulle bottiglia c'è un deposito per il vuoto di 30 pfennig.
pfändbar *a* pignorabile.
Pfandbrief *m* lettera *f* (*o.* polizza *f*) di pegno.
pfänden ['p͜fɛndən] *tr* **1.** *(Dinge)* pignorare, sequestrare; **2.** *(Personen)* pignorare (*o.* sequestrare) i beni di.
Pfänderspiel *n* gioco *m* dei pegni.
Pfandflasche *f* bottiglia *f* con resa. **Pfandleihe** ‹-, -n› *f* **1.** *(das Leihen)* prestito *m* su pegno; **2.** *(Leihhaus)* monte *m* di pietà. **Pfandschein** *m* polizza *f* di pegno.
Pfändung ‹-, -en› *f* pignoramento *m,* sequestro *m.*
Pfanne ['p͜fanə] ‹-, -n› *f* **1.** *(Stiel~)* padella *f; (Henkel~)* tegame *m;* **2.** *(Dach~)* tegola *f* fiamminga; **3.** *anat (Gelenk~)* glene *f;* **jdn in die ~ hauen** *sl (hereinlegen)* abbindolare qu *fam; (beschimpfen, herunterputzen)* strapazzare qu *fam; (vernichten, erledigen)* annientare qu.
Pfannkuchen *m* **1.** *(Eierkuchen)* frittata *f;* **2.** *(Berliner ~)* krapfen *m,* bombolone *m.*
Pfarramt ['p͜far-] *n* parrocchia *f.* **Pfarrbezirk** *m,* **Pfarre** [p͜farə] ‹-, -n› *f,* **Pfarrei** [p͜fa'ra̯i] ‹-, -en› *f* parrocchia *f.*
Pfarrer(in) ['p͜farɐ (...ərɪn)] ‹-s, -› *m(f) (katholisch)* parrocco *m; (evangelisch)* pastore *m.*
Pfarrhaus *n (katholisch)* casa *f* parrocchiale; *(evangelisch)* casa *f* del pastore. **Pfarrkirche** *f* chiesa *f* parrocchiale.
Pfau [p͜fa̯u] ‹-(e)s *o. A* -en, -en *o. A* -e› *m* pavone *m.* **Pfauenauge** *n* pavonia *f.*
Pfd. *ab von* **Pfund** lb (*ab von* libbra).
Pfeffer ['p͜fɛfɐ] ‹-s, -› *m* pepe *m;* **geh hin, wo der ~ wächst!** *fam* va' all'inferno! *fam;* **bleib, wo der ~ wächst!** *fam* va' a quel paese! *fam.* **Pfefferkorn** *n* grano *m* di pepe. **Pfefferkuchen** *m* panpepato *m.* **Pfefferminz(bonbon** *m. o. n)* ‹-es, -e› *n* (caramella *f* di) menta *f.* **Pfefferminze** *f* menta *f* piperita. **Pfefferminztee** *m* foglie *f pl* di menta; *(aufgebrüht)* tè *m* (*o.* infuso *m*) di menta. **Pfeffermühle** *f* pepaiola *f.*
pfeffern *tr* **1.** *gastr* pepare; **2.** *sl (schleudern)* scaraventare; **jdm eine ~** *sl* dare una sberla a qu *fam.*
Pfeffersteak *n* bistecca *f* al pepe. **Pfefferstreuer** ‹-s, -› *m* spargipepe *m.*
Pfeife ['p͜fa̯ifə] ‹-, -n› *f* **1.** *mus* piffero *m,* zufolo *m; (Orgel~)* canna *f* (d'organo); *(Signal~)* fischio *m,* fischietto *m;* **2.** *(Tabaks~)* pipa *f;* **3.** *sl pej (Versager)* fallito *m; (Feigling)* vigliacco *m;* **nach jds ~ tanzen** farsi comanda-

re a bacchetta da qu; ~ **rauchen** fumare la pipa.

pfeifen ‹pfeift, pfiff, gepfiffen› **1.** *(mit Mund)* fischiare, fischiettare; **2.** *(mit Pfeife)* fischiare (*auf* con); **3.** *sport (als Schiedsrichter)* fischiare; **4.** *sl (Verbrechen gestehen)* spifferare *fam;* **der Wind/Atem pfeift** il vento/respiro fischia; **(nach) seinem Hund ~** fischiare al suo cane; **auf etw./jdn ~** *fam* infischiarsene di qc/qu *fam.*

Pfeifenkopf *m* fornello *m* della pipa. **Pfeifenreiniger** ‹-s, -› *m* scovolino *m.* **Pfeifenstopfer** ‹-s, -› *m* curapipe *m.*

Pfeifkonzert *n fam* salva *f* di fischi.

Pfeil [p̲fa̲il] ‹-(e)s, -e› *m* freccia *f;* **~e abschießen** tirare frecce; **~e des Spotts** *geh* frecciate *f pl* ironiche; **mit ~ und Bogen** con freccia ed arco.

Pfeiler ['p̲fa̲ilɐ] ‹-s, -› *m (Stütz~)* pila *f; (a. Brücken~)* pilone *m; arch, min, fig* pilastro *m; (Fenster~, Tür~)* montante *m.*

pfeilgerade ['p̲fa̲ilgə'ra:də] *a* dritto come una freccia. **Pfeilgift** *n* curaro *m.* **pfeilschnell** ['p̲fa̲il'ʃnɛl] *a, adv* veloce come una freccia, velocissimo.

Pfennig ['p̲fɛnɪç] ‹-s, -e *o. bei Mengenangabe* -› *m* (*ab* **Pf**) pfennig *m;* **keinen ~ (Geld) haben** non avere un soldo; **20 ~** 20 pfennig; **keinen ~ wert sein** *fam* non valere una lira (*o.* un soldo *fam*) *fam;* **nicht für fünf ~** *fam* neanche per sogno (*o.* idea *fam*) *fam;* **jeden ~ (dreimal) umdrehen** *fam* badare al centesimo *fam;* **wer den ~ nicht ehrt, ist des Talers nicht wert** *prov* la ricchezza comincia da zero *prov;* **auf den ~ genau** esatto al centesimo. **Pfennigabsatz** *m* tacco *m* a spillo. **Pfennigbetrag** *m* poche lire; **dabei handelt es sich nur um Pfennigbeträge** si tratta solo di poche lire. **Pfennigfuchser** [-fʊksɐ] ‹-s, -› *m fam pej* spilorcio *m fam,* tirchio *m.* **pfenniggroß** *a* grande quanto una monetina. **Pfennigstück** *n* moneta *f* da un pfennig.

Pferch [p̲fɛrç] ‹-(e)s, -e› *m* recinto *m,* stabbio *m.*

pferchen *tr* stipare.

Pferd [p̲fe:ɐ̯t] ‹-(e)s, -e› *n* cavallo *m;* **das ~ besteigen** montare a cavallo; **vom ~ steigen** scendere da cavallo; **zu ~** a cavallo; **das ~ am** (*o.* **beim**) **Schwanz aufzäumen** *fig* mettere il carro innanzi ai buoi; **keine zehn ~e brächten mich dazu, das zu tun** *fam* non c'è barba d'uomo che possa convincermi a farlo; **keine zehn ~e brächten mich nach Berlin** *fam* nessuno riuscirebbe a convincermi ad andare a Berlino; **mit dem kann man ~e stehlen** *fam* di lui ci si può fidare a occhi chiusi; **das beste ~ im Stall** *fam* l'elemento migliore; **ein ~ reiten** cavalcare, montare un cavallo; **wie ein ~ arbeiten** *fam* lavorare come una bestia *fam;* **plötzlich gingen ihm die ~e durch** *fig fam* improvvisamente perse il controllo; **das Trojanische ~** il cavallo di Troia; **ich glaub', mich tritt ein ~!** *sl* (è) incredibile!; **immer langsam mit den jungen ~en!** *fam* calma, calma!; **aufs richtige/falsche ~ setzen** *fig fam* puntare sul cavallo vincente/perdente.

Pferdeapfel *m* sterco *m* equino. **Pferdefuß** *m* **1.** *zoo* piede *m* di cavallo; **2.** *fig (Nachteil)* inconveniente *m.* **Pferdegebiß** *n fig fam* dentatura *f* da cavallo. **Pferderennbahn** *f* ippodromo *m.* **Pferderennen** *n* corsa *f* di cavalli. **Pferdeschwanz** *m* coda *f* di cavallo. **Pferdestall** *m* scuderia *f.* **Pferdestärke** *f* (*ab* **PS**) cavallo *m* vapore, potenza *f* in cavalli; **ein Motor mit 20 ~n** un motore da 20 cavalli. **Pferdezucht** *f* allevamento *m* di cavalli.

pfiff [p̲fɪf] *1. u. 3. pers sing imp von* **pfeifen.**

Pfiff [p̲fɪf] ‹-(e)s, -e› *m* **1.** *(Ton)* fischio *m;* **2.** *fam (Reiz)* bello *m;* **ein Hut mit ~** un cappello chic.

Pfifferling ['p̲fɪfɐlɪŋ] ‹-s, -e› *m* gallinaccio *m,* cantarello *m;* **keinen ~ wert sein** *fam* non valere un fico secco *fam.*

pfiffig *a* furbo, astuto. **Pfiffigkeit** ‹-, ø› *f* furbizia *f,* astuzia *f.* **Pfiffikus** ['p̲fɪfɪkʊs] ‹- *o.* -ses, -se› *m fam obs* furbacchione *m fam.*

Pfingsten ['p̲fɪŋstən] ‹-, -› *n* Pentecoste *f.* **Pfingstrose** *f* peonia *f.*

Pfirsich ['p̲fɪrzɪç] ‹-s, -e› *m* pesca *f.* **Pfirsichbaum** *m* pesco *m.*

Pflanze ['pflant̲s̲ə] ‹-, -n› *f* **1.** pianta *f;* **2.** *fam pej (Person)* soggetto *m,* tipo *m.*

pflanzen **I.** *tr* piantare; **II.** *rfl:* **sich ~** *fam* mettersi.

Pflanzenfett *n* grasso *m* vegetale. **Pflanzenfresser** ‹-s, -› *m* fitofago *m,* erbivoro *m.* **Pflanzenkunde** *f* botanica *f.* **Pflanzenöl** *n* olio *m* vegetale. **Pflanzenschutzmittel** *n* fitofarmaco *m.*

Pflanzer(in) ‹-s, -› *m(f)* piantatore, -trice *m, f.*

Pflanzung ‹-, -en› *f* **1.** *(Plantage)* piantagione *f;* **2.** ‹*sing*› *(Anbau)* coltivazione *f.*

Pflaster ['pflastɐ] ‹-s, -› *n* **1.** *(Wund~, Heft~)* cerotto *m;* **2.** *(Straßen~)* pavimentazione *f; (Steinbelag)* selciato *m,* lastrico *m;* **ein ~ aufkleben** mettere un cerotto; **ein teures ~** *fam* un posto caro; **ein gefährliches** (*o.* **heißes**) **~** *fam* una zona pericolosa (*o.* calda). **Pflastermaler(in)** *m(f)* madonnaro, -a *m, f.* **pflastern** *tr* lastricare, selciare, pavimentare. **Pflasterstein** *m* cubetto *m* per lastrico.

Pflaume ['pflaumə] ‹-, -n› *f* **1.** *bot* prugna *f,* susina *f;* **2.** *fig fam (Blödmann)* buono *m* a nulla *fam.* **Pflaumenbaum** *m* prugno *m,* susino *m.* **Pflaumenkuchen** *m* torta *f* di prugne. **Pflaumenmus** *n* marmellata *f* di prugne.

Pflege ['pfle:gə] ‹-, -n› *f* **1.** *(Körper~, etc.)* cura *f; (Kranken~)* assistenza *f; tec* manutenzione *f;* **2.** *(von Interessen, Beziehungen)* cura *f,* coltivare *m;* **3.** *(Fürsorge)* cure *f pl;* **in ~ geben/nehmen** affidare alle cure/prendersi cura di. **pflegebedürftig** *a* bisognoso di cure. **Pflegeeltern** *pl* genitori *m* che hanno in custodia un bambino. **Pflegefall** *m* assistito, -a *m, f.* **Pflegekind** *n* pupillo, -a *m, f.* **pflegeleicht** *a* che non richiede cure speciali; **ein ~es Kleidungsstück** un (indumento) lava e metti. **Pflegemutter** *f* madre *f* putativa, donna *f* che fa le veci di madre.

pflegen I. *tr* curare, avere cura di; *(Kranke)* assistere; *(Freundschaft, Interessen)* coltivare; *(Sport, etc.)* praticare; **II.** *itr* essere abituato (*zu* a); **er pflegt jeden Mittag eine Stunde zu schlafen** è abituato a dormire un'ora ogni pomeriggio; **wie man zu sagen pflegt** come si suol dire; **III.** *rfl:* **sich ~ 1.** *(äußerlich)* curarsi, aver cura di sé; **2.** *(sich schonen)* riguardarsi.

Pflegepersonal *n* personale *m* sanitario.

Pfleger(in) ‹-s, -› *m(f)* **1.** *(Kranken~)* infermiere, -a *m, f; (Tier~)* allevatore, -trice *m, f;* **2.** *jur* curatore, -trice *m, f; (Vormund)* tutore, -trice *m, f;* **3.** *adm* amministratore, -trice *m, f.*

Pflegesatz *m* retta *f.* **Pflegevater** *m* padre *m* putativo, uomo *m* che fa le veci di padre.

Pflegschaft ‹-, -en› *f* curatela *f; (Vormundschaft)* tutela *f.*

Pflicht [pflɪçt] ‹-, -en› *f* **1.** dovere *m; (Verpflichtung a.)* obbligo *m;* **2.** *sport* esercizi *pl m* obbligatori; **ich halte es für meine ~, etw. zu tun** ritengo mio dovere fare qc; **seine ~ (gegenüber jdm) erfüllen/vernachlässigen** adempiere al/trascurare il proprio dovere (nei confronti di qu); **es ist deine (verdammte** *fam*) **~ und Schuldigkeit, das zu tun** è il tuo sacrosanto dovere farlo; **es ist meine ~, zu ...** è mio dovere ... *inf;* **Rechte und ~en** diritti e doveri; **die ~ ruft** il dovere chiama; **sich** *(dat)* **zur ~ machen, etw. zu tun** farsi un dovere di fare qc. **pflichtbewußt** *a* consapevole del proprio dovere. **Pflichtbewußtsein** *n* coscienza *f* del dovere. **Pflichterfüllung** *f* adempimento *m* dei propri doveri. **Pflichtfach** *n* materia *f* obbligatoria. **Pflichtgefühl** *n* senso *m* del dovere. **Pflichtteil** *m* legittima *f.* **Pflichtübung** *f* esercizio *m* obbligatorio. **pflichtvergessen** *a* dimentico dei propri doveri. **pflichtversichert** *a* coperto dall'assicurazione obbligatoria. **Pflichtverteidiger(in)** *m(f)* difensore *m* d'ufficio.

Pflock [pflɔk] ‹-(e)s, ¨-e› *m* palo *m.*

pflücken ['pflʏkən] *tr (Obst)* raccogliere; *(Blumen)* cogliere.

Pflücker(in) ‹-s, -› *m(f)* raccoglitore, -trice *m, f.*

Pflug [pflu:k] ‹-(e)s, ¨-e› *m* aratro *m.*

pflügen ['pfly:gən] *tr, itr* arare.

Pforte ['pfɔrtɛ] ‹-, -n› *f* porta *f.*

Pförtner ['pfœrtnɐ (...ərɪn)] ‹-s, -› *m anat* piloro *m.*

Pförtner(in) ‹-s, -› *m(f) (in Wohnhaus)* portinaio, -a *m, f,* custode *mf; (in öffentlichen Gebäuden)* portiere, -a *m, f.* **Pförtnerloge** *f* portineria *f.*

Pfosten ['pfɔstən] ‹-s, -› *m* palo *m; (Fenster~, Tür~, Tor~)* montante *m.*

Pfote ['pfo:tə] ‹-, -n› *f* zampa *f;* **nimm deine dreckigen ~n da weg!** *fam* togli da lì le tue sporche manacce! *fam.*

Pfriem [pfri:m] ‹-(e)s, -e› *m* lesina *f.*

Pfropf [pfrɔpf] ‹-(e)s, -e› *m* tampone *m; (Blut~)* grumo *m.*

pfropfen ['pfrɔpfən] *tr* **1.** *(Pflanzen)* innestare; **2.** *(Flaschen)* tappare, turare; **3.** *fam (hineinzwängen)* stipare; **gepfropft voll** *fam* pieno zeppo *fam.*

Pfropfen ‹-s, -› *m* turacciolo *m.*

Pfründe ['pfrʏndə] ‹-, -n› *f* prebenda *f.*

Pfuhl [pfu:l] ‹-(e)s, -e› *m* **1.** *obs* palude *f,* pantano *m;* **2.** *fig* fango *m,* sentina *f.*

pfui [pfʊɪ] *interj* puh, puah; *(zu Hunden)* via; **~ Teufel!** *fam* che schifo! *fam.*

Pfund [pfʊnt] ‹-(e)s, -e *o. bei Maßangaben* -› *n* **1.** (*ab* **Pfd.**) *(Gewicht)* lib-

bra *f*, mezzo chilo *m;* **2.** *(Währung)* sterlina *f*.
pfundig ['pfʊndɪç] *a obs fam* formidabile; in gamba.
Pfundskerl *m fam* tipo *m* in gamba *fam*.
pfundweise *adv* a bizzeffe *fam*.
Pfusch [pfʊʃ] ‹-(e)s, ø› *m*, **Pfuscharbeit** *f fam pej* lavoro *m* fatto male.
pfuschen *itr fam pej* **1.** *(bei Arbeit)* abborracciare acciarpare; **2.** *(bei Spiel, in Schule)* imbrogliare; **jdm ins Handwerk ~** guastare il mestiere a qu.
Pfütze ['pfʏtsə] ‹-, -n› *f* pozzanghera *f*.
PH [pe:'ha:] ‹-, -s› *f ab von* **Pädagogische Hochschule** *istituto universitario per la formazione di insegnanti per la scuola.*
Phalanx ['fa:laŋks, fa'laŋən] ‹-, Phalangen› *f* falange *f*.
Phallus ['falus, ...li *o.* ...lən] ‹-, Phalli *o.* Phallen *o.* -se› *m* fallo *m*. **Phalluskult** *m* culto *m* fallico.
Phänomen [fɛno'me:n] ‹-s, -e› *n* fenomeno *m*.
phänomenal [...me'na:l] *a* **1.** *philos* fenomenico; **2.** *(einzigartig)* fenomenale.
Phantasie [fanta'zi:, ...i:ən] ‹-, -n› *f* fantasia *f*, immaginazione *f*. **Phantasiegebilde** *n* fantasticheria *f*, chimera *f*. **phantasielos I.** *a* pedestre; **II.** *adv* senza fantasia. **Phantasielosigkeit** ‹-, ø› *f* mancanza *f* di fantasia.
phantasieren [...'zi:rən] ‹*ohne ge-*› *itr* fantasticare (*von* su); *(faseln)* parlare a vanvera; *med* delirare; *mus* improvvisare.
phantasievoll I. *a* pieno di immaginazione; **II.** *adv* in modo colorito.
Phantast(in) [fan'tast(ɪn)] ‹-en, -en› *m(f) pej* fantasticone, -a *m, f*, sognatore, -trice *m, f*.
Phantasterei [fantastə'raɪ] ‹-, -en› *f pej* fantasticheria *f*.
Phantastin *f s.* **Phantast.**
phantastisch *a* **1.** *(unwirklich)* fantastico, irreale; **2.** *fam (großartig)* fantastico, grandioso; **3.** *(unglaublich)* favoloso.
Phantom [fan'to:m] ‹-s, -e› *n* fantasma *m*. **Phantombild** *n* identikit *m*. **Phantomschmerz** *m* dolore *m* fantasma.
Pharisäer(in) [fari'zɛ:ɐ (...ərɪn)] ‹-s, -› *m(f)* fariseo, -a *m, f*.
pharmazeutisch [farma'tsɔʏtɪʃ] *a* farmaceutico.
Pharmazie [...'tsi:] ‹-, ø› *f* farmaceutica *f*.
Phase ['fa:zə] ‹-, -n› *f* fase *f*.
Philatelie [filate'li:] ‹-, ø› *f* filatelia *f*.
Philatelist(in) [...'lɪst(ɪn)] ‹-en, -en› *m(f)* filatelista *mf*.
Philharmonie [fɪlharmo'ni:] *f* filarmonica *f*.
Philharmoniker [...'mo:nikɐ] ‹-s, -› *m* filarmonico *m;* **die Wiener ~** l'orchestra filarmonica di Vienna.
philharmonisch *a* filarmonico.
Philipp ['fi:lɪp] *(männlicher Vorname)* Filippo.
Philippinen [filɪ'pi:nən] ‹*pl*› *:* **die ~** le Filippine.
Philister [fi'lɪstɐ] ‹-s, -› *m* filisteo *m*.
Philologe [filo'lo:gə] ‹-n, -n› *m*, **Philologin** [...gɪn] *f* filologo, -a *m, f*.
Philologie [...lo'gi:, ...i:ən] ‹-, -n› *f* filologia *f*.
Philologin *f s.* **Philologe.**
Philosoph(in) [...'zo:f(ɪn)] ‹-en, -en› *m(f)* filosofo, -a *m, f*.
Philosophie [filozo'fi:, ...i:ən] ‹-, -n› *f* filosofia *f*.
philosophieren [...'fi:rən] ‹*ohne ge-*› *itr* filosofare (*über* su, di).
Philosophin *f s.* **Philosoph.**
philosophisch *a* filosofico.
Phlegmatiker(in) [flɛ'gma:tikɐ (...ərɪn)] ‹-s, -› *m(f)* persona *f* flemmatica.
phlegmatisch *a* flemmatico.
Phobie [fo'bi:, ...i:ən] ‹-, -n› *f* fobia *f* (*vor* di).
Phon [fo:n] ‹-s, -s *o. bei Maßangaben* -› *n* fon *m*.
Phonetik [fo'ne:tɪk] ‹-, ø› *f* fonetica *f*.
phonetisch *a* fonetico.
Phönix ['fø:nɪks] ‹-(es), -e› *m* fenice *f;* **wie ein** (*o.* **der**) **~ aus der Asche (auf)steigen** *geh* risorgere dalle ceneri.
Phonotypistin [fonoty'pɪstɪn] *f* dattilografa *f* addetta al dittafono.
Phosphat [fɔs'fa:t] ‹-(e)s, -e› *n* fosfato *m*.
Phosphor ['fɔsfɔr] ‹-s, ø› *m* fosforo *m*.
Phosphoreszenz [fɔsforɛs'tsɛnts] ‹-, ø› *f* fosforescenza *f*.
phosphoreszierend [...'tsi:rənt] *a* fosforescente.
Photo- *s. a.* **Foto-. Photosynthese** [fotozʏn'te:zə] *f* fotosintesi *f*. **Photozelle** ['fo:to-] *f* cellula *f* fotoelettrica.
Phrase ['fra:zə] ‹-, -n› *f* frase *f;* **~n machen** (*o.* **dreschen** *fam*) parlare a vuoto; **das sind alles nur leere/abgedroschene ~n** sono solo discorsi vuoti. **Phrasendrescher(in)** *m(f) pej* fraseggiatore, -trice *m, f*, retore *m*.

pH-Wert [pe'ha:-] *m* (valore *m* del) pH.
Physik [fʏ'zi:k] ⟨-, ø⟩ *f* fisica *f*.
physikalisch [fyzi'ka:lɪʃ] *a* fisico.
Physiker(in) ['fy:zikɐ (...ərɪn)] ⟨-s, -⟩ *m(f)* fisico, -a *m, f*.
Physiognomie [fyzi̯ogno'mi:, ...i:ən] ⟨-, -n⟩ *f* fisionomia *f*.
Physiologie [fyzi̯olo'gi:] ⟨-, ø⟩ *f* fisiologia *f*.
physiologisch [...'lo:gɪʃ] *a* fisiologico.
physisch ['fy:zɪʃ] *a* fisico.
Pianist(in) [pi̯a'nɪst(ɪn)] ⟨-en, -en⟩ *m(f)* pianista *mf*.
picheln ['pɪçəln] *tr, itr fam* bere.
Picke ['pɪkə] ⟨-, -n⟩ *f*, **Pickel**[1] ['pɪkəl] ⟨-s, -⟩ *m* *(Spitzhacke)* piccone *m; (Eis~)* piccozza *f* per ghiaccio.
Pickel[2] ['pɪkəl] ⟨-s, -⟩ *m med* brufolo *m*, pustoletta *f*. **pick(e)lig** *a* pieno di brufoli.
picken ['pɪkən] *tr, itr* beccare (*nach etw.* qc).
Picknick ['pɪknɪk] ⟨-s, -e *o.* -s⟩ *n* picnic *m;* **~ machen** fare un picnic. **picknicken** *itr* fare un picnic.
picobello ['pi:ko'bɛlo] *a fam* impeccabile.
piekfein ['pi:k'fai̯n] *a fam* extra, finissimo, esclusivo.
Piemont [pi̯e'mɔnt] *n* Piemonte *m*.
piep [pi:p] *interj* pio, pio.
piepe, piepegal ['pi:pə, 'pi:pʔe'ga:l] *a fam:* **das ist mir ~!** me ne impipo *fam*, me ne infischio *fam*.
piep(s)en ['pi:p(s)ən] *itr (Vogel)* pigolare; *(Maus)* squittire; *(Menschenstimme)* squittire; *iron* parlare con voce stridula; *(Gerät)* emettere segnali; **bei dir piept's wohl?** *fam* sei matto *fam*, ti manca un venerdì? *fam;* **das war zum P~!** *fam* c'era da scoppiare dalle risa *fam*.
Pier [pi:ɐ̯] ⟨-s, -e *o.* -s⟩ *m o.* ⟨-, -s⟩ *f* molo *m*.
piesacken ['pi:zakən] *tr fam* tormentare.
Pietät [pi̯e'tɛ:t] ⟨-, ø⟩ *f* pietà *f*. **pietätlos** *a* senza pietà, irriverente. **Pietätlosigkeit** ⟨-, -en⟩ *f* mancanza *f* di rispetto, irriverenza *f*. **pietätvoll** *a* pietoso, rispettoso, riverente.
Pigment [pɪ'gmɛnt] ⟨-(e)s, -e⟩ *n* pigmento *m*.
Pik[1] [pi:k] ⟨-s, -e⟩ *m fam:* **einen ~ auf jdn haben** avercela con qu *fam*.
Pik[2] [pi:k] ⟨-s, -s⟩ *n (Spielkartenfarbe)* picche *f pl*.
pikant [pi'kant] *a* piccante.
Pikdame *f* donna *f* di picche.
Pike ['pi:kə] ⟨-, -n⟩ *f* picca *f;* **von der ~ auf dienen** *fam* venire dalla gavetta; **etw. von der ~ auf lernen** *fam* cominciare qc dall'abbiccì *fam*, studiare qc dai primi rudimenti.
piken ['pi:kən] *tr, itr s.* **piksen.**
pikiert [pi'ki:ɐ̯t] *a* offeso.
Pikkolo ['pɪkolo] ⟨-s, -s⟩ *m* **1.** *(Kellnerlehrling)* aiuto *m* cameriere; **2.** *fam (~flasche)* bottiglietta *f* di spumante (per una persona). **Pikkoloflöte** *f* ottavino *m*.
pik(s)en ['pi:k(s)ən] *tr, itr* pungere.
Piksieben *f:* **dastehen wie (die) ~** *fam* non sapere che pesci pigliare *fam*.
Pilger(in) ['pɪlgɐ (...ərɪn)] ⟨-s, -⟩ *m(f)* pellegrino, -a *m, f*. **Pilgerfahrt** *f* pellegrinaggio *m*. **Pilgerin** *f s.* **Pilger.**
pilgern *itr* ⟨*sein*⟩ andare in pellegrinaggio.
Pille ['pɪlə] ⟨-, -n⟩ *f* pillola *f;* **die ~ nehmen** prendere la pillola; **die (bittere) ~ schlucken** *fig* inghiottire la pillola; **eine bittere ~ für jdn sein** essere una pillola amara per qu. **Pillenknick** *m* calo *m* demografico dovuto alla pillola.
Pilot(in) [pi'lo:t(ɪn)] ⟨-en, -en⟩ *m(f)* pilota *mf*. **Pilotfilm** *m* film *m* pilota. **Pilotin** *f s.* **Pilot. Pilotprojekt** *n* progetto *m* pilota. **Pilotstudie** *f* studio *m* pilota.
Pilz [pɪlt̮s] ⟨-es, -e⟩ *m* **1.** *bot* fungo *m;* **2.** *med fam (Haut~)* fungo *m* (della pelle); **wie ~e aus der Erde schießen** spuntare come i funghi. **Pilzkrankheit** *f* micosi *f*. **Pilzvergiftung** *f* avvelenamento *m* (*o.* intossicazione *f*) da funghi.
Pimmel ['pɪməl] ⟨-s, -⟩ *m fam* uccello *m sl*.
pingelig ['pɪŋəlɪç] *a fam pej* pedante; *(empfindlich, mäkelig)* schizzinoso, schifiltoso.
Pinguin ['pɪŋgui:n] ⟨-s, -e⟩ *m* pinguino *m*.
Pinie ['pi:ni̯ə] ⟨-, -n⟩ *f* pino *m*.
pink *a s.* **pinkfarben.**
pinke *a s.* **pinkepinke.**
pinkeln ['pɪŋkəln] *itr fam* fare la pipì *fam*.
Pinke(pinke) ['pɪŋkə('pɪŋkə)] ⟨-, ø⟩ *f sl obs* grana *f sl*.
pink(farben) ['pɪŋk-] ⟨*inv*⟩ *a* color rosa.
Pinnwand ['pɪn-] *f fam* pannello *m* d'affissione.
Pinscher ['pɪnʃɐ] ⟨-s, -⟩ *m* cane *f* grifone.
Pinsel ['pɪnzəl] ⟨-s, -⟩ *m* pennello *m;* **ein eingebildeter ~** *fam pej* uno stupido presuntuoso *fam*.
pinseln *tr, itr* spennellare.

Pinte ['pɪntə] ‹-, -n› *f fam, CH* bettola *f.*

Pin-up-Girl [pɪn'ʔapgø:ɐ̯l] ‹-s, -s› *n* pin-up girl *f,* ragazza *f* copertina.

Pinzette [pɪn't̠sɛtə] ‹-, -n› *f* pinzetta *f.*

Pionier [pio'ni:ɐ̯] ‹-s, -e› *m* pioniere *m; (mil. a.)* geniere *m.*

Pipi [pi'pi:] ‹-s, ø› *m o. n (Kindersprache)* pipì *f;* **~ machen** fare (la) pipì.

Pirat [pi'ra:t] ‹-en, -en› *m* pirata *m,* corsaro *m.*

Pirol [pi'ro:l] ‹-s, -e› *m* rigogolo *m.*

Pirouette [pi'ru̯ɛtə] ‹-, -n› *f* piroetta *f.*

Pirsch [pɪrʃ] ‹-, ø› *f* caccia *f;* **auf die ~ gehen** andare a caccia.

pissen ['pɪsən] *itr vulg* pisciare *vulg.*

Pistazie [pɪs'ta:t̠si̯ə] ‹-, -n› *f* pistacchio *m.*

Piste ['pɪstə] ‹-, -n› *f* pista *f.* **Pistensau** *f,* **-schreck** *m fam pej* terrore *m* delle piste.

Pistole [pɪs'to:lə] ‹-, -n› *f* pistola *f;* **wie aus der ~ geschossen** *fam* di botto *fam;* **jdm die ~ auf die Brust setzen** *fig fam* mettere la pistola alla gola a qu.

Pkt. *ab von* **Punkt** punto.

PKW, Pkw ['pe:ka:ve: *o.* ...'ve:] ‹-(s), -(s)› *m ab von* **Personenkraftwagen** autovettura *f.*

Placebo [pla't̠se:bo] ‹-s, -s› *n* placebo *m.*

Plackerei [plakə'ra̯i] ‹-, -en› *f fam* fatica(ccia *f*) *f fam.*

plädieren [plɛ'di:rən] ‹*ohne ge-*› *itr* **1.** *jur (beantragen)* chiedere (*auf etw.* qc); **2.** *(sich einsetzen)* battersi (*für* per).

Plädoyer [plɛdo̯a'je:] ‹-s, -s› *n (von Verteidiger)* arringa *f; (von Staatsanwalt)* requisitoria *f.*

Plage ['pla:gə] ‹-, -n› *f* **1.** *(Qual)* tormento *m; (Belästigung)* seccatura *f; (Übel, Unheil)* piaga *f;* **2.** *(Mühe)* fatica *f;* **zu einer ~ werden** diventare un tormento.

plagen I. *tr (quälen)* tormentare; *(belästigen)* seccare; **II.** *rfl:* **sich ~** *(sich abmühen)* tribolare (*mit* con); *(schwer arbeiten)* faticare.

Plagiat [pla'gi̯a:t] ‹-(e)s, -e› *n* plagio *m.*

Plagiator [pla'gi̯a:to:ɐ̯, ...i̯a'to:rən] ‹-s, -en› *m* plagiario *m.*

plagiieren [plagi'i:rən] ‹*ohne ge-*› *tr* plagiare.

Plakat [pla'ka:t] ‹-(e)s, -e› *n* affisso *m,* manifesto *m; (bes. Werbe~)* cartellone *m* (pubblicitario); **ein ~ ankleben** (*o.* **anschlagen**) affiggere un cartellone.

plakativ [...ka'ti:f] *a* **1.** *(bewußt herausgestellt)* ostentato; **2.** *(wie ein Plakat wirkend)* suggestivo.

Plakatsäule *f* colonna *f* per (i) manifesti.

Plakette [pla'kɛtə] ‹-, -n› *f* targhetta *f,* placca *f; (Abzeichen)* distintivo *m.*

plan [pla:n] *a* piano, piatto.

Plan [pla:n] ‹-(e)s, ⸚e› *m* **1.** *(Vorhaben)* progetto *m,* piano *m; (Absicht)* intenzione *f;* **2.** *(Entwurf)* progetto *m;* **3.** *(Karte, Grundriß, Stadt~)* pianta *f; (Übersichts~)* piano *m* d'insieme; **4.** *(Zeit~, Stunden~, Fahr~)* orario *m;* **einen ~ für etw. entwerfen** abbozzare un progetto per qc; **Pläne schmieden** fare progetti; **ich habe den ~ (gefaßt), zu ...** ho in progetto di ...; **alles verlief nach ~** tutto andò secondo i piani; **auf dem ~ stehen** *fig* essere in programma; **auf den ~ rufen** chiamare in causa; **auf den ~ treten** entrare in scena.

Plane ['pla:nə] ‹-, -n› *f* telone *m.*

planen *tr* **1.** *(entwerfen)* progettare; **2.** *(vorhaben)* aver intenzione (*etw. zu tun* di fare qc); *(Ausflug, Essen, etc.)* progettare; *(Wirtschaft, Entwicklung)* pianificare; **habt ihr für heute abend schon etw. geplant?** avete già in progetto qc per stasera?

Planer(in) ‹-s, -› *m(f)* progettista *mf; (von Wirtschaft, Entwicklung)* pianificatore, -trice *m, f.*

Planet [pla'ne:t] ‹-en, -en› *m* pianeta *m.*

planetarisch [plane'ta:rɪʃ] *a* planetario.

Planetarium [...'ta:ri̯ʊm, ...i̯ən] ‹-s, -rien› *n* planetario *m.*

planieren [pla'ni:rən] ‹*ohne ge-*› *tr* spianare, livellare. **Planierraupe** *f* apripista *m,* bulldozer *m.*

Planke ['plaŋkə] ‹-, -n› *f* **1.** *(Brett)* tavolone *m,* asse *m;* **2.** *(Zaun)* steccato *m.*

Plankton ['plaŋktɔn] ‹-s, ø› *n* plancton *m.*

planlos *a, adv* senza metodo (*o.* sistema). **planmäßig I.** *a* **1.** *(nach Plan)* sistematico; **2.** *(pünktlich)* puntuale; **3.** *(wie vorgesehen)* come stabilito; **II.** *adv* **1.** *(nach Plan)* secondo il piano; **2.** *(pünktlich)* in orario; **3.** *(wie vorgesehen)* come (pre)stabilito.

Planschbecken *n* piscina *f* per bambini.

planschen ['planʃən] *itr* sguazzare (nell'acqua).

Planstelle *f* posto *m* in organico.

Plantage [plan'ta:ʒə] ‹-, -n› *f* piantagione *f.*

Planung ‹-, -en› *f* progettazione *f;*

(Wirtschaft, Entwicklung) pianificazione *f*, programmazione *f*; **im Stadium der** (*o.* **in**) **~ sein** essere in fase di progettazione.
planvoll *a* sistematico, metodico.
Planwagen *m* carro *m* coperto.
Planwirtschaft *f* economia *f* pianificata. **Planziel** *n* obiettivo *m* del piano.
Plappermaul *n fam pej* ciarlone, -a *m*, *f fam*, chiacchierone, -a *m*, *f fam*.
plappern ['plapɐn] **I.** *itr fam* ciarlare *fam*, chiacchierare; **II.** *tr* dire.
plärren ['plɛrən] *itr pej* **1.** *fam (weinen)* piangere; **2.** *(schlecht singen)* gracchiare *fam*; **3.** *(Radio, etc.)* gracchiare *fam*.
Plasma ['plasma, ...mən] ‹-s, Plasmen› *n* plasma *m*.
Plastik¹ ['plastɪk] ‹-s, ø› *n (Kunststoff)* plastica *f*.
Plastik² ['plastɪk] ‹-, -en› *f* **1.** *(Bildhauerkunst, Werk)* scultura *f*; **2.** ‹*sing*› *(Anschaulichkeit)* plasticità *f*.
Plastikbeutel *m* sacchetto *m* di plastica. **Plastikfolie** *f* carta *f* plastificata per alimenti.
plastisch *a* **1.** *(die Bildhauerei betreffend)* scultoreo; **2.** *(med, formbar, dreidimensional, anschaulich)* plastico; **das kann ich mir ~ vorstellen** *fam* me lo posso immaginare chiaramente.
Plastizität [plastitsi'tɛ:t] ‹-, ø› *f* plasticità *f*.
Platane [pla'ta:nə] ‹-, -n› *f* platano *m*.
Platin ['pla:ti:n] ‹-s, ø› *n* platino *m*. **platinblond** *a* biondo platino.
Platitüde [plati'ty:də] ‹-, -n› *f* insulsaggine *f*.
platonisch [pla'to:nɪʃ] *a* platonico.
platsch [platʃ] *interj* ciac, ciaf(fete).
plätschern ['plɛtʃɐn] *itr* gorgogliare.
platt [plat] *a* **1.** *(flach)* piatto; *(eben)* piano; *(abgeplattet)* appiattito; **2.** *fig pej (geistlos)* piatto; **einen ~en Reifen** (*o.* **einen P~en** *fam*) **haben** avere un pneumatico sgonfio (*o.* una gomma a terra *fam*); **~ drücken** appiattire, schiacciare; **~ sein** *fam* rimanere di stucco *fam*; **da bist du ~, was?** *fam* resti di stucco, no? *fam*; **~ auf dem Boden liegen** stare sdraiato sul pavimento.
platt(deutsch) *a* basso tedesco.
Platte ['platə] ‹-, -n› *f* **1.** *(Stein~, Metall~, Glas~, Druck~, fot)* lastra *f*; *(Blech~)* lamina *f*; *(Holz~)* tavola *f*; *(tec, arch, Herd~)* piastra *f*; *(Grab~)* lapide *f*; *(Tisch~)* piano *m*; *el* piastra *f*, placca *f*; *(Kachel)* piastrella *f*; **2.** *(Schall~)* disco *m*; **3.** *(Fleisch~, Gemüse~, Kuchen~)* piatto *m*; **4.** *(Gericht)* piatto *m*; **5.** *fam (Glatze)* zucca *f* pelata *fam*; **eine andere ~ auflegen** *fig fam* cambiare disco (*o.* musica *fam*) *fam*; **kalte ~** piatto freddo; **etw. auf ~ aufnehmen** incidere qc su disco.
Plätteisen *n dial s.* **Bügeleisen.**
plätten ['plɛtən] *tr* **1.** *dial (bügeln)* stirare; **2.** *(platt machen)* appiattire.
Plattencover [-kavɐ] ‹-s, -› *n* copertina *f* del disco. **Plattenfirma** *f* casa *f* discografica. **Plattenspieler** *m* giradischi *m*. **Plattenteller** *m* piatto *m* girevole per i dischi. **Plattenwechsler** ‹-s, -› *m* cambiadischi *m*.
Plätterin *f dial* stiratrice *f*.
Plattform *f* piattaforma *f*. **Plattfuß** *m* **1.** *med* piede *m* piatto; **2.** *fam (Reifenpanne)* gomma *f* a terra *fam*.
plattieren [pla'ti:rən] ‹*ohne ge-*› *tr* placcare.
Platz [plats] ‹-es, ¨-e› *m* **1.** *(Stelle, Ort)* posto *m*; **2.** ‹*sing*› *(Raum)* spazio *m*, posto *m*; **3.** *(Stellung, Posten)* posto *m*; **4.** *(Sitz~)* posto *m*; **5.** *(öffentlicher ~)* piazza *f*; **6.** *(Sport~, mil Golf~, Tennis~)* campo *m*; **7.** *(Internats~, Heim~)* posto *m*; **8.** *sport (Plazierung)* posto *m*, piazzamento *m*; **~ nehmen** accomodarsi, sedersi; **~ behalten** *geh* stare seduto; **jds ~ einnehmen** prendere il posto di qu; **in etw. ~ haben** starci in qc, trovare (*o.* avere) posto in qc; **den dritten ~ belegen** piazzarsi terzo; **~ lassen für** lasciare (il) posto per; **für etw. ~ schaffen** fare posto a qc; **jdm ~ machen** fare posto a qu; **fehl am ~ (e) sein** essere fuori luogo, essere inopportuno; **~ (da)!** *fam* largo! *fam*, (fate) posto! *fam*; **~!** *(zum Hund)* (a) cuccia!; **auf die Plätze, fertig, los!** ai vostri posti, pronti, via!; **ist dieser ~ noch frei?** è ancora libero questo posto?; **dieser ~ ist besetzt** questo posto è occupato; **das beste Hotel am ~(e)** il miglior albergo del luogo; **für diese Reise sind alle Plätze gebucht** per questo viaggio tutti i posti sono prenotati; **der Schreibtisch nimmt zuviel ~ weg** la scrivania occupa troppo posto; **keinen ~ mehr für etw. haben** non avere più posto per qc. **Platzangst** *f* **1.** *med* agorafobia *f*; **2.** *fam* claustrofobia *f*; **~ bekommen** *fam* soffrire di claustrofobia. **Platzanweiser(in)** ‹-s, -› *m(f)* maschera *f*. **Platzdeckchen** [-dɛkçən] ‹-s, -› *n* set *m* da tavola.
platzen ['platsən] *itr* ‹*sein*› **1.** *(bersten)*

scoppiare; *(zerreißen)* spaccarsi; *(Naht)* aprirsi, rompersi; **2.** *fig fam* esplodere (*vor* da), scoppiare (*vor* da); **3.** *fig fam (nicht zustande kommen)* andare a monte *fam; (Wechsel)* non essere pagato; *(Betrug, Verbrechen)* essere scoperto; **vor Lachen ~** *fam* scoppiare dal ridere *fam;* **vor Ärger ~** *fam* crepare dalla rabbia *fam;* **schließlich platzte ihm der Kragen** alla fine scoppiò *fam;* **(jdm) ins Haus ~** *fam* piombare in casa di qu *fam;* **einen Plan/eine Verlobung ~ lassen** far andare a monte un progetto/un fidanzamento.

Platzkarte *f* (biglietto *m* di) prenotazione *f.* **Platzkonzert** *n* concerto *m* pubblico all'aperto. **Platzmangel** *m* mancanza *f* di posto (*o.* spazio). **Platzpatrone** *f* cartuccia *f* a salva; **mit ~n schießen** sparare a salva. **Platzregen** *m* acquazzone *m.* **platzsparend** *a* che fa guadagnare spazio. **Platzwart** [-vart] ‹-(e)s, -e› *m* custode *m* di un campo sportivo. **Platzwette** *f* scommessa *f* sui favoriti. **Platzwunde** *f* sbucciatura *f.*

Plauderei [plaudə'rai] ‹-, -en› *f* chiacchierata *f,* conversazione *f* piacevole.

plaudern ['plaudɐn] *itr* conversare (*über* di), fare quattro chiacchiere (*über* su), chiacchierare (*über* di).

Plauderstündchen *n* chiacchieratina *f fam.*

Plausch [plauʃ] ‹-(e)s, -e› *m* **1.** *fam* chiacchierata *f;* **2.** *CH (Spaß)* divertimento *m.*

plausibel [plau'zi:bəl] *a* plausibile, ammissibile; **jdm etw. ~ machen** spiegare qc a qu.

Playback ['pleɪbæk] ‹-s, -s› *n* playback *m;* **mit ~ singen** cantare in playback.

Playboy ['pleɪbɔɪ] ‹-s, -s› *m* playboy *m.*

plazieren [pla'tsi:rən] ‹*ohne ge-*› **I.** *tr* **1.** *(Personen)* mettere; *(Dinge)* collocare; **2.** *(Ball, Treffer)* piazzare; *(Schlag)* assestare; **II.** *rfl:* **sich ~** *sport* piazzarsi.

Plazierung ‹-, -en› *f* piazzamento *m.*

pleite ['plaitə] *a fam* **1.** *(bankrott)* fallito; **2.** *scherz (mittellos)* al verde *fam,* senza quattrini *fam;* **~ gehen** fare fallimento. **Pleite** ‹-, -n› *f fam* bancarotta *f; (fig a.)* fallimento *m;* **~ machen** fare fallimento. **Pleitegeier** *m fam* minaccia *f* di fallimento.

plemplem [plɛm'plɛm] ‹*inv*› *a sl pej* rimbambito *fam.*

Plenarsaal [ple'na:ɐ̯-] *m* sala *f* per assemblee plenarie. **Plenarsitzung** *f* seduta *f* plenaria.

Plenum ['ple:nʊm] ‹-s, ø› *n* plenum *m.*

Plissee [plɪ'se:] ‹-s, -s› *n* plissé *m.*

plissieren [...'si:rən] ‹*ohne ge-*› *tr* pieghettare.

PLO [pe:ʔɛl'ʔo:] ‹-, ø› *f ab von* **Palestine Liberation Organization** O.L.P. *m* (*ab von* Organizzazione per la Liberazione della Palestina).

Plockwurst ['plɔk-] *f* salsiccione *m.*

Plombe ['plɔmbə] ‹-, -n› *f* **1.** *(Bleisiegel)* piombo *m;* **2.** *(Zahn~)* otturazione *f.*

plombieren [...'bi:rən] ‹*ohne ge-*› *tr* **1.** *(versiegeln)* piombare; **2.** *(Zahn)* otturare.

plötzlich ['plœtslɪç] **I.** *a* improvviso, repentino; *(unvermittelt)* brusco; **II.** *adv* all'improvviso, ad un tratto, di colpo; **aber etwas ~!** su, presto! *fam.*

plump [plʊmp] *a* **1.** *(unförmig)* tozzo; **2.** *(ungeschickt)* goffo; *(schwerfällig)* pesante; **3.** *(grob)* rozzo; *(Scherz, Lügen)* grossolano; *(taktlos)* sgarbato; **eine ~e Fälschung** una falsificazione grossolana; **ein ~er Annäherungsversuch** un goffo tentativo di avvicinamento. **Plumpheit** ‹-, -en› *f* **1.** *(Unförmigkeit)* forma *f* tozza; **2.** *(Ungeschicktheit)* goffaggine *f; (Schwerfälligkeit)* pesantezza *f;* **3.** *(Grobheit)* rozzezza *f; (a. Derbheit)* grossolanità *f; (Taktlosigkeit)* indelicatezza *f.*

plumps [plʊmps] *interj* patapumfete. **plumpsen** ['plʊmpsən] *itr* ‹*sein*› *fam* cadere con un tonfo. **Plumpsklo** *n fam* wc *m* a caduta.

Plunder ['plʊndɐ] ‹-s, ø› *m fam pej* ciarpame *m.*

Plünd(e)rer ['plʏnd(ə)rɐ] ‹-s, -› *m* saccheggiatore *m.*

plündern ['plʏndɐn] *tr* saccheggiare.

Plünderung ‹-, -en› *f* sacco *m; (a. fig)* saccheggio *m.*

Pündrer *m s.* **Plünderer.**

Plural ['plu:ra:l] ‹-s, -e› *m* plurale *m.*

Pluralismus [plura'lɪsmʊs] ‹-, ø› *m* pluralismo *m.*

pluralistisch [...'lɪstɪʃ] *a* pluralistico.

plus [plʊs] **I.** *con* più; **eins ~ eins ist** (*o.* **macht**) **zwei** uno più uno uguale (*o.* fa) due; **II.** *prp gen* più; **III.** *adv* più; **~ zehn Grad, zehn Grad ~** dieci gradi sopra zero. **Plus** ‹-, -› *n* **1.** *(Überschuß)* eccedenza *f; (bes. com)* sopravanzo *m;* **2.** *(~punkt)* (punto *m* di) vantaggio *m;* **3.** *mat (~zeichen)* più *m;* **das ist ein ~ für mich** questo è un punto di vantaggio

per me; **im ~ sein** avere un bilancio (*o.* saldo) positivo.
Plüsch [ply:ʃ *o.* plʏʃ] ‹-(e)s, -e› *m* felpa *f*, peluche *f*.
Pluspunkt *m* punto *m* di vantaggio. **Plusquamperfekt** ['pluskvampɛrfɛkt] *n* piuccheperfetto *m*, trapassato *m* prossimo. **Pluszeichen** *n* (segno *m* di) più *m*.
Pneu [pnø:] ‹-s, -s› *m CH* pneumatico *m*.
pneumatisch [pnɔy̯'ma:tɪʃ] *a* pneumatico.
Po *m s.* **Popo.**
Pöbel ['pø:bəl] ‹-s, ø› *m pej* plebe *f*, volgo *m*. **pöbelhaft** *a* plebeo, volgare; *(gemein)* villano.
pochen ['pɔxən] *itr (bes. Herz)* battere; *(Arterien)* pulsare; *(an Tür)* bussare (*an* a); **auf etw. ~** *fig* insistere su qc.
Pocke ['pɔkə] ‹-, -n› *f* pustula *f* (del vaiolo); **die ~en** il vaiolo. **Pockenimpfung** *f* vaccinazione *f* antivaiolosa. **pockennarbig** *a* butterato.
Podest [po'dɛst] ‹-(e)s, -e› *n o. m (Podium)* podio *m*; *(Sockel)* piedestallo *m*.
Podium ['po:di̯ʊm, ...i̯ən] ‹-s, Podien› *n* podio *m*. **Podiumsdiskussion** *f* tavola *f* rotonda.
Poesie [poe'zi:, ...i:ən] ‹-, -n› *f* poesia.
Poet(in) [po'e:t(ɪn)] ‹-en, -en› *m(f) obs, scherz* poeta, -essa *m, f*.
poetisch *a* poetico.
Pointe ['po̯ɛ̃:tə] ‹-, -n› *f* effetto *m* finale.
pointieren [po̯ɛ̃'ti:rən] ‹*ohne ge-*› *tr* mettere in risalto. **pointiert I.** *a* arguto; **II.** *adv* con arguzia.
Pokal [po'ka:l] ‹-s, -e› *m* coppa *f*. **Pokalsieger** *m* vincitore *m* di coppa. **Pokalspiel** *n* gara *f* di coppa.
Pökelfleisch *n* carne *f* salmistrata (*o.* in salamoia).
pökeln ['pø:kəln] *tr* mettere in salamoia.
Poker ['po:kɐ] ‹-s, ø› *n* poker *m*. **Pokergesicht** *n*, **-miene** *f* faccia *f* imperturbabile; **ein Pokergesicht machen, eine Pokermiene aufsetzen** assumere un'aria imperturbabile.
pokern *itr* **1.** giocare a poker; **2.** *fig* puntare alto (*um* per).
Pol [po:l] ‹-s, -e› *m* polo *m*; **der ruhende ~** la persona che mantiene la calma (nei momenti difficili).
polar [po'la:ɐ̯] *a* polare. **Polareis** *n* ghiaccio *m* polare. **Polarexpedition** *f* spedizione *f* polare. **Polarforscher** *m* esploratore *m* polare. **Polarfront** *f* fronte *m* polare.
polarisieren [polari'zi:rən] ‹*ohne ge-*› **I.** *tr* polarizzare; **II.** *rfl:* **sich ~** polarizzarsi.
Polarität [...i'tɛ:t] ‹-, -en› *f* polarità *f*.
Polarkreis *m* circolo *m* polare; **nördlicher/südlicher ~** circolo polare artico/antartico. **Polarlicht** *n* aurora *f* boreale. **Polarstern** *m* stella *f* polare.
Pole ['po:lə] ‹-n, -n› *m*, **Polin** [...lɪn] *f* polacco, -a *m, f*.
Polemik [po'le:mɪk] ‹-, -en› *f* polemica *f*.
polemisch *a* polemico.
polemisieren [polemi'zi:rən] ‹*ohne ge-*› *itr* polemizzare (*gegen* su).
Polen ['po:lən] *n* Polonia *f*.
Polente [po'lɛntə] ‹-, ø› *f sl* madama *f sl*.
Police [po'li:sə] ‹-, -n› *f* polizza *f* (d'assicurazione).
Polier [po'li:ɐ̯] ‹-s, -e› *m* capomastro *m*.
polieren [po'li:rən] ‹*ohne ge-*› *tr* **1.** *(Möbel, Fußboden)* lucidare, lustrare; *(Marmor, Holz)* levigare; *(Metall)* brunire; **2.** *fig (überarbeiten)* limare, rifinire; **dem polier' ich noch mal die Fresse** *vulg* lo picchierò di santa ragione *fam*.
Polin *f s.* **Pole.**
Politesse [poli'tɛsə] ‹-, -n› *f* donna *f* poliziotto ausiliaria.
Politik [poli'ti:k] ‹-, *rar* -en› *f* politica *f*; **~ studieren** studiare politica; **eine ~ der Entspannung betreiben** fare una politica di distensione.
Politiker(in) [po'li:tikɐ (...ərɪn)] ‹-s, -› *m(f)* uomo *m* politico, politico, -a *m, f*.
Politikum [po'li:tikʊm, ...ka] ‹-s, -tika› *n* questione *f* politica.
politisch *a* politico.
politisieren [politi'zi:rən] ‹*ohne ge-*› **I.** *itr* parlare di politica; **II.** *tr* politicizzare.
Politologe [polito'lo:gə] ‹-n, -n› *m*, **Politologin** [...gɪn] *f* politologo, -a *m, f*.
Politur [poli'tu:ɐ̯] ‹-, -en› *f* **1.** *(das Polieren)* lucidatura *f*; **2.** *(Glanz)* lucido *m*; **3.** *(Poliermittel)* lucido *m*.
Polizei [poli'tsai̯] ‹-, *rar* -en› *f* polizia *f*; **die ~, dein Freund und Helfer** la polizia ti è amica e ti aiuta; **er ist dümmer, als die ~ erlaubt** *fam scherz* è stupidissimo; **zur ~ gehen** andare alla polizia. **Polizeiaufgebot** *n* spiegamento *m* di forze di polizia (*o.* dell'ordine). **Polizeiaufsicht** *f* sorveglianza *f (o.* vigilanza *f)* speciale; **unter ~ stehen** essere sotto vigi-

lanza della polizia. **Polizeibeamte** *m*, **-beamtin** *f* funzionario, -a *m, f* (*o.* agente *mf*) di polizia, funzionario, -a *m, f* di questura. **Polizeidienststelle** *f adm* posto *m* di polizia; **sachdienliche Hinweise nimmt jede ~ entgegen** informazioni al riguardo da inoltrare al più vicino posto di polizia. **Polizeifunk** *m* radio *m* della polizia. **polizeilich** *a* di (*o.* della) polizia; **~ verboten** vietato dalla polizia; **sich ~ abmelden/anmelden** notificare il proprio trasferimento/arrivo alla polizia (*o.* alla questura). **Polizeipräsident** *m* capo *m* della polizia, questore *m*. **Polizeipräsidium** *n* questura *f*. **Polizeirevier** *n* commissariato *m* di polizia. **Polizeispitzel** *m* spia *f* (*o.* informatore *m*) della polizia. **Polizeistaat** *m* stato *m* poliziesco. **Polizeistreife** *f* pattuglia *f* di polizia. **Polizeiwache** *f* posto *m* di polizia.

Polizist(in) [poli'ts̯ɪst(ɪn)] ⟨-en, -en⟩ *m(f)* agente *mf* di polizia, poliziotto, -a *m, f*.

Polka ['pɔlka] ⟨-, -s⟩ *f* polca *f*.

Pollen ['pɔlən] ⟨-s, -⟩ *m* polline *m*.

polnisch ['pɔlnɪʃ] *a* polacco.

Polohemd ['po:lo-] *n* polo *f*.

Polster ['pɔlstɐ] ⟨-s, -⟩ *n o. A m* **1.** *(Polsterung, in Kleidungsstück)* imbottitura *f*; **2.** *A (Kissen)* cuscino *m*; **3.** *fig (Geldreserve)* riserva *f*; **4.** *fig (Fett~)* cuscinetto *m* di grasso. **Polstergarnitur** *f* salotto *m*. **Polstermöbel** *n pl* mobili *m pl* imbottiti.

polstern *tr (Möbel, Kleidung)* imbottire.

Polstersessel *m* poltrona *f* imbottita.

Polsterung ⟨-, -en⟩ *f* imbottitura *f*.

Polterabend *m festa alla vigilia delle nozze.*

poltern ['pɔltɐn] *itr* **1.** ⟨*haben*⟩ *(laute Geräusche machen)* far chiasso, strepitare; **2.** ⟨*sein*⟩ *(sich geräuschvoll bewegen)* muoversi con rumore; *(geräuschvoll fallen)* cadere rumorosamente; **3.** ⟨*haben*⟩ *(laut scheltend sprechen)* brontolare; **4.** ⟨*haben*⟩ *fam (Polterabend feiern)* festeggiare la vigilia delle nozze.

Polyamid® [poly'ʔa'mi:t] ⟨-(e)s, -e⟩ *n* poliammide® *f*.

Polyäthylen [polyʔɛty'le:n] ⟨-s, -e⟩ *n* polietilene *m*.

Polyester [poly'ʔɛstɐ] ⟨-s, -⟩ *m* poliestere *m*.

Polygamie [polyga'mi:] ⟨-, ø⟩ *f* poligamia *f*.

Polyp [po'ly:p] ⟨-en, -en⟩ *m* **1.** *zoo, med* polipo *m*; **2.** *sl pej (Polizist)* piedi *m* piatti *sl*.

Polytechnikum [poly'tɛçnikʊm, ...ka *o.* ...kən] ⟨-s, -ka *o.* -ken⟩ *n* politecnico *m*.

Pomade [po'ma:də] ⟨-, -n⟩ *f* brillantina *f*.

Pomeranze [pomə'rants̯ə] ⟨-, -n⟩ *f* **1.** *(Baum)* melangolo *m*, arancio *m* amaro; **2.** *(Frucht)* melangola *f*, arancia *f* amara.

Pommern ['pɔmɐn] *n* Pomerania *f*.

Pommes frites [pɔm'frɪt] ⟨*pl*⟩ patate *f pl* fritte.

Pomp [pɔmp] ⟨-(e)s, ø⟩ *m* pompa *f*.

Pompeji [pɔm'pe:ji] *n* Pompei *f*.

Pompon [põ'põ] ⟨-s, -s⟩ *m* pompon *m*.

pompös [pɔm'pø:s] *a* pomposo.

Pond [pɔnt] ⟨-s, -⟩ *n* grammo *m* peso.

Pontifikat [pɔntifi'ka:t] ⟨-(e)s, -e⟩ *n (von Papst)* pontificato *m*, papato *m*; *(von Bischof)* episcopato *m*.

Ponton [põ'tõ:] ⟨-s, -s⟩ *m* pontone *m*, barcone *m*. **Pontonbrücke** *f* ponte *m* di pontoni (*o.* di barconi).

Pony¹ ['pɔni] ⟨-s, -s⟩ *n zoo* pony *m*.

Pony² ['pɔni] ⟨-s, -s⟩ *m (an Frisur)* frangia *f*. **Ponyfrisur** *f* pettinatura *f* con la frangetta.

Popanz ['po:pants̯] ⟨-es, -e⟩ *m* **1.** *(Schreckgespenst)* spauracchio *m*; **2.** *pej (willenloser Mensch)* fantoccio *m*, marionetta *f*.

Popcorn ['pɔpkɔrn] ⟨-s, ø⟩ *n* pop-corn *m*.

Popel ['po:pəl] ⟨-s, -⟩ *m fam* caccola *f fam*.

pop(e)lig *a fam pej* **1.** *(schäbig)* misero; **2.** *(gewöhnlich, durchschnittlich)* normale, mediocre.

Popelin [popə'li:n] ⟨-s, -e⟩ *m*, **Popeline** [popə'li:n, ...nə] ⟨-s, -⟩ *m o.* ⟨-, -⟩ *f* popelin *m*, popeline *f*.

popeln ['po:pəln] *itr fam*: **in der Nase ~** mettersi le dita nel naso.

Popfestival ['pɔp-] *n* festival *m* della musica pop. **Popgruppe** *f* complesso *m* pop.

poplig *a s.* **popelig.**

Popmusik *f* musica *f* pop.

Po(po) [po: (po'po:)] ⟨-s, -s⟩ *m fam* sedere *fam*, *m* culetto *m fam*.

Popper ['pɔpɐ] ⟨-s, -⟩ *m* supernormale *mf*.

poppig ['pɔpɪç] *a* pop.

Popsänger(in) *m(f)* cantante *mf* pop. **Popstar** *m* star *f* della musica pop. **Popszene** *f* scena *f* pop.

populär [popu'lɛ:ɐ̯] *a* popolare.

Popularität [...lari'tɛ:t] ⟨-, ø⟩ *f* popolarità *f*.

populärwissenschaftlich *a* (di/a carattere) divulgativo.
Pore ['po:rə] ‹-, -n› *f* poro *m.*
Porno ['pɔrno] ‹-s, -s› *m fam* film *m* (*o.* romanzo *m*) porno. **Pornofilm** *m* film *m* porno.
Pornographie [-gra'fi:, ...i:ən] ‹-, -n› *f* pornografia *f.*
pornographisch [-'gra:fɪʃ] *a* pornografico.
Pornowelle *f* ondata *f* di pornografia.
porös [po'rø:s] *a* poroso.
Porree ['pɔre] ‹-s, -s› *m* porro *m.*
Portal [pɔr'ta:l] ‹-s, -e› *n* portale *m.*
Portemonnaie [pɔrtmɔ'ne:] ‹-s, -s› *n* portamonete *m.*
Porti *pl von* **Porto.**
Portier [pɔr'tie:] ‹-s, -s› *m* portinaio *m; (bes. Hotel)* portiere *m.*
Portion [pɔr'tsio:n] ‹-, -en› *f* **1.** *(beim Essen)* porzione *f; (Gericht a.)* piatto *m;* **2.** *fig fam* dose *f;* **dazu braucht man schon eine ~ Unverschämtheit** *fam* per questo ci vuole un bel po' di sfacciataggine *fam;* **eine halbe ~** mezza porzione *fig fam* un soldo di cacio *fam;* **eine ~ Kaffee** una cuccuma di caffè; **eine ~ Pommes frites** una porzione di patatine fritte.
Porto ['pɔrto, ...tos *o.* ...ti] ‹-s, -s *o.* Porti› *n* tassa *f* postale, affrancatura *f.* **portofrei** *a* franco di porto, in franchigia (postale). **portopflichtig** *a* soggetto ad affrancatura.
Portrait, Porträt [pɔr'trɛ:] ‹-s, -s› *n* ritratto *m.*
portraitieren, porträtieren [pɔrtrɛ'ti:rən] ‹*ohne ge-*› *tr* fare il ritratto di.
Portugal ['pɔrtugal] *n* Portogallo *m;* **in ~** nel Portogallo.
Portugiese [pɔrtu'gi:zə] ‹-n, -n› *m,* **Portugiesin** [zɪn] *f* portoghese *mf.*
portugiesisch *a* portoghese.
Portwein ['pɔrt-] *m* porto *m.*
Porzellan [pɔrtsɛ'la:n] ‹-s, -e› *n* porcellana *f.* **Porzellangeschirr** *n* stoviglie *f pl* di porcellana. **Porzellanmanufaktur** *f* manifattura *f* di porcellane.
Posaune [po'zaunə] ‹-, -n› *f* trombone *m.*
posaunen ‹*ohne ge-*› **I.** *itr* s(u)onare il trombone; **II.** *tr fam pej* **1.** *(aus~)* spargere ai quattro venti *fam;* **2.** *(laut verkünden)* strombazzare.
Pose ['po:zə] ‹-, -n› *f* posa *f.*
posieren [po'zi:rən] ‹*ohne ge-*› *itr* posare.
Position [pozi'tsio:n] ‹-, -en› *f* **1.** *allg.* posizione *f;* **2.** *com* voce *f;* **~ beziehen** prendere posizione; **eine gesicherte ~ haben** avere una posizione sicura. **Positionslicht** *n* fanale *m* di posizione.
positiv ['po:ziti:f] *a* positivo.
Positur [pozi'tu:ɐ] ‹-, -en› *f* posa *f,* atteggiamento *m;* **sich in ~ setzen** (*o.* **werfen)** *fam* mettersi in posa.
Posse ['pɔsə] ‹-, -n› *f* farsa *f.*
Possen ['pɔsən] ‹-s, -› *m obs* **1.** *(Unfug)* buffonata *f;* **2.** *(Streich)* tiro *m;* **jdm einen ~ spielen** giocare un tiro a qu; **~ reißen** fare buffonate, fare il buffone.
Possessivpronomen ['pɔsesi:f- *o.* ...'si:f-] *n* aggettivo *m*/pronome *m* possessivo.
possierlich [pɔ'si:ɐlɪç] *a* scherzoso, grazioso.
Post [pɔst] ‹-, *rar* -en› *f* posta *f;* **mit gleicher/mit der nächsten ~** con lo stesso/col prossimo giro di posta; **die ~ abholen/aufgeben** ritirare/spedire la posta; **auf die (***o.* **zur) ~ gehen** andare alla posta; **eingehende/ausgehende ~** posta in arrivo/in partenza; **Gasthof „Zur ~"** locanda "Alla Posta„; **etw. mit der ~ schicken** spedire qc per posta; **ist ~ für mich da?** c'è posta per me?; **ab die ~!** *fam* muoviti! *fam.*
postalisch [pɔs'ta:lɪʃ] *a* postale.
Postamt *n* ufficio *m* postale. **Postanweisung** *f* vaglia *m* (postale). **Postauto** *n* automobile *f* delle posta. **Postbeamte** *m,* **-beamtin** *f* impiegato, a *m, f* delle poste. **Postbote** *m,* **-botin** *f* portalettere *mf,* postino, -a *m, f.*
Posten ['pɔstən] ‹-s, -› *m* **1.** *(Stellung)* posto *m,* impiego *m; (Amt)* carica *f;* **2.** *mil (Wach~)* sentinella *f,* guardia *f;* **3.** *com* partita *f;* **4.** *(Streik~)* picchetto *m;* **auf dem ~ sein** *fam (gesund sein)* stare bene di salute; *(wachsam sein)* stare all'erta; **~ stehen** essere di sentinella.
Poster ['po:stɐ *o.* 'poustə] ‹-s, - *o.* -s› *n o. m* poster *m.*
Postfach *n* casella *f* postale. **Postgeheimnis** *n* segreto *m* postale.
post(h)um [pɔs'tu:m (pɔst'hu:m)] *a, adv* postumo.
postieren [pɔs'ti:rən] ‹*ohne ge-*› **I.** *tr* postare, piazzare; **II.** *rfl:* **sich ~** appostarsi.
Postkarte *f* cartolina *f* (postale). **Postkutsche** *f* diligenza *f* (postale). **postlagernd** *adv* fermo posta. **Postleitzahl** *f* codice *m* di avviamento postale.
Pöstler ['pœstlɐ] ‹-s, -› *m CH* impiegato *m* postale.

Postpaket *n* pacco *m* postale. **Postscheck** *m* assegno *m* postale. **Postscheckamt** *n* ufficio *m* dei conti correnti postali. **Postscheckkonto** *n* conto *m* corrente postale.

Postskript [pɔst'skrɪpt] ‹-(e)s, -e› *n*, **Postskriptum** [...tʊm, ...ta] ‹-s, -skripta› *n* (*ab* **PS**) poscritto *m*.

Postsparbuch *n* libretto *m* postale di risparmio. **Postsparkasse** *f* cassa *f* di risparmio postale. **Poststelle** *f* ufficio *m* postale (ausiliario). **Poststempel** *m* timbro *m* postale.

postulieren [pɔstu'li:rən] ‹*ohne ge-*› *tr* postulare.

postum *s.* **posthum.**

postwendend *adv* **1.** a giro di posta; **2.** *fig* subito, immediatamente. **Postwertzeichen** *n adm* francobollo *m*. **Postwurfsendung** *f* spedizione *f* postale cumulativa di stampati.

potent [po'tɛnt] *a* potente.

Potential [potɛn'tsi̯a:l] ‹-s, -e› *n* potenziale *m*.

potentiell [...'tsi̯ɛl] *a* potenziale.

Potenz [po'tɛnts] ‹-, -en› *f* potenza *f*; **in der vierten ~** alla quarta potenza.

potenzieren [...'tsi:rən] ‹*ohne ge-*› *tr* **1.** *mat* elevare a potenza; **2.** *fig* potenziare.

Potpourri ['pɔtpʊri] ‹-s, -s› *n* potpourri *m*.

Pott [pɔt] ‹-(e)s, ⸚e› *m fam, dial* **1.** *(Topf)* pentola *f*; *(Nachttopf)* vaso *m* da notte; **2.** *(Schiff)* bastimento *m*. **potthäßlich** ['pɔt'hɛslɪç] *a fam* brutto come la peste (*o.* come la fame) *fam*.

pp., ppa. *ab von* **per procura** p.p. (*ab von* per procura).

PR *ab von* **public relations** P.R.

Präambel [prɛ'ʔambəl] ‹-, -n› *f* preambolo *m* (*zu* a).

Pracht [praxt] ‹-, ø› *f* magnificenza *f*, pompa *f*, fasto *m*; **das ist eine (wahre) ~!** *fam* è magnifico!

prächtig ['prɛçtɪç] *a* **1.** *(prunkvoll)* sontuoso, pomposo; **2.** *(großartig)* magnifico, formidabile.

Prachtkerl *m fam* **1.** *(Mensch)* tipo *m* formidabile *fam*; **2.** *s.* **Prachtstück.** **Prachtstück** *n fam* esemplare *m* magnifico. **prachtvoll** *a s.* **prächtig.**

prädestinieren [prɛdɛsti'ni:rən] ‹*ohne ge-*› *tr* predestinare (*zu* a).

Prädikat [prɛdi'ka:t] ‹-(e)s, -e› *n* **1.** *(Bewertung)* voto *m*, qualifica *f*; **2.** *gram, philos* predicato *m*. **Prädikatsnomen** *n* predicato *m* nominale.

Präfekt [prɛ'fɛkt] ‹-en, -en› *m* prefetto *m*.

Präfektur [...'tu:ɐ̯] ‹-, -en› *f* prefettura *f*.

Präferenz [prɛfe'rɛnts] ‹-, -en› *f* preferenza *f*.

Präfix [prɛ'fɪks] ‹-es, -e› *n* prefisso *m*.

Prag [pra:k] *n* Praga *f*; **~er Frühling** *pol* la primavera di Praga.

prägen ['prɛ:gən] *tr (Münzen, Begriffe)* coniare; *(Charakter)* formare; *(Metall)* imprimere; *(Papier)* stampare; **sich ins Gedächtnis ~** imprimersi nella mente; **die moderne Architektur ist durch ... geprägt worden** l'architettura moderna ha subito l'influenza di ...

prägnant [prɛ'gnant] *a* conciso. **Prägnanz** [...'gnants] ‹-, ø› *f* concisione *f*.

Prägung ‹-, -en› *f* **1.** *(von Münzen)* coniazione *f*; *(von Wort a.)* conio *m*; **2.** *fig (Art)* tipo *m*, stampo *m*.

prähistorisch [prɛhɪs'to:rɪʃ *o.* 'prɛ:...] *a* preistorico.

prahlen ['pra:lən] *tr pej* vantarsi (*mit* di), far mostra (*mit* di), ostentare (*mit etw.* qc).

Prahler(in) ‹-s, -› *m(f) pej* fanfarone, -a *m, f*.

Prahlerei [...ə'rai̯] ‹-, -en› *f* **1.** ‹*sing*› *(dauerndes Prahlen)* vanteria *f*; **2.** *(Äußerung)* spacconata *f*.

Prahlerin *f s.* **Prahler.**

prahlerisch *a* **1.** *(Mensch)* millantatore; **2.** *(Haltung)* ostentato.

Praktik ['praktɪk, ...kən] ‹-, -en› *f* **1.** *(Methode)* metodo *m*, pratica *f*; **2.** ‹*meist pl*› *pej* artifizi *m pl*, manovre *f pl*.

Praktika *pl von* **Praktikum.**

praktikabel [prakti'ka:bəl] *a* praticabile.

Praktikant(in) [prakti'kant(ɪn)] ‹-en, -en› *m(f)* tirocinante *mf*.

Praktiken *pl von* **Praktik, Praktikum.**

Praktiker(in) ‹-s, -› *m(f)* persona *f* pratica.

Praktikum ['praktɪkʊm, ...ka *o.* ...kən] ‹-s, -ka *o.* -ken› *n* tirocinio *m*, pratica *f*.

praktisch *a* pratico; **~er Arzt** medico generico; **~es Beispiel** esempio pratico; **es hat ~ nur einmal geregnet** praticamente ha piovuto solo una volta; **~es Handeln** modo di fare pratico; **~es Jahr** anno di pratica.

praktizieren [prakti'tsi:rən] ‹*ohne ge-*› *itr* praticare (*als* la professione di), esercitare (*als* la professione di); **ein ~der Katholik** un cattolico praticante; **sie praktiziert auch im Alltag**

dieses Ideal mette in pratica questo ideale anche nella vita di tutti i giorni.

Prälat [prɛ'la:t] ⟨-en, -en⟩ *m* prelato *m*.

Praline [pra'li:nə] ⟨-, -n⟩ *f*, **Praliné, Pralinee** [prali'ne:] ⟨-s, -s⟩ *n A, CH* cioccolatino *m*.

prall [pral] *a (Segel)* teso, tirato; *(Wangen)* gonfio; *(Arme, Schenkel)* sodo; *(Brust, etc.)* turgido; **in der ~en Sonne** in pieno sole; **~ gefüllt** pieno zeppo *fam*.

prallen ['pralən] *itr* ⟨*sein*⟩ **1.** cozzare (*an, gegen* contro), urtare (*an, gegen* contro); *(Ball)* rimbalzare (*gegen* su); **2.** *fig (Sonne)* picchiare (*auf* su).

Prämie ['prɛ:mi̯ə] ⟨-, -n⟩ *f* **1.** *(Preis, Versicherungs~, com)* premio *m;* **2.** *(Belohnung)* ricompensa *f;* **3.** *(Zulage)* indennità *f*. **Prämiensparen** ⟨-s, ø⟩ *n* risparmio *m* a premio.

präm(i)ieren [prɛ'mi:rən (prɛmi'i:rən)] ⟨*ohne ge-*⟩ *tr* premiare.

Präm(i)ierung ⟨-, -en⟩ *f* premiazione *f*.

Prämisse [prɛ'mɪsə] ⟨-, -n⟩ *f* premessa *f*, presupposto *m;* **unter** (*o.* **mit) der ~, daß . . .** a condizione che . . . *conj*.

prangen ['praŋən] *itr* spiccare (*an* su).

Pranger ['praŋɐ] ⟨-s, -⟩ *m* berlina *f*, gogna *f;* **jdn/etw. an den ~ stellen** mettere alla berlina qu/qc.

Pranke ['praŋkə] ⟨-, -n⟩ *f* **1.** *zoo* zampa *f;* **2.** *fam pej* manaccia *f*.

Präparat [prɛpa'ra:t] ⟨-(e)s, -e⟩ *n* preparato *m*.

präparieren [...'ri:rən] ⟨*ohne ge-*⟩ *tr* preparare.

Präposition [prɛpozi'tsi̯o:n] ⟨-, -en⟩ *f* preposizione *f*.

Prärie [prɛ'ri:, ...i:ən] ⟨-, -n⟩ *f* prateria *f*.

Präsens ['prɛ:zɛns, prɛ'zɛntsi̯a *o.* ...i̯ən] ⟨-, Präsentia *o.* Präsenzien⟩ *n* presente *m*.

Präsentation [prɛzɛnta'tsi̯o:n] ⟨-, -en⟩ *f* presentazione *f*.

Präsentia *pl von* **Präsens.**

präsentieren [...'ti:rən] ⟨*ohne ge-*⟩ *tr* presentare. **Präsentierteller** *m:* **auf dem ~ sitzen** *fam* essere in vetrina.

Präsentkorb [prɛ'zɛnt-] *m* cesta *f* regalo.

Präsenzbibliothek [prɛ'zɛnts-] *f* biblioteca *f* di consultazione sul posto.

Präsenzien *pl von* **Präsens.**

Präservativ [prɛzɛrva'ti:f] ⟨-s, -e⟩ *n* preservativo *m*.

Präsident(in) [prɛzi'dɛnt(ɪn)] ⟨-en,-en⟩ *m(f)* presidente, -essa *m, f*. **Präsidentschaft** ⟨-, *rar* -en⟩ *f* presidenza *f*. **Präsidentschaftskandidat(in)** *m(f)* candidato, -a *m, f* alla presidenza.

präsidieren [prɛzi'di:rən] ⟨*ohne ge-*⟩ *itr* presiedere.

Präsidium [prɛ'zi:di̯ʊm, ...i̯ən] ⟨-s, -dien⟩ *n* **1.** *(Gremium)* comitato *m* direttivo; **2.** *(Vorsitz, Leitung)* presidenza *f;* **3.** *(Polizei~)* questura *f*.

prasseln ['prasəln] *itr* **1.** ⟨*haben*⟩ *(Feuer)* scoppiettare, crepitare; **2.** ⟨*sein*⟩ *(herunter~)* scrosciare, grandinare; *(Regen, Hagel)* battere (*an* su); **3.** ⟨*sein*⟩ *fig (Fragen, Vorwürfe)* piovere; *(Beifall)* scrosciare.

prassen ['prasən] *itr pej* **1.** *(üppig leben)* scialare; **2.** *(schlemmen)* gozzovigliare.

Präteritum [prɛ'te:ritʊm, ...ta] ⟨-s, -rita⟩ *n* preterito *m*, passato *m*.

Präventivmaßnahme [prɛvɛn'ti:f-] *f* misura *f* preventiva.

Praxis ['praksɪs, ...ksən] ⟨-, Praxen⟩ *f* **1.** ⟨*sing*⟩ *(keine Theorie)* pratica *f;* **2.** ⟨*sing*⟩ *(Handlungsweise)* prassi *f;* *(Erfahrung)* esperienza *f;* **3.** *(Arzt~)* studio *m* medico, ambulatorio *m;* *(Anwalts~)* studio *m;* **die ~ von Herrn Dr. Müller geht sehr gut** l'ambulatorio del dott. Müller va a gonfie vele; **etw. in die ~ umsetzen** mettere in pratica qc; **in der ~ sieht das alles ganz anders aus** in pratica tutto è completamente diverso.

Präzedenzfall [prɛtse'dɛnts-] *m* precedente *m;* **einen ~ schaffen** creare un precedente.

präzis(e) [prɛ'tsi:s (...i:zə)] *a* preciso, esatto; *(pünktlich)* puntuale.

präzisieren [prɛtsi'zi:rən] ⟨*ohne ge-*⟩ *tr* precisare.

Präzision [...'zi̯o:n] ⟨-, ø⟩ *f* precisione *f*, esattezza *f*. **Präzisionsarbeit** *f* lavoro *m* di precisione.

predigen ['pre:dɪgən] *tr, itr* predicare.

Prediger(in) ⟨-s, -⟩ *m(f)* predicatore, -trice *m, f*.

Predigt ⟨-, -en⟩ *f* predica *f;* **eine ~ halten** fare una predica; **jdm eine ~ halten** *fig fam* fare un predicozzo a qu *fam*.

Preis [prai̯s] ⟨-es, -e⟩ *m* **1.** *com* prezzo *m* (*für* per); **2.** *(bei Wettbewerb)* premio *m;* **3.** *(Belohnung)* ricompensa *f*, premio *m;* **4.** ⟨*sing*⟩ *poet (Lob)* lode *f* (*auf* a); **um jeden/keinen ~** a ogni/nessun costo; **zu ermäßigten ~en** a prezzi ribassati; **zum halben ~** a metà prezzo; **einen ~ vereinbaren** pattuire un prezzo; **die ~e drücken** ribassare i prezzi; **die ~e erhöhen** (*o.* **heraufsetzen)/senken** (*o.* **herabsetzen)** aumentare (*o.* alzare)/abbassare (*o.* ridurre) i prezzi; **zum ~ von . . .** al prezzo di . . .; **etw. unter ~ verkaufen**

vendere qc sotto costo; **den ersten ~ gewinnen** vincere il primo premio; **stolze** (*o.* **saftige** *o.* **gesalzene** *o.* **gepfefferte) ~e** *fam* prezzi salati *fam;* **der Erfolg hat seinen ~** il successo ha il suo prezzo; **nicht auf den ~ sehen** non badare a spese. **Preisabbau** *m* riduzione *f* dei prezzi. **Preisabsprache** *f* accordo *m* sul prezzo. **Preisanstieg** *m* aumento *m* (*o.* rialzo *m*) dei prezzi. **Preisaufschlag** *m* maggiorazione *f* del prezzo. **Preisausschreiben** *n* concorso *m* a premi. **preisbewußt** *a* attento al prezzo. **Preisbildung** *f* formazione *f* dei prezzi. **Preisbindung** *f* accordo *m* sui prezzi.

Preiselbeere ['praizəl-] *f* mirtillo *m* rosso.

Preisempfehlung *f* prezzo *m* indicativo; **unverbindliche ~** prezzo indicativo senza impegno.

preisen ['praizən] ⟨preist, pries, gepriesen⟩ *tr geh* lodare, elogiare, vantare; **sich glücklich ~** considerarsi fortunato.

Preisentwicklung *f* evoluzione *f* dei prezzi. **Preiserhöhung** *f* aumento *m* di prezzo. **Preisermäßigung** *f* riduzione *f* (*o.* ribasso *m*) dei prezzi. **Preisfrage** *f* questione *f* di prezzo; *(bei Preisausschreiben)* quesito *m* a premi; *(schwierige Frage)* domanda *f* a premio.

Preisgabe ['prais-] *f geh* abbandono *m,* rinuncia *f; (von Geheimnis)* rivelazione *f.*

preis·geben ⟨*irr*⟩ *tr geh* **1.** *(ausliefern)* abbandonare; **2.** *(aufgeben, überlassen)* abbandonare (*etw.* qc), rinunciare (*etw.* a qc); **3.** *(verraten)* rivelare; **jdm preisgegeben sein** essere in balia (*o.* alla mercé) di qu.

preisgekrönt *a* premiato, insignito di un premio. **Preisgericht** *n* giuria *f* (di concorso *o.* gara). **preisgünstig** *a* conveniente, a buon prezzo, a buon mercato. **Preisindex** *m* indice *m* dei prezzi. **Preiskontrolle** *f* controllo *m* dei prezzi. **Preislage** *f* prezzo *m;* **in jeder ~** ad ogni prezzo; **in welcher ~?** a che prezzo? **Preisliste** *f* listino *m* dei prezzi. **Preis-Lohn-Spirale** *f* spirale *f* dei prezzi e dei salari. **Preisnachlaß** *m* sconto *m,* ribasso *m.* **Preisniveau** *n* livello *m* dei prezzi. **Preisrückgang** *m* ribasso *m* dei prezzi. **Preisschild** *n* cartellino *m* del prezzo. **Preisschlager** *m fam* offerta *f* speciale. **Preisschwankungen** *f pl* oscillazioni *f pl* dei prezzi. **Preissenkung** *f* calo *m* dei prezzi. **Preissteigerung** *f s.* **Preiserhöhung. Preisstopp** *m* blocco *m* dei prezzi. **Preissturz** *m* crollo *m* dei prezzi. **Preisträger(in)** *m(f)* premiato, -a *m, f.* **Preistreiberei** [-traibə'rai] ⟨-, -en⟩ *f pej* rialzo *m* abusivo dei prezzi. **Preisüberwachung** *f* controllo *m* dei prezzi. **preiswert** *a* a buon mercato, conveniente.

prekär [pre'kɛ:ɐ] *a* precario.

Prellbock *m* paraurti *m,* fermacarri *m.*

prellen ['prɛlən] **I.** *tr* **1.** *(Ball, etc.)* rimbalzare; **2.** *med* farsi un livido a; **3.** *fig (betrügen)* defraudare (*jdn um etw.* qu di qc); **die Zeche ~** non pagare il conto; **II.** *rfl:* **sich am Knie ~** farsi un livido al ginocchio.

Prellung ⟨-, -en⟩ *f* contusione *f.*

Premier [prə'mie: *o.* pre...] ⟨-s, -s⟩ *m s.* **Premierminister.**

Premiere [prə'mie:rə *o.* ...'miɛ:rə] ⟨-, -n⟩ *f* prima *f.*

Premierminister(in) *m(f)* primo ministro *m,* presidente, -essa *m, f* del consiglio, premier *mf.*

Presse ['prɛsə] ⟨-, -n⟩ *f* **1.** *tec* pressa *f,* torchio *m;* **2.** ⟨*sing*⟩ *(~wesen)* stampa *f;* **eine gute/schlechte ~ haben** avere buona/cattiva stampa. **Presseagentur** *f* agenzia *f* di stampa. **Presseausweis** *m* tessera *f* di giornalista. **Pressechef(in)** *m(f)* capo *m* dell'ufficio stampa. **Presseerklärung** *f* comunicato *m* stampa. **Pressefotograf(in)** *m(f)* fotoreporter *mf.* **Pressefreiheit** *f* libertà *f* di stampa. **Pressekonferenz** *f* conferenza *f* stampa. **Pressemeldung** *f* comunicato *m* stampa.

pressen ['prɛsən] *tr* **1.** pressare; *(Schallplatten)* stampare; *(keltern)* torchiare, pigiare; *(zusammen~)* comprimere; *(aus~)* spremere; **2.** *(drücken)* premere, schiacciare; *fig (zwingen)* costringere (*zu* a); **jdn an die Brust ~** stringere qu al petto.

Pressesprecher(in) *m(f)* addetto, -a *m, f* stampa. **Pressestimme** *f* ⟨*meist pl*⟩ rassegna *f* della stampa.

pressieren [prɛ'si:rən] ⟨*ohne ge-*⟩ *itr (A, CH, süddeutsch)* essere urgente; **das pressiert nicht** non c'è premura.

Preßluft *f* aria *f* compressa. **Preßluftbohrer** *m* perforatore *m* pneumatico. **Preßlufthammer** *m* martello *m* pneumatico.

Prestige [prɛs'ti:ʒə] ⟨-s, ø⟩ *n* prestigio *m.* **Prestigedenken** *n* mentalità *f* legata al proprio status sociale. **Prestigegewinn** *m* aumento *m* di prestigio. **Prestigeverlust** *m* perdita *f* di prestigio.

Preuße ['prɔysə] ‹-n, -n› *m*, **Preußin** [...sɪn] *f* prussiano, -a *m, f.*

Preußen ['prɔysən] *n* Prussia *f.*

Preußin *f s.* **Preuße.**

preußisch *a* prussiano.

prickeln ['prɪkəln] *itr* **1.** *(Haut, etc.)* prudere, pizzicare; **2.** *(Getränk)* frizzare. **prickelnd** *a* **1.** *(kribbelnd, a. fig)* pruriginoso; **2.** *(Luft, Sekt)* frizzante; **3.** *fig (erregend)* eccitante, piccante.

Priem [pri:m] ‹-(e)s, -e› *m* tabacco *m* da masticare.

priemen *itr* ciccare *fam.*

pries [pri:s] *1. u. 3. pers sing imp von* **preisen.**

Priester(in) ['pri:stɐ (...ərɪn)] ‹-s, -› *m(f)* sacerdote, -essa *m, f,* prete *m.* **Priesteramt** *n* sacerdozio *m.* **Priesterin** *f s.* **Priester. Priesterweihe** *f* ordinazione *f* sacerdotale.

prima ['pri:ma] ‹*inv*› *a* **1.** *fam (klasse)* eccellente, ottimo, formidabile; **2.** *com* di prima qualità.

Primaballerina [prima-] *f* prima ballerina *f.*

Primadonna [prima'dɔna, ...nən] ‹-, -donnen› *f* prima donna *f.*

primär [pri'mɛ:ɐ̯] *a* primario. **Primärenergie** *f* energia *f* primaria.

Primarlehrer(in) [pri'ma:ɐ̯-] *m(f) CH* maestro, -a *m, f* di scuola elementare.

Primärliteratur *f* opere *f pl* (dell'autore).

Primarschule *f CH* scuola *f* elementare.

Primas ['pri:mas, ...sə *o.* pri'ma:tən] ‹-, -se *o.* Primaten› *m* primate *m.*

Primat [pri'ma:t] ‹-(e)s, -e› *m o. n* primato *m.*

Primaten[1] [pri'ma:tən] *m pl zoo* primati *m pl.*

Primaten[2] *pl von* **Primas.**

Primel ['pri:məl] ‹-, -n› *f* primula *f.*

primitiv [primi'ti:f] *a* **1.** *(nicht zivilisiert, einfach)* primitivo; **2.** *pej (dürftig, kümmerlich)* misero; **3.** *pej (ungebildet)* primitivo.

Primitivität [...tivi'tɛ:t] ‹-, ø› *f* primitività *f.*

Primzahl ['pri:m-] *f* numero *m* primo.

Prinz(essin) [prɪnts (...'tsɛsɪn)] ‹-en, -en› *m(f)* principe, -essa *m, f.*

Prinzip [prɪn'tsi:p, ...piən] ‹-s, -ien› *n* principio *m;* **aus ~** per principio; **im ~** in linea di massima; **ein Mensch mit ~ien** un uomo di principio.

prinzipiell [...tsi'piɛl] **I.** *a* di principio; **II.** *adv* per principio.

Prinzipienreiter *m pej* pedante *m.*

Prior(in) ['pri:o:ɐ̯ (pri'o:rɪn), pri'o:rən] ‹-s, -en› *m(f)* priore, -a *m, f.*

Priorität [priori'tɛ:t] ‹-, -en› *f* priorità *f,* precedenza *f;* **~en setzen** stabilire delle priorità.

Prise ['pri:zə] ‹-, -n› *f* **1.** *(Salz, Pfeffer)* pizzico *m; (Tabak)* presa *f;* **2.** *naut* preda *f.*

Prisma ['prɪsma, ...mən] ‹-s, Prismen› *n* prisma *m.*

Pritsche ['prɪtʃə] ‹-, -n› *f* **1.** *(Liege)* branda *f;* **2.** *(von LKW)* cassone *m;* **3.** *(Narren~)* spatola *f* (di Arlecchino).

privat [pri'va:t] *a* privato.

Privat- *(in Zusammensetzungen)* privato. **Privatadresse** *f,* **-anschrift** *f* indirizzo *m* privato. **Privataudienz** *f* udienza *f* particolare. **Privatbesitz** *m* proprietà *f* privata. **Privatdetektiv(in)** *m(f)* investigatore, -trice *m, f* privato, -a. **Privatdozent(in)** *m(f)* libero, -a docente *mf.* **Privateigentum** *n* proprietà *f* privata. **Privatinitiative** *f* iniziativa *f* privata. **Privatklinik** *f* clinica *f* privata. **Privatleben** *n* vita *f* privata, privacy *f.* **Privatlehrer(in)** *m(f)* insegnante *mf* privato, -a. **Privatmann** ‹-(e)s, -leute *o. rar* -männer› *m* (uomo *m*) privato *m.* **Privatpatient(in)** *m(f)* paziente *mf* privato, -a. **Privatperson** *f* persona *f* privata, privato *m.* **Privatrecht** *n* diritto *m* privato. **Privatsache** *f* affare *m* privato. **Privatschule** *f* scuola *f* privata. **Privatsekretär(in)** *m(f)* segretario, -a *m, f* personale. **Privatsphäre** *f* privacy *f.* **Privatstunde** *f* lezione *f* privata. **Privatvergnügen** *n fam* diletto *m* personale; **das ist dein ~** è affar tuo. **Privatwagen** *m* vettura *f* privata. **Privatweg** *m* strada *f* privata. **Privatwirtschaft** *f* economia *f* privata.

Privileg [privi'le:k, ...e:giən *o.* ...e:gə] ‹-(e)s, -ien *o.* -e› *n* privilegio *m.*

privilegieren [...le'gi:rən] ‹*ohne ge-*› *tr* privilegiare.

pro [pro:] *prp acc* a, per; **~ Kopf/Person** a testa/persona; **das P~ und (das) Kontra** il pro e il contro.

probat [pro'ba:t] *a* provato, efficace.

Probe ['pro:bə] ‹-, -n› *f* **1.** *(Prüfung, Versuch, Beweis, theat, mus)* prova *f;* **2.** *(Waren~, Muster)* campione *m;* **auf (*o.* zur) ~** in prova; **die ~ bestehen** superare la prova; **jdn/etw. auf die ~ stellen** mettere alla prova qu/qc; **eine ~ auf etw. machen** fare la prova di qc; **die ~ aufs Exempel machen** fare la prova. **Probeabzug** *m* prova *f* (*o.* bozza *f*) di stampa. **Probealarm** *m* allarme *m* di prova. **Probeaufnahme** *f* prova *f* di registrazione. **Probebohrung** *f* prova *f* di trivellazione. **Probefahrt** *f* prova *f* su strada. **Probelauf** *m* **1.** *tec* prova *f* di funzionamento; **2.** *sport* corsa *f* di prova.

proben *tr, itr* provare.

probeweise *adv* in prova. **Probezeit** *f* periodo *m* di prova.

probieren [pro'bi:rən] ‹*ohne ge-*› *tr* **1.** *(prüfen, aus~)* provare; **2.** *(versuchen)* provare, tentare; **3.** *(Speise)* assaggiare; *(Getränk)* degustare; **P~ geht über Studieren** *prov* val più la pratica che la grammatica *prov;* **probier mal, ob du das schaffst** prova un po' se ce la fai.

Problem [pro'ble:m] ‹-s, -e› *n* problema *m;* **kein ~!** *fam* niente paura! *fam;* **vor einem ~ stehen** trovarsi di fronte ad un problema; **das ist nicht mein ~** *fam* ciò non è affar mio *fam;* **ein ~ lösen** risolvere un problema.

Problematik [proble'ma:tɪk] ‹-, ø› *f* problematica *f,* problematicità *f.*

problematisch *a* problematico.

problemlos *a, adv* senza problemi.

Produkt [pro'dʊkt] ‹-(e)s, -e› *n* prodotto *m.* **Produktenhandel** *m* commercio *m* di prodotti agricoli (locali).

Produktion [prodʊk'tsi̯o:n] ‹-, -en› *f* produzione *f.* **Produktionsablauf** *m* (ciclo *m* di) produzione *f.* **Produktionsausfall** *m* perdita *f* di produzione. **Produktionskosten** ‹*pl*› costi *m pl* di produzione. **Produktionsmittel** *n pl* mezzi *m pl* di produzione. **Produktionsrückgang** *m* regresso *m* della produzione. **Produktionssteigerung** *f* aumento *m* della produzione.

produktiv [prodʊk'ti:f] *a* **1.** *(ergiebig)* produttivo; **2.** *(schöpferisch)* creativo.

Produktivität [...tivi'tɛ:t] ‹-, ø› *f* **1.** *(Ergiebigkeit)* produttività *f;* **2.** *(Schaffenskraft)* creatività *f.*

Produktpalette *f* gamma *f* di prodotti.

Produzent(in) [produ'tsɛnt(ɪn)] ‹-en, -en› *m(f)* produttore, -trice *m, f.*

produzieren [...'tsi:rən] ‹*ohne ge-*› **I.** *tr* **1.** *(erzeugen, a. fig)* produrre; **2.** *(schaffen)* creare; **II.** *rfl:* **sich ~** *fam pej* prodursi, esibirsi.

Prof. *ab von* **Professor** prof. (*ab von* professore).

profan [pro'fa:n] *a* profano.

professionell [profɛsi̯o'nɛl] *a* di professione, professionale.

Professor(in) [pro'fɛso:ɐ̯ (...'so:rɪn), ...'so:rən] ‹-s, -en› *m(f)* (*ab* **Prof.**) professore, -essa *m, f* (universitario, -a).

Professur [...'su:ɐ̯] ‹-, -en› *f* professorato *m* (*für* di).

Profi ['pro:fi] ‹-s, -s› *m fam* professionista *mf.*

Profil [pro'fi:l] ‹-s, -e› *n* **1.** *(Gesichts~, Reifen~, etc.)* profilo *m;* **2.** *fig (Persönlichkeit)* personalità *f,* carattere *m;* **3.** *tec* profilo *m; (Längssschnitt)* sezione *f* longitudinale; *(Querschnitt)* sezione *f* trasversale; **an ~ gewinnen/verlieren** migliorare/peggiorare la propria immagine; **im ~** di profilo; **jdn im ~ darstellen** rappresentare qu di profilo; **~ haben** *fig* avere personalità (*o.* carattere).

profilieren [...fi'li:rən] ‹*ohne ge-*› **I.** *tr* profilare; **II.** *rfl:* **sich ~** profilarsi.

profiliert *a* **1.** *tec* profilato; **2.** *fig (Mensch)* eminente.

Profilsohle *f* suola *f* di gomma intagliata.

Profit [pro'fi:t] ‹-(e)s, -e› *m* profitto *m.* **Profitgier** *f pej* avidità *f* di guadagno.

profitieren [profi'ti:rən] ‹*ohne ge-*› *itr* profittare (*von bei* di); trarre profitto (*o.* vantaggio) (*von, bei* da).

pro forma [pro: 'fɔrma] *adv* pro forma. **Pro-Forma-Rechnung** *f* fattura *f* pro forma.

Prognose [pro'gno:zə] ‹-, -n› *f* previsione *f* (*über* di) prognosi *f* (*über* di); *(Wetter~)* previsione *f* del tempo; **eine ~ über etw. stellen** fare la prognosi di qc.

prognostizieren [...gnɔsti'tsi:rən] ‹*ohne ge-*› *tr* pronosticare.

Programm [pro'gram] ‹-s, -e› *n* programma *m;* **auf dem ~ stehen** essere in programma. **Programmänderung** *f* modifica *f* del programma. **programmgemäß** *a, adv* secondo il programma. **Programmgestaltung** *f* programmazione *f.* **Programmhinweis** *m* informazione *f* sui programmi.

programmieren [progra'mi:rən] ‹*ohne ge-*› *tr* programmare; **auf Erfolg/Leistung programmiert sein** *fig* essere programmato per il successo/per una prestazione.

Programmierer(in) ‹-s, -› *m(f)* programmatore, -trice *m, f.*

Programmiersprache *f* linguaggio *m* di programmazione.

Programmierung ‹-, -en› *f* programmazione *f.*

Programmpunkt *m* punto *m* del programma. **Programmsteuerung** *f* comando *m* a programma. **Programmvorschau** *f* rassegna *f* dei programmi. **Programmzeitschrift** *f* rivista *f* dei programmi radiotelevisivi.

Progression [progrɛ'si̯o:n] ‹-, -en› *f* progressione *f.*

progressiv [...'si:f] *a* **1.** *(fortschreitend)* progressivo; **2.** *(fortschrittlich)* progressista.

Projekt [pro'jɛkt] ‹-(e)s, -e› *n* progetto *m.* **Projektgruppe** *f* commissione *f* per l'elaborazione di un progetto.

Projektil [projɛk'ti:l] ‹-s, -e› *n* proiettile *m.*

Projektion [projɛk'tsi̯o:n] ‹-, -en› *f* proiezione *f.* **Projektionsapparat** *m,* **Projektor** [pro'jɛkto:ɐ̯, ...'to:rən] ‹-s, -en› *m* proiettore *m.*

Projektleiter(in) *m(f)* capocommissione *mf.*

projizieren [proji'tsi:rən] ‹*ohne ge-*› *tr* proiettare (*auf* su).

Proklamation [proklama'tsi̯o:n] ‹-, -en› *f,* **Proklamierung**‹-, -en› *f* proclamazione *f.*

proklamieren [...'mi:rən] ‹*ohne ge-*› *tr* proclamare.

Pro-Kopf-Einkommen *n* reddito *m* pro capite.

Prokura [pro'ku:ra, ...rən] ‹-, -kuren› *f* procura *f;* ~ **haben** avere la procura; **jdm ~ erteilen** dare la procura a qu.

Prokurist(in) [...ku'rɪst(ɪn)] ‹-en, -en› *m(f)* procuratore, -trice *m, f.*

Prolet [pro'le:t] ‹-en, -en› *m pej* zotico *m.*

Proletariat [proleta'ri̯a:t] ‹-s, -e› *n* proletariato *m.*

Proletarier(in) [...'ta:ri̯ɐ (...ərɪn)] ‹-s, -› *m(f)* proletario, -a *m, f.*

proletarisch *a* proletario.

Prolog [pro'lo:k] ‹-(e)s, -e› *m* prologo *m.*

Promenade [proma'na:də] ‹-, -n› *f* passeggiata *f.* **Promenadenmischung** *f scherz* bastardo *m.*

promenieren [...'ni:rən] ‹*ohne ge-*› *itr* ‹*sein*› *obs, geh* andare a passeggio, passeggiare.

Promille [pro'mɪlə] ‹-(s), -› *n* per mille *m;* **sie ist mit 0,8 ~ gefahren** *fam* ha viaggiato con un tasso alcolico (nel sangue) di 0,8 per mille. **Promillegrenze** *f* limite *m* del tasso alcolemico.

prominent [promi'nɛnt] *a* eminente. **Prominente** ‹ein -r, -n, -n› *mf* persona *f* eminente, celebrità *f.*

Prominenz [...'nɛnts] ‹-, -en› *f* **1.** ‹*sing*› *(Prominentsein)* celebrità *f;* **2.** ‹*sing*› *(Gesamtheit von Prominenten)* personalità *f pl;* **3.** *(prominente Person)* personalità *f.*

Promotion[1] [promo'tsi̯o:n] ‹-, -en› *f (an Universität)* laurea *f.*

Promotion[2] [prə'moʊʃən] ‹-, ø› *f com* pubblicità *f.*

promovieren [promo'vi:rən] ‹*ohne ge-*› **I.** *tr* conferire la laurea a; **jdn zum Doktor der Philologie ~** conferire a qu la laurea in filologia; **II.** *itr* **1.** *(die Doktorwürde erlangen)* laurearsi; **2.** *(Dissertation schreiben)* scrivere la tesi (di laurea) (*über* su); **sie hat über Jean Genet promoviert** ha fatto la tesi (di laurea) su Jean Genet; **er ist promovierter Betriebswirt** è laureato in economia aziendale.

prompt [prɔmpt] *a* pronto.

Pronomen [pro'no:mən, ...mən *o.* ...mina] ‹-s, - *o.* -mina› *n* pronome *m.*

Propaganda [propa'ganda] ‹-, ø› *f* propaganda *f;* ~ **machen** fare propaganda. **Propagandafeldzug** *m* campagna *f* propagandistica (*o.* di propaganda).

Propagandist(in) [...'dɪst(ɪn)] ‹-en, -en› *m(f)* propagandista *mf.*

propagandistisch *a* propagandistico, pubblicitario.

propagieren [propa'gi:rən] ‹*ohne ge-*› *tr* propagare.

Propan(gas *n*) [pro'pa:n] ‹-s, ø› *n* propano *m.*

Propeller [pro'pɛlɐ] ‹-s, -› *m* elica *f* (di propulsione).

proper ['prɔpɐ] *a fam* **I.** *a* **1.** *(Mensch)* piacevole; **2.** *(Dinge)* lindo; **II.** *adv* con accuratezza.

Prophet(in) [pro'fe:t(ɪn)] ‹-en, -en› *m(f)* profeta, -essa *m, f.* **prophetisch** *a* profetico.

prophezeien [profe'tsa̯iən] ‹*ohne ge-*› *tr* profetare, predire; **das kann ich dir ~!** *fam* ti dico che succederà!

Prophezeiung ‹-, -en› *f* profezia *f; (Voraussage a.)* predizione *f.*

prophylaktisch [profy'laktɪʃ] **I.** *a* profilattico, preventivo; **II.** *adv* preventivamente.

Proportion [propɔr'tsi̯o:n] *f* proporzione *f.*

proportional [propɔrtsi̯o'na:l] *a* proporzionale (*zu* a).

proportioniert [...'ni:ɐ̯t] *a* proporzionato.

proppe(n)voll ['prɔpə(n)'fɔl] *a fam* pieno zeppo *fam.*

Propst [pro:pst] ‹-es, ⸚e› *m* prevosto *m.*

Prosa ['pro:za] ‹-, ø› *f* prosa *f.*

prosaisch [pro'za:ɪʃ] *a* **1.** *rar lit* prosastico; **2.** *fig (nüchtern)* prosaico.
Proseminar ['pro:-] *n* proseminario *m.*
pros(i)t [pro:st ('pro:zɪt)] *interj* (alla) salute; ~ **Neujahr!** buon anno!; **prost Mahlzeit!** *fam,* **na denn prost!** *fam* bell'affare! *fam,* c'è da stare allegri! *fam;* **ein Prosit auf ...** un (ev)viva a ...
Prospekt [pro'spɛkt] ‹-(e)s, -e› *m* prospetto *m.*
prost *interj s.* **prosit.**
Prostata ['prɔstata, ...tɛ] ‹-, -tatae› *f* prostata *f.*
prostituieren [prostitu'i:rən] ‹*ohne ge-*› *rfl:* **sich** ~ prostituirsi.
Prostituierte ‹-n, -n› *f* prostituta *f.*
Prostitution [...'ts̮io:n] ‹-, ø› *f* prostituzione *f.*
Protagonist(in) [protago'nɪst(ɪn)] ‹-en, -en› *m(f)* protagonista *mf.*
Protegé [prote'ʒe:] ‹-s, -s› *m* protetto *m.*
protegieren [...'ʒi:rən] ‹*ohne ge-*› *tr* proteggere, patrocinare.
Protein [prote'i:n] ‹-s, -e› *n* proteina *f.*
Protektion [protɛk'ts̮io:n] ‹-, -en› *f* protezione *f,* appoggio *m.*
Protektionismus [...ts̮io'nɪsmʊs] ‹-, ø› *m* protezionismo *m.*
Protektorat [protɛkto'ra:t] ‹-(e)s, -e› *n* **1.** *(Schirmherrschaft)* protezione *f,* patronato *m* (*für* di); **2.** *pol (Schutzherrschaft)* protettorato *m.*
Protest [pro'tɛst] ‹-(e)s, -e› *m* **1.** protesta *f;* **2.** *fin* protesto *m;* ~ **gegen etw. erheben** (*o.* **einlegen**) elevare una protesta (*o.* protestare) contro qc; **aus** ~ per protesta; **unter** ~ protestando. **Protestaktion** *f* azione *f* di protesta.
Protestant(in) [protɛs'tant(ɪn)] ‹-en, -en› *m(f)* protestante *mf.*
protestantisch *a* protestante.
Protestantismus [...'tɪsmʊs] ‹-, ø› *m* protestantesimo *m.*
protestieren [protɛs'ti:rən] ‹*ohne ge-*› *itr, tr* protestare (*gegen* contro).
Protestkundgebung *f* manifestazione *f* di protesta. **Protestwelle** *f* ondata *f* di protesta.
Prothese [pro'te:zə] ‹-, -n› *f* protesi *f.*
Protokoll [proto'kɔl] ‹-s, -e› *n* **1.** *(Niederschrift)* verbale *m;* **2.** *pol (Etikette)* protocollo *m;* **3.** *(Strafmandat)* multa *f;* **(das)** ~ **führen** tenere il protocollo, fare il verbale; **etw. zu** ~ **geben** far mettere (*o.* iscrivere) a verbale qc; **etw. zu** ~ **nehmen** mettere qc a verbale.
protokollarisch [...'la:rɪʃ] *a* protocollare.
Protokollführer(in) *m(f)* protocollista *mf.*
protokollieren [...'li:rən] ‹*ohne ge-*› *tr* protocollare, verbalizzare.
Proton ['pro:tɔn, pro'to:nən] ‹-s, -en› *n* protone *m.*
Protoplasma [proto-] *n* protoplasma *m.*
Prototyp ['pro:to-] *m* prototipo *m.*
protzen ['prɔts̮ən] *itr fam pej* fare sfoggio (*mit* di); *(mit Worten)* vantarsi (*mit* di).
protzig *a fam pej* **1.** *(Person)* borioso; **2.** *(Auto, Kleidung, etc.)* vistoso.
Proviant [pro'vi̯ant] ‹-s, *rar* -e› *m* viveri *m pl,* provviste *f pl* (di cibo); **sich mit** ~ **versehen** approvvigionarsi, fare provviste.
Provinz [pro'vɪnts̮] ‹-, -en› *f* provincia *f.* **Provinzler(in)** ‹-s, -› *m(f) fam pej* provinciale *mf.* **Provinzstadt** *f* città *f* di provincia. **Provinzzeitung** *f* giornale *m* provinciale.
Provision [provi'zi̯o:n] ‹-, -en› *f* provvigione *f;* **auf** ~ a provvigione.
provisorisch [provi'zo:rɪʃ] *a* provvisorio.
Provisorium [...'zo:ri̯ʊm, ...ri̯ən] ‹-s, -rien› *n* soluzione *f* provvisoria.
Provokation [provoka'ts̮io:n] ‹-, -en› *f* provocazione *f.*
provokativ, provokatorisch [...a'ti:f, ...a'to:rɪʃ] *a* provocatorio.
provozieren [...vo'ts̮i:rən] ‹*ohne ge-*› *tr* provocare.
Prozedur [prots̮e'du:ɐ̯] ‹-, -en› *f* procedura *f.*
Prozent [pro'ts̮ɛnt] ‹-(e)s, -e *o. bei Mengenangaben* -› *n* percento *m;* **in** ~**en** in percentuale; **in diesem Geschäft bekomme ich** ~**e** *fam* in questo negozio mi fanno lo sconto. **Prozentsatz** *m* percentuale *f; (Zinsfuß)* tasso *m.*
prozentual [...'tu̯a:l] *a* percentuale.

Prozeß [pro'ts̮ɛs] ‹Prozesses, Prozesse› *m* processo *m;* **einen** ~ **gegen jdn führen** fare un processo (*o.* una causa) contro qu; **mit jdm/etw. kurzen** ~ **machen** *fam* tagliar corto con qu/qc *fam,* andare per le spicce con qu/qc *fam;* **jdm den** ~ **machen** fare il processo a qu; **einen** ~ **gewinnen/verlieren** vincere/perdere un processo (*o.* una causa); **den** ~ **des Alterns aufhalten/beschleunigen** rallentare/accelerare il processo di invecchiamento. **Prozeßakten** *f pl* atti *m pl* processuali. **Prozeßgegner(in)** *m(f)* parte *f* avversaria.
prozessieren [...'si:rən] ‹*ohne ge-*› *itr*

fare un processo (*mit, gegen* a), processare (*gegen jdn* qu).
Prozession [protse'sio:n] ‹-, -en› *f* processione *f.*
Prozeßkosten ‹*pl*› spese *f pl* processuali; **die ~ tragen müssen** dover pagare le spese processuali. **Prozeßordnung** *f* codice *m* di procedura.
prüde ['pry:də] *a pej* prude.
Prüderie [...ə'ri:] ‹-, ø› *f pej* pruderie *f.*
prüfen ['pry:fən] *tr* **1.** *(untersuchen, Kenntnisse abfragen)* esaminare *(testen)* collaudare; *(als Sachverständiger)* periziare; *(Metalle)* saggiare; **2.** *(nach~, über~)* controllare, verificare, rivedere; **3.** *fig geh (durch Schicksal, Leid, etc.)* provare; **einen Schüler mündlich/schriftlich ~** esaminare un allievo oralmente/per iscritto; **jdn auf Herz und Nieren ~** esaminare a fondo qu; **ein ~der Blick** uno sguardo indagatore; **jdn in einem Fach ~** esaminare qu in una materia; **eine staatlich geprüfte Dolmetscherin** un'interprete qualificata.
Prüfer(in) ‹-s, -› *m(f)* esaminatore, -trice *m, f; tec* collaudatore, -trice *m, f; (bei Examen, etc.)* esaminatore, -trice *m, f; (Wirtschafts~)* revisore *m* dei conti; *(Buch~)* revisore *m.*
Prüfgerät *n* apparecchio *m* di collaudo (*o.* prova). **Prüflampe** *f* spia *f* luminosa.
Prüfling ['pry:flıŋ] ‹-s, -e› *m* esaminando, -a *m, f* candidato, -a *m, f* d'esame.
Prüfstand *m* banco *m* di prova.
Prüfung ‹-, -en› *f* **1.** *(Untersuchung, a. Schul~, Universitäts~, etc.)* esame *m;* **2.** *(Über~)* controllo *m,* verifica *f; (Test)* collaudo *m; (Buch~)* revisione *f;* **3.** *(Erprobung, Heimsuchung)* prova *f;* **bei näherer** (*o.* **genauer**) **~** dopo attento esame; **eine ~ ablegen** (*o.* **machen**) fare (*o.* sostenere) un esame; **eine ~ bestehen** superare un esame; **in einer ~ durchfallen, durch eine ~ fallen** *fam* essere bocciato a un esame; **schriftliche/mündliche ~** esame scritto/orale. **Prüfungsangst** *f* paura *f* degli esami. **Prüfungsausschuß** *m* commissione *f* d'esame. **Prüfungsgegenstand** *m* oggetto *m* (*o.* tema *m*) d'esame. **Prüfungskommission** *f s.* **Prüfungsausschuß.**
Prügel ['pry:gəl] ‹-s, -› *m* **1.** *(Stock)* bastone *m;* **2.** ‹*pl*› *fam (Schläge)* bastonate *f pl,* legnate *f pl fam;* **eine Tracht ~ bekommen** *fam* ricevere un sacco di legnate *fam.*
Prügelei [...'lai] ‹-, -en› *f* rissa *f.*
Prügelknabe *m fam* capro *m* espiatorio.
prügeln I. *tr* bastonare, picchiare; **II.** *rfl:* **sich ~** darsele *fam;* **sich mit jdm (um etw.) ~** darsele con qu (per qc) *fam.*
Prügelstrafe *f* pena *f* corporale.
Prunk [prʊŋk] ‹-(e)s, ø› *m* fasto *m,* pompa *f,* lusso *m.*
prunken *itr:* **mit etw. ~** far sfoggio di qc.
prunkvoll *a* sfarzoso.
prusten ['pru:stən] *itr* stronfiare; **vor Lachen ~** scoppiare dal ridere.
PS [pe:'ʔɛs] ‹-, -› *n* **1.** *ab von* **Pferdestärke** C.V. (*ab von* Cavallo Vapore); **2.** *ab von* **Postskriptum** P.S. (*ab von* poscritto).
Psalm [psalm] ‹-s, -en› *m* salmo *m.*
Pseudo-, pseudo- [psɔydo-] *(in Zusammensetzungen)* pseudo-.
pseudonym [psɔydo'ny:m] *a* pseudonimo. **Pseudonym** ‹-s, -e› *n* pseudonimo *m.*
pst [pst] *interj* pss, pst.
Psyche ['psy:çə] ‹-, -n› *f* psiche *f.*
Psychiater(in) [psy'çia:tɐ (...ərın)] ‹-s, -› *m(f)* psichiatra *mf.*
Psychiatrie [...çia'tri:] ‹-, ø› *f* psichiatria *f.*
psychisch ['psy:çıʃ] *a* psichico.
Psycho- [psyço-] *(in Zusammensetzungen)* psico-. **Psychoanalyse** [-ʔana'ly:zə] *f* psicanalisi *f.* **Psychogramm** [-'gram] ‹-s, -e› *n* psicogramma *m.*
Psychologe [-'lo:gə] ‹-n, -n› *m,* **Psychologin** [...gın] *f* psicologo, -a *m, f.*
Psychologie [-lo'gi:] ‹-, ø› *f* psicologia *f.*
Psychologin *f s.* **Psychologe.**
psychologisch [-'lo:gıʃ] *a* psicologico.
Psychopath(in) [-'pa:t(ın)] ‹-en, -en› *m(f)* psicopatico, -a *m, f.* **psychopathisch** *a* psicopatico. **Psychopharmaka** [-'farmaka] *n pl* psicofarmaci *m pl.* **Psychose** [psy'ço:zə] ‹-, -n› *f* psicosi *f.* **psychosomatisch** [-zo'ma:tıʃ] *a* psicosomatico. **Psychoterror** ['psy:ço-] *m* terrorismo *m* psicologico. **Psychotherapie** [-tera'pi:] *f* psicoterapia *f.*
PTA [pe:te:'ʔa:] ‹-, -s› *f ab von* **pharmazeutisch-technische Asisstentin** assistente *mf* farmaceutico, -a.
pubertär [pubɛr'tɛ:ɐ] *a* **1.** *(Probleme, etc.)* puberale; **2.** *(Mensch)* nell'età puberale.
Pubertät [...'tɛ:t] ‹-, ø› *f* pubertà *f;* **in der ~ sein** essere nella pubertà.
Publicity [pʌ'blısıtı] ‹-, ø› *f* **1.** *(Bekanntheit)* notorietà *f;* **2.** *(Reklame)* pubblicità *f.*
Public Relations ['pʌblık rı'leıʃənz]

‹pl› public relations *f pl*, pubbliche relazioni *f pl*.
publik [pu'bli:k] *a* pubblico; **etw. ~ machen** rendere pubblico qc; **~ werden** diventare di pubblico dominio.
Publikation [publika'tsio:n] ‹-, -en› *f* pubblicazione *f*.
Publikum ['pu:blikum] ‹-s, ø› *n* **1.** *(Öffentlichkeit, Zuhörer, Zuschauer)* pubblico *m;* **2.** *(Gäste, Besucher)* gente *f*, ospiti *m pl*, visitatori *m pl;* **vor das ~ treten** mostrarsi in pubblico. **Publikumserfolg** *m* successo *m* presso il pubblico; *(Film)* film *m* di cassetta. **Publikumsgeschmack** *m* gusto *m* del pubblico. **Publikumsliebling** *m* beniamino *m* del pubblico. **publikumswirksam** *a* che fa presa sul pubblico.
publizieren [publi'tsi:rən] ‹*ohne ge-*› *tr* pubblicare.
Publizist(in) [...'tsɪst(ɪn)] ‹-en, -en› *m(f)* pubblicista *mf*.
Publizistik [...'tsɪstɪk] ‹-, ø› *f* pubblicistica *f*.
Publizistin *f s.* **Publizist.**
Puck [pʊk] ‹-s, -s› *m sport* disco *m*.
Pudding ['pʊdɪŋ] ‹-s, -e *o.* -s› *m* budino *m*. **Puddingpulver** *n* polvere *f* da budino.
Pudel ['pu:dəl] ‹-s, -› *m* (cane *m*) barbone *m;* **wie ein begossener ~ dastehen** *fam* starsene lì come un cane bastonato *fam*. **Pudelmütze** *f* berretto *m* di lana. **pudelnackt** ['pu:dəl'nakt] *a fam* nudo come un verme. **pudelnaß** ['pu:dəl'nas] *a fam* bagnato come un pulcino. **pudelwohl** ['pu:dəl'vo:l] *a fam:* **sich ~ fühlen** sentirsi magnificamente bene.
Puder ['pu:dɐ] ‹-s, -› *m o. fam, dial n* cipria *f;* **~ auflegen** mettere la cipria. **Puderdose** *f* portacipria *m*.
pudern I. *tr* incipriare; **II.** *rfl:* **sich ~** incipriarsi.
Puderquaste *f* piumino *m* per la cipria. **Puderzucker** *m* zucchero *m* a velo.
Puff[1] [pʊf] ‹-(e)s, ⸚e *o. rar* -e› *m fam* *(Stoß)* spinta *f*, colpo *m*.
Puff[2] [pʊf] ‹-s, -s› *m o. n fam pej (Bordell)* bordello *m*.
Puffärmel *m* manica *f* a palloncino.
puffen I. *tr (stoßen)* spingere, dare spintoni a; **II.** *itr (Lokomotive, etc.)* sbuffare.
Puffer ‹-s, -› *m* **1.** *Eisenb.* respingente *m;* **2.** *(Kartoffel~)* frittella *f* di patate. **Pufferstaat** *m* stato *m* cuscinetto.
Puffmutter *f fam* tenutaria *f* di un bordello.
pulen ['pu:lən] *(norddeutsch)* **I.** *itr* **1.** *(knibbeln)* grattare; **2.** *(in Nase)* mettere le dita nel naso; **II.** *tr (heraus~)* sgranare.
Pulle ['pʊlə] ‹-, -n› *f sl* bottiglia *f;* **volle ~ fahren** andare premendo l'accelatore a tavoletta, andare a tutta birra *fam*.
Pulli ['pʊli] ‹-s, -s› *m fam*, **Pullover** [pʊ'lo:vɐ] ‹-s, -› *m* pullover *m*, maglione *m*.
Pullunder [pʊ'lʊndɐ] ‹-s, -› *m* pull *m* senza maniche.
Puls [pʊls] ‹-es, -e› *m* polso *m;* **jdm den ~ fühlen** tastare il polso a qu. **Pulsader** *f* arteria *f* radiale, vena *f* del polso; **sich** *(dat)* **die ~n aufschneiden** tagliarsi le vene, svenarsi.
pulsieren [pʊl'zi:rən] ‹*ohne ge-*› *itr* pulsare.
Pulsschlag *m* **1.** *anat* pulsazione *f*, battito *m* del polso; **2.** *fig* pulsare *m;* **der ~ der Großstadt/Zeit** il palpito della grande città/del tempo. **Pulswärmer** ‹-s, -› *m* scaldapolsi *m*.
Pult [pʊlt] ‹-(e)s, -e› *n* **1.** *(Schreib~)* scrivania *f; (in Schule)* cattedra *f; (Redner~)* tribuna *f; (Noten~)* leggio *m;* **2.** *(Schalt~)* quadro *m* di comando.
Pulver ['pʊlfɐ *o.* ...lvɐ] ‹-s, -› *n* **1.** polvere *f;* **2.** *sl (Geld)* grana *f sl;* **das ~ nicht erfunden haben** *fig fam* non aver scoperto l'America; **sein ~ verschossen haben** *fig fam* aver sparato tutte le cartucce *fam*. **Pulverfaß** *n* barile *m* di polvere; **einem ~ gleichen** essere una polveriera; **auf einem ~ sitzen** star seduti su un vulcano.
pulv(e)rig *a* pulverulento, polveroso.
pulverisieren [pʊlveri'zi:rən] ‹*ohne ge-*› *tr* polverizzare.
Pulverkaffee *m* caffè *m* solubile. **Pulverschnee** *m* neve *f* polverosa. **pulvertrocken** ['pʊlfɐ'trɔkən] *a* molto secco.
pulvrig *a s.* **pulverig.**
Puma ['pu:ma] ‹-s, -s› *m* puma *m*.
pumm(e)lig ['pʊm(ə)lɪç] *a fam* paffuto, grassoccio.
Pump [pʊmp] ‹-s, ø› *m sl* prestito *m;* **auf ~** a credito; **etw. auf ~ kaufen** comprare qc a credito; **auf ~ leben** vivere di prestiti.
Pumpe ['pʊmpə] ‹-, -n› *f* pompa *f*.
pumpen *tr* **1.** *(Wasser)* pompare; **2.** *sl (entleihen)* batter cassa *fam* (*von* da), farsi prestare (*von* da); **sich** *(dat)* **Geld von jdm ~** farsi prestar soldi da qu, batter cassa da qu *fam*.
Pumpstation *f* stazione *f* di pompaggio.

puncto ['pʊŋkto] *adv:* **in ~ ...** riguardo a ...
Punk [paŋk] ‹-(s), -s› *m* **1.** ‹*sing*› *(~musik)* musica *f* punk; **2.** *(Anhänger des Punk)* punk *mf.*
Punker(in) ‹-s, -› *m(f) s.* **Punk 2.**
Punkrock ‹-s, ø› *m* rock *m* punk.
Punkt [pʊŋkt] ‹-(e)s, -e› *m* punto *m;* **~ für ~** punto per punto; **~ 12 Uhr** mezzogiorno in punto; **in diesem ~** a questo riguardo; **nach ~en siegen** vincere ai punti; **nun mach aber mal 'nen ~!** *fam* ora però basta!; **das ist ein dunkler ~ in ihrer Vergangenheit** questo è un punto nero nel suo passato; **ohne ~ und Komma reden** *fam* parlare come una mitragliatrice *fam;* **dieser ~ der Verhandlungen ist noch strittig** nelle trattative questo punto è ancora controverso; **in allen ~en Einigkeit erstreben** mirare all'unità in tutto; **bis zu einem gewissen ~ ist das noch lustig, aber ...** è divertente fino ad un certo punto, ma ...
punktieren [pʊŋk'ti:rən] ‹*ohne ge-*› *tr* **1.** *(Linie, Fläche, etc.)* punteggiare; **2.** *mus* puntare; **3.** *med* fare una puntura a.
Punktion [...'ts̮io:n] ‹-, -en› *f* puntura *f.*
pünktlich ['pʏŋktlɪç] *a* puntuale. **Pünktlichkeit** ‹-, ø› *f* puntualità *f.*
Punktrichter(in) *m(f)* giudice *mf* di gara. **Punktsieg** *m* vittoria *f* ai punti. **Punktsieger(in)** *m(f)* vincitore, -trice *m, f m* ai punti.
punktuell [pʊŋk'tu̯ɛl] **I.** *a* puntuale; **II.** *adv* per sommi capi.
Punsch [pʊnʃ] ‹-(e)s, -e *o.* ¨-e› *m* ponce *m.*
Pupille [pu'pɪlə] ‹-, -n› *f* pupilla *f.*
Puppe ['pʊpə] ‹-, -n› *f* **1.** *(Kinderspielzeug)* bambola *f; (Marionette)* marionetta *f;* **2.** *fam (Frau)* bambola *f fam;* **3.** *zoo* crisalide *f;* **bis in die ~n schlafen** *sl* dormire fino a tardi. **Puppenhaus** *n* casa *f* delle bambole. **Puppenspiel** *n* spettacolo *m* di burattini. **Puppenspieler(in)** *m(f)* burattinaio, -a *m, f.* **Puppentheater** *n* teatro *m* di burattini. **Puppenwagen** *m* carrozzina *f* delle bambole.
pur [pu:ɐ̯] *a* puro; **~er Zufall** puro caso; **Whisky ~** whisky liscio.
Püree [py're:] ‹-s, -s› *n* purea *f.*
pürieren [py'ri:rən] ‹*ohne ge-*› **I.** *tr* *(Kartoffeln)* passare; **II.** *itr* fare una purea.
Purpur ['pʊrpʊr] ‹-s, ø› *m* porpora *f.* **purpurfarben, purpurn, purpurrot** *a* (color) porpora, porporino.
Purzelbaum *m* capriola *f;* **einen ~ schlagen** fare una capriola.
purzeln ['pʊrts̮əln] *itr* ‹*sein*› fare un capitombolo; *(herunter~)* ruzzolare.
Puste ['pu:stə] ‹-, ø› *f fam* fiato *m;* **außer ~ sein** essere senza fiato. **Pusteblume** *f fam* soffione *m.* **Pustekuchen** *m:* **(ja) ~!** *fam* te lo sogni! *fam.*
Pustel ['pʊstəl] ‹-, -n› *f* pustola *f.*
pusten ['pu:stən] *itr* **1.** *(blasen)* soffiare; **2.** *(keuchen)* ansimare.
Pute ['pu:tə] ‹-, -n› *f* **1.** *(Truthenne)* tacchina *f;* **2.** *fam pej* oca *f fam;* **eine eingebildete ~** *fam pej* un'oca giuliva *fam.*
Puter ['pu:tɐ] ‹-s, -› *m* tacchino *m.* **puterrot** ['pu:tɐ'ro:t] *a* rosso come un tacchino (*o.* un peperone).
Putsch [pʊtʃ] ‹-(e)s, -e› *m* golpe *m.*
Putschist(in) [pʊ'tʃɪst(ɪn)] ‹-en, -en› *m(f)* golpista *mf.*
Putte ['pʊtə] ‹-, -n› *f* putto *m,* amorino *m.*
Putz [pʊts̮] ‹-es, ø› *m* **1.** *obs (Accessoires)* guarnizioni *f pl; (Aufmachung)* toilette *f;* **2.** *arch (Ver~)* intonaco *m;* **auf den ~ hauen** *fam (angeben)* darsi delle arie; *(ausgelassen sein)* essere sfrenato; *(Streit anfangen)* cominciare a litigare; **ein Kabel unter/über ~ legen** installare un cavo sotto/sopra l'intonaco.
putzen ['pʊts̮ən] **I.** *tr* **1.** *(reinigen)* nettare; *(a. Gemüse)* pulire; *(polieren)* lucidare; *(a. Schuhe)* lustrare; *(Metall)* forbire; *(Pferd)* strigliare; *(Kerze)* smoccolare; **2.** *obs (schmücken)* ornare; **II.** *rfl:* **sich ~ 1.** *(sich säubern)* pulirsi; **2.** *obs (sich schmükken)* ornarsi; **sich** *(dat)* **die Nase ~** pulirsi (*o.* soffiarsi) il naso; **sich** *(dat)* **die Zähne ~** lavarsi (*o.* pulirsi) i denti.
Putzfimmel *m fam pej* mania *f* delle pulizie. **Putzfrau** *f* donna *f* delle pulizie.
putzig ['pʊts̮ɪç] *a fam* **1.** *(niedlich)* carino, grazioso; **2.** *(seltsam, komisch)* buffo, bizzarro.
Putzkolonne *f* squadra *f* di addetti alle pulizie. **Putzlappen** *m* strofinaccio *m.* **Putzmacherin** *f obs* modista *f.* **Putzmittel** *n* detersivo *m; (zum Polieren)* lucido *m.* **putzmunter** ['pʊts̮'mʊntɐ] *a fam* vispo. **Putzsucht** *f pej* mania *f* della pulizia. **putzsüchtig** *a pej* maniaco della pulizia.

Puzzle(spiel *n*) ['pazəl *o.* 'pasəl] ‹-s, -s› *n* puzzle *m.*
PVC [pe:tau̯'ts̮e:] ‹-(s), ø› *n abk von* **Polyvinylchlorid** P.V.C.

Pygmäe [pʏ'gmɛ:ə] ‹-n, -n› *m* pigmeo *m.*

Pyjama [py'dʒa:ma *o.* py'ʒa:ma] ‹-s, -s› *m* pigiama *m.*

Pyramide [pyra'mi:də] ‹-, -n› *f* piramide *f.* **pyramidenförmig** [-fœrmɪç] *a* piramidale.

Pyrenäen [pyre'nɛ:ən] ‹*pl*› Pirenei *m pl.*

Pyromane [pyro'ma:nə] ‹-n, -n› *m,* **Pyromanin** [...nɪn] *f* piromane *mf.*

Pyromanie [...ma'ni:] *f* piromania *f.*

Pyromanin *f s.* **Pyromane.**

Pyrotechniker(in) [pyro-] *m(f)* pirotecnico *m.*

Python(schlange *f*) ['py:tɔn, ...tɔns *o.* py'to:nən] ‹-s, -s *o.* Pythonen› *m* pitone *m.*

Q

Q, q [ku:] ⟨-, -(s)⟩ *n* Q, q *f;* **Q wie Quelle** Q come quarto.

q *ab von CH, A* **Zentner** quintale.

quabb(e)lig *a* **1.** *(gallertartig)* gelatinoso; **2.** *(weich und glitschig)* viscido; **3.** *(weich und dick)* grasso e flaccido.

quabbeln ['kvabəln] *itr* tremolare.

Quacksalber ['kvakzalbɐ] ⟨-s, -⟩ *m pej* ciarlatano *m.* **Quacksalberei** [...bə'rai̯] ⟨-, -en⟩ *f pej* ciarlataneria *f.*

Quader ['kva:dɐ] ⟨-s, -⟩ *m o.* ⟨-, -n⟩ *f* **1.** *arch* quadrone *m;* **2.** *mat* parallelepipedo *m.* **Quaderstein** *m* pietra *f* quadra (*o.* squadrata), quadrone *m.*

Quadrant [kva'drant] ⟨-en, -en⟩ *m* quadrante *m.*

Quadrat [kva'dra:t] ⟨-(e)s, -e⟩ *n* quadrato *m;* **eine Zahl ins ~ erheben** elevare un numero al quadrato; **sechzehn zum ~** sedici al quadrato. **quadratisch** *a* **1.** *mat* quadratico; **2.** *(quadratförmig)* quadr(at)o; **~e Gleichung** equazione di secondo grado. **Quadratkilometer** *m* chilometro *m* quadrato. **Quadratlatschen** *m pl fam* **1.** *(Schuhe)* barche *f pl fam;* **2.** *(Füße)* piedoni *m pl fam.* **Quadratmeter** *m o. n* metro *m* quadrato.

Quadratur [kvadra'tu:ɐ̯] ⟨-, -en⟩ *f* quadratura *f;* **die ~ des Kreises** la quadratura del cerchio.

Quadratwurzel *f* radice *f* quadrata; **die ~ aus 25 ziehen** estrarre la radice quadrata di 25. **Quadratzentimeter** *m o. n* centimetro *m* quadrato.

quadrieren [kva'dri:rən] ⟨*ohne ge-*⟩ *tr* **1.** *mat* quadrare, elevare al quadrato (*o.* alla seconda potenza); **2.** *(Fläche)* quadrettare.

Quadrille [kva'drıljə *o.* ka...] ⟨-, -n⟩ *f* quadriglia *f.*

quadrophon *a s.* **quadrophonisch.**

Quadrophonie [kvadrofo'ni:, ...i:ən] ⟨-, -n⟩ *f* quadrifonia *f.*

quadrophon(isch) [...'fo:n(ıʃ)] *a* quadrifonico.

quak [kva:k] *interj* qua, quac.

quaken ['kva:kən] *itr* **1.** *(Ente)* schiamazzare; *(Frosch)* gracidare; **2.** *fam pej (viel und unnütz reden)* blaterare *fam.*

Quäker(in) ['kvɛ:kɐ (...ərın)] ⟨-s, -⟩ *m(f)* quacchero, -a *m, f.*

Qual [kva:l] ⟨-, -en⟩ *f* tormento *m,* pena *f.*

quälen ['kvɛ:lən] **I.** *tr* tormentare; *(fig a.)* seccare *fam,* annoiare; *(Tiere)* maltrattare; **II.** *rfl:* **sich ~ 1.** *(seelisch)* tormentarsi; **2.** *(sich abmühen)* affaticarsi.

Quälerei [...ə'rai̯] ⟨-, -en⟩ *f* tormento *m; (a. fig)* supplizio *m; (mit Bitten)* seccatura *f fam; (von Tieren)* maltrattamenti *m pl.*

Quälgeist *m fam* scocciatore *m fam.*

Qualifikation [kvalifika'tsi̯o:n] ⟨-, -en⟩ *f* **1.** *allg., sport* qualificazione *f;* **2.** *(Eignung)* qualifica *f,* attitudine *f.*

qualifizieren [...'tsi:rən] ⟨*ohne ge-*⟩ **I.** *tr* qualificare (*als, zu* come); **II.** *rfl:* **sich ~** qualificarsi; **qualifizierter Arbeiter** operaio qualificato.

Qualität [kvali'tɛ:t] ⟨-, -en⟩ *f* qualità *f;* **der Stoff ist von schlechter ~** la stoffa è di qualità scadente.

qualitativ [...ta'ti:f] *a* qualitativo.

Qualitätsarbeit *f* lavoro *m* di qualità. **Qualitätserzeugnis** *n* prodotto *m* di qualità. **Qualitätskontrolle** *f* controllo *m* della qualità. **Qualitätssteigerung** *f* aumento *m* di qualità.

Qualle ['kvalə] ⟨-, -n⟩ *f* medusa *f.*

Qualm [kvalm] ⟨-(e)s, ø⟩ *m* fumo *m* denso.

qualmen **I.** *itr* **1.** fumare, mandare fumo denso; **2.** *fam pej* fumare (come un turco *fam*); **II.** *tr fam (Zigaretten, etc.)* fumare.

qualmig *a* fumoso.

qualvoll *a* straziante, penoso.

Quant [kvant] ⟨-s, -en⟩ *n* quanto *m.*

Quanten ⟨*pl*⟩ **1.** *pl von* **Quant, Quantum; 2.** *sl (Füße)* piedacci *m pl.* **Quantenelektronik** *f* elettronica *f* quantistica. **Quantentheorie** *f* teoria *f* dei quanti.

Quantität [kvanti'tɛ:t] ⟨-, -en⟩ *f* quantità *f.*

quantitativ [...ta'ti:f] *a* quantitativo.

Quantum ['kvantʊm, ...tən] ⟨-s, Quanten⟩ *n* **1.** *(Menge)* dose *f;* **2.** *(Anteil)* parte *f,* porzione *f.*

Quappe ['kvapə] ⟨-, -n⟩ *f* **1.** *(Kaul~)* girino *m;* **2.** *(Aal~)* bottatrice *f.*

Quarantäne [karan'tɛ:nə] ⟨-, -n⟩ *f* quarantena *f;* **unter ~ stellen** mettere in quarantena. **Quarantänestation** *f* reparto *m* contumaciale.

Quark¹ [kvark] ‹-s, ø› *m* **1.** *gastr* quark *m*, formaggio *m* tipo ricotta; **2.** *fam pej (Unsinn)* sciocchezze *f pl fam.*

Quark² [kwɔ:k] ‹-s, -s› *n phys* quark *m.*

Quarkspeise *f* dolce *m* di ricotta.

Quart¹ [kvart] ‹-, -en› *f mus, sport* quarta *f.*

Quart² [kvart] ‹-s, -e› *n typ (~format)* quarto *m.*

Quarta ['kvarta, ...tən] ‹-, Quarten› *f* terza classe *f* ginnasiale.

Quartal [kvar'ta:l] ‹-s, -e› *n* trimestre *m.*

Quartals- *(in Zusammensetzungen)* trimestrale. **Quartal(s)säufer** *m pej* dipsomane *m.* **quartal(s)weise** *adv* trimestralmente.

Quartaner(in) [kvar'ta:nɐ (...ərın)] ‹-s, -› *m(f)* allievo, -a *m, f* di terza ginnasio.

Quarte ['kvartə] ‹-, -n› *f* quarta *f.*

Quarten *pl von* **Quarta.**

Quartett [kvar'tɛt] ‹-(e)s, -e› *n* quartetto *m.*

Quartier [kvar'ti:ɐ̯] ‹-s, -e› *n* **1.** *(Unterkunft)* alloggio *m; mil* alloggiamento *m,* acquartieramento *m;* **2.** *obs, CH, A (Stadtteil)* quartiere *m.*

Quarz [kva:ɐ̯ts] ‹-es, -e› *m* quarzo *m.* **Quarzuhr** *f* orologio *m* al quarzo.

quasi ['kva:zi] *adv* **1.** *(gewissermaßen)* in un certo senso; **2.** *(fast)* quasi.

quasseln ['kvasəln] *itr fam pej* cianciare *fam,* blaterare *fam;* **dummes Zeug ~** dire ciance *fam.* **Quasselstrippe** *f* **1.** *fam scherz (Telefon)* telefono *m;* **2.** *fam pej (Person)* ciancione *m fam,* blaterone *m fam.*

Quaste ['kvastə] ‹-, -n› *f* **1.** *(Troddel)* nappa *f;* **2.** *(Puder~)* piumino *m* (per la cipria).

quatsch [kvatʃ] *interj* ciac, ciaf.

Quatsch ‹-(e)s, ø› *m fam pej* scemenze *f pl fam,* sciocchezze *f pl fam,* stupidaggini *f pl fam;* **red' doch nicht so einen ~!** non raccontare simili sciocchezze! *fam;* **mach keinen ~!** non fare stupidaggini! *fam;* **etw. aus ~ sagen** dire qc per scherzo.

quatschen *fam* **I.** *itr* **1.** *pej (dumm daherschwätzen)* dire sciocchezze *fam;* **2.** *(plaudern, quasseln)* cianciare *fam,* blaterare *fam;* **3.** *(klatschen)* spettegolare (*über* su) *fam;* **II.** *tr pej:* **Blödsinn ~** dire delle scemenze *fam.*

Quatschkopf *m fam pej* ciancione, -a *m, f fam,* blaterone, -a *m, f fam.*

QbA *ab von* **Qualitätswein aus bestimmten Anbaugebieten** D.O.C. (*ab von* Denominazione di Origine Controllata).

Quecke ['kvɛkə] ‹-, -n› *f* gramigna *f.*

Quecksilber ['kvɛk-] *n* **1.** *chem* mercurio *m;* **2.** *fam, fig* argento *m* vivo. **Quecksilbersäule** *f* colonna *f* di mercurio. **Quecksilberverbindung** *f* composto *m* di mercurio. **Quecksilbervergiftung** *f* intossicazione *f* da mercurio, mercurialismo *m.*

Quell [kvɛl] ‹-(e)s, -e› *m* fonte *f.*

Quelle ['kvɛlə] ‹-, -n› *f* **1.** *(von Fluß)* sorgente *f; (fig a.)* fonte *f;* **2.** *(Öl~)* pozzo *m* (petrolifero); **eine ~ erschließen** scoprire una sorgente; **aus halbamtlicher/zuverlässiger ~** da fonte ufficiosa/sicura; **an der ~ sitzen** *fig fam* avere una buona fonte di rifornimento.

quellen¹ ‹quillt, quoll, gequollen› *itr* ‹*sein*› **1.** *(heraus~)* sgorgare, scaturire; **2.** *(auf~, anschwellen)* gonfiarsi.

quellen² *tr* mettere a bagno (*o.* a mollo).

Quellenangabe *f* indicazione *f* delle fonti. **Quellenforschung** *f* studio *m* delle fonti. **Quellenstudium** *n* studio *m* delle fonti. **Quellentext** *m* fonte *f.*

Quellgebiet *n* bacino *m* sorgentifero.

Quengelei [kvɛŋə'lai̯] ‹-, -en› *f fam* piagnisteo *m fam.*

queng(e)lig *a fam (nörgelig)* brontolone *fam; (Kinder)* piagnucoloso *fam.*

quengeln ['kvɛŋəln] *itr fam (nörgeln)* brontolare, criticare; *(Kinder)* piagnucolare *fam.*

quer [kve:ɐ̯] *adv* di traverso; **~ durch** (*o.* **über**) attraverso; **sich ~ legen/stellen** mettersi di traverso. **Querachse** *f* asse *m* trasversale. **Querbalken** *m* traversa *f.* **querbeet** [-'be:t] *adv fam* a casaccio *fam.*

Quere ['kve:rə] ‹-, ø› *f:* **der ~ nach** di traverso; **jdm in die ~ kommen** *fam* contrariare i progetti di qu.

Querele [kve're:lə] ‹-, -n› *f geh* controversia *f.*

querfeldein [-fɛlt'ʔai̯n] *adv* attraverso i campi. **Querfeldeinrennen** *n* corsa *f* campestre.

Querflöte *f* flauto *m* traverso. **Querformat** *n* formato *m* oblungo. **quer·gehen** ‹*irr*› *itr* ‹*sein*› *fig fam* andare di traverso. **quergestreift** *a* a righe (*o.* strisce) trasversali. **Querkopf** *m fam pej* bastian *m* contrario *fam.* **querköpfig** [-kœpfıç] *a fam pej* da bastian contrario *fam.* **Querleiste** *f* traversina *f.* **Querschiff** *n* transetto *m.* **Querschläger** *m* colpo *m* di rimbalzo.

Querschnitt *m* **1.** *(Schnitt)* sezione *f* trasversale; **2.** *fig (Überblick)* panorama *m,* rassegna *f;* **ein repräsentativer ~ der Bevölkerung** un panorama rappresentativo della popolazione. **querschnitt(s)gelähmt** *a* paraplegico. **Querschnitt(s)gelähmte** *mf* paraplegico, -a *m, f.*

Querstraße *f* traversa *f.* **Querstrich** *m* linea *f* (*o.* riga *f*) trasversale. **Quersumme** *f* somma *f* delle cifre di un numero. **Quertreiber** *m fam pej* intrigante *mf,* oppositore, -trice *m, f.*

Querulant(in) [kveru'lant(ın)] ‹-en, -en› *m(f) pej* brontolone, -a *m, f fam.*

Querverbindung *f* collegamento *m* diretto; **eine ~ zu etw. herstellen** stabilire un collegamento con qc. **Querverweis** *m* rinvio *m,* rimando *m.* **Querweg** *m* via *f* trasversale.

quetschen ['kvɛtʃən] **I.** *tr* **1.** *(drücken, verletzen)* schiacciare; **2.** *(in Koffer, etc.)* stipare; **II.** *rfl:* **sich ~ 1.** *(sich klemmen)* schiacciarsi; **2.** *(sich zwängen)* accalcarsi; **sich** *(dat)* **den Finger ~** schiacciarsi il dito. **Quetschfalte** *f* piega *f* piatta.

Quetschung ‹-, -en› *f,* **Quetschwunde** *f* contusione *f.*

quicklebendig ['kvıkle'bɛndıç] *a* vivacissimo.

quieken ['kvi:kən] *itr* **1.** *(Tiere)* squittire; **2.** *fig (vor Vergnügen, etc.)* emettere piccoli gridi striduli, stridere.

quietschen ['kvi:tʃən] *itr* **1.** *(Tür, Schloß, etc.)* cigolare, stridere; **2.** *fam (Menschen)* strillare.

quietschfidel, quietschvergnügt ['kvi:tʃfi'de:l, 'kvi:tʃfɛɐ'gny:kt] *a fam* contento come una Pasqua *fam.*

Quietschgeräusch *n* stridore *m.*

quillt [kvılt] *3. pers sing pr von* **quellen.**

Quinta ['kvinta, ...tən] ‹-, Quinten› *f* seconda classe *f* ginnasiale.

Quintaner(in) [...'ta:nɐ (...ərın)] ‹-s, -› *m(f)* allievo, -a *m, f* di seconda ginnasio.

Quinte ['kvintə] ‹-, -n› *f* quinta *f.*

Quinten *pl von* **Quinta.**

Quintessenz ['kvıntɛsɛnts] *f* quintessenza *f.*

Quintett ‹-(e)s, -e› *n* quintetto *m.*

Quirl [kvırl] ‹-(e)s, -e› *m* **1.** *(Küchengerät)* frullino *m;* **2.** *bot* verticillo *m.*

quirlen *tr* frullare.

quitt [kvıt] *a:* **(mit jdm) ~ sein** essere pari (con qu).

Quitte ['kvıtə] ‹-, -n› *f* **1.** *(Baum)* (melo *m*) cotogno *m;* **2.** *(Frucht)* (mela *f*) cotogna *f.*

quittieren [kvı'ti:rən] ‹*ohne ge-*› *tr* **1.** *(bescheinigen)* quietanzare; *(Rechnung)* saldare; **2.** *(Dienst)* lasciare, abbandonare.

Quittung ['kvıtʊŋ] ‹-, -en› *f* **1.** ricevuta *f,* quietanza *f;* **2.** *fig (Lohn)* ricompensa *f;* **eine ~ (über etw.) ausstellen** rilasciare una ricevuta (per qc); **gegen ~** dietro (*o.* contro) ricevuta; **das ist die ~ für deine Voreiligkeit** ecco il risultato della tua fretta. **Quittungsblock** ‹-(e)s, ⸚e› *m* blocco *m* delle ricevute.

Quiz [kvıs] ‹-, -› *n* (gioco *m* a) quiz *m.* **Quizmaster** [-ma:stɐ] ‹-s, -› *m* presentatore, -trice *m, f* di un gioco a quiz.

quoll [kvɔl] *1. u. 3. pers sing imp von* **quellen.**

Quote ['kvo:tə] ‹-, -n› *f* **1.** *(Anteil)* quota *f;* **2.** *(bei Statistik)* percentuale *f.*

Quotient [kvo'tsiɛnt] ‹-en, -en› *m* quoziente *m.*

R

R, r [ɛr] ‹-, -(s)› *n* R, r *f;* **R wie Richard** R come Roma.
R *ab von* **Réaumur** R.
Rabatt [ra'bat] ‹-(e)s, -e› *m* sconto *m,* riduzione *f,* ribasso *m;* **mit 10 % ~** con uno sconto del 10 %; **(einen) ~ auf etw. geben (*o.* gewähren)** fare (*o.* praticare) uno sconto su qc; **ich bekam 5 Mark ~** mi fecero uno sconto di 5 marchi.
rabattieren [...'ti:rən] ‹*ohne ge-*› *tr* fare uno sconto su, accordare un ribasso su.
Rabattmarke *f* buono *m* (di) sconto.
Rabbi ['rabi, ra'bi:nən *o.* 'rabis] ‹-(s), Rabbinen *o.* -s› *m* rabbi *m.*
Rabbiner [ra'bi:nɐ] ‹-s, -› *m* rabbino *m.*
Rabe ['ra:bə] ‹-n, -n› *m* corvo *m;* **stehlen wie ein ~** essere ladro come una gazza. **Rabeneltern** ‹*pl*› *pej* genitori *m pl* degeneri. **Rabenmutter** *f* madre *f* snaturata. **rabenschwarz** ['ra:bən'ʃvarts] *a* corvino, nero come un corvo. **Rabenvater** *m* padre *m* snaturato.
rabiat [ra'bia:t] *a* brutale; *(Methoden, etc.)* rozzo, grossolano.
Rache ['raxə] ‹-, ø› *f* vendetta *f;* **aus ~** per vendetta; **(an jdm für etw.) ~ nehmen** vendicarsi (di qc su qu); **~ ist süß** (*o.* **Blutwurst** *fam*) la vendetta è dolce; **die ~ des kleinen Mannes** *fam* la vendetta del poveraccio. **Racheakt** *m* atto *m* di vendetta. **Rachedurst** *m* sete *f* di vendetta. **Racheengel** *m* angelo *m* vendicatore.
Rachen ['raxən] ‹-s, -› *m* faringe *f; (von Raubtier)* fauci *f pl;* **jdm etw. in den ~ werfen** *fam* gettare qc nelle fauci di qu.
rächen ['rɛçən] **I.** *tr* vendicare; **II.** *rfl:* **sich ~** vendicarsi; **sich an jdm für etw. ~** vendicarsi su qu per (*o.* di) qc; **das wird sich ~** questo avrà funeste conseguenze *geh,* costerà caro.
Rachenhöhle *f* cavità *f* faringea. **Rachenkatarrh** *m* faringite *f.*
Rächer(in) ‹-s, -› *m(f)* vendicatore, -trice *m, f.*
Rachgier *f* sete *f* di vendetta. **rachgierig** *a* avido di vendetta, vendicativo.
Rachitis [ra'xi:tɪs] ‹-, ø› *f* rachitide *f,* rachitismo *m.*
Rachsucht *f s.* **Rachgier. rachsüchtig** *a s.* **rachgierig.**
Racker ['rakɐ] ‹-s, -› *m fam* birbone *m fam,* briccone *m fam.*
Rad [ra:t] ‹-(e)s, ¨er› *n* **1.** *tec, sport* ruota *f;* **2.** *(Fahr~)* bicicletta *f,* bici *f fam;* **unter die Räder kommen** *fam* rovinarsi; **ein ~ schlagen** *sport* fare una ruota. **Radachse** *f* asse *m* (della ruota).
Radar [ra'da:ɐ̯ *o.* 'ra:da:ɐ̯] ‹-s, ø› *m o. n* radar *m.* **Radarbild** *n* immagine *f* dello schermo radar. **Radarfalle** *f fam* radar *m.* **Radargerät** *n* (apparecchio *m*) radar *m.* **Radarkontrolle** *f* controllo *m* radar. **Radarschirm** *m* schermo *m* del radar. **Radarstation** *f* stazione *f* radar. **Radarwagen** *m* veicolo *m* radar.
Radau [ra'dau̯] ‹-s, ø› *m fam* chiasso *m,* baccano *m fam.*
Radaufhängung ‹-, -en› *f* sospensione *f* delle ruote.
Rädchen ['rɛ:tçən] ‹-s, -› *n* rotella *f,* rotellina *f;* **nur ein ~ im Getriebe sein** *fig* essere solo una rotellina di un ingranaggio.
Raddampfer *m* piroscafo *m* a ruote.
radebrechen ['ra:dəbrɛçən] *tr, itr:* **(in) Deutsch ~** masticare male il tedesco.
radeln ['ra:dəln] *itr ‹sein› fam s.* **radfahren.**
Rädelsführer(in) ['rɛ:dəls-] *m(f)* caporione, -a *m, f.*
rädern ['rɛ:dɐn] *tr hist* giustiziare sulla ruota; **sich wie gerädert fühlen** avere le ossa rotte.
Räderwerk ['rɛ:dɐ-] *n* **1.** *tec* rotismo *m;* **2.** *fig* ingranaggio *m.*
rad·fahren ‹fährt Rad, fuhr Rad, radgefahren› *itr ‹sein›* **1.** andare in bicicletta; **2.** *fam pej (arschkriechen)* fare il ruffiano *fam.* **Radfahrer(in)** *m(f)* **1.** ciclista *mf;* **2.** *fam pej (Arschkriecher)* ruffiano, -a *m, f fam.* **Rad(fahr)weg** *m* pista *f* (*o.* corsia *f*) ciclabile.
Radien *pl von* **Radius.**
radieren [ra'di:rən] ‹*ohne ge-*› *tr* **1.** *(aus~)* cancellare; **2.** *(Kunst)* incidere (all'acquaforte).

Radiergummi *m* gomma *f* (per cancellare).
Radierung ‹-, -en› *f* (disegno *m o.* incisione *f* all')acquaforte *f.*
Radieschen [ra'di:sçən] ‹-s, -› *n* ravanello *m.*
radikal [radi'ka:l] *a* radicale; *(a. pol)* estremista; *(Maßnahme, etc.)* drastico. **Radikale** ‹ein -r, -n, -n› *mf* radicale *mf,* estremista *mf.* **Radikalenerlaß** *m* decreto *m* contro gli estremisti.
radikalisieren [radikali'zi:rən] ‹*ohne ge-*› *tr* radicalizzare.
Radikalismus [...'lɪsmʊs, ...mən] ‹-, -men› *m* radicalismo *m; (a. pol)* estremismo *m.*
Radio ['ra:di̯o] ‹-s, -s› *n* radio *f;* **im ~** alla radio; **das ~ an-/abstellen** accendere/spegnere la radio; **~ hören** ascoltare la radio; **im ~ übertragen** trasmettere per radio.
radioaktiv [radi̯oˀak'ti:f] *a* radioattivo; **~e Abfälle** rifiuti radioattivi, scorie radioattive; **~e Niederschläge/Strahlung/Verseuchung** pioggia/radiazione/contaminazione radioattiva.
Radioaktivität [...tivi'tɛ:t] *f* radioattività *f.*
Radioapparat *m,* **-gerät** *n* (apparecchio *m*) radio *f.*
Radiogramm [radi̯o'gram] ‹-s, -e› *n* radiogramma *m.*
Radiologe [radi̯o'lo:gə] ‹-n, -n› *m,* **Radiologin** [...gɪn] *f* radiologo, -a *m, f.*
Radiorecorder [-re'kɔrdɐ] ‹-s, -› *m* radioregistratore *m.*
Radiotherapie [radi̯o-] *f* radioterapia *f.*
Radiowecker *m* radiosveglia *f.*
Radium ['ra:di̯ʊm] ‹-s, ø› *n chem* radio *m.*
Radius ['ra:di̯ʊs, ...i̯ən] ‹-, Radien› *m* raggio *m.*
Radkappe *f* coppa *f* della ruota.
Radler(in) ‹-s, -› *m(f) fam s.* **Radfahrer(in).**
Radrennbahn *f* velodromo *m.* **Radrennen** *n* corsa *f* ciclistica. **Radrennfahrer(in)** *m(f)* corridore, -trice *m, f* (ciclista).
rad·schlagen ‹schlägt Rad, schlug Rad, radgeschlagen› *itr* fare la ruota.
Radsport *m* ciclismo *m.* **Radtour** *f,* **-wanderung** *f* gita *f* in bicicletta. **Radwechsel** *m* cambio *m* della ruota. **Radweg** *m s.* **Radfahrweg.**
RAF [ɛrˀa:'ˀɛf] ‹-, ø› *f ab von* **Rote-Armee-Fraktion** Frazione Armata Rossa.
raffen ['rafən] *tr* **1.** *(an sich reißen)* arraffare; *(Geld)* accumulare; **2.** *(Rock, etc.)* sollevare, tirare su; *(Stoff)* pieghettare; **3.** *(kürzen)* comprimere; **4.** *sl (kapieren)* afferrare *fam.*
Raffgier *f* rapacità *f,* avidità *f.* **raffgierig** *a* rapace, avido.
Raffinade [rafi'na:də] ‹-, -n› *f* zucchero *m* raffinato.
Raffinerie [rafinə'ri:, ...i:ən] ‹-, -n› *f* raffineria *f.*
Raffinesse [rafi'nɛsə] ‹-, -n› *f* **1.** *(Schlauheit, Durchtriebenheit)* astuzia *f;* **2.** *(Feinheit)* raffinatezza *f.*
raffinieren [rafi'ni:rən] ‹*ohne ge-*› *tr* raffinare. **raffiniert** *a* **1.** *(schlau)* astuto; *(durchtrieben)* furbo; **2.** *(verfeinert)* raffinato; **3.** *fam (Kleid, Frisur, etc.)* raffinato.
Raffsucht *f s.* **Raffgier. raffsüchtig** *a s.* **raffgierig.**
Rage ['ra:ʒə] ‹-, ø› *f* rabbia *f,* furore *m;* **in ~ kommen** andare in bestia *fam.*
ragen ['ra:gən] *itr* innalzarsi, elevarsi, ergersi (*in die Höhe* in aria).
Ragout [ra'gu:] ‹-s, -s› *n* ragù *m.*
Rah [ra:] ‹-, -en› *f,* **Rahe** ['ra:ə] ‹-, -n› *f* pennone *m.*
Rahm [ra:m] ‹-(e)s, ø› *m dial* panna *f,* crema *f;* **den ~ abschöpfen** *fig fam* fare la parte del leone *fam.*
rahmen ['ra:mən] *tr* incorniciare, mettere in cornice.
Rahmen ‹-s, -› *m* **1.** *(Bilder~, a. fig)* cornice *f;* **2.** *tec (Tür~, Fenster~)* telaio *m;* **3.** *fig (Bereich)* quadro *m,* ambito *m;* **in bescheidenem/großem ~** in piccolo/grande; **im ~ von** nell'ambito di; **im ~ des Möglichen** nell'ambito delle possibilità; **aus dem ~ fallen** *fig* essere fuori dell'ordinario. **Rahmenerzählung** *f* (racconto *m*) cornice *f.* **Rahmengesetz** *n* legge *f* quadro. **Rahmenhandlung** *f* trama *f* che fa da cornice. **Rahmenrichtlinien** *f pl* linee *f pl* programmatiche.
Raimund ['raimʊnt] *(männlicher Vorname)* Raimondo.
Rainer ['ra̯inɐ] *(männlicher Vorname)* Ranieri.
räkeln ['rɛ:kəln] *rfl s.* **rekeln.**
Rakete [ra'ke:tə] ‹-, -n› *f* razzo *m; (a. mil)* missile *m;* **ferngelenkte** (*o.* **ferngesteuerte**) **~** missile teleguidato; **zweistufige ~** missile bistadio.
Raketenabschußbasis *f* base *f* di lancio per missili. **Raketenabschußrampe** *f* rampa *f* lanciamissili. **Raketenantrieb** *m* propulsione *f* a razzo. **Raketenstufe** *f* stadio *m* del missile. **Raketenstützpunkt** *m* base *f* missilistica. **Raketentriebwerk** *n* motore *m* a razzo. **Raketenver-**

suchsgelände *n* poligono *m* di lancio. **Raketenzeitalter** *n* era *f* dei missili.
Ralf [ralf] *männlicher Vorname.*
Rallye ['rali *o.* 'rɛli] ‹-, -s› *f* rally *m.* **Rallyefahrer(in)** *m(f)* campione, -essa *m, f* di rally.
Ramme ['ramə] ‹-, -n› *f (Pfahl~)* battipalo *m; (Hand~)* mazzapicchio *m.*
rammen *tr* **1.** *(Pfähle, etc.)* conficcare (con il battipalo), battere (*in* in); **2.** *(Fahrzeuge)* tamponare; *(Schiffe)* speronare.
Rampe ['rampə] ‹-, -n› *f* **1.** rampa *f; (Lade~)* piano *m* caricatore; **2.** *theat* ribalta *f.* **Rampenlicht** *n* luci *f pl* della ribalta; **im ~ stehen** *fig* essere al centro dell'interesse.
ramponieren [rampo'ni:rən] ‹*ohne ge-*› *tr fam* rovinare, guastare.
Ramsch [ramʃ] ‹-(e)s, *rar* -e› *m fam pej* **1.** *(schlechte Ware)* merce *f* di scarto; **2.** *(wertloses Zeug)* cianfrusaglie *f pl,* robaccia *f;* **im ~ kaufen** comp(e)rare in blocco. **Ramschladen** *m fam pej* negozio *m* che vende merce scadente.
ran [ran] *adv fam s.* **heran.**
Rand [rant] ‹-(e)s, ¨-er› *m* **1.** *(a. Saum)* orlo *m; (a. Kante)* bordo *m;* **2.** *(Umrandung)* sponda *f;* **3.** *(Hut~)* tesa *f;* **4.** *(von Abgrund)* orlo *m;* **5.** *(Wald~, Straßen~)* margini *m pl;* **6.** *(Stadt~)* periferia *f;* **7.** *(Schmutz~)* alone *m;* **8.** *typ* margine *m;* **am ~e bemerken** *fig* accennare di sfuggita; **außer ~ und Band sein** *(Kinder, etc.)* essere scatenato *fam;* **mit etw. nicht zu ~e kommen** *fam* non venire a capo di qc *fam;* **am ~e des Verderbens stehen** essere sull'orlo della rovina; **Ränder unter den Augen haben** avere le occhiaie; **halt den ~!** *sl* chiudi il becco! *sl.*
randalieren [randa'li:rən] ‹*ohne ge-*› *itr* **1.** *(Lärm machen)* far baccano; **2.** *(zerstören)* compiere atti di vandalismo.
Randbemerkung *f* **1.** *(schriftlich)* nota *f* a margine; **2.** *(mündlich)* osservazione *f,* commento *m.*
Rande ['randə] ‹-, -n› *f CH* barbabietola *f.*
Randerscheinung *f* fenomeno *m* di importanza secondaria. **Randgebiet** *n* territorio *m* periferico; *(einer Stadt)* periferia *f.* **Randgruppe** *f* emarginati *m pl.* **randlos** *a* senza orlo, senza margine; *(Brille)* senza montatura. **Randsteller** ‹-s, -› *m* marginatore *m.* **Randstreifen** *m mot* corsia *f* di sosta (*o.* d'emergenza).
rang [raŋ] *1. u. 3. pers sing imp von* **ringen.**
Rang [raŋ] ‹-(e)s, ¨-e› *m* **1.** rango *m; (bes. mil)* grado *m;* **2.** *(Stand)* condizione *f,* stato *m;* **3.** *(Stellung)* posizione *f;* **4.** *(Stellenwert)* importanza *f;* **5.** *(Güte)* qualità *f;* **6.** *theat* galleria *f;* **ersten ~es** di prima qualità; *(von Bedeutung a.)* di prim'ordine; **jdm den ~ ablaufen** superare qu; **jdm den ~ streitig machen** contendere il posto a qu; **alles, was ~ und Namen hat** le persone eminenti, i notabili. **Rangabzeichen** *n* distintivo *m* di grado.
Range ['raŋə] ‹-, -n› *f o. rar* ‹-n, -n› *m* monello, -a *m, f,* birichino, -a *m, f.*
Rangfolge *f* gerarchia *f; (Wertordnung)* ordine *m.*
Rangierbahnhof *m* stazione *f* di smistamento.
rangieren [raŋ'ʒi:rən *o.* rã'ʒi:rən] ‹*ohne ge-*› **I.** *tr* manovrare; **II.** *itr* trovarsi ad un posto, venire (*nach* dopo di, *vor* prima di). **Rangiergleis** *n* binario *m* di manovra.
Rangliste *f* **1.** *sport* classifica *f;* **2.** *mil* annuario *m* militare. **Rangordnung** *f s.* **Rangfolge.**
rank [raŋk] *a:* **~ und schlank** slanciato.
Ranke ['raŋkə] ‹-, -n› *f* viticcio *m,* cirro *m; (von Rebe)* tralcio *m.*
Ränke ['rɛŋkə] ‹*pl*› *poet* intrighi *m pl,* macchinazioni *m pl;* **~ schmieden** ordire intrighi.
ranken *itr* ‹*haben o. sein*›, *rfl:* **sich ~** avviticchiarsi, arrampicarsi.
Ränkeschmied *m poet* intrigante *m,* macchinatore *m.*
rann [ran] *1. u. 3. pers sing imp von* **rinnen.**
rannte ['rantə] *1. u. 3. pers sing imp von* **rennen.**
Ranzen ['rantsən] ‹-s, -› *m* **1.** *(Schultasche)* cartella *f;* **2.** *(Rucksack)* zaino *m;* **3.** *fam (dicker Bauch)* pancia *f.*
ranzig ['rantsıç] *a* racido; **~ werden** irrancidire.
Rappe ['rapə] ‹-n, -n› *m* morello *m.*
Rappel ['rapəl] ‹-s, -› *m fam* **1.** *(Wutanfall)* accesso *m* (*o.* attacco *m*) di pazzia; **2.** *(Tick)* tic *m;* **du hast wohl einen ~?** sei matto?, ti ha dato di volta il cervello? *fam;* **er hat (s)einen ~ gekriegt** gli sono venuti i cinque minuti *fam.*
rappeln *itr fam* sbattere, fare rumore; **bei dir rappelt's wohl?** sei un po' tocco? *fam.*
Rappen ['rapən] ‹-s, -› *m* centesimo *m.*
Raps [raps] ‹-es, *rar* -e› *m* colza *f.*
rar [ra:ɐ̯] *a* raro; *(Juwelen)* prezioso;

sich ~ machen *fam* farsi vedere di rado; **~ werden** scarseggiare.
Rarität [rari'tɛ:t] ‹-, -en› *f* rarità *f.*
rasant [ra'zant] *a* **1.** *fam* velocissimo; **2.** *mil* radente, teso.
rasch [raʃ] **I.** *a* rapido, veloce; *(flink)* svelto; **II.** *adv* alla svelta.
rascheln ['raʃəln] *itr* frusciare; **mit etw. ~** fare un fruscio con qc. **Rascheln** ‹-s, ø› *n* fruscio *m.*
rasen ['ra:zən] *itr* **1.** ‹*haben*› essere fuori di sé, fremere (*vor* da); *(im Wahnsinn)* delirare; *(Sturm)* infuriare; **2.** ‹*sein*› correre all'impazzata, sfrecciare; **das Publikum raste vor Begeisterung** il pubblico era fuori di sé dall'entusiasmo.
Rasen ['ra:zən] ‹-s, -› *m* prato *m.*
rasend I. *a* **1.** *(Geschwindigkeit)* pazzo, folle; **2.** *(Schmerzen)* violento; **3.** *(Wut, Eifersucht, etc.)* furioso, furibondo; **4.** *(Beifall)* frenetico; **jdn ~ machen** far impazzire qu; **ich könnte ~ werden** c'è da impazzire; **II.** *adv fam (sehr)* molto, da matti *fam;* **das war ~ komisch** era da sganasciarsi *fam.*
Rasenfläche *f* prato *m.* **Rasenmäher** ‹-s, -› *m* tosatrice *f,* tosaerba *f.* **Rasenplatz** *m* campo *m* erboso. **Rasensprenger** ‹-s, -› *m* irrigatore *m* (da giardino).
Raserei [ra:zə'raị] ‹-, ø› *f* **1.** *fam, mot* corsa *f* pazza; **2.** *(vor Wut)* furia *f,* rabbia *f; (Wahnsinn)* pazzia *f;* **jdn bis zur ~ lieben** amare qu alla follia.
Rasierapparat *m* rasoio *m* (di sicurezza); **elektrischer ~** rasoio elettrico. **Rasiercreme** *f* crema *f* da barba.
rasieren [ra'zi:rən] ‹*ohne ge-*› **I.** *tr* radere; *(jdn a.)* fare la barba a; **sich ~ lassen** farsi fare la barba; **sich** *(dat)* **die Beine ~** radersi le gambe; **II.** *rfl:* **sich ~** radersi, farsi la barba; **sich naß/trocken ~** farsi la barba saponata (*o.* con il sapone)/a secco.
Rasierklinge *f* lametta *f* da barba. **Rasiermesser** *n* rasoio *m.* **Rasierpinsel** *m* pennello *m* da barba. **Rasierseife** *f* sapone *m* da barba. **Rasierzeug** *n* servizio *m* da barba.
Raspel[1] ['raspəl] ‹-, -n› *f (Feile)* raspa *f; (Küchen~)* grattugia *f* per verdure.
Raspel[2] ['raspəl] ‹-s, -› *m* ‹*meist pl*› *(Geraspeltes)* raspatura *f.*
raspeln *tr* **1.** *(Holz)* raspare; **2.** *(Gemüse)* grattugiare.
Rasse ['rasə] ‹-, -n› *f* razza *f;* **~ haben** *fam (Pferd)* essere di razza; *(Wein)* essere corposo (*o.* brillante); *(Frau)* essere tutto fuoco, essere focosa. **Rassehund** *m* cane *m* di razza.
Rassel ['rasəl] ‹-, -n› *f* sonaglio *m.* **Rasselbande** *f fam* brigata *f* di ragazzi.
rasseln *itr* **1.** ‹*haben*› *(Ketten)* fare strepito; *(Wecker)* (ri)sonare con fragore; **2.** ‹*sein*› *(rasselnd fahren)* passare con gran fracasso; **er ist durch die Prüfung gerasselt** *fam* è stato bocciato all'esame.
Rassendiskriminierung *f* discriminazione *f* razziale. **Rassenhaß** *m* odio *m* razziale. **Rassenkonflikt** *m* conflitto *m* razziale. **Rassenunruhen** *f pl* disordini *m pl* razziali.
rassig *a* tutto fuoco.
rassisch *a* razziale.
Rassismus [ra'sɪsmʊs] ‹-, ø› *m* razzismo *m.*
Rassist(in) [ra'sɪst(ɪn)] ‹-en, -en› *m(f)* razzista *mf.*
rassistisch *a* razzista, razzistico.
Rast [rast] ‹-, -en› *f* sosta *f,* fermata *f;* **ohne ~ und Ruh** *geh* senza pace né tregua.
rasten *itr* fermarsi, sostare; **wer rastet, der rostet** *prov* chi si ferma, è perduto *prov.*
Raster[1] ['rastɐ] ‹-s, -› *m* **1.** *typ* retino *m;* **2.** *(in Fragenbogen)* griglia *f;* **3.** *fig* categoria *f* (del pensiero).
Raster[2] ['rastɐ] ‹-s, -› *n TV* quadro *m.*
Raster(elektronen)mikroskop *n* microscopio *m* elettronico a scansione lineare. **Rasterfahndung** *f* investigazione *f* computerizzata.
rastlos *a* **1.** *(unermüdlich)* incessante, continuo; **2.** *(ruhelos)* instancabile, infaticabile; **3.** *(unstet)* irrequieto. **Rastlosigkeit** ‹-, ø› *f* **1.** *(Unermüdlichkeit)* infaticabilità *f;* **2.** *(Ruhelosigkeit, Unstetigkeit)* irrequietezza *f.* **Rastplatz** *m* **1.** *allg.* luogo *m* di sosta; **2.** *(Autobahn~)* piazzola *f* di sosta. **Raststätte** *f* autogrill *m.*
Rasur [ra'zu:ɐ̯] ‹-, -en› *f* rasatura *f.*

Rat [ra:t, -ʃlɛ:gə *o.* 'rɛ:tə] *m* **1.** ‹-(e)s, -schläge› *(~schlag)* consiglio *m; (Empfehlung)* raccomandazione *f;* **2.** ‹-(e)s, ø› *(Ausweg)* via *f* d'uscita, rimedio *m;* **3.** ‹-(e)s, ⸚e› *(Kollegium)* consiglio *m; (Person)* consigliere *m;* **auf meinen ~ (hin)** dietro (*o.* su) mio suggerimento; **jds ~ befolgen** seguire il consiglio di qu; **jdn um ~ bitten** (*o.* **fragen)** chiedere consiglio a qu; **jdn/etw. zu ~e ziehen** consultare qu/qc; **da ist guter ~ teuer** è un bel pasticcio, è difficile dare un consiglio; **jdm mit ~ und Tat zur Seite stehen** assistere qu a parole e a fatti; **sich** *(dat)* **keinen (anderen) ~ mehr wissen** (,

als . . .) non saper far altro che . . .; **der Hohe ~** *hist* il sinedrio *m.*
rät [rɛ:t] *3. pers sing pr von* **raten.**
Rate ['ra:tə] ‹-, -n› *f* **1.** *com* rata *f;* **2.** *(Verhältniszahl)* quota *f;* **in ~n (be)zahlen** pagare a rate; **auf ~n kaufen** comperare a rate.
raten ['ra:tən] ‹rät, riet, geraten› *tr, itr* **1.** *(Ratschläge geben)* consigliare; *(vorschlagen)* suggerire; *(empfehlen)* raccomandare; **2.** *(er~)* indovinare; **jdm zu etw. ~** consigliare qu per qc; **dreimal darfst du ~!** *fam* puoi rispondere tre volte, puoi dare tre risposte; **das würde ich dir nicht ~** non te lo consiglierei; **das rätst du nie!** *fam* non lo indovinerai mai! *fam;* **ich werde mich sofort entschuldigen — das möchte ich dir auch geraten haben!** *fam* mi scuserò subito — sarà meglio!; **rat(e) mal, wer heute angerufen hat** *fam* indovina un po' chi ha telefonato oggi.
Ratenzahlung *f* pagamento *m* rateale (*o.* a rate).
Ratgeber *m (Buch)* manualetto *m.*
Ratgeber(in) *m(f)* consigliere, -a *m, f.*
Rathaus *n* municipio *m.*
Ratifikation [ratifika'tsi̯o:n] ‹-, -en› *f,* **Ratifizierung** ‹-, -en› *f* ratifica *f.*
ratifizieren [...'tsi:rən] ‹*ohne ge-*› *tr* ratificare.
Rätin ['rɛ:tɪn] *f* consigliera *f.*
Ration [ra'tsi̯o:n] ‹-, -en› *f* razione *f.*
rational [ratsi̯o'na:l] *a* razionale.
rationalisieren [...nali'zi:rən] ‹*ohne ge-*› *tr, itr* razionalizzare.
Rationalisierung ‹-, -en› *f* razionalizzazione *f.* **Rationalisierungsmaßnahmen** *f pl* misure *f pl* di razionalizzazione.
rationell [...'nɛl] *a* razionale; *(haushälterisch)* economico.
rationieren [...'ni:rən] ‹*ohne ge-*› *tr* razionare.
Rationierung ‹-, -en› *f* razionamento *m.*
ratlos *a* perplesso, confuso, disorientato. **Ratlosigkeit** ‹-, ø› *f* perplessità *f,* confusione *f,* disorientamento *m.*
rätoromanisch [rɛtoro'ma:nɪʃ] *a* retoromano, romancio.
ratsam *a* consigliabile; *(zu empfehlen)* raccomandabile; *(angezeigt)* opportuno; *(nützlich)* utile; **für ~ halten zu . . .** ritenere opportuno . . . *inf;* **ich halte es nicht für ~ zu . . .** non ritengo opportuno . . . *inf.*
ratsch [ratʃ] *interj* zaff.
Ratschlag ['ra:t-] *m* consiglio *m.*
Rätsel ['rɛ:tsəl] ‹-s, -› *n* enigma *m;* *(kleine Denkaufgabe a.)* indovinello *m;* **jdm ein ~ aufgeben** porre un problema a qu; **ein ~ lösen** sciogliere un enigma; **das ist des ~s Lösung** ecco la chiave dell'enigma; **vor einem ~ stehen** essere di fronte ad un enigma; **dieser Mann ist mir ein ~** quest'uomo è un enigma per me; **es ist mir ein ~, wie das passieren konnte** non so come sia successo. **Rätselecke** *f fam* pagina *f* dei quiz. **rätselhaft** *a* enigmatico, misterioso, oscuro; *(unerklärlich)* inesplicabile.
rätseln *itr* cercare di indovinare.
Rätselraten ‹-s, ø› *n* **1.** *(von Kreuzworträtseln, etc.)* indovinare *m* indovinelli; **2.** *fig (das Rätseln)* supposizioni *f pl,* congetture *f pl;* **das ~ über den Verbleib der Millionen geht weiter** continuano le congetture su dove siano i milioni.
Ratskeller *m* ristorante *m* del municipio. **Ratssitzung** *f* seduta *f* del consiglio. **Ratsversammlung** *f* assemblea *f* comunale.
Ratte ['ratə] ‹-, -n› *f* ratto *m.* **Rattengift** *n* topicida *m.* **Rattenschwanz** *m* **1.** *zoo* coda *f* di ratto; **2.** *fig fam* strascico *m;* **der Skandal zog einen ~ von Enthüllungen nach sich** lo scandalo sollevò molti veli.
rattern ['ratɐn] *itr* **1.** ‹*haben*› fare strepito; *(Maschinengewehr)* crepitare; **2.** ‹*sein*› *(sich ratternd bewegen)* passare con strepito.
Raub [rau̯p] ‹-(e)s, ø› *m* **1.** *(Rauben)* rapina *f;* **2.** *(Entführung)* rapimento *m;* **3.** *(Beute)* bottino *m,* preda *f;* **auf ~ ausgehen** andare a far bottino; **ein ~ der Flammen werden** *geh* cadere in preda alle fiamme; **der ~ der Sabinerinnen** il ratto delle Sabine. **Raubbau** ‹-(e)s, ø› *m* sfruttamento *m* abusivo; **~ treiben** sfruttare senza criterio; **mit seiner Gesundheit ~ treiben** rovinarsi la salute. **Raubdruck** ‹-(e)s, -e› *m* edizione *f* contraffatta.
rauben ['rau̯bən] *tr* **1.** *(wegnehmen)* rubare, rapinare; **2.** *(entführen)* rapire; **jdm alle Hoffnung ~** privare qu di ogni speranza; **den Atem ~** togliere il fiato; **jdm die Unschuld ~** *obs* togliere la verginità a qu, deflorare qu; **du raubst mir noch den letzten Nerv!** *fam* mi costi anche gli ultimi nervi! *fam.*
Räuber(in) ['rɔy̯bɐ (...ərɪn)] ‹-s, -› *m(f)* rapinatore, -trice *m, f;* *(Straßen~)* brigante *m,* bandito *m;* **~ und Gendarm spielen** giocare a guardie e ladri. **Räuberbande** *f* banda *f* di briganti. **Räuberhauptmann** *m* capobanda *m.* **Räuberhöhle** *f* covo *m* di

briganti; **hier sieht es ja aus wie in einer ~!** *fam* sembra una stalla *fam.* **Räuberin** *f s.* **Räuber. räuberisch** *a* rapace.

Raubkatze *f* felino *m.* **Raubmord** *m* assassinio *m* per rapina. **Raubmörder(in)** *m(f)* assassino, -a *m, f* rapinatore, -trice. **Raubritter** *m* cavaliere *m* predone. **Raubtier** *n* animale *m* rapace. **Raubüberfall** *m* rapina *f;* **bewaffneter ~** rapina a mano armata. **Raubvogel** *m* uccello *m* rapace.

Rauch [raux] ‹-(e)s, ø› *m* fumo *m;* **sich in ~ auflösen** andare in fumo. **Rauchabzug** *m* canna *f* fumaria. **Rauchbombe** *f* bomba *f* fumogena.

rauchen ['rauxən] *itr, tr* fumare; **mir raucht der Kopf** mi fuma la testa; **~ Sie?** fuma?; **R~ verboten!** proibito fumare!

Rauchentwicklung *f* sviluppo *m* di fumo.

Raucher(in) ‹-s, -› *m(f)* fumatore, -trice *m, f;* **ein starker ~** un gran fumatore.

Räucheraal *m* anguilla *f* affumicata.

Raucherabteil *n* scompartimento *m* per fumatori. **Raucherhusten** *m* tosse *f* dei fumatori. **Raucherin** *f s.* **Raucher.**

Räucherlachs *m* salmone *m* affumicato.

räuchern ['rɔyçən] *tr* affumicare.

Räucherstäbchen *n* bastoncini *m pl* d'incenso.

Rauchfahne *f* pennacchio *m* di fumo. **Rauchfang** *m* cappa *f* del camino. **Rauchfangkehrer** ‹-s, -› *m A (Schornsteinfeger)* spazzacamino *m.* **Rauchfleisch** *n* carne *f* affumicata.

rauchig *a* **1.** *(voll Rauch)* pieno di fumo; **2.** *(wie Rauch)* fumoso; *(Stimme)* profondo e rauco; *(Whisky)* che sa di fumo.

Rauchsäule *f* colonna *f* di fumo, fumata *f.* **Rauchschwaden** *m* nuvola *f* di fumo. **Rauchverbot** *n* divieto *m* di fumare. **Rauchvergiftung** *f* intossicazione *f* da fumo. **Rauchverzehrer** ‹-s, -› *m* fumivoro *m.*

Rauchwaren[1] *f pl (Tabakwaren)* tabacchi *m pl.*

Rauchwaren[2] *f pl (Pelze)* pellicceria *f.*

Rauchwolke *f* nuvola *f* di fumo. **Rauchzeichen** *n* fumata *f.*

Räude ['rɔydə] ‹-, -n› *f* rogna *f,* scabbia *f.* **räudig** *a* rognoso.

rauf [rauf] *adv fam s.* **herauf, hinauf.**

Raufbold [-bɔlt] ‹-(e)s, -e› *m pej* rissaiolo *m.*

Raufe ['raufə] ‹-, -n› *f* rastrelliera *f.*

raufen ['raufən] *rfl:* **sich ~** azzuffarsi, accapigliarsi; **sich um etw. ~** far rissa per qc; **sich** *(dat)* **die Haare ~** strapparsi i capelli.

Rauferei [...ə'rai] ‹-, -en› *f* zuffa *f,* baruffa *f,* rissa *f.*

rauflustig *a* rissoso, litigioso.

rauh [rau] *a* **1.** *(nicht glatt)* ruvido, scabro; *(bot, borstig)* irto, ispido; **2.** *(Stimme, Hals)* rauco, roco; *(Haut)* screpolato; **3.** *(Klima)* rigido, inclemente; *(Wind)* tagliente; **4.** *(Gegend)* selvaggio; **5.** *(Manieren, Mensch)* ruvido; *(grob)* rozzo, rude, aspro; **eine ~e Schale haben** *fig* avere la scorza ruvida; **hier herrschen ~e Sitten** qui dominano costumi rozzi; **~, aber herzlich** *fam* rozzo, ma di cuore; **in ~en Mengen** *fam* in grande quantità. **Rauhbein** *n fam* orso *m fam.* **Rauheit** ‹-, -en› *f* **1.** *allg.* ruvidezza *f,* scabrosità *f; bot* ispidezza *f;* **2.** *(von Stimme)* raucedine *f;* **3.** *(von Klima)* rigidità *f,* inclemenza *f;* **4.** *(von Wesen, Benehmen)* durezza *f,* asprezza *f,* rudezza *f.* **Rauhfasertapete** *f* carta *f* da parati ruvida.

Rauhreif *m* brina *f.*

Raum [raum] ‹-(e)s, ¨-e› *m* **1.** *astr, philos, phys, mat* spazio *m;* **2.** *(Platz)* posto *m; (Ort)* luogo *m;* **3.** *(Räumlichkeit)* locale *m,* vano *m; (Zimmer)* stanza *f,* camera *f;* **4.** *(Zwischen~)* spazio *m,* intervallo *m;* **einen breiten ~ einnehmen** occupare molto posto; **~ und Zeit** spazio e tempo; **eine Frage in den ~ stellen** fare una domanda; **im ~ stehen** *fig* esserci, esistere; **luftleerer ~** vuoto *m;* **im ~ Köln** nella zona di Colonia. **Raumanzug** *m* tuta *f* spaziale. **Raumaufteilung** *f* distribuzione *f* dello spazio.

Räumboot *n* dragamine *m.*

räumen ['rɔymən] *tr* **1.** sgombrare (*von* da); *(weg~)* togliere, levare; *(leeren)* vuotare; **2.** *(verlassen)* lasciare; *(aufgeben)* abbandonare; *(evakuieren)* evacuare; **beiseite ~** mettere da parte; **den Saal ~ lassen** far evacuare la sala; **etw. in einen/aus einem Schrank ~** riordinare qc in un armadio/prendere fuori qc da un armadio.

Raumersparnis *f* risparmio *m* di spazio; **zwecks ~** per risparmiare spazio. **Raumfähre** *f* navetta *f* spaziale. **Raumfahrer(in)** *m(f)* astronauta *mf,* cosmonauta *mf.* **Raumfahrt** *f* navigazione *f* spaziale, astronautica *f,* cosmonautica *f.* **Raumfahrtbehörde** *f* ente *m* per la ricerca spaziale. **Raumfahrzeug** *n* veicolo *m* spaziale.

Räumfahrzeug *n* mezzo *m* di sgombero.
Raumflug *m* volo *m* (*o.* viaggio *m*) spaziale; **bemannter/unbemannter ~** volo spaziale con/senza uomini a bordo. **Raumforschung** *f* ricerche *f pl* spaziali. **Raumgestaltung** *f* architettura *f* interna, arredamento *m.* **Rauminhalt** *m* volume *m,* cubatura *f.*
Räumkommando *n* squadra *f* di sgombero.
Raumlehre *f* geometria *f.*
räumlich ['rɔy̯mlɪç] *a* **1.** *(den Raum betreffend)* spaziale; *(im Raum)* nello spazio; *(des Raumes)* di (*o.* dello) spazio; **2.** *(dreidimensional)* tridimensionale; **~es Sehen** vista stereoscopica; **~e Nähe** vicinanza spaziale; **~e Verhältnisse** rapporti spaziali. **Räumlichkeiten** *f pl* vani *m pl,* locali *m pl.*
Raummeter *m o. n* stero *m.* **Raumpflegerin** *f* donna *f* delle pulizie.
Räumpflug *m* apripista *m.*
Raumschiff *n* nave *f* spaziale. **raumsparend** *a* poco ingombrante. **Raumstation** *f* stazione *f* spaziale. **Raumteiler** ⟨-s, -⟩ *m* divisorio *m* di ambienti.
Räumung ⟨-, -en⟩ *f (Wohnungs~, etc.)* sgombero *m; (zwangsweise ~)* sfratto *m; (Verlassen)* abbandono *m; (Evakuierung)* evacuazione *f; (Leerung)* vuotamento *m; com* svendita *f,* liquidazione *f.* **Räumungsarbeiten** *f pl* lavori *m pl* di sgombero. **Räumungs(aus)verkauf** *m* liquidazione *f* totale. **Räumungsbefehl** *m* **1.** *mil* ordine *m* di evacuazione; **2.** *jur* ordine *m* di sfratto. **Räumungsklage** *f* azione *f* per sfratto. **Räumungsverkauf** *m s.* **Räumungsausverkauf.**
raunen ['ra̯unən] *itr* mormorare, sussurare.
Raupe ['ra̯upə] ⟨-, -n⟩ *f* **1.** *zoo* bruco *m;* **2.** *tec (Planier~)* apripista *m,* bulldozer *m.* **Raupenschlepper** *m* trattore *m* a cingoli.
raus [ra̯us] *adv fam s.* **heraus, hinaus.**
Rausch [ra̯uʃ] ⟨-(e)s, ⸚e⟩ *m* **1.** *(Alkohol~)* ubriacatura *f,* sbornia *f fam,* sbronza *f fam; (Drogen~)* ebbrezza *f* da droga; **2.** *(Ekstase)* estasi *f; (Begeisterung)* ebbrezza *f;* **im ~ sprechen** parlare sotto l'effetto della sbornia; **seinen ~ ausschlafen** smaltire la sbornia *fam;* **sich** *(dat)* **einen ~ antrinken** prendersi una sbornia *fam;* **einen ~ haben** avere una sbronza *fam;* **im ~ der Leidenschaft** nell'estasi della passione.
rauschen ['ra̯uʃən] *itr (Sturm, Wogen)* muggire; *(Wald, Blätter)* stormire; *(Bach)* mormorare; *(Regen, Beifall)* scrosciare; *(Wind)* sibilare; *(Seide, Kleider)* frusciare.
Rauschgift *n* droga *f,* stupefacente *m.* **Rauschgiftdezernat** *n* sezione *f* narcotici. **Rauschgifthandel** *m* traffico *m* di droga (*o.* stupefacenti). **Rauschgifthändler(in)** *m(f)* trafficante *mf* di droga (*o.* di stupefacenti). **Rauschgiftring** *m* rete *f* di spacciatori. **rauschgiftsüchtig** *a* tossicodipendente, tossicomane. **Rauschgiftsüchtige** *mf* tossicodipendente *mf.*
Rauschgoldengel *m* angioletto *m* natalizio di latta.
raus·fliegen ⟨*irr*⟩ *itr* ⟨*sein*⟩ *fam* **1.** *(Vogel, etc.)* volare fuori; **2.** *(hinausgeworfen werden)* essere buttato fuori *fam.*
räuspern ['rɔy̯spɐn] *rfl:* **sich ~** raschiarsi la gola.
raus·rücken *fam* **I.** *tr* ⟨*haben*⟩ *(Geld, etc.)* tirare fuori; **II.** *itr* ⟨*sein*⟩ tirare fuori (*mit etw.* qc); **mit der Sprache ~** parlare francamente. **raus·schmeißen** ⟨*irr*⟩ *tr fam* buttare fuori; **das ist rausgeschmissenes Geld** sono soldi buttati via *fam.*
Raute ['ra̯utə] ⟨-, -n⟩ *f* **1.** *mat* rombo *m;* **2.** *bot* ruta *f.*
Razzia ['ratsi̯a, ...i̯ən *o.* ...i̯as] ⟨-, -ien *o.* *rar* -s⟩ *f* retata *f,* rastellamento *m.*
RB *ab von* **Radio Bremen** *rete radio televisiva regionale della R.F.T. con sede a Brema.*
rd. *ab von* **rund** c. (*ab von* circa).
Reagens [re'a:gɛns, ...rea'gɛntsi̯ən] ⟨-, -genzien⟩ *n,* **Reagenz** [rea'gɛnts, ...tsi̯ən] ⟨-es, -ien⟩ *n* reagente *m.* **Reagenzglas** *n* provetta *f.*
reagieren [rea'gi:rən] ⟨*ohne ge-*⟩ *itr* reagire (*auf* a).
Reaktion [reak'tsi̯o:n] ⟨-, -en⟩ *f* reazione *f.*
reaktionär [...tsi̯o'nɛ:ɐ̯] *a* reazionario. **Reaktionsfähigkeit** *f* reattività *f.* **Reaktionsgeschwindigkeit** *f* velocità *f* di reazione.
Reaktor [re'akto:ɐ̯, ...'to:rən] ⟨-s, -en⟩ *m* reattore *m* (nucleare).
real [re'a:l] *a (wirklich)* reale; *(konkret)* concreto. **Realeinkommen** *n* reddito *m* reale.
realisierbar *a* attuabile.
realisieren [reali'zi:rən] ⟨*ohne ge-*⟩ *tr* realizzare; *(verwirklichen a.)* attuare.
Realisierung ⟨-, ø⟩ *f* realizzazione *f; (Verwirklichung a.)* attuazione *f.*

realistisch [rea'lɪstɪʃ] *a* realistico.
Realität [reali'tɛ:t] ‹-, -en› *f* realtà *f*.
Reallohn *m* salario *m* reale. **Reallohnabbau** *m* diminuzione *f* del salario reale. **Realschule** *f* scuola *f* secondaria inferiore.
Rebe ['re:bə] ‹-, -n› *f* **1.** *(Weinstock)* vite *f*; **2.** *(Ranke)* viticcio *m*.
Rebell(in) [re'bɛl(ɪn)] ‹-en, -en› *m(f)* ribelle *mf*.
rebellieren [rebɛ'li:rən] ‹*ohne ge-*› *itr* ribellarsi (*gegen* contro a).
Rebellin *f s.* **Rebell.**
Rebellion [...'li̯o:n] ‹-, -en› *f* ribellione *f*.
rebellisch *a* ribelle.
Rebhuhn ['re:p- *o.* 'rɛp-] *n* pernice *f*. **Reblaus** ['re:p-] *f* fillossera *f*. **Rebstock** *m* vite *f*.
Rebus ['re:bʊs] ‹-, -se› *m o. n* rebus *m*.
Rechaud [re'ʃo:] ‹-s, -s› *m o. n* scaldavivande *m*.
Rechen ['rɛçən] ‹-s, -› *m* rastrello *m*.
Rechenaufgabe *f* problema *m* di aritmetica. **Rechenbuch** *n* libro *m* di aritmetica. **Rechenexempel** *n* esempio *m* di calcolo. **Rechenfehler** *m* errore *m* di calcolo. **Rechenmaschine** *f* calcolatrice *f*.
Rechenschaft ‹-, ø› *f* conto *m*, ragione *f*; **jdm über etw. ~ geben** (*o.* **ablegen**) rendere conto a qu di qc; **jdn für etw. zur ~ ziehen** chiedere conto (*o.* ragione) di qc a qu; **darüber bin ich Ihnen keine ~ schuldig** non ne devo rendere conto a Lei. **Rechenschaftsbericht** *m* rendiconto *m*, resoconto *m*.
Rechenschieber *m* regolo *m* calcolatore. **Rechenzentrum** *n* centro *m* di calcolo.
Recherchen [re'ʃɛrʃən] *f pl* ricerche *f pl*, indagini *f pl*.
recherchieren [...'ʃi:rən] ‹*ohne ge-*› **I.** *tr* ricercare, fare una ricera su; **II.** *itr* fare una ricerca (su qc).
rechnen ['rɛçnən] **I.** *tr* **1.** *mat* contare, calcolare; **2.** *(einbeziehen)* annoverare (*zu, unter* fra); **II.** *itr* **1.** *mat* contare, calcolare, fare un calcolo (*o.* conto); **2.** *(sich verlassen)* contare (*auf, mit* su), fare assegnamento (*auf, mit* su); **3.** *(erwarten)* aspettarsi (*mit etw.* qc); **mit einem Erfolg ~** prevedere un successo; **mit dem Schlimmsten ~** temere il peggio; **es muß damit gerechnet werden, daß ...** c'è da aspettarsi che ... *conj;* **damit habe ich nicht gerechnet** non l'avevo previsto (*o.* considerato), **mit jedem Pfennig ~ müssen** *fam* dover contare ogni centesimo che si spende; **von morgen an gerechnet, sind es vier Tage** contando da domani, sono quattro giorni. **Rechnen** ‹-s, ø› *n* calcolo *m*.
Rechner ‹-s, -› *m (Gerät)* calcolatore *m*.
Rechner(in) ‹-s, -› *m(f)* calcolatore, -trice *m, f*.
rechnerisch **I.** *a* aritmetico; **II.** *adv* per via di calcolo.
Rechnung ‹-, -en› *f* **1.** *(das Rechnen)* calcolo *m*; **2.** *(Ab~, Be~)* conto *m*; **auf eigene ~** per conto proprio; **eine ~ ausstellen/begleichen** rilasciare/saldare una fattura; **die ~ ohne den Wirt machen** *fig* fare i conti senza l'oste *fam;* **jdm etw. in ~ stellen** mettere in conto qc a qu; **einer S. ~ tragen** tener conto di qc; **die ~ geht auf/nicht auf** il conto torna/non torna; **(Herr Ober,) die ~, bitte!** (cameriere,) il conto, per favore; **das geht auf meine ~** *fig* questo va sul mio conto, la colpa è mia; **der Kaffee geht auf meine ~** il caffè va sul mio conto, il caffè lo pago io. **Rechnungsführer(in)** *m(f)* ragioniere, -a *m, f*, contabile *mf*. **Rechnungsführung** *f* contabilità *f*. **Rechnungsjahr** *n* anno *m* (*o.* esercizio *m*) finanziario. **Rechnungsprüfer** *m* revisore *m* dei conti.
recht [rɛçt] **I.** *a* **1.** *(richtig)* giusto; **2.** *(wirklich)* vero; **3.** *(passend)* adatto; *(gelegen)* opportuno; **4.** *(~mäßig)* legittimo; **am ~en Ort** al posto giusto; **zur ~en Zeit** a tempo (*o.* al momento) buono; **~ behalten** avere ragione; **jdm ~ geben** dar ragione a qu; **~ haben** avere ragione; **an den R~en kommen** capitare bene; **nach dem R~en sehen** guardare se tutto va bene; **das ist mir ~** per me va bene; **wenn es Ihnen ~ ist** se per Lei va bene; **das ist nur ~ und billig** questo è più che giusto; **so ist's ~!, ~ so!** così va bene!; **was dem einen ~ ist, ist dem andern billig** *prov* non si devono avere due pesi e due misure; **alles, was ~ ist, aber das geht nun doch zu weit!** *fam* va bene tutto, ma questo è davvero troppo! *fam;* **auf dem ~en Weg sein** essere sulla strada giusta; **hier geht es nicht mit ~en Dingen zu** qui c'è qc che non va; **~ daran tun zu ...** far bene a ... *inf;* **II.** *adv* **1.** *(sehr)* molto; **2.** *(ziemlich)* abbastanza; **3.** *(richtig, gehörig)* bene; **ganz ~!** esattamente!, giustissimo!; **~ und schlecht** alla (meno) peggio; **es jdm ~ machen** accontentare qu; **man kann ihr nichts ~ machen** non le va

mai bene niente *fam;* **das geschieht dir ~** ti sta bene *fam;* **nun erst ~!** ora più che mai!; **nun erst ~ nicht!** ora meno che mai!; **ich glaub', ich hör' nicht ~!** *fam* (ci) sento bene? *fam,* non posso crederci! *fam;* **wenn ich mich ~ entsinne, hieß er Dirk** se ben ricordo (*o.* se non erro) si chiamava Dirk; **gehe ich ~ in der Annahme, daß ...?** *geh* è giusta la mia supposizione che ...?; **~ herzliche Grüße!** cordiali saluti!; **verstehen Sie mich bitte ~, ich meinte, daß ...** non mi fraintenda per favore, volevo dire che ...

Recht ⟨-(e)s, -e⟩ *n* **1.** *allg., jur* diritto *m;* **2.** *(Berechtigung)* ragione *f;* **3.** *(Gerechtigkeit)* giustizia *f;* **4.** ⟨*pl*⟩ *(Wissenschaft)* giurisprudenza *f,* legge *f;* **5.** *(Befugnis)* facoltà *f* (*zu* di); *(Anrecht)* diritto *m* (*auf* di); **mit ~** a diritto, a ragione; **mit vollem ~** a buon diritto; **von ~s wegen** di diritto; **ein ~ auf etw. haben** aver diritto a qc; **seine ~e geltend machen** far valere i propri diritti; **~ sprechen** amministrare la giustizia; **die ~e studieren** *obs* studiare diritto; **alle ~e vorbehalten** tutti i diritti riservati; **gleiches ~ für alle!** la legge è uguale per tutti; **bürgerliches/kanonisches/öffentliches ~** diritto civile/canonico/pubblico; **das deutsche ~** la legislazione tedesca; **die politischen/verfassungsmäßigen ~e** i diritti politici/costituzionali; **das ~ des Stärkeren** il diritto del più forte; **im ~ sein** aver ragione; **er hat zu ~ die Auskunft verweigert** a buon diritto non ha dato l'informazione; **das ist mein gutes ~** è mio pieno diritto; **mit welchem ~ ...?** con che diritto ...?

rechte *s.* **rechte(r, s).**

Rechte[1] ⟨ein -r, -n, -n⟩ *mf pol* uno, -a *m, f* di destra.

Rechte[2] ⟨-n, -n⟩ *f allg., pol* destra *f; (beim Boxen)* destro *m;* **zur ~n** a destra.

Rechteck *n* rettangolo *m.* **rechtekkig** *a* rettangolare.

rechte(r, s) ['rɛçtə] *a* **1.** *(Seite, a. pol)* destro, -a; **2.** *mat (Winkel)* retto, -a; **der ~ Flügel** *pol* l'ala destra; **~r Hand** a destra; **die ~ Seite eines Pullovers/einer Tischdecke** il dritto di un pullover/una tovaglia.

rechtfertigen I. *tr* giustificare; **II.** *rfl:* **sich ~** giustificarsi.

Rechtfertigung *f* giustificazione *f;* **zur ~ seiner Handlungsweise** a giustificazione del suo modo d'agire.

rechtgläubig *a* ortodosso. **Rechtgläubigkeit** *f* ortodossia *f.*

Rechthaberei [-ha:bə'rai̯] ⟨-, ø⟩ *f* pretesa *f* di aver sempre ragione, prepotenza *f.* **rechthaberisch** *a* che vuol sempre avere ragione, prepotente.

rechtlich *a* giuridico, legale.

rechtlos *a* privo di diritti. **Rechtlosigkeit** ⟨-, ø⟩ *f* privazione *f* di diritti.

rechtmäßig *a* legittimo, legale; **der ~e Besitzer** il proprietario legittimo. **Rechtmäßigkeit** *f* legittimità *f,* legalità *f.*

rechts [rɛçts] *adv* a (*o.* sulla) destra; **nach/von ~** a (*o.* verso)/da destra; **~ vom (*o.* neben dem) Haus** a destra della casa; **~ gehen (*o.* fahren)** andare a (*o.* tenere la) destra; **sich ~ einordnen** mettersi sulla destra; **~ überholen** sorpassare a destra; **~ vor links** la destra prima della sinistra. **Rechtsabbieger** ⟨-s, -⟩ *m* chi svolta a destra. **Rechtsabbiegerspur** *f* preselezione *f* a destra.

Rechtsabteilung *f* sezione *f* giuridica. **Rechtsanwalt** *m,* **-anwältin** *f* avvocato, -essa *m, f,* legale *mf.* **Rechtsauskunft** *f* informazione *f* legale.

Rechtsaußen [-'ʔau̯sən] ⟨-, -⟩ *m* ala *f* destra.

Rechtsberater(in) *m(f)* consigliere, -a *m, f* giuridico, -a. **Rechtsbrecher(in)** *m(f)* violatore, -trice *m, f* del diritto. **Rechtsbruch** *m* violazione *f* del diritto.

rechtschaffen I. *a* **1.** retto, onesto, probo; **2.** *(groß)* grande; **II.** *adv (sehr)* molto; **er war ~ müde** era stanchissimo. **Rechtschaffenheit** ⟨-, ø⟩ *f* rettitudine *f,* onestà *f,* probità *f.*

Rechtschreibfehler *m* errore *m* d'ortografia. **Rechtschreibreform** *f* riforma *f* ortografica. **Rechtschreibung** *f* ortografia *f.*

Rechtsdrehung *f* rotazione *f* destrorsa. **Rechtsextremist(in)** *m(f)* estremista *mf* di destra.

rechtsfähig *a* giuridicamente capace. **Rechtsfähigkeit** *f* capacità *f* giuridica. **Rechtsfall** *m* caso *m* giuridico, causa *f.* **Rechtsfrage** *f* questione *f* giuridica. **rechtsgültig** *a* giuridicamente valido; **in ~er Form** in modo conforme alla legge. **Rechtsgültigkeit** *f* validità *f* giuridica, legalità *f.* **Rechtsgutachten** *n* parere *m* legale.

Rechtshänder(in) [-hɛndɐ (...ərɪn)] ⟨-s, -⟩ *m(f)* persona *f* che adopera (normalmente) la mano destra.

rechtshändig [-hɛndɪç] *a* che adopera la mano destra. **rechtsherum** *adv* a destra.

Rechtshilfe *f* assistenza *f* legale. **Rechtskraft** *f*: ~ **erlangen** entrare in vigore; ~ **haben** avere forza di legge; *(Urteil)* passare in giudicato. **rechtskräftig** *a* che ha valore di legge; *(Urteil)* esecutivo, passato in giudicato. **Rechtskunde** *f* giurisprudenza *f*. **rechtskundig** *a* esperto di diritto (*o.* di legge).

Rechtskurve *f* curva *f* a destra.

Rechtslage *f* situazione *f* giuridica (*o.* legale). **Rechtsmittelbelehrung** *f* indicazione *f* delle possibilità di ricorso. **Rechtspfleger(in)** *m(f)* giurista *mf*.

Rechtsprechung ‹-, -en› *f* giurisdizione *f*.

rechtsradikal *a* radicale di (estrema) destra. **rechtsrheinisch** *a* situato sulla riva destra del Reno. **Rechtsrutsch** *m pol* slittamento *m* a destra.

Rechtsschutz *m* protezione *f* giuridica. **Rechtsschutzversicherung** *f* assicurazione *f* della protezione giuridica (*o.* della tutela legale). **Rechtsstaat** *m* stato *m* di diritto. **Rechtsstreit** *m* controversia *f* giudiziaria, causa *f*. **Rechtsverdreher** ‹-s, -› *m* **1.** *pej* leguleio *m*, storcileggi *m*; **2.** *fam scherz (Jurist)* azzeccagarbugli *m*.

Rechtsverkehr *m* circolazione *f* a destra.

Rechtsverletzung *f* violazione *f* del diritto. **Rechtsweg** *m* via *f* legale; **auf dem** ~ per via legale; **unter Ausschluß des** ~**s** escludendo le vie legali. **rechtswidrig** *a* illegale. **Rechtswissenschaft** *f* (scienza *f* del) diritto *m*, giurisprudenza *f*.

rechtwink(e)lig *a* rettangolo.

rechtzeitig I. *a* tempestivo; **II.** *adv* in tempo.

Reck [rɛk] ‹-(e)s, -e *o.* -s› *n* sbarra *f* fissa.

recken ['rɛkən] **I.** *tr (Glieder)* stirare, (di)stendere; *(Hals)* allungare; **II.** *rfl*: **sich** ~ stirarsi.

Redakteur(in) [redak'tø:ɐ̯ (...rɪn)] ‹-s, -e› *m(f)* redattore, -trice *m, f*.

Redaktion [...'tsi̯o:n] ‹-, -en› *f* redazione *f*.

redaktionell [...tsi̯o'nɛl] *a* redazionale.

Redaktionsschluß *m* chiusura *f* del giornale; **vor** ~ prima di andara in macchina; **nach** ~ dopo la chiusura del giornale.

Redaktor [re'dakto:ɐ̯, ...to:rən] ‹-s, -en› *m CH* redattore *m*.

Rede ['re:də] ‹-, -n› *f* **1.** *(Vortrag, a. gram)* discorso *m*; *(Ansprache)* allocuzione *f*; **2.** *(Gespräch, Unterhaltung)* conversazione *f*; **3.** *(Äußerung)* parole *f pl*; **4.** *(Gerede, Gerücht)* diceria *f*; **eine** ~ **halten** tenere un discorso; **jdm** ~ **und Antwort stehen** rendere conto (*o.* ragione) a qu; **jdn wegen etw. zur** ~ **stellen** chiedere conto (*o.* ragione) a qu di qc; **es ist die** ~ **von** ... si parla di ...; **die** ~ **kam auf** ... il discorso cadde su ...; **davon kann nicht die** ~ **sein** è fuori discussione; **das ist nicht der** ~ **wert** non vale la pena parlarne; **langer** (*o.* **der langen**) ~ **kurzer Sinn** in poche parole, in breve; **indirekte/direkte** ~ discorso indiretto/diretto; **eine** ~**/ große** ~**n schwingen** *fam pej* tenere una concione *fam*; **das ist doch** (*o.* **das war schon immer**) **meine** ~**!** *sl* l'ho sempre detto!; **nicht der** ~ **wert!** *fam (keine Ursache)* non c'è di che!; **davon war nie die** ~**!** non se n'è mai parlato! **Redefluß** *m pej* fiumana *f* di parole. **Redefreiheit** *f* libertà *f* di parola. **redegewandt** *a* eloquente. **Redegewandtheit** *f* facilità *f* di parola, eloquenza *f*.

reden I. *itr* **1.** *(sprechen)* parlare *(über, von* di); *(ausführlich)* discorrere; **2.** *(eine Rede halten)* tenere un discorso; **mit sich** *(dat)* ~ **lassen** intendere ragione; **Sie haben gut** ~ ha un bel dire; **von sich** *(dat)* ~ **machen** far parlare di sé; **R**~ **ist Silber, Schweigen ist Gold** *prov* la parola è d'argento, il silenzio è d'oro; **II.** *tr* parlare, dire.

Redensart *f* modo *m* di dire.

Redeschwall *m pej* profluvio *m* (*o.* mare *m*) di parole. **Redewendung** *f* locuzione *f*.

redigieren [redi'gi:rən] ‹*ohne ge*-› *tr* redigere.

redlich ['re:tlɪç] *a* **1.** *(rechtschaffen)* onesto, probo; *(aufrichtig)* sincero; **2.** *(groß)* grande; **sich** ~ **bemühen** darsi ogni premura. **Redlichkeit** ‹-, ø› *f* onestà *f*, rettitudine *f*; *(Aufrichtigkeit)* sincerità *f*.

Redner(in) ['re:dnɐ (...ərɪn)] ‹-s, -› *m(f)* oratore, -trice *m, f*, conferenziere, -a *m, f*. **Rednerpult** *n* podio *m* dell'oratore.

redselig ['re:tze:lɪç] *a* loquace, verboso. **Redseligkeit** *f* loquacità *f*, verbosità *f*.

reduzierbar *a* riducibile.

reduzieren [redu'tsi:rən] ‹*ohne ge*-› *tr* ridurre.

Reede ['re:də] ‹-, -n› *f naut* rada *f*; **auf**

der ~ liegen essere ormeggiato in rada.
Reeder ‹-s, -› *m naut* armatore *m.*
Reederei [re:də'rai] ‹-, -en› *f naut* compagnia *f* armatrice.
reell [re'ɛl] *a* **1.** *(ehrlich)* onesto; *(Geschäft)* serio, solido; **2.** *(wirklich)* reale.
Referat [refe'ra:t] ‹-(e)s, -e› *n* **1.** *(Bericht)* relazione *f,* rapporto *m;* **2.** *(Dienststelle)* reparto *m,* sezione *f.*
Referendar(in) [referɛn'da:ɐ (...rɪn)] ‹-s, -e› *m(f)* praticante *mf.*
Referendariat [...da'ria:t] ‹-(e)s, -e› *n periodo in cui un insegnante non è ancora di ruolo.*
Referendarin *f s.* **Referendar.**
Referent(in) [refe'rɛnt(ɪn)] ‹-en, -en› *m(f)* **1.** *(Berichterstatter)* relatore, -trice *m, f;* **2.** *(Sachbearbeiter)* addetto, -a *m, f.*
Referenzen [...'rɛntsən] *f pl* referenze *f pl.*
referieren [...'ri:rən] ‹*ohne ge-*› *itr* fare una relazione (*über* su), riferire (*über* su).
reflektieren [reflɛk'ti:rən] ‹*ohne ge-*› *tr, itr* riflettere (*über* su).
Reflex [re'flɛks] ‹-es, -e› *m* riflesso *m.*
Reflexion [reflɛ'ksio:n] ‹-, -en› *f* **1.** *phys* riflesso *m;* **2.** *(Nachdenken)* riflessione *f.*
reflexiv [...'ksi:f] *a* riflessivo. **Reflexivpronomen** *n* pronome *m* riflessivo.
Reform [re'fɔrm] ‹-, -en› *f* riforma *f.*
Reformation [...ma'tsio:n] *f* Riforma *f.*
Reformator(in) [...'ma:to:ɐ (...ma'to:rɪn), ...ma'to:rən] ‹-s, -en› *m(f)* riformatore, -trice *m, f.*
Reformhaus *n* negozio *m* di prodotti dietetici.
reformieren [...mi:rən] ‹*ohne ge-*› *tr* riformare.
Refrain [rə'frɛ̃:] ‹-s, -s› *m* ritornello *m.*
Regal [re'ga:l] ‹-s, -e› *n* scaffale *m.*
Regatta [re'gata, ...tən] ‹-, Regatten› *f* regata *f.*
Reg.-Bez. *ab von* **Regierungsbezirk** ≃ prov. (*ab von* provincia).
rege ['re:gə] *a (lebhaft)* vivace, vivo; *(Verkehr)* animato, intenso; *(geschäftig)* attivo; *(flink)* agile, lesto.
Regel ['re:gəl] ‹-, -n› *f* **1.** *allg., gram, mat* regola *f;* **2.** *(Grundsatz)* principio *m;* **3.** *(Menstruation)* mestruazione *f,* regole *f pl;* **in der** (*o.* **aller**) **~** di regola, d'ordinario, normalmente; **nach allen ~n der Kunst** a regola d'arte; **sich** *(dat)* **etw. zur ~ machen** fare di qc un'abitudine. **regellos** *a* **1.** *(unregelmäßig)* irregolare; **2.** *(unordentlich)* sregolato. **regelmäßig** *a* regolare; **in ~en Abständen** *(zeitlich)* periodicamente. **Regelmäßigkeit** *f* regolarità *f.*
regeln *tr* **1.** *(ordnen, einstellen)* regolare; **2.** *(Angelegenheit, etc.)* sistemare; **3.** *(durch Verordnung)* regolamentare; *(festlegen)* fissare.
regelrecht *a* **1.** *(vorschriftsmäßig)* regolare; **2.** *fam (richtiggehend)* vero (e proprio). **Regelstudienzeit** *f* tempo *m* regolamentare per un corso di studi.
Regelung ‹-, -en› *f* **1.** regolazione *f;* **2.** *(Schlichtung)* composizione *f,* sistemazione *f;* **3.** *adm* regolamentazione *f.*
regen ['re:gən] **I.** *tr* muovere; **II.** *rfl:* **sich ~** muoversi.
Regen ['re:gən] ‹-s, -› *m* pioggia *f;* **bei ~** con la pioggia; **im ~** sotto la pioggia; **vom ~ in die Traufe kommen** *fig* cadere dalla padella nella brace *fam.* **regenarm** *a* poco piovoso, povero di piogge. **Regenbö** *f* folata *f* di pioggia. **Regenbogen** *m* arcobaleno *m.* **Regenbogenfarben** *f pl* colori *m pl* dell'arcobaleno. **Regenbogenhaut** *f* iride *f.* **Regenfälle** *m pl* piogge *f pl.* **Regenmantel** *m* impermeabile *m.* **regenreich** *a* piovoso, ricco di piogge. **Regenrinne** *f* grondaia *f.*
Regensburg ['re:gənsbʊrk] *n* Ratisbona *f.*
Regenschauer *m* scroscio *m* di pioggia. **Regenschirm** *m* ombrello *m.*
Regent(in) [re'gɛnt(ɪn)] ‹-en, -en› *m(f) (Herrscher)* regnante *mf; (Stellvertreter)* reggente *mf.*
Regentag *m* giorno *m* di pioggia, giornata *f* piovosa.
Regentin *f s.* **Regent.**
Regentropfen *m* goccia *f* di pioggia.
Regentschaft ‹-, -en› *f* reggenza *f.*
Regenwald *m* foresta *f* pluviale; **der tropische ~** foresta pluviale tropicale. **Regenwasser** *n* acqua *f* piovana. **Regenwetter** *n* tempo *m* piovoso (*o.* di pioggia). **Regenwolke** *f* nuvola *f* piovosa. **Regenwurm** *m* lombrico *m.* **Regenzeit** *f* stagione *f* delle piogge.
Regie [re'ʒi:, ...i:ən] ‹-, -n› *f* **1.** *film, theat, radio, TV* regia *f;* **2.** *adm* amministrazione *f;* **unter der ~ von ...** con la regia di ... **Regieanweisung** *f* didascalia *f.* **Regieassistent(in)** *m(f)* aiuto *mf* regista.
regieren [re'gi:rən] ‹*ohne ge-*› **I.** *tr* **1.** *(beherrschen)* governare; **2.** *gram* reggere; **II.** *itr* regnare (*über* su).

Regierung ‹-, -en› *f* **1.** *(Tätigkeit, Institution)* governo *m;* **2.** *(~szeit)* regno *m;* **unter der ~ von** sotto il regno di; **eine ~ bilden/stürzen** formare/rovesciare un governo; **an die ~ kommen** giungere al governo. **Regierungsantritt** *m* assunzione *f* del governo; *(von König)* ascesa *f* al trono. **Regierungsbezirk** *m* *(ab* **Reg.-Bez.**) circoscrizione *f* amministrativa, distretto *m* governativo. **Regierungsbildung** *f* formazione *f* del governo. **Regierungschef(in)** *m(f)* capo *m* del governo. **Regierungserklärung** *f* dichiarazione *f* del governo. **Regierungsform** *f* (forma *f* di) governo *m,* regime *m;* **monarchische/republikanische ~** governo monarchico/repubblicano. **Regierungskrise** *f* crisi *f* ministeriale (*o.* di governo). **Regierungspartei** *f* partito *m* governativo. **Regierungsrat** *m,* **-rätin** *f* consigliere, -a *m, f.* **Regierungssprecher(in)** *m(f)* portavoce *m* del governo. **Regierungsumbildung** *f* rimpasto *m* ministeriale. **Regierungswechsel** *m* cambiamento *m* di governo.

Regime [re'ʒi:m] ‹-s, - *o. rar* -s› *n* regime *m.* **Regimekritiker(in)** *m(f)* dissidente *mf.*

Regiment[1] [regi'mɛnt] ‹-(e)s, -e› *n* *(Herrschaft)* governo *m; fig (Führung)* comando *m.*

Regiment[2] [regi'mɛnt] ‹-(e)s, -er› *n* *mil* reggimento *m.*

Regina, Regine [re'gi:na, ...nə] *(weiblicher Vorname)* Regina.

Region [re'gi̯o:n] ‹-, -en› *f* regione *f;* **in höheren ~en schweben** *fig scherz* vivere nelle (*o.* nel mondo delle) nuvole.

regional [regi̯o'na:l] *a* regionale.

Regisseur(in) [reʒɪ'sø:ɐ̯ (...rɪn)] ‹-s, -e› *m(f)* regista *mf.*

Register [re'gɪstɐ] ‹-s, -› *n* **1.** *allg.* registro *m;* **2.** *(Buch~)* indice *m;* **alle ~ ziehen** *fig* ricorrere ad ogni mezzo. **Registertonne** *f* (*ab* **RT**) tonnellata *f* di stazza.

Registratur [regɪstra'tu:ɐ̯] ‹-, -en› *f* **1.** *(Tätigkeit)* registrazione *f;* **2.** *(~büro)* ufficio *m* di registrazione; **3.** *(Aktengestell)* archivio *m;* **4.** *mus* registratura *f.*

registrieren [...'tri:rən] ‹*ohne ge-*› *tr* registrare.

Registrierkasse *f* registratore *m* di cassa.

Registrierung ‹-, -en› *f* registrazione *f.*

reglementieren [reglemɛn'ti:rən] ‹*ohne ge-*› *tr* regolamentare.

Regler ['re:glɐ] ‹-s, -› *m* regolatore *m.*

reglos ['re:klo:s] *a* immobile, inerte. **Reglosigkeit** ‹-, ø› *f* immobilità *f.*

regnen ['re:gnən] *itr, tr* piovere; *(a. fig)* fioccare; **es regnet in Strömen** piove a torrenti; **es regnete Blumen/Glückwünsche** piovvero fiori/auguri.

regnerisch *a* piovoso.

Regreß [re'grɛs] ‹Regresses, Regresse› *m* regresso *m.* **Regreßpflicht** *f* diritto *m* di rivalsa. **regreßpflichtig** *a* obbligato a rivalsa.

regsam ['re:kza:m] *a* attivo; *(Geist)* sveglio, vivace. **Regsamkeit** ‹-, ø› *f* vivacità *f,* attività *f.*

regulär [regu'lɛ:ɐ̯] *a* regolare.

regulierbar *a* regolabile.

regulieren [regu'li:rən] ‹*ohne ge-*› *tr* regolare.

Regulierung ‹-, -en› *f* regolazione *f.*

Regung ‹-, -en› *f* **1.** *(Bewegung)* moto *m;* **2.** *(Gefühls~)* sentimento *m* (nascente); **3.** *(Anwandlung)* impulso *m.* **regungslos** *a s.* **reglos.**

Reh [re:] ‹-(e)s, -e› *n* capriolo *m.*

Rehabilitation [rehabilita'tsi̯o:n] ‹-, -en› *f,* **Rehabilitierung** ‹-, -en› *f allg.* riabilitazione *f; med* rieducazione *f.* **Rehabilitationszentrum** *n* centro *m* di riabilitazione.

rehabilitieren [...'ti:rən] ‹*ohne ge-*› *tr* *(in Ehre, etc.)* riabilitare; *soc, jur, med* reinserire.

Rehabilitierung *f s.* **Rehabilitation.**

Rehbock *m* capriolo *m* (maschio). **Rehbraten** *m* arrosto *m* di capriolo. **Rehkeule** *f* cosciotto *m* di capriolo. **Rehkitz** *n* caprioletto *m.* **Rehrücken** *m gastr* lombata *f* di capriolo.

Reibe ['rai̯bə] ‹-, -n› *f* grattugia *f.*

reiben ['rai̯bən] ‹reibt, rieb, gerieben› *tr* **1.** (s)fregare; *(Augen)* stropicciare; **2.** *(ein~)* frizionare; **3.** *(zerkleinern)* grattugiare.

Reibereien [...ə'rai̯ən] *f pl* attriti *m pl,* contrasti *m pl.*

Reibung ‹-, -en› *f* **1.** *(das Reiben)* sfregamento *m,* strofinamento *m;* **2.** *fig, phys* attrito *m,* frizione *f.* **Reibungselektrizität** *f* elettricità *f* per strofinio, triboelettricità *f.* **Reibungsfläche** *f* **1.** superficie *f* d'attrito; **2.** *fig* punto *m* d'attrito. **reibungslos** *a* senza attriti (*o.* intoppi), liscio.

reich [rai̯ç] *a* **1.** ricco (*an* di); **2.** *fig (umfassend)* vasto; **in ~em Maße** abbondantemente; **~ werden** arricchirsi; **eine ~e Auswahl** un'ampia scelta.

Reich [rai̯ç] ‹-(e)s, -e› *n* regno *m; (gro-*

ßes ~, Kaiser~) impero *m;* **das Deutsche ~** l'impero germanico, il Reich; **das ~ Gottes** il regno di Dio; **sein ~ ist die Küche** la cucina è il suo regno.

Reiche ⟨ein -r, -n, -n⟩ *mf* ricco, -a *m, f.*

reichen ['raiçən] **I.** *tr (hinhalten, geben)* porgere, tendere, dare; **II.** *itr* **1.** *(gehen, sich erstrecken)* arrivare (*bis* fino a), giungere (*bis* fino a); *(nach oben)* elevarsi; *(nach unten)* scendere; **2.** *(genügen)* bastare; **so weit das Auge reicht** fin dove giunge lo sguardo; **mir reicht's** *fam* ne ho abbastanza *fam.*

reichhaltig *a* ricco; *(reichlich)* abbondante; *(abwechslungsreich a.)* vario. **Reichhaltigkeit** ⟨-, ø⟩ *f* ricchezza *f,* abbondanza *f; (Vielfalt a.)* molteplicità *f.*

reichlich I. *a* ricco, abbondante, copioso; **ein ~es Essen** un pasto abbondante; **II.** *adv* **1.** *(sehr viel)* molto; **2.** *(mehr als genügend)* abbondantemente; **3.** *fam (ziemlich)* abbastanza; **~ vorhanden sein** abbondare; **das ist aber ~ wenig** *fam* ma è molto poco.

Reichsstadt *f:* **freie ~** città libera dell'impero.

Reichtum ⟨-s, ⸚er⟩ *m* ricchezza *f* (*an* di).

Reichweite *f* **1.** *allg.* portata *f;* **2.** *radio* raggio *m* d'azione; **3.** *(von Geschütz)* gittata *f;* **4.** *aero* autonomia *f;* **außer/in ~** fuori/a portata (*gen* di).

reif [raif] *a* **1.** *(Früchte, Alter)* maturo; **2.** *(vorbereitet)* preparato (*für* per); **in ~erem Alter** nella maturità; **~ werden** maturare; **die Zeit ist ~/noch nicht ~** i tempi sono maturi/non sono ancora maturi; **eine ~e Leistung** *fam* una prestazione brillante; **sie ist noch gar nicht ~ für solche Filme** non è ancora per niente matura per film del genere; **wenn ich hier noch einen Tag länger bleiben muß, bin ich ~ fürs Irrenhaus** se devo restare qui un giorno di più, sono maturo per il manicomio.

Reif¹ [raif] ⟨-(e)s, ø⟩ *m (Rauh~)* brina(ta) *f.*

Reif² [raif] ⟨-(e)s, -e⟩ *m geh, poet (Finger~)* anello *m; (Arm~)* bracciale *m; (Stirn~)* diadema *m.*

Reife ⟨-, ø⟩ *f* **1.** *(das Reifen)* maturazione *f;* **2.** *(das Reifsein)* maturità *f;* **mittlere ~** diploma *m* di scuola media.

reifen I. *itr* ⟨*sein*⟩ maturare; **in ihm reifte der Entschluß zum Mord** in lui maturò la decisione dell'assassinio; **II.** *tr* ⟨*haben*⟩ *geh* far maturare.

Reifen ['raifən] ⟨-s, -⟩ *m* **1.** *(Ring)* cerchio *m;* **2.** *(Fahrzeug~)* pneumatico *m.* **Reifendecke** *f* copertone *m.* **Reifenheber** *m* martinetto *m.* **Reifenpanne** *f* foratura *f.* **Reifenschaden** *m* guasto *m* ai pneumatici. **Reifenwechsel** *m* cambio *m* di pneumatico.

Reifeprüfung *f* esame *m* di maturità. **Reifezeugnis** *n* diploma *m* di maturità.

reiflich I. *a* maturo; **nach ~er Überlegung** dopo matura riflessione; **II.** *adv* bene; **es sich** *(dat)* **~ überlegen** pensarci bene.

Reigen ['raigən] ⟨-s, -⟩ *m* ridda *f,* girotondo *m;* **den ~ eröffnen** *fig* essere il primo.

Reihe ['raiə] ⟨-, -n⟩ *f* **1.** *allg., mil* fila *f;* **2.** *(Folge, Anzahl)* serie *f; (Buch~)* collana *f; mat* progressione *f;* **3.** *(Aufeinanderfolge)* successione *f* (*von* di); **4.** ⟨*pl*⟩ *fig (Gemeinschaft)* file *f pl;* **eine (ganze) ~ (von ...)** un gran numero (di ...), tutt'una fila (di ...); **außer der ~** fuori turno; **in einer ~** in fila; **der ~ nach** *(räumlich)* l'uno dopo l'altro; *(ordnungsgemäß)* per ordine; **aus der ~ tanzen** *fig* fare di testa propria *fam;* **ich bin an der ~** tocca a me; **wer ist an der ~?** a chi tocca?; **arithmetische/geometrische ~** progressione aritmetica/geometrica; **in Reih und Glied** in fila; **die Kritik kam aus den eigenen ~n** la critica giunse dai propri ranghi (*o.* dalle proprie file).

reihen I. *tr* **1.** *(auf~)* infilare; **2.** *(ein~)* mettere in fila; **II.** *rfl:* **sich ~** seguire (*an etw.* qc).

Reihenfolge *f* ordine *m;* **der ~ nach** in ordine; **in alphabetischer/chronologischer ~** in ordine alfabetico/cronologico; **in zwangloser ~** a intervalli irregolari. **Reihenhaus** *n* casa *f* di una serie (di case tutte uguali). **Reihenhaussiedlung** *f* agglomerato *m* di case a schiera. **Reihenschaltung** *f* collegamento *m* in serie. **reihenweise** *adv* in fila.

Reiher ['raiɐ] ⟨-s, -⟩ *m* airone *m.*

reihum [rai'ʔʊm] *adv* in giro, in cerchio.

Reim [raim] ⟨-(e)s, -e⟩ *m* rima *f;* **ich kann mir keinen ~ darauf machen** *fam* non riesco a spiegarmelo.

reimen *itr, rfl:* **sich ~** fare rima (*auf* con); *(tr a.)* rimare (*auf* con).

Reimund ['raimʊnt] *s.* **Raimund.**

rein¹ [rain] **I.** *a* **1.** *allg. mus, fig* puro (*von* di); *(unverfälscht)* genuino; *(Papier)* bianco; **2.** *(sauber, a. fig: Gewissen)* pulito; **3.** *com (Gewinn)* netto;

die ~e Wahrheit la pura verità; **eine ~e Freude** un vero piacere; **etw. ins ~e bringen** mettere in chiaro qc; **mit sich** *(dat)* **(selbst) ins ~e kommen** chiarirsi; **ins ~e schreiben** scrivere in bella (copia); **ist die Luft ~?** *fam* non c'è nessuno?, si può star sicuri?; **das ist der ~ste Wahnsinn** è pazzia pura; **~e Seide** seta pura; **II.** *adv* **1.** *(völlig)* assolutamente; **2.** *(ausschließlich)* esclusivamente; **~ zufällig** per puro caso; **~ gar nichts** proprio niente.

rein² [rain] *adv fam s.* **herein, hinein.**

Rein(e)machefrau *f* donna *f* delle pulizie. **Rein(e)machen** ‹-s, ø› *n* pulizia *f;* **großes ~** grandi pulizie.

Reiner ['rainɐ] *s.* **Rainer.**

Reinerlös *m,* **-ertrag** *m* ricavo *m* netto.

Reinfall *m fam* bidonata *f fam,* fregatura *f fam.* **rein·fallen** ‹*irr*› *itr* ‹*sein*› *fig fam* prendere una bidonata *fam,* rimanere fregato *fam.*

Reingewinn *m* guadagno *m* (*o.* utile *m*) netto.

rein·hauen ‹*irr*› *sl* **I.** *tr:* **jdm eine ~** mollare un ceffone a qu *fam;* **II.** *itr (tüchtig essen)* abbuffarsi *fam.*

Reinheit ‹-, ø› *f* **1.** *(a. fig)* purezza *f; (Unverfälschtheit)* genuinità *f;* **2.** *(Sauberkeit)* pulizia *f.*

reinigen **I.** *tr* **1.** *allg.* pulire; **2.** *(chemisch)* pulire a secco; **3.** *tec* depurare; **4.** *tec, rel, fig* purificare; **5.** *med* purgare; **II.** *rfl:* **sich ~** pulirsi.

Reinigung ‹-, -en› *f* **1.** *(das Reinigen)* pulitura *f; tec* depurazione *f; tec, rel, fig* purificazione *f; med* purgazione *f;* **2.** *(~sgeschäft)* lavanderia *f* a secco; **etw. in die** (*o.* **zur**) **~ bringen** portare qc in lavanderia. **Reinigungscreme** *f* crema *f* detergente. **Reinigungsmilch** *f* latte *m* detergente. **Reinigungsmittel** *n* detergente *m,* detersivo *m; (für Flecken)* smacchiatore *m.*

Reinkultur *f* **1.** *agr* monocoltura *f;* **2.** *biol* coltura *f* monocitogenica; **in ~** *fig fam* autentico, genuino.

rein·legen *tr fam:* **jdn ~** bidonare qu *fam.*

reinlich *a* **1.** *(auf Sauberkeit bedacht)* amante della pulizia; **2.** *(ordentlich)* ordinato; **3.** *(sehr genau)* netto. **Reinlichkeit** ‹-, ø› *f* amore *m* per la pulizia.

Reinmachen *n s.* **Reinemachen.**

reinrassig *a* di razza pura; *(bes. Pferd)* purosangue.

rein·schneien *itr fam* **1.** ‹*haben*› *(Schnee)* nevicare dentro; **2.** ‹*sein*› *fig (Menschen)* piombare in …

Reinschrift *f* **1.** *(Tätigkeit)* trascrizione *f* in bella (copia); **2.** *(Ergebnis)* bella (copia) *f.*

rein·waschen ‹*irr*› *fig* **I.** *rfl:* **sich ~** scagionarsi (*von* di); **II.** *tr* lavare (*von* da).

rein·würgen *tr fam (Essen)* trangugiare; **jdm eins ~** *sl* farla a qu *fam.*

Reis¹ [rais] ‹-es, -e› *m bot* riso *m;* **polierter ~** riso brillato; **geschälter ~** riso mondato.

Reis² [rais] ‹-es, -er› *n geh* **1.** *(Zweiglein)* ramoscello *m; (Schößling)* rampollo *m;* **2.** *(Pfropf~)* marza *f.*

Reisbau ‹-(e)s, ø› *m* risicoltura *f,* coltivazione *f* del riso. **Reisbrei** *m* pappa *f* di riso.

Reise ['raizə] ‹-, -n› *f* viaggio *m; (Rund~)* giro *m; (Geschäfts~)* viaggio *m* d'affari; **eine ~ im Auto/mit der Bahn/zu Schiff** un viaggio in automobile/in treno/con la nave; **eine ~ nach Italien** un viaggio in Italia; **eine ~ machen** fare un viaggio; **auf ~n** in viaggio; **auf die ~** (*o.* **auf ~n**) **gehen** andare in viaggio; **glückliche** (*o.* **gute**) **~!** buon viaggio!; **eine ~ um die Welt** un giro del mondo. **Reiseandenken** *n* ricordo *m* di viaggio, souvenir *m.* **Reiseapotheke** *f* farmacia *f* portatile. **Reisebekanntschaft** *f* conoscenza *f* fatta in viaggio. **Reisebeschreibung** *f* descrizione *f* di un viaggio. **Reisebüro** *n* agenzia *f* (*o.* ufficio *m*) viaggi. **Reisebus** *m* pullman *m.* **reisefertig** *a* pronto per il viaggio. **Reisefieber** *n* febbre *f* della partenza. **Reiseführer(in)** *m(f)* guida *f.* **Reisegefährte** *m,* **-gefährtin** *f* compagno, -a *m, f* di viaggio. **Reisegepäck** *n* bagagli *m pl.* **Reisegesellschaft** *f* comitiva *f.* **Reisekosten** ‹*pl*› spese *f pl* di viaggio. **Reisekostenabrechnung** *f* conteggio *m* delle spese di viaggio. **Reisekrankheit** *f* chinetosi *f.* **Reiseleiter(in)** *m(f)* responsabile *mf* (di una comitiva). **reiselustig** *a* che ha voglia di viaggiare. **Reisemitbringsel** *n* souvenir *m,* ricordo *m.*

reisen *itr* ‹*sein*› **1.** *(Reisen unternehmen)* viaggiare; **2.** *(eine Reise machen)* fare un viaggio; *(fahren, fliegen, gehen)* andare (*nach* in); **3.** *(ab~)* partire; **nach Rom/Italien ~** andare a Roma/in Italia; **~ über** passare per; **ich reise gern** mi piace viaggiare; **er reist in Oberhemden** *sl com* fa il rappresentante di camicie da uomo. **Reisende** ‹ein -r, -n, -n› *mf* **1.** *allg.* viaggiatore, -trice *m, f; (Fahrgast)* passeggero, -a *m, f; (Tou-*

rist) turista *mf;* **2.** *com* commesso *m* viaggiatore.

Reisenecessaire *n* nécessaire *m* (*o.* astuccio *m*) da viaggio. **Reisepaß** *m* passaporto *m.* **Reisepläne** *m pl* progetti *m pl* di viaggio. **Reiseprospekt** *m* dépliant *m* turistico. **Reiseproviant** *m* provviste *f pl* per il viaggio. **Reisescheck** *m* assegno *m* turistico. **Reiseschreibmaschine** *f* macchina *f* da scrivere portatile. **Reisetasche** *f* borsa *f* da viaggio. **Reiseverkehr** *m* traffico *m.* **Reisevorbereitungen** *f pl* preparativi *m pl* del viaggio. **Reisewecker** *m* sveglia *f* da viaggio. **Reisewelle** *f* ondata *f* turistica. **Reisewetterbericht** *m* bollettino *m* meteorologico per chi viaggia. **Reisezeit** *f* stagione *f* turistica. **Reiseziel** *n* meta *f* del viaggio.

Reisfeld *n* risaia *f.*

Reisig ['rai̯zɪç] ⟨-s, ø⟩ *n* rami *m pl* secchi, sterpi *m pl.* **Reisigbesen** *m* granata *f.* **Reisigbündel** *n* fascina *f* di sterpi.

Reißaus [rai̯s'ʔau̯s] *m:* **~ nehmen** *fam* darsela a gambe *fam.*

Reißbrett *n* tavola *f* da disegno.

reißen ['rai̯sən] ⟨reißt, riß, gerissen⟩ **I.** *tr* ⟨*haben*⟩ **1.** *(ab~, ent~)* strappare (*aus, von* da); **2.** *(zer~)* stracciare, lacerare; *(in zwei Teile a.)* strappare in due; **3.** *(zerren)* trascinare; *(ziehen)* tirare; *(fort~)* trascinare via; *(zu Boden)* gettare a terra; **4.** *(zerfleischen)* sbranare; **etw. an sich ~** tirare qc a sé; *fig* impadronirsi di qc; **jdm etw. aus der Hand ~** strappare qc di mano a qu; **jdn aus dem Schlaf ~** svegliare qu; **hin und her gerissen sein** non riuscire a decidersi; **II.** *itr* **1.** ⟨*sein*⟩ *(zer~)* strapparsi, andare in pezzi; *(Stoff)* stracciarsi; *(Faden, Seil)* rompersi; *(bersten)* spaccarsi; *(Risse bekommen)* screpolarsi; **2.** ⟨*haben*⟩ *(zerren)* tirare (*an etw.* qc), dare strappi (*an etw.* a qc); **gleich reißt mir die Geduld** (*o.* **der Geduldsfaden** *fam*) mi scappa la pazienza *fam;* **III.** *rfl:* **sich ~** *(sich verletzen)* scalfirsi, ferirsi; **sich um etw./jdn ~** *fam* fare di tutto per qc/qu; **ich reiße mich nicht darum, ihn heute abend vom Flughafen abzuholen** non faccio di tutto per andarlo a prendere stasera all'areoporto. **reißend** *a (Tier)* feroce; *(Wasser)* impetuoso; **~en Absatz finden** andare a ruba.

Reißer ⟨-s, -⟩ *m fam (Ware)* merce *f* di gran sucesso; *film* film *m* di cassetta; *theat* successo *m* di cassetta; *(Buch)* best seller *m.* **reißerisch** *a pej* sensazionale.

Reißfeder *f* tiralinee *m.* **reißfest** *a* resistente allo strappo. **Reißnagel** *m s.* **Reißzwecke. Reißschiene** *f* riga *f* a forma di T. **Reißverschluß** *m* chiusura *f* lampo. **Reißverschlußsystem** *n mot* sistema *m* a senso alternato. **Reißwolf** *m* sfilacciatrice *f.* **Reißzahn** *m* dente *m* canino. **Reißzwecke** *f* puntina *f* da disegno.

Reitbahn *f* maneggio *m.*

reiten ['rai̯tən] ⟨reitet, ritt, geritten⟩ **I.** *itr* ⟨*sein*⟩ **1.** *(auf Pferd)* andare a cavallo; **2.** *allg. (auf Tierrücken)* cavalcare (*auf etw.* qc); **3.** *(rittlings sitzen)* stare a cavallo (*auf* su); **II.** *tr* ⟨*haben*⟩ cavalcare.

Reiter ⟨-s, -⟩ *m (auf Karteikarten)* cavalierino *m.*

Reiter(in) ⟨-s, -⟩ *m(f)* cavaliere *m,* amazzone *f.*

Reiterei [rai̯tə'rai̯] ⟨-, -en⟩ *f* **1.** *mil* cavalleria *f;* **2.** *sport* equitazione *f.*

Reiterin *s.* **Reiter.**

Reiterstandbild *n* statua *f* equestre. **Reithose** *f* calzoni *m pl* alla cavallerizza. **Reitpeitsche** *f* scudiscio *m.* **Reitpferd** *n* cavallo *m* da sella. **Reitschule** *f* scuola *f* di equitazione. **Reitsport** *m* ippica *f,* equitazione *f.* **Reitstall** *m* scuderia *f.* **Reitstiefel** *m* stivale *m* da cavallerizzo. **Reitstunde** *f* lezione *f* di equitazione. **Reittier** *n* animale *m* da sella. **Reitweg** *m* pista *f* per cavalli.

Reiz ['rai̯ts] ⟨-es, -e⟩ *m* **1.** *(physiologisch)* stimolo *m;* **2.** *(Anziehungskraft)* attrattiva *f; (Verlockung)* fascino *m;* **3.** *(Anmut)* grazia *f,* bellezza *f;* **jeden ~ verlieren** perdere ogni attrattiva; **der ~ der Neuheit** il fascino della novità; **einen ~ auf etw. ausüben** esercitare uno stimolo su qc.

reizbar *a* irritabile, eccitabile; *(jähzornig)* irascibile. **Reizbarkeit** ⟨-, ø⟩ *f* irritabilità *f,* eccitabilità *f; (Jähzorn)* irascibilità *f.*

reizen **I.** *tr* **1.** *(erregen)* eccitare; **2.** *(herausfordern)* provocare, stuzzicare; *(ärgern)* irritare, far arrabbiare; **3.** *med* irritare; **4.** *(anregen)* stimolare, stuzzicare; **5.** *(anziehen)* attrarre; *(bezaubern)* affascinare; tentare; **der Rauch reizt die Augen** il fumo irrita gli occhi; **jds Neugier/Phantasie ~** suscitare la curiosità/fantasia di qu; **jdn bis zur Weißglut ~** fare imbestialire qu; **die neue Aufgabe reizt mich sehr** la nuova attività mi attrae molto; **das reizt mich nicht** non mi fa né caldo né freddo; **II.** *itr (beim Karten-*

spiel) invitare; **dieser Anblick reizt zum Lachen** questo spettacolo fa ridere.
reizend *a (entzückend)* grazioso; *(hübsch)* carino; **das ist ja ~!** *iron* questa è bella *fam.*
Reizhusten *m* tosse *f* nervosa. **Reizklima** *n* clima *m* stimolante. **reizlos** *a* senza attrattive; *(langweilig)* noioso. **Reizschwelle** *f* soglia *f* dello stimolo. **Reizstoff** *m* sostanza *f* irritante; *med* stimolante *m.* **Reizüberflutung** *f* bombardamento *m* di stimoli esterni.
Reizung ‹-, -en› *f* **1.** *allg.* stimolazione *f,* eccitamento *m;* **2.** *med* irritazione *f.*
reizvoll *a* **1.** *(attraktiv, schön)* grazioso; *(bezaubernd)* affascinante; **2.** *(verlockend)* allettante, interessante. **Reizwäsche** *f fam* biancheria *f* erotica.
rekapitulieren [rekapitu'li:rən] ‹*ohne ge-*› *tr* ricapitolare.
rekeln ['re:kəln] *rfl:* **sich ~** *fam* stirarsi, stiracchiarsi *fam.*
Reklamation [reklama'tsi̯o:n] ‹-, -en› *f* reclamo *m.*
Reklame [re'kla:mə] ‹-, -n› *f* pubblicità *f;* **für etw. ~ machen** fare pubblicità a qc. **Reklamerummel** *m fam pej* battage *m.* **Reklameschild** *n* cartello *m* pubblicitario. **Reklametrick** *m* trucco *m* pubblicitario.
reklamieren [rekla'mi:rən] ‹*ohne ge-*› *tr, itr* reclamare.
rekonstruieren [rekɔnstru'i:rən] ‹*ohne ge-*› *tr* ricostruire.
Rekonstruktion [...trʊk'tsi̯o:n] *f* ricostruzione *f.*
Rekonvaleszent(in) [rekɔnvalɛs'tsɛnt(ɪn)] ‹-en, -en› *m(f)* convalescente *mf.* **Rekonvaleszenz** [...'tsɛnts] ‹-, ø› *f* convalescenza *f.*
Rekord [re'kɔrt] ‹-(e)s, -e› *m* record *m,* primato *m;* **einen ~ aufstellen/brechen/halten** stabilire/battere/detenere un record.
Rekord- *(in Zusammensetzungen)* record. **Rekordinhaber(in)** *m(f)* primatista *mf,* detentore, -trice *m, f* del primato. **Rekordzeit** *f* tempo *m* record.
Rekrut(in) [re'kru:t(ɪn)] ‹-en, -en› *m(f)* recluta *mf.*
rekrutieren [rekru'ti:rən] ‹*ohne ge-*› **I.** *tr* reclutare; **II.** *rfl:* **sich ~** *fig* comporsi (*aus* di).
Rekrutierung ‹-, -en› *f* reclutamento *m.*
Rekrutin *f s.* **Rekrut.**
Rektor(in) ['rɛkto:ɐ̯ (...'to:rɪn), ...'to:rən] ‹-s, -en› *m(f)* **1.** *(Schul~)* direttore, -trice *m, f;* **2.** *(Universitäts~)* rettore, -trice *m, f.*
Rektorat [rɛkto'ra:t] ‹-(e)s, -e› *n* rettorato *m.*
Rektorin *f s.* **Rektor.**
Relais [rə'lɛ:, ...ɛ:s] ‹-, -› *n* relè *m.* **Relaisstation** *f* stazione *f* ripetitrice (*o.* ritrasmittente).
relativ [rela'ti:f] *a* relativo.
Relativität [...tivi'tɛ:t] ‹-, ø› *f* relatività *f.* **Relativitätstheorie** *f* teoria *f* della relatività.
Relativpronomen *n* pronome *m* relativo. **Relativsatz** *m* proposizione *f* relativa.
relevant [rele'vant] *a* rilevante, importante. **Relevanz** [...'vants] ‹-, -en› *f* rilevanza *f,* importanza *f.*
Relief [re'li̯ɛf] ‹-s, -s *o.* -e› *n* rilievo *m.*
Religion [reli'gi̯o:n] ‹-, -en› *f* religione *f.* **Religionsbekenntnis** *n* professione *f* di fede. **Religionsfreiheit** *f* libertà *f* religiosa (*o.* di culto). **Religionsgemeinschaft** *f* comunità *f* religiosa. **Religionsgeschichte** *f* storia *f* delle religioni. **Religionskrieg** *m* guerra *f* di religione. **religionslos** *a* **1.** *(unreligiös)* irreligioso; **2.** *(bekenntnislos)* senza confessione. **Religionsstifter** *m* fondatore *m* di una religione. **Religionszugehörigkeit** *f* confessione *f.*
religiös [reli'gi̯ø:s] *a* **1.** *(die Religion betreffend)* religioso; **2.** *(fromm)* pio, devoto; **~e Kunst** arte *f* sacra.
Religiosität [...gi̯ozi'tɛ:t] ‹-, ø› *f* **1.** religiosità *f;* **2.** *(Frömmigkeit)* devozione *f.*
Reling ['re:lɪŋ] ‹-, -s *o.* -e› *f* impavesata *f.*
Reliquie [re'li:kvi̯ə] ‹-, -n› *f* reliquia *f.* **Reliquienschrein** *m* reliquiario *m.*
remis [rə'mi:] ‹*inv*› *a* pari. **Remis** [rə'mi:, ...i:s *o.* ...i:zən] ‹-, - *o.* -en› *n* parità *f,* pareggio *m.*
Remittenden [remɪ'tɛndən] *f pl* resa *f* (di giornali *o.* libri invenduti).
Remoulade(nsoße *f*) [remu'la:də] ‹-, -n› *f* salsa *f* remoulade.
Ren [rɛn *o.* re:n] ‹-s, -s *o.* -e› *n* renna *f.*
Renaissance [rənɛ'sã:s] ‹-, -n› *f* **1.** *(Stil, Epoche)* rinascimento *m;* **2.** *fig* rinascita *f.*
Renate [re'na:tə] *(weiblicher Vorname)* Renata.
Rendezvous [rãde'vu:, ...u:s] ‹-, -› *n* **1.** *(Verabredung)* appuntamento *m;* **2.** *(in Raumfahrt)* appuntamento *m* spaziale.
Rendite [rɛn'di:tə] ‹-, -n› *f* rendita *f.*
Reneklode [re:nə'klo:də] ‹-, -n› *f* regina *f* Claudia.

renitent [reni'tɛnt] *a* renitente.
Rennbahn *f* pista *f; (Pferde~)* ippodromo *m; (Rad~)* velodromo *m; (Auto~)* autodromo *m.*
rennen ['rɛnən] ‹rennt, rannte, gerannt› *itr* ‹*sein*› correre; **gegen etw. ~** andare a urtare (*o.* cozzare) contro qc; **jdn über den Haufen ~** *fam* buttare a terra qu con uno spintone.
Rennen ‹-s, -› *n* corsa *f;* **das ~ aufgeben** *fig* abbandonare la partita; **gut im ~ liegen** essere in buona posizione; **das ~ machen** *fam* vincere, essere vincitore; **das ~ ist gelaufen** la corsa (*o.* gara) è finita; *fig* la faccenda è sistemata.
Renner ‹-s, -› *m* **1.** *(Pferd)* cavallo *m* da corsa; **2.** *fam (Verkaufsschlager)* articolo *m* che va a ruba *fam.*
Rennfahrer(in) *m(f) (Auto~)* corridore, corritrice *m, f* (automobilista); *(Rad~)* corridore, corritrice *m, f* (ciclista). **Rennpferd** *n* cavallo *m* da corsa. **Rennplatz** *m s.* **Rennbahn. Rennrad** *n* bicicletta *f* da corsa. **Rennreiter(in)** *m(f)* fantino, -a *m, f.* **Rennsport** *m* corse *f pl; (Pferde~)* ippica *f.* **Rennstrecke** *f* percorso *m; (Rundstrecke)* circuito *m.* **Rennwagen** *m* vettura *f* da corsa.
Renommee [renɔ'me:] ‹-s, -s› *n* reputazione *f; (gutes ~)* buon nome *m,* buona fama *f;* **ein gutes ~ haben** godere di una buona reputazione.
renommieren [...'mi:rən] ‹*ohne ge-*› *itr* vantarsi (*mit* di), gloriarsi (*mit* di). **renommiert** *a* rinomato.
renovieren [reno'vi:rən] ‹*ohne ge-*› *tr* rinnovare, restaurare.
Renovierung ‹-, -en› *f* rinnovamento *f,* restauro *m.*
rentabel [rɛn'ta:bəl] *a* redditizio, rimunerativo.
Rentabilität [...tabili'tɛ:t] ‹-, ø› *f* redditività *f.*
Rente ['rɛntə] ‹-, -n› *f* **1.** *(Alters~, Waisen~, Invaliden~)* pensione *f;* **2.** *fin* rendita *f,* reddito *m.* **Rentenanpassung** *f* adeguamento *m* delle pensioni. **Rentenanspruch** *m* diritto *m* alla pensione. **Rentenempfänger(in)** *m(f)* pensionato, -a *m, f,* beneficiario, -a *m, f* di una pensione. **Rentenversicherung** *f* assicurazione *f* invalidità e vecchiaia.
Rentier *n s.* **Ren.**
rentieren [rɛn'ti:rən] ‹*ohne ge-*› *rfl:* **sich ~** rendere, fruttare; **das rentiert sich nicht** non rende; *fig* non vale la pena.
Rentner(in) ['rɛntnɐ (...ərɪn)] ‹-s, -› *m(f)* pensionato, -a *m, f.*
reparabel [repa'ra:bəl] *a* riparabile.
Reparation [repara'tsi̯o:n] ‹-, -en› *f* **1.** *med* riparazione *f;* **2.** ‹*pl*› *pol* riparazioni *f pl.*
Reparatur [...'tu:ɐ̯] ‹-, -en› *f* riparazione *f;* **etw. in ~ geben** fare riparare qc. **reparaturanfällig** *a* delicato. **reparaturbedürftig** *a:* **~ sein** aver bisogno di essere riparato. **Reparaturkosten** ‹*pl*› spese *f pl* di riparazione. **Reparaturwerkstatt** *f* officina *f* (di) riparazioni.
reparieren [repa'ri:rən] ‹*ohne ge-*› *tr* riparare.
Repertoire [repɛr'to̯a:ɐ̯] ‹-s, -s› *n* repertorio *m.*
repetieren [repe'ti:rən] ‹*ohne ge-*› *tr* ripetere.
Report [re'pɔrt] ‹-(e)s, -e› *m* **1.** *(Bericht)* rapporto *m;* **2.** *fin* riporto *m.*
Reportage [...'ta:ʒə] ‹-, -n› *f* reportage *m,* servizio *m.*
Reporter(in) ‹-s, -› *m(f)* reporter *mf,* cronista *mf.*
Repräsentant(in) [reprɛzɛn'tant(ɪn)] ‹-en, -en› *m(f)* rappresentante *mf.*
Repräsentation [...ta'tsi̯o:n] ‹-, -en› *f* rappresentanza *f.*
repräsentativ [...ta'ti:f] *a* **1.** *(stellvertretend)* rappresentativo; **2.** *(eindrucksvoll)* di (grande) effetto.
repräsentieren [...'ti:rən] ‹*ohne ge-*› *tr* rappresentare.
Repressalie [reprɛ'sa:li̯ə] ‹-, -n› *f* rappresaglia *f.*
Reproduktion [reprodʊk'tsi̯o:n] *f* riproduzione *f.*
reproduzieren [...du'tsi:rən] ‹*ohne ge-*› *tr* riprodurre.
Reptil [rɛp'ti:l, ...li̯ən *o.* ...lə] ‹-s, -ien *o. rar* -e› *n* rettile *m.*
Republik [repu'bli:k] ‹-, -en› *f* repubblica *f;* **die Deutsche Demokratische ~** (*ab* **DDR**) la Repubblica democratica tedesca.
Republikaner(in) [...bli'ka:nɐ (...ərɪn)] ‹-s, -› *m(f)* repubblicano, -a *m, f.*
republikanisch *a* repubblicano.
Requiem ['re:kvi̯ɛm, ...i̯ɛms *o.* ...i̯ən] ‹-s, -s *o. A* Requien› *n* (messa *f* di *o.* da) requiem *m.*
Requisiten [rekvi'zi:tən] *n pl* accessori *m pl.*
Requisiteur(in) [...zi'tø:ɐ̯ (...rɪn)] ‹-s, -e› *m(f)* trovarobe *mf.*
Reschen ['rɛʃən] *n* Resia *f.*
Reservat [rezɛr'va:t] ‹-(e)s, -e› *n* riserva *f.*
Reserve [re'zɛrvə] ‹-, -n› *f* **1.** *(Vorrat, Ersatz, Rücklage)* riserva *f;* **2.** *(Zurückhaltung)* riservatezza *f,* riserbo *m;* **etw. in ~ haben** avere qc in serbo;

jdn aus der ~ locken fare uscire qu dalla riservatezza.

Reserve- *(in Zusammensetzungen)* di riserva (*o.* ricambio). **Reservekanister** *m* tanica *f* di riserva. **Reserveoffizier** *m* ufficiale *m* di riserva. **Reserverad** *n* ruota *f* di scorta. **Reservespieler(in)** *m(f)* riserva *f.*

reservieren [rezɛr'vi:rən] ‹*ohne ge-*› *tr* riservare; *(Hotelzimmer, Tisch a.)* prenotare. **reserviert** *a* riservato. **Reserviertheit** ‹-, ø› *f* riservatezza *f.*

Reservist [...'vɪst] ‹-en, -en› *m* riservista *m.*

Reservoir [...'vo̯a:ɐ̯] ‹-s, -e› *n* **1.** *(Bekken)* serbatoio *m;* **2.** *fig* riserva *f.*

Residenz(stadt *f***)** [rezi'dɛnts̮] ‹-, -en› *f* (città *f* di) residenza *f.*

residieren [...'di:rən] ‹*ohne ge-*› *itr* risiedere.

Resignation [rezɪgna'ts̮io:n] ‹-, -en› *f* rassegnazione *f.*

resignieren [...'gni:rən] ‹*ohne ge-*› *itr* rassegnarsi. **resigniert** *a* rassegnato.

resolut [rezo'lu:t] *a* risoluto, deciso, determinato.

Resolution [...lu'ts̮io:n] ‹-, -en› *f* risoluzione *f.*

Resonanz [rezo'nants̮] ‹-, -en› *f* risonanza *f.* **Resonanzkörper** *m* cassa *f* armonica (*o.* di risonanza).

Resopal® [rezo'pa:l] ‹-s, ø› *n* formica® *f.*

resozialisieren [rezots̮iali'zi:rən] ‹*ohne ge-*› *tr* reinserire nella società.

Resozialisierung *f* reinserimento *m* nella società.

resp. *ab von* **respektive** rispettivamente.

Respekt [re'spɛkt *o.* rɛs'pɛkt] ‹-(e)s, ø› *m* **1.** *(Achtung)* rispetto *m* (*vor* per); **2.** *(Scheu)* soggezione *f* (*vor* di), timore *m* (*vor* di); **sich** *(dat)* **~ verschaffen** farsi rispettare; **vor seinem Hund habe ich großen ~** ho una grande paura del suo cane; **vor jdm den ~ verlieren** perdere il rispetto per qu; **jdm ~ einflößen** incutere rispetto a qu; **bei allem ~ vor . . ., aber . . .** con tutto il rispetto per . . ., ma . . .

respektabel [...'ta:bəl] *a* ragguardevole, stimato.

respektieren [...'ti:rən] ‹*ohne ge-*› *tr* rispettare.

respektive [...'ti:və] *adv* (*ab* **resp.**) *geh* **1.** *(beziehungsweise)* rispettivamente; **2.** *(oder)* o, oppure.

respektlos *a* irrispettoso (*gegenüber* verso), irriverente (*gegenüber* verso). **Respektlosigkeit** ‹-, -en› *f* irriverenza *f.* **Respektsperson** *f* persona *f* di riguardo. **respektvoll** *a* pieno di rispetto (*gegenüber* verso), rispettoso (*gegenüber* verso).

Ressort [rɛ'so:ɐ̯] ‹-s, -s› *n* **1.** *(Zuständigkeitsbereich)* competenza *f;* **2.** *(Abteilung)* sezione *f,* divisione *f.*

Rest [rɛst] ‹-(e)s, -e› *m* **1.** *allg., mat* resto *m; (Flüssigkeits~)* fondo *m;* **2.** *(Überschuß)* eccedenza *f;* **3.** *(Rückstand)* residuo *m;* **4.** ‹*pl*› *(Stoff~e)* scampoli *m pl;* **5.** *(~betrag)* rimanenza *f;* **6.** ‹*pl*› *(Essens~e)* avanzi *m pl;* **jdm den ~ geben** *fam* dare a qu il colpo di grazia; **zehn geteilt durch drei ist drei, ~ eins** dieci diviso tre fa tre col resto di uno. **Restauflage** *f* resto *m* della tiratura.

Restaurant [rɛsto'rã:] ‹-s, -s› *n* ristorante *m.*

Restaurator(in) [restau̯'ra:to:ɐ̯ (...ra'to:rɪn), ...ra'to:rən] ‹-s, -en› *m(f)* restauratore, -trice *m, f.*

restaurieren [...'ri:rən] ‹*ohne ge-*› *tr* restaurare.

Restbestand *m* resto *m,* rimanenza *f.* **Restbetrag** *m* resto *m,* importo *m* restante. **restlich** *a* restante, rimanente; *(übrig)* residuo. **restlos I.** *a* intero, totale; **II.** *adv fam* perfettamente. **Restposten** *m* rimanenza *f,* saldo *m.*

Resultat [rezʊl'ta:t] ‹-(e)s, -e› *n* risultato *m.*

resultieren [...'ti:rən] ‹*ohne ge-*› *itr* risultare (*aus* da).

Resümee [rezy'me:] ‹-s, -s› *n* riassunto *m;* **das ~ ziehen** trarre il succo.

Retorte [re'tɔrtə] ‹-, -n› *f* storta *f,* alambicco *m;* **eine Stadt/Mahlzeit aus der ~** una città/un pasto che non ha più niente di naturale. **Retortenbaby** *n* figlio, -a *m, f* della provetta.

retten ['rɛtən] **I.** *tr* **1.** *(aus Gefahr)* salvare; **2.** *(bewahren)* preservare (*vor* da); **jdm das Leben ~** salvare la vita a qu; **bist du noch zu ~?** *fam* sei ancora recuperabile?; **die Situation ~** salvare la situazione; **wenn Stefan auch kommt, ist der Abend gerettet** se viene anche Stefano, la serata è salva; **II.** *rfl:* **sich ~** salvarsi; **rette sich, wer kann!** si salvi chi può!; **ich konnte mich vor Anrufen kaum noch ~** non riuscivo quasi più a salvarmi dalle telefonate; **sich aus dem Fenster/ins Freie/ans Ufer ~** salvarsi (uscendo) dalla finestra/(uscendo) all'aperto/(andando) a riva. **rettend** *a* salvatore.

Retter(in) ‹-s, -› *m(f)* salvatore, -trice *m, f.*

Rettich ['rɛtɪç] ‹-s, -e› *m* rafano *m.*

Rettung ‹-, -en› *f* **1.** *(aus Gefahr)* salvataggio *m,* salvezza *f;* **2.** *(Befreiung)* liberazione *f;* **du bist meine letzte ~** *fam* sei la mia salvezza *fam.*
Rettungsaktion *f* azione *f* di salvataggio. **Rettungsboot** *n* **1.** *(Motorboot)* battello *m* di salvataggio; **2.** *(Beiboot)* scialuppa *f* di salvataggio. **Rettungsdienst** *m* servizio *m* di salvataggio (*o.* di soccorso). **Rettungshubschrauber** *m* elicottero *m* di salvataggio. **Rettungsinsel** *f* zattera *f* di salvataggio. **rettungslos** *adv* senza scampo, irrimediabilmente. **Rettungsmannschaft** *f* squadra *f* di salvataggio. **Rettungsring** *m* salvagente *m.* **Rettungsschwimmer(in)** *m(f)* nuotatore, -trice *m, f* di salvataggio. **Rettungswagen** *m* mezzo *m* di soccorso. **Rettungsweste** *f* giubbotto *m* salvagente.
Retusche [re'tʊʃə] ‹-, -n› *f* ritocco *m.*
retuschieren [...'ʃi:rən] ‹*ohne ge-*› *tr* ritoccare.
Reue ['rɔ͜ yə] ‹-, ø› *f* pentimento *m* (*über* per), rimorso *m* (*über* di); **über etw. ~ empfinden** provare rimorso per qc. **reuelos** *a* impenitente.
reuen *tr:* **es reut mich** mi pento.
reuig *geh,* **reumütig** [-my:tɪç] *a* pentito.
Reuse ['rɔ͜ yzə] ‹-, -n› *f* nassa *f.*

Revanche [re'vã:ʃə] ‹-, -n› *f* rivincita *f.* **Revanchepartie** *f,* **-spiel** *n* (partita *f o.* match *m* di) rivincita *f.*
revanchieren [revã'ʃi:rən] ‹*ohne ge-*› *rfl:* **sich ~ 1.** *(sich rächen)* vendicarsi (*bei jdm für etw.* di qc su qu), rendere la pariglia (*bei jdm für etw.* a qu per qc); **2.** *(sich erkenntlich zeigen)* contraccambiare (*für etw.* qc); **3.** *sport* prendersi la rivincita.
Revers [re'vɛ:ɐ̯ *o.* re've:ɐ̯] ‹-, -› *n o. m* risvolto *m.*
revidieren [revi'di:rən] ‹*ohne ge-*› *tr* rivedere.
Revier [re'vi:ɐ̯] ‹-s, -e› *n* **1.** *allg.* distretto *m;* **2.** *(Tätigkeitsbereich)* settore *m;* **3.** *zoo* territorio *m;* **4.** *(Polizei~)* commissariato *m* (di polizia); **5.** *(Forst~)* distretto *m* forestale; *(Jagd~)* bandita *f;* **6.** *min* distretto *m* minerario.
Revision [revi'zi̯o:n] ‹-, -en› *f* **1.** *(von Meinung, etc.)* rivedere *m;* **2.** *(von Vertrag, etc.)* revisione *f;* **3.** *(von Kasse, etc.)* verifica *f,* controllo *m;* **4.** *typ* revisione *f;* **5.** *jur* ricorso *m;* **gegen ein Urteil ~ einlegen** presentare ricorso contro una sentenza.
Revisor(in) [re'vi:zo:ɐ̯ (revi'zo:rɪn), revi'zo:rən] ‹-s, -en› *m(f)* revisore, -a *m, f.*
Revolte [re'vɔltə] ‹-, -n› *f* rivolta *f,* insurrezione *f.*
revoltieren [...'ti:rən] ‹*ohne ge-*› *itr* rivoltarsi (*gegen* contro), insorgere (*gegen* contro).
Revolution [revolu'ts̯i̯o:n] ‹-, -en› *f* rivoluzione *f.*
revolutionär [...ts̯i̯o'nɛ:ɐ̯] *a* rivoluzionario. **Revolutionär(in)** ‹-s, -e› *m(f)* rivoluzionario, -a *m, f.*
Revolver [re'vɔlvɐ] ‹-s, -› *m* revolver *m.* **Revolverheld** *m pej* uomo *m* dal grilletto facile.
Revue [rə'vy:, ...y:ən] ‹-, -n› *f* rivista *f.*
Rezensent(in) [rets̯ɛn'zɛnt(ɪn)] ‹-en, -en› *m(f)* recensore, -a *m, f* critico *m.*
rezensieren [...'zi:rən] ‹*ohne ge-*› *tr* recensire.
Rezension [...'zi̯o:n] ‹-, -en› *f* recensione *f,* critica *f.*
Rezept [re'ts̯ɛpt] ‹-(e)s, -e› *n* **1.** *med, gastr* ricetta *f;* **2.** *fig* rimedio *m* (*für* per, *gegen* contro). **rezeptfrei** *a* non soggetto a prescrizione medica.
Rezeption [rets̯ɛp'ts̯i̯o:n] ‹-, -en› *f* **1.** *lit* ricezione *f;* **2.** *(Hotel~)* réception *f.*
rezeptpflichtig *a* da vendersi dietro prescrizione medica.
Rezession [rets̯ɛ'si̯o:n] ‹-, -en› *f* recessione *f.*
Rezitativ [rets̯ita'ti:f] ‹-s, -e› *n* recitativo *m.*
rezitieren [...'ti:rən] ‹*ohne ge-*› *tr* recitarc.
R-Gespräch ['ɛr-] *n* telefonata *f* a carico di chi la riceve.
rh, RH *ab von* **Rhesusfaktor** Rh (*ab von* Rhesus; fattore antigene del sangue).
Rhabarber [ra'barbɐ] ‹-s, ø› *m* rabarbaro *m.*
Rhein [ra͜ in] *m* Reno *m.* **rheinisch, rheinländisch** [-lɛndɪʃ] *a* renano. **Rheinland** *n* Renania *f.* **Rheinländer(in)** [-lɛndɐ (...ərɪn)] ‹-s, -› *m(f)* renano, -a *m, f.* **Rheinland-Pfalz** *n* Renania-Palatinato *f.*
Rhesusfaktor ['re:zʊs-] *m* (fattore *m*) RH *m;* **~ positiv** (*ab* **Rh)/negativ** (*ab* **rh**) RH + (*o.* positivo)/RH – (*o.* negativo).
Rhetorik [re'to:rɪk] ‹-, ø› *f* retorica *f.*
rhetorisch *a* retorico; **~e Frage** domanda retorica.
Rheuma ['rɔ͜ yma] ‹-s, ø› *n,* **Rheumatismus** [-'tɪsmus, ...mən] ‹-, -men› reumatismo *m.*
Rhinozeros [ri'no:ts̯erɔs] ‹- *o.* -ses, -se› *n* rinoceronte *m.*

Rhombus ['rɔmbʊs, ...bən] ‹-, Rhomben› *m* rombo *m.*
Rhönrad ['rø:n-] *n* ruota *f* girante.
Rhythmen *pl von* **Rhythmus.**
rhythmisch ['rʏtmɪʃ] *a* ritmico.
Rhythmus ['rʏtmʊs, ...mən] ‹-, Rhythmen› *m* ritmo *m.*
RIAS ['ri:as] ‹-, ø› *ab von* **Rundfunk im amerikanischen Sektor (von Berlin)** *stazione radiofonica con sede a Berlino-Ovest.*
Ribisel ['ri:bi:zəl] ‹-, -(n)› *f A (Johannisbeere)* ribes *m.*
Ribonukleinsäure [ribonukle'i:n-] *f* (*ab* **RNS**) acido *m* ribonucleico.
Richard ['rɪçart] *(männlicher Vorname)* Riccardo.
Richtantenne *f* antenna *f* direzionale.
richten ['rɪçtən] **I.** *tr* **1.** *(lenken)* dirigere (*auf* verso); *(Waffe, Fernglas)* puntare (*auf* contro, su); *(Worte, Bitte)* rivolgere (*an* a); *(Aufmerksamkeit, Blicke)* volgere (*auf* a); **2.** *(auf~)* drizzare; *(geradeмachen)* allineare; **3.** *(her~)* preparare; *(in Ordnung bringen)* mettere in ordine, assettare; *(Essen)* preparare; *(Haare)* farsi; *(Betten)* (ri)fare; *(reparieren)* riparare; **4.** *jur* giudicare; **5.** *geh, obs (hin~)* giustiziare; **II.** *rfl:* **sich nach etw. ~** orientarsi su qc, regolarsi secondo qc; *(folgen)* seguire qc; *gram* concordare con qc; **sich nach jdm ~** conformarsi a qu; **ich richte mich ganz nach dir** mi regolo su di te; **unsere Urlaubspläne ~ sich nach dem Wetter** i nostri progetti per le vacanze dipendono dal tempo.
Richter(in) ['rɪçte (...ərɪn)] ‹-s, -› *m(f)* giudice *mf,* (donna *f*) magistrato *m;* **vor den ~ bringen** citare in giudizio. **Richteramt** *n* magistratura *f.* **Richterin** *f s.* **Richter. richterlich** *a* giudiziario.
Richtfunk *m* trasmissione *f* a fasci direttivi. **Richtgeschwindigkeit** *f* velocità *f* consigliata.
richtig ['rɪçtɪç] **I.** *a* **1.** *(zutreffend, nicht verkehrt)* giusto, corretto, esatto; **2.** *(echt)* vero; *(wirklich a.)* autentico; **3.** *(geeignet, passend)* giusto; **im ~en Augenblick** al momento giusto; **auf dem ~en Wege sein** essere sulla buona strada; **nicht ganz ~ (im Kopf) sein** *fam* essere un po' tocco *fam;* **das ist genau das R~e für mich** è proprio quello che ci vuole per me; **sehr ~!** giustissimo!; **(das ist) ~!** giusto!; **der ~e Mann** l'uomo giusto; **ich habe den ganzen Tag noch nichts R~es gegessen** è tutto il giorno che non mangio qc di consistente; **bin ich hier ~ nach Bonn?** va bene qui per Bonn?; **sechs R~e im Lotto haben** *fam* avere sei numeri esatti al lotto; **du bist eine ~e Hexe** *fam* sei proprio una strega; **II.** *adv* **1.** *(korrekt)* correttamente; **2.** *(in der Tat)* effettivamente; **3.** *fam (~gehend)* bene; *(gänzlich)* completamente; **du hast das Fenster nicht ~ zugemacht** non hai chiuso bene la finestra; **jetzt bin ich aber ~ erleichtert** *fam* adesso sono proprio sollevato; **meine Uhr geht nicht ~** il mio orologio non è esatto (*o.* non va bene).
richtiggehend I. *a* **1.** *(Uhr)* esatto; **2.** *(regelrecht)* vero (e proprio); **II.** *adv* proprio, veramente.
Richtigkeit ‹-, ø› *f* giustezza *f,* esattezza *f; (von Aussage)* veridicità *f; (von Übersetzung)* fedeltà *f;* **seine ~ haben** essere in ordine, essere giusto.
richtig·stellen *tr* rettificare, correggere. **Richtigstellung** *f* rettifica *f,* correzione *f.*
Richtlinien *f pl* direttive *f pl,* norme *f pl.* **Richtpreis** *m* prezzo *m* indicativo (*o.* normativo); **unverbindlicher ~** prezzo raccomandato. **Richtpunkt** *m* punto *m* di mira. **Richtschnur** *f* **1.** corda *f* (per tracciare); **2.** *fig (Grundsatz)* norma *f* (*für* per), regola *f* (*für* per). **Richtstrahler** *m* trasmettitore *m* direzionale.
Richtung ‹-, -en› *f* **1.** direzione *f,* senso *m;* **2.** *fig (Strömung, Tendenz)* tendenza *f,* corrente *f,* orientamento *m;* **in alle ~en** in tutte le direzioni; **in entgegengesetzter (***o.* **umgekehrter) ~** in senso contrario *(o.* inverso); **in jeder ~** in ogni direzione; *fig (in jeder Hinsicht)* da ogni punto di vista, in ogni caso; **aus/in ~ Venedig** da/in direzione Venezia; **aus allen ~en** da tutte le direzioni. **richtungweisend** *a fig* direttivo, normativo.
Richtwert *m* valore *m* indicativo.
Ricke ['rɪkə] ‹-, -n› *f* capriola *f.*
rieb [ri:p] *1. u. 3. pers sing imp von* **reiben.**
riechen ['ri:çən] ‹riecht, roch, gerochen› **I.** *tr* odorare, sentire l'odore di; *(auf Tiere bezogen)* annusare; **das konnte ich doch nicht ~!** *fig fam* non potevo mica prevederlo (*o.* saperlo); **jdn nicht ~ können** *fig fam* non poter soffrire qu; **II.** *itr* **1.** *(Geruch wahrnehmen)* odorare (*an etw.* qc); *(auf Tiere bezogen)* annusare (*an etw.* qc); **2.** *(Geruch verbreiten)* sapere (*nach* di), odorare (*nach* di); **angebrannt ~** sapere (*o.* aver odore) di bruciato; **aus dem Mund ~** avere

l'alito cattivo; **gut/schlecht ~** avere un buon/cattivo odore; **riech mal!** senti!, annusa!
Riecher ‹-s, -› *m:* **einen guten ~ (für etw.) haben** *fam* avere buon naso (*o.* fiuto) (per qc).
Riechkolben *m sl scherz* nappa *f sl.* **Riechsalz** *n* sali *m pl.*
rief [ri:f] *1. u. 3. pers sing imp von* **rufen.**
Riege ['ri:gə] ‹-, -n› *f* squadra *f.*
Riegel ['ri:gəl] ‹-s, -› *m* **1.** *(Tür~)* catenaccio *m,* chiavistello *m; (am Türschloß)* stanghetta *f;* **2.** *(Schokoladen~)* stecca *f;* **3.** *(an Kleidung)* linguetta *f;* **einer S. einen ~ vorschieben** *fig* mettere un freno a qc.
Riemen ['ri:mən] ‹-s, -› *m* cinghia *f,* correggia *f; (Gürtel)* cintura *f; (Schuh~)* stringa *f;* **den ~ enger schnallen** *fig* stringere la cintura, tirare la cinghia *fam;* **sich am ~ reißen** *fam* darsi da fare *fam;* **sich in die ~ legen** impegnarsi.
Ries [ri:s] ‹-es, -e› *n* risma *f.*
Riese ['ri:zə] ‹-n, -n› *m,* **Riesin**[...zın] *f* gigante, -essa *m, f;* **das macht nach Adam ~ . . .** *fam scherz* per l'esattezza sono . . .
Rieselfeld *n* marcita *f.*
rieseln ['ri:zəln] *itr* ‹*sein*› *(Wasser)* scorrere; *(Schnee, Sand)* cadere; *(Regen)* cadere, piovigginare.
Riesen- *(in Zusammensetzungen)* gigantesco, (da) gigante. **Riesengebirge** *n* Monti *m pl* Giganti. **riesengroß, riesenhaft** ['ri:zən'gro:s] *a* gigante, gigantesco, colossale. **Riesenrad** *n* ruota *f* panoramica. **Riesenschlange** *f* boa *f.* **Riesenschritt** *m fam:* **mit ~en** a passi da gigante. **Riesenslalom** *m* slalom *m* gigante.
riesig I. *a s.* **riesenhaft; II.** *adv fam (sehr)* molto; **sich ~ amüsieren/freuen** divertirsi un mondo *fam.*
Riesin *f s.* **Riese.**
riet [ri:t] *1. u. 3. pers sing imp von* **raten.**
Riff [rıf] ‹-(e)s, -e› *n* scogliera *f.*
rigoros [rigo'ro:s] *a* **1.** rigoroso, rigido, severo; **2.** *(rücksichtslos)* senza riguardi.
Rigorosum [...'ro:zʊm, ...za *o.* ...zən] ‹-s, -rosa *o. A* -rosen› *n* esame *m* di laurea.
Rikscha ['rıkʃa] ‹-, -s› *f* risciò *m.*
Rille ['rılə] ‹-, -n› *f* rigatura *f; (arch a.)* scanalatura *f; (Schallplatten~)* solco *m.*
Rind ['rınt] ‹-(e)s, -er› *n* **1.** *(Art)* bovino *m;* **2.** *(Tier)* bue *m;* **3.** *(~fleisch)* manzo *m.*
Rinde ['rındə] ‹-, -n› *f* **1.** *(von Baum, Gehirn)* corteccia *f;* **2.** *(von Brot, Käse)* crosta *f.*
Rinderbraten *m* arrosto *m* di manzo. **Rinderfilet** *n* filetto *m* di manzo. **Rinderzucht** *f* allevamento *m* di bovini. **Rindfleisch** *n* (carne *f* di) manzo *m.* **Rindfleischsuppe** *f* brodo *m* di manzo. **Rindsleder** *n* vacchetta *f.* **Rindvieh** *n* **1.** *zoo* bovini *m pl;* **2.** *fam pej* bue *m.*
Ring [rıŋ] ‹-(e)s, -e› *m* **1.** *allg.* anello *m; (Ehe~)* fede *f; (Servietten~)* portatovagliolo *m;* **2.** *sport (Box~)* ring *m;* ‹*pl*› *(Turn~)* anelli *m pl;* **3.** *(um die Augen)* occhiaia *f; (um einen Fleck)* alone *m;* **4.** *fig (Menschengruppe, Theater~)* circolo *m; (Verbrecher~)* organizzazione *f.* **Ringbuch** *n* quaderno *m* a fermagli. **Ringbucheinlage** *f* foglio *m* da inserire in un quaderno a fermagli.
Ringel ['rıŋəl] ‹-s, -› *m* cerchietto *m,* voluta *f.* **Ringellocke** *f* ricciolo *m.*
ringeln I. *tr* arricciare, inanellare; **II.** *rfl:* **sich ~** *(Haare)* arricciarsi; *(Schlange)* arrotolarsi.
Ringelnatter *f* natrice *f* (dal collare). **Ringelspiel** *n A (Karussell)* giostra *f,* carosello *m.*
ringen ['rıŋən] ‹ringt, rang, gerungen› **I.** *itr* **1.** *(kämpfen)* lottare, combattere; *sport* lottare; **2.** *(streben)* far di tutto (*um* per); **mit den Tränen ~** trattenere a stento le lacrime; **um Anerkennung ~** far di tutto per essere riconosciuto (*o.* apprezzato); **II.** *tr:* **die Hände ~** torcersi le mani.
Ringfinger *m* anulare *m.* **ringförmig** [-fœrmıç] *a* anulare, circolare. **Ringkampf** *m* lotta *f.* **Ringkämpfer(in)** *m(f)* lottatore, -trice *m, f.* **Ringrichter(in)** *m(f)* giudice-arbitro, -a *m, f.*
rings [rıŋs] *adv* intorno (*um* a).
rings(her)um ['rıŋshɛ'rʊm] *adv* tutt'intorno, in giro.
Ringstraße *f* circonvallazione *f.*
Rinne ['rınə] ‹-, -n› *f* **1.** *(allg., Fahr~)* canale *m; (Dach~)* grondaia *f;* **2.** *(Rinnstein)* cunetta *f;* **3.** *(Rille)* scanalatura *f.*
rinnen ['rınən] ‹rinnt, rann, geronnen› *itr* **1.** ‹*sein*› *(Sand, Zeit)* scorrere; *(Blut)* colare; **2.** ‹*haben*› *(undicht sein)* perdere.
Rinnsal ['rınza:l] ‹-(e)s, -e› *n geh* rigagnolo *m.* **Rinnstein** *m* cunetta *f.*
R. I. P. *ab von* **requiescat in pace** *(er (o. sie) ruhe in Frieden)* R.I.P.
Rippchen ['rıpçən] ‹-s, -› *n gastr* costoletta *f.*
Rippe ['rıpə] ‹-, -n› *f* **1.** *anat, bot* costa

f; (a. arch) costola *f;* **2.** *tec (von Heizkörper)* aletta *f;* **nichts auf den ~n haben** *fam* essere pelle ed ossa *fam;* **ich kann mir das Geld ja nicht aus den ~n schneiden!** *fam* da dove li tiro fuori i soldi?, non posso mica far miracoli! *fam.* **Rippenbruch** *m* frattura *f* di una costola. **Rippenfell** *n* pleura *f.* **Rippenfellentzündung** *f* pleurite *f.* **Rippenstoß** *m* colpo *m* alle costole (*o.* nei fianchi).

Rippli ['rɪpli] ⟨s-, -⟩ *n CH* costina *f.*

Rips [rɪps] ⟨-es, -e⟩ *m* reps *m.*

Risiko ['ri:ziko, ...kos *o.* ...kən] ⟨-s, -s *o.* Risiken⟩ *n* rischio *m;* **ein ~ eingehen** (*o.* **auf sich nehmen)** correre (*o.* assumersi) un rischio; **auf eigenes ~** a proprio rischio e pericolo.

riskant [rɪs'kant] *a* arrischiato, rischioso.

riskieren [...'ki:rən] ⟨*ohne ge-*⟩ *tr* (ar)rischiare.

riß [rɪs] *1. u. 3. pers sing imp von* **reißen.**

Riß [rɪst] ⟨Risses, Risse⟩ *m* **1.** *(in Stoff, Papier)* strappo *m; (in Fels)* fenditura *f; (in Glas, Porzellan, Freundschaft)* incrinatura *f; (in Wand)* crepa *f; (a. in Haut)* screpolatura *f; (in Metall)* cricca *f;* **2.** *tec (Zeichnung)* tracciato *m,* pianta *f.*

rissig *a (Haut, Mauerwerk, Leder)* screpolato; *(Erde, Felsen)* pieno di crepacci; *(Glas, Porzellan)* incrinato; **~ werden** screpolarsi, incrinarsi.

Rist [rɪst] ⟨-es, -e⟩ *m* **1.** *(Fußrücken)* collo *m* del piede; **2.** *(Handrücken)* dorso *m* delle mano.

Riten *pl von* **Ritus.**

ritt [rɪt] *1. u. 3. pers sing imp von* **reiten.**

Ritt [rɪt] ⟨-(e)s, -e⟩ *m* cavalcata *f.*

Ritter ['rɪtɐ] ⟨-s, -⟩ *m* cavaliere *m;* **fahrender ~** cavaliere errante; **jdn zum ~ schlagen** fare (*o.* creare) qu cavaliere. **Ritterburg** *f* maniero *m.* **Ritterkreuz** *n* croce *f* di cavaliere. **ritterlich** *a* cavalleresco. **Ritterlichkeit** ⟨-, ø⟩ *f* cavalleria *f.* **Ritterorden** *m* ordine *m* cavalleresco. **Ritterrüstung** *f* armatura *f* da cavaliere. **Ritterschlag** *m* accollata *f.* **Rittersporn** ⟨-(e)s, -e⟩ *m* speronella *f.*

rittlings ['rɪtlɪŋs] *adv* a cavallo, a cavalcioni.

Ritual [ri'tu̯a:l, ...lə *o.* ...li̯ən] ⟨-s, -e *o.* -ien⟩ *n* rituale *m.*

rituell [ri'tu̯ɛl] *a* rituale.

Ritus ['ri:tʊs, ...tən] ⟨-, Riten⟩ *m* rito *m.*

Ritz [rɪts] ⟨-es, -e⟩ *m* **1.** *(Schramme)* scalfittura *f;* **2.** *(Spalte)* fessura *f.*

Ritze ['rɪt͡sə] ⟨-, -n⟩ *f (Spalte)* fessura *f.*

ritzen **I.** *tr* **1.** *(an~, auf~)* scalfire; **2.** *(ein~)* incidere (*in* in); **die Sache ist geritzt** *sl* la cosa è fissata (*o.* decisa); **II.** *rfl:* **sich ~** scalfirsi.

Rivale [ri'va:lə] ⟨-n, -n⟩ *m,* **Rivalin** [...lɪn] *f* rivale *mf.*

rivalisieren [rivali'zi:rən] ⟨*ohne ge-*⟩ *itr* rivaleggiare (*mit jdm um etw.* con qu per qc).

Rivalität [...i'tɛ:t] ⟨-, -en⟩ *f* rivalità *f* (*mit* con).

Riviera [ri'vi̯e:ra] *f:* **die (italienische) ~** la Riviera; **die (französische) ~** la Costa Azzurra.

Rizinus ['ri:t͡sinʊs] ⟨-, - *o.* -se⟩ *m* ricino *m.* **Rizinusöl** *n* olio *m* di ricino.

RNS [ɛrˀɛnˈˀɛs] ⟨-, ø⟩ *f ab von* **Ribonukleinsäure** R.N.A. *m* (*ab von* acido ribonucleico).

Roastbeef ['ro:stbi:f] ⟨-s, -s⟩ *n* rosbif *m.*

Robbe ['rɔ:bə] ⟨-, -n⟩ *f* foca *f.*

robben ['rɔbən] *itr* ⟨*sein*⟩ strisciare carponi.

Robe ['ro:bə] ⟨-, -n⟩ *f* **1.** *(Abend~)* abito *m* da sera; **2.** *(Amts~ von Richter, Anwalt)* toga *f; (von Geistlichen)* abito *m* talare.

Robert ['ro:bɛrt] *(männlicher Vorname)* Roberto.

Roboter ['rɔbɔtɐ *o.* ro'bɔtɐ] ⟨-s, -⟩ *m* robot *m.*

robust [ro'bʊst] *a* **1.** *(kräftig)* robusto; **2.** *(widerstandsfähig)* resistente, solido. **Robustheit** ⟨-, ø⟩ *f* robustezza *f.*

roch [rɔx] *1. u. 3. pers sing imp von* **riechen.**

röcheln ['rœçəln] *itr* rantolare.

Rochen ['rɔxən] ⟨-s, -⟩ *m* razza *f.*

Rock[1] [rɔk] ⟨-(e)s, ⸚e⟩ *m* **1.** *(Damen~)* gonna *f;* **2.** *(Herrenjacke)* giacca *f* (da uomo).

Rock[2] [rɔk] ⟨-(s), -(s)⟩ *m* **1.** *(Musik)* musica *f* rock; **2.** *(Tanz)* rock and roll *m.* **Rockband** [-bɛnt] ⟨-, -s⟩ *f* complesso *m* rock.

Rocker ['rɔkɐ] ⟨-s, -⟩ *m* rocker *m.* **Rockerbande** *f* banda *f* di rocker. **Rockerbraut** *f fam* ragazza *f* del rocker.

Rockfestival *n* festival *m* rock.

Rodel ['ro:dəl] ⟨-s, -⟩ *m (A, süddeutsch)* slitta *f,* slittino *m.* **Rodelbahn** *f* pista *f* per slitte.

rodeln ['ro:dəln] *itr* ⟨*haben o. bei Fortbewegung sein*⟩ andare in slitta, slittare.

roden ['ro:dən] *tr* dissodare.

Rogen ['ro:gən] ⟨-s, -⟩ *m* uova *f pl* di pesce.

Roggen ['rɔgən] ⟨-s, -⟩ *m* segale *f.*

roh [ro:] *a* **1.** *(ungekocht, ungebraten)*

crudo, non cotto; **2.** *(nicht be-, verarbeitet)* grezzo, greggio; **3.** *(gefühllos, grob)* rozzo; *(brutal)* brutale; **~es Ei/~er Schinken** uovo/prosciutto crudo; **~e Gewalt** forza bruta. **Rohbau** ‹-(e)s, -ten› *m* costruzione *f* rustica (*o.* grezza). **Roheisen** *n* ferro *m* grezzo. **Roherz** *n* minerale *m* grezzo. **Rohgummi** *m o. n* gomma *f* greggia. **Rohkost** *f* crudità *f pl;* *(~ernährung)* alimentazione *f* a base di crudità.

Rohling ['ro:lɪŋ] ‹-s, -e› *m* **1.** *pej (Mensch)* bruto *m;* **2.** *tec (Werkstück)* pezzo *m* grezzo.

Rohmaterial *n* materiale *m* grezzo. **Rohmetall** *n* metallo *m* grezzo. **Rohöl** *n* (petrolio *m*) greggio *m.*

Rohr [ro:ɐ̯] ‹-(e)s, -e› *n* **1.** *bot* canna *f;* **2.** *tec* tubo *m.* **Rohrbruch** *m* scoppio *m* di un tubo.

Rohrdommel [-dɔməl] ‹-, -n› *f* tarabuso *m.*

Röhre ['rø:rə] ‹-, -n› *f* **1.** *tec* tubo *m; el, radio, TV* tubo *m* (elettronico); **2.** *(Brat~)* forno *m;* **3.** *fam pej (Fernsehgerät)* televisore *m;* **in die ~ gukken** *fam (leer ausgehen)* rimanere a mani vuote (*o.* a bocca asciutta); **den ganzen Abend in die ~ starren** (*o.* **glotzen**) *fam pej* trascorrere tutta la serata davanti al televisore.

röhren ['rø:rən] *itr* bramire.

Rohrleger ‹-s, -› *m* tubista *m.* **Rohrleitung** *f* tubazione *f,* conduttura *f.* **Rohrmatte** *f* stuoia *f* di canne. **Rohrmöbel** *n pl* mobili *m pl* di canne. **Rohrnetz** *n* tubature *f pl.* **Rohrpost** *f* posta *f* pneumatica. **Rohrspatz** *m* ortolano *m* dei canneti; **wie ein ~ schimpfen** *fam* imprecare. **Rohrstock** *m* canna *f.* **Rohrstuhl** *m* sedia *f* di canne. **Rohrzucker** *m* zucchero *m* di canna.

Rohseide *f* seta *f* grezza (*o.* cruda). **Rohstoff** *m* materia *f* prima. **Rohstoffmangel** *m* penuria *f* di materie prime. **Rohstoffreserven** *f pl* riserve *f pl* di materie prime. **Rohwolle** *f* lana *f* grezza. **Rohzucker** *m* zucchero *m* grezzo.

Rokoko ['rɔkoko *o.* ro'kɔko] ‹-(s), ø› *n* rococò *m.*

Roland ['ro:lant] *(männlicher Vorname)* Orlando, Rolando.

Rolf [rɔlf] *s.* **Rudolf.**

Rolladen ‹-s, Rolläden *o. rar* - › *m* avvolgibile *m.*

Rollbahn *f* pista *f* di rullaggio. **Rollbraten** *m* rollè *m.* **Rollbrett** *n* skateboard *m;* **~ fahren** andare sullo skate-board.

Rolle ['rɔlə] ‹-, -n› *f* **1.** *(Gerolltes)* rotolo *m; (Garn~)* rocchetto *m; (Draht~)* bobina *f;* **2.** *tec (Lauf~)* carrucola *f; (Walze)* rullo *m; (unter Möbeln)* rotella *f;* **3.** *sport* capriola *f;* **4.** *theat, film, fig* ruolo *m;* **aus der ~ fallen** *fig* sfigurare; **eine ~ spielen** *theat* fare (*o.* sostenere) una parte; *fig (wichtig sein)* avere importanza; **das spielt keine (große) ~** questo conta poco; **bei etw. eine ~ spielen** fare una parte per qc; *fig (wichtig sein)* essere importante per qc; **eine ~ vorwärts/rückwärts machen** fare una capriola in avanti/all'indietro; **ein Stück mit verteilten ~n lesen** leggere un pezzo con parti distribuite; **bei mir spielt Geld keine ~** di soldi ne ho abbastanza, per me i soldi non sono un problema; **es spielt doch keine/eine ~, ob ...** non ha/ha importanza se ...

rollen ['rɔlən] **I.** *tr ‹haben›* **1.** *(drehen)* (far) girare, rotolare; **2.** *(auf~)* arrotolare; **3.** *(ein~)* arrotolare; *(einwikkeln)* avvolgere; **4.** *gastr (aus~)* spianare; **II.** *rfl:* **sich ~ 1.** *(sich drehen)* rotolarsi; **2.** *(sich auf~)* arrotolarsi; **3.** *(sich ein~)* arrotolare (*in* in); **III.** *itr* **1.** *‹sein›* rotolare; *(Räder)* girare; **2.** *‹sein› (Auto, Zug)* passare; *(Flugzeug)* rollare; **3.** *‹haben› (Donner)* rimbombare; **mit den Augen ~** roteare gli occhi; **das R ~** il rotolamento, il rollio; **da werden ein paar Köpfe ~ (müssen)** *fig* alcuni non ne usciranno illesi; **ins R~ kommen** *fig* cominciare, avviarsi.

Rollenbesetzung *f,* **-verteilung** *f* distribuzione *f* delle parti. **Rollenklischee** *n* cliché *m.* **Rollenkonflikt** *m* conflitto *m* di ruolo. **Rollentausch** *m* scambio *m* di ruolo. **Rollenverhalten** *n* ruolo *m* (*o.* comportamento *m*) tipico. **Rollenzwang** *m* imperativi *m pl* del ruolo sociale.

Roller ['rɔlɐ] ‹-s, -› *m* **1.** *(Spielzeug)* monopattino *m;* **2.** *(Motor~)* (moto)scooter *m;* **3.** *naut* cavallone *m.*

Rollfeld *n* campo *m* di atterraggio e di decollo. **Rollfilm** *m* pellicola *f* a bobina. **Rollkragen** *m* collo *m* alto. **Rollkragenpullover** *m* maglione *m* col (*o.* a) collo alto. **Rollmops** *m* aringa *f* arrotolata.

Rollo ['rɔlo *o.* rɔ'lo:] ‹-s, -s› *n* avvolgibile *m.*

Rollschinken *m* prosciutto *m* arrotolato. **Rollschrank** *m* armadio *m* con avvolgibile. **Rollschuh** *m* pattino *m* a rotelle; **~ laufen** fare il pattinaggio a rotelle, andare coi pattini a rotelle. **Rollsplitt** *m* pietrisco *m* catramato.

Rollstuhl *m* sedia *f* a rotelle; **an den ~ gefesselt sein** essere inchiodato alla sedia a rotelle. **Rollstuhlfahrer(in)** *m(f)* persona *f* che va con la sedia a rotelle. **Rolltreppe** *f* scala *f* mobile.
Rom [ro:m] *n* Roma *f.*
Roman [ro'ma:n] ‹-s, -e› *m* romanzo *m.* **romanhaft** *a* **1.** romanzato; **2.** *fig* romanzesco.
Romanik [ro'ma:nɪk] ‹-, ø› *f* romanico *m.*
romanisch *a* **1.** *ling* romanzo, neolatino; **2.** *(Kunst)* romanico; **3.** *(Volk, Länder)* latino.
Romanist(in) [...'nɪst(ɪn)] ‹-en, -en› *m(f)* romanista *mf.*
Romanistik [roma'nɪstɪk] ‹-s, ø› *f* romanistica *f.*
Romanistin *f s.* **Romanist.**
Romanschriftsteller(in) *m(f)* romanziere, -a *m, f.*
Romantik [ro'mantɪk] ‹-, ø› *f* romanticismo *m.*
romantisch *a* romantico.
Romanze [ro'mant͡sə] ‹-, -n› *f* romanza *f.*
Römer ‹*inv*› *a* di Roma, romano.
Römer(in) ['rø:mɐ (...ərɪn)] ‹-s, -› *m(f)* romano, -a *m, f,* abitante *mf* di Roma.
Römertopf *m* teglia *f* in terracotta.
römisch *a* romano.
Rommé ['rɔme *o.* rɔ'me:] ‹-s, -s› *n* ramino *m.*
röntgen ['rœntgən] *tr* radiografare; *(Körperteil, etc.)* fare una radiografia di; **sich ~ lassen** farsi fare una radiografia. **Röntgenaufnahme** *f* radiografia *f;* **eine ~ machen** fare una radiografia. **Röntgenbild** *n* radiografia *f.* **Röntgengerät** *n* apparecchio *m* radiologico. **Röntgenologie** [rœntgenolo'gi:] ‹-, ø› *f* radiologia *f.* **Röntgenstrahlen** *m pl* raggi *m pl* X. **Röntgentherapie** *f* radioterapia *f.* **Röntgenuntersuchung** *f* esame *m* radioscopico, radioscopia *f.*
Rooming-in [ru:mɪŋ'ɪn] ‹-(s), ø› *n degenza della gestante con il proprio figlio.*
rosa ['ro:za] ‹*inv*› *a* rosa; *s. a. blau.*
Rosa ‹-(s), - *o. fam* -s› *n* rosa *m; s. a. Blau.*
Rose ['ro:zə] ‹-, -n› *f* rosa *f;* **keine ~ ohne Dornen** *prov* non c'è rosa senza spine *prov.*
rosé [ro'ze:] ‹*inv*› *a* rosato; *s. a. blau.*
Rosé ‹-s, -s› *m* rosé *m,* rosato *m.*
Rosengarten *m* roseto *m,* giardino *m* di rose. **Rosenkohl** *m* cavolino *m* di Bruxelles. **Rosenkranz** *m* (corona *f* del) rosario *m;* **den ~ beten** dire (*o.* recitare) il rosario. **Rosenmontag** [-'mo:nta:k] *m* lunedì *m* grasso. **Rosenstock** *m,* **-strauch** *m* rosaio *m.* **Rosenzucht** *f* rosicultura *f.*
Rosette [ro'zɛtə] ‹-, -n› *f* rosetta *f; arch* rosone *m.*
rosig ['ro:zɪç] *a* roseo; **alles in ~em Licht sehen** *fig* vedere tutto rosa; **keine ~e Zukunft** un futuro poco roseo.
Rosine [ro'zi:nə] ‹-, -n› *f* uva *f* passa; **sich** *(dat)* **die (größten** *o.* **dicksten) ~n aus dem Kuchen picken** *fig fam* prendersi il meglio.
Rosmarin ['ro:smari:n *o.* ...'ri:n] ‹-s, ø› *m* rosmarino *m.*
Roß [rɔs] ‹Rosses, Rosse *o. dial* Rösser› *n geh, CH* cavallo *m,* destriero *m poet;* **sich aufs hohe ~ setzen** *fig* montare in superbia. **Roßhaar** *n* crine *m* (di cavallo). **Roßkastanie** *f* **1.** *(Baum)* castagno *m* d'India, ippocastano *m;* **2.** *(Frucht)* frutto *m* dell'ippocastano. **Roßkur** *f fam* cura *f* da cavallo *fam.*
Rost[1] [rɔst] ‹-(e)s, -e› *m* *(Gitter, Brat~)* griglia *f;* **vom ~** ai ferri, alla griglia; **auf dem ~ braten** fare ai ferri (*o.* alla griglia).
Rost[2] [rɔst] ‹-(e)s, ø› *m chem, bot* ruggine *f.*
Rostbraten *m* arrosto *m* fatto sulla graticola. **Rostbratwurst** *f* salsiccia *f* alla brace.
rostbraun *a* color ruggine, rugginoso.
rosten ['rɔstən] *itr* ‹*haben o. sein*› arrugginire; *scient* inossidarsi; **alte Liebe rostet nicht** *prov* il primo amore non si dimentica mai *prov.*
rösten ['rø:stən *o.* 'rœstən] *tr* arrostire, cuocere ai ferri; *(Brot)* tostare; *(Kaffee)* torrefare; *(Hanf, Flachs)* macerare.
rostfrei *a* **1.** *(ohne Rost)* non arrugginito; **2.** *(nicht rostend)* inossidabile.
röstfrisch *a* appena tostato.
rostig *a* arrugginito.
Röstkartoffeln *f pl* patate *f pl* arrosto.
Rostschutz *m* protezione *f* antiruggine. **Rostschutzfarbe** *f* vernice *f* antiruggine. **Rostschutzmittel** *n* antiruggine *m.* **Rostumwandler** ‹-s, -› *m* inibitore *m* di ruggine.
Roswitha [rɔs'vi:ta] *(weiblicher Vorname)* Rosvita.
rot [ro:t] ‹-er *o.* ¨er, -este *o.* ¨este› *a* rosso; *(Haar a.)* rossiccio; *(Gesicht a.)* rubicondo; **~ werden** arrossire; **bis über beide Ohren ~ werden** arrossire fino alla radice dei capelli; **der ~e Faden** *fig* il filo conduttore; **das**

R~e Kreuz la Croce Rossa; **das R~e Meer** il Mar Rosso; **einen ~en Kopf kriegen** diventare rosso come un peperone *fam;* **auf jdn wie ein ~es Tuch wirken** far andare su tutte le furie qu; **in den ~en Zahlen stecken** essere in deficit; *s. a. blau.*
Rot ‹-s, - *o. fam* -s› *n* (colore *m*) rosso *m;* **bei ~ über die Straße gehen** passare col rosso; **die Ampel steht auf ~** il semaforo è rosso; *s. a. Blau.*
Rotation [rota'tsi̯o:n] ‹-, -en› *f* rotazione *f.* **Rotationsdruck** ‹-(e)s, -e› *m* stampa *f* rotativa.
Rotbarsch *m* pesce *m* persico. **rotblond** *a* fulvo. **rotbraun** *a* rosso bruno; *(Haar)* bruno rossiccio. **Rotdorn** ‹-(e)s, -e› *m* biancospino *m* rosso.
Röte ['rø:tə] ‹-, ø› *f* **1.** *(Farbe)* (colore *m*) rosso *m; (im Gesicht)* rossore *m;* **2.** *bot* robbia *f.*
Röteln ['rø:təln] ‹*pl*› rosolia *f.*
röten I. *tr geh* tingere di rosso, arrossare; **II.** *rfl:* **sich ~** arrossare; *(Himmel)* tingersi di rosso; *(Hals)* arrossarsi.
rotglühend *a* arroventato (rosso), rovente. **rothaarig** *a* dai capelli rossi. **Rothaut** *f scherz* pellirossa *m.*
rotieren [ro'ti:rən] ‹*ohne ge-*› *itr* **1.** *(drehen)* rotare (*um* intorno a); **2.** *sl (hektisch werden)* agitarsi.
Rotkäppchen [-kɛpçən] ‹-s, ø› *n* Cappuccetto *m* rosso. **Rotkehlchen** [-ke:lçən] ‹-s, -› *n* pettirosso *m.* **Rotkohl** *m,* **-kraut** *n (süddeutsch, A)* cavolo *m* rosso.
rötlich *a* rossastro; *(Haar a.)* rossiccio.
rot·sehen ‹*irr*› *itr fam* vedere (tutto rosso). **Rotstift** *m* matita *f* rossa; **dem ~ zum Opfer fallen** venir cancellato.
Rotte ['rɔtə] ‹-, -n› *f* **1.** *pej* banda *f,* masnada *f;* **2.** *mil, aero, naut* formazione *f* a due; **3.** *(Tier~)* branco *m.*
Rötung ‹-, -en› *f* arrossamento *m.*
rotviolett *a* rosso violaceo. **Rotwein** *m* vino *m* rosso. **Rotwild** *n* cervi *m pl.*
Rotz [rɔts] ‹-es, -e› *m* **1.** *vulg (Nasenschleim)* moccio *m;* **2.** *(Tiermedizin)* morva *f;* **frech wie ~** *fam* incredibilmente sfacciato; **~ und Wasser heulen** *fam* piangere come una vite tagliata *fam.* **Rotzfahne** *f fam* moccichino *m fam.* **rotzfrech** ['rɔts'frɛç] *a sl pej* sfacciato. **rotzig** *a* **1.** *vulg (Nase, etc.)* moccioso; **2.** *pej (frech)* sfacciato; *(provozierend)* provocatorio. **Rotznase** *f sl pej* **1.** *(Nase)* naso *m* pieno di moccio; **2.** *(Kind)* moccioso, -a *m, f fam.*
Rouge [ru:ʒ] ‹-s, -s› *n* **1.** *(Make-up)* rouge *m;* **2.** *(beim Roulett)* rouge *m,* rosso *m.*
Roulade [ru'la:də] ‹-, -n› *f* involtino *m* (di carne).
Rouleau [ru'lo:] ‹-s, -s› *n s.* **Rollo.**
Roulett [ru'lɛt] ‹-(e)s, -e *o.* -s› *n,* **Roulette** [ru'lɛt] ‹-s, -s› *n* roulette *f;* **russisches ~** roulette russa.
Route ['ru:tə] ‹-, -n› *f* percorso *m; (Reise~)* itinerario *m.*
Routine [ru'ti:nə] ‹-, ø› *f* **1.** *(Gewandtheit)* pratica *f;* **2.** *pej* routine *f;* **zur ~ werden** diventare routine. **routinemäßig** *a, adv* di routine, in modo meccanico. **Routineuntersuchung** *f* visita *f* di controllo.
routiniert [ruti'ni:ɐ̯t] *a* pratico, esperto.
Rowdy ['rau̯di] ‹-s, -s *o.* Rowdies› *m pej* teppista *m.*
Royalist(in) [ro̯aja'lɪst(ɪn)] ‹-en, -en› *m(f)* realista *mf,* monarchico, -a *m, f.*
RT *ab von* **Registertonne** tonnellata di stazza.
Rübe ['ry:bə] ‹-, -n› *f* **1.** *(Futter~)* rapa *f,* barbabietola *f; (Zucker~)* barbabietola *f; (Gemüse~)* rapa *f;* **2.** *fam (Kopf)* zucca *f fam;* **rote ~** barbabietola *f,* rapa *f* rossa; **gelbe** *(süddeutsch)***/weiße ~** carota *f*/rapa *f.*
Rubel ['ru:bəl] ‹-s, -› *m* rublo *m.*
Rübenzucker *m* zucchero *m* di barbabietola.
Rubin [ru'bi:n] ‹-s, -e› *m* rubino *m.*
Rubrik [ru'bri:k] ‹-, -en› *f* rubrica *f;* **unter der ~ ...** alla rubrica ...
ruchbar ['ru:xba:ɐ̯] *a:* **~ werden** *geh* divenire di pubblico dominio. **ruchlos** ['ru:xlo:s] *a* scellerato, empio, infame. **Ruchlosigkeit** ‹-, ø› *f* scelleratezza *f,* empietà *f,* infamia *f.*
Ruck [rʊk] ‹-(e)s, -e› *m fam pol* spostamento *m,* slittamento *m* (*nach links* a sinistra); **mit einem ~** di colpo; **sich** *(dat)* **einen ~ geben** *fam* (ri)scuotersi. **ruckartig** *a* **1.** a strappi; **2.** *(unvermittelt)* brusco.
rückbezüglich ['rʏk-] *a gram* riflessivo. **Rückblende** *f* flashback *m.* **Rückblick** *m* sguardo *m* retrospettivo. **rückblickend** *a* retrospettivo; **~ kann man sagen, daß ...** a posteriori si può dire che ...
rücken ['rʏkən] **I.** *tr* ‹*haben*› **1.** *(schieben)* spingere; *(weg~)* scostare (*von* da); **2.** *fig* porre; **II.** *itr* ‹*sein*› **1.** spostarsi; *(vorwärts)* avanzare; *(rückwärts)* indietreggiare; *(näher)* avvicinarsi (*an* a); **2.** *fig* toccarsi (*an etw.* con qc); **der Zeiger rückte auf 6** la lancetta andò sul 6; **in weite Ferne ~**

fig allontanarsi molto; **rück mal ein bißchen!** *fam* spostati un po'! *fam*, fatti un po' più in là! *fam*.

Rücken ['rʏkən] ⟨-s, -⟩ *m* **1.** schiena *f*, dorso *m*; *(Tier~)* groppa *f*; **2.** *gastr (Schweine~)* arista *f*; *(Hammel~)* sella *f*; **3.** *(Berg~)* dorsale *f*; *(Hand~, Fuß~, Nasen~)* dorso *m*; *(Messer~)* costa *f*; *(Buch~)* costa *f*, dorso *m*; **~ an ~** schiena a schiena; **hinter jds ~** *(a. fig)* alle spalle di qu; **jdm in den ~ fallen** piombare alle spalle di qu; **sich** *(dat)* **den ~ freihalten** *fig* coprirsi le spalle; **jdm den ~ zukehren** (*o.* **zuwenden**) voltare le spalle a qu; **jdm den ~ stärken** infondere coraggio a qu; **jdm/einer S. den ~ kehren** voltare le spalle a qu/qc; **mir lief es heiß und kalt den ~ hinunter** mi corsero i brividi giù per la schiena; **den Wind/die Sonne im ~ haben** avere il vento/il sole alle spalle. **Rückendekkung** *f* copertura *f* alle spalle. **Rükkenlehne** *f* schienale *m*, spalliera *f*; **verstellbare ~** schienale regolabile. **Rückenmark** *n* midollo *m* spinale. **Rückenschmerzen** *m pl* dolori *m pl* di schiena, mal *m* di schiena. **Rükkenschwimmen** *n* (nuoto *m* sul) dorso *m*. **Rückenwind** *m* vento *m* da dietro.

rück·erstatten ⟨*ohne ge-*⟩ *tr* rimborsare. **Rückfahrkarte** *f*, **-fahrschein** *m* biglietto *m* di andata e ritorno. **Rückfahrscheinwerfer** *m* fanale *m* di retromarcia. **Rückfahrt** *f* (viaggio *m* di) ritorno *m*; **auf der ~** al ritorno. **Rückfall** *m med, fig* ricaduta *f*; *(a. jur)* recidiva *f*. **rückfällig** *a*: **~ werden** *jur* essere recidivo; *med* avere una ricaduta. **Rückfenster** *n* lunotto *m*. **Rückflug** *m* (volo *m* di) ritorno *m*. **Rückfrage** *f* (ulteriore) richiesta *f* di spiegazioni. **rück·fragen** *itr* chiedere ulteriori informazioni (*bei* a). **Rückgabe** *f* restituzione *f*. **Rückgaberecht** *n* diritto *m* di restituzione. **Rückgang** *m* **1.** *allg.* diminuzione *f*, regresso *m*; **2.** *com, fin* recessione *f*, flessione *f*. **rückgängig** *a*: **~ machen** *(Beschluß)* revocare; *(Vertrag)* rescindere; *(Kauf, Geschäft)* annullare. **Rückgewinnung** *f* ricupero *m*.

Rückgrat ⟨-(e)s, -e⟩ *n (a. fig)* spina *f* dorsale, colonna *f* vertebrale; **kein ~ haben** *fig* essere uno smidollato *fam*.

Rückgriff *m* **1.** ricorso *m* (*auf* a); **2.** *jur* regresso *m*, rivalsa *f*.

Rückhalt *m* **1.** *(Unterstützung)* appoggio *m*, sostegno *m*; **2.** *fig (Vorbehalt)* riserva *f*. **rückhaltlos** *a, adv* senza riserve.

Rückhand *f* rovescio *m*. **Rückkauf** *m* riacquisto *m*, riscatto *m*. **Rückkaufsrecht** *n* diritto *m* di riacquisto (*o.* di riscatto). **Rückkehr** [-ke:ɐ̯] ⟨-, ø⟩ *f* ritorno *m*, rientro *m*; **bei meiner ~** al mio ritorno. **Rückkopp(e)lung** *f* feedback *m*; *el, radio* reazione *f*. **Rücklage** *f* **1.** *fin* (fondo *m* di) riserva *f*; **2.** *(von Körper)* posizione *f* all'indietro del corpo. **rückläufig** *a* retrogrado, regressivo. **Rücklicht** *n* luce *f* posteriore.

rücklings ['rʏklɪŋs] *adv* **1.** *(rückwärts)* all'indietro; **2.** *(auf dem Rücken)* sulla schiena; **3.** *(von hinten)* da dietro, alle spalle.

Rückmarsch *m* ritirata *f*. **Rückporto** *n* affrancatura *f* per la risposta. **Rückreise** *f* (viaggio *m* di) ritorno *m*; **auf der ~** al ritorno; **auf der ~ sein** essere sulla via del ritorno. **Rückrufaktion** *f* contrordine *m*. **Rückrufautomatik** *f* sistema *m* automatico di richiamo.

Rucksack ['rʊk-] *m* sacco *m* da montagna.

Rückschau *f* sguardo *m* retrospettivo. **rückschauend** *a* retrospettivo. **Rückschlag** *m* **1.** *sport* rimbalzo *m*; **2.** *(Fehlschlag)* ricaduta *f*. **Rückschluß** *m* conclusione *f*; **aus etw. den ~ ziehen** trarre la conclusione da qc. **Rückschritt** *m* passo *m* indietro, regresso *m*. **Rückseite** *f* retro *m*; *(von Stoff, Medaille)* rovescio *m*; *(von Blatt)* verso *m*; *(von Haus, etc.)* parte *f* posteriore; **auf der ~ von** a retro di; **siehe ~** vedi retro.

Rücksicht *f* **1.** riguardo *m*, rispetto *m*; **2.** ⟨*pl*⟩ *(Gründe, Überlegungen)* considerazioni *f pl*; **mit ~ auf** con riguardo a; **ohne ~ auf** senza riguardo per; **~ nehmen auf** avere riguardo per; **ohne ~ auf Verluste** *fam* senza curarsi di eventuali perdite. **Rücksichtnahme** [-na:mə] ⟨-, ø⟩ *f* riguardo *m*, considerazione *f*. **rücksichtslos** *a* senza riguardo, spietato. **Rücksichtslosigkeit** ⟨-, -en⟩ *f* **1.** mancanza *f* di riguardo; **2.** *(Schonungslosigkeit)* brutalità *f*. **rücksichtsvoll** *a* pieno di riguardo (*gegen* verso).

Rücksitz *m (von Auto)* sedile *m* posteriore; *(von Motorrad)* sellino *m* posteriore. **Rückspiegel** *m* specchietto *m* retrovisore. **Rückspiel** *n* partita *f* di ritorno. **Rücksprache** *f* abboccamento *m*, colloquio *m*; **nach ~ mit** d'intesa con.

Rückstand *m* **1.** *(Rest)* resto *m*, rimanente *m; chem* residuo *m;* **2.** ‹*meist pl*› *fin* arretrati *m pl;* **3.** *sport, fig* ritardo *m;* **im ~ sein** essere indietro (*o.* in arretrato). **rückständig** *a* **1.** *(unterentwickelt)* arretrato; *(rückschrittlich)* retrivo, retrogrado; **2.** *fin (Schuldner)* moroso; *(Betrag)* arretrato. **Rückständigkeit** ‹-, ø› *f* arretratezza *f.*

Rückstau *m* **1.** *tec* ristagno *m;* **2.** *mot* ingorgo *m.* **Rückstoß** *m* **1.** contraccolpo *m; (bei Schußwaffe)* rinculo *m;* **2.** *phys* ripercussione *f.* **Rückstrahler** *m* catarifrangente *m.* **Rücktaste** *f* tasto *m* di ritorno.

Rücktritt *m* **1.** *(vom Amt)* dimissioni *f pl* (*von* da), ritiro *m* (*von* da); **2.** *jur (von Vertrag)* recesso *m* (*von* da); **3.** *fam s.* **Rücktrittbremse; seinen ~ erklären** rassegnare (*o.* comunicare) le dimissioni. **Rücktrittbremse** *f* freno *m* a contropedale. **Rücktrittsgesuch** *n* dimissioni *f pl* scritte. **Rücktrittsrecht** *n* diritto *m* di recesso.

Rückübersetzung *f* retroversione *f.* **rück·vergüten** ‹*ohne ge-*› *tr* rimborsare. **Rückvergütung** *f* rimborso *m.* **rück·versichern** ‹*ohne ge-*› *rfl:* **sich ~** riassicurarsi. **Rückversicherung** *f* riassicurazione *f.* **Rückwand** *f* parete *f* posteriore.

rückwärtig [-vɛrtɪç] *a* di dietro, posteriore; *mil (Stellung)* arretrato. **rückwärts** [-vɛrts] *adv* **1.** *(nach hinten, von hinten nach vorne)* (all')indietro; **2.** *(hinten)* (di) dietro; **~ fahren** fare marcia indietro. **Rückwärtsgang** *m* retromarcia *f.*

Rückweg *m* (via *f* del) ritorno *m.*

ruckweise *adv* a scosse.

rückwirkend *a* **1.** *adm* retroattivo; **2.** *phys* reattivo. **Rückwirkung** *f* **1.** *adm* retroattività *f;* **2.** *(Auswirkung)* ripercussione *f.* **Rückzahlung** *f* rimborso *m.* **Rückzieher** ‹-s, -› *m* **1.** *fam* marcia *f* indietro *fam,* dietro front *m fam; (Widerruf)* ritrattazione *f;* **2.** *(beim Fußball)* rovesciata *f;* **einen ~ machen** *fam* fare marcia indietro *fam,* tornare sui propri passi *fam.*

ruck, zuck [rʊk'tsʊk] **I.** *interj* su, in fretta; **II.** *adv* in un baleno.

Rückzug *m* ritirata *f;* **den ~ antreten, zum ~ blasen** *fig* battere in ritirata.

rüde ['ry:də] *a* **1.** *(grob)* rozzo, rude; **2.** *(rücksichtslos)* duro, spietato.

Rüde ['ry:də] ‹-n, -n› *m* maschio *m.*

Rudel ['ru:dəl] ‹-s, -› *n* branco *m.*

Ruder ['ru:dɐ] ‹-s, -› *n naut* remo *m; (Steuer~, aero, fig)* timone *m;* **das ~ fest in der Hand haben** *fig* reggere il timone. **Ruderboot** *n f* barca *f* a remi.

Rud(e)rer ‹-s, -› *m,* **Rud(r)erin** *f* rematore, -trice *m, f.*

rudern **I.** *itr* ‹*haben o. bei Fortbewegung sein*› **1.** remare; **2.** *(Ruderboot fahren)* andare in barca a remi; *sport* fare del canottaggio; **mit den Armen ~** *fig fam* agitare le braccia come un mulino a vento *fam;* **II.** *tr* ‹*haben*› trasportare.

Ruderregatta *f* gara *f* di canottaggio. **Rudersport** *m* canottaggio *m.*

Rudi ['ru:di] *s.* **Rudolf.**

Rudiment [rudi'mɛnt] ‹-(e)s, -e› *n* **1.** *(Überbleibsel)* residuo *m;* **2.** *biol* rudimento *m;* **3.** ‹*pl*› *(Grundbegriffe)* rudimenti *m pl.*

rudimentär [...'tɛ:ɐ̯] *a* rudimentale.

Rudolf ['ru:dɔlf] *(männlicher Vorname)* Rodolfo.

Rudrer(in) *f s.* **Ruderer.**

Ruf [ru:f] ‹-(e)s, -e› *m* **1.** *(Schrei, Aus~)* grido *m;* **2.** *(Auf~)* chiamata *f; (des Herzens, etc.)* voce *f,* richiamo *m;* **3.** ‹*sing*› *(Berufung)* invito *m;* **4.** ‹*sing*› *(Leumund, Ansehen)* reputazione *f; (Ruhm)* fama *f;* **5.** ‹*sing*› *tel (~nummer)* numero *m* telefonico; **einen guten/schlechten ~ haben** godere (di) una buona/cattiva fama; **er ist besser als sein ~** è migliore di quel che si dice; **einen ~ an die Universität Köln erhalten** essere chiamato quale professore all'università di Colonia.

rufen ['ru:fən] ‹ruft, rief, gerufen› **I.** *tr* chiamare; **wie gerufen kommen** *fam* venire (*o.* giungere) a proposito; **jdn zur Ordnung ~** richiamare qu all'ordine; **sich** *(dat)* **etw. ins Gedächtnis ~** farsi venire in mente qc; **diese Gelegenheit kommt wie gerufen** questa occasione viene proprio a proposito (*o.* a fagiolo *fam*); **hast du mich gerufen?** mi hai chiamato?; **II.** *itr (a. auf~)* chiamare (*zu* a); *(aus~)* gridare; **nach jdm ~** chiamare qu; **um Hilfe ~** chiamare aiuto; **die Arbeit/Pflicht ruft** il lavoro/dovere chiama.

Rüffel ['rʏfəl] ‹-s, -› *m fam* rabbuffo *m fam,* sgridata *f fam.*

Rufmord *m* grave calunnia *f.* **Rufname** *m* nome *m.* **Rufnummer** *f* numero *m* telefonico. **Rufsäule** *f* colonnina *f* di soccorso. **Rufweite** *f:* **in/außer ~** a portata/fuori della portata di voce. **Rufzeichen** *n* segnale *m* di libero.

Rüge ['rʏ:gə] ‹-, -n› *f* biasimo *m,* rimprovero *m.*

rügen *tr* biasimare, rimproverare.

Ruhe ['ru:ə] ‹-, ø› *f* **1.** *(Unbewegtheit)* calma *f; (a. Stille, Stillstand, Gelassenheit)* quiete *f;* **2.** *(Schweigen)* silenzio *m;* **3.** *(Entspannung, Erholung, Bett~)* riposo *m;* **4.** *(innere ~, Friede)* tranquillità *f,* calma *f,* pace *f;* **in (aller) ~** con calma, in tutta tranquillità; **~ bewahren** mantenere la calma; **nicht aus der ~ zu bringen sein** non perdere mai la calma; **zur ~ kommen** trovare un momento di pace; **nicht (***o.* **keinen Augenblick) zur ~ kommen** non trovare requie; **jdn in ~ lassen** lasciare in pace qu; **jdn mit etw. in ~ lassen** lasciare in pace qu con qc; **jdm keine (***o.* **jdn nicht in) ~ lassen** non dar pace a qu; **sich zur ~ setzen** *(Geschäftsmann)* ritirarsi dagli affari; *(Angestellter)* andare in pensione; **~!** silenzio!; **angenehme ~!** buon riposo!; **immer mit der ~!** *fam* calma e sangue freddo! *fam;* **~ geben** dar pace; **die ~ vor dem Sturm** *fig* la calma prima della tempesta; **das läßt ihm keine ~** ciò non gli dà pace; **sich** *(dat)* **keine ~ gönnen** non concedersi riposo; **die ewige ~** *geh* la pace eterna; **abends möchte ich meine ~ haben** di sera voglio avere la mia pace; **sie ist die ~ selbst, sie hat die ~ weg** *fam* è la calma in persona *fam.* **Ruhegehalt** *n* pensione *f.* **ruhelos** *a* **1.** *(innerlich)* inquieto; **2.** *(unruhig)* irrequieto, agitato. **Ruhelosigkeit** ‹-, ø› *f* **1.** *(innerlich)* inquietudine *f;* **2.** *(Unruhe)* irrequietezza *f,* agitazione *f.*

ruhen *itr* **1.** *(aus~)* riposare, riposarsi; **2.** *fig (Blick)* essere fissato (*auf* su); *(Verdacht, Verantwortung)* gravare (*auf* su); **3.** *(sich stützen)* poggiare (*auf* su); **4.** *(Arbeit, Betrieb, Produktion)* essere fermo; *(Angelegenheit)* essere sospeso; **5.** *geh (schlafen)* riposare; **nicht eher ~, als bis ...** non aver pace fin quando non ...; **ich wünsche, wohl geruht zu haben** *geh, scherz* spero che abbia(te) riposato bene; **hier ruht ...** qui riposa ...; **den Blick auf etw. ~ lassen** posare lo sguardo su qc; **eine Angelegenheit ~ lassen** lasciare (*o.* abbandonare) un'affare; **ruhe in Frieden** riposa in pace.

Ruhepause *f* pausa *f.* **Ruhestand** *m* **1.** *(Lebensabschnitt)* riposo *m;* **2.** *(Stellung)* pensione *f;* **im ~ (***ab* **i. R.)** a riposo, in pensione; **in den ~ treten** andare in pensione; **jdn in den ~ versetzen** pensionare qu. **Ruhestellung** *f* posizione *f* di riposo. **Ruhestörung** *f* perturbazione *f* della quiete pubblica; **nächtliche ~** schiamazzi *m pl* notturni. **Ruhetag** *m* giorno *m* di riposo; *(von Geschäft)* riposo *m* settimanale.

ruhig I. *a* **1.** *(unbewegt, a. fig)* calmo; **2.** *(geräuschlos)* silenzioso; **3.** *(still, gelassen)* tranquillo; **4.** *(geruhsam)* tranquillo; **~ bleiben** restare calmo; **sich ~ verhalten** mantenersi tranquillo; **~ Blut!** calma e sangue freddo! *fam;* **II.** *adv* **1.** *(unbesorgt)* tranquillamente; **2.** *(meinetwegen)* per me; **das können Sie ~ machen** può farlo tranquillamente.

Ruhm [ru:m] ‹-(e)s, ø› *m* gloria *f,* fama *f.*

rühmen ['ry:mən] **I.** *tr* **1.** *(preisen)* glorificare, esaltare; **2.** *(loben)* lodare, elogiare; *(übermäßig)* magnificare; **II.** *rfl:* **sich einer S. ~** gloriarsi di qc, vantarsi di qc.

rühmlich *a* degno di lode, lodevole.

ruhmlos *a* inglorioso. **ruhmreich, ruhmvoll** *a* glorioso.

Ruhr[1] ['ru:ɐ̯] *f geog* Ruhr *f.*

Ruhr[2] ['ru:ɐ̯] ‹-, *rar* -en› *f med* dissenteria *f.*

Rührei *n* uova *f pl* strapazzate.

rühren ['ry:rən] **I.** *tr* **1.** *(um~)* rimestare; *(mischen)* mescolare; **2.** *(bewegen)* muovere; **3.** *(ergreifen, erregen)* commuovere, toccare; **4.** *geh (Trommel)* battere; *(Saiteninstrument)* toccare, pizzicare; **das hat ihn nicht gerührt** non gli ha fatto né caldo né freddo; **jdn zu Tränen ~** commuovere qu fino alle lacrime; **keinen Finger ~** *fam* non muovere un dito *fam;* **II.** *itr (um~)* mescolare; **an etw. ~** *geh (be~)* toccare qc; *(im Gespräch)* accennare a qc; **von etw. ~** *geh* dipendere da qc; **das rührt daher, daß ...** questo dipende dal fatto che ...; **III.** *rfl:* **sich ~ 1.** *(sich bewegen)* muoversi; **2.** *(sich melden: Gewissen, etc.)* svegliarsi; **ich kann mich vor Schmerzen kaum ~** non riesco quasi più a muovermi dai dolori; **kein Lüftchen rührte sich** non spirava un alito di vento; **rührt euch!** *mil* riposo! **rührend I.** *a* commovente, toccante; **II.** *adv:* **sich ~ um jdn kümmern** preoccuparsi di qu in modo commovente.

Ruhrgebiet *n* regione della Ruhr *f; (Kohlenpott)* bacino *m* carbonifero della Ruhr.

rührig *a* attivo, dinamico; *(emsig)* operoso.

rührselig *a pej* **1.** *(Mensch)* emotivo, sentimentale; **2.** *(Buch, Film)* lacrimoso, commovente. **Rührseligkeit** *f* emotività *f*, sentimentalismo *m*.

Rührung ‹-, ø› *f* commozione *f*; **mir kommen vor ~ die Tränen** *(oft iron)* mi vengono le lacrime per la commozione.

Ruin [ru'i:n] ‹-s, ø› *m* rovina *f*.

Ruine [ru'i:nə] ‹-, -n› *f* rovina *f*.

ruinieren [rui'ni:rən] ‹*ohne ge-*› *tr* rovinare.

rülpsen ['rʏlpsən] *itr fam* ruttare.

rum [rʊm] *adv fam s.* **herum.**

Rum [rʊm] ‹-s, -s› *m* rum *m*.

Rumäne [ru'mɛ:nə] ‹-n, -n› *m*, **Rumänin** [...nɪn] *f* romeno, -a *m, f*.

Rumänien [...ni̯ən] *n* Romania *f*.

Rumänin *f s.* **Rumäne.**

rumänisch *a* romeno.

rum·kriegen *tr fam:* **jdn ~** adescare qu; convincere qu a starci.

Rummel ['rʊməl] ‹-s, ø› *m fam* **1.** *(Lärm)* frastuono *m*, baccano *m*; *(Betrieb)* viavai *m*, movimento *m*; **2.** *(~platz)* fiera *f*. **Rummelplatz** *m fam* parco *m* dei divertimenti.

rumoren [ru'mo:rən] ‹*ohne ge-*› *itr (poltern)* fare fracasso; *(im Magen)* brontolare; *(im Kopf)* agitare (la mente).

Rumpelkammer *f fam* ripostiglio *m*.

rumpeln ['rʊmpəln] *itr fam* **1.** ‹*haben*› *(poltern)* fare fracasso, strepitare; **2.** ‹*sein*› *(polternd fahren)* passare con fracasso.

Rumpf [rʊmpf] ‹-(e)s, ⸚e› *m* **1.** *anat* tronco *m*; **2.** *naut* scafo *m*; *aero* fusoliera *f*.

rümpfen ['rʏmpfən] *tr:* **die Nase (über etw.) ~** arricciare il naso (per qc).

Rumpsteak ['rʊmp-] *n* costata *f* di manzo.

Rumtopf **1.** *gastr* frutta *f* in infusione di rum; **2.** *(Topf für ~)* vaso *m* per la frutta in infusione di rum.

rund [rʊnt] **I.** *a* **1.** rotondo; *(Gesicht)* pieno; *(Zahl a.)* tondo; **2.** *(kreisförmig)* circolare; **ein ~es Dutzend** *fam* una dozzina o più; **dick und ~** grasso e rotondo; **II.** *adv* **1.** (*ab* **rd.**) *(ungefähr)* (all'in)circa; **2.** *(herum)* intorno (*um* a); **~ gerechnet** all'incirca; **~ 100** all'incirca cento; **eine Reise ~ um die Erde** un viaggio intorno alla terra; **~ um die Uhr** senza interruzione; **wenn ihr zu spät kommt, geht's ~!** *fam* se arrivate troppo tardi, succede un putiferio; **auf dieser Party ging es ~** *fam* quella festa è stata molto divertente. **Rundbau** ‹-(e)s, -ten› *m* rotonda *f*. **Rundblick** *m* panorama *m*. **Rundbogen** *m* arco *m* a tutto sesto. **Rundbrief** *m* (lettera *f*) circolare *f*.

Runde ['rʊndə] ‹-, -n› *f* **1.** *(Gesellschaft)* circolo *m*, cerchia *f*; **2.** *(Rundgang)* giro *m*; **3.** *(Durchgang, Serie)* serie *f*, giro *m*; **4.** *(Rennstrecke)* giro *m*; **5.** *(beim Boxen)* ripresa *f*, round *m*; **6.** *(von Getränken)* giro *m*; **die ~ machen** *(a. fig)* fare il giro; **eine ~ spendieren (***o.* **(aus)geben)** offrire un giro; **über die ~n kommen** *fam* farcela a stento *fam*.

runden **I.** *tr* arrotondare; **II.** *rfl:* **sich ~** arrotondarsi.

rund·erneuern ‹*ohne ge-*› *tr (Reifen)* vulcanizzare. **Rundfahrt** *f* **1.** *(Besichtigungsfahrt)* giro *m* turistico; **2.** *sport* giro *m*, circuito *m*. **Rundflug** *m* giro *m* in aereo. **Rundfrage** *f* inchiesta *f*.

Rundfunk *m* radio *f*; **im ~** alla radio; **durch den ~** per radio; **über den ~ verbreiten** radiodiffondere, diffondere per radio.

Rundfunk- *(in Zusammensetzungen)* radiofonico. **Rundfunkanstalt** *f* stazione *f* radiofonica. **Rundfunkempfang** *m* ricezione *f* delle emissioni radiofoniche. **Rundfunkempfänger** *m s.* **Rundfunkgerät. Rundfunkgebühren** *f pl* canone *m* radiofonico. **Rundfunkgerät** *n* (apparecchio *m*) radio *f*. **Rundfunkhörer(in)** *m(f)* radioascoltatore, -trice *m, f*. **Rundfunkprogramm** *n* programma *m* radiofonico. **Rundfunksender** *m* emittente *f* radiofonica. **Rundfunksendung** *f* emissione *f* radiofonica. **Rundfunksprecher(in)** *m(f)* annunciatore, -trice *m, f* radiofonico, -a. **Rundfunkstation** *f* stazione *f* radiofonica. **Rundfunkteilnehmer(in)** *m(f)* radioabbonato, -a *m, f*. **Rundfunkübertragung** *f* trasmissione *f* radiofonica. **Rundfunkwerbung** *f* pubblicità *f* radiofonica.

Rundgang *m* giro *m*; *mil* ronda *f*.

rundheraus ['rʊnthɛ'ra̯us] *adv* francamente, apertamente, chiaro e tondo.

rundherum ['rʊnthɛ'rʊm] *adv* **1.** (tutt')intorno; **2.** *fig fam (völlig)* completamente, pienamente.

rundlich *a* **1.** (ro)tondeggiante; **2.** *(Mensch)* grassottello.

Rundreise *f* viaggio *m* circolare. **Rundschreiben** *n* (lettera *f*) circolare *f*. **Rundstricknadel** *f* ferro *m* circolare.

Rundung ‹-, -en› *f* rotondità *f*.

rundweg ['rʊnt'vɛk] *adv* nettamente, in modo chiaro e tondo.

Rune ['ru:nə] ‹-, -n› *f* runa *f*. **Runenschrift** *f* caratteri *m pl* runici.

Runkelrübe ['rʊŋkəl-] *f* barbabietola *f* da foraggio.

runter ['rʊntɐ] *adv fam s.* **herunter, hinunter.**

runter·hauen ⟨*irr*⟩ *tr fam:* **jdm eine ~** mollare una sberla a qu *fam.*

Runzel ['rʊntsəl] ⟨-, -n⟩ *f* ruga *f.* **runz(e)lig** *a (Mensch)* pieno di rughe, rugoso; *(Frucht)* raggrinzito.

runzeln I. *tr* corrugare; **II.** *rfl:* **sich ~** (r)aggrinzarsi.

runzlig *a s.* **runzelig.**

Rüpel ['ry:pəl] ⟨-s, -⟩ *m pej* villano *m,* zotico(ne) *m.*

Rüpelei [...'lai] ⟨-, -en⟩ *f pej* villania *f.*

rüpelhaft *a pej* villano.

rupfen ['rʊpfən] *tr (zupfen)* strappare; *(Geflügel, a. fig fam: übervorteilen)* spennare *fam; (Gras, Unkraut)* strappare.

ruppig ['rʊpɪç] *a pej* **1.** *(rüpelhaft)* scortese, sgarbato, villano; **2.** *(struppig)* arruffato.

Rüsche ['ry:ʃə] ⟨-, -n⟩ *f* ruche *f.*

Ruß [ru:s] ⟨-es, *rar* -e⟩ *m* fuliggine *f.*

Russe ['rʊsə] ⟨-n, -n⟩ *m,* **Russin** ['rʊsɪn] *f* russo, -a *m, f.*

Rüssel ['rʏsəl] ⟨-s, -⟩ *m (Elefanten~, Insekten~, a. fig fam: Nase)* proboscide *f; (Schweine~)* grugno *m.*

rußen ['ru:sən] *itr* produrre fuliggine; *(Lampe)* far fumo.

rußig *a* fuligginoso.

Russin *f s.* **Russe.**

russisch *a* russo; **~e Eier** uova alla russa.

Rußland ['rʊslant] *n* Russia *f.*

rüsten ['rʏstən] **I.** *itr mil* armare; **zum Krieg ~** armare per la guerra; **II.** *rfl:* **sich ~** *geh* prepararsi (*zu* a); **III.** *tr obs (vorbereiten)* preparare.

Rüster ['ry:stɐ] ⟨-, -n⟩ *f* olmo *m.*

rüstig ['rʏstɪç] *a* arzillo; **(für sein Alter) noch ~ sein** portar bene i suoi anni.

Rüstung ['rʏstʊŋ] ⟨-, -en⟩ *f* **1.** ⟨*sing*⟩ *(Auf~)* armamento *m;* **2.** *hist (Ritter~)* armatura *f.* **Rüstungsbegrenzung** *f* limitazione *f* degli armamenti. **Rüstungsetat** *m* budget *m* per gli armamenti. **Rüstungsindustrie** *f* industria *f* degli armamenti. **Rüstungskontrolle** *f* controllo *m* degli armamenti.

Rüstzeug *n* **1.** *(Werkzeug)* arnesi *m pl; (Ausrüstung)* attrezzatura *f,* equipaggiamento *m;* **2.** *(Kenntnisse)* requisiti *m pl* (*für* per).

Rute ['ru:tə] ⟨-, -n⟩ *f* **1.** *(Gerte)* verga *f; (zur Züchtung)* bacchetta *f;* **2.** *(Tierschwanz)* coda *f;* **3.** *(Tierpenis, a. vulg)* verga *f vulg.* **Rutengänger(in)** [-gɛŋɐ (...ərɪn)] ⟨-s, -⟩ *m(f)* rabdomante *mf.*

Ruth [ru:t] *(weiblicher Vorname)* Rut.

Rutsch [rʊtʃ] ⟨-(e)s, -e⟩ *m* **1.** *(Ab~)* scivolone *m,* scivolata *f; pol* scivolare *m;* **2.** *(Erd~)* smottamento *m;* **3.** *fam (kleiner Ausflug)* viaggetto *m; (Spritztour)* puntata *f;* **guten ~ (ins neue Jahr)!** *fam* buon anno!; **in einem ~** *fam* in una volta. **Rutschbahn** *f,* **Rutsche** ⟨-, -n⟩ *f* scivolo *m.*

rutschen *itr* ⟨*sein*⟩ **1.** *(gleiten, aus~)* scivolare; *(a. Kupplung, Reifen)* slittare; **2.** *fam (Essen)* andare giù *fam;* **3.** *fam (auf~)* scivolare; **4.** *(hinunter~)* scivolare giù; **auf den Knien ~** inginocchiarsi; **zur Seite ~** spostarsi a lato.

rutschig *a* scivoloso, sdrucciolevole.

Rutschpartie *f scherz* scivolata *f;* **eine ~ machen** fare uno scivolone.

rütteln ['rʏtəln] *tr, itr* scuotere (*an etw.* qc); **daran gibt's nichts zu ~!** *fam* non ci si può fare più nulla!

S

S, s [ɛs] ‹-, -› *n* S, s *f;* **S wie Siegfried** S come Savona.
s. *ab von* **siehe** v. (*ab von* vedi).
S 1. *ab von* **Süd(en)** S. (*ab von* sud); **2.** *ab von* **Schilling** Sch.
S. *ab von* **Seite** p., pag. (*ab von* pagina).
s. a. 1. *ab von* **siehe auch** v.a. (*ab von* vedi anche); **2.** *ab von* **sine anno** *(ohne Jahr)* s.a.
Sa. *ab von* **Summa, Summe** somma.
Saal ['za:l] ‹-(e)s, Säle› *m* sala *f.*
Saar [za:ɐ̯] *f* Saar *f.*
Saarbrücken [za:ɐ̯'brʏkən] *n* Saarbrücken *f.*
Saarland *n* territorio *m* della Saar.
Saat [za:t] ‹-, -en› *f* **1.** *(Aussaat, Zeit)* semina *f;* **2.** *(Samenkörner)* semenza *f.* **Saatgut** *n* semenza *f,* semente *f.*
Sabbat ['zabat] ‹-s, -e› *m* sabato *m.*
sabbern ['zabɐn] *fam* **I.** *itr (Hund, Baby, alter Mensch)* sbavare; **II.** *tr (dumm reden)* cianciare *fam.*
Säbel ['zɛ:bəl] ‹-s, -› *m* sciabola *f;* **mit dem ~ rasseln** *fig* minacciare la guerra.
Sabine [za'bi:nə] *(weiblicher Vorname)* Sabina.
Sabotage [zabo'ta:ʒə] ‹-, -n› *f* sabotaggio *m.*
Saboteur(in) [...'tø:ɐ̯ (...rɪn)] ‹-s, -e› *m(f)* sabotatore, -trice *m, f.*
sabotieren [...'ti:rən] ‹*ohne ge-*› *tr* sabotare.
Sachbearbeiter(in) *m(f)* incaricato, -a *m, f,* addetto, -a *m, f.* **Sachbeschädigung** *f adm* danno *m* alle cose. **Sachbuch** *n* (libro *m*) saggio *m.* **sachdienlich** *a adm* utile, giovevole, opportuno; **~e Hinweise nimmt jede Polizeidienststelle entgegen** informazioni al riguardo da inoltrare al più vicino posto di polizia.
Sache ['zaxə] ‹-, -n› *f* **1.** *(Ding)* cosa *f; (Gegenstand)* oggetto *m;* **2.** *fig (Angelegenheit)* faccenda *f; jur* causa *f;* **3.** ‹*pl*› *(persönlicher Besitz, bes. Kleider)* effetti *m pl* personali, vestiti *m pl; (Habseligkeiten)* beni *m pl;* **in ~en ...** *jur adm* nella causa ...; **in eigener ~** in causa propria; **zur ~ ...** *jur* riguardo alla causa ...; **bei der ~ bleiben** (re)stare in argomento; **nicht zur ~ gehören** non entrarci; **zur ~ kommen** venire al fatto (*o.* al dunque *o.* al sodo *fam*); **gemeinsame ~ machen** far causa comune (*mit* con); **seine ~n packen** *fam* far fagotto *fam;* **jds ~ sein** spettare (*o.* toccare) a qu; **nicht (ganz) bei der ~ sein** essere distratto; **seiner ~ sicher sein** essere sicuro del fatto proprio; **etw. von der ~ verstehen** essere del mestiere; **es ist Ihre ~ zu ...** spetta a Lei ... *inf;* **das ist eine ~ für sich** è una cosa a sé; **das ist nicht jedermanns ~** non è cosa da tutti; **das tut nichts zur ~** non c'entra; **zur ~!** veniamo ai fatti!; **die gute ~** *fig* la buona causa; **mach keine ~n!** *fam* non essere stupido! *fam;* **was machst du bloß für ~n?** *fam* ma che stai facendo? *fam;* **die ~ ist die, daß ...** il fatto è che ...; **mit 100 ~n** *fam (Tempo)* a 100 all'ora *fam.*
Sachfrage *f* problema *m* tecnico. **Sachgebiet** *n* campo *m,* ramo *m.* **sachgemäß** *a* appropriato, adeguato. **Sachkenntnis** *f (Fachwissen)* competenza *f; (Kenntnis der Sachlage)* conoscenza *f* di causa. **sachkundig** *a* esperto, competente. **Sachlage** *f* stato *m* delle cose; *(bestehende Situation)* situazione *f* di fatto.
sachlich *a (sachbezogen)* concreto, positivo; *(objektiv)* obiettivo; *(unparteiisch)* imparziale; *arch* funzionale; *(Stil)* sobrio, disadorno; **~ bleiben/sein** attenersi ai fatti.
sächlich ['zɛçlɪç] *a* neutro.
Sachlichkeit ‹-, ø› *f* obiettività *f.*
Sachregister *n* indice *m* analitico. **Sachschaden** *m* danno *m* materiale.
Sachse ['zaksə] ‹-n, -n› *m,* **Sächsin** ['zɛksɪn] *f* sassone *mf.*
Sachsen ['zaksən] *n* Sassonia *f.*
Sächsin *f s.* **Sachse.**
sächsisch *a* sassone.
Sachspende *f* dono *m* in natura.
sacht [zaxt] *a (vorsichtig)* cauto; *(sanft)* delicato; *(leicht)* leggero; *(unmerklich)* impercettibile.
sachte ['zaxtə] *adv* **1.** *(nicht so heftig)* piano; **2.** *(allmählich)* a poco a poco, pian piano *fam.*
Sachverhalt ‹-(e)s, -e› *m* stato *m* di cose, circostanze *f pl* di fatto, fatti *m*

pl. **Sachverständige** ⟨ein -r, -n, -n⟩ *mf* esperto, -a *m, f,* perito, -a *m, f;* **amtlich bestellter ~r** perito *m* ufficiale. **Sachverständigengutachten** *n* perizia *f.* **Sachzwang** *m* condizionamento *m.*

Sack [zak] ⟨-(e)s, ⸚e⟩ *m* sacco *m; vulg (Hoden~)* scroto *m;* **fauler ~!** *fam* poltrone *m fam;* **mit ~ und Pack** con armi e bagagli. **Sackbahnhof** *m* stazione *f* di testa.

Säckchen ['zɛkçən] ⟨-s, -⟩ *n* sacchetto *m.*

Sackgasse *f (a. fig)* vicolo *m* cieco; **in eine ~ gelangen** *(a. fig)* finire in un vicolo cieco; **wir stecken in einer ~** *fig* ci troviamo in un vicolo cieco. **Sackhüpfen** ⟨-s, ø⟩ *n* corsa *f* nei sacchi. **Sackleinen** *n* tela *f* da sacchi. **Sacktuch** *n (A, süddeutsch)* fazzoletto *m.*

Sadismus [za'dɪsmʊs] ⟨-, ø⟩ *m* sadismo *m.*

Sadist(in) [za'dɪst(ɪn)] ⟨-en, -en⟩ *m(f)* sadico, -a *m, f.*

sadistisch *a* sadico.

säen ['zɛːən] *tr (a. fig)* seminare; **dünn gesät sein** *fig* essere scarso.

Safari [za'faːri] ⟨-, -s⟩ *f* safari *m.* **Safaripark** *m* zoo *m* safari.

Safe [seɪf] ⟨-s, -s⟩ *m o. n* cassaforte *f.*

Saffian ['zafi̯an] ⟨-s, ø⟩ *m* marocchino *m.*

Safran ['zafran] ⟨-s, -e⟩ *m* zafferano *m.*

Saft [zaft] ⟨-(e)s, ⸚e⟩ *m (Obst~)* succo *m; (Pflanzen~)* linfa *f; (Braten~)* sugo *m; (Husten~)* sciroppo *m; fam (Strom)* corrente *f; fam (Benzin)* benzina *f;* **ohne ~ und Kraft** senza sugo, insipido. **saftig** *a* **1.** *(Obst, Fleisch)* succoso, sugoso; *(Wiese)* grasso; **2.** *fam (Rechnung)* salato *fam; (Ohrfeige)* solenne; *(Brief, Antwort)* potente. **saftlos** *a* **1.** *(Orange)* senza succo; **2.** *fig* senza brio. **Saftpresse** *f* spremifrutta *m.*

Sage ['zaːgə] ⟨-, -n⟩ *f* leggenda *f; (Götter~, Helden~)* mito *m;* **es geht die ~, daß ...** corre voce che ... *conj.*

Säge ['zɛːgə] ⟨-, -n⟩ *f* sega *f.* **Sägeblatt** *n* lama *f* di sega. **Sägebock** *m* pietica *f.* **Sägefisch** *m* pesce *f* sega. **Sägemehl** *n* segatura *f.*

sagen ['zaːgən] *tr* dire; *(ausdrücken: Gesicht, Geste)* dire, esprimere; **(zu jdm) guten Tag ~** dire buon giorno (a qu), augurare il buon giorno (a qu); **Sie zu jdm ~** dare del Lei a qu; **sag' mal, weißt du ...?** di' un po', sai ...?; **könnten Sie mir ~, wie/wo ...?** mi potrebbe dire come/dove ...?; **was ich noch ~ wollte** quello che volevo ancora dire, a proposito; **besser gesagt** o per meglio dire; **genauer gesagt** più precisamente; **unter uns gesagt** detto fra noi; **wie (schon) gesagt** come già detto; **ohne ein Wort zu ~** senza proferir parola; **viel/nichts zu ~ haben** aver/non aver voce in capitolo; **sich** *(dat)* **nichts ~ lassen** non intendere ragione; **es sich** *(dat)* **nicht zweimal ~ lassen** non lasciarselo dire due volte; **sich** *(dat)* **etw. gesagt sein lassen** tenere a mente qc; **wenn ich so ~ darf** se mi è lecito; **Sie haben mir nichts zu ~** non ricevo ordini da Lei; **das (***o.* **so etwas) sagt man nicht** una cosa simile non si dice; **damit ist alles gesagt** con questo è detto tutto; **das ist leicht gesagt** è facile a dirsi; **damit ist nicht gesagt, daß ...** con questo non è detto che ... *conj;* **das hat nichts zu ~** questo non conta nulla; questo non ha alcuna importanza; **dagegen ist nichts zu (***o.* **läßt sich nichts) ~** non c'è che dire; **gesagt, getan** detto fatto; **~ wir ...** diciamo ..., facciamo ...; **sage und schreibe** veramente, realmente; **sag' bloß!** *fam* non dirmi! *fam;* **wem ~ Sie das!** a chi lo dice!; **das kann man wohl ~!** è proprio il caso di dirlo; **das sagt (mir) alles!** questo spiega tutto!; **was ~ Sie dazu?** che ne dice?; **was wollen Sie damit ~?** cosa intende dire con ciò?; **was hat das zu ~?** che importa?; **~ Sie mal!** dica un po'!; **was Sie nicht (alles) ~!** che dice mai!

sägen ['zɛːgən] **I.** *itr* **1.** *(mit Säge)* segare; **2.** *fam (schnarchen)* russare; **II.** *tr* segare.

sagenhaft *a* **1.** *(legendär)* leggendario; **2.** *fam (wunderbar)* favoloso.

Sägespäne *m pl* segatura *f.* **Sägewerk** *n* segheria *f.*

Sago ['zaːgo] ⟨-s, ø⟩ *m* sago *m.*

sah [zaː] *1. u. 3. per sing imp von* **sehen.**

Sahara [za'haːra *o.* 'zaːhara] *f* Sahara *m.*

Sahne ['zaːnə] ⟨-, ø⟩ *f* crema *f,* panna *f.* **Sahnetorte** *f* torta *f* alla panna. **sahnig** *a* cremoso.

Saison [zɛ'zõː *o.* zɛ'zɔŋ] ⟨-, -s⟩ *f* stagione *f;* **in der ~** nella stagione; **außerhalb der ~** nella stagione morta. **Saisonarbeiter(in)** *m(f)* stagionale *mf.* **saisonbedingt** *a* stagionale.

Saite ['za̯itə] ⟨-, -n⟩ corda *f;* **andere ~n aufziehen** *fam* cambiar musica *fam.* **Saiteninstrument** *n* strumento *m* a corda.

Sakko ['zako] ⟨-s, -s⟩ *m o. n* giacca *f* da uomo.

sakral [za'kra:l] *a* sacrale, sacro.
Sakrament [zakra'mɛnt] ‹-(e)s, -e› *n* sacramento *m*.
Sakrileg [zakri'le:k] ‹-s, -e› *n* sacrilegio *m*.
Sakristei [zakrıs'tai] ‹-, -en› *f* sagrestia *f*.
Salamander [zala'mandɐ] ‹-s, -› *m* salamandra *f*.
Salami [za'la:mi] ‹-, -s› *f* salame *m*.
Salär [za'lɛ:ɐ] ‹-s, -e› *n CH* paga *f*.
Salat [za'la:t] ‹-(e)s, -e› *m* **1.** *(Speise)* insalata *f;* **2.** *(Pflanze)* lattuga *f;* **da haben wir den ~!** *fam* che bel pasticcio! *fam;* **gemischter ~** insalata mista. **Salatbesteck** *n* posate *f pl* da insalata. **Salatplatte** *f* piatto *m* d'insalata. **Salatschleuder** *f* centrifuga *f* per l'insalata. **Salatschüssel** *f* insalatiera *f*. **Salatsoße** *f* condimento *m* (per l'insalata).
Salbe ['zalbə] ‹-, -n› *f* pomata *f*, unguento *m*.
salbungsvoll *a pej* untuoso, mellifluo.
Salden, Saldi *pl von* **Saldo.**
saldieren [zal'di:rən] ‹*ohne ge-*› *tr* saldare.
Saldo ['zaldo, ...dos *o.* ...dən *o.* ...di] ‹-s, -s *o.* Salden *o.* Saldi› *m* saldo *m;* **per ~** per saldo.
Säle *pl von* **Saal.**
Saline [za'li:nə] ‹-, -n› *f* salina *f*.
Salm [zalm] ‹-(e)s, -e› *m* salmone *m*.
Salmiak [zal'mjak *o.* 'zal...] ‹-s, ø› *m* cloruro *m* d'ammonio. **Salmiakgeist** *m* ammoniaca *f*.
Salmonellen [zalmo'nɛlən] *f pl* salmonelle *f pl*.
Salon [za'lõ: *o.* za'lɔŋ] ‹-s, -s› *m* **1.** *(Friseur~, Kosmetik~, Mode~)* salone *m;* **2.** *(feines Wohnzimmer)* salotto *m; naut* salone *m;* **3.** *(Kunst~)* esposizione *f; (Auto~)* salone *m*. **salonfähig** *a* presentabile (in società). **Salonlöwe** *m scherz* uomo *m* salottiero.
salopp [za'lɔp] *a (Kleidung)* trasandato; *(Haltung)* disinvolto; *(Ausdrucksweise)* sciatto.
Salpeter [zal'pe:tɐ] ‹-s, ø› *m* nitrato *m*. **Salpetersäure** *f* acido *m* nitrico.
Salto ['zalto, ...tos *o.* ...ti] ‹-s, -s *o.* Salti› *m* salto *m;* **~ mortale** salto mortale.
Salut [za'lu:t] ‹-(e)s, -e› *m* saluto *m*.
salutieren [zalu'ti:rən] ‹*ohne ge-*› *tr, itr* salutare (militarmente).
Salve ['zalvə] ‹-, -n› *f* salva *f*.
Salz [zalts] ‹-es, -e› *n* sale *m*. **salzarm** *a (Diät)* iposodico. **Salzbergwerk** *n* miniera *f* di salgemma, salina *f*.
Salzburg ['zaltsbʊrk] *n* Salisburgo *f*.
salzen ‹salzt, salzte, gesalzen› *tr* salare.
Salzgehalt *m* contenuto *m* di sale, salinità *f*. **Salzgurke** *f* cetriolino *m*. **salzhaltig** *a* salifero, salino. **Salzhering** *m* aringa *f* salata.
salzig *a (Salz enthaltend)* salino, salso; *gastr* salato.
Salzkartoffeln *f pl* patate *f pl* lesse. **Salzlake** *f* salamoia *f*. **Salzsäule** *f (in Bibel)* colonna *f* di sale; **zur ~ erstarren** *(in Bibel, fig)* rimanere di sale. **Salzsäure** *f* acido *m* cloridrico. **Salzsee** *m* lago *m* salato. **Salzstange** *f* bastoncino *m* salato, salatino *m*. **Salzstreuer** ‹-s, -› *m* saliera *f*. **Salzwasser** *m* acqua *f* salata.
SA-Mann [ɛs'ʔa:-] ‹-(e)s, -Leute› *m* SA *f*.
Samariter [zama'ri:tɐ] ‹-s, -› *m* samaritano *m;* **der Barmherzige ~** il buon samaritano.
Samen ['za:mən] ‹-s, -› *m* **1.** *bot, fig* seme *m;* **2.** *(Saat)* semente *f;* **3.** *(Sperma)* sperma *m*. **Samenbank** ‹-, -en› *f* banca *f* dello sperma. **Samenerguß** *m* eiaculazione *f*. **Samenkorn** *n* grano *m*. **Samenstrang** *m* cordone *m* spermatico.
sämig ['zɛ:mıç] *a* denso.
Sämischleder ['zɛ:mıʃ-] *n* pelle *f* scamosciata.
Sammelanschluß *m tel* centralino *m* telefonico privato. **Sammelbecken** *n* bacino *m* collettore; *fig* ricettacolo *m*. **Sammelbegriff** *m* nome *m* collettivo. **Sammelbestellung** *f* ordinazione *f* collettiva. **Sammelbüchse** *f* bossolo *m* (per oboli). **Sammelfahrkarte** *f*, **-fahrschein** *m* biglietto *m* collettivo. **Sammelmappe** *f* raccoglitore *m*.
sammeln ['zaməln] **I.** *tr* (rac)cogliere; *(anhäufen)* accumulare, ammassare; *(aus Liebhaberei)* collezionare; *(Erfahrungen)* acquisire; *(versammeln)* radunare; *(Kräfte)* concentrare; **Spenden (*o.* Geld) ~** fare una colletta (*für* per); **II.** *rfl:* **sich ~ 1.** *(Sachen)* accumularsi, ammassarsi; *(Personen)* radunarsi; **2.** *(sich konzentrieren)* raccogliersi, concentrasi; **III.** *itr:* **für etw. ~** fare una colletta per qc.
Sammelnummer *f tel* numero m collettivo. **Sammelpunkt** *m* **1.** *(Sammelplatz)* luogo *m* di adunata; **2.** *(Brennpunkt)* fuoco *m*.
Sammelsurium [zaməl'zu:riʊm, ...iən] ‹-s, -rien› *n pej* guazzabuglio *m*.
Sammler(in) ‹-s, -› *m(f)* raccoglitore, -trice *m, f; (Liebhaber)* collezionista

mf; (Spenden~) chi fa una colletta, questuante *mf.*

Sammlung ‹-, -en› *f* **1.** *(Sammeln)* raccolta *f; (von Spenden)* colletta *f;* **2.** *(Kunst~, etc.)* collezione *f;* **3.** *fig (innere ~)* raccoglimento *m,* concentrazione *f.*

Samstag ['zamsta:k] *m* sabato *m; s. a. Freitag.* **samstags** *adv* di (*o.* il) sabato.

samt [zamt] **I.** *prp dat* (insieme) con, unitamente a; **II.** *adv:* **~ und sonders** tutti insieme.

Samt [zamt] ‹-(e)s, -e› *m* velluto *m.* **Samthandschuh** *m:* **jdn mit ~en anfassen** *fig* trattare qu coi guanti.

sämtlich ['zɛmtlɪç] *a* tutto; *(vollständig)* completo.

Sanatorium [zana'to:ri̯ʊm, ...i̯ən] ‹-s, -rien› *n* sanatorio *m.*

Sand [zant] ‹-(e)s, *rar* -e› *m* sabbia *f;* **auf ~ bauen** *fig* costruire sulla sabbia; **jdm ~ in die Augen streuen** *fig* gettare polvere negli occhi di qu; **im ~e verlaufen** *fig* insabbiarsi, perdersi nel nulla; **wie ~ am Meer** *fam* in grande quantità; **den Kopf in den ~ stecken** *fig* fare lo struzzo.

Sandale [zan'da:lə] ‹-, -n› *f* sandalo *m.*

Sandalette [...da'lɛtə] ‹-, -n› *f* sandaletto *m.*

Sandbank ‹-, ⸚e› *f* banco *m* di sabbia. **Sanddorn** *m* olivello *m* spinoso.

Sandelholz ['zandəl-] *n* sandalo *m.*

sandig *a* sabbioso.

Sandkasten *m* recinto *m* con sabbia. **Sandkorn** *n* granello *m* di sabbia. **Sandmann** *m,* **-männchen** *n* mago *m* Sabbiolino. **Sandpapier** *n* carta *f* vetrata. **Sandsack** *m* sacco *m* di sabbia; *sport* punching ball *m.* **Sandstein** *m* (pietra *f*) arenaria *f.* **Sandstrahlgebläse** *n* sabbiatrice *f.* **Sandstrand** *m* spiaggia *f* sabbiosa. **Sandsturm** *m* tempesta *f* di sabbia.

sandte ['zantə] *1. u. 3. per sing imp von* **senden.**

Sanduhr *f* clessidra *f.*

sanft [zanft] *a (Gemüt, Mensch)* dolce, mite; *(leicht, sacht)* leggero; *(a. nicht steil)* lieve; *(zart)* delicato; *(ruhig, still)* tranquillo, calmo; *(weich)* tenero.

Sänfte ['zɛnftə] ‹-, -n› *f* lettiga, portantina *f.*

Sanftmut ‹-, ø› *f* mitezza *f,* dolcezza *f* (d'animo). **sanftmütig** [-my:tɪç] *a* mite, dolce.

sang [zaŋ] *1. u. 3. per sing imp von* **singen.**

Sänger(in) ['zɛŋɐ (...ərɪn)] ‹-s, -› *m(f)* cantore *m,* cantatrice *f; (berufsmäßig)* cantante *mf.*

sang- und klanglos *adv:* **~ abziehen** (*o.* **verschwinden**) scomparire inosservato; **jdm ~ kündigen** licenziare qu su due piedi *fam.*

sanieren [za'ni:rən] ‹*ohne ge-*› *tr* risanare.

Sanierung ‹-, ø› *f* risanamento *m.* **Sanierungsmaßnahme** *f* misura *f* di risanamento.

sanitär [zani'tɛ:ɐ̯] *a* sanitario; **~e Anlagen** impianti sanitari.

Sanitäter [...'tɛ:tɐ] ‹-s, -› *m* infermiere *m; mil* soldato *n* di sanità.

sank [zaŋk] *1. u. 3. pers sing imp von* **sinken.**

Sankt [zaŋkt] ‹*inv*› *a* San(to); **~ Nikolaus** San Nicolò. **Sankt Gallen** [zaŋkt 'galən] *n* San Gallo *f.* **Sankt Gotthard** [zaŋkt 'gɔthart] *m* San Gottardo *m.*

Sanktion [zaŋk'tsi̯o:n] ‹-, -en› *f* **1.** *jur (Bestätigung)* ratifica *f;* **2.** ‹*meist pl*› *com, pol* sanzioni *f pl;* **~en gegen jdn verhängen** decretare sanzioni contro qu.

sanktionieren [...tsi̯o'ni:rən] ‹*ohne ge-*› *tr* sanzionare.

Sankt Moritz [zaŋkt 'mo:rɪts] *n* San Moritz. **Sankt-Nimmerleins-Tag** [zaŋkt'nɪməlai̯ns-] *m scherz:* **am ~** giammai. **Sankt Ulrich** [zaŋkt 'ʊlrɪç] *n* Ortisei *f.*

sann [zan] *1. u. 3. per sing imp von* **sinnen.**

Saphir ['za:fiɐ̯ *o.* za'fi:ɐ̯] ‹-s, -e› *m* zaffiro *m.*

Sarde ['zardə] ‹-n, -n› *m,* **Sardin** [...dɪn] *f* sardo, -a *m, f.*

Sardelle [zar'dɛlə] ‹-, -n› *f* acciuga *f.*

Sardin *f s.* **Sarde.**

Sardine [zar'di:nə] ‹-, -n› *f* sardina *f.*

Sardinien [zar'di:ni̯ən] *n* Sardegna *f.*

sard(in)isch ['zardɪʃ (...'di:nɪʃ)] *a* sardo.

Sarg [zark] ‹-(e)s, ⸚e› *m* bara *f.*

Sari ['za:ri] ‹-(s), -s› *m* sari *m.*

Sarkasmus [zar'kasmʊs, ...mən] ‹-, -men› *m* sarcasmo *m.*

sarkastisch [...'kastɪʃ] *a* sarcastico.

Sarkophag [zarko'fa:k] ‹-s, -e› *m* sarcofago *m.*

Sarong ['za:rɔŋ] ‹-(s), -s› *m* sarong *m.*

saß [za:s] *1. u. 3. per sing imp von* **sitzen.**

Satan ['za:tan] ‹-s, -e› *m* Satana *m; fig (Mensch)* demonio *m,* diavolo *m.*

satanisch [za'ta:nɪʃ] *a* satanico, diabolico.

Satellit [zatɛ'li:t] ‹-en, -en› *m* satellite *m.* **Satellitenfernsehen** *n* televisione *f* via satellite. **Satellitenstaat** *m* stato *m* satellite. **Satellitenstadt** *f* città *f* satellite.

Satin [za'tɛ̃:] ⟨-s, -s⟩ *m* satin *m*.

Satire [za'ti:rə] ⟨-, -n⟩ *f* satira *f* (*auf* di).

satirisch *a* satirico.

satt [zat] *a* **1.** *(gesättigt, a fig)* sazio; **2.** *(Farbe)* intenso, scuro; **3.** *fig (prädikativ) (überdrüssig)* stufo, nauseato; **sich ~ essen** mangiare a sazietà; **etw. ~ haben, eine S. ~ sein** essere stufo di qc *fam*, averne abbastanza di qc; **sich an etw. nicht ~ sehen können** non stancarsi di quardare qc; **~ sein** essere sazio; **~ werden** saziarsi; **~ machen** saziare.

Sattel ['zatəl] ⟨-s, ¨⟩ *m* sella *f*; **jdn aus dem ~ heben** *(a. fig)* disarcionare (*o.* sbalzare) qu di sella; **jdn in den ~ heben** *fig* mettere qu in sella; **fest im ~ sitzen** *fig* ritenere la propria posizione sicura. **Satteldach** *n* tetto *m* a due spioventi. **sattelfest** *a*: **in etw. ~ sein** essere ferrato in qc.

satteln *tr* sellare; *(Packtier)* mettere il basto a.

Sattelschlepper *m* motrice *f* per semirimorchio. **Satteltasche** *f (an Pferdesattel)* bisaccia *f*; *(an Zweiradsattel)* borsetta *f* portaccessori.

Sattheit ⟨-, ø⟩ *f* sazietà *f*.

sättigen ['zɛtɪgən] **I.** *tr* saziare; *fig (stillen)* soddisfare, appagare; *chem, phys, com* saturare; **II.** *itr* saziare. **sättigend** *a* che sazia.

Sättigung ⟨-, -en⟩ *f (das Sättigen)* satollamento *m*; *(das Sattsein)* sazietà *f*; *fig* appagamento *m*; *chem, phys* saturazione *f*.

Sattler(in) ['zatlɐ (...ərɪn)] ⟨-s, -⟩ *m(f)* sellaio, -a *m, f*.

Saturn [za'tʊrn] ⟨-s, ø⟩ *m* Saturno *m*.

Satyr ['za:tʏr] ⟨-s *o.* -n, -n *o.* -e⟩ *m* satiro *m*.

Satz [zats] ⟨-es, ¨e⟩ *m* **1.** *gram* frase *f*, proposizione *f*; **2.** *(Lehr~, These)* principio *m*; *mat* teorema *m*; *(Grund~)* assioma *m*; **3.** *mus* movimento *m*; **4.** *(Tennis~)* set *m*; **5.** *(Quote)* tasso *m*; *(Gebühren~)* tariffa *f*; **6.** *(zusammengehörige Dinge)* serie *f*; *com* assortimento *m*; **7.** *typ* composizione *f*; **8.** *(Sprung)* salto *m*, balzo *m*; **9.** *(Boden~)* fondo *m*, deposito *m*, sedimento *m*; *(Kaffee~)* fondo *m*. **Satzbau** ⟨-(e)s, ø⟩ *m* costruzione *f* della frase. **Satzlehre** *f* sintassi *f*. **Satzteil** *m* parte *f* della proposizione.

Satzung ['zatsʊŋ] ⟨-, -en⟩ *f (von Körperschaften)* statuti *m pl*; *(von Vereinen, Gesellschaften)* ordinamento *m*, regolamento *m*. **satzungsgemäß** *a* statutario.

Satzzeichen *n* segno *m* d'interpunzione.

Sau [zau̯] ⟨-, ¨e *o. Jagd* -en⟩ *f (Hausschwein)* scrofa *f*, troia *f*; *(Wild~)* cinghiala *f*; *fam (Schwein, a. fig)* porco *m fam*; **keine ~** *fig sl* anima viva; **die ~ rauslassen** *sl (feiern)* far baldoria *fam*; *(wütend sein)* arrabbiarsi, infuriarsi; **jdn zur ~ machen** *sl* strapazzare qu; **unter aller ~** *sl* pessimo.

sauber ['zau̯bɐ] *a* **1.** *(nicht schmutzig)* pulito; **2.** *(gut u. sorgfältig)* accurato; *(genau)* esatto; **3.** *(hübsch)* carino; **4.** *(anständig)* perbene; **5.** *fam iron* bello; **~ sein** *(Kind)* non farla più addosso *fam*; *(Tier)* non sporcare in casa. **Sauberkeit** ⟨-, ø⟩ *f* **1.** *(Reinlichkeit)* pulizia *f*; **2.** *(sorgfältiger Zustand)* accuratezza *f*, precisione *f*; **3.** *(Anständigkeit)* onestà *f*.

säuberlich ['zɔy̯bɐlɪç] *adv* accuratamente.

sauber·machen I. *tr* pulire; **II.** *itr* fare le pulizie.

säubern ['zɔy̯bɐn] *tr* **1.** *(reinigen)* pulire; **2.** *fig (Buch)* ripulire (*von* da); *pol* epurare (*von* da); *mil* rastrellare (*von* da).

Säuberung ⟨-, -en⟩ *f* **1.** *(Reinigung)* pulizia *f*; **2.** *fig* ripulita *f*; *pol* epurazione *f*; *mil* rastrellamento *m*; *(~saktion)* azione *f* di epurazione, azione *f* di rastrellamento.

Saubohne *f* fava *f*.

Sauce ['zo:sə] ⟨-, -n⟩ *f s.* **Soße.**

Sauciere [zo'si̯ɛ:rə] ⟨-, -n⟩ *f* salsiera *f*.

Saudiaraber(in) [zau̯di-] *m(f)* saudita *mf*.

Saudi-Arabien *n* Arabia *f* Saudita.

saudumm ['zau̯'dʊm] *a fam* stupidissimo.

sauer ['zau̯ɐ] *a* **1.** *(nicht süß)* acido; *(Wein)* aspro; *(Obst, Zitrone)* acido; **2.** *(verdorben: Milch)* acido; *(Geruch)* acre; **3.** *gastr (Gurke)* sott'aceto; *(Hering)* all'agro; *(Sahne)* acido; **4.** *(chem, Boden, Regen)* acido; **5.** *(Pflicht)* amaro, spiacevole; *(Arbeit)* duro, faticoso; **6.** *fam (Mensch)* arrabbiato; *(Gesicht)* accigliato; **~ werden** *(Milch)* inacidirsi; *fam (Mensch)* andare in bestia *fam*; **~ reagieren** *chem* avere una reazione acida; *fam (Mensch)* arrabbiarsi; **auf jdn ~ sein** *fam* avercela con qu *fam*; **~ verdient** guadagnato faticosamente; **gib ihm Saures!** *fam* dagliele di santa ragione! *fam*. **Sauerampfer** [-ˀampf̮ɐ] ⟨-s, -⟩ *m* romice *f*. **Sauerbraten** *m* arrosto *m* all'agro.

Sauerei [zauə'rai] ‹-, -en› *f fam pej* porcheria *f; (a. Zote)* sconcezza *f.*
Sauerkirsche *f* amarena *f.* **Sauerklee** *m* acetosella *f.* **Sauerkraut** *n* crauti *m pl.*
Sauerland ['zauelant] *n* Sauerland *m.*
säuerlich ['zɔyelıç] *a (a. chem)* acidulo; *(herb, a. Wein)* asprigno.
Sauermilch *f* latte *m* acido (*o.* cagliato). **Sauerstoff** *m* ossigeno *m.* **Sauerstoffapparat** *m* inalatore *m* d'ossigeno. **Sauerstoffgerät** *n* respiratore *m* a ossigeno. **Sauerstoffmangel** *m* mancanza *f* d'ossigeno. **Sauerstoffmaske** *f* maschera *f* a ossigeno. **Sauerstoffzelt** *n* tenda *f* a ossigeno. **Sauerteig** *m* lievito *m.*
saufen ['zaufən] ‹säuft, soff, gesoffen› **I.** *tr* **1.** *(Tier)* bere; **2.** *sl (Mensch)* trincare *sl;* **II.** *itr* **1.** *(Tier)* bere; **2.** *sl (Mensch)* sbevazzare *sl;* **das S~** il bere.
Säufer(in) ['zɔyfe (...ərın)] ‹-s, -› *m(f) fam pej* bevitore, -trice *m, f,* beone, -a *m, f fam.*
Sauferei [...ə'rai] ‹-, -en› *f* **1.** ‹*sing*› *(Trunksucht)* bere *m;* **2.** *(Gelage)* bevuta *f.*
Säuferin *s.* **Säufer.**
Säufernase *f fam* naso *m* paonazzo.
Saufgelage *n* gozzoviglia *f.*
säuft [zɔyft] *1. u. 3. per sing imp von* **saufen.**
saugen ['zaugən] **I.** *itr* **1.** ‹saugt, sog *o.* saugte, gesogen *o.* gesaugt› *(Tierjunges, Säugling, lutschen)* succhiare (*an* qc), poppare (*an* qc); **2.** ‹saugt, saugte, gesaugt› *(ein~, mit Staubsauger)* aspirare; **II.** *tr* **1.** ‹saugt, sog *o.* saugte, gesogen *o.* gesaugt› *(Milch)* succhiare, poppare; **2.** ‹saugt, saugte, gsaugt› *(ein~: Schwamm)* assorbire; *(Luft)* aspirare; *(Teppich)* passare l'aspirapolvere su; **Staub ~** passare l'aspirapolvere.
säugen ['zɔygən] *tr* allattare.
Sauger ‹-s, -› *m* **1.** *(auf Babyfläschchen)* ciuccio *m; (Schnuller)* succhiotto *m;* **2.** *fam (Staub~)* aspirapolvere *f.*
Säugetier *n* mammifero *m.*
saugfähig *a* assorbente. **Saugflasche** *f* biberon *m.* **Saugheber** *m* sifone *m.*
Säugling ['zɔyklıŋ] ‹-s, -e› *m* lattante *mf,* poppante *mf,* baby *mf.* **Säuglingsheim** *n* (asilo *m*) nido *m.* **Säuglingspflege** *f* puericultura *f.* **Säuglingsschwester** *f* puericultrice *f.* **Säuglingssterblichkeit** *f* mortalità *f* dei lattanti.
Säule ['zɔylə] ‹-, -n› *f* colonna *f.* **Säulengang** *m* colonnato *m; (Säulenhalle)* portico *m.* **Säulenhalle** *f* loggia *f,* porticato *m.*
Saum [zaum] ‹-(e)s, ⸚e› *m (Näh~)* orlo *m; fig (Rand)* bordo *m,* margine *m.*
saumäßig *sl* **I.** *a (sehr schlecht)* pessimo; *(verstärkend)* terribile, enorme; **II.** *adv (sehr schlecht)* malissimo; *(verstärkend)* terribilmente, enormemente.
säumen[1] ['zɔymən] *tr* **1.** *(Rock)* fare l'orlo a; **2.** *fig geh (Straße, etc.)* fiancheggiare.
säumen[2] ['zɔymən] *itr poet (zaudern)* indugiare, esitare.
säumig *a geh* **1.** *(nachlässig)* negligente, indolente; **2.** *(Schuldner)* moroso; *(Zahlung)* insoluto, arretrato.
Saumpfad *m* mulattiera *f.* **Saumtier** *n* bestia *f* da soma.
Sauna ['zauna, ...nas *o.* ...nən] ‹-, -s *o.* Saunen› *f* sauna *f.*
saunieren [...'ni:rən] ‹*ohne ge-*› *itr* fare la sauna.
Säure ['zɔyrə] ‹-, -n› *f* **1.** ‹*sing*› *(saure Beschaffenheit, Magen~)* acidità *f; (von Wein)* asprezza *f;* **2.** *chem* acido *m.*
Sauregurkenzeit [zaurə'gurkən-] *f fam scherz* stagione *f* morta.
Saurier ['zaurie] ‹-s, -› *m* sauro *m.*
Saus [zaus] *m:* **in ~ und Braus leben** fare la bella vita.
säuseln ['zɔyzəln] *itr (Blätter im Wind)* stormire, mormorare; *(Wind in den Bäumen, Mensch)* sussurrare; **mit ~der Stimme** con voce sussurrante.
sausen ['zauzən] *itr* **1.** ‹*sein*› *(Geschoß)* fendere l'aria; *fam (Mensch)* correre, volare; *fam (Fahrzeug)* filare; **2.** ‹*haben*› *(Ohren)* fischiare; *(Kopf)* ronzare; *(Wind, Sturm)* sibilare, fischiare; **durch die Luft ~** *(Gegenstand)* fendere l'aria; **durch eine Prüfung ~** *fam* essere bocciato ad un esame *fam;* **etw. ~ lassen** *fam (verzichten auf)* lasciar perdere *fam* (*o.* andare *fam*) qc; **einen ~ lassen** *fam (furzen)* fare un peto *fam;* **es saust mir in den Ohren, mir ~ die Ohren** mi fischiano le orecchie.
Saustall *m (a. fig fam)* porcile *m fam.* **Sauwetter** *n fam* tempaccio *m fam,* tempo *m* da cani *fam.* **sauwohl** ['zau'vo:l] *a fam:* **sich ~ fühlen** sentirsi proprio bene.
Savanne [za'vanə] ‹-, -n› *f* savana *f.*
Saxophon [zakso'fo:n] ‹-(e)s, -e› *n* sassofono *m.*
Saxophonist(in) [...fo'nıst(ın)] ‹-en, -en› *m(f)* sassofonista *mf.*

S-Bahn ['ɛs-] *f* metropolitana *f* scoperta.

SB-Bank [ɛs'be:-] ‹-, -en› *f* sportello *m* automatico.

s. Br. *ab von* **südlicher Breite** lat.S. (*ab von* latitudine sud).

SB-Tankstelle *f* distributore *m* automatico, distributore *m* self-service.

Schabe ['ʃa:bə] ‹-, -n› *f* blatta *f; (Küchen~)* scarafaggio *m.*

schaben ['ʃa:bən] *tr (ab~: Schmutz)* raschiare (*von* da); *(Fell, Leder)* scarnare; *(Gemüse)* grattugiare, grattare; *(Fleisch)* tritare, macinare; **sich** *(dat)* **den Bart ~** *scherz* radersi la barba.

Schabernack ['ʃa:bɐnak] ‹-(e)s, -e› *m:* **jdm einen ~ spielen** fare uno scherzo a qu.

schäbig ['ʃɛ:bɪç] *a* **1.** *(fadenscheinig)* liso, logoro, consunto; **2.** *fig (Charakter)* gretto, meschino; *(geizig)* spilorcio, tirchio; **3.** *(gering, armselig)* misero.

Schablone [ʃa'blo:nə] ‹-, -n› *f* modello *m,* forma *f; fig pej (Schema, Klischee)* schema *m* fisso, cliché *m.*

Schach [ʃax] ‹-s, -s› *n (Spiel)* (gioco *m* degli) scacchi *m pl; (Stellung)* scacco *m;* **in ~ halten** tenere in scacco; **~ spielen** giocare agli scacchi; **~ (dem König)!** scacco al re! **Schachbrett** *n* scacchiera *f.* **schachbrettartig** *a* a scacchiera.

schachern ['ʃaxɐn] *itr pej:* **um etw. ~** mercanteggiare su qc.

Schachfigur *f* figura *f* degli scacchi; *fig* fantoccio *m.* **schachmatt** ['ʃax'mat] *a* scacco matto; *fig (erschöpft)* sfinito. **Schachspiel** *n* (gioco *m* degli) scacchi *m pl.* **Schachspieler(in)** *m(f)* scacchista *mf.*

Schacht [ʃaxt] ‹-(e)s, ⸚e› *m (a. min)* pozzo *m* (da miniera); *(Kanal)* tombino *m; (Einsteig~)* pozzo *m* (d'ispezione); *(Fahrstuhl~)* tromba *f* (dell'ascensore).

Schachtel ['ʃaxtəl] ‹-, -n› *f* scatola *f;* **alte ~** *fam (alte Frau)* vecchia *f;* **eine ~ Zigaretten** un pacchetto di sigarette. **Schachtelhalm** *m* equiseto *m.*

Schachzug *m (a. fig)* mossa *f* (negli scacchi).

schade ['ʃa:də] *a:* **~ sein** essere peccato; **zu ~ für** sprecato per; **es ist ~, daß .../um ...** è un peccato che... *conj*/per ...; **wie ~!** che peccato!; **sich** *(dat)* **zu ~ sein für** essere sprecato per.

Schädel ['ʃɛ:dəl] ‹-s, -› *m anat* cranio *m; (Totenkopf)* teschio *m; fam (Kopf)* testa *f,* zucca *f fam; (Verstand)* cervello *m.* **Schädelbruch** *m* frattura *f* cranica. **Schädeldecke** *f* calotta *f* cranica.

schaden ['ʃa:dən] *itr:* **jdm/einer S. ~** nuocere a qu/qc, recare danno a qu/qc, causare pregiudizio a qu/qc; **das hat seinem Ansehen geschadet** ciò ha nociuto al suo prestigio; **Rauchen schadet der Gesundheit** il fumo nuoce alla salute; **das schadet dir gar nichts** *fam* ben ti sta *fam;* **das kann nicht(s) ~** non fa male.

Schaden ‹-s, ⸚› *m* **1.** *(Beschädigung)* danno *m; tec* avaria *f,* guasto *m;* **2.** *(Nachteil)* svantaggio *m,* pregiudizio *m;* **3.** *(Verlust)* perdita *f;* **4.** *(körperliche Schädigung)* lesione *f; (Verletzung)* ferita *f;* **zu jds ~** a danno di qu; **~ anrichten** (*o.* **verursachen**) causare danni; **für den ~ haften** rispondere dei danni; **zu ~ kommen, ~ leiden** (*o.* **nehmen**) subire un danno, essere danneggiato; **durch ~ wird man klug** *prov* sbagliando s'impara; **den ~ wiedergutmachen** risarcire i danni; **jdm ~ zufügen** recar danno a qu; **es soll Ihr ~ nicht sein** non se ne pentirà; **wer den ~ hat, braucht für den Spott nicht zu sorgen** *prov* chi ha il danno, ha pure le beffe *prov.* **Schadenersatz** *m* risarcimento *m* (dei) danni; **~ beanspruchen** esigere il risarcimento dei danni; **(jdm) ~ leisten** risarcire (a qu) danni.

Schadenfreude *f* gioia *f* (*o.* soddisfazione *f*) maligna. **schadenfroh** *a* malignamente soddisfatto.

schadhaft *a (beschädigt)* danneggiato; *(Material)* difettoso.

schädigen ['ʃɛ:dɪgən] *tr* nuocere a, danneggiare.

schädlich ['ʃɛ:tlɪç] *a* dannoso; *(a. gesundheitlich)* nocivo. **Schädlichkeit** ‹-, ø› *f* dannosità *f,* nocività *f.*

Schädling ['ʃɛ:tlɪŋ] ‹-s, -e› *m* parassita *m.* **Schädlingsbekämpfung** *f* lotta *f* antiparassitaria.

schadlos *adv:* **sich an jdm ~ halten** rivalersi su qu. **Schadstoff** *m* elemento *m* nocivo, sostanza *f* nociva, agente *m* inquinante.

Schaf [ʃa:f] ‹-(e)s, -e› *n* **1.** *(Tier)* pecora *f;* **2.** *pej fam (Dummkopf)* sciocco, -a *m, f;* minchione, -a *m, f sl;* **schwarzes ~** *fig* pecora nera. **Schafbock** *m* montone *m.*

Schäfchen ['ʃɛ:fçən] ‹-s, -› *n* **1.** pecorella *f;* **2.** ‹*pl*› *(Gemeinde)* pecorella *f;* **sein ~ ins trockene bringen** *fam* mettere da parte un bel gruzzoletto *fam.* **Schäfchenwolken** *f pl* pecorelle *f pl.*

Schäfer(in) ['ʃɛ:fɐ (...ərɪn)] ‹-s, -› *m(f)*

pecoraio, -a *m, f.* **Schäferhund** *m* (cane *m*) pastore *m.* **Schäferin** *f s.* **Schäfer. Schäferstündchen** *n* convegno *m* amoroso.

Schaffell *n* pelle *f* di pecora.

schaffen[1] ['ʃafən] ‹schafft, schuf, geschaffen› **1.** *(er~, hervorbringen)* creare; **2.** ‹*a.* schafft, schaffte, geschafft› *(bewirken, herstellen)* fare; *(Voraussetzungen, Verhältnisse, Stelle)* creare; *(Ruhe)* imporre; *(Unruhe)* causare; *(Ordnung)* fare, mettere; *(Ersatz)* procurare; *(Hilfe)* portare; *(Verdruß, Ärger, Beschwerden)* causare; **für etw. wie geschaffen sein** essere fatto apposta per qc; **Klarheit ~** chiarire, mettere le cose in chiaro; **Abhilfe ~** rimediare, ovviare.

schaffen[2] ['ʃafən] ‹schafft, schaffte, geschafft› *tr* **1.** *(bewältigen)* portare a termine, fare; *(Prüfung)* passare; *(Portion)* mangiare; **2.** *fam (fertigmachen, mitnehmen)* esaurire, sfinire; *(körperlich)* sfinire, esaurire, spossare; *(nervlich, seelisch)* sfinire, estenuare; **3.** *(befördern)* portare; **4.** *dial (a. itr) (arbeiten)* lavorare; **etw. an einen Ort ~** portare qc in un posto; **jdn ins Krankenhaus ~** portare qu in ospedale; **~ wir das zeitlich?** facciamo in tempo?; **wir haben's geschafft!** ce l'abbiamo fatta!; **geschafft sein** *fam (erschöpft)* essere stanco morto *fam;* **sich** *(dat)* **an etw. zu ~ machen** darsi da fare attorno a qc; **jdm (sehr) zu ~ machen** dar (molto) da fare a qu; **es ~** farcela *fam;* **etw. aus der Welt ~** eliminare qc; **damit habe ich nichts zu ~** non ho niente a che fare con ciò.

Schaffensdrang *m* impulso *m* creatore. **Schaffenskraft** *f* forza *f* creatrice.

Schaffhausen [ʃaf'hauzən] *n* Sciaffusa *f.*

Schaffner(in) ['ʃafnɐ (...ərɪn)] ‹-s, -› *m(f)* bigliettaio, -a *m, f.*

Schafgarbe *f bot* achillea *f.* **Schafherde** *f* gregge *m* di pecore.

Schafott [ʃa'fɔt] ‹-(e)s, -e› *n* patibolo *m.*

Schafskäse *m* pecorino *m.* **Schafskopf** *m* **1.** *fig pej (Schimpfwort)* imbecille *m,* cretino *m;* **2.** *(Kartenspiel) gioco di carte tedesco.* **Schafstall** *m* ovile *m.*

Schaft [ʃaft] ‹-(e)s, ¨-e› *m (Stiel)* manico *m; bot* gambo *m; (von Baum, Säule, Waffe)* fusto *m; (Stiefel~)* gambale *m.* **Schaftstiefel** *m* stivalone *m.*

Schafzucht *f* allevamento *m* di pecore.

Schah [ʃa:] ‹-s, -s› *m* scià *m.*

Schakal [ʃa'ka:l] ‹-s, -e› *m* sciacallo *m.*

Schäker ['ʃɛ:kɐ] ‹-s, -› *m fam (Witzbold)* burlone *m; (gerne flirtender Mensch)* chi ama flirtare.

schäkern *itr (scherzen)* scherzare; *(flirten)* flirtare.

schal [ʃa:l] *a* **1.** *(abgestanden)* guasto; **2.** *fig (fade, geistlos)* insulso, insipido.

Schal [ʃa:l] ‹-s, -s› *m (Umschlagetuch)* scialle *m; (länglich: Woll~)* sciarpa *f; (quadratisch: Seiden~, etc.)* foulard *m.*

Schälchen ['ʃɛ:lçən] ‹-s, -› *n* scodellina *f,* ciotolina *f.*

Schale[1] ['ʃa:lə] ‹-, -n› *f* **1.** *(Gefäß)* coppa *f; (Schüssel)* scodella *f,* ciotola *f,* terrina *f;* **2.** *(Waag~)* piatto *m* (della bilancia).

Schale[2] ['ʃa:lə] ‹-, -n› *f (Obst~, Kartoffel~)* buccia *f; (Eier~, Nuß~, von Hülsenfrucht, Schalentier)* guscio *m; (Zitronen~, Organgen~, fig: Äußeres)* scorza *f; (Muschel~)* conchiglia *f;* **Kartoffeln in der ~** patate con la buccia; **sich in ~ werfen** (*o.* **schmeißen)** *fam* mettersi in ghingheri *fam.*

schälen ['ʃɛ:lən] **I.** *tr (Apfel, Orange)* sbucciare; *(Tomaten, Kartoffeln)* pelare; *(Eier, Kastanien)* sgusciare; *(Reis)* brillare; *(Baum)* scortecciare; **II.** *rfl:* **sich ~** *(a. Schlangen)* sbucciarsi; *(Haut, Gesicht)* spellarsi.

Schalk [ʃalk] ‹-(e)s, -e *o.* ¨-e› *m* mattacchione *m fam,* burlone *m fam;* **er hat den ~ im Nacken** è un gran burlone. **schalkhaft** *a* faceto, scherzoso.

Schall [ʃal] ‹-(e)s, -e *o. rar* ¨-e› *m* suono *m;* **Name ist ~ und Rauch** il nome è fumo. **schalldämmend** *a* fonoassorbente. **Schalldämmung** ‹-, -en› *f* assorbimento *m* sonoro. **Schalldämpfer** *m* assorbente *m* acustico; *(von Auto, Waffe)* silenziatore *m; mus* sordina *f.* **schalldicht** *a* a isolamento acustico, insonorizzato; **~ machen** insonorizzare.

schallen *itr* (ri)sonare. **schallend** *a* risonante; *(Gelächter)* sonoro; *(Beifall)* scrosciante.

Schallgeschwindigkeit *f* velocità *f* sonica (*o.* del suono). **Schallmauer** *f* muro *m* del suono; **die ~ durchbrechen** superare il muro del suono. **Schallplatte** *f* disco *m;* **auf ~ aufnehmen** registare su disco. **Schallplattensammlung** *f* collezione *f* di dischi, discoteca *f.*

Schalotte [ʃa'lɔtə] ‹-, -n› *f* scalogna *f.*

schalt [ʃalt] *1. u. 3. pers sing imp von* **schelten.**

Schaltanlage *f* impianto *m* di distribuzione. **Schaltbild** *n* schema *m* dell'impianto elettrico. **Schaltbrett** *n* quadro *m* di distribuzione (*o.* di comando).

schalten ['ʃaltən] **I.** *tr* regolare; *el* inserire; *mot (Gang)* innestare; **II.** *itr* **1.** *(verfügen)* disporre (*mit* di); **2.** *fam (kapieren)* comprendere; *(reagieren)* reagire; **3.** *mot* cambiare marcia; **in den dritten Gang ~** innestare la terza; **frei** (*o.* **nach Belieben) ~ und walten** fare e disfare a piacimento.

Schalter ‹-s, -› *m* **1.** *el* commutatore *m,* interruttore *m;* **2.** *(in Bank, Post, Auskunfts~)* sportello *m.* **Schalterbeamte** *m,* **-beamtin** *f* impiegato, -a *m, f* allo sportello. **Schalterhalle** *f* sala *f* degli sportelli. **Schalterstunden** *f pl* orario *m* per il pubblico.

Schalthebel *m* leva *f* di comando; *mot* leva *f* del cambio. **Schaltjahr** *n* anno *m* bisestile. **Schaltknüppel** *m mot* cloche *f* del cambio; *aero* cloche *f.* **Schaltplan** *m* schema *m* (dell'impianto) elettrico. **Schalttafel** *f s.* **Schaltbrett. Schalttag** *m* giorno *m* intercalare.

Schaltung ‹-, -en› *f* **1.** *el* inserimento *m,* accoppiamento *m;* **2.** *mot* cambio *m* di marcia.

Scham [ʃa:m] ‹-, ø› *f* **1.** *(Sichschämen)* vergogna *f;* **2.** *(~haftigkeit)* pudore *m;* **3.** *s.* **Schamteile; ich möchte vor ~ in die Erde versinken** vorrei sprofondare dalla vergogna; **aus falscher ~** per un falso senso del pudore. **Schambein** *n* pube *m.*

schämen ['ʃɛ:mən] *rfl:* **sich ~** vergognarsi (*einer S.* di qc), avere vergogna (*einer S.* di qc); **sich vor jdm ~** vergognarsi di qu; **(pfui) schäm dich!** vergogna(ti)!

Schamgefühl *n* pudore *m.* **Schamgegend** *f* pube *m.* **Schamhaar** *n* peli *m pl* del pube. **schamhaft** *a (züchtig: Mädchen, Benehmen)* modesto; *(verschämt: Lächeln, Zurückhaltung)* vergognoso, pudico. **Schamhaftigkeit** ‹-, ø› *f (Züchtigkeit)* modestia *f; (Verschämtheit)* vergogna *f,* pudizia *f.* **schamlos** *a* impudico, spudorato, svergognato; *(unverschämt)* svergognato; *(Lüge, Frechheit)* spudorato. **schamrot** *a:* **~ werden** arrossire di vergogna. **Schamteile** *n pl* (parti *f pl*) pudende *f pl.*

Schande ['ʃandə] ‹-, ø› *f* vergogna *f;* *(a. Unehre)* disonore *m; (Schmach)* infamia *f,* ignominia *f;* **ich muß zu meiner (großen) ~ gestehen . . .** debbo confessare, con mia grande vergogna . . .; **das (***o.* **es) ist (wirklich) eine ~!** è proprio una vergogna!; **jdm/ einer S. ~ machen** far disonore a qu/ qc.

schänden ['ʃɛndən] *tr (entehren)* disonorare; *(besudeln)* macchiare; *(entweihen)* profanare; *obs (vergewaltigen)* violentare.

Schandfleck *m* marchio *m* d'infamia, macchia *f.*

schändlich *a* **1.** *(abscheulich)* vergognoso, infame, ignobile; **2.** *fam (sehr schlecht)* orribile.

Schandtat *f* infamia *f,* scelleratezza *f;* **zu jeder ~ bereit sein** *fam scherz* essere della partita.

Schändung ‹-, -en› *f* disonorare *m; (Entweihung)* profanazione *f; obs (Vergewaltigung)* violenza *f* carnale, stupro *m.*

Schanktisch ['ʃaŋk-] *m* banco *m* di mescita. **Schankwirt** *m* oste *m.* **Schankwirtschaft** *f* mescita *f* di vini, osteria *f.*

Schanze ['ʃantsə] ‹-, -n› *f* **1.** *mil* trincea *f;* **2.** *sport (Sprung~)* trampolino *m* (di salto).

Schar [ʃa:ɐ] ‹-, -en› *f (Menge)* schiera *f,* frotta *f; (Vogel~)* stormo *m;* **in ~en** a frotte.

Scharade [ʃa'ra:də] ‹-, -n› *f* sciarada *f.*

Schäre ['ʃɛ:rə] ‹-, -n› *f geog* faraglione *m.*

scharen ['ʃa:rən] **I.** *tr (versammeln)* radunare (*um* attorno a), raccogliere (*um* attorno a); **II.** *rfl:* **sich ~** schierarsi (*um* attorno a).

scharenweise *adv* a schiere, a frotte.

scharf [ʃarf] ‹¨er, ¨ste› *a* **1.** *(Schneide)* affilato, tagliente; *(Kante)* vivo; *(Spitze)* aguzzo; **2.** *(Speise)* piccante, forte; *chem* corrosivo; *(Geruch)* acre, penetrante; **3.** *(Wind)* rigido, pungente, sferzante; **4.** *(Ton, Stimme)* stridulo; **5.** *(Bild, Foto)* nitido; *(Umrisse, Gesichtszüge)* netto, marcato; *(Augen)* buono; *(Gehör)* fine; **6.** *(Kurve)* brusco; **7.** *(Verstand)* acuto, sottile; **8.** *(Worte)* pungente, aspro; *(Kritik)* mordace; **9.** *(Zucht, Disziplin)* rigido, rigoroso, severo; *(Be-, Überwachung)* stretto; **10.** *mil (Munition)* caricato a palla; *(Handgranate, Bombe)* innescato; **11.** *sl (geil)* lascivo; **~ aufpassen** far ben attenzione; **~ machen** *(Geschoß)* togliere la sicura a; *(Messer)* affilare; **~ nachdenken** pensare intensamente; **~ bremsen** frenare bruscamente; **auf etw. ~ sein** *fam* tenere molto a qc; **~e Sachen** *fam (Getränke)* bevande forti. **Scharfblick** *m* perspicacia *f*, acume *m*.

Schärfe ['ʃɛrfə] ‹-, -n› *f* **1.** *(von Schneide)* taglio *m;* **2.** *(von Speise)* (sapore *m*) piccante *m;* **3.** *(von Wind)* rigidità *f; (von Ton, Stimme)* acutezza *f;* **4.** *(von Bild, Umrissen)* nitidezza *f*, precisione; *(von Sinnesorgan)* acutezza *f*, acume *m;* **5.** *(Verstandes~)* acume *m*, sottigliezza *f;* **6.** *(von Worten)* asprezza *f; (von Kritik)* mordacità *f;* **7.** *(Härte, Strenge)* durezza *f*, severità *f*.

schärfen *tr* affilare; *(Sinne, Verstand)* acuire; *(Gespür)* affinare.

Scharfmacher *m fam* agitatore *m*, sobillatore *m*. **Scharfrichter** *m* giustiziere *m*. **Scharfschütze** *m*, **-schützin** *f* tiratore, -trice *m, f* scelto, -a. **scharfsichtig** *a* perspicace, acuto. **Scharfsinn** *m* acume *m*, sagacia *f*, perspicacia *f*. **scharfsinnig** *a* acuto, sagace, perspicace.

Scharlach[1] ['ʃarlax] ‹-s, *rar* -e› *m (Farbe)* (colore *m*) scarlatto *m*.

Scharlach[2] ['ʃarlax] ‹-s, ø› *m med* scarlattina *f*.

Scharlatan ['ʃarlatan] ‹-s, -e› *m* ciarlatano *m*.

Scharmützel [ʃar'mʏtsəl] ‹-s, -› *n* scaramuccia *f*.

Scharnier [ʃar'niːɐ̯] ‹-s, -e› *n* cerniera *f*.

Schärpe ['ʃɛrpə] ‹-, -n› *f (an Uniform)* sciarpa *f; (an Kleidung)* fusciacca *f*.

scharren ['ʃarən] **I.** *itr* raschiare, raspare; *(Hühner)* razzolare; **mit den Füßen ~** stropicciare i piedi per terra; **II.** *tr (Boden)* raschiare; *(Loch)* scavare (raspando).

Scharte ['ʃartə] ‹-, -n› *f* tacca *f;* **eine ~ auswetzen** *fig* rimediare a un errore. **schartig** *a* intaccato.

scharwenzeln [ʃar'vɛntsəln] ‹*ohne ge-*› *itr* ‹*haben o. sein*› *fam* strisciare (*um jdn* intorno a qu).

Schaschlik ['ʃaʃlɪk] ‹-s, -s› *m o. n* spiedino *m*.

schassen ['ʃasən] *tr fam (Schüler)* espellere; *(Minister)* silurare.

Schatten ['ʃatən] ‹-s, -› *m* ombra *f;* **im ~ von** all'ombra di; **jdn in den ~ stellen** *fig* mettere in ombra qu. **Schattendasein** *n:* **ein ~ führen** rimanere nell'ombra. **schattenhaft** *a (Umrisse)* indistinto; *fig (vage)* vago. **Schattenkabinett** *n pol* gabinetto *m* ombra. **Schattenriß** *m* silhouette *f*. **Schattenseite** *f* parte *f* ombrosa; *fig (Kehrseite)* rovescio *m* della medaglia; *(das Negative)* lato *m* oscuro.

schattieren [ʃa'tiːrən] ‹*ohne ge-*› *tr* ombr(eggi)are.

Schattierung ‹-, -en› *f (Vorgang)* ombreggiatura *f; (schattierte Stelle)* ombratura *f; fig* sfumatura *f*.

schattig *a (Schatten spendend)* ombroso; *(im Schatten liegend)* ombreggiato.

Schatulle [ʃa'tʊlə] ‹-, -n› *f* cassetta *f*, scrignetto *m*.

Schatz [ʃats] ‹-es, ¨-e› *m* **1.** *(a. Mensch)* tesoro *m;* **2.** ‹*pl*› *(Reichtum, Bodenschätze)* ricchezza *f*. **Schatzamt** *n* tesoreria *f*, ministero *m* del Tesoro.

schätzen ['ʃɛtsən] **I.** *tr* **1.** *(Wert festlegen)* valutare, stimare (*auf* qc); *(veranschlagen, annehmen)* calcolare (*auf* qc); **2.** *(würdigen)* stimare, apprezzare; **jdn/etw. zu ~ wissen** saper apprezzare qu/qc; **sich glücklich ~** dirsi (*o.* ritenersi) fortunato; **meine geschätzte Kollegin** la mia pregiata collega; **wie alt schätzt du mich?** quanti anni mi dai?; **was schätzt du, wieviel/wie lange ...?** quanto pensi che ... *conj*?; **II.** *itr (veranschlagen, raten)* indovinare; **schätz mal!** indovina! **schätzen·lernen** *tr* imparare ad apprezzare. **schätzenswert** *a* stimabile, apprezzabile.

Schätzer(in) ‹-s, -› *m(f)* tassatore, -trice *m, f*.

Schatzkammer *f* tesoro *m* pubblico. **Schatzkästchen** [-kɛstçən] ‹-s, -› *n*, **-kästlein** [-kɛstlaɪn] ‹-s, -› *n* scrignetto *m*. **Schatzmeister(in)** *m(f)* tesoriere, -a *m, f*.

Schätzung ‹-, -en› *f* stima *f*, valutazione *f;* **nach meiner ~** secondo il mio calcolo. **schätzungsweise** *adv* approssimativamente.

Schätzwert *m* valore *m* di stima.

Schau [ʃaʊ] ‹-, -en› *f* **1.** *(Vorführung)* esibizione *f; (Ausstellung)* mostra *f*, esposizione *f;* **2.** *fam (Spektakel, Theater)* spettacolo *m;* **3.** *geh (Blickwinkel)* punto *m* di vista; **etw. zur ~ stellen** *(ausstellen)* mettere in mostra qc; *fig (Gefühle, etc.)* mostrare qc; *(protzen mit)* ostentare qc; **etw. zur ~ tragen** *(Miene, Leid, etc.)* mostrare qc; **eine ~ abziehen** *fam* mettersi in scena; **jdm die ~ stehlen** *fam* rubare la scena a qu *fam*. **Schaubild** *n* diagramma *m*.

Schauder ['ʃaʊdɐ] ‹-s, -› *m (Kälte~)* brivido *m; (Grauen)* orrore *m*.

schauderhaft *a (Verbrechen)* orribile; *fam (Hitze, Kälte)* terribile.

schaudern *itr* **1.** *(frösteln)* rabbrividire (*vor* per); **2.** *(Grauen empfinden)* inorridire; **mich (***o.* **mir) schaudert bei dem Gedanken an ...** inorridisco al pensiero di ...

schauen ['ʃauən] **I.** *itr dial* guardare; **schau, schau!** ma guarda un po'!; **aus dem Fenster ~** guardare dalla finestra; **II.** *tr poet (geistig begreifen)* vedere.

Schauer ['ʃauɐ] ‹-s, -› *m* **1.** *(Regen~)* scroscio *m; (Hagel~)* grandinata; **2.** *poet (Grauen)* brivido *m.*

Schauergeschichte *f (Gruselgeschichte)* storia *f* raccapricciante; *fam (Lügenmärchen)* racconto *m* truculento.

schauerlich *a* **1.** *(Anblick, Tat)* orribile; **2.** *fam (sehr schlecht)* orrendo.

Schauermann ['ʃauɐ-] ‹-(e)s, -leute› *m naut* portuale *m.*

Schaufel ['ʃaufəl] ‹-, -n› *f* pala *f.*

schaufeln I. *tr (Schnee, etc.)* spalare; *(Loch)* scavare; **II.** *itr* spalare.

Schaufenster *n* vetrina *f.* **Schaufensterbummel** *m:* **einen ~ machen** fare un giro per vedere le vetrine. **Schaukasten** *m* teca *f.*

Schaukel ['ʃaukəl] ‹-, -n› *f* altalena *f.*

schaukeln I. *itr* **1.** *(mit Schaukel)* fare l'altalena, andare in altalena; *(mit Stuhl)* dondolarsi; **2.** *(Boot)* ballare; *(Fahrzeug)* oscillare; **II.** *tr (Kind auf den Knien)* dondolare; *(wiegen)* cullare; **wir werden die Sache (***o.* **das Kind) schon ~** *fam* sistemeremo anche questa *fam.*

Schaukelpferd *n* cavallo *m* a dondolo. **Schaukelstuhl** *m* sedia *f* (*o.* poltrona *f*) a dondolo.

schaulustig *a* curioso.

Schaum [ʃaum] ‹-(e)s, ¨-e› *m (auf Flüssigkeit, Seifen~)* schiuma *f; (Bier~)* spuma *f,* schiuma *f; (Speichel)* schiuma *f,* bava *f;* **(viel) ~ schlagen** *fig fam* esagerare le cose, gonfiare le cose *fam.* **Schaumbad** *n* bagnoschiuma *m.*

schäumen ['ʃɔymən] *itr* schiumare, far schiuma; *(Meer, Sekt, Sprudel)* spumeggiare; **vor Wut ~** schiumare di rabbia.

Schaumgummi *m o. n* gomma *f* piuma.

schaumig *a* schiumoso, spumoso; **etw. ~ schlagen** *gastr* battere a schiuma qc.

Schaumkrone *f* cresta *f* spumosa dell'onda. **Schaumschläger** *m fig (Prahler)* spaccone *m fam.* **Schaumstoff** *m* espanso *m.* **Schaumwein** *m* spumante *m.*

Schauplatz *m* luogo *m,* teatro *m.* **Schauprozeß** *m* processo *m* clamoroso (*o.* sensazionale).

schaurig ['ʃaurıç] *a* **1.** *(unheimlich)* orrendo; **2.** *fig fam (schlimm)* terribile; **~ schön** *fam* terribilmente bello.

Schauspiel *n (a. fig)* spettacolo *m; (als Literaturgattung)* dramma *m.*

Schauspieler(in) *m(f) theat, film, TV* attore, -trice *m, f; fig* commediante *mf.*

Schauspielerei [-ʃpi:lə'rai] ‹-, ø› *f (Schauspielen)* teatro *m; fig (Verstellung)* commedia *f.*

Schauspielerin *f s.* **Schauspieler.**

schauspielern *itr (Theater spielen)* recitare in teatro; *fig* fare l'attore, recitare.

Schauspielhaus *n* teatro *m* (di prosa). **Schauspielkunst** *f* arte *f* drammatica. **Schauspielschule** *f* scuola *f* di arte drammatica.

Schausteller ‹-s, -› *m* baracconista *m.* **Schautafel** *f* tabellone *m.*

Scheck [ʃɛk] ‹-s, -s› *m* assegno *m* (*über* di); **einen ~ ausstellen/einlösen** emettere/incassare un assegno. **Scheckbuch** *n,* **-heft** *n* libretto *m* degli assegni.

scheckig ['ʃɛkıç] *a* pezzato, chiazzato.

Scheckkarte *f* carta *f* assegni.

scheel [ʃe:l] **I.** *a (neidisch)* invidioso; *(abschätzig)* storto, bieco; **II.** *adv:* **~ ansehen** guardare di sbieco.

Scheffel ['ʃɛfəl] ‹-s, -› *m* staio *m;* **sein Licht unter den ~ stellen** mettere la fiaccola sotto il moggio.

scheffeln *tr (Geld)* ammassare; *(Ehren, Orden)* accumulare.

Scheibe ['ʃaibə] ‹-, -n› *f* **1.** *(runde)* disco *m; tec (Unterleg~)* rondella *f; (Töpfer~)* tornio *m; (Schieß~)* bersaglio *m;* **2.** *(Fenster~)* vetro *m;* **3.** *(Brot~, Wurst~, Zitronen~)* fetta *f;* **in ~n schneiden** affettare; **sich** *(dat)* **von jdm eine ~ abschneiden** *fam* avere molto da imparare da qu. **Scheibenbremse** *f* freno *m* a disco. **Scheibengardine** *f* tendina *f* di finestra. **Scheibenschießen** *n* tiro *m* al bersaglio. **Scheibenwaschanlage** *f* lavavetro *m.* **Scheibenwischer** ‹-s, -› *m* tergicristallo *m.*

Scheich [ʃaiç] ‹-s, -e *o.* -s› *m* sceicco *m.*

Scheide ['ʃaidə] ‹-, -n› *f* **1.** *anat* vagina *f;* **2.** *(von Waffe)* fodero *m,* guaina *f.*

scheiden ['ʃaidən] ‹scheidet, schied, geschieden› **I.** *tr* ‹*haben*› *(trennen)* dividere; *(a. chem)* separare; *(Ehe)* sciogliere; **sich ~ lassen** divorziare (*von jdm* da qu); **II.** *itr* ‹*sein*› *(ausein-*

andergehen) separarsi; **von jdm ~** congedarsi da qu; **aus dem Amt ~** dare le dimissioni.

Scheidewasser *n* acqua *f* forte. **Scheideweg** *m* bivio *m.*

Scheidung ‹-, -en› *f* divorzio *m;* **in ~ leben** stare per divorziare; **die ~ einreichen** chiedere il divorzio. **Scheidungsgrund** *m* motivo *m* di divorzio. **Scheidungsklage** *f* domanda *f* di divorzio. **Scheidungsprozeß** *m* causa *f* di divorzio.

Schein[1] [ʃai̯n] ‹-(e)s, -e› *m* **1.** *(Bescheinigung)* attestato *m,* certificato *m; (Erlaubnis~)* permesso *m; (Empfangs~)* ricevuta *f; (Gepäck~)* scontrino *m* bagagli; *(Zins~)* cedola *f,* tagliando *m;* **2.** *(Fahr~, Geld~)* biglietto *m;* **3.** *(an Universität)* certificato *m* di fine semestre *(nelle università tedesche).*

Schein[2] [ʃai̯n] ‹-s, ø› *m* **1.** *(Licht~)* luce *f,* chiarore *m; (Glanz)* splendore, luccichio *m;* **2.** *(An~)* apparenza *f; (Aussehen)* aspetto *m;* **(nur) zum ~** solo per finta, per la forma; **den ~ wahren** salvare le apparenze.

Schein- *(in Zusammensetzungen)* finto, fittizio, apparente.

scheinbar *a (anscheinend)* apparente; *(vorgeblich)* finto, simulato.

scheinen [ˈʃai̯nən] ‹scheint, schien, geschienen› *itr* **1.** *(Licht, Sonne)* splendere; *(glänzen)* brillare; **2.** *(den Anschein haben)* sembrare, parere; **wie mir scheint** a quanto sembra; **es scheint so, so scheint es** sembra così; **es scheint nur so** è solo un'apparenza; **es scheint, daß ...** sembra che ... *conj.*

scheinheilig *a* ipocrita. **Scheintod** *m* morte *f* apparente. **scheintot** *a* morto in apparenza.

Scheinwerfer ‹-s, -› *m (allg. zum Beleuchten)* riflettore *m,* faro *m; theat, film* proiettore *m; (mot, Such~)* faro *m.* **Scheinwerferlicht** *n* luce *f* dei proiettori (*o.* fari *o.* riflettori).

Scheiß- [ˈʃai̯s-] *(in Zusammensetzungen) vulg* di merda *vulg.*

Scheiße [ˈʃai̯sə] ‹-, ø› *f vulg* merda *f vulg;* **~!** merda!

scheißen ‹scheißt, schiß, geschissen› *itr vulg* cacare *vulg;* **auf etw. ~** *fig* fregarsene di qc *vulg.*

scheißfreundlich [ˈʃai̯sˈfrɔy̯ntlɪç] *a sl* untuoso. **Scheißhaus** *n vulg* cesso *m vulg.* **Scheißkerl** *m vulg* stronzo *m vulg.*

Scheit [ʃai̯t] ‹-(e)s, -e› *n* ceppo *m,* ciocco *m.*

Scheitel [ˈʃai̯təl] ‹-s, -› *m* **1.** *(im Haar)* riga *f,* scriminatura *f;* **2.** *(höchster Punkt)* cima *f,* sommità *f;* **einen ~ ziehen** fare la riga; **vom ~ bis zur Sohle** da capo a piedi; *fig* da cima a fondo. **scheiteln** *tr:* **das Haar ~** fare la riga. **Scheitelpunkt** *m* punto *m* culminante; *(a. fig)* culmine *m; astr* zenit *m.*

Scheiterhaufen [ˈʃai̯te-] *m* rogo *m.*

scheitern [ˈʃai̯ten] *itr ‹sein›* fallire (*an* per); *(Regierung)* cadere (*an* per); *sport (Mannschaft)* perdere (*an* con), essere sconfitto (*an* da); **im Leben ~** fallire nella vita; **zum S~ bringen** far naufragare; **zum S~ verurteilt** destinato a fallire.

Schellack [ˈʃɛlak] *m* gommalacca *f.*

Schelle [ˈʃɛlə] ‹-, -n› *f* **1.** *(Glöckchen, Türklingel)* campanello *m;* **2.** *tec* fascetta *f;* **3.** *(Hand~)* manetta *f.*

schellen *itr* suonare.

Schellenbaum *m mus* cappello *m* cinese (*o.* turco).

Schellfisch [ˈʃɛl-] *m* eglefino *m.*

Schelm [ʃɛlm] ‹-(e)s, -e› *m* birbante *mf,* briccone *m,* birba *f.* **schelmisch** *a* burlone, scherzoso.

Schelte [ˈʃɛltə] ‹-, -n› *f* rimprovero *m,* sgridata *f.*

schelten ‹schilt, schalt, gescholten› *tr, itr* rimproverare, sgridare; **jdn einen Dummkopf ~** dare dello scemo a qu.

Schema [ˈʃe:ma, ...mas *o.* ...mata *o.* ...mən] ‹-s, -s *o.* Schemata *o.* Schemen› *n* schema *m;* **nach ~ F** come al solito.

schematisch [ʃeˈma:tɪʃ] *a (a. pej: mechanisch)* schematico.

Schemel [ˈʃe:məl] ‹-s, -› *m* sgabello *m.*

Schemen *pl von* **Schema.**

schemenhaft *a* indistinto.

Schenke [ˈʃɛnkə] ‹-, -n› *f* osteria *f,* mescita *f.*

Schenkel [ˈʃɛŋkəl] ‹-s, -› *m* **1.** *anat* coscia *f; (Ober~)* femore *m; (Unter~)* gamba *f;* **2.** *(von Zirkel)* asta *f; mat (von Winkel)* lato *m.*

schenken [ˈʃɛnkən] **I.** *tr:* **jdm etw. ~** **1.** *(Geschenk)* regalare qc a qu; **2.** *(erlassen)* condonare qc a qu; **3.** *fig (Freiheit, Leben, Liebe, Vertrauen)* dare qc a qu; *(Aufmerksamkeit, Glauben)* prestare qc a qu; **etw. geschenkt bekommen** ricevere qc in regalo; **etw. zu Weihnachten geschenkt bekommen** ricevere qc per (*o.* come regalo di) Natale; **das ist geschenkt** *fam (ist einfach)* è semplice; *(wertlos)* dimenticalo!; **das möchte ich nicht geschenkt haben!** *fig* non lo vorrei neanche se me lo regalassero; **II.** *rfl:* **sich** *(dat)* (*o.* **einander) etw.** ~ regalarsi qc; **sich** *(dat)* **etw.** ~ *(darauf verzichten)* risparmiarsi qc, rinunciare a qc; **III.** *itr* regalare, fare regali.

Schenkung ‹-, -en› *f* donazione *f.*

Scherbe ['ʃɛrbə] ‹-, -n› *f* coccio *m,* pezzo *m;* **in ~n gehen** andare in frantumi; **~n bringen Glück** *prov* cocci di bottiglia, fortuna chi ti piglia *prov.*

Schere ['ʃe:rə] ‹-, -n› *f* **1.** *(Werkzeug)* (paio *m* di) forbici *f pl; (Blech~)* cesoia *f* (per lamiera); **2.** *zoo (Krebs~)* pinza *f.*

scheren[1] ['ʃe:rən] ‹schert, schor, geschoren› *tr (Tier)* tosare; *(Mensch)* tagliare i capelli a; *(Haar)* tagliare; *(Bart)* radere; *(Hecke)* potare.

scheren[2] ['ʃe:rən] ‹schert, scherte, geschert› **I.** *tr:* **was schert mich das!** che m'importa!; **II.** *rfl:* **sich um jdn/etw. nicht** ~ non curarsi (*o.* occuparsi) di qu/qc; **scher dich weg!** *fam* vattene! *fam;* **scher dich zum Teufel!** va al diavolo!; **scher dich um deinen Kram!** fatti gli affari tuoi! *fam.*

Scherenschleifer(in) ‹-s, -› *m(f)* arrotino, -a *mf.* **Scherenschnitt** *m* siluetta *f.*

Scherereien [ʃe:rə'raiən] *f pl* seccature *f pl,* noie *f pl;* **jdm ~ machen** procurare noie a qu.

Scherz [ʃɛrts] ‹-es, -e› *m (Unfug)* scherzo *m; (Witz)* spiritosaggine *f;* **aus** (*o.* **im** *o.* **zum)** ~ per scherzo; ~ **beiseite!** bando agli scherzi!; **schlechter** (*o.* **übler)** ~ scherzo di cattivo gusto. **Scherzartikel** *m* articolo *m* per scherzi.

scherzen *itr* scherzare.

scherzhaft *a* scherzoso; *(Gedicht)* burlesco.

scheu [ʃɔy] *a (schüchtern)* timido; *(menschen~)* schivo; *(ehrfürchtig)* rispettoso, timoroso; *(Tier)* pauroso; *(Pferd)* ombroso; ~ **werden** adombrarsi. **Scheu** ‹-, ø› *f* timidezza *f.*

scheuchen ['ʃɔyçən] *tr* scacciare.

scheuen ['ʃɔyən] **I.** *tr (Kosten)* badare a; *(Arbeit)* aver paura di; *(Mühe)* scansare; *(Auseinandersetzung)* evitare; *(Menschen, Licht)* (s)fuggire; **weder Kosten noch Mühe** ~ non risparmiare né spese né fatica; **II.** *rfl:* **sich vor etw.** ~ *(Angst haben)* avere paura (*o.* timore) di qc, temere qc; *(zurückschrecken)* rifuggire qc; **sich (davor) ~, etw. zu tun** avere paura (*o.* timore) di fare qc, rifuggire dal fare qc; **III.** *itr (Pferd)* adombrarsi.

Scheuer ['ʃɔyɐ] ‹-, -n› *f* granaio *m.*

Scheuerbürste *f* bruschino *m.* **Scheuerlappen** *m* strofinaccio *m.* **Scheuerleiste** *f* zoccolotto *m.*

scheuern ['ʃɔyɐn] **I.** *tr (reinigen)* pulire strofinando; *(Schuh)* sfregare; **jdm eine ~** *fam* mollare un ceffone a qu *fam;* **II.** *rfl:* **sich ~** sfregarsi (*an etw.* contro qc); **sich wund ~** farsi venire una piaga a furia di strofinare.

Scheuklappe *f* ‹*meist pl*› *(a. fig)* paraocchi *m pl.*

Scheune ['ʃɔynə] ‹-, -n› *f* granaio *m.*

Scheusal ['ʃɔyza:l] ‹-s, -e› *n* mostro *m.*

scheußlich ['ʃɔyslɪç] *a* **1.** *(Anblick)* orribile, orrendo; *(Verbrechen)* atroce; **2.** *fam (unangenehm)* terribile, spaventoso. **Scheußlichkeit** ‹-, -en› *f* atrocità *f.*

Schi *m s.* **Ski.**

Schicht [ʃɪçt] ‹-, -en› *f* **1.** *allg., geol, soc* strato *m; (dünner Belag)* strato *m* sottile, film *m; (Farb~)* mano *f;* **2.** *(Arbeits~)* turno *m* di lavoro; *(die Arbeiter)* squadra *f;* ~ **arbeiten** fare i turni. **Schichtarbeit** *f* lavoro *m* a turni.

schichten ['ʃɪçtən] **I.** *tr* disporre a strati; *(Holz)* accatastare; **II.** *rfl:* **sich** ~ stratificarsi.

Schichtwechsel *m* cambio *m* di turno. **schichtweise** *adv* **1.** *(Schicht für Schicht)* a strati; **2.** *(Gruppe für Gruppe)* a turni.

schick [ʃɪk] *a* **1.** chic, elegante; **2.** *fam (großartig)* magnifico. **Schick** ‹-(e)s, ø› *m* chic *m,* eleganza *f.*

schicken ['ʃɪkən] **I.** *tr allg.* mandare; *(versenden)* spedire; *(holen lassen)* mandare a chiamare; **jdn einkaufen** ~ mandare qu a far la spesa; **II.** *rfl:* **sich** ~ *(sich geziemen)* addirsi (*für* a), confarsi (*für* a); **sich in etw.** ~ *(fügen)* rassegnarsi a qc; *(sich anpassen)* adattarsi a qc.

Schickeria [ʃɪkə'ri:a] ‹-, ø› *f iron* jet-set *m.*

schicklich *a (anständig)* decente; *(angemessen)* adeguato, appropriato.

Schicksal ['ʃɪkza:l] ‹-s, -e› *n* destino *m,* fato *m; (persönliches Geschick)* sorte *f;* **jdn seinem ~ überlassen** abbandonare qu al proprio destino. **schicksalhaft** *a* fatale, fatidico. **Schicksalsschlag** *m* rovescio *m* di fortuna, colpo *m* del destino.

Schiebedach *n* tetto *m* scorrevole; *mot* tetto *m* apribile. **Schiebefenster** *n* finestra *f* scorrevole.

schieben ['ʃi:bən] ‹schiebt, schob, geschoben› **I.** *tr* **1.** *(fortbewegen)* spingere; *fig (Schuld, Verantwortung)* addossare (*auf* a); *com pej* trafficare; **etw. in den Mund ~** mettere qc in bocca; **II.** *itr* **1.** *(bewegen)* spingere; **mit etw. ~** *fam* fare traffici con qc.

Schieber ‹-s, -› *m* **1.** *tec* cursore *m; (Riegel)* chiavistello *m,* paletto *m;* **2.** *com pej* trafficante *m,* affarista *m* senza scrupoli.

Schiebetür *f* porta *f* scorrevole.

Schieblehre *f* calibro *m.*

Schiebung ‹-, -en› *f* **1.** *(Geschäfte)* affare *m* illecito; **2.** *(Begünstigung)* camorra *f; sport* scorrettezza *f* (nel gioco).

schied [ʃi:t] *1. u. 3. pers sing imp von* **scheiden.**

Schiedsgericht ['ʃi:ts-] *n* tribunale *m* arbitrale. **schiedsgerichtlich** *a* arbitrale. **Schiedsrichter(in)** *m(f)* giudice *mf* arbitrale; *sport* arbitro, -a *m, f.* **Schiedsspruch** *m* arbitrato *m,* sentenza *f* (*o.* giudizio *m*) arbitrale.

schief [ʃi:f] *a (Linie, Mund, Blick, Ansicht)* storto; *(schräg)* obliquo; *(geneigt)* inclinato; *(Turm)* pendente; *fig (falsch)* falso, sbagliato; **das Bild hängt ~** il quadro è appeso storto; **~ ansehen** guardare di traverso; **auf die ~e Bahn geraten** *fig* mettersi sulla strada sbagliata; **~e Ebene** piano inclinato.

Schiefer ['ʃi:fɐ] ‹-s, -› *m* scisto *m; (Ton~)* ardesia *f.* **Schiefertafel** *f* lavagna *f.*

schief·gehen ‹*irr*› *itr* ‹*sein*› andare storto (*o.* male *fam*), fallire. **schief·lachen** *rfl:* **sich ~** *fam* crepare dalle risate *fam.* **schief·treten** ‹*irr*› *tr (Schuhabsatz)* consumare.

schielen ['ʃi:lən] *itr* essere strabico; **nach etw. ~** *fam* sbirciare qc; **auf** (*o.* **mit**) **einem Auge ~** essere strabico da un occhio. **Schielen** ‹-s, ø› *n* strabismo *m.* **schielend** *a* strabico, guercio.

schien [ʃi:n] *1. u. 3. pers sing imp von* **scheinen.**

Schienbein *n* tibia *f.*

Schiene ['ʃi:nə] ‹-, -n› *f* **1.** *med* stecca *f;* **2.** *(Lauf~)* guida *f;* **3.** *Eisenb.* rotaia *f;* **4.** *el* barra *f.*

schienen *tr* steccare.

Schienenbus *m* elettromotrice *f.* **Schienenfahrzeug** *n* veicolo *m* su rotaia. **Schienennetz** *n* rete *f* ferroviaria. **Schienenstrang** *m* (tronco *m* di) rotaie *f pl.* **Schienenverkehr** *m* traffico *m* ferroviario. **Schienenweg** *m* strada *f* ferrata; **auf dem ~** per ferrovia.

schier[1] [ʃi:ɐ̯] *a (Fleisch)* magro; *fig (Hohn, etc.)* puro, mero.

schier[2] [ʃi:ɐ̯] *adv (beinahe)* quasi.

Schierling ['ʃi:ɐ̯lɪŋ] ‹-s, ø› *m* cicuta *f* maggiore.

Schießbude *f* baraccone *m* del tiro a segno. **Schießbudenfigur** *f fig* figura *f* da baraccone.

schießen ['ʃi:sən] ‹schießt, schoß, geschossen› **I.** *tr (Geschoß, Kugel)* sparare; *(Ball, Pfeil)* tirare; *(Rakete)* lanciare; *(ab~: Wild)* uccidere, abbattere; **ein Tor ~** segnare una rete, fare un goal; **jdn ins Bein ~** sparare qu alla gamba; **ein Foto ~** *fam* fare (*o.* scattare) una foto; **jdn zum Krüppel ~** storpiare qu con una fucilata; **II.** *itr* **1.** ‹*haben*› *(Schütze)* sparare, tirare; *(Fußballer)* tirare, mandare; **2.** ‹*sein*› *(schnell wachsen)* crescere rapidamente; *(Salat, Rettich, Zwiebel)* mettere troppe foglie; crescere rapidamente; **3.** ‹*sein*› *(sich schnell bewegen)* sfrecciare, passare veloce; **4.** ‹*sein*› *(Flüssigkeit)* scaturire (*aus* da), zampillare (*aus* da); *(Blut)* uscire (*aus* da); **daneben ~** mancare il bersaglio; **aus dem Boden ~** spuntare; **auf jdn ~** far fuoco su qu, sparare a qu; **der Gedanke schoß mir durch den Kopf** il pensiero mi passò per la testa; **das Blut schoß ihr ins Gesicht** il sangue le salì al viso; **etw. ~ lassen** *fam (darauf verzichten)* lasciar perdere (*o.* andare *fam*) qc *fam;* **zum S~ sein** *fam (lustig)* essere uno spasso *fam.*

Schießerei [...ə'rai̯] ‹-, -en› *f* sparatoria *f.*

Schießhund *m:* **wie ein ~ aufpassen** *fam* stare all'erta. **Schießplatz** *m* poligono *m* (di tiro). **Schießpulver** *n* polvere *m* da sparo. **Schießscharte** *f* feritoia *f.* **Schießstand** *m* poligono *m* (di tiro).

Schiff [ʃɪf] ‹-(e)s, -e› *n* **1.** nave *f,* bastimento *m;* **2.** *arch (Kirchen~)* navata *f;* **auf dem ~** a bordo; **mit dem ~ fahren** andare con la nave.

Schiffahrt *f* navigazione *f.* **Schiffahrtslinie** *f (Route)* linea *f* marittima (*o.* di navigazione); *(Unternehmen)* compagnia *f* marittima, società *f* di navigazione. **Schiffahrtsweg** *m* rotta *f* navale.

schiffbar *a* navigabile. **Schiffbau** ‹-(e)s, -ten› *m* costruzioni *m pl* navali, navalmeccanica *f.* **Schiffbruch** *m (a. fig)* naufragio *m;* **~ erleiden** *(a. fig)* naufragare. **schiffbrüchig** *a* naufragato. **Schiffbrüchige** ‹ein -r, -n, -n› *mf* naufrago, -a *m, f.*

Schiffchen ['ʃɪfçən] ‹-s, -› *n* **1.** *tec (von Nähmaschine)* navetta *f; (beim Weben)* navetta *f* (del telaio);

2. *(Kopfbedeckung)* bustina *f;* 3. *(Spielzeug)* barchetta *f.*

Schiffer(in) ‹-s, -› *m(f)* battelliere, -a *m, f.* **Schifferklavier** *n fam* fisarmonica *f.*

Schiffsarzt *m,* **-ärztin** *f* (donna *f*) medico *m* di bordo.

Schiffschaukel *f* altalena *f.*

Schiffsjunge *m* mozzo *m.* **Schiffskoch** *m* cuoco *m* di bordo. **Schiffsladung** *f* carico *m* della nave. **Schiffspapiere** *n pl* documenti *m pl* di bordo. **Schiffsrumpf** *m* scafo *m.* **Schiffsschraube** *f* elica *f* della nave. **Schiffsverkehr** *m (auf See)* traffico *m* marittimo; *(auf Flüssen)* traffico *m* fluviale. **Schiffszwieback** *m* galletta *f.*

Schikane [ʃi'ka:nə] ‹-, -n› *f* **1.** *(Erschwerung)* angheria *f,* vessazione *f;* **2.** *sport* chicane *f;* **mit allen ~n** *fam* con tutti i confort, con tutto il necessario.

schikanieren [ʃika'ni:rən] ‹*ohne ge-*› *tr* vessare, angariare, tormentare.

schikanös [...'nø:s] *a (Mensch)* pignolo, cavilloso; *(Behandlung)* vessatorio; *(Regelung)* fiscale; **jdn ~ behandeln** vessare qu.

Schild[1] [ʃilt] ‹-(e)s, -er› *n (Zeichen, Aushänge~)* insegna *f; (Hinweis~)* segnale *m* d'indicazione; *(Nummern~, Tür~)* targa *f; (Etikett)* etichetta *f; (Preis~)* cartellino *m* del prezzo.

Schild[2] [ʃilt] ‹-(e)s, -e› *m hist, mil, fig* scudo *m; (Wappen~)* stemma *m; (von Schildkröte)* guscio *m;* **etw. im ~e führen** tramare qc.

Schildbürgerstreich *m* tiro *m* da sempliciotto.

Schilddrüse *f* (ghiandola *f*) tiroide *f.*

schildern ['ʃɪldɐn] *tr (beschreiben, erzählen)* descrivere; *(umreißen)* schizzare.

Schilderung ‹-, -en› *f* descrizione *f; (literarische ~)* narrazione *f,* racconto *m.*

Schildkröte *f* tartaruga *f.* **Schildpatt** [-pat] ‹-(e)s, ø› *n* (placca *f* cornea della) tartaruga *f.*

Schilf [ʃɪlf] ‹-(e)s, -e› *n (~pflanze)* canna *f* palustre; *(~fläche)* canneto *m.*

schillern ['ʃɪlɐn] *itr* avere riflessi, cangiare di colore. **schillernd** *a* iridescente, cangiante; *fig* ambiguo.

Schilling ['ʃɪlɪŋ] ‹-s, - *o.* -e› *m* (*ab* S) scellino *m.*

schilt [ʃɪlt] *1. u. 3. pers pr sing von* **schelten.**

Schimäre [ʃi'mɛ:rə] ‹-, -n› *f* chimera *f.*

Schimmel[1] ['ʃiməl] ‹-s, ø› *m bot* muffa *f.*

Schimmel[2] ['ʃɪməl] ‹-s, -› *m zoo* cavallo *m* bianco.

schimm(e)lig *a* ammuffito; **~ riechen** sapere di muffa.

schimmeln *itr* ‹*sein o. haben*› ammuffire.

Schimmelpilz *m* ficomiceto *m.*

Schimmer ['ʃɪmɐ] ‹-s, ø› *m (schwaches Licht)* lume *m,* chiarore *m; (von Perlen, Seide)* splendore *m; (von Metall)* splendore *m,* scintillio *m; (von Haar)* splendore *m,* lucentezza *f;* **keinen (blassen) ~ von etw. haben** *fam* non avere la più pallida idea di qc.

schimmern *itr (Licht, Kerze)* rilucere, mandare un bagliore; *(Mond, Haare, Perle, Seide)* splendere; *(Metall)* splendere, scintillare.

schimmlig *s.* **schimmelig.**

Schimpanse [ʃɪm'panzə] ‹-n, -n› *m* scimpanzé *m.*

Schimpf [ʃɪmpf] ‹-(e)s, ø› *m (Schande)* vergogna *f; (Schmach)* infamia *f,* ignominia *f; (Beleidigung)* offesa *f; (Affront)* oltraggio *m;* **mit ~ und Schande** ignominiosamente.

schimpfen ['ʃɪmpfən] **I.** *itr (ärgerlich sein)* imprecare (*auf, gegen, über* contro), inveire (*auf, gegen, über* contro); *(sich beklagen)* lamentarsi (*über* per); *(fluchen)* imprecare, bestemmiare; *(Vögel)* garrire; *(Affen, etc.)* strillare; *(schelten)* sgridare (*mit jdm* qu), rimbrottare (*mit jdm* qu); **II.** *tr (aus~)* sgridare; **jdn einen Dummkopf ~** dare dello stupido a qu, trattare qu da stupido.

schimpflich *a (Behandlung)* oltraggioso; *(Handlung)* disonorante, infamante; *(stärker)* ignominioso.

Schimpfname *m* nomignolo *m* (*o.* epiteto *m*) ingiurioso. **Schimpfwort** ‹-(e)s, -e *o.* ¨er› *n* insulto *m,* imprecazione *f.*

Schindel ['ʃɪndəl] ‹-, -n› *f* scandola *f.*

schinden ['ʃɪndən] ‹schindet, schund, geschunden› **I.** *tr (abhetzen, quälen)* strapazzare; **Zeit ~** *fam* tirare qc per le lunghe *fam;* **Eindruck ~** *fam* cercare di far colpo *fam;* **II.** *rfl:* **sich ~** *(sich abmühen)* affaticarsi, arrabattarsi *fam.*

Schinder ‹-s, -› *m* **1.** *fig pej* aguzzino *m,* vessatore *m;* **2.** *obs (Abdecker)* scorticatore *m.*

Schinderei [ʃɪndə'raɪ] ‹-, -en› *f (Plakkerei)* angheria *f,* vessazione *f; (Qual, Strapaze)* strapazzo *m.*

Schindluder *n:* **mit jdm/etw. ~ treiben** *fam* maltrattare qu/qc.

Schinken ['ʃɪnkən] ‹-s, -› *m* **1.** *gastr* prosciutto *m;* **2.** *fam pej (Gemälde)* crosta *f fam,* imbratto *m fam; (Buch, Film)* mattone *m fam,* polpettone *m fam.* **Schinkenwurst** *f* salsiccia *f* di carne di maiale magra.

Schippe ['ʃɪpə] ‹-, -n› *f* **1.** *(Schaufel)* pala *f;* **2.** *fam scherz (Schmollmund)* broncio *m;* **eine ~ ziehen** fare il broncio; **jdn auf die ~ nehmen** *fam* prendere in giro qu.

Schirm [ʃɪrm] ‹-(e)s, -e› *m* **1.** *(Regen~)* ombrello *m; (Sonnen~)* parasole *m; (von Pilz)* cappella *f;* **2.** *(Wand~)* paravento *m; (Ofen~)* parafuoco *m; (Lampen~)* paralume *m; (Mützen~)* visiera *f;* **3.** *(Bild~, Röntgen~)* schermo *m.* **Schirmbildaufnahme** *f* radiografia *f.* **Schirmherr(in)** *m(f)* protettore, -trice *m, f,* patrono, -a *m, f,* patrocinatore, -trice *m, f.* **Schirmherrschaft** *f* patronato *m;* **unter jds ~ stehen** essere sotto il patronato di qu. **Schirmmütze** *f* berretto *m* con visiera. **Schirmständer** *m* portaombrelli *m.*

schiß [ʃɪs] *1. u. 3. pers sing imp von* **scheißen.**

Schiß [ʃɪs] ‹Schisses, ø› *m sl (Angst)* fifa *f fam;* **~ haben** farsela addosso *fam.*

schizophren [ʃitso'fre:n] *a* schizofrenico.

Schizophrenie [...fre'ni:] ‹-, ø› *f* schizofrenia *f.*

Schlacht [ʃlaxt] ‹-, -en› *f (a. fig)* battaglia *f;* **eine ~ liefern** dare battaglia (*jdm* a qu); **die ~ bei (***o.* **an) ...** la battaglia di ...

schlachten ['ʃlaxtən] *tr* macellare.

Schlachtenbummler(in) ‹-s, -› *m(f)* tifoso, -a *m, f* che segue la propria squadra nelle trasferte.

Schlachter(in) ‹-s, -› *m(f) dial* macellaio, -a *m, f.*

Schlächter ['ʃlɛçtɐ] ‹-s, -› *m fig* macellatore *m.*

Schlachterei [ʃlaxtə'rai] ‹-, -en› *f dial* macelleria *f.*

Schlachterin *f s.* **Schlachter.**

Schlachtfeld *n* campo *m* di battaglia. **Schlachthof** *m* macello *m,* mattatoio *m.* **Schlachtplan** *m* piano *m* di battaglia. **Schlachtruf** *m* grido *m* di battaglia. **Schlachtschiff** *n* nave *f* da battaglia, corazzata *f.*

Schlachtung ‹-, -en› *f* macellazione *f.*

Schlachtvieh *n* animali *m pl* da macello.

Schlacke ['ʃlakə] ‹-, -n› *f* scoria *f.*

Schlaf [ʃla:f] ‹-(e)s, ø› *m* sonno *m;* **im ~** nel sonno; **etw. im ~ können** sapere qc a menadito; **einen festen/leichten ~ haben** avere il sonno pesante/leggero; **jdn aus dem ~ reißen** strappare qu dal sonno; **den ~ des Gerechten schlafen** dormire il sonno del giusto. **Schlafanzug** *m* pigiama *m.*

Schläfchen ['ʃlɛ:fçən] ‹-s, -› *n:* **ein ~ machen** *fam* schiacciare un sonnellino *fam,* fare un pisolino *fam.*

Schlafcouch *f* divano-letto *m.*

Schläfe ['ʃlɛ:fə] ‹-, -n› *f* tempia *f.*

schlafen ['ʃla:fən] ‹schläft, schlief, geschlafen› *itr (a. fig)* dormire; **gut/schlecht ~** dormire bene/male; **~ gehen** andare a dormire; **darüber will ich noch ~** voglio ancora dormirci sopra; **~ Sie gut!** dorma bene!; **mit jdm ~** dormire con qu, andare a letto con qu.

Schläfenbein *n* osso *m* temporale.

schlafend *a* che dorme; **sich ~ stellen** far finta di dormire.

Schlafengehen ‹-s, ø› *n:* **vor dem ~** prima di coricarsi.

Schläfer(in) ['ʃlɛ:fɐ (...ərɪn)] ‹-s, -› *m(f)* dormiente *mf.*

schlaff [ʃlaf] *a (Seil)* lento, allentato; *(Muskeln, Haut)* flaccido, floscio; *(Disziplin)* rilassato; *fig (kraftlos)* fiacco, molle; **~ werden** allentarsi; *fig* rilassarsi, infiacchirsi. **Schlaffheit** ‹-, ø› *f (von Seil)* essere *m* lento; *(von Muskeln, Haut)* essere *m* flaccido (*o.* floscio); *(Kraftlosigkeit)* mollezza *f.*

Schlaffittchen [ʃla'fɪtçən] ‹-s, ø› *n:* **jdn am (***o.* **beim) ~ nehmen** *fam (packen)* prendere qu per la collottola; *(zurechtweisen)* fare un cicchetto a qu.

Schlafgelegenheit *f* posto *m* letto. **Schlafkrankheit** *f* malattia *f* del sonno. **Schlaflied** *n* ninnananna *f.* **schlaflos** *a* **1.** *(Mensch)* insonne; **2.** *(Nacht)* in bianco. **Schlaflosigkeit** ‹-, ø› *f* insonnia *f.* **Schlafmittel** *n* sonnifero *m.* **Schlafmütze** *f* **1.** *(Kopfbedeckung)* berretto *m* da notte; **2.** *fig fam (Langschläfer)* dormiglione *m fam; fig pej (träger Mensch)* poltrone *m fam.*

schläfrig ['ʃlɛ:frɪç] *a (Mensch)* assonnato; *(a. Tag)* sonnolento; **jdn ~ machen** far venire sonno a qu. **Schläfrigkeit** ‹-, ø› *f* sonnolenza *f.*

Schlafrock *m* vestaglia *f.* **Schlafsaal** *m* dormitorio *m.* **Schlafsack** *m* sacco *m* a pelo. **Schlafstadt** *f* città *f* dormitorio. **Schlafstelle** *f (Bett)* posto *m* per dormire; *(Nachtquartier)* alloggio *m.* **Schlafstörung** *f* disturbo *m* del sonno.

schläft [ʃlɛ:ft] *3. pers pr sing von* **schlafen.**
Schlaftablette *f* sonnifero *m.* **schlaftrunken** *a* sonnolento. **Schlafwagen** *m* vagone-letto *m.* **schlafwandeln** *itr* ‹*sein o. haben*› essere sonnambulo. **Schlafwandeln** ‹-s, ø› *n* sonnambulismo *m.* **Schlafwandler(in)** ‹-s, -› *m(f)* sonnambulo, -a *m, f.* **schlafwandlerisch** *a:* **mit ~er Sicherheit** con la sicurezza del sonnambulo. **Schlafzimmer** *n* camera *f* da letto.
Schlag [ʃla:k] ‹-(e)s, ⸚e› *m* **1.** *allg., fig* colpo *m; (mit Hand)* pacca *f,* manata *f; (heftiger)* botta *f;* **2.** ‹*pl*› *(Prügel)* botte *f pl,* busse *f pl fam;* **3.** *(Wagentür)* porta *f,* portiera *f;* **4.** *(von Herz)* battito *m; (Puls~)* pulsazione *f;* **5.** *med (~anfall)* colpo *m* apoplettico; **6.** *(elektrischer ~)* scossa *f;* **7.** *(Blitz~)* fulmine *m; (Donner~)* tuono *m;* **8.** *(von Singvogel)* canto *m;* **9.** *(Art, Wesen)* razza *f,* specie *f,* sorta *f;* **10.** *fam (Portion)* porzione *f;* **auf einen ~** d'un sol colpo; **mit einem ~** *fam* di colpo *fam;* **~ 8 Uhr** alle otto in punto; **jdm einen ~ versetzen** assestare un colpo a qu; **mich soll der ~ treffen, wenn . . .** vorrei morire se . . .; **harter** (*o.* **schwerer**) **~** *fig* duro colpo; **~ auf ~** *fig* colpo su colpo, uno dopo l'altro; **ein ~ ins Gesicht** *fig* uno schiaffo; **ein ~ ins Kontor** *fam* un brutto colpo *fam;* **ein ~ ins Wasser** *fam* un buco nell'acqua *fam.* **Schlagabtausch** *m (beim Boxen)* scambio *m* ravvicinato di colpi; *(verbal)* schermaglia *f;* **nuklearer ~** botta *f* e risposta *f* nucleare. **Schlagader** *f* arteria *f.* **Schlaganfall** *m* colpo *m* apoplettico; **einen ~ bekommen** (*o.* **haben**) venire (*o.* prendere) un colpo. **schlagartig I.** *a* fulmineo; **II.** *adv* di colpo. **Schlagball** *m (Ballspiel)* pallacorda *f; (Ball)* palla *f* (nella pallacorda). **Schlagbaum** *m* sbarra *f,* barriera *f.* **Schlagbohrmaschine** *f* trapano *m* a percussione.
schlagen [ˈʃla:gən] ‹schlägt, schlug, geschlagen› **I.** *tr* **1.** *(Menschen, Gegenstand, Takt)* battere; *(Eier, Sahne)* (s)battere, montare; **2.** *(besiegen)* vincere, sconfiggere; *(Schlacht)* combattere; *(Rekord)* battere; **3.** *(Baum)* abbattere; *(Holz)* tagliare; **4.** *(läuten: Stunde)* battere, suonare; **5.** *(Trommel)* battere, suonare; *(Saiteninstrument)* suonare; **6.** *(Kreis, Bogen)* fare, tracciare; *(Purzelbaum)* fare; *(Alarm)* suonare; *(Funken)* mandare, sprizzare; *(Profit)* trarre (*aus* da); **etw. in Stücke** (*o.* **kurz und klein**) **~** fare a pezzi qc; **jdm etw. aus der Hand ~** far cadere qc di mano a qu; **etw. in Papier ~** *(einwickeln)* avvolgere qc nella carta, incartare qc; **die Hände vors Gesicht ~** coprirsi la faccia con le mani; **jdn in die Flucht ~** mettere in fuga qu; **einen Nagel in die Wand ~** piantare (*o.* conficcare) un chiodo nel muro; **sich geschlagen geben** darsi per vinto; **es hat 12 geschlagen** è suonato mezzogiorno, sono suonate le dodici; **jdn mit Blindheit ~** accecare qu; **jdn in etw. ~** *(besiegen)* vincere qu in (*o.* a) qc; **II.** *itr* **1.** *(Mensch, Gegenstand, Herz, Puls)* battere; **2.** *(Uhr)* battere; **3.** *(Blitz)* abbattersi (*in* su), cadere (*in* su); **4.** *(singen: Vogel)* cantare; **um sich ~** difendersi; *(im Schlaf, etc.)* dibattersi; **mit der Faust gegen die Tür/auf den Tisch ~** battere il pugno contro la porta/sul tavolo; **mit den Flügeln ~** battere le ali; **mit dem Kopf auf/gegen etw. ~** battere la testa contro qc; **der Regen schlug gegen die Fenster** la pioggia batteva contro le finestre; **Flammen schlugen aus dem Haus** le fiamme si levarono dalla casa; **nach jdm ~** cercare di colpire (*o.* battere) qu; *fig (ähneln)* assomigliare a qu; **III.** *rfl:* **sich ~** *(sich prügeln)* battersi, picchiarsi; **sich gut** (*o.* **tapfer**) **~** battersi bene (*o.* coraggiosamente); **sich um etw. ~** *(a. fig)* battersi per qc; **sich nach Osten ~** andare in oriente; **sich auf jds Seite ~** schierarsi dalla parte di qu.
schlagend *a (Argumentation)* stringente; *(Beweis)* convincente.
Schlager ‹-s, -› *m* **1.** *mus* canzone *f* di successo; **2.** *fig fam (Erfolg)* successo *m; (Buch)* best seller *m; com* articolo *m* di successo.
Schläger [ˈʃlɛ:gɐ] ‹-s, -› *m (Tennis~)* racchetta *f; (Golf~)* mazza *f* (da golf); *(Hockey~)* bastone *m* (da hockey).
Schläger(in) [ˈʃlɛ:gɐ (...ərɪn)] ‹-s, -› *m(f)* **1.** *sport (Spieler)* picchiatore, -trice *m, f;* **2.** *fig (Raufbold)* litigone, -a *m, f fam,* tipo, -a *m, f* rissoso, -a.
Schlägerei [ʃlɛ:gəˈrai] ‹-, -en› *f* rissa *f,* baruffa *f fam,* zuffa *f fam.*
Schlagerfestival *n* festival *m* della canzone.
Schlägerin *f s.* **Schläger.**
Schlagersänger(in) *m(f)* cantante *mf* di musica leggera.
schlagfertig *a* pronto. **Schlagfertigkeit** *f* prontezza *f* di parola.
Schlaginstrument *n* strumento *m* a

percussione. **Schlagkraft** *f* forza *f*, potenza *f*; *fig (Wirkungskraft)* efficacia *f*, efficienza *f*; *mil* forza *f* d'urto. **schlagkräftig** *a (Boxer)* forte; *(Armee)* potente; *(Argumente, Beweise)* convincente. **Schlaglicht** *n fot* effetto *m* di luce; *fig* sprazzo *m* di luce. **Schlagloch** *n* buca *f*. **Schlagsahne** *f* panna *f*; **(geschlagene) ~** panna *f* montata. **Schlagseite** *f* sbandamento *m*; **~ haben** *fam scherz* essere sbronzo *fam*. **Schlagstock** *m* manganello *m*. **Schlagstockeinsatz** *m* uso *m* del manganello.

schlägt [ʃlɛ:kt] *3. pers pr sing von* **schlagen.**

Schlagwerk *n* soneria *f*. **Schlagwort** ‹-(e)s, -e *o. rar* ¨-er› *n* **1.** *(Parole)* motto *m*, slogan *m*; **2.** *(Gemeinplatz)* luogo *m* comune; **3.** ‹-(e)s, ¨-er› *(in Katalog)* voce *f*. **Schlagzeile** *f* titolo *m*. **Schlagzeug** ‹-(e)s, -e› *n* batteria *f*. **Schlagzeuger(in)** ‹-s, -› *m(f)*, **Schlagzeugspieler(in)** *m(f)* batterista *mf*.

Schlamassel [ʃla'masəl] ‹-s, -› *m o. n fam (Durcheinander)* confusione *f*; *(schwierige Lage)* pasticcio *m*; **da haben wir den ~** questo è il guaio *fam*.

Schlamm [ʃlam] ‹-(e)s, *rar* -e *o.* ¨-e› *m* fango *m*, melma *f*. **Schlammbad** *n* bagno *m* di fango. **schlammig** *a (Weg, Schuhe)* fangoso; *(Wasser)* limaccioso.

Schlampe ['ʃlampə] ‹-, -n› *f fam pej* sciattona *f fam*.

schlampen ['ʃlampən] *itr fam pej* essere disordinato (*o.* sciatto).

Schlamperei [...ə'rai̯] ‹-, -en› *f* **1.** ‹*sing*› *(Verhalten)* sciatteria *f*, trascuratezza *f*; **2.** *(schlechte Arbeit)* abborracciatura *f*.

schlampig *a (Mensch)* disordinato, sciatto; *(Arbeit)* abborracciato.

schlang [ʃlaŋ] *1. u. 3. pers sing imp von* **schlingen.**

Schlange ['ʃlaŋə] ‹-, -n› *f* **1.** *(Tier)* serpe *f*; *(a. fig)* serpente *m*, biscia *f*; **2.** *tec (Rohr)* serpentino *m*; **3.** *fig pej (Frau)* vipera *f*; **4.** *(Menschen~)* coda *f*, fila *f*; *(a. Auto~)* fila *f*; **~ stehen** fare la coda.

schlängeln ['ʃlɛŋəln] *rfl*: **sich ~** serpeggiare.

Schlangenbiß *m* morso *m* di serpente. **Schlangengift** *n* veleno *m* di serpente. **Schlangenlinie** *f* serpentina *f*. **Schlangenmensch** *m* contorsionista *mf*.

schlank [ʃlaŋk] *a (Mensch, Gestalt, Figur)* slanciato, snello; *(Taille)* sottile; **~ werden** snellirsi; **~ machen** *(Diät)* far dimagrire; *(Kleidung)* snellire. **Schlankheit** ‹-, ø› *f* snellezza *f*, figura *f* slanciata. **Schlankheitskur** *f* cura *f* dimagrante. **schlankweg** *adv fam (ohne weiteres)* senz'altro; *(ohne zu zögern)* senza esitare.

schlapp [ʃlap] *a* **1.** *(müde)* spossato, esausto; **2.** *fam pej (feige)* vigliacco, indolente; **3.** *(schlaff)* floscio.

Schlappe ['ʃlapə] ‹-, -n› *f fam (Niederlage)* sconfitta *f*, scacco *m*; **eine ~ einstecken** subire uno scacco.

Schlapphut *m* cappello *m* floscio. **schlapp·machen** *itr fam (zusammenbrechen)* crollare, essere cotto *fam*; *(aufgeben)* rinunciare. **Schlappschwanz** *m fam pej* smidollato *m*.

Schlaraffenland [ʃla'rafən-] *n* paese *m* della Cuccagna (*o.* di Bengodi).

schlau [ʃlau̯] *a* **1.** *(klug)* scaltro; *(pfiffig a.)* furbo; *(listig a.)* astuto; **2.** *iron (dumm)* intelligente; **3.** *fam (bequem)* comodo; **ich werde nicht ~ daraus** non ne vengo a capo. **Schlauberger** [-bɛrgɐ] ‹-s, -› *m s.* **Schlaumeier.**

Schlauch [ʃlau̯x] ‹-(e)s, ¨-e› *m* **1.** *(Garten~)* pompa *f*, sistola *f*; *(Wein)* otre *m*; *(Fahrrad~, von Auto)* camera *f* d'aria; *tec (Zufuhr~)* tubo *m* (flessibile); **2.** *fam (Anstrengung)* faticata *f fam*; **3.** *fam (Übersetzungshilfe)* bigino *m fam*. **Schlauchboot** *n* canotto *m* pneumatico.

schlauchen ['ʃlau̯xən] *tr fam (körperlich)* strapazzare; *(seelisch, nervlich)* snervare.

schlauchlos *a (Reifen)* privi di camera d'aria, tubeless.

Schlaufe ['ʃlau̯fə] ‹-, -n› *f (Schleife)* fiocco *m*; *(Aufhänger)* cappio *m*; *(Halte~ in Bus, etc.)* sostegno *m*.

Schlauheit ‹-, ø› *f* furbizia *f*, astuzia *f*, scaltrezza *f*.

Schlaumeier [-maiɐ] ‹-s, -› *m fam* furbacchione *m fam*, volpone *m fam*.

Schlawiner [ʃla'vi:nɐ] ‹-s, -› *m fam* furbo *m* matricolato *fam*.

schlecht [ʃlɛçt] **I.** *a* **1.** *(nicht gut)* cattivo; **2.** *(verdorben)* guasto; *(Luft)* viziato; **3.** *(gemein)* cattivo, brutto; *(bösartig)* cattivo; **4.** *(Zeiten)* duro, difficile; *(Ende)* brutto; **~ aussehen** *(Mensch)* avere una brutta cera; *(Situation)* mettersi male *fam*; **~ werden** *(verderben)* guastarsi, deteriorarsi; **mir ist ~** mi sento male; **II.** *adv* male; *(mit Schwierigkeit)* difficilmente, male; **nicht ~!** mica male! *fam*; **immer ~er** di male in peggio; **~ von jdm reden** parlare male di qu; **die**

Sache steht ~ la cosa va male; **es geht mir** ~ sto male; **das wird ihr** ~ **bekommen** le farà male; ~ **abschneiden** cavarsela male *fam;* ~ **bei etw. wegkommen** uscire male da qc *fam,* ottenere meno del previsto; ~ **und recht** alla meno peggio *fam;* ~ **gelaunt sein** essere di cattivo umore; **auf jdn/etw.** ~ **zu sprechen sein** non avere una buona parola da dire per qu/qc.

schlechterdings ['ʃlɛçtɐ'dɪŋs] *adv* assolutamente.

schlechtgelaunt *a attr* di cattivo umore.

Schlechtheit ⟨-, -en⟩ *f,* **Schlechtigkeit** ['ʃlɛçtɪçkait] ⟨-, -en⟩ *f* **1.** *(Wesen, Tat)* cattiveria *f;* **2.** *(von Ware)* cattiva qualità *f.*

schlecht·machen *tr:* **jdn** ~ sparlare di qu, diffamare qu.

Schlechtwettergeld [-'vɛtɐ-] *n (im Baugewerbe)* indennità *f* di cattivo tempo.

schlecken ['ʃlɛkən] *tr* **I.** *itr (Süßigkeiten essen)* mangiare dolciumi; **II.** *itr, tr dial (lecken)* leccare.

Schlegel ['ʃle:gəl] ⟨-s, -⟩ *m* **1.** *(Trommel~)* bacchetta *f; (Glocken~)* martelletto *m;* **2.** *min* mazzuolo *m;* **3.** *dial (Keule)* cosciotto *m; (Hähnchen~)* coscia *f* (di pollo).

Schlehdorn ['ʃle:dɔrn] ⟨-(e)s, -e⟩ *m* prugnolo *m,* spino *m* nero.

Schlehe ['ʃle:ə] ⟨-, -n⟩ *f* **1.** *(Frucht)* prugnola *f;* **2.** *(Strauch)* prugnolo *m.*

schleichen ['ʃlaiçən] ⟨schleicht, schlich, geschlichen⟩ **I.** *itr* ⟨*sein*⟩ andare striscioni (*o.* di soppiatto); *fig (Zeit)* passare lentamente; **II.** *rfl:* **sich** ~ entrare/uscire di soppiatto (*o.* furtivamente). **schleichend** *a (Zerfall, Inflation)* strisciante; *(Krankheit, Gift)* lento.

Schleichhandel *m* traffico *m* illecito. **Schleichweg** *m* via *f* nascosta, sentiero *m* segreto; **auf ~en** *fig* per vie traverse. **Schleichwerbung** *f* pubblicità *f* occulta.

Schleie ['ʃlaiə] ⟨-, -n⟩ *f* tinca *f.*

Schleier ['ʃlaiɐ] ⟨-s, -⟩ *m (a. fig)* velo *m; (am Hut)* veletta *f;* **den** ~ **lüften** *(a. fig)* sollevare il velo. **Schleiereule** *f* barbagianni *m.* **schleierhaft** *a:* **es ist mir völlig** ~ **wie/warum/wann** ... *fam* mi è assolutamente incomprensibile come/perché/quando ...

Schleife ['ʃlaifə] ⟨-, -n⟩ *f* **1.** *(Schlinge)* cappio *m,* fiocco *m; (Kranz~)* fiocco *m;* **2.** *(von Straße)* curva *f* a S; *(von Fluß)* ansa *f;* **3.** *aero* gran volta *f;* **4.** *inform* ciclo *m* di programma (*o.* di istruzioni).

schleifen¹ ['ʃlaifən] ⟨schleift, schliff, geschliffen⟩ *tr (schärfen)* arrotare, affilare; *(Glas, Diamanten)* molare; *tec* rettificare.

schleifen² ['ʃlaifən] *tr* **1.** *(auf dem Boden, fam: mit~)* trascinare; **2.** *mil (Festungsanlagen)* radere al suolo, smantellare; **die Kupplung** ~ **lassen** far slittare la frizione; **die Zügel** ~ **lassen** *fig* lasciar le briglie sciolte.

Schleiflack *m* vernice *f* a pulimento. **Schleifstein** *m* cote *f.*

Schleim [ʃlaim] ⟨-(e)s, -e⟩ *m* **1.** *(schleimige Substanz)* muco *m; (krankhaft)* catarro *m; (von Schnecke)* bava *f; (von Pflanze)* mucillagine *f;* **2.** *gastr* crema *f.* **schleimig** ['ʃlaimɪç] *a* **1.** *(Flüssigkeit)* vischioso; *(Auswurf, Absonderung)* di muco; *(Pflanze, Tier)* viscido; **2.** *pej (Mensch, Art)* viscido, servile; *(Reden)* mellifluo.

schlemmen ['ʃlɛmən] *itr* banchettare.

Schlemmer(in) ⟨-s, -⟩ *m(f)* ghiottone, -a *m, f.*

Schlemmerei [...ə'rai] ⟨-, -en⟩ *f (Mahl)* banchetto *m.*

Schlemmerin *f s.* **Schlemmer.**

schlendern ['ʃlɛndɐn] *itr* ⟨*sein*⟩ bighellonare *fam.*

Schlendrian ['ʃlɛndria:n] ⟨-(e)s, ø⟩ *m fam* tran-tran *m fam;* **im alten** ~ **weitermachen** continuare il solito tran-tran *fam.*

schlenkern ['ʃlɛŋkɐn] *tr, itr* ciondolare (*etw., mit etw.* qc); **mit den Armen** (*o.* **die Arme**) ~ ciondolare le braccia.

Schleppe ['ʃlɛpə] ⟨-, -n⟩ *f* strascico *m.*

schleppen ['ʃlɛpən] **I.** *tr* **1.** *(hinter sich her~)* trainare; **2.** *(tragen, fam: irgendwo hinbringen)* trascinare; **II.** *rfl:* **sich** ~ *(a. fig)* trascinarsi. **schleppend** *a (Gang)* strascicato; *(Sprache, Unterhaltung)* stentato; *(Melodie, Bedienung)* lento; *(Nachfrage)* stentato, difficile.

Schlepper ⟨-s, -⟩ *m* **1.** *mot* trattore *m;* **2.** *naut* rimorchiatore *m.*

Schleppkahn *m* chiatta *f* rimorchiata. **Schlepplift** *m* sciovia *f,* skilift *m.* **Schleppnetz** *n* rete *f* a strascico. **Schlepptau** *n* cavo *m* da rimorchio; **in jds** ~ *fig* a rimorchio di qu.

Schlesien ['ʃle:ziən] *n* Slesia *f.*

Schleswig-Holstein ['ʃle:svɪç'hɔlʃtain] *n* Slesvig-Holstein *m.*

Schleuder ['ʃlɔydɐ] ⟨-, -n⟩ *f* **1.** *(Waffe)* fionda *f;* **2.** *(Zentrifuge)* centrifuga *f;* **3.** *aero* catapulta *f.* **Schleuderball** *m* palla *f* vibrata.

Schleudergefahr *f:* **~!** strada sdrucciolevole!
schleudern **I.** *tr* ‹*haben*› **1.** *(werfen)* scagliare, scaraventare; **2.** *(tec, Wäsche)* centrifugare; **3.** *aero* catapultare; **II.** *itr* ‹*sein o. haben*› sbandare.
Schleuderpreis *m* prezzo *m* di svendita. **Schleudersitz** *m* seggiolino *m* eiettabile.
schleunig ['ʃlɔynɪç] *a* pronto, rapido, sollecito. **schleunigst** *adv* il più presto possibile.
Schleuse ['ʃlɔyzə] ‹-, -n› *f* chiusa *f.*
schleusen *tr (Schiff)* far passare per la chiusa; *(Wasser, etc.)* guidare; *fam (Menschen)* far passare clandestinamente.
Schleusenkammer *f* conca *f* di navigazione. **Schleusenwärter(in)** *m(f)* guardiano, -a *m, f* della chiusa.
schlich [ʃlɪç] *1. u. 3. pers sing imp von* **schleichen.**
Schliche ['ʃlɪçə] ‹*pl*› trucchi *m pl,* astuzie *f pl;* **jdm auf** (*o.* **hinter) die ~ kommen** scoprire le astuzie di qu.
schlicht [ʃlɪçt] *a (einfach)* semplice; *(bescheiden)* modesto; *(nüchtern)* sobrio; **~ und einfach** *(o.* **ergreifend** *fam)* semplicemente.
schlichten ['ʃlɪçtən] *tr* **1.** *(Streit)* comporre, appianare, conciliare; **2.** *(glätten)* levigare, lisciare.
Schlichter(in) ‹-s, -› *m(f)* mediatore, -trice *m, f,* conciliatore, -trice *m, f,* arbitro, -a *m, f.*
Schlichtheit ‹-, ø› *f* semplicità *f; (Bescheidenheit)* modestia *f; (Nüchternheit)* sobrietà *f.*
Schlichtung ‹-, -en› *f* composizione *f,* conciliazione *f.* **Schlichtungsverfahren** *n* procedimento *m* di conciliazione.
Schlick [ʃlɪk] ‹-(e)s, -e› *m* limo *m,* melma *f.*
schlief [ʃli:f] *1. u. 3. pers sing imp von* **schlafen.**
Schließe ['ʃli:sə] ‹-, -n› *f* fibbia *f,* fermaglio *m.*
schließen ['ʃli:sən] ‹schließt, schloß, geschlossen› **I.** *tr* **1.** *(zumachen)* chiudere; *(Lücke)* colmare; **2.** *(beenden)* terminare, finire; *(Sitzung)* togliere; **3.** *(Vertrag)* concludere; *(Ehe)* contrarre; *(Frieden)* fare; *(Freundschaft)* fare, stringere; **4.** *(folgern)* dedurre (*aus* da), desumere (*aus* da); **jdn in die Arme ~** abbracciare qu; **II.** *itr* **1.** *(zugehen)* chiudere, chiudersi; **2.** *(Geschäft, Firma)* chiudere; **3.** *(aufhören, enden)* concludersi (*mit* con); **von sich** *(dat)* **auf andere ~** giudicare gli altri secondo il proprio metro; **auf etw. ~ lassen** far pensare a qc; **daraus ist zu** (*o.* **läßt sich) ~, daß ...** da ciò si può desumere che ...
Schließfach *n (Bank~)* cassetta *f* di sicurezza; *(Post~)* casella *f* postale; *(Gepäck~)* deposito *m* bagagli a cassette.
schließlich *adv (am Ende)* alla fine; *(im Grunde)* in fondo, in fin dei conti; *(an letzter Stelle)* da ultimo; **~ etw. tun** finire col fare qc.
Schließmuskel *m* muscolo *m* costrittore, sfintere *m.*
Schließung ‹-, -en› *f* **1.** *(Betriebs~)* chiusura *f;* **2.** *(Beendigung, Abschluß)* conclusione *f; (von Sitzung)* chiusura *f.*
schliff [ʃlɪf] *1. u. 3. pers sing imp von* **schleifen**[1]**.**
Schliff [ʃlɪf] ‹-(e)s, -e› *m* affilatura *f; (von Diamant, Glas)* taglio *m,* sfaccettatura *f; fig fam (Lebensart)* buone maniere *f pl,* garbo *m;* **einer S. den letzten ~ geben** *fam* dare l'ultimo tocco a qc *fam.*
schlimm [ʃlɪm] **I.** *a* **1.** *(schlecht, übel)* brutto; *(a. böse)* cattivo; **2.** *(schwer, ernst)* grave; **3.** *(ärgerlich)* fastidioso; **das ist nicht ~** non è grave, non fa niente; **das ist halb so ~** non è poi niente di grave; **~er** *(adjektivisch)* peggiore; *(adverbial)* peggio; **~er werden** peggiorare, andare peggio; **immer ~er werden** andare di mal in peggio *fam;* **was noch ~er ist** quel che è peggio; **am ~sten** peggio di tutto; **aufs S~ste gefaßt sein** essere preparato al peggio; **II.** *adv* male. **schlimmstenfalls** *adv* nel peggiore dei casi.
Schlinge ['ʃlɪŋə] ‹-, -n› *f* **1.** *(Schlaufe)* cappio, nodo *m* scorsoio; *med* sciarpa *f;* **2.** *(Jagd)* laccio *m;* **sich** (*o.* **seinen Kopf) aus der ~ ziehen** *fig* tirarsi fuori da un guaio.
Schlingel ['ʃlɪŋəl] ‹-s, -› *m* birbante *m fam,* birba *f fam,* monello *m fam.*
schlingen[1] ['ʃlɪŋən] ‹schlingt, schlang, geschlungen› **I.** *tr (winden)* stringere, cingere; **II.** *rfl:* **sich ~** stringersi; *(Efeu)* avviticchiarsi.
schlingen[2] ['ʃlɪŋən] ‹schlingt, schlang, geschlungen› *itr (schlucken)* inghiottire.
schlingern ['ʃlɪŋɐn] *itr* rollare.
Schlingpflanze *f* pianta *f* rampicante.
Schlips [ʃlɪps] ‹-es, -e› *m* cravatta *f;* **jdm auf den ~ treten** *fam* offendere qu; **sich auf den ~ getreten fühlen** *fam* sentirsi offeso.
Schlitten ['ʃlɪtən] ‹-s, -› *m* **1.** *(Rodel~)*

slitta *f,* slittino *m;* **2.** *(von Schreibmaschine)* carrello *m;* ~ **fahren** andare in slitta; **mit jdm ~ fahren** *fig sl* rimproverare aspramente qu. **Schlittenfahrt** *f* corsa *f* (*o.* gita *f*) in slitta.

schlittern ['ʃlɪten] *itr* ⟨*haben o. sein*⟩ scivolare.

Schlittschuh *m* pattino *m* (per ghiaccio); ~ **laufen** pattinare. **Schlittschuhlaufen** ⟨-s, ø⟩ *n* pattinaggio *m.* **Schlittschuhläufer(in)** *m(f)* pattinatore, -trice *m, f.*

Schlitz [ʃlɪts] ⟨-es, -e⟩ *m (Ritze, Spalt)* fessura *f,* fenditura *f; (von Schraube)* taglio *m; (Hosen~)* patta *f* dei calzoni; *(im Kleid)* spacco *m; (Einwurf~)* buca *f.* **Schlitzaugen** *n pl* occhi *m pl* a mandorla.

schlitzen *tr (auf~)* fendere.

Schlitzohr *n fam* dritto(ne) *m fam.*

schlohweiß ['ʃlo:'vais] *a* candido.

schloß [ʃlɔs] *1. u. 3. pers sing imp von* **schließen.**

Schloß[1] [ʃlɔs] ⟨Schlosses, Schlösser⟩ *n (Gebäude)* castello *m.*

Schloß[2] [ʃlɔs] ⟨Schlosses, Schlösser⟩ *n (Verschluß)* serratura *f; (Vorhänge~)* catenaccio *m; (Gewehr~)* otturatore *m; (Koppel~, Gürtel~)* fibbia *f; (von Tasche)* cerniera *f;* **ins ~ fallen** chiudersi di scatto; **hinter ~ und Riegel bringen** mettere sotto chiave; **hinter ~ und Riegel sitzen** essere in prigione.

Schlosser(in) ['ʃlɔse (...ərɪn)] ⟨-s, -⟩ *m(f)* (donna *f*) fabbro *m* ferraio.

Schlosserei [ʃlɔsə'rai] ⟨-, -en⟩ *f* officina *f* del fabbro.

Schlosserin *f s.* **Schlosser.**

Schloßherr(in) *m(f)* castellano, -a *m, f.*

Schloßhund *m:* **wie ein ~ heulen** *fam* piangere a calde lacrime *fam.*

Schlot [ʃlo:t] ⟨-(e)s, -e *o. rar* ¨-e⟩ *m* **1.** *(Fabrik~)* ciminiera *f; (von Schiff)* fumaiolo *m;* **2.** *fam pej* zoticone *m fam.*

schlott(e)rig ['ʃlɔt(ə)rɪç] *a* **1.** *(zitternd)* tremante; **2.** *(Kleidung)* cascante.

schlottern ['ʃlɔten] *itr* **1.** *(zittern)* tremare; **2.** *(Kleidung)* ballare addosso, essere cascante.

Schlucht [ʃlʊxt] ⟨-, -en⟩ *f* gola *f.*

schluchzen ['ʃlʊxtsən] *itr* singhiozzare.

Schluchzer ⟨-s, -⟩ *m* singhiozzo *m.*

Schluck [ʃlʊk] ⟨-(e)s, -e *o. rar* ¨-e⟩ *m* sorso *m; (~ Alkohol)* goccio *m;* **ein tüchtiger ~** una sorsata.

Schluckauf ⟨-s, ø⟩ *m* singhiozzo *m,* singulto *m.*

schlucken I. *tr* **1.** *(hinunter~)* inghiottire, mandar giù; **2.** *fig (Beleidigung)* mandar giù, ingoiare; **3.** *fam (kosten, brauchen)* inghiottire, divorare; *(Benzin)* consumare; *(absorbieren: Schall)* assorbire; **II.** *itr* inghiottire, deglutire; *sl (Alkohol trinken)* trincare *fam;* **trocken ~** *fig* prender fiato.

Schlucker ⟨-s, -⟩ *m:* **armer ~** povero diavolo *m fam.*

Schluckimpfung *f* vaccinazione *f* per via orale. **schluckweise** *adv* a sorsi.

schludern ['ʃlu:den] *tr, itr* abborracciare.

schlug [ʃlu:k] *1. u. 3. pers sing imp von* **schlagen.**

Schlummer ['ʃlʊme] ⟨-s, ø⟩ *m* sonno *m* leggero, sopore *m.*

schlummern *itr* sonnecchiare; *fig (Kräfte, Pläne)* essere sopito. **schlummernd** *a* assopito; *fig (verborgen)* latente.

Schlund [ʃlʊnt] ⟨-(e)s, ¨-e⟩ *m* **1.** *anat* faringe *f; (Rachen)* gola *f; (bei Tieren)* fauci *f pl;* **2.** *fig geh (Öffnung)* bocca *f; (Abgrund)* abisso *m,* precipizio *m.*

schlüpfen ['ʃlʏpfən] *itr* ⟨*sein*⟩ **1.** *(gleiten)* scivolare, sgusciare; **2.** *(in Kleidungsstück, Schuhe)* infilarsi (*in etw.* qc); **aus dem Ei ~** uscire dall'uovo.

Schlüpfer ⟨-s, -⟩ *m* slip *m,* mutandine *f pl.*

Schlupfloch ['ʃlʊpf-] *n (Durchschlupf)* pertugio *m; (Schlupfwinkel)* nascondiglio *m; fig (Lücke)* buco *m,* foro *m.*

schlüpfrig ['ʃlʏpfrɪç] *a* **1.** *(rutschig)* sdrucciolevole, scivoloso; **2.** *fig (anzüglich)* salace, scurrile.

schlurfen ['ʃlʊrfən] *itr* ⟨*sein*⟩ strascicare i piedi.

schlürfen ['ʃlʏrfən] **I.** *tr (beim Essen/Trinken)* mangiare/bere rumorosamente; *(mit Genuß)* centellinare; **II.** *itr* ciabattare *fam.*

Schluß [ʃlʊs] ⟨Schlusses, Schlüsse⟩ *m (Ende)* fine *f,* termine *m; (Ab~, ~folgerung)* conclusione *f; (von Debatte, Sitzung)* chiusura *f; (Brief~, von Rede)* fine *f,* conclusione *f;* **am ~ des Zuges** alla fine del treno; **am ~ von** alla fine di; **zum ~** alla fine, per (*o.* da) ultimo; **zu dem ~ gelangen** (*o.* **kommen**), **daß ...** giungere alla conclusione che ...; **~ machen** finire, terminare; **mit jdm/etw. ~ machen** farla finita con qu/qc *fam;* **~!** basta!; **~ damit!** finiamola! *fam;* **~ jetzt!** adesso basta! **Schlußabrechnung** *f* bilancio *m* finale. **Schlußbemerkung** *f* osservazione *f* finale.

Schlüssel ['ʃlʏsəl] ‹-s, -› *m* chiave *f*. **Schlüsselbein** *n* clavicola *f*. **Schlüsselblume** *f* primula *f*. **Schlüsselbund** ‹-(e)s, -e› *m o. n* mazzo *m* di chiavi. **Schlüsselerlebnis** *n* evento *m* chiave. **schlüsselfertig** *a* pronto per la consegna. **Schlüsselindustrie** *f* industria *f* chiave. **Schlüsselkind** *n* bambino *m* che in assenza dei genitori deve provvedere a se stesso. **Schlüsselloch** *n* buco *m* della serratura. **Schlüsselposition** *f*, **-stellung** *f* posizione *f* chiave.

schlußendlich ['ʃlʊsˈʔɛntlɪç] *adv* alla fine. **Schlußfolgerung** *f* conclusione *f*, deduzione *f*. **Schlußformel** *f* formula *f* finale.

schlüssig ['ʃlʏsɪç] *a (Beweis)* conclusivo; *(Argumentation)* concludente; **sich** *(dat)* **~ werden** decidersi (*über* su).

Schlußlicht *n* luce *f* posteriore; *fig fam* fanalino *m* di coda *fam*. **Schlußpunkt** *m* punto *m* finale; **einen ~ hinter** (*o.* **unter) etw. setzen** *fig* porre termine a qc. **Schlußrunde** *f* ultimo giro *m; (Boxen)* ultima ripresa *f*. **Schlußstrich** *m*: **einen ~ unter etw. ziehen** *fig* porre fine a qc. **Schlußverkauf** *m* svendita *f* (di fine stagione). **Schlußwort** ‹-(e)s, -e› *n* ultima parola *f; (Nachwort)* conclusione *f*.

Schmach [ʃma:x] ‹-, ø› *f (Schande)* vergogna *f; (Entehrung)* ignominia *f*, infamia *f; (Demütigung)* umiliazione *f; (Beleidigung)* oltraggio *m*.

schmachten ['ʃmaxtən] *itr (vor Durst, Hunger)* languire (*vor* da); *fig (sich sehnen)* struggersi (*nach* per). **schmachtend** *a (verliebt: Jüngling)* innamorato; *(begehrlich, verliebt: Blick)* languido.

schmächtig ['ʃmɛçtɪç] *a* esile, gracile, smilzo.

schmackhaft ['ʃmakhaft] *a (wohlschmeckend)* gustoso; *(appetitanregend)* appetitoso; **jdm etw. ~ machen** *fig* rendere qc gradevole a qu.

schmählich ['ʃmɛ:lɪç] **I.** *a (schändlich)* vergognoso, ignominioso; **II.** *adv* tremendamente, terribilmente; *(verlassen)* vergognosamente.

Schmähung ['ʃmɛ:ʊŋ] ‹-, -en› *f geh (Beschimpfung)* ingiuria *f*, insulto *m*, oltraggio *m; (Verleumdung)* diffamazione *f*.

schmal [ʃma:l] ‹-er *o.* ¨-er, -ste *o. rar* ¨-ste› *a* stretto; *(Hände, Gesicht)* sottile; *(mager, a. fig)* magro.

schmälern ['ʃmɛ:lɐn] *tr (schmäler machen)* restringere; *(verringern)* ridurre, diminuire; *fig (Verdienste)* sminuire; *(Bedeutung)* scemare; *(Rechte)* ledere.

Schmälerung ‹-, -en› *f* restrizione *f*, riduzione *f*, diminuzione *f; (von Bedeutung)* scemare *m; (von Rechten)* lesione *f*.

Schmalfilm *m* pellicola *f* a passo ridotto. **Schmalfilmkamera** *f* cinepresa *f* a passo ridotto.

Schmalspur *f* scartamento *m* ridotto.

Schmalspur- *(in Zusammensetzungen)* a scartamento ridotto. **Schmalspurbahn** *f* ferrovia *f* a scartamento ridotto.

Schmalz¹ [ʃmalt̮s] ‹-es, -e› *n* **1.** *(Schweine~)* strutto *m;* **2.** *(Ohren~)* cerume *m*.

Schmalz² [ʃmalt̮s] ‹-es, ø› *m fam pej (Sentimentalität)* sentimentalismo *m; (Werk)* opera *f* sdolcinata. **schmalzig** *a fam pej* sdolcinato.

Schmankerl ['ʃmaŋkəl] ‹-s, -n› *n (A, süddeutsch: Leckerbissen)* ghiottoneria *f*.

schmarotzen [ʃma'rɔt̮sən] ‹*ohne ge-*› *itr bot, zoo* vivere da parassita; *pej (Mensch)* scroccare *fam*.

Schmarotzer ‹-s, -› *m bot, zoo* parassita *m; pej (Mensch)* scroccone *m fam*, parassita *m*.

Schmarren ['ʃmarən] ‹-s, -› *m* **1.** *dial (Mehlspeise)* frittata *f* dolce sminuzzata; **2.** *fam pej (Unsinn)* sciocchezza *f*.

schmatzen ['ʃmat̮sən] *itr (laut essen)* mangiare rumorosamente; **mit den Lippen ~** schioccare le labbra.

Schmaus [ʃmau̯s] ‹-es, ¨-e› *m* banchetto *m*.

schmausen ['ʃmau̯zən] **I.** *itr*, bisbocciare, banchettare; **II.** *tr* mangiare.

schmecken ['ʃmɛkən] **I.** *tr (Geschmack wahrnehmen)* sentire il sapore di; *(kosten, versuchen)* assaggiare; **II.** *itr (gut ~)* essere buono; *(probieren)* provare, assaggiare; **nach etw. ~** *(a. fig)* sapere di qc; **es schmeckt ihm nicht** *(hat keinen Appetit)* ha perso l'appetito; **das schmeckt nach mehr** *fam* era troppo poco per sentirne il gusto; **jdm ~** piacere a qu; **gut ~** avere un buon sapore; **nach nichts ~** non sapere di niente; **es sich** *(dat)* **~ lassen** mangiare qc di gusto; **das schmeckt mir gut/ausgezeichnet** mi piace/e squisito; **schmeckt's?** *fam* è buono?; **wie**

schmeckt es Ihnen? — danke, sehr gut! Le piace? — sì, è molto buono.

Schmeichelei [ʃmai̯çəˈlai̯] ‹-, -en› *f* lusinga *f; pej* adulazione *f; (Kompliment)* complimento *m.*

schmeichelhaft *a* lusinghevole, lusinghiero.

schmeicheln [ˈʃmai̯çəln] *itr* **1.** *(mit Worten)* lusingare *(jdm* qu); *pej* adulare *(jdm* qu); **2.** *fig (vorteilhaft aussehen lassen)* donare.

Schmeichler(in) ‹-s, -› *m(f)* lusingatore, -trice *m, f; pej* adulatore, -trice *m, f.*

schmeichlerisch *a* lusinghevole; *pej* adulatorio.

schmeißen [ˈʃmai̯sən] ‹schmeißt, schmiß, geschmissen› *tr fam* **1.** *(werfen)* gettare, buttare, scagliare; **2.** *fam (bewältigen)* sistemare, sbrigare; **3.** *(spendieren: Runde)* pagare, offrire; **den Laden ~** *fig* sbrigare la faccenda.

Schmeißfliege [ˈʃmai̯s-] *f* moscone *m.*

Schmelz [ʃmɛlts̮] ‹-es, -e› *m (Glasur, Zahn~)* smalto *m; (Glanz)* splendore *m; (Klang)* timbro *m.*

Schmelze [ˈʃmɛːlts̮ə] ‹-, -n› *f* **1.** *(Vorgang)* scioglimento *m; tec* fusione *f;* **2.** *(Schnee~)* (periodo *m* del) disgelo *m;* **3.** *tec (Masse)* massa *f* fusa.

schmelzen ‹schmilzt, schmolz, geschmolzen› **I.** *tr* ‹*haben*› sciogliere; *tec* fondere; **II.** *itr* ‹*sein*› sciogliersi; *tec* fondersi.

Schmelzkäse *m* formaggio *m* fuso. **Schmelzofen** *m* forno *m* di fusione. **Schmelzpunkt** *m* punto *m* di fusione. **Schmelztiegel** *m (a. fig)* crogiolo *m.* **Schmelzwasser** *n* acqua *f* derivata dallo scioglimento di neve e ghiaccio.

Schmerbauch [ˈʃmeːɐ̯-] *m fam pej* pancione *m fam.*

Schmerz [ʃmɛrts̮] ‹-es, -en› *m (körperlich, seelisch)* dolore *m; (Kummer)* afflizione *f,* pena *f;* **von ~en gequält** tormentato dal dolore.

schmerzen *geh* **I.** *itr med, fig* dolere; **II.** *tr fig* addolorare, affliggere.

Schmerzensgeld *n* risarcimento *m* dei danni morali. **Schmerzensschrei** *m* grido *m* di dolore.

schmerzhaft *a (a. fig)* doloroso. **schmerzlich** *a (Verlust, Verzicht)* doloroso; *(Verlangen)* ardente. **schmerzlos** *a* indolore. **schmerzstillend** *a* calmante, sedativo; *scient* analgesico; **~es Mittel** calmante *m,* sedativo *m; scient* analgesico *m.* **Schmerztablette** *f* analgesico *m.*

Schmetterball *m* schiacciata *f,* smash *m.*

Schmetterling [ˈʃmɛtəlɪŋ] ‹-s, -e› *m* farfalla *f.*

schmettern [ˈʃmɛtən] **I.** *tr* **1.** *(werfen)* scaraventare; *(Tür ins Schloß)* sbattere con violenza; *sport (Ball)* schiacciare; **2.** *(Lied)* cantare a squarciagola; **II.** *itr* **1.** *(Trompete)* squillare; *(Stimme)* tuonare; *(Mensch)* urlare; *(Vogel)* cantare; **2.** *sport* fare una schiacciata.

Schmied [ʃmiːt] ‹-(e)s, -e› *m* fabbro *m* ferraio; *(Huf~)* maniscalco *m.* **Schmiede** [ˈʃmiːdə] ‹-, -n› *f* fucina *f,* forgia *f.* **Schmiedeeisen** *n* ferro *m* fucinato (*o.* battuto). **schmiedeeisern** *a* di (*o.* in) ferro battuto.

schmieden *tr* battere, forgiare, fucinare; *(herstellen)* fabbricare; **einen Plan ~** ideare un piano; **Ränke ~** ordire intrighi.

schmiegen [ˈʃmiːgən] **I.** *tr* adattare *(an, in* a); **II.** *rfl:* **sich ~** *(Mensch)* stringersi *(an* a); *(Kleid)* aderire *(an* a).

Schmiere [ˈʃmiːrə] ‹-, -n› *f fam* **1.** *(Fett)* grasso *m,* lubrificante *m; (Salbe)* pomata *f,* unguento *m; (Schmutz)* unto *m,* untume *m; (Aufstrich)* pasta *f* da spalmare; **2.** *pej (Theater)* teatro *m* di guitti; **~ stehen** fare il palo.

schmieren [ˈʃmiːrən] **I.** *tr* **1.** *tec (mit Fett)* ingrassare, lubrificare; *(mit Öl)* oliare; **2.** *(streichen)* spalmare *(auf* su); *(Brot)* spalmare *(mit* di); *(mit Butter)* imburrare; **3.** *(schlecht schreiben)* scarabocchiare; **4.** *fam (bestechen)* corrompere; **jdm eine ~** *fam* mollare un ceffone a qu *fam;* **es geht** (*o.* **läuft) wie geschmiert** *fam* va liscio come l'olio *fam;* **II.** *itr* **1.** *(Kuli, Feder)* scrivere male; *(Radiergummi)* cancellare sporcando; *(Scheibenwischer)* sporcare; **2.** *(schlecht schreiben)* scrivere male.

Schmiererei [...əˈrai̯] ‹-, -en› *f* **1.** *(schlechte Schrift)* scarabocchiatura *f;* **2.** *(schlechte Malerei)* crosta *f.*

Schmierfett *n tec* grasso *m* lubrificante. **Schmierfink** *m fam pej* **1.** *(Autor, Journalist)* scribacchino *m,* imbrattacarte *m fam,* imbrattatele *m fam;* **2.** *(Kind)* sudicione *m fam,* sporcaccione *m fam.* **Schmiergeld** *n fam* bustarella *f.*

schmierig *a* **1.** *(fettig)* unto, untuoso, grasso; **2.** *fig (widerlich)* sordido; **3.** *fig fam (kriecherisch)* viscido.

Schmiermittel *n* lubrificante *m.* **Schmieröl** *n* olio *m* lubrificante.

Schmierpapier *n* foglio *m* per appunti. **Schmierseife** *f* sapone *m* tenero. **Schmierzettel** *m* brutta copia *f*, minuta *f*; *(Zettel für Notizen)* foglietto *m* per appunti.

schmilzt [ʃmɪltst] *2. u. 3. sing pers pr von* **schmelzen.**

Schminke ['ʃmɪŋkə] ‹-, -n› *f* trucco *m*, belletto *m*; ~ **auflegen** (*o.* **auftragen)** truccarsi, imbellettarsi.

schminken I. *tr (jdn)* truccare; *(Mund, Augen)* truccarsi; **II.** *rfl:* **sich** ~ truccarsi.

schmirgeln ['ʃmɪrgəln] *tr* smerigliare. **Schmirgelpapier** *n* carta *f* smerigliata.

schmiß [ʃmɪs] *1. u. 3. pers sing imp von* **schmeißen.**

Schmiß [ʃmɪs] ‹Schmisses, Schmisse› *m* **1.** *(Mensurnarbe)* sfregio *m*, cicatrice *f*; **2.** *fam (Schwung)* brio *m*, slancio *m*.

schmissig *a fam* pieno di brio (*o.* slancio), brioso.

Schmöker ‹-s, -› *m fam* librone *m fam*, mattone *m fam*.

schmöckern ['ʃmø:ken] *itr fam* immergersi nella lettura; **in einem Buch** ~ leggere un libro.

schmollen ['ʃmɔlən] *itr* tenere il broncio (*mit jdm* a qu). **Schmollmund** *m* muso *m*, broncio *m*; **einen ~ machen** fare il muso.

schmolz [ʃmɔlts] *1. u. 3. per sing imp von* **schmelzen.**

Schmorbraten *m* stufato *m*.

schmoren ['ʃmo:rən] **I.** *tr* stufare; **II.** *itr* **1.** *gastr* cuocere a fuoco lento; **2.** *fam (in der Sonne)* crogiolarsi al sole.

Schmortopf *m* casseruola *f*.

Schmu [ʃmu:] ‹-, ø› *m fam (Betrug)* raggiro *m*; ~ **machen** raggirare.

schmuck [ʃmʊk] *a* avvenente, leggiadro, grazioso.

Schmuck ‹-(e)s, *rar* -e› *m* **1.** *(Juwelen)* gioielli *m pl*; *(~stück)* gioiello *m*; **2.** *(Verzierung)* ornamento *m*; *(Zierrat)* decorazione *f*.

schmücken ['ʃmʏkən] *tr* (ad)ornare (*mit* di), decorare (*mit* di).

Schmuckkästchen *n* portagioie *m*, portagioielli *m*; *fig scherz (Haus)* gioiello *m*. **schmucklos** *a* disadorno, spoglio, nudo; *fig (Stil, Prosa)* disadorno. **Schmucklosigkeit** ‹-, ø› *f* mancanza *f* di ornamenti, semplicità *f*; *fig* sobrietà *f*. **Schmuckstück** *n (a. fig)* gioiello *m*.

schmudd(e)lig ['ʃmʊd(ə)lɪç] *a (unordentlich)* trasandato; *(schmutzig)* lurido.

Schmuggel ['ʃmʊgəl] ‹-s, ø› *m* contrabbando *m*.

schmuggeln I. *itr* fare contrabbando; **II.** *tr* contrabbandare.

Schmuggelware *f* merce *f* di contrabbando.

Schmuggler(in) ‹-s, -› *m(f)* contrabbandiere, -a *m, f*.

schmunzeln ['ʃmʊntsəln] *itr* sorridere compiaciuto.

Schmus [ʃmu:s] ‹-es, ø› *m fam (Unsinn)* ciance *f pl*; *(Schmeicheleien)* moine *f pl*.

schmusen ['ʃmu:zən] *itr fam* **1.** *(kosen)* amoreggiare (*mit jdm* con qu), pomiciare (*mit jdm* con qu) *sl*; **2.** *pej (schöntun)* leccare (*mit jdm* qu) *fam*.

Schmutz [ʃmʊts] ‹-es, ø› *m* sporco *m*, sporcizia *f*, sudiciume *m*; *(Kot, Schlamm)* fango *m*, melma *f*; *fig (Schweinerei)* porcheria *f*; **in den ~ ziehen** *fig* trascinare nel fango.

schmutzen *itr* sporcarsi.

Schmutzfink *m fam (Kind)* sudicione *m fam*; *(unmoralisch)* sporcaccione *m fam*. **Schmutzfleck** *m* macchia *f* di sporco.

schmutzig *a (unsauber)* sporco; *(Arbeit)* sudicio; *(beschmiert)* imbrattato; *(Geschäft, Mittel)* losco; *(unanständig)* indecente; *(obszön)* osceno; ~ **werden** sporcarsi, insudiciarsi.

Schnabel ['ʃna:bəl] ‹-s, ¨-› *m* becco *m*; **ich rede, wie mir der ~ gewachsen ist** *fam* parlo schiettamente; **halt den ~!** *fam* chiudi il becco! *fam*. **Schnabeltier** *n* ornitorinco *m*.

Schnake ['ʃna:kə] ‹-, -n› *f* **1.** *(Weberknecht)* tipula *f*; **2.** *fam (Stechmükke)* zanzara *f*.

Schnalle ['ʃnalə] ‹-, -n› *f* fibbia *f*.

schnallen *tr (Gürtel)* affibbiare, allacciare; **etw. auf etw.** ~ allacciare qc a (*o.* su) qc; **es** ~ *sl (kapieren)* capire; **enger** ~ stringere.

schnalzen ['ʃnaltsən] *itr:* **(mit den Fingern)** ~ schioccare le dita; **mit der Zunge** ~ (far) schioccare la lingua.

schnappen ['ʃnapən] **I.** *tr ‹haben›* **1.** *(greifen)* prendere, afferrare; **2.** *fig fam (erwischen)* acchiappare *fam*, acciuffare *fam*; **(frische) Luft** ~ prendere una boccata d'aria; **II.** *itr* **1.** *‹haben› (beißen)* cercare di addentare (*nach etw.* qc); **2.** *‹sein› (Schloß, Feder)* scattare; **nach Luft** ~ boccheggiare.

Schnappschloß *n* serratura *f* a scatto. **Schnappschuß** *m* (fotografia *f*) istantanea *f*.

Schnaps [ʃnaps] ‹-es, ¨-e› *m* acquavite *f*. **Schnapsbrennerei** *f* distilleria

f di acquavite. **Schnapsidee** *f fam* idea *f* balorda *fam* (o. stramba *fam*).
schnarchen ['ʃnarçən] *itr* russare.
schnarren ['ʃnarən] *itr* stridere; *(mit der Stimme)* parlare col naso.
schnattern ['ʃnatɐn] *itr (Gänse, Enten)* schiamazzare; *fam (schwatzen)* chiacchierare.
schnauben ['ʃnaubən] *itr* **I.** *itr (Pferd)* sbuffare; **vor Wut/Entrüstung ~** fremere di rabbia/sdegno; **II.** *rfl:* **sich ~, sich** *(dat)* **die Nase ~** soffiarsi il naso.
schnaufen ['ʃnaufən] *itr* **1.** *(schwer atmen)* ansimare; *(keuchen)* ansimare, respirare affannosamente; **2.** *dial (atmen)* respirare.
Schnauz [ʃnauts] ‹-es, ¨-e› *m CH* baffi *m pl.* **Schnauzbart** *m* mustacchi *m pl; fam (Mann)* baffone *m fam.*
Schnauze ['ʃnautsə] ‹-, -n› *f* **1.** *(von Tier)* muso *m; (Schweine~)* grugno *m;* **2.** *(an Kanne)* becco *m;* **3.** *fam (von Flugzeug, Fahrzeug)* muso *m fam;* **4.** *vulg (von Mensch)* becco *m fam;* **frei nach ~** *fam* a naso *fam;* **die ~ voll haben** *vulg* averne piene le tasche *vulg;* **(halt die) ~!** *vulg* chiudi il becco! *fam.*
schnauzen *itr fam* gridare, inveire.
Schnecke ['ʃnɛkə] ‹-, -n› *f* **1.** *(Nackt~, gastr, fig)* lumaca *f; (mit Haus, anat)* chiocciola *f;* **2.** *tec* vite *f* senza fine; **3.** *arch* voluta *f;* **jdn zur ~ machen** *fam* sgridare qu, fare una sfuriata a qu *fam.* **Schneckenhaus** *n* guscio *m* della chiocciola.
Schnee [ʃne:] ‹-s, ø› *m* **1.** *(Niederschlag, Ei~)* neve *f;* **2.** *sl (Kokain)* cocaina *f;* **zu ~ schlagen** *gastr* montare a neve; **ewiger ~** nevi *f pl* eterne (*o.* perenni); **~ von gestern** *fig fam* antiquato. **Schneeball** *m* **1.** *(aus Schnee)* palla *f* di neve; **2.** *bot* viburno *m.* **Schneeballschlacht** *f* battaglia *f* a palle di neve. **Schneebesen** *m* frusta *f.* **schneeblind** *a* sofferente di oftalmia da neve. **Schneefall** *m* nevicata *f.* **Schneeflocke** *f* fiocco *m* di neve. **Schneefräse** *f* sgombraneve *f* (a fresa). **schneefrei** *a* sgomberato da neve, libero dalla neve. **Schneegestöber** [-gəʃtø:bɐ] ‹-s, -› *n* bufera *f* di neve. **Schneeglöckchen** [-glœkçən] ‹-s, -› *n* bucaneve *m.* **Schneegrenze** *f* limite *m* delle nevi perenni. **Schneekette** *f* catena *f* da neve. **Schneemann** *m* pupazzo *m* di neve. **Schneematsch** *m* poltiglia *f* (*o.* fanghiglia *f*) di neve. **Schneepflug** *m (Fahrzeug, beim Skilaufen)* spazzaneve *m.* **Schneeraupe** *f* spartineve *f,* lupo *m.* **Schneeschaufel** *f,* **-schippe** *f* pala *f* per la neve. **Schneeschmelze** *f* (periodo *m* del) disgelo *m.* **Schneeschuh** *m* racchetta *f* da neve; *obs s.* **Ski. schneesicher** *a* a innevamento sicuro. **Schneesturm** *m* bufera *f* (*o.* tempesta *f*) di neve. **Schneetreiben** *n s.* **Schneegestöber. Schneeverhältnisse** *n pl* stato *m* di innevamento. **Schneeverwehung** *f* ammasso *m* di neve (formato dal vento). **Schneewehe** *f* duna *f* di neve. **schneeweiß** *a* bianco come la neve, candido. **Schneewittchen** [-'vɪtçən] ‹-, ø› *n* Biancaneve *f.* **Schneezaun** *m* paraneve *m.*
Schneid [ʃnait] ‹-(e)s, ø› *m fam* coraggio *m,* ardire *m.*
Schneide ['ʃnaidə] ‹-, -n› *f* filo *m; (Klinge)* lama *f.*
schneiden ['ʃnaidən] ‹schneidet, schnitt, geschnitten› **I.** *tr* **1.** tagliare; *(Hecke)* potare; *(beim Überholen)* tagliare; *math (Linie, Kreis)* intersecare; **2.** *fig (meiden)* ignorare, snobbare; **3.** *(operieren)* tagliare, operare; *(Geschwür)* incidere; *(bei Geburt)* incidere il perineo a; **Gesichter** (*o.* **Grimassen**) **~** fare smorfie; **die Luft ist zum S~** *fam* l'aria è pesante *fam;* **II.** *itr* **1.** *(Mensch)* tagliar fuori; *(Messer)* essere affilato; **2.** *fig (Wind, Kälte)* tagliare; **3.** *(operieren)* tagliare, operare; *(bei Geburt)* incidere il perineo; **III.** *rfl:* **sich ~ 1.** *(verletzen)* tagliarsi, farsi un taglio; **2.** *math (Linien)* intersecarsi; **3.** *fam (sich irren)* sbagliarsi; **sich in den Finger ~** tagliarsi un dito. **schneidend** *a (Wind, Kälte)* pungente; *(Schmerz)* lancinante; *(Hohn, Bemerkung)* mordace, caustico; *(Stimme, Ton)* acuto.
Schneider ‹-s, -› *m (Gerät)* tagliatrice *f.*
Schneider(in) ‹-s, -› *m(f)* sarto, -a *m, f.*
Schneiderei [ʃnaidə'rai] ‹-, -en› *f* sartoria *f.*
Schneiderin *f s.* **Schneider.**
schneidern *tr* cucire, confezionare.
Schneiderpuppe *f* manichino *m.*
Schneidezahn *m* (dente *m*) incisivo *m.*
schneidig *a* risoluto, deciso, energico.
schneien ['ʃnaiən] **I.** *itr* **1.** ‹*haben*›: **es schneit** nevica; **2.** ‹*sein*›: **jdm ins Haus ~** *fam (Brief)* arrivare inaspettatamente; *(Besuch)* piombare in casa di qu *fam;* **II.** *tr* ‹*haben*›: **es schneit dicke Flocken** la neve cade fitta; **es schneite Konfetti** piovevano coriandoli.

Schneise ['ʃnaizə] ⟨-, -n⟩ *f* **1.** *(Wald~)* pista *f* tagliata nel bosco; **2.** *(Flug~)* corridoio *m* aereo.

schnell [ʃnɛl] *a* veloce, rapido; *(Gang)* spedito; *(plötzlich)* repentino; *(flink, fix)* pronto, svelto; **möglichst ~, so ~ wie möglich, auf dem ~sten Weg** il più presto possibile; **~er gehen** allungare il passo; **~ machen** fare presto; *fam (sich beeilen)* sbrigarsi *fam;* **~, ~!** presto, presto!

Schnelläufer(in) *m(f)* velocista *mf.*

Schnellboot *n* vedetta *f.*

Schnelle ⟨-, -n⟩ *f (Strom~)* rapida *f;* **etw. auf die ~ machen** *fam* fare una cosa di corsa (*o.* al volo); **ein Bier auf die ~** *fam* una birra di volata *fam* (*o.* di corsa).

schnellebig *a* febbrile.

schnellen *itr* ⟨*sein*⟩ balzare; *(Feder)* scattare; **in die Höhe ~** balzare in alto; *fig (Preise)* salire (*o.* andare) alle stelle *fam.*

Schnellfeuerwaffe *f* arma *f* a tiro rapido. **Schnellgaststätte** *f* tavola *f* calda, snack-bar *m.* **Schnellgericht** *n* **1.** *jur* tribunale *m* per direttissima; **2.** *gastr* piatto *m* veloce (*o.* rapido). **Schnellhefter** ⟨-s, -⟩ *m* classificatore *m.*

Schnelligkeit ⟨-, ø⟩ *f* velocità *f,* rapidità *f; (Promptheit)* prontezza *f.*

Schnellimbiß *m (Restaurant)* snack-bar *m; (Gericht)* spuntino *m fam.*

schnellstens *adv* al più presto; *(möglichst schnell)* quanto prima.

Schnellstraße *f* superstrada *f.* **Schnellverfahren** *n* **1.** *tec* procedimento *m* rapido; **2.** *jur* procedimento *m* per direttissima. **Schnellzug** *m* (treno *m*) direttissimo *m.*

Schnepfe ['ʃnɛpfə] ⟨-, -n⟩ *f zoo, fam pej* beccaccia *f.*

schneuzen ['ʃnɔytsən] **I.** *tr:* **einem Kind/sich** *(dat)* **die Nase ~** soffiare il naso ad un bambino/soffiarsi il naso; **II.** *rfl:* **sich ~** soffiarsi il naso.

Schnippchen ['ʃnɪpçən] ⟨-s, -⟩ *n:* **jdm ein ~ schlagen** *fam* giocare un tiro a qu *fam.*

Schnippel ['ʃnɪpəl] ⟨-s, -⟩ *m o. n fam* ritaglio *m,* pezzetto *m.*

schnippeln *itr fam* tagliuzzare (*an etw.* qc).

schnippisch ['ʃnɪpɪʃ] *a* sfacciatello, impertinente.

schnitt [ʃnɪt] *1. u. 3. pers sing imp von* **schneiden.**

Schnitt [ʃnɪt] ⟨-(e)s, -e⟩ *m* **1.** *(Schneiden)* taglio *m; (Öffnung)* intaglio *m; (Wunde)* taglio *m,* ferita *f;* **2.** *(Haar~)* taglio *m;* **3.** *(~muster)* cartamodello *m;* **4.** *(von Gesicht, von Augen)* taglio *m,* forma *f; (von Profil)* tratti *m pl,* linea *f;* **5.** *film* taglio *m;* **6.** *(~punkt)* punto *m* d'intersezione; *(Längs~, Quer~)* sezione *f; fam (Durch~)* media *f;* **7.** *fam (Gewinn)* vantaggio *m,* profitto *m;* **im ~** *(im Durch~)* in media. **Schnittblumen** *f pl* fiori *m pl* da taglio; *(abgeschnittene)* fiori *m pl* recisi.

Schnitte ⟨-, -n⟩ *f (Scheibe)* fetta *f; (von Fisch, Fleisch)* trancia *f; (belegtes Brot)* tartina *f.*

Schnittfläche *f* superficie *f* di taglio; *mat* sezione *f.*

schnittig *a (Sportwagen)* slanciato; *(Tempo)* veloce.

Schnittlauch *m* erba *f* cipollina. **Schnittmuster** *n* cartamodello *m.* **Schnittpunkt** *m mat* punto *m* d'intersezione; *(von Straßen, Strecken)* (punto *m* d')incrocio *m.* **Schnittstelle** *f inform, fig* interfaccia *f.* **Schnittwunde** *f* ferita *f* da taglio.

Schnitzel[1] ['ʃnɪtsəl] ⟨-s, -⟩ *n gastr* fettina *f,* scaloppina *f.*

Schnitzel[2] ['ʃnɪtsəl] ⟨-s, -⟩ *n o. m (Papier~)* ritaglio *m,* pezzetto *m.* **Schnitzeljagd** *f* caccia *f* alla carta.

schnitzen ['ʃnɪtsən] **I.** *tr (Figur, Gegenstand)* intagliare (*aus* da); **das Holz zu etw. ~** scolpire qc nel legno; **II.** *itr* intagliare.

Schnitzer ⟨-s, -⟩ *m fam (Fehler)* sbaglio *m,* strafalcione *m fam; (im Benehmen)* sbaglio *m.*

Schnitzer(in) ⟨-s, -⟩ *m(f) (Holz~)* intagliatore, -trice *m, f.*

Schnitzerei [ʃnɪtsə'rai] ⟨-, -en⟩ *f (Verzierung)* intaglio *m; (Bildwerk)* scultura *f* in legno.

Schnitzerin *f s.* **Schnitzer.**

schnodd(e)rig ['ʃnɔd(ə)rɪç] *a fam (Benehmen)* irrispettoso, insolente; *(Ton, Ausdrucksweise)* incivile.

schnöd(e) ['ʃnø:də] *a (schändlich)* vergognoso, infame; *(gemein)* vile; *(verächtlich)* sprezzante.

Schnorchel ['ʃnɔrçəl] ⟨-s, -⟩ *m (von U-Boot)* schnorchel *m; (von Taucher)* respiratore *m* di superficie.

Schnörkel ['ʃnœrkəl] ⟨-s, -⟩ *m arch* arabesco *m; (in Schrift, a. fig)* svolazzo *m.*

schnorren ['ʃnɔrən] *fam* **I.** *itr* scroccare *fam (bei jdm* qu*);* **II.** *tr* scroccare *fam* (*bei jdm* a qu).

schnüffeln ['ʃnʏfəln] *itr* **1.** *(schnuppern)* tirar su l'aria per il naso; *(riechen)* fiutare (*an etw.* qc); *(Hund)* annusare (*an etw.* qc); **2.** *fam pej (spio-*

nieren) curiosare, frugare; *(als Spitzel)* spiare.
Schnuller ['ʃnʊlɐ] ‹-s, -› *m* tettarella *f*, ciuccio *m fam*.
Schnulze ['ʃnʊltsə] ‹-, -n› *f pej mus* canzonetta *f*; *theat* commedia *f* sdolcinata.
schnupfen ['ʃnʊpfən] **I.** *itr* fiutare tabacco, tabaccare; **II.** *tr (Tabak, Kokain)* fiutare. **Schnupfen** ‹-s, -› *m* raffreddore; **(einen) ~ haben** essere raffreddato, avere il raffreddore. **Schnupftabak** *m* tabacco *m* da fiuto.
schnuppe ['ʃnʊpə] *a:* **das ist mir ~** *fam* non m'importa *fam*, me ne infischio *vulg (o.* frego *vulg*).
Schnupperlehre *f fam* apprendistato *m* di prova.
schnuppern ['ʃnʊpɐn] *itr* annusare (*an etw.* qc), fiutare (*an etw.* qc).
Schnur [ʃnu:ɐ] ‹-, ¨-e› *f* corda *f*; *(Bindfaden)* spago *m*; *(Kordel)* cordoncino *m*; *el* cordone *m*, filo *m*.
Schnürchen ['ʃny:ɐçən] ‹-s, -› *n:* **etw. wie am ~ können** *fam* sapere qc a menadito *fam*; **das geht (***o.* **klappt) wie am ~** *fam* corre liscio *fam*.
schnüren ['ʃny:rən] *tr (Schuhe)* allacciare; *(Paket)* legare; *(schlingen)* stringere.
schnurgerade ['ʃnu:ɐgə'ra:də] *a* rettilineo, diritto.
Schnurrbart *m* baffi *m pl*. **schnurrbärtig** *a* baffuto.
schnurren ['ʃnʊrən] *itr (Katze)* fare le fusa; *(Ventilator, Motor)* ronzare.
schnurrig *a (Geschichte)* spassoso; *(Mensch)* strambo, strano.
Schnürsenkel [-zɛŋkəl] ‹-s, -› *m* laccio *m* da scarpe, stringa *f* per scarpe. **Schnürstiefel** *m* stivale *m* con lacci.
schnurstracks ['ʃnu:ɐ'ʃtraks] *adv fam* difilato *fam*.
Schnute ['ʃnu:tə] ‹-, -n› *f fam (Mund)* muso *m fam*; *(Schmollmund)* broncio *m fam*; **eine ~ ziehen** fare il broncio *fam*.
schob [ʃo:p] *1. u. 3. pers sing imp von* **schieben.**
Schober ['ʃo:bɐ] ‹-s,-› *m dial (Heuschuppen)* fienile *m*; *(Heuhaufen)* mucchio *m* di fieno.
Schock [ʃɔk] ‹-(e)s, -s *o. rar* -e› *m* choc *m*.
schockieren [ʃɔ'ki:rən] ‹*ohne ge-*› *tr* scioccare, scandalizzare.
schofel ['ʃo:fəl] *a fam* misero.
Schöffe ['ʃœfə] ‹-n, -n› *m*, **Schöffin** ['ʃœfɪŋ] *f* giurato, -a *m, f*. **Schöffengericht** *n* giuria *f*. **Schöffin** *f s.* **Schöffe.**
Schokolade [ʃoko'la:də] ‹-, -n› *f* cioccolato *m*; *(Getränk)* cioccolata *f*.
Scholle[1] ['ʃɔlə] ‹-, -n› *f (Erd~)* zolla *f*; *(Eis~)* lastra *f* (*o.* lastrone *m*) di ghiaccio; *fig poet (Erde)* terra *f*.
Scholle[2] ['ʃɔlə] ‹-, -n› *f (Fisch)* passera *f* di mare, pianuzza *f*.
schon [ʃo:n] *adv* **1.** *(zeitlich, örtlich)* già; **2.** *(mit nachfolgender Zeitbestimmung)* fin da; **3.** *(gewiß, doch, wohl)* certamente, senz'altro; **~ von weitem** già da lontano; **~ damals** fin d'allora; **~ jetzt** fin d'ora; **~ als Kind** fin dall'infanzia; **es ist ~ lange her** è già da un pezzo; **das weiß ich ~ lange** lo so da un pezzo *fam*; **~ oft** più volte; **ich weiß ~** lo so, lo so; **es wird ~ gehen** andrà bene; **das mag ~ sein** è possibile; **(das) ~, aber ...** certo, ma ...; **mach ~!** *fam (beeil dich!)* spicciati *fam*; **~ gut!** va bene, basta così; **~ wieder** di nuovo; **~ der Gedanke, daß ...** al solo pensiero che ... *conj*; **wenn ich das ~ höre** solo a sentirlo; **das muß ich (allein) ~ aus Rücksicht auf Oma tun** devo farlo se non altro per riguardo alla nonna; **sie wird ~ (noch) kommen** verrà, verrà; **na (***o.* **und) wenn ~!** *fam* che fa! *fam*, che importa! *fam*.
schön [ʃø:n] **I.** *a* bello; *(angenehm)* piacevole; **~ werden** *(Wetter)* mettersi al bello; **es ist ~ (es Wetter)** fa bello; **das ist ~ von dir** è un bel gesto da parte tua; **das ist ja alles ganz ~ (***o.* **~ und gut), aber ...** d'accordo, ma ...; **das wäre (ja) noch ~er!** sarebbe il colmo!; **da haben wir uns was S~es eingebrockt!** *fam* ci siamo cacciati in un bel guaio! *fam*; **da haben Sie was S~es angerichtet!** l'ha combinata bella! *fam*; **das ist (ja) eine ~e Geschichte!** bell'affare!; **~e Grüße** tanti (*o.* cordiali) saluti; **eine ~e Summe** una bella somma; **~es Wochenende!** buon fine settimana!; **~e Worte** *(leere)* belle parole; **II.** *adv* bene; *fam (ziemlich)* abbastanza; **~ malen/schreiben/singen** dipingere/scrivere/cantare bene; **ich lasse ~ grüßen** tante belle cose da parte mia; **das werde ich ~ sein lassen** *fam* me ne guarderò bene *fam*; **bitte ~!** prego!; **danke ~!, ~en Dank!** tante (*o.* mille) grazie!; **sei ~ brav!** sii bravo!; **III.** *interj* bene, bravo; *(einverstanden)* d'accordo.
Schonbezug *m* coprisedile *m*; *(für Matratze)* coprimaterasso *m*.
schonen ['ʃo:nən] **I.** *tr (jdn, Nerven)* risparmiare; *(Gesundheit, Herz)* aver riguardo di, badare a; *(Gegenstand,*

Kleidung) avere cura di; *(jds Gefühle)* aver riguardo di; **II.** *rfl:* **sich ~** risparmiarsi, riguardarsi. **schonend I.** *a* delicato, riguardoso; *(Waschmittel)* delicato; **II.** *adv* con riguardo; **jdm etw. ~ beibringen** insegnare qc a qu gentilmente.

Schonfrist *f* periodo *m* di rodaggio.

Schöngeist *m* bellospirito *m.* **schöngeistig** *a (Mensch)* amante delle belle lettere; **~e Literatur** belle lettere *f pl.*

Schönheit ‹-, -en› *f* bellezza *f.* **Schönheitschirurgie** *f* chirurgia *f* estetica. **Schönheitsfehler** *f* difetto *m* estetico; *(fig a.)* imperfezione *f.* **Schönheitskönigin** *f* reginetta *f.* **Schönheitspflege** *f* cosmesi *f.*

Schonkost *f* dieta *f* (leggera).

Schönling ['ʃø:nlɪŋ] ‹-s, -e› *m pej* bellimbusto *m.*

schön·machen I. *itr (Hund)* fare l'ometto; **II.** *rfl:* **sich ~** farsi bello; **III.** *tr (Kind)* mettere il vestito *m* migliore a; *(Wohnung)* decorare. **Schönschrift** *f* bella scrittura *f,* calligrafia *f; fam (Reinschrift)* bella copia *f.* **schön·tun** ‹*irr*› *itr fam:* **jdm ~** *(schmeicheln)* adulare qu.

Schonung ‹-, -en› *f* **1.** ‹*sing*› *(von Gesundheit)* riguardo *m,* cura *f,* attenzione *f; (von Gegenstand)* attenzione *f,* riguardo *m; (Nachsicht)* indulgenza *f;* **2.** *(Wald)* bosco *m* di riserva; *(Baumschule)* vivaio *m.* **schonungslos** *a (Behandlung)* senza riguardo; *(Vorgehen)* senza delicatezza; *(Kritik)* spietato; *(Wahrheit)* brutale.

Schonzeit *f* periodo *m* di divieto di caccia.

Schopf [ʃɔpf] ‹-(e)s, ⸚e› *m* ciuffo *m;* **die Gelegenheit beim ~ ergreifen** cogliere le palla al balzo *fam.*

schöpfen ['ʃœpfən] *tr* **I.** *tr* **1.** *(Wasser)* attingere (*aus* da, a); *(Suppe)* versare (*o.* travasare) con un mestolo; **2.** *(Atem)* tirare; *(Mut)* farsi; *(Hoffnung)* riacquistare; *(Kraft)* riprendere; **3.** *(neuen Ausdruck, Wort)* creare; **Verdacht ~** insospettirsi; **II.** *itr* attingere, prendere.

Schöpfer(in) ‹-s, -› *m(f)* creatore, -trice *m, f.* **schöpferisch** *a* creativo.

Schöpfkelle *f,* **-löffel** *m* ramaiolo *m,* mestolo *m.*

Schöpfung ‹-, -en› *f* creazione *f.* **Schöpfungsgeschichte** *f (in Bibel)* genesi *f.*

Schoppen ['ʃɔpən] ‹-s, -› *m* quartino *m,* mezzetta *f.*

schor [ʃo:ɐ] *1. u. 3. pers sing imp von* **scheren.**

Schorf [ʃɔrf] ‹-(e)s, -e› *m (auf Wunde)* crosta *f* (della ferita); *(Hautkrankheit)* pelle *f* squamosa, crosta *f.*

Schornstein ['ʃɔrn-] *m (von Gebäude)* comignolo *m; (von Fabrik, Schiff)* fumaiolo *m,* ciminiera *f; (von Lokomotive)* fumaiolo *m.* **Schornsteinfeger(in)** ‹-s, -› *m(f),* **-kehrer(in)** ‹-s, -› *m(f)* (donna *f*) spazzacamino *m.*

schoß [ʃɔs] *1. u. 3. pers sing imp von* **schießen.**

Schoß [ʃo:s] ‹-es, ⸚e› *m* **1.** *(Teil des Körpers, Mutterleib)* grembo *m;* **2.** *fig (von Kirche, Familie)* seno *m;* **3.** *(Rock~)* falda *f;* **auf jds ~** sulle ginocchia di qu; **das ist ihm in den ~ gefallen** *fig* gli è piovuto dal cielo *fam.* **Schoßhund** *m* cane *m* da salotto.

Schößling ['ʃœslɪŋ] ‹-s, -e› *m* germoglio *m,* rampollo *m.*

Schote ['ʃo:tə] ‹-, -n› *f* baccello *m; scient* siliqua *f.*

Schott [ʃɔt] ‹-(e)s, -en *o. rar* -e› *n* paratia *f.*

Schotte ['ʃɔtə] ‹-n, -n› *m,* **Schottin** ['ʃɔtɪn] *f* scozzese *mf.* **Schottenmuster** *n* disegno *m* scozzese.

Schotter ['ʃɔtɐ] ‹-s, -› *m* ghiaia *f,* pietrisco *m.*

schottern *tr* inghiaiare.

Schottin *f s.* **Schotte.**

schottisch *a* scozzese.

Schottland ['ʃɔtlant] *n* Scozia *f.*

schraffieren [ʃra'fi:rən] ‹*ohne ge-*› *tr* tratteggiare.

Schraffierung ‹-, -en› *f,* **Schraffur** [...'fu:ɐ] ‹-, -en› *f* tratteggio *m,* tratteggiatura *f.*

schräg [ʃrɛ:k] *a (schief, nicht gerade)* obliquo, sbieco; *(geneigt)* inclinato; *(quer laufend)* diagonale; **~ gegenüber** dall'altra parte in linea diagonale. **Schrägstreifen** *m* banda *f* trasversale. **Schrägstrich** *m* linea *f* obliqua.

Schramme ['ʃramə] ‹-, -n› *f* scalfittura *f,* graffio *m,* graffiatura *f.*

schrammen *tr* scalfire, graffiare.

Schrank [ʃraŋk] ‹-(e)s, ⸚e› *m* armadio *m; (Kleider~)* guardaroba *m; (Wand~)* armadio *m* a muro; *(Geschirr~)* credenza *f; (Bücher~)* libreria *f; (Geld~)* cassaforte *f.*

Schranke ['ʃraŋkə] ‹-, -n› *f allg., fig, Eisenb.* barriera *f; (Gerichts~)* (s)barra *f; fig* limite *m;* **in ~n halten** *fig* tenere nei (giusti) limiti; **jdn in seine ~n weisen** richiamare qu all'ordine.

schrankenlos *a* *(Bahnübergang)* senza sbarre (*o.* barriere); *fig* illimitato; *(bes. Macht)* assoluto. **Schrankenwärter(in)** *m(f)* guardabarriere *mf.*
Schrankkoffer *m* baule *m* armadio. **Schrankwand** *f* parete *f* di armadi a muro.
Schraubdeckel *m* coperchio *m* a vite.
Schraube ['ʃraubə] ‹-, -n› *f* **1.** *tec* vite *f;* **2.** *naut, aero* elica *f;* **bei ihm ist eine ~ locker** *fam* gli manca qualche rotella *fam* (*o.* venerdì *fam*).
schrauben *tr* avvitare; *(fester ~)* stringere; *(loser ~)* allentare; *fig (in die Höhe)* far salire; *(niedriger ~)* ridurre.
Schraubenschlüssel *m* chiave *f* per dadi. **Schraubenzieher** ‹-s, -› *m* cacciavite *m.*
Schraubstock *m* morsa *f* (da banco). **Schraubzwinge** *f* sergente *m.*
Schrebergarten ['ʃre:be-] *m orto familiare (fuori dall'agglomerato urbano).*
Schreck [ʃrɛk] ‹-(e)s, -e› *m* spavento *m,* sgomento *m;* **einen ~ bekommen** prendere uno spavento; **jdm einen ~ einjagen** incutere spavento a qu; **ach du (mein) ~!** *fam* Dio mio! *fam,* mamma mia! *fam.*
schrecken **I.** *tr* ‹*haben*› *(ängstigen)* spaventare; **jdn aus dem Schlaf/seiner Lethargie ~** svegliare qu di soprassalto/svegliare qu dal suo letargo; **II.** *itr* ‹*sein*›: **aus dem Schlaf ~** svegliare di soprassalto.
Schrecken ‹-s, -› *m* **1.** *(Erschrecken)* spavento *m;* **2.** ‹*meist pl*› *(des Krieges, etc.)* orrori *m pl;* **3.** *(Entsetzen)* terrore *m;* **mit dem ~ davonkommen** cavarsela con uno spavento; **in ~ versetzen** spaventare. **schreckenerregend** *a* spaventoso, terrificante.
Schreckgespenst *n* **1.** *(Person)* spauracchio *m fam;* **2.** *(drohende Gefahr)* spettro *m.*
schreckhaft *a* che si impaurisce facilmente, pauroso.
schrecklich *a* terribile, spaventoso; *(Anblick)* orribile; *(Verbrechen)* atroce; *fam (stark, groß)* terribile, tremendo.
Schreckschuß *m* colpo *m* sparato in aria. **Schrecksekunde** *f* momento *m* di spavento.
Schrei [ʃrai] ‹-(e)s, -e› *m* grido *m,* urlo *m;* **einen ~ ausstoßen** cacciare un urlo, dare un grido; **der letzte ~** *fig fam* l'ultimo grido *fam.*
Schreibblock ‹-(e)s, -s› *m* taccuino *m,* bloc-notes *m.*
schreiben ['ʃraibən] ‹schreibt, schrieb, geschrieben› *tr, itr* scrivere; **auf der (Schreib)maschine ~** scrivere a macchina, dattilografare; **man schrieb das Jahr 1429** *geh, obs* correva l'anno 1429; **wie ~ Sie sich?** come si scrive il Suo nome? **Schreiben** ‹-s, -› *n* *(oft adm) (Brief)* lettera *f;* *(Schriftstück)* scritto *m.*
Schreiber ‹-s, -› *m* **1.** *(Gerät)* strumento *m* per scrivere; **2.** *tec (Fahrten~)* tacografo *m; (an Meßgerät)* registratore *m.*
Schreiber(in) ‹-s, -› *m(f) (Verfasser)* scrittore, -trice *m, f,* autore, -trice *m, f; (Brief~)* corrispondente *mf; hist* scriba *m; (Gerichts~)* cancelliere *m* del tribunale.
schreibfaul *a* pigro nello scrivere lettere, che scrive poco. **Schreibfehler** *m* errore *m* ortografico (*o.* di scrittura). **Schreibkraft** *f* stenodattilografo, -a *m, f.* **Schreibmaschine** *f* macchina *f* da scrivere. **Schreibpapier** *n* carta *f* per macchina da scrivere. **Schreibschrank** *m* secrétaire *m.* **Schreibtisch** *m* scrivania *f.*
Schreibung ‹-, -en› *f* modo *m* di scrivere, grafia *f.*
Schreibunterlage *f* cartella *f* da scrivania, sottomano *m.* **Schreibwarenhändler(in)** *m(f)* cartolaio, -a *m, f.* **Schreibwarenhandlung** *f* cartoleria *f.* **Schreibzeug** ‹-(e)s, -e› *n* occorrente *m* per scrivere.
schreien ['ʃraiən] ‹schreit, schrie, geschrie(e)n› **I.** *itr (Mensch, Vogel)* gridare; *(auf~)* (mettersi a) urlare; *(brüllen)* urlare; *(rufen)* gridare, chiamare; *(laut reden)* parlare forte, gridare; *(weinen: Kind)* piangere, strillare; *(Esel)* ragliare; *(Eule)* stridere; *(Hahn)* cantare; **nach jdm/etw. ~** reclamare qu/qc, chiedere ad alta voce qu/qc; **zum S~ (komisch) sein** *fam* essere da sbellicarsi dalle risate *fam;* **II.** *tr* gridare, chiamare; **III.** *rfl:* **sich heißer ~** diventare rauco a furia di gridare, sgolarsi. **schreiend** *a* **1.** *(Kind, etc.)* urlante; **2.** *fig (Farbe)* stridente; **eine ~e Ungerechtigkeit** un'ingiustizia che grida vendetta.
Schreihals *m fam* strillone *m fam,* sbraitone *m fam.*
Schrein [ʃrain] ‹-(e)s, -e› *m (Reliquien~)* reliquiario *m.*
Schreiner(in) ['ʃrainɐ (...ərın)] ‹-s, -› *m(f)* (donna *f*) falegname *m.*
Schreinerei [ʃrainə'rai] ‹-, -en› *f* falegnameria *f.*
Schreinerin *f s.* **Schreiner.**

schreinern I. *itr* fare il falegname, fare lavori da falegnameria; **II.** *tr* fare.

schreiten ['ʃraitən] ‹schreitet, schritt, geschritten› *itr ‹sein› geh* camminare, marciare; *(würdevoll)* incedere; **zu etw. ~** *fig* passare a qc; **über etw. ~** passare sopra qc.

schrie [ʃri:] *1. u. 3. pers sing imp von* **schreien.**

schrieb [ʃri:p] *1. u. 3. pers sing imp von* **schreiben.**

Schrift [ʃrɪft] ‹-, -en› *f* **1.** *(~art, Hand~, ~system)* scrittura *f; (Auf~)* scritta *f;* **2.** *(Gedrucktes)* scritto *m; (literarisches Werk)* opera *f; (Abhandlung)* atto *m,* trattato *m;* **die Heilige ~** la Sacra Scrittura. **Schriftdeutsch** *n* tedesco *m* letterario (*o.* scritto); *(nicht Dialekt)* buon tedesco *m.* **Schriftführer(in)** *m(f)* segretario, -a *m, f,* protocollista *mf.* **schriftlich I.** *a* scritto; **II.** *adv* per iscritto; **~ festhalten** (*o.* **niederlegen)** mettere per iscritto. **Schriftsteller(in)** ‹-s, -› *m(f)* scrittore, -trice *m, f.* **Schriftstellername** *m* pseudonimo *m* di scrittore. **Schriftstück** *n* scritto *m; adm* documento *m.*

schrill [ʃrɪl] *a* stridulo, stridente, acuto.

schritt [ʃrɪt] *1. u. 3. pers sing imp von* **schreiten.**

Schritt [ʃrɪt] ‹-(e)s, -e› *m* **1.** *allg., fig* passo *m;* **2.** *(von Hose)* cavallo *m;* **~ für ~** passo (per) passo; *fig* gradatamente, gradualmente; **gemessenen ~es** *geh* a passi misurati; **drei ~e von ...** a quattro passi da ...; **(im) ~ fahren/reiten** andare al passo; **jdm auf ~ und Tritt folgen** seguire qu passo passo *fam;* **mit jdm/etw. ~ halten** *fig* andare di pari passo con qu/andare al passo con qc; **mit der Zeit ~ halten** stare al passo coi tempi; **große ~e machen** camminare a grandi passi; **den ersten ~ tun** *fig* fare il primo passo; **einen großen ~ vorwärts tun** *fig* fare un bel passo avanti *fam;* **~e unternehmen** intraprendere dei passi. **Schrittmacher** *m* **1.** *sport, fig* battistrada *m;* **2.** *med* pacemaker *m.* **schrittweise** *adv* passo passo; *fig (allmählich)* gradatamente, gradualmente.

schroff [ʃrɔf] *a* **1.** *(steil)* erto, ripido; *(jäh abfallend)* dirupato, scosceso; **2.** *fig (barsch, plötzlich)* brusco.

schröpfen ['ʃrœpfən] *tr fig* salassare.

Schrot [ʃro:t] ‹-(e)s, -e› *m o. n* **1.** *(Mehl)* (chicchi *m pl* di) cereali *m pl* macinati grossolanamente, cruschello *m;* **2.** *(Flinten~)* pallini *m pl;* **ein Mann von altem ~ und Korn** un uomo di vecchio stampo.

schroten *tr* tritare, macinare.

Schrott [ʃrɔt] ‹-(e)s, ø› *m* rottami *m pl* metallici (*o.* di ferro); **ein Auto zu ~ fahren** guidare una macchina fino alla rottamazione. **Schrotthändler(in)** *m(f)* negoziante *mf* di ferraglia. **Schrottplatz** *m* parco *m* rottami. **schrottreif** *a (Auto)* pronto per essere demolito. **Schrottwert** *m* valore *m* di rottame.

schrubben ['ʃrʊbən] *tr* strofinare, (s)fregare. **Schrubber** ‹-s, -› *m* spazzolone *m.*

Schrulle ['ʃrʊlə] ‹-, -n› *f pej* **1.** *(Marotte)* grillo *m,* capriccio *m,* tic *m;* **2.** *(alte Frau)* vecchiaccia *f.* **schrullig** *a* stravagante, bizzarro.

schrumpfen ['ʃrʊmpfən] *itr ‹sein›* **1.** *(Gewebe)* (r)aggrinzare, restringersi; **2.** *fig (Vorrat, Kapital)* assottigliarsi, ridursi.

Schrumpfung ‹-, -en› *f* **1.** *(von Gewebe, etc.)* restringimento *m,* ritiro *m;* **2.** *fig* riduzione *f,* diminuzione *f.*

Schrunde ['ʃrʊndə] ‹-, -n› *f (Haut~)* screpolatura *f; (Fels~, Gletscherspalte)* crepaccio *m.*

Schub [ʃu:p] ‹-(e)s, ⸚e› *m* **1.** *(Stoß, a. phys)* spinta *f;* **2.** *med* fase *f;* **3.** *(Gruppe, Anzahl)* gruppo *m,* quantità *f.* **Schubkarre(n** *m***)** *f* carriola *f.* **Schubkraft** *f* forza *f* di spinta (*o.* di spostamento). **Schublade** *f* cassetto *m.*

Schubs [ʃu:ps] ‹-es, -e› *m fam* spintarella *f fam.*

schüchtern ['ʃʏçtɐn] *a* timido. **Schüchternheit** ‹-, ø› *f* timidezza *f.*

schuf [ʃu:f] *1. u. 3. pers sing imp von* **schaffen**[1]**.**

Schuft [ʃʊft] ‹-(e)s, -e› *m pej* furfante *m,* canaglia *f.*

schuften ['ʃʊftən] *itr fam* sfacchinare *fam,* sgobbare *fam.*

Schufterei [...ə'rai] ‹-, -en› *f fam (Plackerei)* sfacchinata *f fam,* sgobbata *f fam.*

schuftig *a pej* infame, basso, vile. **Schuftigkeit** ‹-, -en› *f pej* infamia *f,* bassezza *f,* viltà *f.*

Schuh [ʃu:] ‹-(e)s, -e› *m* scarpa *f;* **jdm etw. in die ~e schieben** *fig fam* gettare la colpa di qc addosso a qu; **ich weiß, wo dich der ~ drückt** *fig* so che cosa ti preoccupa. **Schuhanzieher** ‹-s, -› *m* calzascarpe *m.* **Schuhband** ‹-(e)s, ⸚er› *n* laccio *m,* stringa *f.* **Schuhbürste** *f* spazzola *f* per scarpe. **Schuhcreme** *f* lucido *m* da scarpe. **Schuhgeschäft** *n* negozio *m* di calzature (*o.* di scarpe). **Schuhgröße** *f* numero *m* di scarpe; **~ 40 haben** portare il 40 di scarpe; **welche ~ haben Sie?** che numero di scarpe porta? **Schuhlöffel** *m* calzascarpe *m.* **Schuhmacher(in)** *m(f)* calzolaio, -a *m, f.* **Schuhmacherei** [-maxəˈrai̯] ‹-, -en› *f* calzoleria *f.* **Schuhmacherin** *f s.* **Schuhmacher. Schuhnummer** *f s.* **Schuhgröße. Schuhputzer(in)** ‹-s, -› *m(f)* lustrascarpe *mf.* **Schuhsohle** *f* suola *f* (della scarpa). **Schuhspanner** *m* forma *f* per scarpe, tendiscarpe *m.*

Schukostecker® [ˈʃu:ko-] *m* spina *f* con messa a terra.

Schulalter *n* età *f* scolastica. **Schularbeiten** *f pl (Hausaufgaben)* compiti *m pl* (a casa). **Schulaufgabe** *f* compito *m* (scolastico). **Schulausflug** *m* gita *f* scolastica. **Schulbank** ‹-, ⸚e› *f* banco *m* di scuola; **die ~ drücken** *fam* andare a scuola. **Schulbeginn** *m (morgens)* inizio *m* delle lezioni; *(Schuljahresbeginn)* inizio *m* dell'anno scolastico; *(nach Ferien)* rientro *m* a scuola. **Schulbeispiel** *n* esempio *m* classico (*o.* tipico). **Schulbesuch** *m* frequenza *f* scolastica. **Schulbildung** *f* istruzione *f* scolastica. **Schulbuch** *n* libro *m* scolastico (*o.* di testo).

Schuld [ʃʊlt] ‹-, -en› *f* **1.** *fin* debito *m;* **2.** ‹*sing*› *(Fehler, Vergehen, Verbrechen)* colpa *f;* **durch meine ~** per colpa mia; **ohne meine ~** senza colpa da parte mia; **seine ~en bezahlen** pagare i propri debiti; **~en machen** fare (*o.* contrarre) debiti; **die ~ auf sich nehmen** assumersi la responsabilità; **an etw. s~ sein** avere la colpa di qc; **in jds ~ stehen** *(a. fig)* essere debitore di qu; **jdm die ~ an etw. zuschieben** addossare la colpa di qc a qu; **das ist meine ~, ich bin** (*o.* **habe**) **s~** è colpa mia; **jdm die ~ (an etw.) geben** dare a qu la colpa (di qc). **schuldbewußt** *a* conscio (*o.* consapevole) della propria colpa.

schulden [ˈʃʊldən] *tr:* **jdm etw. ~** dovere qc a qu, essere debitore di qc a qu.

schuldenfrei *a* esente da debiti; *(Grundstück)* non ipotecato, libero da ipoteca.

Schuldfrage *f* questione *f* della colpevolezza (*o.* della responsabilità). **schuldhaft** *a* colpevole.

schuldig *a* **1.** *(schuldhaft, straffällig, verantwortlich)* colpevole (*gen, an* di); **2.** *(verpflichtet, verschuldet)* debitore; **3.** *(gebührend)* dovuto; **sich ~ bekennen** riconoscersi colpevole; **die Antwort nicht ~ bleiben** aver la risposta pronta; **die Antwort ~ bleiben** dovere una risposta; **sich ~ fühlen** sentirsi colpevole; **~ sein** essere colpevole; **jdm etw. ~ sein** *(a. fig)* dovere qc a qu, avere un debito di qc verso qu; **~ sprechen** dichiarare colpevole; **was bin ich Ihnen ~?** cosa Le devo?; **~ geschieden** divorziato per propria colpa. **Schuldige** ‹ein -r, -n, -n› *mf* colpevole *mf.* **Schuldigkeit** ‹-, ø› *f* dovere *m,* obbligo *m;* **seine ~ tun** fare il proprio dovere.

schuldlos *a* senza colpa (*an* di, per); **~ geschieden** divorziato senza colpa. **Schuldlosigkeit** ‹-, ø› *f* innocenza *f.*

Schuldner(in) [ˈʃʊldnɐ (...ərɪn)] ‹-s, -› *m(f)* debitore, -trice *m, f.*

Schuldschein *m* titolo *m* di credito.

Schule [ˈʃu:lə] ‹-, -n› *f* scuola *f;* **zur ~ gehen** andare a scuola; **~ haben** aver lezione; **in die** (*o.* **zur**) **~ kommen** iniziare la scuola; **~ machen** fare scuola; **aus der ~ plaudern** *fig* spifferare tutto; **heute ist keine ~** oggi non c'è scuola; **Hohe ~** *(Reiten)* alta scuola; **höhere ~** scuola media (*o.* secondaria).

schulen *tr (ausbilden)* istruire, addestrare, formare; *(Auge, Ohr, Gedächtnis)* educare; *(dressieren)* ammaestrare.

Schüler(in) [ˈʃy:lɐ (...ərɪn)] ‹-s, -› *m(f) allg.* allievo, -a *m, f; (bes. im schulpflichtigen Alter)* scolaro, -a *m, f,* alunno, -a *m, f; (an höheren Schulen)* studente, -tessa *m, f; fig (Anhänger)* discepolo, -a *m, f.* **Schüleraustausch** *m* scambio *m* di studenti. **Schülerin** *f s.* **Schüler. Schülerlotse** *m,* **-lotsin** *f* allievo, -a *m, f* che dirige il traffico davanti alla scuola. **Schülermitverwaltung** *f* (*ab* **SMV**) partecipazione degli scolari ai consigli scolastici. **Schülerschaft** ‹-, -en› *f* scolaresca *f.* **Schülerzeitung** *f* giornale *m* studentesco.

Schulfach *n* materia *f* scolastica (*o.* d'insegnamento). **Schulferien** ‹*pl*› vacanze *f pl* scolastiche. **Schulfernsehen** *n* televisione *f* scolastica. **Schulflugzeug** *n* aeroplano *m* scuola. **schulfrei** *a:* **~ haben** avere vacanza; **~er Tag** giorno di vacanza. **Schulfreund(in)** *m(f)* compagno, -a *m, f* di scuola. **Schulfunk** *m* radio *f* scuola. **Schulgeld** *n* tassa *f* scolastica. **Schulheft** *n* quaderno *m* di scuola. **Schulhof** *m* cortile *m* della scuola.

schulisch *a* scolastico.

Schuljahr *n* anno *m* scolastico. **Schulkamerad(in)** *m(f)* compagno, -a *m, f* di scuola. **Schulkenntnisse** *f pl* nozioni *f pl* scolastiche. **Schulkind** *n* scolaretto, -a *m, f.* **Schulklasse** *f* classe *f; (Klassenzimmer a.)* aula *f.* **Schulleiter(in)** *m(f)* direttore, -trice *m, f* di scuola; *(an höheren Schulen)* preside *mf.* **Schulmappe** *f* cartella *f.* **Schulmedizin** *f* medicina *f* classica (*o.* scolastica). **schulmeisterlich** *a pej (pedantisch)* pedante; *(belehrend)* professorale, cattedratico. **schulmeistern I.** *itr* pedanteggiare; **II.** *tr* criticare. **Schulpflicht** *f* istruzione *f* obbligatoria, obbligo *m* scolastico. **schulpflichtig** *a:* **im ~en Alter** in età scolare. **Schulrat** *m,* **-rätin** *f* ispettore, -trice *m, f* scolastico, -a. **Schulreform** *f* riforma *f* scolastica. **Schulschiff** *n* nave-scuola *f.* **Schulspeisung** *f* mensa *f* (*o.* refezione *f*) scolastica. **Schulstreß** *m* stress *m* da surmenage scolastico. **Schulstunde** *f* (ora *f* di) lezione *f.* **Schultasche** *f* cartella *f.*

Schulter ['ʃʊltɐ] ‹-, -n› *f* spalla *f;* **~ an ~** spalla a spalla; **jdn über die ~ ansehen** *fig* guardare qu dall'alto in basso; **jdm auf die ~ klopfen** battere sulla spalla a qu; **etw. auf die leichte ~ nehmen** prendere qc alla leggera; **jdm die kalte ~ zeigen** trattare qu con indifferenza (*o.* freddezza); **breite ~n haben** *fig* avere le spalle larghe. **Schulterblatt** *n* scapola *f.*

schultern *tr* mettere in spalla.

Schulung ‹-, -en› *f* **1.** *(Ausbildung)* istruzione *f,* addestramento *m,* formazione *f; (von Stimme)* educazione *f;* **2.** *(Lehrgang)* corso *m* d'istruzione (*o.* d'addestramento).

Schulunterricht *m* insegnamento *m* scolastico. **Schulversager(in)** *m(f)* fallito, -a *m, f* negli studi. **Schulweisheit** *f* erudizione *f* scolastica. **Schulzeit** *f* anni *m pl* di scuola. **Schulzeugnis** *n* pagella *f* scolastica.

schummeln ['ʃʊməln] *itr fam (beim Spiel)* barare; *(in Schule)* copiare.

schumm(e)rig ['ʃʊm(ə)rɪç] *a* crepuscolare.

schund [ʃʊnt] *1. u. 3. pers sing imp von* **schinden.**

Schund [ʃʊnt] ‹-(e)s, ø› *m pej* robaccia *f fam,* ciarpame *m.*

schunkeln ['ʃʊŋkəln] *itr* dondolarsi tenendosi sottobraccio.

Schuppe ['ʃʊpə] ‹-, -n› *f* **1.** *zoo* scaglia *f;* (*a. Haut~*) squama *f;* **2.** *(Kopf~)* forfora *f;* **es fiel mir wie ~n von den Augen** mi cadde la benda dagli occhi.

schuppen I. *tr (Fisch)* squamare; **II.** *rfl:* **sich ~** squamarsi.

Schuppen ['ʃʊpən] ‹-s, -› *m* capannone *m,* rimessa *f.*

schuppig *a (Haut)* squamoso, scaglioso; *(Haar)* pieno di forfora.

Schur [ʃu:ɐ̯] ‹-, -en› *f* tosatura *f.*

schüren ['ʃy:rən] *tr (a. fig)* attizzare.

schürfen ['ʃʏrfən] **I.** *tr* **1.** *(Haut)* scalfire; **2.** *(Bodenschätze)* scavare (per estrarre); **II.** *rfl:* **sich ~** scalfirsi; **III.** *itr* esplorare il terreno (*nach* alla ricerca di).

Schürfung ‹-, -en› *f* **1.** *(Verletzung)* scalfittura *f;* **2.** *min* ricerca *f* di minerali, prospezione *f.*

Schürhaken *m* attizzatoio *m.*

Schurke ['ʃʊrkə] ‹-n, -n› *m,* **Schurkin** [...kɪn] *f* farabutto, -a *m, f,* furfante *mf,* canaglia *f,* briccona *f.*

Schurwolle *f* lana *f* vergine.

Schurz [ʃʊrts] ‹-es, -e› *m* grembiule *m; (Lenden~)* perizoma *f.*

Schürze ['ʃʏrtsə] ‹-, -n› *f* grembiule *m.* **Schürzenjäger** *m fam pej* donnaiolo *m fam.*

Schuß [ʃʊs] ‹Schusses, Schüsse› *m* **1.** *(Gewehr~, Kanonen~, etc.)* colpo *m,* tiro *m,* sparo *m; sport (beim Fußball)* tiro *m;* **2.** *(~ Wein, Essig, etc.)* goccio *m; fig (~ Humor)* pizzico *m,* tantino *m fam;* **3.** *(beim Skilaufen)* schuss *m;* **4.** *(Weberei)* trama *f;* **5.** *sl (mit Rauschgift)* iniezione *f* (di droga); **ein ~ in den Ofen** *sl* una perdita di tempo; **weit vom ~** fuori pericolo (*o.* tiro); **einen ~ abgeben** sparare un colpo; **er ist keinen ~ Pulver wert** *fam* non vale un fico secco *sl;* **gut in ~** *fam (Mensch)* in buona salute; *(Auto)* in buono stato; *(Firma)* florida.

Schüssel ['ʃʏsəl] ‹-, -n› *f* scodella *f,* ciotola *f.*

Schußlinie *f* traiettoria *f.* **Schußwaffe** *f* arma *f* da fuoco. **Schußweite** *f* portata *f,* gittata *f;* **außer ~** fuori tiro; **in ~** a tiro. **Schußwunde** *f* ferita *f* d'arma da fuoco.

Schuster ['ʃu:stɐ] ‹-s, -› *m* calzolaio *m; (Flick~)* ciabattino *m;* **~, bleib bei deinem Leisten!** *prov* a ciascuno il suo mestriere! *prov.*

schustern *itr fam pej (pfuschen)* tirar via *fam.*

Schutt [ʃʊt] ‹-(e)s, ø› *m* macerie *f pl; (Bau~, bes. Gips~)* calcinacci *m pl;* **in ~ und Asche legen** ridurre in cenere; **~ abladen verboten!** vietato scaricare macerie. **Schuttabladeplatz** *m* scarico *m* delle macerie.

Schüttelfrost *m* brividi *m pl* di febbre.
schütteln ['ʃʏtəln] *tr* scuotere, scrollare, agitare; **den Kopf ~** scuotere la testa; **jdm die Hand ~** stringere la mano a qu; **vor Gebrauch ~** agitare prima dell'uso.
schütten ['ʃʏtən] **I.** *tr* versare; *(aus~ a.)* spargere, spandere; **II.** *itr:* **es schüttet** *fam* piove a dirotto *fam.*
schütter ['ʃʏtɐ] *a (Haar)* rado.
Schutthaufen *m* mucchio *m* di macerie.
Schutz [ʃʊts] ‹-es, ø› *m* protezione *f* (*gegen, vor* contro); *(Zuflucht, Obdach)* rifugio *m,* riparo *m,* ricovero *m; (Obhut)* tutela *f,* salvaguardia *f; (Schirmherrschaft)* patrocinio *m;* **im ~(e) der Nacht** (*o.* **der Dunkelheit)** col favore delle tenebre; **jdn in ~ nehmen** prendere qu sotto la propria protezione, prendere le difese di qu; **~ suchen** rifugiarsi (*bei* presso). **Schutzanzug** *m* vestito *m* protettivo. **schutzbedürftig** *a* bisognoso di protezione. **Schutzblech** *n* parafango *m.* **Schutzbrille** *f* occhiali *m pl* protettivi. **Schutzdach** *n* tettoia *f,* pensilina *f.*
Schütze ['ʃʏtsə] ‹-n, -n› *m astr* Sagittario *m;* **er/sie ist (ein) ~** è un Sagittario.
Schütze ['ʃʏtsə] ‹-n, -n› *m,* **Schützin** ['ʃʏtsın] *f (Schießender)* tiratore, -trice *m, f.*
schützen ['ʃʏtsən] **I.** *tr* proteggere (*vor, gegen* da); *(Zuflucht gewähren)* proteggere, riparare; *(in Obhut nehmen)* tutelare, salvaguardare; *(bewahren)* preservare (*vor* da); **gesetzlich geschützt** protetto dalla legge; **II.** *rfl:* **sich ~** *(vor Hitze, Leid, Angriff)* difendersi (*vor* da); *(sich absichern: gegen Schaden, Ansprüche)* salvaguardarsi (*gegen* contro, da). **schützend** *a* protettore, protettivo.
Schützenfest *n* festa *f* del tiro a segno.
Schutzengel *m* angelo *m* custode.
Schützengraben *m* trincea *f.* **Schützenhilfe** *f fig:* **jdm ~ geben** appoggiare qu. **Schützenkönig** *m* vincitore *m* del (primo premio nel) tiro a segno.
Schutzfärbung *f* mimetismo *m* protettivo. **Schutzfrist** *f* periodo *m* di proprietà riservata. **Schutzgebiet** *n* **1.** *pol* protettorato *m;* **2.** *(Natur~)* parco *m* nazionale. **Schutzgitter** *n* griglia *f* di protezione (*o.* di sicurezza). **Schutzhaft** *f* fermo *m* precauzionale. **Schutzheilige** *mf* patrono, -a *m, f.* **Schutzhülle** *f* involucro *m* protettivo; *(für Instrumente)* custodia *f; (von Buch)* copertina *f* salvalibri. **Schutzhütte** *f* rifugio *m.*
Schützin *f s.* **Schütze.**
Schützling ['ʃʏtslıŋ] ‹-s, -e› *m* protetto, -a *m, f.*
schutzlos *a* senza protezione, indifeso. **Schutzmann** ‹-(e)s, -männer *o.* -leute› *m fam* vigile *m,* poliziotto *m.* **Schutzmarke** *f com* marchio *m* di fabbrica. **Schutzpatron(in)** *m(f)* patrono, -a *m, f.* **Schutzpolizei** *f* polizia *f* di pubblica sicurezza. **Schutzraum** *m* rifugio *m; (Luft~)* ricovero *m* antiaereo. **Schutzumschlag** *m* copertina *f* salvalibri. **Schutzzoll** *m* dazio *m* protettivo.
Schwabe ['ʃva:bə] ‹-n, -n› *m,* **Schwäbin** ['ʃvɛ:bın] *f* svevo, -a *m, f.* **Schwaben** ['ʃva:bən] *n* Svevia *f.* **Schwabenstreich** *m scherz* balordaggine *f.* **Schwäbin** *f s.* **Schwabe. schwäbisch** *a* svevo.
schwach [ʃvax] ‹¨er, ¨ste› *a allg.* debole; *(Hoffnung)* vago; *(Geste, Nachfrage)* fiacco; *(Licht)* fioco; *(Gesundheit)* gracile, delicato; *(Getränk)* leggero; *(Kaffee)* lungo; *(dürftig: Leistung)* scarso; **schwächer werden** indebolirsi, diminuire; **die wirtschaftlich S~en** le persone di scarsa disponibilità finanziaria; **die ~e Stelle** il punto debole; **~er Trost** magra consolazione; **~ werden** *(Kraft verlieren)* indebolirsi; *fig (der Versuchung erliegen)* cedere; **mir wird ~** mi sento svenire.
Schwäche ['ʃvɛçə] ‹-, -n› *f* debolezza *f; (Gebrechlichkeit)* fragilità *f; (Vorliebe)* debole *m;* **eine ~ haben für** avere un debole per. **Schwächeanfall** *m* attacco *m* di debolezza.
schwächen *tr (a. fig: Gegner)* indebolire; *(entkräften)* spossare, fiaccare; *(Ansehen)* diminuire, sminuire.
Schwachheit ‹-, -en› *f* **1.** *(moralische Schwäche)* debolezza *f;* **2.** *s.* **Schwäche; bild dir bloß keine ~en ein!** *fam* non farti illusioni! **Schwachkopf** *m fam pej* imbecille *m fam.*
schwächlich *a (körperlich schwach)* deboluccio, gracile; *(kränklich)* malaticcio. **Schwächlichkeit** ‹-, ø› *f* debolezza *f,* gracilità *f; (Kränklichkeit)* cagionevolezza *f.* **Schwächling** ['ʃvɛçlıŋ] ‹-s, -e› *m pej* debole *m; (Feigling)* codardo *m.*
Schwachsinn *m* **1.** *med* deficienza *f* mentale, imbecillità *f;* **2.** *fam pej (Blödsinn)* idiozia *f,* scemenza *f.* **schwachsinnig** *a* **1.** *med* debole di

mente, deficiente; **2.** *fam pej* imbecille *fam.* **Schwachstrom** *m* corrente *f* a bassa tensione.

Schwächung ⟨-, -en⟩ *f (a. fig)* indebolimento *m; (Minderung)* diminuzione *f,* attenuazione *f.*

Schwaden ['ʃva:dən] ⟨-s, -⟩ *m* ⟨*meist pl*⟩ *(Rauch~, Dampf~)* nube *f; (Nebel~)* banco *m.*

schwafeln ['ʃva:fəln] *tr, itr, fam pej* blaterare *fam.*

Schwager ['ʃva:gɐ] ⟨-s, ⸚⟩ *m,* **Schwägerin** ['ʃvɛ:gərɪn] *f* cognato, -a *m, f.*

Schwalbe ['ʃvalbə] ⟨-, -n⟩ *f* rondine *f;* **eine ~ macht noch keinen Sommer** *prov* una rondine non fa primavera *prov.* **Schwalbennest** *n (a. gastr)* nido *m* di rondine.

Schwall [ʃval] ⟨-(e)s, -e⟩ *m (Woge)* ondata *f,* cavallone *m; (Guß, Wort~)* flusso *m.*

Schwämerei [ʃvɛrmə'rai̯] ⟨-, -en⟩ *f (Begeisterung)* entusiasmo *m,* infatuazione *f; (Träumerei)* fantasticheria *f.*

schwämerisch *a (begeistert)* entusiasta, entusiastico; *(a. rel)* fanatico; *(träumerisch)* sognatore.

schwamm [ʃvam] *1. u. 3. pers sing imp von* **schwimmen.**

Schwamm [ʃvam] ⟨-(e)s, ⸚e⟩ *m* **1.** *(Tier, Wasch~)* spugna *f;* **2.** *(süddeutsch: Pilz)* fungo *m;* **~ drüber!** *fam* non parliamone più *fam.*

schwammig *a* spugnoso; *pej (Leib)* gonfio, tumido, molle; *pej (Begriff)* vago.

Schwan [ʃva:n] ⟨-(e)s, ⸚e⟩ *m* cigno *m.*

schwand [ʃvant] *1. u. 3. pers sing imp von* **schwinden.**

schwanen ['ʃva:nən] *itr:* **mir schwant nichts Gutes** ho un cattivo presentimento.

schwang [ʃvaŋ] *1. u. 3. pers sing imp von* **schwingen.**

schwanger ['ʃvaŋɐ] *a* incinta; **~ werden** rimaner incinta. **Schwangere** ⟨-n, -n⟩ *f* donna *f* incinta, gestante *f.*

schwängern ['ʃvɛŋɐn] *tr* mettere incinta; **mit etw. geschwängert** *fig* pregno di qc, saturo di qc.

Schwangerschaft ⟨-, -en⟩ *f* gravidanza *f.* **Schwangerschaftsabbruch** *m,* **-unterbrechung** *f* interruzione *f* della gravidanza. **Schwangerschaftstest** *m* test *m* (*o.* analisi *f*) di gravidanza.

Schwank [ʃvaŋk] ⟨-(e)s, ⸚e⟩ *m* **1.** *lit* farsa *f;* **2.** *(lustige Begebenheit)* storiella *f* allegra.

schwanken ['ʃvaŋkən] *itr* **1.** ⟨*haben*⟩ *(Äste, Wipfel)* muoversi (di qua e di là), agitarsi; *(Boot)* dondolare; **2.** ⟨*sein*⟩ *(~d gehen)* barcollare, traballare; **3.** ⟨*haben*⟩ *fig (Preise, Kurse)* oscillare, fluttuare; *(Temperatur)* oscillare; **4.** ⟨*haben*⟩ *fig (unentschlossen sein)* essere indeciso; *(zögern)* esitare; **zwischen etw. und etw. ~** essere indeciso fra qc e qc. **schwankend** *a* **1.** *(taumelnd)* vacillante, barcollante; **2.** *fig (fluktuierend)* oscillante; *(wechselnd)* variabile; **3.** *fig (zögernd)* esitante, titubante.

Schwankung ⟨-, -en⟩ *f* oscillazione *f; (von Stimmung)* cambiamento *m.*

Schwanz [ʃvants̮] ⟨-es, ⸚e⟩ *m* coda *f;* **mit dem ~ wedeln** scodinzolare.

schwänzeln ['ʃvɛnts̮əln] *itr* **1.** ⟨*haben*⟩ *(Hund)* scodinzolare; **2.** ⟨*haben*⟩ *pej (sich einschmeicheln)* lisciare (*um jdn* qu); **3.** ⟨*sein*⟩ *pej (geziert gehen)* ancheggiare, sculettare *vulg.*

schwänzen ['ʃvɛnts̮ən] *fam* **I.** *tr* saltare; **die Schule ~** marinare la scuola; **II.** *itr* ancheggiare, sculettare *vulg; (die Schule ~)* marinare la scuola.

schwappen ['ʃvapən] *itr* **1.** ⟨*haben*⟩ *(hin und her)* sciabordare; **2.** ⟨*sein*⟩ *(über~)* traboccare.

Schwarm [ʃvarm] ⟨-(e)s, ⸚e⟩ *m* **1.** *(Insekten~)* sciame *m; (Vogel~)* stormo *m; (Fisch~)* banco *m; (Menschen~)* schiera *f,* frotta *f,* folla *f;* **2.** *(verehrter Mensch)* passione *f; (Idol)* idolo *m.*

schwärmen ['ʃvɛrmən] *itr* **1.** ⟨*sein*⟩ *(Insekten)* sciamare; *mil* procedere in ordine sparso; **2.** ⟨*haben*⟩ *fig (begeistert sein)* essere entusiasta (*o.* appassionato) (*für* di), andare in estasi (*für* per); *(verliebt sein)* spasimare (*für* per); *(begeistert reden)* parlare con entusiasmo di (*von* di).

Schwärmer ⟨-s, -⟩ *m* **1.** ⟨*pl*⟩ *zoo* sfingidi *m pl;* **2.** *(Feuerwerk)* serpentello *m.*

Schwärmer(in) ⟨-s, -⟩ *m(f)* entusiasta *mf,* appassionato, -a *m, f; (Phantast)* sognatore, trice *m, f; (sentimentaler Mensch)* sentimentale *mf.*

schwärmerisch *a (begeistert)* entusiastico, entusiasta; *(a. rel)* fanatico; *(träumerisch)* sognatore.

Schwarte ['ʃvartə] ⟨-, -n⟩ *f* **1.** *(dicke Haut)* cotenna *f; (Speck~)* cotica *f;* **2.** *fam pej (altes Buch)* libraccio *m.*

schwarz [ʃvarts̮] ⟨⸚er, ⸚este⟩ *a* **1.** *allg., fig* nero; *(Gedanken)* malvagio; **2.** *(illegal)* clandestino; **3.** *pej (katholisch)* cattolico; **~ auf weiß** nero su bianco; **~ werden** annerire, oscurarsi; **es wurde mir ~ vor den Augen** mi sentii svenire; **das S~e Brett** l'albo; **die ~e Liste** il libro nero; **das S~e Meer** il Mar Nero; **~er Tag**

giornata nera *fam*, giornataccia *f fam*; **ins S~e treffen** far centro; *fig* indovinare, cogliere nel segno; **es sieht ziemlich ~ aus** *fig* le cose vanno abbastanza male; **in den ~en Zahlen** *fin* in attivo; *s. a. blau*.
Schwarz ‹-(es), -› *n* nero *m*; **in ~** *(Trauer)* di nero, a lutto; *s. a. Blau*.
Schwarzafrika *n* Africa *f* nera.
schwarzafrikanisch *a* negro africano. **Schwarzarbeit** *f* lavoro *m* abusivo (*o.* clandestino). **schwarzbraun** *a* bruno cupo (*o.* nerastro). **Schwarzbrot** *n* pane *m* nero. **Schwarze** ‹ein -r, -n, -n› *mf* negro, -a *m, f*.

Schwärze ['ʃvɛrtsə] ‹-, -en› *f* **1.** ‹*sing*› *(Dunkelheit)* oscurità *f*; **2.** *(Farbe)* nero *m*; *(Drucker~)* inchiostro *m* (da stampa).

schwärzen *tr* tingere di nero, annerire; typ inchiostrare.

schwarz·fahren ‹*irr*› *itr* ‹*sein*› **1.** *(ohne Führerschein)* guidare senza patente; **2.** *(ohne Fahrkarte)* viaggiare clandestinamente. **Schwarzfahrer(in)** *m(f)* **1.** *(ohne Führerschein)* chi guida senza patente; **2.** *(ohne Fahrkarte)* viaggiatore, -trice *m, f* (*o.* passeggero, -a *m, f*) clandestino, -a. **schwarzhaarig** *a* dai capelli neri. **Schwarzhandel** *m* commercio *m* clandestino, mercato *m* nero. **Schwarzhändler(in)** *m(f)* borsanerista *mf*. **Schwarzhörer(in)** *m(f)* (radio)ascoltatore, -trice *m, f* abusivo, -a.

schwärzlich ['ʃvɛrtslɪç] *a* nerastro.

Schwarzmarkt *m* mercato *m* nero. **schwarz·sehen** ‹*irr*› *itr* **1.** *(pessimistisch sein)* essere pessimista, vedere tutto nero; **2.** *TV* vedere la televisione abusivamente; **für jdn/etw. ~** veder nero per qu/qc. **Schwarzseher(in)** *m(f)* **1.** *(Pessimist)* pessimista *mf*; **2.** *TV* telespettatore, -trice *m, f* abusivo, -a. **Schwarzsender** *m* emittente *f* clandestina. **Schwarzwald** *m* Foresta *f* (*o.* Selva *f*) Nera. **schwarzweiß** ['ʃvarts'vais] *a* (in) bianco e nero. **Schwarzwurzel** *f* scorzonera *f*.

Schwatz [ʃvats] ‹-es, -e› *m fam* chiacchierata *f*.

schwatzen **I.** *itr* chiacchierare, pettegolare; **II.** *tr* dire, raccontare.

Schwätzer(in) ['ʃvɛtsɐ (...ərɪn)] ‹-s, -› *m(f) pej (Klatschmaul)* chiacchierone, -a *m, f*, pettegolo, -a *f, m*; *(Schwafler)* chiacchierone, -a *m, f*; *(Angeber)* fanfarone, -a *m, f*.

schwatzhaft *a (geschwätzig)* chiacchierone, loquace, ciarliero; *(klatschsüchtig)* maldicente, pettegolo. **Schwatzhaftigkeit** ‹-, ø› *f* loquacità *f*; *(Klatschsucht)* maldicenza *f*, mania *f* di sparlare (*o.* pettegolare).

Schwebe ['ʃve:bə] ‹-, ø› *f*: **in der ~** in equilibrio; *fig* in sospeso. **Schwebebahn** *f* ferrovia *f* aerea; *(Drahtseilbahn)* teleferica *f*. **Schwebebalken** *m* asse *f* d'equilibrio.

schweben *itr* **1.** ‹*sein*› *(fliegen)* librarsi; **2.** ‹*haben*› *(frei hängen)* essere sospeso (*an* a); **3.** ‹*haben*› *fig (noch unentschieden sein)* essere indeciso; **in Gefahr ~** essere in pericolo; **es schwebt mir vor Augen** l'ho davanti agli occhi. **schwebend** *a* sospeso; *fig (Frage, Verfahren)* pendente, in sospeso.

Schwede ['ʃve:də] ‹-n, -n› *m*, **Schwedin** [...dɪn] *f* svedese *mf*.

Schweden ['ʃve:dən] *n* Svezia *f*.

Schwedin *f s.* **Schwede.**

schwedisch *a* svedese.

Schwefel ['ʃve:fəl] ‹-s, ø› *m* zolfo *m*. **schwefelhaltig** *a* sulfureo.

schwefeln *tr* solforare.

Schwefelsäure *f* acido *m* solforico. **Schwefelwasserstoff** [-'vasɐ-] *m* acido *m* solfidrico, idrogeno *m* solforato.

Schweif [ʃvaif] ‹-(e)s, -e› *m* coda *f*.

schweifen ['ʃvaifən] **I.** *itr* ‹*sein*› *(Mensch, Blick, Gedanke)* vagare; **II.** *tr* ‹*haben*› *tec* ripiegare.

Schweigegeld *n* prezzo *m* del silenzio.

schweigen ['ʃvaigən] ‹schweigt, schwieg, geschwiegen› *itr* **1.** *(nicht reden)* tacere (*über, von* su); **2.** *(aufhören)* cessare; **ganz zu ~ von ...** per non parlare di ...; **~ können** saper tacere. **Schweigen** ‹-s, ø› *n* silenzio *m*; **das ~ brechen** rompere il silenzio; **jdn zum ~ bringen** far tacere qu; **sich in ~ hüllen** avvolgersi nel silenzio. **schweigend** **I.** *a* silenzioso; **II.** *adv* in silenzio.

Schweigepflicht *f*: **ärztliche ~** segreto *m* professionale del medico.

schweigsam *a* taciturno. **Schweigsamkeit** ‹-, ø› *f* taciturnità *f*.

Schwein [ʃvain] ‹-(e)s, -e› *n* **1.** *zoo* maiale *m*, porco *m*; *(~efleisch)* maiale *m*; **2.** *pej (Mensch)* porco *m*; **3.** *fam (Glück)* fortuna *f*; **kein ~** *sl (niemand)* anima viva *fam*; **~ haben** *fam* essere fortunato, avere un gran sedere *sl*. **Schweinebraten** *m* arrosto *m* di maiale. **Schweinefett** *n* grasso *m* di maiale; *(ausgelassen)* strutto *m*. **Schweinefleisch** *n* (car-

ne *f* di) maiale *m.* **Schweinefutter** *n* mangime *m* per porci. **Schweinehund** *m vulg* porco *m vulg,* canaglia *f sl.*
Schweinerei [ʃvai̯nə'rai̯] ‹-, -en› *f* 1. *(Unordnung, Unanständigkeit)* porcheria *f;* 2. *(Gemeinheit)* porcata *f vulg.*
Schweineschmalz *n* strutto *m.* **Schweinestall** *m (a. fig)* porcile *m;* **das ist (ja) ein ~!** sembra una stalla! *fam.* **Schweinsleder** *n* pelle *f* di porco.
Schweiß [ʃvai̯s] ‹-es, ø› *m (a. fig)* sudore *m; (leichter)* madore *m;* **im ~e seines Angesichts** col sudore della fronte; **der ~ trat ihm auf die Stirn** il sudore gli imperlò la fronte; **in ~ gebadet sein** essere in un bagno di sudore. **Schweißausbruch** *m* traspirazione *f* cutanea. **schweißbedeckt** *a* coperto di sudore, sudato.
Schweißbrenner *m* cannello *m* per saldare.
Schweißdrüse *f* ghiandola *f* sudoripara.
schweißen ['ʃvai̯sən] *tr, itr* saldare. **Schweißen** ‹-s, ø› *n* saldatura *f.*
Schweißfüße *m pl:* **~ haben** sudare ai piedi.
Schweißstelle *f* saldatura *f.*
schweißtreibend *a* sudorifero. **schweißtriefend** *a* grondante di sudore. **Schweißtropfen** *m* goccia *f* di sudore.
Schweiz [ʃvai̯ts] *f* (*ab* **CH**): **die ~** la Svizzera *f;* **die deutsche/französische ~** la Svizzera tedesca/romanda; **in der/die ~** in Svizzera.
Schweizer[1] ‹*inv*› *a* svizzero, elvetico; **~ Käse** formaggio svizzero.
Schweizer[2] ‹-s, -› *m (päpstlicher Gardist)* guardia *f* svizzera.
Schweizer(in) ‹-s, -› *m(f) (Bewohner der Schweiz)* svizzero, -a *m, f.* **Schweizerdeutsch** *n* dialetto *m* svizzero tedesco.
schweizerisch *a* svizzero, elvetico.
schwelen ['ʃve:lən] **I.** *itr* **1.** *(Feuer, Material)* bruciare senza fiamma (*o.* lentamente); **2.** *(Haß, Feindschaft)* covare; **II.** *tr tec* distillare a bassa temperatura.
schwelgen ['ʃvɛlgən] *itr (üppig leben)* straviziare; **in Sekt und Kaviar ~** banchettare a caviale e champagne; **in Erinnerungen/Gefühlen ~** godere (*o.* bearsi) di ricordi/sentimenti; **in Farben/Eindrücken ~** pascersi di colori/impressioni; **im Überfluß ~** nuotare nell'abbondanza. **schwelgerisch** *a (genießerisch)* voluttuoso.
Schwelle ['ʃvɛlə] ‹-, -n› *f (Tür~, fig, psych)* soglia *f; (Eisenbahn~)* traversina *f.*
schwellen ['ʃvɛlən] **I.** ‹**schwillt, schwoll, geschwollen**› *itr* ‹*sein*› gonfiarsi; *med* tumefarsi; *(Gewässer)* ingrossarsi, crescere; **II.** ‹**schwillt, schwellte, geschwellt**› *tr* ‹*haben*› *geh (Segel, Brust)* gonfiare.
Schwellenangst *f* fobia *f* delle situazioni nuove. **Schwellenwert** *m* valore *m* di soglia.
Schwellkörper *m* corpo *m* cavernoso.
Schwellung ‹-, -en› *f med* rigonfiamento, gonfiore *m.*
Schwemme ['ʃvɛmə] ‹-, -n› *f* **1.** *(fürs Vieh)* guazzatoio *m;* **2.** *(Überfluß)* offerta *f* eccessiva, invasione *f;* **3.** *fam (Kneipe)* osteria *f.*
schwemmen *tr (fort~)* dilavare.
Schwemmland *n* terreno *m* alluvionale.
Schwengel ['ʃvɛŋəl] ‹-s, -› *m (Glokken~)* batacchio *m; (Pumpen~)* leva *f.*
schwenkbar *a* orientabile; *(drehbar)* girevole.
schwenken ['ʃvɛŋkən] **I.** *tr* ‹*haben*› **1.** *(hin und her bewegen)* sventolare; *(schwingen)* brandire; **2.** *gastr* far saltare; **3.** *(spülen)* sciacquare; **4.** *tec (drehen)* girare; *(wenden)* orientare; **II.** *itr* ‹*sein*› girare, voltare; *mil* fare una conversione.
schwer [ʃve:ɐ̯] **I.** *a* **1.** *(gewichtig, ~fällig, ~verdaulich)* pesante; *(Last)* pesante, gravoso; **2.** *(ernst, schlimm)* grave; *(Beleidigung, Sorge, Bedenken)* grave, grande; *(Enttäuschung)* grande; *(Leben, Schicksal)* duro; *(Leiden, Strafe)* grave, duro; **3.** *(Gewitter, Sturm)* grosso, grande; **4.** *(hart, anstrengend: Tag, Arbeit)* pesante, faticoso; *(Amt, Aufgabe)* arduo, difficile; *(Geburt, Tod)* doloroso; **5.** *(schwierig)* difficile; **6.** *(stark, kraftvoll: Wein, Parfüm, etc.)* forte; *(Fahrzeug)* potente; *agr (Boden)* forte; **eine ~e Zunge haben** balbettare, parlare con difficoltà (per ubriachezza); **mit ~em Herzen, ~en Herzens** col cuore pesante (*o.* oppresso); **~es Geld machen** *fam* fare un patrimonio; **~es Wasser** *phys* acqua pesante; **es ~ haben** avere difficoltà; **S~es durchmachen** attraversare momenti difficili; **wie ~ ist er?** quanto pesa?; **zwei Zentner ~ sein** pesare un quintale; **das ist nicht (so) ~** non è poi tanto difficile; **II.** *adv* **1.** *(gewichtsmäßig)* molto; **2.** *(stark, ernst)* gravemente, seriamente; *(enttäuscht, belei-*

digen) molto; *(geprüft, büßen, bestrafen)* duramente; **3.** *(hart: arbeiten)* sodo, faticosamente, duramente; *(sterben)* con difficoltà; **4.** *(mit Schwierigkeiten)* con difficoltà; **5.** *fam (sehr)* molto; **sich ~ vor etw. hüten** guardarsi bene da qc; **sich ~ täuschen** sbagliarsi di grosso; **~ betrunken sein** essere ubriaco fradicio *fam.*

Schwerarbeit *f* lavoro *m* pesante. **Schwerarbeiter(in)** *m(f)* operaio, -a *m, f* addetto, -a ai lavori pesanti. **Schwerathletik** *f* atletica *f* pesante. **Schwerbehinderte** *mf* grande invalido, -a *m, f.* **Schwerbeschädigte** ‹ein -r, -n, -n› *mf* grande invalido, -a *m, f.*

Schwere ‹-, ø› *f* **1.** *(Gewicht)* peso *m;* **2.** *phys (Schwerkaft)* gravità *f;* **3.** *(Ernsthaftigkeit)* gravità *f; (von Leiden, Leben)* durezza *f,* peso *m;* **4.** *(Stärke: von Gewitter, etc.)* forza *f;* **5.** *(Härte: von Arbeit)* pesantezza *f; (von Amt)* difficoltà *f,* onere *m;* **6.** *(Schwierigkeit)* difficoltà *f.* **schwerelos** *a* privo di gravità. **Schwerelosigkeit** ‹-, ø› *f* **1.** *phys* mancanza *f* (*o.* assenza *f*) di gravità, imponderabilità *f;* **2.** *fig (Leichtigkeit)* leggerezza *f.*

Schwerenöter [-nø:tɐ] ‹-s, -› *m fam* donnaiolo *m fam,* dongiovanni *m fam.*

schwererziehbar *a* caratteriale.

schwer·fallen ‹*irr*› *itr* ‹*sein*›: **es fällt mir ~ zu . . .** mi è (*o.* riesce) difficile . . . *inf,* mi rincresce di . . . *inf.*

schwerfällig *a (Gang, Bewegung, Mensch)* lento, pesante; *(Verstand)* lento, tardo; *(Argumentieren)* goffo; *(Stil, Übersetzung)* pesante. **Schwerfälligkeit** ‹-, ø› *f (von Bewegung, Mensch)* lentezza *f,* pesantezza *f; (von Verstand)* lentezza *f; (von Stil)* pesantezza *f.*

Schwergewicht *n* **1.** *sport, fam scherz (Mensch)* peso *m* massimo; **2.** *fig (Nachdruck)* massima importanza *f;* **das ~ auf etw. legen** dare il massimo peso a qc. **schwerhörig** *a* duro d'orecchio. **Schwerhörigkeit** ‹-, ø› *f* debolezza *f* d'udito. **Schwerindustrie** *f* industria *f* pesante. **Schwerkraft** *f* forza *f* di gravità. **schwerkrank** *a* gravemente ammalato.

schwerlich *adv* difficilmente.

schwer·machen *tr:* **jdm etw. ~** rendere difficile (*o.* duro) qc a qu; **jdm das Leben ~** rendere difficile la vita a qu; **es jdm ~** rendere le cose difficili a qu; **jdm das Herz ~** fare male a qu.

Schwermut ‹-, ø› *f* malinconia *f.* **schwermütig** [-my:tɪç] *a* malinconico.

schwer·nehmen ‹*irr*› *tr* prendere sul serio; **nehmen Sie es nicht so schwer!** non se la prenda!

Schwerpunkt *m* **1.** *phys* centro *m* di gravità, baricentro *m;* **2.** *fig* centro *m; (Hauptgewicht)* massima importanza *f;* **den ~ auf etw. legen** dare la massima importanza a qc. **schwerpunktmäßig** *a* per punti chiave. **Schwerpunktstreik** *m* sciopero *m* che paralizza i gangli vitali dell'economia.

schwerreich *a fam* ricco sfondato *fam,* ricchissimo.

Schwert [ʃve:ɐt] ‹-(e)s, -er› *n* spada *f.* **Schwertfisch** *m* pesce *m* spada. **Schwertlilie** *f* iris *f,* iride *f.*

schwer·tun ‹*irr*› *rfl:* **sich ~** avere difficoltà (*mit* con).

Schwerverbrecher(in) *m(f)* grande criminale *mf.* **schwerverdaulich** *a (a. fig)* indigesto. **schwerverletzt** *a attr* gravemente ferito. **schwerverständlich** *a* di difficile comprensione. **schwerwiegend** *a (Gründe)* grave, serio; *(Entschluß)* importante.

Schwester ['ʃvɛstɐ] ‹-, -n› *f* **1.** *(Verwandte, a. fig, rel)* sorella *f;* **2.** *(Kranken~)* infermiera *f;* **3.** *(Nonne)* suora *f.* **schwesterlich** *a* di (*o.* da) sorella, fraterno.

schwieg [ʃvi:k] *1. u. 3. pers sing imp von* **schweigen.**

Schwiegereltern ['ʃvi:gɐ-] ‹*pl*› suoceri *m pl.* **Schwiegermutter** *f* suocera *f.* **Schwiegersohn** *m* genero *m.* **Schwiegertochter** *f* nuora *f.* **Schwiegervater** *m* suocero *m.*

Schwiele ['ʃvi:lə] ‹-, -n› *f* callo *m,* durone *m fam.* **schwielig** *a* calloso.

schwierig ['ʃvi:rɪç] *a* difficile; *(mühsam a.)* penoso; *(verzwickt)* delicato; *(heikel)* spinoso; *(unübersichtlich)* accidentato. **Schwierigkeit** ‹-, -en› *f* difficoltà *f;* **~en bereiten (***o.* **machen)** creare difficoltà; **auf ~en stoßen** incontrare difficoltà.

schwillt [ʃvɪlt] *3. pers sing pr von* **schwellen.**

Schwimmbad *n* piscina *f.* **Schwimmbassin** *n,* **-becken** *n* piscina *f.* **Schwimmdock** *n* bacino *m* galleggiante.

schwimmen ['ʃvɪmən] ‹schwimmt, schwamm, geschwommen› **I.** *itr* ‹*sein*› **1.** *sport* nuotare; **2.** *(Sachen)* galleggiare; **3.** *fig fam (unsicher ein)* essere insicuro; **über einen Fluß ~**

attraversare un fiume a nuoto; **auf dem Rücken/auf der Seite ~** nuotare sul dorso/sul fianco; **~ gehen** andare a fare il bagno; **es schwimmt mir vor den Augen** ho le vertigini (*o.* il capogiro), mi gira la testa; **in Fett ~** *fig* nuotare nel grasso; **in** (*o.* **im**) **Geld ~** *fam* avere soldi (*o.* denaro) a palate *fam*, nuotare nell'oro *fam;* **II.** *tr ‹sein o. haben›* nuotare. **Schwimmen** ‹-s, ø› *n* nuoto *m.* **schwimmend I.** *a* nuotante; *naut (Hotel)* galleggiante; *(Insel)* navigante; **II.** *adv* a nuoto.

Schwimmer ‹-s, -› *m naut, tec* galleggiante *m.*

Schwimmer(in) ‹-s, -› *m(f) sport* nuotatore, -trice *m, f.*

Schwimmflosse *f* pinna *f.* **Schwimmhaut** *f* natatoia *f.* **Schwimmlehrer(in)** *m(f)* insegnante *mf* di nuoto. **Schwimmsport** *m* nuoto *m.* **Schwimmweste** *f* giubbetto *m* di salvataggio.

Schwindel ['ʃvɪndəl] ‹-s, ø› *m* **1.** *med* vertigini *f pl*, capogiro *m;* **2.** *pej (Betrug)* imbroglio *m*, truffa *f*, frode *f; (Täuschung)* impostura *f*, bluff *m; (Trick)* trucco *m; (Lüge)* storie *f pl*, frottole *f pl.* **Schwindelanfall** *m* vertigini *f pl*, capogiro *m.* **schwindelerregend** *a* vertiginoso. **schwindelfrei** *a* che non soffre di vertigini; **~ sein** non soffrire di vertigini. **schwind(e)lig** *a* che ha le vertigini, che soffre di vertigini; *med* vertiginoso; **mir ist ~** ho le vertigini.

schwindeln I. *itr* **1.** *fam (lügen)* mentire; **2.** *(Schwindel haben):* **mir schwindelt** ho le vertigini; **II.** *tr fam* inventare.

schwinden ['ʃvɪndən] ‹schwindet, schwand, geschwunden› *itr ‹sein›* **1.** *(schrumpfen, abnehmen)* diminuire, scemare, decrescere; *(schwächer werden)* attenuarsi; **2.** *(dahin~, vergehen)* passare; *(Hoffnung, Erinnerung)* svanire; **im S~ begriffen sein** andar svanendo.

Schwindler(in) ‹-s, -› *m(f) (Lügner)* mentitore, -trice *m, f; (Aufschneider)* bluffatore, -trice *m, f; (Betrüger)* imbroglione, -a *m, f*, truffatore, -trice *m, f.*

schwindlig *s.* **schwindelig.**

Schwindsucht *f* tubercolosi *f*, tisi *f.* **schwindsüchtig** *a* tisico.

schwingen ['ʃvɪŋən] ‹schwingt, schwang, geschwungen› **I.** *tr (Tücher)* agitare; *(Fahnen)* sventolare; *(Waffen)* brandire; **II.** *rfl:* **sich auf etw. ~** balzare su qc, lanciarsi su qc; **III.** *itr* **1.** *(Schaukel, Pendel)* oscillare; **2.** *(Ski)* scendere a serpentine; **3.** *(vibrieren)* vibrare; **4.** *fig (nachklingen)* risonare.

Schwingung ‹-, -en› *f* **1.** *phys* oscillazione *f;* **2.** *‹pl› fig* vibrazioni *f pl;* **in ~(en) versetzen** far oscillare.

Schwips [ʃvɪps] ‹-es, -e› *m fam* leggera sbornia *f fam;* **einen ~ haben** essere un po' brillo *fam.*

schwirren ['ʃvɪrən] *itr ‹sein›* ronzare; *(Vögel, Gedanken)* frullare; *(Kugel, Pfeil)* sibilare.

schwitzen ['ʃvɪtsən] *itr (Menschen)* sudare; *(Wände, Mauern)* trasudare; *(Fenster)* appannarsi; **sehr** (*o.* **stark**) **~** sudare molto. **Schwitzen** ‹-s, ø› *n* sudata *f*, traspirazione *f.* **Schwitzwasser** *n* condensa *f.*

schwoll [ʃvɔl] *1. u. 3. pers sing imp von* **schwellen.**

schwören ['ʃvøːrən] ‹schwört, schwor, geschworen› *itr, tr* giurare (*bei, auf* su); **auf die Bibel/die Verfassung ~** giurare sulla Bibbia/sulla costituzione; **jdm/sich** *(dat)* **etw. ~** *(versprechen)* giurare qc a qu/a se stesso; **auf jdn/etw. ~** *fig (viel halten von)* aspettarsi molto da qu/qc; **jdm Treue ~** giurare fedeltà a qu; **ich möchte darauf ~, daß ...** giurerei che ...

schwul [ʃvuːl] *a fam* omosessuale, invertito *fam.*

schwül [ʃvyːl] *a* **1.** *(Wetter, Luft)* afoso, soffocante; **2.** *fig (Atmosphäre)* opprimente; **3.** *fig (Phantasien, Träume)* eccitante; **es ist ~** c'è afa.

Schwule ['ʃvuːlə] ‹ein -r, -n, -n› *m fam* finocchio *m sl*, invertito *m fam.*

Schwüle ['ʃvyːlə] ‹-, ø› *f* **1.** *(Witterung)* afa *f;* **2.** *(Stimmung)* pesantezza *f;* **3.** *fig (Sinnlichkeit)* sensualità *f.*

Schwulst [ʃvʊlst] ‹-(e)s, ⸚e› *m* ampollosità *f*, enfasi *f.*

schwülstig ['ʃvʏlstɪç] *a* ampolloso, enfatico.

Schwund [ʃvʊnt] ‹-(e)s, ø› *m* **1.** *(Abnahme)* diminuzione *f;* **2.** *(Verlust)* perdita *f;* **3.** *(Schrumpfung)* ritiro *m; med* atrofia *f.*

Schwung [ʃvʊŋ] ‹-(e)s, ⸚e› *m* **1.** *(Bewegung)* movimento *m* circolare; *(mit dem Arm)* giro *m* (del braccio); *(von Skiläufer)* svolta *f*, virata *f;* **2.** *(Linienführung)* linea *f;* **3.** *‹sing› (~kraft, Antrieb)* forza *f*, slancio *m; fig (Elan: von Mensch, Bewegung, Politik)* slancio *m*, entusiasmo *m; fig (mitreißende Kraft: von Musik, etc.)* energia *f*, forza *f* travolgente; **4.** *‹sing› fam (Menge)* mucchio *m fam*, montagna *f fam;* **in ~** in forma (*o.* vena); **jdn in ~ bringen** stimolare qu; **etw. in ~ bringen** dare l'avvio a qc; **in ~ kommen** prendere l'avvio. **schwunghaft** *a* vivace, attivo. **Schwungrad** *n* volano *m*. **schwungvoll** *a* **1.** *(Bewegung, Linie, Unterschrift)* ampio e circolare; **2.** *(Rede)* vivace, animato; *(Aufführung)* pieno di slancio; *(Musik)* brioso.

Schwur [ʃvu:ɐ̯] ‹-(e)s, ¨-e› *m* giuramento *m; (Gelübde)* voto *m;* **einen ~ tun, daß ...** giurare di ... *inf.* **Schwurgericht** *n* corte *f* d'assise.

Schwyz [ʃvi:ts̯] *n (Stadt)* Svitto *f; (Kanton)* Svitto *m.*

Science-fiction ['saɪənsfɪkʃən] ‹-, -s› *f* fantascienza *f.* **Science-fiction-Film** *m* film *m* di fantascienza. **Science-fiction-Roman** *m* romanzo *m* di fantascienza.

sc., scil. *ab von* **scilicet** *(nämlich)* cioè.

SDR [ɛsde:'ʔɛr] ‹-(s), ø› *m ab von* **Süddeutscher Rundfunk** *rete radiotelevisiva regionale della R.F.T. con sede a Stoccarda.*

Sebastian [ze'bastịan] *(männlicher Vorname)* Sebastiano.

sechs [zɛks] *(Zahlwort)* sei; *s. a. vier.*

Sechs ‹-, -en› *f* sei *m; (Schulnote: ungenügend)* ≃ zero *m.*

Sechs-, sechs- *s. a. Vier-, vier-.* **Sechseck** *n* esagono *m.* **sechsfach** *a* sestuplo; *s. a. vierfach.*

sechshundert ['zɛks'hʊndɐt] *(Zahlwort)* seicento.

sechsjährig *a* **1.** *(sechs Jahre alt)* di sei anni; **2.** *(alle sechs Jahre, sechs Jahre lang)* ogni sei anni, che dura sei anni.

sechsmal *adv* sei volte.

Sechstagerennen [-'ta:gə-] *n* seigiorni *f.*

sechste *s.* **sechste(r, s).**

Sechste ‹ein -r, -n, -n› *mf* sesto, -a *m, f; s. a. Vierte.*

Sechstel ‹-s, -› *n* sesto *m.*

sechstens *adv* (in) sesto (luogo).

sechste(r, s) *a* sesto, -a; *(bei Datumsangaben)* sei; *s. a. vierte(r, s).*

sechzehn ['zɛçts̯e:n] *(Zahlwort)* sedici.

sechzehnte *s.* **sechzehnte(r, s).**

Sechzehntel *n* sedicesimo *m.* **Sechzehntelnote** *f* sedicesima *f.*

sechzehnte(r, s) *a* sedicesimo, -a; *(bei Datumsangaben)* sedici; *s. a. vierte(r, s).*

sechzig ['zɛçts̯ɪç] *(Zahlwort)* sessanta; **etwa ~ (...)** una sessantina (di ...); *s. a. vierzig.* **sechzigjährig** *a* **1.** *(sechzig Jahre alt)* sessantenne; **2.** *(alle sechzig Jahre, sechzig Jahre lang)* ogni sessant'anni, che dura sessant'anni. **Sechzigjährige** ‹ein -r, -n, -n› *mf* uomo *m* (donna *f*) sulla sessantina, sessantenne *mf.*

sechzigste *s.* **sechzigste(r, s).**

Sechzigstel ‹-s, -› *n* sessantesimo *m.*

sechzigste(r, s) *a* sessantesimo, -a; *s. a. vierte(r, s).*

SED [ɛsʔe:'de:] ‹-, ø› *f ab von* **Sozialistische Einheitspartei Deutschlands** *(DDR) partito socialista unitario nella R.D.T.*

See[1] [ze:] ‹-s, -n› *m (Binnen~)* lago *m.*

See[2] [ze:] ‹-, ø› *f (Meer)* mare *m,* oceano *m;* **an der ~** al mare; **auf ~** in mare; **auf hoher/offener ~** in alto mare; **an die ~ fahren** andare al mare; **in ~ gehen** (*o.* **stechen**) salpare; **glatte** (*o.* **ruhige**) **~** mare calmo; **schwere ~** mare grosso.

Seeadler *m* aquila *f* marina. **Seebad** *n (Ort)* stabilimento *m* balneare. **Seebär** *m scherz* lupo *m* di mare. **Seebeben** *n* maremoto *m.* **Seefahrt** *f* **1.** *(Schiffahrt)* navigazione *f* marittima; **2.** *(einzelne)* viaggio *m* per mare. **Seefrachtbrief** *m* polizza *f* di carico marittimo. **Seegang** *m* ‹*sing*› moto *m* ondoso; **hoher ~** mare *m* grosso. **Seegras** *n (Tang)* zostera *f; (zum Polstern)* crine *m* vegetale. **seegrün** *a* verde mare. **Seehafen** *m* porto *m* marittimo. **Seeherrschaft** *f* dominio *m* dei mari. **Seehund** *m* foca *f.* **Seeigel** *m* riccio *m* di mare. **Seekarte** *f* carta *f* nautica. **Seeklima** *n* clima *m* marittimo. **seekrank** *a:* **~ sein** aver il mal di mare; **ich werde ~** mi viene il mal di mare. **Seekrankheit** *f* mal *m* di mare. **Seelachs** *m* merluzzo *m.*

Seele ['ze:lə] ‹-, -n› *f (a. fig: Mensch)* anima *f; fig (Gemüt)* animo *m,* anima *f; (Gefühl)* sentimento *m,* cuore *m;* **mit ganzer ~** con tutta l'anima; **das ist mir aus der ~ gesprochen** ha detto proprio quello che penso; **er/sie ist eine ~ von einem Menschen** è una pasta d'uomo *fam;* **nun hat die arme ~ Ruh!** adesso il poveretto è in pace; **zwei ~n und ein Gedanke** due corpi e un'anima sola. **seelengut** ['ze:lən'gu:t] *a* di buon cuore. **Seelenleben** *n* vita *f* interiore. **Seelenruhe** *f* tranquillità *f* d'animo; **in aller ~** con tutta calma. **Seelenwanderung** *f* metempsicosi *f,* trasmigrazione *f* dell'anima.

Seeleute ‹*pl*› gente *f* di mare.

seelisch *a* psichico, psicologico; **~ bedingt** psicogeno.

Seelöwe *m* leone *m* marino, otaria *f* dalla criniera.

Seelsorge *f* cura *f* d'anime. **Seelsorger(in)** ⟨-s, -⟩ *m(f)* padre *m* spirituale.

Seeluft *f* aria *f* di mare. **Seemacht** *f* potenza *f* marittima (*o.* navale). **Seemann** ⟨-(e)s, -leute⟩ *m* marinaio *m*. **Seemannsgarn** *n*: **~ spinnen** raccontare avventure di marina. **Seemeile** *f* (*ab* **sm**) miglio *m* marino. **Seenot** *f* pericolo *m* di naufragio. **Seenotruf** *m* SOS *m*. **Seepferdchen** [-p͜fe:ɐtçən] ⟨-s, -⟩ *n* ippocampo *m*. **Seeräuber** *m* pirata *m*, corsaro *m*. **Seeräuberei** [-rɔ͜ybəˈra͜i] ⟨-, -en⟩ *f* pirateria *f*. **Seerecht** *n* diritto *m* marittimo. **Seereise** *f* viaggio *m* per mare. **Seerose** *f* ninfea *f*. **Seeschlacht** *f* battaglia *f* navale. **Seeschlange** *f* **1.** *zoo* serpente *m* marino; **2.** *(in Mythologie)* idra *f*. **Seestern** *m* stella *f* di mare, asteria *f*. **Seestreitkräfte** *f pl* forze *f pl* navali, marina *f*. **Seetang** *m* alga *f* marina. **seetüchtig** *a* navigabile, atto alla navigazione. **Seevögel** *m pl* uccelli *m pl* marini. **Seeweg** *m* via *f* marittima; **auf dem ~** per mare. **Seewind** *m* vento *m* marino. **Seezunge** *f* sogliola *f*.

Segel [ˈze:gəl] ⟨-s, -⟩ *n* vela *f*; **mit vollen ~n** a piene vele; **die ~ setzen** alzare le vele; **die ~ streichen** ammainare le vele; *fig fam* arrendersi, gettare le armi. **Segelboot** *n* barca *f* a vela. **Segelfliegen** *n* volo *m* a vela. **Segelflieger(in)** *m(f)* veleggiatore, -trice *m, f*, volovelista *mf*. **Segelflug** *m* volo *m* a vela. **Segelflugzeug** *n* aliante *m*. **Segeljacht** *f* yacht *m* a vela. **Segelklub** *m* circolo *m* (*o.* club *m*) velico.

segeln *itr* ⟨*haben o. bei Fortbewegung sein*⟩ veleggiare, navigare a vela; *sport* fare della vela; *(Wolken, Vogel)* veleggiare; **~ gehen** andare a fare della vela; **gegen den Wind ~** navigare contro vento; **mit dem Wind ~** navigare di bolina; **vor dem Wind ~** navigare sopravvento. **Segeln** ⟨-s, ø⟩ *n* (navigazione *f* a) vela *f*, velismo *m*. **Segelregatta** *f* regata *f* velica. **Segelschiff** *n* veliero *m*, nave *f* a vela. **Segelsport** *m* velismo *m*. **Segeltuch** *n* (tela *f*) olona *f*.

Segen [ˈze:gən] ⟨-s, -⟩ *m* **1.** *(gesprochener, fam: Einwilligung)* benedizione *f*; **2.** *(~ des Himmels)* grazia *f* (di Dio); **3.** *(Glück)* fortuna *f*; *(Wohltat)* beneficio *m*. **segensreich** *a (wohltätig)* benefico; *(glückbringend)* che porta fortuna.

Segler ⟨-s, -⟩ *m* **1.** *(Segelschiff)* veliero *m*; **2.** *(Segelflugzeug)* aliante *m*.

Segler(in) ⟨-s, -⟩ *m(f) sport* velista *mf*.

Segment [zɛˈgmɛnt] ⟨-s, -e⟩ *n* segmento *m*.

segnen [ˈze:gnən] *tr* benedire; **mit etw. gesegnet sein** essere ricco di qc.

Segnung ⟨-, -en⟩ *f* benedizione *f*; *(segensreiche Wirkung)* beneficio *m*.

sehen [ˈze:ən] ⟨sieht, sah, gesehen⟩ **I.** *tr* **1.** *allg.* vedere; *(an~)* guardare; *(erkennen)* riconoscere; **2.** *(beurteilen, einschätzen)* vedere, giudicare; **3.** *(treffen)* vedere, incontrare; **ich sehe nichts mehr** non vedo più niente; **etw. gern/ungern ~** vedere qc di buon/cattivo occhio; **gern gesehen sein** essere ben accetto (*bei jdm* a qu); **jdn kommen ~** veder arrivare qu; **das habe ich kommen ~** l'avevo previsto; **sich ~ lassen** *(erscheinen)* farsi vivo *fam*; **sich ~ lassen können** *(gut aus~)* presentarsi bene; **etw. ~ lassen** lasciar vedere qc, mostrare qc; **Sie haben sich lange nicht ~ lassen** è un pezzo che non si fa più vedere; **wenn man ihn (so) sieht** a vederlo; **das kann man ~** si può vederlo, lo si vede; **das muß man gesehen haben** bisogna averlo visto; **da sieht man es mal wieder!** è tipico!; **da siehst du, was dabei herauskommt** vedi che cosa succede; **das müssen wir erst mal ~** dobbiamo prima vedere; **das möchte ich doch mal ~!** vorrei proprio vederlo; **das wollen wir (doch einmal) ~!** è da vedersi; **ich kann es nicht ~, wenn ...** non mi piace che ... *conj*; **ich kann ihn nicht ~** *fig (ausstehen)* non posso vederlo; **ich will ihn nicht mehr ~** non voglio più vederlo; **II.** *rfl*: **sich (*o.* einander) ~** *(treffen)* vedersi, incontrarsi; **sich gezwungen ~** vedersi costretto; **sich in der Lage ~** essere in grado; **sich betrogen ~** accorgersi di essere stato imbrogliato; **III.** *itr (mit den Augen)* vederci; *(in bestimmte Richtung)* guardare; **auf den Park/das Meer ~** *(Fenster, etc.)* dare (*o.* guardare) sul parco/sul mare; **aus etw. ~** *(hervorschauen)* fare capolino da qc *fam*, emergere da qc; **nach jdm/etw. ~** *(sich kümmern)* occuparsi di qu/qc; **auf etw. ~** *(achten)* badare a qc; **jdm ins Gesicht/in die Augen ~** guardare qu in faccia/negli occhi; **in die Zukunft ~** guardare all'avvenire; **siehe oben/unten** (*ab* **s. o./s. u.**) vedi sopra/sotto; **siehe auch** (*ab* **s. a.**) vedi anche; **sieh mal!** guarda!; **laß mal ~!** fa vedere!; **darf ich mal ~?** posso vedere?; **siehst du (, ich habe es ja gesagt)!** vedi (, l'avevo detto io)!; **gut/schlecht ~** vederci bene/male; **ich sehe schon, das geht nicht** vedo già che non va; **wir werden ja ~** staremo a vedere; **wir wollen ~** vedremo; **mal ~, ob ...** vedremo se ...; **mal ~** vedremo; **~, daß etw. getan wird** vedere (*o.* badare) che venga fatto qc; **jdn vom S~ kennen** conoscere qu di vista.

sehenswert *a* degno d'esser visto, notevole. **Sehenswürdigkeit** ‹-, -en› *f* cosa *f* notevole, bellezza *f.*

Seher(in) ‹-s, -› *m(f)* veggente *mf.*

Sehfehler *m* difetto *m* della vista. **Sehkraft** *f* vista *f,* facoltà *f* visiva.

Sehne ['ze:nə] ‹-, -n› *f* **1.** *anat* tendine *m;* **2.** *(Bogen~, mat)* corda *f.*

sehnen ['ze:nən] *rfl:* **sich nach etw. ~** *(Verlangen haben)* desiderare ardentemente qc, bramare qc; **sich nach jdm/etw. ~** *(Heimweh haben)* aver nostalgia di qu/qc; **ich sehne mich danach zu .../, daß ...** ho una gran voglia (*o.* mi struggo) di ... *inf.*

Sehnenscheidenentzündung *f* tendovaginite *f.*

Sehnerv *m* nervo *m* ottico.

sehnig *a* **1.** *(Fleisch)* tiglioso; **2.** *fig (nervig, kraftvoll)* nerboruto.

sehnlich *a* ardente, fervido.

sehnlichst *adv* appassionatamente, ardentemente.

Sehnsucht *f* **1.** *(Verlangen)* desiderio *m* ardente (*nach* di), brama *f* (*nach* di); **2.** *(Heimweh)* nostalgia *f* (*nach* di); **vor ~ vergehen** struggersi dal desiderio.

sehnsüchtig *a (Brief, Gedanken)* pieno di nostalgia; *(Blick)* nostalgico; *(Wunsch, Verlangen)* ardente, struggente; *(Erwartung)* impaziente; **jdn/etw. ~ erwarten** aspettare qu/qc con nostalgia.

sehr [ze:ɐ̯] *adv* molto, assai, tanto; **wie ~** quanto; **wie ~ auch ...** per quanto ...; **zu ~** troppo; **~ bald** tra poco, presto; **~ viel** moltissimo; *(vor Substantiv)* molto, una gran quantità di; **so ~** tanto; **so ~ du auch suchst** per quanto tu cerchi; **bitte ~!** prego; **~ lang/schön** lunghissimo/bellissimo.

Sehvermögen *n* vista *f,* facoltà *f* visiva.

seicht [zaɪ̯çt] *a* **1.** *(Wasser)* poco profondo, basso; **2.** *fig pej* piatto, scialbo.

seid [zaɪ̯t] *2. pers pr pl von* **sein.**

Seide ['zaɪ̯də] ‹-, -n› *f* seta *f;* **reine ~** seta pura.

Seidel ['zaɪ̯dəl] ‹-s, -› *n* boccale *m* (da birra).

Seidelbast ['zaɪ̯dəl-] *m* mezereo *m.*

seiden *a* di seta. **Seidenpapier** *n* carta *f* velina. **Seidenraupe** *f* baco *m* da seta. **Seidenraupenzucht** *f* bachicoltura *f.* **Seidenwaren** *f pl* seterie *f pl.* **seidenweich** ['zaɪ̯dən'vaɪ̯ç], **seidig** *a* morbido come la seta.

Seife ['zaɪ̯fə] ‹-, -n› *f* sapone *m,* saponetta *f.* **Seifenblase** *f (a. fig)* bolla *f* di sapone. **Seifenfabrik** *f* saponificio *m.* **Seifenlauge** *f* saponata *f,* lisciva *f* di sapone. **Seifenpulver** *n* sapone *m* in polvere. **Seifenschale** *f* portasapone *m.* **Seifenspender** *m* dosatore *m* di sapone. **Seifenwasser** *n* (acqua *f*) saponata *f.*

seihen ['zaɪ̯ən] *tr (filtern)* filtrare, passare.

Seil [zaɪ̯l] ‹-(e)s, -e› *n* corda *f; (Tau)* fune *f; naut* cavo *m.* **Seilbahn** *f* funivia *f,* teleferica *f.*

Seiler ‹-s,-› *m* cordaio *m.* **Seilerwaren** *f pl* cordami *m pl.*

Seilschaft ‹-, -en› *f* cordata *f.*

Seiltänzer(in) *m(f)* funambolo, -a *m, f.*

sein[1] [zaɪ̯n] ‹ist, war, gewesen› *itr* ‹*sein*› essere; *(existieren)* esistere; *(sich befinden)* trovarsi; *(stattfinden)* aver luogo; **20 Jahre alt ~** aver vent'anni; **Lehrer ~** essere insegnante; **ich bin es** sono io; **hier (*o.* da) bin ich** eccomi (qua); **mir ist kalt** ho (*o.* sento) freddo; **mir ist, als ob ...** ho l'impressione (*o.* la sensazione) che ... *conj;* **das mag (*o.* kann) sein** può darsi, sarà; **das ist nichts für Sie** non fa per Lei; **es ist lange her** è un pezzo; **es ist kalt/warm** è (*o.* fa) freddo/caldo; **es waren viele Menschen da** c'erano molte persone; **es ist schön(es Wetter)** fa bello, fa bel tempo; **es ist Winter** è inverno; **so ist es** è così; **2 und 2 ist 4** 2 più 2 fa 4; **als wenn (*o.* als ob) nichts (geschehen) wäre** come se niente fosse; **beinahe wäre ich ...** mancò poco che ... *conj;* **da dies (*o.* dem) so ist, ...** quand'è così, ...; **sei es ..., sei es ...** sia ..., sia ...; **es sei denn (, daß) ...** a meno che ... *conj;* **es könnte sehr wohl ~, daß ...** potrebbe darsi benissimo che ... *conj;* **wie dem auch sei** come che sia; **sind Sie es?** è Lei?; **was ist mit Ihnen?** che cos'ha?; **was ist das?** che cos'è?; **wer ist das?** chi è?; **wie wäre es, wenn wir heute abend chinesisch essen würden?** che ne direbbe (*o.* diresti) se stasera andassimo a cena in un ristorante cinese?; **laß es ~!** lascia perdere!; **laß es gut ~!** non prendertela!; **das ist es ja gerade!** proprio di questo si tratta; **sei es auch noch so wenig** per quanto poco sia; **es ist an dir zu ...** spetta (*o.* sta) a te ... *inf.*

sein² [zain] *(adjektivisches Possessivpronomen von* er, es*)* suo, -a *m, f,* suoi *m pl,* sue *f pl;* **mein und ~ Vater** mio padre e il suo.

Sein ⟨-s, ø⟩ *n* essere *m; (Da~)* esistenza *f.*

seine *s.* **seine(r, s).**

Seine ['zɛ:nə *o.* sɛn] *f* Senna *f.*

seiner *pers pron (gen von* er, es*)* di lui; *s. a. seine(r, s).*

seine(r, s) ['zainə] *(substantivisches Possessivpronomen von* er, es*)* (il) suo, (la) sua, (i) suoi *pl,* (le) sue *pl;* **das S~ tun** fare il possibile; **jedem das S~** *prov* a ciascuno il suo.

seinerseits ['zainɐ'zaits] *adv* da parte sua.

seinerzeit *adv* allora.

sein(e)s *s.* **seine(r, s).**

seinesgleichen ['zainəs'glaiçən] ⟨*inv*⟩ *pron* suo pari, uno *m* (*o.* gente *f, etc.*) come lui; **unter ~** tra i propri pari; **jdn als** (*o.* **wie) ~ behandeln** trattare qu da pari a pari; **nicht ~ haben** non avere un par suo.

seinetwegen ['zainət've:gən] *adv* per causa sua, per lui; *(negativ)* per colpa sua.

seinetwillen ['zainət'vılən] *adv:* **um ~** per lui, per amor suo.

seinige(r, s) *obs, geh s.* **seine(r, s).**

seins *s.* **seine(r, s).**

seit [zait] **I.** *prp* da; **ich warte ~ einer Stunde** aspetto da un'ora; **II.** *con* da quando.

seitdem [-'de:m] **I.** *adv* da allora; **II.** *con* da quando.

Seite ['zaitə] ⟨-, -n⟩ *f* **1.** *(von Körper, Gegenstand, Fläche)* lato *m,* parte *f; (von Fahrzeug)* fianco *m,* lato *m; (von Schiff)* fianco *m,* fiancata *f; (von Stoff)* verso *m; math (von Gleichung)* termine *m,* membro *m;* **2.** *(Charakterzug, Aspekt)* lato *m,* aspetto *m;* **3.** *(von Partei)* ala *f; sport, mil* fianco *m;* **4.** *(von Buch, Zeitung)* pagina *f;* **~ an ~** fianco a fianco; **auf allen ~n** da ogni parte; **auf der/die andere ~** dall'altra parte; **auf der einen ~ ..., auf der anderen ~ ...** da un lato (*o.* da una parte) ..., dall'altro (*o.* dall'altra) ...; **auf beiden ~n** da ambo le parti; **nach allen ~n** in tutte le direzioni; **von der ~** di lato; *mil* al fianco; **jdn von der ~ ansehen** guardare qu di lato; **von s~n** *gen* da parte di; **von allen ~en** da ogni parte; *fig* sotto tutti gli aspetti; **von beiden ~n** da una parte e dall'altra; **etw. von allen ~n betrachten** *fig* esaminare qc sotto tutti gli aspetti; **jdn auf seine ~ bringen** tirare qu dalla propria parte; **auf die** (*o.* **zur) ~ gehen/treten/fahren** farsi da parte; **auf die andere ~ gehen** passare dall'altra parte; **jdm nicht von der ~ gehen** (*o.* **weichen)** seguire qu come la sua ombra; **auf die ~ legen** *(a. fig: sparen)* mettere da parte; **auf jds ~ stehen** *fig* parteggiare per qu, essere dalla parte di qu; **jdm zur ~ stehen** *fig* assistere qu, aiutare qu; **sich von seiner besten ~ zeigen** mostrarsi dal lato migliore; **jedes Ding hat zwei ~n** *prov* ogni medaglia ha il suo rovescio *prov;* **linke ~** *(von Stoff)* rovescio *m; typ* verso *m;* **rechte ~** *(von Stoff)* diritto *m; typ* retto *m;* **jds starke/schwache ~** il (lato) forte/il (lato) debole di qu.

Seitenaltar *m* altare *m* laterale. **Seitenansicht** *f* vista *f* laterale (*o.* di fianco); *(Profil)* profilo *m.* **Seitenblick** *m* occhiata *f* (di lato *o.* di traverso). **Seiteneingang** *m* entrata *f* laterale. **Seitenflügel** *m arch* ala *f; (von Flügelaltar)* sportello *m.* **Seitenhieb** *m fig* fiancata *f,* stoccata *f.* **seitenlang** *a* di pagine e pagine. **Seitenlinie** *f* **1.** *sport* linea *f* laterale; **2.** *(Eisenb.)* linea *f* secondaria; **3.** *(Genealogie)* linea *f* collaterale.

seitens *prp gen* da parte di.

Seitenschiff *n* navata *f* laterale. **Seitensprung** *m fig* scappatella *f fam;* **einen ~ machen** avere un'avventura. **Seitenstechen** ⟨-s, ø⟩ *n* fitta *f* al fianco. **Seitenstraße** *f* strada *f* laterale. **Seitenstreifen** *m (von Straße)* banchina *f.* **Seitenwind** *m* vento *m* laterale.

seither ['he:ɐ] *adv* da allora.

seitlich **I.** *a* laterale; **II.** *adv* lateralmente, di lato; **III.** *prp gen* a lato (*o.* fianco) di.

seitwärts [-vɛrts] *adv* lateralmente.

sekkieren [zɛ'ki:rən] ⟨*ohne ge-*⟩ *tr A (belästigen, quälen)* maltrattare.

Sekret [ze'kre:t] ⟨-(e)s, -e⟩ *n* secreto *m.*

Sekretär [zekre'tɛ:ɐ] ⟨-s, -e⟩ *m (Möbelstück)* secrétaire *m.*

Sekretär(in) [...'tɛ:ɐ (...rın)] ⟨-s, -e⟩ *m(f) (Mensch)* segretario, -a *m, f.*

Sekretariat [zekreta'ria:t] ⟨-(e)s, -e⟩ *n* segretariato *m.*

Sekretärin *f s.* **Sekretär.**

Sekt [zɛkt] ‹-(e)s, -e› *m* (vino *m*) spumante *m*.
Sekte ['zɛktə] ‹-, -n› *f* setta *f*.
Sektfrühstück *n* colazione *f* a base di champagne. **Sektglas** *n* calice *m* da spumante.
sektiererisch [zɛk'ti:rərɪʃ] *a* settario.
Sektkühler *m* secchiello *m* del ghiaccio (per spumante). **Sektlaune** *f scherz* euforia *f* da champagne.
sekundär [zekʊn'dɛ:ɐ̯] *a* secondario.
Sekundararzt *m*, **-ärztin** *f* [...'da:ɐ̯-] *A (Assistenzarzt)* assistente *mf* medico.
Sekundärliteratur *f* opere *f pl* critiche, bibliografia *f*.
Sekundarschule *f CH* scuola *f* secondaria inferiore.
Sekunde [ze'kʊndə] ‹-, -n› *f* secondo *m*; **eine ~, bitte!** un momento, per favore! **Sekundenzeiger** *m* lancetta *f* dei secondi.
selbe *s.* **selbe(r, s).**
selber ['zɛlbɐ] *adv fam s.* **selbst.**
selbe(r, s) ['zɛlbə] *a* stesso; **im ~n Augenblick** nello stesso momento.
selbst [zɛlbst] **I.** *pron* stesso, in persona; **die Sache/das Haus ~** la cosa/la casa in (*o.* di per) se stessa; **er ist die Güte ~** è la bontà in persona; **von ~** da sé; **wie von ~** quasi da sé; **etw. ~ machen** fare qc da solo; **das versteht sich von ~** va da sé; **~ ist der Mann** *prov* chi fa da sé fa per tre *prov;* **II.** *adv (sogar)* persino; **~ wenn** anche se *conj,* quand'anche *conj.* **Selbstachtung** *f* rispetto *m* per (*o.* stima *f* di) se stesso.
selbständig ['zɛlp-] *a* **1.** *(unabhängig)* indipendente; *(bes. pol)* autonomo; **2.** *com* in proprio; **~ handeln** agire di propria iniziativa; **sich ~ machen** *(im Beruf)* rendersi indipendente; *scherz (abhanden kommen)* sparire. **Selbständigkeit** ‹-, ø› *f* indipendenza *f; (bes. pol)* autonomia *f*.
Selbstauslöser *m* autoscatto *m*.
Selbstbedienung *f* self-service *m*. **Selbstbedienungsladen** *m* self-service *m,* supermercato *m*. **Selbstbedingungsrestaurant** *n* ristorante *m* con self-service.
Selbstbefriedigung *f* masturbazione *f,* onanismo *m*. **Selbstbeherrschung** *f* dominio *m* (*o.* padronanza *f*) di sé. **Selbstbestimmung** *f* autodeterminazione *f*. **Selbstbestimmungsrecht** *n* diritto *m* di autodeterminazione. **Selbstbeteiligung** *f (an Kosten)* franchigia *f*. **Selbstbetrug** *m* illudersi *m,* ingannare *m* se stesso.
selbstbewußt *a* consapevole di sé (*o.* del proprio valore), cosciente. **Selbstbewußtsein** *n* coscienza *f* di sé; *philos* autocoscienza *f*.
Selbstbildnis *n* autoritratto *m*. **Selbsterfahrung** *f* esperienza *f* di sé. **Selbsterfahrungsgruppe** *f* gruppo *m* di autoanalisi. **Selbsterhaltung** *f* autoconservazione *f*. **Selbsterhaltungstrieb** *m* istinto *m* di autoconservazione. **Selbsterkenntnis** *f* conoscenza *f* di se stesso. **Selbstfindung** *f* processo *m* di identificazione. **selbstgefällig** *a* soddisfatto (*o.* compiaciuto) di se stesso. **Selbstgefälligkeit** *f* autocompiacimento *m*. **selbstgemacht** *a (Marmelade)* fatto in casa; *(Pullover, Geschenk)* fatto da sé. **Selbstgespräch** *n* monologo *m,* soliloquio *m;* **~e führen** parlare fra sé. **selbstherrlich** *a* dispotico, tirannico. **Selbsthilfe** *f* iniziativa *f* personale; **zur ~ greifen** farsi giustizia da sé. **Selbstjustiz** *f* far *m* giustizia da sé; **~ üben** fare giustizia da sé. **selbstklebend** *a* autoadesivo. **Selbstkostenpreis** *m* prezzo *m* di costo. **Selbstkritik** *f* autocritica *f*. **Selbstlaut** *m* vocale *f*. **Selbstlerner(in)** ‹-s, -› *m(f)* autodidatta *mf*.
selbstlos *a* disinteressato, altruista. **Selbstlosigkeit** ‹-, ø› *f* disinteresse *m,* altruismo *m*.
Selbstmord *m* suicidio *m;* **~ begehen** suicidarsi. **Selbstmörder(in)** *m(f)* suicida *mf*. **selbstmörderisch** *a* suicida. **Selbstmordkandidat(in)** *m(f)* candidato, -a *m, f* al suicidio. **Selbstmordversuch** *m* tentativo *m* di (*o.* tentato) suicidio *m;* **einen ~ machen** tentare di suicidarsi.
selbstredend *adv* naturalmente, ovviamente.
Selbstschußanlage *f* dispositivo *m* automatico di sparo. **Selbstschutz** *m* autodifesa *f*. **selbstsicher** *a* sicuro di sé; **~ auftreten** comportarsi con molta sicurezza. **Selbstsucht** *f* egoismo *m*. **selbstsüchtig** *a* egoista, egoistico. **selbsttätig** *a* automatico. **Selbsttäuschung** *f* illusione *f*. **Selbstüberwindung** *f* dominio *m* di sé. **Selbstverleugnung** *f* abnegazione *f,* sacrificio *m* personale. **selbstverschuldet** *a* per colpa propria. **Selbstversorger** ‹-s, -› *m* chi si nutre di alimenti di propria produzione; *(in Urlaub)* chi (in vacanza) si preoccupa del proprio vitto.
selbstverständlich *a* naturale, ovvio; **das ist ~** è naturale; **~!** si capisce!

Selbstverständlichkeit *f (Fraglosigkeit)* indiscutibilità *f; (selbstverständliche Tatsache)* cosa *f* ovvia; *(Ungeniertheit)* naturalezza *f*, semplicità *f*; **das war doch eine ~!** è naturale!, è ovvio!; **er tat es mit einer erstaunlichen ~** lo fece con un'incredibile naturalezza; **etw. für eine ~ halten** ritenere qc ovvio.

Selbstvertrauen *n* fiducia *f* in sé.

Selbstverwaltung *f* amministrazione *f* autonoma, autonomia *f* amministrativa. **Selbstverwirklichung** *f* autorealizzazione *f*. **Selbstwertgefühl** *n* stima *f* di sé. **Selbstzweck** *m* fine *m* a se stesso.

Selen [ze'le:n] ‹-s, ø› *n* selenio *m*.

selig ['ze:lıç] *a* 1. *rel* beato; 2. *(verstorben)* defunto, povero; 3. *(überglücklich)* felice; **Gott habe ihn ~!** Dio l'abbia in gloria. **Seligkeit** ‹-, ø› *f* 1. *rel* beatitudine *f*; 2. *(Glücksgefühl)* felicità *f*. **selig·sprechen** ‹*irr*› *tr* beatificare. **Seligsprechung** ‹-, -en› *f* beatificazione *f*.

selten ['zɛltən] *a* 1. *(nicht häufig)* raro; 2. *(außergewöhnlich)* straordinario; 3. *fam (merkwürdig)* strano, singolare; **sehr** (*o.* **höchst**) **~** rarissimo. **Seltenheit** ‹-, -en› *f* 1. ‹*sing*› *(seltenes Vorkommen)* rarità *f*; 2. *(seltenes Stück)* pezzo *m* raro. **Seltenheitswert** *m*: **~ haben** avere un valore *m* di rarità.

seltsam *a* strano, singolare, curioso.

seltsamerweise *adv* stranamente.

Seltsamkeit ‹-, -en› *f* stranezza *f*, singolarità *f*.

Semester [ze'mɛstɐ] ‹-s, -› *n* semestre *m*.

Semikolon [zemi'ko:lɔn, ...lɔns *o.* ...la] ‹-s, -s *o.* -kola› *n* punto *m* e virgola *f*.

Seminar [zemi'na:ɐ̯] ‹-s, -e› *n* seminario *m*.

Semit(in) [ze'mi:t(ın)] ‹-en, -en› *m(f)* semita *mf*. **semitisch** *a* semitico, semita.

Semmel ['zɛməl] ‹-, -n› *f* panino *m*, rosetta *f*; **wie warme ~n weggehen** andare a ruba *fam*.

sen. *ab von* **senior** sen.

Senat [ze'na:t] ‹-(e)s, -e› *m* senato *m*.

Senator(in) [ze'na:to:ɐ̯ (zena'to:rın), zena'to:rən] ‹-s, -en› *m(f)* senatore, -trice *m, f*.

Sendeanlage *f* stazione *f* trasmittente. **Sendeantenne** *f* antenna *f* trasmittente. **Sendebereich** *m radio, TV* raggio *m* d'emissione. **Sendefolge** *f* programma *m* delle trasmissioni; *(Teil einer Serie)* puntata *f*.

senden ['zɛndən] *tr* 1. ‹sendet, sandte *o.* sandte, gesendet *o.* gesandt› mandare, inviare; 2. ‹sendet, sendete, gesendet› *radio, TV* trasmettere, mandare in onda.

Sendepause *f* intervallo *m*.

Sender ‹-s, -› *m* stazione *f* trasmittente, emittente *f*.

Senderaum *m* studio *m*. **Sendereihe** *f* serie *f* di trasmissioni. **Sendezeit** *f* tempo *m* di trasmissione.

Sendung ‹-, -en› *f* 1. *(Beförderung)* invio *m*, spedizione *f*; 2. *(Gegenstand)* invio *m*; 3. *geh (Auftrag, Mission)* missione *f*; 4. *radio, TV* trasmissione *f*.

Senf [zɛnf] ‹-(e)s, -e› *m* senape *f*; **seinen ~ dazugeben** *fam* mettere il becco *fam*, dire la sua *fam*. **Senfgas** *n* iprite *f*.

sengen ['zɛŋən] I. *tr* bruciacchiare; *gastr (Geflügel)* fiammeggiare; II. *itr (Sonne)* dardeggiare. **sengend** *a* ardente, cocente, infocato.

senil [ze'ni:l] *a* senile.

senior ['ze:ni̯ɔr] *a* (*ab* **sen.**): **Herr X ~** il signor X padre.

Senior(in) ['ze:ni̯o:ɐ̯ (ze'ni̯o:rın), ze'ni̯o:rən] ‹-s, -en› *m(f)* 1. ‹*pl*› *(alte Menschen)* anziani *m pl*; 2. *(Ältester)* decano, -a *m, f*; 3. *sport* senior *mf*. **Seniorenkarte** *f*, **Seniorenpaß** *m* carta *f* d'argento. **Seniorin** *f s.* **Senior.**

Senkblei *n* piombino *m*.

Senke ['zɛŋkə] ‹-, -n› *f* depressione *f*.

senken ['zɛŋkən] I. *tr (Kopf, Augen, Blick, Stimme)* abbassare; *(Haupt)* chinare; *(Steuern, Kosten)* ridurre; *(Preise)* calare; II. *rfl*: **sich ~** abbassarsi; *(Boden)* avvallarsi; *(Gelände)* scendere; *(Abend, Nacht)* calare.

Senkfuß *m* piede *m* piatto.

senkrecht I. *a* verticale, perpendicolare; II. *adv* verticalmente, perpendicolarmente; *(jäh)* a picco; *aero* a candela. **Senkrechte** *f* verticale *f*. **Senkrechtstart** *m* decollo *m* verticale. **Senkrechtstarter** *m* 1. *aero* aereo *m* a decollo *m* verticale; 2. *fig (Mensch)* fenomeno *m*, asso *m*, cannone *m*; *(Buch, etc.)* best seller *m*.

Senkung ‹-, -en› *f* 1. *allg.* abbassamento *m*; *(von Boden)* avvallamento *m*; *geol* depressione *f*; 2. *(von Preisen, Steuern)* ribasso *m*, riduzione *f*; 3. *(Verslehre)* tesi *f*; 4. *med (Blut~)* sedimentazione *f*.

Senn [zɛn] ‹-(e)s, -e› *m*, **Senne** ['zɛnə] ‹-n, -n› *m dial* cascinaio *m* alpino. **Sennerin** ['zɛnərın] *f* cascinaia *f* delle alpi. **Sennhütte** *f* cascina *f* alpina.

Sensation [zɛnza'tsi̯o:n] ‹-, -en› *f*

(Aufsehen) sensazione *f; (Ereignis)* fatto *m* sensazionale.
sensationell [...tsio'nɛl] *a* sensazionale.
Sensationslust *f* sensazionalismo *m.*
Sense ['zɛnzə] ‹-, -n› *f* falce *f.*
sensibel [zɛn'zi:bəl] *a* sensibile.
sensibilisieren [zɛnzibili'zi:rən] ‹*ohne ge-*› *tr* sensibilizzare (*für* a).
Sensibilität [...i'tɛ:t] ‹-, ø› *f* sensibilità *f.*
sentimental [zɛntimɛn'ta:l] *a* sentimentale.
Sentimentalität [...tali'tɛ:t] ‹-, -en› *f* sentimentalismo *m.*
separat [zepa'ra:t] *a* separato, a parte.
Separatismus [...ra'tɪsmʊs] ‹-, ø› *m* separatismo.
September [zɛp'tɛmbɐ] ‹-(s), -› *m* settembre *m;* **im (Monat) ~** in settembre, nel mese di settembre; **heute ist der erste ~** oggi è il primo di settembre; **am dritten ~ fahren wir nach ...** il tre di settembre partiamo per ...; **Anfang/Ende/Mitte ~** all'inizio di/alle fine di/a metà settembre; **Krefeld, den 11. ~ 1956** Krefeld, (il *o. adm* li) 11 settembre 1956; **der ~ hat 30 Tage** settembre ha 30 giorni.

Sera *pl von* **Serum.**
serbokroatisch [zɛrbokro'a:tɪʃ] *a* serbocroato.
Seren *pl von* **Serum.**
Serenade [zere'na:də] ‹-, -n› *f* serenata *f.*
Serie ['ze:riə] ‹-, -n› *f* serie *f; (Bände)* collana *f.*
seriell [ze'riɛl] *a* seriale.
Serienausstattung *f* equipaggiamento *m* di serie. **serienmäßig I.** *a* di (*o.* in) serie; **II.** *adv* in serie. **Serienproduktion** *f* produzione *f* in serie. **Serienschaltung** *f* collegamento *m* in serie. **serienweise** *adv* in serie.
seriös [ze'riø:s] *a* serio.
Serpentine [zɛrpɛn'ti:nə] ‹-, -n› *f* serpentina *f.*
Serum ['ze:rʊm, ...ra *o.* ...rən] ‹-s, Sera *o.* Seren› *n* siero *m.*
Service[1] [zɛr'vi:s, ...'vi:s *o.* ...'vi:sə] ‹-(s), -› *n (Eß~, Kaffee~, Tee~)* servizio *m.*
Service[2] ['zø:ɐvɪs *o.* 'sə:vɪs] ‹-, -s› *m o. n* **1.** ‹*sing*› *(Kundendienst)* assistenza *f* tecnica; *(Bedienung)* servizio *m;* **2.** *(Tennis)* servizio *m.*
servieren [zɛr'vi:rən] ‹*ohne ge-*› *tr, itr* servire (*jdm etw.* qc a qu).
Serviererin *f* cameriera *f.*
Serviertochter *f CH* cameriera *f.*
Serviette [zɛr'viɛtə] ‹-, -n› *f* tovagliolo *m.* **Serviettenring** *m* (anello *m*) portatovagliolo *m.*
servil [zɛr'vi:l] *a geh* servile.
Servobremse ['zɛrvo-] *f* servofreno *m.* **Servolenkung** *f* servosterzo *m.* **Servomotor** *m* servomotore *m,* motore *m* ausiliario.
Sessel ['zɛsəl] ‹-s, -› *m* poltrona *f.* **Sessellift** *m* seggiovia *f.*
seßhaft ['zɛshaft] *a* sedentario; *(wohnhaft)* residente (*in* a); **~ werden** stabilirsi.
setzen ['zɛtsən] **I.** *tr* **1.** *(hintun)* mettere; *(sitzen lassen: Gast)* far sedere; *(Kind)* mettere a sedere; **2.** *(Pflanze, Baum)* piantare; **3.** *(aufstellen: Ofen)* montare, installare; *(Denkmal)* erigere; *(Segel)* issare; *(Standard, Norm)* fissare, stabilire; **4.** *typ* comporre; **5.** *(Geld, Summe)* puntare (*auf* su); **6.** *(schreiben: Punkt, Komma)* mettere; *(Namen)* mettere (*unter* sotto); *(Unterschrift)* apporre (*unter* sotto); **7.** *(fest~: Termin, Grenze, Ziel)* fissare, porre; **8.** *fig (Hoffnung, Vertrauen)* riporre (*in, auf* in); *(Ehrgeiz)* (ri)porre (*in* in); **jdm eine Frist ~** fissare un termine a qu; **jdn an Land ~** sbarcare qu; **etw. auf die Rechnung ~** mettere qc in conto; **das Glas an den Mund ~** portare il bicchiere alla bocca; **etw. auf die Tagesordnung/den Spielplan ~** mettere qc nell'ordine del giorno/nel programma; **etw. in die Zeitung ~** mettere (*o.* pubblicare) qc sul giornale; **II.** *rfl:* **sich ~ 1.** *(Platz nehmen)* sedersi, mettersi a sedere; *(Vogel)* posarsi; **2.** *(Kaffee, Tee, Lösung)* depositarsi; **3.** *(sich fest~: Staub, Geruch)* penetrare (*in* in); **sich zu jdm ~** sedersi vicino a qu; **~ Sie sich!** si sieda!; **III.** *itr (Geld ~)* puntare (*auf* su); **über etw. ~** *(springen, hüpfen)* saltare sopra qc; **auf jdn/etw. ~** *fig (bauen)* puntare su qu/qc.
Setzer(in) ‹-s,-› *m(f)* compositore, -trice *m, f.*
Setzerei [zɛtsə'rai] ‹-, -en› *f* sala *f* di composizione.
Setzerin *f s.* **Setzer.**
Setzfehler *m* errore *m* di composizione. **Setzkasten** *m* cassetta *f* dei caratteri.
Setzling ['zɛtslɪŋ] ‹-s, -e› *m* **1.** *agr* piantone *m;* **2.** *(bei Fischzucht)* avannotto *m.*
Seuche ['zɔyçə] ‹-, -n› *f* epidemia *f; (Tier~)* epizoozia *f; fig* peste *f,* flagello *m.* **Seuchengebiet** *n* zona *f* contaminata. **Seuchenherd** *m* focolaio *m* epidemico.
seufzen ['zɔyftsən] *itr, tr* sospirare.

Seufzer ⟨-s, -⟩ *m* sospiro *m;* **einen ~ ausstoßen** mandare un sospiro, sospirare.

Sex [zɛks *o.* sɛks] ⟨-(es), ø⟩ *m* sesso *m.* **Sex-Appeal** ['sɛks ə'pi:l] ⟨-s, ø⟩ *m* sex appeal *m,* attrazione *f* sessuale. **Sexbombe** *f fam* maggiorata *f* fisica. **Sexfilm** *m* film *m* porno.

Sexismus [zɛ'ksɪsmʊs] ⟨-, ø⟩ *m* sessismo *m.*

Sexist(in) [zɛ'ksɪst(ɪn)] ⟨-en, -en⟩ *m(f)* sessista *mf.*

sexistisch *a* sessista.

Sexorgie *f* orgia *f* (del sesso). **Sexshop** [-ʃɔp] ⟨-s, -s⟩ *m* sex-shop *m.*

Sexta ['zɛksta, ...tən] ⟨-, Sexten⟩ *f* prima *f* ginnasio.

Sextaner(in) [...'ta:nɐ (...ərɪn)] ⟨-s, -⟩ *m(f)* alunno, -a *m, f* di prima ginnasio.

Sextant [zɛks'tant] ⟨-en, -en⟩ *m* sestante *m.*

Sexualerziehung [zɛ'ksu̯a:l-] *f* educazione *f* sessuale. **Sexualforscher(in)** *m(f)* sessuologo, -a *m, f.* **Sexualforschung** *f* sessuologia *f.* **Sexualhormon** *n* ormone *m* sessuale.

Sexualität [zɛksu̯ali'tɛ:t] ⟨-, ø⟩ *f* sessualità *f.*

Sexualkunde *f* educazione *f* sessuale. **Sexualobjekt** *m* oggetto *m* sessuale. **Sexualtrieb** *m* impulso *m* sessuale. **Sexualverbrechen** *n* delitto *m* sessuale. **Sexualwissenschaft** *f* sessuologia *f.*

sexuell [zɛ'ksu̯ɛl] *a* sessuale.

sexy ['zɛksi] ⟨*inv*⟩ *a* sexy.

sezieren [ze'tsi:rən] ⟨*ohne ge-*⟩ *tr* sezionare; *(a. fig)* anatomizzare.

SFB [ɛsˀɛf'be:] ⟨-(s), ø⟩ *m ab von* **Sender Freies Berlin** *rete radiotelevisiva regionale con sede a Berlino-Ovest.*

sfr, sFr *ab von* **Schweizer Franken** Fr.sv. (*ab von* franco svizzero).

Shampoo [ʃɛm'pu: *o.* 'ʃampu] ⟨-s, -s⟩ *n* shampoo *m.*

shampoonieren [...pu'ni:rən] ⟨*ohne ge-*⟩ *tr (Haare)* fare uno shampoo a; *(Hund)* lavare con lo shampoo; *(Teppich)* trattare con lo shampoo.

Sherry ['ʃɛrɪ] ⟨-s, -s⟩ *m* sherry *m.*

Shorts [ʃɔrts *o.* ʃɔ:ts] ⟨*pl*⟩ pantaloncini *m pl* corti, shorts *m pl.*

Show [ʃoʊ] ⟨-, -s⟩ *f* show *m;* **eine ~ abziehen** *sl* fare la scena. **Showbusineß** [-bɪznɪs] ⟨-, ø⟩ *n,* **Showgeschäft** *n* industria *f* dello spettacolo.

siamesisch [zi̯a'me:zɪʃ] *a* siamese; **~e Zwillinge** gemelli siamesi.

Sibirien [zi'bi:ri̯ən] *n* Siberia *f.*

sibirisch *a* siberiano.

Sibylle [zi'bɪlə] *(weiblicher Vorname)* Sibilla.

sich [zɪç] *rfl pron (betont)* sé; *(unbetont)* si; **~ selbst** se stesso; **an ~** in sé; **an und für ~** in se stesso; **bei ~** *(am Körper)* con sé; **für ~** a sé; **von ~ aus** per conto proprio; **etwas auf ~ haben** *fig* avere importanza; **wieder zu ~ kommen** tornare in sé.

Sichel ['zɪçəl] ⟨-, -n⟩ *f* falce *f.* **sichelförmig** [-fœrmɪç] *a* a forma di falce, falciforme.

sicher ['zɪçɐ] **I.** *a* **1.** *(nicht gefährlich)* sicuro; *(geborgen)* sicuro, protetto (*bei jdm* da (*o.* presso) qu); **2.** *(gewiß)* certo, sicuro; **3.** *(zuverlässig)* sicuro; **4.** *(selbst~)* sicuro di sé; **einer Sache ~ sein** essere sicuro di qc; **seiner Sache ~ sein** essere sicuro del fatto proprio; **eines Menschen ~ sein** essere sicuro di una persona; **seines Lebens nicht (mehr) ~ sein** non essere (più) sicuro della propria vita, temere per la propria vita; **~ ist, daß ...** certo è che ...; **~ ist ~** la prudenza non è mai troppa *prov;* **vor jdm/etw. ~ sein** essere al sicuro da qu/qc; **II.** *adv* **1.** *(gefahrlos)* in modo sicuro; **2.** *(bestimmt, gewiß)* certamente, sicuramente, certo; **~ auftreten** avere un modo di fare sicuro; **etw. ~ wissen** sapere qc per certo (*o.* di sicuro); **er hat das ~ vergessen** l'ha certamente dimenticato; **weißt du das ~?** lo sai con sicurezza? **sicher·gehen** ⟨*irr*⟩ *itr* ⟨*sein*⟩ essere sicuro, assicurarsi; **um ganz sicherzugehen** per maggior sicurezza.

Sicherheit ⟨-, -en⟩ *f* **1.** ⟨*sing*⟩ *(Ungefährlichkeit)* sicurezza *f; (Geborgenheit)* sicurezza *f,* protezione *f;* **2.** ⟨*sing*⟩ *(Gewißheit)* certezza *f,* sicurezza *f;* **3.** ⟨*sing*⟩ *(Zuverlässigkeit)* sicurezza *f;* **4.** ⟨*sing*⟩ *(Selbst~)* sicurezza *f* di sé; **5.** *fin (Bürgschaft)* garanzia *f;* **gegen ~** contro garanzia, su pegno; **mit ~** con certezza; **in ~ bringen** mettere al sicuro; **sich in ~ wiegen** cullarsi nella sicurezza; **das kann ich nicht mit ~ sagen** non posso affermarlo con certezza; **es ist mit ~ anzunehmen, daß ...** si può affermare con certezza che ...; **~ im Verkehr** sicurezza del traffico. **Sicherheitsabstand** *m* distanza *f* di sicurezza. **Sicherheitsbindung** *f* attacco *m* di sicurezza. **Sicherheitsglas** *n* vetro *m* di sicurezza. **Sicherheitsgurt** *m* cintura *f* di sicurezza. **sicherheitshalber** *adv* per (motivi di) sicurezza. **Sicherheitsnadel** *f* spilla *f* di sicurezza (*o.* da balia). **Sicherheitsrat** *m* consiglio *m* di sicurezza. **Sicherheitsschloß** *n* serratura *f* di sicurezza. **Sicherheitsventil** *n* valvola *f* di sicurezza.

sicherlich *adv s.* **sicher.**

sichern **I.** *tr* **1.** *(schützen)* proteggere (*gegen* da), premunire (*gegen* da), preservare (*gegen* da), salvaguardare (*gegen* da); *mil* coprire; **2.** *(garantieren, ver~)* garantire, assicurare, porre al sicuro; **3.** *(verschaffen)* procurare (*jdm etw.* qc a qu); **4.** *(befestigen)* consolidare, fortificare; *(Bergsteiger)* assicurare; **5.** *tec (Maschinen)* bloccare; *(Schußwaffe)* mettere la sicura a; **II.** *rfl:* **sich ~** *(sich schützen)* proteggersi (*vor, gegen* da, contro); *(beim Bergsteigen)* assicurarsi.

sicher·stellen *tr* **1.** *(garantieren)* assicurare, garantire; **2.** *(in Sicherheit bringen)* mettere (*o.* porre) al sicuro; **3.** *(beschlagnahmen)* sequestrare.

Sicherung ‹-, -en› *f* **1.** ‹*sing*› *(Schutz)* protezione *f*, preservazione *f*, salvaguardia *f; mil (Deckung)* copertura *f;* **2.** ‹*sing*› *(Garantie)* assicurazione *f*, garanzia *f;* **3.** ‹*sing*› *(Festigung)* consolidamento *m;* **4.** *(von Schußwaffe)* sicura *f;* **5.** *el* fusibile *m.*

Sicht [zɪçt] ‹-, ø› *f* **1.** *(~verhältnisse)* visibilità *f;* **2.** *(Ausblick, Sehen, fig, fin)* vista *f;* **auf kurze/lange ~** a breve/lunga scadenza; **außer ~** fuori di vista; **bei ~** *fin* a vista; **in ~** in vista; **30 Tage nach ~** *com* a 30 giorni vista; **gute/schlechte ~** visibilità buona/scarsa; **aus meiner ~** dal mio punto di vista. **sichtbar** *a* visibile; *(wahrnehmbar)* percettibile; *fig (offensichtlich)* manifesto, evidente; *(Fortschritt)* evidente; **~ werden** apparire, manifestarsi.

sichten *tr* **1.** *(erblicken)* avvistare, scorgere; **2.** *(durchsehen u. ordnen)* ordinare, classificare.

Sichtgerät *n (von Computer)* unità *f* video (terminale), videomonitor *m.*

sichtlich *a* visibile, evidente, manifesto.

Sichtverhältnisse *n pl* (condizioni *f pl* di) visibilità *f.* **Sichtvermerk** *m (in Visum)* visto *m.* **Sichtweite** *f* vista *f;* **in/außer ~** in vista/fuori del campo visivo.

sickern ['zɪkɐn] *itr* ‹*sein*› passare; *(a. Blut)* stillare.

sie [zi:] *pers pron* **1.** *nom 3. pers sing (in bezug auf Menschen) (unbetont) meist nicht übersetzt;* ella; *(betont)* lei; *(in bezug auf Dinge) (unbetont) meist nicht übersetzt;* essa; *(betont)* lei; **2.** *nom 3. pers pl (unbetont) meist nicht übersetzt;* essi *m pl,* esse *f pl; (betont)* loro; **3.** *(acc von* sie *sing) (betont)* lei; *(unbetont)* la, l'; **4.** *(acc von* sie *pl) (betont)* loro; *(unbetont)* li *m pl,* le *f pl.*

Sie *pers pron* **1.** *nom sing (Höflichkeitsform)* Lei; **2.** *nom pl (Höflichkeitsform)* Loro; **3.** *(acc von* Sie *sing)* La; **4.** *(acc von* Sie *pl)* Li *m pl,* Le *f pl;* **jdn mit ~ anreden** dare del Lei a qu.

Sieb [zi:p] ‹-(e)s, -e› *n (feines)* setaccio *m; (grobes)* vaglio *m,* crivello *m; (Gemüse~)* passaverdura *m; (Tee~, Kaffee~)* colino *m;* **ein Gedächtnis wie ein ~ haben** essere uno smemorato. **Siebdruck** ‹-(e)s, -e› *m* serigrafia *f.*

sieben¹ ['zi:bən] **I.** *tr (Sand, Erde)* setacciare, passare al setaccio; *(Mehl, Tee, Gold, etc.)* setacciare; *(Getreide)* vagliare; **II.** *itr fig (bei Bewerberauswahl, Prüfung)* selezionare, fare una cernita.

sieben² ['zi:bən] *(Zahlwort)* sette; *s. a. vier.*

Sieben ‹-, -› *f* sette *m.*

Sieben-, sieben- *s. a. Vier-, vier-.* **siebenfach** *a* settuplo; *s. a. vierfach.* **Siebengebirge** *n* Settemonti *m pl.*

siebenhundert ['zi:bən'hʊndɐt] *(Zahlwort)* settecento.

siebenjährig *a* **1.** *(sieben Jahre alt)* di sette anni; **2.** *(alle sieben Jahre, sieben Jahre lang)* settennale.

siebenmal *adv* sette volte.

Siebenmeilenstiefel [-'mai̯lən-] *m pl* stivali *m pl* delle sette leghe.

Siebensachen ['zi:bən'zaxən] *f pl:* **seine ~ packen** *fam* prendere le proprie carabattole *fam* (*o.* i propri stracci *fam*).

Siebenschläfer *m* ghiro *m.*

siebentausend ['zi:bən'tau̯zənt] *(Zahlwort)* settemila.

siebte *s.* **siebte(r, s).**

Siebtel ‹-s, -› *n* settimo *m.*

siebtens *adv* (in) settimo (luogo).

siebte(r, s) *a* settimo, -a; *(bei Datumsangaben)* sette; **im ~n Himmel sein** essere al settimo cielo; *s. a. vierte(r, s).*

siebzehn *(Zahlwort)* diciassette.

siebzehnte *s.* **siebzehnte(r, s).**

Siebzehntel *n* diciassettesimo *m.*

siebzehnte(r, s) *a* diciassettesimo, -a; *s. a. vierte(r, s).*

siebzig ['zi:pt͜sɪç] *(Zahlwort)* settanta; *s. a. vierzig.* **siebzigjährig** *a* **1.** *(siebzig Jahre alt)* settantenne; **2.** *(alle siebzig Jahre, siebzig Jahre lang)* di settanta anni. **Siebzigjährige** ‹ein -r,

‹-n, -n› *mf* uomo *m* (donna *f*) sulla settantina, settantenne *mf.*
siebzigste *s.* **siebzigste(r, s).**
Siebzigstel ‹-s, -› *n* settantesimo *m.*
siebzigste(r, s) *a* settantesimo, -a; *s. a. vierte(r, s).*
sieden ['zi:dən] ‹siedet, sott *o.* siedete, gesotten *o.* gesiedet› **I.** *tr* (far) bollire; *gastr* lessare; **II.** *itr* sbollire; **zum S~ bringen** far bollire. **siedend** *a* bollente. **Siedepunkt** *m phys* punto *m* di ebollizione; *fig* limite *m,* esasperazione *f.*
Siedler(in) ['zi:dlɐ (...ərɪn)] ‹-s, -› *m(f)* colono, -a *m, f.*
Siedlung ‹-, -en› *f* **1.** *(An~)* insediamento *m;* **2.** *(Wohn~)* centro *m* residenziale.
Sieg [zi:k] ‹-(e)s, -e› *m* vittoria *f;* **den ~ davontragen** (*o.* **erringen**) riportare la vittoria.
Siegel ['zi:gəl] ‹-s, -› *n* sigillo *m;* **unter dem ~ der Verschwiegenheit** in gran segreto. **Siegellack** *m* ceralacca *f.* **Siegelring** *m* anello *m* con sigillo.
siegen ['zi:gən] *itr* vincere (*über jdn/etw.* qu/qc).
Sieger(in) ‹-s, -› *m(f)* vincitore, -trice *m, f;* **als ~ hervorgehen** uscire vincitore (*aus* da).
siegesbewußt, siegesgewiß, siegessicher *a* sicuro di vincere. **Siegeszug** *m* corteo *m* trionfale; *(a. fig)* trionfo *m.*
Siegfried ['zi:kfri:t] *(männlicher Vorname)* Sigfrido.
siegreich *a* vittorioso.
sieht [zi:t] *3. pers sing pr von* **sehen.**
siezen ['zi:t̮sən] *tr* dare del Lei a.
Signal [zɪ'gna:l] ‹-s, -e› *n* segnale *m;* **das ~ zu etw. geben** dare il segnale di qc. **Signalanlage** *f* impianto *m* di segnalazione.
signalisieren [zɪgnali'zi:rən] ‹*ohne ge-*› *tr* segnalare.
Signatur [zɪgna'tu:ɐ̯] ‹-, -en› *f* **1.** *geh (Unterschrift)* firma *f;* **2.** *(Kartenzeichen)* segno *m* convenzionale; **3.** *(Buchnummer in Bibliothek)* segnatura *f.*
signieren [zɪ'gni:rən] ‹*ohne ge-*› *tr* firmare.
Sigrid ['zi:grɪt *o.* ...ri:t] *weiblicher Vorname.*
Silbe ['zɪlbə] ‹-, -n› *f* sillaba *f.* **Silbentrennung** *f* divisione *f* in sillabe.
Silber ['zɪlbɐ] ‹-s, ø› *n* **1.** *(Metall, Farbe)* argento *m;* **2.** *(Tafelgeschirr)* argenteria *f;* **aus ~** d'argento. **Silberblick** *m fam* strabismo *m* di Venere, **einen ~ haben** avere lo strabismo di Venere. **Silberfischchen** [-fɪʃçən] ‹-s, -› *n* lepisma *f.* **Silberfuchs** *m* volpe *f* argentata. **silberhell** *a* argenteo; *(Klang)* argentino. **Silberhochzeit** *f* nozze *f pl* d'argento.
silb(e)rig ['zɪlb(ə)rɪç] *a* argenteo.
Silbermedaille *f* medaglia *f* d'argento. **Silbermünze** *f* moneta *f* d'argento.
silbern *a* **1.** *(aus Silber)* d'argento; **2.** *(silberig)* argenteo; *(Stimme)* argentina.
Silberpapier *n* (carta *f*) stagnola *f.* **silberweiß** *a* argentato.
silbrig *s.* **silberig.**
Silhouette [zi'lu̯ɛtə] ‹-, -n› *f* silhouette *f.*
Silicium, Silizium [zi'li:t̮si̯ʊm] ‹-s, ø› *n* silicio *m.*
Silo ['zi:lo] ‹-s, -s› *m o. n* silo *m;* **im ~ einlagern** insilare.
Silvester [zɪl'vɛstɐ] ‹-s, -› *n* san Silvestro. **Silvesterparty** *f* festa *f* di Capodanno.
Silvia ['zɪlvi̯a] *(weiblicher Vorname)* Silvia.
simpel ['zɪmpəl] *a* **1.** *(unkompliziert, schlicht)* semplice; **2.** *pej (einfältig, beschränkt)* sempliciotto *fam,* sciocco *fam.*
Sims [zɪms] ‹-es, -e› *m o. n arch* cornice *f,* cimasa *f; (Wandbrett)* mensola *f; (Fenster~)* davanzale *m.*
Simulant(in) [zimu'lant(ɪn)] ‹-en, -en› *m(f)* simulatore, -trice *m, f.*
simulieren [...'li:rən] ‹*ohne ge-*› *tr* simulare.
simultan [zimʊl'ta:n] *a* simultaneo. **Simultandolmetschen** ‹-s, ø› *n* traduzione *f* simultanea. **Simultandolmetscher(in)** *m(f)* interprete *mf* simultaneo, -a.
sind [zɪnt] *1. u. 3. pers pr pl, bei Sie pr sing u. pl von* **sein**[1]**.**
Sinfonie [zɪnfo'ni:, ...i:ən] ‹-, -n› *f* sinfonia *f.* **Sinfoniekonzert** *n* concerto *m* sinfonico. **Sinfonieorchester** *n* orchestra *f* sinfonica.
sinfonisch [zɪn'fo:nɪʃ] *a* sinfonico.
singen ['zɪŋən] ‹singt, sang, gesungen› *tr, itr (a. sl: gestehen)* cantare. **Singen** ‹-s, ø› *n* canto *m.*
Single[1] [sɪŋgl] ‹-, -(s)› *f (Schallplatte)* 45 giri *m.*
Single[2] [sɪŋgl] ‹-s, -s› *m,* ‹-, -s› *f (Alleinlebende)* persona *f* sola.
Singsang ['zɪŋzaŋ] ‹-(e)s, ø› *m* cantilena *f.*
Singular ['zɪŋgula:ɐ̯] ‹-s, -e› *m* singolare *m.*
Singvogel *m* uccello *m* canoro.
sinken ['zɪŋkən] ‹sinkt, sank, gesunken› *itr* ‹*sein*› **1.** *(nach unten ~)* calare, affondare; *(Schiff)* affondare;

(Ballon, Nebel) calare; *(Sonne, Stern)* tramontare, calare; *(Mensch in Schlamm, etc.)* sprofondare (*in* in); **2.** *(sich senken: Boden, Gelände, Gebäude)* abbassarsi, calare; *(Fundament)* abbassarsi; **3.** *(Wasserspiegel)* abbassarsi; *(Temperatur)* calare, abbassarsi, scendere; *(Preise, Kurse)* calare, diminuire; **4.** *(Ansehen, Vertrauen)* calare; *(Einfluß)* diminuire; **tief ~** *(moralisch verderben)* cadere in basso (moralmente); **in einen Stuhl/zu Boden ~** cadere su una sedia/a terra; **in Ohnmacht/Schlaf ~** svenire, perdere i sensi/sprofondare nel sonno; **die Hoffnung/den Mut ~ lassen** perdere la speranza/perdersi d'animo; **in jds Achtung ~** cadere nella stima di qu.

Sinn [zɪn] ‹-(e)s, -e› *m* **1.** *(Wahrnehmungs~)* senso *m;* **2.** ‹*pl*› *(Begierde)* sensi *m pl; (Bewußtsein)* sensi *m pl,* conoscenza *f;* **3.** *(Denken)* intenzione *f,* pensiero *m;* **4.** *(Verständnis, Empfänglichkeit)* comprensione *f* (*für* per), sensibilità *f* (*für* per); **5.** *(Zweck)* scopo *m,* senso *m;* **6.** *(Bedeutung)* significato *m,* senso *m;* **der ~ des Lebens** il senso della vita; **keinen ~ ergeben** non avere nessun (*o.* alcun) senso; **~ machen** avere senso; **in jds ~e** secondo le intenzioni di qu; **im besten ~e des Wortes** nel vero senso della parola; **im eigentlichen/bildlichen ~e** in senso proprio/figurato; **im engeren/weiteren ~e** in senso stretto/lato; **in gewissem ~e** in un certo senso; **im wahrsten ~e des Wortes** nel pieno significato della parola; **im ~e des Gesetzes** ai sensi di legge; **von ~en** fuori di sé; **jdm nicht aus dem ~ gehen** (*o.* **wollen**) non uscire dalla mente (*o.* testa) a qu; **~ haben für ...** avere il senso di ...; **etw. im ~(e) haben** avere in mente qc; **jdm in den ~ kommen** venire in mente a qu; **sich** *(dat)* **etw. aus dem ~ schlagen** togliersi qc dalla testa; **das hat keinen ~** non ha alcun senso; **der ~ der Sache** il senso della cosa; **ohne ~ und Verstand** senza senso.

Sinnbild *n* simbolo *m* (*für* di). **sinnbildlich** *a* simbolico; **~ darstellen** simboleggiare.

sinnen ['zɪnən] ‹sinnt, sann, gesonnen› *itr* **1.** *(nachdenken)* riflettere (*über* su); **2.** *(planen)* meditare (*auf etw.* qc); **auf Rache ~** meditare vendetta.

Sinnenlust *f* piacere *m* sensuale.

sinnentstellend *a* che altera il senso.

Sinnesänderung *f* cambiamento *m* d'idea (*o.* d'opinione). **Sinneseindruck** *m* sensazione *f.* **Sinnesorgan** *n* organo *m* dei sensi (*o.* sensorio).

sinnfällig *a* evidente. **sinngemäß** *a* conforme al senso (*o.* significato); **etw. ~ wiedergeben** riprodurre il senso di qc.

sinnieren [zɪ'niːrən] ‹*ohne ge-*› *itr* fantasticare, meditare.

sinnig *a (Gedanke)* sensato; *(sinnreich)* ingegnoso; *iron (Geschenk)* adatto.

sinnlich *a* **1.** *(die Sinnesorgane betreffend)* sensoriale; **2.** *(Mensch, Mund, Genuß)* sensuale; **~e Wahrnehmung** percezione sensoriale. **Sinnlichkeit** ‹-, ø› *f* sensualità *f.*

sinnlos *a* **1.** *(ohne Sinn)* senza (*o.* privo di) senso; **2.** *(widersinnig)* assurdo, insensato; **3.** *(vergeblich)* vano, inutile; **~ betrunken** ubriaco fradicio *fam.* **Sinnlosigkeit** ‹-, ø› *f* assurdità *f.*

sinnverwandt *a* sinonimico. **sinnvoll** *a* **1.** *(Satz, Aussage)* sensato; **2.** *(vernünftig)* sensato; *(nützlich)* funzionale, utile. **sinnwidrig** *a* assurdo, insensato.

Sintflut ['zɪnt-] *f* diluvio *m* universale.

Sinus ['ziːnʊs] ‹-, - *o.* -se› *m* seno *m.*

Siphon [zi'fõ: *o.* 'ziːfõ] ‹-s, -s› *m* sifone *m.*

Sippe ['zɪpə] ‹-, -n› *f* stirpe *f,* clan *m; ling, fam (Verwandtschaft)* famiglia *f; zoo* specie *f.* **Sippschaft** ‹-, -en› *f (meist pej)* parentado *m.*

Sirene [zi'reːnə] ‹-, -n› *f* sirena *f.* **Sirenengeheul** *n* urlo *m* delle sirene.

Sirup ['ziːrʊp] ‹-s, -e› *m* sciroppo *m.*

Sisyphusarbeit ['ziːzyfʊs-] *f* fatica *f* di Sisifo.

Sitte ['zɪtə] ‹-, -n› *f* **1.** *(Benehmen)* (buon) costume *m;* **2.** *(Brauch)* uso *m,* usanza *f;* **3.** *(Gewohnheit)* abitudine *f;* **nach alter ~** secondo le antiche usanze; **gegen die guten ~n verstoßen** offendere la decenza; **~n und Gebräuche** usi e costumi; **das ist bei uns so ~** da noi si usa così. **sittenlos** *a* dissoluto, immorale. **Sittenlosigkeit** ‹-, ø› *f* dissolutezza *f,* immoralità *f.* **Sittenpolizei** *f* squadra *f* del buon costume. **sittenstreng** *a* austero, puritano. **Sittenverfall** *m* decadenza *f* dei costumi.

Sittich ['zɪtɪç] ‹-, -e› *m* pappagallino *m.*

sittlich *a* morale. **Sittlichkeit** ‹-, ø› *f* moralità *f.* **Sittlichkeitsverbrechen** *n* delitto *m* sessuale.

sittsam *a (Benehmen)* pudico; *(Mensch)* virtuoso; *(Kleidung)* decente. **Sittsamkeit** ‹-, ø› *f* pudore *m;* decenza *f.*

Situation [zitu̯a'tsi̯o:n] ⟨-, -en⟩ *f* situazione *f*, condizioni *f pl*.

Sitz [zɪts] ⟨-es, -e⟩ *m* **1.** *(~gelegenheit)* posto *m*; *(Stuhl)* sedia *f*; *(Sessel, a. in Fahrzeugen)* sedile *m*; **2.** *parl (von Abgeordneten)* seggio *m*; **3.** *(von Firma, Verein, Regierung)* sede *f*; *(com a.)* sede *f* sociale; **4.** *(von Kleidung)* taglio *m*. **Sitzbad** *n* semicupio *m*.

sitzen ['zɪtsən] ⟨sitzt, saß, gesessen⟩ *itr* **1.** *(Mensch)* sedere, essere (*o.* stare) seduto; *(Vogel)* stare, essere posato; **2.** *(sich befinden)* stare, trovarsi, essere; *(Firma, Regierung)* avere la propria sede, risiedere; *(Mitglied sein)* essere membro (*in* di), fare parte (*in* di); *(Krankheit)* essere; *fig (Haß, Übel, Schmerz)* avere radici (*in* in); **3.** *(Deckel, Schraube)* essere fisso (*auf* su, *in* in) *(Kugel, Splitter)* essere piantato (*o.* conficcato) (*in* in); **4.** *(Modell ~)* posare; **5.** *(passen: Kleidung, Frisur)* stare bene; **6.** *(treffen: Bemerkung)* essere giusto; **7.** *(im Gedächtnis ~)* rimanere impresso (nella memoria); **8.** *fam (im Gefängnis)* essere (*o.* stare) al fresco *fam*; **wie angegossen ~** stare a pennello *fam*; **~ bleiben** (re)stare seduto; **einen ~ haben** *fam (betrunken sein)* essere sbronzo *fam*; **bleiben Sie ~!** resti seduto!

sitzen·bleiben ⟨*irr*⟩ *itr* ⟨*sein*⟩ *fam* **1.** *(in der Schule)* essere bocciato *fam*; **2.** *obs (keinen Mann kriegen)* rimanere zitella; *(beim Tanz)* fare da tappezzeria *fam*.

sitzend *a*: **~e Lebensweise** vita sedentaria.

sitzen·lassen ⟨*irr*⟩ *tr fam* **1.** *(im Stich lassen)* piantare *fam*; **2.** *(bei Verabredung)* dare un bidone a *fam*; **etw. auf sich** *(dat)* **~** lasciar correre qc; **das lasse ich nicht auf mir sitzen!** questa non la mando giù *fam*.

Sitzgelegenheit *f* posto *m* a sedere. **Sitzkissen** *n* cuscino *m* (per sedersi); *(orientalisches)* pouf *m*. **Sitzplatz** *m* posto *m* a sedere. **Sitzstreik** *m* sciopero *m* passivo.

Sitzung ⟨-, -en⟩ *f* seduta *f*; *jur* udienza *f*; **die ~ ist geschlossen** la seduta è tolta. **Sitzungssaal** *m* sala *f* delle sedute (*o.* riunioni); *jur* aula *f* delle udienze.

Sitzverteilung *f parl* assegnazione *f* dei seggi.

Sizialianer(in) [zitsi'li̯a:nɐ (...ərɪn)] ⟨-s, -⟩ *m(f)* siciliano, -a *m, f*.

sizilianisch *a* siciliano.

Sizilien [zi'tsi:li̯ən] *n* Sicilia *f*.

Skala ['ska:la, ...las *o.* ...lən] ⟨-, -s *o.* Skalen⟩ *f* scala *f*. **Skaleneinteilung** *f* graduazione *f* della scala.

Skalp [skalp] ⟨-s, -e⟩ *m* scalpo *m*.

Skalpell [skal'pɛl] ⟨-s, -e⟩ *n* scalpello *m*.

skalpieren [skal'pi:rən] ⟨*ohne ge-*⟩ *tr* scalpare.

Skandal [skan'da:l] ⟨-s, -e⟩ *m* scandalo *m*.

skandalös [...da'lø:s] *a (anstößig)* scandaloso; *(unerhört)* inaudito.

Skandinavien [skandi'na:vi̯ən] *n* Scandinavia *f*.

Skandinavier(in) ⟨-s, -⟩ *m(f)* scandinavo, -a *m, f*.

skandinavisch *a* scandinavo.

Skat [ska:t] ⟨-(e)s, -e *o.* -s⟩ *m* skat *m*.

Skateboard ['skeɪtbɔ:d] ⟨-s, -s⟩ *n* skateboard *m*.

Skelett [ske'lɛt] ⟨-(e)s, -e⟩ *n* scheletro *m*.

Skepsis ['skɛpsɪs] ⟨-, ø⟩ *f* scetticismo *m*.

Skeptiker(in) ['skɛptɪke (...ərɪn)] ⟨-s, -⟩ *m(f)* scettico, -a *m, f*.

skeptisch *a* scettico.

Ski [ʃi:] ⟨-s, -er *o. rar* -⟩ *m* sci *m*; **~ fahren** (*o.* **laufen**) sciare. **Skiausrüstung** *f* attrezzatura *f* da sci. **Skihaserl** [-ha:zel] ⟨-s, -⟩ *n (A, süddeutsch) scherz* giovane sciatrice *f*. **Skihose** *f* pantaloni *m pl* da sci. **Skikurs** *m* corso *m* di sci. **Skilanglauf** *m* sci *m* di fondo. **Skilaufen** ⟨-s, ø⟩ *n* sci *m*. **Skiläufer(in)** *m(f)* sciatore, -trice *m, f*. **Skilehrer(in)** *m(f)* insegnante *mf* di sci. **Skilift** *m* sciovia *f*. **Skipaß** *m* ski-pass *m*. **Skipiste** *f* pista *f* da sci. **Skispringen** ⟨-s, -⟩ *n* salto *m* con gli sci. **Skispringer(in)** *m(f)* saltatore, -trice *m, f* con gli sci. **Skistock** *m* bastone *m* da sci, racchetta *f*. **Skiträger** *m* portasci *m*. **Skiurlaub** *m* vacanze *f pl* sci(istiche). **Skizirkus** *m* circo *m* bianco.

Skizze ['skɪtsə] ⟨-, -n⟩ *f (Entwurf)* schizzo *m*; *(lit a.)* abbozzo *m*. **skizzenhaft** *a* abbozzato, schizzato.

skizzieren [skɪ'tsi:rən] ⟨*ohne ge-*⟩ *tr* schizzare, abbozzare.

Sklave ['skla:və *o.* ...a:fə] ⟨-n, -n⟩ *m*, **Sklavin** [...vɪn *o.* ...fɪn] *f* schiavo, -a *m, f*.

Sklaverei [...ə'rai̯] ⟨-, ø⟩ *f* schiavitù *f*.

Sklavin *f s.* **Sklave.**

sklavisch *a* da schiavo, servile.

Sklerose [skle'ro:zə] ⟨-, -n⟩ *f* sclerosi *f*; **multiple ~** sclerosi a placche.

Skonto ['skɔnto] ⟨-s, -s *o. rar* Skonti⟩ *m o. n* sconto *m*.

Skorbut [skɔr'bu:t] ⟨-(e)s, ø⟩ *m* scorbuto *m*.

Skorpion [skɔrˈpi̯o:n] ‹-s, -e› *m* **1.** *zoo* scorpione *m;* **2.** *astr* Scorpione *m;* **er/sie ist (ein)** ~ è uno Scorpione.
Skrupel [ˈskru:pəl] ‹-s, -› *m* scrupolo *m;* **ohne jeden** ~ senza nessuno (*o.* il minimo) scrupolo. **skrupellos** *a* senza scrupoli. **Skrupellosigkeit** ‹-, ø› *f* mancanza *f* di scrupoli.
Skulptur [skʊlpˈtu:ɐ̯] ‹-, -en› *f* scultura *f.*
Skunk [skʊŋk] ‹-s, -s *o.* -e› *m* skunk *m.*
s. l. *ab von* **sine loco** *(ohne Ort)* s.l.
Slalom [ˈsla:lɔm] ‹-s, -s› *m* slalom *m.*
Slawe [ˈsla:və] ‹-n, -n› *m,* **Slawin** [...vɪn] *f* slavo, -a *m, f.*
slawisch *a* slavo.
Slip [slɪp] ‹-s, -s› *m* slip *m,* mutandina *f.* **Slipeinlage** *f* proteggi *m* mutandina.
Slums [slams] *m pl* slum *m.*
sm *ab von* **Seemeile** miglio *m* marino.
Smaragd [smaˈrakt] ‹-(e)s, -e› *m* smeraldo *m.*
Smog [smɔk] ‹-(s), -s› *m* smog *m.* **Smogalarm** *m* allarme *m* smog.
Smoking [ˈsmo:kɪŋ] ‹-s, -s› *m* smoking *m.*
SMV [ɛsˀɛmˈfau̯] ‹-, -s› *f ab von* **Schülermitverwaltung** *partecipazione degli scolari ai consigli scolastici.*
Snob [snɔp] ‹-s, -s› *m* snob *mf.*
Snobismus [snoˈbɪsmʊs, ...mən] ‹-, -men› *m* snobismo *m.*
snobistisch [...ˈbɪstɪʃ] *a* snob *inv.*
so [zo:] **I.** *adv* **1.** *(Art und Weise)* così, in questo modo, in questa maniera; **2.** *(bei a, adv)* così, tanto, talmente; ~ **ein(e)** uno (una) così; ~ **ein Esel!** che imbecille!; ~ **etwas** una cosa simile (*o.* del genere), una tale cosa; ~ **etwas wie ...** qualcosa come ...; **und zwar** ~ e precisamente così; ~ **oder** ~ o in un modo o nell'altro, così o cosà *fam,* comunque, in ogni caso; **bald ~, bald** ~ ora in un modo, ora in un altro; **und ~ fort** (*o.* **weiter)** e così via, eccetera; **du tust nur** ~ fai solo finta; **wenn dem ~ ist** se è così; ~ **liegen die Dinge** le cose stanno così; ~ **ist das Leben nun mal** (così) è la vita; **recht ~!** così va bene!; ~ **siehst du aus!** *fam* stai fresco!; ~ **... wie** tanto ... quanto; ~ **..., daß** così ... che; ~ **... auch** per quanto ...; **um ~ besser** tanto meglio; ~ **etwa** (*o.* **ungefähr)** all'incirca; ~ **gut wie** praticamente, quasi; ~ **(und ~) oft** tante (e tante) volte; ~ **sehr** tanto; ~ **sehr, daß ...** a tal punto che ...; ~ **viel** tanto; ~ **viel ist gewiß, daß ...** una cosa è certa, che ...; ~ **ziemlich** pressappoco; **II.** *con (also, folglich)* così, dunque; ~ **Gott will** se Dio vuole; **III.** *interj:* ~! ecco!, bene!; ~? davvero?, veramente?; ~, ~! ma guarda un po'!; **ach ~!** ah, davvero?, veramente?
s. o. *ab von* **siehe oben** v.s. (*ab von* vedi sopra).
SO *ab von* **Südost(en)** S.E. (*ab von* sud-est).
sobald [zoˈbalt] *con* non appena.
Socke [ˈzɔkə] ‹-, -n› *f* calzino *m;* **sich auf die ~n machen** *fam* andarsene *fam,* incamminarsi.
Sockel [ˈzɔkəl] ‹-s, -› *m* zoccolo *m,* piedistallo *m; (Unterbau)* basamento *m.*
Soda [ˈzo:da] ‹-, ø› *f o.* ‹-s, ø› *n* soda *f;* **Whisky mit** ~ whisky e soda. **Sodawasser** *n* (acqua *f* di) soda *f.*
Sodbrennen [ˈzo:t-] ‹-s, ø› *n* bruciore *m* di stomaco.
Sodomie [zodoˈmi:, ...i:ən] ‹-, -n› *f* sodomia *f.*
soeben [zoˈˀe:bən] *adv (gerade jetzt)* in questo istante; *(vor kurzer Zeit)* appena, or ora, poco fa.
Sofa [ˈzo:fa] ‹-s, -s› *n* divano *m,* sofà *m.* **Sofakissen** *n* cuscino *m* del divano.
sofern [zoˈfɛrn] *con* purché *conj,* a condizione che *conj;* ~ **nicht** a meno che.
soff [zɔf] *1. u. 3 pers sing imp von* **saufen.**
Sofia [ˈzo:fi̯a] *n* Sofia *f.*
sofort [zoˈfɔrt] *adv* subito, immediatamente; ~ **zur Sache kommen** venire subito al fatto; **(ich komme) ~!** (vengo) subito! **Sofortbildkamera** *f* camera *f* per fotografie a sviluppo istantaneo. **sofortig** *a* immediato, istantaneo. **Sofortmaßname** *f* misura *f* immediata.
Software [ˈsɔftwɛə] ‹-, -s› *f* software *m.*
sog [zo:k] *1. u. 3. pers sing imp von* **saugen.**
sog. *ab von* **sogenannte(r, s)** cosiddetto, -a.
Sog [zo:k] ‹-(e)s, -e› *m* risucchio *m; (a. fig)* vortice *m.*
sogar [zoˈga:ɐ̯] *adv* perfino, persino.
sogenannt *a* (*ab* **sog.**) *(wie es genannt wird)* cosiddetto; *(angeblich)* sedicente, che si dice.
sogleich [zoˈglai̯ç] *adv s.* **sofort.**
Sohle [ˈzo:lə] ‹-, -n› *f* **1.** *(Fuß~)* pianta *f;* **2.** *(Schuh~)* suola *f;* **3.** *(Tal~, geol)* fondo *m; min* livello *m.*
sohlen *tr* solare.
Sohn [zo:n] ‹-(e)s, ¨-e› *m (a. fig)* figlio *m;* **der verlorene** ~ il figliol prodigo.
Soja [ˈzo:ja, ...jən] ‹-, Sojen› *f,* **Soja-**

bohne *f* soia *f.* **Sojamehl** *n* farina *f* di soia. **Sojen** *pl von* **Soja.**

solange [zo'laŋə] *con* finché, fintantoché.

Solar- [zo'la:ɐ̯-] *(in Zusammensetzungen)* solare.

Solarium [zo'la:ri̯ʊm, ...i̯ən] ‹-s, -rien› *n* solarium *m.*

Solarzelle *f* pannello *m* solare.

solch [zɔlç] ‹*inv*›, **solche(r, s)** ['zɔlçə] *a* tale; **ein ~er . . ./eine ~e . . .** un tale . . ./una tale . . .; **ein ~er Mensch** un simile individuo; **als ~er** come tale; **ich habe ~e Angst/~en Hunger** ho una tal paura/fame; **es gibt ~e und ~e** *fam* non son tutti uguali.

Sold [zɔlt] ‹-(e)s, -e› *m* soldo *m.*

Soldat [zɔl'da:t] ‹-en, -en› *m* soldato *m,* militare *m;* **gemeiner ~** soldato semplice; **bei den ~en sein** fare il soldato; **der unbekannte ~** il milite ignoto. **Soldatenfriedhof** *m* cimitero *m* di guerra. **soldatisch** *a* soldatesco, militare.

Söldner ['zœldnɐ] ‹-s, -› *m* mercenario *m.*

Sole ['zo:lə] ‹-, -n› *f* acqua *f* salsa (*o.* salina).

Soli *pl von* **Solo.**

solidarisch [soli'da:rɪʃ] *a* solidale; **sich ~ erklären** solidarizzare (*mit* con).

Solidarität [...dari'tɛ:t] ‹-, ø› *f* solidarietà *f.*

solid(e) [zo'li:də] *a* **1.** *(Haus, Möbel)* solido; **2.** *(gründlich: Arbeit, Arbeiter)* coscienzioso, serio; *(Wissen)* solido; **3.** *(Mensch, Lebensweise)* onesto; **4.** *fin (Firma)* solido; *(Preise)* ragionevole.

Solidität [zolidi'tɛ:t] ‹-, ø› *f* **1.** *(von Haus, Möbel)* solidità *f;* **2.** *(von Arbeit, Arbeiter)* coscienziosità *f,* serietà *f; (von Wissen)* solidità *f;* **3.** *(von Mensch, Lebensweise)* onestà *f;* **4.** *(von Firma)* solidità *f; (von Preisen)* ragionevolezza *f.*

Solist(in) [zo'lɪst(ɪn)] ‹-en, -en› *m(f)* solista *mf.*

Soll [zɔl] ‹-(s), -(s)› *n* **1.** *fin* dare *m,* debito *m;* **2.** *(Plan~)* norma *f* di produzione; **~ und Haben** dare e avere; **ins ~ eintragen** addebitare; **sein ~ erfüllen** adempiere il proprio dovere.

sollen ['zɔlən] **I.** *itr (modales Hilfsverb)* ‹soll, sollte, sollen› *(Pflicht)* dovere; **er soll sofort kommen** che venga subito; **du sollst nicht töten** non ammazzare; **das ~ sie unter sich abmachen** che se la sbroglino tra di loro *fam;* **du sollst doch nicht rauchen!** non devi fumare!; **ich soll Ihnen sagen, daß . . .** devo dirLe che . . .; **was soll ich tun** (*o.* **machen)?** che cosa devo fare; **was soll das heißen?** che cosa vuol dire?; **soll ich dir helfen?** devo aiutarti?; **soll ich kommen?** devo venire?; **was soll das werden?** che succederà?, che sarà?; **was soll das kosten?** quanto costa?, quant'è?; **was sollte ich denn tun?** che avrei dovuto fare?; **so etw. sollte man vermeiden** si dovrebbe evitare una cosa simile; **das hättest du nicht tun ~** non avresti dovuto farlo; **du hättest nicht gehen/lachen ~** non saresti dovuto andare/non avresti dovuto ridere; **das hättest du sehen ~!** avresti dovuto vedere!; **du solltest lieber gehen** faresti meglio ad andare; **er soll gesagt haben/heute kommen** avrebbe detto/dovrebbe venire oggi; **er soll reich sein** dicono che sia ricco; **sollte er gekommen sein?** che sia venuto?; **man sollte weniger essen** bisognerebbe mangiar meno; **Sie ~ wissen . . .** desidero che Lei sappia . . .; **das soll es geben** queste cose accadono; **mir soll es gleich sein** per me è lo stesso; **man sollte meinen . . .** si direbbe; **sollte das möglich sein?** è possibile?; **sollten Sie ihn zufällig treffen** se per caso lo incontrasse; **wenn es regnen sollte** se dovesse piovere, se piovesse; **es soll geschehen** succederà; **du sollst mal sehen . . .** vedrai . . .; **es sollten Jahre vergehen, bevor . . .** passeranno anni prima che . . . *conj;* **es sollte nicht lange dauern, bis . . .** non durerà molto fino a . . .; **II.** *itr* ‹soll, sollte, gesollt›: **soll ich?** devo?; **ich meine, du solltest** credo che dovresti; **was soll das?** *(was hat das zu bedeuten)* come sarebbe?, che significa?; *(wozu)* a che serve questo?, che scopo ha?; **was soll's** *fam (ist gleichgültig)* è uguale; **was soll ich dort?** cosa ci faccio?; **was soll der Quatsch?** *fam* ma a che gioco giochiamo?; *fam;* **III.** *tr* ‹soll, sollte, gesollt›: **das sollst du!** devi farlo!; **das solltest du nicht** non devi farlo; **das hat er nicht gesollt** non avrebbe dovuto farlo.

solo ['zo:lo] ‹*inv*› *a* solo; **ich bin ganz ~** *fam* sono tutto solo.

Solo ['zo:lo, ...los, *o.* ...li] ‹-s, -s *o.* Soli› *n* assolo *m.*

Solothurn ['zo:lotʊrn] *n* Soletta *f.*

solvent [zɔl'vɛnt] *a* solvente.

Solvenz [...'vɛnts] ‹-, -en› *f* solvibilità *f,* solvenza *f.*

somit [zo'mɪt] *adv* quindi, di conseguenza.

Sommer ['zɔmɐ] ‹-s, -› *m* estate *f;* **im**

~ d'estate; **mitten im** ~ in piena estate; **den ~ über** durante l'estate; **es wird** ~ arriva l'estate. **Sommerfahrplan** *m* orario *m* estivo. **Sommerferien** ‹*pl*› vacanze *f pl* estive; **in die ~ fahren** andara in villeggiatura. **Sommerfrische** *f* villeggiatura *f*. **Sommerhalbjahr** *n* semestre *m* estivo. **Sommerkleidung** *f* vestiti *m pl* (*o.* abiti *m pl*) estivi. **sommerlich** *a* estivo, d'estate. **Sommermantel** *m* soprabito *m*. **Sommerreifen** *m* pneumatico *m* estivo. **Sommerschlußverkauf** *m* liquidazione *f* di fine stagione (estate). **Sommersemester** *n* (*ab* SS) semestre *m* estivo. **Sommersonnenwende** *f* solstizio *m* d'estate. **Sommerspiele** *n pl*: **Olympische** ~ olimpiadi *f pl* estive. **Sommersprossen** *f pl* lentiggini *f pl*. **Sommerzeit** *f* **1.** *(Uhrzeit)* ora *f* estiva; **2.** *(Jahreszeit)* estate *f*.

Sonate [zo'na:tə] ‹-, -n› *f* sonata *f*.

Sonde ['zɔndə] ‹-, -n› *f* sonda *f*.

Sonder- ['zɔndɐ-] *(in Zusammensetzungen)* speciale. **Sonderanfertigung** *f* **1.** *(Tätigkeit)* fabbricazione *f* fuori serie; **2.** *(Stück)* esemplare *m* fuori serie. **Sonderangebot** *n* offerta *f* speciale; **im ~ sein** essere in offerta speciale. **Sonderausführung** *f* versione *f* speciale. **Sonderausgabe** *f* **1.** *(Buch, Zeitschrift)* edizione *f* straordinaria; **2.** *fin* spesa *f* straordinaria.

sonderbar *a* strano, singolare, bizzarro. **sonderbarerweise** *adv* caso strano.

Sonderbeilage *f* supplemento *m*. **Sonderfall** *m* caso *m* particolare. **Sondergenehmigung** *f* autorizzazione *f* speciale.

sondergleichen ['sɔndɐ'glai̯çən] ‹*inv*› *a (nachgestellt)* senza pari.

sonderlich I. *a* eccessivo; **II.** *adv* eccessivamente.

Sonderling ['zɔndɐlɪŋ] ‹-s, -e› *m* originale *m*, persona *f* strana.

Sondermarke *f* francobollo *m* da collezione. **Sondermüll** *m* raccolta *f* dei residui eccezionali (*o.* non convenzionali).

sondern[1] ['zɔndɐn] *con* ma, bensì; **nicht nur ..., ~ auch ...** non solo ..., ma anche ...

sondern[2] ['zɔndɐn] *tr geh* separare (*von* da).

Sondernummer *f* numero *m* speciale. **Sonderregelung** *f* regolamento *m* (*o.* regime *m*) speciale. **Sonderschule** *f* scuola *f* per handicappati, classi *f pl* differenziali. **Sonderstellung** *f* posizione *f* particolare (*o.* speciale); *(von Person)* posizione *f* privilegiata. **Sonderzug** *m* treno *m* straordinario.

sondieren [zɔn'di:rən] ‹*ohne ge-*› *tr* sondare.

Sonett [zo'nɛt] ‹-(e)s, -e› *n* sonetto *m*.

Sonnabend ['zɔnʔa:bənt] *m* sabato *m*; *s. a. Freitag.*

Sonne ['zɔnə] ‹-, -n› *f* sole *m*; **in der ~** al sole; **die ~ scheint** splende (*o.* c'è) il sole.

sonnen *rfl*: **sich ~** prendere il (*o.* stare al) sole; **sich im Ruhm/Glück/Erfolg ~** godersi la fama/la felicità/il successo.

Sonnenaufgang *m* sorgere *m* (*o.* levata *f*) del sole; **bei ~** al sorgere del sole. **Sonnenbad** *n* bagno *m* di sole. **sonnenbeschienen** *a* soleggiato. **Sonnenblume** *f* girasole *m*. **Sonnenbrand** *m* scottatura *f* (solare). **Sonnenbrille** *f* occhiali *m pl* da sole. **Sonnencreme** *f* crema *f* solare. **Sonnendach** *n* tenda *f* da sole. **Sonnenenergie** *f* energia *f* solare. **Sonnenfinsternis** *f* eclisse *f* solare. **Sonnengel** *n* gel *m* solare. **sonnenhungrig** *a* patito della tintarella. **Sonnenkollektor** *n* collettore *m* solare. **Sonnenkraftwerk** *n* centrale *f* a energia solare. **Sonnenlicht** *n* luce *f* solare (*o.* del sole). **Sonnenmilch** *f* latte *m* solare. **Sonnenöl** *n* olio *m* solare. **Sonnenschein** *m*: **im ~** al sole. **Sonnenschirm** *m* ombrellino *m*, parasole *m*; *(großer)* ombrellone *m*. **Sonnenschutzmittel** *n* ambra *f* solare. **Sonnenseite** *f* parte *f* esposta al sole, solatio *m*. **Sonnenstich** *m* insolazione *f*, colpo *m* di sole; **einen ~ haben** *fam* avere un ramo di pazzia. **Sonnenstrahl** *m* raggio *m* di sole. **Sonnensystem** *n* sistema *m* solare. **Sonnenuhr** *f* orologio *m* solare, meridiana *f*. **Sonnenuntergang** *m* tramonto *m* del sole; **bei ~** al tramonto del sole. **Sonnenwende** *f* solstizio *m*.

sonnig *a* **1.** *(Tag, Wetter)* soleggiato, assolato; **2.** *fig (heiter)* gaio.

Sonntag ['zɔnta:k] *m* domenica *f*; **am ~** la domenica; **jeden ~** tutte le domeniche; *s. a. Freitag.* **sonntäglich** *a* domenicale. **sonntags** *adv* di (*o.* la) domenica; **sonn- und feiertags** la domenica e i giorni festivi. **Sonntagsdienst** *m*: **~ haben** essere di servizio la domenica; ~ *(Hinweis: Arzt)* medico *m* di servizio; *(Apotheke)* farmacia *f* di servizio. **Sonntagsfahrer** *m pej* automobilista *m* della domenica, automobilastro *m*. **Sonntagsstaat**

m obs vestiti *m pl* della domenica (*o.* festa).

sonst [zɔnst] *adv* **1.** *(andernfalls)* altrimenti; **2.** *(außerdem)* oltre a ciò, inoltre; **3.** *(gewöhnlich)* di solito, normalmente; **4.** *(früher)* un tempo; **wenn es ~ nichts ist** se non c'è niente altro; **und was ~?** che altro?; **~ noch etwas?** che altro desidera?; **~ niemand** nessun altro; **~ nichts** niente altro; **~ nirgends** in nessun altro luogo. **sonstig** *a* ulteriore, altro; **S~es** varie *f pl.*

sooft [zoˈʔɔft] *con* ogniqualvolta.

Sophie [zoˈfi:] *(weiblicher Vorname)* Sofia.

Sopran [zoˈpra:n] ‹-s, -e› *m (Partie, Stimme)* soprano *m; (Sängerin)* soprano *f; (Knaben~)* voce *f* bianca.

Sorge [ˈzɔrgə] ‹-, -n› *f* **1.** *(Angst, Problem)* preoccupazione *f* (*um* per); *(innere Unruhe)* pensiero *m* (*um* per), apprensione *f* (*um* per); *(Kummer)* dispiacere *m;* **2.** *(Sorgfalt, Fürsorge)* cure *f pl* (*für* per), sollecitudine *f* (*für* per); **sich** *(dat)* **~n machen** darsi pensiero (*um etw.* per qc), preoccuparsi (*um etw.* di qc), stare in pensiero (*um jdn* per qu); **jdm ~n machen** dare dei pensieri a qu; **das ist meine geringste ~** è quello che mi preoccupa di meno; **lassen Sie das meine ~ sein!** lasci che ci pensi io!; **seien Sie ohne ~!, keine ~!** non si preoccupi!; **dafür ~ tragen, daß ...** badare che ... *conj;* **du hast ~n!** *iron* che razza di preoccupazioni!

sorgen **I.** *itr:* **für etw. ~** *(beschaffen)* pensare a qc, provvedere a qc; *(vorsorgen für)* provvedere a qc; *(bewirken)* procurare qc, causare qc; **für jdn ~** *(sich kümmern um)* preoccuparsi di qu; *(betreuen)* aver cura di qu; *(versorgen)* provvedere a qu; **dafür ~, daß** ... fare in modo che ... *conj;* **ich werde dafür ~** ci penserò io; **dafür ist gesorgt** s'è provveduto; **II.** *rfl:* **sich ~** essere in pensiero (*o.* apprensione) (*um* per).

sorgenfrei *a* senza pensieri. **Sorgenkind** *n* figlio, -a *m, f* che procura molti pensieri; *fig (a. Sache)* spina *f.* **sorgenvoll** *a* pieno di pensieri (*o.* preoccupazioni).

Sorgerecht *n* diritto *m* di sorveglianza.

Sorgfalt [ˈzɔrkfalt] ‹-, ø› *f* cura *f,* accuratezza *f; (Gründlichkeit)* precisione *f,* esattezza *f; (Gewissenhaftigkeit)* coscienziosità *f,* scrupolosità *f.* **sorgfältig** [...fɛltɪç] *a (Arbeit)* accurato; *(gründlich)* preciso, esatto; *(gewissenhaft)* scrupoloso, meticoloso.

sorglos *a* senza preoccupazioni; *(unbekümmert)* spensierato; *(leichtsinnig)* incosciente; *(nachlässig)* negligente. **Sorglosigkeit** ‹-, ø› *f* spensieratezza *f; (Leichtsinn)* incoscienza *f,* leggerezza *f; (Nachlässigkeit)* negligenza *f.*

sorgsam *a (sorgfältig)* accurato; *(umsichtig)* circospetto; *(vorsichtig)* cauto, prudente.

Sorrent [zɔˈrɛnt] *n* Sorrento *f.*

Sorte [ˈzɔrtə] ‹-, -n› *f* **1.** *(Art)* tipo *m,* sorta *f,* specie *f;* **2.** *(Marke)* marca *f;* **3.** *(Qualität)* qualità *f;* **4.** *bot* varietà *f;* **5.** ‹*pl*› *(Devisen)* valute *f pl.*

sortieren [zɔrˈti:rən] ‹*ohne ge-*› *tr (nach Sorten zusammen stellen)* assortire; *(ordnen)* classificare; *(Briefe)* smistare. **Sortiermaschine** *f* selezionatrice *f.*

Sortiment [zɔrtiˈmɛnt] ‹-(e)s, -e› *n* **1.** *com* assortimento *m;* **2.** *(Buchhandel)* commercio *m* librario.

SOS [ɛsʔo:ˈʔɛs] ‹-, -› *n* S.O.S.

sosehr [zoˈze:ɐ̯] *con* per quanto *conj.*

soso [zoˈzo:] **I.** *adv fam (so lala)* così così; **II.** *interj (sieh mal einer an)* to'!

Soße [ˈzo:sə] ‹-, -n› *f* salsa *f; (Braten~)* sugo *m; (Spaghetti~)* sugo *m,* salsa *f; fam pej* broda *f.*

sott [zɔt] *1. u. 3. pers sing imp von* **sieden.**

Souffleur [zuˈflø:ɐ̯] ‹-s, -e› *m,* **Souffleuse** [...ø:zə] ‹-, -n› *f* suggeritore, -trice *m, f.* **Souffleurkasten** *m* buca *f* del suggeritore.

Souffleuse *f s.* **Souffleur.**

soufflieren [zuˈfli:rən] ‹*ohne ge-*› **I.** *itr* fare il suggeritore; **jdm ~** suggerire a qu; **II.** *tr:* **jdm etw. ~** *theat, fig* suggerire qc a qu.

soundso [ˈzo:ʔʊntˈzo:] *adv* tal dei tali; **Herr/Frau S~** il signore/la signora tal dei tali.

soundsovielte(r, s) [ˈzo:ʔʊntzoˈfi:ltə] *a* tal e tal.

Soutane [zuˈta:nə] ‹-, -n› *f* sottana *f.*

Souvenir [zuvəˈni:ɐ̯] ‹-s, -s› *n* souvenir *m,* ricordo *m.*

souverän [zuvəˈrɛ:n] *a fig* con superiorità.

soviel [zoˈfi:l] **I.** *adv* tanto; **~ wie** (*o.* **als)** tanto quanto; **noch einmal** (*o.* **doppelt)/dreimal ~** due/tre volte tanto; **~ ist sicher** (*o.* **steht fest), daß** quello che è certo è che; **II.** *con* quanto, per quanto; **~ ich weiß** per quanto ne sappia io.

soweit [zoˈvai̯t] **I.** *adv* fin qui, fino a questo punto; **~ wie** (*o.* **als)** (tanto) quanto; ~ **erforderlich** in caso di bisogno, se necessario; **bist du ~?** sei pronto?; **es ist** ~ ci siamo; ~ **sind wir noch nicht** non ci siamo ancora; **II.** *con* fin dove; *(in dem Maße, wie)* per quanto *conj;* ~ **ich mich erinnere** per quanto ricordi.

sowenig [zo'veːnɪç] **I.** *adv* (altret)tanto poco; ~ **wie möglich** il meno possibile; **ich weiß es ~ wie du** ne so tanto poco quanto te; **II.** *con* per poco che *conj.*

sowie [zo'viː] *con* **1.** *(sobald)* (non) appena; **2.** *(und auch)* e anche, come anche.

sowieso [zovi'zoː] *adv* comunque, in ogni caso, tanto; **ich gehe ~ hin** ci vado comunque.

Sowjet [zɔ'vjɛt] ‹-s, -s› *m* soviet *m;* **der Oberste** ~ il Soviet supremo; **die S~s** i sovietici. **Sowjetbürger(in)** *m(f)* (cittadino, -a *m, f)* sovietico, -a *m, f.* **sowjetisch** *a* sovietico. **Sowjetunion** *f:* **die** ~ l'Unione *f* Sovietica.

sowohl [zo'voːl] *con:* ~ ... **als auch** tanto ... quanto.

sozial [zo'tsi̯aːl] *a* sociale; **~e Einrichtungen** servizi sociali; **die ~en Verhältnisse** le condizioni sociali; **der ~e Wohnungsbau** l'edilizia popolare. **Sozialabbau** *m* revoca *f* delle prestazioni sociali. **Sozialabgaben** *f pl* contributi *m pl* sociali. **Sozialamt** *n* ufficio *m* d'assistenza sociale. **Sozialarbeiter(in)** *m(f)* assistente *mf* sociale. **Sozialausgaben** *f pl* spese *f pl* sociali. **Sozialdemokrat(in)** *m(f)* socialdemocratico, -a *m, f.* **sozialdemokratisch** *a* socialdemocratico. **Sozialhilfe** *f* assistenza *f* sociale.

Sozialisierung [zotsi̯ali'ziːrʊŋ] ‹-, ø› *f* socializzazione *f.*

Sozialismus [zotsi̯a'lɪsmʊs] ‹-, ø› *m* socialismo *m.*

Sozialist(in) [...'lɪst(ɪn)] ‹-en, -en› *m(f)* socialista *mf.*

sozialistisch *a* socialista.

Sozialleistungen *f pl* prestazioni *f pl* (*o.* erogazioni *f pl*) sociali. **Sozialpartner** *m pl* datori *m pl* di lavoro e lavoratori *m pl.* **Sozialprodukt** *n* prodotto *m* nazionale. **Sozialversicherung** *f* previdenza *f* sociale. **Sozialwohnung** *f* casa *f* popolare.

Soziologe [zotsi̯o'loːgə] ‹-, -n› *m,* **Soziologin** [...gɪn] *f* sociologo, -a *m, f.*

Soziologie [...lo'giː] ‹-, ø› *f* sociologia *f.*

Soziologin *f s.* **Soziologe.**

soziologisch [...'loːgɪʃ] *a* sociologico.

Sozius ['zoːtsi̯ʊs] ‹-, -se› *m* **1.** *com (Teilhaber)* socio *m;* **2.** *(Motorrad~)* persona *f* che viaggia sul sellino posteriore. **Soziussitz** *m* sellino *m* posteriore.

sozusagen [zoːtsu'zaːgən] *adv* per così dire.

s. p. *ab von* **sine pagina** *(ohne Seite)* s.p.

Spachtel ['ʃpaxtəl] ‹-s, -› *m* spatola *f.*

spachteln I. *tr* stuccare; **II.** *itr fam (essen)* pappare *fam.*

Spagat [ʃpa'gaːt] ‹-(e)s, -e› *m o. n* spaccata *f.*

spähen ['ʃpɛːən] *itr* spiare; **nach jdm/etw.** ~ guardare se viene qu/qc.

Spalier [ʃpa'liːɐ̯] ‹-s, -e› *n* spalliera *f;* ~ **bilden** (*o.* **stehen**) fare ala.

Spalt [ʃpalt] ‹-(e)s, -e› *m (Öffnung)* fessura *f,* fenditura *f; (Mauer~)* crepa *f; (Fels~)* crepaccio *m; (Sprung)* incrinatura *f;* **die Tür einen ~ öffnen** aprire appena la porta.

spaltbar *a phys* fissile.

Spalte ['ʃpaltə] ‹-, -n› *f* **1.** *(Fels~, Mauer~)* crepa *f; (Gletscher~)* crepaccio *m;* **2.** *typ* colonna *f.*

spalten ‹spaltet, spaltete, gespaltet *o. (bes. fig)* gespalten› **I.** *tr* **1.** *(Material)* fendere; *(Steine, Holz)* spaccare; **2.** *fig* scindere, dissociare; **3.** *phys (Atom)* fissionare; *chem* dissociare; **II.** *rfl:* **sich** ~ fendersi, spaccarsi; *fig* dissociarsi.

Spaltung ‹-, -en› *f* **1.** *(von Material)* fenditura *f,* spaccatura *f;* **2.** *fig (bes. pol)* divisione *f,* scissione *f; (Glaubens~)* scisma *m;* **3.** *phys* fissione *f; chem* scissione *f;* **4.** *(~ des Bewußtseins, der Persönlichkeit)* dissociazione *f.*

Span [ʃpaːn] ‹-(e)s, ⸚e› *m* truciolo *m.* **Spanferkel** ['ʃpaːn-] *n* maialino *m* da latte.

Spange ['ʃpaŋə] ‹-, -n› *f* fermaglio *m; (Schuh~)* fibbia *f.*

Spanien ['ʃpaːni̯ən] *n* Spagna *f.*

Spanier(in) ‹-s, -› *m(f)* spagnolo, -a *m, f.*

spanisch *a* spagnolo; **das kommt mir ~ vor** *fam* mi pare strano; **~e Wand** paravento *m.*

spann [ʃpan] *1. u. 3. pers sing imp von* **spinnen.**

Spann [ʃpan] ‹-(e)s, -e› *m* collo *m* (*o.* dorso *m*) del piede.

Spannbeton *m* calcestruzzo *m* precompresso. **Spannbettuch** *n* lenzuolo *m* con angoli elasticizzati.

Spanne ['ʃpanə] ‹-, -n› *f (Zeit~)* intervallo *m,* lasso *m* di tempo; *(Handels~, Verdienst~)* margine *m.*

spannen ['ʃpanən] **I.** *tr* **1.** *(an~)* tendere,• tirare; **2.** *(ein~, einklemmen)* stringere; *(in die Schreibmaschine)* mettere; **3.** *(Schußwaffe, Fotoapparat)* caricare; **4.** *fam (merken)* accorgersi di; **vor den Wagen ~** attaccare al carro; **seine Erwartungen zu hoch ~** avere eccessive speranze; **II.** *rfl:* **sich ~ 1.** *(sich an~)* tendersi; **2.** *geh (sich wölben)* inarcarsi (*über* su, sopra); **III.** *itr* **1.** *(Kleidungsstück)* stringere; *(Haut)* tirare; **2.** *(Gewehr, Kamera ~)* caricare; **auf etw. ~** *fam (erwarten)* aspettare con impazienza qc; *(lauschen)* ascoltare qc con grande attenzione.

spannend *a* avvincente, appassionante.

Spanner ‹-s, -› *m* **1.** *(Gerät)* tenditore *m;* *(Hosen~)* stiracalzoni• *m;* *(Schuh~)* tendiscarpe *m;* **2.** *zoo (Schmetterling)* falena *f;* **3.** *fam (Voyeur)* voyeur *m.*

Spannkraft *f* **1.** *tec* forza *f* di tensione; *(von Feder)* elasticità *f;* **2.** *(von Muskel)* tonicità *f;* **3.** *fig* energia *f.*

Spannung ‹-, -en› *f* **1.** *(von Seil, Feder, Muskel)* tensione *f;* **2.** *el* tensione *f,* voltaggio *m;* **3.** ‹*sing*› *(Ungeduld, Ungewißheit)* impazienza *f,* tensione *f;* *(Neugier)* curiosità *f;* *(~sgeladenheit: von Film, etc.)* suspence *f;* **4.** ‹*sing*› *(nervlich, innerlich)* tensione *f;* **5.** ‹*meist pl*› *(Feindseligkeit)* tensione *f,* conflitto *m;* **etw. mit ~ erwarten** attendere qc con impazienza; **unter ~** *el* sotto tensione.

Spannweite *f (Flügel~, a. aero)* apertura *f* alare; *(Brücken~)* luce *f* campata.

Spanplatte *f* truciolato *m.*

Sparbuch *n* libretto *m* di risparmio. **Sparbüchse** *f,* **-dose** *f* salvadanaio *m.* **Spareinlage** *f* deposito *m* di risparmio.

sparen ['ʃpa:rən] *tr, itr (Geld, Kräfte, Zeit)* risparmiare; economizzare (*an etw.* in qc); **mit Lob ~** essere parco di lodi; **~ Sie sich** *(dat)* **die Mühe zu ...** si risparmi la pena di ...; **sich** *(dat)* **etw. ~** *(nicht tun)* risparmiarsi qc.

Sparer(in) ‹-s, -› *m(f)* risparmiatore, -trice *m, f.*

Sparflamme *f* fiamma *f* al minimo; **auf ~** *fig fam* al minimo.

Spargel ['ʃpargəl] ‹-s, -› *m* asparago *m.* **Spargelspitze** *f* punta *f* d'asparago.

Sparguthaben *n* deposito *m* a risparmio. **Sparkasse** *f* cassa *f* di risparmio. **Sparkonto** *n* conto *m* di risparmio.

spärlich ['ʃpɛ:rlɪç] *a (dürftig, knapp)* scarso; *(Gewinn)* magro; *(Haar)* rado; **~ bekleidet** poco vestito.

Sparmaßnahme *f* misura *f* di risparmio.

Sparren ['ʃparən] ‹-s, -› *m (Dach~)* falso puntone *m.*

Sparring ['ʃparɪŋ *o.* 'sp...] ‹-s, ø› *n* sparring *m.* **Sparringspartner** *m* sparring partner *m.*

sparsam *a (Mensch)* economo, parsimonioso; *(im Verbrauch)* economico; **mit etw. ~ umgehen** fare economia di qc. **Sparsamkeit** ‹-, ø› *f* parsimonia *f,* economia *f.* **Sparschwein** *n* salvadanaio *m* a porcellino.

Sparte ['ʃpartə] ‹-, -n› *f* **1.** *(Gebiet)* campo *m,* settore *m;* *(Wissenszweig)* ramo *m,* branca *f;* *(Geschäftszweig)* branca *f;* **2.** *(Zeitungsspalte)* rubrica *f.*

Spaß [ʃpa:s] ‹-es, ¨-e› *m* **1.** ‹*sing*› *(Vergnügen)* piacere *m,* divertimento *m;* **2.** *(Scherz)* scherzo *m;* **aus ~** (*o.* **zum**) **~** per scherzo; **~ machen** *(Mensch: scherzen)* scherzare; *(Sache: angenehm sein)* essere divertente; **an etw. ~ haben** divertirsi con qc; **jdm den ~ verderben** rovinare il divertimento a qu; **~ verstehen** (*o.* **vertragen**) stare agli scherzi; **sich** *(dat)* **einen ~ daraus machen, etw. zu tun** divertirsi a fare qc; **viel ~!** buon divertimento!; **~ beiseite!** bando agli scherzi!; **das war ein teurer ~** *fam* è costato un occhio della testa *fam.*

spaßen *itr (scherzen)* scherzare; **er läßt nicht mit sich** *(dat)* **~** con lui c'è poco da scherzare; **damit ist nicht zu ~** con questo non si scherza.

spaßeshalber *adv* per scherzo.

spaßhaft, spaßig *a (Geschichte)* divertente, spassoso; *(Mensch)* arguto, faceto. **Spaßmacher** *m,* **Spaßvogel** *m* burlone *m fam,* mattacchione *m fam.* **Spaßverderber** ‹-s, -› *m* guastafeste *m fam.*

spät [ʃpɛ:t] **I.** *a* tardo; *(Frühjahr, Obst, Reue)* tardivo; **am ~en Abend** nella tarda serata; **bis in die ~e Nacht (hinein)** fino a notte inoltrata (*o.* tarda); **II.** *adv* tardi; **zu ~** troppo tardi; **zu ~ kommen** arrivare in ritardo; **jdn fragen, wie ~ es ist** chiedere l'ora a qu; **es ist schon ~** è già tardi; **es wird ~** si sta facendo tardi; **wie ~ ist es?** che ore sono?

Spat [ʃpa:t] ‹-(e)s, -e *o.* ¨-e› *m* spato *m.*

Spaten ['ʃpa:tən] ‹-s, -› *m* vanga *f.*

später ['ʃpɛ:tɐ] **I.** *a* **1.** *(nachkommend)* posteriore; **2.** *(zukünftig)* futuro; **II.** *adv (danach)* più tardi; **nicht ~**

als al più tardi; **einige Zeit ~** qualche tempo dopo; **bis ~!** a più tardi!

spätestens *adv* al più tardi.

Spätherbst *m* tardo autunno *m.* **Spätlese** *f (Wein)* vino *m* di prima scelta. **Spätschicht** *f* turno *m* di notte. **Spätsommer** *m* tarda estate *f.*

Spatz [ʃpats̮] ⟨-en *o.* -es, -en⟩ *m* passero *m;* **die ~en pfeifen es von den Dächern** lo sanno tutti; **ein ~ in der Hand ist es besser als eine Taube auf dem Dach** *prov* meglio un uovo oggi che una gallina domani *prov.*

Spätzündung *f mot* accensione *f* ritardata; **er hat immer ~** *fam* è tardo (*o.* lento) di comprendonio.

spazieren·fahren [ʃpaˈts̮iːrən-] ⟨*irr*⟩ **I.** *itr* ⟨*sein*⟩ fare una passeggiata (con un veicolo); **II.** *tr* ⟨*haben*⟩ portare a passeggio (con un veicolo). **spazieren·führen** *tr* portare a passeggio. **spazieren·gehen** ⟨*irr*⟩ *itr* ⟨*sein*⟩ andare a passeggio (*o.* a spasso).

Spazierfahrt *f* gita *f.* **Spaziergang** *m* passeggiata *f.* **Spaziergänger(in)** [-gɛŋɐ (...ərɪn)] ⟨-s, -⟩ *m(f)* chi va a passeggio, passeggiatore, -trice *m, f.* **Spazierstock** *m* bastone *m* da passeggio.

SPD [ɛspeːˈdeː] ⟨-, ø⟩ *f ab von* **Sozialdemokratische Partei Deutschlands** *partito socialdemocratico nella R.F.T.*

Specht [ʃpɛçt] ⟨-(e)s, -e⟩ *m* picchio *m.*

Speck [ʃpɛk] ⟨-(e)s, -e⟩ *m* **1.** *gastr* lardo *m;* **2.** *fam (Fettpolster)* grasso *m;* **durchwachsener ~** pancetta *f.* **speckig** *a* **1.** *(schmutzig)* unto e bisunto; *(Buch)* sciupato e sporco; **2.** *fam (dick: Nacken, Backen)* grasso; **3.** *dial (Kuchen, Brot)* mal cotto. **Speckschwarte** *f* cotica *f;* **wie eine ~ glänzen** essere lustro come il lardo.

Speckstein *m* steatite *f.*

Spediteur [ʃpediˈtøːɐ] ⟨-s, -e⟩ *m* spedizioniere *m.*

Spedition [...ˈts̮ioːn] ⟨-, -en⟩ *f* **1.** *(Versendung)* spedizione *f;* **2.** *(Speditionsabteilung)* reparto *m* spedizioni; **3.** *(Transportunternehmen)* impresa *f* di spedizioni.

Speer [ʃpeːɐ̯] ⟨-(e)s, -e⟩ *m* lancia *f; sport (Wurf~)* giavellotto *m.* **Speerwerfen** ⟨-s, ø⟩ *n* lancio *m* del giavellotto.

Speiche [ˈʃpa̮içə] ⟨-, -n⟩ *f* **1.** *(an Rad)* raggio *m;* **2.** *anat* radio *m.*

Speichel [ˈʃpa̮içəl] ⟨-s, ø⟩ *m* saliva *f;* **~ absondern** salivare. **Speicheldrüse** *f* ghiandola *f* salivale.

Speicher [ˈʃpa̮içɐ] ⟨-s, -⟩ *m (Getreide~)* granaio *m; (Lagerraum)* magazzino *m, silo m; (Dachboden)* solaio *m,* sottotetto *m; (Wasser~)* serbatoio *m; (von Computer)* memoria *f.*

speichern *tr* **1.** *(einlagern)* immagazzinare, accumulare; **2.** *(Elektronik)* memorizzare.

speien [ˈʃpa̮iən] ⟨speit, spie, gespie(e)n⟩ *tr, itr (spucken)* sputare; *(sich erbrechen)* vomitare.

Speise [ˈʃpa̮izə] ⟨-, -n⟩ *f (Nahrung)* nutrimento *m; (Gericht)* piatto *m,* pietanza *f;* **~n und Getränke** cibi e bevande. **Speiseeis** *n* gelato *m.* **Speisekammer** *f* dispensa *f.* **Speisekarte** *f* menu *m.*

speisen I. *tr* **1.** *geh (zu essen geben)* dar da mangiare a; *(essen)* mangiare; **2.** *tec* alimentare; **II.** *itr geh (essen)* mangiare.

Speisenaufzug *m* montavivande *m.* **Speisenfolge** *f* menu *m.* **Speiseröhre** *f* esofago *m.* **Speisewagen** *m* carrozza *f* ristorante.

Speisung ⟨-, -en⟩ *f (a. tec)* alimentazione *f.*

Spektakel[1] [ʃpɛkˈtaːkəl] ⟨-s, -⟩ *m fam (Krach, Lärm)* baccano *m fam,* chiasso *m fam,* schiamazzo *m.*

Spektakel[2] [ʃpɛkˈtaːkəl *o.* sp...] ⟨-s, -⟩ *n* **1.** *obs (Theaterstücke)* commedia *f* spettacolare; **2.** *(Anblick, Schauspiel)* spettacolo *m.*

Spektra *pl von* **Spektrum.**

Spektralanalyse [ʃpɛkˈtraːl- *o.* sp...] *f* analisi *f* spettrale.

Spektrum [ˈʃpɛktrʊm *o.* ˈsp..., ...rən *o.* ...ra] ⟨-s, Spektren *o.* Spektra⟩ *n* spettro *m.*

Spekulant(in) [ʃpekuˈlan(tɪn)] ⟨-en, -en⟩ *m(f)* speculatore, -trice *m, f.*

Spekulation [...laˈts̮ioːn] ⟨-, -en⟩ *f* speculazione *f;* **~en anstellen** fare speculazioni, speculare.

spekulieren [...ˈliːrən] ⟨*ohne ge-*⟩ *itr* speculare; **auf etw. ~** *fam* contare su qc; **an der Börse ~** speculare in borsa.

Spelunke [ʃpeˈlʊŋkə] ⟨-, -n⟩ *f pej* bettola *f.*

spendabel [ʃpɛnˈdaːbəl] *a fam* spendereccio *fam,* generoso.

Spende [ˈʃpɛndə] ⟨-, -n⟩ *f* offerta *f,* dono *m.*

spenden *tr (Geld, Lebensmittel)* offrire; *(Blut, Organ)* donare, dare; *(Seife, Wasser, Schatten)* dare; *(Sakrament)* amministrare; *(Segen)* impartire, dare; *(Lob)* tributare; *(Trost)* dare, recare; **Beifall ~** applaudire.

Spendenkonto *n* conto *m* della solidarietà.
Spender ‹-s, -› *m (Gerät)* distributore *m.*
Spender(in) ‹-s, -› *m(f)* donatore, -trice *m, f.*
spendieren [ʃpɛn'di:rən] ‹*ohne ge-*› *tr fam* offrire (*jdm etw.* qc a qu); *(bezahlen)* pagare (*jdm etw.* qc a qu).
Spengler ['ʃpɛŋlɐ] ‹-s, -› *m (süddeutsch, CH)* lattoniere *m.*
Sperber ['ʃpɛrbɐ] ‹-s, -› *m* sparviero *m.*
Sperling ['ʃpɛrlɪŋ] ‹-s, -e› *m* passero *m.*
Sperma ['ʃpɛrma *o.* 'sp..., ...mən *o.* ...mata] ‹-s, -men *o.* -mata› *n* sperma *m.*
sperrangelweit [ʃpɛr'ʔaŋəl'vait] *adv fam:* ~ **offen** spalancato.
Sperre ['ʃpɛrə] ‹-, -n› *f* **1.** *(Schranke)* barriera *f, (Straßen~)* blocco *m; mil* sbarramento *m; (Tal~)* diga *f* di sbarramento; **2.** *tec* arresto *m,* bloccaggio *m;* **3.** *(Verbot)* divieto *m,* interdizione *f; (Embargo)* embargo *m; (Nachrichten~)* censura *f;* **4.** *sport* sospensione *f.*
sperren I. *tr* **1.** *(ver~)* sbarrare, bloccare; **2.** *(Einfuhr, Handel)* interdire, proibire; **3.** *tec (Strom, Gas, Wasser)* tagliare, chiudere; *(Telefon)* staccare; **4.** *typ* spazi(eggi)are; **5.** *(Konto, Kredit, Gehalt, Bezüge)* bloccare; *(Scheck)* sbarrare; **6.** *(Spieler)* sospendere, squalificare; **jdn in etw.** ~ (rin)chiudere qu in qc; **II.** *rfl:* **sich** ~ opporsi (*gegen* a).
Sperrfrist *f* periodo *m* bloccato. **Sperrgebiet** *n* zona *f* vietata. **Sperrgut** *n* merce *f* ingombrante. **Sperrholz** *n* (legno *m*) compensato *m.*
sperrig *a* ingombrante, voluminoso.
Sperrkonto *n* conto *m* vincolato. **Sperrmüll** *m* rifiuti *m pl* ingombranti. **Sperrmüllabfuhr** *f* rimozione *f* dei rifiuti ingombranti. **Sperrsitz** *m* posto *m* distinto. **Sperrstunde** *f* ora *f* di chiusura.
Sperrung ‹-, -en› *f* **1.** *(Versperren)* sbarramento *m,* blocco *m;* **2.** *(Verbot)* proibizione *f,* interdizione *f;* **3.** *tec (von Strom, etc.)* blocco *m;* **4.** *typ* spazi(eggi)atura *f;* **5.** *(von Konto, Scheck, Gehalt, etc.)* blocco *m;* **6.** *sport* sospensione *f.*
Spesen ['ʃpe:zən] ‹*pl*› spese *f pl.*
Spessart ['ʃpɛsart] *m* Spessart *m.*
Speyer ['ʃpaiɐ] *n* Spira *f.*
Spezialgebiet [ʃpe'tsia:l] *n* specialità *f.*
spezialisieren [ʃpetsiali'zi:rən] ‹*ohne ge-*› **I.** *tr* specializzare; **II.** *rfl:* **sich** ~ specializzarsi (*auf* in).
Spezialisierung ‹-, -en› *f* specializzazione *f.*
Spezialist(in) [...'lɪst(ɪn)] ‹-en, -en› *m(f)* specialista *mf.*
Spezialität [...li'tɛ:t] ‹-, -en› *f* specialità *f.*
speziell [ʃpe'tsiɛl] *a* speciale, particolare.
spezifieren [ʃpetsifi'tsi:rən] ‹*ohne ge-*› *tr* specificare.
spezifisch [...'tsi:fɪʃ] *a (a. phys)* specifico.
Sphäre ['sfɛ:rə] ‹-, -n› *f* sfera *f.* **sphärisch** *a* sferico.
Sphinx [sfɪŋks] ‹-, -(e)› *f* sfinge *f.*
spicken ['ʃpɪkən] **I.** *tr* **1.** *gastr, fig (Rede)* lardellare (*mit* con); **2.** *fam (bestechen)* comprare; **II.** *itr fam (abschreiben)* copiare. **Spickzettel** *m fam* bigino *m fam.*
spie [ʃpi:] *1. u. 3. pers sing imp von* **speien.**
Spiegel ['ʃpi:gəl] ‹-s, -› *m* **1.** *(zum Sichsehen, a. fig)* specchio *m; (von Arzt, Zahnarzt)* specolo *m;* **2.** *(Wasser~)* specchio *m; (Alkohol~, Zukker~)* tasso *m;* **3.** *mil (Kragen~)* mostrina *f;* **in den ~ sehen** guardare nello specchio; **das kann er sich** *(dat)* **hinter den ~ stecken!** che se lo ficchi in testa! *fam.* **Spiegelbild** *n* immagine *f* riflessa; *fig* specchio *m,* riflesso *m.* **spiegelbildlich I.** *a* speculare; **II.** *adv* in modo speculare. **spiegelblank** ['ʃpi:gəl'blaŋk] *a* lucido come uno specchio. **Spiegelei** *n* uovo *m* al tegamino. **Spiegelfechterei** [-fɛçtə'rai] ‹-, -en› *f* finzione *f.* **spiegelglatt** ['ʃpi:gəl'glat] *a* liscio come uno specchio.
spiegeln I. *tr (a. fig)* riflettere, rispecchiare; **II.** *rfl:* **sich ~ 1.** *(sich betrachten)* specchiarsi; **2.** *(sich wider~)* rispecchiarsi (*in* in); **III.** *itr (glänzen)* splendere, brillare; *(reflektieren)* riflettere.
Spiegelreflexkamera *f* macchina *f* fotografica reflex. **Spiegelschrift** *f* scrittura *f* a specchio.
Spiegelung ‹-, -en› *f* riflesso *m.*
Spiel [ʃpi:l] ‹-(e)s, -e› *n* **1.** *(zur Unterhaltung)* gioco *m; sport (Wettkampf)* gara *f; (Karten~, Billard~, Tennis~)* partita *f;* **2.** *theat (Stück)* commedia *f; (Darbietung)* interpretazione *f;* **3.** *(Spielen, Spielweise)* gioco *m,* modo *m* di giocare; *sport* gioco *m; mus* brano *m* (*o* composizione *f*) musicale; **4.** *tec* gioco *m;* **5.** *(~zubehör)* gioco *m; (~karten)* mazzo *m;* **6.** *(der*

Wellen, der Kräfte) gioco *m;* **im ~ sein** *fig* essere in gioco; **ein ~ mit dem Feuer** giocare col fuoco; **leichtes ~ haben** avere buon gioco (*mit jdm* su qu); **aus dem ~ lassen** *fig* non immischiare, lasciare fuori di questione; **aufs ~ setzen** *fig* mettere in gioco; *(Ruf, Zukunft)* compromettere; **ein falsches ~ spielen** *fig* fare il doppio gioco; **auf dem ~ stehen** *fig* essere in gioco; **mit etw. sein ~ treiben** beffarsi di qc; **wie steht das ~?** *sport* a che punto è la partita?; **die Hand im ~ haben** avere le mani in pasta. **Spielart** *f (Sonderform)* variante *f; biol, zoo* varietà *f.* **Spielautomat** *m* flipper *m;* slot-machine *f.* **Spielball** *m* **1.** *(Ball)* palla *f,* pallone *m;* **2.** *sport* palla *f* decisiva; **3.** *fig* giocattolo *m;* **ein ~ der Wellen sein** essere in balia delle onde. **Spielbank** ‹-, -en› *f* casinò *m.*

spielen I. *tr* **1.** *(Spiel, Schach, etc.)* giocare; **2.** *mus* suonare; **3.** *theat* recitare; *(Rolle)* interpretare; **4.** *(vortäuschen)* atteggiarsi a, fare; **was wird hier gespielt?** *fig* che cosa succede qui?; **II.** *itr* **1.** *(ein Spiel ~, a. sport)* giocare; **2.** *mus* suonare; **3.** *(sich zutragen)* svolgersi (*in* a, in); **4.** *(Farbe)* dare (*in* su); **um 100 Mark ~** giocare 100 marchi; **mit jdm/etw. ~** *fig* giocare con qu/qc; **hoch ~** giocare forte; **niedrig ~** giocare piccole somme; **was spielt im Kino?** cosa danno al cinema?; **das Stück spielt in Spanien** la scena si svolge in Spagna; **~d mit etw./jdm fertigwerden** risolvere qc/ spuntarla con qu con facilità.

Spieler(in) ‹-s, -› *m(f)* giocatore, -trice *m, f.*

Spielerei [ʃpi:lə'rai̯] ‹-, -en› *f* **1.** ‹*sing*› *(Zeitvertreib)* trastullo *m,* passatempo *m; (Spaß, Kinderei)* scherzo *m; (Leichtigkeit)* giochetto *m;* **2.** *(nutzloser Gegenstand)* carabattola *f fam.*

Spielerin *f s.* **Spieler.**

spielerisch I. *a* **1.** *(verspielt)* giocoso, scherzoso; **2.** *sport (Können, Überlegenheit)* di (*o.* del) gioco; *theat (Können, Leistung)* recitativo; **mit ~er Leichtigkeit** con la più grande facilità; **II.** *adv* **1.** *(verspielt)* giocosamente, scherzosamente; **2.** *sport* di gioco; *theat* recitativamente; **3.** *(mit Leichtigkeit)* con gran facilità.

Spielfeld *n* campo *m* da gioco, terreno *m.* **Spielfilm** *m* lungometraggio *m.* **Spielkamerad(in)** *m(f)* compagno, -a *m, f* di giochi. **Spielkarte** *f* carta *f* da gioco. **Spielleiter(in)** *m(f)* **1.** *theat, film (Regisseur)* regista *mf;* **2.** *(Schiedsrichter)* arbitro, -a *m, f.* **Spielmarke** *f* gettone *m,* fiche *f.* **Spielplan** *m* programma *m.* **Spielplatz** *m* campo *m* di giochi. **Spielraum** *m* spazio *m; tec* gioco *m; (Bewegungsfreiheit)* libertà *f* d'azione, margine *m.* **Spielregel** *f* regola *f* di gioco. **Spielsachen** *f pl* giocattoli *m pl.* **Spieluhr** *f* carillon *m* (a orologeria). **Spielverderber(in)** ‹-s, -› *m(f)* guastafeste *mf fam.* **Spielwaren** *f pl* giocattoli *m pl.* **Spielzeit** *f* **1.** *theat* stagione *f* (teatrale); **2.** *sport (Spieldauer)* durata *f* della partita; *(Saison)* stagione *f* (sportiva). **Spielzeug** ‹-(e)s, -e› *n (einzelnes, a. fig)* giocattolo *m; (Sammelbegriff)* giocattoli *m pl.*

Spieß [ʃpi:s] ‹-es, -e› *m (Pike)* lancia *f; (Wurf~)* giavellotto *m; (Brat~)* spiedo *m;* **am ~ braten** arrostire allo spiedo; **er schreit wie am ~** *fam* grida come un dannato *fam;* **den ~ umdrehen** (*o.* **umkehren**) *fig* ritorcere le accuse.

Spießbürger *m pej* piccolo borghese *m,* borghesuccio *m,* filisteo *m.* **spießbürgerlich** *a pej* piccolo borghese, gretto, filisteo.

spießen *tr:* **etw. auf etw. ~** infilzare qc con qc.

Spießer ‹-s, -› *m s.* **Spießbürger.**

Spießgeselle *m* complice *mf.*

spießig *a s.* **spießbürgerlich.**

Spießruten *f pl:* **~ laufen** passare per le forche caudine.

Spikes [ʃpai̯ks *o.* sp...] ‹*pl*› **1.** *(an Schuhen, Reifen)* chiodi *m pl;* **2.** *(~reifen)* copertoni *m pl* (*o.* pneumatici *m pl*) chiodati.

Spinat [ʃpi'na:t] ‹-(e)s, -e› *m bot* spinacio *m; gastr* spinaci *m pl.*

Spind [ʃpɪnt] ‹-(e)s, -e› *m o. n* armadietto *m.*

Spindel ['ʃpɪndəl] ‹-, -n› *f (beim Spinnen)* fuso *m.* **spindeldürr** ['ʃpɪndəl'dʏr] *a* magro come un chiodo *fam.*

Spinett [ʃpi'nɛt] ‹-(e)s, -e› *n* spinetta *f.*

Spinne ['ʃpɪnə] ‹-, -n› *f* ragno *m.*

spinnefeind ['ʃpɪnə'fai̯nt] *a:* **(mit) jdm ~ sein** essere il nemico giurato di qu.

spinnen ['ʃpɪnən] ‹spinnt, spann, gesponnen› **I.** *itr* **1.** *(Garn ~)* filare; **2.** *fam (verrückt sein)* essere svitato *fam; (Unsinn reden)* dire stupidaggini *fam;* **ich glaub' ich spinne!** *fam* sto dando i numeri *fam;* **II.** *tr (Garn)* filare.

Spinn(en)gewebe *n,* **-netz** *n* ragnatela *f.*

Spinner(in) ‹-s, -› *m(f)* **1.** *(Garn~)* filatore, -trice *m, f;* **2.** *fig fam* mattoide *mf fam.*

Spinnerei [ʃpɪnəˈrai̯] ‹-, -en› *f* **1.** *(Betrieb)* filanda *f;* **2.** *fam (Blödsinn)* scemenze *f pl fam.*

Spinnerin *f s.* **Spinner.**

Spinngewebe *n s.* **Spinnengewebe.**

Spinnmaschine *f* filatoio *m.* **Spinnrad** *n* ruota *f* dell'arcolaio. **Spinnrocken** *m* conocchia *f.*

Spinnwebe [-ve:bə] ‹-, -n› *f* ragnatela *f.*

Spion [ʃpi̯o:n] ‹-s, -e› *m (Guckloch)* spioncino *m; (Fensterspiegel)* specchietto *m.*

Spion(in) [ʃpi̯o:n(ɪn)] ‹-s, -e› *m(f)* spia *f; (Geheimagent)* agente *mf* segreto.

Spionage [ʃpi̯oˈna:ʒə] ‹-, ø› *f* spionaggio *m.* **Spionageabwehr** *f* controspionaggio *m.*

spionieren [ʃpi̯oˈni:rən] ‹*ohne ge*› *itr* **1.** *(Spionage treiben)* fare la spia; **2.** *pej (herum~)* curiosare; **in jds Schubladen ~** ficcare il naso nei cassetti di qu.

Spionin *f s.* **Spion.**

Spirale [ʃpiˈra:lə] ‹-, -n› *f (a. med)* spirale *f.*

Spiralfeder *f* molla *f* a spirale. **Spiralnebel** *m* nebulosa *f* a spirale.

Spiritismus [ʃpiriˈtɪsmus *o.* sp...] ‹-, ø› *m* spiritismo *m.*

Spiritist(in) [...ˈtɪst(ɪn)] ‹-en, -en› *m(f)* spiritista *mf.*

spiritistisch *a* spiriti(sti)co.

Spirituosen [ʃpiriˈtu̯o:zən *o.* sp...] ‹*pl*› alcolici *m pl.*

Spiritus [ˈʃpi:ritus] ‹-, -se› *m (Alkohol)* spirito *m,* alcool *m.* **Spiritusbrenner** *m* bruciatore *m* a spirito. **Spirituskocher** *m* fornello *m* a spirito. **Spirituslampe** *f* lampada *f* a spirito.

spitz [ʃpɪts] *a* **1.** *(Gegenstand)* aguzzo, a punta; **2.** *(Winkel)* acuto; **3.** *(Gesicht)* affilato; **4.** *fig (Worte)* tagliente, pungente; **eine ~e Zunge** *fig* una lingua tagliente; **~ zulaufen** finire a punta.

Spitz ‹-es, -e› *m* (cane *m*) volpino *m.*

Spitzbart *m* barba *f* a punta, pizzo *m.* **Spitzbogen** *m* arco *m* ogivale. **Spitzbube** [-bu:bə]‹-n, -n› *m* **1.** *pej (Gauner)* farabutto *m,* canaglia *f;* **2.** *(Schelm)* birba *f fam,* birbante *m fam.* **spitzbübisch** [-by:bɪʃ] *a* birichino *fam.*

Spitze [ˈʃpɪtsə] ‹-, -n› *f* **1.** *(von Gegenständen)* punta *f;* **2.** *(Berg~)* vetta *f,* cima *f;* **3.** *(mat, Rang, Person)* vertice *m;* **4.** *(vordere Stelle, bes. sport)* testa *f;* **5.** *(Spitzengeschwindigkeit)* velocità *f* massima; **6.** *(boshafte Anspielung)* frecciata *f;* **7.** *(Textil)* merletto *m,* pizzo *m;* **an der ~ von** in testa a; **sich an die ~ einer S. setzen** mettersi alla testa di qc; **an der ~ stehen** essere in testa; **etw. auf die ~ treiben** spingere qc all'estremo.

Spitzel [ˈʃpɪtsəl] ‹-s, -› *m* spia *f; (Polizei~)* informatore *m* (della polizia).

spitzen *tr* temperare, fare la punta a; **die Ohren ~** drizzare gli orecchi, tendere l'orecchio; **die Lippen** (*o.* **den Mund**) **~** fare boccuccia.

Spitzenerzeugnis *n* prodotto *m* di gran qualità. **Spitzengeschwindigkeit** *f* velocità *f* massima. **Spitzenkandidat(in)** *m(f)* candidato, -a *m, f* numero uno. **Spitzenklasse** *f* qualità *f* superiore. **Spitzenkleid** *n* abito *m* di pizzo. **Spitzenlohn** *m* retribuzione *f* massima. **Spitzenreiter** *m sport* campione *m; fig* successo *m;* **~ sein** essere in testa, essere il numero uno.

Spitzer ‹-s, -› *m (Bleistift~)* temperamatite *m,* temperalapis *m.*

spitzfindig *a* sottile; *pej (haarspalterisch)* cavilloso, sofistico. **Spitzfindigkeit** ‹-, -en› *f* sottigliezza *f; (a. Äußerung)* argutezza *f; pej* cavillosità *f.*

Spitzhacke *f* piccone *m.* **spitz·kriegen** *tr fam* capire. **Spitzmaus** *f* toporagno *m.* **Spitzname** *m* nomignolo *m,* soprannome *m.* **spitzwink(e)lig** *a* acutangolo.

Spleen [ʃpli:n *o.* sp...] ‹-s, -e *o.* -s› *m (Angewohnheit)* abitudine *f* strana (*o.* stavagante); *(Marotte)* grillo *m; (Idee)* idea *f* balzana.

Splitt [ʃplɪt] ‹-(e)s, -e› *m* pietrisco *m.*

Splitter [ˈʃplɪtɐ] ‹-s, -› *m (Holz~, Knochen~)* scheggia *f; (Diamant~)* pagliuzza *f; (Metall~)* scaglia *f; (Glas~)* coccio *m; (Bruchstück)* frammento *m.*

splitter(faser)nackt [ˈʃplɪtɐˈfa:zɐˈnakt] *a fam* nudo come un verme *fam.*

Splittergruppe *f* gruppuscolo *m.*

splittern *itr* ‹*sein*› scheggiarsi.

splitternackt *a s.* **splitterfasernackt.**

Splitterpartei *f* partito *m* scissionista.

Sponsor [ˈʃpɔnzɐ *o.* ...zo:ɐ̯, ...zɐs *o.* ...ˈzo:rən] ‹-s, -s *o.* -en› *m* sponsor *m.*

spontan [ʃpɔnˈta:n *o.* sp...] *a* spontaneo.

sporadisch [ʃpoˈra:dɪʃ *o.* sp...] *a* sporadico.

Spore [ˈʃpo:rə] ‹-, -n› *f bot* spora *f.*

Sporn [ʃpɔrn] ‹-(e)s, Sporen› *m* (*a.*

zoo, bot) sperone *m;* **einem Pferd die Sporen geben** spronare un cavallo; **sich** *(dat)* **die Sporen verdienen** guadagnarsi i galloni.

Sport [ʃpɔrt] ‹-(e)s, *rar* -e› *m* sport *m;* **~ treiben** fare dello sport. **Sportabzeichen** *n* distintivo *m* sportivo. **Sportanzug** *m* tuta *f* sportiva. **Sportart** *f* (tipo *m* di) sport *m.* **Sportarzt** *m,* **-ärztin** *f* medico *m* sportivo, dottoressa *f* sportiva. **Sportgeschäft** *n* negozio *m* di articoli sportivi. **Sportlehrer(in)** *m(f)* istruttore, -trice *m, f,* sportivo, -a *m, f; (an Schule)* insegnante *mf* di ginnastica (*o.* di educazione fisica).

Sportler(in) ‹-s, -› *m(f)* sportivo, -a *m, f.*

sportlich *a* sportivo.

Sportmedizin *f* medicina *f* sportiva. **Sportnachrichten** *f pl* notizie *f pl* sportive. **Sportplatz** *m* campo *m* sportivo. **Sportveranstaltung** *f* manifestazione *f* sportiva. **Sportverein** *m* circolo *m* sportivo, società *f* sportiva. **Sportwagen** *m* **1.** *(Auto)* macchina *f* sportiva; **2.** *(Kinderwagen)* passeggino *m.*

Spott [ʃpɔt] ‹-(e)s, ø› *m* scherno *m,* derisione *f; (Gegenstand des ~s)* scherno *m; (beißender)* sarcasmo *m;* **seinen ~ treiben** schernire (*mit* qu), porre in ridicolo (*mit* qu). **Spottbild** *n* caricatura *f.* **spottbillig** [ˈʃpɔtˈbɪlɪç] *a* dal prezzo irrisorio.

Spöttelei [ʃpœtəˈlai̯] ‹-, -en› *f* canzonatura *f,* dileggio *m.*

spötteln [ˈʃpœtəln] *itr* canzonare (*über jdn* qu), motteggiare (*über jdn* qu), deridere (*über jdn* qu).

spotten [ˈʃpɔtən] *itr* schernire (*über jdn* qu), beffarsi (*über jdn* di qu); **das spottet jeder Beschreibung** non vi sono parole per descriverlo.

Spötter(in) [ˈʃpœtɐ (...ərɪn)] ‹-s, -› *m(f)* schernitore, -trice *m, f,* canzonatore, -trice *m, f.*

spöttisch *a* derisorio, canzonatorio, beffardo.

Spottpreis *m* prezzo *m* irrisorio; **zu einem ~** a (*o.* per) un prezzo irrisorio.

sprach [ʃpra:x] *1. u. 3. pers sing imp von* **sprechen.**

sprachbegabt *a* portato (*o.* che ha disposizione) per le lingue. **Sprachbegabung** *f* talento *m* linguistico (*o.* per le lingue).

Sprache [ˈʃpra:xə] ‹-, -n› *f* **1.** *(Sprachsystem)* lingua *f; (Sonder~)* idioma *m;* **2.** ‹*sing*› *(Sprechfähigkeit)* parola *f,* favella *f; (Ausdruckweise)* linguaggio *m; (Sprechweise)* parlata *f;* **zur ~ bringen** mettere in discussione, trattare; **mit der ~ herausrücken** *fam* sputar fuori *fam;* **nicht mit der ~ herauswollen** *fam* non voler aprir bocca *fam;* **zur ~ kommen** essere (*o.* venir) discusso; **alte/neuere ~n** lingue antiche/moderne; **fremde ~** lingua straniera; **lebende/tote ~** lingua viva/morta.

Sprachebene *f* livello *m* linguistico. **Sprachfehler** *m* difetto *m* di pronuncia. **Sprachführer** *m* manuale *m* di conversazione. **Sprachgebrauch** *m* uso *m* linguistico; **allgemeiner ~** linguaggio *m* comune. **Sprachkenntnisse** *f pl* conoscenze *f pl* linguistiche; **mit deutschen ~n** con cognizioni di tedesco. **sprachkundig** *a* poliglotta. **Sprachkurs** *m* corso *m* linguistico. **Sprachlabor** *n* laboratorio *m* linguistico. **Sprachlehre** *f* grammatica *f.* **Sprachlehrer(in)** *m(f)* insegnante *mf* di lingue.

sprachlich *a* linguistico.

sprachlos *a:* **~ sein** rimanere senza parole.

Sprachreise *f* viaggio *m* studio (a scopo linguistico). **Sprachrohr** *n* megafono *m; fig* portavoce *m;* **sich zum ~ einer S. machen** farsi portavoce di qc. **Sprachstörung** *f* logopatia *f.* **Sprachstudium** *n* studio *m* delle lingue. **Sprachurlaub** *m* soggiorno *m* linguistico. **Sprachwissenschaft** *f* linguistica *f,* filologia *f.*

sprang [ʃpraŋ] *1. u. 3. pers sing imp von* **springen.**

Spray [ʃpre: *o.* spreɪ] ‹-s, -s› *m o. n* spray *m.* **Spraydose** *f s.* **Sprühdose.**

Sprechanlage *f* citofono *m.* **Sprechblase** *f* fumetto *m.*

sprechen [ˈʃprɛçən] ‹spricht, sprach, gesprochen› **I.** *itr* parlare (*mit* con, a, *über* di); **für jdn ~** intervenire in favore di qu; **gut über jdn/etw. ~** dir bene di qu/qc; **laut/leise ~** parlare forte/piano (*o.* a bassa voce); **jdn zum S~ bringen** far sciogliere la lingua a qu; **auf etw. zu ~ kommen** venire a parlare di qc; **gut/schlecht auf jdn zu ~ sein** vedere qu di buon/cattivo occhio *fam;* **das spricht für sich** il fatto parla da sé; **das spricht für Sie** ciò parla a Suo favore; **alle Anzeichen ~ dafür, daß ...** tutto fa pensare che ... *conj;* **~ wir nicht mehr darüber!** non parliamone più!; **II.** *tr* dire, recitare; *(aus~)* pronunciare; **Deutsch/Italienisch ~** parlare tedesco/italiano; **kein Wort ~** non proferir parola; **nicht** (*o.* **für niemanden) zu ~ sein** non esserci per nessuno; **ich möchte Sie ~** vorrei parlarLe; **kann ich Herrn X ~?, ist Herr X zu ~?** posso parlare con il signor X?; **wir ~ uns noch!** ci rivedremo!

Sprecher(in) ‹-s, -› *m(f)* parlatore, -trice *m, f; (Redner)* oratore, -trice *m, f; (Wortführer)* portavoce *mf; radio, TV* annunciatore, -trice *m, f;* speaker *mf; ling* parlante *mf.*

Sprecherziehung *f* insegnamento *m* della dizione, ortofonia *f.* **Sprechfunk** *m* radiotelefonia *f.* **Sprechstunde** *f (von Ärzten)* orario *m* di visita; *(von Beamten, etc.)* ore *f pl* di ufficio; *(von Lehrern)* ore *f pl* di ricevimento; **~ täglich von 9 bis 12 Uhr** si riceve tutti i giorni dalle 9 alle 12. **Sprechstundenhilfe** *f* assistente *mf,* infermiere, -a *m, f.* **Sprechweise** *f* modo *m* di parlare, parlata *f.* **Sprechzimmer** *m* studio *m; med* ambulatorio *m; (in Kloster)* parlatorio *m.*

spreizen ['ʃpraitsən] **I.** *tr (Finger)* allargare; *(Beine)* divaricare; *(Flügel)* spiegare; **II.** *rfl:* **sich ~** *(sich sträuben)* recalcitrare (*gegen* contro).

Sprengbombe *f* bomba *f* dirompente.

sprengen ['ʃprɛŋən] **I.** *tr* ‹*haben*› **1.** *(mit Sprengstoff, Spielbank)* far saltare; **2.** *(aufbrechen: Schloß, Tresor)* forzare, scassinare; *(Fesseln, Ketten, a. fig)* spezzare; **3.** *(Versammlung)* disperdere; **4.** *(Wasser)* spruzzare; *(Straße, Rasen)* annaffiare; *(Wäsche)* inumidire; **II.** *itr* **1.** ‹*haben*› *(mit Sprengstoff)* far saltare; **2.** ‹*sein*› *geh (reiten)* andare al galoppo.

Sprengkopf *m* testata *f;* **atomarer** (*o.* **nuklearer) ~** testata nucleare. **Sprengkörper** *m* ordigno *m* esplosivo. **Sprengladung** *f* carica *f* esplosiva. **Sprengstoff** *m* esplosivo *m.* **Sprengstoffanschlag** *m* attentato *m* dinamitardo; **einen ~ auf jdn verüben** compiere un attentato dinamitardo contro qu.

Sprengung ‹-, -en› *f* **1.** *(mit Sprengstoff)* far *m* saltare in aria con esplosivo (*o.* dinamite); **2.** *(Aufbrechen)* scasso *m;* **3.** *(von Versammlung)* dispersione *f;* **4.** *(von Rasen)* annaffiamento *m.*

Spreu [ʃprɔy] ‹-, ø› *f* pula *f;* **die ~ vom Weizen sondern** (*o.* **trennen)** *fig* sceverare (*o.* separare) il grano dalla pula.

spricht [ʃprɪçt] *3. pers sing pr von* **sprechen.**

Sprichwort ['ʃprɪç-] ‹-(e)s, ¨-er› *n* proverbio *m.* **sprichwörtlich** *a* proverbiale.

sprießen ['ʃpri:sən] ‹sprießt, sproß *o.* sprießte, gesprossen› *itr* ‹*sein*› spuntare.

Springbrunnen *m* fontana *f* a zampillo.

springen ['ʃprɪŋən] ‹springt, sprang, gesprungen› **I.** *itr* ‹*sein*› **1.** *(Mensch, Tier)* saltare (*über etw.* qc); *(Ball)* rimbalzare; *(mit einem Satz)* balzare; **2.** *(Schwimmsport)* tuffarsi; **3.** *(Risse bekommen: Glas)* incrinarsi; *(Haut)* screpolarsi; **4.** *(reißen: Saite)* spezzarsi; **5.** *geh (Wasser, Blut)* zampillare, sgorgare; *(Funken)* fare; **über einen Graben ~** saltare un fosso; **aus den Schienen ~** uscire dalle rotaie (*o.* dai binari), deragliare; **etw. ~ lassen** *fam* offrire qc; **II.** *tr* ‹*haben*› *(Rekord)* battere. **springend** *a:* **der ~e Punkt** il punto saliente.

Springer ‹-s, -› *m (Schach)* cavaliere *m.*

Springer(in) ‹-s, -› *m(f)* saltatore, -trice *m, f; (Schwimmer)* tuffatore, -trice *m, f.*

Springflut *f* marea *f* sizigiale.

Sprit [ʃprɪt] ‹-(e)s, -e› *m fam (Benzin)* benzina *f.*

Spritze ['ʃprɪtsə] ‹-, -n› *f* **1.** *med (Instrument)* siringa *f;* **2.** *(Einspritzung)* iniezione *f,* puntura *f;* **3.** *(Feuer~)* pompa *f* antincendio; **jdm eine ~ geben** fare un'iniezione a qu.

spritzen I. *tr* ‹*haben*› **1.** *(Straße, Rasen)* annaffiare; **2.** *(lackieren)* verniciare a spruzzo; **3.** *med (Patienten)* fare un'iniezione a; *(Mittel)* iniettare; **4.** *(Zuckerguß, Muster)* decorare con (*auf* qc); **II.** *itr* **1.** ‹*sein o. haben*› *(Flüssigkeit)* schizzare, sprizzare, zampillare; *(Füller, etc.)* schizzare; **2.** ‹*sein*› *fam (eilen)* filare *fam.*

Spritzenhaus *n* deposito *m* delle pompe da incendio.

Spritzer ‹-s, -› *m* spruzzo *m,* schizzo *m; (kleine Menge)* goccia *f; (Fleck)* zacchera *f.*

spritzig *a (Wein)* frizzante; *(Auto)* brillante; *fig (lebendig)* vivace; *(witzig)* divertente.

Spritzpistole *f* pistola *f* a spruzzo. **Spritztour** *f fam* piccola gita *f.*

spröde ['ʃprø:də] *a* **1.** *(brüchig)* fragile; *(hart)* duro; **2.** *(rissig: Haut)* screpolato; **3.** *fig (Thema, Stoff)* arduo, difficile; **4.** *fig (Mensch)* scostante, scontroso. **Sprödigkeit** ‹-, ø› *f* **1.** *(Brüchigkeit)* fragilità *f;* **2.** *(von Haut)* screpolatura *f;* **3.** *fig (Wesen)* scontrosità *f,* ritrosia *f.*

sproß [ʃprɔs] *1. u. 3. pers sing imp von* **sprießen.**

Sproß [ʃprɔs] ‹Sprosses, Sprosse› *m bot* germoglio *m; (a. fig geh: Nachkomme)* rampollo *m.*

Sprosse ['ʃprɔsə] ‹-, -n› *f (Leiter~)* piolo *m; fig (Stufe)* gradino *m.* **Sprossenkohl** *m A (Rosenkohl)* cavolino *m* di Bruxelles. **Sprossenwand** *f sport* spalliera *f.*

Sprößling ['ʃprœslɪŋ] ‹-s, -e› *m* rampollo *m.*

Sprotte ['ʃprɔtə] ‹-, -n› *f* spratto *m.*

Spruch [ʃprʊx] ‹-(e)s, ¨-e› *m* **1.** *(Ausspruch)* detto *m,* motto *m; (Weisheits~)* massima *f; (Lehr~)* aforisma *m; (Bibel~)* versetto *m;* **2.** *jur (Urteil)* sentenza *f; (Schieds~)* arbitrato *m; (Orakel~)* oracolo *m;* **3.** ‹*pl*› *fam (leeres Gerede)* grandi parole *f pl;* **Sprüche machen (***o.* **klopfen)** *fam* dire paroloni *fam.* **Spruchband** ‹-(e)s, ¨-er› *n* striscione *m.* **spruchreif** *a:* **die Sache ist noch nicht ~** la cosa non è ancora matura (per una decisione).

Sprudel ['ʃpru:dəl] ‹-s, -› *m (Mineralwasser)* acqua *f* minerale gassata; *dial (süßer ~)* bevanda *f* frizzante.

sprudeln *itr* **1.** ‹*haben*› *(schäumen: Wasser, Quelle)* zampillare, spumeggiare; *(Sekt, Limonade)* spumeggiare, essere effervescente; *(kochen: Wasser)* bollire; *fig (vor Freude, guten Ideen)* traboccare (*vor* di); **2.** ‹*sein*› *(hervor~: Wasser, Worte)* sgorgare.

Sprudler ‹-s, -› *m A (Quirl)* frullino *m.*

Sprühdose *f* (bombola *f*) spray *m.*

sprühen ['ʃpry:ən] **I.** *tr* ‹*haben*› *(Funken, a. fig: Feuer, Haß)* schizzare; **II.** *itr* **1.** ‹*sein o. haben*› *(Wasser)* schizzare; *(Funken)* sprizzare; **2.** ‹*haben*›: **vor Geist/Temperament ~** essere di spirito brillante/di carattere brioso; **ihre Augen sprühten vor Zorn/Freude** i suoi occhi sprizzavano rabbia/gioia. **sprühend** *a fig (Geist)* scintillante, spumeggiante; *(Laune, Temperament)* brioso, brillante, effervescente. **Sprühregen** *m* pioggerella *f* (minutissima).

Sprung [ʃprʊŋ] ‹-(e)s, ¨-e› *m* **1.** *(Hüpfen)* salto *m; (Satz)* balzo *m; (Kopf~ beim Schwimmen)* tuffo *m; (Gedanken~)* salto *m,* rapido passaggio *m;* **2.** *(Riß in Glas o. Porzellan)* crepa *f,* incrinatura *f; (in Holz)* fessura *f; (in Stahl)* cricca *f; (in Haut)* screpolatura *f;* **bei jdm auf einen ~ vorbeikommen** *fam* fare un salto da qu *fam;* **einen ~ bekommen** incrinarsi; **einen ~ haben** essere incrinato; **jdm auf die Sprünge helfen** *fam* dare una mano a qu *fam;* **es ist nur ein ~ bis dorthin** *fam* son pochi passi *fam,* è a due passi da qui *fam;* **keine großen Sprünge machen können** *fig fam* non poter fare grandi cose; **auf dem ~ sein, etw. zu tun** *fam* essere sul punto (*o.* in procinto) di fare qc. **sprungbereit** *a* **1.** *(Sportler, Tier)* pronto per il salto; **2.** *fam (ausgehfertig)* pronto per uscire; *(reisefertig)* pronto per partire. **Sprungbrett** *n (Turnen)* pedana *f; (Schwimmen, a. fig)* trampolino *m.* **Sprungfeder** *f* molla *f.* **Sprunggrube** *f* buca *f* per il salto.

sprunghaft *a* **1.** *(unzusammenhängend)* sconnesso, slegato; **2.** *(unbeständig)* volubile; **3.** *(plötzlich)* improvviso; **die Preise sind ~ gestiegen** i prezzi sono saliti di colpo. **Sprunghaftigkeit** ‹-, ø› *f* **1.** *(von Gedanken)* sconnessione *f;* **2.** *(Unbeständigkeit)* volubilità *f.*

Sprungschanze *f* trampolino *m.* **Sprungtuch** *n* telo *m* di salvataggio. **Sprungturm** *m* trampolino *m* per tuffi.

Spucke ['ʃpʊkə] ‹-, ø› *f fam* saliva *f;* **da bleibt mir die ~ weg** *fam* rimango di sasso *fam.*

spucken *itr, tr* sputare; *(sich erbrechen)* vomitare; **große Töne ~** *fam* sballarle grosse *fam.*

Spucknapf *m* sputacchiera *f.*

Spuk [ʃpu:k] ‹-(e)s, *rar* -e› *m* **1.** *(Erscheinung)* visione *f,* apparizione *f;* **2.** *fam (Lärm)* chiasso *m,* baccano *m; (Aufwand, Umstände)* storie *f pl.*

spuken *itr (Gespenst)* apparire (*in* in); **es spukt (hier)** (qui) ci sono i fantasmi; **das spukt in den Köpfen** ciò è vivo nelle menti.

Spülbecken *m* lavandino *m,* acquaio *m.*

Spule ['ʃpu:lə] ‹-, -n› *f el, film* bobina *f; (Nähmaschinen~)* rocchetto *m.*

Spüle ['ʃpy:lə] ‹-, -n› *f* lavandino *m,* acquaio *m.*

spulen ['ʃpu:lən] *tr* bobinare.

spülen ['ʃpy:lən] **I.** *tr* **1.** *(Geschirr)* rigovernare, lavare; **2.** *(Wunde)* lavare; *(Mund)* sciacquare; **3.** *(Haar, Wäsche)* (ri)sciacquare; **4.** *(schwemmen)* trasportare (*ans Ufer* a riva); **II.** *itr* **1.** *(angeschwemmt werden)* sciabordare (*an* contro); **2.** *(in Toilette)* azionare lo sciacquone, tirare l'acqua; **3.** *(Geschirr ~)* lavare i piatti; *(Mund ~)* sciaquarsi; *(Waschmaschine)* (ri)sciacquare.

Spülmaschine *f* lavastoviglie *f.* **spülmaschinenfest** *a (Geschirr)* resistente al lavaggio nella lavastoviglie. **Spülmittel** *n* detersivo *m* per (le) stoviglie. **Spülprogramm** *n* programma *m* di risciacquo.

Spülung ‹-, -en› *f* **1.** *med* irrigazione *f;* **2.** *tec* lavaggio *m.*

Spülwasser *n (a. fig pej)* risciacquatura *f.*

Spulwurm *m* ascaride *m.*

Spund[1] [ʃpʊnt] ‹-(e)s, ¨-e› *m (am Faß)* zaffo *m.*

Spund[2] [ʃpʊnt] ‹-(e)s, -e› *m fam:* **junger ~** sbarbatello *m fam.*

Spur [ʃpu:ɐ̯] ‹-, -en› *f* **1.** *(Fuß~, a. fig: Fährte)* orma *f,* traccia *f; (Abdruck)* impronta *f; (Brems~, Reifen~, Blut~, Öl~, etc.)* traccia *f; (Zeichen, Anzeichen)* traccia *f,* ombra *f;* **2.** *(Fahrbahn)* corsia *f; (Rad~)* rotaia *f; (Ski~)* pista *f; (von Tonband)* pista *f,* traccia *f;* **3.** *(kleine Menge)* pizzico *m;* **4.** ‹*pl*› *(Überreste)* vestigia *f pl;* **5.** *(~weite) Eisenb.* scartamento *m; (von Auto)* carreggiata *f;* **jdn auf eine falsche ~ bringen** *(a. fig)* mettere qu su una falsa traccia; **jdn auf die richtige ~ bringen** *fig* mettere qu sulla buona traccia; **eine ~ verfolgen** seguire una traccia; **jds ~(en) folgen** *fig* calcare (*o.* seguire) le orme di qu; **~en hinterlassen** *fig* lasciare tracce; **jdm auf der ~ sein** *fig* essere sulle tracce di qu; **die ~en sichern** rilevare le impronte; **vom Täter fehlt jede ~** il colpevole non ha lasciato traccia; **keine ~!** *fam* neanche per sogno! *fam* (*o.* per idea! *fam).*

spürbar *a* sensibile.

spüren ['ʃpy:rən] **I.** *tr (Hunger, Kälte, Schmerz)* sentire; *(Enttäuschung, Zorn)* provare; *(wahrnehmen)* percepire; **II.** *itr (Hunde)* seguire una traccia (*nach* di).

Spurenelement *n* microelemento *m.*

Spürhund *m* bracco *m,* segugio *m; fam (Detektiv)* segugio *m fam.*

spurlos *adv:* **~ verschwinden** sparire senza lasciar traccia; **~ an jdm vorübergehen** passare senza lasciar traccia a qu.

Spürnase *f:* **eine ~ haben** aver fiuto (*für* per) *fam.* **Spürsinn** *m (a. fig)* fiuto *m.*

Spurt [ʃpʊrt] ‹-s, -s *o.* -e› *m sport* sprint *m; (End~, a. fig)* sprint *m* finale.

Spurweite *f* **1.** *mot* carreggiata *f;* **2.** *Eisenb.* scartamento *m.*

SR [ɛs'ʔɛr] ‹-(s), ø› *m ab von* **Saarländischer Rundfunk** *rete radiotelevisiva regionale della R.F.T. con sede a Saarbrücken.*

Sri Lanka ['sri: 'laŋka] *n* Sri Lanka *m.*

SS 1. *ab von* **Sommersemester** semestre *m* estivo; **2.** *ab von* **Schutzstaffel** SS *f pl.*

s. t. *ab von* **sine tempore** *(ohne akademisches Viertel)* senza il quarto d'ora accademico.

St. 1. *ab von* **Stück** pezzo; **2.** *ab von* **Sankt** S. (*ab von* santo).

Staat [ʃta:t] ‹-(e)s, -en› *m* **1.** *(pol, Bienen~)* stato *m;* **2.** ‹*sing*› *(Prunk, Aufwand)* sfoggio *m,* pompa *f; (Festgewand)* gran gala *f;* **mit etw. ~ machen** far sfoggio di qc. **Staatenbund** ‹-(e)s, ¨-e› *m* confederazione *f* di stati. **staatenlos** *a* apolide. **Staatenlose** ‹ein -r, -n, -n› *mf* apolide *mf.*

staatlich *a* dello stato, statale; *(dem Staat gehörig)* demaniale; *(national)* nazionale; *(öffentlich)* pubblico; **~ anerkannt** riconosciuto dallo stato; **~ geprüft** diplomato; **~e Unterstützung** sussidio dello stato.

Staatsaktion *f:* **eine ~ aus etw. machen** *fam* fare di qc un affare di stato. **Staatsangehörige** *mf* cittadino, -a *m, f;* **ein deutscher ~r sein** essere di cittadinanza tedesca. **Staatsangehörigkeit** *f* nazionalità *f.* **Staatsanleihe** *f* **1.** *(Schulden des Staates)* prestito *m* statale; **2.** *(Schuldverschreibung)* emissione *f* di buoni del tesoro. **Staatsanwalt** *m,* **-anwältin** *f* sostituto, -a procuratore, -trice *m, f* della repubblica; *(vor Gericht)* pubblico ministero *m.* **Staatsanwaltschaft** ‹-, -en› *f* procura *f* della repubblica; *(vor Gericht)* pubblico ministero *m.* **Staatsbeamte** *m,* **-beamtin** *f* funzionario, -a *m, f* statale. **Staatsbegräbnis** *n* funerale *m* di stato. **Staatsbesuch** *m* visita *f* ufficiale (*o.* di stato). **Staatsbürger(in)** *m(f)* cittadino, -a *m, f.* **staatsbürgerlich** *a* civico; **die ~en Rechte** i diritti civici. **Staatschef(in)** *m(f)* capo *m* di (*o* dello) stato. **Staatsdienst** *m* servizio *m* statale (*o.* di stato); **im ~ stehen** (*o.* **sein**) essere funzionario statale. **Staatseigentum** *n* proprietà *f* dello stato (*o.* demaniale). **Staatsexamen** *n* esame *m* di stato. **Staatsfeind** *m* nemico *m* pubblico. **Staatsform** *f* forma *f* di governo, regime *m.* **Staatsgebiet** *n* territorio *m* nazionale (*o.* dello stato). **Staatsgeheimnis** *n* segreto *m* dello stato. **Staatsgewalt** *f* potere *m* politico, autorità *f* dello stato. **Staatskirche** *f* chiesa *f* di stato. **Staatskosten** ‹*pl*›: **auf ~** a spese dello stato. **Staatsmann** *m* statista *m, f,* (uomo *m*) politico *m.*

staatsmännisch [-mɛnɪʃ] *a* di (*o.* da) statista, di (*o.* da) uomo di stato. **Staatsoberhaupt** *n* capo *m* di (*o.* dello) stato. **Staatspräsident(in)** *m(f)* presidente, -tessa *m, f* della repubblica. **Staatsrat** *m* **1.** *(Institution)* consiglio *m* di stato; **2.** *(Person)* consigliere *m* di stato. **Staatsschuld** *f* debito *m* pubblico. **Staatssekretär(in)** *m(f)* sottosegretario, -a *m, f* di stato. **Staatssicherheitsdienst** *m* polizia *f* di sicurezza. **Staatsstreich** *m* colpo *m* di stato. **Staatstrauer** *f* lutto *m* nazionale. **Staatsverschuldung** *f* indebitamento *m* dello stato.

Stab [ʃta:p] ‹-(e)s, ⸚e› *m* **1.** *(Stock)* bastone *m; (dünner, Dirigenten~)* bacchetta *f; (kurzer)* bastoncino *m; (Eisen~)* sbarra *f;* **2.** *sport (Staffel~)* testimone *m; (Stabhochsprung~)* asta *f;* **3.** *mil (Führungsgruppe)* stato *m* maggiore; **4.** *(Mitarbeiter~)* quadri *m pl,* staff *m;* **über jdn den ~ brechen** condannare qu. **Stabhochsprung** *m* salto *m* con l'asta.

stabil [ʃta'bi:l *o.* st...] *a* stabile; *(Konstitution)* robusto.

stabilisieren [ʃtabili'zi:rən *o.* st...] ‹*ohne ge-*› **I.** *tr* stabilizzare; **II.** *rfl:* **sich ~** stabilizzarsi.

Stabilität [...'tɛ:t] ‹-, ø› *f* stabilità *f.*

Stabreim *m* allitterazione *f.*

Stabsarzt *m* capitano *m* medico. **Stabschef** *m* capo *m* di stato maggiore. **Stabsoffizier** *m* ufficiale *m* di stato maggiore.

Stabwechsel *m sport* cambio *m* del testimone.

stach [ʃta:x] *1. u. 3. pers sing imp von* **stechen.**

Stachel [ʃtaxəl] ‹-s, -n› *m (von Rose, Kaktee, etc.)* spina *f; (von Igel, ~schwein)* aculeo *m; (von ~draht)* punta *f; (von Insekt)* pungiglione *m;* **wider den ~ löcken** *geh* ribellarsi. **Stachelbeere** *f* uva *f* spina. **Stachelbeerstrauch** *m* arbusto *m* di uva spina. **Stacheldraht** *m* filo *m* spinato. **Stacheldrahtverhau** *m* reticolato *m.* **Stacheldrahtzaun** *m* reticolato *m.*

stach(e)lig *a (Rose, Kaktee)* spinoso; *(Igel)* aculeato; *(Oberfläche)* ruvido, pungente; *(Kinn, Bart)* pungente.

Stachelschwein *n* porcospino *m.*

Stadion ['ʃta:di̯ɔn, ...i̯ən] ‹-s, -dien› *n* stadio *m.*

Stadium ['ʃta:di̯ʊm, ...i̯ən] ‹-s, -dien› *n* stadio *m;* **in vorgerücktem ~** in stadio avanzato.

Stadt [ʃtat] ‹-, ⸚e› *f* città *f; (~verwaltung)* amministrazione *f* comunale; **in die ~ gehen** andare in città; **in der ~ wohnen** abitare in città; **die ~ Zürich** la città di Zurigo. **stadtbekannt** *a:* **das ist ~** è un fatto notorio. **Stadtbezirk** *m* rione *m,* quartiere *m.* **Stadtbibliothek** *f,* **-bücherei** *f* biblioteca *f* civica (*o.* comunale). **Stadtbild** *n* fisionomia *f* della città.

Städtchen ['ʃtɛtçən] ‹-s, -› *n* cittadina *f.*

Städtebau ['ʃtɛtə-] ‹-(e)s, ø› *m* urbanistica *f.* **städtebaulich** *a* urbanistico. **Städtepartnerschaft** *f* gemellaggio *m.*

Städter(in) ['ʃtɛtɐ (...ərɪn)] ‹-s, -› *m(f)* cittadino, -a *m, f.*

Stadtgebiet *n* territorio *m* urbano. **Stadtgespräch** *n tel* conversazione *f* urbana; **das ist ~** tutta la città ne parla.

städtisch ['ʃtɛtɪʃ] *a* urbano, cittadino; *(verwaltungsmäßig)* comunale, municipale, civico.

Stadtkern *m* nucleo *m* cittadino. **Stadtmauer** *f* mura *f pl* cittadine. **Stadtmensch** *m* uomo *m* di città. **Stadtmitte** *f* centro *m* (della città). **Stadtplan** *m* pianta *f* della città. **Stadtplaner(in)** *m(f)* urbanista *mf.* **Stadtplanung** *f* urbanistica *f.* **Stadtrand** *m* periferia *f* (cittadina). **Stadtrandsiedlung** *f* agglomerato *m* periferico. **Stadtrat** *m (Gremium)* giunta *f.* **Stadtrat** *m,* **-rätin** *f* assessore *m.* **Stadtrundfahrt** *f* giro *m* turistico della città. **Stadtstaat** *m* città-stato *f.* **Stadtstreicher(in)** ‹-s, -› *m(f)* vagabondo, -a *m, f* (di città). **Stadtteil** *m* quartiere *m,* rione *m.* **Stadttor** *n* porta *f* della città. **Stadtväter** *m pl scherz* consiglieri *m pl* comunali. **Stadtverkehr** *m* traffico *m* cittadino. **Stadtverwaltung** *f* amministrazione *f* comunale. **Stadtwerke** *n pl* aziende *f pl* comunali.

Staffel ['ʃtafəl] ‹-, -n› *f* **1.** *sport* staffetta *f;* **2.** *mil aero (Flug~)* squadriglia *f.*

Staffelei [ʃtafə'la̯i] ‹-, -en› *f* cavalletto *m.*

Staffellauf *m* staffetta *f.*

staffeln *tr* **1.** *(Gebühren, Steuern, Gehälter)* graduare; **2.** *(staffelweise aufstellen)* scaglionare.

Staffelung ‹-, -en› *f* **1.** *(Gliederung)* graduazione *f;* **2.** *(Aufstellung)* scaglionamento *m.*

Stagflation [ʃtakfla'tsi̯o:n *o.* st...] ‹-, ø› *f fin* stagflazione *f.*

Stagnation [ʃtagna'tsi̯o:n *o.* st...] ‹-, -en› *f* ristagno *m.*

stagnieren [...'gni:rən] ⟨*ohne ge-*⟩ *itr* ristagnare.

stahl [ʃta:l] *1. u. 3. pers sing imp von* **stehlen.**

Stahl [ʃta:l] ⟨-(e)s, ⸚e *o.* -e⟩ *m (Metall)* acciaio *m;* **Nerven aus ~** nervi d'acciaio. **Stahlbeton** *m* cemento *m* armato. **Stahlblech** *n* lamiera *f* d'acciaio.

stählen ['ʃtɛ:lən] *tr* temprare.

stählern ['ʃtɛ:lɐn] *a (a. fig)* d'acciaio.

Stahlfeder *f* **1.** *(Schreibfeder)* pennino *m* d'acciaio; **2.** *(Sprungfeder)* molla *f* d'acciaio. **Stahlgerüst** *n* ponteggio *m* tubolare. **Stahlhelm** *m* elmetto *m* d'acciaio. **Stahlindustrie** *f* industria *f* dell'acciaio. **Stahlrohrmöbel** *n pl* mobili *m pl* tubolari. **Stahlträger** *m* longherone *m* d'acciaio. **Stahlwerk** *n* acciaieria *f.*

Stall [ʃtal] ⟨-(e)s, ⸚e⟩ *m* stalla *f; (Hühner~)* pollaio *m; (Pferde~, Renn~)* scuderia *f; (Schweine~)* porcile *m.* **Stallknecht** *m* stalliere *m.*

Stallung ⟨-, -en⟩ *f* stallaggio *m,* scuderia *f.*

Stamm [ʃtam] ⟨-(e)s, ⸚e⟩ *m* **1.** *(Baum~)* tronco *m,* fusto *m;* **2.** *ling* radice *f;* **3.** *(Kundschaft)* clientela *f* fissa; **4.** *(Abstammung)* linea *f;* **5.** *(Volks~, Eingeborenen~)* tribù *f.* **Stammaktie** *f* azione *f* ordinaria. **Stammbaum** *m* albero *m* genealogico; *(von Tieren)* pedigree *m.* **Stammbuch** *n (Familien~)* libro *m* di famiglia.

stammeln ['ʃtaməln] *itr, tr* balbettare.

stammen ['ʃtamən] *itr* **1.** *(abstammen)* discendere (*von* da), derivare (*aus* da), provenire (*aus, von* da); *ling* derivare (*von* da); **2.** *(örtlich)* essere originario (*o.* nativo) (*aus* di); **3.** *(zeitlich)* essere (*aus* di).

Stammform *f ling* forma *f* fondamentale (*o.* primitiva). **Stammgast** *m* avventore *m* abituale, habitué *mf.* **Stammhalter** *m* erede *m* maschio. **Stammhaus** *n* casa *f* madre.

stämmig ['ʃtɛmıç] *a (kräftig)* robusto; *(gedrungen)* tarchiato.

Stammkapital *n* capitale *m* sociale. **Stammkneipe** *f* osteria *f.* **Stammkunde** *m,* **-kundin** *f* cliente *mf* abituale. **Stammkundschaft** *f* clientela *f* abituale (*o.* fissa). **Stammlokal** *n* locale *m.* **Stammplatz** *m* posto *m* fisso. **Stammtisch** *m* tavolo *m* riservato agli avventori abituali.

stampfen ['ʃtampfən] **I.** *itr* **1.** ⟨*haben*⟩ *(Mensch)* pestare (*o.* battere) i piedi; *(Tier)* scalpitare; **2.** ⟨*haben*⟩ *(Motor, Maschine)* lavorare; **3.** ⟨*haben o. sein*⟩ *(Schiff)* beccheggiare; **4.** ⟨*sein*⟩ *(stapfen)* camminare pesantemente; **mit dem Fuß/den Hufen ~** pestare (*o.* battere) i piedi/scalpitare (con gli zoccoli); **II.** *tr* ⟨*haben*⟩ **1.** *(fest~)* (cal)pestare, calcare; **2.** *(Trauben)* pigiare; *(Kartoffeln)* schiacciare; *(im Mörser)* pestare; **aus dem Boden ~** far nascere dal nulla.

Stampfer ⟨-s, -⟩ *m* **1.** *tec* pilone *m,* mazzapicchio *m;* **2.** *(Küchengerät)* pestello *m.*

stand [ʃtant] *1. u. 3. pers sing imp von* **stehen.**

Stand [ʃtant] ⟨-(e)s, ⸚e⟩ *m* **1.** ⟨*sing*⟩ *(Stehen)* posizione *f* eretta (*o.* in piedi); **2.** *(Ort, Platz: von Beobachter, Schütze)* posizione *f; (Schieß~)* stand *m,* campo *m* di tiro; *(Taxi~)* posteggio *m,* stazione *f* (di tassì); **3.** *(Verkaufs~, Bude)* banco *m* di vendita; *(Verkaufstisch)* banco *m; (Bücher~)* bancherella *f; (Informations~, Messe~)* stand *m;* **4.** ⟨*sing*⟩ *(Entwicklungsstufe: von Geschäften, der Dinge)* stato *m; (Kurs~)* quotazione *f; (von Forschungen, Verhandlungen)* stadio *m; sport (Spiel~)* punteggio *m;* **5.** ⟨*sing*⟩ *(Zustand)* stato *m,* condizione *f;* **6.** ⟨*sing*⟩ *(Wasser~, Thermometer~)* livello *m; (Kilometer~)* chilometraggio *m; (Kassen~, Konto~)* situazione *f,* posizione *f; (der Sonne, des Monds)* posizione *f;* **7.** *(soziale Stellung)* condizione *f,* posizione *f; (Berufs~)* categoria *f;* **auf den neuesten ~ bringen** aggiornare; **den höchsten ~ erreichen** raggiungere il livello massimo; **einen schweren ~ haben** avere difficoltà (*mit* con); **der gegenwärtige ~ der Technik/des Wissens** lo stato attuale della tecnica/delle conoscenze; **beim jetzigen ~ der Dinge** allo stato attuale delle cose.

Standard ['ʃtandart *o.* 'st...] ⟨-s, -s⟩ *m* **1.** *(Richtschnur)* standard *m; (Norm)* norma *f;* **2.** *(Lebens~)* tenore *m* di vita; **3.** *(Feingehalt)* titolo *m.* **Standardausführung** *f* modello *m* standard.

standardisieren [...dardi'zi:rən] ⟨*ohne ge-*⟩ *tr* standardizzare.

Standarte [ʃtan'dartə] ⟨-, -n⟩ *f* stendardo *m.*

Standbild *n* statua *f.*

Ständchen ['ʃtɛntçən] ⟨-s, -⟩ *n* serenata *f;* **jdm ein ~ bringen** fare una serenata a qu.

Ständer ['ʃtɛndɐ] ⟨-s, -⟩ *m* supporto *m,* sostegno *m; (Kleider~)* attaccapanni *m; (Noten~)* leggio *m.*

Standesamt *n* ufficio *m* di stato civile, anagrafe *f*. **standesamtlich** *a*: **~e Trauung** matrimonio civile. **Standesbeamte** *m*, **-beamtin** *f* ufficiale, -essa *m, f* di stato civile. **standesgemäß** *a* conforme al proprio stato sociale (*o.* rango).

standfest *a* stabile. **Standgericht** *n* corte *f* marziale. **standhaft** *a* costante, fermo, perseverante; **sich ~ weigern** rifiutarsi fermamente. **Standhaftigkeit** ‹-, ø› *f* costanza *f*, fermezza *f*, perseveranza *f*. **stand·halten** ‹*irr*› *itr (Mensch)* tener testa (*einer S.* a qc); *(Gegenstand)* reggere (*einer S.* qc), resistere (*einer S.* a qc); **der Prüfung ~** sostenere l'esame; **der Versuchung ~** resistere alla tentazione; **der Belastung ~** reggere il carico.

ständig ['ʃtɛndɪç] *a (Mitglied, Ausschuß)* permanente; *(Wohnsitz)* stabile; *(ununterbrochen)* continuo; *(fest: Einkommen)* fisso.

Standlicht *n mot* luce *f* di posizione. **Standort** *m* **1.** *(von Mensch, Schiff, Flugzeug)* posizione *f;* **2.** *bot* habitat *m;* **3.** *(Garnison)* guarnigione *f;* **den ~ angeben/feststellen** *naut, aero* fare il punto. **Standpauke** *f fam* predica *f fam;* **jdm eine ~ halten** fare la paternale a qu *fam.* **Standpunkt** *m* punto *m* di vista; *(Meinung)* parere *m*, opinione *f;* **jdm seinen ~ klarmachen** chiarire a qu il proprio punto di vista; **auf dem ~ stehen, daß ...** essere dell'opinione che ... *conj.* **Standuhr** *f* orologio *m* a pendolo.

Stange ['ʃtaŋə] ‹-, -n› *f* **1.** *(Stab)* bastone *m; (Quer~)* sbarra *f; (Kleider~, Teppich~)* stanga *f; (Gardinen~)* asta *f; (Metall~)* barra *f; (senkrecht)* palo *m; (Hühner~)* posatoio *m; (Geweih~)* fusto *m* (di corna); **2.** *(länglicher Gegenstand: ~ Siegellack)* bastoncino *m; (~ Zigaretten)* stecca *f; (~ Brot)* filone *m*, bastone *m;* **jdn bei der ~ halten** *fam* riuscire a trattenere qu; **einen Anzug von der ~ kaufen** comp(e)rare un abito (da uomo) confezionato; **bei der ~ bleiben** *fam* non cambiare opinione; **jdm die ~ halten** *fam* dar man forte a qu *fam;* **eine ~ Geld kosten** *fam* costare un occhio della testa *fam (o.* un patrimonio *fam).* **Stangenbrot** *n* filone *m*, baguette *f*.

stank [ʃtaŋk] *1. u. 3. pers sing imp von* **stinken.**

stänkern ['ʃtɛŋkɐn] *itr fam* piantar grane *fam.*

Stanniol [ʃta'nio:l *o.* st...] ‹-s, -e› *n* stagnola *f*.

Stanze[1] ['ʃtantsə] ‹-, -n› *f lit* stanza *f*.

Stanze[2] ['ʃtantsə] ‹-, -n› *f (Loch~)* punzonatrice *f; (Prägestempel)* punzone *m.*

stanzen *tr* stampare; *(lochen)* punzonare; *(aus~)* tranciare.

Stapel ['ʃta:pəl] ‹-s, -› *m* **1.** *(Haufen)* pila *f*, mucchio *m fam;* **2.** *naut (Dock)* scalo *m;* **3.** *(Warenlager)* deposito *m;* **vom ~ lassen** *naut* varare; *fig* lanciare. **Stapellauf** *m* varo *m.*

stapeln *tr* impilare, accatastare.

stapfen ['ʃtapfən] *itr* ‹*sein*› camminare faticosamente.

Star[1] [ʃta:ɐ] ‹-(e)s, -e› *m (Vogel)* storno *m.*

Star[2] [ʃta:ɐ] ‹-(e)s, -e› *m med (grauer ~)* cateratta *f; (grüner ~)* glaucoma *m; (schwarzer ~)* amaurosi *f*.

Star[3] [ʃta:ɐ *o.* st...] ‹-s, -s› *m film* divo, -a *m, f*, star *f*, stella *f*.

starb [ʃtarb] *1. u. 3. pers sing imp von* **sterben.**

stark [ʃtark] **I.** *a* ‹¨er, ¨ste› **1.** *allg.* forte; *(kräftig)* vigoroso, robusto; *(kraftvoll)* energico; **2.** *(heftig)* violento; **3.** *(mächtig, leistungs~)* potente; **4.** *(intensiv: Verkehr, Kälte)* intenso; **5.** *(groß, beträchtlich)* grande, considerevole; **6.** *(tüchtig, beschlagen)* ferrato; **7.** *(dick: Mensch)* grasso, corpulento; *(Schicht)* spesso; *(umfangreich: Buch, Band)* voluminoso; **8.** *(fest)* solido, saldo, resistente; **zehn Mann ~** forte di dieci uomini; **500 Seiten ~** di 500 pagine; **zehn Zentimenter ~** di dieci centimetri di spessore; **sich ~ genüg fühlen, etw. zu tun** sentirsi abbastanza forte per fare qc; **das ist ein ~es Stück!** *fam* questo è il colmo! *fam;* **~er Esser/Trinker/Raucher** gran mangiatore/bevitore/fumatore; **~er Frost** gelo intenso; **~es Gefälle** discesa ripida; **~er Schnupfen** forte raffreddore; **II.** *adv* ‹¨er, am ¨sten› **1.** *(bei Verben)* fortemente; *(beträchtlich)* abbondantemente; **2.** *(bei Adjektiven)* molto; **~ verschuldet** indebitato fino al collo *fam.*

Stärke ['ʃtɛrkə] ‹-, -n› *f* **1.** *allg.* forza *f*, vigore *m*, robustezza *f; (Energie)* energia *f;* **2.** *(Leistungsfähigkeit)* forza *f*, potenza *f;* **3.** *(Intensität)* intensità *f; (Heftigkeit)* violenza *f;* **4.** *(Anzahl)* numero *m*, forza *f; mil* effettivo *m;* **5.** *(Tüchtigkeit, Beschlagenheit, starke Seite)* forte *m;* **6.** *(Dicke: von Schicht)* spessore *m;* **7.** *(Festigkeit)* solidità *f; (innere ~)* saldezza *f;* **8.** *(~mehl)* fecola *f; (Wäsche ~)* amido *m.*

stärken I. *tr* 1. *(kräftigen)* rinforzare, corroborare; *fig* rafforzare; *(Gesundheit)* rinvigorire, irrobustire; 2. *(mit Nahrung)* rifocillare, ristorare; 3. *(Wäsche)* inamidare; II. *rfl:* **sich ~** rifocillarsi, ristorarsi; III. *itr (kräftigen, erfrischen)* rifocillare, ristorare.
Starkstrom *m* corrente *f* ad alta tensione.
Stärkung ‹-, -en› *f* 1. *(Kräftigung)* corroboramento *m,* rinforzo *m; fig* rafforzamento *m; (von Gesundheit)* irrobustimento *m;* 2. *(Erfrischung)* ristoro *m.* **Stärkungsmittel** *n* ricostituente *m.*

starr [ʃtar] *a* 1. *(nicht beweglich, a. tec, fig)* rigido; *(steif)* irrigidito; *(vor Kälte)* intirizzito; 2. *(Blick)* fisso; *(wie versteinert)* pietrificato (*vor Schreck* per la paura); *(vor Staunen)* sbalordito; 3. *(unbeugsam)* inflessibile; 4. *(Gesetze, Regeln)* rigoroso.
starren ['ʃtarən] *itr* 1. *(starr blicken)* fissare (*auf etw.* qc); 2. *(ragen)* ergersi; 3. *(strotzen)* essere pieno (*von* di), rigurgitare (*von* di); **vor Schmutz ~** essere sporco lurido.
Starrheit ‹-, ø› *f* 1. *(Starre)* rigidezza *f; (a. tec, fig)* rigidità *f;* 2. *(Unbeugsamkeit)* inflessibilità *f;* 3. *(Strenge)* rigore *m;* 4. *(Starrsinn)* ostinatezza *f.*
Starrsinn *m* ostinatezza *f,* caparbietà *f,* testardaggine *f.* **starrsinnig** *a* ostinato, caparbio, testardo.
Start [ʃtart *o.* st...] ‹-(e)s, -s *o. rar* -e› *m* 1. *sport, allg.* partenza *f; (a. ~stelle)* start *m;* 2. *aero* decollo *m; (~platz)* pista *f* di decollo; *(von Rakete, Raumschiff)* lancio *m;* 3. *mot* avviamento *m;* 4. *fig (Anfangszeit)* inizio *m,* principio *m;* **fliegender/stehender ~** partenza lanciata/da fermo; **einen guten/schlechten ~ haben** *fig* iniziare bene/male. **Startautomatik** *f mot* starter *m* automatico. **Startbahn** *f* pista *f* di decollo. **startbereit** *a* pronto alla partenza; *aero* pronto al decollo.
starten I. *itr* ‹*sein*› 1. *allg.* partire; *sport* prendere il via; 2. *mot* avviarsi; 3. *aero* decollare; II. *tr* ‹*haben*› 1. *(Rakete, Raumschiff)* lanciare; 2. *mot, fig (in Gang setzen)* avviare.
Starter ‹-s, -› *m mot, sport* starter *m.*
Starterlaubnis *f aero* permesso *m* di decollo. **Starthilfe** *f* 1. *aero* decollo *m* assistito; 2. *fig (finanzielle Hilfe)* impulso *m* iniziale. **Starthilfekabel** *n mot* cavetti *m pl,* cavi *m pl* d'accensione. **Startkapital** *n* capitale *m* iniziale. **Startschuß** *m* segnale *m* di partenza. **Startsignal** *n,* **-zeichen** *n* segnale *m* di partenza.
Station [ʃta'tsi̯o:n] ‹-, -en› *f* 1. *(Bahnhof, Radio~, Kreuzweg~)* stazione *f; (Haltestelle)* fermata *f;* 2. *(im Krankenhaus)* reparto *m;* 3. *fig (Halt, Rast)* sosta *f;* **~ machen** fare sosta.
stationär [ʃtatsi̯o'nɛ:ɐ̯] *a* stazionario; *(ortsfest)* fisso; **~e Behandlung** *med* trattamento clinico.
stationieren [...'ni:rən] ‹*ohne ge-*› *tr mil* dislocare.
Stationierung ‹-, -en› *f mil* dislocamento *m.*
Stationsarzt *m,* **-ärztin** *f* dottore, -essa *m, f* di reparto. **Stationsschwester** *f* (infermiera *f*) caporeparto *f.*
statisch ['ʃta:tɪʃ *o.* 'st...] *a* statico.
Statist(in) [ʃta'tɪst(ɪn)] ‹-en, -en› *m(f)* comparsa *f.*
Statistik [ʃta'tɪstɪk *o.* st...] ‹-, -en› *f* statistica *f.*
Statistin *f s.* **Statist.**
statistisch [ʃta'tɪstɪʃ *o.* st...] *a* statistico.
Stativ [ʃta'ti:f] ‹-s, -e› *n* stativo *m,* treppiedi *m.*
statt [ʃtat] I. *prp gen* invece di, in luogo di; **~ daß** anziché; **~ dessen** invece (di ciò); II. *con:* **~ zu . . .** invece di . . .
Statt [ʃtat] ‹-, ø› *f:* **an meiner/seiner,** *etc.* **~** in mia/sua, *etc.* vece; **an Kindes ~ annehmen** adottare.
Stätte ['ʃtɛtə] ‹-, -n› *f geh* luogo *m,* posto *m.*
statt·finden ‹*irr*› *itr* aver luogo; *(Veranstaltung)* tenersi. **statt·geben** ‹*irr*› *itr:* **einem Gesuch ~** dar corso a un'istanza; **einer Bitte ~** accogliere una preghiera. **statthaft** *a geh (erlaubt)* permesso; *(zulässig)* ammissibile; *jur* ricevibile. **Statthalter** *m* governatore *m.*
stattlich ['ʃtatlɪç] *a* 1. *(Gebäude)* imponente; *(ansehnlich)* di bella presenza; *(prächtig)* magnifico; 2. *(Summe, etc.)* considerevole.
Statue ['ʃta:tu̯ə *o.* 'st...] ‹-, -n› *f* statua *f.*
Statur [ʃta'tu:ɐ̯] ‹-, -en› *f* statura *f.*
Status ['ʃta:tʊs *o.* 'st...] ‹-, -› *m* status *m; jur* situazione *f* giuridica; **~ quo** status quo *m.* **Statussymbol** *n* status symbol *m.*
Statut [ʃta'tu:t *o.* st...] ‹-(e)s, -en› *n* statuto *m,* regolamento *m.*
Stau [ʃtau̯] ‹-(e)s, -s *o.* -e› *m (Verkehrs~)* ingorgo *m,* congestione *f; (Wasser~)* ristagno *m,* rigurgito *m.*
Staub [ʃtau̯p] ‹-(e)s, -e *o.* ⸚e› *m* polvere *f; (Blüten~)* polline *m;* **(viel) ~**

aufwirbeln *fig fam* fare molto scalpore; **sich aus dem ~ machen** *fam* svignarsela *fam;* **~ saugen** passare l'aspirapolvere; **~ wischen** spolverare. **Staubbeutel** *m bot* antera *f.*

Staubecken *n* bacino *m* di sbarramento.

stauben ['ʃtau̯bən] *itr (staubig sein)* essere polveroso; *(Staub machen)* far polvere.

Staubfaden *m bot* filamento *m.* **Staubfänger** [-fɛŋɐ] ‹-s, -› *m* nido *m* di polvere. **Staubgefäß** *n bot* stame *m.*

staubig *a* polveroso, impolverato.

Staubsauger *m* aspirapolvere *m.* **Staubtuch** *n* cencio *m* della polvere, strofinaccio *m* per spolverare. **Staubwolke** *f* nube *f* di polvere.

stauchen ['ʃtau̯xən] *tr (zusammendrücken)* comprimere.

Staudamm *m* diga *f* di sbarramento.

Staude ['ʃtau̯də] ‹-, -n› *f (Pflanze)* pianta *f* perenne; *(Busch)* arbusto *m; (Bananen~, Tabak~, Rosenkohl~)* pianta *f.*

stauen ['ʃtau̯ən] **I.** *tr* **1.** *(Wasser)* arginare; *(Fluß)* sbarrare; *(Blut)* fermare; **2.** *naut* stivare; **II.** *rfl:* **sich ~** *(Wasser, Blut)* ristagnare; *(durch Abbinden)* arrestare; *(Verkehr)* ingorgarsi; *(Menschen)* ammassarsi; *fig (sich anhäufen)* ammassarsi, accalcarsi; *(Gefühle)* accumularsi.

Staumauer *f* diga *f* di sbarramento.

staunen ['ʃtau̯nən] *itr* stupirsi (*über* di), meravigliarsi (*über* di); *(überrascht, verblüfft sein)* rimanere sorpreso (*o.* sbalordito); **da staunst du, was?** non te l'aspettavi, eh?; **sie sah mich ~d an** mi guardò meravigliata. **Staunen** ‹-s, ø› *n* stupore *m,* meraviglia *f;* **aus dem ~ nicht herauskommen** non riaversi dallo stupore.

Staupe ['ʃtau̯pə] ‹-, -n› *f* cimurro *m.*

Stausee *m* lago *m* artificiale.

Stauung ‹-, -en› *f (von Wasser)* ristagno *m; (von Blut)* stasi *f,* congestione *f; (durch Abbinden)* arresto *m; (Stockung)* arresto *m,* stasi *f; (von Menschen)* folla *f,* calca *f fam.*

Std. *ab von* **Stunde** h (*ab von* ora).

Steak [ste:k] ‹-s, -s› *n* bistecca *f* di filetto.

Stearin [ʃtea'ri:n *o.* st...] ‹-s, -e› *n* stearina *f.*

Stechbecken *n* padella *f.*

stechen ['ʃtɛçən] ‹sticht, stach, gestochen› **I.** *tr* **1.** *(mit spitzem Gegenstand, Insekt)* pungere; *(mit Messer)* piantare; *(mit Finger)* pizzicare; **2.** *(Schlachttier)* scannare, sgozzare; **3.** *(Spargel)* cogliere; *(Torf)* scavare; **4.** *(beim Kartenspiel)* ammazzare; **5.** *typ (in Kupfer, Stahl)* incidere; **es sticht mich in der Seite** sento delle fitte al fianco; **ein Loch in etw. ~** bucare (*o.* forare) qc; **II.** *itr* **1.** *(spitzer Gegenstand, Insekt)* pungere; *(mit Messer)* accoltellare (*nach* qu); **2.** *(Sonne)* picchiare; **3.** *(beim Kartenspiel)* imbrogliare; **ins Bläuliche ~** *(Farbe)* dare sul bluastro; **III.** *rfl:* **sich ~** pungersi (*an, mit* con); **ich habe mich (*o.* mir) in den Daumen gestochen** mi sono punto il pollice. **stechend** *a* pungente; *(Schmerz)* lancinante; *(Blick, Geruch)* penetrante; *(Sonne)* ardente.

Stechginster *m* ginestra *f* spinosa. **Stechkarte** *f* cartellino *m* di presenza. **Stechmücke** *f* zanzara *f.* **Stechuhr** *f* orologio *m* marcatempo. **Stechzirkel** *m* compasso *m* per spessori.

Steckbrief *m* dati *m pl* segnaletici. **Steckdose** *f* presa *f* (di corrente).

stecken ['ʃtɛkən] **I.** *tr* **1.** *(hinein~, an~)* infilare, introdurre; *(Schlüssel, Ring)* infilare; **2.** *(fest~)* (con)ficcare, piantare; *(mit Nadeln)* appuntare; **3.** *(Geld, Mühe, Zeit)* investire (*in* in); **jdm etw. ~** *fam (mitteilen)* comunicare qc a qu; **II.** *itr* **1.** *(festsitzen)* essere conficcato (*o.* piantato); **2.** *(sich befinden)* essere, trovarsi; **der Schreck steckt mir noch in allen Gliedern** sono ancora tutto spaventato; **der Schlüssel steckt (in der Tür)** la chiave è nella toppa (*o.* nella serratura); **es steckt etwas dahinter** *fig* qui c'è sotto qualcosa; **wo steckst du denn?** *fam* dove ti sei cacciato? *fam.*

Stecken ['ʃtɛkən] ‹-s, -› *m dial* bastone *m.*

stecken·bleiben ‹*irr*› *itr* ‹*sein*› **1.** *(nicht weitergehen)* rimanere bloccato; *(nicht herauskommen: Kugel, Messer, etc.)* rimaner conficcato; *mot* rimanere in panna; *(im Schlamm)* impantanarsi (*in* in); **2.** *(in Rede, Gedicht)* impappinarsi; **3.** *fig (Verhandlungen)* arenarsi. **stecken·lassen** ‹*irr*› *tr:* **den Schlüssel ~** lasciare la chiave nella toppa (*o.* nella serratura).

Steckenpferd *n* **1.** *(Spielzeug)* cavalluccio *m* di legno; **2.** *fig (Hobby)* hobby *m.*

Stecker ‹-s, -› *m,* **Steckkontakt** *m el* spina *f.*

Stecknadel *f* spillo *m;* **etw. wie eine ~ im Heuhaufen suchen** cercare qc per mari e per monti *fam.* **Steckrübe** *f* navone *m.*

Stefan ['ʃtɛfan] *(männlicher Vorname)* Stefano.

Stefanie [ʃte'fa:ni̯ə *o.* 'ʃtɛfani] *(weiblicher Vorname)* Štefania.

Steg [ʃte:k] ‹-(e)s, -e› *m* **1.** *(Weg)* viottolo *m,* sentiero *m;* **2.** *(Fußgängerbrücke)* passerella *f; (Boots~)* pontile *m;* **3.** *(Geigen~)* ponticello *m.*

Stegreif ['ʃte:kra̯if] *m:* **aus dem ~ sprechen** improvvisare un discorso.

Stehaufmännchen *n* misirizzi *m.*

stehen ['ʃte:ən] ‹steht, stand, gestanden› **I.** *itr* **1.** *(aufrecht ~: Mensch)* stare in piedi; *(Gegenstand)* stare ritto; **2.** *(sein)* essere; *(sich befinden)* trovarsi; **3.** *(geschrieben, gedruckt sein)* esser scritto (*in* su, *bei* in); **4.** *(sich nicht bewegen)* essere fermo; *(Verkehr)* ristagnare; **5.** *fam (geparkt: Auto, Fahrer)* essere parcheggiato; **6.** *(anzeigen: Zeiger, Thermometer, Rekord, Pegel):* **auf etw. ~** segnare (*o.* indicare) qc; **7.** *ling (Satzstellung)* volere, avere; *(mit Kasus, Modus)* reggere (*mit etw.* qc); **8.** *(hübsch aussehen):* **jdm ~** stare bene a qu; **9.** *(Währung, Kurs)* essere quotato (*o.* a quota) (*auf etw.* qc); **10.** *fam (erledigt sein: Angelegenheit, Dissertation)* essere finito, essere regolato; **~ für** *(ersetzen)* rimpiazzare; *(ein~ für)* garantire per; **hinter jdm ~** *fig* appoggiare qu; **über etw. ~** *fig* essere superiore a (*o.* sopra) qu; **zu jdm ~** stare dalla parte di qu, sostenere qu; **zu seinem Wort ~** mantenere la parola data; **unter jds Leitung ~** essere sotto la guida di qu; **unter Wasser ~** essere allagato (*o.* inondato); **auf jdn/etw. ~** *sl (gut finden)* essere pazzo di qu/qc *sl;* **~ bleiben** restare in piedi; **~ lassen** lasciare in piedi; **die Sache steht und fällt damit** la cosa dipende da ciò; **das Spiel steht eins zu null** la partita sta uno a zero; **darauf steht die Todestrafe** per questo è prevista la pena di morte; **Tränen standen ihm in den Augen** aveva le lacrime agli occhi; **im S~ essen** mangiare in piedi; **es steht mir frei zu ...** sono libero di ... *inf;* **es steht mir bis hier (oben)** *fig fam* ne ho fin sopra i capelli *fam;* **davon steht nichts im Brief** la lettera non ne parla; **alles, was in meinen Kräften steht** tutto quanto è in mio potere; **wie steht's?** *(wie geht's)* come va?; *(was ist)* cosa c'è?; **wie steht's mit ihm?** come vanno i suoi affari?; **wo steht das?** dov'è scritto?; **II.** *rfl:* **sich gut/schlecht ~** *(finanziell)* stare bene/male (finanziariamente); **sich gut mit jdm ~** *(verstehen)* essere in buoni rapporti con qu.

stehen·bleiben ‹*irr*› *itr* ‹*sein*› fermarsi, arrestarsi; *mot* arrestarsi; *fig (verbleiben)* rimanere; **wo sind wir stehengeblieben?** dove siamo rimasti?

stehend *a* **1.** *(aufrecht)* in piedi, ritto; **2.** *(nicht in Bewegung o. Betrieb)* fermo; *(fest, unbeweglich)* fisso, immobile; **3.** *(Gewässer)* stagnante; **~e Redensart** frase fatta.

stehen·lassen ‹*irr*› *tr* **1.** *allg.* lasciare; **2.** *(dalassen)* dimenticare; **3.** *(nicht anrühren: Essen)* non toccare; **sich** *(dat)* **einen Bart ~** lasciarsi crescere la barba.

Stehkragen *m* colletto *m* alto (*o.* ritto). **Stehlampe** *f* lampada *f* a stelo.

stehlen ['ʃte:lən] ‹stiehlt, stahl, gestohlen› *tr, itr* rubare; **sie kann mir gestohlen bleiben!** *fam* vada a farsi friggere! *fam;* **jdm die Zeit ~** far perdere tempo a qu.

Stehplatz *m* posto *m* in piedi.

Steiermark ['ʃta̯iəmark] *f* Stiria *f.*

steif [ʃta̯if] *a* **1.** *allg.* rigido; **2.** *(starr: vor Kälte, Schreck, Staunen)* irrigidito; *(~gefroren)* intirizzito; **3.** *(dickflüssig: Pudding)* denso; **4.** *(gestärkt: Wäsche)* inamidato; **5.** *fig (gezwungen: Benehmen)* compassato; *(förmlich)* formale; **~ und fest behaupten** *fam* sostenere con fermezza; **~ und fest glauben** *fam* credere fermamente; **~ werden** irrigidirsi; *(vor Kälte)* intirizzirsi; **~er Hals** torcicollo *m.*

steifen *tr* **1.** *(steif machen)* irrigidire; **2.** *(stärken: Wäsche)* inamidare.

Steifheit ‹-, ø› *f* **1.** *(Steife)* rigidità *f,* rigidezza *f;* **2.** *fig (von Benehmen)* formalismo *m.*

Steigbügel *m* staffa *f;* **jdm den ~ halten** *fig* dare una spinta a qu. **Steigeisen** *n* rampone *m*

steigen ['ʃta̯igən] ‹steigt, stieg, gestiegen› *itr* ‹*sein*› **1.** *allg.* salire; *(klettern)* arrampicarsi; *(hinunter~)* scendere; **2.** *fig (zunehmen)* aumentare, crescere; *(Spannung, Fieber)* crescere; *(Preise)* salire; **3.** *fam (stattfinden)* aver luogo; **über etw. ~** scavalcare qc; **in jds Achtung ~** crescere nella stima di qu; **aufs/vom Pferd ~** montare a/smontare da cavallo; **aus dem/in den Wagen ~** scendere dall'/salire in automobile; **einen Drachen ~ lassen** far volare un aquilone. **steigend** *a* crescente; *com (Preise)* in aumento; *fin (Tendenz)* al rialzo.

Steiger ‹-s, -› *m min* capo *m* (sciolta).

steigern [ˈʃtaigən] **I.** *tr* **1.** *(erhöhen, vergrößern)* aumentare; *(Produktion, Leistung)* aumentare, incrementare; **2.** *gram* formare i gradi di comparazione di; **II.** *rfl:* **sich ~ 1.** *(anwachsen)* crescere; **2.** *(sich verbessern)* migliorare; **sich in etw. ~** *(in Wut, Gefühl)* montarsi la testa con qc; **III.** *itr (bei Auktionen)* fare un'offerta.

Steigerung ⟨-, -en⟩ *f* **1.** *(Erhöhung)* aumento *m*, accrescimento *m; (Preis~)* aumento *m; (Produktions~, Absatz~)* incremento *m; (Intensivierung)* intensificazione *f;* **2.** *gram* comparazione *f;* **3.** *(Verbesserung)* miglioramento *m;* **allmähliche ~** gradazione *f.*

Steigung ⟨-, -en⟩ *f (Hang)* salita *f*, ascesa *f; (von Straße, Bahn, etc.)* pendenza *f; (von Straße a.)* salita *f.*

steil [ʃtail] *a (ansteigend)* ripido, erto; *(abfallend)* scosceso; *fig (Karriere, Aufstieg)* rapido. **Steilhang** *m* pendio *m* ripido. **Steilheit** ⟨-, ø⟩ *f* ripidezza *f.* **Steilküste** *f* costa *f* ripida. **Steilpaß** *m sport* pallonetto *m.*

Stein [ʃtain] ⟨-(e)s, -e⟩ *m* **1.** *(Material, Bau~)* pietra *f; sasso m (Fels)* roccia *f; (Kiesel)* ciottolo *m;* **2.** *(Edel~)* pietra *f* preziosa; *(in Uhr)* rubino *m;* **3.** *bot (Kern)* nocciolo *m;* **4.** *med* calcolo *m;* **5.** *(von Brettspiel)* pedina *f*, pezzo *m;* **den ~ ins Rollen bringen** *fig* dare l'avvio a qc; **bei jdm einen ~ im Brett haben** *fam* essere nelle grazie di qu; **keinen ~ auf dem ander(e)n lassen** *fig* distruggere tutto; **da fällt mir ein ~ vom Herzen** mi sento sollevato da un gran peso; **jdm ~e in den Weg legen** *fig* mettere a qu i bastoni fra la ruote; **es friert ~ und Bein** *fam* fa un freddo cane *fam;* **~ und Bein schwören** *fam* giurare e spergiurare *fam.* **Steinadler** *m* aquila *f* reale. **steinalt** [ˈʃtainˈʔalt] *a* vecchissimo. **Steinbock** *m* **1.** *zoo* stambecco *m;* **2.** *astr* Capricorno *m;* **er/sie ist (ein) ~** è un Capricorno. **Steinbruch** *m* cava *f* di pietra. **Steinbutt** *m* rombo *m* chiodato.

steinern *a* di pietra; *(fig a.)* di sasso.

Steingut *n* terraglia *f.* **steinhart** *a* duro come la pietra, durissimo.

steinig *a* sassoso, pietroso; *(felsig)* roccioso.

steinigen *tr* lapidare.

Steinkohle *f* carbon *m* fossile. **Steinmarder** *m* faina *f.* **Steinmetz** [-mɛts] ⟨-en, -en⟩ *m* scalpellino *m.* **Steinobst** *n* frutta *f pl* col nocciolo. **Steinpilz** *m* porcino *m.* **steinreich** [ˈʃtainˈraiç] *a fam* ricco sfondato *fam.* **Steinsalz** *n* salgemma *m.* **Steinsarg** *m* sarcofago *m.* **Steinschlag** *m* caduta *f* di pietre (*o.* massi). **Steinzeit** *f* età *f* della pietra; **ältere/mittlere/jüngere ~** paleolitico *m*/mesolitico *m*/neolitico *m.*

Steiß [ʃtais] ⟨-es, -e⟩ *m* sedere *m*, didietro *m fam*, deretano *m.* **Steißbein** *n* coccige *m.*

Stelldichein [ˈʃtɛldɪçʔain] ⟨-(e)s, -(s)⟩ *n* appuntamento *m; (zwischen Verliebten)* convegno *m* amoroso.

Stelle [ˈʃtɛlə] ⟨-, -n⟩ *f* **1.** *(Platz, Ort)* posto *m*, luogo *m; (Fleck)* punto *m; (in Buch)* punto *m;* **2.** *(Arbeits~)* impiego *m; (Anstellung)* posto *m;* **3.** *(Behörde)* autorità *f; (Dienst~)* ufficio *m;* **4.** *mat* cifra *f;* **an ~ von** in luogo di, in vece di; **an deiner ~** al tuo posto; **an erster/zweiter ~** al primo/secondo posto; **auf der ~** *(sofort)* subito; **von der ~ bringen** smuovere; **nicht von der ~ kommen** *(a. fig)* non fare un passo avanti; **zur ~ sein** essere presente; **an jds ~ treten** prendere (*o.* occupare) il posto di qu; **offene ~** posto vacante; **offene ~n** *(Zeitungsrubrik)* offerte *f pl* d'impiego; **schwache ~** *(a. fig)* punto debole.

stellen [ˈʃtɛlən] **I.** *tr* **1.** *(hin~, auf~)* mettere, porre, collocare (ritto *o.* in piedi); *(anlehnen)* appoggiare; *(Falle)* mettere, collocare; **2.** *tec (ein~)* regolare (*auf* su); **3.** *(Horoskop)* trarre; *(Diagnose)* fare; **4.** *(fest~)* fissare; **5.** *(bereit~)* fornire, procurare; *(Zeugen)* produrre; *(Bürgschaft)* fornire; *(Kaution)* dare; **6.** *(Verbrecher)* fermare, arrestare; **7.** *(Frage, Bedingung)* porre; *(Termin, Frist)* fissare; *(Aufgabe)* assegnare, dare; **kalt ~** *(Getränk, Speise)* mettere in fresco; **auf sich (allein** *o.* **selbst) gestellt** abbandonato a se stesso; **die Heizung höher ~** aumentare il riscaldamento; **das Radio lauter ~** aumentare il volume della radio; **gut/schlecht gestellt sein** *(finanziell)* stare bene/male (finanziariamente); **jdn vor ein Problem/eine Entscheidung ~** confrontare qu con un problema/una decisione; **II.** *rfl:* **sich ~ 1.** *(sich hin~, auf~)* mettersi, porsi, collocarsi; **2.** *(der Polizei)* costituirsi (*dat* a); *(dem Gericht)* presentarsi (*dat* in); **3.** *(sich ein~: Gerät, Heizung)* regolarsi (*auf* su); **4.** *(sich ergeben: Frage, Problem, Aufgabe)* sorgere, nascere; **sich krank/taub/tot ~** fingersi malato/sordo/morto; **sich auf (die) Zehenspitzen ~** stare sulla punta dei piedi; **sich jdm in den Weg ~** intralciare qu; **sich einer Aufgabe/den Fragen ~** essere disposto ad assumersi un compito/a rispondere alle domande; **sich gut/schlecht ~** *(finanziell)* stare bene/male (finanziariamente); **sich gut mit jdm ~** *(auskommen)* essere in buoni rapporti (*o.* termini) con qu; **sich hinter jdn/etw. ~** *fig* spalleggiare qu/qc, appoggiare qu/qc; **sich gegen jdn/etw. ~** *fig* essere contro qu/qc; **wie ~ Sie sich zur Gleichberechtigung?** che ne pensa dell'eguaglianza dei diritti?

Stellenangebot *n* offerta *f* d'impiego. **Stellenausschreibung** *f* bando *m* di concorso. **Stellengesuch** *n* domanda *f* d'impiego. **Stellenvermittlung** *f* collocamento *m; (Büro)* ufficio *m* di collocamento. **stellenweise** *adv* qua e là. **Stellenwert** *m* valore *m.*

Stellung ‹-, -en› *f* **1.** *(Position, Rang, a. mil)* posizione *f;* **2.** *(Anordnung)* disposizione *f; (Geschütz~)* postazione *f* d'artiglieria; *(Raketen~)* base *f* missilistica; **3.** *(Körperhaltung)* posa *f,* posizione *f;* **4.** *(Stelle, An~)* posto *m,* impiego *m,* occupazione *f; (Amt)* carica *f;* **in ~ gehen/sein** andare/essere in posizione; **für jdn ~ beziehen** *fig* prendere partito per qu; **~ beziehen** *fig* assumere un atteggiamento; **~ nehmen zu** prendere posizione riguardo a; **gesellschaftliche ~** posizione sociale; **~ von Sicherheiten** costituzione *f* di garanzie; **bei jdm in ~ sein** essere a servizio da qu. **Stellungnahme** [-na:mə] ‹-, -n› *f* presa *f* di posizione. **stellungslos** *a* disoccupato. **Stellung(s)suchende** ‹ein -r, -n, -n› *mf* persona *f* in cerca di occupazione.

stellvertretend *a* sostituto, vice-. **Stellvertreter(in)** *m(f)* sostituto, -a *m, f,* vice *mf;* vicario *m.* **Stellvertretung** *f* rappresentanza *f,* supplenza *f;* **in ~ von** in sostituzione di; **die ~ von jdm übernehmen** supplire qu.

Stellwerk *n* cabina *f* di blocco.

Stelze ['ʃtɛltsə] ‹-, -n› *f* trampolo *m.*

stelzen *itr ‹sein›* camminare impettito (*o.* con sussiego).

Stelzvögel *m pl* trampolieri *m pl.*

Stemmbogen *m* conversione *f* a spazzaneve. **Stemmeisen** *n* palanchino *m,* piede *m* di porco.

stemmen ['ʃtɛmən] **I.** *tr* **1.** *(stützen)* puntare, appoggiare; **2.** *(Gewicht)* sollevare; **II.** *rfl:* **sich ~ 1.** *(sich stützen)* puntare i piedi/le mani (*gegen* contro); **2.** *fig (sich auflehnen)* opporsi (*gegen* a); **III.** *itr (beim Skilaufen)* fare il cristiania.

Stemmschwung *m* curva *f* con apertura a monte.

Stempel ['ʃtɛmpəl] ‹-s, -› *m* **1.** *(Gerät, Abdruck)* timbro *m; (Ergebnis)* timbro *m,* bollo *m; (Post~)* timbro *m; (auf Metall)* marchio *m;* **2.** *(Münz~)* conio *m; (Punze)* punzone *m;* **3.** *bot* pistillo *m;* **4.** *fig* marchio *m,* impronta *f;* **einer S. seinen ~ aufdrücken** *fig* dare la propria impronta a qc. **Stempelfarbe** *f* inchiostro *m* per timbri. **Stempelkissen** *n* tampone *m* per timbri.

stempeln I. *tr* **1.** *(bedrucken)* timbrare, bollare, stampigliare; *(Post)* timbrare; *(entwerten)* obliterare; **2.** *(prägen)* stampare; *(punzen)* punzonare; **jdn zu etw. ~** trattare qu da qc, bollare qu di qc *fam;* **II.** *itr (Stempeluhr betätigen)* timbrare il cartellino; **~ (gehen)** *fam (arbeitslos sein)* percepire il sussidio di disoccupazione.

Stempeluhr *f* orologio *m* da controllo.

Stengel ['ʃtɛŋəl] ‹-s, -› *m* gambo *m,* stelo *m.*

Stenogramm [ʃteno'gram] ‹-s, -e› *n* stenogramma *m;* **ein ~ aufnehmen** stenografare (una lettera, *etc.*). **Stenogrammblock** ‹-(e)s, -s› *m* blocco *m* per stenografia.

stenographieren [ʃtenogra'fi:rən] ‹*ohne ge-*› *tr, itr* stenografare.

Stenograph(in) [...'gra:f(ɪn)] ‹-en, -en› *m(f)* stenografo, -a *m, f.*

stenographisch *a* stenografico.

Stenotypist(in) [ʃtenoty'pɪst(ɪn)] ‹-en, -en› *m(f)* stenodattilografo, -a *m, f.*

Step [ʃtɛp *o.* stɛp] ‹-s, -s› *m (~tanz)* tip-tap *m.*

Stephan, Stephanie *s.* **Stefan, Stefanie.**

Steppdecke *f* trapunta *f.*

Steppe ['ʃtɛpə] ‹-, -n› *f* steppa *f.*

steppen[1] ['ʃtɛpən *o.* st...] *itr (Step tanzen)* ballare il tip-tap.

steppen[2] ['ʃtɛpən] *tr (nähen)* trapuntare.

Sterbebett *n* letto *m* di morte; **auf dem ~ liegen** essere in punto di morte, giacere sul letto di morte *geh.* **Sterbefall** *m* caso *m* di morte, decesso *m.* **Sterbegeld** *n* indennità *f* funeraria. **Sterbehilfe** *f* eutanasia *f.* **Sterbekasse** *f* cassa *f* d'assicurazione in caso di morte.

sterben ['ʃtɛrbən] ‹stirbt, starb, gestorben› *itr ‹sein›* morire (*an* di); **daran wirst du nicht ~!** *fig fam* non è mica la morte *fam;* **eines gewaltsamen/natürlichen Todes ~** morire di morte violenta/naturale; **vor Langeweile ~** morire di noia. **Sterben** ‹-s, ø› *n* morte *f;* **im ~ liegen** essere in punto di morte. **Sterbende** ‹ein -r, -n, -n› *mf* moribondo, -a *m, f,* morente *mf.* **Sterbenswörtchen** ['ʃtɛrbəns'vœrtçən] *n:* **kein ~ sagen** non dire una parola.

Sterberate *f* mortalità *f.* **Sterberegister** *n* registro *m* dei decessi. **Sterbesakramente** *n pl* estrema unzione *f,* estremi conforti *m pl* della religione. **Sterbeurkunde** *f* certificato *m* di morte.

sterblich *a* mortale; **die ~en Reste** i resti mortali; **die ~e Hülle** la spoglia mortale. **Sterblichkeit** ‹-, ø› *f* mortalità *f.* **Sterblichkeitsziffer** *f* (tasso *m* di) mortalità *f.*

Stereoanlage ['ʃte:reo- *o.* 'st...] *f* stereo *m,* impianto *m* stereofonico. **Stereoaufnahme** *f* registrazione *f* stereofonica (*o.* stereo).

stereophon [ʃtereo'fo:n *o.* st...] *a* stereofonico.

Stereoskop [ʃtereo'sko:p *o.* st...] ‹-s, -e› *n* stereoscopio *m.*

stereotyp [ʃtereo'ty:p *o.* st...] *a* stereotipo, stereotipato.

steril [ʃte'ri:l *o.* st...] *a* sterile.

Sterilisation [ʃteriliza'tsio:n *o.* st...] ‹-, -en› *f* sterilizzazione *f.*

sterilisieren [...'zi:rən] ‹*ohne ge-*› *tr* sterilizzare.

Sterilität [...'tɛ:t] ‹-, ø› *f (a. fig)* sterilità *f.*

Stern [ʃtɛrn] ‹-(e)s, -e› *m* stella *f; (Gestirn)* astro *m; (Zier~, mil)* stelletta *f; typ* asterisco *m;* **unter einem glücklichen (*o.* günstigen) ~ geboren sein** *fig* essere nato sotto una buona stella; **das steht in den ~en geschrieben** è scritto nelle stelle; **~e sehen** *fam* vedere le stelle *fam.* **Sternbild** *n* costellazione *f.*

Sternenbanner *n* bandiera *f* stellata. **Sternenhimmel** *m* cielo *m* stellato.

Sternfahrt *f sport, pol* rally *m.* **sternhagelvoll** ['ʃtɛrn'ha:gəl'fɔl] *a fam* ubriaco fradicio *fam.* **Sternkarte** *f* carta *f* del cielo. **sternklar** *a (Himmel)* stellato; **es ist ~** è una notte stellata. **Sternkunde** *f* astronomia *f.* **Sternschnuppe** *f* stella *f* filante. **Sternstunde** *f fig* grande momento *m.* **Sternwarte** [-vartə] ‹-, -n› *f* osservatorio *m.*

stet [ʃte:t] **, stetig** *a* costante; *(andauernd, a. mat)* continuo. **Stetigkeit** ‹-, ø› *f (Beständigkeit)* costanza *f; (Kontinuität)* continuità *f.* **stets** [ʃte:ts] *adv (immer)* sempre; *(ständig)* costantemente, continuamente.

Steuer[1] ['ʃtɔyɐ] ‹-s, -› *n mar, aero, fig (Führung)* timone *m; mot* volante *m;* **sich ans ~ setzen, das ~ übernehmen** mettersi al volante; **am ~ sitzen** *mot* essere al volante; *aero* essere ai comandi.

Steuer[2] ['ʃtɔyɐ] ‹-, -n› *f fin* imposta *f;* **nach Abzug der ~n** detratte le imposte; **~n hinterziehen** evadere il fisco.

Steueraufkommen *n* gettito *m* fiscale (*o.* tributario *o.* delle imposte). **Steuerausgleich** *m* perequazione *f* tributaria (*o.* fiscale), conguaglio *m* d'imposta. **steuerbegünstigt** *a* che gode di agevolazioni fiscali. **Steuerbelastung** *f* onere *m* fiscale. **Steuerberater(in)** *m(f)* consulente *mf* fiscale (*o.* tributario). **Steuerbescheid** *m* avviso *m* d'accertamento, cartella *f* di pagamento (di imposte).

Steuerbord *n* tribordo *m.*

Steuererhöhung *f* aumento *m* delle imposte. **Steuererklärung** *f* dichiarazione *f* fiscale (*o.* dei redditi). **Steuererleichterung** *f* agevolazione *f* fiscale, sgravio *m* fiscale. **Steuerflucht** *f* evasione *f* fiscale. **steuerfrei** *a* esente da imposte. **Steuerfreibetrag** *m* importo *m* esente da tasse. **Steuerhinterziehung** *f* evasione *f* fiscale. **Steuerklasse** *f* fascia *f* fiscale.

Steuerknüppel *m* cloche *f.*

Steuerlast *f* onere *m* fiscale.

steuerlich *a* fiscale; **aus ~en Gründen** per ragioni fiscali.

Steuermann ‹-(e)s, -männer *o.* -leute› *m* timoniere *m,* pilota *m.*

Steuermarke *f* marca *f* da bollo.

steuern I. *tr* ‹*haben*› **1.** *mot, fig* guidare; *naut* governare; *aero* pilotare; **2.** *tec* regolare; **3.** *fig (lenken)* dirigere; **II.** *itr* **1.** ‹*sein*› *(fahren)* far rotta (*nach* verso); **2.** ‹*haben*› *(am Steuer sein) mot* essere al volante; *naut* essere al timone; *aero* essere ai comandi; **3.** ‹*haben*›: **einer S. ~** *geh* rimediare qc, ovviare a qc.

Steuernachlaß *m* condono *m* fiscale. **steuerpflichtig** *a* soggetto a imposta. **Steuerpflichtige** ‹ein -r, -n, -n› *mf* contribuente *mf.* **Steuerpolitik** *f* politica *f* fiscale.

Steuerrad *n mot* volante *m; naut* ruota *f* del timone.

Steuerrecht *n* diritto *m* tributario. **Steuerreform** *f* riforma *f* tributaria (*o.* fiscale). **Steuerrückerstattung**

f, **-vergütung** *f* rimborso *m* di imposte.
Steuerruder *n* timone *m*.
Steuersatz *m* aliquota *f* d'imposta. **Steuerschuld** *f* debito *m* tributario. **Steuersenkung** *f* riduzione *f* d'imposte.
Steuerung ‹-, -en› *f* **1.** ‹*sing*› *naut, aero (Tätigkeit)* guida *f*, pilotaggio *m*; *(Lenkung: von Wirtschaft)* direzione *f*, guida *f*; **2.** *(Steuervorrichtung)* controllo *m*, dispositivo *m*; **3.** ‹*sing*› *fig (Bekämpfung)* lotta *f*.
Steuerveranlagung *f* accertamento *m* fiscale.
Steuerwerk *n inform* unità *f* di controllo.
Steuerzahler(in) *m(f)* contribuente *mf*.
Steward ['stju:ɛt] ‹-s, -s› *m*, **Stewardeß** ['stju:ɛdɛs *o*. ...'dɛs] ‹-, Stewardessen› *f* steward *m*, assistente *mf* di bordo, hostess *f*.
StGB [ɛste:ge:'be:] ‹-(s), -› *n ab von* **Strafgesetzbuch** C.P. (*ab von* Codice Penale).
stibitzen [ʃti'bɪtsən] ‹*ohne ge-*› *tr fam (stehlen)* grattare *fam*, sgraffignare *fam*.
Stich [ʃtɪç] ‹-(e)s, -e› *m* **1.** *(mit Dorn, Stachel, Nadel)* puntura *f*; *(mit Waffe)* colpo *m*; **2.** *(Näherei, Kartenspiel)* punto *m*; **3.** *(Graphik)* incisione *f*; **4.** *fig (ins Herz)* fitta *f* al cuore; **5.** *fig (Stichelei)* frecciata *f*, stoccata *f*; **6.** *(stechender Schmerz)* dolore *m* lancinante; **einen ~ haben** *(Wein)* avere lo spunto; *fam (Mensch)* esser un po' matto; *(Milch)* essere inacidito (*o*. andato a male); **einen ~ ins Grüne haben** dare nel verde; **im ~ lassen** lasciare, piantare in asso *fam*; **mein Gedächtnis läßt mich im ~** la memoria mi tradisce.
Stichel ['ʃtɪçəl] ‹-s, -› *m* bulino *m*.
Stichelei [ʃtɪçə'lai] ‹-, -en› *f (anhaltendes Sticheln)* punzecchiature *f pl*; *(einzelne Bemerkung)* frecciata *f*, stoccata *f*.
sticheln ['ʃtɪçəln] *itr* **1.** *(gehässig reden)* punzecchiare (*gegen jdn* qu); **2.** *(nähen)* agucchiare; *(sticken)* ricamare.
Stichflamme *f* (fiamma *f* a) dardo *m*, fiammata *f*, vampata *f*.
stichhaltig *a* plausibile, valido. **Stichhaltigkeit** ‹-, ø› *f* plausibilità *f*, validità *f*.
Stichling ['ʃtɪçlɪŋ] ‹-s, -e› *m* spinarello *m*.
Stichprobe *f* **1.** *(Handlung)* sondaggio *m*; **2.** *(Sache)* campione *m*; **~n machen** (*o*. **vornehmen**) effettuare dei sondaggi.
sticht [ʃtɪçt] *3. pers sing pr von* **stechen**.
Stichtag *m* giorno *m* stabilito (*o*. fissato *o*. di riferimento). **Stichwahl** *f* ballottaggio *m*.
Stichwort *n* **1.** ‹-(e)s, ¨er› *(in Wörterbuch)* lemma *m*, voce *f*; **2.** ‹-(e)s, -e› *fig, theat*, spunto *m*; **3.** ‹-(e)s, -e› *(Schlagwort)* appunto *m*. **stichwortartig** *a* per appunti sommari. **Stichwortverzeichnis** *n* indice *m* tematico.
Stichwunde *f* ferita *f* da punta.
sticken ['ʃtɪkən] *tr* ricamare.
Stickerei [...ə'rai] ‹-, -en› *f* ricamo *m*.
stickig ['ʃtɪkɪç] *a* soffocante.
Sticknadel *f* ago *m* da ricamo.
Stickstoff ['ʃtɪk-] *m* azoto *m*.
stieben ['ʃti:bən] ‹**stiebt, stob** *o*. **stiebte, gestoben** *o*. **gestiebt**› **1.** *itr* ‹*haben o. sein*› *(sprühen)* sprizzare; *(bes. Funken)* schizzare; **2.** ‹*sein*› *(sich bewegen)* disperdersi.
Stiefbruder ['ʃti:f-] *m* fratellastro *m*.
Stiefel ['ʃti:fəl] ‹-s, -› *m (a. Bierglas)* stivale *m*; *(Schaft~)* stivalone *m*; *(Halb~)* stivaletto *m*. **Stiefelknecht** *m* cavastivali *m*.
Stiefkind *n* figliastro *m*; *fig* cenerentola *f*; **ein ~ des Glücks** una persona a cui la fortuna non sorride mai. **Stiefmutter** *f* matrigna *f*. **Stiefmütterchen** *n bot* viola *f* del pensiero. **stiefmütterlich** *a fig* da matrigna. **Stiefschwester** *f* sorellastra *f*. **Stiefsohn** *m* figliastro *m*. **Stieftochter** *f* figliastra *f*. **Stiefvater** *m* patrigno *m*.
stieg [ʃti:k] *1. u. 3. pers sing imp von* **steigen**.
Stiege ['ʃti:gə] ‹-, -n› *f dial* scala *f*.
Stieglitz ['ʃti:glɪts] ‹-es, -e› *m* cardellino *m*.
stiehlt [ʃti:lt] *3. pers sing pr von* **stehlen**.
Stiel [ʃti:l] ‹-(e)s, -e› *m* **1.** *(von Blume)* gambo *m*, stelo *m*; *(von Blatt, Frucht)* picciolo *m*, gambo *m*; **2.** *(Griff)* manico *m*; **3.** *(von Glas)* gambo *m*, stelo *m*; **Eis am ~** gelato sullo stecco (*o*. da passeggio). **Stielaugen** *n pl*: **~ machen** *fam* far tanto d'occhi *fam*. **Stieltopf** *m* casseruola *f* a un manico.
stier ['ʃti:ɐ̯] *a (Blick)* fisso.
Stier [ʃti:ɐ̯] ‹-(e)s, -e› *m* **1.** *zoo* toro *m*; **2.** *astr* Toro *m*; **er/sie ist (ein) ~** è un Toro.
stieren ['ʃti:rən] *itr* fissare (*auf etw.* qc), guardare fissamente (*auf etw.* qc).

Stierkampf *m* corrida *f.* **Stierkämpfer** *m* torero *m.*

stieß [ʃti:s] *1. u. 3. pers sing imp von* **stoßen.**

Stift[1] [ʃtɪft] ‹-(e)s, -e› *m* **1.** *(Metall~)* perno *m; (Holz~)* caviglia *f; (Nagel)* chiodo *m,* punta *f;* **2.** *(Blei~)* matita *f,* lapis *m; (Bunt~)* matita *f* colorata.

Stift[2] [ʃtɪft] ‹-(e)s, -e› *n* **1.** *(Stiftung)* fondazione *f;* **2.** *(Kloster)* convento *m,* monastero *m;* **3.** *(Altersheim)* casa *f* di ricovero.

Stift[3] [ʃtɪft] ‹-(e)s, -e› *m fam (Lehrjunge)* apprendista *m; (Knirps)* ragazzino *m.*

stiften ['ʃtɪftən] *tr* **1.** *(gründen)* fondare; *(errichten, einsetzen)* istituire; **2.** *(schenken, bezahlen)* offrire; **3.** *(schaffen, bewirken)* creare, provocare, causare; **Frieden ~** ristabilire la pace; **Unruhe ~** creare disordini.

Stifter(in) ‹-s, -› *m(f)* **1.** *(Gründer)* fondatore, -trice *m, f;* **2.** *(Spender)* donatore, -trice *m, f;* **3.** *(Urheber)* autore, -trice *m, f.*

Stiftung ‹-, -en› *f* **1.** *(Institution, Gründung)* fondazione *f;* **2.** *jur (Schenkung)* donazione *f.*

Stiftzahn *m* dente *m* a perno.

Stil [ʃti:l *o.* sti:l] ‹-(e)s, -e› *m* stile *m;* **großen ~s** in grande stile. **Stilblüte** *f* perla *f* stilistica.

stilisieren [ʃtili'zi:rən *o.* st...] ‹*ohne ge-*› *tr* stilizzare.

Stilistik [ʃti'lɪstɪk *o.* st...] ‹-, -en› *f* stilistica *f.*

stilistisch *a* stilistico.

still [ʃtɪl] *a* **1.** *(ruhig, lautlos)* tranquillo, calmo, quieto; **2.** *(schweigend, stumm)* silenzioso, muto; **3.** *(reglos, unbewegt)* immobile; **4.** *(schweigsam)* taciturno; **5.** *(friedlich, geruhsam)* pacifico; **6.** *(heimlich, verborgen)* segreto, nascosto; *com (Partner, Beteiligung)* silenzioso, non attivo; **~er Teilhaber** socio occulto; **(sei) ~!** (sta) zitto!; **im ~en** *(heimlich)* in segreto; **~ und leise** clandestinamente, di nascosto; **~ sein** starsene cheto; **der S~e Ozean** l'Oceano Pacifico; **um sie ist es ~ geworden** non si parla più di lei; **den Kopf/ein Glas ~ halten** tener ferma la testa/tenere saldamente un bicchiere; **~e Wasser sind tief** *prov* l'acqua cheta rovina i ponti *prov.*

Stille [ʃtɪlə] ‹-, ø› *f* **1.** *(Unbewegtheit)* tranquillità *f,* calma *f;* **2.** *(Schweigen)* silenzio *m;* **3.** *(Ruhe)* quiete *f;* **4.** *(Frieden)* pace *f;* **in aller ~** in perfetto silenzio; *(Feier)* nell'intimità; **es trat ~ ein** subentrò un gran silenzio.

Stilleben *n* natura *f* morta.

stillegen ‹*getrennt:* still·legen› *tr (Betrieb)* chiudere; *(Verkehr)* chiudere; **der Unfall hat den Verkehr auf der Autobahn stillgelegt** l'incidente ha causato la chiusura al traffico dell'autostrada.

Stillegung ‹-, -en› *f* chiusura *f; (von Verkehr)* chiusura *f* al traffico.

stillen I. *tr* **1.** *(Kind)* allattare; **2.** *(Blutung)* fermare; **3.** *(Schmerz)* sedare; **4.** *(Durst)* spegnere; *(Hunger)* saziare; **5.** *(Verlangen, etc.)* placare; **II.** *itr* allattare.

Stillhalteabkommen *n* accordo *m* di tregua temporanea. **still·halten** ‹*irr*› **I.** *tr (Körperteil)* tener fermo; **II.** *itr* **1.** *(sich nicht bewegen)* stare fermo; **2.** *fig (sich nicht wehren)* non reagire.

stilliegen ‹*getrennt:* still·liegen, *irr*› *itr* essere fermo (*o.* fuori servizio).

stillos *a* senza stile.

Stillschweigen *n* silenzio *m;* **~ bewahren** mantenere il silenzio; **mit ~ übergehen** passare sotto silenzio. **stillschweigend I.** *a* tacito; **II.** *adv* tacitamente.

still·sitzen ‹*irr*› *itr* starsene seduto tranquillo; **nicht ~ können** non star fermo un minuto.

Stillstand *m* arresto *m; (Unterbrechung)* interruzione *f;* **zum ~ bringen** arrestare, fermare; **zum ~ kommen** arrestarsi, fermarsi. **still·stehen** ‹*irr*› **1.** *(stehenbleiben)* fermarsi, arrestarsi; **2.** *(nicht in Betrieb sein)* essere fermo; **da steht einem der Verstand still** *fam* è incredibile; **stillgestanden!** *mil* attenti!

stillvergnügt *a* intimamente soddisfatto.

Stilmöbel *n pl* mobili *m pl* in stile. **stilvoll** *a* che ha stile; *(geschmackvoll)* di buon gusto.

Stimmabgabe *f* votazione *f.* **Stimmbänder** *n pl* corde *f pl* vocali. **stimmberechtigt** *a* avente diritto di voto. **Stimmbruch** *m* mutazione *f* della voce. **Stimmbürger(in)** *m(f)* cittadino, -a *m, f* con diritto di voto.

Stimme ['ʃtɪmə] ‹-, -n› *f* **1.** *(Organ, a. mus , fig)* voce *f;* **2.** *(bei Wahl)* voto *m,* suffragio *m;* **seine ~ abgeben** votare (*für/gegen* per/contro); **sich der ~ enthalten** astenersi dal voto; **alle ~n auf sich vereinigen** raccogliere tutti i voti; **gültige/ungültige ~** voto valido/nullo.

stimmen ['ʃtɪmən] **I.** *itr (richtig sein)* essere giusto (*o.* esatto); **für jdn/etw. ~** *(wählen)* votare per qu/qc; **gegen**

jdn/etw. ~ votare contro qu/qc; **stimmt es, daß ...?** è vero che ...?; **da stimmt etwas nicht** *(nicht richtig)* non è giusto; *(nicht in Ordnung)* non va bene; *(verdächtig)* c'è qc che non va; **(das) stimmt!** giusto!, (va) bene!; **stimmt so!** *(zu Bedienung)* va bene così!; **es stimmt traurig/ernst, daß ...** è triste/grave che ... *conj;* **II.** *tr mus* accordare; **jdn gegen etw.** ~ render qu contrario a qc; **jdn ernst** ~ rendere serio qu; **jdn fröhlich/heiter** ~ rallegrare/allietare qu; **jdn nachdenklich** ~ far pensare a qu, rendere pensieroso qu; **jdn traurig** ~ rattristare qu.

Stimmengewirr ‹-s, ø› *n* brusio *m* di voci. **Stimmengleichheit** *f* parità *f* (di voti). **Stimmenmehrheit** *f* maggioranza *f* (di voti).

Stimmenthaltung *f* astensione *f* (dal voto). **Stimmgabel** *f* diapason *m.* **stimmhaft** *a* sonoro. **stimmlos** *a* **1.** *(tonlos)* afono; **2.** *ling* sordo. **Stimmrecht** *n* diritto *m* di voto. **Stimmritze** *f* glottide *f.*

Stimmung ‹-, -en› *f* **1.** *(Gemütsverfassung)* stato *m* d'animo, disposizione *f* di spirito; **2.** *(Laune)* umore *m;* **3.** *(von Gesellschaft)* atmosfera *f,* clima *m; (Arbeitsmoral)* morale *m;* **4.** *(Eindruck, Wirkung: von Dichtung, Kunstwerk)* suggestione *f,* effetto *m* suggestivo; **5.** *(öffentliche Meinung)* opinione *f* pubblica; **6.** *(an Börse)* tendenza *f;* **7.** *(von Musikinstrument)* accordatura *f;* **in gedrückter** ~ depresso; **in gehobener** ~ in forma; **in guter/schlechter** ~ di buon/cattivo umore; **nicht in** ~ **sein** non essere in vena; ~ **machen** *(gute Laune)* creare l'ambiente; ~ **gegen/für etw. machen** far propaganda contro/per qc. **Stimmungsumschwung** *m* cambiamento *m* d'opinione. **stimmungsvoll** *a* suggestivo. **Stimmungswandel** *m* cambiamento *m* d'umore.

Stimmwechsel *m* mutazione *f* della voce. **Stimmzettel** *m* scheda *f* elettorale.

stimulieren [ʃtimu'li:rən *o.* st...] ‹*ohne ge-*› *tr* stimolare.

Stinkbombe *f* bombetta *f* puzzolente.

stinken ['ʃtɪŋkən] ‹stinkt, stank, gestunken› *itr* puzzare (*nach* di); **vor Faulheit** ~ *fam* essere un pigrone *fam;* **an der Sache stinkt etwas** *fig fam* la faccenda mi puzza *fam;* **das stinkt mir** *fam* ne ho abbastanza *fam,* ne ho le tasche piene *sl.* **stinkend** *a* puzzolente, fetente, fetido.

stinkfaul ['ʃtɪŋk'faul] *a fam* pigrissimo. **stinklangweilig** ['ʃtɪnk'laŋvailɪç] *a fam* noiosissimo. **Stinktier** *n* moffetta *f.* **Stinkwut** ['ʃtɪŋk'vu:t] *f fam:* **eine** ~ **(im Bauch) haben** essere furioso.

Stipendium [ʃti'pɛndium, ...iən] ‹-s, -dien› *n* borsa *f* di studio.

Stippvisite ['ʃtɪp-] *f fam* visitina *f,* capatina *f fam.*

stirbt [ʃtɪrpt] *3. pers sing pr von* **sterben.**

Stirn [ʃtɪrn] ‹-, -en› *f* fronte *f;* **jdm die** ~ **bieten** tener testa a qu; **die** ~ **haben zu ...** aver la sfacciataggine di ... *inf;* **die** ~ **runzeln** corrugare la fronte. **Stirnband** ‹-(e)s, ¨-er› *n* benda *f,* fascia *f.* **Stirnbein** *n* osso *m* frontale. **Stirnhöhle** *f* seno *m* frontale. **Stirnhöhlenentzündung** *f* sinusite *f.* **Stirnseite** *f (Vorderseite)* parte *f* anteriore; *arch* facciata *f.*

stob [ʃto:p] *1. u. 3. pers sing imp von* **stieben.**

stöbern ['ʃtø:bɐn] *itr* frugare (*in* in), rovistare (*in* in).

stochern ['ʃtɔxɐn] *itr* frugare (*in* in), rovistare (*in* in); **im Feuer** ~ attizzare il fuoco; **in den Zähnen** ~ stuzzicare i denti.

Stock[1] [ʃtɔk] ‹-(e)s, ¨-e› *m* **1.** *(Stab)* bastone *m; (Spazier~)* bastone *m* da passeggio; *(kleiner, dünner, biegsamer, Takt~)* bacchetta *f; (Billard~)* stecca *f* (di biliardo); **2.** *bot* ceppo *m; (Blumentopf)* pianta *f;* **3.** *(Opfer~)* cassetta *f* delle elemosine; **4.** *(Bienen~)* alveare *m;* **am** ~ **gehen** camminare col bastone; **über** ~ **und Stein** a rompicollo *fam.*

Stock[2] [ʃtɔk] ‹-(e)s, - *o.* -werke› *m arch* piano *m;* **im zweiten** ~ al secondo (piano).

stockdumm ['ʃtɔk'dʊm] *a fam* arciidiota *fam,* arcistupido *fam.* **stockdunkel** ['ʃtɔk'dʊŋkəl] *a fam* buio pesto *fam.*

stocken ['ʃtɔkən] *itr* **1.** *(nicht vorangehen)* ristagnare; *(Gespräch)* languire, arenarsi; **2.** *(stillstehen: Puls, Herz)* arrestarsi, fermarsi; **3.** *(im Sprechen)* interrompersi, incespicare; **ins S~ geraten** (*o.* **kommen**) *(Redner)* impappinarsi; *(Gespräch)* languire; *(Verkehr, Produktion)* ristagnare. **stokkend I.** *a* ristagnante; *(Rede)* esitante; **II.** *adv (reden)* a stento.

stockfinster ['ʃtɔk'fɪnstɐ] *a:* **es ist** ~ *fam* è buio pesto *fam.* **Stockfisch** *m (a. fig pej)* stoccafisso *m.* **Stockfleck** *m* macchia *f* di muffa.

Stockholm ['ʃtɔkhɔlm *o.* ...'hɔlm] *n* Stoccolma *f.*

stocksauer ['ʃtɔk'zaue] *a sl* incazzato nero *sl.* **Stockschirm** *m* ombrello *m* bastone. **stocksteif** ['ʃtɔk'ʃtaif] *a fam* rigido come un bastone, impalato. **stocktaub** ['ʃtɔk'taup] *a fam* sordo come una campana *fam.*

Stockung ‹-, -en› *f* **1.** *(Behinderung)* ristagno *m;* **2.** *(Stillstand)* arresto *m;* **3.** *(Verkehrs~)* ingorgo *m* (di traffico); **4.** *(im Gespräch)* interruzione *f,* stasi *f.*

Stockwerk *n* piano *m.*

Stoff [ʃtɔf] ‹-(e)s, -e› *m* **1.** *allg.* stoffa *f; (Gewebe)* tessuto *m;* **2.** *(Materie, Substanz)* sostanza *f; (a. philos)* materia *f;* **3.** *fig (Gegenstand)* argomento *m,* tema *m,* soggetto *m; (Grundlage)* materiale *m;* ~ **zum Nachdenken** motivo *m* di meditazione.

Stoffel ['ʃtɔfəl] ‹-s, -› *m pej fam* zoticone *m fam.*

stofflich *a philos (materiell)* materiale; *(den Inhalt betreffend)* contenutistico.

Stoffrest *m* scampolo *m.* **Stofftier** *n* pupazzo *m* di peluche. **Stoffwechsel** *m* metabolismo *m.* **Stoffwechselkrankheit** *f* malattia *f* del ricambio.

stöhnen ['ʃtø:nən] *itr* gemere (*vor Schmerz* per il dolore); *(sich beklagen)* lamentarsi (*über* per, di). **Stöhnen** ‹-s, ø› *n* gemito *m.*

stoisch ['ʃto:ɪʃ *o.* 'st...] *a* stoico.

Stola ['ʃto:la *o.* 'st...] ‹-, Stolen› *f* stola *f.*

Stollen ['ʃtɔlən] ‹-s, -› *m* **1.** *(Gebäck)* dolce *m* natalizio; **2.** *min, mil* galleria *f.*

stolpern ['ʃtɔlpɐn] *itr* ‹*sein*› incespicare (*über* in), inciampare (*über* in); *fig (über Wort)* incespicare (*über* in).

stolz [ʃtɔlts] *a* **1.** *(voller Freude)* fiero (*auf* di); **2.** *(hochmütig)* orgoglioso, altero; **3.** *fig (prächtig, imposant)* superbo, magnifico, imponente; **4.** *fam (Summe, etc.)* considerevole.

Stolz ‹-es, ø› *m* **1.** *(Freude, Gegenstand des ~es)* orgoglio *m;* **2.** *(Hochmut, Dünkel)* superbia *f,* alterigia *f;* **3.** *(Selbstwertgefühl)* orgoglio *m,* amor *m* proprio.

stolzieren [...'tsi:rən] ‹*ohne ge-*› *itr* ‹*sein*› pavoneggiarsi, camminare impettito (*o.* tronfio).

Stopfei *n* uovo *m* da rammendo.

stopfen ['ʃtɔpfən] **I.** *tr* **1.** *(voll~)* riempire; *(Kissen)* imbottire; **2.** *(zu~)* turare, tappare; *(Loch, a. fig)* tappare; **3.** *(hineinpressen)* calcare (*in* in), ficcare (*in* in); **4.** *(flicken: Kleidung)* rammendare; **5.** *(mästen: Gänse)* ingrassare; **jdm den Mund** (*o.* **das Maul**) ~ *fig fam* tappare la bocca a qu *fam;* **II.** *itr* **1.** *(satt machen)* saziare; **2.** *(den Stuhlgang hindern)* causare stitichezza, costipare.

Stopfgarn *n* filo *m* da rammendo. **Stopfnadel** *f* ago *m* da rammendo.

stopp [ʃtɔp] *interj* stop.

Stopp ‹-s, -s› *m* **1.** *(Anhalten)* arresto *m;* **2.** *(Einstellung)* sospensione *f.*

Stoppel ['ʃtɔpəl] ‹-, -n› *f* **1.** *(Getreide~)* stoppia *f;* **2.** *(Bart~)* pelo *m* ispido. **Stoppelbart** *m* barba *f* ispida. **Stoppelfeld** *n* campo *m* di stoppie. **stopp(e)lig** *a* irsuto.

stoppen **I.** *tr* **1.** *(anhalten: Auto, Maschinen)* fermare, arrestare; **2.** *(mit der Uhr)* cronometrare; **II.** *itr (Auto)* fermarsi, arrestarsi.

stopplig *s.* **stoppelig.**

Stoppschild *n* stop *m.* **Stoppstraße** *f* strada *f* con obbligo di arresto. **Stoppuhr** *f* cronometro *m.*

Stöpsel ['ʃtœpsəl] ‹-s, -› *m* **1.** *(an Bekken, Wanne)* tappo *m; (Korken)* turacciolo *m;* **2.** *fig (kleiner Junge)* marmocchio *m fam;* **3.** *el (Stecker)* spina *f.*

Stör [ʃtø:ɐ] ‹-(e)s, -e› *m* storione *m.*

Storch [ʃtɔrç] ‹-(e)s, ¨-e› *m* cicogna *f.* **Storch(en)nest** *n* nido *m* di cicogne. **Storchschnabel** *m* **1.** *bot* geranio *m;* **2.** *tec (Zeichengerät)* pantagrafo *m.*

stören ['ʃtø:rən] **I.** *tr allg., radio* disturbare; *(Frieden, Ruhe)* turbare; *(belästigen)* importunare, molestare; **lassen Sie sich nicht ~!** non si disturbi!; **II.** *itr* essere di disturbo; **störe ich?** disturbo?; **III.** *rfl:* **sich an etw.** ~ scandalizzarsi per qc. **störend** *a* fastidioso; **etw. als ~ empfinden** provare fastidio per qc. **Störenfried** [-fri:t] ‹-(e)s, -e› *m pej* disturbatore *m,* perturbatore *m.*

Storni *pl von* **Storno.**

stornieren ‹*ohne ge-*› *tr* stornare.

Storno ['ʃtɔrno *o.* 'st..., ...ni] ‹-s, Storni› *m o. n* storno *m.*

störrisch ['ʃtœrɪʃ] *a (widerspenstig: Mensch, Haltung)* ostinato; *(Haare)* ribelle, indocile; *(Material)* refrattario; *(unfolgsam: Kind, Esel)* testardo, cocciuto *fam,* disubbidiente.

Störsender *m* stazione *f* disturbatrice.

Störung ‹-, -en› *f* disturbo *m,* perturbazione *f; (von Ruhe, Ordnung, a. psych)* turbamento *m; (Unterbrechung)* interruzione *f; (Belästigung)* molestia *f; tec* guasto *m; radio* disturbo *m;* **infolge technischer ~en** per guasti tecnici; **eine ~ beheben** (*o.* **beseitigen)** riparare un guasto; **atmosphärische ~en** perturbazioni atmosferiche. **Störungsdienst** *m* servizio *m* tecnico. **störungsfrei** *a radio* senza interferenze. **Störungsstelle** *f tel* ufficio *m* guasti.

Stoß [ʃto:s] ‹-es, ¨-e› *m* **1.** *(Schubs, Schlag, Stich)* colpo *m; (Schlag)* percossa *f,* botta *f; (mit dem Ellenbogen)* gomitata *f; (mit der Faust)* pugno *m; (mit dem Kopf)* testata *f; (Degen~)* stoccata *f;* **2.** *(Anstoßen)* urto *m; (Aufprall)* impatto *m; (Zusammen~)* collisione *f;* **3.** *(Kugelstoßen)* lancio *m* (del peso); *(Schwimm~)* bracciata *f;* **4.** *(Trompeten~)* squillo *m* (di tromba); *(Wind~)* folata *f; (Atem~)* respiro *m* affannoso ed ansante; **5.** *(Stapel)* pila *f; (Bündel)* fascio *m; (~ Holz)* catasta *f;* **6.** *(Erschütterung)* choc *m; (a. fig)* scossa *f; (im Wagen)* scossone *m;* **7.** *tec* giunto *m;* **8.** *phys* spinta *f,* impulso *m;* **jdm einen ~ versetzen** dare una mazzata a qu *fam;* **geben Sie Ihrem Herzen einen ~!** si decida!, si faccia coraggio!; **jdm einen ~ in die Rippen geben** dare a qu un colpo alle costole. **Stoßdämpfer** *m* ammortizzatore *m.*

Stößel ['ʃtø:səl] ‹-s, -› *m* pestello *m.*

stoßen ['ʃto:sən] ‹stößt, stieß, gestoßen› **I.** *tr ‹haben›* **1.** *(schubsen)* colpire; *(schieben)* spingere; *(an~, ~ gegen)* battere, urtare; *sport (Kugel)* lanciare; *(hinein~)* cacciare (*in* in); *(hinaus~)* espellere (*aus* da); **2.** *(zerkleinern: Zucker, Pfeffer)* pestare; **II.** *rfl:* **sich ~** *(an~)* urtare; **sich an etw. ~** *(an~)* urtare contro qc; *fig (Anstoß nehmen)* urtarsi per qc, scandalizzarsi per qc; **III.** *itr* **1.** *‹haben› (schubsen)* spingere; *(mit Hörnern)* cozzare (con le corna) (*nach* contro); *(mit Messer)* cercare di colpire (*nach jdm/etw.* qu/qc; **2.** *‹sein› (Vogel)* piombare (*auf* su); **3.** *‹sein› (treffen, prallen):* **auf/an etw. ~** toccare qc, urtare contro qc; **auf jdn/etw. ~** *(finden)* trovare qu/qc; *(jdn treffen)* incontrare qu, imbattersi in qu; *(begegnen: Widerstand)* incontrare qc; *(Freundschaft)* trovare qc; *(sich anschließen)* unirsi a qu/qc; **4.** *‹sein›:* **an etw. ~** *(angrenzen)* confinare con qc; *(Zimmer, Grundstück)* essere attiguo (*o.* contiguo) a qc; **5.** *‹haben›:* **ins Horn ~** suonare il corno.

Stoßgebet *n* giaculatoria *f.* **Stoßseufzer** *m* gran sospiro *m.* **Stoßstange** *f* paraurti *m.*

stößt [ʃtø:st] *2. u. 3. pers sing pr von* **stoßen.**

Stoßverkehr *m* traffico *m* di punta. **stoßweise** *adv* **1.** *(ruckartig)* a scatti; *(mit Stößen)* a scosse; **2.** *(in Stapeln)* a pile. **Stoßzahn** *m* zanna *f.* **Stoßzeit** *f* ora *f* di punta.

Stotterer ['ʃtɔtərɐ] ‹-s, -› *m,* **Stotterin** ['ʃtɔtərɪn] *f* balbuziente *mf.*

stottern ['ʃtɔtɐn] **I.** *itr* **1.** *(Mensch)* essere balbuziente, balbettare, tartagliare *fam;* **2.** *mot* perdere colpi; **II.** *tr* balbettare.

StPO *ab von* **Strafprozeßordnung** C.P.P. (*ab von* Codice di Procedura Penale).

Str. *ab von* **Straße** v. (*ab von* via).

stracks [ʃtraks] *adv* **1.** *(geradewegs)* difilato; **2.** *(sofort)* immediatamente.

Strafanstalt *f* penitenziario *m,* prigione *f.* **Strafantrag** *m* querela *f; (von Staatsanwalt)* requisitoria *f;* **einen ~ stellen** sporgere querela. **Strafanzeige** *f* denuncia *f;* **~ erstatten** sporgere denuncia (*gegen* contro). **Strafarbeit** *f (von Schüler)* penso *m,* compito *m* assegnato per punizione. **strafbar** *a* punibile; *jur* passibile di pena; **sich ~ machen** essere passibile di pena; **~e Handlung** reato *m.* **Strafbarkeit** *f* punibilità *f.*

Strafe ['ʃtra:fə] ‹-, -n› *f* punizione *f; (Züchtigung)* castigo *m; (Gefängnis~)* pena *f* detentiva; *(Geldbuße)* multa *f;* **du bist wirklich eine ~!** *fig fam* sei un vero castigo!; **bei ~** sotto pena; **zur ~** per punizione; **eine ~ verbüßen** scontare una pena; **eine ~ verhängen** infliggere una pena.

strafen *tr* punire (*für* per); *(züchtigen)* castigare; **mit etw. gestraft sein** *fig* essera punito con qc. **strafend** *a (Maßnahmen)* punitivo; *(Worte)* reprensivo; *(Blick)* riprovatore.

Strafentlassene ‹ein -r, -n, -n› *mf* scarcerato, -a *m, f.* **Straferlaß** *m* condono *m* di pena; *(Amnestie)* amnistia *f.*

straff [ʃtraf] *a* **1.** *(gespannt: Seil)* teso, tirato; *(Haut)* liscio, sodo; *(Brust)* turgido, sodo; **2.** *(aufrecht, stramm: Haltung)* diritto; **3.** *(streng: Zucht)* severo; **4.** *(bündig: Stil)* conciso; **~ anziehen** tirare forte; **~ spannen** tendere; **~ sitzen** *(Hose)* essere stretto.

straffällig *a adm:* **~ werden** incorrere in una pena.

straffen **I.** *tr* **1.** *(Seil)* tendere; *(Haut)* rassodare; **2.** *fig (Roman)* rendere conciso; **sich** *(dat)* **den Busen ~ lassen** farsi rassodare il seno; **II.** *rfl:* **sich ~ 1.** *(sich spannen)* tendersi; **2.** *(sich aufrichten)* rizzarsi.

Straffheit ‹-, ø› *f* **1.** *(Gespanntheit)* tensione *f; (von Haut, Busen)* sodezza *f;* **2.** *(Strenge: von Disziplin)* severità *f,* rigidezza *f;* **3.** *fig (von Stil)* concisione *f.*

straffrei *a:* **~ ausgehen** (*o.* **bleiben)** uscirne (*o.* rimanere) impunito. **Straffreiheit** *f* esenzione *f* da pena, impunità *f.* **Strafgefangene** *mf* detenuto, -a *m, f.* **Strafgericht** *n jur* tribunale *m* penale; *fig* castigo *m,* punizione *f;* **ein ~ über jdn abhalten** *fig* punire qu. **Strafgesetz** *n* legge *f* penale. **Strafgesetzbuch** *n* (*ab* **StGB)** codice *m* penale.

sträflich [ˈʃtrɛːflɪç] *a* punibile; *(unverzeihlich)* imperdonabile; **~er Leichtsinn** leggerezza imperdonabile.

Sträfling [ˈʃtrɛːflɪŋ] ‹-s, -e› *m* detenuto, -a *m, f* carcerato, -a *m, f.* **Sträflingskleidung** *f* tenuta *f* da carcerato.

straflos *a s.* **straffrei. Strafmandat** *n* mandato *m* di cattura. **Strafmaß** *n* grado *m* della pena. **strafmildernd** *a* attenuante. **Strafporto** *n* soprattassa *f.* **Strafpredigt** *f:* **jdm eine ~ halten** fare una ramanzina a qu *fam.* **Strafprozeß** *m* processo *m* penale. **Strafprozeßordnung** *f* (*ab* **StPO)** codice *m* di procedura penale. **Strafpunkt** *m* penalità *f.* **Strafraum** *m* area *f* di rigore. **Strafrecht** *n* diritto *m* penale. **strafrechtlich** *a* (di diritto) penale; **~ verfolgen** perseguire penalmente. **Strafregister** *n* casellario *m* giudiziale. **Strafstoß** *m* calcio *m* di punizione. **Straftat** *f* reato *m,* delitto *m.* **strafverschärfend** *a* aggravante. **Strafversetzung** *f* trasferimento *m* per ragioni disciplinari. **Strafverteidiger(in)** *m(f)* avvocato, -essa *m, f* difensore, difenditrice (in campo penale). **Strafvollzug** *m* esecuzione *f* della pena; **offener ~** pena *f* detentiva con possibilità di lavorare al di fuori della prigione e di uscire al fine settimana. **Strafzettel** *m fam* contravvenzione *f,* multa *f.*

Strahl [ʃtraːl] ‹-(e)s, -en› *m allg., mat, phys, fig* raggio *m; (Wasser~)* getto *m,* zampillo *m.*

strahlen *itr* **1.** *(Licht, Sonne)* (ri)splendere; *(radioaktiv ~)* emanare raggi; *(Wärme)* irradiare; **2.** *fig (Mensch)* essere raggiante; **vor Sauberkeit ~** essere lucido come uno specchio *fam;* **übers ganze Gesicht ~** avere il viso raggiante; **vor Freude/Glück ~** essere raggiante di gioia/felicità.

Strahlenbehandlung *f med* radioterapia *f,* trattamento *m* coi raggi. **Strahlenbelastung** *f* esposizione *f* alle radiazioni. **Strahlenbündel** *n* fascio *m* luminoso; *mat* fascio *m* di rette.

strahlend *a (leuchtend)* splendente; *(a. fig: Schönheit)* splendido; *(Gesicht)* raggiante (*vor* di); *(Tag)* radioso.

Strahlendosis *f* dose *f* di radiazioni. **Strahlenkrankheit** *f* sindrome *f* da raggi. **Strahlenschäden** *m pl (an Dingen)* danno *m* da radiazioni; *(beim Menschen)* lesioni *f pl* da raggi. **Strahlenschutz** *m* protezione *f* contro le radiazioni.

Strahler ‹-s, -› *m (Heiz~)* radiatore *m* (di calore); *(Licht~)* riflettore *m.*

Strahltriebwerk *n* turboreattore *m.*

Strahlung ‹-, -en› *f* radiazione *f.* **Strahlungsintensität** *f* intensità *f* di radiazione. **Strahlungswärme** *f* calore *m* radiante.

Strähne [ˈʃtrɛːnə] ‹-, -n› *f* **1.** *(Haar~)* ciocca *f; (getönt)* meche *f;* **2.** *(Strang)* matassa *f;* **3.** *fig (Reihe)* serie *f.*

strähnig *a (Haar)* a ciocche.

stramm [ʃtram] *a* **1.** *(straff: Seil)* teso, tirato; **2.** *(gerade aufgerichtet)* eretto; **3.** *fig (kräftig)* forte, robusto; **4.** *fig (Disziplin)* rigido; **~ sitzen** *(Kleidung)* essere stretto, tirare; **~e Haltung** atteggiamento risoluto. **stramm·stehen** ‹*irr*› *itr* essere (*o.* mettersi) sull'attenti.

strampeln [ˈʃtrampəln] *itr* **1.** *(mit Beinen)* sgambettare, dimenare le gambe; **2.** *fam (sich abmühen)* stancarsi.

Strand [ʃtrant] ‹-(e)s, ⸚e› *m (Bade~)* spiaggia *f; (Ufer)* riva *f;* **an den ~ gehen** andare alla spiaggia.

stranden [ˈʃtrandən] *itr* ‹*sein*› **1.** *(Schiff)* arenarsi, incagliarsi; **2.** *fig geh (scheitern)* naufragare, fallire.

Strandgut *n (a. fig)* relitto *m.* **Strandkorb** *m* capanno *m* da spiaggia. **Strandläufer** *m (Vogel)* gambecchio *m.* **Strandpromenade** *f* lungomare *m.*

Strang [ʃtraŋ] ‹-(e)s, ⸚e› *m* **1.** *(Seil)* corda *f,* fune *f;* **2.** *el, tel* linea *f;* **3.** *(Nerven~)* funicolo *m* nervoso; **4.** *(Woll~, Garn~)* matassa *f;* **über die Stränge schlagen** *fam* passare i limiti; **zum Tode durch den ~ verurteilen** condannare all'impiccagione; **am gleichen ~ ziehen** *fig* mirare al medesimo scopo; **wenn alle Stränge reißen** *fam* nel peggiore dei casi.

strangulieren [ʃtraŋgu'li:rən *o.* st...] ⟨*ohne ge-*⟩ *tr* strangolare, strozzare.

Strapaze [ʃtra'pa:tsə] ⟨-, -n⟩ *f* strapazzo *m*, fatica *f*.

strapazieren [...pa'tsi:rən] ⟨*ohne ge-*⟩ **I.** *tr (Menschen)* affaticare; *(Nerven)* logorare; *(Gegenstände)* sciupare, strapazzare; *fig (Redensart, Begriff)* usare continuamente; *(Geduld)* mettere a dura prova; **II.** *rfl:* **sich ~** strapazzarsi.

strapazierfähig *a (Kleidung)* resistente.

strapaziös [...pa'tsiø:s] *a* faticoso, affaticante.

Straßburg ['ʃtra:sburk] *n* Strasburgo *f*.

Straße ['ʃtra:sə] ⟨-, -n⟩ *f* **1.** (*ab* **Str**) *(Fahr~, a. fig)* strada *f; (bei Namen)* via *f;* **2.** *(Meerenge)* stretto *m;* **auf der ~** per (*o.* in *o.* sulla) strada; **der Mann auf** (*o.* **von**) **der ~** *fig* l'uomo della strada; **auf offener ~** in mezzo alla strada; **über die ~ gehen** attraversare la strada; **auf die ~ gehen** andare in strada; *fig (demonstrieren)* scendere in piazza; **auf der ~ liegen** *fig fam (arbeitslos sein)* essere in mezzo a una strada; *(wohnungslos sein)* essere senza casa; **auf die ~ setzen** *fig fam (entlassen)* gettare sul lastrico; *(Mieter)* mettere alla porta; **~ gesperrt!** strada sbarrata! **Straßenanzug** *m* abito *m* da passeggio. **Straßenarbeiter** *m* stradino *m*. **Straßenbahn** *f* tram *m*. **Straßenbahner** ⟨-s, -⟩ *m fam* tranviere *m*. **Straßenbahnlinie** *f* linea *f* tranviaria. **Straßenbahnnetz** *n* rete *f* tranviaria. **Straßenbau** ⟨-(e)s, -ten⟩ *m* costruzioni *f pl* stradali. **Straßenbelag** *m* rivestimento *m* stradale. **Straßenbeleuchtung** *f* illuminazione *f* stradale. **Straßenbenutzungsgebühr** *f* pedaggio *m*. **Straßendecke** *f* pavimentazione *f* stradale. **Straßenfeger** ⟨-s, -⟩ *m* spazzino *m*, netturbino *m*. **Straßenführung** *f* tracciato *m* stradale. **Straßengraben** *m* fosso *m* della strada. **Straßenhändler(in)** *m(f)* venditore, -trice *m, f* ambulante. **Straßenjunge** *m pej* ragazzo *m* di strada. **Straßenkampf** *m* combattimento *m* nelle strade. **Straßenkarte** *f* carta *f* stradale. **Straßenkehrer** ⟨-s, -⟩ *m s.* **Straßenfeger. Straßenkehrmaschine** *f* (macchina *f*) spazzatrice *f*. **Straßenkreuzer** *m fam* macchinone *m fam*. **Straßenkreuzung** *f* incrocio *m*. **Straßenlage** *f mot* tenuta *f* di strada. **Straßenlärm** *m* rumore *m* della strada. **Straßenlaterne** *f* lampione *m*. **Straßenmarkierung** *f* segnaletica *f*. **Straßenmusikant(in)** *m(f)* musicista *mf* ambulante. **Straßennetz** *n* rete *f* stradale. **Straßenraub** *m* scippo *m*. **Straßenreinigung** *f* pulizia *f* stradale; *(Dienststelle)* nettezza *f* urbana. **Straßenrennen** *n* corsa *f* ciclistica. **Straßensänger(in)** *m(f)* cantante *mf* ambulante. **Straßenschild** *n* targa *f* stradale; *(Wegweiser)* indicatore *m* stradale. **Straßensperre** *f* blocco *m* stradale, barricata *f*. **Straßenstrich** *m fam* prostituzione *f* da strada. **Straßentransport** *m* trasporto *m* stradale (*o.* automobilistico). **Straßentunnel** *m* tunnel *m* stradale. **Straßenverkehr** *m* traffico *m* stradale; **im ~** sulla strada. **Straßenverkehrsordnung** *f* (*ab* **StVO**) codice *m* stradale (*o.* della strada). **Straßenzustandsbericht** *m* bollettino *m* delle strade.

Stratege [ʃtra'te:gə *o.* st...] ⟨-n, -n⟩ *m*, **Strategin** [...gɪn] *f* stratega *mf*.

Strategie [...te'gi:, ...i:ən] ⟨-, -n⟩ *f* strategia *f*.

Strategin *f s.* **Stratege.**

strategisch [...'te:gɪʃ] *a* strategico.

Stratosphäre [ʃtrato'sfɛ:rə *o.* st...] *f* stratosfera *f*.

sträuben [ʃtrɔybən] **I.** *tr (Haare)* rizzare; *(Fell)* arruffare; **II.** *rfl:* **sich ~ 1.** *(Haare)* rizzarsi; *(Fell)* arruffarsi; **2.** *fig (sich wehren)* opporsi (*gegen* a); **da hilft kein S~** ogni resistenza è inutile.

Strauch [ʃtraux] ⟨-(e)s, ¨-er⟩ *m* arbusto *m; (Busch)* cespuglio *m*.

straucheln ['ʃtrauxəln] *itr* ⟨*sein*⟩ **1.** *geh (stolpern)* incespicare, inciampare; **2.** *fig (auf die schiefe Bahn geraten)* traviarsi.

Strauß¹ [ʃtraus] ⟨-es, ¨-e⟩ *m (Blumen~)* mazzo *m*.

Strauß² [ʃtraus] ⟨-es, -e⟩ *m (Vogel)* struzzo *m*. **Straußenei** *n* uovo *m* di struzzo. **Straußenfeder** *f* piuma *f* di struzzo.

Strebe ['ʃtre:bə] ⟨-, -n⟩ *f* puntello *m*, sostegno *m*. **Strebebogen** *m* arco *m* rampante.

streben ['ʃtre:bən] *itr* cercare (di raggiungere) (*nach etw.* qc), aspirare (*nach etw.* a qc), tendere (*nach etw.* a qc). **Streben** ⟨-s, ø⟩ *n (Trachten)* aspirazione *f* (*nach* a); *(Suche)* ricerca *f* (*nach* di).

Strebepfeiler *m* contrafforte *m*.

Streber(in) ⟨-s, -⟩ *m(f) pej* arrivista *mf*, carrierista *mf; (in Schule)* sec-

chione, -a *m, f fam.* **Strebertum** ‹-s, ø› *n pej* arrivismo *m,* carrierismo *m.*
strebsam *a* diligente, operoso; *(eifrig)* zelante. **Strebsamkeit** ‹-, ø› *f* operosità *f,* solerzia *f; (Eifer)* zelo *m.*
Strecke ['ʃtrɛkə] ‹-, -n› *f* **1.** *(Abschnitt)* tronco *m,* tratto *m; Eisenb.* tratto *m;* **2.** *(Entfernung)* distanza *f;* **3.** *(Weg, Route)* itinerario *m; (Fahr~, Flug~)* percorso *m,* itinerario *m; sport* percorso *m; (Verkehrslinie)* linea *f; aero* rotta *f;* **4.** *min* galleria *f;* **5.** *mat* segmento *m;* **auf der ~ bleiben** *fig (scheitern)* rimanere per strada; **zur ~ bringen** *(Tier)* uccidere; *(Verbrecher)* arrestare.
strecken ['ʃtrɛkən] **I.** *tr* **1.** *(Körperteil)* allungare, stendere; *(Hals)* allungare; **2.** *med (im Streckverband)* estendere; **3.** *(Metall)* tirare, laminare; **4.** *(verlängern: Vorräte, Geld)* far durare; *(Arbeit)* tirar in lungo (*o.* per le lunghe); *gastr* allungare; *(verdünnen)* diluire; **die Zunge aus dem Munde ~** cacciare fuori la lingua; **II.** *rfl:* **sich ~ 1.** *(sich dehnen)* stendersi; *(sich aus~)* (di)stendersi, allungarsi; **2.** *(sich recken)* stirarsi.
Streckenabschnitt *m* tronco *m,* sezione *f.* **streckenweise** *adv* a tratti.
Streckmuskel *m* (muscolo *m*) estensore *m.* **Streckverband** *m* fasciatura *f* per estensione.
Streich [ʃtra͡iç] ‹-(e)s, -e› *m* **1.** *obs (Schlag)* colpo *m,* botta *f;* **2.** *fig (Schabernack)* tiro *m,* scherzo *m;* **auf einen ~** d'un colpo; **jdm einen üblen ~ spielen** giocare un brutto tiro a qu.
Streicheleinheiten *f pl fam (Zärtlichkeit)* tenerezza *f; (Zuwendung)* attenzione *f.*
streicheln ['ʃtra͡içəln] *tr* accarezzare.
streichen ['ʃtra͡içən] ‹streicht, strich, gestrichen› **I.** *tr* ‹*haben*› **1.** *(mit der Hand)* passare la mano su; *(zärtlich)* accarezzare; **2.** *(auftragen)* spalmare (*etw. auf einen Gegenstand* un oggetto di qc); **3.** *(an~)* verniciare; *(tünchen)* tinteggiare; **4.** *(aus~, durch~)* cancellare, tagliare; **5.** *(Zuschuß, Zug)* sopprimere; *(Plan, Auftrag)* annullare; **frisch gestrichen!** pittura fresca!; **II.** *itr* **1.** ‹*haben*› passare la mano (*über* su); *(zärtlich)* accarezzare (*über etw.* qc); **2.** ‹*sein*› *(umherstreifen)* girare, vagare, vagabondare; **3.** ‹*sein*› *(wehen)* soffiare.
Streicher *m pl mus* archi *m pl.*
Streichholz *n* fiammifero *m.* **Streichholzschachtel** *f* scatola *f* di fiammiferi. **Streichinstrument** *n* strumento *m* ad arco. **Streichkäse** *m* formaggio *m* da spalmare. **Streichorchester** *n* orchestra *f* d'archi. **Streichquartett** *n* quartetto *m* d'archi.
Streichung ‹-, -en› *f (von Wort, Satz)* cancellatura *f; (Kürzung)* riduzione *f; (von Schulden, Auftrag)* cancellazione *f; (von Zuschuß, Zug)* soppressione *f.*
Streifband ‹-(e)s, ⸚er› *n* **1.** *(Banderole)* fascetta *f;* **2.** *(Post)* fascia *f;* **unter ~** sotto fascia.
Streife ['ʃtra͡ifə] ‹-, -n› *f* **1.** *(Personen)* pattuglia *f;* **2.** *(Gang)* giro *m* d'ispezione.
streifen ['ʃtra͡ifən] **I.** *tr* ‹*haben*› **1.** *(berühren, a. fig: Thema)* sfiorare; **2.** *(Ring über Finger)* infilare (*über* a); *(vom Finger)* sfilare (*von* da), togliere (*von* da); *(über den Kopf: Kapuze)* calare (*über* su); **nur leicht ~** *(Thema)* sfiorare semplicemente; **II.** *itr* **1.** ‹*sein*› *(umher~)* girare, vagare; **2.** ‹*haben*› *fig (angrenzen)* rasentare (*an etw.* qc).
Streifen ‹-s, -› *m* **1.** *(Papier~, Stoff~, von Land)* striscia *f; (Speck~)* lardello *m;* **2.** *(Strich, Linie)* striscia *f,* linea *f;* **3.** *(Klebe~, Loch~)* nastro *m,* striscia *f;* **4.** *(Film)* film *m; (Ausschnitt)* pellicola *f.*
Streifendienst *m* pattuglia *f.* **Streifenwagen** *m* automobile *f* della polizia.
Streifschuß *m* colpo *m* di striscio; *(Verletzung)* scalfittura *f.* **Streifzug** *m (Erkundigungszug)* esplorazione *f,* ricognizione *f; mil* incursione *f.*
Streik [ʃtra͡ik] ‹-(e)s, -s› *m* sciopero *m;* **im ~** in sciopero; **in den ~ treten** entrare in sciopero. **Streikbrecher** *m* crumiro *m.*
streiken *itr* **1.** *(Arbeiter)* scioperare, fare sciopero; **2.** *fam (Motor, Fernseher)* non funzionare; *(nicht mitmachen)* rifiutarsi. **Streikende** ‹ein -r, -n, -n› *mf* scioperante *mf.*
Streikgeld *n* indennità *f* di sciopero. **Streikkasse** *f* cassa *f* scioperi. **Streikposten** *m* picchetto *m;* **~ aufstellen** mettere un picchetto. **Streikrecht** *n* diritto *m* di sciopero.
Streit [ʃtra͡it] ‹-(e)s, -e› *m (Zank, Zwist)* lite *f,* litigio *m; (mit Tätlichkeiten)* rissa *f; (heftiger Wortwechsel)* diverbio *m,* battibecco *m fam,* alterco *m; (Meinungs~)* disputa *f; (Rechts~)* controversia *f;* **mit jdm ~ anfangen** (*o.* **suchen**) attaccar briga con qu *fam;* **mit jdm in ~ geraten** litigare con qu. **streitbar** *a (streitlu-*

stig) combattivo; *(a. angriffslustig)* aggressivo; *(kriegerisch)* bellicoso.

streiten ['ʃtraitən] ⟨streitet, stritt, gestritten⟩ **I.** *itr* **1.** *(zanken)* litigare, bisticciare *fam; (handgreiflich)* azzuffarsi; **2.** *(mit Worten)* discutere (*über* di), disputare (*über* di, su); **3.** *geh (kämpfen)* combattere, lottare; **um etw. ~** litigare (*o.* bisticciare *fam*) per qc; **darüber läßt sich ~** la cosa è discutibile; **II.** *rfl:* **sich ~** bisticciarsi *fam,* litigare.

Streiterei [...ə'rai] ⟨-, -en⟩ *f pej* continui litigi *m pl.*

Streitfall *m adm:* **im ~** in caso di controversia. **Streitfrage** *f* controversia *f,* vertenza *f.*

streitig *a:* **jdm etw. ~ machen** contestare (*o.* disputare) qc a qu.

Streitkräfte *f pl* forze *f pl* armate. **streitlustig** *a* litigioso, polemico. **Streitmacht** *f* forza *f* (militare). **streitsüchtig** *a s.* **streitlustig.**

streng [ʃtrɛŋ] *a* **1.** *(strikt, nicht milde)* severo; *(Gesicht, Ausdruck)* severo, austero; *(Kontrolle, Maßnahmen, Bewachung, Regel)* severo, stretto, rigoroso; *(Anforderungen)* preciso; *(Sitten, Disziplin)* severo, rigido; *(Stillschweigen, Diskretion)* assoluto; **2.** *(schmucklos)* austero; **3.** *(Geruch, Geschmack)* aspro, forte; *(Winter, Kälte)* rigido; **4.** *(~gläubig)* osservante; **sich ~ an etw. halten** attenersi scrupolosamente a qc; **~ geheim** segretissimo; **~ nach Vorschrift** strettamente secondo le prescrizioni; **~ befolgen** seguire scrupolosamente; **~ überwachen** sorvegliare strettamente; **~ verboten!** severamente proibito!; **~ vertraulich** strettamente confidenziale. **Strenge** ['ʃtrɛŋə] ⟨-, ø⟩ **1.** *(Striktheit)* severità *f;* **2.** *(Schmucklosigkeit)* austerità *f;* **3.** *(von Geruch, Geschmack)* asprezza *f; (von Winter)* rigore *m,* rigidezza *f.* **strenggenommen** *adv* a rigore (di termine).

Streß [ʃtrɛs *o.* st...] ⟨Stresses, Stresse⟩ *m* stress *m;* **im ~ sein** essere sotto stress; **das ist ein ~** che stress!

stressen *tr* stressare; **gestreßt sein** essere stressato.

streßgeplagt *a* stressato.

stressig *a fam* stressante.

Streßsituation *f* situazione *f* da stress.

Streu [ʃtrɔy] ⟨-, -en⟩ *f* strame *m,* lettiera *f.*

Streubüchse *f,* **-dose** *f* polverizzatore *m; (für Salz)* spargisale *m; (für Zucker)* spargizucchero *m.*

streuen ['ʃtrɔyən] **I.** *tr (Sand, Blumen, fig: Gerüchte)* spargere; *(Straße)* cospargere (*mit* di); **Salz/Zucker auf etw. ~** cospargere qc di sale/zucchero; **II.** *itr* **1.** *(Straße ~)* spargere qc sulla strada; **2.** *(Salzstreuer, etc.)* spargere; **3.** *(Schußwaffe)* essere impreciso nel tiro, tirare male; **hier wird im Winter nicht gestreut** qui in inverno non si sparge niente sulle strade.

streunen ['ʃtrɔynən] *itr* ⟨*sein o. haben*⟩ *fam* vagabondare.

Streuung ⟨-, -en⟩ *f (phys, Statistik)* dispersione *f.*

strich [ʃtrɪç] *1. u. 3. pers sing imp von* **streichen.**

Strich [ʃtrɪç] ⟨-(e)s, -e⟩ *m* **1.** *(mit Bleistift, etc.)* tratto *m; (Pinsel~)* pennellata *f; (Linie, a. mat)* linea *f; (kurzer ~, Gedanken~)* lineetta *f,* trattino *m; (Schräg~)* (s)barra *f; (Quer~)* barra *f;* **2.** *(Richtung: von Haar, Fell)* verso *m;* **3.** *mus (Bogenführung)* tocco *m;* **4.** *fig fam (dünner Mensch)* stuzzicadenti *m fam,* persona *f* scheletrica; **5.** *sl (Prostitution)* prostituzione *f; (Gegend)* marciapiede *m fam;* **gegen den ~** contropelo; **nach ~ und Faden** *fam* per bene, a modo *fam;* **es geht mir gegen den ~** *fam* non mi va a genio *fam;* **auf den ~ gehen** *sl* battere il marciapiede *fam;* **einen ~ unter etw. machen** *fig* farla finita con qc *fam;* **jdm einen ~ durch die Rechnung machen** *fig* mandare a monte i piani di qu *fam;* **keinen ~ tun** *fig fam* non fare un accidente *fam.*

stricheln *tr* tratteggiare.

Strichjunge *m sl* ragazzo *m* di vita. **Strichmädchen** *n sl* ragazza *f* di vita (*o.* da marciapiede *fam*). **Strichmännchen** *n* omino *m.* **Strichpunkt** *m* punto *m* e virgola *f.* **Strichvogel** *m* uccello *m* di passo. **strichweise** *adv (bes. meteo)* a tratti.

Strick [ʃtrɪk] ⟨-(e)s, -e⟩ *m* **1.** *(Seil)* corda *f,* fune *f;* **2.** *fam (Schlingel)* briccone *m fam;* **jdm aus etw. einen ~ drehen** *fig fam* servirsi di qc per rovinare qu; **wenn alle ~e reißen** *fam* nel peggiore dei casi.

stricken ['ʃtrɪkən] *itr, tr* lavorare a maglia; *(Pullover, Strümpfe)* fare.

Strickgarn *n* filo *m* per maglieria. **Strickjacke** *f* giacca *f* di maglia, golf *m.*

Strickleiter *f* scala *f* di corda.

Strickmaschine *f* macchina *f* per maglieria. **Stricknadel** *f* ferro *m* da calza. **Strickwaren** *f pl* maglierie *f pl.*

Strickzeug ‹-(e)s, -e› *n* lavoro *m* a maglia.

Striegel ['ʃtri:gəl] ‹-s, -› *m* striglia *f.*

striegeln *tr* **1.** *(bürsten)* strigliare; **2.** *fig fam (schikanieren)* strapazzare.

Strieme ['ʃtri:mə] ‹-, -n› *f,* **Striemen** ['ʃtri:mən] ‹-s, -› *m* livido *m.*

strikt [ʃtrɪkt *o.* st...] *a (genau)* preciso, esatto; *(streng)* stretto, rigoroso; *(Bestimmung)* tassativo; **~e Einhaltung der Regeln** stretta osservanza delle regole.

Strippe ['ʃtrɪpə] ‹-, -n› *f fam* **1.** *(Schnur)* spago *m,* corda *f;* **2.** *fig (Telefon)* telefono *m;* **an der ~ hängen** *fam* stare attaccato al telefono.

strippen ['ʃtrɪpən *o.* 'st...] *itr fam* fare lo spogliarello.

Striptease ['ʃtrɪpti:s *o.* 'st...] ‹-, ø› *m o. n* spogliarello *m.* **Stripteaselokal** *n* locale *m* notturno con spogliarello. **Stripteasetänzer(in)** *m(f)* spogliarellista *mf.*

stritt [ʃtrɪt] *1. u. 3. pers sing imp von* **streiten.**

strittig ['ʃtrɪtɪç] *a* controverso; *(fraglich)* discutibile; **~er Punkt** punto in questione.

Stroh [ʃtro:] ‹-(e)s, ø› *n* paglia *f;* **~ im Kopf haben** *fam* essere senza cervello *fam.* **strohblond** *a* biondo paglierino. **Strohblume** *f* elicriso *m.* **Strohdach** *n* tetto *m* di paglia. **Strohfeuer** *n* fuoco *m* di paglia. **Strohhalm** *m* filo *m* di paglia; *(Trinkhalm)* cannuccia *f;* **sich an einen ~ klammern** aggrapparsi a un filo di paglia. **Strohhut** *m* cappello *m* di paglia.

strohig *a (Gemüse)* legnoso; *(Orange, Haar)* stopposo.

Strohmann *m fig* uomo *m* di paglia. **Strohsack** *m* pagliericcio *m.* **Strohwitwe** *f* donna *f* il cui marito è assente. **Strohwitwer** *m* uomo *m* la cui moglie è assente.

Strolch [ʃtrɔlç] ‹-(e)s, -e› *m pej (übler Kerl)* farabutto *m,* furfante *m,* mascalzone *m; fam (Schlingel)* birbante *m fam.*

Strom [ʃtro:m] ‹-(e)s, ⸚e› *m* **1.** *(Fluß)* corrente *f,* (grande) fiume *m; fig (von Blut)* fiotto *m; (von Tränen)* fiume *m; (Strömung)* corrente *f,* flusso *m; (Menschen~)* fiumana *f,* marea *f; (Lava~)* fiume *m,* colata *f;* **2.** *el* corrente *f;* **den ~ ab-/einschalten** togliere/dare la corrente; **gegen den ~/ mit dem ~ schwimmen** seguire la/ andare contro corrente; **unter ~ stehen** essere sotto tensione; **in Strömen fließen** scorrere a fiumi; **es gießt in Strömen** piove a catinelle *fam.* **Stromabnehmer** *m* presa *f* di corrente, trolley *m.*

stromab(wärts) [-'ʔap(vɛrts)] *adv (Lage)* a valle; *(Richtung)* con la corrente.

stromauf(wärts) [-'ʔauf(vɛrts)] *adv (Lage)* a monte; *(Richtung)* contro corrente.

Stromausfall *m* mancanza *f* di corrente.

strömen ['ʃtrø:mən] *itr ‹sein›* **1.** *(fließen)* scorrere, fluire; *(Blut)* scorrere; **2.** *(aus~)* fuoriuscire (*aus* da); **3.** *(Menschen)* affluire (*aus* da), accorrere (*aus* da); **bei** (*o.* **in**) **~dem Regen** sotto una pioggia torrenziale.

Stromer ['ʃtro:mɐ] ‹-s, -› *m fam (Landstreicher)* vagabondo *m; (Schlingel)* briccone *m fam,* brigante *m fam.*

Stromerzeugung *f* generazione *f* (*o.* produzione *f*) di corrente. **Stromkreis** *m* circuito *m* (elettrico). **stromlinienförmig** [-fœrmɪç] *a* aerodinamico. **Stromnetz** *n* rete *f* elettrica. **Stromrechnung** *f* bolletta *f* dell'elettricità. **Stromschnelle** *f* rapida *f,* cateratta *f.* **Stromsperre** *f* interruzione *f* di corrente. **Stromstärke** *f* intensità *f* di corrente. **Stromstoß** *m* impulso *m* di corrente.

Strömung ‹-, -en› *f* corrente *f.*

Stromverbrauch *m* consumo *m* di corrente. **Stromversorgung** *f* erogazione *f* di energia elettrica. **Stromzähler** *m* contatore *m* dell'elettricità.

Strophe ['ʃtro:fə] ‹-, -n› *f* strofa *f.*

strotzen ['ʃtrɔtsən] *itr:* **von** (*o.* **vor**) **etw. ~** *(voll sein)* essere pieno di qc, rigurgitare di qc; *(wimmeln)* pullulare di qc; **vor Gesundheit ~** sprizzare salute, scoppiare di salute; **von Waffen ~** esser armato fino ai denti; **von Schmutz ~** essere sporco lurido. **strotzend** *a* rigurgitante, traboccante.

Strudel ['ʃtru:dəl] ‹-s, -› *m* **1.** *(Wasser, a. fig)* vortice *m;* **2.** *(Gebäck)* strudel *m.*

Struktur [ʃtrʊk'tu:ɐ *o.* st...] ‹-, -en› *f* struttura *f.*

Strukturalismus [...tura'lɪsmʊs] ‹-, ø› *m* strutturalismo *m.*

strukturell [...tu'rɛl] *a* strutturale.

strukturieren [...tu'ri:rən] *‹ohne ge-› tr* strutturare.

Strumpf [ʃtrʊmpf] ‹-(e)s, ⸚e› *m* calza *f.* **Strumpfband** ‹-(e)s, ⸚er› *n* giarrettiera *f.* **Strumpfhalter** *m* giarrettiera *f.* **Strumpfhose** *f* collant *m,* calzamaglia *f.* **Strumpfwaren** *f pl* calze *f pl.*

struppig ['ʃtrʊpɪç] *a (Haar)* irto; *(Bart)* ispido; *(Tier)* arruffato.

Stube ['ʃtu:bə] ‹-, -n› *f* **1.** *obs, dial (Zimmer)* camera *f,* stanza *f; (Wohnzimmer)* soggiorno *m;* **2.** *(in Kaserne, Internat)* camerata *f;* **die gute ~** il salotto (buono). **Stubenarrest** *m* consegna *f.* **Stubenfliege** *f* mosca *f* comune. **Stubengelehrte** *m pej* erudito *m* da tavolino. **Stubenhocker** *m pej* pantofolaio *m.* **stubenrein** *a (Haustier)* pulito.

Stuck [ʃtʊk] ‹-(e)s, ø› *m* stucco *m.*

Stück [ʃtʏk] ‹-(e)s, -e› *n* **1.** *allg.* pezzo *m;* **2.** *(Teil~)* parte *f,* porzione *f;* **3.** *theat* lavoro *m* (teatrale), dramma *m,* commedia *f; (Musik~)* pezzo *m;* **4.** *(Bruch~)* frammento *m;* **5.** *(Vieh)* capo *m;* **aus einem ~** tutto d'un pezzo; **aus freien ~en** di propria iniziativa, volontariamente; **in (tausend) ~e gehen** rompersi in mille pezzi; **auf jdn große ~e halten** avere molta stima di qu, avere un'alta opinione di qu; **das ist ein starkes ~!** *fam* questo è troppo! *fam;* **zwei Mark das ~** due marchi al pezzo; **~ für ~** pezzo per pezzo; **ein schönes ~ Geld** *fam* una bella somma di danaro; **ein ~ Schokolade/Seife** un pezzo di cioccolata/sapone; **Wurst/Käse am ~** salume/formaggio non tagliato (*o.* in un solo pezzo); **ich komme ein ~ mit** *(des Weges)* ti accompagno per un tratto di strada; **wir sind ein gutes ~ weitergekommen** *(bei Arbeit)* abbiamo fatto un bel pezzo di lavoro; **er/sie ist ein gemeines ~** *fam* è un essere abbietto. **Stückgut** *n* collo *m* singolo. **Stücklohn** *m* salario *m* a cottimo. **Stückpreis** *m* prezzo *m* unitario. **Stückwerk** *n* lavoro *m* imperfetto. **Stückzahl** *f* numero *m* dei pezzi.

stud. *ab von* **studiosus** *(Student)* studente.

Student(in) [ʃtu'dɛnt(ɪn)] ‹-en, -en› *m(f)* studente, -essa *m, f;* **~ der Medizin** studente di medicina. **Studentenausweis** *m* tessera *f* di studente. **Studentenfutter** *n* frutta *f* secca. **Studentenheim** *n* casa *f* dello studente. **Studentenschaft** ‹-, ø› *f* studenti *m pl.* **Studentenwohnheim** *n s.* **Studentenheim. Studentin** *f s.* **Student. studentisch** *a* studentesco.

Studie ['ʃtu:di̯ə] ‹-, -n› *f* studio *m; (literarisch)* saggio *m.*

Studienabbrecher(in) ‹-s, -› *m(f)* persona *f* che interrompe gli studi. **Studiendirektor(in)** *m(f)* preside *mf.* **Studienfach** *n* materia *f* di studio. **Studiengang** *m* curricolo *m,* corso *m* degli studi. **Studiengebühren** *f pl* tassa *f* d'iscrizione. **studienhalber** *adv* a scopo di studio. **Studienplatz** *m* posto *m* di studio. **Studienrat** *m,* **-rätin** *f* insegnante *mf* medio superiore (di ruolo). **Studienrefendar(in)** *m(f)* insegnante *mf* medio superiore (non di ruolo). **Studienreise** *f* viaggio *m* di studio. **Studienzeit** *f* anni *m pl* (*o.* fasce *f pl*) di studio, studi *m pl;* **die ~ dauert vier Jahre** gli studi durano quattro anni; **während meiner ~** durante i miei studi. **Studienzeitbegrenzung** *f* limitazione *f* degli anni di studio.

studieren [ʃtu'di:rən] ‹*ohne ge-*› *tr, itr* studiare. **Studierende** ‹ein -r, -n, -n› *mf s.* **Student(in). studiert** *a fam* che ha studiato.

Studio ['ʃtu:di̯o] ‹-s, -s› *n* **1.** *theat, TV, radio* studio *m;* **2.** *(Einzimmerwohnung)* monolocale *m.*

Studium ['ʃtu:di̯ʊm, ...i̯ən] ‹-s, -dien› *n* studio *m.*

Stufe ['ʃtu:fə] ‹-, -n› *f* **1.** *(Treppen~, Entwicklungs~)* gradino *m;* **2.** *fig (Ebene)* livello *m; (Rang)* grado *m;* **3.** *tec (a. von Raketen)* stadio *m;* **sich mit jdm auf eine ~ stellen** *fig* mettersi allo stesso livello di qu; **Vorsicht ~!** attenzione al gradino!

stufen *tr* **1.** *(Hang)* munire di gradini; **2.** *(ab~)* graduare; **3.** *(Haare)* scalare, sfumare.

Stufenbarren *m* parallele *f pl* asimmetriche. **stufenförmig** [-fœrmɪç] *a* a gradini (*o.* scalini); *fig* graduale. **Stufenleiter** *f fig* scala *f; (der Gefühle)* gamma *f.* **Stufenschnitt** *m (Frisur)* taglio *m* scalato. **stufenweise** *adv* gradualmente, gradatamente.

Stuhl [ʃtu:l] ‹-(e)s, ¨-e› *m* **1.** *(Möbel)* sedia *f;* **2.** *(~gang)* defecazione *f;* **3.** *(Lehr~)* cattedra *f* (*für* di); **der Heilige ~** la Santa Sede; **sich zwischen zwei Stühle setzen** *fig* giocarsi due occasioni in una volta; **elektrischer ~** sedia elettrica; **das haut einen vom ~** *sl* c'è da restare sbalorditi. **Stuhlbein** *n* gamba *f* di sedia. **Stuhlgang** *m* defecazione *f;* **~/keinen ~ haben** andare/non andare di corpo. **Stuhllehne** *f* schienale *m* della sedia.

Stukkateur(in) [ʃtʊka'tø:ɐ̯ (...rɪn)] ‹-s, -e› *m(f)* stuccatore, -trice *m, f.*
Stulle ['ʃtʊlə] ‹-, -n› *f dial* tartina *f.*
Stulpe ['ʃtʊlpə] ‹-, -n› *f* risvolto *m.*
stülpen ['ʃtʏlpən] *tr:* **etw. nach innen/außen ~** rovesciare qc verso l'interno/l'esterno; **etw. auf/über etw. ~** mettere qc sopra (*o.* su) qc; **den Kragen nach oben ~** tirare su il colletto; **sich** *(dat)* **den Hut,** *etc.* **auf den Kopf ~** calcarsi il cappello, *etc.* in testa.
stumm [ʃtʊm] *a* **1.** *(sprechunfähig)* muto; **2.** *(schweigsam)* silenzioso, taciturno; **3.** *ling* muto; **jdn ~ machen** *fam (töten)* liquidare qu *sl.* **Stumme** ‹ein -r, -n, -n› *mf* muto, -a *m, f.*
Stummel ['ʃtʊməl] ‹-s, -› *m (Bleistift~, Zigaretten~)* mozzicone *m; (von Körperglied)* moncone *m,* moncherino *m; (Kerzen~)* moccolo *m; (~schwanz)* mozzicone *m.*
Stummfilm *m* film *m* muto.
Stümper(in) ['ʃtʏmpɐ (...ərɪn)] ‹-s, -› *m(f) pej* pasticcione, -a *m, f fam,* schiappa *f fam.*
Stümperei [ʃtʏmpə'rai̯] ‹-, -en› *f pej* **1.** *(Arbeiten)* abborracciamento *m;* **2.** *(Leistung)* abborracciatura *f.*
stümperhaft *a pej* abborracciato; **~e Arbeit** abborracciatura *f.*
Stümperin *f s.* **Stümper.**
stümpern *itr pej* abborracciare.
stumpf [ʃtʊmpf̮] *a* **1.** *(nicht scharf)* smussato, senza filo; *(nicht spitz)* spuntato; *(Nase)* schiacciato; **2.** *(Winkel)* ottuso; *(Kegel, Reim)* tronco; **3.** *(glanzlos, matt)* opaco; **4.** *(unempfindlich)* insensibile; *(teilnahmslos)* apatico; *(gleichgültig)* indifferente; *(abgestumpft)* ottuso; **~ werden** *(Messer)* smussarsi; *(Stift)* spuntarsi; *fig* diventare ottuso.
Stumpf [ʃtʊmpf̮] ‹-(e)s, ⸗e› *m (Baum~)* troncone *m; (von Körperglied)* moncone *m,* moncherino *m; (Zahn~)* moncone *m* di dente; *(Kerzen~)* moccolo *m;* **mit ~ und Stiel ausrotten** estirpare radicalmente.
Stumpfheit ‹-, ø› *f* **1.** *(von Messer, Schneide)* smussatura *f; (von Spitze)* spuntatura *f; (von Nase)* schiacciamento *m;* **2.** *(Glanzlosigkeit)* opacità *f;* **3.** *(Unempfindlichkeit)* insensibilità *f; (Teilnahmslosigkeit)* apatia *f; (Gleichgültigkeit)* indifferenza *f; (Abgestumpftheit)* ottusità *f.*
Stumpfsinn *m* ottusità *f* (di mente), ebetismo *m; (Langweiligkeit)* noiosità *f; (Monotonie)* monotonia *f.* **stumpfsinnig** *a (geistig ~)* ottuso, ebete; *(monoton)* monotono; *(stupide)* stupido.
stumpfwink(e)lig *a* ottusangolo.
Stündchen ['ʃtʏntçən] ‹-s, -› *n fam* oretta *f fam.*
Stunde ['ʃtʊndə] ‹-, -n› *f* **1.** (*ab* **Std**) *(Zeiteinheit, Zeitpunkt)* ora *f;* **2.** *(Unterrichts~)* lezione *f;* **zu später ~** a tarda ora, tardi; **zur ~** in questo momento; **~n geben/nehmen** dare/prendere lezioni; **meine ~ hat geschlagen** è venuta la mia ora; **eine geschlagene ~** *fam* un'ora d'orologio; **eine halbe ~** mezz'ora.
stunden *tr:* **jdm eine Zahlung ~** concedere a qu una dilazione nel pagamento.
Stundengeschwindigkeit *f* velocità *f* oraria. **Stundenhotel** *n* albergo *m* a ore. **Stundenkilometer** *m* chilometro *m* orario (*o.* all'ora). **stundenlang I.** *a* che dura delle ore; **II.** *adv* per ore (e ore). **Stundenlohn** *m* paga *f* all'ora (*o.* oraria). **Stundenplan** *m* orario *m.* **stundenweise** *adv* a ore. **Stundenzeiger** *m* lancetta *f* delle ore.
Stündlein ['ʃtʏntlai̯n] ‹-s, -› *n:* **sein letztes ~ hatte geschlagen** era giunta la sua ultima ora.
stündlich ['ʃtʏntlɪç] *a* **1.** *(jede Stunde)* ogni ora; **2.** *(von Stunde zu Stunde)* da un'ora all'altra.
Stunk [ʃtʊnk] ‹-, ø› *m:* **~ machen** *fam* spargere zizzania.
Stuntman ['stantmən, ...mən] ‹-s, -men› *m* controfigura *f,* stunt-man *m.*
stupid(e) [ʃtu'pi:t (...i:də)] *a (beschränkt)* stupido; *(langweilig, monoton)* noioso, monotono.
Stups [ʃtʊps] ‹-es, -e› *m fam* spinta *f.*
stupsen *tr fam* spingere.
Stupsnase *f* naso *m* all'insù.
stur [ʃtu:ɐ̯] *a* testardo, ostinato. **Sturheit** ‹-, ø› *f* testardaggine *f,* ostinazione *f.*
Sturm [ʃtʊrm] ‹-(e)s, ⸗e› *m* **1.** *meteo, fig* tempesta *f,* burrasca *f;* **2.** *fig (Aufregung, Tumult)* tumulto *m;* **3.** *mil, sport (Angriff)* attacco *m;* **4.** *fig (An~)* assalto *m;* **~ der Entrüstung** uragano *m* di sdegno; **gegen etw. ~ laufen** *fig* attaccare qc; **~ läuten** sonare a stormo; **im ~ nehmen** prendere d'assalto; **ein ~ im Wasserglas** una tempesta in un bicchier d'acqua. **Sturmabteilung** *f hist* (*ab* **SA**) SA *f pl.*
stürmen ['ʃtʏrmən] **I.** *itr* **1.** ‹*haben*› *meteo (Wind)* infuriare; *(Sturm)* imperversare; **2.** ‹*sein*› *(rennen)* scagliarsi, lanciarsi (*auf* contro); **es stürmt** infuria la bufera (*o.* tempesta); **II.** *tr* ‹*haben*› **1.** *mil (angreifen)* attac-

care, dare l'assalto a; **2.** *(im Sturm nehmen, fig: Banken, Geschäfte)* prendere d'assalto.

Stürmer(in) ‹-s, -› *m(f)* attaccante *mf.*

Sturmflut *f* mareggiata *f.* **sturmgepeitscht** *a* sferzato dalla tempesta.

stürmisch ['ʃtʏrmɪʃ] *a* **1.** *meteo* tempestoso, burrascoso; *(See)* in burrasca; **2.** *fig (ungestüm)* impetuoso, veemente; *(heftig)* violento, tempestoso; **~er Beifall** applauso frenetico; **~e Tage** *fig* giorni turbolenti; **nicht so ~!** piano!, calma!

Sturmschäden *m pl* danni *m pl* provocati dalla tempesta. **Sturmvogel** *m* procellaria *f.* **Sturmwarnung** *f* avviso *m* di tempesta.

Sturz [ʃtʊrts] ‹-es, ⸚e› *m* **1.** *(Fall, Hinstürzen)* caduta *f;* **2.** *(Zusammenbruch, Preis~)* crollo *m; (von Regierung)* caduta *f,* rovesciamento *m;* **3.** *arch (Fenster~, Tür~)* architrave *m.*

stürzen ['ʃtʏrtsən] **I.** *tr ‹haben›* **1.** *(fallen lassen)* far cadere; **2.** *(umstoßen, umkippen, a. fig: Regierung)* rovesciare; **3.** *(herab~)* precipitare (*von* da); **4.** *(umdrehen: Pudding)* rovesciare; **II.** *itr ‹sein›* **1.** *(fallen)* cadere, fare una caduta; **2.** *(rennen)* precipitarsi; **3.** *(ein~, a. Preise)* crollare; **III.** *rfl:* **sich auf jdn ~** lanciarsi contro qu; **sich von einem Turm ~** gettarsi (*o.* buttarsi giù) da una torre; **sich in Schulden ~** indebitarsi; **sich in Unkosten ~** darsi a spese pazze *fam;* **sich ins Verderben ~** rovinarsi; **sich auf die Zeitung ~** buttarsi sul giornale.

Sturzflug *m* (volo *m* in) picchiata *f.* **Sturzhelm** *m* casco *m* di protezione.

Stute ['ʃtu:tə] ‹-, -n› *f* cavalla *f,* giumenta *f; (Kamel~)* cammella *f; (Esel~)* asina *f.*

Stuttgart ['ʃtʊtgart] *n* Stoccarda *f.*

Stütze ['ʃtʏtsə] ‹-, -n› *f* **1.** *(zur Unterstützung)* appoggio *m,* sostegno *m,* supporto *m; (Halt)* sostegno *m,* appoggio *m;* **2.** *(Pfeiler)* pilastro *m; (für Baum)* tutore *m;* **3.** *fig (Hilfe)* aiuto *m; (Haushaltshilfe)* domestica *f.*

stutzen[1] ['ʃtʊtsən] *tr (kürzen, beschneiden)* (r)accorciare, tagliare; *(Hecke)* potare; *(Haare, Bart)* spuntare; *(Flügel)* tarpare; *(Schwanz)* mozzare.

stutzen[2] ['ʃtʊtsən] *itr (erstaunt innehalten)* rimanere sorpreso, fermarsi; *(zögern)* esitare.

Stutzen ['ʃtʊtsən] ‹-s, -› *m* **1.** *(kurzes Gewehr)* carabina *f,* moschetto *m;* **2.** *(Wadenstrumpf)* calzettone *m;* **3.** *tec (Ansatzrohr)* raccordo *m.*

stützen ['ʃtʏtsən] **I.** *tr (ab~)* puntellare; *fig* sostenere; **II.** *rfl:* **sich ~** appoggiarsi (*auf* a); *(auf etw. beruhen)* basarsi (*auf* su).

stutzig *a:* **~ machen** sorprendere; *(argwöhnisch machen)* insospettire; **~ werden** essere (*o.* rimanere) sorpreso.

Stützpunkt *m* base *f.*

StVO *ab von* **Straßenverkehrsordnung** C.(d.)S. (*ab von* Codice della Strada).

Styropor® [ʃtyro'po:ɐ̯ *o.* st...] ‹-s, ø› *n* polistirolo *m* espanso.

s. u. *ab von* **siehe unten** v.s. (*ab von* vedi sotto).

Subjekt [zʊp'jɛkt] ‹-(e)s, -e› *n* **1.** *gram, philos* soggetto *m;* **2.** *pej* individuo *m;* **übles ~** cattivo soggetto.

subjektiv [...'ti:f] *a* soggettivo.

Subjektivität [...tivi'tɛ:t] ‹-, ø› *f* soggettività *f.*

Subskribent(in) [zʊbskri'bɛnt(ɪn)] ‹-en, -en› *m(f)* sottoscrittore, -trice *m, f.*

subskribieren [...'bi:rən] ‹*ohne ge-*› **I.** *tr* sottoscrivere; **II.** *itr:* **auf etw. ~** sottoscrivere qc.

Subskriptionspreis [zʊpskrɪp-'tsi̯o:ns-] *m* prezzo *m* di sottoscrizione.

substantiell [zʊpstan'tsi̯ɛl] *a* sostanziale.

Substantiv ['zʊpstanti:f *o.* ...'ti:f] ‹-s, -e› *n* sostantivo *m.*

Substanz [zʊp'stants] ‹-, -en› *f* **1.** *(Stoff, Wesen)* sostanza *f;* **2.** *(Besitz)* sostanze *f pl,* averi *m pl;* **von der ~ leben** vivere del proprio.

subtil [zʊp'ti:l] *a* **1.** *(zart, fein)* sottile; **2.** *(kompliziert, schwierig)* complesso, complicato.

Subtilität [...tili'tɛ:t] ‹-, -en› *f* **1.** ‹*sing*› *(Feinheit)* finezza *f;* **2.** *(Spitzfindigkeit)* sottigliezza *f;* **3.** *(Schwierigkeit)* complessità *f,* complicazione *f.*

subtrahieren [zʊptra'hi:rən] ‹*ohne ge-*› *tr* sottrarre.

Subtraktion [...trak'tsi̯o:n] ‹-, -en› *f* sottrazione *f.*

subtropisch ['zʊptro:pɪʃ *o.* ...'tro:...] *a* subtropicale.

Subvention [zʊpvɛn'tsi̯o:n] ‹-, -en› *f* sovvenzione *f.*

subventionieren [...tsi̯o'ni:rən] ‹*ohne ge-*› *tr* sovvenzionare.

subversiv [zʊpvɛr'zi:f] *a* sovversivo.

Suchaktion *f* ricerche *f pl.* **Suchdienst** *m* servizio *m* di ricerche.

Suche ['zu:xə] ‹-, *rar* -n› *f* ricerca *f;*

auf der ~ nach etw. sein essere alla ricerca di qc; **auf die ~ nach etw. gehen** andare alla ricerca di qc.

suchen ['zu:xən] *tr, itr* cercare; *(forschen nach)* ricercare; **nach jdm/etw. ~** cercare qu/qc; **bei jdm Rat ~** chiedere consiglio a qu; **Streit mit jdm ~** cercare brighe con qu; **für sofort gesucht** *(Stellenanzeige)* cercasi per assunzione immediata; **was hast du hier zu ~?** che fai qui?, che vuoi?

Sucher ‹-s, -› *m* **1.** *(Mensch)* cercatore *m;* **2.** *fot* mirino *m.*

Suchgerät *n* rivelatore *m.*

Sucht [zʊxt] ‹-, ⸚e› *f* **1.** *med* assuefazione *f* (*nach* a); **2.** *fig* mania *f* (*nach* di); *(nach Vergnügungen, Erfolg)* smania *f* (*nach* di).

süchtig ['zʏçtɪç] *a* **1.** *(rauschgift~)* tossicomane; *(alkohol~, nikotin~)* schiavo (di), dedito (a); **2.** *(versessen, begierig)* avido. **Süchtige** ‹ein -r, -n, -n› *mf (Rauschgift~)* tossicomane *mf; (Alkohol~)* alcolizzato, -a *m, f; (Nikotin~)* gran fumatore, -trice *m, f.* **Süchtigkeit** ‹-, ø› *f (Rauschgift~)* tossicomania *f; (Alkohol~, Nikotin~)* dedizione *f* (a).

Süd- ['zy:t-] *(in Zusammensetzungen)* del sud, meridionale. **Südafrika** *n* Sudafrica *m.* **Südamerika** *n* America *f* del Sud (*o.* meridionale), Sudamerica *m.* **Südasien** *n* Asia *f* del Sud (*o.* meridionale). **süddeutsch** *a* della Germania meridionale. **Süddeutsche** *mf* tedesco, -a *m, f* meridionale. **Süddeutschland** *n* Germania *f* del Sud (*o.* meridionale).

Sudelei [zu:də'la̲i] ‹-, -en› *f (Gesudel)* pasticcio *m fam; (beim Schreiben, Malen)* scarabocchi *m pl.*

sudeln ['zu:dəln] *itr (schmieren)* insudiciare; *(beim Schreiben)* scarabocchiare.

Süden ['zy:dən] ‹-s, ø› *m* (*ab* **S**) sud *m,* meridione *m; (Gebiet)* sud *m;* **im ~ von** a sud di; **nach ~** verso il sud; **von ~** dal sud; **in den ~ reisen** andare al sud.

Südeuropa *n* Europa *f* del Sud. **Südfrüchte** *f pl* frutti *m pl* tropicali, agrumi *m pl.* **Südhang** *m* versante *m* meridionale. **Süditalien** *n* Italia *f* del Sud (*o.* meridionale), Meridione *m.* **Süditalienier(in)** *m(f)* (italiano, -a *m, f)* meridionale *mf.* **süditalienisch** *a* meridionale. **Südländer(in)** [-lɛndɐ (...ərɪn)] ‹-s, -› *m(f)* abitante *mf* dei paesi mediterranei. **südländisch** *a* mediterraneo.

südlich **I.** *a* meridionale, australe; **in ~er Richtung** verso sud; **II.** *prp gen* a sud (*gen* di); **III.** *adv:* **~ von** a sud di.

Südostasien [-'ʔa:zi̯ən] *n* sud-est *m* asiatico.

Südost(en) [-'ʔɔstən] *m* (*ab* **SO**) sud-est *m.*

südöstlich [-'ʔœstlɪç] *a* meridionale; **~ von ...** a sud-est di ...

Südpol *m* polo *m* sud (*o.* antartico). **Südsee** *f* Mari *m pl* del Sud, Pacifico *m* meridionale. **Südtirol** *n* Sudtirolo *m,* Alto Adige *m.*

Südwesten [-'vɛstən] *m* (*ab* **SW**) sud-ovest *m.*

Südwester [-'vɛstɐ] ‹-s, -› *m (Hut)* sud-ovest *m.*

südwestlich [-'vɛstlɪç] *a* sudoccidentale; **~ von ...** a sud-ovest di ...

Südwind *m* vento *m* meridionale.

Suff [zʊf] ‹-(e)s, ø› *m fam (Betrunkenheit)* ubriachezza *f; (Trunksucht)* alcolismo *m;* **sich dem ~ ergeben** darsi all'alcool; **im ~** in stato d'ubriachezza.

süffig ['zʏfɪç] *a* gradevole, abboccato.

suggerieren [zʊge'ri:rən] ‹*ohne ge-*› *tr* suggerire.

Suggestion [zʊgɛs'ti̯o:n] ‹-, -en› *f* suggestione *f.*

suggestiv [...'ti:f] *a* suggestivo. **Suggestivfrage** *f* domanda *f* suggestiva.

suhlen ['zu:lən] *rfl:* **sich ~** voltolarsi *fam.*

Sühne ['zy:nə] ‹-, -n› *f geh* **1.** *rel* espiazione *f;* **2.** *allg. (Strafe)* punizione *f;* **3.** *jur* riconciliazione *f.*

sukzessiv [zʊkt̲sɛ'si:f] *a* graduale.

Sulfat [zʊl'fa:t] ‹-(e)s, -e› *n* solfato *m.*

Sulfid [zʊl'fi:t] ‹-(e)s, -e› *n* solfuro *m.*

Sulfit [zʊl'fi:t] ‹-s, -e› *n* solfito *m.*

Sultan ['zʊlta:n] ‹-s, -e› *m* sultano *m.*

Sultanine [zʊlta'ni:nə] ‹-, -n› *f* sultanina *f.*

Sülze ['zʏlt̲sə] ‹-, -n› *f* aspic *f.*

summarisch [zʊ'ma:rɪʃ] *a* sommario; **etw. ~ darstellen** illustrare qc per sommi capi.

Summe ['zʊmə] ‹-, -n› *f* somma *f.*

summen ['zʊmən] **I.** *itr (Insekt, Motor)* ronzare; *(Mensch)* canticchiare; **II.** *tr (Lied)* canticchiare.

Summer ‹-s, -› *m el* cicalino *m.*

summieren [zʊ'mi:rən] ‹*ohne ge-*› **I.** *tr* sommare; **II.** *rfl:* **sich ~** sommarsi.

Sumpf [zʊmp̲f] ‹-(e)s, ⸚e› *m* palude *f; (a. fig)* pantano *m.* **Sumpfgas** *n* metano *m.* **sumpfig** *a* paludoso, pantanoso.

Sünde ['zʏndə] ‹-, -n› *f* peccato *m;* **sie haßte ihn wie die ~** lo odiava a morte. **Sündenbock** *m* capro *m* espiatorio; **jdn zum ~ machen** addossare

tutte le colpe a qu. **Sündenfall** *m* peccato *m* originale.
Sünder(in) ‹-s, -› *m(f)* peccatore, -trice *m, f.*
sündig *a* peccaminoso.
sündigen *itr rel, fig* peccare.
super ['zu:pɐ] ‹*inv*› *a sl* fantastico. **Super(benzin** *n*) ‹-(s), ø› *n* benzina *f* super, super *f fam.*
Superlativ ['zu:pɐlati:f] ‹-s, -e› *m* superlativo *m.*
Supermacht *f* superpotenza *f.* **Supermarkt** *m* supermercato *m.*
Super-8-Film [zu:pɐ'ʔaxt-] *m* film *m* superotto. **Super-8-Kamera** *f* superotto *m.*
Suppe ['zʊpə] ‹-, -n› *f* minestra *f,* zuppa *f;* **die ~ auslöffeln** *fig fam* pagare il fio; **du hast dir die ~ selbst eingebrockt** *fig* l'hai voluto tu; **jdm die ~ versalzen** *fig* mettere i bastoni fra le ruote a qu *fam.* **Suppenfleisch** *n* carne *f* da brodo; *(zubereitet)* lesso *m.* **Suppengrün** ‹-s, ø› *n* odori *m pl.* **Suppenhuhn** *n* pollo *m* da lessare. **Suppenkelle** *f* mestolo *m.* **Suppenschüssel** *f* zuppiera *f.* **Suppenteller** *m* piatto *m* fondo. **Suppenterrine** *f* zuppiera *f.* **Suppenwürfel** *m* dado *m* per brodo.
Surfbrett *n* tavola *f* da surfing, surf *m.*
surfen ['sə:fən] *itr* praticare il surf. **Surfen** ‹-s, ø› *n* surfing *m.*
Surfer(in) ‹-s, -› *m(f)* surfista *mf.*
Surfing ['sə:fɪŋ] ‹-s, ø› *n s.* **Surfen.**
Surrealismus [zʊrea'lɪsmʊs] ‹-, ø› *m* surrealismo *m.*
surrealistisch [...'lɪstɪʃ] *a* surrealista.
surren ['zʊrən] *itr* **1.** ‹*haben*› *(Insekt)* ronzare; *(Motor)* rombare; **2.** ‹*sein*› *(sich bewegen)* muoversi.
Surrogat [zʊro'ga:t] ‹-(e)s, -e› *n* surrogato *m.*
Susanne [zu'zanə] *(weiblicher Vorname)* Susanna.
suspekt [zʊs'pɛkt] *a* sospetto; **das kommt mir ~ vor** ho i miei dubbi.
suspendieren [zʊspɛn'di:rən] ‹*ohne ge-*› *tr* sospendere.
süß [zy:s] *a* **1.** *(Geschmack)* dolce; **2.** *fig (lieblich, angenehm)* soave, piacevole, gradevole; *(Duft)* soave; **3.** *fig (niedlich, reizend)* carino, grazioso; **4.** *pej* sdolcinato; **träume ~!** sogni d'oro!
süßen *tr (zuckern)* addolcire, zuccherare; *(Nahrungsmittel)* dolcificare, edulcorare.
Süßholz *n* liquirizia *f;* **~ raspeln** *fig* fare il ruffiano (*o.* cascamorto).
Süßigkeiten *f pl* dolciumi *m pl.*
süßlich *a* **1.** *(Geschmack)* dolciastro; **2.** *pej (sentimental, kitschig)* sdolcinato; *(Film, Roman)* sciropposo; **3.** *pej (überfreundlich)* mellifluo.
Süßmost *m* mosto *m* dolce. **süßsauer** ['zy:s'zaʊɐ] *a* agrodolce. **Süßspeise** *f* dolce *m.* **Süßstoff** *m* sostanza *f* dolcificante. **Süßwaren** *f pl* dolciumi *m pl.* **Süßwasser** *n* acqua *f* dolce. **Süßwein** *m* vino *m* liquoroso.
SW *ab von* **Südwest(en)** S.O. (*ab von* sud-ovest).
Sweatshirt ['swɛtʃə:t] ‹-s, -s› *n* pull *m* oversize.
SWF [ɛsve'ʔɛf] ‹-(s), ø› *m ab von* **Südwestfunk** *rete radiotelevisiva regionale della R.F.T. con sede a Baden-Baden.*
Sylvia ['zɪlvi̯a] *s.* **Silvia.**
Symbiose [zʏm'bi̯o:zə] ‹-, -n› *f* simbiosi *f.*
Symbol [zʏm'bo:l] ‹-s, -e› *n* simbolo *m* (*für* di). **symbolisch** *a* simbolico.
symbolisieren [...bolizi:rən] ‹*ohne ge-*› *tr* simboleggiare.
Symmetrie [zʏme'tri:, ...i:ən] ‹-, -n› *f* simmetria *f.* **Symmetrieachse** *f* asse *m* di simmetria.
symmetrisch [zʏ'me:trɪʃ] *a* simmetrico.
Sympathie [zʏmpa'ti:, ...i:ən] ‹-, -n› *f* simpatia *f.* **Sympathiekundgebung** *f* manifestazione *f* di solidarietà.
Sympathisant(in) [...ti'zant(in)] ‹-en, -en› *m(f)* simpatizzante *mf.*
sympathisch [...'pa:tɪʃ] *a* simpatico; **das ~e Nervensystem** il simpatico.
sympathisieren [...ti'zi:rən] ‹*ohne ge-*› *itr* simpatizzare (*mit* con).
Symphonie [zʏmfo'ni:] *f s.* **Sinfonie.**
Symptom [zʏmp'to:m] ‹-s, -e› *n* sintomo *m.*
symptomatisch [...to'ma:tɪʃ] *a* sintomatico (*für* di).
Synagoge [zyna'go:gə] ‹-, -n› *f* sinagoga *f.*
synchron [zʏn'kro:n] *a phys, el, mot* sincrono; *ling* sincronico.
synchronisieren [zʏnkroni'zi:rən] ‹*ohne ge-*› *tr* sincronizzare; *film* doppiare, sincronizzare.
Synchronisation [zʏnkroniza'tsi̯o:n] ‹-, -en› *f,* **Synchronisierung** ‹-, -en› *f* sincronizzazione *f.*
Syndikat [zʏndi'ka:t] ‹-(e)s, -e› *n com (Kartell)* cartello *m,* sindacato *m; (Verbrecher~)* racket *m.*
Synode [zy'no:də] ‹-, -n› *f* sinodo *m.*
synonym [zyno'ny:m] *a* sinonimo, sinonimico. **Synonym** ‹-s, -e› *n* sinonimo *m.*
syntaktisch [zʏn'taktɪʃ] *a* sintattico.
Syntax ['zʏntaks] ‹-, -en› *f* sintassi *f.*

Synthese [zʏn'te:zə] *f* sintesi *f*.
synthetisch [...'te:tɪʃ] *a* sintetico.
Syphilis ['zy:fɪlɪs] ‹-, ø› *f* sifilide *f*.
Syrakus [zyra'ku:s] *n* Siracusa *f*.
Syrer(in) ['zy:rɐ (...ərɪn)] ‹-s, -› *m(f)* siriano, -a *m, f*.
Syrien ['zy:ri̯ən] *n* Siria *f*.
Syrier(in) ‹-s, -› *m(f) s.* **Syrer(in).**
syrisch *a* siriano.
System [zʏs'te:m] ‹-s, -e› *n* sistema *m*.
systematisch [zʏste'ma:tɪʃ] **I.** *a* sistematico; **II.** *adv* in modo sistematico.
systematisieren [...mati'zi:rən] ‹*ohne ge*› *tr* sistematizzare.
Systemkritiker(in) *m(f) pol* critico *m* del sistema.
Szene ['st̲se:nə] ‹-, -n› *f theat, film, fig* scena *f; sl (Drogen~, Jazz~, etc.)* scena *f*, ambiente *m;* **jdm eine ~ machen** fare una scenata a qu *fam;* **in ~ setzen** *theat, fig* inscenare; *fig* orchestrare. **Szenenwechsel** *m* cambiamento *m* di scena.
Szenerie [st̲senə'ri:, ...i:ən] ‹-, -n› *f* scenario *m*.
szenisch *a* scenico.

T

T, t [te:] ‹-, -(s)› *n* T, t *f;* **T wie Theodor** T come Torino.
t *ab von* **Tonne** t (*ab von* tonnellata).
Tabak ['ta:bak *o.* 'tabak] ‹-s, -e› *m* tabacco *m.* **Tabakhändler(in)** *m(f)* commerciante *mf* di tabacco. **Tabaksbeutel** *m* borsa *f* per tabacco. **Tabaksdose** *f* tabacchiera *f.* **Tabakspfeife** *f* pipa *f.* **Tabaksteuer** *f* imposta *f* sul tabacco. **Tabakwaren** *f pl* tabacchi *m pl.*
tabellarisch [tabɛ'la:rɪʃ] *a* in forma di tabella; **~er Lebenslauf** curriculum vitae tabellare.
Tabelle [ta'bɛlə] ‹-, -n› *f* tabella *f,* tavola *f.*
Tablett [ta'blɛt] ‹-(e)s, -s *o. rar* -e› *n* vassoio *m.*
Tablette [ta'blɛtə] ‹-, -n› *f* compressa *f.*
tabu [ta'bu:] ‹*inv*› *a* tabù. **Tabu** ‹-s, -s› *n* tabù *m.*
Tacho ['taxo] ‹-s, -s› *m fam* tachimetro *m.* **Tachometer** [-'me:tɐ] ‹-s, -› *m o. n* tachimetro *m.*
Tadel ['ta:dəl] ‹-s, -› *m* biasimo *m,* rimprovero *m,* ammonimento *m,* riprovazione *f.* **tadellos** *a* irreprensibile, impeccabile; *(einwandfrei)* impeccabile; *(vollkommen)* perfetto.
tadeln *tr* biasimare, rimproverare. **tadelnswert** *a* biasimevole, riprovevole.
Tafel ['ta:fəl] ‹-, -n› *f* **1.** *(Platte)* tavola *f,* lastra *f,* piastra *f; (kleine, a. Schokoladen~)* tavoletta *f; (dünne ~)* lamina *f;* **2.** *geh (Eßtisch)* tavola *f;* **3.** *(Anschlag~)* albo *m;* **4.** *(Schild)* insegna *f;* **5.** *(Tabelle)* tavola *f* (sinottica), prospetto *m;* **die ~ aufheben** levare le mense *geh obs.*
täfeln ['tɛ:fəln] *tr* pannellare; *(mit Holz)* rivestire di legno.
Tafelobst *n* frutta *f* da tavola. **Tafelrunde** *f* tavolata *f; (von Herrscher)* tavola *f* rotonda. **Tafelsilber** *n* posate *f pl* d'argento.
Täfelung ‹-, -en› *f* rivestimento *m* di tavole, pannellatura *f.*
Taft [taft] ‹-(e)s, -e› *m* taffettà *m.*
Tag [ta:k] ‹-(e)s, -e› *m (Zeiteinheit, ~eslicht)* giorno *m; (im Verlauf)* giornata *f;* **jeden zweiten ~** ogni due giorni; **alle acht ~e** ogni otto giorni; **vor acht ~en** otto giorni fa; **in acht ~en** fra otto giorni; **heute/Sonntag in acht ~en** oggi a otto/domenica prossima; **am folgenden ~** il giorno seguente; **auf seine alten ~e** alla sua età; **bei ~e** di giorno; **den ganzen ~ (lang** *o.* **über)** tutto il giorno; **den lieben langen ~** *fam* tutto il santo giorno *fam;* **dieser ~e** in questi giorni; **in den nächsten ~en** nei prossimi giorni; **eines schönen ~es** un bel giorno; **seit dem ~, als ...** dal giorno in cui ...; **über ~e** a giorno, a cielo aperto; **unter ~e** in sotterraneo; **vom ersten ~ an** fin dal primo giorno; **von ~ zu ~** di giorno in giorno; **von einem ~ auf den anderen** da un giorno all'altro; **~ für ~** giorno per giorno; **~ und Nacht** giorno e notte; **an den ~ kommen** venire alla luce, rivelarsi; **in den ~ hinein leben** vivere alla giornata; **etw. an den ~ legen** mostrare qc, dimostrare qc; **jdm guten ~ sagen** dare il buon giorno a qu; **der ~ bricht an** spunta il giorno; **es ist heller ~** è giorno fatto; **es wird ~** si fa giorno; **guten ~!** buon giorno!; **man soll den ~ nicht vor dem Abend loben** *prov* non lodare il bel giorno innanzi sera *prov;* **das ist ein Unterschied wie ~ und Nacht** c'è una differenza come fra il giorno e la notte; **eines ~es** un giorno; **es ist noch nicht aller ~e Abend** *prov* chi vivrà, vedrà *prov;* **jeden ~** ogni giorno, tutti i giorni; **seine ~e haben** *fam* avere i propri giorni *fam,* avere le proprie cose *fam.*
tagaus [-'ʔaus] *adv:* **~, tagein** giorno per giorno, tutti i giorni.
Tagebau ‹-(e)s, -e› *m* scavo *m* a cielo aperto (*o.* a giorno). **Tagebuch** *n* diario *m;* **(über etw.) ~ führen** fare (*o.* scrivere) il diario (di qc). **Tagedieb** *m pej* fannullone *m fam.* **Tagegeld** *n* diaria *f.*
tagein [-'ʔain] *adv s.* **tagaus.**
tagelang *adv* per giorni interi.
tagen ['ta:gən] *itr* **1.** *(eine Tagung abhalten)* essere riuniti (*o.* in seduta), tenere seduta; **2.** *geh (Tag werden):* **es tagt** si fa giorno.
Tagesanbruch *m:* **bei ~** sul far del giorno; **vor ~** prima dell'alba. **Tagescreme** *f* crema *f* da giorno. **Tages-**

decke *f* copriletto *m.* **Tageseinnahme** *f* introito *m* giornaliero. **Tagesgericht** *n* piatto *m* del giorno. **Tagesgeschehen** *n* attualità *f pl.* **Tagesgespräch** *n* argomento *m* del giorno; **das ist (das) ~** tutti ne parlano. **Tageskurs** *m* quotazione *f* (*o.* cambio *m*) del giorno. **Tageslicht** *n* luce *f* del giorno; **ans ~ kommen** *fig* venire alla luce; **das ~ scheuen** avere qc da nascondere. **Tagesmutter** *f* madre *f* che bada ai bambini altrui. **Tagesnachrichten** *f pl* notizie *f pl* del giorno. **Tagesordnung** *f* ordine *m* del giorno; **an der ~ sein** *fig* essere all'ordine del giorno; **zur ~ übergehen** passare all'ordine del giorno. **Tagesschau** *f* telegiornale *m.* **Tagesumsatz** *m* entrate *f pl* giornaliere. **Tageszeit** *f* ora *f* (della giornata); **zu jeder ~** a tutte le ore; **zu jeder Tages- und Nachtzeit** in qualsiasi momento, sempre. **Tageszeitung** *f* quotidiano *m.*

tageweise *adv* a giornate. **Tagewerk** *n geh* lavoro *m* quotidiano.

Tagfalter *m* farfalla *f* diurna. **taghell** ['ta:k'hɛl] *a* chiaro come il giorno.

täglich ['tɛ:klɪç] **I.** *a* giornaliero, quotidiano, di ogni giorno; *(all~)* di tutti i giorni; **das ~e Brot** il pane quotidiano; **II.** *adv* giornalmente, al giorno; *(jeden Tag)* ogni giorno; **einmal ~** una volta al giorno.

tagsüber *adv* durante la giornata, di giorno.

tagtäglich ['ta:k'tɛ:klɪç] **I.** *a* quotidiano; **II.** *adv* tutti i giorni. **Tagundnachtgleiche** ['ta:kʔʊnt'naxtgla̯içə] ‹-, -n› *f* equinozio *m.*

Tagung ‹-, -en› *f (Kongreß)* congresso *m; (Sitzung)* sessione *f,* seduta *f.*

Taifun [ta̯i'fu:n] ‹-s, -e› *m* tifone *m.*

Taille ['taljə] ‹-, -n› *f* vita *f;* **auf ~ (gearbeitet)** sagomato a vita. **Taillenweite** *f* circonferenza *f* vita, vita *f.*

tailliert [tal'ji:e̯t] *a* sciancrato.

Takt¹ [takt] ‹-(e)s, -e› *m mus* tempo *m,* ritmo *m,* misura *f; a. allg. (Rhythmus, Tonfall)* cadenza *f;* **im ~ bleiben, den ~ halten** andare a tempo; **aus dem ~ kommen** andare fuori tempo; **den ~ schlagen** battere il tempo.

Takt² [takt] ‹-(e)s, ø› *m (Feingefühl)* tatto *m,* discrezione *f.* **Taktgefühl** *n* **1.** *mus* senso *m* del ritmo; **2.** *fig* tatto *m,* delicatezza *f.*

Taktik ['taktɪk] ‹-, -en› *f* tattica *f.* **Taktiker(in)** ‹-s, -› *m(f)* persona *f* che ha tattica. **taktisch** *a* tattico; *(mil a.)* operativo.

taktlos *a* privo di tatto, indelicato; **~ sein** mancare di tatto. **Taktlosigkeit** ‹-, -en› *f* mancanza *f* di tatto.

Taktstock *m* bacchetta *f* (del direttore d'orchestra). **Taktstrich** *m* sbarra *f* (di misura).

taktvoll *a* pieno di tatto, delicato; **~ sein** aver tatto.

Tal [ta:l] ‹-(e)s, ¨-er› *n* valle *f;* **zu ~ fahren** scendere a valle.

talabwärts [-'ʔapvɛrts̯] *adv* a valle.

Talar [ta'la:e̯] ‹-s, -e› *m* toga *f.*

talaufwärts [-'ʔa̯ufvɛrts̯] *adv* a monte.

Talent [ta'lɛnt] ‹-(e)s, -e› *n* talento *m.*

talentiert [...'ti:e̯t] *a* (pieno) di talento, dotato.

Taler ['ta:lɐ] ‹-s, -› *m* tallero *m.*

Talg [talk] ‹-(e)s, -e› *m* sego *m,* sevo *m,* sebo *m.* **Talgdrüse** *f* ghiandola *f* sebacea.

Talisman ['ta:lɪsman] ‹-s, -e› *m* talismano *m.*

Talkessel *m* conca *f* valliva.

Talk-Show ['tɔ:kʃoʊ] *f* talk-show *m.*

Talmi ['talmi] ‹-s, ø› *n* similoro *m; fig* paccottiglia *f.*

Talmud ['talmu:t] ‹-(e)s, -e› *m* talmud *m.*

Talsperre *f* (diga *f* di) sbarramento *m.* **Talstation** *f* stazione *f* a valle. **talwärts** [-vɛrts̯] *adv* a valle.

Tamburin [tambu'ri:n *o.* 'tam...] ‹-s, -e› *n* tamburello *m.*

Tampon ['tampɔn *o.* ...'po:n] ‹-s, -s› *m* tampax® *m,* assorbente *m* interno.

Tand [tant] ‹-(e)s, ø› *m geh, obs* cianfrusaglie *f pl,* gingilli *m pl.*

Tändelei [tɛndə'la̯i] ‹-, -en› *f obs, lit* trastullo *m,* flirt *m.*

tändeln ['tɛndəln] *itr (herumspielen)* baloccarsi, gingillarsi; *(schäkern)* celiare, folleggiare; *(flirten)* flirtare.

Tandem ['tandɛm] ‹-s, -s› *n* tandem *m.*

Tang [taŋ] ‹-(e)s, -e› *m* fuco *m.*

Tangente [taŋ'gɛntə] ‹-, -n› *f* tangente *f.*

tangieren [...'gi:rən] ‹*ohne ge-*› *tr* toccare.

Tank [taŋk] ‹-s, -s *o. rar* -e› *m* serbatoio *m,* cisterna *f.*

tanken I. *itr* fare benzina, fare rifornimento di benzina; **II.** *tr:* **(20 Liter) Benzin ~** fare rifornimento di (20 litri di) benzina.

Tanker ‹-s, -› *m* petroliera *f,* nave *f* cisterna.

Tankstelle *f* stazione *f* di rifornimento (*o.* di servizio), distributore *m.* **Tankwagen** *m mot* autocisterna *f; Eisenb.* carro *m* cisterna. **Tankwart** ‹-(e)s, -e› *m* benzinaio *m.*

Tanne ['tanə] ‹-, -n› *f* abete *m.* **Tannenbaum** *m* **1.** *fam (Tanne)* abete *m;* **2.** *(Weihnachtsbaum)* albero *m* di Natale. **Tannenholz** *n* legno *m* d'abete, abete *m.* **Tannennadel** *f* ago *m* d'abete. **Tannenzapfen** *m* pigna *f.*

Tante ['tantə] ‹-, -n› *f* zia *f.*

Tante-Emma-Laden [-'ɛma-] *m* negozietto *m* all'angolo.

Tantieme [tã'ti̯e:mə] ‹-, -n› *f* tantième *m.*

Tanz [tants̮] ‹-es, ¨-e› *m* ballo *m,* danza *f;* **jdn zum ~ auffordern** invitare qu a ballare. **Tanzabend** *m* serata *f* danzante.

tänzeln ['tɛnts̮əln] *itr ‹haben o. bei Fortbewegung sein›* abbozzare qualche passo di danza; ballonzolare; *(Pferd)* caracollare.

tanzen [tants̮ən] **I.** *itr* ballare, danzare; *(Mücken)* volteggiare; **II.** *tr* ballare.

Tänzer(in) ['tɛnts̮ɐ (...ərɪn)] ‹-s, -› *m(f)* ballerino, -a *m, f.*

Tanzfläche *f* pista *f* da ballo. **Tanzlokal** *n* dancing *m.* **Tanzmusik** *f* musica *f* da ballo. **Tanzpartner(in)** *m(f)* cavaliere *m,* dama *f.* **Tanzschritt** *m* passo *m* di danza. **Tanzschule** *f* scuola *f* di ballo. **Tanzstunde** *f* lezione *f* di ballo. **Tanztee** *m* tè *m* danzante.

Tapet [ta'pe:t] *n:* **etw. aufs ~ bringen** *fam* mettere qc sul tappeto *fam.*

Tapete [ta'pe:tə] ‹-, -n› *f* tappezzeria *f.* **Tapetentür** *f* porta *f* nascosta dalla tappezzeria. **Tapetenwechsel** *m fam* cambiamento *m* d'aria *fam.*

tapezieren [tape'ts̮i:rən] *‹ohne ge-› tr* tappezzare.

Tapezierer(in) ‹-s, -› *m(f)* tappezziere, -a *m, f,* decoratore, -trice *m, f.*

tapfer ['tapf̮ɐ] *a* bravo, valente, valoroso; *(mutig)* coraggioso; **sich ~ schlagen** battersi con coraggio. **Tapferkeit** ‹-, ø› *f* bravura *f,* valore *m;* coraggio *m.*

Tapir ['ta:pi:ɐ̯] ‹-s, -e› *m* tapiro *m.*

tappen ['tapən] *itr ‹sein›* andar tastoni; **im dunkeln ~** *fig* brancolare nel buio.

täppisch ['tɛpɪʃ] *a* goffo, maldestro.

Tara ['ta:ra, ...rən] ‹-, Taren› *f* tara *f.*

Tarantel ‹-, -n› *f* tarantola *f;* **wie von der ~ gestochen** come morso dalla tarantola.

Taren *pl von* **Tara.**

Tarent [ta'rɛnt] *n* Taranto *f.*

Tarif [ta'ri:f] ‹-s, -e› *m* tariffa *f.* **tariflich** *a* tariffario, tariffale. **Tariflohn** *m* salario *m* contrattuale. **Tarifpartner** *m pl* firmatari *m pl* di un accordo tariffario. **Tarifverhandlungen** *f pl* trattative *f pl* tariffarie. **Tarifvertrag** *m* contratto *m* collettivo di lavoro.

tarnen ['tarnən] *tr* mimetizzare, camuffare. **Tarnfarbe** *f* colore *m* mimetico.

Tarnung ‹-, -en› *f* mimetizzazione *f,* camuffamento *m.*

Tasche ['taʃə] ‹-, -n› *f* **1.** *(in Kleidungsstück)* tasca *f; (Westen~, Uhren~ a.)* taschino *m;* **2.** *(Hand~)* borsa *f,* borsetta *f; (Akten~, Schul~)* cartella *f; (Umhänge~, Pack~, Werkzeug~, Sattel~)* borsa *f; (Werkzeug~, Etui)* astuccio *m,* custodia *f;* **jdm auf der ~ liegen** vivere alle spalle di qu *fam;* **etw. in die ~ stecken** mettersi qc in tasca, intascare qc. **Taschenausgabe** *f* edizione *f* economica. **Taschenbuch** *n* libro *m* tascabile. **Taschendieb(in)** *m(f)* borsaiolo, -a *m, f,* borseggiatore, -trice *m, f.* **Taschengeld** *n* denaro *m* per piccole spese. **Taschenkrebs** *m* granciporro *m.* **Taschenlampe** *f* lampadina *f* tascabile. **Taschenmesser** *n* temperino *m,* coltellino *m.* **Taschenrechner** *m* calcolatrice *f* (tascabile). **Taschentuch** *n* fazzoletto *m* (da naso); **sich** *(dat)* **einen Knoten ins ~ machen** fare un nodo al fazzoletto. **Taschenuhr** *f* orologio *m* da tasca. **Taschenwörterbuch** *n* dizionario *m* tascabile.

Tasse ['tasə] ‹-, -n› *f* tazza *f;* **nicht alle ~n im Schrank haben** *fam* non avere tutti i venerdì *fam.*

Tastatur [tasta'tu:ɐ̯] ‹-, -en› *f* tastiera *f.*

tastbar *a* tastabile, palpabile, tangibile.

Taste ['tastə] ‹-, -n› *f* tasto *m.*

tasten ['tastən] **I.** *tr* tastare, palpare, toccare (con il dito); **II.** *itr* cercare a tastoni (*nach etw.* qc).

Tastentelefon *n* telefono *m* a tastiera.

Tastsinn *m* senso *m* del tatto, tatto *m.*

tat [ta:t] *1. u. 3. pers sing imp von* **tun.**

Tat [ta:t] ‹-, -en› *f (Handlung)* azione *f,* atto *m; (Helden~)* impresa *f* (eroica); *(gute ~)* opera *f* di bene; *(Un~)* misfatto *m;* **in der ~** infatti; **etw. in die ~ umsetzen** mettere in opera qc, attuare qc, realizzare qc. **Tatbestand** *m* stato *m* di fatto, fatti *m pl.* **Tatendrang** *m* slancio *m,* dinamismo *m.* **tatenlos I.** *a* inattivo, passivo; **II.** *adv:* **~ zusehen** stare a guardare.

Täter(in) ['tɛ:tɐ (...ərɪn)] ‹-s, -› *m(f) jur* autore, -trice *m, f,* colpevole *mf.*

tätig ['tɛ:tɪç] *a* attivo; **in einer S. ~ sein** *geh, adm* lavorare in qc; **er ist**

als **Bankkaufmann** ~ *geh* fa l'impiegato di banca, è impiegato in banca.
tätigen *tr* effettuare; **ein Geschäft** ~ concludere un affare.
Tätigkeit ‹-, -en› *f* attività *f; (von Maschine)* funzionamento *m;* **seine ~ einstellen** sospendere la propria attività; **in ~ treten** entrare in funzione. **Tätigkeitsbereich** *m* sfera *f* d'attività. **Tätigkeitsform** *f* forma *f* attiva. **Tätigkeitswort** ‹-(e)s, ⸚er› *n* verbo *m.*
Tatkraft *f* energia *f,* dinamismo *m.* **tatkräftig** *a* energico, dinamico; **jdn ~ unterstützen** dar manforte a qu.
tätlich ['tɛːtlɪç] *a:* ~ **werden** passare a vie di fatto. **Tätlichkeit** ‹-, -en› *f jur* vie *f pl* di fatto; **es kam zu ~en** si passò a vie di fatto.
Tatort *m* luogo *m* del reato (*o.* del delitto).
tätowieren [tɛto'viːrən] ‹*ohne ge-*› *tr* tatuare.
Tätowierung ‹-, -en› *f* tatuaggio *m.*
Tatsache *f* fatto *m,* realtà *f;* **auf Grund dieser ~** perciò, per questo; **~ ist, daß ...** sta di fatto che ..., la verità è che ...; **jdn vor vollendete ~n stellen** mettere qu di fronte ai fatti compiuti.
tatsächlich I. *a* effettivo, reale; **II.** *adv* in realtà, in effetti, di fatto.
tätscheln ['tɛtʃəln] *tr* accarezzare, dare colpetti a (*o.* su).
Tatze ['tatsə] ‹-, -n› *f* zampa *f.*
Tau[1] [tau̯] ‹-(e)s, ø› *m meteo* rugiada *f.*
Tau[2] [tau̯] ‹-(e)s, -e› *n mar* cavo *m,* gomena *f.*
taub [tau̯p] *a (Mensch)* sordo; *(Blüte, Gestein)* sterile; *(Ähre, Nuß)* vuoto; *(Körperteile)* insensibile, intorpidito; **sich ~ stellen** fare il sordo, fare orecchie da mercante *fam;* **auf einem Ohr/beiden Ohren ~ sein** essere sordo da un orecchio/da tutte due le orecchie.
Taube[1] ['tau̯bə] ‹ein -r, -n, -n› *mf* sordo, -a *m, f.*
Taube[2] ['tau̯bə] ‹-, -n› *f* piccione *m; poet* colomba *f.* **Taubenhaus** *n,* **-schlag** *m* piccionaia *m.*
Tauber, Täuber ['tau̯bɐ, 'tɔy̯bɐ] ‹-s, -› *m,* **Tauberich, Täuberich** [...bərɪç] ‹-s, -e› *m* piccione *m* maschio.
Taubheit ‹-, ø› *f* **1.** *(Gehörlosigkeit)* sordità *f;* **2.** *(von Körperteilen)* mancanza *f* di sensibilità, intorpidimento *m.* **Taubnessel** *f* ortica *f* bianca (*o.* rossa). **taubstumm** *a* sordomuto. **Taubstummensprache** *f* linguaggio *m* dei sordomuti.
tauchen ['tau̯xən] **I.** *tr* ‹*haben*› tuffare, immergere, intingere; **II.** *itr* ‹*haben o. sein*› tuffarsi, immergersi.
Taucher(in) ‹-s, -› *m(f) sport* sommozzatore, -trice *m, f; (mit Ausrüstung)* palombaro *m,* donna palombaro *f.* **Taucheranzug** *m* muta *f.* **Taucherausrüstung** *f* equipaggiamento *m* subacqueo. **Taucherbrille** *f* maschera *f* subacquea. **Taucherglocke** *f* campana *f* pneumatica. **Taucherhelm** *m* casco *m* da palombaro. **Taucherin** *f s.* **Taucher.**
Tauchsieder ‹-s, -› *m* bollitore *m* a immersione.
tauen ['tau̯ən] *itr* ‹*haben o. sein*› sgelarsi, sciogliersi; **es taut** disgela.
Tauern ['tau̯ɐn] ‹*pl*› (monti *m pl*) Tauri *m pl;* **Hohe/Niedere ~** Alti/Bassi Tauri.
Taufbecken *n* fonte *m* battesimale.
Taufe ['tau̯fə] ‹-, -n› *f* battesimo *m;* **etw. aus der ~ heben** *fig* fondare qc.
taufen *tr* battezzare.
Taufkapelle *f* battistero *m.*
Täufling ['tɔy̯flɪŋ] ‹-s, -e› *m* battezzando, -a *m, f.*
Taufpate *m,* **-patin** *f* padrino *m,* madrina *f* di battesimo. **Taufregister** *n* registro *m* dei battezzati.
taufrisch *a* fresco come una rosa.
Taufschein *m* certificato *m* di battesimo.
taugen ['tau̯gən] *itr* **1.** *(wert sein)* valere; **2.** *(geeignet sein)* essere buono (*o.* utile) (*zu* a), servire (*zu* a); **viel/wenig/etw. ~** valere molto/poco/qc; **nichts ~** non valere nulla. **Taugenichts** ‹- *o.* -es, -e› *m* buono *m* a nulla *fam,* perdigiorno *m fam.*
tauglich *a* atto, idoneo, conveniente, buono (*zu* a),; *(fähig)* capace (*zu* di); *mil* idoneo (al servizio di leva). **Tauglichkeit** ‹-, ø› *f* attitudine *f,* capacità *f.*
Taumel ['tau̯məl] ‹-s, ø› *m* **1.** *(Schwindel)* vertigine *f,* capogiro *m; (Benommenheit)* stordimento *m;* **2.** *(Rausch)* ebbrezza *f.* **taum(e)lig** *a* preso da vertigine, vacillante, titubante.
taumeln *itr* ‹*sein*› vacillare, barcollare, essere preso da vertigini.
Taunus ['tau̯nʊs] *m* Tauno *m.*
Tausch [tau̯ʃ] ‹-(e)s, -e› *m* scambio *m;* **im ~ gegen** in cambio di; **einen guten/schlechten ~ machen** fare uno scambio vantaggioso/svantaggioso.
tauschen I. *tr* cambiare (*gegen* con); scambiare (*gegen* con), barattare (*gegen* con); **II.** *itr* fare uno scambio; **ich möchte nicht mit ihm ~** non vorrei essere al suo posto.
täuschen ['tɔy̯ʃən] **I.** *tr* ingannare, im-

brogliare; **wenn mich nicht alles täuscht** se non mi sbaglio di grosso *fam;* **II.** *rfl:* **sich ~ 1.** *(sich irren)* ingannarsi, sbagliarsi (*über etw.* su qc, riguardo a qc); **2.** *(enttäuscht werden)* essere deluso; **ich kann mich auch ~** posso anche sbagliarmi; **wir haben uns alle sehr in ihr getäuscht** sul suo conto ci siamo tutti sbagliati di grosso *fam;* **III.** *itr:* **das täuscht** ciò inganna. **täuschend I.** *a* ingannevole, illusorio; **II.** *adv:* **sie sehen sich** *(dat)* **~ ähnlich** si somigliano in modo sorprendente.

Tauschhandel *m* baratto *m.* **Tauschobjekt** *n* oggetto *m* di scambio.

Täuschung ⟨-, -en⟩ *f* **1.** *(Betrug)* inganno *m,* imbroglio *m,* frode *f;* **2.** *(Irrtum)* errore *m,* sbaglio *m;* **optische ~** illusione *f* ottica. **Täuschungsmanöver** *n* finta *f* (manovra). **Täuschungsversuch** *m* tentativo *m* di frode.

tausend ['tauzənt] *(Zahlwort)* mille; **ungefähr ~** un migliaio; **einige/mehrere ~** alcune/parecchie migliaia; **~ und aber ~** migliaia e migliaia; **~ Dank!** *geh, scherz* grazie mille!; *s. a. vier, vierzig.*

Tausend[1] ['tauzənt] ⟨-s, -e⟩ *n (Maßeinheit)* migliaio *m; vom* **~** (*ab* **v. T.**) per mille; **zu ~en** a migliaia.

Tausend[2] ['tauzənt] ⟨-, -en⟩ *f* mille *m.*

Tausend-, tausend- *s. a. Vier-, vier-, Vierzig-, vierzig-.*

Tausender ⟨-s, -⟩ *m* **1.** *mat* migliaio *m;* **2.** *fam (Geldschein)* biglietto *m* da mille.

tausendfach *a* centuplicato; *s. a. vierfach.* **Tausendfüßler** [-fy:slɐ] ⟨-s, -⟩ *m* millepiedi *m.* **Tausendjahrfeier** [-'ja:ɐ̯-] *f* millenario *m.* **tausendjährig** *a* millenario. **tausendmal** *adv* mille volte.

Tausendsassa [-sasa] ⟨-s, -s⟩ *m fam* (piccolo) sottutto *m fam;* **er ist ein ~** lo si trova dappertutto come il prezzemolo.

tausendste *s.* **tausendste(r, s).**

Tausendstel ⟨-s, -⟩ *n* millesimo *m.*

tausendste(r, s) *a* millesimo, -a.

Tautropfen *m* goccia *f* di rugiada.

Tauwetter *n* tempo *m* di disgelo; **es ist ~** disgela.

Tauziehen ⟨-s, ø⟩ *n sport* tiro *m* della fune; *fig* braccio *m* di ferro.

Taxameter [taksa'me:tɐ] ⟨-s, -⟩ *m* tassametro *m.*

Taxe ['taksə] ⟨-, -n⟩ *f* **1.** *(Gebühr)* tassa *f,* tasso *m,* tariffa *f;* **2.** *(Mietauto) s.* **Taxi.**

Taxi ['taksi] ⟨-s, -s⟩ *n* tassì *m,* autopubblica *f;* **mit dem ~ kommen/nach Hause fahren** arrivare/andare a casa col tassì.

taxieren [ta'ksi:rən] ⟨*ohne ge-*⟩ *tr* stimare, valutare.

Taxifahrer(in) *m(f)* tassista *mf.* **Taxistand** *m* posteggio *m* di tassì.

Taxpreis *m* prezzo *m* stimato.

Tb(c) [te:'be: (te:be:'tse:)] *ab von* **Tuberkulose** TBC, tbc (*ab von* tubercolosi).

Team [ti:m] ⟨-s, -s⟩ *n* team *m.* **Teamwork** [-wə:k] ⟨-s, ø⟩ *n* lavoro *m* di équipe; **etw. im ~ machen** fare qc in équipe.

Technik ['tɛçnɪk] ⟨-, -en⟩ *f* tecnica *f.*

Techniker(in) ⟨-s, -⟩ *m(f)* **1.** tecnico, -a *m, f;* **2.** *(Fachmann)* specialista *mf.*

technisch *a* tecnico, meccanico; **aus ~en Gründen** per motivi tecnici; **infolge ~er Störungen** per guasti tecnici; **~er Ausdruck** termine tecnico; **T~e Hochschule** (*o.* **Universität**) (*ab* **TH, TU**) politecnico *m;* **~er Zeichner** disegnatore tecnico.

Techtelmechtel [tɛçtəl'mɛçtəl] ⟨-s, -⟩ *n fam* flirt *m,* amoretto *m.*

Teddybär ['tɛdi-] *m* orsacchiotto *m.*

Tee [te:] ⟨-s, -s⟩ *m* tè *m; (Aufguß von anderen Pflanzen)* infuso *m; (Kranken~)* tisana *f;* **einen im ~ haben** *fam* aver alzato un po' troppo il gomito *fam.*

TEE [te:ʔe:'ʔe:] ⟨-(s), -(s)⟩ *m ab von* **Trans-Europ-Express** T.E.E.

Teebeutel *m* bustina *f* di (*o.* del) tè. **Tee-Ei** *n* uovo *m* da tè. **Teegebäck** *n* biscotti *m pl* da tè. **Teekanne** *f* teiera *f.* **Teelöffel** *m* cucchiaino *m* da tè.

Teenager ['ti:nɛɪdʒə] ⟨-s, -⟩ *m* teenager *m.*

Teer [te:ɐ̯] ⟨-(e)s, -e⟩ *m* catrame *m.*

teeren ['te:rən] *tr* (in)catramare.

Teerpappe *f* cartone *m* catramato.

Teeservice *n* servizio *m* da tè. **Teesieb** *n* colino *m* per il tè. **Teestrauch** *m* pianta *f* del tè. **Teestube** *f* tea-room *m.* **Teewagen** *m* carrello *m.*

Teich [taiç] ⟨-(e)s, -e⟩ *m* stagno *m; (Fisch~)* peschiera *f.*

Teig [taik] ⟨-(e)s, -e⟩ *m* pasta *f;* **ausgerollter ~** sfoglia *f.* **teigig** ['taiɡɪç] *a* pastoso.

Teil [tail] ⟨-(e)s, -e⟩ *m o. n* parte *f;* **ich für mein(en) ~** per conto mio; **zum ~** (*ab* **z. T.**) in parte; **zu gleichen ~en** in parti uguali; **zum größten ~** per lo più; **sich** *(dat)* **sein ~ denken** avere delle idee ben precise in proposito. **Teilansicht** *f* veduta *f* parziale. **teil-**

bar *a* divisible. **Teilbetrag** *m* importo *m* parziale.

Teilchen ['tailçən] ‹-s, -› *n* **1.** *phys* particella *f;* **2.** *dial (Gebäckstück)* biscotto *m.*

teilen I. *tr* **1.** *(zer~, zerlegen)* dividere, separare; *mat* dividere; **2.** *(auf~, ver~)* dividere; **3.** *(Anteil nehmen an)* prendere parte a; condividere; **II.** *rfl:* **sich** ~ *(auseinandergehen, -fallen)* separarsi, staccarsi; *(Weg)* biforcarsi; **sich** *(dat)* **etw.** ~ dividersi qc, spartirsi qc.

teil·haben ‹*irr*› *itr* partecipare (*an* a), aver parte (*an* in). **Teilhaber(in)** ‹-s, -› *m(f) com* socio, -a *m, f.* **Teilkaskoversicherung** *f* casco *f* parziale.

Teilnahme [-na:mə] ‹-, ø› *f* **1.** *allg.* partecipazione *f* (*an* a); *(Mitarbeit)* cooperazione *f* (*an* a), collaborazione *f* (*an* a); *(an Verbrechen)* complicità *f* (*an* in), correità *f* (*an* in); **2.** *(Mitgefühl)* interesse *m,* interessamento *m,* simpatia *f; (Beileid)* condoglianze *f pl.* **teilnahmslos** *a* indifferente, insensibile, apatico. **Teilnahmslosigkeit** ‹-, ø› *f* indifferenza *f,* indolenza *f,* apatia *f.* **teil·nehmen** ‹*irr*› *itr* partecipare (*an* a), prendere parte (*an* a); *(an Arbeit)* cooperare (*an* a), collaborare (*an* a); *(an Verbrechen)* essere complice (*an* in, di); **an einem Lehrgang** ~ frequentare un corso. **Teilnehmer(in)** ‹-s, -› *m(f) allg., sport* partecipante *mf; tel* utente *mf,* abbonato, -a *m, f; (Verkehrs~)* utente *mf.*

teils *adv* in parte; ~ . . ., ~ . . . parte . . ., parte . . .; **~ blieben sie, ~ gingen sie** gli uni restarono, gli altri se ne andarono.

Teilsendung *f* spedizione *f* parziale. **Teilstrecke** *f* tratto *m.* **Teilstück** *n* pezzo *m,* parte *f.*

Teilung ‹-, -en› *f* spartizione *f,* divisione *f; (Spaltung, bes. scient)* scissione *f.* **Teilungsartikel** *m* articolo *m* partitivo.

teilweise I. *a* parziale; **II.** *adv* in parte, parzialmente. **Teilzahlung** *f* pagamento *m* parziale (*o.* rateale); **auf ~ kaufen** comprare a rate. **Teilzeitarbeit** *f* part time *m.* **teilzeitbeschäftigt** *a* che lavora part time (*o.* a mezzo tempo).

Teint [tɛ̃:] ‹-s, -s› *m* carnagione *f,* colorito *m.*

T-Eisen ['te:-] *n* ferro *m* a T.

Telefon ['te:lefo:n *o.* tele'fo:n] ‹-s, -e› *n* telefono *m;* **am** ~ al telefono; ~ **haben** avere il telefono; **Sie werden am ~ verlangt** è desiderato al telefono.

Telefonanruf *m* telefonata *f;* colpo *m* di telefono *fam.* **Telefonanschluß** *m* allacciamento *m* del telefono. **Telefonbuch** *n* elenco *m* telefonico. **Telefongebühren** *f pl* tassa *m* telefonica. **Telefongespräch** *n* conversazione *f* telefonica.

telefonieren [telefo'ni:rən] ‹*ohne ge-*› *itr* telefonare (*mit* a).

telefonisch [...'fo:nɪʃ] **I.** *a* telefonico; **II.** *adv* per telefono; **jdn ~ erreichen** raggiungere qu per telefono.

Telefonist(in) [...fo'nɪst(ɪn)] ‹-en, -en› *m(f)* telefonista *mf.*

Telefonleitung *f* linea *f* telefonica. **Telefonnetz** *n* rete *f* telefonica. **Telefonnummer** *f* numero *m* telefonico; **eine ~ wählen** comporre (*o.* formare) un numero telefonico. **Telefonrechnung** *f* bolletta *f* del telefono. **Telefonseelsorge** *f* telefono *m* amico. **Telefonverbindung** *f* collegamento *m* telefonico. **Telefonzelle** *f* cabina *f* telefonica. **Telefonzentrale** *f* centrale *f* telefonica.

telegen [tele'ge:n] *a* telegenico.

Telegraf [tele'gra:f] ‹-en, -en› *m* telegrafo *m.* **Telegrafenamt** *n* ufficio *m* telegrafico.

Telegrafie [telegra'fi:] ‹-, ø› *f* telegrafia *f;* **drahtlose** ~ telegrafia senza fili, radiotelegrafia *f.*

telegrafieren [...'fi:rən] ‹*ohne ge-*› **I.** *tr, itr* telegrafare; **II.** *itr* inviare un telegramma (*o.* un dispaccio).

telegrafisch [...'gra:fɪʃ] **I.** *a* telegrafico; **II.** *adv* telegraficamente, per telegrafo; ~ **überweisen** inviare per vaglia telegrafico; **~e Überweisung** vaglia telegrafico.

Telegramm [tele'gram] ‹-s, -e› *n* telegramma *m;* **ein ~ aufgeben** spedire un telegramma. **Telegrammadresse** *f* indirizzo *m* telegrafico. **Telegrammformular** *n* modulo *m* per telegramma. **Telegrammstil** *m* stile *m* telegrafico.

Teleobjektiv ['te:le-] *n* teleobiettivo *m.*

Telepathie [telepa'ti:] ‹-, ø› *f* telepatia *f.*

Teleskop [tele'sko:p] ‹-s, -e› *n* telescopio *m.*

Telespiel ['te:le-] *n* gioco *m* televisivo.

Telex ['te:lɛks] ‹-, -e› *n* **1.** *(Fernschreiben)* telex *m;* **2.** *(Fernschreiber)* telescrivente *f.*

Teller ['tɛlɐ] ‹-s, -› *m* piatto *m;* **flacher/tiefer ~** piatto piano/fondo. **Tellergericht** *n* piatto *m* con contorno. **Tellermine** *f* mina *f* piatta.

Tellerwärmer ‹-s, -› *m* scaldapiatti *m.*
Tempel ['tɛmpəl] ‹-s, -› *m* tempio *m.*
Temperafarbe ['tɛmpəra-] *f* colore *m* a tempera.
Temperament [tɛmpəra'mɛnt] ‹-(e)s, -e› *n* **1.** *allg.* temperamento *m;* **2.** *(Lebhaftigkeit)* vivacità *f; (Schwung)* brio *m; (Feuer)* temperamento *m* focoso; **3.** *(Gemütsart)* carattere *m.* **temperamentvoll** *a* **1.** *(lebhaft)* vivace; **2.** *(schwungvoll)* pieno di brio, esuberante.
Temperatur [tɛmpəra'tuːɐ̯] ‹-, -en› *f* temperatura *f;* ~ **haben** avere un po' di febbre; **die** ~ **messen** misurare la temperatura. **Temperaturanstieg** *m* aumento *m* della temperatura. **Temperaturschwankung** *f* oscillazione *f* della temperatura. **Temperatursturz** *m* abbassamento *m* della tamparatura.
temperieren [tɛmpə'riːrən] ‹*ohne ge-*› *tr* **1.** *(Wasser, Heizung)* regolare la temperatura di; *(Wein)* chambrer; **2.** *geh fig* temperare.
Tempo ['tɛmpo, ...pos *o.* ...pi] ‹-s, -s *o. mus* Tempi› *n mus, sport* tempo *m; (Geschwindigkeit a.)* andatura *f; sport* passo *m,* velocità *f;* **in hohem** ~ a tutta velocità; ~**!** *fam* forza, sbrigati (*o.* sbrigatevi)! *fam.* **Tempolimit** *n* limite *m* di velocità.
Tendenz [tɛn'dɛnt͜s] ‹-, -en› *f* tendenza *f;* **steigende/fallende** (*o.* **sinkende**) ~ tendenza al rialzo/al ribasso.
tendenziös [...'t͜si̯øːs] *a* tendenzioso, parziale.
Tendenzwende *f* mutamento *m* di orientamento.
tendieren [tɛn'diːrən] ‹*ohne ge-*› *itr* tendere (*zu* verso).
Tenne ['tɛnə] ‹-, -n› *f* aia *f.*
Tennis ‹-, ø› *n* tennis *m.*
Tennis- *(in Zusammensetzungen)* da (*o.* di) tennis. **Tennisball** *m* palla *f* (*o.* pallina *f*) da tennis. **Tennisklub** *m* circolo *m* di tennis. **Tennisplatz** *m* campo *m* da tennis. **Tennisschläger** *m* racchetta *f* da tennis. **Tennisspiel** *n* incontro *m* di tennis. **Tennisspieler(in)** *m(f)* tennista *mf,* giocatore, -trice *m, f* di tennis. **Tennisturnier** *n* torneo *m* di tennis.
Tenor[1] ['teːnɔr] ‹-s, ø› *m (Wortlaut, Sinn)* tenore *m.*
Tenor[2] [te'noːɐ̯] ‹-s, ⸚e› *m mus* tenore *m.*
Teppich ['tɛpɪç] ‹-s, -e› *m* tappeto *m;* **auf dem** ~ **bleiben** *fam* guardare in faccia la realtà, mantenersi nei limiti. **Teppichboden** *m* moquette *f.* **Teppichklopfer** *m* battipanni *m.* **Teppichstange** *f* barra *f* per stendere i tappeti.
Termin [tɛr'miːn] ‹-s, -e› *m (festgesetzter Tag)* termine *m,* data *f; (Frist)* scadenza *f;* **einen** ~ **anberaumen** *jur* fissare un termine (giudiziario); **einen** ~ **einhalten** rispettare un termine; **einen** ~ **versäumen** lasciar passare una data. **termingemäß, -gerecht** *a* puntuale, tempestivo. **Terminkalender** *m* agenda *f.*
Terminologie [tɛrminolo'giː, ...iːən] ‹-, -n› *f* terminologia *f.*
Terminplanung *f* fissare *m* il calendario degli appuntamenti. **Terminschwierigkeiten** *f pl* impegni *m pl* assunti in precedenza.
Termite [tɛr'miːtə] ‹-, -n› *f* termite *f.* **Termitenhügel** *m* termitaio *m.*
Terpentin [tɛrpɛn'tiːn] ‹-s, -e› *n* trementina *f.* **Terpentinöl** *n* olio *m* di trementina, acqua *f* ragia.
Terrain [tɛ'rɛ̃ː] ‹-s, -s› *n* terreno *m;* **das** ~ **sondieren** sondare il terreno.
Terrakotta [tɛra'kɔta, ...tən] ‹-, -kotten› *f* terracotta *f.*
Terrarium [tɛ'raːri̯um, ...i̯ən] ‹-s, -rien› *n* terrario *m.*
Terrasse [tɛ'rasə] ‹-, -n› *f* **1.** *arch* terrazza *f;* **2.** *geol* terrazzo *m.* **terrassenförmig** [-fœrmɪç] *a, adv* a terrazze, a gradinate.
Terrier ['tɛri̯ɐ] ‹-s, -› *m* fox-terrier *m.*
Terrine [tɛ'riːnə] ‹-, -n› *f* terrina *f.*
territorial [tɛrito'ri̯aːl] *a* territoriale.
Territorium [...'toːri̯um, ...i̯ən] ‹-s, -rien› *n* territorio *m.*
Terror ['tɛrɔr *o.* 'tɛroːɐ̯] ‹-s, ø› *m* terrore *m.* **Terroranschlag** *m* attentato *m* terroristico.
terrorisieren [tɛrori'ziːrən] ‹*ohne ge-*› *tr* terrorizzare.
Terrorismus [...'rɪsmʊs] ‹-, ø› *m* terrorismo *m.*
Terrorist(in) [...'rɪst(ɪn)] ‹-en, -en› *m(f)* terrorista *mf.*
terroristisch *a* terrorista.
Terz [tɛrt͜s] ‹-, -en› *f* terza *f.*
Terzett [tɛr't͜sɛt] ‹-(e)s, -e› *n* terzetto *m.*
Tesafilm® ['teːza-] *m* scotch® *m.*
Tessin [tɛ'siːn] *n* Ticino *m.*
Test [tɛst] ‹-(e)s, -s *o.* -e› *m* test *m; chem, tec* controllo *m.*
Testament [tɛsta'mɛnt] ‹-(e)s, -e› *n* testamento *m;* **sein** ~ **machen** fare testamento; **ohne** ~ **sterben** morire senza aver fatto testamento; **eigenhändiges** ~ testamento olografo; **das Alte/Neue** ~ il Vecchio/Nuovo Testamento.

testamentarisch [...'ta:rɪʃ] **I.** *a* testamentario; **II.** *adv* per testamento.
Testamentseröffnung *f* apertura *f* del testamento. **Testamentsvollstrecker(in)** ‹-s, -› *m(f)* esecutore, -trice *m, f* testamentario, -a.
Testbild *n TV* monoscopio *m.* **Testperson** *f* soggetto *m.* **Testpilot(in)** *m(f) aero* pilota *mf* collaudatore. **Testreihe** *f* serie *f* di test.
teuer ['tɔ̯ʏɐ] *a* **1.** *(kostspielig)* caro, costoso; **2.** *geh (lieb)* caro; **etw. ~ bezahlen** pagare caro qc; **teurer werden** rincarare; **das ist mir zu ~** per me è troppo caro; **das wird dich ~ zu stehen kommen** ti costerà caro *fam;* **wie ~ ist das?** quanto costa?
Teufel ['tɔ̯ʏfəl] ‹-s, -› *m* diavolo *m;* **jdn zum ~ jagen** mandare qu al diavolo (*o.* all'inferno) *fam;* **er hat den ~ im Leib, ihn reitet der ~** ha il diavolo in corpo *fam;* **das müßte mit dem ~ zugehen, wenn ...** a meno che non ci abbia messo lo zampino il diavolo se ...; **zum ~!** accidenti! *fam,* al diavolo! *fam;* **zum ~ mit ...!** che vada al diavolo ...!*fam;* **scher dich zum ~!** vattene al diavolo! *fam;* **den ~ an die Wand malen** *fam* fare l'uccello del malaugurio *fam;* **jdn zum ~ wünschen** *fam* mandare qu al diavolo (*o.* all'inferno *fam*) *fam;* **damit kommt man in ~s Küche** *fam* così ci si mette nei pasticci *fam;* **pfui ~!** *fam* puah, che schifo! *fam;* **wo/wie/wann zum ~?** *fam* accidenti! dove/come/quando?; **er ist ein armer ~** è un povero diavolo *fam.* **Teufelskerl** *m fam* uomo *m* in gamba *fam,* diavolo *m* d'un uomo *fam.* **Teufelskreis** *m* circolo *m* vizioso.
teuflisch ['tɔ̯ʏflɪʃ] *a* diabolico.
Text [tɛkst] ‹-(e)s, -e› *m allg.* testo *m;* *(Wortlaut)* contenuto *m;* *(von Lied)* parole *f pl;* *(von Oper)* libretto *m.* **Textaufgabe** *f* quesito *m.* **Textbuch** *n* libretto *m* (d'opera). **Textdichter(in)** *m(f)* paroliere, -a *m, f,* librettista *mf.*
Texter(in) ‹-s, -› *m(f)* *(von Werbetexten)* pubblicitario, -a *m, f;* *(von Schlagertexten)* paroliere, -a *m, f.*
Textilfaser [tɛks'ti:l-] *f* fibra *f* tessile.
Textilien [tɛks'ti:li̯ən] ‹*pl*› tessili *m pl;* *Textilindustrie f* industria *f* tessile.
Textverarbeitung *f* elaborazione *f* testi, word-processing *m;* **elektronische ~** elaborazione ellettronica (dei) testi.
TH [te:'ha:] ‹-, -s› *f ab von* **Technische Hochschule** Università *f* Tecnica, Politecnico *m.*
Thai¹ [tai̯] ‹-(s), -(s)› *m s.* **Thailänder.**
Thai² [tai̯] ‹-, ø› *n* tailandese *m.*
Thailand ['tai̯lant] *n* Tailandia *f.*
Thailänder(in) [...lɛndɐ (...ərɪn)] ‹-s, -› *m(f)* tailandese *mf.*
Thea ['te:a] *(weiblicher Vorname)* Tea.
Theater [te'a:tɐ] ‹-s, -› *m* teatro *m;* **ins ~ gehen** andare a teatro; **~ machen** *fam* fare (tante) storie *fam;* **~ spielen** *fig* fare la commedia; **das ist alles nur ~** *fam* è tutta scena *fam.* **Theateraufführung** *f* rappresentazione *f.* **Theaterabonnement** *n* abbonamento *m* per il teatro. **Theaterbesuch** *m* andare *m* a teatro. **Theaterbesucher(in)** *m(f)* frequentatore, -trice *m, f* di teatri. **Theaterdirektor(in)** *m(f)* direttore, -trice *m, f* di (*o.* del) teatro. **Theaterferien** ‹*pl*› vacanze *f pl* teatrali. **Theaterkarte** *f* biglietto *m* d'ingresso al teatro. **Theaterkasse** *f* cassa *f* del teatro, botteghino *m.* **Theaterstück** *n* lavoro *m* teatrale.
theatralisch [tea'tra:lɪʃ] *a* teatrale.
Theke ['te:kə] ‹-, -n› *f (Schanktisch)* banco *m* (di osteria); *(Ladentisch)* banco *m* (di vendita).
Thema ['te:ma, ...mən *o.* ...mata] ‹-s, Themen *o.* -ta› *n* tema *m;* *(Gesprächs~)* soggetto *m,* argomento *m;* **vom ~ abbringen** distogliere dall'argomento; **vom ~ abkommen** scostarsi dall'argomento; **das ~ wechseln** cambiare argomento.
Themse ['tɛmzə] *f* Tamigi *m.*
Theo(dor) ['te:o(do:ɐ̯)] *(männlicher Vorname)* Teo(doro).
Theologe [teo'lo:gə] ‹-n, -n› *m,* **Theologin** [...gɪn] *f* teologo, -a *m, f.*
Theologie [...lo'gi:, ...i:ən] ‹-, -n› *f* teologia *f.*
Theologin *f s.* **Theologe.**
theologisch [...'lo:gɪʃ] *a* teologico.
theoretisch [teo're:tɪʃ] **I.** *a* teorico; **II.** *adv* in teoria.
Theorie [teo'ri:, ...i:ən] ‹-, -n› *f* teoria *f.*
Therapeut(in) [tera'pɔ̯ʏt(ɪn)] ‹-en, -en› *m(f)* terapeuta *mf.* **therapeutisch** *a* terapeutico.
Therapie [...'pi:, ...i:ən] ‹-, -n› *f* terapia *f.*
Therese [te're:zə] *(weiblicher Vorname)* Teresa.
Thermalbad [tɛr'ma:l-] *n* bagno *m* termale. **Thermalquelle** *f* sorgente *f* termale.
Thermodynamik [tɛrmo-] *f* termodinamica *f.*
Thermometer [tɛrmo'me:tɐ] ‹-s, -› *n* termometro *m.* **Thermometer-**

stand *m* altezza *f* della colonna termometrica.

Thermosflasche® ['tɛrmɔs-] *f* thermos *m.*

Thermostat [tɛrmo'sta:t] ⟨-(e)s, *o.* -en, -e(n)⟩ *n* termostato *m.*

These ['te:zə] ⟨-, -n⟩ *f* tesi *f.*

Thomas ['to:mas] *(männlicher Vorname)* Tommaso.

Thriller ['θrɪlə] ⟨-s, -⟩ *m* giallo *m.*

Thrombose [trɔm'bo:zə] ⟨-, -n⟩ *f* trombosi *f.*

Thron [tro:n] ⟨-(e)s, -e⟩ *m* trono *m;* **den ~ besteigen** salire al trono. **Thronbesteigung** *f* avvento *m* al trono.

thronen *itr* troneggiare.

Thronerbe *m,* **-erbin** *f,* **Thronfolger(in)** ⟨-s, -⟩ *m(f)* erede *mf* al trono. **Thronfolge** *f* successione *f* al trono. **Thronrede** *f* discorso *m* della corona.

Thunfisch ['tu:n-] *m* tonno *m.*

Thurgau ['tu:ɐ̯gau̯] *m* Turgovia *f.*

Thüringen ['ty:rɪŋən] *n* Turingia *f.*

Thymian ['ty:mi̯a:n] ⟨-s, -e⟩ *m* timo *m.*

Tiber ['ti:bɐ] *m* Tevere *m.*

Tick [tɪk] ⟨-(e)s, -s⟩ *m* ticchio *m,* mania *f.*

ticken ['tɪkən] *itr* fare tic tac; **nicht richtig ~** *fam* non avere tutti i venerdì *fam.* **Ticken** ⟨-s, ø⟩ *n* ticchettio *m,* tic tac *m.*

ticktack ['tɪk'tak] *interj* tic tac.

tief [ti:f] **I.** *a* **1.** *(nicht flach, a. fig)* profondo; **2.** *(nicht hoch)* basso; **3.** *mus* grave; **4.** *(Farbe)* carico, profondo, intenso; **er hat eine sehr ~e Stimme** ha una voce molto profonda; **im ~sten Australien** nel cuore dell'Australia; **im ~sten Winter** in pieno inverno; **in ~er Trauer** in gran(de) lutto; **II.** *adv* **1.** *(~ unten)* in basso; **2.** *(stark)* molto, profondamente; **bis ~ in die Nacht hinein** fino a notte inoltrata; **ein ~ ausgeschnittenes Kleid** un vestito molto scollato; **~ atmen** respirare profondamente; **~ gesunken sein** *fig* essere caduto molto in basso *fam.*

Tief ⟨-s, -s⟩ *n* **1.** *meteo* bassa pressione *f;* **2.** *naut* passo *m* navigabile.

Tiefbau ⟨-(e)s, ø⟩ *m* costruzione *f* sotto il livello del suolo.

tiefbewegt *a* profondamente commosso.

Tiefdruck¹ ⟨-(e)s, -e⟩ *m typ* rotocalco *m.*

Tiefdruck² ⟨-(e)s, ø⟩ *m meteo* bassa pressione *f.* **Tiefdruckgebiet** *n* zona *f* di bassa pressione. **Tiefdruckkeil** *m* fronte *m* della perturbazione.

Tiefe ['ti:fə] ⟨-, -n⟩ *f* profondità *f.*

Tiefebene *f* bassopiano *m.*

Tiefenpsychologie *f* psicologia *f* del profondo. **Tiefenschärfe** *f* profondità *f* di campo. **Tiefenwirkung** *f* effetto *m* in profondità.

Tiefflug *m* volo *m* radente (*o.* a bassa quota); **im ~** a volo radente. **Tiefgang** *m* **1.** *naut* pescaggio *m;* **2.** *fig* profondità *f.* **Tiefgarage** *f* autorimessa *f* sotterranea, garage *m* sotterraneo. **tiefgefroren, tiefgekühlt** *a* surgelato. **tiefgreifend, tiefgründig** [-grʏndɪç] *a* profondo. **Tiefkühlkost** *f* prodotti *m pl* surgelati. **Tiefkühltruhe** *f* congelatore *m.* **Tieflader** ⟨-s, -⟩ *m* autocarro *m* a telaio abbassato. **Tiefland** ⟨-(e)s, -e *o.* ⸚er⟩ *n* bassopiano *m.* **Tiefpunkt** *m* punto *m* più basso, livello *m* minimo. **Tiefschlag** *m* colpo *m* basso. **tiefschürfend** *a* profondo. **Tiefsee** *f* profondità *f pl* marine. **Tiefseefauna** *f* fauna *f* abissale. **Tiefseegraben** *m* fossa *f* oceanica. **Tiefsinn** *m* **1.** *(Gedankentiefe)* profondità *f* (di pensiero); **2.** *(Schwermut)* malinconia *f.* **tiefsinnig** *a* **1.** *(tiefgründig)* profondo, pensoso; **2.** *(schwermütig)* malinconico. **Tiefstand** *m* livello *m* basso, depressione *f.*

Tiegel ['ti:gəl] ⟨-s, -⟩ *m* padella *f,* tegame *m; (Schmelz~)* crogiolo *m.*

Tier [ti:ɐ̯] ⟨-(e)s, -e⟩ *n* animale *m,* bestia *f;* **hohes ~** *fam* pezzo *m* grosso *fam.* **Tierart** *f* specie *f* animale. **Tierarzt** *m,* **-ärztin** *f* veterinario, -a *m, f.* **tierärztlich** *a* veterinario. **Tierbändiger(in)** ⟨-s, -⟩ *m(f)* domatore, -trice *m, f.* **Tierfreund(in)** *m(f)* amante *mf* degli animali, zoofilo *m.* **Tiergarten** *m* zoo *m,* giardino *m* zoologico.

tierisch *a* **1.** animale; **2.** *fig pej* brutale, bestiale; **3.** *sl (sehr)* molto; **~er Ernst** *fam* grande serietà.

Tierkreiszeichen *n* segno *m* zodiacale. **Tierliebe** *f* amore *m* per gli animali. **Tierpark** *m s.* **Tiergarten. Tierquäler(in)** ⟨-s, -⟩ *m(f)* tormentatore, -trice *m, f* di animali. **Tierquälerei** *f* maltrattamento *m* di animali. **Tierquälerin** *f s.* **Tierquäler. Tierreich** *n* regno *m* animale. **Tierschützer(in)** ⟨-s, -⟩ *m(f)* protettore, -trice *m, f* di animali. **Tierschutzverein** *m* associazione *f* per la protezione degli animali. **Tierversuch** *m* esperimento *m* sugli animali. **Tierwelt** *f* mondo *m* animale.

Tiger(in) ['ti:gɐ (-gərɪn)] ⟨-s, -⟩ *m(f)* tigre *f o. m.*

Tilde ['tɪldə] ⟨-, -n⟩ *f* tilde *m o. f.*

tilgbar *a* ammortizzabile, estinguibile, riscattabile.
tilgen ['tɪlgən] *tr* **1.** *geh (beseitigen)* cancellare (*aus* da); **2.** *fin* ammortizzare.
Tilgung ‹-, -en› *f* **1.** *geh (Beseitigung)* cancellazione *f;* **2.** *fin* ammortamento *m.*
Tinktur [tɪŋk'tu:ɐ̯] ‹-, -en› *f* tintura *f.*
Tinte ['tɪntə] ‹-, -n› *f* inchiostro *m;* **mit ~ schreiben** scrivere con l'inchiostro; **in der ~ sitzen** *fam* trovarsi in un brutto impiccio *fam,* essere nei guai. **Tintenfaß** *n* calamaio *m.* **Tintenfisch** *m* seppia *f.* **Tintenfleck** *m* macchia *f* d'inchiostro. **Tinten(radier)gummi** *m* gomma *f* da inchiostro.
Tip [tɪp] ‹-s, -s› *m fam* cenno *m;* **ein guter ~** un buon consiglio; **ein todsicherer ~** un consiglio sicuro al cento per cento; **gib mir mal einen ~, wie ...** dammi un po' un consiglio su come ...
Tippelbruder ['tɪpəl-] *m fam scherz* vagabondo *m.*
tippen ['tɪpən] **I.** *tr, itr* **1.** *(klopfen)* dare un colpetto (*an* a, su); **2.** *fam (maschineschreiben)* scrivere a macchina; **er kann nicht an den anderen ~** *fam* non può misurarsi con l'altro; **jdn (***o.* **jdm) auf die Schulter ~** dare un colpetto sulla spalla a qu; **II.** *itr fam (wetten)* puntare (*auf* su); **im Lotto ~** riempire la schedina, giocare al lotto.
Tippfehler *m fam* errore *m* di battuta. **Tippschein** *m,* **-zettel** *m* schedina *f* (del totocalcio).
tipptopp ['tɪp'tɔp] *a fam* perfetto, impeccabile.
Tirol [ti'ro:l] *n* **1.** *(österreichisch)* Tirolo *m;* **2.** *(italienisch)* Alto Adige *m.* **Tiroler(in)** ‹-s, -› *m(f)* tirolese *mf.*
Tisch [tɪʃ] ‹-(e)s, -e› *m* tavolo *m; (Eß~)* tavola *f;* **bei ~** a tavola; **den ~ decken** apparecchiare la tavola; **die Entscheidungen wurden wieder einmal am grünen ~ getroffen** le decisioni furono prese nuovamente a tavolino (senza cognizione di causa); **etw. unter den ~ fallen lassen** *fig fam* fare passare qc sotto silenzio; **getrennt von ~ und Bett leben** vivere separati di letto e di mensa; **mit etw. reinen ~ machen** *fam* fare piazza pulita di qc *fam;* **sich an den gedeckten ~ setzen** *fig fam* trovare la minestra scodellata *fam;* **so, das wäre vom ~!** *fam* (bene,) questo sarebbe sistemato! **Tischbein** *n* gamba *f* del tavolo. **Tischdame** *f* vicina *f* di tavola. **Tischdecke** *f* tovaglia *f.* **Tischende** *n:* **oberes/unteres ~** estremità *f* superiore/inferiore della tavola. **Tischfußball** *m* calcetto *m.* **Tischgebet** *n (vor dem Essen)* benedicite *m; (nach dem Essen)* preghiera *f* di ringraziamento, grazie *f pl.* **Tischgesellschaft** *f* tavolata *f.* **Tischherr** *m* vicino *m* di tavola. **Tischkarte** *f* segnaposto *m* (a tavola). **Tischlampe** *f* lampada *f* da tavolo.
Tischler(in) ['tɪʃlɐ (...ərɪn)] ‹-s, -› *m(f)* (donna *f*) falegname *m.*
tischlern **I.** *itr* fare il falegname, fare lavori da falegname; **II.** *tr fam* fare.
Tischordnung *f* disposizione *f* dei posti (a tavola). **Tischplatte** *f* piano *m* della tavola. **Tischrede** *f* discorso *m* conviviale, brindisi *m.* **Tischtennis** *n* tennis *m* da tavolo, ping-pong *m.* **Tischtennisplatte** *f* tavolo *m* da ping-pong. **Tischtuch** *n* tovaglia *f.* **Tischwäsche** *f* biancheria *f* da tavola. **Tischwein** *m* vino *m* da pasto.
Titel ['ti:təl] ‹-s, -› *m* titolo *m.* **Titelbild** *n* **-blatt** *n* frontespizio *m.* **Titelhalter(in)** *m(f)* detentore, -trice *m, f* del titolo. **Titelrolle** *f* parte *f* del(la) protagonista, ruolo *m* principale. **Titelverteidiger(in)** *m(f)* difensore, difenditrice *m, f* del titolo.
titulieren [titu'li:rən] ‹*ohne ge-*› *tr* chiamare, trattare, dare (*als* di + *Artikel).*
Toast[1] [to:st] ‹-(e)s, -e *o.* -s› *m (Brot)* toast *m.*
Toast[2] [to:st] ‹-(e)s, -e *o.* -s› *m (Trinkspruch)* brindisi *m.*
Toastbrot *n (getoastetes Brot)* toast *m; (Brot zum Toasten)* pane *m* per toast.
toasten[1] *tr (Brot)* tostare.
toasten[2] *itr (Trinkspruch ausbringen)* fare un brindisi.
Toaster ‹-s, -› *m* tostapane *m.*
toben ['to:bən] *itr* **1.** *(wüten)* essere furioso, essere scatenato, (*o.* fuori di sé), dimenarsi; *(Schlacht)* infuriare, imperversare; *(Gewitter)* brontolare; **2.** *(ausgelassen spielen)* scatenarsi, strepitare.
Tobias [to'bi:as] *(männlicher Vorname)* Tobia.
Tobsucht *f* furore *m,* pazzia *f* furiosa. **tobsüchtig** *a* furibondo, pazzo furioso.
Tochter ['tɔxtɐ] ‹-, ¨-er› *f* figlia *f.* **Tochtergesellschaft** *f* società *f* affiliata, filiale *f.*
Tod [to:t] ‹-(e)s, *rar* -e› *m* morte *f; adm (Ableben)* decesso *m; poet*

(Hinscheiden) trapasso *m;* **bei seinem ~e** alla sua morte; **dem ~ ins Auge sehen** vedere la morte da vicino; **eines gewaltsamen/natürlichen ~es sterben** morire di morte violenta/naturale; **jdn zum ~e verurteilen** condannare qu a morte; **ich kann ihn auf den ~ nicht ausstehen** *fam* mi è antipatico da morire *fam;* **sich** *(dat)* **den ~ holen** prendersi una malattia mortale; **sich zu ~e schämen** vergognarsi a morte; **zu ~e erschrocken sein** essere spaventato a morte. **todbringend** *a* mortale, letale. **todernst** ['to:tˀɛrnst] *a* molto serio, serissimo.

Todesangst *f* angoscia *f* mortale; **Todesängste ausstehen** essere in preda a un'angoscia mortale. **Todesanzeige** *f (in Zeitung)* annuncio *m* mortuario; *(als Brief)* partecipazione *f* di morte. **Todesfall** *m* decesso *m.* **Todeskampf** *m* agonia *f.* **Todeskandidat(in)** *m(f)* candidato, -a *m, f* alla morte. **todesmutig** *a* intrepido, eroico. **Todesopfer** *n* vittima *f,* morto *m.* **Todesstrafe** *f* pena *f* capitale (*o.* di morte). **Todestag** *m* **1.** *(Sterbetag)* giorno *m* della morte; **2.** *(Gedenktag)* anniversario *m* della morte. **Todesursache** *f* causa *f* della morte. **Todesurteil** *n* sentenza *f* capitale, condanna *f* a morte. **Todesverachtung** *f* disprezzo *m* della morte; **mit ~** *fam scherz* con grande eroismo, superando se stesso.

todfeind ['to:t'fa͜int] ‹*inv*› *a:* **sich** *(dat)* **~ sein** essere acerrimo nemico (*o.* mortale) di qu. **Todfeind** ['to:tfa͜int] *m* nemico *m* mortale (*o.* giurato). **todkrank** ['to:t'kraŋk] *a* mortalmente malato, in fin di vita.

tödlich ['tø:tlɪç] **I.** *a* mortale; **II.** *adv* mortalmente, a morte; **~ verunglücken** morire in un incidente; **~ verletzt** (*o.* **verwundet**) ferito mortalmente.

todmüde ['to:t'my:də] *a* stanco morto. **todschick** ['to:t'ʃɪk] *a fam* molto chic. **todsicher** ['to:t'zɪçɐ] *a fam* assolutamente certo (*o.* sicuro), sicurissimo. **Todsünde** *f* peccato *m* mortale. **todtraurig** ['to:t'tra͜urɪç] *a* desolato. **todunglücklich** ['to:tˀʊnglʏklɪç] *a fam* terribilmente infelice.

Töff [tœf] ‹-s, -s› *m o. n CH* moto *f.*

Tohuwabohu [to:huva'bo:hu] ‹-(s), -s› *n* caos *m,* quarantotto *m,* confusione *f.*

Toilette [to̯a'lɛtə] ‹-, -n› *f* toilette *f,* to(e)letta *f; (WC a.)* gabinetto *m;* **in großer ~** *geh* in pompa magna *geh;* **~ machen** *geh* fare toletta *geh.* **Toilettenartikel** *m* articolo *m* da toletta. **Toilettenpapier** *n* carta *f* igienica.

toi, toi, toi *interj* in bocca al lupo *fam,* tocca ferro *fam.*

Tokio ['to:ki̯o] *n* Tokio *f,* Tokyo *f.*

tolerant [tole'rant] *a* tollerante. **Toleranz** [...'rants̮] ‹-, *rar* -en› *f* tolleranza *f.*

tolerieren [...'ri:rən] ‹*ohne ge-*› *tr* tollerare.

toll [tɔl] *a* **1.** *(irr)* matto, pazzo; **2.** *fam (herrlich)* formidabile, fantastico, sensazionale; **es zu ~ treiben** farla (troppo) grossa; **ein ~er Bursche** (*o.* **Kerl)** *fam* un tipo in gamba *fam.*

Tolle ‹-, -n› *f* ciuffo *m* (di capelli).

Tollkirsche *f* belladonna *f.* **tollkühn** *a* temerario, audace. **Tollkühnheit** *f* temerarietà *f.* **Tollwut** *f* rabbia *f.* **tollwütig** [-vy:tɪç] *a* rabbioso.

Tolpatsch ['tɔlpatʃ] ‹-(e)s, -e› *m fam* rompitutto *m fam,* tanghero *m.* **tolpatschig** *a fam* goffo, impacciato.

Tölpel ['tœlpəl] ‹-s, -› *m pej* balordo *m,* tanghero *m,* zoticone *m fam.*

Tomate [to'ma:tə] ‹-, -n› *f* pomodoro *m;* **~n auf den Augen haben** *sl scherz* avere gli occhi bendati. **Tomatenketchup** *m o. n* ketchup *m.* **Tomatenmark** *n* concentrato *m* di pomodoro. **Tomatensuppe** *f* minestra *f* di pomodori.

Tombola ['tɔmbola, ...las *o.* ...lən] ‹-, -s *o.* -bolen› *f* tombola *f.*

Tomographie [tomogra'fi:, ...i:ən] ‹-, -n› *f med* tomografia *f.*

Ton[1] [to:n] ‹-(e)s, -e› *m geol* argilla *f; (Werkstoff)* creta *f;* **gebrannter ~** terracotta *f.*

Ton[2] [to:n] ‹-(e)s, ¨-e› *m* tono *m; (Klang a.)* suono *m; gram* accento *m;* **ohne einen ~ zu sagen** senza proferir parola, senza dir verbo; **den ~ angeben** dare il tono; *fig* dominare; **einen anderen ~ anschlagen** *fig* cambiare tono; **keinen ~ von sich** *(dat)* **geben** non dire una parola, non aprir bocca; **ich brachte keinen ~ heraus** mi venne meno la parola, non riuscii a proferir parola; **ich verbitte mir diesen ~!** non permetto che si usi questo tono con me!; **wenn Sie in diesem ~ reden** se la prende su questo tono; **der ~ macht die Musik** *prov* quello che conta è il modo in cui si dicono le cose; **der gute ~** le buone maniere; **hast du Töne!** *fam* è incredibile!; **jdn/etw. in den höchsten Tönen loben** *fam* lodare qu/qc a tutto spiano *fam;* **~ in ~** tono su tono, nella stessa tonalità. **Tonabnehmer** ‹-s,

-› *m* pick-up *m.* **tonangebend** *a* che dà il tono. **Tonarchiv** *n* nastroteca *f.* **Tonarm** *m* braccio *m* del pick-up. **Tonart** *f* tonalità *f.* **Tonaufnahme** *f* registrazione *f* del suono. **Tonband** ‹-(e)s, ¨-er› *n* **1.** *(Magnetband)* nastro *m* magnetico; **2.** *(~gerät)* registratore *m.* **Tonbandaufnahme** *f* registrazione *f.* **Tonbandgerät** *n* magnetofono *m* (*o.* registratore *m*) a nastro.

tönen[1] ['tø:nən] *itr (klingen)* s(u)onare, ris(u)onare.

tönen[2] ['tø:nən] *tr (färben)* colorare, sfumare.

Tonerde *f* allumina *f;* **essigsaure ~** acetato *m* d'alluminio.

tönern ['tø:nɐn] *a* d'(*o.* in) argilla.

Tonfall *m* inflessione *f; (Rhythmus)* cadenza *f.* **Tonfilm** *m* film *m* sonoro.

Tongefäß *n* vaso *m* di terracotta.

Tonhöhe *f* altezza *f* del suono.

Tonic(wasser *n)* ['tɔnɪk] ‹-(s), -s› *n* acqua *f* brillante.

Toningenieur(in) *m(f)* tecnico, -a *m, f* del suono. **Tonkamera** *f* cinepresa *f* sonora. **Tonkopf** *m* testina *f.*

Tonkrug *m* brocca *f* di terracotta.

Tonlage *f s.* **Tonhöhe. Tonleiter** *f* scala *f* musicale, gamma *f.* **tonlos** *a* atono; *(Stimme)* afono, spento.

Tonnage [tɔ'na:ʒə] ‹-, -n› *f* tonnellaggio *m.*

Tonne ['tɔnə] ‹-, -n› *f* **1.** *(Faß)* botte *m,* barile *m,* fusto *m;* **2.** (*ab* **t**) *(1000 kg)* tonnellata *f.* **Tonnengewölbe** *n* volta *f* a botte. **tonnenweise** *adv* a tonnellate, a bizzeffe *fam.*

Tonregler *m* regolatore *m* di tono. **Tonspur** *f* solco *m.* **Tonstörung** *f* interferenza *f* acustica. **Tonstreifen** *m* colonna *f* (*o.* banda *f*) sonora. **Tonstudio** *n* studio *m* di registrazione.

Tonsur [tɔn'zu:ɐ̯] ‹-, -en› *f* tonsura *f.*

Tontaubenschießen ‹-s, ø› *n* tiro *m* al piattello.

Tontechniker(in) *m(f)* tecnico, -a *m, f* del suono. **Tonträger** *m* portante *m* audio.

Tönung ‹-, -en› *f* **1.** *(Vorgang)* colorazione *f;* **2.** *(Ergebnis)* tonalità *f,* tinta *f.*

Tonwiedergabe *f* riproduzione *f* del suono.

top-, Top- [tɔp-] *(in Zusammensetzungen)* top.

Topas [to'pa:s] ‹-es, -e› *m* topazio *m.*

Topf [tɔp̮f] ‹-(e)s, ¨-e› *m* vaso *m; (Koch~)* pentola *f; (Nacht~)* vaso *m* da notte; **alles in einen ~ werfen** *fam* fare di ogni erba un fascio *fam,* mettere tutto nello stesso calderone *fam.*

Töpfchen ['tœp̮fçən] ‹-s, -› *n* vasetto *m; fam (Nachttopf)* vaso *m* da notte.

Topfen ['tɔp̮fən] ‹-s, ø› *m A (Quark)* ricotta *f.*

Töpfer(in) ['tœp̮fɐ (...ərɪn)] ‹-s, -› *m(f)* vasaio, -a *m, f,* ceramista *mf.*

Töpferei [tœp̮fə'ra̯i] ‹-, -en› *f* bottega *f* (*o.* fabbrica *f*) di ceramiche.

Töpferin *f s.* **Töpfer.**

Töpferscheibe *f* tornio *m* del vasaio. **Töpferwaren** *f pl* ceramiche *f pl.*

topfit ['tɔp'fɪt] *a fam* in perfetta forma.

Topfkuchen *m* focaccia *f.* **Topflappen** *m* presina *f,* presa *f.*

Topform *f fam:* **in ~ sein** essere in forma smagliante.

Topfpflanze *f* pianta *f* in vaso.

Topmanagement *n* top-management *m.* **Topmodell** *n* fotomodella *f* top.

Topographie [topogra'fi:, ...i:ən] ‹-, -n› *f* topografia *f.*

topographisch [...'gra:fɪʃ] *a* topografico.

Tor[1] [to:ɐ̯] ‹-(e)s, -e› *n* **1.** *(große Tür)* porta *f,* portone *m;* **2.** *sport* rete *f,* gol *m;* **ein ~ schießen** segnare (una rete), fare un gol; **im ~ stehen** stare in porta.

Tor[2] [to:ɐ̯] ‹-en, -en› *m obs, poet* stolto *m,* folle *m.*

Toreinfahrt *f* portone *m,* porta *f* carraia.

Torf [tɔrf] ‹-(e)s, ø› *m* torba *f;* **~ stechen** scavare (*o.* estrarre) torba. **Torfgewinnung** *f* estrazione *f* di torba. **Torfmull** *m* terriccio *m* torboso.

Torheit ‹-, -en› *f* stoltezza *f,* follia *f.*

Torhüter(in) *m(f)* portiere, -a *m, f.*

töricht ['tø:rɪçt] *a* folle, insensato, stolto.

torkeln ['tɔrkəln] *itr* ‹*haben o. bei Fortbewegung sein*› *fam* vacillare, barcollare.

Torlinie *f* linea *f* della porta.

Tornado [tɔr'na:do] ‹-s, -s› *m* tornado *m.*

Tornister [tɔr'nɪstɐ] ‹-s, -› *m (bes. mil)* zaino *m; (von Schüler)* cartella *f* (a zaino).

torpedieren [tɔrpe'di:rən] ‹*ohne ge-*› *tr* silurare.

Torpedo [...'pe:do] ‹-s, -s› *m* siluro *m.*

Torpfosten *m sport* montante *m* della porta. **Torschlußpanik** *f fam* panico *m* dell'ultima ora. **Torschütze** *m* cannoniere *m.*

Torso ['tɔrzo, ...zos *o.* ...zi] ‹-s, -s *o.* -si› *m* torso *m.*

Torte ['tɔrtə] ‹-, -n› *f* torta *f.* **Tortenboden** *m* fondo *m* di torta. **Torten-**

guß *m* glassa *f.* **Tortenheber** *m* paletta *f* per dolci. **Tortenplatte** *f* piatto *m* da dolce.
Tortur [tɔr'tu:ɐ̯] ⟨-, -en⟩ *f* tortura *f.*
Torwart [-vart] ⟨-(e)s, -e⟩ *m* portiere *m.* **Torweg** *m s.* **Toreinfahrt.**
tosen ['to:zən] *itr* mugghiare, rumoreggiare, strepitare. **tosend** *a (Beifall)* fragoroso.
Toskana [tɔs'ka:na] *f* Toscana *f.*
tot [to:t] *a* **1.** morto; *(verstorben)* defunto; *adm* deceduto; **2.** *fig (leblos)* inanimato, senza vita; *(regungslos, ausgestorben, öde)* deserto; *(unwirksam)* inerte; **das Telefon ist ~** il telefono è staccato; **das T~e Meer** il Mare Morto; **er war auf der Stelle ~** morì sul colpo; **klinisch ~ sein** essere clinicamente morto; **~er Punkt** punto morto; **ein ~es Rennen** una corsa indecisa; **~er Winkel** angolo morto; **~ umfallen** cadere morto.
total [to'ta:l] *a* totale. **Totalausverkauf** *m* liquidazione *f* totale.
totalitär [totali'tɛ:ɐ̯] *a* totalitario.
Totalität [...'tɛ:t] ⟨-, ø⟩ *f* totalità *f.*
Totalschaden *m* danno *m* totale.
tot·arbeiten *rfl:* **sich ~** ammazzarsi di lavoro. **tot·ärgern** *rfl:* **sich ~** arrabbiarsi da morire *fam.*
Tote ⟨ein -r, -n, -n⟩ *mf* morto, -a *m, f;* defunto, -a *m, f; adm* deceduto, -a *m, f; (in Unfallstatistik)* ucciso, -a *m, f.*
töten ['tø:tən] *tr* uccidere, ammazzare.
Totenbett *n* letto *m* di morte. **totenblaß, -bleich** ['to:tən'blas, -'blaiç] *a* pallido come un morto, cadaverico. **Totenglocke** *f* campana *f* a morto. **Totengräber** [-grɛbɐ] ⟨-s, -⟩ *m* becchino *m.* **Totenhemd** *n* lenzuolo *m* funebre, sudario *m.* **Totenkopf** *m* **1.** *(Schädel)* teschio *m;* **2.** *zoo* testa *f* di morto. **Totenschein** *m* certificato *m* di morte. **Totensonntag** *m* giorno *m* dei morti. **Totenstarre** *f* rigidità *f* cadaverica. **totenstill** ['to:tən'ʃtɪl] *a:* **es war ~** c'era un silenzio di tomba. **Totenstille** ['to:tən'ʃtɪlə] *f* silenzio *m* di tomba. **Totentanz** *m* danza *f* macabra. **Totenwache** *f* veglia *f* funebre; **die ~ bei jdm halten** vegliare qu.
tot·fahren ⟨*irr*⟩ *tr* investire mortalmente, schiacciare. **totgeboren** *a* nato morto. **Totgeglaubte, Totgesagte** ⟨ein -r, -n, -n⟩ *mf* persona *f* creduta morta. **tot·kriegen** *tr:* **er ist nicht totzukriegen** *fam scherz* non si può sradicarlo. **tot·lachen** *rfl:* **sich ~** morire dalle risate *fam,* ridere a crepapelle *fam.*
Toto ['to:to] ⟨-s, -s⟩ *m fam* totocalcio *m.* **Totoschein** *m* schedina *f* del totocalcio.
tot·schießen ⟨*irr*⟩ *tr* uccidere (*o.* abbattere) con un colpo di arma da fuoco. **Totschlag** *m* omicidio *m* volontario. **tot·schlagen** ⟨*irr*⟩ *tr* ammazzare; **die Zeit ~** ammazzare il tempo. **Totschläger** *m* **1.** *(Mörder)* uccisore *m,* omicida *m;* **2.** *(Waffe)* mazza *f.* **tot·schweigen** ⟨*irr*⟩ *tr* mettere a tacere, soffocare. **tot·stellen** *rfl:* **sich ~** fingersi morto, fare il morto.
Tötung ⟨-, -en⟩ *f* uccisione *f; (von Menschen)* omicidio *m;* **fahrlässige/vorsätzliche ~** omicidio colposo/doloso (*o.* premeditato).
Tour [tu:ɐ̯] ⟨-, -en⟩ *f* giro *m;* **auf vollen ~en** *fam* a pieno regime; **in einer ~** *fam* senza interruzione, in continuazione; **auf ~en kommen** *fam* andare su di giri *fam.* **Tourenzahl** *f* numero *m* di giri.
Tourismus [tu'rɪsmʊs] ⟨-, ø⟩ *m* turismo *m.*
Tourist(in) [tu'rɪst(ɪn)] ⟨-en, -en⟩ *m(f)* turista *mf,* escursionista *mf.* **Touristenklasse** *f* classe *f* turistica. **Touristik** [tu'rɪstɪk] ⟨-, ø⟩ *f* turismo *m.* **Touristin** *f s.* **Tourist.**
Tournee [tʊr'ne:, ...e:s *o.* ...e:ən] ⟨-, -s *o.* -n⟩ *f* tournée *f.*
Trab [tra:p] ⟨-(e)s, ø⟩ *m* trotto *m;* **im ~** al trotto; **jdn auf ~ bringen** *fam* far trottare qu.
Trabant [tra'bant] ⟨-en, -en⟩ *m* **1.** *astr* satellite *m;* **2.** *hist (Leibwächter)* trabante *m.* **Trabantenstadt** *f* città *f* satellite.
traben ['tra:bən] *itr* ⟨*sein*⟩ trottare, andare al trotto.
Tracht [traxt] ⟨-, -en⟩ *f (Kleidung)* costume *m,* foggia *f,* moda *f; (Volks~)* costume *m* regionale (*o.* del paese *o.* folcloristico); *(Schwestern~)* camice *m,* divisa *f;* **jdm eine ~ Prügel geben** dare a qu un fracco di legnate *fam* (*o.* di botte *fam*).
trachten ['traxtən] *itr* tendere (*nach* a), aspirare (*nach* a), mirare (*nach* a); **jdm nach dem Leben ~** attentare alla vita di qu.
trächtig ['trɛçtɪç] *a (f)* pregna, gravida.
Tradition [tradi'tsio:n] ⟨-, -en⟩ *f* tradizione *f.*
traditionell [...tsio'nɛl] *a* tradizionale.
traf [tra:f] *1. u. 3. pers sing imp von* **treffen.**
Tragbahre *f* barella *f,* lettiga *f.*
tragbar *a* **1.** *(Geräte, etc.)* portatile; **2.** *(Kleider a.)* portabile; **3.** *fig (erträglich)* sopportabile, tollerabile.

träg(e) ['trɛ:gə] *a* **1.** *allg.* pigro, indolente, lento; **2.** *phys* inerte.
tragen ['tra:gən] ⟨trägt, trug, getragen⟩ **I.** *tr* **1.** *(weg~, am Körper ~, halten)* portare; **2.** *(Frucht, Erfolg)* dare, (ri)portare; **3.** *(Namen, Aufschrift)* portare, avere; **4.** *(er~)* sopportare, subire; **etw. mit Fassung ~** sopportare qc con calma; **die Konsequenzen/Verantwortung ~** subire le conseguenze/avere la responsabilità; **sein Haar lang/kurz ~** portare i capelli lunghi/corti; **II.** *itr* **1.** *(Eis, Beine)* reggere; **2.** *(Baum, etc.)* dare frutti, fruttificare; **an einer S. schwer zu ~ haben** *fig* considerare qc un peso, soffrire molto per qc; **zum T~ kommen** trovare impiego (*o.* uso); **III.** *rfl:* **sich mit dem Gedanken ~, etw. zu tun** covare l'idea di fare qc; **dieser Pullover trägt sich gut** questo maglione si porta bene.
Träger ['trɛ:gɐ] ⟨-s, -⟩ *m* **1.** *(an Kleidung)* spallina *f; (Hosen~)* bretella *f;* **2.** *tec* montante *m,* sostegno *m; (~balken)* trave *f;* **3.** *(Flugzeug~)* portaerei *f;* **4.** *(Nachrichten~)* veicolo *m.*
Träger(in) ⟨-s, -⟩ *m(f)* **1.** *allg.* portatore, -trice *m, f;* **2.** *(von Namen)* che porta ...; **3.** *(von Kultur, Idee, etc.)* rappresentante *mf;* **4.** *(von Krankheit)* portatore *m.*
trägerlos *a* senza spalline. **Trägerrakete** *f* (razzo *m*) vettore *m.*
Tragetasche *f* sporta *f,* borsa *f.*
tragfähig *a* solido. **Tragfähigkeit** *f* (capacità *f* di) portata *f; (Höchstlast)* portata *f* massima, limite *m* di carico. **Tragfläche** *f* piano *m* (*o.* superficie *f*) portante, superficie *f* alare. **Tragflächenboot** *n,* **-flügelboot** *n* aliscafo *m.*
Trägheit ⟨-, ø⟩ *f* **1.** pigrizia *f,* lentezza *f;* **2.** *phys* inerzia *f.* **Trägheitsmoment** *n* momento *m* d'inerzia.
Tragik ['tra:gɪk] ⟨-, ø⟩ *f* tragico *m.*
tragikomisch [tragi'ko:mɪʃ *o.* 'tra:gi...] *a* tragicomico.
Tragikomödie [tragiko'mø:di̯ə *o.* 'tra:gi...] *f* tragicommedia *f.*
tragisch *a* tragico; **etw. ~ nehmen** *fam* prendere qc sul tragico *fam.*
Tragkraft *f* forza *f* portante. **Traglast** *f* carico *m; (Gepäck)* bagagli *m pl.*
Tragödie [tra'gø:di̯ə] ⟨-, -n⟩ *f* tragedia *f.*
trägt [trɛ:kt] *3. pers sing pr von* **tragen.**
Tragweite *f fig* portata *f; (Bedeutung)* significato *m,* importanza *f;* **sich** *(dat)* **der ~ seiner Handlungen nicht bewußt sein** agire senza discernimento.
Trainer(in) ['trɛ:nɐ (...ərɪn) *o.* 'tre:n...] ⟨-s, -⟩ *m(f)* allenatore, -trice *m, f.*
trainieren [trɛ'ni:rən *o.* tre'n...] ⟨*ohne ge-*⟩ **I.** *tr* allenare (*auf* per); **II.** *itr* allenarsi (*auf* per).
Training ['trɛ:nɪŋ *o.* 'tre:n...] ⟨-s, -s⟩ *n* allenamento *m.* **Trainingsanzug** *m* tuta *f* (sportiva). **Trainingshose** *f* pantaloni *m pl* della tuta. **Trainingsjacke** *f* giacca *f* della tuta. **Trainingslager** *n* campo *m* d'allenamento.
Traktat [trak'ta:t] ⟨-(e)s, -e⟩ *m o. n* trattato *m.*
traktieren [trak'ti:rən] ⟨*ohne ge-*⟩ *tr fam (schlecht behandeln)* maltrattare.
Traktor ['trakto:ɐ̯, ...'to:rən] ⟨-s, -en⟩ *m* trattore *m.*
trällern ['trɛlɐn] *itr, tr* canticchiare, canterellare.
Tram [tram] ⟨-, -s⟩ *f (süddeutsch, A) o. CH* ⟨-s, -s⟩ *n* tram *m.*
Trampel ['trampəl] ⟨-s, -⟩ *m o. n o.* ⟨-, -n⟩ *f fam pej* persona *f* sgraziata.
trampeln ['trampəln] **I.** *itr (mit den Füßen treten)* battere i piedi; **II.** *tr (Weg, etc.)* battere; **jdn zu Tode ~** calpestare a morte qu; **etw. platt ~** schiacchiare qc pestandola coi piedi.
Trampelpfad *m* pista *f* battuta. **Trampeltier** *n* **1.** *zoo* cammello *m;* **2.** *fig fam* persona *f* maldestra, imbranato *m sl.*
trampen ['trɛmpən] *itr* ⟨*sein*⟩ fare l'autostop.
Tramper(in) ⟨-s, -⟩ *m(f)* autostoppista *mf.*
Trampolin ['trampoli:n *o.* ...'li:n] ⟨-s, -e⟩ *n* trampolino *m.*
Tran [tra:n] ⟨-(e)s, *rar* -e⟩ *m* olio *m* di balena (*o.* di pesce); *(Leber~)* olio *m* di fegato (di merluzzo); **das hab' ich im ~ ganz vergessen** *fam* l'ho completamente dimenticato.
Tranchierbesteck *n* forchetta e coltello per trinciare.
tranchieren [trã'ʃi:rən] ⟨*ohne ge-*⟩ *tr* trinciare.
Tranchiermesser *n* trinciante *m.*

Träne ['trɛ:nə] ⟨-, -n⟩ *f* lacrima *f;* **mit ~n in den Augen** con le lacrime agli occhi; **~n lachen** ridere fino alle lacrime; **~n vergießen** spargere (*o.* versare) lacrime; **den ~n nahe sein** stare per piangere; **zu ~ gerührt sein** essere commosso fino alle lacrime; **du bist vielleicht eine ~!** *sl pej* che lagna sei! *fam;* **mir kommen (gleich)**

die ~n! *iron fam* mi viene (già) da piangere!
tränen *itr* lacrimare.
Tränendrüse *f* ghiandola *f* lacrimale. **Tränengas** *n* gas *m* lacrimogeno. **Tränensack** *m* sacco *m* lacrimale.
tranig *a* **1.** *(nach Tran schmeckend)* che sa di olio di pesce; *(voll Tran)* pieno d' olio di pesce; **2.** *fam pej (langsam)* lento.
trank [traŋk] *1. u. 3. pers sing imp von* **trinken.**
Trank [traŋk] ‹-(e)s, ⸚e› *m poet* bevanda *f.*
Tränke ['trɛŋkə] ‹-, -n› *f* abbeveratoio *m.*
tränken *tr* **1.** *(Tiere)* abbeverare; **2.** *(durchnässen)* imbevere (*mit* di), impregnare (*mit* di).
Transaktion [transˀak'tsio:n] *f* transazione *f.*
Transatlantikflug [transˀat'lantık-] *m* volo *m* transatlantico.
transatlantisch *a* transatlantico.
Transfer [trans'fɛ:ɐ] ‹-s, -s› *m* **1.** *(fin, sport, bei Reise)* trasferimento *m* (di valuta); **2.** *psych* transfer *m.*
transferierbar *a* trasferibile.
transferieren [transfe'ri:rən] ‹*ohne ge-*› *tr* trasferire.
Transformator [transfɔr'ma:to:ɐ, ...ma'to:rən] ‹-s, -en› *m* trasformatore *m.* **Transformator(en)häuschen** *n* cabina *f* di trasformazione.
Transistor [tran'zısto:ɐ, ...'to:rən] ‹-s, -en› *m* transistor(e) *m.*
Transit [tran'zi:t *o.* ...'zıt *o.* 'tranzıt] ‹-s, -e› *m* transito *m.* **Transitabkommen** *n* accordo *m* bilaterale sul transito. **Transithandel** *m* commercio *m* di transito.
transitiv ['tranziti:f *o.* ...'ti:f] *a* transitivo.
Transitverkehr *m* traffico *m* di transito. **Transitzoll** *m* diritti *m pl* di transito.
Transmission [transmı'sio:n] ‹-, -en› *f* trasmissione *f.*
transparent [transpa'rɛnt] *a* trasparente. **Transparent** ‹-(e)s, -e› *n* **1.** *(durchscheinendes Bild)* trasparente *m;* **2.** *(Spruchband)* striscione *m.* **Transparenz** [...'rɛnts] ‹-, ø› *f* trasparenza *f.*
transpirieren [transpi'ri:rən] ‹*ohne ge-*› *itr* traspirare.
Transplantation [transplanta'tsio:n] ‹-, -en› *f* **1.** *bot* innesto *m;* **2.** *med* trapianto *m.*
transplantieren [...'ti:rən] ‹*ohne ge-*› *tr* innestare, trapiantare.
Transport [trans'pɔrt] ‹-(e)s, -e› *m* trasporto *m; mil* convoglio *m.*
transportabel [...'ta:bəl] *a* trasportabile; portatile, mobile.
Transportarbeiter *m* lavoratore *m* di un'impresa di trasporti. **Transportband** ‹-(e)s, ⸚er› *n* nastro *m* trasportatore. **transportfähig** *a* trasportabile. **Transportflugzeug** *n* aereo *m* da trasporto.
transportieren [transpɔr'ti:rən] ‹*ohne ge-*› *tr* trasportare.
Transportkosten ‹*pl*› spese *f pl* di trasporto. **Transportmittel** *n* mezzo *m* di trasporto. **Transportschaden** *m* avaria *f* di trasporto. **Transportschiff** *n* nave *f* da carico, cargo *m.* **Transportunternehmen** *n* impresa *f* di trasporti. **Transportunternehmer(in)** *m(f)* titolare *mf* di un'impresa di trasporti. **Transportversicherung** *f* assicurazione *f* sui trasporti.
Transvestit [transvɛs'ti:t] ‹-en, -en› *m* travestito *m.*
transzendent [transtsɛn'dɛnt] *a* trascendente.
transzendental [...'ta:l] *a* trascendentale.
Transzendenz [...'dɛnts] ‹-, ø› *f* trascendenza *f.*
Trapez [tra'pe:ts] ‹-es, -e› *n* trapezio *m.*
Trasimenischer See [trazi'me:nıʃæ'ze:] *m* lago *m* Trasimeno.
Trasse ['trasə] ‹-, -n› *f* tracciato *m.*
trassieren [...'si:rən] ‹*ohne ge-*› *tr* **1.** *(abstecken)* tracciare; **2.** *fin* spiccare una tratta su.
trat [tra:t] *1. u. 3. pers sing imp von* **treten.**
Tratsch [tra:tʃ] ‹-(e)s, ø› *m fam* chiacchiere *f pl,* pettegolezzi *m pl.*
tratschen *itr fam* chiacchierare, spettegolare.
Tratte ['tratə] ‹-, -n› *f* tratta *f.*
Traualtar *m* altare *m* delle nozze.
Traube ['traubə] ‹-, -n› *f* grappolo *m; (Wein~)* grappolo *m* d'uva; ‹*pl*› uva *f.* **traubenförmig** [-fœrmıç] *a* a grappolo. **Traubenzucker** *m* glucosio *m.*
trauen¹ ['trauən] **I.** *itr (ver~):* **jdm/einer S. ~/nicht ~** avere/non avere fiducia in qu/qc; **jdm nicht über den Weg ~** *fam* fidarsi poco di qu; **seinen Augen nicht ~** non credere ai propri occhi; **II.** *rfl:* **sich ~, etw. zu tun** osare far qc.
trauen² ['trauən] *tr (verheiraten)* sposare, unire in matrinonio; **kirchlich/standesamtlich ~** sposare in chiesa/civilmente; **sich ~ lassen** sposarsi.

Trauer ['traue] ‹-, ø› *f* **1.** *(Traurigkeit)* afflizione *f,* dolore *f,* tristezza *f;* **2.** *(um einen Toten)* lutto *m;* ~ **tragen** essere in (*o.* portare il) lutto. **Trauerbinde** *f* fascia *f* da lutto. **Trauerfall** *m* lutto *m,* decesso *m.* **Trauerflor** *m* velo *m* da lutto. **Trauergottesdienst** *m* servizio *m* funebre. **Trauerjahr** *n* anno *m* di lutto. **Trauerkleidung** *f* vestiti *m pl* da lutto. **Trauerkloß** *m fam scherz* piagnucolone *m fam,* musone *m fam.* **Trauermarsch** *m* marcia *f* funebre.

trauern *itr* **1.** *(traurig sein)* essere afflitto (*o.* triste); **2.** *(um einen Toten)* essere in lutto (*um* per); **um etw.** ~ deplorare la perdita di qc.

Trauerrand *m* bordo *m* nero, lista *f* nera. **Trauerspiel** *n* tragedia *f.* **Trauerweide** *f* salice *m* piangente.

Traufe ['traufə] ‹-, -n› *f* scarico *m,* scolo *m; (Dach~)* grondaia *f.*

träufeln ['trɔyfəln] *tr* gocciolare, versare a gocce.

Traum [traum] ‹-(e)s, ⸚e› *m* sogno *m;* **im** ~ in sogno; **einen** ~ **haben** avere (*o.* fare) un sogno; **ich denke nicht im** ~ **daran!, das fällt mir nicht im** ~ **ein!** *fam* neanche per sogno! *fam;* **mein** ~ **ist in Erfüllung gegangen** il mio sogno si è avverato; **der** ~ **ist aus!, aus der** ~**!** *fam* la pacchia è finita! *fam.*

Trauma ['trauma, ...mən *o.* ...mata] ‹-s, Traumen *o.* Traumata› *n* trauma *m.*

Traumdeutung *f* interpretazione *f* dei sogni, oniromanzia *f.*

träumen ['trɔymən] *itr* sognare *(von etw./jdm* qc/qu); **mit offenen Augen** (*o.* **am hellen Tage**) ~ sognare a occhi aperti; **das hätte ich mir nicht** ~ **lassen** non me lo sarei mai sognato; **träume süß!** sogni d'oro!; **du träumst wohl!** *fam* stai sognando *fam;* **schlecht** ~ fare brutti sogni.

Traumen *pl von* **Trauma.**

Träumer(in) ‹-s, -› *m(f)* sognatore, -trice *mf.*

Träumerei [trɔymə'rai] ‹-, -en› *f* fantasticheria *f,* sogno *m.*

Träumerin *f s.* **Träumer.**

träumerisch *a* sognatore, trasognato.

traumhaft *a* **1.** *fam* da sogno; fantastico, irreale; **2.** *scient* onirico.

traumverloren *a* trasognato.

traurig ['trauriç] *a* **1.** *(betrübt)* triste, mesto, rattristato, afflitto; **2.** *(schmerzlich)* triste, doloroso, desolante, penoso; **3.** *(kläglich)* deplorevole, pietoso, misero; ~ **machen** (*o.* **stimmen**) rattristare, affliggere; ~ **werden** rattristarsi, affliggersi. **Traurigkeit** ‹-, ø› *f* tristezza *f,* afflizione *f,* mestizia *f.*

Trauring *m* fede *f,* vera *f.* **Trauschein** *m* certificato *m* di matrimonio.

traut [traut] *a obs* **1.** *(gemütlich)* accogliente; **2.** *(vertraut)* intimo; **3.** *(lieb)* caro.

Trauung ‹-, -en› *f* matrimonio *m,* sposalizio *m;* **kirchliche/standesamtliche** ~ matrimonio religioso/civile.

Trauzeuge *m,* **-zeugin** *f* testimone *mf* di nozze.

treffen ['trɛfən] ‹trifft, traf, getroffen› **I.** *tr* **1.** *(begegnen)* incontrare; **2.** *(durch Schlag, Schuß)* colpire (*an, in* a); **3.** *fig (kränken)* colpire, offendere; **4.** *(be~)* toccare, concernere; **auf dem Foto bist du gut/nicht gut getroffen** sulla foto sei venuto bene/male; **den richtigen Ton** ~ trovare il tono giusto; **eine Auswahl** ~ fare (*o.* operare) una scelta; **es gut/schlecht** ~ avere fortuna/sfortuna; **Maßnamen** ~ adottare misure; **mich trifft keine Schuld** a me non si può dare nessuna colpa; **II.** *itr (Schlag, Schuß, etc.)* colpire; **III.** *rfl:* **sich** ~ incontrarsi; **es trifft sich gut/schlecht, daß ...** capita bene/male che ...; **es traf sich, daß ...** capitò che ..., avvenne che ... **Treffen** ‹-s, -› *n (Begegnung)* incontro *m; (Tagung)* congresso *m,* seduta *f; mil* scontro *m.* **treffend I.** *a* giusto, preciso; **II.** *adv* con precisione, appropriatamente.

Treffer ‹-s, -› *m* **1.** *(beim Boxen)* colpo *m* andato a segno; *(beim Fechten)* toccata *f; (beim Fußball)* rete *f; (beim Schießen)* centro *m; (in Lotterie)* biglietto (*o.* numero) *m* vincente; **2.** *fig* impresa *f* fortunata.

trefflich *a obs* eccellente.

Treffpunkt *m* luogo *m* d'incontro; **einen** ~ **vereinbaren** stabilire (*o.* decidere) un punto d'incontro.

Treibeis *n* ghiaccio *m* galleggiante (*o.* alla deriva).

treiben ['traibən] ‹treibt, trieb, getrieben› **I.** *tr* ‹*haben*› **1.** *(jagen)* cacciare, spingere; *(Vieh)* condurre; *(durch Wind)* spazzare; **2.** *(in Bewegung setzen)* muovere; *(Rad)* far girare; **3.** *(an~)* spingere (*zu* a), indurre (*zu* a); **4.** *(hinein~, hineinschlagen)* conficcare; *(Tunnel, Stollen)* scavare; *(Metall)* sbalzare; **5.** *(betreiben, tun)* fare, esercitare, praticare; occuparsi di; **Ackerbau und Viehzucht** ~ dedicarsi all'agricoltura ed all'allevamento; **das treibt jdm die Schamröte ins Gesicht** fa arrossire di vergogna qu; **es mit jdm ~** *fam* farsela con qu *fam;* **es zu weit** (*o.* **zu bunt** *fam*) **~** esagerare, andare troppo in là *fam;* **jdn zur Verzweiflung ~** spingere qu alla disperazione; **was treibst du da?** *fam* che fai di bello qui?; **was treibst du so?** *fam* come ti va la vita? *fam,* come te la passi? *fam;* **II.** *itr* **1.** ⟨*sein*⟩ *(fortbewegt werden)* essere spinto; *(auf dem Wasser)* galleggiare, andare alla deriva; **2.** ⟨*haben*⟩ *bot (wachsen)* germogliare; *(Teig)* lievitare; *(gären)* fermentare; **sich ~ lassen** *fig* lasciarsi trascinare. **Treiben** ⟨-s, ø⟩ *n fig (der Welt)* corso *m,* movimento *m; (auf der Straße)* andirivieni *m.* **treibend** *a:* **die ~e Kraft** la forza motrice.

Treiber ⟨-s, -⟩ *m (Vieh~)* guardiano *m,* mandriano *m; (auf der Jagd)* battitore *m.*

Treibhaus *n* serra *f* (calda). **Treibjagd** *f* battuta *f.* **Treibstoff** *m* carburante *m; (Benzin)* benzina *f; (von Rakete)* propellente *m.*

Trema ['tre:ma, -s *o.* -ta] ⟨-s, -s *o.* -ta⟩ *n* dieresi *f.*

Trenchcoat ['trɛntʃkout] ⟨-(s), -s⟩ *m* trenche *m.*

Trend [trɛnt] ⟨-s, -s⟩ *m* trend *m.*

trennbar *a* separabile.

trennen ['trɛnən] **I.** *tr* **1.** *(entfernen)* separare; *(Zusammengehöriges)* scompagnare; **2.** *(ab~)* staccare (*von* da); *(Menschen a.)* disunire; *tel* interrompere; **II.** *rfl:* **sich ~** separarsi, lasciarsi; **ich kann mich von dieser Jacke einfach nicht ~** non riesco a separarmi da questa giacca.

Trennung ⟨-, -en⟩ *f* separazione *f,* divisione *f; (von Ehe)* scioglimento *m; el, tel* interruzione *f.* **Trennungsentschädigung** *f* indennità *f* di separazione. **Trennungsstrich** *m* trattino *m* di separazione.

Treppe ['trɛpə] ⟨-, -n⟩ *f* scala *f;* **die ~ benutzen** fare le scale; **die ~ hinauf-/hinuntergehen** salire/scendere le scale. **Treppenabsatz** *m* pianerottolo *m.* **Treppengeländer** *n* ringhiera *f* delle scale. **Treppenhaus** *n* tromba *f* delle scale. **Treppenstufe** *f* gradino *m.*

Tresor [tre'zo:ɐ̯] ⟨-s, -e⟩ *m* **1.** *(Panzerschrank)* cassaforte *f;* **2.** *(~raum)* camera *f* blindata.

Tresse ['trɛsə] ⟨-, -n⟩ *f* gallone *m.*

Tretboot *n* barca *f* a pedali, pedalò *m fam.*

treten ['tre:tən] ⟨tritt, trat, getreten⟩ **I.** *itr* **1.** ⟨*sein*⟩ *(einen Schritt tun)* andare (*unter/vor/hinter* sotto/davanti a/dietro a), camminare (*auf* su), entrare (con un piede) (*in* in); **2.** ⟨*haben*⟩ *(einen Tritt versetzen)* dare (*o.* tirare) un calcio (*o.* una pedata) (*gegen, nach* a); **in den Hintergrund/Vordergrund ~** *fig* passare in secondo/primo piano; **in den Streik ~** mettersi in sciopero; **in eine Pfütze ~** mettere i piedi in una pozzanghera; **~ Sie näher!** si avvicini!; **über die Ufer ~** straripare; **II.** *tr* ⟨*haben*⟩ **1.** *(Mensch, Tier, etc.)* dare una pedata a; **2.** *(Pedal, etc.)* azionare, schiacciare, premere; **die Bremse/Kupplung ~** pigiare il freno/la frizione.

Tretmühle *f fam pej* lavoro *m* monotono (*o.* di routine).

treu [trɔy̯] *a* fedele; *(ergeben)* devoto; **zu ~en Händen** a titolo fiduciario; **jdm ~ sein** essere fedele a qu. **Treubruch** *m* tradimento *m.*

Treue ⟨-, ø⟩ *f* fedeltà *f;* devozione *f;* **auf Treu und Glauben** in buona fede; **jdm die ~ halten** restar fedele a qu; **eheliche ~** fedeltà *f* coniugale.

Treueid *m* giuramento *m* di fedeltà. **Treuhand** *f* amministrazione *f* fiduciaria. **Treuhänder(in)** [-hɛndɐ (...ərɪn)] ⟨-s, -⟩ *m(f)* fiduciario, -a *m, f.* **Treuhandgesellschaft** *f* società *f* fiduciaria. **treuherzig** *a* ingenuo, candido. **Treuherzigkeit** ⟨-, ø⟩ *f* ingenuità *f,* candore *m.* **treulos** *a* infedele; sleale; *(verräterisch)* perfido. **Treulosigkeit** ⟨-, ø⟩ *f* infedeltà *f,* slealtà *f* tradimento *m.*

Triangel ['tri:aŋəl] ⟨-s, -⟩ *m* triangolo *m.*

Tribüne [tri'by:nə] ⟨-, -n⟩ *f* tribuna *f,* palco *m.*

Tribut [tri'bu:t] ⟨-(e)s, -e⟩ *m* tributo *m;* **einer S. ~ zollen** pagare il proprio tributo a qc. **tributpflichtig** *a* tributario.

Trichine [trɪ'çi:nə] ⟨-, -n⟩ *f* trichina *f.*

Trichter ['trɪçtɐ] ⟨-s, -⟩ *m* imbuto *m; (Schall~)* tromba *f; (Granat~, Bomben~)* cratere *m.* **trichterförmig** [-fœrmɪç] *a* a forma di imbuto.

Trick [trɪk] ⟨-s, -s *o.* -e⟩ *m allg., fot, film* trucco *m;* espediente *m,* astuzia *f;* **ein gemeiner/fauler ~** uno scherzo mancino/un tiro poco onesto. **Trickaufnahme** *f* trucchi *m pl* cinematografici. **Trickbetrüger(in)** *m(f)* specialista *mf* dell'imbroglio. **Trickfilm** *m* cartoni *m pl* animati.

trieb [tri:p] *1. u. 3. pers sing imp von* **treiben.**

Trieb [tri:p] ⟨-(e)s, -e⟩ *m* **1.** *biol, psych* istinto *m; (psych a.)* pulsione *f;* **2.** *(An~)* impulso *m; (Neigung)* inclinazione *f,* tendenza *f;* **3.** *bot* germoglio *m,* pollone *m.* **Triebfeder** *f* **1.** *tec* molla *f* motrice; **2.** *fig* molla *f,* movente *m,* impulso *m.* **triebhaft** *a* istintivo, impulsivo. **Triebhaftigkeit** ‹-, ø› *f* impulsività *f,* carattere istintivo (*o.* impulsivo). **Triebkraft** *f* **1.** *phys* forza *f* motrice; **2.** *psych* forza *f* impulsiva. **Triebtäter(in)** *m(f)* maniaco, -a *m, f* sessuale. **Triebwagen** *m* (auto)motrice *f.* **Triebwerk** *n* *mot* motore *m,* organismo *m* motore; *aero* motore *m* propulsore.

triefen ['tri:fən] ‹**trieft, triefte** *o. geh* **troff, getrieft** *o. rar* **getroffen**› *itr* **1.** ‹*sein*› *(Flüssigkeit)* gocciolare; **2.** ‹*haben*› *(nasser Gegenstand)* grondare; **vor Fett/Wasser ~** essere pieno (zeppo) di grasso/di acqua.

Trient [tri'ɛnt] *n* Trento *f.*

Trier [tri:ɐ̯] *n* Treviri *f.*

Triest [tri'ɛst] *n* Trieste *f.*

trifft [trɪft] *3. pers sing pr von* **treffen.**

triftig ['trɪftɪç] *a* valido, convincente, fondato.

Trikolore [triko'lo:rə] ‹-, -n› *f* bandiera *f* tricolore.

Trikot[1] [tri'ko: *o.* 'trɪko] ‹-s, -s› *m (Gewebe)* maglia *f,* tessuto *m* a maglia.

Trikot[2] [tri'ko: *o.* 'trɪko] ‹-s, -s› *n (Kleidungsstück)* maglia *f,* maglietta *f.*

Trikotagen [triko'ta:ʒən] *f pl* maglieria *f.*

trillern ['trɪlɐn] *itr* trillare, gorgheggiare.

Trimm-dich-Pfad ['trɪm-] *m* sentiero *m* del percorso vita.

trinken ['trɪŋkən] ‹**trinkt, trank, getrunken**› **I.** *tr, itr* bere (*aus* da); **was möchten Sie ~?** che cosa prende da bere?; **aus der Flasche ~** bere direttamente dalla bottiglia; **einen ~** *fam* bere qc di alcolico; **einen ~ gehen** *fam* andare a bere qc di alcolico; **auf jds Wohl ~** bere alla salute di qu; **II.** *itr fam* alzare il gomito *fam; (gern u. viel ~)* avere il vizio del bere.

Trinker(in) ‹-s, -› *m(f)* bevitore, -trice *m, f,* ubriacone, -a *m, f.*

Trinkgeld *n* mancia *f.* **Trinkhalm** *m* cannuccia *f* (per bibite). **Trinkkur** *f* cura *f* delle acque termali. **Trinkspruch** *m* brindisi *m;* **einen ~ auf jdn ausbringen** brindare a qu. **Trinkwasser** *n* acqua *f* potabile; **kein ~** acqua non potabile! **Trinkwasserversorgung** *f* approvvigionamento *m* di acqua potabile.

Trio ['tri:o] ‹-s, -s› *n* **1.** *mus* trio *m;* **2.** *scherz* terzetto *m,* trio *m.*

Trip [trɪp] ‹-s, -s› *m* **1.** *fam (Ausflug)* gita *f;* **2.** *sl (Rauschgift~)* trip *m sl.*

trippeln ['trɪpəln] *itr* ‹*sein*› camminare a passettini.

Tripper ['trɪpɐ] ‹-s, -› *m* blenorragia *f,* gonorrea *f.*

tritt [trɪt] *3. pers sing pr von* **treten.**

Tritt [trɪt] ‹-(e)s, -e› *m* **1.** *(Schritt)* passo *m;* **2.** *(Fuß~)* calcio *m,* pedata *f;* **jdm einen ~ geben** (*o.* **versetzen**) dare un calcio a qu. **Trittbrett** *n* predellino *m,* pedana *f.* **Trittbrettfahrer** *m pej* sciacallo *m.* **Trittleiter** *f* scaleo *m.*

Triumph [tri'ʊmf] ‹-(e)s, -e› *m* trionfo *m.* **Triumphbogen** *m* arco *m* trionfale (*o.* di trionfo).

triumphieren [...'fi:rən] ‹*ohne ge-*› *itr* trionfare. **triumphierend I.** *a* trionfante; **II.** *adv* trionfalmente.

Triumphzug *m* ingresso *m* (*o.* corteo *m*) trionfale.

trivial [tri'vi̯a:l] *a* triviale; *(gewöhnlich)* banale.

Trivialität [...vi̯ali'tɛ:t] ‹-, -en› *f* trivialità *f.*

Trivialliteratur *f* letteratura *f* triviale.

trocken ['trɔkən] *a* **1.** secco, asciutto; *(bes. geog, meteo)* arido; **2.** *fig (nüchtern)* prosaico, sobrio; *(langweilig)* noioso; **im T~en** *(vor Regen geschützt)* al riparo; **noch nicht ~ hinter den Ohren sein** *fam* essere ancora uno sbarbatello; **auf dem ~en sitzen** *fig* essere in bolletta; **~ aufbewahren!** tenere all'asciutto!, preservare dall'umidità! **Trockendock** *n* bacino *m* di carenaggio. **Trockengestell** *n* essicatoio *m.* **Trockenhaube** *f* casco *m.* **Trockenheit** ‹-, -en› *f* asciuttezza *f;* *(a. fig)* aridità *f.* **trocken·legen** *tr* prosciugare. **Trockenmilch** *f* latte *m* in polvere. **Trockenobst** *n* frutta *f* secca. **trocken·reiben** ‹*irr*› *tr* asciugare strofinando. **Trockenspiritus** *m* spirito *m* solido, meta *f.* **Trockenwäsche** *f* biancheria *f* asciutta.

trocknen ['trɔknən] **I.** *tr* ‹*haben*› asciugare, essiccare; **II.** *itr* ‹*sein*› asciugare, essiccarsi; **Wäsche zum ~ aufhängen** stendere la biancheria (ad asciugare).

Troddel ['trɔdəl] ‹-, -n› *f* ghianda *f;* *(Quaste)* nappa *f.*

Trödel ['trø:dəl] ‹-s, ø› *m fam* cianfrusaglie *f pl,* roba *f* vecchia.

Trödelei [trø:də'la̯i] ‹-, -en› *f fam* baloccarsi *m.*

Trödelkram *m fam s.* **Trödel.**

trödeln ['trø:dəln] *itr fam* baloccarsi, gingillarsi *fam.*

Trödler(in) ‹-s, -› *m(f)* **1.** *(Altwarenhändler)* rigattiere, -a *m, f;* **2.** *fam (Bummler)* gingillone -a *m, f fam.*

troff [trɔf] *rar 1. u. 3 pers sing imp von* **triefen.**

trog [tro:k] *1. u. 3. pers sing imp von* **trügen.**

Trog [tro:k] ‹-(e)s, ¨-e› *m* trogolo *m.*

Trommel ['trɔməl] ‹-, -n› *f* tamburo *m;* **die ~ schlagen** battere (*o.* sonare) il tamburo; **die ~ für etw. rühren** *fam* battere la grancassa per qc *fam.* **Trommelfell** *n* timpano *m.*

trommeln *itr (auf Trommel)* sonare il tamburo; *(mit Fingern)* tamburellare (*auf* su).

Trommelrevolver *m* pistola *f* a tamburo. **Trommelstock** *m* bacchetta *f* del tamburo. **Trommelwirbel** *m* rullo *m.*

Trommler(in) ‹-s, -› *m(f)* sonatore, -trice *m, f* di tamburo.

Trompete [trɔm'pe:tə] ‹-, n› *f* tromba *f.*

trompeten ‹*ohne ge-*› *itr* sonare la tromba.

Trompeter(in) ‹-s, -› *m(f)* sonatore, -trice *m, f* di tromba, trombettiere, -a *m, f.*

Tropen ['tro:pən] ‹*pl*› tropici *m pl,* zona *f* tropicale, paesi *m pl* tropicali. **Tropenhelm** *m* casco *m* coloniale.

Tropf[1] [trɔpf] ‹-(e)s, -e› *m med* fleboclisi *f;* **am ~ hängen** avere la fleboclisi.

Tropf[2] [trɔpf] ‹-(e)s, ¨-e› *m fam (Dummkopf)* minchione *m fam,* babbeo *m fam,* sciocco *m fam,* sempliciotto *m fam.*

tröpfeln ['trœpfəln] **I.** *tr* ‹*haben*› versare a gocce; **II.** *itr* ‹*haben o. sein*› *s.* **tropfen.**

tropfen ['trɔpfən] **I.** *itr* **1.** ‹*haben*› *(Wasserhahn, etc.)* gocciolare; **2.** ‹*sein*› *(Schweiß, etc.)* gocciolare; **der Schweiß tropfte mir von der Stirn** la mia fronte grondava di sudore; **II.** *tr* ‹*haben*› far gocciolare.

Tropfen ‹-s, -› *m* goccia *f;* **sein Glas bis auf den letzten ~ leeren** bere fino all'ultima goccia; **das ist ein ~ auf den heißen Stein** *fam* è una goccia nel mare; **ein guter** (*o.* **edler**) **~** un buon vino; **steter ~ höhlt den Stein** *prov* la goccia scava la pietra *prov.* **tropfenweise** *adv* a goccia a goccia.

tropfnaß ['trɔpfnas] *a* grondante d'acqua. **Tropfstein** *m (Ab~)* stalattite *f; (Auf~)* stalagmite *f.* **Tropfsteinhöhle** *f* grotta *f.*

Trophäe [tro'fɛ:ə] ‹-, -n› *f* trofeo *m.*

tropisch *a* tropicale.

Troß [trɔs] ‹Trosses, Trosse› *m mil* treno *m; fig (Gefolge)* seguito *m; pej* cricca *f fam.*

Trost [tro:st] ‹-es, ø› *m* consolazione *f,* conforto *m;* **du bist wohl nicht ganz** (*o.* **recht**) **bei ~?** *fam* sei matto? *fam;* **als** (*o.* **zum**) **~ bekommst du ...** per consolarti ricevi ...; **~ im Alkohol suchen** cercare conforto nell'alcool.

trösten ['trø:stən] **I.** *tr* consolare, confortare; **II.** *rfl:* **sich ~** consolarsi (*mit* con).

Tröster(in) ‹-s, -› *m(f)* consolatore, -trice *m, f.*

tröstlich *a* consolante; *(beruhigend)* rassicurante.

trostlos *a* **1.** *(Mensch)* desolato; inconsolabile; **2.** *(Sache, Zustand)* desolante; *(hoffnungslos)* disperato, sconfortante; **3.** *(öde, langweilig)* monotono, desolato, triste. **Trostlosigkeit** ‹-, ø› *f* **1.** *(Untröstlichkeit)* desolazione *f;* **2.** *(Hoffnungslosigkeit)* disperazione *f,* **3.** *(Öde)* monotonia *f.* **Trostpflaster** *n,* **-pflästerchen** [-pflɛstəçən] ‹-s, -› *n* piccola consolazione *f.* **Trostpreis** *m* premio *m* di consolazione. **trostreich** *a* confortante, consolante.

Tröstung ‹-, -en› *f* consolazione *f,* conforto *m; (durch Worte)* parole *f pl* di conforto.

Trott [trɔt] ‹-(e)s, -e› *m* **1.** *(von Pferd)* trotto *m;* **2.** *fig fam* tran tran *m fam.*

Trottel ‹-s, -› *m fam pej* cretino *m,* imbecille *m.*

trotten *itr* ‹*sein*› trottare.

trotz [trɔts] *prp gen o. dat* malgrado; a dispetto di; nonostante; *(ohne Rücksicht auf)* senza curarsi di; **~ all(ed)em** malgrado tutto, ciononostante.

Trotz [trɔts] ‹-es, ø› *m (vorübergehend)* dispetto *m,* resistenza *f,* opposizione *f; (dauernde Eigenschaft)* ostinazione *f;* **aus ~** per dispetto; **jdm/einer S. zum ~** a dispetto di qu/qc. **Trotzalter** *m* età *f* dell'opposizione.

trotzdem **I.** *adv* tuttavia, nonostante ciò; **II.** *fam con* benché *conj,* sebbene *conj,* nonostante che.

trotzen *itr* sfidare (*jdm* qu); tener testa (*jdm* a qu).

trotzig *a* ostinato, caparbio.

Trotzkopf *m* testa *f* dura *fam.* **Trotzreaktion** *f* reazione *f* cocciuta (*o.* testarda).

trüb(e) [try:p ('try:bə)] *a* **1.** *(Flüssigkeit)* torbido; *(Glasscheibe, Spiegel)* opaco; *(beschlagen)* appannato; *(Himmel)* nuvoloso, coperto, grigio; *(Wetter)* cupo, nuvoloso, coperto; *(Augen)* spento; *(Blick)* cupo;

2. *(~sinnig)* tetro, afflitto; **im ~en fischen** *fam* prescare nel torbido *fam.*
Trubel ['tru:bəl] ‹-s, ø› *m* trambusto *m*, confusione *f.*
trüben I. *tr* **1.** *(Flüssigkeit)* intorbidire; *(Himmel)* offuscare; **2.** *fig (Stimmung, Freude, Freundschaft)* guastare; *(Blick, Urteil)* offuscare; **II.** *rfl:* **sich ~** *(Himmel)* rannuvolarsi.
Trübsal ['try:pza:l] ‹-, -e› *f* afflizione *f; (Kummer)* dispiacere *m;* **~ blasen** essere abbattuto (*o.* depresso). **trübselig** *a* malinconico. **Trübsinn** *m* malinconia *f.* **trübsinnig** *a* tetro, cupo, malinconico.
Trübung ‹-, -en› *f* intorbidamento *m.*
trudeln ['tru:dəln] *itr* ‹*sein*› *aero* cadere a vite.
Trüffel ['trʏfəl] ‹-, -n› *f* tartufo *m.*
trug [tru:k] *1. u. 3. pers sing imp von* **tragen.**
Trug [tru:k] ‹-(e)s, ø› *m geh (Täuschung)* inganno *m; (Schein)* illusione *f.* **Trugbild** *n* allucinazione *f*, illusione *f*, fantasma *m.*
trügen ['try:gən] ‹trügt, trog, getrogen› **I.** *itr* ingannare; **der Schein trügt** l'apparenza inganna; **II.** *tr* indurre in errore; **wenn mich nicht alles trügt, ...** se non mi sbaglio, ...
trügerisch *a* ingannevole, illusorio, fallace.
Trugschluß *m* falsa conclusione *f.*
Truhe ['tru:ə] ‹-, -n› *f* cassone *m*, cofano *m.*
Trümmer ['trʏmɐ] ‹*pl*› *(Bruchstücke)* frammenti *m pl; (Ruinen)* rovine *f pl*, ruderi *m pl; (Schutt)* macerie *f pl;* **in ~ gehen** andare in rovina. **Trümmerfeld** *n* campo *m* di rovine. **Trümmerhaufen** *m* mucchio *m* di rovine, ammasso *m* di macerie.

Trumpf [trʊmpf] ‹-(e)s, ⸚e› *m* atout *m;* **~ ausspielen** giocare la carta vincente; **alle Trümpfe in der Hand haben** *fig* avere tutti i vantaggi dalla sua; **~ sein** *fig* essere in voga (*o.* di gran moda).
Trunk [trʊŋk] ‹-(e)s, *rar* ⸚e› *m geh* **1.** *(Getränk)* bevanda *f;* **2.** *pej (~sucht)* bere *m*, vizio *m* del bere.
trunken *a obs, poet* ebbro (*vor, von* di), inebriato (*vor, von* di). **Trunkenbold** [-bɔlt] ‹-(e)s, -e› *m pej* beone *m*, ubriacone *m.* **Trunkenheit** ‹-, ø› *f* ubriachezza *f;* **~ am Steuer** guida in stato di ubriachezza (*o.* d'ebbrezza).
Trunksucht *f* alcolismo *m; med* dipsomania *f.* **trunksüchtig** *a* alcolizzato; *med* dipsomane.
Trupp [trʊp] ‹-s, -s› *m* gruppo *m*, frotta *f; (Mannschaft)* squadra *f; mil* pattuglia *f*, drappello *m*, reparto *m.*
Truppe ['trʊpə] ‹-, -n› *f mil* truppa *f; (Schauspieler, etc.)* troupe *f;* **von der schnellen ~ sein** *fam* essere svelto. **Truppenbewegung** *f* movimento *m* di truppe. **Truppenübung** *f* manovre *f pl.* **Truppenübungsplatz** *m* piazza *f* d'armi.
Trust [trast] ‹-(e)s, -e *o.* -s› *m* trust *m.*
Truthahn ['tru:t-] *m* tacchino *m* (maschio). **Truthenne** *f* tacchina *f.*
Tscheche ['tʃɛçə] ‹-n, -n› *m*, **Tschechin** [...çɪn] *f* ceco, -a *m, f.*
tschechisch *a* ceco.
Tschechoslowakei [tʃɛçoslova'kai] *f:* **die ~** la Cecoslovacchia.
tschechoslowakisch [...'va:kɪʃ] *a* cecoslovacco.
tschüs, tschüß [tʃʏs *o.* tʃy:s] *interj fam* ciao *fam.*
Tsetsefliege ['tsɛtse-] *f* mosca *f* tsè tsè.
T-Shirt ['ti:ʃə:t] ‹-s, -s› *n* t-shirt *m*, maglietta *f.*
TU [te:'ʔu:] ‹-, -s› *f ab von* **Technische Universität** Università *f* Tecnica, Politecnico *m.*
Tube ['tu:bə] ‹-, -n› *f* tubo *m*, tubetto *m;* **auf die ~ drücken** *fam* pigiare l'acceleratore.
tuberkulös [tubɛrku'lø:s] *a* tubercolotico.
Tuberkulose [...'lo:zə] ‹-, -n› *f* (*ab* **Tb, Tbc**) tubercolosi *f.*
Tübingen ['ty:bɪŋən] *n* Tubinga *f.*
Tuch [tu:x] *n* **1.** ‹-(e)s, -e› *(Stoff)* panno *m;* **2.** ‹-(e)s, ⸚er› *(Stück Stoff)* pezza *f; (Kopf~, Hals~)* fazzoletto *m; (Hals~)* foulard *m.* **Tuchballen** *m* balla *f* di panno. **Tuchfühlung** *f:* **auf ~ gehen** entrare a contatto; **in ~ bleiben** rimanere in contatto. **Tuchhändler(in)** *m(f)* commerciante *mf* di panni.
tüchtig ['tʏçtɪç] **I.** *a* **1.** *(gut)* buono, bravo; *(fähig)* capace, abile; *(erfahren)* versato, forte *fam; (fleißig)* diligente; **2.** *fam (groß, stark)* grande, grosso, forte; *(beachtlich)* notevole, considerevole; **II.** *adv fam (sehr)* bene, per bene, molto; forte, fortemente; **~ arbeiten** lavorare bene; **~ essen** mangiare molto. **Tüchtigkeit** ‹-, ø› *f (Fähigkeit)* capacità *f*, abilità *f; (Tüchtigsein)* bravura *f;* valore *m.*
Tücke ['tʏkə] ‹-, -n› *f* **1.** ‹*sing*› *(Bosheit)* malvagità *f*, malignità *f*, perfidia *f;* **2.** *(heimtückische Tat)* insidia *f*, brutto tiro *m;* **3.** *(Gefahr)* pericolo *m;* **die ~ des Objekts** la malignità delle cose; **die ~ des Schicksals** la malignità

insidiosa del destino. **tückisch** *a* **1.** *(heim~)* insidioso; **2.** *(unberechenbar)* imprevedibile.

tüfteln ['tʏftəln] *itr fam* sottilizzare, pignoleggiare *fam.*

Tugend ['tu:gənt] ‹-, -en› *f* virtù *f.* **tugendhaft** *a* virtuoso.

Tüll [tʏl] ‹-s, -e› *m* tulle *m.*

Tülle ['tʏlə] ‹-, -n› *f (von Kanne)* becco *m; tec* bussola *f,* boccola *f.*

Tulpe ['tʊlpə] ‹-, -n› *f* tulipano *m.*

tummeln ['tʊməln] *rfl:* **sich ~ 1.** *(umhertollen)* scorazzare *fam;* **2.** *dial (sich beeilen)* muoversi, spicciarsi *fam.*

Tumor ['tu:mo:ɐ̯, tu'mo:rən(n)] ‹-s, Tumoren *o. fam* Tumore› *m* tumore *m.*

Tümpel ['tʏmpəl] ‹-s, -› *m* pozzanghera *f; (größerer ~)* stagno *m.*

Tumult [tu'mʊlt] ‹-(e)s, -e› *m* tumulto *m.*

tun [tu:n] ‹tut, tat, getan› **I.** *tr* **1.** *allg.* fare; **2.** *(setzen, stellen, legen, etc.)* mettere; **damit ist es nicht getan** non basta, non è finita; **das tut mir leid!** mi spiace; **das tut nichts zur Sache** questo non c'entra; **du kannst ~ und lassen, was du willst** *fam* sei libero di fare quello che vuoi; **es mit jdm zu ~ bekommen** *fam* avere a che fare con qu; **Gutes ~** fare del bene; **kannst du mir den Gefallen ~ und ...?** puoi farmi il favore di ... *inf?;* **meine Uhr tut es nicht** *fam* il mio orologio non funziona (*o.* va); **mit etw. nichts zu ~ haben** non avere niente a che fare con qc; **sein Bestes ~** fare del proprio meglio; **so etw. tut man nicht** questo non si fa; **tu mir (bitte) nichts!** non farmi niente, per favore!; **tu, was du nicht lassen kannst!** *fam* fallo se proprio vuoi; **viel/wenig zu ~ haben** avere molto/poco da fare; **was kann ich für Sie ~?** cosa posso fare per Lei?, in che cosa posso servirLa?; **II.** *itr* fare; **er tut nur so** fa solo per finta; **Sie täten besser daran zu ...** Lei farebbe meglio a ...; **so ~, als ob ...** far finta di ... *inf;* **tu doch nicht so!** *fam* non fare finta!; **tu doch nicht so dumm!** *fam* non fare lo stupido! *fam;* **III.** *rfl:* **sich ~** succedere; **hat sich in deiner Angelegenheit etw. getan?** nella tua faccenda è successo qc?; **hier hat sich inzwischen einiges getan** qui nel frattempo è successo qualcosa.

Tünche ['tʏnçə] ‹-, -n› *f* intonaco *m (o.* mano *f)* di calce; *fig* vernice *f,* apparenza *f.*

tünchen *tr* intonacare, imbiancare.

Tundra ['tʊndra, ...rən] ‹-, Tundren› *f* tundra *f.*

Tunesien [tu'ne:zi̯ən] *n* Tunisia *f.*

Tunesier(in) ‹-s, -› *m(f)* tunisino, -a *m, f.*

tunesisch *a* tunisino.

Tunke ['tʊŋkə] ‹-, -n› *f dial* salsa *f,* sugo *m.*

tunken *tr* intingere, inzuppare.

tunlichst ['tu:nlıçst] *adv:* **etw. ~ vermeiden** evitare possibilmente qc.

Tunnel ['tʊnəl] ‹-s, - *o.* -s› *m* tunnel *m.*

Tüpfel ['tʏpf̮əl] ‹-s, -› *m o. n,* **Tüpfelchen** [-çən] ‹-s, -› *n* punto *m,* puntino *m.*

tüpfeln *tr* punteggiare, macchiettare.

tupfen ['tʊpf̮ən] *tr* **1.** *(tippen)* toccare con la punta delle dita; **2.** *(ab~)* detergere; **3.** *(tüpfeln)* picchiettare.

Tupfen ‹-s, -› *m (Fleck)* macchia *f; (Punkt)* punto *m;* **mit weißen ~** a punti bianchi.

Tupfer ‹-s, -› *m* **1.** *(Fleck)* macchiolina *f;* **2.** *med* tampone *m.*

Tür [ty:ɐ̯] ‹-, -en› *f* porta *f; (Wagen~)* portiera *f;* **bei verschlossenen ~en** a porte chiuse; **durch die ~, zur ~ hinaus/herein** attraverso la porta; **zwischen ~ und Angel** *fam* su due piedi *fam;* **offene ~en einrennen** *fam* sfondare porte aperte; **mit der ~ ins Haus fallen** *fam* non fare tanti preamboli; **jdm die ~ weisen** *geh* mettere alla porta qu; **vor der ~ stehen** *fig* essere imminente; **jdm die ~ vor der Nase zuschlagen** sbattere la porta in faccia a qu; **ihm stehen alle ~en offen** *fig* ha tutte le porte aperte; **einer S. ~ und Tor öffnen** favorire qc; **~ an ~ mit jdm wohnen** abitare porta a porta con qu; **jdm die ~en einrennen** *fam* continuare a cercare qu per i soliti motivi; **du kriegst die ~ nicht zu!** *fam* oh, benedetto il cielo! *fam.* **Türangel** *f* cardine *f* della porta.

Turban ['tʊrba:n] ‹-s, -e› *m* turbante *m.*

Turbine [tʊr'bi:nə] ‹-, -n› *f* turbina *f.* **Turbinenantrieb** *m* propulsione *f* a turbina.

turbulent [tʊrbu'lɛnt] *a* turbolento. **Turbulenz** [...'lɛnts] ‹-, -en› *f* turbolenza *f.*

Türgriff *m* maniglia *f* (della porta).

Turin [tu'ri:n] *n* Torino *f.*

Türke ['tʏrkə] ‹-n, -n› *m,* **Türkin** [...kın] *f* turco, -a *m, f.*

Türkei [tʏr'kai̯] *f:* **die ~** la Turchia.

Türkin *f s.* **Türke.**

türkis [tʏr'ki:s] ‹*geh: inv*› *a* turchese. **Türkis** ‹-es, -e› *m* turchese *m.*

türkisch ['tʏrkɪʃ] *a* turco; **~er Honig** torrone *m.*
Türklinke *f* maniglia *f* (della porta), saliscendi *m.*
Turm [tʊrm] ‹-(e)s, ⸚e› *m* torre *f; (Burg~)* torrione *m; (Kirch~)* campanile *m,* torre *f* campanaria; *(Sprung~)* trampolino *m; mil, mar, aero* torretta *f.*
Türmchen ['tʏrmçən] ‹-s, -› *n* torretta *f.*
türmen¹ ['tʏrmən] **I.** *tr* impilare; **II.** *rfl:* **sich ~** ergersi.
türmen² ['tʏrmən] *itr ‹sein› fam (weglaufen)* tagliare la corda *fam.*
turmhoch *a* alto come una torre; *(Überlegenheit)* schiacciante. **Turmspringen** ‹-s, ø› *n* tuffi *m pl.* **Turmuhr** *f* orologio *m* (della torre) (*o.* del campanile).
Turnanzug *m* tuta *f* da ginnastica.
turnen ['tʊrnən] *itr* far ginnastica. **Turnen** ‹-s, ø› *n* ginnastica *f.*
Turner(in) ‹-s, -› *m(f)* ginnasta *mf.*
Turngerät *n* attrezzo *m* ginnico. **Turnhalle** *f* palestra *f.*
Turnier [tʊr'ni:ɐ̯] ‹-s, -e› *n* concorso *m,* gara *f; (Ritter~, Tennis~)* torneo *m.*
Turnlehrer(in) *m(f)* insegnante *mf* di ginnastica. **Turnschuhe** *m pl* scarpe *f pl* da ginnastica. **Turnunterricht** *m* insegnamento *m* di ginnastica, lezione *f* di ginnastica.
Turnus ['tʊrnʊs] ‹-, -se› *m* turno *m;* **im ~ von ...** a intervalli di ...
Turnverein *m* (*ab* **TV**) circolo *m* atletico.
Türöffner *m* pulsante *m* apriportone. **Türpfosten** *m* montante *m* della porta, stipite *m.* **Türrahmen** *m* intelaiatura *f* della porta, infisso *m.* **Türschwelle** *f* soglia *f.*
Tusch [tʊʃ] ‹-(e)s, -e› *m* fanfara *f.*
Tusche ['tʊʃə] ‹-, -n› *f* inchiostro *m* di china.
tuscheln ['tʊʃəln] *itr* sussurrare, bisbigliare.
Tuschkasten *m* scatola *f* degli inchiostri di china. **Tuschzeichnung** *f* disegno *m* a china.
Tüte ['ty:tə] ‹-, -n› *f (kleine, spitze)* cartoccio *m; (größere)* sacchetto *m,* busta *f;* **(das) kommt nicht in die ~!** *fam* neanche per sogno! *fam.*
TÜV [tʏf] ‹-(s), -s› *m ab von* **Technischer Überwachungs-Verein** *(Prüfstelle, Einrichtung);* ufficio *m* di sorveglianza tecnica; **mein Wagen hat noch ein Jahr ~** devo far revisionare la macchina fra un anno; **durch den ~ kommen** passare la revisione.
TV 1. *ab von* **Television** TV; **2.** *ab von* **Turnverein** circolo *m* atletico.
Twen [tvɛn] ‹-(s), -s› *m* twen *m.*
Twist¹ [tvɪst] ‹-es, -e› *m (Garn)* filo *m* torto di cotone.
Twist² [tvɪst] ‹-s, -s› *m (Tanz)* twist *m.*
Typ [ty:p] ‹-s, -en› *m* tipo *m;* **er ist nicht mein ~** *fam* non è il mio tipo *fam;* **das ist ein kaputter ~** *sl* è un emarginato (*o.* outsider *o.* spiantato *sl*).
Type ['ty:pə] ‹-, -n› *f* **1.** *typ* carattere *m;* **2.** *fam pej* tipo *m,* sagoma *f.*
Typhus ['ty:fʊs] ‹-, ø› *m* tifo *m.*
typisch ['ty:pɪʃ] *a* tipico, caratteristico.
typographisch [typo'gra:fɪʃ] *a* tipografico.
Tyrann(in) [ty'ran(ɪn)] ‹-en, -en› *m(f)* tiranno, -a *m, f.*
Tyrannei [tyra'nai̯] ‹-, -en› *f* tirannia *f.*
Tyrannin *f. s.* **Tyrann.**
tyrannisch *a* tirannico.
tyrannisieren [...ni'zi:rən] ‹*ohne ge-*› *tr* tiranneggiare.

U

U, u [uː] ‹-, -(s)› *n* U, u *f;* **U wie Ulrich** U come Udine.

u. a. 1. *ab von* **und andere(s)** ed altro, -i; 2. *ab von* **unter anderem** tra l'altro.

u. ä. *ab von* **und ähnliche(s)** e sim. (*ab von* e simile, -i).

u. A. w. g. *ab von* **um Antwort wird gebeten** *RSVP (ab von* Répondez s'il vous plaît; si prega di rispondere).

UB [uːˈbeː] ‹-, -s› *f ab von* **Universitätsbibliothek** biblioteca universitaria.

U-Bahn [ˈuː-] *f* metropolitana *f,* sotterranea *f.* **U-Bahn-Netz** *n* rete *f* della metropolitana. **U-Bahn-Station** *f* stazione *f* della metropolitana.

übel [ˈyːbəl] **I.** *a* **1.** *(schlecht)* cattivo; **2.** *(schlimm)* brutto; **er hat einen üblen Ruf** ha una cattiva fama; **mir ist** (*o.* **wird)** ~ mi sento male; **(das ist gar) nicht (so)** ~ *fam* mica male *fam;* **II.** *adv* male; ~ **riechen** avere un cattivo odore, puzzare; ~ **dran sein** essere a mal partito *fam;* **ich hätte nicht** ~ **Lust zu ...** non mi dispiacerebbe affatto ... *inf fam;* **wohl oder** ~ bene o male. **Übel** ‹-s, -› *n* male *m;* **das kleinere** ~ il male minore; **ein notwendiges** ~ un male neccessario; **zu allem** ~ per il colmo delle sventure. **übelgelaunt** *a geh* di cattivo umore, di malumore. **Übelkeit** ‹-, ø› *f* nausea *f.* **übel·nehmen** ‹*irr*› *tr* prendersela (*o.* aversela) a male (*jdm etw.* con qu per qc); **nehmen Sie es mir (bitte) nicht übel!** non se la prenda con me. **übelriechend** *a* maleodorante, puzzolente; *(Atem)* cattivo. **Übelstand** *m geh* inconveniente *m;* **einem** ~ **abhelfen** rimediare a un inconveniente. **Übeltat** *f geh* misfatto *m geh; (Verbrechen)* delitto *m.* **Übeltäter(in)** *m (f)* malfattore, -trice *m, f; (Verbrecher)* delinquente *mf.* **übel·wollen** ‹*irr*› *itr geh:* **jdm** ~ voler (del) male a qu.

üben [ˈyːbən] **I.** *tr* **1.** *(trainieren)* fare esercizi di; *(Gedächtnis)* esercitare; **2.** *fig (zeigen, bekunden)* usare, avere; **3.** *(tun)* fare, commettere; **Kritik an etw.** ~ criticare qc; **Verrat an jdm** ~ commettere un tradimento nei confronti di qu; **Barmherzigkeit/Geduld/Nachsicht** ~ essere misericordioso/paziente/indulgente; **II.** *itr* esercitarsi, fare esercizio; **III.** *rfl:* **sich** ~ esercitarsi (*in* in, a).

über [ˈyːbɐ] *prp acc/dat* **1.** *(Lage, Richtung)* sopra, su; *(oberhalb)* sopra, al di sopra di; *(auf die andere Seite)* dall'altra parte di; *(jenseits)* oltre; *(a. fig)* al di là di; *(~ hinweg)* su, per; *(quer ~)* attraverso; *(auf dem Weg ~)* (passando) per; **2.** *(während)* durante; *(innerhalb)* tra, fra; *(hindurch)* per, **3.** *(kausal)* di, per; **4.** *(mehr, länger als)* più di; **5.** *(von, betreffend)* di, su, intorno a; **6.** *(vermittels)* per, tramite; **7.** *(bei Zahlenangaben: im Betrag von)* di, da; **die ganze Zeit** ~ tutto il tempo; ~ **Weihnachten fahre ich nach Hause** vado a casa per Natale; **ich liebe Erdbeeren** ~ **alles** le fragole mi piacciono più di ogni altra cosa; ~ **dem Lesen bin ich eingeschlafen** mi sono addormentato leggendo; ~ **jds Kräfte gehen** superare le forze di qu; ~ **fünfzig (Jahre alt) sein** avere più di cinquant'anni; ~ **den Rundfunk sprechen** parlare alla radio; ~ **etw./jdm stehen** *fig* essere superiore a qc/qu; ~ **die Straße gehen** attraversare la strada; ~ **einen Graben springen** saltare un fosso; **Fehler** ~ **Fehler** errori su errori; **bis** ~ **beide Ohren verliebt sein** essere innamorato cotto *fam;* ~ **Bord gehen** cadere in mare; ~ **der Aufregung habe ich vergessen, sie anzurufen** nell'eccitazione ho dimenticato di telefonarle; ~ **jdn lachen** ridere di qu; ~ **Nacht** di (*o.* durante la) notte; **ein Film** ~ **Gandhi** un film su Gandhi; ~ **kurz oder lang** presto o tardi; **12 Grad** ~ **Null** 12 gradi sopra zero; **das habe ich** ~ **unsere Nachbarn erfahren** sono venuto a saperlo dai nostri vicini; **nach Münster** ~ **Krefeld** a (*o.* per) Münster passando per Krefeld; **er ist schon** ~ **ein Jahr nicht mehr in Stuttgart gewesen** è già da più di un anno che non è stato a Stoccarda; **Briefe** ~ **20 g kosten mehr Porto** le lettere che superano i 20 g pagano di più per l'affrancatura; **eine Rechnung** ~ **3000 DM** una fattura di più di 3000 marchi; ~ **und** ~

da capo a piedi, completamente; *s. a. überhaben.*

überall [y:bɐˈʔal] *adv* **1.** *(örtlich)* dappertutto, ovunque; **2.** *fig (auf allen Gebieten)* in (*o.* di) tutto. **überallher** [-ˈhe:ɐ̯] *adv* da tutte le parti. **überallhin** [-ˈhɪn] *adv* dappertutto, da tutte le parti.

überaltert [y:bɐˈʔaltɐt] *a* **1.** *soc* formato da troppe persone anziane; **2.** *(überholt)* superato.

Überangebot *n* offerta *f* eccessiva (*an* di).

überanstrengen [y:bɐˈʔanʃtrɛŋən] ‹*ohne ge-*› **I.** *tr* strapazzare, affaticare troppo; **II.** *rfl:* **sich ~** strapazzarsi, affaticarsi troppo. **Überanstrengung** *f* fatica *f* eccessiva, strapazzo *m.*

überarbeiten [y:bɐˈʔarbaɪ̯tən] ‹*ohne ge-*› **I.** *tr* ritoccare, rivedere; **II.** *rfl:* **sich ~** lavorare troppo; **er ist total überarbeitet** è completamente sfinito dal troppo lavoro.

überaß [y:bɐˈʔa:s] *1. u. 3. pers sing imp von* **überessen.**

überaus [ˈy:bɐʔaʊ̯s *o.* ...ˈʔaʊ̯s] *adv* estremamente, *oft mit Superlativ übersetzt;* **er ist ~ geschickt** è abilissimo.

überbacken [y:bɐˈbakən] ‹*irr, ohne ge-*› **I.** *tr* gratinare; **II.** *a* al gratin.

Überbau ‹-(e)s, -ten› *m* **1.** ‹*sing*› *philos* sovrastruttura *f;* **2.** *arch* aggetto *m.*

überbeanspruchen ‹*ohne ge-*› *tr* strapazzare; *tec* sollecitare eccessivamente.

Überbein *n* esostosi *f.*

überbelasten ‹*ohne ge-*› *tr* sovraccaricare.

überbelegt *a* sovraffollato.

überbelichten ‹*ohne ge-*› *tr* sovraesporre.

überbetonen ‹*ohne ge-*› *tr* accentuare eccessivamente.

überbevölkert *a* sovrappopolato. **Überbevölkerung** *f* sovrappopolazione *f.*

überbewerten ‹*ohne ge-*› *tr* sopravvalutare.

überbieten [y:bɐˈbi:tən] ‹*irr, ohne ge-*› **I.** *tr* **1.** *(bei Auktion)* offrire più di; **2.** *(übertreffen)* superare (*an* in); **jdn um 1000 Mark ~** offrire 1000 marchi più di qu; **einen Rekord ~** battere un primato; **das ist an Unverschämtheit nicht mehr zu ~** è il colmo della sfacciataggine; **II.** *rfl:* **sich ~** superarsi; **sich gegenseitig in etw. ~** fare a gara in qc.

über·bleiben ‹*irr*› *itr* ‹*sein*› avanzare, rimanere. **Überbleibsel** [ˈy:bɐblaɪ̯psəl] ‹-s, -› *n* **1.** *(Rest)* avanzo *m,* resto *m;* **2.** *(Relikt)* residuo *m,* relitto *m.*

über·blenden [y:bɐˈblɛndən] *itr* dissolvere.

Überblick *m* **1.** *(Übersicht)* visione *f* generale (*o.* d'insieme) (*über* di); **2.** *(Aussicht)* panorama *m* (*über* di), vista *f* (*über* su); **3.** *(Zusammenfassung)* sintesi *f* (*über* di, su), sommario *m* (*über* di); **4.** *(Orientierung)* orientamento *m;* **den ~ verlieren** perdere la visione d'insieme.

überblicken [y:bɐˈblɪkən] ‹*ohne ge-*› *tr* **1.** *(Ausblick haben über)* abbracciare con lo sguardo; **2.** *fig (Übersicht haben über)* avere una visione d'insieme di; *(Lage)* dominare; **die Tragweite des Geschehens läßt sich im Moment noch nicht ~** le conseguenze dell'accaduto non sono ancora valutabili.

überbringen [y:bɐˈbrɪŋən] ‹*irr, ohne ge-*› *tr* portare; *(aushändigen)* consegnare; *(Glückwünsche, etc.)* trasmettere. **Überbringer(in)** ‹-s, -› *m(f)* portatore, -trice *m, f;* **zahlbar an (den) ~** pagabile al portatore.

überbrücken [y:bɐˈbrʏkən] ‹*ohne ge-*› *tr* **1.** *(Fluß)* gettare un ponte su; **2.** *fig (Gegensätze)* superare; *(Zeit)* riempire. **Überbrückungsbeihilfe** *f* sostegno *m* provvisorio.

überdachen [y:bɐˈdaxən] ‹*ohne ge-*› *tr* coprire con un tetto.

überdauern [y:bɐˈdaʊ̯ɐn] ‹*ohne ge-*› *tr* sopravvivere a.

überdehnen [y:bɐˈde:nən] ‹*ohne ge-*› *tr* tendere troppo; *fig a.* dilatare.

überdenken [y:bɐˈdɛŋkən] ‹*irr, ohne ge-*› *tr* riflettere su, esaminare.

überdies [y:bɐˈdi:s] *adv* inoltre, oltre a ciò; *(obendrein)* per giunta.

überdimensional [ˈy:bɐdimɛnzi̯ona:l] *a* ultradimensionale.

Überdosis *f* dose *f* eccessiva; *(bei Rauschgift)* overdose *f;* **eine ~ Schlaftabletten nehmen** prendere una dose eccessiva di sonniferi.

überdrehen [y:bɐˈdre:ən] ‹*ohne ge-*› *tr* girare troppo; *(Uhr)* caricare troppo; *(Schraube)* spanare; *mot* far andare fuori giri; **überdreht** *fig fam* eccitato.

Überdruck ‹-(e)s, ⸚e› *m* sovrappressione *f.*

Überdruß [ˈy:bɐdrʊs] ‹-drusses, ø› *m* noia *f,* tedio *m;* **bis zum ~** fino alla nausea *fam.* **überdrüssig** [ˈy:bɐdrʏsɪç] *a* stufo, stanco; **einer S. ~ werden** stancarsi (*o.* stufarsi *fam*) di qc.

überdurchschnittlich *a* superiore alla media.

übereifrig *a* troppo zelante.
übereignen [y:bɐˈʔaignən] ‹*ohne ge-*› *tr* trasferire.
übereilen [y:bɐˈʔailən] ‹*ohne ge-*› *tr* precipitare, affrettare (troppo). **übereilt I.** *a* **1.** *(überhastet)* precipitato; **2.** *(unüberlegt)* avventato; **II.** *adv* avventatamente.
übereinander [y:bɐʔaiˈnandɐ] *adv* **1.** *(räumlich)* uno sopra l'altro; **2.** *(einander betreffend)* l'uno dell'altro; ~ **sprechen** parlare l'uno dell'altro; ~ **wohnen** abitare uno sopra l'altro.
übereinander·legen *tr* mettere uno sopra l'altro, sovrapporre. **übereinander·liegen** ‹*irr*› *itr* essere sovrapposto.
überein·kommen [y:bɐˈʔain-] ‹*irr*› *itr* ‹*sein*› accordarsi (*über* su), intendersi (*über* su); **dahin ~, daß ...** accordarsi di ... *inf.* **Übereinkommen** ‹-s, -› *n*, **Übereinkunft** [-kʊnft] ‹-, ¨-e› *f* **1.** *(Einigung)* accordo *m*, intesa *f;* **2.** *(Vertrag)* contratto *m;* **nach ~** previo accordo.
überein·stimmen *itr* **1.** *(die gleiche Meinung haben)* essere d'accordo (*mit jdm in etw.* con qu su qc); **2.** *(gleich sein)* concordare (*mit* con), corrispondere (*mit* a). **übereinstimmend I.** *a* **1.** *(Meinung)* concorde, conforme; **2.** *(identisch)* identico; **II.** *adv:* ~ **mit** conformemente a; **etw. ~ erklären** dichiarare qc concordemente. **Übereinstimmung** *f* concordanza *f* (*mit* con), conformità *f* (*mit* a); *(Harmonie)* armonia *f*, accordo *m;* **in ~ bringen** mettere d'accordo, accordare.
überempfindlich *a* ipersensibile.
Überernährung *f* superalimentazione *f.*
überessen [y:bɐˈʔɛsən] ‹überißt, überaß, übergessen› *rfl:* **sich an etw. ~** fare indigestione di qc.
überfahren[1] [y:bɐˈfa:rən] ‹*irr, ohne ge-*› *tr* **1.** *(Mensch, Tier)* investire, prendere sotto *fam;* **2.** *(Ampel)* oltrepassare; **3.** *fam (überrumpeln)* cogliere di sorpresa (cercando di convincere a fare qc).
über·fahren[2] [ˈy:bɐfa:rən] ‹*irr*› *rar* **I.** *tr* ‹*haben*› traghettare (*über den Fluß* dall'altra parte del fiume); **II.** *itr* ‹*sein*› attraversare.
Überfahrt *f* traversata *f.*
Überfall *m* attacco *m* (di sorpresa) (*auf* a), assalto *m* (*auf* a), aggressione *f* (*auf* a); *(Raub~)* rapina *f;* **bewaffneter ~** aggressione a mano armata.
überfallen [y:bɐˈfalən] ‹*irr, ohne ge-*› *tr* **1.** attaccare (di sorpresa); (*a. fig)* assalire, aggredire; *(Land)* invadere; *(Bank)* rapinare; **2.** *fig (Gedanken, Stimmung, Schlaf)* cogliere; *(Nacht)* cogliere di sorpresa.
überfällig *a* che ritarda oltre il previsto; *(Verkehrsmittel)* in ritardo (*seit zwei Stunden* di due ore); *(Wechsel)* scaduto.
Überfallkommando *n* squadra *f* mobile (*o.* volante).
überfliegen [y:bɐˈfli:gən] ‹*irr, ohne ge-*› *tr* **1.** *(Ort, etc.)* sorvolare; **2.** *fig (Text)* dare una scorsa a.
über·fließen ‹*irr*› *itr* ‹*sein*› **1.** *(Flüssigkeit, Gefäß)* traboccare; **2.** *fig* profondersi (*vor* in).
überflügeln [y:bɐˈfly:gəln] ‹*ohne ge-*› *tr* superare, sorpassare.
Überfluß *m* (sovr)abbondanza *f* (*an* di); ~ **haben an** abbondare di; **im ~ leben** vivere nell'abbondanza; **zu allem ~** per giunta, come se non bastasse. **Überflußgesellschaft** *f* società *f* opulenta. **überflüssig** *a* superfluo; *(unnütz)* inutile.
überfluten [y:bɐˈflu:tən] ‹*ohne ge-*› *tr* inondare.
überfordern [y:bɐˈfɔrdɐn] ‹*ohne ge-*› *tr* chiedere troppo a, esigere troppo da.
überfragen [y:bɐˈfra:gən] ‹*ohne ge-*› *tr* chiedere troppo a; **da bin ich überfragt** mi si chiede troppo.
überfressen [y:bɐˈfrɛsən] ‹*irr, ohne ge-*› *rfl:* **sich an etw. ~** mangiare troppo qc.
überfrieren [y:bɐˈfri:rən] ‹*irr, ohne ge-*› *itr* ‹*sein*› ricoprirsi di uno strato di ghiaccio; **Glätte durch ~de Nässe** strada sdrucciolevole per ghiaccio.
überführen [y:bɐˈfy:rən] ‹*ohne ge-*› *tr* **1.** trasportare, portare, trasferire; *(Gefangene)* tradurre; *(Auto)* (tras)portare; *(Leiche)* trasportare; **2.** *(Verbrecher)* provare la colpevolezza di. **Überführung** *f* **1.** trasporto *m*, trasferimento *m; (von Gefangenen)* traduzione *f; (von Leiche)* traslazione *f;* **2.** *(von Verbrecher)* dimostrazione *f* della colpevolezza; **3.** *(Brücke)* cavalcavia *m*, sovrappassaggio *m.*
Überfülle *f* (sovr)abbondanza *f* (*an* di).
überfüllt [y:bɐˈfʏlt] *a* sovraffollato.
Überfüllung [y:bɐˈfʏlʊŋ] *f* sovraffollamento *m;* **wegen ~ geschlossen** chiuso perché al completo.
überfüttern [y:bɐˈfʏtɐn] ‹*ohne ge-*› *tr* dare troppo da mangiare a, nutrire eccessivamente (*mit* di).

Übergabe *f* **1.** *allg.* consegna *f*, rimessa *f;* **2.** *mil* resa *f*, capitolazione *f*.

Übergang *m* **1.** passaggio *m; (über Gebirge)* valico *m; (über Fluß)* traversata *f;* **2.** *fig (Zwischenlösung)* transizione *f;* **3.** *(von Farben)* gradazione *f*, sfumatura *f*. **Übergangsbestimmung** *f* disposizione *f* transitoria. **Übergangslösung** *f* soluzione *f* interlocutoria. **Übergangsmantel** *m* soprabito *m* da mezza stagione. **Übergangsregelung** *f* sistemazione *f* transitoria. **Übergangszeit** *f* **1.** *allg.* periodo *m* di transizione; **2.** *(Jahreszeit)* mezza stagione *f*.

Übergardine *f* soprattenda *f*.

übergeben [y:bɐ'ge:bən] ⟨*irr, ohne ge-*⟩ **I.** *tr* **1.** *(geben)* offrire; *(a. mil)* consegnare; *(Amt)* trasmettere; **2.** *(übereignen)* cedere; **3.** *(anvertrauen)* affidare; **dem Verkehr ~** aprire al traffico; **II.** *rfl:* **sich ~** vomitare.

über·gehen[1] ['y:bɐge:ən] ⟨*irr*⟩ *itr* ⟨*sein*⟩ **1.** passare (*auf* a, *in andere Hände* in altre mani, *zum Feind* al nemico); **2.** *fig (die Tätigkeit ändern)* passare (*zu* a); **3.** *(sich wandeln)* trasformarsi (*in* in), mutarsi (*in* in); **ineinander ~** *(Farben)* confondersi; **zum Angriff ~** passare all'attacco.

übergehen[2] [y:bɐ'ge:ən] ⟨*irr, ohne ge-*⟩ *tr* **1.** *(auslassen)* tralasciare, omettere; **2.** *(nicht berücksichtigen)* dimenticare, ignorare; **3.** *(nicht beachten)* non badare a.

übergessen [y:bɐ'gɛsən] *pp von* **überessen.**

Übergewicht *n* **1.** sovrappeso *m*, eccedenza *f* di peso; **2.** *fig* preponderanza *f*, predominio *m;* **~ haben** passare il peso; *fig* prevalere, predominare.

überglücklich *a* felicissimo, esultante di gioia.

über·greifen ⟨*irr*⟩ *itr* **1.** *(mit den Händen)* incrociare le mani; **2.** *fig (ausdehnen)* estendersi (*auf* a, su), propagarsi (*auf* a).

Übergriff *m* **1.** *mil* invasione *f;* **2.** *(Verletzung)* violazione *f* (*auf* di).

Übergröße *f (Kleider~)* taglia *f* forte, taglia *f* più grande del normale; *(Schuh~)* numero *m* più grande del normale.

über·haben ⟨*irr*⟩ *tr fam:* **jdn/etw. ~** *(satt haben)* averne abbastanza di qu/qc *fam*, essere stufo di qu/qc *fam;* **ich hatte nur zwei Mark über** mi avanzavano solo due marchi.

überhand·nehmen [y:bɐ'hant-] ⟨*irr*⟩ *itr pej* prendere il sopravvento, aumentare.

Überhang *m* **1.** *(bes. com)* eccedenza *f* (*an* di), avanzo *m* (*an* di); **2.** *arch* sporto *m*, aggetto *m;* **3.** *(Felswand)* strapiombo *m;* **4.** *(Umhang)* mantellina *f*.

über·hängen I. ⟨*irr*⟩ *itr* ⟨*haben o. sein*⟩ protendersi, sporgere; **II.** *tr* ⟨*haben*⟩ mettere sopra (*o.* addosso); **sich** *(dat)* **die Tasche ~** mettersi la borsa in spalla.

überhasten [y:bɐ'hastən] ⟨*ohne ge-*⟩ *tr* precipitare. **überhastet I.** *a* precipitato; **II.** *adv* precipitosamente.

überhäufen [y:bɐ'hɔ͜yfən] ⟨*ohne ge-*⟩ *tr* **1.** colmare (*mit* di); **2.** *(mit Vorwürfen, etc.)* caricare (*mit* di); **3.** *(überlasten)* sovraccaricare (*mit* di); **mit Arbeit überhäuft** sommerso dal lavoro.

überhaupt [y:bɐ'ha͜upt] *adv* **1.** *(im allgemeinen)* in genere; **2.** *(besonders)* soprattutto; **3.** *(bei Verneinungen: ganz und gar)* assolutamente, affatto; **4.** *(in Fragen: eigentlich)* ma, poi; **~ nicht** non ... assolutamente, non ... affatto; **~ nichts** proprio niente; **wenn ~** se mai; **ich denke ~ nicht daran zu ...** non ci penso neppure a ... *inf;* **er spielt nicht nur gut Tennis, er ist ~ sehr sportlich** non solo gioca bene a tennis, ma in genere è molto sportivo; **ich habe ~ keine Ahnung** non (ne) ho la minima idea; **gibt es diesen Ausdruck ~?** ma esiste questa espressione?

überheblich [y:bɐ'he:plɪç] **I.** *a* presuntuoso, arrogante; **II.** *adv* con presunzione (*o.* arroganza). **Überheblichkeit** ⟨-, ø⟩ *f* presunzione *f*, arroganza *f*.

überheizen [y:bɐ'ha͜it͜sən] ⟨*ohne ge-*⟩ *tr* surriscaldare.

überhitzen [y:bɐ'hɪt͜sən] ⟨*ohne ge-*⟩ *tr* surriscaldare.

überhöht [y:bɐ'hø:t] *a (Preise, etc.)* eccessivo.

überholen[1] [y:bɐ'ho:lən] ⟨*ohne ge-*⟩ *tr* **1.** *(vorbeifahren, -gehen)* sorpassare; *(a. sport, fig)* superare; **2.** *tec (überprüfen)* revisionare, mettere a punto; **etw. gründlich ~** fare la revisione completa di qc.

über·holen[2] ['y:bɐho:lən] *itr naut* ingavonarsi.

Überholen [y:bɐ'ho:lən] ⟨-s, ø⟩ *n:* **~ verboten!** divieto di sorpasso! **Überholmanöver** *n* manovra *f* di sorpasso. **Überholspur** *f* corsia *f* di sorpasso.

überholt *a (veraltet)* antiquato, vecchio.

Überholverbot *n* divieto *m* di sorpasso.

überhören [y:bɐ'hø:rən] ‹*ohne ge-*› *tr* non sentire (*o.* udire); *(absichtlich)* far finta di non sentire *fam; (nicht achten auf)* non badare a; **das möchte ich überhört haben!** *fam* preferisco far finta di non aver sentito *fam.*

Über-Ich *n* super-io *m.*

überirdisch *a* **1.** *(oberirdisch)* sopra terra; **2.** *(übernatürlich)* soprannaturale; *(göttlich)* divino; *(geistig)* spirituale.

überißt [y:bɐ'ʔɪst] *2. u. 3. pers pr von* **überessen.**

überkleben [y:bɐ'kle:bən] ‹*ohne ge-*› *tr (Aufschrift, Plakat, etc.)* incollare (sopra); **einen Gegenstand mit etw. ~** incollare qc sopra un oggetto.

über·kochen *itr* ‹*sein*› traboccare (bollendo); **vor Wut ~** ribollire d'ira, andare di fuori (bollendo) *fam.*

überkommen¹ [y:bɐ'kɔmən] ‹*irr, ohne ge-*› *tr* ‹*sein*›: **ihn überkam (die) Furcht** fu colto dalla paura.

überkommen² [y:bɐ'kɔmən] *a (überliefert)* tramandato; *(herkömmlich)* tradizionale.

überladen [y:bɐ'la:dən] ‹*irr, ohne ge-*› *tr* sovraccaricare (*mit* di), ingombrare (*mit* di); **sich** *(dat)* **den Magen ~** riempirsi lo stomaco.

überlagern [y:bɐ'la:gɐn] ‹*ohne ge-*› **I.** *tr* **1.** *(über etw. liegen, überlappen)* sovrapporre; *fig (überschneiden)* interferire, sovrapporre; **2.** *(zu lange lagern)* immagazzinare troppo a lungo; **II.** *rfl:* **sich ~** sovrapporsi. **Überlagerung** *f* **1.** *(Übereinanderlagerung, Überlappung)* sovrapposizione *f; fig (Überschneidung)* sovrapposizione *f,* interferenza *f;* **2.** *(zu lange Lagerung)* immagazzinamento *m* protratto (*o.* prolungato).

Überlandleitung *f* elettrodotto *m.* **Überland(omni)bus** *m* corriera *f* (interurbana), autobus *m* (interurbano).

Überlänge *f* lunghezza *f* eccessiva; **ein Film mit ~** un film di lunghezza eccessiva.

überlappen [y:bɐ'lapən] ‹*ohne ge-*› *rfl:* **sich ~** sovrapporsi.

überlassen¹ [y:bɐ'lasən] ‹*irr, ohne ge-*› *tr* **1.** *allg.* lasciare; **2.** *(anvertrauen)* affidare; **3.** *(abtreten)* cedere; **4.** *(anheimstellen)* lasciare, rimettere; **jdn sich** *(dat)* **selbst ~** abbandonare qu a se stesso; **jdn seinem Schicksal ~** abbandonare qu al suo destino; **das überlasse ich Ihnen** mi rimetto a Lei; **~ Sie das bitte mir!** lasci fare a me; **diese Entscheidung müssen Sie schon mir ~** questa decisione deve lasciarla a me.

über·lassen² ['y:bɐlasən] ‹*irr*› *tr fam s.* **übriglassen.**

überlasten [y:bɐ'lastən] ‹*ohne ge-*› *tr* sovraccaricare.

Überlastung ‹-, -en› *f* sovraccarico *m.*

Überlauf *m* sfioratore *m.*

über·laufen¹ ['y:bɐlaufən] ‹*irr*› *itr* ‹*sein*› **1.** *(Flüssigkeit, Gefäß)* traboccare; **2.** *mil* disertare; **zum Feind ~** passare al nemico.

überlaufen² [y:bɐ'laufən] ‹*irr, ohne ge-*› *tr* **1.** *(laufend überwinden)* superare; **2.** *fig:* **es überlief mich kalt (dabei)** fui colto dai brividi.

überlaufen³ [y:bɐ'laufən] *a* sovraffollato.

Überläufer *m* disertore *m.*

überleben [y:bɐ'le:bən] ‹*ohne ge-*› **I.** *tr* sopravvivere (*etw./jdn* a qc/qu); **II.** *rfl:* **das hat sich längst überlebt** ciò è superato, ha già fatto il suo tempo. **Überlebende** ‹ein -r, -n, -n› *mf* superstite *mf,* sopravvissuto, -a *m, f.* **Überlebenschance** *f* possibilità *f* di sopravvivenza. **überlebensgroß** *a* più grande del naturale. **Überlebenstraining** *n* training *m* per sopravvivere.

überlegen¹ [y:bɐ'le:gən] ‹*ohne ge-*› **I.** *tr* riflettere su, pensare a, considerare; **ich will es mir ~** ci penserò; **sich** *(dat)* **etw. gut** (*o.* **reiflich**) **~** riflettere bene su qc; **es wäre zu ~, ob ...** sarebbe da considerare se ...; **es sich** *(dat)* **anders ~** cambiare idea; **II.** *itr* riflettere, meditare; **ohne lange zu ~** senza pensarci tanto; **hin und her ~** pensarci su *fam.*

überlegen² [y:bɐ'le:gən] *a* superiore (*jdm an etw.* a qu per qc). **Überlegenheit** ‹-, ø› *f* superiorità *f* (*gegenüber* su); **zahlenmäßige ~** superiorità numerica.

überlegt **I.** *a* ponderato, meditato; **II.** *adv* con ponderazione.

Überlegung ‹-, -en› *f* **1.** *(Überlegen)* riflessione *f;* **2.** *(Besonnenheit)* ponderatezza *f;* **~en anstellen** fare delle riflessioni; **nach reiflicher ~** dopo matura riflessione; **ohne ~** senza riflettere.

über·leiten *itr* passare (*zu* a). **Überleitung** *f* passaggio *m; (Verbindung)* collegamento *m;* **ohne ~** direttamente.

überliefern [y:bɐ'li:fɐn] ‹*ohne ge-*› *tr* **1.** *(Bräuche, etc.)* tramandare, trasmettere; **2.** *geh (der Justiz)* consegnare alla giustizia. **Überlieferung** *f* tradizione *f*.

überlisten [y:bɐˈlɪstən] ‹*ohne ge-*› *tr* ingannare, sopraffare con astuzia.

Übermacht *f* superiorità *f*, forza *f* superiore; *(Vorherrschaft)* predominio *m*; **in der ~ sein** essere superiore.

übermannen [y:bɐˈmanən] ‹*ohne ge-*› *tr geh* sopraffare; *(überwältigen)* vincere.

Übermaß *n* eccesso *m* (*an, von* di); **etw. im ~ haben** avere qc in grande abbondanza; **im ~** in eccessso, a dismisura. **übermäßig I.** *a* eccessivo; *(maßlos)* smisurato; *(übertrieben)* esagerato; **II.** *adv* oltre misura; *(allzuviel)* troppo.

Übermensch *m* superuomo *m*.

übermitteln [y:bɐˈmɪtəln] ‹*ohne ge-*› *tr* trasmettere; *(Grüße)* portare.

übermorgen *adv* dopodomani, domani l'altro.

übermüdet [y:bɐˈmy:dət] *a* spossato, sfinito. **Übermüdung** ‹-, ø› *f* spossatezza *f*, estenuazione *f*.

Übermut *m* sfrenatezza *f*, baldanza *f*. **übermütig** [ˈy:bɐmy:tɪç] *a (Mensch)* sfrenato, scatenato; *(Streich)* spavaldo.

übernächste(r, s) *a* altro, -a, secondo, -a; **die ~ Haltestelle** la seconda fermata; **~ Woche** fra due settimane; **~n Montag** lunedì l'altro.

übernachten [y:bɐˈnaxtən] ‹*ohne ge-*› *itr* pernottare, passare la notte. **Übernachtung** ‹-, -en› *f* pernottamento *m*; **~ mit Frühstück** pernottamento e colazione.

Übernahme [ˈy:bɐna:mə] ‹-, -n› *f* **1.** *(von Schulden, Amt, Methode)* assunzione *f*; **2.** *(Annahme)* accettazione, presa *f* in consegna.

übernatürlich *a* soprannaturale.

übernehmen [y:bɐˈne:mən] ‹*irr, ohne ge-*› **I.** *tr* **1.** *allg.* assumere; *(Methode)* adottare; *(Kosten, Verantwortung)* assumersi; **2.** *(sich verpflichten)* impegnarsi (*zu* a), incaricarsi (*zu* di); **3.** *(entgegennehmen)* accettare, prendere in consegna; *sport* prendere; **4.** *(Textstelle)* riprendere; **5.** *(stellvertretend)* assumersi; **II.** *rfl:* **sich bei der Arbeit ~** affaticarsi troppo lavorando; **er hat sich (finanziell) übernommen** ha fatto il passo più lungo della gamba *fam*.

über·ordnen *tr* preporre (*jdm jdn* qu a qu, *etw. einer S.* qc a qc); **übergeordnete Instanz** istanza superiore.

überparteilich *a* indipendente, al di sopra dei partiti.

überprüfen [y:bɐˈpry:fən] ‹*ohne ge-*› *tr* esaminare, rivedere; *(kontrollieren)* controllare, verificare; *(als Sachverständiger)* ispezionare. **Überprüfung** *f* esame *m*, controllo *m*, verifica *f*, ispezione *f*.

über·quellen ‹*irr*› *itr* ‹*sein*› *(a. fig)* traboccare (*vor* di).

überqueren [y:bɐˈkve:rən] ‹*ohne ge-*› *tr* attraversare. **Überquerung** ‹-, -en› *f* attraversamento *m*.

überragen¹ [y:bɐˈra:gən] ‹*ohne ge-*› *tr* **1.** *(an Größe)* superare (*um Haupteslänge* di una testa); **2.** *fig (übertreffen)* essere superiore (*jdn an etw.* a qu per qc).

über·ragen² [ˈy:bɐragən] *itr (überstehen)* sporgere.

überragend [y:bɐˈra:gənt] *a fig* eccellente; *(Persönlichkeit)* eminente.

überraschen [y:bɐˈraʃən] ‹*ohne ge-*› *tr* sorprendere; *(freudig ~ a.)* fare una sorpresa a; **jdn beim Stehlen ~** sorprendere qu a rubare; **lassen wir uns ~** stiamo a vedere *fam;* **ich war angenehm überrascht** è stata una piacevole sorpresa per me. **überraschend I.** *a* sorprendente; *(unerwartet)* inaspettato, inatteso; **II.** *adv:* **~ kommen** giungere di sorpresa; **~ schnell** in modo straordinariamente rapido. **überrascht** *a* sorpreso (*über, von* di, da, per), stupito (*über, von* di, per). **Überraschung** ‹-, -en› *f* sorpresa *f*.

überreden [y:bɐˈre:dən] ‹*ohne ge-*› *tr* persuadere; **sich ~ lassen** lasciarsi convincere. **Überredung** ‹-, -en› *f* persuasione *f*. **Überredungskunst** *f* arte *f* della persuasione; *pl* modi *m pl* persuasivi.

überregional *a* sovraregionale, ultraregionale.

überreichen [y:bɐˈraɪ̯çən] ‹*ohne ge-*› *tr* consegnare; *(feierlich)* presentare, offrire.

überreif *a* troppo maturo.

überreizen [y:bɐˈraɪ̯t͡sən] ‹*ohne ge-*› *tr* sovreccitare. **Überreizung** *f* sovreccitamento *m*.

Überrest *m* resto *m*, avanzo *m*; *(von Stoff)* scampolo *m*; **die sterblichen ~e** *geh* le spoglie mortali *geh*.

überrollen [y:bɐˈrɔlən] ‹*ohne ge-*› *tr* travolgere.

überrumpeln [y:bɐˈrʊmpəln] ‹*ohne ge-*› *tr* sorprendere; **jdn mit einer Frage ~** cogliere di sorpresa qu con una domanda.

überrunden [y:bɐˈrʊndən] ‹*ohne ge-*› *tr* superare di un giro, doppiare.

übersät [y:bɐˈzɛ:t] *a* cosparso (*mit, von* di).

übersättigt [y:bɐˈzɛtɪçt] *a* sazio.
Überschallflugzeug *n* aereo *m* supersonico. **Überschallgeschwindigkeit** *f* velocità *f* supersonica.
überschatten [y:bɐˈʃatən] ‹*ohne ge-*› *tr (Baum, etc.)* ombreggiare; *fig (Ereignisse, etc.)* offuscare.
überschätzen [y:bɐˈʃɛtsən] ‹*ohne ge-*› *tr* sopravvalutare. **Überschätzung** *f* sopravvalutazione *f.*
überschaubar [y:bɐˈʃaubaːɐ̯] *a* **1.** *(Gelände)* di facile orientamento; **2.** *fig* chiaro; *(beschränkt)* limitato.
überschauen [y:bɐˈʃauən] ‹*ohne ge-*› *tr s.* **überblicken.**
über·schäumen *itr* ‹*sein*› **1.** traboccare (spumeggiando); **2.** *fig* traboccare (*vor* di); **~de Begeisterung/Freude** entusiasmo/gioia traboccante.
überschlafen [y:bɐˈʃlaːfən] ‹*irr, ohne ge-*› *tr:* **etw. ~** *fam* dormirci sopra *fam.*
Überschlag *m* **1.** *sport* salto *m* mortale; *aero* looping *m;* **2.** *(ungefähre Berechnung)* calcolo *m* approssimativo; *(Kosten~)* preventivo *m.*
überschlagen[1] [y:bɐˈʃlaːgən] ‹*irr, ohne ge-*› **I.** *tr* **1.** *(auslassen)* saltare, tralasciare; **2.** *(ungefähr berechnen)* fare un calcolo approssimativo di; **II.** *rfl:* **sich ~ 1.** capovolgersi, ribaltarsi; *mot* cappottare; **2.** *(Stimme)* dare nel falsetto; **3.** *fig (Ereignisse)* susseguirsi con rapidità travolgente; **sich vor Liebenswürdigkeit ~** profondersi in gentilezze *geh.*
über·schlagen[2] [ˈy:bɐʃlaːgən] ‹*irr*› *tr (Beine)* accavallare; *(Arme)* incrociare.
überschlägig, überschläglich [ˈy:bɐʃlɛːgɪç, ...ʃlɛːklɪç] *a* approssimativo.
über·schnappen *itr* ‹*sein*› **1.** *tec (Schloß, Feder)* scattare; **2.** *fig fam* impazzire, dar di volta il cervello *fam.*
überschneiden [y:bɐˈʃnaidən] ‹*irr, ohne ge-*› *rfl:* **sich ~ 1.** *(räumlich)* incrociarsi; **2.** *(zeitlich)* coincidere, accavallarsi.
überschreiben [y:bɐˈʃraibən] ‹*irr, ohne ge-*› *tr* **1.** *(mit Überschrift)* intitolare; **2.** *(übertragen)* intestare; **3.** *com* trasmettere, passare; *(Übertrag)* trascrivere; **jdm ein Grundstück ~** intestare un terreno a qu.
überschreiten [y:bɐˈʃraitən] ‹*irr, ohne ge-*› *tr* **1.** passare; *(überqueren)* attraversare; *(Schwelle, a. fig)* varcare; **2.** *fig* oltrepassare, superare; *(übertreten)* trasgredire; **seine Befugnisse ~** andare al di là delle proprie competenze; **das überschreitet seine Fähigkeiten** ciò va oltre le sue capacità; **die Geschwindigkeit ~** superare la velocità.
Überschrift *f* titolo *m,* intestazione *f.*
Überschuß *m* eccedenza *f* (*an* di). **überschüssig** [ˈy:bɐʃʏsɪç] *a* eccedente, in eccedenza.
überschütten [y:bɐˈʃʏtən] ‹*ohne ge-*› *tr* **1.** *(bedecken)* ricoprire (*mit* di); **2.** *fig (überhäufen)* colmare (*mit* di); **jdn mit Fragen ~** bombardare qu di domande; **jdn mit Lob ~** ricoprire qu di lodi; **jdn mit Vorwürfen ~** sommergere (*o.* ricoprire) qu di rimproveri.
Überschwang [ˈy:bɐʃvaŋ] ‹-(e)s, ø› *m* esuberanza *f;* **im ~ der Freude** in un trasporto di gioia; **im ~ der Gefühle** in un trasporto di sentimenti.
überschwemmen [y:bɐˈʃvɛmən] ‹*ohne ge-*› *tr (a. fig)* inondare (*mit* di). **Überschwemmung** ‹-, -en› *f* inondazione *f,* alluvione *f.* **Überschwemmungsgebiet** *n* regione *f* alluvionata.
überschwenglich [ˈy:bɐʃvɛŋlɪç] *a* esuberante; *(Lob)* entusiastico. **Überschwenglichkeit** ‹-, -en› *f* esuberanza *f.*
Übersee *f:* **in/nach ~** oltremare; **von ~** d'oltremare. **Überseedampfer** *m* transatlantico *m.* **Überseehandel** *m* commercio *m* d'oltremare. **überseeisch** *a* d'oltremare, transoceanico.
übersehbar [y:bɐˈzeːbaːɐ̯] *a* **1.** *(Gelände)* che si può abbracciare con lo sguardo; **2.** *fig* calcolabile.
übersehen [y:bɐˈzeːən] ‹*irr, ohne ge-*› *tr* **1.** *(Gelände)* abbracciare con lo sguardo; **2.** *fig* calcolare, valutare; *(Lage)* realizzare; **3.** *(nicht bemerken)* non vedere, lasciarsi scappare; **4.** *(ignorieren)* ignorare, non badare a.
übersenden [y:bɐˈzɛndən] ‹*irr, ohne ge-*› *tr* spedire, inviare, mandare.
über·setzen[1] [ˈy:bɐzɛtsən] **I.** *tr* ‹*haben*› *(mit Fähre)* traghettare; **II.** *itr* ‹*sein*› passare all'altra sponda.
übersetzen[2] [y:bɐˈzɛtsən] ‹*ohne ge-*› *tr* **1.** *ling* tradurre (*aus dem ... ins* dal ... in); **2.** *fig (wiedergeben)* rendere; **3.** *tec* moltiplicare; **etw. frei/sinngemäß/wörtlich ~** tradurre qc liberamente/a senso/alla lettera. **Übersetzer(in)** ‹-s, -› *m(f)* traduttore, -trice *m, f.* **Übersetzung** ‹-, -en› *f* **1.** *ling* traduzione *f;* **2.** *tec* trasmissione *f.* **Übersetzungsbüro** *n* ufficio *m* traduzioni.
Übersicht ‹-, -en› *f* **1.** ‹*sing*› *(Über-*

blick) visione *f* d'insieme (*über* di); *(Orientierung)* orientamento *m* (*über* su); **2.** *(Darstellung)* quadro *m; (Tabelle)* tavola *f* (sinottica); *(Abriß)* compendio *m;* **die ~ verlieren** perdere la visione d'insieme. **übersichtlich** *a* **1.** *(Gelände)* aperto; *(Kreuzung)* ben visibile; **2.** *(erfaßbar)* chiaro; **~ angeordnet** ben disposto.

übersinnlich *a* extrasensoriale, soprannaturale, trascendentale.

überspannen [y:bɐ'ʃpanən] ⟨*ohne ge-*⟩ *tr* **1.** *(bespannen)* (ri)coprire (*mit* di); **2.** *(zu sehr spannen)* tendere eccessivamente. **überspannt** *a fig* **1.** *(übertrieben)* esagerato; *(Forderung)* esorbitante; **2.** *(exaltiert)* esaltato, stravagante; *(Idee)* fantastico.

überspielen [y:bɐ'ʃpi:lən] ⟨*ohne ge-*⟩ *tr* **1.** *radio, TV* registrare; **2.** *fig (verdekken)* passare sopra a; **3.** *sport* eliminare.

überspitzt [y:bɐ'ʃpɪtst] *a* esagerato.

über·springen ['y:bɐʃprɪŋən] ⟨*irr*⟩ *itr* ⟨*sein*⟩ **1.** *(Funke)* scoccare (*auf* su); **2.** *fig* passare (*auf* a).

überspringen [y:bɐ'ʃprɪŋən] ⟨*irr, ohne ge-*⟩ *tr* **1.** *(Hindernis)* passare (*o.* superare) con un salto; **2.** *fig (auslassen)* saltare.

über·sprudeln *itr* ⟨*sein*⟩ traboccare (*vor* di); *(fig a.)* sprizzare (*vor etw.* qc); **~d** *fig* esuberante.

überstehen¹ [y:bɐ'ʃte:ən] ⟨*irr, ohne ge-*⟩ *tr* **1.** *(überwinden)* vincere; *(Krise, Krankheit)* superare; *(ertragen)* sopportare; **2.** *(überleben)* sopravvivere a; **das wäre überstanden!** ce l'abbiamo fatta! *fam;* **das Schlimmste ist schon überstanden** il peggio è passato.

über·stehen² ['y:bɐʃte:ən] ⟨*irr*⟩ *itr* ⟨*haben o. sein*⟩ *(hervorragen)* sporgere, aggettare.

übersteigen [y:bɐ'ʃtaigən] ⟨*irr, ohne ge-*⟩ *tr* **1.** *(Hindernis)* scavalcare; **2.** *fig* superare, essere superiore a; **jds Kräfte ~** superare le forze di qu; **das übersteigt alles (bisher) Dagewesene** (ciò) supera tutto ciò che è stato finora.

überstimmen [y:bɐ'ʃtɪmən] ⟨*ohne ge-*⟩ *tr* battere nella votazione; *(Antrag, etc.)* mettere in minoranza.

überstrapazieren ⟨*ohne ge-*⟩ *tr:* **jds Geduld ~** abusare della pazienza di qu.

Überstunde *f* (ora *f* di lavoro) straordinario *m,* plus-orario *m;* **~n machen** fare lo straordinario.

überstürzen [y:bɐ'ʃtʏrtsən] ⟨*ohne ge-*⟩ **I.** *tr* precipitare, affrettare; **nur nichts ~!** non precipitare le cose!; **II.** *rfl:* **sich ~** precipitare, incalzare. **überstürzt I.** *a* precipitato, precipitoso; **II.** *adv* in modo precipitoso.

übertariflich *a* eccedente la tariffa.

übertölpeln [y:bɐ'tœlpəln] ⟨*ohne ge-*⟩ *tr* abbindolare, gabbare.

Übertopf *m* portavasi *m.*

Übertrag ['y:bɐtra:k] ⟨-(e)s, ⸚e⟩ *m* riporto *m.*

übertragbar [y:bɐ'tra:kba:ɐ̯] *a* **1.** *med* trasmissibile; *(ansteckend)* contagioso; **2.** *jur, fin* trasferibile (*auf* a).

übertragen [y:bɐ'tra:gən] ⟨*irr, ohne ge-*⟩ **I.** *tr* **1.** *med* trasmettere (*auf* a); *(Blut)* trasfondere; *(Organe)* trapiantare; **2.** *jur (Besitz)* trasferire (*auf* a); **3.** *fin (Wechsel)* girare (*auf* su); **4.** *(Amt, Aufgabe)* affidare (*jdm* a qu); *(Vollmacht)* conferire (*jdm* a qu); **5.** *com* riportare (*auf* su); **6.** *(an anderer Stelle schreiben)* trascrivere (*auf* su); **7.** *(anwenden)* applicare (*auf* a); **8.** *(übersetzen)* tradurre (*ins Italienische* in italiano); **9.** *radio, TV* mandare in onda; (*a. tec)* trasmettere; **direkt ~** trasmettere in diretta; **auf jds Namen ~** registrare sul nome di qu; **jdm die Ausführung von etw. ~** incaricare qu di qc; **in ~er Bedeutung** in senso figurato; **II.** *rfl:* **sich ~** trasmettersi (*auf* a); *(a. fig)* comunicarsi (*auf jdn* a qu).

Übertragung ⟨-, -en⟩ *f* **1.** *med* trasmissione *f; (Ansteckung)* contagio *m; (Blut~)* trasfusione *f* (di sangue); *(Organ~)* trapianto *m;* **2.** *jur (von Besitz)* trasferimento *m;* **3.** *(von Wechsel)* girata *f;* **4.** *(von Amt, Aufgabe)* assegnazione *f;* **5.** *com* riporto *m;* **6.** *(Abschrift)* trascrizione *f;* **7.** *(Anwendung)* applicazione *f;* **8.** *(Übersetzung)* traduzione *f;* **9.** *radio, TV, tec* trasmissione *f.*

übertreffen [y:bɐ'trɛfən] ⟨*irr, ohne ge-*⟩ *tr* superare (*an* in); *(bes. sport)* battere (*an* in); **sich selbst ~** superarsi; **das übertrifft alle Erwartungen** (ciò) supera ogni aspettativa.

übertreiben [y:bɐ'traibən] ⟨*irr, ohne ge-*⟩ *tr* **1.** *(exzessiv betreiben)* esagerare con, eccedere in; **2.** *(aufbauschen, a. itr)* esagerare. **Übertreibung** ⟨-, -en⟩ *f* esagerazione *f.*

über·treten¹ ['y:bɐtre:tən] ⟨*irr*⟩ *itr* ⟨*sein*⟩ **1.** *(Fluß)* straripare; **2.** *sport* oltrepassare (*über etw.* qc); **3.** *fig (zu anderer Partei)* passare (*zu* a); *(zu anderer Konfession)* convertirsi (*zu* a).

übertreten² [y:bɐ'tre:tən] ⟨*irr, ohne ge-*⟩ *tr* **1.** *(Grenze)* (oltre)passare;

2. *(Regel, Vorschrift, etc.)* violare, contravvenire a. **Übertretung** [y:bɐ'tre:tʊŋ] ‹-, -en› *f* trasgressione *f*, violazione *f*.

übertrieben [y:bɐ'tri:bən] *a* esagerato; *(übermäßig)* eccessivo; *(Preis)* esorbitante.

Übertritt *m* **1.** *(Grenz~)* passaggio *m;* **2.** *pol* passaggio *m* (*in* a); *rel* conversione *f* (*zu* a).

übertrumpfen [y:bɐ'trʊmpfən] ‹*ohne ge-*› *tr* **1.** *(beim Kartenspiel)* ammazzare con una briscola; **2.** *fig* superare, schiacciare.

übervorteilen [y:bɐ'fɔrtailən] ‹*ohne ge-*› *tr* imbrogliare, truffare.

überwachen [y:bɐ'vaxən] ‹*ohne ge-*› *tr* sorvegliare; *(kontrollieren)* controllare; *(beschatten)* pedinare. **Überwachung** ‹-, -en› *f* sorveglianza *f; (Kontrolle)* controllo *m*. **Überwachungssystem** *n* sistema *m* di sorveglianza.

überwältigen [y:bɐ'vɛltɪgən] ‹*ohne ge-*› *tr (a. fig)* sopraffare; *(erschüttern)* sconvolgere; **von Müdigkeit überwältigt werden** essere sopraffatto dalla stanchezza; **ich war von seiner Schönheit überwältigt** ero sconvolto dalla sua bellezza; **~d** travolgente; **~de Mehrheit** maggioranza schiacciante; **nicht ~** *iron* niente di speciale *iron*.

über·wechseln *itr* ‹*sein*› passare (*zu* a); **zur Gegenpartei ~** passare alla controparte.

überweisen [y:bɐ'vaizən] ‹*irr, ohne ge-*› *tr* **1.** *(Geld)* rimettere; **2.** *(Patienten, Kunden)* mandare (*zu* da, *an* a); **auf jds Konto ~** versare sul conto di qu. **Überweisung** *f* **1.** *(Geld~)* trasferimento *m;* **2.** *(~sschein vom Arzt)* certificato *m* di presentazione del medico curante ad uno specialista.

über·werfen[1] ['y:bɐvɛrfən] ‹*irr*› *tr (Mantel, etc.)* metter(si) addosso.

überwerfen[2] [y:bɐ'vɛrfən] ‹*irr, ohne ge-*› *rfl:* **sich mit jdm ~** litigare con qu.

überwiegen [y:bɐ'vi:gən] ‹*irr, ohne ge-*› *itr* prevalere, predominare. **überwiegend I.** *a* prevalente, predominante; **die ~e Mehrheit** la stragrande maggioranza; **der ~e Teil** la parte preponderante; **II.** *adv* in prevalenza.

überwinden [y:bɐ'vɪndən] ‹*irr, ohne ge-*› **I.** *tr allg., fig* superare; *(besiegen)* vincere; **II.** *rfl:* **sich ~, etw. zu tun** sforzarsi di fare qc. **Überwindung** *f* **1.** *(von Schwierigkeit, etc.)* superamento *m;* **2.** *(Selbst~)* sforzo *m;* **es hat mich ~ gekostet** mi è costato (uno sforzo) *fam*.

überwintern [y:bɐ'vɪntɐn] ‹*ohne ge-*› *itr* svernare, passare l'inverno.

überwuchern [y:bɐ'vu:xɐn] ‹*ohne ge-*› *tr* (ri)coprire.

Überzahl *f:* **in der ~ sein** essere in maggioranza. **überzählig** ['y:bɐtsɛ:lɪç] *a:* **~ sein** essere in soprannumero.

überzeugen [y:bɐ'tsɔygən] ‹*ohne ge-*› **I.** *tr (durch Gründe, Beweise)* convincere (*von* di); **ich bin davon überzeugt, daß ...** sono convinto che ...; **sich von jdm ~ lassen** lasciarsi convincere da qu; **sie ist sehr überzeugt von sich** è piena di sé; **überzeugter Marxist/Christ** marxista/cristiano convinto; **II.** *rfl:* **sich ~ 1.** convincersi (*von* di); **2.** *(sich vergewissern)* sincerarsi (*von* di); **~ Sie sich selbst!** guardi Lei stesso! **überzeugend I.** *a* convincente, persuasivo; *(Gründe)* plausibile; **II.** *adv* in modo convincente. **Überzeugung** *f* convinzione *f;* **aus ~** per convinzione; **der ~ sein, daß ...** essere convinto che ... *conj;* **die ~ gewinnen, daß ...** acquistare la convinzione che ...; **etw. im Brustton der ~ sagen** dire qc con la massima convinzione.

über·ziehen[1] ['y:bɐtsi:ən] ‹*irr*› *tr* **1.** *(Kleidungsstücke)* mettere (sopra); **2.** *fam:* **jdm eins ~** dare una botta a qu *fam*.

überziehen[2] [y:bɐ'tsi:ən] ‹*irr, ohne ge-*› **I.** *tr* **1.** *(mit Stoff, Leder)* rivestire (*mit* di), ricoprire (*mit* di); *(mit Zucker)* inzuccherare; *(mit Lack)* verniciare; **2.** *(Konto)* scoprire (*um* di); **3.** *(bes. radio, TV, a. itr)* protrarre; **ein Bett (frisch) ~** cambiare le lenzuola; **II.** *rfl:* **sich ~** *(Himmel)* coprirsi (*mit* di).

Überzieher ['y:bɐtsi:ɐr] ‹-s, -› *m obs* soprabito *m*.

Überziehungskredit [y:bɐ'tsi:ʊŋs-] *m* fido *m* bancario.

Überzug *m* **1.** *(Schicht)* strato *m;* **2.** *(Bezug)* rivestimento *m; (Bettbezug)* federa *f*.

üblich ['y:plɪç] *a* usuale, consueto, solito; *(geläufig)* corrente; *(normal)* normale; **wie ~** come al solito; **das ist nicht mehr ~** non si usa più; **es ist ~ zu ...** si usa ... *inf;* **das ist (hier) so ~** (qui) si usa così.

U-Boot ['u:-] *n* sommergibile *m*, sottomarino *m*. **U-Boot-Stützpunkt** *m* base *f* sottomarina.

übrig ['y:brɪç] *a* rimanente, restante; **der/die/das ~e ...** il resto di ...; **das**

~e il resto; **die ~en** gli altri; **im ~en** del resto; *(außerdem)* inoltre; **ich habe noch ein Bonbon ~** mi avanza ancora una caramella; **für jdn nichts ~ haben** avere antipatia per qu; **für Kunst hat er nichts ~** l'arte non gli interessa; **~ sein** rimanere, restare; **das ~e können Sie sich** *(dat)* **denken** il resto se lo può immaginare.

übrig·bleiben ‹*irr*› *itr* ‹*sein*› avanzare, restare, rimanere; **es bleibt nichts anderes übrig, als ...** non resta altro da fare che ... *inf;* **da wird mir wohl nichts anderes ~!** non mi resterà altro da fare!

übrigens ['y:brɪgəns] *adv* del resto, d'altronde; *(nebenbei bemerkt)* a proposito.

übrig·lassen ‹*irr*› *tr* lasciare (d'avanzo); **zu wünschen ~** lasciare a desiderare.

Übung ['y:bʊŋ] ‹-, -en› *f* **1.** *allg., sport, rel, mus, gram* esercizio *m; (mil, Universität)* esercitazione *f;* **2.** ‹*sing*› *(Praxis)* pratica *f,* esercizio *m;* **~ macht den Meister** *prov* l'esercizio è un buon maestro; **aus der ~ kommen** perdere l'esercizio; **in ~ bleiben** restare (*o.* tenersi) in esercizio.

ü. d. M. *ab von* **über dem Meeresspiegel** s.l.m. (*ab von* sul livello del mare).

Udo ['u:do] *männlicher Vorname.*

UdSSR [u:de:ʔɛsʔɛsˈʔɛr] ‹-, ø› *f ab von* **Union der Sozialistischen Sowjetrepubliken** U.R.S.S. *f* (*ab von* Unione delle Repubbliche Socialiste Sovietiche).

u. E. *ab von* **unseres Erachtens** a nostro avviso.

Ufer ['u:fɐ] ‹-s, -› *n* riva *f,* sponda *f;* **am ~** sulla riva; **an den ~n des Rheins** sulle rive del Reno; **über die ~ treten** straripare. **Uferböschung** *f* scarpata *f* della sponda. **Uferdamm** *m* argine *m.* **uferlos** *a fig* interminabile, senza fine; **ins ~e führen** perdersi nell'infinito. **Uferstraße** *f* strada *f* lungo la riva.

Ufo, UFO ['u:fo] ‹-(s), -s› *n ab von* **unbekanntes Flugobjekt** U.F.O. *m.*

U-Haft *f fam ab von* **Untersuchungshaft** detenzione *f* preventiva.

Uhr [u:ɐ̯] ‹-, -en› *f* **1.** orologio *m; (Taschen~, Armband~)* orologio *m* da polso; **2.** *tec (Zähler)* contatore *m;* **3.** *(bei Zeitangaben)* ora *f,* ore *f pl, oft unübersetzt;* **nach meiner ~ ist es ...** sul mio orologio è (*o.* sono) ...; **um acht (~)** alle otto; **es ist halb drei (~)** sono le due e mezza; **um 12 ~ mittags/nachts** a mezzogiorno/mezzanotte; **wieviel ~ ist es?** che ore sono?; **um wieviel ~?** a che ora?; **die ~ nach-/vorstellen** mettere l'orologio indietro/avanti; **meine ~ geht richtig** (*o.* **genau**) il mio orologio è preciso; **meine ~ geht (5 Minuten) vor/nach** il mio orologio è avanti/indietro (di 5 minuti); **er ist rund um die ~ beschäftigt** è occupato 24 ore su 24.

Uhr(arm)band ‹-(e)s, ¨-er› *n* cinturino *m* dell'orologio. **Uhrenindustrie** *f* industria *f* orologiera. **Uhrenvergleich** *m:* **einen ~ machen** confrontare gli orologi. **Uhrkette** *f* catena *f* dell'orologio. **Uhrmacher(in)** *m(f)* orologiaio, -a *m, f.* **Uhrwerk** *n* meccanismo *m* (*o.* movimento *m*) dell'orologio, orologeria *f.* **Uhrzeiger** *m* lancetta *f* dell'orologio. **Uhrzeigersinn** *m:* **entgegen dem/im ~** in senso anti-orario/orario. **Uhrzeit** *f* ora *f.*

Uhu ['u:hu] ‹-s, -s› *m* gufo *m.*

UKW [u:ka:'ve:] *ab von* **Ultrakurzwelle** onda *f* ultracorta.

Ulk [ʊlk] ‹-(e)s, -e› *m* scherzo *m;* **~ machen** fare degli scherzi; **aus ~** per scherzo.

ulken *itr* scherzare.

ulkig *a fam* buffo *fam,* comico.

Ulm [ʊlm] *n* Ulma *f.*

Ulme ['ʊlmə] ‹-, -n› *f* olmo *m.*

Ulrich ['ʊlrɪç] *(männlicher Vorname)* Ulrico.

Ulrike [ʊl'ri:kə] *(weiblicher Vorname)* Ulrica.

Ultimaten *pl von* **Ultimatum.**

ultimativ [ʊltima'ti:f] *a* ultimativo.

Ultimatum [ʊlti'ma:tʊm, ...tən *o.* ...tʊms] ‹-s, -ten *o.* -s› *n* ultimatum *m;* **jdm ein ~ stellen** porre un ultimatum a qu.

Ultrakurzwelle [ʊltra'kʊrts-] *f* (*ab* **UKW**) onda *f* ultracorta. **Ultrakurzwellensender** *m* trasmittente *f* a onde ultracorte.

ultrarot ['ʊltra-] *a* infrarosso.

Ultraschall *m* ultrasuono *m.* **Ultraschallwelle** *f* onda *f* ultrasonora.

ultraviolett *a* (*ab* **UV**) ultravioletto.

um [ʊm] **I.** *prp acc* **1.** *(~ herum)* intorno (*o.* attorno) a; **2.** *(neben)* vicino (*o.* accanto) a, con; **3.** *(bei Uhrzeiten)* a; *(bei ungefähren Zeitangaben)* verso; **4.** *(Differenz angebend)* di; **5.** *(für)* per, a; **6.** *(wegen)* per; **darf ich Sie ~ Feuer bitten?** (posso chiederLe se) ha da accendere?; **es tut mir leid ~ sie** mi dispiace per lei; **ich bitte (Sie) ~ Ruhe** vi prego di far silenzio; **jdn ~ etw. bringen** far perdere qc a qu; **nicht ~ alles in der Welt würde ich**

... per niente al mondo vorrei ...; **Stunde ~ Stunde verging, ohne daß er anrief** passarono ore senza che telefonasse; **~ fünf Uhr** alle cinque; **~ Geld spielen** giocare a soldi; **~ jeden/keinen Preis** a ogni/nessun costo; **~ Ostern (herum)** verso Pasqua; **~ zwei cm kleiner** più piccolo di due cm; **~ zwei Mark (herum)** di due marchi circa; **wie steht es ~ ihn?** come sta?; **II.** *prp gen:* **~ ... willen** per, per amor di; **~ Gottes willen!** per l'amor del cielo! *fam;* **III.** *con:* **1. ~ zu** ... per ... *inf,* allo scopo di ... *inf;* **2. je ..., ~ so ...** più ..., più ...; **~ so besser/schlimmer/mehr/weniger** tanto meglio/peggio/più/meno; **IV.** *adv fam (vorbei)* finito, passato.

um·ändern *tr* modificare.

um·arbeiten *tr* rielaborare (*zu* in), trasformare (*zu* in); *(abändern)* modificare; *(Film)* riadattare; *(Buch)* rivedere.

umarmen [ʊm'ʔarmən] ⟨*ohne ge-*⟩ *tr* abbracciare; *(heftig)* stringere. **Umarmung** ⟨-, -en⟩ *f* abbraccio *m.*

Umbau ⟨-s, -e *o.* -ten⟩ *m* **1.** *(das Umbauen)* ricostruzione *f,* trasformazione *f;* **2.** *(Gebäude)* edificio *m* restaurato; **wegen ~s geschlossen** chiuso per (lavori di) restauro.

um·bauen¹ ['ʊmbau̯ən] *tr* **1.** *arch* ricostruire (*zu etw.* in qc), trasformare (*zu* in); *(restaurieren)* restaurare; **2.** *fig adm* riorganizzare; **(das Bühnenbild) ~** cambiare la scena.

umbauen² [ʊm'bau̯ən] ⟨*ohne ge-*⟩ *tr* circondare di costruzioni, chiudere costruendo tutt'intorno.

um·benennen ⟨*irr, ohne ge-*⟩ *tr* cambiare il (*o.* di) nome a.

um·besetzen ⟨*ohne ge-*⟩ *tr allg.* cambiare la distribuzione di; *theat* cambiare gli attori di; *pol* rimpastare.

um·betten *tr (Kranken)* cambiare di letto; *(Leiche)* effettuare la traslazione di; *(Fluß)* deviare.

um·biegen ⟨*irr*⟩ **I.** *tr* ⟨*haben*⟩ piegare; **II.** *itr* ⟨*sein*⟩ svoltare; **III.** *rfl:* **sich ~** piegarsi, curvarsi.

um·bilden *tr* trasformare; *adm* riorganizzare; *(Regierung)* rimpastare.

um·binden ⟨*irr*⟩ **I.** *tr (Krawatte)* annodare; *(Schürze, Kopftuch)* mettere; **II.** *rfl:* **sich** *(dat)* **~** annodarsi, mettersi.

um·blättern *itr* girare (*o.* voltare) pagina.

um·blicken *rfl:* **sich ~ 1.** *(in die Runde, um sich herum)* guardarsi attorno; **2.** *(zurück)* guardarsi indietro.

um·brechen¹ ['ʊmbrɛçən] ⟨*irr*⟩ **I.** *tr* ⟨*haben*⟩ **1.** *(umknicken)* abbattere, schiantare; **2.** *(Land)* dissodare; **II.** *itr* ⟨*sein*⟩ spezzarsi, rompersi.

umbrechen² [ʊm'brɛçən] ⟨*irr, ohne ge-*⟩ *tr typ* impaginare.

Umbrien ['ʊmbriən] *n* Umbria *f.*

um·bringen ⟨*irr*⟩ **I.** *tr* assassinare, uccidere; *(a. fig)* ammazzare; **diese Schuhe bringen mich fast um** *fam* queste scarpe mi fanno un male da morire *fam;* **II.** *rfl:* **sich ~** uccidersi; *(a. fig)* ammazzarsi; **sich für jdn fast ~** *fig* farsi in quattro per qu *fam.*

Umbruch *m* **1.** *pol* cambiamento *m* radicale; **2.** *typ (das Umbrechen)* impaginazione *f; (umbrochener Satz)* impaginato *m.*

um·buchen *tr* **1.** *fin* trasferire (su un altro conto); **2.** *(Reise)* cambiare il biglietto di (*o.* per). **Umbuchung** *f* **1.** *fin* trasferimento *m* di conto; **2.** *(von Reise)* cambiamento *m* di biglietto.

um·denken ⟨*irr*⟩ *itr* cambiare il proprio modo di pensare.

um·disponieren ⟨*ohne ge-*⟩ *itr* ridisporre.

um·drehen **I.** *tr* ⟨*haben*⟩ **1.** *(drehen)* girare; *(Arm, Hals)* torcere; **2.** *(auf die andere Seite)* voltare; *(Geldstück)* rigirare; **3.** *(auf den Kopf stellen)* rivoltare, capovolgere; **II.** *itr* ⟨*haben o. sein*⟩ girare; **III.** *rfl:* **sich ~** voltarsi (*nach* verso), girarsi (*nach* verso); **dabei dreht sich mir der Magen um** *fam* (a quella vista) mi si rivolta lo stomaco *fam.*

Umdrehung [ʊm'dre:ʊŋ] *f* giro *m; (um die eigene Achse)* rotazione *f; (um einen anderen Körper)* rivoluzione *f.* **Umdrehungszahl** *f* numero *m* dei giri.

umeinander [ʊmʔai̯'nandɐ] *adv* **1.** *(räumlich)* l'uno intorno all'altro; **2.** *(einander betreffend)* l'uno dell'altro; **sich nicht ~ kümmern** non curarsi l'uno dell'altro.

um·fahren¹ ['ʊmfa:rən] ⟨*irr*⟩ *tr (niederfahren)* rovesciare, travolgere (con un veicolo).

umfahren² [ʊm'fa:rən] ⟨*irr, ohne ge-*⟩ *tr (herumfahren um)* girare attorno a; *(Kap)* doppiare.

um·fallen ⟨*irr*⟩ *itr* ⟨*sein*⟩ **1.** cadere (a terra); *(umkippen)* rovesciarsi; **2.** *fam (ohnmächtig werden)* svenire; **3.** *fig fam pej (seine Meinung ändern)* fare un voltafaccia *fam; (nachgeben)* darsi per vinto; **zum U~ müde sein** essere stanco morto *fam.*

Umfang *m* **1.** *(Ausdehnung)* estensione *f; (Dicke)* volume *m; (Größe)* grandezza *f,* dimensione *f; (Leibesfülle)* corpulenza *f;* **2.** *fig (Ausmaß)* mole *f,* dimensioni *f pl;* **3.** *mat* circonferenza *f,* perimetro *m;* **ein Meter im ~** un metro di circonferenza; **in großem ~** su vasta scala. **umfangreich** *a* voluminoso; *(umfassend)* vasto, esteso.

umfassen [ʊm'fasən] ‹*ohne ge-*› *tr* **1.** *(umarmen, umschlingen)* abbracciare; *(festhalten)* afferrare; **2.** *(einfrieden)* recingere; **3.** *(enthalten)* comprendere, essere composto di. **umfassend** *a* ampio, vasto; *(vollständig)* completo; **~e Maßnahmen** misure drastiche.

Umfeld *n* milieu *m;* **im ~ von ...** nel contesto di ...

um·formen *tr* trasformare (*in* in). **Umformer** *m* trasformatore *m.*

um·formulieren ‹*ohne ge-*› *tr* formulare diversamente.

Umformung *f* trasformazione *f.*

Umfrage *f* inchiesta *f,* sondaggio *m* d'opinioni.

umfried(ig)en [ʊm'fri:d(ɪg)ən] ‹*ohne ge-*› *tr* recintare, recingere.

um·füllen *tr* travasare.

um·funktionieren ‹*ohne ge-*› *tr* trasformare.

Umgang *m (Beziehungen)* rapporti *m pl; (Gesellschaft)* compagnia *f;* **mit jdm ~ haben** frequentare qu, praticare qu; **schlechten ~ pflegen** frequentare cattive compagnie; **wenig ~ haben** avere poche conoscenze; **das ist kein ~ für dich!** non è gente per te!; **im ~ mit ... muß man ...** con ... si deve ...

umgänglich ['ʊmgɛŋlɪç] *a* **1.** *(gesellig)* socievole; **2.** *(freundlich, verträglich)* affabile.

Umgangsformen *f pl* modi *m pl,* maniere *f pl;* **gute ~ haben** avere buone maniere. **Umgangssprache** *f* linguaggio *m* corrente, lingua *f* parlata.

umgarnen [ʊm'garnən] ‹*ohne ge-*› *tr* ammaliare, irretire.

umgeben [ʊm'ge:bən] ‹*irr, ohne ge-*› *tr* circondare (*mit* di); *(Stadt, Garten)* cingere (*mit* di).

Umgebung ‹-, ø› *f* **1.** *geog* dintorni *m pl;* **2.** *soc (Milieu)* ambiente *m; (Gesellschaft)* compagnia *f;* **Köln und ~** Colonia e dintorni; **gibt es hier in der ~ ein Hotel?** c'è un albergo qua vicino?; **in ihrer ~ fühle ich mich immer unsicher** in sua compagnia (*o.* con lei) mi sento sempre insicuro.

Umgegend *f* dintorni *m pl,* zona *f* circostante.

umgehen¹ [ʊm'ge:ən] ‹*irr, ohne ge-*› *tr* **1.** *(herumgehen um)* girare intorno a; *mil* aggirare; **2.** *fig (Gesetz, etc.)* eludere; *(vermeiden)* evitare, scansare.

um·gehen² ['ʊmge:ən] ‹*irr*› *itr* ‹*sein*› *(Gespenst)* aggirarsi; *(Gerücht)* circolare; **mit etw./jdm ~** *(behandeln)* trattare qc/qu; **mit jdm ~** *(verkehren)* frequentare qu, praticare qu; **er kann mit den Leuten ~** sa trattare la gente; **mit etw. ~** *(handhaben)* maneggiare qc; **mit etw. sparsam ~** usare qc con parsimonia.

umgehend ['ʊmge:ənt] **I.** *a* immediato; **II.** *adv* senza indugio.

Umgehungsstraße [ʊm'ge:ʊŋs-] *f* circonvallazione *f.* **Umgehungsverkehr** *m* traffico *m* di circonvallazione.

umgekehrt **I.** *a* **1.** *(umgedreht)* rovescio; **2.** *fig (entgegengesetzt)* opposto, inverso; **in ~er Richtung** in direzione opposta; **mit ~em Vorzeichen** *mat, fig* di segno opposto; **in ~er Reihenfolge** in ordine inverso; **es war genau ~** era esattamente l'opposto (*o.* inverso); **II.** *adv* **1.** *(umgedreht)* a rovescio; **2.** *fig (entgegengesetzt)* all'opposto.

um·gestalten ‹*ohne ge-*› *tr* trasformare (*zu* in); *(umbilden)* rimodellare; *adm* riorganizzare; *(Buch)* rifare.

um·graben ‹*irr*› *tr* vangare.

um·gruppieren ‹*ohne ge-*› *tr* riordinare; *pol* rimpastare.

Umhang *m* mantellina *f.*

um·hängen *tr* **1.** *(an andere Stelle hängen)* appendere altrove; *(in anderer Weise aufhängen)* appendere diversamente; **2.** *(um die Schulter)* mettere addosso (*o.* sulle spalle); *(Gewehr, Rucksack)* mettere in spalla. **Umhängetasche** *f* borsa *f* a tracolla.

um·hauen ‹*irr*› *tr* **1.** *(Baum, etc.)* abbattere; **2.** *fig fam* lasciare senza fiato *fam.*

umher [ʊm'he:ɐ̯] *adv* **1.** *(ringsum)* in giro, intorno; **2.** *(verstreut, hier und dort)* qua e là. **umher·blicken** *itr* guardarsi intorno (*o.* in giro). **umher·gehen** ‹*irr*› *itr* ‹*sein*› andare in giro, girovagare. **umher·irren** *itr* ‹*sein*› vagare, errare. **umher·ziehen** ‹*irr*› *itr* ‹*sein*› girare.

umhin·können [ʊm'hɪn-] ‹*irr*› *itr:* **nicht ~ zu ...** non poter fare a meno di ... *inf.*

umhüllen [ʊm'hʏlən] ‹*ohne ge-*› *tr* **1.** *(einhüllen)* avvolgere, avviluppare (*mit einer Decke* in una coperta); **2.** *(verschleiern)* velare.

Umkehr ['ʊmke:ɐ̯] ‹-, ø› *f* **1.** *(Zurück-,*

Wiederkehr) ritorno *m* (*zu* a); **2.** *fig (Änderung)* cambiamento *m; rel* conversione *f.* **umkehrbar** *a* invertibile, reversibile.
um·kehren **I.** *tr* ⟨*haben*⟩ **1.** *(umdrehen)* rovesciare, (ri)voltare; **2.** *(im entgegengesetzten Sinne wenden)* invertire; **II.** *itr* ⟨*sein*⟩ tornare indietro, ritornare; **III.** *rfl:* **sich ~ 1.** *(sich umdrehen)* voltarsi, girarsi; **2.** *(ins Gegenteil)* invertirsi. **Umkehrung** ⟨-, -en⟩ *f allg.* rovesciamento *m; gram mat* inversione *f; mus* rivolto *m.*
um·kippen **I.** *tr* ⟨*haben*⟩ rovesciare, ribaltare; **II.** *itr* ⟨*sein*⟩ **1.** *(umfallen)* rovesciarsi, ribaltarsi, cadere; *(Boot)* capovolgersi; *(das Gleichgewicht verlieren)* perdere l'equilibrio; **2.** *fam (ohnmächtig werden)* cadere svenuto, **3.** *fam pej (seine Gesinnung ändern)* fare un voltafaccia *fam;* **4.** *fam (ins Gegenteil umschlagen)* mutare improvvisamente; *(Stimme)* cambiare improvvisamente; **5.** *(Gewässer)* non presentare più le prerogative per la vita organica, morire.
umklammern [ʊmˈklamɐn] ⟨*ohne ge-*⟩ *tr* stringere; *mil* accerchiare.
um·klappen **I.** *tr* ⟨*haben*⟩ ribaltare; **II.** *itr* ⟨*sein*⟩ cadere a terra.
um·kleiden[1] [ˈʊmklai̯dən] *rfl:* **sich ~** cambiarsi.
umkleiden[2] [ʊmˈklai̯dən] ⟨*ohne ge-*⟩ *tr* rivestire (*mit* di).
Umkleideraum *m* spogliatoio *m.*
um·kommen ⟨*irr*⟩ *itr* ⟨*sein*⟩ **1.** *(sterben)* perire; *(a. fig fam)* morire (*vor* da); **2.** *(Lebensmittel)* andare a male; **ich komme um vor Langeweile** *fam* muoio di noia *fam.*
Umkreis ⟨*sing*⟩ *m* **1.** ⟨*sing*⟩ *(Umgebung)* raggio *m,* giro *m; (von Personen)* cerchia *f; (Nähe)* vicinanze *f pl;* **2.** *mat* cerchio *m* circoscritto; **im ~ von zehn Kilometern** nel giro (*o.* raggio) di dieci chilometri.
umkreisen [ʊmˈkrai̯zən] ⟨*ohne ge-*⟩ *tr* girare intorno a; *astr* orbitare intorno a.
um·krempeln [ˈʊmkrɛmpəln] *tr* **1.** rimboccare, rimboccarsi; **2.** *fig (auf den Kopf stellen, durchsuchen)* mettere sottosopra; **3.** *fig fam (Haus, etc.)* rinnovare di sana pianta *fam; (Mensch)* trasformare completamente.
um·laden ⟨*irr*⟩ *tr* trasbordare, ricaricare.
Umlage *f* quota *f,* contributo *m.*
umlagern[1] [ʊmˈla:gɐn] ⟨*ohne ge-*⟩ *tr (umgeben)* circondare, assediare.
um·lagern[2] [ˈʊmla:gɐn] *tr (anders lagern)* immagazzinare altrove.
Umlauf *m* **1.** ⟨*sing*⟩ *(Kreisen)* giro *m,* rotazione *f;* **2.** ⟨*sing*⟩ *(von Geld)* circolazione *f;* **3.** ⟨*sing*⟩ *astr* rivoluzione *f;* **4.** *(Rundschreiben)* circolare *f;* **in ~ bringen** (*o.* **setzen**) *(Geld)* mettere in circolazione; *(Gerücht)* spargere in giro; **im ~ sein** *(Geld)* circolare; **aus dem ~ ziehen** ritirare dalla circolazione. **Umlaufbahn** *f* orbita *f.*
Umlaut *m* **1.** *(~ung)* metafonia *f;* **2.** *(umgelauteter Vokal)* vocale *f* raddolcita.
um·legen **I.** *tr* **1.** *(Kleidungsstück)* mettere (sopra *o.* addosso); *(Verband)* applicare; **2.** *(niederwerfen)* abbattere; **3.** *fam (zu Boden strekken)* stendere a terra; **4.** *sl (töten)* fare fuori *fam;* **5.** *(umklappen)* ribaltare; *(umschlagen)* rovesciare; **6.** *(verlegen)* spostare (*auf* a); **7.** *(Ausgaben)* ripartire (*auf* fra), dividere (*auf* fra); **II.** *rfl:* **sich ~** *(sich umbiegen)* curvarsi, piegarsi; **sich** *(dat)* **etw. ~** *(Kleidungsstück)* mettersi qc (sopra *o.* addosso); *(Verband)* applicarsi qc.
um·leiten *tr* deviare. **Umleitung** *f* deviazione *f.*
um·lernen *itr* **1.** *(neu lernen)* imparare ex novo; **2.** *(beruflich)* apprendere un altro mestiere.
umliegend *a* circostante, limitrofo.
ummauern [ʊmˈmau̯ɐn] ⟨*ohne ge-*⟩ *tr* cingere con un muro.
um·melden **I.** *tr* notificare il cambiamento di nome di; **II.** *rfl:* **sich ~** notificare la propria partenza (*o.* il proprio arrivo). **Ummeldung** *f* notifica *f* di cambiamento.
umnachtet [ʊmˈnaxtət] *a:* **geistig ~** ottenebrato. **Umnachtung** ⟨-, -en⟩ *f:* **geistige ~** ottenebramento *m* mentale.
um·packen *tr* **1.** *(in etw. anderes pakken)* mettere in un'altra valigia (*o.* in un altro pacco); **2.** *(anders packen)* rifare l'imballaggio a (*o.* di); **ich muß den Koffer ~** devo rifare la valigia.
um·pflügen *tr* arare.
um·quartieren ⟨*ohne ge-*⟩ *tr* far cambiare alloggio a.
umranden [ʊmˈrandən] ⟨*ohne ge-*⟩ *tr* orlare (*mit* di), contornare (*mit* di).
um·räumen *tr (Zimmer)* cambiare la disposizione di; *(Bücher)* riordinare.
um·rechnen *tr* convertire. **Umrechnungskurs** *m* tasso *m* di cambio, corso *m* di conversione.
um·reißen[1] [ˈʊmrai̯sən] ⟨*irr*⟩ *tr (niederreißen)* abbattere, gettare a terra.

umreißen² [ʊm'raisən] ‹*irr, ohne ge-*› *tr fig* abbozzare, schizzare.
um·rennen ‹*irr*› *tr* travolgere (correndo).
umringen [ʊm'rɪŋən] ‹*ohne ge-*› *tr* circondare, attorniare.
Umriß *m* contorno *m (meist pl)*, profilo *m;* **in groben Umrissen zeichnen** disegnare a grandi tratti.
um·rühren *tr* rimestare, mescolare.
um·satteln *itr fig fam (den Beruf wechseln)* cambiare mestiere; **von etw. auf etw. ~** cambiare da qc a qc.
Umsatz *m* giro *m* (*o.* cifra *f*) d'affari. **Umsatzsteigerung** *f* incremento *m* del fatturato. **Umsatzsteuer** *f* imposta *f* sul giro d'affari.
um·schalten I. *tr* commutare; **II.** *itr* **1.** *radio, TV* cambiare canale; **ins Stadion ~** collegarsi con lo stadio; **wir schalten um zum Westdeutschen Rundfunk nach Köln** passiamo la linea al Westdeutscher Rundfunk di Colonia. **Umschalter** *m* commutatore *m.* **Umschalttaste** *f* **1.** *tec* tasto *m* di commutazione; **2.** *(von Schreibmaschine)* tasto *m* delle maiuscole.
Umschau *f:* **(nach jdm/etw.) ~ halten** guardarsi intorno (alla ricerca di qu/qc).
um·schauen *rfl s.* **umsehen.**
umschiffen [ʊm'ʃɪfən] ‹*ohne ge-*› *tr* navigare intorno a, circumnavigare; *(Kap)* doppiare.
Umschlag *m* **1.** *(Wechsel)* mutamento *m* (*o.* cambiamento *m*) improvviso; **2.** *(an Kleidung)* risvolto *m;* **3.** *(Buch~)* copertina *f;* **4.** *(Brief~)* busta *f;* **5.** *med* impacco *m,* compressa *f;* **6.** *com (Güter~)* movimento *m* d'affari; **7.** *(Umladen)* trasbordo *m.*
um·schlagen ‹*irr*› **I.** *tr* ‹*haben*› **1.** *(Kragen)* rovesciare; *(Ärmel)* rimboccare; *(Buchseite)* voltare; **2.** *(Bäume)* abbattere; **3.** *com (Güter)* trasbordare; **II.** *itr* ‹*sein*› **1.** *(umkippen)* capovolgersi; *(bes. Wagen)* ribaltarsi; *naut* fare scuffia; **2.** *(Wind)* voltarsi, girare; *(Wetter, Stimme)* cambiare improvvisamente; **ins Gegenteil ~** prendere la piega contraria.
Umschlagplatz *m* posto *m* (*o.* piazza *f*) di trasbordo.
umschließen [ʊm'ʃli:sən] ‹*irr, ohne ge-*› *tr* **1.** *(einschließen)* circondare; *mil* accerchiare; *(umfassen)* stringere; **2.** *fig (beinhalten)* comprendere.
umschlingen [ʊm'ʃlɪŋən] ‹*irr, ohne ge-*› *tr* **1.** *(umarmen)* abbracciare; **2.** *(Pflanze)* avviticchiare.
um·schnallen *tr* mettere, mettersi.
um·schreiben¹ ['ʊmʃraibən] ‹*irr*› *tr* **1.** *(übertragen)* trascrivere, ricopiare; **2.** *(neu schreiben)* rifare, rielaborare; *(ändern)* cambiare; **3.** *jur* trasferire; *(Grundbesitz)* volturare (*etw. auf jds Namen* qc a nome di qu).
umschreiben² [ʊm'ʃraibən] ‹*irr, ohne ge-*› *tr* **1.** *(mit anderen Worten)* perifrasare; **2.** *(festlegen)* delimitare, definire; **3.** *mat* circoscrivere.
um·schulen I. *tr* **1.** *(auf andere Schule)* far cambiare scuola; **2.** *(beruflich)* riqualificare professionalmente; *pol* rieducare; **sich ~ lassen** *(beruflich)* farsi riqualificare professionalmente; **II.** *itr (beruflich)* riqualificarsi professionalmente; **von etw. auf etw. ~** cambiare professione (*o.* lavoro) da qc a qc. **Umschulung** *f* **1.** *(auf andere Schule)* cambio *m* di scuola; **2.** *(beruflich)* riqualificazione *f* professionale (*auf* come); *pol* rieducazione *f.*
Umschweife ['ʊmʃvaifə] ‹*pl*›: **ohne ~** *(geradeheraus)* senza preamboli; *(ohne zu zögern)* senza indugio.
umschwirren [ʊm'ʃvɪrən] ‹*ohne ge-*› *tr (a. fig)* ronzare intorno a.
Umschwung *m* svolta *f,* mutamento *m* (*o.* cambiamento *m*) improvviso.
um·sehen ‹*irr*› *rfl:* **sich ~ 1.** *(zurücksehen)* voltarsi a guardare; **2.** *(um sich herum sehen)* guardarsi intorno (*nach* alla ricerca di); **3.** *(sich informieren)* informarsi (*nach* su); **sich nach etw./jdm ~** cercare qc/qu; **sich in der Welt ~** girare il mondo; **sich in der Stadt ~** visitare la città.
umseitig *a, adv* sul retro.
um·setzen I. *tr* **1.** *(anders setzen)* collocare altrove, (dis)porre diversamente, cambiare posto a, spostare; **2.** *(umwandeln) mus* trasportare; *chem* trasformare, convertire; **3.** *com* vendere, smerciare; **4.** *typ* ricomporre; **etw. in die Tat ~** mettere qc in atto; **etw. in die Praxis ~** mettere in pratica qc; **II.** *rfl:* **sich ~** *(Platz wechseln)* cambiare posto.
Umsicht *f* circospezione *f,* prudenza *f.* **umsichtig** *a* circospetto, prudente.
um·siedeln I. *tr* ‹*haben*› trasferire; **II.** *itr* ‹*sein*› trasferirsi. **Umsiedler(in)** *m (f)* persona *f* trasferita. **Umsiedlung** *f* trasferimento *m.*
umsonst [ʊm'zɔnst] *adv* **1.** *(gratis)* per niente, gratis, gratuitamente; **2.** *(vergeblich)* invano, inutilmente; **nicht ~** *(nicht grundlos)* non per niente, non a caso.
umsorgen [ʊm'zɔrgən] ‹*ohne ge-*› *tr* curare, avere cura di.
um·spannen¹ ['ʊmʃpanən] *tr* **1.** *(Pfer-*

de, etc.) cambiare; **2.** *el* trasformare (*von ... auf* da ... in).

umspannen² [ʊmˈʃpanən] ‹*ohne ge-*› *tr* stringere; *(a. fig)* abbracciare.

Umspannstation *f*, **-werk** *n* stazione *f* di trasformazione.

um·springen¹ [ˈʊmʃprɪŋən] ‹*irr*› *itr* ‹*sein*› **1.** *(Wind)* girare (*von ... auf* da ... a); *(Ampel)* scattare (*von ... auf* da ... a); **2.** *pej (rücksichtslos):* **mit jdm ~** trattare male qu *fam;* **3.** *sport* girare (*o.* voltare) con un salto.

umspringen² [ʊmˈʃprɪŋən] ‹*irr, ohne ge-*› *tr (Hindernis, etc.)* aggirare, saltare intorno a.

um·spulen *tr* ribobinare.

Umstand *m* **1.** *allg., jur* circostanza *f;* **2.** *(Tatsache)* fatto *m;* **3.** ‹*pl*› *(Lage)* stato *m*, situazione *f*, condizioni *f pl;* **4.** *(Einzelheit)* particolare *m*, dettaglio *m;* **5.** ‹*pl*› *(Aufwand, Mühe)* cerimonie *f pl; (Förmlichkeiten)* complimenti *m pl*, cerimonie *f pl;* **die näheren Umstände** i particolari, i dettagli; **erschwerende/mildernde Umstände** *jur* circostanze aggravanti/attenuanti; **es geht ihm den Umständen entsprechend (gut)** sta (bene) come si può stare nella sua situazione; **in (anderen) Umständen sein** essere in stato interessante; **machen Sie sich** *(dat)* **meinetwegen keine Umstände!** non si disturbi per me; **ohne viel Umstände** senza tante cerimonie, alla buona *fam;* **Umstände machen** *(Sachen)* causare difficoltà; *(Personen)* fare cerimonie; **unter allen/keinen Umständen** in ogni/nessun caso; **unter diesen Umständen** date le circostanze; **unter Umständen** (*ab* **u. U.**) eventualmente, forse; **wenn es die Umstände erlauben** se le circostanze lo permettono.

umständehalber [ˈʊmʃtɛndəhalbɐ] *adv* date le circostanze; **~ zu verkaufen** in vendita per questione di circostanze.

umständlich [ˈʊmʃtɛndtlɪç] *a* **1.** *(ausführlich)* circostanziato, dettagliato; *(weitschweifig)* prolisso, lungo; **2.** *(verwickelt)* complicato; **3.** *(beschwerlich)* scomodo, faticoso; **4.** *(förmlich)* cerimonioso; **5.** *(übergenau)* pignolo; **etw. ~ machen** complicare qc; **das ist mir viel zu ~** è troppo complicato per me.

Umstandskleid *n* (abito *m*) prémaman *m*. **Umstandskleidung** *f* abiti *m pl* prémaman (*o.* per gestanti). **Umstandswort** ‹-(e)s, ¨-er› *n* avverbio *m*.

umstehen [ʊmˈʃteːən] ‹*irr, ohne ge-*› *tr* stare attorno a, attorniare.

umstehend [ˈʊmʃteːənt] *a* **1.** *(um etw. herum stehend)* circostante; **2.** *(umseitig)* sul retro; **beachten Sie bitte auch (die) ~e Erklärung** si osservi anche la spiegazione sul retro.

um·steigen ‹*irr*› *itr* ‹*sein*› **1.** *(in Bahn, Bus)* cambiare (*nach* per); **2.** *fig fam* passare (*auf* a).

um·stellen¹ [ˈʊmʃtɛlən] **I.** *tr* **1.** *(anders stellen)* collocare diversamente, spostare, cambiare di posto; *gram, typ* trasporre; *sport (Mannschaft)* cambiare formazione di; **2.** *tec (Hebel)* invertire; **3.** *fig (anpassen)* adattare (*auf* a); *(Betrieb)* trasformare (*auf* in); **auf andere Erzeugnisse ~** indirizzarsi verso altri prodotti; **II.** *rfl:* **sich ~** *fig* adattarsi (*auf* a), uniformarsi (*auf* a).

umstellen² [ʊmˈʃtɛlən] ‹*ohne ge-*› *tr* circondare, attorniare; *(bes. mil)* accerchiare.

Umstellung *f* **1.** *(Positionsänderung)* disposizione *f* diversa, spostamento *m*, cambiamento *m* di posto; *gram, typ* trasposizione *f;* **2.** *(von Hebel)* inversione *f;* **3.** *fig (Anpassung)* adattamento *m* (*auf* a); *(von Betrieb)* trasformazione *f* (*auf* in), riorganizzazione *f* (*auf* in); **4.** *(Veränderung)* cambiamento *m;* **~ auf Computer** computerizzazione *f*.

um·stimmen *tr:* **jdn ~** far cambiare idea a qu.

um·stoßen ‹*irr*› *tr* **1.** rovesciare, far cadere (urtando); **2.** *fig (Plan)* capovolgere.

umstritten [ʊmˈʃtrɪtən] *a* controverso, discutibile.

um·stülpen *tr* rovesciare, rivoltare; *fig* capovolgere.

Umsturz *m* sovvertimento *m*, rivoluzione *f; (Umwälzung)* rovesciamento *m*.

um·stürzen **I.** *tr* ‹*haben*› rovesciare; *(a. fig)* ribaltare; *pol* sovvertire, rovesciare; **II.** *itr* ‹*sein*› cadere, crollare; *(umkippen)* ribaltarsi. **umstürzlerisch** [ˈʊmʃtʏrt͡slərɪʃ] *a* sovversivo, rivoluzionario.

um·taufen *tr* ribattezzare.

Umtausch *m* **1.** *com* cambio *m;* **2.** *fin* conversione *f;* **diese Waren sind vom ~ ausgeschlossen** gli articoli di questo reparto non possono venir cambiati.

um·tauschen *tr* **1.** *allg., com.* cambiare (*gegen* con); **2.** *fin* convertire (*in* in).

um·wälzen *tr* **1.** rotolare; **2.** *fig* capovolgere. **umwälzend** *a* rivoluziona-

rio. **Umwälzung** ⟨-, -en⟩ *f* sovvertimento *m,* rivoluzione *f.*
um·wandeln *tr* cambiare (*in* in); *(a. el)* trasformare (*in* in); *phys, fin* convertire (*in* in); *jur (Strafe)* commutare (*zu* in). **Umwandlung** *f allg., el* trasformazione *f; phys, fin* conversione *f; jur* commutazione *f.*
um·wechseln *tr* cambiare (*in* in).
Umweg *m* giro *m,* strada *f* più lunga; **einen ~ machen** prendere la strada più lunga, fare un giro; **eine Sache auf ~en erreichen** ottenere una cosa per vie traverse; **das habe ich nur auf ~en** (*o.* **über ~e**) **erfahren** l'ho saputo solo per vie traverse.
Umwelt *f* ambiente *m.* **Umweltbedingungen** *f pl* condizioni *f pl* ambientali. **Umweltbelastung** *f* incidenza *f* inquinante sull'ambiente, fattori *m pl* inquinanti. **Umweltbewußtsein** *n* coscienza *f* ecologica. **Umwelteinflüsse** *m pl* influssi *m pl* ambientali. **Umweltforschung** *f* studi *m pl* sull'ambiente. **umweltfreundlich** *a* non inquinante, salutare all'ambiente; **~e Plastiksäcke** sacchetti di plastica biodegradabili. **umweltgefährdend** *a* nocivo all'ambiente, inquinante. **Umweltkatastrophe** *f* disastro *m* ecologico, sciagura *f* ecologica. **Umweltkriminalität** *f* reati *m pl* contro l'ambiente. **Umweltpolitik** *f* politica *f* ecologica (*o.* dell'ambiente). **Umweltschutz** *m* protezione *f* dell'ambiente. **Umweltschützer(in)** ⟨-s, -⟩ *m (f)* ecologista *mf.* **Umweltschutzpapier** *n* carta *f* rigenerata. **Umweltsünder** *m* trasgressore *m* ecologico. **Umweltverschmutzung** *f* inquinamento *m* ecologico.
um·wenden ⟨*irr*⟩ **I.** *tr* voltare, girare; **II.** *rfl:* **sich ~** girarsi, voltarsi.
umwerben [ʊmˈvɛrbən] ⟨*irr, ohne ge-*⟩ *tr* corteggiare.
um·werfen ⟨*irr*⟩ **I.** *tr* **1.** rovesciare, buttare giù, travolgere; **2.** *fig (Plan, etc.)* capovolgere; **3.** *(aus der Fassung bringen)* sconvolgere; **II.** *rfl:* **sich** *(dat)* **~** *(Mantel, etc.)* gettarsi sulle spalle.
umwickeln¹ [ʊmˈvɪkəln] ⟨*ohne ge-*⟩ *tr* avvolgere (*mit* in); *(Binde)* fasciare (*mit* con); **etw. mit Papier ~** avvolgere qc nella carta.
um·wickeln² [ˈʊmvɪkəln] *tr:* **jdm/sich** *(dat)* **etw. ~** avvolgere qc a qu/avvolgersi qc.
umzäunen [ʊmˈtsɔynən] ⟨*ohne ge-*⟩ *tr* recintare, recingere. **Umzäunung** ⟨-, -en⟩ *f* recinzione *f; (Zaun)* recinto *m.*
um·ziehen ⟨*irr*⟩ **I.** *itr* ⟨*sein*⟩ *(in andere Wohnung)* traslocare, cambiare casa; *(in andere Stadt)* trasferirsi (*nach* a); **II.** *rfl:* **sich ~** cambiarsi (d'abito).
umzingeln [ʊmˈtsɪŋəln] ⟨*ohne ge-*⟩ *tr* accerchiare, circondare.
Umzug *m* **1.** *(Festzug)* corteo *m; rel* processione *f;* **2.** *(Wohnungswechsel)* trasloco *m.*
unabänderlich [ʊnʔapˈʔɛndɐlɪç *o.* ˈʊn...] *a* immutabile; *(unwiderruflich)* irrevocabile.
unabdingbar [ʊnʔapˈdɪŋbaːɐ̯ *o.* ˈʊn...] *a* indispensabile.
unabhängig *a* indipendente (*von* da); *(Staat)* autonomo; *gram* assoluto; **~ davon, ob/wann/wie/wo/wer ...** indipendentemente da se/quando/come/dove/chi ... **Unabhängigkeit** *f* indipendenza *f; (staatliche)* autonomia *f; (wirtschaftliche)* autarchia *f.*
unabkömmlich [ʊnʔapˈkœmlɪç *o.* ˈʊn...] *a* impegnato, occupato.
unablässig [ʊnʔapˈlɛsɪç *o.* ˈʊn...] **I.** *a* continuo, incessante; **II.** *adv* in continuazione.
unabsehbar [ʊnʔapˈzeːbaːɐ̯ *o.* ˈʊn...] *a* **1.** *(unkalkulierbar)* incalcolabile; **2.** *(räumlich)* immenso; **auf ~e Zeit** a tempo indeterminato.
unabsichtlich *a* involontario, non intenzionale.
unabwendbar [ʊnʔapˈvɛntbaːɐ̯ *o.* ˈʊn...] *a* inevitabile, ineluttabile.
unachtsam *a* **1.** *(unaufmerksam)* disattento, sbadato; **2.** *(nachlässig)* trascurato. **Unachtsamkeit** ⟨-, ø⟩ *f* **1.** *(Unaufmerksamkeit)* disattenzione *f,* sbadataggine *f;* **2.** *(Nachlässigkeit)* negligenza *f.*
unähnlich *a* dissimile (*dat* a), diverso.
unanfechtbar [ʊnʔanˈfɛçtbaːɐ̯ *o.* ˈʊn...] *a* incontestabile, inoppugnabile.
unangebracht *a* inopportuno, fuori luogo.
unangefochten *a* indiscusso; *(bes. Recht)* incontestabile.
unangemeldet **I.** *a* **1.** *(unangekündigt)* non annunciato; *(Besucher)* inatteso; **2.** *(polizeilich)* non notificato; **II.** *adv* senza avviso.
unangemessen *a* inadeguato.
unangenehm *a* sgradevole; *(mißlich)* spiacevole; *(a. Überraschung)* brutto, increscioso; *(unsympathisch)* sgarbato; *(ärgerlich)* seccante, fastidioso; **es ist mir sehr ~** mi dispiace (*o.* rincresce) molto; **~ werden** arrabbiarsi; **(von etw.) ~ berührt sein** essere dispiaciuto (di qc); **~ auffallen** colpire in modo spiacevole.
unangepaßt *a* disadattato.

unangetastet *a* intatto; **etw. ~ lassen** non toccare qc.
unangreifbar [ʊnʔanˈgraifba:ɐ̯ *o.* ˈʊn...] *a* inattaccabile.
unannehmbar [ʊnʔanˈne:mba:ɐ̯ *o.* ˈʊn...] *a* inaccettabile.
Unannehmlichkeit *f* fastidio *m,* noia *f,* difficoltà *f;* **jdm ~en bereiten** procurare noie a qu.
unansehnlich *a* non bello, non curato; *(Nahrung)* non appetitoso.
unanständig *a* indecente; *(obszön)* osceno; *(anstößig)* volgare. **Unanständigkeit** *f* indecenza *f;* oscenità *f;* volgarità *f.*
unantastbar [ʊnʔanˈtastba:ɐ̯ *o.* ˈʊn...] *a* intangibile, intoccabile; *jur* inviolabile; *rel* sacro.
unappetitlich *a* disgustoso.
Unart *f* **1.** *(schlechte Angewohnheit)* vizio *m;* **2.** *(unartiges Benehmen)* maleducazione *f; (von Kindern)* cattiveria *f.* **unartig** *a* maleducato, cattivo.
unästhetisch *a* antiestetico.
unauffällig I. *a* non appariscente, che non dà nell'occhio; **II.** *adv* senza farsi notare, con discrezione.
unauffindbar [ʊnʔaufˈfɪntba:ɐ̯ *o.* ˈʊn...] *a* introvabile, irreperibile.
unaufgefordert I. *a* non richiesto; **II.** *adv* spontaneamente.
unaufhaltsam [ʊnʔaufˈhaltza:m *o.* ˈʊn...] *a* inarrestabile.
unaufhörlich [ʊnʔaufˈhø:ɐ̯lɪç *o.* ˈʊn...] **I.** *a* incessante, continuo; **II.** *adv* in continuazione.
unauflöslich [ʊnʔaufˈlø:slɪç *o.* ˈʊn...] *a* indissolubile.
unaufmerksam *a* **1.** *(unkonzentriert)* disattento; *(zerstreut)* distratto; **2.** *(nicht zuvorkommend)* non premuroso. **Unaufmerksamkeit** *f* disattenzione *f; (Zerstreutheit)* distrazione *f.*
unaufrichtig *a* insincero, falso. **Unaufrichtigkeit** *f* falsità *f.*
unausbleiblich [ʊnʔausˈblaiplɪç *o.* ˈʊn...] *a* immancabile, inevitabile.
unausgeglichen *a* poco equilibrato. **Unausgeglichenheit** *f* mancanza *f* d'equilibrio.
unaussprechlich [ʊnʔausˈʃprɛçlɪç *o.* ˈʊn...] *a* ineffabile; *(Elend, Freude, Leid)* indicibile.
unausstehlich [ʊnʔausˈʃte:lɪç *o.* ˈʊn...] *a* insopportabile; *(widerlich)* odioso.
unausweichlich [ʊnʔausˈvaiçlɪç *o.* ˈʊn...] *a* inevitabile.
unbändig [ˈʊnbɛndɪç] *a* indomabile, irrefrenabile; **sich ~ freuen** rallegrarsi enormemente.
unbarmherzig *a* spietato, crudele.
unbeabsichtigt *a* involontario, non intenzionale.
unbeachtet *a* inosservato; **etw. ~ lassen** ignorare qc.
unbeaufsichtigt *a (Bahnübergang)* incustodito; *(Kinder)* non sorvegliato.
unbedenklich I. *a* sicuro, senza pericoli; **II.** *adv* senz'altro, senza pericoli.
unbedeutend *a* **1.** *(unwichtig)* insignificante, irrilevante, poco importante; **2.** *(geringfügig)* futile.
unbedingt I. *a* assoluto; *(bedingungslos)* incondizionato; **II.** *adv* in ogni caso, assolutamente; **das hat nicht ~ etw. mit ... zu tun** (ciò) non ha necessariamente qc a che fare con ...; **du hättest nicht ~ so unverschämt sein müssen** non avresti assolutamente dovuto essere così sfacciato.
unbefangen I. *a* **1.** *(natürlich)* disinvolto, naturale; **2.** *(unvoreingenommen)* spregiudicato; **3.** *(unparteiisch)* imparziale; **II.** *adv* con disinvoltura, spregiudicatamente.
unbefriedigend *a* insoddisfacente. **unbefriedigt** *a* insoddisfatto.
unbefristet *a* illimitato.
unbefugt *a* non autorizzato, abusivo. **Unbefugte** <ein -r, -n, -n> *mf:* **~n ist der Zutritt verboten** vietato l'accesso ai non addetti (*o.* agli estranei).
unbegreiflich [ʊnbəˈgraiflɪç *o.* ˈʊn...] *a* incomprensibile, inconcepibile.
unbegrenzt *a* illimitato, sconfinato.
unbegründet *a* infondato, ingiustificato.
Unbehagen *n* malessere *m,* disagio *m.*
unbehaglich *a* **1.** *(ungemütlich)* disagevole; **2.** *(unangenehm)* sgradevole; **sich ~ fühlen** essere (*o.* stare) a disagio.
unbeholfen [ˈʊnbəhɔlfən] *a* maldestro; *(plump)* goffo. **Unbeholfenheit** <-, ø> *f* goffaggine *f.*
unbeirrbar [ʊnbəˈʔɪrba:ɐ̯ *o.* ˈʊn...] **I.** *a* imperturbabile; **II.** *adv* con fermezza. **unbeirrt** [ʊnbəˈʔɪrt *o.* ˈʊn...] *a* imperturbato, fermo.
unbekannt *a* sconosciuto; *adm, jur* ignoto; *mat* incognito; **~ verzogen** trasferito senza lasciare indirizzo; **Anzeige gegen U~** denuncia contro ignoti; **das ist mir ~** questo mi giunge nuovo *fam;* **es ist Ihnen nicht ~, daß ...** sa bene che ... **Unbekannte** *mf* sconosciuto, -a *m, f; adm, jur* ignoto, -a *m, f.*
unbekleidet *a* svestito, nudo.
unbekümmert [ʊnbəˈkʏmɐt *o.* ˈʊn...] **I.** *a* **1.** *(unbesorgt)* incurante; **2.** *(sorglos)* spensierato; **II.** *adv* con noncu-

ranza. **Unbekümmertheit** ‹-, ø› *f* incuranza *f,* noncuranza *f,* spensieratezza *f.*
unbelastet *a* **1.** *(frei)* libero (*von* da), esente (*von* da); **2.** *fin* non gravato da ipoteche (*o.* debiti); **politisch ~** politicamente libero.
unbeliebt *a* malvisto (*bei* da); *(unpopulär)* impopolare; **sich ~ bei jdm machen** rendersi antipatico a qu. **Unbeliebtheit** *f* impopolarità *f.*
unbemannt *a* senza uomini a bordo, senza equipaggio.
unbemerkt I. *a* inosservato, inavvertito; **II.** *adv* senza essere visto.
unbenommen [ʊnbəˈnɔmən *o.* ˈʊn...] *a geh:* **es bleibt** (*o.* **ist**) **Ihnen ~** nessuno Le impedisce di farlo.
unbeobachtet *a* inosservato.
unbequem *a* scomodo; *fig (lästig)* molesto, importuno. **Unbequemlichkeit** *f* scomodità *f (Lästigkeit)* molestia *f.*
unberechenbar [ʊnbəˈrɛçənba:ɐ̯ *o.* ˈʊn...] *a* incalcolabile; *(Mensch a.)* imprevidibile.
unberührt *a* **1.** intatto; **2.** *(Natur)* vergine, intatto; **3.** *fig (jungfräulich)* vergine; **~ lassen** non toccare; *fig (gleichgültig lassen)* lasciare indifferente.
unbeschadet [ʊnbəˈʃa:dət *o.* ˈʊn...] *prp gen geh* malgrado, nonostante.
unbeschädigt *a* incolume, illeso, intatto.
Unbescheidenheit *f* immodestia *f,* presunzione *f.*
unbescholten *a* integro, illibato.
unbeschränkt [ʊnbəˈʃrɛŋkt *o.* ˈʊn...] *a* illimitato; *(Gewalt)* assoluto; **jdm ~e Vollmacht geben** dare a qu pieni poteri.
unbeschreiblich [ʊnbəˈʃra͜iplıç *o.* ˈʊn...] *a* indescrivibile.
unbeschrieben *a (Papier)* bianco; **er ist (noch) ein ~es Blatt** *fam* non si può ancora dire niente di lui.
unbesehen [ʊnbəˈze:ən *o.* ˈʊn...] *adv* senza vedere (*o.* esaminare); **das glaube ich dir ~** ti credo senz'altro.
unbesonnen I. *a* **1.** *(Entschluß)* avventato; **2.** *(Mensch)* sventato; **II.** *adv* alla leggera. **Unbesonnenheit** *f* **1.** ‹*sing*› *(Eigenschaft)* sventatezza *f,* leggerezza *f;* **2.** *(Handlung)* imprudenza *f.*
unbesorgt *a* tranquillo; **seien Sie ~!** non si preoccupi!
unbeständig *a* instabile; *(Wetter)* variabile; *(Mensch)* volubile, incostante. **Unbeständigkeit** *f* instabilità *f; (Wankelmut)* incostanza *f,* volubilità *f; (von Wetter)* variabilità *f.*
unbestechlich [ʊnbəˈʃtɛçlıç *o.* ˈʊn...] *a* incorruttibile.
Unbestechlichkeit *f* incorruttibilità *f.*
unbestimmt *a* indeterminato; *(a. gram)* indefinito; **auf ~e Zeit** a tempo indeterminato (*o.* indefinito).
unbestreitbar [ʊnbəˈʃtra͜itba:ɐ̯ *o.* ˈʊn...] *a* incontestabile, indiscutibile.
unbestritten [ˈʊnbəʃtrıtən *o.* ...ˈʃtrıtən] **I.** *a* **1.** *(nicht bestritten)* indiscusso, incontestato; **2.** *(nicht streitig gemacht)* sicuro, certo; **es ist ~, daß . . .** è sicuro (*o.* certo) che . . .; **II.** *adv* senza dubbio.
unbeteiligt [ʊnbəˈta͜ilıçt *o.* ˈʊn...] *a* disinteressato, non coinvolto.
unbetont *a* atono, non accentuato.
unbeugsam [ʊnˈbɔ͜ykza:m *o.* ˈʊn...] *a* inflessibile.
unbewaffnet *a* disarmato.
unbeweglich [ˈʊnbəve:klıç *o.* ...ˈveklıç] *a* immobile; *(fest)* fisso; *(starr)* rigido; *(geistig)* inflessibile; **~e Güter** *jur* beni immobili; **~es Fest** festa fissa. **Unbeweglichkeit** *f* immobilità *f; (Starrheit)* fissità *f,* rigidità *f; (geistig)* inflessibilità *f.*
unbewußt *a* inconsapevole; *psych* inconscio; *(instinktiv)* istintivo; **das ist mir ganz ~** non me ne sono reso conto. **Unbewußte** ‹ein -s, -n, ø› *n* inconscio *m.*
unbezahlbar [ʊnbəˈt͜sa:lba:ɐ̯ *o.* ˈʊn...] *a* impagabile. **unbezahlt** *a (Rechnung)* non saldato (*o.* pagato); *(Arbeit)* non retribuito (*o.* pagato).
unblutig *a* incruento, senza spargimento di sangue.
unbrauchbar *a* inutilizzabile; *(ungeeignet)* inadatto.
unbürokratisch *a* non burocratico; **jdm schnelle und ~e Hilfe zusichern** assicurare a qu aiuto sollecito e spontaneo.
und [ʊnt] *con* e; *(vor Vokal, bes. e)* ed; *(bei wiederholten Komparativen)* sempre; *mat* più, e; **größer ~ größer** sempre più grande; **drei ~ zwei ist fünf** tre più due fa cinque; **~?** e allora?; **~ dann?** e poi?; **na ~?** *fam* e con ciò?; **~ so weiter** (*o.* **fort**) (*ab* **usw., usf.**) eccetera, e così via; **er ~ Angst haben!** *fam iron* lui e avere paura!; **ich ~ singen!** *fam iron* io e cantare!; **geh ~ hole mir . . .** va a prendermi . . .; **sei so gut ~ mach das Fenster zu** fammi il favore di chiudere la finestra; **~ ob!** *fam* eccome! *fam,* e come no! *fam.*
Undank *m* ingratitudine *f;* **~ ernten**

raccogliere ingratitudine; **~ ist der Welt Lohn** *prov* il mondo è ingrato. **undankbar** *a* ingrato (*gegen* verso). **Undankbarkeit** *f* ingratitudine *f*.

undatiert *a* non datato.

undefinierbar [ʊndefiˈniːɐ̯baːɐ̯ *o.* ˈʊn...] *a* indefinibile.

undenkbar [ʊnˈdɛŋkbaːɐ̯] *a* impensabile, inconcepibile.

undeutlich *a* indistinto; *(Foto)* offuscato; *(Schrift)* illeggibile; *(Laut)* inarticolato; **sich ~ ausdrücken** esprimersi in modo confuso.

undicht *a* non stagno, non ermetico; **der Wasserhahn ist ~** il rubinetto perde.

undifferenziert *a* indifferenziato.

Unding *n*: **es ist ein ~ zu ...** è assurdo ... *inf*.

undiszipliniert *a* indisciplinato.

unduldsam *a* intollerante.

undurchdringlich [ʊndʊrçˈdrɪŋlɪç *o.* ˈʊn...] *a* impenetrabile.

undurchführbar [ʊndʊrçˈfyːɐ̯baːɐ̯ *o.* ˈʊn...] *a* inattuabile.

undurchlässig *a* impermeabile (*für* a).

undurchsichtig *a* **1.** non trasparente; *(Glas)* opaco; **2.** *fig* impenetrabile, misterioso, oscuro.

uneben *a* *(Weg)* scosceso, scabro; *(Gelände)* accidentato.

unecht *a* falso; *(nachgemacht)* imitato; *(künstlich)* artificiale.

unehelich *a* **1.** *(Kind)* illegittimo, naturale; **2.** *(Mutter)* ragazza madre *f*.

unehrenhaft *a* disonorevole.

Unehrlichkeit *f* disonestà *f*, insincerità *f*.

uneigennützig *a* disinteressato, altruista.

uneingeschränkt *a* illimitato; *(Gewalt)* assoluto.

uneinig *a* discorde; *(bes. Partei)* diviso; **in diesem Punkt sind wir uns ~** su questo punto non siamo d'accordo; **ich bin mit mir selbst noch ~** sono ancora in conflitto con me stesso. **Uneinigkeit** *f* discordia *f*, disaccordo *m*. **uneins** ‹*inv*› *a s.* **uneinig.**

unempfindlich *a* **1.** *(unsensibel)* insensibile (*gegen* a); **2.** *(widerstandsfähig)* resistente (*gegen* a); **3.** *(gefühllos)* freddo, impassibile. **Unempfindlichkeit** *f* **1.** *(Unsensibilität)* insensibilità *f*; **2.** *(Widerstandsfähigkeit)* resistenza *f*; **3.** *(Gefühllosigkeit)* impassibilità *f*, freddezza *f*.

unendlich [ʊnˈʔɛntlɪç] **I.** *a* infinito; *(unermeßlich)* immenso; **auf ~ einstellen** *fot* regolare sull'infinito; **II.** *adv* infinitamente; **~ traurig** infinitamente triste; **~ lange diskutieren** discutere molto a lungo. **Unendlichkeit** ‹-, ø› *f* infinità *f*; *(Unermeßlichkeit)* immensità *f*.

unentbehrlich [ʊnʔɛntˈbeːɐ̯lɪç *o.* ˈʊn...] *a* indispensabile.

unentgeltlich [ʊnʔɛntˈgɛltlɪç *o.* ˈʊn...] **I.** *a* gratuito; **II.** *adv* gratis, per niente.

unentrinnbar [ʊnʔɛntˈrɪnbaːɐ̯ *o.* ˈʊn...] *a* inevitabile, ineluttabile.

unentschieden *a* **1.** *(Mensch)* indeciso, incerto; **2.** *(Frage, Angelegenheit)* incerto; **~ enden** finire con un pareggio; **~ stehen** essere in pareggio. **Unentschieden** ‹-, -› *n sport* pareggio *m*.

unentschlossen *a* irresoluto, indeciso; *(zögernd)* titubante; **~ sein** esitare. **Unentschlossenheit** *f* irresolutezza *f*, indecisione *f*.

unentschuldbar [ʊnʔɛntˈʃʊltbaːɐ̯ *o.* ˈʊn...] *a* ingiustificabile, imperdonabile.

unentschuldigt *a* ingiustificato; **~es Fehlen** assenza ingiustificata (*o.* arbitraria).

unentwegt [ʊnʔɛntˈveːkt *o.* ˈʊn...] **I.** *a* imperterrito, fermo; **II.** *adv* in continuazione, incessantemente.

unentwirrbar [ʊnʔɛntˈvɪrbaːɐ̯ *o.* ˈʊn...] *a* inestricabile.

unerbittlich [ʊnʔɛɐ̯ˈbɪtlɪç *o.* ˈʊn...] *a* spietato; *(a. Schicksal)* inesorabile.

unerfahren *a* inesperto (*in* in), poco pratico (*in* in). **Unerfahrenheit** ‹-, ø› *f* inesperienza *f*, mancanza *f* di esperienza.

unerfindlich [ʊnʔɛɐ̯ˈfɪntlɪç *o.* ˈʊn...] *a*: **aus ~en Gründen** per ragioni oscure.

unerfreulich I. *a* spiacevole; **II.** *adv* in modo spiacevole.

unergründlich [ʊnʔɛɐ̯ˈgrʏntlɪç *o.* ˈʊn...] *a* impenetrabile, imperscrutabile.

unerheblich *a* irrilevante, insignificante.

unerhört[1] [ˈʊnʔɛɐ̯høːɐ̯t] *a*: **~ bleiben** *(Bitte, etc.)* rimanere inesaudito.

unerhört[2] [ʊnʔɛɐ̯ˈhøːɐ̯t] **I.** *a* **1.** *(unglaublich)* inaudito; *(außerordentlich)* incredibile; **2.** *pej* *(empörend)* inaudito; **das ist ja wirklich ~!** è veramente incredibile (*o.* inaudito)!; **II.** *adv* *(überaus)* incredibilmente; **diese Sache ist ~ wichtig** questa cosa è incredibilmente importante.

unerklärlich [ʊnʔɛɐ̯ˈklɛːɐ̯lɪç *o.* ˈʊn...] *a* inesplicabile, inspiegabile.

unerläßlich [ʊnʔɛɐ̯ˈlɛslɪç *o.* ˈʊn...] *a* indispensabile, essenziale.

unerlaubt *a* illecito, non autorizzato, vietato.

unerledigt *a* non sbrigato; *(Post)* inevaso; *(Rechnung)* non pagato.
unermeßlich [ʊnʔɛɐ̯ˈmɛslɪç *o.* ˈʊn...] *a* smisurato; *(unendlich)* infinito, immenso; *(riesig)* enorme.
unermüdlich [ʊnʔɛɐ̯ˈmy:tlɪç *o.* ˈʊn...] *a* instancabile, indefesso.
unerreichbar [ʊnʔɛɐ̯ˈraɪ̯çba:ɐ̯ *o.* ˈʊn...] *a* **1.** *(Ort, etc.)* irraggiungibile, inaccessibile; **2.** *fig (Leistung, etc.)* inguagliabile.
unersättlich [ʊnʔɛɐ̯ˈzɛtlɪç *o.* ˈʊn...] *a* insaziabile.
unerschöpflich [ʊnʔɛɐ̯ˈʃœpflɪç *o.* ˈʊn...] *a* inesauribile.
unerschrocken *a* impavido, intrepido.
unerschütterlich [ʊnʔɛɐ̯ˈʃʏtɐlɪç *o.* ˈʊn...] *a* fermo, saldo, incrollabile; *(Ruhe)* imperturbabile.
unerschwinglich [ʊnʔɛɐ̯ˈʃvɪŋlɪç *o.* ˈʊn...] *a (Ware)* inaccessibile; *(zu teuer)* troppo caro; *(Preis)* esorbitante.
unersetzlich [ʊnʔɛɐ̯ˈzɛtslɪç *o.* ˈʊn...] *a* **1.** *(unersetzbar)* insostituibile; **2.** *(nicht wiedergutzumachen)* irreparabile, irrimediabile.
unerträglich [ʊnʔɛɐ̯ˈtrɛ:klɪç *o.* ˈʊn...] *a* insopportabile.
unerwartet [ˈʊnʔɛɐ̯vartət *o.* ...ˈvartət] **I.** *a* inaspettato, inatteso; *(Glück)* insperato; *(plötzlich)* improvviso; **II.** *adv* all'improvviso.
unerwünscht *a* indesiderato; *(ungelegen)* inopportuno.
UNESCO [uˈnɛsko] ‹-, ø› *f* U.N.E.S.C.O. *m.*
unfähig *a* **1.** *(generell inkompetent)* incapace (*zu* di); **2.** *(vorübergehnd außerstande)* non in grado (*zu* di); **3.** *(behindert)* inabile (*zur Arbeit* al lavoro). **Unfähigkeit** *f* incapacità *f;* inabilità *f.*
unfair *a* sleale; *(a. sport)* scorretto.
Unfall *m* incidente *m;* **einen ~ haben** avere un incidente; **~ auf dem Wege zur/von der Arbeit** infortunio *m* andando al/ritornando dal lavoro; **tödlicher ~** incidente mortale; **bei einen ~ ums Leben kommen** morire in un incidente. **Unfallarzt** *m,* **-ärztin** *f* medico *m* di pronto soccorso. **Unfallchirurgie** *f* chirurgia *f* di pronto soccorso. **Unfallfahrer(in)** *m (f)* automobilista *mf* che ha provocato un incidente. **Unfallfolgen** *f pl:* **an den ~ sterben** morire per i postumi dell'incidente. **Unfallopfer** *n* vittima *f* dell'incidente. **Unfallquote** *f* numero *m* degli incidenti. **Unfallschaden** *m adm* danno *m* da incidente. **Unfallstation** *f* stazione *f* di pronto soccorso. **Unfallstatistik** *f* statistica *f* degli incidenti. **Unfallstelle** *f* luogo *m* (*o.* teatro *m*) dell'incidente. **Unfallverhütung** *f* prevenzione *f* degli infortuni. **Unfallversicherung** *f* assicurazione *f* contro gli infortuni. **Unfallwagen** *m* **1.** *(Rettungswagen)* autoambulanza *f;* **2.** *(beschädigter Wagen)* automobile *f* che ha avuto un incidente.
unfaßbar, unfaßlich [ʊnˈfasba:ɐ̯ *o.* ˈʊn..., ...lɪç] *a* inconcepibile.
unfehlbar [ʊnˈfe:lba:ɐ̯ *o.* ˈʊn...] **I.** *a* infallibile; *(sicher)* sicuro; **II.** *adv* certamente, sicuramente. **Unfehlbarkeit** ‹-, ø› *f* infallibilità *f; (Sicherheit)* sicurezza *f.*
unfein *a* poco fine; *(unhöflich)* sgarbato; *(grob)* rozzo.
unflätig [ˈʊnflɛ:tɪç] *a* sconcio, osceno, turpe.
unförmig [ˈʊnfœrmɪç] *a* deforme, informe. **Unförmigkeit** ‹-, ø› *f* deformità *f,* difformità *f.*
unfreiwillig **I.** *a* involontario; **II.** *adv* senza volere.
unfreundlich *a* **1.** *(unliebenswürdig)* scortese, sgarbato; *(barsch)* brusco, aspro; **2.** *(nicht ansprechend)* poco accogliente; *(Wetter)* inclemente, brutto.
Unfriede(n) *m* discordia *f,* disaccordo *m.*
unfruchtbar *a* sterile; *(zeugungsunfähig)* infecondo.
Unfruchtbarkeit *f* sterilità *f; (fig a.)* infecondità *f.*
Unfug [ˈʊnfu:k] ‹-(e)s, ø› *m* **1.** *(Possen)* scemenze *f pl;* **2.** *(Unsinn)* sciocchezze *f pl;* **~ treiben** fare scemenze; **grober ~** *jur* gravi eccessi *m pl;* **red' doch keinen ~!** ma non dire sciocchezze! *fam.*

Ungar(in) [ˈʊŋgar(ɪn)] ‹-n, -n› *m(f)* ungherese *mf.*
ungarisch *a* ungherese.
Ungarn [ˈʊŋgarn] *n* Ungheria *f.*
ungastlich *a* inospitale.
ungeachtet [ˈʊngəʔaxtət *o.* ...ˈʔaxtət] *prp gen* nonostante, malgrado; **~ dessen** ciò nonostante; **~ der Tatsache, daß ...** nonostante il fatto che ... *conj.*
ungeahnt [ˈʊngəʔa:nt *o.* ...ˈʔa:nt] *a* insospettato, inaspettato.
ungebeten *a:* **~er Gast** intruso, -a *m, f.*
ungebildet *a* incolto.
Ungeborene ‹ein -s, -n, -n› *n* nascituro *m.*
ungebräuchlich *a* inusitato, non in uso.

ungebraucht *a* non usato, nuovo di zecca.
ungebührlich **I.** *a (ungehörig)* indecente; esorbitante; **II.** *adv (übertrieben)* eccessivamente.
ungedeckt *a allg., fin* scoperto; *sport* smarcato; **~er Tisch** tavola non apparecchiata.
Ungeduld *f* impazienza *f*. **ungeduldig** *a* impaziente.
ungeeignet *a* inadatto (*für, zu* a); *(Moment)* inopportuno.
ungefähr ['ʊngəfɛːɐ̯ *o.* ...'fɛːɐ̯] **I.** *a (annähernd)* approssimativo; *(vage)* vago; **II.** *adv* circa, pressappoco; **~ 100 Mark** un centinaio di marchi; **wo ~?** dove pressappoco?; **können Sie mir ~ erklären/sagen/zeigen, wie/wo ...?** potrebbe spiegarmi/dirmi/mostrarmi pressappoco come/dove ...?; **nicht von ~** non a caso.
ungefährlich *a* non pericoloso; *(harmlos)* innocuo.
ungefällig *a* poco compiacente, scortese.
ungefärbt *a* non colorato; *(Haar)* non tinto; *(Lebensmittel)* senza coloranti.
ungehalten *a geh* irritato (*über* per), arrabbiato (*über* per); **~ werden** irritarsi.
ungeheizt *a* non riscaldato.
ungeheuer ['ʊngəhɔ̯yɐ *o.* ...'hɔ̯yɐ] **I.** *a* immenso, enorme; *(riesig)* colossale, gigantesco; **II.** *adv* enormemente, infinitamente.
Ungeheuer ['ʊngəhɔ̯yɐ] ‹-s, -› *n* mostro *m*.
ungeheuerlich [ʊngə'hɔ̯yɐlɪç *o.* 'ʊn...] *a* **1.** *s.* **ungeheuer; 2.** *(unerhört, empörend)* inaudito, scandaloso.
ungehindert *a:* **zu etw. ~en Zugang haben** avere libero accesso a qc.
ungehobelt ['ʊngəhoːbəlt *o.* ...'hoːbəlt] *a* rozzo, villano, zotico.
ungehörig *a* sconveniente, disdicevole; *(frech)* insolente. **Ungehörigkeit** ‹-, -en› *f* sconvenienza *f; (Handlung, Äußerung a.)* insolenza *f*.
ungehorsam *a* disubbidiente; *(bes. mil)* insubordinato. **Ungehorsam** *m* disubbidienza *f; (bes. mil)* insubordinazione *f*.
ungeklärt *a (Frage, Ursache)* non chiarito; *(Verbrechen)* oscuro.
ungekündigt *a:* **in ~er Stellung** senza aver subito licenziamento.
ungekünstelt *a* naturale, non affettato.
ungekürzt *a (Text, Ausgabe)* integrale.
ungeladen **I.** *a* **1.** *(Gewehr, etc.)* scarico; **2.** *(Gast)* non invitato; **II.** *adv* senza invito.
ungelegen *a* inopportuno; *(zeitlich a.)* intempestivo; **komme ich ~?** disturbo? **Ungelegenheit** *f:* **jdm ~en machen** procurare fastidi (*o.* noie) a qu.
ungelenk *a (ungeschickt)* goffo, maldestro. **ungelenkig** *a* rigido.
ungelernt *a:* **~er Arbeiter** operaio non qualificato.
ungelogen *adv fam* sinceramente.
Ungemach ['ʊngəmaːx] ‹-(e)s, ø› *n poet* **1.** *(Unglück)* avversità *f;* **2.** *(Unannehmlichkeit)* fastidio *m*, molestia *f*.
ungemein ['ʊngəmai̯n *o.* ...'mai̯n] *adv* immensamente.
ungemütlich *a* **1.** non confortevole, poco accogliente; **2.** *fig (Wetter)* brutto, cattivo; *(Person)* poco simpatico; **~ werden** *fam* arrabbiarsi.
ungenau *a* inesatto, impreciso. **Ungenauigkeit** *f* inesattezza *f*, imprecisione *f*.
ungeniert ['ʊnʒeniːɐ̯t *o.* ...'niːɐ̯t] **I.** *a* disinvolto; **II.** *adv* con disinvoltura; *(frei)* liberamente; *(ungestört)* indisturbatamente. **Ungeniertheit** ‹-, ø› *f* disinvoltura *f*.
ungenießbar ['ʊngəniːsbaːɐ̯ *o.* ...'niːs...] *a* **1.** *(Speise)* immangiabile; *(Getränk)* imbevibile; **2.** *fam scherz (Person)* intrattabile.
ungenügend *a* insufficiente; *(Schulnote)* ≃ zero.
ungenutzt *a* inutilizzato; **die Gelegenheit ~ verstreichen lassen** non cogliere l'occasione.
ungeordnet *a* disordinato, in disordine.
ungepflegt *a* non curato, trascurato.
ungerade *a (Zahl)* dispari.
ungerechnet *prp gen* senza calcolare.
ungerecht *a* ingiusto. **Ungerechtigkeit** *f* ingiustizia *f* (*gegenüber* verso).
ungeregelt *a* sregolato, disordinato.
ungereimt ['ʊngərai̯mt] *a* **1.** *lit* non rimato, sciolto; **2.** *fig* insensato; **~es Zeug** insulsaggini *f pl*. **Ungereimtheit** ‹-, -en› *f fig* insulsaggini *f pl*.
ungern *adv* mal volentieri, controvoglia.
ungeschehen *a:* **das ist nicht mehr ~ zu machen** ormai è cosa fatta; **etw. ~ machen** fare come se qc non fosse successa.
ungeschickt *a* maldestro, goffo.
ungeschlacht ['ʊngəʃlaxt] *a* **1.** *(wuchtig)* grosso; **2.** *(grob)* rozzo, grossolano.
ungeschlechtlich *a* asessuale.

ungeschliffen *a* **1.** *(Edelstein)* greggio; **2.** *fig pej* villano, rozzo.
ungeschoren *a:* **~ davonkommen** uscirne indenne (*o.* illeso).
ungesehen *a* inosservato, senza essere visto.
ungesellig *a* insocievole.
ungesetzlich *a* illegale.
ungestört **I.** *a* indisturbato, tranquillo; **II.** *adv* in pace.
ungestraft *a* impunito; **~ davonkommen** uscirne impunito.
ungestüm ['ʊngəʃty:m] **I.** *a* impetuoso; *(heftig)* violento; **II.** *adv* con veemenza. **Ungestüm** ‹-(e)s, ø› *n geh* impetuosità *f;* **mit jugendlichem ~** con impeto giovanile.
ungesund *a* **1.** *(Speise, Klima, etc.)* malsano; *(schädlich)* nocivo (*für* a); **2.** *(kränklich)* malaticcio.
ungetrübt *a* **1.** *(Wasser)* limpido; **2.** *fig (Freude, etc.)* non offuscato, sereno.
Ungetüm ['ʊngəty:m] ‹-(e)s, -e› *n* colosso *m; (Monstrum)* mostro *m.*
ungeübt *a* inesperto (*in* in); *(nicht trainiert)* non allenato (*in* in).
ungewandt *a* maldestro.
ungewiß *a* incerto, dubbio; **jdn über etw. im ungewissen lassen** lasciare qu nell'incertezza di qc. **Ungewißheit** *f* incertezza *f,* dubbio *m.*
ungewöhnlich *a* **1.** *(ungewohnt)* insolito, inconsueto; **2.** *(außerordentlich)* eccezionale.
ungewohnt *a* inconsueto, insolito.
ungewollt **I.** *a* involontario, non voluto; **II.** *adv* involontariamente.
ungezählt **I.** *a* innumerevole; **II.** *adv* senza contare.
Ungeziefer ['ʊngət̮si:fɐ] ‹-s, ø› *n* insetti *m pl* nocivi, parassiti *m pl.*
ungezogen *a* maleducato; *(bes. Kinder)* cattivo; *(frech)* sfacciato. **Ungezogenheit** ‹-, -en› *f* maleducazione *f; (bes. von Kindern)* cattiveria *f; (Frechheit)* sfacciataggine *f.*
ungezwungen **I.** *a* spontaneo; *(natürlich)* naturale, disinvolto, non affettato; **II.** *adv* con disinvoltura. **Ungezwungenheit** ‹-, ø› *f* spontaneità *f; (Natürlichkeit)* naturalezza *f,* disinvoltura *f.*
Unglaube *m* incredulità *f; (rel a.)* miscredenza *f.*
unglaubhaft *a* incredibile.
ungläubig *a* incredulo; *(rel a.)* miscredente. **Ungläubige** *mf* incredulo, -a *m, f,* miscredente *mf,* infedele *mf.*
unglaublich [ʊn'glauplɪç *o.* 'ʊn...] *a* **1.** incredibile; **2.** *fig (unerhört)* inaudito.
unglaubwürdig *a* **1.** *(Mensch)* non degno di fede; **2.** *(Nachricht)* inattendibile. **Unglaubwürdigkeit** *f* inattendibilità *f.*
ungleich **I.** *a* disuguale; *(verschieden)* differente, diverso; *(unähnlich)* dissimile; *(nicht zusammenpassend)* spaiato; **II.** *adv (vor Komparativen: weitaus)* di gran lunga. **ungleichmäßig** *a* **1.** *(unregelmäßig)* irregolare; **2.** *(nicht zu gleichen Teilen)* sproporzionato. **Ungleichung** *f* disequazione *f.*
Unglück ‹-(e)s, -e› *n* **1.** *(Unheil)* disgrazia *f;* **2.** *(Pech, Mißgeschick)* sfortuna *f;* **3.** *(~fall)* disgrazia *f,* sciagura *f;* **4.** *(Katastrophe)* calamità *f;* **5.** *(Not, Elend)* miseria *f;* **6.** *(Schicksalsschlag)* sventura *f;* **7.** *(Unglücklichsein)* infelicità *f;* **vom ~ verfolgt werden** essere perseguitato dalla sfortuna; **jdn ins ~ stürzen** causare la rovina di qu; **in sein ~ rennen** *fam* correre alla propria rovina; **das bringt ~** ciò porta sfortuna; **zu allem ~ ...** per (il) colmo della (*o.* di) sfortuna ...; **ein ~ kommt selten allein** *prov* le disgrazie non vengono mai sole; **ich habe Glück im ~ gehabt** ho avuto fortuna nella sfortuna.
unglücklich *a* infelice; **~ ausgehen** finire male; **~ stürzen** cadere male; **eine ~e Figur machen** fare una figura meschina.
unglücklicherweise *adv* sfortunatamente, per disgrazia.
unglückselig *a* **1.** *(Mensch)* disgraziato, sfortunato, sventurato; **2.** *(Schicksal, Geschehen)* fatale.
Unglücksfall *m* **1.** disgrazia *f,* sciagura *f; (Verkehrsunfall)* incidente *m;* **2.** *(unglückliche Begebenheit)* disavventura *f,* disgrazia *f.*
Ungnade *f* disgrazia *f,* sfavore *m;* **bei jdm in ~ fallen** cadere in disgrazia presso qu.
ungnädig *a* maldisposto; **etw. ~ aufnehmen** prendere qc in mala parte.
ungültig *a allg.* non valido; *(bes. jur)* invalido; *(a. Stimmzettel)* nullo; *(verfallen: Paß, etc.)* scaduto; **für ~ erklären** dichiarare nullo; *(bes. jur: Testament, Vertrag)* invalidare; *(Ehe)* annullare; **~ werden** *(nach Ablauf einer Frist)* scadere; *(durch Verjährung)* cadere in prescrizione. **Ungültigkeit** *f* invalidità *f,* nullità *f.*
ungünstig **I.** *a* sfavorevole; *(nachteilig)* svantaggioso; *(Wetter)* inclemente; **~er Augenblick** momento poco propizio; **II.** *adv* male.
ungut *a:* **ein ~es Gefühl haben** avere

una sensazione sgradevole; **nichts für ~!** non se la prenda! *fam*, amici come prima! *fam*.
unhaltbar ['ʊnhaltba:ɐ̯ *o.* ...'halt...] *a* **1.** *mil, fig* insostenibile; **2.** *sport* imparabile.
unhandlich *a* poco maneggevole.
unharmonisch *a* disarmonico.
Unheil *n* malanno *m*; *(Unglück)* disgrazia *f*, sciagura *f*; **~ anrichten** (*o.* **stiften**) recare disgrazie; *(Schaden)* causare danni.
unheilbar ['ʊnhailba:ɐ̯ *o.* ...'hail...] *a* incurabile, inguaribile.
unheilvoll *a* funesto, nefasto.
unheimlich I. *a* **1.** *(beängstigend)* inquietante; **2.** *(düster)* lugubre, sinistro; **3.** *fam (sehr viel, sehr groß)* tremendo, terribile *fam*; **II.** *adv fam (sehr)* molto, paurosamente.
unhöflich *a* scortese, sgarbato. **Unhöflichkeit** *f* scortesia *f*.
Unhold ['ʊnhɔlt] ‹-(e)s, -e› *m* mostro *m*, demonio *m*; *fig* bruto *m*.
unhygienisch *a* antigienico.
uni ['yni *o.* y'ni:] ‹*inv*› *a* (in) tinta unita.
Uni ['ʊni] ‹-, -s› *f fam ab von* **Universität** università *f*.
UNICEF ['u:nitsɛf] ‹-, ø› *f* U.N.I.C.E.F. *m*.
Uniform [uni'fɔrm *o.* 'ʊn...] ‹-, -en› *f* divisa *f*, uniforme *f*; **in ~** in divisa.
Unikum ['u:nikʊm, ...ka] *n* **1.** ‹-s, -ka› *(Einzelexemplar)* unicum *m*; **2.** ‹-s, -s› *fam (komischer Kauz)* tipo *m* originale.
uninteressant *a* non (*o.* poco) interessante.
universal [univɛr'za:l] *a* universale.
Universal- *(in Zusammensetzungen)* universale. **Universalerbe** *m*, **-erbin** *f* erede *mf* universale. **Universalgenie** *n* genio *m* universale.
universell [univɛr'zɛl] *a* universale.
Universität [univɛrzi'tɛ:t] ‹-, -en› *f* università *f*; **die ~ besuchen** andare all'università, fare (*o.* frequentare) l'università. **Universitätsbibliothek** *f* (*ab* **UB**) biblioteca *f* universitaria. **Universitätsprofessor(in)** *m(f)* professore, -essa *m, f* universitario, -a. **Universitätsstadt** *f* città *f* universitaria.
Universum [uni'vɛrzʊm] ‹-s, ø› *n* universo *m*.
Unke ['ʊŋkə] ‹-, -n› *f* ululone *m*.
unkenntlich *a* irriconoscibile. **Unkenntlichkeit** ‹-, ø› *f*: **bis zur ~ entstellen** sfigurare fino a rendere irriconoscibile.
Unkenntnis *f* ignoranza *f*; **in ~ über etw. sein** ignorare qc; **jdn in ~ lassen** lasciare qu all'oscuro; **in ~** *gen* nell'ignoranza di.
unklar *a* **1.** *allg.* poco (*o.* non) chiaro; *(trüb)* torbido; *(undeutlich)* indistinto; **2.** *fig* vago, oscuro; *(verworren)* confuso; *(unverständlich)* incomprensibile; **im ~en über etw. sein** essere all'oscuro di qc; **jdn im ~en lassen** lasciare qu all'oscuro. **Unklarheit** *f* **1.** *(Unklarsein)* poca chiarezza *f*, mancanza *f* di chiarezza, oscurità *f*, confusione *f*; **2.** *(unklare Vorstellung)* mancanza *f* di chiarezza.
unklug *a* imprudente, irragionevole.
unkompliziert *a* non complicato.
unkontrollierbar ['ʊnkɔntrɔli:ɐ̯ba:ɐ̯ *o.* ...'li:ɐ̯...] *a* incontrollabile.
Unkosten ‹*pl*› spese *f pl*; **die ~ trägt die Firma** le spese sono a carico della ditta; **jdm seine ~ erstatten** (*o.* **vergüten**) rimborsare a qu le spese; **sich in ~ stürzen** fare spese pazze *fam*.
Unkraut *n* erbaccia *f*; **~ vergeht nicht** *prov* la malerba non muore mai *prov*.
unkultiviert *a* incolto.
unkündbar ['ʊnkʏntba:ɐ̯ *o.* ...'kʏnt...] *a* irrevocabile; *(Stellung)* permanente; *(Rente)* perpetuo; *(Schuld)* consolidato.
unlängst *adv* poco fa, recentemente.
unlauter *a*: **~er Wettbewerb** concorrenza sleale.
unleserlich ['ʊnle:zɐlɪç *o.* ...'le:z...] *a* illeggibile.
unleugbar ['ʊnlɔʏkba:ɐ̯ *o.* ...'lɔʏk...] *a* innegabile.
unliebsam *a* spiacevole, increscioso.
unlogisch *a* illogico.
unlösbar [ʊn'lø:sba:ɐ̯ *o.* 'ʊn...] *a* insolubile.
unlöslich [ʊn'lø:slɪç *o.* 'ʊn...] *a* insolubile.
Unlust *f* svogliatezza *f*, malavoglia *f*; **mit ~** di malavoglia.

unmanierlich *a* maleducato, screanzato, sgarbato.
unmännlich *a* non (*o.* poco) virile; *(weibisch)* effeminato.
unmäßig I. *a* eccessivo, smisurato, smoderato; *(im Genuß)* intemperante; **II.** *adv* oltre misura.
Unmenge *f* (gran) quantità *f* (*an, von* di), massa *f* (*an, von* di).
Unmensch *m* bruto *m*, mostro *m*. **unmenschlich** ['ʊnmɛnʃlɪç *o.* ...'mɛnʃ...] *a* inumano; *(grausam)* crudele, brutale; *(menschenunwürdig a.)* indegno d'un uomo; *fig (ungeheuer)* sovrumano. **Unmenschlichkeit** *f* inumanità *f*, crudeltà *f*.

unmerklich [ʊnˈmɛrklɪç *o.* ˈʊn...] *a* impercettibile, inavvertibile.
unmißverständlich [ˈʊnmɪsfɛɐ̯ʃtɛntlɪç *o.* ...ˈʃtɛnt...] **I.** *a* inequivocabile, chiaro; **II.** *adv* senza equivoci.
unmittelbar *a* immediato, diretto; *(bevorstehend)* imminente; **~ darauf** subito dopo.
unmodern *a* fuori moda; *(Ansichten)* antiquato.
unmöglich [ˈʊnmøːklɪç *o.* ...ˈmøːk...] *a* impossibile; **es ist ~ zu ...** è impossibile ... *inf;* **das kann ich ~ schaffen** è impossibile che ci riesca; **man kann von niemandem etw. U~es verlangen** nessuno è tenuto a fare l'impossibile; **du bist wirklich ~!** *fam* sei proprio impossibile! *fam.* **Unmöglichkeit** *f* impossibilità *f;* **das ist ein Ding der ~** è assolutamente impossibile.
unmoralisch *a* immorale.
unmotiviert **I.** *a* ingiustificato, non motivato; **II.** *adv* senza giustificazione.
unmündig *a* minorenne. **Unmündigkeit** *f* minorità *f.*
unmusikalisch *a* non musicale.
unnachahmlich [ˈʊnnaːxʔaːmlɪç *o.* ...ˈʔaːm...] *a* inimitabile.
unnachgiebig *a* intransigente, inflessibile, duro.
unnachsichtig *a* inesorabile; *(streng)* severo.
unnahbar [ʊnˈnaːbaɐ̯ *o.* ˈʊn...] *a* inavvicinabile, inaccessibile.
unnatürlich **I.** *a* **1.** innaturale; *(abnorm)* anormale; **2.** *(geziert)* affettato; **II.** *adv* **1.** in modo innaturale; *(abnorm)* in modo anormale; **2.** *(geziert)* con affettazione.
unnormal *a* anormale.
unnötig *a* non necessario, inutile, superfluo.
unnötigerweise *adv* inutilmente, invano.
unnütz [ˈʊnnʏt͜s] *a* inutile; *(überflüssig)* superfluo.
UNO [ˈuːno] ⟨-, ø⟩ *f ab von* **United Nations Organization** O.N.U. *m* (*ab von* Organizzazione delle Nazioni Unite).
unordentlich *a* disordinato; *(Zimmer)* in disordine; *(nachlässig)* trascurato; *(a. Kleidung)* sciatto.
Unordnung *f* disordine *m; (Durcheinander)* confusione *f;* **in ~** in disordine; **etw. in ~ bringen** mettere qc in disordine.
unparteiisch *a* imparziale, obiettivo.
unpassend *a (Bemerkung)* sconveniente; *(Zeitpunkt)* inopportuno.
unpassierbar [ˈʊnpasiːɐ̯baːɐ̯ *o.* ...ˈsiːɐ̯...] *a* impraticabile.
unpäßlich [ˈʊnpɛslɪç] *a geh* indisposto. **Unpäßlichkeit** ⟨-, ø⟩ *f geh* indisposizione *f.*
unpersönlich *a* impersonale.
unpolitisch *a* apolitico.
unpopulär *a* impopolare.
unpraktisch *a (Mensch)* non pratico; *(Gerät)* poco pratico.
unproduktiv *a* improduttivo.
unpünktlich *a* non puntuale. **Unpünktlichkeit** *f* mancanza *f* di puntualità.
unrasiert *a* non rasato.
Unrat [ˈʊnraːt] ⟨-(e)s, ø⟩ *m geh* immondizie *f pl,* spazzatura *f.*
unrecht **I.** *a* non giusto, sbagliato; *(Augenblick)* inopportuno; **an den U~en kommen** *fam* capitare male *fam;* **II.** *adv* male. **Unrecht** *n* torto *m; (Ungerechtigkeit)* ingiustizia *f;* **zu ~** a torto; **nicht zu ~** non a torto; **jdn ins ~ setzen** mettere qu dalla parte del torto; **im ~ sein** avere torto; **~ haben** avere torto; **jdm ~ tun** fare torto a qu. **unrechtmäßig** *a* illegale, indebito.
unregelmäßig *a* irregolare; *(Leben)* sregolato. **Unregelmäßigkeit** *f* irregolarità *f.*
unreif *a allg., fig* immaturo; *(Frucht a.)* acerbo; *(fig a.)* prematuro.
unrein *a allg., fig* impuro; *(schmutzig)* non pulito, sporco; **(etw.) ins ~e schreiben** scrivere (qc) in brutta copia.
unrentabel *a* non redditizio.
unrichtig *a* sbagliato; *(bes. jur)* falso; *(ungenau)* inesatto, impreciso.
Unruh [ˈʊnruː] ⟨-, -en⟩ *f (der Uhr)* bilanciere *m.*
Unruhe *f* **1.** inquietudine *f; (Aufregung)* agitazione *f; (Ruhestörung)* disordine *m;* **2.** *(Besorgnis)* apprensione *f; (innere ~)* ansia *f; (nervöse Hast)* irrequietezza *f;* **3.** ⟨*pl*⟩ *pol* disordini *m pl,* tumulti *m pl,* sommosse *f pl.* **Unruhestifter(in)** *m(f)* sobillatore, -trice *m, f.*
unruhig **I.** *a* **1.** inquieto; *(aufgeregt)* agitato; *(bes. See)* mosso; **2.** *(Leben, Mensch)* irrequieto; *(Zeiten)* turbolento; **3.** *(besorgt)* preoccupato (*wegen* per, di), inquieto (*wegen* per); **II.** *adv* con inquietudine.
uns [ʊns] **I.** *pers pron* **1.** *(dat von* wir*)* *(betont)* a noi; *(unbetont)* ci; **2.** *(acc von* wir*)* *(betont)* noi; *(unbetont)* ci; **von ~** *(unsererseits)* da parte nostra;

du gehörst zu ~ sei uno dei nostri; **ein Freund von ~** un nostro amico; **hier sind wir unter ~** qui siamo fra noi; **unter ~ gesagt** ... detto fra noi ...; **II.** *rfl pron* ci.
unsagbar, unsäglich [ʊnˈza:kba:ɐ̯ *o.* ˈʊn..., ʊnˈzɛ:klɪç *o.* ˈʊn ..] *geh* **I.** *a* indicibile; **II.** *adv* moltissimo.
unsanft *a* brusco, poco dolce.
unsauber *a* **1.** *allg., fig* sporco, sudicio; *(Ton a.)* non pulito; **2.** *fig* disonesto, losco; **~e Geschäfte machen** fare degli affari loschi.
unschädlich *a* innocuo; **jdn ~ machen** rendere innocuo qu.
unscharf *a (allg., fig, Ton)* indistinto; *(Foto)* sfocato; *(nicht präzise)* impreciso.
unschätzbar [ʊnˈʃɛt͡sba:ɐ̯ *o.* ˈʊn...] *a* inestimabile; *(kostbar)* prezioso.
unscheinbar *a* poco (*o.* non) appariscente.
unschicklich *a* sconveniente, disdicevole; *(unanständig)* indecente.
unschlüssig *a* irresoluto, indeciso; **ich bin mir noch ~ darüber, was ich tun soll** sono ancora indeciso sul da farsi. **Unschlüssigkeit** ‹-, ø› *f* irresolutezza *f,* indecisione *f.*
unschön *a* **1.** *(häßlich)* brutto; **2.** *(unangenehm)* spiacevole.
Unschuld *f* **1.** *allg., jur* innocenza *f;* **2.** *(Reinheit)* candore *m,* purezza *f; (Naivität)* ingenuità *f;* **3.** *(Jungfräulichkeit)* verginità *f;* **seine ~ beteuern** sostenere la propria innocenza; **seine Hände in ~ waschen** lavarsene le mani; **eine ~ vom Lande** *fam, scherz* una contadinella ingenua. **unschuldig** *a* **1.** *allg., jur* innocente (*an* di); **2.** *(rein)* candido, puro; *(naiv)* ingenuo; 3. *(jungfräulich)* vergine; **jdn für ~ erklären** dichiarare innocente qu.
unselbständig *a (Mensch)* non indipendente; *(Länder a.)* non autonomo; **Einkünfte aus ~er Arbeit** *adm* redditi da lavoro dipendente. **Unselbständigkeit** *f* mancanza *f* di indipendenza (*o.* di autonomia).
unselig *a geh* **1.** *(verhängnisvoll)* fatale; **2.** *rar (unglücklich)* infelice.

unser [ˈʊnzɐ] **I.** *(adjektivisches Possessivpronomen von* wir*)* nostro, -a *m, f,* nostri, -e *m pl, f pl;* **II.** *pers pron (gen von* wir*)* di noi.
unsere *s.* **unsere(r, s)**.
unsereiner, unsereins *pron* uno come noi, noialtri.
uns(e)re(r, s) [ˈʊnz(ə)rə] *(substantivisches Possessivpronomen von* uns*)* (il) nostro, (la) nostra, (i) nostri *pl,* (le) nostre *pl.*
uns(e)rerseits [ˈʊnz(ə)rɐˈza͜its] *adv* da parte nostra.
uns(e)resgleichen [ˈʊnz(ə)rəsˈgla͜içən] ‹*inv*› *pron* nostro pari, gente *f, etc.* come noi.
unser(e)twegen [ˈʊnzɐtˈve:gən (...zərət...)] *adv* per causa nostra, per noi; *(negativ)* per colpa nostra.
unseretwillen [ˈʊnzərətˈvɪlən] *adv:* **um ~** per noi, per amor nostro.
uns(e)rige(r, s) *pron obs, geh s.* **unsere(r, s)**.
unsicher *a* **1.** poco sicuro, malsicuro, instabile; *(a. psych)* insicuro; **2.** *(ungewiß)* incerto; *(zweifelhaft)* dubbio; *(unzuverlässig)* non attendibile; *(zufallsbedingt)* aleatorio; **3.** *(gefährlich)* pericoloso, poco sicuro; **die Gegend ~ machen** *fam* infestare il luogo. **Unsicherheit** *f* insicurezza *f; (Ungewißheit)* incertezza *f.* **Unsicherheitsfaktor** *m* fattore *m* d'incertezza.
unsichtbar *a* invisibile.
Unsinn *m* **1.** *(Unsinnigkeit)* nonsenso *m,* assurdità *f;* **2.** *(Unfug)* sciocchezze *f pl,* scemenze *f pl;* **~ reden** dire sciocchezze; **das ist (doch) ~** sono tutte scemenze; **ich habe dich doch gestern abend nicht gestört? – ~!** non ti ho disturbato ieri sera? — va! *fam,* neanche per sogno! *fam.* **unsinnig I.** *a* **1.** *(ohne Sinn)* assurdo, insensato; **2.** *(verrückt)* pazzo, folle; 3. *(dumm)* sciocco, stupido; **II.** *adv fam* da matti *fam.*
Unsitte *f* cattiva abitudine *f.*
unsittlich *a* immorale, scostumato.
unsozial *a* asociale.
unsportlich *a* **1.** *(keinen Sport treibend)* non sportivo; **2.** *(nicht fair)* antisportivo.
unsre(r, s) *etc. s.* **unsere(r, s)** *etc.*

unstatthaft *a adm* inammissibile.
unsterblich [ʊnˈʃtɛrplɪç *o.* ˈʊn...] *a* immortale; **sich ~ verlieben** *fam* innamorarsi perdutamente; **sich ~ blamieren** *fam* compromettersi irrimediabilmente. **Unsterblichkeit** *f* immortalità *f.*
unstet [ˈʊnʃte:t] *a* **1.** *(unbeständig)* instabile; *(bes. Charakter)* volubile; **2.** *(ruhelos)* inquieto; *(rastlos)* irrequieto.
Unstimmigkeit [ˈʊnʃtɪmɪçka͜it] ‹-, -en› *f* **1.** *(in Rechnung, etc.)* differenza *f; (Widerspruch)* contrasto *m;* **2.** *(Meinungsverschiedenheit)* divergenze *f pl.*

unstreitig ['ʊnʃtraitɪç *o.* ...'ʃtrai...] *a* incontestabile.
unsymmetrisch *a* asimmetrico.
unsympathisch *a* antipatico; **er ist mir ~** mi è antipatico.
untad(e)lig ['ʊnta:d(ə)lɪç *o.* ...'ta:...] *a* irreprensibile, ineccepibile.
Untat *f* misfatto *m; (Verbrechen)* delitto *m.*
untätig *a* inattivo, inerte, passivo.
untauglich *a* inadatto (*für* a); *mil* inabile (*für* a); *(nicht verwendungsfähig)* inservibile.
unteilbar [ʊn'tailba:ɐ̯ *o.* 'ʊn...] *a* indivisibile. **Unteilbarkeit** ‹-, ø› *f* indivisibilità *f.*
unten ['ʊntən] *adv* (di) sotto, giù, da basso; *(am unteren Ende)* in fondo (*an, in* a); *(an der Unterseite)* in fondo; **da ~** laggiù; **hier ~** quaggiù; **rechts ~** in fondo a destra; **nach ~** giù; **von ~ (her)** dal basso; **weiter ~** più giù; *(im Text)* più avanti, sotto; **siehe ~!** (*ab* **s. u.**) vedi sotto; **sich ~herum warm anziehen** *fam* mettersi qualcosa di pesante sotto; **er ist bei mir ~ durch** *fam* è scaduto nella mia stima.
unter ['ʊntɐ] *prp dat/acc* **1.** *(örtlich)* sotto; *(~halb von, weniger als a.)* al di sotto di; **2.** *(zwischen)* fra, tra; *(inmitten)* in mezzo a; **~ der Regierung ...** sotto il governo di ...; **~ Schmerzen** con dolori; **nicht einer ~ hundert** non uno su cento; **10 Grad ~ Null** dieci gradi sotto zero; **~ anderem** (*ab* **u. a.**) fra le altre cose, tra l'altro; **~ der Bedingung, daß ...** a condizione che ... *conj;* **nicht ~ 100 Mark** non meno di 100 marchi; **~ uns (gesagt)** detto fra noi; **sie wohnen ~ uns** abitano sotto di noi; **was verstehen Sie ~ ...?** che cosa intende per ...?
Unterarm *m* avambraccio *m.*
Unterbau ‹-(e)s, -ten› *m* **1.** *arch* fondazioni *f pl;* **2.** *fig* fondamento *m;* 3. *(von Straße, Eisenbahn)* massicciata *f.*
unterbelichtet *a (Foto)* sottoesposto.
Unterbeschäftigung *f* sottoccupazione *f.*
unterbewußt *a* subconscio; **das U~e** il subconscio. **Unterbewußtsein** *n* subconscio *m,* subcosciente *m;* **in seinem ~** nel suo subcosciente.
unterbieten [ʊntɐ'bi:tən] ‹*irr, ohne ge-*› *tr:* **jds Preise ~** battere offrendo a prezzi minori; **einen Rekord ~** battere un record (*o.* primato).
unterbinden [ʊntɐ'bɪndən] ‹*irr, ohne ge-*› *tr* impedire, troncare.
unterbleiben [ʊntɐ'blaibən] ‹*irr, ohne ge-*› *itr* ‹*sein*› **1.** *(nicht stattfinden)* non aver luogo, non succedere; **2.** *(nicht wieder vorkommen)* non ripetersi.
Unterbodenschutz *m* trattamento *m* di protezione antiruggine.
unterbrechen [ʊntɐ'brɛçən] ‹*irr, ohne ge-*› *tr* interrompere. **Unterbrechung** ‹-, -en› *f* interruzione *f;* **mit ~en** a intervalli; **ohne ~** senza interruzione.
unterbreiten [ʊntɐ'braitən] ‹*ohne ge-*› *tr* sottoporre (*jdm etw.* qc a qu), presentare (*jdm etw.* qc a qu).
unter·bringen ‹*irr*› *tr* **1.** *(Möbel, Gepäck)* mettere; *(a. fig)* sistemare; **2.** *(beherbergen)* alloggiare, sistemare; *mil* acquartierare; **3.** *(in einer Stellung)* collocare, trovare un impiego a; **ich kann ihn nirgends ~** *fam* non lo conosco; **sind Sie gut untergebracht?** è sistemato bene?
Unterbruch *m CH* interruzione *f.*
unterderhand [ʊntɐde:ɐ̯'hant] *adv:* **etw. ~ verkaufen** vendere qc sottomano.
unterdes(sen) [ʊntɐ'dɛs(ən)] *adv* frattanto, nel frattempo.
Unterdruck ‹-(e)s, ¨-e› *m* depressione *f.*
unterdrücken [ʊntɐ'drʏkən] ‹*ohne ge-*› *tr* **1.** *(Menschen)* opprimere; *(Aufstand)* soffocare, reprimere; **2.** *(Gefühl)* reprimere; *(Seufzer, Tränen)* trattenere. **Unterdrückung** ‹-, -en› *f (von Menschen)* oppressione *f; (von Aufstand, Gefühl)* repressione *f,* soffocare *m.*
untere *s* . **untere(r, s).**
untereinander [ʊntɐʔai'nandɐ] *adv* **1.** *(räumlich)* l'uno sotto l'altro; **2.** *(miteinander)* l'uno con l'altro; *(gegenseitig)* l'un l'altro, reciprocamente.
unterentwickelt *a* sottosviluppato; *(Kind)* tardivo.
unterernährt *a* denutrito. **Unterernährung** *f* denutrizione *f.*
untere(r, s) ['ʊntərə] *a* basso, -a; *(a. untergeordnet)* inferiore; *(unten gelegen)* disotto.
Unterführung [ʊntɐ'fy:rʊŋ] *f* sottopassaggio *m.*
Untergang *m* **1.** *(von Gestirn)* tramonto *m;* **2.** *naut* naufragio *m;* **3.** *fig (Verfall)* declino *m;* caduta *f; (Scheitern, Verderb)* rovina *f; (Welt~)* fine *f;* **dem** (*o.* **seinem**) **~ entgegengehen** andare incontro alla (propria) rovina.
Untergebene [ʊntɐ'ge:bənə] ‹ein -r, -n, -n› *mf* inferiore *mf,* subalterno, -a *m, f.*

unter·gehen ⟨*irr*⟩ *itr* ⟨*sein*⟩ **1.** *(Gestirn)* tramontare; **2.** *naut* affondare; **3.** *fig (verfallen)* declinare; *(zugrunde gehen)* andare in rovina; *(umkommen)* perire, morire; **4.** *fig (sich verlieren)* perdersi; **die ~de Sonne** il sole che tramonta; **seine Worte gingen im Lärm völlig unter** le sue parole si spersero completamente nel chiasso.

untergeordnet *a* **1.** *(Position)* subordinato, subalterno; **2.** *fig (Bedeutung)* secondario.

Untergeschoß *n* scantinato *m.*

Untergewicht *n* insufficienza *f* di peso.

unter·graben[1] ['ʊntɐgra:bən] ⟨*irr*⟩ *tr agr* interrare, sotterrare.

untergraben[2] [ʊntɐ'gra:bən] ⟨*irr*, *ohne ge-*⟩ *tr* minare, scalzare.

Untergrund *m* **1.** *geol* sottosuolo *m;* **2.** *arch* fondamento *m;* **3.** *(Malerei)* fondo *m;* **4.** *fig, pol* clandestinità *f.* **Untergrundbahn** *f* metropolitana *f.* **Untergrundbewegung** *f* movimento *m* clandestino.

unterhalb *prp gen* al di sotto di, sotto.

Unterhalt *m* **1.** *(Lebens~)* mantenimento *m,* sostentamento *m;* **2.** *jur* alimenti *m pl;* **3.** *(Instandhaltung)* manutenzione *f;* **seinen ~ bestreiten** provvedere al proprio mantenimento.

unterhalten [ʊntɐ'haltən] ⟨*irr, ohne ge-*⟩ **I.** *tr* **1.** *(ernähren)* sostentare; *(a. in Betrieb haben)* mantenere; **2.** *(Konto)* avere, tenere; **3.** *(Bauwerk)* mantenere; **4.** *(Geschäft)* condurre; **5.** *(Beziehungen)* mantenere; **6.** *(vergnügen)* divertire; **II.** *rfl:* **sich ~ 1.** *(miteinander sprechen)* conversare (*über* di), intrattenersi (*über* su); **2.** *(sich vergnügen)* divertirsi (*mit* con).

Unterhalter(in) *m(f)* conversatore, -trice *m, f,* anfitrione *m,* ospite *mf.*

unterhaltsam *a* divertente, piacevole.

Unterhaltsanspruch *m* diritto *m* agli alimenti. **unterhaltsberechtigt** *a* che ha diritto al mantenimento; *(Ehefrau)* che ha diritto agli alimenti. **Unterhaltskosten** ⟨*pl*⟩ spese *f pl* di sostentamento. **Unterhaltspflicht** *f* obbligo *m* di passare gli alimenti.

Unterhaltung [ʊntɐ'haltʊŋ] *f* **1.** *(Gespräch)* conversazione *f;* **2.** *(Vergnügen)* divertimento *m,* passatempo *m;* **3.** *(Instandhaltung)* manutenzione *f;* **4.** *(Aufrechterhaltung)* mantenimento *m;* **gute ~!** buon divertimento! **Unterhaltungselektronik** *f* elettronica *f* d'intrattenimento. **Unterhaltungsindustrie** *f* industria *f* dello spettacolo. **Unterhaltungsliteratur** *f* letteratura *f* d'evasione.

unterhandeln [ʊntɐ'handəln] ⟨*ohne ge-*⟩ *itr* negozioare (*über* per); *mil* parlamentare (*über* per).

Unterhändler(in) ['ʊntɐhɛndlɐ (...ərɪn)] *m(f)* negoziatore, -trice *m, f,* mediatore, -trice *m, f; mil* parlamentario *m.*

Unterhemd *n* canottiera *f.*

Unterholz *n* sottobosco *m.*

Unterhose *f* mutande *f pl; (kurze)* mutandine *f pl;* **eine ~** un paio di mutande.

unterirdisch *a* sotterraneo.

unterjochen [ʊntɐ'jɔxən] ⟨*ohne ge-*⟩ *tr* sottomettere, assoggettare.

unterkellert [ʊntɐ'kɛlɐt] *a* munito di cantina.

Unterkiefer *m* mascella *f* inferiore, mandibola *f.*

unter·kommen ⟨*irr*⟩ *itr* ⟨*sein*⟩ **1.** *(Unterkunft finden)* trovare alloggio; **2.** *(Arbeit finden)* trovare un impiego, venir assunto; **so etw. ist mir noch nie untergekommen!** *fam* una cosa simile non mi è mai capitata, non ho mai visto una cosa simile.

unter·kriegen *tr fam:* **sich nicht ~ lassen** non lasciarsi abbattere (*o.* sopraffare).

unterkühlen [ʊntɐ'ky:lən] ⟨*ohne ge-*⟩ *tr* surraffreddare. **Unterkühlung** *f* surraffreddamento *m.*

Unterkunft ['ʊntɐkʊnft] ⟨-, ⸚e⟩ *f* alloggio *m;* **~ und Verpflegung** vitto e alloggio; **jdm ~ geben** alloggiare qu.

Unterlage *f* **1.** supporto *m,* sostegno *m; (Grundlage)* base *f; (Schreib~)* sottomano *m;* **2.** ⟨*pl*⟩ *(Akten)* documenti *m pl,* atti *m pl; (Beleg)* pezza *f* d'appoggio, giustificativo *m;* **nach Prüfung der ~en** dopo esame degli atti.

Unterlaß ['ʊntɐlas] *m:* **ohne ~** *obs* senza interruzione, ininterrottamente.

unterlassen [ʊntɐ'lasən] ⟨*irr, ohne ge-*⟩ *tr* **1.** *(nicht tun)* tralasciare, omettere; *(bes. schuldhaft)* trascurare; **2.** *(darauf verzichten)* astenersi da; *(damit aufhören)* smettere, finire; **es ~ zu ...** astenersi da ... *inf;* **~ Sie alles, was ...** trascuri tutto ciò che ... **Unterlassung** ⟨-, -en⟩ *f* omissione *f.*

unterlaufen[1] [ʊntɐ'laufən] ⟨*irr, ohne ge-*⟩ **I.** *itr* ⟨*sein*⟩ sfuggire, scappare; **mir ist ein Fehler ~** mi è sfuggito un errore; **II.** *tr* ⟨*haben*⟩ *(Bestimmungen, etc.)* sfuggire, eludere.

unterlaufen[2] [ʊntɐ'laufən] *a:* **mit Blut** (*o.* **blutig**) **~** livido.

unter·legen[1] ['ʊntɐle:gən] *tr* **1.** *(räum-*

lich) mettere sotto; **2.** *fig (Sinn, etc.)* attribuire, dare.

unterlegen² [ʊntɐ'le:gən] ‹*ohne ge-*› *tr (mit Stoff)* guarnire; *(mit Text, Musik)* munire (*mit* di).

unterlegen³ [ʊntɐ'le:gən] *a* inferiore, più debole; *(besiegt)* sconfitto. **Unterlegene** ‹ein -r, -n, -n› *mf* vinto, -a *m, f,* sconfitto, -a *m, f.*

Unterleib *m* basso ventre *m.*

unterliegen [ʊntɐ'li:gən] ‹*irr, ohne ge-*› *itr* ‹*sein*› **1.** *(besiegt werden)* essere vinto (*o.* battuto); *(erliegen)* soccombere; **2.** *fig (unterworfen sein)* essere soggetto (*dat* a), sottostare (*dat* a).

Unterlippe *f* labbro *m* inferiore.

untermauern [ʊntɐ'maʊɐn] ‹*ohne ge-*› *tr* **1.** *arch* costruire un muro sotto a; **2.** *fig (Behauptung, etc.)* corroborare, convalidare.

Untermiete *f* subaffitto *m,* sublocazione *f;* **in (*o.* zur) ~ bei jdm wohnen** stare in subaffitto da qu. **Untermieter(in)** *m(f)* subaffittuario, -a *m, f.*

unterminieren [ʊntɐmi'ni:rən] ‹*irr, ohne ge-*› *tr* minare.

unternehmen [ʊntɐ'ne:mən] ‹*irr, ohne ge-*› *tr allg.* fare; *(Reise)* intraprendere; *(Versuch)* fare, tentare; **es ~ zu** ... *geh* prendersi l'incarico di ... *inf;* **dagegen muß man dringend etw. ~** si deve intervenire al più presto; **was sollen wir heute abend ~?** che facciamo stasera?

Unternehmen ‹-s, -› *n* **1.** *(Vorhaben)* impresa *f;* **2.** *(Betrieb)* azienda *f;* **3.** *mil* operazione *f.* **Unternehmensberater(in)** *m(f)* consulente *mf* aziendale.

Unternehmer(in) ‹-s, -› *m(f)* imprenditore, -trice *m, f.*

Unternehmungsgeist *m* spirito *m* d'iniziativa, iniziativa *f.* **unternehmungslustig** *a* intraprendente.

Unteroffizier *m* sottufficiale *m;* *(Dienstgrad)* sergente *m.*

Unterredung [ʊntɐ're:dʊŋ] ‹-, -en› *f* colloquio *m,* abboccamento *m.*

Unterricht ['ʊntɐrɪçt] ‹-(e)s, *rar* -e› *m* *(das Unterrichten)* insegnamento *m;* *(~sstunden)* lezioni *f pl;* **~ geben** (*o.* **erteilen)** dare lezioni (*in etw.* di qc); **der ~ fällt aus** non c'è lezione; **praktischer/theoretischer ~** lezione pratica/teoretica.

unterrichten [ʊntɐ'rɪçtən] ‹*ohne ge-*› *tr* **1.** *(Unterricht geben)* insegnare (*jdn in etw.* qc a qu), dare lezioni (*jdn in etw.* di qc a qu); **2.** *(informieren)* informare (*jdn von (o. über) etw.* qu di qc); **sich über etw. ~** informarsi su (*o.* di) qc; **unterrichtet sein** essere al corrente; **in unterrichteten Kreisen** in ambienti ben informati; **von (gut)unterrichteter Stelle** da fronte attendibile.

Unterrichtsfach *n* materia *f.* **Unterrichtsgegenstand** *m* materia *f* d'insegnamento. **Unterrichtsstunde** *f* lezione *f.*

Unterrock *m* sottoveste *f;* sottogonna *f.*

untersagen [ʊntɐ'za:gən] ‹*ohne ge-*› *tr* vietare, proibire, interdire.

Untersatz *m allg.* piattino *m;* *(für Gläser)* sottobicchiere *m;* *(für Töpfe)* sottovaso *m;* **ein fahrbarer ~** *fam scherz* una macchina.

unterschätzen [ʊntɐ'ʃɛtsən] ‹*ohne ge-*› *tr* sottovalutare. **Unterschätzung** *f* sottovalutazione *f.*

unterscheiden [ʊntɐ'ʃaɪdən] ‹*irr, ohne ge-*› **I.** *tr* **1.** *allg.* distinguere; **2.** *(abgrenzen)* differenziare (*von* da); **II.** *itr (einen Unterschied machen)* fare una distinzione (*zwischen* fra); **III.** *rfl:* **sich ~** distinguersi (*von* da), differire (*von* da); **worin ~ sich Ulla und Veronika?** in che cosa sono diverse Ulla e Veronica? **Unterscheidung** *f* distinzione *f,* differenziazione *f.*

unter·schieben¹ ['ʊntɐʃi:bən] ‹*irr*› *tr* *(unter etw., jdn)* mettere sotto.

unterschieben² [ʊntɐ'ʃi:bən] ‹*irr, ohne ge-*› *tr (unterstellen)* attribuire, imputare.

Unterschied ['ʊntɐʃi:t] ‹-(e)s, -e› *m* differenza *f* (*in* di); *(Unterscheidung)* distinzione *f* (*zwischen* fra); **ohne ~** indifferentemente; **einen ~ machen zwischen** fare una distinzione tra; **das ist ein gewaltiger ~!** questo fa una grande differenza!, questo cambia tutto!; **das ist ein ~ wie Tag und Nacht** ci corre quanto dal giorno alla notte; **feiner ~** sottile differenza; **im ~ zu** a differenza di; **mit dem ~, daß** ... con la differenza che ... **unterschiedlich** *a* diverso, differente. **unterschiedslos** *adv* indistintamente, senza eccezione.

unter·schlagen¹ ['ʊntɐʃla:gən] ‹*irr*› *tr* incrociare; *(bes. Beine)* accavallare.

unterschlagen² [ʊntɐ'ʃla:gən] ‹*irr, ohne ge-*› *tr* **1.** *(Geld)* sottrarre; *(Briefe)* intercettare; **2.** *(verheimlichen)* nascondere, celare, tacere. **Unterschlagung** ‹-, -en› *f* appropriazione *f* indebita, sottrazione *f.*

Unterschlupf ['ʊntɐʃlʊpf] ‹-(e)s, -e *o.* ¨-e› *m* **1.** *(Obdach)* rifugio *m,* riparo *m;* **2.** *(Versteck)* nascondiglio *m.*

unterschreiben [ʊntɐ'ʃraɪbən] ‹*irr,*

ohne ge-› tr **1.** firmare, sottoscrivere; **2.** *fam (gutheißen)* approvare.

Unterschrift *f* **1.** *(Name)* firma *f;* **2.** *(Bild~)* leggenda *f;* **seine ~ unter etw. setzen** apporre la propria firma a qc; **eigenhändige ~** firma autografa; **jdm etw. zur ~ vorlegen** presentare qc a qu per la firma.

unterschwellig *a* inconscio.

Unterseebot *n s.* **U-Boot. unterseeisch** *a* sottomarino. **Unterseekabel** *n* cavo *m* sottomarino.

untersetzt [ʊntɐˈzɛt͡st] *a* tarchiato, massiccio.

unterspülen [ʊntɐˈʃpyːlən] *‹ohne ge-› tr* dilavare.

unterste *s.* **unterste(r, s).**

unterstehen [ʊntɐˈʃteːən] *‹irr, ohne ge-›* **I.** *itr:* **jdm ~** dipendere da qu; **II.** *rfl:* **sich ~, etw. zu tun** osare fare qc, avere l'ardire di fare qc; **untersteh dich, das zu tun!** guai a te se lo fai! *fam.*

unter·stellen[1] [ˈʊntɐʃtɛlən] **I.** *tr* **1.** *(zur Aufbewahrung)* depositare, mettere; **2.** *(Auto)* parcheggiare; *(in Garage)* mettere in garage; **II.** *rfl:* **sich ~** mettersi al riparo (*vor* da).

unterstellen[2] [ʊntɐˈʃtɛlən] *‹ohne ge-› tr* **1.** *(unterordnen)* subordinare; *mil* assegnare al comando (*jdm* di qu); **2.** *(die Leitung übertragen)* assegnare; **3.** *pej (unterschieben)* attribuire; **4.** *(annehmen)* presumere; **ich unterstelle jetzt einmal, daß das wahr ist** ammetto adesso che sia vero; **er hat mir bösen Willen unterstellt** mi ha attribuito cattiva volontà. **Unterstellung** *f* **1.** *(Unterordnung)* subordinazione *f;* **2.** *(falsche Behauptung)* insinuazione *f*

unterste(r, s) [ˈʊntɐstə] *‹Superlativ von* untere*›* *a* **1.** *(örtlich)* (il/la) più basso, -a; **2.** *(im Rang)* ultimo, -a; **3.** *(letzte)* ultimo, -a.

unterstreichen [ʊntɐˈʃtrai̯çən] *‹irr, ohne ge-› tr (a. fig)* sottolineare.

Unterstufe *f (an Schule)* classi *f pl* inferiori.

unterstützen [ʊntɐˈʃtʏt͡sən] *‹ohne ge-› tr* **1.** sostenere; *(a. fig)* appoggiare; **2.** *(finanziell)* sussidiare; *(helfen)* aiutare, assistere; **3.** *(moralisch)* sostenere. **Unterstützung** *‹-, -en› f* **1.** sostegno *m; (a. fig)* appoggio *m;* **2.** *(Beihilfe)* sussidio *m; (Subvention)* sovvenzione *f;* **3.** *(Beistand)* aiuto *m,* assistenza *f.*

Untersuch [ʊntɐˈzuːx] *‹-s, -e› m CH s.* **Untersuchung.**

untersuchen [ʊntɐˈzuːxən] *‹ohne ge-› tr* **1.** *(prüfen)* esaminare; *(analysieren, abhandeln)* analizzare (*auf etw.* circa qc); *(studieren)* studiare; *(erkunden)* esplorare; **2.** *(nachprüfen)* verificare, controllare; *(Maschinen)* ispezionare; *(polizeilich)* indagare, investigare; **3.** *(beim Zoll, Patienten)* visitare; **sich ärztlich ~ lassen** farsi visitare da un medico.

Untersuchung *‹-, -en› f* **1.** esame *m; (Analyse)* analisi *f; (Nachforschung, Abhandlung)* studio *m; (Erkundung)* esplorazione *f;* **2.** *(Nachprüfung)* verifica *f,* controllo *m; (beim Zoll, Arzt)* visita *f; (von Maschine)* ispezione *f;* **3.** *(polizeilich)* indagine *f,* inchiesta *f;* **bei näherer ~** dopo approfondito esame; **gerichtliche ~** istruttoria *f.* **Untersuchungsausschuß** *m* commissione *f* d'inchiesta. **Untersuchungsgefangene** *mf* detenuto, -a *m, f* in attesa del processo. **Untersuchungshaft** *f* (*ab fam* **U-Haft**) detenzione *f* preventiva. **Untersuchungskommission** *f s.* **Untersuchungsausschuß. Untersuchungsrichter(in)** *m(f)* giudice *mf* istruttore.

untertan [ˈʊntɐtaːn] *a:* **sich** *(dat)* **eine S./jdn ~ machen** assoggettare qc/qu.

Untertan(in) *‹-s o. -en, -en› m(f)* suddito, -a *m, f.*

untertänig [ˈʊntɐtɛːnɪç] *a* sottomesso; *(ergeben)* devoto.

Untertanin *f s.* **Untertan.**

Untertasse *f* piattino *m;* **fliegende ~** disco *m* volante.

unter·tauchen I. *tr ‹haben›* immergere, tuffare; **II.** *itr ‹sein›* immergersi, tuffarsi; *fig* scomparire.

Unterteil *n* parte *f* inferiore.

unterteilen [ʊntɐˈtai̯lən] *‹ohne ge-› tr* suddividere. **Unterteilung** *f* suddivisione *f.*

Untertitel *m* sottotitolo *m.*

untertourig [ˈʊntɐtuːrɪç] *a:* **~ fahren** marciare al minimo (*o.* a basso regime di giri).

untertreiben [ʊntɐˈtrai̯bən] *‹irr, ohne ge-›* **I.** *tr* sminuire; **II.** *itr* minimizzare.

untervermieten *‹ohne ge-› tr, itr* subaffittare.

Unterwalden [ˈʊntɐvaldən] *n geog* Unterwalden *m.*

unterwandern [ʊntɐˈvandɐn] *‹ohne ge-› tr* infiltrarsi in. **Unterwanderung** *f* infiltrazione *f.*

Unterwäsche *f* biancheria *f* intima.

Unterwasserkamera *f* cinepresa *f* subacquea. **Unterwassermassage** *f* massaggio *m* subacqueo.

unterwegs [ʊntɐˈveːks] *adv* strada facendo; *(auf der Reise)* durante il viaggio; **(immer) ~ sein** essere (sempre) in giro; **der Arzt ist schon ~** il medico sta per arrivare; **bei uns ist ein Baby ~** *fam* aspettiamo un bambino.

unterweisen [ʊntɐˈvaizən] ‹*irr, ohne ge-*› *tr geh* istruire (*jdn in etw.* qu su qc), insegnare (*jdn in etw.* qc a qu). **Unterweisung** *f geh* istruzione *f* (*in* su), insegnamento *m* (*in* su, di).

Unterwelt *f* **1.** *(in Mythologie)* inferi *m pl; (Hölle)* inferno *m;* **2.** *soc* bassifondi *m pl,* malavita *f,* mala *f sl.*

unterwerfen [ʊntɐˈvɛrfən] ‹*irr, ohne ge-*› **I.** *tr (ein Volk)* sottomettere, assoggettare; *(unterjochen)* soggiogare; **einer S. unterworfen sein** essere soggetto a qc; **diese Farben sind sehr der Mode unterworfen** questi colori sono molto soggetti alla moda; **II.** *rfl:* **sich ~** sottomettersi (*jds Befehl* agli ordini di qu). **Unterwerfung** ‹-, -en› *f* **1.** assoggettamento *m,* soggiogamento *m;* **2.** *fig* sottomissione *f* (*unter* a).

unterwürfig [ʊntɐˈvʏrfɪç *o.* ˈʊn...] *a pej* servile, ossequioso. **Unterwürfigkeit** ‹-, ø› *f pej* servilismo *m.*

unterzeichnen [ʊntɐˈtsaiçnən] ‹*ohne ge-*› *tr adm* firmare, sottoscrivere. **Unterzeichner(in)** *m(f) adm* firmatario, -a *m, f.* **Unterzeichnete** ‹ein -r, -n, -n› *mf adm* sottoscritto, -a *m, f.* **Unterzeichnung** *f adm* firma *f.*

unter·ziehen¹ [ˈʊntɐtsi:ən] ‹*irr*› *tr* **1.** *(Kleidungsstücke)* mettersi sotto; **2.** *gastr (Eischnee, etc.)* mescolare.

unterziehen² [ʊntɐˈtsi:ən] ‹*irr, ohne ge-*› **I.** *tr* sottoporre (*einer S.* a qc); **II.** *rfl:* **sich ~** sottoporsi (*einer S.* a qc).

Untiefe *f* bassofondo *m,* secca *f.*

Untier *n* mostro *m; (a. fig)* belva *f.*

untragbar [ʊnˈtra:kba:ɐ̯ *o.* ˈʊn...] *a* intollerabile; *(a. finanziell)* insopportabile.

untrennbar [ʊnˈtrɛnba:ɐ̯ *o.* ˈʊn...] *a* inseparabile.

untreu *a* infedele; **jdm ~ werden** diventare infedele a qu, tradire qu; **sich** *(dat)* **selbst ~ werden** rinnegare i propri principi. **Untreue** *f* **1.** infedeltà *f;* **2.** *jur* frode *f; (im Amt)* prevaricazione *f.*

untröstlich [ʊnˈtrø:stlɪç *o.* ˈʊn...] *a (nicht zu trösten)* inconsolabile (*über* per); *(sehr traurig)* desolato (*über* per).

untrüglich [ʊnˈtry:klɪç *o.* ˈʊn...] *a* infallibile, sicuro.

Untugend *f* vizio *m,* cattiva abitudine *f,* difetto *m.*

unüberbrückbar [ʊnʔy:bɐˈbrʏkbaɐ̯ *o.* ˈʊn...] *a fig* insormontabile, insuperabile.

unüberlegt *a* sconsiderato, avventato.

unübersehbar [ʊnʔy:bɐˈze:ba:ɐ̯ *o.* ˈʊn...] *a* **1.** *(Menge)* immenso; **2.** *fig (Folgen)* incalcolabile.

unübersetzbar [ʊnʔy:bɐˈzɛtsba:ɐ̯ *o.* ˈʊn...] *a* intraducibile.

unübersichtlich *a* poco chiaro, confuso; *(Anordnung)* mal disposto; *(Kurve)* cieco.

unübertrefflich [ʊnʔy:bɐˈtrɛflɪç *o.* ˈʊn...] *a* insuperabile, ineguagliabile.

unübertroffen [ʊnʔy:bɐˈtrɔfən *o.* ˈʊn...] *a* insuperato, ineguagliato.

unüberwindlich [ʊnʔy:bɐˈvɪntlɪç *o.* ˈʊn...] *a (Gegner)* invincibile; *(Schwierigkeiten)* insormontabile.

unüblich *a* inusitato.

unumgänglich [ʊnʔʊmˈgɛŋlɪç] *a* indispensabile.

unumschränkt [ʊnʔʊmˈʃrɛŋkt *o.* ˈʊn...] *a* illimitato; *pol* assoluto.

unumstößlich [ʊnʔʊmˈʃtø:slɪç *o.* ˈʊn...] *a* irrevocabile.

unumstritten [ʊnʔʊmˈʃtrɪtən *o.* ˈʊn...] *a* incontestato.

unumwunden [ˈʊnʔʊmvʊndən *o.* ...ˈvʊn...] *adv:* **~ zugeben** riconoscere francamente.

ununterbrochen [ˈʊnʔʊntɐbrɔxən *o.* ...ˈbrɔ...] **I.** *a* ininterrotto, incessante; **II.** *adv* senza interruzione.

unveränderlich [ʊnfɛɐ̯ˈʔɛndɐlɪç *o.* ˈʊn...] *a* immutabile; *(a. mat)* invariabile.

unverändert [ˈʊnfɛɐ̯ʔɛndɐt *o.* ...ˈʔɛn...] *a* immutato, invariato.

unverantwortlich [ʊnfɛɐ̯ˈʔantvɔrtlɪç *o.* ˈʊn...] *a* irresponsabile, incosciente.

unverbesserlich [ʊnfɛɐ̯ˈbɛsɐlɪç *o.* ˈʊn...] *a* incorreggibile.

unverbindlich [ˈʊnfɛɐ̯bɪntlɪç *o.* ...ˈbɪnt...] **I.** *a* **1.** *(nicht bindend)* non impegnativo; **2.** *(nicht entgegenkommend)* asciutto; **II.** *adv* senza impegno; **sich ~ beraten lassen** farsi consigliare senza impegno.

unverblümt [ʊnfɛɐ̯ˈbly:mt *o.* ˈʊn...] *adv* senza mezzi termini, senza fronzoli.

unverdaulich [ˈʊnfɛɐ̯daulɪç *o.* ...ˈdau...] *a (a. fig)* indigesto.

unverdient [ˈʊnfɛɐ̯di:nt *o.* ...ˈdi:nt] **I.** *a* immeritato, ingiusto; **II.** *adv* immeritatamente.

unverdientermaßen, unverdienterweise *adv* immeritatamente.

unverdorben *a* **1.** *(Lebensmittel, etc.)* non guasto; **2.** *fig* incorrotto, sano, integro.

unverdrossen ['ʊnfɛɐ̯drɔsən *o.* ...'drɔ...] **I.** *a* instancabile, indefesso, assiduo; **II.** *adv* con assiduità.
unvereinbar [ʊnfɛɐ̯'ʔa̯inba:ɐ̯ *o.* 'ʊn...] *a* incompatibile (*mit* con), inconciliabile (*mit* con).
unverfälscht ['ʊnfɛɐ̯fɛlʃt *o.* ...'fɛlʃt] *a* genuino.
unverfänglich ['ʊnfɛɐ̯fɛŋlɪç *o.* ...'fɛŋ...] *a* innocuo.
unverfroren ['ʊnfɛɐ̯fro:rən *o.* ...'fro:...] *a* sfacciato, sfrontato.
unvergänglich ['ʊnfɛɐ̯gɛŋlɪç *o.* ...'gɛŋ...] *a* imperituro; *(unsterblich)* immortale; *(ewig)* eterno.
unvergeßlich [ʊnfɛɐ̯'gɛslɪç *o.* 'ʊn...] *a* indimenticabile.
unvergleichlich [ʊnfɛɐ̯'gla̯içlɪç *o.* 'ʊn...] *a* incomparabile; *(einzig)* unico.
unverhältnismäßig ['ʊnfɛɐ̯hɛltnɪs- *o.* ...'hɛlt...] **I.** *a* sproporzionato; *(übermäßig)* eccessivo; **II.** *adv* sproporzionatamente; *(übermäßig)* eccessivamente.
unverheiratet *a allg.* non sposato; *(Männer)* celibe; *(Frauen)* nubile.
unverhofft ['ʊnfɛɐ̯hɔft *o.* ...'hɔft] *a* insperato; *(unerwartet)* inatteso; ~ **kommen** giungere inatteso.
unverhohlen ['ʊnfɛɐ̯ho:lən *o.* ...'ho:...] **I.** *a* non celato (*o.* dissimulato); **II.** *adv* apertamente, senza mezzi termini.
unverkäuflich ['ʊnfɛɐ̯kɔ̯yflɪç *o.* ...'kɔ̯yf...] *a* **1.** *(nicht zum Verkauf bestimmt)* non in vendita; **2.** *(nicht zum Verkauf geeignet)* invendibile; ~**es Muster** campione non commerciabile.
unverkennbar [ʊnfɛɐ̯'kɛnba:ɐ̯ *o.* 'ʊn...] *a* inconfondibile.
unvermeidbar, unvermeidlich [ʊnfɛɐ̯'ma̯itba:ɐ̯ *o.* 'ʊn..., ...lɪç] *a* inevitabile, ineluttabile.
unvermindert *a* costante, invariato.
unvermittelt I. *a* improvviso, repentino; **II.** *adv* d'un tratto.
Unvermögen *n* incapacità *f* (*zu* di).
unvermutet *a* inatteso; *(Schwierigkeiten)* imprevisto.
Unvernunft *f* insensatezza *f,* mancanza *f* di ragionevolezza. **unvernünftig** *a* insensato, irragionevole; *(törricht)* assurdo.
unveröffentlicht *a* inedito.
unverpackt *a* non imballato.
unverrückbar [ʊnfɛɐ̯'rʏkba:ɐ̯ *o.* 'ʊn...] *adv:* ~ **feststehen** essere definitivo.
unverschämt *a* sfacciato, sfrontato, insolente. **Unverschämtheit** ⟨-, -en⟩ *f* sfacciataggine *f,* sfrontatezza *f; (Äußerung a.)* insolenza *f.*
unverschuldet ['ʊnfɛɐ̯ʃʊldət *o.* ...'ʃʊl...] *a, adv* **1.** *(ohne Schulden)* senza debiti; **2.** *(ohne Schuld)* senza colpa.
unversehens ['ʊnfɛɐ̯ze:əns *o.* ...'ze:...] *adv* all'improvviso, improvvisamente.
unversehrt ['ʊnfɛɐ̯ze:ɐ̯t *o.* ...'ze:ɐ̯t] *a* *(Menschen)* illeso, incolume; *(Dinge)* intatto.
unversöhnlich ['ʊnfɛɐ̯zø:nlɪç *o.* ...'zø:n...] *a* *(Meinungen)* inconciliabile; *(Gegner)* intransigente.
unverständlich *a* incomprensibile.
unversucht ['ʊnfɛɐ̯zu:xt *o.* ...'zu:xt...] *a:* **nichts ~ lassen** non lasciare nulla d'intentato.
unverträglich ['ʊnfɛɐ̯trɛ:klɪç *o.* ...'trɛ:k...] *a* **1.** *(Speise)* indigesto; **2.** *(Mensch)* intrattabile; **3.** *(Gegensätze)* inconciliabile.
unverwandt *adv:* **jdn ~ ansehen** guardare fisso qu.
unverwundbar [ʊnfɛɐ̯'vʊntba:ɐ̯ *o.* 'ʊn...] *a* invulnerabile.
unverwüstlich [ʊnfɛɐ̯'vy:stlɪç *o.* 'ʊn...] *a* indistruttibile, resistente, solido; ~**e Gesundheit** salute di ferro.
unverzagt ['ʊnfɛɐ̯ts̯a:kt] *a* intrepido, impavido.
unverzeihlich [ʊnfɛɐ̯'ts̯a̯ilɪç *o.* 'ʊn...] *a* imperdonabile.
unverzollt *a* non sdoganato.
unverzüglich [ʊnfɛɐ̯'ts̯y:klɪç *o.* 'ʊn...] **I.** *a* immediato; *(prompt)* pronto; **II.** *adv* subito, immediatamente.
unvollendet ['ʊnfɔlɛndət *o.* ...'lɛn...] *a* incompiuto.
unvollkommen ['ʊnfɔlkɔmən *o.* ...'kɔ...] *a* **1.** *(mangelhaft)* imperfetto; **2.** *(unvollständig)* incompleto. **Unvollkommenheit** *f* **1.** *(Mangelhaftigkeit)* imperfezione *f;* **2.** *(Unvollständigkeit)* incompletezza *f.*
unvollständig ['ʊnfɔlʃtɛndɪç *o.* ...'ʃtɛn...] *a* incompleto.
unvorbereitet I. *a* impreparato; *(Rede)* improvvisato; **II.** *adv* senza essere preparato; **jdn völlig ~ treffen** cogliere qu alla sprovvista.
unvoreingenommen *a* non prevenuto, obiettivo.
unvorhergesehen *a* imprevisto.
unvorschriftsmäßig *a* **I.** non regolare, contrario ai regolamenti; **II.** *adv* abusivamente; ~ **parken** parcheggiare abusivamente.
unvorsichtig *a* imprudente, incauto. **Unvorsichtigkeit** ⟨-, -en⟩ *f* imprudenza *f.*
unvorstellbar [ʊnfo:ɐ̯'ʃtɛlba:ɐ̯ *o.* 'ʊn...] *a* inimmaginabile.
unvorteilhaft *a* svantaggioso, sfavo-

revole; **das Kleid ist sehr ~ für dich** il vestito non ti si addice.
unwahr *a* non vero, falso. **Unwahrheit** *f* falsità *f; (Lüge)* menzogna *f,* bugia *f;* **die ~ sagen** mentire.
unwahrscheinlich I. *a* **1.** *(kaum zu erwarten)* improbabile; **2.** *(unglaublich)* inverosimile, incredibile; **3.** *fam (sehr viel, groß)* molto; **II.** *adv fam (sehr)* molto; **sie hat sich ~ angestrengt** si è sforzata moltissimo. **Unwahrscheinlichkeit** *f* improbabilità *f;* inverosimiglianza *f.*
unwegsam ['ʊnve:kza:m] *a* impraticabile.
unweigerlich [ʊn'va̯igəlɪç *o.* 'ʊn...] **I.** *a* immancabile, sicuro; **II.** *adv* immancabilmente.
unweit I. *prp gen* poco lontano da; **II.** *adv:* **~ von** poco lontano da.
Unwesen *n:* **sein ~ treiben** *pej* infestare (*an einem Ort* un luogo).
unwesentlich *a (irrelevant)* irrilevante; *(unwichtig)* poco importante, di importanza secondaria; *(unbedeutend)* insignificante; **sie ist nur ~ älter als meine Mutter** è solo un po' più vecchia di mia madre.
Unwetter *n* temporale *m.*
unwichtig *a* non (*o.* poco) importante, insignificante.
unwiderlegbar [ʊnvi:de'le:kba:ɐ̯ *o.* 'ʊn...] *a* irrefutabile, inconfutabile.
unwiderruflich [ʊnvi:de'ru:flɪç *o.* 'ʊn...] *a* irrevocabile; *(endgültig)* definitivo.
unwiderstehlich [ʊnvi:de'ʃte:lɪç *o.* 'ʊn...] *a* irresistibile.
unwiederbringlich [ʊnvi:de'brɪŋlɪç *o.* 'ʊn...] *a geh* irrecuperabile; **das ist ~ dahin** è perduto per sempre.
Unwille *m geh* **1.** *(Gereiztheit)* irritazione *f* (*über* per); *(Zorn)* sdegno *m* (*über* per); **2.** *(Mißfallen)* malcontento *m* (*über* per); **jds ~n erregen** suscitare l'ira di qu; **seinem ~n Luft machen** sfogare la propria ira; **mit ~n** controvoglia. **unwillig I.** *a* irritato (*über* per), risentito (*über* per); **über etw. ~ werden** irritarsi per qc; **II.** *adv* **1.** *(ärgerlich)* con ira; **2.** *(widerwillig)* controvoglia.
unwillkommen *a* indesiderato.
unwillkürlich ['ʊnvɪlky:ɐ̯lɪç *o.* ...'ky:ɐ̯...] *a* istintivo, spontaneo; *(automatisch)* automatico; **ich mußte ~ lachen** non potei fare a meno di ridere.
unwirklich *a geh* irreale.
unwirksam *a* inefficace; *jur* nullo.
unwirsch ['ʊnvɪrʃ] *a* scontroso, brusco.
unwirtlich *a* poco accogliente, inospitale.
unwirtschaftlich *a* antieconomico.
unwissend *a* ignorante; *(unerfahren)* inesperto. **Unwissenheit** ⟨-, ø⟩ *f* ignoranza *f.* **unwissentlich I.** *a* inconsapevole; **II.** *adv* senza saperlo.
unwohl *a (unpäßlich)* indisposto; **sich ~ fühlen** *(unbehaglich)* non sentirsi a proprio agio. **Unwohlsein** *n* indisposizione *f.*
unwürdig *a* indegno.
Unzahl *f* gran numero *m* (*von* di), infinità *f* (*von* di).
unzählbar [ʊn'ts̯ɛ:lba:ɐ̯ *o.* 'ʊn...] *a* innumerevole.
unzählig [ʊn'ts̯ɛ:lɪç *o.* 'ʊn...] *a* innumerevole, numeroso; moltissimo.
Unze ['ʊnts̯ə] ⟨-, -n⟩ *f* oncia *f.*
unzeitgemäß *a* antiquato.
unzerbrechlich [ʊnts̯ɛɐ̯'brɛçlɪç *o.* 'ʊn...] *a* infrangibile.
unzerkaut *a:* **~ schlucken!** ingoiare senza masticare!
unzerstörbar [ʊnts̯ɛɐ̯'ʃtø:ɐ̯ba:ɐ̯ *o.* 'ʊn...] *a* indistruttibile.
unzertrennlich [ʊnts̯ɛɐ̯'trɛnlɪç *o.* 'ʊn...] *a* inseparabile.
Unzucht *f* lussuria *f; jur* impudicizia *f;* atto *m* osceno; **~ mit Abhängigen** *jur* corruzione *f* di dipendenti. **unzüchtig** *a* lascivo; *(Schriften)* osceno, pornografico.
unzufrieden *a* scontento (*mit* di), insoddisfatto (*mit* di). **Unzufriedenheit** *f* scontentezza *f* (*mit, über* per), malcontento *m* (*mit, über* per).
unzugänglich *a* inaccessibile.
unzulänglich ['ʊnts̯ulɛŋlɪç] *a* insufficiente. **Unzulänglichkeit** ⟨-, -en⟩ *f* insufficienza *f.*
unzulässig *a* illecito.
unzumutbar *a* inesigibile.
unzurechnungsfähig *a* incapace di intendere e di volere; **jdn für ~ erklären lassen** far dichiarare qu incapace di intendere e di volere. **Unzurechnungsfähigkeit** *f* incapacità *f* di intendere e di volere.
unzureichend ['ʊnts̯ura̯içənt] *a* insufficiente.
unzusammenhängend *a* sconnesso.
unzustellbar *a* **1.** che non può essere recapitato; **2.** *(als Vermerk)* destinatario sconosciuto; **falls ~, zurück an den Absender** in caso di mancato recapito ritornare al mittente.
unzutreffend *a* inesatto; **U~es bitte streichen** cancellare ciò che non interessa.
unzuverlässig *a* **1.** *(Mensch)* non fidato; *(Freund)* infido; **2.** *(ungenau)*

impreciso; *(unglaubhaft)* inattendibile; **er ist ein ~er Mensch** non ci si può fidare di lui.
unzweckmäßig *a* inadeguato.
unzweideutig *a* inequivocabile, chiaro.
unzweifelhaft ['ʊntsvaifəlhaft *o.* ...'tsvai...] **I.** *a* indubitabile, certo; **II.** *adv* senza dubbio.
üppig ['ʏpɪç] *a (Vegetation)* lussureggiante, rigoglioso; *(Haar)* folto; *(Mahl)* ricco, abbondante; *(Formen)* formoso, opulento; **~ leben** vivere nel lusso. **Üppigkeit** ‹-, ø› *f* rigoglio *m; (von Haar)* foltezza *f; (Reichtum)* ricchezza *f*, abbondanza *f; (von Formen)* formosità *f*, opulenza *f*.
up to date ['ʌp tə 'deɪt] *a fam* up-to-date.
Ur [u:ɐ] ‹-(e)s, -e› *m* uro *m*.
Urabstimmung ['u:ɐ-] *f* votazione *f* assembleare.
Ural [u'ra:l] *m* **1.** *(Gebirge)* Urali *m pl;* **2.** *(Fluß)* Ural *m*.
uralt *a* vecchissimo, antichissimo.
Uran [u'ra:n] ‹-s, ø› *n* uranio *m*. **Uranvorkommen** *n* giacimento *m* di uranio.
urauf·führen *tr* rappresentare per la prima volta. **Uraufführung** *f* prima *f*.
urbar ['u:ɐba:ɐ] *a:* **~ machen** *agr* dissodare; *(Moor)* bonificare.
Urbild *n* prototipo *m*. **Ureinwohner(in)** *m(f)* indigeno, -a *m, f*. **Urenkel(in)** *m(f)* pronipote *mf*.
urgemütlich ['u:ɐgə'my:tlɪç] *a fam (Zimmer)* molto accogliente; *(Stimmung, Atmosphäre)* molto cordiale; **es war ~** è stato estremamente piacevole.
Urgeschichte *f* preistoria *f*. **urgeschichtlich** *a* preistorico. **Urgroßeltern** ‹*pl*› bisnonni *m pl*. **Urgroßmutter** *f* bisnonna *f*. **Urgroßvater** *m* bisnonno *m*.
Urheber(in) *m(f) (a. fig)* autore, -trice *m, f*. **Urheberrecht** *n* diritto *m* d'autore. **Urheberschaft** ‹-, ø› *f* paternità *f* (di un'opera). **Urheberschutz** *m* tutela *f* dei diritti d'autore.
Uri ['u:ri] *m geog* Uri *m*.
urig ['u:rɪç] *a fam (Mensch)* originale; *(urwüchsig)* naturale.
Urin [u'ri:n] ‹-s, -e› *m* orina *f*.
urinieren [uri'ni:rən] ‹*ohne ge-*› *itr* orinare.
Urkunde ['u:ɐkʊndə] ‹-, -n› *f* documento *m; (bes. jur)* atto *m;* **eine ~ (über etw.) ausstellen** rilasciare un documento (di qc); **amtliche/gerichtliche/notarielle ~** atto ufficiale/giudiziario/notarile. **Urkundenfälschung** *f* falso *m* in atto pubblico.
Urlaub ['u:ɐlaup] ‹-(e)s, -e› *m* vacanza *f*, ferie *f pl; mil* permesso *m*, licenza *f;* **in** (*o.* **im**) **~** in vacanza; *mil* in licenza; **in ~ fahren** (*o.* **gehen**) andare in vacanza; **~ haben** avere vacanza; *mil* avere un permesso; **~ nehmen** prendersi delle vacanze; *mil* prendersi un permesso; **im ~ sein** essere in vacanza; *mil* essere in licenza; **letztes Jahr haben wir ~ in Italien gemacht** (*o.* **waren wir in Italien im ~**) l'anno scorso abbiamo trascorso le ferie (*o.* vacanze) in Italia.
Urlauber(in) ['u:ɐlaubɐ (....ərɪn)] ‹-s, -› *m(f)* villeggiante *mf*.
Urlaubsgeld *n* sussidio *m* per le ferie. **Urlaubsstimmung** *f* spirito *m* da vacanze, atmosfera *f* da vacanze. **Urlaubsvertretung** *f* sostituzione *f* per vacanze; **~ machen** fare da sostituto; **meine ~** la persona che mi supplisce.
Urmensch *m* uomo *m* preistorico (*o.* primitivo).
Urne ['ʊrnə] ‹-, -n› *f* urna *f*.
Ursache *f* causa *f; (Grund)* ragione *f; (Beweggrund)* motivo *m; (Anlaß)* occasione *f;* **(alle) ~ haben zu ...** avere (ogni) motivo di (*o.* per) ... *inf;* **keine ~!** non c'è di che, di nulla; **kleine ~, große Wirkung** da una scintilla può bruciare una villa *prov;* **aus ungeklärter ~** per causa non chiarita.
ursächlich *a* causale; **in ~em Zusammenhang stehen** essere in rapporto causale.
Ursprung *m* origine *f; (Anfang)* principio *m;* **seinen ~ haben in** prendere origine da, avere origine in.
ursprünglich ['u:ɐʃprʏŋlɪç *o.* ...'ʃprʏŋ...] **I.** *a* **1.** originario, primitivo; *(anfänglich)* iniziale; **2.** *(echt)* originale; *(natürlich)* naturale; **II.** *adv* in origine, in principio.
Ursula ['ʊrzula] *(weiblicher Vorname)* Orsola.
Urteil ['ʊrtail] ‹-s, -e› *n* **1.** *jur (richterliches)* sentenza *f; (der Geschworenen)* verdetto *m; (Entscheid)* decreto *m;* **2.** *(Beurteilung, ~skraft)* giudizio *m; (Meinung)* opinione *f; (Gutachten a.)* parere *m;* **nach dem ~ von** a giudizio di; **ein ~ abgeben** dare un giudizio; **ein ~ aufheben/verkünden/vollstrecken** annullare/emanare/eseguire una sentenza; **sich** *(dat)* **ein ~ über etw. bilden** farsi un giudizio (*o.* un'idea) di qc; **ein ~ fällen** pronunciare una sentenza; **über jdn das ~ sprechen** giudicare qu.

urteilen *itr (a. beurteilen)* giudicare (*über jdn/etw.* qu/qc, *nach* secondo); **nach seinem Benehmen zu ~** a giudicare dal suo comportamento; **~ Sie selbst!** giudichi Lei (stesso)!
Urteilsbegründung *f jur* motivazione *f* della sentenza. **Urteilskraft** *f* giudizio *m*. **Urteilsspruch** *m* (dispositivo *m* della) sentenza *f; (der Geschworenen)* verdetto *m*. **Urteilsverkündung** *f* pubblicazione *f* della sentenza.
Urgroßeltern ['u:ɐ̯ʔu:ɐ̯-] ⟨*pl*⟩ trisavoli *m pl*. **Urgroßmutter** *f* trisavola *f*. **Urgroßvater** *m* trisavolo *m*.
Urwald *m* foresta *f* vergine, giungla *f*.
urwüchsig ['u:ɐ̯vy:ksɪç] *a* **1.** *(natürlich)* naturale; *(wild)* selvatico; **2.** *(kraftvoll)* vigoroso. **Urzeit** *f*: **in** (*o.* **vor** *o.* **zu**) **~en** in tempi remoti; **seit ~en** da millenni.
US(A) [u:'ʔɛs (u:ʔɛs'ʔa:)] ⟨*pl*⟩ U.S.A. *m pl*.
usf. *ab von* **und so fort** e così via.
usurpieren [uzʊr'pi:rən] ⟨*ohne ge-*⟩ *tr* usurpare.
Usus ['u:zʊs] ⟨-, ø⟩ *m fam* usanza *f*; **das ist hier so ~** qui si usa così.
usw. *ab von* **und so weiter** ecc. (*ab von* eccetera).
Uta, Ute ['u:ta, 'u:tə] *(weiblicher Vorname)* Uta.
Utensilien [utɛn'zi:li̯ən] *n pl* arnesi *m pl*, utensili *m pl*.
Uterus ['u:terʊs, ...ri] ⟨-, Uteri⟩ *m* utero *m*.
Utopie [uto'pi:, ...i:ən] ⟨-, -n⟩ *f* utopia *f*.
utopisch [u'to:pɪʃ] *a* utopistico.
u. U. *ab von* **unter Umständen** eventualmente.
u. ü. V. *ab von* **unter üblichem Vorbehalt** S.E.e.O. (*ab von* salvo errori e omissioni).
UV [u:'fau̯] *ab von* **ultraviolett** UV, Uv (*ab von* ultravioletto); **~-Strahlen** raggi *m pl* ultravioletti.
u. v. a. (m.) *ab von* **und vieles andere (mehr)** e molte altre cose.
u. W. *ab von* **unseres Wissens** a quanto ci consta.
Uwe ['u:və] *männlicher Vorname.*

V

V, v [fau̯] ⟨-, -(s)⟩ *n* V, v *f;* **V wie Viktor** V come Venezia.
V *ab von* **Volt** V.
Vaduz [faˈdʊts̮ *o.* vaˈduːts̮] *n* Vaduz *f.*
Vagabund(in) [vagaˈbʊnt (...dɪn)] ⟨-en, -en⟩ *m(f)* vagabondo, -a *m, f.*
vag(e) [vaːk (ˈvaːgə)] *a* vago.
vakant [vaˈkant] *a* libero; *(bes. Stelle)* vacante.
Vakuum [ˈvaːkuʊm, ...ku̯a *o.* ...ku̯ən] ⟨-s, -kua *o.* -kuen⟩ *n* vacuo *m.* **vakuumverpackt** *a* conservato sotto vuoto.
Valentinstag [ˈvaːlɛntiːns-] *m* giorno *m* di san Valentino.
Valuta [vaˈluːta, ...tən] ⟨-, -luten⟩ *f* valuta *f* (estera).
Vamp [vɛmp] ⟨-s, -s⟩ *m* vamp *f.*
Vampir [ˈvampiːɐ̯ *o.* ...ˈpiːɐ̯] ⟨-s, -e⟩ *m* vampiro *m.*
Vanille [vaˈnɪljə *o.* vaˈnɪlə] ⟨-, ø⟩ *f* vaniglia *f.* **Vanilleeis** *n* gelato *m* di (*o.* alla) vaniglia. **Vanillepudding** *m* budino *m* di (*o.* alla) vaniglia.
Variante [vaˈri̯antə] ⟨-, -n⟩ *f* variante *f.*
Variation [variaˈts̮i̯oːn] ⟨-, -en⟩ *f* variazione *f.*
Varieté [vari̯eˈteː] ⟨-s, -s⟩ *n* **1.** *(Theater)* teatro *m* di varietà; **2.** *(Vorstellung)* spettacolo *m* di varietà.
variieren [variˈiːrən] ⟨*ohne ge-*⟩ *tr, itr* variare.
Vasall [vaˈzal] ⟨-en, -en⟩ *m* vassallo *m.*
Vase [ˈvaːzə] ⟨-, -n⟩ *f* vaso *m.*
Vater [ˈfaːtɐ] ⟨-s, ⸚⟩ *m* padre *m;* **er ist ganz der** ~ è tutto suo padre; ~ **Staat** *scherz* lo stato. **Vaterhaus** *n* casa *f* paterna. **Vaterland** *n* patria *f.* **Vaterlandsliebe** *f* patriottismo *m.*
väterlich [ˈfɛːtɐlɪç] **I.** *a* paterno; **II.** *adv* da padre, come un padre. **väterlicherseits** [ˈfɛːtɐlɪçɐˈzai̯ts̮] *adv* da parte paterna (*o.* di padre).
vaterlos *a* senza padre, orfano di padre. **Vatermord** *m* parricidio *m.* **Vatermörder(in)** *m(f)* parricida *mf.* **Vaterschaft** ⟨-, ø⟩ *f* paternità *f.* **Vaterstadt** *f* città *f* natale. **Vaterstelle** *f:* **bei jdm ~ vertreten** fare da padre a qu. **Vatertag** *m* festa *f* del papà.
Vaterunser [ˈfaːtɐˀʊnzɐ] ⟨-s, -⟩ *n* padrenostro *m;* **ein ~ beten** dire (*o.* recitare) un padrenostro.
Vati [ˈfaːti] ⟨-s, -s⟩ *m* babbo *m fam.*
Vatikan [vatiˈkaːn] *m:* **der ~** il Vaticano. **Vatikanstadt** *f:* **die ~** la Città del Vaticano.
V-Ausschnitt [ˈfau̯-] *m* scollatura *f* a V.
v. Chr. *ab von* **vor Christus** a.C. (*ab von* avanti Cristo).
VEB [fau̯ˀeːˈbeː] ⟨-(s), -s⟩ *m ab von* **Volkseigener Betrieb** *(DDR) impresa di proprietà popolare collettiva nella R.D.T.*
Vegetarier(in) [vegeˈtaːri̯ɐ (...ərɪn)] ⟨-s, -⟩ *m(f)* vegetariano, -a *m, f.*
vegetarisch *a* vegetariano.
Vegetation [vegetaˈts̮i̯oːn] ⟨-, -en⟩ *f* vegetazione *f.*
vegetativ [...ˈtiːf] *a* vegetativo; ~**es Nervensystem** sistema *m* neurovegetativo.
vegetieren [...ˈtiːrən] ⟨*ohne ge-*⟩ *itr* vegetare.
Vehikel [veˈhiːkəl] ⟨-s, -⟩ *n* **1.** *(Fahrzeug)* veicolo *m;* **2.** *fam pej* macinino *m.*
Veilchen [ˈfai̯lçən] ⟨-s, -⟩ *n* **1.** *bot* violetta *f;* **2.** *fam (blaues Auge)* occhio *m* blu.
Vektorrechnung [ˈvɛktoːɐ̯-] *f* calcolo *m* vettoriale.
Velo [ˈveːlo] ⟨-s, -s⟩ *n CH* bicicletta *f.*
Velour [vəˈluːɐ̯ *o.* ve...] ⟨-s, -s *o.* -e⟩ *n.* **Velours** [vəˈluːɐ̯ *o.* ve..., ...ˈluːɐ̯s] ⟨-, -⟩ *n* velluto *m.*
Vene [ˈveːnə] ⟨-, -n⟩ *f* vena *f.*
Venedig [veˈneːdɪç] *n* Venezia *f.*
Venenentzündung *f* flebite *f.*
Venetien [veˈneːts̮i̯ən] *n* Veneto *m.*
Ventil [vɛnˈtiːl] ⟨-s, -e⟩ *n tec* valvola *f; mus* pistone *m; fig* valvola *f* di sicurezza.
Ventilation [vɛntilaˈts̮i̯oːn] ⟨-, -en⟩ *f* ventilazione *f.*
Ventilator [...ˈlaːtoːɐ̯, ...laˈtoːrən] ⟨-s, -en⟩ *m* ventilatore *m.*
ventilieren [...ˈliːrən] ⟨*ohne ge-*⟩ *tr* ventilare, arieggiare.
Vera [ˈveːra] *(weiblicher Vorname)* Vera.
verabreden [fɛɐ̯ˀapreːdən] ⟨*ohne ge-*⟩ **I.** *tr* concordare; *(Zeit, Ort)* fissare, stabilire; **wir hatten doch verabredet, daß ...** avevamo stabilito che

...; **II.** *rfl:* **sich ~** darsi appuntamento (*mit* con); **(mit jdm) verabredet sein** avere un appuntamento (con qu).

Verabredung ⟨-, -en⟩ *f* **1.** *(Vereinbarung)* accordo *m;* **2.** *(Treffen)* appuntamento *m;* **eine ~ haben/absagen** avere/disdire un appuntamento.

verabreichen [fɛɐ̯ˈʔaprai̯çən] ⟨*ohne ge-*⟩ *tr* somministrare.

verabscheuen ⟨*ohne ge-*⟩ *tr* detestare, aborrire.

verabschieden ⟨*ohne ge-*⟩ **I.** *tr* **1.** *(Person)* congedare; **2.** *parl (Gesetz)* varare; **den Haushalt ~** approvare il bilancio; **II.** *rfl:* **sich ~** congedarsi (*von* da).

verachten ⟨*ohne ge-*⟩ *tr* disprezzare; **das ist nicht zu ~** *fam* non è da disprezzare.

verächtlich [fɛɐ̯ˈʔɛçtlɪç] **I.** *a* **1.** *(voller Verachtung)* sprezzante, sdegnoso; **2.** *(verachtenswert)* spregevole; **II.** *adv* con disprezzo.

Verachtung *f* disprezzo *m,* spregio *m.*

verallgemeinern ⟨*ohne ge-*⟩ *tr* generalizzare. **Verallgemeinerung** ⟨-, -en⟩ *f* generalizzazione *f.*

veralten ⟨*ohne ge-*⟩ *itr* ⟨*sein*⟩ divenire antiquato; *(ungebräuchlich werden)* cadere in disuso; *(Mode)* passare di moda. **veraltet** *a (Ansichten, Ausdruck)* antiquato; *(ungebräuchlich)* inusitato; *(Mode)* fuori moda.

Veranda [veˈranda, ...dən] ⟨-, -randen⟩ *f* veranda *f.*

veränderlich *a mat, gram, meteo* variabile; *(Wesen)* volubile.

verändern ⟨*ohne ge-*⟩ **I.** *tr* cambiare, mutare; *(verwandeln)* trasformare; **II.** *rfl:* **sich ~** cambiare; *(beruflich)* cambiare posto; **sich zu seinem Vorteil ~** cambiare in meglio.

Veränderung *f* cambiamento *m,* mutamento *m; (Verwandlung)* trasformazione *f; (Abänderungen)* modificazione *f,* modifica *f;* **an etw. eine ~ vornehmen** apportare una modificazione a qc.

verängstigen ⟨*ohne ge-*⟩ *tr* impaurire.

verankern ⟨*ohne ge-*⟩ *tr* ancorare (*in* a).

veranlagen ⟨*ohne ge-*⟩ *tr:* **jdn (steuerlich) mit etw. ~** tassare qu con qc.

veranlagt *a:* **~ sein** avere predisposizione (*zu* a); *med* essere predisposto (*zu* a); **homosexuell ~ sein** avere tendenze omosessuali; **praktisch ~ sein** avere senso pratico; **romantisch ~ sein** essere di indole romantica.

Veranlagung ⟨-, -en⟩ *f* **1.** *allg., med* (pre)disposizione *f* (*zu* a); **2.** *fin* tassazione *f.*

veranlassen ⟨*ohne ge-*⟩ *tr* **1.** *(bewegen)* spingere, indurre; **2.** *(anordnen)* predisporre, ordinare; **sich veranlaßt sehen zu ...** vedersi obbligato a ... *inf;* **ich werde ~, daß ...** faccio in modo che ...

Veranlassung ⟨-, ø⟩ *f* **1.** *(Veranlassen)* disposizione *f,* ordine *m;* **2.** *(Grund)* motivo *m,* ragione *f;* **keinerlei ~ haben, zu ...** non avere alcun motivo per ... *inf;* **zu etw. ~ geben** dare adito a qc; **auf ~ von** su iniziativa di.

veranschaulichen ⟨*ohne ge-*⟩ *tr* illustrare.

veranschlagen ⟨*ohne ge-*⟩ *tr* valutare (*mit* a); *(Kosten)* preventivare (*mit* a); **zu hoch/niedrig ~** sopravvalutare/sottovalutare.

veranstalten ⟨*ohne ge-*⟩ *tr* **1.** *(organisieren)* allestire, organizzare; **2.** *(abhalten, geben)* dare.

Veranstalter(in) ⟨-s, -⟩ *m(f)* organizzatore, -trice *m, f.*

Veranstaltung ⟨-, -en⟩ *f* **1.** ⟨*sing*⟩ *(Tätigkeit)* allestimento *m,* organizzazione *f,* preparazione *f;* **2.** *(Fest, etc.)* manifestazione *f.* **Veranstaltungskalender** *m* calendario *m* delle manifestazioni.

verantworten ⟨*ohne ge-*⟩ **I.** *tr* rispondere di, assumere la responsabilità di; **das kann ich nicht ~** non me ne assumo la responsabilità; **II.** *rfl:* **sich ~** giustificarsi (*vor* davanti a).

verantwortlich *a* **1.** *(Mensch)* responsabile (*für* di); **2.** *(Stellung)* di responsabilità; **jdn für etw. ~ machen** rendere qu responsabile di qc; **jdm gegenüber ~ sein** rispondere a qu (*für etw.* di qc); **für etw. ~ zeichnen** assumersi la responsabilità di qc. **Verantwortlichkeit** ⟨-, ø⟩ *f* responsabilità *f.*

Verantwortung ⟨-, -en⟩ *f* responsabilità *f* (*für* di); **auf jds ~** sotto la responsabilità (*o.* a rischio) di qu; **die ~ für etw. tragen** (*o.* **übernehmen)** assumersi la responsabilità di qc; **jdn zur ~ ziehen** chiedere conto a qu. **verantwortungsbewußt I.** *a* responsabile; **II.** *adv* responsabilmente. **verantwortungslos I.** *a* irresponsabile, incosciente; **II.** *adv* senza responsabilità.

verarbeiten ⟨*ohne ge-*⟩ *tr* **1.** *(verwenden)* adoperare; *(a. bearbeiten)* lavorare; *(umwandeln)* trasformare (*zu* in); **2.** *(behandeln)* trattare; **3.** *(verbrauchen)* consumare; **4.** *fig (verdauen)* digerire; *(geistig, psychisch)* assimilare.

verärgern ⟨*ohne ge-*⟩ *tr* irritare, indispettire.

verarmen ⟨*ohne ge-*⟩ *itr* ⟨*sein*⟩ impoverirsi, diventare povero. **Verarmung** ⟨-, ø⟩ *f* impoverimento *m*.

verarschen ⟨*ohne ge-*⟩ *tr sl* prendere per il culo *sl*.

verarzten ⟨*ohne ge-*⟩ *tr* medicare.

verästeln [fɛɐ̯ˈʔɛstəln] ⟨*ohne ge-*⟩ *rfl:* **sich ~** ramificarsi. **Verästelung** ⟨-, -en⟩ *f* ramificazione *f*.

verausgaben ⟨*ohne ge-*⟩ *rfl:* **sich ~** *(finanziell)* spendere tutto; *(kräftemäßig)* esaurirsi.

veräußern ⟨*ohne ge-*⟩ *tr geh, jur (übereignen)* alienare; *(übertragen)* cedere. **Veräußerung** *f geh, jur (Übereignung)* alienazione *f*; *(Übertragung)* cessione *f*.

Verb [vɛrp] ⟨-s, -en⟩ *n* verbo *m*.

verballhornen [fɛɐ̯ˈbalhɔrnən] ⟨*ohne ge-*⟩ *tr* parodiare.

Verband ⟨-(e)s, ⸚e⟩ *m* **1.** *med* fasciatura *f*, bendaggio *m;* **2.** *(Vereinigung)* associazione *f*, unione *f;* **3.** *mil* formazione *f; (Einheit)* unità *f;* **einen ~ anlegen/abnehmen/erneuern** applicare/togliere/cambiare una fasciatura. **Verband(s)kasten** *m* (cassetta *f* di) pronto soccorso *m*. **Verband(s)watte** *f* cotone *m* idrofilo. **Verband(s)zeug** ⟨-(e)s, -e⟩ *n* materiale *m* di pronto soccorso.

verbannen ⟨*ohne ge-*⟩ *tr* esiliare (*aus* da); *(a. fig)* bandire (*aus* da). **Verbannung** ⟨-, -en⟩ *f* **1.** ⟨*sing*⟩ *(das Verbannen)* bando *m;* **2.** *(Exil)* esilio *m*.

verbarrikadieren [fɛɐ̯barikaˈdiːrən] ⟨*ohne ge-*⟩ **I.** *tr* barricare; **II.** *rfl:* **sich ~** barricarsi.

verbauen ⟨*ohne ge-*⟩ *tr* **1.** *(versperren)* chiudere (con una costruzione); *fig (Zukunft, etc.)* precludere; **2.** *pej (schlecht bauen)* costruire male; **die Aussicht ~** togliere la vista con una costruzione.

verbergen ⟨*irr, ohne ge-*⟩ **I.** *tr* nascondere (*vor* a); *(verheimlichen)* celare (*vor* a); **II.** *rfl:* **sich ~** nascondersi.

verbessern ⟨*ohne ge-*⟩ **I.** *tr* **1.** *(besser machen)* migliorare; **2.** *(berichtigen)* correggere; **II.** *rfl:* **sich ~ 1.** *(beim Sprechen)* correggersi; **2.** *(finanziell)* migliorare la propria situazione finanziaria; **3.** *(beruflich)* migliorare la propria posizione.

Verbesserung *f* **1.** *(Änderung zum Besseren)* miglioramento *m;* **2.** *(Korrektur)* correzione *f*. **Verbesserungsvorschlag** *m* proposta *f* di miglioramento.

verbeugen ⟨*ohne ge-*⟩ *rfl:* **sich ~** inchinarsi (*vor* davanti a), fare un inchino (*vor* a). **Verbeugung** *f* inchino *m;* **eine ~ machen** fare un inchino.

verbeulen ⟨*ohne ge-*⟩ *tr* ammaccare.

verbiegen ⟨*irr, ohne ge-*⟩ **I.** *tr* piegare, storcere; **II.** *rfl:* **sich ~** storcersi.

verbieten ⟨*irr, ohne ge-*⟩ *tr* proibire (*jdm etw. zu tun* a qu di fare qc), vietare (*jdm etw. zu tun* a qu di fare qc); *(amtlich)* interdire; **ein Buch ~** mettere un libro all'indice; **jdm das Rauchen ~** proibire a qu di fumare; **jdm den Mund ~** far tacere qu.

verbilligen ⟨*ohne ge-*⟩ **I.** *tr* ridurre il prezzo di; **II.** *rfl:* **sich ~** diventare più a buon mercato. **verbilligt** *a* a prezzo ribassato (*o.* ridotto).

verbinden ⟨*irr, ohne ge-*⟩ **I.** *tr* **1.** *(vereinigen)* unire (*mit* con); *(in Verbindung setzen)* congiungere (*mit* con); **2.** *(zusammenbinden)* legare; *(bes. tec)* collegare; **3.** *med* fasciare (*jdn* qu), bendare (*jdn* qu); **4.** *tec* allacciare; *(koppeln)* attaccare, agganciare; **5.** *tel* mettere in comunicazione; **6.** *fig* legare (*mit* a); *(Gedanken)* collegare (*mit* con); **die damit verbundenen Kosten** le spese che ne derivano; **jdm die Augen ~** bendare gli occhi a qu; **(Sie sind) falsch verbunden!** ha sbagliato numero; **ich wäre Ihnen sehr verbunden, wenn ...** Le sarei molto grato se ...; **was verbindest du mit dem Begriff „Freiheit"?** cosa associ al concetto di libertà?; **II.** *rfl:* **sich ~** unirsi, congiungersi; *chem* combinarsi.

verbindlich *a* **1.** *(freundlich)* gentile, compiacente; **2.** *(verpflichtend)* vincolante (*für* per), obbligatorio (*für* per). **Verbindlichkeit** ⟨-, -en⟩ *f* **1.** ⟨*sing*⟩ *(Freundlichkeit)* gentilezza *f*, compiacenza *f;* **2.** ⟨*sing*⟩ *(von Vertrag, etc.)* obbligazione *f;* **3.** *(Äußerung, Handlung, etc.)* carattere *m* vincolante; **4.** ⟨*pl*⟩ *com (Schulden)* debiti *m pl*.

Verbindung *f* **1.** *(allg., el, Verkehrs~)* collegamento *m* (*mit* con); **2.** *tec* allacciamento *m; (Kopplung)* aggancio *m; (Metall~)* lega *f;* **3.** *tel* comunicazione *f;* **4.** *(Vereinigung)* associazione *f; (Bündnis)* unione *f;* **5.** *(Zusammenhang)* nesso *m* (*mit* con), relazione *f* (*mit* con); **6.** *(Beziehung)* rapporti *m pl* (*mit, zu* con); *(Kontakt)* contatto *m* (*mit, zu* con); **7.** *chem* combinazione *f;* **etw./jdn mit etw./jdm in ~ bringen** mettere qc/qu in relazione con qc/qu; **eine ~ mit etw. eingehen** *chem* combinarsi con qc; **sich in ~ setzen mit** mettersi in contatto con; **mit jdm in ~ stehen** essere in relazione con qu; **in ~ mit** *(im Zusammenhang mit)* in relazione con; *(zusammen mit)* insieme a; **studentische ~** associazione studentesca. **Verbindungslinie** *f* linea *f* di collegamento (*o.* di comunicazione). **Verbindungsmann** ‹-(e)s, -männer *o.* -leute› *m* intermediario *m*, mediatore *m*. **Verbindungsstück** *n* (pezzo *m* di) raccordo *m*.

verbissen [fɛɐ̯'bɪsən] *a* accanito, ostinato; *(Gesicht)* truce, rabbioso. **Verbissenheit** ‹-, ø› *f* accanimento *m*, ostinazione *f*.

verbitten ‹*irr, ohne ge-*› *tr:* **sich** *(dat)* **~, daß ...** non permettere che ... *conj;* **das verbitte ich mir!** questo non lo tollero!

verbittern ‹*ohne ge-*› *tr* amareggiare; **jdm das Leben ~** rendere amara la vita a qu; **verbittert sein** essere amareggiato.

verblassen ‹*ohne ge-*› *itr* ‹*sein*› **1.** *(Farbe, Stoff)* sbiadire, scolorarsi; **2.** *fig* svanire.

Verbleib [fɛɐ̯'bla͜ip] ‹-(e)s, ø› *m* dimora *f;* **ich weiß nichts über den ~ dieses Briefs** *geh* non so dove sia questa lettera.

verbleiben ‹*irr, ohne ge-*› *itr* ‹*sein*› **1.** *(übrigbleiben)* avanzare; **2.** *(bleiben, sich einigen)* rimanere; **wir sind so verblieben, daß ...** siamo rimasti d'accordo che ... *conj.*

verblenden ‹*ohne ge-*› *tr* **1.** *(verkleiden)* rivestire (*mit* di); **2.** *(blind machen)* accecare, abbagliare. **Verblendung** ‹-, -en› *f* **1.** *(Verkleidung)* rivestimento *m;* **2.** ‹*sing*› *(Geblendetsein)* accecamento *m*, abbagliamento *m*.

verblöden ‹*ohne ge-*› *itr* ‹*sein*› *fam* rincretinire, istupidirsi *fam.*

verblüffen [fɛɐ̯'blʏfən] ‹*ohne ge-*› *tr* stupire, sbalordire.

verblühen ‹*ohne ge-*› *itr* ‹*sein*› sfiorire, appassire.

verbluten ‹*ohne ge-*› *itr* ‹*sein*› dissanguarsi, morire dissanguato.

verbohren ‹*ohne ge-*› *rfl fam:* **sich in etw. ~** fissarsi su qc *fam.* **verbohrt** *a* ostinato, caparbio.

verborgen[1] [fɛɐ̯'bɔrgən] ‹*ohne ge-*› *tr* *(verleihen)* dare in prestito (*an* a).

verborgen[2] [fɛɐ̯'bɔrgən] *a* *(versteckt)* nascosto; **~ halten** tenere nascosto; **im ~en bleiben** rimanere nascosto. **Verborgenheit** ‹-, ø› *f* segretezza *f*.

Verbot [fɛɐ̯'bo:t] ‹-(e)s, -e› *n* divieto *m*, proibizione *f*. **Verbotsschild** *n* segnale *m* di divieto.

Verbrauch *m* consumo *m* (*an* di).

verbrauchen ‹*ohne ge-*› *tr* **1.** *allg.* consumare; *(abnutzen, a. fig: Menschen)* logorare; *(Luft)* viziare; **2.** *(ausgeben)* spendere; **3.** *(aufbrauchen)* consumare, dissipare; **unser Wagen verbraucht zuviel Öl** la nostra macchina consuma troppo olio.

Verbraucher(in) ‹-s, -› *m(f)* consumatore, -trice *m, f*. **Verbraucherberatung** *f* ufficio *m* di consulenza per i consumatori. **Verbraucherverband** *m* associazione *f* di consumatori.

verbrechen ‹*irr, ohne ge-*› *tr:* **was habe ich (denn) verbrochen?** che male ho fatto?; **was hat er (denn) schon wieder verbrochen?** che altro ha combinato? *fam;* **hast du diesen Brief verbrochen?** *fam* sei stato tu a scrivere questa lettera? **Verbrechen** ‹-s, -› *n* delitto *m*, crimine *m*. **Verbrecher(in)** ‹-s, -› *m(f)* delinquente *mf*. **verbrecherisch** *a* delittuoso, criminoso; *(Regime)* criminale.

verbreiten ‹*ohne ge-*› **I.** *tr* **1.** *allg.* estendere, propagare; **2.** *(Wärme, Licht, Gerücht)* diffondere; *(Nachricht)* divulgare; *(Schrecken)* disseminare; **II.** *rfl:* **sich ~ 1.** *allg.* estendersi, propagarsi; *(Wärme, Licht, Gerücht)* diffondersi; *(Nachricht)* divulgarsi; *(Schrecken)* disseminarsi; **2.** *pej (über Thema)* dilungarsi (*über* su).

verbreitern ‹*ohne ge-*› **I.** *tr* allargare; **II.** *rfl:* **sich ~** allargarsi. **Verbreiterung** ‹-, -en› *f* allargamento *m*.

Verbreitung ‹-, ø› *f* diffusione *f*.

verbrennen ‹*irr, ohne ge-*› **I.** *tr* ‹*haben*› bruciare; **II.** *itr* ‹*sein*› bruciare, ardere; *(bei Unfall, etc.)* morire carbonizzato; **das Fleisch ~ lassen** lasciar bruciare la carne; **III.** *rfl:* **sich ~** bruciarsi, scottarsi; **sich** *(dat)* **die Finger ~** bruciarsi (*o.* scottarsi) le dita; *fig* rimanere scottato.

Verbrennung ‹-, -en› *f* **1.** ‹*sing*› *(das Verbrennen)* bruciatura *f; (von Müll)* incenerimento *m; chem* combustione *f; (Leichen~)* cremazione *f;* **2.** *med* *(Wunde)* ustione *f*, scottatura *f;* **~en ersten Grades** ustioni di primo grado. **Verbrennungsmotor** *m* motore *m* a combustione interna.

verbringen ‹*irr, ohne ge-*› *tr* passare, trascorrere.

verbrüdern [fɛɐ̯'bry:dɐn] ‹*ohne ge-*› *rfl:* **sich ~** fraternizzare (*mit* con). **Verbrüderung** ‹-, -en› *f* fraternizzazione *f*.

verbrühen ‹*ohne ge-*› **I.** *tr* scottare; **II.** *rfl:* **sich ~** scottarsi.

verbuchen ‹*ohne ge-*› *tr fin* contabilizzare; *(fig a.)* registrare.

verbummeln ‹*ohne ge-*› *tr fam* **1.** *(vertrödeln)* sprecare, buttare via *fam;* **2.** *(vergessen)* dimenticare; **3.** *(verlieren)* perdere.

Verbund ‹-(e)s, -e› *m* **1.** *com* unione *f;* **2.** *tec* aderenza *f.*

verbünden [fɛɐ̯'bʏndən] ‹*ohne ge-*› *rfl:* **sich ~** allearsi (*mit* con).

Verbundenheit ‹-, ø› *f* **1.** *(mit Personen)* legame *m* (*mit* con); **2.** *(mit Brauch)* attaccamento *m* (*mit* a).

Verbündete ‹ein -r, -n, -n› *mf* alleato, -a *m, f.*

Verbundglas *n* vetro *m* laminato.

verbürgen ‹*ohne ge-*› *rfl:* **sich für etw./jdn ~** rendersi garante di qc/qu, garantire per qc/qu. **verbürgt** *a* garantito; *(Recht)* autentico; *(Nachricht)* attendibile.

verbüßen ‹*ohne ge-*› *tr* scontare, espiare.

verchromen ‹*ohne ge-*› *tr* cromare.

Verdacht [fɛɐ̯'daxt] ‹-(e)s, ø› *m* sospetto *m;* **~ erregen** destare sospetto; **in ~ geraten** cadere in sospetto, essere sospettato; **jdn in ~ haben** sospettare di qu; **~ schöpfen** insospettirsi (*wegen etw.* di qc); **in** (*o.* **im**) **~ stehen, etw. getan zu haben** essere sospettato di aver fatto qc; **es besteht ~ auf Röteln** c'è il sospetto di rosolia; **über jeden ~ erhaben sein** *geh* essere al di sopra di ogni sospetto; **etw. auf ~ tun** *fam* fare qc a casaccio *fam;* **ich haben den ~, daß ...** ho il sospetto che ...

verdächtig [fɛɐ̯'dɛçtɪç] *a* sospettoso.

verdächtigen ‹*ohne ge-*› *tr* sospettare (*jdn einer S.* qu di qc).

Verdachtsmoment *n* indizio *m.*

verdammen [fɛɐ̯'damən] ‹*ohne ge-*› *tr* condannare; *rel* anatemizzare. **verdammenswert** *a* condannabile.

verdammt I. *a* maledetto; **~er Mist!** *fam* porca miseria! *vulg;* **diese ~en Kopfschmerzen!** *fam* questo maledetto mal di testa! *fam;* **II.** *adv fam* terribilmente, maledettamente; **~ kalt** terribilmente freddo; **~ gut/schlecht** terribilmente buono/cattivo; **III.** *interj fam:* **~ (noch mal)!** maledizione! accidenti! *fam.*

verdampfen ‹*ohne ge-*› **I.** *tr* ‹*haben*› vaporizzare, far evaporare; **II.** *itr* ‹*sein*› evaporare. **Verdampfung** ‹-, ø› *f* evaporazione *f.*

verdanken ‹*ohne ge-*› *tr:* **jdm etw. ~** dovere qc a qu.

verdarb [fɛɐ̯'darp] *1. u. 3. pers sing imp von* **verderben.**

verdattert [fɛɐ̯'datɐt] *a fam s.* **verdutzt.**

verdauen [fɛɐ̯'dau̯ən] ‹*ohne ge-*› *tr, itr* digerire.

verdaulich *a:* **leicht ~** di facile digestione; **schwer ~** indigesto.

Verdauung ‹-, ø› *f* digestione *f.* **Verdauungsbeschwerden** *f pl,* **-störung** *f* disturbi *m pl* di digestione.

Verdeck *n* **1.** *naut* coperta *f,* ponte *m* superiore; **2.** *mot* capote *f;* **mit aufklappbarem ~** decappottabile.

verdecken ‹*ohne ge-*› *tr* **1.** *(bedecken)* coprire; **2.** *(verbergen)* nascondere; **3.** *fig* mascherare.

verdenken ‹*irr, ohne ge-*› *tr:* **das kann ihm niemand ~** non gli si può dare torto, lo si può comprendere.

verderben [fɛɐ̯'dɛrbən] ‹verdirbt, verdarb, verdorben› **I.** *tr* ‹*haben*› rovinare; *(a. fig)* guastare; *(sittlich)* corrompere, depravare; **sich** *(dat)* **die Augen ~** rovinarsi la vista; **sich** *(dat)* **den Magen ~** rovinarsi lo stomaco; **jdm die Freude ~** guastare la gioia a qu; **es mit jdm ~** perdere il favore di qu; **es mit niemandem ~ wollen** non voler guastarsi con nessuno; **II.** *itr* ‹*sein*› guastarsi; *(schlecht werden)* andare a male. **Verderben** ‹-s, ø› *n* **1.** *(von Lebensmitteln, Material)* deterioramento *m;* **2.** *(Unglück)* rovina *f;* **jdn ins ~ stürzen** mandare qu in rovina. **verderblich** *a* **1.** *(Lebensmittel)* deperibile; **2.** *(schädlich)* dannoso, nocivo.

verdeutlichen ‹*ohne ge-*› *tr* illustrare, spiegare.

verdichten ‹*ohne ge-*› **I.** *tr phys* comprimere; *fig, chem* condensare; **II.** *rfl:* **sich ~** addensarsi; *(Verdacht)* consolidarsi. **Verdichtung** *f* **1.** *phys* compressione *f;* **2.** *chem* condensazione *f;* **3.** *fig* concentrazione *f.*

verdienen ‹*ohne ge-*› *tr* **1.** *(Lohn)* guadagnare; **2.** *fig* meritare; **seinen Lebensunterhalt ~** guadagnarsi da vivere; **sich** *(dat)* **sein Studium selbst ~** mantenersi da solo agli studi; **wieviel verdienst du?** quanto guadagni?; **womit habe ich das verdient?** *iron* perché capitano tutte a me?; **diese Frechheit hat er (wirklich) nicht verdient** non si è (davvero) meritata questa insolenza.

Verdienst¹ ‹-(e)s, -e› *m (Einkommen)* guadagno *m; (Gewinn)* profitto *m.*

Verdienst² ‹-(e)s, -e› *n* **1.** *(Anspruch auf Anerkennung)* merito *m;* **2.** ‹*pl*› *(Leistungen)* merito *m* (*um* per); **das ist alles nur ihr ~** è tutto merito suo; **seine ~e um die Wissenschaft/den Frieden** i suoi meriti per la scienza/la pace.

Verdienstausfall *m* perdita *f* di guadagno.

verdienstvoll *a* **1.** *(Handlung)* meritorio; **2.** *(Person)* benemerito.

verdient *a* **1.** *(Sache)* meritato; **2.** *(Person)* benemerito; **sich um etw. ~ machen** rendersi benemerito di qc.

verdirbt [fɛɐ̯'dɪrpt] *3. pers sing pr von* **verderben.**

verdoppeln ⟨*ohne ge-*⟩ *tr* raddoppiare, duplicare. **Verdopp(e)lung** ⟨-, -en⟩ *f* raddoppiamento *m.*

verdorben [fɛɐ̯'dɔrbən] **I.** *pp von* **verderben; II.** *a* **1.** *(Lebensmittel)* guasto, andato a male; *(Magen)* in disordine; **2.** *fig (Freude, Fest, etc.)* guastato; **3.** *fig (verderbt)* corrotto, depravato.

verdorren [fɛɐ̯'dɔrən] ⟨*ohne ge-*⟩ *itr* ⟨*sein*⟩ disseccarsi.

verdrängen ⟨*ohne ge-*⟩ *tr* **1.** spostare (*aus* da); *(a. aus Amt)* allontanare (*aus* da); **2.** *psych* reprimere; *fig (Sorgen)* scacciare; **3.** *phys (Wasser, etc.)* spostare, rimuovere; **4.** *(ersetzen)* soppiantare, sostituire.

Verdrängung ⟨-, ø⟩ *f* **1.** spostamento *m; (a. psych)* rimozione *f; (aus Amt)* allontanamento *m; (von Sorgen)* scacciare *m;* **2.** *(Ersetzung)* sostituzione *f.*

verdrehen ⟨*ohne ge-*⟩ *tr* (s)torcere, (di)storcere; *(Glieder a.)* slogare; *(Augen a.)* stravolgere, storcere; **den Hals ~** *fig fam* allungare il collo. **verdreht** *a fam pej (überspannt)* strambo *fam,* bizzarro *fam.*

verdreifachen ⟨*ohne ge-*⟩ *tr* triplicare.

verdrießen [fɛɐ̯'dri:sən] ⟨verdrießt, verdroß, verdrossen⟩ *tr* seccare, infastidire; **sich** *(dat)* **etw. nicht ~ lassen** non scoraggiarsi per qc.

verdrießlich *a* **1.** *(Mensch, Gesicht)* seccato, infastidito; **2.** *(Arbeit, etc.)* seccante, noioso.

verdroß [fɛɐ̯'drɔs] *1. u. 3. pers sing imp von* **verdrießen.**

verdrossen [fɛɐ̯'drɔsən] **I.** *pp von* **verdrießen; II.** *a* seccato; *(unzufrieden)* scontento; *(unlustig)* svogliato. **Verdrossenheit** ⟨-, ø⟩ *f* malumore *m; (Unzufriedenheit)* scontentezza *f; (Unlust)* svogliatezza *f.*

verdrücken ⟨*ohne ge-*⟩ **I.** *tr* **1.** *(zerdrükken)* schiacciare; **2.** *fam (essen)* trangugiare *fam,* ingoiare; **II.** *rfl fam:* **sich ~** svignarsela *fam,* squagliarsela *fam.*

Verdruß [fɛɐ̯'drʊs] ⟨Verdrusses, ø⟩ *m (Unzufriedenheit)* scontentezza *f; (Ärger)* fastidio *m,* noia *f;* **jdm ~ bereiten** dare noie a qu.

verduften ⟨*ohne ge-*⟩ *itr* ⟨*sein*⟩ **1.** *(Parfüm, etc.)* svaporare; **2.** *fig fam (verschwinden)* squagliarsela *fam.*

verdunkeln ⟨*ohne ge-*⟩ **I.** *tr* oscurare; *fig* mascherare, camuffare; **II.** *rfl:* **sich ~** oscurarsi; *(a. fig)* offuscarsi. **Verdunk(e)lung** ⟨-, ø⟩ *f* oscuramento *m; fig* mascheramento *m; jur* occultamento *m.*

verdünnen ⟨*ohne ge-*⟩ *tr (dünner machen)* assottigliare; *(Flüssigkeiten)* diluire; *(Wein)* annacquare; *(Gas)* rarefare.

verdunsten ⟨*ohne ge-*⟩ *itr* ⟨*sein*⟩ evaporare. **Verdunstung** ⟨-, ø⟩ *f* evaporazione *f.*

verdursten ⟨*ohne ge-*⟩ *itr* ⟨*sein*⟩ morire di sete.

verdüstern ⟨*ohne ge-*⟩ *rfl:* **sich ~** oscurarsi; *fig* rabbuiarsi.

verdutzt [fɛɐ̯'dʊtst] *a* stupito, stupefatto.

veredeln ⟨*ohne ge-*⟩ *tr* **1.** *geh (Menschen)* nobilitare; **2.** *agr* innestare; **3.** *(Rohstoffe)* affinare, lavorare; **4.** *(verfeinern, bes. gastr)* raffinare.

verehren ⟨*ohne ge-*⟩ *tr* **1.** *rel* venerare, adorare; **2.** *geh (achten)* onorare; **3.** *(anbeten)* adorare, ammirare; **4.** *scherz (schenken)* fare dono (*jdm. etw.* a qu di qc); **sehr verehrter Herr/ sehr verehrte Frau Müller** egregio signor/gentile signora Müller; **verehrtes Publikum** gentile pubblico.

Verehrer(in) ⟨-s, -⟩ *m(f)* **1.** *(von Frau)* ammiratore, -trice *m, f,* corteggiatore, -trice *m, f; (von Mann)* ammiratore, -trice *m, f;* **2.** *(Bewunderer)* amatore, -trice *m, f;* appassionato, -a *m, f.*

Verehrung *f* venerazione *f,* adorazione *f.* **verehrungswürdig** *a* venerabile.

vereidigen ⟨*ohne ge-*⟩ *tr* far prestare giuramento a (*auf* su). **Vereidigung** ⟨-, -en⟩ *f* giuramento *m.*

Verein [fɛɐ̯'ʔa͜in] ⟨-(e)s, -e⟩ *m* **1.** associazione *f,* società *f;* **2.** *(Klub)* circolo *m,* club *m; sport* società *f* sportiva; **3.** *fam iron* combriccola *f;* **eingetragener ~** associazione registrata; **im ~ mit** insieme a; **gemeinnütziger ~** associazione di interesse collettivo.

vereinbar [fɛɐ̯'ʔa͜inba:ɐ̯] *a* compatibile (*mit* con), conciliabile (*mit* con).

vereinbaren ⟨*ohne ge-*⟩ *tr* **1.** *(verabreden)* pattuire, concordare; *(Tag)* fissare, stabilire; **2.** *(in Einklang bringen)* conciliare (*mit* con); **deine Intoleranz läßt sich nur schwer mit deinen sonstigen Grundsätzen ~** la tua intolleranza non è compatibile con i tuoi principi.

Vereinbarung ‹-, -en› *f (Abmachung)* accordo *m; pol* convenzione *f; (durch Anmeldung)* appuntamento *m;* **nach vorheriger ~** previo appuntamento; **eine ~ treffen** concludere (*o.* stipulare) un accordo; **sich an die ~en halten** attenersi agli accordi.

vereinen ‹*ohne ge-*› **I.** *tr* (ri)unire; *(Gegensätze)* conciliare; **mit vereinten Kräften** a forze congiunte; **die Vereinten Nationen** le Nazioni Unite; **II.** *rfl:* **sich ~** (ri)unirsi.

vereinfachen ‹*ohne ge-*› *tr* semplificare. **Vereinfachung** ‹-, -en› *f* semplificazione *f.*

vereinheitlichen ‹*ohne ge-*› *tr* standardizzare. **Vereinheitlichung** ‹-, -en› *f* standardizzazione *f.*

vereinigen ‹*ohne ge-*› **I.** *tr* **1.** *(a. fig)* unire, congiungere; *(zusammenführen)* riunire; **2.** *com, fig* fondere (*mit* a); **das Vereinigte Königreich** il Regno Unito; **die Vereinigten Staaten** gli Stati Uniti; **alle Stimmen auf sich ~** ottenere tutti i voti; **II.** *rfl:* **sich ~** unirsi; *com* fondersi; *(in Klub)* associarsi; *(Flüsse)* confluire.

Vereinigung *f* **1.** unione *f; (Verbindung)* congiunzione *f,* collegamento *m; com, fig, pol* fusione *f; (von Flüssen)* confluenza *f;* **2.** *(Verein)* associazione *f; (Bündnis)* lega *f,* alleanza *f.*

vereinsamen ‹*ohne ge-*› *itr* ‹*sein*› diventare solitario. **vereinsamt** *a* solitario; *(a. Gegend)* isolato; *(Mensch)* solo. **Vereinsamung** ‹-, ø› *f* isolamento *m,* solitudine *f.*

vereinzelt *a* **1.** *(einsam)* isolato; **2.** *(sporadisch)* sporadico.

vereisen ‹*ohne ge-*› **I.** *tr* ‹*haben*› *med* anestetizzare mediante congelamento; **II.** *itr* ‹*sein*› gelare, gelarsi, ghiacciare; *(Straße)* coprirsi di ghiaccio.

vereiteln ‹*ohne ge-*› *tr* frustrare, sventare.

vereitern ‹*ohne ge-*› *itr* ‹*sein*› suppurare. **Vereiterung** ‹-, -en› *f* suppurazione *f.*

verenden ‹*ohne ge-*› *itr* ‹*sein*› crepare, morire.

verenge(r)n ‹*ohne ge-*› **I.** *tr* restringere; **II.** *rfl:* **sich ~** restringersi.

vererben ‹*ohne ge-*› **I.** *tr* **1.** *(Besitz)* trasmettere (*o.* lasciare) in eredità; **2.** *biol* trasmettere (per eredità) (*auf* a); **3.** *fam scherz (schenken)* regalare; *(überlassen)* lasciare; **II.** *rfl:* **sich ~ 1.** *(Besitz)* passare (in eredità); **2.** *biol* trasmettersi (*auf* a).

Vererbung ‹-, ø› *f* **1.** *(das Vererben)* trasmissione *f* (ereditaria); **2.** *med (Vererbbarkeit)* ereditarietà *f.*

verewigen ‹*ohne ge-*› **I.** *tr* immortalare, eternare; *(Zustände, Verhältnisse a.)* perpetuare; **II.** *rfl fam:* **sich in einem Buch ~** immortalarsi in un libro.

verfahren¹ ‹*irr, ohne ge-*› *itr* ‹*sein*› *(vorgehen)* procedere (*nach* secondo); **gut/schlecht mit jdm ~** trattare qu bene/male.

verfahren² ‹*irr, ohne ge-*› **I.** *rfl:* **sich ~** *(falsch fahren)* perdersi, sbagliare strada; **II.** *tr (Geld)* spendere in (*o.* per) viaggi; *(Benzin)* consumare.

verfahren³ *a (ausweglos)* senza via d'uscita; **eine ~e Situation** una situazione senza via d'uscita.

Verfahren ‹-s, -› *n* **1.** *(Vorgehen, a. jur)* procedimento *m;* **2.** *(Methode)* metodo *m,* tecnica *f;* **3.** *tec* processo *m;* **das ~ einstellen** sospendere il procedimento (*gegen* contro).

Verfall *m* **1.** *(von Bauwerk)* rovina *f; (vollständig)* crollo *m;* **2.** *(von Kultur, Familie, Kunst, Sitten)* decadenza *f; (von Institutionen)* disfacimento *m;* **3.** *com, fin (Ungültigwerden)* scadenza *f.*

Verfalldatum *n s.* **Verfallsdatum.**

verfallen¹ ‹*irr, ohne ge-*› *itr* ‹*sein*› **1.** *(Gebäude, etc.)* andare in rovina; **2.** *(körperlich, geistig, sittlich, kulturell)* decadere; **3.** *(ungültig werden, ablaufen)* scadere; **4.** *(abhängig werden)* diventare schiavo (*jdm/einer S.* di qu/qc); **wie bist du darauf ~?** come mai ti è venuta quest'idea?; **dem Alkohol ~ sein** essere schiavo dell'alcool; **sie ist diesem Mann völlig ~** è completamente succuba di quest'uomo.

verfallen² *a* **1.** *(Gebäude)* in rovina, diroccato; **2.** *(Gesicht)* deperito; **3.** *(nicht mehr gültig)* scaduto; **4.** *(einem Laster)* dedito (*einer S.* a qc); *(hörig)* schiavo (*jdm* di qu).

Verfall(s)datum *n* data *f* di scadenza. **Verfall(s)tag** *m* giorno *m* della scadenza.

verfälschen ‹*ohne ge-*› *tr* falsificare; *(Lebensmittel)* sofisticare.

verfangen ‹*irr, ohne ge-*› *rfl:* **sich ~** impigliarsi (*in* in).

verfänglich [fɛɐ̯ˈfɛŋlɪç] *a* imbarazzante.

verfärben ‹*ohne ge-*› *rfl:* **sich ~** cambiare colore.

verfassen ‹*ohne ge-*› *tr* redigere, stendere.

Verfasser(in) ‹-s, -› *m(f)* autore, -trice *m, f.*

Verfassung *f* **1.** ‹*sing*› *(Zustand)* stato *m,* condizioni *f pl; (Stimmung)* stato *m* d'animo; **2.** *pol* costituzione *f;* **kör-**

perliche ~ condizioni fisiche; **ich bin nicht in der ~ ... zu ...** non sono in condizione di ... *inf.* **verfassunggebend** *a* costituente; **~e Versammlung** assemblea costituente. **Verfassungsänderung** *f* riforma *f* della costituzione. **Verfassungsbeschwerde** *f* ricorso *m* costituzionale. **Verfassungsklage** *f* petizione *f* costituzionale. **verfassungsmäßig** *a* costituzionale. **Verfassungsreform** *f* riforma *f* costituzionale. **Verfassungsschutz** *m* **1.** tutela *f* costituzionale; **2.** *(Amt)* ufficio *m* federale per la salvaguardia della costituzione.

verfaulen ‹*ohne ge-*› *itr* ‹*sein*› marcire, imputridire.

verfechten ‹*irr, ohne ge-*› *tr* sostenere, propugnare. **Verfechter(in)** *m(f)* fautore, -trice *m, f,* sostenitore, -trice *m, f.*

verfehlen ‹*ohne ge-*› *tr* sbagliare; *(Person)* non incontrare, non trovare; *fig* mancare, fallire; **das Ziel ~** mancare il bersaglio; *fig* non cogliere nel segno; **seinen Zweck ~** fallire il suo scopo; **seinen Beruf ~** sbagliare mestiere; **das Thema ~** andare fuori tema; **diese Rede hat ihre Wirkung verfehlt** il discorso non ha ottenuto l'effetto desiderato; **das halte ich für völlig verfehlt** lo ritengo completamente sbagliato; **(es) nicht verfehlen zu ...** *geh* non mancare di ... *inf.*

Verfehlung ‹-, -en› *f (moralisch)* colpa *f; jur* infrazione *f,* violazione *f.*

verfeinden ‹*ohne ge-*› *rfl:* **sich ~** inimicarsi (*mit* con).

verfeinern ‹*ohne ge-*› *tr* raffinare; *(verbessern)* migliorare.

verfilmen ‹*ohne ge-*› *tr* ridurre a film. **Verfilmung** ‹-, -en› *f* riduzione *f* cinematografica, adattamento *m* cinematografico.

verfilzt *a* **1.** *(Wolle)* infeltrito; *(Haar)* arruffato; **2.** *fig, pol, com, etc.* corrotto dal nepotismo.

verfinstern ‹*ohne ge-*› *rfl:* **sich ~** oscurarsi, rabbuiarsi.

Verflechtung ‹-, -en› *f* intreccio *m; fig* implicazione *f.*

verfliegen ‹*irr, ohne ge-*› **I.** *itr* ‹*sein*› **1.** *(Zorn, Duft)* svanire; **2.** *(Zeit)* volare (via), passare rapidamente; **II.** *rfl:* **sich ~** *aero* sbagliare rotta.

verfließen ‹*irr, ohne ge-*› *itr* ‹*sein*› **1.** *(Zeit)* scorrere rapidamente; **2.** *(Farben)* confondersi.

verflixt [fɛɐ̯'flɪkst] *fam* **I.** *a* maledetto *fam;* **das ~e siebte Jahr** *scherz* il famoso settimo anno (di matrimonio); **~er Kerl** maledetto *m fam;* **II.** *interj:* **~ noch einmal!, ~ und zugenäht!** maledizione! *fam;* accidenti! *fam.*

verflossen [fɛɐ̯'flɔsən] *a fam:* **seine ~e Freundin** la sua ex ragazza; **ihr V~er** il suo ex *fam.*

verfluchen ‹*ohne ge-*› *tr* maledire; **diese verfluchten Mücken!** *fam* queste maledette zanzare! *fam.*

verflüchtigen ‹*ohne ge-*› *rfl:* **sich ~** *chem, fam scherz* volatizzarsi; *(Geruch)* svaporare; *fig* svanire.

verflüssigen ‹*ohne ge-*› **I.** *tr* liquefare; **II.** *rfl:* **sich ~** liquefarsi.

verfolgen ‹*ohne ge-*› *tr* **1.** inseguire; *(Verbrecher)* dare la caccia a; **2.** *fig (Ziel)* perseguire; *(Gedanke, rel, pol)* perseguitare; **3.** *(Entwicklung, etc.)* seguire; *(beobachten)* osservare; **vom Pech verfolgt sein** essere perseguitato dalla sfortuna; **eine Absicht ~** perseguire uno scopo; **jdn gerichtlich ~** procedere per via guidiziaria contro qu.

Verfolger(in) ‹-s, -› *m(f)* inseguitore, -trice *m, f; rel, pol* persecutore, -trice *m, f.*

Verfolgung ‹-, -en› *f* inseguimento *m* (*von* di); *rel, pol* persecuzione *f* (*von* di); *(Jagd)* caccia *f* (*von* a); **jds ~ aufnehmen** lanciarsi all'inseguimento di qu. **Verfolgungswahn** *m* mania *f* di persecuzione.

verformen ‹*ohne ge-*› **I.** *rfl:* **sich ~** deformarsi; **II.** *tr* deformare; *(formen)* foggiare.

verfrachten ‹*ohne ge-*› *tr* **1.** *(versenden)* spedire; *(verladen)* caricare; **2.** *fam scherz (Person)* portare, mettere; **jdn ins Bett ~** *fam* mettere qu a letto.

verfranzen [fɛɐ̯'frant͜sən] ‹*ohne ge-*› *rfl:* **sich ~ 1.** *aero* sbagliare rotta; **2.** *fam* smarrirsi.

verfrühen ‹*ohne ge-*› *rfl:* **sich ~** arrivare in anticipo. **verfrüht** *a* prematuro.

verfügbar *a* disponibile.

verfügen ‹*ohne ge-*› **I.** *tr* disporre di, ordinare; *(gesetzlich)* decretare; **II.** *itr* **1.** *(bestimmen)* disporre (*über* di), avere a disposizione (*über etw.* qc); **2.** *(besitzen)* possedere (*über etw.* qc); **3.** *(ausgestattet sein)* essere provvisto (*über* di); **~ Sie über mich!** *geh* disponga di me!

Verfügung *f* **1.** *(Disposition)* disposizione *f;* **2.** *(Verordnung)* ordinanza *f; (Dekret)* decreto *m; (Maßnahme)* provvedimento *m;* **jdm zur ~ stehen** essere a disposizione di qu; **jdm etw. zur ~ stellen** mettere qc a disposizione di qu; **einstweilige ~** provvedimento interinale; **letztwillige ~** di-

sposizione testamentaria; **sich zur ~ halten** tenersi a disposizione.
verführen ⟨*ohne ge-*⟩ *tr* indurre (*zu* a), istigare (*zu* a); *(bes. sexuell)* sedurre. **Verführer(in)** *m(f)* seduttore, -trice *m, f.* **verführerisch** *a* seducente, allettante. **Verführung** *f* seduzione *f;* **~ Minderjähriger** corruzione *f* di minorenni.
vergammeln ⟨*ohne ge-*⟩ *fam* **I.** *itr* ⟨*sein*⟩ *(Brot)* ammuffire; *(Obst)* guastarsi; **II.** *tr* ⟨*haben*⟩ *(Zeit)* sprecare.
vergangen [fɛɐ̯'gaŋən] *a* passato; **im ~en Jahr** l'anno scorso. **Vergangenheit** ⟨-, ø⟩ *f* passato *m; (Geschichte)* storia *f;* **die Vorgänge der jüngsten ~ lehren uns, daß ...** i recenti avvenimenti ci insegnano che ...; **der ~ angehören** appartenere al passato.
vergänglich [fɛɐ̯'gɛŋlɪç] *a* fugace, effimero. **Vergänglichkeit** ⟨-, ø⟩ *f* fugacità *f,* caducità *f.*
vergasen ⟨*ohne ge-*⟩ *tr* **1.** *tec* gassificare; **2.** *(durch Giftgase)* gassare.
Vergaser ⟨-s, -⟩ *m* carburatore *m.*
vergaß [fɛɐ̯'ga:s] *1. u. 3. pers sing imp von* **vergessen.**
Vergasung ⟨-, ø⟩ *f* **1.** *tec* gassificazione *f;* **2.** *(durch Giftgase)* gassatura *f.*
vergeben ⟨*irr, ohne ge-*⟩ *tr* **1.** *(weggeben)* dare via; **2.** *(zuweisen)* assegnare (*an* a), conferire (*an* a); *(Auftrag)* dare (*an* a); **3.** *(verzeihen)* perdonare (*jdm etw.* qc a qu); *(Sünden)* rimettere (*jdm etw.* qc a qu); **du vergibst dir nichts, wenn ...** non ti comprometti se ..., non ci rimetti nulla se ...; **die Stelle ist noch zu ~** il posto è ancora vacante; **es tut mir leid, ich bin schon ~** *(verlobt, verheiratet)* mi dispiace, sono già impegnato.
vergebens *adv* invano, inutilmente.
vergeblich **I.** *a* vano, inutile; **II.** *adv s.* **vergebens.**
Vergebung ⟨-, ø⟩ *f* remissione *f.*
vergegenwärtigen ⟨*ohne ge-*⟩ *rfl:* **sich** *(dat)* **etw. ~** richiamare alla mente qc.
vergehen ⟨*irr, ohne ge-*⟩ **I.** *itr* ⟨*sein*⟩ **1.** *(Zeit)* passare, trascorrere; **2.** *(aufhören)* passare; *(sich verflüchtigen)* svanire; **3.** *(schmachten)* struggersi (*vor* per, di), consumarsi (*vor* di); **wie (doch) die Zeit vergeht!** come passa il tempo!; **ich vergehe vor Hunger/Angst** muoio di fame/paura *fam;* **dir wird noch Hören und Sehen ~!** *fam* ne vedrai delle belle! *fam;* **mir ist der Appetit vergangen** mi è passato l'appetito; **II.** *rfl:* **sich ~ 1.** *(verstoßen)* trasgredire (*gegen, an etw.* qc), violare (*gegen, an etw.* qc); **2.** *(sexuell)* violentare (*an jdm* qu). **Vergehen** ⟨-s, -⟩ *n* **1.** ⟨*sing*⟩ *(Schwinden)* fallo *m,* mancanza *f;* **2.** *jur* infrazione *f,* trasgressione *f.*
vergelten ⟨*irr, ohne ge-*⟩ *tr* ripagare, contraccambiare, rendere; **vergelt's Gott!** *(A, süddeutsch)* grazie, Dio te ne renda merito!
Vergeltung *f* vendetta *f;* rappresaglia *f;* **~ für etw. üben** vendicarsi di qc. **Vergeltungsmaßnahme** *f* rappresaglia *f.*
vergessen [fɛɐ̯'gɛsən] ⟨vergißt, vergaß, vergessen⟩ **I.** *tr* dimenticare, dimenticarsi di; *(auslassen)* tralasciare; **das kannst du ~!** *fam* puoi dimenticartelo! *fam;* **das werde ich dir nie ~** *(dankbar)* non dimenticherò mai quello che hai fatto; *(rachsüchtig)* non lo dimenticherò; **II.** *rfl:* **sich ~** lasciarsi andare. **Vergessenheit** ⟨-, ø⟩ *f* dimenticanza *f,* oblio *m;* **in ~ geraten** cadere in oblio.
vergeßlich *a* smemorato. **Vergeßlichkeit** ⟨-, ø⟩ *f* smemoratezza *f;* **aus ~** per smemoratezza.
vergeuden [fɛɐ̯'gɔydən] ⟨*ohne ge-*⟩ *tr* sprecare; *(bes. Geld)* scialacquare, sperperare. **Vergeudung** ⟨-, ø⟩ *f* sperpero *m,* spreco *m.*
vergewaltigen ⟨*ohne ge-*⟩ *tr* **1.** *(sexuell)* violentare; **2.** *fig* adulterare. **Vergewaltigung** ⟨-, -en⟩ *f* **1.** *(sexuell)* violenza *f* carnale, stupro *m;* **2.** *fig* violenza *f* (*gen* di), adulterazione *f.*
vergewissern ⟨*ohne ge-*⟩ *rfl:* **sich ~** accertarsi, sincerarsi.
vergießen ⟨*irr, ohne ge-*⟩ *tr* rovesciare; *(Tränen)* versare; *(Blut)* spargere.
vergiften ⟨*ohne ge-*⟩ *tr* avvelenare. **Vergiftung** ⟨-, -en⟩ *f* **1.** ⟨*sing*⟩ *(das Vergiften)* avvelenamento *m;* **2.** *med* intossicazione *f.*
vergilben [fɛɐ̯'gɪlbən] ⟨*ohne ge-*⟩ *itr* ⟨*sein*⟩ ingiallire.
Vergißmeinnicht [fɛɐ̯'gɪsmai̯nnɪçt] ⟨-(e)s, -(e)⟩ *n* miosotide *f,* non-ti-scordar-di-me *m.*
vergißt [fɛɐ̯'gɪst] *2. u. 3. pers sing pr von* **vergessen.**
vergittern ⟨*ohne ge-*⟩ *tr* munire d'inferriate.
verglasen ⟨*ohne ge-*⟩ *tr* invetriare, munire di vetri.
Vergleich [fɛɐ̯'glai̯ç] ⟨-(e)s, -e⟩ *m* **1.** paragone *m* (*zwischen, mit* tra, con), confronto *m* (*zwischen, mit* tra, con); **2.** *jur* transazione *f,* accomodamento *m;* **im ~ zu** in confronto a, rispetto a; **einen ~ anstellen** fare un paragone (*zwischen* tra, con); **den ~ aushalten** reggere il confronto; **einen ~ schließen** venire ad un accor-

do; **das ist doch kein ~!** (ma) non c'è confronto! **vergleichbar** *a* paragonabile (*mit* a).

vergleichen ‹*irr, ohne ge-*› **I.** *tr* confrontare (*mit* con), paragonare (*mit* a); **es ist nicht zu ~ mit** non c'è paragone con; **vergleiche Seite 21** confronta pagina 21; **II.** *rfl:* **sich ~ 1.** *(Fähigkeiten, etc.)* paragonarsi (*mit* con); **2.** *jur* venire ad un accomodamento.

vergleichsweise *adv* comparativamente.

vergnügen [fɛɐ̯'gnyːgən] ‹*ohne ge-*› *rfl:* **sich ~** divertirsi. **Vergnügen** ‹-s, -› *n* divertimento *m; (Genuß)* diletto *m; (Freude, Spaß)* piacere *m;* **mit ~!** con piacere!, volentieri!; **zum ~** per divertimento; **viel ~!** buon divertimento!; **~ bereiten** fare piacere; **ein teures ~** *iron* uno scherzo che costa caro; **mit ihm zu arbeiten ist kein ~** non è piacevole lavorare con lui. **vergnüglich** *a* **1.** *(unterhaltsam)* divertente; *(nett)* piacevole; **2.** *s.* **vergnügt. vergnügt** *a* allegro, contento, di ottimo umore.

Vergnügung ‹-, -en› *f* **1.** ‹*sing*› divertimento *m,* svago *m,* passatempo *m;* **2.** *(Veranstaltung)* festa *f,* trattenimento *m.* **Vergnügungsindustrie** *f* industria *f* dei divertimenti. **Vergnügungspark** *m* parco *m* dei divertimenti. **Vergnügungsreise** *f* viaggio *m* di piacere (*o.* di diporto). **Vergnügungssteuer** *f* imposta *f* sugli spettacoli. **vergnügungssüchtig** *a* amante dei divertimenti.

vergolden ‹*ohne ge-*› *tr* dorare; *fig* indorare.

vergönnen ‹*ohne ge-*› *tr geh:* **es war mir vergönnt/nicht vergönnt zu ...** mi/non mi è stato dato di ... *inf.*

vergöttern [fɛɐ̯'gœtɐn] ‹*ohne ge-*› *tr* idolatrare, adorare.

vergraben ‹*irr, ohne ge-*› **I.** *tr* sotterrare, seppellire; **sein Gesicht in beide Hände ~** nascondere il viso tra le mani; **II.** *rfl:* **sich ~** seppellirsi; *fig* immergersi; **sich in seine Arbeit ~** immergersi nel lavoro.

vergrämen ‹*ohne ge-*› *tr* **1.** *(verärgern)* indisporre; **2.** *(Wild)* spaventare.

vergreifen ‹*irr, ohne ge-*› *rfl:* **sich ~ 1.** *(danebengreifen)* prendere una cosa invece di un'altra, sbagliarsi; *mus* sbagliare nota (*o.* tasto); *(an Schreibmaschine)* sbagliare tasto; **2.** *fig (sich aneignen)* mettere le mani (*an* su); *(an Geld)* rubare (*an etw.* qc); **3.** *(an Personen)* mettere le mani (*an* addosso a); *(geschlechtlich)* usare violenza (*an* a); **sich im Ausdruck ~** confondere i termini; **sich im Ton ~** *(unverschämt werden)* sbagliare tono.

vergriffen [fɛɐ̯'grɪfən] *a com* esaurito.

vergrößern [fɛɐ̯'grøːsɐn] ‹*ohne ge-*› **I.** *tr* **1.** *allg., opt, fot* ingrandire; **2.** *(verbreitern)* allargare; **3.** *(erweitern)* ampliare; **4.** *(vermehren)* incrementare, aumentare; **5.** *fig (verschlimmern)* aggravare; **II.** *rfl:* **sich ~ 1.** *allg., opt, fot* ingrandirsi; *(Organe)* ingrossarsi; **2.** *(sich verbreitern)* allargarsi; **3.** *(sich erweitern)* ampliarsi; **4.** *(sich vermehren)* aumentare.

Vergrößerung ‹-, -en› *f* **1.** *allg., fot, opt* ingrandimento *m;* **2.** *(Verbreiterung)* allargamento *m;* **3.** *(Erweiterung)* ampliamento *m;* **4.** *(Vermehrung)* incremento *m;* **5.** *fig (Verschlimmerung)* aggravamento *m.* **Vergrößerungsglas** *n* lente *f* d'ingrandimento.

Vergünstigung ‹-, -en› *f* agevolazione *f,* facilitazione *f.*

vergüten [fɛɐ̯'gyːtən] ‹*ohne ge-*› *tr* **1.** *(bes. adm) (bezahlen)* pagare, retribuire; **2.** *(zurückerstatten)* rimborsare; *(Schaden)* risarcire; *(gutschreiben)* bonificare; 3. *tec (verbessern)* raffinare; *(Stahl)* temprare.

Vergütung ‹-, -en› *f* **1.** *(Arbeits~)* compenso *m,* retribuzione *f;* **2.** *(Zurückerstattung)* rimborso *m; (für Schaden)* risarcimento *m;* **3.** *(Gutschrift)* accredito *m;* **4.** *tec* bonifica *f; (von Stahl)* tempra *f.*

verh. *ab von* **verheiratet** sposato, -a.

verhaften ‹*ohne ge-*› *tr* arrestare. **Verhaftung** *f* arresto *m.*

verhagelt *a* rovinato dalla grandine.

verhalten[1] ‹*irr, ohne ge-*› **I.** *tr (Atem, Tränen, Lachen)* trattenere; *(Zorn a.)* reprimere; **II.** *rfl:* **sich ~ 1.** *(Person)* comportarsi; **2.** *(Sache, mat)* stare (*zu* a); **sich ruhig ~** rimanere tranquillo; **ich weiß nicht, wie ich mich ~ soll** non so come comportarmi; **die Sache verhält sich so** le cose stanno così.

verhalten[2] *a (unterdrückt)* represso; *(Töne, Farben)* smorzato; **mit ~er Stimme** sottovoce.

Verhalten ‹-s, ø› *n* comportamento *m,* condotta *f,* contegno *m; (Haltung)* atteggiamento *m; (~sweise)* modo *m* d'agire. **Verhaltensforschung** *f* etologia *f.* **verhaltensgestört** *a* caratteriale.

Verhältnis [fɛɐ̯'hɛltnɪs] ‹-ses, -se› *n* **1.** *(Beziehung)* relazione *f,* rapporto *m; (zwischen Menschen)* rapporti *m pl,* relazioni *m pl;* **2.** *(Liebes~)* relazione *f;* **3.** *mat* proporzione *f;* **4.** ‹*pl*› *(Bedingungen)* condizioni *f pl,* situazione *f,* stato *m;* **im ~ zu** *(verglichen mit)* in confronto a; **im ~ von 1 zu 2** in rapporto di 1 a 2; **in ärmlichen ~sen leben** vivere in condizioni misere; **in guten (***o.* **gesicherten) ~sen leben** vivere nell'agiatezza; **über seine ~se leben** vivere al di sopra dei propri mezzi; **das steht in keinem ~ zu ...** è sproporzionato rispetto a ...; **ein ~ mit jdm haben** avere una relazione con qu; **klare ~se schaffen** stabilire rapporti chiari. **verhältnismäßig** *adv* **1.** *(relativ)* relativamente; **2.** *(angemessen, entsprechend)* proporzionatamente. **Verhältniswahlrecht** *n* sistema *m* proporzionale. **Verhältniswort** ‹-(e)s, ¨-er› *n* preposizione *f.*

verhandeln ‹*ohne ge-*› **I.** *tr* **1.** *allg.* trattare; **2.** *jur* dibattere; **II.** *itr* **1.** *allg.* trattare (*über etw.* qc), negoziare (*über etw.* qc); **2.** *jur* deliberare (*über* su).

Verhandlung *f* **1.** *allg.* trattative *f pl; (bes. diplomatisch)* negoziazioni *f pl,* negoziati *m pl;* **2.** *jur* dibattimento *m,* udienza *f;* **~en aufnehmen, in ~en eintreten** entrare in trattative. **Verhandlungsbasis** *f* base *f* di trattativa. **Verhandlungsbereitschaft** *f* disponibilità *f* a negoziare. **verhandlungsbereit, verhandlungswillig** *a* disposto a trattare.

verhängen ‹*ohne ge-*› *tr* **1.** *(be~, zu~)* coprire (*mit* con); **2.** *(Strafe)* infliggere (*über* a); *(Belagerungszustand)* proclamare (*über* in); *(Notstand)* dichiarare (*über* in).

Verhängnis ‹-ses, -se› *n* destino *m,* fatalità *f;* **jdm zum ~ werden** riuscire fatale a qu. **verhängnisvoll** *a* fatale, funesto.

verharmlosen ‹*ohne ge-*› *tr* minimizzare.

verharren ‹*ohne ge-*› *itr* ‹*haben o. sein*› *(bleiben)* rimanere, restare; *(bei Entschluß, etc.)* persistere (*in, auf, bei* in); **in Schweigen ~** ostinarsi a tacere.

verharschen ‹*ohne ge-*› *itr* ‹*sein*› *(Schnee)* indurirsi.

verhaspeln [fɛɐ̯'haspəln] ‹*ohne ge-*› *rfl:* **sich ~** *fam* **1.** *(beim Sprechen)* impappinarsi; **2.** *(bei Bewegungen)* ingarbugliarsi.

verhaßt *a* **1.** *(gehaßt)* odiato (*bei* da), detestato (*bei* da); **2.** *(haßerregend)* odioso; **sich ~ machen** farsi odiare (*bei* a); **es ist mir ~ zu ...** detesto ... *inf.*

verhätscheln ‹*ohne ge-*› *tr* viziare.

Verhau ‹-(e)s, -e› *m o. n (Draht~)* reticolato *m.*

verhauen ‹*irr, ohne ge-*› *fam* **I.** *tr* **1.** *(verprügeln)* bastonare, picchiare; **2.** *(Prüfung, etc.)* fare male; **II.** *rfl:* **sich ~ 1.** *(verprügeln)* bastonarsi; **2.** *(verkalkulieren)* sbagliarsi di grosso *fam.*

verheben ‹*irr, ohne ge-*› *rfl:* **sich ~** farsi male alzando un peso.

verheeren ‹*ohne ge-*› *tr* devastare, distruggere. **verheerend** *a* **1.** *(katastrophal)* disastroso, catastrofico; **2.** *fam (furchtbar)* orribile.

verhehlen ‹*ohne ge-*› *tr* nascondere, celare, dissimulare; **er konnte seine Schadenfreude nicht ~** non poteva nascondere la gioia che provava per il male altrui.

verheilen ‹*ohne ge-*› *itr* ‹*sein*› guarire; *(vernarben)* cicatrizzarsi.

verheimlichen ‹*ohne ge-*› *tr* tenere segreto (*o.* nascosto) (*jdm etw.* qc a qu), nascondere (*jdm etw.* qc a qu).

verheiraten ‹*ohne ge-*› **I.** *rfl:* **sich ~** sposarsi (*mit* con); **sich wieder ~** risposarsi; **II.** *tr* sposare (*mit* a).

verheißen ‹*irr, ohne ge-*› *tr geh* **1.** *(versprechen)* promettere; **2.** *(prophezeien)* predire. **Verheißung** ‹-, -en› *f geh* promessa *f;* **das Land der ~** la terra promessa. **verheißungsvoll** *a* promettente, che promette bene.

verhelfen ‹*irr, ohne ge-*› *itr:* **jdm zu etw. ~** procurare qc a qu; **jdm zum Sieg/Erfolg ~** aiutare qu a vincere/ad avere successo.

verherrlichen ‹*ohne ge-*› *tr* esaltare, glorificare.

verhexen ‹*ohne ge-*› *tr* stregare; **das ist doch wie verhext!** *fam* sembra che il diavolo ci abbia messo la coda.

verhindern ‹*ohne ge-*› *tr* impedire; *(vermeiden)* evitare; **verhindert sein** essere impedito; *(nicht kommen können)* non poter venire; **das läßt sich nicht ~** è inevitabile; **ein verhinderter Schauspieler** *fam* un attore mancato.

verhöhnen ‹*ohne ge-*› *tr* schernire, deridere.

Verhör [fɛɐ̯'hø:ɐ̯] ‹-(e)s, -e› *n* interrogatorio *m; (von Zeugen)* escussione *f;* **jdn ins ~ nehmen** sottoporre qu a (*o.* ad un) interrogatorio.

verhören ‹*ohne ge-*› **I.** *tr* interrogare; *(Zeugen)* escutere; **II.** *rfl:* **sich ~** capir male.

verhüllen ‹*ohne ge-*› **I.** *tr* coprire; *(a.*

fig) velare; **II.** *rfl:* **sich** ~ *geh* velarsi, coprirsi (con un velo). **verhüllend** *a* eufemistico.

verhungern ‹*ohne ge-*› *itr* ‹*sein*› morire di fame.

verhunzen [fɛɐ̯ˈhʊnt͡sən] ‹*ohne ge-*› *tr fam pej* rovinare, guastare.

verhüten ‹*ohne ge-*› *tr (Schaden, Schwangerschaft)* prevenire; *(verhindern)* impedire. **Verhütung** ‹-, ø› *f* prevenzione *f; (Empfängnis~)* contraccezione *f.* **Verhütungsmittel** *n* anticoncezionale *m,* contraccettivo *m.*

verhutzelt [fɛɐ̯ˈhʊt͡səlt] *a fam* raggrinzito *fam.*

verifizieren [verifiˈt͡siːrən] ‹*ohne ge-*› *tr* verificare.

verirren ‹*ohne ge-*› *rfl:* **sich** ~ smarrirsi, perdersi.

verjagen ‹*ohne ge-*› *tr (a. fig)* scacciare, cacciare (via).

verjähren ‹*ohne ge-*› *itr* ‹*sein*› cadere in prescrizione. **verjährt** *a* prescritto. **Verjährung** ‹-, ø› *f* prescrizione *f.*

verjubeln ‹*ohne ge-*› *tr fam* scialacquare *fam,* dissipare.

verjüngen [fɛɐ̯ˈjʏŋən] ‹*ohne ge-*› **I.** *tr* ringiovanire, far tornare giovane; **II.** *rfl:* **sich** ~ **1.** *(jünger werden)* ringiovanire, tornare giovane; **2.** *(dünner werden)* rastremarsi.

verkabeln ‹*ohne ge-*› *tr* cablare.

verkalken ‹*ohne ge-*› *itr* ‹*sein*› **1.** *allg. (Kessel, Maschine)* calcificarsi; **2.** *med (Arterien)* calcificarsi; **3.** *fam (Mensch)* essere affetto da arteriosclerosi, rimbambire *fam; (geistig)* fossilizzarsi, rimbambirsi *fam.*

verkalkulieren ‹*ohne ge-*› *rfl:* **sich** ~ sbagliarsi (nei calcoli).

Verkalkung ‹-, -en› *f* **1.** *tec, med* calcificazione *f;* **2.** *fam (von Mensch)* arteriosclerosi *f.*

verkannt [fɛɐ̯ˈkant] *a (Genie)* incompreso.

verkappt *a* camuffato.

verkapseln ‹*ohne ge-*› *rfl:* **sich** ~ **1.** *med* incapsularsi; **2.** *fig* isolarsi, appartarsi.

verkatert *a:* ~ **sein** *fam* soffrire dei postumi di una sbornia.

Verkauf *m* **1.** vendita *f; (Absatz a.)* smercio *m;* **2.** *(~sabteilung)* reparto *m* vendite; **etw. zum ~ anbieten** mettere qc in vendita.

verkaufen ‹*ohne ge-*› **I.** *tr* vendere (*für* per, *an* a); *(absetzen a.)* smerciare (*für* per, *an* a); **gegen bar** ~ vendere in contanti; **zu** ~ in vendita; **jdn für dumm** ~ *fam* prendere qu per scemo *fam;* **II.** *rfl:* **sich** ~ vendersi.

Verkäufer(in) *mf* venditore, -trice *m, f.*

verkäuflich *a* **1.** *(angeboten)* da vendere, in vendita; **2.** *(geeignet)* vendibile; **schwer** ~ difficile da vendere; **leicht** ~ di facile smercio.

verkaufsoffen *a:* **~er Samstag** *sabato con apertura straordinaria dei negozi.* **Verkaufspreis** *m* prezzo *m* di vendita. **Verkaufsschlager** *m* hit *m* commerciale.

Verkehr [fɛɐ̯ˈkeːɐ̯] ‹-s, ø› *m* **1.** *(Land~, Luft~, Wasser~)* traffico *m;* **2.** *(fin, Straßen~)* circolazione *f;* **3.** *(Umgang)* rapporto *m,* relazione *f; (Geschlechts~)* rapporti *m pl* intimi (*o.* sessuali); **öffentlicher** ~ mezzi (*o.* trasporti) *m pl* pubblici; **außer** ~ fuori commercio; **den ~ einstellen** sospendere il traffico; **etw. dem ~ übergeben, etw. für den ~ freigeben** aprire qc al traffico; **etw. aus dem ~ ziehen** togliere qc dalla circolazione; **für den ~ gesperrt** chiuso al traffico; **das ist kein ~ für dich** non è una persona da frequentare; **den ~ regeln** regolare il traffico; **den ~ umleiten** (far) deviare il traffico.

verkehren[1] ‹*ohne ge-*› *itr* **1.** *haben o. sein (Verkehrsmittel)* circolare, fare servizio; **2.** ‹*haben*› *(Mensch)* frequentare *(in einem Café* un bar); **bei jdm** ~ frequentare (*o.* praticare) la casa di qu; **mit jdm** ~ essere in rapporti con qu; *(geschlechtlich)* avere rapporti intimi (*o.* sessuali) con qu; **mit jdm brieflich** ~ essere in corrispondenza con qu.

verkehren[2] ‹*ohne ge-*› **I.** *rfl:* **sich** ~ mutarsi (*in etw.* in qc); **sich ins Gegenteil** ~ diventare l'opposto; **II.** *tr* trasformare; **etw. ins Gegenteil** ~ girare qc al contrario.

Verkehrsampel *f* semaforo *m.* **Verkehrsamt** *n s.* **Verkehrsverein. Verkehrsaufkommen** ‹-s, -› *n:* **starkes/hohes** ~ densità *f* del traffico. **Verkehrsbehinderung** *f* intralcio *m* del traffico. **Verkehrschaos** *n* paralisi *f* del traffico. **Verkehrsdichte** *f* densità *f* del traffico. **Verkehrserziehung** *f* educazione *f* stradale. **Verkehrshindernis** *n* ostacolo *m* (*o.* impedimento *m*) al traffico. **Verkehrshinweis** *m* informazioni *f pl* sul traffico. **Verkehrsinsel** *f* salvagente *m.* **Verkehrsknotenpunkt** *m* nodo *m* stradale. **Verkehrsminister(in)** *m(f)* ministro *m* dei trasporti. **Verkehrsmittel** *n* mezzo *m* di trasporto. **Verkehrsnetz** *n* rete *f* varia. **Verkehrsopfer** *n* vittima *f* della strada. **Verkehrsordnung** *f* codice *m* stradale. **Verkehrspolizei** *f* (polizia *f*) stradale *f*. **Verkehrspolizist** *m* vigile *m* urbano; *(motorisiert)* agente *m* della polizia stradale. **Verkehrsregeln** *f pl* norme *f pl* di circolazione. **Verkehrsregelung** *f* regolazione *f* del traffico. **verkehrsreich** *a* molto frequentato. **Verkehrssicherheit** *f* sicurezza *f* stradale. **Verkehrsstockung** *f* ingorgo *m* stradale. **Verkehrsteilnehmer(in)** *m(f)* utente *mf* della strada. **Verkehrstote** *mf* vittima *f* della strada. **Verkehrsunfall** *m* incidente *m* stradale. **Verkehrsverein** *m* ente *m* per il turismo, ufficio *m* turistico. **Verkehrswesen** *n* trasporti *m pl*. **verkehrswidrig I.** *a* contro le norme della circolazione; **II.** *adv* in violazione della norme della circolazione. **Verkehrszählung** *f* censimento *m* della circolazione. **Verkehrszeichen** *n* segnale *m* stradale.

verkehrt I. *a (falsch)* sbagliato; **das ist das ~este, was du machen konntest** è la cosa più sbagliata che potessi fare; **das ist gar nicht so ~!** *fam* non è poi tanto assurdo; **II.** *adv* male; **etw. ~ anfangen** partire con il piede sbagliato in qc *fam;* **~ gehen** (*o.* **fahren**) sbagliare strada; **etw. ~ machen** sbagliare qc.

verkennen ‹*irr, ohne ge-*› *tr (falsch beurteilen)* giudicare male; *(Genie)* non comprendere; *(unterschätzen)* sottovalutare; **das ist nicht zu ~** è inconfondibile; **es läßt sich nicht ~, daß ...** non si può negare che ... *conj.*

verklagen ‹*ohne ge-*› *tr* citare in giudizio (*auf, wegen* per), querelare (*auf, wegen* per).

verklären ‹*ohne ge-*› **I.** *tr* **1.** *rel* trasfigurare; **2.** *fig* idealizzare, trasfigurare; **II.** *rfl:* **sich ~** trasfigurarsi; **ein verklärter Blick** uno sguardo raggiante.

verklausulieren [fɛɐ̯klauzu'li:rən] ‹*ohne ge-*› *tr* munire di clausole; *fig (schwierig formulieren)* formulare in modo complicato.

verkleiden ‹*ohne ge-*› **I.** *tr* **1.** *(Menschen)* travestire; *(kostümieren)* mascherare; **2.** *(Wand)* rivestire (*mit* di), coprire (*mit* di); **II.** *rfl:* **sich ~** travestirsi; *(sich kostümieren)* mascherarsi (*als* da). **Verkleidung** *f* **1.** travestimento *m; (Kostümierung)* mascheramento *m;* **2.** *(Bedeckung)* rivestimento *m*, guarnizione *f*.

verkleinern ‹*ohne ge-*› **I.** *tr* **1.** *allg.* rimpicciolire; *(Maßstab, Foto, Abstand, Wort)* ridurre; *(vermindern)* diminuire (*um* di); **2.** *fig (schmälern)* sminuire; **II.** *rfl:* **sich ~** *(Betrieb)* rimpicciolirsi; *(Abstand)* ridursi. **Verkleinerung** ‹-, -en› *f* **1.** *allg.* rimpiccolimento *m;* **2.** *tec, fot* riduzione *f;* **3.** *ling (~sform)* diminutivo *m.*

verklemmt *a fig (Person)* inibito.

verklickern [fɛɐ̯'klıkɐn] ‹*ohne ge-*› *tr:* **jdm etw. ~** *sl* farlo comprendere a qu.

verklingen ‹*irr, ohne ge-*› *itr* ‹*sein*› smorzarsi, perdersi, svanire.

verknallen ‹*ohne ge-*› *rfl fam:* **sich in jdn ~** prendere una cotta per qu *fam;* **in jdn verknallt sein** essere cotto di qu *fam.*

Verknappung ‹-, -en› *f* penuria *f*, scarsità *f*.

verkneifen ‹*irr, ohne ge-*› *rfl fam:* **sich** *(dat)* **etw. ~** *(verzichten)* rinunciare a qc; *(unterdrücken)* soffocare qc; **er konnte sich** *(dat)* **nicht ~ zu ...** non potè fare a meno di ... *inf.*

verknoten ‹*ohne ge-*› *tr* annodare.

verknüpfen ‹*ohne ge-*› *tr* collegare (*mit* con), unire (*mit* a); **mit dem Vertrag sind viele Bedingungen verknüpft** il contratto presenta molte condizioni.

verkohlen[1] ‹*ohne ge-*› *itr* ‹*sein*› carbonizzarsi.

verkohlen[2] ‹*ohne ge-*› *tr fam* beffare, prendere in giro.

verkommen[1] ‹*irr, ohne ge-*› *itr* ‹*sein*› **1.** *(verwahrlosen)* rovinarsi; **2.** *(Person: im Aussehen)* essere trascurato; *(sittlich)* cadere in basso; **3.** *(Haus, etc.)* andare in rovina; **4.** *(Lebensmittel)* guastarsi, deteriorarsi.

verkommen[2] *a* **1.** *(verwahrlost)* in rovina; **2.** *(Person: ungepflegt)* malandato; *(verderbt)* corrotto, depravato. **Verkommenheit** ‹-, ø› *f* **1.** *(Verwahrlosung)* rovina *f;* **2.** *(von Haus)* rovina *f*, abbandono *m;* **3.** *(von Person: äußerlich)* trascuratezza *f*, *(sittlich)* depravazione *f*, corruzione *f*.

verkorken ‹*ohne ge-*› *tr* tappare.

verkorksen [fɛɐ̯'kɔrksən] ‹*ohne ge-*› *tr fam* sciupare, rovinare; **sich** *(dat)* **den Magen ~** rovinarsi lo stomaco; **eine völlig verkorkste Ehe/Sache** un matrimonio disastroso/una cosa completamente rovinata.

verkörpern ‹*ohne ge-*› *tr allg.* incarnare, personificare; *film, theat* impersonare. **Verkörperung** ‹-, -en› *f* incarnazione *f*, personificazione *f*.

verkrachen ‹*ohne ge-*› *rfl:* **sich ~** *fam* rompere (*mit* con) *fam.* **verkracht** *a fam (gescheitert)* fallito; **er ist eine ~e Existenz** è un fallito.

verkraften ‹*ohne ge-*› *tr (bewältigen)* sopportare; *(geistig)* assimilare, digerire *fam.*

verkrampfen ‹*ohne ge-*› *rfl:* **sich ~ 1.** *(sich zusammenziehen)* contrarsi, rattrappirsi; **2.** *fig (gehemmt sein)* bloccarsi, rimanere impacciato. **Verkrampfung** ‹-, -en› *f* contrazione *f; fig* impaccio *m.*

verkriechen ‹*irr, ohne ge-*› *rfl:* **sich ~** nascondersi; *(bes. Tiere)* rintanarsi; **sich vor jdm ~ müssen** *fig* doversi nascondere di fronte a qu.

verkrümeln ‹*ohne ge-*› *rfl:* **sich ~** *fam* svignarsela *fam.*

verkrümmen ‹*ohne ge-*› *rfl:* **sich ~** curvarsi; *(sich verformen)* deformarsi.

verkrüppelt *a (Mensch)* storpio; *(Baum)* storto.

verkrusten ‹*ohne ge-*› *itr* ‹*sein*› incrostarsi.

verkümmern ‹*ohne ge-*› *itr* ‹*sein*› **1.** *(Pflanzen)* intristire; *(a. Mensch)* deperire; *(Fähigkeiten)* venir meno; **2.** *med* atrofizzarsi.

verkünden [fɛɐ̯'kʏndən] ‹*ohne ge-*› *tr* **1.** *geh (ankündigen)* annunciare, rendere noto; *(prophezeien)* preannunziare; **2.** *(bekanntmachen)* proclamare; *(Gesetz)* promulgare; *(Urteil)* pronunciare; **3.** *(erklären)* dichiarare.

verkupfern ‹*ohne ge-*› *tr* ramare.

verkuppeln ‹*ohne ge-*› *tr* combinare il matrimonio fra; *pej (Zuhälter)* arruffianare.

verkürzen ‹*ohne ge-*› **I.** *tr* **1.** (r)accorciare; **2.** *(Weg, Wartezeit)* abbreviare; **3.** *(verringern)* ridurre (*um* di), diminuire (*um* di); **verkürzte Arbeitszeit** orario di lavoro ridotto; **sich** *(dat)* **die Zeit ~** ingannare il tempo; **II.** *rfl:* **sich ~** accorciarsi.

Verladebahnhof *m* stazione *f* di carico.

verladen ‹*irr, ohne ge-*› *tr* caricare; *naut* imbarcare.

Verladerampe *f* rampa *f* di carico.

Verlag [fɛɐ̯'la:k] ‹-(e)s, -e› *m* casa *f* editrice, editore *m;* **in einem ~ erscheinen** essere pubblicato da un editore.

verlagern ‹*ohne ge-*› **I.** *tr* **1.** spostare (*von ... auf* da ... a); **2.** *(überführen)* trasferire; **II.** *rfl:* **sich ~** spostarsi (*von ... auf* da ... a).

Verlagsbuchhändler(in) *m(f)* editore, -trice *m, f.* **Verlagsbuchhandlung** *f* libreria *f* editrice. **Verlagskatalog** *m* catalogo *m* delle pubblicazioni. **Verlagskaufmann** *mf* agente *mf* editoriale. **Verlagsrecht** *n* diritto *m* d'editore. **Verlagsredakteur(in)** *m(f)* redattore, -trice *m, f* editoriale.

verlangen ‹*ohne ge-*› **I.** *tr* **1.** *(fragen nach)* chiedere, richiedere; **2.** *(wünschen)* desiderare; **3.** *(fordern)* esigere, pretendere; **4.** *(beanspruchen)* rivendicare; **5.** *(erfordern)* richiedere, esigere; **6.** *(berechnen)* volere; **es verlangt mich zu ...** *geh* desidero ... *inf;* **mehr kann man nicht ~** di più non si può pretendere; **das ist zuviel verlangt** questo è (chiedere) troppo; **Sie werden am Telefon verlangt** La desiderano al telefono; **II.** *itr (sich sehnen)* desiderare (*nach jdm etw.* qu qc). **Verlangen** ‹-s, ø› *n* **1.** *(Forderung)* richiesta *f,* domanda *f;* **2.** *(Wunsch, Sehnsucht)* desiderio *m* (*nach* di); *(Lust)* voglia *f* (*nach* di); *(Begierde)* brama *f* (*nach* di); **auf ~ von** a richiesta di; **kein ~ haben zu ...** non avere nessuna voglia di ... *inf.*

verlängern [fɛɐ̯'lɛŋən] ‹*ohne ge-*› **I.** *tr* **1.** *(räumlich, zeitlich)* allungare, prolungare; **2.** *(Gültigkeit, etc.)* prorogare; *(Vertrag, Wechsel)* rinnovare; **3.** *(Soße)* diluire; **ein verlängertes Wochenende** un ponte; **II.** *rfl:* **sich ~ 1.** *(örtlich)* protrarsi; **2.** *(räumlich)* allungarsi; **III.** *itr sport* continuare il gioco.

Verlängerung ‹-, -en› *f* **1.** *(räumlich, zeitlich)* allungamento *m,* prolungamento *m;* **2.** *(Frist)* proroga *f,* dilazione *f;* **3.** *(Erneuerung)* rinnovo *m;* **4.** *sport (von Paß, Ball)* allungo *m; (von Spielzeit)* tempo *m* supplementare. **Verlängerungsschnur** *f* prolunga *f.*

verlangsamen ‹*ohne ge-*› **I.** *tr* rallentare; **II.** *rfl:* **sich ~** rallentarsi.

Verlaß [fɛɐ̯'las] ‹-lasses, ø› *m:* **auf ihn ist kein ~** non si può fare affidamento su di lui; **darauf ist kein ~** non vi si può fare affidamento.

verlassen[1] ‹*irr, ohne ge-*› **I.** *tr* **1.** *(Ort, Thema)* abbandonare; **2.** *(Familie, Menschen)* abbandonare, lasciare; **seine Kräfte verließen ihn** gli vennero a mancare le forze; **beim V~ des Hauses** uscendo dalla casa; **II.** *rfl:* **sich ~** fare affidamento (*auf* su), contare (*auf* su); **~ Sie sich darauf!** (ne) stia sicuro!

verlassen[2] *a* **1.** *(allein gelassen)* abbandonato; **2.** *(einsam)* solo, abbandonato; **3.** *(öde)* deserto. **Verlassenheit** ‹-, ø› *f* abbandono *m; (Einsamkeit)* solitudine *f.*

verläßlich [fɛɐ̯'lɛslɪç] *a* **1.** *(Mensch)* fidato; **2.** *(Information, etc.)* attendibile.

Verlaub [fɛɐ̯'la͜up] *m geh:* **mit ~** con permesso; **mit ~ zu sagen** con rispetto parlando.

Verlauf *m* **1.** *(von Zeit, Fluß)* corso *m;* **2.** *(von Straße)* tracciato *m;* **3.** *(von Krankheit)* decorso *m;* **4.** *(Hergang)* svolgimento *m,* andamento *m; (Entwicklung)* sviluppo *m;* **im ~ des Abends** nel corso della serata; **im weiteren ~** nel seguito.

verlaufen ‹*irr, ohne ge-*› **I.** *itr* ‹*sein*› **1.** *(vonstatten gehen, ablaufen)* svolgersi, procedere; *(sich entwickeln)* svilupparsi, procedere; *(Krankheit)* avere decorso; **2.** *(ausgehen)* finire; **3.** *(Grenze, Weg)* correre; *(Fluß)* scorrere; **4.** *(Farbe)* spandersi; *(Butter)* squagliarsi; **II.** *rfl:* **sich ~ 1.** *(sich verirren)* smarrirsi, perdersi; **2.** *(sich verlieren: Menschenmenge)* disperdersi; *(Wasser)* defluire, ritirarsi.

verlaust *a* pidocchioso.

verlautbaren [fɛɐ̯'la͜utba:rən] ‹*ohne ge-*› *adm, geh* **I.** *tr* ‹*haben*› annunciare, rendere noto; **II.** *itr* ‹*sein*› venir reso noto; **~ lassen** fare sapere. **Verlautbarung** ‹-, -en› *f adm, geh* annuncio *m; (Mitteilung)* comunicazione *f;* **amtliche ~** comunicazione ufficiale.

verlauten ‹*ohne ge-*› *adm, geh* **I.** *itr* ‹*sein*› *(bekanntwerden):* **es verlautet, daß ...** corre voce che ...; **II.** *tr* ‹*haben*› *(bekanntmachen)* comunicare.

verleben ‹*ohne ge-*› *tr (Zeit)* trascorrere, passare. **verlebt** *a (Person)* sciupato.

verlegen¹ ‹*ohne ge-*› **I.** *tr* **1.** *(an andere Stelle)* spostare; *(Wohnung, Betrieb, Behörde)* trasferire; **2.** *(Veranstaltung, Termin)* rinviare (*von ... auf* da ... a), rimandare (*von ... auf* da ... a); **3.** *(an die falsche Stelle)* mettere al posto sbagliato, smarrire; **4.** *(sich abspielen lassen)* ambientare, collocare; **5.** *(Buch)* pubblicare; **6.** *(Kabel)* posare; *(Fliesen)* mettere; **II.** *rfl:* **sich auf etw. ~** passare a qc.

verlegen² *a (unsicher, schüchtern)* imbarazzato, impacciato; **er ist nicht um Geld ~** il denaro non gli manca; **nie um eine Antwort ~ sein** avere sempre una risposta pronta. **Verlegenheit** ‹-, ø› *f* **1.** *(Befangenheit)* imbarazzo *m;* **2.** *(unangenehme Lage)* impiccio *m; (finanziell a.)* difficoltà *f* economica; **jdm aus der ~ helfen** aiutare qu ad uscire da una situazione (economica) difficile; **jdn in ~ bringen** mettere qu in imbarazzo. **Verlegenheitslösung** *f* soluzione *f* di ripiego.

Verleger(in) ‹-s, -› *m(f)* editore, -trice *m, f.*

Verlegung ‹-, ø› *f* **1.** *allg.* spostamento *m; (von Wohnsitz, Betrieb)* trasferimento *m; mil* dislocamento *m;* **2.** *(von Termin, Veranstaltung)* rinvio *m* (*auf* a), spostamento *m* (*auf* a); **3.** *(von Büchern)* pubblicazione *f;* **4.** *(von Kabeln)* posa *f; (von Fliesen)* mettere *m.*

verleiden ‹*ohne ge-*› *tr:* **jdm etw. ~** far passare a qu il piacere di qc.

Verleih [fɛɐ̯'la͜i] ‹-(e)s, -e› *m allg.* noleggio *m; film (das Verleihen)* distribuzione *f; (~stelle)* casa *f* di distribuzione.

verleihen ‹*irr, ohne ge-*› *tr* **1.** prestare, dare in prestito; *(gegen Gebühr)* noleggiare, dare a nolo; **2.** *fig (Orden, Glanz, Schönheit, etc.)* conferire.

Verleihung ‹-, ø› *f* **1.** prestito *m; (gegen Gebühr)* noleggio *m;* **2.** *(von Titel, Orden)* conferimento *m.*

verleiten ‹*ohne ge-*› *tr* **1.** *(veranlassen)* indurre (*jdn zu etw.* qu a fare qc), istigare (*jdn zu etw.* qu a fare qc); **2.** *(verlocken)* invitare (*jdn zu etw.* qu a far qc).

verlernen ‹*ohne ge-*› *tr* disimparare, dimenticare.

verlesen¹ ‹*irr, ohne ge-*› **I.** *tr (Text)* dar lettura di; *(Namen)* fare l'appello di; **II.** *rfl:* **sich ~** leggere male.

verlesen² ‹*irr, ohne ge-*› *tr (Obst, Gemüse, Salat)* scegliere, selezionare.

verletzbar *a* vulnerabile.

verletzen [fɛɐ̯'lɛt͜sən] ‹*ohne ge-*› **I.** *tr* **1.** *(verwunden)* ferire; **2.** *fig (kränken)* offendere; **3.** *fig (Interessen)* ledere; *(Abkommen, Gesetz, Frieden)* violare; *(Sitte)* offendere; **seine Pflicht ~** venir meno al proprio dovere; **II.** *rfl:* **sich ~** farsi male, ferirsi. **verletzend** *a (Bemerkung, etc.)* graffiante.

Verletzte ‹ein -r, -n, -n› *mf* ferito, -a *m, f.*

Verletzung ‹-, -en› *f* **1.** ‹*sing*› *(das Verletzen)* ferimento *m;* **2.** *jur, med* lesione *f;* **3.** *(Wunde)* ferita *f;* **4.** *fig (Kränkung)* offesa *f* (*gen* a); **5.** *fig (Übertretung)* violazione *f* (*gen* di); **die ~ seiner Pflichten** il venir meno ai propri doveri. **Verletzungsgefahr** *f* pericolo *m* di ferimento.

verleugnen ‹*ohne ge-*› *tr* rinnegare, ripudiare; **sich ~ lassen** far dire che non si è in casa; **es läßt sich nicht ~, daß ...** non si può negare che ...

verleumden [fɛɐ̯'lɔ͜ymdən] ‹*ohne ge-*›

tr diffamare, denigrare, calunniare. **Verleumder(in)** ‹-s, -› *m(f)* diffamatore, -trice *m, f,* denigratore, -trice *m, f,* calunniatore, -trice *m, f.* **verleumderisch** *a* diffamatorio, denigratorio, calunnioso. **Verleumdung** ‹-, -en› *f* diffamazione *f,* calunnia *f,* denigrazione *f.*

verlieben ‹*ohne ge-*› *rfl:* **sich ~** innamorarsi (*in* di). **verliebt** *a* innamorato (*in* di); **jdm ~e Blicke zuwerfen** lanciare a qu sguardi pieni d'amore.

verlieren [fɛɐ̯'li:rən] ‹verliert, verlor, verloren› **I.** *tr* **1.** *allg.* perdere; **2.** *(einbüßen)* rimetterci; **3.** *(verlegen)* smarrire; **jdn aus den Augen ~** perdere di vista qu; **den Kopf/Verstand verlieren** perdere la testa/la ragione; **den Mut ~** perdersi di coraggio; **hier hast du nichts verloren** *fam* qui non hai niente da cercare; **darüber brauchen wir kein Wort mehr zu ~** non è il caso di sprecarci altre parole; **II.** *rfl:* **sich ~** *allg.* perdersi; *(Menschenmenge)* disperdersi; *(dahinschwinden)* svanire; **sich in Gedanken ~** abbandonarsi ai propri pensieri; **III.** *itr* perdere (*an etw.* qc, in qc).

Verlierer(in) ‹-s, -› *m(f)* **1.** *(von Dingen)* perdente *mf;* **2.** *(von Spiel, etc.)* vinto, -a *m, f,* sconfitto, -a *m, f;* **er ist ein/kein guter ~** sa/non sa perdere.

Verlies [fɛɐ̯'li:s] ‹-es, -e› *n* carcere *m* sotterraneo.

verloben ‹*ohne ge-*› *rfl:* **sich ~** fidanzarsi (*mit* con). **Verlobte** ‹ein -r, -n, -n› *mf* fidanzato, -a *m, f.* **Verlobung** ‹-, -en› *f* fidanzamento *m;* **die ~ auflösen** rompere il fidanzamento.

verlocken ‹*ohne ge-*› *tr geh* attirarre, attrarre. **verlockend** *a* allettante; **das klingt ~** l'idea è allettante.

verlogen [fɛɐ̯'lo:gən] *a* **1.** *(Mensch)* bugiardo; **2.** *(Moral, etc.)* falso.

verlor [fɛɐ̯'lo:ɐ̯] *1. u. 3. pers sing imp von* **verlieren.**

verloren [fɛɐ̯'lo:rən] **I.** *pp von* **verlieren; II.** *a* **1.** perduto, perso; **2.** *(vergeblich)* inutile, vano; **3.** *(einsam)* sperduto; **4.** *(ratlos)* disorientato; **das Spiel ~ geben** dare persa la partita; **sich ~ geben** darsi vinto; **auf ~em Posten stehen** combattere una lotta già perduta.

verlosen ‹*ohne ge-*› *tr* sorteggiare, estrarre a sorte. **Verlosung** ‹-, -en› *f* sorteggio *m,* estrazione *f* a sorte.

verlottern [fɛɐ̯'lɔtɐn] ‹*ohne ge-*› *itr* ‹*sein*› *fam* **1.** *(Person)* rovinarsi; **2.** *(Sache)* andare in rovina. **verlottert** *a* malandato.

Verlust [fɛɐ̯'lʊst] ‹-(e)s, -e› *m* **1.** *allg.* perdita (*an* di); **2.** *(Schaden)* danno *m;* **3.** *fin (Fehlbetrag)* deficit *m;* **dem Feind große ~e zufügen** infliggere gravi perdite al nemico; **mit ~ verkaufen** vendere in perdita. **Verlustanzeige** *f* denuncia *f* di smarrimento. **Verlustgeschäft** *n* affare *m* di perdita.

verlustig *a adm, geh:* **einer S. ~ gehen** perdere qc, venire privato di qc; **jdn einer S. für ~ erklären** dichiarare qu privo di qc.

verlustreich *a* **1.** *com* in perdita, deficitario; **2.** *mil (Schlacht)* sanguinoso.

vermachen ‹*ohne ge-*› *tr:* **jdm etw. ~** **1.** *(vererben)* lasciare in eredità qc a qu; **2.** *fam (schenken)* regalare qc a qu.

Vermächtnis [fɛɐ̯'mɛçtnɪs] ‹-ses, -se› *n* **1.** *jur* legato *m,* lascito *m;* **2.** *fig* testamento *m,* eredità *f.*

vermählen [fɛɐ̯'mɛ:lən] ‹*ohne ge-*› *geh* **I.** *rfl:* **sich ~** sposarsi (*mit* con); **II.** *tr* sposare. **Vermählte** ‹ein -r, -n, -n› *mf geh:* **die ~n** gli sposi. **Vermählung** ‹-, -en› *f geh* matrimonio *m.*

vermehren ‹*ohne ge-*› **I.** *tr* aumentare, accrescere; *(erweitern)* ampliare; *(zahlenmäßig)* moltiplicare; **II.** *rfl:* **sich ~** aumentare, accrescere; *biol* riprodursi; *(Zellen)* proliferare, moltiplicarsi.

Vermehrung *f* aumento *m,* incremento *m; (zahlenmäßig)* moltiplicazione *f; biol* riproduzione *f; (von Zellen)* proliferazione *f.*

vermeiden ‹*irr, ohne ge-*› *tr* evitare, scansare; **es läßt sich nicht ~, daß ...** non si può evitare di ... *inf,* è inevitabile che ... *conj;* **um Mißverständnisse zu ~** a scanso d'equivoci.

vermeintlich [fɛɐ̯'maɪ̯ntlɪç] *a* presunto; *(Vater)* putativo.

Vermerk [fɛɐ̯'mɛrk] ‹-(e)s, -e› *m* **1.** *(Notiz)* annotazione *f,* nota *f;* **2.** *(Eintragung)* registrazione *f.*

vermerken ‹*ohne ge-*› *tr* **1.** *(notieren)* annotare; **2.** *(eintragen)* registrare; **3.** *(zur Kenntnis nehmen)* prendere nota di; **etw. übel ~** *geh* aversi a male di qc.

vermessen¹ ‹*irr, ohne ge-*› **I.** *tr* misurare, prendere le misure di; *(topographisch)* rilevare; **II.** *rfl:* **sich ~** *(falsch messen)* sbagliarsi nel prendere le misure.

vermessen² ‹*irr, ohne ge-*› *rfl:* **sich ~** *geh (sich anmaßen)* avere l'ardire (*etw. zu tun* di fare qc), permettersi (*etw. zu tun* di fare qc).

vermessen³ *a geh* **1.** *(tollkühn)* audace; **2.** *(überheblich)* presuntuoso; **es**

ist ~ zu behaupten . . . è da presuntuosi affermare . . . **Vermessenheit** ‹-, ø› *f geh* **1.** *(Kühnheit)* audacia *f;* **2.** *(Überheblichkeit)* presunzione *f.*

Vermessung *f* misurazione *f; (topographisch)* rilevamento *m.* **Vermessungsingenieur(in)** *m(f)* geometra *mf.*

vermieten ‹*ohne ge-*› *tr* affittare, dare in affitto; *(bes. jur)* locare; *(Auto)* noleggiare, dare a nolo; **„Zimmer zu ~"** "affittasi camere". **Vermieter(in)** *m(f)* **1.** *(von Wohnung)* locatore, -trice *m, f;* **2.** *(von anderen Dingen)* noleggiatore, -trice *m, f.*

vermindern ‹*ohne ge-*› **I.** *tr* **1.** *(geringer machen)* diminuire, ridurre; **2.** *(abschwächen)* attenuare; **II.** *rfl:* **sich ~ 1.** *(geringer werden)* diminuire; **2.** *(sich abschwächen)* diminuire, scemare; *(Schmerzen)* attutirsi.

vermischen ‹*ohne ge-*› **I.** *tr* mischiare; *(fig a.)* mescolare; **Vermischtes** miscellanea *f; (in Zeitungen)* varie *f pl;* **II.** *rfl:* **sich ~ 1.** *allg. (Rassen)* incrociarsi (*mit* con); **2.** *fig* confondersi, mescolarsi.

vermissen ‹*ohne ge-*› *tr* **1.** *(Dinge)* non trovare; *(Personen)* notare l'assenza di; **2.** *(mit Bedauern)* sentire la mancanza di; *(Verlust)* rimpiangere; **ich vermisse dich sehr** mi manchi molto; **vermißt werden** risultare disperso; **als vermißt gemeldet sein** essere dato per disperso; **ich vermisse meine Brille** non trovo gli occhiali; **was ich an dieser Beschreibung vermisse, ist . . .** quello che non trovo in questa descrizione, è . . . **Vermißte** ‹ein -r, -n, -n› *mf* disperso, -a *m, f.* **Vermißtenanzeige** *f* denunzia *f* di scomparsa; **eine ~ aufgeben** denunziare la scomparsa di qu.

vermitteln ‹*ohne ge-*› **I.** *tr* **1.** *(beschaffen)* procurare; **2.** *(Treffen, etc.)* combinare; *(Geschäft)* fare da mediatore in; *(in Diplomatie)* negoziare; **3.** *fig (Eindruck, etc.)* offrire, dare; **4.** *fig (Wissen)* trasmettere; **ein Gespräch ~** *tel* passare una comunicazione telefonica; **II.** *itr* **1.** fare da mediatore; **2.** *(im Streitfall)* conciliare (*zwischen den Parteien* le parti); **vermittelnd eintreten** intervenire (*für* in favore di).

Vermittler(in) ‹-s, -› *m(f)* **1.** *allg.* mediatore, -trice *m, f; (a. com)* intermediario, -a *m, f; (Makler)* sensale *mf;* **2.** *(bei Streitfällen)* conciliatore, -trice *m, f.*

Vermittlung ‹-, -en› *f* **1.** *allg.* mediazione *f; (Einschaltung)* intervento *m;* **2.** *(Schlichtung)* accomodamento *m;* **3.** *tel (Telefonzentrale)* centralino *m; (Mensch)* centralinista *mf;* **4.** *(Stellen~)* ufficio *m* di collocamento; **durch jds ~** per la mediazione di qu. **Vermittlungsgebühr** *f* mediazione *f.*

vermodern ‹*ohne ge-*› *itr* ‹*sein*› putrefarsi, marcire.

Vermögen ‹-s, -› *n* **1.** ‹*sing*› *geh (Fähigkeit)* facoltà *f,* capacità *f; (Kraft)* forza *f; (Macht)* potere *m;* **2.** *(Geldbesitz)* patrimonio *m,* fortuna *f,* sostanze *f pl;* **das geht über mein ~** *geh* non è nelle mie possibilità; **das kostet ein ~** costa un patrimonio; **nach bestem ~** *geh* facendo del proprio meglio; **kein ~ haben** essere nullatenente; **bewegliches/unbewegliches ~** beni *m pl* mobili/immobili. **vermögend** *a* benestante, ricco. **Vermögenssteuer** *f* imposta *f* patrimoniale (*o.* sulla sostanza). **Vermögensverhältnisse** *n pl* situazione *f* finanziaria (*o.* patrimoniale). **Vermögensverwalter(in)** *m(f)* amministratore, -trice *m, f* dei beni. **Vermögensverwaltung** *f* amministrazione *f* dei beni. **vermögenswirksam** *a* fruttifero; **~e Leistungen** contributi sociali che fanno maturare interessi.

Vermummungsverbot [fɛɐ̯'mʊmʊŋs-] *n divieto di intervenire mascherati ad una dimostrazione.*

vermuten [fɛɐ̯'mu:tən] ‹*ohne ge-*› *tr* **1.** supporre, presumere; *(glauben)* credere, pensare; **2.** *(erwarten)* aspettare; **~ lassen** lasciare supporre; **es ist zu ~, daß . . .** è probabile che . . . *conj;* **das hätte ich nicht vermutet** non me lo sarei aspettato; **nichts Arges ~** non sospettare nulla di male.

vermutlich I. *a* presunto; *(wahrscheinlich)* probabile; **II.** *adv* presumibilmente, probabilmente.

Vermutung ‹-, -en› *f* (pre)supposizione *f;* **~en über etw. anstellen** fare delle congetture su qc; **eine starke ~ haben, daß . . .** sospettare (*o.* dubitare) fortemente che . . . *conj.*

vernachlässigen ‹*ohne ge-*› *tr* trascurare; **seine Pflichten ~** trascurare i propri doveri. **Vernachlässigung** ‹-, *rar* -en› *f* trascuratezza *f,* mancanza *f* di cura.

vernageln ‹*ohne ge-*› *tr* inchiodare.

vernarben ‹*ohne ge-*› *itr* ‹*sein*› cicatrizzarsi, rimarginarsi. **Vernarbung** *f* cicatrizzazione *f.*

vernarren ‹*ohne ge-*› *rfl:* **sich in jdn ~** infatuarsi di qu, prendere una cotta

per qu *fam;* **in jdn vernarrt sein** essere infatuato (*o.* cotto *fam*) di qu.
vernehmen ‹*irr, ohne ge-*› *tr* **1.** *(hören, wahrnehmen)* percepire; **2.** *(erfahren)* apprendere, venir a sapere; **3.** *jur (Angeklagte)* interrogare; *(Zeugen)* escutere. **Vernehmen** ‹-s, ø› *n:* **dem ~ nach** a quanto si dice.
Vernehmlassung ‹-, -en› *f CH* consultazione *f.*
vernehmlich *a* intelligibile, chiaro; *(hörbar)* percettibile.
Vernehmung ‹-, -en› *f jur (von Angeklagten)* interrogatorio *m; (von Zeugen)* audizione *f,* escussione *f.*
verneigen ‹*ohne ge-*› *rfl:* **sich ~** inchinarsi. **Verneigung** *f* inchino *m,* riverenza *f.*
verneinen ‹*ohne ge-*› *tr* **1.** *(mit Nein antworten, a. gram)* negare, dire di no, rispondere negativamente; **2.** *(ablehnen)* rifiutare. **verneinend** *a* negativo. **Verneinung** ‹-, -en› *f* **1.** *(Antwort)* risposta *f* negativa; **2.** *gram* negazione *f;* **3.** *(Leugnung, Ablehnung)* rifiuto *m.*
vernichten ‹*ohne ge-*› *tr* **1.** annientare; *(zerstören)* distruggere; **2.** *(ausrotten)* sterminare; *(Unkraut)* estirpare; **3.** *fig (Hoffnung)* distruggere. **vernichtend** *a* **1.** *(Kritik)* distruttivo; **2.** *(Blick)* fulminante; **3.** *(Niederlage)* schiacciante; **jdn ~ schlagen** *sport* battere qu in modo schiacciante. **Vernichtung** ‹-, ø› *f* **1.** annientamento *m; (Zerstörung)* distruzione *f;* **2.** *(Ausrottung)* sterminio *m; (Unkraut~)* estirpazione *f.*
vernickeln ‹*ohne ge-*› *tr* nichelare.
vernieten ‹*ohne ge-*› *tr* ribadire.
Vernunft [fɛɐ̯ˈnʊnft] ‹-, ø› *f* ragione *f; (gesunder Menschenverstand)* buon senso *m;* **~ annehmen** mettere giudizio; **jdn zur ~ bringen** ricondurre qu alla ragione. **Vernunftehe** *f* matrimonio *m* di convenienza.
vernünftig [fɛɐ̯ˈnʏnftɪç] *a* **1.** *(besonnen)* ragionevole, giudizioso, razionale; **2.** *(sinnvoll)* sensato; **3.** *fam (ordentlich)* decente.
veröden ‹*ohne ge-*› **I.** *itr* ‹*sein*› **1.** *(menschenleer werden)* spopolarsi; **2.** *(Boden)* diventare incolto; **II.** *tr* ‹*haben*› *med* obliterare.
veröffentlichen ‹*ohne ge-*› *tr* pubblicare. **Veröffentlichung** ‹-, -en› *f* pubblicazione *f.*
Veronika [veˈroːnika] *(weiblicher Vorname)* Veronica.
verordnen ‹*ohne ge-*› *tr* **1.** *med* prescrivere; **2.** *(anordnen, verfügen)* ordinare, decretare; *(festsetzen)* stabilire. **Verordnung** *f* **1.** *med* prescrizione *f;* **2.** *(gesetzlich)* decreto *m;* **nach ärztlicher ~** dietro prescrizione medica.
verpachten ‹*ohne ge-*› *tr* dare in affitto, concedere in locazione.
verpacken ‹*ohne ge-*› *tr* imballare, impacchettare. **Verpackung** *f* imballaggio *m.*
verpassen ‹*ohne ge-*› *tr* **1.** *(Zug)* perdere; *(Gelegenheit)* lasciarsi sfuggire; **2.** *fam (zuteilen)* dare; **jdm eine ~** *fam* dare una sberla a qu *fam.*
verpatzen ‹*ohne ge-*› *tr fam* rovinare, guastare *fam,* sciupare.
verpesten ‹*ohne ge-*› *tr* appestare.
verpetzen ‹*ohne ge-*› *tr fam* tradire (facendo la spia).
verpfänden ‹*ohne ge-*› *tr* impegnare.
verpfeifen ‹*irr, ohne ge-*› *tr fam (verraten)* tradire; *(anzeigen)* denunciare.
verpflanzen ‹*ohne ge-*› *tr* trapiantare. **Verpflanzung** *f* trapianto *m.*
verpflegen ‹*ohne ge-*› *tr* **1.** nutrire; **2.** *mil* vettovagliare. **Verpflegung** ‹-, ø› *f* **1.** *(Beköstigung)* vitto *m;* **2.** *mil* vettovagliamento *m.*
verpflichten ‹*ohne ge-*› *tr* **1.** obbligare (*jdn zu etw.* qu a fare qc); *(a. moralisch)* impegnare (*jdn zu etw.* qu a fare qc); **2.** *(Künstler)* ingaggiare; **ich fühle mich verpflichtet, etw. zu tun** mi sento obbligato a fare qc; **sich jdm verpflichtet fühlen** sentirsi obbligato verso qu; **ich bin Ihnen zu tiefem Dank verpflichtet** Le sono obbligatissimo; **I.** *itr* esser obbligato; **Adel verpflichtet** noblesse oblige; **II.** *rfl:* **sich ~** *(zusagen)* impegnarsi.
Verpflichtung ‹-, -en› *f* obbligo *m; (a. moralisch)* impegno *m; (Pflicht)* dovere *m;* **berufliche/finanzielle ~en** impegni professionali/finanziari; **seinen ~en nachkommen** adempire ai propri impegni.
verpfuschen ‹*ohne ge-*› *tr fam* **1.** *(Arbeit, etc.)* abborracciare *fam;* **2.** *fig (Leben)* rovinare.
verpissen ‹*ohne ge-*› *rfl:* **sich ~** *vulg* squagliarsela *fam,* tagliare la corda *fam.*
verplappern ‹*ohne ge-*› *rfl:* **sich ~** *fam* lasciarsi scappare un segreto, tradirsi.
verplaudern ‹*ohne ge-*› **I.** *tr (Zeit, etc.)* passare conversando; **II.** *rfl:* **sich ~** passare (il tempo) chiacchierando.
verpönt [fɛɐ̯ˈpøːnt] *a:* **~ sein** essere malvisto.
verprassen ‹*ohne ge-*› *tr* scialacquare *fam,* dissipare.
verprügeln ‹*ohne ge-*› *tr* bastonare, picchiare.

verpuffen ‹*ohne ge-*› *itr* ‹*sein*› esplodere con leggera detonazione; *fig* andare in fumo.
verpuppen ‹*ohne ge-*› *rfl:* **sich ~** trasformarsi in crisalide.
Verputz *m* intonaco *m.*
verputzen ‹*ohne ge-*› *tr* **1.** *(Gebäude, etc.)* intonacare; **2.** *fig fam (aufessen)* spolverare.
verqualmen ‹*ohne ge-*› *tr fam pej* **1.** *(verräuchern)* riempire di fumo; **2.** *(Geld)* spendere in fumo; **ein verqualmtes Zimmer** una stanza piena di fumo.
verquatschen ‹*ohne ge-*› *fam* **I.** *tr (Zeit)* passare in chiacchiere; **II.** *rfl:* **sich ~** *(sich verplappern)* tradirsi.
verquicken [fɛɐ̯'kvɪkən] ‹*ohne ge-*› *tr geh* unire.
verquollen [fɛɐ̯'kvɔlən] *a* gonfio.
verrammeln ‹*ohne ge-*› *fam tr* barricare, sbarrare.
verramschen ‹*ohne ge-*› *tr* svendere.
Verrat ‹-(e)s, ø› *m* tradimento *m;* **~ begehen** (*o.* **üben**) commettere un tradimento; **~ an jdm begehen** tradire qu.
verraten ‹*irr, ohne ge-*› **I.** *tr* **1.** *(Geheimnis, Freunde, etc.)* tradire; **2.** *fig (deutlich werden lassen)* rivelare; **verrate niemandem etw.!** non dire niente a nessuno!; **~ und verkauft sein** *fam* essere abbandonato a se stesso; **II.** *rfl:* **sich ~** tradirsi.
Verräter(in) [fɛɐ̯'rɛ:tɐ (...ərɪn)] ‹-s, -› *m(f)* traditore, -trice *m, f.* **verräterisch** *a* **1.** traditore; *(heimtückisch)* perfido; **2.** *fig* rivelatore.
verrauchen ‹*ohne ge-*› **I.** *itr* ‹*sein*› **1.** *(Qualm)* dissiparsi; **2.** *fig (Zorn)* svanire, sbollire; **II.** *tr* ‹*haben*› **1.** *(Geld)* spendere in fumo; **2.** *(Zimmer)* riempire di fumo.
verrechnen ‹*ohne ge-*› **I.** *tr* **1.** *com* mettere in conto; *(gegeneinander aufrechnen)* compensare; **2.** *(gutschreiben)* accreditare; **II.** *rfl:* **sich ~** **1.** sbagliare i calcoli; **2.** *fig fam (sich täuschen)* ingannarsi; **da hast du dich aber schwer verrechnet!** *fig fam* (qui) ti sei sbagliato di grosso! *fam;* **sich um 50 Pfennig ~** sbagliare di 50 pfennig. **Verrechnung** *f com* (messa *f* in) conto *m; (Ausgleich)* compensazione *f;* **nur zur ~** da accreditare. **Verrechnungsscheck** *m* assegno *m* da accreditare.
verrecken ‹*ohne ge-*› *itr* ‹*sein*› *vulg* crepare *vulg;* **etw. ums** (*o.* **zum**) **V~ nicht tun** *sl* non fare qc a nessun costo *fam.*
verregnet *a (regnerisch)* piovoso; *(Urlaub)* rovinato dalla pioggia.
verreiben ‹*irr, ohne ge-*› *tr* spalmare.
verreisen ‹*ohne ge-*› *itr* ‹*sein*› partire in viaggio; **verreist (sein)** (essere) in viaggio; **geschäftlich** (*o.* **dienstlich**) **~** partire per un viaggio d'affari (*o.* di lavoro).
verreißen ‹*irr, ohne ge-*› *tr fig fam (vernichtend kritisieren)* stroncare *fam.*
verrenken [fɛɐ̯'rɛŋkən] ‹*ohne ge-*› *tr* (di)storcere; *(Arm, Fuß)* slogare, lussare; **sich** *(dat)* **den Hals nach jdm ~** *fig fam* allungare il collo per vedere qu. **Verrenkung** ‹-, -en› *f* **1.** *(von Körper)* contorsione *f;* **2.** *med (von Gelenken)* slogatura *f,* lussazione *f.*
verrennen ‹*irr, ohne ge-*› *rfl:* **sich ~** fissarsi; **sich in eine Idee ~** fissarsi su un'idea.
verrichten ‹*ohne ge-*› *tr tr* fare, eseguire, compiere; **seinen Dienst ~** adempiere alle proprie funzioni. **Verrichtung** *f* faccenda *f.*
verriegeln ‹*ohne ge-*› *tr* chiudere col catenaccio, sprangare.
verringern [fɛɐ̯'rɪŋɐn] ‹*ohne ge-*› *tr* ridurre, diminuire. **Verringerung** ‹-, -en› *f* riduzione *f,* diminuzione *f.*
verrinnen ‹*irr, ohne ge-*› *itr* ‹*sein*› scorrere.
verrohen ‹*ohne ge-*› *itr* ‹*sein*› imbarbarirsi, abbrutire. **Verrohung** ‹-, -en› *f* imbarbarimento *m,* abbrutimento *m.*
verrosten ‹*ohne ge-*› *itr* ‹*sein*› arrugginire, arrugginirsi.
verrotten [fɛɐ̯'rɔtən] ‹*ohne ge-*› *itr* ‹*sein*› **1.** *(Laub, Holz)* imputridire; **2.** *(Gebäude)* sgretolarsi; **3.** *fig (Gesellschaft, Sitten)* corrompersi.
verrucht [fɛɐ̯'ru:xt] *a* infame; *(verworfen)* abietto; *(lasterhaft)* depravato.
verrücken ‹*ohne ge-*› *tr* spostare.
verrückt *a* pazzo, matto, folle; **jdn ~ machen** *fam* far impazzire qu *fam;* **du bist wohl ~!** *fam* ma sei matto! *fam;* **auf etw. ~ sein** *fam* andar matto per qc *fam;* **auf** (*o.* **nach**) **jdm ~ sein** *fam* andare pazzo per qu *fam,* essere pazzo di qu *fam;* **~ spielen** *fam* fare il pazzo *fam;* **wie ~** *fam (Mensch)* come un matto (*o.* una matta) *fam;* **es hat geregnet wie ~** *fam* ha piovuto a catinelle *fam;* **ich werd' ~!** *fam* non posso crederci! **Verrückte** ‹ein -r, -n, -n› *mf* pazzo, -a *m, f,* matto, -a *m, f;* **er ist gefahren wie ein ~r** *fam* è andato come un forsennato. **Verrücktheit** ‹-, -en› *f fam* pazzia *f,* follia *f.* **Verrücktwerden**

⟨-s, ø⟩ *n:* **es ist zum ~!** *fam* c'è da impazzire! *fam.*

Verruf *m:* **in ~ bringen** (di)screditare; **in ~ kommen** discreditarsi, cadere in discredito.

verrufen *a (berüchtigt)* famigerato; *(Viertel, Lokal)* malfamato.

verrußen ⟨*ohne ge-*⟩ **I.** *itr* ⟨*sein*⟩ coprirsi di fuliggine; **II.** *tr* ⟨*haben*⟩ coprire di fuliggine.

Vers [fɛrs] ⟨-es, -e⟩ *m* verso *m; (Bibel~)* versetto *m;* **in ~e bringen** mettere in versi; **darauf kann ich mir keinen ~ machen** *fam* non ci capisco un'acca *fam.*

versachlichen ⟨*ohne ge-*⟩ *tr* oggettivare.

versacken ⟨*ohne ge-*⟩ *itr* ⟨*sein*⟩ *fam* **1.** *(versinken)* affondare; **2.** *(moralisch)* cadere in basso, rovinarsi; **3.** *(beim Feiern)* rimanere (a lungo).

versagen ⟨*ohne ge-*⟩ **I.** *tr geh (nicht gewähren)* rifiutare (*jdm etw.* qc a qu), negare (*jdm etw.* qc a qu); **sich** *(dat)* **etw. ~** *(Wunsch)* negarsi qc, non concedersi qc; **sich** *(dat)* **etw. nicht ~ können** *geh* non poter fare a meno di qc; **II.** *itr* **1.** *(Maschinen, Bremsen)* non funzionare; *(Waffen)* incepparsi; **2.** *(Person)* fallire; **die Stimme versagte mir** mi mancò la voce. **Versagen** ⟨-s, ø⟩ *n* **1.** *tec* mancato funzionamento *m,* guasto *m; (bes. mot)* panna *f;* **2.** *fig (von Mensch)* fallimento *m;* **menschliches ~** errore *m* umano. **Versager(in)** ⟨-s, -⟩ *m(f)* **1.** *(Mensch)* fallito, -a *m, f;* **2.** *fig (Buch, etc.)* fiasco *m;* **3.** *(von Schußwaffe)* colpo *m* a vuoto.

versalzen ⟨*irr, ohne ge-*⟩ *tr* **1.** *(Speisen)* salare troppo; **2.** *fig fam (verderben)* guastare.

versammeln ⟨*ohne ge-*⟩ **I.** *tr* radunare, riunire; *(zusammenrufen)* convocare; **II.** *rfl:* **sich ~** radunarsi; *(a. pol)* riunirsi.

Versammlung *f* **1.** *(Vorgang)* riunione *f,* raduno *m;* **2.** *(versammelte Menschen)* assemblea *f;* **eine ~ abhalten/einberufen/vertagen** tenere/convocare/aggiornare una riunione; **gesetz-/verfassungsgebende ~** assemblea legislativa/costituente. **Versammlungsfreiheit** *f* libertà *f* di riunione.

Versand [fɛɐ̯ˈzant] ⟨-(e)s, ø⟩ *m* **1.** *(das Versenden)* spedizione *f,* invio *m;* **2.** *(~abteilung)* reparto *m* spedizioni. **Versandabteilung** *f* reparto *m* (*o.* servizio *m*) spedizioni.

versanden ⟨*ohne ge-*⟩ *itr* ⟨*sein*⟩ insabbiarsi.

Versandhandel *m* vendita *f* per corrispondenza. **Versandhaus** *n* ditta *f* di vendita per corrispondenza. **Versandhauskatalog** *m* catalogo *m* di vendita per corrispondenza. **Versandkosten** ⟨*pl*⟩ spese *f pl* di spedizione.

versauen ⟨*ohne ge-*⟩ *tr sl* **1.** *(schmutzig machen)* sporcare, insudiciare; **2.** *(verderben)* rovinare.

versaufen ⟨*irr, ohne ge-*⟩ *fam* **I.** *tr* ⟨*haben*⟩ *(Geld)* spendere ubriacandosi; **seinen Verstand ~** rincretinire a forza di bere; **II.** *itr* ⟨*sein*⟩ *(ertrinken)* affogare, annegare; *(Motor)* ingolfarsi.

versäumen ⟨*ohne ge-*⟩ *tr* **1.** *(Zug, Gelegenheit)* perdere; **2.** *(Unterricht)* mancare a; **3.** *(Pflicht)* trascurare; **nicht ~, etw. zu tun** non mancare di fare qc. **Versäumnis** ⟨-ses, -se⟩ *n* omissione *f,* dimenticanza *f.*

verschaffen ⟨*ohne ge-*⟩ **I.** *tr* procurare; **was verschafft mir die Ehre?** *geh* a cosa devo l'onore? *geh;* **II.** *rfl:* **sich** *(dat)* **etw. ~** procurarsi qc; **sich** *(dat)* **Respekt ~** farsi rispettare.

verschalen ⟨*ohne ge-*⟩ *tr* rivestire di legno.

verschämt *a* vergognoso.

verschanzen ⟨*ohne ge-*⟩ **I.** *tr mil* trincerare; **II.** *rfl:* **sich ~** trincerarsi; **sich hinter Ausflüchten ~** trincerarsi dietro pretesti.

verschärfen ⟨*ohne ge-*⟩ **I.** *tr* **1.** *(intensivieren)* intensificare; **2.** *(Strafe, Lage)* inasprire; *(Spannungen)* aumentare, acuire; **3.** *(Prüfungen, Kontrollen)* intensificare; **4.** *(Tempo)* accelerare; **5.** *(verschlimmern)* aggravare; **II.** *rfl:* **sich ~ 1.** *(Lage)* inasprirsi; *(Spannungen)* aumentare, acuirsi; **2.** *(Prüfungen, Kontrollen)* intensificarsi; **3.** *(Krise)* acutizzarsi; **4.** *(sich verschlimmern)* aggravarsi, inasprirsi.

verscharren ⟨*ohne ge-*⟩ *tr* sotterrare.

verscheiden ⟨*irr, ohne ge-*⟩ *itr* ⟨*sein*⟩ *geh (sterben)* spirare.

verschenken ⟨*ohne ge-*⟩ *tr* regalare, dare in regalo; **sein Herz an jdn ~** *fig geh* donare il proprio cuore a qu.

verscherzen ⟨*ohne ge-*⟩ *rfl:* **sich** *(dat)* **etw. ~** giocarsi qc.

verscheuchen ⟨*ohne ge-*⟩ *tr* scacciare.

verscheuern ⟨*ohne ge-*⟩ *tr fam* svendere.

verschicken ⟨*ohne ge-*⟩ *tr* **1.** *(Post)* spedire; **2.** *(zur Erholung, etc.)* mandare.

verschiebbar *a* scorrevole.

Verschiebebahnhof *m* stazione *f* di smistamento.

verschieben ⟨*irr, ohne ge-*⟩ *tr* **1.** *(verrücken)* spostare; **2.** *(Termine, etc.)*

rinviare (*auf* a, *um* di), differire (*auf* a, *um* di); **3.** *fam (Devisen, Waren, etc.)* vendere di contrabbando.

Verschiebung *f* **1.** *(Aufschiebung)* rinvio *m*, differimento *m*; **2.** *(das Verrücken)* spostamento *m*; **3.** *geol* dislocazione *f*.

verschieden [fɛɐ̯'ʃi:dən] *a* **1.** diverso; *(unterschiedlich)* differente; *(~artig)* svariato; **2.** *(mehrere, einige, mannigfach)* vario; **das ist ~** dipende dai casi; **V~es** diverse (*o.* varie) cose; *(Tagesordnungspunkt)* varie ed eventuali; *(in Zeitungen)* varie *f pl*. **verschiedenartig** *a* **1.** disparato, eterogeneo; **2.** *(mannigfaltig)* vario, svariato, diverso. **Verschiedenartigkeit** ‹-, -en› *f* **1.** *(Unterschiedlichkeit)* disparità *f*, differenza *f*; **2.** *(Vielfalt)* varietà *f*. **Verschiedenheit** ‹-, -en› *f* **1.** *allg.* diversità *f*; **2.** *(Unterschiedlichkeit)* differenza *f* (*in* di); *(Unähnlichkeit)* disuguaglianza *f*; **3.** *(Mannigfaltigkeit)* varietà *f*, molteplicità *f*. **verschiedentlich** [fɛɐ̯'ʃi:dɛntlɪç] *adv* diverse (*o.* più) volte.

verschießen ‹*irr, ohne ge-*› **I.** *tr* ‹*haben*› **1.** *(Munition)* consumare sparando; **2.** *fam (Filme)* fare; **3.** *sport* mancare il tiro; *(Elfmeter)* fallire; **II.** *rfl:* **sich ~** *fam (sich verlieben)* prendere una cotta (*in* per) *fam*; **III.** *itr* ‹*sein*› *(Farbe, Stoff)* sbiadire, scolorare.

verschiffen ‹*ohne ge-*› *tr* **1.** *(einschiffen)* imbarcare, caricare; **2.** *(transportieren)* trasportare per via d'acqua.

verschimmeln ‹*ohne ge-*› *itr* ‹*sein*› ammuffire.

verschlafen¹ ‹*irr, ohne ge-*› **I.** *tr* **1.** *(schlafend verbringen)* passare dormendo; **2.** *(schlafend versäumen)* perdere (per non essersi svegliato in tempo); **3.** *fam (vergessen, versäumen)* dimenticare; **II.** *itr, rfl:* **sich ~** *(zu lange schlafen)* non svegliarsi in tempo.

verschlafen² *a* assonnato; *(a. fig)* sonnolento.

Verschlag *m* capanna *f*, rimessa *f*.

verschlagen¹ ‹*irr, ohne ge-*› *tr* **1.** *(mit Brettern)* chiudere con assi; *(mit Nägeln)* inchiodare; **2.** *(Atem)* mozzare; **3.** *(an einen Ort)* gettare, sbattere; **das verschlug mir die Sprache/den Appetit** mi mancò la parola/l'appetito; **auf eine einsame Insel ~ werden** essere gettato su un'isola deserta.

verschlagen² *a (schlau, listig)* scaltro, astuto. **Verschlagenheit** ‹-, ø› *f* *(Schlauheit, List)* scaltrezza *f*, astuzia *f*.

verschlechtern ‹*ohne ge-*› **I.** *tr* **1.** *allg.* peggiorare, deteriorare; **2.** *(verschlimmern)* aggravare; **II.** *rfl:* **sich ~** peggiorare; *(Lage a.)* aggravarsi; **die finanzielle Lage verschlechtert sich** peggiora la situazione finanziaria. **Verschlechterung** ‹-, -en› *f* peggioramento *m*, deterioramento *m*.

verschleiern ‹*ohne ge-*› **I.** *tr* **1.** velare; **2.** *fig (Absichten, etc.)* dissimulare, nascondere; **II.** *rfl:* **sich ~** velarsi; *(Himmel)* coprirsi. **Verschleierungstaktik** *f* tattica *f* di camuffamento.

Verschleiß [fɛɐ̯'ʃlaɪ̯s] ‹-es, -e› *m* usura *f*.

verschleißen ‹verschleißt, verschliß, verschlissen› **I.** *tr* ‹*haben*› logorare; **II.** *itr* ‹*sein*› logorarsi.

Verschleißerscheinung *f* traccia *f* di usura (*o.* logoramento). **Verschleißfestigkeit** *f* *tec* resistenza *f* all'usura.

verschleppen ‹*ohne ge-*› *tr* **1.** *(deportieren)* deportare; *(entführen)* rapire; *(Kunstwerke)* trafugare; **2.** *(Krankheit)* trascinarsi; *(Seuche)* propagare; **3.** *(zeitlich in die Länge ziehen)* tirare per le lunghe. **Verschleppung** ‹-, -en› *f* **1.** *(Deportation)* deportazione *f*; *(Entführung)* rapimento *m*; *(von Kunstwerken)* trafugamento *m*; **2.** *(von Krankheit)* trascinarsi *m*; *(von Seuche)* propagazione *f*; **3.** *(zeitlich)* protrazione *f*. **Verschleppungstaktik** *f* ostruzionismo *m*.

verschleudern ‹*ohne ge-*› *tr* **1.** *com* svendere; **2.** *pej (vergeuden)* dissipare, scialacquare *fam*.

verschließbar *a* chiudibile.

verschließen ‹*irr, ohne ge-*› **I.** *tr* **1.** *(abschließen)* chiudere; **2.** *(wegschließen)* mettere sotto chiave; **3.** *med* occludere; **II.** *rfl:* **sich jdm ~** non aprirsi a qu; **sich einer S.** (*o.* **gegen etw.**) **~** rifiutarsi di riconoscere qc.

verschlimmern ‹*ohne ge-*› **I.** *tr* aggravare, peggiorare; **II.** *rfl:* **sich ~** aggravarsi, peggiorare. **Verschlimmerung** ‹-, -en› *f* aggravamento *m*, peggioramento *m*.

verschlingen ‹*irr, ohne ge-*› **I.** *tr* **1.** *(verknoten)* intrecciare; **2.** *(fressen, a. fig: Buch, etc.)* divorare; **etw. mit den Augen ~** divorare qc con gli occhi; **II.** *rfl:* **sich ~** intrecciarsi.

verschliß [fɛɐ̯'ʃlɪs] *1. u. 3. pers sing imp von* **verschließen.**

verschlissen [fɛɐ̯'ʃlɪsən] **I.** *pp von*

verschleißen; II. *a* logoro, consunto, liso.

verschlossen [fɛɐ̯ˈʃlɔsən] *a* **1.** chiuso; *(mit Schlüssel)* chiuso a chiave; **2.** *fig* riservato, chiuso.

verschlucken ‹*ohne ge-*› **I.** *tr* **1.** *(a. fig: unterdrücken)* inghiottire; **2.** *fig (Wörter, Sätze)* mangiare; **II.** *rfl:* **ich habe mich verschluckt** mi è andato di traverso.

Verschluß *m* **1.** *allg.* chiusura *f;* **2.** *(Schloß)* serratura *f;* **3.** *(Deckel)* coperchio *m;* **4.** *(Stöpsel)* tappo *m;* **5.** *(fot, an Waffe)* otturatore *m;* **etw. unter ~ halten** tenere qc sotto chiave.

verschlüsseln ‹*ohne ge-*› *tr* cifrare.

verschmachten ‹*ohne ge-*› *itr* ‹*sein*› *fig* languire; **vor Durst/Hunger ~** morire di sete/fame.

verschmähen [fɛɐ̯ˈʃmɛːən] ‹*ohne ge-*› *tr geh* (di)sdegnare; *(ablehnen)* rifiutare.

verschmelzen ‹*irr, ohne ge-*› **I.** *tr* ‹*haben*› fondere; **II.** *itr* ‹*sein*› fondersi.

verschmerzen ‹*ohne ge-*› *tr* consolarsi di, darsi pace di; **das ist leicht zu ~** non è una gran perdita.

verschmieren ‹*ohne ge-*› *tr* **1.** *(zuschmieren)* colmare spalmando; **2.** *(verstreichen)* spalmare; **3.** *(schmierig machen)* imbrattare.

verschmitzt [fɛɐ̯ˈʃmɪt͜st] *a* malizioso, scaltro, furbo. **Verschmitztheit** ‹-, ø› *f* malizia *f,* scaltrezza *f,* furbizia *f.*

verschmoren ‹*ohne ge-*› *itr* ‹*sein*› **1.** *el* fondersi; **2.** *(Braten)* scuocere.

verschmutzen ‹*ohne ge-*› **I.** *tr* ‹*haben*› sporcare, insudiciare; *(Umwelt)* inquinare; **II.** *itr* ‹*sein*› sporcarsi. **Verschmutzung** ‹-, -en› *f* imbrattamento *m; (Umwelt~)* inquinamento *m.*

verschnaufen ‹*ohne ge-*› *itr, rfl:* **sich ~** *fam* riprendere fiato. **Verschnaufpause** *f* pausa *f* per riprendere fiato.

verschneit *a* innevato.

Verschnitt *m* **1.** *(Abfälle)* sfridi *m pl;* **2.** *(Rum~, etc.)* taglio *m.*

verschnörkelt *a* pieno di arabeschi.

verschnupft *a* **1.** *(erkältet)* raffreddato; **2.** *fig fam (verärgert)* seccato *fam.*

verschnüren ‹*ohne ge-*› *tr* legare con spago. **Verschnürung** ‹-, -en› *f* **1.** ‹*sing*› *(Verschnüren)* legare *m* (con spago); **2.** *(Schnur)* spago *m.*

verschollen [fɛɐ̯ˈʃɔlən] *a* disperso, scomparso, perso di vista.

verschonen ‹*ohne ge-*› *tr* risparmiare (*mit, von* da); dispensare (*mit, von* da); **(von etw.) verschont bleiben** venire (*o.* rimanere) risparmiato (da qc).

verschönern [fɛɐ̯ˈʃøːnɐn] ‹*ohne ge-*› *tr* abbellire, (ad)ornare.

verschränken [fɛɐ̯ˈʃrɛŋkən] ‹*ohne ge-*› *tr (Arme)* incrociare; *(Beine)* accavallare.

verschreiben ‹*irr, ohne ge-*› **I.** *tr* **1.** *med* prescrivere; **2.** *(Papier)* consumare; **II.** *rfl:* **sich ~ 1.** *(falsch schreiben)* sbagliare scrivendo; **2.** *(sich widmen)* dedicarsi; **sich dem Teufel ~** vendere l'anima al diavolo. **verschreibungspflichtig** *a* soggetto a prescrizione medica.

verschrie(e)n [fɛɐ̯ˈʃriː(ə)n] *a* malfamato.

verschroben [fɛɐ̯ˈʃroːbən] *a* stravagante, eccentrico.

verschrotten ‹*ohne ge-*› *tr* demolire, ridurre in rottami; *mot* rottamare. **Verschrottung** ‹-, -en› *f* demolizione *f,* rottamazione *f.*

verschüchtern ‹*ohne ge-*› *tr* intimidire.

verschulden ‹*ohne ge-*› **I.** *tr* ‹*haben*› causare, provocare; **II.** *itr* ‹*sein*›, *rfl:* **sich ~** indebitarsi. **Verschulden** ‹-s, ø› *n* colpa *f;* **ohne mein ~** senza colpa da parte mia. **Verschuldung** ‹-, ø› *f* indebitamento *m.*

verschütten ‹*ohne ge-*› *tr* **1.** *(Flüssigkeit)* versare; *(Zucker, etc.)* spargere; **2.** *(unter sich begraben)* seppellire.

verschwägert [fɛɐ̯ˈʃvɛːgɐt] *a* imparentato.

verschweigen ‹*irr, ohne ge-*› *tr* tacere, passare sotto silenzio.

verschweißen ‹*ohne ge-*› *tr* saldare.

verschwenden [fɛɐ̯ˈʃvɛndən] ‹*ohne ge-*› *tr* prodigare, sperperare, dilapidare. **Verschwender(in)** ‹-s, -› *m(f)* scialacquatore, -trice *m, f fam,* dissipatore, -trice *m, f.* **verschwenderisch** *a* **1.** prodigo, dissipato; **2.** *(üppig)* ricco, abbondante. **Verschwendung** ‹-, ø› *f* sperpero *m,* dissipazione *f.* **Verschwendungssucht** *f* prodigalità *f.*

verschwiegen [fɛɐ̯ˈʃviːgən] *a* **1.** *(Person)* discreto; *(zurückhaltend)* riservato; **2.** *(Ort)* silenzioso, tranquillo. **Verschwiegenheit** ‹-, ø› *f* **1.** *(von Personen)* discrezione *f;* riservatezza *f;* **2.** *(Verborgenheit)* segretezza *f.*

verschwimmen ‹*irr, ohne ge-*› *itr* ‹*sein*› sfumare, confondersi.

verschwinden ‹*irr, ohne ge-*› *itr* ‹*sein*› scomparire; *(gestohlen werden a.)* sparire; **verschwinde!** *fam* sparisci! *fam;* **ich muß mal ~** *fam* devo andare in quel posto *fam;* **~d klein** infinitamente piccolo. **Verschwinden** ‹-s, ø› *n* scomparsa *f,* sparizione *f;* **im ~ (begriffen)** in via d'estinzione.

verschwitzen ‹*ohne ge-*› *tr* **1.** *(Kleidung)* impregnare di sudore; **2.** *fig fam* dimenticare.

verschwommen [fɛɐ̯'ʃvɔmən] *a* sfumato; *fot* sfocato; *(vage)* vago.

verschwören ‹*irr, ohne ge-*› *rfl:* **sich ~** congiurare (*gegen* contro), complottare (*gegen* contro), cospirare (*gegen* contro); **alles hat sich gegen mich verschworen** tutto congiura contro di me. **Verschwörer(in)** ‹-s, -› *m(f)* congiurato, -a *m, f,* cospiratore, -trice *m, f.* **Verschwörung** ‹-, -en› *f* congiura *f,* cospirazione *f,* complotto *m;* **eine ~ anzetteln** tramare una congiura.

versehen ‹*irr, ohne ge-*› **I.** *tr* **1.** *(ausrüsten, ausstatten)* provvedere (*mit* di), munire (*mit* di), (ri)fornire (*mit* di); **2.** *(ausüben)* esercitare; **etw. mit seiner Unterschrift ~** apporre la propria firma a qc; **II.** *rfl:* **sich ~** *(sich irren)* sbagliarsi, fare una svista; **sich mit etw. ~** rifornirsi di qc; **ehe man sich's versieht** quando meno lo si aspetta. **Versehen** ‹-s, -› *n* **1.** *(Irrtum)* errore *m;* **2.** *(kleiner Fehler)* svista *f,* inavvertenza *f;* **3.** *(Unachtsamkeit)* distrazione *f;* **aus ~** inavvertitamente. **versehentlich** [fɛɐ̯'ze:əntlıç] *adv* inavvertitamente.

Versehrte [fɛɐ̯'ze:ɐ̯tə] ‹ein -r, -n, -n› *mf* **1.** invalido, -a, *m, f* mutilato, -a *m, f;* **2.** *(Kriegs~)* invalido *m* di guerra. **Versehrtenrente** *f* pensione *f* di invalidità.

versenden ‹*irr o. reg, ohne ge-*› *tr* spedire, inviare.

versengen ‹*ohne ge-*› *tr* (ab)bruciacchiare; *(bes. Stoff)* strinare.

versenken ‹*ohne ge-*› **I.** *tr* **1.** *(Schiffe, etc.)* affondare; **2.** *tec (Schraube)* accecare; **II.** *rfl:* **sich ~** *fig (sich vertiefen)* immergersi (*in* in).

Versenkung *f* **1.** *(von Schiffen)* affondamento *m;* **2.** *fig (Meditation)* immergersi *m,* sprofondarsi *m;* **3.** *theat* botola *f;* **in der ~ verschwinden** *fig fam* scomparire dalla scena; **aus der ~ auftauchen** *fig fam* ricomparire sulla scena.

versessen [fɛɐ̯'zɛsən] *a:* **auf etw. ~ sein** essere fanatico di qc; *(auf Süßigkeiten)* essere avido di qc. **Versessenheit** ‹-, ø› *f* avidità *f* (*auf* di).

versetzen ‹*ohne ge-*› **I.** *tr* **1.** *(an andere Stelle)* spostare; *(Pflanze)* trapiantare; *(Wort, Buchstaben)* trasporre; **2.** *(Beamten)* trasferire; **3.** *(Schüler: in höhere Schulklasse)* promuovere; *(an anderen Platz)* trasferire; **4.** *(Menschen in Lage)* mettere; **5.** *(mischen)* mischiare (*mit* con); *(alkoholisches Getränk)* tagliare (*mit* con); **6.** *(Schlag, etc.)* assestare; **7.** *(verpfänden)* impegnare; **8.** *fam (vergeblich warten lassen)* mancare a un appuntamento con; **9.** *(antworten)* rispondere; **nicht versetzt werden** *(Schule)* essere bocciato; **jdm eins ~** *fam* mollare un ceffone a qu *fam;* **jdn in Angst ~** impaurire qu; **jdn in Wut ~** far arrabbiare qu; **II.** *rfl:* **sich in jds Lage ~** mettersi nei panni di qu *fam.*

Versetzung ‹-, -en› *f* **1.** *allg.* spostamento *m; (von Wort)* trasposizione *f;* **2.** *(von Beamten)* trasferimento *m;* **3.** *(von Schüler)* promozione *f;* **4.** *fig* messa *f,* collocamento *m;* **5.** *(Vermischung)* miscuglio *m.*

verseuchen ‹*ohne ge-*› *tr (mit Bakterien)* infettare; *(mit Gift)* contaminare; *(a. fig)* inquinare. **Verseuchung** ‹-, -en› *f (Infektion)* infezione *f; (mit Gift)* contaminazione *f; (a. fig)* inquinamento *m.*

Versfuß *m* piede *m.*

Versicherer(in) ‹-s, -› *m* assicuratore, -trice *m, f.*

versichern ‹*ohne ge-*› **I.** *tr* assicurare (*gegen* contro); **II.** *rfl:* **sich ~** assicurarsi.

Versicherte ‹ein -r, -n, -n› *mf* assicurato, -a *m, f.*

Versicherung *f* assicurazione *f* (*gegen* contro); **eine ~ abschließen** stipulare un'assicurazione. **Versicherungsbetrug** *m* frode *f* a danno di una società di assicurazioni. **Versicherungsfall** *m* sinistro *m.* **Versicherungsgesellschaft** *f* società *f* (*o.* compagnia *f*) di assicurazioni. **Versicherungsprämie** *f* premio *m* d'assicurazione. **Versicherungssumme** *f* somma *f* assicurata, importo *m* dell' assicurazione. **Versicherungsvertreter(in)** *m(f)* agente *mf* d'assicurazione.

versickern ‹*ohne ge-*› *itr* ‹*sein*› disperdersi.

versiegeln ‹*ohne ge-*› *tr* **1.** *(Brief)* sigillare; **2.** *jur* apporre i sigilli a; **3.** *(Parkett)* laccare.

versiegen ‹*ohne ge-*› *itr* ‹*sein*› esaurirsi.

versiert [vɛr'zi:ɐ̯t] *a:* **er ist sehr ~ in diesen Dingen** è molto esperto di queste cose.

versilbern ‹*ohne ge-*› *tr* **1.** *tec* argentare; **2.** *fam (zu Geld machen)* realizzare. **Versilberung** ⟨-, *rar* -en⟩ *f* argentatura *f.*

versinken ⟨*irr, ohne ge-*⟩ *itr* ⟨*sein*⟩ **1.** *(im Wasser)* affondare; **2.** *(im Schlamm, etc.)* sprofondare; **in Gedanken versunken sein** essere assorto in pensieri.

versinnbildlichen ⟨*ohne ge-*⟩ *tr* simboleggiare.

Version [vɛrˈzi̯o:n] ⟨-, -en⟩ *f* versione *f.*

Versmaß *n* metro *m.*

versnobt *a pej* snob.

versohlen ⟨*ohne ge-*⟩ *tr:* **jdn ~** *fam* sonare qu *fam,* sonargliele a qu *fam.*

versöhnen [fɛɐ̯ˈzø:nən] ⟨*ohne ge-*⟩ **I.** *tr* (ri)conciliare, rappacificare; **II.** *rfl:* **sich ~** riconciliarsi, rappacificarsi. **versöhnlich** *a* conciliante; *(Worte)* conciliativo. **Versöhnung** ⟨-, -en⟩ *f* (ri)conciliazione *f.*

versonnen [fɛɐ̯ˈzɔnən] *a* trasognato.

versorgen ⟨*ohne ge-*⟩ *tr* **1.** *(sich kümmern um)* provvedere a; *(Kranke)* accudire, assistere; **2.** *(unterhalten)* mantenere; **3.** *(beliefern)* (ri)fornire (*mit* di), approvvigionare (*mit* di); **4.** *(unterbringen)* sistemare. **Versorgung** ⟨-, -en⟩ *f* **1.** ⟨*sing*⟩ *(Sichkümmern)* cura *f;* **2.** ⟨*sing*⟩ *(Unterhalt)* mantenimento *m;* **3.** *com (Belieferung)* rifornimento *m;* **öffentliche ~** assistenza *f* pubblica. **versorgungsberechtigt** *a* che ha diritto all'assistenza. **Versorgungslage** *f* situazione *f* degli approvvigionamenti.

verspäten ⟨*ohne ge-*⟩ *rfl:* **sich ~** arrivare in ritardo (*um* di). **verspätet** **I.** *a* tardivo; **II.** *adv* in ritardo. **Verspätung** ⟨-, -en⟩ *f* ritardo *m;* **(drei Minuten) ~ haben** avere (tre minuti di) ritardo.

verspeisen ⟨*ohne ge-*⟩ *tr geh* mangiare, consumare.

versperren ⟨*ohne ge-*⟩ *tr* **1.** *(blockieren)* sbarrare, bloccare; **2.** *(verschließen)* chiudere; **jdm die Aussicht ~** togliere la visuale a qu; **jdm den Weg ~** sbarrare la strada a qu.

verspielen ⟨*ohne ge-*⟩ **I.** *tr* **1.** *(Geld)* perdere (*beim Spiel* al gioco); **2.** *(spielend verbringen)* passare giocando; **II.** *itr:* **(bei jdm) verspielt haben** *fam* essere caduto in disgrazia (presso qu). **verspielt** *a* **1.** *(Kind, Katze, etc.)* giocherellone; **2.** *(Frisur, Kleid, etc.)* carino, piacevole, simpatico; **3.** *(Muster)* grazioso, carino.

verspotten ⟨*ohne ge-*⟩ *tr* deridere, schernire.

versprechen ⟨*irr, ohne ge-*⟩ **I.** *tr* promettere; **davon verspreche ich mir nichts/viel** non mi aspetto nulla/mi aspetto molto; **das Wetter verspricht schön zu werden** sembra che il tempo si metta al bello; **II.** *rfl:* **sich ~** **1.** *(beim Sprechen)* impaperarsi *fam;* **2.** *(erwarten)* aspettarsi; **ich habe mich versprochen** è stato un lapsus. **Versprechen** ⟨-s, -⟩ *n* promessa *f;* **ein ~ halten** mantenere una promessa. **Versprecher** ⟨-s, -⟩ *m* lapsus (linguae) *m,* papera *f fam.* **Versprechung** ⟨-, -en⟩ *f* promessa *f;* **jdn mit leeren ~en hinhalten** tenere a bada qu con vane promesse.

verspüren ⟨*ohne ge-*⟩ *tr* sentire, provare.

verstaatlichen ⟨*ohne ge-*⟩ *tr* nazionalizzare, statalizzare; *(kirchliche Einrichtung)* laicizzare. **Verstaatlichung** ⟨-, -en⟩ *f* nazionalizzazione *f,* statalizzazione *f; (von kirchlichen Einrichtungen)* secolarizzazione *f.*

Verstand [fɛɐ̯ˈʃtant] ⟨-(e)s, ø⟩ *m* **1.** *(Denkfähigkeit)* intelletto *m,* intelligenza *f;* **2.** *(Urteilskraft)* giudizio *m,* discernimento *m;* **3.** *(Vernunft)* ragione *f;* **4.** *(gesunder Menschenverstand)* buon senso *m;* **ein scharfer ~** una mente acuta; **bei vollem ~ sein** essere completamente lucido; **den ~ verlieren** diventare pazzo, essere impazzito; **mit ~ rauchen/essen** fumare/mangiare con gusto; **das brachte ihn wieder zu ~** ciò lo ridusse alla ragione. **verstandesmäßig** *a* razionale. **Verstandesmensch** *m* razionalista *mf.*

verständig [fɛɐ̯ˈʃtɛndɪç] *a* **1.** *(einsichtig)* giudizioso; **2.** *(vernünftig)* ragionevole; **3.** *(klug)* intelligente.

verständigen ⟨*ohne ge-*⟩ **I.** *tr* informare (*jdn von, über etw.* qu di qc), avvertire (*jdn von, über etw.* qu di qc); **II.** *rfl:* **sich ~** **1.** *(sich verständlich machen)* farsi capire, comunicare; **2.** *(sich einigen)* mettersi d'accordo (*mit jdm* con qu, *über etw.* su qc). **Verständigung** ⟨-, ø⟩ *f* **1.** *(Benachrichtigung)* informazione *f,* avviso *m;* **2.** *(Einigung)* intesa *f,* accordo *m;* **3.** *(Kommunikation)* comunicazione *f;* **4.** *tel* ricezione *f.*

verständlich [fɛɐ̯ˈʃtɛntlɪç] *a* **1.** *(begreiflich, hörbar)* comprensibile; **2.** *(einsehbar, faßbar)* intelligibile; **jdm etw. ~ machen** far capire qc a qu; **sich ~ machen** farsi capire; **leicht/schwer ~ sein** essere facilmente/difficilmente comprensibile; **das ist eine ganz ~e Reaktion** è una reazione comprensibilissima. **Verständlichkeit** ⟨-, ø⟩ *f* comprensibilità *f*, intelligibilità *f*; *(Hörbarkeit)* udibilità *f*.

Verständnis [fɛɐ̯'ʃtɛntnɪs] ‹-ses, ø› *n* **1.** *(Begreifen, Mitgefühl)* comprensione *f* (*für* per); **2.** *(Sinn für etw.)* sensibilità *f* (*für* per); **dafür habe ich kein ~** questo non lo ammetto; **er hat überhaupt kein ~ für moderne Kunst** non ha alcuna sensibilità per l'arte moderna. **verständnislos** *a* **1.** *(ohne Verständnis)* incapace di comprendere; **2.** *(ungläubig)* incredulo. **Verständnislosigkeit** ‹-, ø› *f* mancanza *f* di comprensione. **verständnisvoll** *a* comprensivo.

verstärken ‹*ohne ge-*› **I.** *tr* **1.** rinforzare, rafforzare; **2.** *(vermehren, vergrößern)* aumentare; **3.** *radio* amplificare; **II.** *rfl:* **sich ~ 1.** rinforzarsi, rafforzarsi; **2.** *(sich vermehren)* aumentare, crescere. **Verstärker** ‹-s, -› *m* **1.** *tec, el radio* amplificatore *m*; **2.** *fot* bagno *m* di rinforzo. **Verstärkung** *f* **1.** rafforzamento *m*; *(a. mil)* rinforzo *m*; **2.** *(Vermehrung)* aumento *m*; **3.** *radio* amplificazione *f*.

verstauben ‹*ohne ge-*› *itr* ‹*sein*› impolverarsi.

verstauchen ‹*ohne ge-*› *tr* slogare; **sich** *(dat)* **die Hand ~** slogarsi la mano.

verstauen ‹*ohne ge-*› *tr* **1.** *(unterbringen)* stipare, sistemare; **2.** *naut* stivare.

Versteck [fɛɐ̯'ʃtɛk] ‹-(e)s, -e› *n* nascondiglio *m*; **~ spielen** giocare a nascondino.

verstecken ‹*ohne ge-*› **I.** *tr* nascondere; *(a. fig)* dissimulare; **II.** *rfl:* **sich ~** nascondersi. **Versteckspiel** *n* nascondino *m*; **~ spielen** giocare (*o.* fare) a nascondino. **versteckt** *a* **1.** *(verborgen)* nascosto; **2.** *fig (Andeutung, Bemerkung)* velato; *(Lächeln)* furtivo; *(heimlich)* segreto.

verstehen ‹*irr, ohne ge-*› **I.** *tr* **1.** *(begreifen, hören)* comprendere, capire; **2.** *(gut können, beherrschen)* sapere, conoscere; **zu ~ geben** far capire, dare a intendere; **davon verstehst du nichts** non ne capisci niente *fam*; **~ Sie mich recht!** non mi fraintenda!; **was versteht man unter Gehirnwäsche?** che cosa si intende per "lavaggio del cervello"?; **verstanden?** *fam* capito? *fam*; **ich verstehe!** capisco!; **II.** *rfl:* **sich ~** *(sich vertragen)* andare d'accordo (*mit* con); **sich auf etw. ~** intendersi di qc; **sich mit jdm ~** andare d'accordo con qu; **das versteht sich (von selbst)** si capisce, è ovvio.

versteifen ‹*ohne ge-*› **I.** *tr* rinforzare; **II.** *rfl:* **sich ~** irrigidirsi; **sich auf etw. ~** *fig* impuntarsi (*o.* ostinarsi) su qc.

versteigen ‹*irr, ohne ge-*› *rfl:* **sich zu etw. ~** avere l'ardire di fare qc, osare qc.

Versteigerer ‹-s, -› *m* ufficiale *m* dell'asta pubblica.

versteigern ‹*ohne ge-*› *tr* vendere all'asta (*o.* all'incanto).

Versteigerung *f* (vendita *f* all')asta *f*, incanto *m*.

versteinern ‹*ohne ge-*› *itr* ‹*sein*› *(zu Stein werden)* pietrificarsi; *fig* impietrire. **Versteinerung** ‹-, -en› *f* **1.** ‹*sing*› *(Vorgang)* pietrificazione *f*; **2.** *(Gegenstand)* fossile *m*.

verstellbar *a* regolabile.

verstellen ‹*ohne ge-*› **I.** *tr* **1.** *(an anderen Ort)* spostare, cambiare di posto; **2.** *(versperren)* sbarrare; **3.** *(Stimme, Handschrift)* contraffare; **4.** *tec* regolare; **II.** *rfl:* **sich ~ 1.** *tec* sregolarsi, spostarsi; **2.** *fig* fingere, simulare.

Verstellung *f* **1.** *tec* regolazione *f*; **2.** *fig* simulazione *f*, finzione *f*.

versteuern ‹*ohne ge-*› *tr* pagare le imposte su (*o.* per).

verstimmt *a* **1.** *mus* scordato; **2.** *(Mensch)* di malumore; *(verärgert)* stizzito, irritato; **3.** *(Magen)* imbarazzato.

verstockt *a pej (trotzig)* ostinato; *(Sünder)* impenitente. **Verstocktheit** ‹-, ø› *f (Widerspenstigkeit)* ostinazione *f*; *(bei Sünder)* impenitenza *f*.

verstohlen [fɛɐ̯'ʃto:lən] *a (Blick, Lächeln)* furtivo; *(heimlich)* segreto.

verstopfen ‹*ohne ge-*› **I.** *tr* ‹*haben*› **1.** *(Loch, Ritzen)* (ot)turare; *naut* calafatare; *(Ausguß, Straße)* intasare; *(Ohren)* turare, tappare; **2.** *med* costipare; **II.** *itr* ‹*sein*› intasarsi. **verstopft** *a* **1.** *(Nase, Straße, Ausguß, etc.)* intasato; **2.** *(verschlossen)* turato; **3.** *med* stitico, costipato. **Verstopfung** ‹-, ø› *f* **1.** *(Verschließung)* otturazione *f*; **2.** *(von Straße, Ausguß, etc.)* intasamento *m*; **3.** *med* stitichezza *f*, costipazione *f*.

verstorben [fɛɐ̯'ʃtɔrbən] *a* deceduto, defunto; **der V~e** il defunto.

verstört *a* sconvolto, stravolto; *(verwirrt)* turbato.

Verstoß *m* offesa *f* (*gegen* a), trasgressione *f* (*gegen* di).

verstoßen ‹*irr, ohne ge-*› **I.** *tr (vertreiben)* scacciare (*aus* da); *(Familienangehörigen)* ripudiare; **II.** *itr* contravvenire (*gegen* a); infrangere (*gegen etw.* qc), violare (*gegen etw.* qc).

verstreichen ‹*irr, ohne ge-*› **I.** *itr* ‹*sein*›

geh (Zeit) passare; *(Frist)* scadere; **II.** *tr* ⟨*haben*⟩ **1.** *(Farbe, Salbe)* spalmare (*auf* su); **2.** *(Fugen, Ritzen)* otturare; *(verspachteln)* stuccare; **3.** *(beim Streichen verbrauchen)* consumare (spalmando).

verstreuen ⟨*ohne ge-*⟩ *tr* **1.** *(ausstreuen)* spargere; *(unsystematisch)* sparpagliare; **2.** *(versehentlich)* versare, rovesciare.

verstricken ⟨*ohne ge-*⟩ **I.** *tr* **1.** *(Wolle)* adoperare lavorando a maglia; **2.** *geh fig (verwickeln)* coinvolgere; **II.** *rfl:* **sich ~ 1.** *(falsch stricken)* sbagliarsi lavorando a maglia; **2.** *fig* impegolarsi (*in* in), invischiarsi (*in* in).

verströmen ⟨*ohne ge-*⟩ *tr* emanare.

verstümmeln [fɛɐ̯ˈʃtʏməln] ⟨*ohne ge-*⟩ *tr* mutilare. **Verstümmelung** ⟨-, -en⟩ *f* mutilazione *f.*

verstummen ⟨*ohne ge-*⟩ *itr* ⟨*sein*⟩ *geh* **1.** ammutolire (*vor Schreck* per la paura); **2.** *fig (aufhören)* cessare, tacere.

Versuch [fɛɐ̯ˈzu:x] ⟨-(e)s, -e⟩ *m* tentativo *m* (*etw. zu tun* di fare qc); *(Experiment a.)* esperimento *m,* prova *f* (*etw. zu tun* di fare qc); **beim ersten ~** al primo tentativo; **das kommt auf einen ~ an** si tratta di provare; **einen ~ anstellen** fare una prova; **noch einen letzten ~ machen** fare un ultimo tentativo.

versuchen ⟨*ohne ge-*⟩ **I.** *tr* **1.** tentare (*etw. zu tun* di fare qc), provare (*etw. zu tun* a fare qc); *(Speise, Getränke)* assaggiare; **2.** *geh (in Versuchung führen)* tentare; **es mit etw./jdm ~** fare la prova con qc/qu; **versucht sein, etw. zu tun** essere tentato di fare qc; **II.** *rfl:* **sich ~** cimentarsi (*an* con).

Versuchsanlage *f* stazione *f* sperimentale. **Versuchsanordnung** *f* disposizione *f* sperimentale. **Versuchsballon** *m* pallone *m* sonda; **einen ~ steigen lassen** *fig* fare una prova. **Versuchskaninchen** *n fig pej* cavia *f.* **Versuchslauf** *m tec* giro *m* di prova; *sport* giro *m* di ricognizione. **Versuchsperson** *f* soggetto *m* (dell'esperimento). **Versuchsreihe** *f* serie *f* di esperimenti. **Versuchsstrecke** *f* pista *f* di prova. **Versuchstier** *n* cavia *f.* **versuchsweise** *adv* in via sperimentale.

Versuchung ⟨-, -en⟩ *f* tentazione *f;* **jdn in ~ führen** indurre qu in tentazione; **in ~ kommen** (*o.* **geraten)** essere tentato (*etw. zu tun* di fare qc); **der ~ nachgeben/widerstehen** cedere/resistere alla tentazione.

versumpfen ⟨*ohne ge-*⟩ *itr* ⟨*sein*⟩ **1.** *(sumpfig werden)* impantanarsi; **2.** *fig fam (verwahrlosen)* cadere in basso *fam,* depravarsi; **3.** *fig fam (lange zechen)* fare bisboccia *fam.*

versündigen ⟨*ohne ge-*⟩ *rfl geh:* **sich an etw. ~** peccare contro qc; **sich an jdm ~** fare un torto a qu.

versunken [fɛɐ̯ˈzʊŋkən] *a* **1.** *(gesunken)* affondato; *(Kultur)* sommerso; **2.** *fig* immerso, assorto; **(ganz) in Gedanken ~ sein** essere (molto) pensoso, essere (profondamente) assorto in pensieri.

versüßen ⟨*ohne ge-*⟩ *tr fig* addolcire.

vertagen ⟨*ohne ge-*⟩ *tr* aggiornare, rinviare, rimandare. **Vertagung** *f* aggiornamento *m,* rinvio *m.*

vertauschen ⟨*ohne ge-*⟩ *tr* scambiare (*mit* con).

verteidigen [fɛɐ̯ˈtaɪ̯dɪgən] ⟨*ohne ge-*⟩ **I.** *tr* difendere; **II.** *rfl:* **sich ~** difendersi (*gegen* da, contro).

Verteidiger(in) ⟨-s, -⟩ *m(f)* difensore, -a *m, f.*

Verteidigung ⟨-, ø⟩ *f* difesa *f;* **in der ~** sulla difensiva. **Verteidigungskrieg** *m* guerra *f* difensiva. **Verteidigungsminister(in)** *m(f)* ministro *m* della difesa. **Verteidigungsministerium** *n* ministero *m* della difesa. **Verteidigungsrede** *f* **1.** *jur* arringa *f,* difesa *f;* **2.** *fig* apologia *f.*

verteilen ⟨*ohne ge-*⟩ **I.** *tr* **1.** *(vergeben)* distribuire; *(zuteilen)* assegnare; **2.** *(aufteilen)* ripartire, dividere; **II.** *rfl:* **sich ~ 1.** *(zeitlich)* dividersi; **2.** *(örtlich)* distribuirsi (*auf, über* su).

Verteiler ⟨-s, -⟩ *m* **1.** *(Person)* distributore *m;* **2.** *mot* spinterogeno *m;* **3.** *(Betrieb)* azienda *f* erogatrice; **4.** *(auf Schriftstück)* chiave *f* di distribuzione. **Verteilerkasten** *m* cassetta *f* di distribuzione. **Verteilerschlüssel** *m* chiave *f* di distribuzione.

Verteilung *f* **1.** distribuzione *f;* **2.** *(Aufteilung)* ripartizione *f,* divisione *f.*

verteuern ⟨*ohne ge-*⟩ *tr, rfl:* **sich ~** rincarare.

vertiefen ⟨*ohne ge-*⟩ **I.** *tr* rendere più profondo; *(a. fig)* approfondire; **II.** *rfl:* **sich ~ 1.** *(tiefer werden)* diventare più profondo; **2.** *(intensiver werden)* rafforzarsi, aumentare; **3.** *fig (sich versenken)* immergersi (*in* in), concentrarsi (*in* in). **Vertiefung** ⟨-, -en⟩ *f* **1.** *allg., fig* approfondimento *m;* *(Hohlraum)* cavità *f;* *(Senke, Mulde)* avvallamento *m;* **2.** ⟨*sing*⟩ *fig (Sichvertiefen)* approfondimento *m.*

vertikal [vɛrti'ka:l] *a* verticale.
vertilgen ‹*ohne ge-*› *tr* **1.** *(Unkraut)* estirpare; *(Ungeziefer)* sterminare; **2.** *fam (verzehren)* divorare.
vertippen ‹*ohne ge-*› *rfl:* **sich ~** *fam (mit Schreibmaschine)* sbagliare scrivendo a macchina.
vertonen ‹*ohne ge-*› *tr* musicare, mettere in musica.
Vertrag [fɛɐ̯'tra:k] ‹-(e)s, ¨-e› *m* contratto *m; pol* trattato *m; (Abkommen)* accordo *m*, convenzione *f;* **einen ~ (ab)schließen/brechen** stipulare/rescindere un contratto; **jdn unter ~ nehmen** assumere qu con contratto; **unter ~ stehen** essere soggetto a contratto.
vertragen ‹*irr, ohne ge-*› **I.** *tr (ertragen, aushalten)* sopportare; *(dulden)* tollerare; **er kann viel ~** *fam (beim Trinken)* regge bene l'alcool; **II.** *rfl:* **sich ~ 1.** *(sich verstehen)* andare d'accordo (*mit* con); **2.** *(vereinbar sein)* essere compatibile (*mit* con).
vertraglich I. *a* contrattuale; **~e Vereinbarung/Verpflichtung** accordo/obbligo contrattuale; **II.** *adv* per contratto.
verträglich [fɛɐ̯'trɛ:klɪç] *a* **1.** *(Mensch)* conciliante, accomodante; **2.** *(Speisen)* digeribile.
Vertragsabschluß *m* stipulazione *f* di contratto. **Vertragsbruch** *m* violazione *f* (*o.* rottura *f*) del contratto. **vertragsbrüchig** *a:* **~ werden** violare un contratto. **vertragschließend** *a:* **~e Partei** parte contraente. **Vertragspartner** *m* parte *f* contraente. **Vertragsverletzung** *f* violazione *f* di contratto. **Vertragswerkstatt** *f* officina *f* convenzionata. **vertragswidrig** *a* contrario ai termini del contratto.
vertrauen ‹*ohne ge-*› *itr* fidarsi (*jdm, auf jdn/etw.* di qu/qc); avere fiducia (*jdm, auf jdn/etw.* in qu/qc), confidare (*jdm, auf jdn* in qu).
Vertrauen ‹-s, ø› *n* fiducia *f* (*auf,* in, *zu* in); **im ~** in confidenza; **jdm das ~ aussprechen** *parl* votare la fiducia a qu; **~ erwecken** ispirare fiducia; **jds ~ genießen** godere della fiducia di qu; **~ zu jdm/etw. haben** avere fiducia in qu/qc; **jdn ins ~ ziehen** confidarsi con qu; **im ~ darauf, daß ...** confidando che ... *conj.* **vertrauenerweckend** *a* che ispira fiducia. **Vertrauensarzt** *m,* **-ärztin** *f* medico *m* fiscale, dottoressa *f* fiscale. **Vertrauensbruch** *m* trasgressione *f* del rapporto di fiducia. **Vertrauensfrage** *f parl* questione *f* di fiducia; **die ~ stellen** porre la questione di fiducia. **Vertrauensmann** ‹-(e)s, -männer *o.* -leute› *m* uomo *m* di fiducia. **Vertrauenssache** *f:* **das ist ~** è questione di fiducia. **vertrauensselig** *a* troppo fiducioso; *(leichtgläubig)* credulone. **Vertrauensstellung** *f* posto *m* di fiducia. **vertrauensvoll** *a* fiducioso; **sich ~ an jdn wenden** rivolgersi con fiducia a qu. **Vertrauensvotum** *n parl* voto *m* di fiducia. **vertrauenswürdig** *a* degno di fiducia, fidato. **Vertrauenswürdigkeit** ‹-, ø› *f* fidatezza *f.*
vertraulich *a* **1.** *(geheim)* confidenziale; **2.** *(vertraut)* familiare, intimo; **~e Mitteilung** confidenza *f.* **Vertraulichkeit** ‹-, -en› *f* **1.** ‹*sing*› *(Eigenschaft, Haltung)* riservatezza *f;* **2.** *(Aufdringlichkeit)* invadenza *f;* **plumpe ~en** *pej* familiarità *f.*
verträumt *a* trasognato.
vertraut *a* familiare; *(Freund)* intimo; **sich mit dem Gedanken ~ machen, daß ...** abituarsi all'idea che ... *conj;* **sich mit etw. ~ machen** familiarizzarsi con qc, impratichirsi in qc. **Vertraute** ‹ein -r, -n, -n› *mf* confidente *mf.*
vertreiben ‹*irr, ohne ge-*› *tr* **1.** *(verjagen)* scacciare; *(Schnupfen, Schlaf)* far passare; *(Durst)* togliere; **2.** *(aus Land)* cacciare, espellere; *(von Besitz)* spossessare; **3.** *com (verkaufen)* vendere, smerciare; **sich** *(dat)* **die Zeit ~** far passare il tempo. **Vertreibung** ‹-, -en› *f* **1.** *(Verjagung)* cacciata *f* (*aus* da); **2.** *(aus Land)* espulsione *f* (*aus* da); **3.** *com (Vertrieb)* vendita *f,* distribuzione *f.*
vertretbar *a* **1.** *(Maßnahme, Standpunkt)* giustificabile, sostenibile; **2.** *jur* fungibile.
vertreten ‹*irr, ohne ge-*› *tr* **1.** *(an die Stelle treten von, ersetzen)* sostituire, rimpiazzare; **2.** *(als Repräsentant)* rappresantare; *(als Bevollmächtigter)* essere il rappresentante di; **3.** *(Interessen, etc.)* difendere, curare; *jur (Klienten als Anwalt)* patrocinare; **4.** *(sich einsetzen für)* difendere; *(Meinung, These)* sostenere; **sich** *(dat)* **die Füße** (*o.* **Beine**) **~** sgranchirsi le gambe; **~ sein** essere rappresentato, essere presente.
Vertreter(in) ‹-s, -› *m(f)* **1.** *(Stell~)* sostituto, -a *m, f,* supplente *mf;* **2.** *(Repräsentant, Handels~)* rappresentante *mf;* **3.** *(Anhänger, Verfechter)* sostenitore, -trice *m, f.*
Vertretung ‹-, -en› *f* **1.** *(Stell~)* sostituzione *f,* supplenza *f;* **2.** *(Repräsen-*

tanz, a. com) rappresentanza *f;* **3.** *com (Niederlassung)* agenzia *f;* **4.** *sport* rappresentativa *f;* **in ~ (von)** (*ab* **i. V.**) *(in Briefen)* per; **diplomatische/konsularische ~** rappresentanza diplomatica/consolare (*bei* presso); **ständige ~** rappresentanza permanente; **die ~ für jdn übernehmen** assumere la rappresentanza per qu.

Vertrieb *m* **1.** ‹*sing*› *(Verteilung)* distribuzione *f;* **2.** *s.* **Vertriebsabteilung. Vertriebsabteilung** *f* ufficio *m* vendite. **Vertriebsleiter(in)** *m(f)* direttore, -trice *m, f* delle vendite.

vertrocknen ‹*ohne ge-*› *itr* ‹*sein*› (dis)seccare; *fig* inaridire.

vertrödeln ‹*ohne ge-*› *tr fam pej (Zeit)* sprecare, sciupare, buttar via *fam.*

vertrösten ‹*ohne ge-*› *tr:* **jdn auf später ~** far sperare qu nel dopo.

vertrotteln ‹*ohne ge-*› *itr* ‹*sein*› *fam* rincitrullire *fam,* rimbambire *fam.*

vertun ‹*irr, ohne ge-*› **I.** *tr (vergeuden)* sciupare; **II.** *rfl:* **sich ~** *fam* sbagliarsi.

vertuschen ‹*ohne ge-*› *tr fam* nascondere, occultare; *(Skandal)* soffocare.

verübeln ‹*ohne ge-*› *tr:* **jdm etw. ~** volerne a qu per qc.

verüben ‹*ohne ge-*› *tr* commettere, perpetrare.

verulken ‹*ohne ge-*› *tr fam* canzonare.

verunfallen ‹*ohne ge-*› *itr* ‹*sein*› *CH* avere un incidente.

verunglimpfen [fɛɐ̯ˈʔʊnglɪmpfən] ‹*ohne ge-*› *tr* **1.** *(beleidigen)* offendere; **2.** *(schmähen)* denigrare.

verunglücken ‹*ohne ge-*› *itr* ‹*sein*› **1.** *(Person)* infortunarsi; *(a. Fahrzeuge)* avere un incidente; **2.** *scherz fam (mißraten)* non riuscire; **tödlich ~** morire in un incidente.

verunreinigen ‹*ohne ge-*› *tr* **1.** *geh (Kleidung, etc.)* sporcare, insudiciare; **2.** *(Umwelt)* inquinare, contaminare. **Verunreinigung** *f* **1.** *geh (von Kleidung, etc.)* insudiciare *m;* **2.** *(von Umwelt)* inquinamento *m,* contaminazione *f.*

verunsichern ‹*ohne ge-*› *tr* rendere insicuro.

verunstalten [fɛɐ̯ˈʔʊnʃtaltən] ‹*ohne ge-*› *tr* sfigurare, deturpare.

veruntreuen ‹*ohne ge-*› *tr* appropriarsi indebitamente, sottrarre. **Veruntreuung** ‹-, -en› *f* appropriazione *f* indebita, sottrazione *f.*

verursachen ‹*ohne ge-*› *tr* causare, provocare; *(Skandal, etc.)* suscitare.

Verursacherprinzip *n principio secondo cui colui che causa il danno è chiamato a risarcirlo.*

verurteilen ‹*ohne ge-*› *tr* condannare; **jdn zum Tode ~** condannare qu a morte. **Verurteilung** ‹-, -en› *f* condanna *f.*

vervielfachen ‹*ohne ge-*› *tr* moltiplicare.

vervielfältigen [fɛɐ̯ˈfiːlfɛltɪgən] ‹*ohne ge-*› *tr* riprodurre; *(hektographieren)* poligrafare, ciclostilare; *(fotokopieren)* fotocopiare. **Vervielfältigung** ‹-, -en› *f* **1.** ‹*sing*› *(Kopieren)* riproduzione *f; (Hektographieren)* poligrafia *f; (Fotokopieren)* fotocopiare *m;* **2.** *(Kopie)* copia *f; (Hektographie)* poligrafia *f; (Fotokopie)* fotocopia *f.*

vervierfachen ‹*ohne ge-*› *tr* quadruplicare.

vervollkommnen [fɛɐ̯ˈfɔlkɔmnən] ‹*ohne ge-*› *tr* perfezionare. **Vervollkommnung** ‹-, ø› *f* perfezionamento *m.*

vervollständigen ‹*ohne ge-*› *tr* completare. **Vervollständigung** ‹-, ø› *f* completamento *m.*

verw. *ab von* **verwitwet** vedovo, -a.

verwählen ‹*ohne ge-*› *rfl:* **sich ~** sbagliare numero; **Entschuldigung, ich habe mich verwählt** scusi, ho sbagliato numero.

verwahren ‹*ohne ge-*› **I.** *tr* custodire, conservare; **II.** *rfl:* **sich gegen etw. ~** protestare contro qc.

verwahrlost [fɛɐ̯ˈvaːɐ̯loːst] *a* **1.** *(vernachlässigt)* abbandonato; *(Mensch, Äußeres)* trascurato; **2.** *(moralisch)* depravato. **Verwahrlosung** [...oːzʊŋ] ‹-, ø› *f* **1.** trascuratezza *f,* abbandono *m;* **2.** *(moralisch)* depravazione *f.*

Verwahrung *f* **1.** ‹*sing*› *(Verwahren)* custodia *f;* **2.** *(Einspruch)* protesta *f,* opposizione *f;* **in ~ nehmen** prendere in custodia.

verwaist *a* **1.** *(elternlos)* orfano; **2.** *fig (verlassen)* abbandonato.

verwalten ‹*ohne ge-*› *tr* **1.** *(Besitz, Erbe)* amministrare; **2.** *(Amt)* ricoprire, esercitare; **3.** *pol (Gemeinde, etc.)* governare; **4.** *(Betrieb, Firma)* gestire.

Verwalter(in) ‹-s, -› *m(f)* amministratore, -trice *m, f; (Treuhänder)* fiduciario, -a *m, f.*

Verwaltung ‹-, -en› *f* amministrazione *f.* **Verwaltungsapparat** *m* apparato *m* amministrativo. **Verwaltungsbeamte** *m* **-beamtin** *f* funzionario, -a *m, f* amministrativo, -a *m, f.* **Verwaltungsbehörde** *f* autorità *f* amministrativa. **Verwaltungsbezirk** *m* circoscrizione *f* amministrativa. **Verwaltungsgericht** *n* tribunale *m* amministrativo.

verwandeln ‹*ohne ge-*› **I.** *tr* **1.** *allg.*

trasformare; **2.** *tec, chem, phys* convertire; **3.** *jur (Strafe)* commutare; **sie ist wie verwandelt** è come trasformata; **II.** *rfl:* **sich ~** trasformarsi (*in* in). **Verwandlung** *f* **1.** *allg.* trasformazione *f;* **2.** *tec, chem, phys* conversione *f.*

verwandt [fɛɐ̯'vant] *a* **1.** imparentato (*mit* con); **2.** *fig* affine (*mit* a). **Verwandte** ‹ein -r, -n, -n› *mf* parente *mf;* **die ~n** la parentela, i congiunti; **er ist ein ~r von mir** (*o.* **mein ~r**) è (un) mio parente; **entfernter/naher ~r** parente lontano/stretto. **Verwandtschaft** ‹-, -en› *f* **1.** *(Familie, Beziehung)* parentela *f;* **2.** *fig* affinità *f* (*mit, zu* con). **verwandtschaftlich** *a* di parentela.

verwarnen ‹*ohne ge-*› *tr* avvertire; *(a. sport)* ammonire; **jdn gebührenpflichtig ~** fare una multa (*o.* contravvenzione) a qu. **Verwarnung** *f* avvertimento *m; (a. sport)* ammonizione *f;* **gebührenpflichtige ~** contravvenzione *f,* multa *f.*

verwaschen *a* **1.** *(Farben)* slavato, sbiadito; *(Linien, Konturen)* indistinto; **2.** *fig (unklar)* confuso.

verwässern ‹*ohne ge-*› *tr* annacquare; *fig* diluire.

verwechseln ‹*ohne ge-*› *tr* confondere; *(a. vertauschen)* scambiare; **jdn (mit jdm) ~** scambiare (*o.* prendere) qu per qu (altro); **die beiden sind sich zum V~ ähnlich** i due si assomigliano come due gocce d'acqua *fam.* **Verwechs(e)lung** ‹-, -en› *f* confusione *f; (a. Vertauschung)* scambio *m; (Irrtum)* errore *m.*

verwegen [fɛɐ̯'ve:gən] *a* temerario; *(a. Kleidung)* audace, ardito. **Verwegenheit** ‹-, ø› *f* temerarietà *f,* audacia *f,* arditezza *f.*

verwehen ‹*ohne ge-*› **I.** *tr* ‹*haben*› **1.** *(zuwehen)* coprire (*mit Schnee* di neve); **2.** *(wegwehen)* disperdere, dileguare; **II.** *itr* ‹*sein*› *poet, geh (vergehen)* disperdersi.

verwehren ‹*ohne ge-*› *tr* vietare (*jdm etw.* qc a qu).

Verwehung ‹-, -en› *f* **1.** *(Schnee~)* cumulo *m* di neve; **2.** *(Sand~)* mucchio *m.*

verweichlichen ‹*ohne ge-*› *tr* ‹*haben*›, *itr* ‹*sein*› rammollire.

verweigern ‹*ohne ge-*› *tr* rifiutare; *(a. Gesuch)* respingere, negare. **Verweigerung** *f* rifiuto *m.*

verweilen ‹*ohne ge-*› *itr geh* **1.** *(sich aufhalten)* trattenersi; **2.** *fig* soffermarsi (*bei einem Thema* su un argomento).

verweint *a (Augen)* lacrimoso; *(Gesicht)* gonfio di pianto.

Verweis [fɛɐ̯'vais] ‹-es, -e› *m* **1.** *(Tadel)* biasimo *m; (Rüge)* rimprovero *m;* **2.** *(in Buch)* rimando *m* (*auf* a), rinvio *m* (*auf* a); **jdm einen ~ erteilen** biasimare qu.

verweisen ‹*irr, ohne ge-*› *tr* **1.** *geh (tadeln)* biasimare, rimproverare; **2.** *(hinweisen)* rimandare (*auf* a); **3.** *(Auskunftsuchende)* indirizzare (*an* a); *jur* rinviare (*an* a); **4.** *(des Landes, der Schule, vom Platz, Spielfeld)* espellere (*von* da).

Verweisungszeichen *n* (segno *m* di) rimando *m.*

verwelken ‹*ohne ge-*› *itr* ‹*sein*› appassire; *(a. fig)* avvizzire.

verwendbar *a* utilizzabile (*zu* per); **vielseitig ~** pluriuso.

verwenden ‹*irr o. reg, ohne ge-*› **I.** *tr* usare; *(a. Zeit, Geld)* impiegare, adoperare; **II.** *rfl:* **sich ~** adoperarsi (*bei jdm für jdn* presso qu in favore di qu).

Verwendung *f* **1.** *(Gebrauch)* uso *m,* impiego *m,* utilizzazione *f;* **2.** ‹*sing*› *obs (Fürsprache)* interessamento *m,* intervento *m;* **für etw. keine ~ haben** non avere utilizzazione per qc; **~ finden** trovare utilizzazione. **Verwendungszweck** *m* scopo *m,* uso *m.*

verwerfen ‹*irr, ohne ge-*› **I.** *tr* **1.** *(ablehnen)* respingere; *(Idee, Plan)* rigettare; **2.** *(tadeln)* riprovare; **II.** *rfl:* **sich ~ 1.** *(Holz)* incurvarsi; **2.** *geol* fagliare. **verwerflich** *a* riprovevole, biasimevole.

verwerten ‹*ohne ge-*› *tr* (ri)utilizzare; *(ausnutzen)* sfruttare. **Verwertung** *f* (ri)utilizzazione *f; (Ausnutzung)* sfruttamento *m.*

verwesen [fɛɐ̯'ve:zən] ‹*ohne ge-*› *itr* ‹*sein*› putrefarsi, imputridire, decomporsi. **Verwesung** ‹-, ø› *f* putrefazione *f,* decomposizione *f.*

verwickeln ‹*ohne ge-*› **I.** *tr* **1.** *(Wolle, etc.)* aggrovigliare; *(a. fig)* ingarbugliare; **2.** *fig (hineinziehen)* coinvolgere (*jdn in etw.* qu in qc); **II.** *rfl:* **sich ~ 1.** *(Wolle, etc.)* ingarbugliarsi; **2.** *fig (in Widersprüche)* impigliarsi (*in* in). **verwickelt** *a fig (kompliziert, schwierig)* intricato, complicato. **Verwick(e)lung** ‹-, -en› *f* **1.** *(Verwickeltwerden, -sein)* intrico *m,* groviglio *m;* **2.** *(Schwierigkeit, Komplikation)* intrico *m,* complicazione *f;* **seine ~ in diese Affäre ist umstritten** non è chiaro se è implicato in questo scandalo.

verwildern ‹*ohne ge-*› *itr* ‹*sein*›

1. *(Garten)* inselvatichire; *(Tier)* inselvatichirsi; **2.** *fig (verrohren)* imbarbarirsi.
verwinden ‹*irr, ohne ge-*› *tr:* **etw. nicht ~ können** non potere superare (*o.* rassegnarsi a) qc.
verwirken ‹*ohne ge-*› *tr geh* perdere (*ein Recht* un diritto).
verwirklichen ‹*ohne ge-*› **I.** *tr* realizzare; *(Plan)* attuare; **II.** *rfl:* **sich ~ 1.** realizzarsi, attuarsi; **2.** *(Mensch)* realizzarsi. **Verwirklichung** ‹-, ø› *f* realizzazione *f,* attuazione *f.*
verwirren ‹*ohne ge-*› **I.** *tr* **1.** *(Fäden)* ingarbugliare; *(Haar)* scompigliare; **2.** *(durcheinanderbringen)* confondere; *(verstören)* turbare; **II.** *rfl:* **sich ~ 1.** ingarbugliarsi; **2.** *fig* confondersi, turbarsi. **Verwirrung** ‹-, -en› *f* **1.** *(Durcheinander)* confusione *f;* **2.** *(Verstörtheit)* turbamento *m;* **~ stiften** creare scompiglio.
verwischen ‹*ohne ge-*› **I.** *tr* cancellare; **II.** *rfl:* **sich ~** cancellarsi, sfumare.
verwittern ‹*ohne ge-*› *itr* ‹*sein*› disgregarsi.
verwitwet *a* (*ab* **verw.**) vedovo; **Frau X, ~e Y** la signora X, vedova Y.
verwöhnen [fɛɐ̯'vøːnən] ‹*ohne ge-*› *tr* viziare.
verworfen [fɛɐ̯'vɔrfən] *a* abietto. **Verworfenheit** ‹-, ø› *f* abiezione *f.*
verworren [fɛɐ̯'vɔrən] *a* confuso.
verwundbar *a* vulnerabile.
verwunden ‹*ohne ge-*› *tr* ferire.
verwunderlich *a* **1.** *(erstaunlich)* sorprendente; **2.** *(sonderbar)* strano.
verwundern ‹*ohne ge-*› **I.** *tr* meravigliare, stupire; **II.** *rfl:* **sich ~** meravigliarsi (*über* di), stupirsi (*über* di).
Verwunderung ‹-, ø› *f* meraviglia *f,* stupore *m;* **zu meiner ~** con mia meraviglia.
verwundet *a* ferito; **leicht/schwer ~ sein** essere leggermente/gravemente ferito. **Verwundete** ‹ein -r, -n, -n› *mf* ferito, -a *m, f.* **Verwundung** ‹-, -en› *f* ferita *f.*
verwunschen *a* incantato.
verwünschen ‹*ohne ge-*› *tr* **1.** *(verfluchen)* maledire; **2.** *(verzaubern)* incantare.
verwurzelt *a* radicato (*in* in).
verwüsten ‹*ohne ge-*› *tr* devastare. **Verwüstung** ‹-, -en› *f* devastazione *f.*
verzählen ‹*ohne ge-*› *rfl:* **sich ~** sbagliarsi contando (*o.* nel contare).
verzahnen ‹*ohne ge-*› *tr* **1.** *tec* dentare; **2.** *fig* concatenare. **Verzahnung** ‹-, -en› *f* **1.** *tec* dentatura *f;* **2.** *fig* concatenazione *f.*
verzaubern ‹*ohne ge-*› *tr* incantare; *(fig a.)* ammaliare; **jdn in etw. ~** trasformare qu in qc. **Verzauberung** ‹-, -en› *f* incantesimo *m,* malia *f.*
verzehnfachen ‹*ohne ge-*› *tr* decuplicare.
Verzehr [fɛɐ̯'t͜seːɐ̯] ‹-(e)s, ø› *m* consumazione *f.*
verzehren ‹*ohne ge-*› **I.** *tr* consumare; **II.** *rfl:* **sich ~** *geh* struggersi (*vor Liebe* d'amore, *vor Kummer* dal dispiacere).
verzeichnen ‹*ohne ge-*› **I.** *tr* **1.** *(aufzeichnen)* registrare; **2.** *fig (verzerren)* deformare; **3.** *(falsch zeichnen)* disegnare male; **II.** *rfl:* **sich ~** disegnare male.
Verzeichnis ‹-ses, -se› *n* **1.** *(Liste)* lista *f,* elenco *m;* **2.** *(in Buch)* indice *m;* **3.** *(Register)* registro *m.*
verzeigen ‹*ohne ge-*› *tr CH* denunciare. **Verzeigung** ‹-, -e› *f CH* denuncia *f.*
verzeihen [fɛɐ̯'t͜sa͜iən] ‹verzeiht, verzieh, verziehen)› *tr* **1.** *(vergeben)* perdonare (*jdm etw.* qc a qu); **2.** *(entschuldigen)* scusare; **~ Sie!** scusi!
verzeihlich *a* perdonabile, scusabile.
Verzeihung ‹-, ø› *f* **1.** *(Vergebung)* perdono *m;* **2.** *(Entschuldigung)* scusa *f;* **jdn um ~ bitten** chiedere perdono a qu; **(ich bitte um) ~!** (mi) scusi!
verzerren ‹*ohne ge-*› **I.** *tr* **1.** deformare; *(a. radio, fig)* distorcere; **2.** *(Gesicht, Mund)* storcere; **II.** *rfl:* **sich ~** storcersi (*vor* per, *zu* in). **Verzerrung** *f* deformazione *f; (a. radio)* distorsione *f.*
verzetteln ‹*ohne ge-*› **I.** *tr (Kräfte)* disperdere; *(Zeit)* dissipare, sprecare; **II.** *rfl:* **sich ~** disperdersi.
Verzicht [fɛɐ̯'t͜sɪçt] ‹-(e)s, -e› *m* rinuncia *f* (*auf* a).
verzichten ‹*ohne ge-*› *itr* rinunciare (*auf* a), desistere (*auf* da).
verzieh [fɛɐ̯'t͜siː] *1. u. 3. pers imp von* **verzeihen.**
verziehen¹ ‹*irr, ohne ge-*› **I.** *tr* ‹*haben*› **1.** *(Kind)* viziare, educare male; **2.** *(Mund, etc.)* storcere; **3.** *agr (Pflanzen)* diradare; **keine Miene ~** non batter ciglio, restare impassibile; **II.** *rfl:* **sich ~ 1.** *allg.* storcersi; *(Holz)* imbarcarsi, incurvarsi; **2.** *(Gewitter, Wolken)* disperdersi; *(Nebel)* dissiparsi; **3.** *fam (sich zurückziehen)* ritirarsi, dileguarsi; **verzieh dich!** *sl* sparisci! *fam;* **III.** *itr* ‹*sein*› *(umziehen)* trasferirsi, traslocare; **unbekannt verzogen** trasferito senza lasciare indirizzo.
verziehen² [fɛɐ̯'t͜siːən] *pp von* **verzeihen.**

verzieren ‹*ohne ge-*› *tr* decorare, ornare. **Verzierung** ‹-, -en› *f* decorazione *f*, ornamento *m*.

verzinsen ‹*ohne ge-*› **I.** *tr* pagare l'interesse (*etw.* su qc, *mit* del); **mit sechs Prozent verzinst sein** pagare un interesse del sei percento; **II.** *rfl:* **sich ~** fruttare (*o.* dare) un interesse (*mit* del).

verzögern ‹*ohne ge-*› **I.** *tr* **1.** ritardare; *(hinausschieben)* differire; **2.** *(verlangsamen)* rallentare; **II.** *rfl:* **sich ~** **1.** *(später eintreten)* essere ritardato; **2.** *(sich hinausziehen)* protrarsi. **Verzögerung** ‹-, -en› *f* **1.** *(Verspätung)* ritardo *m;* **2.** *(Verlangsamung)* rallentamento *m;* **3.** ‹*sing*› *(das Verzögern)* protrazione *f*.

verzollen ‹*ohne ge-*› *tr* sdoganare; **haben Sie etw. zu ~?** ha qc da dichiarare?

verzückt *a* estasiato.

Verzückung ‹-, -en› *f* estasi *f;* **in ~ über etw. geraten** andare in estasi per qc.

Verzug *m (Verzögerung, Verspätung)* ritardo *m;* **in ~ geraten/sein** *allg.* ritardare, essere in ritardo; *(mit Zahlung)* cadere/essere in mora; **Gefahr ist im ~** c'è un pericolo imminente; **ohne ~** senza indugio.

verzweifeln ‹*ohne ge-*› *itr* ‹*sein*› disperare (*an* di, in); **es ist zum V~!** c'è da disperarsi!

Verzweiflung ‹-, ø› *f* disperazione *f;* **aus ~** per disperazione; **in ~ geraten** essere ridotto alla disperazione; **jdn zur ~ bringen** portare qu alla disperazione. **Verzweiflungstat** *f* atto *m* disperato (*o.* di disperazione).

verzweigen ‹*ohne ge-*› *rfl:* **sich ~** ramificarsi, diramarsi. **Verzweigung** ‹-, -en› *f* ramificazione *f*, diramazione *f*.

verzwickt [fɛɐ̯'tsvɪkt] *a fam* ingarbugliato *fam*, complicato.

Vesper¹ ['fɛspɐ] ‹-, -n› *f rel* vespro *m*.

Vesper² ['fɛspɐ] ‹-s, -› *n (süddeutsch)* merenda *f*. **Vesperbrot** *n (süddeutsch)* merenda *f*.

vespern ‹*ohne ge-*› *itr* far merenda.

Vesuv [ve'zu:f] *m* (Monte *m*) Vesuvio *m*.

Veteran [vete'ra:n] ‹-en, -en› *m* veterano, -a *m, f*.

Veterinär(in) [veteri'nɛ:ɐ̯ (...rɪn)] ‹-s, -e› *m(f)* veterinario, -a *m, f*.

Veto ['ve:to] ‹-s, -s› *n* veto *m;* **sein ~ gegen etw. einlegen** opporre il proprio veto a qc. **Vetorecht** *n* diritto *m* di veto.

Vetter ['fɛtɐ] ‹-s, -n› *m* cugino *m*. **Vetternwirtschaft** *f pej* nepotismo *m*.

vgl. *ab von* **vergleiche** cf., cfr. (*ab von* confronta).

v., g., u. *ab von* **vorgelesen, genehmigt, unterschrieben** letto, approvato, sottoscritto.

v. H. *ab von* **vom Hundert** per cento.

VHS [fau̯ha:'ʔɛs] ‹-, -› *f ab von* **Volkshochschule** università *f* popolare.

via ['vi:a] *prp* via.

Viadukt [vi̯a'dʊkt] ‹-(e)s, -e› *m o. n* viadotto *m*.

Vibration [vibra'tsi̯o:n] ‹-, -en› *f* vibrazione *f*.

vibrieren [vi'bri:rən] ‹*ohne ge-*› *itr* vibrare.

Video- ['vi:deo-] *(in Zusammensetzungen)* video-. **Videoaufzeichnung** *f* videoregistrazione *f*. **Videoband** ‹-(e)s, ¨er› *n* nastro *m* videomagnetico. **Videokamera** *f* videocamera *f*. **Videorecorder** [-rekɔrdɐ] ‹-s, -› *m* videoregistratore *m*. **Videotext** *m* Videotex® *m*. **Videothek** [-'te:k] ‹-, -en› *f* videoteca *f*.

Vieh [fi:] ‹-(e)s, ø› *n* **1.** *agr* bestiame *m;* **2.** *fam (Tier)* bestia *f*, animale *m;* **3.** *fam pej (Mensch)* bestia *f fam;* **100 Stück ~** 100 capi di bestiame. **Viehbestand** *m* patrimonio *m* zootecnico. **Viehhandel** *m* commercio *m* di bestiame. **Viehhändler** *m* commerciante *m* di bestiame.

viel [fi:l] **I.** ‹mehr, meiste› *a* molto; **durch ~es Lesen** a forza di leggere; **~e hundert Bücher** centinaia e centinaia di libri; **~en Dank!** tante grazie!; **~ Glück!** buona fortuna!; **~ Vergnügen!** buon divertimento!; **II.** ‹mehr, am meisten› *adv* molto, **sehr ~** moltissimo; **so ~ wie** tanto quanto; **~ besser/schneller/weiter** molto meglio/più veloce/più lontano; **~ kosten** costare molto; **~ zu tun haben** avere molto da fare; **zu ~** troppo; **~ zu ~** troppo; **ziemlich ~** parecchio, abbastanza; **III.** *pron* molto; **~e** molti; **~es** molto, molte cose; **das ist ein bißchen ~ auf einmal** *fam* è un po' troppo tutto in una volta; **es fehlte nicht ~ (daran) und ...** poco ci mancava che ...; **wie ~e?** quanti? **vielbeschäftigt** *a* molto occupato. **vieldeutig** *a* ambiguo, equivoco. **Vieleck** *n* poligono *m*. **Vielehe** *f* poligamia *f*.

vielerlei ['fi:lɐ'lai̯] ‹*inv*› *a* **1.** molto, molti *m pl*, molte *f pl;* di molte specie; **2.** *(substantivisch)* molte cose *f pl*.

vielfach **I.** *a* **1.** *(Kabel, Schnur)* multiplo; **2.** *(viele Male)* multi-; **II.** *adv fam (häufig)* spesso.

Vielfalt ['fi:lfalt] ⟨-, ø⟩ *f* molteplicità *f* (*an* di), varietà *f* (*an* di).

Vielfraß ⟨-es, -e⟩ *m* ghiottone *m.*

vielleicht [fi'laiçt] *adv* **1.** *(eventuell)* forse; **2.** *(etwa, ungefähr)* circa; **3.** *fam (wirklich)* veramente; **könnten Sie mir ~ helfen?** mi potrebbe aiutare?; **du bist ~ gemein!** *fam* sei proprio cattivo.

vielmals *adv:* **ich bitte ~ um Entschuldigung** chiedo mille volte scusa; **ich danke Ihnen ~** La ringrazio molto.

vielmehr [fi:l'me:ɐ̯ *o.* 'fi:l...] *adv* **1.** *(richtiger, besser)* meglio; **2.** *(eher)* piuttosto; **3.** *(im Gegenteil)* anzi.

vielsagend *a* significativo, espressivo; *(Blick)* eloquente. **vielseitig** *a* **1.** *(mit vielen Seiten)* multilaterale; **2.** *fig (Mensch)* versatile; *(Interessen)* molteplice; *(Bildung)* vasto; **auf ~en Wunsch** a richiesta generale; **~ anwendbar** pluriuso. **vielstimmig** *a* di (*o.* a) più voci. **vielversprechend** *a* promettente. **Vielzahl** *f* moltitudine *f* (*an, von* di). **vielzellig** *a* pluricellulare.

vier [fi:ɐ̯] *(Zahlwort)* quattro; **unter ~ Augen** a quattr'occhi; **auf allen ~en** *fam* carponi, a quattro zampe *fam;* **zu ~en** (*o.* **~t**) in quattro; **alle ~e von sich** *(dat)* **strecken** *fam* rimanere stecchito *fam;* **sie ist ~ (Jahre)** ha quattro anni; **mit ~ (Jahren)** a quattro anni; **es ist ~ (Uhr)** sono le quattro; **um/gegen ~** alle/verso le quattro; **~ Uhr ~** le quattro e quattro; **halb ~** le tre e mezza; **fünf (Minuten) vor/nach ~ (Uhr)** cinque (minuti) alle/dopo le quattro, le quattro meno cinque/e cinque; **vor/nach/in ~ Tagen** quattro giorni fa/dopo quattro giorni/fra quattro giorni; **die ersten/letzten/nächsten ~** i primi/gli ultimi/i prossimi quattro; **(es steht) ~ zu fünf (4:5)** (la partita *o.* il gioco sta) quattro a cinque; **sich auf seine ~ Buchstaben setzen** *scherz* sedersi; **heute/Montag in ~ Tagen** oggi/lunedì a quattro.

Vier ⟨-, -en⟩ *f* quattro *m; (Schulnote: ausreichend)* ≃ sei *m; (Buslinie)* quattro *m.*

vierbändig [-bɛndıç] *a* di (*o.* a) quattro volumi. **Vierbeiner** ⟨-s, -⟩ *m fam* quadrupede *m.* **vierblätt(e)rig** [-blɛt(ə)rıç] *a* a (*o.* di) quattro fogli. **Viereck** *n* quadrilatero *m,* quadrangolo *m.* **viereckig** *a* quadrangolare.

viereinhalb ['fi:ɐ̯ʔain'halp] *(Zahlwort)* quattro e mezzo.

Vierer ⟨-s, -⟩ *m* **1.** *sport* (imbarcazione *f* a) quattro *m;* **2.** *fam (Ziffer)* quattro *m; (Schulnote)* ≃ sei *m; (Buslinie, etc.)* quattro *m.* **Viererbob** *m* bob *m* a quattro. **Verergruppe** *f* gruppo *m* di quattro.

viererlei ['fi:rɐ'lai] ⟨*inv*⟩ *a* **1.** *(attributiv)* di quattro specie (*o.* tipi); **2.** *(substantivisch)* quattro cose *f pl.*

vierfach I. *a.* quadruplo; **in ~er Ausfertigung** in quadruplice copia; **II.** *adv* quattro volte (tanto). **Vierfache** ⟨ein -s, -n, ø⟩ *n* quadruplo *m;* **das V~e** quattro volte tanto; **um das ~ steigern** quadruplicare.

Vierfarbendruck [-'farbən-] ⟨-(e)s, -e⟩ *m* **1.** *(Verfahren)* quadricromia *f;* **2.** *(Ergebnis)* stampa *f* in quadricromia. **Vierfüßler** [-fy:slɐ] ⟨-s, -⟩ *m* quadrupede *m.* **viergeschossig** *a* di (*o.* a) quattro piani. **vierhändig** [-hɛndıç] *a, adv mus* a quattro mani.

vierhundert ['fi:ɐ̯'hʊndɐt] *(Zahlwort)* quattrocento.

Vierhundertjahrfeier *f* quattrocentenario *m.*

vierhundertste(r, s) *a* quattrocentesimo, -a.

Vierjahresplan [-'ja:rəs-] *m* piano *m* quadriennale.

vierjährig *a* **1.** *(vier Jahre alt)* di quattro anni; **2.** *vier Jahre lang)* quadriennale. **Vierjährige** ⟨ein -r, -n, -n⟩ *mf* bambino, -a *m, f* di quattro anni. **Vierkampf** *m* lotta *f* a quattro. **vierkantig** *a* quadrangolare. **Vierkantschlüssel** *m* chiave *f* a maschio quadro. **vierköpfig** [-kœpfıç] *a (Ungeheuer)* a quattro teste; *(Familie)* di (*o.* a) quattro persone.

Vierling ['fi:ɐ̯lıŋ] ⟨-s, -e⟩ *m* figlio, -a *m, f* da parto di quattro gemelli; **~e** quattro gemelli *m pl.*

Viermächteabkommen [-'mɛçtə-] *n* convenzione *f* quadripartita.

viermal *adv* quattro volte. **viermalig** *a* ripetuto (*o.* che avviene) quattro volte; **nach ~er Wiederholung konnte er ...** alla quarta volta potè ... **viermonatig** *a* di quattro mesi. **viermotorig** *a* quadrimotore; **~es Flugzeug** quadrimotore *m.* **Vierpfünder** [-pfʏndɐ] ⟨-s, -⟩ *m (Brot)* pane *m* da due chili; *(Fisch, etc.)* pesce *m, etc.* da due chili. **vierphasig** *a (Kabel)* a quattro fasi, tetrapolare. **Vierradantrieb** *m* trazione *f* a quattro ruote. **vierräd(e)rig** [-rɛ:d(ə)rıç] *a* a quattro ruote. **Viersilber** ⟨-s, -⟩ *m* quadrisillabo *m.* **Viersitzer** ⟨-s, -⟩ *m* *mot* (vettura *f* a) quattro posti *f*. **vierspaltig I.** *a* di (*o.* a) quattro colonne; **II.** *adv* su (*o.* a) quattro colonne. **Vierspänner** [-ʃpɛnɐ] ‹-s, -› *m* tiro *m* a quattro. **vierspännig** *a* a quattro cavalli. **viersprachig** *a* *(Mensch)* quadrilingue; *(Wörterbuch)* quadrilingue, in quattro lingue; *(Unterhaltung, Übersetzung, Konferenz)* in quattro lingue; **~ aufwachsen** crescere quadrilingue. **vierspurig** *a* **1.** *(Straße)* a quattro corsie; **2.** *(Tonband)* a quattro piste. **vierstellig** *a* di quattro cifre. **Viersternehotel** [-ˈʃtɛrnə-] *n* albergo *m* a quattro stelle. **vierstimmig** *a, adv* *(Gesang)* a quattro voci; *(Stück)* per quattro voci. **vierstöckig** [-ʃtœkɪç] *a* di (*o.* a) quattro piani. **Vierstufenrakete** [-ˈʃtu:fən-] *f* missile *m* a quattro stadi. **vierstufig** *a* di quattro gradini; *fig* di quattro gradi. **vierstündig** [-ʃtʏndɪç] *a* di quattro ore. **viertägig** [-tɛ:gɪç] *a* di quattro giorni. **Viertaktmotor** *m* motore *m* a quattro tempi.

viertausend [ˈfi:ɐ̯ˈtau̯zənt] *(Zahlwort)* quattromila.

Viertausender ‹-s, -› *m* quattromila *m*.

vierte *s.* **vierte(r, s).**

Vierte ‹ein -r, -n, -n› *mf* quarto, -a *m, f;* **am ~n (des Monats)** il quattro del mese; **Karl der ~** (*geschrieben* **Karl IV.**) Carlo quarto; **~r werden** diventare quarto.

vierteilig *a* *(Ausgabe, Serie, Sendung)* in quattro parti; *(Kostüm)* in quattro pezzi; *(Service)* di quattro pezzi.

viertel [ˈfɪrtəl] ‹*inv*› *a* quarto *m* di; **ein ~ Pfund** un quarto (di libbra), 125 grammi.

Viertel ‹-s, -› *n* **1.** *mat, astr* quarto *m;* **2.** *(Stadt~)* quartiere *m;* **(ein) ~ vor/nach zwei** le due meno/e un quarto; **ein ~ (e) (Wein)** *fam dial* un quartino *fam;* **akademisches ~** il quarto d'ora accademico. **Vierteldrehung** *f* quarto *m* di giro; **eine ~ nach links/rechts** un quarto di giro a sinistra/a destra. **Viertelfinale** *n* quarti *m pl* di finale. **Vierteljahr** [-ˈja:ɐ̯] *n* trimestre *m*. **Vierteljahresschrift** [-ˈja:rəs-] *f* rivista *f* trimestrale. **vierteljährlich** *a* trimestrale. **Viertelliter** [-ˈli:tɐ *o.* ˈfɪrtəl-] *m o. n* quarto *m* di litro, quartino *m fam.*

vierteln *tr* **1.** *(in vier Teile teilen)* dividere in quattro; **2.** *(durch vier teilen)* dividere per quattro.

Viertelnote *f* semiminima *f*. **Viertelpause** *f* pausa *f* di semiminima. **Viertelpfund** [-ˈpf̲ʊnt *o.* ˈfɪrtəl-] *n* quarto *m* di libbra. **Viertelstunde** [-ˈʃtʊndə] *f* quarto *m* d'ora.

viertens *adv* (in) quarto (luogo).

vierte(r, s) *a* quarto, -a; *(bei Datumsangaben)* quattro; **heute ist der V~** oggi è il quattro; **am ~n Januar** il quattro gennaio; **jeder ~** ogni quarto; **der ~ Stand** il quarto stato; **jeden ~n Tag** ogni quattro giorni; **im ~n Stock** al quarto piano.

viertürig *a (Haus, Auto, etc.)* a quattro porte. **Vieruhrzug** [-ˈʔu:ɐ̯-] *m* treno *m* delle quattro. **Viervierteltakt** [-ˈfɪrtəl-] *m* tempo *m* di quattro quarti.

Vierwaldstätter See [fɪ:ɐ̯ˈvaltʃtɛtɐ ˈze:] *m* lago *m* dei Quattro Cantoni.

vierzehn *(Zahlwort)* quattordici; **~ Tage** quindici giorni; **heute/morgen/Montag in ~ Tagen** oggi/domani/lunedì a quindici; **~ Uhr** le quattordici *f pl.* **vierzehntägig** [-tɛ:gɪç] *a* **1.** *(vierzehn Tage dauernd)* di quindici giorni, di due settimane; **2.** *(alle vierzehn Tage)* ogni quindici giorni, ogni due settimane; **3.** *(vierzehn Tage alt)* di quindici giorni, di due settimane.

vierzehnte(r, s) *a* quattordicesimo, -a; *(bei Datumsangaben)* quattordici; *s. a. vierte(r, s).*

vierzig [ˈfɪrt̲sɪç] *(Zahlwort)* quaranta; **mit ~ (km/h) fahren** andare ai quaranta (all'ora); **mit ~ (Jahren)** a quarant' anni; **er ist über ~** ha più di quarant'anni; **im Jahre ~ (vor/nach Christi Geburt)** nel quaranta (prima di/dopo Christo); **in den ~er Jahren** negli anni quaranta; **etwa ~** una quarantina (di). **Vierziger(in)** ‹-s, -› *m(f)* quarantenne *mf.* **vierzigjährig** *a* **1.** *(vierzig Jahre alt)* di quarant'anni, quarantenne; **2.** *(alle vierzig Jahre, vierzig Jahre lang)* quarantennale. **Vierzigjährige** ‹ein -r, -n, -n› *mf* uomo *m* (donna *f*) sulla quarantina, quarantenne *mf.*

vierzigste *s.* **vierzigste(r, s).**

Vierzigstel ‹-s, -› *n* quarantesimo *m.*

vierzigste(r, s) *a* quarantesimo, -a.

Vierzigstundenwoche [-ˈʃtʊndən-] *f* settimana *f* di quaranta ore.

Vierzimmerwohnung [-ˈt̲sɪmɐ-] *f* appartamento *m* (*o.* abitazione *f*) di quattro stanze.

Vietnam [vi̯ɛtˈnam] *n* Vietnam *m;* **in ~** nel Vietnam.

Vietnamese [vi̯ɛtnaˈme:zə] ‹-n, -n› *m,* **Vietnamesin** [...zɪn] *f* vietnamita *mf.*

vietnamesisch *a* vietnamita.

Vikar [viˈka:ɐ̯] ‹-s, -e› *m* vicario *m.*

Viktor ['vɪktɔr] *(männlicher Vorname)* Vittorio.
Villa ['vɪla, ...lən] ‹-, Villen› *f* villa *f.*
Villach ['fɪlax] *n* Villaco *f.*
Villenviertel *n* quartiere *f* residenziale.
violett [vi̯o'lɛt] *a* viola, violetto; *s. a. blau.* **Violett** ‹-(s), - *o. fam* -s› *n* viola *m,* violetto *m; s. a. Blau.*
Violine [vi̯o'li:nə] ‹-, -n› *f* violino *m.*
Violinist(in) [...li'nɪst(ɪn)] ‹-en, -en› *m(f)* violinista *mf.*
Violinschlüssel *m* chiave *f* di violino.
Viper ['vi:pɐ] ‹-, -n› *f* vipera *f.*
VIP, V. I. P. ['vi:aɪ'pi:] ‹-(s), -s› *f o. m* V.I.P. *m.*
Viren *pl von* **Virus.**
Virtuose [vɪr'tu̯o:zə] ‹-n, -n› *m,* **Virtuosin** [...zɪn] *f* virtuoso, -a *m, f.*
Virus ['vi:rʊs, ...rən] ‹-, Viren› *n o. m* virus *m.* **Viruskrankheit** *f* malattia *f* da virus.
Visa *pl von* **Visum.**
Visage [vi'za:ʒə] ‹-, -n› *f fam pej* faccia *f.*
Visagist(in) [viza'ʒɪst(ɪn)] ‹-en, -en› *m(f)* visagista *mf.*
Visen *pl von* **Visum.**
Visier [vi'zi:ɐ̯] ‹-s, -e› *n* **1.** *(Helm~)* visiera *f;* **2.** *(Gewehr~)* mira *f;* **mit offenem ~** *fig* a viso aperto.
Vision [vi'zi̯o:n] ‹-, -en› *f* visione *f.*
visionär [vizi̯o'nɛ:ɐ̯] *a* visionario.
Visitation [vizita'tsi̯o:n] ‹-, -en› *f* visita *f,* ispezione *f.*
Visite [vi'zi:tə] ‹-, -n› *f* visita *f.* **Visitenkarte** *f (a. fig)* biglietto *m* da visita.
visitieren [vizi'ti:rən] ‹*ohne ge-*› *tr* perquisire.
Viskosität [vɪskozi'tɛ:t] ‹-, ø› *f* viscosità *f.*
visuell [vi'zu̯ɛl] *a* visivo.
Visum ['vi:zʊm, ...za *o.* ...zən] ‹-s, Visa *o.* Visen› *n* visto *m.*
vital [vi'ta:l] *a* vitale.
Vitalität [vitali'tɛ:t] ‹-, ø› *f* vitalità *f.*
Vitamin [vita'mi:n] ‹-s, -e› *n* vitamina *f.* **Vitaminmangel** *m* avitaminosi *f,* carenza *f* vitaminica. **vitaminreich** *a* vitaminico. **Vitamintablette** *f* compressa *f* vitaminica.
Vitrine [vi'tri:nə] ‹-, -n› *f* vetrina *f.*
Vize- ['fi:tsə- *o.* 'vi:tsə] *(in Zusammensetzungen)* vice-. **Vizekanzler(in)** *m(f)* vicecancelliere *m.* **Vizepräsident(in)** *m(f)* vicepresidente, -essa *m, f.*
Vogel ['fo:gəl] ‹-s, ¨› *m* **1.** *zoo* uccello *m;* **2.** *fig fam (Kerl)* tipo *m;* **den ~ abschießen** *fig fam* cogliere nel segno, vincere il primo premio; **der ~ ist ausgeflogen** *fig* l'uccello ha preso il volo; **einen ~ haben** *fam* essere matto *fam,* non avere tutte le rotelle *fam;* **~, friß oder stirb!** *prov* o mangiar questa minestra o saltar questa finestra *prov;* **das ist ein komischer ~** *fam* è un tipo strano *fam;* **jdm den ~ zeigen** dare del matto a qu. **Vogelbauer** ‹-s, -› *n o. rar m* gabbia *f* per uccelli. **Vogelbeerbaum** *m* sorbo *m.* **Vogelbeere** *f* sorba *f.* **vogelfrei** *a* proscritto, fuorilegge. **Vogelfutter** *n* becchime *m* (per uccelli). **Vogelhaus** *n* uccelliera *f,* voliera *f.* **Vogelkirsche** *f* visciola *f.*
vögeln ['fø:gəln] *itr, tr vulg* chiavare *vulg.*
Vogelnest *n* nido *m* d'uccello. **Vogelperspektive** *f* prospettiva *f* a volo d'uccello; **etw. aus der ~ betrachten** considerare qc a volo d'uccello. **Vogelschau** *f* ornitomanzia *f.* **Vogelscheuche** [-ʃɔy̯çə] ‹-, -n› *f (a. fig)* spaventapasseri *m.* **Vogel-Strauß-Politik** [-'ʃtrau̯s-] *f* politica *f* dello struzzo. **Vogelzug** *m* migrazione *f* degli uccelli.
Vokabel [vo'ka:bəl] ‹-, -n› *f* vocabolo *m.*
Vokabular [vokabu'la:ɐ̯] ‹-s, -e› *n* vocabolario *m.*
Vokal [vo'ka:l] ‹-s, -e› *m* vocale *f.* **vokalisch** *a* vocalico. **Vokalmusik** *f* musica *f* vocale.
Volk [fɔlk] ‹-(e)s, ¨er› *n* **1.** popolo *m;* **2.** ‹*sing*› *(Einwohner)* popolazione *f; (Nation)* nazione *f;* **3.** ‹*sing*› *fam (~smenge)* folla *f,* massa *f;* **4.** ‹*sing*› *pej (untere Bevölkerungsschichten)* popolino *m;* **5.** *zoo* branco *m,* colonia *f;* **das einfache ~** il popolino; **das gemeine ~** la gente comune; **der Mann aus dem ~e** l'uomo della strada; **die Stimme des ~es** la voce del popolo; **etw. unters ~ bringen** divulgare qc; **fahrendes ~** girovaghi *m pl.*
Volker ['fɔlkɐ] *männlicher Vorname.*
Völkerbund ['fœlkɐ-] ‹-(e)s, ø› *m* Società *f* della Nazioni. **Völkergemeinschaft** *f* comunità *f* delle nazioni. **Völkerkunde** *f* etnologia *f.* **Völkermord** *m* genocidio *m.* **Völkerrecht** *n* diritto *m* internazionale (*o.* delle genti). **völkerrechtlich** *a* di diritto internazionale. **Völkerwanderung** *f* **1.** *hist* migrazione *f* dei popoli; **2.** *fam scherz (Menschenstrom)* gran movimento *m* di persone.
Volksabstimmung *f* plebiscito *m,* referendum *m.* **Volksbefragung** *f* consultazione *f* popolare. **Volksbegehren** *n* proposta *f* di legge d'ini-

ziativa popolare. **Volksbelustigung** *f* divertimento *m* popolare. **Volkscharakter** *m* carattere *m* etnico. **Volksdemokratie** *f* democrazia *f* popolare. **volkseigen** *a* nazionalizzato. **Volkseinkommen** *n* reddito *m* nazionale. **Volksempfinden** *n* sentimento *m* popolare. **Volksentscheid** *m* referendum *m*. **Volksetymologie** *f* etimologia *f* popolare. **Volksfest** *n* festa *f* popolare. **Volksfront** *f* fronte *m* popolare. **Volksgesundheit** *f* salute *f* pubblica. **Volksglaube** *m* credenza *f* popolare. **Volksheld** *m* eroe *m* popolare. **Volkshochschule** *f* (*ab* VHS) **1.** università *f* popolare; **2.** *(Kurse)* corsi *m pl* per adulti. **Volkskunde** *f* folclore *m*. **volkskundlich** *a* folcloristico. **Volkskunst** *f* arte *f* popolare. **Volkslied** *n* canto *m* (*o.* canzone *f*) popolare. **Volksmärchen** *n* fiaba *f* popolare. **Volksmenge** *f* folla *f*, moltitudine *f*. **Volksmund** *m*: **im ~ heißt das ...** nel linguaggio popolare si dice ... **Volksmusik** *f* musica *f* popolare. **Volkspolizei** *f (DDR)* polizia *f* popolare. **Volksrepublik** *f* repubblica *f* popolare. **Volksschicht** *f* strato *m* (*o.* ceto *m*) sociale. **Volksschule** *f* scuola *f* elementare. **Volkssport** *m* sport *m* popolare. **Volksstamm** *m* tribù *f*. **Volkstanz** *m* danza *f* popolare (*o.* folcloristica). **Volkstracht** *f* costume *m* nazionale. **Volkstum** ‹-s, ø› *n* carattere *m* nazionale. **volkstümlich** ['fɔlksty:mlɪç] *a* popolare. **Volksvermögen** *n* patrimonio *m* nazionale. **Volksversammlung** *f* **1.** *pol* assemblea *f* popolare; **2.** *(Massenversammlung)* riunione *f* di massa. **Volksvertreter** *m* rappresentante *m* del popolo; *(Abgeordneter)* deputato *m*. **Volksvertretung** *f* rappresentanza *f* popolare; *(Parlament)* parlamento *m*. **Volkswirt(in)** *m(f)* economista *mf*. **Volkswirtschaft** *f* economia *f* nazionale. **volkswirtschaftlich** *a* di economia nazionale. **Volkszählung** *f* censimento *m* della popolazione.

voll [fɔl] **I.** *a* **1.** *(gefüllt)* pieno *(a. fig)* (*von* di), colmo (*von* di); **2.** *(üppig)* tondo; *(Busen)* turgido; *(Haar)* folto; **3.** *(Geschmack)* pieno; *(Ton)* pieno, carico; *(Farben)* carico; **4.** *(~ständig, ganz)* intero, tutto; **5.** *fig fam (betrunken)* ubriaco, sbronzo *fam*; **~ von etw. sein** essere pieno di qc; **alle Hände ~ zu tun haben** essere molto affaccendato; **aus dem ~en schöpfen** *fig* attingere a piene mani; **aus ~em Halse** a squarciagola; **den Mund (zu) ~ nehmen** *fam* sballarle grosse *fam*; **den ~en Preis bezahlen** pagare la tariffa intera; **die ~e Wahrheit** tutta la verità; **gerammelt ~** *fam* pieno zeppo *fam*; **in ~er Fahrt** in piena corsa; **in ~er Größe** a grandezza naturale; **jdn nicht für ~ nehmen** *fam* non prendere qu sul serio; **mit ~em Mund** a bocca piena; **~e drei Stunden** tre ore di orologio; **~e zwei Jahre** due anni interi; **II.** *adv* pienamente, interamente; **etw. ~ ausnützen** utilizzare qc del tutto; **~ hinter etw. stehen** *fig* sostenere pienamente qc; **~ und ganz** pienamente.

vollauf ['fɔl'ʔau̯f *o.* ...'ʔau̯f] *adv* pienamente; **~ zu tun haben** essere molto affaccendato.

vollaufen ‹*irr, getrennt:* voll·laufen› *itr* ‹*sein*› riempirsi; **sich ~ lassen** *fam* ubriacarsi.

vollautomatisch *a* completamente automatico. **vollautomatisiert** *a* completamente automatizzato. **Vollbad** *n* bagno *m* completo. **Vollbart** *m* barba *f* piena. **Vollbeschäftigung** *f* piena occupazione *f*. **Vollbesitz** *m*: **im ~ seiner Kräfte** nel pieno possesso delle proprie forze.

Vollblut- *(in Zusammensetzungen)* purosangue. **Vollblut(pferd** *n*) ‹-(e)s, ø› *n* (cavallo *m*) purosangue *m*.

Vollbremsung ‹-, -en› *f* frenata *f* a fondo.

vollbringen [-'brɪŋən] ‹*irr, ohne ge-*› *tr* compiere.

vollbusig *a* dal seno turgido. **Volldampf** *m*: **mit ~** *fig fam* a tutto vapore.

Völlegefühl ['fœlə-] *n* pesantezza *f* di stomaco.

vollelektronisch *a* completamente elettronico.

vollenden [fɔl'ʔɛndən *o.* fɔ'lɛ...] ‹*ohne ge-*› *tr* **1.** *(abschließen)* terminare, compiere; **2.** *(vervollkommnen)* perfezionare.

vollends ['fɔlɛnts] *adv* interamente, completamente.

Vollendung *f* **1.** *(Beendung)* compimento *m*; **2.** *(Vervollkommnung)* perfezionamento *m*; *(Zustand)* perfezione *f*; **mit** (*o.* **nach**) **~ des 17. Lebensjahres** a diciassett'anni compiuti.

voller = **voll von**; **~ Fehler sein** essere pieno di errori.

Völlerei [fœlə'rai̯] ‹-, -en› *f* crapula *f*.

Volleyball ['vɔli-] *m* **1.** *(Ball)* pallone *m* da pallavolo; **2.** *(Spiel)* pallavolo *f*.

vollführen [-'fy:rən] ‹*ohne ge-*› *tr*

1. *(vollbringen)* compiere; 2. *(ausführen)* eseguire.
voll·füllen *tr* riempire completamente; **(den Tank) ~** fare il pieno. **Vollgas** *n:* **mit ~** a tutto gas, a tutta birra *fam;* **~ geben** dare tutto il gas. **vollgefressen** *a fam* pieno come un uovo. **Vollgefühl** *n:* **im ~ seiner Kräfte** nella piena coscienza delle proprie forze. **vollgepfropft, vollgestopft** *a* stipato, pieno zeppo.
völlig [ˈfœlɪç] *a* **I.** pieno, intero, completo; **II.** *adv* completamente, del tutto.
volljährig *a* maggiorenne. **Volljährigkeit** ‹-, ø› *f* maggiorità *f.*
vollkaskoversichert *a* assicurato contro tutti i rischi. **Vollkaskoversicherung** *f* assicurazione *f* contro tutti i rischi, casco *f* totale.
vollklimatisiert *a* completamente climatizzato.
vollkommen [ˈfɔlkɔmən] **I.** *a* 1. *(perfekt)* perfetto; 2. *(vollständig)* completo; 3. *(völlig)* assoluto; **II.** *adv* perfettamente, del tutto. **Vollkommenheit** ‹-, ø› *f* perfezione *f.*
Vollkornbrot *n* pane *m* integrale.
voll·machen *tr* 1. *(Gefäß)* riempire; *(Maß)* colmare; 2. *(vervollständigen, ergänzen)* completare; **(sich** *dat***) die Hose/die Windeln,** *etc.* **~** *fam* farsela addosso *fam.*
Vollmacht ‹-, -en› *f* procura *f;* **jdm (eine) ~ erteilen** conferire (una) procura a qu; **~ haben** essere autorizzato.
Vollmilch *f* latte *m* intero. **Vollmond** *m* luna *f* piena. **vollmundig** *a* abboccato. **Vollnarkose** *f* narcosi *f* totale. **Vollpension** *f* pensione *f* completa. **Vollrausch** *m* ebbrezza *f* totale. **vollschlank** *a* rotondetto *fam.*
vollständig *a* 1. *(komplett)* completo; *(Ausgabe)* integrale; 2. *(völlig)* intero, totale. **Vollständigkeit** ‹-, ø› *f* completezza *f;* **der ~ halber** per ragioni di completezza.
voll·stopfen *fam* **I.** *tr* riempire completamente; **II.** *rfl:* **sich ~** rimpinzarsi *fam.*
vollstrecken [-ˈʃtrɛkən] ‹*ohne ge-*› *tr* eseguire; **das Todesurteil an jdm ~** giustiziare qu. **Vollstreckung** *f* esecuzione *f.* **Vollstreckungsbefehl** *m* decreto *m* esecutivo.
voll·tanken *itr* fare il pieno (di benzina); **bitte ~!** il pieno, per favore! **Volltreffer** *m* (colpo *m* in pieno) centro *m.* **vollumfänglich** [-ˀʊmfɛŋlɪç] *adv CH* completamente. **Vollversammlung** *f* assemblea *f* plenaria. **Vollwaise** *f* orfano, -a *m, f* di ambedue i genitori. **Vollwaschmittel** *n* detersivo *m* per tutti i tipi di bucato. **vollwertig** *a:* **~er Ersatz** risarcimento completo. **vollzählig** *a* (al) completo.
vollziehen [-ˈt͜siːən] ‹*irr, ohne ge-*› **I.** *tr* compiere; *(a. jur)* eseguire; **die Ehe ~** consumare il matrimonio; **II.** *rfl:* **sich ~** compiersi.
Vollziehung *f,* **Vollzug** [-t͜suːk] *m* compimento *m; (a. jur)* esecuzione *f.*
Vollzugsanstalt *f adm* istituto *m* di pena; **offene/geschlossene ~** istituto di pena aperto/chiuso.
Volontär(in) [volɔnˈtɛːɐ̯ (...rɪn)] ‹-s, -e› *m(f)* volontario, -a *m, f.*
Volt [vɔlt] ‹- *o.* -(e)s, -› *n* (*ab* **V**) volt *m.*
Volumen [voˈluːmən, ...mən *o.* ...mina] ‹-s, - *o.* -mina› *n* volume *m.*
vom [fɔm] = **von dem; jdn ~ Sehen kennen** conoscere qu di vista; **~ Morgen bis zum Abend** dalla mattina alla sera; **heiser ~ Schreien** rauco a furia di gridare.
von [fɔn] *prp dat allg.* di, da; *(~ weg)* da; **~ ihm** da lui; **vom Bahnhof (her)** dalla stazione; **~ Berlin** da Berlino; **vom Fenster aus** dalla finestra; **~ vorn / hinten / oben / unten / hier / dort/drüben/rechts/links** da davanti/da dietro/dall'alto/dal basso/da (*o.* di) qui/da (*o.* di) là (*o.* lì)/dall'altra parte/da destra/da sinistra; **~ wo (her)?** di (*o.* da) dove?; **~ fern** da lontano; **~ Land zu Land** di paese in paese; **~ nahem** da vicino; **~ beiden Seiten** da entrambe le parti; **~ weitem** da lontano; **~ heute ab** (*o.* **an**) da oggi in poi; **eine Zeitung ~ gestern** un giornale di ieri; **~ klein auf** fin dall'infanzia (*o.* da piccolo); **~ Zeit zu Zeit** talvolta; **~ Gold/Eisen/Holz** *obs* d'oro/di ferro/di legno; **~ großer Güte/Klugheit** di grande bontà/intelligenza; **~ Format** di valore; **was sind Sie ~ Beruf?** che lavoro fa?, che professione esercita?; **ein Mann ~ 50 Jahren** un uomo di 50 anni; **einer ~ meinen Freunden** un mio amico; **neun ~ zehn Lesern** nove lettori su dieci; **ich bin vom Fach** sono del mestiere; **eine Komödie ~ Goldoni** una commedia di Goldoni; **~ etw. herrühren** provenire da qc; **~ jdm abhängen** dipendere da qu; **~ seiten** *gen* da parte di; **grüßen Sie ihn ~ mir** lo saluti da parte mia; **~ mir aus** per me; **~ selbst** da solo; **der Bahnhof ~ Köln** la stazione di Colonia; **der Tod ~ 20 Menschen** la morte di 20 persone; **die Anwendung ~ Gewalt** l'uso della forza.

voneinander [fɔnʔaiˈnande] *adv* l'uno dall'(*o.* dell')altro.
vonstatten [fɔnˈʃtatən] *adv:* **~ gehen** andare avanti, procedere.
vor [foːɐ] **I.** *prp* **1.** *dat/acc (räumlich)* davanti a; **2.** *dat (zeitlich)* prima; *(bei Uhrzeit)* meno; *(vom Zeitpunkt des Sprechens zurückgerechnet)* fa, or sono; **3.** *dat (Ursache)* per, di; **Angst ~ etw. haben** avere paura di qc; **sich ~ etw. hüten** guardarsi da qc; **Schutz ~ dem Regen suchen** cercare riparo dalla pioggia; **jdn ~ etw./jdm warnen** mettere in guardia qu contro qc/qu; **~ dem Haus** davanti alla casa; **~ sich** *(dat)* **hin reden** parlare fra sé e sé; **~ Zeugen** in presenza di testimoni; **~ dem Winter/der Sitzung/dem Tode/1981** prima dell'inverno/della seduta/della morte/del 1981; **fünf Minuten ~ elf** le undici meno cinque; **~ zwei Stunden/fünf Tagen/zehn Jahren** due ore/cinque giorni/dieci anni fa; **heute ~ zwei Wochen** come oggi due settimane fa; **~ Kälte/Hunger/Angst** di freddo/fame/paura; **~ Aufregung** per l'agitazione; **~ allem** soprattutto; **II.** *adv:* **~ und zurück** avanti e indietro; **Freiwillige ~!** avanti i volontari!; **Schalke ~, noch ein Tor!** forza Schalke, un altro go(a)l!; **nach wie ~** come prima.
Vorabend *m* vigilia *f.* **Vorahnung** *f* presentimento *m.*
voran [foˈran] *adv* **1.** *(vorn)* davanti, in testa; **2.** *(weiter, vorwärts)* avanti. **voran·gehen** ‹*irr*› *itr* ‹*sein*› **1.** andare avanti, precedere; *(an der Spitze gehen)* essere in testa; **2.** *fig* procedere; **gehen Sie voran!** dopo di Lei!; **mit gutem Beispiel ~** dare il buon esempio. **voran·kommen** ‹*irr*› *itr* ‹*sein*› **1.** procedere, avanzare; **2.** *fig (Fortschritte erzielen)* progredire.
Voranmeldung *f* prenotazione *f.* **Voranschlag** *m* preventivo *m.* **Voranzeige** *f (von Buch, theat)* presentazione *f; film* prossimamente *m.* **Vorarbeit** *f* lavoro *m* preliminare (*o.* preparatorio); **die ~ für etw. leisten** fare i lavori preliminari per qc. **vor·arbeiten I.** *itr* **1.** *(vorbereitend)* fare un lavoro preliminare; **2.** *(im voraus)* fare il lavoro in anticipo; **II.** *rfl:* **sich ~** *(vorankommen)* avanzare. **Vorarbeiter(in)** *m(f)* caposquadra *mf.*
Vorarlberg [ˈfoːɐʔarlbɛrk] *n* Vorarlberg *m.*
voraus [foˈraus, *aber:* im ˈfoːraus] *adv (vor anderen)* davanti; *(an der Spitze)* in testa; **im ~** in anticipo, anticipatamente; **er war seiner Zeit weit ~** ha precorso i tempi. **voraus·ahnen** *tr* presentire. **voraus·eilen** *itr* ‹*sein*› correre avanti; *fig* precorrere. **voraus·gehen** ‹*irr*› *itr* ‹*sein*› **1.** *(vorn gehen)* andare avanti; *(a. fig)* precedere; **2.** *(früher gehen)* andare via prima. **vorausgesetzt** *a:* **~, daß ...** (sup)posto (*o.* a condizione) che ... *conj.* **voraus·haben** ‹*irr*› *tr:* **jdm etw. ~** avere qc in più di qu; **er hat mir viel voraus** mi supera di gran lunga. **Voraussage** *f* predizione *f; (Wetter~)* previsioni *f pl* (del tempo). **voraus·sagen** *tr* predire, pronosticare. **vorausschauend** *a* previdente. **voraus·schicken** *tr* **1.** *(mit der Post)* mandare avanti; **2.** *fig (einleitend sagen)* premettere. **voraussehbar** *a* prevedibile. **voraus·sehen** ‹*irr*› *tr* prevedere. **voraus·setzen** *tr* presupporre. **Voraussetzung** ‹-, -en› *f* **1.** *(Annahme)* supposizione *f,* ipotesi *f;* **2.** *(Vorbedingung)* condizione *f;* **unter der ~, daß ...** a condizione che ... *conj.* **Voraussicht** *f* previsione *f;* **aller ~ nach** secondo ogni probabilità. **voraussichtlich I.** *a* prevedibile, probabile; **II.** *adv* probabilmente. **Vorauszahlung** *f* pagamento *m* anticipato.
Vorbau ‹-(e)s, -ten› *m* **1.** *arch* avancorpo *m;* **2.** *fam scherz (Busen)* davanzale *m fam.* **Vorbedacht** ‹-(e)s, ø› *m:* **mit ~** con premeditazione, di proposito. **Vorbehalt** [ˈfoːɐbəhalt] ‹-(e)s, -e› *m* riserva *f;* **unter dem ~, daß ...** con la riserva che ... *conj;* **unter üblichem ~** (*ab* **u. ü. V.**) salvo errori e omissioni. **vor·behalten** ‹*irr, ohne ge-*› *tr:* **sich** *(dat)* **etw. ~** riservarsi qc; **sich** *(dat)* **~, etw. zu tun** riservarsi di fare qc; **alle Rechte ~** tutti i diritti riservati; **Irrtümer ~** salvo errori. **vorbehaltlich** *prp gen adm* con riserva di, salvo. **vorbehaltlos** *a* senza riserve, incondizionato.
vorbei [foːɐˈbai *o.* fɔrˈbai] *adv* **1.** *(räumlich):* **an ... ~** davanti a ...; **2.** *(zeitlich: vergangen, vorüber)* passato; **lassen Sie mich ~!** mi lasci passare; **~ ist ~** quel che è stato è stato; **aus und ~** chiuso, finito. **vorbei·fahren** ‹*irr*› *itr* ‹*sein*› passare (con un veicolo) (*an* davanti a). **vorbei·gehen** ‹*irr*› *itr* ‹*sein*› **1.** *(entlang-, vorübergehen)* passare (*an* davanti a); **2.** *(Wurf, Schuß)* mancare (il bersaglio); **3.** *(zu Ende gehen)* finire; **eine Gelegenheit ~ lassen** lasciarsi sfuggire un'occasione; **ich habe sie im V~ gegrüßt** l'ho salutata passando. **vorbei·kommen** ‹*irr*› *itr* ‹*sein*›

1. passare (*an* davanti a); 2. *(an Hindernis)* poter passare (*an etw.* qc); 3. *fam (besuchen)* passare (*bei jdm* da qu) *fam*, fare un salto (*bei jdm* da qu) *fam;* **an dieser Tatsache kommt niemand vorbei** nessuno può evitare questo fatto. **vorbei·lassen** ‹*irr*› *tr* lasciar passare. **vorbei·marschieren** ‹*ohne ge-*› *itr* ‹*sein*› sfilare (*an* davanti a). **vorbei·reden** *itr:* **aneinander ~** parlare di cose diverse; **an einer S. ~** sfiorare appena qc. **vorbei·schießen** ‹*irr*› *itr* **1.** ‹*sein*› *(schnell ~)* sfrecciare (*an jdm/etw.* davanti a qu/qc); **2.** ‹*haben*› *(am Ziel)* mancare (*an etw.* qc).

vorbelastet *a:* **erblich ~ sein** avere una tara ereditaria.

Vorbemerkung *f* avvertenza *f* (preliminare), premessa *f*.

vor·bereiten ‹*ohne ge-*› **I.** *tr* preparare (*auf etw.* a qc); **II.** *rfl:* **sich ~** prepararsi (*auf* a, per). **vorbereitend** *a* preparatorio. **Vorbereitung** ‹-, -en› *f* preparazione *f*, preparativo *m;* **in ~** in preparazione; **~en treffen** fare preparativi.

Vorbesitzer(in) *m(f)* proprietario, -a *m, f* precedente.

vor·bestellen ‹*ohne ge-*› *tr (Kinokarten, Buch, Hotelzimmer)* prenotare; *(Tisch)* (far) riservare. **Vorbestellung** *f* prenotazione *f*.

vorbestraft *a* pregiudicato; **nicht ~** senza precedenti penali, incensurato. **Vorbestrafte** ‹ein -r, -n, -n› *mf* pregiudicato, -a *m, f*.

vor·beugen I. *itr (einer Krankheit)* prevenire (*einer S.* qc); **~ ist besser als heilen** *prov* prevenire è meglio che curare; **II.** *rfl:* **sich ~** *(nach vorn beugen)* sporgersi in avanti; **III.** *tr (Kopf, etc.)* sporgere. **vorbeugend** *a* preventivo; *med* profilattico. **Vorbeugung** *f* **1.** *(Schutzmaßnahme)* prevenzione *f* (*gegen* contro); **2.** *med* profilassi *f* (*gegen* contro); **zur ~ zwei Tabletten täglich** per profilassi due compresse al giorno.

Vorbild *n* **1.** *(Muster)* modello *m;* **2.** *(Beispiel)* esempio *m;* **sich** *(dat)* **jdn zum ~ nehmen** prendere esempio da qu; **das ist das leuchtende ~ für ...** questo è l'esempio lampante di ... **vorbildlich** *a* esemplare.

Vorbildung *f* conoscenze *f pl* preliminari. **vor·binden** ‹*irr*› *tr* mettersi (davanti). **Vorbote** *m fig* presagio *m*, segno *m* precursore. **vor·bringen** ‹*irr*› *tr* **1.** *(Wunsch, Meinung)* esprimere, manifestare; *(Gründe)* addurre; *(Beweise)* produrre; **2.** *fam (nach vorn bringen)* portare avanti *fam*. **vorchristlich** *a* precristiano. **Vordach** *n* tettoia *f*, pensilina *f*. **vor·datieren** ‹*ohne ge-*› *tr* antidatare.

Vorderachse [ˈfɔrdɐ-] *f* asse *m* anteriore. **Vorderansicht** *f* vista *f* anteriore. **Vorderasien** [ˈfɔrdɐˈʔa:zi̯ən] *n* Asia *f* anteriore. **Vorderbein** *n* zampa *f* anteriore. **Vorderdeck** *n* coperta *f* di prua.

vordere(r, s) [ˈfɔrdərə] *a* anteriore, davanti.

Vordergrund *m* primo piano *m;* **in den ~ rücken** (*o.* **stellen**) *fig* mettere in risalto; **sich in den ~ schieben** *fig* mettersi in primo piano; **im ~ stehen** *fig* essere in primo piano. **vordergründig** [-grʏndɪç] *a* superficiale. **vorderlastig** *a* appruato. **Vordermann** *m* capofila *m;* **etw./jdn auf ~ bringen** *fam* mettere in ordine qc/far rigare diritto qu *fam*. **Vorderrad** *n* ruota *f* anteriore; *(von Fahrrad)* ruota *f* direttrice. **Vorderradantrieb** *m* trazione *f* anteriore. **Vorderreihe** *f* prima fila *f*. **Vorderschinken** *m* prosciutto *m* di spalla. **Vorderseite** *f* **1.** *allg.* parte *f* anteriore; **2.** *arch* facciata *f;* **3.** *(von Münze)* faccia *f;* **4.** *typ* recto *m*. **Vordersitz** *m* sedile *m* anteriore.

vorderste(r, s) ‹*Superlativ von* vordere› *a* primo, -a.

Vorderteil *n o. m* parte *f* anteriore, davanti *m*.

vor·drängen *rfl:* **sich ~** farsi avanti (*o.* largo). **vor·dringen** ‹*irr*› *itr* ‹*sein*› inoltrarsi, penetrare. **vordringlich** *a* urgente. **Vordruck** ‹-(e)s, -e› *m* modulo *m*, stampato *m*. **vorehelich** *a* prematrimoniale. **voreilig** *a* precipitoso, affrettato; *(unüberlegt)* sconsiderato; **~e Schlüsse ziehen** tirare delle conclusioni affrettate.

voreinander [fo:ɐ̯ʔa̯iˈnandɐ] *adv* l'uno davanti all'altro.

voreingenommen *a* prevenuto (*gegen* contro).

vor·enthalten ‹*irr, ohne ge-*› *tr* **1.** *(nicht geben)* rifiutare (*jdm etw.* qc a qu); **2.** *(nicht sagen)* nascondere (*jdm etw.* qc a qu).

Vorentscheidung *f* decisione *f* preliminare. **Vorentscheidungskampf** *m* semifinale *f*. **Vorentwurf** *m* progetto *m* preliminare. **vorerst** [ˈfo:ɐ̯ʔe:ɐ̯st *o.* ...ˈʔe:ɐ̯st] *adv* per il momento, per ora. **Vorfahr** [ˈfo:ɐ̯fa:ɐ̯] ‹-en, -en› *m* antenato *m*, avo *m geh.*

vor·fahren ‹*irr*› **I.** *itr* ‹*sein*› **1.** *(vorn fahren, vorausfahren)* andare avanti (con un veicolo); **2.** *(vor Haus, etc.)*

fermarsi davanti (a una casa, *etc.*); **3.** *(vorrücken, nach vorn fahren)* avanzare; **II.** *tr* ⟨*haben*⟩ *(weiter nach vorn fahren)* avanzare.

Vorfahrt *f* precedenza *f;* **die ~ beachten/nicht beachten** rispettare/non rispettare la precedenza; **rechts hat ~** precedenza a destra; **~ haben** avere la precedenza. **Vorfahrt(s)regel** *f* norma *f* di precedenza. **Vorfahrt(s)straße** *f* strada *f* con (diritto di) precedenza. **Vorfahrt(s)zeichen** *n* segnale *m* di precedenza.

Vorfall *m* **1.** *(Ereignis)* avvenimento *m; (Zwischenfall)* incidente *m;* **2.** *med (Prolaps)* prolasso *m.*

vor·fallen ⟨*irr*⟩ *itr* ⟨*sein*⟩ **1.** *(geschehen)* accadere, succedere; **2.** *(nach vorn fallen)* cadere in avanti.

Vorfilm *m* documentario *m;* cartone *m* animato.

vor·finden ⟨*irr*⟩ *tr* trovare, incontrare.

Vorfreude *f* gioia *f* dell'attesa, attesa *f* gioiosa; **in ~ auf ...** nella gioiosa attesa di ...

Vorfrühling *m* primavera *f* precoce.

vor·fühlen *itr* sondare il terreno (*bei jdm* presso qu).

vor·führen *tr* **1.** *jur* condurre avanti, accompagnare; **2.** *(Mode, etc.)* presentare; *(Kunststücke)* mostrare, presentare; *(Versuch, Gerät)* dimostrare; **3.** *film* proiettare.

Vorführung *f* **1.** *jur* accompagnamento *m;* **2.** *(von Mode, Kunststück, etc.)* presentazione *f; (von Versuch, Gerät)* dimostrazione *f;* **3.** *film* proiezione *f.*

Vorführwagen *m* vettura *f* da dimostrazione.

Vorgabe *f sport* vantaggio *m.*

Vorgang *m* **1.** *(Ereignis)* avvenimento *m;* **2.** *(Hergang)* svolgimento *m;* **3.** *biol, chem, tec* processo *m;* **4.** *jur, adm (Akten)* pratica *f;* **schildern Sie uns einmal den ~** ci racconti come si sono svolti i fatti.

Vorgänger(in) [ˈfoːɐ̯gɛŋɐ (...ərɪn)] ⟨-s, -⟩ *m(f)* predecessore, -a *m, f.*

Vorgarten *m* giardino *m* davanti alla casa.

vor·geben ⟨*irr*⟩ *tr* **1.** *(behaupten)* asserire, pretendere; *(vortäuschen)* fingere; **2.** *(nach vorn geben)* dare (*o.* passare) in avanti; **3.** *sport* dare di vantaggio.

Vorgebirge *n* contrafforti *m pl; (Kap)* promontorio *m,* capo *m.*

vorgeblich *a* finto; **er ist ~ krank** dice di essere ammalato.

vorgefaßt *a:* **~e Meinung** idea preconcetta.

vorgefertigt *a* prefabbricato.

Vorgefühl *n* presentimento *m.*

vor·gehen ⟨*irr*⟩ *itr* ⟨*sein*⟩ **1.** *(vorrücken, a. mil)* avanzare; **2.** *(handeln)* procedere, agire; **3.** *fam s.* **vorausgehen; 4.** *fig (den Vortritt haben)* avere la precedenza; **5.** *(Uhr)* andare avanti; **6.** *(wichtiger sein)* essere più importante; **7.** *(geschehen)* accadere, succedere; **gerichtlich gegen jdn ~** procedere per (*o.* adire le) vie legali contro qu; **meine Uhr geht (eine halbe Stunde) vor** il mio orologio va avanti (di mezz'ora); **was geht wohl jetzt in ihm vor?** che gli succede? **Vorgehen** ⟨-s, ø⟩ *n* **1.** *(Verfahren)* procedimento *m;* **2.** *(Handlungsweise)* modo *m* di procedere; (*a. jur*) azione *f;* **gemeinsames ~** azione concertata. **Vorgehensweise** *f* modo *m* di procedere.

Vorgeschichte *f* **1.** *allg.* antefatto *m,* antecedenti *m pl;* **2.** *scient* preistoria *f.* **Vorgeschmack** *m* assaggio *m* (*auf* di). **vorgesehen** *a* previsto.

Vorgesetzte ⟨ein -r, -n, -n⟩ *mf* superiore *m.*

vorgestern *adv* ieri l'altro, l'altrieri; **~ abend** ieri l'altro sera.

vor·greifen ⟨*irr*⟩ *itr (einer Sache)* anticipare (*einer S.* qc); **jdm ~** precedere qu (*bei etw.* in qc). **Vorgriff** *m* anticipazione *f.*

vor·haben ⟨*irr*⟩ *tr* **1.** *(beabsichtigen)* avere in mente (*o.* l'intenzione) (*etw. zu tun* di fare qc); **2.** *(geplant haben)* avere in programma; **was haben Sie heute abend vor?** che programma ha per questa sera?; **ich habe morgen noch nichts vor** non ho ancora niente in (*o.* nessun) programma per domani; **Sie hatten viel mit ihr vor** avevano l'intenzione di fare molte cose con lei. **Vorhaben** ⟨-s, -⟩ *n* **1.** *(Absicht)* intenzione *f,* proposito *m;* **2.** *(Plan)* progetto *m,* piano *m;* **jdn von seinem ~ abbringen** far desistere qu dai suoi programmi.

Vorhalle *f* atrio *m,* ingresso *m.*

vor·halten ⟨*irr*⟩ **I.** *tr* **1.** *(vor etw. halten)* tenere davanti; **2.** *fig (vorwerfen)* rinfacciare, rimproverare; **II.** *itr fam (ausreichen)* durare. **Vorhaltungen** *f pl* rimostranze *f pl,* rimproveri *m pl;* **jdm wegen etw. ~ machen** fare delle rimostranze a qu per qc.

Vorhand *f* **1.** *sport* diritto *m;* **2.** *(von Pferd)* parte *f* anteriore del corpo; **3.** *(beim Kartenspiel)* prima mano *f.*

vorhanden [foːɐ̯ˈhandən] *a (existent)* esistente; *(verfügbar)* disponibile; **~ sein** esserci, esistere. **Vorhanden-**

sein *n* esistenza *f; (Verfügbarkeit)* disponibilità *f.*
Vorhang *m* tenda *f; theat* sipario *m;* **die Vorhänge auf-/zuziehen** aprire/chiudere le tende; **den ~ hochziehen/herunterlassen** alzare/calare il sipario.
Vorhängeschloß *n* lucchetto *m.*
Vorhaut *f* prepuzio *m.*
vorher ['fo:ɐ̯he:ɐ̯] *adv* prima, precedentemente; **am Abend ~** alla vigilia; **am Tage ~** il giorno prima; **kurz/unmittelbar ~** poco/immediatamente prima; **wie ~** come prima.
vorherbestimmt [fo:ɐ̯'he:ɐ̯-] *a* predestinato. **Vorherbestimmung** *f* predestinazione *f.*
vorher·gehen ⟨*irr*⟩ *itr* ⟨*sein*⟩ precedere.
vorherig [fo:ɐ̯'he:rɪç *o.* 'fo:ɐ̯...] *a:* **nach ~er Vereinbarung** previo accordo.
Vorherrschaft *f* predominio *m,* preponderanza *f; (Vorrangstellung)* supremazia *f; (Hegemonie)* egemonia *f.*
vor·herrschen *itr* predominare (*über* su), prevalere (*über* su). **vorherrschend** *a* predominante, prevalente.
Vorhersage *f* predizione *f,* pronostico *m; (Wetter~)* previsioni *f pl* (del tempo).
vorher·sagen *tr* pronosticare; *(Wetter, Folgen, etc.)* predire.
vorhin [fo:ɐ̯'hɪn *o.* 'fo:ɐ̯...] *adv* poco fa, poc'anzi.
Vorhof *m* **1.** *arch* atrio *m;* **2.** *anat* atrio *m,* orecchietta *f.*
Vorhut ⟨-, -en⟩ *f* avanguardia *f.*
vorige(r, s) ['fo:rɪgə] *a* anteriore, precedente; **~s Jahr** l'anno scorso; **das ~ Mal** l'ultima volta.
Vorjahr *n* anno *m* precedente (*o.* scorso). **vorjährig** *a* dell'anno scorso. **Vorkämpfer(in)** *m(f)* antesignano *m,* pioniere, -a *m, f.* **Vorkaufsrecht** *n* diritto *m* di prelazione.
Vorkehrung ⟨-, -en⟩ *f* misura *f* preventiva, disposizione *f* precauzionale; **die nötigen ~en treffen** prendere le dovute precauzioni.
Vorkenntnisse *f pl* cognizioni *f pl* (*o.* nozioni *f pl*) preliminari.
vor·knöpfen *tr fam:* **sich** *(dat)* **jdn ~** strapazzare qu *fam,* sgridare qu.
vor·kommen ⟨*irr*⟩ *itr* ⟨*sein*⟩ **1.** *(nach vorn kommen)* venire avanti; **2.** *(geschehen)* succedere, capitare; **3.** *(vorhanden sein, sich finden)* trovarsi; **4.** *(erscheinen)* ricorrere; **5.** *(scheinen)* sembrare, parere; **Sie kommen mir bekannt vor** mi sembra di conoscerLa; **das kommt dir nur so vor** ti sembra; **ich komme mir überflüssig vor** mi sento inutile; **das soll ~!** è la vita!; **das soll nicht wieder ~** non deve ripetersi; **das kommt in den besten Familien vor** succede anche nelle migliori famiglie; **du kommst dir wohl sehr schlau vor!** *fam* ti sembra di essere molto furbo! **Vorkommen** *n* **1.** *allg.* presenza *f,* esistenza *f;* **2.** *min* giacimento *m.* **Vorkommnis** ⟨-ses, -se⟩ *n* avvenimento *m,* evento *m.*
Vorkriegs- *(in Zusammensetzungen)* prebellico, antebellico, d'anteguerra. **Vorkriegszeit** *f* anteguerra *m.*
vor·laden ⟨*irr*⟩ *tr* citare (in giudizio). **Vorladung** *f* citazione *f* (in giudizio).
Vorlage *f* **1.** ⟨*sing*⟩ *(das Vorlegen)* presentazione *f;* **2.** *(Gesetzes~)* progetto *m* di legge; **3.** *(Muster)* modello *m;* **4.** *sport (beim Fußball)* passaggio *m.*
vor·lassen ⟨*irr*⟩ *tr* **1.** *fam (vorgehen lassen)* lasciar passare; **2.** *(zulassen, empfangen)* ammettere.
Vorläufer(in) *m(f)* **1.** *allg.* precursore, precorritrice *m, f;* **2.** *(Ski)* apripista *mf.*
vorläufig **I.** *a* temporaneo; *(provisorisch)* provvisorio; **II.** *adv (einstweilig)* temporaneamente; *(fürs erste)* per il momento.
vorlaut *a* impertinente, saccente.
Vorleben *n* passato *m; jur* precedenti *m pl.*
Vorlegebesteck *n* posate *f pl* di servizio.
vor·legen **I.** *tr* **1.** *(da~, anbringen)* mettere (davanti); **2.** *(bei Tisch)* servire; **3.** *(Paß, Ausweis, Gesetzentwurf, etc.)* presentare; *(Frage, Plan)* (sotto)porre; **II.** *rfl:* **sich ~** sporgersi; **III.** *itr* servire.
vor·lesen ⟨*irr*⟩ *tr* leggere (ad alta voce).
Vorlesung *f (einzelne)* lezione *f* (universitaria); *(~sreihe)* corso *m;* **eine ~ über etw. halten** tenere una lezione su qc; **in die ~ gehen** andare a lezione. **vorlesungsfrei** *a* senza lezione. **Vorlesungsverzeichnis** *n* programma *f* dei corsi.
vorletzte(r, s) *a* penultimo, -a.
Vorliebe *f* predilezione *f;* **eine ~ für etw. haben** avere una predilezione per qc; **etw. mit ~ tun** prediligere qc.
vorlieb·nehmen ⟨*irr*⟩ *itr* accontentarsi (*mit* di).
vor·liegen ⟨*irr*⟩ *itr* **1.** *(vorhanden sein)* esserci, esistere; **2.** *(eingereicht sein)* essere presentato; **im ~den Fall** nel caso presente; **da muß ein Irrtum ~** ci deve essere un equivoco; **es liegt nichts gegen ihn vor** non c'è nulla contro di lui.

vor·lügen ‹*irr*› *tr:* **jdm etw. ~** raccontare bugie a qu, mentire a qu.
vorm. 1. *ab von* **vormals** ex, già; **2.** *ab von* **vormittags** di mattina.
vor·machen *tr:* **jdm etw. ~ 1.** *(zeigen)* mostrare qc a qu, far vedere qc a qu; **2.** *fig (jdn täuschen)* dare ad intendere qc a qu; **sich** *(dat)* **(selbst) etw. ~** illudersi; **wir wollen uns doch nichts ~!** parliamoci chiaro! *fam.*
Vormacht *f* supremazia *f* (*über* su), predominio *m* (*über* su). **Vormachtstellung** *f* egemonia *f* (*gegenüber* su).
vormals *adv* (*ab* **vorm.**) prima, in passato; *(auf Firmenschildern)* già.
Vormarsch *m* avanzata *f.*
vor·merken *tr* **1.** *(eintragen, notieren)* annotare, prendere nota di; **2.** *(reservieren)* prenotare; **sich für etw. ~ lassen** prenotarsi per qc.
Vormittag *m* mattina *f;* **im Laufe des ~s** nel corso della mattinata, in mattinata. **vormittags** *adv* (*ab* **vorm.**) di mattina, in mattinata; **Montag ~ keine Sprechstunde** lunedì mattina non si riceve.
Vormund ‹-(e)s, -e *o.* ¨-er› *m* **1.** *(von Minderjährigen)* tutore *m;* **2.** *(von Entmündigten)* curatore *m.* **Vormundschaft** ‹-, -en› *f* **1.** *(von Minderjährigen)* tutela *f;* **2.** *(von Entmündigten)* curatela *f.* **Vormundschaftsgericht** *n* tribunale *m* dei minorenni.
vorn [fɔrn] *adv* **1.** *(im vorderen Teil)* davanti, anteriormente; *(am vorderen Ende)* all'estremità anteriore; *(auf der Vorderseite)* anteriormente, dalla parte anteriore; *(im Vordergrund)* davanti; **2.** *(an der Spitze)* in testa (*un, in* a); **3.** *(am Anfang)* all'inizio; **nach ~** (in) avanti; **nach ~ laufen** correre (in) avanti; **von ~** *(räumlich)* da davanti; *(zeitlich)* dall'inizio; **von ~ bis hinten** *fam* da cima a fondo; **von ~ bis hinten erfunden** *fam* inventato di sana pianta *fam;* **~ im Bild** nella parte anteriore del quadro/della foto; **(wieder) von ~ anfangen** (ri)cominciare da capo.
Vorname *m* nome *m* (di battesimo).
vorne *adv s.* **vorn.**
vornehm ['fo:ɐ̯ne:m] *a* **1.** *(kultiviert)* distinto; **2.** *(adlig)* aristocratico; **3.** *(edel)* nobile; **4.** *(elegant)* elegante; **~e Gesinnung** nobili sentimenti *m pl;* **~e Gesellschaft** gran mondo; **~ tun** *fam* darsi arie da gran signore.
vor·nehmen ‹*irr*› **I.** *tr* **1.** *(durchführen)* fare; **2.** *(in Angriff nehmen)* intraprendere, dare mano a; **II.** *rfl:* **sich ~** *(beschließen)* prefiggersi (*etw. zu tun* di fare qc), proporsi (*etw. zu tun* di fare qc); **sich** *(dat)* **jdn ~** strapazzare qu *fam,* sgridare qu.
vornehmlich *adv* specialmente, principalmente, soprattutto.
vornehmtuerisch *a pej* da snob.
vor·neigen *rfl:* **sich ~** chinarsi in avanti.
vornherein ['fɔrnhɛrai̯n *o.* ...'rai̯n] *adv:* **von ~** fin da principio, a priori.
Vorort *m* sobborgo *m;* **die ~e** la periferia. **Vorplatz** *m* spiazzo *m.* **Vorposten** *m mil* avamposto *m.* **vorprogrammiert** *a* **1.** *(automatisch)* automatico; **2.** *fig (vorbestimmt)* programmato.
Vorrang *m* **1.** *(Bedeutung, Stellenwert)* priorità *f;* **2.** *(Reihenfolge)* precedenza *f;* **den ~ vor jdm haben** avere la precedenza su qu. **vorrangig** *a* prioritario. **Vorrangstellung** *f:* **eine ~ einnehmen** (*o.* **haben**) occupare una posizione di preminenza.
Vorrat *m* scorta *f* (*an* di), provviste *f pl* (*an* di); **einen ~ anlegen** costituire una scorta; **etw. auf ~ haben** avere qc in stock; **solange der ~ reicht** fino a esaurimento delle scorte.
vorrätig ['fo:ɐ̯rɛ:tɪç] *a (verfügbar)* disponibile; *(auf Lager)* in magazzino.
Vorratsraum *m* magazzino *m.*
Vorraum *m* atrio *m; (von Kino, Theater)* foyer *m.*
vor·rechnen *tr:* **jdm etw. ~** *(zeigen)* mostrare a qu come fare qc; *fig (aufzählen)* fare a qu il calcolo di qc; *(vorhalten)* rinfacciare qc a qu.
Vorrecht *n* **1.** *(Sonderrecht)* prerogativa *f;* **2.** *(Privileg)* privilegio *m.*
Vorrede *f* **1.** *obs (Vorwort)* introduzione *f; theat* prologo *m;* **2.** *(einleitende Worte)* preambolo *m.* **Vorredner(in)** *m(f)* oratore, -trice *m, f* precedente.
Vorrichtung *f* dispositivo *m,* congegno *m,* meccanismo *m.*
vor·rücken I. *tr* ‹*haben*› spostare in avanti; **II.** *itr* ‹*sein*› avanzare; **in vorgerücktem Alter** in età avanzata; **zu vorgerückter Stunde** a tarda ora.
Vorrunde *f sport* eliminatoria *f.* **vor·sagen** *tr, itr* suggerire. **Vorsaison** *f* bassa stagione *f.*
Vorsatz *m* **1.** *(Absicht)* proposito *m,* intenzione *f; (Entschluß)* risoluzione *f;* **2.** *tec* dispositivo *m* ausiliario; **3.** *typ s.* **Vorsatzblatt; mit ~** *jur* deliberatamente; **mit guten Vorsätzen** con buone intenzioni; **mit dem ~ zu ...** con l'intenzione di ... *inf;* **einen ~ fassen** prendere una risoluzione.

Vorsatzblatt *n* (foglio *m* di) guardia *f.*
vorsätzlich ['fo:ɐ̯zɛtslɪç] **I.** *a* intenzionale; *(bes. jur)* premeditato; **II.** *adv* intenzionalmente; *jur* con premeditazione.
Vorschau *f* **1.** *TV* presentazione *f* dei programmi; **2.** *film* prossimamente *m.*
Vorschein *m:* **zum ~ kommen** comparire, apparire; *fig (ans Licht kommen)* venire alla luce; **etw. zum ~ bringen** portare qc alla luce.
vor·schieben ‹*irr*› **I.** *tr* **1.** *(da~)* mettere; *(nach vorn schieben)* spostare in avanti; **2.** *mil* far avanzare; **3.** *fig (vorschützen)* prendere a pretesto; **4.** *fig (für sich handeln lassen)* servirsi di; **II.** *rfl:* **sich ~** *(Menschen)* mettersi in mostra; *(Wolken, etc.)* spostarsi in avanti, avanzare.
vor·schießen ‹*irr*› **I.** *tr* ‹*haben*› *fam (Geld)* anticipare; **II.** *itr* ‹*sein*› scattare in avanti.
Vorschlag *m* proposta *f;* **auf meinen ~ (hin)** su mia proposta.
vor·schlagen ‹*irr*› *tr* proporre.
Vorschlaghammer *m* mazza *f* da fabbro.
vorschnell *a* precipitoso; *(unüberlegt)* avventato.
vor·schreiben ‹*irr*› *tr* **1.** *(als Vorlage schreiben)* scrivere (*o.* fare) la brutta copia di; **2.** *(befehlen)* prescrivere.
Vorschrift *f* prescrizione *f; (Anweisung)* istruzione *f; adm, mil* regolamento *m;* **gegen die ~en verstoßen** andare contro il regolamento. **vorschriftsmäßig I.** *a* regolamentare; *med (Dosis)* prescritto; **II.** *adv* conforme alle prescrizioni (*o.* al regolamento).
Vorschub *m:* **jdm/einer S. ~ leisten** favoreggiare (*o.* favorire) qu/qc.
Vorschulalter *n* età *f* prescolastica. **Vorschule** *f* scuola *f* preparatoria. **Vorschulerziehung** *f* educazione *f* prescolastica.
Vorschuß *m* anticipo *m;* **jdm einen ~ geben** concedere un anticipo a qu. **Vorschußlorbeeren** *m pl* elogi *m pl* prematuri.
vor·schützen *tr* prendere a pretesto; **keine Müdigkeit ~!** *fam* e non raccontarmi che sei stanco! *fam.*
vor·schweben *itr:* **mir schwebt etw. vor** ho in mente qc.
vor·sehen ‹*irr*› **I.** *tr* **1.** *(planen)* prevedere; **2.** *(bestimmen)* designare; **II.** *rfl:* **sich ~ 1.** *(sich hüten)* guardarsi (*vor* da); **2.** *(aufpassen)* stare attento (*daß (o. damit) nicht* che non *conj,* di non *inf*); **der Vertrag sieht vor, daß ...** il contratto prevede che ... *conj;* **sieh dich vor, daß du nicht fällst!** attento a non cadere!; **sieh dich vor ihm vor** stai attento a lui; **wie vorgesehen** come previsto; **jdn für etw. ~** avere in mente qu per qc, designare qu per qc.
Vorsehung ‹-, ø› *f* Provvidenza *f.*
vor·setzen *tr* **1.** *(davorsetzen)* mettere davanti; **2.** *(nach vorn setzen)* spostare avanti; **3.** *(anbieten)* offrire; **4.** *fig fam (Lügen, etc.)* scodellare *fam.*
Vorsicht *f* precauzione *f,* prudenza *f;* **~!** attenzione!; **~, Stufe!** attenzione gradino!; **~ ist besser als Nachsicht!** *prov* meglio prevenire che curare!; **das ist mit ~ zu genießen** *fig scherz* è da prendere con le dovute precauzioni; **zur ~ habe ich ...** per precauzione ho ...; **~, Glas!** attenzione, vetro! **vorsichtig** *a* prudente, cauto. **vorsichtshalber** *adv* per precauzione (*o.* prudenza). **Vorsichtsmaßnahme** *f* misura *f* precauzionale; **~n treffen** prendere delle precauzioni.
Vorsilbe *f* prefisso *m.*
vor·singen ‹*irr*› **I.** *tr* cantare (*jdm etw.* qc a qu); *(zuerst singen)* cantare per primo; **II.** *itr* cantare (*jdm* a qu).
vorsintflutlich *a (a. fig fam scherz)* antidiluviano.
Vorsitz *m* presidenza *f;* **den ~ bei etw. führen** (*o.* **haben**) detenere (*o.* avere) la presidenza di qc; **den ~ übernehmen** assumere la presidenza; **unter dem ~ von** sotto la presidenza di. **Vorsitzende** ‹ein -r, -n, -n› *mf* presidente, -essa *m, f.*
Vorsorge *f* **1.** *(Fürsorge)* previdenza *f;* **2.** *(Vorsichtsmaßnahme)* precauzione *f;* **~ für etw. treffen** provvedere a qc. **vor·sorgen** *itr* provvedere (*für* a). **Vorsorgeuntersuchung** *f* check-up *m.* **vorsorglich I.** *a* **1.** *(Maßnahme)* previdente, precauzionale; **2.** *(Person)* accorto; **II.** *adv* per precauzione.
Vorspann ['fo:ɐ̯ʃpan] ‹-(e)s, -e› *m* **1.** *(von Artikel)* cappello *m;* **2.** *film, TV* titoli *m pl* di testa; **3.** *(Hilfszugtier)* cavallo *m* di rinforzo.
Vorspeise *f* antipasto *m.*
Vorspieg(e)lung *f:* **unter ~ falscher Tatsachen** per simulazione *f* di fatti.
Vorspiel *n* **1.** *mus* preludio *m;* **2.** *theat* prologo *m;* **3.** *(bei Geschlechtsverkehr)* tenerezze *f pl* preparatorie.
vor·spielen *tr* **1.** *mus* sonare (*jdm* davanti a qu); *(zum Nachspielen)* dare un esempio di come si suona; **2.** *theat* recitare (*jdm* davanti a qu); *(zum*

Nachspielen) dare un esempio di recitazione; **3.** *fig (vortäuschen)* simulare.

vor·sprechen ‹*irr*› **I.** *tr* **1.** *(zum Nachsprechen)* pronunciare (per far ripetere) (*jdm etw.* qc davanti a qu); **2.** *theat (zur Probe)* recitare; **II.** *itr* **1.** *(wegen Anliegen aufsuchen)* fare visita (*bei* a); **2.** *theat* fare una prova.

vor·springen ‹*irr*› *itr* ‹*sein*› **1.** *(plötzlich)* saltare in avanti (*o.* fuori); **2.** *(hervorragen)* sporgere; *arch* aggettare. **vorspringend** *a* **1.** *allg.* sporgente; **2.** *(Nase, Kinn)* prominente; **3.** *arch* aggettante.

Vorsprung *m* **1.** *arch* aggetto *m;* **2.** *(Abstand)* vantaggio *m* (*vor* di).

Vorstadt *f* sobborgo *m.* **vorstädtisch** *a* suburbano.

Vorstand *m* **1.** *(Gremium)* consiglio *m* direttivo; *(Vereins~)* presidenza *f; (Firmen~)* consiglio *m* direttivo (*o.* d'amministrazione); **2.** *(~smitglied)* membro *m.* **Vorstandsmitglied** *n* **1.** *(von Firma)* membro *m* del consiglio d'amministrazione (*o.* direttivo); **2.** *(von Verein)* membro *m* del comitato.

vor·stehen ‹*irr*› *itr* **1.** *(her~)* sporgere; *arch* aggettare; **2.** *(leiten)* dirigere (*einer S.* qc), presiedere (*einer S.* a qc); *(Haushalt)* governare (*einer S.* qc). **vorstehend** *a* **1.** *(vorspringend)* sporgente; **2.** *(vorausgehend)* precedente; **wie ~ bereits gesagt** come già detto in precedenza. **Vorsteher(in)** ‹-s, -› *m(f) (Leiter, Direktor, Büro~)* capo *m; (Schul~)* direttore, -trice *m, f; (Bahnhofs~)* capostazione *m.* **Vorsteherdrüse** *f* prostata *f.* **Vorsteherin** *f s.* **Vorsteher.**

vor·stellen **I.** *tr* **1.** *(davorstellen)* mettere davanti; **2.** *(nach vorn stellen)* spostare in avanti; **3.** *(Uhr)* mettere avanti (*um* di); **4.** *(bekannt machen, vorführen)* presentare; **5.** *(darstellen, bedeuten)* rappresentare, significare; **darf ich Ihnen Frau K. ~?** posso presentarLe la signora K.?; **II.** *rfl:* **sich ~** *(sich bekannt machen)* presentarsi; **sich** *(dat)* **~** *(sich ausmalen)* immaginare, immaginarsi, figurarsi; **stell dir vor!** pensa un po'! *fam* figurati un po'! *fam;* **das kann ich mir nicht ~** non riesco ad immaginarmelo; **ich kann ihn mir gar nicht als Ehemann ~** non riesco proprio ad immaginarmelo come marito; **darunter kann ich mir überhaupt nichts ~** in base a ciò non riesco ad immaginarmi niente; **du kannst dir gar nicht ~, wie langweilig es war** non puoi immaginarti com'è stato noioso; **sich in einer Firma ~** presentarsi in una ditta.

vorstellig *a adm:* **bei jdm ~ werden** presentare un reclamo (*o.* esposto) a qu.

Vorstellung *f* **1.** *(Einführung)* presentazione *f;* **2.** *theat* rappresentazione *f;* **3.** *(Einbildung, ~skraft)* immaginazione *f; (Bild, Begriff)* idea *f,* concetto; **eine ~ von etw. haben** avere un'idea di qc; **sich** *(dat)* **von etw. eine ~ machen** farsi un'idea di qc; **heute keine ~!** (giorno *m* di) riposo!; **davon hast du ganz falsche ~en** hai delle idee completamente errate in merito; **das ist ja eine schreckliche ~!** è un pensiero terribile!; **du machst dir (ja) keine ~, wie interessant das ist** non hai idea di quanto sia interessante. **Vorstellungsgespräch** *n* colloquio *m* di presentazione. **Vorstellungskraft** *f,* **-vermögen** *n* immaginazione *f.*

Vorstopper ‹-s, -› *m* stopper *m.*

Vorstoß *m* **1.** avanzata *f; mil* attacco *m;* **2.** *fig (Versuch)* tentativo *m.* **vor·stoßen** ‹*irr*› **I.** *tr* ‹*haben*› spingere (in) avanti; **II.** *itr* ‹*sein*› avanzare, penetrare.

Vorstrafe *f* condanna *f* precedente, precedenti *m pl* penali. **Vorstrafenregister** *n* casellario *m* giudiziario.

vor·strecken *tr* **1.** *(Arme, Hände)* tendere in avanti, allungare; **2.** *fig (Geld)* anticipare.

Vorstufe *f* primo stadio *m.*

Vortag *m* **1.** *(der Tag vorher)* giorno *m* precedente; **2.** *(von Ereignis)* vigilia *f.*

vor·täuschen *tr* fingere, simulare. **Vortäuschung** *f* finzione *f,* simulazione *f.*

Vorteil *m* vantaggio *m;* **~e bringen** essere vantaggioso; **die Vor- u. Nachteile** il pro e il contro; **sich zu seinem ~ ändern** cambiare in meglio; **für jdn von ~ sein** essere vantaggioso per qu; **jdm gegenüber im ~ sein** essere in vantaggio su qu; **~e aus etw. ziehen** trarre vantaggi da qc. **vorteilhaft** *a* vantaggioso; **das Kleid ist ~ für Sie** il vestito Le dona.

Vortrag ['fo:ɐ̯tra:k] ‹-(e)s, ¨-e› *m* **1.** *(Rede, Vorlesung)* conferenza *f; (Bericht)* rapporto *m;* **2.** *(von Gedicht)* recitazione *f; (von Lied)* esecuzione *f;* **3.** *(~sart)* dizione *f;* **4.** *com* riporto *m;* **einen ~ halten** tenere una conferenza.

vor·tragen ‹*irr*› *tr* **1.** *(Gedicht)* recitare, declamare; *(Lied)* eseguire; **2.** *(darlegen)* esporre; **3.** *com (über-*

tragen) riportare. **Vortragende** ‹ein -r, -n, -n› *mf* conferenziere, -a *m, f.*
Vortragsreihe *f* ciclo *m* di conferenze.
vortrefflich *a geh* eccellente. **Vortrefflichkeit** ‹-, ø› *f geh* eccellenza *f.*
vor·treten ‹*irr*› *itr* ‹*sein*› **1.** *(nach vorn)* farsi innanzi, avanzare; **2.** *fam (hervorragen)* sporgere; **einen Schritt ~** fare un passo avanti.
Vortritt *m* precedenza *f;* **jdm den ~ lassen** cedere il passo (*o.* dare la precedenza) a qu.
vorüber [fo'ry:bɐ] *adv* **1.** *(örtlich)* davanti (*an* a); **2.** *(zeitlich)* passato. **vorüber·gehen** ‹*irr*› *itr* ‹*sein*› **1.** *(örtlich)* passare (*an* davanti a); **2.** *(zeitlich)* passare; *(zu Ende gehen)* cessare, finire. **vorübergehend** *a* passeggero, transitorio, temporaneo. **Vorübergehende** ‹ein -r, -n, -n› *mf* passante *mf.*
Vorübung *f* esercizio *m* preparatorio. **Voruntersuchung** *f* **1.** *med* visita *f* preliminare; **2.** *jur* istruzione *f* preliminare. **Vorurteil** *n* pregiudizio *m (gegen, gegenüber* contro, verso); **in ~en befangen sein** essere schiavo di pregiudizi. **vorurteilsfrei, vorurteilslos** *a* senza (*o.* esente da) pregiudizi. **Vorväter** *m pl* antenati *m pl.* **Vorvergangenheit** *f* piucche(p)perfetto *m,* trapassato *m.* **Vorverhandlung** *f* trattativa *f* preliminare. **Vorverkauf** *m* prevendita *f.* **Vorverkaufsstelle** *f* botteghino *m.*
vor·verlegen ‹*ohne ge-*› *tr* **1.** *(örtlich)* spostare (in) avanti; **2.** *(zeitlich)* anticipare.
vorvorgestern *adv* tre giorni fa.
vorvorig *a:* **~e Woche** due settimane fa.
vor·wagen *rfl:* **sich ~** avventurarsi avanti; **sich zu weit ~** avventurarsi troppo lontano.
Vorwahl *f* **1.** *pol* elezione *f* preliminare; **2.** *tel* preselezione *f.*
Vorwählnummer *f* prefisso *m* (teleselettivo).
Vorwand ['fo:ɐ̯vant] ‹-(e)s, ⸚e› *m* pretesto *m,* scusa *f;* **unter dem ~, etw. zu tun** col pretesto di fare qc; **etw. zum ~ nehmen** prendere qc a pretesto.
Vorwarnung *f* preallarme *m.*
vorwärts ['fo:ɐ̯vɛrts *o.* 'fɔr...] *adv* avanti. **Vorwärtsgang** *m* marcia *f* avanti. **vorwärts·kommen** ‹*irr*› *itr* ‹*sein*› avanzare, progredire.
Vorwaschgang *m* prelavaggio *m.*
vorweg [fo:ɐ̯'vɛk] *adv* **1.** *(vorher)* prima; **2.** *(im voraus)* in anticipo; **3.** *(an der Spitze)* in testa; **4.** *(von vornherein)* a priori; **5.** *(vor allem)* prima di tutto. **vorweg·nehmen** ‹*irr*› *tr* anticipare.
Vorweis ['fo:ɐ̯vais] ‹-es, -e› *m CH* esibizione *f.* **vor·weisen** ‹*irr*› *tr* presentare.
vor·werfen ‹*irr*› *tr* **1.** *(hinwerfen)* gettare (*zum Fressen* da mangiare); **2.** *fig (tadeln)* rimproverare (*jdm etw.* qc a qu).
vorwiegend I. *a* prevalente; **II.** *adv* in prevalenza.
Vorwissen *n* conoscenza *f* preliminare.
Vorwitz *m* **1.** *(Neugier)* curiosità *f;* **2.** *(Vorlautsein)* saccenteria *f.* **vorwitzig** *a* **1.** *(neugierig)* curioso; **2.** *(vorlaut)* saccente.
Vorwort ‹-(e)s, -e› *n* prefazione *f.*
Vorwurf *m* rimprovero *m; (Tadel)* biasimo *m;* **jdm einen ~ machen** fare un rimprovero a qu; **jdm etw. zum ~ machen** rimproverare qu per qc; **sich** *(dat)* **wegen etw. Vorwürfe machen** rimproverarsi di (*o.* per) qc. **vorwurfsvoll** *a* (pieno) di rimprovero.
Vorzeichen *n* **1.** *allg., mat* segno *m;* indizio *m;* **2.** *(Omen)* auspicio *m;* **3.** *mus* accidente *m;* **mit umgekehrtem ~** all'inverso.
vor·zeigen *tr* mostrare; *(vorlegen a.)* presentare.
Vorzeit *f:* **in grauer ~** nella notte dei tempi. **vorzeitig** *a* anticipato; *(zu früh)* prematuro, precoce.
vor·ziehen ‹*irr*› *tr* **1.** *(nach vorn ziehen, vor etw. ziehen)* tirare avanti; *(Vorhänge)* chiudere *(tirando);* **2.** *(her~)* tirare fuori; **3.** *(lieber mögen)* preferire (*etw. einer S.* qc a qc); *(bevorzugen)* favorire; **4.** *(früher als geplant erledigen)* anticipare.
Vorzimmer *n* anticamera *f.*
Vorzug¹ *m* **1.** *(Vorliebe)* preferenza *f;* **2.** *(Vorrang)* precedenza *f;* **3.** *(gute Eigenschaft)* pregio *m,* merito *m; (Vorteil)* vantaggio *m;* **einer S. den ~ geben** dare la preferenza a qc; **den ~ haben, daß ...** avere il pregio di ... *inf.*
Vorzug² *m Eisenb.* treno *m* straordinario.
vorzüglich [fo:ɐ̯'tsy:klɪç *o.* 'fo:ɐ̯...] *a* eccellente; *(Wein, etc.)* squisito.
Vorzugspreis *m* prezzo *m* di favore. **vorzugsweise** *adv* **1.** *(mit Vorliebe)* preferibilmente, di preferenza; **2.** *(hauptsächlich)* principalmente, specialmente.
Votum ['vo:tʊm, ...tən *o.* ...ta] ‹-s, -ten *o.* -ta› *n* voto *m.*

v. T. *ab von* **vom Tausend** per mille.
vulgär [vʊlˈgɛːɐ̯] *a* volgare.
Vulkan [vʊlˈkaːn] ⟨-s, -e⟩ *m* vulcano *m;* **erloschener/untätiger/tätiger ~** vulcano spento/inattivo/attivo. **Vulkanausbruch** *m* eruzione *f* vulcanica. **Vulkanfiber** *f* fibra *f* vulcanica. **vulkanisch** *a* vulcanico.
vulkanisieren [vʊlkaniˈziːrən] ⟨*ohne ge-*⟩ *tr* vulcanizzare.

W

W, w [veː] ‹-, -(s)› *n* W, w *f;* **W wie Wilhelm** vu doppia.

W **1.** *ab von* **West(en)** O. (*ab von* ovest); **2.** *ab von* **Watt** W.

Waadt [vaːt] *n* Vaud *m.*

Waage [ˈvaːgə] ‹-, -n› *f* **1.** *tec* bilancia *f; (Wasser~)* livella *f;* **2.** *astr* Bilancia *f;* **sich (dat) die ~ halten** (contro)bilanciarsi; **er/sie ist (eine) ~** è Bilancia. **Waagebalken** *m* giogo *m* della bilancia. **waag(e)recht** *a* orizzontale. **Waagschale** *f* piatto *m* della bilancia; **er legt jedes Wort auf die ~** (sop)pesa ogni parola; **etw. in die ~ werfen** *fig* gettare qc sul piatto della bilancia.

wabb(e)lig [ˈvab(ə)lıç] *a (Pudding)* gelatinoso; *(Körperteile, etc.)* flaccido, floscio.

Wabe [ˈvaːbə] ‹-, -n› *f* favo *m.* **Wabenhonig** *m* miele *m* di favo.

wach [vax] *a* **1.** *(a. fig)* sveglio, desto; **2.** *fig (lebhaft)* vivo; *(Sinn, Verstand)* acuto; **~ bleiben** rimanere sveglio; **~ liegen** non riuscire a prendere sonno.

Wachablösung *f* cambio *m* della guardia.

Wache [ˈvaxə] ‹-, -n› *f* **1.** *(Wachdienst, -mannschaft, -posten)* guardia *f;* **2.** *(Wachlokal)* corpo *m* di guardia; **3.** *(Polizei~)* posto *m* di polizia; **4.** *(Kranken~)* veglia *f;* **~ haben** essere di guardia; **bei jdm ~ halten** vegliare qu.

wachen *itr* **1.** *geh (wach sein)* essere sveglio; *(wach bleiben)* rimanere sveglio; **2.** *(Wache halten)* vegliare (*bei jdm* qu); **3.** *mil* fare la guardia; **4.** *(aufpassen)* sorvegliare (*über jdn/etw.* qu/qc), vigilare (*über jdn/etw.* su qu/qc).

Wachhund *m* cane *m* da guardia.

Wacholder [vaˈxɔldɐ] ‹-s, -› *m* **1.** *bot* ginepro *m;* **2.** *s.* **Wacholderschnaps. Wacholderschnaps** *m* gin *m.*

Wachposten *m s.* **Wachtposten.**

wach·rufen ‹*irr*› *tr (Erinnerungen)* risvegliare; *(Vergangenheit)* evocare.

Wachs [vaks] ‹-es, -e› *n* cera *f;* **~ in jds Händen sein** essere molto accondiscendente con qu, essere nelle mani di qu.

wachsam *a* **1.** vigilante; *(Blick, Auge)* vigile; **2.** *(vorsichtig)* circospetto; **ein ~es Auge auf jdn haben** tenere d'occhio qu *fam.* **Wachsamkeit** ‹-, ø› *f* vigilanza *f.*

wachsartig *a* ceroso. **wachsbleich** [ˈvaksˈblaiç] *a* cereo. **Wachsbohne** *f* fagiolino *m* di qualità gialla.

wachsen[1] [ˈvaksən] ‹wächst, wuchs, gewachsen› *itr* ‹*sein*› **1.** *allg.* crescere; **2.** *fig (zunehmen)* aumentare, accrescersi; *(sich ausdehnen)* estendersi; **3.** *(sich entwickeln)* svilupparsi; *(gedeihen)* prosperare; **in die Breite/Höhe ~** crescere in larghezza/altezza, allargarsi/alzarsi; **jdm gewachsen sein** essere all'altezza di qu; **er ist mir über den Kopf gewachsen** è diventato più grande di me; **sich** *(dat)* **einen Bart/die Haare ~ lassen** lasciarsi crescere la barba/i capelli; **gut gewachsen** ben fatto; **einer S. nicht gewachsen sein** non essere all'altezza di una cosa; **ich beobachtete sein Verhalten mit ~der Sorge** osservavo il suo comportamento con crescente preoccupazione.

wachsen[2] [ˈvaksən] *tr* ‹*haben*› *(mit Wachs versehen)* dare la cera a.

wächsern [ˈvɛksɐn] *a (a. fig)* cereo.

Wachsfigur *f* figura *f* (*o.* statua *f*) di cera. **Wachsfigurenkabinett** *n* museo *m* delle cere. **Wachskerze** *f* candela *f* di cera. **Wachsmalstift** *m* matita *f* cerata.

wächst [vɛkst] *2. u. 3. pers sing pr von* **wachsen**[1].

Wachstuch *n* tela *f* cerata.

Wachstum ‹-s, ø› *n* crescita *f.* **wachstumsfördernd** *a* che favorisce la crescita. **wachstumshemmend** *a* che inibisce la crescita. **Wachstumsrate** *f* tasso *m* di crescita.

Wachtel [ˈvaxtəl] ‹-, -n› *f* quaglia *f.*

Wächter(in) [ˈvɛçtɐ (...ərın)] ‹-s, -› *m(f) (Museums~, Park~)* guardiano, -a *m, f; (Nacht~)* guardia *f.*

Wachtmeister [ˈvaxt-] *m* brigadiere *m* di polizia. **Wach(t)posten** *m* **1.** *mil* guardia *f,* sentinella *f;* **2.** *(bei Diebstahl, etc.)* palo *m.*

Wachtraum *m* sogno *m* ad occhi aperti.

Wacht(t)urm *m* torre *f* di osservazione *f.* **Wach- und Schließgesell-**

schaft *f* società *f* di vigilanza notturna.

wack(e)lig *a* **1.** *(Stuhl, Tisch)* traballante; *(Zahn a.)* tentennante; **2.** *fig fam (Unternehmen, etc.)* vacillante; **~ auf den Beinen sein** *fam* reggersi male sulle gambe; **~ stehen** essere traballante; *fig fam (in Schule)* essere zoppicante *fam.*

Wackelkontakt *m* contatto *m* difettoso.

wackeln ['vakəln] *itr* **1.** ⟨*haben*⟩ traballare; *(Zahn a.)* tentennare; *(zittern)* tremare; **2.** ⟨*haben*⟩ *fig fam (Herrschaft, etc.)* vacillare, essere traballante; **3.** ⟨*sein*⟩ *(unsicher gehen)* barcollare; **der Stuhl wackelt** la sedia traballa; **mit dem Kopf ~** tentennare il capo, dondolare la testa; **mit den Ohren ~** muovere le orecchie.

Wackelpeter ⟨-s, -⟩ *m,* **-pudding** *m fam s.* **Götterspeise.**

wacker ['vakɐ] *a* **1.** *(rechtschaffen, brav)* onesto, probo; **2.** *(tapfer)* valoroso; **3.** *(tüchtig)* valente.

wacklig *s.* **wackelig.**

Wade ['va:də] ⟨-, -n⟩ *f* polpaccio *m.* **Wadenkrampf** *m* crampo *m* del polpaccio. **Wadenwickel** *m* impacco *m* surale.

Waffe ['vafə] ⟨-, -n⟩ *f* arma *f;* **die ~n strecken** deporre (*o.* abbassare) le armi; *fig* darsi per vinto; **zu den ~n rufen** chiamare alle armi; **jdn mit seinen eigenen ~n schlagen** *fig* battere qu con i suoi stessi argomenti.

Waffel ['vafəl] ⟨-, -n⟩ *f* wafer *m,* cialda *f.* **Waffeleisen** *n* stampo *m* per cialde.

Waffenbesitz *m* detenzione *f* di armi; **illegaler** detenzione illegale di armi. **Waffengattung** *f* arma *f.* **Waffengewalt** *f:* **mit ~** con la forza delle armi. **Waffenhandel** *m* traffico *m* d'armi. **Waffenhändler(in)** *m(f)* trafficante *mf* d'armi. **Waffenlager** *n* deposito *m* di armi. **Waffenlieferung** *f* fornitura *f* di armi. **Waffenruhe** *f* tregua *f.* **Waffenschein** *m* porto *m* d'armi. **Waffenschmuggel** *m* contrabbando *m* di armi. **Waffenstillstand** *m* armistizio *m.* **Waffenstillstandsverhandlungen** *f pl* trattative *f pl* d'armistizio. **Waffensystem** *n* sistema *m* di armamenti.

wag(e)halsig ['va:khalzıç ('va:gə...)] *a* **1.** *(Mensch)* spericolato, temerario; **2.** *(Unternehmen)* rischioso. **wagemutig** *a* ardimentoso, audace.

wagen ['va:gən] *tr* **1.** *(a. rfl:* **sich ~**) osare (*etw. zu tun* fare qc); **2.** *(riskieren)* rischiare; **sich nicht aus dem Haus ~** non osare uscire di casa; **dieser Ausschnitt ist sehr gewagt** questo scollo è molto ardito; **wage bloß nicht, mir zu widersprechen!** e non osare contraddirmi!; **wie können Sie es ~, mich so zu beleidigen!** come osa offendermi così!; **wer nicht wagt, der nicht gewinnt** *prov* chi non risica non rosica *prov;* **wer wagt, gewinnt** *prov* la fortuna aiuta gli audaci *prov.*

Wagen ['va:gən] ⟨-s, -⟩ *m* **1.** *(Personen~)* macchina *f,* automobile *f; (Liefer~)* furgone *m;* **2.** *(Zirkus~, Zigeuner~, Plan~)* carro *m; (Pferde~, Straßenbahn~)* vettura *f; (Eisenbahn~)* vagone *m; (Kutsche)* carrozza *f;* **3.** *(Hand~)* carretto *m; (Karren)* carro *m; (Einkaufs~)* carrello *m; (Puppen~, Kinder~)* carrozzina *f;* **4.** *(Schreibmaschinen~)* carrello *m;* **der Große/Kleine ~** l'Orsa maggiore/minore; **mit dem ~ fahren** andare in automobile; **sich nicht vor jds ~ spannen lassen** *fig* non farsi sfruttare da qu. **Wagendach** *n* tetto *m* di vettura. **Wagenfenster** *n* finestrino *m* della macchina. **Wagenführer** *m* conducente *m.* **Wagenheber** *m* cricco *m,* martinetto *m.* **Wagenkolonne** *f* colonna *f* di autoveicoli. **Wagenladung** *f* carrata *f.* **Wagenpark** *m* parco *m* di veicoli (*o.* di automobili *o. Eisenb.* di vagoni). **Wagenpflege** *f* manutenzione *f* dell'automobile. **Wagenrad** *n* ruota *f* della vettura. **Wagenschlag** *m* portiera *f.* **Wagentür** *f* portiera *f.* **Wagenwäsche** *f* lavaggio *m* dell'automobile.

Waggon [va'gõ: *o.* va'gɔŋ] ⟨-s, -s⟩ *m* vagone *m.* **waggonweise** *adv* a vagoni.

waghalsig *a s.* **wagehalsig.**

Wagnis ['va:knıs] ⟨-ses, -se⟩ *n* **1.** *(Risiko)* rischio *m;* **2.** *(Unternehmen)* impresa *f* rischiosa (*o.* arrischiata); **ein ~ auf sich nehmen** assumersi un rischio.

Wahl [va:l] ⟨-, -en⟩ *f* **1.** *(allg., a. Aus~, Qualität)* scelta *f;* **2.** *(zwischen zwei Möglichkeiten)* alternativa *f;* **3.** *pol* elezione *f;* **nach ~** a scelta; **keine (andere) ~ haben (, als ...)** non avere (altra) possibilità di scelta (che ...); **jdn vor die ~ stellen** obbligare qu a scegliere; **seine ~ treffen** fare una scelta; **zur ~ gehen** andare alle urne; **~ durch Handaufheben/Zuruf** votazione *f* per alzata di mano/per acclamazione; **wer die ~ hat, hat die Qual** *prov* non avere che l'imbarazzo della scelta; **erste ~** *com* prima scelta; **sich zur ~ aufstellen lassen** farsi presentare (come candidato) alle elezioni. **Wahlalter** *n* età *f* elettorale. **Wahlaufruf** *m* manifesto *m* elettorale. **Wahlausgang** *m* risultato *m* delle elezioni. **Wahlausschuß** *m* commissione *f* elettorale.

wählbar *a* eleggibile; **nicht ~** ineleggibile. **Wählbarkeit** ‹-, ø› *f* eleggibilità *f*.

Wahlbenachrichtigung *f* certificato *m* elettorale. **wahlberechtigt** *a* avente diritto di voto. **Wahlberechtigte** ‹ein -r, -n, -n› *mf* elettore, -trice *m, f*. **Wahlbeteiligung** *f* partecipazione *f* alla votazione; **eine hohe ~** un'elevata percentuale di votanti. **Wahlbezirk** *m* circoscrizione *f* elettorale.

wählen ['vɛ:lən] **I.** *tr* **1.** *(aus~)* scegliere; **2.** *parl* eleggere; **3.** *tel (Nummer)* comporre; **jdn zum Abgeordneten ~** eleggere qu deputato; **jdn in den Bundestag ~** eleggere qu alla camera dei deputati; **II.** *itr* **1.** *(aus~)* scegliere; **2.** *parl (abstimmen)* votare; **3.** *tel* comporre il (*o.* un) numero.

Wähler(in) ‹-s, -› *m(f)* elettore, -trice *m, f*, votante *mf*. **Wählerauftrag** *m* mandato *m* elettorale.

Wahlerfolg *m* successo *m* elettorale. **Wahlergebnis** *n* risultato *m* elettorale.

Wählerin *f s.* **Wähler.**

wählerisch *a (Käufer, Kunden)* difficile; *(im Essen)* schizzinoso.

Wählerliste *f* lista *f* elettorale. **Wählerschaft** ‹-, ø› *f* elettorato *m*. **Wählerschicht** *f* fascia *f* dell'elettorato. **Wählerwille** *m* volontà *f* elettorale.

Wahlfach *n (Schule)* materia *f* facoltativa. **wahlfrei** *a (Schulfach)* facoltativo. **Wahlgang** *m* votazione *f*; **im ersten ~** al primo scrutinio. **Wahlgeheimnis** *n* segreto *m* elettorale. **Wahlheimat** *f* patria *f* d'elezione. **Wahlkampf** *m* lotta *f* elettorale. **Wahlkreis** *m* circoscrizione *f* elettorale. **Wahllokal** *n* seggio *m* elettorale. **wahllos** *adv* a caso; **~ herausgreifen** prendere a caso. **Wahlmann** *m* delegato *m*. **Wahlniederlage** *f* sconfitta *f* elettorale. **Wahlpflicht** *f* obbligo *m* di votare (*o.* di voto). **Wahlpflichtfach** *n* materia *f* facoltativa. **Wahlplakat** *n* manifesto *m* elettorale. **Wahlprogramm** *n* programma *m* elettorale. **Wahlpropaganda** *f* propaganda *f* elettorale. **Wahlrecht** *n* **1.** *(Recht)* diritto *m* di voto; **2.** *(Gesetz)* diritto *m* elettorale; **von seinem ~ Gebrauch machen** esercitare il diritto di voto; **allgemeines ~** suffragio *m* universale; **aktives/passives ~** elettorato *m* attivo/passivo. **Wahlrede** *f* discorso *m* elettorale. **Wahlredner(in)** *m(f)* oratore, -trice *m, f* elettorale.

Wählscheibe *f* disco *m* combinatore.

Wahlschein *m* certificato *m* elettorale. **Wahlsieg** *m* vittoria *f* elettorale. **Wahlspruch** *m* motto *m*, divisa *f*. **Wahlsystem** *n* sistema *m* elettorale. **Wahltag** *m* giorno *m* delle elezioni. **Wahlurne** *f* urna *f* elettorale. **Wahlversammlung** *f* comizio *m* elettorale. **Wahlversprechen** *n* promessa *f* elettorale. **wahlweise** *adv* a scelta.

Wahn [va:n] ‹-(e)s, ø› *m* **1.** *(~vorstellung)* illusione *f*; **2.** *(~sinn)* follia *f*; *(bes. med)* mania *f*; **in dem ~ leben, daß ...** vivere nell'illusione che ...

wähnen ['vɛ:nən] *tr geh* ritenere (erroneamente), credere, supporre; **sich sicher ~** credersi sicuro.

Wahnsinn *m* follia *f*, pazzia *f*; *med* demenza *f*, alienazione *f* mentale; **das ist doch (heller) ~!** *fam* è pura follia! **wahnsinnig I.** *a* **1.** pazzo, folle; *med* demente, alienato; **2.** *fam (außerordentlich)* straordinario, enorme; *(Hunger)* tremendo; **jdn ~ machen** *fam* far impazzire qu *fam*; **~ werden** impazzire; **~e Schmerzen** *fam* dolori atroci; **II.** *adv fig fam (sehr)* enormemente, moltissimo; **ich habe mich ~ darüber gefreut** *fam* mi ha fatto un gran piacere *fam*. **Wahnsinnige** ‹ein -r, -n, -n› *mf* pazzo, -a *m, f*. **Wahnvorstellung** *f* fissazione *f*; *(Wahnsinnsidee)* follia *f*. **wahnwitzig** *a* folle, pazzesco.

wahr [va:ɐ̯] *a* **1.** *(der Wahrheit entsprechend)* vero; *(~heitsgetreu)* veridico, veritiero; **2.** *(wirklich)* reale; *(echt)* autentico; **3.** *(eigentlich)* vero e proprio; **etw. ~ machen** realizzare qc; **sein Versprechen ~ machen** mantenere la sua promessa; **~ werden** realizzarsi; **sein ~es Gesicht zeigen** togliersi la maschera; **daran ist kein ~es Wort** non c'è nulla di vero in questo; **nicht ~?** (nev)vero?; **das ist nicht das W~e!** *fam* non ci siamo! *fam*; **im ~sten Sinne des Wortes** nel vero senso della parola; **das ist (doch) schon gar nicht mehr ~!** *fam* ormai è acqua passata *fam*; **so ~ ich hier stehe** com'è vero che sto qui; **das darf doch nicht ~ sein!** *fam* non è possibile! *fam* ; **eine ~e Pracht** una vera meraviglia.

wahren ['va:rən] *tr geh* **1.** *(be~)* mantenere; *(a. Geheimnis)* custodire;

2. *(Interessen, Rechte, etc.)* tutelare, salvaguardare; **den Schein ~** salvare le apparenze.

währen ['vɛ:rən] *itr geh* (per)durare; **was lange währt, wird endlich gut** *prov* ciò che dura a lungo porta buoni frutti.

während I. *prp gen o. dat* durante; **II.** *con* mentre.

währenddessen [-'dɛsən] *adv* intanto, frattanto.

wahr·haben ⟨*irr*⟩ *tr:* **nicht ~ wollen, daß ...** non voler ammettere che ... *conj.*

wahrhaft *a* **I.** *a (echt, ehrlich)* vero; *(wirklich)* reale; **II.** *adv* veramente.

wahrhaftig [va:ɐ̯'haftɪç] **I.** *a geh (wahrheitsliebend)* veritiero, verace; **II.** *adv (tatsächlich)* veramente, davvero; **~!** davvero!

Wahrheit ⟨-, -en⟩ *f* verità *f;* vero *m;* **in ~** in verità; **um die ~ zu sagen** a dire il vero; **das ist die reine ~** è la pura verità. **wahrheitsgemäß, wahrheitsgetreu** *adv* conformemente alla verità.

wahrnehmbar *a* percettibile; **nicht ~** impercettibile.

wahr·nehmen ⟨*irr*⟩ *tr* **1.** *(Geräusch, Geruch)* percepire; **2.** *allg. (bemerken)* accorgersi di; **3.** *(Chance, Gelegenheit)* approfittare di; *(Termin, etc.)* rispettare; *(Interessen)* tutelare, salvaguardare.

Wahrnehmung ⟨-, -en⟩ *f* **1.** *(sinnlich)* percezione *f;* **2.** *(von Termin)* osservanza *f; (von Interessen)* tutela *f,* salvaguardia *f;* **außersinnliche ~** percezione extrasensoriale.

wahrsagen, wahr·sagen I. *itr* predire il futuro, profetizzare, vaticinare; **sich** *(dat)* **~ lassen** farsi predire il futuro; **II.** *tr* predire. **Wahrsager(in)** ⟨-s, -⟩ *m(f)* indovino, -a *m, f,* vaticinatore, -trice *m, f.* **Wahrsagung** ⟨-, -en⟩ *f* **1.** ⟨*sing*⟩ *(das Wahrsagen)* predizione *f,* divinazione *f;* **2.** *(Prophezeiung)* profezia *f,* vaticinio *m.*

währschaft ['vɛ:ɐ̯ʃaft] *a CH* solido.

wahrscheinlich [va:ɐ̯'ʃa̯inlɪç *o.* 'va:ɐ̯...] *a* probabile; **es ist nicht ~, daß ...** non è probabile che ... *conj.* **Wahrscheinlichkeit** ⟨-, -en⟩ *f* probalitità *f;* **aller ~ nach** con ogni probabilità; **wie groß ist die ~, daß ...?** quali probabilità ci sono che ... *conj?* **Wahrscheinlichkeitsgrad** *m* grado *m* di probabilità. **Wahrscheinlichkeitsrechnung** *f* calcolo *m* delle probabilità.

Wahrung ⟨-, ø⟩ *f* tutela *f,* salvaguardia *f.*

Währung ['vɛ:rʊŋ] ⟨-, -en⟩ *f* valuta *f,* moneta *f.* **Währungsausgleich** *m* conguaglio *m* monetario. **Währungseinheit** *f* unità *f* monetaria. **Währungsgebiet** *n* zona *f* monetaria. **Währungskonferenz** *f* conferenza *f* monetaria. **Währungspolitik** *f* politica *f* monetaria. **Währungsreform** *f* riforma *f* monetaria. **Währungssystem** *n* sistema *m* monetario.

Wahrzeichen *n* emblema *m,* simbolo *m.*

Waise ['va̯izə] ⟨-, -n⟩ *f* orfano, -a *m, f.* **Waisenhaus** *n* orfanotrofio *m.* **Waisenkind** *n* orfano, -a *m, f;* **gegen ihn bin ich ein** (*o.* **das reinste**) **~** *fam* in confronto a lui sono proprio un pivellino *fam.* **Waisenrente** *f* prestazione *f* agli orfani.

Wal [va:l] ⟨-(e)s, -e⟩ *m* balena *f.*

Wald [valt] ⟨-(e)s, ¨er⟩ *m* bosco *m* selva *f; (fig a.)* foresta *f;* **den ~ vor Bäumen nicht sehen** *fig fam* vedere gli alberi e non vedere la foresta; **wie man in den ~ hineinruft, so schallt es heraus** *prov* chi la fa, l'aspetti *prov;* **ich glaub', ich steh' im ~!** *fam* non credo ai miei occhi! **Waldarbeiter** *m* boscaiolo *m.* **Waldbestand** *m* patrimonio *m* forestale. **Waldbrand** *m* incendio *m* di bosco.

Waldemar ['valdəmar] *(männlicher Vorname)* Valdemaro.

Walderdbeere *f* fragolina *f* di bosco. **Waldhorn** *n* corno *m* da caccia. **Waldhüter** *m* guardia *f* forestale, guardaboschi *m.*

waldig *a* boscoso, boschivo.

Waldlauf *m* corsa *f* nel bosco. **Waldlehrpfad** *m* sentiero *m* per l'educazione botanica. **Waldmeister** *m* asperula *f* (odorosa), mughetto *m* dei boschi *fam.* **Waldrand** *m* margine *m* del bosco. **waldreich** *a* ricco di boschi, boscoso. **Waldsterben** *n* moria *f* dei boschi.

Waldung ⟨-, -en⟩ *f* zona *f* boscosa.

Waldweg *m* sentiero *m* di bosco. **Waldwiese** *f* prato *m* boschivo. **Waldwirtschaft** *f* economia *f* forestale.

Walfang *m* caccia *f* alla balena. **Walfänger** [-fɛŋɐ] *m* **1.** *(Mensch)* baleniere *m;* **2.** *(Boot)* baleniera *f.* **Walfisch** *m s.* **Wal.**

Wall [val] ⟨-(e)s, ¨e⟩ *m (Erd~)* vallo *m,* terrapieno *m; (Schutz~)* bastione *m.*

Wallach ['valax] ⟨-(e)s, -e⟩ *m* cavallo *m* castrato.

wallen ['valən] *itr (sprudeln)* (ri)bollire; *(wogen)* ondeggiare; **~des Haar**

capelli fluenti; **~des Gewand** veste fluttuante.
Wallfahrt ['val-] *f* pellegrinaggio *m.* **Wallfahrtskirche** *f* santuario *m.* **Wallfahrtsort** *m* luogo *m* di pellegrinaggio.
Wallis ['valɪs] *n* Vallese *m.*
Wallung ‹-, -en› *f* ebollizione *f; fig* bollore *m,* agitazone *f;* **in ~ bringen** mettere in agitazione.
Walnuß ['val-] *f* noce *f.* **Walnußbaum** *m* noce *m.*
Walroß ['val-] *n* tricheco *m.*
walten ['valtən] *itr geh* **1.** *(herrschen)* dominare (*über jdn/etw.* qu/qc), governare (*über jdn/etw.* qu/qc); **2.** *(wirken)* agire; **Gnade/Vernunft ~ lassen** usare clemenza/la ragione; **jdn frei schalten und ~ lassen** lasciar fare a qu il bello ed il cattivo tempo.
Walt(h)er ['valtɐ] *(männlicher Vorname)* Gualtiero.
Waltraud ['valtraut] *weiblicher Vorname.*
Walzblech *n* lamiera *f* laminata.
Walze ['valtsə] ‹-, -n› *f* rullo *m; (typ a.)* cilindro *m.*
walzen I. *tr* ‹*haben*› *(glätten)* cilindrare, spianare col rullo; *(Metall, Stahl)* laminare; **II.** *itr* ‹*haben o. sein*› *scherz (Walzer tanzen)* ballare un valzer.
wälzen ['vɛltsən] **I.** *tr* **1.** *(rollen)* rotolare; **2.** *fam (Akten, Bücher, etc.)* scartabellare; *(Probleme)* rimuginare; **die Schuld auf jdn ~** scaricare la colpa su qu; **II.** *rfl:* **sich ~** rotolarsi; **sich vor Lachen ~** *fam* sbellicarsi dalle risa *fam;* **sich schlaflos im Bett ~** rigirarsi nel letto senza riuscire a dormire.
walzenförmig [-fœrmɪç] *a* cilindrico.
Walzer ['valtsɐ] ‹-s, -› *m* valzer *m.*
Wälzer ‹-s, -› *m fam* volumone *m fam.*
Walzstraße *f* treno *m* di laminazione (*o.* di rulli). **Walzwerk** *n* laminatoio *m.*
Wampe ['vampə] ‹-, -n› *f fam pej* pancione *m fam.*
Wams [vams] ‹-es, ¨-er› *n* farsetto *m.*
wand [vant] *1. u. 3. pers sing imp von* **winden**[1].
Wand [vant] ‹-, ¨-e› *f* parete *f;* **in meinen vier Wänden** a casa mia; **jdn an die ~ drücken** *fig* mettere qu con le spalle al muro; **jdn an die ~ stellen** *(erschießen)* mettere al muro qu; **mit dem Kopf gegen die ~ rennen** *fig* sbattere la testa contro il muro; **mit dem Kopf durch die ~ gehen** *fam* sbattere la testa contro il muro, volere l'impossibile; **die Wände haben Ohren** *prov* i muri hanno orecchi; **spanische ~** paravento *m;* **weiß wie die ~** bianco come un cencio (*o.* un panno lavato); **jdn an die ~ spielen** superare qu; **da kann man ja die Wände hochgehen!** *fam* c'è da impazzire!; **sie haben gestritten, daß** (*o.* **bis) die Wände wackelten** *fam* hanno litigato così forte da far tremare le pareti. **Wandbehang** *m* arazzo *m.*
Wandel ['vandəl] ‹-s, ø› *m* mutamento *m,* cambiamento *m,* trasformazione *f;* **im ~ der Zeiten** nel mutamento dei tempi. **wandelbar** *a geh* mutevole, variabile.
Wandelgang *m,* **-halle** *f* portico *m.*
wandeln[1] ['vandəln] *tr, rfl:* **sich ~** cambiare, mutare.
wandeln[2] ['vandəln] *itr* ‹*sein*› *geh (gehen)* camminare, passeggiare; **sie ist ein ~des Wörterbuch** *fam scherz* è un dizionario ambulante.
Wanderarbeiter *m* lavoratore *m* stagionale. **Wanderausstellung** *f* esposizione *f* itinerante. **Wanderbühne** *f* compagnia *f* ambulante. **Wanderdüne** *f* duna *f* mobile.
Wand(e)rer ['vand(ə)rɐ] ‹-s, -› *m,* **Wandrerin** [...drərɪn] *f* viandante *mf,* escursionista *mf.*
Wanderkarte *f* carta *f* topografica (per escursionisti).
wandern ['vandɐn] *itr* ‹*sein*› **1.** *(gehen)* camminare; **2.** *(einen Ausflug machen)* fare un'escursione; **3.** *(umherschweifen)* vagabondare; *(Blicke a.)* errare; *(Gedanken)* correre.
Wanderniere *f* rene *m* migrante (*o.* mobile). **Wanderpokal** *m* coppa *f* challenge. **Wanderprediger** *m* predicatore *m* ambulante. **Wanderschaft** ‹-, ø› *f* viaggio *m* (a piedi), giro *m;* **auf der ~** in viaggio per il mondo; **auf ~ gehen** andare in giro per il mondo. **Wandersmann** ‹-(e)s, -leute› *m poet* viandante *m.* **Wandertag** *m* giorno *m* di escursione.
Wanderung ‹-, -en› *f* **1.** *(Ausflug)* gita *f,* escursione *f;* **2.** *(von Vögeln, Völkern, etc.)* migrazione *f.*
Wanderverein *m* circolo *m* escursionistico. **Wanderweg** *m* sentiero *m* (per escursioni). **Wanderzirkus** *m* circo *m* itinerante.
Wandgemälde *n* pittura *f* murale. **Wandkalender** *m* calendario *m* murale. **Wandkarte** *f* carta *f* murale. **Wandlampe** *f* lampada *f* a muro, applique *f.*
Wandlung ['vandlʊŋ] ‹-, -en› *f* **1.** *allg.* cambiamento *m,* trasformazione *f;* **2.** *rel* transustanziazione *f.*
Wandrer(in) *m(f) s.* **Wanderer.**

Wandschrank *m* armadio *m* a muro. **Wandspiegel** *m* specchio *m* da parete. **Wandtafel** *f* lavagna *f* da muro.

wandte ['vantə] *1. u. 3. pers sing imp von* **wenden.**

Wandteller *m* piatto *m* murale. **Wandteppich** *m* arazzo *m.* **Wanduhr** *f* orologio *m* a muro. **Wandzeitung** *f* giornale *m* murale, dazebao *m.*

Wange ['vaŋə] ‹-, -n› *f* **1.** *anat* guancia *f,* gota *f geh;* **2.** *tec (Seitenwand)* ganascia *f;* **~ an ~** guancia a guancia.

Wankelmotor ['vaŋkəl-] *m* motore *m* Wankel (*o.* a pistone rotante).

Wankelmut ['vaŋkəl-] *m geh* incostanza *f,* volubilità *f.* **wankelmütig** [-my:tɪç] *a geh* incostante, volubile.

wanken ['vaŋkən] *itr* **1.** ‹*haben*› *(schwanken)* vacillare; **2.** ‹*sein*› *(schwankend gehen)* camminare (*o.* avanzare) barcollando; **zum W~ bringen** far vacillare; **ins W~ geraten** cominciare a vacillare.

wann [van] *adv* quando; **bis ~?** fino a quando?; **seit ~?** da quando?; **von ~ bis ~?** da quando a quando?; **~ auch immer** in qualsiasi momento; **ich weiß nicht, ~ sie kommt** non so quando verrà.

Wanne ['vanə] ‹-, -n› *f (allg., Bade~)* vasca *f; (Wasch~)* bacinella *f; mot (Öl~)* coppa *f* (dell'olio). **Wannenbad** *n* bagno *m* in vasca.

Wanst [vanst] ‹-es, ⸚e› *m fam pej* pancione *m fam;* **sich** *(dat)* **den ~ vollschlagen** rimpinzarsi.

Wanze ['vantsə] ‹-, -n› *f* **1.** *zoo* cimice *f;* **2.** *tec (Abhör~)* spia *f* d'ascolto.

Wappen ['vapən] ‹-s, -› *n* stemma *m,* blasone *m.* **Wappenkunde** *f* araldica *f.* **Wappenschild** *m* scudo *m.* **Wappentier** *n* animale *m* araldico.

wappnen ['vapnən] *rfl:* **sich gegen etw. ~** *geh* armarsi contro qc.

war [va:ɐ̯] *1. u. 3. pers sing imp von* **sein.**

warb [varp] *1. u. 3. pers sing imp von* **werben.**

Ware ['va:rə] ‹-, -n› *f* merce *f; (Artikel)* articolo *m;* **eine ~ führen** tenere una merce; **heiße ~** *sl* merce illegale. **Warenangebot** *n* offerta *f* di merce. **Warenaufzug** *m* montacarichi *m.* **Warenautomat** *m* distributore *m* automatico. **Warenbegleitschein** *m adm* documento *m* d'accompagnamento merci. **Warenbestand** *m* stock *m.* **Warenhaus** *n* grande magazzino *m.* **Warenhauskette** *f* catena *f* di grandi magazzini. **Warenlager** *n* **1.** *(Vorrat)* stock *m;* **2.** *(Raum)* magazzino *m* (*o.* deposito *m*) (di) merci. **Warensendung** *f* spedizione *f* di merci. **Warenzeichen** *n* (*ab* **Wz**) marchio *m* di fabbrica; **eingetragenes ~** marchio registrato (*o.* depositato).

warf [varf] *1. u. 3. pers sing imp von* **werfen.**

warm [varm] ‹⸚er, ⸚ste› *a* **1.** *(allg., a. Farben, Töne)* caldo; **2.** *fig (~herzig)* caloroso, cordiale; **3.** *(lebhaft: Interesse)* vivo; **4.** *sl (schwul)* omosessuale; **~ essen** mangiare caldo; **~ halten** *(Kleidung)* tenere caldo; **sich ~ laufen** riscaldarsi correndo; **~ machen** (ri)scaldare; **~ stellen** mettere in caldo; **mit jdm nicht ~ werden** *fam* non entrare in confidenza con qu; **mir ist ~** ho caldo; **es ist ~** fa caldo; **~e Kleidung** vestiti *m pl* caldi; **mir wurde plötzlich ganz ~ ums Herz** improvvisamente provai un profondo sentimento di commozione (*o.* di felicità); **dieses Restaurant kann ich wärmstens empfehlen** posso raccomandare vivamente questo ristorante; **zieh dich ~ an!** vestiti pesante! *fam,* copriti bene! *fam.* **warmblütig** [-bly:tɪç] *a* a sangue caldo.

Wärme ['vɛrmə] ‹-, *rar* -n› *f* caldo *m;* *(a. fig, phys)* calore *m;* **~ abgeben** (*o.* **ausstrahlen**) emanare calore; **ist das eine ~ (hier)!** che caldo fa (qui)! **Wärmeaustausch** *m* scambio *m* termico. **Wärmeenergie** *f* energia *f* termica. **Wärmegrad** *m* grado *m* di temperatura. **Wärmehaushalt** *m* bilancio *m* termico. **Wärmekraftwerk** *n* centrale *f* termica. **Wärmelehre** *f* termologia *f.* **Wärmeleiter** *m* conduttore *m* termico.

wärmen **I.** *tr, itr* (ri)scaldare; **II.** *rfl:* **sich ~** (ri)scaldarsi.

Wärmepumpe *f* pompa *f* di calore. **Wärmequelle** *f* sorgente *f* termica. **Wärmerückgewinnung** *f* ricupero *m* termico. **Wärmespeicher** *m* accumulatore *m* termico. **Wärmestrahlung** *f* radiazione *f* termica. **Wärmezufuhr** *f* apporto *m* di calore.

Wärmflasche *f* borsa *f* dell'acqua calda.

Warmhaltekanne *f* thermos *m.*

warm·halten ‹*irr*› *tr:* **sich** *(dat)* **jdn ~** *fam* tenersi buono qu *fam.*

Warmhalteplatte *f* scaldavivande *m.*

warmherzig *a* caloroso, cordiale. **Warmluft** *f* aria *f* calda. **Warmluftzufuhr** *f* afflusso *m* di aria calda. **Warmmiete** *f* affitto *m* comprensivo del riscaldamento.

Warmwasserbereiter [-'vase-] ‹-s, -› *m* boiler *m*, scalda(a)cqua *m*. **Warmwasserheizung** *f* riscaldamento *m* centrale. **Warmwasserspeicher** *m* boiler *m*. **Warmwasserversorgung** *f* approvvigionamento *m* di acqua calda.

Warnanlage *f* dispositivo *m* d'allarme. **Warnblinkanlage** *f* lampeggiatori *m pl*. **Warndreieck** *n* triangolo *m*.

warnen ['varnən] *tr* **1.** *(vor Gefahr)* mettere in guardia (*vor* contro, da), avvertire (*vor* di); **2.** *(abraten)* diffidare (*etw. zu tun* dal fare qc); **ich habe dich oft genug vor ihm gewarnt** ti ho messo spesso in guardia da lui.

Warnmeldung *f* avviso *m* di pericolo. **Warnruf** *m* grido *m* d'allarme. **Warnschild** *n* segnale *m* di pericolo. **Warnschuß** *m* colpo *m* in aria. **Warnsignal** *n* segnale *m* d'allarme. **Warnstreik** *m* sciopero *m* d'avvertimento. **Warnton** *m* suono *m* di avvertimento.

Warnung ‹-, -en› *f* avviso *m* (*vor* di), avvertimento *m* (*vor* di); **ohne vorherige ~** senza preavviso; **jdm eine ~ erteilen** avvertire qu; **das soll mir eine ~ sein** mi servirà di lezione; **das ist meine letzte ~** è il mio ultimo monito.

Warnzeichen *n* **1.** *(Warnschild)* segnale *m* di pericolo; **2.** *fig* segnale *m* premonitore.

Warschau ['varʃau̯] *n* Varsavia *f*.

Wartefrist *f* periodo *m* di attesa. **Wartehalle** *f s.* **Warteraum. Warteliste** *f* lista *f* d'attesa.

warten ['vartən] **I.** *itr* aspettare (*auf etw./jdn* qc/qu), attendere (*auf etw./jdn* qc/qu); **mit etw. ~** differire qc, ritardare qc; **nicht auf sich ~ lassen** non farsi attendere; **warte mal!** aspetta un attimo!; **da kannst du lange ~!** *fam*, **da kannst du ~, bis du schwarz wirst!** *fam* campa cavallo che l'erba cresce! *prov fam;* **na warte!** *fam* aspetta! *fam;* **warte heute nicht mit dem Essen auf mich** oggi non aspettarmi per mangiare; **darauf ~, daß ...** attendere che ... *conj;* **worauf wartest du (denn) noch?** cosa aspetti ancora?; **II.** *tr (Maschine)* revisionare; *(Auto)* controllare, revisionare. **Warten** ‹-s, ø› *n* attesa *f;* **nach langem ~** dopo aver atteso a lungo. **Warteraum** *m* sala *f* d'aspetto.

Wärter(in) ['vɛrtɐ (...ərɪn)] ‹-s, -› *m(f)* *allg.* guardiano, -a *m, f*, custode *mf*, sorvegliante *mf; (Kranken~)* infermiere, -a *m, f; (Gefängnis~)* secondino, -a *m, f; (Schranken~)* casellante *mf; (Tier~, Zoo~)* guardiano, -a *m, f*.

Wartesaal *m s.* **Warteraum. Wartezeit** *f* tempo *m* d'attesa. **Wartezimmer** *n* sala *f* d'aspetto.

Wartung ‹-, -en› *f* **1.** *tec* manutenzione *f;* **2.** *mot* (servizio *m* di) assistenza *f* (e manutenzione).

warum [va'rʊm] *adv* perché, per quale ragione (*o.* motivo); **~ nicht?** perché no?; **~ nicht gleich so?** *fam* perché non subito così?

Warze ['vart͜sə] ‹-, -n› *f (Haut~)* verruca *f; (Brust~)* capezzolo *m*.

was [vas] **I.** *(Interrogativpronomen)* che (cosa)?; **~ für ein(e)?** quale ...?, che ...?; **~ ist geschehen?** che cosa è successo?; **~ willst du?** che vuoi?; **~ habe ich gelacht!** quanto ho riso!; **~ Sie nicht sagen!** che dice mai!, possibile!; **~ ist Ihr** (*o.* **sind Sie von) Beruf?** qual'è la Sua professione?; **~?** *fam (wie bitte?)* come? *fam*, cosa? *fam;* **das hättest du nicht gedacht, ~?** *fam* non l'avresti pensato, vero?; **~ kostet das?** quanto costa?; **~ für ein Unsinn!** che assurdità!; **~ denn?** *fam (was ist denn?)* che c'è? *fam*, cosa? *fam; (was denn sonst?)* che altro?; **ach ~!** *fam* macché! *fam*, ma va'! *fam;* **II.** *(Relativpronomen)* ciò che; **(das,) ~ er sagt** ciò che dice; **nicht wissen, ~ man tun soll** non sapere cosa fare; **nichts, ~ du sagst, stimmt** nulla di quanto dici è vero; **~ du auch (immer) sagen magst** qualunque cosa (*o.* checché) tu dica; **er lief, ~ er konnte** *fam* correva a più non posso *fam;* **koste es, ~ es wolle!** costi quel che costi! *fam;* **~ mich betrifft** per quel che mi riguarda; **alles, ~ ...** tutto ciò che ...; **das einzige/Dümmste/Beste, ~ ...** la sola cosa/la cosa più stupida/il meglio che ...; **III.** *(Indefinitpronomen fam: etwas)* qualche cosa, qualcosa; **ist ~?** c'è qualcosa (che non va)?; **so ~ von Glück/Unverschämtheit!** una tale fortuna/impertinenza!; **das ist ~ anderes** è un'altra cosa; **das ist immerhin ~** è già qualcosa; **hat man so ~ schon gesehen?** s'è mai vista una cosa simile?; **das ist so sicher wie nur ~!** è sicurissimo!; **nein, so ~!** che roba! *fam; (erstaunt)* una cosa simile! *fam*.

Waschanlage *f* **1.** *(Auto~)* stazione *f* di lavaggio; **2.** *(Scheiben~)* impianto *m* di lavaggio. **Waschanleitung** *f* istruzioni *f pl* per il lavaggio. **waschbar** *a* lavabile. **Waschbär** *m* procione *m*. **Waschbecken** *n* lavandino *m*, lavabo *m*. **Waschbrett** *n* asse *m* per lavare.

Wäsche ['vɛʃə] ‹-, -n› *f* **1.** ‹*sing*› *(Bett~, Tisch~, Unter~)* biancheria *f;* **2.** *(das Waschen)* lavaggio *m;* **3.** *(~ zum Waschen)* bucato *m;* **bei** (*o.* **in) der ~** in bucato; **saubere** (*o.* **frische) ~ anziehen** indossare biancheria pulita; **seine schmutzige ~ (vor anderen Leuten) waschen** *fig* sciorinare i propri panni sporchi (davanti a tutti); **dumm aus der ~ gucken** *fam* fare una faccia da stupido; **große ~ haben** avere il bucato grande; **~ waschen** fare il bucato.

waschecht *a* **1.** *(Farbe)* solido; *(Kleidungsstück)* lavabile; **2.** *fig (Mensch)* purosangue; **ein ~er Schwabe** uno svevo purosangue.

Wäschegeschäft *n* negozio *m* di biancheria. **Wäscheklammer** *f* molletta *f* da bucato. **Wäscheleine** *f* corda *f* per il bucato. **Wäschemangel** *f* mangano *m* (per biancheria).

waschen ['vaʃən] ‹wäscht, wusch, gewaschen› **I.** *tr* lavare; **(seine Wäsche) ~ lassen** dar da lavare il bucato; **II.** *itr* fare il bucato; **W~ und Legen** lavaggio *m* e messa *f* in piega; **III.** *rfl:* **sich ~** lavarsi; **eine Ohrfeige, die sich gewaschen hat** *fam* un sonoro ceffone.

Wäscherei [vɛʃə'rai] ‹-, -en› *f* lavaggio *m; (Anstalt)* lavanderia *f*.

Wäscheschleuder *f* centrifuga *f* (della lavatrice). **Wäscheschrank** *m* armadio *m* della biancheria. **Wäscheständer** *m* stenditoio *m*. **Wäschetrockner** ‹-s, -› *m* **1.** *el* asciugatrice *f;* **2.** *(~gestell)* stendibiancheria *m*. **Wäschetruhe** *f* cassone *m* della biancheria; *(für schmutzige Wäsche)* cestino *m* per la biancheria sporca. **Wäschezeichen** *n* monogramma *m* (sulla biancheria).

Waschhandschuh *m* guanto *m* da bagno. **Waschküche** *f* **1.** lavanderia *f;* **2.** *sl (dichter Nebel)* nebbia *f* fitta (*o.* da tagliare col coltello *fam*). **Waschlappen** *m* **1.** strofinaccio *m;* **2.** *fam pej (Feigling)* uomo *m* di pasta frolla, pappa *f* molle *fam*. **Waschmaschine** *f* lavatrice *f*. **waschmaschinenfest** *a* resistente al lavaggio in lavatrice. **Waschmittel** *n* detersivo *m*. **Waschpulver** *n* detersivo *m* (in polvere). **Waschraum** *m* lavatoio *m*, lavanderia *f*. **Waschsalon** *m* lavanderia *f* a gettoni. **Waschschüssel** *f* catino *m*, bacinella *f*. **Waschstraße** *f* impianto *m* (*o.* tunnel *m*) di lavaggio (per autoveicoli).

wäscht [vɛʃt] *3. pers sing pr von* **waschen.**

Waschtisch *m* lavabo *m*.

Waschung ‹-, -en› *f* abluzione *f*.

Waschwanne *f* vasca *f* per il bucato. **Waschweib** *n fig pej* chiacchierone, -a *m, f fam*, pettegolo, -a *m, f fam*. **Waschzettel** *m typ* scheda *f* bibliografica. **Waschzeug** ‹-(e)s, -e› *n* occorrente *m* per lavarsi.

Wasser ['vasɐ] ‹-s, -› *n* acqua *f;* **auf dem ~** sull'acqua; **bei ~ und Brot** a pane e acqua; **unter ~** sott'acqua; *(überflutet)* allagato, inondato, sommerso; **sich über ~ halten** galleggiare; *fig* tenersi a galla; **~ lassen** *(urinieren)* orinare; **jdm nicht das ~ reichen können** *fig* non essere all'altezza di qu; **bis dahin fließt noch viel ~ den Bach** (*o.* **den Rhein,** *etc.*) **hinunter** ha da passare molta acqua sotto i ponti; **das ist ~ auf seine Mühle** *fig* questo porta acqua al suo mulino; **das ~ läuft mir im Munde zusammen** mi viene l'acquolina in bocca; **das ~ steht ihm bis zum Hals** *fig* ha l'acqua alla gola; **fließendes ~** acqua corrente; **hartes/weiches ~** acqua dura/dolce; **Kölnisch ~** acqua di Colonia; **unser Urlaub ist dieses Jahr ins ~ gefallen** le nostre vacanze quest'anno sono andate in fumo; **mit allen ~n gewaschen sein** *fam* essere furbo di tre cotte *fam*, saperne una più del diavolo *fam;* **jdm das ~ abgraben** *fam* scavare a qu la fossa sotto i piedi; **nahe am ~ gebaut haben** *fig fam* avere le lacrime in tasca *fam;* **ins ~ gehen** *(sich ertränken)* annegarsi; **sie ist ein stilles ~** è un'acqua cheta. **wasserabstoßend, -abweisend** *a* idrorepellente. **Wasseranschluß** *m* allacciamento *m* dell'acqua. **wasserarm** *a* povero d'acqua. **Wasserbad** *n:* **im ~ kochen** cuocere a bagnomaria. **Wasserball** *m* **1.** ‹*sing*› *(Spiel)* pallanuoto *f;* **2.** *(Ball)* pallone *m* da pallanuoto. **Wasserbecken** *n* bacino *m* idrico. **Wasserbehälter** *m* serbatoio *m* dell'acqua. **Wasserbett** *n* letto *m* idrostatico.

Wässerchen ['vɛsɐçən] ‹-s, -› *n:* **er sieht aus, als ob er kein ~ trüben könnte** *fam* sembra un tipo che non farebbe male a una mosca.

Wasserdampf *m* vapore *m* acqueo. **wasserdicht** *a naut* stagno; *(Regenmantel, Uhr)* impermeabile. **wasserdurchlässig** *a* permeabile. **Wasserfall** *m* cascata *f;* **wie ein ~ reden**

fam parlare come un mulino (a vento) *fam.* **Wasserfarbe** *f* acquerello *m.* **Wasserfleck** *m* macchia *f* d'acqua. **Wasserfloh** *m* pulce *f* d'acqua. **Wasserflugzeug** *n* idrovolante *m.* **wassergekühlt** *a* raffreddato ad acqua. **Wasserglas** *n* **1.** *(Trinkglas)* bicchiere *m* da acqua; **2.** ‹*sing*› *chem* silicato *m* di potassio. **Wassergraben** *m* fossato *m.* **Wasserhahn** *m* rubinetto *m* dell'acqua. **Wasserhaushalt** *m* bilancio *m* idrico. **Wasserhuhn** *n* folaga *f.*

wässerig ['vɛsərɪç] *a* **1.** *(mit Wasser verdünnt)* annacquato; **2.** *med* sieroso; **3.** *(Suppe)* insipido, scipito; *(Obst)* acquoso.

Wasserkessel *m* **1.** *(in Küche)* bollitore *m;* **2.** *tec* caldaia *f.* **Wasserkopf** *m* idrocefalo *m.* **Wasserkraft** *f* energia *f* idraulica. **Wasserkraftwerk** *n* centrale *f* idroelettrica. **Wasserkühlung** *f* raffreddamento *m* ad acqua. **Wasserlauf** *m* corso *m* d'acqua. **Wasserleitung** *f* conduttura *f* dell'acqua. **Wasserlilie** *f* ninfea *f.* **Wasserlinie** *f* linea *f* di galleggiamento. **wasserlöslich** *a* idrosolubile. **Wassermangel** *m* mancanza *f* (*o.* penuria *f*) d'acqua. **Wassermann** *m* **1.** *astr* Acquario *m;* **2.** *poet* genio *m* delle acque; **er/sie ist (ein) ~** è Acquario. **Wassermelone** *f* cocomero *m,* anguria *f sett.* **Wassermühle** *f* mulino *m* ad acqua.

wassern *itr* ‹*haben o. sein*› ammarare.

wässern ['vɛsәn] *tr* **1.** *(stark begießen)* annaffiare; **2.** *fot* lavare; **3.** *(Heringe)* dissalare.

Wasserpfeife *f* narghilè *m.* **Wasserpflanze** *f* pianta *f* acquatica. **Wasserpistole** *f* pistola *f* ad acqua. **Wasserpocken** ‹*pl*› *varicella f.* **Wasserrad** *n* ruota *f* idraulica. **Wasserratte** *f* **1.** *zoo* arvicola *f;* **2.** *fam scherz (eifriger Schwimmer)* pesce *m.* **wasserreich** *a* ricco d'acqua. **Wasserreservoir** *n* serbatoio *m* dell'acqua. **Wasserrohr** *n* tubo *m* dell'acqua. **Wasserschaden** *m* danno *m* causato dall'acqua. **Wasserscheide** *f* spartiacque *m.* **wasserscheu** *a* idrofobo. **Wasserschloß** *n* castello *m* circondato dall'acqua. **Wasserschutzgebiet** *n* zona *f* di rispetto delle acque. **Wasserschutzpolizei** *f (im Binnenland)* polizia *f* fluviale; *(an der Küste)* polizia *f* marittima. **Wasserski** *m* sci *m* nautico. **Wasserspeicher** *m* serbatoio *m* dell'acqua. **Wasserspeier** ‹-s, -› *m* doccione *m.* **Wasserspiegel** *m* **1.** *(Wasserstand)* livello *m* dell'acqua; **2.** *(Wasseroberfläche)* superficie *f* dell'acqua. **Wasserspiele** *n pl (bei Brunnen, etc.)* giochi *m pl* d'acqua. **Wassersport** *m* sport *m* acquatico. **Wasserspülung** *f* sciacquone *m.* **Wasserstand** *m* livello *m* dell'acqua. **Wasserstandsmeldung** *f* bollettino *m* sul livello dell'acqua. **Wasserstoff** *m* idrogeno *m.* **Wasserstoffbombe** *f* bomba *f* all'idrogeno, bomba *f* H. **Wasserstoffperoxid** [-'pɛr-] *n* acqua *f* ossigenata. **Wasserstrahl** *m* getto *m* d'acqua. **Wasserstraße** *f* via *f* d'acqua, idrovia *f.* **Wassersucht** *f* idropisia *f.* **Wassertemperatur** *f* temperatura *f* dell'acqua. **Wassertropfen** *m* goccia *f* d'acqua. **Wasserturm** *m* castello *m* d'acqua. **Wasseruhr** *f* **1.** *hist* clessidra *f;* **2.** *(Wasserzähler)* contatore *m* dell'acqua.

Wasserung ‹-, -en› *f* ammaraggio *m.*

Wasserverbrauch *m* consumo *m* d'acqua. **Wasserverdrängung** *f* dislocamento *m.* **Wasserversorgung** *f* approvvigionamento *m* idrico. **Wasserverunreinigung** *f* inquinamento *m* dell'acqua. **Wasservogel** *m* uccello *m* acquatico. **Wasserwaage** *f* livella *f* a bolla d'aria, bilancia *f* idrostatica *scient.* **Wasserweg** *m* idrovia *f;* **auf dem ~ (e)** per via d'acqua. **Wasserwelle** *f* messa *f* in piega. **Wasserwerfer** ‹-s, -› *m* veicolo *m* con idranti. **Wasserwerk** *n* centrale *f* idrica. **Wasserzeichen** *n* filigrana *f.*

wäßrig *a s.* **wässerig.**

waten ['va:tәn] *itr* ‹*sein*› guadare (*durch etw.* qc).

watscheln ['vatʃәln] *itr* ‹*sein*› camminare dondoloni come un'anatra.

Watt[1] [vat] ‹-(e)s, -en› *n geog* bassofondo *m.*

Watt[2] [vat] ‹-s, -› *n* (*ab* **W**) *el* watt *m.*

Watte ['vatә] ‹-, -n› *f* ovatta *f,* cotone *m;* **jdn in ~ packen** *fam* tenere qu nella bambagia *fam.* **Wattebausch** *m* batuffolo *m* di ovatta.

Wattenmeer *n* bassi *m pl* fondali.

Wattestäbchen [-ʃtɛ:pçәn] *n* bastoncino *m* d'ovatta.

wattieren [va'ti:rәn] ‹*ohne ge-*› *tr* ovattare.

Wattierung ‹-, -en› *f* imbottitura *f* d'ovatta.

Wattstunde *f* wattora *m.*

wau, wau [vau̯'vau̯] *interj* bau, bau.

WBS *ab von* **Wohnberechtigungsschein** *m certificato che dà diritto ad abitare in case popolari.*

WC [ve:'tse:] ‹-(s), -(s)› *n* wc *m.*
WDR [ve:de:'ʔɛr] ‹-(s), ø› *m ab von* **Westdeutscher Rundfunk** *rete radiotelevisiva regionale della R.F.T. con sede a Colonia.*
weben ['ve:bən] ‹webt, webte *o. obs, fig* wob, gewebt *o. obs, fig* gewoben› *tr, itr* tessere.
Weber(in) ‹-s, -› *m(f)* tessitore, -trice *m, f.*
Weberei [ve:bə'rai] ‹-, -en› *f* **1.** ‹*sing*› *(das Weben)* tessitura *f;* **2.** *(Betrieb)* stabilimento *m* tessile.
Weberin *f s.* **Weber.**
Webervogel *m* tessitore *m.*
Webfehler *m* difetto *m* di tessitura; **einen ~ haben** *fig fam* essere tocco *fam.* **Webstuhl** *m* telaio *m.* **Webwaren** *f pl* tessuti *m pl.*
Wechsel ['vɛksəl] ‹-s, -› *m* **1.** *(Änderung)* cambiamento *m;* **2.** *(abwechselnd)* alternanza *f;* **3.** *(Aus~, Geld~)* cambio *m;* **4.** *fin (~schein)* cambiale *f;* **ein ~ der Regierung** un cambio di governo; **einen ~ ausstellen/einlösen** emettere/pagare una cambiale; **im ~** alternandosi. **Wechselbad** *n (a. fig)* doccia *f* scozzese. **Wechselbeziehung** *f* correlazione *f;* **in ~ zueinander stehen** essere in correlazione. **Wechselfälle** *m pl:* **die ~ des Lebens** *geh* le vicissitudini della vita. **Wechselfieber** *n* febbre *f* intermittente; *(Malaria)* malaria *f.* **Wechselgeld** *n* **1.** *(Kleingeld)* spiccioli *m pl,* moneta *f;* **2.** *(beim Bezahlen zurückbekommenes Geld)* resto *m;* **das ~ nachzählen** contare il resto. **wechselhaft** *a (Wetter)* variabile; *(Mensch)* mutevole; *(in Leistungen)* incostante. **Wechseljahre** *n pl allg.* climaterio *m scient; (bei Frauen)* menopausa *f scient,* età *f* critica *fam; (bei Männern)* andropausa *f scient;* **in die ~ kommen** entrare nel climaterio; **in den ~n sein** essere nel climaterio. **Wechselkurs** *m* corso *m* dei cambi, cambio *m.*
wechseln I. *tr* **1.** *(ab~, aus~, um~)* cambiare, mutare; **2.** *(Worte)* scambiare; *(Blicke)* scambiarsi; **den Arzt/den Besitzer/die Farbe/die Reifen/die Wäsche ~** cambiare dottore/proprietario/colore/le gomme/la biancheria; **kannst du mir 50 Mark ~?** puoi cambiarmi 50 marchi?; **II.** *itr* mutare, cambiare; *(sich ab~ a.)* darsi il cambio; **ich kann nicht ~** non ho moneta; **Wäsche zum W~** biancheria di ricambio. **wechselnd** *a* mutevole; *(Wetter)* variabile; *(Glück)* alterno; *(Farben)* cangiante.
Wechselrahmen *m* cornice *f* intercambiabile. **wechselseitig** *a* **1.** *(abwechselnd)* alternato; **2.** *(gegenseitig)* reciproco, mutuo. **Wechselspiel** *n* gioco *m* (alterno). **Wechselstrom** *m* corrente *f* alternata. **Wechselstube** *f* agenzia *f* di cambio. **wechselvoll** *a (abwechslungsreich)* vario; *(Schicksal)* mutevole. **wechselweise** *adv* **1.** *(abwechselnd)* alternativamente; **2.** *(gegenseitig)* reciprocamente. **Wechselwirkung** *f* interazione *f;* **in ~ stehen** interagire.
wecken ['vɛkən] *tr (Schlafende, Appetit, Wunsch)* svegliare; *(Erinnerungen)* destare; *(Bedarf, Neid, Neugier)* suscitare. **Wecken** ‹-s, ø› *n* risveglio *m; mil* diana *f,* sveglia *f;* **bis zum ~** *mil* fino alla diana (*o.* sveglia). **Wekker** ‹-s, -› *m* sveglia *f;* **jdm auf den ~ gehen** (*o.* **fallen)** *fam* scocciare qu *fam,* dare sui nervi a qu *fam.*
Wedel ['ve:dəl] ‹-s, -› *m* **1.** *(Staub~)* piumino *m* per spolverare; **2.** *(Blatt~)* foglia *f* palmata.
wedeln *itr* **1.** sventolare (*mit etw.* qc); **2.** *(beim Skifahren)* fare lo scodinzolo; **mit dem Schwanz ~** scodinzolare.
weder ['ve:dɐ] *con:* **~ ... noch ...** né ... né ...; **sie log ~, noch sagte sie die Wahrheit** non mentiva né diceva la verità; **~ mein Bruder noch ich haben es gesagt** non l'abbiamo detto né io né mio fratello; **~ das eine noch das andere** né l'uno né l'altro.
weg [vɛk] *adv (nicht da)* via; *(~gegangen)* andato (via), uscito; *(~gefahren)* partito; *(verschwunden)* scomparso, sparito; *(verloren)* smarrito; **weit ~** lontano (*von* da); **ganz ~ sein** *fig fam (hingerissen)* essere partito *fam;* **~ da!** via di qui!; **~ mit euch!** andate via!; **Hände ~!** via (*o.* giù) le mani!
Weg [ve:k] ‹-(e)s, -e› *m* **1.** strada *f,* via *f,* cammino *m; (Pfad)* sentiero *m; (Durchgang)* passaggio *m; (zwischen Bäumen)* viale *m;* **2.** *(Strecke)* percorso *m,* tragitto *m; (Reise~)* itinerario *m;* **3.** *(Mittel)* mezzo *m,* modo *m;* **4.** *(Methode)* metodo *m; (Art und Weise)* maniera *f;* **5.** *fam (Besorgung)* commissione *f;* **auf dem ~ nach Rom** in viaggio per Roma, andando a Roma; **auf diesem ~** *fig* in questo modo; **auf dem ganzen ~** lungo tutta la strada; **auf halbem ~(e)** a metà strada; **jdm auf halbem ~ (e) entgegenkommen** *fig* venire incontro a qu; **auf dem kürzesten** (*o.* **schnellsten) ~(e)** nel modo più rapido; **auf dem rechten ~** sulla retta via; **einen ~ einschlagen** prendere una

via; **seiner ~e gehen** *geh, poet* andare per la propria strada; **jdm aus dem ~ gehen** scansare qu, evitare qu; **einer S. aus dem ~ gehen** eludere qc; **etw. in die ~e leiten** avviare qc; **sich auf den ~ machen** mettersi in cammino, incamminarsi; **etw./jdn aus dem ~ räumen** eliminare qc/qu, sbarazzarsi di qc/qu; **auf dem richtigen ~ sein** *fig* essere sulla strada giusta; **jdm im ~ stehen** *fig* essere d'ostacolo a qu; **jetzt steht ihrer Liebe nichts mehr im ~ (e)** adesso non ci sono più ostacoli al loro amore; **gehen Sie mir aus dem ~!** si scansi!; **ein (gutes) Stück ~es** *geh, poet* un bel pezzo di strada; **der ~ zum Erfolg/Ruhm** la via del successo/della gloria; **seine eigenen ~e gehen** andare per la propria strada; **sie war auf dem besten ~e, Karriere zu machen** era sulle buona strada per far carriera; **den ~ des geringsten Widerstands gehen** andare per la strada più facile, evitare le difficoltà; **vom ~ abkommen** abbandonare la strada giusta; **jdm über den ~ laufen** incontrare qu per caso; **auf schriftlichem ~e** per (i)scritto; **jdm etw. mit auf den ~ geben** dare qc a qu che parte; **alle ~e führen nach Rom** *prov* tutte le strade portano a Roma *prov.*

weg·bekommen ‹*irr, ohne ge-*› *itr fam* **1.** *(entfernen können)* riuscire a togliere (*o.* levare); **2.** *(kriegen)* buscarsi *fam.*

Wegbereiter ‹-s, -› *m* precursore *m* (*für* di).

weg·blasen ‹*irr*› *tr* soffiar via; **wie weggeblasen sein** essere sparito come per incanto.

weg·bleiben ‹*irr*› *itr* ‹*sein*› **1.** *(nicht kommen)* non venire (più); **2.** *(ausgelassen werden)* essere tralasciato; **mir blieb die Spucke (*o.* Luft) weg** *fam* rimasi senza fiato *fam.*

weg·bringen ‹*irr*› *tr* portare via; *(zur Reparatur)* portare a riparare.

Wegelagerer ‹-s, -› *m* brigante *m* di strada.

wegen ['ve:gən] *prp gen o. dat* **1.** *(aufgrund von, infolge)* per, a causa di; **2.** *(bezüglich)* riguardo a; **~ Umbaus geschlossen** chiuso per restauro; **von ~!** *fam* neanche per idea (*o.* sogno)! *fam.*

Wegerich ['ve:gərıç] ‹-s, -e› *m* piantaggine *f.*

weg·essen ‹*irr*› *tr fam:* **alles ~** mangiare tutto; **jdm etw. ~** non lasciare qc da mangiare a qu.

weg·fahren ‹*irr*› **I.** *itr* ‹*sein*› partire; **II.** *tr* ‹*haben*› portare via.

weg·fallen ‹*irr*› *itr* ‹*sein*› **1.** *(aufgehoben werden)* essere soppresso (*o.* abolito); **2.** *(unterbleiben)* cadere; **etw. ~ lassen** sopprimere qc.

weg·fegen *tr* spazzare via.

weg·fliegen ‹*irr*› *itr* ‹*sein*› *(Blatt, Vogel)* volare via; *(Flugzeug)* partire (in volo).

weg·führen *tr* condurre via.

Weggang *m* partenza *f;* **beim ~** partendo.

weg·geben ‹*irr*› *tr* dare via, disfarsi (*o.* sbarazzarsi) di.

weg·gehen ‹*irr*› *itr* ‹*sein*› **1.** andarsene; *(a. fam: Ware)* andare via; **2.** *fam (entfernt werden können)* (poter) andar via; **dieser Obstfleck geht einfach nicht weg** questa macchia di frutta non va via.

weg·gießen ‹*irr*› *tr* versare.

weg·hängen *tr (zurückhängen)* riporre; *(umhängen)* appendere altrove.

weg·jagen *tr* scacciare.

weg·kommen ‹*irr*› *itr* ‹*sein*› *fam* **1.** *(weggehen)* andarsene *fam;* **2.** *(abhanden kommen)* andare perduto; **über etw. ~** passare sopra qc *fam;* **gut/schlecht bei etw. ~** cavarsela bene/male in qc *fam;* **mach, daß du wegkommst!** togliti dai piedi! *fam;* **die Uhr ist mir weggekommen** mi è sparito l'orologio.

weg·lassen ‹*irr*› *tr* **1.** *fam (gehen lassen)* lasciare andare; **2.** *(auslassen)* tralasciare, omettere.

weg·laufen ‹*irr*› *itr* ‹*sein*› correre (*o.* scappare) via; **von zu Hause ~** scappare di casa.

weg·legen *tr* **1.** *(zur Seite legen)* mettere via; **2.** *(wegräumen)* riporre.

weg·müssen ‹*irr*› *itr fam* **1.** *(fortgehen müssen)* dover andare via; **2.** *(fortgebracht werden müssen)* dover esser portato via; **das muß weg** questo deve essere tolto.

weg·nehmen ‹*irr*› *tr* **1.** *(fortnehmen)* togliere; **2.** *(entwenden)* sottrarre; **3.** *(Platz, Zeit)* prendere; **Gas ~** *mot* togliere il gas.

Wegrand *m* margine *m* della strada.

weg·rationalisieren ‹*ohne ge-*› *tr:* **Personal ~** ridurre il numero del personale mediante razionalizzazione.

weg·räumen *tr* **1.** *(forträumen)* rimuovere; **2.** *(einräumen)* riporre; *(Geschirr)* sparecchiare.

weg·rutschen *itr* ‹*sein*› scivolare via.

weg·schaffen *tr* **1.** *(fortschaffen)* portare via; **2.** *(wegräumen)* rimuovere, sgomberare.

weg·scheren *rfl:* **sich ~** *fam* togliersi di mezzo *fam.*
weg·schicken *tr* **1.** *(Menschen)* mandare via; **2.** *(Brief, Paket, Waren)* spedire.
weg·schieben ‹*irr*› *tr* scostare.
weg·schleppen I. *tr* trascinare via; **II.** *rfl:* **sich ~** trascinarsi.
weg·schmeißen ‹*irr*› *tr fam* buttare (*o.* gettare) via.
weg·schnappen *tr fam* soffiare (*jdm etw.* qc a qu) *fam.*
weg·schütten *tr* gettare via.
weg·sehen ‹*irr*› *itr* **1.** *(wegblicken)* guardare via; **2.** *fam (hinwegsehen)* ignorare (*über etw.* qc).
weg·setzen I. *tr* mettere da parte; *(wegräumen)* riporre; **II.** *rfl:* **sich ~** *fam* non curarsi (*über* di).
weg·stellen *tr* mettere via; *(wegräumen)* riporre.
weg·stoßen ‹*irr*› *tr* spingere via, respingere.
Wegstrecke *f* tratto *m* di strada; **schlechte ~** strada dissestata. **Wegstunde** *f* ora *f* di cammino.
weg·tragen ‹*irr*› *tr* portare via.
weg·treten ‹*irr*› *itr* ‹*sein*› ritirarsi; *mil* rompere le righe; **geistig weggetreten sein** *fam* essere assente col pensiero.
weg·tun ‹*irr*› *tr* mettere via.
Wegweiser ‹-s, -› *m* indicatore *m* stradale.
weg·werfen ‹*irr*› **I.** *tr* buttare (*o.* gettare) via; **das ist weggeworfenes Geld** *fam* è denaro buttato dalla finestra *fam;* **II.** *rfl:* **sich (an jdn) ~** *pej* prostituirsi (a qu). **wegwerfend** *a* sdegnoso, sprezzante. **Wegwerfflasche** *f* vuoto *m* a perdere. **Wegwerfgesellschaft** *f* società *f* degli sprechi. **Wegwerfwindel** *f* pannolino *m* da buttare.
weg·wischen *tr* togliere.
weg·ziehen ‹*irr*› **I.** *tr* ‹*haben*› tirare (via); **II.** *itr* ‹*sein*› **1.** *(aus Wohnung)* trasferirsi; **2.** *(Zugvögel)* migrare.
weh [ve:] **I.** *interj:* **o ~!** ahimè!; **II.** *a* doloroso, che duole (*o.* fa male); **jdm ~ tun** far male a qu; **sich** *(dat)* **~ tun** farsi male; *(sich verletzen a.)* ferirsi; **wo tut es dir ~?** dove ti fa (*o.* dove hai) male?; **mir tut der Kopf ~** ho mal di testa; **es tut mir ~ zu ...** mi duole... *inf.*
wehe ['ve:ə] *interj:* **~ (dir), wenn ...!** guai a te, se ...!; **~ dem, der ...!** guai a colui che ...!
Wehe[1] ['ve:ə] ‹-, -n› *f meist pl (Geburts~)* doglie *f pl;* **in den ~n liegen** avere le doglie.
Wehe[2] ['ve:ə] ‹-, -n› *f (Schnee~)* cumulo *m* di neve; *(Sand~)* cumulo *m* di sabbia.
wehen ['ve:ən] **I.** *itr (Wind)* soffiare; *(Geruch)* spirare; *(Fahne)* sventolare; *(Haar)* svolazzare; **II.** *tr (fort~)* spazzare via.
Wehklage *f poet* lamento *m poet.* **wehklagen** *itr poet* lamentarsi, gemere *poet.* **wehleidig** *a pej* piagnucoloso. **Wehmut** ['ve:mu:t] ‹-, ø› *f geh* malinconia *f;* **mit ~ an etw. zurückdenken** pensare a qc con malinconia. **wehmütig** [-my:tıç] *a* malinconico.
Wehr[1] [ve:ɐ̯] ‹-, *rar* -en› *f:* **sich zur ~ setzen** opporre resistenza.
Wehr[2] [ve:ɐ̯] ‹-(e)s, -e› *n (Stauwerk)* sbarramento *m.*
Wehrbeauftragte *m* incaricato *m* parlamentare per le forze armate. **Wehrbereich** *m* distretto *m* militare. **Wehrdienst** *m* servizio *m* militare; **seinen ~ ableisten** fare (*o.* prestare) il servizio militare; **jdn zum ~ einberufen** chiamare qu alle armi. **Wehrdienstverweigerer** ‹-s, -› *m* obiettore *m* di coscienza. **Wehrdienstverweigerung** *f* obiezione *f* di coscienza.
wehren ['ve:rən] **I.** *rfl:* **sich ~ 1.** *(sich verteidigen)* difendersi (*gegen* contro); **2.** *(sich widersetzen)* resistere (*gegen* a); **sich seiner Haut ~** difendere la pelle; **II.** *itr geh:* **einer S. ~** opporsi a qc; **III.** *tr obs s.* **verwehren.**
Wehrersatzbehörde *f* ufficio *m* di reclutamento. **wehrfähig** *a* abile al servizio militare. **wehrhaft** *a* **1.** *(Person)* atto alle armi; **2.** *(Burg, etc.)* ben fortificato. **wehrlos** *a* inerme. **Wehrmacht** *f hist* forze *f pl* armate. **Wehrpaß** *m* certificato *m* di congedo. **Wehrpflicht** *f* servizio *m* militare obbligatorio. **wehrpflichtig** *a* soggetto agli obblighi militari; **im ~en Alter** in età militare. **Wehrpflichtige** ‹ein -r, -n, -n› *mf* soggetto, -a *m, f* agli obblighi di leva. **Wehrübung** *f* esercitazione *f* militare.
Wehweh ['ve:ve: *o.* ve:'ve:] ‹-s, -s› *n,* **Wehwehchen** ‹-s, -› *fam, meist pej* malanni *m pl; (eingebildetes ~)* malanni *m pl* immaginari.
Weib [vaɪ̯p] ‹-(e)s, -er› *n* **1.** *obs (Frau)* donna *f; (Ehe~)* moglie *f;* **2.** *pej* femmina *f;* **ein tolles ~** *fam* una donna straordinaria.
Weibchen ['vaɪ̯pçən] ‹-s, -› *n* **1.** *(weibliches Tier)* femmina *f;* **2.** *scherz*

(Ehefrau) moglietta *f; pej* donnetta *f.*

Weiberfeind *m* misogino *m.* **Weiberheld** *m pej* donnaiolo *m.*

weibisch *a pej* effeminato.

weiblich *a* femminile; *(feminin, fraulich a.)* femmineo. **Weiblichkeit** ⟨-, ø⟩ *f* **1.** *(Wesen, Art)* femminilità *f;* **2.** *scherz (Frauen)* donne *f pl;* **die holde ~** *geh scherz* il gentil sesso.

Weibsbild *n pej* megera *f.* **Weibstück** *n fam pej* donnaccia *f.*

weich [vai̯ç] *a* **1.** *(nicht hart)* molle; **2.** *(nicht zäh)* tenero; **3.** *(bieg-, schmiegsam)* flessibile; *(Haar)* soffice; *(Bett, Kissen)* morbido; **4.** *(sanft, milde)* dolce; *(Licht)* tenue; *(Farbton)* tenero; **5.** *(empfindsam)* sensibile; **etw. ~ machen** ammorbidire qc; **jdn ~ machen** *fam* intenerire qu, commuovere qu; **~ werden** rammollire; *fam (Mensch)* intenerirsi; *(nachgeben)* cedere; **eine ~e Droge** *sl* una droga leggera; **ein ~er Bleistift** una matita morbida; **~ landen** *(Mensch)* cadere sul morbido; *(Raumfähre, etc.)* atterrare dolcemente; **eine ~e Landung** un atterraggio dolce; **~e Knie haben** avere le gambe che fanno giacomo giacomo *fam.*

Weiche ['vai̯çə] ⟨-, -n⟩ *f* scambio *m;* **die ~n stellen** azionare gli scambi; **die ~n für etw. stellen** *fig* stabilire il corso di qc.

weichen¹ ['vai̯çən] ⟨weicht, wich, gewichen⟩ *itr* ⟨*sein*⟩ **1.** *(zurück~)* indietreggiare, retrocedere (*vor* di fronte a); **2.** *(sich entfernen)* allontanarsi; *(sich zurückziehen)* ritirarsi; **3.** *(Platz machen)* far posto; **4.** *fig (nachgeben)* cedere; **5.** *fig (nachlassen)* diminuire; **der Gewalt ~** cedere alla violenza; **nicht von jds Seite ~** stare sempre alle calcagna di qu *fam;* **nicht von der Stelle ~** non lasciare il posto; **allmählich wich seine Angst** la sua paura diminuì lentamente.

weichen² ['vai̯çən] **I.** *tr* ⟨*haben*⟩ *(ein~)* ammollare; **II.** *itr* ⟨*haben o. sein*⟩ *(weich werden)* ammollarsi.

Weichensteller ⟨-s, -⟩ *m* scambista *m.*

weichgekocht *a (Ei)* à la coque; *(Nudeln)* cotto; *(Gemüse, Fleisch, etc.)* lessato.

Weichheit ⟨-, ø⟩ *f* mollezza *f; (fig a.)* tenerezza *f,* dolcezza *f.*

weichherzig *a* dal cuore tenero; *(mitfühlend)* compassionevole. **Weichherzigkeit** ⟨-, ø⟩ *f* tenerezza *f* di cuore.

Weichholz *n* legno *m* dolce. **Weichkäse** *m* formaggio *m* tenero (*o.* molle).

weichlich *a pej* **1.** *(nicht ganz weich)* molliccio; **2.** *(schwächlich)* rammollito; **3.** *(verweichlicht)* effeminato. **Weichlichkeit** ⟨-, ø⟩ *f pej* mollezza *f.*

Weichsel ['vai̯ksəl] *f geog* Vistola *f.*

Weichspüler ⟨-s, -⟩ *m* ammorbidente *m.* **Weichteile** *n pl* parti *f pl* molli. **Weichtiere** *n pl* molluschi *m pl.* **Weichzeichner** *m* schermo *m* diffusore.

Weide¹ ['vai̯də] ⟨-, -n⟩ *f bot* salice *m.*

Weide² ['vai̯də] ⟨-, -n⟩ *f agr* pascolo *m.* **Weideland** *n* terreno *m* da pascolo.

weiden I. *tr, itr* pascere; **II.** *rfl:* **sich an etw. ~** pascersi di qc.

Weidenkätzchen [-kɛtsçən] ⟨-s, -⟩ *n* gattino *m* del salice.

weidlich ['vai̯tlıç] *adv* molto, assai, parecchio.

Weidmann ['vai̯t-] *m obs* cacciatore *m.* **Weidmannsheil** [-'hai̯l] *interj* buona caccia! **weidwund** *a (Tier)* sbuzzato; *fig geh (Blick)* stralunato; **~ schießen** sbuzzare.

weigern ['vai̯gɐn] *rfl:* **sich ~** rifiutarsi (*etw. zu tun* di fare qc).

Weigerung ⟨-, -en⟩ *f* rifiuto *m* (*etw. zu tun* di fare qc).

Weihbischof *m* vescovo *m* ausiliario.

Weihe¹ ['vai̯ə] ⟨-, -n⟩ *f rel* consacrazione *f; (Priester~)* ordinazione *f;* **die ~n empfangen** essere ordinato sacerdote; **die niederen/höheren ~n** gli ordini minori/maggiori.

Weihe² ['vai̯ə] ⟨-, -n⟩ *f (Vogel)* nibbio *m.*

weihen I. *tr* consacrare; **dem Untergang geweiht sein** essere votato alla morte; **jdn zum Bischof ~** consacrare qu vescovo; **II.** *rfl:* **sich ~** *geh* dedicarsi (*einer S.* a qc).

Weiher ['vai̯ɐ] ⟨-s, -⟩ *m* stagno *m.*

weihevoll *a geh* solenne.

Weihnacht ⟨-, ø⟩ *f,* **Weihnachten** ⟨-, -⟩ *n* (festa *f* di) Natale *m;* **(zu) ~** a Natale; **fröhliche ~!** buon Natale! **weihnachtlich** *a* natalizio. **Weihnachtsabend** *m* vigilia *f* di Natale. **Weihnachtsbaum** *m* albero *m* di Natale. **Weihnachtseinkäufe** *m pl* acquisti *m pl* natalizi. **Weihnachtsfeier** *f* festa *f* di Natale, celebrazione *f* del Natale. **Weihnachtsfest** *n* (festa *f* di) Natale *m.* **Weihnachtsgeld** *n* gratifica *f* natalizia. **Weihnachtsgeschenk** *n* dono *m* (*o.* strenna *f*) di Natale. **Weihnachtsgratifikation** *f s.* **Weihnachtsgeld. Weihnachtslied** *n* canto *m* natalizio. **Weih-**

nachtsmann *m* babbo *m* Natale. **Weihnachtsmarkt** *m* fiera *f* natalizia.

Weihrauch *m* incenso *m.* **Weihwasser** *n* acquasanta *f.*

weil [vail] *con* perché, poiché.

Weilchen ['vailçən] ‹-s, -› *n* momentino *m,* attimo *m.*

Weile ['vailə] ‹-, ø› *f* (lasso *m* di) tempo *m; (Augenblick)* momento *m;* **eine ganze ~** un bel po' (di tempo); **nach einer ~** dopo un po' (*o.* qualche tempo); **vor einer Weile** poco (*o.* un momento) fa; **vor einer ganzen ~** molto tempo fa; **du kannst eine ~ hierbleiben** puoi restare qui un po'.

weilen *itr geh* dimorare *geh.*

Weiler ['vailɐ] ‹-s, -› *m* casale *m.*

Wein [vain] ‹-(e)s, -e› *m* **1.** *(Getränk)* vino *m;* **2.** ‹*sing*› *(Pflanze)* vite *f;* **3.** ‹*sing*› *(~trauben)* uva *f;* **~ (an)bauen** coltivare la vite; **jdm reinen ~ einschenken** parlare chiaro a qu, dire a qu la verità; **wilder ~** vite americana. **Weinbau** ‹-(e)s, ø› *m* viticoltura *f.* **Weinbaugebiet** *n* regione *f* vinicola. **Weinbeere** *f* acino *m* d'uva. **Weinberg** *m* vigneto *m,* vigna *f.* **Weinbergschnecke** *f* **1.** *zoo* chiocciola *f;* **2.** *gastr* lumaca *f.* **Weinbrand** *m* brandy *m.*

weinen ['vainən] *itr* piangere (*um jdn* qu); **dem W~ nahe sein** stare per piangere; **es ist zum W~ mit diesem Kind!** c'è da piangere con questo bambino!

weinerlich ['vainɐlıç] *a* piagnucoloso.

Weinessig *m* aceto *m* di vino. **Weinfaß** *n* botte *f* da vino. **Weinflasche** *f* bottiglia *f* da (*o.* di) vino. **Weingarten** *m* vigneto *m,* vigna *f.* **Weingärtner(in)** *m(f)* vignaiolo, -a *m, f.* **Weinglas** *n* bicchiere *m* da vino. **Weingut** *n* vigneto *m.* **Weinhändler(in)** *m(f)* commerciante *mf* di vino, vinaio, -a *m, f.* **Weinjahr** *n:* **ein gutes/schlechtes ~** una buona/cattiva annata per il vino. **Weinkarte** *f* lista *f* dei vini. **Weinkeller** *m* cantina *f.* **Weinkenner(in)** *m(f)* intenditore, -trice *m, f* di vini. **Weinkönigin** *f* reginetta *f* del vino.

Weinkrampf *m* pianto *m* convulso.

Weinlaune *f scherz:* **etw. in (einer) ~ sagen/beschließen** dire/decidere qc nell'euforia del vino. **Weinlese** *f* vendemmia *f.* **Weinprobe** *f* degustazione *f* (*o.* assaggio *m*) del vino. **Weinranke** *f* viticcio *m.* **weinrot** *a* rosso vinaccia. **Weinschaumcreme** *f* ≃ zabaione *m.* **weinselig** *a* brillo, alticcio. **Weinsorte** *f* qualità *f* (*o.* tipo *m*) di vino. **Weinstein** *m* tartaro *m.* **Weinstock** *m* vitigno *m,* vite *f.* **Weinstube** *f* osteria *f,* taverna *f.* **Weintraube** *f* **1.** *(einzelne, Form)* grappolo *m* d'uva; **2.** ‹*meist pl*› *(Obst)* uva *f.*

weise *a* saggio.

Weise[1] ['vaizə] ‹-, -n› *f* **1.** *(Art)* modo *m,* maniera *f;* **2.** *mus (Sing~)* aria *f,* melodia *f;* **auf diese ~** in questo modo; **in keinster ~** *fam* in nessun modo; **auf welche ~?** in che modo?; **in der ~, daß ...** in modo che ... *conj;* **in gewohnter ~** nel modo consueto; **in gewisser ~ hat sie recht** in un certo qual modo ha ragione.

Weise[2] ['vaizə] ‹ein -r, -n, -n› *mf* saggio, -a *m, f;* **die (drei) ~n aus dem Morgenland** i re magi.

weisen ['vaizən] ‹weist, wies, gewiesen› **I.** *tr* **1.** *geh (zeigen)* mostrare (*jdm etw.* qc a qu), indicare (*jdm etw.* qc a qu); **2.** *(ver~)* mandare (*von, aus* da); **jdn vom Platz ~** *sport* espellere qu dal campo; **etw. von der Hand ~** respingere qc; **II.** *itr:* **auf etw. ~** indicare qc.

Weisheit ‹-, -en› *f* **1.** ‹*sing*› *(Klugheit)* saggezza *f;* **2.** ‹*sing*› *(Wissen, Kenntnisse)* sapere *m,* conoscenze *f pl;* **3.** *(weiser Spruch)* massima *f,* sentenza *f;* **die ~ (auch) nicht mit Löffeln gegessen (***o.* **gefressen) haben** *fam* non essere una cima (*o.* un'aquila) *fam;* **mit seiner ~ am Ende sein** *fam* non sapere più che pesci pigliare *fam;* **das ist nicht der ~ letzter Schluß** non è l'ultima risorsa (*o.* possibilità); **behalte deine ~ für dich!** *fam* dei tuoi consigli non so che farmene! *fam.* **Weisheitszahn** *m* dente *m* del giudizio.

weis·machen *tr fam:* **jdm etw. ~** far credere qc a qu; **machen Sie das anderen weis!** lo vada a raccontare a qualcun altro!

weiß[1] [vais] *a* bianco; **~ (an)streichen (***o.* **tünchen)** imbiancare; **das W~e Haus** la Casa Bianca; **W~er Sonntag** domenica dopo Pasqua; **der ~e Sport** il Tennis; *s. a. blau.*

weiß[2] [vais] *1. u. 3. pers sing pr von* **wissen.**

Weiß ‹-(es), -› *n* (color *m*) bianco *m; s. a. Blau.*

weissagen *tr* **1.** *(voraussagen)* predire; *(prophezeien)* profet(izz)are; **2.** *(ahnen lassen)* lasciare presagire. **Weissagung** ‹-, -en› *f* profezia *f.*

Weißbier *n* birra *f* bianca (*o.* di frumento). **Weißblech** *n* lamiera *f* stagnata. **Weißbrot** *n* pane *m* bianco.

Weißbuch *n* libro *m* bianco. **Weißdorn** ‹-(e)s, -e› *m* biancospino *m*.
Weiße ‹ein -r, -n, -n› *mf* bianco, -a *m, f*.
weißen *tr* imbiancare.
Weißfisch *m* leucisco *m*. **weißgekleidet** *a* vestito di bianco. **weißglühend** *a* incandescente. **Weißglut** *f* calore *m* bianco, incandescenza *f*; **jdn (bis) zur ~ reizen** (*o.* **bringen**) *fam* fare imbestialire qu *fam*. **Weißgold** *n* oro *m* bianco. **weißhaarig** *a* dai capelli bianchi. **Weißkohl** *m* *(norddeutsch),* **Weißkraut** *n (süddeutsch)* cavolo *m* bianco (*o.* cappuccio).
weißlich *a* biancastro, bianchiccio.
Weißrußland *n* Russia *f* Bianca, Bielorussia *f*. **Weißwein** *m* vino *m* bianco. **Weißwurst** *f* salsiccia *f* bianca.
Weisung ‹-, -en› *f* **1.** *(Befehl)* ordine *m;* **2.** *geh (An~)* direttiva *f*, istruzione *f*. **weisungsgemäß** *adv* in conformità alle istruzioni.
weit [vait] **I.** *a* **1.** *(räumlich ausgedehnt, breit)* esteso, vasto; *(lang)* lungo; *(groß)* grande; **2.** *(geräumig)* spazioso; *(Kleidungsstück)* ampio; *(Öffnung)* largo; **3.** *(entfernt)* distante, lontano; **das W~e suchen** prendere il largo; **die ~e Welt** il mondo; **im ~eren Sinne** in senso lato; **im ~esten Sinne des Wortes** nel senso più ampio della parola; **in ~er Ferne liegen** essere molto lontano; **~e Kreise der Bevölkerung** ampi strati della popolazione; **~e Kreise ziehen** estendersi, diffondersi; **II.** *adv* **1.** *(räumlich entfernt)* lontano, distante; **2.** *(zeitlich entfernt)* lontano; **3.** *(ausgedehnt)* ampiamente, per esteso; **4.** *(sehr, erheblich)* molto, di gran lunga; **bei ~em** di gran lunga, molto, assai; **bei ~em nicht so gut wie ...** molto meno buono di ...; **bei ~em nicht vollständig** tutt'altro che completo; **bist du so ~?** *fam* sei pronto?; **das geht zu ~!** questo è troppo!; **das ist (aber) ~ hergeholt** è tirato per i capelli *fam;* **das würde (jetzt) zu ~ führen** porterebbe troppo lontano; **es ~ bringen** andare lontano, fare molta strada; **etw. zu ~ treiben** esagerare in qc; **ist es ~ von hier?** è lontano da qui?; **so ~ gehen zu ...** arrivare al punto di ... *inf;* **so ~ ich mich erinnern kann** per quanto possa ricordarmi; **so ~, so gut** finora tutto okay (*o.* a posto); **von ~em** da lontano; **~ davon entfernt sein zu ...** essere lungi da ... *inf;* **~ gefehlt!** sbagliato di molto!; **~ (in der Welt) herumkommen** girare il mondo; **~ offen** (*o.* **geöffnet**) spalancato; **~ über die 50 sein** aver passato di gran lunga la cinquantina; **~ und breit** a perdita d'occhio, da ogni parte; **~ verbreitet** molto diffuso; **~ weg** molto lontano; **wie ~ bist du?** a che punto sei?; **wie ~ ist es bis Neapel?** quanto c'è da qui a Napoli?
weitab ['vait'ʔap] *adv* lontano (*von* da).
weitaus ['vait'ʔaus] *adv* di gran lunga.
Weitblick *m* lungimiranza *f*. **weitblickend** *a* lungimirante.
Weite ‹-, -n› *f* **1.** *(Ausdehnung)* estensione *f;* **2.** *(Geräumigkeit, a. von Kleidung)* ampiezza *f;* **3.** *(Öffnung)* apertura *f; (innerer Durchmesser)* calibro *m; (eines Rohres)* diametro *m* interno; **4.** ‹*sing*› *(Ferne)* lontananza *f; (Entfernung)* distanza *f;* **5.** ‹*sing*› *fig (des geistigen Horizonts)* larghezza *f*.
weiten I. *tr* allargare; **II.** *rfl:* **sich ~** allargarsi.
weiter ['vaitɐ] ‹*Komparativ von* weit› **I.** *a fig* ulteriore, altro; **das** (*o.* **alles**) **W~e** il resto; **bis auf ~es** fino a nuovo ordine; *(inzwischen)* (per) intanto; **ohne ~es** senz'altro; **II.** *adv fig (außerdem)* inoltre; *(sonst)* altro; **und so ~** (*ab* **usw.**) eccetera; **~ oben** più su; *(in Text)* sopra; **~ unten** più sotto; *(in Text)* sotto; **~ weg** più avanti; **ich habe ~ nichts zu sagen** non ho nulla da aggiungere; **ich kann nicht mehr ~** non ne posso più; **das hat ~ nichts zu sagen** non ha alcuna importanza; **nichts ~, ~ nichts** null'altro; **~ nichts?** niente più?; **nichts ~!** nient'altro!; **nur ~!** avanti!
weiter·arbeiten *itr* continuare a lavorare.
Weiterbehandlung *f med* continuazione *f* della terapia.
weiter·bilden I. *tr* tenere corsi di aggiornamento a, aggiornare; **II.** *rfl:* **sich ~** aggiornarsi. **Weiterbildung** *f* *(in einem spezifischen Fach)* aggiornamento *m;* **zu meiner ~ lese ich ...** per essere aggiornato mi dedico alla lettura di ...
weiter·bringen ‹*irr*› *tr* portare avanti.
weiter·empfehlen ‹*irr, ohne ge-*› *tr* raccomandare ad altri.
weiter·entwickeln ‹*irr, ohne ge-*› **I.** *tr* sviluppare (ulteriormente); **II.** *rfl:* **sich ~** svilupparsi, evolversi.
weiter·fahren ‹*irr*› *itr* ‹*sein*› proseguire (il viaggio). **Weiterfahrt** *f* proseguimento *m* del viaggio.

weiter·führen *tr, itr* continuare; **~de Schule** scuola secondaria.
Weitergabe *f* trasmissione *f.*
weiter·geben ‹*irr*› *tr* far passare; *(Nachricht, Befehl)* trasmettere; *(Gesuch)* inoltrare.
weiter·gehen ‹*irr*› *itr* ‹*sein*› continuare, proseguire; *(im Verkehr a.)* circolare; **das Leben geht weiter** la vita continua; **so kann es nicht ~** così non (si) può continuare; **wie soll es jetzt ~?** e come va avanti adesso?
weiter·helfen ‹*irr*› *itr* aiutare (*jdm bei etw.* qu in qc); **dein Rat hat mir weitergeholfen** il tuo consiglio mi è servito.
weiterhin *adv* **1.** *(immer noch)* ancora; **2.** *(künftig)* in futuro; **3.** *(außerdem)* inoltre.
weiter·kommen ‹*irr*› *itr* ‹*sein*› andare avanti; *(fig a.)* avanzare, progredire; **so kommen wir nicht weiter** *fig* così non facciamo progressi.
weiter·leiten *tr* inoltrare (*an* a); *(Nachricht)* trasmettere (*an* a).
weiter·machen *tr, itr* continuare.
weiter·reichen *tr* porgere (*o.* passare) ad altri.
weiter·sagen *tr* dire (*o.* raccontare) ad altri.
weiter·ziehen ‹*irr*› *itr* ‹*sein*› proseguire.
weitgehend I. *a* ampio, vasto, esteso; **~e Übereinstimmung erzielen** raggiungere una larga intesa; **II.** *adv* ampiamente. **weitgereist** *a attr* che ha viaggiato molto. **weitherzig** *a* generoso, liberale.
weithin ['va̯it'hın] *adv* **1.** *(bis in weite Ferne)* fino in lontananza; **2.** *(weitgehend)* ampiamente; **~ sichtbar** visibile da lontano.
weitläufig *a* **1.** *(Gebäude, etc.)* spazioso; *(ausgedehnt)* esteso, vasto; **2.** *(Erzählung)* dettagliato, minuzioso; **3.** *(Verwandte)* lontano; **~ verwandt sein** essere lontani parenti. **Weitläufigkeit** ‹-, ø› *f* **1.** *(Weiträumigkeit)* estensione *f;* **2.** *(Ausführlichkeit)* lunghezza *f.*
weitmaschig *a* a larghe maglie. **weitreichend** *a* ampio, esteso. **weitschweifig** *a* prolisso, verboso. **Weitschweifigkeit** ‹-, ø› *f* prolissità *f,* verbosità *f.* **weitsichtig** *a* **1.** *med* presbite; **2.** *fig (vorausschauend)* lungimirante. **Weitsichtigkeit** ‹-, ø› *f* **1.** *med* presbitismo *m;* **2.** *fig* lungimiranza *f.* **Weitsprung** *m* salto *m* in lungo. **weitverbreitet** *a attr* molto diffuso. **weitverzweigt** *a attr* molto ramificato. **Weitwinkelobjektiv** *n* obiettivo *m* grandangolare, grandangolare *m.*
Weizen ['va̯itsən] ‹-s, -› *m* frumento *m.* **Weizenbrot** *n* pane *m* di frumento. **Weizenkeimöl** *n* olio *m* di germi di frumento. **Weizenkleie** *f* crusca *f* di frumento. **Weizenmehl** *n* farina *f* di frumento.
welche(r, s) ['vɛlçə] **I.** *(Interrogativpronomen)* quale; *(in Ausrufen)* che; **~s Haus?** quale casa?; **~r von den beiden** quale dei due; **~s ist der Unterschied zwischen ...?** qual'è la differenza fra ...?; **~ Freude!** che piacere!; **II.** *(Relativpronomen) rar* che, il quale; **III.** *(Indefinitpronomen)* **ich habe noch ~s** ne ho ancora; **es gibt ~, die ...** c'è qualcuno che ...; **ich brauche Streichhölzer, haben Sie ~?** ho bisogno di fiammiferi, ne ha qualcuno?
welk [vɛlk] *a* appassito; *(a. Haut)* vizzo; *(a. fig)* avvizzito.
welken *itr* ‹*sein*› appassire; *(a. fig)* avvizzire.
Wellblech *n* lamiera *f* ondulata.
Welle ['vɛlə] ‹-, -n› *f* **1.** *allg., phys, radio, fig* onda *f;* **2.** *tec* albero *m;* **(hohe) ~n schlagen** *fig* destare scalpore; **eine ~ der Begeisterung** un'onda(ta) di entusiasmo; **die (neue) deutsche ~** *mus* le ultime novità musicali con testo tedesco.
wellen I. *tr* ondulare; **II.** *rfl:* **sich ~** ondularsi.
Wellenbad *n* piscina *f* con onde artificiali. **Wellenberg** *m* cresta *f* dell'onda. **Wellenbewegung** *f* movimento *m* ondulatorio. **Wellenbrecher** *m* frangionde *m.* **Wellenlänge** *f* lunghezza *f* d'onda; **auf einer ~ liegen, die gleiche ~ haben** *fig fam* essere in sintonia con qu. **Wellenlinie** *f* linea *f* ondulata. **Wellenreiten** ‹-s, ø› *n* surfing *m.* **Wellenschlag** *m* ondata *f.* **Wellenschliff** *m (an Messern)* affilatura *f* ondulata. **Wellensittich** *m* pappagallino *m.* **Wellental** *n* solco *m* (*o.* cavo *m*) dell'onda.
wellig *a* ondulato.
Wellpappe *f* cartone *m* ondulato.
Welpe ['vɛlpə] ‹-n, -n› *m* cucciolo *m.*
Wels [vɛls] ‹-es, -e› *m* siluro *m* d'Europa.
Welschland ['vɛlʃ-] *n CH* Svizzera *f* romanda (*o.* francese). **Welschschweizer(in)** *m(f) CH* svizzero, -a *m, f* romando, -a (*o.* francese).
Welt [vɛlt] ‹-, -en› *f allg., fig* mondo *m; (Erde)* terra *f; (~kugel)* globo *m* (terrestre); *(~all)* universo *m,* cosmo *m;* **auf der ~** al mondo; **bis ans Ende**

der ~ fino alla fine del mondo; **in dieser ~** in questo mondo; **nicht um alles in der ~** per nulla al mondo; **vor aller ~** davanti a tutti; **zur ~ bringen, in die ~ setzen** mettere al mondo; **Kinder in die ~ setzen** *fam* mettere al mondo (i) figli; **ein Gerücht in die ~ setzen** mettere in giro una voce; **auf die ~** (*o.* **zur ~**) **kommen** venire al mondo; **alle ~** *fam* tutti; **die Alte ~** il mondo antico; **die Neue/dritte ~** il nuovo/terzo mondo; **das kostet doch nicht die ~!** *fam* non costa mica un patrimonio! *fam;* **Wissenschaftler aus aller ~** scienziati di tutto il mondo; **das hat die ~ noch nicht erlebt!** *fam* è inaudito!; **ich versteh' die ~ nicht mehr!** non capisco come possano succedere certe cose; **etw. aus der ~ schaffen** eliminare qc; **wann/wie/wo/wer in aller** (*o.* **um alles in der**) **~?** *fam* quando/come/dove/chi mai (*o.* per l'amor del cielo)?; **nicht von dieser ~ sein** *geh* non essere di questo mondo; **uns trennen ~en** apparteniamo a due mondi diversi; **für seine Frau brach eine ~ zusammen** per sua moglie crollò (*o.* cadde) il mondo; **Flensburg ist doch nicht aus der ~!** *fam* Flensburg non è mica in capo al mondo! *fam;* **Mia ist die beste Mutter der ~** Mia è la migliore mamma del mondo. **Weltall** *n* universo *m,* cosmo *m.* **Weltanschauung** *f* concezione *f* del mondo e della vita, weltanschauung *f.* **Weltatlas** *m* atlante *m* (mondiale). **Weltausstellung** *f* esposizione *f* mondiale. **weltbekannt** *a* di fama mondiale. **weltberühmt** *a* famoso in tutto il mondo, di fama mondiale. **Weltbeste** ‹ein -r, -n, -n› *mf* primatista *mf* mondiale. **Weltbestzeit** *f* primato *m* (*o.* record *m*) mondiale. **Weltbevölkerung** *f* popolazione *f* mondiale. **Weltbild** *n* concezione *f* del mondo. **Weltbürger(in)** *m(f)* cosmopolita *mf.* **Weltenbummler(in)** ‹-s, -› *m(f)* globetrotter *mf.* **Welterfolg** *m* successo *m* mondiale.

Weltergewicht ['vɛltɐ-] *n* peso *m* welter.

weltfremd *a (wirklichtsfremd)* lontano dalla realtà; *(unerfahren)* inesperto (delle cose del mondo); *(naiv)* ingenuo. **Weltfrieden** *m* pace *f* nel mondo. **Weltgeistliche** *m* prete *m* secolare. **Weltgeltung** *f* fama *f* (*o.* risonanza *f*) mondiale. **Weltgeschichte** *f* storia *f* universale; **in der ~ herumfahren** *fam scherz* girare (in) tutto il mondo. **Weltgesundheitsorganisation** *f* Organizzazione *f* mondiale della sanità. **Welthandel** *m* commercio *m* mondiale. **Weltherrschaft** *f* egemonia *f* mondiale. **Welthilfssprache** *f* lingua *f* internazionale ausiliaria. **Weltkarte** *f* mappamondo *m.* **Weltkrieg** *m* guerra *f* mondiale; **der Erste/Zweite ~** la prima/seconda guerra mondiale. **Weltkugel** *f* globo *m* (*o.* sfera *f*) terrestre.

weltlich *a* laico, mondano, secolare; *(Bauwerk, Kunst)* profano.

Weltliteratur *f* letteratura *f* mondiale. **Weltmacht** *f* potenza *f* mondiale. **Weltmann** *m* uomo *m* di mondo. **weltmännisch** [-mɛnɪʃ] *a* da uomo di mondo, mondano. **Weltmarkt** *m* mercato *m* mondiale. **Weltmeer** *n* oceano *m.* **Weltmeister(in)** *m(f)* campione, -essa *m, f* mondiale. **Weltmeisterschaft** *f* campionato *m* mondiale. **weltoffen** *a* cosmopolita. **Weltöffentlichkeit** *f* opinione *f* pubblica mondiale. **Weltpolitik** *f* politica *f* mondiale. **Weltpresse** *f* stampa *f* internazionale.

Weltraum *m* spazio *m* interplanetario, cosmo *m.* **Weltraumfähre** *f* veicolo *m* spaziale. **Weltraumfahrer(in)** *m(f)* astronauta *mf.* **Weltraumfahrt** *f* **1.** *(Fahrt)* esplorazione *f* dello spazio, volo *m* spaziale; **2.** *(Wissenschaft)* astronautica *f,* cosmonautica *f.* **Weltraumflug** *m* volo *m* spaziale. **Weltraumforschung** *f* ricerca *f* spaziale. **Weltraumkapsel** *f* capsula *f* spaziale. **Weltraumrakete** *f* missile *m* spaziale. **Weltraumschiff** *n* astronave *f,* navicella *f* spaziale. **Weltraumstation** *f* stazione *f* spaziale.

Weltreich *n* impero *m.* **Weltreise** *f:* **eine ~ machen** fare il giro del mondo. **Weltreisende** *mf* globe-trotter *mf.* **Weltrekord** *m* primato *m* (*o.* record *m*) mondiale. **Weltrekordinhaber(in)** *m(f),* **-rekordler(in)** ‹-s, -› *m(f)* primatista *mf* mondiale. **Weltreligion** *f* religione *f* universale. **Weltruf** *m* rinomanza *f* mondiale; **ein Sekt von ~** uno spumante di fama mondiale. **Weltruhm** *m* fama *f* mondiale; **zu ~ gelangen** raggiungere fama mondiale. **Weltschmerz** *m* senso *m* malinconico del mondo. **Weltsicherheitsrat** *m* Consiglio *m* di sicurezza delle Nazioni Unite. **Weltsprache** *f* lingua *f* mondiale. **Weltstadt** *f* metropoli *f.* **Weltstar** *m* star *f* internazionale. **Weltumseg(e)lung** ‹-, -en› *f* circumnavigazione *f* del mondo. **Weltuntergang** *m* fine *f* del mondo. **Weltuntergangsstimmung** *f* atmosfera *f* apocalittica. **Welturaufführung** [-ˈʔuːɐ̯-] *f* prima *f* mondiale. **Weltverbesserer** ‹-s, -› *m pej* riformatore *m* del mondo. **weltweit** *a* mondiale, universale. **Weltwirtschaft** *f* economia *f* mondiale. **Weltwirtschaftskrise** *f* crisi *f* economica mondiale. **Weltwunder** *n:* **die Sieben ~** le sette meraviglie del mondo.

wem [veːm] *pron* (*dat von* wer); a chi; **mit ~?** con chi?; **von ~?** di (*o.* da) chi?

wen [veːn] *pron* (*acc von* wer) chi; **an ~?** a chi?; **für ~?** per chi?

Wende [ˈvɛndə] ‹-, -n› *f* voltata *f; (fig a.)* svolta *f; sport (Schwimmen)* virata *f; (Turnen)* volteggio *m* frontale. **Wendekreis** *m* **1.** *geog* tropico *m;* **2.** *mot* cerchio *m* di virata; **der ~ des Krebses/Steinbocks** il tropico del Cancro/Capricorno.

Wendeltreppe [ˈvɛndəl-] *f* scala *f* a chiocciola.

Wendemantel *m* mantello *m* doubleface.

wenden [ˈvɛndən] **I.** *tr* **1.** ‹wendet, wendete, gewendet› *(auf andere Seite)* (ri)voltare; *(in andere Richtung: Auto)* girare; *naut* virare; **2.** ‹wendet, wandte *o.* wendete, gewandt *o.* gewendet› *(Schritte, Blicke, etc.)* rivolgere; **bitte ~!** *(ab* **b. w.**) vedi retro; **man kann die Sache drehen und ~, wie man will ...** *fig* si può girare e voltare la cosa come si vuole ...; **II.** *rfl:* **sich ~** ‹wendet, wandte *o.* wendete, gewandt *o.* gewendet› **1.** *(auf andere Seite)* voltarsi; **2.** *(in andere Richtung: zu jdm/etw. hin)* dirigersi (*nach* verso), (ri)volgersi (*zu* a); *(von jdm/etw. weg)* allontanarsi (*von* da), distogliersi (*von* da); **sich (mit etw.) an jdn ~** rivolgersi a qu (con qc); **sich gegen etw./jdn ~** (ri)volgersi contro qc/qu; **sich zum Guten ~** volgersi al meglio; **III.** *itr* ‹wendet, wendete, gewendet› girare.

Wendeplatz *m* piazzale *m* di manovra. **Wendepunkt** *m* **1.** *mat* punto *m* d'inflessione; **2.** *fig* svolta *f;* **3.** *astr* punto *m* solstiziale.

wendig *a* **1.** *(Fahrzeug)* maneggevole; **2.** *(Person)* sveglio; *(geistig)* sveglio, vivace. **Wendigkeit** ‹-, ø› *f* **1.** *(von Fahrzeugen)* maneggevolezza *f,* manovrabilità *f;* **2.** *(von Personen)* agilità *f; (geistig)* vivacità *f.*

Wendung ‹-, -en› *f* **1.** voltata *f; fig (Umschwung)* svolta *f; mil* conversione *f; naut* virata *f;* **2.** *(Rede~)* locuzione *f;* **eine schlimme ~ nehmen** prendere una brutta piega.

wenig [ˈveːnɪç] *a, adv* poco; **ein ~** un poco, un po'; **ein (ganz) klein ~** un pochino; **zu ~** troppo poco; **so ~ ... auch ...** *conj* per quanto poco ... *conj;* **~e** pochi; **nur ~e Schritte von hier** a due (*o.* pochi) passi da qui; **mit ~en Ausnahmen** con poche eccezioni; **es fehlte ~, und er hätte geschossen** ci mancò poco che non sparasse.

weniger [ˈveːnɪɡɐ] ‹*Komparativ von* wenig› *adv* meno (*als* di); **immer ~** sempre meno; **je ~ ..., desto ~ ...** quanto meno ..., tanto meno ...; **mehr oder ~** più o meno; **nicht ~ als** non meno di; **nichts ~ als** tutt'altro che; **um so ~** tanto meno; **viel ~** molto meno; **~ denn je** meno che mai; **~ werden** diminuire; **10 ~ 3 ist 7** dieci meno tre fa sette.

wenigstens *adv* almeno, per lo meno; *(mindestens)* come minimo.

wenigste(r, s) ‹*Superlativ von* wenig› *a:* **das ~** il meno; **die ~n** pochissimi; **sie hat die ~n Fehler** ha il numero minore di errori; **am ~n** meno di tutti; **er hat am ~n Geld** ha meno soldi di tutti.

wenn [vɛn] *con* **1.** *(konditional)* se; **2.** *(zeitlich)* quando; **auch (*o.* selbst) ~** anche se, quand'anche *conj;* **außer ~** tranne (*o.* eccetto) quando *conj,* a meno che *conj;* **jedesmal ~** ogni (qual) volta; **wie ~** come se *conj;* **~ ... einmal** una volta che ...; **~ ... je(mals)/überhaupt/wenigstens** se mai/mai/almeno ... *conj;* **~ ... nicht** a meno di ... *inf* (*o.* che ... *conj*); **~ ... nur** purché ... *conj;* **~ er auch noch so arm ist** per quanto povero sia; **~ man ihn sieht, könnte man glauben ...** a vederlo, si crederebbe ...; **es ist nicht gut, ~ ...** non fa bene ... *inf;* **~ er doch käme!** se solo venisse!; **~ er nur nicht zu spät kommt!** purché non arrivi troppo tardi!; **(na) ~ schon!** *fam* e se così fosse?; **da gibt es kein W~ und (kein) Aber** non ci sono né se né ma.

wenngleich [vɛnˈɡlaɪ̯ç] *con geh* sebbene *conj,* benché *conj,* quantunque *conj.*

wennschon *adv:* **~, dennschon** giacché si fa, che si faccia almeno bene.

wer [veːɐ̯] **I.** *(Interrogativpronomen)* chi; **~ da?** *mil* chi va là?; **~ ist da?** chi è?; **~ sonst?** chi altri?; **~ von beiden?** chi dei due?; **II.** *(Relativprono-*

men) chi(unque); **mag kommen, ~ will** venga chi vuole; ~ **auch immer** chiunque; ~ **es auch (immer) sei(n möge)** chiunque sia; **III.** *(Indefinitpronomen) fam* qualcuno; ~ **sein** essere qualcuno.

Werbeabteilung *f* reparto *m* (*o.* servizio *m*) pubblicità. **Werbeagentur** *f* agenzia *f* di pubblicità. **Werbefachmann** *m* pubblicitario *m*, reclamista *m*. **Werbefernsehen** *n* pubblicità *f* televisiva. **Werbefilm** *m* film *m* pubblicitario. **Werbefläche** *f* tabellone *m*. **Werbefunk** *m* pubblicità *f* radiofonica. **Werbegeschenk** *n* omaggio *m* pubblicitario. **Werbekampagne** *f* campagna *f* pubblicitaria. **Werbekosten** ‹*pl*› spese *f pl* di pubblicità. **Werbeleiter(in)** *m(f)* direttore, -trice *m, f* dell'ufficio pubbblicità. **Werbematerial** *n* materiale *m* pubblicitario.

werben ['vɛrbən] ‹wirbt, warb, geworben› **I.** *tr* **1.** *(Kunden)* attirare; **2.** *(Arbeitskräfte)* ingaggiare, assumere; **3.** *(Soldaten)* reclutare, arruolare; **II.** *itr* fare pubblicità (*für* per); *pol* fare propaganda (*für* per); **um jds Gunst** ~ cercare di ottenere il favore di qu; **um ein Mädchen** ~ chiedere la mano di una ragazza.

Werbeprospekt *m* opuscolo *m* pubblicitario.

Werber ‹-s, -› *m* **1.** *fam (Werbefachmann)* pubblicitario *m*; **2.** *mil* reclutatore *m*; **3.** *obs (Freier)* pretendente *m*.

Werbeschrift *f* opuscolo *m* pubblicitario. **Werbesendung** *f* spot *m* pubblicitario. **Werbeslogan** *m* slogan *m* pubblicitario. **Werbespot** [-spɔt] ‹-s, -s› *m* spot *m* pubblicitario. **Werbespruch** *m* slogan *m* pubblicitario. **Werbetext** *m* testo *m* pubblicitario. **Werbetexter(in)** *m(f)* redattore, -trice *m, f* pubblicitario, -a. **Werbeträger** *m* veicolo *m* pubblicitario. **Werbetrommel** *f*: **die ~ (für etw.) rühren** fare grande pubblicità (di qc). **werbewirksam** *a* di grande effetto pubblicitario.

Werbung ‹-, *rar* -en› *f* **1.** *com* pubblicità *f*; *(bes. pol)* propaganda *f*; **2.** *(Werbeabteilung)* servizio *m* pubblicità; **3.** *(An~) allg.* reclutamento *m*, assunzione *f*; *mil* arruolamento *m*, reclutamento *m*; **für etw. ~ machen** fare propaganda di qc. **Werbungskosten** ‹*pl*› spese *f pl* professionali.

Werdegang *m* sviluppo *m*, evoluzione *f*; *(beruflich)* carriera *f*.

werden ['ve:ɐ̯dən] ‹wird, wurde, geworden› ‹*sein*› **I.** *itr* **1.** diventare (*zu etw.* qc), divenire (*zu etw.* qc); *(entstehen)* nascere; **2.** *(sich verwandeln)* trasformarsi (*zu* in); **3.** *(sich entwikkeln)* trasformarsi (*zu* in), diventare (*zu etw.* qc); **anders** ~ cambiare; **alt** ~ invecchiare; **verrückt** ~ diventare matto; **Arzt** ~ diventare medico; **es wird Frühling/Winter** viene la primavera/l'inverno; **es wird morgen ein Jahr, daß ...** domani è un anno che ...; **es ist nichts daraus geworden** non se n'è fatto nulla *fam;* **was soll (nur) daraus ~?** che ne sarà?; **wird's bald?** *fam* spicciati! *fam;* **~de Mutter** futura madre; **im W~ sein** essere in via di sviluppo; **was nicht ist, kann noch** ~ *fam* chi vivrà, vedrà *prov;* **II.** *(Hilfsverb) (beim Passiv)* essere, venire; **er wird morgen um 9 Uhr kommen** arriverà domani alle nove; **aus dir wird nie etw. (~)** non sarai mai nulla di buono *fam;* **es wird schon wieder (~)** *fam* tornerà a posto; **es wird gesagt, daß ...** si dice che ...; **sie wird wohl schon unterwegs sein** sarà già per strada; **jetzt wird (aber) gegessen!** *fam* adesso (però) si mangia!

werfen ['vɛrfən] ‹wirft, warf, geworfen› **I.** *tr* **1.** *(Ball, etc.)* lanciare; *(a. fig: Blicke)* gettare; **2.** *(Falten, Schatten)* fare; *(Wellen)* sollevare; **3.** *(Tierjunge)* partorire; **jdn ins Gefängnis** ~ gettare qu in prigione; **jdn aus dem Haus** ~ buttare qu fuori di casa *fam;* **II.** *rfl:* **sich** ~ **1.** gettarsi (*auf* su), buttarsi (*auf* su); *(fig a.)* lanciarsi (*auf* in); **2.** *(sich verziehen)* imbarcarsi; **III.** *itr* **1.** *(in Luft, etc.)* tirare, gettare, lanciare; **2.** *(Junge bekommen)* partorire; **nicht ~!** *(auf einer Kiste)* non capovolgere; **mit etw. (auf jdn)** ~ tirare qc (a qu); **mit Geld um sich** ~ spendere molti (*o.* un sacco di *fam*) soldi.

Werft [vɛrft] ‹-, -en› *f naut* cantiere *m* (navale); *aero* hangar *m*. **Werftarbeiter** *m* operaio *m* di un cantiere navale.

Werg [vɛrk] ‹-(e)s, ø› *n* stoppa *f*, filaccia *f*; **mit ~ verstopfen** stoppare.

Werk [vɛrk] ‹-(e)s, -e› *n* **1.** *(Arbeit, Schaffen, Geschaffenes, Kunst~)* opera *f*; **2.** *(Betrieb)* impianto *m*; *(Fabrik)* fabbrica *f*; *(Unternehmen)* stabilimento *m*; **3.** *tec (Mechanismus)* meccanismo *m*; **ab** ~ franco stabilimento; **am ~ sein** essere all'opera (*o.* al lavoro); **ans ~ gehen, sich ans ~ machen** mettersi all'opera; **zu ~e gehen** *geh* procedere; **ein gutes ~ tun**

compiere una buona azione; **gute ~e tun** fare opere buone; **ausgewählte ~e** opere scelte; **sämtliche ~e** opere complete.

Werk- *(in Zusammensetzungen) s. a.* **Werks-. Werkbank** ‹-, ¨-e› *f* banco *m* da lavoro.

werkeln *itr* trafficare (*an etw.* con qc), darsi da fare (*an etw.* con qc).

werken *itr* lavorare, fare lavori manuali.

Werkmeister *m* capotecnico *m,* capofficina *m.* **Werk(s)angehörige** *mf* dipendente *mf* di uno stabilimento. **Werk(s)arzt** *m,* **-ärztin** *f* medico *m* di fabbrica. **Werkschutz** *m* servizio *m* di sicurezza aziendale. **werk(s)eigen** *a* aziendale. **Werk(s)halle** *f* capannone *m.* **Werk(s)kantine** *f* mensa *f* aziendale. **Werk(s)leiter(in)** *m(f)* direttore, -trice *m, f* di fabbrica. **Werk(s)spionage** *f* spionaggio *m* industriale.

Werkstatt ‹-, ¨-en› *f* **1.** *(Handwerker~)* officina *f,* bottega *f,* atelier *m;* **2.** *(Auto~)* garage *m;* officina *f;* **3.** *(Künstler~)* studio *m.*

Werkstätte *f geh s.* **Werkstatt.**

Werkstoff *m* materiale *m.* **Werk(s)tor** *n* cancello *m* della fabbrica. **Werkstück** *n (vor der Bearbeitung)* pezzo *m* da lavorare; *(während der Bearbeitung)* pezzo *m* in lavorazione; *(nach der Bearbeitung)* pezzo *m* lavorato. **Werkstudent(in)** *m(f)* studente, -essa *m, f* lavoratore, -trice. **Werk(s)wohnung** *f* alloggio *m* aziendale. **Werktag** *m* giorno *m* feriale (*o.* lavorativo). **werktags** *adv* nei giorni feriali. **werktätig** *a:* **~e Bevölkerung** popolazione attiva. **Werktätige** ‹ein -r, -n, -n› *mf* lavoratore, -trice *m, f.* **Werkvertrag** *m* contratto *m* d'opera.

Werkzeug ‹-(e)s, -e› *n* attrezzo *m; (Instrument, a. fig)* strumento *m; (Kollektivbezeichnung a.)* arnesi *m pl.* **Werkzeugkasten** *m* cassetta *f* degli arnesi. **Werkzeugmacher** *m* utensilista *m.* **Werkzeugmaschine** *f* macchina *f* utensile. **Werkzeugtasche** *f* borsa *f* degli attrezzi.

Wermut ['veːɐ̯muːt] ‹-(e)s, ø› *m* **1.** *bot* assenzio *m;* **2.** *(Wein)* vermut *m.* **Wermutstropfen** *m geh* ombra *f.*

Werner ['vɛrnɐ] *(männlicher Vorname)* Guarniero.

wert [veːɐ̯t] *a* **1.** *obs, geh (in Anrede)* caro; *(verehrt)* egregio; *(an Frau)* gentile; *(Schreiben)* pregiato; **2.** *(würdig)* degno; **3.** *(kostbar)* prezioso; **4.** *(nützlich)* utile; **zehn Mark ~ sein** valere dieci marchi; **nicht viel ~ sein** non valere gran che; **der Mühe ~ sein** valere la pena; **Lübeck ist eine Reise ~** vale la pena fare un viaggio a Lubecca; **das ist schon viel ~** è già molto; **was ist dieser Ring ~?** quanto vale quest'anello?; **sie ist es nicht ~, daß man sich solche Sorgen um sie macht** non merita che ci si preoccupi tanto per lei.

Wert ‹-(e)s, -e› *m* **1.** *allg., fig* valore *m;* **2.** *(Preis)* prezzo *m;* **3.** ‹*pl*› *(Test~, etc.)* risultati *m pl; tec* dati *m pl;* **4.** ‹*pl*› *(~papiere)* valori *m pl, effetti m pl,* titoli *m pl;* **im ~ von** del (*o.* per il) valore di; **von geringem/hohem** (*o.* **großem**) **~** di scarso/grande valore; **Wert/keinen Wert auf etw. legen** attribuire/non attribuire valore a qc, tenere/non tenere a qc; **im ~ sinken, an ~ verlieren** diminuire di valore, deprezzarsi; **im ~ steigen, an ~ gewinnen** crescere, aumentare di valore; **das hat doch keinen ~** *fam* non ha senso. **Wertangabe** *f* dichiarazione *f* di valore. **Wertarbeit** *f* lavoro *m* qualificato. **wertbeständig** *a* di valore stabile. **Wertbeständigkeit** *f* stabilità *f* di valore.

werten *tr (be~)* valutare; *(beurteilen)* giudicare; *sport (zählen)* contare; *(benoten)* valutare, dare punti a; **ein Tor nicht ~** annullare una rete.

Wertgegenstand *m* oggetto *m* di valore, prezioso *m.*

Wertigkeit ‹-, ø› *f* valenza *f.*

wertlos *a* senza valore; *(fig a.)* che non vale nulla.

Wertmaßstab *m,* **-messer** ‹-s, -› *m* criterio *m.* **Wertminderung** *f* diminuzione *f* di valore, deprezzamento *m.* **Wertpapier** *n* valore *m,* titolo *m,* effetto *m;* **festverzinsliche ~e** titoli a tasso fisso. **Wertsache** *f s.* **Wertgegenstand. Wertschätzung** *f geh* stima *f,* considerazione *f.* **Wertsteigerung** *f* aumento *m* di valore.

Wertung ‹-, -en› *f* valutazione *f; sport* punteggio *m;* **der Fahrer des Wagens X ist nicht mehr in der ~** il pilota della vettura X è stato squalificato.

Werturteil *n* giudizio *m* di valore.

wertvoll *a* di valore, prezioso; *(Mensch a.)* pregevole.

Werwolf ['veːɐ̯-] *m* lupo *m* mannaro.

Wesen ['veːzən] ‹-s, -› *n* **1.** ‹*sing*› *(Grundeigenschaft)* essenza *f,* sostanza *f; philos* entità *f; (Art, Charakter)* natura *f,* carattere *m,* indole *f;* **2.** *(Lebe~)* essere *m,* creatura *f; (Mensch)* persona *f;* **seinem ~ nach**

di (*o.* per) natura; **es war kein lebendes ~ zu sehen** non c'era anima viva; **das gehört zum ~ der modernen Kunst** è proprio dell'arte moderna; **sein wahres ~ zeigen** mostrarsi come si è. **Wesensart** *f* modo *m* di essere, natura *f,* carattere *m.* **wesensfremd** *a:* **jdm/einer S. ~ sein** essere estraneo alla natura di qu/qc. **wesensgleich** *a* della stessa natura, identico. **Wesenszug** *m* tratto *m* caratteristico.

wesentlich ['ve:zəntlıç] **I.** *a* essenziale; *(grundlegend)* fondamentale; *(bedeutend)* considerevole, importante; **das W~e** l'essenziale *m;* **im ~en** in sostanza; **II.** *adv* essenzialmente, fondamentalmente; *(beim Komparativ)* molto; **es wäre mir ~ lieber, wenn ...** preferirei molto che ... *conj.*

Weser ['ve:zɐ] *f* Weser *m.*

weshalb [vɛs'halp *o.* 'vɛs...] *adv* **1.** *(fragend)* perché, per quale ragione (*o.* motivo); **2.** *(relativisch)* per cui, per il qual motivo; **der Grund, ~ ...** la ragione per cui ...

Wespe ['vɛspə] ‹-, -n› *f* vespa *f.* **Wespennest** *n* nido *m* di vespe, vespaio *m;* **in ein ~ stechen** *fig fam* suscitare un vespaio *fam.* **Wespentaille** *f* vita *f* (*o.* vitino *m*) di vespa *fam.*

wessen ['vɛsən] **I.** *(Interrogativpronomen)* **1.** (*gen von* wer) di chi; **2.** (*gen von* was) di che; **~ Schuld ist es?** di chi è la colpa?; **II.** *(Relativpronomen)* **1.** (*gen von* wer) di (*o.* da) chi; **2.** (*gen von* was) di (*o.* da) che cosa; **~ Schuld es auch sein mag** di chiunque sia la colpa.

West-Berlin *n* Berlino *f* Ovest. **westdeutsch** *a* tedesco occidentale. **Westdeutschland** *n* Germania *f* occidentale.

Weste ['vɛstə] ‹-, -n› *f* gilè *m,* panciotto *m;* **eine weiße (***o.* **reine) ~ haben** *fig* avere la coscienza pulita.

Westen ['vɛstən] ‹-s, ø› *m* (*ab* **W**) *(Himmelsrichtung)* ovest *m,* occidente *m;* **der ~** *(bes. pol)* l'Occidente; **der wilde ~** il Far West.

Westentasche *f* taschino *m* del gilè; **etw. wie seine ~ kennen** *fam* conoscere qc come le proprie tasche *fam.*

Western ['vɛstɐn] ‹-(s), -› *m* western *m.*

Westerwald ['vɛstɐvalt] *m* Westerwald *m.*

Westeuropa *n* Europa *f* occidentale.

Westfale [vɛst'fa:lə] ‹-n, -n› *m,* **Westfälin** [...'fɛ:lın] *f* abitante *mf* della Vestfalia.

Westfalen [...'fa:lən] *n* Vestfalia *f.*

Westfälin *f s.* **Westfale.**

westfälisch [...'fɛ:lıʃ] *a* vestfalico.

Westgeld *n* marco *m* occidentale. **westindisch** ['vɛst'ʔındıʃ] *a* dell'India occidentale; **die ~en Inseln** le Indie occidentali. **Westküste** *f* costa *f* occidentale. **westlich** *a* occidentale; **~ von** a ovest di. **Westmächte** *f pl* potenze *f pl* occidentali. **Westmark** *f fam* marco *m* occidentale. **weströmisch** *a:* **das W~e Reich** l'Impero romano d'occidente. **Westseite** *f* lato *m* ovest (*o.* occidentale). **westwärts** [-vɛrts] *adv* verso occidente. **Westwind** *m* (vento *m* da) ponente *m.*

weswegen [vɛs've:gən] *adv s.* **weshalb.**

wett [vɛt] *a:* **~ sein** essere pari.

Wettbewerb [-bəvɛrp] ‹-(e)s, -e› *m* **1.** *(Veranstaltung)* concorso *m;* **2.** *sport* gara *f,* competizione *f;* **3.** *com* concorrenza *f;* **freier ~** libera concorrenza; **unlauterer ~** concorrenza sleale; **in ~ mit jdm treten** entrare in concorrenza con qu. **Wettbewerber(in)** *m(f)* concorrente *mf.* **wettbewerbsfähig** *a* competitivo, concorrenziale. **Wettbewerbsverbot** *n* divieto *m* di concorrenza. **Wettbewerbsverzerrung** *f* distorsione *f* della concorrenza.

Wettbüro *n* ricevitoria *f.*

Wette ['vɛtə] ‹-, -n› *f* scommessa *f;* **um die ~ laufen** fare a chi corre di più; **eine ~ eingehen** fare una scommessa; **was gilt die ~?** quanto scommettiamo?; **ich gehe jede ~ ein, daß ...** scommetto qualsiasi cosa che ...

Wetteifer *m* competizione *f.*

wetteifern *itr:* **mit jdm um etw. ~** gareggiare con qu per qc.

wetten *tr, itr* **1.** scommettere (*mit jdm um etw.* qc con qu); **2.** *(bei Wettspielen)* puntare (*auf* su); **ich möchte ~, daß ...** scommetto che ...; **(wollen wir) ~?** scommettiamo?; **zehn gegen eins ~** scommettere dieci contro uno; **~(, daß)?** *fam* scommettiamo?

Wetter ['vɛtɐ] ‹-s, -› *n* **1.** *meteo* tempo *m;* **2.** *(Un~)* maltempo *m; (Gewitter)* temporale *m;* **3.** *min* grisou *m;* **bei diesem ~** con questo tempo; **bei schönem/schlechtem ~** col bel/brutto tempo; **über das ~ reden** parlare del tempo; **was für ein ~!** che tempo!; **wie ist das ~?** che tempo fa?; **schlagende ~** grisou *m;* **alle ~!** *fam* accidenti! *fam.* **Wetteramt** *n* ufficio *m* meteorologico. **Wetteraussichten** *f pl* previsioni *f pl* del tempo.

Wetterbericht *m* bollettino *m* meteorologico. **wetterbeständig** *a* resistente alle intemperie. **Wetterdienst** *m* servizio *m* meteorologico. **Wetterfahne** *f* banderuola *f.* **wetterfest** *a s.* **wetterbeständig. Wetterfrosch** *m* **1.** *fam* raganella *f;* **2.** *scherz (Meteorologe)* meteorologo *m.* **wetterfühlig** *a* sensibile ai cambiamenti del tempo, metereopatico. **Wetterfühligkeit** ‹-, ø› *f* sensibilità *f* ai cambiamenti del tempo, metereopatia *f.* **Wetterhahn** *m* galletto *m.* **Wetterkarte** *f* carta *f* meteorologica. **Wetterkunde** *f* meteorologia *f.* **Wetterlage** *f* condizioni *f pl* meteorologiche (*o.* del tempo). **wetterleuchten** *itr:* **es wetterleuchtet** lampeggia. **Wetterleuchten** ‹-s, ø› *n* lampi *m pl* lontani.

wettern ['vɛtɐn] *itr fam (schimpfen)* infuriare (*gegen, auf* contro), imprecare (*gegen, auf* contro), inveire (*gegen, auf* contro); **es wettert** *obs* c'è un temporale.

Wettersatellit *m* satellite *m* meteorologico. **Wetterstation** *f* stazione *f* meteorologica. **Wetterumschlag** *m,* **-umschwung** *m* improvviso cambiamento *m* di tempo. **Wettervorhersage** *f* previsioni *f pl* del tempo. **Wetterwarte** [-vartə] ‹-, -n› *f* stazione *f* meteorologica. **wetterwendisch** *a pej* instabile, incostante; *(launisch)* lunatico. **Wetterwolke** *f* nube *f* temporalesca.

Wettkampf *m* competizione *f,* gara *f.* **Wettkämpfer(in)** *m(f)* partecipante *mf* a una gara sportiva, concorrente *mf.* **Wettlauf** *m* gara *f,* corsa *f;* **ein ~ mit der Zeit** una gara col tempo. **Wettläufer(in)** *m(f)* corridore, -trice *m, f* concorrente *mf* (di una gara di corsa). **wett·machen** *tr fam* **1.** *(ausgleichen)* compensare; *(Rückstand)* recuperare; **2.** *(wiedergutmachen)* riparare. **Wettrennen** *n s.* **Wettlauf. Wettrüsten** ‹-s, ø› *n* corsa *f* agli armamenti. **Wettstreit** *m* gara *f,* competizione *f,* contesa *f;* **mit jdm in ~ treten** competere con qu.

wetzen ['vɛtsən] **I.** *tr ‹haben›* affilare; **II.** *itr ‹sein› fam* correre. **Wetzstein** *m* pietra *f* per affilare, cote *f.*

WG [veːˈgeː] ‹-, -s› *f fam ab von* **Wohngemeinschaft** comune *f.*

Whg. *ab von* **Wohnung** app. (*ab von* appartamento).

wich [vɪç] *1. u. 3. pers sing imp von* **weichen.**

Wichse ['vɪksə] ‹-, -n› *f* **1.** *(Schuh~)* crema *f* per lucidare, lucido *m;* **2.** *‹sing› fam (Prügel)* botte *f pl.*

wichsen I. *tr* **1.** *(Schuhe, etc.)* lucidare; **2.** *fam dial (prügeln)* picchiare; **II.** *itr sl, vulg (onanieren)* farsi una sega *sl, vulg.*

Wicht [vɪçt] ‹-(e)s, -e› *m* nano *m;* **armer ~** povero diavolo *m,* poveraccio *m;* **elender ~** miserabile *m.*

Wichtel(männchen *n*) ['vɪçtəl] ‹-s, -› *m* folletto *m.*

wichtig ['vɪçtɪç] *a* importante; *(wesentlich)* essenziale; **sich ~ machen** (*o.* **tun**) darsi delle arie; **sich** *(dat)* **~ vorkommen** credersi importante; **hast du nichts W~eres zu tun, als ...?** non hai niente di meglio da fare che ...? **Wichtigkeit** ‹-, ø› *f* importanza *f;* **von größter** (*o.* **höchster**) **~** della massima importanza. **Wichtigtuer(in)** [-tuːɐ (...ərɪn)] ‹-s, -› *m(f) pej* chi si dà delle arie *m, f* spaccone, -a *m, f.* **wichtigtuerisch** *a* borioso.

Wickel ['vɪkəl] ‹-s, -› *m* **1.** *(Knäuel)* gomitolo *m; (Gerolltes)* rotolo *m;* **2.** *med (Umschlag)* impacco *m;* **3.** *(Locken~)* bigodino *m;* **jdm am** (*o.* **beim**) **packen ~** (*o.* **nehmen**) *fam* prendere qu per la collottola.

Wickelkommode *f* fasciatoio *m.*

wickeln *tr* **1.** *(ein~, auf~)* avvolgere; *(zu einem Knäuel)* aggomitolare; *(Draht)* bobinare; **2.** *(Säugling)* fasciare.

Widder ['vɪdɐ] ‹-s, -› *m* **1.** *zoo* montone *m;* **2.** *astr* Ariete *m;* **er/sie ist (ein) ~** è Ariete.

wider ['viːdɐ] *prp acc geh* contro; **~ Erwarten** contro ogni aspettativa; **das Für und (das) W~** il pro e il contro.

widerfahren [viːdɐ'faːrən] ‹*irr, ohne ge-*› *itr ‹sein›* accadere, capitare; **jdm Gerechtigkeit ~ lassen** rendere giustizia a qu.

Widerhaken *m* uncino *m.*

Widerhall ['viːdɐhal] *m* **1.** eco *m o. f;* **2.** *fig (Resonanz)* risonanza *f;* **~ finden** avere risonanza.

wider·hallen *itr* risonare; *(a. fig)* riecheggiare.

widerlegen [viːdɐ'leːgən] ‹*ohne ge-*› *tr* confutare.

widerlich *a* ripugnante, disgustoso.

Widerling ['viːdɐlɪŋ] ‹-s, -e› *m fam pej* uomo *m* ripugnante.

widernatürlich *a* contro natura; *(unnatürlich)* innaturale.

widerrechtlich *a* illegale, illecito; **sich** *(dat)* **etw. ~ aneignen** appropriarsi indebitamente di qc.

Widerrede *f:* **ohne ~** senza obiezioni;

keine ~ dulden non tollerare obiezioni.

Widerruf *m* **1.** *(von Anordnung)* revoca *f;* **2.** *(von Aussage, Behauptung)* ritrattazione *f;* **3.** *com (von Bestellung)* cancellazione *f;* **bis auf ~** fino a nuovo ordine.

widerrufen [vi:dɐˈru:fən] ‹*irr, ohne ge-*› **1.** *(Befehl, Erlaubnis)* revocare; **2.** *(Behauptung, Geständnis)* ritrattare; **3.** *(Nachricht)* smentire.

Widersacher(in) [ˈvi:dɐzaxɐ (...ərɪn)] ‹-s, -› *m(f)* avversario, -a *m, f,* antagonista *mf,* oppositore, -trice *m, f.*

Widerschein *m* riflesso *m,* riverbero *m.*

widersetzen [vi:dɐˈzɛt͜sən] ‹*ohne ge-*› *rfl:* **sich einer S./jdm ~** opporsi a qc/qu, resistere a qc/qu.

widersetzlich *a* riluttante, renitente.

Widersinn *m* controsenso *m,* assurdità *f.* **widersinnig** *a* assurdo, paradossale.

widerspenstig [ˈvi:dɐʃpɛnstɪç] *a* ricalcitrante, riluttante; *(eigensinnig)* ostinato, testardo; **„Der W~en Zähmung"** "La bisbetica domata"; **~e Haare** capelli ribelli. **Widerspenstigkeit** ‹-, ø› *f* riluttanza *f; (Eigensinn)* ostinatezza *f,* testardaggine *f.*

wider·spiegeln I. *tr* riflettere, rispecchiare; **II.** *rfl:* **sich ~** riflettersi, rispecchiarsi.

widersprechen [vi:dɐˈʃprɛçən] ‹*irr, ohne ge-*› **I.** *itr* contraddire (*jdm/einer S.* qu/qc); **II.** *rfl:* **sich ~ 1.** *(Personen)* contraddirsi (*in* in); **2.** *(Dinge, Aussagen)* essere contradditorio (*in* in). **widersprechend** *a* contradditorio.

Widerspruch *m* **1.** *(Gegensätzlichkeit)* contraddizione *f* (*zu* con), contrasto *m zu* con); **2.** *(Einwand)* obiezione *f; (Protest)* protesta *f;* **~ einlegen** fare opposizione (*gegen* a); **im ~ zu etw. stehen** essere in contraddizione con (*o.* in opposizione a) qc, essere in contrasto con qc; **sich in Widersprüche verwickeln** rimanere prigioniero delle proprie contraddizioni; **er duldet keinen ~** non ammette obiezioni; **in krassem ~ zu** in stridente contrasto con. **widersprüchlich** [ˈvi:dɐʃprʏçlɪç] *a* **1.** contradditorio; **2.** *(inkonsequent)* incongruente, incoerente. **Widerspruchsgeist** *m* spirito *m* di contraddizione.

Widerstand *m* resistenza *f* (*gegen* a); **ohne ~ (zu leisten)** senza opporre resistenza; **den ~ brechen** vincere la resistenza; **auf ~ stoßen** incontrare resistenza; **den Weg des geringsten ~(e)s gehen** scegliere la via più facile; **~ leisten** opporre resistenza; **~ gegen die Staatsgewalt** resistenza a pubblico ufficiale; **bewaffneter/passiver ~** resistenza armata/passiva. **Widerstandsbewegung** *f* (movimento *m* di) resistenza *f.* **widerstandsfähig** *a* resistente (*gegen* a); *(Material a.)* robusto. **Widerstandsfähigkeit** *f* resistenza *f.* **Widerstandskämpfer(in)** *m(f)* combattente *mf* nella resistenza; *(Partisan)* partigiano, -a *m, f.* **Widerstandskraft** *f* resistenza *f.* **widerstandslos** *adv* **1.** *(ohne Widerstand zu leisten)* senza opporre resistenza; **2.** *(ohne auf Widerstand zu stoßen)* senza incontrare resistenza; **er ließ sich ~ abführen** si fece condurre via senza opporre resistenza.

widerstehen [vi:dɐˈʃte:ən] ‹*irr, ohne ge-*› *itr* resistere; **der Versuchung nicht ~ können** non poter resistere alla tentazione; **da kann ich nicht ~** non posso resistere.

widerstreben [vi:dɐˈʃtre:bən] ‹*ohne ge-*› *itr* **1.** *(zuwider sein)* ripugnare (*jdm* a qu); **2.** *geh (sich widersetzen)* opporsi (*jdm* a qu); **es widerstrebt mir, darüber zu sprechen** mi ripugna parlarne. **Widerstreben** *n* **1.** *(Widerstand)* resistenza *f,* opposizione *f;* **2.** *(Unwilligkeit)* riluttanza *f;* **3.** *(Widerwillen)* ripugnanza *f;* **mit ~** *s.* **widerstrebend. widerstrebend** *adv* **1.** *(ungern)* controvoglia, di malavoglia; **2.** *(unwillig)* con riluttanza.

Widerstreit *m (von Interessen)* conflitto *m; (von Meinungen)* dissidio *m;* **im ~ zu etw. stehen** essere in contrasto con qc. **widerstreitend** *a* contrastante.

widerwärtig [ˈvi:dɐvɛrtɪç] *a* **1.** *(abstoßend)* ripugnante; *(ekelhaft)* disgustoso; **2.** *(Umstände, ungünstig)* avverso. **Widerwärtigkeit** ‹-, -en› *f* avversità *f.*

Widerwille *m* **1.** *(Ekel)* ripugnanza *f* (*gegen* per); **2.** *(Antipathie)* avversione *f* (*gegen* verso), antipatia *f* (*gegen* per); **~n gegen etw. empfinden** provare ripulsione per qc; **mit ~n** *s.* **widerwillig. widerwillig I.** *a* seccato, infastidito; **II.** *adv (ungern)* di malavoglia, controvoglia; *(widerstrebend)* con riluttanza.

widmen [ˈvɪtmən] **I.** *tr* dedicare (*jdm etw.* qc a qu); *(weihen)* consacrare (*jdm etw.* qc a qu); **II.** *rfl:* **sich jdm/einer S. ~** dedicarsi a qu/qc.

Widmung ‹-, -en› *f* dedica *f* (*an* a); **jdm eine ~ ins Buch schreiben** scrivere a qu una dedica nel libro.

widrig ['vi:drɪç] *a (Umstände)* avverso, sfavorevole; *(Geschick)* contrario. **Widrigkeit** ‹-, -en› *f* contrarietà *f*, avversità *f*.

wie [vi:] **I.** *adv* **1.** *(interrogativ)* come; *(auf welche Weise)* in quale maniera; **2.** *(relativisch)* (il modo) in cui; **3.** *(in welchem Maße)* quanto; **4.** *fam (nicht wahr)* nevvero; **5.** *(ausrufend)* come, quanto, che; ~ **machen Sie das?** come (lo) fa?; ~ **geht es Ihnen?** come sta?; ~ **heißen Sie?** come si chiama?; ~ **meinen Sie das?** cosa intende?; ~ **gefällt es dir?** ti piace?; ~ **kommt es, daß ...?** come mai ...?; ~ **bitte?** come (ha detto)?; ~ **wär's mit einem Sherry?** *fam* gradirebbe uno sherry?; ~ **das?** *fam* come si spiega questo?; ~**lang/hoch/breit ist es?** quant'è lungo/alto/largo?; ~ **groß?** di che grandezza?; ~ **lange?** (per) quanto tempo?; ~ **oft?** quante volte?; ~ **viele?** quanti?; ~ **weit ist es bis ...?** quanto c'è fino a ...?; ~ **alt sind Sie?** quanti anni ha?; ~ **teuer ist es?** quanto costa?; ~ **weit sind Sie (mit Ihrer Arbeit)?** a che punto è?; **das gefällt dir,** ~? ti piace, non è vero?; ~ **glücklich ich bin!** quanto sono felice!; ~ **schön!** che bello!; ~ **schade!** che peccato!; ~ **gut, daß ...** meno male che ... *conj;* **und** ~! *fam* eccome! *fam;* **in dem Maße,** ~ **...** nella misura in cui ...; **hast du Hunger? – Und** ~! *fam* hai fame? – Eccome! *fam;* **neugierig,** ~ **er ist, schaute er gleich unter dem Bett nach** curioso com'è, guardò subito sotto il letto; ~ **noch nie** come mai prima (d'ora); ~ **kommt es, daß ...?** com'è che ...?, come mai ...?; **er hat gearbeitet** ~ **verrückt** *fam* ha lavorato come un pazzo *fam;* **II.** *con* **1.** *allg.* come; **2.** *(vergleichend)* come, quanto; **3.** *(einen Nebensatz der Art und Weise einleitend)* come; **stumm** ~ **ein Fisch** muto come un pesce; **so groß** ~ **ich** alto quanto me; **ein Mann** ~ **er** un uomo come lui; **das Auto ist** ~ **neu** la macchina è come nuova; **er sieht aus** ~ **ein Künstler** ha l'aria dell'artista; **A** ~ **Anton** A come Ancona; ~ **ich gehört habe** come ho saputo; **ich sah,** ~ **er über die Straße ging** vidi come attraversò la strada; ~ **die Dinge liegen** allo stato attuale delle cose; ~ **gesagt** come già detto; ~ **gewöhnlich** come al solito; ~ **ich eintrete** come entro; *(bei gleichem Subjekt)* entrando; ~ **du mir, so ich dir** *prov* chi la fa, l'aspetti *prov,* ~ **wäre es, wenn wir nach Hause gingen?** e se andassimo a casa?; **große** ~ **kleine** grandi e piccoli; ~ **dem auch sei** comunque sia. **Wie** ‹-, -› *n:* **das** ~ il come; **auf das** ~ **kommt es an** dipende dal modo.

Wiedehopf ['vi:dəhɔpf] ‹-(e)s, -e› *m* upupa *f*.

wieder ['vi:dɐ] *adv* di nuovo, nuovamente, ancora (una volta); **immer** ~ continuamente, di nuovo; ~ **einmal** ancora una volta; **schon** ~ di nuovo, ancora; **nie** ~ mai più; **für nichts und** ~ **nichts** *fam* per niente; **wo war das nun** ~? *fam* dov'era ancora?; ~ **anfangen** ricominciare; **sich** ~ **anziehen** rivestirsi; ~ **gesund werden** ristabilirsi; **ich bin gleich** ~ **da** torno subito; **da bin ich** ~! eccomi qua!; **da ist er** ~! rieccolo!; **wann kommt er** ~? *(zurück)* quando tornerà?; *(wieder einmal)* quando viene la prossima volta?

wieder- *(bei zusammengesetzten Verben)* ri-.

Wiederaufbau [-'ʔaufbau] *m* ricostruzione *f*.

wieder·auf·bauen [-'ʔaufbauən] *tr, itr* ricostruire.

Wiederaufbereitung [-'ʔaufbəraitʊŋ] *f* riciclaggio *m*. **Wiederaufbereitungsanlage** *f* impianto *m* di rigenerazione (*o.* di riciclo).

Wiederaufforstung [-'ʔaufɔrstʊŋ] *f* rimboschimento *m*.

Wiederaufnahme [-'ʔaufna:mə] *f* **1.** *allg.* ripresa *f; jur* riapertura *f;* **2.** *(in Gruppe, etc.)* riammissione *f;* **die** ~ **der Arbeit** la ripresa del lavoro; **die** ~ **der diplomatischen Beziehungen** la ripresa delle relazioni diplomatiche.

wieder·auf·nehmen [-'ʔaufne:mən] ‹*irr*› *tr* **1.** *(Arbeit, Gespräch, Thema, Gedanken, etc.)* riprendere; *jur (Prozeß)* riaprire; **2.** *(in Gruppe, etc.)* riammettere.

Wiederaufrüstung [-'ʔaufrʏstʊŋ] *f* riarmo *m*.

wieder·bekommen ‹*irr, ohne ge-*› *tr* riavere, riottenere; **ich bekomme noch zwei Mark Wechselgeld wieder** ricevo ancora due marchi di resto.

wieder·beleben ‹*ohne ge-*› *tr* **1.** *med, fig* rianimare; **2.** *(Kunst, Sitten)* far rinascere.

Wiederbelebung *f* **1.** *med, fig* rianimazione *f;* **2.** *(von Kunst, Sitten)* rinascita *f;* **3.** *com* ripresa *f;* ~ **der Wirtschaft** rilancio *m* economico. **Wiederbelebungsversuch** *m* tentativo *m* di rianimazione.

Wiederbeschaffung *f* recupero *m*.

wieder·bringen ⟨*irr*⟩ *tr* riportare; *(zurückgeben)* restituire.
Wiedereinführung [-ˈʔai̯nfy:rʊŋ] *f* ripristino *m.*
wieder·ein·setzen [-ˈʔai̯nzɛtsən] **I.** *tr (in Amt, Rechte)* reintegrare (*in* in); *(Fürsten, Dynastie)* restaurare; **II.** *itr (Regen, Schmerzen, etc.)* ricominciare.
wieder·entdecken ⟨*ohne ge-*⟩ *tr* riscoprire.
wieder·erkennen ⟨*irr, ohne ge-*⟩ *tr* riconoscere (*an* da); **nicht wiederzuerkennen sein** essere irriconoscibile.
wieder·erlangen ⟨*ohne ge-*⟩ *tr* ricuperare, riacquistare; *(wiederbekommen)* riottenere, riavere.
wieder·eröffnen ⟨*ohne ge-*⟩ *tr* riaprire; *(wiederaufnehmen)* riprendere. **Wiedereröffnung** *f* riapertura *f; (Wiederaufnahme)* ripresa *f.*
wieder·erwachen ⟨*ohne ge-*⟩ *itr* ⟨*sein*⟩ risvegliarsi.
wieder·finden ⟨*irr*⟩ *tr* ritrovare.
Wiedergabe *f* **1.** *(Rückgabe)* restituzione *f;* **2.** *(Schilderung)* descrizione *f;* **3.** *mus, typ, etc. (Reproduktion)* riproduzione *f.*
wieder·geben ⟨*irr*⟩ *tr* **1.** *(zurückgeben)* restituire, rendere; *(Wechselgeld)* dare di resto; **2.** *(schildern)* descrivere; *(ausdrücken)* rendere; **3.** *(reproduzieren)* riprodurre; **4.** *(übersetzen)* tradurre; **5.** *(vermitteln: Eindruck, etc.)* comunicare; **6.** *(widerspiegeln)* riflettere.
Wiedergeburt *f* **1.** *rel* reincarnazione *f;* **2.** *fig* rinascita *f.*
wieder·gewinnen ⟨*irr, ohne ge-*⟩ *tr (Geld)* riguadagnare; *(Gleichgewicht, etc.)* riacquistare, ricuperare.
wieder·gut·machen [-ˈʔgu:tmaxən] *tr (Verlust)* risarcire; *(Unrecht)* riparare, compensare; **einen Fehler/ein Unrecht ~** riparare un errore/un torto; **den Schaden ~** rimediare al danno; **nicht wiedergutzumachen(d)** irreparabile, irrimediabile. **Wiedergutmachung** ⟨-, -en⟩ *f* **1.** riparazione *f; (Kriegsentschädigung)* riparazione *f* di guerra; **2.** *(Entschädigung)* risarcimento *m.*
wieder·her·stellen [-ˈʔhe:ɐ̯ʃtɛlən] *tr (Ordnung, Beziehungen, Gesundheit)* ristabilire; *(Gebäude)* restaurare. **Wiederherstellung** *f* **1.** *(med, von Ordnung)* ristabilimento *m;* **2.** *(Instandsetzung)* restauro *m.*
wiederholbar [-ˈho:lba:ɐ̯] *a* ripetibile.
wieder·holen¹ [ˈvi:dɐho:lən] *tr (zurückholen)* riprendere.
wiederholen² [vi:dɐˈho:lən] ⟨*ohne ge-*⟩ **I.** *tr* **1.** *allg. (noch einmal machen)* ripetere; **2.** *(Aufgabe, Gelerntes)* ripassare; *(zusammenfassend)* riassumere, ricapitolare; **II.** *rfl:* **sich ~** ripetersi.
Wiederholung [-ˈho:lʊŋ] ⟨-, -en⟩ *f* ripetizione *f.* **Wiederholungsfall** *m adm:* **im ~** in caso di recidiva. **Wiederholungstäter(in)** *m(f) jur* recidivo, -a *m, f.*
Wiederhören *n:* **auf ~!** a risentirci!
Wiederinstandsetzung [-ʔɪnˈʃtant-] *f* riparazione *f.*
wieder·käuen [ˈvi:dɐkɔyən] *tr* **1.** *(a. itr)* ruminare; **2.** *fig* rimasticare. **Wiederkäuer** ⟨-s, -⟩ *m* ruminante *m.*
Wiederkehr [ˈvi:dɐke:ɐ̯] ⟨-, ø⟩ *f* **1.** *(Heimkehr)* ritorno *m;* **2.** *(periodische ~)* ricorrenza *f;* **bei meiner ~** al mio ritorno.
wieder·kehren *itr* ⟨*sein*⟩ **1.** *(heimkehren)* (ri)tornare (a casa); **2.** *(sich wiederholen)* ricorrere; **3.** *fig (wiederkommen: Gedanke)* (ri)tornare.
wieder·kommen ⟨*irr*⟩ *itr* ⟨*sein*⟩ (ri)tornare; **ich komme gleich wieder** torno subito.
wieder·sehen ⟨*irr*⟩ *tr* rivedere. **Wiedersehen** ⟨-s, -⟩ *n* rivedersi *m;* **auf ~!** arrivederci!; *(Höflichkeitsform a.)* arrivederLa!; **jdm auf ~ sagen** salutare qu, dire arrivederci a qu. **Wiedersehensfreude** *f* gioia *f* di rivedersi.
wiederum [ˈvi:dərʊm] *adv* **1.** *(aufs neue)* di nuovo, nuovamente; **2.** *(andererseits)* d'altra parte; *(dagegen)* invece.
wieder·vereinigen ⟨*ohne ge-*⟩ *tr* ricongiungere; *(bes. pol)* riunificare; *(versöhnen)* riconciliare. **Wiedervereinigung** *f* ricongiungimento *m; (bes. pol)* riunificazione *f; (Versöhnung)* riconciliazione *f.*
Wiederverheiratung ⟨-, -en⟩ *f* risposarsi *m;* **nach der dritten ~** dopo essersi risposato per la terza volta.
Wiederverkäufer(in) *m(f)* rivenditore, -trice *m, f.*
Wiederverwertung *f* riutilizzazione *f.*
Wiederwahl *f* rielezione *f.*
wieder·wählen *tr* rieleggere.
Wiege [ˈvi:gə] ⟨-, -n⟩ *f* culla *f;* **von der ~ bis zur Bahre** dalla culla alla tomba; **seine ~ stand in Köln** *geh* nacque a Colonia. **Wiegemesser** *n* mezzaluna *f.*
wiegen¹ [ˈvi:gən] ⟨wiegt, wog, gewogen⟩ *tr, itr (Gewicht feststellen)* pesare; **schwer ~** *fig* aver gran peso.
wiegen² [ˈvi:gən] **I.** *tr* **1.** *(Kind)* cullare;

(a. Kopf) dondolare; **2.** *(Kräuter, etc.)* tritare; **II.** *rfl:* **sich ~** cullarsi; **sich in Hoffnungen ~** cullarsi in speranze; **sich in Sicherheit ~** illudersi di essere al sicuro; **sich in den Hüften ~** ancheggiare.

Wiegenlied *n* ninnananna *f.*

wiehern ['vi:ɐn] *itr* **1.** nitrire; **2.** *fig fam* fare una risata stridula.

Wien [vi:n] *n* Vienna *f.*

Wiener ‹*inv*› *a* viennese; **~ Schnitzel** cotoletta alla milanese; **~ Würstchen** würstel *m.*

wies [vi:s] *1. u. 3. pers sing imp von* **weisen.**

Wiesbaden ['vi:sba:dən] *n* Wiesbaden *f.*

Wiese ['vi:zə] ‹-, -n› *f* prato *m.*

Wiesel ['vi:zəl] ‹-s, -› *n* donnola *f;* **flink wie ein ~** svelto come uno scoiattolo.

wieso [vi'zo:] *adv* perché?

wieviel [vi'fi:l *o.* 'vi:fi:l] *adv* quanto; *pl* quanti; **~ Uhr ist es?** che ore sono?; **~ er auch verdient, er ist nie zufrieden** per quanto guadagni, non è mai contento; **~ schöner wäre die Welt, wenn ...** come sarebbe più bello il mondo se ... *conj.*

wievielmal *adv* quante volte.

wievielte(r, s) *a:* **der/die ~ bin ich?** a che posto sono?; **den W~n haben wir heute?** quanti ne abbiamo oggi?; **das ~ Mal war das?** che volta era?

wild [vɪlt] *a* **1.** *(Tier, Pflanze, Mensch)* selvatico; **2.** *(Landschaft, Volksstämme)* selvaggio; **3.** *(Kind: lebhaft)* vivace; *(lärmend)* turbolento; **4.** *(heftig, stürmisch)* impetuoso, violento; *(wütend)* furioso; **5.** *(nicht genehmigt)* abusivo, illegale; **6.** *(unkontrolliert)* incontrollabile; **auf etw./jdn ~ sein** *fam* andare matto per qc/qu *fam;* **~ wachsen** crescere spontaneo; **~ werden** infuriarsi, andare in collera; **seid nicht so ~!** non fate tanto chiasso!; **das ist halb so ~** *fam* non è mica la fine del mondo *fam;* **~ entschlossen sein** *fam* essere decisissimo; **~er Streik** sciopero selvaggio; **~ zelten** campeggiare abusivamente; **~ drauflosschießen** sparare furiosamente a casaccio.

Wild ‹-(e)s, ø› *n* selvaggina *f,* cacciagione *f.*

Wildbach *m* torrente *m.*

Wildbret [-brɛt] ‹-s, ø› *n* selvaggina *f,* cacciagione *f.* **Wilddieb(in)** *m* bracconiere, -a *m, f.*

Wilde ['vɪldə] ‹ein -r, -n, -n› *mf* selvaggio, -a *m, f; fig* **wie ein ~r** *fam* come un forsennato *fam.*

Wildente *f* anitra *f (o.* anatra *f)* selvatica.

Wilderer ‹-s, -› *m,* **Wildrerin** *f* bracconiere, -a *m, f,* cacciatore, -trice *m, f* di frodo.

wildern ['vɪldɐn] *itr* cacciare di frodo.

Wildfang *m fam* diavoletto *m fam.* **wildfremd** ['vɪlt'frɛmt] *a* del tutto sconosciuto. **Wildheit** ‹-, ø› *f* natura *f* selvaggia; *(Ungezügeltheit)* sfrenatezza *f.* **Wildkatze** *f* gatto *m* selvatico.

Wildleder *n* (pelle *f* di) camoscio *m.*

Wildnis ‹-, -se› *f* luogo *m* selvaggio.

Wildpark *m* parco *m* nazionale. **Wildpastete** *f* pasticcio *m* di cacciagione. **wildreich** *a* ricco di selvaggina. **Wildschwein** *n* cinghiale *m.*

wildwachsend *a* selvatico. **Wildwasserboot** *n* kayak *m.*

Wildwechsel *m* passo *m* della selvaggina.

Wildwestfilm [-'vɛst-] *m* western *m.*

Wilhelm ['vɪlhɛlm] *(männlicher Vorname)* Guglielmo.

will [vɪl] *1. u. 3. pers sing pr von* **wollen[1].**

Wille ['vɪlə] ‹-ns, *rar* -n› *m* volontà *f; (Wollen)* volere *m; (Absicht)* intenzione *f; (Entschlossenheit)* decisione *f;* **aus freiem ~n** di spontanea volontà; **beim besten ~n** con tutta la buona volontà; **gegen (***o.* **wider) meinen ~n** *(ohne Erlaubnis)* contro la mia volontà; *(ungewollt)* involontariamente; **wider ~n** malvolentieri, controvoglia; **jdm seinen ~n lassen** lasciar fare qu (a modo suo); **jdm zu ~n sein** *geh (sich unterwerfen)* essere ai comandi di qu; *(sich hingeben)* darsi a qu; **du sollst deinen ~n haben** farai come vorrai tu, sarà fatto come vuoi tu; **wo ein ~ ist, ist auch ein Weg** *prov* volere è potere *prov;* **Herr, Dein ~ geschehe!** sia fatta la tua volontà, Signore!; **daran kann ich beim besten ~ nichts (mehr) ändern** con la più buona volontà non posso cambiar niente.

willen: um ~ *prp gen per (amor di);* **um deinet~/seinet~/ihret~,** *etc.* per amor tuo/suo, *etc.*; **um des lieben Friedens ~** per amor di pace; **um Himmels ~!** per amor del cielo! **willenlos** *a* senza volontà, abulico; **jds ~es Werkzeug sein** essere schiavo di qu.

willens *a:* **~ sein, etw. zu tun** aver la volontà di fare qc.

Willensfreiheit *f* libero arbitrio *m.*

willentlich ['vɪləntlɪç] *adv* apposta, intenzionalmente.

willfahren [vɪl'fa:rən *o.* 'vɪl...] ‹willfährt, willfahrte, gewillfahrt *o.* willfahrt› *itr geh:* **jds Wunsch ~** accondiscendere al desiderio di qu; **jdm ~** compiacere qu.

willfährig ['vɪlfɛ:rɪç *o.* ...'fɛ:rɪç] *a geh (nachgiebig)* condiscendente, arrendevole; *(gefügig)* docile; **jdm ~ sein** essere docile ai comandi di qu.

Willi ['vɪli] *s.* **Wilhelm.**

willig I. *a (Helfer, Arbeiter)* volonteroso; *(Kind)* docile; *(bereit)* pronto (*etw. zu tun* a fare qc), disposto (*etw. zu tun* a fare qc); **zahlungs~** disposto a pagare; **II.** *adv* volentieri.

willkommen [vɪl'kɔmən] *a (Person)* benvenuto; *(Sache)* gradito, opportuno; **jdn ~ heißen** dare il benvenuto a qu; **das ist mir sehr ~** mi è proprio gradito; **(herzlich) ~!** benvenuto!; **eine ~e Gelegenheit** una gradita opportunità.

Willkür ['vɪlky:ɐ̯] ‹-, ø› *f* arbitrio *m;* **jds ~ ausgeliefert** (*o.* **preisgegeben) sein** essere alla mercé di qu. **willkürlich I.** *a* **1.** *(Maßnahme)* arbitrario; **2.** *(Auswahl)* casuale; **3.** *(Bewegung)* volontario; **II.** *adv* ad arbitrio.

wimmeln ['vɪməln] *itr* brulicare (*von* di), formicolare (*von* di); **hier wimmelt es ja von Fettflecken** *fam* qui è pieno di macchie di grasso.

wimmern ['vɪmɐn] *itr* piagnucolare.

Wimmet ['vɪmət] ‹-s, ø› *m CH* vendemmia *f.*

Wimpel ['vɪmpəl] ‹-s, -› *m* gagliardetto *m; (bes. sport)* guidone *m; mar* pennello *m.*

Wimper ['vɪmpɐ] ‹-, -n› *f* ciglio *m;* **ohne mit der ~ zu zucken** senza batter ciglio. **Wimperntusche** *f* mascara *m.*

Wind [vɪnt] ‹-(e)s, -e› *m* vento *m;* **bei ~ und Wetter** con ogni tempo; **(schnell) wie der ~** veloce come il vento; **von etw. ~ bekommen** *fam* avere sentore di qc; **den ~ im Rükken haben** avere il vento da tergo; **~ machen** *fig* darsi delle arie; **viel ~ um etw. machen** *fam* esagerare molto qc, pompare qc *fam;* **in den ~ reden** *fig* parlare al vento; **etw. in den ~ schlagen** non prendere in considerazione qc, non dare ascolto a qc; **in alle ~e zerstreuen** spargere ai quattro venti; **es ist ~ aufgekommen** si è levato il vento; **der ~ kommt von Osten** il vento viene da est; **der ~ weht/bläst/pfeift/heult** il vento tira/spira (*o.* soffia)/fischia/mugghia; **jetzt weht hier ein anderer ~** *fig* ora spira un'altra aria; **jetzt merke ich, woher der ~ weht** *fig fam* adesso sento che vento tira *fam;* **daher weht der ~!** *fig fam* ecco perché! *fam;* **sich** *(dat)* **den ~ um die Nase wehen lassen** conoscere il mondo, fare esperienze; **jdm den ~ aus den Segeln nehmen** *fam* sventare (*o.* mandare all'aria *fam*) i piani di qu; **wer ~ sät, wird Sturm ernten** *prov* chi semina vento, raccoglie tempesta *prov.* **Windbeutel** *m gastr* bignè *m.* **Windbö(e)** *f* raffica *f* di vento. **Windbruch** *m* danni *m pl* causati dal vento nel bosco.

Winde ['vɪndə] ‹-, -n› *f* **1.** *tec* argano *m; (kleinere)* verricello *m; (Garn~)* aspo *m;* **2.** *bot* convolvolo *m.*

Windel ['vɪndəl] ‹-, -n› *f* pannolino *m;* **noch in den ~n liegen** *fig* essere ancora in fasce.

windelweich ['vɪndəl'vai̯ç] *a fam:* **jdn ~ prügeln** picchiare qu di santa ragione *fam.*

winden[1] ['vɪndən] ‹windet, wand, gewunden› **I.** *tr* **1.** *(drehen)* torcere; *(schlingen)* attorcigliare; *(wickeln)* cingere; *(Garn)* annaspare; **2.** *(umhüllen)* avvolgere (*um* attorno a); **3.** *geh (flechten)* intrecciare; **jdm etw. aus der Hand ~** strappare qc dalle mani di qu; **Blumen zu einem Kranz ~** *geh* intrecciare una ghirlanda di fiori; **II.** *rfl:* **sich ~ 1.** *(Pflanze)* avviticchiarsi (*um* a); **2.** *(Schlange)* attorcigliarsi (*um* a); **3.** *(Fluß, Weg)* serpeggiare (*durch das Tal* nella valle); **4.** *(Mensch)* contorcersi (*vor Schmerz* dal dolore); **5.** *fig fam (Ausflüchte machen)* tergiversare.

winden[2] ['vɪndən] *itr:* **es windet** tira vento.

Windeseile ['vɪndəs'ʔai̯lə] *f:* **in** (*o.* **mit) ~** come un fulmine, con la rapidità del vento.

windgeschützt *a* riparato dal vento. **Windhauch** *m* alito *m* di vento. **Windhose** *f* tromba *f* d'aria. **Windhund** *m* **1.** *zoo* levriere *m;* **2.** *fig fam* scervellato *m fam.*

windig *a* **1.** ventoso; *(Ort)* battuto dai venti; **2.** *fig fam (Mensch)* sventato *fam; (Ausrede)* futile; *(Sache)* dubbio, incerto; **es ist ~** tira vento; **bei ~em Wetter** col vento.

Windjacke *f* giacca *f* a vento. **Windkanal** *m* galleria *f* aerodinamica (*o.* del vento). **Windlicht** *n* candela *f* schermata. **Windmesser** ‹-s, -› *m* anemometro *m.* **Windmühle** *f* mulino *m* a vento. **Windpocken** ‹*pl*› *varicella f.* **Windrad** *n* ruota *f* a vento. **Windrichtung** *f* direzione *f* del vento. **Windrose** *f* rosa *f* dei venti. **Windschatten** *m (von Berg)* versante *m* sottovento; *(von Fahrzeug)* scia *f;* **im ~ sein** stare sottovento. **windschief** *a (oft pej)* storto. **Windschutzscheibe** *f* parabrezza *m.* **Windseite** *f* lato *m* esposto al vento. **Windstärke** *f* forza *f* del vento. **windstill** *a* calmo, senza vento. **Windstille** *f* calma *f,* bonaccia *f;* **bei ~** in tempo di bonaccia. **Windstoß** *m* colpo *m* (*o.* folata *f*) di vento, ventata *f.* **Windsurfen, -surfing** *n* windsurf *m.* **Windsurfer(in)** *m(f)* surfista *mf.*

Windung ‹-, -en› *f allg.* tortuosità *f,* sinuosità *f; (Kurve)* curva *f; (Fluß~)* ansa *f,* meandro *m; (von Weg)* serpentina *f,* tornante *m; (von Schraube)* giro *m,* passo *m; (von Spule)* spira *f.*

Wink [vɪŋk] ‹-(e)s, -e› *m* **1.** *(Zeichen)* cenno *m,* segno *m;* **2.** *fig (Ratschlag)* consiglio *m; (Tip)* suggerimento *m; (Warnung)* avvertimento *m;* **jdm einen ~ geben** fare cenno a qu; **ein ~ des Schicksals** un segno del destino.

Winkel ['vɪŋkəl] ‹-s, -› *m* **1.** *mat, fig* angolo *m;* **2.** *(Ecke, abgelegenes Plätzchen)* cantuccio *m;* **3.** *mil* gallone *m;* **4.** *tec (~maß)* squadra *f;* **spitzer/rechter/stumpfer ~** angolo acuto/retto/ottuso; **toter ~** angolo morto; **ein malerischer ~** un angolo pittoresco. **Winkeladvokat** *m pej* azzeccagarbugli *m,* avvocato *m* da strapazzo. **Winkeleisen** *n* angolare *m,* cantonale *m.* **Winkelfunktion** *f* funzione *f* goniometrica. **Winkelhalbierende** ‹-n, -n› *f* bisettrice *f.*

wink(e)lig *a* angolare; *(voller Winkel)* angoloso.

Winkelmaß *n* squadra *f.* **Winkelmesser** ‹-s, -› *m* goniometro *m.* **Winkelzug** *m* stratagemma *m,* sotterfugio *m;* **Winkelzüge machen** usare stratagemmi.

winken ['vɪŋkən] ‹winkt, winkte, gewinkt *o. dial* gewunken› **I.** *itr* **1.** *(ein Zeichen geben)* fare un cenno (*jdm* a qu, *mit der Hand* con la mano); *(mit den Augen)* ammiccare (*jdm* a qu); **2.** *(grüßen)* salutare (*mit der Hand* con un cenno della mano); **3.** *fig (in Aussicht stehen)* prospettarsi (*jdm* a qu), attendere (*jdm* qu); **ihm winkt eine hohe Belohnung** lo attende una lauta ricompensa; **dem Kellner ~** chiamare il cameriere; **II.** *tr:* **jdn zu sich ~** far cenno a qu di venire.

winklig *s.* **winkelig.**

winseln ['vɪnzəln] *itr* guaire, uggiolare; **um Gnade ~** *pej* implorare lamentosamente pietà.

Winter ['vɪntɐ] ‹-s, -› *m* inverno *m;* **im ~** in inverno, d'inverno; **mitten im ~** in pieno inverno; **den ~ über** durante l'inverno; **es wird ~** arriva l'inverno. **Winterabend** *m* serata *f* invernale. **Winterfahrplan** *m* orario *m* invernale. **Winterfell** *n* pellicia *f* invernale. **Wintergarten** *m* giardino *m* d'inverno. **Winterhalbjahr** *n (Schule)* semestre *m* invernale. **winterhart** *a bot* resistente al freddo. **Winterkleidung** *f* vestiti *m pl* (*o.* abiti *m pl*) invernali. **Winterlandschaft** *f* paesaggio *m* invernale. **winterlich** *a* invernale, d'inverno. **Wintermantel** *m* cappotto *m* (invernale). **Winterreifen** *m* pneumatico *m* invernale. **Winterschlaf** *m* letargo *m;* **~ halten** essere in letargo, ibernare. **Winterschlußverkauf** *m* liquidazione *f* di fine stagione (inverno). **Wintersemester** *n* (*ab* **WS**) semestre *m* invernale. **Wintersonnenwende** *f* solstizio *m* invernale. **Winterspeck** *m fam scherz* cuscinetti *m pl* di grasso. **Winterspiele** *n pl:* **Olympische ~** olimpiadi *f pl* invernali. **Wintersport** *m* sport *m* invernale. **Winterzeit** *f* **1.** *(Uhrzeit)* ora *f* solare; **2.** *(Jahreszeit)* inverno *m.*

Winzer(in) ['vɪnt͡sɐ (...ərɪn)] ‹-s, -› *m(f)* viticoltore, -trice *m, f,* vendemmiatore, -trice *m, f.*

winzig ['vɪnt͡sɪç] *a* piccolissimo, microscopico; *(bes. Haus, Zimmer)* minuscolo.

Wipfel ['vɪp͡fəl] ‹-s, -› *m* vetta *f,* cima *f.*

Wippe ['vɪpə] ‹-, -n› *f* altalena *f.*

wippen *itr* **1.** *(auf Wippe)* fare l'altalena; **2.** *(auf und ab)* andare su e giù; **mit dem Fuß ~** dondolare il piede; **ihre Locken wippten** i suoi riccioli dondolavano.

wir [vi:ɐ̯] *pers pron 1. pers pl* noi; **~ beide** noi due; **~ Deutschen** noi (*o.* noi altri) tedeschi; **~ selbst** noi stessi.

Wirbel ['vɪrbəl] ‹-s, -› *m* **1.** *(Wasser~, Staub~, Luft~, fig)* vortice *m; (Luft~, fig a.)* turbine *m;* **2.** *fig (Trubel)* confusione *f; (Aufsehen)* scalpore *m;* **3.** *anat (~knochen)* vertebra *f;* **4.** *(Haar~)* cocuzzolo *m;* **5.** *(an Saiteninstrument)* bischero *m;* **6.** *(Trommel~)* rullo *m;* **im ~ der Ereignisse** nel turbine degli avvenimenti; **mach nicht so einen ~!** *fig fam* non far tanta confusione! *fam.* **wirbellos** *a* invertebrato; **~es Tier** invertebrato *m.*

wirbeln I. *tr* ‹*haben*› far girare vorticosamente; *(Trommel)* far rullare; **II.** *itr* ‹*sein*› turbinare, mulinare.

Wirbelsäule *f* colonna *f* vertebrale, spina *f* dorsale. **Wirbelsturm** *m* ciclone *m*, uragano *m*. **Wirbeltiere** *n pl* vertebrati *m pl*. **Wirbelwind** *m* **1.** turbine *m*, vortice *m* di vento; **2.** *fig scherz (Person)* terremoto *m*.

wirbt [vɪrpt] *3. pers sing pr von* **werben.**

wird [vɪrt] *3. pers sing pr von* **werden.**

wirft [vɪrft] *3. pers sing pr von* **werfen.**

wirken ['vɪrkən] **I.** *itr* **1.** *(Wirkung haben)* fare (*o.* avere) effetto, agire (*als, wie* come), operare (*als, wie* come); **2.** *(ein~)* agire (*auf* su), operare (*auf* su), influire (*auf etw./jdn* (su) qc/qu); **3.** *(einen Eindruck machen)* dare l'impressione di, sembrare; **4.** *(zur Geltung kommen)* valorizzare, avere effetto; **5.** *geh (beruflich tätig sein)* fare (*als etw.* qc), avere le funzioni (*als* di), esercitare la professione (*als* di); **beruhigend ~** avere un effetto calmante; **jugendlich ~** avere un aspetto giovanile; **das Bild wirkt auf der bunten Tapete nicht** il quadro non è valorizzato sulla tappezzeria colorata; **die Arznei beginnt zu ~** la medicina comincia a far effetto; **wie etw. ~** fare l'effetto di qc; **II.** *tr geh (weben)* tessere; **Wunder ~** fare miracoli; **Gutes ~** fare del bene.

wirklich ['vɪrklɪç] **I.** *a* reale; *(tatsächlich)* effettivo; *(echt)* vero; **II.** *adv* **1.** *(wahrhaft)* veramente, davvero; **2.** *(in Wirklichkeit)* realmente, in realtà; **3.** *(tatsächlich)* effettivamente, in effetti; **das ist ~ nett von Ihnen** è veramente gentile da parte Sua; **~?** davvero?; **das habe ich ~ nicht gewußt** non lo sapevo proprio. **Wirklichkeit** ‹-, ø› *f* realtà *f*; **in ~** in realtà; **~ werden** diventare realtà, realizzarsi; **die rauhe ~** la dura realtà. **Wirklichkeitssinn** *m* senso *m* della realtà, realismo *m*.

wirksam *a (Mittel)* efficace (*gegen* contro); *(Maßnahme)* energico; **~ werden** *jur* entrare in vigore. **Wirksamkeit** ‹-, ø› *f* efficacia *f*; **in ~ sein** *jur* essere in vigore.

Wirkung ‹-, -en› *f* effetto *m* (*auf* su); *(Ein~)* azione *f*; *(Wirksamkeit)* efficacia *f*; **mit ~ vom 21. April** *adm* con effetto dal 21 aprile; **mit sofortiger ~** *adm* con effetto immediato; **auf etw. eine ~ haben** influire su qc; **keine ~ haben, ohne ~ bleiben** non fare (*o.* avere) effetto, restare senza effetto; **seine ~ tun** avere (l')effetto (desiderato); **seine ~ verfehlen** non ottenere l'effetto desiderato. **Wirkungsgrad** *m* **1.** *allg.* grado *m* di efficienza; **2.** *tec, phys* rendimento *m*. **Wirkungskreis** *m* sfera *f* (*o.* campo *m*) d'azione (*o.* di attività). **wirkungslos** *a* inefficace, senza effetto; **bei jdm ~ bleiben** non fare effetto su qu. **Wirkungslosigkeit** ‹-, ø› *f* inefficacia *f*. **wirkungsvoll** *a* **1.** *(wirksam)* efficace; **2.** *(effektvoll)* di (grande) effetto; **~ sein** fare effetto. **Wirkungsweise** *f (von Medikament)* azione *f* terapeutica; *(von Gerät)* funzionamento *m*.

wirr [vɪr] *a* **1.** *(ungeordnet)* disordinato; *(Haar)* arruffato; **2.** *fig (verworren: Verhältnisse, Gedanken)* confuso; *(Rede)* sconclusionato; **~es Zeug reden** sragionare; **er ist ein ~er Kopf** ha le idee confuse. **Wirren** ['vɪrən] ‹*pl*› disordini *m pl*, tumulti *m pl*. **Wirrkopf** *m pej* confusionario, -a *m, f*. **Wirrwarr** ['vɪrvar] ‹-s, ø› *m* confusione *f*, disordine *m*; *(Chaos)* pandemonio *m*.

Wirsing(kohl *m*) ['vɪrzɪŋ] ‹-s, ø› *m* verza *f*.

Wirt(in) ['vɪrt(ɪn)] ‹-(e)s, -e› *m(f)* **1.** *(Gast~, Schank~)* oste *m*, ostessa *f*; **2.** *(Gastgeber, Haus~)* padrone, -a *m, f* di casa; **3.** *(Zimmer~)* affittacamere *mf*; **4.** *(Hotelbesitzer)* albergatore, -trice *m, f*; **5.** *biol* ospite *m*.

Wirtschaft ['vɪrtʃaft] ‹-, -en› *f* **1.** *(Volks~)* economia *f*; *(~ssystem)* sistema *m* economico; **2.** *(Gast~)* osteria *f*, trattoria *f*; **3.** *fam (Zustände)* confusione *f*, baraonda *f fam*; **freie/gelenkte ~** economia libera/diretta (*o.* controllata); **die ~ ankurbeln** incrementare l'economia; **eine schöne ~ habt ihr ja hier!** *fam* che baraonda avete qui! *fam*.

wirtschaften *itr* **1.** *(haushalten)* fare economia, economizzare; **2.** *(geschäftig arbeiten)* essere occupato, trafficare *fam*; **gut/schlecht ~** mandare avanti bene/male qc.

Wirtschafterin *f* governante *f*.

Wirtschaftler(in) ‹-s, -› *m(f)* economista *mf*.

wirtschaftlich *a* **1.** *(die Wirtschaft betreffend)* economico; **2.** *(finanziell)* finanziario; **3.** *(rationell)* razionale; *(lohnend)* conveniente; **4.** *(sparsam)* economo, parsimonioso; **die ~en Verhältnisse** *(in einem Land)* la situazione economica; *(eines Menschen)* la situazione finanziaria. **Wirtschaftlichkeit** ‹-, ø› *f* **1.** *(Rentabilität)* redditività *f*; **2.** *(Sparsamkeit)* economia *f*, parsimonia *f*.

Wirtschaftsabkommen *n* accordo *m* economico. **Wirtschaftsberater(in)** *m(f)* commercialista *mf*. **Wirtschaftsbereich** *m* settore *m* economico. **Wirtschaftsbeziehungen** *f pl* relazioni *f pl* economiche. **Wirtschaftsentwicklung** *f* sviluppo *m* economico. **Wirtschaftsexperte** *m*, **-expertin** *f* esperto, -a *m*, *f* di problemi economici. **Wirtschaftsform** *f* sistema *m* economico. **Wirtschaftsgebäude** *n* fabbricato *m* rurale. **Wirtschaftsgeld** *n* denaro *m* per le spese di casa. **Wirtschaftsgemeinschaft** *f* comunità *f* economica; **Europäische ~** (*ab* EWG) Comunità economica europea. **Wirtschaftshilfe** *f* assistenza *f* economica. **Wirtschaftsjahr** *n* anno *m* finanziario. **Wirtschaftskriminalität** *f* criminalità *f* dei colletti bianchi. **Wirtschaftskrise** *f* crisi *f* economica. **Wirtschaftslage** *f* situazione *f* economica. **Wirtschaftsleben** *n* vita *f* (*o.* attività *f*) economica. **Wirtschaftsminister(in)** *m(f)* ministro *m* dell'economia. **Wirtschaftsministerium** *n* ministero *m* dell'economia. **Wirtschaftsplanung** *f* pianificazione *f* (*o.* programmazione *f*) economica. **Wirtschaftspolitik** *f* politica *f* economica. **Wirtschaftsprüfer(in)** *m(f)* revisore *m* dei conti, perito, -a *m*, *f* contabile. **Wirtschaftssanktionen** *f pl* sanzioni *f pl* economiche. **Wirtschaftsteil** *m* (*einer Zeitung*) pagina *f* economica. **Wirtschaftswissenschaft** *f* scienze *f pl* economiche. **Wirtschaftswissenschaftler(in)** *m(f)* economista *mf*. **Wirtschaftswunder** *n* miracolo *m* (*o.* boom *m*) economico. **Wirtschaftszweig** *m* settore *m* economico.

Wirtshaus *n* osteria *f*, taverna *f*; *(Gaststätte)* trattoria *f*. **Wirtsleute** ⟨*pl*⟩ **1.** *(von Wirtshaus)* padroni *m pl* dell'osteria; **2.** *(als Zimmervermieter)* padroni *m pl* di casa.

Wisch [vɪʃ] ⟨-(e)s, -e⟩ *m fam pej* pezzo *m* di carta *fam*, fogliaccio *m*.

wischen ['vɪʃən] *tr* **1.** *(mit der Hand)* passare con la mano (*über etw.* sopra qc); **2.** *(entfernen)* togliere (*von* da); **3.** *(reinigen)* pulire, scappare; **sich** *(dat)* **den Schweiß von der Stirn ~** asciugarsi il sudore dalla fronte; **sich** *(dat)* **mit der Serviette den Mund ~** pulirsi la bocca con il tovagliolo; **jdm eine ~** *fam* dare uno schiaffo a qu; **eine gewischt bekommen** *fam* prendere la scossa; **einen gewischt bekommen** *fam* prendere una scossa; **Staub ~** spolverare (i mobili).

Wischiwaschi [vɪʃi'vaʃi] ⟨-s, ø⟩ *n fam pej* blablà *m fam*.

Wischlappen *m*, **-tuch** *n* **1.** *(Staubtuch)* straccio *m* della polvere; **2.** *(Scheuertuch)* strofinaccio *m*.

Wisent ['vi:zɛnt] ⟨-s, -e⟩ *m* bisonte *m*.

Wismut ['vɪsmu:t] ⟨-(e)s, ø⟩ *n* bismuto *m*.

wispern ['vɪspən] *tr*, *itr* sussurrare, bisbigliare.

Wißbegier(de) *f* brama *f* di apprendere (*o.* di sapere). **wißbegierig** *a* desideroso di apprendere (*o.* di sapere).

wissen ['vɪsən] ⟨**weiß, wußte, gewußt**⟩ *tr*, *itr* **1.** sapere (*um etw.* qc); *(Kenntnis haben a.)* essere a conoscenza (*o.* informato) (*von*, *um etw.* di qc); **2.** *(kennen a.)* conoscere; **3.** *(erfahren a.)* venire a sapere (*durch* da); **4.** *(sich erinnern)* ricordarsi; **~ zu ...** *inf* sapere ... *inf;* **nicht ~** ignorare; **sich** *(dat)* **zu helfen ~** cavarsela *fam;* **jdn etw. ~ lassen** far sapere qc a qu, informare qu di qc; **sich zu benehmen ~** sapere come comportarsi; **etw. auswendig ~** sapere qc a memoria; **soviel ich weiß** per quanto ne sappia; **etw. genau ~** essere certo (*o.* sicuro) di qc, sapere qc con sicurezza; **nicht aus noch ein ~** non sapere che pesci pigliare *fam;* **etw. zu schätzen ~** saper apprezzare qc; **alles besser ~ wollen** saperla sempre più lunga; **ich will von ihm/davon nichts ~** non voglio saperne di lui/di ciò; **ich wußte, daß es so kommen würde** sapevo che sarebbe andata così; **Sie müssen ~, daß ...** sappia (*o.* deve sapere) che ...; **man kann nie ~** non si sa mai; **nicht, daß ich wüßte** non che io sappia; **weißt du noch?** ti ricordi?; **weißt du was? wir gehen mit** sai cosa facciamo? ci andiamo anche noi; **woher soll ich das ~?** come faccio a saperlo?; **ich habe ihn wer weiß wie oft gesehen** l'ho visto Dio sa quante volte; **das hätte man ~ sollen!** a saperlo!, ad averlo saputo!; **wer weiß** chissà; **was weiß ich!** che ne so io! *fam;* **du weißt genau, daß das verboten ist** sai benissimo che è proibito; **ich weiß, was ich will** so quello che voglio; **weißt du seine Adresse noch?** ti ricordi il suo indirizzo?; **als ob ich das wüßte!** *fam* come se lo sapessi!; **das mußt du (selber) ~** *fam* questo devi saperlo tu; **gewußt wie/wo!** *fam* a sapere come/dove!; **was ich nicht weiß, macht mich nicht heiß** *prov* occhio non vede, cuore non duole *prov.*

Wissen ‹-s, ø› *n* **1.** *allg.* sapere *m;* **2.** *(Kenntnisse)* cognizioni *f pl;* **3.** *(Kenntnis)* conoscenza *f* (*von* di); **ein umfangreiches ~** vaste cognizioni; **meines ~s** (*ab* **m. W.**) per quanto ne so **nach bestem ~ und Gewissen** con scienza e coscienza; **ohne mein ~** a mia insaputa, senza che lo sapessi; **wider besseres ~** in malafede; **~ ist Macht** *prov* sapere è potere *prov.*

Wissenschaft ‹-, -en› *f* scienza *f.* **Wissenschaftler(in)** ‹-s, -› *m(f)* scienziato, -a *m, f,* uomo *m,* (donna *f*) di scienza; *(bes. Forscher, Gelehrter)* studioso, -a *m, f.* **wissenschaftlich** *a* scientifico; **~ geschult** con formazione scientifica.

Wissensdrang *m,* **-durst** *m* desiderio *m* (*o.* sete *f*) di sapere. **Wissensgebiet** *n* campo *m* dello scibile. **Wissenslücke** *f* lacuna *f.* **wissenswert** *a* meritevole di essere saputo (*o.* conosciuto), interessante.

wissentlich ['vɪsəntlɪç] **I.** *a* intenzionale; **II.** *adv (bewußt)* consapevolmente; *(vorsätzlich)* deliberatamente.

wittern ['vɪtɐn] **I.** *tr* fiutare; **Gefahr ~** fiutare il pericolo; **II.** *itr* annusare.

Witterung ‹-, ø› *f* **1.** *(Wetter)* tempo *m;* **2.** *(Geruchssinn)* fiuto *m; (Geruch)* odore *m;* **bei jeder ~** con ogni tempo; **bei günstiger ~** tempo permettendo. **Witterungsverhältnisse** *n pl* condizioni *f pl* atmosferiche.

Witwe ['vɪtvə] ‹-, -n› *f* (*ab* **Wwe.**) vedova *f.* **Witwenrente** *f* pensione *f* vedovile. **Witwer** ['vɪtvɐ] ‹-s, -› *m* (*ab* **Wwr.**) vedovo *m.*

Witz [vɪts] ‹-es, -e› *m* **1.** *(Esprit)* spirito *m; (Geist, geistreiche Bemerkung)* arguzia *f;* **2.** *(witzige Geschichte)* barzelletta *f; (Scherz)* scherzo *m; (Wortspiel)* gioco *m* di parole; **~e erzählen** (*o.* **reißen** *fam*) raccontare barzellette; **~e machen** fare dello spirito; **der ~ an der ganzen Sache ist, daß ...** il bello è che ... *fam;* **das ist der ganze ~** *(fam: darauf kommt es an)* questo è il punto; **mach keine ~e!** *fig fam* scherzi?, stai scherzando?; **ein drekkiger/fauler ~** una barzelletta sporca/uno spirito di patate; **das soll doch wohl ein ~ sein** è una barzelletta?, bisogna ridere? **Witzblatt** *n* giornale *m* umoristico. **Witzbold** [-bɔlt] ‹-(e)s, -e› *m* burlone *m,* buffone *m.*

witzeln *itr* fare dello spirito (*über jdn* su qu); **über etw. ~** burlarsi di qc.

witzig *a* spiritoso; *(geistreich a.)* arguto; *(lustig)* buffo; *(komisch)* comico.

witzlos *a* **1.** *(ohne Witz)* senza spirito; **2.** *fam (zwecklos)* inutile.

wo [vo:] **I.** *adv* **1.** *(interrogativ)* dove; **2.** *(unbestimmt, fam: irgend~)* da qualche parte; **3.** *(relativisch)* dove; *(zeitlich)* quando; **~ bist du?** dove sei?; **ich weiß nicht, ~ er ist** non so dov'è; **~ fehlt's?** cosa c'è che non va?; **~ denn?** ma dove?; **ach** (*o.* **i**) **~!** *fam* ma no! *fam,* macché! *fam;* **an dem Ort, ~** nel luogo, in cui (*o.* nel quale); **dort, ~** là dove; **überall, ~** ovunque *conj;* **~ auch immer** dovunque *conj;* **am Tage/im Augenblick, ~** il giorno/nel momento in cui; **II.** *con* **1.** *(kausal)* dal momento che; **2.** *(adversativ)* mentre; **3.** *(konditional)* se, nel caso che *conj;* **daß sie ausgerechnet heute kommen müssen, ~ ich doch überhaupt keine Zeit habe!** *fam* che debbano venire proprio oggi che non ho assolutamente tempo!

woanders [vo'ʔandɐs] *adv* altrove, in un altro luogo; **mit den Gedanken ~ sein** avere la testa altrove.

wob [vo:p] *obs, fig 1. u. 3. pers sing imp von* **weben.**

wobei [vo'bai] *adv* **1.** *(interrogativ)* con che cosa?; **2.** *(relativisch)* in cui, nella qual cosa; *(bei welcher Gelegenheit)* nella qual occasione, *meist Gerundium;* **~ bist du gerade?** cosa stai facendo?; **~ ist das passiert?** com'è successo?

Woche ['vɔxə] ‹-, -n› *f* settimana *f;* **die ~ über** in settimana; **heute in einer ~** oggi a otto; **heute in drei ~n** (come oggi) fra tre settimane; **letzte** (*o.* **vergangene)/nächste ~** la settimana scorsa/prossima (*o.* ventura); **jede ~** ogni settimana; **zweimal die ~** due volte (al)la settimana; **jede zweite ~** ogni due settimane; **von ~ zu ~** di settimana in settimana. **Wochenbericht** *m* rapporto *m* settimanale. **Wochenbett** *n obs* puerperio *m;* **im ~ liegen** essere in stato di puerpera. **Wochenblatt** *n* settimanale *m.* **Wochenende** *n* fine *m* settimana, week-end *m;* **am/übers ~** il fine settimana; **schönes ~!** buon fine settimana!; **langes** (*o.* **verlängertes**) **~** ponte *m fam.* **Wochenendhaus** *n* casetta *f* per il fine settimana. **Wochenkarte** *f* abbonamento *m* settimanale. **wochenlang** **I.** *a* di (più *o.* parecchie) settimane; **II.** *adv* per intere settimane; **~ brauchen** impiegare delle settimane. **Wochenlohn** *m* paga *f* settimanale. **Wochenmarkt** *m* mercato *m* settimanale. **Wochenschau** *f obs* cinegiornale *m*, attualità *f pl*. **Wochentag** *m* giorno *m* della settimana; *(Werktag)* giorno *m* feriale (*o.* lavorativo). **wochentags** *adv* durante la settimana; *(werktags)* nei giorni feriali (*o.* lavorativi).

wöchentlich ['vœçəntlıç] **I.** *a* settimanale; **II.** *adv* ogni settimana; **dreimal ~** tre volte (al)la settimana.

Wöchnerin ['vœçnərın] *f* puerpera, partoriente *f*.

wodurch [vo'dʊrç] *adv* **1.** *(interrogativ)* come, in che modo, attraverso che cosa; **2.** *(relativisch)* per cui, attraverso la qual cosa; **das Mittel, ~** il mezzo con cui; **~ ist er so scheu geworden?** che cosa l'ha portato a diventare così timido?; **~ wollen Sie das erreichen?** in che modo crede di ottenerlo?; **er ist aufgestanden, ~ sich seine Krankheit verschlechtert hat** si è alzato, per cui la sua malattia si è aggravata.

wofür [vo'fy:ɐ̯] *adv* **1.** *(interrogativ)* per che cosa; **2.** *(relativisch)* per cui, per la qual cosa; **~ halten Sie mich?** per chi mi prende?; **er ist nicht das, ~ er sich ausgibt** non è quello per cui si spaccia; **~ interessieren Sie sich?** di che cosa si interessa?

wog [vo:k] *1. u. 3. pers sing imp von* **wiegen**[1].

Woge ['vo:gə] ‹-, -n› *f* **1.** *geh* onda *f;* **2.** *fig* ondata *f;* **eine ~ der Begeisterung** un'ondata di entusiasmo; **die ~n glätten** calmare le acque.

wogegen [vo'ge:gən] **I.** *adv* **1.** *(interrogativ)* contro che cosa; **2.** *(relativisch)* contro cui, contro la qual cosa; *(durch Tausch)* in cambio di ciò; **II.** *con* mentre.

wogen ['vo:gən] *itr* ondeggiare, fluttuare.

woher [vo'he:ɐ̯] *adv* **1.** *(interrogativ)* di (*o.* da) dove; *(auf welche Weise)* come; **2.** *(relativisch)* da cui, dal quale; **~ kommt es, daß ...?** com'è che ...?, come accade che ...; **~ weißt du das?** come fai a saperlo?; **~ kommt der Brief?** da dove viene la lettera?; **~ sind Sie?** di dov'è?; **~ sie auch kommen mögen** da qualunque parte vengano; **aber ~ denn!** *fam* macché! *fam* neanche per idea! *fam.*

wohin [vo'hın] *adv* **1.** *(interrogativ)* dove; **2.** *(relativisch)* in cui nel quale; **ich weiß nicht, ~ damit** non so dove metterlo; **~ du auch gehen magst** dovunque tu vada.

wohl [vo:l] **I.** *adv* **1.** *(gut, gesund, angenehm)* bene; **2.** *(durchaus)* perfettamente; **3.** *(vielleicht)* forse; **4.** *(wahrscheinlich)* probabilmente; **5.** *(etwa, ungefähr)* (all'in)circa; **er könnte ~ noch kommen** potrebbe ancora venire; **~ daran tun, zu ...** *geh* fare bene a ... *inf;* **etw. ~ überlegen** *geh* pensarci bene; **~ dem, der ...** beato colui che ...; **~ oder übel** volente o nolente; **sich ~ fühlen** sentirsi bene; **mir ist nicht ~ bei der Sache** non mi sento tranquillo in questa faccenda; **mir ist jetzt ~er** sto meglio ora; **ich habe ~ bemerkt, daß ...** ho ben notato che ...; **ich muß mich ~ erkältet haben** si vede che ho preso freddo; **er wird ~ krank sein** sarà ammalato; **das mag ~ sein** può darsi benissimo; **ob er ~ schreiben wird?** chissà se scriverà?; **leben Sie ~!** addio!; **~ bekomm's!** salute!, evviva!; **du bist ~ nicht gescheit!** ma sei matto!; **~ kaum** sarà difficile, non credo; **das warst ~ du als kleines Mädchen?** questa eri tu da bambina?; **wo hast du die Sachen versteckt? – (ja,) wo ~?** dove hai nascosto le cose? – eh, dove?; **es waren ~ (an die) 200 Leute da** c'erano circa 200 persone; **das kann man ~ sagen!** si può ben dirlo!; **II.** *con (zwar)* è vero che; **er wußte ~, daß es gefährlich ist, aber ...** lo sapeva pure che è pericoloso, ma ...

Wohl ‹-(e)s, ø› *n* bene *m; (~befinden)* benessere *m; (Gesundheit)* salute *f;* **zum ~ des Landes** nell'interesse del paese; **auf jds ~ trinken** bere alla salute di qu; **auf Ihr/euer ~!, zum ~!** (alla) salute!

wohlauf [-'ʔau̯f] *a:* **~ sein** stare bene (di salute).

Wohlbefinden *n* salute *f*, benessere *m;* **sich nach jds ~ erkundigen** informarsi della salute di qu. **Wohlbehagen** *n* senso *m* di benessere, agio *m;* **etw. mit ~ tun** fare qc di gusto. **wohlbehalten** *a (Person)* sano e salvo; *(Sache)* in buono stato. **wohlbekannt** *a* ben noto; *(vertraut)* familiare. **wohldurchdacht** [-dʊrçdaxt] *a* ben meditato. **Wohlergehen** ‹-s, ø› *n* benessere *m*, salute *f*. **wohlerzogen** [-ʔɛɐ̯tso:gən] *a* ben educato.

Wohlfahrt *f* assistenza *f* pubblica (*o.* sociale). **Wohlfahrtsmarke** *f* francobollo *m* emesso a scopo di beneficenza. **Wohlfahrtsstaat** *m* stato *m* assistenziale.

Wohlgefallen *n* piacere *m* (*an* a), compiacenza *f* (*an* a), compiacimento *m* (*an* a); *(Zufriedenheit)* soddisfazione *f;* **sich in ~ auflösen** finire in bene, avere lieto fine; *fam iron (auseinanderfallen)* sfasciarsi. **wohlgefällig I.** *a* **1.** *(mit Wohlgefallen)* soddisfatto; *(selbstzufrieden)* compiaciuto; **2.** *geh, obs (angenehm)* gradevole, piacevole; **II.** *adv* con compiacenza (*o.* compiacimento); **sich ~ im Spiegel betrachten** guardarsi compiaciuto allo specchio.

wohlgemeint *a* fatto con buona intenzione; **~er Rat** consiglio da amico. **wohlgemerkt** *a, adv* nota bene, beninteso. **wohlgenährt** *a* ben nutrito. **Wohlgeruch** *m geh* buon odore *m,* profumo *m.* **Wohlgeschmack** *m geh* buon sapore *m,* gusto *m* gradevole. **wohlgesinnt** *a:* **jdm ~ sein** essere ben disposto verso qu. **wohlhabend** *a* agiato, benestante.

wohlig *a* piacevole, gradevole.

Wohlklang *m geh* **1.** *mus* armonia *f,* melodia *f,* musicalità *f;* **2.** *ling* eufonia *f.* **wohlriechend** *a geh* profumato, fragrante. **wohlschmeckend** *a geh* gustoso, saporito. **Wohlsein** *n:* **(zum) ~!** (alla) salute!

Wohlstand *m* benessere *m,* agiatezza *f;* **im ~ leben** vivere nel benessere. **Wohlstandsgesellschaft** *f* società *f* opulenta (*o.* del benessere). **Wohlstandsmüll** *m pej* scorie *f pl* della società del benessere.

Wohltat *f* **1.** *(Wohltätigkeit)* bene *m,* opera *f* buona; **2.** *(Linderung)* benedizione *f;* **das ist eine ~** è una vera benedizione. **Wohltäter(in)** *m(f)* benefattore, -trice *m, f.* **wohltätig** *a (Handlung)* caritatevole; *(Person, Werk)* benefico (*gegen* verso); **zu ~en Zwecken** a fini caritatevoli. **Wohltätigkeit** *f* beneficenza *f,* carità *f.* **Wohltätigkeitsveranstaltung** *f* manifestazione *f* di beneficenza. **wohltuend** *a* piacevole, gradevole. **wohl·tun** ‹*irr*› *itr* **1.** *obs, geh* fare del bene; **2.** *(angenehm sein)* fare bene; *(lindernd sein)* dare sollievo. **wohlüberlegt** *a* ben ponderato; **~ vorgehen** agire con ponderatezza. **wohlverdient** *a* meritato, giusto. **wohlweislich** [-vaislıç] *adv* saggiamente. **Wohlwollen** *n* benevolenza *f; (Gunst)* favore *m; (Geneigtheit)* simpatia *f;* **sich** *(dat)* **jds ~ erwerben** accattivarsi la simpatia di qu; **etw. mit ~ betrachten** considerare qc con benevolenza. **wohlwollend I.** *a* benevolo; **II.** *adv* con benevolenza.

Wohnanhänger *m* roulotte *f.* **Wohnberechtigungsschein** *m* (*ab* **WBS**) *certificato che dà diritto ad abitare in case popolari.* **Wohnblock** ‹-(e)s, -s *o. CH* ¨-e› *m* caseggiato *m.*

wohnen ['vo:nən] *itr (fest)* abitare (*bei* da); *(Unterkunft haben)* alloggiare; *(vorübergehend ~)* stare; *(a. fig)* vivere; **zur Miete ~** stare in affitto; **im Hotel ~** stare in albergo; **wir ~ in** (*o.* **auf) der Buddestraße** abitiamo nella Buddestraße.

Wohnfläche *f* superficie *f* abitabile. **Wohngebiet** *n* zona *f* residenziale. **Wohngemeinschaft** *f* (*ab* WG) comune *f, persone che dividono un appartamento o una casa.* **Wohnhaus** *n* casa *f* d'abitazione. **Wohnheim** *n* pensionato *m.* **Wohnküche** *f* cucina *f* abitabile. **Wohnkultur** *f* arredamento *m.* **Wohnlage** *f* posizione *f;* **in günstiger ~** in buona posizione. **wohnlich** *a* accogliente, confortevole. **Wohnmobil** [-mobi:l] ‹-s, -e› *n* camper *m.* **Wohnort** *m* domicilio *m,* residenza *f.* **Wohnrecht** *n* diritto *m* di abitazione (*o.* di residenza). **Wohnsilo** *m o. n pej* casermone *m.* **Wohnsitz** *m* domicilio *m,* dimora *f,* residenza *f;* **ohne festen ~** senza fissa dimora; **ständiger ~** domicilio permanente, residenza (*o.* dimora) stabile; **der zweite ~** il secondo domicilio, la seconda casa.

Wohnung ‹-, -en› *f* (*ab* **Whg.**) casa *f, (a. Unterkunft)* alloggio *m; (Etagen~)* appartamento *m;* **freie ~** alloggio gratuito; **eine eigene ~ haben** avere un appartamento per conto proprio; **eine 3-Zimmer-~** una casa (*o.* un appartamento) di tre stanze; **die ~ wechseln** cambiare casa. **Wohnungsbau** ‹-(e)s, ø› *m* edilizia *f* residenziale; **sozialer ~** edilizia popolare. **Wohnungsbesetzer(in)** ‹-s, -› *m(f)* occupante *mf* abusivo, occupante *mf* di casa. **Wohnungseigentümer(in)** *m(f)* proprietario, -a *m, f* di un'abitazione, condomino *m.* **Wohnungseinrichtung** *f* arredamento *m* (della casa). **Wohnungsgeld** *n* indennità *m* di alloggio. **Wohnungsinhaber(in)** *m(f)* locatario, -a *m, f.* **Wohnungsmarkt** *m* mercato *m* degli alloggi. **Wohnungsnot** *f* crisi *f* degli alloggi. **Wohnungsschlüssel** *m* chiave *f* di casa (*o.* dell'appartamento). **Wohnungssuche** *f:* **auf ~ sein** cercare casa. **Wohnungstür** *f* porta *f* di casa. **Wohnungswechsel** *m* cambiamento *m* d'abitazione, trasloco *m.*

Wohnviertel *n* quartiere *m* (*o.* zona *f*) residenziale. **Wohnwagen** *m* roulotte *f.* **Wohnzimmer** *n* soggiorno *m.*

wölben ['vœlbən] **I.** *tr allg.* curvare a volta; *arch* fare (*o.* fabbricare) a volta; **II.** *rfl:* **sich ~** inarcarsi (*über* sopra).
Wölbung ‹-, -en› *f allg.* convessità *f; arch* volta *f; (Bogen)* arcata *f.*
Wolf [vɔlf] ‹-(e)s, ¨-e› *m* **1.** *zoo* lupo *m;* **2.** *med* intertrigine *f;* **3.** *tec (Fleisch~)* tritacarne *m;* **das Fleisch durch den ~ drehen** macinare (*o.* tritare) la carne; **mit den Wölfen heulen** *fig* adeguarsi agli altri, seguire il branco; **ein ~ im Schafspelz sein** essere un lupo vestito da agnello.
Wolfgang ['vɔlfgaŋ] *(männlicher Vorname)* Volfgango.
Wölfin ['vœlfɪn] *f* lupa *f.*
Wolfram ['vɔlfram] ‹-s, ø› *n chem* wolframio *m,* tungsteno *m.*
Wolfshunger ['vɔlfs'hʊŋɐ] *m s.* **Bärenhunger.**
Wolga ['vɔlga] *f* Volga *m o. f.*
Wolke ['vɔlkə] ‹-, -n› *f* nube *f,* nuvola *f;* **aus allen ~n fallen** cascare dalle nuvole; **in den ~n schweben** *fig* vivere nelle nuvole. **Wolkenbruch** *m* nubifragio *m.* **Wolkendecke** *f* cappa *f* di nubi. **Wolkenkratzer** *m* grattacielo *m.* **wolkenlos** *a* senza nubi, sereno. **Wolkenschicht** *f* strato *m* di nubi.
wolkig *a* nuvoloso, annuvolato.
Wolldecke *f* coperta *f* di lana, plaid *m.*
Wolle ['vɔlə] ‹-, -n› *f* lana *f;* **reine ~** pura lana; **sich in die ~ geraten** *fam* litigare.
wollen¹ ['vɔlən] ‹will, wollte, gewollt *o. modales Hilfsverb* wollen› *tr, itr* **1.** *allg.* volere; *(wünschen a.)* desiderare; **2.** *(beabsichtigen)* aver l'intenzione (*etw. tun* di fare qc), pensare (*etw. tun* di fare qc), avere in mente (*etw. tun* di fare qc); **3.** *(verlangen)* pretendere; *(fordern)* esigere; **4.** *(behaupten)* pretendere (*etw. getan haben* di aver fatto qc), affermare (*etw. getan haben* di aver fatto qc); **5.** *(an einen Ort gehen)* volere andare; **etw. unbedingt ~** volere qc ad ogni costo; **er will dich gestern gesehen haben** dice di averti visto ieri; **(machen Sie es,) wie Sie ~** (faccia) come vuole; **das will ich nicht gehört haben!** come se non l'avessi sentito!; **ich will nichts davon hören** non ne voglio sapere nulla; **ich wollte, es wäre Sonntag** vorrei che fosse domenica; **was ich noch sagen wollte** a proposito; **wir ~ gehen** andiamo; **er macht nur, was er will** fa solo quello che vuole; **da ist nichts zu ~** *fam* non c'è niente da fare; **sei ihm, wie ihm wolle** *geh* sia come sia; **du hast es so gewollt** sei stato tu a volerlo; **das will nichts heißen** non vuol dire nulla; **es will mir scheinen, daß ...** mi sembra che ... *conj;* **das will überlegt sein** occorre rifletterci su; **was ~ Sie von mir?** che cosa vuole da me?; **wo ~ Sie hin?** dove vuole andare?; **worauf ~ Sie hinaus?** dove vuole arrivare?; **was ~ Sie damit sagen?** cosa intende dire con ciò?; **das will ich hoffen/meinen!** lo spero/credo bene!; **das ~ wir mal sehen!** staremo a vedere!; **so Gott will!** *geh* se Dio vuole!; **willst du (jetzt) wohl aufstehen!** *fam* ti decidi ad alzarti?; **das Wetter will (und will) nicht besser werden** il tempo non accenna a migliorare; **das kann man, wenn man so will, Diebstahl nennen** volendo, si può definirlo un furto; **was willst du mehr?** che vuoi di più?; **er will seine Ruhe** vuole (avere) la sua pace; **ich weiß nicht, was du willst, die Rechnung stimmt doch** *fam* non so che vuoi, il conto è esatto; **man muß daran teilnehmen, ob man will oder nicht** bisogna prendervi parte, volenti o nolenti (*o.* che si voglia o no); **wenn Sie bitte Platz nehmen ~** se vuole accomodarsi; si accomodi, prego; **Verzeihung, das habe ich nicht gewollt!** mi scusi, non l'ho fatto apposta; **und so jemand will Arzt sein!** *fam* e quello sarebbe un dottore?
wollen² ['vɔlən] *a* di lana.
Wollen ‹-s, ø› *n* volere *m,* volontà *f; philos* volizione *f.*
wollig *a* lanoso.
Wolljacke *f* giacca *f* di lana (*o.* maglia). **Wollkleid** *n* abito *m* di lana. **Wollknäuel** *m o. n* gomitolo *m* di lana. **Wollsiegel** *n* marchio *m* della lana. **Wollstoff** *m* tessuto *m* (*o.* stoffa *f*) di lana.
wollte ['vɔltə] *1. u. 3. pers sing imp von* **wollen.**
Wollust ['vɔlʊst] *f* voluttà *f; fig* sommo piacere *m* (*o.* diletto *m*). **wollüstig** ['vɔlʏstɪç] *a* voluttuoso.
Wollwaren *f pl* articoli *m pl* di lana.
womit [vo'mɪt] *adv* **1.** *(interrogativ)* con che cosa; **2.** *(relativisch)* con cui, con la qual cosa; **~ kann ich Ihnen dienen?** in che cosa posso servirLa?; **das ist es, ~ er nicht zufrieden ist** ecco di che cosa non è contento; **..., ~ ich nicht sagen will, daß ...** ... con questo non voglio dire che ...; **~ soll ich anfangen?** da dove devo cominciare?
womöglich [vo'mœːklɪç] *adv* magari,

forse; ~ **kommt er schon heute** può darsi che arrivi già oggi.

wonach [vo'na:x] *adv* **1.** *(interrogativ)* che cosa, a che cosa, di che cosa; **2.** *(relativisch)* dopo di che; *(gemäß)* secondo cui; ~ **hast du ihn gefragt?** che cosa gli hai chiesto?; ~ **schmeckt das?** che sapore ha?; **ein Gesetz, ~ ...** una legge in base alla quale ...

Wonne ['vɔnə] ‹-, -n› *f geh* somma gioia *f,* delizia *f,* vero piacere *m;* **es ist eine (wahre) ~ ihm zuzuschauen** è un vero piacere guardarlo. **Wonneproppen** [-prɔpən] ‹-s, -› *m fam scherz* bambino *m* paffuto. **wonnig** *a* graziosissimo, molto carino.

woran [vo'ran] *adv* **1.** *(interrogativ)* a (*o.* di *o.* in *o.* su) che cosa; cosa; **2.** *(relativisch)* a (*o.* di *o.* in *o.* su) cui; ~ **liegt es, daß ...?** qual'è la ragione per cui ...?; **nun weiß ich (wenigstens), ~ ich bin** ora (almeno) so come regolarmi; ~ **erinnert Sie das?** che cosa Le fa venire in mente?; ~ **denkst du?** a che cosa pensi?; **ich weiß nicht, ~ ich bei ihm bin** non so cosa pensare di lui; ~ **arbeitest du gerade?** cosa stai facendo al momento?

worauf [vo'rauf] *adv* **1.** *(interrogativ)* a (*o.* di *o.* su *o.* sopra a) che cosa, dove; che cosa; **2.** *(relativisch)* di (*o.* su *o.* sopra) cui, dove; *(zeitlich)* dopo di che; ~ **warten Sie?** cosa sta aspettando?; ~ **freust du dich?** che cosa aspetti (con ansia)?; ~ **du dich verlassen kannst!** *fam* e di ciò puoi fidarti!

woraus [vo'raus] *adv* **1.** *(interrogativ)* da (*o.* di) che cosa; **2.** *(relativisch)* da (*o.* di) cui; ~ **ist dieser Tisch?** di che cosa è fatto questo tavolo?; **er kam nicht, ~ ich schloß, daß ...** non venne, dal che dedussi che ...

worin [vo'rɪn] *adv* **1.** *(interrogativ)* in che cosa; **2.** *(relativisch)* in cui; ~ **besteht der Unterschied?** in che cosa consiste la differenza?; **es gibt vieles, ~ ich mich von dir unterscheide** ci sono diversi punti in cui mi distinguo da te.

Wort [vɔrt] *n* **1.** ‹-(e)s, ¨er *o. rar* -e› *allg.* parola *f; (Vokabel)* vocabolo *m; (Ausdruck)* espressione *f; (Begriff)* termine *m;* **2.** ‹-(e)s, -e› *(Ausspruch)* detto *m,* motto *m; (Ehren~)* parola *f* (d'onore); **3.** ‹-(e)s, -e› *(Text)* parole *f pl,* testo *m;* **bei diesen ~en** *(bei gleichem Subjekt)* ciò dicendo; *(bei unterschiedlichem Subjekt)* mentre dice(va) questo ...; ~ **für** ~ parola per parola, letteralmente; **in ~en** *(ausgeschrieben)* in lettere; **in ~ und Tat** a parole e fatti; **mit anderen ~en** con altre parole; **mit diesen ~en** con queste parole, detto questo; **mit wenigen ~en** in poche (*o.* due) parole; **nach seinen eigenen ~en** secondo le sue stesse parole; **ohne ein ~ zu sagen** senza dire una parola; **ums ~ bitten** chiedere la parola; **sein ~ brechen** venire meno alla parola data; **ein gutes ~ für jdn einlegen** mettere (*o.* spendere) una buona parola per qu; **das ~ ergreifen** prendere la parola; **jdm das ~ erteilen** dare la parola a qu; **in ~e fassen** esprimere a parole, formulare; **das große ~ führen** darsi importanza; **jdm sein ~ geben** dare la propria parola a qu; **aufs ~ gehorchen** (*o.* **hören)** ubbidire alla parola; **jdm aufs ~ glauben** credere a qu sulla parola; **das ~ haben** avere la parola; **jds ~ haben** avere la parola di qu; **das letzte ~ haben** avere l'ultima parola; **sein ~ halten** mantenere la propria parola; **kein ~ herausbringen (können)** non riuscire a proferire verbo (*o.* parola); **nicht zu ~ kommen** non poter dire una parola; **jdn nicht zu ~ kommen lassen** non lasciar parlare qu; **seine ~e auf die Goldwaage legen** pesare le proprie parole; **große ~e machen** dire paroloni; **sich zu ~ melden** chiedere (*o.* domandare) la parola; **jdn beim ~ nehmen** prendere qu in parola; **mit jdm ein ernstes ~ reden** parlare seriamente a qu, fare un discorso serio a qu; **einer S. das ~ reden** sostenere qc, adoperarsi per qc; **kein ~ verstehen** non capire una parola; **sein eigenes ~ nicht verstehen** non poter udire la propria voce; **darüber brauchen wir kein ~ mehr zu verlieren** non dobbiamo più sprecare fiato per questo; **es war mit keinem ~ davon die Rede** non se ne è nemmeno parlato; **es ist kein wahres ~ daran** non c'è una parola di vero in (tutto) ciò; **ein ~ gab das andere** una parola ha tirato l'altra; **hat man da ~e?** *fam* è mai possibile?; **auf mein ~** parola (d'onore); **kein ~ mehr!** basta!, non una parola di più!; **das ~ Gottes** il verbo (*o.* la parola) di Dio; **eine Sprache in ~ und Schrift beherrschen** conoscere una lingua parlata e scritta; **in einem ~** con una parola; **dein ~ in Gottes Ohr!** *fam* speriamo!; **das letzte ~ in dieser Angelegenheit ist noch nicht gesprochen** non è detta l'ultima parola (in questa faccenda).

Wortart *f* parte *f* del discorso. **Wort-**

bruch *m* mancare *m* alla parola data. **wortbrüchig** *a:* ~ **werden** mancare alla parola data.
Wörtchen ['vœrtçən] ‹-s, -› *n:* **ein ~ mitzureden haben** *fam* avere voce in capitolo.
Wörterbuch ['vœrte-] *n* dizionario *m*, vocabolario *m.* **Wörterverzeichnis** *n* glossario *m.*
Wortführer(in) *m(f)* portavoce *mf; (Vertreter)* esponente *mf.* **Wortgefecht** *n* schermaglia *f*, scaramuccia *f.* **wortgetreu I.** *a* letterale, testuale; **II.** *adv* alla lettera. **wortkarg** *a* **1.** *(Mensch)* di poche parole, taciturno; **2.** *(Äußerung)* laconico. **Wortklauber** [-klaube] ‹-s, -› *m pej* pignolo *m*, pedante *m.* **Wortklauberei** [-klaubə'rai] ‹-, -en› *f pej* pignoleria *f*, pedanteria *f.* **Wortlaut** *m* testo *m; (a. jur)* tenore *m;* ... **hat folgenden ~** ... è così redatto; **im ~** integralmente, testualmente.
wörtlich ['vœrtlıç] **I.** *a* letterale, testuale; **~e Rede** discorso testuale; **II.** *adv* alla lettera; **~ zitieren** citare testualmente; **etw. ~ nehmen** prendere qc alla lettera; **etw. ~ übersetzen** tradurre qc letteralmente.
wortlos I. *a* muto; **II.** *adv* in silenzio, senza parlare. **Wortmeldung** *f* richiesta *f* di parola; **~en liegen nicht vor** nessuno ha chiesto la parola. **Wortschatz** *m (einer Sprache) (a. einer Person)* vocabolario *m.* **Wortschwall** *m pej* profluvio *m* (*o.* torrente *m*) di parole. **Wortspiel** *n* gioco *m* di parole. **Wortstellung** *f* ordine *m* delle parole. **Wortwechsel** *m* alterco *m*, diverbio *m.* **wortwörtlich** ['vɔrt'vœrtlıç] **I.** *a* letterale, testuale; **II.** *adv* parola per parola.
worüber [vo'ry:be] *adv* **1.** *(interrogativ)* su (*o.* sopra) che cosa; **2.** *(relativisch)* su (*o.* di) cui.
worum [vo'rʊm] *adv* **1.** *(interrogativ)* intorno a che cosa; **2.** *(relativisch)* intorno a cui; **~ handelt es sich?** di che cosa si tratta?
worunter [vo'rʊnte] *adv* **1.** *(interrogativ)* sotto che cosa; *(zwischen welchen Dingen)* fra che cosa; **2.** *(relativisch)* sotto cui; *(zwischen denen)* fra cui; **~ leidet sie?** di che cosa soffre?
wovon [vo'fɔn] *adv* **1.** *(interrogativ)* da (*o.* di) che cosa; **2.** *(relativisch)* da (*o.* di) cui; **~ sprechen Sie?** di che cosa sta parlando?
wozu [vo'tsu:] *adv* **1.** *(interrogativ)* a (*o.* per) che cosa; *(indirekt a.)* perché, a che scopo; **2.** *(relativisch)* a (*o.* di *o.* per) cui, che; **~ ist das gut?** a che cosa serve?; **~ brauchst du das?** a (*o.* per) che cosa ti serve?; **~ noch kommt, daß ...** (a) cui si aggiunge (il fatto) che ...; **~ hast du dich entschlossen?** per che cosa ti sei deciso?; **das, ~ ich dir rate** quello che ti consiglio.
Wrack [vrak] ‹-(e)s, -s, *rar* -e› *n* relitto *m.*
wringen ['vrıŋən] ‹wringt, wrang, gewrungen› *tr* strizzare.
WS *ab von* **Wintersemester** semestre *m* invernale.
Wucher ['vu:xe] ‹-s, ø› *m pej* usura *f*, strozzinaggio *m;* **~ (mit etw.) treiben** praticare lo strozzinaggio (con qc).
Wucherer ‹-s, -› *m pej* usuraio *m*, strozzino *m.*
wucherisch *a* usurario.
wuchern ['vu:xen] *itr* **1.** ‹*haben o. sein*› *bot* lussureggiare, crescere rigogliosamente; *biol, fig* proliferare; **2.** ‹*haben*› *com (Wucher treiben)* esercitare l'usura, fare l'usurario.
Wucherpreis *m pej* prezzo *m* esorbitante (*o.* da usuraio).
Wucherung ‹-, -en› *f* **1.** ‹*sing*› *(Vorgang)* proliferazione *f*, vegetazione *f;* **2.** *(Gebilde)* escrescenza *f.*
Wucherzins *m* interessi *m pl* da usuraio.
wuchs [vu:ks] *1. u. 3. pers sing imp von* **wachsen**[1].
Wuchs [vu:ks] ‹-es, ø› *m* **1.** *(Wachstum)* crescita *f; bot* vegetazione *f;* **2.** *(Körper~, Gestalt)* corporatura *f*, statura *f.*
Wucht [vʊxt] ‹-, ø› *f* violenza *f*, forza *f; (a. fig)* impeto *m;* **mit voller ~** con tutta la forza; **das ist eine ~!** *fam* è una cannonata! *fam.*
wuchten *tr* sollevare.
wuchtig *a* massiccio, pesante; *(Schlag)* violento; *(Stil)* pesante.
Wühlarbeit *f fig pej* attività *f* sovversiva, operazione *f* di sobillamento.
wühlen ['vy:lən] **I.** *itr* **1.** scavare; *(mit Schnauze)* grufolare; **2.** *fam (suchen)* frugare; **3.** *fig pej (Wühlarbeit leisten)* agitare (*gegen* contro), sobillare (*gegen* contro); **II.** *rfl:* **sich durch etw. ~** farsi strada attraverso qc.
Wühlmaus *f* arvicola *f.* **Wühltisch** *m fam* banco *m* della merce in svendita.
Wulst [vʊlst] ‹-es, ⸚e› *m o.* ‹-, ⸚e› *f* cuscinetto *m; med* protuberanza *f; (Verdickung)* rigonfiamento *m; (am Helm)* cercine *m; arch* toro *m; mot* bordo *m.* **wulstig** *a* tumido.
wund [vʊnt] *a* escoriato; **~er Punkt** punto debole (*o.* doloroso), piaga debole; **den ~en Punkt berühren** met-

tere il dito sulla piaga; **sich** *(dat)* **die Füße ~ laufen** farsi venire le vesciche ai piedi a furia di camminare.

Wunde ['vʊndə] ‹-, -n› *f allg., fig* piaga *f; (Verletzung)* ferita *f;* **alte ~n (wieder) aufreißen** *fig* riaprire una vecchia ferita; **tiefe ~n schlagen** *fig* provocare profonde ferite; **offene ~** ferita aperta.

Wunder ['vʊndɐ] ‹-s, -› *n rel* miracolo *m,* prodigio *m; (bewundernswerte Sache a.)* meraviglia *f;* **wie durch ein ~** come per miracolo; **an ein ~ grenzen** essere quasi un miracolo; **~ wirken** *(a. fig)* fare miracoli; **er glaubt, w~ was getan zu haben** *fam* crede di aver fatto chissà che (cosa); **das ist ein wahres ~** è un vero miracolo; **kein ~, daß er krank ist** non c'è da meravigliarsi se è ammalato; **(das ist doch) kein ~!** non c'è da stupirsi!

wunderbar *a* **1.** *(schön)* meraviglioso, magnifico, favoloso, stupendo; **2.** *(wie ein Wunder)* miracoloso, portentoso, prodigioso; **sie singt ~** canta che è una meraviglia; **ans W~e grenzen** rasentare il miracolo.

Wunderglaube *m* fede *f* nei miracoli. **Wunderheiler(in)** ‹-s, -› *m(f)* guaritore, -trice *m, f.* **Wunderkind** *n* bambino *m* prodigio.

wunderlich *a* strano, bizzarro, strambo *fam.*

wundern I. *rfl:* **sich ~** stupirsi (*über* di), meravigliarsi (*über* di); **ich muß mich doch sehr ~** *fam* non me lo sarei mai aspettato; **du wirst dich noch ~!** *fam* vedrai! *fam;* **II.** *tr* sorprendere, stupire, meravigliare; **das wundert mich** questo mi sorprende; **es würde** (*o.* **sollte) mich nicht ~, wenn ...** non mi sorprenderebbe se ...

wunderschön ['vʊndɐ'ʃøːn] *a* meraviglioso, magnifico, bellissimo, stupendo.

wundervoll *a* meraviglioso, stupendo, bellissimo.

Wundfieber *n* febbre *f* traumatica. **wund·liegen** ‹*irr*› *rfl:* **sich ~** avere piaghe da decubito. **Wundstarrkrampf** *m* tetano *m.*

Wunsch [vʊnʃ] ‹-(e)s, ⸚e› *m* **1.** desiderio *m* (*nach* di); **2.** *(Verlangen)* richiesta *f; (Bitte)* preghiera *f;* **3.** *(Glück~)* augurio *m;* **auf (jds) ~** a richiesta (di qu); **mit den besten Wünschen** con i migliori auguri; **nach ~** a piacimento; **es geht alles nach ~** tutto procede nel migliore dei modi; **jdm einen ~ erfüllen** esaudire un desiderio di qu; **den ~ haben, etw. zu tun** avere il desiderio di fare qc; **mein sehnlichster ~ ist es zu ...** il mio più grande desiderio è quello di ... *inf;* **haben Sie (sonst) noch einen ~?** desidera altro?, ha bisogno di altro?; **dein ~ sei** (*o.* **ist) mir Befehl** *scherz* un tuo desiderio è un ordine per me; **jdm jeden ~ von den Augen ablesen** leggere a qu i desideri negli occhi. **Wunschbild** *n* ideale *m.*

Wünschelrute ['vʏnʃəl-] *f* bacchetta *f* da rabdomante.

wünschen ['vʏnʃən] *tr* desiderare (*etw. zu tun* fare qc); *(wollen)* volere; *(bitten)* chiedere; **jdm etw. ~** *allg.* auspicare qc a qu; *(wohlmeinend)* augurare qc a qu; **jdm guten Morgen ~** augurare il buon giorno a qu; **ich wünsche Ihnen alles Gute** Le faccio i miei auguri; **zu ~ übriglassen** lasciar a desiderare; **es wäre zu ~, daß ...** sarebbe auspicabile che ... *conj;* **sich** *(dat)* **etw. ~** desiderare qc; **Sie ~?, was ~ Sie?** desidera?, cosa desidera?; **ich wünsche nicht, daß du dorthin fährst** *geh* non desidero che tu ci vada; **diese Krankheit würde ich niemandem** (*o.* **meinem schlimmsten Feind nicht) ~** questa malattia non l'augurerei a nessuno (*o.* al mio peggior nemico). **wünschenswert** *a* desiderabile, auspicabile.

wunschgemäß *adv* come desiderato (*o.* richiesto), conformemente ai desideri. **Wunschkind** *n* bambino *m* desiderato. **Wunschkonzert** *n* musica *f* a richiesta. **wunschlos** *a:* **~ glücklich sein** essere perfettamente felice. **Wunschtraum** *m* sogno *m,* desiderio *m.* **Wunschvorstellung** *f* illusione *f.* **Wunschzettel** *m* lista *f* dei regali desiderati.

wurde ['vʊrdə] *1. u. 3. pers sing imp von* **werden.**

Würde ['vʏrdə] ‹-, -n› *f* **1.** ‹*sing*› *(Wert, Haltung)* dignità *f;* **2.** *(Rang)* grado *m; (Titel)* titolo *m;* **ich halte es für unter meiner ~, so etw. zu tun** ritengo indegno di me fare qc del genere; **das ist unter aller ~** è al di sotto di ogni dignità. **würdelos** *a* senza dignità, indegno. **Würdenträger(in)** *m(f)* dignitario, -a *m, f.* **würdevoll** *a* dignitoso.

würdig *a* **1.** *(wert)* degno (*einer S.* di qc); **2.** *(würdevoll)* dignitoso; **du bist ihrer nicht ~** non sei degno di lei; **jdn einer S. für ~ halten** ritenere qu degno di qc.

würdigen *tr* **1.** *(anerkennen)* apprezzare; **2.** *(für würdig befinden)* stimare degno (*jdn einer S.* qu di qc); **jdn**

keines Blickes ~ non degnare qu di uno sguardo; **jds Verdienste ~** riconoscere i meriti di qu; **etw. zu ~ wissen** saper apprezzare qc.

Würdigung ‹-, -en› *f* **1.** ‹*sing*› *(Anerkennung)* riconoscimento *m;* **2.** *(Ehrung)* omaggio *m.*

Wurf [vʊrf] ‹-(e)s, ⸚e› *m* **1.** getto *m; (a. sport)* lancio *m;* **2.** *fig (gelungenes Werk)* colpo *m,* successo *m;* **3.** *zoo* figliata *f;* **einen guten ~ tun** *fig* fare un bel colpo. **Wurfbahn** *f* traiettoria *f.*

Würfel ['vʏrfəl] ‹-s, -› *m* **1.** *(Spiel~, Brüh~)* dado *m; (Speck~, Zwiebel~, etc.)* dado *m,* cubetto *m; (Zucker~)* zolletta *f;* **2.** *(Muster, Karo)* quadro *m;* **3.** *mat* cubo *m;* **~ spielen** giocare a dadi; **die ~ sind gefallen** *fig* il dado è tratto; **etw. in ~ schneiden** tagliare qc a dadi. **Würfelbecher** *m* bussolotto *m.*

würfeln I. *itr (Würfel spielen)* giocare ai dadi (*um etw.* qc); *(Würfel werfen)* tirare i dadi; **II.** *tr* **1.** *(in Würfel schneiden)* tagliare a dadi; **2.** *(eine Zahl)* giocare; **eine Sechs ~** giocare il sei.

Würfelspiel *n* gioco *m* dei dadi.

Würfelzucker *m* zucchero *m* in zollette.

Wurfgeschoß *n* proiettile *m.* **Wurfhammer** *m* martello *m.* **Wurfsendung** *f* spedizione *f* in massa di stampati. **Wurfspieß** *m* giavellotto *m.*

würgen ['vʏrgən] **I.** *tr* strozzare, strangolare; **II.** *itr (nicht hinunterschlukken können)* strozzarsi (*an etw.* con qc).

Wurm [vʊrm] ‹-(e)s, ⸚er› *m* **1.** *zoo* verme *m;* **2.** *fam (kleines o. armes Kind)* creaturina *f;* **da ist der ~ drin** *fig fam* qui c'è qualcosa che non va; **jdm die Würmer aus der Nase ziehen** *fam* cavare le parole di bocca a qu *fam.*

wurmen *tr fam:* **es wurmt mich** mi rode.

wurmförmig [-fœrmɪç] *a* vermiforme, vermicolare. **Wurmfortsatz** *m* appendice *f* vermiforme. **wurmstichig** *a (Holz)* tarlato; *(Obst)* bacato.

Wurst [vʊrst] ‹-, ⸚e› *f (Brat~, Brüh~, etc.)* salsiccia *f; (~aufschnitt)* salume *m;* **mit der ~ nach der Speckseite werfen** *fam* dare poco per ottenere molto; **das ist mir ~** (*o.* **Wurscht)** *fam* non me ne importa *fam,* me ne frego (*o.* infischio *fam*); **jetzt geht es um die ~!** *fam* ecco il momento decisivo! **Wurstbrot** *n* panino *m* imbottito (di salumi).

Würstchen ['vʏrstçən] ‹-s, -› *n* **1.** *gastr* würstel *m;* **2.** *fig fam (armes ~)* poveraccio *m fam.* **Würstchenbude** *f,* **-stand** *m* banco *m* dove si vendono würstel.

wursteln *itr fam* lavoricchiare *fam.*

Wurstfabrik *f* salumificio *m.* **Wursthaut** *f* pelle *f* della salsiccia. **Wurstwaren** *f pl* salumi *m pl,* insaccati *m pl.* **Wurstzipfel** *m* estremità *f* della salsiccia.

Württemberg ['vʏrtəmbɛrk] *n* Vurtemberga *f.*

Würze ['vʏrt̮sə] ‹-, -n› *f* condimento *m.*

Wurzel ['vʊrt̮səl] ‹-, -n› *f* radice *f;* **~n schlagen** *(Pflanzen)* mettere radici, attecchire; *(Menschen)* mettere radici; **die ~ aus ... ziehen** estrarre la radice da ...; **die ~ allen Übels** la radice di ogni male; **etw. mit der ~ ausrotten** estirpare qc con la radice. **wurzellos** *a* **1.** senza radici; **2.** *fig* sradicato.

wurzeln *itr* **1.** *bot* mettere radici (*in* in), radicare (*in* in); **2.** *fig* radicarsi (*in* in), essere radicato (*in* in).

Wurzelzeichen *n* segno *m* di radice.

würzen *tr* aromatizzare; *(a. fig)* condire.

würzig *a* saporito, aromatico; *(a. fig)* piccante.

Würzstoff *m* condimento *m.*

wusch [vu:ʃ] *1. u. 3. pers sing imp von* **waschen.**

Wuschelhaar ['vʊʃəl-] *n fam* capelli *m pl* crespi. **Wuschelkopf** *m fam* **1.** *(Kopf)* testa *f* dai capelli crespi; **2.** *(Mensch)* persona *f* dai capelli crespi.

wußte ['vʊstə] *1. u. 3. pers sing imp von* **wissen.**

Wust [vu:st] ‹-(e)s, ø› *m* guazzabuglio *m,* farragine *f.*

wüst [vy.st] *a* **1.** *(öde)* deserto, desolato; *(unbebaut)* incolto; **2.** *(unordentlich)* disordinato; *(wirr)* confuso; *(Haare)* scompigliato; **3.** *(ungezügelt, ausschweifend)* dissoluto, dissipato; **4.** *(gemein)* vile; *(rüde)* volgare; **5.** *(schlimm, furchtbar)* terribile; **6.** *(abstoßend, häßlich)* ripugnante, brutto; **hier sieht es ja ~ aus!** qui c'è un gran disordine.

Wüste ['vy:stə] ‹-, -n› *f* deserto *m;* **jdn in die ~ schicken** *fig* allontanare qu. **Wüstensand** *m* sabbia *f* del deserto.

Wüstling ['vy:stlɪŋ] ‹-s, -e› *m pej* libertino *m,* dissoluto *m.*

Wut [vu:t] ‹-, ø› *f* furia *f; (fig a.)* furore

m; (Zorn) ira *f,* rabbia *f;* **seine ~ an jdm auslassen** sfogare la propria ira su qu; **jdn in ~ bringen** fare arrabbiare qu; **eine ~ im Bauch haben** *fam* essere furioso; **eine ~ auf jdn haben** essere arrabbiato con qu; **in ~ geraten** andare sulle furie; **vor ~ kochen** bollire di rabbia. **Wutanfall** *m* accesso *m* d'ira. **Wutausbruch** *m* sfogo *m* d'ira.

wüten ['vy:tən] *itr* **1.** *(Mensch)* essere furente (*o.* furibondo); *fig* scatenarsi; **2.** *(Elemente)* infuriare; *(a. Epidemie)* imperversare.

wütend *a* **1.** furente (*auf* con), infuriato (*auf* con); **2.** *fig (heftig)* violento; **~ werden** infuriarsi, andare in collera.

wutentbrannt [-ˀɛntbrant] *a* furioso.

Wüterich ['vy:tərıç] ‹-s, -e› *m* pazzo *m* furioso; *(blutrünstiger Mensch)* pazzo *m* sanguinario.

Wutgeschrei *n* grida *f pl* di rabbia. **wutschnaubend** *a* schiumante di rabbia. **wutverzerrt** *a* sfigurato dalla rabbia.

Wwe. *ab von* **Witwe** vedova.

Wwr. *ab von* **Witwer** vedovo.

Wz *ab von* **Warenzeichen** marchio *m* di fabbrica (*o.* depositato).

X

X, x [ɪks] ‹-, -(s)› *n* X, x *f;* **Herr ~** il signor X; **jdm ein ~ für ein U vormachen** mostrare a qu lucciole per lanterne; **X wie Xanthippe** X come xilofono.

x-Achse ['ɪks-] *f* asse *m* x.

Xanthippe [ksan'tɪpə] ‹-, -n› *f fam* bisbetica *f fam,* brontolona *f fam.*

Xaver ['ksa:vɐ] *(männlicher Vorname)* Saverio.

X-Beine *n pl* gambe *f pl* a x. **X-beinig** *a* con le gambe a x.

x-beliebig ['ɪksbə'li:bɪç] *a fam* qualsiasi, qualunque; **jeder ~e** uno qualsiasi.

X-Chromosom *n* cromosoma *m* x.

Xerographie [kserogra'fi:, ...i:ən] ‹-, -n› *f* xerografia *f.*

xerographieren [...'fi:rən] ‹*ohne ge-*› **I.** *tr* xerografare; **II.** *itr* fare una xerografia.

x-mal ' *adv fam* cento volte; **zúm x-tenmal** per l'ennesima volta.

Xylophon [ksylo'fo:n] ‹-s, -e› *n* xilofono *m,* silofono *m.*

Y

Y, y ['ʏpsilɔn] ‹-, -(s)› *n* Y, y *f;* **Y wie Ypsilon** Y come yacht.

y-Achse ['ʏpsilɔn-] *f* asse *m* y.

Yacht [jaxt] *f s.* **Jacht.**

y-Chromosom *n* cromosoma *m* y.

Yen [jɛn] ‹-(s), -(s)› *m* yen *m.*

Yeti ['je:ti] ‹-s, -s› *m* yeti *m.*

Yoga ['jo:ga] *m o. n s.* **Joga.**

Yoghurt ['jo:gʊrt] *m o. n s.* **Joghurt.**

Yogi ['jo:gi] *m s.* **Jogi.**

Yucca ['jʊka] ‹-, -s› *f* yucca *f.*

Z

Z, z [t̮sɛt] ⟨-, -(s)⟩ *n* Z, z *f;* **Z wie Zacharias** Z come Zara.

zack [t̮sak] *interj:* ~ **~!** in fretta!, presto!

Zack *m fam:* **auf ~ sein** *(Person)* essere in gamba *fam; (Sache)* funzionare; **etw. auf ~ bringen** far funzionare qc.

Zacke ['t̮sakə] ⟨-, -n⟩ *f,* **Zacken** ['t̮sakən] ⟨-s, -⟩ *m* **1.** *(Gabel~, Kamm~, Fels~)* dente *m;* **2.** *(Spitze)* punta *f;* **3.** *(Zinke)* rebbio *m.* **zackig** *a* **1.** *(gezackt)* dentato, dentellato; *(Felsen)* frastagliato; **2.** *fam (Mensch)* sveglio, dinamico; *(Rhythmus)* brioso.

zagen ['t̮sa:gən] *itr geh* esitare.

zaghaft *a* timido; *(ängstlich)* pauroso, pavido; *(zögernd)* esitante, titubante. **Zaghaftigkeit** ⟨-, ø⟩ *f* timidezza *f; (Ängstlichkeit)* pavidità *f; (Zaudern)* esitazione *f,* titubanza *f.*

Zagreb ['za:grɛp] *n* Zagabria *f.*

zäh [t̮sɛ:] *a* **1.** *(fest, hart)* tenace, duro; *(Fleisch)* tiglioso; **2.** *(~flüssig)* viscoso, denso; **3.** *fig (beharrlich)* perseverante; **4.** *fig (schleppend)* stentato; **~ wie Leder** duro come il cuoio; **~ an etw. festhalten** restare tenacemente fedele a qc; **~er Wille** volontà tenace. **zähflüssig** *a* **1.** viscoso, denso; **2.** *fig (Verkehr)* non scorrevole, lento. **Zähflüssigkeit** *f* **1.** viscosità *f; (a. fig)* tenacia *f;* **2.** *fig (von Verkehr)* non scorrevolezza *f,* lentezza *f.*

Zahl [t̮sa:l] ⟨-, -en⟩ *f* **1.** *allg., mat* numero *m; (Ziffer)* cifra *f;* **2.** *(An~, Menge)* quantità *f* (*von* di); **in großer ~** in gran numero; **ganze ~** numero intero; **gerade/ungerade ~** numero pari/dispari; **der ~ nach** di numero, numericamente; **ohne ~** senza numero; *fig* innumerevole; **vierstellige ~** numero a quattro cifre; **zehn an der ~** in numero di dieci; **in den roten ~en sein** essere in deficit.

zahlbar *a* pagabile (*an* a, *bei* da); **~ bei Lieferung/in drei Monaten** pagabile alla consegna/a tre mesi.

zahlen ['t̮sa:lən] **I.** *tr* pagare; *(ein~)* versare; *(begleichen)* saldare; **seine Schulden ~** pagare (*o.* saldare) i propri debiti; **II.** *itr* pagare; **bar/in Raten ~** pagare in contanti/a rate; **Herr Ober, bitte ~!** cameriere, il conto per favore!

zählen ['t̮sɛ:lən] **I.** *tr* **1.** *(ab~)* contare; **2.** *(einrechnen)* includere (*o.* mettere) in conto; **3.** *(sich belaufen auf)* ammontare a; **jdn zu seinen Kunden ~** annoverare qu fra i propri clienti; **er zählt vier Jahre** ha quattro anni; **seine Tage sind gezählt** ha i giorni contati; **II.** *itr* **1.** contare; **2.** *fig (gelten)* valere, avere importanza; **3.** *(gehören zu)* appartenere (*zu* a); **bis zehn ~** contare fino a dieci; **auf jdn ~** contare (*o.* fare affidamento) su qu; **sie zählt zu den besten Tennisspielerinnen der Welt** è una delle migliori tenniste del mondo.

Zahlenfolge *f* serie *f* numerica. **Zahlengedächtnis** *n* memoria *f* per i numeri; **ein gutes/schlechtes ~ haben** ricordare/non ricordare bene i numeri. **zahlenmäßig I.** *a* numerico; **II.** *adv* di (*o.* per) numero; **~ überlegen sein** superare di numero. **Zahlenmaterial** *n* dati *m pl* numerici. **Zahlenschloß** *n* serratura *f* a combinazione (di numeri).

Zahler(in) ⟨-s, -⟩ *m(f)* pagatore, -trice *m, f;* **pünktlicher/säumiger ~** pagatore puntuale/moroso.

Zähler ⟨-s, -⟩ *m* **1.** *tec* contatore *m;* **2.** *mat* numeratore *m.* **Zählerablesung** *f* lettura *f* del contatore.

Zahlerin *f s.* **Zahler.**

Zählerstand *m* livello *m* del contatore.

Zahlkarte *f* modulo *m* di versamento. **zahllos** *a* innumerevole. **Zahlmeister** *m* **1.** *fin* tesoriere *m;* **2.** *mil* ufficiale *m* contabile; **3.** *naut* commissario *m* di bordo. **zahlreich I.** *a* numeroso; **II.** *adv* in gran numero. **Zahltag** *m* giorno *m* di paga.

Zahlung ⟨-, -en⟩ *f* pagamento *m; (Ein~)* versamento *m;* **gegen ~** contro pagamento; **etw. in ~ geben** dare qc in pagamento; **etw. in ~ nehmen** accettare qc in pagamento.

Zählung ⟨-, -en⟩ *f* **1.** *mat* numerazione *f,* computo *m; tec* conteggio *m,* registrazione *f;* **2.** *(Volks~)* censimento *m; (Stimmen~)* spoglio *m* delle schede.

Zahlungsabkommen *n* accordo *m* di

pagamento. **Zahlungsanweisung** *f* ordine *m* di pagamento. **Zahlungsaufforderung** *f* intimazione *f* di pagamento. **Zahlungsaufschub** *m* dilazione *f* di pagamento. **Zahlungsbedingungen** *f pl* condizioni *f pl* di pagamento. **Zahlungsbilanz** *f* bilancia *f* dei pagamenti. **Zahlungseinstellung** *f* sospensione *f* dei pagamenti. **Zahlungserleichterung** *f* facilitazione *f* di pagamento. **zahlungsfähig** *a* solvente, solvibile. **Zahlungsfrist** *f* termine *m* di pagamento. **zahlungskräftig** *a fam* solvibile. **Zahlungsmittel** *n* mezzo *m* di pagamento; **gesetzliche ~** monete legali. **Zahlungsschwierigkeit** *f*: **in ~en geraten** incontrare difficoltà finanziarie. **zahlungsunfähig** *a* insolvente, insolvibile. **Zahlungsverkehr** *m* (operazioni *f pl* di) pagamento *m*, pagamenti *m pl*. **Zahlungsverpflichtung** *f* obbligo *m* di pagamento; **seinen ~en nachkommen** soddisfare i propri impegni di pagamento.

Zählwerk *n* contatore *m*.

Zahlwort ‹-(e)s, ¨-er› *n* numerale *m*.

zahm [ts͡a:m] *a* **1.** *(Tier)* docile, mansueto; *(gezähmt)* addomesticato; **2.** *fig (gemäßigt, milde)* mite, clemente, indulgente.

zähmbar *a* addomesticabile; *(a. fig)* domabile.

zähmen ['ts͡ɛ:mən] *tr* **1.** ammansire; *(a. fig)* domare; *(zum Haustier machen)* addomesticare; **2.** *fig (zügeln)* frenare, dominare.

Zahmheit ‹-, ø› *f* docilità *f*, mansuetudine *f*.

Zähmung ‹-, ø› *f* **1.** ammansimento *m; (zum Haustier, a. fig: von Charakter)* addomesticamento *m;* **2.** *fig* domare *m*, dominare *m*.

Zahn [ts͡a:n] ‹-(e)s, ¨-e› *m anat, tec* dente *m; zoo (Hauer, Stoß~)* zanna *f;* **sich** *(dat)* **an etw. die Zähne ausbeißen** *fig* dannarsi l'anima per qc; **Zähne bekommen** mettere i denti; **einen ~ draufhaben** *sl* andare a grande velocità; **die dritten Zähne** *scherz* la dentiera; **jdm auf den ~ fühlen** *fig* tastare il polso a qu; **Haare auf den Zähnen haben** *fam* sapersi difendere; **das ist etw. für den hohlen ~** *fam* è troppo poco; **jdm die Zähne zeigen** *fig* mostrare i denti a qu; **jdm einen ~ ziehen** estrarre (*o.* cavare) un dente a qu; *fig fam* togliere le illusioni a qu; **bis an die Zähne bewaffnet sein** essere armato fino ai denti; **der ~ der Zeit** *fam* le ingiurie del tempo. **Zahnarzt** *m*, **-ärztin** *f* dentista *mf*. **Zahnarzthelferin** *f* aiuto *m* dentista. **Zahnausfall** *m* caduta *f* dei denti. **Zahnbelag** *m* patina *f* dentaria. **Zahnbürste** *f* spazzolino *m* da denti. **Zahncreme** *f s.* **Zahnpasta.**

Zähneklappern ['ts͡ɛ:nə-] ‹-s, ø› *n* battere *m* i denti.

zahnen *itr* mettere i denti. **Zahnen** ‹-s, ø› *n* dentizione *f*.

Zahnersatz *m* protesi *f* dentaria. **Zahnfäule** *f* carie *f* dentaria. **Zahnfleisch** *n* gengiva *f;* **auf dem ~ gehen** *fam scherz* essere allo stremo delle proprie forze, non farcela più *fam*. **Zahnfleischbluten** ‹-s, ø› *n* sanguinazione *f* delle gengive; **~ haben** avere le gengive sanguinanti. **Zahnfüllung** *f* otturazione *f* (*o.* piombatura *f*) di un dente. **Zahnklammer** *f* apparecchio *m* ortodontico. **zahnlos** *a* sdentato, senza denti. **Zahnlücke** *f* spazio *m* interdentale, buco *m fam*. **Zahnpasta** *f* dentifricio *m*. **Zahnpflege** *f* cura *f* (*o.* igiene *f*) dei denti. **Zahnprothese** *f* protesi *f* dentaria. **Zahnputzglas** *n* bicchiere *m* da bagno. **Zahnrad** *n* ruota *f* dentata. **Zahnradbahn** *f* ferrovia *f* a cremagliera. **Zahnschmelz** *m* smalto *m* (dentario). **Zahnschmerzen** *m pl* mal *m* di denti. **Zahnspange** *f* apparecchio *m* ortodontico. **Zahnstein** *m* tartaro *m* (dentario). **Zahnstocher** [-ʃtɔxɐ] ‹-s, -› *m* stuzzicadenti *m*. **Zahntechniker(in)** *m(f)* odontotecnico, -a *m, f*. **Zahnwurzel** *f* radice *f* del dente.

Zander ['ts͡andɐ] ‹-s, -› *m* lucioperca *f o. m*.

Zange ['ts͡aŋə] ‹-, -n› *f* tenaglie *f pl; (Kneif~)* pinza *f; (kleinere ~)* pinzetta *f; med* forcipe *m;* **ein Kind mit der ~ holen** estrarre un bambino col forcipe; **jdn in die ~ nehmen** mettere qu alle strette. **zangenförmig** [-fœrmɪç] *a* a (forma di) tenaglia. **Zangengeburt** *f* parto *m* col forcipe.

Zank [ts͡aŋk] ‹-(e)s, ø› *m* litigio *m*, alterco *m*, bisticcio *m fam*. **Zankapfel** *m* pomo *m* della discordia.

zanken *rfl:* **sich ~** litigare, bisticciare *fam;* **sich um etw. ~** contendersi qc, litigare per qc.

zänkisch ['ts͡ɛŋkɪʃ] *a* litigioso, attaccabrighe *fam*.

Zanksucht *f* indole *f* litigiosa, litigiosità *f*. **zanksüchtig** *a s.* **zänkisch.**

Zäpfchen ['ts͡ɛpf͡çən] ‹-s, -› *n* **1.** *anat* ugola *f;* **2.** *med* supposta *f*.

zapfen ['ts͡apf͡ən] *tr* spillare.

Zapfen ['ts͡apf͡ən] ‹-s, -› *m* **1.** *bot* pigna

f; **2.** *tec* perno *m,* maschio *m; (Dübel)* tassello *m; (Spund)* zaffo *m; (Holz~)* tenone *m; (Faß~)* tappo *m,* turacciolo *m;* **3.** *anat* cono *m;* **4.** *(Eis~)* ghiacciolo *m.*

Zapfenstreich *m* **1.** *mil* ritirata *f;* **2.** *fam* silenzio *m;* **den ~ blasen** sonare la ritirata.

Zapfhahn *m* spina *f.* **Zapfsäule** *f* distributore *m* di benzina.

zapp(e)lig *a fam* irrequieto; *(innerlich unruhig)* inquieto; **jdn ~ machen** innervosire qu.

zappeln ['t͜sapəln] *itr* dimenarsi, dibattersi; *(strampeln)* sgambettare; *(Tier)* zampettare; **jdn ~ lassen** *fig fam* tenere qu sulla corda *fam.*

zappenduster ['t͜sapən'du:stɐ] *a fam* buio pesto *fam;* **und dann ist's ~** *fig* e poi è finita.

zapplig *a s.* **zappelig.**

Zar(in) [t͜sa:ɐ̯ ('t͜sa:rɪn)] ‹-en, -en› *m(f)* zar *m,* zarina *f.*

zart [t͜sa:ɐ̯t] *a* **1.** *(Fleisch, Gemüse, Alter)* tenero; **2.** *(fein)* fine; *(Haut, Farbe, Duft)* delicato; *(Gestalt)* gracile; *(zerbrechlich)* fragile, delicato; *(leicht)* leggero; *(sanft)* dolce; **3.** *(feinfühlig)* sensibile, delicato. **zartbesaitet** [-bəza͜itət] *a* sensibile, dai sentimenti delicati. **zartbitter** *a* semiamaro. **Zartgefühl** *n* delicatezza *f; (Taktgefühl)* tatto *m.* **Zartheit** ‹-, ø› *f* **1.** *(von Obst, Fleisch, Gemüse)* tenerezza *f;* **2.** *(Feinheit)* finezza *f; (Sanftheit, Zerbrechlichkeit, Schwächlichkeit)* delicatezza *f.*

zärtlich ['t͜sɛ:ɐ̯tlɪç] **I.** *a* tenero; *(liebevoll a.)* affettuoso; **II.** *adv* con tenerezza. **Zärtlichkeit** ‹-, -en› *f* **1.** ‹*sing*› *(Eigenschaft)* tenerezza *f;* **2.** *(Liebkosung)* carezza *f,* affettuosità *f;* **~en austauschen** scambiarsi affettuosità.

Zaster ['t͜sastɐ] ‹-s, ø› *m sl* grana *f sl.*

Zäsur [t͜sɛ'zu:ɐ̯] ‹-, -en› *f* cesura *f.*

Zauber ['t͜sa͜ubɐ] ‹-s, -› *m* **1.** incantesimo *m,* incanto *m;* **2.** *fig (Reiz)* fascino *m;* **3.** *fam pej (Zeug)* roba *f fam;* **der ~ der Musik** l'incanto della musica; **das ist alles fauler ~** *fam* è tutto un imbroglio; **was soll der ganze ~?** *fam* cos'è questa pagliacciata? *fam.*

Zauberei [t͜sa͜ubə'ra͜i] ‹-, -en› *f* **1.** ‹*sing*› *(Magie)* magia *f,* incantesimo *m;* **2.** *(Zauberkunststück)* gioco *m* di prestigio, trucco *m.*

Zaub(e)rer ‹-s, -› *m,* **Zaub(r)erin** *f* mago, -a *m, f; (Zauberkünstler a.)* prestigiatore, -trice *m, f,* illusionista *mf.*

Zauberflöte *f* flauto *m* magico. **zauberhaft** *a* incantevole, affascinante.

Zauberhand *f:* **wie von** (*o.* **durch**) **~** come per incanto. **Zauberkünste** *f pl* arti *f pl* magiche. **Zauberkünstler(in)** *m(f)* mago, -a *m, f,* illusionista *mf; (Taschenspieler)* presti(di)gi(t)atore, -trice *m, f.* **Zauberkunststück** *n* gioco *m* di prestigio.

zaubern **I.** *itr* esercitare la magia; *(Zaubertricks vorführen)* fare giochi di prestigio; **~ können** saper fare giochi di prestigio; **ich kann doch nicht ~** *fam* non posso fare miracoli; **II.** *tr* far accadere qc per magia; *(herbei~)* produrre per incantesimo; **das Geld aus einer Tasche in die andere ~** far passare per incantesimo il denaro da una tasca in un'altra.

Zauberspruch *m* formula *f* magica. **Zauberstab** *m* bacchetta *f* magica. **Zaubertrank** *m* filtro *m* magico. **Zauberwort** ‹-(e)s, -e› *n* formula *f* magica.

Zaubrer(in) *m(f) s.* **Zauberer.**

Zaud(e)rer ‹-s, -› *m,* **Zaud(r)erin** *f* tentennone, -a *m, f fam,* persona *f* irrisoluta (*o.* indecisa).

zaudern ['t͜sa͜udɐn] *itr* esitare, indugiare, tentennare *fam.*

Zaudrer(in) *m(f) s.* **Zauderer.**

Zaum [t͜sa͜um] ‹-(e)s, ¨-e› *m* briglie *f pl;* **im ~ halten** frenare, tenere a freno.

zäumen ['t͜sɔ͜ymən] *tr* mettere le briglie a, imbrigliare.

Zaumzeug ‹-(e)s, -e› *n* briglie *f pl.*

Zaun [t͜sa͜un] ‹-(e)s, ¨-e› *m* recinto *m; (Latten~)* steccato *m; (Draht~)* rete *f* (di recinzione); **einen Streit vom ~ brechen** provocare una lite. **Zaungast** *m* spettatore *m* esterno, persona *f* che sta a guardare. **Zaunkönig** *m* scricciolo *m.* **Zaunpfahl** *m* palo *m* di uno steccato; **ein Wink mit dem ~** un avvertimento indiretto, ma esplicito.

z. B. *ab von* **zum Beispiel** p.es. (*ab von* per esempio).

ZDF [t͜sɛtde:'ʔɛf] ‹-(s), ø› *n ab von* **Zweites Deutsches Fernsehen** *rete televisiva della R.F.T.*

Zebra ['t͜se:bra] ‹-s, -s› *n* zebra *f.* **Zebrastreifen** *m* strisce *f pl* pedonali.

Zebu ['t͜se:bu] ‹-s, -s› *m o. n* zebù *m.*

Zeche ['t͜sɛçə] ‹-, -n› *f* **1.** *(Rechnung)* conto *m,* scotto *m; (Verzehr)* consumazione *f;* **2.** *(Bergwerk)* miniera *f* di carbone; **die ~ prellen** non pagare il conto; **die ~ bezahlen** *(a. fig)* pagare lo scotto.

zechen ['t͜sɛçən] *itr* sbevazzare *fam,* trincare *fam,* gozzovigliare *fam.*

Zecher(in) ‹-s, -› *m(f)* beone, -a *m, f,* crapulone, -a *m, f.*
Zechgelage *n* gozzoviglia *f fam,* crapula *f fam.* **Zechpreller(in)** ‹-s, -› *m(f)* chi se ne va senza aver pagato il conto. **Zechprellerei** [-prɛlə'rai̯] ‹-, -en› *f* mangiare *m* e bere *m* senza pagare.
Zecke ['tsɛkə] ‹-, -n› *f* zecca *f.*
Zeder ['tse:dɐ] ‹-, -n› *f* cedro *m.* **Zedernholz** *n* legno *m* di cedro.
Zeh [tse:] ‹-s, -en› *m s.* **Zehe 1.**
Zehe ['tse:ə] ‹-, -n› *f* **1.** *anat* dito *m* del piede; **2.** *bot (Knoblauch~)* spicchio *m* (d'aglio); **große/kleine ~** pollice *m*/mignolo *m* del piede. **Zehenspitze** *f* punta *f* dei piedi; **auf (den) ~n** in punta di piedi.
zehn [tse:n] *(Zahlwort)* dieci; **etwa ~** una decina; *s. a. vier.*
Zehn ‹-, -en› *f* dieci *m.*
Zehn-, zehn- *s. a. Vier-, vier-.*
Zehner ‹-s, -› *m* **1.** *mat* decina *f;* **2.** *fam s.* **Zehnpfennigstück. Zehnerstelle** *f* decina *f;* **eine ~ hinter dem Komma** una decade dopo la virgola.
zehnfach *a* decuplo; *s. a. vierfach.* **Zehnkampf** *m* decat(h)lon *m.* **zehnmal** *adv* dieci volte.
Zehnmarkschein [-'mark-] *m* biglietto *m* da dieci marchi.
Zehnpfennigstück [-'pfɛnɪç-] *n* moneta *f* da dieci pfennig.
zehntausend ['tse:n'tau̯zənt] *(Zahlwort)* diecimila; **die oberen Z~** *fam* l'alta società, i ceti privilegiati.
zehnte *s.* **zehnte(r, s).**
Zehnte ‹ein -r, -n, -n› *mf* decimo, -a *m, f; s. a. Vierte.*
Zehntel ‹-s, -› *n* decimo *m,* decima parte *f.*
zehntens *adv* (in) decimo (luogo).
zehnte(r, s) *a* decimo, -a; *(bei Datumsangaben)* dieci; *s. a. vierte(r, s).*
zehren ['tse:rən] *itr* **1.** *(leben, sich ernähren)* vivere (*von* di), nutrirsi (*von* di); *fig* pascersi (*von* di); **2.** *(mager machen)* far dimagrire (*an jdm* qu); *(nagen)* consumare (*an jdm* qu); **von seinem Ruhm/seinen Erinnerungen ~** pascersi della propria gloria/dei propri ricordi.
Zeichen ['tsai̯çən] ‹-s, -› *n* **1.** *(allg., Tierkreis~, Mal, mus)* segno *m; (Symbol)* simbolo *m; (Merk~)* contrassegno *m; (Ab~)* distintivo *m; (Akten~)* numero *m* di protocollo; *(Namens~)* sigla *f; (Waren~)* marchio *m;* **2.** *(Signal)* segnale *m;* **3.** *(Vor~)* avvertimento *m; (An~)* indizio *m; med* sintomo *m;* **4.** *(Beweis)* prova *f;* **als** (*o.* **zum**) **~ von** in segno di; **seines ~s Lehrer** di professione insegnante; **ein ~ geben** dare un segno; *(Wink)* fare un cenno; **es geschehen noch ~ und Wunder!** *scherz* meraviglia!, miracolo!; **das ~ (zu etw.) geben** dare il segnale (di qc); **das ist ein gutes ~** è buon segno; **im ~ des Stiers geboren sein** essere nato sotto il segno del toro.
Zeichenblock ‹-(e)s, -s› *m* blocco *m* da disegno. **Zeichenbrett** *n* tavola *f* da disegno.
Zeichenerklärung *f* leggenda *f.*
Zeichenlehrer(in) *m(f)* insegnante *mf* di disegno. **Zeichenpapier** *n* carta *f* da disegno. **Zeichensaal** *m* aula *f* di disegno.
Zeichensetzung ‹-, ø› *f* interpunzione *f.* **Zeichensprache** *f* linguaggio *m* mimico (*o.* a segni).
Zeichenstift *m* matita *f* da disegno. **Zeichentisch** *m* tavolo *m* da disegno. **Zeichentrickfilm** *m* cartoni *m pl* animati.
zeichnen ['tsai̯çnən] **I.** *tr* **1.** *(malen)* disegnare; *(skizzieren)* schizzare, abbozzare; *(vor~, mat)* tracciare; *(Umrisse)* delineare; **2.** *(kenn~)* contrassegnare, marcare; **3.** *(unter~, fin)* firmare, sottoscrivere; *adm (verantwortlich sein)* assumersi la responsabilità (*für* di); **II.** *itr* disegnare; **wir ~ hochachtungsvoll** *adm, obs* salutiamo distintamente. **Zeichnen** ‹-s, ø› *n* disegno *m;* **technisches ~** disegno industriale. **Zeichner(in)** ‹-s, -› *m(f)* **1.** *(Maler)* disegnatore, -trice *m, f;* **2.** *fin* sottoscrittore, -trice *m, f;* **technischer ~** disgnatore tecnico.
Zeichnung ‹-, -en› *f* **1.** *(Darstellung, Entwurf, Muster)* disegno *m;* **2.** *fin* sottoscrizione *f.* **zeichnungsberechtigt** *a* autorizzato a firmare. **Zeichnungsvollmacht** *f* diritto *m* di firma.
Zeigefinger *m* (dito *m*) indice *m.*
zeigen ['tsai̯gən] **I.** *tr* **1.** mostrare, far vedere; *(vor~ a.)* esibire; *film, theat* presentare; *(Weg)* indicare, mostrare; *(Wirkung)* far registrare; **2.** *tec (an~)* segnare; **3.** *(an den Tag legen)* mostrare, manifestare; *(aufweisen)* mostrare, rivelare; **dir werd' ich's ~!** *fam* ti farò vedere io! *fam;* **II.** *itr* indicare (*auf etw.* qc), mostrare (*auf etw.* qc); *(mit dem Finger)* additare (*auf etw.* qc); **nach Süden ~** indicare il sud; **zeig (doch) mal!** fammi vedere!; **die Ampel zeigt auf Grün** il semaforo è verde; **III.** *rfl:* **sich ~** mostrarsi; *(sich sehen lassen)* farsi vede-

re; *(sich zur Schau stellen)* mettersi in mostra; **es zeigt sich, daß ...** risulta che ...; **das wird sich ~** si vedrà; **sie zeigte sich wenig gerührt über diesen Vorfall** si mostrò poco commossa per l'accaduto.

Zeiger ‹-s, -› *m* indice *m*, indicatore *m; (Nadel)* ago *m; (Uhr~)* lancetta *f; (auf Meßgeräten)* indice *m;* **der ~ schlägt aus** l'indice oscilla.

Zeigestock *m* bacchetta *f*.

Zeile ['tsailə] ‹-, -n› *f* **1.** *typ, fig* riga *f;* **2.** *TV* linea *f;* **3.** *(Häuser~, etc.)* fila *f;* **eine neue ~ anfangen** andare a capo; **jdm ein paar ~n schreiben** scrivere due righe a qu; **zwischen den ~n lesen** leggere tra le righe; **neue ~!** *(beim Diktat)* a capo! **Zeilenabstand** *m* spazio *m* interlineare (*o.* fra le righe). **Zeilensetzmaschine** *f* linotype® *f*.

Zeisig ['tsaiziç] ‹-s, -e› *m* lucherino *m*.

zeit [tsait] *prp gen:* **~ meines Lebens** per tutta la mia vita, vita natural durante.

Zeit [tsait] ‹-, -en› *f* **1.** *allg., gram, sport, phys, philos* tempo *m;* **2.** *(~raum, ~spanne)* periodo *m; (~alter)* epoca *f*, era *f;* **3.** *(~punkt)* momento *m;* **4.** *(Jahres~)* stagione *f;* **5.** *(Uhr~)* ora *f;* **auf ~** a termine; **für alle ~en** per sempre; **in alten ~en** nei tempi antichi, una volta; **in der ~ vom ... bis zum ...** nel periodo dal ... al ...; **in jüngster ~** recentemente; **in kurzer ~** in breve tempo; **im Laufe der ~** col tempo, coll'andare del tempo; **in letzter ~** negli ultimi tempi, ultimamente; **in nächster ~** prossimamente, in un prossimo futuro; **in unserer ~** oggigiorno, nell'epoca in cui viviamo; **mit der ~** col passare (*o.* coll'andare) del tempo; **seit der** (*o.* **dieser**) **~** da quel momento; **die ganze ~ (über)** (per) tutto il tempo; **um diese ~** a quest'ora; **um dieselbe** (*o.* **die gleiche**) **~** alla stessa ora; **um welche ~?** a che ora?; **von ~ zu ~** di tanto in tanto, ogni tanto; **vor der ~** prematuramente; **vor langer ~** molto tempo fa; **zur Zeit** (*ab* **z. Z., z. Zt.**) attualmente; **zur ~ von** ai tempi di; **zu allen ~en** in tutti i tempi; **zur gleichen ~** allo stesso tempo, insieme; **zu jeder ~** in ogni tempo; **zu meiner ~** ai miei tempi; **zur rechten ~** al tempo (*o.* al momento) giusto; *(rechtzeitig)* tempestivamente; **die ~ abnehmen** cronometrare (*eines Laufes* una corsa); **~ brauchen** metterci tempo; **eine ~ festsetzen** fissare l'ora (*o.* la data); **mit der ~ gehen** andare coi tempi, tenere il passo con i tempi; **~ gewinnen/verlieren** guadagnare/perdere tempo; **~/keine ~ haben (, etw. zu tun)** aver/non aver tempo (per fare qc); **das hat ~** non c'è fretta, c'è tempo; **viel ~ in Anspruch nehmen** richiedere molto tempo; **jdm ~ lassen** dar tempo a qu; **sich** *(dat)* **~ lassen** fare con comodo, prendersela comoda *fam;* **sich** *(dat)* **~ nehmen** prendere tempo; **die ~ (mit Lesen) verbringen** passare il tempo (leggendo); **es ist an der ~ zu** è tempo (*o.* ora) di; **alles zu seiner ~!** ogni cosa a suo tempo!; **ach, du liebe ~!** Dio mio! *fam*, santo cielo! *fam;* **schlechte ~en** tempi duri; **sechs Stunden ~ haben** avere sei ore di tempo; **auf ~ spielen** *sport* guadagnare tempo, tirare le cose in lungo; **es wird (allmählich) ~, daß ...** è ora che ... *conj;* **wie die ~ vergeht!** come passa il tempo!; **~ ist Geld** *prov* il tempo è denaro *prov;* **kommt ~, kommt Rat** *prov* la notte porta consiglio *prov*.

Zeitabschnitt *m* periodo *m* (di tempo), epoca *f*. **Zeitabstand** *m* intervallo *m;* **in regelmäßigen Zeitabständen** periodicamente, a intervalli regolari. **Zeitalter** *n* era *f*, età *f*, tempo *m*. **Zeitangabe** *f* **1.** *(Uhrzeit)* ora *f; (Datum)* data *f;* **2.** *gram* complemento *m* di tempo. **Zeitansage** *f* segnale *m* orario. **Zeitaufnahme** *f* posa *f*. **Zeitaufwand** *m* dispendio *m* di tempo. **Zeitbombe** *f* bomba *f* a orologeria. **Zeitdruck** ‹-(e)s, ø› *m* fretta *f*, premura *f;* **unter ~ stehen** avere fretta. **Zeiteinteilung** *f* distribuzione *f* del tempo; **gute/schlechte ~** tempo *m* ben/mal distribuito. **Zeitenfolge** *f gram* consecutio *m* temporum. **Zeitersparnis** *f* risparmio *m* di tempo. **Zeitgeist** *m* spirito *m* del tempo. **zeitgemäß** *a* conforme allo spirito (*o.* ai gusti) del tempo, moderno; *(aktuell)* attuale. **Zeitgenosse** *m*, **-genossin** *f* contemporaneo, -a *m, f*. **zeitgenössisch** [-gənœsiʃ] *a* contemporaneo. **Zeitgeschehen** ‹-s, ø› *n* attualità *f*. **Zeitgeschichte** *f* storia *f* contemporanea. **Zeitgewinn** *m* risparmio *m* di tempo.

zeitig I. *a* primo; **am ~en Nachmittag** di primo pomeriggio; **II.** *adv* presto; **~ aufstehen** alzarsi di buon'ora.

zeitigen *tr geh* **1.** *(hervorbringen)* produrre; **2.** *(zur Folge haben)* avere come conseguenza; **ein Ergebnis ~** dare un risultato.

Zeitkarte *f* abbonamento *m*. **Zeitlang** *f:* **eine ~** per qualche tempo.

zeitlebens [-ˈleːbəns] *adv* per tutta la vita, vita natural durante.
zeitlich *a* **1.** *(die Zeit betreffend)* cronologico; *(a. gram)* temporale; **2.** *(irdisch)* terreno; *(vergänglich)* caduco; **~ paßt es mir gut** l'orario mi va bene; **~ zusammenfallen** coincidere; **~ begrenzt** limitato nel tempo; **das Z~e segnen** *geh* passare a miglior vita *geh*, rendere l'anima a Dio *geh*.
Zeitlimit *n* tempo *m* massimo. **zeitlos** *a* non soggetto al tempo; *(Kleidung)* non soggetto alla moda. **Zeitlupe** *f* rallentatore *m;* **mit der ~** al rallentatore; **eine Wiederholung in ~** una ripresa al rallentatore. **Zeitlupenaufnahme** *f* ripresa *f* al rallentatore. **Zeitlupentempo** *n:* **im ~** a passo di lumaca. **Zeitmangel** *m* mancanza *f* di tempo; **aus ~** per mancanza di tempo. **Zeitnehmer(in)** ‹-s, -› *m(f)* cronometrista *mf.* **Zeitpunkt** *m* **1.** *(Augenblick)* momento *m,* istante *m,* punto *m;* **2.** *(Datum)* data *f;* **3.** *(Frist)* termine *m;* **der ~, wo ...** il momento in cui ...; **zu diesem ~** in quel momento, a questo punto. **Zeitraffer** ‹-s, ø› *m* acceleratore *m.* **Zeitrafferaufnahme** *f* ripresa *f* all'acceleratore. **zeitraubend** *a* che richiede molto tempo, lungo. **Zeitraum** *m* spazio *m* di tempo, periodo *m.* **Zeitrechnung** *f* cronologia *f;* **christliche ~** era *f* cristiana; **nach/vor unserer ~** dopo/avanti Cristo. **Zeitschrift** *f* periodico *m; (bes. Illustrierte)* rivista *f.* **Zeitsoldat** *m* volontario *m.* **Zeitspanne** *f* (lasso *m* di) tempo *m.* **zeitsparend** *a* che fa risparmiare tempo. **Zeittafel** *f* tavola *f* cronologica. **Zeittakt** *m tel* scatto *m.*
Zeitung [ˈtsaitʊŋ] ‹-, -en› *f* giornale *m,* quotidiano *m; (Zeitschrift)* rivista *f;* **eine ~ abonniert haben** essere abbonato a un giornale; **eine ~ abbestellen** disdire l'abbonamento ad un giornale; **bei der ~ arbeiten** lavorare al giornale; **in der ~ lesen** leggere sul giornale. **Zeitungsabonnement** *n* abbonamento *m* a un giornale. **Zeitungsanzeige** *f* inserzione *f* (sul giornale). **Zeitungsartikel** *m* articolo *m* di giornale. **Zeitungsausschnitt** *m* ritaglio *m* di giornale. **Zeitungsausträger(in)** *m(f)* distributore, -trice *m, f* di giornali. **Zeitungsbericht** *m* reportage *m,* articolo *m* di giornale. **Zeitungskiosk** *m* edicola *f.* **Zeitungsleser(in)** *m(f)* lettore, -trice *m, f* di giornale. **Zeitungsmeldung** *f* notizia *f* di giornale. **Zeitungsnotiz** *f* trafiletto *m,* stelloncino *m.* **Zeitungspapier** *n* carta *f* da giornale. **Zeitungsverkäufer(in)** *m(f)* giornalaio, -a *m, f.*
Zeitunterschied *m* differenza *f* di orario. **Zeitverlust** *m* perdita *f* di tempo; *(verlorene Zeit)* tempo *m* perso. **Zeitverschwendung** *f* spreco *m* di tempo. **Zeitvertreib** [-fɛɐ̯traip] ‹-(e)s, -e› *m* passatempo *m;* **zum ~** per passatempo. **zeitweilig** [-vailɪç] *a* temporaneo, momentaneo; *(vorläufig)* provvisorio. **zeitweise** *adv* temporaneamente; *(von Zeit zu Zeit)* di tanto in tanto, a periodi; *(eine Zeitlang)* per un certo tempo. **Zeitwort** ‹-(e)s, ¨er› *n* verbo *m.* **Zeitzeichen** *n* segnale *m* orario. **Zeitzünder** *m* spoletta *f* ad accensione ritardata. **Zeitzündung** *f* accensione *f* a tempo.
zelebrieren [tseleˈbriːrən] ‹*ohne ge-*› *tr* celebrare, officiare.
Zelle [ˈtsɛlə] ‹-, -n› *f* **1.** *biol, pol, fig* cellula *f;* **2.** *(kleiner Raum)* cella *f; (Telefon~, Wahl~)* cabina *f;* **3.** *el* elemento *m* (di batteria), cella *f;* **die (kleinen) grauen ~n** *fam scherz* la materia grigia *fam.* **Zell(en)bildung** *f* citogenesi *f.* **Zellgewebe** *n* tessuto *m* cellulare. **Zellkern** *m* nucleo *m* della cellula. **Zellstoff** *m* cellulosa *f.* **Zellstofftuch** *n* tessuto *m* di cellulosa. **Zellteilung** *f* divisione *f* (*o.* scissione *f*) della cellula.
Zelluloid [tsɛluˈlɔyt] ‹-(e)s, ø› *n* celluloide *f.*
Zellulose [tsɛluˈloːzə] ‹-, -n› *f* cellulosa *f.*
Zellwand *f* parete *f* della cellula. **Zellwolle** *f* lana *f* sintetica.
Zelt [tsɛlt] ‹-(e)s, -e› *n* tenda *f;* **ein ~ aufschlagen/abbrechen** montare/smontare una tenda; **seine ~e abbrechen** *fig scherz* levare le tende. **Zeltbahn** *f* telo *m* da tenda.
zelten *itr* campeggiare; *(bes. mil)* accamparsi; **~ gehen** andare in campeggio. **Zelten** ‹-s, ø› *n* campeggio *m,* camping *m.*
Zeltlager *n* accampamento *m,* attendamento *m; (Ferienlager)* campeggio *m,* camping *m.* **Zeltpflock** *m* picchetto *m* da tenda. **Zeltplatz** *m* campeggio *m,* camping *m.* **Zeltstange** *f* paletto *m* da tenda.

Zement [tseˈmɛnt] ‹-(e)s, -e› *m* cemento *m.*
zementieren [...ˈtiːrən] ‹*ohne ge-*› *tr* **1.** cementare; **2.** *fig* sancire.
Zenit [tseˈniːt] ‹-(e)s, ø› *m* **1.** *astr* zenit *m;* **2.** *fig* apice *m,* culmine *m;* **im ~**

seines Ruhms all'apice della sua gloria.

zensieren [tsɛn'zi:rən] ⟨*ohne ge-*⟩ *tr* **1.** *(Bücher, Filme, etc.)* censurare; **2.** *(Klassenarbeiten, etc.)* classificare, dare voti a; **einen Aufsatz mit „gut"** ~ classificare buono un componimento.

Zensur [...'zu:ɐ] ⟨-, -en⟩ *f* **1.** *(staatliche Kontrolle)* censura *f;* **2.** *(Note)* voto *m;* **durch die ~ gehen** passare la censura; **~en** *(Zeugnis)* pagella *f.*

Zentiliter [tsɛnti'li:tɐ] *m o. n* (*ab* **cl**) centilitro *m.*

Zentimeter [tsɛnti'me:tɐ] *m o. n* (*ab* **cm**) centimetro *m.* **Zentimetermaß** *n* centimetro *m.*

Zentner ['tsɛntnɐ] ⟨-s, -⟩ *m* (*ab* **Ztr.**) mezzoquintale *m; CH, A* (*ab* **q**) quintale *m.*

zentral [tsɛn'tra:l] *a* centrale.

Zentral- *(in Zusammensetzungen)* centrale. **Zentralafrika** *n* Africa *f* centrale. **Zentralbank** ⟨-, -en⟩ *f* banca *f* centrale.

Zentrale ⟨-, -n⟩ *f allg., el* centrale *f; tel* centralino *m; (Hauptgeschäftsstelle)* sede *f* centrale; *(Taxi~)* centrale *f.*

Zentralheizung *f* riscaldamento *m* centrale.

zentralisieren [tsɛntrali'zi:rən] ⟨*ohne ge-*⟩ *tr* centralizzare.

Zentralismus [...'lɪsmʊs] ⟨-, ø⟩ *m* centralismo *m.*

Zentralkomitee *n* comitato *m* centrale. **Zentralverwaltung** *f* amministrazione *f* centrale.

Zentren *pl von* **Zentrum.**

zentrifugal [tsɛntrifu'ga:l] *a* centrifugo. **Zentrifugalkraft** *f* forza *f* centrifuga.

Zentrifuge [tsɛntri'fu:gə] ⟨-, -n⟩ *f* centrifuga *f.*

zentripetal [tsɛntripe'ta:l] *a* centripeto. **Zentripetalkraft** *f* forza *f* centripeta.

Zentrum ['tsɛntrʊm, ...rən] ⟨-s, Zentren⟩ *n* centro *m;* **im ~ des Interesses** al centro dell'attenzione.

Zeppelin ['tsɛpəli:n] ⟨-s, -e⟩ *m* dirigibile *m,* zeppelin *m.*

Zepter ['tsɛptɐ] ⟨-s, -⟩ *n o. rar m* scettro *m.*

zerbeißen ⟨*irr, ohne ge-*⟩ *tr* spezzare coi denti; morsicare.

zerbomben ⟨*ohne ge-*⟩ *tr* distruggere con i bombardamenti (*o.* con le bombe).

zerbrechen ⟨*irr, ohne ge-*⟩ **I.** *tr* ⟨*haben*⟩ rompere, spezzare; **sich** *(dat)* **den Kopf ~** rompersi la testa (*über* per); **II.** *itr* ⟨*sein*⟩ rompersi; *(a. fig)* spezzarsi (*an* da). **zerbrechlich** *a* fragile.

zerbröckeln ⟨*ohne ge-*⟩ **I.** *tr* ⟨*haben*⟩ sbriciolare; **II.** *itr* ⟨*sein*⟩ sbriciolarsi; *(Mauer, fig a.)* disgregarsi.

zerdrücken ⟨*ohne ge-*⟩ *tr* schiacciare; *(Kleidung)* sgualcire.

Zeremonie [tseremo'ni:, ...i̯:ən] ⟨-, -n⟩ *f* cerimonia *f.*

zeremoniell [...'ni̯ɛl] *a* cerimoniale. **Zeremoniell** ⟨-s, -e⟩ *n* cerimoniale *m.*

Zeremonienmeister *m* cerimoniere *m.*

zerfahren *a* **1.** *(ausgefahren)* dissestato; **2.** *(zerstreut)* distratto.

Zerfall *m* **1.** *allg., fig* crollo *m,* rovina *f; geol* disfacimento *m; chem* decomposizione *f; phys* disintegrazione *f;* **2.** *fig (Verfall)* decadimento *m.*

zerfallen[1] ⟨*irr, ohne ge-*⟩ *itr* ⟨*sein*⟩ **1.** *(auseinanderfallen)* cadere in (*o.* a) pezzi; *(bes. Bauwerk)* crollare, andare in rovina; **2.** *(sich auflösen)* disfarsi, dissolversi; *phys* disintegrarsi; **3.** *(geol, Werte, Familie, etc.)* disgregarsi; **4.** *fig (sich gliedern)* dividersi (*in* in); **zu Staub ~** ridursi in polvere.

zerfallen[2] *a* **1.** *(Gebäude, etc.)* diroccato, rovinato; **2.** *(verfeindet)* in discordia (*mit* con).

zerfetzen ⟨*ohne ge-*⟩ *tr (in Fetzen reißen)* stracciare, fare a pezzi; *(a. zerfleischen)* lacerare; *(zerfleischen)* dilaniare. **zerfetzt** *a (Kleidung, Papier, etc.)* stracciato, a pezzi; *(Körper)* dilaniato.

zerfleischen ⟨*ohne ge-*⟩ *tr* sbranare, lacerare, strappare.

zerfließen ⟨*irr, ohne ge-*⟩ *itr* ⟨*sein*⟩ **1.** *(Flüssiges)* spandersi; **2.** *(Weiches)* liquefarsi; **3.** *fig (Hoffnungen, etc.)* dissolversi.

zerfressen ⟨*irr, ohne ge-*⟩ *tr (Motten, Neid)* rodere; *(Säure, Rost)* corrodere.

zergehen ⟨*irr, ohne ge-*⟩ *itr* ⟨*sein*⟩ sciogliersi; **auf der Zunge ~** sciogliersi in bocca.

zergliedern ⟨*ohne ge-*⟩ *tr* **1.** *(sezieren)* sezionare; **2.** *(analysieren)* analizzare.

zerhacken ⟨*ohne ge-*⟩ *tr (Holz)* spaccare, tagliare; *(Fleisch)* tagliare a pezzetti.

zerhauen ⟨*irr, ohne ge-*⟩ *tr* tagliare a pezzi, spaccare.

zerkauen ⟨*ohne ge-*⟩ *tr* macinare.

zerkleinern ⟨*ohne ge-*⟩ *tr (Fleisch, Gemüse)* tritare; *(Brot, Holz)* spezzettare.

zerklüftet [tsɛɐ'klʏftət] *a* frastagliato.

zerknirscht *a* contrito, compunto, mortificato. **Zerknirschtheit** ⟨-, ø⟩ *f*, **Zerknirschung** ⟨-, ø⟩ *f* contrizione *f*, compunzione *f*.

zerknittern ⟨*ohne ge-*⟩ *tr* sgualcire, spiegazzare.

zerknüllen ⟨*ohne ge-*⟩ *tr* appallottolare.

zerkochen ⟨*ohne ge-*⟩ **I.** *tr* ⟨*haben*⟩ stracuocere; **II.** *itr* ⟨*sein*⟩ scuocersi.

zerkratzen ⟨*ohne ge-*⟩ *tr* graffiare.

zerkrümeln ⟨*ohne ge-*⟩ **I.** *tr* ⟨*haben*⟩ sbriciolare; **II.** *itr* ⟨*sein*⟩ sbriciolarsi.

zerlassen ⟨*irr, ohne ge-*⟩ *tr* far sciogliere; **~e Butter** burro fuso.

zerlegbar *a* **1.** *(Möbel, etc.)* scomponibile; *(abnehmbar)* smontabile; **2.** *chem* decomponibile; **3.** *mat* divisibile.

zerlegen ⟨*ohne ge-*⟩ *tr* **1.** *(Möbel, etc.)* scomporre; *tec (abmontieren)* smontare; **2.** *(Fleisch)* trinciare; **3.** *chem* decomporre; **4.** *mat* dividere, ridurre; **5.** *gram* analizzare, fare l'analisi di; **etw. in seine Einzelteile ~** smontare qc nelle sue parti componenti.

zerlumpt [tsɛɐ̯'lʊmpt] *a* cencioso, lacero.

zermalmen [tsɛɐ̯'malmən] ⟨*ohne ge-*⟩ *tr* **1.** stritolare; *(a. fig)* schiacciare; *(mit den Zähnen)* tritare; **2.** *fig* annientare.

zermartern ⟨*ohne ge-*⟩ *tr:* **sich** *(dat)* **den Kopf ~** lambiccarsi il cervello.

zermürben ⟨*ohne ge-*⟩ *tr* snervare, fiaccare; **das ~de Warten** il logoramento dell'attesa.

zernagen ⟨*ohne ge-*⟩ *tr* rosicchiare, rodere.

zerpflücken ⟨*ohne ge-*⟩ *tr* **1.** sfogliare; **2.** *fig (Text, etc.)* demolire.

zerquetschen ⟨*ohne ge-*⟩ *tr* schiacciare.

Zerrbild *n* caricatura *f*.

zerreiben ⟨*irr, ohne ge-*⟩ *tr* **1.** triturare; *(a. Farben)* macinare, *(reiben)* grattugiare; *(zu Pulver)* polverizzare; **2.** *fig* schiacciare, annientare.

zerreißen ⟨*irr, ohne ge-*⟩ **I.** *tr* ⟨*haben*⟩ **1.** *(Stoff, Papier)* stracciare; *(bes. durchreißen)* strappare; *(in Stücke)* far a pezzi; **2.** *(zerfleischen)* sbranare, dilaniare; **3.** *fig (Ketten, etc.)* spezzare; **jdm das Herz ~** spezzare il cuore a qu; **II.** *itr* ⟨*sein*⟩ strapparsi; **III.** *rfl:* **sich (für jdn) ~** farsi in quattro (per qu) *fam.* **Zerreißprobe** *f* **1.** *tec* prova *f* di trazione (*o.* di strappamento); **2.** *fig* dura prova *f*.

zerren ['tsɛrən] **I.** *tr* **1.** *(ziehen)* tirare con forza; *(schleppen)* trascinare; **2.** *(dehnen)* stirare, strappare; **II.** *itr* **1.** dare degli strappi (*an* a); **2.** *fig* logorare (*an etw.* qc).

zerrinnen ⟨*irr, ohne ge-*⟩ *itr* ⟨*sein*⟩ **1.** *(Flüssigkeit)* sciogliersi; **2.** *fig (Jahre, Zeit)* scorrere; *(Hoffnungen)* svanire; **das Geld zerrinnt ihm unter den Fingern** ha le mani bucate *fam.*

zerrissen [tsɛɐ̯'rɪsən] *a* **1.** stracciato, lacero; **2.** *fig* lacerato. **Zerrissenheit** ⟨-, ø⟩ *f* lacerazione *f*.

Zerrspiegel *m (a. fig)* specchio *m* magico.

Zerrung ⟨-, -en⟩ *f* stiramento *m*, strappo *m*.

zerrütten [tsɛɐ̯'rʏtən] ⟨*ohne ge-*⟩ *tr* scuotere; *(schädigen)* rovinare; *(Gesundheit)* logorare; *(Geist)* turbare; *(Ehe)* guastare; *(Finanzen, Ordnung)* dissestare. **Zerrüttungsprinzip** *n* principio *m* del disfacimento.

zersägen ⟨*ohne ge-*⟩ *tr* segare a (*o.* in) pezzi.

zerschellen ⟨*ohne ge-*⟩ *itr* ⟨*sein*⟩ sfracellarsi (*an* contro); *(bes. Flugzeug)* schiantarsi (*an* contro).

zerschlagen¹ ⟨*irr, ohne ge-*⟩ **I.** *tr* **1.** *(entzweischlagen)* fare a pezzi; **2.** *(durch Fallenlassen)* rompere, spaccare; **3.** *(durch Darauffallen)* fracassare, frantumare; **4.** *fig (Widerstand)* vincere; *(Pläne)* mandare a monte; **II.** *rfl:* **sich ~** *fig* andare a monte (*o.* in fumo).

zerschlagen² *a* sfinito, spossato, esaurito.

zerschmettern ⟨*ohne ge-*⟩ *tr* **1.** fracassare; *(bes. Körperteile)* sfracellare; **2.** *fig (Nachricht, etc.)* annichilire.

zerschneiden ⟨*irr, ohne ge-*⟩ *tr* **1.** *(in Stücke)* tagliare a (*o.* in) pezzi, tagliuzzare; *(in Scheiben)* affettare; *(Braten)* trinciare; **2.** *(durch Schnitte verletzen)* tagliare.

zersetzen ⟨*ohne ge-*⟩ **I.** *tr* **1.** *chem* decomporre; **2.** *fig* disgregare; *(bes. Sitten)* corrompere; *(untergraben)* minare; **II.** *rfl:* **sich ~ 1.** *chem* decomporsi; **2.** *fig* disgregarsi, disfarsi. **zersetzend** *a fig* sovversivo. **Zersetzung** ⟨-, ø⟩ *f* **1.** *chem* decomposizione *f*; **2.** *fig* disgregazione *f*; *(bes. Sitten~)* corruzione *f*.

zersplittern ⟨*ohne ge-*⟩ **I.** *tr* ⟨*haben*⟩ **1.** mandare in frantumi, scheggiare; **2.** *fig, pol* smembrare; **II.** *itr* ⟨*sein*⟩ **1.** andare in frantumi, scheggiarsi; **2.** *fig, pol* essere frantumato.

zerspringen ⟨*irr, ohne ge-*⟩ *itr* ⟨*sein*⟩ **1.** spaccarsi, fendersi, rompersi; *(explodieren)* scoppiare; **2.** *fig (Herz, etc.)* spezzarsi (*vor* da); **ich könnte**

vor Wut ~ potrei scoppiare dalla rabbia.

zerstampfen ‹*ohne ge-*› *tr (zertreten)* calpestare; *(im Mörser)* pestare; *(zerquetschen)* schiacciare.

zerstäuben [tsɛɐ̯ˈʃtɔy̯bən] ‹*ohne ge-*› *tr (Flüssigkeit)* spruzzare; *(Pulver)* polverizzare. **Zerstäuber** ‹-s, -› *m* atomizzatore *m; (a. tec)* spruzzatore *m*, polverizzatore *m*.

zerstechen ‹*irr, ohne ge-*› *tr* foracchiare, bucare; *(Insekten)* pungere; **von Mücken zerstochen** punto dalle zanzare.

zerstören ‹*ohne ge-*› *tr* **1.** distruggere; *(Gebäude)* demolire; *(verwüsten)* devastare; **2.** *fig (Gesundheit, Ehe)* rovinare; *(Hoffnung)* distruggere. **Zerstörer** ‹-s, -› *m (Schiff)* cacciatorpediniere *m*. **Zerstörer(in)** ‹-s, -› *m(f)* distruttore, -trice *m, f*. **zerstörerisch** *a* distruttivo.

Zerstörung *f* **1.** distruzione *f; (von Gebäude)* demolizione *f;* **2.** *fig* rovina *f*. **Zerstörungswut** *f* vandalismo *m*, mania *f* di distruzione.

zerstoßen ‹*irr, ohne ge-*› *tr* pestare.

zerstreuen ‹*ohne ge-*› **I.** *tr* **1.** *(verstreuen)* disperdere, sparpagliare; **2.** *phys* diffondere; **3.** *fig (Zweifel, Verdacht)* dissipare; **4.** *(ablenken)* distrarre; *(unterhalten)* svagare, divertire; **II.** *rfl:* **sich ~ 1.** *(sich verteilen)* disperdersi; **2.** *(sich ablenken)* distrarsi; *(sich unterhalten)* svagarsi, divertirsi. **zerstreut** *a fig* distratto, sbadato. **Zerstreutheit** ‹-, ø› *f* distrazione *f*, sbadataggine *f fam*.

Zerstreuung *f* **1.** *(das Zerstreuen)* dispersione *f; phys* diffusione *f;* **2.** *(Unterhaltung)* distrazione *f*, svago *m;* **3.** *(Zerstreutheit)* distrazione *f*, sbadataggine *f fam*.

zerstückeln ‹*ohne ge-*› *tr* fare a pezzi, sminuzzare.

zerteilen ‹*ohne ge-*› *tr* dividere; *(trennen)* separare (*in* in); *(zerschneiden)* tagliuzzare; *(Braten)* trinciare.

Zertifikat [tsɛrtifiˈka:t] ‹-(e)s, -e› *n* **1.** *(Bescheinigung)* certificato *m;* **2.** *(Diplom)* diploma *m*.

zertrampeln ‹*ohne ge-*› *tr* calpestare.

zertreten ‹*irr, ohne ge-*› *tr (zertrampeln)* calpestare; *(Käfer, etc.)* schiacciare coi piedi; *(Glut)* spegnere coi piedi.

zertrümmern ‹*ohne ge-*› *tr* fracassare, frantumare; *(a. fig)* distruggere.

Zervelatwurst [tsɛrvəˈla:t-] *f* cervellata *f*.

zerwühlen ‹*ohne ge-*› *tr (Erde)* smuovere; *(Haar)* scompigliare.

Zerwürfnis [tsɛɐ̯ˈvʏrfnɪs] ‹-ses, -se› *n geh* discordia *f*, disaccordo *m*, dissidio *m*.

zerzausen [tsɛɐ̯ˈtsau̯zən] ‹*ohne ge-*› *tr:* **jdm das Haar ~** arruffare i capelli a qu, spettinare qu. **zerzaust** *a* arruffato, scompigliato.

Zeter [ˈtse:tɐ] *n:* **~ und Mordio schreien** *fam* urlare come un forsennato.

zetern *itr* strillare, urlare.

Zettel [ˈtsɛtəl] ‹-s, -› *m* foglietto *m*, pezzo *m* di carta; *(beschriebener ~)* biglietto *m*, nota *f; (Kassen~)* scontrino *m; (Kartei~)* scheda *f; (Preis~)* cartellino *m; (Formular)* modulo *m; (Anschlag~)* cartellone *m; (Flugblatt)* volantino *m;* **~ ankleben verboten!** vietata l'affissione. **Zettelkasten** *m* schedario *m*.

Zeug [tsɔy̯k] ‹-(e)s, ø› *n* **1.** *fam (Sachen)* roba *f*, cose *f pl; pej* robaccia *f fam;* **2.** *fam pej (Unsinn)* stupidaggini *f pl fam*, sciocchezze *f pl;* **3.** *(Fähigkeit)* capacità *f*, stoffa *f;* **4.** *obs (Stoff)* stoffa *f; (Wäsche)* biancheria *f;* **was das ~ hält** *fam* a più non posso; **jdm etw. am ~ flicken** *fam* trovare da ridire qc su qu; **das ~ zu etw. haben** avere la stoffa di qc, essere tagliato per qc; **sich ins ~ legen** *fam* mettersi con impegno; **sich für jdn ins ~ legen** *fam* adoperarsi per qu; **dummes ~!** ma che sciocchezze! *fam*.

Zeuge [ˈtsɔy̯gə] ‹-n, -n› *m*, **Zeugin** [...gɪn] *f* testimone *mf; jur* teste *mf;* **vor ~n** in presenza di testimoni; **als ~ aussagen** testimoniare, deporre.

zeugen[1] [ˈtsɔy̯gən] *itr (als Zeuge aussagen)* testimoniare; **von etw. ~** *fig* dimostrare qc, testimoniare qc.

zeugen[2] [ˈtsɔy̯gən] *tr* **1.** *(Kinder)* procreare, generare; **2.** *fig geh* produrre, creare.

Zeugenaussage *f* deposizione *f*, testimonianza *f*. **Zeugenstand** *m* banco *m* dei testimoni; **in den ~ treten** andare al banco dei testimoni. **Zeugenverhör** *n*, **-vernehmung** *f* escussione *f* (*o.* interrogatorio *m*) dei testi.

Zeughaus *n* arsenale *m*.

Zeugin *f s.* **Zeuge.**

Zeugnis [ˈtsɔy̯knɪs] ‹-ses, -se› *n* **1.** *(allg., med, Arbeits~)* certificato *m; (Schul~)* pagella *f;* **2.** *(Beweis)* testimonianza *f*, deposizione *f;* **jdm ein ~ ausstellen** rilasciare un certificato a qu; **für/gegen jdn ~ ablegen** testimoniare per/contro qu.

Zeugung ‹-, -en› *f* procreazione *f*, generazione *f*. **zeugungsfähig** *a* atto a procreare. **zeugungsunfähig** *a* sterile, impotente.

z. H., z. Hd. *ab von* **zu Händen** S.P.M. (*ab von* sue proprie mani).

Zickzack ['ts̮ɪktsak] ‹-(e)s, -e› *m* zigzag *m;* **im ~ gehen** camminare a zigzag.

Ziege ['ts̮i:gə] ‹-, -n› *f* capra *f;* **blöde ~** *fam* oca *f fam.*

Ziegel ['ts̮i:gəl] ‹-s, -› *m* **1.** *(Baustein)* laterizio *m; (quaderförmig)* mattone *m;* **2.** *(Dach~)* tegola *f.* **Ziegeldach** *n* tetto *m* di tegole.

Ziegelei [ts̮i:gə'la̮i] ‹-, -en› *f* fornace *f,* fabbrica *f* di laterizi.

ziegelrot *a* rosso mattone. **Ziegelstein** *m* laterizio *m; (quaderförmig)* mattone *m.*

Ziegenbock *m* caprone *m,* becco *m.* **Ziegenfell** *n* pelle *f* di capra. **Ziegenkäse** *m* formaggio *m* di capra. **Ziegenleder** *n* capretto *m.*

ziehen ['ts̮i:ən] ‹zieht, zog, gezogen› **I.** *tr* ‹*haben*› **1.** tirare (*jdn an etw.* qu per qc); *(zerren)* trascinare; *(schleppen)* trainare, rimorchiare; *(dehnen)* tendere; **2.** *(heraus~)* cavare, togliere; *(Zahn, Los, Wurzel)* estrarre; *(Wechsel, Schlußfolgerungen)* trarre (*auf* su); *(hervorholen)* tirar fuori; *(Schwert)* sguainare; **3.** *(in etw. hinein~)* infilare (*in* in); **4.** *(beim Schach)* muovere; **5.** *(Rohre)* trafilare; *(Mauer)* costruire, erigere; *(Graben)* scavare; **6.** *(Linie)* tracciare; **7.** *(herstellen)* fare, fabbricare, produrre; *(Pflanze)* coltivare; *(Tiere)* allevare; **jdn an sich ~** stringere qu a sé; **den Hut ~** levarsi il cappello; **ein Boot an Land ~** tirare una barca a secco; **es zieht mich in/nach ...** mi sento attratto verso ...; **Fäden ~** filare, fare fili; **jdm Geld aus der Tasche ~** *fam* mungere la borsa di qu *fam;* **eine Jacke über das Kleid ~** mettersi una giacca sopra il vestito; **jdn in etw. ~** coinvolgere qu in qc; **etw. nach sich** *(dat)* **~** *fig* comportare, avere come conseguenza; **Nutzen aus etw. ~** trarre profitto da qc; **jdn auf seine Seite ~** tirare qu dalla propria parte; **jdn ins Vertrauen ~** confidarsi con qu; **aus dem Verkehr ~** togliere dalla circolazione; **die Pistole ~** estrarre la pistola; **alle Blicke auf sich ~** attirare tutti gli sguardi su di sé; **den Ring vom Finger ~** sfilarsi l'anello dal dito; **Zigaretten (aus dem Automaten) ~** estrarre le sigarette dal distributore; **II.** *itr* **1.** ‹*haben*› tirare (*an etw.* qc); **2.** ‹*haben*› *(weh tun)* fare male; **3.** ‹*sein*› *(wandern)* camminare (*durch* in, per), girare (*durch* per); *(Zugvögel)* migrare; *(Wolken)* muoversi, passare; **4.** ‹*sein*› *(weg~)* andarsene, partire; **5.** ‹*sein*› *(umziehen)* cambiare casa, trasferirsi; **6.** ‹*haben*› *(Kaffee)* filtrare; *(Tee)* stare in infusione; *(Kochgut in Wasser)* cuocere (*o.* bollire) a fuoco lento; **7.** ‹*haben*› *(Auto)* tirare, trainare; **8.** ‹*haben*› *fig fam (zugkräftig sein)* avere successo (*bei* con), fare presa (*bei* su); **es zieht** c'è corrente; **in den Krieg ~** andare in guerra; **laß ihn ziehen!** *obs* lascialo andare; **in die Stadt ~** trasferirsi in città; **an einer Zigarette ~** dar una tirata a una sigaretta; **zu jdm ~** andare ad abitare da qu; **das zieht bei mir nicht** *fam* con me non attacca *fam;* **von Krefeld nach Stuttgart ~** trasferirsi da Krefeld a Stoccarda; **III.** *rfl:* **sich ~ 1.** *(sich dehnen)* allungarsi; *(Holz)* (in)curvarsi; *(Stahl)* storcersi; *(Gummi)* tendersi; *(Käse)* filare; **2.** *(sich erstrecken)* estendersi (*über* su); **sich in die Länge ~** tirarsi per le lunghe; **sich aus der Affäre ~** tirarsi fuori dalla faccenda; **dieses Thema zieht sich durch den ganzen Roman** questo tema ricorre in tutto il romanzo.

Ziehharmonika *f* fisarmonica *f.*

Ziehung ‹-, -en› *f* estrazione *f;* **die ~ der Lottozahlen** l'estrazione dei numeri del lotto.

Ziel [ts̮i:l] ‹-(e)s, -e› *n* **1.** *(von Reise)* destinazione *f; (von Wunsch a.)* meta *f;* **2.** *(~scheibe)* bersaglio *m;* **3.** *fig (Zweck)* obiettivo *m; (Absicht)* scopo *m;* **4.** *sport* traguardo *m,* arrivo *m;* **5.** *com (Termin)* termine *m,* scadenza *f;* **am ~ (seiner Reise) ankommen** arrivare a destinazione; **sein ~ erreichen** raggiungere il proprio traguardo (*o.* la propria meta), ottenere il proprio scopo; **zum ~ führen** portare alla meta; **(als Erster) durchs ~ gehen** tagliare (*o.* passare) il traguardo (per primo); **über das ~ hinausschießen** *fam* passare il segno *fam* (*o.* i limiti *fam);* **sich** *(dat)* **ein ~ setzen** (*o.* **stecken)** prefiggersi uno scopo, proporsi una meta; **das ~ verfehlen** *(a. fig)* mancare il bersaglio; **ein ~ verfolgen** perseguire uno scopo. **Zielband** ‹-(e)s, ¨-er› *n* nastro *m* d'arrivo. **zielbewußt** *a* risoluto, deciso, che sa quello che vuole.

zielen *itr* **1.** mirare (*auf* a), prendere di mira (*auf etw.* qc), puntare (*auf* su); **2.** *fig (anspielen)* alludere (*auf* a); *s. a. gezielt.*

Zielfernrohr *n* cannocchiale *m* di puntamento. **Zielfoto** *n* fotofinish *m.* **Zielgerade** *f* rettilineo *m* (*o.* dirittura *f*) d'arrivo. **Zielgerät** *n* dispositivo *m* di puntamento (*o.* di mira). **zielgerichtet** *a* finalizzato a uno scopo. **Zielgruppe** *f* utenza *f,* destinatari *m pl.* **Zielkamera** *f* telecamera *f* per il fotofinish. **ziellos** *a, adv* senza meta. **Zielpunkt** *m* punto *m* di mira, obiettivo *m.* **Zielscheibe** *f* bersaglio *m,* mira *f;* **die ~ des Spottes sein** essere lo zimbello di tutti *fam.* **Zielsetzung** ‹-, -en› *f* obiettivo *m,* finalità *f.* **zielsicher** **I.** *a* dalla mira sicura; **II.** *adv* con determinazione. **Zielsprache** *f* lingua *f* d'arrivo. **zielstrebig** **I.** *a* determinato; **II.** *adv* con determinazione. **Zielstrebigkeit** ‹-, ø› *f* determinazione *f.* **Zielvorrichtung** *f* congegno *m* di puntamento.

ziemlich **I.** *a (beträchtlich)* notevole, considerevole; **das ist eine ~e Frechheit** è una bella sfacciataggine *fam;* **eine ~e Menge** un buon numero; **II.** *adv* abbastanza, piuttosto, alquanto; **so ~** *fam* pressappoco, suppergiù; **~ sicher** quasi certo; **~ viel** parecchio, abbastanza; **das ist so ~ dasselbe** *fam* è quasi lo stesso.

Zierat ['t͡siːraːt] ‹-(e)s, -e› *m geh* ornamento *m,* decorazione *f.*

Zierde ['t͡siːɐ̯də] ‹-, -n› *f* **1.** *(Verzierung)* ornamento *m,* decorazione *f;* **2.** *fig* vanto *m,* onore *m;* **zur ~** per ornamento (*o.* decorazione).

zieren ['t͡siːrən] **I.** *tr geh* (ad)ornare, decorare, abbellire; **II.** *rfl:* **sich ~** *pej* fare il prezioso (*o.* la preziosa); *(beim Essen)* fare complimenti (a tavola).

Zierfisch *m* pesce *m* ornamentale. **Ziergarten** *m* giardino *m* ornamentale (*o.* di fiori). **Zierleiste** *f* **1.** *(arch, etc.)* modanatura *f;* **2.** *typ* fregio *m.*

zierlich *a (klein, fein)* fine, delicato; *(grazil)* gracile. **Zierlichkeit** ‹-, ø› *f (Feinheit, Zartheit)* delicatezza *f; (Grazilität)* gracilità *f.*

Zierpflanze *f* pianta *f* ornamentale. **Zierschrift** *f* scrittura *f* ornamentale. **Zierstrauch** *m* arbusto *m* ornamentale.

Ziffer ['t͡sɪfɐ] ‹-, -n› *f* **1.** *mat* cifra *f,* numero *m;* **2.** *jur* capoverso *m,* comma *m;* **in ~n** in cifre; **arabische/römische ~n** numeri arabi/romani; **Paragraph drei, ~ zwei (des) BGB** paragrafo 3, capoverso 2 del codice civile. **Zifferblatt** *n* quadrante *m.*

Zigarette [t͡sigaˈrɛtə] ‹-, -n› *f* sigaretta *f;* **sich** *(dat)* **eine ~ anzünden/drehen** accendersi/arrotolare una sigaretta. **Zigarettenautomat** *m* distributore *m* di sigarette. **Zigarettenetui** *n* portasigarette *m.* **Zigarettenlänge** *f:* **auf eine ~** per un attimo. **Zigarettenpackung** *f* pacchetto *m* di sigarette. **Zigarettenpapier** *n* carta *f* (*o.* cartina *f*) da sigarette. **Zigarettenschachtel** *f* pacchetto *m* di sigarette. **Zigarettenspitze** *f* bocchino *m* (per sigarette). **Zigarettenstummel** *m* mozzicone *m.*

Zigarillo [t͡sigaˈrɪlo] ‹-s, -s› *m o. n* sigarillo *m.*

Zigarre [t͡siˈgarə] ‹-, -n› *f* sigaro *m.* **Zigarrenabschneider** *m* tagliasigari *m.* **Zigarrenkiste** *f* scatola *f* di sigari.

Zigeuner(in) [t͡siˈgɔ͜ynɐ (...ərɪn)] ‹-s, -› *m(f)* zingaro, -a *m, f.* **Zigeunerleben** *n* vita *f* da zingaro. **Zigeunerwagen** *m* carro *m* di zingari.

Zikade [t͡siˈkaːdə] ‹-, -n› *f* cicala *f.*

Zimmer [ˈt͡sɪmɐ] ‹-s, -› *n* stanza *f; (a. Hotel~)* camera *f;* **auf** (*o.* **in**) **seinem ~ sein** essere in camera; **eine Wohnung mit drei ~n** un appartamento di tre vani; **„~ frei"** "camere libere". **Zimmerantenne** *f* antenna *f* interna (*o.* da camera). **Zimmerdecke** *f* soffitto *m.* **Zimmereinrichtung** *f* arredamento *m.* **Zimmerflucht** *f* fila *f* di stanze. **Zimmerhandwerk** *n* carpenteria *f,* arte *f* del carpentiere. **Zimmerkellner** *m* cameriere *m* ai piani. **Zimmerlautstärke** *f:* **das Radio/Fernsehen auf ~ stellen** mettere la radio/televisione a basso volume. **Zimmermädchen** *n* cameriera *f.* **Zimmermann** ‹-(e)s, -leute› *m* carpentiere *m.*

zimmern [ˈt͡sɪmɐn] **I.** *tr* fare, costruire (in legno); **II.** *itr* lavorare il legno; **an etw. ~** *(a. fig)* lavorare a qc.

Zimmernachweis *m* (ufficio *m*) informazioni *f pl* posti letto, agenzia *f* di soggiorno. **Zimmertemperatur** *f* **1.** *(in einem bestimmten Zimmer)* temperatura *f* della stanza; **2.** *(mittlere Temperatur)* temperatura *f* ambiente. **Zimmertheater** *n* teatro *m* da camera. **Zimmervermittlung** *f* pro loco *f.*

zimperlich [ˈt͡sɪmpɐlɪç] *a pej* **1.** *(überempfindlich)* ipersensibile, delicato; *(verzärtelt)* viziato; *(wehleidig)* insofferente; **2.** *(übertrieben schamhaft)* prude, castigato, ritroso; **sei doch nicht so ~!** non essere così delicato! **Zimperlichkeit** ‹-, ø› *f pej* **1.** *(Überempfindlichkeit)* ipersensibilità *f,* delicatezza *f; (Wehleidigkeit)* essere *m* piagnucoloso; **2.** *(übertriebene*

Schamhaftigkeit) pruderie *f,* ritrosia *f.*

Zimt [tsɪmt] ‹-(e)s, -e› *m* **1.** *(Gewürz)* cannella *f;* **2.** *fam pej* sciocchezze *f pl fam.*

Zink [tsɪŋk] ‹-(e)s, ø› *n* zinco *m.*

Zinke [ˈtsɪŋkə] ‹-, -n› *f* **1.** *(Kamm~, Gabel~)* dente *m;* **2.** *(Holzzapfen)* incastro *m* a coda di rondine.

zinken *tr (Spielkarte)* truccare.

Zinken [ˈtsɪŋkən] ‹-s, -› *m fam scherz* nasone *m fam.*

zinkhaltig *a* contenente zinco.

Zinn [tsɪn] ‹-(e)s, ø› *n* **1.** *(Metall)* stagno *m;* **2.** *(~geschirr)* vasellame *m* di stagno. **zinnern** *a* di stagno. **Zinnerz** *n* minerale *m* di stagno. **Zinngeschirr** *n* vasellame *m* di stagno. **Zinngießerei** *f* fonderia *f* di stagno. **zinnhaltig** *a* stannifero, contenente stagno.

Zinnober [tsɪˈno:bɐ] ‹-s, -› *m* **1.** *(Mineral, Farbe)* cinabro *m;* **2.** *fam pej (wertloses Zeug)* roba *f fam; (dummes Zeug)* chiacchiere *f pl;* **einen ~ machen** fare tante storie *fam.* **zinnoberrot** *a* rosso cinabro.

Zinnsoldat *m* soldatino *m* di piombo.

Zins[1] [tsɪns] ‹-es, -en› *m* ‹*meist pl*› interessi *m pl,* interesse *m* **~en bringen** fruttare (*o.* dare) interessi; **Geld auf ~en legen** mettere denaro a frutto; **Geld auf ~en leihen** prestare denaro a interesse.

Zins[2] [tsɪns] ‹-es, -e› *m* **1.** *hist (Abgabe)* tributo *m,* tassa *f;* **2.** *dial, CH (Miete)* pigione *f,* affitto *m.*

Zinsertrag *m* provento *m* d'interessi. **Zinseszins** *m* interesse *m* composto; **jdm etw. mit Zins und ~ zurückzahlen** *fig* ripagare qc a qu colla stessa moneta. **zinslos** *a* infruttifero, senza interessi. **Zinsrechnung** *f* calcolo *m* degli interessi. **Zinssatz** *m* tasso *m* (*o.* saggio *m*) d'interesse. **Zinssenkung** *f* riduzione *f* degli interessi. **Zinstabelle** *f* tabella *f* degli interessi. **Zinswucher** *m* usura *f.*

Zionismus [tsioˈnɪsmʊs] ‹-, ø› *m* sionismo *m.*

Zionist(in) [...ˈnɪst(ɪn)] ‹-en, -en› *m(f)* sionista *mf.*

zionistisch *a* sionistico.

Zipfel [ˈtsɪpfəl] ‹-s, -› *m* punta *f; (Tuch~)* lembo *m; (Taschentuch~, Schürzen~)* cocca *f; (Mützen~)* punta *f; (Wurst~)* pezzettino *m; (Land~, See~, etc.)* capo *m;* **etw./jdn (gerade) noch am letzten ~ erwischen** *fam* pescare qc/qu all'ultimo minuto *fam.* **Zipfelmütze** *f* berretta *f* a punta.

Zipperlein [ˈtsɪpɐlain] ‹-s, ø› *n fam scherz* gotta *f,* podagra *f;* **das ~ haben** avere la gotta.

Zirbeldrüse [ˈtsɪrbəl-] *f* ghiandola *f* pineale.

zirka [ˈtsɪrka] *adv* (*ab* **ca.**) circa, all'incirca, approssimativamente.

Zirkel [ˈtsɪrkəl] ‹-s, -› *m* **1.** *tec* compasso *m;* **2.** *(Kreis, Klub)* circolo *m.* **Zirkelkasten** *m* astuccio *m* dei compassi.

Zirkulation [tsɪrkulaˈtsio:n] ‹-, -en› *f* circolazione *f.*

zirkulieren [...ˈli:rən] ‹*ohne ge-*› *itr* ‹*haben o. rar sein*› circolare.

Zirkus [ˈtsɪrkʊs] ‹-, -se› *m* **1.** circo *m;* **2.** *fam pej (Getue, Theater)* storie *f pl fam; (Durcheinander)* baraonda *f fam,* confusione *f;* **in den ~ gehen** andare al circo.

Zirkus- *(in Zusammensetzungen)* da circo. **Zirkuszelt** *n* tendone *m* da circo.

zirpen [ˈtsɪrpən] *itr (Grillen)* cantare, frinire, stridere; *(Vogel)* pigolare.

zischeln [ˈtsɪʃəln] *tr, itr* bisbigliare, mormorare, sussurrare.

zischen [ˈtsɪʃən] **I.** *itr* sibilare; *(heißes Fett)* sfrigolare; *(Limonade)* essere effervescente; **II.** *tr* fischiare; **einen ~** *fam* bersi un bicchierino *fam;* **du kriegst gleich eine gezischt!** *fam* ti prendi subito una sberla *fam.*

Zischlaut *m* sibilante *f.*

ziselieren [tsizeˈli:rən] ‹*ohne ge-*› *tr* cesellare.

Zisterne [tʃɪsˈtɛrnə] ‹-, -n› *f* cisterna *f.*

Zitadelle [tsitaˈdɛlə] ‹-, -n› *f* cittadella *f.*

Zitat [tsiˈta:t] ‹-(e)s, -e› *n* **1.** *(Textstelle)* citazione *f;* **2.** *(geflügeltes Wort)* detto *m,* sentenza *f.*

Zither [ˈtsɪtɐ] ‹-, -n› *f* cetra *f.*

zitieren [tsiˈti:rən] ‹*ohne ge-*› *tr* citare; **jdn vor Gericht/zu sich** *(dat)* **~** citare qu in giudizio/chiamare qu.

Zitronat [tsitroˈna:t] ‹-(e)s, -e› *n* cedro *m* candito.

Zitrone [tsiˈtro:nə] ‹-, -n› *f* limone *m;* **jdn ausquetschen** (*o.* **auspressen**) **wie eine ~** *fam* spremere qu come un limone *fam;* **mit ~** *(Getränk)* al limone. **Zitroneneis** *n* gelato *m* di limone. **zitronengelb** *a* giallo limone. **Zitronenlimonade** *f* limonata *f.* **Zitronenpresse** *f* spremilimoni *m.* **Zitronensaft** *m* succo *m* di limone; *(Getränk)* spremuta *f* di limone. **Zitronensäure** *f* acido *m* citrico. **Zitronenschale** *f* scorza *f* di limone.

Zitrusfrüchte [ˈtsi:trʊsfrʏçtə] *f pl* agrumi *m pl.*

zitt(e)rig ['tsɪt(ə)rɪç] *a* tremante, tremolante.

zittern ['tsɪtɐn] *itr* **1.** *allg.* tremare (*vor Kälte* di freddo, *vor Wut* dalla rabbia, *vor jdm* davanti a qu); **2.** *(vibrieren)* vibrare, tremolare; **3.** *fig (Angst haben)* essere in ansia (*um* per), trepidare (*um* per); **wie Espenlaub ~** tremare come una foglia; **am ganzen Körper ~** tremare in tutto il corpo; **mir ~ die Knie** mi tremano le ginocchia; **um das teure Porzellan ~** tremare per le porcellane preziose.

Zitterpappel *f* pioppo *m* tremolo. **Zitterrochen** *m* torpedine *m.*

zittrig *s.* **zitterig.**

Zitze ['tsɪtsə] ‹-, -n› *f* capezzolo *m.*

zivil [tsi'vi:l] *a* **1.** *(bürgerlich, nichtmilitärisch)* civile, borghese; **2.** *fig fam (Preise)* moderato, ragionevole; *(Chef)* educato. **Zivil** ‹-s, ø› *n* abiti *m pl* borghesi; **in ~** in borghese. **Zivilangestellte** *mf* impiegato, -a *m, f* civile. **Zivilbehörden** *f pl* autorità *f pl* civili. **Zivilbevölkerung** *f* popolazione *f* civile. **Zivilcourage** ‹-, ø› *f* coraggio *m* civile. **Zivildienst** *m* servizio *m* civile; **~ leisten** prestare servizio civile. **Zivilgericht** *n* tribunale *m* civile. **Zivilgesetzgebung** *f* legislazione *f* civile.

Zivilisation [tsiviliza'tsio:n] ‹-, -en› *f* civiltà *f.* **Zivilisationskrankheit** *f* malattia *f* del progresso.

zivilisatorisch [...'to:rɪʃ] *a* civilizzatore.

zivilisieren [...'zi:rən] ‹*ohne ge-*› *tr* civilizzare.

Zivilist [tsivi'lɪst(ɪn)] ‹-en, -en› *m* civile *m,* borghese *m.*

Zivilkammer *f* sezione *f* civile. **Zivilklage** *f* azione *f* civile. **Zivilkleidung** *f* abiti *m pl* borghesi. **Zivilleben** *n:* **im ~** nella vita civile. **Zivilperson** *f* borghese *m.* **Zivilprozeß** *m* processo *m* civile. **Zivilprozeßordnung** *f* (*ab* **ZPO**) codice *m* di procedura civile. **Zivilrecht** *n* diritto *m* civile. **zivilrechtlich I.** *a* di diritto civile, civilistico; **II.** *adv* dal punto di vista del diritto civile. **Zivilschutz** *m* **1.** protezione *f* civile; **2.** *(~korps)* corpo *m* di protezione civile.

Znüni ['tsny:ni] ‹-s, -s› *m o. n CH* spuntino *m* mattutino.

Zobel ['tso:bəl] ‹-s, -› *m* zibellino *m.*

Zofe ['tso:fə] ‹-, -n› *f* cameriera *f.*

zog [tso:k] *1. u. 3. pers sing imp von* **ziehen.**

zögern ['tsø:gɐn] *itr* esitare (*etw. zu tun* a fare qc), indugiare (*etw. zu tun* a fare qc); ritardare (*mit etw.* qc), rimandare (*mit etw.* qc); *(schwanken)* titubare, tentennare; **ohne zu ~** senza indugio (*o.* esitazione). **Zögern** ‹-s, ø› *n* esitazione *f,* indugio *m; (Schwanken)* titubanza *f; (Unentschlossenheit)* indecisione *f;* **ohne ~** senza esitazione; **nach langem ~** dopo lunga esitazione.

Zögling ['tsø:klɪŋ] ‹-s, -e› *m* allievo, -a *m, f* (interno, -a); *(Internats~)* convittore, -trice *m, f.*

Zölibat [tsøli'ba:t] ‹-(e)s, ø› *n o. m* celibato *m;* **im ~ leben** vivere in celibato.

Zoll¹ [tsɔl] ‹-(e)s, ¨-e› *m* **1.** *(Abgabe)* tassa *f* (*o.* dazio *m*) doganale; *(Straßen~, Brücken~)* pedaggio *m;* **2.** *(Dienststelle)* dogana *f;* **3.** *fig (Tribut)* tributo *m;* **Zölle erheben** gravare di dazio; **den ~ passieren** passare la dogana; **~ zahlen** pagare il dazio; **die Natur fordert ihren ~** *fig* la natura chiede il suo tributo; **für** (*o.* **auf) etw. ~ bezahlen** pagare la dogana per qc.

Zoll² [tsɔl] ‹-(e)s, -› *m hist (Längenmaß)* pollice *m;* **nicht einen ~ weichen** (*o.* **nachgeben)** non cedere di un millimetro; **~ für ~** (*o.* **jeder ~**) **eine Dame** una signora da cima a fondo.

Zollabfertigung *f* operazioni *f pl* doganali. **Zollabkommen** *n* accordo *m* (*o.* convenzione *f*) doganale. **Zollamt** *n* ufficio *m* doganale, dogana *f.* **Zollbeamte** *m,* **-beamtin** *f* funzionario, -a *m, f* doganale, doganiere *m.* **Zollbehörde** *f* autorità *f* doganale. **Zollbestimmungen** *f pl* disposizioni *f pl* doganali.

zollen *tr geh* tributare; **jdm Beifall/Achtung ~** applaudire/rispettare qu.

Zollerklärung *f* dichiarazione *f* doganale. **Zollfahndung** *f* investigazione *f* della Finanza. **zollfrei** *a* esente da dazio. **Zollgebiet** *n* territorio *m* doganale. **Zollgrenzbezirk** *m* zona *f* doganale di confine. **Zollhoheit** *f* sovranità *f* doganale. **Zollkontrolle** *f* controllo *m* doganale.

Zöllner(in) ['tsœlnɐ (...ərɪn)] ‹-s, -› *m(f)* **1.** *fam (Zollbeamter)* funzionario, -a *m, f* doganale; **2.** *obs (bes. in Bibel)* pubblicano *m.*

zollpflichtig *a* soggeto a dazio. **Zollschranken** *f pl* barriere *f pl* doganali; **Abbau der ~** soppressione delle barriere doganali. **Zollsenkung** *f* riduzione *f* dei dazi doganali.

Zollstock *m* metro *m* pieghevole.

Zolltarif *m* tariffa *f* doganale. **Zollverwaltung** *f* amministrazione *f* dei dazi e delle dogane.

Zone ['tso:nə] ‹-, -n› *f* zona *f;* **blaue ~** zona disco; **heiße/gemäßigte/kalte ~** zona torrida/temperata/glaciale; **die ~** *fam obs* la Germania orientale. **Zonengrenze** *f fam obs* confine *m* tra le due Germanie.

Zoo [tso:] ‹-s, -s› *m* zoo *m.*

Zoologie [tsoolo'gi:] ‹-, ø› *f* zoologia *f.*

zoologisch [...'lo:gɪʃ] *a* zoologico.

Zopf [tsɔpf] ‹-(e)s, ¨-e› *m (Haar~, Gebäck~)* treccia *f; (Männer~)* codino *m;* **Zöpfe flechten** intrecciare; **Zöpfe tragen** portare le trecce; **das ist ein alter ~** è antiquato (*o.* sorpassato).

Zorn [tsɔrn] ‹-(e)s, ø› *m* ira *f,* collera *f; (Wut)* rabbia *f;* **seinen ~ an jdm auslassen** sfogare la propria ira su qu; **jdn in ~ bringen** far andare in collera qu; **in ~ geraten** andare in collera; **im ~ sagt sie oft Dinge, die sie später bereut** nella rabbia dice spesso cose di cui poi si pente. **zornig I.** *a* adirato, irato, incollerito; **auf jdn ~ sein** essere in collera con qu; **~ werden** adirarsi, arrabbiarsi; **II.** *adv* con rabbia (*o.* ira).

Zote ['tso:tə] ‹-, -n› *f pej* oscenità *f,* sconcezza *f;* **~n reißen** *fam* dire sconcezze *fam.*

Zottel ['tsɔtəl] ‹-, -n› *f ‹meist pl› fam* **1.** *(Haarbüschel)* ciuffo *m* (di capelli); **2.** *(Troddel)* nappa *f.* **zott(e)lig** *a* a ciuffi.

zottig ['tsɔtɪç] *a* **1.** *(Fell)* irsuto; **2.** *pej (Haar, Frisur)* spiovente a ciocche.

zottlig *a s.* **zottelig.**

ZPO *ab von* **Zivilprozeßordnung** C.P.C. (*ab von* Codice di Procedura Civile).

z. T. *ab von* **zum Teil** in parte.

Ztr. *ab von* **Zentner** mezzoquintale.

zu [tsu:] **I.** *prp dat* a; **~ Berlin** *obs* a Berlino; **~ Hause** a casa; **~ ebener Erde** al pianterreno; **~ Lande/Wasser** per via di terra/d'acqua; **~r Linken/Rechten** sulla sinistra/destra; **jdm ~r Seite** a fianco di qu; **~m Bahnhof/~m Markt/~r Schule** alla stazione/al mercato/a scuola; **von Haus ~ Haus** di casa in casa; **~ Paul/~ Schmidts/~m Bäcker** da Paolo/dagli Schmidt/dal panettiere; **~r Tür hinein** dentro per la porta; **~m Fenster hinaus** fuori dalla finestra; **~ Bett gehen** *geh* andare a letto; **~ Boden fallen** *geh* cadere a terra; **sich jdm ~ Füßen werfen** gettarsi ai piedi di qu; **sich ~ jdm setzen** sedersi vicino a qu; **der Weg ~m Hotel** la strada per l'albergo; **der Weg ~m Erfolg/~r Freiheit** la via del successo/della libertà; **~ Weihnachten/Ostern/Pfingsten** a Natale/Pasqua/Pentecoste; **~r Stunde, ~r Zeit** in questo momento, attualmente; **~r Zeit Karls des Großen** al tempo di Carlo Magno; **~m ersten Mal** per la prima volta; **~ Anfang** in principio, all'inizio; **~m Schluß** alla fine; **~ Fuß** a piedi; **~ dreien** (*o.* **dritt**) a (*o.* in) tre; **~ Dutzenden/Hunderten** a dozzine/centinaia; **~r Hälfte** a metà; **~ einem Drittel** per un terzo; **2 ~ 1** *sport* 2 a 1; **etw. ~ jdm sagen** dire qc a qu; **etw. ~ etw. essen/trinken** mangiare/bere qc con qc; **~ Staub verfallen** andare in polvere; **~m König machen** incoronare re; **sich** *(dat)* **jdn ~m Freund/Feind machen** farsi amico/inimicarsi qu; **„Zum Goldenen Löwen"** "Al Leone d'Oro"; **ein Eis ~ zwei Mark** un gelato da due marchi; **~r Belohnung** per ricompensa; **~r Probe** in prova; **II.** *adv* **1.** *(örtlich)* verso; **2.** *(all~)* troppo; **3.** *(geschlossen)* chiuso; **nach Süden ~** verso sud; **ab und ~** ogni tanto, di quando in quando; **~ groß/wenig** troppo grande/poco; **~ viel/sehr** troppo; **gar ~ ...** fin troppo ...; **~ bescheiden, als daß ...** troppo modesto per ... *inf;* **nur ~!** avanti!, forza!, coraggio!; **das ist ~ schön, um wahr zu sein** *fam* è troppo bello per essere vero *fam;* **~ dumm, daß ich daran nicht gedacht habe!** che stupido che non ci abbia pensato!; **auf/~** *(auf Gläsern, Wasserhähnen, etc.)* aperto/chiuso; **I.** *con* **1.** *(mit Infinitiv)* da, a, di; **2.** *(mit Partizip)* da; **ich habe ~ tun** ho da fare; **um ~ ...** per ... *inf;* **es ist ~m Wahnsinnigwerden!** *fam* c'è da impazzire! *fam;* **nicht ~ übersehende Schwierigkeiten** difficoltà palesi; **sie ist heute nicht ~ sprechen** oggi non si può parlarle; **ohne ~ ...** senza ... *inf;* **er befahl ihm, aufzuhören** gli ordinò di smetterla; **hier hast du nichts ~ sagen!** non hai voce in capitolo.

zuallererst [tsu'ʔalɐ'ʔe:ɐ̯st] *adv* innanzi (*o.* prima di) tutto.

zuallerletzt [tsu'ʔalɐ'lɛtst] *adv* alla fine, infine.

Zubehör ['tsu:bəhø:ɐ̯] ‹-(e)s, -e› *n* accessori *m pl.* **Zubehörteil** *n* accessorio *m.*

zu·beißen ‹*irr*› *itr* mordere; *(Hund)* azzannare.

Zuber ['tsu:bɐ] ‹-s, -› *m* mastello *m.*

zu·bereiten ‹*ohne ge-*› *tr* preparare, fare. **Zubereitung** ‹-, -en› *f* preparazione *f.*

zu·billigen *tr* accordare, concedere.

zu·binden ⟨*irr*⟩ *tr* legare; *(Schuhe)* allacciare.
zu·bringen ⟨*irr*⟩ *tr* **1.** *(verbringen)* passare, trascorrere; **2.** *fam (schließen können)* riuscire a chiudere.
Zubringer ⟨-s, -⟩ *m (Straße)* svincolo *m*, raccordo *m; (Bus)* autobus *m* che collega la città e l'aeroporto. **Zubringerdienst** *m* servizio *m* di collegamento aeroporto-città. **Zubringerstraße** *f s.* **Zubringer.**
Zubrot *n:* **sich** *(dat)* **mit etw. ein ~ verdienen** arrotondarsi lo stipendio con qc.
Zucht [tsʊxt] ⟨-, -en⟩ *f* **1.** *Pflanzen~, Perlen~)* coltivazione *f; (a. Bakterien~)* coltura *f; (Tier~)* allevamento *m;* **2.** ⟨*sing*⟩ *obs (Disziplin)* disciplina *f;* **~ und Ordnung** disciplina *f.* **Zuchtbulle** *m* toro *m* d'allevamento.
züchten [ˈtsʏçtən] *tr* **1.** *(Pflanzen, Perlen, a. fig)* coltivare; *(Tiere)* allevare; **2.** *fig (Haß, etc.)* alimentare.
Züchter(in) ⟨-s, -⟩ *m(f) (Pflanzen~, Perlen~)* coltivatore, -trice *m, f; (Vieh~)* allevatore, -trice *m, f.*
Zuchthaus *n* **1.** *(Gebäude)* penitenziario *m;* **2.** ⟨*sing*⟩ *(~strafe)* reclusione *f;* **zu 20 Jahren ~ verurteilt werden** essere condannato a 20 anni di reclusione; **darauf steht ~** per una cosa del genere c'è la prigione. **Zuchthäusler(in)** [-hɔysle (...ərɪn)] ⟨-s, -⟩ *m(f)* detenuto, -a *m, f.* **Zuchthengst** *m* stallone *m* da monta.
züchtig [ˈtsʏçtɪç] *a obs* virtuoso, onesto; **die Augen ~ niederschlagen** abbassare pudicamente gli occhi.
züchtigen [ˈtsʏçtɪgən] *tr geh* castigare (*o.* punire) corporalmente. **Züchtigung** ⟨-, -en⟩ *f geh* punizione *f* (corporale).
Zuchtperle *f* perla *f* coltivata. **Zuchttier** *n* riproduttore *m.*
Züchtung ⟨-, -en⟩ *f* coltivazione *f.*
Zuchtvieh *n* animali *m pl* riproduttori. **Zuchtwahl** *f:* **natürliche ~** selezione *f* naturale.
zucken [ˈtsʊkən] **I.** *itr* **1.** *(zusammenfahren)* trasalire, sobbalzare; **2.** *(geschlachtetes Tier)* palpitare; **3.** *(Blitze, Flammen)* guizzare; **II.** *tr:* **die Achseln ~** alzare (*o.* scrollare) le spalle.
zücken [ˈtsʏkən] *tr* **1.** *geh (Degen)* estrarre; **2.** *fam (Brieftasche, etc.)* tirare fuori.
zuckend *a (Glieder)* tremante; *(Blitz)* guizzante.
Zucker [ˈtsʊkɐ] ⟨-s, *rar* -⟩ *m* zucchero *m;* **~ haben** *med fam* essere diabetico; **ein Stück ~** una zolletta di zucchero. **Zuckerbäcker** *m A (Konditor)* pasticciere *m.* **Zuckerbrot** *n:* **mit ~ und Peitsche** col metodo del bastone e della carota. **Zuckerdose** *f* zuccheriera *f.* **Zuckererbse** *f* pisello *m* dolce. **Zuckerfabrik** *f* zuccherificio *m.* **Zuckerguß** *m* glassa *f;* **mit ~** glassato. **zuckerhaltig** *a* saccarifero. **Zuckerhut** *m* pan *m* di zucchero.
zuck(e)rig [ˈtsʊk(ə)rɪç] *a* zuccheroso, zuccherino.
zuckerkrank *a* diabetico. **Zuckerkranke** *mf* diabetico, -a *m, f.* **Zukkerkrankheit** *f* diabete *m.*
zuckern *tr* **1.** *(mit Zucker süßen)* zuccherare; **2.** *(mit Zucker bestreuen)* inzuccherare; **der Kaffee ist zu stark gezuckert** il caffé è troppo zuccherato.
Zuckerrohr *n* canna *f* da zucchero. **Zuckerrübe** *f* barbabietola *f* da zucchero. **Zuckerstange** *f* lecca lecca *m fam.* **zuckersüß** [ˈtsʊkɐˈzy:s] *a* zuccheroso. **Zuckerwatte** *f* zucchero *m* filato. **Zuckerzange** *f* mollette *f pl* da zucchero.
zuckrig *s.* **zuckerig.**
Zuckung ⟨-, -en⟩ *f* convulsione *f,* spasmo *m;* **nervöse ~en** tic *m* nervoso.
zu·decken I. *tr* (ri)coprire (*mit* di); **II.** *rfl:* **sich ~** coprirsi.
zudem [tsuˈde:m] *adv geh* inoltre, per di più.
zu·denken ⟨*irr*⟩ *tr geh:* **jdm etw. ~** destinare qc a qu.
zu·drehen *tr* **1.** *(Wasserhahn, etc.)* chiudere; **2.** *(Gesicht, etc.)* voltare; **jdm den Rücken ~** voltare le spalle a qu.
zudringlich *a* invadente, importuno; **jdm gegenüber ~ werden** molestare qu. **Zudringlichkeit** *f* invadenza *f,* importunità *f.*
zu·drücken *tr* chiudere; **jdm die Kehle ~** strozzare qu.
zu·eignen I. *tr geh* dedicare; **II.** *rfl:* **sich** *(dat)* **etw. ~** *(bes. jur)* appropriarsi di qc. **Zueignung** *f* dedica *f.*
zu·eilen *itr* ⟨*sein*⟩: **auf jdn ~** correre incontro a qu.
zueinander [tsuˀaiˈnandɐ] *adv* uno verso l'altro; **~ passen** armonizzare.
zu·erkennen ⟨*irr, ohne ge-*⟩ *tr (Preis, Auszeichnung)* conferire; *(Recht)* concedere; *(bei Versteigerung)* aggiudicare.
zuerst [tsuˈˀe:ɐ̯st] *adv* **1.** *(als erster)* per primo, -a; **2.** *(zunächst)* dapprima, in primo luogo; **3.** *(anfangs)* in principio; **4.** *(zum ersten Mal)* per la prima volta; **wer ~ kommt, mahlt ~**

prov chi primo arriva, primo (*o.* bene) alloggia *prov.*

zu·erteilen ⟨*ohne ge-*⟩ *tr* assegnare, aggiudicare.

zu·fächeln *tr:* **sich** *(dat)* **Kühlung ~** farsi fresco col ventaglio.

zu·fahren ⟨*irr*⟩ *itr* ⟨*sein*⟩ dirigersi (*auf* verso); **fahr zu!** vai!

Zufahrt *f* accesso *m* (*zu* a). **Zufahrtsstraße** *f* strada *f* d'accesso; *(zur Autobahn)* raccordo *m* (autostradale).

Zufall *m* caso *m;* **durch ~** per caso; **etw. dem ~ überlassen** affidare qc al caso; **es war reiner ~, daß ...** è stato un puro caso che ...; **der ~ wollte es, daß ...** il caso ha voluto che ...; **welch ein ~!** che coincidenza!

zu·fallen ⟨*irr*⟩ *itr* ⟨*sein*⟩ **1.** *(Tür)* chiudersi; **2.** *(Aufgabe, Erbe, etc.)* toccare (*jdm* a qu); **mir fielen vor Müdigkeit die Augen zu** cascavo dal sonno.

zufällig I. *a* casuale, accidentale; *(Begegnung a.)* fortuito; **II.** *adv* per caso; **rein ~** per puro caso; **ich war ~ da** ero lì per combinazione.

zufälligerweise *adv s.* **zufällig II.**

Zufallsbekanntschaft *f* conoscenza *f* casuale. **Zufallstreffer** *m* centro *m* casuale.

zu·fassen *itr* **1.** *(greifen)* afferrare; **2.** *fam (helfen)* dare una mano (*bei* a) *fam.*

zu·fliegen ⟨*irr*⟩ *itr* ⟨*sein*⟩*:* **auf etw. ~** volare verso qc; **jdm ~** volare nell' appartamento (*o.* giardino *o.* nella casa) di qu; **alle Herzen fliegen ihm zu** conquista tutti i cuori; **die Tür ist zugeflogen** *fam* la porta si è chiusa da sola.

zu·fließen ⟨*irr*⟩ *itr* ⟨*sein*⟩ scorrere (*auf* verso), affluire (*auf* a); **einem Fonds ~** essere devoluto a un fondo.

Zuflucht *f* rifugio *m* (*vor* da); **zu etw. ~ nehmen** ricorrere a qc.

Zufluß *m* **1.** ⟨*sing*⟩ *(das Zufließen)* afflusso *m;* **2.** *(Nebenfluß)* affluente *m;* *(zu See)* immissario *m.*

zu·flüstern *tr:* **jdm etw. ~** sussurrare qc a qu.

zufolge [tsuˈfɔlgə] *prp dat o. rar gen* secondo, conformemente a.

zufrieden [tsuˈfriːdən] *a* contento (*mit* di), soddisfatto (*mit* di); **mit etw. ~ sein** accontentarsi di qc. **zufrieden·geben** ⟨*irr*⟩ *rfl:* **sich mit etw. ~** accontentarsi di qc. **Zufriedenheit** ⟨-, ø⟩ *f* contentezza *f* (*mit* di); *(Befriedigtsein)* soddisfazione *f;* **zur allgemeinen ~** con soddisfazione di tutti. **zufrieden·lassen** ⟨*irr*⟩ *tr* lasciare in pace. **zufrieden·stellen** *tr* accontentare; **leicht/schwer zufriedenzustellen(d)** di facile/difficile contentatura, facile/difficile da accontentare. **zufriedenstellend** *a* soddisfacente.

zu·frieren ⟨*irr*⟩ *itr* ⟨*sein*⟩ gelare, ghiacciare.

zu·fügen *tr* **1.** *(Böses, Leid)* fare; *(Schaden)* recare; *(Verlust, Niederlage)* infliggere; **2.** *(hin~)* aggiungere.

Zufuhr [ˈtsuːfuːɐ̯] ⟨-, -en⟩ *f* **1.** *(Versorgung)* rifornimento *m,* approvvigionamento *m;* **2.** *tec, meteo* afflusso *m.*

zu·führen I. *tr* rifornire (*jdm etw.* qu di qc); **seiner Bestimmung ~** portare a destinazione; **jdn seiner gerechten Strafe ~** punire qu giustamente; **II.** *itr:* **auf etw. ~** condurre a qc.

Zug[1] [tsuːk] ⟨-(e)s, ⸚e⟩ *m* **1.** *Eisenb.* treno *m;* **2.** ⟨*sing*⟩ *(Ziehen)* trazione *f;* **3.** *(bei Brettspiel)* tiro *m;* **4.** ⟨*sing*⟩ *fig (Tendenz)* tendenza *f; (Neigung)* inclinazione *f;* **5.** *(Atem~)* respiro *m;* *(beim Rauchen)* tirata *f,* boccata *f;* *(beim Trinken)* sorso *m,* sorsata *f;* *(beim Schwimmen)* bracciata *f;* **6.** ⟨*sing*⟩ *(Luft~)* corrente *f* (d'aria); **7.** ⟨*sing*⟩ *(von Kamin, Ofen)* tiraggio *m;* **8.** *(Schrift~, Gesichts~, Wesens~)* tratto *m;* **9.** *(Wolken~)* passaggio *m;* *(Vogel~)* passo *m,* migrazione *f;* *(Marsch)* marcia *f; (Feld~)* campagna *f,* spedizione *f* (militare); **10.** *(Vögel)* volo *m,* stormo *m; (Tiere)* branco *m,* mandria *f; (Gespann)* tiro *m;* *(Menschen)* fila *f, colonna f; (Fest~)* corteo *m; rel* processione *f; mil* sezione *f;* **11.** *(Gewehr~)* rigatura *f;* **in großen** (*o.* **groben**) **Zügen** a larghi tratti; **mit dem ~** col treno, in treno; **~ um ~** uno dopo l'altro; **etw. in vollen Zügen genießen** godere pienamente qc; **zum ~ (e) kommen** entrare in azione; **in den letzten Zügen liegen** *fam* essere in agonia; **den ~ verpassen** perdere il treno; **Sie sind am ~** tocca a Lei; **sein Glas in einem ~ leeren** vuotare il bicchiere d'un fiato *fam;* **einen ~ an der Zigarette machen** (*o.* **tun**) dare una tirata alla sigaretta; **sie hat einen guten ~ (am Leib)** *sl* è un buon bevitore; **der ~ ist (für ihn) abgefahren** *fig fam* ha perduto il treno *fam.*

Zug[2] [tsuːk] *n geog* Zug *f.*

Zugabe *f* **1.** *(Zusätzliches)* aggiunta *f,* supplemento *m;* **2.** *mus, theat* bis *m;* **„~!"** "bis!"; **eine ~ geben** fare il bis, concedere un bis.

Zugang *m* **1.** *(Zutritt)* accesso *m* (*zu* a); **2.** *(Eingang, Einfahrt)* entrata *f,* ingresso *m;* **3.** *(Zuwachs)* aumento *m,* incremento *m;* **4.** *(Hinzugekommener im Krankenhaus, Gefängnis, etc.)*

nuovo arrivato *m;* **5.** *com* arrivo *m* (di merci); *(Neuerwerbung)* nuovo arrivo *m;* **„~ verboten!“** “vietato l'accesso”; **~ zu etw. haben** avere accesso a qc.

zugange [tsu'gaŋə] *a fam:* **(mit etw./ jdm) ~ sein** essere occupato con qc/ qu.

zugänglich ['tsu:gɛŋlɪç] *a* **1.** *(erreichbar, aufgeschlossen)* accessibile; **2.** *(benutzbar)* disponibile.

Zugbrücke *f* ponte *m* levatoio.

zu·geben ‹*irr*› *tr* **1.** *(einräumen, gestehen)* ammettere; **2.** *(hinzufügen)* aggiungere; *mus, theat* concedere fuori programma; *(zusätzlich geben)* dare in aggiunta; **jdm gegenüber etw. ~** confessare qc a qu; **zugegeben, das war nicht leicht, aber ...** d'accordo, non era facile, ma ...; **gib's zu!** ammettilo!, confessalo!

zugegen [tsu'ge:gən] *a geh* presente (*bei* a).

zu·gehen ‹*irr*› *itr* ‹*sein*› **1.** *adm (Nachricht, etc.)* giungere (*jdm* a qu), essere recapitato (*jdm* a qu); **2.** *fam (sich schließen lassen)* chiudersi; **auf jdn/ etw. ~** avvicinarsi a qu/qc; **dem Ende ~** volgere alla fine; **auf die fünfzig ~** avvicinarsi alla cinquantina; **das geht nicht mit rechten Dingen zu** qui gatta ci cova *fam;* **es ging bei ihnen zu wie im Irrenhaus** a casa loro era come al manicomio.

zugehörig *a* appartenente (*einer S.* a qc), facente parte (*einer S.* di qc). **Zugehörigkeit** ‹-, ø› *f* appartenenza *f.*

zugeknöpft *a fig fam* abbottonato *fam.*

Zügel ['tsy:gəl] ‹-s, -› *m* briglia *f,* redine *f;* **die ~ anziehen** tirare le briglie; *fig* tirare la briglia; **die ~ locker lassen** (*o.* **lockern**) *(a. fig)* allentare le redini. **zügellos** *a* sbrigliato; *(bes. Lebenswandel)* dissoluto.

zügeln[1] ['tsy:gəln] *tr* **1.** *(Pferd, etc.)* tenere le briglie di; **2.** *fig (Gefühle)* frenare.

zügeln[2] ['tsy:gəln] *CH* **I.** *itr* ‹*sein*› traslocare; **II.** ‹*haben*› *tr* trasportare.

zu·gesellen ‹*ohne ge-*› *rfl:* **sich ~** **1.** *(sich anschließen)* unirsi (*jdm* a qu); **2.** *fig (hinzukommen)* aggiungersi (*einer S.* a qc).

zugestandenermaßen *adv* come è stato ammesso.

Zugeständnis *n* concessione *f* (*an* a).

zu·gestehen ‹*irr, ohne ge-*› *tr* **1.** *(zubilligen)* accordare (*jdm etw.* qc a qu); concedere (*jdm etw.* qc a qu); **2.** *(zugeben)* ammettere.

zugetan *a* affezionato, attaccato; **dem Alkohol ~ sein** essere dedito al bere.

Zugewinngemeinschaft *f jur* comunione *f* degli utili e acquisti.

Zugfahrt *f* viaggio *m* in treno; **auf der ~ von ... nach ...** in treno da ... a ... **Zugfeder** *f* molla *f* di trazione. **Zugfolge** *f Eisenb.* successione *f* dei vagoni. **Zugführer** *m* **1.** *Eisenb.* capotreno *m;* **2.** *mil* caposezione *m.*

zu·gießen ‹*irr*› *tr* **1.** *(Getränk, etc.)* versare ancora; **2.** *(Loch, etc.)* chiudere (*mit etw.* versando qc).

zugig ['tsu:gɪç] *a* esposto alla corrente d'aria; **hier ist es ~** qui c'è corrente.

zügig ['tsy:gɪç] *a* rapido, scorrevole.

Zugkraft *f* **1.** *tec* forza *f* di trazione; **2.** *fig* forza *f* d'attrazione. **zugkräftig** *a* che attrae (*o.* attira) il pubblico; *(Titel)* di effetto.

zugleich [tsu'glaiç] *adv (gleichzeitig)* nello stesso tempo; *(a. ebenso)* nel contempo.

Zugluft *f* corrente *f* d'aria. **Zugmaschine** *f* trattore *m,* trattrice *f.* **Zugnummer** *f* **1.** *Eisenb.* numero *m* di treno; **2.** *fig* numero *m* d'attrazione. **Zugpferd** *n* **1.** cavallo *m* da tiro; **2.** *fig* trascinatore *m.* **Zugpflaster** *n* vescicante *m.*

zu·greifen ‹*irr*› *itr* **1.** *(zufassen)* afferrare; *(bei Tisch)* servirsi; **2.** *(schwer arbeiten)* lavorare sodo *fam.*

Zugriff *m* **1.** *(Zugreifen)* presa *f;* **2.** *inform* accesso *m;* **3.** *(Einschreiten)* intervento *m;* **sich dem ~ der Polizei entziehen** sottrarsi all'arresto. **Zugriffsgeschwindigkeit** *f* velocità *f* d'accesso. **Zugriffszeit** *f* tempo *m* d'accesso.

zugrunde [tsu'grʊndə] *adv:* **~ gehen** *(untergehen)* andare in rovina; *(sterben, umkommen)* perire; **~ legen** porre a base; **einer S. ~ liegen** essere alla base di qc; **~ richten** rovinare.

Zugschaffner(in) *m(f)* controllore *m* del treno.

Zugspitze *f* Zugspitze *m.*

Zugtier *n* animale *m* da tiro. **Zugunglück** *n* disastro *m* ferroviario.

zugunsten [tsu'gʊnstən] *prp gen* (*o.* **~ von** *dat*) a favore di.

zugute [tsu'gu:tə] *adv geh:* **jdm etw. ~ halten** considerare qc a giustificazione di qu; **jdm ~ kommen** tornare a profitto di qu; **sich** *(dat)* **etw. ~ tun** godersi qc.

Zugverbindung *f* **1.** *(zwischen zwei Orten)* collegamento *m* ferroviario; **2.** *(zwischen zwei Zügen)* coincidenza *f.* **Zugverkehr** *m* traffico *m* ferroviario. **Zugvogel** *m* uccello *m* migratore. **Zugzwang** *m:* **in ~ sein/geraten** trovarsi nella necessità di scegliere (*o.* di decidere).

zu·haben ‹*irr*› *fam* **I.** *itr (Laden, etc.)* essere chiuso; **II.** *tr (Augen, etc.)* avere chiuso.

zu·halten ‹*irr*› **I.** *tr* tenere chiuso; **jdm den Mund ~** tappare la bocca a qu *fam;* **sich** *(dat)* **die Ohren ~** tapparsi le orecchie; **II.** *itr:* **auf etw. ~** dirigersi verso qc.

Zuhälter ['tsu:hɛltɐ] ‹-s, -› *m* ruffiano *m.*

zuhanden [tsu'handən] *adv:* **~ von** all'attenzione di.

zu·hauen ‹*irr*› **I.** *tr (Stein)* squadrare; *fam (Tür)* sbattere; **II.** *itr* picchiare.

zuhauf [tsu'hauf] *adv geh* a iosa.

Zuhause [tsu'hauzə] ‹-, ø› *n* casa *f.*

zu·heilen *itr* ‹*sein*› cicatrizzarsi.

Zuhilfenahme [tsu'hɪlfəna:mə] ‹-, ø› *f:* **unter/ohne ~ von ...** con/senza l'aiuto di ...

zu·hören *itr* ascoltare (*jdm, einer S.* qu, qc). **Zuhörer(in)** *m(f)* ascoltatore, -trice *m, f.* **Zuhörerschaft** *f* ascoltatori *m pl,* uditorio *m.*

zu·jubeln *itr* applaudire (*jdm* qu), acclamare (*jdm* qu).

zu·kehren *tr:* **jdm das Gesicht/den Rücken ~** volgere il viso/le spalle a qu.

zu·klappen **I.** *tr* ‹*haben*› chiudere; **II.** *itr* ‹*sein*› chiudersi.

zu·kleben *tr* chiudere (con la colla).

zu·kneifen ‹*irr*› *tr* stringere; *(Auge)* strizzare.

zu·knöpfen *tr* abbottonare, chiudere con bottoni.

zu·knoten *tr* annodare.

zu·kommen ‹*irr*› *itr* ‹*sein*› **1.** *(sich nähern)* dirigersi (*auf jdn, etw.* verso qu, qc), avvicinarsi (*auf jdn, etw.* a qu, qc); **2.** *(zustehen)* spettare (*jdm* a qu); *(geziemen)* addirsi (*jdm* a qu); **jdm etw. ~ lassen** *(Nachricht)* far pervenire qc a qu; *(Geld, etc.)* concedere qc a qu; **du mußt das alles in Ruhe auf dich ~ lassen** in tutta calma devi lasciare che le cose maturino; **es kommt ihm nicht zu, darüber zu urteilen** *geh* non spetta a lui giudicare.

Zukunft ['tsu:kʊnft] ‹-, ø› *f (a. gram)* futuro *m;* avvenire *m;* **in ~** in futuro; *(von jetzt an)* d'ora in poi; **in naher/ferner ~** in un prossimo/lontano futuro; **(eine große) ~ haben** avere un grande avvenire.

zukünftig **I.** *a* futuro, venturo; **mein Z~er** *fam* il mio futuro marito; **II.** *adv* in futuro; *(von jetzt an)* d'ora in poi.

Zukunftsaussichten *f pl* prospettive *f pl* per l'avvenire. **Zukunftsforscher(in)** *m(f)* futurologo, -a *m, f.* **Zukunftsforschung** *f* futurologia *f.* **Zukunftsmusik** *f fam* utopia *f;* **das ist (noch) ~** sono castelli in aria *fam.* **Zukunftspläne** *m pl* progetti *m pl* per il futuro.

zu·lächeln *itr* sorridere (*jdm* a qu); *(Glück)* arridere (*jdm* a qu).

Zulage *f (Geld~)* supplemento *m; (Gehalts~, Lohn~)* aumento *m* (di stipendio *o.* di salario); *(Gefahren~)* indennità *f* di lavorazione pericolosa, soprapremio *m* di rischio; *(Leistungs~)* premio *m* di rendimento.

zu·langen *itr* **1.** *(bei Arbeit)* lavorare sodo *fam;* **2.** *(bei Tisch)* servirsi.

zu·lassen ‹*irr*› *tr* **1.** *fam (geschlossen lassen)* lasciare chiuso; **2.** *(Zugang gewähren)* ammettere; **3.** *(dulden)* tollerare; *(gestatten)* permettere; **4.** *(amtlich)* autorizzare; *(Arzt)* abilitare; *(Auto)* immatricolare.

zulässig *a* ammesso, permesso; **~e Höchstgeschwindigkeit** velocità massima ammissibile.

Zulassung ‹-, -en› *f* **1.** *(Gewährung von Zugang)* ammissione *f;* **2.** *(Erlaubnis)* permesso *m;* **3.** *(amtlich)* autorizzazione *f; (als Arzt, Anwalt)* abilitazione *f; (von Auto)* immatricolazione *f.* **Zulassungsbeschränkung** *f* restrizione *f* di ammissioni; *(an Universität)* numero *m* chiuso. **Zulassungsnummer** *f* numero *m* d'immatricolazione. **Zulassungspapiere** *n pl* carta *f* (*o.* libretto *m*) di circolazione.

Zulauf *m* afflusso *m;* **großen** (*o.* **starken**) **~ haben** *(Arzt, Anwalt)* avere una vasta clientela; *(an Publikum)* essere molto frequentato.

zu·laufen ‹*irr*› *itr* ‹*sein*› **1.** correre (*auf jdn, etw.* verso qu, qc); **2.** *(Katzen, Hunde)* venire dietro (*jdm* a qu); **3.** *(Wasser, etc.)* aggiungere; **spitz ~** terminare a punta; **lauf zu!** *fam* sbrigati! *fam.*

zu·legen **I.** *tr (hinzufügen)* aggiungere; **II.** *itr* **1.** *(an Tempo, Gewicht)* aumentare (*an etw.* qc); **III.** *rfl:* **sich** *(dat)* **etw. ~** comprarsi qc.

zuleide [tsu'laidə] *adv obs:* **jdm etw. ~ tun** fare del male a qu.

zu·leiten *tr* **1.** *tec (durch Leitung)* far affluire; **2.** *fig (übermitteln)* trasmettere.

Zuleitung *f* afflusso *m; (Übermittlung)* trasmissione *f.*

zuletzt [tsu'lɛtst] *adv* **1.** *(als letzter)* per ultimo; **2.** *fam (zum letzten Mal)* l'ultima volta; **3.** *(am Ende, schließlich)* alla fine, infine; **der ~ Gekommene** l'ultimo arrivato (*o.* venuto); **(und) nicht ~ wegen ihrer Beziehungen bekam sie die Stelle** e soprattutto grazie alle sue relazioni ottenne il posto; **ich habe sie ~ auf dem Kongreß gesehen** l'ultima volta l'ho vista al congresso.

zuliebe [tsu'li:bə] *adv:* **jdm ~** per amore di qu.

Zulieferbetrieb *m,* **Zulieferer** ‹-s, -› *m* fornitori *m pl.*

zum [tsʊm] = **zu dem; ~ Beispiel** (*ab* **z. B.**) per esempio; **~ Spaß** per scherzo; **Z~ Goldenen Adler** All'Aquila d'Oro; **es ist ~ Heulen** *fam* c'è da piangere *fam;* **~ Teil** (*ab* **z. T.**) in parte; **~ Glück** per fortuna.

zu·machen *fam* **I.** *tr (allg., Geschäft)* chiudere; *(Loch)* turare; *(mit Knöpfen)* abbottonare; *(Gürtel, Schuhe)* affibbiare; **II.** *itr* **1.** *(schließen)* chiudere; **2.** *fam (sich beeilen)* sbrigarsi, spicciarsi *fam.*

zumal [tsu'ma:l] **I.** *adv* soprattutto, specialmente, particolarmente; **II.** *con:* **~ (da)** tanto più che.

zu·mauern *tr* murare.

zumeist [tsu'maist] *adv rar* per lo più.

zu·messen ‹*irr*› *tr geh (Essen, etc.)* misurare (*jdm etw.* qc a qu); *(Schuld, Bedeutung)* attribuire (*jdm etw.* qc a qu); *(Strafe)* infliggere (*jdm etw.* qc a qu).

zumindest [tsu'mɪndəst] *adv* per lo meno; almeno.

zumutbar *a* ragionevole, accettabile.

zumute [tsu'mu:tə] *adv:* **mir war dabei nicht ganz wohl ~** mi sentivo a disagio; **mir ist nicht zum Lachen ~** non ho voglia di ridere; **wie ist Ihnen ~?** come si sente?

zu·muten ['tsu:mu:tən] *tr:* **jdm etw. ~** aspettarsi qc da qu; **jdm zuviel ~** pretendere troppo da qu; **sich** *(dat)* **zuviel ~** pretendere troppo dalle proprie forze.

Zumutung ‹-, -en› *f* pretesa *f; (Unverschämtheit)* sfacciataggine *f fam.*

zunächst [tsu'nɛ:çst] *adv* **1.** *(anfangs)* all'inizio; **2.** *(vorläufig)* per il momento; **~ einmal** innanzitutto, in primo luogo.

zu·nähen *tr* (ri)cucire.

Zunahme ['tsu:na:mə] ‹-, -n› *f* aumento *m* (*an* di), incremento *m* (*an* di), accrescimento *m* (*an* di); *(von Kriminalität)* recrudescenza *f* (*an* di).

Zuname *m* **1.** *(Familienname)* cognome *m;* **2.** *obs (Beiname)* soprannome *m.*

zünden ['tsʏndən] **I.** *itr* **1.** *(Feuer fangen)* accendersi; **2.** *fig* entusiasmare, infiammare; **II.** *tr* accendere. **zündend** *a* entusiasmante.

Zunder ['tsʊndɐ] ‹-s, -› *m* esca *f;* **brennen wie ~** bruciare facilmente.

Zünder ‹-s, -› *m* detonatore *m.*

Zündflamme *f* fiamma *f* pilota. **Zündholz** *n,* **-hölzchen** [-hœltsçən] ‹-s, -› *n* fiammifero *m.* **Zündkabel** *n* cavo *m* d'accensione. **Zündkerze** *f* candela *f* d'accensione. **Zündschloß** *n* interruttore *m* dell'accensione. **Zündschlüssel** *m* chiavetta *f* d'accensione. **Zündschnur** *f* miccia *f.* **Zündspule** *f* rocchetto *m* d'accensione. **Zündstoff** *m* **1.** materiale *m* infiammabile; *(Explosivstoff)* innescante *m;* **2.** *fig* materia *f* esplosiva.

Zündung ‹-, -en› *f* accensione *f;* **die ~ einstellen** regolare l'accensione.

Zündvorrichtung *f* dispositivo *m* d'accensione.

zu·nehmen ‹*irr*› **I.** *itr* **1.** *(größer werden, wachsen)* aumentare (*an* di); *(Mond)* crescere; *(gewinnen)* acquistare (*an* in); *(Tage, Nächte)* allungarsi; **2.** *(schwerer, dicker werden)* ingrassare; **3.** *fig (sich verstärken)* intensificarsi; **4.** *(bei Handarbeiten)* aumentare; **II.** *tr:* **elf Kilo ~** ingrassare (di) undici chili. **zunehmend** **I.** *a* in aumento; *(Mond)* crescente; **mit ~em Alter** invecchiando; **~e Geschwindigkeit** velocità accelerata; **II.** *adv* sempre più.

zu·neigen **I.** *itr* essere incline (*einer S.* a qc); *fig* propendere (*einer S.* per qc); **ich neige der Ansicht zu, daß ...** propendo a credere che ... *conj;* **jdm zugeneigt sein** essere affezionato a qu; **II.** *rfl:* **sich ~** inclinarsi; **sich dem Ende ~** volgere alla fine.

Zuneigung *f* affetto *m* (*für* per), simpatia *f* (*für* per); **~ zu jdm empfinden** provare affetto per qu.

Zunft [tsʊnft] ‹-, ⸚e› *f* corporazione *f.*

zünftig ['tsʏnftɪç] *a* **1.** *hist* corporativo; **2.** *(gehörig)* come si deve, a regola d'arte.

Zunge ['tsʊŋə] ‹-, -n› *f* **1.** *anat, fig* lingua *f;* **2.** *tec (Riegel, Schuh~)* linguetta *f; (an Waage)* lancetta *f; (an Blasinstrumenten)* ancia *f;* **3.** *zoo (See~)* sogliola *f;* **eine belegte ~ haben** avere la lingua sporca; **eine scharfe (o. spitze) ~ haben** avere una lingua tagliente; **jdm die ~ herausstrecken** mostrare la lingua a qu; **sein Name liegt mir auf der ~** ho il suo nome sulla punta della lingua; **böse ~n behaupten, daß ...** le male lingue sostengono che ...; **sich** *(dat)* **eher die ~ abbeißen, als etw. zu sagen** mordersi la lingua prima di dire qc.

züngeln ['tsʏŋəln] *itr (Schlangen)* far guizzare la lingua; *(Flammen)* guizzare.

Zungenbrecher *m* scioglilingua *m*. **zungenfertig** *a* pronto di parola, loquace. **Zungenfertigkeit** *f* **1.** *(Schlagfertigkeit)* prontezza *f* di parola; **2.** *(Redegewandtheit)* eloquenza *f*. **Zungenkuß** *m* bacio *m* alla francese. **Zungenspitze** *f* punta *f* della lingua. **Zungenwurst** *f* salsiccia *f* di lingua.

Zünglein ['tsʏŋlain] ‹-s, -› *n*: **das ~ an der Waage sein** essere determinante.

zunichte [tsu'nɪçtə] *adv*: **~ machen** *(vernichten)* annientare, distruggere; *(Hoffnungen)* frustrare, deludere.

zu·nicken *itr*: **jdm ~** fare un cenno col capo a qu.

zunutze [tsu'nʊtsə] *adv*: **sich** *(dat)* **etw. ~ machen** *(verwenden)* utilizzare qc; *(ausnutzen)* trarre vantaggio da qc.

zuoberst [tsu'ʔo:bɐst] *adv* in cima, in alto.

zu·ordnen *tr* assegnare; *(a. gram)* coordinare.

zu·packen *itr* **1.** *(zugreifen)* afferrare; **2.** *(die Gelegenheit ergreifen)* cogliere l'occasione; **3.** *(Hand anlegen)* dare una mano (*bei* a).

zupfen ['tsʊpfən] *tr* tirare (*jdn an etw.* qu per qc); *(Unkraut)* strappare; *(Gewebe)* sfilacciare; *(Saiten)* pizzicare.

zur [tsu:ɐ *o.* tsʊr] = **zu der**; **~ Ansicht** *com* in visione; **~ Zeit** (*ab* **z. Z., z. Zt.**) al momento; **~ Schule gehen** andare a scuola; **„Z~ Krone"** "Alla Corona".

zu·raten ‹*irr*› *itr*: **jdm zu etw. ~** consigliare qc a qu; **auf mein Z~** su mio consiglio.

zurechnungsfähig *a* capace d'intendere e di volere, imputabile. **Zurechnungsfähigkeit** *f* capacità *f* d'intendere e di volere, imputabilità *f*; **verminderte ~** parziale incapacità *f* di intendere e di volere.

zurecht·finden [tsu'rɛçt-] ‹*irr*› *rfl*: **sich ~ 1.** *(in Stadt, etc.)* trovare la strada, orientarsi; **2.** *fig (vertraut werden)* familiarizzarsi (*in, mit* in, con). **zurecht·kommen** ‹*irr*› *itr* ‹*sein*› **1.** *(rechtzeitig kommen)* arrivare in tempo; **2.** *(bewältigen)* venire a capo (*mit* di), risolvere (*mit etw.* qc); *fig (auskommen)* farcela (*mit* con) *fam*; **mit jdm ~** intendersi (*o.* andare d'accordo) con qu. **zurecht·legen** *tr* preparare. **zurecht·machen** *fam* **I.** *tr* preparare; **II.** *rfl*: **sich ~** prepararsi. **zurecht·weisen** ‹*irr*› *tr* redarguire, riprendere, rimproverare. **Zurechtweisung** *f* rimprovero *m*, rabbuffo *m*.

zu·reden *itr* **1.** *(überreden)* cercare di persuadere (*jdm* qu); **2.** *(zuraten)* consigliare (*jdm* qu); **3.** *(ermutigen)* incoraggiare (*jdm* qu); **auf mein Z~ (hin)** *(Ermutigung)* su mio consiglio; *(Überredung)* per la mia forza di persuasione.

zu·reiten ‹*irr*› **I.** *tr* ‹*haben*› addestrare, scozzonare; **II.** *itr* ‹*sein*› cavalcare (*auf* verso), dirigersi (*auf* verso).

Zürich ['tsy:rɪç] *n* Zurigo *f*.

zu·richten *tr (Essen, etc.)* preparare; *(Holz, Stein)* sgrossare; *(Leder)* conciare; *(Stoff)* apprettare; **jdn arg** (*o.* **übel**) **~** conciare qu per le feste *fam*; **etw. arg** (*o.* **übel**) **~** ridurre qc in cattivo stato, conciare male qc *fam*.

zu·riegeln *tr* chiudere a catenaccio.

zürnen ['tsʏrnən] *itr geh* essere adirato (*o.* in collera) (*jdm* con qu).

Zurschaustellung [-'ʃau-] *f* esibizione *f*, mostra *f*.

zurück [tsu'rʏk] *adv* **1.** *(weiter hinten, rückwärts, ~geblieben, a. fig)* indietro; **2.** *(~gekehrt)* di ritorno; **hin und ~** andata e ritorno; **hinter seiner Zeit ~ sein** non andare coi tempi; **~ an Absender!** al mittente!; **~ zur Natur** ritorniamo alla natura; **es gibt kein Z~ mehr** non c'è più ritorno; **mit vielem Dank ~** restituito con molti ringraziamenti; **seit wann ist Heinz ~?** da quando è tornato Heinz?

zurück·bekommen ‹*irr, ohne ge-*› *tr* riottenere; **ich bekomme noch zwei Mark zurück** ricevo ancora due marchi di resto.

zurück·bilden *rfl*: **sich ~** *(Geschwulst, etc.)* sgonfiarsi; *(schrumpfen)* ritirarsi.

zurück·blättern *itr* riandare (*auf Seite* ... a pagina ...).

zurück·bleiben ‹*irr*› *itr* ‹*sein*› **1.** *(hinten bleiben, a. fig)* rimanere (*o.* restare) indietro (*hinter* rispetto a); **2.** *(nicht mitkommen)* essere in ritardo (*hinter* su); **3.** *(übrigbleiben)* rimanere, restare; **hinter den Erwartungen ~** essere inferiore alle aspettative; **bleiben Sie zurück!** resti indietro!

zurück·blenden *itr* inserire un flashback.

zurück·blicken *itr* guardare indietro (*auf, nach* a); **auf seine Vergangen-**

heit ~ richiamare alla mente il proprio passato.

zurück·bringen ‹irr› *tr* **1.** *(wieder herbringen)* portare indietro; **2.** *(wieder wegbringen)* riportare via; **jdn ins Leben** ~ riportare qu in vita.

zurück·datieren ‹*ohne ge-*› **I.** *tr (Brief)* retrodatare (*auf* a); **II.** *itr (Ereignis)* risalire (*auf, um* a).

zurück·denken ‹*irr*› *itr* ripensare (*an* a), ricordare (*an etw.* qc); **soweit ich** ~ **kann** per quanto possa ricordare.

zurück·drängen *tr* **1.** *allg., mil* respingere; *(wegdrängen)* spingere indietro; **2.** *fig (unterdrücken, eindämmen)* reprimere, contenere.

zurück·drehen *tr* **1.** *(Knopf, Zeiger)* girare in senso antiorario; **2.** *(Heizung, Lautstärke)* abbassare.

zurück·erobern ‹*ohne ge-*› *tr* riconquistare.

zurück·erstatten ‹*ohne ge-*› *tr* rimborsare.

zurück·fahren ‹*irr*› **I.** *tr* ‹*haben*› ricondurre; **II.** *itr* ‹*sein*› **1.** ritornare; **2.** *fig (zurückweichen)* indietreggiare, ritrarsi.

zurück·fallen ‹*irr*› *itr* ‹*sein*› **1.** ricadere (*auf, in* su); *sport* rimanere indietro; *(leistungsmäßig)* peggiorare; *(an Besitzer)* tornare (*an* a).

zurück·finden ‹*irr*› **I.** *tr (Weg)* ritrovare; **II.** *itr* (ri)tornare (*zu* a, da); **findest du allein zurück?** ritrovi la strada da solo?; **wieder zu sich** *(dat)* **selbst** ~ ritrovare se stesso.

zurück·fließen ‹*irr*› *itr* ‹*sein*› rifluire.

zurück·fordern *tr* richiedere.

zurück·führen *tr* **1.** ricondurre (*auf, zu* a); **2.** *(ableiten, erklären)* attribuire (*auf* a); **3.** *mat* ridurre.

zurück·geben ‹*irr*› **I.** *tr* restituire, rendere, ridare; *(Wechselgeld)* restituire, dare di resto; *(Ball)* rimandare; *(Kompliment)* ricambiare; **II.** *itr (erwidern)* replicare.

zurückgeblieben *a* rimasto indietro; **geistig** ~ ritardato.

zurück·gehen ‹*irr*› *itr* ‹*sein*› **1.** *(zum Ausgangsort)* ritornare; **2.** *(nach hinten, rückwärts)* indietreggiare; *(zurückweichen)* retrocedere; **3.** *fig (abnehmen)* diminuire; *(Hochwasser, Fieber, Preise)* calare; *(Schmerz, Sturm)* placarsi; **4.** *fig (herstammen)* risalire (*auf* a); **denselben Weg** ~ tornare sui propri passi; ~ **lassen** *(Warensendung)* rispedire; *(Essen)* mandare indietro; **drei Meter** ~ andare indietro di tre metri.

zurückgezogen *a* ritirato. **Zurückgezogenheit** ‹-, ø› *f* vita *f* ritirata.

zurück·greifen ‹*irr*› ricorrere (*auf* a); *(beim Erzählen a.)* risalire (*auf* a).

zurück·halten ‹*irr*› **I.** *tr* **1.** *(nicht fortlassen)* trattenere; *(aufhalten)* fermare; detenere; **2.** *(abhalten)* distogliere (*von* da); **3.** *(unterdrücken)* reprimere; *(Tränen)* trattenere; **4.** *(Informationen)* rifiutare di dare; **II.** *itr:* **mit etw.** ~ nascondere qc, dissimulare qc; **mit seinem Lob nicht** ~ non lesinare gli elogi; **mit seiner Meinung/seinem Urteil** ~ astenersi dall'esprimere la propria opinione/il proprio giudizio; **III.** *rfl:* **sich** ~ **1.** *(sich beherrschen)* trattenersi, contenersi; *(beim Essen)* moderarsi; **2.** *(sich im Hintergrund halten)* tenersi nell'ombra.

zurückhaltend *a (reserviert)* riservato; *(unaufdringlich)* discreto.

Zurückhaltung *f* riservatezza *f.*

zurück·holen *tr* andare a riprendere, riportare.

zurück·kehren *itr* ‹*sein*› ritornare (*aus, von* da, *nach, zu* a).

zurück·kommen ‹*irr*› *itr* ‹*sein*› **1.** ritornare (*aus, von* da, *nach, zu* a); **2.** *fig (wieder aufgreifen)* tornare (*auf* su); **um auf ... zurückzukommen** tornando a ...; **darf ich auf dein Angebot von gestern ~?** posso ritornare sulla tua offerta di ieri?

zurück·lassen ‹*irr*› *tr* **1.** *(hinter~, ver~)* lasciare (indietro); **2.** *sport (überholen)* distanziare; **3.** *fam (zurückkehren lassen)* lasciar ritornare; **eine Nachricht** ~ lasciare un messaggio.

zurück·legen **I.** *tr* **1.** *(an seinen Platz)* riporre; **2.** *(Kopf)* appoggiare indietro; **3.** *(Geld, Waren)* mettere da parte; **4.** *(Strecke)* percorrere; **können Sie mir den Rock (bis morgen)** ~ può mettere da parte la gonna (fino a domani)?; **II.** *rfl:* **sich** ~ appoggiarsi (all')indietro.

zurück·lehnen *rfl:* **sich** ~ appoggiarsi indietro.

zurück·liegen ‹*irr*› *itr* **1.** *(örtlich)* trovarsi dietro; **2.** *(zeitlich)* essere passato, essere successo; **das liegt fünf Jahre zurück** sono passati cinque anni.

zurück·melden *rfl:* **sich** ~ annunciare il proprio ritorno.

Zurücknahme [-na:mə] ‹-, -n› *f* **1.** *(von Ware, Geschenk)* riprendere *m;* **2.** *fig (von Bestellung)* annullamento *m; (von Behauptung, Beschuldigung, Versprechen)* ritrattazione *f; jur (von Klage)* remissione *f; parl* *(von Gesetzentwurf)* ritiro *m; (von Anordnung, Zustimmung)* revoca *f.*

zurück·nehmen ⟨*irr*⟩ *tr* **1.** *(Ware, Geschenk)* riprendere; **2.** *fig (Bestellung)* annullare; *(Behauptung, Beleidigung)* ritrattare; *(Versprechen, Antrag, Klage, Gesetzentwurf)* ritirare; *(Gesetz, Anordnung)* revocare; *mil (Front)* ritirare; **das Gas ~** abbassare il gas; **nimm das sofort zurück!** ritira subito quello che hai detto!

zurück·prallen *itr* ⟨*sein*⟩ **1.** *(Ball, etc.)* rimbalzare; **2.** *fig (Mensch)* indietreggiare di scatto (*vor Schreck* per lo spavento).

zurück·reisen *itr* ⟨*sein*⟩ ritornare, rientrare.

zurück·rollen I. *itr* ⟨*sein*⟩ rotolare indietro; **II.** *tr* ⟨*haben*⟩ rotolare fino al punto di partenza.

zurück·rufen ⟨*irr*⟩ *tr* richiamare; **jdm etw. ins Gedächtnis ~** richiamare qc alla mente di qu; **sich** *(dat)* **etw. ins Gedächtnis ~** rammentarsi di qu; **ins Leben ~** richiamare in vita; **ich rufe (Sie) zurück, sobald der Chef wieder im Hause ist** La richiamo non appena rientra il principale.

zurück·schalten *tr mot* ingranare la marcia inferiore; **in den ersten Gang ~** rimettere la prima.

zurück·schauen *itr* guardare indietro (*auf* a).

zurück·scheuen *itr* ⟨*sein*⟩ indietreggiare (*vor* davanti a); **vor nichts ~** non avere scrupoli.

zurück·schicken *tr* **1.** *(Post)* rispedire (*an* a); **2.** *(Personen)* (ri)mandare indietro.

zurück·schieben ⟨*irr*⟩ *tr* respingere; *(nach hinten)* spingere indietro.

zurück·schlagen ⟨*irr*⟩ **I.** *tr* **1.** *(Angriff, Feind)* respingere; **2.** *(Ball)* ribattere; **3.** *(Decke, Schleier)* sollevare; *(Saum)* tirare giù; *(Kragen)* rovesciare, tirare giù; **II.** *itr* **1.** *(den Schlag erwidern)* restituire il colpo; **2.** *(sich nachteilig auswirken)* ripercuotersi (*auf* su).

zurück·schnellen *itr* ⟨*sein*⟩ scattare indietro.

zurück·schrauben *tr* limitare, ridurre.

zurück·schrecken I. *tr* ⟨*haben*⟩ *(einschüchtern)* intimidire; **II.** *itr* ⟨*haben o. sein*⟩ **1.** *(vor Schrecken zurückfahren)* indietreggiare spaventato (*vor* davanti a); **2.** *fig* aver paura (*vor* di); **vor nichts ~** non avere paura di niente.

zurück·sehnen *rfl:* **sich nach etw. ~** avere nostalgia di qc.

zurück·senden ⟨*irr o. rar reg*⟩ *tr geh s.* **zurückschicken.**

zurück·setzen I. *tr* **1.** *(an frühere Stelle)* rimettere (al proprio posto); **2.** *(nach hinten)* mettere indietro, arretrare; **3.** *(benachteiligen)* trascurare; **4.** *(Auto)* indietreggiare, rinculare; **5.** *dial (Waren)* ribassare; **sich zurückgesetzt fühlen** sentirsi trascurato; **II.** *rfl:* **sich ~** sedersi indietro; **III.** *itr (mit Fahrzeug)* indietreggiare, andare indietro.

zurück·springen ⟨*irr*⟩ *itr* ⟨*sein*⟩ saltare indietro.

zurück·stecken I. *tr* **1.** *(an alten Platz)* rimettere (a posto); **2.** *(nach hinten)* mettere indietro; **II.** *itr* **1.** *(anspruchsmäßig)* moderare le pretese; **2.** *(in Diskussionen, etc.)* rinunciare.

zurück·stehen ⟨*irr*⟩ *itr* **1.** *(weiter hinten stehen)* stare indietro; **2.** *(nicht gleichwertig sein)* essere inferiore (*hinter* a); **3.** *(verzichten)* rinunciare (*hinter* a).

zurück·stellen *tr* **1.** *(an seinen Platz)* rimettere (a posto); **2.** *(nach hinten, a. Uhr)* mettere (*o.* spostare) indietro; **3.** *(Waren)* mettere da parte; **4.** *(aufschieben)* rinviare; **5.** *(Wünsche, etc.)* far passare in second'ordine.

zurück·stoßen ⟨*irr*⟩ *tr* **1.** *(wegstoßen)* respingere; **2.** *fig (abstoßen)* ripugnare.

zurück·strömen *itr* ⟨*sein*⟩ rifluire.

zurück·stufen *tr* trasferire in una categoria inferiore.

zurück·treiben ⟨*irr*⟩ *tr* cacciare indietro, ricacciare; *(Vieh)* ricondurre; *(Angreifer)* respingere.

zurück·treten ⟨*irr*⟩ *itr* ⟨*sein*⟩ **1.** *(nach hinten gehen)* indietreggiare, retrocedere; **2.** *fig (weniger wichtig werden)* diminuire; *(in den Hintergrund treten)* passare in seconda linea (*hinter* dietro a); **3.** *fig (vom Amt)* dare le dimissioni, dimettersi (*von* da); **4.** *fig (von Vertrag)* rescindere (*von etw.* qc); *(von Kauf)* annullare (*von etw.* qc); *(von Recht)* rinunciare (*von* a); **einen Schritt ~** fare un passo indietro; **die Regierung ist zurückgetreten** il governo si è dimesso; **bitte ~!** indietro!, fate largo!

zurück·verfolgen ⟨*ohne ge-*⟩ *tr* ripercorrere.

zurück·verlangen ⟨*ohne ge-*⟩ **I.** *tr* ridomandare; **II.** *itr geh:* **nach etw. ~** voler riavere qc.

zurück·versetzen ⟨*ohne ge-*⟩ **I.** *tr* **1.** *(in den früheren Zustand)* rimettere; **2.** *(Schüler)* rimandare in una classe inferiore; **II.** *rfl:* **sich ~** ritornare col pensiero (*in* a).

zurück·weichen ⟨*irr*⟩ *itr* ⟨*sein*⟩ retrocedere (*vor* davanti a), indietreggiare (*vor* davanti a), ritrarsi (*vor* davanti a); *mil* ripiegare (*vor* davanti a).

zurück·weisen ⟨*irr*⟩ *tr* **1.** *(zurückschicken)* rimandare, rinviare; **2.** *(Angebot, Vorschlag)* rifiutare; **3.** *(Behauptung, Vorwurf, Beschuldigung)* respingere. **Zurückweisung** *f* **1.** *(Ablehnung)* rifiuto *m;* **2.** *(von Gegenstand)* non accettazione *f.*

zurück·werfen ⟨*irr*⟩ *tr* **1.** *(in Ausgangsrichtung)* rigettare; *(Ball a.)* rimandare; **2.** *(nach hinten)* gettare indietro; **3.** *fig (Feind)* respingere; **4.** *phys (Strahlen)* riflettere; *(Schall)* ripercuotere; **5.** *(wirtschaftlich)* rimandare indietro (*um* di); *(gesundheitlich)* far ricadere (*um* di); **das hat uns um Jahre zurückgeworfen** ci ha rimandato indietro di anni.

zurück·zahlen *tr* restituire, rimborsare; **das werde ich ihm ~!** *fig fam* gliela farò pagare! *fam.*

zurück·ziehen ⟨*irr*⟩ **I.** *tr* ⟨*haben*⟩ *(Hand, Klage, Beschwerde, Truppen, Zusage)* ritirare; *(Gardine)* tirare; *jur (Forderung)* rinunciare a; *(Auftrag)* revocare; **II.** *rfl:* **sich ~** ritirarsi (*aus, von* da); **sich aus dem Geschäft(sleben)/aus der Politik/aufs Land ~** ritirarsi dagli affari/dalla politica/in campagna; **sich von seinen Freunden ~** isolarsi dai propri amici; **III.** *itr* ⟨*sein*⟩ ritornare.

Zuruf *m* chiamata *f,* grido *m; (Akklamation)* acclamazione *f.*

zu·rufen ⟨*irr*⟩ *tr* gridare (*jdm etw.* qc a qu).

Zusage *f* **1.** *(Versprechen)* promessa *f;* **2.** *(Zustimmung)* adesione *f;* **jdm seine ~ geben** fare una promessa a qu.

zu·sagen I. *tr* promettere; **jdm sofortige Hilfe ~** promettere a qu un aiuto immediato; **II.** *itr* **1.** *(sein Einverständnis erklären)* acconsentire; *(Einladung annehmen)* accettare l'invito; *(sich verpflichten)* impegnarsi (*etw. zu tun* a fare qc); **2.** *(gefallen)* piacere (*jdm* a qu); *(passen, recht sein)* convenire (*jdm* a qu); **diese Wohnung sagt mir nicht zu** questo appartamento non mi piace.

zusammen [tsu'zamən] *adv* **1.** *(gemeinsam)* insieme (*mit* a, con), assieme (*mit* a); **2.** *(insgesamt)* complessivamente; *(im ganzen)* in tutto (*o.* totale); **alle ~** tutti insieme; **das macht ~ vier Mark** in totale fanno quattro marchi; **wir haben ein Ferienhaus ~ gemietet** abbiamo affittato insieme una casa per le vacanze.

Zusammenarbeit *f* collaborazione *f,* cooperazione *f;* **in ~ mit ...** in collaborazione con ...

zusammen·arbeiten *itr* collaborare, cooperare.

zusammen·ballen I. *tr* appallottolare; **II.** *rfl:* **sich ~** ammassarsi, addensarsi.

zusammen·bauen *tr* montare.

zusammen·beißen ⟨*irr*⟩ *tr:* **die Zähne ~** stringere i denti.

zusammen·binden ⟨*irr*⟩ *tr* legare (*zu* in).

zusammen·brechen ⟨*irr*⟩ *itr* ⟨*sein*⟩ crollare; **vor Erschöpfung ~** crollare dalla fatica; **der Verkehr ist völlig zusammengebrochen** il traffico si è arrestato.

zusammen·bringen ⟨*irr*⟩ *tr* **1.** *(Vermögen)* accumulare; *(Geld)* racimolare; **2.** *(Menschen)* far incontrare; *(versöhnen)* riconciliare; **3.** *(Gedanken, Worte, etc.)* mettere insieme.

Zusammenbruch *m* **1.** *allg., fig* crollo *m;* **2.** *com* fallimento *m,* bancarotta *f;* **3.** *(Nerven~)* collasso *m* (*o.* esaurimento *m*) nervoso.

zusammen·drängen I. *tr* **1.** *(Menschen)* ammassare, stipare; **2.** *fig (Fakten, Schilderung)* concentrare, condensare; **II.** *rfl:* **sich ~** accalcarsi, affollarsi, stiparsi.

zusammen·drücken *tr* schiacciare.

zusammen·fahren ⟨*irr*⟩ **I.** *itr* ⟨*sein*⟩ **1.** *(zusammenstoßen)* scontrarsi (*mit* con); **2.** *fig (erschrecken)* trasalire (*vor* per); **II.** *tr* ⟨*haben*⟩ *fam* **1.** *(Fahrzeug)* ridurre a un rottame; **2.** *(Menschen)* ferire in un incidente; *(töten)* ammazzare in un incidente.

zusammen·fallen ⟨*irr*⟩ *itr* ⟨*sein*⟩ **1.** *(Gebäude, etc.)* crollare; **2.** *(Ballon)* afflosciarsi; *(Teig)* sgonfiarsi; *fig (Mensch)* dimagrire; **3.** *(zeitlich)* coincidere.

zusammen·falten *tr* ripiegare.

zusammen·fassen *tr* **1.** *(vereinigen)* riunire (*zu* in); **2.** *(in Bericht)* riassumere; **~d läßt sich sagen, daß ...** concludendo si può dire che ... **Zusammenfassung** *f* **1.** *(Vereinigung)* riunione *f;* **2.** *(Überblick)* riassunto *m.*

zusammen·flicken *tr* rattoppare; *(a. fig)* rappezzare.

zusammen·fließen ⟨*irr*⟩ *itr* ⟨*sein*⟩ confluire. **Zusammenfluß** *m* confluenza *f.*

zusammen·fügen *geh* **I.** *tr* congiungere *geh;* **II.** *rfl:* **sich ~** combinarsi.

zusammen·führen *tr* far incontrare; *(Familien)* riunire.

zusammen·gehören ‹*ohne ge-*› *itr (Dinge)* andare insieme; *(als Paar)* appaiarsi, fare un paio; *(Kunstgegenstände)* fare da pendant; *(Menschen)* andare bene insieme, essere fatti l'uno per l'altro.

zusammengehörig *a* che va insieme; **sich ~ fühlen** sentirsi uniti. **Zusammengehörigkeit** ‹-, ø› *f* affinità *f*, unione *f*. **Zusammengehörigkeitsgefühl** *n* solidarietà *f; (einer Gruppe)* spirito *m* di corpo.

zusammengesetzt *a* composto (*aus* di).

zusammengewürfelt *a* eterogeneo, vario.

Zusammenhalt *m* **1.** *tec* consistenza *f;* **2.** *fig (innere Bindung)* coesione *f*.

zusammen·halten ‹*irr*› **I.** *tr* **1.** *(verbinden)* tenere unito (*o.* insieme); **2.** *fam (Geld)* risparmiare; **3.** *(vergleichend nebeneinanderhalten)* confrontare; **II.** *itr* essere (*o.* restare) unito.

Zusammenhang *m* **1.** *(Beziehung)* rapporto *m* (*von, zwischen* fra), relazione *f* (*von, zwischen* fra); **2.** *(innerer ~)* connessione *f* (*von, zwischen* fra), nesso *m* (*von, zwischen* fra), legame *m* (*von, zwischen* fra); **3.** *(Wechselbeziehung)* correlazione *f* (*von, zwischen* con, fra); **4.** *(im Text)* contesto *m;* **etw. aus dem ~ reißen** separare qc dal contesto; **etw. mit etw. in ~ bringen** mettere qc in relazione con qc; **im ~ mit dieser Angelegenheit** in relazione a questa faccenda; **im ~ mit etw. stehen** essere in rapporto con qc; **in diesem ~** in questo contesto.

zusammen·hängen ‹*irr*› *itr* **1.** essere unito (*mit* a); **2.** *fig (in Beziehung stehen)* essere in relazione (*mit* con); **das hängt damit zusammen, daß ...** ciò dipende dal fatto che ... **zusammenhängend** *a (innerlich)* coerente; *(ununterbrochen)* continuo; *(verbunden, verknüpft)* connesso.

zusammenhang(s)los *a* sconnesso, incoerente. **Zusammenhang(s)losigkeit** ‹-, ø› *f* sconnessione *f*, incoerenza *f*.

zusammen·hauen ‹*irr*› *tr fam* **1.** *(zertrümmern)* fare a pezzi; **2.** *(verprügeln)* picchiare; **3.** *(zusammenpfuschen)* abborracciare.

Zusammenklang *m* **1.** *mus* accordo *m;* **2.** *fig (Einklang)* armonia *f*, consonanza *f*.

zusammenklappbar *a* pieghevole.

zusammen·klappen **I.** *tr* ‹*haben*› (ri)piegare; *(Buch, Messer)* chiudere; **II.** *itr* ‹*sein*› *fam (zusammenbrechen)* crollare *fam*.

zusammen·kleben **I.** *tr* ‹*haben*› incollare; **II.** *itr* ‹*haben o. sein*› incollarsi.

zusammen·kneifen ‹*irr*› *tr* stringere.

zusammen·kommen ‹*irr*› *itr* ‹*sein*› **1.** *(sich treffen)* incontrarsi; *(sich versammeln)* riunirsi, radunarsi; **2.** *(Umstände)* coincidere; **3.** *(sich ansammeln)* raccogliersi; **heute kommt wieder alles zusammen!** *fam* oggi capita (di nuovo) tutto insieme! *fam;* **wenn du auch diese Beträge mitrechnest, kommt doch einiges zusammen** se calcoli anche questi importi, si raggiunge una bella cifra.

zusammen·krachen *itr* ‹*sein*› *fam* crollare.

zusammen·kratzen *tr fam* raggranellare *fam*.

Zusammenkunft [-kʊnft] ‹-, ¨e› *f* incontro *m; (Versammlung)* riunione *f; (Sitzung)* seduta *f*.

zusammen·läppern [-lɛpɐn] *rfl:* **sich ~** *fam* (as)sommarsi.

zusammen·laufen ‹*irr*› *itr* ‹*sein*› **1.** *(Menschen)* accorrere, affluire; **2.** *(Flüsse)* confluire; **3.** *(Linien, Straßen, etc.)* incontrarsi; *mat* convergere; **4.** *fam (Farben)* (con)fondersi; **5.** *fam (Stoff)* restringersi; **alle Fäden laufen in seiner Hand zusammen** tutto passa per le sue mani.

zusammen·leben *itr* convivere (*mit* con). **Zusammenleben** *n* convivenza *f* (*mit* con).

zusammenlegbar *a* pieghevole.

zusammen·legen **I.** *tr* **1.** *(zueinander legen)* mettere insieme; **2.** *(zusammenfalten)* ripiegare; **3.** *(vereinigen, gleichzeitig stattfinden lassen)* riunire; *com* fondere; **4.** *(stapeln)* ammucchiare; **II.** *itr* fare una raccolta di denaro.

zusammen·nähen *tr* cucire insieme.

zusammen·nehmen ‹*irr*› **I.** *tr* raccogliere; **alles zusammengenommen** in tutto, tutto sommato; **II.** *rfl:* **sich ~** **1.** *(sich anstrengen)* concentrarsi; **2.** *(sich beherrschen)* dominarsi, contenersi; **nimm dich zusammen!** dominati!

zusammen·packen *tr* **1.** *(wegpacken)* riporre, metter via; **2.** *(zusammen einpacken)* raccogliere; *(in Koffer)* mettere insieme.

zusammen·passen *itr (Dinge)* intonarsi, armonizzare; *(Personen)* andare bene insieme.

zusammen·pferchen *tr* stipare.

Zusammenprall *m* urto *m*, collisione *f*; *(a. fig)* scontro *m*.
zusammen·prallen *itr ⟨sein⟩* cozzare (*mit* contro); *(a. fig)* scontrarsi (*mit* con), urtarsi (*mit* con).
zusammen·pressen *tr* stringere.
zusammen·raffen I. *tr* 1. *(Dinge)* raccogliere alla rinfusa; 2. *pej (Besitz, Geld)* arraffare; 3. *(Kleider)* sollevare; II. *rfl:* **sich ~** raccogliere le proprie forze.
zusammen·raufen *rfl:* **sich ~** *fam* trovare un modus vivendi.
zusammen·rechnen *tr* addizionare, sommare; **alles zusammengerechnet** in tutto, tutto sommato.
zusammen·reimen *tr:* **sich** *(dat)* **etw. ~** *fam* spiegarsi qc.
zusammen·reißen *⟨irr⟩ rfl:* **sich ~** *fam* contenersi, dominarsi.
zusammen·rollen I. *tr* avvolgere, arrotolare; II. *rfl:* **sich ~** arrotolarsi.
zusammen·rotten *rfl:* **sich ~** assembrarsi (*gegen* contro).
zusammen·rücken I. *tr ⟨haben⟩* accostare, avvicinare; II. *itr ⟨sein⟩* stringersi.
zusammen·rufen *⟨irr⟩ tr* convocare.
zusammen·scheißen *⟨irr⟩ tr vulg* smerdare *vulg*.
zusammen·schießen *⟨irr⟩ tr* abbattere.
zusammen·schlagen *⟨irr⟩* I. *tr ⟨haben⟩* 1. *(zerschlagen)* fracassare; 2. *(Hacken, Hände)* battere (l'uno contro l'altro); 3. *(falten)* (ri)piegare; 4. *fam (verprügeln)* picchiare (a sangue); II. *itr ⟨sein⟩* 1. *(Wasser)* richiudersi (*über* su); 2. *fig (Unheil)* abbattersi (*über* su).
zusammen·schließen *⟨irr⟩* I. *tr* serrare; II. *rfl:* **sich ~** unirsi (*gegen/mit* contro/con), associarsi (*gegen/mit* contro/con); *com* fondersi (*mit* con). **Zusammenschluß** *m* unione *f*, associazione *f*; *com* fusione *f*.
zusammen·schnüren *tr* 1. allacciare (insieme); 2. *fig (Herz, etc.)* stringere.
zusammen·schrauben *tr* avvitare (insieme).
zusammen·schrecken *itr ⟨sein⟩* trasalire.
zusammen·schreiben *⟨irr⟩ tr* 1. *(Wörter)* scrivere in una sola parola; 2. *fam pej (Manuskript, etc.)* scribacchiare *fam*.
zusammen·schrumpfen *itr ⟨sein⟩* 1. restringersi, contrarsi; *(runzlig werden)* raggrinzarsi; 2. *fig (abnehmen)* diminuire (*auf* a), ridursi (*auf* a).
zusammen·schweißen *tr* 1. *tec* saldare (insieme); 2. *fig* unire.
zusammen·sein *⟨irr⟩ itr ⟨sein⟩* essere insieme (*mit* con). **Zusammensein** *n* 1. *(Beisammensein)* stare *m* insieme; 2. *(Zusammenkunft)* riunione *f*.
zusammen·setzen I. *tr* 1. *(nebeneinandersetzen)* mettere insieme; 2. *(zu einem Ganzen)* comporre (*zu* per); 3. *(montieren)* montare; II. *rfl:* **sich ~** 1. *(sich nebeneinandersetzen)* sedersi insieme; *(sich treffen)* riunirsi (*zu* per); 2. *(bestehen)* comporsi (*aus* di), essere composto (*aus* di). **Zusammensetzung** ⟨-, -en⟩ *f* composizione *f*.
Zusammenspiel *n* 1. *theat* affiatamento *m*; *mus* accordo *m*; 2. *sport* gioco *m* d'insieme; 3. *fig (von Kräften, etc.)* interazione *f*.
zusammen·stauchen *tr* 1. *(zusammendrücken)* comprimere; 2. *fam (maßregeln)* dare una strigliata (*jdn* a qu) *fam*.
zusammen·stecken I. *tr* appuntare; II. *itr fam* stare sempre appiccicati *fam*; **die Köpfe ~** *fam* confabulare *fam*.
zusammen·stellen *tr* 1. *(nebeneinanderstellen)* mettere insieme, disporre; 2. *(anordnen)* comporre; *(a. Menu, etc.)* combinare; *(gruppieren)* raggruppare; *(sortieren)* assortire; *(klassifizieren)* classificare; *(kompilieren)* compilare. **Zusammenstellung** *f* 1. *(Anordnung)* disposizione *f*; 2. *(Zusammensetzung)* composizione *f*, combinazione *f*; *(Gruppierung)* raggruppamento *m*; *(Klassifizierung)* classificazione *f*; 3. *(Übersicht)* tavola *f*, prospetto *m*.
Zusammenstoß *m* cozzo *m*, collisione *f*; *(a. fig)* scontrarsi *m*.
zusammen·stoßen *⟨irr⟩ itr ⟨sein⟩* 1. *(Verkehrsmittel, Meinungen)* scontrarsi; 2. *(Grundstück, etc.)* confinare.
zusammen·streichen *⟨irr⟩ tr fam* tagliare.
zusammen·strömen *itr ⟨sein⟩* 1. *(Flüsse)* confluire; 2. *fig (Menschen)* affluire.
zusammen·stürzen *itr ⟨sein⟩* crollare.
zusammen·tragen *⟨irr⟩ tr* raccogliere.
zusammen·treffen *⟨irr⟩ itr ⟨sein⟩* 1. *(Personen)* incontrarsi (*mit* con); 2. *(Ereignisse)* coincidere. **Zusammentreffen** *n* 1. *(von Personen)* incontro *m*; 2. *(von Umständen)* concorso *m*; *(Gleichzeitigkeit)* coincidenza *f*.
zusammen·treten *⟨irr⟩* I. *itr ⟨sein⟩* riunirsi; II. *tr ⟨haben⟩* calpestare.

zusammen·trommeln *tr fam* radunare.
zusammen·tun ‹*irr*› **I.** *tr fam* mettere insieme; **II.** *rfl:* **sich ~** riunirsi (*zu* per).
zusammen·wachsen ‹*irr*› *itr* ‹*sein*› **1.** concrescere, crescere assieme; unirsi crescendo; **2.** *fig* affiatarsi.
zusammen·wirken *itr* **1.** *geh (zusammenarbeiten)* cooperare; **2.** *(Umstände, etc.)* concorrere.
zusammen·zählen *tr* sommare, addizionare.
zusammen·ziehen ‹*irr*› **I.** *tr* ‹*haben*› **1.** *(enger machen)* restringere; *(verkürzen)* raccorciare; *biol* contrarre; **2.** *(Truppen)* concentrare; **3.** *mat* sommare; **4.** *(Wörter)* contrarre; **II.** *rfl:* **sich ~ 1.** *(kontrahieren)* contrarsi; *(a. Stoff)* restringersi; **2.** *(Gewitter, Unheil)* prepararsi; **III.** *itr* ‹*sein*› andare ad abitare insieme (*mit* a).
zusammen·zucken *itr* ‹*sein*› trasalire (*vor per*).
Zusatz *m* **1.** aggiunta *f; (zu Brief)* poscritto *m; (zu Testament)* codicillo *m; (Nachtrag)* appendice *f;* **2.** *chem (~mittel)* additivo *m;* **unter ~ von ...** con l'aggiunta di ... **Zusatzbestimmung** *f* disposizione *f* supplementare. **Zusatzgerät** *n* adattatore *m.*
zusätzlich ['ts̮u:zɛts̮lıç] **I.** *a* addizionale; *(ergänzend)* supplementare; **II.** *adv* inoltre, in più.
Zusatzversicherung *f* assicurazione *f* complementare. **Zusatzzahl** *f (beim Lotto)* numero *m* supplementare.
zuschanden [ts̮u'ʃandən] *adv geh:* **~ machen** *(Gegenstände)* guastare, rovinare; *(Hoffnungen, Pläne)* deludere, distruggere.
zu·schanzen *tr fam:* **jdm etw. ~** procacciare qc a qu.
zu·schauen *itr s.* **zusehen.**
Zuschauer(in) ‹-s, -› *m(f)* spettatore, -trice *m, f; (Fernseh~)* telespettatore, -trice *m, f.* **Zuschauerraum** *m* auditorio *m.* **Zuschauertribüne** *f* tribuna *f* (per gli spettatori). **Zuschauerzahl** *f* numero *m* degli spettatori.
zu·schicken *tr* spedire, inviare.
zu·schieben ‹*irr*› *tr* **1.** *(schließen)* chiudere; **2.** *(hinschieben)* spingere; **3.** *(Schuld, etc.)* addossare, attribuire.
zu·schießen ‹*irr*› **I.** *tr* ‹*haben*› **1.** *(Ball, etc.)* lanciare; **2.** *fam (Geld)* contribuire (*etw.* con qc), versare un contributo (*etw.* di qc); **II.** *itr* ‹*sein*› lanciarsi (*auf jdn, etw.* contro qu, su qc).
Zuschlag *m* **1.** *(bei Ausschreibung, Auktion)* aggiudicazione *f; (von Aufträgen)* appalto *m;* **2.** *(Preis~)* maggiorazione *f* (di prezzo); *(zu Gebühr)* soprattassa *f; Eisenb.* supplemento *m.*
zu·schlagen ‹*irr*› **I.** *tr* ‹*haben*› **1.** *(Buch)* chiudere; *(Fenster, Tür)* sbattere; **2.** *(bei Ausschreibung, Auktion)* aggiudicare; *(Auftrag)* appaltare; **3.** *(zuspielen)* lanciare; **4.** *fig (aufschlagen)* aggiungere; **II.** *itr* **1.** ‹*sein*› *(Fenster, Tür)* sbattere; **2.** ‹*haben*› *(einen Schlag tun)* sbattere; *fig* colpire; **bei diesen Preisen muß man gleich ~** *fam* con questi prezzi bisogna approfittarne subito.
zuschlagfrei *a* esente da soprattassa; *Eisenb.* senza supplemento. **zuschlagpflichtig** *a* soggetto a soprattassa; *Eisenb.* con supplemento obbligatorio.
zu·schließen ‹*irr*› *tr* chiudere a chiave.
zu·schnappen *itr* **1.** ‹*sein*› *(Schloß)* scattare; **2.** ‹*haben*› *(mit Händen)* afferrare; *(zubeißen)* azzannare.
zu·schneiden ‹*irr*› *tr* tagliare; **das ist auf ihn zugeschnitten** è fatto per lui.
Zuschnitt *m* **1.** taglio *m;* **2.** *fig (Format)* levatura *f; (Gestaltung)* forma *f.*
zu·schnüren *tr (Paket)* legare; *(Schuhe)* allacciare; *fig (zusammenziehen)* stringere; **die Angst schnürte ihr die Kehle zu** la paura le strinse la gola.
zu·schrauben *tr* **1.** *(Schraubverschluß, Deckel)* avvitare; **2.** *(Glas, etc.)* chiudere (avvitando il coperchio).
zu·schreiben ‹*irr*› *tr* **1.** attribuire; *(Summe)* accreditare; *(Wertobjekte)* assegnare; **2.** *fam (dazuschreiben)* aggiungere (scrivendo); **das hat er sich** *(dat)* **selbst zuzuschreiben** è colpa sua.
Zuschrift *f* comunicazione *f,* lettera *f.*
zuschulden [ts̮u'ʃʊldən] *adv:* **sich** *(dat)* **etw. ~ kommen lassen** rendersi colpevole di qc.
Zuschuß *m* contributo *m; (Unterstützungszahlung)* sussidio *m; (staatlich)* sovvenzione *f;* **jdm einen ~ zu etw. geben** (*o.* **gewähren**) dare (*o.* garantire) a qu sussidio per qc. **Zuschußbetrieb** *m,* **-unternehmen** *n* impresa *f* sovvenzionata.
zu·schustern *tr:* **jdm etw. ~** *fam* procacciare qc a qu.
zu·schütten *tr* **1.** *(auffüllen)* riempire, colmare; **2.** *fam (hin~)* aggiungere (versando).
zu·sehen ‹*irr*› *itr* **1.** *(als Zuschauer)* stare a guardare (*jdm bei etw.* mentre qu sta facendo qc); **2.** *(Sorge tragen)*

fare in modo (*daß* ... che ... *conj*); **bei genauerem Z~** a un esame più attento; **man kann doch nicht (tatenlos) ~, wie** ... non si può stare a guardare come ... **zusehends** ['tsu:ze:ənts] *adv (merklich)* sensibilmente; *(rasch)* rapidamente.

zu·sein ‹*irr*› *itr* ‹*sein*› essere chiuso.

zu·senden ‹*irr o. rar reg*› *tr s.* **zuschicken. Zusendung** *f* spedizione *f,* invio *m.*

zu·setzen I. *tr (hinzufügen)* aggiungere; *(Geld)* perdere, rimettere; **II.** *itr fam* **1.** *(bedrängen)* importunare (*jdm mit etw.* qu con qc); **2.** *(mitnehmen, treffen)* provare (*jdm* qu), mettere a prova (*jdm* qu).

zu·sichern *tr* assicurare (*jdm etw.* qc a qu), garantire (*jdm etw.* qc a qu).

Zuspätkommende [tsu'ʃpɛ:t-] ‹ein -r, -n, -n› *mf* ritardatario, -a *m, f.*

zu·sperren *tr* chiudere, serrare (con la chiave *o.* con il catenaccio).

Zuspiel *n* passaggi *m pl.*

zu·spielen *tr* passare; **die gefälschten Tagebücher wurden der Presse zugespielt** i diari falsificati furono passati alla stampa per indiscrezione.

zu·spitzen I. *rfl:* **sich ~ 1.** *(sich verjüngen)* terminare a punta; **2.** *fig (Lage, Konflikt)* inasprirsi; **II.** *tr (spitz machen)* appuntare, aguzzare.

zu·sprechen ‹*irr*› **I.** *tr* **1.** *(Mut, Trost)* dare (*jdm etw.* qc a qu); **2.** *(Preis)* conferire (*jdm* a qu); **3.** *jur (Kind)* assegnare (*jdm* a qu); **II.** *itr* **1.** *(gut zureden)* esortare (*jdm* qu), incoraggiare (*jdm* qu); **2.** *fig geh (einer Speise, einem Getränk)* far onore (*dat* a); **nach der Scheidung wurden die Kinder dem Vater zugesprochen** dopo il divorzio i figli furono assegnati al padre; **beim Fest wurde dem Wein kräftig zugesprochen** alla festa si fece molto onore al vino.

Zuspruch *m* **1.** *(Aufmunterung)* esortazione *f; (Trost)* consolazione *f; (geistlicher)* conforto *m;* **2.** *(Anklang)* favore *m; (Zulauf, Andrang)* affluenza *f;* **sich großen ~s erfreuen** *geh,* **großen (***o.* **regen) ~ finden** avere un gran successo.

Zustand *m* stato *m; (Beschaffenheit)* condizione *f; (Lage)* situazione *f; (rechtliche, politische Lage, Stand)* status *m;* **der gegenwärtige ~** la situazione attuale delle cose; **in gutem/schlechtem ~** in buono/cattivo stato; **in angetrunkenem ~** in stato di ebbrezza; **Zustände kriegen** *fam* avere un attacco; **das sind ja schöne Zustände!** *fam* belle circostanze!

zustande [tsu'ʃtandə] *adv:* **etw. ~ bringen** riuscire a fare qc, realizzare qc, attuare qc; **~ kommen** farsi, realizzarsi, attuarsi; *(gelingen)* riuscire. **Zustandekommen** *n* realizzazione *f,* attuazione *f,* riuscita *f.*

zuständig *a (Gericht, Behörde, Stelle)* competente; *(befugt)* autorizzato; *(verantwortlich)* responsabile; **nicht ~** incompetente; **dafür bin ich nicht ~** questo esula dalle mie competenze. **Zuständigkeit** ‹-, -en› *f* **1.** *(Kompetenz)* competenza *f;* **2.** *(~bereich)* sfera *f* di competenza.

zustatten [tsu'ʃtatən] *adv:* **jdm ~ kommen** *geh* tornare utile a qu, tornare a vantaggio di qu.

zu·stecken *tr (mit Nadeln, etc.)* appuntare con spilli; **jdm etw. (heimlich) ~** dare qc di nascosto a qu.

zu·stehen ‹*irr*› *itr* spettare (*jdm* a qu), competere (*jdm* a qu); **das steht mir zu/nicht zu** questo spetta/non spetta a me.

zu·steigen ‹*irr*› *itr* ‹*sein*› salire durante il viaggio; **noch jemand zugestiegen?** c'è qualcun altro che è salito?

Zustellbezirk *m* distretto *m* postale.

zu·stellen *tr* **1.** *(versperren)* ostruire; *(Fenster, Tür)* chiudere (*mit etw.* mettendo davanti qc); **2.** *(übermitteln)* consegnare; *(Brief, Paket)* recapitare; *(Post)* distribuire; *adm* notificare.

Zusteller(in) ‹-s, -› *m(f)* latore, -trice *m, f.*

Zustellgebühr *f* tassa *f* di recapito.

Zustellung *f* consegna *f; (von Post)* recapito *m,* distribuzione *f; adm* notificazione *f.*

zu·steuern I. *itr* ‹*sein*›: **auf etw. ~** dirigersi verso qc; **II.** *tr* ‹*haben*› *(beisteuern)* contribuire con (*zu* a).

zu·stimmen *itr* essere d'accordo (*jdm* con qu); *(einer Sache)* acconsentire (*einer S.* a qc); *(einem Plan, Programm)* approvare (*einer S.* qc). **zustimmend** *adv* in segno di approvazione. **Zustimmung** *f* **1.** *(Einverständnis)* assenso *m* (*zu* a), consenso *m* (*zu* a); **2.** *(Billigung)* approvazione *f;* **allgemeine ~ finden** incontrare l'approvazione generale; **seine ~ geben/verweigern** dare/rifiutare il proprio consenso.

zu·stoßen ‹*irr*› **I.** *tr* ‹*haben*› *(Tür)* chiudere con uno spintone (*o.* con violenza); **II.** *itr* **1.** ‹*haben*› *(mit Messer, etc.)* colpire; **2.** ‹*sein*› *(Unglück, etc.)* accadere; **hoffentlich ist ihm nichts zugestoßen** speriamo che non gli sia successo niente.

zu·streben *itr* ‹*sein*› **1.** dirigersi (*auf*

verso); **2.** *fig* aspirare (*auf* a).

Zustrom *m* afflusso *m;* **großen ~ (zu verzeichnen) haben** registrare una grande affluenza.

zu·stürzen *itr* ⟨*sein*⟩ precipitarsi (*auf* verso).

zutage [tsu'ta:gə] *adv:* **~ fördern** (*o.* **bringen**) estrarre; *fig* rivelare; **~ kommen** (*o.* **treten**) venire alla luce; **offen ~ liegen** essere evidente (*o.* manifesto).

Zutat *f* ⟨*meist pl*⟩ **1.** *gastr* ingredienti *m pl;* **2.** *fig (Beiwerk)* accessori *m pl.*

zuteil [tsu'tail] *adv geh:* **jdm ~ werden** toccare a qu; **jdm etw. ~ werden lassen** far ottenere (*o.* avere) qc a qu.

zu·teilen *tr* **1.** *(Aufgabe, etc.)* assegnare (*jdm etw.* qc a qu); **2.** *(Dinge, Lebensmittel, etc.)* distribuire (*jdm etw.* qc a qu), ripartire (*jdm etw.* qc a qu).

Zuteilung *f* **1.** *(Zuweisung)* assegnazione *f; (Austeilung)* distribuzione *f;* **2.** *(Teil, Anteil)* parte *f; (Ration)* razione *f.* **zuteilungsreif** *a* rimborsabile.

zutiefst [tsu'ti:fst] *adv (sehr)* profondamente; *(im Innersten)* nell'intimo; **ich bereue es ~** mi pento di ciò con tutto il cuore.

zu·tragen ⟨*irr*⟩ **I.** *tr* **1.** *(hintragen)* portare (*jdm* a qu); **2.** *fig geh (heimlich mitteilen)* riportare (*jdm* a qu), riferire (*jdm* a qu); **II.** *rfl:* **sich ~** *geh* accadere.

zuträglich ['tsu:trɛ:klıç] *a geh* **1.** *(gesund, heilsam)* salubre (*einer S.* per qc), salutare (*einer S.* per qc); **2.** *(förderlich)* proficuo (*einer S.* per qc).

zu·trauen *tr:* **jdm etw. ~** credere qu capace di qc; **jdm nicht viel ~** non avere una grande opinione di qu; **sich** *(dat)* **zuviel ~** presumere troppo di sé; **das traue ich mir nicht zu** non mi sento di farlo; **das hätte ich ihm (gar) nicht zugetraut** non l'avrei creduto capace di una cosa simile; **ihr ist alles zuzutrauen** è capace di tutto. **Zutrauen** ⟨-s, ø⟩ *n* fiducia *f* (*zu* in); **~ zu jdm haben** avere fiducia in qu; **~ in jdn setzen** riporre fiducia in qu.

zutraulich *a (Kind)* fiducioso; *(Tier)* mansueto.

zu·treffen ⟨*irr*⟩ *itr* **1.** *(richtig sein)* essere giusto; *(wahr sein)* essere vero; **2.** *(gelten)* valere (*auf, für* per). **zutreffend** *a* giusto; *(Bemerkung)* pertinente; **Z~es bitte unterstreichen** sottolineare ciò che interessa.

zu·treten ⟨*irr*⟩ **I.** *itr* **1.** ⟨*sein*⟩: **auf jdn/etw. ~** avvicinarsi a qu/qc; **2.** ⟨*haben*⟩ *(einen Tritt geben)* dare un calcio (a qu); **II.** *tr* ⟨*haben*⟩ *(Tür, etc.)* chiudere con un calcio.

zu·trinken ⟨*irr*⟩ *itr* brindare (*jdm* a qu), bere alla salute (*jdm* di qu).

Zutritt *m* **1.** *(Zugang)* accesso *m* (*zu etw.* a qc, *zu jdm* presso qu); **2.** *(Eintritt)* ingresso *m;* **kein ~!, ~ verboten!** ingresso vietato!; **sich** *(dat)* **zu etw. ~ verschaffen** essere ammesso a qc.

zu·tun ⟨*irr*⟩ *tr fam* **1.** *(hin~)* aggiungere; **2.** *(schließen)* chiudere; **ich konnte die ganze Nacht kein Auge ~** non potei chiudere occhio tutta la notte. **Zutun** ⟨-s, ø⟩ *n:* **ohne mein ~** senza il mio intervento.

zuungunsten [tsu'ʔʊngʊnstən] *prp gen* (o. **~ von** *dat*) a svantaggio (*o.* sfavore) di.

zuunterst [tsu'ʔʊntɐst] *adv* tutto in fondo.

zuverlässig ['tsu:fɛɐlɛsıç] *a* fidato; *(gewissenhaft)* coscienzioso; *(glaubwürdig)* attendibile; **aus ~er Quelle** da fonte sicura. **Zuverlässigkeit** ⟨-, ø⟩ *f* fidatezza *f; (Gewissenhaftigkeit)* coscienziosità *f; (Glaubwürdigkeit)* attendibilità *f.*

Zuversicht ['tsu:fɛɐzıçt] *f* fiducia *f,* confidenza *f;* **in der festen ~, daß ...** nella ferma speranza che ... *conj.* **zuversichtlich** *a* fiducioso.

zuviel [tsu'fi:l] *adv* troppo; **einer ~** uno di troppo; **viel ~** veramente troppo; **das ist ~ des Guten** *iron* troppa grazia; **da kriege ich ~** mi sale il sangue alla testa, mi infurio; **mir ist heute alles ~** *fam* oggi mi secca tutto *fam.*

zuvor [tsu'fo:ɐ] *adv* **1.** *(vorher)* prima; **2.** *geh (zuerst)* innanzitutto.

zuvor·kommen ⟨*irr*⟩ *itr* ⟨*sein*⟩ prevenire (*einer S.* qc), anticipare (*jdm* qu); **jemand ist uns zuvorgekommen** qualcuno ci ha preceduto. **zuvorkommend** *a* premuroso. **Zuvorkommenheit** ⟨-, ø⟩ *f* premura *f.*

Zuwachs ['tsu:vaks] ⟨-es, ø⟩ *m* **1.** *(Anwachsen)* accrescimento *m* (*an* di), crescita *f* (*an* di); **2.** *(Mehrwert)* incremento *m* (*um* di); **auf ~** *fam* a crescenza.

zu·wachsen ⟨*irr*⟩ *itr* ⟨*sein*⟩ **1.** *(Wunde)* rimarginarsi; **2.** *(mit Pflanzen)* coprirsi di vegetazione; **3.** *fig (zufallen)* toccare (*jdm* a qu).

Zuwachsrate *f* tasso *m* di incremento.

zu·wandern *itr* ⟨*sein*⟩ immigrare. **Zuwanderung** *f* immigrazione *f.*

zuwege [tsu've:gə] *adv:* **etw. ~ brin-**

gen riuscire a fare qc, venire a capo di qc.

zuweilen [tsu'vailən] *adv geh* qualche volta, talvolta, di tanto in tanto.

zu·weisen ⟨*irr*⟩ *tr* assegnare.

zu·wenden ⟨*irr o. reg*⟩ **I.** *tr* **1.** *(Gesicht, Rücken)* volgere; **2.** *fig (Aufmerksamkeit)* rivolgere; **II.** *rfl:* **sich ~ 1.** rivolgersi (*dat* a); **2.** *fig (sich widmen)* dedicarsi (*jdm, einer S.* a qu, qc).

Zuwendung *f* **1.** *(Geldbetrag)* sussidio *m; (Schenkung)* donazione *f;* **2.** ⟨*sing*⟩ *(Liebe, Beachtung)* attenzione *f.*

zuwenig [tsu've:nıç] *adv* troppo poco; **~ essen/schlafen** mangiare/dormire troppo poco.

zu·werfen ⟨*irr*⟩ *tr* **1.** *(Tür, etc.)* sbattere; **2.** *(Graben, Loch, etc.)* riempire; **3.** *(Ball, etc.)* gettare; **jdm einen Blick ~** lanciare un'occhiata a qu.

zuwider [tsu'vi:dɐ] **I.** *prp dat obs* contro, contrario a, in contraddizione con; **II.** *adv geh (unangenehm)* sgradevole; *(widerwärtig)* ripugnante; **er ist mir ~** mi ripugna. **zuwider·handeln** *itr geh:* **einem Gesetz/Befehl ~** contravvenire a una legge/trasgredire un ordine. **Zuwiderhandelnde** ⟨ein -r, -n, -n⟩ *mf adm* contravventore, -trice *m, f,* trasgressore *m,* trasgreditrice *f.* **Zuwiderhandlung** *f adm* contravvenzione *f,* trasgressione *f.* **zuwider·laufen** ⟨*irr*⟩ *itr* ⟨*sein*⟩ essere contrario (*dat* a).

zu·winken *itr:* **jdm ~** fare un cenno a qu.

zu·ziehen ⟨*irr*⟩ **I.** *tr* ⟨*haben*⟩ **1.** *(Vorhang, etc.)* chiudere; *(Schlinge, Knoten)* stringere; **2.** *fig (konsultieren)* consultare; **sich** *(dat)* **jds Zorn ~** tirarsi addosso l'ira di qu; **sich** *(dat)* **eine Krankheit/Verletzung ~** prendersi (*o.* buscarsi *fam*) una malattia/farsi una ferita; **II.** *itr* ⟨*sein*⟩ *(in Ortschaft)* immigrare; **III.** *rfl:* **sich ~ 1.** *(Schlinge, etc.)* stringere; **2.** *(Himmel)* rannuvolarsi.

Zuzug *m* **1.** *(Zustrom)* afflusso *m;* **2.** *(Einwanderung)* immigrazione *f.*

zuzüglich ['tsu:tsy:klıç] *prp gen* più.

Zuzugsgenehmigung *f* permesso *m* di residenza.

zu·zwinkern *itr:* **jdm ~** ammiccare a qu.

zwacken ['tsvakən] *tr fam s.* **zwicken.**

zwang [tsvaŋ] *1. u. 3. pers sing imp von* **zwingen.**

Zwang [tsvaŋ] ⟨-(e)s, ⸚e⟩ *m* **1.** costrizione *f; (a. jur)* coercizione *f;* **2.** *(Notwendigkeit)* necessità *f;* **3.** *(Druck)* pressione *f; (Gewalt)* forza *f,* violenza *f;* **4.** *psych* coazione *f;* **5.** *(Verpflichtung)* obbligo *m;* **sich** *(dat)* **~ antun** dominarsi, frenarsi; **sich** *(dat)* **keinen ~ antun** non avere soggezione; **gesellschaftliche Zwänge** obblighi sociali; **auf jdn ~ ausüben** fare (*o.* esercitare una) pressione su qu; **einem inneren ~ folgen** seguire un impulso interiore; **aus einem ~ heraus handeln** agire per costrizione; **etw. unter ~ tun** fare qc per costrizione.

zwängen ['tsvɛŋən] **I.** *tr* **1.** *(hindurch~)* far passare per forza; **2.** *(hinein~)* far entrare per forza; **3.** *(hinaus~)* far uscire per forza; **II.** *rfl:* **sich ~ 1.** *(sich hindurch~)* passare per forza; **2.** *(sich hinein~)* entrare per forza; **3.** *(sich hinaus~)* uscire per forza.

zwanghaft *a* forzato. **zwanglos I.** *a (natürlich, frei)* naturale, spontaneo; *(Benehmen)* disinvolto; **II.** *adv (ohne Umstände)* alla buona. **Zwanglosigkeit** ⟨-, ø⟩ *f* disinvoltura *f.*

Zwangsarbeit *f* lavori *m pl* forzati. **Zwangseinweisung** *f* internamento *m* forzato. **Zwangsernährung** *f* nutrizione *f* forzata. **Zwangshandlung** *f* azione *f* coatta. **Zwangsjacke** *f* camicia *f* di forza; **jdn in eine ~ stecken** mettere la camicia di forza a qu. **Zwangslage** *f* situazione *f* difficile; **sich in einer ~ befinden** essere alle strette. **zwangsläufig** [-lɔyfıç] *a* necessario; *(unvermeidbar)* inevitabile; *(Entwicklung)* irreversibile. **Zwangsläufigkeit** ⟨-, ø⟩ *f* necessità *f; (Unabwendbarkeit)* inevitabilità *f.* **Zwangsmaßnahme** *f* misura *f* coercitiva; *pol (Sanktion)* sanzione *f.* **Zwangsräumung** *f* evacuazione *f* forzata. **Zwangsverkauf** *m* vendita *f* forzata. **Zwangsversteigerung** *f* vendita *f* giudiziaria. **Zwangsvollstreckung** *f* esecuzione *f* forzata. **Zwangsvorstellung** *f* ossessione *f; (fixe Idee)* idea *f* fissa. **zwangsweise** *adv* **1.** *(erzwungen)* per forza; *jur* coercitivamente; **2.** *(zwangsläufig)* inevitabilmente.

zwanzig ['tsvantsıç] *(Zahlwort)* venti; *s. a. vierzig.*

Zwanzigmarkschein [-'mark-] *m* biglietto *m* da venti marchi.

zwanzigste *s.* **zwanzigste(r, s).**

Zwanzigstel ⟨-s, -⟩ *n* ventesimo *m,* ventesima parte *f.*

zwanzigste(r, s) *a* ventesimo, -a; *(bei Datumsangaben)* venti.

Zwanziguhrnachrichten *f pl* notiziario *m* delle venti.

zwar [t͜sva:ɐ̯] *adv* **1.** *(erklärend):* **und ~** e precisamente; **2.** *(einräumend)* certamente, certo; è vero che ...; **es ist ~ anstrengend, aber es lohnt sich** è vero che è faticoso, ma ne vale la pena; **bleib stehen, und ~ sofort!** fermati ed anche subito!

Zweck [t͜svɛk] ‹-(e)s, -e› *m* **1.** *(Ziel)* scopo *m; (End~)* fine *m;* **2.** *(Absicht a.)* mira *f,* intenzione *f;* **3.** *(Sinn a.)* senso *m;* **zu diesem ~** a questo (*o.* tale) scopo; **zu welchem ~?** a quale scopo?; **seinen ~ erfüllen** raggiungere il proprio scopo; **das hat keinen ~** questo non serve a nulla (*o.* non ha senso); **Mittel zum ~** mezzo per raggiungere uno scopo; **es hat keinen ~, davon zu reden** non ha senso parlarne; **einen ~ verfolgen** perseguire uno scopo; **der ~ heiligt die Mittel** *prov* il fine giustifica i mezzi *prov;* **einem guten ~ dienen** servire una giusta causa. **zweckdienlich** *a adm* **1.** *(nützlich)* utile; **2.** *(angebracht, passend)* opportuno, adeguato, conveniente; **~e Hinweise bitte an das nächste Polizeirevier** si prega di inoltrare le informazioni utili al più vicino commissariato di pubblica sicurezza.

Zwecke ['t͜svɛkə] ‹-, -n› *f* **1.** *(Heft~)* puntina *f* da disegno; **2.** *(Schuh~)* chiodino *m.*

zweckentfremden ‹*ohne ge-*› *tr* usare per uno scopo diverso da quello previsto. **zweckentsprechend** *a* adeguato, appropriato.

zwecklos *a* inutile, vano. **Zwecklosigkeit** ‹-, ø› *f* inutilità *f,* vanità *f.*

zweckmäßig *a* adeguato, appropriato; *(sinnvoll)* opportuno; *(nützlich)* utile. **Zweckmäßigkeit** *f* adeguatezza *f;* opportunità *f; (Nützlichkeit)* utilità *f.*

zwecks *prp gen adm* allo scopo di, per.

Zweckverband *m* consorzio *m.* **zweckwidrig** *a* inadeguato, inopportuno.

zwei [t͜svai̯] *(Zahlwort)* due; **(nur) wir ~** (solo) noi due; **sie arbeitet für ~** lavora per due; *s. a. vier.*

Zwei ‹-, -en› *f* due *m; (Schulnote: gut)* ≃ otto *m; (Buslinie, etc.)* due *m.*

Zwei-, zwei- *s. a. Vier-, vier-.* **zweiarmig** *a* a due bracci. **Zweibeiner** ‹-s, -› *m* bipede *m.* **Zweibettzimmer** *n* camera *f* doppia (*o.* a due letti).

zweideutig *a* **1.** *(doppeldeutig)* ambiguo, equivoco; **2.** *(schlüpfrig)* licenzioso. **Zweideutigkeit** ‹-, -en› *f* **1.** ‹*sing*› *(Doppeldeutigkeit)* ambiguità *f,* doppio senso *m;* **2.** *(schlüpfrige Bemerkung)* (osservazione *f* a) doppio senso *m.*

zweidimensional [-dimɛnzi̯o̯na:l] *a* bidimensionale.

Zweidrittelmehrheit [-'drɪtəl-] *f:* **mit ~** con la maggioranza dei due terzi.

zweieiig *a* biovulare.

Zweier ‹-s, -› *m* **1.** *(Rudersport)* due *m* di punta; **2.** *fam (Zweipfennigstück)* (moneta *f* da) due pfennig *m.* **Zweierbeziehung** *f* rapporto *m* a due. **Zweierbob** *m* bob *m* a due.

zweifach *a* doppio, duplice; *s. a. vierfach.*

Zweifel ['t͜svai̯fəl] ‹-s, -› *m* dubbio *m; (Ungewißheit)* incertezza *f;* **es steht außer ~, daß ...** è fuori dubbio che ...; **ohne (jeden) ~** senza (alcun) dubbio, indubbiamente; **~ haben** (*o.* **hegen)** nutrire dubbi (*wegen* su); **über jeden ~ erhaben sein** essere fuor di dubbio; **es besteht nicht der mindeste** (*o.* **leiseste) ~ (, daß ...)** non c'è ombra di dubbio (che ...). **zweifelhaft** *a* **1.** *(fraglich)* dubbio, dubbioso; **2.** *(verdächtig)* sospetto; **es ist ~, ob ...** è incerto se ... **zweifellos** *adv* senza dubbio, indubbiamente.

zweifeln *itr* dubitare (*an etw./jdm* di qc/qu); **(daran) ..., daß ...** dubitare che ... *conj;* **daran ist nicht zu ~** è fuor di dubbio.

Zweifelsfall *m* caso *m* di dubbio; **im ~** in caso di dubbio. **zweifelsfrei I.** *a* inequivocabile; **II.** *adv* fuor di dubbio. **zweifelsohne** [-'ʔo:nə] *adv* senza dubbio.

Zweifler(in) ‹-s, -› *m(f)* scettico, -a *m, f.*

Zweig [t͜svai̯k] ‹-(e)s, -e› *m* ramo *m.*

zweigeteilt *a* bipartito. **zweigleisig** *a* a doppio binario.

Zweigniederlassung *f* filiale *f,* succursale *f.* **Zweigstelle** *f* filiale *f,* succursale *f.*

zweihändig [-hɛndɪç] *a anat, mus* a due mani; *scient* bimano.

zweihundert ['t͜svai̯'hʊndɐt] *(Zahlwort)* duecento.

zweijährig *a* **1.** *(zwei Jahre alt)* di due anni; **2.** *(bot, zwei Jahre lang)* biennale.

Zweikammersystem [-'kamɐ-] *n* bicameralismo *m.*

Zweikampf *m* **1.** *(Duell)* duello *m;* **2.** *sport* lotta *f* singola.

zweimal *adv* due volte; **den Schlüssel ~ herumdrehen** dare due giri di chiave; **sich** *(dat)* **etw. nicht ~ sagen lassen** non farsi dire qc due volte; **~ täglich** (*o.* **am Tag)** due volte al giorno. **zweimalig** *a* ripetuto due volte;

nach ~er Aufforderung alla seconda richiesta.

Zweimarkstück [-ˈmark-] *n* moneta *f* da due marchi.

Zweimaster ‹-s, -› *m* due alberi *m*. **zweimotorig** *a* bimotore; **~es Düsenflugzeug** bireattore *m*. **Zweiparteiensystem** [-parˈtaiən-] *n* bipartitismo *m*. **Zweipfennigstück** [-ˈpfɛnɪç-] *n* moneta *f* da due pfennig. **zweipolig** *a* bipolare. **Zweirad** *n* biciclo *m*. **zweiräd(e)rig** [-rɛːd(ə)rɪç] *a* a due ruote. **zweireihig** *a* a due file; *(Anzug, Mantel)* a doppio petto.

Zweisamkeit ‹-, ø› *f* essere *m* in due; **in trauter ~** (solo) in due.

zweischneidig *a* a doppio taglio; **das ist ein ~es Schwert** *fig* è un'arma a doppio taglio. **zweiseitig** *a* che ha due lati; *(bilateral)* bilaterale; *(Stoff)* double face. **zweisitzig** *a* biposto. **Zweispänner** [-ʃpɛnɐ] ‹-s, -› *m* carrozza *f* a due cavalli. **zweisprachig** *a* bilingue. **Zweisprachigkeit** ‹-, ø› *f* bilinguismo *m*. **zweispurig** *a* *(Straße)* a due corsie; *(Bahnstrecken)* a doppio binario; *(Tonband)* a due piste. **zweistellig** *a* di due cifre. **zweistimmig** *a* *(Gesang)* a due voci; *(Stück)* per due voci. **zweistöckig** [-ʃtœkɪç] *a* a (*o.* di) due piani. **zweistündig** [-ʃtʏndɪç] *a* di due ore. **zweitägig** [-tɛːgɪç] *a* di due giorni. **Zweitakter** ‹-s, -› *m*, **Zweitaktmotor** *m* motore *m* a due tempi.

zweitälteste(r, s) [ˈtsvaitˈʔɛltəstə] *a* secondo, -a (per età).

zweitausend [ˈtsvaiˈtauzənt] *(Zahlwort)* duemila.

Zweitausfertigung *f* duplicato *m*. **zweitbeste(r, s)** [ˈtsvaitˈbɛstə] *a* secondo, -a (per qualità).

zweite *s.* **zweite(r, s).**

Zweite [ˈtsvaitə] ‹ein -r, -n, -n› *mf* secondo, -a *m, f*; *(anderer, weiterer)* altro, -a *m, f*; *s. a. Vierte.*

zweiteilig *a* di (*o.* in) due parti; *(Kleidungsstück)* a due pezzi.

zweitens *adv* (in) secondo (luogo).

zweite(r, s) *a* secondo, -a; *(bei Datumsangaben)* due; *(anderer, weiterer)* altro, -a; **aus ~r Hand** di seconda mano; **in ~r Ehe** in seconde nozze; **in ~r Linie, an ~r Stelle** in secondo luogo; **~r Klasse** seconda classe; **eine ~ Jeanne d'Arc** una seconda Giovanna d'Arco; *s. a. vierte (r, s).*

Zweitfrisur *f* acconciatura *f* di ricambio, parrucca *f*. **zweitjüngste(r, s)** [ˈtsvaitˈjʏŋstə] *a* penultimo, -a (per età). **zweitklassig** *a* di second'ordine. **zweitletzte(r, s)** [ˈtsvaitˈlɛtstə] *a* penultimo, -a. **zweitrangig** *a* secondario. **Zweitschrift** *f* duplicato *m*. **Zweitstimme** *f* secondo voto *m*.

zweitürig *a* a due porte.

Zweitwagen *m* seconda macchina *f*. **Zweitwohnung** *f* seconda casa *f*.

zweizeilig *a* di due righe.

Zweizimmerwohnung [-ˈtsɪmɐ-] *f* appartamento *m* di due camere (*o.* vani).

Zwerchfell [ˈtsvɛrç-] *n* diaframma *m*. **zwerchfellerschütternd** *a* esilarante.

Zwerg(in) [tsvɛrk (ˈtsvɛrgɪn)] ‹-(e)s, -e› *m(f)* nano, -a *m, f*. **zwergenhaft** *a* nano. **Zwerghuhn** *n* pollo *m* nano. **Zwergin** *f s.* **Zwerg. Zwergpudel** *m* barboncino *m*. **Zwergstaat** *m* stato *m* minuscolo. **Zwergvolk** *n* pigmei *m pl*. **Zwergwuchs** *m* nanismo *m*.

Zwetsch(g)e [ˈtsvɛtʃ(g)ə] ‹-, -n› *f* prugna *f*, susina *f*. **Zwetsch(g)enbaum** *m* prugno *m*, susino *m*. **Zwetsch(g)enmus** *n* marmellata *f* di prugne. **Zwetsch(g)enwasser** *n* prunella *f*.

Zwickel [ˈtsvɪkəl] ‹-s, -› *m* **1.** *(an Kleidungsstücken)* gherone *m*; **2.** *arch* pennacchio *m*.

zwicken [ˈtsvɪkən] **I.** *tr* pizzicare; **II.** *itr* dare un pizzico.

Zwicker ‹-s, -› *m* pincenez *m*.

Zwickmühle *f* **1.** *(beim Mühlespiel)* mulino *m* doppio; **2.** *fig fam (schwierige Lage)* impiccio *m*, dilemma *m*; **in einer ~ sein** *fig fam* trovarsi in un pasticcio *fam*.

Zwieback [ˈtsviːbak] ‹-(e)s, ⸚e *o.* -e› *m* fetta *f* biscottata.

Zwiebel [ˈtsviːbəl] ‹-, -n› *f* **1.** *(Gemüse~)* cipolla *f*; **2.** *(Blumen~)* bulbo *m*. **zwiebelförmig** [-fœrmɪç] *a* bulbiforme. **Zwiebelkuchen** *m* sformato *m* di cipolle.

zwiebeln *tr fam* vessare, angariare.

Zwiebelsuppe *f* zuppa *f* di cipolle. **Zwiebelturm** *m* campanile *m* a bulbo.

zwiefach [ˈtsviːfax] *a geh s.* **zweifach.**

Zwiegespräch [ˈtsviː-] *n geh* dialogo *m*, colloquio *m* (a quattr'occhi).

Zwielicht *n* **1.** *(Dämmerlicht)* crepuscolo *m*; *(morgens)* alba *f*; **2.** *(Mischung von künstlichem u. natürlichem Licht)* misto *m* di luce artificiale e naturale; **ins ~ geraten** trovarsi in una situazione poco chiara. **zwielichtig** *a* ambiguo.

Zwiespalt ‹-(e)s, *rar* -e *o.* ⸚e› *m* conflitto *m* interiore, dissidio *m;* **in einen ~ geraten** trovarsi in conflitto. **zwiespältig** [-ʃpɛltɪç] *a* **1.** *(Mensch)* lacerato; **2.** *(Gefühle)* contradditorio, contrastante.

Zwietracht [-traxt] ‹-, ø› *f geh* discordia *f;* **~ säen** fomentare la discordia.

Zwillich ['t͜svɪlɪç] ‹-s, -e› *m* traliccio *m.*

Zwilling ['t͜svɪlɪŋ] ‹-s, -e› *m* **1.** *(Geschwister)* gemello, -a *m, f;* **2.** *(Gewehr)* doppietta *f;* **3.** *astr* Gemelli *m pl;* **eineiige/zweieiige ~e** gemelli monovulari/biovulari; **er** (*o.* **sie**) **ist (ein) ~** è un gemello (*o.* una gemella); *astr* è dei Gemelli; **siamesische ~e** gemelli siamesi. **Zwillingsbruder** *m* (frattelo *m*) gemello *m.* **Zwillingspaar** *n* gemelli *m pl.* **Zwillingsschwester** *f* (sorella *f*) gemella *f.*

Zwinge ['t͜svɪŋə] ‹-, -n› *f* **1.** *(Metallring)* ghiera *f;* **2.** *(Schraub~)* sergente *m; (Schraubstock)* morsa *f.*

zwingen ['t͜svɪŋən] ‹zwingt, zwang, gezwungen› **I.** *tr* costringere (*zu* a), forzare (*zu* a), obbligare (*zu* a); **ich sehe mich gezwungen abzureisen** mi vedo costretto a partire; **jdn zur Umkehr ~** constringere qu alla ritirata; **jdn zu Boden/in die Knie ~** constringere qu ad andare a terra/a mettersi in ginocchio; **II.** *rfl:* **sich ~** costringersi (*zu* a), sforzarsi (*zu* di). **zwingend** *a (Norm)* cogente, imperativo; *(überzeugend)* convincente; *(schlüssig)* conclusivo; *(Notwendigkeit, Gründe)* impellente.

Zwinger ‹-s, -› *m* canile *m.*

zwinkern ['t͜svɪŋkɐn] *itr:* **(mit den Augen) ~** strizzare gli occhi.

Zwirn [t͜svɪrn] ‹-(e)s, -e› *m* refe *m.*

zwischen ['t͜svɪʃən] *prp dat/acc* **1.** *(unter zweien, mehreren)* fra, tra; **2.** *(in der Mitte)* in mezzo a; **~ uns** fra (*o.* tra) noi; **~ fünf und sechs Uhr** fra le cinque e le sei; **es ist aus ~ uns** è finita fra noi. **Zwischenakt** *m* intermezzo *m.* **Zwischenaufenthalt** *m* breve sosta *f.* **Zwischenbemerkung** *f* osservazione *f,* obiezione *f.* **Zwischenbericht** *m* rapporto *m* intermedio. **Zwischenbescheid** *m* risposta *f* interlocutoria. **Zwischenbilanz** *f* bilancio *m* intermedio (*o.* provvisorio); **eine ~ ziehen** *fig* fare un bilancio provvisorio. **Zwischendeck** *n* interponte *m.* **Zwischendecke** *f* piano *m* smorzatore. **Zwischending** *n fam* compromesso *m;* **ein ~ zwischen ... und ... sein** essere una via di mezzo tra ... e ...

zwischendurch [-'dʊrç] *adv* **1.** *(in der Zwischenzeit)* frattanto, nel frattempo; **2.** *(ab und zu)* di tanto in tanto; *(nebenbei)* inoltre, tra l'altro.

Zwischenergebnis *n* risultato *m* provvisorio. **Zwischenfall** *m* **1.** *(Ereignis)* incidente *m;* **2.** ‹*pl*› *(Unruhen)* disordini *m pl;* **die Demonstration verlief ohne Zwischenfälle** la dimostrazione si svolse senza incidenti; **an der Grenze kam es zu blutigen/schweren Zwischenfällen** al confine si verificarono sanguinosi/gravi incidenti. **Zwischenfinanzierung** *f* prefinanziamento *m.* **Zwischenfrage** *f:* **jdm eine ~ stellen** interrompere qu con una domanda; **erlauben Sie mir eine ~** mi permetta una domanda. **Zwischengericht** *n* entremets *m.* **Zwischengeschoß** *n* mezzanino *m,* (piano *m*) ammezzato *m.* **Zwischengröße** *f* misura *f* intermedia. **Zwischenhandel** *m* commercio *m* di commissione (*o.* transito). **Zwischenhändler** *m* intermediario *m.* **Zwischenhirn** *n* diencefalo *m.* **zwischen·lagern** *tr* depositare.

zwischen·landen *itr* ‹*sein*› fare scalo. **Zwischenlandung** *f* scalo *m.*

Zwischenlösung *f* soluzione *f* provvisoria. **Zwischenmahlzeit** *f* spuntino *m; (am Nachmittag)* merenda *f.* **zwischenmenschlich** *a:* **~e Beziehungen** rapporti umani. **Zwischenprüfung** *f* esame *m* preliminare. **Zwischenraum** *m (räumlich, zeitlich)* intervallo *m; (a. typ)* spazio *m; (zwischen Zeilen)* interlinea *f; (Abstand)* distanza *f.* **Zwischenruf** *m* interruzione *f.* **Zwischenrunde** *f* semifinale *f.* **Zwischensaison** *f* media stagione *f.* **Zwischenspiel** *n theat, fig* intermezzo *m; mus* interludio *m.* **zwischenstaatlich** *a* interstatale, intergovernativo. **Zwischenstation** *f* stazione *f* intermedia; **~ machen** fermarsi ad una stazione intermedia. **Zwischenstecker** *m* spina *f* di adattamento. **Zwischenstück** *n* pezzo *m* intermedio, parte *f* intermedia. **Zwischenstufe** *f* stadio *m* intermedio. **Zwischensumme** *f* somma *f* parziale. **Zwischentitel** *m* titolo *m* intermedio. **Zwischenwand** *f* parete *f* divisoria. **Zwischenwirt** *m* ospite *m* intermedio.

Zwischenzeit *f* intervallo *m;* **in der ~** nel frattempo, frattanto; **sie hat eine gute ~** *sport* ha un buon tempo intermedio. **zwischenzeitlich** *adv* nel frattempo.

Zwischenzeugnis *n* **1.** *(Arbeits~)* attestato *m* di capacità; **2.** *(Universitäts~)* attestato *m* dei corsi svolti;

(Schul~) pagella *f* trimestrale/semestrale.

Zwist [t͜svɪst] ‹-es, -e› *m geh* **1.** *(Uneinigkeit)* disaccordo *m,* discordia *f;* **2.** *(Streit)* lite *f;* **einen alten ~ begraben** dimenticare una vecchia lite. **Zwistigkeit** ‹-, -en› *f geh* ‹*meist pl*› *s.* **Zwist.**

zwitschern ['t͜svɪt͜ʃɐn] **I.** *itr* cinguettare; *(Schwalbe)* garrire; **II.** *tr:* **einen ~** *fam* bersi un bicchierino *fam.*

Zwitter ['t͜svɪtɐ] ‹-s, -› *m* ermafrodito *m,* androgino *m.* **zwitterhaft** *a* ibrido.

zwo [t͜svo:] *(Zahlwort) tel, fam* due.

zwölf [t͜svœlf] *(Zahlwort)* dodici; *(ein Dutzend)* una dozzina (di); **(um) ~ Uhr mittags/nachts** a mezzogiorno/mezzanotte; **fünf Minuten vor ~** *fig fam* all'ultimo minuto; *s. a. vier.*

Zwölf-, zwölf- *s. a. Vier-, vier-.* **Zwölfender** ‹-s, -› *m* cervo *m* con corna a dodici palchi. **Zwölffingerdarm** *m* duodeno *m.* **Zwölfkampf** *m* gara *f* di dodici prove. **Zwölfsilb(l)er** ‹-s, -› *m* dodecasillabo *m.*

zwölfte *s.* **zwölfte(r, s).**

Zwölftel ‹-s, -› *n* dodicesimo *m.*

zwölftens *adv* (in) dodicesimo (luogo).

zwölfte(r, s) *a* dodicesimo, -a; *(bei Datumsangaben)* dodici; *s. a. vierte(r, s).*

Zwölftonmusik *f* musica *f* dodecafonica.

Zyanid [t͜sya'ni:t] ‹-s, -e› *n* cianuro *m.*

Zyankali [t͜sy̆a:n'ka:li] ‹-s, ø› *n* cianuro *m* di potassio.

Zyklame [t͜sy'kla:mə] ‹-, -n› *f A,* **Zyklamen** [...mən] ‹-s, -› *n* ciclamino *m.*

Zyklen *pl von* **Zyklus.**

zyklisch ['t͜sy:klɪʃ] *a* ciclico.

Zyklon [t͜sy'klo:n] ‹-s, -e› *m* ciclone *m.*

Zyklop [t͜sy'klo:p] ‹-en, -en› *m* ciclope *m.*

Zyklotron ['t͜sy:klotro:n *o.* 't͜sʏk... *o.* ...'tro:n, ...'tro:nə *o.* ...tro:ns] ‹-s, -e *o.* -s› *n* ciclotrone *m.*

Zyklus ['t͜sy:klʊs *o.* 't͜sʏklʊs] ‹-, Zyklen› *m* ciclo *m.*

Zylinder [t͜si'lɪndɐ *o.* t͜sʏ'l...] ‹-s, -› *m* cilindro *m.* **Zylinderblock** ‹-(e)s, ⸚e› *m* blocco *m* cilindri. **zylinderförmig** [-fœrmɪç] *a* cilindrico, a forma di cilindro. **Zylinderkopf** *m* testata *f,* testa *f* dei cilindri. **Zylinderkopfdichtung** *f* guarnizione *f* della testata (*o.* della testa dei cilindri).

zylindrisch [...'lɪndrɪʃ] *a* cilindrico.

Zyniker(in) ['t͜sy:nɪkɐ (...ərɪn)] ‹-s, -› *m(f)* cinico, -a *m, f.*

zynisch *a* cinico.

Zynismus [t͜sy'nɪsmʊs, ...mən] ‹-, *rar* -men› *m* cinismo *m.*

Zypern ['t͜sy:pɐn] *n* Cipro *f.*

Zyprer(in) *m(f) s.* **Zyprier.**

Zypresse [t͜sy'prɛsə] ‹-, -n› *f* cipresso *m.*

Zypr(i)er(in) ['t͜sy:pr(i)ɐ (...ərɪn)] ‹-s, -› *m(f),* **Zypriot(in)** [t͜sypri'o:t(ɪn)] ‹-en, -en› *m(f)* cipriota *mf.*

zypriotisch, zyprisch *a* cipriota.

Zyste ['t͜sʏstə] ‹-, -n› *f* cisti *f.*

Zytologie [t͜sytolo'gi:] ‹-, ø› citologia *f.*

Zytoplasma [t͜syto'plasma] *n* citoplasma *m.*

z. Z., z. Zt. *ab von* **zur Zeit** attualmente.

Appendice

Anhang

Verbi irregolari tedeschi (verbi con alternanza vocalica, verbi «forti»)

Unregelmäßige deutsche Verben (Verben mit Vokalalternanz, „starke“ Verben)

infinito	**forme irregolari della 2ª e 3ª persona del singolare presente**	**1ª o 3ª persona del singolare imperfetto**	**participio passato e passivo**
backen	bäckst *o.* backst, bäckt *o.* backt	backte *o. obs* buk	gebacken
befehlen	befiehlst, befiehlt	befahl	befohlen
beginnen		begann	begonnen
beißen		biß	gebissen
bergen	birgst, birgt	barg	geborgen
bersten	birst, birst	barst	geborsten
bewegen *(veranlassen)*		bewog	bewogen
biegen		bog	gebogen
bieten		bot	geboten
binden		band	gebunden
bitten		bat	gebeten
blasen	bläst, bläst	blies	geblasen
bleiben		blieb	geblieben
braten	brätst, brät	briet	gebraten
brechen	brichst, bricht	brach	gebrochen
brennen		brannte	gebrannt
bringen		brachte	gebracht
denken		dachte	gedacht
dreschen	drischst, drischt	drosch	gedroschen
dringen		drang	gedrungen
empfangen	empfängst, empfängt	empfing	empfangen
empfehlen	empfiehlst, empfiehlt	empfahl	empfohlen
empfinden		empfand	empfunden
erschrecken *(itr)*	erschrickst, erschrickt	erschrak	erschrocken
essen	ißt, ißt	aß	gegessen
fahren	fährst, fährt	fuhr	gefahren
fallen	fällst, fällt	fiel	gefallen
fangen	fängst, fängt	fing	gefangen
fechten	fichtst *o.* fichst, ficht	focht	gefochten
finden		fand	gefunden
flechten	flichtst *o.* flichst, flicht	flocht	geflochten
fliegen		flog	geflogen
fliehen		floh	geflohen
fließen		floß	geflossen
fressen	frißt, frißt	fraß	gefressen

infinito	**forme irregolari della 2ª e 3ª persona del singolare presente**	**1ª o 3ª persona del singolare imperfetto**	**participio passato e passivo**
frieren		fror	gefroren
gären		gor *o.* gärte	gegoren
			o. gegärt
gebären	gebierst, gebiert	gebar	geboren
geben	gibst, gibt	gab	gegeben
gedeihen		gedieh	gediehen
gehen		ging	gegangen
gelingen		gelang	gelungen
gelten	giltst, gilt	galt	gegolten
genesen		genas	genesen
genießen		genoß	genossen
geschehen	geschieht (*3ª persona*)	geschah	geschehen
gewinnen		gewann	gewonnen
gießen		goß	gegossen
gleichen		glich	geglichen
gleiten		glitt	geglitten
glimmen		glomm *o.* glimmte	geglommen
			o. geglimmt
graben	gräbst, gräbt	grub	gegraben
greifen		griff	gegriffen
halten	hältst, hält	hielt	gehalten
hängen *(itr)*		hing	gehangen
hauen		haute *o.* hieb	gehauen
			o. dial gehaut
heben		hob	gehoben
heißen		hieß	geheißen
helfen	hilfst, hilft	half	geholfen
kennen		kannte	gekannt
klimmen		klomm	geklommen
klingen		klang	geklungen
kneifen		kniff	gekniffen
kommen		kam	gekommen
kriechen		kroch	gekrochen
laden	lädst, lädt	lud	geladen
lassen	läßt, läßt	ließ	gelassen
laufen	läufst, läuft	lief	gelaufen
leiden		litt	gelitten
leihen		lieh	geliehen
lesen	liest, liest	las	gelesen
liegen		lag	gelegen
lügen		log	gelogen
mahlen		mahlte	gemahlen
meiden		mied	gemieden
melken		melkte	gemolken
		o. rar molk	*o. rar* gemelkt
messen	mißt, mißt	maß	gemessen
mißlingen		mißlang	mißlungen

infinito	forme irregolari della 2ª e 3ª persona del singolare presente	1ª o 3ª persona del singolare imperfetto	participio passato e passivo
nehmen	nimmst, nimmt	nahm	genommen
nennen		nannte	genannt
pfeifen		pfiff	gepfiffen
preisen		pries	gepriesen
quellen *(itr)*	quillst, quillt	quoll	gequollen
raten	rätst, rät	riet	geraten
reiben		rieb	gerieben
reißen		riß	gerissen
reiten		ritt	geritten
rennen		rannte	gerannt
riechen		roch	gerochen
ringen		rang	gerungen
rinnen		rann	geronnen
rufen		rief	gerufen
saufen	säufst, säuft	soff	gesoffen
saugen		sog *o.* saugte	gesogen *o.* gesaugt
schaffen		schuf	geschaffen
scheiden		schied	geschieden
scheinen		schien	geschienen
scheißen		schiß	geschissen
schelten	schiltst,schilt	schalt	gescholten
scheren		schor	geschoren
schieben		schob	geschoben
schießen		schoß	geschossen
schinden		schindete	geschunden
schlafen	schläfst, schläft	schlief	geschlafen
schlagen	schlägst, schlägt	schlug	geschlagen
schleichen		schlich	geschlichen
schleifen		schliff	geschliffen
schließen		schloß	geschlossen
schlingen		schlang	geschlungen
schmeißen		schmiß	geschmissen
schmelzen	schmilzt, schmilzt	schmolz	geschmolzen
schneiden		schnitt	geschnitten
schreiben		schrieb	geschrieben
schreien		schrie	geschrien *o.* geschrieen
schreiten		schritt	geschritten
schweigen		schwieg	geschwiegen
schwellen	schwillst, schwillt	schwoll	geschwollen
schwimmen		schwamm	geschwommen
schwinden		schwand	geschwunden
schwingen		schwang	geschwungen
schwören		schwor	geschworen
sehen	siehst, sieht	sah	gesehen
senden		sandte *o.* sendete	gesandt *o.* gesendet
sieden		siedete *o.* sott	gesiedet *o.* gesotten

infinito	**forme irregolari della 2ª e 3ª persona del singolare presente**	**1ª o 3ª persona del singolare imperfetto**	**participio passato e passivo**
singen		sang	gesungen
sinken		sank	gesunken
sinnen		sann	gesonnen
sitzen		saß	gesessen
speien		spie	gespien *o.* gespieen
spinnen		spann	gesponnen
sprechen	sprichst, spricht	sprach	gesprochen
sprießen		sproß *o.* sprießte	gesprossen *o.* gesprießt
springen		sprang	gesprungen
stechen	stichst, sticht	stach	gestochen
stehen		stand	gestanden
stehlen	stiehlst, stiehlt	stahl	gestohlen
steigen		stieg	gestiegen
sterben	stirbst, stirbt	starb	gestorben
stieben		stob *o.* stiebte	gestoben *o.* gestiebt
stinken		stank	gestunken
stoßen	stößt, stößt	stieß	gestoßen
streichen		strich	gestrichen
streiten		stritt	gestritten
tragen	trägst, trägt	trug	getragen
treffen	triffst, trifft	traf	getroffen
treiben		trieb	getrieben
treten	trittst, tritt	trat	getreten
triefen		triefte *o. geh* troff	getrieft *o. rar* getroffen
trinken		trank	getrunken
trügen		trog	getrogen
tun	ich tue; tust, tut; wir, ihr, sie tun	tat	getan
verderben	verdirbst, verdirbt	verdarb	verdorben
verdrießen		verdroß	verdrossen
vergessen	vergißt, vergißt	vergaß	vergessen
verlieren		verlor	verloren
verzeihen		verzieh	verziehen
wachsen	wächst, wächst	wuchs	gewachsen
waschen	wäschst, wäscht	wusch	gewaschen
weichen		wich	gewichen
weisen		wies	gewiesen
wenden		wendete *o.* wandte	gewendet *o.* gewandt
werben	wirbst, wirbt	warb	geworben
werfen	wirfst, wirft	warf	geworfen
wiegen		wog	gewogen
winden		wand	gewunden
winken		winkte	gewinkt *o.* gewunken

infinito	forme irregolari della 2ª e 3ª persona del singolare presente	1ª o 3ª persona del singolare imperfetto	participio passato e passivo
wissen	ich weiß; weißt, weiß	wußte	gewußt
wringen		wrang	gewrungen
zeihen		zieh	geziehen
ziehen		zog	gezogen
zwingen		zwang	gezwungen

Morfologia della lingua tedesca
Formenlehre der deutschen Sprache

Il gruppo nominale

Il genere, il numero e il caso

I **generi** del gruppo nominale sono tre:

il maschile *m*	der Tag	il giorno
il femminile *f*	die Frage	la domanda
il neutro *n*	das Meer	il mare

Il genere è una proprietà del sostantivo. L'articolo e l'aggettivo attributivo si accordano per genere con il sostantivo.

I **numeri** del gruppo nominale sono due:

il singolare *sing*	der Tag	il giorno
il plurale *pl*	die Tage	i giorni

I **casi** del gruppo nominale sono quattro:

il nominativo *nom*	*sing*	der Tag	*pl*	die Tage
l'accusativo *acc*		den Tag		die Tage
il dativo *dat*		dem Tag(e)		den Tagen
il genitivo *gen*		des Tag(e)s		der Tage

Il sostantivo

La **declinazione** del sostantivo comprende:

1) la formazione del singolare, che può essere caratterizzata mediante la forma del genitivo,
2) la formazione del plurale, uguale per tutti i casi ad eccezione del dativo di alcuni tipi di sostantivi.

La notazione ⟨-(e)s, -e⟩ per un sostantivo come *Tag* indica:
le forme *Tages* o *Tags* nel genitivo singolare,
la forma *Tage* per tutti i casi nel plurale (ad eccezione del dativo).

1. I sostantivi con plurale in *-en* e *-n*

f	⟨-, -en⟩		⟨-, -n⟩	
	sing	*pl*	*sing*	*pl*
nom	die Tat	die Taten	die Frage	die Fragen
acc	die Tat	die Taten	die Frage	die Fragen
dat	der Tat	den Taten	der Frage	den Fragen
gen	der Tat	der Taten	der Frage	der Fragen
m	⟨-en, -en⟩		⟨-n, -n⟩	
	sing	*pl*	*sing*	*pl*
nom	der Bär	die Bären	der Affe	die Affen
acc	den Bären	die Bären	den Affen	die Affen
dat	dem Bären	den Bären	dem Affen	den Affen
gen	des Bären	der Bären	des Affen	der Affen
m, n	⟨-(e)s, -en⟩		⟨-s, -n⟩	
	sing	*pl*	*sing*	*pl*
nom	das Bett	die Betten	der Stachel	die Stacheln
acc	das Bett	die Betten	den Stachel	die Stacheln
dat	dem Bett(e)	den Betten	dem Stachel	den Stacheln
gen	des Bett(e)s	der Betten	des Stachels	der Stacheln

- Il plurale in *-en* e *-n* è il più comune per i sostantivi femminili.
- Le varianti ⟨-, -n⟩, ⟨-n, -n⟩, ⟨-s, -n⟩ si usano con le basi terminanti in *-e, -el, -en, -er.*
- Declinazione di **Herz:** *nom* e *acc sing* **das Herz,** *gen sing* **des Herzens,** le altre forme come *Bär.*

2. I sostantivi con plurale in *-e, ¨e, -* e ¨

f	⟨-, ¨e⟩		⟨-, ¨⟩	
	sing	*pl*	*sing*	*pl*
nom	die Nacht	die Nächte	die Mutter	die Mütter
acc	die Nacht	die Nächte	die Mutter	die Mütter
dat	der Nacht	den Nächten	der Mutter	den Müttern
gen	der Nacht	der Nächte	der Mutter	der Mütter
m, n	⟨-(e)s, -e⟩		⟨-s, -⟩	
	sing	*pl*	*sing*	*pl*
nom	der Tag	die Tage	das Segel	die Segel
acc	den Tag	die Tage	das Segel	die Segel
dat	dem Tag(e)	den Tagen	dem Segel	den Segeln
gen	des Tag(e)s	der Tage	des Segels	der Segel
m, n	⟨-(e)s, ¨e⟩		⟨-s, ¨⟩	
	sing	*pl*	*sing*	*pl*
nom	der Baum	die Bäume	der Vogel	die Vögel
acc	den Baum	die Bäume	den Vogel	die Vögel
dat	dem Baum(e)	den Bäumen	dem Vogel	den Vögeln
gen	des Baum(e)s	der Bäume	des Vogels	der Vögel

- Il plurale in *-e, ¨e, -* e *¨* è il più comune per i sostantivi maschili e neutri.
- Le varianti ⟨-, ¨⟩, ⟨-s, -⟩, ⟨-s, ¨⟩ si usano con le basi terminanti in *-e, -el, -en, -er.*

3. I sostantivi con plurale in *-er, ¨er*

m, n	⟨-(e)s, -er⟩		⟨-(e)s, ¨er⟩	
	sing	*pl*	*sing*	*pl*
nom	das Bild	die Bilder	der Mann	die Männer
acc	das Bild	die Bilder	den Mann	die Männer
dat	dem Bild(e)	den Bildern	dem Mann(e)	den Männern
gen	des Bild(e)s	der Bilder	des Mann(e)s	der Männer

4. I sostantivi con plurale in *-s*

f	⟨-, -s⟩		*m, n*	⟨-s, -s⟩	
	sing	*pl*		*sing*	*pl*
nom	die Bar	die Bars	*nom*	das Auto	die Autos
acc	die Bar	die Bars	*acc*	das Auto	die Autos
dat	der Bar	den Bars	*dat*	dem Auto	den Autos
gen	der Bar	der Bars	*gen*	des Autos	der Autos

- Il plurale in *-s* è il più comune per i sostantivi terminanti in una vocale diversa da *-e* non accentuata; è inoltre usato per un certo numero di altri sostantivi, di origine straniera o regionale.

5. I sostantivi con declinazione aggettivale

Forme senza articolo

sing	*m*	*f*	*n*
nom	Angestellter	Angestellte	Neugeborenes
acc	Angestellten	Angestellte	Neugeborenes
dat	Angestelltem	Angestellter	Neugeborenem
gen	Angestellten	Angestellter	Neugeborenen
pl			
nom	Angestellte		Neugeborene
acc	Angestellte		Neugeborene
dat	Angestellten		Neugeborenen
gen	Angestellter		Neugeborener

- Alcune di queste forme sono poco usate.

Forme dopo l'articolo determinativo

sing	*m*	*f*	*n*
nom	der Angestellte	die Angestellte	das Neugeborene
acc	den Angestellten	die Angestellte	das Neugeborene
dat	dem Angestellten	der Angestellten	dem Neugeborenen
gen	des Angestellten	der Angestellten	des Neugeborenen
pl			
nom	die Angestellten		die Neugeborenen
acc	die Angestellten		die Neugeborenen
dat	den Angestellten		den Neugeborenen
gen	der Angestellten		der Neugeborenen

Forme dopo gli articoli indeterminativo e possessivo

sing	*m*	*f*	*n*
nom	ihr Angestellter	ihre Angestellte	ihr Neugeborenes
acc	ihren Angestellten	ihre Angestellte	ihr Neugeborenes
dat	ihrem Angestellten	ihrer Angestellten	ihrem Neugeborenen
gen	ihres Angestellten	ihrer Angestellten	ihres Neugeborenen
pl			
nom	ihre Angestellten		ihre Neugeborenen
acc	ihre Angestellten		ihre Neugeborenen
dat	ihren Angestellten		ihren Neugeborenen
gen	ihrer Angestellten		ihrer Neugeborenen

- La distribuzione delle forme dei sostantivi con declinazione aggettivale dopo gli altri articoli è la stessa dell'aggettivo. Si veda il capitolo «L'aggettivo».

6. I sostantivi con plurale di origine straniera

Per alcuni sostantivi di origine straniera è stato conservato anche il plurale della lingua di origine:

nom sing **das Thema**
nom pl **die Themata**

Questa forma è considerata come scientifica o ricercata.

La forma più comune per questo esempio è quella ottenuta mediante l'addizione di *-en* a una base ridotta:

nom sing **das Thema**
nom pl **die Themen**

La sola addizione di *-s*, sempre per questo esempio, è spesso considerata come popolare:

nom sing	**das Thema**
nom pl	**die Themas**

7. I nomi propri

I **nomi di persona** sono declinati in *-s* nel genitivo:

Michaels Frau	la moglie di Michael
Marias Haus	la casa di Maria

Per i nomi terminanti in *-s, -ß, -x, -z* si usa l'apostrofo, la costruzione con *von* o la desinenza *-ens:*

Heinz' Tochter, die Tochter von Heinz, Heinzens Tochter	la figlia di Heinz
Lukas' Mutter, die Mutter von Lukas	la madre di Lukas

I **cognomi** sono declinati in *-s* nel genitivo singolare e nel plurale:

Meiers neues Auto	la nuova macchina di Meier
Frau Hirschs Eltern	i genitori della signora Hirsch
Meiers kommen auch.	Vengono anche i Meier.

Per i cognomi terminanti in *-s, -ß, -x, -z* si usa la desinenza *-ens* o la costruzione con *von* per il genitivo singolare; il plurale si forma in *-ens:*

das neue Auto von Schmitz, Schmitzens neues Auto	la nuova macchina di Schmitz
Schmitzens kommen auch.	Vengono anche i Schmitz.

Osservazioni generali

- I sostantivi in *-ß* dopo una vocale breve si scrivono con *-ss-* nelle forme a desinenza: *der Kuß, des Kusses, die Küsse, ...*
- I sostantivi a base terminante in *-en* come *Wagen* (-s, -) non aggiungono *-n* nel dativo plurale: *nom sing* **Wagen,** *dat pl* **Wagen.**
- È obbligatorio l'uso della vocale *-e-* nel genitivo singolare delle basi terminanti in **-s** *(das Haus, des Hauses),* **-ß** *(der Fuß, des Fußes; der Kuß, des Kusses),* **-z** *(der Satz, des Satzes).* È facoltativo l'uso di *-(e)-* per le altre basi *(der Baum, des Baumes* o *des Baums).*
- L'uso di *-(e)* nel dativo singolare è facoltativo per tutte le basi e diventa raro *(das Haus, dem Haus,* raro *dem Hause).*

L'aggettivo

L'aggettivo si declina in posizione attributiva *(ein guter Wein),* mentre in posizione predicativa è invariabile *(Der Wein ist gut).* Esistono **tre declinazioni** dell'aggettivo attributivo condizionate dalla scelta dell'articolo.

1. L'aggettivo senza articolo

sing	*m*	*f*	*n*
nom	guter Wein	gute Lösung	gutes Brot
acc	guten Wein	gute Lösung	gutes Brot
dat	gutem Wein(e)	guter Lösung	gutem Brot(e)
gen	guten Wein(e)s	guter Lösung	guten Brot(e)s
pl	*m/f/n*		
nom	gute Weine / Lösungen / Brote		
acc	gute Weine / Lösungen / Brote		
dat	guten Weinen / Lösungen / Broten		
gen	guter Weine / Lösungen / Brote		

• Queste forme si usano anche con i **numeri cardinali,** con **manch, solch, viel, welch, wenig** non declinati e con **ein bißchen, etwas, mehr, ein paar** *(pl).*

2. L'aggettivo dopo l'articolo determinativo

sing	*m*	*f*	*n*
nom	der gute Wein	die gute Lösung	das gute Brot
acc	den guten Wein	die gute Lösung	das gute Brot
dat	dem guten Wein(e)	der guten Lösung	dem guten Brot(e)
gen	des guten Wein(e)s	der guten Lösung	des guten Brot(e)s
pl	*m/f/n*		
nom	die guten Weine / Lösungen / Brote		
acc	die guten Weine / Lösungen / Brote		
dat	den guten Weinen / Lösungen / Broten		
gen	der guten Weine / Lösungen / Brote		

• Queste forme dell'aggettivo si usano dopo **der** e anche dopo **derselbe, dieser, jener, folgender, jeder, jeglicher, mancher, solcher, welcher, viele.**

3. L'aggettivo dopo gli articoli indeterminativo e possessivo

sing	*m*	*f*	*n*
nom	ihr guter Wein	ihre gute Lösung	ihr gutes Brot
acc	ihren guten Wein	ihre gute Lösung	ihr gutes Brot
dat	ihrem guten Wein(e)	ihrer guten Lösung	ihrem guten Brot(e)
gen	ihres guten Wein(e)s	ihrer guten Lösung	ihres guten Brot(e)s
pl	*m/f/n*		
nom	ihre guten Weine / Lösungen / Brote		
acc	ihre guten Weine / Lösungen / Brote		
dat	ihren guten Weinen / Lösungen / Broten		
gen	ihrer guten Weine / Lösungen / Brote		

- Queste forme dell'aggettivo si usano dopo **ein, kein, mein, dein, sein, ihr** *(f sing),* **unser, euer, ihr** *(pl),* **Ihr.**

Osservazioni generali:

- Per gli aggettivi in *-el* si omette *-e-* della base nelle forme declinate:

  dunkel eine **dunkle** Farbe

- Per gli aggettivi in *-er* si omette *-e-* della base nelle parole dotte e anche in altre parole, specialmente dopo dittongo:

  integer ein **integrer** Mann
  sauer ein **saurer** Wein

- Gli aggettivi in *-ß* dopo una vocale breve si scrivono con *-ss-* nelle forme a desinenza:

  naß ein **nasses** Tuch

- Per l'aggettivo *hoch* la base declinata è *hoh-:*

  hoch ein **hohes** Gebirge

I gradi dell'aggettivo

L'aggettivo oltre alla forma del «positivo» presenta due altri gradi, il comparativo e il superlativo.

uso predicativo	*positivo* *comparativo* *superlativo*	schnell schneller am schnellsten der schnellste	klug klüger am klügsten der klügste	naß nasser am nassesten der nasseste
uso attributivo	*positivo* *comparativo* *superlativo*	ein schnelles Auto una macchina veloce ein schnelleres Auto una macchina più veloce das schnellste Auto der Welt la macchina più veloce del mondo		

- Il comparativo si forma con *-er* e il superlativo con *-(e)ste*..., il superlativo dell'uso predicativo anche con *am*...*-(e)sten*.

- Le varianti del superlativo con *-e-* si usano per le basi terminanti in **-s** *(mies, mieseste)*, **-ß** *(heiß, heißeste;* dopo vocale breve si scrive **-ss-:** *naß, nasseste)*, **-st** *(fest, festeste)*, **-x** *(fix, fixeste)*, **-z** *(kurz, kürzeste)* ed è la più frequente per le basi in **-d** *(blind, blindeste)*, **-t** *(weit, weiteste)*, **-sch** *(rasch, rascheste)*.

- Alcuni aggettivi hanno un'alternanza della vocale tonica:
  klug klüger der klügste...
  schwach [-ax] **schwächer** [-ɛç-] **der schwächste...**

- Vengono declinate nel comparativo e nel superlativo, secondo la flessione del positivo, le forme dell'uso attributivo e le forme come *der schnellste, der klügste,* ... dell'uso predicativo.

- Forme irregolari:

hoch	**höher**	**am höchsten,**	**der höchste**
groß	**größer**	**am größten,**	**der größte**
gut	**besser**	**am besten,**	**der beste**
viel	**mehr** *(invariabile)*	**am meisten,**	**der meiste**

- Il tedesco non presenta nessuna forma flessiva corrispondente al superlativo assoluto dell'italiano. In questa funzione si usa il positivo con un avverbio:
  ein sehr schnelles Auto una macchina velocissima

L'articolo

L'articolo, le cui forme sono in parte simili a quelle del pronome, accompagna il sostantivo e l'aggettivo nel gruppo nominale.
In altre terminologie alcuni tipi di articolo sono classificati come «pronomi» o «aggettivi», p. e. l'articolo possessivo come «pronome possessivo» o «aggettivo possessivo».

1. L'articolo determinativo e l'articolo indeterminativo

	articolo determinativo				**articolo indeterminativo**		
	sing			*pl*	*sing*		
	m	*f*	*n*	*m f n*	*m*	*f*	*n*
nom	der	die	das	die	ein	eine	ein
acc	den	die	das	die	einen	eine	ein
dat	dem	der	dem	den	einem	einer	einem
gen	des	der	des	der	eines	einer	eines

- L'articolo **ein** si usa solo al singolare; al plurale di senso indeterminato il gruppo nominale rimane senza articolo.

- L'articolo **kein** forma il singolare come **ein** e il plurale dei tre generi *nom, acc* **keine,** *dat* **keinen,** *gen* **keiner.**

- L'articolo **der** accentuato ha funzione dimostrativa.

2. L'articolo dimostrativo

	sing			*pl*
	m	*f*	*n*	*m f n*
nom	dieser	diese	dieses	diese
acc	diesen	diese	dieses	diese
dat	diesem	dieser	diesem	diesen
gen	dieses	dieser	dieses	dieser

- Si declinano nello stesso modo **aller, jeder** *(solo sing),* **jener, mancher, solcher.**

	sing			*pl*
	m	*f*	*n*	*m f n*
nom	derselbe	dieselbe	dasselbe	dieselben
acc	denselben	dieselbe	dasselbe	dieselben
dat	demselben	derselben	demselben	denselben
gen	desselben	derselben	desselben	derselben

- Si declina nello stesso modo **derjenige.**

3. L'articolo interrogativo

	sing			*pl*
	m	*f*	*n*	*m f n*
nom	welcher ...?	welche ...?	welches ...?	welche ...?
acc	welchen ...?	welche ...?	welches ...?	welche ...?
dat	welchem ...?	welcher ...?	welchem ...?	welchen ...?
gen	welches ...?	welcher ...?	welches ...?	welcher ...?

4. L'articolo relativo

	sing			*pl*
	m	*f*	*n*	*m f n*
gen	dessen	deren	dessen	deren

- Ha funzione di articolo il genitivo del pronome relativo **der.**

Esempio: ... ein Mann, dessen Stimme ich wiedererkenne, ...
... un uomo di cui riconosco la voce (la cui voce riconosco) ...

5. L'articolo possessivo

persona del possessore			**numero e genere del sostantivo che esprime il possesso**			
			sing			*pl*
			m	*f*	*n*	*m f n*
sing	**1ª pers**	*nom*	mein	meine	mein	meine
		acc	meinen	meine	mein	meine
		dat	meinem	meiner	meinem	meinen
		gen	meines	meiner	meines	meiner
	2ª pers		dein		*come*	mein
	3ª pers	*m*	sein			
		f	ihr		*come*	mein
		n	sein			
pl	**1ª pers**	*nom*	unser	unsere	unser	unsere
		acc	unseren	unsere	unser	unsere
		dat	unserem	unserer	unserem	unseren
		gen	unseres	unserer	unseres	unserer
	2ª pers	*nom*	euer	eure	euer	eure
		acc	euren	eure	euer	eure
		dat	eurem	eurer	eurem	euren
		gen	eures	eurer	eures	eurer
	3ª pers		ihr		*come*	mein
forma di cortesia			Ihr		*come*	mein

Le forme della 1ª persona plurale presentano delle varianti:

al posto di	*si usa anche*		
unsere	unsre		
unserer	unsrer		
unserem	unsrem	*o*	unserm
unseren	unsren	*o*	unsern

Il pronome

Il pronome, le cui forme sono in parte simili a quelle dell'articolo, può essere l'unica costituente del gruppo nominale.

1. Il pronome personale

	sing				
	1ª pers	**2ª pers**	**3ª pers**		
			m	*f*	*n*
nom	ich	du	er	sie	es
acc	mich	dich	ihn	sie	es
dat	mir	dir	ihm	ihr	ihm
gen	meiner	deiner	seiner	ihrer	seiner

	pl			**forma di cortesia**
	1ª pers	**2ª pers**	**3ª pers**	
nom	wir	ihr	sie	Sie
acc	uns	euch	sie	Sie
dat	uns	euch	ihnen	Ihnen
gen	unser	euer	ihrer	Ihrer

2. Il pronome riflessivo

	sing				
	1ª pers	**2ª pers**	**3ª pers**		
			m	*f*	*n*
acc	mich	dich	sich	sich	sich
dat	mir	dir	sich	sich	sich
gen	meiner	deiner	seiner	ihrer	seiner

	pl			**forma di cortesia**
	1ª pers	**2ª pers**	**3ª pers**	
acc	uns	euch	sich	sich
dat	uns	euch	sich	sich
gen	unser	euer	ihrer	Ihrer

3. Il pronome indeterminativo

sing	*m*	*f*	*n*
nom	einer	eine	ein(e)s
acc	einen	eine	ein(e)s
dat	einem	einer	einem
gen	eines	einer	eines

- Il pronome **kein** forma il singolare come **ein** e il plurale dei tre generi *nom, acc* **keine,** *dat* **keinen,** *gen* **keiner.**

4. Il pronome dimostrativo

Il pronome *der*

	sing			*pl*
	m	*f*	*n*	*m f n*
nom	der	die	das	die
acc	den	die	das	die
dat	dem	der	dem	denen
gen	dessen	deren	dessen	deren

Gli altri pronomi dimostrativi

Sono altri pronomi dimostrativi **dieser** e **derselbe.**

- I pronomi *dieser* e *derselbe* seguono la declinazione degli articoli *dieser* e *derselbe.*
- Seguono il modello di *dieser* anche **alles** *(n sing),* **alle** *(m f n pl),* **derjenige, jeder, jener, mancher, solcher.**

5. Il pronome relativo

Sono pronomi relativi **der** e **welcher.**

- Il pronome *der* segue la declinazione del pronome dimostrativo *der.*
- Il pronome *welcher* segue la declinazione dell'articolo interrogativo *welcher ... ?*
- Il pronome *welcher* è meno comune. Si usa per esempio per evitare la collisione con le forme dell'articolo:
  ein Kind, welches das Geld bekommt un bambino che riceve il denaro
  per evitare: ein Kind, das das Geld bekommt

6. Il pronome interrogativo

	relativo a persone	relativo a oggetti, circostanze ecc.
nom	wer? chi?	was? che cosa?
acc	wen?	was?
dat	wem?	wem?
gen	wessen?	wessen?

- Il pronome interrogativo **welcher?** il quale? si usa per le persone e per gli oggetti, le circostanze ecc. Segue la declinazione dell'articolo interrogativo *welcher ... ?*

7. Il pronome possessivo

persona del possessore			numero e genere del sostantivo che esprime il possesso			
			sing			*pl*
			m	*f*	*n*	*m f n*
sing	1ª pers	*nom*	meiner	meine	mein(e)s	meine
		acc	meinen	meine	mein(e)s	meine
		dat	meinem	meiner	meinem	meinen
		gen	meines	meiner	meines	meiner
	2ª pers		deiner		*come*	meiner
	3ª pers *m*		seiner			
	f		ihrer		*come*	meiner
	n		seiner			
pl	1ª pers	*nom*	unserer	unsere	unseres	unsere
		acc	unseren	unsere	unseres	unsere
		dat	unserem	unserer	unserem	unseren
		gen	unseres	unserer	unseres	unserer
	2ª pers	*nom*	eurer	eure	eures	eure
		acc	euren	eure	eures	eure
		dat	eurem	eurer	eurem	euren
		gen	eures	eurer	eures	eurer
	3ª pers		ihrer		*come*	meiner
forma di cortesia			Ihrer		*come*	meiner

Le forme della 1ª persona plurale presentano delle varianti:

al posto di	*si usa anche*		
unsere	unsre		
unserer	unsrer		
unserem	unsrem	*o*	unserm
unseren	unsren	*o*	unsern
unseres *(nom o acc)*	unsres	*o*	unsers

- Un'altra forma del pronome possessivo è **der meine, die meine, das meine, ... der deine, ... der seine, ... der ihre, ... der seine, ... der unsere, ... der eure, ... der ihre, ... der Ihre, ...**
  La declinazione è quella dell'aggettivo dopo l'articolo determinativo.

Il gruppo verbale

La diatesi, il modo e il tempo

Le **diatesi** del gruppo verbale sono due:

l'attivo il passivo	er lobt (egli) loda er wird gelobt è lodato

I **modi** del gruppo verbale sono cinque – tre modi finiti, che presentano desinenze distinte per le diverse persone, e due modi infiniti:

i modi finiti	l'indicativo il congiuntivo l'imperativo	er lobt (egli) loda er lobe (egli) lodi lobe! loda!
i modi infiniti	l'infinito il participio	loben lodare lobend lodante

I **tempi** del gruppo verbale sono sei:

il presente l'imperfetto il futuro il passato prossimo il trapassato il futuro anteriore	er lobt (egli) loda er lobte lodava, lodò, ha lodato er wird loben loderà er hat gelobt ha lodato, lodava, lodò er hatte gelobt aveva lodato er wird gelobt haben avrà lodato

Il verbo

1. Il verbo senza alternanza vocalica (il verbo «regolare» o «debole»)

Le forme finite

La forma attiva

Il presente e l'imperfetto

	indicativo		**congiuntivo**		
	presente	**imperfetto**	**presente**	**imperfetto**	
ich	lobe	lobte	lobe	lobte	würde loben
du	lobst	lobtest	lobest	lobtest	würdest loben
er / sie / es	lobt	lobte	lobe	lobte	würde loben
wir	loben	lobten	loben	lobten	würden loben
ihr	lobt	lobtet	lobet	lobtet	würdet loben
sie / Sie	loben	lobten	loben	lobten	würden loben

- Le forme semplici del congiuntivo dell'imperfetto *(ich lobte, ...)* sono tutte identiche a quelle dell'indicativo; per questo motivo si usano spesso le forme composte *(ich würde loben, ...)*.
- I verbi con una base in *-d, -t* e i verbi con una base in *-m, -n* preceduti da consonante (con eccezione di *-lm, -rm, -hm, -mm, -ln, -rn, -hn, -nn)* hanno *-e-* in tutte le forme del presente e dell'imperfetto così come nella forma del participio passato e passivo:

ich du ...	rede redest ... geredet	löte lötest ... gelötet	atme atmest ... geatmet	trockne trocknest ... getrocknet	*ma:*	filme filmst ... gefilmt	warne warnst ... gewarnt

- I verbi con una base in *-el* e *-er* non accentuati omettono *-e-* della desinenza nell'infinito, nella 1ª e nella 3ª persona plurale e nella forma di cortesia dell'indicativo presente:
  zittern – wir zittern, sie / Sie zittern

  Omettono facoltativamente *-e-* della base nella 1ª persona singolare:
  ich zittere o **ich zittre**
- Per i verbi in *-s, -ß, -x, -z* si omette *-s-* nella 2ª persona del singolare presente indicativo:
  reisen – du reist **beißen – du beißt** **feixen – du feixt** **ächzen – du ächzt**

Il futuro, il passato prossimo, il trapassato e il futuro anteriore
Ausiliari **werden** e **haben**

	indicativo			
	futuro	**passato prossimo**	**trapassato**	**futuro anteriore**
ich	werde loben	habe gelobt	hatte gelobt	werde gelobt haben
du	wirst loben	hast gelobt	hattest gelobt	wirst gelobt haben
er/sie/es	wird loben	hat gelobt	hatte gelobt	wird gelobt haben
wir	werden loben	haben gelobt	hatten gelobt	werden gelobt haben
ihr	werdet loben	habt gelobt	hattet gelobt	werdet gelobt haben
sie/Sie	werden loben	haben gelobt	hatten gelobt	werden gelobt haben

Ausiliari **werden** e **sein**

	indicativo			
	futuro	**passato prossimo**	**trapassato**	**futuro anteriore**
ich	werde reisen	bin gereist	war gereist	werde gereist sein
du	wirst reisen	bist gereist	warst gereist	wirst gereist sein
er/sie/es	wird reisen	ist gereist	war gereist	wird gereist sein
wir	werden reisen	sind gereist	waren gereist	werden gereist sein
ihr	werdet reisen	seid gereist	wart gereist	werdet gereist sein
sie/Sie	werden reisen	sind gereist	waren gereist	werden gereist sein

	congiuntivo			
	futuro	**passato prossimo**	**trapassato**	**futuro anteriore**
… er/sie/es …	werde loben	habe gelobt	hätte gelobt *o* würde gelobt haben	werde gelobt haben
… er/sie/es …	werde reisen	sei gereist	wäre gereist *o* würde gereist sein	werde gereist sein

- Il futuro si forma con l'ausiliare *werden* e l'infinito.
- Il passato prossimo, il trapassato e il futuro anteriore si formano con l'ausiliare *haben* e il participio passato. Per i verbi che esprimono un movimento o un cambiamento di stato e per il verbo *sein,* questi tempi si formano con l'ausiliare *sein.*
- Il congiuntivo dei tempi composti si forma con il congiuntivo degli ausiliari. L'esempio dà la 3ª persona maschile del singolare. Per le altre forme si veda il capitolo «I verbi ausiliari».
- Per i verbi riflessivi si usa l'ausiliare *haben.*

L'imperativo

infinito	**imperativo**		
	singolare	*plurale*	*forma di cortesia*
loben reden	lobe rede	lobt redet	loben Sie reden Sie

La forma passiva

	indicativo	**congiuntivo**
presente	er wird gelobt	er werde gelobt
imperfetto	er wurde gelobt	er würde gelobt
futuro	er wird gelobt werden	er werde gelobt werden
passato prossimo	er ist gelobt worden	er sei gelobt worden
trapassato	er war gelobt worden	er wäre gelobt worden
futuro anteriore	er wird gelobt worden sein	er werde gelobt worden sein

- Il passivo si forma con l'ausiliare *werden* e il participio passivo. L'esempio dà la 3ª persona maschile del singolare. Per le altre forme si veda il capitolo «I verbi ausiliari».

Le forme infinite

infinito	participio presente	participio passato e passivo
loben reden	lobend redend	gelobt geredet

- I participi si declinano come l'aggettivo.

2. Il verbo con alternanza vocalica (il verbo «irregolare» o «forte»)

Le forme finite

La forma attiva

Il presente e l'imperfetto

	indicativo		**congiuntivo**		
	presente	**imperfetto**	**presente**	**imperfetto**	
ich	trage	trug	trage	trüge	würde tragen
du	trägst	trugst	tragest	trüg(e)st	würdest tragen
er / sie / es	trägt	trug	trage	trüge	würde tragen
wir	tragen	trugen	tragen	trügen	würden tragen
ihr	tragt	trugt	traget	trüg(e)t	würdet tragen
sie / Sie	tragen	trugen	tragen	trügen	würden tragen

Gli altri tempi

Gli altri tempi si formano come per i verbi senza alternanza vocalica.

L'imperativo

infinito	**imperativo**		
	singolare	*plurale*	*forma di cortesia*
tragen lesen	trage lies	tragt lest	tragen Sie lesen Sie

- L'imperativo si forma come per i verbi senza alternanza vocalica. Solo i verbi con alternanza in *-i-* o *-ie-* (come *lesen)* formano il singolare senza *-e.*

La forma passiva

Il passivo si forma come per i verbi senza alternanza vocalica.

Le forme infinite

infinito	participio presente	participio passato e passivo
tragen	tragend	getragen

3. I verbi ausiliari

Le forme finite

Il presente e l'imperfetto

	haben	sein	werden	haben	sein	werden
presente	**indicativo**			**congiuntivo**		
ich	habe	bin	werde	habe	sei	werde
du	hast	bist	wirst	habest	sei(e)st	werdest
er / sie / es	hat	ist	wird	habe	sei	werde
wir	haben	sind	werden	haben	seien	werden
ihr	habt	seid	werdet	habet	sei(e)t	werdet
sie / Sie	haben	sind	werden	haben	seien	werden
imperfetto						
ich	hatte	war	wurde	hätte	wäre	würde
du	hattest	warst	wurdest	hättest	wär(e)st	würdest
er / sie / es	hatte	war	wurde	hätte	wäre	würde
wir	hatten	waren	wurden	hätten	wären	würden
ihr	hattet	wart	wurdet	hättet	wär(e)t	würdet
sie / Sie	hatten	waren	wurden	hätten	wären	würden

Il futuro

	indicativo	**congiuntivo**
…		
er / sie / es	wird haben / sein / werden	werde haben / sein / werden
…		

- L'esempio dà la 3ª persona del singolare.

L'imperativo

infinito	**imperativo**		
	singolare	*plurale*	*forma di cortesia*
haben sein werden	habe sei werde	habt seid werdet	haben Sie seien Sie werden Sie

Le forme infinite

infinito	participio presente	participio passato
haben sein werden	habend seiend werdend	gehabt gewesen worden, geworden

- La forma *gehabt* si usa con l'ausiliare *haben;* la forma *gewesen* si usa con l'ausiliare *sein:*
  ich habe gehabt ho avuto
  ich bin gewesen sono stato
- Le forme *worden, geworden* si usano con l'ausiliare *sein.* La forma *worden* si usa per i tempi composti del passivo; la forma *geworden* è il participio di *werden* nel senso di «diventare»:
  ich bin gegrüßt worden sono stato salutato
  ich bin rot geworden sono diventato rosso, sono arrossito

4. I verbi modali

Il presente e l'imperfetto

	dürfen	können	mögen	müssen	sollen	wollen
presente	**indicativo**					
ich	darf	kann	mag	muß	soll	will
du	darfst	kannst	magst	mußt	sollst	willst
er / sie / es	darf	kann	mag	muß	soll	will
wir	dürfen	können	mögen	müssen	sollen	wollen
ihr	dürft	könnt	mögt	müßt	sollt	wollt
sie / Sie	dürfen	können	mögen	müssen	sollen	wollen
	congiuntivo					
ich	dürfe	könne	möge	müsse	solle	wolle
du	dürfest	könnest	mögest	müssest	sollest	wollest
er / sie / es	dürfe	könne	möge	müsse	solle	wolle
wir	dürfen	können	mögen	müssen	sollen	wollen
ihr	dürfet	könnet	möget	müsset	sollet	wollet
sie / Sie	dürfen	können	mögen	müssen	sollen	wollen
imperfetto	**indicativo**					
ich	durfte	konnte	mochte	mußte	sollte	wollte
du	durftest	konntest	mochtest	mußtest	solltest	wolltest
er / sie / es	durfte	konnte	mochte	mußte	sollte	wollte
wir	durften	konnten	mochten	mußten	sollten	wollten
ihr	durftet	konntet	mochtet	mußtet	solltet	wolltet
sie / Sie	durften	konnten	mochten	mußten	sollten	wollten
	congiuntivo					
ich	dürfte	könnte	möchte	müßte	sollte	wollte
du	dürftest	könntest	möchtest	müßtest	solltest	wolltest
er / sie / es	dürfte	könnte	möchte	müßte	sollte	wollte
wir	dürften	könnten	möchten	müßten	sollten	wollten
ihr	dürftet	könntet	möchtet	müßtet	solltet	wolltet
sie / Sie	dürften	könnten	möchten	müßten	sollten	wollten

Il participio passato

ich habe du hast …	gedurft	gekonnt	gemocht	gemußt	gesollt	gewollt

L'avverbio

1. L'avverbio di forma autonoma

oft spesso	überall dappertutto	gern volontieri	…

2. L'avverbio di forma aggettivale

gut bene	schnell velocemente	frei liberamente	…

- Si usa come avverbio la base non declinata dell'aggettivo.

Soprattutto gli avverbi di forma aggettivale assumono dei **gradi**:

positivo	schnell	klug	naß
comparativo	schneller	klüger	nasser
superlativo	am schnellsten	am klügsten	am nassesten

- Il comparativo si forma con *-er* e il superlativo con *am …(e)sten.* Per la distribuzione delle varianti si veda il capitolo «I gradi dell'aggettivo».
- Forme irregolari:

hoch	**höher**	**am höchsten**
groß	**größer**	**am größten**
gut	**besser**	**am besten**
viel	**mehr**	**am meisten**
gern	**lieber**	**am liebsten**

Numerali / Zahlwörter

Numeri cardinali / Grundzahlen

0 null *zero*
1 eins *uno*
2 zwei *due*
3 drei *tre*
4 vier *quattro*
5 fünf *cinque*
6 sechs *sei*
7 sieben *sette*
8 acht *otto*
9 neun *nove*
10 zehn *dieci*
11 elf *undici*
12 zwölf *dodici*
13 dreizehn *tredici*
14 vierzehn *quattordici*
15 fünfzehn *quindici*
16 sechzehn *sedici*
17 siebzehn *diciassette*
18 achtzehn *diciotto*
19 neunzehn *diciannove*
20 zwanzig *venti*
21 einundzwanzig *ventuno*
22 zweiundzwanzig *ventidue*
26 sechsundzwanzig *ventisei*
30 dreißig *trenta*
31 einunddreißig *trentuno*
32 zweiunddreißig *trentadue*
40 vierzig *quaranta*
50 fünfzig *cinquanta*
60 sechzig *sessanta*
70 siebzig *settanta*
80 achtzig *ottanta*
90 neunzig *novanta*
100 (ein)hundert *cento*
101 (ein)hunderteins, hundert(und)eins *cent(o)uno*
102 (ein)hundertzwei, hundert(und)zwei *centodue*
200 zweihundert *duecento*
201 zweihundert(und)eins *duecent(o)uno*
543 fünfhundertdreiundvierzig *cinquecentoquarantatrè*
600 sechshundert *seicento*
1000 (ein)tausend *mille*
1100 (ein)tausendeinhundert, elfhundert *mille cento*
1300 (ein)tausenddreihundert, dreizehnhundert *mille trecento*
2001 zweitausend(und)eins *duemila (e) uno*
31616 einunddreißigtausendsechshundertsechzehn *trentunmila seicentosedici*
100000 (ein)hunderttausend *centomila*
1000000 eine Million *un milione*
2000000 zwei Millionen *due milioni*
1000000000 eine Milliarde *un miliardo*

Numeri ordinali / Ordnungszahlen

1. erste *primo*
2. zweite *secondo*
3. dritte *terzo*
4. vierte *quarto*
5. fünfte *quinto*
6. sechste *sesto*
7. siebte, siebente *settimo*
8. achte *ottavo*
9. neunte *nono*
10. zehnte *decimo*
11. elfte *undicesimo*
12. zwölfte *dodicesimo*
13. dreizehnte *tredicesimo*
20. zwanzigste *ventesimo*
21. einundzwanzigste *ventunesimo*
30. dreißigste *trentesimo*
40. vierzigste *quarantesimo*
100. (ein)hundertste *centesimo*
101. (ein)hunderterste *centunesimo*
102. (ein)hundertzweite *centoduesimo*
200. zweihundertste *duecentesimo*
1000. (ein)tausendste *millesimo*
1001. (ein)tausenderste *millesimo primo*
2000. zweitausendste *duemillesimo*
100000. (ein)hunderttausendste *centomillesimo*
1000000. millionste *milionesimo*

Secoli / Jahrhunderte

das 20. Jahrhundert das zwanzigste Jahrhundert	*il Novecento, il ventesimo secolo, il secolo XX, il '900*

Numeri frazionari / Bruchzahlen

1/2	ein halb *mezzo*	1/1000	ein Tausendstel *un millesimo*
1/3	ein Drittel *un terzo*	2/5	zwei Fünftel *due quinti*
1/4	ein Viertel *un quarto*	4/7	vier Sieb(en)tel *quattro settimi*
1/20	ein Zwanzigstel *un ventesimo*	1 1/2	eineinhalb, anderthalb *uno e mezzo*
1/100	ein Hundertstel *un centesimo*	2 3/8	zweidreiachtel *due e tre ottavi*

Misure e pesi / Maße und Gewichte

Misure di lunghezza / Längenmaße

mm	Millimeter *millimetro*	**m**	Meter *metro*
cm	Zentimeter *centimetro*	**km**	Kilometer *chilometro*
dm	Dezimeter *decimetro*		

Misure di superficie / Flächenmaße

mm^2, qmm	Quadratmillimeter *millimetro quadrato*	**m^2, qm**	Quadratmeter *metro quadrato*
cm^2, qcm	Quadratzentimeter *centimetro quadrato*	**km^2, qkm**	Quadratkilometer *chilometro quadrato*
dm^2, qdm	Quadratdezimeter *decimetro quadrato*	**a**	Ar *ara*
		ha	Hektar *ettaro*

Misure di volume / Raummaße

mm^3, cmm	Kubikmillimeter *millimetro cubo*	**m^3, cbm**	Kubikmeter *metro cubo*
cm^3, ccm	Kubikzentimeter *centimetro cubo*	**rm**	Raummeter } *metro cubo*
dm^3, cdm	Kubikdezimeter *decimetro cubo*	**fm**	Festmeter } *metro cubo*
		BRT	Bruttoregistertonne *tonnellata di stazza lorda*

Misure di capacità / Hohlmaße

cl	Zentiliter *centilitro*	**l**	Liter *litro*
dl	Deziliter *decilitro*	**hl**	Hektoliter *ettolitro*

Pesi / Gewichte

mg	Milligramm *milligrammo*	**kg**	Kilogramm *chilogrammo*
cg	Zentigramm *centogrammo*	**Ztr.**	Zentner *mezzo quintale, CH, A quintale*
dg	Dezigramm *decigrammo*		
g	Gramm *grammo*	**dz**	Doppelzentner *quintale*
Pfd.	Pfund *mezzo chilo*	**t**	Tonne *tonnellata*

Repubblica Federale Tedesca
Bundesrepublik Deutschland

Stati Federali e loro capitali
Länder und Hauptstädte

Baden-Württemberg	Stuttgart
Bayern	München
Bremen	Bremen
Hamburg	Hamburg
Hessen	Wiesbaden
Niedersachsen	Hannover
Nordrhein-Westfalen	Düsseldorf
Rheinland-Pfalz	Mainz
Saarland	Saarbrücken
Schleswig-Holstein	Kiel
Berlin (West)	Berlin (West)

Austria
Österreich

Stati Federali e loro capitali
Bundesländer und Hauptstädte

Burgenland	Eisenstadt
Kärnten	Klagenfurt
Niederösterreich	Wien
Oberösterreich	Linz
Salzburg	Salzburg
Steiermark	Graz
Tirol	Innsbruck
Vorarlberg	Bregenz
Wien	Wien

Svizzera
Schweiz

Cantoni e città principali
Kantone und Hauptorte

Aargau	Aarau
Appenzell Außerrhoden	Herisau
Appenzell Innerrhoden	Appenzell
Basel-Landschaft	Liestal
Basel-Stadt	Basel
Bern	Bern
Freiburg	Freiburg
Genf	Genf
Clarus	Glarus
Graubünden	Chur
Jura	Delémont
Luzern	Luzern
Neuenburg	Neuenburg
Sankt Gallen	Sankt Gallen
Schaffhausen	Schaffhausen
Schwyz	Schwyz
Solothurn	Solothurn
Tessin	Bellinzona
Thurgau	Frauenfeld
Unterwalden nid dem Wald (Nidwalden)	Stans
Unterwalden ob dem Wald (Obwalden)	Sarnen
Uri	Altdorf
Waadt	Lausanne
Wallis	Sitten
Zug	Zug
Zürich	Zürich

Alfabeto tedesco — Deutsches Alphabet

	denominazione Benennung	tedesco deutsch	internazionale international	aviazione Luftfahrt	NATO NATO
A, a	[aː]	Anton	Amsterdam	Alfa	Alfa
B, b	[beː]	Berta	Baltimore	Bravo	Bravo
C, c	[t͜seː]	Cäsar	Casablanca	Coca	Charlie
D, d	[deː]	Dora	Danemark	Delta	Delta
E, e	[eː]	Emil	Edison	Echo	Echo
F, f	[ɛf]	Friedrich	Florida	Foxtrot	Foxtrot
G, g	[geː]	Gustav	Gallipoli	Golf	Golf
H, h	[haː]	Heinrich	Havana	Hotel	Hotel
I, i	[iː]	Ida	Italia	India	India
J, j	[jɔt]	Julius	Jerusalem	Juliet	Juliet
K, k	[kaː]	Kaufmann	Kilogramme	Kilo	Kilo
L, l	[ɛl]	Ludwig	Liverpool	Lima	Lima
M, m	[ɛm]	Martha	Madagaskar	Metro	Mike
N, n	[ɛn]	Nordpol	New York	Nectar	November
O, o	[oː]	Otto	Oslo	Oscar	Oscar
P, p	[peː]	Paula	Paris	Papa	Papa
Q, q	[kuː]	Quelle	Quebec	Quebec	Quebec
R, r	[ɛr]	Richard	Roma	Romeo	Romeo
S, s	[ɛs]	Siegfried	Santiago	Sierra	Sierra
T, t	[teː]	Theodor	Tripoli	Tango	Tango
U, u	[uː]	Ulrich	Upsala	Union	Uniform
V, v	[fa͜u]	Viktor	Valencia	Victor	Victor
W, w	[veː]	Wilhelm	Washington	Whisky	Whisky
X, x	[ɪks]	Xanthippe	Xanthippe	Extra	X-ray
Y, y	[ˈʏpsilɔn]	Ypsilon	Yokohama	Yankee	Yankee
Z, z	[t͜sɛt]	Zacharias	Zürich	Zulu	Zulu
Ä, ä	[ɛː]	Ärger	–	–	–
Ö, ö	[øː]	Ökonom	–	–	–
Ü, ü	[yː]	Übermut	–	–	–
ß	[ɛsˈt͜sɛt]	–	–	–	–

Appunti

Notizen

Appunti Notizen

Appunti Notizen

Appunti Notizen

Appunti

Notizen

Appunti

Notizen

Abbreviazioni Abkürzungen

a	Adjektiv	*aggettivo*
a.	auch	*anche*
A	Österreich, österreichisch	*Austria, austriaco*
ab	Abkürzung	*abbreviazione*
acc	Akkusativ	*accusativo*
adm	Verwaltung, bürokratisch	*amministrazione, linguaggio burocratico*
adv	Adverb	*avverbio*
aero	Luftfahrt	*aeronautica*
agr	Landwirtschaft	*agricoltura*
allg.	allgemein	*generalmente*
anat	Anatomie	*anatomia*
arch	Architektur	*architettura*
astr	Astrologie, Astronomie	*astrologia, astronomia*
attr	attributiv	*attributivo, attributivamente*
bes.	besonders	*specialmente*
biol	Biologie	*biologia*
bot	Botanik	*botanica*
CH	Schweiz, schweizerisch	*Svizzera, svizzero*
chem	Chemie	*chimica*
com	Handel	*commercio*
con	Konjunktion	*congiunzione*
conj	Konjunktiv	*congiuntivo*
dat	Dativ	*dativo*
dial	mundartlich	*dialettale*
Eisenb.	Eisenbahn	*ferrovia*
el	Elektronik	*elettronica*
etc., etc.	et cetera, usw.	*ecc., eccetera*
etw., etw.	etwas	*qualcosa*
f	Femininum	*femminile*
fam	umgangssprachlich, familiär	*familiare, familiarmente*
fig	figurativ, übertragen	*figurato, figurativamente*
film	Film, Kino	*film, cinematografia*

fin	Finanzwesen	*finanza*
fior	florentinisch	*fiorentino*
fot	Fotografie	*fotografia*
gastr	Gastronomie	*gastronomia*
geh	gehobene Ausdrucksweise	*linguaggio elevato*
gen	Genitiv	*genitivo*
genov	genuesisch	*genovese*
geog	Geographie	*geografia*
geol	Geologie	*geologia*
gram	Grammatik	*grammatica*
hist	Geschichte, historisch	*storia, storico*
imp	Imperfekt	*imperfetto*
ind	Indikativ	*indicativo*
inf	Infinitiv	*infinito*
inform	(elektronische) Datenverarbeitung, Informatik	*elaborazione (elettronica) dei dati, informatica*
interj	Interjektion	*interiezione*
inv	unveränderlich	*invariabile*
iron	ironisch	*ironico, ironicamente*
irr	unregelmäßig	*irregolare*
itr	intransitiv	*intransitivo*
jd, jd	jemand	*qualcuno*
jdm, jdm	jemandem	*a qualcuno*
jdn, jdn	jemanden	*qualcuno*
jds, jds	jemandes	*di qualcuno*
jur	Recht(swissenschaft)	*giurisprudenza*
ling	Linguistik	*linguistica*
lit	Literatur	*letteratura*
lomb	lombardisch	*lombardo*
m	Maskulinum	*maschile*
mat	Mathematik	*matematica*
med	Medizin	*medicina*
mer	süditalienisch	*meridionale*
meteo	Meteorologie	*meteorologia*